總目錄

第一冊

第二冊

第三冊

第四冊

第五冊

甲寅周刊

甲寅雜誌第一卷第一號目次

甲寅雜誌第一卷第二號目次

甲寅雜誌第一卷第三號目次

時評

評論之評論

通訊

論壇

詩錄

甲寅雜誌第一卷第四號目次

甲寅雜誌第一卷第五號目次

文苑

甲寅雜誌第一卷第六號目次

論壇

文苑

甲寅雜誌第一卷第七號目次

論壇

通訊

文苑

甲寅雜誌第一卷第八號目次

甲寅雜誌第一卷第九號目次

論壇

通訊

文苑

甲寅雜誌第一卷第十號目次

論壇

通訊

文苑

甲寅周刊第一卷第一號

目錄

甲寅周刊第一卷第二號

目錄

甲寅周刊第一卷第三號目錄

甲寅周刊第一卷第四號目錄

甲寅周刊第一卷第五號目錄

甲寅周刊第一卷第六號目錄

甲寅周刊第一卷第七號目錄

甲寅周刊第一卷第八號目錄

甲寅周刊第一卷第九號目錄

甲寅周刊第一卷第十號目錄

甲寅週刊第一卷第十一號目錄

甲寅週刊第一卷第十二號目錄

甲寅周刊第一卷第十三號目錄

甲寅周刊第一卷第十四號目錄

甲寅周刊第一卷第十五號目錄

甲寅周刊第一卷第十六號目錄

甲寅周刊第一卷第十七號目錄

甲寅周刊第一卷第十八號目錄

甲寅周刊第一卷第十九號目錄

甲寅周刊第一卷第二十號目錄

甲寅周刊第一卷第二十一號目錄

甲寅周刊第一卷第二十二號目錄

甲寅周刊第一卷第二十三號目錄

甲寅周刊第一卷第二十四號目錄

甲寅周刊第一卷第二十五號目錄

甲寅周刊第一卷第二十六號目錄

甲寅周刊第一卷第二十九號目錄

甲寅周刊第一卷第三十號目錄

甲寅周刊第一卷第三十一號目錄

甲寅周刊第一卷第三十二號目錄

甲寅周刊第一卷第三十三號目錄

甲寅周刊第一卷第三十四號目錄

甲寅周刊第一卷第三十五號目錄

甲寅周刊第一卷第三十六期目錄

甲寅周刊第一卷第三十七期目錄

甲寅周刊第一卷第三十八期目錄

甲寅周刊第一卷第三十九期目錄

甲寅周刊第一卷第四十期目錄

甲寅周刊第一卷第四十二期目錄

甲寅周刊第一卷第四十二期目錄

甲寅周刊第一卷第四十三期目錄

甲寅周刊第一卷第四十四期目錄

甲寅週刊第一卷第四十五號目錄

大正三年五月八日[illegible]
一九一四年五月十日發行（每月一回發行）

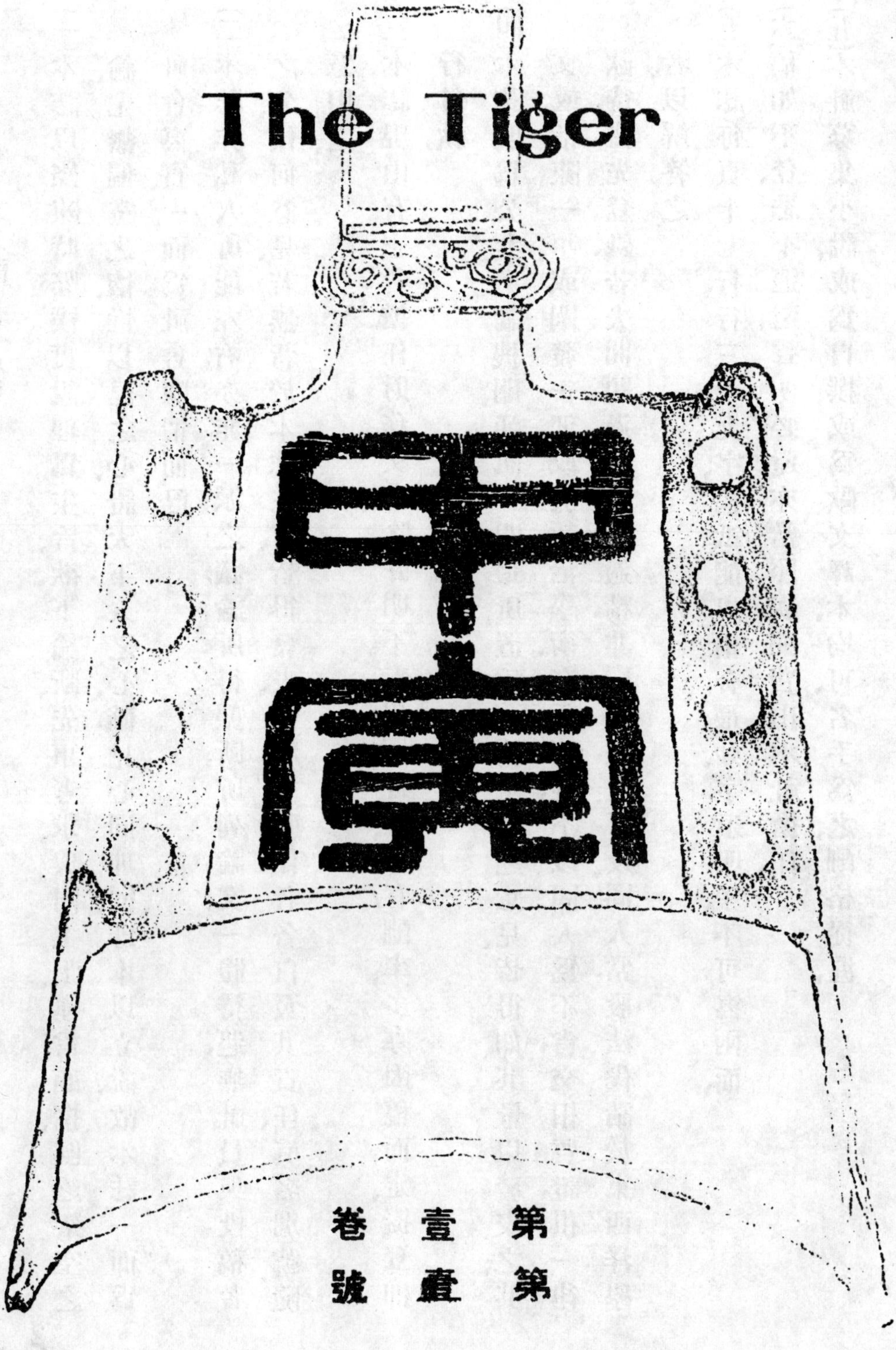

本誌宣告

(一)本誌以條陳時弊樸實說理爲主旨、欲下論斷、先事考求、與其主張、寧言商搉、既乏架空之論、尤無偏黨之懷、惟以己之心、證天下人之心、確見心同理同、即本以立說、故本誌一面爲社會寫實、一面爲社會陳情而已、

(二)本誌非私人所能左右、亦非一派之議論所得壟斷、所列論文、一體待遇、無社員與投稿者之分、任何意見若無背於本誌主旨、皆得發表、惟所主張、作者各自負其責任、眞名別號、隨意用之、

(三)本誌現由有志者擔任財務、文字除聲明不索報酬者外、另有酬率、多寡因稿而定、擬登即行付款、

(四)本誌既爲公共輿論機關、通訊一門、最所置重、務使全國之意見、皆得如其量以發表之、其文或指陳一事、或闡發一理、或於政治學術、有所懷疑、不以同人爲不肖、交相質證、俱一律歡待、儘先登錄、若夫問題過大、持理過精、非同人之力所及、同人當設法代請於東西洋學者、以解答之、

(五)本誌每頁十七行、行三十九字、稿紙能與相合最妙、字須明了、不可寫兩面、

(六)稿如不登、悉不退還、聲明必還、亦當照辦、郵費由本社擔任、

(五)本社募集小說、或爲自撰、或爲歐文譯本、均可名手爲之、酬格從渥、

甲寅雜誌第一卷第一號目次

政本

秋

爲政有本。本何在。曰在有容。何謂有容。曰不好同惡異。欲得是說最宜將當今時局不安之象。爬羅而剔抉之。如剝蕉然。剝至終層。將有見也。

往者清鼎既移。黨人驟起。其所以用事。束縛馳驟鹵莽滅裂之弊。隨處皆有。國人乃皇皇然憂。以謂暴民終不足言治。萃相結合。肆其觝排。有力者利之。從而構煽。鬼蜮萬狀。莫可究窮。黨人不勝其憤暴起而蹶。如黔之驢。卒爲耽耽者斷喉盡肉以去。由今計之。國中不見黨人之迹。幾一年矣。此其得失功罪自非今日所能論定。惟前之所銜於黨人而以爲暴者。至今宜無有反之。所屬望於黨人以外而以爲治者。至此宜稍稍見端倪焉。此吾人應有之覺心也。而今何如者。

一年以前。似聞人之恒言曰。有強國之憲法。有弱國之憲法。有亡國之憲法。所謂亡國憲法。即指臨時約法而言。當時四方之所爭執者。在總統大權一點。右之者以爲總統而有大權。國即強。否則弱且亡。愚爲平情論之。謂彼以大權與強國。併作一詞。意在權朝至而國將夕治。此亦必無之理想。特曰權者爲所以強國必由之道耳。然邇者國會滅。憲法草案消。約法之効力久停。今方一如政府之意。以增以削。是元首大權。全然無礙。已非一朝一夕。所謂強國。其效果何如者。雖曰元氣過傷。百端待理。非年三月。斷難有成。然君子之觀國也。不於其治。而於其意。一減以還。風聲所播。大略可見。今不言效果。而言希望。又何如者。且洩洩云強國妄人。猶病其誇矣。即自保其弱懦。夫且嫌其難。今祇求其僅免於亡止矣。幾矣。則又何如者。

與言至此。最易流於悲觀。發爲過激之論。愚且極力自鎮。除客氣。務盡而唯實之內籀歸納之方。事實既詳。然後著爲概說。夫夙昔以爲憂者。非外力之深入乎。而今則有加無已也。有加無已而吾惟解所以媚之。於是媚外之道。亦與之繼長而增高。前清之外務部。宜望塵而莫之及也。夙昔以爲憂者。非財力之困乏乎。而今則有加無已也。有加無已而吾惟知借債以彌縫之。愈彌縫而愈困乏。愈困乏而愈不得不彌縫。坐是外人益々持吾短長。國欵日見押。國產日見消。路鑛日見失。甚且土地日見蹙也。夙昔以爲憂者。非人民生命財產之危險乎。而今則黃河以南長江以北數千里之地。悉蹂躪於豕狼焚燒淫掠無所不至。政府傾南北勁旅數萬衆。以合圍之卒莫能克。不僅不能克。時乃兵匪交通。共肆荼毒也。前者南京不毀於所謂亂黨。而毀於所謂國軍。而今則西北之元々困於匪。而又困於兵也。夙昔以爲憂者。非行政不能統一乎。而今則內而部自爲政。加甚也。(一)外而省自爲政。加甚也。地方財政之不可理。加甚也。(二)人民之感其痛苦。又加甚也。夙昔以爲憂者。非革命之子。起自田間。粗鄙近利。不解政治乎。而今則方鎮大員。莫或識丁。清流之士。四方屏迹。其他販夫走卒。刁生惡胥。革員廢吏之蠅集蟻附。儼然操數萬萬人之生命於其手。而惟所欲制。其勢日進。而未有已也。夙昔以爲憂者。非天下不定。商工失所乎。而今則「兵亂日聞于郡縣。盜賊徧擾於城鄉。商賈不行。農機停業」(三)又烈於前也。而且

(一)「一商埠、農商內務兩部、已准自開商埠、財政部以欵無所出、飭其暫行停辦、一承墾荒地、農商部已頒布墾荒條例、獎勵個人墾荒、而財政部飭其照舊章繳欵後、方准承墾、一自治機關費、自自治會停辦後、其所騰出之欵、內務部飭各省另存、備爲辦理巡警之費、財政部又飭其即日解京備用、」見三月廿二日上海時事新報、

(二)廣東兵變之繁、過於前陳時代、梁啓超梁士詒兩君電粵民政長言之、

(三)此不認蟻賊所以罵倒黨人者、

武夫屠伯奸紳猾吏日借法律以爲殺人之具人不自保何意謀生因之企業愈停滯利子愈下落誠不知伊于胡底也(一)夙昔以爲憂者。非黨禍之烈乎而今則無京無外暗鬭彌厲掌政權者非某派不能掌兵權者非某系莫可大派之中又含小派正系之內復分旁系派々相率即系々相觝恍若國家可亡派若系不可亂見象之惡又非可以言語形容也(二)凡此種々。隨筆所之。已至滿幅。讀者試思之。

此其爲說。容有未然者乎。

以是之故。社會心理乃隨其人之賢否。心之冷熱力之大小。位之高下。應於時勢以呈其印象分而驗之。可得言焉。一派則不賢而得勢者也。此將充其慾心與强權之所至。以朘民膏脂而自肥。國家之危亡彼果知之與否。乃視其不賢之限度以爲衡。大凡不賢之尤者其知之彌眞切焉是故不知者僅以經常之貪量肆其所圖而知者轉以猶太富人之思堅其倒行逆施之志一派則賢而依勢者也。茲所謂賢。亦有數等。其上自審其政略不能見容。而又不欲遽舍政權。免至時會之來。無能躁進以故虛與委蛇。俟時而動。此自其光明而言之者也。若黑暗面則明知天下將亂之機終不以易其目前榮樂之計强暴之爲以法律文之立乎公廷居然以之指導天下私居論議則又抱頭太息痛陳其不得已以冀收清議於無形其在習爲奸智者流則又造作語言觝排異己回護亂政矜爲通識舉凡貪勢近賄

(一)谷君鍾秀有今日之經濟現象一文、言此甚詳、見上海正誼雜誌二期、

(二)政界之別、向分新派舊派、又曰官派非官派、官派之中、最要者爲北洋派憲政派、北洋派又分文治武治二系、武治以馮段二督爲代表、文治以徐東海張馨菴楊杏城兄弟及已故之趙智菴爲代表、而雜以李文忠之舊系、憲政系爲楊度曹汝霖陸徵祥汪榮寶章宗祥、加以施愚顧鰲等、梁士詒非能素有系統者也、實力資望在武治文治之下、學識在憲政系之下、而至今日、居然獨自構成一系、即所謂交通系是也、詳見三月十六日北京亞細亞報、

縱欲敗度。一切之計幾無不可張皇粉飾以號於衆謂從政亂邦在理宜然相習成風了無媿畏(一)一派則不賢而失勢者也此其設心與不賢得勢者了無以異。今雖失之而終日蠅營狗苟正謀所以復之。而倏得倏失又小人之所恆有也。又一派則賢而無勢者也此其人一旦得勢其行徑亦將與前所謂賢者宜無不同。然以其失意也所以昏其智者不烈而夜氣之存較多見夫政治汚穢道德淪喪外禍環迫武夫橫行其不持消極之見以爲中國必亡必亡而已得過且過者又十無一二也之四派者雖不足以盡天下人之心。而以概政治上之人倫大抵不甚相遠。就中不肖而冥頑全不知國家爲何物者不計祇求其有猶太富人之思想以上則無論賢愚智鈍窮通上下又有一共通之覺念主於其中是何也即莫明其故諰々然常恐天下之久不安以爲變亂之至無方無時吾人既求所以治其國而不得其次之所當爲者亦惟全吾軀保吾妻子豐吾姬妾華吾輿馬樂吾摴蒲縱吾酒食並充其力之所能至以攫其所萬不應得之財預爲亡國後之生活計而已也

夫至全國人舉爲亡國之預備。是其國有亡徵。無可疑也。所謂亡徵者何也。亦如前言。外患益益迫財政益々窮。盜賊益々横行地方政治益々紊亂。工商業益々衰敗。官僚私鬭益々急激是已。夫國之盛

(一)此兩種人前者可求之姚姬傳李斯論後者可求之歐陽永叔與高若訥書姚之言曰小人之仕也無論所學識非也即有學識其當見其君國行事悖謬無義疾首頞蹙於私家之居而矜夸導譽於朝廷之上知其不義而勸爲之者謂天下將諒我之無可奈何於吾君而不吾罪也知其將喪國家而爲之者謂當吾身容可以免也且夫小人雖明知世之將亂而終不以易目前之富貴而以富貴之謀貽天下之亂固有終身安享榮樂禍遺後人而彼宴然無與者矣歐之言曰足下家有老母身惜官位懼饑寒而顧利祿不敢一忤宰相以近刑禍此庸人之常情不過作一不才諫官雖朝廷君子亦將閔足下之不能而不責以必能也今乃不然反昂然自得了無愧畏便毀其賢以爲當黜（指范希文既貶官事）庶乎飾己不言之過夫力所不敢爲乃愚者之不逮以智文其過此君子之賊也惡讀二文至於垂涕泣矣

衰古今時有轉危爲安。例亦不鮮。如是種々。竟釀成國亡無日之通感焉。抑又何也。此童子可得而答曰。爲國如爲醫。然得其方則治。否則亡。今茲國有亡徵。必也未得其方也。惟治道百端。覼縷莫盡。所謂方者又何方也。自愚觀之。爲政在人。人存而政即擧。政治之得失。無不視人才之得失爲比例差。故政治爲枝葉。而人才始爲本根。今曰爲政未得其方。亦以用才未得其方一語概之足矣。

愚今言用才。所謂用者。易生誤解。今請以說明之。用人曰用。自用亦曰用。天之生才而適有相當之職分以發展之。擧曰用。用才云者。乃盡天下之才。隨其偏正高下所宜。無不各如其量以獻於國。非必一人居高臨下以黜陟之也。人恒曰。吾國人才消乏。是則然矣。然愚謂苟悉其消乏之量以致於用。國非斷非不可爲。此本論之前題也。昔者英儒穆勒、嘗以人才譬之貨棧。必使一國之才。盡趨于棧。則棧力厚。否則貧。愚謂國有一分之才。即當使之自覓其途。以入於政。而政始良也。此在人才最富之英倫。其學者猶以爲言。才難之國如吾。又焉待論。夫吾國史家。最惡姦佞。而姦佞之著。首在蔽賢。反之君子登朝。其所急務。乃在進賢而退不肖。而賢才之一進一退。恒不必有時地之不同。往々今日權奸當國。而羣賢退。明日儒臣在位。而羣賢復進。人才不出此數。而一爲翻覆。政之清濁形焉。是可知用才不得其方云者。易詞言之。人才不得所之謂也。

不得所有二象。一用非者失其才。一不用非者失其才。用非者之才其義古。不用非者之才其義今。用非者之才。譬之於人爲魄。不用非者之才。譬之於人爲魂。用非者云々。意至明了。無待申說(二)不用非

(一)前者愚作爲政篇之說、理由多端、而有一節曰、「……蓋若而國者、智識既貧、而所儲之智識、其量乃與他國相等、且在草創時代、或較他守成國、又有過之。是其惟一錯誤、則聚集全國聰明才力之總量、悉加力於政治、不一投之閒散而已。夫以現

者。首推議會。議會者以監督行政爲務。監督行政。雖不與於行政之事。而政府以此無敢失職。其有功於政治。與用事者固無殊也。故兩部者有若輔車相依爲命。一部喪其德。病在麻木。兩部喪其德。立得死亡。今吾人日聞呻吟之聲。其或將至死亡之候乎。然前言之矣。無才云者。乃比較之詞。非絕對之義。一國之才。不足治一國之事者。世固有之。而吾尚不欲以此自呪。惟誰有之。繼之絕也。必有絕處。吾今困頓至此。其受病處究安在乎。愚嘗爲彷徨而求之。得四字焉。曰好同惡異。

好同惡異者。披其根而尋之。獸性也。治生物學者。言鴻荒之初。萬物俱生。以同殘異。漸造今數。故生物爭存。律曰同化。讀者亦知前此張勳縱兵南京。今者白狼橫行西北。過物輒掠。過屋輒焚。過女輒淫。過人輒劇。千年以前。歐洲異族相殘之所不忍爲者。而吾之兵若匪悍然爲之。是何故耶。此無他。好同而惡異也。惡人之財產身分不與己同。必毀滅之。使盡同於己。而後快也。此以知吾之野性。至今未除。斷之。則用於兵戈。隱之。則施之政治學術。而數千年治亂循環。社會機能卒無一日可以發達如歐美。今日者皆爲此野性所縛之故。讀者其勿駭吾言也。前世紀中葉。英儒梅因以研求古法有重名。嘗謂印度未逾宗法社會一步。而吾國斷逾一步。遂乃永遠不進。因斷定。社會沈滯不動。本人種之通則。而吾

有之黨與所組之黨相較。此者即行。言事尚說盈虛。況即其現有之黨而分之乎。必欲分之。分者將各成不具之體。既不具矣。吾用事之機關。形式必備。一方才智之黨以滅一方。則非之黨以增國事。尚可問哉。前清季年。政治腐敗之總因。在用人不當。閒常會後吾人以爲欣羨。不可不掛到之第一事。則木吾國僅有之才。能大者大用。小者小用。各得其適。相上之位置。以發揮之也。而政黨者。其作用首將國內之人才。盡爲然體。各黨皆以不具爲病。且一黨視他黨之人物。恆不適如其分以相與。本黨之黨驗。在黨首之眼光。其價值有逾他黨之上焉。苟一然用事國家。即既之不具之體。而一部分之才智。乃見擯斥。其餘此不具之體以樂升者不具。又加甚焉。如此則國政又安能舉。吾爲程部督德全所作政見商榷會宣言書。

發前邁乃其例外(一)夫通則者何同也。例外者何異也。社會化同以迎異則進剋異以存同則退是故哥白尼之言天。奈端之言動。達爾文之言天演。歐人迎之。遂成爲新舊世界相嬗之樞機。當時立說之不合於羣衆心理。殆過於爲我無君兼愛無父之說。倘歐人視若洪水猛獸亦如吾之所以排楊墨者而排之則歐洲之文化至今無過於吾可也間嘗論之。吾之學術。莫盛於周末。西方幾何邏輯以及其他物質之學。爲諸子發其萌芽者。不少概見。苟能適如原量存於人寰善用其攻乎異端斯害也已之術不以利祿之途迫人尊孔則以吾東方神明之胄推尋籀證至於二千餘年之久而不羣制高華國力膨脹與今日歐美諸邦齊驅而并進。焉愚未敢信也而不幸苟偷之思單一之性牢固而不可破遂淩夷至今莫可救藥推原其溯則此種苟偷之思單一之性乃自原始社會迤演遞嬗而來無他好同惡異之野性也

其在政治。尤有甚焉。專制者何强人之同於己也人莫不欲人之同於己即莫不樂專制(二)故專制者獸欲也過此獸欲使不得充其量以爲害於人羣必賴有他力以抗之其在君主獨裁之國抗之以變則爲革命。抗之以常則爲立憲。抗之於無可抗則爲諫諍。由三代以迄前清。立憲之義非吾所有有之亦惟革命與諫諍已矣。歐人之言革命者。咸信革命一度。人民之政治力必增一度。虛梭之流信之尤篤。而吾乃不然。吾歷史上之革命。非能有良政略。必揞其惡者而代之。非能創一主義。必出其無者而

(一)Maine, Ancient Law 二八頁、一九〇九年本、

(二)孟德斯鳩曰、「夫專制之國、其性質恆喜同而惡異、彼以爲異者亂之媒也、」見嚴譯法意卷二十五十六頁、彼雖指宗教言、然專制與喜同相連、則總可通、

以行之。徒以暴政之所驅。飢寒之所迫。甚且陰謀借志之所誘。遂出於斬木揭竿之舉。以遂其稱王稱帝之謀。其成也。彼乃復爲專制如故。不成則前之專制者。又特加甚。首難者死。餘戢々如犬羊。伏不敢動。惟所踐踏。舉數千年之政爭不出成王敗寇一語。其中更無餘地可使心乎政治者在國法範圍之中。從容出其所見。各々相衡。各々相艦因取其長而致於用。以安其國以和其人。無他。專制好同之弊中之也。各方意見。既無法自由表示。以施於政事。而於無可如何之中。微有鬱而必發之象。則於諫諍見焉。諫諍者。亦隱消同勢所由生。非專制之所欲也。於是諫諍與專制。其勢力相與消長。而吾之學者每以君能納諫與否卜世運之隆汚。稱美重臣。每曰正色立朝。指斥姦佞。則曰阿諛取容。伊尹周公諫其君者。言至深而事至迫。存之於書。以著太甲成王爲賢君。而伊尹周公爲良相。即漢高唐太。號稱英主。亦不能有逃於張良魏徵之言。桀紂幽厲始皇之亡。其臣之諫詞無見焉。非其史之遺。乃天下不敢言而然也。(一)夫諫者。何不肯苟同於君之謂也。是故有時天子與宰相辨可否。天子曰不可。宰相曰可。天子曰然。宰相曰不然。有時諫官與天子爭是非。天子曰是。諫官曰非。天子曰必行。諫官曰必不可行。(二)甚且檻可以折。廡可以壞。簿鹵可以遮。中使可以殺。幸則受者改容而遷善。不幸則施者浴血而陳尸。皆無非一同一異之辨也。其在歐洲。則進而言立憲。立憲云者。以法律遏君之欲。使不得爲同以亂政也。英倫千二百十五年之大憲章。爲條六十有三。是乃民與君約。此六十三事者。有如此書。自非然者。爾不得強吾同於爾也。千六百八十九年之人權宣言書。兩部共爲條二十五。是亦民與君約。此二

(一)雜採曾子固書魏鄭公傳、
(二)雜採歐陽永叔上范司諫書、

十五事者。有如此書自非然者。爾不得强吾同於爾也。英人於世界民族中。誠不媿爲先覺。彼旣認明王權不當絕對。即創爲根本大法。使國中賢智。得所準據。以發抒其意氣。而若政若法之因仍變化。擧在種々意氣相劑相質之中。而極端之民政。轉得養成於君政之下。且爲他共和國所莫能及。非偶然也。今人豔稱英之內閣政治矣。亦知此制胡自而生乎。白芝浩者。曠世寡儔之政論家也。嘗著眼於巴力門論鋒之烈。謂英倫政治。實先天下而以評政爲政。其所以致此。則以內閣政治之故(一)愚謂白氏此言。微有倒果爲因之弊。蓋必國家先容有反對者之發生。而後有內閣政治。斷非異軍蒼頭特起。創造一內閣政治。以期反對者潛滋暗長於其中也。要之英倫政治之成功。其因在反對者之得力。無可疑者。其政府黨。在政治用語曰「王之僕」(二)在野黨曰「王之反對黨」(三)以王爲標準而反對之。是以王當天下之衝。與君主不能爲惡之原則。不期而相叛。故此語初出。人頗駭之。而英人卒奉爲科律。用臻上理。梅依曰「政黨之德。首在聽反對黨之意見流行」(四)穆勒曰「一國之政論。必待異黨相督而後。有執中之美」又曰「二黨之爲用也。其一之所以宜存。即以其一之有所不及。而其所以利國。即在此相攻而不相得。乃有以制用事者之威力。使之常循理而惺々」(五)皆此物此志也。

由是觀之。好同惡異之爲賊於政治。可以明其故矣。今更略而言之。專制之國。君誠至尊。而亦專欲難

(一)見本期白芝浩內閣論。
(二)King's servants.
(三)King's opposition.
(四)此是英儒梅依May所言、今本求之梅書、乃失其所、姑誌於此、以待後考、
(五)嚴譯羣已權界論六八頁、

成衆怒莫犯其能持盈保泰。不至隕越者亦必首有立朝侃々之臣次有敢諫直言之士以折其同而表其異以言立憲則最初嚴制其君使不得爲同次由一黨代君以執政而所以摧其同者亦主於一黨堂々正々交綏於議會之中此外新聞著述又各以自由而爲同異此所以爲政治之大觀也讀者明辨乎此可以進語共和政治矣。

昔者法儒奢呂著「民政與法蘭西」一書。(一)倡言君政民政之分。不在精神而在形式。英儒梅因和之。稱其所言爲政治學上一大進步。就此細論。本篇實無餘幅。惟愚敢言曰。奢呂之說。實爲精確無倫。今依彼立言。共和之與他國體異其形式者。不外元首之不由世襲。元首既不由世襲。則凡歷史所傳。民之以革命。以立憲。或以諫諍。謀制其君之同勢者。至此舉無有。在法宜若國中各方面之勢力。最易尋其邏輯上之涂徑。充類至盡。以達於政治。而孰知證之事實。竟有大謬不然者。大凡共和之成每由革命舊制初覆首難者即欲出其理想上之組織施之國家勢將與國中舊有之利益方々衝突於斯時也。一國最强之權握於少數之主動者彼恆易濫用其權强人就已殊不知物之不齊乃物之情獨裁無上之君且不能執一以馭萬何況以共和之名相號召乎其極也。必至反動大起國本以搖時則反對中之强者又每能收拾人心翻而覆之一國高權收於其手以理言之。彼目覩前用事者之失敗宜力反其所爲而急以調和情感爲務而史證相告則殊未然彼之逼拶國人使之附已較之彼所受於前用事者必且逾烈其極也。遇反動而取滅亡又與前同如是展轉如環無端民不堪其擾國不勝其憊而人之視共和遂若蝮蛇之不可近法蘭西革命史其所以詔吾以玆爲最有益之教訓千八百七十

(1) Scherer, La Democratie et la France.

一年所謂第三共和其不復返於君主蓋亦僅矣（一）其所以致此者無他皆好同惡異之一念誤之也。滿清乍倒。愚執筆於上海民立報。見夫舉國若狂。一往莫復。曾將密呂梅因之說。反復說明。意在促革命者之注意。使不懷極端之見。視政質爲前清所有者。悉毁之而不顧。人物爲前清所重者。悉拒之而不接。以致釀成反響。更生政變。由今觀之。吾說未嘗有力於當時。可以想見。雖黨人失敗。是否全由新舊社會之不相容。尙待推論。而彼未能注意於利益不同之點。極力爲之調融。且挾其成見。出其全力。以强人同己。使天下人才盡出己黨而後快。又其中有所謂暴烈分子者。全然不負責任。肆口謾罵。用力擠排。語若村嫗。行同無賴。因之社會之情以傷。陰謀之局以起。則事實具陳。無可掩也。黨人既敗。而敗之者又惟恐歷史其或欺予。謹循前例而加甚焉。宋教仁演說於南中。斥及中央之失政。此在歐洲特尋常之尋常。而樞要以之通電天下。指爲奸國盜賊。乘之以喪其身。國卒以亂。夫暴徒誠可以除。而議會中反對借欵。質問俄約之爲。既曰議政。亦安能免。而亦稱爲斷送國家。殘民以逞。列於文告。聲罪致討。政無古今中外。斷未有百賢在位。中無一佞。滿清季年。江春霖胡思敬之流。嚴劾權貴。揚其直聲。而民國三年。民直蕩盡。獨吾家太炎一建議屏四凶。則中央銜其自由。舉世目爲狂易。近且滅議會。禁黨派。廢自治機關。用純乎政府系之議員。以修訂大法。一載以還。清議絕滅。正氣銷亡。遊探滿街。道路以目。新聞之中。至數十日不著議論。有亦祇談游觀玩好。無關宏旨之事。或則滿載陳篇說帖。塵羹土飯之文。猶且禁錮記者。頒訂條例。既嚴誹謗。復重檢閱。歐洲中古之所未聞。滿洲親貴之所憚發。毁及鄉校。智下於子產。禁至腹誹。計蹤乎祖龍。自古爲同。斯誠觀止。則又暴民專制之所不敢爲。而今之君

（一）當時議會、君主黨實占優勢、以各有所擁戴、不肯相下、故遂就共和。

子以爲安國至計者也惟防民之口甚於防川其抑之也至則其暴發也愈烈望前路之茫々曷隱憂其有極愚書至此蓋已爲擲筆三歎流涕而被面矣不圖爲同之弊乃至於此

愚之草爲此論。非敢有一毫成見也、說者謂國基未穩。民志未安。政府所爲。縱越乎常軌以外而爲國家計。似未能責之過苛。是誠然也。蓋共和之名。非國莫傳。國如不存。體於何有。是政府所爲苟可以由之而國固。而民安。雖無當於共和之道。吾又何求。無如以愚觀之。正如孟氏所言。以若所爲。求若所欲。猶緣木而求魚也。此泛、覽、乎、古、今、治、體、而、可、知、也。論治之家所以深惡夫同者非於同而必有所惡也惡夫同之不足爲治也苟足爲治則專制政體至今可留於歐美彼中人士決無取流血斷脰以求去之前擧穆勒之論二黨」。其一之所以宜存。即以其一之有所不及。此不啻曰異之所以宜存即以同之有所不及惟不及云者。人皆以謂同之爲物。本質未良。愚則退一步言之。同而失其爲同斯爲不及質之良否暫不計焉何以言之。凡爲同者非一手一足之事也是必託乎朋類而朋類以恃其爲同之故恆從其意而不從其令（一）語云。其父殺人報仇。其子必且行劫。倡爲同者本不喜法度則爲之子者宜惡法度也尤甚至是而欲以令齊之此必不可得之數是將有暴戾恣睢壞法亂紀而以其爲同也主者莫能問之者矣夫至國有暴戾恣睢壞法亂紀者而莫能問他非愚所知以云爲同已不能副其實矣凡爲同者所隸之人材必也君子少而小人多君子之同蓋同其道小人之同則同其利（二）同其

（一）「人臣事君之常情。不從其令而從其意。今朝廷之意。好動而惡靜。好同而惡異。指趣所在。誰敢不從。」見蘇子瞻上神宗皇帝書、

（二）「大凡君子與君子。以同道爲朋。小人與小人。以同利爲朋。此自然之理也。然臣謂小人無朋。惟君子則有之。其故何哉。小人所好者祿利也所貪者財貨也當其同利之時暫相黨引以爲朋者僞也及其見利而爭先或利盡而交疏則反相賊害雖其

道者以同而異。(一)同其利者以異而同。夫至有小人之異伏於其所以爲同。則妒悍傾巧相賊相害無所不恣無所不至。主者將坐視其威福下移而莫如何。至是能爲同者亦罕矣。又凡爲同者其必至之勢首爲蒙蔽。故古之善爲同者莫如始皇。而李斯趙高二豎子耳。足以持而舞之。蒙恬將兵三十萬扶蘇以太子之貴親監其軍。斯高矯詔殺之。彼乃不敢復請。何也。懾於始皇之同也。趙高陳鹿於廷强指爲馬。羣臣莫不馬之。何也。懾於秦廷之同也。蒙蔽至此必非爲同者之本心矣。由此而言同且莫達於眞同之域。遑問良否。蘇子瞻曰『天之亡人國其禍敗必出於智所不及。聖人爲天下不恃智以防亂恃吾無致亂之道耳。』此誠深通治道之言。所謂恃智猶言恃同。智有所不及即同有所不及也。

此觀於吾之外交而可知也。前淸之末當局無能。識者譏其媚外。攻之特甚。而吾權利之未盡喪於滿淸之手。未始非輿論之功。又當時封疆大吏率多老成。與滿廷旨趣不必劃一。每當國有大計機至迫

兄弟親戚不能相保。故臣謂小人無朋。其暫爲朋者僞也。』見歐陽永叔朋黨論、

(一)『君子和而不同。小人同而不和。和如和羹。同如濟水。故孫寶有言。周公大聖。召公大賢。猶不相悅。著於經典。兩不相損。晉之王導。可謂元臣。每與客言。衆皆稱善。而王述不悅。以爲人非堯舜。安得每事盡善。導亦斂衽謝之。』見蘇子瞻上神宗書、又歐陽永叔論杜衍范仲淹等罷政事狀有曰『昔年仲淹初以忠言讜論聞於中外。天下賢士爭相稱慕。當時奸臣誣作朋黨。猶難辨明。自近日陛下擢此數人。並在兩府。察其臨事。可見其不爲朋黨也。蓋衍爲人淸愼而謹守規矩。仲淹則恢廓自信而不疑。琦則純信而質直。弼則明敏而果銳。四人爲性既各不同。雖皆歸於盡忠。而其所見各異。故於議事多不相從。至如杜衍欲深罪滕宗諒。仲淹則力爭而寬之。仲淹謂契丹必攻河東。請急修邊備。富弼料以九事。力言契丹必不來。至如尹洙亦號仲淹之黨。及爭水洛城事。韓琦則是尹洙而非劉滬。仲淹則是劉滬而非尹洙。此數事尤彰著。陛下素已知者。此四人者。可謂天下至公之賢也。平日閒居則相稱美之不暇。爲國議事則公言廷諍而不私。以此而言。臣見衍等眞得漢史所謂忠臣。有不和之節。而小人讒爲朋黨。可謂誣矣。』

切。頗能逕出所見。慷慨上爭。與朝旨許。所不計也。滿洲末運。賴此而維持者不少。庚子之役。劉張二督之保衛東南。今總統袁公之遮蔽齊魯。明々與政府立異。而舉國食其賜。其大證也。而今又何如矣。愚知外人之敢於要求。遠過於前。政府之盡諾唯恐或後。亦遠過乎前。至輿論何在則轉飄忽一無所聞。夫清政府以鐵道國有政策釀起人民之抗爭以取覆亡由今思之國有云者猶唐虞三代之治耳乃前則張脈僨興今而奄々欲死雖曰彼此時有未同而性與習移亦不至如此其速此得毋風塵澒洞之秋國中有大力者方負國民而趨使其耳目無自而彰也耶夫民氣囂張誠不可尙而正當有力之公論亦大足爲國際談判之後援政府不知所以用之而日以抑之爲得計是不謂之政治自殺焉可得乎今既議會消矣新聞死矣所謂封疆之吏政府皆視同鷹犬有事需其口舌則嗾之言之又安敢望其抗議而吾國人無遠識無毅力薄於愛國心加以貪鄙近利敢爲小人無忌憚之事倘外交當局不得其人全國之生命財產不難於冥々之中斷送於一二李完用其人之手國人至死且莫知其病症讀者其勿以愚言爲過激也國政至專出一門小人敢於買怨於國人其術必足以彌縫於首長同僚知其隱者其貪勢嗜利之心大抵相同又各有以關其口而奪之氣事勢至此彼果胡所憚而不爲

孫子曰。善用兵者。無赫々之功。愚爲此論。雖逆探未然而以爲必然。亦誠不願不幸而言中。然縱覽古今。橫觀中外。此種傾向息々而來告實迫。愚不得不表而出之以警其國人嗚乎其所以有此傾向者何也則好同惡異之一念釀之也

此又觀於人心而可知也。昔者國人惟以黨人爲憂。以爲黨人不亡。中國即不可治。於是踴躍奮迅。聯爲一氣以排之。愚知轂輦不亂。黨人亦將無側足之地。何也。千人所指無病而死。一國之人共厭此物

則其物必無法以自存也今黨人已蔽其辜矣。則國人之所當務。在仍然踴躍奮迅。聯爲一氣。移其對待暴民之心以整理國事此應有之心理亦當然之邏輯也夫吾夙昔理想中之中華民國。非革命後國人共矢其天良。同排其客氣。無新無舊。無高無下無老無壯。無賢無不肖。悉出其聰明才智之量。投之總貨棧。如穆勒所言。以安而邦。以定而法乎。今既不可得。革命黨以不勝其排而去矣。然國家者非革命黨之國家也革命黨可去國家終不可去雖曰國中一部分之聰明才智勢將隨革命黨以出吾棧但若其餘者共矢其天良同排其客氣如上云々而進行爲國事亦奚不足爲理無如政象之來。又與吾人以反感也。蓋前之排革命黨者。乃集合無數互相排之人。羣排一共通之大敵。公仇未消。私鬪自已。迄大敵去。而其互相排之局立成。數月以來。政情紛擾。大率由此。夫人而至於相排有天演之公例運乎其中焉是乃新進孤立者常去。竊用威福者常留。不然。則前者被吸於後者也。潔廉自好者常去。頑鈍無恥者常留。不然。則前者依違於後者也。爲政有方者常去。黷貨亂政者常留。不然。則前者軟化於後者也。而竊用威福頑鈍無恥黷貨亂政者之中其勢力資望又各有其等差自茲以往。少竊用威福者常去。尤竊用威福者常留。不然。則前者被吸於後者也。少頑鈍無恥者常去。尤頑鈍無恥者常留。不然。則前者依違於後者也。少黷貨亂政者常去。尤黷貨亂政者常留。不然。則前者軟化於後者也。屢轉相排屢轉相勝最後而國家賴以支拄者亦惟此竊用威福頑鈍無恥黷貨亂政醇乎醇者數輩而已國政既出於彼。彼乃摧類引朋棊布而星羅。四周於天下。其竊用威福頑鈍無恥黷貨亂政之質。有一不肖己者。則陶而冶之。使之悉合。於是據盡天下之公家機關以臨吾民者無往而非所謂醇乎醇者而已讀者又勿以愚言爲滑稽也。以達爾文之説施之政治其例未可逃也至吾國人相排之局已至何級。尙非吾人所忍細認。其秉國成者。即當目爲竊用威福頑鈍無恥。黷貨亂政與否。亦屬問題。然政之所出確係數頭顱餘則被吸者依遞者軟化者與夫爲其陶冶者而已無可疑也若而輩者相與爲容頭過身仰非術者之計亦食其祿不忠於事設官千萬悉同廢料此外之受排者憤國事之無可爲又多出於消極自暴之想美人醇酒與服賭博之好與日而俱增綱紀益隳道德日腐父兄不能約束其子弟師長不能導領其生徒非惟不能抑又不欲髣髴己入於日莫途遠之境祗得共爲其倒行逆施之謀加以外交無能利權盡喪債如山積而政府舍其飲酖自殺之圖別無他計步武埃及胡以爲國雖至愚者亦能數日而知死所矣以是不平之聲滿乎天下亡國之歎聞於街衢而又盜賊橫行饑饉荐至商工廢業物價踴騰不逞之徒至死於炮烙(一)九空之室更燬於官兵新聞指斥武夫則記者橫被桎梏行軍一過工廠則傭女悉被姦淫(二)觸目皆可傷心無往而非戾氣而黨人之遠嚼於海外潛伏於田間撫髀而太息乘間而即發者尙不計焉以是種々凡居國中者終日皇々不知禍變將以何時而至斯誠亂亡之象也其所以致此者無他蘇子瞻之所謂智勇辯力未得其養也智勇辯力未得其養以相排者衆也然相排者其初又非敢直以己意爲之必其國有可依之法律有可承之意旨然後因緣爲奸相與刼持而出於是是又無他政治所從出之地有以好同惡異之術操縱天下者也語曰。涓々不壅。終爲江河。不圖一術之差。爲害竟至於此。

凡右所陳。乃在證明爲同之弊。果爲同也有國會不足以爲治無國會亦不足以爲治有約法不足以

(一)各省訊供、間用燒油香跪火燎蘇騎馬棒諸刑、異常慘酷、
(二)大漢報記者胡石庵、記征狼軍之不力、被鄂督段芝貴所逮、龍濟光軍至樂從、一絲廠工女數百人、盡被淫汚、

爲治無約法亦不足以爲治易而言之。立憲既非所期專制亦無能爲役其極也。國不能保民即於死而已身若子孫亦或與之俱殉焉甚矣術之不可不愼也有疑愚言者曰。國勢至此。非人力所可挽回。子言誠是。然悉如子意而矯其弊。吾亦未見其可。愚曰。不然。蓋國勢至此者。必有所以致之者也。苟吾一旦見其眞因而芟夷之。則其目前之效縱不能挽現狀而進於良亦必能障之使不更趨於惡於是集天下之聰明才力大公而至正戮力而同心以謀所以救弊而補偏焉謂國事終無可爲未必然也蓋國中無一有大力者欲以其術一天下因擧天下之人才而鉗束之困毀之則賢者無同流合汚之嫌而用其愧怍智者無逢君張寵之目而勞其粉飾凡所謂才必能自覓其經常正當之徑涂以入乎政事向之新進孤立者潔廉自好者爲政有方者將不至受人之排以去且君子小人之道互爲消長者也國中多一分正氣即少一分邪氣此種端方廉直之士既有自由發展之地則竊用威福頑鈍無恥黷貨亂政者亦將不至敢行無度而絕無所顧忌且人之欲善誰不如我彼之不遂而好利固非自有生而然也苟政治淸明無所容其貪詐自暴之心既除立功之意即正則因材器使功績或較小廉曲謹者爲尤多語云。蓬生麻中不扶自直是之謂也（一）至如被吸者。依違者。軟化者。爲其陶冶者。本多飽於經驗長於技術之徒。前之隱忍而不即去。無非屈於交游服食之所自出。不得已而爲之。非所欲也。則一轉瞬間去其不得已者而爲其所欲爲者是能吏萬千亦待即其地而求之耳人才既回復其本能第二要著乃在假以相當之位置使之發揮以至於最大限度於是若者居政府若者在議會若

（一）當蔡先生元培，以南京使命入京，與唐紹儀汪兆銘宋教仁李煜瀛諸君，在舟中發起六不會，同時汪李又與吳敬恒張繼剛君，在上海發起進德會，當時社會，頗有從風而靡之勢，民國之朝氣，惟於是時見之，可見矯正弊風，正非無法，

者為新聞若者辦學校有一分之才務得一分之用毋投間毋獵進用為所學々為所用(二)於是天下之智勇辯力各得其所太息之聲不聞於隴畔責任之重盡肩於匹夫至是而外人不加敬權利不可復民間不知義國債不可募工商不知勸實業不可興生徒不知奮教育不可期愚不信也愚不信也然何以致此曰國人悉除其好同惡異之見則致此讀者或終疑愚言過於迂濶當世之人不必能行則愚亦謹藏以有待黃梨洲所謂如箕子之見訪或庶幾焉愚誠無似亦妄希此君子曰為政有本不好同惡異斯誠政之本矣因論政本

(一)梁任公先生歸國以來。頗感人才之不經濟。其言有與愚說互相發明者。並取證之。其言曰。「大抵凡物之在宇宙。各有其功用。而以時間空間配置之得宜。能發揮其功用至最大限度。斯謂之經濟。反是則謂之不經濟。……吾非敢謂今日全國之人才。盡投諸不經濟之地。然其患此者。已什而八九。即所餘一二。亦程度問題耳。以不經濟之故。於是舉國殆無一人能發揮其良能。其在客觀方面。則相詬以無用。其在主觀方面。亦人人漸自覺其無用。不知天地果何為而生我。而我果持何術以生於天地間也。以此言之。人才雖欲不消乏。又安可得。此其故由社會之形格勢禁者半。由個人之自墮自狹者亦半。個人方面之惡因。宜以個人意力自被解之。社會方面之惡因。宜以多數個人之合成意力共被解之。苟非爾者。恐全國皆為無用之人而才不才更於何用。」此數言者。其面貌以平淡出之。自愚觀之。以為梁先生傷心之語矣。夫所謂社會之形格勢禁果何謂也。得毋與愚好同惡異之說有合者耶。梁說見庸言報二十五六期合本。(完)

讀嚴幾道民約平議

秋桐

嚴幾道先生近作民約平議一首。揭於天津庸言報(一)以痛詆盧梭。大不滿意於自由平等之說。其言誠辯。而可以進論之處。究不爲少。愚輒忘其無似。而以此篇與商兌焉。惟先有一言以告讀者曰。愚非醉心於盧梭之共和說者也。且慮國人過信此物。馳於空想。而因懸其所以立國之基。恆爲稱述西哲名言(二)謂自專制以至共和。乃有共通要素。非此不足以圖存。而立憲之國。民意流通。有時且較之共和。愈形活潑(三)是故平等自由者。非共和國之特產。而盧梭之所能發明也。此立憲國有之。即專制國亦不能謂其無有(四)由是吾人之於盧梭。亦證其所持之理爲何如耳。理有通於此不通於彼者。吾取此而舍彼。通於彼不通於此。吾取舍則反之。斯爲善讀古人之書。而不爲所苦。初不宜挾一先入之成見。硬坐盧梭之說。隣於虛誕。遂視爲洪水猛獸而排之也。即如天賦人權之說。得盧梭而始大張於世。法蘭西學者和之。此無足怪也。而德意志法家。亦取其說。以爲一切法律之基。初不以其爲盧梭所倡之。故慮有妨於君主國體。廢而不講。何耶。英吉利之作者。亦然。又何耶。苟吾不能字英德之士。爲狂易則必有至理存乎其中矣。夫吾共和國也。而主張一說。必先爲之辨曰。此非共和之說也。斯誠可笑。惟今居反動時代。名爲共和。一切惟還乎專制是務。於是有無論何國所不能不備之質。而以爲貌似共

(一)第二十五六期合本。
(二)所謂西哲。如法儒若呂英儒梅因皆是。愚作民立報時。屢爲所述。本期部落政本論。亦嘗及之。可以參看。
(三)如英吉利是。英國政象之活潑。乃遠過美利堅也。
(四)中國社會。所存平等自由之質本甚多。特其意義不必如西人所云耳。

和。不免挾其雷霆萬鈞之力。以擠而去之者。爲此愚所爲讀嚴先生之論而有感。先表而出之於此。讀者必諒斯意。而後觀愚所以駁嚴先生之言。庶乎能得其平。

嚴先生之平議。全出於赫胥黎「人類自然等差」一文(一)所列「民約之大經大法」三則。亦即赫氏所舉。其比論郝伯思洛克兩家。與夫詮釋自由平等諸義。並皆本之。故對於嚴說而加駁義。與直造赫室而抗辯焉。無或異也。夫赫氏爲生物專家。近世寡其儔流。豈不可敬。愚學於泥北淀大校。彼曾領該校總長之職。學風所被。愚亦爲私淑者之一人。豈有菲薄先賢之理。然赫氏畢生精力。用於專科。特以天資妙敏。文詞慓悍。喜以刀圭餘暇。縱談教育社會諸務。揭諸雜誌。其文可誦者固多。而以拘墟於科學之律特甚。扞格不易通。且有時互相牴牾而不自覺者。亦自不少。是故以言物理。赫氏誠爲宗工。以言政理時。乃馳於異教。術業專攻。勢使然也。自有民約論以來。論者百家。名文林立。持說無論正負。要有不盡不竭之觀。嚴先生作爲平議。體亦大矣。乃皆外而不求。略而不論。獨取一生物學者之赫胥黎。先入以爲之主。即其平日所最崇信爛習之斯賓塞徒。以爲說與赫氏不同。至此亦不欲引以自廣。惟以「治羣學者。深知其說之不然」一語渾括之焉(二)愚誠頑鈍。乃不得叩嚴先生之門而請其說矣。

愚熟觀嚴先生之論。而見其最爲惶惑者。則民約之所自起也。其言曰「草昧之民。其神明既爲迷信之所深拘。其形骸又爲陰陽之所困阨。憂疑好殺。家相爲仇。是故初民號爲最苦。……盧梭之所謂民約。吾不知約於何世也」此即生物學家所以窘盧梭者。實則初民相爭好殺之相。郝伯思立說。已想像

(一)Huxley, On the Natural Inequality of Men、見赫氏文集 Method and Results

(二)後幅說明、

及之。並非生物學者之所挻論。即在吾國。柳子厚作封建論。已能言其梗概。此先郝伯思又近千年矣。惟有當注意者。則二子之所推論。雖與生物學者。約畧相通。而後者以證民約之不可能。前者則轉以爲民約之所由始。郝之言曰「民之始猶禽獸也。離羣處獨。獰毅獷愚。人以其一而與其羣爲戰。當此之時。其小己之自由固甚大也。然而弱肉强食。晝夜喘々。無一息之休居。不得已乃相約爲羣焉」（一）是所謂約即約於弱肉强食之時也。柳之言曰「彼其初與萬物皆生。草木榛々。鹿豕狉々。人不能搏噬。而且無毛羽。莫克自奉自衛。荀卿有言。必將假物以爲用者也。夫假物者必爭。々而不已。必就其能斷曲直者而聽命焉。其智而明者。所伏必衆。告之以直而不改。必痛之而後畏。由是君長刑政生焉」玆雖未明言約。而爭者皆願聽命於能斷曲直者。非有約。胡能是。所謂約即約於假物相爭々而不已之時也。盧梭之所言約。質雖不同。而起源大率如是。嚴先生嘗評郝說。而以爲似矣。顧乃不知盧梭之民約々於何世何耶。

愚知之矣。赫胥黎所剌取于盧梭。而以爲大經大法者。其首條曰「民生而自由者也。於其羣爲平等。而皆善。處於自然。則常如此。（二）是故自由平等而樂善者。其天賦之權利也」嚴先生必視盧言初民之性。與郝伯思有殊。而因未能以郝說概之。殊不知盧梭此段乃指生民之始有此一境。而非即據以爲民約之動因也。郝盧之於人性善惡。誠各有其主張。然在邏輯不得謂發點既違。由是而之焉必無合轍之處。蓋言性爲一事。言民約又爲一事。未可混也。是故攻盧梭者。以爲初民無此境焉。是非暫不論。而

（一）此依嚴譯、

（二）此處當作「處於自然、人口不增、爭存不烈、則常如此、」乃無語病、觀後自明、

要不得謂無的放矢。若夫執是爲推勞斯盧梭曾謂人類自由平等而皆善因相與爲約造爲一理想之社會焉此攻之者閉門而造之盧梭未爲是言也不獨未爲是言愚嘗勤攻而熟考見其所言且適得其反也盧之言曰「自然之境人求自存久之而接觸日多隨處而見障礙且障礙之爲力足以直襲其求爭之性使之處於自然無計自保苟非別求生存之法則人類將無孑遺初民確至此一境而見其然焉此吾敢斷言者也」(一)之數語者。正以說明約之所由生。其所寫原始社會之狀衡之郝伯思而同。質之生物學者。亦不必有異(二)而毀盧梭者輒曰。上古者直一殘忍好殺之境也。胡得謂善。而不知殘忍好殺實盧梭業已揣得之見象。筆之於書。與人共見。而人熟視無視。轉執作武器而攻之焉。是誠近於頑童之所爲而通。人碩士輒不免焉何也。無他感情之所中成見之所封不暇深求其書而以道聽途說自滿假也。英儒鮑生葵(三)嘗病盧梭之書爲人妄解爲之言曰「凡偉人之意見一入常人之口其所留意戒備視爲不可犯者輒犯之不已甚且假其名以行焉」此誠慨乎其言之。而愚以爲深中學者之弊也(四)是故目論之士。不加深察。以爲盧梭曾盧懸人生最初之善境。而因武斷其民約說遐由

(一)見民約論一篇四章。

(二)或謂盧梭言初民有善境，生物學家反之，此終是異點。愚曰然，惟生物學家，謂初民無善境，其所以然，則人以相仇而好殺也，其所以相仇而好殺，以人口日多，資生之具，爲其分所應有者，日見不足，不得不侵人之分而奪之也，然則人口未繁，資生各足之時，其不至相仇而好殺，可以推見，盧梭之所謂善，亦正於是時云然爾，非至善之謂也，此與生物學者之旨，不必有絕對不容之處。

(三)Bernard Bosanquet，引語見所著國家哲理 Philosophical Theory of the State 一四頁，據一八九九年本。

(四)嚴先生亦嘗舉拉哈布 La Harpe 之言曰，「甚矣世俗論者之不審也，俗皆謂必民主而後有道德，猶之必君主而後有榮矣，此言出於孟德斯鳩，乃相與嘗譏其不審，不知孟氏原書具在，彼固未嘗爲此言也」，見嚴譯法意三卷三章。

此善境而生。初未經爭存互殺之一級。宜乎不知盧梭之所謂約々於何世也。嚴先生博通西籍。其亦偶爲道聽塗說所蔽也耶。

嚴先生擠排民約。又發爲絕奇可駭之論曰「今如有萬分一。一日神州之土地物產。其宜歸吾人永保與否。聽大會之表決於海牙。異時之事不可知。或乃貿然以吾人爲寡。當此之時。公等將俯首帖耳。以爲此實民約之至平乎」是說也。愚以爲兼犯二病。一曰遁詞。一曰誤解。何言乎遁詞也。大凡邏輯論法。首嚴範圍。本論之範圍。乃國家也。而國家舍民族則無意味。故政家之恆言曰。民族國家(一)夫民約者。何約。爲國家也。約爲國家則斷不出乎一民族以外。今吾中國尚不得稱爲民族建國乎。如其然矣。則如嚴先生言。爲約不爲於一國以內。而與他民族共爲之。至聽海牙大會之表決。豈非怪事。而嚴先生圖逞其詞鋒。不顧而作此譬。是民約言人與人之事(二)而嚴先生以國與國之事詰之。使民約而能言。必不置答。其在邏輯病曰「逸果倫楷」逸果倫楷者。猶言忘其論點也(三)今且置邏輯不論。從嚴先生之譬以爲論思。而其所以釋民約者。亦屬誤解。何以言之。夫約此何。盧梭曰。約以意不以力。「屈於力者乃勢之事。非意之事也」(四)此其定義固甚明。而後之濫言民約者。則爲之推廣。謂凡兩造所立之契無勢無意。皆稱爲約。赫胥黎者。即其一人也。其言曰(五)

(一) Nation-State、惟盧梭書中、乃言市府國家 City-State、意義稍別、本文針對嚴先生之說、就吾國立論、故云、

(二)盧梭此別、觀民約論一篇四章自明、

(三) ignoratio elenchi

(四) Celer a la force est un acte de necessite, non de volonte、見民約論一篇四章、

(五)見 Administrative Nihilism 文中、赫氏文集 Method and Results、

民約之理想。雖近於誇。然社會之結構。無論其爲何式。而分子之間。或隱或見。實有一種契約存焉。則又事實之不可掩者也。蓋社會全以武力維持者。既未皆有。亦不可能。如有人曰。黑奴之傭於其主。由約不由力。乍聞之似謬。而究含有眞理。無容致疑。其約也。苟表而出之。當如下式。——奴、汝爲工若干。吾食汝。衣汝。室汝。否則殺汝。鞭汝。虐待汝。——奴視其約將無甚於此者。乃忍而受之。又余苟遇盜於途。劍余立死。奪余貨以去。是以力盜余。名實不爽。惟或以鎗擬余。命與金惟余所擇。余又寧舍金而取命。則余惟有獻金於盜。取其約中之輕而能爲者爲之而已。於斯時也。苟余仍不免爲盜所殺。則人得從而斷之曰。彼既犯盜與殺。而又取得一違約之罪也。是故專制政府。大部不過綜販奴者與路劫者之行事而集其成。然治者與被治者之間。終含一種有意識之盟約。自專制以往。政府之式。遞進於民。其爲有約。更不俟論。夫約者非他。乃兩造各就一定之條件。而制限其自由也。路賊會去殺余之自由。而以余之舍去財產自由爲條件。余舍去虐遇黑奴之自由。而以奴之舍去游惰自由爲條件。由是可見社會組織。或繁或簡。而精神基礎。要在所有分子。在某某方面。各拋棄自由權何許。而以與他分子共同生活所得之利益以爲償。質而對之。若而憲法。若而律令。若而風俗。其所以明言默認。某事可爲。某事不可爲者。無往非成文或不成文之約也。

約既有此廣義。人遂以爲盧梭所言。即屬如是。嚴先生今以產業見奪於人。吾無力與之相抗。因俯首帖耳。從其條件。疑即盧梭之所謂約。反詞以詰之。冀崇拜民約者無敢置對。詞竆而去。是殆先熟赫胥黎之論於胸。偶不加察。遂有此蔽也乎。愚今請得更誦盧梭之言曰。約以意。不以力。「屈於力者。乃勢之事。非意之事也」必明乎此。而後可與言盧梭。

凡右所陳。意在指明嚴先生所爲。在乎反民約之說。而於民之所以爲約。與約字之義解。未能求之盧書。細加體會。故雖號曰攻盧。其實於盧無與。今且進辨其所以論盧梭經法者。

赫胥黎舉盧梭之原則共三條。第一爲天賦人權。其詞已前見。不更舉。夫盧梭曰。人生而自由者也。此特以示自由之性。出於天生。不出人造已耳。猶心學家之言良知。言直覺。言夙慧。於生育之事。無與也。

今赫氏攻之曰。「吾爲醫。所見新生之孩爲不少矣。㮚然塊肉。非有保赤之勤。爲之時其寒飢。歷十二時寡不死者。是呱々者。安得有自由之能力乎」(一)是由天生之生轉入生育之生併爲一談以欺庸衆(二)在邏輯論法謂之「媒語不明」(三)不圖赫氏大家而犯此病問嘗論之。良知之發見。必始自孩提之童。直覺之來。尤無定年。英儒穆勒號稱夙慧。而亦六歲始受計學於其父。如赫氏言吾人悉以醫家之術即呱々墮地之兒而驗其有無亦俱不外「㮚然塊肉」而已寧有他也今質之嚴先生吾人因謂孟軻爲邪說約翰乃癡兒可乎愚謂赫氏拘墟於科學之律特甚此也

赫氏之論平等。其說從體智身分而入。謂智愚强弱貴賤貧富之不同。自然而然。無法齊之。其言不爲無理。然當知此種不同。盧梭非無所見。且嘗標題著論說明其所以不同之故矣。(四)然則以此聞執盧梭。寧非無謂之尤。盧梭撰民約論。論產業終。結以一語曰。「吾今此語當用以爲羣制之本源是何也是乃民之初約在不違反天然平等之性(五)而以道德法律之平等取體質之不平等而代之以體質之不平等乃造物以加於人無可解免者也由是民力民智縱或不齊而以有約之故其在法律乃享同

(一)語依嚴譯、

(二)赫氏之誣盧梭、本爲讀惜賓未、發動傭工之聽者、文中自言及之、

(三)三段論法、當作(1)人生而自由、(2)嬰兒生、(3)故嬰兒自由、此得結語不通、故赫胥黎以證盧說之謬、然須知生字凡兩見、前之媒語、在論法媒語必意義相準、而後結語不誤、今兩生字形同而義異、名爲一字、實則兩字、兩字安能作媒語、故曰媒語不明、Ambiquity of middle term 亦曰四詞之誤、Fallacy of four terms 以論法祇取三詞、而今四詞故也、

(四)論題爲「人類間爲不平等乎、不平等果合於自然法乎」、Quelle est l'origine de l'inégalité parmi les hommes, et si elle est autorisée par la loi naturelle?

(五)茲所謂天然平等、僅指無特權無高位種々名目之、意在消極方面也、

等之權利』是則智愚强弱之不一。盧梭已有說處此。至貴賤貧富之所由異。有時乃屬賢愚勤惰之結果。盧梭寧不知之。故其言曰『以言平等。其愼勿以爲若權若富吾人皆當保持同等之量。斯語之所謂不外有權者不當使之爲暴。其行權也務準乎位依於法。富者不當使之足以買人。反之貧不當使人不足自存至於自鬻。如斯而已』(一)是盧梭所以配置貴賤貧富之道。亦不如俗論所云。彼於權位財產必芟夷蘊崇。絕其本根。然後快也。嗚乎世人一耳盧梭之名。幾相驚以伯有矣。乃夷考其實。言之平正通達如此。且時々戒人勿作極端之思焉。宜乎飽生葵爲之太息也。

至盧梭謂人處於自然而善。赫氏以腦漿不結意影。無善不善可言駁之。此關乎心理生理兩科之鬪爭。範圍至濶。非本篇所能議。即吾國性善性惡之辨。亦聚訟至今。迄無定論。惟有可言者。盧梭追想初民而字之曰善。特指爭存好殺之前一境。猶吾言渾々噩々。並非至善之善也。且當知以此抨擊盧梭首當其衝者。實爲吾邦之孟軻。又非可濫『以慘刻少恩恣睢暴戾』加之者也。

嚴先生又述赫氏之詞曰『吾聞雅理斯多德之言曰。人生而奴。此誠詖辭。顧以比盧梭之言。猶近理耳』。此則盧梭已自爲答矣。曰『雅理斯多德之言。誠屬事實。雖然。彼倒果爲因。乃巨謬也。人苟生而爲奴。則終身爲奴。說之確鑿無逾此者。奴既受梏。無復自主。即欲逃亡。亦不可能……但如有天生之奴在於今日。則必有非天生之奴在於往時。蓋第一奴者。必其以力成之者也。惟其怔怯無以自脫。遂奴奴相嬗以有今形』(三)以愚觀之。盧梭之言。甚平情而近理。赫胥黎圖其文之通俗而利己。所以攻盧者。乃

(一)民約論二章十一節、
(二)民約論一章二節、

至竊其題而沒其說。嚴先生亦貿然而從之。竊有所未解也。

嚴先生既宗赫胥黎。以天賦人權爲非。於是有不得不然之斷語曰「自由平等者法律之所據以爲施。而非云民質之本如是也」則請問嚴先生曰。既云「所據」必有所據自由平等非天賦矣今之法律據以爲施者胡自而來持論至此惟有引英儒邊沁之語以相答曰「一切權利皆政府所造者也」夫政府造之非法律無由見是不啻曰法律造之也惟自由平等既爲法律所造矣而法律復據之以爲施此種論法得非丐詞(一)之尤者乎斯賓塞擁護天賦人權最力者也。嘗排邊說而有言曰。

造有二義。一從無生有。一即原有之物而結構之。或謂即以天主萬能之力。欲於無物之中生物。恐亦未能。至人爲之政府而謂其力足以勝此尤決無是事無已。所謂造者亦惟曰即前有之物從而範之而已。於斯問題起矣。前有之物。政府即而範之者果何物耶明々有物安得曰造是之曰造純乎丐詞此可以欺不求甚解者流不足爲通人言也況者邊沁於立言作界。極其慎重。嘗著一書。指陳邏輯諸謬(二)而於用字之妄。尤有專篇。而其妄也至此乃躬自蹈之奇矣(三)

嚴先生慎於作界。又特致謹於丐詞。可稱爲吾國之邊沁(四)而乃適同一病。得毋文字中有因緣乎。

嚴先生又曰「大抵治權之施。見諸事實。故明者著論。必以歷史之所發見者。爲之本基。其抽取公例。必用內籀歸納之術。而後可存。若夫纂壁虛造。用前有假如之術。立爲原則而演繹之。及其終事。往々生害」此其藏理之確。無待講明。惟非所論於天賦人權也蓋駕馭此題不幸所謂前有假如之術嚴先生

(一)此依嚴譯、拉體諾文作 Petitio principii、英文爲 to beg the question、凡一物尚待證明、而即因因用以爲證、旋求證彼、復以所證之物證之、謂之丐詞、如晉以老訓考又以考訓老之類、彼此相求、故曰丐、

(二) Book of Fallacies、

(三)見 The man versus the State 八九頁、

(四)可閱嚴譯穆勒名學卷首、

自用之而不覺。而攻人之用斯術者。彼實非無史事以爲之基。斯賓塞羣學宗匠。曠代老儒。不得謂彼於史學無所知也。今請更以其說進。

吾觀於世界種族。有以知未有政府以前。人事悉準乎習慣。貝楚納人、全統於久存公認之俗。荷腦圖雖有首領。而不甚服之。有時行事。俗中不見先例。則以己之所謂善者行之。亞納坎利安所以爲治。古習默例以外。無他物焉。點瑟斯之酋長。聽訟一本俗情。撒拉瓦之土人。以俗爲法。違俗科金。大凡初民視俗。每不憶其所自來。其從奉信與否。決無人敢發斯問。政府後起。權力爲俗所縛。莫能自由。其在馬逵加斯加。君所發令。惟在無法無俗無先例時。始得有效。爪哇亦然。證之蘇門答臘。君欲變例。民必不許。即在阿商提。以變俗始。每以廢王終。夫所謂俗者無他。即所以認明箇人權利者也。而所謂箇人權利。又不外在於何種範圍而能行動。主於何種事物而運用也。即或財產制度。未之萌芽。而武器用具飾品種種。亦必各有其主人。況夫社會繁複過於是者。往往而然也。北美之紅種。如斯留克人無所謂政府。而馬爲私有。齊潑魏陽人亦無所謂政府。而私阱所得之野禽獸。即爲私產。此外關於本屋器具。與夫日用之品類於是者。在埃斯奇摩。或巴西之紅人。以及其他土著之族。蓋盡見之。頗不勝述。恆見蠻族之慣例。墾地而種。穀視爲己有。而地則否。安達斯無政治組織。其所爲畜與地之別者亦然。阿拉呼拉之人。尊所有權特甚。非長官依祖宗之成例。下以判斷。無論何人。不得處理其產。此固不僅未開化人然也。吾疑邊沁之徒。殆忘己國之通行法。全胚胎於習慣。蓋吾之所謂法。其能事不過本固有者而條理之而已也。於是邊沁之徒曰。財產者法律所造者也。吾得以一語折之曰。有法以前。財產久已爲國人所公認矣(一)

爲邊沁之言者。苟即此而熟思之。已可廢然而返。然尚進而論之。邊沁曰。政府造權利以加諸人。信如斯也。各政府將各本其所欲造者造之。假非有法限其所造者出於一途。則所謂權利者。或因政府而異其致。雖然。此等權利。實乃無乎不合也。凡屬政府。禁令大抵相類。社會上之要求。亦大抵從同。若故殺。若盜竊。若姦淫。皆習慣之所不許。社會愈進。箇人之受保護者愈多。如盜約。如誹謗。如僞證。欲取償焉。率有方術。一言蔽之。法典條文雖不一律。而本根數義。莫或外之。此由比較而知。其常確

(一)此節所用種族各名、原語如下、貝楚納 Bechuana 南非洲地、荷腦圖 Koranna Hottentots 喜望峯之土人、亞納坎利安 Araucanians、美洲土人、點瑟斯 Kirghizes 俄羅斯游牧種、撒拉瓦 Sarawak、在婆羅洲、阿商提 Ashantee、非洲一王國、斯留克 Snakes、齊潑魏陽 Chippewayans、近密西々比河、埃斯奇摩 Esquimaux、美洲北岸土人、安達斯 Todas、阿拉呼拉 Arafuras、

習。然果何由而得此。稱爲偶然。不如是之巧也。平心思之。是乃人類生而爲羣。彼我相接。各有願欲。根於願欲。各有要求。旣有要求。自不期而成俗。以交相主張交相容許。勢出自然。無能來強。所造之法。云者亦就於主張容許之事。規之文書。詮爲定義而已。非有他也。

(斯氏尚有三說以避冗未錄)……由斯而談。所史之相詔者。可以顯人權之眞理矣。吾敢斷言。凡社會現象。剖斷至於微芒。苟非導吾入乎人生自然之法則。爲無物不反之是法而謂已了然於社會現象。是謂自欺(一)

斯氏之言如此。此而護持天賦人權之說。人儘以他語攻之。究不得議其缺於內籀歸納之功矣。昔者王安石論禮有曰。「禮始於天而成於人。天則無是。而人欲爲之者。舉天下之物。吾蓋未之見也」。今以斯氏之言參之。自然之說。誠所謂放諸四海而準。又可爲吾儒喜者也。

惟於此有當注意者。斯賓塞用其天賦人權之說。以主張放任。而德意志學者用之。頗偏於國家干涉之爲。愚雖引斯氏以張人權。而於其過於放任之處。究不敢附和。以故嚴先生曰。「今所急者。非自由也。而在人人減損自由。而以利國善羣爲職志」。斯語也。愚不敢非之。惟必舉例以實之。何項自由宜減。何項自由宜損。然後有異點可商。今茲一茫乎無畔岸之詞。可否未易言也。雖然。愚有數言。必以告讀者。則利國善羣。首重風俗。吾國風俗之惡。全球無對。故政治之惡。亦全球無對。試觀今之政象。雜出於聲色貨利賭博無賴之中。即可概見其所以然。則所得小己之自由過多。而國家制裁之力。未至在文明諸國。此種惡習。雖不得言無。而於社會風紀。尚無大礙。故彼中法家尊重社會秩序。不輕以干涉爲言。(二)而吾又寧在此例者。吾之政客。直爲博徒。吾之勾欄。即爲政海。他國寧有此耶。他如廣置姬妾。濫吸

(一) The Man versus the State 九〇至九五頁。

(二)參閱嚴譯穆勒羣己權界論第五。惟其中有曰。「竊謂爲惡之人。常有主從之分。今者狹邪之游。呼朋之博。彼躬爲此事者主

鴉片窮奢極侈縱欲敗度財賄公行棍騙滿地紀綱墮地廉恥蕩然他國寧有此耶愚嘗謂吾人治國首當以國家絕對之權整齊社會風習之事王制曰變衣服者其君流酒誥曰厥或誥曰羣飲汝勿佚盡執拘以歸於周予其殺王安石曰「夫羣飲變衣服小罪也流殺大刑也加小罪以大刑先王所以忍而不疑者以爲不如是不足以一天下之俗而成吾治」又曰「昔周之人拘羣飲而被之以殺刑者以爲酒之末流生害有至於死者衆矣故重禁其禍之所自生重禁其禍之所自生故其施刑極省而人之抵於禍敗者少矣今朝廷之法所尤重者獨貪吏耳重禁貪吏而輕奢靡之法此所謂禁其末而弛其本」(一)夫羣飲變衣服當禁與否即禁而加以流殺大刑與否在今日已不成問題惟今之惡俗萬倍於此而未有已愚不憚舉之乃在證明羣俗之不可聽其自壞而先生之用心良有可師耳吾苟未能於此致謹以國家束縛之力大減人民之行己自由焉恐國事未可言也惟不審嚴先生所謂減損自由與此說亦有合否

嚴先生排斥平等旋又曰「須知國有疑問以多數定其從違要亦出於法之不得已福利與否必視公民之程度爲何如」(二)此其爲說之精顚撲莫破惟須知平等之事出占投票以外尚有多端自愚言之資地平等罷爵授勛之制宜除裁判平等普通行政之別宜廢信仰平等國教不宜定婚姻平等姬妾不宜有凡類於此者可以推知以參政言亦不得藉口於公民程度之低而廢多數取決之制吾人亦

也、而設勾闌、具毋飲者、則從而已矣、乃今之法、不問其主、而獨毆其從、其於理果爲平乎、」似穆氏於社會惡習、亦有拔本塞源之想、

(一)兩段俱見上仁宗言事書、

(二)語本務齊義、見人類自然等差篇中、

嚴定制限使人民不得濫有選舉之權耳此而倘疑國會議政之不可行則愚敢言公民程度至此立憲不能專制亦將莫可無已。惟有從南海康先生迎他國人爲君主之「奇異說」稍變通之而自儕於波蘭印度耳此其理由其長。非本篇所能暢論。有疑吾言者。愚以異日更爲申說可也。又嚴先生於此更徵一例。謂「少嘗于役海軍。稍知御舟之事。假使波興雲譎之際。集舟中水手乃至廚役火工使之議決輪帆針向之事。則此舟前路。當爲何如」(一)此說也。庸耳聽之。將以爲辯。惟稍一沈思。其儗不於倫可以立見。蓋平等云者乃言平時之法制無與於變時之風雲國家苟至存亡危急之秋而不許政府以權便宜行事自非狂易莫爲此言讀者須知政府便宜行事恆與平等之制風馬牛不相及也如信仰平等婚姻平等云云至以國有大故而廢除之愚未之聞也

赫胥黎所舉之乙款以攻盧梭者。則曰「天賦之權利皆同。無一焉有侵奪其餘之權利是故公養之物。莫之能私。非人類所同認公許者。不得據之爲己有也。產業者皆篡而得之者也」(二)所謂同認公許者。蓋盧梭理想中之民約。在組織國家之時。民各舉其所有納之薩威稜帖(三)之下再由薩威稜帖視其所須。舉而界之。於是人各自足。無有等差。自非然者。則悉由豪強兼併。社會不平等之原。確由於此。其所言與吾國井田之說。頗互相發明。是乃偏於理想。非今日生計世界所能行。自不待論。然須知是乃盧梭依理立訓使爲國者得其最正之準繩以作法度非必剷除社會已成之局而以絕對之平等爲

(一)此段亦本赫胥黎，譯見人類自然等差篇中，惟赫未嘗謂其少嘗于役海軍耳。

(二)末語盧梭竟不認有產業然者，此於赫意稍失，赫原語乃謂「產業由他道而得者皆篡也」即產業非經人類同認公許而得之者曰篡。

(三)Sovereignty，猶言一國最高權。

期也。故其言曰「惡政府之法律。皆利富而害貧。於是所貴乎社會國家(一)務使人羣中無甚貧甚富之別」(二)是盧梭之於富。亦特惡其太甚而已。此觀於歐洲封建之弊。地主之橫。遽謂其說之不當。有未免過當。故嚴先生亦曰「因時立義。各有苦心」。其在吾國。封建之制久廢。資本之患未生。國中貧富之差。原不過遠。誠如嚴先生所云。盧梭此說「懸而不論」可矣。

丙欵曰。「羣之權利。以公約爲之基。征服者之權利。非權利也。凡物之以力而有者。義當以力而奪之」(三)嚴先生駁之。以爲征服者不得謂其無權利。欲明夫此。當先就盧梭之書求之。盧之言曰。

以力服人者。自謂有權利矣。吾且暫認之以起吾說。惟吾曰即而求之。空無一物。如曰有之。直夢囈已。何以言之。如權利可由力造。則果隨因變。彼爲後之有力者所倒。權利亦爲彼所承。於是人之棊力足以相傾。彼即傾之而無所戾。其違法。夫至最强者。恆擁其權利。人之所爲。亦惟爲其最强者而已。一旦失其所以爲力。即失其所以爲權利。此而謂之權利。果復成何意味乎(四)大凡以力服人者。當其服時。純乎由力。初可不服。決無必服之觀念驅之而行。是力之所止。義務即隨而止。可見權利之爲物。以加於力並於力者。無所增。故此而曰權利。亦一無義之詞而已(五)

盧梭所以說權利者如此。嚴先生求反其說。論鋒似當向此。然嚴先生擁護征服者之權利。首以湯武之征誅爲例。謂吾人將不得謂湯武革命。順天應人之事。其權利尚在不應得之列。不知湯武之革命可曰光復。而不可曰征服。征服者以力服人之謂。非所論於湯武也。嚴先生此言。又蹈「逸果倫梏」之弊

(一)社會國家。爲合成名詞。猶言基於社會公約之國家也。
(二)民約論一篇九章。
(三)語依嚴譯。惟征服嚴作戰勝。恐以易生誤解。而赫吾案原文。又爲 Right of conquest 故妄易之。
(四)法文權利 Droit。含有正義公道等意在內。他國文字。無相當之語譯之。
(五)民約論一篇三章。

欲明湯武征誅。在民約說之位置何似。首宜質之英儒洛克。蓋洛克理想中。有一自然之境。純浸於自由平等之中。然解釋自然法而施行之。其事絕難。且斷不盡如人意。民乃相與爲約。割其天賦之權若干。屬之首長。其未割者。即藉首長之力以保持之。玆約也。首長與焉。其不得有違。與平民等。如或所託人權。未之能保。則前約當然消失。而人民有權立復其原有之自由。重建政府。此洛克之大旨也。由斯而談。湯武征誅。乃正桀紂違反民約蹂躪人權之罪而囘復人民之自由以建造新政府也。故曰。順乎天而應乎人。順乎天。即本自然之法以用事。應乎人。乃謂民意所歸。猶言約也。此與盧梭之所謂征服相去千里也。且又可以吾儒之說證之也。孟子曰。得乎丘民而爲天子。何謂得此。如約然得其同意也。天子不以約治其國。則民心失而約廢。人民恢復其自由。若而「變置」。若而「誅一夫」。惟所欲焉。此曰變置曰誅。與盧梭之所謂征服相去千里也。宋蘇軾言於神宗曰。「……人主所恃者誰歟。書曰。予臨兆民。懍乎若朽索之馭六馬。言天下莫危於人主也。聚則爲君臣。散則爲仇讎。聚散之間。不容毫釐。故天下歸往謂之王。人各有心。謂之獨夫。由此觀之。人主之所恃者。人心而已」。此其說如前。曰聚。乃相約而聚。曰散。乃毀約而散。意尤明顯。於是民散而仇讎其君。因顛覆之焉。此與盧梭之所謂征服相去千里也。又赫胥黎曰。「假如商船忽逢海盜。船中有備。因而禽盜。並取其船。如盧梭言。將謂彼收此船者。乃以力不以約。所以爲不應得之權利也耶」。(一)沒收盜物。而以征服爲例。未免不倫。此其誤與前段所舉無異。推之國際。理亦相通。嚴先生更舉兩國宣戰之條。玆不具論。

(一)語依嚴譯、見赫胥黎人生自然等差中。

讀者當憶赫胥黎所舉丙欸共兩節。一曰、征服者之權利。非權利也。二曰、凡物之以力而有者。義得以力而奪之。嚴先生駁其一而遺其二。即以嚴先生駁其一者推之。而知其於次節。不但無以爲駁。反爲之加一鐵證焉。此又思之最有興味者也。夫所謂「以力而有」原含兩義。一積極而有之。篡竊侵掠之類是也。一消極而有之。凡非以約而有。或先有約而後背棄之皆是也。由是桀紂顯違民意用肆荼毒雖承先業而所以承之者大非其道是與以力而有者同在一例由是湯有諸侯三千賓以黜夏武有諸侯八百賓以勝殷正所謂「義得以力而奪之」光復舊物正指此也吾中華民國之所由來亦惟此義足以自立是嚴先生湯武征誅之說虛棱之所樂聞也商舶之證亦然盜之所有皆爲不順商舶禽而有之義所在也推之兩國相爭。權利致爲勝家所享。此種權利亦待敗家回復其力以時奪之無所謂「永享」如嚴先生所云也然嚴先生之言。與虛棱相表裏者。猶不止此。彼既設譬以吾國土地受裁判於海牙而失之旋謂「吾當制梃揭竿奮空拳竭餘力以爭一旦之命」又謂「返本復原必以氣力爲斷」是尙非義得以力而奪之之所有事耶

愚駁嚴先生之說既終。敢贅數言以自警。並以進諸讀者曰。大凡人著一書得享天下後世之大名影響反於一二百年名儒碩學篤信其說者緜延至今而未有已決非出於偶然即欲攻之亦當愼所從事昔斯賓塞縱論天賦人權之說。深慨英儒之淺嘗。輒爲言以諷之曰「倘吾英學者早知大陸法家其所主張與彼正成反對則其發言或且較爲矜愼吾知德意志之法典。悉以天賦人權(一)爲之基凡治彼邦哲學者無論其所見何似而決不能以浮淺目之以德人爲學之勤制思之密凡爲學者莫或逾

(一) Natur-recht

之則一說爲彼所共持決不當視作泛常不顧而唾」(一)此老之言。可以書諸紳矣。愚何人。寧敢謂於盧書。有所心得。又寧敢妄於嚴著。肆其譏評。特以吾國方深學絕道喪之憂。謂當有以養其愼思明辨之趣。抹摋之論無端崖之辭非所宜也。嚴先生持論。微偏于此。故愚輒忘其不肖。冀以狂悖易其教訓。因使讀者得自發其爲學之方。焉茲篇之所由作。如是焉而已。

(一) The man versus the state 八七頁。

愚草此論既終。以付手民。手民謂有餘白當補。乃更書此段於下。

嚴先生引赫胥黎之說。以攻盧梭之民約。至謂其約不知約於何世。不知赫胥黎固非不認民約之說者。特其所謂約。不如盧梭作界之嚴耳。盧梭曰。約以意不以力。而赫胥黎則曰。無意無力。兩造相要。舉謂之約。此兩家不同之點。既已詳陳於上矣。然赫胥黎究非能堅守己說者。今更得其所以言約者一說曰。

自羣事既興。人與人相與之際。必有其所共守而不畔者。其羣始立。其守彌固。其羣彌堅。畔之彌多。其羣乃渙。攻窳强弱之間。皆視此所共守者以爲斷。凡此之謂公道。泰西法律之家。其溯刑賞之原也。曰、民既合羣。必有羣約。且約以馭羣。豈唯民哉。彼狙之合從以逐虎也。鴻雁之避罾繳也。可謂暴矣。然必其不互相吞噬而後行。是亦約也。豈必載之簡書。懸之象魏哉。默然默喻深信其爲公利而共守之已矣。民之初羣。其爲約也大類此。心之相喻爲先。而文字言說皆其後也。其約既立。有背者則合一羣共誅之。不背約而利羣者。亦合一羣共慶之。誅慶各以其羣。初未嘗有君公焉。臨之以貴勢尊位。制爲法令而强之使從也。故其爲約也。實自立而自守之。自誅而自賞之。此約之所以爲公也。夫刑賞皆以其羣。而本衆民之好惡爲予奪。故羣不必盡善。而亦無由濟其私。私之濟也。必自刑賞之權。統於一尊始矣。尊者之約。非約也。令也。約行於平等。而令行於上下之間。羣之不約而有合也。由民之各私勢力。而小役大。弱役強也。無藉借是。就日以從大矣。民日以從衆矣。智愚賢不肖之至不齊。政令之所以行。刑罰之所以施。勢不得家評而戶論也。則其權之日由多而趨寡。由分而入專者。勢也。且治化日進。而通功易事之局成。治人治於人不能求之一身而備也。矧文法日繁。國聞日宏。非以爲事業者不暇給也。於是有業爲治人之人。號曰士君子。而是羣者。亦以其約託之。使之專其事而行之。而公出賦焉。酬其庸以爲之養。此古今萬國之通義也。後有霸者。乘便籍之。易一己奉羣之義。爲一國奉己之名。久假而不歸。烏知其非有乎。晚近數百年。歐羅巴君民之爭。大率坐此。至今者民權日伸。公治日出。此歐洲政治。所以非餘洲之所及也。雖然。亦復其本所宜然而已。

右說者、乃嚴先生取赫胥黎之意而敷陳之。以入乎所譯天演論者也。愚於斯說取數點焉。一曰。民既合羣。必有羣約。一曰。其爲約也。實自立而自守之。自諾而自責之。一曰。尊者之約。非約也。約行於平等。一曰。民權日伸。公治日出。亦復其本所宜然而已。茲數說者。皆不啻爲盧梭之書下以鐵板註脚。與赫胥黎他日之所以攻盧者。其意決不符。何以不符。讀愚論終篇。亦可得其大略。愚謂其文恆互相牴牾。而不自覺者。指此嚴先生挾赫以排盧。或亦忘懷於十年前所譯同一作者之論也耶。

（完）

墨亂感言

秉心

革命相續則一國人民流離死亡之慘禍未有窮期政本不立政治進行不能循天下之大公而背馳於文明之軌範。則朋黨比周動亂相尋。革命之禍終無已時。觀墨西哥近世之戰亂流血徧地。殺人盈野。舉全國之人胥囂然喪其樂生之心以沈溺於鬩墻操戈之中。莫能自拔。危亡之迫。匪伊朝夕。此誠思之惕然。而心悸魄動。不能自已者矣。墨自狄亞士失政。戰禍肇始。於茲數年矣、狄亞士既逐。而繼任之馬德羅。亦被捕以死於非命。現胡爾泰假大統領。又復爲革命軍所困。國勢岌岌。不可終日。如月來所傳。多爾來溫市。復有爲憲政軍(即此次革命軍名)占領之勢。若然。則軍事上及政治上形勝之地。已不爲政府所有。墨都危迫。勢將不支。即使暫時相持。互爭雄長。而最後之勝利。果屬之誰何。仍不可逆睹。膺政局者朝握國符而夕則有不知死所之懼。此其痛苦豈復堪言。夫以禍變之來。正未有艾、一般生計。其困難遂臻其極。工業停廢。商市蕭條。除全國最大之礦工業。外人投資經營。尚能維持外。人心搖動。俱無敢從事實業、東北諸州。更人民流亡。農業全廢。雖有肥沃。荒爲磽确。而又饑饉薦臻。餓莩載道。顚連慘狀。目不忍睹。至於爲國執戈。殉身戰役者。更無論焉。不僅此也、墨自獨立以來。即恃外債以爲財源。狄氏執政。更大借外款以營路礦。所負債額逾三十億。戰亂頻仍。清償無力。去歲英美資本家會議、已通電宣言。如政府處分外債之資金無着。國家將不免於破產。迨至冬間。政府及各銀行所發紙幣及一切兌換券、已失通用之効力。財政紊亂。現象危極。其未至於破產之實。可謂僥倖。羅掘既窮。補苴無術。仍惟有以重税苦其民而已。於是設綿花新税率。印紙税復增至二倍。諸税之增率有差。民不聊生。怨聲盈路。而臨渴掘井。猶不足以濟窮。近且惟恃法之借款成。而更與革命軍一戰矣。嗚乎。自此以往豈獨戰爭之禍足以亡其國而有餘耶而循是發生之經濟恐慌與夫外債之壓迫已足以困其民於水深火熱之中而莫能自救矣。財力既竭元氣斯索夫如是其國豈待有形之亡而後謂之亡耶。其民。又豈待亡國之後而後有亡國之痛耶。

夫墨西哥。亦開化最早之民族也。太古之世。已啓文明。特史乘不傳。無文字可考。其文化亦停滯而無進步。迨爲西班牙屬地。墨西哥之名詞。始見於世界。當其離西班牙而獨立也。載奠國體宣布共和。制度法律。多取於美。然其人民知識程度之高下。則有不能與美同日而語者。蓋今之所謂墨人者。非墨西哥固有之民族也。土著人民。以不適生存。久歸淘汰。今之長子孫而蕃殖其地者。率自歐移入之拉丁諸族。及與土著婚媾之混血種族也。所謂上流社會。即自八千餘人之大地主而成。其次則恃此地主爲生之貧民也。全國土地。既悉握於地主之手。貧民工作。等於奴隸。生活窮苦。無異馬牛。普通教育。無由普及。貧富之殊既亘階級之制以生故國無中流社會足以爲國民中堅之階段而因立爲組織政治之本基其運用憲政常缺統一之序而不能收圓滿之效有必然者矣夫所謂中堅階段者非名門巨閥之謂也亦非少數優秀名貴。之輩之謂也必於國民之中有一部人其財產職業人數多寡與夫政治知識之程度均足以操縱全國恆不失爲一國勢力之中心於是利害得失均與國家有密切關係而言論思想往々足以轉移政象默持風會焉而後可謂爲中堅階段之國民也墨人無之故其政治基礎不能鞏固民力稚弱梟黠生心偶因煽動輒釀巨禍而以一二人野心之馳騖往々生無限之紛擾危險所及國本以搖甚至易都比德任大統領。忽而變易國體。自稱皇帝雖不逾二年。仍返共和易氏帝王荒誕之夢想。卒扼於國人民主之思潮。而不能永現於事實。然飆風疾雨。國體屢更。政論，紛歧。是非淆亂。以此程度幼稚之國民。烏得不因之神經瞀亂。震盪失次也耶。其所以阻障政治之進步。此亦一亘因也。嗣與美戰。失地萬里。國力益弊。內政益棼。一千八百六十一年。法帝拿破侖第三更以英法聯軍侵墨。血戰數年。卒屈於敵。復廢共和政治。奉奧國皇族馬克西米利安而帝之。然墨人於此。固非所能堪也。一般政治知識。雖未能馴至健全。而共和民權之思。固已深被於人心。不可攘奪。時僅一稔。狄亞士出。乘美人抗議撤兵之機。號集義旅。恢復共和。遂禽外來之客帝而戮之、一世。潮流之所趨。固非一二專制獨夫所能抗。墨人之克奏膚功者。非必能力之優越也。故墨人之力。足以倒帝政而去之。而謂其程度遂足以建設完全之政治。而可永免於亂。則尤未也。繼此以後。十年而有狄亞士稱兵倒政府之舉。近則有馬德羅一千九百十一年之革命。而最近復有胡爾泰之顛覆政府。與夫憲政軍之戰亂。禍變無常。政局棼亂。前途氣象之慘澹。尚不知其止極。綜其原因。無非人民政治能力之薄弱而已。然此特就一般社會之缺陷言之耳。抑知一國社會之良否。固恆與一國政治之善惡。互為，影響。而一國政治之善惡。又恆與一國政治人才之優劣。相為因果。有善良之社會。固足以養成偉大之人才。以宰制其國家。而有偉大之人才。亦足以產出善良之政治。而移易其風尚。墨人共和民權之觀念既已發達。而不可遏抑。使為政得人。因其勢而利導之。本其固有之思潮。以養其政治之實力。則社會程度。固可以循級漸進。而未嘗不可與有為也。乃彼中號稱政才。類皆以公殉私。見邇忘遠。既禍其國。且危其身。其無能以公忠愛國之精誠。施諸政事。以補救社會之缺陷。以挽回國家之衰運。固無論矣。甚且。試其奸雄之謀。行其操縱之術。利用社會之惡德。買收奸陷之人心。利誘而勢迫。陽傾而暗殺苟可利已無計不圖若唯慮國基或固而不足以致亂者宜乎士不知義民不知恥商不知勸工不知稽數十年來社會程度不僅無進步可言而立國本根已潛銷暗滅而不自覺也人但知其政情險惡此猶皮相墨西哥者矣。

墨之專政最久。影響最大。而足以代表其政治彩色者。莫狄亞士若也。狄氏少習法律。美墨戰起。從軍爲義勇兵。英法西聯軍之役。將一師以當防禦之任。軍敗被捕。逮獄不死。卒率國人倒帝政以成光復之業。功業桓赫。不可一世。亦一世傑出之人材。而具有造時勢之能力者也。自被選總統以還。以一身負天下之望。兆藉至厚。宜若大可有爲矣。使竭其憂國之至誠。專以人民幸福爲的。雖爲中美之華盛頓可也。且墨人當時亦亟以華盛頓望之。以爲此決非異人任也。乃再選之後即蔑視法律之正義集一時曲學之士創爲畸論以擁護個人之權勢熱中者流遂望風而承旨至不惜干冒不韙改易憲法使己得以連任焉未來之治績尙不可期乃先於國家根本大法滅裂而毀之於是墨人立國之精神幾隨而歸於無形之消滅矣語其政績鐵道礦業之振興物質文明之模擬。其功頗有不可磨者。然以形式觀之。眩於一時之繁榮。似覺其國已臻富强之域。而不揣其本以齊其末卒啓私人專橫之漸而黨爭亡國之禍是其利又寧勝其弊也耶。夫表之不正。其影必邪。狄亞士既不能以公治其國。爲之下者更嗜利營私。無所不至。利用外債之輸入。而爭攫賂遺者有之矣。假路礦之經營。而攘奪自私者有之矣。流弊所及。怪狀百出。甚至於全國經濟實業之權利。亦假借政府之勢力而悉握入徒黨私人之手。非其黨者。雖欲投資。亦受法外之排斥。於是人民殖産興業之公利。全被奪於政府威權之下矣。日本學者高橋作衞氏曾論之曰「狄氏以一身永執政柄。無窮之積弊。即自此醸之。蓋彼唯計私黨之榮利。政治進步。因之阻障而無改良之望。如其最少之子。已授陸軍佐官之職。即一例也。而當時曲學阿世之徒。更假言論以逢其惡。以蔽其聰。且以元首之尊。至欲舉全國產業上之私福。而壟斷之。其又何說。（見大正元年十月國際法外交雜誌）此可謂得其平矣。狄氏亂政之蹟。既昭著於天下。全國不平之聲。因勃發不可遏。蓋曩之所謂一時之繁榮者不過狄亞士私人徒黨之繁榮而固無與於全國人民之福利也時則一國政治之機關竟化爲私人權利之總匯雖有才知非其與黨決無容喙側足之地而苟且干祿阿諛爲利者叢得攀援比附以自進私於己者榮之稍異於己者排斥而摧殘之無所不至李滿德爾者。久筦財政。於鐵道國有之經營。與夫整理外債諸要政。固懋著勳勞者也。惟以選舉時。他黨有推爲總統候補者之議。遂爲狄氏徒黨所嫉視。至徘徊異國而不敢歸。其他濫用權力。摧殘言論。或新聞忽而被停。或記者忽而被逮。又或無故失踪。死於暗殺。幾於不可勝述。讀戴勒氏所著暴虐之墨西哥一書。有以知近年革命之劇亂。即釀造於此太平無事之時期中也。至於一千九百十年。不用裁判官署名。濫發無罪拘引狀。以逮捕反對黨首領。尤其明背法律。排除異己之著稱者。反亂之滋。茲爲燒點。今而後。知狄亞士以劍治其國者。亦卒以劍亂其國也。說者有以墨之多亂而罪其憲法者。夫墨之憲法不善固矣。然執政者之舉措如此。雖有至美之憲法。又安從表現其效能於政治之上也耶。原墨亂者。不因其人才之臧否。以窺其理亂之機。宜而瞢々焉責其法律之不善。此誠一孔之論也。是故墨之多亂。非法律不善之爲罪。而法律不能實施於政治之爲罪。胡乃法律不能實施於政治之爲罪則狄亞士不能戢其野心。公忠體國之爲罪。蓋必上無道揆而後下無法守。無古今東西治理一也。爲政府者既枉法以臨人。爲人民者安得不違法以釁禍一國之大防。既隳亦惟見氾濫橫決。

無所不至驅國人以爲亂而已矣

夫一國之政大矣。一政之興也。有利於此。未必盡利於彼。故博施濟衆。堯舜其猶病諸。夫一國人民於政治上所蒙之利害有不能盡同於是政黨乘之以起甲黨以代表此一部分之利益爲的乙黨則以代表彼一部分之利益爲的苟以一黨永執政權而不許有第二種勢力發現於政治之上則政治利害之所及必有大不得其平者矣墨西哥之政情即爲如此。甲黨執政必以極端之手段。盡排乙黨之勢力。使立於政治範圍以外。乙黨而執政。其所以排斥甲黨或丙黨者亦如之。使一國之人在政治上所受之利若害永無調劑之望此變亂之所由來也夫福國利民。謂之善政。然所謂利者非有絕對之義也亦謂此有利於一部人民而於此時期中應於國勢要求不可以已其他一部人民誠不免於損害亦要不得不犧牲其利益以殉之已耳信如是也則兩方有一不言之理解伏其中焉是何也即利於甲者既不免有損於乙當乙受損之時必了然於其所主張之利益將來有可以伸張之一日然後暫不爲極端之攻擊而居於讓反之當甲享利之時必表示其所主張之利益將來有可以退讓之一日然後暫不受極端之攻擊而即於安是也倘以唯一之黨派壟斷政權久而不歸斥盡他人之權利使供其永久之犧牲則蒙其利者於計誠不爲失而爲之犧牲者遂將隱忍太息以終矣乎利害之競爭既馳突於兩端感情之銜激不免逼處於絕地於此而欲其人民安處於一政府之下而免於內訌此豈必得之數乎當馬克亞米利安帝政既倒。而共和政治之復興也。狄氏以未與總統之選。退隱於美。其同一趨向之黨派。盡受政府之排擠。不能容跡於國內。此前政府以黨爭自亂其國也。狄氏既以武力倒舊政府而代之。宜若有前車之鑒。而引以爲戒矣。乃尤而效之。且益甚焉。彼第六期總統之任期既終。復被續選。人心厭倦。民志益離。舊政府之人才。已不足饜天下之望。政治革新之動機。乃益迫切而不可阻抑。執政者流。猶夢夢然以爲僅用其壓抑手段。遂足以鞏固其政權。不知攻擊政府之黨派。雖可壓制於一時。而反對政府之民心。須臾已徧於全國。昔日所謂反對黨。雖不勝政府之排胥失其勢。而新發生之民主黨。遂應於社會心理之趨向。而乘運以生。選舉之時。政府突揺民黨所推總統候補者。使失其選舉競爭之効力。狄氏第八次再選。雖得以奏功。而時不逾稔。革命禍起。遂陷全國於戰爭之旋渦。而狄氏專制三十年之政府。乃即隨之以傾滅矣。夫民主黨之反對政府也。固思循乎法律。以謀改革也。其推舉候補總統。以備選舉者。固非以武力肇亂者也。當是時也。使狄氏而有念於國家之重。去徒黨之私。泯人我之見。以國家之公器。訴於人民之制裁。己之行藏。一聽自由選舉之結果以爲準的。則墨國政治之基礎。決不至有意外之動揺。又何至開革命之危機。而演成今日之大亂也耶。夫豈徒無亂已也。其政治根本將確立而不可拔。其國民之幸福將益發達於無窮。而墨西哥共和國之榮譽。將纖美法齊瑞士燦焉爛焉。發爲文明之花。未可知也。而徒以狄亞士一念之私。致其影響盡得其反。豈不大可惜哉。豈不大可惜哉。

時評

造法機關

秋桐

北京既設政治會議。總統以增修約法案交議。議員逡巡而言曰。此非本會議之職權所能及也。非別設一最高無上之機關爲之不可。若而機關。宜名曰造法。以其創造立國大法。此誠非本會議之職權所能及也。總統審其不願爲之分謗也。卒亦無如之何。自爾造法機關之名。騰於國中。所謂約法會議。即尸其名而起。今若執人而問之造法機關果胡謂也將莫不以爲難解又問之約法會議是否造法機關也又將莫不以爲當然且訝吾胡由而發斯問此可以觀世風矣愚作時評。覺問題之最大而當論者莫如約法會議而覺其枯澀無取論爲者亦莫如約法會議讀者如未解愚言。請往就一約法議員而詢其所爲有逾乎秀才之入考場。以宿構之文。滿卷而出否也。果爾。則愚言未爲謬也。故愚評此物。不取多言。亦不立新義。惟造法之名。愚實立之。不期而與今之約法會議相合。乃不得不有一語以自懺耳。

前參議院者。愚恒病其以立法機關。而妄爲造法之事者也。當該院初移於北京。愚曾爲文以箴之。揭諸民立報。其言曰。

參議院已復開院於北京。其中所當討論之事件。固未可一二數。而記者有一言忠告議員者。則凡關於憲法上根本問題。參議院殊無權能議及之也。蓋參議院之機關。爲立法者(Legislative)而斷々非造法者(Constituent)也。記者今爲立法造法之別。或惹起讀者之疑惑。而疑怪之。記者當作第二次之解釋。今惟簡舉其意。曰。立法者。乃根據一定之原則而立爲法。造法者則立法以外並原則而自造之也此在國會萬能之英倫其巴力門無此區別而大陸政家則頗重視此者且不必論而吾人所當記者則立法之議會權力終有限惟造法之議會始足當英文中萬能之義而萬能之義之最易表現者乃在製定憲法或改造憲法或推翻憲法與普通法之界限今之參議院之未具此能力童子得以知之故當然之題幹則參議院不當議及國家根本問題而惟應於時勢之必要以定其所當從事之範圍而已

記者之爲此言實鑒於參議院之在南京曾濫用其職權討論院制並多數主張兩院制夫院制之當如何定法非本問題所及本篇之所宜言者則議定院制乃關於編纂憲法之事而約法既以編纂憲法屬之將來國會今乃越俎而代庖爲是乃何故記者前主張一院制福建陳君承澤於四月三日投書於本報曰「該院之定國會組織法及選舉法也但在於予將來國會以發起之機會而此外不可特有所主張以影響於將來憲法之編纂」此透宗之言參議員可告諸紳者也此案若巫請於北京記者敢轉告議員諸君其於此致謹矣

又一國之採用行政裁判與否亦關於憲法根本問題參議院雖未嘗特議此事而約法中乃沒有平政院之規定頗似以設立平政院爲相機國家之天經地義初不待討議也者此誠不得不告議員之粗疏也今更以一言敬告議員曰不採行政裁判者爲平等法制之國採行政裁判者爲特權法制之國吾國宜採何種法制當痛論之於初期國會而後定爲非參議院之所敢決也故此數月間如無設立平政院之事實發生臨時約法可俟其當然失效將此題提出國會討論不然則參議員如有知識當提議修正約法平政院一條擯此議案不議以匡救行政部之濫用憲法上職權

由右觀之造法之名愚固未嘗以許參議院今約法會議其尊嚴未必過之是雖以造法之名自居且實行造法之事愚之未敢相許亦若是也或曰約法會議誠非參議院所能比儗惟日人浮田和民氏在太陽雜誌著爲說曰「支那共和國之主權實在總統袁氏及其軍隊而人民不與焉」前參議院號稱人民組織之且不滿於總統見惡於軍隊故無主權無主權宜乎不能造法而今之約法會議則俱得其反又何物不可造者法云乎哉是說也愚存之

約法

漸生

吾言約法。吾當首爲約法呼冤。此並非曲庇之也乃以爲是乃人民代表所規定而又非永久之根本法使政府運用得宜其在一時未始不可收激濁揚清之效然自搢撃此物者言之異口同聲略有數說。(一)議院權大。政府無活動之餘地。(二)以二年間經驗言之。事々爲議院所牽掣。政治不能進行。(三)任命國務員。須得議院同意。一經否決。則被提出者未嘗從政。先受否決之辱。以故人材皆却顧不前。臨時政府中人材內閣之不能成立以此也。由今觀之。雖在童騃。有以知其說之不然。蓋參議院時代實無何種政策政府志在必行者聞爲院議所格卒未得逞至言用人凡院所同意者皆總統心許之人院所心許之人總統亦決不提出以故一經通過總統內閣之間絕不聞其衝突大政方針一決於總統府國務院若贅瘤焉是謂臨時政府爲同意權所阨亦從而爲之辭耳豈其眞相也哉然在當時之數說者則固風靡一世無人知其非亦無人敢言其非即在於今有人知其非而仍無人敢言其非吾於斯也。退一步焉。亦謹從諸君子之後。推約法於井而下之石。惟有一言。不可不明白曉暢以宣言於衆曰。約法有妨政府之活動。政府因不能隨意運其手足。勞其心思。以福吾民。以利吾國。茲爲政府除此大害殺此巨慝政府之手足可得運心思可得勞而吾民因而福吾國因而利是吾儕小人之理解也之希望也而今果何如乎

自昨秋以來。政府以行政機關而握有立法權。命令文告。俱爲法律。頤指氣使。都成策略。問題之大小難易不論。意之所到。事即解決若充分形容其活動能力之分量殆惟男不能使爲女女不能使爲男其他恐靡有不可能者而夷攷其活動之成績則司法不獨立。教育主收束。以載在誓書之民主國。而代表人民之議會。竟以一人之意思撲滅之。以前清所遺之自治制。而以頒布條例之虛言。竟於政治

會議取消之。此屬於國內者。而從國際上觀察之。則緬甸上海線。劃歸於英矣。新疆揚子江線。劃歸於俄矣。蒙古安南線。劃歸於法矣。乃外人所目爲世界上之三大鐵道橫斷吾東西而縱貫吾南北者竟以吾政府活動之能力葬送之於此數月中。若德之於山東日之於滿洲。亦無非援機會平等之例。以均沾其活動之餘潤。而導淮之借款。陝西石油之借款。漢冶萍之借款。其他種々借款。今可併蒙古之協約。西藏之會議。以一言括之曰吾政府活動之能力消極之活動其可畏怖也。如此乃一觀其積極之進行則祀天有端緒。覲見有條例。勳位勳章之授與。不絕於書。中將上將之頭銜。難稽其數。以獨裁之命令。創設政治約法諸會議而指揮之。不惟掣肘者無其人即先意而不中承顏而或後者亦無其事。斯誠丈夫得志豪傑有爲之秋矣。乃聞合東南數省之兵力合圖一跳梁之小醜而無能爲役今且進窺長安據爲上都謀取高屋建瓴之勢以規中原而議天下吾民老壯婦孺數百萬衆即流離道路展轉溝壑而無以自救。是救死扶傷之不暇。倘安望治平之業與民同樂之事哉。

數月來之外交

漸生

弱國而與强國交涉。非可漫言操縱者。惟秉其至誠不貳之念以應付之不爲其所挾不犯其所怒使彼野心無自而逞而吾於連雞並棲之中方得保存固有之主權免遭十分損失在昔郭嵩燾氏。於有清咸同間。曾以悲憫之心。發明斯旨有曰。今日吾國對於各國戰守和三者俱無可言惟在應付之得其宜。其不可許者始終不許之俾之不藉以爲口實其可許者即時許之亦無所用其遲迴吾在々以至誠行之於無可挽迴之中必得挽迴其一二。其時李鴻章氏以外交巨子鳴於朝右者也。與養知呢而養知甚非難之。且屢移書。言使用權術之非計。而勸其以誠以信。乃彼以習於縱橫。了無所悟。甲午戰敗。身任和議。其功非不偉也。然以術取歸遂束於一時。終買膠洲旅順大連之失於永久。及今思之。所得幾何。

今去郭李之時。又數十年。列强之於極東。尤屢進不一進。其與吾隔一衣帶水之日本。又號稱六强國中之一。而吾當局者。不解郭養知之言。圖國際之根本大計。乃外襲李少荃之故智。竟欲橫秦縱楚。解決此至困至難之外交問題。而其謀國之忠。又不逮少荃一二。在在造成機會使之有所挾而來有所挾而來吾以夙有所利用於彼也乃不得不飽其慾以去數月來所締結之條約。其所喪失之地域。與吾本部殆相匹敵。外蒙古與蒙古均自治矣。西藏今尚在協議中。但其結果。必與蒙古無以異。而滿洲洮南四平間之約。與蒙藏之失亦相伯仲。此分吾有形之土地也而無形土地之分剖則在乎鐵道之攫取如英之緬何上海線。法之蒙古安南線。俄之新疆長江線皆是。鐵道不已繼以礦產漢冶萍與延長。其著稱者也。其他如導淮之借款。築港之借款。殆無在不藏剖分之導線

夫以數年來之懸案。而又適遭吾國改革之交。即有公忠體國神謀聖祘之政治家。出於其間。謂其必能於現政府所喪失之土地及其主權。一一保有。俾外人絕不得插足。即吾人亦認爲必無之事。但不。利用外人勢力使其無所挾持以來依據成約與之談判於和平處置中以誠心爲先鋒復以輿論爲後勁謂將挽迴十之四五決不至如數月來當局所失之甚不爲過言此不必訴之羣衆判斷即質之當事者淸夜所殘存之良知當亦無侮於斯語矣但此乃就數年間積久之懸案言之。若夫近數月間

外人所發生之新要求。大半爲政府之所招致。今更無從說起。嗚乎。吾知政府方且自詡其外交手段之高矣然所謂高充其量亦不過如少荃遼東之術而已循此以往恐未來之損失將決不止於膠旅大之已事必至吾民毫無託足之地政府亦更無行詐之資行且二十世紀不容有小朝廷偏安於利益均沾之域時則當局或者徐々生其悔心焉今以郭養知之遺言貽之使採爲教訓定爲方針彼宜以爲不入耳之音來相勸勉也

舊……新

漸生

歐洲立憲政治之進行。强半屬於順序者。不聞其逆轉也而吾國則反是。

今先舉英爲例。英者立憲國家之模範也。而其特殊之色彩乃在克呈多數衆民政治之大觀日趨於新罔有攸儕兩黨對峙於域中一任國民之屬望一九〇六年下院議員舉行總選舉之結果。政權歸之自由黨與勞動黨。自由黨首領愛斯葵斯氏。出而組織內閣。其生命今已八年。前途希望。方廱有底止當勞働黨之出政治學者至目爲新勢力團體之產生其澎漲之狀況可知也夫憲政始於英而革命生於法法自一八七五年以來經過之總選舉數凡十有四政局之波譎雲詭。殆靡美不呈而可一言以括之者則保守派之衰退而革新派之日見勃興也若就米爾蘭氏以社會黨員入閣之一事言之其國中對於新人物之傾向更可想而知英法之趨勢如此人或疑德爲不爾者。不知德自畢士麻克以來。以國家之權威。導人民以維新。表面上雖號稱君權萬能官吏全盛之國家。若以觀於近十餘

年之選舉則社會衆民黨日有加增保守派別竟以日蹙朝野之新人物近遂與英西敵無多讓爲大勢所趨莫可誰何故雖以追懷專制不慣立憲之俄今亦不能不有所更改其他之意奥西班牙更可知也乃反之以觀吾亞洲。印度也。安南也。朝鮮也。今已無可言者。其在日本。憲政已有基礎。若以民氣言之殆有。日進千里之勢暹羅亦以不安於舊。而漸趨歐化。而吾國之現象則恰與歐洲日本立於反對之地位今欲。以生存於列强衆民政治之旋渦中殆孟軻氏以一敵八之說也

夫以吾神州數千年之文明。乃自五口通商後竟退出於文化國之列。是誰之咎哉專制政治爲之也官僚政治爲之也甲午敗後。官僚以一時之懷懟。遂讓士夫以維新。曾不旋踵。復演戊戌慘劇。變本加厲。惟舊是務。其時舉國有歡迎專制之狂。乃所收之效果。竟得一庚子之義和團。國家幾以喪亡。元氣至今未復。外逼於六國之聯軍。內懟於七省之督撫。始以立憲名義。號召天下。然請願之士。横遭幽禁。籌備之事。等於虛文。故不數年。而清社以沒。

曩之爲清者。今轉而爲民國矣。宜乎舊染汚俗。咸與維新。乃在事實。正得其反。官僚充塞武夫把持地方不與自治而惟高拱祀天教育任其廢弛而惟侈言尊孔近且倡復科舉議復謚法請設經筵講官歐美之政避而不講專制之形惟恐不肖即爲君主律以孟軻亦在賊君不道之條與於逢惡當誅之列。而當局者不悟喜其恭順認爲政本舉世同風一事莫治悠々蒼天謂之何哉此非吾故作杞憂之談也。即昔之朝廷君子。今之民國薦紳。其與吾人感想相同者。且不乏人。謂予不信。如楊士琦氏、嚴修氏、非今大總統之嚴子陵乎。以觀其言。即饒佐證。北京亞細亞報記者所與楊氏之談話曰。

記者入門後。楊氏爲極不坦之接待。時適陰寒雨雪。主人即欵生情。惟天氣頗寒。令人不耐。春日似不宜現此景象。雖然。天

時如此。人事亦何莫不然。天氣寒暖失節。有妨人之衛生。政治新舊失宜。於國家亦有不利。譬如中國經戊戌一次急進之維新。後來又有極端之復古。辛亥一躍而爲共和。不三年又入守舊。二者是非。各執一說。而自國家方面同爲有害無利。其不適宜。亦如吾人常春遇今日陰寒雨雪之天氣也。

又楊氏對於用人方面。頗主新舊間用。其謂革命後純用新人材。與今日之純用舊人材。皆爲矯枉過正。其實舊人之所長。在有經驗。處事鎮靜。若能持大體。而過事致爲頑。有朝氣。亦須讓新人材一步。但純用新人材。不免偏於急進。致紛更過度。不適國情。反之純用舊人材。亦必由停滯而入於腐敗。一國人材。只有此數。不能偏執一是。惟收兼並容。或能收良好之結果。

嚴氏近被命爲教育總長。自英倫致其書友人。明其素志。中有一節曰。

……來書又謂以修與大總統相知之深。尚不能來。其他素未投分者。入山必深。更何足怪。此義往來修之意中。尤有日矣。兩年以來。對於非議大總統之人。則思力袪其惑。使知吾國今日決無第二能救國之人。擁護猶恐不及。何忍非議。對於大總統。則願稍廣用人之範圍。以吸收人才。獎贊庶政。廣之之說奈何。語易冗長。請畢其說。(一)曰、不限舊人。舊時做吏非不多也。非不賢也。在全國中究居少數。數不敷用。則有降格遷就之時矣。或謂此兩年間。亦既極力務求。破除畛域。而無如爲時未久。輒思引退。始也三徵三聘。而姍姍其來。繼也三讓三辭。而翩翩然去。大總統徵的悲後。始不得不作求舊之想。以上所言。事實確鑿可證。而情理要有可原。前日之去。或言爲議院之所持。近日之去。或逆料閣制之將變。果此後方針大定。執轍可循。以大總統事事推心置腹。開誠布公。而謂命世之英賢。不肯久於其位。無是理也。此不限舊人之說也。(一)曰、速寬黨禁。黨之害誠鉅矣。暴烈分子。敢於倡亂。敢於助亂。邪、胡能道。懲創之。解散之。除惡務盡。不得不爾也。顧一黨之中。非盡反對中央主張破壞之人也。渴其入黨之初。容有適逢其會。莫知所以然者。修之入國民協進會也。自民國元年始也。雖聲明不到會場。不任職事。而會員冊中。固已有賤名矣。未幾而協進會合某某會。並而爲共和黨。未幾而共和黨又合某某黨。並而爲進步黨。而賤名又入黨員冊矣。夫某黨將非於某黨。非人所能預知也。假令協進會併于國民黨。則亦遂爲國民黨人矣。竊料各黨員中須此者。殆不可以指數。即如修所電保之王廣圻君。彼駐北年餘。未與黨事。且於黨人舉動。大不謂然。其維持大體。使才之矯矯者也。徒以黨籍被目語。修之致于電隊者。非獨惜其才而已。以爲今日正宜定人心。孤敵助。使才俊。悉爲我用。而無淵驅魚驅爵之失也。此寬黨禁之說也。往者少年新進。不揆國情。理想太高。更張太驟。誠不足訓。但矯枉恐易過直。近頃以來。報章之鼓吹。士夫之主張。稍稍卻行矣。一經揣摩。便成風氣。不特激烈者將執爲反對之理由。即穩健者亦恐閉藏而治祖公所處同舟共濟。孰大于斯。大總統成竹在胸。自必有傳移妙用。惟一言蔽之。當求與時勢適宜之人。與之圖治。如修者決不可得之人才也。

兩氏之言。固極蘊藉。然於矯枉過直之道。所見均同。亦並以微詞指斥。殆所謂謹厚者亦復爲之。則不平之聲滿於天下。誠不可謂無病之呻吟也。嗚乎。嚴氏曰。一經揣摩。便成風氣。此亦可以觀今之風氣矣。

石油問題

無卯

自吾國延長承德之石油開採權。讓與美孚洋行。國內外之論潮大起。兩方比較。外人所受之激刺。決較吾人爲高。以其灼見此問題之重大。且將來影響於列强均衡之局。綿亙而吾則多屬茫然。即有所知。而或則爲利所昏。或則以事不干己。遂令美利堅一託辣司安然享此操縱列强之大權以去。茲事初發以迄於成。吾誌未出。無從取而論之。今亦不欲刺取事實。評騭條件。以擾讀者之聽。惟以一語明其關係。並使人了然中國將自此而多事。則此區區短評之意矣。今人殆無不知墨西哥之大亂矣。抑知其亂胡自而起乎。亦知英美對墨之政策不同。相持幾莫相下矣。抑知其不相下者。乃何故乎。茲請以一言蔽之曰。爲石油也。語曰。不習爲吏。視已成事。吾人其以墨西哥深自警惕矣。

當吾石油問題最急之時。法文北京日報曾爲一論。以墨事況吾。吾見上海時事新報譯載之。今請舉其譯詞如下。

墨西哥現時之紛擾。維拉之無端傷害歐人。加倫閘之以炸藥毀火車。溯厥原因。吾人可斷言之。乃美孚公司與觀塘比哥。（墨西哥產石油最豐之區）絕大之石油礦有以致之。當十二歲以前。此著名之石油礦。尚未為人注目。墨西哥所用之石油。純為美國所供給。美孚獨佔其利。先將油之未煉者輸入墨國。即在本地精製之。而以供給墨人之用。獲利甚巨。迨塘比哥及物拉哥路之石油礦發見。墨前總統狄亞士、欲剷除美孚公司之重要壟斷事業。乃以此項油礦開採權讓諸英國比生公司。該公司乃即出而組織墨西哥石油公司。置備運油船舶。從事開採。此為報紙筆戰之開始。美國出而反對狄亞士。於是馬德和黨之革命軍。遂蹶起於沙諾拉及希呂亞兩地矣。

美孚公司插足於馬德和黨之革命運動。殊有正式之證據在焉。前駐墨美國公使倫蕊留遜氏。曾於今歲正月七日布告於衆。謂華盛頓外務部記錄貯藏所有公文一通。足證馬德和之革命運動。實受紐約石油大公司之資助。墨國內務部長官呂爾氏。則於美國元老院委員會之前。宣佈馬德和黨曾與美孚司公結有一約。其內容如下。（一）馬德和如舉總統。應以相當之讓與權。授與美孚公司。（二）馬德和如得總統職。須將已給比生司公之各種讓與權收回。故當馬德和舉為墨西哥總統之日。美孚公司之股票。頓增百分之五十。其故已可概見。於是美國之石油家與墨西哥革命發生密切關係矣。今日美國其能直接干涉胡留泰之行動乎。則殊未必。（按胡留泰為墨國現總統、曾刺馬德和而代之、）美國僅有軍五萬。其中二萬現駐菲律賓。墨國氣候炎暑。瘴霧迷漫。美軍亦無能為力。故華盛頓政府僅靜俟時機之成熟。而維拉及加倫閘之匪。日日受美國脫辣斯之餉糈。但以擾亂地方為事焉。

美孚公司覬覦塘比哥石油礦之心未息。而同時更與中國訂立專約。攫得一重要相等之石油礦採掘權。以一私立公司而與國家訂立契約。在商業史上實為創見。當去歲三月美國退出六國資本團時。歐洲人士。即以為此乃遠東美國勢力衰弱之預兆。孰知在事實上適得其反。美孚與中政府所訂之契約。範圍甚廣。約中載明美孚有權測勘及開採中國西北省直隸山西之石油礦。開採事宜。由中美合組之委員會指揮之。然美國委員佔多數。實操管理之權。美孚公司視工業之需要。有敷設鐵道開掘油井設置廠屋之特權。凡美孚公司所經之處。中政府負維持秩序之責。現開採機器已運華。測勘人員及地質學家已從事調查。不久即將有中國石油出現於世。美孚公司之妄想。尤見諸實際。彼於美洲之地位。尚以為未足。久思樹一特幟於遠東。惟吾人於此。得發一問。美孚公司其亦將以所施於墨西哥者。施之中國否邪。

又吾觀美洲諸雜誌。則見有胡禮門氏。昨年十月。在紐約評論之評論著「石油時代」一篇。指陳各國軍艦。均將以油易煤。凡操油權最大者。亦必操海權最大。此美人之石油熱。可以見其一斑矣。英人比生既與美孚逐鹿於墨西哥之油田。復欲侵入中南美諸國。昨冬曾誘致哥倫比亞政府。承諾其採油權。並築港開河之利。美人大恨。以爲巴拿馬運河之旁。使歐人勢力長驅以入。據其油場。並築港開河。以爲屯集運送之備。此不僅有礙中南美諸邦之獨立。使諸邦之政權。浸淫以入諸歐人資本家之手。而們羅主義之謂何。此於吾美立國之要素大有傷害。於是運動哥倫比亞議會。出爲反對卒之總統所簽之字。歸於無效。南美他邦之類於是者。尙有數事。比生受窘。致不獲已。宣言作罷。英人復大恨。美之駐英大使裴遲演說於倫敦。謂「吾人之取中南美。法更有妙於奪其土地者。攬其債權其一例也。以故吾當宣言。凡欲取得美洲諸弱國之債務。可因以操縱其政府者。吾美決不許之」是言也。英人銜之次骨。倫敦有力之新聞斯坦達德。至著爲論曰「美人果欲割裂吾英正當之權利於中南美。此寧僅買吾英之怨。吾英必且有法以報之」其急激可想矣。然英胡乃生此急激之感。則無非世界有不能自闢其利權之國。如有女。及笄。託媒不得。致强暴者二人始而相窺繼而相鬭以至於此也。嗚乎。吾其不爲此懼矣乎。美人曰。吾人之取中南美法更有妙於奪其土地者吾其不爲此懼矣乎

新聞條例

秋桐

愚執筆最以爲苦者。莫如作時評。以幾無一事可稍以正論入之而將與今之社會相容也今政府頒發新聞條例。即其一例。

條例既頒。聞其條數甚多。較前南京政府所發布而旋取消者。疏密不可以道里計。並聞新聞團體。亦

覺其太無顏色。相與聚議數次。反對數聲。愚皆未嘗留意。即今欲舉其條目。亦病未能。走筆作論。理宜周知內容。而斯念一生。旋即廢滅。且愚敢言國聞諸子政社名公亦皆無不讀其條文昏然欲睡。是故吾人所當問者。亦此條例果胡由而必發國人對之所起之反感爲何似。純以倫理上之概念作具體之觀察可矣。

愚雖得其觀察之法。而謂即據之以張吾說。亦不必然。蓋當今時事最好以不論論之。蓋以不論爲論而人之喻之或轉勝於論也。無已。以充吾幅。愚尙有陳文在。

當暴民專制熾於南京。內務部發報律三條。電達上海。各報羣然抗之。即素隸同盟會之民立報。愚亦著論其上。表示反對。彼暴民政府懾於輿論。旋由臨時總統以電取消之。所謂陳文即愚當時爲抵抗暴民而作者也。其詞曰。

中國報界俱進會。昨接南京內務部來電。頒布暫行報律三章。(一)發行及編輯人須向內務部註册。或就近向地方高級官廳呈明。否部註册。(二)著論有犯共和國體者。停版外發行及編輯人坐罪。(三)污毀個人名譽。當更正。否則科罰。此電旣遍。同業者羣起而抗之。其理由或在內務部之侵權。或在報律內容之失當。此誠然矣。惟記者之所主張。則殊異趣。內務部即擬有定報律之權矣。報律之內容即甚當矣。此外尙有一問題。關於國民之自由甚鉅。不可不論。是何也。即民國是否當容報律發生是也。

記者之爲此問。必慫起世人之疑怪。以爲報律者。吾鄰日本所有也。吾奈何沒之。而不知世界有第一等法制國而無此物。彼乃不之見。雖不知世界有絕大之共和國。號稱地球上之樂園。吾方捧心效之而極不肯者。亦無此物。彼乃未之見。試未見也。吾無責焉。苟夢見之矣。其速謀排除此物。勿使污吾將來神聖之憲法。

記者所舉之兩國。乃指英美。英者言論自由之祖國也。法國西號稱共和。其國民之言論權。遠遜於英倫。而美者則承英國法系者也。故亦解自由之眞意。今請略論之。

詮英倫出版自由最眞切者。宜莫若曼斯福。曼氏者英倫之名法官也。其言曰。『出版自由非他。乃出版無預求特許之必要是也。必出版後有違法事件發生。始依律處理。「拿破崙者。亦名法官也。彼又言曰。「英吉利法律者。自由之法律也。自由者。特許之義也。特許兩字在英法實無用處。如人欲出版則出版而已。無他手續也。至出版後如或違法。須受法庭審判。則亦與他種違法事件等耳。非於出版獨異也。」兩宋之言。可謂博深切明矣。（按原文可在錢智所譯英吉利憲法二四四頁見之）持此以衡內務部所頒之報律。則該律尚有存在之理由否。

防律者。非報律也。其得稱爲報律者。則惟特許檢稿案保押費之類耳。前清之報律。祇三者而有之。民國之內務部。則已突飛進步。僅標特許一項。故亦惟與之論此一項。

英吉利之憲法。乃建築於個人權利之上。此雖似英法之特點。實則憲法之爲物。亟當如是。何以言之。如有人欲作一書與其友人。此固有之自由也。此人又欲刊行其書以公衆覽。此亦固有之自由也。又設此人欲日日作書與其友人欲日日列行其書以公衆覽。並多其數以至百千萬億張。其亦爲固有之自由。又奚待問。前者、謂之、通信、自由、後者、謂之、出版、自由、此兩自由者非異物也。謂出版自由必待特許。通信自由又胡獨否。推而至於甲欲向乙發言。此其自由也。乙欲向丙及丁發言此其自由也。此不待特許也。甲欲向乙在某地發言。乙欲向丙及丁在某地發言甲乙欲向丙丁同在某地發言果待特許乎。前者、謂之、言論、自由、後者、謂之、集會、自由、知此理者。則甲乙欲向丙丁戊己以至千萬人日日同在某地發言日日同在某地列行其言以至千百萬張。必爲自由自然之序。是何也。即出、報、自由、也。英人所持之原則如此。（欲得其詳可讀錢譯英吉利憲法第六第七兩章）

美利堅者。英吉利之高足弟子也。其法律之原則。略與英同。不待詳論。今惟引柏哲士一言曰。「美利堅之憲法。未嘗與中央政府以操縱言論出版各自由之權。以此之故。美利堅此種自由。極其完全。中央政府。對於言論界。絕不得以何種形式。施其干涉。」（見柏氏政治學及比較憲法一九〇頁）柏氏之言。其詔予矣。

以是理由。本報對於內務部之報律。其所主張乃根本的取消。無暇與之爲枝枝節節之討論。以後並灌輸眞正之自由理想於國民之腦中。使報律兩字。永不發於國會議員之口。

愚之徵引是篇。非欲吾說之有力於世。且灼見此種理想與吾國今時社會心理。相去太遠。必且有目愚爲狂易。罵愚爲荒謬者。又雖愚之本旨。僅在嚴報律與謗律之別。而覩於兩年來之新聞紙。中風狂走。早已疾首而痛心。此文並非爲若輩張其頑焰。但今亦無取覼縷。使人喻之。惟有一語。必以告人者則讀者當知愚之此文實爲「征伐暴徒」而作立詞稍々蘊藉乃由其機關新聞之論調使然當時吾同業者之懲創之理直而詞壯聲威何止十倍且所謂報律僅止三條倘又過之則南京內務次長居正不難立碎於新聞記者之手即愚不肖亦當飽以一拳今也吾人出水火之中登衽席之上享治平之福居不諱之朝當局之政略愚不敢知舉世之評論亦未暇考即愚別出心裁奮筆立議更自覺其多事亦決其無當於人心惟回想暴民不寒而慄今自陳其戡頑制亂之文以附於工諫師規之列或者爲愚分內之自由而今之新聞條例慨然許之今之新聞記者黯然傷之者乎

失業者誰使之歟

漸生

在十九世紀中。地球上各文化國。其設施於國家者。羣已略有端倪。故入二十世紀以來。即置重於社會。圖人民箇人之發達。減稅運動。史不絕書。今爲吾國之社會計。正宜模仿歐美。提唱箇人。對於國中之閒民無職業者。苦口婆言。促其自立。非曰比隆歐美。救亡之策。茲爲最要、其如事實上之不許何耶。在保護時期迫之以自由競爭其結果必歸於失敗在教育年代强之以發明學說其究竟必流於墮落故吾人不得不移希望社會之苦衷仍以希望之於政府希望切則責備嚴。此乃吾人之苦衷。亦其天職之所在。

吾歷史上言變法者。靡不趨重國家。而閑却社會。而國家事業之不發達也如故。今且日趨於腐敗。將並無國家之可言焉。憂時之士。强半折而歸咎社會。謂社會不改良。國家無自以進於善。使其言而果有效力也。吾人當亦在贊同之列。無如文化事業之階級不可一蹴而躋非納社會於國家之中以國家之力督促社會之進步社會無自以啓發現今所稱之國家社會主義以暨社會政策云々咸不外以國家之力行之使社會趨於發達國家爲闢其途社會方循其軌吾人今與世界各文化國同居此二十世紀之初期尙不能不爲十九世紀之論議此固可悲之甚者但未經歷此階級社會事業無自樹立也。

國中閒民之夥。吾國當居地球第一。而其所以致此之因則以國家事業之不發達故國家事業之不發達則以政府之不良故數年來吾所目見之政府。對於國家。殆無一二年之計畫。遑問久遠。富貴利達之願。塡滿於腦筋。陰賊險很之圖。充塞於宇內。社會而由政府自敗壞之。宜乎閒民充斥。日加而無有已也。夫以實業望之官廳。國中有望之實業。幾悉以讓之外人焉。以教育望之官廳。今以號稱減政之故。亦若視此爲濫費焉。以不人望之政府。期以社會之刷新。本必不可得之數。又況每歲收入。悉以供給不良官吏與夫不訓練之軍人。歲入不足滋以借款借款不足益以苛稅商賈不行農機俱廢政事所行無往非造成閒民之機會且官吏與軍人。以近政觀之。大都不一二年而即遣退或更換也。其遣退或更換俱各納於閒境每政潮一轉因此而閒者恒數萬人焉以是閒民之夥轂擊而肩摩四百兆之人民謂即四百兆之閒民亦不爲過十九世紀之歐美以國家之力啓發無止境之事業使國無閒民二十世紀之中華民國殆以國家之力製造無止境之閒民促其以游閒爲事業

國家之現象如此。而自社會改良之階級言之。則國家無振興之氣象。社會決無發達之理由。其在歐美各文化國。所謂國家事業。已於十九世紀畢之。今仿效其成規。殆事半功倍之例也。釋此不爲余又

何言。

愛蘭自治案

漸生

英之愛蘭自治案，亙數十年之久。群稱困難之宿題。其在格蘭斯頓時代。曾以提出此案。大演慘劇。遺歷史上以不祥。而卒無自解決。使英之現政府亦如吾政府之無政見無人道利用社會之弱心理苟且以將事不爲愛蘭地方進步計不爲愛蘭舊教徒計而擱置之焉或甚而取消之焉未始非計之得者乃力抗潮流一意進行奮鬬之中仍持以穩健之態卽此可以見英倫政治之傾向而大政治家秉國之特色有出於尋常萬々者

自新教徒以國教名義。於政治上社會上占有優勝之地位。舊教徒遂一落千丈。故愛蘭自十六世紀被英征服以來。多數之舊教徒。常爲少數之新教徒所壓迫。幾無權利之可言。若溯自治案之由來實對於人道主義之贊成而產生焉者今試語愛蘭之現象。法官與地方官之重要位置。悉以新教徒充之而舊教徒無自託足。幷其所設大學。至使之不能出代議士。其土地所有權。亦被限制。惟認許於自作之農夫。其他無有也。等爲英國人民乃僅以宗教不同之故而榮梏霄壤等級懸殊其如人道何矧以信教自由之國家而有此至不平之狀況其與憲政上大義之矛盾不更可驚耶果爾有不撓不屈之精神務成功於奮鬬而仍不失條頓人種之特性之大政治家現內閣總理愛斯葵斯氏卒與愛蘭以自治竟於前月。以閣議之協同。提出於議院。得大多數之贊成。夫愛斯葵斯內閣

其壽考今已八年世所稱自由黨內閣也此自治案。在愛氏任中。熟審其下院通過。亦必爲上院所扼。愛氏解散議院。付以此訴之國民。此千九百十一年之總選舉所由來也愛氏既復得勝利。卽制成一案。凡下院通過之案。上院卽表示反對。逾兩會期。亦當然成爲法律。自治案者卽將當然成爲法律者也反對者無如之何法律既縮勢且訴之武力此又今番紛擾之所由來也惟在有政策有道義之愛氏不惟不因之有所動搖。且以首相之躬兼領陸軍之大任。務求貫澈其主張。而又力趨於平和不使之蹈流血之慘焉故於未曾提出之前。先之以兩黨意見之交換。且於愛蘭之一州威亦司打之自治。爲免新教徒猝受損失。與以六年猶豫期間。其相互讓步之精神更有足多者

且英人中反對自治案者不惟有宗教上之主要原因且亦帶有幾分之經濟臭味當昨年九月間。反對黨領袖嘉孫氏。於威亦司打地方。爲獨立之宣言。組織假政府。編制義勇隊。所需軍費、以千萬計。其時卽有代表一億鎊之資本家六千人。表同情於義勇隊。承諾軍費之募集、最近此案提出於議會後。義勇隊以有經濟後援之故。欲因此而騷動。其抵抗力之偉大可知也而愛氏以悲天憫人之懷爲臨機應變之策。派遣英倫常備軍以鎭攝之。今乃得以相安於無事。閱者須知此非借武力以解決政治問題也乃正當之防衛觀於兩軍相見、仍行軍隊之敬禮可以知愛氏意之所在也故雖派遣之頃稍慰將士之懷慨。恐與同胞以兵戎相見。迨經說明之後。今亦豁然以解焉。

夫以至無道之慣習得强有力之眷戀在常人安於已然方幸放任以無事但此乃官僚之所爲爾豈所論於英倫之大政治家哉宋儒有云。人習於苟且非一日。士大夫多以不恤國事同俗自媚於衆爲善。又云。盤庚之遷。胥怨者民也。非特朝廷士大夫而已。而盤庚不爲怨者故改其度度義而後動是而

不見可悔故也。非有此百折不回之精神。決不可與言改革之事。若見人之新。吾亦與之新。見人之舊。吾亦與之舊。彼哉彼哉。烏足與言。

日本之政黨政治一

無卯

前者山本內閣。以得政友會之擁護。所提預算案。得通過於衆議院。而貴族院扼之。使無由成爲法律。山本首相不獲已。遂領其閣員全體辭職。此在憲政上作何意味。吾人在旁觀之、而最饒興味者也。夫山本內閣。多數黨之內閣也。在法多數黨之議案。見毀於上院。爲之政府者。決不當廢然而下野。而當解散下院。訴之國民公意以奮鬪之。苟重選而仍爲多數也。即仍以原案通過於下院。再予上院以機會。使之三思。斯時上院果以國民公意爲重。決不更行反對。惟若有兩不相容之點。伏於其中。上院亦自有權。更堅持一次。英倫之政治。即呈此觀。政局至此。必且有改造上院或限制上院之問題發生。以民權由此而不獲伸。非設法以伸之。將大有背於憲政之根本義也。英倫近有所謂巴力門案者。即限制上院否決之權。使對於財政案、不能容喙。對於非財政案。下院通過後逾兩會期。亦不能容喙。故英倫之議會。實而言之。直成於一院也。其所以致此者。則上下兩院衝突過甚。不爾則憲政無由運行也。由斯而談。苟愛斯裘斯氏入其同盟之國。代山本氏而領其內閣。則今年之總選舉。必不可避。所謂巴力門案。必且見提。乃山本氏皆不出此。此其作用。自非吾人之所得知。惟其所及於憲政之影響。決非政治學者所能滑過者矣。

前言之矣。山本內閣者。多數黨之內閣也。多數黨之內閣既倒。則起而繼之者。仍屬多數黨之議員乎。抑屬之少數黨乎。果屬多數黨則其政策又將何出與前內閣同乎是如演宿劇成何意識與前內閣異乎是無其黨綱無異自殺兩者皆無所可是多數黨宜退也果屬少數黨則其政策更將何出與前內閣同乎則兩黨對峙之初果以何者而見異今至沒其異點豈非自下其黨幟與前內閣異乎則一入議會之門登壇數語必且盡爲反對黨叱咤之聲所掩一起即蹶有同兒戲是少數黨亦宜退也兩黨俱退是惟有束政黨政治於高閣已矣

有最妙者。日本議會之會期至短。較之英倫終年開會者迥殊。內閣既成。初不必與議會即相對立。於是有短期內閣之熱者。正得乘隙施其手腕。倘或閉會期間可得利用者足以供其展施政略因攫取國民信用以爲來年對待議會之資則彼儘可於開會之初假一理由解散議會以僥倖於多少數之變置此雖爲政黨政治之變格而在日本或能以此濟其政黨活用之窮亦未可知大隈重信伯者。號稱以政治爲生涯而崇信內閣政府者也。今以高年重望。敢於衝議會之鋒。以試其少數黨之政略。或者。吾亦有談言微中者乎要之可以卜日本運用政黨政治未臻純熟也矣

日本之政黨政治二

漸生

吾人旅居日本。凡其國有一政象無論良惡耳目所接率以比觀於吾邦而生無窮之感喟焉良者不待言矣即惡者亦非吾之所能企及焉此誠大可哀也

64

近頃山本內閣既倒。清浦奎吾氏經元老會議之推薦。卽拜大命。繼行組織。奔馳數日。始具雛形。乃與論犖起非難。政黨更與離異。控制衆議院議員大多數之政友會。既無一員加入。而國民黨中正會立憲同志會。又以三派聯合。計畫作戰。雖清浦氏鼓其勇氣。若無所聞。一以超然行之。而終以所擬海相加藤氏。要求海軍省前所訂造之三艦製造費。計九百餘萬圓。非由新內閣負其責任。先時支出。卽須召集臨時議會。交其議決。但責任支出。實違憲之事。而召集臨時會議。又恐以不人望之內閣。甫經就任。卽被摧倒。遂以無力組織。復命於天皇。或曰。此其眞因。實在薩閥勢力之不可侮。而彼邦所稱清浦氏之流產內閣。則竟成事實矣。

夫以立憲國成規言之。政治狀況惟問其進不問其退日本自西園寺內閣以來已有政黨內閣之趨勢故雖以桂太郞之聲威亦不能不屈服於憲政擁護之旗下山本內閣之得壽一年者非眞以薩閥之勢力乃以得大政黨之扶助也故其閣員强半政友會之分子雖在異黨以其不純乎政黨內閣也對之時發我黨內閣之嘲而較之西園寺內閣究屬大有進步乃清浦氏忽欲以超然者承之此大有違於憲政進行上之原則其不成立也固宜特在吾人觀之其不成立之中有足資爲敎訓者兩事焉此誠當表而出之者也

一曰。組織內閣者有完全組織之權其或不成乃組織之咎非有他也而吾國唐陸段熊。更迭代興。號稱組織內閣。然率皆有組織之名無組織之實其閣員之進退皆不能不仰總統之意旨望總統之顏色總理失其足以迴旋之地步閣員失其自爲可否之能力若淸浦氏受命后。其所組織。天皇不問元老會議亦不問使之充分表見其組織之權能偶或不成亦政治之常經此誠足爲吾國奴顏內閣當

頭之棒者也二曰秉國成者尊重憲法如或違憲絲毫不肯滑過也而吾之執政則不解憲法爲何物以財政言。其所支出卽以萬々計。初不見有所報告。至事前請求尤不聞有是事今議會固已被滅矣卽未滅時豫算案亦決不提出今淸浦氏以九百餘萬圓之少數。不經人民代表許可。而責以先事支出亦不肯苟且以爲之且以超然之故。不適於社會之要求。恐見侮於臨時議會。並不肯蔑視議會卽飄然而引去此誠不失政治家之風不圖以一衣帶水之隔政治節操相越如此吾烏得不爲吾國前途悲哉

評論之評論

銀本位制

秋桐

政府近公布國幣條例。以銀爲本位。國中略通計學者皆病之。然久聞主其事者爲梁任公先生。意其爲此。必有絕高之見。非固陋所及知也。洎讀庸言報。見其所主張之理由(一)則大近於官場敷衍門面之作。此誠不得不令人失望者。若以爲梁先生所談。遂茍然而和之。僕病未能也。

梁先生所持以爲銀本位之口實。其說如下。

> 金滙兌本位。調劑國際滙兌之作用。誠能盡金融界之妙。然考各國行之而著效者。多爲本國對於殖民地。中國情勢難倣之。銀雖非最良之本位。亦非可長久維持於不敝。然以今日之財力物力。而爲目前過渡之計。則仍以銀本位爲切實易行。政府將來之目的。固宜以改用金本位爲指歸。而現在則宜暫以銀本位爲入手整理之法。

此中之當辨者。其目有三。一、金滙兌本位制。胡乃宜於殖民地。而不宜於獨立國。二、吾國之財力物力。胡乃不宜於金滙兌本位制。而獨宜於銀本位制。三、既以金本位爲指歸。(二)胡乃必以銀本位爲過渡。

請以次論之。

欲明金滙兌本位制是否獨宜於殖民地。當先視斯制果應於何種必要而生。更視此種必要是否因

(一)梁任公說幣制條例之理由。見廿五六期合刊。

(二)此所謂金本位。想指金滙兌本位。

於殖民而起若無因焉則母國殖民地云々直邂詬也愚知金匯兌本位制。首爲減輕國家負擔而生。以印度言之。一八九三年以前。印之盧比。本許自由鑄造。而以銀價比於金價而日落。盧比遂比於先令而日落。計自一八七二以至一八九三年。盧比原値二先令左右。後竟落至十三片士。質而言之。盧比之價。乃失其半也。然印度政府所負之債。須以金償者甚大。而歲入舉以盧比計。此中所受損失。久益莫堪。初尙能改稅則增新租以濟其窮。後亦無能爲役。此幣制問題所由來而金銀法定比價所由立也。其所以致此者。以其國用銀也。吾亦惟用銀以受同一之影響。既受同一之影響。乃生同一之問題。若曰。吾獨立國。不當效殖民地之所爲。是二十年前之學究或爲此言。不然則臨死忌藥之類也。

又金匯兌本位制。乃爲減輕人民負擔而生。以非律賓言之。當銀本位制未改之時。其用以致厚利。首爲歐人之業銀行者。以彼可以操縱金銀之比價。上下其手。以爲己利也。次爲輸出商。而是業之大者。又率掌於歐人。以土商之資過薄。無能與歐商競爭。以圖其貨之金價於外邦。惟有以銀價賣與歐商。聽其轉運而已也。而蒙其害者。則屬非人全體。蓋其土貨鬻以銀價。其備金核以銀價。而以交易輸入諸物。則爲金價。且當時文化漸開。需要日繁。工業初盛。器械尤要。所求於歐商者無已時。因之非人受損亦無已時。歐之計家有深識者。至謂剝削非人過甚。久而久之。將至無可剝削。歐商亦將無所取利。此金匯兌本位制所由建也(一)今吾之情形正與非同亦不獨吾。舉凡用銀之國而大宗商業操於外人之手者皆與非同今曰。吾獨立國云々吾未見計學原則之作用將獨有情於獨立國而不由其經常之道以行也

(一)本精琦一九〇二年十二月在美洲生計學會所談、

至財力物力之說。以言財力。則愚以爲民國用財。本如泥沙。宜乎改革要政。轉憂匱乏。且國幣一宗素稱弊竇。今而議設清釐積弊。嚴剔中飽之法。尤易爲奸商蠹吏所阻撓。故他種借款。諸遭慫慂。獨改幣制。絕費躊躇。惟梁先生賢者。不當有此言也。至物力云云。愚祗見民間以困於銀本位而日趨於貧。未聞以改行金匯兌本位制而貧益甚。至謂金價高於銀價。吾民富過低。不便於市面零星使用。則吾今用銀一文制錢。早已不見。若改用金輔幣之末級當亦去當十銅元不遠。且嫌其大矣。即欲鑄造較一文制錢稍高之幣。此於用金並無妨也。以財力物力爲言。愚未見其說之有當也。

梁先生所持理由。最有可商之價值者。則在入手整理之說。此則庸言報尚未詳論。愚前讀國風報。頗注意及此焉。蓋當清政府未倒之時。梁先生條議幣制。累數十萬言。大旨在鼓吹金匯兌本位制。故梁先生今主張銀本位制。耳食者或且謂其朦於金匯兌之理。愚未敢和之也。以梁先生所見之深。質之時流侈談幣制者。必多茫然而莫解。惟梁先生盛稱金匯兌本位制。而又迂緩其實行之期。則愚竊以爲不然。間嘗求其理由。則「行此制時。其法定之金銀比價。必須視現在時價。低三四換。……所定比價。既較時價爲低。則斷不許自由鑄造。……雖曰幣制既頒以後。……人民挾有銀塊者。其購買力與前無異。未嘗吃虧。然人民狃於目前。知二五而不知一十。必將有如張之洞所疑。以三十五六換之銀。僅得三十二換之用。謂國家爲厲已者。……信如是也。則人民將仍取新造之幣。一一秤其重量。而不復問其法價。是復反於用銀塊之舊也。」(一)若梁先生之說止於此也。則人民程度於一二年後。將驟高而法定比價之適用於國中。將極其自然而無反於用銀塊之舊之恐。愚未敢信。縱曰新銀幣流行既

(一)見國風報一年十期。

廣。國人漸覺用銀塊之可厭。則因而布金匯兌制。情勢較順。其中不無可指之理。然爲理亦僅矣。蓋國人喜用銀元而厭惡銀塊。此實沿江沿海已成之習慣。此觀各省所鑄龍圓。絕不滯銷於市場。民國既立。絕無人以爲舊朝之幣而輙拒之。可以推見。此種趨勢。有劃一之新幣。固可望其益益增加。而曰須新幣以養成之。則既成矣。初無待養。且新幣者。與龍圓重量形式俱畧相等。惟刪除省界爲不同耳。此之於國人信服法定比價之心。無甚補助。與舊龍圓相去不遠。焉得謂定銀本位制一二年後。即可收金匯兌本位制之實效乎。夫欲人之相信法定比價。斷斷不能徒以銀圓使用之便利誘之。蓋彼之必欲反對此價者無他。特慮彼以此價得之於人。而人或不肯以此價取之於彼耳。苟通行無阻。彼亦何樂而不用。故發行新幣時。最要以法定之此幣。用以清理公私債款。前方不得拒絕。苟或拒絕。法庭出而干涉而已。使用便利云云。皆想境之在後者也。信如斯說。苟國家機關。完全無論何時。皆可改制。果何必爭此一二年之時日乎。當精琦爲吾議幣制時。即痛言貨幣欲定金價。在理論上。或先或後。原無區別。若衡以實際。整頓幣制之初。即定金價。較之已有數百萬圓流通市面而後。改定繁簡。既殊。損利尤著。且謂創設圜法。比之築室。以銅圓小銀圓本位圓及金爲牆壁。四圍同時並造。然後屋式整齊。苟開辦時不定金價。有如砌牆三面而缺其一。夫建築三面與四面。合力並造。費時費財。大略等耳。今舍第四面不築。則將來臨時添造。何能適合。是必因而牽涉三面。以謀更張。實不俟言。此不僅前番鑄造本位銀圓之費擲之虛牝。而於市場全局。尤有震動。蓋初時既定銀價。市面各項價目。皆隨銀價而定。後復改金價。目又隨而變動。此中損失。其大可知。夫改革幣制。物價之震驚。誠不能免。但所謂改革。自始至終。一氣呵成。則震驚之度。必較輕。並省第二次變置之煩費。孰得孰失。似不待熟考而後明。精琦又言。改幣制。而不定金價。是如造機器。不造平速球。定銀制。後若干年。再改。爲金。是如機器。試用若干年。始謀添球以改良。愚頗以爲切喻。精琦本爲計學專家。在美洲主講是學有聲。其言決非欺吾者。質之梁先生。以爲何如。

自由與出廷狀

秋桐

憲法草案第五條曰。「中華民國人民。非依法律。不受逮捕監禁審問或處罰。」又曰。「人民被羈押時。得依法律。以保護狀請求法院。提至法廷。審查其理由。」(二)愚謂此附加之條。極具精意。當時草憲諸君。竟見及此。私衷極爲感服。在今日無法之時。固不見其妙用。司法一旦獨立。則人民自由。唯一之保障。非他物。即此條也。惟不解谷君鍾秀。實與於草定憲法之事。胡乃不滿意於此追加之文。(三)愚求通其說而不得。又以問題極大而有味。輒妄評之。

保護狀愚舊譯出廷狀。今保護二字。雖有人擬採入憲法。而愚以爲合乎原文。當於事實。出廷云者。實較保護二字爲多。(四)吾誠固陋。終執己說也。愚執筆於民立報。初著論論出廷狀。實在南京參議院通

(一)愚曾託熊君錫與鈔得精琦幣制條議一本。惜譯文甚劣。編次亦亂。今語皆本之。又後段意。愚曾著之民立報。

(二)此條亦作「人民被羈押時。得依法律。請求保護狀。提至法廷審查之。」不知孰爲正本。

(三)見正誼雜誌第一期中華民國憲法草案釋義。

(四)出廷狀英語曰 Writ of Habeas Corpus. 實則後二字爲拉丁語文。Habeas 訓將。Corpus 訓身。合而觀之。猶言將其身以出於廷也。將身在吾文不詞。必曰出廷始有義。此拙譯所由來也。義入後更明。

過約法之時，今欲著明其義。即引愚舊說一節以實之。或亦不為讀者所厭也。

美儒柏哲士曾舉憲法必備之條件有七。而關於人民自由者三。一曰、劃定自由之範圍。二曰、保證自由。三曰、遇緊急時限制自由。(一)今約法於一與三者已得之矣。至何以保證所劃定之自由。尚缺如也。以例證之。約法曰、人民之身體。非依法律不得逮捕拘禁審問處罰。有人不依法律逮捕拘禁審問處罰人則如之何。以此質之約法。約法不能答也。果不能答。則約法上之自由不為虛文乎。

成文憲法。頗多抽象之原理。至何以使此原理。見之實際。解釋憲法者不任其責。此在各國憲法。亦已有然。而何尤乎約法。雖然。此指溢乎保障法之外者言之。至為不可缺之保障法缺之。則大不可也。英倫者人民自由最鞏固之國也。所謂自由。初不俟根本大法。為之臚舉。然一遇損害。張目即見法廷。將無所往而不得其補救。不文憲法。遂以此點獨出冠時。論者每即以此詒英。而不知英人所享之自由。較之成文國為尤堅確。此一曲之儒。所以難與論治也。夫英人果何由能得此也曰保障之法周也。吾人夙無憲政習慣。亦安可比屑不可學而能之英。記者之為此言。則彼中法意。有可採入吾之憲法者。皆乃為不可忽。今就人身自由權。請舉一例。

人身自由云者。即人非違法。無論何人。不得拘執之。羈禁之。及用他法以使害其身體上之活動也。如人無故而被拘執而被羈禁。身體之活動。無故而被侵害。則施者無論其為何人。受者皆得控之。向索名譽金。或治以相當之罪也。然人衆濫用其權。中外一致。於是英人之保障自由。乃有一法。其法惟何。則無論何時。有違法使人身體之事件發生。或者本人。或者戚友。皆得向相當法廷。呈請出廷狀。法廷不得不諾。不諾則將與以相當之罰是也。出廷狀者。乃法廷所發之命令狀。對於加害者。而致詞指定期限。令其率被害者出廷。陳述理由。並受審判也。英人有此一制。而個人自由。全受其庇蔭。法官不得枉法。私人之有權勢者。不得迫壓其所屬。(二)行政官不得以行政之故。妄拘押人。凡加害者一接出廷狀。即當對於該法廷。明確回答。如期偕被害者對簿於堂。否則受罰。茲制者誠憲法之科律也。

右說雖簡。而出廷狀之為何物。亦大略可見。惟其要義。最不可忘者。則有出廷狀。而自由始受保障。無

(一)見 Burgess 之 Political Science and Constitutional Law 一卷二六四頁、

(二)如工頭禁制其工人、家長妄拘其子姪、皆得往法廷請出廷狀、

則否也。谷君之意。適得其反。其說曰。「非法羈押人民。當事者皆有應得。依法懲治之可也。」意若無須出廷狀爲。愚曰。依法懲治。誠哉其然。惟所謂懲舍法廷則無意味。倘不設出廷狀施受兩方有時俱不爲法廷所知。法廷安所行其罰乎。今以例譬之。愚習英律。曾見有夫疑其婦不潔。閉之於室。不使與人接。婦之友往法廷請狀。其夫遂不得不率婦以見於廷。裁判者曰。夫無囚婦之權也。罰其夫如律。而婦出見客如初。如谷君言。倘英倫無所謂出廷狀。雖夫囚其婦律當罰之。而彼婦幽於一室。可以逾三年而法廷且莫知之。法廷果何以爲罰乎。於斯時也。彼婦所處之境。純視其夫之寬虐以爲生死。是豈立法者之意乎。縱曰。三年之後。法廷容或知之。而施其罰焉。則三年中彼婦之自由。不已爲人所蹂躪而不可復乎。此較之有出廷狀。可請者今日見幽明日即質之法律。在寶愛自由者觀之。不有千里萬里之差乎。

谷君又曰。「若但於被害人民設法拯濟。似法律上有許容非法羈押之嫌。」此嫌胡來。愚滋不解。谷君之誤會處。亦已自言之矣。曰「被羈押之人民。充其量不過請求法廷審查而已。」殊不知法廷之事。止於審查與否。當視其案情以爲衡。若加害者爲有罪。法廷自取而罰焉。又胡疑也。谷君必以爲草案上之條文。祇言審查。法廷似不宜越乎範圍。而爲審查以外之事。又殊不知出廷狀之用。法必當別有「出廷狀律」(二)以規定之。則本條「依法律」三字始有著落。憲法不過著其原則而已。是故谷君疑本條有「語病」。此誠有之。惟與谷君所論無關也。

愚所謂語病。乃在條文之字句。本條當曰。「人民身體自由被侵害時。得請求出廷狀。法廷依出廷狀律

(一)英之出廷狀律曰 Habeas Corpus Act.

審判之原文所謂「依法律」不問而知其爲依出廷狀律。果爾。則當連法廷言之。不當連出廷狀言之。以請求出廷狀。一非有憲法明文已足。初無俟別依法律以爲請也。

札斯惕斯

秋桐

英語有曰札斯惕斯(一)者。涵義至廣。自愚觀之。與吾公道二字差合。吾國邇年之乏公道極矣。於是有心者爭爲公道之言。梁任公先生爲庸言報。首以是說宣之於衆。至顏其報曰札斯惕斯。誠知言之士之所爲也。惟斯語而詁曰庸。愚猶以爲未當。蓋不易之謂庸。而札斯惕斯則得其反。昔柏拉圖著「共和」(二)一書。首正札斯惕斯(三)之義。其法本之邏輯內籀之道。先與各色人晤談。詢其所以解札斯惕斯者何若。於是以人所同稱之義。作爲界說曰。「札斯惕斯不爲僞言。及回復人之所固有者之謂也」。攻之者曰。例如有人病於精神。所佩之刀。友爲藏匿。其人從而索之。果其友不爲僞言。因示精神病者其處。爲札斯惕斯乎。抑詭言遯變爲札斯惕斯乎。易詞言之。果其友回復精神病者之所固有爲札斯惕斯乎。抑不回復爲札斯惕斯乎。遇此攻詰。定義當改。乃曰。「札斯惕斯與人以相當者之謂也」。蘇格拉底復疑之。問何者於人爲相當。易詞言之。何者於友爲相當。何者於仇爲相當。以此而其義又須更換。細詁此

(一) Justice.

(二) The Republic of Plato. 英人譯本。

(三)札斯惕斯。在拉體諾文曰耶斯迭斯 Justus. 今從簡概用英音。

字。詳述柏蘇以來諸家之言。非此短篇所許。惟就柏說以觀。札斯惕斯之中無所謂不易者存可斷言也。

愚雖於梁先生之譯語。不欲苟同。而其歐語標題。則實足令人膜拜。以當今晦盲否塞之秋而有所謂札斯惕斯現其微光以照於世則吾民他日自死而之生由幽而入明其所以導之必此物也尤可喜者。此心此理。今之君子約略同之。庸言方張。而正誼復見。正誼者、由張君東蓀言之。則札斯惕斯也。札斯惕斯時々可得而見吾國一線生機其在茲乎其在茲乎

雖然。以正誼詁札斯惕斯。愚亦以為未安也。董仲舒曰。正其誼不謀其利。(一)此與孔子所言謀道不謀食。同一義解。誼也。道也。類有一定最高之的使人趨之儒者以之修身而非以之應物若夫札斯惕斯則不然札斯惕斯確訓曰公公者必立於人已相與之中非能獨養於空山岑寂之際又其性變動不居因時為宜苟不然者則將如柳子厚所譏聖人之道不益於世用是故札斯惕斯非誼也乃所以正誼者也誼不變札斯惕斯由變以求其不變札斯惕斯非道也乃所以達道者也道不變札斯惕斯善變以歸于不變易詞言之札斯惕斯非德也乃術也非終境也乃假途也(二)

愚之所知。大略如此。今為行文之便。暫本柏拉圖所謂與人以相當者。為吾定義。執以讀張君所為正誼解。愚獨有取於養成對抗力一節焉。張君以謂「強有力者。恒喜濫用其力。濫用而其鋒若有所嬰而

(一)正誼之正、在董語本為動詞、今取以譯札斯惕斯、當視為形容詞、亦一詁弊。

(二)張君確以正誼詁札斯惕斯、而正誼雜誌、以英語顏之、又曰 Rightness(實則與札斯惕斯對舉、用 Right 為常、繇取加語尾、)愚謂後者之義較確、以 Right 含有一定至當之意、而札斯惕斯則否也、張君正誼解、見正誼第一期、

頓焉，則知斂，斂則其濫用之一部。削滅以去。而力乃軌於正。」其所以使之然者。則他方面對抗力之不可侮也。苟一國焉，而無此對抗力。則其政象爲專制。專制之下。唯產革命。「革命者二勢力之易位非二勢力之對抗也」養成對抗必如斯賓塞言「固滿一已之義務而不侵害他人」惟其固滿己之義務故「不肯曲服於强者之指命」惟其不侵及他人故得保持平等之權利斯何物也號曰札斯惕斯張君之意。大略如此。綜而觀之。可得蔽以一言曰。亦求其所以相當而已矣。

法制與政治

無卯

有自署長與者。愚至今不能舉其姓名。曩從國風報讀其文章。即喜其安詳而恬靜。今又於庸言報二十七號。見所作法制與政治一首。誠不媿爲憂時者之所言也。通首大意。乃推言徒法不足自行之道。同一法制。以運用者之能力有差。而成效往々大異。是故英意同採內閣制。乃英治而意亂。何也。英之政黨組織。遠優於意也。美墨同採總統制。乃美治而墨且大亂。兩黨陳兵。國無寧日。何也。墨之政治道德。遠不及美也。長與君書至此。即折入我國。謂前此採用內閣制。「未及二年。內閣四易。政務弛墜。百廢不舉。坐視民生吏治之頹弊。不能一爲整飭。籌借外債而外。曾無政績可言。論者遂咎法制之不善。謂有約法之縛束。國會之掣肘。故當局者莫由展其才略也。乃者國會解散。約法之效力。亦已在若存若亡之間矣。而政之不修如故也。事之不舉如故也。論者又咎法制之不善。議以總統制易之。……然語乎政治之運用。則總統制視內閣制爲尤難。蓋內閣對於國會負責任。而復無一定之任期。苟非其人。

別求賢者以易之。政治可冀振刷，國本斷不至動搖也。若夫總統。直對於國民而負責任。其所行政。殆非國會所能監督。且任期本有定限。任期之內。無術令其更易。總統雖尸位溺職。亦坐聽其貽誤國事而無可如何。且以國家元首與行政首長兼之一人之身。大權所集。而他機關無由一問其責任。則濫用權力以自肆。是固人之恆情。如是勢必返於專制。專制既爲國民之所惡。而又無術以易之。自不能不訴之於武力。革命之事。遂爲勢所必至。此中南美諸國所以迄無寧歲也。烏乎。不有治人。安有治法。以法制之不善。而欲易以美制。於計固未爲失。然脫意大利之險途而就墨西哥之覆轍。則又將安用之」嗚乎。此誠憂時者之所言也。

然愚尙有未盡了然者。如長輿君言。人之議內閣制之不善。在有約法之縛束。及國會之掣肘。然則議者之意。必以無約法無國會爲期矣。夫無憲法無國會之法制。果爲何名。何國採之。長輿君亦能代舉以相告否。愚知與內閣制對峙者爲總統制。而總統制則有憲法而絕嚴。有國會而絕强。通人碩學。方日日以其政府過弱爲憂也(一)。議者之意。決不如是。既不如是。而吾人復不能更覓一法制之名名之則自昨秋政變以來。直可謂之無法制。無法制而政仍不修。事仍不舉。長輿君告愚。議者又咎法制之不善。是咎「無法制」之法制不善也。「無法制」且不善。則必今之組織約法國會以外。尙有見惡於當局者存。是可又從而無之曰「無無法制」。若所毀敗者猶未躊躇而滿志也。是可更進而無之。如代數之作括弧者然。小大相函。重々疊々。直至舉數千年來之文爲度數毀盡滅絕以返於鴻荒與野獸爲群。攫木葉自障而後已也。讀者其詭吾言也乎。此則由天演之道可以推而知之無可疑也。然長輿君正復告

(一)參觀本期拙譯白芝浩內閣論。

愚議者以「無法制」之法制爲未善。又欲以總統制代之。無卯曰。此總統制者。眞二十世紀不可解剖而知之怪物矣。

雅言

秋桐

半載以還。吾國言論。由日刊時代。轉入定期刊行時代。氣風所趨。未可忽也。諸雜誌者。類各有其主張。而愚讀之最有深感。厥惟雅言。(一)蓋主者康君率群。與愚論治。夙號同調。民國初立。時論過囂。率群憂之。謀所以正之之道。與愚言。愚無不遯之。率群之遯愚言。亦若是也。以故愚爲民立報。率群在焉。愚爲獨立周報。率群亦在焉。後國事擾攘。至友云亡。(二)周報之局。以此不終。此愚今日爲讀者諸君言之。深致歉懷者也。而率群之志卒不衰。再接再厲。而有雅言之作。針砭政俗。旁及文學。時流作報。信乎寡儔。愚以旅居異國。未能操觚相隨。頗爲悒々。甲寅之作。即所以自述其所不逮。而就正於率群。秋桐者。愚之夙號也。民國未生。此號即已出世。北京有以帝國兩字爲報幟者。愚恆以此自託而迻稿焉。前歲之秋。愚與上海論者相持。秋桐兩字。致被訐舉。以相詬病。以謂卑劣有辱民國。周報發刊開端數語。即復以此自嘲。乃曾幾何時。名字未更。人又嘐嘐病其暴戾。以謂愚之謹厚。乃不如前。此有關乎世運之變遷。寧獨以卜一人之毀譽。惟君子立身。貴有本末。在愚主觀。吾未喪我。爲國之念。始終不移。我知我罪。安暇計校。率群視之。以爲何如。涉思至此。又復引率群之言以自壯。其言曰。

(一)雅言雜誌、在上海發行、
(二)江部王君无生、宜創刊周報、斯人文學之才、今所罕觀、不幸而死、又不獨一報之災也、今之情勢。乃大異矣。國民黨旣解散矣。議院亦中滯矣。大權所操。獨在政府。或憤慨其專橫恣肆。無異專制。吾則謂苟能轉移危弱。則跡非而心猶可原。不可知者。當甚高下在心之日。果能期成美功與否也。苟政猶窳敗。綱維不張。則將無以爲諉過之地。雖昔日曲原之者。今亦無所藉口。然則後者之政令舉止。皆由行政者負其咎。雖無立法者之監督。亦無立法者爲之分謗。吾人以言論爲監督者。後此亦將集其觀察於一部。而更無所曲原。苟其治術猶昔。則後此之抨擊。亦猶昔日之攘議也。烏乎。因果無常。唯人所造。臧否之宜。一本心安。在仇非甚。在親非避。以爲諍言也聽之。以爲謗言也亦聽之。是則創雅言之志亦猶獨立周報之志也(一)

奉群復有警語曰「民意者民當自言。無待代言。吾所言者即吾之言初不必假民意以自重」此可以罵盡今之八面論師新聞記者矣

譯名

秋桐

胡君以魯近作論譯名一首(二)於愚夙昔之所主張。有所針砭。雖不斥愚名。愚滋感之。然其言仍有愚不欲苟同者。畧辨陳之。

胡君謂音譯之名不當立。凡譯皆從其義。襲其音乃借用。非譯也。似矣。然愚言音譯。亦自有說。揚子方言。譯傳也。傳者。傳其義。自傳其音。縱曰。譯釋也(三)言義爲當。然遇義則兼傳釋兩訓。遇音則祗含傳訓。

(一)見雅言雜誌數刊詞、
(二)見庸言報二十五六期合刊、
(三)禮王制、北方曰譯、疏、譯釋也、

讀者會心不必一致且即本無傳訓自不肯『造』之而文字由甲義以入乙義乃其孳乳自然之用何者可通何者不可通鄭氏復生不能爲定說也以故佛經名義音義兩收皆言翻譯若如胡君言分以別之。若者借用。若者翻譯。前者以音。後者以義。此中界說。究亦難明。蓋借用云者可以施之於音亦可施之於義取其音以入吾文曰借用取其義以入吾文亦胡不可曰借用信如斯也。借用其音者曰音譯借用其義者曰義譯譯之云者果非不可兼賅音義也說者曰。音非吾有者也。故曰借用。義爲吾有。安得云借。應之曰。音果非吾所有吾決不能筆之於書能筆之於書即不能謂其非吾所有反之謂義爲吾有亦不必處々可通英語有glass。吾譯之曰玻瓈。此義也非音也而義又爲吾有者也然夷考其實玻瓈二字亦由重譯而來非吾所能有也且音也亦非義也

抑愚之重音譯。乃比較之詞。而非無對之義。前歲爲民立報。有荅東蓀張君禮軒一書。謂「翻譯名義之當從音譯。抑從義譯。必視製語時之情狀爲衡。非可爲概括之詞也。記者之主張音譯。斷非遇名詞而輙如此爲之。特謂音譯之利。確有可言者在耳」此其爲說。必無所迕於胡君。蓋胡君雖重義譯。而亦有萬不可義譯者十事。並著於篇。其中有謂「玄學上多義之名不可譯」尤爲愚所深契。如邏輯者玄學上多義之名。莫此若也。愚故不取其義而取其音。然胡君曰否。邏輯者終當取其義者也。愚不能謂胡君自以矛攻盾。特其所以應用其例者有限度。而限度與愚有深淺之不同耳。

義譯名詞之最感困苦者則名爲譯名實則爲其名作界說古來智慧絕多之士。每遇一物。莫不樂以推陳出新之說界之。而同智之士兩人聚於一堂其所以爲界決不一致於是一名既立勢且甲論而乙駁彼是而此非甚至亘千百年而無定說且爲學術計亦無取其有定說也惟若論爭之點純在立

義誠不必避。若不在義而在名。則爲無謂之尤。今吾也混義與名而一之。一求其義。即率乎名。義苟無定。則名亦無定。極其流弊。或至治其學數世。而學之名尚不可知。凡此皆義譯名詞者階之厲也。以故愚有一新案。則嚴名與義而二之。之名爲吾所固有者不論。吾無之。即逕取歐文之音而譯之。名爲一事。義又爲一事。義者爲名作界也。名者爲物立符也。作界之事。誠有可爭。作符之事。則一物甲之而可。乙之亦可。不必爭也。惟以作界者作符。則人將以爭界者爭符。而爭不可止。胡君曰。宜由專家討論抉擇。復由政府審定而頒行之。此淺近習語。法誠可通。若奧文深義。豈可强迫。愚社棄名學而取邏輯者也。決不能以政府所頒。號爲斯物。而鄙著即肓以從之。且政府亦決無其力。强吾必從。惟置義不論。任取一無混於義之名名之。如科學家之名新原素者然。則祇須學者同意於音譯一點。科名以立訟端以絕。道固莫善於此也(一)

譯名之可論者。遠不止此。即胡君文中可疑之處。當以質證者。亦不止此。今畧發其端於吾短評。進而論之。俟諸異日。

孔教

秋桐

吾國之尚孔。本班固所謂利祿之途使然。今者素王之運年衰。科第之廢未久。上之湛深經術之士。下

(一)近來文人通病、每不肯沿用他人已定之名、愚則頗自戒之、名學之名、創於侯官嚴氏、愚不用之、非以其爲嚴氏所創、乃以其名未安也、故邏輯二字、亦嚴氏始用之、愚即沿而不改、是即音譯可免爭端之證、

之誦習講章之徒。其欲用其所學。以鳴於世宜也。惟今之尊孔者。舍其所習喪其所守離學而言教意在奉孔子以抗耶蘇。使中華之教定於一尊。則甚矣其無當也

孔子之不得爲教主。其義至顯，其例至明。吾家太炎先生有駁建立孔教議一首。其言雖非愚所盡取。而要足以破倡孔教會者之迷夢。請先舉其言。次申愚說。

近世有倡孔教會者。余竊訾其怪妄。宗教至鄙。有太古愚民行之。而後終已不廢者。徒以拂俗難行。非故葆愛殿重之也。中土素無國教矣。舜敷五教。周布十有二教。皆掌之司徒。其事不在庠序。不與誦詩。是乃有司教令。亦雜與今世社會教育同類。非宗教之科。易稱聖人以神道設教。斯即盥而不薦。禘之說也。禘之說孔子不知。號曰設教。其實不教也。觀周禮神仕諸職。皆王官之一守。不以布於民常，逮及衰周。孔老命世。老子稱以道涖天下。其鬼不神。孔子亦不語神怪。未能事鬼。次有莊周孟軻孫卿公孫龍申不害韓非之倫。浮屠俱作。皆辯析名理。察於人文。由是妖言止息。民以昭蘇。自爾二千年。雖佛法勞入。黃巾接踵。有似於宗教者。佛與本不說鬼神。其自宗乃以寂定智慧爲主。騁義淵論。思入無間。適居印度。故雜以怪迂之談。而非中土高材所留意。加其斷絕婚姻。菲草衣褐。所行近於隱逸。非所以齊教齊民。若黃巾道士者。符籙醮謁。左道惑人。明達之士。固不欲少游其藩。由斯以談。佛非宗教。黃巾則猶日者卜相之流。爲人輕蔑。則中國果未有宗教也。蓋自伏羲炎黃。事多隱怪。而偏爲後世稱頌者。無過田漁衣裳諸業。因民常性。所察在政事日用。所務在工商耕稼。志盡於有生。語絕於無驗。人思自尊。而不欲守死事神。以爲真宰。此華夏之民。所以爲達。視彼佞諛上帝。拜謁法皇。舉全國而宗事一尊。且者之與常者。其智愚相去遠矣。即有疾疢死亡。所呼籲保者。祈而不應。則信宿背之。展轉更易。至於十神。皆多張置羅。以待雉兔。皆試爲之。無所堅信也。是故智者以達理而洒落。愚者以懷疑而依違。總舉夏民。不崇一教。今人猥見耶蘇路德之法。漸入域中。乃欲建樹孔教。以相抗衡。是猶素無創痍。無故灼以成瘢。乃徒師其鄙劣。而未有以相君也。古者上丁釋菜。止於庠序芬香。至唐世李林甫。始令全國悉以牲牢薦焉。劉禹錫譏其不學。自爾樂備宮懸。居模極殿。寖轉近帝制矣。然廟堂皆於學宮。所對越不過儒士。有司則以歲時致祭。未嘗普施閭閻。及諸俗。是則孔子者。學校諸生尊禮。猶匠師之奉魯班。縫人之奉軒轅。胥吏之奉蕭何。各尊其師。思慕反本。本不以神祇靈鬼事之。其魂魄存亡。亦不問。又非能傳於兆庶也。夫衣裳廬舍。生民之所以安止。律令文籍。國家不可一日廢也。今以世人拜謁孔子。謂孔子爲教主。是則軒轅魯班蕭何亦居然各爲教主矣。若以服用殊今制。異古故。三君不能擬宗教者。此則民國雖建。制異春秋。士俗習行。用非士禮。今且廢絕之服除

內亂（謂親屬相亂）之誅雖孔子且得名爲今之敎主乎綱其佚度而奉其儀容則誣也貴其一家而忘其比類則偏也進退失據挾左道比神事其不可以垂則甚明蓋皆論之。孔子之在周末。與夷惠等夷耳。孟荀之徒。曷嘗不竭情稱頌。然皆以爲百世之英人倫之傑與堯舜文武伯仲未嘗儕之圜丘淸廟之倫也及燕齊怪迂之士。興於東海。說經者多以巫道相糅。故洪範舊志之一篇耳。猶相與抵掌樹頰。廣爲抽繹。伏生開其源。仲舒衍其流。是時漢廷適用少君文成五利之徒。而仲舒亦以推驗火災。救旱止雨。與之校勝。以經典爲巫師豫記之流。而更曲傅春秋。云爲漢氏制法。以媚人主而棼政紀。昏主不達。以爲孔子果玄帝之子。眞人尸解之倫。讖緯蠭起。怪說布彰。曾不須臾。而巫蠱之禍作。則仲舒爲之前導也。自爾或以天變災異。宰相賜死。親藩廢黜。巫道亂法。鬼事干政。盡漢一代。其政事皆兼循神道。夫仲舒之託於孔子。猶宮崇張道陵之託於老聃今之倡孔敎者又規摹仲舒而爲之矣。彼豈不曰。東魯之望。世有常尊。今而廢之。則人理絕而綱紀斁耶。此但知孔子當尊顧不悟其所尊之故今不指陳。則無以啓人。蓋孔子所以爲中國斗杓者在制歷史布文籍振學術平階級而已。往者尙書百篇。年月闊略。無過因事記錄之書。其始末無以猝睹。自孔子作春秋。然後紀年有次。事盡首尾。丘明衍傳。遷固承流。史書始燦然大備。榘則相承。仍世似續。令晚世得以識古。後人因以知前。故雖戎羯荐臻。國步傾覆。其人民知懷舊常。得以幡然反正。此其有造於華夏者。功爲第一。周官所定鄉學。事盡六藝。然大體猶不下庶人。當時政典。掌在天府。其事祕略。其於詩書。師氏以敎國子。而齊民不與焉。是故編戶小民。欲觀舊事。則固閉而無所從受。故傳稱宦學事師。宦于大夫。明不爲貴臣僕隸。則無由識其緒餘。自孔子觀書柱下。述而不作。刪定六書。布之民間。然後人知典常。家識圖史。其功二也。九流之學。雖不出於王官。守其一術。而不偏覽文籍。則學術無以大就。自孔子布文籍。又自贊周易。吐論語。以寄深湛之思。於是大師接踵。宏儒郁興。雖所見殊塗。而提振之功在一。其功三也。春秋以往。官多世卿。其自漁釣飯牛而興者。乃適遇王伯之君。秉時間起。不世絕奕。斯豈草野之無賢才。由其不習政書。致茲恐泥。不足與世卿競爽。其一二登用者。率不過技藝之官。皂隸之事也。自孔子布文籍。又養徒三千。與之馳騁七十二國。辯其人民。知其土訓。識其政宜。門人餘裔。起而干摩。與口政爭明。哲人既萎。曾未有年。六國兵而世卿廢。民苟懷術。皆有卿相之資。由是階級蕩平。寒界上遂。至于今不廢。其功四也。總是四者。孔子於中國爲保民開化之宗。不爲敎主。世無孔子。憲章不傳。學術不振。則國淪戎狄而不復。民陷卑賤而不升。欲以名號加于宇內通達之國難矣。今之不壞。繄先聖是賴。是乃其所以高於堯舜文武無算者也。若夫德行之敎。仁義之端。周官已布之齊民。列國未嘗墜其綱紀。故上有蘧瑗史鰌之賢。下有沮溺荷蓧之德。風被土宇。不爲而成。固不恃自孔子授之。孔氏書亦時稱祭典。以纂前志。雖審天鬼之巫。以不欲高世駭俗。則不暇一切蕩除。亦猶近世歐洲諸哲。于神敎尙有依違。故以德化則非孔子所專以宗敎則爲孔子所棄今忘其所以當尊而以不當尊者玷之適足以辱闕里之堂汙泰山之迷耳。談者或曰。崇孔教者。所以旁慰沙門。使蒙古西藏無攜志。此尤誑世之言。二藩皆誑，則强羈縻之。給以中國殿教稱日。其實非宗教所能馴也，昔張居正之撫蒙古，攻討惡綏，形格勢禁。無所不用，勢已畏服。然後以黃教固之耳。今不修攻守之具。而欲以虛冒羈致。是猶漢臣欲誦孝經。以服黃巾，必不得矣。就欲以佛法懲藩者，自可不毀闍閣。又非懸設孔教以相籠罩也。孔教本非前世所有則今者固無所廢矣之廢則亦無所建立矣。思以學校啓牖。事在當行。倘爲宗教，杜智慧之門。亂清寧之紀，其事不便。

太炎先生之說。於孔子不得爲教主之道。可謂抉其藩籬。使談者盡失其所據矣。然意在宗教至鄙。人不當以尊孔者鄙孔。則又愚不敢苟同者也。蓋歐人所謂宗教乃視爲身心性命之所寄而決非如吾神道止於迷信崇拜之倫歸依之誠實無間於愚哲先生謂歐哲之於神教。出於依違。固亦有然而不如是者恆八九也以言愚民則宗教心尤不當乏蓋人之有生見夫生死成敗之相乘災禍疢疾之相撼恐懼祈望奮興懺悔之情相爲起伏莫不各有其不可得通之故日蘊於胸而不自安於時苟無宗教入據其心以通其不可得通以安其所不自安則頑者將視天下絕無可以忌憚之事勢且壞法亂紀殺人火居而無所不爲懦者則奉木雕泥塑以求寄頓其身心至殘軀以爲侫祈藥以自殺而了無悔悟中國惟無宗教故一千來觀其政俗率不出此二象此不可不知者也先生謂宗教至鄙。此殆徒見吾民祈呼靈保之爲而於歐土之以宗教淸其政俗之道未嘗深考且自耶法之入吾邦。始惑於墮胎挖眼之謠。去之惟恐不遠。今則漸見奉教之民頗能守分盡義勤職有條理不爲僞言夸行以及苟且偷惰敗德賊理一切之計奉教愈虔者修行愈謹吾孔子之徒名教之士蓄妾狎娼。縱欲敗度曰仁義而心盜賊敢爲傷天害理之事倡尊孔愈甚修行愈惡者視之大有媿色焉歐人至謂「支那人偶有知識。於立身行已之道。能得其正。皆耶穌之徒教之使然。」其言雖誇。而吾要無顏詆其未當。是宗教爲物並已有造於吾國倡言排之者直未之思也(一)先生謂宗教之事。有太古愚民行之。恍謂今之民智斷不繫此。此無論設立宗教。本非愚民之術。即曰愚民。而謂今之文化，有以大過於古。白人且不敢爲是言。安論黃種。以英倫言。白芝浩即謂其民知識之度。與二千年前之多數人。了無以異者。絕不爲乏。並謂大群如大山。山質數層。群化亦有焉。其下層之特質。與言近於上層。寧謂近於太古。(二)此化民之事。謂古有行之今當廢棄非篤論也。且國中之多愚者。先生亦非無所見。祈神不應。信宿背之。屢轉更易。至於十神。豈非大愚不靈之尤。惟先生於此。乃謂懷疑依違。較之宗事一尊者爲智。此以語諸歐人彼固無從索解。即愚生於中土亦未能深喻其言。是故今人感宗教之不可少而欲立孔教以充之。其設心愚以爲當。惟孔子夙非教主。其言絕無教質。神所不語。鬼不能事。性與天道不可得聞。且曰說所垂。刪訂所著。皆以傳諸門人。未嘗普及兆庶。後人祖述。經師講習。系統不出乎師弟子範圍。不越乎大學書院。庸童婦人。未或知焉。至於歲時致祭。享以太牢。亦不過儒士趨蹌以尊其師。誠猶魯班軒轅蒼何之各得崇拜。如先生所云本非教也。而强以教名之。不存之皮。圖以毛傳。是誠心勞日拙之事耳。

本問題至濶。茲特就太炎先生所言。偶抒鄙見。其詳請異日論之。

(一)愚居英倫時，曾以中國夙昔禮教修明，投書於司佩鐵特週報，林樂知以書駁之，茲所引語即林所言、

(二)參看本期白芝浩內閣論、

通信

政與學（致甲寅雜誌記者）

記者足下。頃接友人緘。並貴誌介紹書。閱悉。廣告所揭主旨內容。用意翔審。擇體精嚴。雜誌之林。於斯爲美。至置重通訊一門。固爲博採旁搜集思廣益起見。然質證疑難。妙有折衷。則讀者之興味頓增。於國人政治學術上思考力之策進。尤賴有此。貴誌之用心良苦矣。竊見政治學術二者。於群治之演進。實有相須爲用不可相離之理。就迹象上分之。學術爲體。政治爲用。學術爲間接孕育人國之治象。政治爲直接運行人國之治象。惟是人治由榛狉進於今世。繁衍複雜。至難審紀。分類研求。勢非得已。雜誌天職。究以造作輿論指導國政爲前提。則所標學術範圍。要以直接關係於政治者。爲最適當。蓋政治之實施爲政事。政治胚胎於古今歷史。醞釀於哲理法律者。則爲學術。政事不根於學術。則爲野蠻武斷之政治。如今日吾國之現象是。夫吾國今日政局所由成。當事者固皆偏武不學之人。即在野之士夫。亦何常勤敏悅學。全國人皆椎魯固當浮淺簡陋之徒。則發心行政。適收此乖謬暴戾輕躁鄙妄之結果。成敗得失。寧非無故耶。不佞曩者。厠身教育界有年。輒取曾氏士不可以不弘毅。任重而道遠數語。以訓學子。且以自勵。以爲弘之云者。必非有生俱生之天性自然能弘也。非博學審問愼思明辨修養有素。何能虛己以納天下之物。寬己以應天下之變。毅之云者。亦非天賦自然能毅。非富於弘之工夫何能堅苦卓絕以任國家之艱巨明決果斷以排外物之誘率曾氏弘毅並舉任重道遠之人才本領乃完。誠爲吾輩絕好教訓也。試觀歷史非常之人物樹立非常之勳業者。如中國各朝之聖君賢相世界共和君主立憲國有名之政治偉傑。何一非有篤學求益之本根。未有屠伯莽夫。而可僥倖爲治成名者。今日中國之行政者。倩人杜撰一切文明國現行之新名詞。或者倩人摭拾一二崇孔祀天等舊儀式。張皇於國。以爲師人之長。保我所固有。政治之能事如斯已畢。是何異沐猴而冠。而望其作人語。其張目狂跳。失其所措也必矣。今日之談政治者。以爲勦襲一二坊間之譯本。或速成不全之課程。政治家之捷徑。不過如此也。是何異使無力之童子。負重鼎而趨。其折足覆餗也必矣。貴誌以條陳時弊爲主旨。此殆一時弊發生之主因乎。不佞尤痛今日內地之業新聞者。其操觚爲文。殆與政府官吏同一手筆。政府曰是。新聞之論調亦曰是。政府曰非。新聞之論調亦曰非。屬辭比事光怪陸離。吾人對之哭既不能。笑亦莫可。有時敷衍成章。驟觀之似亦洋洋大篇。而叩其內容。無異應童子試作截搭題本領。中央發布命令。如主司之命題。各省官吏則爲成年會考之生。就題成文合格及第。新聞則如窻下幼兒之模仿擬作。東塗西抹。蕪雜太多。噫、政象至此。何以爲國。何得不亡。原伯魯之憂。傷必非無病呻吟者矣。貴誌慘澹經營。必皆詳博精深之作。有以針導不學而製之國人。而通訊一門。更可徵集異聞。合吾國之究心政治學術而無力自爲一雜誌者。得以略抒其懷抱。其他好學深思之士。又可啓發屯蒙。有大叩大鳴小叩小鳴之樂。今後中國政治學術之大放曙光。殆將於此期之乎。不佞縱言如此。以不審貴誌通訊之範圍如何。漫舉一事以爲質證。又嫌立言之不倫。遂乃任意放言。不復檢飭。視爲歡迎貴誌出版之祝詞可。視爲貴誌通訊門序例一部分之箋釋亦可。視爲不佞此後相繼叩政治

學術發端之言。亦無不可。若足下不以其不學無文而有以賜教焉。幸甚。 周悟民白

世界大勢與中國

(致甲寅雜誌記者)

記者足下。有友來告。貴誌將出世。僕不勝喜。讀簡章。知有通訊一門。僕頗思奮筆而有所言。顧躊躇莫知所自起。建部遯吾氏者。日本言社會學者之巨子也。邇在政法學校。爲吾國學生演述世界大勢。而未及於吾國。其言頗有發吾深省者。今爲貴誌言之。或無背於貴誌集思廣益之道也。建部氏略謂今世號稱一等國或强國者。不外國能存在一語。而國能存在之實據。又不外處此國際競爭弱肉强食之間。而其國能卓然有以自立。夫弱肉强食云者。即我不滅彼彼必滅我之謂。此言雖似太過。然靜察今日之大勢。結局無不如此。故所謂帝國主義。人皆知其以乘弱攻昧爲期。實則彼爲維持其國之生命。不得不然。非好爲之也。質言之。帝國主義者。即使我國不被滅於他國之主義云耳。然欲我國不被滅於他國。必賴有抵抗他國之實力。能抵抗斯能進取。能併吞斯能保存。此今日之大勢。亦帝國主義之精神也。今列强亦旣挾其主義。同侵支那。而所謂抵抗力不見。故雖以土地之廣且腴。人口之衆且勤。爲環球所不及。不僅不得列於一等國或强國之林。而且苟延殘喘。亦將在不可必得之數。探其眞因。則二主義有以誤之。一曰箇人主義。二曰事大主義。由前則知有己而不知有社會。知有箇人而不知有國家。億萬其人。億萬其心。一盤散沙。搏之無術。以此爲國。焉能禦侮。由後則於國外得一强國。即生依賴之心。今日爲其利用。即異日被其保護。日本人亦非無此惡性者。特比較少耳。苟無之。則日本

國力之發揚。當不止此。支那若不亟求所以去此惡根者。國亡無日。邊言盛强。於時抵制白禍。解決東亞問題。日本既無力獨負其責任。則四百餘州之地。亦惟有坐視列强之宰割耳。建部氏之言。大略如此。此在吾人聞之。怒既不可。辨亦無從。吾國社會。關於羣已觀念。祗知爲已不知爲國。本屬事實。寧無可疑。惟非大一統說。縱或有之。此乃關乎秉政者之失策。而斷不在國民根性之過惡吾國政府邇年不得其人。一昧以公徇私。見利忘義。而又不審內力。妄結大邦。陰拋利權。資爲利用。凡玆惡象。必且難逃於建部氏之目。彼因襲爲斯說。亦未可知。要之帝國主義之運行。吾國誠當其衝。既當其衝。亦誠不能抵抗。是建部氏之所談。得其眞因幾何。吾亦暫不深究。惟取以爲暮鼓晨鐘之助。以堅吾人臥薪嘗膽之心。乃區區之微意。當亦貴誌之旨趣也。鄭逸白

憲法會議

（致甲寅雜誌記者）

記者足下。讀上海時報。見諸君有新誌之作。踵獨立周報。而以健全穩練之作。指導社會。甚盛甚盛。自大記者主持民立報以來。僕即見其對於通信一門。頗爲注意。意在步武歐美諸大周刊日刊諸報。以範成輿論之中心。然國人研究討論之心。不甚發達。雖亦有應者。而究屬寂寥。是誠可惜。僕嘗獨立周報時代。亦曾妄以管見。塡其餘白。今幸大誌賡續前志。欽而不舍。論風之開。僕將以是卜之。而僕所有懷疑。亦有時會。相與剖晰。此誠私心狂喜者也。曩者憲法之爭。一方主持由國會制定。一方主持別創憲法會議爲之。爲後說者。引美國費拉德費亞會議。以堅其壁壘。論議囂然。亘四五月。至國會自草憲

法之時。其焰稍息。洎國會解散。憲法草案取消。所謂費拉德費亞之前例。又見於各都督之通電。南北諸新聞之論欄。此與前希有異者則惟見一方之主張而不聞相當之抗辯。卒之今之約法會議竟尸其名以起大約國中論者無不曰此即美州之憲法會議也而爲之會員者又莫不自命爲華聖頓哈密敦也。僕請略政治事情而不言。凡此會之原因結果。俱暫置之腦後。惟茲會者提與費拉德費亞會議。兩々相較。究竟差異何似。僕亟欲知之。即凡欲探政治學之門徑者。皆莫不欲知之。僕稔大記者研求有素。又美州憲法會議之名。亦曾屢見於獨立周報中。其亦以爲可教而辱教之否乎。　李炎白

承明問。頗非淺識所能答。茲姑就固陋所及知者。爲足下言之。費拉德費亞之議員出於各州之州議會而約法會議之議員則爲大總統所特派及各省都督所薦舉其異一也。費拉德費亞之議員。不曰代表。而曰委員。代表者有完全表決之權。委員者終當以其所表決者。還質於人民。俟其批准。故費拉德費亞所草憲法當付之各州人民使之投票而約法會議之所議決與人民無關。其異二也。費拉德費亞會議乃一獨立團體不受外界干涉華聖頓雖爲會長。而在會中。不過爲一分子。共同論辨。非有特別行政之力以影響之。而約法會議己身失其權能事々須請命於大總統其異三也。費拉德費亞議員乃代表各州利益而來皆自覺其責任一絲不肯放過而約法會議々員殆無一人有責任心以是前者討論最嚴衝突最烈迨宣布時且有議員三分之一不肯簽字而後者則不見討論不聞衝突一有提議率舉場一致以通過之易詞言之。費拉德費亞之議員。人々負其責任。後來散會。亞丹曼狄生哈密敦之流。至日作一論。揭諸新聞。通告國人。聲淚俱下。以冀其草案之見採。而約法會議之責任則悉推於會外主持者之一人而此一人者

亦深願荷其責於雙肩而特借諸會員以司其喉舌。吾知草案既立會員中必且無能忠勇奮發如亞丹曼狄生哈密敦其人演說而流涕草論而設誓以主張其說惟恐或不通過者也。豈惟不能抑又不欲。豈惟不欲抑又以爲可醜。此非人之度量相越。實由當時情勢迫之使然。其異四也。茲四異者。或即足下之所欲知者乎。餘有多端。暫不備列。記者

人心

（致甲寅雜誌記者）

記者足下。國事敗壞。日甚一日。不可揮淚。止能一笑。僕嘗論之。對待專暴之政治易。對待苟且之人心難。洪楊舉事。曾左既以周公孔子搘之。近世光復時論。又以平等自由少之。可見智識問題。全走曲線。決不如我等目光之徑直。爲之奈何。憤慨之詞。所謂逐臭嗜痂。世固有之。燕雀巢於已焚之堂。猶爭以千年前王謝之家規。交相艷說。眞不可思議。政府借人心以肆其志。人心不過爲之傀儡而已。然樂爲之傀儡。必有至理存乎其中。故此次民黨之失敗。雖原因多端。而正因必爲守舊反動。對待此種人心之傀儡。又非我等慷慨激昂之舊習慣所能了事。想憂時者。已長慮而卻顧之矣。我於報端。見有賀氏議論。頗怦然心動。東人雖賢否美惡不齊。然我國國情。與彼異勢。用其方法。處斷我國國事。甚鑿枘不相入。政局與人心。兩相遇合。產出最近之現象。固爲正因。然爲之媒介者。實一派東洋學生。粉飾其間。不幸而以地勢相連。遂成今果。無善法以彌此憾。惟深望識時之彥。常往來歐美。勿過拘牽於語言文字之異趣。舟車睽隔之異勢。看作大事。多有要人。門戶出入于歐美之間。得有一種意外之佳果。今固不能一

一謬說。足下西居久。當不以僕言爲國拘。英國學界情態。與足下居此時相同。無特別腐敗可言。亦無差強人意之動作。來者頗益多。子民精衞。皆相聚於巴黎。稍較有生氣。然言論經濟兩窮。其苦可知。惟各人頗勤學而已。吳敬恒白

人民與政府

（致甲寅雜誌記者）

記者足下。數月以來。政府與外人締結條約。無慮數十餘起。輿論不敢攻擊。人民不敢抗爭。一若此種條約。乃應天順人而爲之。且神聖不可侵犯也者。豈誠吾民良知汩沒若斯甚耶。毋抑甫經打擊之餘一時民氣不克伸展。其憤恨或倍於吾人。萬々而無由覺之也耶。要之以見象察之。執政之專橫。民論之沈寂實無過於斯時。鄂之湯化龍孫武諸人。對於漢冶萍借款而偶有爭。陝西人士。對於延長石油讓與而偶有爭。本屬以莛撞鐘之倫。已在如曇一現之後。自今以往。卽求如湯孫陝士之所爲。恐亦不可得矣。僕以謂有史以來。爲政者之濫用其權力者。勢也。其有以遏其流。使卽於正。惟恃淸議。淸議者。國家所賴以生存。如飲食之於人生不可一日缺者也。是故人民與政府抗爭。非惟擴張其民權已也。而實以擴張其國權。人民之攻擊政府。與謂爲有惡於政府。寧謂其有愛於政府。愛其政府。卽所以愛其國家。何也。未有國危而政府能存。亦未有政府良而國不受其福者也。由是賢明之政府。每利用輿論。以爲其政事之準的。至於折衝樽俎。尤以人民之抗抵爲最有力之後援。吾祇聞伏民力以抵禦外侮。決未聞借外力以懾服人民。其道得之也。乃衡之吾國。適得其反。顧炎武曰。未有淸議亡。而國不亡

者也。此淸議之亡。由於本力之過弱。或由於壓力之過强。皆不可知。而國之相與偕亡。可操左券。此誠不得不借貴誌之力。以促吾政府及人民之警覺者也。大記者倘以爲然乎。 曹工丞白

邏輯 (致甲寅雜誌記者)

記者足下。邏輯之名。自足下倡之。操觚之子。雖不必一律採以入文。而要漸爲一般人士所了解。僕甚喜其名不濫。凡足下夙昔爲說以護之。僕俱有同感。近見胡君以魯。有論譯名一篇。登於庸言報。頗不以足下所見爲然。而僕亦以其說具有條理。不敢公然非之。今以所惑質之足下。足下能爲解之。則受其益者決不僅僕也。僕憶足下嘗謂論理二字。不足以盡邏輯。名之一字。亦不足以盡邏輯。故不若譯其音而不譯其義。然胡君則曰。邏輯爲字。在歐文已嫌浮泛。斯學自雅里斯多德以迄倍根。義已數變。而名終未易。倍根甚且斥雅氏之邏輯爲無裨於人知。而襲用其名如故。信如斯也。則吾言邏輯。亦與言論理言名。五十步百步之異耳。奚在其爲不濫乎。僕知足下必有說以處此。敢以爲問。又胡君引嘉應黃氏日本國志序。譯治外法權爲領事裁判權。茲果當乎。請並答之。 吳宗穀白

辱問甚善。吾人審愼譯文。與觀察原文。立點不同。著眼自異。愚謂邏輯二字之不濫者。乃在吾文爲不濫。至在原文爲濫與否。本非製語時意念所及。且即追及原文。而亦不得言濫。蓋論此題有最須留意者。則學爲一事。名爲一事。倍根斥雅里斯多德之邏輯爲無裨於人知。乃斥其學。非斥其名。名者。非雅里斯多德之所能獨擅。而彼亦決無意獨擅之。則不用其學。而用其名。何害。亦旣

名同而學異矣。於是其名者率不過取爲代表斯學之符。深造者各爲定義隸之於下。初不必問其名之含義何似。是故邏輯一名。能沿用二千年於歐洲諸邦。迄未之改。實以其爲希臘死語。字體不見於諸邦之文。最適於標作符號之用也。羅輯本訓思想。倘歐人舍邏輯不用。而譯稱思想之學。則歐洲學者決不同意。勢且邦各一稱。家各一號。紛々藉々以迄於今。此僕敢斷言者也。由斯以談。胡君謂邏輯在歐文爲浮泛。愚實未見其然。若謂科學之名。悉結以邏支。而邏支即爲邏輯之語尾音變。是謂浮泛。由僕觀之。又適得其反。蓋邏輯者。諸學之學也。號稱科學。皆莫不以邏輯爲之體。以是科所及者爲之用。故動物學謂之㽁爾邏輯。鑛物學謂之齊耀邏輯。此正確切之謂。而議其浮泛乎。果爾。則吾議立斯學之名。最宜倣法歐人沿用希臘已成之語。而不必在吾文覓字以求合。人苟忠於斯學。必不以愚言爲非也。治外法權。治字含有土地之義。如吾省治之治。歐人言法。凡法之統治斯土人民者。謂之土地法。於此有人。居於斯土。而又不受斯土之法。是此人享有土地以外之法權。治外法權。此之謂也。吾若謂凡歐美人居中國者。皆享有此種法權。此特曰中國法律不能治之而已。初無與於領事裁判之事也。必待與中國人訴訟事件發生。中國人無法控之本國法廷。而因控之於該管領事。該管領事以該管僑民享有治外法權也。可施其領事裁判權而受其理。該管僑民亦以自享治外法權也。亦惟認領事裁判權而遵其判。治外法權與領事裁判權之關係如此。謂兩事即爲一事。如胡君所引嘉應黃氏之說。乃不然也。記者

民約 (致甲寅雜誌記者)

記者足下。天津庸言報載有嚴君幾道民約平議一首。自時文之錚錚者。惟僕於其爲文之旨。頗不滿意。爲足下道之。以爲何如。

僕曩見歐西諸國。國有巨政。學有大疑。每由名儒老宿。出爲論列。上以諷示執政。下以默持風會。輙以此風吾國不可驟幾。而慨然太息也。然固未嘗絕望。以爲吾國之士。以語西哲。固嫌不足。而號稱知言。能發爲達理適時之論者。必自不少。於是革命以還。國中所需正論之量絕巨。知言者本其所知以貢於世。斯其時矣。而僕皇皇求之。曾無所得。所得者率不外叫囂隳突之詞。然猶未嘗絕望。蓋求之不得。不得言無。安知明達之士。不以國中紛擾特甚。深至之言。無能相入。必俟時而爲之。於是翹寧變後。國政出於一門。民困待蘇。海內望治。國中所需正論之量尤絕巨。且前之所顧慮而不敢言者。今俱無有。知言者本其所知以貢於世。又斯其時矣。果也今於萬籟無聲之時。有嚴君之民約平議出世。猶憶武漢發難之頃。嚴君揭一論於倫敦泰晤士報。指陳吾國人民程度之低。不失爲憂國文字。自是以來。嚴君之作政談。茲爲第一次。天下欲聞賢者之論久矣。今之得此。又寧僕一人之幸。雖然。僕乍得嚴君之文而喜。乃細讀之而益悲。蓋嚴君此文痛詆自由平權至欲剗除淨盡意若民權一滅中國即號治安者然此其設心殊不可解至其掊擊盧梭支離滅裂不學者猶能辨識西哲持論恐其未必若此而吾國之談新理負重名能希嚴君者實如碩果而已輕於立言如此是則僕前此所謂未嘗絕望至是乃不得不愈爲躊躇而歎息焉此僕言下所最痛心者也

僕衡文之的。首曰達理。次曰適時。兼斯二者。方稱不刊之作。否則偏於前而亦有功於體。偏於後而亦有功于用。嚴君以淹貫中西聞者也。其所持論。至少必有一當。不意讀至終篇。求所謂理者。特以成心

偏見爲主。而佐以西儒破碎不完之談。有時設想之奇。隣於怪誕。（如以吾國土地聽海牙大會表決之類）僕於哲理。未嘗學問。不能言其詳。惟以常識推之。覺其如是而已。至言適時。尤與鄙意相反。一載以前民權論囂甚法當遏之使趨於正今則所謂民權果胡有者與論銷沈民生憔悴蓋無以復加矣可憂者在行政權之濫用吾民行展轉於溝壑而無以自白而決不在民意以何種形式而獲上伸是故有心者首當表示民心敷陳正義使當局者灼知清議之所在因漸納于軌物庶政或有清明之一日而國受其利民受其福焉雖不必有其事要不可無是想嚴君乃若以爲不屑措意獨于此時危言聳論侈陳民權自由之害力排一全國無人道及之民約論比諸洪水猛獸意以孟軻之距楊墨自任嘵嘵祇助强權者張目不識其他是何故也僕謂民約論全國無人道及者。蓋以吾國之革命。乃激於前清之秕政。而謀所以自救。並非本盧梭學說爲之。而革命後之論壇。亦未有以其說爲旗幟者。僕兩年來勤察輿論。乃深知之。是嚴君平議之作可謂無的而放矢姑且如嚴君意謂實有其說且從而洪水之猛獸之矣然治洪水者不治于山川既奠之時驅猛獸者不驅於虎豹既逸之後自武漢起義以至南中再亂如嚴君言斯或水奔獸突之秋也嚴君果以孟軻自命胡乃彼時不聞有所論議如其不爲則終亦不爲而已矣春秋責備賢者此義未可逃也質之足下。以爲何如。

C W M 白

有心哉吾投書者也。然持以攻嚴先生徵嫌偏於感情而不必合乎名理蓋革命黨雖勦除淨盡而謂民權自由之思即與之俱絕野火所燒春風決莫生之亦殊未必故謂嚴先生此文爲無的放矢嚴先生必不肯受昔者盧梭之說。本不張於英。赫胥黎爲文以駁盧梭。頗復以戮死體自疑。愚謂果有死體戮之亦無不可特視戮之々道爲何如耳故吾投書者責嚴先生以不當戮愚則

儻謂嚴先生不善戮本期忍別爲一文。以還質嚴先生。吾投書者讀之。或亦不以爲忤也。記者

佛法

(致甲寅雜誌記者)

記者足下。數荷枉顧。謂甲寅雜誌出版。囑以詩法與佛學二事。略告讀者。自慚淺陋。不足以副尊望。雖然。敢不略貢所知。惟二事以佛法關係尤重。故先述學佛塗徑。而詩說則姑置諸。以俟他日。蓋佛者。覺也。猶伊尹所謂使先知覺後知使先覺覺後覺。雖儒釋深淺不同。要皆先有以自覺。然後以其所自覺者。轉而覺人。此其本末先後。不可紊者也。十餘年來。言新學者。往往好言佛學。卒其所詣。惟獵取其一二語。以爲新奇資談助而已。於西來大意。無毫末關係也。又非惟無關係而已。抑更有害焉。蓋附會牽强。妄以己意穿鑿佛意。使讀者芒然以佛法乃係如此。其害豈可勝言耶。今以一語判決眞僞曰。佛法者。因果也。而因果必以輪回爲根本。故不達輪回則因果不可通。因果不通而侈口言佛者。皆繆妄也。故輪回二字。在佛教中爲鐵案。爲定義。爲聖數量故了此。則千經萬論。可迎刃而解。諸子百家東西哲學。可劃若鴻溝。而不致相混。不然。則老亦佛也。孔亦佛也。乃至象山陽明基督回回之說。無一而非佛也。顢頇儱侗。久假不歸。欲明心見性以報答四恩。豈可得哉。故仁者欲於此道。深造自得。最先必以確信輪回爲第一義。此義既明。則內典乃可讀閱。其讀閱次第。以何書最先。何書次之。何書爲後。俟有决志肄習者。再當詳告。

桂念祖白

白芝浩內閣論（一）

秋桐

今之談政制者。其說紛不可理。然大抵以理論還就其不可告人之隱衷。故論議日多。而理解日晦。恐滋惑焉。遂譯茲篇以進。白芝浩者。英倫政論大家。言政制最先。而亦最當。為書雖去今已四五十年。而其所言固無一與今之政迹相背。斯誠可貴之名作。而吾作憲之楷模也。思兩年來秉筆東南。既時時稱其片言隻字。以自矜重。信恐說者。以不窺全豹。深滋懼焉。今以本誌可容長篇紀錄。乃於白氏所著英國憲法論中。抽所言內閣者一段譯之。臨紙倉卒。譯語多不愜心。而要傳其意未遂。或者今之君子所樂於覽觀者也。　譯者識

書不盡言。言不盡意。故穆勒曰。「宇內大論題。尙待吾人宣其餘蘊者多矣」。誠哉是言也。而於吾英憲法尤有然。夫考憲之書。幾可以充棟矣。然在親覩吾之憲政者。以衡之書。恆訝其不似。何也。彼見之於實際。多求於書而不得。而書中理論之精。又或與跡象之粗。呈其反感也。實則論吾英憲法。理實未能相印。事有必至。毫不足奇。蓋語言者民族之所孳乳也。一代之文章。固以寫一代之事迹。至於文字舉不外。先世所留貽。則以彪然大物。如英倫憲法。傳之數百年。真髓潛移。外形迄未之改。宜乎字義歧而不之覺。而名言之信於古。不信於今者。尙傳誦無已也。

論英倫憲法者。有兩說焉。皆甚謬而有力。其一曰。英倫之政則。乃三權分立也。立法行政司法。各有專司。異其人以任之。其為職務。不相侵越。甚且為之言曰。中古之世。人智尙龐。哲者創為分權之說。不過視為紙上之談。而英人竟以施諸事實。其殆天縱者歟。

其二曰。英倫憲法之所以為良。乃在三質等量而合於一。三質者君質爵質民質是也。蓋英人以是三

(一) Walter Bagehot, The Cabinet 即所著 The English Constitution 第一篇。

質。融而爲薩威稜帖。(一)薩威稜帖有所運行。三質即各如其量。相劑以出。由是君主也。貴族也。平民也。非徒有其形。而且含其精。此憲法之所以爲良也。近人有倡爲「觝衡說」(二)者。在政治文字中。其勢甚張。而所取證。往々求之吾英。其言曰。君主政治有弊。貴族政治有弊。平民政治亦有弊。惟在英倫。創爲政府。使若而弊者。相觝相衡。而終至於相消。易而言之。英倫政府之號爲善。不僅不爲三弊所掩。乃實由利用三弊而成也。

由是人所信者。若君爵二質。其國無有。則英倫憲法之特長無從取法。由是人所信者。歐洲近世之國家。中古之政質。類有存者。即其政質而改造之。莫良於英倫憲法。由是人所信者。一方之言曰。英倫憲法。爲善用古來政質之尤。又一方之言曰。英倫憲法。非得古來政質。且莫能就。夫政質特史態之偶然者耳。逾時或不得。易地或不然。故有史以來。茲質之可見者。爲期不過一二紀。爲邦不過數四國。美利堅即無其質者也。於斯而欲創行君政。縱憲法會議草定之。各州批准之。亦將有所不行。何也。國人能戴一君而共事之。此所需神秘宗教之性至巨。而茲性者。惟得之於自然。非能自無而之有。爲立法者所任意搬造也。大凡人民之忠於其君。與人子之孝於其親。同屬良知之事。若君政而可採也。則他人舉可謂父。此其情不可僞爲。無二致也。信如斯也。英倫憲法。半由歷史積累而成。其能移而植之他國。蓋亦僅矣。

凡國家傳世既久。所統治之人種。復衆而不齊。如斯而求其組織。非析爲兩部觀之。殆難通曉。茲兩部

(一) Sovereignty 譯曰一國最高權。
(二) The theory of "Checks and Balances".

者。分之絕明。或亦爲事實所不許。然大要如是。無可非難。其一以受全體人口之尊崇。其一則利其尊崇。而實行政事。前者可字曰名部。後者可字曰實部。(一)蓋自來憲法之能以有成必達二鵠。一曰得權二曰行權。名部以寄國人之忠信而權以得。實部承其流以布於政而權以行

名部者、實際家每斥之以爲長物。其說曰。吾所欲行者政事也。憲法者何。政策之集體。而謀以達其政鵠者也。如曰憲法中有一部。非必要者。即削除之。而於行政無所於礙。則此部者。無論其名分何似。而要爲無用明甚。有起而駁之者。則又謂名部乃實用之中樞。非得此質與他質相調。政將不美。之二說者皆非也。後說尤爲時人之通謬。夫政府之貴有名部者。無他。以其能爲之生力耳。力由名部生。實部惟本其力而用之。故政府非得名部以爲之基。則其力爲無自以行事言之名部誠若無關係者然然彼固不失爲一切權力之源泉也。徵兵由彼至親身臨敵固無取彼爲也

假如同隸於一政府之人民皆欲存其實而去其名所謂實者在人人之意中其爲物無不同而所以達其實者在人人之意中其方法又舉無以異則實部僅存而政亦可舉無容疑也。雖然。若今之世爲吾生所寄者則其組織迥異乎是

天下事有最怪而最確者則人類進化之不齊是也。生人之初。榛々狉々。穴居而野處。革衣而石斧。猛獸無以拒。大木不能伐。無教訓。無休暇。無詞謠。無思想。所謂宗教。亦特巫覡而已。設吾人追思至此際執今日之歐人生活。相與衡論。未有不以前後同出一種。深致駭歎者也。雖然。通古今而觀之。亦何駭歎之有。今之爲言者。辭氣之間。恍惚爲時不久。勞力無多。吾人當有法焉。使人智趨於平等也者。然若

(一)名部 The dignified parts. 實部 The efficient parts.

其人一求史蹟。熟察人生文化之何由而始。何由而進。決未有不頓覺其爲計之早。而爽然自失者也。以言文明至吾英。亦可覩矣。而其中儘有不少之人。其知識淺深無以異於二千年前之大多數其他優者。亦無以逾於一千年來之所謂俊秀焉。不然。今之居乎下流中流社會褊狹頑鈍而麻木者何其多也。聞者疑吾言乎。則試反爾家。行爾廚。執爨婦若庖丁。對之而演說。如爾以爲最明最暢最確切不移之理。而彼以爲晦爲不可解爲荒謬絕倫焉。如爾鉤沈探賾之所得。今僅出其最爲平易近人者語之。而彼以爲狂爲野爲異教焉。則吾說爲不妄也。須知大陸如大山。山質數層。惟陸化亦有之。其下層之特質。與謂於上層爲近。寧謂於鴻荒爲近。由是論政之家不以數層之所不同。懸諸坐右。時々而省覽焉。則其所論勢將至於澈底皆誤。且猶之用文錦以覆陷穽。人之顛於是者。必衆也。何也。持論不顧事實。是使人求其所不可得。而不能預料其所必至也。

文化之不齊。既有若此。則優者計劃政治。無能望劣者由之而復知之焉。亦昭々矣。故若立一國。計事分職。準乎邏輯。因僅有所謂實部者存。則此部不必即爲下流社會之心所歸。何也。先天所有之國家決不如此。其簡陋也。大抵政家逞其雄辯。欲民間了然於其疾苦。因得訴之政治以匡救之。雖至親切中乎人情。其言率不易入。若其論題爲愛國家。求光榮。爲帝國民族諸主義。則一語一擊節。可以使人即時奮發。所信既堅。類能不惜犧牲其所有。出萬死不顧一生之計以赴之。茲亦可號爲國家之元氣矣。雖然。若而人者。率不解政府爲何物。凡政府以爲可貴之的。矜々以守之者。彼則若有所不屑。是可知政府以實際號召國人。良不必得其信仰。若欲得之。亦惟有還訴之愚氓先民所有之物而已。然則居今之世。烏得議名部而少之也哉。

然其理猶不止此。夫即智慧絕高之士。其所成就。出於意志之決然者半。出於事機之相際者亦半。苟事々謀之。特一己之精力以經營之所由之路。既生所遇之機。復遡則其精力枝々節々而耗之者已不可計。縱有所成。其亦僅矣。蓋吾人一日之事。爲決難作々由乎頭腦流出一人之聰明。必得自然之習慣以培其根。以儲其用。然後可。如其量以致於事。而此種習慣之作用。又作憲者所不可不熟審也。大抵以習慣爲可貴而欲存之。莫如即存其習慣所託之物。故苟諸事不變。僅即政制而論之。則昨日之制度。實遠優於今日。何也。彼其已成者也。彼其最有力者也。彼其最易致人服從者也。彼其襲有國民之敬憚心。而其他政制。尙待求之者也。若夫世界大勢。有變遷焉。新生事業。至靡定焉。文爲法度。或名存而實失焉。古制云者。應於時勢。自大有缺陷。然吾之所以因勢而利導之。使其制與新世界之要求。不相背畔。固別有道。今之所取乎古制者。亦惟利用其歷史上之尊嚴。以效於政事而已。

間嘗論之。名部之用。古實部之用。今名部之質。糅實部之質。直名部之入人也深。實部之應事也切。以此製爲一國大法。莊嚴其形。玲瓏其體。惟莊嚴也。其力足以操縱國民之神秘性。使之服從長上不期然而然。惟玲瓏也。施行政事。極其直截而了當。國有大政。其效尤至。玲瓏之部。出於匠心。變而通之。四海而準。此可學者也。莊嚴之部。生於曆史性。苟不具。刻將類鶩。此不可學者也。

英倫憲法有成功之祕焉。立法行政兩部之融和。其最著者也。自來言者。無不以其良法美意。存乎兩部權限之分明。不謂即而察之。適得其反。是亦大可驚矣。夫兩部之深相締結。有其連環。號曰內閣。內閣非古也。自國會有一委員會。特選以執行政之役。而名始立。實則國會中委員會甚多。特玆爲最大。國會之命託焉。故其會員。舉爲議員信任之尤。會員之得選也。誠非國會直接爲之。但其間接之力。迴異尋常。舍之即會員無自而至。一紀以前。任用大臣。以人而不以政策。其權王室操之。華頗(一)之用事也。一面周旋國會。即一面瞻顧宮庭。以慮有陰謀擠之。不得安於位也。英之大臣。號曰「王僕」。當是之時。其實如是。維廉第四之眷梅爾磐(二)即可於衆流競進之中。獨拔之以領民黨。洎乎巴麥斯東(三)之死。英后尙能於二三人中。擇一而任之。雖然。此特內閣政治之初期。爲若此耳。語其常經。則無論何時。必有一人焉。在國會中。最有勢力之一院。爲是院最有勢力之一黨。所擁持所崇仰。以魁其曹。以治其國。彼何人斯。即所謂內閣總理是也。內閣總理。而不爲國會之意所寄。未之有也。是故美利堅之行政首長。出於民選。惟英亦然。人之頌王室曰「恩施之源泉」(四)吾則稱度支(五)曰。政事之源泉。蓋英王者。僅以長憲法中之名部而已。而內閣總理。則長實部。惟實部乃得當行政之名。故曰。吾英之行政首長。出於民選也。雖然。英之與美。於茲亦有異趣。美之首長。以民選之。英之首長。則以民之代表選之。美之選式爲單。英之選式爲複。由是國會云者。名爲立法。實則絕要之職。乃在創造行政部。與夫所以維持調護之焉耳矣。

總理之受選也。實賦有組織內閣之權。然國會之中。有以黨務之關係。萬不能入閣者。又有以黨務之關係。萬不能不入閣者。此皆無取總理之徘徊。其所留餘地。以容其獨立之物色者。乃至有限。要之總

(一) Sir R. Walpole
(二) Lord Melbourne
(三) Lord Palmerston
(四) The fountain of honour
(五) 度支乃國政之領袖、且英之總理大臣、例兼度支長官、故云、

理之職。與言擇閣員而任之寧言剖閣席而分之總理一出。此番閣員。當爲誰某。國會內外。俱略有成算。惟某得何席。何席屬某。尙不能言之詳盡耳。然若以此疑總理左右人才之無力。則又大謬。彼用人之權。固束縛若是其甚。衡之理論上之所有。與夫皮相者之所測。固遠不及。而斯人之呵咪一生政治之風潮即起則又累試而不爽者也

內閣者何一言以詁之則立法部本其相習相信之人選以爲一機關使行其政治其民者也若夫閣員以何法而獲選。是否如恆言所指。爲王之僕。是否以立法部中人當之。皆曆史中偶爾之見象於內閣之本性無與爲作界說者所不必關心其獨不可忘者則內閣云者必由立法部自操其選權而政策諮於部意其人又爲全部所信賴者也以是閣員出於議員、乃情理之常。而特不著以爲例。蓋若閣員非來自國會而即決其將不稱職焉非知理者之言也且所謂國會者。其中亦有兩院之分。近世閣員半有爵者爲之。而有爵者。即出於不甚重要之第二院。此其成效亦復在人耳目也嘗謂英倫之有第二院。其强點即在能備閣員之材料。自非第一院突飛進步或任用閣員之道擴而至於立法部以外。則不求之貴族。吾未見良政府之能成也。但內閣組織法。今未遑細論。本篇所重之第一事則在爲內閣下一精詁質而言之。內閣者特一富於綴系性之委員會也譬如連字符(一)此會連立法部於行政部譬如扣衣帶此會扣立法部於行政部是故釋內閣之作用與敘內閣之由來非一事也

最可怪者。內閣尙矣。至閣務何由進行。無人能言之。夫內閣會議。誠在理當秘而一秘至此。天下事之與理論相合者。罕有能及之也。在例。無論何事。不得有官文書。載及內閣所議。甚且閣員錄以備忘，亦

(一) Hyphen

爲勢所禁。有所不可。其在下院。有時羣情鼎沸。質問如雷。從未聞以閣中議事出而宣示之事。自非閣員隟於政習。斷無人肯爲之。由是一國之中有一權力絕倫之團體集立法行政之事於一身而其事秘。乃莫得而聞也或曰。其爲會也。絕無秩序。言者多而聽者寡。此殆擬議之詞歟。

英倫內閣擁權之重。實有二因。一曰史蹟之貽。二曰成效之著。自非然者。茲特一委員會耳。而欲國會賦以如是之大力。恐乃與狐謀皮之類也。蓋此委員會者。爲國會所自出。而即有權以解散之。易詞言之。委員會有所不慊於國會所議。乃有權停其會以否決之。更易詞言之。彼爲本期國會之所舉。然國會拂其意過甚。彼乃有權陳訴於下期國會。以抗之。其在理論。解散國會之權。本僅屬之王者。且不問何事。王者均應從內閣之請。以行其解散令與否。尚屬疑問。然此種問題。其足容討論之地甚狹。而內閣之出於本期衆議院。竟得與之決絕。轉而訴之下期衆議院。以定其是非。乃政例之無可疑者也，是乃立法部之一委員會有權遣散其部之半而其半又爲非常有力且當危急之秋而爲唯一用事之機關者也由斯而譚。謂英制乃立法權吸收行政權而有之者其說猶非必謂兩權融成一片斯爲得之何也。或則內閣自立法而自行之或則內閣解散立法部二者必居其一此外無他道也是故內閣者爲立法機關所指名而即有權反撲立法機關而絕滅之者也猶言一物爲他物卵翼而成而即有權毀壞其卵翼者也

立法行政之融成一片。不思者或以爲英倫憲法之潛性與其玄秘。茲點甚小。不必深論。然若熟察內閣政治之效果。並與其敵制一衡論之。而後知世俗所見之謬。而吾制之眞價。可得見焉。夫敵制非他。即所謂總統制是也。總統制之特性。在選總統一法。選國會議員又一法。立法行政各々獨立爲總統

政治之體要猶之立法行政兩々相倚爲內閣政治之精神也(一)比論兩制首言承平之時。夫行政部必得立法部之扶助乃近世文明之神髓也而立法中之最重要者。厥惟租稅。文明政府求盡其義務。政費時有變遷。今年所需甚多。明年則少。今年或少。而明年復不得不多。此在教育監獄工民百政有然。而於海陸軍費。猶爲顯著。以防務之緊懈與其難易。影響於國用絕巨也。於斯時也。果執政之人非即立法之人則兩方之爭論必起納稅者與課稅者之心理斷乎不同爭論之結果非行政部不能得其所欲得則立法部見迫通過不負責任之議案於是行政部之所決行不能實行行政部之名有同虛設其在他一面立法者不復顧念民瘼自由承諾議案行或一夫所諾萬夫苦之而爲民代表之道德蕩然無存矣美人知其然也。於立法行政兩部之間。設法溝通。名曰「半連環」(二)如財政總長欲有所稅。則就商於國會財政委員會長。彼無能出席於國會。自陳其所欲。惟以官文書通告之而已。彼所能爲。僅在誘致委員會長。使之諾諾。由委員會長影響委員會。使之提出。復由委員會感動全院。使之贊成。雖然。此種連環。斷續靡定。如時機甚順。租稅案又至簡單平正。則敷衍通過。倘非難事。若爲複雜宏大之預算案。自非財政至艱。不容有反對之餘地。則以此而成爲法律。吾見實罕。國有戰爭。或値內亂。自不在此例。凡吾所言。乃以平時衡論內閣總統兩制(三)之優劣也。大抵理財之事視乎政策兩人同查一案如其人才智相勒意見尤難一致吾見印度之財政總長

(一)總統制 The presidential system。總統制之名。始見於此。

(二)Semi-connection。

(三)The cabinet system and the presidential system 內閣制之名始見於此。

談英倫之財政於羯羅鳳閣。吾英之財政總長。談印度之財政於倫敦。所定之數絕不同。而政略亦相差絕遠。兩方抗辯之高。曾致全國之視線。爲之一轉。他種爭端之類於是。而藏於英印往來消息之中者。又不知幾何也。

此以知財長委員會長與財政總長之間。情景之與此相彷者。必不免也。夫兩方相爭。勢必兩俱不慊。於時所應得之租稅。既不可得。負其責者誰乎。吾知財政總長。無能課之委員會長。委員會長無能課之委員會。委員會無能課之全院。於是租稅虛懸。而國政不舉。吾將何所施其罰乎。以情察之。舍立法部罰莫屬也。然體大氣盛。難與言罰者。又莫立法部若也。

文明時代。政府之賴立法部維持。使易於產出相當之法。百政皆然。又不獨財賦如是也。時機迫時。內閣可以辭職。要立法部使之從己。否則解散之。但斯二者。總統之國皆無能望。以行政部未嘗握有解散立法部之權。而立法部不任組織內閣之勞。又決不爲解職之說所動也。於是異議一生。立法部迫而與行政部戰。行政部亦迫而與立法部戰。兩々相持。毫無結果。往々然也。其或不然。則必爭端未起時也。美洲未亂以前。各州相距遠。而生計狀況彌佳。故大爭點不易見。然若以近三十年之英倫議會移植彼邦。則兩權相觝之爲害於政治。當能見之較切也。

然弊更有甚于此者。蓋內閣政治足以教育國人。而總統政治則否。且其影響所至。容或導國民於腐敗。亦未可知。人有恆言曰「王之反對黨」(一)一語。英人實造之。又曰。英人爲治。行政與評政並重。他國莫之先焉。評政云者。乃以實行內閣政治之故。一黨從政。一黨取其政略而可否之之謂也。於何可否之

(一) King's opposition、此與「王之僕」相待言之、王而可以反對、是乃英倫憲政成功之秘也、

則國會者政論之所滙歸而國民教育之所由鼓盪也於是一演說也出乎大家一議案也關乎全黨此於喚起國民精神推進國民智識其力爲無垠而此種有力之崇論宏議又爲內閣制之產物以政家恆藉此以買其聲名而圖未來之建樹或以保全現在之位置遂乃出其全體之精神爲之而有此傑構也因之負有辯才者。熱望彌高機會尤不乏。每有提案。反復討論。久而愈精。一旦取決。內閣之運命。即於是乎係。是故單詞隻字足以助己者必不可遺而亦莫或遺焉此爲私者或祇圖自售其說而心長者信其策長亦强聒而不已所有論議於本案有關者盡量流播於國民之前欲無所聞而不得而國人又確欲聞之且求知之夫苟有大言而無成事有空辯而無動因又或持議雖精而不與事實相値人情殆將厭之而茲乃不然更易內閣大事也而茲大事即將由討論而生風聲所播遍乎全國若干人之升降榮辱即於是乎決以其影響之大意興之高入乎人心惟嫌太過此以知演說之具有是種尾聲者其必爲國人所傾聽且直據其方寸而有之無可疑也。

美利堅者。總統國之大而良者也。是其人民嗜好政治必有可稱。然凡旅於其地者。每見其不爾。美之輿論。不精不完。實遠遜於吾英。目論之士。以爲美人之本性如是。殊不知即在吾英苟無物焉驅國人以入乎政潮吾亦未見英人嗜政之懷濃於羊乞(一)也。其在於今。英人之視政治。儼同生涯。一際危機。無不奮臂而起。冀有所助。政府之去留。自係乎議院之決意。而院外之議論。與夫羣情向背之暗流。皆足爲議員擧足左右之助。國民以爲此種品題。極其重大。遂竭力爲之。而爲之輙有完整之斷案。何也。彼本乎院中之所議。材料多而論法備也。若夫總統政治。則非大選。國民無與於政治。總統一出。民意

(一) Yankee 美洲人種之稱。

即消，非至片時之專制復來。無能翻其前案。以是其民不樂造爲輿論。如內閣國民之所爲。即欲造之。而亦無所取材。如內閣政治之所與也彼中國會。非無討論。此如劇然。惟聞登場之詞。不見出演。政府無論何似。莫能倒之。一切權力。既非立法部之所賜。即無人以立法部置之意中。權力之中心。厥惟行政部。而行政部穩如山岳。莫之或移。是在吾英。視爲唯一之教材以激發公民之意氣與夫導其議論而范其意見者彼乃無有是故總統之國人民無取日作精審之論而亦無助之作之者也。

人恆以爲憲法上之缺陷。可以新聞之議論補之。又以爲國民購讀之力既高則凡政府之所爲。必爲新聞家所注視。而其意見之爲政府而發者。必且步伐甚齊。觀察甚準思想甚當。此無間於政體之爲總統。爲內閣。一也。而孰知大謬不然。總統國新聞之無能爲猶其立法部之無能爲也行政部之被選也有固定之年期年期未滿地位即安然而不動新聞又胡能爲役也夫以美人之好文學以美人識字者多曠古未見其比以美洲發行新聞之夥夥莫能數而其新聞乃如彼其惡劣也人鮮不以爲大怪而今得其故矣美之新聞不如吾英之良者無他吾英有因以促之良而彼無之也當政治風雲之起。政府之運命。搖搖如懸旌。時或存亡決於數票。而投票者之意。亦復可左可右。則大新聞中有一精力彌滿之社論出見而問題即決泰晤士者即所稱創造內閣最多者也近年以來。巴力門之黨幟既明。而又無一黨擁有絕對之投票力。所恃以爲鬭爭。純在心智。宜乎吾英輿論機關之在今日大有操縱議會之機能其在美洲若華聖頓新聞有力攻擊林肯（一）使之去位吾知其論說欄中必且驟起雲詭波譎之觀論法之精體裁之善必且出乎意想以外無如華聖頓新聞在總統任期之中無如彼何

（一）日氏作此文時，美利堅總統，正爲林肯。

猶之倫敦泰晤士在市長任期之中無如彼何也康格雷之討論既如無果之花國人不屑措意則新聞中無益於事實之長篇講演又誰欲讀之美人之讀新聞誠可謂之讀新聞要事何許悉有定目一覽既盡旋即棄去從未聞即其所讀發爲議論者實則言之無益又安取議論爲也

總統政治。以立法行政分權之故。而立法權弱。此其故甚明矣。若謂行政權亦因而弱。初觀之似爲矛盾。而實非矛盾也。夫分權者所以弱夫政治之總力者也其一弱而兩半皆弱理有固然也至行政權胡由而得弱。即而察之。事至明顯。其在吾英。凡法案之便於行政者。內閣强、則無所不得於議會。以內閣即自爲立法者。誠無怪其然也。而總統則容爲議會所牽掣。實且牽掣之事。在例無能倖免。蓋凡爲立法機關。其議員莫不急於自見彼自有野心不論爲人嗤讚而要欲成之彼自有政策號稱以國民福利爲期將以見諸實行彼又有矜心凡國有大政必欲以己之意見通曉於衆種々動因皆迫其以行政部爲的鏃々放矢彼果唯以助人爲務則是以他人之意爲意彼若攻其人而敗之則己意獨伸易詞言之。彼若勝人則自爲主體。彼若附人則不過從體。此其自計宜極審矣。南北戰爭以前。美利堅行政權之脆弱。不絕於批評家之口。良有以也。蓋康格雷與夫康格雷之委員會非全國有共通之覺念强之趨於一途。其與行政部相持本自然之勢也

總統制者。不僅以行政權與立法權相衡而得弱也。即以其制論之。作用與眞性相濟。而亦日趨於敝也。夫內閣者。由立法部而得選。若立法部以適當之人物成之。則其選法之良。莫與倫比。然茲爲複選法。必也。確有把握知複選所得將勝於單選。其法始有可採也。間嘗論之。凡在一國。政治生涯。極形活潑。其所以運用公共機關。亦甚圓熟。則作選舉會以行選舉。本近於滑稽。美利堅之選舉總統即是也。

在草此法者。以謂先集選舉人若干。其人必能一本自由之意。公平正直。以行其大選。不知初選之人不之許也。初選者大抵各有其所欲舉之人。非爲林肯。即爲蒲芮鏗。(一)彼選一人以爲代表。出席於選舉會。非有要約其人必代携其林肯票或蒲芮鏗票以投之匭必不爲也是其人之所投。決不如其本意。質而言之。彼乃使命之人郵遞之役跡其所爲乃別有其主人而主人之以使命畀之實以了然於其所行決不反乎己意也

或曰。英倫下院。所受之影響亦同。選民之於議員也與謂爲立法之故而舉之。寧謂爲維持某々內閣而舉之。是固然矣。然於此有一最要之別焉則議會之職務重而作用久是也此不若美之選舉會。選事既終。即歸消滅。此而日々監察政府之所爲日々草定全國之法律時々倒內閣時々造內閣由斯言之。惟國會始足當眞正選舉之事也千八百五十七年之巴力門議員誠爲擁護巴麥斯東而集。此其跡象顯著。在近世實罕有之。若在美人視之。必以爲人人俱挾一「巴麥斯東票」(二)而至。然不二年。巴相即爲巴力門所倒。是可知一議會者雖爲一內閣而生而本內閣即可死於其手也

且也。良巴力門。亦實爲無上之選舉機關。何也。如爲國立法茲爲允當則其多數必能代表全國之平均智慧凡國中有特別利益特別意見特別僻習又必各有人承之以露其頭角於會中於是爲各派作辯護者必爲散見而無派中立性純而能斷爲國民全體之精神所寄者必且衆多若而團體如其可成以之選任行政部誠爲理想中之選舉者彼之政治能力彌形活潑彼之政治生涯倍覺親切凡

(一) Breckenridge 當時與林肯爭總統者。

(二) Palmerston ticket以總統候補者之名。合票成一名詞。本美洲政治用語。

事務之至乎其前而須課其責任者彼深解所以負之而無所避凡社會中所含之德慧知術彼悉有之而無所短昔華聖頓與哈密敦(一)設爲選舉會意在造一機關妙選全國之精英以實之即此物也欲知巴力門選舉之良以他法衡之而愈見夫與巴力門爭爲選區者國民全體也而以選舉之事訴之國民自身無論求諸理論或證之經驗舉爲劣制偶有良績則例外也當林肯之二次被選也各邦方共趨一的羣求所以解決之道於一人是選民之所爲確未越乎本意然美州自有總統以來選事之公茲爲孤證餘則總統之所由獲選皆預選會聯合會種種機關把持爲之若而會者其質過雜無能詳知其名太習亦無取深究國民特一傀儡耳其所行動大抵有隱於幕下持而舞之者也嘗論選區過大爲選舉之程叙計不得不有組織發生認爲合法者勢也例如吾懷一票而投之其爲虛投與否吾不審也惟附於一機關以行焉則效力灼然而可見然如此爲之非拋棄己身之作用而以其機關之意爲意即不可能夫苟國民各自爲投不虞其困吾已嫌其團體之尨而拙今並其自動力而失之而一聽運動者之指揮是猶粗肥疏嬾之人而好運用小小機智將無往不爲人所算也

國民作選之能力既不如巴力門此以知出自國民之人才亦不若出自巴力門爲當是故前世紀美利堅立法者不許國務員得兼議員恆爲世所詬病然茲法之立乃準乎科學之道爲之即而察之亦不能謂爲無見彼所欲者乃在立法行政兩項之中劃爲鴻溝絕不相混且信此種分權實良憲法之要素當時彼所取法不出英倫而英倫憲法則競傳含有分權之質故爾從之既採此說而欲保持勿失則舍拒國務員于康格雷以外其道無由假如國務員雜乎議員之中而又同時居於行政部則總

(一)Hamilton、華哈皆費拉德費亞會議議員、草定憲法、主張最多且力者、統之權。將日見蝕而不止。蓋立法機關大抵好貪而多欲。其取也唯恐不多。其與也唯恐不少。爲之議員者感情以外。百不足以控己。立法機能在羣機能中爲最著。彼即用以爲武器。何時可獵取行政部而有之。彼即爲焉。美州創憲名家有見夫此。其屛斥閣員使不入康格雷。究不得謂非智也。此種屛斥之法。固於總統制爲精要。然又不能以此而忘其大弊也。蓋其影響首中乎人心。使之急公嗜政之懷爲之衰退。凡爲議員者苟非於演說之外別有所事。苟非了然於坐而言者可起而行。苟非預料夫事會之來彼將卓然有所建樹。則第一流人物決不投身於議會。即或投焉。亦虛與委蛇而已。非所樂也。夫康格雷特一附庸於行政機關之演說會耳。吾爲此喩。初不爲刻。人而委身於此。斷不能激發其高尙之功名心。不惟不能。且轉以生其怠心而助其長。是故以不許議員執政之議會。與許議員爲之之議會。相提而並論。其精神之聚散。能力之厚薄。似且未能遑言齊一。此非人之度量相越也。其制使然也。行總統制者。首將政治生涯釐爲兩半。半屬行政。半屬立法。本一可貴之業。分之乃不値一文。人之願以周身精神貢之於政治。而即以爲終身不斷之生涯。視同性命。若夫吾英之內閣總理然者。將決不往取其半也。英美兩邦之選法。雖巧拙本末。不可同日語之。而扼要以言之。總統制下之政家。恆劣於內閣制下之所產者。無他。政權不一之故也。

兩制之別。有此種々。國家多難。玆尤重要。以其時政府之職務繁劇有加也。一有秩序之輿論。一有能力有紀律高尙可貴之立法部。一人位相當之行政部。而且一立法行政兩部相協不相攻之政府。此於變時得之。較常時力且數倍。此於多事之時得之。較無事之時力且數倍。進而言之。每當存亡危急之秋。內閣制尤有一特殊之優點。是即其制富於伸縮力。隨時可以產出臨機應變之才也。

平民政治之原則曰。一國之最高權。所以操政治之生死者。在乎人民。茲所謂人民。不必指全體。亦不必指大多數。特謂被選之人民團體而已。吾英如是。凡自由國舉如是。若其國而採內閣制也。則一遇危機。此種人民可以選一應乎時勢之才。以當其局。茲所選者不必即爲前任之人。且以勢推之。恆得其反。夫非凡之才。不撓之意。急智迅斷。孤懷毅力。與夫急功近名之心。一往無前之概。國有大變。茲爲最宜。若在承平。非所必要。非惟不要。有且慮於治道有防。是故以治平時之國家。黎午薄遠優於維廉仳德(一)。魯意非立遠優於拿破侖(二)。惟事變之來。非人所知。有時風浪際至。船身動搖。司舵之夫。理宜變置。吾英自憲政成熟以來。國中初無大難。以是自爲一制。其中賦有最良之潛性。竟不易覺。嘉富爾(三)誠爲宰制革命之雄。而吾英無所用之。大故猝生。誠宜有遺大投艱之代表人物。或英武不世出之君若相。以應其變。以安其危。而吾英無此大故。宜乎大英雄亦不之見也。雖然。克利米之戰爭。(四)吾英視之。亦等諸倉皇之變。而吾憲政中之良法美意。至此亦微見其端。亞伯丁內閣(五)者。自院制改革以來。號稱最有能力者也。政局之艱難。在當時亦可觀矣。而亞伯丁隨時勢以爲因應。實游及而爲餘。而獨戰爭之來。彼乃無能爲役。於是吾人迫其辭職。而別簡一人以代之。其人者自信而能斷。如確知全英之力。足爲後援。必且有戰而無讓。有進而無退。是誠其時之所須。而吾共躋之以支危局者也。

(一)黎午薄 Lord Liverpool、維廉仳德 William Pitt、皆英倫政家之有聲者、
(二)魯意非立 Louis Philippe 承拿破侖之後、被選爲王、其人無行好賄、摧抑民權、法已小康、卒以復亂、白氏此說、未必然也、
(三) Cavour 意大利建國之傑、
(四) Crimean War、一八五四至一八五六年、英法之聯軍、與俄戰於克利米半島、
(五) Aberdeen cabinet、

若總統政治。則莫能望此。美利堅政府號稱主權國民之政府。一旦有變。行使主權。斯誠其時。而主權何在。殆無人能言之。康格雷之任期。憲法定之。其中固有一部。隨時改選。而亦爲期有定。速既不能。遲亦莫可。總統受職。年期亦死。在此期中。莫能移之。凡所規畫。皆屬硬性。職務有攸分。日月有所守。無論國家有何禍變。不能轉而機關令稍稍急。亦不能停而機關令稍稍緩。如貿易然。估料一政府而預訂之。其後適於爾用與否。不問。用之不弊與否。不問。爾果欲之與否。亦不問。但在法律爾非保留此物不可。於是外交繁難之國。其所習見者。則戰時最初最險之年。當局者必爲一和平總理。而平時最初最險之年。當局者又必爲一武裝總理也。無論何者當此過渡之時。其人之得擧以在位。非爲其所當施乃爲其所當棄。非爲其政策之當因時而制宜。乃爲其政策之已過時而必革者也。

此觀於美利堅南北戰爭之全史。可以知其故矣。蓋是役者實總統制用於危時之試石也。人之攻斯制者。謂總統去位。副總統即攝其職。而副總統本一伴食之官。今於國事紛擾之秋。在法乃不得不以之鈞衡全國。豈不僨事。故林肯被刺。而約翰孫(一)循資遞進。美利堅政局。即至不可收拾。以此相難。固於立法之意。與法之所以運行。有所揭明。(二)而約翰孫之事。究屬偶然。尚非總統制本體之病。林肯第一次被選。此弊即免焉。由今思之。當時而得是人。實爲勝任愉快。議者遂翹以爲唯一證據。謂總統制經常之作用。本屬如斯。然議者亦知林肯胡由而得選乎。吾知美人之在當日。決無人深知林肯之爲

(一) Johnson 林肯時代之副總統

(二)在草憲法者、本以爲選舉會將以才智冠乎一國之人充總統、亞乎此者充副總統、於是副總統成一崇資之職、非第二流人物莫爲候補而選者亦莫補之、至有時須攝行總統之事、皆未遑思及也、此數語本白氏原注、

何如人亦決不了然林肯將以何道行其政事選者茫然而出占被選者亦即茫然而獲勝此如算術林肯乃一數之未知者耳以未知數而爲政府此以詰總統制乃甚確也若夫內閣制中之大政治家則不然。彼其爲人。大抵家喻而戶曉之。不僅誦其名。而且稱其德。格蘭斯頓何如人也。巴麥斯東又何如人也。此以質之吾英社會。雖不必爲兩氏寫眞毫髮而畢肖。而擧能傳其最明最活之印象。則確乎無疑。至以一國灼然可見之薩威稜帖託之於不知誰何之人吾英之人殊難索解其人德慧之量小至何度乃不可知國家變幻之局大至何度亦不可知今用其不可知之小以治其不可知之大此種理想吾英實以爲滑稽之尤夫林肯之爲人雖無曠世之才華亦誠懷有絕倫之正誼而且清教之性培養極深以是艱鉅之來忍而有濟雖然賭而偶贏非能以之稱賭德也林肯誠得矣然果胡所恃而必得之乎

夫此種偶然之事。又總統制之所不能免也。蓋由其選擧之程叙。非有異常時會。或國中有激急一致之輿論。相逼而至。將不能得一知名之人。如選事初竣而禍變即乘勢不得不以所謂未知數者支拄危局以謳出之勢不得不以「政治家X」監視其禍變而謀所以禦之之道也其在平時。總統制之所由劣於內閣制者。吾既爲一々陳述。然以比之變時。尙非絕要蓋總統制之缺陷見於經常之職分者其害猶小見於臨時之作用者其害實大以其全無彈力不能爲非常之原以安危而定亂也爲是比論。可以證明內閣制之一特性。實爲切要無倫。是何也。即所謂立法行政兩權融成一片是也

至於內閣制之形式若何。與之相依並進者若何。別以專論明之。不贅於此。

(完)

列强與經濟借款

KS生

是篇譯諸日本大阪朝日新聞。按近世紀來。世界競爭之潮流。日趨於經濟勢力之發展。經濟勢力之所至。即國力之所至。其一增一減。無不立與國力之消長爲正比例。列强之所謂遠東政策。即準乎此。故瓜分支那之說。不見於今。前之主張分割土地者。今皆目爲迂濶。而一致垂涎利權。前清之末。吾國外交。每爲各國要求利權所厄。幸有民論激昂。藉可稍遏其勢。革命後一時號稱政治家者。莫不侈言開放主義。一反其從前激急之意氣。以爲利用外資。富源可啓。當局者或則爲財政計。以窮於挪移之術。而欲藉以抒困。或則爲個人謀。貪回扣以充私囊。更樂得以利用其說。列强於此。乃得乘隙以逞其夙志。兩年以來。經濟借款之聲。不絕於耳。一國之借款成。他國即據機會均等之理由。相要而數借款。必至同時成立。不知有一借款發生。同時即有一利權喪失。有一利權喪失。同時即有一國勢力深入吾國。之利權。胥如各國所希望以標識之。即各國之勢力。胥如吾國所分配以深植之。夫非分割而何。夫非自亡而何。吾爲斯言。非謂經濟借款。絕不可行。必也其事業略有基礎。然後借外資以圖擴張。實權在我手。實利歸我得。庶可見其益而不見其損。而今之所謂借款。孰不與此旨相背耶。孰非志在得款不在興業。因立一名目以還就其欵者耶。又孰非列强挾其陰謀以來。而我無術以避之。因承其意而計其便者耶。與言至此。能無慨然。因取大阪朝日新聞是篇譯之。以告我國人。冀其共知列强對我之計畫。而急謀其所以自衛之道。文爲日人所作。主觀自與我異。因係譯文。未便改易。閱者諒之。

譯者識

二〇

支那自民國以來。財政一一仰給於借款。列强因有五國銀行團之組織。而大借款條件以成。一時支那外國借款之權利。全爲該銀行團所占。列强爲所限制。莫能自由以逞其野心。而支那之利權。因是反獲以保全焉。無何而銀行團中之英國。藉故提出經濟借款分離之說。其結果乃有一九一三年九月二十六日巴黎銀行團之會議。於大借款條件中。删除經濟借款一項。銀行團之獨占權。自是乃限於政治借款。此外遂任列强自由競爭矣。然銀行團暗中之運動。猶未息也。乃至昨秋。列强資本團忽焉各逞其活動。其與支那各省所訂公私團體之經濟借款。日有所聞。自鐵道鑛山以及各種事業。無不各欲獲得絕大利權而後快。蓋競爭之烈。爲從來所未有矣。我國立此劇戰場中。其狀態果何如者。則以滿洲言之。其關係較臺灣且深密矣。而亦不過獲得鐵道權少許。至其餘各省。不獨未能染指。且第一次革命時(一九一一年)蘇省鐵道滬杭甬鐵道中之上海嘉興間及南潯鐵道之借款。與吾所生關係。尙將斷絕。而前與安徽都督柏文蔚訂結一千萬圓之借款契約。先交二十萬圓。以築安正鐵道。(由安慶府經桐城舒城六安等處達正陽關長八十哩之鐵道)亦爲英國所抗議。其會社至被北京政府命令解散。去臘橫濱正金銀行。與漢冶萍公司訂結契約。借款一千五百萬圓。亦不免於五省聯合會之反對。而有破棄之虞。據此以觀。我國對支施設。尙何成功之可言乎。徒令關係帝國興衰之支那市場。爲列强所壟斷。而帝國之勢力。日見被逐於此市場外而已。今試將我國勢力被逐之次第。與夫列强藉名經濟借款。攫取利權。扶植勢力。牢固不破之情形。一一擧其實例。以說明之。凡最近列强與支那所已成立之各種經濟借款名目。及其在交涉中者。皆條列焉。以喚醒我國民。我國民其注意焉否乎。

(一)普通經濟借款

▲中法實業借款(法國)

▲一億五千萬佛郎、▲五厘、實收九十一、▲十年外二十年內分期償還、▲擔保、崇文門關稅、

此借款乃北京政府代表陳錦濤。在巴黎與法國中法實業銀行所訂結。其用途名義。以六千萬佛郎充浦口市場建設費。六千萬佛郎充漢口市街建設費。三千萬佛郎充武漢鐵橋架設費。去臘已先交三百萬元。今正二十五日。本爲第一次交款五百萬元之期。因北京政府以第一次款流用於行政費。五國銀行團出爲抗議。於是第二次交款。乃不得不延期。旋至四月七日。該銀行在巴黎募集。得其借款之半額。而英國政府對於用途。提出抗議。謂侵害其長江流域之勢力。現不得已。將漢口市街建築及武漢鐵橋架設兩項。改爲北京市營事業，已見成立云。

▲蒙古借款(俄國)

▲三百萬盧布、▲七厘、實收九十五、▲十年外三十年內分期償還、▲擔保、庫倫鐵道建築權、及庫倫附近金鑛十六處之採掘權、

此俄國與蒙古政府所訂結。其中有百五十萬盧布。係以俄國軍器扣算交納。合計蒙古政府與俄國之借款。至此次已上千萬盧布矣，

▲四川省興業借款(法國)

▲一千二百萬兩、▲六厘、實收九十二、▲五年外二十年內分期償還、▲擔保、四川省油稅及屠稅、

去年十月十日。法國中法銀行與四川行政公署在成都所訂結者。其草約經北京政府批准後。爲川

省人民所反對。一時未能成立。近來大有復活之勢。用途表面雖稱振興實業。其實充紙幣整理。是亦政治借款之一種。五國銀行團應有要求破棄之權利也。

▲雲南借款(美國)

金額二百萬兩。美商晋爾濟與雲南民政長所辦之交涉。用途充該省鑛業開發費。後經法國反對。一時尙難成立云。

▲廣東幣制借款(英國)

▲一千萬磅銀、▲五厘、實收九十二、▲十年外兩年間五回分償、▲擔保、廣東公有財產、

該省都督民政長。與香港上海銀行非律雅氏所訂結。用途充廣東省紙幣整理。傳說該銀行因其擔保不實交涉尙在繼續中云。

▲鹽務借款(美國)

近各省因實行鹽斤加價。鹽稅收入激增。除去五國借款抵當所應出之數。尙有若干剩餘。熊總理時代。欲以此剩餘再向美國資本家脫窩兒氏借入三百萬美金。現尙在交涉中云。

▲實業借款(美國)

工商總長張謇。得熊總理同意。與摩爾根系之資本團正在交涉。用途充實業振興費。金額上二千萬鎊之大借款也。

▲湖北水泥廠借款(德國?)

▲百四十萬兩、▲八厘、實收九十一、▲五年外二十年內分期償還、▲擔保、工場全財產、

該工場總理程祖復。因我國三菱公司要求以工場抵債。乃謀與天津德國保商銀行借款。以清此債。聞其內容。則借款成立時。該工場即歸銀行管理。而據最近報告。雖經國務院批准。而股東總會尚多異議。恐尚需時日。交涉始能成立云。

▲漢口再建借款(墺國)

▲三百萬鎊、▲五厘、實收八十八、▲十年外、自第十一年起、每半期償還七萬五千鎊、三十年內償清、▲抵當、道路水道、洋車電車家屋營業碼頭諸稅、

漢口市街於第一革命時。大遭兵火。現擬仿各國都市辦法。重行建築。墺國財團與湖北都督民政長及財政司。正在交涉。但前揭中法實業借款中。業已列入此項借款。並有武漢架橋費。今又有此交涉。殊不可解。且中法借款。既爲英國所反對。則墺國借款。亦未必成功。其將爲英國所得乎。

▲大生紗廠借款(英國)

▲三十萬兩、▲五厘、實收九十八、▲半年內償還、▲擔保、該廠股票、

大生紗廠在通州。去臘與上海香港銀行所成立之短期借款也。

▲江蘇救恤借款(法國)

▲二百萬元、▲六厘、實收八十五、▲十年外二十年內分期償還、▲擔保、南京城內鐵道及電燈事業、

南京商民。在第二次革命時。蒙有損害。今借款以救恤之。現正與中法銀行交涉。

▲新疆實業借款(英國)

▲千五百萬元、▲六厘、實收九十二、▲自簽字日起、三十年內分期償還、▲抵當、家畜稅及其他雜稅、

新疆都督楊增新。擬在該省製造毛皮。開墾採鑛。並開行自動車以便交通。乃與英國某資本團有此

、項借款契約。聞已在倫敦簽字。新疆屬於俄國勢力範圍。該省如需借款。照例應商諸該國。今忽與英商提携者。蓋支那視該省一帶地方。將入於俄國勢力之下而不可救。雖極爲憤慨。而以國力之弱。莫可如何。乃用以夷制夷之迂策。特避俄而交英。冀可藉爲該省保障。將來俄國對待該項契約。取何態度。乃今後兩國外交上頗有趣味之問題也。

▲吉林救濟借款（德國）

▲一千萬元、▲五厘實收九十四、▲十年外二十年內償還、▲抵當省內鹽金、

吉林市場。流行惡紙幣最多。市面屢起恐慌。庫款支絀。莫能救濟。該省孟護軍使乃與德商捷成洋行商借此款。聞成立後。尙須用諸幣制改革。已得北京財政部認可矣。

▲江蘇借款（英國）

▲六百萬元、▲五厘實收九十二、▲十二年外二十四年內償還、▲抵當南京租稅收入、

此與前揭江蘇救恤借款同一性質。而前後成立者也。其契約成於今正八日。代理民政長金鼎與英商鈕莽商會爲之。當時即交二百萬元。嗣鈕莽商會不能如期交款。因此轇轕云。

▲英國短期外債（英國）

▲二十萬鎊、▲七厘實收九十八、▲一年內償還、

北京政府以一時行政費不足。向英國商借此款。聞已簽字。然補塡行政費之不足。此純然爲政治借款。不顧五國借款團契約而爲之。殊非正當之舉也。

▲第三次江蘇借款（未定）

江蘇民政長因鈕莽未能如期交款。乃要求該商會。證明前記六百萬元借款。以便持向他資本團。另商短期借款二百萬兩。一年償還。現在該省正物色他資本團。以此項證明抵借云。

▲八旗借款(未定)

八旗生活。日益困難。政府擬將旗民八十萬。每人給以百元。俾其開墾自活。其總額須達一億萬元。財政部現已向二三資本團交涉。條件尚未發表。

▲蘇路償還借款(英國)

▲三十七萬五千鎊、▲七厘、實收九十二、▲五年外十年內分期償還、▲擔保蘇省鐵路公司動產不動產及鐵道營業權、

一九一二年。蘇路公司為供給南方軍政府軍用金。自立借務者地位。向日本大倉組借入三百萬圓。現尚未到償還期限。乃北京政府欲另借新款。償還此款。而以十五萬圓賠償大倉組。業與中英會社交涉簽字。今正二十四日。並由駐英支那公使在倫敦收款。而直接滙寄大倉組矣。及查北京政府所以歡迎英商而排斥日商之故。則利息較低一厘。為其一原因。實則我同盟國以長江流域為己國勢力範圍。蘇路居上海嘉興間。扼長江咽喉。不欲有日本勢力混入。乃勸說北京政府。與以一厘之佴。俾有此排日之事實發生也。此與東亞興業會社所得之安正鐵道。我同盟國以其與津浦競爭。要求北京政府取消之。並解散其會社。實同工而異曲。夫英國惟知為己國計。而絕不顧同盟情誼。使我國對於支那屢次失敗如此。其態度不無可疑。我國民宜注意焉。

▲江南機器局借款(美國)

上海鄭鎮守使擬整理江南機器局。向美國資本團議借三百萬元。以百萬淸償舊債。以二百萬購材料。招職工。並充運轉資金。已得中央認可。現正與該資本團磋商條件云。

▲比利時借款(比國)

北京政府前因第二次大借款未易成立。行政費一時支絀異常。乃以經濟借款名目由比國華比銀行借入三千萬元。已先交四百萬元云。

▲漢冶萍借款(日本)

▲一千五百萬圓、▲七厘、▲四十年內償還、▲抵當大冶鐵山鐵石、

此款乃盛宣懷於民國二年十二月十五日。與橫濱正金銀行所訂內約。用途係以九百萬圓淸償內外舊債。六百萬圓修繕漢陽工廠熔鑛爐。並充擴張事業費。款成。須由日本招聘會計監督及技師各一人。監視其會計及技術。借款期限內。須供給日本一定製鐵原料。此蓋鞏固日支兩國經濟提携。最有力之契約也。乃我當事方祝成功之不暇。而五省聯合會之反對運動出焉。蓋當今正七日。盛宣懷擬開股東總會。求其事後承諾。孫武湯化龍張國淦張伯烈時功玖饒漢祥哈漢章等。即聯名反對。致書大總統。謂私人把持鑛山。擅借外債。損權招禍。莫此爲甚。請命農商部聲明不承認。並有假名財政顧問。用日人監督會計。假名工程師。用日人監督鑛山。害之所及。何異賣國等語。農商部於二月十日批准之。並聲明該公司以鑛山抵借外債。須先得本部許可。至其自由與日本所訂契約不得發生効力云々。事已至斯。該約無異廢物。我國對支施設。輒遭頓挫如此。豈非遺憾乎。

▲導淮借款(美國)

▲二千萬美金、▲五厘、▲抵當、淮河流域地租及大運河交通稅、

淮河流域一帶地方。向至雨多時。河水汎濫。住民常苦飢饉。歷年以來。支那治河者莫不束手無策。至是美國赤十字社願貸出二千萬美金。承辦治水工事。是爲導淮借款。據正月三十一日北京日報所發表。工商部業與該社代表駐京美國公使訂立草約。技師長已任調查淮河流域之美人詹美生氏。並不久即行正式簽字。着手工事云。美國之注目於淮河治水。表面雖由美國宣教師之報告。謂目覩該流域飢饉慘狀。與其臨時應捐。寧從根本治水。此純爲人道起見。實則美國自粵漢鐵道回收後。失其經營支那之根據地。正謀開闢新基。適宣教師有此報告。乃假此美名。欲以該流域爲基礎。而於中原扶植勢力耳。當其提議時。支那政府亦慮及此。擬借比款以避之。無如美使竭力運動。竟爲所得。以最膏腴之地。今入於美國勢力圈。不可謂非該國一大成功矣。人稱該國脫出銀行團。首先承認共和。莫非爲此約之準備。未必誣也。據詹美生氏計畫。工事告成。支那可獲一千五百萬畝最肥沃之新耕作地云。

▲克虜伯借款(德國)

▲五千萬馬克、▲五厘、▲十年外二十年內償還、▲抵當、兩粵鹽金雜稅

兩粵因紙幣下落。乃與克虜伯會社有此交涉。其契約內容。則五千萬馬克中。三分之一係由該會社以軍器納交中央政府。三分之二以現金交兩省充紙幣整理費。聞已得中央許可。不久即簽字云。

(備考)廣東紙幣整理費。已與英商有一千萬元交涉。如前記矣。今更有此項借款。蓋支那每當借款。必分途與多數資本家交涉。取其有利者訂結之。此在政府個人皆然。茲殆亦然也。

▲山西票商借款(墺國)

▲二百為鈔、▲六厘、▲二十年外五十年內償還、

山西票商受革命影響以至破產者十四家。被倒金額。達二千五百萬元之多。於是謀救濟之策。而組織西幫匯商公司。舉范元澍馬聚英翟國璋王詰廷侯增芳等諸同業爲代表。與奧商華利公司訂結此項借款。現擔保尚未擇定。大概北京政府將居其保證地位云。

▲其他借款

鐵道鑛山以外。普通經濟借款重要者。大致如上所述。此外尚有眞僞不明。惟散見於支那新聞紙者。茲將其在交涉中者。略舉於左。

▲度量衡借款　工商部爲謀度量衡統一。與英商有此交涉。金額不明。

▲雲南救濟借款　該省實業司以民政長名義。與美商普耳基借款二百萬兩。以救濟農民之因禁止鴉片而失業者。正在交涉中。

▲江蘇借款　五十萬元。德國禮和洋行。交涉中。

▲浙江借款　五十萬元。德國禮和洋行。交涉中。

▲奉天實業借款　百萬元。日本正金銀行。交涉中。

▲安徽借款　二百萬元。與美商某交涉中。

▲漢口水利公司借款　水業擴張費。與日本某商交涉中。

▲福州軍港借款（美國）

▲二千五百萬元、▲五厘、實收九十、▲十年外三十五年內償還、▲擔保、全省鹽稅、

此借款乃最近路透通信社所報告。前清時代洵貝勒遊美中。曾與同國某製鐵所訂結二千五百萬元借款契約。畀該所以承築馬尾軍港之權。至是該所據約要求履行。乃成此借款。是純爲政治借款。茲爲便宜計。附記之於此。

(二)鑛山採掘權

從來支那鑛山利權。爲列强所獲得。大都不依借款之形式。近日鑛業政策。雖取開放主義。廣招外資。而亦與普通借款有異。特其性質相同耳。將來類此者日出日多。亦自流於一種特別經濟借款也。茲以於利權獲得之點。無殊借款。故併論焉。

▲陝直石油採掘權(美國)

此爲陝西延安府、直隸承德府、及兩處附近石油採掘權。而北京政府與美孚公司所立之契約也。其內容則美孚以一億萬元組織美支合辦之大股分公司。股中百分五十五屬美孚。四十五屬支那。而支那四十五分中三七半。爲美孚對於支那政府給與特權之報酬。其餘七分半。政府於會社成立後兩年內。以現金應募。其採掘權於六十年期限內爲有效。按延長縣石油鑛區。包圍數百里。爲世界有數之大油田。列强早注目焉。光緒三十三年。陝撫以四萬兩設立油廠。委知縣洪寅辦理。洪氏聘日本技師。從事採掘。而該油田之有望。乃爲我國所熟知。去臘中國興業會社之設立也。倉知氏首即屬目於延長油鑛。方將與支那正式立約。乃中途爲美國所奪去。誠爲可惜。現雖有五省聯合會出爲反對。但據最近報告。農商部已聲明該約業經正式簽字。絕對不能作廢云。

▲雞覬山煤鑛(德國)

黑龍江密山縣雞覬山。爲古來有名炭產地。德人某近往實地調查。認其有望。使支那巨商同泰福立於表面。請願北京政府許其採掘矣。

▲外蒙古金鑛(俄國)

外蒙古金鑛。最爲豐富。革命以來。外蒙借俄國後援。宣言獨立。俄人乘此機會。獲其重要金鑛無遺。玆列舉之於左。

▲蒙古洛兒會社　該社所獲。爲土謝圖汗及札薩克圖汗之金鑛。其土謝圖汗。已着手採掘矣。

▲嘉米奈會社　該社於一九一一年。業在土拉喀薩佛斯克南方。獲一大金鑛。是年採掘之結果。純益達三十八萬留之多。近更於外蒙各地獲金鑛六處。自一九一二年春間以來。皆次第試掘矣。

▲斯薩那兒會社　該社貼二十萬盧布於外蒙政府。在庫倫之西。獲金鑛七處。現備置新式機械。以大規模經營之矣。近又發見一大金鑛。正與庫倫政府交涉中。

▲湖北之新炭山(德國)

據中央支那通信社所報告。在漢口上流三百八十支那里地點。有良質無煙炭田。一九〇八年。經某支那人採掘。現歸德國巴田索商會。該商會已聘德國技師經營之。約至五月間。每日可產炭七八百噸。炭質適於室內用炭。現該商會並擬由炭田築一輕便鐵道。達揚子江岸。再經船運至漢口云。

▲熱河重油鑛(美國)

美孚公司近在熱河附近發見重油鑛。向北京政府要求採掘權。在交涉中。

▲山東金嶺金鑛(德國)

膠州府屬。金鑛頗多。德人大注意。前有德商某試掘金嶺鑛區。確知有望。徒爲條約所限制。不能得其利權。此次乃改由駐京德國公使與外交部交涉。約以中德共同經營。現北京政府特派委員張某與德商直接交涉矣。

▲牛金山金鑛(德國)

山東登州府寧海州牛金山有金鑛。曾爲英國技師查勘。認其有望。要求採掘。以被拒而罷。此次德商又向北京政府要求。正在交涉中。

▲內蒙古棉鑛(德國)

喀喇派東旗札薩克多羅郡王熙凌阿。以該旗所屬青石嶺瓦房溝六家子等山脈一帶。頗豐於石棉。早擬採取。以資本缺乏未果。此次在北京與德商德勝洋行訂結契約。仰其資本以採取之。並已申請蒙藏事務局。認可與否。大概須俟熱河都統及農商部調查後始知之云。

▲支那鑛山與日本

支那面積廣大。故鑛物之包容量極豐。革命以來。支那之鑛山熱。俄然勃興。茲但論湖南一省。自民國元年至今年二月九日。經鑛務局實業司許可者。已有九十一區。其未經許可。亦頗不乏。若就全國觀之。其數盖莫與京焉。而英美德俄諸國。利用此鑛山熱。巧施手段。以與支那人共同握其利權。彼此競爭毫不相讓。如英之福公司。且向支那官憲索得五十一份內地旅行劵。派遣同數之英國技師。分往直隸湖南湖北山西四省。調查鑛山。加以支那政府正取開放主義。提倡中外合辦(如陝直石油)則今後列強之攫取鑛山利權。正未艾也。

(三)鐵道借款

▲過去之鐵道借款

列強之逐鹿於支那也。其最足以扶植己國勢力者。莫如鐵道建築權。故其競爭。尤爲猛烈。今欲述其狀態。請先將列強今日以前之鐵道借款。一列舉之於左(據本年二月熊總理發表)

鐵道名稱	二月現在實額	借債國
一、京奉綫	二百三十萬鎊	英國
二、滬寧綫	二百九十萬鎊	英國
三、滬杭甬綫	百五十萬鎊	英國
四、廣九綫	百五十萬鎊	英國
五、安奉綫	三十二萬鎊	日本
六、吉長綫	二百十五萬鎊	日本
七、京漢綫	五百萬鎊	比俄法
八、粵漢綫	六百萬鎊	英法德美
九、正太綫	四千萬佛郎	俄國
十、汴洛綫	四千百萬佛郎	比俄法
十一、道清綫	七十九萬五千六百鎊	英國
十二、津浦綫	九百八十萬鎊	英德

此十二鐵道。乃舉其重要者。尚有江西鐵道。借入日本五百萬圓。不在其內。綜計借款全額。以鎊計之。

有三千〇三十三萬六百鎊。以佛郎計之。有八千百萬佛郎。其中債權國。最大者爲英。次德、次法。再次俄比美。至於我國地位。亦與普通經濟借款及鑛山採掘權無異。噫乎其後焉。今日以前列强活動之成績如此。將來之形勢如何。請以次述之。

英國要求綫

▲廣重鐵道

▲廣東重慶間、▲長一千哩、▲由廣州省城、經梧州入湖南、經靖州沅州、過貴州境、經思南達四川重慶、▲借款八百萬鎊、▲五厘、▲抵當、該鐵道及一切材料、

本契約乃中國鐵路公司與倫敦坡林格會社所締結。於民國二年七月四日在上海簽字者。據此契約。該鐵路公司代表支那政府。發行五厘公債八百萬鎊。交坡林格會社承賣。該會社即如債券額。供給鐵道所需資金。惟其第九條云。承辦人坡林格會社。據同一之條件。有由本鐵道接續建築重慶蘭州間延長綫之優先權。或經雙方協議。有建築同哩數中國他處鐵道之優先權。而此優先權自本鐵道開工日起。七年內有效云々。是該綫不獨由廣州至重慶。實由廣州至蘭州矣。夫英國既沿長江流域至於西藏。橫斷支那。劃爲己國勢力圈。今更經營縱斷甘肅四川貴州湖南廣西廣東之大鐵道。北壓俄國根據蒙古之活動。南挫法國蟠據雲南之勢力。兼且聯絡中央支那之富源以達於香港。其規畫之雄大不可驚乎。或謂此契約成於中國鐵路公司。其時總理爲孫逸仙氏。今恐不能發生効力。但北京政府要求列强承認共和時。已宣言既往契約。一切准其繼續有効。以爲交換條件。則此契約不久必得北京政府追認無疑。

▲南京長沙綫

▲南京長沙間、▲長七百七十四哩、▲由南京經安徽寧國府入江西南昌府、再經湖北萍鄉至長沙、

據支那新聞。英國要求由杭州經南昌萍鄉至長沙之鐵道。正與交通部交涉。已於二十三日在北京發表。此或南京長沙綫之誤傳歟。夫英國早有上海緬甸間大鐵道之計畫。而先築成其一部之滬寗綫百九十三哩。今更延長滬寗綫。由寗國南昌萍鄉以達長沙。無非着々行其上海緬甸綫之大計畫耳。在英誠爲得計。而獨不思與我國利權有大衝突者存。何也。蓋我東亞興業會社。前與江西鐵道會社訂結五百萬圓借款契約。其意非僅在九江南昌間而已。實欲延長江西鐵道。東至福州。西出萍鄉也。故帝國於南昌萍鄉間鐵道。曾與江西有二千萬圓借款之內約。今英國南京長沙綫。與我南萍綫實爲並行。其侵害帝國利權孰甚焉。且我締結安正鐵道契約時。該路距津浦綫將及百里。而英國指爲競爭綫。逼使北京政府取消會社。今彼反於我南萍綫側設一競爭綫。以驅逐我勢力於長江以外。不亦奇乎。我國民急宜奮起。切勿令其蹈安正覆轍也。

▲鄂黔鐵道

▲湖北沙市對岸貴州興義府間、及湖南常德府長沙府間、▲長共七百六十哩、

此亦爲坡林格會社所得。去臘十八日該社代表羅多富連赤氏。與交通部長周自齊在北京簽字。內容係以該鐵道爲抵當。由坡社供給資本。委英國技師承辦工事。所得利益金。支那政府。應得若干。該鐵道分本支兩綫，本綫由沙市對岸經湖南澧州、常德府、桃源縣、辰州府。入貴州、過貴陽府、至興義府。長六百五十五哩。支線由常德府分出。經益陽至長沙。長百〇五哩。兩共七百六十哩。此鐵道可在沙

市與川漢鐵道接。在長沙與粵漢鐵道接。并與南京長沙綫接。以形成上海緬甸線一部。其重要可知。故英國現在急於準備建築云。

▲緬滇鐵道

▲英領緬甸之巴莫至雲南大理府間、▲長三百八十四哩、▲由巴莫經騰越至大理、

此道爲上海緬甸綫之西部。英國既成滬寧線。並得南京長沙綫、與沙市興義綫、則要求此綫。盖當然之順序。即不然。英國亦別有屬目之點。去臘十七日、帖阿兒鹽斯柯氏在英國滿遮斯特商業會議所演說。吾人觀之、可知其大要也。氏曰。緬滇鐵道(一名巴大鐵道)在數十年前即有此計畫。一八七五年以前。人皆以爲不能建築。後閱十年。緬甸邊境之偷斯帖特併入英國後。滿達烈鐵道得成。再閱八年。該鐵道又得延長。經寬倫至於拉索。以工事不便。不能再延。始有此次緬滇綫之交涉。該鐵道工事。由巴莫至騰越百二十哩較易。工費豫算。約七十六萬三千鎊。即頗充足。此爲重要商路。貨物運載必多。加工築成。每股必可得百分三之巨利。騰越至大理府二百六十四哩。工事最難。經費亦需四百五十萬鎊。從經濟上言之。雖較巴騰綫爲劣。然開通後。大可助長印度綿絲布之輸入。更由政治上觀之。抗拒法國勢力。使勿侵入雲南。非此不可。要之該鐵道足使蘭嘉沙工業益臻繁榮。於政治及經濟兩方面。足使全英帝國利權。日趨膨脹。關係之重。蔑以加焉。甚望我駐北京公使努力圖之云云。英國之意氣。不亦雄且偉乎。

▲四川延長線

▲大理府敍州府間、▲長六百四十五哩、▲由大理府經楚雄府、至雲南府、更由宜威州入貴州威寧州、再經雲

南境、返大理、至四川叙州府、

英國一面要求緬滇鐵道。一面又計畫此綫而謀得之。此綫工事最難。全綫興工。需時必久。其中大理府雲南府間。爲上海緬甸綫之一部。得支那政府承諾後。必將與緬滇鐵道同時起工。由雲南府以至叙州府。此爲聯絡四川膏腴原野與緬甸之重要綫。工事雖困。而亦非賡續建築不可。他日若更要求延長雲南叙州綫至於成都府也。其亦自然之形勢矣。

▲浦信鐵道

▲烏衣鎮(津浦綫之一驛距浦口二十哩)信陽州(京漢綫之一驛)間、▲長三百五十哩、▲借款三百萬鎊、▲五厘、實收九十四半、▲十年外、第十一年起、三十年內償還、

英國注目於浦信鐵道。始於十數年前。中日戰爭後。列强爭奪支那利權。如京漢鐵道之爲比國所得是。英國後知比公司乃俄法資本團之代表。因求與俄法勢力均衡。乃於一八九八及九九兩年間。求得滬寧綫、滬杭甬線、及廣九線三鐵道。並得浦信鐵道之內約。而以種々障礙。未能實行建築。革命後。列强又爭奪支那利權。代表俄法勢力之比公司。復投二億五千萬佛郎。獲得海蘭鐵道。(由蘭州至海門廳一千五百十哩之大鐵道英國恐支那中原勢力。全爲俄法所有。求其平衡。益感浦信綫之重要。第一次革命後。中英會社即與支那政府正式交涉。至民國二年十月十七日。契約書始經北京參議院協贊。而於十一月十四日。以大總統令發表矣。今摘其契約要點於左。

該會社對於支那政府。承買上記金額五厘公債。以供給建築資金。(第一條)抵當爲本鐵道一切土地、材料、車輛、建築物。其已購入者及以後新購入者。一倂在內。(第九條)工事自簽字後半年內

開始。限三年竣工(第三條)支那政府將來認爲有益或必要。建築本鐵道支綫或延長本綫時。可以支那資本自行建築。如需外國資本。則該會社有優先權(第十九條)

該線經路。係由烏衣鎭西走入安徽省。經該省貨物集中之合肥。茶產有名之六安。及光州羅山兩處。達信陽。蓋通過安徽最豐饒各地之要線。經濟上頗有利。據去年支那政府委員在參議院本鐵道審查會所發表。則開通後之利益。精細計算。比普通減去四成。每年可收入三百五十七萬二千元。扣除借款利息及各項經費。尙可得七十五萬五千元純益。然則該線實俄法比所經營海蘭鐵道之有力競爭線也。若更爲英國所計畫。延長此線入漢水上流之襄陽府。轉而至於西安府。凡陝西湖北河南安徽各省貨物。皆將爲所吸收。海蘭鐵道之價值。將失去一半矣。更由政治上觀之。該綫又實足保障英國長江流域之勢力。對於俄法勢力下之京漢海蘭二線。職在防其勢力南下。迎面以突破之。故方參議院有削除優先權一條之議也。英使大起抗議。竭全力以復活之。其同時破壞日本之安正鐵道。亦無非爲此。現該會社已派英人板氏爲技師長。不日開工矣。

英國之雄圖

英國於革命後在支那所得鐵道利權之大要。盡於上述矣。玆以便於讀者之注意。更爲表之於左。

名目	哩數	摘要
南京長沙綫	七七四	
鄂黔綫	七六〇	
緬汎綫	三八〇	
四川延長綫	六四五	上游緬甸綫
浦信綫	三五〇	支那橫斷綫

廣東線	一、〇〇〇
合計	三、九一三

縱橫合計。已達三千九百十三哩之多。若加算信陽州西安府間、與重慶蘭州間優先延長權。並敘州府成都間、敘州府重慶間、雲南府興義間等聯絡希望線之哩數。則適滿六千哩。各線皆成之日。大陸山河。徒供英人馳騁而已。

德國要求線

▲高韓線

▲山東省高密韓莊間。▲長二百十哩。

此鐵道與濟順綫同時爲德國所得。駐京德國公使與外交部長孫寶琦。於民國二年臘月三十一日正式簽字者也。其經路尚無確報。惟知起自山東鐵道之高密驛。經沂州府。至津浦鐵道北段之韓莊驛。蓋合津浦北段綫、山東綫及本線。適於山東中央畫成一大三角形。與濟順連絡線相應。可吸收山東直隸江蘇北部河南東部山西各省貨物。至於青島。

▲濟順線

▲山東濟南府直隸順德府間、▲長百二十哩、

此道爲津浦北段與京漢聯絡要線。起自津浦之濟南驛。入直隸達於京漢之順德驛。與高韓綫相待。以經營山東。効力偉大。兩俱相等。德人至謂所獲二道。足以保護德國支那租借地之大利。凡青島之德國臣民。應以此大成功。歸諸德亞銀行及鐵道技師多樸苗拉氏之偉勳云々。此可知其眞價矣。又此二線皆屬支那國有鐵道。資本合計三百五十萬鎊。鐵道材料。爲德國供給。技師長用德人。建築中

爲工事總監督。完成後仍繼續爲事務總監督。至借款償還之日爲止云。

▲滇百鐵道

▲雲南省城廣西百色廳間、▲長六百三十哩、▲借款三百萬鎊、▲五厘半、

雲南人因見英法二國在雲南勢力日趨膨脹。所有鐵道。幾全爲兩國所享。頗感維持利權之必要。故計畫此綫以資抵制。沿線測量。已告竣矣。乃資本無出。不得已而置之。論情理似應不歸於英。即歸於法。而竟不然。向於該省絕無勢力之德國。突焉而得握其建築權。此不能不爲喫一驚也。草約在民國二年。禮和洋行香港主任駱連子氏。與雲南都督蔡鍔訂之。其特別條件。則該洋行代表克虜伯工廠。於正式契約簽字後二十年內。有供給支那政府武器及鑛山機械之專賣權。而本鐵道沿線一帶鑛山採掘權。全爲該洋行所有是巳。此鐵道起自雲南府。經貴州興義府。南折而至滇桂交界之百色廳。長六百三十哩。若更延長至廣西南寧府。可成一大鐵道。合計九百餘哩。故一稱滇邕鐵道(雲南南寧間)論其價値。在政治上。則於英法勢力範圍內。扶植德國之新勢力。俾英法德三國。在南部支那。立於同等地位。而在經濟上。雖所經三省。地方較爲僻遠。然未開之富源正多。其重要物產。有

雲南省之銅、錫、石炭、金、鉛、銀、寶石類、石材、鹽、火腿、鴉片、茶、藥材、麝香等。

貴州省之石炭、銀、銅、鐵、水銀、木材、棉花、茶、鴉片、獸皮等。

廣西省之樟腦、白糖、木材、豆類、米、棉花、生絲、鐵、銀、安地摩尼、石炭、苧麻、獸皮、藍、玉蜀黍等。

此外尚多。不可枚舉。此等物產。將來皆可據滇百鐵道之契約。給以相當償價。而得其沿線鑛山之採掘權。此與彼三角鐵道及京漢津浦聯絡綫。足可相提並論。而同爲德國近來之大成功者也。

法國要求綫

▲滇越鐵道支綫

滇越鐵道。原有幹支兩線。幹線起自安南雲南邊境老開地方。終於雲南府。與法國安南鐵道(河內老開間)相接。長二百八十八哩。支線起自幹綫之蒙自驛。西走至於普洱府附近之思茅廳。長二百十三哩。兩線皆法國滇越鐵道公司所經營。一九一〇年幹線已經開業。當時法國計畫。欲將來延長此道。經興義府百色廳。出南寧府方面。以開拓雲貴廣西三省富源。不圖德國於革命時市恩支那政府。與雲南都督訂結滇百鐵道契約。並同時獲得延至南寧之權(參照滇百鐵道)且經北京政府許可。法國駐京公使聞之。提出抗議，謂爲侵害法國優越權。要挾北京政府。不得承認該項契約。以是至今未得簽字。而法國猶以爲可慮。更要求一鐵道。由滇越鐵道幹線之徵江府驛。直出百色以達南寧。是即本項所謂滇越鐵道支綫。哩數與一切條件。今尙不明。要之法國爲對抗德國計。必且達此目的。毫無可疑。若德國之滇百鐵道。亦必强行建築。將來雲貴廣西三省。將有德法兩鐵道。成一周圍一千餘哩之大連環。政治經濟。兩相錯綜。而競爭之激烈。必有可觀者矣。

▲雲南重慶綫

據支那新聞所載。法國要求由雲南府至重慶府。築一鐵道。以爲雲南成都間鐵道之支綫。中法銀行代表雪里耶兒氏與交通部周自齊。正在交涉。此與雲南成都間鐵道。皆未得詳報。無由斷其眞僞。但雲南資本家從前有建築此線之議。光緖三十一年六月、經雲南總督丁振鐸奏准。由滇蜀紳董組織滇蜀鐵道公司。招股千五百萬元。雖無成績可言。而曾聘法國技師及美人多烈花克斯測量該道。法國之要求。即藉此關係以起。未可知也。

(備考)近日支那新聞又載中法銀行要求欽渝鐵道契約案。已於三月三日提出國務院會議。觀其所謂欽渝鐵道。乃由廣西欽州經雲南渡金沙江達重慶者。與滇越支綫及雲南重慶綫之經路無異。或法國將此兩綫併而爲一。延長滇越支綫至欽州。而更名欽渝乎。要之以證此兩綫之要求。可得言也。

▲雲成線(蜀滇線)

據正月五日北京路透電。法國要求雲南府成都府間鐵道。其後又無所聞。內容無從得知。大概係由雲南沿金沙江出嘉定達成都。則爲六百餘哩之大鐵道。此線若成。可與比公司之歸成鐵道(歸化城成都府間)相接於成都。並可經歸成鐵道而與海蘭鐵道會於西安或潼關附近。是法國以西安或潼關爲交叉點。北由山西。南至安南。西由甘肅。東至江蘇。劃一大十字綫。以涉及支那全部。其政治經濟上活動之利益。豈可數計。吾人以爲該國之要求此綫。必成事實。而於其鐵道政策。亦屬當然者也。

俄國要求綫

▲對黑綫

此鐵道起自哈爾賓附近之對靑山。經呼蘭綏化海倫至墨京根。東北折而過愛琿。達於俄領烏拉果耶斯僉斯克附近之大黑河。長三百五十哩。

▲齊洮線(並外蒙橫斷計畫)

此鐵道起自齊々哈爾。南過靖安至洮南府。長百六十哩。與對黑線合計。雖不過五百十哩。而兩線竣工之日。可爲俄國東支鐵道有力之二支綫。於其經營北滿。異常利便。俄國乘支那革命之機。相其經營蒙古之必要。現又有橫斷外蒙古大鐵道之計畫。起自新疆伊犁。經科布多。過扎薩克圖汗。又經三音諾顏烏里雅蘇台土謝圖汗庫倫。出車臣汗。達於洮南府。與濟洮綫連絡。此計畫成。則外蒙各部與哈爾賓相接。北部支那殆全供俄人之雄飛獨步矣。

比國要求綫

▲比公司之大活動

列強競爭利權之中。最宜注意者爲比公司。單就鐵道借款而言。一八九七年投一億千二百五十萬佛郎之巨資。得七百六十哩之京漢鐵道。早已聳動列強耳目。革命後復投二億五千萬佛郎。得千餘哩之歸成鐵道。又投二億五千萬佛郎。得千五百哩之海蘭鐵道。幾使列強無顏色焉。夫比利時一蕞爾國耳。突入列強競爭渦中。敢爲如此之活動。殊屬可怪。其必有他國勢力潛伏於其後。早爲人所推測。果也該公司者。主權屬於俄。資本屬於法。比國特其名義上之代表耳。如英國者。且稱該公司爲俄比會社。推其發生之原因。則支那政府每恐借外資以築鐵道。債權國必至利用借款。而包藏扶植政治勢力之禍心。如俄國者。尤其所懼。使該國而明目張膽以要求鐵道。交涉必難成立。且最忌俄人南下之英國。亦必竭全力以阻遏之。故機敏之俄國。利用其同盟法國之資本。而以比公司名義。行其大計畫焉。乃支那政府竟爲其所愚。以謂比國向居中立。不過欲扶植其經濟勢力。必無政治野心。於是京漢歸成海蘭三大鐵道。以次胥爲該公司所得。彼迂濶之列強及我外務當局者。莫不以內外蒙古爲日俄兩國緩衝地點。孰知俄人勢力。東南至於江蘇。西南至於四川。其南侵之準備。又已着々進行矣。

▲海蘭鐵道

▲江蘇海門廳甘肅蘭州府間、▲長千五百十哩、▲借款二億五千萬佛郎、▲五厘、▲抵當、鐵道財團全部、

該約正式簽字。在民國二年八月十四日。實權屬於俄國。前項已說明之。此道之政治關係。非常重要。蓋西伯利亞鐵道支線。他日延至蘭州。其夙所希望之中央亞細亞橫斷鐵道。乃於斯時告成。而不凍海洋與俄國領土連結之志竟達矣。該線內容頗雜。係由七鐵道併合而成。此七鐵道各自有其沿革。茲先述其畧歷而後及於全線焉。

(其一)汴洛鐵道

▲河南開封府至河南府間、▲長百三十哩、▲借款四千百萬佛郎、▲抵當、全線收入、鐵道財團、支那政府保證、▲十年外二十年內、年賦償還、

此約乃一九〇四年盛宣懷與比公司所結。經路係由開封府過京漢之鄭州驛。西入河南府。爲京漢一支線。至一九〇九年正月。全線開通。

(其二)洛潼鐵道

由河南府至潼關。百六十哩。此爲汴洛鐵道之延長綫。民間經營之。洛潼鐵路公司之計畫。乃以千六百萬元爲資金。全由本國商人招集。宣統三年業經起工。革命軍起工事停止。當時惟餘三十五哩。此外土工。皆已告竣。

(其三)西潼鐵道

由潼關至西安府。長百哩。亦屬民間經營。西潼鐵路公司。在光緒三十一年。已經政府認可。資本金爲

五百萬元。工事尙未着手。

(其四)西蘭鐵道

由西安至蘭州。長四百哩。陝甘兩省所合辦。資本三千五百萬元。

(其五)開徐鐵道

前記洛潼西潼西蘭三鐵道。稱爲汴洛鐵道西部延長線。開徐鐵道乃其東部延長線之一部。由開封府經陳留、杞縣、睢州、歸德、至徐州府。長三百哩。民間初欲商辦。結局乃歸官營。資本七百萬兩。純爲支那資本。第一期線由開封至吳家莊。工事過半。軌條皆備。惟鐵橋未成。大概本年八月可開通云。

(其六)徐淸鐵道

由徐州府至淸江浦。百四十哩。蘇路公司投資四百萬兩。得其建築權。工事在進行中。

(其七)海淸鐵道

此線爲汴洛鐵道東部延長線之終點。由淸江浦至海州。百二十哩。此線終點定爲海州。而比公司所要求海蘭鐵道。則易爲海門廳。建築權亦歸蘇路公司。資本三百萬元。業經起工。並開通一部云。

海蘭鐵道者。卽以上七鐵道合倂之總稱也。更爲表列之於左。

名稱	哩數
海淸鐵道	一二〇
徐淸鐵道	一四〇
開徐鐵道	三〇〇
汴洛鐵道	一三八

汴洛東線

海蘭

洛潼鐵道 一六〇
西潼鐵道 一〇〇
西蘭鐵道 四〇〇
汴洛西線
鐵道

此七鐵道中之仰給於外資者。惟汴洛鐵道。其餘六線。或爲官營。或係商辦。要皆支那資本。應即由支那人自經營之。乃比公司乘支那財政窮乏。即攫得其建築權。併七爲一。命名海蘭鐵道。蓋支那政府發行二億五千萬佛郎公債。附以五分利息。交比公司承購。其抵當爲海蘭鐵道之鐵道財團一切。據最近報告。該公司已任比人嘉次困孫氏爲技師長。分全線爲數工區。準備建築矣。此鐵道橫斷甘肅陝西河南安徽江蘇五省。與歸成鐵道會於潼關。與京漢鐵道會於鄭州。與津浦鐵道會於徐州。經濟上之價值。不難想見。美國駐京公使報告本國政府云。由開封至蘭州之線路。蓋即從前中央支那與中央及西亞細亞隊商往來之舊路。而今猶爲沿岸各地與甘肅及土耳其斯坦間之貿易通路。前駐京美國公使嘉樂恆氏所謂支那鐵道最重要線之一也。此線若成。其沿路附近廣大之地。向無水路。今得此交通之利便。必大有所開發。而陝甘兩省更可觀焉。觀美使之言。益證其價值之所在。且其政治與經濟兩面勢力之偉大。有足以壓迫列强之利權者。即如該鐵道之東部終點。本在蘇魯邊界之海州。受其影響者。應爲德國之膠州灣一帶。後以海州不適於港灣。乃改在崇明島對岸之海門廳。則英國不得不爲之震動。據倫敦泰晤士北京通信員電其本社云。「如此豫定線之變更。無異與英國津浦鐵道南段併行之競爭線。津浦鐵道必受大影響。此猶可忍。至其在上海附近。建設一大海港。以爲支那最長鐵道之起點。則英國向借上海以左右極東貿易者。至此將無可迴旋。此尤當注意者也。最近法國之浦口商埠借款。既告成功。今俄法共營之海門廳建設事業又現。將來英國長江一帶之貿易。甚可危也。海蘭鐵道若純屬比款。尚不足憂。乃比爲其名。俄法居其實。則該線實爲由俄領土耳其斯坦橫斷支那中央之鐵道。以俄法從來之關係觀之。支配權必歸俄國。推其究竟。不堪設想。今法國又要求雲南成都間之鐵道。此綫與比公司所獲得之歸成鐵道連絡於成都。比公司之黑幕爲俄國，此線更與俄國蒙古橫斷鐵道連絡。是縱橫支那東西南北之二大鐵道。皆將立於於俄國指麾之下。彼俄法之設心。無非欲使英國長江一帶之地位。瀕於危險。且法國在川滇兩省。欲獲得排英之權利。是蔑視機會均等之英法協商也」此外每日電報北京通信員之電共本社。亦大致相同。海蘭鐵道之重要。足於此電證之。我國民愼毋輕易看過也。

▲歸成鐵道

▲塞外歸化城成都府間、▲長千百哩、▲借款二億五十萬佛郎、▲五厘、▲抵當、鐵道財團一切、

此約於民國二年八月十四日。與海蘭鐵道契約同時簽字。限測量後五年內築成。豫定線起自山西省北端長城外之歸化城。東走入大同府。南折出太原府。沿汾河流域。由蒲州府至潼關。與海蘭鐵道連絡。然後由陝入川達成都。據近報。比公司算定第一回資本爲四百萬鎊。支那人有優先應募權。以從三月十五日起至四月十五日止爲應募期限。並劃定以大同至太原爲第一期線。業於三月十日由歸成鐵道局長陳某偕同比國技師雪伯兒氏。至太原向大同方面實地踏查矣。本鐵道縱斷秦晉蜀三省。且與海蘭線會於潼關。其政治經濟上之利益。固自無窮。而尤以通過汾河流域爲更有價值。該流域者。世界無匹之石炭產地也。彼莫大之寶庫。因交通不便藏之數千年者。今一旦由歸成鐵道

之建築而開發之。其影響及於世界者豈少也耶。吾人於此。更可推知比公司今後之要求。其必在庫歸鐵道矣。該鐵道者。由歸化城縱斷蒙古之士謝圖汗至於庫倫。在政治上。可以連絡內外蒙古與北京。在經濟上。爲蒙古貿易之要道。支那政府欲建築之最切。前清計畫張綏線（張家口綏遠城間）時。卽擬延長至庫倫。京張鐵道副技師長俞人鳳業經踏查。然以財政窮乏之今日。而欲其成於支那政府之手。此必不可得之數。就比公司一方面言之。歸成鐵道之價值雖大。然非延長使與西伯利亞鐵道連絡。尙不能充分發揮其威力。勢必乘支那政府欲爲不能之時。以甘言求其庫倫延長線也。由是觀之。比公司之歸成鐵道。不數年卽可化爲庫倫成都間之大鐵道。他日蜀滇鐵道完成。更由成都可直通法領安南。至是俄法兩國之領土。衝破支那大陸以接壤焉。同盟兩國互相呼應。由南北兩方以壓迫支那之中原。益以海蘭鐵道結合俄領之中央亞細亞。而直犯長江流域。雖謂舉支那全國利權。胥歸諸兩國掌中。不爲過也。然則比公司之活躍。不寘可驚而可戒乎。我當局者對此之經綸果何如者。

美國與鐵道借款

美國在支那之活動。前已述之。如實業借款二千萬鎊。江南機器局借款三百萬元。導淮借款四千萬元。福州軍港借款二千五百萬元（此借款雖經山座公使極力反對。而事實上仍在進行）以及陝直兩省石油之採掘權。皆其成功之著者也。而獨於鐵道借款。則無所聞。然據最近支那新聞所載。則稱福建鐵道借款。將與美國交涉。其文曰。滿淸時代。陳寶琛督計畫福建鐵道。以資本不敷。管理缺人。歸於失敗。最近都督劉冠雄擬承其計畫而復活之。已向北京政府提議。聞裏面計畫者。爲福建少壯政治家團體。並有臺灣林熊徵爲出資者之一人。資本募集。不分國內外。大概將成經濟借款。仰給外資但決不借諸日本。政府擬首與美國交涉云々。其所謂福建鐵道。究係如何。無從得知。或即指南昌福州間之鐵道及其他各支線歟。蓋南潯鐵道(九江南昌間)本有延長至福州計畫。我東亞興業會社前於江西都督李烈鈞手。假該鐵道以五百萬圓。將來延長計畫實行時。如再欲借款。以關係論。首應商諸我國。乃第二次革命以來。該地方少壯政客。排日氣焰頗盛。曾提議以南潯鐵道歸諸國有。而謀驅逐日本勢力於該鐵道以外。然則此次福建鐵道問題。亦無非基於此等排日之動機。以爲將此南昌福州間之延長豫定線。決定仰給美資。即可防禦將來日本勢力之侵入耳。果爾。則福建位於我臺灣對岸。爲帝國國防上最重要之地點。前清政府與帝國所訂福建不割讓之條約具在。今忽而軍港借款問題。忽而鐵道借款問題。俾美國勢力次第以扶植於該省焉。此帝國最有戒心之秋也。

日本關係線

列强之於支那。着々扶植其勢力。確定其地盤。其事實有如上矣。至帝國之形勢爲如何。則失敗耳。蹉跌耳。徒望列强之後塵耳。然若此種狀態。僅及於扶植新勢力一事也。是猶可忍。乃甚至既得之利權。亦爲列强所奪取。則忍無可忍矣。今請將其失敗情形。爲我國民述之。

▲蘇路之失敗

蘇路者。滬杭甬鐵道中蘇路公司所經營上海嘉興間鐵道之謂也。第一次革命之際。南方軍政府以本鐵道爲抵當。與大倉組訂結三百萬圓借款契約(民國元年正月)以供軍資之用。革命後。英國以爲此款侵其勢力範圍。要求北京政府更借英款以償日款。北京政府許之。乃於一九一三年末。與中英會社締結三十七萬五千鎊新借款。而對於大倉組。附以期限前清償之十五萬圓賠償金。要求解除契約。至本年正月二十四日。由駐英支那公使直接匯寄三百十五萬圓至大倉組。日本與蘇路之關係。乃至此斷絕矣。(參照蘇路償還借款)

▲安正鐵道之失敗

安正鐵道借款問題之失敗、其屈辱較蘇路爲尤甚、而此失敗之原因。亦在我同盟國之反抗。此我國民所最宜注意者也。安正鐵道者。由安慶府經桐城舒城六安至正陽關之鐵道也。其與日本發生關係。在民國二年二月。先是安徽都督柏文蔚與農務總會董事管鵬商之正陽關及安慶兩處商業會議所並路鑛協會議員。於民國元年十月設立安正鐵道創立事務所。而委任管鵬辦理鐵道借款。管鵬以洪夢奎介紹。與日本興業會社締結千萬圓借款契約。以該鐵道全部爲抵當。先交二十萬圓爲測量費。無何第二次革命起。測量事務一時停止。乃至同年九月十四日。北京政府忽命安徽都督解散該事務所。觀其命令理由。則謂英國所擬建築浦信鐵道。以六安爲中心點。安正鐵道亦經六安。與浦信鐵道適成交叉。足以妨害該鐵道之利益。且與津浦鐵道爲並行之競爭綫、其妨害津浦綫之利益者。亦頗不少。津浦浦信兩綫。皆假外資以建築者。津浦開通已一年有餘。收支尚不相償。如再設競爭之安正綫以分其利益、將來償還元利。必至困難。其損害仍歸各地方負擔。故安正鐵道創立事務所。應即取消云々。其意見似頗有理、實則專爲津浦浦信兩鐵道而言。不得謂爲公平之論、蓋安正雖云與津浦爲並行。而距離將及百里。且津浦爲上海北京間之大鐵道、安正不過爲安慶正陽關間之地方鐵道。決無可與競爭之理。至云與浦信在六安爲交叉。則浦信爲東西綫、其目的在連絡津浦京漢兩鐵道。安正爲南北綫。方向不同。目的亦異。謂爲互有作用則可。謂爲競爭則不可也。今即假定其爲競爭綫。而支那曾欲於我滿鐵之傍。許設錦愛鐵道以相爭。而無所顧忌。乃獨於安正鐵道。已有既成之約。而悍然發令以解散之。其亂暴可謂甚矣。至云此令非支那政府之意。實乃英國恐日本勢力相侵。強支那政府爲之。又不得謂非我對支外交之大失敗也。

▲將被侵奪之南潯鐵道

南潯鐵道一名江西鐵道。由江西九江府沿鄱陽湖西岸經德安建昌至南昌府者。長八十七哩。光緒三十一年十一月。以資本二百八十萬兩起工。旋因股東交股不及百萬兩。建築費不足。於光緒三十三年三月。由大成公司奥端伯介紹。與日本興業銀行締結百萬兩借款契約。至是該鐵道始與日本發生特別關係。後又以工事豫算不確。復需巨款。於民國元年五月二十三日。與東亞興業會社訂結五百萬圓借款契約。利息五厘半。期限十五年。抵當爲鐵道財團全部。工事由我大倉組土木課承辦鐵橋。乃第二次革命之結果。李烈鈞逃亡。極端之排日派。充塞於該省。南潯鐵道股東中。亦有主張以該鐵道歸諸國有。另借比款。而與日本斷絕關係者。此去年九月二十八日該鐵道股東總會席上之事也。是日臨時主席爲趙宣撫使。其演說、謂以余意見。本鐵道不如歸交通部接辦。蓋鐵道遭此戰亂。受損不少。國家應念及民艱。設法救濟。救濟之法。惟有籌款開工。則全線能望速成。且可作延至萍鄉之計畫。然在地方疲弊之今日。非仰給外債。斷難實行。今歸國有。可與日本斷絕關係。而另向比國資本圖交涉。比國無政治野心。其銀行志在圖利。鐵道權不至爲其所侵。至欲與比國資本家連絡。余願盡力云々。該會結果。竟以大多數通過此國有案矣。夫南潯鐵道。雖僅爲八十七哩之地方鐵道。然他日東可延至福州。西可延至萍鄉。而成一跨湖南江西福建三省之大鐵道。日本之甘受不利。與之締結契約者。正爲有此希望。而爲將來長江流域之日支貿易。謀其便利也。而今也不獨失此希望。且並倚爲根據之南潯鐵道。亦爲排日派提出國有案。謀借比償日以奪之。將來帝國扶植勢力唯一之道。將於此絕望焉。寧非恨事乎。況我方在千鈞一髮之中。而列強更乘危以議我之後。前既有英國要求南京長沙線。奪我延至萍鄉之利權。繼復有美國運動親美派之少年。結福建全省鐵道借款。以奪我延至福州之利權。是我即能抵禦比國。而亦終有被英美兩國驅逐之虞矣。

▲滿蒙鐵道借款

滿蒙鐵道者。由五綫而成。其一、起自南滿鐵道之開原驛。達於海龍城。是爲開海綫。其二、起自開海綫終點之海龍城。達於吉林。是爲吉海線。其三、起自南滿鐵道之四平街驛。至於洮南府。是爲四洮線。其四、起自南滿鐵道終點長春驛。至於洮南府。是爲長洮線，其五、起自洮南府。至於熱河。是爲洮熱線。故以滿鐵爲中心而區分之。則開海線與吉海線可稱爲滿鐵東部支線。而四洮長洮洮熱三線可稱爲滿鐵西部支線。試加入其豫定哩數。以表出之於左。

名稱	哩數	摘要	
開海線	一二〇	滿鐵東支線	滿蒙鐵道
吉海線	一一〇		
四洮線	二三〇	滿鐵西支線	
長洮線	一八〇		
洮熱線	四七〇		
合計	一、一一〇		

五線合計爲一千百十哩。借欵金額。暫定爲三千萬圓。但可增至五千萬圓。利息五厘三。抵當爲鐵道

全部。材料由日本供給。技師長用日人。鐵道修成後。閱三十年。支那政府有收買本鐵道權。自外觀之。非不可謂一小成功也。而若曰大成功。如當局者之所自詡。則殊未必。玆請就各線研究其實質焉。

（其一）開海線

本線所經之地。爲掏鹿、大扰瘂、及大肚川等處。地方富裕。物產亦豐。而掏鹿出產。尤以大豆著稱。支那人曾擬於海龍城奉天間。築一鐵道。俾掏鹿大豆及附近農產物。集中於奉天。由京奉線運至營口。以增其京奉線之利益。可知掏鹿之價値矣。以鐵道工事言之。本線沿道。雖有烏龍嶺及二三山脈。尚非困難。即稍有困難。而沿線一帶。現正在開墾之中。亦不足慮。且西安、西豐、東平等處。人口或四五千。或至一萬。散處於該線之旁。一經開通。發達必速。故本鐵道前途。謂爲有望可也。

（其二）吉海線

本線所經之地。爲朝陽鎭、盤石縣、馬家屯等處。沿途雖有馬鞍山、錫奎嶺、及二三山脈。而工事與開海線無異。且沿道亦有相當之開墾。自乏艱難。語其價値。則可於吉林與吉長線（吉林長春間）及吉會線（吉林會寧間）連絡。開海線必得本線。始有意義。且俄國爲對抗日本計。將來必要求由東支鐵道之海林驛。築一鐵道。經寧古塔、額穆索、而至吉林。其時吉海線得與此東支支線連絡。不獨經濟上利益甚多。即由政治與軍事上視之。吉長線既經竣工。由朝鮮京城至元山。亦經開通。則在今日。由京城經元山、淸津、會寧、吉林、至長春間大鐵道將成。更由開原至吉林築一線。由我勢力範圍中心之奉天附近。不經長春而直達吉林。成爲間道。一旦有事。用兵上之利益甚大。乃戰術家之所主張也。

（其三）四洮線

本線所經之地。尙未得詳。大概爲八面城、鄭家屯、開通等處。豫定哩數爲二百三十哩云。若然。則由四平街至鄭家屯六十五哩之間。地味膏腴。人口繁殖。其附近之殷富。不可多見。鐵道經此。利益必多。由鄭家屯至洮南府百六十五哩之間。爲哲木里盟之太平原。人口稀薄。達於極端。惟洮南府附近。屬於洮兒河、歸流河、交流河之流域。沃野千里。開墾極易。收穫之大。實爲可驚。現雖不乏移民。一旦開通。其數必至倍進。由經濟上視之。本鐵道前途。無須作悲觀也。更由政治上視之。則本鐵道者。實含有開拓內蒙之使命。而維持日俄兩國勢力均衡所不可缺者也。若如人言。由朝鮮之最北端至長春。更由長春向洮兒河南曲之頂點。劃一界線。以爲日俄勢力相交之處。則洮南府適爲我勢力圈中最西北端之一都會。此地點與滿鐵有連絡之必要。自不待言矣。

(其四)長洮線

本線所經之地。爲懷德縣、郭亦羅斯旗等處。從前支那政府之諾此線者。以欲與吉長線連絡也。今既有四洮線。則此線不過爲四洮之並行線而已。並無價値之可言。當局者亦與支那訂合辦之約。誠不知所見何在也。

(其五)洮熱線

本鐵道與滿鐵本線爲並行。貫東部蒙古之中腹。由經濟上視之。雖無特殊價値。而由政治上視之。則爲經營滿蒙必要之線路。所可惜者。其終點爲熱河。由是更無可以連絡之鐵道耳。當時若並要求由熱河築一鐵道至奉天。則完全矣。即要求而不見許。亦寧於長洮四洮兩並行線之中。任捨其一。以爲熱奉線之代價。而必達此目的焉。其爲斯言。並非謂此線全屬無益。特謂既築此線。則必築至奉天。政治上之價值。始更顯著。尚望當局者一注意也。

由斯觀之。當局者雖自詡滿蒙五鐵道一千百十哩。皆爲非常可貴之線路。其實在經濟上或政治上有相當之價值者。不過開海綫之百二十哩。吉海線之百十哩。四洮線之二百三十哩。洮熱線之四百七十哩。四線合計九百三十哩耳。且其中洮熱線。並無成約。僅保留建築時首商日本之權利。則以全無信義之支那政府。難保其不更讓建築權於他國。對於此線。尚未可以安枕。若暫不列算。實則有價值者。僅三線四百六十哩耳。以與比英法諸國所得數千哩之大鐵道衡之。相去豈可以道里計。更回想他方面之失敗。是區々之成功。且毫不足相償。繼此以往。帝國之勢力。將蹐跼於滿蒙之一小天地。長城以南之支那全土。永爲英、美、德、法、比、俄之勢力地帶矣。要之、帝國對支施設。可一言以蔽之曰、失敗。國民不可不悲。當局不可不愼。

文錄

馬一佛與王无生書二首

被教。知疾疢未安。深爲縣情。辛鉼曰。養神爲上。養形爲下。伊川先生自言受氣甚薄。三十而始盛。四十五十而始完。尊兄雖清羸。年方壯盛。善自攝衞。可期日强。無事鬱々、銷損其氣也。時人論議稱引。不出異域皮革之書。此滅學之徵也。昔之論職官者猶知考周禮。講刑法者猶知準唐律。今則抱日本法規。以議百世之制度。執西方名學。以御天下之事理。動色相矜。以爲管葛所不能窺。董賈所不能踰。及察其研覈是非。敷陳得失。則徒速犿繳繞。非眞有幽妙閎闊之思。確乎不拔之理也。以此論道經邦。日以滋亂。吾儕當世所名爲腐儒。使不自量。而爲之敷經術。陳古訓。違衆迕時。輕有所短長。不亦殆哉。報之爲文。貴其有益于時。下匡民志。而上以諷示有位、僕誠不足以與于此。哀羣言之蕪薉。無術以易之。則寧嘿然以沒世耳。竊而至于賣文則苟、而已矣。是以思之累日。不得其當。更無矜愼之可言。欲爲求野錄一書。推習俗之所由失。而稍々傳之于禮。就根于人心之不可沒者以爲說。粗略存坊民正俗之意。庶幾恍然於亂名改作之非。才得十餘條。不能寫去。亦恐非稅下諸公所喜。譬之折芳草以貽傖豎。坐黿幘而進咸池。其不免於僨名必矣。無已。搜篋中舊時考論元曲之掌錄。得數十葉。略不詮次。聊以充數。深病其猥陋。而逆意時人或不以爲惡。韓退之所謂昔之所好。今見其尤。當其迻錄、顏厚有忸怩。餔糟啜醨。屈原之所不爲也、

兩教并至。海內囂然。喪其樂生之心。而在上者方自以黃虞復出。因勢則攄裘爲安。徼倖則貪乘忘寇

此所謂福不盈眦禍溢于世者也游說者騰辯於飛箝橫議者奮情於黨伐匪惟賢者不入亦中智所褒尊兄抗志浮雲。不絓世網。獨處隱約。可謂能安義矣。僕甚惟大易艮背行庭之指。老聃被褐懷玉之訓。良不欲以談說耀世。將洗心觀物。守其玄默。以味道眞。雖糟糠不厭。庶幾遠于刑僇。沽文之事。等諸諸吹籥賣餅。與著述殊科。期于能盡俗而已。求野錄須略可成卷。當以寫上。子桓極喩于享帚顧君表質於釆銅亦非所貴也。數年前曾爲西方藝文志要略及歐羅巴詩人傳。文學復興論。並譯述未竟。東置累載。今當稍々出之。恨攞字多訛僢。思倩人繕清本。然後以寄也。

謝无量與馬一佛書三首

蒙返錄鬼簿。示所論定。嘆其絕倫。某得是書。初未審考。又繼先稱揚吳越之士。彬乎相接。信大國之有文匪下邑之可同也。及拜十五日教。隆以風雅。如游鄴中而聞建安之響。此事泯歇千載世用華奢爲尚不圖今日復聆正聲某之敤々所謂戴盆何以望天過辱推挹良不敢承耳伏維足下負美巖壑戮志康道季長紛綸於六藝仲翔比績於竹箭昔聞其語今見其人終願嫓斯惕陰練魂烝德然後歸命所天晢奉朝聞雖沈景畢息無復憾矣頃見盧疎齋玩鞭亭詩刋。輒以進觀。越歲李少溫謙卦碑。亦致一通春日陽々。與居聖善。

荷上已日教。震栗失據。彌月歙然。不知所答。夫讓狙猿以服冕之盛。儕虫蚓於鈞天之奏。則近褻而滋垢。何嘉寵之紛溢。非愚賤之敢蒙也。某小人也。慕華而不實。夙耽空以遣有。將滅形以逃世。雖食朝聞之美。然神曠眞脆。負聞俗之陋懷。見方子雲。不已夸乎。伏維天縱足下。既勇且智。兼愛而好善。多聞而不惑。道德之歸也。其孰禦哉、聖隱時晦。犖氓狤々。趣利如墜。滔々六瀛。榮戰侮儒。死權務殘。正義耗矣。

足下稽手言古。考百國之典。抱彌天之願。區々以爲當於此時。繼春秋發憤。垂經文。過亂賊。重陰苞固。雷普用震。此殆唯足下之任。而某所痛望而委誠者也。希安每稱足下當以暇贊大易。又時網羅詩書放缺。明其指歸。號曰文宗。其他造述。不可具紀。昔虞翻覃精。感夢受符。仲洽栖山。遂總藝軌。某久曠接席。仰曜靈於九天。冀飾昭回之末光。人事拘錮。虛從游之情。比所論譔。頗能示其條貫。昭々未晤。則千里之外。如奉手焉。不勝拳拳。

枉示清冷序。輩見詩人之懷。夫風雅廢。怨誹之音興。春秋則之以立民極。自宋覇統絕。夷狄見侵。歌曲斯盛。於是董君始𢘅北聲。有元諸賢。浸滛遂廣。然其音哀而不擇。流連荒亡。而不可知。君家東籬。獨規道論，致其言詣。斯聖於曲者乎。今足下將益大之，旨微而憂章。所喻者遠。而所止者正。文也道在是矣。伏讀慨嘆。不謂吾生親見詩人。恨無協律。嗣之絃歌，竊比揚生之於漢卿。永隆悅服耳。茲際嘉貺爲望。褒荷感事諸什。方嘆少陵以來。未有是製。答詞曠滯。會有拙成湯子。越之研蠡。遠來視某。遂相率入南湖。泛姑溪。經覽山川。頗涉旬日。還家更視所惠長篇。臨咏咨仰。匪徒文采之爲美也昔者許由放棄箕山謳吟尼父援琴慨彼魯。絕聖人因時而發憤不得已而自耀民志所係正矣足下大成之德。粵稽古先。明回之光。煥乎日月。夫崑崙清朝而生靈鄧林遇風而成韻自然之勢也某不敏但企猶龍之曜而退懷木雁之恥分當投形菰蘆委命泥堵已耳豈復拘攣於世務奮力於文章哉故楊修興嗟累日君留輟志柔翰某區々庶附斯義貪慕瓊瑤。希得繼示。塵勞所迫。言語陋拙。不勝鬱陶。以竚音教。

劉中叔與謝无量書二首

君平棄世。尚說乘槎。長卿倦遊。猶聞去國。江沱舒歗。羌野廻車。勝蹟寫心。諒符遐賞。至若抒揚清穆。吉甫作頌。發精殊語。子雲擴臂。以今揆往。彼此一時。況復敭休江漢。廉假文德。致俗絕域。載勞戎馬。推遷物役。知勿然矣。自乖談讌。願影寡儔。蒼波。無極。搏雲。易遠。徒增。采葛之慨。無復。浮瓜之宴。若使。張。寬。返。轍。受經。益都。接輿。卻曲。偕隱。嵋峰。願貞白。馬之盟。且覬。青。羊。之。肆。抑或。餘。息。不。存。松檟。可。拱。則秣。陵。之。書。期答。劉。沼。湘水。之。弔。亦慰。屈。原。臨顯神凄。言弗盡意。性公弘教。多所味略。機書調利。觸言成累。凡厥解人。焉事匽匿。惟是恢心邪執。濁士僉同。言象莫窺。本源寢翳。性公以中智之才。遘陵遲之會。眞俗諦義。犄究梗概。願欲鼓芳風于游塵。鏡貞材之絕影。形窮尺棰。亦固其所。特呰訶之詞。未應偞揭。何則。稊稗能名。識禾匪遠。無禾之邑。稊稗亦珍。又如空谷跫音生非緣履然聆音疑迹履或克尋今性公所乏第約文中詮言成楷式已耳以云形似隴稗奚遜況感受弗同各隨羣品出根誘喻本自權迹今衆流悽憒鮮判緇素逡聽集視惟在盼嚮起信其甚言詮逌末是以雲石之倫乍接梵音便嘆希有綣緬空寂結于興寢故知草木雖緇无損于望都黼黻增華靡資于瞭目下言上用奚間古今必若剖析等第甍明臧否丐神眞教徒副俗熙倘祈旦日早臨。預餐香鉢。跂望綦殷。用馳寸简。

王无生答陳伯弢書 辛亥

前奉惠書。敬悉種切。賤疾縟著。致稽答書。比赤熛匿威。蓐收弭節。想履綦安吉。君子維宜。伏承邇者有名賢書牘之刻。甚休甚休。先生湘水鴻才。吳門儒吏。摛藻霞蔚。蜚聲雷鳴。縞紵之歡。徧彼海宇。瓊瑤之什。翛乎巾箱。時或山河乖遠言笑寢隔傳幽憂於晉驛達繾綣於箋緡詩貽塞北之篇函致江南之作寄來黃犬中郎大令之才損以文鱗河北膠束之紙託微波而通語苟予情其信芳然而宦游三十年

15)

蹤迹數千里。感喟靈之易逝。慨陳迹之弗留。孤烟獨懷明月不至風雨夢覺聞雞鳴而腸回山川秋高盼雁字而目斷或人亡琴碎已悲黃公之墟或梗泛萍飄彌軫寄溯之痛舊篋猶在存慘綠之苔痕新淚重揮雜退紅之酒罍昔侶煙逝隊歡雨消爰乃綴此赫蹏付之影石搜篋中之舊作彙以名香題襟上之新詩裝諸異錦。且夫生命之永毀及百年會讌之樂捷於過影羈旅淪落之悲死生契濶之感魂夢馳於千里惻愴縈乎畢生維此一編足以百讀然則先生今日此書之刻。非惟垂藝林之故實。播文苑之美談。亦以綣古歡。導新唱。流芳。在渚如佩湘蘭之騷金心不渝益堅松悅之誼此其風烈有加發賢走養痾山中。又已匝月。夕醉京口之酒晨覽江洲之潮藥烟出牖微褎磬音鐘聲穿雲時答樵唱長江灝々蜿蜒走於下方星辰離々指顧墜於襟袖島嶼萬點微見片帆水天一色忽覩飛鳥老衲問字衣有松花之香游女時來裙汎蓮葉之色篁雲入舍則僧衣轉青朝暾射窗而佛面生赭晴雨萬象回皇四時無何而秋色上衣潮氣侵袂殘荷猶在黃蕨已稀世眼雖更屛質弗適重以今夏陽侯肆虐人天慘淒川瀆排盪澤沚骨立溪木膚傷巷日慘々耳惟哭聲瓦霾沈々突毀煙影七月之季。買舟言旋闔神邸墟戢影家弄抱恙日久。比益不支。東書獨居。日惟悲涕。對客酬酢。每致失歡。方書滿其座隅藥煙交乎窓隙照隣臥疾憤甚時欲自裁范雲脉微醫者卜其早世矧乃憂患久曆似續猶虛既無當戶之兒復鮮中郎之女數九原之骨肉倍於生存問明德之後人有靦面目比以牢愁煎迫狹疾侵淩時恐急景凋年殷憂損歲因思遁迹逃市埋形密林效張摯之獨居法維摩之示疾而人事蝟集家累鴻嗷寶文則心似流波亭伯自知不壽養痾則室如懸磬相如無以爲生返念生平彌深歎恨所謂積慘之厄獨萃此藐躬叢憂之身難望乎壽考天實爲之謂之。何哉聊因風便。敢佈腹心萬里海天伏復自愛。

此書无生自序其身世，實有無限之感傷，而卒以幽憂疢疾，不得中壽以死，凡友无生者，讀其遺文，當爲之同聲一哭也，編者識

詩錄

頤和園詞

王國維

漢家七葉鍾陽九澒洞風埃昏九有南國潢池正弄兵北沽門戶仍飛牡倉皇萬乘向金微一去宮車
不復歸提挈嗣皇綏舊服萬幾從此出宮闈東朝淵塞曾無匹西宮才略稱殊絕內殿頻聞久論思外
家頗惜閒恩澤六王輔政最稱賢諸將專征捷奏先迅掃欃槍回日月八荒重睹中興年聯翩方召升
朝右。北門獨付元臣手。因治樓船鑿漢池。別營臺沼追文囿。西直門西柳色青。玉泉山下水流清。新錫
山名呼萬壽。舊疏湖水號昆明。昆明萬壽佳山水。中間宮殿排雲起拂水回廊千步深冠山傑閣三重
峙嶝道盤紆凌紫煙上方寶殿放祈年更栽火樹千花發不數明珠徹夜懸是時朝野多豐豫年年三
月迎鑾馭。長樂深嚴苦敝神。甘泉爽塏宜清暑。高秋風日過重陽。佳節坤成啓未央。丹陛大陳三部伎。
玉巵親舉萬年觴。嗣皇上壽稱臣子本朝家法嚴無比問膳曾無賜坐時同歡罕講家人禮六王小女
最承恩。遠嫁歸來奉紫宸。臥起每偕寧壽主。笑談差喜繆夫人。尊號珠連十六字。大官加豆依前制。別
啓瓊林貯羨餘。更營玉府蒐珍異。月地雲階敞上方。宮中習靜夜焚香但祝時平邊塞靜千秋萬歲未
渠央五十年間天下母後來無繼前無偶却因清暇話平生萬事何堪重回首憶昔先皇北狩年。屬車
常是受恩偏。因看批答親教寫。爲製金章特與鈐一朝鑄鼎降龍馭後宮髯絕不能去北渚方深帝子
愁南衙復遘丞卿怒手夷端肅反京師。永念沖人未有知。爲倚儒臣嚴豫教，別求名族正宮闈無端白

日西南駛一紀恩勤付流水甲觀曾無世嫡孫。後宮並乏家人子。提攜猶子付黃圖。劬苦還如同治初。又見法宮凭玉几。更勞武帳坐珠襦。國事中間幾翻覆。近年最憶懷來辱草地閼闕下澤車郵亭倉卒蕪蔞粥上相留都擁大牙東南諸將翊王家坐令佳氣騰金闕復道都人望翠華自古忠良能活國於今母子仍玉食宗廟重聞鐘鼓聲離宮不改池臺色一自官家靜攝頻含飴無異弄諸孫但看腰脚今猶健莫道傷心迹已陳兩宮一旦同綿惙天柱偏先地維折高武子孫復幾人哀平國統仍三絕是時長樂正彌留茹痛還爲社稷謀已遣伯禽承大統更扳公旦覲諸侯別有重臣升御榻紫樞元老秉黃閤安世忠勤自始終本初才氣尤騰踔復數同時奉語言諸王劉澤號親賢獨總百官稱冢宰共扶孺子濟艱難社稷有靈邦有主今朝地下告文祖坐見彌天戕玉棺獨留末命書盟府原廟丹青儼若神鏡匳遺物尙如新那知今日新朝主却是當年顧命臣離宮一閉經三載綠水青山不曾改雨洗蒼苔石獸閑風搖朱戶銅蠡在雲韶散樂久無聲甲帳珠簾郎漸傾豈謂先朝營署殿翻教今日作堯城宣室遺言猶在耳山河盟誓期終始寡婦孤兒要易欺謳歌獄訟終何是深宮母子獨淒然却似瀋陽游幸年昔去曾逢天下養今來翻受國人憐虎鼠龍魚無定態唐侯已在虞賓位且語王孫愼勿疏相期黃髮終無艾定陵松柏鬱青青應爲興亡一拊膺却憶年年寒食節朱侯親上十三陵

詠史

劉師培

崤谷駛六蜚。華洛策九虹。六蜚無南北。九虹有西東。昔日瑤光星。今入幽房宮。大宇多阿池。飛蹈齊魚

蠉。五鈴未可甄。六節時能通。何不逐離光。網髮歌陰風。其一
狟神出長淮。六龍帶悲音。羲馭有眞宅。不必搏桑林。都士歌狐裘。風人慨魚鱉。驅我白羽車。謳我金天
吟。軒臺閟靈蹤。稷澤今蹄涔。木禾不結實。蓂草敷重陰。側聞翠玉山。册府森瓊琳。發册披河圖。華胥無
近尋。玉羊闕華峯。金鷄思岱岑。長揖謝秦皇。天椽安可任。其二
素矩無堮垠。雕俗顚楷恒。不聞朱紘越。寗知玄酒升。五德莞始終。三正輪廢興。殷樂付鞶干。夏祀餘杞
郜。欒釋車前轍。綵帛弘歧緒。昔履光野霜。今睹明都氷。否泰有平陂。高深移谷陵。雜縣殉鼓鐘。丹鳳怡
巢檜。所以漆園叟。長跂搏扶鵬。其三
泰符闓元宮。燦彩開神州。駕言發奉高。上陟梁甫邱。龍檢舒玉笣。鳳牒涵金璆。上有丹陵甋。下有山車
勾。猶功齊百王。陪溦馳元侯。東皇倘可臻。帝德誠無述。岱雲不崇朝。玄景鶩西流。綠蓂戀華春。黃芝怨
藻。秋靈運有詘伸。譬若寒暑周。借問悲泉女。寗知玉儀游。其四
春賓嵎夷日。秋餞柳谷陽。璿輪連七機。尺玉無停衡。豈無瑤華珍。時能久芬芳。解珍。貽。所。欽。辭我。文。府。
堂。卿雲亘中天。八伯。休。褒。裳。不見。大。鹿。野。潑然。歌。帝。唐。其五
百川安可滌。天怒方邅回。萬邦根食艱。九域珍輝開。燦燦爽水珠。灼灼荆山璣。珠。璣。不。我。昭。中。有。褒。陵
哀。其六
穆野徑千里。中有雙龍飛。華蓋曎赤霄。玉璜炳朱煇。借問操翳誰。無乃夏后開。將將筧。磬。音。萬。舞。聞。天。
扉康娛天亦耽顚倒三靈妃遂令九辨樂不共靈韶歸 其七
駕言適亳都。東眺洪河流。薄亭亘其西。太華繚其諏。火鉞頫炎華。紕廚鮮霜旒。黃鱗爲沈珪。白猨供衛

鉤。三朡莽玉瑤，九閫捊珙球。問君何爲然。僉云荷天休。鑣宮有吉靈。江水多敗舟。駿龐昔與遙，貔貊今
同丘。勿逐牟光塵。蓼溪非澄湫。其八
檀車無停軌。周道悠且長。借問君何之，四牡征朔方。憶昔。初。別。君。玁狁猶未襄。惓懷君子車。旃旐馳央
央。薇黃知歲深。杞綠知春陽。日夕雨雪霏，魚籞凋胡霜。崔嵬縱易躋。君馬嗟玄黃。南山有殷雷。汝濆多
賴魴。覽序懷所思。會言安可常。夕聆草蟲悲，晨睹倉庚翔，麥華昔盈疇。繁實今盈筐。不見焦蒦間。颸風
吟國觴。請韶大武篇。一抶金版藏。陰鈐不能言。試訊瑤谿璜。其九
趨車適京洛。顧覩大教宮。八牖豁重軒。九室垣崇墉。明庭知屏陽。應門司潘東。辰極渠璣衡。隅流型豐
琮靈魚泳南沼。皎鷺翠西雝。淵淵斧扆張。屹屹玄屏崇。嗣王沛紼熙。百辟虔婞恭。多士頌謙堯。萬國輝
袞龍。十夫陟殿儀。三恪賓虞公，莽扆姑妹珍。服猛居何熊。明德裕多方。鮮光迴前牖。煒台知瑞雲。㬅律
知祥風。六氣逐嘉休。五璜開昭融°太°和°儻°可°徯、相、期°臻°大°同° 其十
入°亦°無°所°吟°出°亦°無°所°謳°請°息°四°座°喧°聆°我°歌°成°周°燮闕壯臺門。五軌枝中道。檀車馬四驟。錦驂龍九
旒。八音協瞍矇。三田馳粱騶。射貔發未終。賓筵傾千羞°湛°露°耽°綺°宵°鹿°鳴°□°素°秋°圭°稱°朱°帛°貽°賓°拜°金°
醫°酬°純°嘏°兕°芊°林°樂°湛°揚°孔°休°不°惜°側°弁°俄°所°嗟°日°月°慆°何°不°泝°南°淮°伐°纛°幟°三°洲°豈°效°舟°人°子°痡°嘆°
熊°羆°求° 其十一
仲尼昔栖皇。儒風恢魯鄒。低回彼黍章。憫傷王轍休。文質喪恆宗。華編靡近求。空文奚勸懲。寶書資廸
繇°舉正二儀中。輪化三正周。五始書坤乾。八枋移王侯。綿綿經禮延。械々火德修。感茲大角靈。願言中
央游。赤書蕩魯塵。黃瑞闢軒邱。崇替顯百王。焉知姬與劉。恆精無元符。更制終心彖。璜玉儻昭靈。九陰

燭玄苞。

其十二

偶于座客扇頭見書長句一律詞旨悱惻讀之愀然末不署姓字意其人必有黍離麥秀之感者閔而和之　桂念祖

客裏風光劫外天。欲愁茹恨自年々。未成境奪還人奪。强說禪邊勝俠邊。何處須彌藏芥子。早知滄海有桑田。杜陵老子尤癡絕。苦向空山拜杜鵑。

留都月餘與劉幼雲相得甚歡惟予酷嗜釋家言每以勗劉而劉以宋儒之說先入爲主輒拒不納適屢以所給介石山莊圖屬題行抵上海乃寄是作

老子猶龍否坡公說鬼來。子其非石轉吾信有輪回海氣昏々近。燕雲莽々開。相爭猶昨日。相望已天涯。

舍弟遘疾自東返輪陶君伯蓀以詩唁之語特淒楚因次其韻推本萬法唯心之旨以兩釋之

隻身來去赤條々。魂枉愁勞淚枉飄。迷處萬緣皆足礙。悟時三界一齊銷。乾城焰滅原誰積。病日花生豈待挑。何不怡神清絕處。潯江廬翠浙江潮。

題程擷華易廬集三疊前韻

蝎來北海復南海。歷覽今人到古人。雲雨總供翻覆手。桑麻幾見太平民。羣迷那更知三世。大苦都因誤六塵。試與空齋一趺坐。定中面目本來眞。

酬胡蘇存四疊前韻

雲沈海色天愁客。雷走車聲日話人。蕉夢醒來聞郢曲。桃源思去訪秦民。如今世界誰先覺。自古王侯一聚塵。遮莫千山萬山處。蒲團坐破始全眞。

汪友箕以悶亂之心次韻述懷予遂推論禍本以廣其意六疊前韻

迷處分能復分所。達來觀我亦觀人。唯心儘現空中色。法眼初無化外民。感果有因因轉果。折塵爲刼刼還塵。幾時吞得渾侖鐵。木石頑冥也證眞。

連日苦悶追念逝者不釋於懷泫然賦此

幾向中華弔素馨。又從島國問園丁。栽培豈盡天公意。可許魔王搗作塵。

覓得童心卅載前。靜中相對更潸然。一枝凝露香如舊。從事誰憐庾杲蓮。

花似人耶人似花。十分春讓梵王家。功成念佛西歸去。五色芙蕖大比車。

西湖旅興寄懷伯兄五十韻　謝无量

寢療西湖夕。含情絕塞烟。病懷空滯越。羈客久游燕。寂寂滄桑改。駸駸歲月遷。蕭條書萬里。慷慨劍三千。野寺青精飯。江湖白打錢。劉伶仍困酒。宗炳只逃禪。脆藕供金剪。絲蓴薦玉盤。堤陰蘇子柳。磵曲蜀

僧蓮夏果頻堪折秋花亦自妍浮雲遲野鶴芳樹咽哀蟬夢寤蒙莊幻狂隨范蠡船靈稽開崩岃清剡
訴潺湲虎路蒼烟合龍居雪瀑懸行歌千嶂裏披髮衆人前文命岣嶁記公孫委宛編但聞過舜井何
處問秦鑴刊木雄豪士浮杯跌宕賢蘿村深冉冉桃澗碧娟娟照水調玄發登山擷紫莖挽雲爲坐席
倒海作飛泉西笑痛驄馬南音和杜鵑自行芳草外不到夕陽邊倦馬思投樾沈魚競躍川路窮成五
噫愁極望諸天蹬蹬身安往悠悠脛已痟惡休懸榻在元亮隱居偏素雨凝蓮社淒風散野田下帷耽
寂寞披褐向眞詮佛國千乘法神霄百寶錢刪書衰季後窺象大庭先弔古懷彌切緘憂淚欲潛秦黔
無二世周碧有三年哀怨江南賦淒涼蜀國絃獲麟將斷筆嘔鳳始成玄黑夜同甘夢羣生祇慕豬江
山橫獨渺天地絕隨肩淑浦西風落葭汀白露溥酒悲頻宛轉秋病日沈綿僻徑纏藤蔓微陰度澗瀍
稞松和月種仙藥帶雲擣英比陶弘景眞慚魯仲連消梨淸止渴沈水對宵眠靴歲思丹鳥陽阿放白
鷗靜來依老桂叢裏看柔萱近海朝嵐惡遙岑獵火然蕩心歸瀞泊屏足謝拘攣永愛山中住焉知世
上緣寫愁鷓鴣句。望遠鵁鶄篇。徂歲憐靑鏡。迴飈託素箋。龍沙何處所。長想□來還。

叢談

說元室述聞　　茲

本編作者，博通今古，於前清掌故，尤稱淹洽，所記有散見於獨立週報者，今請於作者，賡續爲之，並錄取週報所登，合爲全璧，閱者諒焉。　編者識

鄧嶰筠制府之善政

上元鄧嶰筠制府廷楨。道光中名臣。與林文忠齊名。交亦莫逆。其撫皖時。奏免潁州流婦僉配之例。皖民至今感之。皖北諸郡故多盜。而潁州尤甚。故特設嚴法以治之。清例。潁屬凶徒。結夥行刦。但在三人以上。持凶器殺人者。不分首從。均發極邊煙瘴地充軍。且僉妻同往。他郡則止軍罪而已。不僉妻也。制府撫皖時。始奏除其例。奏疏略曰。該府屬民俗強悍。誠非嚴法不足示懲。定例以後。節次加嚴。已至極重。何必又增僉妻發配一條。繹例意似無深意。此等婦女。本係無罪之人。一經僉配隨夫。則或長途摧挫難堪。或兵役玷污可慮。或本犯身故。則異鄉嫠婦。飄泊無依。或本婦身亡。失乳孤嬰。死生奚保。況潁屬婦女。頗顧名節。一聞夫男犯罪。自計例應僉配。則或傷殘肢體以求免。或自盡以全身。在本犯肆爲凶徒。法網固所難寬。而本婦無故牽連。苦衷亦所宜恤云云。疏入。上爲惻然。即降旨刪除此例。宋于庭先生翔鳳爲詩紀其事曰。潁州婦。初適人。入門見夫婿雄傑堪託身良人空具好身手日就閭左聚羣醜一朝失隊禁網中荷戈驅向城邊走當年法令定僉妻遠道數千行未稽良人緤紲吏卒侮風沙摧折嬰兒啼身本出深閨。頗肯顧名節。遂多自殘傷。冀可明皎潔。國家立法懲敝彫。凶人投裔凶氣銷。原

人中情異從坐。陳法外意删茲條。不行亦如令。欲行仍可聽。既使保家室。更教全性命。君不見潁州婦女免非辜。公爲朝廷布仁政。

招寶山戰事

道光鴉片戰事。廣東被禍最烈。次者則浙江。而浙軍之敗。尤以招寶山一戰爲最劇。此戰既敗。海疆事遂無可爲矣。究其僨事之由。固緣余步雲之畏葸退縮。而裕謙以總督督師。乃粗疏驕暴。馭將無方。調度既乖。敗後復與余步雲相繼逃奔甬城。亦豈得謂無罪。不過其後能以死自贖。論者遂以是寬之。既寬裕則益不得不歸罪于余。其實皆魯衛耳。咸豐時、詩人徐君榮、爲招寶山放歌及小潮音洞作兩詩。紀當時戰事最確。有官書所未及詳者。招寶山云。君不見峽口江。寄奴大艦排旌幢。長生大潰水仙走。築城置戍來句章。(自注、宋高祖破孫恩於峽口、即此)又不見巾子山。行人斷舌懸高竿。越國樓船出東海。天上白虹翻紫瀾。(張越公世傑、以水師次定海、蒙古令都統卞彪來說降、公斷其舌、磔之巾子山下)朝潮夕汐改人世。豪傑相望異遭際。臨山破直亦論功。姑渡擒倭還就逮。(俞武襄破王直于烈港臨山、又斬倭寇三百餘級于小姑渡、乃以縱寇逮下詔獄、疏辨始得釋)雲中樓閣鬱參差。都督威名鮫鱷知。(明總兵盧鏜始築威遠城于招寶山上、)天險當傳盧氏壘。海烽爭遜戚家旂。(戚少保鎮浙、倭人望其旂輒避去)英雄事去青山在。重見龍旂照瀛海。鬼皮韉軟馬韁腥。登騎一軍齊喝采。(辛丑六月、鄉民獲英人二、送軍中、裕謙剝皮抽筋、令于衆、其奏疏曰、活剝其皮、以爲奴才馬韉、生抽其筋、以爲奴才馬韁、傳聞倏敗五羊盟。厦門險失全閩驚。滃洲血戰凡六日。盼絕竹山無救兵。(竹山門爲自鎮海援定海之要路、)救兵只在蛟門西。雲屯招寶分金雞。悲笳沸海風月湧。列帳連山霜雪低。早潮忽打欄江岸。火輪飛過蟲沙散。傷心地上走元戎。空有斷筋無欵段。英人至鎮海、招寶山威遠城金雞山守兵、同日皆潰、提督余步雲下招寶山入縣城、裕帥亦奔甯波、旋自盡）威遠城頭落照新。山花又報太平春。我來只洒潮頭淚。此是古來征戰地。小潮音洞在招寶山後。路極險仄。逼臨外海。詩云。招寶南來屢回顧。脚揷海中無去路。忽聞洞口接狂潮。呼吸天風有餘怒。風怒漸狂霹靂驚。奇兵已入威遠城。將軍棄甲督師走。海倒江翻聞哭聲（敵以一艘攻招寶山南面、一艘攻金雞山北面、而潛以小舟、由此洞上山入威遠城、又以一舟、由沙蟹嶺、攻金雞山後面、是以諸軍一時俱潰、先是鎮海城外鈎金塘設四礮可防此洞上山之路、余見其險要、白劉玉坡中丞、添設大礮三門、及裕帥至、謂此無用、盡移其礮至金雞山、敵竟由此上）時平仍見橫雲堞。我來心目有餘慴。雲影懸空路似蠅。海光潑眼身如葉。往事空傳六國來。平倭勒石亦雄哉。不見周嵩出下策。定知李勢是奴才（洞外左壁刻六國來王處五字。右壁刻平倭第一關五字、字徑二尺餘、旁署小字、皆沒不可辨、志云王荊公書、無據、當是俞武襄諸公筆也）晚潮拍面催歸屐。南望金雞增嘆息。一樣飛來沙蟹旋。臨時不得郎機力。奇奇正正古來聞。爭道排成一字軍。已看金湯重部署。莫令風鶴更紛紜（頃辦善後事宜、余以留意鈎金塘、請于當道、今已于濱海築堅堤、可安大礮十九門矣）

紀吳縣諸生獄

嘉慶四年四月。吳縣生員吳三新。負富人某氏債。縣令甄輔廷祖富人。杖三新于堂。諸生馬黶等不平。訴諸巡撫學政。時宜棉爲蘇撫。而學政則平恕也。按察使某得某氏賄。以爲聚衆。請于巡撫學政。派能吏覆勘。宜綿故以刻覈著稱者。遽許之。命同知李焜往勘。焜在蘇。尤以武健聞。乃取紫陽書院肄業諸生名册。按册窮治。被逮者三十四人。悉用非刑榜掠。如訊巨盜。訊畢。則令還縶馬廐中。天已炎熱。穢氣所蒸。悉病困。獄既成。三十四人者皆遠戍。蘇人咸奮氣。莫敢出一語。御史沈珼聞之。抗疏上聞。朝命改簡巡撫學政。會同浙撫平反之。自冠紳至里巷。莫不感頌。然當事猶藉口士氣囂凌。不可不懲其漸。竟坐罪照等三人。是役也。巡撫學政皆左遷。甄革職。李焜只降調。而構成是獄者皆獲免。唯教諭洪守義持正不少阿。奔馳援救。力不勝。憤懣而卒。學吏方泰以不肯辦稿。被嚴刑自經死。其子某痛父亦死。未半歲李焜亦以他贓敗遣戍。一時輿論快之。以爲有天道也。後讀王述菴司寇文集。有與平恕書一則。即論是獄者。略云。弟以鼎湖大故入都。前日回吳下。始知諸生獲罪。深爲駭異。諸生寒士居多。求貸富戶。乃事理之常。伊等或以教課爲業。或以筆墨爲生。無力償還。亦其常分。有父母師保之責者。正宜諒其艱苦。或代爲寬解。或再爲分限。俾得從容措繳。即使諸生言語粗率。亦何至不能稍貸。乃至扑責士子。以媚富人。此非該邑令平日交結富室。受其餽賂。即係意存庇奸。爲事後索酬之地耳。承審諸員。非該令平日結納之上司。即狠狠爲奸之僚案。臬司將赴湖南。不顧其後。撫軍初涖任。以至四出查拏。牽連數十。掌嘴鎖項。凌辱不堪。成何政體。本朝律令。從未有生員借貸不還。遂致責革之條。若以聚衆爲名。亦視其應聚否耳（述菴此語、幸而發于嘉慶時耳、使在雍乾時、危矣、漢時太學生舉幡闕下。見于漢書不一。唐太學生爲陽城聚集。宋太學生爲李綱聚集。至周朝瑞等爲趙汝愚事聚集。載在史册。以爲美談。且凡事先定是非。諸生理屈詞窮。糾衆挾制縣令。重懲宜也。若縣令先以挾私違制。則人有同心。豈能默爾。一呼百應。籲告上臺。斯時即宜告承審各員研究。該令與諸富室平日有無交結。果無他故。則但苛以性情凶暴。違制撲責之咎。仍另爲諸生寬限清還。自必欣然而散。何至成此大獄耶。往年那繹堂司空言。宜撫軍爲人仁厚。及過蘇相見。謙和恭敬。抑然自下。有賢臣風度。特其時兩司未到。獄事已定。執事又無一言救正。縱地方官之恣其蹂躪。此豈撫軍本意。今已有旨飭制府覆審。能昭雪與否。尙未可知。倘執事以繫鈴者解鈴。則日月之更。人皆仰之矣。數十年來。小省學政。奉督撫如上官。與州縣相結納。幸其嘷爾蹴爾之助。殊爲可恥。若江浙學差。皆三品以上大員。地分既高。宜卓然有以自立。執事詞林雅望。洊受主知。旦夕入贊綸扉。唯能扶持士類。主張名教。庶可與石君諸公相見耳。至近來州縣所以魚肉士類。其意蓋以立威。威立。而諸生尙鉗口結舌。庶民何敢爭控。是以獄訟之顚倒。徵收之加耗。無所不至。比者言路大開。江南漕政。橫征暴斂。政府一一燭照。故制府亦力圖振作。今冬定有清漕之擧。州縣或有陽奉陰違。浮收多取。恐紳衿連名訐告。而州縣遂指爲閧堂鬧事者。將倍多于今日。未知執事能究其是否。俟案定而後加量懲戒。抑或如此案。不苛州縣之失。但治諸生之罪耶。下略。

詞臣自請爲本縣令

施愚山詩集中。有送孫衣月檢討歸武進詩。題下自注云。衣月以翰林建言。自請爲武進縣令被謫。孫檢討不知何名。旅次篋中。無館選錄可檢。題云歸武進。則孫固武進人也。以詞臣自請知其鄉縣。此事眞匪夷所思。不知當時疏中何以措辭。

雍正間浙江修志之事

杭大宗先生道古堂集。有浙江經籍志序一首云。雍正辛亥。制府禮聘名碩。修浙省全志。經籍一志。爲予所創。爲卷五。爲目五十有九。爲書萬五千部有奇。無何。制府屣覲入都。局事乃大變。狐兕虎以作威。蜮含沙而射影。攙取成書。妄生彈射。謂時令地理非史。天文律曆非子。食貨不宜別標寶貨器用。醫家不宜更分經方針灸。樹頤頰而揷齒牙。沸吼吹脣。牢不可破。予援四代史志及崇明昭德莆田鄱陽諸書以證之。益復中其所畏。倡爲鴟張狠顧之談。以濟其鵷鶵腐鼠之嚇。謂聖天子稽古向學。將按籍而開獻書之路。封疆大吏。慮不能盡應。至郢書燕說。記醜言溥。貽曲學之譏。來求全之責。又草義私史。孤憤離騷。將吹毛求疵。傷桃戒李。凡此諸說。轉丸飛鉗。恫疑喝虛。當局秉筆者。舌撟頸縮。大有戒心。艾儒魁士之述作。以疑似而見刪。家猷國憲之章程。以遷移而並廢。按此指明代官書）續鴉斷鳧。取笑通人。（今世行本是也）乃復與爭。謂經籍所以補列傳闕漏。班固不爲馮商列傳。而續史記則志于藝文。劉昫不爲劉蛻列傳。而玉泉子則志于經籍。然竟不能救。因次其舊稿。別出單行。聊述其顚末如此。按文中所稱制府。李敏達公衛也。雍正時爲寵異敏達故。特設浙江總督命之。故曰制府。辛亥爲雍正九年。其時直浙中數起文字大獄。故尼杭者以是許之。敏達故以剟衆著稱。而修志一事。獨能持大體如此。亦難能也。大宗此書。原稿不知尙在人間否。然則前賢箸述。以疑似而被斥毀者。固不僅乾隆之查禁矣。此眞典籍之一厄也。

二百四十年前之孫文

水月老人。姓孫。名文。字文若。水月其號也。會稽人。明末諸生。隱于杭艮山。門外有百步塘。塘上有梅園者。即老人隱居處也。性倘靜。一介不取。間爲長短句歌辭。問其年。輙以九十對。髮盡禿。人故以僧呼之。范承謨之撫浙也。老人昔常從其大父遊。時承謨尙幼。老人撫其頂曰。是兒當建節吾土。吾猶及見之也。至是承謨毋爲承謨言之。遂物色焉。久之始得。屛騶從往謁。談論竟日。捐俸爲修塘工。勒石記之。時浙西多虎患。老人每語承謨。山上大虫任打。門內大虫休惹。門內虫。閩也。及承謨督閩。老人又曰。耳後。

火。發。時。須。要。有。主。意。既而耿藩變亂。承謨死焉。人遂以老人爲能前知。爭趨之。老人避去。不知所終。土人改其居爲水月菴。肖老人像若僧像。募僧奉之。王文簡北池偶談紀其事。徑稱水月菴和尙者誤也。見祭酒吳穀人詩集。

紀張中丞靖變事

張中丞連登。咸陽人。康熙四十九年。授湖北按察使。直萬壽節。巡撫劉殿衡祝釐于武當山。總督額倫特赴長沙。淸丈湖南地畝。四月三日。爲公誕日。先四日觴客于署。日昳。酒三巡。門者來。附耳語。移時。公無語。即起如厠。俄而侍者出。傳言公腹痛。命七郎主席。少選。又傳言疾稍可。行且出。請座客盡歡。毋遽散。旋命閉門。犒從者。良久。復白曰。公疾良已。方理文書。竢畢。當出與諸公痛飲耳。客皆如命待。忽聞鼓聲。則公已坐堂皇矣。驚問侍者。乃曰。曩疾僞也。適有僧自皁刀泉來上變。屏人問之。有王爾錫陶二者。潛居漢口。庀器械。私署文武。將以公生日爲變。以僧有能力。遣其徒李二李五等十六人。入寺脅之曰。從我當貴。不然。死及下。僧陽喜。飲之酒。餂得其實。今皆醉臥。速往可擒也。公頷之。密遣委員渡江。跡至寺中。羣賊方酣醉。命衆卒圍寺外。大呼而入。羣賊驚起曰。呀。水發矣。水發者。賊中廋詞。謂消息洩漏也。遂械以歸。靡得脫者。今至矣。客始錯愕罷酒。公驗問諸囚反狀。下之獄。旋出示曰。反者某某。于衆人無與。所得誓書。愚民無不署名其間。然皆由逼脅。非本心。已焚之矣。其各安業。毋惑浮言。明神鑒茲。予不食言也。反側者轉相告語。一夕盡散。警報甫至湘。從官皆懼。額曰。張臬司自能辦此。無過慮也。越旬餘。督撫偕旋省勞公曰。君不動聲色。了此大事。入告後。行得懋賞矣。公曰不可。此案上聞。必下廷議。往返咨報。動經旬月。且更必嚴治脅從。反側者無以自安。慮復有變。某昔守青州。愚民攻城掠食。惟禽其元凶一二人置之法。餘悉不問。後卒無事。況公等重臣。得專制閫外者乎。不如勿上聞。令疑者自安。倘遭吏議。某不愛一官。以抒楚難。敢過望耶。督撫均嘆服曰。此眞人所難能。君非惟有定變才。德量亦過人遠矣。然此中有姚道人者。故大兇也。未獲奈何。公對曰。已名捕矣。度七日可獲。曰、何速也。曰、比訊諸囚。知其人肥而多鬚。黑子著面。成塊可寸許。毛叢生。年可五十餘。景陵西鄉。其舊游處。已檄縣令。繪圖往捕。計日可至。已而果然。獄既成。只取首亂者七人。杖殺于黃龍山下之閱馬廠。餘區別處分。或直遣歸其鄉。蓋中多穀皖人也。公後卒以此變上知。超授刑部侍郎。旋出撫湖北。公爲吾邑偉人。而邑人知其事者甚少。故詳紀之。

紀江南生

江南生者。嘉慶間畸人也。游湖廣江西間。自云江南人。不肯言姓字。人故以江南生呼之。年可三十許。無鬚。長身頎立。動止俶詭。逢人輒談韻學。時或及經義。不依傍成說。獨發奇論。非常異議。聞者或舌撟不能下。瀘溪諸生林逢馨館之家。事以師禮。昕夕講貫。風發泉涌。有以疑義詢者。輒曰。出某書第幾頁。檢之果然。數十問。無一誤。顧人不見其讀書也。性嗜酒。酣飲無算。醉輒侘傺悲嘯。與之游者莫之測也。逡巡避去。遇人無主客禮。尤厭薄富家兒。有造謁者。則閉戶大聲讀書。俟其去乃已。好習禮儀。暇輒設几席。招諸生爲介紹。而已爲之賓。槃辟自西堦上。跪拜磬折如儀。宛然叔孫通之綿蕞也。常語人曰。聰明誠由天授。而彊識盡人可爲。日以寸紙記五六事黏壁間。日無間。終歲所獲多矣。其作字必依許氏書。未嘗泚筆爲文。而衣帶間恆繫片紙。視之則所作武寧盧氏漑園記也。述經學以漢魏爲宗。縣令楊朝位館之半載。獨居恒拊髀太息。似有大不得已于中者。一日忽辭歸。贈以金。卻之曰。吾無所用此也。

遂去。或謂生實姓李。偶見其贈葠客詩。自署李我也。語音類楚。或曰此楚之王百齡。質之皆非是。事見武威張介侯先生澍養素堂文集中。余謂此必乾隆中以文字獄被禍者之子孫也。

郭筠仙侍郎與左相凶終始末

湘陰郭筠仙侍郎。與左恪靖生同里閈。重以婚姻(侍郎女配恪靖猶子。又爲其孫聘恪靖姪孫爲婦)而晚年隙末凶終。至如仇讎。其始末備載侍郎所爲自敍。略云。吾與某公至交。亟三十年。一生爲之盡力。自權粤撫。某公忽來書。自謂百戰艱難。乃得開府。鄙人竟安坐得之。雖屬戲言。然忮心亦甚矣。嗣是一意相與爲難。絕不曉其所爲。終以四摺糾參。迫使去位而後已。意城(侍郎弟崑燾字)自湖南寓書。告以某公力相傾軋。鄙人尚責其不應聽信浮言。迨奉開缺之旨。始知其相逼之甚也。某公所上四摺。大都以不能籌餉相責。而吾自信以一人支拄大軍月餉三四十萬。皆出一心籌畫。實爲有功無過。最後一摺。專及潮州釐務。略言廣東釐捐辦理不善。天下皆知。臣駐軍饒平。距潮州爲近。士紳來見。詢及釐捐。只得二萬元。潮州地大物博。假使辦理得法。每月尚不止二萬。今以一年收數。乃不及一月之收數。即潮州一府論之。釐捐辦理不善。不問可知。非得蔣益澧前往。督辦軍務兼理糧餉。萬不能有起色。此蔣君簡放東撫之原委也。吾清理廣東釐捐。視前收數。加增逾倍。晏同甫專辦釐捐。添設一例。被匪焚局刦財。不能懲辦。撤去府縣及委員而止。鄙人到任後。營辦數月。如瓊州廉州及惠州之河源。皆次第添設。無敢滋事者。潮州距省太遠。久成化外。不敢率意經營。直至張壽荃署惠潮道。始以任之。其時汪海洋大股。已由漳州竄近粤邊。軍情警迫。語張壽荃。此項釐捐以資潮州防堵。省城不過問也。某公知潮州釐捐之少。而不知潮州開辦之獨遲。張壽荃固言潮州紳民相持。此危道也。某公不容事理。不究情賛。用其詭變陵躒之氣。使朝廷耳目全蔽。以枉鄙人之志事。其言誣。其心亦太酷矣。區區一官。擾以與人。無足較也。竊極誕誣。以求必遂其志。而使無以自申。然後朋友之誼以絕。往在胡文忠營。文忠嘗言。天下糜爛。豈能安坐而事禮讓。當以一身任天下之謗。但得軍餉稍給。吾身有何顧恤。每舉以告某公爲文忠悲。亦重以自悲也。按侍郎由廣州北歸。嘗賦留別詩四首。其三章云。積雨翻成噎噎陰。刺桐拂檻影蕭森。粵臺須洞龍蛇窟。虎宛銷沈草木林。無縱詭隨民病亟。是何濡滯主恩深。誰言肺腑干戈起。慚愧平生取友心。即指此事也。其怨左也至此。左之薨也。侍郎猶賦三詩挽之。其詩云。國步屯邅日。臣心況瘁時。功成文武並。道大古今疑。勁氣同官懾。深謀聖主知。老臣經國計。生死繫安危。西法爭新巧。深機在遠交。甘閩歸締造。朝野互譏嘲。不忍須臾憤。翻隨議論淆。多防經術誤。遠略責包茅。觸眼傷沈濁。誰言古道存。攀援眞有術。排斥亦多門。直以功勛舊。無煩誼氣敦。荒山餘老淚。酹酒與招魂。于文襄徇國之忠。固未嘗一概抹煞也。

葉相之奢汰

漢陽葉相名琛。督粵時。聲華藉甚。朝眷亦極隆重。嘗自詡生平所得。全在靜鎮。咸豐四年。全省匪亂。州縣日有報失守者。葉詑不爲動。粵人亦相與服其度量。卒用此術施之外人。遂至潰敗決裂。既隕其身。復爲萬世僇笑。其用財之汰。與用人之濫。亦一時無與比者。方是時。粵中庫儲極豐。又無撥濟外省之欵。海關庫常存數百萬。運庫司庫各百餘萬。糧道庫亦數十萬。葉以匪亂故。嘗募勇萬人。保守省城。乃以數月之間。支銷淨盡。後乃幷諸公項存典生息者。亦悉數提用。下至數千金之公欵。一無留者。可謂豪矣。

陳子鶴尚書軼事

新城陳子鶴尚書孚恩。當咸豐朝。權寵爲漢大臣冠。徒以比于肅相。遂至羅于黨禍。後之人且目爲奸黨。然其謀國之忠。愛才之篤。論事之識。同事諸公固無有與並者。惟士大夫習于泄沓者久。驟有一綜核名實認眞辦事者起而矯之則人人咸詫爲不祥必協力以傾之尙書之得禍蓋原于此且肅相功罪。至今尙未論定。尙書之罪案。倘亦在昭雪之列乎。郭筠仙侍郎官翰林時。一日往謁尙書。適有客數人在座。劇談洋務。(洋務二字。殊爲不辭、然十年以前、實以此爲名詞、故不得改易新名、亦名從主人之例也、)數客皆意氣激昂。排和主戰。尙書笑而不言。侍郎率爾曰。洋務一辦便了。必與言戰終無了期。聞者皆色變。頃之。客散去。尙書獨留。侍郎殷勤與語。曰適言洋務不戰便了。一戰便不能了。其言深有至理。然唯吾能喩其意。他人聞此未有不怒目相視者。君宜自愛。切勿公言之。以招指摘也。馮魯川在刑曹。李眉生官駕部。皆盛名冠一時。他堂官無加靑眼。獨尙書一見。即奬爲異才。恆揄揚諸公卿間。流俗之論。動謂尙書悏刻才俊者。不足據也。

僧親王之服郭筠仙

僧親王之距英法聯軍入天津也。郭筠仙侍郎以編修參其軍事。王密詢戰守方略。侍郎對以外人志在通商。但當講求應付之法。不當稱兵與戰。海防無功可言無効可紀不如其已王默然不答。自後凡有所建白。無不被斥駁者。侍郎上書至十有七次。大致以爲今制敵之策。惟在狃擊。然欲擊必先自循理。循理而勝保無後患即敗亦不至有悔王終不能用。及北塘潰敗。乃服侍郎之遠識。嘗謂人曰。朝官唯郭翰林愛我。能進逆耳之言。我愧無以對之。使早從其言。何至若此。言時輒拊膺泣下不止。

玉甕

玉甕。元時物也。成于至元二年。勑置廣寒殿庭。陶南邨輟畊錄。詳載其製。甕黑質而白章。隨其形。刻爲魚龍出沒波濤起伏之狀。其大可貯酒三十餘石。徑四尺五寸。圍圓周丈有五尺。不知何時流落人間。在某道院中。以爲醬瓿。乾隆十年。工部侍郎三和於道院中見之。三和精鑒別。審知爲南邨所紀者。乃以廉價購之。進諸大內。上命于承光殿南建石亭庋甕其中。御製玉甕歌詠其事。且命詞臣屬和。以鄭虎文詩爲最工。詩云。天啓聖瑞玉甕出。惟聖克受昭聲歌。臣悉未覩法宮寶。伏讀睿藻心爲摹。甕廣四尺容卅石。隨形宿深浮圓荷。刻畫類鑄象鼎物。長風蹴踏萬里波。腥涎怪物走蛟蜃。呀呷睒睎騰黿鼉。陽氷不冶除火閿。怪就滅沒吞江河。伊誰鏇削運鬼斧。或巨靈掌吳剛柯。吾思此玉當在璞。磈然萬古藏嵯峨。百靈孕含胚太極。潤及草木輝巖阿。原爲聖役剖鑿出。宛轉人世製臼窠。那知德薄不能有。供玩耳目羞媕婀。如延津劍泗水鼎。神物終化理不訛。于時恭承陛下聖。萬方供獻聲猗那。人無遺賢物鮮棄。希世寶肯終烟蘿。熊熊龍氣光燭夜。乃跡而得歸搜羅。轉飭內府輸杇貫。千金易之駟馬馱。陳之廣殿重圖訓。奠如金甌無傾陂。龍翔鳳翥發天唱。四十八人鳴相和。於乎隱見會有遇。委棄道院歲已多。冬殂寶腹泥沒足。學士兜吊資吟哦。拂拭偶及光萬國。經天不掩同羲娥。甄幽拔隱寄深慨。誰其貪者空摩挲。異物且貴況奇士。努力明盛毋蹉跎。

女蜮記

老　談

第一章

邇見歐洲小說家所著白女鬼事。敘其美麗殆如天人宜其心性柔婉淑靜方與彼天賦之絕色相表裏乃殘毒險狠雖莽男子無以過之殊致疑訝蓋以女子心性與男子略殊其靈慧敏妙或有時過于男子而慈善之念每較男子爲多至賦性美麗者尤恒具一種纏綿委婉之情愫非尋常男子所能彷彿者縱有秉賦異常。或涉乖戾。亦不至殺人越貨。如白女鬼之甚。嗚呼。今而知井蛙不可以觀天。夏虫不可以語氷。猶記者之所見未廣也。

語曰。人心之不同。正如其面。而既千萬人不可或同心又何得而或同然則以一人之思想而推闡衆人之心理以男子之測度而擬議女子之意念更何能盡其常而窮其變記者于握管抒紙將寫此女蜮記之先不禁瞿然自陋悄然自哂以爲疇昔致疑于白女鬼者殊昧昧也

蜮字爲物。古謂爲短狐。一名射工。又名射影。能含沙以射人影。故毛詩有爲鬼爲蜮之喻。以其有害于人。而使人以不及防。且更使人以不及料。今以況彼女子。或幾疑爲過當。良不知記中所寫之女子。其一點芳心中。隱晦酷虐。幾陷其久所愛慕之情人于不測。實非聰明才智之男子所能逆計。彼時人以其不易覺察。即潛中其機。與蜮差類。因謚之曰女蜮。其實充彼狠毒之念有非蜮所能及直可超過其技倆數倍者今以其既有此女蜮之嘉名姑亦仍之蓋欲求其他一動物足以差相比擬者不易得也

歷來中外載籍。無論敘述何人何事。均以勞空而來。或間間敘起。使讀者初不知其正義之所在。方得

有峯廻路轉層出不窮之趣。若一起便即標明崖畧。讀者已胸中了然。則後文縱極幻窅離奇。亦不足以酎人尋味。今女蜮記則一改變其常法。特先表出正義。更綜述其崖略。讀者既完此第一章。心目中固已有一預定女蜮之情事在。而不料讀至末章。在在處處均出讀者之意外也。女蜮之姓字。傳者且佚沒無攷。殆既有女蜮之稱謂。人悉以女蜮呼之。轉可藏其姓字以免千萬人之詬病。未始非其大幸。然其時代與所關合之人。則又鑿々可據。非無可按索者比。

女蜮爲前清咸豐時人。適太平天國都金陵。大江以南各郡縣。幾悉爲占領。清兵與對峙屯營。一時人民。紛亂日久。大有相安之勢。幾不知何者爲清國。何者爲太平。惟見夫長髮紅巾者。識爲天王之衆。剃髮編髮者。辨爲清兵而已。時有多數人發髮剪留半寸許。與兩國兵民均相習。得出入于兩方之領土。大似動物中之兩棲類。又非偵諜者流。俗呼之爲二毛子。蓋彼偵諜者。利得兩方之秘密。爲邀功賞計。二毛子則不然。彼僅抱唯一之金錢主義。凡有貨利可圖者。率竭力圖之。幾委生命于不惜。而非志在事功也。故兩方或利用之而不爲之防。二毛子于是亦惟利是趨。初無大志。名譽道德更非其夢寐所及矣。

彼女蜮之名譽夫壻。即當時介乎兩棲類卓卓然之二毛子是也。其人亦佚其名字。人以其好慕富貴兒態度。遂號之曰假紈褲。爲姑蘇人。頻往來于大江南北。女蜮本與同里。幼雖嫁之。恒以爲凡一女子。僅服從于一夫之下。殊不足以自慰其生平。且其夫性險而懦。一切進取。每待決于女。故女蜮益以丈夫不能媲我。遂明與之約。身體得自由行動。二毛子亦以其慧美。足資利益之處甚夥。因慨然許之。唯預約其遇有緊要處。當互竭全力以助。不得或有異心。女蜮許之。此後之變幻離奇。幾至生命財產之

概歸消滅者亦莫不由此預約中來也

假紈褲無恆業。亦無他能力。幸值此亂世。遂乃專力于二毛子之事業。女蜮以慧美二字濟之。頗能所謀輒利。然二人思想極單簡。對于普通社會。雖足顛倒衆生。然于知識高過彼二人者之前。則失敗亦或所難免。而女蜮更有一弱點。則心性多疑。投其意而誑之。或逆其意以激之。均足轉爲他人利用。設無此弱點則極其至美之容態充其至慧之機變直可終身不敗使蒙其害者至死尚不能悟其所由來也。記者既敘其梗概如右。此後當以突兀幻窅之筆。寫其事實。以餉吾讀者。亦非善作波瀾。其本事固如是耳。

第二章

新月銜山寫草樹影淩亂滿地糢糊不辨平疇野草叢生荒蕪莫治蟲鳥之聲時發奇响間于路旁或發一種屍氣腥穢觸人欲嘔而野犬嗚嗚以爭殘剩之支體若怒若戲一二敗堵突兀道旁似待行人而欲訴其曾遭兵燹之慘狀者遠聞大江夜潮正長浩瀚之聲隱約可辨足增人無限感喟與踏踏之馬蹄聲遙相應答噫。是非太平天國時所占領之金陵鐵甕間之要道之夜景耶

此時有數騎雜錯綴轡而來。前騎一紅巾執兵健兒。鬢髮飄動。長尺許。袒胸跣足。引馬而前。後一騎狀亦如之。唯肩背負有包裹。若甚重累。殆彼中人語所謂老兄弟也。中二騎。一微鬚者。年三十許。一甫弱冠之少年。衣履若常人。而華麗殊甚。兩鬢髮鬖々甚短。殊不類天國制度。微鬚者語少年曰。今夕抵鐵甕。或將深夜矣。道中景象。殊覺岑寂。不知鐵甕城中。此時弟兄姊妹。如何快樂也。小仇此時亦有所艷羨否。

所謂小仇者乃笑應之曰。老薩。毋作此空想。汝此時以道中岑寂爲嫌。抑知抵維揚後。當有至樂之境在。老薩笑曰。汝謂若人之妻耶。我前在維揚。曾得領畧其味。亦尋常耳。且姑蘇氣太重。無論于各地俘虜品中較之優勝者甚夥。即我結髮。貌雖稍遜。他無異也。

小仇笑曰。老薩語亦至當。惟我知汝曾與有至切之關係。故作是語。究竟其人若何。非我所親習。僅一見其容貌耳。老薩曰。此去志不在彼。不若讓汝一親嘗之。以証我言之是否。小仇笑曰。善。事非親驗。不能判優劣也。

語時去鐵城漸近。遙見數騎。張燈持械。急馳而至。漸近。彼此以口號相問答。不爽。乃有一騎前而致詞。謂得探報。知今夜出城。守酋特令其率隊親迎。老薩知其爲守酋下之一小酋長。乃略勞數語。便詢以守酋近狀。其人轉騎隨行。一一答之。所部亦或前或後。環而擁護。未幾。將及城。有先驅以報者。于是城門大闢。列炬以待。衆騎從容入。前馬者導赴館舍。則陳設完好。供張備具。且有良家婢女數輩。充後房之役。衆甫少幸休息。俄報守酋來。即見一黑面粗鹵男子。後隨俊童壯夫數人。撞而入。一見老薩小仇。即大笑曰。何忽作此等狀也。語已。即呼備宴。老薩笑曰。此亦平民普通之裝束。何異爲。言次。宴已備陳。令良家婦女行酒。坐既定。老薩乃密語以此行之所爲。並述天王之密旨。守酋笑曰。我固疑老薩此行。不僅來吾鐵甕。而探報方與吾爭。今果然也。唯江北敵兵甚夥。彼雖不敢渡江而南。然吾軍亦未能北渡。老薩此去。雖有小仇。可商進止。當無不遂。唯棲託之所。至須穩固。無爲敵所詗也。

小仇曰。是固無慮。老薩曰固有至佳至穩固之棲託所在。特未敢泄漏耳。守酋曰。既有佳處。我亦未便深問。唯人心險詐。亦大可慮。然以老薩與小仇對付之。當可宴然也。老薩起立。就身後指一包裹曰。此為天王所賜。殆值數萬金。略出少許。何慮無穩固之棲託所。殆有此甕中物人事無不就者況我之此行耶。

守酋曰。良然良然。繼乃略陳鐵甕軍中近事。薩仇二人。亦略致詰問。宴罷。守酋率衆自去。約以明日巡覽各處。于時諸兵衛均就外舍宿。惟隨來之兩健兒臥廊下。良家婦女數輩侍薩仇寢。蓋彼時純良之民。如陷鹿窟。生命且輕如微塵。遑論其他。如彼良家婦女。今夕之伺應。尚可稱為絕妙之佳運。凡屯兵之區。習慣如此。固無辨天國與清國也。

天甫黎明。健兒即入報。守酋府中遣人來迓。老薩小仇相繼起。良家婦女侍其早餐畢。即有女酋驅之去。老薩小仇并入守酋府。略按軍事。即共乘騎。率兵衛出府。巡覽各要隘。并考核近日之戰蹟。登金山。遙望瓜步。帆檣林立。固敵軍守地也。老薩即與守酋謀渡江事。小仇劃策。喬裝清國將帥子弟。以禦盤結。並令守酋備巨艦一艘。冒為官舫。中置箱篋若移家者然。高揭姓旗。原隨之兩健兒。裝作侍僕。以蔽人之耳目。時民間不獨無私財。幾無私物。凡百所有。軍中取之如寄。故守酋供給極易。一命之下。頃刻各物俱備。守酋意且選良家婦女數人。充眷屬。小仇不可。蓋恐抵敵地後。或將洩其謀。轉誤乃事也。將午。守酋送之登舟。即就舶中午餐。已。守酋登岸。令師船數艘為備。一俟老薩解維上駛。即令師船揚帆逐之。若將追刼者然。老薩即令巨艦竭力斜渡瓜步。軍艦遙見一官舫為敵艦逐追。即出數艦來援。彼此砲銃齊發。戰半小時。而兩方迴帆鼓楫而退。老薩小仇。已乘彼戰時。安然渡入瓜步矣。

第三章

維揚城中。自兵燹後。繁華幾盡銷歇。綠楊憔悴。瓦礫縱橫。峻宇崇垣大都零落。舊城中有平屋數椽。尙能完整。而繞屋竹林。亦未甚零落。室中則頗見清潔。器具位置楚楚。且更精緻。有雕床一座。錦衾繡褥。均極華麗。設烟具于中。濰縣之鐙。匡竹之槍。鋼籤銅盒。光亮耀目。與燈光相映射。燈旁横躺一女子。淡裝雅態。殆無其匹。面目清逸。丰韻妙出自然。古人所謂有林下風者。彷彿似之。出其纖々之手。拈鏤花鋼籤。挑烟膏就燈上燒之。旋捲成筒。即捋置一小銀盒中。更挑膏燒之。雙眸澄々凝而不瞬。若胸中有所計劃而假此烟膏爲消遣者。其嫻婉之態。無論何人見之。莫不許爲和平高尙之美人。而生其敬慕之意。絕無信其爲我前章所叙陰賊險狠之女賊者。

女賊此時外似寧靜而胸中思潮起伏極複雜之狀。且若有所待而久盼未至者。彼時遙聞扣戶聲。啓門聲。俄而履聲橐々。一男子傴僂而入。且解其外衣。且語曰。今日非常困憊。行及十餘里而遙。乘挈此重累物。言次。出懷中一裹。啓壁間衣櫥納之。女賊乃急語曰。我已久爲預備。可速來事此。緩緩言他事也。其人乃就床坐。取案頭水烟筒吸之。旋即側身臥于對面。置水烟筒于盤中。取烟就火上吸之。女賊起身。就床側小案上。斟茗一甌。置盤側。復傴臥。緩問之曰。今日何憊乃爾。得毋癮發已久耶。其人曰。癮固久發。更以始赴與敎寺。訪老吳不遇。聞其赴五臺山營中。因前銷貨價未清。正可一往。既速老吳來。乘向彼蹤索欵也。自與敎寺徒步以往。路當幾何。及至。吳已先出。迄未得晤。僅取得紋銀兩封。懷之而歸。途中更嫌重累。中衣均汗濕矣。幸彼文案處見吾至。詢所自來。即笑謂吾曰。假紈袴今日苦矣。速以烟來。即有執役。爲陳烟具。得吸一盒。稍々濟力。唯盒罄未便再索。且膏殊粗劣。不堪吸也。女賊微笑曰。汝假紈袴之名。幾與我女賊相類。已無人不知矣。今日所收紋銀。乃何物代價。假紈袴曰。即前自南京攜歸之漢玉價也。女賊曰。珠價今若何。已曾論定否。時假紈袴適舉烟槍纔置口旁吸方

急乃微搖其首鼻中微作聲似恐一答語則口中烟將逸出故以此狀代答詞而示以尚未，者

女蜮知凡人吸烟要緊時。最忌他人詰問致擾。乃靜俟之。及其吸畢。乃徐語曰。珍珠乃天王宮中佳品。我得之殊不易。價當數千。豈五臺山營中人所能購。前已馳送欽使營中去矣。殆其時清督兵專使。均屯駐維揚以北之仙女鎮邵伯埭等處也。

女蜮又曰。頃汝未歸時。我正念老吳不知對我感想何似。殊令人不可測度。迴溯結合之初。歷時甚久。我謀進行。彼即退縮。我將退縮。彼轉進行。我恐其終非好相識也。歷數所交不乏十數輩。均無此老物之狡獪。我殊不捨置之。非然者。久已揮之門外。汝之視察。其人究屬何意。

假紈褲曰。我視其人狡獪誠然。唯性本直質。且無論何人。非秉有異性。無有不受女子能力所縛束者。矧以汝之縱橫捭闔。有非尋常女子所能差擬。緣縱或丰貌類汝。而利用此丰貌。則無此操縱之手腕也。汝故交諸人。直庸材耳。故招之即來。揮之即去。殊屬易易。彼老吳者。知識既高。經驗又富。以我揣之。或無變故。惟他日或因事欲與之離。轉恐多費唇舌耳。女蜮笑曰。是可無慮。汝未見前此諸人乎。至無所用之。即毅然捨去。無或拘束者。今日汝出門。陳家福奴忽來。殆餘情或仍未斷。我以三數語逐之去。今後當不復來矣。

假紈褲曰。陳家福奴。今日來耶。我視其人亦無他。何汝絕之太甚。其心能甘服否。女蜮笑曰。此中消息。非汝所知。我之視彼輩男子。直如鹿豕耳。有與則合。無與則離。即爲金錢計財盡則交絕亦古例也況我與老吳。更無金錢關係。故汝頃謂他日離之恐費唇舌。我大不爲意。視與陳家福奴。初無差別也。

假紈褲乃振首微笑曰。不然。方欲更語其所以。忽聞鈴聲與馬蹄聲相續。自遠而至。女蜮即驀然曰。來

矣。假紈袴注目側耳而聽。鈴聲蹄聲及門而止。乃自語曰。老吳老吳。隨喚女傭往應門。已聞馬策撾門聲。女傭即應聲趨而往。門闢。假紈袴自窻隙竊窺之。果見老吳匆々而入。

第四章

老吳者。與教寺行營糧臺之會辨官也。美姿容。而性機警。古汴梁人。曾遊姑蘇。舊與假紈袴識。交且至狎。恒出入其家。女娍時方少。即慕之。屢挑吳。而吳固自好者流。雖喻其情愫。而不肯踰越範圍。故迄未如女娍之恉。今吳會辨行營糧臺。假紈袴適以高等二毛子之職業。而貌爲挈家避地者。來訪老吳。覊旅之人。假當事者之呵護。以圖寧處。亦當時所恒有。更有女娍之維繫。吳故與之交倍切。吳雖自好者流。但過從頻繁之久。情感既深。亦有不能自持之勢。且假紈袴既充高等二毛子之職業。尤不得不借聲勢于當事者。以神其用。而當事者亦利其轉輸珍物而賤售之。遂亦樂與之接。雖明知其底蘊。殊不欲驅除之。此老吳與假紈袴之又一因緣也。

此時老吳既入門。即往入臥室。假紈袴迎謂之曰。老吳來耶。我今日專訪未遇。隨赴營中。則公已去。故終未一遇也。老吳隨口應之曰。失迓失迓。而目光方覓女娍之所在。蓋女娍聞老吳之來。仍偃臥鐙旁。未嘗稍動也。老吳既得女娍于床。則且行且注視其面。則清艷之容。暈映眼簾。幾爲之眩。蓋彼女娍裝飾殊不穠麗。薄施脂澤。衣履更均布素。而一種動人之處。自然流露。雖堅忍卓絕之男子。亦將怦々然起愛慕之意。即具盛氣者値之。亦將銷滅而生其憐惜之心也。尤物禍人。大抵如此。古今中外。幾許英雄。遭此挫折者多矣。老吳他日之獲免于禍。亦幸矣哉。

老吳既趨床前。女娍不言亦不笑。微睇以目老吳。亦以目光迎之。時側身就床沿坐。假紈袴以水烟筒與之。乃隨意絮語。而時々注意于女賊以領略其手。諷女賊方手拈鋼籤。燒烟膏將熟。即擱置銅架上。曰汝自吸之。語已。即歛其手。老吳遂置水烟筒于床頭小案上。即與女賊對臥。戲裝烟于槍而戲吸之。殆其非假紈袴比。初無所謂烟癮也。

假紈袴見老吳臥而吸烟。即取書一卷就窗前檢之。若惟恐妨彼二人之密語者。老吳亦不顧。及唯與女賊刺々私語。意極親切。女賊或答或不答。極其操縱之能事。老吳亦非蒙然不覺。只以其過事虛憍。轉以眞誠御之。使其不易遁飾。女賊疑其愚也。故調法愈益幻窅

老吳乃質語之曰。卿與我究竟云何。女賊笑曰。子心目俱未盲。何竟不能察覺。而轉待質問耶。老吳曰。表面形迹。我豈不知。所欲知者方寸中耳。女賊笑曰。子且先言汝之方寸若何。老吳笑曰。我方寸中之眞相久已質諸卿前。卿其尚未知耶。女賊亦笑曰。子既責我以知汝之方寸。而獨于我之方寸委爲不知。亦大可怪。然以我測之。子眞不知我者。老吳笑曰。或亦不謬。

假紈袴忽迴顧床上。曰兩方心理。我均知之。盍均問我。老吳即遙應之曰。我非眞不知者。特未得眞相耳。假紈袴方欲有言。女賊卒然問之。曰子既知我。亦知我爲何如人也。老吳略一存想。笑應之曰。安得不知。殆所謂天人者耳

女賊亦笑曰。愧不敢當。惟子亦曾知大江南北赫々大名有所謂女賊者耶。老吳曰。曾一聞之。殆亦傳者之言過其實耳。夫一女子之技倆。原有天然之魔力。足以縛束男子。然若所聞。則女子之狠戾。男子或且不及。吾以爲事縱有之。當亦彼男子所自取。設我遇其人。彼欲出其非常之手段。正自未易耳

女賊曰。子之手段。自足欽佩。我久知之。唯所謂女賊者。非屬他人。即子許爲天人之我也。子亦信之否。

老吳曰。是毋所謂信不信見仁見智自古而然彼視爲女賊者則爲女賊我視爲天人即爲天人卿亦是吾言否。女賊曰。是亦至然之理也語時面上頗現愉悅之色似甚以吳言爲當者時假紈袴擲卷于案。起至床前。目視女賊。若有關會者。女賊即以一肘支其體。緩々而起。曰我且暫去。使汝輩暢談。即下床。就壁間旁坐。假紈袴即臥于老吳之對面。就小銀盒中。取燒成之烟。一吸之。而與老吳絮々間餉糈事。吳隨意答之。復起坐。取水烟筒而吸。歷時既久。院外。夕陽沒。暝色。横窻床中。燈光。愈明。門前。馬嘶聲。若與庭樹之歸鳥鳴聲。相應。答假紈袴顧謂女賊曰。晚飯有無佳餚供老吳也。女賊曰。久計及矣。汝無慮。老吳即應聲曰。既在此晚飯。可令馬夫將馬去。如時再來可矣。女賊乃呼女傭。召馬夫。令其引馬去。如往日鐘點來逆。語已。亦出就厨下。率女傭治饌。

第五章

燭彩熒煌。光照四壁。臥室外就。東壁案上。設杯箸三副。案陳殽核六簋。極精腆。下坐置酒一壺。女賊督女傭部署已。即隔壁呼曰。晚飯備矣。可共餐也。假紈袴應聲曰來矣。遂與老吳先後來案旁。老吳與女賊對面坐。假紈袴面壁坐。三人隨意飲啖。間以笑謔。備極歡洽。老吳飲甚豪。枯腸得酒。芒角頓生。縱論兵事。滔々不絕。至得意時。聲振々幾動屋瓦。女賊乃蹙額。以阻之曰。曷少抑其音。聲如許。氣力震得人耳聾也。

老吳笑謝之。然縱談如故。飯將罷。忽門外剝啄聲甚厲。女傭應聲往啓關。老吳曰。是必馬夫備馬來矣。何速于往日。豈出有緊要事故耶。女賊曰。必非是。平日之來。扣門聲無此之急。正言時。女傭導二人入。老吳注視。一爲壯夫。裝服華麗。糾々然頗露豪概。一則少年甫弱冠。衣亦與壯夫相等。而目光銳利。灼灼逼人。頗心異之。乃見女賊夫婦于迴廊之頃面色頓黑旋即各歛其容假紈袴起立曰。初不料二公今夕澁止也。已晚餐否。女賊亦起立。

壯夫答曰。飯畢久矣。即與女賊作周旋。復與老吳略一頷首。轉身與少年就西壁椅上坐。假紈袴乃就坐。語曰。既已晚餐。我飯罷再談也。少年隨答之曰。無庸拘形迹。于是女賊夫婦俯首而食。狀至匆促。老吳隨亦匆々食已。各離座起立。假紈袴即邀吳仍入臥室。乃就西壁與二客絮語。女賊令女傭撤去食器。亦入室洗漱。老吳悄問之曰。二客何人也。女賊曰。一薩姓。一仇姓也。語殊儈率似甚不欲其多所研究者吳遂亦不多詰。仍就床弄烟膏爲戲。而注意室外之談論。女賊乃就室門。向外坐。

惟聞室外語聲刺促。若甚密切者。吳乃假覓水烟筒。至窻前。斜矚門外。則見彼仇姓少年。方集其視線于女賊之面不少轉瞬回視女賊固亦雙目盈々凝注未已吳乃若爲不知也者復返身就榻間臥己

而聞室外語漸高。假紈袴曰。老薩何妨少坐。薩應之曰。我與小仇尚有他事。居址甚遐。且暮可復來也。旋聞步履聲。女賊亦步至門前。緩語曰。毋急。待令女傭備提燈。即聞小仇應曰。無需也。于是假紈袴相送出門去、俄而假紈袴入室。女賊迎問曰。彼輩胡爲乎來也。假紈袴曰。老薩來辦貨物。小仇特與之偕耳。

老吳乘間問曰。彼二人何爲者。假紈袴曰。一名老薩。一名小仇。均避兵袛下河營商業。夔所熟識。故來一探視也。老吳曰。彼固營商業者耶。察其氣度似頗不類彼所謂小仇者尤非善良似不宜過與接近或恐有所不利也。假紈袴未及答而女賊乃應聲曰我亦云然旋即亂以他語吳遂亦他語應之假紈袴即就床吸烟。吳乃徘徊室中。而以家庭瑣碎事。與女賊相問答。

忽又聞扣戶聲。女蛾曰。是眞馬夫來矣。即呼女傭速啓關。俄女傭手一簡入。授老吳曰。馬夫囑轉呈者。吳接視之。乃本臺文案處之函。展讀迄。即隨手置衣袋中。轉謂女蛾曰。我將歸矣。緩日再來共談。女蛾曰。何事匆迫乃爾。豈營中有緊要事耶。老吳曰。良然。頃書中謂大營中羽檄。云探報粵匪有窺伺江北意。已密派諜者多人。潜來各地。已通令各營及地方官吏嚴密偵察。更以糧餉軍需爲根本要地。令即注意防範。毋令實情爲匪所得。渠等候我歸而共籌善法也。女蛾曰。此亦細事。何急急爲。假紈袴以目止之曰。是固極要緊事。宜速歸。無尼其行。即呼女傭傳語馬夫備燈火。

老吳即整衣欲行。忽謂女蛾曰。今日二客寓居何所也。女蛾即對曰。我固未與多所問訊。固子所親見者何得知之。假紈袴曰。附近之寺院中作寓也。吳復笑曰。我見所謂小仇者人頗白皙而伶俐。我頗愛之。再來當與一面。女蛾目視他處若未聞知也者。吳乃出室。乘馬而去。

女蛾即趨至榻前曰。老薩等今日之來。究何故耶。假紈袴曰。渠以有老吳在。未肯多談。相約明日復來。詳訴所以。我覘小仇之意。頗留意于汝。々覺之否。女蛾笑曰。是安得不覺。我已目許之矣。惟老薩來有所餽贈否。假紈袴曰。彼今甫至。何得便及此。然既潜來。必挾多金。緩日當徐圖之。不輕令放過也。女蛾曰。此一定之理。我意並可利用小仇。惟老吳今日卒與相値。而又得大營之探報。此事大宜留意。少一不愼。禍且莫測。假紈袴曰。是不難處。俟老薩再來。當共計畫。必無慮也。

第六章

街市暗黑。行人稀少。時有武官手令箭一。前導或八人六人。肩虎叉馬刀。張二尺許紅黑字相間之大幂提燈。緩步巡行。以防宵小。時老吳乘馬急行。馬夫荷糧臺號燈以導。途中無可注念。唯憶及頃在假紈袴家所見之種々。橫亘于胸。然以馬行捷速。不暇推敲。有頃。即抵輿教寺。由糧台側門入。下騎入室。文案處持文稿一束來白。謂大營密函。應如何處分。移文諜告。均已擬成。專俟會辦寓目酌行。蓋台中總辦時正因公他去也。

老吳閱過原函。即詳視諸稿。或可或否。一一裁處迄。文案處人自去繕理。老吳乃一人徒步。廻旋于室中。以忖度適在女賊家所見聞之情事。以彼假紈袴之爲二毛子。殊不足患。彼所抱者金錢之目的。其心思之良否。固能隨金錢爲轉移。然其性怯弱。當不致爲大惡。女賊則或不可知。第究屬女子。機智終未週密。且性有所偏。或激之。或誑之。均足以得其底蘊。況以我御彼。尚非勁敵。獨今日所來之二人。其關係似甚重大。彼等謂爲避亂經商者。純屬誑語。觀其舉止。猶非二毛子可比。即爲今日大營中密函所謂諜者。亦未可知。而彼所謂小仇者。頗垂涎于女賊。倘彼等有所結合。更以金錢轉移假紈袴。則我與彼等日相接近。爲公爲私。殊非所宜。不如自此遠之。庶無他慮。轉念至此。覺方寸中空々洞々。一無罣礙。乃歸坐取書卷。將閱之以自消遣。

忽又動一念。自呼曰。老吳。老吳。何自視無能力若此。向日自詡爲機警善變者。何在。彼女賊之夫婦。雖有可疑之點。然善防之可矣。即彼今日所來之二人。無論如何兇惡。如何狡獪。倘注意以對付之。當亦不難覺察。且以彼女賊之慧美良爲現時不易覯者。數年以來。與我之情愫。姑無論其有無。其他之關係。然以情場中程度計之。未始非已達最高之點。蓋其委婉將順。雖室內之妻妾。亦未能細意熨貼。若此。是愛情之穠郁。直非尋常可比。而我不永保此愛情。令其終始不變。已覺有愧。常人矧自我遠之。使其前此予我之愛情。不覺頓歸諸消滅。而化爲惡感。殊足惋惜。而我之于彼。歷來所消耗之心思腦力。

已非多數代價所能償而精神上所受之痛苦尤非人所能堪設竟與之決絕則我所受之損失更覺至鉅縱有無量數之珠鑽未足相抵也念至此則前之自此遠之之念倏爲一變乃默坐移時忽據案作簡書成重視一過復折疊封之置于衣袋中。即召馬夫入語之曰我于晚飯時遺一巾裹于彼處汝明日午刻持函往取隨密囑其留心偵察。有無他客更私詢其女傭有客來時之舉動歸而報我汝素伶俐當能辦此我當有以賚汝也馬夫欣然應曰諾。主人請無慮。有何情事不難得以報告也。語畢欲退且請信函吳曰臨去時來取可也馬夫乃去。

明日約十時。馬夫即入探。知主人已起。即請信函。匆々而去及抵女賊家。女傭應門入。馬夫白所以。謂將面呈信函于其主人。女傭曰。有客在。且主人尚未起床。信函我爲收入可矣。馬夫乃探懷授之、女傭即入室。

方九句鐘時。女賊甫就窗前事梳洗。假紈袴尚酣臥。而老薩小仇已至。入門逕至臥室。與女賊略一俯首。老薩即高聲呼曰。假紈袴。此時尚高臥。良不負此假紈袴三字矣。假紈袴驚醒。攬帳笑視曰。來何早也。老薩旋側身坐床前椅上。小仇即就窗前妝台畔坐。老薩遂歷言此次來意。謂奉命專探軍情。語時。就懷中出一裹置于床。曰邇來無多獲、此溯行時。天王所賜。爲賄費者。分贈少許。以表意、假紈袴笑而受之。意裏中非黃白即珠玉。其愉悅之態不可比擬

女賊則梳洗自若時以雙目偷注小仇見其凝視其面不少瞬不覺嫣然一笑小仇乃時與絮語漸就親狎女賊則時笑時默備極姿態小仇雖知女色之可好然究竟下材未能領略此中眞意設遇知識

略高者此其生香活色固一幅絕好之曉妝仕女寫眞也。

時女傭手信函入室。女賊問以何來。女傭曰。樓台中送來者。候回件也。女賊即接而拆之。見僅寥々數字。謂昨晚失一巾裹。乞一檢之。交馬夫攜回。至盼。兩渾。云云。女賊即語女傭曰。未嘗見此。或遺落他處矣。速報馬夫。令其他處尋也。假紈袴急問何物。女賊即將信函遞擲予之閱訖。曰予一名刺可矣。女賊就案頭檢與女傭。令授馬夫。告以未見巾裹。宜速去另覓。

第七章

假紈袴匆々着衣履。時女賊妝罷。爲假紈袴備洗漱。間與老薩語。老薩意殊不屬。蓋其意固不在獵艷也。唯促假紈袴速洗漱。以便與謀要事。女賊即親理衾枕。安設烟具。並收其裹于櫥。以機警故不呼女傭也。

假紈袴洗漱畢。即與老薩就床坐。問其要事何謂。老薩曰。天王之遣我來也。既欲得敵軍實情。設能贖其歸我最佳。否則得間置其將帥于死地亦可。蓋欲擴充勢力于江北也久矣。汝能助我謀。而得佔領新土地。萬不惜厚贈。頃袋々者。僅値二三千金。不足道也。

假紈袴聞之。喜溢眉宇。若已獲巨金成富家翁者。女賊雖不若假紈袴之顯露。然周旋于薩仇二人益週至。假紈袴乃邀老薩吸烟。復側身臥對面。徐問之曰。公之來意。我已知之。惟欲我爲助者。果何謂。薩乃與刺々密語者一晌。假紈袴面色頓滯。沈吟者再。乃微振其首曰。是不易爲也。女賊時方與小仇呢呢。私語及聞斯言。乃回首猝問曰。何謂也。

假紈袴乃呼之曰。汝來。女賊即趨至床前。假紈袴亦密語一晌。女賊默然。忽微哂曰。是亦相時而動亦未能預定。易不易也。小仇即遽語曰。我意似非難事。且糧台與營中均相諗熟。更易爲計。老薩即續而言曰。昨晚來時。彼白而微鬚。目光如炬者。何人耶。女娍曰。即興教寺中糧台之會辦。其人極靈警。以後汝輩來。當善防之。

小仇曰。防之何故。女娍曰。其人目光銳利。能知人所不能知。昨晚見汝輩來。彷彿有所覺察。正宜與汝輩商之。宜作如何之對付也。小仇曰。即亦何難。彼有妨礙我輩舉動者。除之可矣。女娍默然。老薩曰。是固至當之論也。以藥以兵。或明或暗。均至易事。直除一蟣虱耳。假紈袴微哂曰。公輩無過易視之。設爲其所偵悉。且先受其敵矣。小仇曰。素聞汝懦怯。語果不謬。以我視彼之果決。處當過于汝々以爲然否。語時以顧指女娍。女娍有德色。

假紈袴笑曰。誠如公言。我實懦怯。奉令承教。倘或能之。欲我有所主持。敬謝不敏也。老薩曰。然則如汝輩所謂防之者何謂。假紈袴曰。正苦無術。故與二公謀也。女娍曰。我有一計劃。未知衆以爲然否。小仇曰。願聞。女娍曰。我視老吳。其人好坦白而惡紆曲。俟其來也。倘詢及汝二人行徑。直以眞相告之。彼轉可不至破壞。語未畢。假紈袴即連搖其手曰。不可不可。力求秘密。且慮彼或知。倘直告之。是速禍也。我與爾尙從何處覓生路耶。女娍以其言過激。遂亦不盡其說。小仇即笑而言曰。如汝所言。實無所用其疑忌。不如逕使除之。爲直捷了當耳。即牽女娍手。且行且言。曰來々。與汝圖之。二人乃就窗前坐。附耳密語。惟見女娍端然凝聽。時一頷其首而已。

假紈袴忽呼曰。久語忘飢。日已過午。宜速具餐也。女娍曰。諾。即呼女傭來。詢以午餐之預備若何。女傭應聲而對曰。已都粗々備齊矣。女娍乃就橱中取罩衣衣之。起赴厨下。見蔬菜魚肉。均整治清潔。僅待烹飪而已。訝曰。今日何勤快乃爾。女傭笑曰。彼馬夫所佐治也。女賊爲之愕然。急問曰。何時去耶。女傭曰。去未久。正在此絮語。其主人也。女賊曰。所語云何。女傭曰。彼謂其主人起極宴。惟未起時。得少暇休息。否則終日無停趾也。今假取巾裹之便。得在此少事安逸。亦云幸矣。女賊曰。語止此乎。女傭曰。其他惟歷言其平日之言動瑣事耳。女賊不覺失聲曰。敗矣。遂不復詰。

已而烹飪已畢。又令女傭入市肆沽酒。即就臥室外。陳列食器。羅陳既備。乃呼三人聚食。薩仇輩牛飲鯨吞。頃刻都盡。餐時談笑甚歡。小仇更志在女賊。極意挑逗。女賊亦以相當之言笑報之。食已。老薩謂假紈褲曰。汝隨我輩出外一行。將往晤一二同輩也。

小仇曰。我忽覺腹中不快。汝等先行。我少坐即至也。假紈褲曰。甚善。可吸烟少臥。我輩先行可矣。女賊不覺失笑。老薩亦微哂。于是小仇即入室。臥烟具旁。假紈褲略事周旋。即整衣隨老薩去。女賊即令女傭閉門。往廚下。洗滌食器及整理常事。我有所需當呼汝。語已入室。

第八章

日晷薄窗。几案明潔。文牘壘置案頭積寸許。案之兩旁。幾無隙地。案中硯墨凌亂。一人據案執筆。且閱且書。或停筆凝想。若亟需運籌者。即前所稱糧台會辦老吳也。治理未竟。忽聞有人急走入室。側首廻顧。則馬夫植立于側。乃徐問之曰。歸耶。馬夫應曰諾。巾裹未得。彼女傭授名刺作復。囑令向他處覓也。老吳曰。既未得則已爾。汝在彼何所見聞。馬夫曰。去時。適有客在其臥室。女傭以信函入。我時在窗外略窺。彷彿客非一人。談笑正雜。旋女傭傳語迄。我即入其廚下。若爲偷暇休息也者。佐之治蔬菜間以絮語得知客二人一薩姓一仇姓也。老吳曰。彼二人果在彼耶。汝更得何消息。以汝素尚伶俐。當不枉此行也。馬夫曰。我與女傭細道服役之苦以餂彼之近情已而更及二客味其語意似從江以南來者動止言笑雖不避人而彼輩聚談時輒假故令女傭他去故疑其或有祕密亦未可知倘擬多所偵察。適其女主人呼傭午餐。恐其入厨下也。即由便門而歸。至此二客之居址。雖女傭亦不知也。

老吳曰。甚善。汝姑去少休息。會當有命汝事也。馬夫乃去。吳乃一人默坐移時。忽起立。視時計。適針指三點。乃即呼僕。傳語備馬。僕唯而出。少選來復曰。騎已備矣。吳乃著外衣。匆匆出門。乘騎徑赴女賊家。將及門。適門闢。一少年自內出。微睇之即昨晚所見之小仇也。小仇亦揚首睨之急走而去。馬及門而駐。則門已闔。爰以策箠之。女傭應聲。門復啓。吳下馬而入。逕至內室。闃其無人。女賊獨臥床側。似已睡熟。吳就床前輕捫其髀曰。睡何速也。女賊默不語。更以手推之。乃猝然曰。何擾人乃爾。語已。復不語。吳視其面則光彩煥發中含有薄怒而眉宇之間若至有憂者。吳殊欲窺其是何究竟。蓋吳既在門外。得覘小仇入室。又僅女賊一人。固已瞭然。正擬覘其若何應付。不謂其忽作幽怨態也。唯吳此時深信古人狀美人之情態有宜嗔宜喜一語已非細心體會者不能出此。即如此時女賊之姿態以薄怒而愈顯其妍麗無匹。蓋別有一種動人處也。

老吳于時且姑領畧其丰韻他事少選再計女賊亦解其意乃故逞其技眼波一轉雙淚溶溶承睫矣。吳滑服其作弄之工。乃就坐床沿俯身低問曰。何事委曲至此。得無假紈褲有所開罪耶。女賊乃更哽咽而言曰。渠今早子來書後。少選即外出。午餐亦未歸。我正在房理針指。忽昨晚子見之少年小仇翛然而入。我方以其過客。不宜失禮。乃起身迎迓。乃彼見渠他出。即曰。有要言與談。渠既出外。惟有在此少俟。言已。即就窗前坐。我已覺其唐突。然尚疑彼果有要言。待渠亦不之異。及坐甫定。即與我絮語。雖不敢顯露輕薄。而意頗涉狎褻。我始則不之應。既厭其刺刺不休。實不能忍。乃設詞促之去。彼猶故事延捱。直至予來時甫出門。我因而自憤不幸生此一副容顏。屢屢遭人輕薄。前以予惓注殷渥。性以情移。遂如予所願。今彼突然而來。直視我爲何如人耶。渠又終日嘖嘖。設以此事語之。或反歸過于我。蓋渠與予情至密切。每謂爲忘形之交。故于我之與予。初無間言。其他男子。或少有不禮于我。渠即至以爲憾。且必遷怒及我。是雖受人輕薄。尚無可伸訴也。是以悲耳語時。淚珠簌々墮襟袂間。老吳即就袖中出絹巾爲拭淚痕。且慰之曰。此等事殊不足怒。以卿既具如斯丰致。少年郎豈不見而怦怦。可愛者予以優容。可惡者絕之可矣。于卿初無所損。儘可視作玩物。何自苦乃爾。語畢。即一手牽之使起曰。速爲設烟具。我將吸烟也。

女蛾曰。烟具在彼。予不能自設之耶。而必命我也。老吳笑曰。諾。我自設之。不敢勞卿也。語已。乃自設烟具于女蛾之側。遂臥與女蛾對。拈鋼針挑烟膏燒之。復以他語緩緩與談。女蛾詰之曰。巾裹已覓得否。吳曰。得之矣。我殊善忘。乃置諸床頭。而遍尋不獲也。女蛾絮我搜尋一晌。渠固疑予忘在他處矣。得毋床頭仍是虛語。乃別有所繾而置於彼耶。吳曰。那得有此。果爾必不嚇卿也。女曰。未必。果能若是。我之至願耳。吳笑曰。我絕不似卿也。女忽整其容曰。此語何解。吳曰。不似卿作誑語耳。女仍欲有言。而扣門聲甚厲。及門啓。而假紈褲歸。二人語始暫止。

（未完）

上海中華書局出版

中華教育界

本雜誌以研究教育促進文化爲宗旨並仿外國雜誌最新體例不分門類凡遇關於教育之學理事實足助人研究發人深省者或撰或譯隨時擇要刊登

每月一册定價壹角預定全年價洋壹圓郵費每册二分

中華實業界

本雜誌專爲振興吾國實業起見採輯各項方法極切實用足以裨益營業增加收入不特工商各界人人宜購即官紳士夫有志實業者亦當手此一編

每月一册定價貳角預定全年價洋貳圓郵費每册二分

中華小說界

本雜誌材料豐富文筆雅潔撰譯諸君均爲近今小說大家每期多採短篇小說以快閱者之目長篇小說按期接登不令間斷封面五彩精印尤爲優美

每月一册定價貳角預定全年價洋貳圓郵費每册二分

總發行所上海河南路五號

甲寅(一)

上海伊文思書館第三次擴充改名 伊文思圖書公司通告

啓者鄙人對於中華教育素願竭力匡助故特創辦本書館於滬上獨力經營十載餘矣凡歐美最新最善之書籍搜羅完備購運來華以供各界之用旋又爲歐美九大圖書公司駐華總經理藏書益富訂價愈廉早蒙各界讚許故近來營業日益發達銷出之數較前倍加大有應接不暇之勢溯自中國改建共和首重教育惟工欲善其事必先利其器即教育亦何莫不然故將來書籍之求必較多於現在鄙人不自量度敢效棉薄惟非大集資本斷難爲功設不預謀屆時書或不足供應既負各界厚望又失鄙人初心故有鑒於此銳意擴充增加股本並改名曰伊文思圖書公司經衆公舉鄙人復任總理之職其餘各部人員如華經理陳君錫余等各照舊辦事一無更調惟學校書籍發行所初設於樓下後嫌地方狹小改遷樓上茲地位較前既廣足敷佈置第近日士子雲集立無隙地殊屬不便職是之故特闢隔鄰念玖號爲學校書籍發行所之舊有卅號爲一切學校用品及顯微鏡儀器醫學書籍發行所地位既寬儲藏愈富足供各界採購嗣後各界諸君凡有函件惠顧請用伊文思圖書公司名字舊有與伊文思書館往來賬目款項及訂立各種合同新公司一律作爲有效本公司茲値更組伊始籌辦事宜多恐未能盡善倘祈海內外君子賜函指教無任歡迎耑此敬告

伊文思謹啓

敬告實業家及欲聘技師者

陳君肇階兩次留東力學六年初習理化次學美術印刷及電氣鍍金俱有心得後進東京各大工廠實地練習益加精熟所製造之品直可競勝外人現經畢業如我國實業大家有願組織工廠或欲謀營業之發展者請速函接洽勿誤好機用中數語以爲介紹謹將陳君所學科目及製造各品詳列於左

印刷科 (一)照像一三色銅板印(二)照像一三色玻璃板印(三)彫刻銅板印(四)美術原板三色石印(五)石版代用亞鉛平板印(最廉價)(六)電鑄字模及鑄造各種花邊活字(七)照像石印(八)電氣板(九)紙型板(十)照像及各種新法着色

製造物品 如鈔幣郵花滙票股票商標及機器詳圖各種教科標本書籍再如古今名人墨蹟能用新法印刷加大縮小不差原本分毫

電鍍科 (一)鍍黃金赤金白金(二)鍍銀(三)鍍鎳(即俗呼洋銅生銀彩色不起銹故堅固耐久)(四)鍍銅(五)金屬着色(甲)宣德色(乙)黑褐色(丙)眞黑色(丁)鴨頂青色(戊)薄絲色

製造物品 如鍍理化儀器醫療器械鐘錶軍刀金絲眼鏡文房具婦女首飾及各種美觀品所學係美國電鍍新法能保廿年以上不變原色其需用原料甚少故能造最廉價之出品又印刷業與鍍金關係最多如於印刷廠內并附鍍金可以最少之資本得極大之利益

將士立 劉祖章 舒興瀓 包羅

留東學界 戴正誠 王際雲 孫仲先 阮鈞 傅志清 陳世欽 同啓

蕭泝 謝寅 歐陽鈞 許進

陳君肇階通訊處日本東京神田猿樂町二丁目八番地關根印刷所

中華民國經世文編

唯一巨製

◎◎◎政學各界之師資◎◎◎

▲全書四十厚冊▼

◎◎◎文明進步之表證◎◎◎

▲預定減收四元▼

◎經理處上海法界二洋涇橋人和里五洲書局寄售處上海棋盤街◎文瑞樓書局◎中華圖書館◎會文堂書局◎國華書局◎科學書局◎掃葉山房◎北京天津保定直隸書局各省大書局

全書部三百餘萬言定於陰曆四月底出版另刊樣本一冊奉贈外埠索請附郵票一分

本書所採著者之姓氏

王寵惠 王侃叔 伍廷芳 梁[illegible]因 吳鼎昌 周宏業 林紓 林長民 孟森 范源濂 胡[illegible]朝 康有為 梁啟超 梁啟勳 張謇 張東蓀 等數百餘家

章炳麟 [illegible] 湯[illegible] 吳[illegible] 黃[illegible] 黃[illegible] 黃[illegible] 戴士[illegible] 謝[illegible] 熊希齡 蔡元培 黎元洪 藍公武 許[illegible] 嚴復 孫[illegible]

普及書局

中學師範教科用書

普通教育 **動物學教科書** 九版 張修爵 王宗游 合譯 一元二角

教育部審定 普通教育 **植物教科書** 九版 彭樹滋編撰 八角

普通教育 **算術教科書** 詳草 五版 張修爵編撰 九角 五角

普通教育 **代數學教科書** 陳福成編譯 一元三角

重譯足本平面立體 普通教育 **幾何教科書** 日本林鶴一著 長洲彭法鵬譯 五版 八角 六角

普通教育 **平面三角教科書** 日本長澤龜之助著 張修爵譯 四角

教科獨習兼用 新式中等 **代數學講義** 附例題詳解 沈楷編 張修爵校閱 一元二角

經濟學教科書 日本天野爲之著 江蘇經宗翰譯 再版 四角五分

化學講義實驗書 日本高島德平著 鎮海虞銘新譯 四版 一元

近世物理教科書 日本中村清二著 鎮海余嚴譯 五版 一元二角

普通教育 **物理教科書** 張修爵編 三版 六角

中學唱歌集 日本鈴木米次郎校 江寄辛譯著 再版 八角五分

唱歌教科書 日本鈴木米次郎校 江寄辛譯著 四版 四角五分

風琴教科書 日本鈴木米次郎著 江寄辛譯 一元五

初級師範教科用書 **教育學** 二版 馮世德 張鳥田 合編 三角五分

上海四馬路老巡捕房東首科學會隔壁永康里 **普及書局**

老光社廣告

袖珍簡明中華新字典 布面金字 二角 布面金字 定價三元四角
新小說彙編 定價三角
淡譯納氏英文典第一 日本鈴木米次郎著 中國辛漢譯 布面金字 定價一元五角
風琴教科書 定價二角
新刑律 袖珍本
暫行民律 袖珍本 五編二冊 和裝洋裝 定價一八元角
暫行法典 袖珍本 紙面金字 裝二三冊 定價一元二角元
中華民國二年新制中外輿地全圖 布面金字硬面洋裝 定價八元七元
植物學科教書 鍾鍾山編 七角

宋稗類鈔 清初潘永因編 定價二元
夷堅志 宋文學家洪邁編 定價三元
干寶搜神記 附陶淵明後記 定價一元
稽神錄 宋徐鉉撰 定價九角
睽車志 宋郭彖撰 定價八角
唐新語 唐劉肅撰 定價一圓五角
褒恨集 自樂天蘇東坡鄭所南諸大名家誌 定價六角
桂枝寄封傳奇 定價五角
水滸傳傳奇 定價六角

本社在上海四馬路老巡捕房東首科學會隔壁永隆里康八號

有用書籍減價一月

九通分類 是書為歷朝制度當代典章書史志之總匯政書之本應試士子行政長官尤宜手置一編原書千卷翻繁去複分二十二類極便查閱訂八十本原價廿八元今減價十元
足本明儒學案 八本原二元四角今一元
大版古今賢女傳 陳讚圖詠共繪極工能作字科圖畫科範本八本原一元四角今一元二角
輿地通考 照前清一統志節錄排以商埠鐵路航路電報為與地書之冠四十本原五元今三元
大版吳友如畫寶 廿四本原二元今六元
陳修園醫書廿一種 十六本原二元四角今一元
通鑑切覽 廿本原二元今一元
史姓韻編 為廿四史之目錄八本原二元今一元以上石印中國上速六開
滿夷猾夏始末記 自滿族原始至退位未日種種虐政據實紀錄成一代之信史供國民之快覽首冠革命偉人遺相廿九幅十二本一函
明遺民錄 明末高士死不屈清幽隱希蹤著作等身共集八百餘人遺聞軼事人各為傳(有章太炎先生序讚)十二本一函原二元四角今一元六角以上鉛印白連史六開
上海棋盤街中華新圖書館謹啓
原二元四角今一元六角

近世史乘大觀清外史出版

有清傳國五三百年內政外交動關世變史家紀錄彪炳於前如皇朝三通列聖與章先正事略表揚賢哲聖武記書詳軍事東華錄體法編年然或未備書或為知紀傳而不全略而多漏史材缺乏學者病之
佚官古蕭后人蕢齋先生 博徵群書潛心考故出其聞見著為一編仿昔人史外之例定名曰清外史 於其
清初穢德清季外患搜採宏富筆削森嚴足補官書短紀之遺允推野乘稗官之冠 以視清秘史滿夷猾夏記等書詳略有間而信嚴可徵是誠史界之鴻篇方今傑之作也 洋裝一巨冊定價大洋八角發行天津北京保定直隸書局北京鴻文齋自強書局蘇州振新書社廣東文盛書莊江西恢懷堂上海棋盤街掃葉山房中華圖書館四馬路國華書局及各省大書莊皆有分售上海發行所法界二洋涇橋人和里五洲書局新閘青島路九號胡記書莊

甲寅（七）

民國野史 甲乙編

訂正改良 再版已出

是書一名（朝野新譚）恐爲吾中華民國開幕前後之異聞軼事凡可驚可愕可泣可歌足資談助者靡不搜羅無遺初版於三月五號出書至三月二十號僅兩星期間三千冊不脛而走付之一空愛讀諸君暨各省代售處紛紛函購覽無以應辜負雅意實深抱歎於是本社悉心校訂趕速再版並紙張印刷裝潢在在改良力求精美內容與攝影亦特爲增添裝訂一厚冊足有二百二十餘面定價大洋五以外埠函購郵票九五折寄費免加書中精華附佈於下

◎封面

▲日本名勝一幀用銅版攝影嵌於彩色書面上

◎名人鴻序

▲小鳳先生序文

▲情天室主序文

◎彩色肖像

▲袁大總統并贊

▲十歲神童馮鎔書民國萬歲四字

▲河洛大俠王天縱

▲章太炎先生

▲陳國權先生

▲錢錫麟夫人王天縱夫人吳木蘭女士合攝

◎內容節錄

▲吳木蘭女士

▲沈佩貞先生

▲吳祿貞先生

▲吳樾被炸時攝影

▲彭家珍烈士

▲陶煥卿被刺攝影

▲歐陽駿秦寶鏡兩女士合攝

▲光復時鬪謀袁君項城者三人合攝

▲湖南烈士劉君

▲未附編輯者泣辜

▲袁大總統歷史

▲記王照述吳祿貞死事狀

▲辛亥湖北革黨運動史

▲何海鳴筆記

▲武昌三烈士供詞

▲民國旗之歷史

▲同盟會之歷史

▲福建之奇童

▲陸徵祥小史

▲張懷芝軼事

▲蔡元培歷史

▲裕朗西女兒之革命談

▲章太炎軼事

▲廣州流血事略

▲王天縱小史

▲伍廷芳軼事

▲周鳳林與張某

▲熊承基供詞

▲汪精衛小史

▲汪精衛婚事談

總發行上海新聞聚慶里第四百零八號

光華編輯社啓

代售處

◉上海 中華圖書館 掃葉山房 國華書局 海左書局 江左書林 冰青閣 時中書局 女子植權公司 女子興業公司

◉各省 各都會各大書莊均有出售

民國野史 丙丁編

（出版）

◎封面

▲爲泰西名畫嵌印於秋香色書面上

◎名人鴻序

▲苹眞先生序文

▲倦鶴先生書後

◎彩色肖像

▲唐才常先生

▲譚壯飛先生

▲日本名優闌十郎

▲宋漁父先生

▲林頌亭先生

▲吳樾先生

▲鄭容先生

▲趙百先先生

▲汪精衛先生

▲李燮和先生

▲湘鄉黃漢湘君

▲黃復生先生

▲吳芝瑛與秋墓

▲傳文郁女士

▲末附輯者泣辜

○內容節錄

▲辛亥武漢赤十字會日記

▲禹之謨墓碑

▲禹之謨獄中書

▲蔣百里先生事略

▲光復溧邑小史

▲八指頭陀遺書

▲八指頭陀示寂記

▲張榕傳

▲張榕暗殺別記

▲關東革命始末記

▲陸鍾琦

▲盛宣懷

▲傳女士脫網記

▲金陵半月記

▲名士遺劫記

▲周烈士實丹傳

▲阮烈士夢桃傳

▲尹銳士女士小傳

▲尹維俊女士小傳

▲陳楊兩志士投海

▲楊篤生之卓識

▲謝奉琦之慘死

▲瀏陽唐佛塵傳

▲瀏陽譚壯飛傳

▲譚壯飛遺聞

▲唐佛塵遺聞

▲林旭遺聞

▲楊叔嶠遺聞

▲劉光第遺聞

▲康廣仁遺聞

▲萬福華

全書足有二百八十餘面採擬精當趣味深濃裝潢美麗印刷精良定價大洋五角外埠函購郵票九五折寄費免加

光華編輯社啓

代售處 全國各大書局

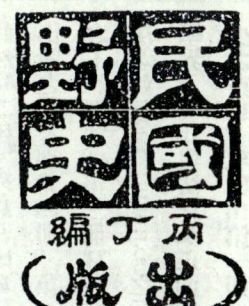

中學英文教科書出版

著者C C君。其自序曰。『歐美人之習其國文也。少者誦讀本。(Reader) 稍長則習文法。(Grammar) 其後自能爲文。若夫語言。固不求之於書籍也。至習外國語言文字則異是。德國人之習英文。英國人之習法文者。皆必於讀本文法之外。別製一種Lesson書。糅合會話文法繙譯而爲之。且釋之以國文焉。蓋習外國文與習本國文異趣。必如是而其國語言文字之綱要與習慣。始易於曲喻而灼解也。吾國人習英文之書。如英文法程。及譯本正則英文教科書。皆此之類。顧法程雖簡明。而釋文法過略。正則書雖完備。然又嫌編制凌亂。不合文法程序。解釋破碎。不合吾國人教授英文之習慣。二者皆未盡善也。玆取正則最近改製之本。(與舊本之編制截然爲二種)參以吾國教授英文之習慣。酌加損益。由淺入深。由簡之繁。別爲四冊。第一冊釋八種詞之要略。第二冊釋各種詞之不規則法。第三冊釋各種詞之特別要點。第四冊釋動詞之各種法。(如Mood, Infinitive之類)及各種前置詞之用法。不知吾國英學界。視此與法程及正則教科書爲何如也。』此誠中學教育必不可少之書也。現已出第一冊。第一年用。

上海　**亞東圖書館白**

新到 保壽丸

德國醫學博士總根士醫製

本醫生自研究

醫學數十年來方藥已不知定出幾許然欲得人人適宜無有強壯之滋養劑殊難得也每欲定一人人必需之方劑以期普救人生之疾苦而又苦無入手之法於是從腦筋一門復加精細之研究乃得一種腦系之源理按腦系爲人身之主管五臟六腑及其驅殼神髓無不賴腦系爲轉移蓋腦系能使人身新血發生能使肺經呼吸和勻能使心臟血液增多能使腎部潤血之力強旺能使肝經發生膽汁能使精液充足腦力健全故腦系之作用與人身有絕大之關係也本醫生以採徵之法而得精奧之妙遂於一千九百零八年定成保壽丸一方後經各國醫藥研究會及柏林醫科大學主試諸賓化驗始由美立根廠製造而成一經行傳即爲歐美諸國哄傳爲治病治根之新藥當時余方以爲愧乃知近來雖有人人作爲常食之品而報告精強力壯却病延年之書又不下數十百萬人是徵定名與余之本意實相脗合但此種腦系病幾成全世界普通之疾資生計困難操勞太甚酒色過度之類者無人不有若無相當之藥拯救實爲最劇烈之隱憂近來歐美有斯疾者自得此丸後已日漸減少於是余拯救之念又不得不轉向東亞而發揚特發行於滬上深願中國人士早爲嘗試以期速愈凡隣邦實本醫生之所深望者也

本醫生謹識

功效

一治腦系衰弱之忿慢性腦膜炎神經萎縮及其頭重頭痛失眠精神疲敗健忘便秘易怒悠怕忽鬱感覺遲滯背脊部疼痛等症

一治腦系衰弱之貧血病心臟血虛病血虧病白血病中之脾臟硬固骨節腫心悸亢進病頭昏目眩四肢無力面黃肌瘦心跳怔忡病閉目則身體動搖等症

一治腦系衰弱之精虧病精冷精滑不固夢遺消精陽萎不舉房勞過度手淫等症

一治腦系衰弱之精虧病脊部痠軟及膀胱病小便赤白腎力不足不能遠出精淨之血及其酒色過度陰萎早洩等症

一治腦系衰弱之肺經病呼吸不順神經衰弱咳嗽傷肺及其肺癆等症

一治腦系衰弱之胃經病胃不消化反胃嘔閉飲食不思嘔吐不安胃氣疼痛等症

一治腦系衰弱之肝經病肝旺肝陽氣逆易怒等症

一治腦系衰弱之婦女病經痛子宮寒冷病赤白帶下小產血虧血崩等症

一治腦系衰弱之年老血衰精神疲軟筋骨疼痛以及小兒虧弱肚腹膨脹先天不足後天失調久病等症

按保壽丸一藥乃與腦筋系之強壯劑內含有関於補血液肺健胃保壽之滋養料余歷以是丸療治病家而能在二十四點鐘後即見精神強壯飲食增加能常服實有祛病增壽之效果云

德國醫學博士總根士氏附告

價目

大瓶（六十粒）壹元柒角半

每打　拾柒元伍角

小瓶（三十二粒）壹元

每打　拾元

中國總經理處　上海英租界分合路南仁慶里一百另一號門牌內　德醫生保壽丸批發所

中國各大埠各大藥房均有分售

上海 四馬路 五洲大藥房

人造自來血

（一）胎養
人之未生 是曰先天 先天血足 體質強堅

（二）初生
人之既生 儘能哺乳 乳水不足 血多乃補

（三）蒙養
人生七歲 一律入學 血足之兒 聰明智覺

（四）成童
天眞爛熳 兒童之常 游戲過度 血足乃強

（五）弱冠
男子二十 年交弱冠 知識已完 血虧是患

（六）學校
潛心向學 朝夕勤勞 血輪強健 足冠羣曹

（七）交際
飲食酬應 最易傷身 體強血健 乃成完人

（八）婚娶
早婚之害 人盡知之 養身補血 在初婚時

（九）生子
一索得男 能延嗣續 我血不健 兒血不足

（十）衰弱
已過中年 如日將西 氣血不充 焉能支持

（十一）老年
人既老矣 去者不來 速速補血 老當壯哉

（十二）一生
人生百歲 體氣當強 飲自來血 是爲妙方

甲寅（一一）

牙科第一

二十世紀舞臺上牙科稱巨擘者斷推徐景明文兩先生先生自美國殺附特殺附牙科大學堂畢業領得最優等文憑復經美國政府認可旋遊歷德法意瑞等國與各大名醫討論益得治牙秘鑰在滬設牙局十餘載醫愈奇難牙症不少而鑲牙補牙拔牙均照泰西妙法而復參以己意尤爲絕技前清王公貝子尙侍督撫暨民國諸偉人以及大紳富賈名門閨秀著名西商凡有牙患者均請先生靡不奏效賜額登報已如司空見慣即如鄙人歷年患牙均由先生治理並介紹於諸親友益深信先生於此道三折肱也先生近復造製一種藥精藥粉久用之可無慮喉痧之發現而且牙之有患者用之能除患牙之未患者用之永無患殺虫去穢固齒衛神味勝龍涎香逾雞舌猶其餘事誠聖藥也鄙人連日患牙痛先生藥之即愈復爲鑲補非特如天衣無縫且可嚼骨如少年時不勝愉快特撰數語介紹同胞如有牙患者認明上海四川路四十號徐景明文牙醫局求治可也　朱葆三謹啓

河南新野縣順興當商張金甫先生来函謝来血自治愈吐血及面色青黃四肢無力之效驗

五洲大藥房鈞鑒敬啓者 鄙人 體氣素虧兼加吐血之症以致面色青黃四肢無力即延數 名醫診治藥餌百十餘劑毫不見效實以爲憂嗣有友人述及 貴藥房人造自來血功力甚大 鄙人 甚然其言 是以亟託在漢友人購來一打照法服之未及半打而所受之病 全行脫體並且胃口大好精神異常煥發 面色紅潤可見人造自來血誠是聖藥也特此鳴謝敬請道安

河南新野縣順興當商張金甫鞠躬

民國三年二月十八號發

上海四馬路五洲大藥房抄登

定報價目

全年	十二冊	報費四元	郵費三角
半年	六冊	報費二元二角	郵費一角五分
每冊		報費四角	郵費三分

凡直至日本東京本社定購者以日銀核算不收郵費

廣告價目

每期	每頁	價十五元
每期	半頁	價八元

長期另議

廣告費先惠

不許翻印

發行人　漸生

編輯人　秋桐

日本東京小石川區林町七十番地

發行所　甲寅雜誌社

日本東京小石川區久堅町百〇八番地

印刷所　博文館印刷所

上海代派處

來青閣書莊　中華圖書館　掃葉山房　著易堂　國華書局　海左書局　千頃堂　棻光社　時中書局

會文堂　江左書林　懋林書局　科學書局　時新書局　中國圖書公司　新學會社　羣學社　神州圖書局　科學編譯部

各埠代派處

北京直隸書局　北京鴻文書局　南京江南圖書公司　廣東著易堂　武昌著易堂　天津直隸書局　保定直隸書局　奉天會文堂　常州晉升山房

鎮江電燈公司　無錫樂羣公司　常熟翻學堂　寧波新學會社　寧波汲綆齋　長沙羣益圖書公司　長沙集成圖書公司　成都萃記書莊　重慶萃記書莊

大中華民國
上海北四川路三十號
伊文思
圖書有限公司

書籍大綱

英文　讀本　工程學　畜牧學
德文　三角　鐵路學　微積學
法文　幾何　演說學　飛艇學
俄文　代數　心理學　拉丁文
工業　測量　倫理學　希臘文
法律　駕駛　修詞學　世界語
政治　音樂　教育學　算學表
理財　醫學　社會學　函牘類
商業　化學　生理學　科學叢書
美術　農學　衛生學　方言書類
格致　哲學　天文學　機械繪圖學
圖畫　名學　地質學　英文習字帖
地圖　文學　動物學　公民必備叢書
地誌　詩學　植物學　英文典教科書
作文　算學　物理學　水彩畫及雕刻術
歷史　礦學　簿記學　英德法拉丁字典

本公司運到大小學校適用歐美西文書籍三千餘種皆是精美完善之本書富價廉之譽久爲海內外教育界讚許但名目繁多不能盡列謹將各種書籍大綱開列於上欲知詳細請閱本公司『書籍目錄』便悉目錄後并載有購書章程函索即寄不取分文

注意　(一)函索目錄須指明由**甲寅雜誌**介紹　(二)來函須中文並將收回件地址載明方可照寄

分售處　○天津**大公報**　○北京**廣學會**　○香港**聖書公會**

民國三年
六月十日

第壹卷
第貳號

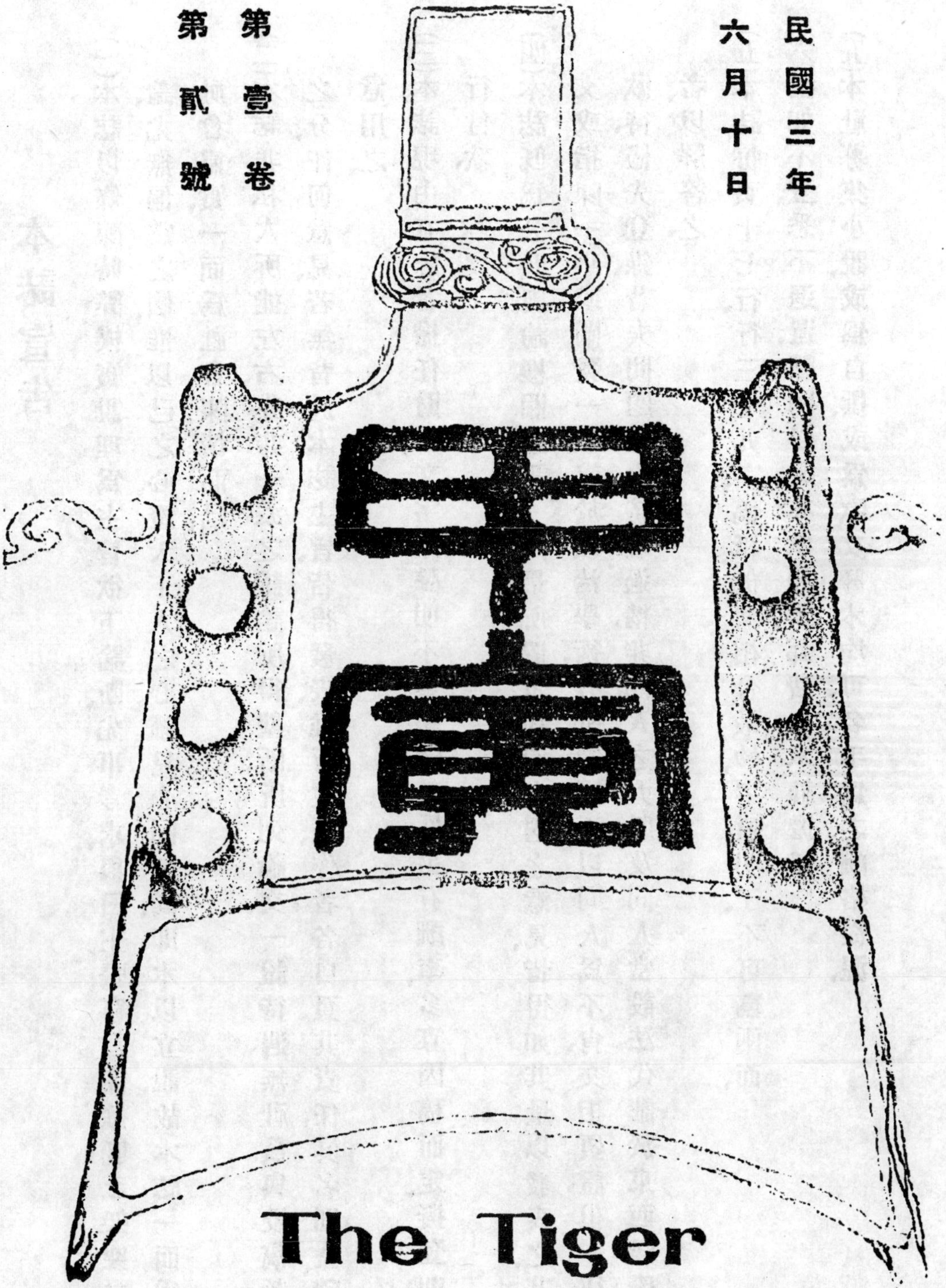

The Tiger

本誌宣告

(一)本誌以條陳時弊、樸實說理爲主旨、欲下論斷、先事考求、與曰主張、寧言商搉、既乏架空之論、尤無偏黨之懷、惟以己之心、證天下人之心、確見心同理同、即本以立說、故本誌一面爲社會寫實、一面爲社會陳情而已、

(二)本誌非私人所能左右、亦非一派之議論所得壟斷、所列論文、一體待遇、無社員與投稿者之分、任何意見若無背於本誌主旨、皆得發表、惟所主張、作者各自負其責任、眞名別號、隨意用之、

(三)本誌現由有志者擔任財務、文字除聲明不索報酬者外、另有酬率、多寡因稿而定、擬登即行付款、

(四)本誌既爲公共輿論機關、通訊一門、最所置重、務使全國之意見、皆得如其量以發表之、其文或指陳一事、或闡發一理、或於政治學術、有所懷疑、不以同人爲不肖、交相質證、俱一律歡待、儘先登錄、若夫問題過大、持理過精、非同人之力所及、同人當設法代請於東西洋學者、以解答之、

(五)本誌每頁十七行、行三十九字、稿紙能與相合最妙、字須明了、不可寫兩面、

(六)稿如不登、悉不退還、聲明必還、亦當照辦、郵費由本社擔任、

(五)本社募集小說、或爲自撰、或爲歐文譯本、均可、名手爲之、酬格從渥、

甲寅雜誌第一卷第二號目次

國家與責任

秋桐

今之人競言國家矣。政治一呈險象。羣相語曰亡國亡國。士夫矜其策略。動相勵曰救國救國。究其實國家者何物也。亡國云々。亡之何爲而可懼。救國云々。救之胡從而著手。此以詢之當今師尹。與夫政社名賢。必且瞠目不知所答。蚩蚩者氓。更不俟論。即余小子發憤自效。欲爲讀者諸君。稍々陳述近世國家之義蘊。亦驟不辨何者爲吾人已具之理想。何者爲吾人必守之定義。是舉國之人。皆不得其爲國之道。而漫言爲國。宜乎吾建國三年。而日在夢中。全不知所爲何事也。於斯而望其國之幾於治焉。此誠韓退之所謂航斷港絕潢以望至於海之類也。

國家者何物也。以吾舊義推之。實視爲一私人之產業。孔子曰。天下國家可均。此言均國家。殆與墨子所謂厚於貨者分人以祿。(一)同一義解。語云。竊鉤者誅。竊國者侯。國而以鉤爲喻。貨之之意尤顯。漢高帝曰。某業所就。孰與仲多。黃梨州謂爲逐利之情。溢之於辭。(二)大抵以國家爲逐利之資。實吾國數千年來治亂興亡之恆軌。無可諱也。以是人之爲國宣勞。謂之與人家國事。爲國盡瘁。謂之食人之祿。忠人之事。岳飛所謂精忠報國。義實同於爲君復仇。進徵他例。疏舉莫徧。一言以蔽之。吾國蓋實行以國爲貨之說。茲說至滿清既倒而始衝破者也。

貨國之說既破。勢將別求所以釋國家者。以爲立國之本。於是民國已三年矣。今之國家。其所以異於

(一)見墨子尚賢中、

(二)見明夷待訪錄原君、

前清者。究安在乎。愚爲此言。非謂君主國家。其國云者。必如吾歷朝之所爲也。稍通歐史者。即知自法皇路易十四倡言朕即國家以來。歐人視爲不祥。已絕口不復道。及今之君主國如英如德。其所以詮國家者。未嘗與法美殊科。英人之國家觀念。開發甚遲。故其學者。多取美人所言。奉爲圭臬。美之大理院嘗爲國家立義曰。「國家者乃自由人民爲公益而結爲一體以享其所自有而布公道於他人者也」(一)此其爲義。英人以爲至當。愚習憲於英倫。頗熟聞之。即此而詳晰之。且待後幅。今茲之所當知者。亦即在君主國且無人敢私其國以爲己有已耳苟前清之季。憲政修明。美洲大理院之定義。早堅植於吾邦。如英倫然。則愚敢言今日之國家。其實質與理想中之君主國。並無二致。反之、苟號稱民國而前舉貨國之念其根不可爬梳陽奉共和之名而一切惟返乎專制是務則愚又敢言今日之國家其實質與獨裁體之君主國並無二致於是民國已三年矣其國家所以異於前清者究安在乎

答此問也。若將三年以來之政象。之輿論。條分而縷晰之。以內籀歸納之方。尋其所作國家之界。則區區短篇。不能爲力。且傷時之說。或亦非讀者所樂聞。惟最近政府所頒新約法。其第三章第四條有曰。「大總統爲國之元首。總攬統治權。」條文至簡。又爲國人所共見。愚試準以爲說可乎。愚聞統治權出於歐文薩威稜帖。薩威稜帖者。猶言一國最高之權也。國而無此最高之權則不國此最高權而無國則不詞是故國家與統治權合體者也從其凝而言之爲國家從其流而言之爲統治權之二物者非二物也一物而兩象者也今曰總攬統治權是不啻曰總攬國家也國家而有總攬者是別建一人於國家之上也是世主可得而均權奸可得而竊劉季可得以誇於仲路易可得以同於朕者也是吾爲民

(1) A State is a body of free persons united together for common benefit, to enjoy what is their own and to do justice to others.

國立法其結果乃至貨國家於一人而所謂民者將自居毒其肝腦離散其子女以博一人之產業外可無他事也。吾知約法會議諸公勸求古訓熟察往事於「微言大義深入人心」(一)之道與夫「歷史地理風俗習慣」(二)之成守之而不失衡之而不爽始有此適合國情之作。昔者羅馬改爲帝政政事猶準乎共和今吾國初入共和立法宜未能離乎專制據京滬各報大總統聞約法會議將以統治權總攬者屬之即示意該會不得以此列入大法滋人疑慮而該會不聽屬草既定會員莊君蘊寬爭之不得致以辭職而該會不顧可以見其所信之堅矣。今若首課議者以逢惡張寵之誅(三)次數其曲學阿世之罪彼必且怫然不受曰此吾儒之微言大義也此吾國之歷史地理風俗習慣也。此而當誅則吾儒之微言大義當誅此而有罪則吾國之歷史地理風俗習慣有罪若然則愚可得以答吾之問曰今之國家他非愚所敢知由約法觀之則實與曆朝之所貨者無甚差別於此而民國云云約法云云亦梨洲所謂「周旋於此膠彼漆之中以博憲章之餘名此俗儒之勦說也」(四)已耳安足貴哉。

說者曰「國之元首總攬統治權」日本帝國憲法第四條之所規定也。吾隣有之吾安在不可效法於此愚若遽曰日本者帝國也吾非帝國自當別論聞者必能設辭以答曰若君主國一切皆非美之法制

(一)約法會議咨大總統文有云「春秋著大一統之文孟子垂定於一之訓微言大義深入人心」

(二)又有云「制定國法而與一國之歷史地理風俗習慣過相違反則畢雨箕風之未協勢將南轅北轍而無功」

(三)莊君上總統書云「增修約法初意不過欲就其束縛政府過甚處爲排除之耳乃一般議員誤會意旨妄事揣摩竟以矯枉過正行之至於變本加厲國人縱不欲議政府之後然若有外人著論及之恐於政府名譽大有妨礙」總統親書感謝兩字答之見五月十三日順天時報

(四)見黃梨洲原法

法之政制。胡乃俱有取於英。吾人亦問其眞理何若耳。初不當先設成心。吐棄君主國所有政質也。玆說也。乃愚持論之所夙守。敢不拜嘉。惟君主國之政質吾不當吐棄云者。亦謂若而質者無論何種國體之所必備或皆可通者耳。如司法獨立。此必備者也。故美承英系。而美之民政轉強。內閣負責。此可通者也。故法承英系。而法之共和無礙。其所以然者。則是種々俱無關國體之本問題也。國體乃已定之前提。不容置議。其所參酌古今衡論得失。亦限於在此國體之下。何者爲宜。何者爲不宜而已也。如其不然。美之康格雷。以英之君主爲可羡。議行帝政。英之巴力門。以法之民主爲可羡。議行民政。則事關國體。其性與革命無異。此必不得以採用他國法制爲詞。漫圖囫圇吞過也。是故政黨之運行政治製爲黨綱與他黨立異。有最要之規律。曰其異點宜在實際而不宜在本根(一)即此理也。今爲問日本

(一)愚前在民立報立政黨組織案未竟。中有一節。於此點頗多發明。以其切要。請得舉之。「我曾有名言曰。「政黨當以眞正之異點而分。而所謂眞正之異點。必屬之重要問題。而不屬之根本問題。」玆所謂根本問題。即關於國家組織問題。例如在共和政體之下。有黨以君政自異。是其政策行而國家根本立見動搖是也。此其異點雖與他黨皎然分明而於現在國體範圍以內不能圖其實行。誠重要矣而不落實際。此政家之所最排斥者也。是故政黨製定黨綱。當以在現時政治組織以內所能活動者爲標準而其與他黨相周旋。持以定爲適當之敵體與否。其標準亦如之。前清之季。北京政客。有統一黨之組織。其幹事嘗布之宣言書有曰。種族之問。時起猜疑。排滿排漢之說。隨時有聞。革命黨隱然爲一絕大之團體。橫行國中。不可無講統一主義之黨以對待之。當時記者即有論駁之。謂政黨者不容變更國家之本體者也。凡政黨皆求於現行國家制度之下。相迭代用。以施行其政策者也。革命黨之政策。果安能求掌內閣以施行之。故革命黨乃秘密黨。非政黨也。今創立一黨。而視爲對待者。乃在政治範圍以外。豈非無意識之尤。其後南北戰爭。清帝求所以自全之道而不可得。乃許革命黨入京。建設政黨。其無意識亦同。凡此皆舉極端之例言之也。其或以國家民政過於發展如法蘭西。君政過於發展如意大利。革命黨亦恆入議院參政。其手段雖不必出於暴動。而目的要在變更現行國體。法意兩國以此之故。政海每多風波。各政黨求以和平之更迭相

憲法以統治權屬之元首乃法性爲國々之所必備或國々之所可通乎抑爲日本之所獨有乎果皆通法制問題乎抑國家根本問題乎果政體之事乎抑國體之事乎吾知日本君主國也君主國之統治權以史蹟所貽當然屬之元首然若無死法以呌破之則頗有自由解釋之餘地而其國政治之運用轉以圓融是故君主國之盛强首推英德而英之學者謂其統治權在巴力門英王無與也德之學者謂其統治權在國家德帝亦無與也是故日本所謂元首統治之說不僅非國々之所必備而亦非君主國之所必備不僅非國々之所可通而亦非君主國之所必通是其爲一國獨有無疑也日本學者欲將其所獨有者傅會法理聞執人口而明辨之而護持之所費之曲說不知何許疑之者爲美濃部達吉信之者爲上杉愼吉審其說之難通而談爲無用之憲法論不與深究者爲浮田和民(一)而要

代用事。如英倫之所爲耳，乃不可能。此政家之所最慰爲盼望者也。今吾國革命既成。亟宜求泯從前所有之猜嫌。謂與從事於實際政治之改進，苟有爭焉。亦爭之於此而已。當不當視國本爲兒戲相率以行事或自論動搖之也記者歷觀各黨。其黨綱意在變更國是者。尚無所見，而其總論他黨之標準。乃或在政治範圍以外。如此次北京報界衝突事。國民公報之南京假政府五字。雖有他法解釋。而其不認同盟會之所爲。在適當之政治範圍以內。式可推知。其在他一面。同盟會々員之攻擊該報者。則又加以意圖煽惑叛逆民國之罪，是兩方製思發論。皆溢出實際政治以外。涉及國家所以成立之基礎，自不待言。此就政黨前途之險象也。且同盟會者，本革命黨之改體。論者謂多危險之分子。而共和黨人。本多前清之立憲派。其入民國，又易受反對民政之嫌。本此暗潮。演爲政爭。國家之受禍。必且有更烈於法意兩國之革命種子明々出入於議會也者。此就大可危懼者也。如記者所冒不謬。則欲消弭此種惡象。亦惟在各政黨持以雅量合度之態。而還其大公無我之心。革命立憲等名詞。視爲歷史上之泡影。不一爲涉念。而相與爭持者。一以實際政治爲斷。始終認定反對黨爲合法之團體。一切杯弓蛇影之談。屏之至淨盡耳。記此其爲說。今日觀之。誠一無用之陳文。而在當時。則不失爲有益之文字。使此說而有力，國事或不至敗壞至此。而已至此。吾人惟以儆將來。不必以告既往。今之不憚煩之亦在闡明爲政不當傷及國本一點而已。

(一)日人星島二郎，集日本各家所論憲法諸說都爲一册，以美濃部上杉兩博士爲主峰，題曰最近憲法論，足見日本最近憲政之思潮，有一同認之點本之以發論是何也。則以統治權屬之君主乃國家根本問題而非普通法制問題易詞言之。乃關乎國體而非關乎政體也而關乎國體云者是謂統治權之規定乃日本之君主國體所由立也今吾不察。亦漫以此種規定。移而植之約法。又爲問吾之國體爲共和乎抑君主乎果共和矣而吾竊取人之以別其君主國體者列入大法用意安在而且竊取人之以別其獨有之君主國體爲他君主國所吐棄者用意又安在諸約法議員者。諉曰不知吾猶恕之苟知之而故爲之則今之共和固不値一錢而堂々國體乃竟若芒若昧而由數十刀筆之吏舞其文墨潛銷暗蝕以去則恐梨洲俗儒勦說四字尙未足以蔽其罪也。

與言及此。不得不略作國體與政體之別。然欲明此別也。當先嚴國家與政府之分。國家者何。亦如前言。統治權之本體也政府者何。領受國家之意思以敷陳政事者也統治權之本體與敷陳政事之機關在法理絕非同物較然易明而有時人莫明之者則爲歷史陳迹所拘之故蓋古來國家。實建設於政府之內。國家政府。合爲一體。後雖逐漸分明。而由甲種政府。折而爲乙種政府。前者混乎國家。後者實與國家有別。而蟬蛻之迹。極其無形。程叙又極迂緩。新舊兩者之界綫。殊難劃清。於是欲在政府之外。建立國家。使國家自國家。政府自政府。終不完全。雖然。此在古國而憲法有相承之系統者爲然也若曾經革命將從前之系統破壞無餘而別創一新系統使新舊交替有至明之迹不可掩者則愈於此若而國者每有絕大之機會建立國家於政府以外蓋革命既成國家以立由國家編製憲法憲法定而政府之形式以生政府者乃依國憲之條文體國憲之法意以施行政事者也政府由憲法而生國家決非由憲法而生國家者造憲法者也憲法者非造國家者也有國家而後有憲法有憲法而後有政府國家者。乃純乎立乎政府之外而又超乎政府之上立國至此。而國家政府之觀念。乃眞分明矣。(一)此種觀念。美洲人士。自以爲得之最明。觀柏哲士之書。即其代表。其所以然者則以曾有機會先創國家而後立政府也。當其離英獨立之時。全洲自由人民。經一定之組織。集爲一體。此組織者統治權之所寄也即國家也至政府當作何式尚不可知也乃相與議之因字其體曰憲法會議憲法出而政府生政府生而機關備敷陳政事一準常經至此始有可言此理想也而以美人政治道德冠絕人羣竟能循此階梯一步而不紊宜乎其永葆此別而矜矜自喜也是說也。其在吾國。果何如者。

今吾號稱民國矣。今之人尤羣作國體政體之論矣。以愚觀之。吾之以革命而建國。其機會頗不讓於美。苟吾之政治能力。亦等諸美。則將不至道旁築室。三年不成。國情擾攘。以有今日。但在今日。而吾爲民國如故。人之倡言保存國體如故。即大總統亦宣示決不使帝政復活如故。彼其所以釋國體者。愚誠未求其說。惟解釋日本帝國憲法者謂統治權之所寄者曰國體約法既以統治權屬之元首如日本之所爲焉則欲求一說與此相應而又無背於所謂民國者果安在耶此曰國體矣所持以別爲政體者又何物耶易詞言之。何以謂之國家復何以謂之政府耶且吾聞之。凡以物與人者。必其物爲己所自有。約法會議。既慨然以統治權贈之一人。則約法會議不將自有其統治權乎凡有統治權者即爲國家是約法會議不將自命爲國家之本體乎然實則此團體也者。由大總統召集之。由大總統解散之。其所通過之法。由大總統公布之。與美洲之憲法會議獨立無對爲一組織體者猶天之不可階而升也人之度量相越不亦太遠乎嘻號稱根本大法未能籠罩一行政機關而行政機關轉能操縱

7

(一)此段本愚舊作國體與政體之別、另初入民立報社時爲之、說多本柏哲士、

根本大法易詞言之。是國家未能造政府而政府轉以造國家倘恍迷離緊難思議究其實何也彼約法會議者己身未存漫言造法宜乎尸不可居之名而冒大不韙之嫌辯兩體之別以貽百世之刼也是又何也彼約法會議者與於國家組織之事而實未嘗一與國家謀宜乎約法成而國家遠舉頭見約法不見國家也或曰。約法生於事實。事實如此。又奚論約法之有無。曰然。然無約法國家不過虛懸而無薄有約法國家乃至公然而退聽是亂國家者終不得不曰此約法也曩國會所爲憲法草案既出。日人有賀氏方大詈其學於吾邦。悍然以第三次革命字之。今之約法。至由之而國體壞。國本搖。不識有賀見之。又將何以爲言矣。

愚頗聞最有力之說曰。國苟不存。共和何益。國苟以存。不共和又胡害。吾人亦問國家將藉此以存否耳。初不宜先問符於共和至何度也。約法會議咨大總統文有云「改造民國根本大法。首在力求實利。而不在徒飾美觀。首在爲多數人謀幸福。而不在與少數人言感情。救國但出於至誠。毀譽實不敢計及。是以此次增修約法之結果。名以隆大總統之權。實以重大總統之責」蓋即斯說之代表也。此緊觀之。亦復言之成理。即愚持論。亦夙恥陳共和之美。而長國人虛憍放縱之風。就於斯言。決不絕端反對。俟至後幅。重與細論。惟斯時愚不得不爲一語。以破約法會議之迷夢者。則準此立言。欲以明其效顰東隣之故。而護其元首統治權之說。乃實自陷於絕地而不可通也。蓋議統治權之誰屬乃國家之事而諉責任於誰某以施行政事則政府之事二者爲界分明。有若鴻溝。是故日本以統治權屬之天皇因定其國體爲君主而政事所出則別有一政府存焉無與於天皇天皇惟高拱而已上杉博士曰「所謂君主國。乃以一人而爲統治權之總攬者。完全純粹。到處皆然」美濃部博士駁之。謂「以日本之歷史言之。藤原氏之擅權時代。與武家政治時代不論。即在今日立憲政治之下。統治權總攬云者果得稱為皇上一人之意而無他人之意入乎其中哉」(一)愚揣美濃部之言。即在表明國家自國家政府自政府日本雖以歷史上之事實。不得不以統治權歸之一人(二)致招近世法學之譏評。而實際上能盡國家政府為二不以天皇之尊橫干國政法治國因得確立人民遂亦安之學者偶然之論爭固無所影響於政治也今吾效法日本果何如者。革命既成。史例悉破。全無日本所謂「瑞穗國」「大八州天皇」之古典縈繞國民之心胸。而亦竊其萬世一系之言定為至尊無上之位同時復稱民國帝政永不發生負總統之初心淆民間之觀聽錯亂恍惚莫可究竆果胡謂耶夫亦既追摹日本有所規定矣。而又刻鵠不成轉而類鶩。蓋彼邦憲政本一大原則。中分兩部。一以統治權歸之天皇。一使天皇不負責任。其所以然則國家者無責任者也(三)而政府不得不有之今若以國家之本體起而負政府之責任則為之首長者勢將行其絕對無限之權而莫能制止之苟制止之其事即等於革命由前之說是無政府由後之說是危國家二者皆大不可也唯盡國家政府而二之使各守其防不相侵越而後國政可得而理茲理也。稍治國法者可以知之而不審約法會議諸公。胡乃茫然無所通曉。既以一國之薩威

(一)見星島氏所輯最近憲法論第一篇、

(二)日本井上密博士在『統治權之主體』一文、謂「據日本皇室祖先之歷史、自神武天皇以來、歷代之天皇、實為統治權之主體」見星島氏所輯最近憲法論、

(三)國家無責任、是一有益之定義、最須認取、愚曾在獨立周報作「國權與民權」一首、有曰、「國家者必具有最初絕對無限及普及之權力。否則不成為國家。此無間於國之為君主為民主也。在君主國。國權之量不加多。在民主國。國權之量不加少。」茲即統治權也。所涵四性。曰無限。曰最初。曰絕對。曰普及。乃柏哲士列舉之。就無限一性思之。可知其無責任也。

稜帖寄之總統同時一則曰「以重總統之責」再則曰「對於全體國民負責」。(一)他義請待更端陳之。以云爲總攬統治權下一義解則恐唯有見其進退維谷醜相畢露也已矣

責任何謂也是亦不得不爲讀者一詮釋之然詮釋此語。訴之常識已足。初不待高談法理。蓋無論何人所爲何事皆自覺其有不可不守之常經並知苟不守之人之於我輕將加以惡感重且科以嚴罰前者謂之義務後者即謂之責任是故義務者自守者也責任者人加諸我者也義務可自修之至一言責任則必有相對之個人或團體始生意味私人如此。政府亦然。蓋政府者國家所創置者也國家之權無限而政府之權則不得不有限苟無限焉則惟有通國家政府之藩而返乎專制無藝之實若而國者並非絕無可以存立之道惟憲法一物不當存在何也憲法云者其在歐文首以限制爲義而政權所使舉有一定之範圍不得逾越設或逾越而即有法督乎其後也由斯以談。國家自有憲法以上則政權無論大小要有限制既有限制要當建法以繩之斯法無他即號責任但此種責任以從政治與法律兩面觀之。爲象不同。因分兩種。聞之英儒戴雪政治上之責任。乃國務員失去議會多數之擁護。即當辭職。其字以政治。則當是時也。倘或國務員忘其廉恥。硬不去位。無人能控之法廷。科以罰爲是也。至法律上之責任。則關於國務員副署。凡政事所行。有國務員署名其上。其國務員即莫逃法廷之糾問是也。(二)如此分之。特於英憲爲然。苟或他國。以內閣經國會投不信任票而得通過。即當解職一節。在英倫爲慣習。號稱名譽律(三)者而亦勒爲條文。著之典册。如法蘭西憲法(四)以及吾憲法草

(一)新約法第三章第十六條、
(二)見 Dicey, The Law of the Constitution 三百二十一頁、
(三) The law of honour

案之所爲焉。(一)則戴氏所謂政治上之責任者。亦即法律上之責任。惟戴氏持說有一不可破之例則責任無論何往要不出於政治與法律兩類也夫法律者何法廷所得據之以判事者也以故以責任規之於法律必其可以由法廷糾問之者無疑法蘭西內閣責任問題未嘗一涉訴訟者乃其內閣嚴守英人之名譽律初不待法廷干涉也苟不如是則屬諸政治事情凡政治上之救濟必以政治手腕出之非法家咬文嚼字者可比惟語此手腕非可作爲概括之詞亦不能預設必由之路大抵其所施之程度何若當視民力之强弱民智之文野爲比例差以言其極在民主國美利堅總統約翰孫之自退林肯麥荊來之被殺皆其所以負責之道也何也彼在職之期載在憲章一成而不可易苟或於此期中其所行政大不滿於人民之所欲而在法人民無如之何勢唯有出於驅之殺之之一途也在君主國其例尤夥法皇路易之斷頭英王查爾士之授首吾國自桀紂幽厲經歷朝迄前清之死之流之滅之亡皆其所以負責之道也何也革命者專制之產物也橫暴者之執政有神聖而無責難國民不堪其虐非暴起而死之流之滅之亡之不足以自救而少緩須臾之死也政治責任此類是也今約法曰「大總統對國民之全體負責任」茲責任者果屬於法律方面乎抑屬於政治方面乎由前則法律舍法廷便無物今之起而糾大總統之責任者果何種含有法性之機關乎而其文明々有曰國民也國民至無一定組織散處如泥沙又安所執行法律乎法律之說既未可通勢不得不走入政治惟以政治上茫無畔岸之事漫然定爲法文張皇號召其爲絕無意識又不待沈思而得彼作法者亦何嘗不

(四)千八百七十五年二月二十五日之憲法第六條、

(一)憲法草案第八十一及八十二條、

抗顏以立說曰「以總攬統治權屬之國家元首。以重大總統之權。而又不能無所限制也。於是有對於全體國民負責之規定」(一)是責任生於限制。彼亦似有所知。惟問限制云者。爲之於事先抑爲之於事後乎。吾聞事先定其行權之範圍。斯謂限制。事後課其所行合於所限與否。斯謂責任。今約法不規之於事先而課之於事後。是當其行權時已無限矣。明々無限。而猶裝頭蓋面曰「不能無所限制」。豈非欺人自欺之尤。茲且姑如其意。以限之於事後矣。吾又聞行權無限者。而最後必有所以限之。其權亦與之爲無限。易詞言之。權利無限。其責任亦無限。此無限之責任何也。即約翰孫之所以見劾。林肯麥荊來之所以見刺。路易之頭所以斫。查爾士之首所以懸。桀紂幽厲。經歷朝以迄前清之所以死。所以流。所以滅。所以亡也。讀者如嫌所引例爲不祥。須知此不祥之例。約法實貽之。愚雖欲自諱病。未能也。即諱而不言。又胡益也。嗚呼。約法會議諸公。謂爲未知而偶爲之。是爲無腦筋。謂爲知之而故爲之。是爲無心肝。自今以往。隳民國之本基。召未來之巨變。蹈梨洲非法之法之譏(二)啓項籍彼可取代之欲。吾知非他。即此責任兩字也。

說者曰。總統對於國民負責任。此美利堅憲法之精神也。吾國體同於美。準美制而立爲法。焉可厚非。愚曰。美誠有之。惟非所論於今之約法也。曩者有一派之政客。意在取消內閣責任制。因倡爲總統責任制以抗之。愚當時即指陳後制不成名詞。其說曰「對於人民所負之責任。不過政治上之理解。決不成爲一種政制。專制皇帝亦誰非對於人民而負責任者。使總統責任制而成爲名詞也。則皇帝責任

(一)見約法會議咨大總統文。
(二)見原法。

制亦斷無邏輯上之理由使之不成術語是故責任云者通常乃指行政立法兩部之關係言之範圍不及於人民準此論思則總統制實一無責任之政制也」(一)斯說雖簡亦殊著明然總統對於人民負責一語究不脫於美洲學者之口者何耶則以總統制之特性在選總統一法選國會議員又一法使立法行政各々獨立(二)而同溯其源於人民以謂總統也者乃人民選之於國會無與故其責任乃對人民負之而亦於國會無與也易詞言之總統與國會議員同受命於人民以治國事各守其權不相凌越此中非有主從之關係也此以表示三權絕對分立之精髓而非所論於權限之大小也其言總統對於國民負責與言國會議員對於國民負責無二義也何也美人之所以釋總統責任者不外總統任期既滿國民可不選之是猶議員責任不外議員任期既滿國民可不選之也於斯有最須記取者則採用斯說必行政立法兩部之權限較然分明國會發令總統唯行國會之令以致之民如美利堅今制焉然後可也美利堅之政府得謚曰弱大陸法家謂為六頭政治(三)立法行政兩部之首長平分宰國之權相衡相觝而不相容者此也今約法會議諸公不此之悟既以大權寄之總統一身首與美制之精神相畔同時復竊其用語曰此對國民負責也此對國民負責也嘻彼中創憲名家華聖頓哈密敦亞丹曼狄生之鬼豈歆其非類者歟

本篇之職本非為諸君漫作法制之談尤無意評論新約法之得失覼縷如此已嫌詞費今請舍法律

(一)見民立報總統責任制篇中、

(二)參看本誌第一期白芝浩內閣論第六頁及第八頁、

(三)六頭謂總統國務卿兩院議長及兩院財政委員會長也、

而言事實。假定大法已行。民無敢言。梟雄不生。大權無礙。爲問稽之往事。訴之史識。一國之責集之於一人之身。此一人者。究能舉其責焉否乎。以愚觀之。必不能也。此政術之趨勢有然。非必負責者之甚不肖也。此其故前作政本論已詳之矣。無取贅言。約而舉之。一人負責者專制之別稱也。專制者強天下人悉同於已也。其自然之序。則爲四賊。以爲同者必有賴乎心腹。心腹以恃其同也。恆敢於抑揚威福以爲己私。而不使主知。是爲蒙蔽。即知之矣。而太阿既已倒持。主者亦將末如之何。是爲恣肆。凡爲同者。奉主之令。不如其意。所謂意者。又寧有限度。以是假威濟奸。壞法亂紀。皆由於此。是爲刺探。法既壞矣。紀既亂矣。彼輒敢從而爲辭曰。此主者之所命也。是爲諉卸。茲四賊者。猶陷阱也。專制則猶文繡覆於其上。人而好同。立見陷入。由是一人負責云者。特日居阱中。而與所設機械爲戰之謂耳。民生國計。果何與焉。四賊之次。又有曾滌生所舉四病。曰退縮。曰瑣屑。曰敷衍。曰顢頇。退縮者。同官相推。不肯任怨。動輒請旨。不肯任咎是也。瑣屑者。利析錙銖。不顧大體。察及秋毫。不見輿薪是也。敷衍者。裝頭蓋面。但計目前。剜肉補瘡。不問明日是也。顢頇者。外面完全。中已潰爛。章奏粉飾。語無歸宿是也。(一)茲四病者。有如黴菌。好同之治。則招菌之媒。人行專制。菌立飛入。由是一人負責云者。行見身爲菌塞。日爲所以清血殺黴生物之計而不暇。給耳民生國計。又何與焉。此外唐之魏徵。本說苑之說。別臣類爲六邪。「一曰。安官貪祿。不務公事。與代浮沈。左右觀望。如此者。具臣也。二曰。主所言皆曰善。主所爲皆曰可。隱而求主之所好而進之。以快主之耳目。偷合苟容。與主爲樂。不顧後害。如此者。諛臣也。三曰。內實險詖。外貌小謹。巧言令色。妒善嫉賢。所欲進則明其美。隱其惡。所欲退則明其過。匿其美。使主賞罰不當。

(一)咸豐初應詔陳言疏。

號令不行。如此者姦臣也。四曰、智足以飾非。辯足以行說。內離骨肉之親。外構亂於朝廷。如此者讒臣也。五曰、專權擅勢。以輕爲重。私門成黨。以富其家。擅矯主命。以自顯貴。如此者賊臣也。六曰、諂主以邪佞。陷主於不義。朋黨比周。以蔽主明。使黑白無別。是非無間。使主惡布於境內。聞於四鄰。如此者亡國之臣也。是謂六邪。」(一) 玆六邪者又集四賊四病之成其邪。初中於主專制者之一身。後乃浸淫蔓延滿乎天下。所謂亡國實又收六邪之大果。雖若賊若病若邪之所行其狀亦或以主者性分之有強弱而偶異。要而言之、「齊主懦弱、政出多門、上下相蒙、遂至亡國。周主立性凶強、威福在己、亡國之事、皆在其身」(二) 其必至於亡國而後已無二致也。如此則一人負責其效亦可覩矣。又焉在其可貴而必以著之典章懸之象魏也哉

或曰、子言專制而例周齊。亦太有辱乎政體矣。專制者有開明而博愛者也。漢唐盛時。即能希此。何子未或一思及乎。愚曰、然。惟聞漢唐之盛。果恃有文帝太宗其人乎。抑僅恃兩代之制乎。昔柳子厚作封建論曰、「夫天下之道。理安斯得人者也。使賢者居上。不肖者居下。而後可以理安。今夫封建者繼世而理。繼世而理者。上果賢乎。下果不肖乎。則生人之理亂未可知也」此以掊擊封建。固精警無倫。然愚不解以論君主世及之制。其理胡獨不爾。荀子病不通倫類。子厚誠犯之。而亦由君權絕對等諸天經。廢君改制之事。聖哲相望。舉莫思議。又不獨子厚爲然也。惟然。專制之效或有可觀特亦所謂賭而偶贏者耳「賭而偶贏。非能以之稱賭德也」(三) 或曰、在君主制誠然。若易君主爲總統。則非能者無以與還。

(一)魏徵上太宗疏、
(二)魏徵對太宗語、(三)語本白芝浩、參看本誌第一期白氏內閣論第十九頁、

吾知其弊可以免也。愚曰、然。玆又當問總統、果立於法制之下。抑仍獨操專制之權。由前則客說是。由後則客說非也。蓋總統而以專制爲號召勢必以專制爲護符以大錯既成騎虎莫下非此不足以全軀保妻子也於時苟非有他力忽起抗而勝之則其易選舉而爲世襲似又當然之事是故拿破侖入法迫而稱帝苟已身不囚必傳位無疑也克林威爾治英號稱護國積威過甚惟其子足以繼承苟王政不復長英倫者至今爲其子孫可也其弊又安在可以免乎或曰、吾惟問其身。不問其子孫。苟主者一時得人。則一時稱治。是專制終未可厚非也。愚曰、然。惟愚知既稱專制政情所演實無間於其爲君主抑爲總統總統吾無其例矣。試問君主專制之最良者果有當於近世國家之理者乎貞觀之盛可以稱矣而究其實乃魏徵之對太宗所謂「人在困危則憂死亡憂死亡則思化思化則易教猶饑人易食」而已非有他也昔者嘗怪黃梨洲博極羣書。深通治道。獨不解於孟子一治一亂之言。而信胡翰之說(一)謂有十二運者。起周敬王甲子以至淸初。皆在一亂之運。向後若干年交入大壯。始得一治。荒怪無稽。可笑已極。至於今日人口之理既明生計之義日顯遂乃了然於孟子之所謂治皆大亂以後人口頓減豪猾既盡良懦安枕初非誰家治術足以望此也迨生聚二三百年人口復殖求食不足挺而走險孟子之所謂亂又因以生如此展轉如環無端吾國二十五朝之史義可以此盡之矣從而稱述治道衡論憲章皆梨洲所謂周旋此膠彼漆之中並非於立國根本問題有何痛癢不然宋初之治亦極盛矣而胡乃開國幾及百年尚未爲民間興學既稍々興之逾年而其學復廢是學且不興國於何有教育如此其他可知(二)可見彼所謂治純乎消極民出粟米麻絲野無揭竿斬木太平之世即於是

(一)見明夷待訪錄數端。

期國民之眞正福祉果於何在非所計也亦非所知也試問今日立國果於斯而即足矣乎嘗論專制之政無論其文明達於何度而要於養成民力增進民德開發民智無幾微之實效而況乎達其所謂文明又恆在萬不可得之數也此不獨於吾國爲然。蒙孫(一)者、德意志之大史家。尤精熟於羅馬政事。而稱其帝政爲高貴無上者也。彼之史識宏通。見聞博洽。自有史氏。號稱絕倫。獨其崇拜勢力。好以成敗論人得失。頗爲學者所詬病。然且發爲論曰。「惡法之不完全任至何度惟若準斯法也國民之多數可以自由意志定其政略則以衡之最開明而博愛之專制政治其爲優越至無垠焉何也立憲政治進取者也富於生機專制政治停滯者也幾於死體」英儒哈蒲浩者。病歐洲近持國家主義過甚。其勢趨於官僚政治。而去責任政治將日遠。遂誦蒙氏之言。以諷其國人。本斯旨而發明之。枝葉扶疏。其說至爲精邃。愚既取而譯之。別爲一篇以資參考。不更徵引於此。惟上述數語。最宜潛玩。專制者死體也有何發育愚爲同說有曰「論治之家所以深惡夫同者非於同而必有所惡也惡夫同之不足爲治也苟足爲治至今可留於歐美彼中人士決無取流血斷脰以求去之」(三)其言雖簡亦可以深思其故矣。

(三)歐陽修吉州學記曰、「宋興蓋八十有四年、而天下之學、始克大立、」嘗槩宜黃縣學記曰、「宋興幾百年矣、慶曆三年、天子圖當世之務、而以學爲先、於是天下之學乃得立、而方此之時、撫州之宜黃、猶不能有學、士之學者、皆相率而寓於州、以羣聚講習、其明年、天下之學復廢、士亦皆散去、」

(一)蒙孫 Therdor Mommson 生於一八一七年、卒於一九〇三年、在德意志各大學講學最久、著書至九百二十種之多、於學無所不窺、無所不精、英之史家胡璐門、稱爲前無古人、後無來者、其博殆非吾之船山所能望也、

(二)見本誌第一期政本一二頁、

由斯以談。專制惡矣。苟攻其惡而謀復以專制代之。是以惡濟惡。國政斷無改善之望。雖不可擭日計。不可月計。亦不可兒臂不可紾急之不可徐々亦不可何也。以其主義之差非救治於其本根不可爲也。所以然者人莫不自私而有權者尤莫不欲濫用其權以自恣以是一國之人較然劃爲治者被治者兩級其中絕無連環可以交通情感互調利害則以全國之福利供一人或一團體專欲之犧牲實人類劣根必生之果無可疑也其因既明則欲解除專制之毒惟有還求之被治者之身而已英儒席兌（一）曰。「代議政體之所求者乃利用被治者加於治者之反動以改良政治也易詞言之。乃被治團體之利益必治者隨時可由被治者直接或間接以影響加之而後能充分保全也」寥々數言。已破政治之的。蘇張之舌。莫能降之。於時有一實際問題起矣。玆問題者。非駁吾說者之所特設。而亦愚頻々自叩者也。其間維何。即代議政治之成功。基於多數國民之智識今吾國多數國民果足以言代議之非否乎。愚請決然答之曰。否、不足也。不獨在吾國爲不足。盈地球之國。皆於此有未足也。蓋參政限於男子。謀男子而有是權。已非多數。況乎選舉上之制限。男女性以外。尚有多種。靡國不有之乎。以民智最高之美洲。其有選舉權者。尚不過全人口五分之一。遑言其他。是多數云者本非絕對之義而爲相對之言既相對矣則其所以爲相對者程度何若亦視其選舉法如何立耳初無定衡也以吾例之。苟其有選舉資格者不能有全人口五分之一而爲八千萬焉所有者不過八千萬五分之一而爲一千六百萬於吾說無礙也即一千六百萬而亦不可得所有者不過一千六百萬五分之一而爲三百二十萬於吾說無礙也即三百二十萬而亦不可得所有者不過三百二十萬五分之一而爲六十四萬於

（一）H. Sidgwick 引語見所著政治學、

吾說無礙也甚至六十四萬而亦不可得所有者不過六十四萬五分之一而爲十二萬八千止矣。蓋矣無可再減矣於吾說仍無礙也要之吾之所謂多數乃有選舉權者之多數非全人口之多數也吾知富於什匿克之思想者。或且謂吾國之有政治常識者。將不足十二萬八千人。則以中國之大一人首出而稱帝其所賴以奔走庶政位於百僚有司以及里胥鄉正者其數至少亦在十萬以外若此十萬人者毫不足與於政事將見責任政府莫立官僚政府亦莫立立憲政治無能爲專制政治亦無能爲是將吾人建國之資格從其根而撥之凡吾人一切言談悉歸廢止而愚茲篇之作尤屬多事可嘻想說者之意亦不如是也於是其國自足施行專制以上則本其人民固有之思想能力而以專制與他種政體相較在政治眼光稍形平直者無不立覺彼善於此不可以道里計何也史例來告歷歷可證內籀所得不可毀也簡而言之。則良專制首賴有良官僚官僚而號爲良必也「集若干人居之官府而其人皆經驗富有實力充滿持躬整飭處事公正足以捍衛國家導領社會者也」此其人之不可得於專制政治而轉得之於責任政治哈蒲浩又與吾人以鐵證使吾無法足以難之其言曰。

……蓋此種官僚如其有之必也自出政治之結果而非可由官僚自求得之也必也。先有改革之家。先覺之士。倡庶民議政之權。謀公平選舉之制。用力既多。經時復久。漸見政府之責。課自國民。庶政之行。公諸輿論。而後相衡相盪相責相望而大政治家可出非官僚自爲而即可冒其名以行也歷察往事。勤求實例。吾見平民政治而知所慎才行俱備公誠雙擢之夫有乘之以出者矣未聞民意衰退輿情不彰而寡頭當國其才行公誠之並能保其應有而儘有也(一)

(一)見本期哈氏權利說第三頁。

之數語者。在政治學中。實爲鐵案。羅馬大帝。且莫移之。愚百誦之而不厭。故於他篇旣擧哈氏全說。而仍贊稱於此。吾知好作什匿克之言論者。或且更謂吾國之「地理歷史風俗習慣」與歐洲不同。政則有驗於彼。良不必有徵於吾。是於哈氏之言。仍不能無疑也。愚曰、善。今請爲諸君更徵一說。英儒有邊沁者。喜言功用之學。以謂凡物必切實有用。然後可貴。學術政治。一切皆然。吾柳子厚有曰。「聖人之道。不益於世用」此在聞者。擧爲彷徨。若入邊沁之耳。彼將立曰。棄之可也。雖聖人何傷。其爲說斬切類如此。彼說初出。英人不甚信之。其徒多法人。以其書刊於巴黎。大陸之法家。首被其影響。而英亦漸取其說而理之。邊氏之學乃浸盛。十九世紀。英律之改良。悉淵源之。邊氏沒後未久。美人之主改造法律者。亦奉爲宗主。今其說之在兩陸。雖稍々衰歇。而數十年前。人民權利。未甚鞏固之時。曾若狂瀾巨浸。瀰漫全世界。蓋其深入人心。有不可磨滅者存矣。往者新民叢報。頗復稱引其說。淺識者流。以其競言功利也。輒起非之。實則功利二字。乃從日人譯語。並非確詁。皮相者因而紛爭。甚爲可笑。即吾家太炎。未明邊氏所言。趨重法律。而罕涉於倫理。亦頗引吾邦理學。以詆諆之。至今能擧邊說者。幾絕無矣。愚之敍此。在本篇實屬駢枝。而以寓其珍重介紹之思。遂亦不辭覼縷。究其所謂功用者。果何說乎。邊氏以爲凡事之能止惡而生善者曰功用。於是欲知功用之爲物。不可不知善惡之爲物。其說曰。

天之生人。卽置之於苦樂兩關之下。吾人一切思想。莫不起於苦樂。一切推論。莫不因於苦樂。一切生涯。莫不定於苦樂。苟若離苦樂而有所言。則其所言。必且不詞。人生唯一之的。卽趨樂而避苦。雖趨避之形式。儘有不同。有時且若反乎人世之通感。舍至樂而求至苦焉者。究其最終之的。實無以異。玆感情也。無窮而不可抗如此。誠論道之士。立法之子。所宜覃精鑽研者也。功用主義。無他。亦納萬物於苦樂兩感之下而已矣。

凡苦之謂惡凡樂之謂善由是而之焉之謂功用功用之學者不外即天下之苦樂而推算之比較之又凡此外之感情絕不使之羼入是也

在崇信功用主義者。於一切公私動作悉視其所生苦樂如何以爲贊成與否之標準舉所用公正不公正道德不道德善不善諸形容字皆其字含有若干苦樂之成分者也且所謂苦樂即常人所謂苦樂絕無新生武斷之義謂當排除何種苦何種樂其界始立而亦無至精極玄之理必須商之柏拉圖質之雅里士多德其蘊始宣苦樂者苦樂也無論何人皆同感之自王公以至農庶自鴻儒以至白丁一也

用學之徒之所謂德。即其由之而樂者。所謂不德。即其由之而苦者也。如見常人之所謂德所生之樂不償所苦將決然曰此僞德也即舉世盲從而彼將不更爲此僞德所束縛鄙夫之政策每在利用僞德以遂其所圖用學之徒深鄙之也又當世號稱罪惡者其中儘有無瑕之樂如此爲用學之徒所見將立宣言曰此僞惡也此小人儒之所謂惡也此奚害爲合法之行爲也是故世有罰非其罪者大爲用學之徒所憐而故入人罪之科條彼必盡殲除之而後已(一)

自邊沁之說出。是非之者。聚訟不能休。而非之者率在倫理一面。謂以其說作爲道義之準繩。不無流弊。至用以爲立法原則因由常人之所謂苦樂以求最大多數之最大幸福(二)則無所容其非難今愚鄭重引之。乃在表明政治之作用不外創一組織使同一社會之人其所懷趨樂避苦之感有共同之法以通之苟無法以通此則其所謂組織決無一顧之價值惟其所謂苦乃己之所謂苦非他人所能想像也其所謂樂乃己之所謂樂非他人所能代謀也又其所謂苦乃人人之所謂苦非法家拂士感

(一)說見 Bentham's Theory of Legislation.

(二)功用主義、亦曰最大幸福主義、

之而悲匹夫匹婦感之而不悲也其所謂樂乃人々之所謂樂非大人先生得之而笑庸童小夫得之而不笑也古之賢君亦或游臺榭而思民宮室被黼黻而思民衣服享珍錯而思民飲食御妃嬪而思民嫁娶然思其所思非吾之所思也吾思之吾重思之非吾不能出吾之所思實行之也哈蒲浩曰近世國家之所以高於中古及太古者以其於人民能力之發展使得充其量也」(一)愚爲之釋曰近世國家所以高於中古及太古者以前者人民之苦樂懸諸一人或少數人之意志而後者人民自定其苦樂且自應用之於政事也今之爲言者曰中國人民不足以與於立憲政治也易詞言之是中國人民不自知其苦樂而定之既不能自定惟有煩政府代爲定之而已也欲明是語之當否暫不問人民能否自定最宜先問政府能否代定有如前言「人莫不自私而有權者莫不濫用其權以自恣」是知政府代定之理決不甚長然惟折以理論說者不服以爲吾國饒有特別情形與他邦不同故愚取邊沁之說討論至此第其更無持理之地也乃進而衡論所謂特別情形者何如夫當今吾民之所苦者非外力之侵入而國將不保乎政府知其然也乃竭力講外交唱同盟遣密使聘顧問彼市我以恩惠吾報之以疆土彼假我以顏色吾施之以路礦果也四境安堵邊塵莫驚焉吾民之所苦者非財力之困窮而國將破產乎政府又知其然也乃竭力結交貲本家磋商銀行團今日一小借款明日一大借款揮霍不足繼以賄賂賄賂不足繼以賭博國富至此初未嘗蝕及小民焉吾民之所樂者非工商之發達乎政府知其然也爲之多發紙幣以擴充其資本爲之多縱兵匪以分銷其貨品憫鹽商之疲困則假手於洋監督以蘇息之痛商辦公司之無利則盜押於外國銀行而不使知之(二)吾民之所樂者非

(一)見本期哈氏概利說

生命之安全乎。政府又知其然也。為之遍設偵探民不良不被邏察為之四縱軍隊女不美不受姦淫偶語者不得不棄市為治安也有黨者不得不炮烙黥將來也凡此種々。皆今之政府定人民之苦樂而求所以避之趨之者也是非暫不論。惟若人民或其代表自為定之自求所以避之趨之其見象將有以異於上所云々乎否乎愚於此恕不更徵他例亦不為下轉語矣

興言至此。愚請簡單直截。以一語告我讀者曰。國民者宜享權利者也何也無權利不足以自行避苦而趨樂也苟無權利則賤種而已矣國民云乎哉國家者宜建之於權利之上者也(一)何也無權利其所舍分子不足以避苦而趨樂也苟無權利則奴隸而已矣國家云乎哉欲明此也。詳審上述吾國特別情形而已足。初不待廣徵學說。墮入理障。必欲徵之。愚已將哈蒲浩所為權利諸說。稍々述其顛末。別為一篇。以資考證。茲不贅也。惟亦聞人之言曰。「改造民國根本大法。……首在為多數人謀幸福。」(二)何謂幸福請有以語我來斯則邊氏功用之說尚矣(三)而哈氏一言尤須記取。「人羣幸福云者非以其分子所享權利之程度計之不成意味」(四)準此為推思過半矣目論之士。以為權利過張。而義務將沒。殊不知求權利正所以盡義務英人有恆言曰。不出代議士。不納租稅。是求代議之權利即所以盡納稅之義務也若曰稅所當納。議則無庸。則唯有從昌黎韓氏之說民不出粟米麻絲作器皿通貨財

(二)北京自來水公司，商辦者也，聞政府以之抵押於中法實業銀行，該公司後始知之，而已莫救。

(一)本哈蒲浩語，見權利說第三頁。

(二)參看本篇第八頁。

(三)本篇第八頁所引約法會議咨總統文有曰，力求實利，其所謂實利，或即指邊氏之所謂功用。

(四)見哈氏權利說第三頁。

以事其上則誅而後可也此盜賊之主義焉能施之近世國家矣乎必欲施之則哈氏又言「凡妄侵人權者必受懲創私人如是惟國亦然懲創自然之勢則解義務之環脫關係之鎖環也昔結之紐解今解之絕易鎖也昔聯之極困今脫之極順」(一)此其味深長最宜潛玩昔者民國初立約法告成權利雖未堅牢而已粗具形式人民生命財產乍獲安全急公好義頗復自勵故伏莽潛滋尚不虞其暴發散兵滿地尚不見其刼掠今則豕狼奔突民業蕩然人懷即死之心家挾流亡之歎國紐不解倘復幾何乎情論之此寧非政府剝盡人民權利階之厲耶今且不必深說要之國家者何前言之矣「乃自由人民爲公益而結爲一體以享其所自有而布公道於他人者也」享其所自有謂權利也布公道於他人謂己之權利必以他人之權利爲限也若者爲己之權利若者爲他人權利非人民自爲其界說決不適用也故憲法者質而言之一權利書也人民總意(二)之所發表以求協乎公道者也美之老儒吳汝雪(三)畢生之精力用於政學著爲訓曰「國家者宜有公道者也國家而無公道非適於人類社會之組織也勉强稱之辱其名者也此種國家直無存立之資格亡之可也」夫公道者何與人以相當之謂也與人以相當者何各有其應有之權利也故吳氏又曰「國家之基礎權利也欲求一合乎公道之國家非於權利之精髓見之絕對殆不可能僅本權利以之樹立國家固不完全惟若舍權利不言則禽視鳥息斯可矣至謂國家爲人類而設則不稱其名也」讀者勿以此老之言失之偏宕其實有至理存

(一)哈氏權利說第五頁
(二)General Will 譯本篇後
(三)Woolsey 引語見所著政治學第一卷第一章

焉不可毀也吾人有倡爲國家主義者。意在損個人以益國家。此說之可取亦視夫所爲損益之界說若何若漫無經界犯吾人權根本之說愚敢斷言之曰此僞國家主義也此曲學之徒軟骨之士奉爲禽犢以媚强權而取寵利者也又有提倡愛國心者。意在犧牲所有。以爲國家利。聞之鮑生葵曰「愛國決不在犧牲所有而在致其所有者於相當之位」(一)斯言精透。曠古無倫。於時有主張抹搬人民權利學而奉之一人或一機關以恣其蹂躪而又美其號曰救國蚩々者氓從而和之者愚敢斷言之曰此僞愛國心也此鄙夫利之以行其政策獨夫民賊利之以愚其黔首者也愚固非能篤信邊沁之學者。間嘗叩其功用之說。深思而熟考。而敢以應用至於斯度。不自疑也。說者終以慮或亡國。來相恐懾。愚又髣髴吳汝雲之靈越太平洋而來告曰國家存乎公道公道既亡國家又誰與存斯則言者慮或亡國而國之已亡彼乃不覺嗚乎吾文至此尙何言哉崑山顧氏曰「有亡國。有亡天下。亡國與亡天下奚辨。曰、易姓改號。謂之亡國。仁義充塞。而至於率獸食人。人將相食。謂之亡天下。……保國者、其君其臣。肉食者謀之。保天下者、匹夫之賤。與有責焉耳矣」顧氏君與國家之觀念未清。彼之所謂國。乃今之所謂君。彼之所謂天下。乃今之所謂國。由是保國之責任終不得不歸之匹夫之賤愚本篇所標責任頗涵多義今正告國人請竊取顧氏之說以終吾篇矣

(完)

(一)見鮑氏所著 The philosophical theory of the state.

中華民國之新體制

重民

五月一日新約法公布。吾人本無可說。知其如是如是而已。乃同日復有一極長之布告。讀之稍有感觸。蓋新約法出自意中。而此布告則得之意外。約法讀之可怖。布告則又與人以可親。約法畫龍點睛意趣索然。而布告則委婉曲折。意在動人幾微之際。似又終有不可泯滅者存也。布告甚長。要其所說。不過兩事。一以明改造約法程序之合法。一以明所造約法內容之中式。然新約法之內容如何。要是第二問題。故布告於此。亦始終不着一沾滯之筆。但觀約法會議所說。而精神已自活躍。獨至其經過程序。乃新約法死活所關。布告力爭此點。吾人有取於布告者。亦專在此。該布告始言去歲十月將修正約法案提交國會未議。黎元洪等尋以救國大計爲請。政治會議復請召集約法會議。于是政府頒行組織約法會議條例。繼之選舉。三月十八。會以成立。政府維持約法。不敢輕于改造之苦心如此。繼則述其三月二十日以增修約法大綱案。咨交約法會議。係大總統依照臨時約法原有增修提案之權。惟爲尊重造法機關起見。不便逕提草案。故只提出大綱七條。大總統尊重國憲之苦心又如此。并舉其原咨。中有云、惟事關改造國家根本大法。未便以本大總統一得之愚。拘束衆議。又有曰、相應依照臨法約法之規定。將增修大綱棄案提出。咨請約法會議開會討論。如荷贊同。如何如何。其足以證明大總統不敢自專之苦心又如此。最後將約法會議咨覆大總統文全行錄出。是則藉以說明新約法之根本大義。而并以表示約法會議之意思有如此者。此布告之大要也。苦心哉大總統

布告所用力說明之第一點。吾人姑且置之。蓋此次改造約法之程序合法與否。現在當不生何等問

題所可懼者惟將來耳後來之苦心者。如認爲不合法則現在所認爲合法者自當一切推翻。後來之苦心者。如認爲合法。亦可準用此合法之程序。推翻一切。不能謂現政府可以毀國會而改臨時約法後來之政府便不可毀國會而改現政府所改造之約法或其約法所生之憲法也何則。現政府有現政府之苦心。後來之政府。亦自有其苦心。現政府之苦心吾人苟諒之者後來政府之苦心吾人又安得不諒之然政府雖望吾人諒其以此程序毀法造法恐政府亦不願後來之政府復以此程序毀其所造之法而吾人亦諒之也故政府要求於吾人者在此一諒而吾人所懼者後來尙有無數政府皆將援例而求吾人之諒則其所毀所造者舉不足以言法吾人不特諒不勝諒且無以爲諒國人思之。政府思之。此何景象此何國家斯一諒者害豈有窮耶故以此程序。毀法造法。政府縱有望吾人相諒之苦心吾人亦自有其斷不敢相諒之苦心正無論政府所毀之法如何劣惡所造之法如何完善也然法亦既爲政府以此程序毀矣造矣。吾人雖不敢相諒。又如政府何。又如政府所造之法何。故此問題只能委諸時勢聽其自然吾人不能與政府爭政府亦不必求吾人諒斯兩得之耳

顧天下事亦不能專恃理論。馳於空譚。各國根本法之成立。律以法理。亦豈盡能絲絲如扣。如德如美之現行憲法。其成立之程序。法理上各有難於解釋之處。柏哲士至退而爲政治上之說明。蓋亦實有無可如何者在也。今使政府所造之法。果能使人滿意。即不滿意。或無大害。假以時日。安於無事。則其程序之違法。或亦習而相忘。更由此產出其他良法。轉相遞嬗。形跡益晦。信仰或亦漸隆吾人今日即不能體諒政府苦心。後之人必且多方設辭辯護。以固國本。俾無動搖。可斷言也。乃論其程序已絕無迴護之地而案其內容又萬無通融之理約法如此他又可知斯則不得不令人望斷氣絕者耳內容

奈何。其第十四條一口道盡。曰大總統爲國之元首總攬統治權。
吾人向不鄙夷君主制。亦向不迷信共和制。惟兩年來之主張。以爲既共和斯共和耳。君主之存廢。視
其事實能不能。斷無所謂可不可。吾以爲可。如其不能何。吾以爲不可。如其能何。吾人所宜研究者要
在利用現存之制如何而後可以利吾國福吾民焉耳惟其存也是知其能能斯可之矣而或乃以爲
國必君主而後可。絕對眞理所在。吾烏乎知之。際此飄搖。忠於謀國者。要信不宜有此。孰謂今日吾人
竟須本君主制以立言否則更無商量餘地咄咄逼人一至于此乃有新約法若也(一)
今假定此約法出於滿清朝廷。其總攬統治權也。當較民國總統爲有理。使一切規定如此約法者。試
問吾人能滿意否。激烈者不必言。即所號爲穩健者如之何。然或猶以爲有種族之見存也。更使此約
法出於日本萬世一系之皇室。其總攬統治權也。當又較滿淸皇帝爲有理。使一切規定如此約法者。
試問日本人能滿足否。一收賄事件也。日本人可挾以問政府之信任。一製艦費也日本人可挾以制
政府之死命。使在此新約法之下者能乎不能。吾國官紀之紊亂。與日本比較如何。吾國軍費之虛糜。
與日本比較如何。整飭官常。簡練軍實。此兩事者。非所謂行政。而又今日之切務耶。政府究爲臨時約

(一)雅里士多德國家三體說。近世學者已無所取。多別國家爲君主共和兩種。其區別之點。則專在法律上統治權之總攬者是否限於一人。其他標準。多不足採。如 Affolter 謂國家最高施政官。本承繼之原則。出於特定家族者。是爲君主國。有一定期限。出自選舉者。是爲共和國。然君主國之君主。亦有出自選舉者。如昔之選舉帝國是也。又如 Bernatzik 謂國家最高機關。對于其地位。有固有之權利者。是爲君主國。否則爲共和國。然共和國之最高機關。對其地位。亦有具固有之權利者。如里達聯德共和國之世襲總督是也。詳見格枚雅國法學第六版二十九頁以下。

法何條何項所限而官紀廢敗至此軍費浮濫至此蘗之國會。無理取鬧。誠不足與言。然又誰見政府懲罰貪污而國會爲之掣肘耶抑又誰見政府裁減軍費而國會爲之抗議耶去冬以還國會消而臨時約法亦亡。事實上統治權已爲政府所總攬誰復限制政府者。而官紀廢敗如故軍費浮濫如故其日不暇給者唯賣路賣鑛借欵數事若必欲更舉其效則白狠耳政府如其所總攬之統治權何吾人又如政府所總攬之統治權何國家之統治權奚屬。其性質奚若。姑不必論。政府欲總攬之者則亦既總攬之矣又何必有此約法此約法所規定者於政府已毫無所苦又何必有第十四條之規定。既于第十四條規定大總統總攬統治權第二條又何必言中華民國之主權本于國民之全體。噫。吾有以解之矣。

案統治權三字。見於臨時約法第四條。前此未有也。而臨時約法第二條。復規定中華民國之主權。屬于國民全體。主權與統治權兩觀念。是一是二。如同爲一觀念。則不應互異其詞。如爲兩觀念。二者在約法上當如何區別。此臨時約法解釋上最困難之一問題也。顧第二第四兩條。皆爲標示的規定。於實際并無何等效用。任删其一可。即并删之亦無不可。蓋中華民國。主權在民。爲自明之事實。不慮更有誤解。(一)而參議院大總統等之行使中華民國統治權。法理上亦毫無疑義。(二)若兩存之。無論從大陸學者之說。抑從英美學者之說。終難調和。憲法起草委員會。似亦有見於此。故只於草案、第一、條。規

(一)德儒多謂主權在君主權在民之說。皆政治運動之標識。雖載於憲法。亦別無深義。

(二)臨時約法第四條。人或疑其與統治權不可分之說有碍。實則統治權之性質。微特不可分實不能分本條當否。亦不容無討論之餘地。然與統治權不可分之說。實無相干。攻府攻擊臨時約法。亦專在此點。當別爲文論之。

定中華民國國體永無變更。主權統治權兩名詞。皆避而不用。而吾人讀其草案。必不致疑於中華民國主權不在民。亦必不致疑於中華民國統治權爲國會抑或爲大總統所總攬也。即此、次約法會議起草員所提出之增脩案理由。亦曰、「主權與統治權是否同物。學說紛如。今擬將第四條刪除。俾名稱歸一。觀念不淆」。故新約法草案第二十三條作爲大總統爲國之元首。總攬國務、不曰總攬統治權也。今約法會議既改爲總攬統治權。又明知與主權一觀念并存。難於解釋。而乃不刪去第二條者。豈故留以爲裝飾之具耶。曰、不然。臨時約法第二條。本曰中華民國之主權。屬于國民全體。今乃改爲本於國民之全體。而爲之說曰。「屬字不足以表示淵源于國民全體之意。故改爲本字。於理論上較爲妥協」於是中華民國之主權乃不屬于國民而屬于大總統矣在羅馬法。以爲「君主之意思。有法律之効力。而君主之權力。則淵源于人民。所謂羅馬國民之主權是也」此兩極端之思想。何以聯屬。則謂「治者之權力。由人民所賦。但其賦之也。乃讓與非委任。委任可撤銷。讓與則否」(一)此羅馬人之奇想。而中古以後所難于索解者也。不謂此義復見採於二十世紀之中華民國約法。而造法諸公。言必稽古。既以大總統擬堯舜。復以春秋孟子之世界思想。詁其總攬統治權之精義。聯絡貫串。煞費苦心。顧自羅馬人視之。終嫌詞費矣。請更証以大總統所提出修正約法大綱之第一條。其言曰、「臨時約法昧於主權不可分割之原則。至流於多頭政治之弊。應亟修改。以求主權之統一」據此統治權即主權。顯然益見。特自其淵源言曰主權自其所屬言曰統治權耳界限分明。了無疑義。格爾伯。乃謂。主權。說與。君主。主義。常相混惜不及見吾中華民國約法也。

31

(一)詳見威羅貝國家本性論第五章

然中華民國之統治權。亦既為大總統總攬之矣。吾人亦正不必問其淵源在民在天。抑或於民與天之外。別有所淵源。(一)共和國大總統。雖無總攬統治權之先例。而君主國憲法。亦未嘗無總攬統治權之明文。獨在君主國憲法。求如吾新約法者。亦正不可得耳。新約法第十四條。似抄寫日本憲法之第四條。日本憲法第四條曰。「天皇為國之元首。總攬統治權。而依此憲法之條規行之」在日本憲法。本條之價值。專在最後一句。蓋日本天皇為其國之元首。乃事實有然。無待規定。其總攬統治權。理論上亦自應如此。并不藉重憲法而後能之。故本條專以豫防天皇之專制。非以闡明天皇之地位。意義非常重大。歐洲君主國憲法。凡有君主總攬統治權之規定者。其下無不緊接此一句。(二)蓋統治權之性質不受何等限制。苟明定其總攬于一人而不規定其行使之法則。憲法所限制君主者無論何等嚴密

(一)約法會議諮覆大總統文有曰。「方今共和成立。國體變更。而細繹政權之轉移。實出於因而不出於創。」其所謂政權者。觀其前後文。殆即指統治權而言。總統府顧問有賀長雄謂中華民國統治權。由滿清皇帝讓與。約法會議所謂出于因而不出於創者。或亦即由滿清皇帝讓與之謂歟。有賀氏又謂滿清皇帝雖將統治權讓與中華民國。而統治權非自能發動。此政治組織之全權。實集於袁公一身。其所謂政治組織。於理當曰國家組織。有賀氏特避國家二字不用。實則不過謂吾國家以袁公組織之。袁公組織國家之權。則受諸滿清皇帝已耳。易言之。即滿清皇帝之統治權。非讓諸中華民國。實讓之袁公。總攬統治權於袁公。即作統治權集於一身。此新約法第十四條之由來歟。又有賀氏謂優待條件即清帝讓與統治權之條件。若然。直謂中華民國每年以紋銀四百萬兩租用滿清之統治權可也。何讓與之云。有賀氏說。見其所著觀奕閒評第一章革命時統治權移轉之本末。

(二)一九〇六年俄國憲法第四條。亦言皇帝總攬統治權。無遵照憲法句。此其唯一例外。茲將英德兩國譯文錄出。讀者比較觀之。可知德人所謂統治權總攬於一人。與英美人所謂專制。實一義也。

Dem allrussischen Kaiser gehoert die hoechste selbstherrliche Gewalt. (德、最高固有之統治權。屬於全俄羅斯皇帝。)

The Emperor of all the Russians wields the supreme autocratic power. (英、全俄羅斯皇帝握最高獨裁之權)

理論上皆屬空文(一)日本憲法之製定。伊藤博文實參與之。其所著憲法義解。詮釋本條曰「總攬統治權者。主權之體也。依憲法條規行使之者。主權之用也。有體無用失之專制。有用無體失之散漫」日本國法學家。多攻擊伊藤。誤以天皇爲主權統治權之主體。而不知其着眼乃專在統治權之運用。今新約法。鈔寫日本憲法第四條之前兩句而刪其最緊要之後一句。斯眞不得不令人駭然者矣。大總統乎哉。吾人甚願奉以天皇之名以求易此最後之一句。而不可得也。

日本憲法。自謂出自普魯士。而一八五〇年普魯士憲法。則不特無普王總攬統治權之規定。其第六十二條。且宣言立法權由國王與兩院共同行使之。參以該憲法第四十五條第八十六條等規定。明明採用權力分立主義。而林勒波因哈克等。仍執普王總攬國權之說。愚殊無取。普魯士憲法。取範於比利時。比利時憲法。成於一八三〇年。乃當時自由主義之產物。而權力分立說之實現也。普憲之成。決於民議。故於其根本主義。終以察哈里耶等說爲當。而日本憲法第四條。實別有淵源可知。現行德意志聯邦諸君主國憲法。規定元首總攬統治權者絕尠。日本憲法第四條究出自何國。吾人雖難確指。試一核及此等憲法規定元首總攬統治權之由來。則此類規定在國法學上之眞價自見。而吾新約法第十四條之意義。亦可以說明無餘蘊焉。德意志聯邦之現行憲法有是規定者。首推拜因王國。其一八一八年五月二十六日憲典第二章第一條曰。「王爲國家元首。一切國權總攬于王。照王所頒

(一)共和國大總統就任須宣誓。非常規定于憲法中。君主國憲法亦有類是者。Sachsen Coburg und Gotha 憲法一五九條。Ruess güngerer Linie 憲法八八條皆是。國法學上。一般通說以爲君主之行使統治權。除其憲法有特別規定外。宣誓非其必要條件。可知憲法有統治權總攬于元首之文。而又別不規定宣誓者。其遵照憲法行使之句。萬不能少。

本憲典之規定行之。王神聖不可侵」(一)後此一年即一八一九年。守爾丁伯爾王國憲法第四條。又後此一年即一八二〇年。赫森大公國憲典第四條。其規定幾於一字不異。他如一八二九年查克森遮林根公國根本法第三條。一八三一年查克森阿爾丁布爾公國根本法第四條。同年查克森王國憲典第四條。亦大致略同。至一八五〇年以後。諸小國憲法。多採民主主義。間有一二模擬成文者。亦了無深義矣。故吾人欲知元首總攬統治權之眞義。終當求之十八世紀初期拜因等國憲法。拜因等國憲法。實又有取於一八一四年法國之憲章。此憲章承拿破侖敗亡之後。包本王家興。專以宣明國權在君之義。學者所謂其國家以王組織之是也。(二)當時德意志諸邦。聯合反抗自由主義。謀有以壓服其民。孟德斯鳩權力分立之說。尤所深惡痛絕。故極力標明一切國權。集於君主一身。一八一五年六月一日之聯邦議定書。一八一九年九月二十日之加爾斯巴會議議決。與一八二〇年五月十五日之維也納議定書。皆著明其旨。而維也納議定書。尤爲章顯。諸國元首。亦旣主張總攬統治權矣。又不得已頒布憲法。限定其行使之方者。則外懾於法國革命之迭興。而內苦於自由主義之流播焉耳。包本王家所宣揚之總攬統治權主義。曾無幾時。又爲民主主義所破。一再革命。卒以廢滅。而拜因諸國。至今猶存。日本又從而師之。國乃日隆。雖其憲法。吾人未必滿意。其間。要自有不可畔之道焉。一治一亂。悉由乎是。無他。即國不可無政治上確實負責任之人是也。新約法模寫日本憲法第四條而删其

(一)Der König ist das Oberhaupt des Staats, vereinigt in sich alle Rechte der Staats=Gewalt, und übt sie unter den Ihm gegebenen aus. Seine Person ist heilig und unverletzlich.

(二)柏哲士評法國一八一四年憲法語、參看六頁注一、

最緊要之一句。日本憲法模寫拜因等國憲法而并存其似乎無甚緊要之一句。中華民國約法無論矣。凡讀日本憲法者。愚殊不能不望其稍致之意也。

所謂規定之似乎無甚緊要者。即君主國憲法所謂君主神聖不可侵犯是也。拜因等國憲法率與元首總攬統治權之規定。並列一條。至有深意。蓋此兩事關係至切。在憲法上最當注意。日本憲法。不過將此句提前另列一條。用意則無殊致也。格枚雅曰。「君主之神聖。法律上毫無意義。」又曰「君主之不可侵。言無責任也。蓋君主爲統治權之總攬者。故不服其他國家機關之裁判」總攬統治權者之不可侵。既爲當然之結果。則此種規定。專以明君主之地位。似無甚大要。實則不然。總攬統治權者既不可侵。既無責任。則不得不有負責任而可侵之人。神聖字樣。何等莊嚴。法律上竟無意義。則其於政治方面。乃大可思矣。可知日本憲法第三條與其第五十五條遙相呼應。(一)所謂文見於此而義起在彼者也。總攬統治權者。不可侵而輔弼總攬統治權者則可侵。行使統治權者不負責而贊襄行使統治權者則負責。惟其可侵惟其負責。總攬統治權者曰可。輔弼者曰不可。其所總攬之統治權不可得而發動也。總攬統治權者曰行之。參贊者曰勿行。其所總攬之統治權不可得而現實也。已不可侵不能強人受人之侵。已不負責不能強人負己之責。亦天理亦人情也。總攬統治權者。苟反乎天理。背乎人情。任

(一)日本憲法五十五條「國務各大臣輔弼天皇任其責」。與吾臨時約法四十三條「國務員輔佐臨時大總統負其責任」正同。所謂任責負責。自是指對議會言。惟歐洲諸國憲法。多標明對議會字樣。尤爲明瞭。修正案理由謂臨時約法四十三條規定。僅國務員對於大總統負輔佐之責。不知國務員之負責。由於副署。副署所以表其同意也。同意其人之行爲。即對其人負責。在專制時代。容或有之。憲政之下。此種謬論。決不能成立。否則須國務員對於大總統行爲。有不得不副署之責耶。若是者又何須國務員。

意行使其所總攬之統治權也將奈何。是尚有國法在即不經輔弼贊襄者副署不認爲總攬統治權之行爲不服從之是也直截言之即無論如何不許元首實行總攬統治權已耳既曰總攬統治權。又曰神聖不可侵。何等尊嚴。何等榮顯。凡在君主。孰不樂聞。惟其總攬統治權。故神聖不可侵。其於理論。又何等精透。何等圓滿。不知直轉而下便當曰惟其神聖不可侵故不能總攬統治權一與一奪有同兒戲揭而出之不値一笑而規定上既不着痕跡理論上亦毫無牴觸君主國憲法之妙一至於此而皇王后辟公侯遂盡俯首帖耳就我範圍即或明知其然亦自叫苦不得天下事之似乎至無理而又實有至理者蓋莫此若矣故當今君主立憲國。無論其憲法有無明文聲言元首總攬統治權。皆無不有此種規定。亦惟其有此種規定。故即以總攬統治權之名歸之。亦自無妨。即在無成文憲法之英國。王不能爲惡一語。亦無不銘諸腦際。其憲政上之各種妙用。皆自此出。至轉而適用於美國。既勵行三權分立制。此種教義。遂不能不限於行政部分。一切政治作用。幾無不承命於國會。而彈劾且不能不及於輕重罪。此無論何國不能倣效者也。南美諸國之亂。豈曰得已。約法會議既極口詆南美諸國矣而又激賞美制既激賞美制矣又以統治權歸於大總統大總統既總攬統治權矣又自負責任束枝西梧不可理喻要其旨歸不過權力期於無限責任務使不明而已夫以無限之力置諸不明之地徒自亂耳以言總攬吾亦竊未能信

新約法最令人不快者。莫如第十六條。該條所謂對于中華民國國民全體負責者。不知是何責任。如何負法。約法會議咨覆總統文。乃以此爲大總統所攬之權之唯一限制。幷引美制。以惑吾民。求其先例。轉在法國。略事徵引。已足寒心。更累讀者求十八九世紀法國革命史讀之。國家將亡。必有妖孽。數

之所在。殆不可逃。一八四八年非立既放。王政以仆。路易拿破侖被擧爲總統。其就任前即同年十一月四日之憲法。本於大臣責任制規定甚詳。嗣以路易拿破侖與國會衝突。乃捕治議員。解散國會。宣言更爲國家改造完備之憲法。斯即一八五一年十二月二十日憲法之由來也。其第五條言明總統對于法國人民負其責。其第十四條更宣明大臣贊襄總統。專對總統負責之旨。越年路易拿破侖即皇帝位。一八五三年一月十四日煥發大詔。申明皇帝對法國人民負責之義。實則無所謂責。又何云負。無害其爲總統亦自無害其爲皇帝。存而不廢亦固其所。無何革命復起。帝政又仆。則有今制。責任有歸。國以確立。而其亂已及於八十餘年矣。中華民國國體。將來有無變更。自別是一問題。今吾人獨怪新約法之經過與其無責任之規定何與法蘭西相似之甚。約法會議第知吾國有特別專制之歷史。而不知各國有同一反抗專制之歷史。人類若無同情。世界焉有公理。以言乎治。又將何從。美制誠與歐殊。然美政府對于議會不負責任者。非不負責任。實其政治上對于議會無責任可言。美之勵行權力分立主義。人盡知之。其總統除執行法律而外。非得國會委任或受其承諾。幾無一事可辦。故美總統政治上之行爲。不啻一一由國會爲之副署。(一)責任之制。將安用之。至於民刑事上之責任。又與其他官吏。視同一律。罪無輕重。悉可彈劾。又豈新約法第三十一條第九項空文可比。若如增修理由宗將對民負責解作天討。則桀紂可謂能實行完全負責任者矣。堯舜何足語此。循此理論。是非革命不足以糾正大總統之失。則吾人雖絕無贊許革命之理。政府將亦盡失其防止革命之據。如必以總

(一)美國政府不能出席於國會。國會不得求總統答辯。亦本此理。耶律芮克謂美國政府之報告書。其性質非說明其行政行爲者。蓋亦由是推而得之。

統當國。擬諸舜禹之有天下。人歸天與。自有其時。吾輩所不能已於言者。此等實行總攬統治權政治斷不容于今日。如能存者。清且不亡。焉有總統不謂約法會議諸賢既以誤勝國者復以誤新朝國勢岌岌豈容更有反覆。斯誠不得不令人太息痛恨者矣。夫古今世界亦豈眞有一人總攬統治權者。紂之爲惡不如是之甚。徒以責任不明積慝叢怨以至覆滅。民則何辜。與之偕亡。若今日者。撫我則后虐我則仇之說。豈復適用。造法諸賢。動引古訓。漫不檢點。推其本意不過在利用吾民傷今懷古之情藉售其指鹿爲馬之技。然吾恐十年來稍々萌蘗之國家思想將爲此等數千年前之世界主義所撲滅則獨夫見於域中。湯武亦來自海外。賢者於此抱器而奔。良無所苦。而人又以吾國爲商洛頑民矣。諸公且于平旦之際。稍一致思焉可乎。

新約法第十六條之眞價。亦既如上所述。立憲國之君主神聖。而不神聖。吾國之元首不神聖。而神聖同一機軸。各盡其妙。歐適雅有曰。「路易十四朕即國家之說。弗烈大王爲民奴隸之論。其言雖殊。義則一也。」本論至此。已覺更無可說。蓋統治權爲一人總攬。行使既無制限。責任又無歸宿。其他一切規定。悉無足道。惟約法會議諸賢。不特欲維持共和。並欲維持立憲。頗復駭異。用觀其維持之道。則又在設參政院。參政院爲大總統諮詢機關。其組織如何。須由約法會議々決。現尚無從推測。以意揣之。當即是政治會議之類。政治會議產約法會議。約法會議產參政院。將來又須由參政院產憲法起草委員會。其委員即以其所推之十人充之。此十人者。當亦不能出約法會議々員諸公外也。其草就之憲法。即由此參議院審定之。大總統得此參政院之同意。可不公布立法院所議決之法律案。大總統得此參政院之同意。得發布與法律有同等效力之教令。大總統得此參政院之同意。可爲緊急財政處分。

大總統得此參政院同意。得解散立法院。有力哉參政院。大總統得此而其所總攬之統治權。益發揮盡致。立法院則並其所有朝廷不甚愛惜之立法權預算權。亦銷歸于無何有之鄉矣。但以大總統總攬統治權爲前提。則立法權無論如何微弱。俱屬應有之義。惟此參政院等(一)是而非之機關愈多。名實愈覺混淆。國民覺醒。更遙不可期耳。此事無待多言。眼前即是鐵證。俟改約法。非政治會議約法會議承大總統諮詢而議決之者耶。此本千秋盛業。是非功罪。終有定論。惟從吾人良心所命。若完全歸過于約法會議。于心終有所不忍。若完全歸功于大總統。又豈大總統所願受。如此類者。窮于言說。只能一歎。專制之國無眞輿論。豈不由此。然枯桑海水。尙知風寒。耳目可欺。是非終在。過欝日久。宣導無術。終于爆發。其何能禦。而當舉世之人。瞠目相視。哭笑無從之際。乃又謂吾民『忍死須臾。不敢稍涉怨尤』矣(二)爲無責任政府之民之苦有如此者。增脩理由案謂設參政院所以崇體制。本意所在。雖不可知。吾殊喜其言含蓄有致。然又豈獨參政院哉。即此中華民國約法者。殆亦所以崇體制之類歟。而此類體制。共和國無有也。君主國無有也。亦適成其爲中華民國之體制而已矣。夫何言。

(一)政事堂諮詢議關也。參政院諮詢機關也。尤奇者第三十一條所列立法院之職權。其四項曰答覆大總統諮詢事件。是立法院亦一諮詢機關也。滿清末世。有內閣。有軍機處。有政務處。最後又有資政院而國以亡。時乃有憲法信條十五條。與新約法較。又復何如。然已無及矣。

(二)見約法會議咨覆大總統文。

外債

秉心

借債以治生。常人所苦也。恃債以爲活。將無以爲繼也。至於稱貸市焉。自朘其身。則非中風發狂神經罹病者所不爲矣。此鄉鄙之諺。庸夫愚婦皆能言之者也。聞之憂國之士。我其爲埃及印度。意之所指。乃在外債。顧愚觀今日所舉各債。謂爲治生。苦無確證。恃以爲活。猶嫌不類。主權因之而喪失。財政益促其危亂。而民生元氣。橫被摧抑。無復有蘇生之望。流毒所中。較之埃印。或又甚焉。即當事諸人。亦非必盡朘此四萬萬人而後快。而倒行逆施之所至。終必至喪亡其國。以自殺其身而後已。嗚呼。伊洛爲戎。寧可十稔。夫豈待吭斷氣絕而後有自殺之覺悟也耶。夫現世各國。皆不免於外債之負擔也。負債之額。雖各不同。而未聞以此之故。即陷其國於不可救之境。苟善利用。決其足以濟一時之急而無大害。且在財政基礎穩固之國。使無背公債原則以行之。更能藉以擘畫財政。期於有效。今之負債最多。宜莫如俄。然俄未以此損其強。美昔爲負債國。今乃進爲債權國。故謂外債亡國。其咎決不在債之自身。而在借債者之本境。西人論埃及之亡也。謂其人「無知」「不正直」富於「東洋人通有之奢侈性」不顧財政之通則。破壞公債之大例。屢累外債。得過且過。人欲橫流。法紀蕩盡。既窮復借。既借復窮。如環無端。不能自已。故破產之厄。無可倖免(一)然則以債亡國者。惟埃及爲然也。嗚呼。今吾國者。眞埃及之類也」自有淸末造。吾國財政。即見亡徵。任事者不能爲救國根本之圖。徒大興外債。以資冒濫。故鐵道借款一成。而宗社以覆。民國以還。更變本而加厲。自比國銀行以及五國銀行團所貸。已將達四萬萬元。而

(一)柯羅默 Cromer 氏所著最近埃及一書、言之至詳、

大借款成立以後。未及一年。已經簽字成立之借款。別有歸成鐵道。海蘭鐵道。滿蒙廣重各鐵道。與夫中法實業。美孚石油各項借款。其總額又將逾六萬萬元。(一)而其他地方借款。與夫已經簽字。尚未經中央承認。或尚付諸秘密者。猶不在此數。(二)如第二大借款成立。則此二年間所增債額。將至有十二萬萬元之巨額。益以舊借。約二十六萬萬元。此亦至可駭矣。嗚呼。鋤禾日當午。汗滴禾下土。小民之辛苦與達官之揮霍正成比例。惟今日揮霍去矣。明日索逋誰非以此滴滴之汗應之者耶。有以應之。猶可言也。一旦無以爲應。達官可以走避胡矣。吾儕小民將何以自處也耶。滿清之季。國紀廢弛。司農仰屋。惟恃借款。然猶有所忌憚而未敢輕丐外人顯授以干涉內政之柄也。用途曖昧。侵蝕固多。然見諸合同者猶多限於軍費賠款以及電路實業之用。亦未敢公然以政費無出率爾告貸也。民國初立。公私蕩然。大變之餘。救急無策。於是有善後各借款之發生。至於五國銀行借款。爲數益鉅。遂不得不以行政費列入用途。夫以稽核之權操諸外人則一般政費凡須由借款支出者均不得不隸於外人監察之下是稽核之範圍及於行政國家主權之破碎已無可諱言矣不僅此也。條件所載。既以鹽稅爲抵押。恐整理所出。或不足預期之數。乃更以直隸河南山東江蘇歲納中央之國稅。爲此不足之擔保。(三)夫統言解納中央之國稅則已舉四省之地丁田賦而包括之不待明言此端一開他日必將以國家全盤租稅署之債券果也第二借款之議與銀行團有地租抵押之要求。此必至之勢更何怪焉夫吾

(一)見本誌第一期列強與經濟借款、

(二)如漢冶萍借款、福州軍港借款、以及湖百雲南兩段各鐵道借款等是、

(三)見五國銀行借款正式合同、

民之所以擲生死。冒危難。不惜供重大之犧牲。以謀改革者。非祈嚮政治之改良。而冀有安强其國之一日耶。今政府受共和改造之成已三年於玆。興國之政未有所聞。而此種喪權無藝之外債則有增而無已。初期草創。不得已爲一時忍痛之舉。吾民固有以諒之。奈之何直至去歲更遂法以成此捐棄主權之大借款以激起一時之戰禍。秩序回復。又將一稔。奈之何更於財政方針不爲絲毫之計畫。乃仍使貪縱賄束手坐困更走第二借款之死路。此誠百思不得其解者矣。立國之本。首重理財。衛虛楚丘。躬率節儉。尙能以務材訓農而自振。法敗於德。城下爲盟。不逾三歲。乃盡舉巨億之賠款而償之。使我之執政當革新之始。能以精白純一之心。竭公忠體國之志。民心既得。運用有方。則中國今日之財未必不足以濟今日之用。蓋善租稅徵納之制。則財政之基礎立矣。改良幣制。淸釐銀行。奬勵農商。推廣實業。厚生以利用。而國民經濟之源裕矣。此一定不移之理也。以此興國。斷非咄嗟可辦。誰不知之而救亡圖存。作民氣而定民志。使權利不搖人人。獨業公債諸策。有所可行。則其中要有坦途。任吾循走。不此之務。而乃以財政爲可濫。視銀行爲狡窟。祇有私慾。全無政策。祇有因循。全無樹立。日假此區區有限之政治主權。以爲餌乞人餘瀝。聊以自活。號曰包辦借款。意謂此子孫世及之業也。者不知眼前之瘡未醫。而心頭之肉已盡。是誠何心。吾不知也。論者方以第二大借款。有抵當田賦之要求。(一)痛國權之喪失。不知前此已以租稅之一部。抵押外人矣。論者方以前次借款之結果。外人將以稽核擔保之財源。而生內政之干涉。(二)不知後此更將爲財政之監督。(三)而竟以英人所以處埃及者處我矣。

(一)見中外各報及路透社特電、

(二)斯日第十三號著後借款詳論、頗論及此、

(三)見中外各報及路透社特電、

諸君試思之此其爲說容有未然者乎持借債說者。謂國財既盡。破產之憂立至。故不得不以借款爲救急之策。庸詎知主權益失財政之整理益無方法財政益不理外債之增加益不可止一國之主權有限而外人之慾望無窮如此循環主權要有盡時盡矣。外債之希望即隨之而絕至是醫國聖手莫起其痼疾借款萬能亦莫能揮其手腕是欲假外債以救亡者非即所以速其亡者乎

國財收入。以租稅爲基礎。此理之易知者也。以公債濟財政之窮即所以動搖其基礎亦理之易知者也。(一)是故自李嘉德喜怡諸家以來。多言公債之危險。甚至謂臨時戰費。亦必取徵於租稅。而萬不可以公債充之。蓋以其既負償還之義務即不能視爲一種收入今以借貸之關係假用一時而來歲必增其利子加徵於國稅之中以償還之使人民租稅之所出溢出正供費用之外是未有以利民而適足以厲民也此其爲說乃以鞏固財政基礎爲的而防其搖動在財政有序之國則然也若財政無序如吾者則搖動尚不足以盡之而當直言破壞此其爲害又焉可以道里計耶十年以來。財力耗盡。而政費浮濫。十倍於昔。一歲所入。遠不敷出。於是無已繼之以債所謂債者全用之補前虧絕未以之開新利以故民力之凋弊無異於前國庫之支絀益見其甚展轉不已債遂如山即債息一層已成爲支出不敷之一大巨款直至去歲歲入歲出之總額國債竟占其半數(二)一國財政上租稅所居之位置幾爲國債奪取而篡據之於是財政部收入之數既半自國債而來支出之數復半爲國債所耗舉財政部之所管理除國債外殆無可言此於國家前途危險何可思議吾知挖肉醫瘡。不足愈疾。痛且益烈。

(一)他國無所謂外債、有之即公債是已、以債券發行、購者初無分於內外人也、

(二)去歲預算案、國債占歲入全額百分之五十一、占歲出全額百分之四十四、

況吾國國債無內債之可言(一)有之皆以特別條件貸之外商者此其爲禍之甚寧止如李薛諸氏之所謂厲民者哉英人有言。吾英不亡公債則必爲公債所亡。蓋以明公債之弊直接破壞其財政而即間接破壞其國家也英且云然況於吾國使吾國不於外債急籌救濟之方則國家必爲外債所亡又其理之至顯著庸童小夫知之者矣在財政本甚完固之國。假公債以合其收支。固亦恆有之事。然發行之始必於固有收入之外。求得新稅源使後此按年攤付之本利。不至無着。而得有確實之準備。然後可行。如其不然則今歲歲入不足既假公債以爲彌縫來歲支出加入攤還公債本息之數其不足之差必甚於未舉債之時而收支愈無以適合抱薪救火適益張其焰矣無內債外債之殊別均無敢逾此範圍以外特外債者別有喪失主權問題爲不同耳今我之舉債。無論無新稅可求。即固有稅源。亦盡舉爲擔保之品幾至於抵無可抵焉夫因固有收入之不足不得已而出於借貸於此而更以固有收入之稅源爲攤還債利之抵當以至於盡則自然之邏輯必至全部歲入僅足以償國債之本利即欲爲一文之支取以充政費有所不能國內之搜括既無以爲術國外之假借復無以爲貸於是國政之運行不得進一步債權之壓迫惟其所欲爲此不必曰列强夙有政治野心且甚不欲吾國陷於亡國尤不樂其債務者瀕於破產而亦事有必至無可免焉者矣復何言哉

然此特就政治上言之。至吾民所感之痛苦又何如耶。民生困厄至今極矣。益以外債之增加無已。將見吾民生計益受壓迫。而馴至於委靡。莫自振拔。此其爲害。又胡待言。蓋吾以高利假貸於外利率之所由定任彼左右彼之銀行既獨跋扈於吾市場而吾民間貸本因乏自由流轉之餘地又每當外款一

(一)惟民國元年所發之八厘公債一千萬元爲內債，然此項債券又多售歸外人矣

有出入金銀滙兌之率彼率任意爲之出入愈頻率愈無準因之吾之對外貿易日陷於投機僥倖之中意外之累虧恆至莫計反之借款之中必有一部不交見貨而以鎗礟機器木材以及他項貨物代之是吾借款一次外貨增加一次輸入益益多輸出自益益少且滙兌之率不準吾之出口貨以受損失而以其率出彼操之彼之入口貨反得應其率以增其數望外所贏之利尤無量焉迨入市場吾業夙以不振出貨不多而亦不精彼初無慮銷場之或滯況屢次借款半流用於政費官薪賄賂偵探費諸項而諸項用途又半爲飲食服御陳設玩好淫昏賭博之類淫賭所耗尚屬流通於本國此外則大抵以外貨承其乏焉輸入品之日增玆因又爲絕要奢侈之習既日甚一日因之本國工商各業亦競集於此途觀夫飯館娼寮日新月異而其他無聞焉是可知也末業益繁本業益廢因之物價騰貴日用維艱小民生計至於無法支拄任至何地此象均呈爲此研究端緒固繁。而政府之濫借外債乃其絕大之因無可掩也嗚呼此誠非陷民生於枯臘而置之死地不止者也謂之何哉當事者亦嘗持生產之說而欲引美自況。但我之政治借款不類於人。純然爲消費之性質固無論矣。即號爲生產者亦無不因政治外交上之關係而成並無此項實業即有亦未必有意興之徒然張皇用途妄立名目以期條件成立即行挪用是又烏足與美之人民營利借貸者相並而論也耶日本憲政發達已數十年。政府偶謀輸入外貲。以興實業。論者尚謂不過擴張官權。無足振興國富。而影響所及。更有擾亂金融現狀之憂。(一)況夫我國法制不完藉口生產者又惟一以壟斷利權攫取公財爲的國民經濟前途所關吾民疾苦者曾不足當其一顧者乎。嗚呼。印度將亡。舉全國之金融。悉握於英印公司之手。迨及當

(一)擬江歸一經濟借款官之建議、

伊思邁爾巴薩任事之始。僅負外債三百餘萬鎊。府累不已。不十年而全國之富力。幾盡吸於少數歐人之手。埃人遂永爲奴隸牛馬而不復。可不懼哉(一)

吾於外債。固非持極端反對之論者也。若今政府之借法。則不得不極端反對之。何也。借債以治生。猶可言也。恃債以爲活。不可言也。恃債以爲活。猶可言也。稱貸市毒。以謀自殺。不可言也。今政府之所爲。則市毒自殺之類也。夫破壞財政之基礎。圖濟一時之急。稍明利害者之所不出。此固不以責今之肉食。智以利昏者矣。然甘假外人以干涉內政之權。而更附以數十年束縛不解之條件。此即在前清之、世。當事爲誤國之尤。亦有所掣而不能爲。且有所憚而不敢發。而今則獨裁無對。掣之者失其機。清議絕滅。憚之者尤無其事。於是數月之間。不難悉全國已成未成各鐵道。已開未開各鑛山。舉而納之借款範圍之內。一若凡可以資我生產。實我國力。而爲他國人所垂涎而不可得者。不及吾身喪失淨盡即無以完我政府之責者。然吾人痛激之餘。誠不願以非禮相責讓。然任事諸人。亦猶是人心。胡乃倒行逆施。至此此誠非吾人所及知者矣。如武漢鐵橋。何關興亡大計。乃亦借口修築。濫興借款。類此之舉。不可指數。無怪輿論之斥政府謂外債之輸入。不多巨億之賂遺。安得回扣侵蝕。胡從取資運動。財賄。又何所出。私利既厚。宜乎不恤亡國以赴之也。此即有蘇張之舌。恐難爲政府辯矣。第二大借款之議生。終必見之實事。每月墊款。已逾千萬。最近所傳。謂抵押之鹽稅。將有盈餘。今歲所需。可以撥用。底續前議。當俟來年。然亦時間問題耳。無論何人。將不謂以後政府可不借債也。去歲大借款之損失。周

(一)伊思邁爾巴薩 Ismail Pasha 一八六三年即位。時負外債三百萬鎊。一八七六年增至八千九百萬鎊。次年各國干涉。以英法兩國人管理其財政。一八七九年。遂廢巴薩。時歐人十一萬餘。埃及半數以上之財產。歸其掌握。

君宏業曾計算之。僅年利鎊虧折扣各項有定之數所損已五千一百三十四萬餘鎊以元計之即五萬々餘元較之借款所得實數二千一百餘萬鎊約二萬一千餘萬元者約多二倍有半至鎊價特別危險其他不可定之損失尙不計焉(一)今二次大借款。正在秘密交涉。內容無由窺見然以勢推之。其利率折扣各項條件。縱不加厲。決無輕減。玆於主權上及財政上之影響。暫置不論。且假定政府能將假得之款。涓滴用之國家。而唯以兩次借款所損耗之十萬々餘元言之則未來之際無形之中吾人當將國稅四年之收入擲之虛牝是何景象是何痛苦一爲懸想寧竟不能得其髣髴世有以外債之迫。虐稅其民。並勒賣靑苗以爲償。而國隨以亡者矣。(二)吾亦行見吾民破田廬鬻妻子尙不足以償此無涯之累也至是今日之蠅營狗苟者果復胡所資以爲利乎前清末造。國勢衰頹。借款說興。吾民尙知所痛。呼號奔走。羣起挽救。雖無國會。不足爲法律上之抵抗。而民氣所之。猶足證明人民與國家之關係。未甚疏遠。乃民國成立號稱共和此種關係轉而背馳國會偶倡反對之聲即受鉗束既亡其舌復失其體民間言論更無可言非自即於銷沈即過遭夫壓抑萎苶心而任運益麻木以不仁人民國家打成兩橛此即有賢明之政府已將不國況夫政府適得賢明之反者乎嗚呼噫嘻。時勢變遷風會乃異吾感於人心消長之機有不能不泫然流涕者矣

(一)見庸言報十三號借款論。

(二)一八七六年、埃王以外債逼迫、遣酷吏二人督民賣靑苗出錢、以付債利。

立銀行制之先決問題

運甓

今日中國之銀行制。應取單一發行制乎。抑取多數發行制乎。玆問題也。聚訟三年。莫能解決。最近梁任公乃主兩制兼採之議。(一)夫兩制之性質。即其數字上觀之。已有絕對不相容之點。既云單一制。則發行權自歸於一銀行。不能使之有二。反是而多數制亦不能强之爲一。以言兼採。不亦難乎。梁任公則謂定一保證準備發行額之最大限度。使全國國民銀行發行額之總數。不得逾全國保證準備發行總額十分之幾。此外惟中央銀行得發行之。如此則兌換券伸縮之權。可操自中央銀行。而兩制之長。皆爲我所取得。其爲說可云精巧。蓋發行銀行之作用。全在有伸縮之權。由原則上言之。顯其作用。舍單一制莫屬。然在銀行未見發達之我國。缺乏多數健全之銀行。雖有中央銀行。而其效必不著。則欲奬勵使之發達。又非國民銀行制不爲功。更就財政上言之。開拓內國公債之用途。亦全賴有此。是多數制者。爲我所必經之階級。單一制者。乃我所必至之的標。兩制之於我國。皆無所謂宜舍而不宜取。無已。其惟有視其可通也則併行之。其不可通也則先其所急乎。任公之說。亦求其可通者而去其不可通者而已。

雖然。吾人於此。有至可憂之一事焉。則立銀行制不難。處置先決問題爲難是已。何言乎先決問題也。即吾國固有之銀行。必於立制之先。廓清之。各省濫發之紙幣。必於立制之先。整理之。循其道以行。任何制也。皆將爲我之利。背其道以行任何制也。皆將爲我之害。界限截然。不可以苟。今吾國銀行。雖極

(一)見庸言報第二十八期銀行制度之建設、

幼稚。而爲數亦不甚乏。無論爲官營爲私立。莫不各有發行兌換券之權。新制若行。其權自宜嚴禁。商民之私立者。淸査其財產。有力兌換。命其兌換。無力兌換。即照破產法行之。此尙非難事。至中央及各省之官營者。將如之何。其亦以待商民者待之乎。則財產無可淸査也。有可淸査。爲數亦較發行額爲至細也。以云破產。則受破產之宣告者。即其執行者之政府也。然則廓淸固有銀行之問題。艱且重者。尙不在商民而在政府本身。若以爲本身問題而遂置諸不問。則亦聽其紊亂可矣。何必復行新制而重其紊亂哉。各省濫發紙幣之數。據任公所調査。已達二萬萬元之鉅。合以中央各銀行及商民之所發行者。其額之鉅。殆可與我國人口相比。今一旦求其整理。豈空言所能辦到。若聲言廓淸銀行而徒整理其紙幣屬於商民之濫發者。其他則聽其流於不換。焉將見爲害且甚於今日。亦何有於新制之足爲利乎。是則吾人之所以爲至可憂者也。

而任公之所主張。則已先爲之說曰。吾之所以必兼採國民銀行制者。亦正爲此也。吾利用斯制。准商民以紙幣額而價格購買公債。即以之爲保證。而准其開設銀行。發行兌換券。商民見其利益之大。必相率收買紙幣。一轉移間。各省不換紙幣。直接變爲公債。間接變爲兌換券。政府得以不費現金。銷却各省紙幣大部分於無形。驟聞斯言。蓋莫不以爲策之至妙而至可行也。雖然。愚嘗勤求原則。博考例證。見夫善用國民銀行制者。以之獎勵銀行推行公債。不善用之者。以之銷却不換紙幣。由前之道。有利無弊。由後之道。有弊無利。同一制也。而其效相差如是。吾人於此。亦安可不愼所擇耶。

欲明此理。須先知紙幣總額與其價格之關係。夫惡貨幣之驅逐良貨幣。久成經濟上之原則。在硬貨與硬貨之間爲然。在硬貨與紙幣之間亦然。徵諸各省。銅元充斥。而銀元減少。紙幣充斥。而銅元又減少。其實銅元之見爲減少者。乃對於紙幣之惡貨爲然。至對於銀元之良貨。仍不失其爲充斥也。以是之故。三者價格之間。乃不能保其常態。相去之懸絕。甚至以兩元之紙幣。僅值一元之銀元。此種現象。固由紙幣之有不換性質。而供給過於需要。則尤爲其主因。可知欲維持紙幣之價格不必問其爲兌換抑爲不換而必保其供給需要之均衡總額與價格之關係如此今吾國紙幣總額。既如前述。殆與人口之數相比。益以外國銀行在通商市場發行之數。其爲鉅額。更無待言。而需要之區。通商市場。幾全爲外國銀行所占去。除鐵道輪船所經之地。惟有都會而已。其他多數之城鎮鄉。莫不各爲風氣。雖在一省之內。而其省之紙幣。往々不能流通也。則以吾國國民經濟能力之薄弱而需要紙幣者全國不過數十區焉能受此鉅額之供給即觀於國民經濟能力强厚之英國其總額尙不過六億元號稱紙幣國之日本其總額亦不過三億元內外更可證明我國紙幣之過多矣苟知其過多。則須圖減少總額之數。庶能防止價格之低落。而今也以行任公銷却紙幣之法。致商民爭以額面價格購買公債。而更發行兌換券。其從前濫發之紙幣雖得隨其購買公債之數以歸於銷却然一方面新發行之兌換券亦得隨購買公債之數以見其增加此屈彼伸總額並無減少非惟無減且商民他方面更有以舊有公債及現金發行兌換券者爲數必亦不乏是反可至於增加也至是而中央銀行發行之兌換券。與國民銀行發行之兌換券。皆不問其屬於現金準備。抑屬於保證準備。共與所謂不換紙幣者。雜然並陳於同一之市場。在不換紙幣。因其轉瞬可變爲兌換券。其價格必至可與兌換券相衡。而在兌換券。亦因其可由不換紙幣而發生。其價格將不問爲保證準備。抑爲現金準備。而皆至無以異於不換紙幣。於是全國紙幣之價格混而爲一無在而不爲不換紙幣矣夫求以不換紙幣變爲兌換券而其效果乃反使兌換券變爲不換紙幣焉。其弊不更甚於今日耶。夫斯制未行以前。苟以不勝其弊。禁止紙幣之繼續濫發。其總額尚有一定限度可言。今行斯制。其增加也。勢莫能止。一旦變爲不換紙幣。總額必愈多於往時。以前述供給需要之理求之。其價格之愈形低落。自將與總額增加之數爲比例。此其影響及於國家一般國民與夫商民之營銀行者。損害之大。詎可言耶。更自財政上言之。其行斯制。乃爲推行公債。今以銷却紙幣之故。不得不使商民以紙幣額面價格購買。於是公債之價格。至與不換紙幣相等。而公債之利息。恆較輕於普通利率。比諸硬貨。其價格在平時尚不得不低。不換紙幣既可轉手而成兌換券。則公債之價格。旋且因此而更低於不換紙幣。夫公債價格之低落。關乎政府之信用。補救之法。不外回收。然一方推行之是務。他方又回收之未遑。其爲矛盾。亦云太甚。且前之欲使不換紙幣變爲公債者。今則反使公債趨於不換紙幣之下。焉寧非自殺之策耶。

吾人於任公之說。雖能言其弊害如此。然其說有所自來。則昔日本之官省札。及美國之綠背紙幣。皆用此法銷却。任公固舉之以爲明證。今不探原以論。理何能明。考日本國民銀行制。明治五年始頒行條例。其計畫本欲使國民銀行發行紙幣達一萬萬元。許以資本金十分之六。用官省札爲保證發行。十分之四爲金貨準備。而政府之不換紙幣。得藉以自然銷却。乃當時國民銀行。爲數僅四。資本金額三百四十五萬元。紙幣發行許可額二百七萬元。而政府一方既謀銷却不換紙幣。他方又增加其發行額。以致整理無自。弊害轉多。正貨流出。價格更落。國民銀行所發行之紙幣。朝出而夕歸。不能流通市面。銀行非惟無利。而又加困。政府之計畫。不得不歸於失敗。至明治九年。條例大經改正。國民銀行履行兌換義務。得以通貨即政府之不換紙幣爲之。而金貨不爲準備之要件。於是銀行紙幣。全變爲不換性質。且許以資本金十分之八。用普通公債爲保證發行。十分之二爲通貨準備。其結果乃杜官省札銷却之門。啓銀行紙幣增發之漸。明治十年。政府因西南戰爭。增發二千七百餘萬元不換紙幣。並同額之豫備紙幣。國民銀行紙幣之發行額。亦達三千四百餘萬元。總計不換紙幣。已上一萬六千餘萬元。自是以後。政府不堪其弊。屢更條例。竭力禁止發行而銷却之。至明治十九年。而始得稍就整理之緒。(一)據此以觀。則日本官省札銷却之經過。其賜吾人以教訓者。果何如乎。第一、以銷却不換紙幣而促國民銀行制之成立。商民慮其銀行之基礎因不換紙幣而生動搖。幷不爭先慕利應乎制度以發達也。銀行不發達。銷却之數自微。不惟銷却紙幣之目的不達。幷其發達銀行之目的亦不達矣。第二、政府因財政緊迫。斯濫發不換紙幣。稍可銷却而緊迫如故。則濫發如前。弊害轉生。商民反苦銷却之效。力至此而終。銀行之弊端從茲即出。第三、因有第二原因。銀行之紙幣得與政府同享不換之權利。公私交困。上下同奸。其弊不至互相濫發。以使其價格低落幾等於零而不止。凡茲三弊。無在不可使我國同其覆轍。乃任公舉爲明證。以謂可師。不亦異乎。美國綠背紙幣。因南北戰爭而起。由一八六二年至其次年。前後三回。共發行四萬五千萬弗。不逾年而價格低落。至於額面三分之一。其後乃以國民銀行制謀其銷却。經十餘年之久。始稍著成效。然至一八七九年。其價格猶未完全復於額面。對於其殘餘之部分。仍不得不行兌換以終其局。任公之所謂可師者。其即在茲乎。然須知美國政治組織之情形。全然與我國異。體制既殊。根本已自不合。日本强而師之。已告吾人以畫虎未成之先例。即令可以學到。而收效之遲。亦殊難耐。況其政府於此十餘年間。認眞整理。絕無繼續濫發之事。始克

(一)以上所引、見明治財政史第十二卷、

有此而吾國政府之素性。果何如者。此任公相知之深。不應較吾人爲悉者耶。

夫銷却紙幣之法。並不限於募集公債。今姑讓一步。此策可行。則亦祇得專以公債爲銷却之具。而不當同時更使國民銀行新發紙幣以代之。在他國情形不同。或慮縮少通貨。以致物價暴落。交易澁滯。一國經濟界激起動搖。然吾國則固如前述。紙幣之爲額過多。正苦無術少之。夫何患焉。論者又以爲商民無利可圖。公債難於售出。則售出幾何是幾何。吾人正難妄求一日之效。若竟不能售出。則是社會之厭惡公債甚於不換紙幣。而吾無論以何法利用公債。皆拔苗助長之類。不可行也。此策若不可行。則有所謂兌換開始銷却法。一面開始兌換。視其價格回復額面時。另以新兌換劵易之。此其爲法。皮相之見。似覺其不經濟。殊不知價格之所以低落。既由於爲額過多。則其過多之部分。不從根本上去之。終無維持價格之法。去之而價格回復。所獲已多。而何有於不經濟。若以開始兌換。吾將以全體有價之紙幣。易得若干成無價之紙幣。乃爲不經濟。則紙幣者。本爲一種無利之公債。濫發時對於社會爲借貸。收回時對於社會爲償還。正無所謂經濟不經濟。果以不償還爲經濟。則屬誆騙社會之行爲。又不成爲政策也。無已。誆騙術之較良者。別有一法。即政府照市面價格以收買之。收買之程度。亦視其價格回復而止。如此則較兌換爲有利。既用此法。價格因而回復。斯時易以新幣。以圖對一。可即用。任公所持發達銀行推行公債之策。亦可。惟非至斯時。任公之策乃不可行。易而言之。發達銀行推行公債。當在整理紙幣之後。而不當即以推行公債發達銀行之空想。以誤整理紙幣之方針。天下果

（一）余書至此。閱五月二十二日東京朝日新聞電。則稱武昌廣州兩處紙幣價格。二三日來。騰貴至十分之一。蓋兩處官憲既回收紙幣之一部。而回收政策。必且繼續實行。爲人民所信。有以致此。據此或任公之政策。實與余同其主張。特未曾明耳。

有掩耳盜鈴之事。如此類者。而政府可以用之以爲策畧。則擧盡一國之財政。又胡成爲難問。此誠不可不三思後行者也。

吾所謂先決問題。整理濫發紙幣。爲其一端。因任公先爲我言。既略擧其解決之方於右。然此擧而行之。尙不至十分棘手。今請得進言其廓清固有銀行之道。任公既知整理濫發紙幣爲須行新制必要之條件。運其苦思。而得一兩制兼採。借國民銀行銷却之法。亦豈不知固有銀行之廓清。尤爲其必要之條件。顧一字不及之者。得毋投鼠忌器。有不欲言之者乎。則任公固確守良知之說者也。吾人知其必不然。惟其不然。請與任公商之何如。夫所貴乎銀行制者。非徒美其名曰。吾所採用者。既有所謂中央銀行制。復有所謂國民銀行制。以備格式而欺庸衆也。必也詳考其制之孰爲良。孰爲不良矣。所以爲良者何在。知其所在矣。吾所採用與所謂良者。是否悉合。如是爲之。效始可期。否則不可知也。既明乎此。則吾人可得問曰。中央銀行者。由政府自辦之。得爲良乎。如謂不良。吾今後之中央銀行。非即以前之中國銀行乎。中國銀行。乃大清銀行所改稱。該行財產。至民國而蕩盡。前股東之轇轕既淸。以後並未招股。則純爲政府銀行可知。任公所謂中央銀行。是否即指中國銀行。尙待推論。惟若指之。直曰政府銀行可矣。與今日各國之中央銀行性質。全然爲兩物。徒美其名。以耀於國人。亦焉足取。然猶得諉言曰。吾整理吾改良。不知整理之改良之。仍不失爲一政府銀行。況未必能踐其實也。吾人不從根本上着手。另設一中央銀行。使其基礎。差足與各國中央銀行相仿。而令舊有之中國銀行。漸次收回紙幣。歸於消滅。則雖日言整理日言改良。而與實質相去日遠。將不至政府紙幣充塞市場。擧凡前述之弊害不復可滋不止。果至是也。終須求眞正之中央銀行出現。始足以言救濟。然則俟其疲極而後圖之何如先事爲謀少一弊害發生即使國家人民少受一分痛苦之爲愈乎論者或憂吾國國民經濟幼稚商民必無能力經營中央銀行終非政府自當其任不可不知政府之經濟能力出自商民合全國商民尚不足辦一中央銀行吾人更何希望政府之有誠不足矣勢不得不起債以充資本然須知即由政府起債亦當招商承款以固其獨立營業之基非能以政府與之合體而可冀其信用自隆也此在他國固不可更安望於吾之所謂政府且各省之官銀行亦無非政府銀行也在各省則去之在中央則仍之其理甚不可通如曰非因其爲政府銀行乃所以謀統一之道則今方兼採國民銀行制正患銀行之不發達中國銀行可仍其舊各省官銀行何不可使改成國民銀行乎此而知其非彼又以爲是何進退失據至於是乎抑吾國政府銀行之爲害不獨各省也亦不獨中央也立乎兩者之外尚有所謂交通銀行者恃鐵道收入資其運轉所發行紙幣額遠非各省與中央所能及此種銀行之發行權在新制之下既不得謂爲中央復不得謂爲國民萬無可使存在之餘地而其勢力之大猛若洪水莫之能禦不有以禁止其發行權害之所至甚且可使國家破產任公極意保留發行餘力歸之中央而即此一銀行之發行力已足制吾民之死命而莫之敢問尚何發行餘力之可言乎吾人所謂廓清銀行其命脈即禁止發行一事人民不可發行政府仍可發行則發行制將從根本上顚覆故必一律禁止然後發行制乃能成立各省官銀行中國銀行交通銀行皆在禁止之列以後發行銀行必據新制嚴格求之不可先自亂其例也然此言之甚易行之甚難非行之爲難也欲行之者行之之爲難也是故政府亦自不肯行耳其知此之深切必且過於吾人徒以便其私圖遂不惜以國家爲孤注今日擬採一新制明日又擬採一新制皆無非自欺欺人之談而已是則吾人所謂至可憂者也」

民德

放鶴

天下不治而屢瀕於危。積悴之士。沈憂之民。洞其微。燭其幾。知世變之方來無窮期。而惄然思有以救之。傍徨乎八極。瞻眺乎神皋。腥風吹來。元規污人。五都九馗。熙々如春。獻湮文替。鳴鳥不聞。嗚呼。國其亡矣。不可治矣。繼而思之。佛言三界惟心造。惟西人亦云英雄造時勢。中國言人定勝天。然則國之亡正亡於委心任運之徒咨嗟涕洟拊膺扼腕以爲不可救則眞不可救耳故夫救國無他道其動力發於志士仁人之心且夫以吾國民之德性。本具有組成泱々大國之能力。是以經五千年。如靈光巋然獨存。而在當時與吾並建於世界者。如埃及印度巴比倫馬基頓羅馬迦太基諸大國。皆已烟消燼滅。聲沈響寂。蕩爲飄風。去諸無何有之鄉。而吾國力非但無損。且駸々日以發展焉。此吾國民所當自豪者也。試一披其歷史。則吾先民之英文鉅武。長圖大念。躍然見於紙上。蓋非秉有宏毅剛篤堅貞之德性。不能幾乎此。々眞所謂大國民者也。然至今日而國民之德性。流轉放失。漸乃趨於亡國之途。此其責在仁人志士補苴張皇有以陶鑄國魂而使之復蘇蘇之無他道亦惟曰正人心端學術而已矣問者曰。有是哉。子言之迂也。民國成立。政局屢變。共和之基。僾焉如不終日。而外力侵迫。如楚歌四起。咄咄逼人。監督財政。已成不可逃之刼數。鹽政之主權已失。實業開放。礦產悉付於外人。而鐵道瓜分。尤爲劌心怵目。均勢一定。操刀而割者。不待陳孺子之爲宰。早已迎及而解矣。國亡旦夕。不委心任運。則攖冠披髮徒跣而救之。或者可也。仁義非不佳。急則治其標。子乃爲是學術人心迂遠之談。何以異於揖讓而救火者乎。應之曰不然。自古外患不足以亡國。々之以外患而亡。必其國之歷史宗教風俗雅頌民德民智。舉不合於立國之原素。而無持久之能力。因適然之趨勢。一旦形成國家。歷試焉而其道漸窮。經甚深之天演而其國漸弱。終之與埃印波蘭爲伍。此豈外力之足以亡之哉。國必自伐。而後人伐之。適者生存之公例然也。吾國果以貧而致亡乎。夫貧非病也。吾國今日非物質上之貧。而道德上之貧。非財政破產之是憂。而人材破產之是懼。人材者國家之金玉也。猶龍曰。金玉滿堂。莫之能守。人材銷乏之說也。其國有土地。有人民。曷爲而至於破產。蓋人者仁也。天地之性人爲貴。孟子曰。人之所以異於禽獸者幾希。庶民去之。君子存之。存其心。養其性。所以事天也。詩曰。人之云亡。邦國殄瘁。無正人之謂也。管子亦曰。赤地千里。不爲有國。愚民百萬。不爲有人。人材破產之謂也。詩曰。相鼠有皮。人而無儀。人而無儀。不死何爲。相鼠有齒。人而無止。人而無止。不死何俟。相鼠有體。人而無禮。人而無禮。胡不遄死。故治國不以禮。猶無耜而耕也。爲禮不本於義。猶耕而弗種也。爲義而不講之以學。猶種而弗耨也。講之以學而不合之以仁。猶耨而弗穫也。夫仁義禮智。非由外鑠我也。我固有之也。然而不仁不智無禮無義。則所謂陷溺其心者然也。是故欲蘇國之魂。惟正人心端學術爲急。夫學者所以學爲人也。（尹和靖語）爲之。人也。舍之。禽獸也。學至乎禮而止矣。（荀子勸學篇）禮之失也。其當殷周絕續之交乎。書曰殷罔不小大。好草竊姦宄。卿士師々非度。又曰。天毒降災荒殷邦。方興沈酗于酒。乃罔畏々。咈其耈長。舊有位人。今殷民。乃攘竊神祇之犧牷牲。用以容。將食無災。蓋綱紀之濁亂。而道德之變落。數語如見矣。武王克殷。封康叔於殷墟。則亦惟震動恪恭。以儆其不德。而誥之曰。今惟民不靜。未戾厥心。迪屢未同。而終之曰。羣飲。汝勿佚。盡執拘以歸於周。予其殺。然則殷之亡。々於人心之肆。所謂上無道揆而下無法守。朝不信道。工不信度。君子犯義。小人犯刑。歷史之公例。未有能逃者也。記有之。壞國喪家亡身。必先去其禮。禮者國之干櫓也。是故隆禮由禮。謂之有方之士。不隆禮由禮。謂之無方之民。天下皆無方之民。則其去埃印波蘭焉不遠矣。周之盛也。兔罝之野人。安貧賤而不怠於道。江漢之游女。無或敢以非禮相干。詩人推本於文王之化。而吟詠嗟歎之。其後風俗衰。禮義廢。政教失。國異政。家殊俗。而變風變雅作矣。傳詩者序之曰。鹿鳴廢則和樂缺矣。四牡廢則君臣缺矣。皇々者華廢則忠信缺矣。常棣廢則兄弟缺矣。伐木廢則朋友缺矣。天保廢則福祿缺矣。采薇廢則征伐缺矣。出車廢則功力缺矣。杕杜廢則則師衆缺矣。魚麗廢則法度缺矣。南陔廢則孝友缺矣。白華廢則廉恥缺矣。華黍廢則蓄積缺矣。由庚廢則陰陽失其道理矣。南有嘉魚廢則賢者不安。下不得其所矣。崇丘廢則萬物不遂矣。南山有臺廢則爲國之基隊矣。由儀廢則萬物失其道理矣。蓼蕭廢則恩澤乖矣。湛露廢則萬國離矣。彤弓廢則諸夏衰矣。菁々者莪廢則無禮儀矣。小雅盡廢則四夷交侵。中國微矣。此言世衰原於道微。禮壞樂崩。而後生民之亂。乃以次而亟焉。孟子曰。王者之迹熄而詩亡。詩亡然後春秋作。春秋之世。其風已不復古。然而其民氣未醒。其士習猶正。其人皆能則古稱先而非禮之是懼。故孔子稱之曰。文武之道。未墜於地。在人。又曰。斯民也。三代之所以直道而行也。然而春秋戰國之交。其間無史者一百三十三年。而人心世道。乃至於一落千丈。此其比較。顧寧人氏嘗言之。曰、春秋時尊禮重信。而七國則絕不言禮與信矣。春秋時猶宗周王。而七國則絕不言王矣。春秋時猶嚴祭祀。重聘享。而七國則無其事矣。春秋時猶論宗姓氏族。而七國則無一言及之矣。春秋時猶宴會賦詩。而七國則不聞矣。春秋時猶有赴告策書。而七國則無有矣。此皆變於一百三十三年之間。不待始皇之並天下。而文武之道。掃地盡矣。嗚乎。吾竊觀於今日之世運而有我毀淪喪之悲又竊觀於今日之人心學術而有披髮伊川其禮先亡之懼此吾所以不憚苦口煩言危詞聳聽而冀當世之仁人志士稍於此加之意也且夫光復以來哀鳴血淚。而發求道德之高聲者。當以不佞爲之首唱。其時蔡元培氏方長南都教育。不佞與之書。謂國家之强也。非以有形之武力乃以斯民人々具宏毅剛篤艱貞之德膠固於無形性分之中是以見利而不趨見害而不避甘枯槁而不悔蹈金革鼎鑊而無所於怵此則立國之命脈所謂聖人有金城者此物此志也。今民國志士。其抱純粹之宗旨者。固藉蒼水稼軒諸公之靈。胚胎於先天。萋滋於學說。而亦非無便媚之徒。視趨勢以爲定向。人第見東南光復之旆風舉雲搖。豈知北省義民。碎首暴骴於專制壓力之下。僵仆相望而未已。其肝胆之價値。與血同其寶貴也。其頑迷固執根器之不利固不無見笑於吳越之秀民然使盡天下之人而朝秦暮楚以爲巧則國家之元氣殆不足以支十稔其分際固不當以通閉智愚判矣此論普通之民性也。請更言其高者。自滿淸末運。憲黨稍々萌芽。民國渤興結社斯衆。然黨勢之鞏固固藉德智經驗以爲之魁而亦必賴黨員人々富堅强弘忍之力乃能貫澈其黨論而不撓彼元禮孟博諸賢其道器豈復孔馬賈范所得望其項背耶歐西大政治家。其視躬亦各有律令。用能與政敵角戰而不搖其精。故英相格蘭斯頓之提出愛爾蘭自治案。今相愛斯葵斯之改革英國上院制。其魄力固可驚。其道器不可及。而黨員之德性。更可想見焉。且從古道修者謗興。德高者毀來。是以康齋有訟弟之嫌。鄧鄴致杖母之獄。服膺聖哲。猶不免爲人持短長。若操行一不當。則身名俱裂。即政策亦隨之犧牲矣。歐洲一黨之魁。其受反對黨之糾擿。至纖屑不遺。蓋治道以相劑相切相監制而進而感情則以相反相戾相攻擊而傷雖羣己之權界分明終必因羣而及己此亦現勢之無可如何者耶抑非獨如此已也凡英雄政治之慾望比庸人聲色貨利之量爲尤奢人無不有擴張黨勢之心即人無不有利用大黨之念故一大政團之組織。景從之俊彥固多。即擁慕之朋徒亦不少。每有服官清室。曳裾王門。一旦脫身南來。居然革命共和之鼓吹。逆料異日者總統任滿。國會更選。此輩即大扇其競爭運動之狂潮。因國事以爲私利。金錢威力。甚於甲兵。酒食逢迎。有如京邸。不有道德以爲之裁制。譬彼舟流。誠不知其所屆矣（中略）且今人心日趨於陰沈慘毒之途。暗殺流行而方熾。彈丸一發。志士殞身。同志相戕。何論異己。人道之賊。莫此爲尤。若講明正學。使陽和之氣。佈濩寰區。或足以消弭無形之隱患。此中消息。誰能參之。（原文甚長此特舉其一節）其後提出講學之議。而以表章潜德淬礪氣節爲入手之方。蔡氏顧謙讓而未遑也。方吾寓書蔡氏之時。人心披猖之運。初不若是之烈。不過微見其端。然而見其微者知其著。而又不料江河日下。其末流至於如是之極也。且其斯人之所以奔競而不知返者。其目光所在。不過名利兩端。名之歸宿爲權位。利之歸宿爲金錢。是故爭名者必於朝。爭利者必於市。朝廷之爵秩濫。則士有希榮干進之風。而簠簋不飭綱紀頹敗之風斯長。求之詩曰。四國無政。不用其良。又曰。瑣々姻婭。則無膴仕。又曰。東人之子。職勞不來。西人之子。粲々衣服。舟人之子。熊羆是求。私人之子。百僚是試。求之易曰。否之匪人。不利君子貞。大往小來。則是天地不交而萬物不通也。上下不交而天下無邦也。內陰而外陽。內柔而外剛。內小人而外君子。小人道長。君子道消也。奔競之風。極於前清之末。朝廷以鬻爵爲事。權貴惟貨賄是圖。懷刺朝來。輦金夕至。甚者假羽流以諧價。飾豔妻而爲媒。名教氣節。於焉掃地。光復以後。南方黨人。又益以驕桀卓特之態。躍登要津。招致游客。細大不捐。狗尾公卿。羊頭都尉。伶人走卒。濫厠衣冠。狗盜雞鳴。亦膺組織。陽消陰息。彼此代興。今則亡國大夫。又當鈞軸。一丘之貉。無所輕軒。世有禹鼎。無煩南董之筆矣。其更始稱帝。膳夫庖人。錦衣繡袴。下江平林。授以尙書顯官。曹孟德崇奬跅弛。下令再三。至求負汙辱之名。見笑之行。不孝不仁。而有治國用兵之術者。不圖。吾身。皆得親見於此。而議尊孔。倡道德。是航斷港。絕流。望以至海也。昔光武鑒新莽之代。士氣卑涤。頌德獻符。幾遍天下。故尊崇節義。敦厲名實。所擧用者。莫非經明行修之人。而後風俗始爲一變。光武所謂知治本者也。且夫受爵不讓。詩人所譏。難進易退。儒行所尊。孔子曰。能以禮讓爲國乎。何有。不能以禮讓爲國。如禮何。是以書首堯舜。春秋託始魯隱。龍門知此意也。世家以泰伯爲首。列傳以伯夷爲先。亦所以尊讓德也。有漢一代。讓爵之風。史不絕書。時則有若韋玄成劉愷桓郁丁鴻徐賀鄧彪郭賀之倫。或得請。或不得請。或佯狂披髮。采藥深山。雖不免於肥遯鳴高。要其蟬蛻軒冕。敝屣榮祿。以視今之淮派粵派。角勢爭權。昌言罔忌。並立而不相下。力竭而始退步者。其賢不肖相去何如哉。抑尤有異者。一方提倡尊孔。一方又盛行奪情。奪情者古今絕大難行之權事。聖賢所不輕許也。孔子修春秋。書武氏子來求賻。公羊子曰。武氏子者何。天子之大夫也。其稱武氏子何。譏。何譏爾。父卒。子未命也。蓋時雖世大夫。必俟三年喪畢。乃即先君之廟而命之。武氏子。未受命而爲大夫。受者有失。受之者與有失也。居憂而出。爲使。々者有失。使之者與有失也。古者臣有大喪。君三年不呼其門。禮曰。喪不貳事。其或變此者。則亦有故矣。子夏問曰。三年之喪。卒哭。金革之事無辟也者非與。孔子曰。夏后氏三年之喪。既殯而致事(致事還其職於君也)殷人既葬而致事。記曰。君子不奪人之親。亦不可奪親也。子夏曰。金革之事無辟也者非與。孔子曰。昔者魯公伯禽有爲々之也。今以三年之喪。從其利者。吾弗知也。然則聖人之意。亦昭然明矣。奪情之擧。往々起於叔季亂離之世。人情澆訛。饕貴富而競榮利。時王下短喪之詔。宰相無總己之文。周末至於漢初猶然。其能挽薄俗而返之古者。不得不推高堂夏侯議禮諸儒之功爲多。世變莫甚於魏晉六朝。紀綱蕩然。而戎夷充斥。然而禮教之功不墮。淸議之力猶强。是以陳壽有疾。使婢丸藥。謝惡連愛其郡吏。居憂賦詩。傳播於時。物議指摘。沈滯數載。梁武崇尙玄虛。捨身佞佛。獨於喪禮致嚴。每見士大夫丁憂起復。而無戚容。輒廢置不用。而一時風尙。雖期功之喪。亦且相率去官。蓋丁憂之制。考諸聖訓。案之天理。無一而可云當廢者也。自辛壬之交。既由政治革命。而進於倫理革命之途。賢者提倡短喪。而不肖者至行公妻。正式政府成舉一切而反之古袞冕謚爵均議規復甚者如區々竹刑亦若愛不忍舍獨於奪情之舉雖非軍事省分而亦動援曾胡之例不知曾胡當日固嘗棄官奔喪既葬而後起之非如今日迫令在署持服以爲塗飾耳目之具者也抑尤可詫者。聞國務院下令各省。許行前淸旂員百日穿孝之制。夫百日起復。滿淸不以加之漢人。彼自用其夷禮。於我無傷。然而旂員中如裕謙之倫。猶且籲請終喪。若有甚慕乎中國之禮教者。今以事々復古之民國政府乃以此令與尊孔祀天並行其無乃不類矣乎孔子曰。子生三年。然後免於父母之懷。夫三年之喪天下之通喪也。詩曰。庶有素冠兮。吉人欒々兮。勞心慱々兮。序曰。刺不三年也。言庶幾一見之也。求之孝經曰。天地之性人爲貴。人之行莫大於孝。記曰。惟聖人爲能享帝。孝子爲能享親。今試問圜丘之上。以短喪之義告上帝。天其許之乎。又求之孝經曰。教民親愛。莫善於孝。教民禮順。莫善於悌。移風易俗。莫善於樂。安上治民。莫善於禮。今方納民於軌物之中。而以奪情短喪之令詔天下。是使天下相率而爲不孝不悌也。不孝不悌。是使天下相率而爲犯上作亂之行也。無乃不可乎。夫短喪猶未見諸明文。乃若奪情之徒遍天下。其實已與短喪無殊。不加之禁。而又翹直督以風示天下。滔々其誰不樂從。是揚奔競之燄。惟恐人心不陷溺。禮教不淩夷。而仁義不充塞也。夫爭名之爲害既如此矣。至爭利之害。

抑又甚也。老子曰。天下熙々。皆爲利來。天下攘々。皆爲利往。史遷傳貨殖。乃又推之曰。壯士在軍。攻城先登。陷陣却敵。斬將搴旂。前蒙矢石。不避湯火之難者。爲重賞使也。其在閭巷少年。攻剽椎埋。刼人作姦。掘塚鑄幣。任俠並兼。借交報仇。簒逐幽隱。不避法禁。走死地如騖。其實皆爲財用耳。今夫趙女鄭姬。設形容。揳鳴瑟。揄長袂。躡利屣。目挑心招。出不避千里。不擇老少者。奔富厚也。游閑公子。飾冠劍。連車騎。亦爲富貴容也。弋射漁獵。犯晨夜。冒霜雪。馳阬谷。不避猛獸之害。爲得味也。博戲馳逐。鬥雞走狗。作色相矜。必爭勝者。重失負也。醫方諸食技術之人。焦神竭能。爲重糈也。吏士舞文弄法。刻章僞書。不避刀鋸之誅者。沒於賂遺也。詭哉此言。舉世界倡胥雜技。游俠奸雄。鉅細無遺。而納之於金錢之囊。利之時義大矣哉。乃若孟子之言。則更有進矣。王曰何以利吾國。大夫曰何以利吾家。士庶人曰何以利吾身。上下交征利而國危矣。爲人臣者懷利以事其君。爲人子者懷利以事其父。爲人弟者懷利以事其兄。是君臣父子兄弟。終去仁義。懷利以相接也。此義利不並立之證也。語曰。榮夷公好專利而不知大難。夫利。百物之所生也。天地之所載也。而或專之。其害多矣。天地百物。皆將取也。胡可專也。又求之禮曰。以圭璋聘。重禮也。已聘而還圭璋。此輕財重禮之義也。書曰。何總於貨寶。生々自庸。言生々爲萬民之事。在上者不可與之爭也。是故畜馬乘。不察於雞豚。伐冰之家。不畜牛羊。百乘之家。不畜聚斂之臣。與其有聚斂之臣。寧有盜臣。夫匹夫專利。猶謂之盜。若公卿大夫而專利也。是盜之不如也。詩曰。大風有隧。貪人敗類。言爭利者之害綦也。先王知利之毒天下中於人心者至深。故提倡名教名節以爲之坊。名之所在。上之所庸。而忠信廉潔者。顯榮於世。名之所去。上之所擯。而怙侈貪得者。廢錮於家。卽不無一二矯僞之徒。脫粟布被。以鳴高。敝車羸馬。而自給。猶愈於肆然而爲利者。是以漢世士務修身。忠孝成俗。至於乘軒服冕。非此莫由。晉宋以來。風衰義缺。士自束髮讀書。父師所以勸之非其道。一旦服官。即求其所大欲而放意肆志焉。夫徇己之心切。則至公之理乖。貪仕之性彰。則廉潔之風薄。故謂居官而置富者爲雄傑。處姦而得利者爲壯士。亡義而有財者顯於世。欺謾而善書者尊於朝。悖逆而猛勇者貴於官。[illegible]此風則至清季。扇而益熾。服官一命。乞靈銅山。侯門十重。無非金穴。鼎革之際。綱紀蕩然。府庫蓋藏。席捲私橐。共和之氣。靄々天半。就而瞻之。非烟非雲。乃爲金銀。是以黨徒入籍。議郎投匭。司理折獄。壯士攻城。非懸金爲賞。莫之或顧。而政府復利用國民之惡德。從而獎勵。雖誥臺百級。而揮金如土。閑曹濫竽。官職駢拇。此栽彼設。終無已時。坐朘民社。出綰軍符。珠玉無脛。千里來會。鳴呼。楚令尹之不作。霍冠軍之已亡。衰々諸公。其將爲猶太之民。以媄老乎。昔仲長敖著覈性賦。謂倮蟲三百。人最爲劣。爪牙皮毛。不足自衛。惟賴詐僞。迭相嚼嚙。等而下之。至於臺隷僮豎。唯盜唯竊。初觀此言。似太苛酷。乃今思之。殊爲篤論。善乎管子之言也。曰禮義廉恥。國之四維。四維不張。國乃滅亡。一維絕則傾。二維絕則危。三維絕則覆。四維絕則滅。禮義。治人之大法。廉恥。立人之大節。不廉則無所不取。不恥則無所不爲。恥者又廉之本也。孔子之論士曰。行己有恥。孟子曰。人不可以無恥。無恥之恥無恥矣。恥之於人大矣。爲機變之巧者。無所用恥焉。今之貪墨黷貨者。皆不知恥者也。良知之所不能翦。清議之所不能刼。而其心死矣。雖賣其國以肥其家。猶且不顧而爲之也。故曰傾可正也。危可安也。覆可起也。滅不可復錯也。夫利之爲毒。至於如此。正人心端學術者。所以殺其毒也。提倡名敎名節以爲之坊者。亦所以救其毒也。董子曰。正其誼不謀其利。明其道不計其功。其道爲外鑠。對乎事功言之也。孔子曰。君子喻於義。小人喻於利。其術爲內鑠。主乎心性言之也。要之欲以道德之權威。裁制功利者。此亦吾先民長慮却顧。洞見一方。知言利之極。其禍不至於上所云々不止也。且自漢唐以來。政教人心。交相爲勝。吾既以名利兩字盡括之其中亦有倚伏之理也。大抵西漢務利東漢務名唐人務利宋人務名元人務利明人務名二者不偏廢也要各有其專勝好名勝者氣必彊其流也攬權怙黨而終歸於無忌憚好利勝者其必容其流也倚勢營私而終歸於不知恥故明人以氣勝得志則生殺予奪泰然任之而無敢議其非張居正其代表也清人以度勝得志則利害賢否泛然聽之亦無敢議其非則李鴻章其代表也一代之朝局成而人心亦定終明之世居位者大率負彊使氣魁傑人也清則賢者優容不肖詭隨在位者貪不去之身陳說者務不駭之論學者建不高之幟師儒槃不堅之垣尋々常々逶迤靡曼之中獨曾國藩挺生其間思以廉頑立懦轉移習俗爲己任內與倭艮峯唐鏡海之倫外與江羅劉李講明正學大唱宗風而湘中人材一時遂如句萌之畢達卒延清社蔚成中興之功學術之有益於人心世道如此未幾而合肥代興大倡功利主義既以休々之度包孕羣流智愚賢不肖並集於其麾下又以洋務爲流行之新政而外交海軍々容國容皆以合肥爲之中心人材稽至而輻湊今其支派猶布朝野而湘鄉扶世翼教之精神則因是斬芟以盡故民國功利派之發達當推合肥爲之先河夫功利本爲先民所不避乃自留學生之歸國歐風大昌凡經傳之所辭而闢人倫之所諱焉而莫如深者經一度之藻飾辯護遂若日月之經天江河之行地流風所被披靡四方狂泉共飲不飲反恥嗚呼蘭茝變而不芳兮荃蕙化而爲茅靈均之歎復見於今故今日之人心法以二因而成一果因果既明而後補救之術可得而言也雖然今日人心之毒向所陳者猶未盡也。吾舉其要約爲二端。一曰媮。世界大國民之精神必以勇往進取爲之基而其道尤始於勤樸求之語曰。凡民勞則思。思則善心生。逸則淫。淫則忘善。忘善則惡心生。勤且樸者。興國之原素也。故在天爲健行。在地爲厚德。在人爲吉道之士。在國爲創業。貧而能勤且樸焉斯富矣。弱而能勤且樸焉斯強矣。不返乎此。欲化民成俗。所謂適燕晉而南其轅也。淸之季。民國之初。治化日汚。上則淫佚無藝。下則背黜以偷生。民財日耗。而國殖不進。公私赤立。然而猶其社會。徘徊其國門。淫靡汰侈之風。無以異於巴黎倫敦。蓋處漏舟垂堂之下。而有豐亨豫大之觀。刺繡紋不如倚市門。此情此意。蜉蝣遇之也。求之詩曰。出其東門。有女如雲。雖則如雲。匪我思存。縞衣綦巾。聊樂我云。又曰。東門之枌。宛丘之栩。子仲之子。婆娑其下。穀旦於差。南方之原。不績其麻。士也婆娑。詩序皆曰閔亂也。蜉蝣之羽。衣裳楚楚。心之憂矣。於我歸處。蜉蝣之翼。采采衣服。心之憂矣。於我歸息。蜉蝣掘閱。麻衣如雪。心之憂矣。於我歸說。詩序曰刺奢也。國不競而多難而媮甘食好衣以自給是之謂無遠慮是之謂媮且夫一國所以貧富之由。不在財之盈朒。而在貨之消長。國之成貨多者。其贏財衍。國之成貨少者。其贏材縠。無論其財之衍與縠。皆必有所歸墟。歸墟於貨。是爲母財。歸墟於飲博游俠。是謂支費。民之支費多者。必蝕其母財。母財日以少。國殖日以衰。歲費過殖。國之所以日趨於貧且弱也。夫沃土之民不材。而瘠土之民向義。三吳楚粤。其人醉心於服食玩好諸妖。故強佼者習爲貴富以夸市人。而愚頑者無所得食。盜賊充斥於山野。經兵燹癘疫而其象益著。三晉秦蜀之民。織嗇儉勤。耳目不炫於紛華。生事雖縠。民之自好者較多。燕京四方交會。爲首惡之區。其民美衣豐食而無積聚。而上自執政。下至政客名士。無不以飲博狎邪導其民。民々安得而不相率而爲驕汰淫佚。驕汰淫佚者。實國財之仇讎也。日々取其國中生利之母財而襲擊之。以促其國之破產。況民力足以生財。而民德民智之醇醨。其直接之關係尤鉅。驕汰淫佚者又民德民智之仇讎也。日日取其國之智愚賢不肖。爲縱欲敗度無恥不廉。以擕成亡國之運。乃若乘屋播穀之風同袍興師之詠則概乎未有聞也一曰肆國家之所以成立必先有無形之法律裁制斯人之溢決而後有有形之法律生蓋人與人相處必有物焉檢束而整齊之以維持其秩序然後其羣乃能成立否則人縱其私蕩然無紀號曰自繇自繇將爲天下病羣且立渙而見隸於他羣此有形之法律古者名之曰禮々之變者名之曰刑。求之禮曰。君子之道。辟則坊與。坊民之所不足者也。大爲之坊。民猶踰之。故君子禮以坊德。刑以坊淫。命以坊欲。夫禮者所以章疑別微。以爲民坊者也。故貴賤有等。衣服有別。朝廷有位。則民有所讓。夫共和之國無貴賤。固也。然而貴賤者。名之代也。有國家斯有秩序。有秩序斯有系統。不可踰也。踰則未有不溢決者也。苟溢決焉而無所制裁。則法蘭西之暴民者。如飄風驟雨。豈能終日。刑天干戚。祇自舞於深山窮谷之中。以之組織國家。未有能成者也。求之傳曰。賤妨貴。少陵長。遠間親。新間舊。小加大。淫破義。所謂六逆也。君義臣行父慈子孝兄愛弟敬。所謂六順也。去順效逆。所以速禍也。詩曰。民之貪亂。寧爲荼毒。言亂民之將以毒其國也。且夫政之與教。相爲表裏者也。故整齊嚴肅之風。必當自學校始。求之記曰。入學鼓篋。遜其業也。夏楚二物。收其威也。未卜禘。不視學。游其志也。幼者聽而弗問。學不獵等也。言學生有服從之義也。吾見今之學校而心傷也。十年以前。學生感泰西自由之學說。以爲莘々者與日將出而主宰中國。豈能悒々爲人下。則相與抉閑檢。破約束。以與執事抗。於是罷學之風潮遍各省。而奇偉不平之士。復從而鼓勵之。故學校之中無名分。而師弟之間皆平權。其餘風所被。教員至卑躬屈節。諂學生以求一日之安於位。不敢抗顏以道自尊。於是學校之中。跳踉馳突。皆如猿狙麋鹿之不可與羣。居則謔浪。出則徵逐。遇事則挾衆鼓譟。間以學術。則掩耳撟舌而不知所對。邊論道德。嗚呼。父兄之教不先。子弟之率不謹。寡廉鮮恥。而俗不長厚。其關係於中國前途者。非細故也。夫肆與嬉。吾國民之所以日趨於亡國之術也。禮曰。君子莊敬日强。安肆日嬉。又曰。敖不可長。欲不可縱。志不可滿。樂不可極。樂極則悲生矣。此吾所以惓惓焉顧之而潸焉出涕者也。然則正人心端學術者謂非救亡之要道乎。問者曰。欲正人心。端學術。其道將何從。則應之曰道在講學而已矣。孔子曰。德之不修。學之不講。聞義不能徙。不善不能改。是吾憂也。學則正。否則邪。故禮壞樂崩。絃歌輟響。聖人猶憂之。詩曰。挑兮達兮。在城闕兮。一日不見。如三月兮。言禮樂不可一日而廢也。求之禮曰。禮也者理也。樂也者節也。君子無禮不動。無節不作。不能詩。於禮繆。不能樂。於禮素。薄於德。於禮虛。故曰禮樂不可斯須去身。致樂以治心。則易直子諒之心。油然生矣。致禮以治躬則莊敬。莊敬則嚴威。心中斯須不和不樂。而鄙詐之心入之矣。容貌斯須不莊不敬。而易慢之心入之矣。求之語曰。君子動容貌。斯遠暴慢矣。正顏色。斯近信矣。出辭氣。斯遠鄙倍矣。又曰。君子不重則不威。學則不固。然則禮也樂也。學道之梯航也。進而求之。則六藝四德其要矣。六藝賅乎禮。四德賅乎仁。仁者義之本也。禮者義之節也。仁義禮智吾國相傳之國性。正人心端學術則於此求之矣。若慮其言之廣漠而無朕也。則吾請退而言近儒。近儒之學大抵分爲三派。曰宋五子。曰陸王。曰顏李。十年以前。不佞見政界之頹靡。人心之陷溺。而不知返。私憂竊歎。以爲救時之藥。宜取儒先之學而講明之。顧私心獨好陽明。而尤醉心於泰州之學。如徐波石趙大洲耿天臺之徒。以爲磊落奇偉非常之行。視世之陰邪佞媚。如黃鵠一舉。而俯見鴟鵰之汚於榆枋也。儒佛本一家。諸君子之爲學。既破我執。自無所用其法執。孔子曰。不得中行而與之。必也狂狷乎。狂者進取。狷者有所不爲也。諸君子殆所謂進取之狂乎。山農心隱。亦任俠之流也。既而見世運之隤。人心之披猖。頗有似乎王學末流。於是發憤得博野蠡縣之書。則又以水火工虞兵農錢穀。納之於講習討論之中。要其歸則艱苦實行。而以是爲可藥夫優容軟熟。揄修袂而養姁步者。於是欲取博野陽明而鑄爲一家。夫博野固深斥陽明以爲課虛叩寂之心學者也。然而陽明固曰知行合一矣。陽明之戰功治績。陽明之行也。而博野之開物成務。則博野之知也。苟各去其偏而用其中。又何不可貫通之有乎。且夫宇宙之事理至繁。必使各因其才。盡其天演人擇之作用。然後能相引以俱上。若使有一焉獨占論壇。不循天則。以强服其他。則斯民之思想。將憂其厄。二者之爭可也。爭必有人折衷以融爲一說。於是復有說焉。起而與此第三者爲爭。亦萬無終古二說。終古爭此數言。而無一說焉進於是者。是以夏峯講道於明淸之交。首以溝通朱陸爲己任。其言曰。聖學本天。本天者愈異而愈同。不本天者愈同而愈異。又曰。自渾樸散而象數之繁。異同之見。理氣之分。互起爭長。然皆不謬於聖人。所謂小德之川流也。有統宗會元之至人出焉。一以貫之。所謂大德之敦化也。又曰。道之一。正於至不一處見一。所謂殊途而同歸。一致而百慮也。夏峯之言。可謂通儒之論矣。夏峯以是通宋五子陽明之郵。吾即以是通陽明博野之郵。且以是通程朱陸王顏李之郵。數君子者。皆孔孟之徒也。世或謂陸王之徒多儒才。程朱之門多愨士。時當危疑震撼之交。則任者可以當大難。而謹小愼微者退處於無權。故陽明泰州之學。可以救中國之亡。日本其先進也。吾謂不然。自古緯地經天之事業。必從謹小愼微中醞釀槃礴而成。程朱之學。積厚而流光。伏流千里而後。肆名教名節之坊。一見於明之東林。東林諸賢之朝。絕鼎將移。虞淵日暮。諸君子不委心任運。而願抛頭顱。濺血肉。以相撐拒。詩曰。彼其之子。舍命不渝。東林諸儒之謂也。最後毅宗之變。攀龍髯。膺螻蟻。勇者燔妻子。弱者埋土室。亦以東林之士爲多。彼東林者。

固皆程朱之徒也。王步已改。清主當陽。則有高棄旃劉伯繩邵廷采刁蒙吉王朝式之倫。艱貞刻苦。抱缺守殘。皭然無滓於異朝之命。其氣節直駕夏峯二曲亭林梨洲而上之。彼諸賢者。又皆程朱之徒也。其後再見於湘鄉。道咸之交。倭艮峯唐鏡海講學於京師。亦似謹小慎微。而尤抱持門戶之見。斷斷焉而不稍假借。宜其收效爲甚微。乃曾羅一與其間。遂有博大昌明之氣象。曾氏究心三禮。尤以水火兵農河漕鹽政納之於禮學之中。不期而與顏李之教合。其後湖湘子弟戰功被乎全國。南及臺灣。而北跨天山。其將雖中駟。道德猶高勝乎淮軍。此湘鄉之賜也。夫湘鄉則亦程朱之徒也。三家之中。顏李獨最不昌於時。其故則因朱子得孫明復春秋之傳。深中時王之好尚。而博野獨標六府三事三物四教。崇尚實行。深闢考訂著述。以爲支離。不程不朱。不陸不王。遂爲程朱陸王之徒所環擊。而毛西河方望溪文章經訓之儒。又從而排擠之。宜乎不昌於後世。然博野者。豪傑之士也。蚍蜉之撼。無所傷也。博野之言曰。聖人學教治。皆一致也。民可使由之。不可使知之。是孔子明言千聖百王持世成法。守之則易簡而有功。失之徒繁難而寡效。故罕言命。自處也。性道不可得聞。教人也。當時及門。皆望孔子以言。孔子惟率之以下學而上達。道不可以言傳也。言傳者。有先於言者也。顏曾守此不失。子思時異端將盛。或亦逆知天地氣薄。自此將不生孔子其人。勢必失性學本旨。不得已而作中庸。直指性天。而孟子承之。教人必以規矩。引而不發。不爲拙工改廢繩墨。尤於先王之成法致意也。程朱出。動談性命。相推以爲發先儒所未發。僕觀之。何曾出中庸分毫。徒參雜釋老。令異端輕視吾道耳。若是者何也。程朱失堯舜以來學教之成法也。程朱苟遠宗孔子。近師安定。以六德六行六藝。及兵農錢穀水火工虞之類。教其門人。成就百數十通儒。朝廷大政。天下所不能任。吾門人皆任之。險阻艱難。天下所不敢爲。吾門人皆爲之。吾道自尊顯。釋老自消亡矣。博野又有曰。秦漢以降。著述講論之功多。而實學實習之力少。宋儒惟胡子立經義治事齋。雖分析已差。而其事頗實矣。至於周子得二程而教之。二程得楊謝游尹諸人而教之。朱子得蔡黃陳徐諸人而教之。以主敬致知爲宗旨。以靜坐讀書爲功夫。以性命天人爲授受。以釋經注傳纂集書史爲事業。而問其學其教。如命九官十二牧之所爲乎。如周禮教民之禮明樂備者乎。如身教三千。今日習禮。明日習射。教人必以規矩。引而不發。不爲拙工改廢繩墨者乎。無有也。此其所以自謂得孔子眞傳。天下後世。亦或以眞傳歸之。而卒不能服陸王之心者。誠不能無歉也。陸子分晰義利。聽者垂泣。先立其大。通體宇宙。見者無不竦動。王子以致良知爲宗旨。以爲善去惡爲格物。無事則閉目靜坐。遇事則知行合一。而問其學其教。如命九官十二牧之所爲者乎。如周禮教民之禮明樂備者乎。如身教三千。今日習禮。明日習射。教人必以規矩。引而不發。不爲拙工改廢繩墨者乎。無有也。此其所以自謂得孟子之傳。與程朱之學並行中國。而卒不能服程朱之徒之心者。誠不能無歉也。他不具論。即如朱陸兩先生。有一守孔子下學之成法。身習夫禮樂射御書數。以及兵農錢穀水火工虞之屬而精之。凡弟子之從游者。則令某也學禮。某也學樂。某也兵農。某也水火。某也兼數藝。某也尤精幾藝。則及門皆通儒。進退周旋。無非性命也。聲音度數。無非涵養也。政事文學同歸也。人己事物一致也。所謂下學而上達也。合內外之道也。如此則君相必實得其用。天下必實被其澤。異端可靖。太平可期。書所謂府修事和。爲吾儒致中和之實地。位育之功。出處皆得致者也。是謂明親一致。大學之道也。博野之言如此。夫今日而談性天。考傳注。誠無救於國之亡。乃若敦品植行。戒欺求慊。身體而力行。涵咀而詠歎。痛抉浮陽虛憍之氣。鞭辟以入於沈深果毅之途。不獨求道之所必需。抑亦動心忍性拯民國於阽危者。非此不能有濟也。程朱陸王顏李以及東林諸賢湘鄉曾羅之輩。其志同。其道同也。吾於紫陽取其敬義夾持。於陽明取其知行合一。於博野取其開物成務。皆救世之先覺。自度々人之寶筏也。數君子者。皆中國之國魂也。其所唱導之學說。中國之國性也。嗚呼。吾國性之流轉放失。已數十年矣。及今而提倡焉。所謂逃空虛者聞人足音。跫然而喜。而況乎兄弟親戚之聲欬其側者也。我國民而稍有思治之心焉。則吾先民之言。豈特足音而已也。將以勸諸心體諸身而後推諸人施諸事以企及夫大國民之德性者也。吾先民之所以為大國民者。其道可舉也。士不可以不宏毅。任重而道遠。仁以為己任。不亦重乎。死而後已。不亦遠乎。如是其有責任也。儒有席上之珍以待聘。夙夜強學以待問。懷忠信以待舉。力行以待取。如是其不妄干進也。不寶金玉。而忠信以為寶。不祈土地。立義以為土地。委之以貨財。淹之以樂好。見利不虧其義。如是其不貪得也。禮義以為甲胄。忠信以為干櫓。戴仁而行。抱義而處。雖有暴政。不更其所。身可危也。而志不可奪也。雖危起居。竟信其志。猶將不忘百姓之病也。如是其守死善道也。體仁足以長人。嘉會足以合禮。利物足以和義。貞固足以幹事。君子行此四德者。故曰乾。々健也。自強不息也。如是其開物成務也。惟博野亦曰。內篤敬而外肅容。人之本體也。靜時踐其形也。六藝習而百事當。性之良能也。動時踐其形也。絜矩而上下當。心之萬物皆備也。同天下踐其形也。若博野者。真所謂豪傑之士也。若夫入手之方。則大易之言可師也。曰君子學以聚之。問以辨之。寬以居之。仁以行之。行之則在乎國民之自奮而已矣。蓋非講學末由也。乃若今者。則上無禮。下無學。賊民興。嗚呼。吾恐死喪之無日矣。

時評

新朝氣象

浙生

人之死也。必有死徵。國之亡也。必有亡徵。白狼以盜亡其國。借欵以借亡其國。召歸留學生以鬨民亡其國。聚集數十師以驕兵亡其國。自古敗亡相隨。屬其結果殆靡不如此也無足言者惟以政府所設施士夫所歌頌凌歐超美居之不疑隱若爲舉世所不敢爲發前人所未能發此則非變法時應有之象如誤認平等自由而遂以猖狂之類所可同年而語也已吾無以名之名之曰新朝氣象。

袁大總統近確定所謂總統制者。夫總統制適於國情與否。是另一問題。故僅就總統制三字言之無可言也。又有謂既取總統制、即宜法美。法美即宜三權鼎立者。但此乃追索其精神之所在今亦未遑論及何者形式既已紕繆內容惡足言焉今試言袁大總統之所謂總統制。大總統下。特設國務卿。左右復置兩丞。其他之各部總長如故。謂以取法君主國乎而君主國無此官制且大總統明々爲民主國所獨有者也今既正名曰大總統而其下乃有卿復有丞總長名稱又復仍舊不曰郎或員上下不相貫注中間復若有異物以橫梗之是何景象也又總統府應專屬之大總統者。乃於府中別設政事堂。讓之國務卿兩丞以暨其屬官等々。而國務卿於總統府外。復有行政公所。以前之國務院舊址爲之。兩丞以迄其屬官等々。又不與焉。各部總長亦不與焉。是又何景象也此政事堂者民國國務院之變相乎抑亦前清軍機處之變相乎皆非吾所知行政公所在民國既無以比擬矣其亦前清之憲政

編查館乎此更非吾所知

政事堂分爲五局設官分科儼同專部印鑄法制銓敘三局猶是仍國務院之舊可以無論機要一局權力殆遠出各部之上辦事守極端秘密主義主計一局直網羅財政部審計處兩者之職權盡有之財政以內之事無不囊括無遺且恐僅々機要主計兩局倘非應有而僅有也則別設內史院內史院固不屬於政事堂要必與政事堂通聲氣觀其設官之詳備即可知其所收攬者決不僅文翰一端故知文治一面政事堂爲大宗內史院亦不失爲旁胤若其餘各部則僅有奉令承教之務而無發政施令之力也花樣翻新得未曾有亦可謂極莊嚴燦爛之致者矣

至言武功海陸兩軍向分派別今則別設海陸軍統率處分掌海陸參謀之事參謀總長海陸軍總長名義上雖未列於統率處總務廳長之下實權固已望塵莫及蓋總務廳長得監督處內三所而三總長則僅能分治一部之事也於是總統府中政事堂與統率處者雙峰巍然遙々相峙某報記者謂若東西兩宮內史院亦不失爲貴嬪才人之列各部院特宮娥采女之流耳如斯妙喻可稱畫圖嗚乎所謂新朝氣象盡在此幅畫圖中矣語云國將亡必多制是果新朝氣象耶抑新朝云者與語所謂亡國有何聯屬也耶

斯人

漸生

人惟求舊器惟求新吾古訓非無是語者但亦須視其舊之程度奚若非曰齒耄期耆而漫焉以求之

也。伯夷太公歸來於文王。孟子至認爲天下之父歸之，其子焉往。伯夷太公之立身本末與其夙昔所抱負是奚若者。今吾勝朝之遺老有克彷彿其一二焉者否也。彼袁大總統者，夙認徐世昌氏爲江左夷吾者也。今即直視若伯夷太公，亦靡不可。所不可解者國中一部分之政客說士與其新聞記者亦羣相附和，儼焉徐氏爲吾民國唯一之撥亂反正者焉，是何說矣。斯人在前淸時，以一翰林得今袁大總統之援助，一躍而爲東三省總督。今求其政績不可得也。陳漢第氏爲之言曰（見北京亞細亞報）不過善用錢耳。豈其然乎。所著東三省方略一書，計六大函，奏議札飭移咨咸在，斷爛朝報乎，經國文章乎，皆非吾所能知。惟滿洲無恙，棠蔭自亦獨存，稍一沈思，風規當可想見。今出而當國，政決其福，我蒼生亦將如當年之救吾遼瀋也。夫以暮年出而主持國務，於英有格蘭斯頓，前後四入內閣，幾三十年。史家至稱其宗教上之情操，人道上之精神，愈老而愈加，其熱增其強，致其大暮年興味直越壯時。而徐何如者。同時有若斯人，垂暮出山，在吾東鄰又有大隈重信。大隈內閣今後之生命奚若，此非吾所知，惟月來所發表種々於形式上言之，有背於立憲國恆軌者，曾不一見。而徐又何如者，任職以來已越月餘，寂焉無所聞，惟矜々於一己之稱謂，中堂二字不可改也，相國之稱須仍舊也，而一國中之謳歌訟獄亦復相與歸之。上海某々二報之紀其事也，不曰「新政局之太平景象」，即曰「一片承平雅頌聲」。嗚乎。斯亦適成爲中華民國之太平景象也矣。斯亦適成爲中華民國之承平雅頌也矣。

爵氣

無卯

客曰。民國者民國也，可得有爵乎。無卯曰。不可得而有也。美之華聖頓、哈密敦之流亦曰不可得而有，也。法之盧梭涂格維爾之流、亦曰不可得而有也。民國而有爵、是說之不可通者也。然而吾之約法會議、則曾大張恢復爵制之說。相傳議員顧鰲提議。謂五等封爵。滿蒙人均有之。獨漢人不得有。此利益均霑之謂何。漢人之能霑者。雖亦有之。而獨衍聖公一家耳。此平等之謂何。且爵賞也者。本傳來之慣例。非新邀之曠典。其復之便。議員張其鍠爭之不得。憤而去職。此事實也。

客曰。民國不得有爵。敬聞命矣。顧吾則有之何耶。無卯曰。此顧鰲之說則然耳。於民國無與也。荀卿曰、山淵平。天地比。入乎耳。出乎口。鉤有須。卵有毛。是說之難持者也。而惠施鄧析能之。無卯請得益之曰。民國有爵、是說之難持者也。而顧鰲能之。

客曰。亦有說乎。無卯曰。有之、請先言卵有毛。司馬彪曰。胎卵之生。必有毛羽。雞伏鵠卵。卵不爲雞。則生類於鵠也。毛氣成羽。羽氣成羽。雖胎卵未生。而毛羽之性已著矣。故曰卵有毛也。今民國卵也。爵爲毛羽。當其未生毛羽。先具孫文黃興合而爲鵠伏以爲雞。終不似之。毛氣成毛。羽氣成羽。爵氣成爵。故曰民國有爵也。此顧鰲之說也。

客曰、善。

雖然。無卯請得告客曰。惠施鄧析能持難持之說。荀卿雖稱之。而終之曰。然而君子不貴者。非禮義之中也。凡是等語以入其篇名曰不苟。今顧鰲之說雖辯。在荀卿視之。則苟焉而已。君子所不貴也

政府歟盜府歟

無卯

政府既日々無以爲生凡民間之物細至一米一鹽可以搜括者靡不搜括之凡民間之物細至一米一鹽不可搜括而惟可轉押者靡不轉押之搜括之可也轉押之亦可也堂々政府名號未除或強或軟總須得主此米鹽者之一諾纔算不失體面而萬非所論於盜

京師有自來水公司。商辦者也。政府向中法銀行借欵。竟不謀之於公司。而以之作爲抵押。事既成。公司始知之也。觀該公司之質問書。可知其略矣。

竊近日華洋各報。載中法實業銀行借款條件。以北京電車電燈自來水等公司。作爲抵押之品。已於三月十二號經政府批准等語。不勝駭異。查電車電燈兩公司內容。敝公司固不深悉。但敝公司自前清光緒三十四年開辦。實大總統任軍機時力予提倡，始得成立。近年以來。因時局影響。迭受波折。近亦漸見發達。其爲完全商辦公司。固已共聞共見，此次中法借款。所指自來水，若指敝公司而言。則商辦實業公司。可由政府任意指爲抵押。全國商辦公司何限。孰不自危。未辦之公司。更何人敢出而興辦。若所指自來水、係別處市有之營業。並不屬於敝公司。則大總統公布商人條例第十二條內。業經註冊之商號。如有他人以類似之商號。爲不正之競爭者。得呈請禁止其使用。並得請求損害賠償各等語。當作何解。京城地方自來水。由敝公司營業。於前清奏准註冊。民國肇建。自當繼續有效。豈許市鎮對於敝公司爲違法之競爭。種種理由。百思莫解。伏讀大總統迭次命令。皆以實業爲當務之急。所以維持而啓發之者。無微不至。淵衷遠識。遐邇同欽。夫對於將來未辦之實業。尚且方籌保證。豈對於身所提倡已成之實業。反肆摧殘。想政府必不出此。但報章騰載。衆股東惶惑萬分。環來質問。苦無以應。不得不請明白解釋以祛羣疑而維商業。除呈明並通知某處。聲明主權所在。未經敝公司正式承認。不得受作抵押外。爲此具書。……

時評

五

由右觀之。政府之押自來水公司實盜而押之無可疑也。或曰。盜有術乎。無卯曰。有之。盜有明者有暗者。明者人得以盜指之者也。暗者人不得以盜指之。如自來水公司之被盜押。此明而可指者也。此外尙有暗而不可指者。愚請得更徵一例。

予前日晤在稅務處辦事人某君。予詢以此間地稅。向定稅銀若干。渠以四萬七千兩對。予謂苟有人民當納稅銀十兩。彼以紋銀繳納。則受之否。渠曰否。人民納稅。當以銅元。予乃詢以銀兩與銅圓之價。渠云。每銀一兩。須繳銅元五千文。予聞而奇之。予見市價。每銀一兩。祇兌銅元一千八百文。若以五千核之。則稅額溢出原額幾三倍。予乃詢以皖省各州縣。是否一律。渠曰否。祇此一縣。如是耳。予曰。誰定之者。曰知事耳。某君復言。此間當軍隊未至前。官吏命城中男丁。一律登城守衛。每人手持紙燈。復執二樹枝相擊。格格作聲。以防土匪之至。聞有富人某。納租稅絕鉅。抗命不登城。蓋稱人民納巨稅。即爲自衛計。官吏怒甚。課以百兩之罰欵云。越數日。知事至予寓晤談。予以重稅之事告之。渠曰。祇三千耳。予未之增也。然未數日。收稅者至予處收某處墓地稅。予乃詢其銀價。渠應曰。三千四百。予曰。前日知事云祇三千。何忽增之耶。曰然。前數日忽接都督電。命增爲三千四百耳。予聞而爽然若失。夫中國西部人民。納稅旣巨。而政府則不爲之保護。噫亦可憐矣。

右文乃一西人自亳州作書。投之上海字林西報者也。（但本誌乃由時事新報轉錄之）以銅元易銀。市價本一千八百文。從稅務處五千文之說是稅務處盜民三千二百文也。從知事三千文之說是知事盜民千二百文也。從都督三千四百文之說是都督盜民千六百文也。然實雖爲盜而民不得從而名之。故曰此盜術之暗者也。

無卯曰。政府以盜治其國。國民因以盜亂其國。上下交相盜。宜國亡無日也。

改正關稅問題

敬盦

關稅改正問題。非片言可了。理論事實兩面。俱宜詳加討究。故此事尚有待於明哲之論議。記者僅就其經過事實約略述之。

自我政府提出改正關稅問題後。英德美奧首先贊成。意俄葡比亦相繼回答同意。至最近日法亦爲同意之回答。則此問題今日直爲進行上之討論。惟各國有純爲無條件之贊成者。如英美意奧是。有爲有條件之贊成者。爲德俄法日是。則此事欲磋商就緒。究非易易。今日第一步所當着手者。(一)研究關於修正關稅之條約。(二)研究增加關稅之程度及裁厘之方法。(三)詳細調查近三年間之物價。以爲改正關稅之標準。凡此皆不可緩也。

總稅務司安格聯君對於改正關稅問題。曾發表其意見。今節錄之。亦足供我參攷也。

……改正關稅當爲一事。裁厘加稅當又爲一事。二者不可混爲一談。蓋改正稅則一事。乃正當之辦法。各國本無反對之理由。至裁厘加稅一節。不特利益所關。各國不易相就。即中政府裁厘後。附加之稅。能補厘金之收額與否。尚屬一問題。故此事即各國允許。中政府亦當愼出之。所以此時當先議修改稅則。實行值百抽五之稅。方爲正當辦法。且易於成功也。至修改稅則。應從調查貨價爲入手辦法。與各國開談判時。應聲明此事並非違約。此次改修。特因貨價今昔不同。不得不從新議定。今貴而昔賤者。固當擡高稅率。若有今賤而昔貴者。亦當減輕稅率。以示平允。如此則各國自無間言也。……

日本商人多反對我改正關稅。而尤以業紡績者爲最。大阪每日新聞曾爲文以評論之。語々皆爲我著想。可謂妙矣。譯錄如左。

……竊思中國之所以不待稅約之滿期。而先議改正者。爲補財政之缺乏計耳。即不出於經濟上之眼光。而出於財政上之見解耳。吾人若就經濟上論之。竊疑其利少而害多。蓋中國者。半成品之國也。其民貧。其生計低。無產業之可觀。無工業之足數。倘或有之。則其事非外人之所經營。即不脫乎原始之狀態。故中國今日之急務。惟在富民。富民之道。雖以輸入資本爲要。然首宜廣興農鑛。後乃及於工藝。其初須自知爲粗生品之出產國。漸進乃得列於工業國之地位。今中國爲農業國。尚嫌不僉。何可期其一躍而爲工業國。且希望爲工業國固可也。因有此希望。而爲政策之進行。則決不可。以今日之中國言。只宜守農業國之本分。據發達農業之眼光。而行政治。農業盛則農民自富。而工業國自然可成。使財政之根本。果在於涵養國本。則中國今日應勉力捨去其急雜貿現之工業立國論。而求爲農業國也。今觀中國之改正關稅。其意味未必果出於工業立國之主義。乃所謂欲求法規上當然應得之權利而已。其無採用保護國關稅之意。蓋至易明。然擡高價格。增收課稅。其弊殆與保護政策相等。緣中國果改正關稅。則輸入品不無阻碍。而其價値自不免騰貴。中國既無可以代替輸入品之出產。以濟國民之要需。即偶有之。價格又常高出現在輸入品之上。是非強國民以用高價之貨物耶。就令國庫之歲入。可以因是增加。然所得者。豈可以償其強制國民購求之損失。在他國之取保護政策。係因國民之地位。已達相當之程度。不特因關稅而貨價高騰之損失。別有取償之途。而其國民之負擔力。實亦足以承受。至中國。則因。與此相反也。

右論亦頗持之有故。言之成理。進而研究之。是在國民。然而無望也。國民方救死扶傷之不暇。安有從容坐論之機會。彼政府者。又祇日爲其蠅營狗苟之計而已。亦斷無徹底討論之暇。所謂外交皆由外自轉其捩而吾爲機械之行動所謂財政皆由炊者以無米來告始皇皇而爲東張西羅之謀今之關稅問題亦聽外人自轉其捩而稍酬乞丐政府張羅之意可耳又豈足多煩新聞記者之筆墨者哉

國教廢止案

漸生

國教廢止案繼愛蘭自治案而出也前月十八日於下議院第三讀會以三百二十八對二百五十一之多數通過之愛斯奎斯畢生之素願秉政數年於茲僉以酬達其內閣今後之生命雖難逆言而其成績之偉大若自人道上言之夫固不讓美之林肯矣

夫無懷抱者不足與言政治無毅力者不可與言改革今但於其燦然者觀之則議院已得多數主張自然貫徹此政治之恆軌無足言者不知彼於大學校生活時即扼腕太息謂以信教自由之英國而有國教之名稱致使政治上社會上之勢力僉爲國教徒所占盡而如非國教徒之加特力者沈淪屈辱至於目不忍視耳不忍聞而其人口又在愛蘭爲最大多數故爲擁護人道爲敬愛自由不得不以國教廢止愛蘭自治爲坐言起行時重要之二信條又于校中組織聯合討論會時同學推爲會長時本所志演爲辭說主義之明瞭其在青年已然此一八七五年事也其時愛斯奎斯年僅二十三距今三十有九年矣未幾彼又於格蘭斯頓內閣時以內務大臣出席議會主持愛蘭自治問題議會竟以八十二日之長時間討議此案其爲大敵可知此非有奮鬬之精神決難勝任以愉快者而以政府代表爲愛斯奎斯故議案雖未成立而政府軍特以有雄將聞此又一八九四年事也其時年亦僅四十

餘距今亦越二十年矣蓄之數十年之久又經數十次之論戰大義既明眞理已出方始以政府之力行之夫固無絲毫武斷於其間也而人道因之大昌宜矣在二十世紀中以有國教之英倫而毅然廢止之而素無所謂國教之吾國今乃囂然欲以孔子承之人之度量相越亦何至是夫吾四千年前已具文明今反寂然無所表見者何莫非此紕謬之爲將人生智慧葬送於暗昧之中俾羣衆靡有所覺夫今世界所發見之學術在吾成周末年胥有濬滋暗長之勢而萌芽剷盡泯々以迄於今者蓋自漢之以六藝立於學官始後之辭賦經義帖括皆所以承其流而揚其波果何一非固定一尊柔其民使易。與閉其思使易從而政府因得縱欲敗度爲所欲爲而忘夫國亦將以不國也耶是故充類言之是乃人道之賊自由之敵非惟關利祿之途已也美之大總統其頒發教書在法不能言及道德若違背之。即爲大逆以故美之總統人材輩出當其在任時靡有訓及道德者凡以道德生於信仰行政者無能干與也此種干與。兩年以來。其在吾國。則已數見不鮮。而人亦無有非議之者。又最近東鄰大隈伯訓示地方官吏。首條勉其以道德指導地方。彼間輿論非之謂道德乃學者所主持豈一般官吏所能知曉彼以一等國名者其程度固自不同歟

俄國豫算案

漸生

近頃日本山本內閣所提出之豫算案不成立而產生大隈內閣今俄乃以議院拒絕豫算案之協贊竟欲解決以皇帝之大權度量相越一至於此斯即有二次之戰爭發生其賀戰勝當亦仍在於日而

不在俄也。

夫國家經費之所自出。必有與之者。與之者誰。即有權通過豫算案同時復有權不通過豫算案之國會是。現凡號稱文化國者。靡不皆然。而俄獨反此。夫俄之不競。有自來矣。財政混淆。既俾人不得其眞相。而歲出與國債之增加。又時與人以不可思議之感。其在計學專家與俄利害不相關著書立說。尙爲扼腕。矧爲民代表身感痛苦之議員。惡得不拒絕其橫斂暴征之豫算。冀望當局之自覺減損未來負擔之萬一也。一八八五年之歲出。僅九億三百十四萬盧布。乃迄近年。平均恆二十五億盧布左右。國債則自一八七七年俄土戰爭時。僅十九億六千七百萬盧布。乃逐年遞增。迄日俄戰爭之役。竟達九十億四千盧布之巨額。中間雖經槐特掌度支時。竭力整頓公債。暫幸緩和。乃不移時而募集如故。今於世界國債。俄已自第三位而進於第二位矣。

在財政混淆之國。每難爲精確之調查。今欲約略以言其用途。則大多數之所在。乃在於敷築鐵道激增軍備二者。而於殖産興學根本之圖。流用無幾。其惹人民之反感而遭議會以拒絕。乃應有之結果。而俄皇不悟。至以拒絕之故。召集新舊各大臣於南方。欲以大權之作用解散之。否則改造之。俾變爲一種諮詢機關。如吾民國之國會。然故雖有希望議會政治漸次實施如前藏相槐特者。請求於其間。終恐無濟於事。緣俄已以秩令發表。明歲決募新兵五十八萬五千員。比於歷年。乃至十三萬人之增加。其歲出之浩繁。可想。

今世界已入二十世紀。所稱文化國者。强半斬斷對外之野心。傾全力於國內。以整理政治。而發達社會。而俄乃頻年爲軍備之擴張。不惜迫人民以多大之犧牲。投之不生産之域。此不惟妨礙國民個人發達。抑亦違背世界之趨勢。英以海軍立國者。近藏相佐治。乃以所抱持之尊重個人主義。不惜停止軍艦製造。腐心與德和解。法前藏相愷約。亦抱持此主義者。故前年收歸摩洛哥爲法領時。至棄南非之公果而不悔。義聲所至。全域從風。以故法德議員。競圖兩國融和。至組織聯合會於瑞士。決定減省軍備以挽回此厄運。其悲天憫人之志士。且有倡導四海兄弟之說。主張打破國家羅網者。夫圖免國際競爭。爲最大多數之最大幸福計也。今欲達此圓滿之域。非俾個人各有充分之發達。其最大幸福仍無自得之故。不得不停止勇之競爭。而爲智之競爭。分子既强。其國得以弱乎。甚矣俄之爲計拙也。

法國總選舉

漸生

近頃法國舉行總選舉。四月二十六日開始。五月十日畢事。其結果。以贊成三年兵役制者爲大多數。左黨中溫和派(一)得勝利焉。若以歷年總選舉之趨勢衡之。今演如斯之現象。不可謂非出於意外也。夫法自制定憲法後。此爲第十七次總選舉。四十年間民意所存。幾與舊絕。以故共和基礎。經逐年之擁護。遂鞏固而不搖。帝政無復興之虞。國度有日新之望。議院坐席。最近至有踰越中央。逼迫右方之傾向。乃急激之甚。反響生焉。昨年一月。選舉大總統時。溫和派反以得右黨之聲援。潘嘉里竟當於選。普利安乘之。遂以組織左席同盟。激成兩派之分立(二)以小黨林立之法。得茲機會。形成兩黨。隱若英

(一)法議院坐席。分右黨中央黨左黨極左黨。右黨王政復古者。中央黨溫和者。左黨急激者。極左黨過激者。

(二)本年一月普利安組織新政黨。發表左席同盟後。急激黨與急激社會黨。亦聯成過激派以對抗之。

然此乃立憲國應經之階級無可非者惟法之政治之革新全歐之趨勢終將因以發生一時之頓挫近大總統與內閣意見日有齟齬而與法毗鄰之德亦銳意保存固有之武力今春藏相愷約之辭職其影響尤非常重大不待總選舉告終其局面已有更改是何也以其中之關係全集於愷約一人之身也

愷約者非他急激派中重要之首領唱導尊重箇人人格說欲以其政策刷新歐州之局面者也彼親見十九世紀之歐洲咸傾全力以圖國家之發達至附箇人於等閑租稅日有增加公債時間募集以邱山之犧牲爭雞蟲之得失分子不強國何有焉故秉政以來對於國內設施削減軍費舒展民力務俾人民兵役之義務財產之負擔日趨於輕轉用於生產之途流用於社會之中箇人地位臻於完善雖欲國家危弱不可得也以是見之事實者稅則則主張所得稅之重征兵役則厲行二年制之縮短雖然甲國之設施如此而乙國不爾則國家與國家之間應有所謂尊重箇人々格說也弱肉強食其何能支愷約處此遂不惜變更國際之系統求保本洲之平和寧寒俄法同盟降心與德和解以一掃普法戰爭後之觀念俾大陸視線有所轉移故前經摩洛哥之危險即棄所領之公果以表示外交方針之所在風聲所樹法德兩國之議員至有組織聯合會之出現同時英之佐治亦如出一轍提議英德造艦之延期意在相輔以行二十世紀初年之氣象固有殊於十九世紀也

夫一主義之發生非經無數之挫折有難以貫徹者矧肩世界於一身之重任乎不幸而國家主義之反動起焉認付國防於等閑爲愷約自殺之策者倡自潘嘉里而三國同盟之德又擁護武力不相附和且時出以強硬外交迫法以所難堪此愷約主義上之致命傷也以是法之輿論亦羣相非難之而

憲嘉路新聞社主筆被其細君狙擊尤與此有重要之關聯焉自此而愷約乃受政治上死刑之宣告矣又適值選舉之期惡有不失敗者哉

今總選舉告終。賀戰勝者既群聚於溫和派。轉瞬六月初旬。即應新議會召集之運未來之法政界其波譎雲詭。可推以知。第一外交之變更將仍復往年之系統俄法同盟行將見於事實觀於五月初旬俄皇訪法大總統於巴黎可知也至若德之亞爾沙斯與魯連二洲之懸案或至紛糾而不可解亦未可知第二三年兵役制之復活鄰封之德。平時養兵既達八十七萬。法雖人口寡少之國家入伍之兵難以增加而方針所在仍可執行他種對抗之方法也第三稅則之更改凡關於財產課稅之制度必俾之日有輕減例如現內閣所通過之所得稅不免受一番大打擊第四小選舉區制之打破將變更以大選舉區制此乃法之重要問題且又宿題也政權屬於溫和派之影響。其變動既如上所云々。若夫現內閣之將見更迭此乃立憲國當然之手續無足論者惟潘嘉里以得帝政黨百餘票之聲援因獲大總統之榮職其在目論之士鮮不疑有王政復古之出現者余竊以謂非知言者二十世紀既無慮此而法之溫和派中名流鉅子實有其人又豈肯為此大不韙之事哉（五月二十八日稿）

意大利內閣

漸生

意大利自統一成就以來。政界號稱兩黨。各有分野。右黨標榜嘉富爾之英倫主義。左黨抱持無責任之積極政策。前者傾於保守。後者傾於進取。但此乃日語之所謂看版爾兩黨之外尚有中央之名且左右意大利之政局者屬於人不屬於黨主義可以混同首領必須殊異故一遇內閣之更迭非以各黨人士混合之恆無成立之希望旗幟之曖昧糢糊有如此者而政局遂因以時有所動搖。最近十四年間意大利政局殆為卓義志一人左右之彼於學校畢業後即投身政界。以攻擊馬里雅義之財政策露頭角於議院遂於一千八百九十二年。一躍而為內閣議長後雖以濫用政權彈劾蜂起。幾至一潰不可收拾。而以彼儲有遵養時晦之能反利用此一時之雌伏激收各方面政客集其旗下自壯聲勢故甫入二十世紀政權復歸掌握中間雖經三度之出閣而以為時無幾在野而朝政仍仰其鼻息以故當時繼彼之內閣者不能劃一策用一人殆惟卓義志之言是從焉彼今年已七十三而以義土戰爭之結果國力雖伸於地中海對岸。而軍費增加。倏超二億圓之巨額財政整理之困難為卓內閣被倒之唯一原因故於普通選舉制舉行以後遂不能不與政界為最後之訣別今其後繼者為薩南安里。在卓內閣時代。曾二度加入。屢為大藏大臣。以財政有名於國。且又以急進主義號召於長靴半島者世所稱為左黨之中堅也而其精神之所在又時傾於保守方面收拾今日之殘局殆不可謂非適時之人物也

美與墨

秉心

美墨戰禍。雖以寃辱美軍為導線。實則仍以墨之內亂肇之也。今以南美三共和國之調停。不日有妥協之望。此世界和平之幸福也。據華盛頓來電。調停會所協定之條件。大略如下。

一、以委員長一人。及委員四人。組織新政府。現假總統胡爾泰氏。即以政權讓之。

二、以上委員五名。其人物必爲墨國各派所承認。而又爲美國政府所同意者。所負責任。均同共於來牙加拉會議。（即此調停會所在地）所定事項。從速選舉正式大總統及國會議員。

三、議定改正土地制度及教育制度之原案決行之。

四、委員長決定後。美國卽宜布承認。並同時撤退發拉克魯子地方之軍隊。

今日報傳。則謂諸條件已協議成立。仲裁條約。日內卽當發表。美墨之戰爭可戢。不勝爲世界和平賀。特墨人不能自靖其內訌。釀成數年之戰亂。今以強隣壓境。屈於威勢以行成。則其國不國。已可想見。且己之內政。不自改良。亦待外力干涉爲之解決。其人民程度尤爲可哀耳

世界各國。以兵力干涉他國。而及於內政者。曆史相示。亦不乏其例。顧欲求合於此次美墨之爭。實不易睹。法帝拿破侖之敗。各國固嘗聯合軍力以繩法。然不過鎭撫一時之難。使復其舊政。而美之於墨。則要求及於土地教育改正諸法案。是直欲舉其內政。而爲之革新矣。美人之奢望如此。宜乎干涉之始。世論嘲之。美總統威爾遜。苟非富於忍辱負重之精神。其不中途摧折者幾希也。夫各國之繩法。非仇法也。慮拿帝一人之恣睢。將以擾亂全歐之和平也。美之對墨。非仇墨也。疾胡爾泰一人之虐政。將以破壞世界之人道也。觀於此種法案改正之提議。可以知矣。維持歐洲之和平。範圍猶小。保障世界之人道。關係更大。使威爾遜此次對墨政策。果收圓滿效果。則將以增人類之幸福。而創一外交上之先例。威氏何幸。有此躊躇滿志之日。而以慰其兩年以來堅苦不撓之決心也耶。說者謂美之創墨。實以護其資本。與爭其石油礦權。平情論之。此亦無可爲諱。然試讀威氏就任時主持人道之宣言與夫

對於墨事所致國會之教書至近日不得已而出於武力旋即假仲裁會議以達其目的其一貫之精神實足以證其願爲人道犧牲之非妄兩々相形正義斷不爲私心所掩矣

若墨。則紛禍相傾起仆遞邅時以共和之元首握無冠帝王之大權稱兵自殘荼毒遍地而其民又無政治能力不克以多數之制裁範圍其梟黠之權首使毋逞其私以亂國則今日之禍墨人實自釀之更何怨焉胡爾泰假政府成立之始美人已直以「非立憲之殺人團體」視之其說曰。胡爾泰以馬德羅之舊部。乃私叛將而畔之。異志甫逞。遽逮馬氏而投諸獄。更慘殺之於途中。此實神人共憤思啗其肉而不厭者何可認彼所組織之政府貽墨人以後患而更示中南美諸國以惡例乎美人之激昂可想見矣。苟胡氏逆取而能順守則其敗亡或亦不至如是其速乃復脅國會以兵停止憲法之効力逮捕議員或更暗殺以肆其毒其殘虐無道昔時之暴君亦不過是則使胡爾泰而生於十九世紀之法蘭西其頸血早與斷頭臺上之露以俱消矣今以美之干涉得安然遜位以去非其私人之大幸也耶

至土地問題。尤亂墨之原。墨之地主。權若封君。農民之賤。幾等奴隸。生活既不能獨立教育遂無以自完是皆法制之不善使土地盡數入於少數人之手有以致之也馬德羅氏銳意改革。成效未著齎志以歿。今美人起而代謀之其力強於馬德羅無算的之可達不難想見苟易之而善則墨民得享人道之幸福不自其國中而發於外力其將別有所感也歟

（五月三十日稿）

評論之評論

古德諾與新約法

秋桐

美人古德諾氏。在彼邦頗以講行政法有聲。嘗倡言十九世紀之問題在立法。二十世紀之問題在行政。(一)其所以然則歐美諸邦立法系統在前世紀早已完成。國中一切權利之配分。俱無不當。故其餘事。二十世紀當行之者。亦在將其權利書(二)見諸實際。如何準夫正義人道。如何遵夫善政仁術。以使國人各滿其欲以去而已。此其爲說。理勢俱通。故柏哲士著政治學及比較憲法論一書。專言立法。古氏少之。乃發憤著比較行政法。推言行政之道。以補其不足。此物此志也。然最宜注意者。則古氏所謂行政。乃立法完成後之行政。非寡頭專制之行政也。此凡讀其書者。皆能言之。即以而質古氏。彼亦無能否認。不謂吾之政府。以彼好言行政也。意其可以助己。央之來游。榮以顧問。約法既成。倩其解釋。更不謂古氏於此。不假思索。濡染大筆。不惜大反乎所以著比較行政法者。以論新約法。至敢爲大言以欺吾人曰。「歐洲之政俗。注重於立法部。而亞洲之政俗。注重於行政部。固未可以此例彼也。」又曰。「中國之習慣。本注重行政。而不注重立法。……故不可不暫存舊制。而偏重行政之權。」而爲問歐洲代議制未立之時。舊制莫不注重於行政部時則愛時之士。愛國之徒。莫不惟舍舊謀新是務。卒之新能勝舊

(一)比較行政法序中言之。

(二)所謂憲法乃權利書義詳本期國家與責任。

而歐洲之政局始有今日古氏固不當其時矣今若尙論古人衡議政制英吉利者乃例之無可逃也古氏於此亦將崇拜王權吐棄自由而奉妥立以摧斐格矣乎(一)愚不學不能窺見古氏造詣之淺深。而以政家常識學者恆態推之決其未能與英倫十七八世紀之王黨同其聲氣也胡乃論吾約法則殊不然

吾國之脫專制未逾三年。專制之潮。不容民意發生。無民意矣焉得有立法部既無立法部則無注重不注重之可言吾惟以專制之不足立國。故迫而革命。革命之後。以民意施之政事。不問而爲必至之符苟不至焉則是其中有大力者障吾耳目縶吾手足使無所施其官能是又非吾人不注重立法部也由前不注重之說不可通由後不注重之說不足信則古氏亦明目張膽助強權張目可矣何必又爲此裝頭蓋面之詞哉

古氏謂一國之憲法。必先求其合於國情。此最足以動庸衆之聽。而紫能奪朱。莫此爲甚者也。蓋合國情之說是矣。惟所謂合不合者其言當出之誰何之口始爲定評吾知古氏非其人也今之大總統非其人也今之約法會議亦非其人也吾人所以革命者非他亦惟求一機關能自定何者適於國情何者不適而已今奪吾機關而漫舉若干事翘以示吾曰此適於爾者也是猶女子爲強暴所污無能自白而任強暴者揚言於衆曰此女窺臣者已三年矣不亦至可嗤乎今且不具論論古氏之國情說。其詞曰。

吾嘗熟察中國今日情形。覺中國人民。則有一種特質。其人民大率致力農業。擁數畝之田以自活。其性情視家

(一)妥立王黨之稱。斐格民黨之稱。

族爲至重。一若對於家族以外。別無重大之義務者。至社會通力合作之義。則絕少經驗。千百年以來。人民對於政治。於形式上或實際上。均無參與之權。一切政權。則由天子及其官吏操之而已。官吏之選舉。專由考試。考試之題目。專在古書。故其人民習於古法。雖至微官薄爵。亦從無以選舉充之者。若夫代表機關以及自治制度。十年以前。蓋無人能言之。且其人民生計至艱。故雖偶有留心時務者。亦無參與政事之能力。但得苟全性命卽已。無敢他求。其有時激成禍變者。則以官吏誅求過甚。民不堪命。故羣起而抗之。然人民對於政治之權力。舍此固絕無他術也。

以上所述。皆中國歷史上之習慣。至今猶未有以易也。夫其人民。旣不習於代表之政治。而又有服從命令與夫反抗苛虐之積習。一旦取數千百年專制之政體。一變而爲共和。旣已晏然無事。苟非其政府實有維持秩序之能力。蓋必不可得之數矣。是故今日切要之圖。在建設一鞏固有力之政府。而人民參與政事之權。猶在其次也。明乎此則憲法之制定。必先卽人民之所素習者。而設一强固之行政機關。至於人民素所不習之參政權。固可留爲緩圖也。

是說也。以說明吾國古習。誠爲不差。然愚不解古氏平昔所謂參政權將執一國之人而盡畀之乎。抑祇求知識能力足以與於政事者而畀之乎。易詞言之。古氏果主張絕對之普通選舉制乎。抑主張相對之制限選舉制乎。愚雖闇於西事。而確知無論何國。皆不能以全人口爲參政之準的。而待識力之量盡人而均。始創代議之政體也。白芝浩曰。「以言文明。至吾英亦可觀矣。而其中僅有不少之人。其知識淺深。無以異於二千年前之大多數。其他優者。亦無以逾於一千年來之所謂俊秀焉。不然。今之居乎下流中流社會。褊狹頑鈍而麻木者。何其多也。」(二)英人如此。其他可知。以言國情。則英人設政欲求一制合乎其所謂褊狹頑鈍而麻木之社會將以何者爲可吾知如古氏言內閣政治決非正當之答案也由是以觀代議政體者本爲以少數人謀多數幸福之事而非任多數人自謀幸福之事號爲多數政治多數云者特少數中之多數而非全人民之多數也吾國人民誠大抵致力農業而昧於社會通力合作之義矣然不能謂全人口皆業農者也亦不能謂業農者舉無知識也吾分民爲四曰士曰農曰工曰商惟士以官人爲業是今日而言革政當以士之程度爲的而不當泛言農民至謂千百年來人民之於政治無論形實均無參與之權此習慣也而無與於程度惟其習慣不良故求所以易之今議易之之當否不謀之於程度而還以習慣爲言寧非丏詞之尤(三)且即言習慣亦必今日仍然存在者然後足引爲證吾國官吏之登庸專由考試考試之題目專在古書此言科舉也今果胡有乎古氏謂「至今猶未有以易」其即指此乎此在夙昔人誠慣之而既廢之後即無人復以爲慣今從古說譬猶大疣在頸久而不覺其苦及既削平乃復誘其種毒自潰寧非狂囈代表機關以及自治制度十年以前誠無人能言之此習慣也然十年以來言之者日益多至今幾成爲一種常識此亦習慣也特前者爲舊後者爲新新習慣既成而乃以舊者强聒不已漫曰此爾「所素習」者也又何說乎尤可怪者吾國有反抗苛虐之積習既爲古氏所熟知乃爲吾設策不謀所以隱消反抗之勢而若惟恐反抗之不至轉爲之媒焉蓋苛虐之所由生即在治者過張其權而不容被治者之感情出爲調劑是故鞏固有力之政府誠是矣惟此種政府而不有民意入乎其中是不啻政府直標以號於民曰吾有力吾能戮

(一)見本誌第一期白芝浩內閣論第四頁。

(三)丏詞之說、見第一期讀嚴幾道民約平議第九頁、汝同時民復置標以號於政府曰吾何時有力吾何時能戮汝此大盜之所以相持也豈有當於近世政府之義者乎。

要之古氏之說。罅漏甚多。逐條討議。非短評所能盡。且其全文。愚執筆時尚未之見。所見者亦北京亞細亞報所載數段耳。惟發端如是。通體可知。讀者觀此。以概其餘可也。古氏持論。素有本原。今爲此文。頗有北學中國盡棄其學之概。喪獨立之良德。隳學者之聲名。愚深於古氏不取。至其所著他書。價值仍在。愚不敢稍存成見。妄爲抹摋。並望讀者能諒斯意也。

開明專制

秋桐

吳君貫因、曾於庸言報二十三及二十四兩號。著中國共和政治之前途一文。推言共和政治不適於我之道。愚爲玆文。初未參觀其說。惟見中華雜誌三號。孫君幾伊著論駁之。而取吳說兩點。據以立論。一、行總統制之共和國。不免兵爭元首之禍。二、行內閣制之共和國。不免內閣更迭頻仍之弊。孫君之說。大致謂兵爭元首。在專制國則然。觀吾史可知也。在立憲國亦然。觀葡萄牙千九百九年之革命。俄羅斯虛無黨之憃動可知也。安得專以咎共和。以言共和。則又有絕無兵爭之事如美利堅者也。至內閣更迭。尤非共和國獨有之現象。英意尚矣。然且弗論。證諸日本。當去年正二月之交。不及百日。西園寺內閣桂內閣山本內閣凡三易。此亦豈共和之咎乎。孫君此論。頭緒甚繁。玆不具述。亦非本篇所重。無取瀆陳。所亟欲知者吳君既以共和政治不適於我而所謂不適者至舉所有立憲政治而範圍之然則何者而始爲適乎。愚爲傍徨中夜。不得不爲吳君製一答案曰。開明專制也。開明專制者人治政治也。愚固從根本上不以爲然。然姑且不論。既曰人治則必大有人在而後可行。且必如柳州所謂上賢而下不肖而後得立。此邏輯之易知者也。故討論此題訴之理論不如訴之實際。憶昔梁任公先生曾大張是說。當時愚未注意。不審彼以何因緣。而以是業望之滿洲政府。惟以謏陋所及。實例所告。決言開明專制之無是物。有之亦無政府耳矣。何也。以專制者非一手一足之所能爲功。而必有資夫鷹犬。鷹犬爲搆而愚前著「國家與責任」所謂四賊四病六邪之象因相環而生。至是爲之主者制且不能專於何有專制。不存寧分善惡。善惡不著。又何開明。是故倡言開明專制者。是否別有肺腸。非愚職所問。而即其說求之實政治。自殺之大愚計也。愚既勤求政訓。詳證國事。反覆陳說。著明其非(一)而猶懼己說之容或未然。而今之君子所爲。亦或不失爲至計。足安天下。不謂丁君佛言。於中華雜誌第一號「論最近政治上國民心理之變相」亦謂袁大總統號稱實行開明專制。而并未實行之。其取證者。則「實業借款。行政借款。政策無定。用途不明。」蓋開明專制宜立政策。清用途者也。又「城狐社鼠。攬權竊柄。包辦借款。紊亂財政。挾金錢之勢力爲護符。恃外人之後援爲武器。」蓋開明專制宜不容此等狐鼠者也。又「朝令夕更。總統任官之命。可以取消。大權旁落。政府用人之權。必經同意。元首孤立於上。百姓怨咨於下。」蓋開明專制大權不宜旁落。百姓不宜怨咨者也。此外丁君之所未言而足取證者。尚有悍將橫行。游探四出。驕兵滿地。大盜遍山。人民日日死於非刑。工商日日居於絕地。蓋開明專制宜不以製造悍將游探驕兵大盜爲事者也。然今之見象舉不外上所云云。是今之見象與開

(一)前期政本論及本期國家與責任、皆詳言之、

明專制不生何種關係也。以大總統之雄才大略。誠心公道。而爲效且如此。其他更何足道。信乎專制之不可行而開明專制尤無是物也。愚深喜丁君之言與鄙說有合。因著其略如此。

一院制

秋桐

今之政府。厭惡代議政體。謀所以芟夷其本根。而不可得。以一院之受操縱。當較易於兩院也。遂倡爲一院制說。今之政客。皇然憂之。以爲於立憲政治之義。深有妨也。亦譁然爲兩院制說以抗之。此觀中華雜誌五月號光昇君之一院制辨。可以概見。秋桐曰。此二說者乃所謂此膠彼漆無足重輕者也。由政府之道。無改政府之行。即立十院。胡益。由政客之道。能行政客之策。即僅得一院。胡損。故論院制者。不當狃於目前之政象。而當以眞理治道爲衡。果爾。則愚請得以一言進矣。

當南京參議院提議院制時。愚在上海民立報。即發爲一院制議。後該院北遷。愚仍主持是說。但不見採。此立法者之權衡。又爲可議。惟學理所在。愚之主張。終不以是易也。今覩光昇君之所論。大體不出愚前說之範圍。愚請得述之。以爲獨立討論之資證。當亦爲讀者之所許也。

人之詬病一院制者。有四說焉。一曰專横說。二曰輕躁說。三曰抵觸說。四曰機會說。專横說者。乃謂一院。則國會將流於專横。非第二院不足以救之也。此實於專横兩字未細心思之。而以團體之公意與個人之自由意視同一物。（英儒穆勒且犯此病）殊不知個人之自由意。僅代表一人之意見伸縮極其自如。而團體乃胡望者凡團體中之議論必有種種意思雜陳於其中。必此種種意思相攻而相錯而後最後之公意以出。縱或政論壟斷於多數黨。然政黨之德。乃在任異議之流行（此英倫名家之言）而少數黨亦斷不容易放過。此代議政體之所以爲良也。烏得與個人之專橫同日而語。且國會專制一名。在理論上無由成立。蓋國會者所以代表人民也。謂國會專制。猶謂人民專制。此實推翻憲政之根本。又何所據以爲國會論之基礎乎。

說者又曰。子說是矣。然爲人民之已有程度者言之則可。若人民毫無程度。而擁此專橫之國會。又如之何。爲斯言者。是不知政治之作用者也。自古明君誼辟。其所行動。誠悍然不以民意爲意。彼得大帝之變法。未肯服從俄羅斯之輿論。弗烈得力之治普。亦未嘗回顧普魯士之思潮。其所以然者。則人民之識力。不敵政府。又未得相當之機關。使其意得以上聞也。苟識力俱強。又擁有相當之機關。則雖以俄普兩帝之強。亦不得不爲屈膝。此理論之易見者也。故以民意野蠻爲慮。則當阻之使不獲上聞。易詞言之。則當不採代議政體。如誤採之。則當速廢除之。苟使其據代議機關以陳其意矣。而彼之能力。又足使其意獲行矣。則其間實無餘地容有程度問題發生。英人皮師立（現倫敦大學教授）曰。民者統治權之所從出也。彼欲以何法治其國家。卽以何法治其國家。善可也。惡亦可也。—皮氏爲實驗哲家。其言如此。而實主張民政者之公言。誰不渝之。在代議政體之下。而欲謀民意野蠻之救濟法。甚矣。爲專制汚俗所染者之不可與言治也。

記者之言。論者或終不服。謂民意野蠻。而不當救。訴之理論。究何可通。記者今讓一步。請承認之矣。惟上院能救之否。此乃事實問題也。以英倫言之。彼下院不專橫則已。如或專橫。上院立爲長物。下院通過之案。誠屢爲上院所棄擲。然果以其案訴之國民。則一度總選舉後。上院決不敢再行固執。下院當占最後之勝利。乃英倫祖傳之習慣法。各國莫不師之。自格蘭斯頓執政以來。上院之降於下院。未可一二數。最近下院通過巴力門案。將上院之否決權。盡行褫奪。而上院隱忍從之。論者且笑爲自宣告其死刑。自今以往。英倫上院。特不過一種裝飾品耳。然則謂下院之專橫。而上院能救之者。在他國之政例。容或稍異於英。而其効究不亦微乎。

輕躁說者。乃謂一院立法。易流於輕躁。須得第二院覆核之也。是論者假定上院議員爲不輕躁。或比較的不輕躁，殆無疑義。夫上院議員。要爲人民間接之代表。如論者言。是無異使人民舉其次優之人物於下院以爲其直接代表而留其最優之人物不舉以備爲間接之代表也果合於理論乎在理想之議院實當合國內所有人才而抖擻之使集爲一團而議國事歧而二之又胡謂也至謂德智儘齊。而意見容或不一。則兩院之意。是否皆爲民意。兩院之意而有異同是使民意自相矛盾非政治之良相苟至矛盾則其矛盾處必利害衝突處行見才智者多野心富貴者重私利邊沁所謂最大幸福主義決無餘隙可通用之於上院此輕躁說之不可用也。且記者不信以近世立法之手續。輕躁之舉動。易發生於國會。蓋凡一問題之成熟。須時甚久。國會如有提議案。則人民之意旨。果何所向。稍明政治現象者。類能言之。案既出現。委員會之討論。爲候亦長。其中種種相尅相治之法。不難使之完備。雖近世政府。操縱議會。不免濫用『討論終局』之權。而遇問題之重大者。則亦不敢用此。(一)穆勒曰『人恒主張二院制以防止輕躁。吾則不以其言爲有價値。何也。如所議事件並未經兩回以上之思索。動須他人覆核則代議機關必異常惡劣。尚何代議政體之可言』夫穆勒主張二院制者也。而其排斥輕躁說如此。則此說之價値可知。

時人所持第三理由。則抵觸說也。抵觸說者。乃謂第二院可以調和國會與他機關之抵觸也。例如國會與政府相衝突。則第二院能執調人之役。其說似矣。然吾知立法行政兩部之爭。莫切於財政。而憲法必以財政之優先權。讓之下院。又爲通義。於是行政部立一稅目。下院擲去其提議案不理。而此提議案者無法自薦於上院則爲上院者將以何法調停之以記者之愚。則誠環室中走三日夜。無從得其答案也。夫國會與政府常相衝突。誠有

(一)討論終局、由政府用之、此在行內閣制之國爲然、非如吾之內閣、不入國會、而任議員自討論自終局也、

是言。惟補救之法。決不在二院制。至何在者。記者嘗推論及之。其原則曰。『凡一國有一民選立法部與一超然之行政部並立。則衝突必起。衝突之甚者。或竟致國家之機關。一時失其作用。衝突既久。其天演之結果。一則元首假民選立法部以行政權。使議會之多數黨建設責任內閣。一則削除民選立法部之職權。至於淨盡。使無法再起衝突。至其國將得何種結果。則以其民之程度卜之。』以此原則訴之陰達邏輯，記者有甚多之事實以證明之。本篇幅窄。將不能舉。茲兩法者。皆與上院無關。而自此兩法外。別無第三法。可免兩部之衝突。時論云云。記者未敢苟同也。

時人復有第四理由。以為後盾。則機會說是也。機會說者。乃謂採二院制。可使優等之少數者。得機會以發其能力於政治上也。此說也。適用之範圍。亦至狹隘。此在君主政治之國。上院既立。君主欲行使其特權。植勢力於國會。而因以此為口實焉。猶可言也。至本此以為建設上院之論據。則絕無價值。須知當世強國五六。其國行兩院制者。如德如美如法。皆無優秀人物之說。一律以選舉為基礎。而其成效且良於英。英之上院。則甚多優秀人物者也。說明其故。固絕不難。蓋所謂優秀者。優秀於君主及權貴豪富之目。而容或不優秀於國人之目。其在英倫。則國王增造貴族。使得列席於議會。其事等諸投贈。然謂此中乃無真優秀者。亦非平情之論。誠優秀矣。惟所謂優秀者。其定義當如何作法。吾知論者必不謂下院不能得優秀之人物也。則上院之優秀人物。是否與下院之優秀人物同等。苟同等矣。是贅院也。苟不同等。則將以何者見異。是非移氣移體。身分不儕於平民。即多材多藝。學問不同於餘子。由前之說。恒與最大幸福主義不能相容。由後之說。獨到之學。又恒無所影響於立法事件。蓋功用主義非有深義可尋。『此不須商之於柏拉圖。亦不須證之於雅里士多德。苦樂者無論何人皆同感之。自王公以至黎庶。自鴻儒以至白丁一也。』（此功利派泰斗邊沁之語）人欲知幸福何在。斷不須此種優秀之人物諄諄相告。且此種優秀之人物。既位於上院。經驗之示吾儕者。則人民直接之代表為全國之幸福成立一案。是之上院。彼恒咬文嚼字以破壞之固不必盡然。而大抵如此。欲明此者。取證正不在遠。前清資政院之碩學通儒。非所謂優秀之人物者耶。其所發揮政治上之能力。乃胡似者。

四說皆無據如此。作二院制論者。其亦知自返矣。凡此皆就對面之理由而排斥之者也。至本方面之理由。如二院制議事遲緩。國費增加。有少數壓制多數之弊。及立法缺統一種種。皆頗撲不破者也。以須幅多。不具於篇。至政體吾與美不同。而非聯邦。無代表地方之說。不宜有上院。社會吾與英不同。而無貴族。不宜有上院。皆常識之人人所有者。亦不具論。

愚之重述是篇。乃以供學理之研究而絕不欲稍沾時局以其立論之根據乃假定立憲主義已經確立惟進論實行主義之方法而吾說始以登場也苟茲主義破壞無餘則吾說與之了無關係其得畧有關係者。則在所論補救行政立法兩部衝突一節。此種補救。共有兩法。一為責任內閣。一為削除立法部職權至於淨盡。第二法者。今之政府行之。故愚曾為此說。在法當以自明。然政府自行其天演之道愚說不任咎也須知愚之取例。在英領殖民地。當英有殖民地之初。英王莫不賚以立法議會。議員悉由民選。討論財政。議會尤有無限之權。無自治殖民地與直轄殖民地之分也。此制既立。議會與行政部之衝突恆起。有時議會竟不承諾當地之租稅。以困其總督。使之無法以行其政。英人乃謀有以救之。而得此兩法焉。凡殖民地人民程度過低不足以抗總督之强橫卒得其後法以去西印度之牙買加其一例也。愚固曰。將得何種結果。以人民程度卜之。今明々有人牙買加我矣。我之甘為牙買加與否人民總意自有權衡愚說果何與哉愚說果何與哉

(一) Jamaica

教育與衛西琴

白沙

英人衛西琴著中國教育議一篇。嚴幾道譯之。揭諸庸言報二十七及二十八兩期。稱爲今日無棄之言。有益吾國不少。衛氏之論。尊崇孔子。主張中國教育。惟須發揮孔子之精神。不必取法歐美。蹈日本之後塵。失獨立之本性。其用心近於公允。立法似乎平普易行。嚴氏譯其文。欲以定今日教育之指針。則嚴氏已極驚偉。歎爲岐山之鳳音。鼓舞之情。流露於譯文。殆禹聞善言則拜之意也。衛氏以殊絕萬里外之哲人。反復推尊中國孔子。心存千載之上。眼觀百世之後。發爲讜言。足以招黃魂。神州四百兆主民。無不食其嘉賜。宜爲嚴氏所擊節歎賞也。然愚者之慮。不在此而在彼。今日中國行政立法。無不曰本之歷史之特性。地理之特性。風俗習慣之特性。將來教育之設施。更不能須臾離此特性。必不待問。觀近日取消留學生于海外。停辦學校于國內。直以教育與革命黨混合爲一問題。視歐化之教育。即革命之教育。是教育本此特性而排歐化。已漸々見諸事實。衛氏倡議不自我先不自我後。恍惚如陽鳥之隨氣候而來。奔走燕都挾尊孔之道以干當世今之燕都實發揮吾國特性之中心也。尊孔云々久已司空見慣。今衛氏曰「孔子之道。大於一也。其宇宙一之符也。往者予爲社論。發明此一之義。標其目曰「北京」則此一者。意北京尚克有之」此僅如群蛙喧夜之中。增一蚯蚓之吟唶而已矣。愚讀其文。深惜此西山之鳳。鳴非其時耳

雖然。衛氏之言。因全國上下心理之趨向而言者也。嚴譯亦因全國上下心理之趨向而譯者也。言者譯者。既合于全國心理之趨向。其影響所及。可以推知。政府更將持之有故。以號於國曰。排歐化非僅

中國之特性。即西人亦有焉。彼西方明哲。且期々以爲不可。吾反棄吾之特性。以效顰于人之所唾棄。豈非大愚。此論一出。勢必反吾國于閉關時代。平情論之。中國近日何嘗一實行歐美之教育耶。又今日而言教育之法。除效法歐美外。尙何所適從耶。愚爲此言。非謂吾之國粹不當保存也。保存國粹。爲一事。施行新教育。又爲一事。二者宜交倚而並行。不當執一以相慢。今從衛說。是其不及與言歐化者之太過。厥弊維均矣。果得稱爲知理之言乎。衛氏居日本久。日人爲愚言。彼實一富於僻性之音樂家。嘗著論推言日本之琴。爲世界良樂第一。即此以推。其他可見。愚敢言衛氏不知中國。亦不知日本。吾之聲名文物。孔子而外。群彥猶多。固可以言獨立教育。即如印度。佛學昌明。理無不備。尤具有獨立之資格者也。至于日本。本無所有。不法西方。即法中國。不法中國。即法印度。無往而不失其獨立之本性。有何國粹銷沈之可言。日本教育之弊。在錮于形質。闕于精神。不在獨立與依傍。錮于形質。爲一問題。依傍又爲一問題。本無獨立之可言。而必以此相責。是猶禁小兒之學語。而勉其終身爲呱々之啼。獨立之議。失日本之情也。若在中國。孔子與教育。亦屬兩事。孔子爲教育之一部。而非教育之全體。此非孔子之小。實中國教育範圍之大也。衛氏欲尊中國教育。乃以孔子包括之。反卑視中國之教育矣。玆本此意以爲商榷可乎。

中國之教育。與孔子之教育。不可淆混。夏曰校。殷曰序。周曰庠。皆政府所立之學校。司徒因民性之殊。施十有二教。小司徒掌邦之教法。鄉師治教于鄉。州長治教于州。黨正治教于黨。鼓人教聲樂。舞師教兵舞。師氏教三德三行。保氏教六藝六儀。教育之權。政府操之。教育之事。官吏授之。其制則國學爲大學。鄉爲中學。黨爲小學。塾爲家學。其事則上而禮樂射御書數。下而稼穡樹藝飭材。考工記審曲面埶以飭五材以辨民器謂之百工皆掌于司敎之官。管子之弟子職。小戴之曲禮。尤見古人小學敎育之精粹。故國無失敎之民。即民無失業之事。上焉者德行道藝。登于賢能之書。其次猶不失爲耕戰之民。孫仲容氏。嘗攷古代敎育之制曰。自王世子公卿大夫之子。洎夫邦國所貢。鄉遂所進。賢能之士咸造焉。旁及宿衞士庶子。六軍之士。亦皆羣作羣學。以德行道藝相切劘。鄉遂則有鄉學六。州學三十。黨學百有五十。遂之屬別則如鄉。蓋甸郊之內。距王城不過二百里。其爲學辜較已三百七十有奇。而郊里及甸公邑之學。尚不與此數。推之削縣鄙之公邑采邑。逮及于畿外邦國。其學蓋十百倍蓰于是。無慮大數。九州之內。當共有學數萬。讀孫氏之說。可知周時敎育之普及。聲名文物。粲然大備。爲中國學術極盛之時期。豈偶然哉。

以上所言。中國之敎育也。而非孔子之敎育也。周室既衰。諸侯强大。日以愚民爲事。惡典籍之害已而去之。焚書之禍。自不始于秦孝公。敎官失職。諸子雲起。各以所學爲敎。于是由政府之敎育。變爲平民之敎育。孔子弟子三千。通六藝者七十人。孟子從者數十人。墨子弟子。能持守圉之器以待寇者三百人。列禦寇弟子同行見南郭子者四十人。許行之徒。爲神農之言者數十人。當時諸子。各以平民代政府之職。講學之盛。風猋雲疾。開中國未有之局。諸子之中。最有勢力。爲儒墨道三派。天下之言。不歸楊則歸墨。不歸墨則歸儒。孔丘墨翟。無地而爲君。無官而爲長。天下丈夫女子。莫不延頸舉踵。而願安利之。三派之敎育。已徧布于中國。然所學各異。其施敎之道亦殊。試先言道家墨家之敎育。道家如關尹老聃楊朱列禦寇莊周。皆爲大師。其動若水。其靜若鏡。澹然獨與天地精神往來。爲神明最完滿之敎育。流爲入世之學。則管晏申韓。以神明之敎。富國强兵。開張四維。道家敎育。貴自食其力。上可以保全廉恥。逍遙物外。非卿相之祿所能誘。下可以仰事俯畜。免于飢寒。不爲失業之游民。尤不言迷信。老子曰。以道涖天下。其鬼不神。韓非解之曰。人處疾則貴醫。有禍則畏鬼。聖人在上。則民少欲。民少欲則血氣治而舉動理。血氣治而舉動理。則少禍害。夫內無痤疽癉痔之害。而外無刑罰法誅之禍者。其輕恬鬼神也甚。列子亦言土無扎傷人無夭惡。物無疵厲。鬼無靈響。管子亦言犧牲珪璧。不足以享鬼神。韓非竟以事鬼神。好祭祀。為亡國之徵。此皆道家之教育。力破迷信者也。墨家以墨翟禽滑釐宋鈃尹文諸子為大師。其教育隨地因人而說法。國家昏亂。則語之尚賢尚同。國家貧。則語之節用節葬。國家憙音湛湎。則語之非樂非命。國家淫僻無禮。則語之尊天事鬼。國家務奪侵凌。則語之兼愛非攻。蓋其教育宗旨。專在矯弊。雖偏于迷信。重于物質。然讀其修身之論。恬澹冲遠。神明之學。出于道家。因不欲以此為教。非不知也。墨家教育。不貴自救。故曰。弟子雖飢。不忘天下。又曰。一農之耕。分諸天下。不能人得一升粟。其精神專備世之急。赴湯蹈火。死不旋踵。任俠好義。而絕私門。精於制器。手不離規巨。故以巨子為聖人。經上經說上下數篇。言光學重學之理。最重者為守圉之器。刻木為鳶。飛三日而不集。劉三寸之木為車轄。而引五十石之重。皆以備守城之用。專欲守小國以阻強鄰。實行其非攻之說。其教育為天下所延頸舉踵。即以此也。此道家墨家教育之大器也。彼各具有特長之精神。一為神明。一為物質。孔子不能範圍之。孔子之教。與道墨殊。不言食力。故不如農圃。不言迷信。故未能事鬼。不言遯世。故干七十二君。不言戰爭。故未學軍旅之事。然儒家教育。實分二種。一為大人之教。一為小人之教。大人者治人。小人者治于人。如上所言。皆治人之教育。其弟子上可以為天子諸侯。下可以為卿相。說苑曰。孔子言雍也可使南面。南面者天子也。鹽鐵論曰。七十子皆諸侯卿相之才。可南面者數人。是儒家且有帝王思想。孔子常言爲東周。欲應公山弗擾之召。而不嫌其叛。又曰。文王旣沒。文不在玆乎。是明以文王自任。後人處專制時代。不敢公言南面之志。往々以王佐尊之。豈不厚誣孔子。孔子施教之魄力。大于道家。救民之政策。優于墨家。道家謙下。似近于怯。墨家勤勞。尤過于苦。孔子斟酌二家之間。得乎中庸之道。志在救民。非如野心者之覬覦天下。何嫌何疑。而必諱此南面之說乎。孔子以後。有二大儒。一爲荀子。一爲孟子。荀子常自謂德若堯禹。宜爲帝王。遺言餘教。足以爲天下法式表儀。所存者神。所過者化。孟子言五百年必有王者興。以其時考之則可矣。又言如欲平治天下。當今之世。舍我其誰。是孟荀二子。均有帝王之思。後人懾于專制。不敢明言。微言大義。沈沒久矣。此儒家治人之教育。已見于實行者。其治于人之教育。如不言農圃。而曰富庶。又曰。黎民不飢不寒。然而不王者未之有也。不言迷信。而愼終追遠。祭必其鬼。不言遯世。而簞食瓢飲。舒陋巷之樂。曲肱而枕。抗浮雲之情。不學軍旅。而言無敵于天下。教民于七年。皆爲治于人之教育所不可缺也。觀其三月學韶。不知食味。暮春風浴。獨與點也。倜乎塵埃之表。醇然禮樂之懷。輔以道家之神明。墨家之物質。是誠中國一完全之教育。若衞氏欲施漢武帝董仲舒之術。擧儒家以抹殺諸子。非眞知中國之教育也。請再言其排斥歐化之誤。

衞氏曰「中國富於神明而貧于物質者也。歐美優于物質而劣于神明者也……今者以富於神明之中國。轉而學物質之新知于西人。則教育之方。與所以爲統系者。自不能無甚繁之締造」由此之說。衞氏又未嘗爲絕端反對歐化之詞也。朱子謂教如扶醉人。扶得東來西又倒。此實有驗之言。優於神明者必劣于物質。富於物質者必貧于神明。聖人無全能。萬物無全用。一群之精力。未可兼進。閉關時代。世界之學術未交換也。然教育當因時勢而定方針。大同之世。神明之教育。可以戰勝物質。故必趨重神明競爭之世物質之教育反能戰勝神明故必趨重物質今日世界之潮流爲競爭中國之地位爲危亡以危亡之邦當競爭之世若猶專言神明遺棄物質是誦孝經而欲退黃巾之寇也富于神明之國不僅不能拒優于物質之國也昔者西羅馬滅于峩特東羅馬滅于突厥印度滅于莫臥爾中國一滅于蒙古再滅于滿洲夫峩特突厥莫臥爾蒙古滿洲皆不得爲完全之國家更無物質之可言乃反爲彼之臣妾奴隸近而數十年遠而數百年之久然後恢復豈非以野蠻社會征服文明社會者乎今更引首一瞻列强較諸野蠻社會其强弱相去幾何以神明最富之邦家不能拒野人之蹂躪乃欲持此以爭存于今吾思至此不禁惴慄悽慘憂戀產而不釋矣

吾爲此言非謂神明不足貴特以不能與物質搏鬭也形而上者謂之道形而下者謂之器道爲神明器爲物質以學術論則有上下之別以競爭論則道必賴器而後存神明者非一國所私也國有存亡神明無存亡國有中外神明無中外我不保其神明而爲他人所保神明亦去而之他故必取西人之物質以保神明而後神明永爲我有試觀中華民國之神明較周秦之神明其相去之程何如耶豈得曰吾神明之退化因法西歐物質所致乎又試觀日本今日之神明較五十年前之神明其相去之程何如耶雕題墨齒之狀漸除男女同浴之俗已革豈得曰其神明之進化非法西歐物質所致乎日本古無神明今藉物質以灌輸之爲幼稚時期而非老大時期外人之責日本失之過苛日人之自責又適所以自謝皆非中情之論也中國若趨重物質則神明將發展于無涯之域心理之關于外界至密且深焉而豈相妨者耶

衛氏更論教育之本而及于婚娶之制曰「爲中國計不必去多妻而用回族之多妻法可矣……如法

國醫學士呂滂嘗決然曰。公然之多妻。善于僞飾之一妻矣。是故公然准其多妻。而去舊有之妾制。則雖多妻。而非多妻。是謂擇對自由。擇對自由。道德上之必要也。此誠逢惡不法之談。利用吾社會之惡心理以欺我者也。其言愚人之所驚。强暴者之所欲。出而未敢者也。嘗考一夫多妻。一夫一妻。多夫一妻三制者。其初皆視男女生產之數而成。此原人之遺俗。而獸禽配合之道也。一夫多妻者。女多于男之國也。一夫一妻者。男女相均之國也。多夫一妻者。女少于男之國也。中國多妻之制。亦以女多。周禮職方氏載揚州之民。二男五女。荆州之民。一男二女。豫州之民。二男三女。青州之民。二男二女。兗州之民。二男三女。雍州之民。三男二女。幽州之民。一男三女。冀州之民。五男三女。幷州之民。二男三女。統計九州。產女仍多于男。故黃帝制禮以來。即行多妻之制。鄭司農內宰注。王之妃百二十人。后一人。夫人三人。嬪九人。世婦二十七人。女御八十一人。黃梨洲斥其注爲誨淫。此倡人道之說耳。徵諸當日社會。鄭注實未有誤。墨子言今之君。其畜私也。大國拘女累千。小國累百。是以天下之男。多寡無妻。女多拘無夫。春秋以下。變本加厲。國君拘女累千。後世天子且有以出其宮中美人數千。爲治平之事者。中國多妻之至于此極。誠世界所未有。故社會賤女而貴男。詩言弄璋弄瓦。古之風俗。可以概見。韓非曰。父母之于子也。產男則相賀。產女則殺之。則戰國已行殺女之惡俗。流毒至今。惡習尙存。女子經社會數千載之摧殘。中國最近人口之統計。已不能多于男子。據最近人口調查。東南有一二省。女子之數。尙畧低於男子。雖不必確。亦可畧推。則男女之數漸趨於平。而多妻之制仍不可除者。則生計問題爲之也。富者貴者多妻。而貧者賤者無妻也。是無異奪人之妻以爲妻。衛氏以爲於道德爲必要。果何說乎。即女多於男矣。而化民成俗。猶當使一部分之女子不嫁。助其獨立。使之自營。即男子亦當定爲法律。

上道德上種々限制不使人々得妻以致失教之童遍於全國不具之種遺於累代壞人心而害風俗隳人格而妨治道政治教育二者均無下手之方是妻且不可何有於多一之爲甚又焉可再英吉利者亦女多於男之國也。徒以嚴守耶蘇一妻之訓。深取馬查士人口之義。婚姻之制確立。道德之心極重。而治隆俗美。冠冕全球。衛爲英人胡得無覩而乃下喬木而入幽谷舍鈞天而取鄭衛何耶夫吾國中人以上。莫不多妻。貲愈足則妻愈夥。以是寄猳淫奔之事。屢見迭出。與爲比例倘如呂滂之言而反之公然之多妻勝於僞飾之一妻是僞飾之一夫亦不若公然之多夫然耶否耶夫衛氏亦注意於生殖器之疾病矣。抑知吾國此疾果胡自來乎彼之言曰「在華諸西醫亦云。中國都會。生殖器病已見日滋。能於教育中設法阻止。乃講公衆衛生者之天職也。故此亦民國今日之要政」一面防止生殖器病一面提倡多妻豈非大愚不靈者乎此抱薪救火之喻南轅北轍之詞又焉足形容其顚倒錯亂之致矣乎教育中設法阻止云々。玆阻止者方畧果何似乎嗚乎古人有言。妻子具而孝衰於親。嗜欲得而信衰於友。爵祿重而忠衰於君。嗜欲爵祿。亦何嘗別於妻子。是人之道德事業。無不因妻子而衰。故英之女皇額里查白。終身不嫁。曰以英吉利爲夫。意相嘉富爾。終身不娶。曰以意大利爲妻。神禹治水。過門不入。釋家救世。首重不昏。妻子有碍于功業。東西哲人。莫不爲戒。而衛氏當中國存亡危急之秋大倡多妻之制是誠何心哉或曰。北京政客。無不畜妾。無不僭擬其妻。故衛氏多妻之說生焉。嗚呼。國之。將亡必有妖孽此殆妖孽也歟

衛氏又有一言。已成事實。則所謂選派東方名宿碩師。使議獨立教育之統系也。今名宿之最著者莫若湘之王湘綺。總統促之出山。任史館之職。以歷史尤關于教育。非得老宿。莫能勝任。最近遞報載其

史館人員資格。一必須翰林。一必有辮。徵諸王先生平昔言行。當無不確。王先生雖食民國之粟。辮髮固存。有目者莫不見之。陶然亭之會。翰林翩々。至者五十。書蠅頭五古之詩。沈吟聖清。復科舉時代雙抬之格式。教育。獨立已肇萌芽。影響所及。全國披靡。假以歲月。此種教育。不難成一獨立之統系。王先生嘗立議天子遷都咸陽。則夷人自服。不待言和。以若所爲。求若所欲。衞氏以爲較無危險者。愚則不敢與知。悲夫悲夫。餔糟歠醨以酬其醉。淈泥揚波以蕩其濁。不圖西人之子亦能與世推移也。

轉注

白沙

鄦氏釋轉注曰。建類一首。同意相受。考老是也。義至明瞭。其後徐鉉江艮庭諸儒。先後發明建首之義。異說雖多。莫能淆亂黑白。惟近人惑于戴段互訓之說。以義爲建首。多與鄦意相混。雅言雜誌。載有陳君轉注論。能闢清其障碍。誠有功保氏之學。顧其言猶有未盡者。互訓之說。尚有二大謬誤。皆言鄦書者所未道及。茲述其大畧。以爲商推。

一曰互訓謬于鄦氏文字之條例。建類一首。同意相受。鄦書全體。皆本此締造而成。其後序曰。其建首也。立一爲耑。方以類聚。物以群分。同條牽屬。共理相貫。雜而不越。據形系聯。引而申之。以究萬原。畢終于亥。此即轉注公例之所出。亦即鄦書靈魂之所寄。合全書而論。則一者其所建類之首也。所屬之部。皆與一之意相受也。分五百四十部而論。則丄示諸文。其所建類之首也。孳乳之字。皆與丄示之意相受也。據形系聯者。謂據一文之形。以爲諸字之統系。如帝旁等字。以丄爲統系。祜禮等字。以示爲統系。

是即建類一首。引而申之者。謂引一文之本訓。以申爲諸字之別訓。如帝旁皆由上義引申。祐禮皆由示義引申。是即同意相受。有難者曰。上部之丅。訓底。與上非同意也。示部之祘。訓明視。與示非同意也。豈得相受哉。曰上與丅之義相反。所謂相反相成也。如周易陰陽二爻之相生。故上有丅義。今吾人以足所蹈者爲下。而美洲人則以爲上也。上與下與。厥理至微。即此可知鄦書建類寓意之精深。祘者明視以算之。天垂象以見吉凶。不明視而算。何由審察。此與同意相受。皆無妨閡。鄦氏前叙之建首。指一部而言。後叙之建首。指全體而言。所指雖殊。而其首皆以形言。不以義言。此全書文字之條例。故能相貫而不越也。鄦氏此書實擬周易。易始乾坤而終未濟。以爲物不可窮。說文始一而終亥。以爲亥而生子。復从一。起其部之次序則如六十四卦。其字之次序則如一卦之六爻。易之序卦曰。盈天地之間唯萬物。故受之以屯。又曰物生必蒙。故受之以蒙。以後凡言某卦承屬某卦者。咸曰受。鄦氏相受之受。即本序卦之受也。以相受爲互訓。則是屯之後爲蒙。蒙之後將復爲屯矣。其說豈可通乎。蓋鄦書轉注之條例。皆本序卦之條例。部猶卦也。字猶爻也。各同其意以相受。察其字之相受。亦寓有精理。如木部相受之字。有合人群進化之說者。人類之交通。莫不始于陸而終于水。木部欙下云。山行所乘者。陸行再交通。則必有水以阻之。故受之以櫂。水上橫木所以渡者也。受之以橋。水梁也。受之以梁。水橋也。然水之大者橋梁亦將失其用。故受之以搜。船總名也。受之以橃。海中大船也。受之以栰。舟栰也。受之以欚。江中大船也。木之始則爲果實。其終則爲棺櫝。亦始一終亥之微旨。江艮庭曰。凡某之屬皆从某。即同相受。惜其未以序卦之受證鄦書之受也。以此明彼。乃成鐵案。

一曰互訓。謬于保氏小學之教授。周禮八歲入小學。保氏教國子。先以六書。六書在當日爲初級小學教科是最普通之學無艱深複雜之義雖八歲之童亦容易領解象形指事會意皆如圖畫。能引起童子之興味。形聲以字母拼音。使易于記憶音讀轉注以字母拼義。使易于記憶訓詁。假借一書。尤小兒最具有之天能。觀其牙々學語。如苹果之形圓。則物之具圓形者。均呼爲苹果。如飲食之羹湯爲液體。則凡液體之物。如水如茶。皆呼爲羹湯。所謂本無其字。依聲託事也。童子之思慮最簡單。故六書之教授亦至明顯。若以互訓言轉注如爾雅釋詁弟一條初哉首基十餘字同訓爲始童子寧能博聞强識以記此多數互訓之字爾雅者解釋群經訓詁其聚數十字爲一訓皆取諸群經童子何必習此淵博廣大之學字異而義同者由于五方之音不一童子既非輶軒之使何必通各國之方言互訓云々必非保氏之教也溯自倉頡之時。已作六書。韓非曰。蒼頡作書。自環爲厶。背厶爲公。王充曰。夫蟲風氣所生。蒼頡知之。故凡虫爲風之字。又曰。蒼頡作書。與事相連。姜原履大人之跡。跡者基也。姓當爲其下土。乃爲女旁匝。非基迹之字。不合本事。疑非實也。綜此三證。可見倉頡之時。形聲相益。已集六書之大成。秦漢諸子。皆能言之。故韓非王充本其造字之統系以推測古之社會心理荀子曰。好書者衆矣而倉頡獨傳者一也是古人作書甚衆惟倉頡集其成以教百姓獨傳後世職此之故周時以六書教民亦沿倉史之舊制耳公之从厶風之从虫姬之从女皆重在形此即倉頡作書以轉注爲統系也鄭氏深得古人之意故說文解字亦以形爲統系今執言互訓者曰風之義在乎虫姬之義在乎女此虫女二文所統系之字在六書當列于何類以爲形聲則虫女非聲也以爲會意則一誼而非合誼不可會也彼將何言以對乎朱允倩所謂與形聲相混之說亦不攻而自破矣故以形爲統系者保氏教授童子至簡明之方法也

通信

政本

(致甲寅雜誌記者)

記者足下。僕將卒讀大誌之政本。適客至。因相與論之。客謂足下有意爲惡政府謀救濟。是援惡。彼屬方侈。天方欲盈其心以厚其毒而降之罰。胡貿々然乃以治平期諸黷國之暴强。伏而舐天。救經而引其足。其去彌遠。其害彌甚。又謂異同之義。主客變置。主客變置者。惡政府以一私部之異。壓天下使從同。天下惟有固守其同。令公同不爲私化。此主之義。足下乃懇々忠告。又導之以有容。究所望之結果。非盡納天下之公同。悉同化于彼之部中不止。此客之義。客義充塞。國民無噍類矣。夫安得此亡國之政本談。僕曰。唯々否々。夫各有所當也。客知其一而未知其二也。願假以著飲之寸閒。而爲記者與客兩引伸之。客其有樂乎此乎。昔者楚莊王問於孫叔敖曰。寡人未得所以爲國是也。孫叔敖曰。國之有是。衆非之所惡也。臣恐王之不能定也。王曰。不定獨在君乎。亦在臣乎。叔敖曰。國君驕士曰。士非我無由富貴。士驕君曰。國非士無由安强。人君或至失國而不悟。士或至飢寒而不進。君臣不合。國是無由定矣。夏桀殷紂。不定國是。而以同其取舍者爲是。以不同其取舍者爲非。故致亡而不知。由斯以談。致亡之道。在不定國是矣。國是不定。在君臣不合矣。古所謂君與臣。今之所謂國民與政府也。獨在君不能定國是。獨在臣不能定國是。推之今日。則獨在國民不能定國是。獨在政府亦不能定國是矣。昔者能之。則君臣不合。亦為有害。今苟能之。則昔人其欺我矣。此其尤大彰明較著者也。今民國之有國是與否。在平心論政者自知之。至定國是之獨在政府與否。即僕以為不言可喻。直無用夫政府恐吠聲之同者耳矣。且夫異同之義。將于何者求標準乎。記者所云云。祇以支配者對被支配者言。即孫叔敖之同其取舍不同其取舍之謂。即客之主客變置所以致疑之由。僕以為國是不定。則異同之義終無附麗。設有兩異者于此。乙固恆求異于甲。而仍未必求同于國是。其結果乃不免求同于己之私。則甲雖不好同。而且容乙。而于國仍無豪末之裨也。設兩同者而反論之。當得重證。是故異同之說有三歧焉。以國是為標準者一。以支配者為標準者二。以支配者為標準而支配者原以國是為標準者三。記者之論。其精神即良藥苦口之變調。確認支配者與國是恆為正反對之地位。「惡異」之惡。正孫叔敖之「國之有是。衆非之所惡也」之惡。欲袪此惡。是在有容。此惡不除。國將無是。苟國是無發起之期。則異同更莫有得標準之日。蓋國本雖在國是。而政本則在有容。夫各有所當也。客復奚疑。雖然。客之說近夫事實者也。記者之責。乃在指導。故記者無我。而客之說則不免己之見存。自今以往。得記者之論而存之。政府國民。合求國是。國是所在。同異以定。國是斯立。好惡以平。客復奚疑。客曰。敬聞命矣。客即退。則書之以貽足下。鄉卿有言。單足以喻。則單。單不足以喻。則兼。僕非敢兼也。瀆焉云爾。倘再辱教。幸甚。

李北村白

損書詞意精到。所謂深人自無淺語。且委曲相諒。使一孔之士。得竟其詞。仁者之用心。尤為傾服。雖然。鄙著政本立脚之點。有與足下異趣者。則足下必定同之標準。而愚則以為無標準可定也。此終不能不為足下白之。足下引客之言曰。惡政府以一私部之異。壓天下使從同。天下惟有固守其同。令公同不爲私化。若由愚說。導以有容。則其結果。非盡納天下之公同。悉同化於彼之部中不止。此其爲說。乃確有一標準之念存。以爲政府而有容。則吾將以政府爲標準。或以政府之標準爲標準。而同化於彼。其實充愚說。政本之談。決其無是效也。愚之所謂有容。乃在使異者各守其異之域。而不以力干涉之。非欲誘致異者。使同於我也。果誘致焉。則是好同惡異矣。正愚說之所觝排。焉能翻覆一至於是。若愚說而有力也。則容所謂公同者。對於政府而見爲異。政府有容將不干涉其公同之行爲。公同而在議會爲多數。政府即翩然而下野。英倫內閣是也。公同而在革命軍有天下之半。王朝亦欣然而遜位。滿洲皇帝是也。又安見有同化於彼之部中者哉。又愚不認有同之標準矣。即孫叔敖所謂定國是之說。亦未敢以爲然。足下謂國是不定。同無所麗。是同之標準。莫良於國是矣。然則國是之標準又當以何者爲良乎。仁乎。義乎。王道乎。覇功乎。則彼亦一是非。此亦一是非也。今亦一是非。後亦一是非也。又焉能定議定之矣。異同之義。有歸矣。果將執其同以摧其異。此同之所是。天下莫敢不是。此同之所非。天下莫敢不非矣乎。斯又與愚政本之義。冰炭不容者也。其說愚未能持總之。愚爲政本。祇論同異。而不論是非。若以同爲是。以異爲非。即是好同惡異。故眞正立憲國。其政黨所守之規律。在認反對黨行爲之合法。行爲合法。以言是非。且實是之而非非之也。足下爲有標準說。期合於王者之古訓。愚爲無標準說。期合於立憲之新義。言非一端。夫各有當。以商足下。其兩存之。何如。更望明教。不盡欲白。記者

人治與法治

（致甲寅雜誌記者）

記者足下。大誌首期出版。展誦一過。拍案歡迎。如當鄭衛雜陳之中。忽聞鈞天咸池之奏。心神之感。江海同深。轉移風氣。針炙政俗。將視此誌矣。足下所著各文。偶或自叙身世。信道之篤。守己之嚴。隱然臻於子輿氏所謂知言養氣四十不動心之域。當今之世。作者如此。吾知吾垂暮之國運人心。或尚有剝復之機也。一命之士。皆有功於造物。此言非夸。吾欲於足下期之矣。惟是不佞對於足下立言之際。亦有欲妄加批評之處。管蠡之見。當於事理與否。非所敢信。然大誌廣其途以徵言。不佞附於斯例。自可謬爲陳說。惟幸足下有以進之。

政本一篇。冠大誌之首。不啻自揭其論政之宏旨。曰、爲政之本。在有容。在不好同惡異。又曰、爲政在人。人存而政即舉。政治之得失。無不視人才之得失爲比例差。故政治爲枝葉。而人才始爲根本。今日爲政未得其方。亦以用才未得其方一語概之而即足。準此數語。吾妄揣足下立言注重之點。似偏於人治而略於法治。偏於道德方面而略於法律方面。其針砭吾國腐惡社會害政之本源。其言誠深切著明。爲醫國之良方矣。顧吾謂足下之立言近夫吾國歷史之通詮。而非列强文明政治之極則。富於吾國歷史之舊觀念而缺於歐美憲政之新教訓。在足下久居英倫。淹貫西籍。寧如吾之淺陋無學。欲言而不知言。或者因目擊吾國當今不安之時局。惶惑之人心。無非此數千年專制政體流積之社會心理。因革命後之反動。同時而發現。足下遂欲對症施藥。以冀國人之易於自覺歟。而吾狂瞽之見。則以爲當二十世紀而求治吾國之道。人治之說。久已深入於人心。啓迪發皇。爲之甚易。若法治之精理。國人殆猶未嘗夢見。引掖指導。要宜最先。即如今日中國專制政治之復活。誰非假人治之說以行。一般言論之啞於所私。刼於勢力。亦咸懸人治之說以爲鵠。而吾則引爲政治不能改進之深憂。何也。人皆無法律腦筋則所謂人才者勢不能不因有勢力握政權者爲進退消長之主宰所謂有容所謂不好同惡異固非可望之人々期之永久坐言起行無有失墜中國自古治日少而亂日多者實此有治人無治法之說中之也故足下謂爲政未得其方以用才者好同惡異。坐使人才不能盡登於所謂總貨棧。各因其器而展其用。吾則謂爲政未得其方實以全國至多之人才止爲少數人一時之勢力所羽翼而不能爲國家之法律所保護少數人所羽翼之人才必此少數人所夙知縱得休々有容之君子在位刻意旁求而納廣之其數仍有限也其流於黨同伐異任用私人無賢不肖皆不能免此弊也夫人才之登庸。既關於個人之勢力。若此個人者去。所卵翼之人才。大半亦隨之而去。彼個人者來。所卵翼之人才。又即從之而來。來去無常好惡同異之間冥冥中即釀成妬賢嫉能小人爭權奪利排斥異己夤緣倖進之禍中國歷代政治家往々不能使其所主張之政策繼續進行而保全祿位之達官俗吏莫不以敷衍因循一事不作爲官場老練之奇術職是故也人存則政舉人亡則政熄人不能無君子小人之不同流澤之短長變幻百出循環無端終歸於最初腐舊之點勢也理也積習相踵莫能自拔此吾國政治之所以日久停滯鮮進化之迹遠遜於歐美日本諸憲政國之一日千里者也故吾中國今日當竭全國人之精神熱血以爭之者。在使個人政體。速即打破。則人才盡遊於法治之下。無論大小各能分其途而效用於國家。決不以少數有權勢者之好惡進退爲榮枯消長又何患人才之失其用。國政之不能百廢具舉耶。不獨此也。人才品類至不齊者也。人之好惡至無定者也。不能無同異。亦不能泯好惡。此人類之恆性也。其人類之超群絕倫秀出於一世者其同異之辨愈明。好惡之情愈顯。然在專制之國。好惡恆走於極端。動搆亡國敗家之禍。在立憲之國。則好惡之情。恃有所遏制。同異之相擊。終不能危及國家。夫此遏制其好惡之情者何也法治之精神也夫立憲國家之有政爭也此政治之常軌也。政黨之有同異。即好惡之有彼此也。然富於法治精神之國。政爭愈多。政治愈進。若在吾國。人自爲法。人各爲政。吾得勢也。則不使異己者與吾有爭。而軍警干涉國會官吏槍斃新聞記者之類。無所不至其極。試問去年北京所居者何時。所爭者何事。此之日本君主國今年之議會態度若何。新聞紙之攻擊政府情狀又若何。至英國者世所稱憲政模範國也。就今日愛爾蘭自治案問題之爭。其猛烈又若何。然而英日政府決不激出非常之變動擾亂。其國家者皆此法律之精神互相維繫未有能逞個人積極之私淩轢無前悍然不顧者也。即今之所謂暴徒。所謂亂黨。顧名思義。宜若有甚暴甚亂者然。然試爲平心思之。當國體改變戎馬倥傯之際。當事者亦未敢妄戮何人。即清時著名陷害革命志士之人。一經贊助共和。便能祛其私怨。中情何若。固不可知。表面如是。則實灼然可覩。此非所謂暴亂之徒具有特性。不顯好惡之情也。因此中分子。東西洋學生尚多。法治之頭腦。尚有足以媲今之諂事一人之小人及夫無知之武夫者也。彼固曰治國非法不行。未嘗曰治國非我不可。未嘗曰非某居某位不可也。夫法治爲今世通行之新主義。人治爲專制相貽之舊主義。中國今日政局。尚在新舊戰爭時代。且爲新不敵舊勝負倚伏時代。則吾人司指導國政造作輿論之職者。應揆夫時而先其所急。夫政府無法。敢於亂政。國民無法。從而亂國。亂之不已。淪胥以亡矣。世未有法治之國。而召亂者。即未有無亂之國。而憂亡者。吾嘗從此反復思之。欣逢大誌之出。風靡一時。將爲言論之導師。倘能從人治之說。進之於法治之說。範吾國一切任情之好惡。虎噬狼毒之異同。歸之於競爭進化之正軌。則凡今日暴戾恣睢之社會政俗。可潛移默化。前路茫茫之殺機。亦可消弭於無形。此誠不得不於大誌望之。要之法治國之人才不求而自至人治國之人才或求之而不至不求而自至者吾有何責之資格即可任何職辦何事國家固有常法以用吾也求之而不至者勢力之所煽苟且干進貶損人格憂讒畏譏之原因結果紛至而沓來肥遯之君子所以甘心隱退也何也。國無常法以淸登進之途也且法治國之人才非僅恃政界以盡其用而巳在朝在野爲農爲工爲商凡有一分之能力皆可活躍於社會直接間接有功於國家何也。國家在在修明法制所以保護社會個人事業甚周人才之趨於事業者乃無在不呈其發揚蹈厲之氣象也若人治國之權勢相逐。上自政府百官。下及學校公司。皆有因人廢興。不可終日之勢。由是人々皆存五日京兆之思。事々皆有時作時輟之弊。由是不肖者敢於弄權作奸。賢智者自必潔身退避。何也。無法律以扶植成功則敗壞之途甚多人才之責任無由自章顯也故法治國不第秀出之人才各得其所而盡其用而凡普通人民亦無不得其所而盡其用人治國縱或有少數之人才得其用而用之亦不能盡其長而卒其志而廢置隱藏者無論也而擧國無事業皆遊民更無論也吾所爲日夜懸理想之法治國家。思以强聒於人者此也。吾所爲急欲與足下商推者此也。足下其何以告我。

周悟民白

辱教彌悚。旨哉足下之爲是言也。夫言非一端。夫各有當。東扶西倒。昔賢所悲。既承明教。敢不審愼。惟愚細察來書。愚之意旨。似有爲足下所誤會者。不以爲瀆。請得覆陳。足下以愚言爲政未得其方。乃在用才未得其道。而疑其偏於人治。因慮爲倡專制媚權勢者所藉口。此似於用才之用。專取流俗之義。而未注意愚所特作之界。愚曰「愚今言用才。所謂用者。易生誤解。今請以說明之。用人曰用自用亦曰用。天之生才。而適有相當之職分以發展之。擧曰用。用才云者。乃盡天下之才。隨其偏正高下所宜。無不各如其量以獻於國。非必一人居高臨下以黜陟之也」（改本第五頁）故其後又曰「人才既回復其本能。第二要著。乃在假以相當之位置。使之發揮以至於最大限度。於是若者居政府。若者在議會。若者爲新聞。若者辦學校。有一分之才。務得一分之用」（改本第十七頁）此其爲說。與足下所謂「在朝在野爲農爲工爲商凡有一分之能力皆可活躍於社會」初無不同。惟欲圖此國中有大力者好同而惡異。執全國之柄而轉旋之。乃不可能。文中多針對此點言之。故足下疑其偏重人治耳。足下謂人不能無好惡。亦不能無同異。而其同異之相擊。不危及國家。好惡之情得以遏制者。在有法治之精神。陳義之高。誠可廉頑而立懦。但所謂法治之精神者果何說耶。以愚觀之。法也者。一國所有公私權利相維相繫之規則或慣習也。號爲權利必各各有其經界。國度文野之分。人種優劣之判。舉視守此經界之程度以爲權衡。由是法治之精神。亦在一國之人共守其權界而不失耳。須知欲守此也。非剏治一人類共通之野性不可。是無他。即愚所謂好同惡異也。必也先不好同惡異。而後可生法治之精神。非能於人欲橫行之地。卒然以一物號曰「法治之精神」者。如明珠之夜投焉。而其好同惡異之情自然以遏也。是足下所言。似有倒果爲因之病。惟自有足下一言。而讀者遂有法治精神四字。大書深刻。嵌入腦筋。此其爲益於世道人心。愚即於政本以外。再搖筆草數十萬言。猶且不及百一。此則愚望風傾服者也。　記者

政治與歷史

（致甲寅雜誌記者）

記者足下。國難橫溢。致成睽隔。滄波遙睇。悵々如何。遁者於某公處得見近日手札。志遠而詞悱。若有

餘痛者。至謂將來即國亡。不可無一二讀書種子以殉之。何其言之惻々若是也。比來聞諸友人。並見於報端。知在東瀛方有創辦雜誌之盛舉。足下腐心時局。振聵發矇。民立與獨立。其前馬已。此次儼然去國。本其悲憫之念。發爲鍼起之言。雄雞一鳴。萬方皆白。漫々長夜。待旦庶幾。矯首扶桑。曷勝皇淢。竊以際茲陽九。萬彙不鳴。道揆法守。淪胥幾盡。補苴罅漏。端爲言責。有清末葉秕政塞途而報紙譏彈猶同司直清議之畏尙未盡泯志士假之淸社以屋逮乎共和兩載論鋒勃興名爲遒人實等罵座言論之値大以隳敗猶憶前此足下初返宗邦。獨攄平論。彼其之子。橫肆流毒。鷃笑鴟嚇。能無悁悲。此番重振旗鼓。必克益勵前徽。惟鄙見拳々不自揆度。妄有獻替。欲一白於足下。嘒星璅瑲。足下其亦樂爲誨之歟。吾國戊戌以還。鎖港政祛。歐化輸入。報章踵起。以迄今茲。謂非先導固爲謬論許以南鍼恐猶瞠視綜厥弊端在衡論政治得失無歷史哲學眼光以爲之準居恒自思。以爲古今中外治亂罔或不同而其差率不同者初非塗逕之殊乃其歷史所演之異故不統觀其國歷史者必不能判斷其政治之良楛而欲借鏡自觀或效法他人亦非比較彼我之歷史深察彼此之政情必不能舍短而取長脗合而無間誠論政治者所不可不循之要軌也此在侈陳各國制度。則要非一二言所能罄。今姑舉現今所爭之法制美制言之。法制美制之分。即內閣總統兩制之別。談者每入法理之奧區。實則關於政治事情者甚鉅蓋法制源於英。英之內閣政治。即純由歷史孕育而成。故以英憲而論。內閣之權力。實無從於法律上索之也。又以美論。美固純採三權分立者。而法院擁解釋憲法特權。其實際權力。往々越立法行政兩部外。而美憲法固無明文也。英猶得謂爲不典憲法。美豈亦不典憲法之國乎。由此以談。國苟無政黨政治而欲用內閣制如英者或其國々人不重視憲法司法部無解釋憲法權者而欲用總統制皆曆史哲學上所不許也。而談法理者。一舉法制或美制。即若吾國勝任而愉快。此外無餘事者。此鄙見所期期不可者也。然非謂吾國不當採法乎此兩制也。特主持言論者。必須詳考法制或美制之所以成。而吾國曆史情勢與之何若。則採取之途徑。當有斟酌損益之足言。而無對本宣歌之可笑。此外凡論政治。皆當作如是觀。而後吾人判斷。不至有抹煞客觀專重玄談之弊。操刀傷手之誚或免也。此願商推就正有道之一端。足下如不鄙棄。當更端以進。大報出版。請郵賜拜讀。不勝大願。

陳蘧白

明教過承藻飾。何以克當。惟賞奇析疑之爲。本同人風雨雞鳴之志。既辱下問。敢不竭誠以對。所稱衡論政治得失。必以曆史爲之本基。此見的之言。誠足矯時賢空談法理之弊。昔者英儒席黎。講曆史有重名。後折而言政治。遂爲政治學開一生面。至謂「政治而無曆史。是爲無根。曆史而無政治。是爲無果」二者關聯。無能割裂。即此可以推知。足下既見及此。深望繼席黎之志。而有貢於斯學也。雖然。曆史尚矣。而創立大法。商推政制。亦不可過爲曆史見象所縛。蓋曆史者。人類思想之表徵也。思想不進步。即曆史不進步。考吾國曆朝史乘。所謂治亂興衰。殆同一律。殷周損益。推之百世而可知。此其故何也。則二千年來之思想。未有變遷也。思想一有變遷。若善用之以形諸政治。則新社會之於舊曆史。猶蛾之於蛹。焉由之脫體而出。非能以之自縛而死也。談英倫內閣政治者。固溯源於政黨組織之善矣。而政黨之組織。則亦一時期之所產生。斷非曆史上之所固有。且以愚觀之。英倫政黨。實以實行內閣政治而見爲善。初非政黨之制。完全無缺。而內閣政治始從而發生。以美言之。所謂法院擁有解釋憲法特權。乃由憲法本質而生。又無與於歷史傳來之慣習蓋美之憲法爲硬性性硬則有根本法與一切法之分一切法必也無背於根本法始爲有效而茲有效云者果誰定之乎此凡在司法獨立之國其權屬之法廷現在墨守三權分立之美利堅乎愚故曰此由憲法本質而生者也探足下之意似以既採三權分立主義。法院即不當握有特權。超乎立法行政兩部之上。美之法院有此特權是乃習慣力戰勝法制之處此中消息頗關英美大陸兩學派之鬬爭。非片言所能了。一言以蔽之則分權之定義各不同也善乎英儒甄克思之言曰「吾英固有分權之說惟其所謂分權者乃法廷獨立不受行政大臣之節制是也而在法蘭西以及大陸政家視之則分權云者乃行政大臣獨立不受法廷之制裁其見解之謬如此自法蘭西革命後大陸之政府奉毀而再造者而其適用英憲之原則猶不改其舊形甚矣邏輯之爲凶器也」（參觀嚴譯社會通詮百頁、此譯語與嚴不同、）由甄說以談。足下之謂美州法院權力在立法行政兩部之上。是心儀英美法系而目送歐州大陸之政家此於分權之說愚以爲尚當進究者也然美之總統曰嘉克孫者。嘗要求解釋憲法之權。以爲憲法之關於行政者。行政部當始終計其便宜。意爲釋之。初不必質之議會。訴之法廷。立法部之於立法事件。司法部之於司法事件視此。號爲嘉克孫主義。(The Jacksonian doctrine) 此乃以大陸派之臭味詮分權之義者也美人鄙之。其說不行。柏哲士爲言曰「嘉克孫主義無政府之原則也夫以習於政事之民族如吾儕含有條頓人之血與性者而漫以此說進之欲其不爲死語而幸有力於一時焉胡可得也」（閱柏氏所著政治學及比較憲法二卷二五八頁、）誠如柏說則美人嚴守分權之義實由於種性然何以條頓種之德意志人其所釋分權又不從英美而從法蘭西是可知此種歧義最先宜於法制之本體求之歷史之觀念抑又其次白芝浩曾謂憲政之質。有出於匠心者。有生於史蹟者。前者變而通之。四海而準。後者性苟不具。刻將類鶩。（參觀本報第一期白芝浩內閣論第五頁、）彼爲此言。乃在證明英之內閣政治乃出於匠心而可學而非生於史蹟不可學者也法蘭西初行內閣制。尚爲白氏所及見。彼親遊法蘭西。詳考之而歸。作爲長序。重版其所著英倫憲法論。以明其說之不妄。愚深信白說爲知理。凡謂採英之內閣制而必具有不列顚之史性因勤求吾之所有與一々衡論焉者愚以爲治絲而棼之道也至言美制。尤無所謂史性。必言史性則美人者英人之子也獨立創爲憲法宜乎踵英而立內閣不當立異而擬總統愚聞當時美人鑒於英倫內閣之弊。因欲別求一制。以爲試驗。果爾。則其置重本制之念多而瞻顧慣例之念少從可知也須知政黨組織無論國採何制皆當有之國人尊重憲法之心法院解釋憲法之事亦絕不得謂獨於總統制宜然而內閣制則否是故足下所執以爲內閣總統兩制之史基者初非兩制根本之所由分乃兩制共同所需之要素苟其無此師法莫能師美亦不可易詞而言之。苟其無此立憲政治直無由成尙安有進論法美政制之餘地是故足下所指。以分內閣總統兩制之成功與否者。乃一般立憲政治之試石殊難從而分配何者宜於內閣何者宜於總統今若如足下言。取吾國歷史。與之比論。則凡足下所視爲兩制必具之質愚敢決其無有惟玆無有愚則謂吾於立憲政治資格不甚完全並非於何制尺有所長何制寸有所短今之貿々然議及法美兩制者非假定自有完全立憲資格即自審其不完而望立一善制以進之於是吾人議設政制亦多就其制本質求之可矣不可爲吾國曆史見象所束也苟見束矣則惟有始皇再世明祖復興然後足以解決中國之政治問題吾人今日之悲觀正悲舊曆史之重演法制云

乎哉美制云乎哉。偶有所觸。書之不覺滿幅。不慊足下意。尚望有以教之。 記者

新聞記者與道德

（致甲寅雜誌記者）

記者足下。溯自民國成立以來。一二深識之士。慨然於輿論之混淆。意見之不一。眞理之日泯。是非之顚倒。於是力挽狂瀾。持之以靜。邦人士之心理。猝然因之而定。未幾南北意見蜂起。報紙之功用。純爲私黨之利器。互相攻訐。互相詆諆。而全國報紙。遂無復虛心討議之心矣。國民黨以宋案之波折。日日以媾成大獄爲事。政府自知其理屈也。百計以彌縫之。故二次南方之革命。未始非報紙激成之。一言可以喪邦。其信然歟。不意筆爭未已。兵釁已成。遂致血遍江東。禍延南國。乃浹旬之間。黨人失敗。凡全國報紙之與彼黨有關係者。一網而盡。僕也不敏。當是時也。意謂惡潮既熄。從此可以靜心論道矣。孰謂事乃有大謬不然者。一年以來。吾國報紙之態度。已成江河日下之勢。上海地處交通。言論界託庇外人範圍之內。對于當局之政見。尚時有所短長于其間。以之比較往日。雖大形退步。然平心而言。以衡都門之報紙。尚高一等。至于北方報紙。言之誠有令人寒心者。始則逢迎政府。百計獻媚。政府亦知異己者之已去也。權力之日膨脹也。於是對于報紙之言論。視之無關輕重。鳥盡弓藏。理所固然。繼而業報紙者。苦于銷路日狹。支持維艱。於是將昔日揣摩政府之心理移之揣摩社會一般人士之心理社論既少閱評遂多偶檢報紙非敘京華之風月即談八埠之聲歌絲竹而外無復文章北里之遊頓成習慣而且以騷人自命以名士自居舉國若狂貽人笑柄（西人某謂世界色迷戲迷無過於北京者）管子曰禮義廉恥國之

四維。四維不張。國乃滅亡。舉凡言論界之人物類皆以化民成俗爲職者也。乃禮義之不修。廉恥之日喪。雖報紙銷路漸可增加（如民強報之治附錄並載八埠之事並開花城選舉傍附選舉票于報紙後於是有運動選舉者勢必多買報紙銷路爲之一暢各報見而流涎爭相彷效近來各報載花城之事者日益增加）而社會淪胥若此。寧不爲之痛心乎。上海爲中國最繁華之埠。然報紙中設一欄專載妓女之事者。除小報而外。實未嘗見。小報爲學子所不寓目。其言妓女也。與社會關係稍淺。至於北方之民強報民報順天時報大國民日報國華報等。皆鼎鼎有名之報也。國權報向不專載妓女事。近亦常附妓女之小照于報尾。大自由報之自由俱樂部中。近亦喜談娼寮之事。此皆近日報界之趣向。而北方社會之實在情形也。說者曰。飲食男女。人之大欲存焉。逆欲而行。出于情理之外。僕竊以逆欲而行。固出情理之外。然欲而太縱樂而忘反。揆之情理。亦有未安。夫人者。由禽獸嬗蛻而進化者也。其中所含。有已進化之人性。有未進化之獸性。飲食男女所與含生之倫同具者也。故曰獸性。哀樂喜怒所與禽獸異然者也。故曰人性（按哀樂喜怒禽獸亦有之特始見端而微眇難見耳）所貴乎教育者。淪人性之靈。使之日遠于禽獸者也。人惟具有是性而後有以超萬有而獨尊。而一切治功教化之事以出。有道之士。能以志帥氣矣又能以理定志而一切云爲動作胥於此聽命焉。此則斯多噶所奉爲生之性也。使任性而行。不能反躬。則是物至而人化物也。人化物也者。滅天理而窮人欲者也。究其極也。必至仁義道絕。率獸食人而後已。無識者渾々噩々。固不足深責。有化民成俗之責者。忍不針砭而任其滔々日下耶。雖日暮途窮。倒行逆施而不惜。然哀莫大于心死。內省亦自負神明。嗚呼。伊川被髮。患不在乎百年。衛侯夷言。史臣因而流涕。風俗言論之變。其關乎世道人心者不淺。僕雖不肖。中心傷之。乃環顧當世。似無有願聆僕語者。爲足下言之。或能與僕同聲一哭也。

劉陔白

記者按、投書者剛逾二十之年。頗懷百年之慮。深入濁世。獨立不倚。力學之效。已能持躬。不僅愚讀之而懷慙。即今之政客名流。老師宿學。均當視之有愧色矣。

生機

（致甲寅雜誌記者）

記者足下。得手書。知暫綴歐洲之行。從事月刊。此舉亦大佳。但不識能否持久耳。國政劇變。視去年今日不啻相隔五六世紀。政治教育之名詞幾耳無聞而目無見。僕本擬閉戶讀書。以編輯爲生。近日書業銷路不及去年十分之一。故已閣筆。靜待餓死而已。雜志銷行。亦復不佳。人無讀書興趣。且復多所顧忌。故某雜志已有停刊之象。甲寅雜志之運命。不知將來何如也……自國會解散以來。百政俱廢。失業者盈天下。又復繁刑苛稅。惠及農商。此時全國人民除官吏兵匪偵探之外。無不重足而立。生機斷絕。不獨黨人爲然也。國人唯一之希望。外人之分割耳……僕急欲習世界語。爲後日謀生之計。足下能爲覓一良教科書否。東京當不乏此種書。用英文解釋者益好也。CC生白

捧書太息。此足下之私函。本不應公諸讀者。然以寥々數語。實足寫盡今日社會狀態。愚執筆終日。竟不能爲是言。足下無意言之。故愚寧負不守秘密之罪而宣以示吾讀者。嗚乎。使今有賈生。而能哭。鄭俠而能繪。不審所作較足下爲何如。然曰國人唯一之希望在外人之分割。又何言之急激一至於斯也。至甲寅雜誌當與國運同其長短。己身無所謂運命也。有友魯莽不文。貽愚書曰。「趁國未亡。爾有甚麼說。儘管說出來。免得國亡。爾有一肚皮話未說。要又氣悶。」如此君言。則國

亡。時。甲寅雜誌。將。不。作。矣。換位而言。甲寅雜誌不。作。或有他。力使甲寅雜誌不。能。更。作。亦必。國。亡。時。矣。折柬邀愁人相逢。祇說愁。以語足下。其信然否。記者

邏輯

（致甲寅雜誌記者）

記者足下。頃讀大誌。高雅典則。衡論精絕。感荷感荷。曝背鄙夫。思有貢獻。輒自慚荒陋而止。讀通訊一門。則覺怦怦然心動不已。足徵心氣感通。乃別有道也。譯名一事。鄙人頗復究心。竊謂音譯義譯。初雖概論。亦視其所遇之字以爲衡耳。依康老密。當爲義譯。尚未有持異說者。鄙人曾在某校講授是學。頗不欲從日人經濟之稱。亦不欲取國人計學之號。考日人初傳是學。譯稱財理。此不過一倒置間。即得與理財學。截然分野。且與所稱物理、地理、心理、倫理、生理諸學。名稱相類。尤爲便宜。當時頗欲採此而學者狃於舊習經濟之名。卒未得易。至今歉然。質之足下。以爲何如。至Logic之學。鄙人亦畧涉其藩。斯則惟取其音。號曰邏輯。信爲至當。非阿好也。吾國翻譯事業。首推佛典。而考翻譯名義集。則有五不翻之例。一曰秘密不翻。註、微妙深隱曰秘。互不相知曰密。謂諸陀羅尼（即真言咒語）是佛秘密之語。經中悉存梵語。是爲秘密。故不翻也。二曰多含不翻。註、謂如梵語薄伽梵。具含自在熾盛端嚴名稱吉祥尊貴等六義。經中但存梵語。是爲多含義。故不翻也。三曰此方無不翻。註、謂如梵語閻浮提。此言勝金洲。西域有樹名閻浮樹。下有河。河有金沙。故名勝金。今不言勝金者。以此方無此樹。故諸經中但存梵語。是爲此方無。故不翻也。四曰順古不翻。註、謂如梵語阿耨多羅三藐三菩提。此言無上正等正覺。雖有此翻。

然自漢摩騰法師已來。經中但存梵語。是爲順古。故不翻也。五曰尊重不翻。註、謂如梵語般若。此言智慧。大智度論云、般若實相。甚深尊重。智慧輕薄。故但云般若。而不言智慧。是爲尊重。故不翻也。以上五例。誠譯者所當奉爲圭臬。邏輯一語兼跨多含此方無尊重三例之域即廣微孔子正名老子名可名諸義雖以刑名名法之談樹爲名學謂吾有之且選字得名初不嫌其輕薄而多含一例萬無可逃是乃足下反覆說明不厭詳盡者也。誠熟斯例而斯名可以定矣總之我國譯事。頗極泯棼。鄙意久擬聯合有志。創立一譯名統一會。互相折衷。定其一是。卒以茲事體大。不敢輕舉。今大誌之出。首見其大。倘能提倡斯學。吾知其將收振臂一呼之效也。同人居此。日々爲學。徵逐之務既少。研究之心亦切。以發斯學。佳果頗有可期。足下其有意焉否乎。　吳市白

大教辱與。惟增恐惶。依康老密。譯爲財理學。其名甚巧。惟不免語病。似尚須斟酌。蓋在人羣以財爲之經緯雖從古已然而究屬附着之象非社會之本義也英倫今儒馬沙。以斯學雄於時。其所爲定義。則曰。依康老密者人生學也舉凡人之日用飲食舉止動作與財不必直接相關者一言依康老密諸象當悉印諸腦際財理二字範圍頗失之狹也還質宏識。以爲何如。尊意擬創譯名統一會。最稱碩畫。斯意懇向留東篤學之士。一詳商之同人何似。焉敢肩發起之大任。惟從諸君子之後。貢其愚慮。以求折衷。則自古當仁。愚亦不讓。深望足下有以進之。　記者

通信道德

（致甲寅雜誌記者）

記者足下。中國社會之不道德。爲世界各國所無。即通信一項論之。可徵吾言之不謬。夫通信自由。爲人類之通則。文明各國。交通便利。雖窮鄉僻壤。無論男女老幼。莫不有書件往來。吾與足下旅歐頗久。宜知之熟。即倫敦一市而論。計八百餘萬人。四百餘萬戶。而生息擴張於市外四週者。日加無已。每年須建築新市街十六英里。人人每日平均可得書三通。倫敦郵人八萬。每日送信六次。每日晨起。洗面易服。旋入餐房。案上香花相近處。人人席上有鴻書。餐畢閱書。閱後各自收檢。雖夫之於婦。父之於子。母之於女。兄弟之於姊妹。未聞有不經許可而妄閱他人之信者。亦未聞郵局失落信件或私自折閱者。此通信上之道德。固當如是。而全社會能遵守之。養成習慣。成爲法律。此其文明程度所以爲高也。我國則反是。吾每見友人致書於親朋。展紙着筆。即有旁觀者注目直視。有時接他人來信。啓函而後。旁觀者復集而讀之。其人之許可與否。所不計也。甚至他人之信。適落其手。折而閱之。以還其人。或且不還。隨手散佚。玆事雖小。可以語大。此其毫無公共道德。何以爲羣。何以爲國。何以享權利。何以盡義務。此在舊社會之人物。不知新道德。吾不怪異。惟自命爲新人物。欲整頓中國之弊政。負將來偉大之責任者。多出此不道德之行爲。吾則不能不爲中國社會傷也。有如此之社會。斯有如此之政府。故妄折人民信件。大失人民信用。以致郵傳大政。交通利權。隱々中皆落外人之手。凡通商大埠。繁盛市城。緊要書簡。經過外人所設郵局者。多於民國所設郵局。吾未聞獨立之國。有外人能設郵局於國內者。有之自中國始。失此國權。雖由於中國之政府。實發源於中國之社會。望足下犧牲貴報數行有價值之紙。而介紹此書。以警同胞。何如。

曹工丞白

佛法

（致甲寅雜誌記者）

記者足下。閱貴報採取佛說。甚深喜躍。佛法晦盲。久矣不彰。然法非不明也衆生根機有利有鈍而已科學競尙。遂多以佛爲虛誕。甚或剽竊一二佛語以相誇巧。此皆舍本趨末未明因果輪回之爲何物也因果輪回法之大綱苟達夫此則一切法迎及而解矣吾草此篇竟在示機但審脉絡不加剖解。願佛法幽微斷非一言所能盡然而舉一指而萬法到則在乎覺不覺無與佛法之深淺也以爲何如

黃枯桐白

佛教大意

原夫搖動生塵。波瀾起滅。无明薰習。因緣斷續。苦樂異其相。染淨異其位。衆生根機。千差萬別。惟我佛慈悲。具大功德。功德無量。周徧法界。對機說法。隨器化導。因說顯密大小偏圓權實諸教。令得一々解脫。垂示三學以誘脩證。三學即戒定慧。三聚淨戒五戒八戒十戒二百五十戒五百戒。修養法身。堅牢慧命。成出于戒。可知戒乃佛道之大地。由戒入定。定之作法非作法。不必一律。奢摩他毘婆舍那。爲廣爲略不必皆然。要當澄淸心性。契諸眞諦。禪悅三昧。以入法門。馴至于慧。不容我法二執。打破假名虛空。深體一如平等之實性。自利利他。二利圓滿。而後大覺光明。法性無礙。故能達慧則成金剛。出生入死。無乎不可。觀此戒以入定。定以發慧。慧照光明。宜顯法性。夫然，三德於是能就，四恩於是可報。所以者何。二利具足而後應化自在。人我雙止而後諸法平等。偉哉大法。久住世間。實維三寶。得妙智。成圓覺。爲天人之師。曰佛寶。玄理精微。道義明切。先覺々後。曰法寶。威儀超俗，解行契眞。和合大衆。曰僧寶。歸依三寶。成佛弟子。離諸三寶。即爲外道。依三寶。順聖道。登聖位。即身

成佛。若歸外道。六趣輪回。迷悟染淨。十界因而差別。六凡以至不息。十惡五逆。背墮惡趣。五戒十善。得生人天。蓋唯迷則知昏而業緣墮。唯悟則性善而正覺成。因果輪回。究無能逃。可不懼哉。夫脩證之機。有大有小。聲聞緣覺爲小機。菩薩爲大機。大小各脩。自分高下。然所證終極之理。當同歸于眞如法性。但機根生熟之不同。頓漸權實以攸分。故小乘機根。但脩四諦十二因緣。菩薩更進而修六度。小乘所斷見惑思惑。感慨人世悲苦。力除煩惱以期泥洹。如是解脫。不過消極思者證之而已。大機則不然。斷除塵惑。排諸有漏。圓成利他。具足功德。於是无明斯盡。涅槃斯入。可知四智完滿。衆德具備。二利双全者。妙覺果滿。當證極位。既達極位。始覺本覺。非一不二。一如平等。萬法一如。於是乎圓融自在。可以饒益衆生。

哈蒲浩權利說(一)

秋桐

權說者經說之賓也(二)爲是說者。固以善政爲指歸。至由何法而善政斯舉。乃第二念始及之。其切要而萬不可少者。則一派有經驗之官僚。而假以相當權力是也。彜斯國政蓋爲數部。部各置所謂有經驗者一人。使之自動。而有機體即成焉者。至各部之關聯何若。此經驗家之監督何在。皆非所計。問嘗思之。果誰是有經驗者乎。吾何以知其爲有經驗。從而舉之乎。彼果自稱其經驗而即足乎。抑必待經驗更優於彼者而定之乎。又居官者果恆爲有經驗者乎。抑無經驗者亦容或偶在高位乎。經驗一語人每隨口滑過。凡此諸問。皆宜策之使答者也。有時治人之術。方之管機。如習排水然。爲徒幾時。受教幾事。其途既熟。駕馭即宜。在言者意。彼經驗者。其中亦有途焉。苟習其途。則施設所至。可以悉憑機括。此固極端之談也。又有時訴之人情。示吾可信。則謂公事有如私事。後者須富於經驗之人爲之。前者何莫不然。然言者似忘私家招致能手。襄辦一事。恆不移其耳目以監察之。若以推之爲政。則實歸本於責任政府。舉凡民權之理。自由討論之道。最宜於此畢張而茲又爲權說者之所甚惡也。矛盾如此。寧復可通。簡而言之。凡人取權而舍經。凡當國者取官僚政治而舍責任政治。蓋皆昧於專門家與政治家之別。而爲事定的與爲的設方。其中又有鴻溝。彼亦未之措意也。而根本之誤。且有進於此者。機

(一)哈蒲浩 L. T. Hobhouse 爲現在倫敦大學之名教授。於社會學最有聲。本篇乃彼所著民政與反動 Democracy and Reaction(一九〇九年第二版)之第五章。

(二)權說 Doctrines of Expediency 經說 Doctrines of Right。

械之組織即機械而論之善事也於是有經驗之官吏其於近世之民政亦爲要素雖然機械之完成非生也而容或用以戕生於是政府尋途守轍治具以張而其成功之極民力容或由此而盡失欲取證也不必求之英吉利自由者流亦不必質之法蘭西理想一派有德意志大史家彼曾以羅馬該撒爲政家之極軌以該撒所建之官僚制度爲史中之奇績今請述其言可乎

該撒以及羅馬帝國主義之歷史雖爲帝者不世之偉業而其業又爲史中斷不可少之例而語其實則近世獨裁政治之可厭惡者莫此之若此誠百口咒之且嫌不及者也夫機械之巧任爲何似而最小之有機體猶足勝之其在政治理亦有然憲法之不完全任至何度惟若準斯法也國民之多數可以自由意志定其政略則以衡之最開明而博愛之專制政治其爲優越至無限焉何也立憲政治進取者也富於生機專制政治停滯者也幾於死體（一）

凡人民中自然之象無論其動作出於箇人出於一階級或出於全民族而恒爲國命之所由生文明之運遲々莫進其或有生力軍忽促而進之也者尋其源泉則此自然之象也苟政府以力摧此象而沒之無論其略爲公爲私其的爲求民福抑利民害而摧而沒之至於何度其進步之所阻與衰運之所延亦與之相應而至於何度必不爽也

專制政治之所犧牲又不僅在民政之精神此吾人所當知者也官僚當國人民固無由自進於政治以表見其智愚賢不肖之度而自茲以往行政上之便宜既爲治國唯一之正鵠而人民自由權利之尊宗教民族利益之異皆置之不甚愛惜之倫以爲無足輕重之事於是同胞中之弱者恒不受庇護

（一）（原註）見罙孫 Mommsen 之羅馬史四卷四百六十六頁、

以之聽訟哀矜宥原之意蕩焉無餘治道至此一如機盤輪軸一旋舉凡人道主義之所賴以存民之秉彝之所賴以守博愛行宜之風衡平司直之道悉爲磨洗以去不復可求朗者其勿駭吾言也充官僚政治之所爲其效必至於是是固無間於政體之爲何種也說者曰吾所謂官僚政治乃不如子所言吾所想像者乃集若干人居之官府而其人皆經驗富有實力充滿持躬整飭處事公正足以捍衞國家導領社會者也果如斯也則余又見其矛盾之甚蓋此種官僚如其有之必也自由政治之結果而非可由官僚自求得之也必也先有改革之家先覺之士倡庶民議政之權謀公平選舉之制用力既多經時復久漸見政府之責課自國民庶政之行公諸輿論而後相衡相盪相責相望而大政治家可出非官僚自薦而即可冒其名以行也歷察往事勤求實例吾見行平民政治而知所愼才行俱備公誠燮擅之夫有乘之以出者矣未聞民意衰退與情不彰而寡頭當國其才行公誠之量能保其應有而儘有也

由斯以談離夫責任實不足以言政府而責任問題非還訴之公民參政之權渺焉無著又即國家進步之象剖驗其質機械說絕無一顧之値而非返自由以邏輯應有之位吾將無所適從茲兩途也任其何之要歸本於一莊嚴燦爛之國家堅築於人民權利之上惟所謂權利理解亦不容或誤天下無個人權利可離社會公益而立或背社會公益而成凡權利者皆與人羣幸福相待者也但邏輯命題有換位者謂甲爲乙而信謂乙爲甲而亦信是可知人羣幸福云者非以其分子所享權利之程度計之亦殊不成意味也

爲權說者之通病在昧於一時久遠之分有時抹殺一小己一階級之權利誠不失爲社會暫時之益。

然若爲社會計及久長。求其福祉。則此種權利。將萬無蹂躪理。夫人思於人已間自張其人格。非負有倫理上必具之權利。殆不可能。而社會思維持其共同生活。其所需自亦如是。惟社會之號稱最良最進步最有幸福者何耶。以吾觀之。亦在有法使其分子各得本其性之所近力之所能以充其欲之所至而已。然則個人權利與社會權利又何衝突之有乎。須知權利之鞏固。乃進步無已之基因。在勢人格過張。自進過甚。誠與他人利益。必有不復相容。擠排以去者矣。且其利益。亦不必僅關物質。或屬自私者矣。然無可諱也。凡人聚而爲羣。其事成於相劑相質。其習行於相與相讓。當劑之利不劑不可當低之求不低不可也。須知人類之多福與民生之進化。純本於各方勢力之擴張。玆所謂擴張。乃各依乎本能之大小。思想之激隨所志之遠近。所利之廣狹。無不能出其健全之力。深沈之思。自由而無礙以謀其所欲得者也。

此種箇人權利之擴張。如或有礙於羣紀。則相機以摧壓之。亦意計中事。然玆事雖簡。而影響絕鉅。以摧壓既成。即不啻爲未來之進境限以鐵壁也。賢者憂之。因而崇尙法制。箇人主義。依然聽其如量以往惟自由者。一納之於法律以爲指歸。於是一人權利。縱不得對於他人爲絕對而系統既立即無何種權利稍遭蔑視。人羣進步有軌可循。其以此也。夫近世國家之所以高於中古及太古者。以其於人民能力之發展。使得充其量也。以其予人以圓滿之自由。而同時復保持社會全體之秩序也。以是近世國家。純築之於各種權利之上。而人人之精力。因獲由此種或彼種以尋其途。而致於事焉。如思想自由。言論自由。信仰自由。此一時代之所爭得者也。他一時代。復爭得人身自由。他一時代。又爭得國籍自由。皆是也。若而自由。有時妨於公安。迫而踐踏其一或二。亦未可知。然社會而至斯境。在文明之運實爲退化吾敢斷言之人競言政府當準時勢以立策。而不知其詞換位。轉含眞理。是何也。即政府不當自陷於一時勢因而見逼以致行事不見容於較良之主義也

凡社會已享之權利。從而剝之。其反響所中。乃在國民全體。蓋凡侵人權者。必受懲創。私人如是。惟國亦然。懲創自然之勢則解義務之環脫關係之鎖環也昔結之絕艱今解之絕易鎖也昔聯之極困今脫之極順其在國家收果或不若箇人之速而事尤必至罰亦愈烈國民後也推權利於前以爲剝之當即遠颺以去而不知此前行者富於彈力力之所至轉中於後質而言之。權利問題即事實問題蓋社會所由成必有基本原則非維持此事乃莫進今一權利社會是否當容認之究乃決之於拒此權利從長計議是否與基本原則不相背畔苟背畔焉。則無論何事要爲破壞社會倫紀趨勢所至。非痛加追悔或別與報償事將莫救此即自欺之尤者亦能見之今之英倫以及歐陸。凡含有國民性之義務。頗爲墮氣所乘。若不能自拔者然。此其影響即當今反動之明效大驗也。

間嘗論之。苟惡政爲縱一時之欲。而後受其弊。須一々有以償之。則此種救濟。容或足以解決難局。而當視爲酖毒而勿飲之。以飲之徒有害於全體筋絡也。嘗聞人之言曰。事既不正。惟有不爲。亦既爲矣。信用所在。必終持之。凡好爲權術者。其爲此說。了無足怪。以權術之學。開宗明義。即「取爾之的。能以正取。正取之。不能。則巡取之。」以此證其所言。絕無不合。但有他義。亦爲彼採者曰。「爾其公平。以求成功。縱不成功。仍當公平。」此則有不可解者矣。以札斯惕斯(一)既爲彼念慮所及而又不肯以其念慮施之事實也。其言曰。「事誠不當作始。既作始矣。惟有進而無退。以其爲威信所存也。第一步誠大愚。但其結果。

(一)札斯惕斯猶言公道、詳見本誌第一號評論之評論札斯惕斯篇、

吾要不可避」。此其最足促吾注意者。則每在一級求一說以證明再進一級之必要者。其說乃無不同。於是其級既至。每有號稱溫和派者來告吾曰「採茲惡策。其初大屬冥頑。但事已至此。雖足悲歎。惟有忍而受之而已」。是其爲說。「乃吾人既行至A。不得不更行至B。謂吾人始終不當至A。其理誠當。惟已至矣……」迨已至B。而不得不往C。又已至C。而不得不往D。其所爲說。仍同展轉相往展轉相說。質而言之。亦適如最初搆煽者之所期而已矣。彼固始終一貫者也。彼固於衆說紛呶之中。獨戰勝以取利者也。此吾人之自有其權利者。當知所警矣。彼以「不可避」以及「太遲」諸語。奔走而呼號者。自將日在夢中。而無由自覺。惟深以公益民社爲懷者。敢決言曰。知其惡矣。而不遽舍。斷非所以改善之道。不僅此也。初步已入歧途。循其途而不失勢。不至與正道絕端僢馳。無可挽救不止。夫以惡濟惡。亦未始不收所期之利。而國民自重心由是墜。前代之流風餘韻由是耗。舉凡國之所以樂所以大者。皆由是破毀。此所得又寧足償其所失也耶(一)

以權利之理。與公安民福之道相融合。乃社會學者至高無上之的也。當斯學之初期。凡近世習於政治哲理者。以謂國家未立之先。即有個人權利。茲說也。實無間於君黨郝伯思。民黨洛克。革命黨盧梭。彼輩咸以爲人權之本質。由於天賦。而無與於國家之組織。無與於邦人之容認。易詞言之。無與於人類之共同倫理覺念。此則誠有不盡可通者。蓋由倫理之義察之。權利云者。苟非置之社會系統之中。則無意識。且指一物。譁然以告人曰。此吾之權利也。苟他人不從而認之。則已之要求。又何効力。雖然。持民約論者。正有說以處此。彼以爲人皆挾有最初之權。當爲約也。自分其權若干。與之境位相同者。

(一)此節所引各說。乃作者當時所有之輿論、亦各各分其權若干。因取其所分者共成一政治社會。以相守而相助也。

君黨民黨與革命黨者。其所定民約之性。與夫爲約時。何種權利所當保存。何種權利所當讓與。其所見自各不同。惟語及本根。則絕無異議。人生之權利絕對者也固定者也乃吾人於性分所具剖分若干以爲契約之後所永遠保存者也

由斯以談。凡在社會不使若而箇人權利優游調融綽有餘裕者。不足以言民福。且準此立義見象苟或與之相反革命之舉即可假之而生邊沁憂之。從他端更作民福之義。而天賦人權之說。則字以無政府之謬談。自立名字。號曰功用派。(一)此派更端以起。以最大多數之最大幸福。爲一切公私動作之極則。即爲所有權利之緣基。以爲人而動肆要求。曰此我絕對之財產權也。此我絕對之自由權也。大足以遮社會之進程。而陷政治社會諸改革於不可能之域。邊是說也。人之權利僅得以社會度量公福相其宜而許之者爲之衡無所謂固有也。世有主張已得之利益。不肯放失者。其有害於公共幸福。鉅而且顯。此而以邊沁之說攻之。犀利無匹。故其說究含眞理者以其發明一切權利所以可貴之道而定爲最高之標準也然邊氏之失在未詳言普通共認之權利合於其所懸標準者幾何彼果在此標準之次尙有附庸可取之價乎抑全爲哲家迷謬之談應盡吐棄者乎此而未明。有以生物原則施之社會學者。功用主義(二)乃適爲其前驅。在生物學家。權利觀念。全與勢力觀念代興。生存競爭。人各有求。非求且有力遂之者。以外別無權利。成敗者功過之所由別也。人無所謂善惡。社會無所謂良惡。

(一) Utilitarian School 功用派俗曰用處。凡事祇問其有何用處不問其本來之有無也。

(二) Utilitarianism。

宗教無所謂優劣。其一力驅其二。使勿與並立。於是存者爲善爲良爲優。亡者爲惡爲暴爲劣。質之言之。人類之權利即盜賊之權利也。社會學者見夫此種斷案之不可避。遂乃盡出其天演論而重理之。研求既久。一旦恍然於生物學者之誤在乎發點之不明。蓋天演之所以創造人類所以開發社會出蠻野而入文明者。絕非基於生存競爭。而其所基與之適得其反。且存爭之風經其剋治而日就衰者也。此和平主義也。而決非戰爭主義。此聯合主義也。而決非角逐主義。此博愛主義也。而決非交惡主義。前主義之進行也。取證亦正匪難。人羣中兩不相容之質。足以摧壞平和者。久而久之。漸能納之於有系統之思想。熔而更鑄。毀而更范。成爲新形。以通力而合作。其最初社會出自野蠻部落而有秩序可言者。其成立時即認有一定之權利義務。必須守此而部落始足綱維迄羣紀日明而所謂權利義務日以恢廓。因之所起觀念愈益深遠而高明。每一新權利義務發生。人從而認是之。是羣統之發展程度又進一級。而於人類社會之健全生活所見以爲必不可少者。眼光又深一層。由是推之。人生共同道德雖不足以說明最後之眞理。而以之說明經驗所得跡象可尋之常理則有餘也。

是故社會之所由進步。非即其所已得者而掃除之之謂。乃求一思想系統。使其所已得者融和而完美之之謂。「人生之權利」云者。能深求其理而識之於世間倫理之道。已思過其半。若而權利雖貌似相牴相突。各爲絕對。而合爲一體。使其所牴突者不見。而各滿其量以去。亦未始不可能。社會倫理學之謂。何亦推求此種合體之所在而已矣。夫箇人之要求。與社會之利益。本心行事之權。與公衆負責之義。羣化未進。自兩々不能相容。亦既進矣。調融正自有道。且惟調融之而於社會生涯始多福利。由是天演家之所謂進步。特在求羣化之高度。且在彼意確有方術足挾功用派使與天賦人權派相融和以其所見亦以幸福爲歸有如借功用主義者之所持也但彼儕求幸福以何者爲本基則以爲非保持此種々權利莫屬而此在自然一派又謂天之所以畀賦於人其實社會非經運而且苦之開發固亦莫之能得也天演家者以人道之全張心力之滿發人類精神之反於本位一絲莫溢爲人生最高之業爲人事最後之的爲區別善惡最正之準繩必也幸制合乎此義始爲其所心許權利義務彼雖不必以爲天賦謂如古派所云然而究以爲根本不必滅磨之物蓋人類精神之運行欲其自由而前適非有此永久而萬不可少者爲之條件將必不可得也

浮田和民立憲政治之根本義

（政法學校課外講演）

梵音筆述

余今日以「立憲政治之根本義」一題。爲諸君講演。擬純從學理上立言。不涉支那時事。惟其間或引及支那。藉資說明。則所不免。特大體當以學說爲主耳。

欲明立憲政治之義。不可不溯論政治學之根本。嚴辨國體與政體之義。今日諸家之論國體也。概分爲二。曰君主制。曰共和制。君主國者國家之主權在一人掌握之謂。如日本然。其握國家主權。掌最高權力。爲國家全權之中心點者。乃天皇一人。故日本君主國也。反是如法如美。一國之主權。繫乎團體之合意。彼大統領非主權者。別有代表人民意志之議會。乃主權之所在耳。凡此國家之主權依團體之合意而表現者則共和國也。國體之別。唯此二耳。而其團體之由少數階級成者。則命之曰貴族共和國。其由多數人民所成之團體。掌握一國之主權者。則命之曰民主共和國。是共和國。又細別爲二也。

立憲政治非國體之問題。乃政體之區別。政體與國體。兩義不同。盖其立別之根本異耳。政體之別亦二。曰專制。曰立憲制。與國體之別不可同視。盖君主國體未必即爲專制政體。共和國體未必即爲立憲政體。不可不辨也。夫一國主權。歸於一人掌握者。斯曰君主國體耳。其屬於團體者。斯曰共和國體耳。此國體之區別也。政體則不然。視一國主權之行使方法如何。而或謂之專制。或謂之立憲制焉。一國之主權在一人之手而行使時絕無法律上之制限者曰君主專制反是有法律上之制限者其國體雖爲君主而政體則立憲制也一國之主權在國體之手而行使時絕無法律上之制限者雖爲共和國體而政體則不得不謂之專制一國之主權在國體之手其行使時有憲法之一重大法律在爲政之時恆受法律之制限者則國體既爲共和國體其政體又立憲政體也總之頃所辨者立憲政體與共和國體二語非同一意義而已。

前年以來。支那改爲共和國體矣。國體雖爲共和。然曰立憲政體。則猶未也。縱使共和國體成立。彼握共和國之主權者。當其行使主權苟憲法尚未成立。仍爲專制耳。國體雖稱共和。政體則依然專制。非立憲也。發貴國有志之士。爲謀創造共和國體。更歷幾許星霜。捐棄無量財產。或犧牲性命。或流淚異邦。此諸君先輩之嘗苦茹辛。當亦諸君所能記憶也。今者共和國體固成立矣。然欲使共和國體再進一步而爲立憲政體。則其困難猶有不止倍蓰者。非較之建設共和國體倍加努力煞費苦心。恐立憲政體決非易於建設者也。凡一國經大革命之後。建設新國體。且改爲立憲政體。乃兩重大事業。非一朝一夕所能幾及。不特支那爲然也。法蘭西之改君主爲共和也。今百二十五六年矣。當其國體初成。立期實施憲法。以立憲政體爲期。然而終至失敗。觀其革命時代。舊包本王室之專制政治。依然未革。是可知已。蓋其國體初更。內亂頻起。外國干涉。亦復紛來。又有圖謀恢復王室者流。每欲借外國之力。求達其志。故國體雖成共和。數稔之間。政治終未免專制。於是拿破侖起。握國家大權於一人之手。施專制政治。遠駕舊包本王室而上之矣。總而言之。行立憲政治與建設共和國體相較。倍覺困難也。法國自革命後。輾轉百年。迄於今日。固已爲共和立憲之國。然過去百年之間。或國體動搖。或政體顚厄。

因此二重困難。其國步之艱。有難縷數。支那土地。較法爲廣。人民較法爲多。國內情形。又異於法。則其建設立憲政體。應自知較法更爲困難也。故欲明立憲政治之意義。圖立憲政治之實行。今後誠有待於諸君非常之努力。非常之決心耳。余見及此。因爲諸君分析立憲政治之意義。從學理上略貢數言。

憲法一語。用法原有種種。惟有廣狹二義。不可不明。廣義所謂憲法者。凡國家皆有之。乃根本法律。藉以規定政府之組織及人民與政府之關係者也。充此義言之。則凡有國家。必有憲法。而其爲憲法也。則一切國體政體莫不悉規定焉。是以君主國體有君主國體之憲法。共和國體有共和國體之憲法。專制政體有專制政體之憲法。立憲政體有立憲政體之憲法。由斯而談世界無無憲法之國家也。夫國家者乃有政治組織之人類社會。既有國家。必有組織。有組織。斯不得不有憲法矣。然玆所謂憲法。與吾人今日所謂憲法政治立憲國體者不同。後者乃從狹義言之。非一切國民所俱有者。又非一切政體所俱有者也。夫以狹義言之。則憲法政治與專制政治有反對之意。立憲政體與專制政體有反對之意。故玆所謂憲法。或立憲政治。乃不問其國體爲君主或爲共和。惟問其爲政之方法是否合乎立憲耳。凡言立憲政體。意即專制政體之反對。能知專制政體之爲何物。即知其反對爲立憲政體。或能知立憲政體之爲何物。即知其反對爲專制政體。無論從何方面解釋可也。

諸君欲明立憲政體與專制政體之別。當以研究日本現行憲法爲最捷徑。試展日本憲法觀之。則見其國家與政府二者之區別甚明。國家與政府非同一物也。日本國家乃全體國民所組織。而全體組織之中心即天皇。亦即主權之所在。天皇所掌握之主權。乃世界一切國家中最完全之權力也。雖然。天皇實不直接親行政治。定法律由議會之協贊。行裁判由裁判官之判決。其他政治。則有內閣或中央地方之政府分行其事。故在日本其政府。非主權者也。非國家也。乃國家之機關。依國家之命令或爲裁判。或爲行政之事者也。所有權力。悉規定於憲法。此外政府。不得行之。政府官吏之行動。一切皆有憲法上之制限。不得逾於此制限一步者也。故國家之主權。與天皇之權力。在法律上雖無制限。而政府之權力。則處々加之以制限焉。此政府權力有所制限之一事。即立憲政治之第一要義也。專制政體則反乎此。國家與政府。不加區別。官吏之權力。絕無制限。此甚著明。無待講說。須知政府之官吏。雖在日本之君主國體。亦不失爲人民公僕。其對於人民。舍依據憲法或法律外。不得濫以命令加之。至於共和國體。則其主權者與政府之關係。稍形複雜。較難理解。如法國自大統領國務員以至其他地方官吏。俱相依爲一組織。胥不過國家之機關耳。彼邦有謂人民爲主權者。此特以其爲民主國體耳。實則各個人民並非主權者。各個人民及人民所成之團體。俱爲服從國家法律之臣民。必由人民選出之議會。且以特別形式開會時。始能代表主權者之人民。行使主權也。平時在巴黎開會之上下兩院。特爲制定普通法律。國有大事。此上下兩院爲一體。離去巴黎。開會於維爾塞。斯時方爲發表主權者、（即人民）意思、之機關。總而言之。無論何種共和國體。皆有代表人民主權之人民會議。於該會議之外。另有所謂政府存焉。政府者立於會議之下而別爲機關者也。自大統領以下皆屬之。法之大統領國務員及其他中央地方之官吏。亦僅於憲法有有制限之權利。故不能任所欲爲。除依據憲法或其他法律得命令人民以外。不能有命令。設共和國體之大統領或其他官吏對於人民而有無制限之權利。則雖爲共和國體。亦不得不謂爲專制政體也。法國之大統領。與支那之大總統袁世凱不同。其權力恆受制限。當其爲政。不自爲之。非經過國務員且依據憲法法律之規定不可。又其官吏自國務員以下。對於人民之動作。俱莫不以法爲限制。其受制限之法有二。違法時對於裁判所負責任。關於政策則對於議會負責任。此即立憲政治也。故欲行立憲政治。人民必不可不自覺。覺者何。覺其政府官吏負有此種責任也。凡屬官吏之命令。不問其爲如何。一概盲從。此卑劣人民不能行立憲政治。又凡屬官吏之命令。不問其爲如何。毫不服從。恬然而不怪。此亂暴人民亦不能行立憲政治必也。見官吏所發命令。乃依據憲法法律。且協乎事理者。則踴躍服從之。反是則極力抵抗之。斯爲有立憲國民之資格。總之。必進而自守法律之人民。始合乎立憲政治也。

立憲政治之根本義。較之頃所言者。有更重大之要件在。其義維何。即人民須各有尊重自由權利之精神。致使政府不得不尊重。其自由權利是已。此一事也。凡立憲國家。恒有成文或不文之法爲之規定。人民之自由權利。雖政府不得侵犯。人民相互之間。更當尊重之。條文森列。不容或背。由斯以談。所謂立憲國家。政府權力。恆受制限。不外人民自由權利。嚴受憲法上之保障。政府不得侵犯此種自由。即政府之權力所受最大之制限也。日本有成文之憲法。特於憲法第二章。設關於人民權利義務之條文。是憲法特加以保障也。夫保護人民之生命。乃一切國家之本分。雖在專制之國。其人民亦不得互相戕害。互奪財產。殺人及盜。亦加之刑。與立憲國無以異也。而其政府官吏則不然。縱一已之欲。行無法之事。擅奪人民之生命財產。無所制限。雖有誤殺故殺或强徵人民財物之事。決不負責。此其與立憲國異者也。在立憲國。其人民。非依法律不得逮捕監禁訊問處罰。一一列爲明文。如日本憲法云。日本臣民。不得無故褫奪其受法律所定之裁判官裁判之權。縱曰官吏。不得濫行審判人民。必法律所定之裁判官裁判之乃可。收租稅之時亦然。雖曰官吏。非依據法律。不得任意徵收人民之財物也。人民相互。不得肆行侵入家室。此事在專制國亦同。惟在今日之立憲國。即曰官吏。亦不能任意入他人住宅也。大統領不得一農民之承諾。不得入該農民之家。英諺曰。各人之家。乃城壁也。此其爲義。乃其家或瀕傾圮風雨可肆其飄搖然爲人類則縱爲帝王非經家主之諾不得濫入也。設官吏依據法律爲搜索罪人而來固亦可入。然此事必有法文可據者始可。否則不能。至人之生命財產。其爲必要。可不待言。然人類有較生命財產尤可尊重之物焉。則法律範圍內所應有之信仰自由是也。此人類所以全其人格之最要者。不可忽視。苟遵守國法不背社會道德。則任信佛教或基督教。無有不可。不許信仰自由之國家。而行立憲政治者。未之有也。又苟不違法律。則以語言文章發表自有之思想。亦人生不可一日缺者。當十九世紀前半。歐羅巴人民。對於其政府所竭力要求者即信仰自由印刷自由也。凡此諸項。皆立憲政治之所以爲立憲政治也。而人民尤不可無各自尊重自由權利之習慣。苟其無之。則立憲政治決不能行。故此等自由權利應尊重者。固不僅政府而已。爲人民者亦各須尊重。且不可不有擁護此等自由權利之決心。如人民相互之間不認權利自由不容信仰自由。縱使紙上有此明文。終將歸於無效。此種自覺心。誠立憲政治之根本義極要者也。至人民所以能自重其自由權利。則半屬法律上問題。半屬人民道德上問題。如日本憲法中。載有除依據法律所定以外。不得侵書信之秘密。郵便局除非常之事外。不得私拆人民書信。縱使憲法作是規定。而人民之間。有私拆他人書信之習慣。則政府亦自私拆通過郵便局之人民書信矣。又若人民不互重其言論自由。有如學生之間。不容少數者之言論。或以多數壓迫個人之意見。則政府亦自不尊重政治上言論自由。或動輒用力干涉印刷發行自由矣。余以爲此第二要件實立憲政治根本義中之根本義也。苟不解此。縱有議會縱行選舉毫無裨益苟人民未能自覺頃所言人民各種自由權利究竟有何關係日本發布憲法。乃明治二十二年。翌年開議會。行選舉。日本名雖爲立憲國。而人民無重權利尊自由之習慣與其自覺。故至今日。仍僅有立憲政治之形式而未具其精神。諸君遠來此邦。如或研求日本憲政。則憲法第二章所規定之人民自由權利。最宜注意。日本人民未能解此。故其立憲政治。不能完美。此今日之事實也。故余甚希望諸君。對於此章。特加之意焉。

立憲政治之意義有三。今僅說其二。尚餘其一。其一維何。即予人民以參政權是也此最爲常人之所知但非徹底了然於第二義則決不知參政權爲何物總而言之予人民以參政權者不外求實行上所云第一義第二義之一方便而已縱使有書於紙上之憲法或有由人民選出之議會苟人民不能理解不能自覺則憲法等於空文議會終歸無用今日時間不足。不能陳述第三義。他日再有機會。當爲諸君言之。

文錄

章太炎徐錫麟傳

徐錫麟。字伯蓀。浙江山陰人也。幼憍。虔器過手。輒毀。父惜之。年十三。挺走錢塘。爲沙門。不合歸。讀書喜算術。尤明天官。中夜輒騎危視列宿。所圖天象甚衆。又自爲渾天儀。徑三尺許。及造紹興地勢圖。然未嘗從師受也。稍長。習農田事。聞崑山多曠土。欲往開治。不果。年二十九。以經算教於紹興中學。二歲。轉副監督。在校四年。弟子益親如家人。頃之。以觀博覽會赴日本。得同志數人。且購圖書刀劍以歸。錫麟家東浦。在縣西十五里。爲立蒙學。又規建越郡公學。爲惎者中傷數矣。卒不動。嘗置一短銃。行動與將。時露西亞人逼遼東。錫麟聞之慟哭。其露西亞人爲的。自注彈丸射之。一日輒試銃十數反。遭彈丸反射。直徑汰肩上。顏色不變。試之愈勤。其後持銃有不發。發即應。指而倒。錫麟始慕勾踐項梁。欲保聚紹興。且以觀變。年三十。以事過上海。上海有浙江豪傑十餘人。設盟約。謀光復。即走就之。歸始以兵法部勒子弟矣。明年與弟子循行諸暨嵊東陽義烏四縣。其步行百里。夜止叢祠。間幾一月。多交其地奇才力士。歸語人曰。涉歷四縣。得俊民數十。知中國可爲也。初紹興城中有大善寺。天主教會欲得之。陰搆諸無賴。矜沙門署質劑爲賃于教會者。紹興名族士大夫皆怒。弗敢言。錫麟方病瘧。褰絮被直走登壇。宣說抵拒狀。衆讙踊。卒毀券。教會謀益衰。錫麟念士氣孱弱。倡體育會。月聚諸校弟子數百人。習手臂注射。女子秋瑾與焉。從是就大通師範學堂。朝夕講武。每訓練必身先之。素短小。習一歲。筋力百倍。能日行二百里。尤善同縣許克丞。謀以術傾滿洲。克丞捐金五萬版與之。入貲得道員。年三十三。與其弟諱錫麟暨餘姚馬宗漢等二十五人詣日本。因通商局長石井菊次郎。求入聯隊不許。欲入振武學校以短視試不及格。居數月。以事歸國。是時餘杭章炳麟以言革命繫上海獄。罰作三歲。限且盡。或言虜欲行賄獄卒毒殺之。上海大譁。錫麟爲奔走調護直詣獄見炳麟炳麟素不知錫麟名識其友陶成章錫麟欲自陳平生事獄吏訶之錯遌不得語乃罷去復東抵日本。欲與陶成章及弟子會稽陳伯平入陸軍經理學校。不果。屬其友某學造紙幣。曰。軍興餉匱。勢將鈔略。鈔略則病民。亦自敗。洪秀全事可鑒。議也。今計莫如散軍用票。事成。以次收之。然軍用票易作僞。宜習其彫文截鏤。令難作易辨。子勉學矣。既定。以陳伯平馬宗漢歸。鄉人復請任徽巡事。許之。旋與同縣曹醴泉赴宛平。出山海關。徧走遼東吉林諸部。至輒覽其山川形勢見大盜馮麟閣與語甚說是歲淮安徐海大祲。錫麟年三十四。即以道員赴安徽試用。錫麟未得道員時。欲藉權傾虜廷。諸達官無所不游說。自袁世凱張之洞及浙江巡撫張曾敭故湖南巡撫俞廉三。皆中其說。爲通關節書。鎮浙將軍滿洲人某亦受錫麟倭刀。爲其用。到安慶。歲莫。即主陸軍小學。踰年。移主巡警學堂。日中戎服自督課。莫即置酒請諸軍將士。又賣衣服以給彈丸。諸生益嚴重錫麟雖軍士亦多欲附者矣安徽巡撫恩銘謂錫麟能奏請加二品銜。然聞人言日本學生多陰謀。稍忌之。錫麟亦心動。即移書浙江諸豪。刻日赴安慶。又外與諸練軍結。欲倉卒取安徽大吏。令軍心亂乃舉事。期五月二十八日。巡警生卒業集大吏臨視。謀掩殺之。恩銘欲速。召其校執事顧松。令易期。以二十六日臨視。時援未集。顧已不可奈何。乃密與陳伯平馬宗漢爲備。及期。鼓吹作。諸大吏皆詣校。凝立。巡撫前即位。三司諸吏以次侍。錫麟令顧松鐍門。拒出入。顧松固知情。陽諾。不爲鐍。錫麟持短銃遽擊恩銘。數發皆中要害。左右與之走。三司皆奪門走。即閉城門。拒外兵。諸兵至。不得入。乃發兵捕錫麟。錫麟知事敗。傳呼巡警生百餘人。曰立正。巡警生皆立正。錫麟曰。向左轉走。巡警生皆左轉走。走則攻軍械局。據之。發銃。彈丸盡。發礮。礮機關絕。陳伯平戰死。錫麟即登屋走。追者至。被禽。恩銘已死。三司問錫麟狀。曰受孫文教令耶。錫麟曰我自爲漢種間排滿州孫文何等鯫生能教令我哉五月二十六日。虜殺山陰徐錫麟於安慶市刳其心祭恩銘而浙江虜官亦捕殺秋瑾大通學校遂破壞。錫麟之死。年三十五矣。錫麟雖陰鷙。然性愛人。在山陰。嘗步上龍山。見一老嫗方自經。遽抱持救之。問其故。曰負人錢。即爲代償。得不死。

陳伯平。浙江會稽人也。名淵。以字行。少長福州。歸鄉里。入大通師範學堂。徐錫麟甚重之。與游日本。欲學陸軍。不得。習巡警。旋棄歸。專習擊射事。在上海踞一小閣。日陳藥校試。藥嘗迸發。聲鈴鈴動數十步。伯平傷身。甲錯如魚鱗。時畢人多。即避詣病院治療。復渡日本。從藥師。卒受業。道既通。歸。欲急試。錫麟輒戒之。伯平嘗語人曰。革命之事萬端。然能以一人任者。獨有作刺客。刻印稱實行委員。用自厲。夢寐輒呼端方鐵良。其用心專壹如此。善方言。喜作詩。詩多亡矣。伯平死時。年二十六。

馬宗漢。字子貽。浙江餘姚人也。祖某。素任俠。貧民皆倚爲重。宗漢少慧。聞人誦岳鄂王詞欣欣若有得曰。長大亦當如是。及長。讀史傳。益感慨。以破虜自誓。潛結少年有氣者數人。又習英吉利語。入浙江高等學校。罷歸。與同志立三山蒙學堂。自督教之。詔以亡國之痛。異族之禍。弟子皆泣下。莫能仰視。常賭求近人言光復書散之鄉里。見者扼腕。浙江所以多義旅者。宗漢力也。頃之。從徐錫麟赴日本。欲陰求豪傑。然所遇多大言自矜。宗漢大失望歸。欲赴德意志學陸軍。諸少年留宗漢。欲有所規度。會遭祖喪。遂不行。是時虜廷下書稱立憲。宗漢作書辯其妄。然士人多幸愛虜。宗漢發憤疾作。徐錫麟在安慶。召宗漢及陳伯平計事。宗漢與諸生書曰。吾此行不能滅虜。終不返矣。錫麟既與浙東義旅成謀。期且迫。宗漢伯平日、夜部署軍事。及期錫麟已誅恩銘。宗漢謂顧松敗謀。召至即斷頭。督巡警生破軍械局。援絕。伯平戰死。宗漢欲焚軍械局。錫麟止之。且曰。徒死無益。亟走。猶可爲後圖。宗漢去半道。爲虜所得。繫獄五十日。窮問黨與。考掠楚毒。宗漢爲遜言抵讕。卒不得一人主名。七月十六日。虜殺餘姚馬宗漢於安慶獄前。年二十四。

章炳麟曰。錫麟卓鷙越勁蓋有項王風其猝起不反顧者非計短也以寡助遇大敵固以必死偕耳始錫麟携妻孥抵日本。及歸。有知其謀者。風錫麟當置家屬海外。猶得遺種。錫麟曰人皆有妻子可悉移異域乎以至安自處詒人以危吾恥之卒携家歸。余見世之從容大言者多矣。臨事多全軀保妻子而世方被以榮名光復之緒其斬哉伯平宗漢樸誠形物臨難不撓可謂死士矣

康率槷讀漢學商兌書後

康率槷讀漢學商兌既竟。乃書其後曰。總維先聖牖民成俗之道。本末先後備已。在昔成周。監于二代。典章制度。燦然可觀。周公乃集百王之大成。撰爲周禮一書。雖未及施行。而二帝三皇之精心具焉。由是九州備冊。悉藏大史。東州板蕩。文化散佚。老子慮古籍之淪亡。恐後王無所取法。乃以之授于孔子。所謂百二十國之寶書是也。大史之書。既散人間。諸家各有所得。而儒家爲最多。孔子乃撮其大要。定爲六經。以六藝四科教弟子。七十子之徒。或具體而微。或有其一體。要以仁義爲本。禮樂爲用。自博反約爲入德之方。而罕言性與天道。故對顏子曰克己復禮。教伯魚以學詩學禮。皆以力行爲務。不尚空玄之談。昭昭明矣。及遭禁書之厄。咸陽之炬。今隸之紕繆。老師之散亡。九流之徒。同蒙大故。及漢武表

章六藝。儒者之業。稍稍復興。古文既出。益足徵考。賈許馬鄭。各爲理繹。拾遺訂墜之功。可壽千古。夫諸夏文化。不盡在儒家。儒家之學。不盡在六經。禮樂射御。躬行尙矣。然而文字之作。所以紀載也。大而經世維民之道。小而醫藥卜筮之書。發在方册。則正名明文之業。爲九流之樞機。人類之軌躅。取千載朽蠹之餘。而博大昌明之。其功非在禹下者。起素王于地下。猶將以一貫相嘉。生丁晚近。徵論上求神黄之道。即志在儒者。亦舍此何從。斯義明碻。无可掊擊。聖人有作。百世難易者也。晉宋而還。人不志學。異族紛乘。文絶道衰。其亂極于五代。炎宋雖興。終未能撥亂反治。人无奮起之豪。士有媮安之習。故其學術亦最淺陋。而世風凋敝。相眩以名。覘儒學之淵懿。慮非旦莫所能追及。又竊慕其名高。思欲以歧說致勝。不惜取千餘歲儒者之心得。一舉而摧殘之。獨標性理。謂爲孔孟之眞傳。構末者樂其空虛易爲。互相標榜。擬伊洛於鄒魯。縱天理人欲之談。競太極无極之辨。黠者取其名分之說。以亂春秋之大防。便人佞夫。得自附高尙。以文譎詐。比所見者。往往然矣。夫以後來之不肖。而罪及其師。東樹固常議之。然龜山。程門之顔曾也。講學則自比顔曾。屈身則依附蔡京。晚年出處。自好羞爲。宋之學者。於子雲則毁之。於龜山則稱之。此豈亦發自天理者歟。王通擬經。深蒙醜詆。謂其比孔子爲僭。而通之弟子。猶多瑰偉之士。定亂守成。實能敷施。程朱之門。建業者何人。以大義言之。有被髮左衽之禍。即以名分言之。有君辱臣死之誼。爲當時之臣民。固宜銜哀積忿。滅虜朝食。乃道學之名滿天下。而不可得一具臣之才。猶復靦顔自泰。登降荀孟。舉孔子雖言之恉。以爲設教之初基。是視及門者。已遠校七十子爲優。此獨非僭乎。乃謬引胡元之言。以自彰其陋。謂儒者之善。專在三綱五常。夫夷狄君之。盜賊亦君之。其删於初生之犬。宜乎元主之稱許弗衰也。朱晦庵略知讀書矣。補塡六藝。猶云難爲。而轉以大者易譏。

跛於行者自謂能超乘。雖在童駿。其孰信之。皮之不存。毛將焉傅。文字猶不識。篇章於何有。取佛家之膚說。託詞於儒家。以程朱之實。脾孔孟之名。以之欺人。人不可欺。以之自欺。已或釋然。梟雄之主。利其愚人。攀爲崇奉。陰實制勒。明清以來。佞幸之徒。婾要之士。莫不自附麗於道學。以爲高官厚祿之捷徑。偶有淡於榮利者。則述說陸王。大暢心宗。末流所及。同歸空罔。雖其熱中之心。少孫伊洛。而無補國家之文化則一也。明社既屋。先識者力矯其弊。顧起於吳。黃起於越。王學遺於衡湘。閻學昌於三晉。博野顏子。益更昌明。六書三事之指。六藝四科之教。二千年來。未之見也。並世者間或議其不文。而承風之士。有所述焉。康雍之際。學在三吳。以公令逼迫。未能盡抉宋人之藩。及戴先生出。泛覽百家。折衷六經。守博文約禮之指。爲實事求是之用。孔孟之道。皭然復明。天下學子。始恍然於是非正否。百年之內。僞學幾絕。間有一二守死之徒。亦泚顙赧顏。自知不足與樸學爲敵。於是怨誹興焉。及夫大師既沒。樸學趁衰。程朱雲礽。漸又出於人間。乘間抵隙。思起報復。此方東樹漢學商兌所由作也。東樹嘗從姚氏治古文辭學。姚氏之學。出於方苞。治學弗求根抵。以摹歐曾之聲調爲能。業之既易。又足以譁世取寵。爲樸學之士所弗道。姚氏初又心儀樸學。常遣其弟子侍先生。先生謝之。故諸姚皆怨先生。又未敢昌言排斥。乃巧其辭。謂義理考據詞章三者不可偏廢。跡似調和。實則自文。至於東樹。始敢昌言門戶。又知桐城之學不足重於世。乃又自比於伊洛。夫東樹豈知伊洛者。其比附之。亦猶袁枚之常稱程朱耳。發宋人之覆者。莫過於戴先生。故東樹詆先生又最烈。又引中庸言性之說。以爲唐塞。夫天命一章。故訓俱存。蓋言自然爲性。本性爲道。自然者非人所能爲。故曰天命。性者人之本能也。遇有事焉。不倘空僞。本性而行。故曰率性。克伐怨欲不行焉。孔子曰可以爲難矣。仁則吾不知也。不行者但不見諸跡象。而其心或出於勉強。故不許其仁。必也知克伐怨欲之害。而不留於心。此必知所以然之理者。始足以企也。至於是則可以率性。率性者從心所欲。不踰規矩之謂也。然則道者規矩準繩之義。絕非宋儒所謂道也。夫宋人之說。固與孔孟絕異。而必欲牽強傅會。誠不解其意何居。況其孤陋寡聞。尤難攀附者乎。而東樹則曰。宋學雖虛。如飲參朮之汁。漢學雖實。如飽烏頭附子。鴆酒毒餔。然則六府三事之功六藝四科之教。凡先聖循名求實之圖業。皆為砒附孔孟之名而誣孔孟之實。誠如戴先生之譏執他人之貌以誣己祖。而反謂吾祖之容為偽者矣。淺嘗者流。震其名稱。亦從而和之。曰此眞孔孟之道也。挾天子以令諸侯者。又何以加之。且使樸學果足辨也。猶宜平心靜察。以討論得失。乃一則曰邪說詐道。再則曰甚于洪水猛獸。至于無可曲解之際。則夸稱帝王推許之語。以為恫愓箝制之方。借專制之毒燄為樸學之蟊賊。其口角鄙倍與村嫗鼓舌無異。迺反謂治樸學者心存妒忌。故為朋黨。夫以樸學與空譚性理角其難易。相去何啻倍蓰。向使樸學諸公。移其心思腦力。以羽翼伊洛。媚俗之功。必更超絕乃于舉世涸濁之時。冒天下之大不韙。而訟言宋人之非。彼豈樂為無謂之詬厲哉。抑亦心之所危。意之難安。痛孔孟之眞將亡。故不惜發憤流涕以道也。總觀方氏之言。不外醜詆樸學。自標徽幟。尤椎心銜憾於戴先生。於其論原善孟子字義疏證二書。亦僅能函胡譏訶。對于以意見為理之駁議。則噤不能聲。徒肆為嫚罵。以洩忿怒。其心甚鄙。其情亦甚苦矣。難者曰。子之斥道學。亦猶東樹之詆樸學耳。安見短長。則應之曰。宇宙萬物。有本有末。本末既失。未有豸也。下學上達之道。固百家之正理。非儒家所私有也。未明下學謂可上達。是猶謂不經階梯而可升危樓。不煩舟檝而能自至海也。且夫治樸學者。亦匪能盡見道者矣。賢者識大。不賢者識小。負土為山。雖不必皆至九仞。然一簣之土。已較高於平地。

今治宋學者則不然。譏貭貭爲瑣屑。擬九仞於反掌。足恭而口聖。欺世以盜名。烏乎。無惑乎以道學爲巇者滿天下也。口誦詩書之言。貌爲高潔之行。身殉富貴。患得患失。或更下於吮癰舐痔。而人且尊之曰道學正統。如李光地張伯行之倫。豈非舉世尊榮。以爲天地正氣所鍾。繹其言行。不外於次且般變。湘鄉曾氏。近人所最崇信者也。讀其日記。死而後已之誠。足與日月爭光。然始則艷稱科舉。繼則習於柔煦。於張文祥則給以盟誓。於天津教案則故戮無辜。年踰六十。猶以未列編修爲大戚。此豈見道者之爲。取言行以相較。何舛背至於是哉。彼東樹者寧不知宋人流弊之烈。而以爲說者。足可阿諛人主。乃不惜揚波助燄以自蔽也。其篇中無聊之尋斁。中人弗道。然能傳之百年。則天下必有主其說者。東樹又略知章句。能舉故書名稱。持以訶詆樸學。其力較鄙倍者爲優。余故表而論之。不敢自附於作者之林。初學者庶无迷塗之處也。

劉申叔中國文字問題序

非研廖氏平以瀕海俗說希行俑字。更六書。迺屬弟子資陽李堯勳撰文字問題三十論。以爲春秋以前。語文合壹。六書之興。粲崙孔尼。蓋擿爲悚世之言。以幹俗失。持往說者譊非之。竊以埏垓殊文。僉有遹遴。使書契掀造。成自一人。昔有圖海。今有石門和。是必共約名以示矩常。均美紬以通觭牾。蕭萩華劵。无假㬪贅。西栖魯旅。宜作嫥名。今轉注叚借。隸名六書。同實殊號。文字多品。謂均孔作。似乖諒訦。所云耳治遜目治。弗可易也。至若制制等衰。均辨臧否。闡識嘉於象形。徵喬僊於音紐。信乎理萬變而不疑。貫百聖而不惑者矣。何則。篆籀之文。察而見意。上之足以省往俗跡皇古。下之足以觀形容象物宜。分別部居五百四十後王成名循舊作新。因而重之觸類而長。雖逾十億可也。若音紐相孳。數弗溢兆。

事物遞益。名或弗贍。近今崇合音者。則以齊給速通。足以合文通治。弗知淺國異人。言各一音。音各一文。故徑施不拂。名詘而實喻。諸夏之文。顧與乖越。遠徵唐韵。則數字異形。切音靡別。近變四聲。則矢口成音。文或俄空。音字相准。羸絀繁瘠。數弗揆齊。若儀刑外封。動化從新。勢必割同音之字。以補無字之音。然習俗移志。安久移質。穩括烝矯。以適嚐唯。非所以取從於俗也。若同音之字。形亦取同。然杜度祁奚。同言乖實。異形交喻。共則爲害。以今音言府撫无辨。是亂官也。曹潮同字。是淆地也。陳程羊揚厥文。弗殊。是瀆姓也。斯必名實玄紐。萬民喪察。刑辟圖籍。失其數。尋文檢式。失其程。捈欲通謚。有不喻之患。紀世別類。有用廢之禍。雖守成之吏。誦數之儒。亦皆亂也。是非所謂敘經引足。治絲自棼者乎。或謂羣經諸子。音近互借。同聲叚通。形弗拘録。不知言文遞進時有等夷始於挽成乎別終乎陵謹。古崇簡策。紬書棻艱入耳。著心惟資口授。故或准聲署字。丏役異文。有利轉而無固抱。然詁緣失蹠。匪屬定貽。試觀土名族姓。昔鮮定文。唐虞逮殷。什恆歧六。姬周之世。什弗二三。戰國之時。什迺僅一。漢則碑頌賦章。間施叚字。六代而降。斯例鮮徵。族戚諸文。積靡使然。是則別異分理。於昔爲疏。文弗奪倫。於今臻極。欲求雅故。惟在徹古。言析正叚。溝猶瞀儒。猶知稽古。顧所效則轉在同音叚借。是又居今反古。蔽一曲而。闇大理者也。趣時士夫。則又見齊不見畸。終日言成文典。便斂無類。託奇辭以亂正名。故廖氏之說生。廖氏立言。務反俗詞。雖或貿更前籍。贅附駢辨。然見智見仁。理非一軌。張質的以招弓矢。固壘守以徯矛伐。是固廖氏之志也。民國二年二月十二日序。

詩錄

登六和塔望湖　黃節

登臨已在咸淳後。北望勞々此際情。闌外江湖紛向背。眼前吳越莽縱橫。狂潮不盡猶排海。晚柝初長直到城。曾是錢王飛弩地。更堪懷古一沾纓。

初到杭州宿三潭印月曉起望湖

照眼杭州今始過。詩魂還我舊東坡。斷橋帶雨生初日。森柳排山覆晚荷。人事幾回淸淺水。湖山尤在短長歌。休論三十年來事。淸磬沈々逸若何。

寄曼殊耶婆提島

四載離悰感索居。信君南渡又年餘。未達蹤跡人間世。稍慰平安海外書。向晚梅花纔幾點。當頭明月滿前除。絕勝風景懷人地。回首江樓却不如。

寄懷洞庭冬末老人秦散之　金天翮

榮利損天機。涉世無大年。山林葆眞性。巢許多彭籛。自我遊包山。得聞夫子賢。摳衣拜靈光。龐眉雪盈顚。飲我酒百觥。和我詩三篇。別後賜瑶札。素壁開雲煙。使我夢魂勞。飛來九洞天。南風蒸殺氣。盛夏鬥鷹鶻。洪波震恬鱗。鷙禽枝不安。痌瘝怵兵甲。無地容桃源。夫子獨高臥。湖山訂醉緣。仙凡兩隔絕。思之心悄然。歲暮苦懷人。賦詩達拳拳。詩成今寫寄。梅花開上元。

寄懷毛仲可泰安

岱宗靑來塞戶牖主人留客觴重九山左黃花取次開銀槎一醉脊梁酒酒罷客行月在樹徒御張燈送車右別來百日王寄書。開緘令我重回首。投轄已感交誼眞。贈碑具見相知厚。清琴泛響聲在耳。楸枰落子談用手。遊山行厨供張備。騶徒廟祝知名久。先公領此百里郡。道路爭稱賢太守。即我假館僅三宿。一門詩禮敦孝友。江介花開春意動。問君肯上吳船否。不材誼作東道主。鞯矢前驅屬車後。褰驢扶醉訪獅林。畫舫載花經虎阜可惜江山平遠不驚人比較齊大非吾偶

寄懷黃劍秋蘭州

江南浪子美少年東行渡海北至燕西行渡隴登隴巔去時行李不滿肩賦詩別我闍亭前京華觸熱病即痊入關半月衣裝綿到今江南雪滿天隴上寄書訴無錢。飢來驅人眞可憐。回憶酒樓初擊鮮。自誇豪飲無昔賢。封侯願得封酒泉。吳姬如花嫣當筵。水調新詞譜管弦。前身合是柳屯田。一朝遠宦如左遷。皐蘭之山像祈連。黃河北打山根堅。河源落日山蒼然。秦雲隴樹路萬千驛使匝月通一箋高堂倚閭望眼穿。樓頭思婦悄不眠。隴山鸚鵡巧能言。相思好借靈禽宣。相思紅豆珍珠圓。銜子南來好語傳。我詩寄君心悄々。嗚呼黃子美少年。

寄懷廖季平先生成都

大道寂不語。聖者天喙鳴。詩禮闕孤塚。發之賢愚驚。天壤着百家。虛空綴繁星。東魯卓日觀。燄燄光天廷。尊孔攬羣賢。鉅細包六經。絕學樹堅壘。高座闡大乘。四變達位育。泛濫窮滄溟。巴蜀挺此豪。十載想儀型。一朝得捧手。挈之東魯行。巖巖訪岱宗。太河當前橫。栖栖滯闕里。接席多豪英。經筵推祭酒。胡牀獅子憑。翻轉大千案。舌辯波瀾生。聽者三月聾。奔走如中酲。曰通天教主。海外馳聲名。窮秋動歸思。驅

車下彭城。諸生遮不留。惆悵難爲情。過江暫別去。風笛吹離亭。十日書復來。書來告行程。巴船整帆索。布被秋風輕。蜀道靑天難。我老惜頽齡。及此重握手。他生再合并。奉命走滬江。江上寒潮聲。寒潮送君去。漢皐駐行旌。尙復記阿蒙。書來話生平。仲冬天雨霜。上水過夷陵。定知瞿塘峽。水縮石浚皴。巍巍錦官城。門生當郊迎。夜觴跋燭淚。秋子敲棋枰。禮堂寫述作。下帷筆不停。蜀漢車軌同。西行當擔簦。來上夫子堂。淸酒假三升。稽首訊王伯。脫屣輕公卿。靑城巍眉秀。撰杖吾猶能。

寄非研廖平　粤之英

同進士季平廖平。非研人也。茂質灝氣。渾沌孤靈。與余同學十餘年。初治春秋公羊說。後兼明三禮。銳思深入。輒撤藩籬。襲宧奥。據所有作主人。叱咤指麾肆意焉。規切弗止也。漸有成書。恒自寶。不輕出。初刊例言。爲江南北山東西學者傳誦。或徑述其法以譔說。是亦偏師橫行者矣。英老矣。一卷空山。自鳴古趣。峩々畸論。辜此年華。鬱久生情。懷吾故友。憾人事違異。離索逖深。不得抒肘張眉。長於紅鐙白酒間。辯覈短長。邑喜怒哀樂之意。長歌自遣。藉寄相思。知君罪君。故無忌爾。

古人已往形骸落。曲曲心情無可託。强留數簡在人間。不寫精醇寫糟粕。六經由來出大始。帝王相襲寶如此。正因宗派過支離。常懼波瀾涸々爾。兀興尼父怛苦辛。圖書滿目自游神。直抉心情對古初。始見糟粕化精醇。瀟瀟波瀾雖壯快。辯塞支離恢故界。七十七子守師傳。從此經學無雜派。嬴家皇帝不讀書。糾會孔經與焚如。當時博士誚靈識。譔得訣詞作緯書。漢劉受命七十載。屋壁巖穴發精采。可惜古樂遂彫殘。六經饒有五經在。重說大義尙鏗鏗。前輩傳經有盛名。舊聞史遷須五藝。魯齊燕趙九先生。劉歆不學惡生事。校編七略成新例。次列六藝補樂篇。若無專師揚古誼。豈知班固亦云云。巡刪六略志藝文已識粗。略非要典。餘略猶然依次分。首列六藝敘爲九。因收三藝陪其後。三藝果非五藝法。敘九題六已否否。何況論語著綱常。宜歸尙書應帝王。孝經原附禮家說。小學入詩是詞章。諸子分門流品賤。賦爲四等詩不變。兵法四種術數六。四分方技爲之殿。標目如計甚斗樊。支節難鳴斷制寃。若解綜關三藝意。盡屬五經言外言。志成萬篇數故厭。出者除之入者復。種類爰離三十八。名家五百九十六。種類名家都異科。三家相較竟如何。枝葉繁密根株簡。史遷自少劉班多。自昔五經頗相擠。弟子尊師尤互詆。更有同經持異說。特爲今文分三體。今文先出黽與蛙。古文後出龍與蛇。更有籀文中古書。藏入秘府拱璧祕。秘府藏書不可獲。籀文知是古文格。鄉塾嫗傳今古文。兩家齦齦爭點畫。今文立學諸經同。時有四種解難工。不妨鈎稽說漏者。乃在古文篇第中。書多十六殊莽莽。三十九篇禮尤廣。論語故說增一篇。孝經四章亦加長。今文舍此更無嫌。四種已聞盡魯淹。後來爲亂他經法。都學奇字寫新練。古有不傳心獨寫。今所共讀可寶也。今文雖讓古文博。古文不及今文雅。倘能合勘俱可憐。縱然剖別已蹄筌。所以後師觀大略。至今密密二千年。篤生吾兄獨捷足。忽舞文法理舊獄。初入何室窺寶書。旋倚戴門續狗曲。讀言今古學派歧。此派所分在禮儀。今學今禮皆可考。古學古禮不復疑。自叱鑿空得奇趣。動有妖祥爲詭遇。說令相遇苦相離。定接新律裁章句。裁去若仍與律乖。黜爲雜種更安排。最怪人情喜沿習。坐見新說渡江淮。吁嘘。五藝明明五爲斷。豈容史遷獨通貫。劉班造逆未整齊。吾兄勞來得兩段。禮制何必說古今。歷代損益聖賢心。試讀鄭玄三禮注。兩文更據如瑟琴。宣道春秋張變例。變出禮文成今制。未覺今制無禮文。止復古法張三世。當年纂述贊新猷。六經大旨共源流。不然早是今古雜。學夏學殷更從周。吁嘘。先儒故訓半淪滅。幾多疑竇待人說。嚼得靈根清澀澀不成芳汁自成血亦知奇險開別宗鑽來孔穴尙重重且饒巧精錐錘力破出奇險又中庸與君比舍素相戚愛君精神壯無敵匪唯吃口鬱橫恣確有匠心助堅僻我今成書亦荅荅不襲陳言游方外近日幸免舛悖名慙愧經筵稱邱蓋每思君法我欲去又憾我法君不與僝革君法我用法古人心情在何許

春初獨游石鐘山得伯巖丈江舟見寄詩依韻奉報　諸宗元

雲藏壑冷不知春撼耳驚濤潑眼新獨往已經隣客笑來多方信野麋馴何堪海水翠飛日坐憶神州袖手人自諷佳篇更橫涕連江夢雨漲吳蘋

同友人過味蒓園

夾道林光受雨多高雲不動亙天河明々銀朵當燈見一一車燈唧尾過難忘臨筵歌定子莫妨歸笑語黎渦盧廊燭暗還吟嘯其奈淸宵百感何

桂伯華師自日本來書云近與吾友通州范彥殊彥矧相倡和既以書報賦寄長句云

觥々德化桂夫子更念通州兩范生日共哦詩對東海夢憐羈客在秋城脫身幸自兵間出盡室今爲浦上行欲補春秋告三世直從據亂到昇平

曼殊來海上問訊故人奉投一首

浮海歸來國事新袷衣相對況靑春難忘畫卷留行舸欲向箏牀問舊人有母將迎湖上住工詩即慰客中貧四年一別今重見積感知猶共苦辛

獄中述懷　汪兆銘

形骸有死生性情有哀樂此生何所爲此情何所託嗟余幼孤陋學殖苦磽确蓼莪懷辛酸菜根甘澹

泊心欲依墳塋身欲棲巖壑憂患來薄人其勢疾如㒒一朝出門去萬里驚寥落感時積磊塊頓欲忘疎略鋒鋩未淬厲持以試盤錯蒼茫越關山暮色照行橐瘴雨黯蠻荒寒雲蔽窮朔。山川氣悽愴華采亦銷鑠愀然不敢顧俛仰有餘怍遂令新亭淚一灑已千斛。回頭望故鄉中情自惕若倘憶牽衣時謬把歸期約蕭條墳前樹上有慈烏啄孤姪襁褓中視我眸灼灼兒乎其已喻使我心凝霜沈沈此一別臢有夢魂噩哀哉衆生病欲救無良藥歌哭亦徒爾搔爬苦不著。針砭不見血痿痺何由作驅車易水傍嗚咽聲如昨漸離不可見燕市成凄寞悲風天際來驚塵暗城郭萬象刺心目痛苦甚炮烙恨如九鼎壓命似一毛擢大椎飛博浪比戶十日索初心雖不遂死所亦已獲。此時神明靜肅然臨湯鑊九死。誠不辭所失但軀殼悠悠檻穽中師友嗟已邈我書如我師對越凜矩矱昨夜我師言。孺子頗不惡。但有一事劣昧昧無由覺。如何習靜久。輒隨心躍躍駭如萬馬馳飛塵恣騰踔。又如秋颸動鷙鳥舉以愕。百感紛相乘至道終隔膜悚息聞師言。愧汗駭如濯。平生慕慷慨養氣殊未學哀樂過劇烈精氣潛彫剝。餘生何足論。魂魄亦已弱。痌瘝耿在抱涵泳歸冲漠琅々讀西銘清響動寥廓。

連日與友人竝哀字韻倡酬甚夥有歐湯仲濤者但聞其一句曰身死猶非算大哀偶契于心聊就鄙意爲續成之　桂念祖

身死猶非算大哀。我思此語謂何哉。改頭換面千奇出成佛生天一念來儘許瞽人能辨日可憐聾耳不聞雷。茫々浩刼伊胡底。火急棲神般若臺。

境無居士篤志學佛相處年餘忽嬰世務將爲粵游予以地藏法占之遇第百十二條曰所向處可開化蓋夙緣所在宜效天台大師損己利人矣念此行當過金陵與楊仁山先生相見

因述鄙懷奉送其行并乞呈教

情甘如是住心苦不能閑幾被波旬噬多蒙佛祖憐如君差可耳而我獨何焉萬死休忘却密嚴天外天

張奇田法部少與予善東游歲餘復同受菩薩戒善哉未曾有也今深柳老人年七十餘矣一鐙慧命繼續良難夫末世護法非專聰辯又資福德若張君者殆其人乎六度萬行莫此為先敬為四生說偈勸請

近代數居士懷西與二林誰於石埭後更捨宰官身清淨三生業蒼茫萬刼春民方苦塗炭珍重眼中人

梅伯黻次范彥殊見贈韻見贈長句依韻酬之

嗒爾子綦方喪我嗟來桑扈尚猶人深山大澤千靈魄厚地高天一僇民惟有西邦堪稅駕莫令東海又生塵耶回孔老誰先覺間取仙才梅子眞

次韻范彥殊

合離原是多生結大小坡非一代人忝荷高情憐薄祜苦無靈藥活斯民心持大黑牛行偈脚踏軟紅千丈塵便欲拉君謝時輩衆中留取性情眞

與譚鐵崖遊江之島遇風宿焉譚先有詩次其韻

待學坡公樂雪堂慨隨估客泛重洋潮聲屢換人間世夢境方酣夜未央救世才難心早死澆愁詩好韻都强他年會意文言外并祖瞿曇祧老莊

舍弟病癈累年故母喪亦不之訃蓋慮其迷惑增疾也今大祥矣勢不得久秘因次癸卯見寄原韻示以報恩要道并堅其信意

怪怪奇奇虛妄境。明明白白本來人。直須一掃空塵障。纔得千春侍二親。慧命莊嚴無價寶。風花飄泊可憐身。誰歟大覺金仙者。喜爲癡兒說往因。

次宗仰上人韻并叩法要

一落閻浮後。迷茫失故家。那看詩警策。相共佛生涯。出大毘盧定。如優曇鉢花。懷哉賢達者。已否印楞伽。

登關口臺町最高處納涼有作

登臨爽氣新。愁客漸怡神。草木都遺世。川雲解媚人。趣幽雙蝶見。涼早一蟬聞。那識家園路。炎天莽寇氛。

鐙下讀楚詞有觸于中適韻笛寄詩至亦有擬賦蕙蘭招之句遂次韻述感

燒罷燭三條。秋魂淡淡描。幾番身化石。不盡淚如潮。月落秦關迥。雲歸楚岫遙。古來唯宋玉。解向屈原招。

箱根觀楓偕石醉六絕句三首　江　聰

征衣初卸雁皮霜。來趁天邊水木鄉。遠嶺側峯三十里。不知是樹是斜陽。

流光逐我塵如馬。秋氣撩人客似蟲。正憶吳江歸未得。不堪搖落又西風。

江戶城南思冥冥。知君高詠拂秋星。便成玉露凋傷句。遮莫長沙愛晚亭。

江北水災

釋敬安

客從徐州來未言淚先垂江淮今歲災迴異往昔時一自海禁弛米貴等珠璣窮簷那得飯持豆以作糜還期秋稼熟猶可遂其私。豈知六七月。大水淹沒之廬舍既漂蕩農具罕見遺。死者隨波濤生者何所棲相攜走泥濘路滑行步遲饑來欲乞食四顧無人炊兒乳母懷中母病抱兒啼倉卒骨肉恩生死終乖離不如賣兒女療此須臾饑男兒三斗穀女兒五千貲幾日糧又絕中腸如鳴雷霜落百草枯風凋木葉稀掘草草無根剝樹樹無皮饑嚙衣中棉棉盡寒無衣凍餓死路隅無人收其屍傷心那忍見人瘦狗獨肥哀哉江北民。何辜罹此災。我欲化大魚(釋迦佛於往昔饑饉世曾化大魚施食衆生)持此身肉施。莊嚴淨佛剎。遍界成琉璃。牟尼雨金粟。甘露茁丹荑。樓臺聳珍寶。行樹影參差。衣食自然至。不假人力爲大千皆樂土舉世無瘡痍斯願未果滿誓不成菩提

夢洞庭

昨夢汲洞庭君山青入瓶倒之煮團月。還以浴繁星。一鶴從受戒。羣龍來聽經何人忽吹笛烟碧天冥冥。

八月初八日與陳子言夜坐小花園樹下子言明日以詩見示次韻答之

傾耳無淨聲舉步無閒踪彼一器中啾啾亂鳴蛩大道喪已久。浮榮醉何醲。念此樹下游。捨子誰能從

近讀孟東野詩輒不忍釋手憶湘綺翁言余祇可島瘦不能郊寒心竊愧怍己酉七月登玲瓏巖尋廣頭陀覓傾巖峭石古樹幽花俱酷肖其詩因戲效一首

一步一迴首。細領煙蘿容。秋花潤渴壁。微雨蘇病松。偶攀瘦藤上。忽與枯禪逢。綻衣不用布。自剪雲片縫。

贈廣頭陀二首

一笑諸緣淨。千巖片石懸。代燈山鬼燄。炙著毒龍涎。靈境不可住。虛空無礙禪。百城煙水渺。曾踏鐵鞋穿。

眞欲外形骸。苔生面不揩。狂猿從習定。瘦虎伴持齋。煨芋延殘息。寫經臨爛柴。何勞營壽藏。長被白雲埋。

夜吟

牀底響流泉。枯僧夜不眠。微聞山鬼語。似說野狐禪。寶杖寒敲月。銅瓶曉潄煙。未能成佛果。且自作詩仙。

樊雲門聞余掛錫清涼山掃葉樓次此韻一首贈之

清涼山下泉。中有老蛟眠。月照春來水。花撩定後禪。炙殘樓瓦雪。吟瘦佛爐烟。莫漫嘲蔬笋。詩成憩欲仙。

自題冷香塔

佛壽本無量。吾生詎有涯。傳心一明月。埋骨萬梅花。丹嶂棲靈窟。青山過客家。未來留此塔。長與伴烟霞。

叢談

說元室述聞

石達開軼事

太平天國諸王文學之優。以翼王石達開爲最。洪大全不如也。惜其鴻篇巨製。盡付劫灰。自飲冰室詩話所錄七律五章外。不少概見。固當時禁網綦嚴。無人敢爲蒐羅保存者。亦以徵吾國民崇拜英雄思想之薄弱矣。前從都下友人。得其軼詩數章。不勝狂喜。亟錄入吾書中。以餉海內同好之士。五古一首云。蒼天意茫茫。孳生何太苦。大江橫我前。臨流曷能渡。惜哉無舟楫。浮雲西北顧。到耳哭聲多。中原白骨露。五律一首云。極目楚氛惡。狂風著意吹。荒涼唐日月。慘澹漢旌旗。北地春花笑。南朝秋葉悲。漂零鴻雁侶。顧影有餘思。五絕一首云。拾得一科第。當年亦等閒。文章身後事。一卷付名山。以上三詩皆失題。七絕二首。入劍門云。拋却妻孥戴翠盆。含冤難復叩天閽。寶刀駿馬休輸却。看領雄師入劍門。詠劍云。床頭忽起老龍吟。鬱鬱書生殺賊心。己到窮途猶結客。風塵相贈直千金。又斷句云。前日歡歌今日哭。南人消瘦北人肥。味其詩意。前三首似皆金陵內訌後西走時作。故多悲憤激昂之語。古風一首。與答曾湘鄉詩中揚鞭策馬一首。語意略同。然彼雄肆而此抑鬱。故知非一時作。惟石生平戰地。俱在大江以南。即其入蜀。亦由滇中北趨。未及至成都而已被擒。其蹤跡斷不能至劍門。疑未起兵時。或有由陝入蜀之事。味詩中看領雄師一語。固預期而非現在也。石被擒後。羈於川臬獄中。乃自叙其起兵以來十餘年歷史。及戰守攻取之略。而惜洪楊之不用其言。以致覆滅。幾十萬言。分爲四冊。友人有見之者。言其文詞極淵雅。中間歷叙戰事。與官書異同甚多。考石自被禽入成都。至其死。首尾不過二十日。而猶能從容撰述。成此巨編。得不謂之人傑矣乎。此書眞蹟藏川臬庫中同時滿署亦抄一副本庋滿庫距今才四十餘年當倘完好無恙蜀中好事家。亦當有錄副私藏者。倘取與忠王李秀成供詞眞本棨刊行世不但英雄遺蹟可傳不朽且所紀洪氏建國規模及十餘年攻戰始末足正前淸官書曲筆諱飾之誤者更非淺尠漫紀於此。幸有心人亟蒐訪之。

周漢夫婦能詩

甯鄉周漢。以排外。陳義甯寶箴撫湘時禁錮之於獄。漢遂居獄中十餘年。於民國紀元前一年物故。其詩才頗超妙。如小橋步月云。水淸亭倒影。山遠塔留痕。幽月破愁興。冷霜浸醉魂。宿陳氏山莊云。庭空自花氣。屋潤亦苔痕。七言夜興云小印戲鐫篛措大空林勸習睡工夫貧極竟無衣可典愁來幸有筆能書廢園云。滿徑苔肥花却瘦繞籬竹密筍能疎尋梅云。獨鶴導人三徑影。疲驢搖夢一鞭詩。書爲辭翻添破葉詩綠過練損才華皆入劍南堂奧。其配黎氏錦裳。字袖雲者。亦工詩。五律春日遣懷和外韵云。窗樹影橫斜。林深鳥語譁。閒情朝倚檻。別夢夜還家。撮土培新艸。移盆瘞落花。蘭閨春寂寂。庭䆐細如麻。夜坐云。小院寂然靜。宵深覺睡遲。淡雲扶倦柳殘月戀花凝人影疲於鶴蟲吟淸似詩偶然風激蕩。微浪起魚池。七言涉園云。涉園隨意訪殘春。首夏淸和景逼眞。花片亂飛紅撲面。柳陰小立綠藏身。淸風微蕩雲無主。久雨新晴日可人。隙地數言游興足。更於何處驟香輪。亦殊淸妙可喜。

兵車行

固始李武愍公孟羣之弟孟平。咸同間官直隸知府。髮捻[illegible]擊畿輔民間供役之苦。嘗賦兵車行咏其事。讀之未嘗不酸鼻而眥裂也。詩曰。半夜沿門剝啄[illegible]。里正持官符。云是征兵過邑境。家家皆派當差車。我朝兵政有至計。軍書徵調載常例。供應頻領水衡錢。支銷徒長官司弊。饕蠹未飽民力窮。紳商亦在誅求中。大車羸馬額不足。蒲輪輾盡耕牛充。片言微忤鞭笞怒。萬蹄競逐飛騰去。前途更獲過站錢。冥冥鴻飛不知處。賈客無知爲利來。轉々聲重聲如雷。道逢兵士猛于虎。可憐百貨紛塵埃。賈客無言祇涕唾。貨車却讓征兵坐。鞭車疾走如風飛。賈客欲登推使墮。扣留日日不令回。更無芻豆飼。龍媒兵士苦肥馬。苦瘦猶喘我馬皆虺隤。傳聞賊退饕皆飽。火急尾後登長道。追賊不及駐村墟。民皆露處兵入堡。借口賊逋重搜捕。賊所棄餘兵又擄。偶然一日兵未來。舉家相慶固吾圉。一朝凱旋鳴鼓鼙。大車小車相排擠。傳喧新令遍鄉邑。捐金許爾還輪蹄。鄉民斂錢競奔送。公費猶攤儲外用。更費需索罄腰纏。駑駘反爲驊騮控。自矜奸宄巧如彼。枉尺直尋差堪比。行過長亭復短亭。合浦珠還傲鄰里。誰料鷹鸇下日邊。攫拿燕雀白雲裏。乃知生爲邊塞民。失馬得馬皆非喜。徘徊路側泣向天。噫嘻爾民胡爲然。車馬已失金重捐。謀耕不得耕。數錢無一錢。萑苻健者聞絕倒。噫嘻爾民胡爲然。

前清工部假印案

嘉慶十四年冬。工部有書吏王書常者。私鐫假印。冒支帑項。凡欽派歲脩工程。皆冒大臣銜名。重複向戶部支領。行之數年矣。所冒領殆不下數百萬。至是以分肉未公。爲工頭某告發。事下刑部。承審官夙故略知其歷年侵冒狀。不敢窮詰。止就案結案。置書常大辟。工部堂司官黜降有差。故事。工部支領銀兩。必具印領。俟六堂畫諾畢。然後關白戶部及銀庫大臣覆核無誤。始行發給。定例本極詳愼。何至一案重複支領。而堂司官俱冥然罔覺者。殆於不近情理。其爲分肥故縱。昭然無疑。刑部慮成大獄。故函殺書常以滅口耳。嘉慶初年。和相始伏法。朱文正方當國。固所稱朝政清明之世也。而計臣之不法至此。則夫國史頌揚主德之詞。與夫所謂名臣哲輔之行事。蓋什九有不可信者矣。

紀德國放專使案

吾國初與歐美諸國通聘。定例。設三使臣。英法義比爲一使。俄德奧和(即荷蘭)爲一使。美日(即西班牙官書謂日斯巴尼亞)秘爲一使。顧缺之增多。自光緒丙申始。時中日和議甫定。俄法德三國。又有迫還遼東之舉。政府以法國交涉事漸繁。乃設一專使。駐紮巴黎。以駐英參贊慶常諳習法文。即以法使畀之。由是英法分爲兩使。而留學生持使節者。亦始於是舉。未幾德人亦援例請設專使。會英使龔照瑗美使楊儒亦期滿。當受代。於是諸大臣會保使才。以黃公度京卿遵憲羅稷臣京卿豐祿伍秩庸尚書廷芳名上。廷議擬遣黃使英。羅使德。伍使美。議早定。命雖未下。然中外已喧傳矣。適某大臣檢交涉舊案。得黃京卿前爲新嘉坡領事時。曾被英人某以債務事誣控有案。其事雖旋經辨明。然恐以是爲英廷所輕視。遂議黃改使德。羅改使英。命既下。照例抄錄諭旨。照會各國駐紮使臣。是時德人以三國迫還遼東之舉。俄法皆得厚酬。德獨向隅。意甚不平。其駐京使者海靖。性極驕暴。向時駐紮南非洲。新奉調來華。公牘往來。往々於一字一句間。索垢尋瘢。稍有疑似。駁回改繕。蓋其蓄意伺隙久矣。新使命下。海靖乃大憤。謂中國尊英而卑德。英之所不欲。始令赴德也。立具文照會總署。聲明決不接待。並請於三日內收回黃使成命。其言絕慢。朝廷不得已。乃改命[illegible]景澄爲德使。文肅時方使俄。以楊儒易之。而授黃長寶鹽法道。又二年。戊戌夏。日本使裕庚期[illegible]府豫以黃京卿請。始命黃使日。時德宗意在聯日。故特重其事。故事道員出使。皆開缺。以四品京堂候補。及是。乃命黃以三品京堂候補。中外皆詫爲異數云。黃命下在四月。會以上海時務報轇轕事命黃查辦。遲滯數月。遂遘政變。兩次出使。皆不獲抵任。黃亦數奇矣哉。

紀韓登舉事

韓登舉者。本山東登州人。其祖父效忠。初至復州。庸於州人侯氏家。貧人博債無以償。遂逃至吉林之夾皮溝。業采金。一二歲後。聲勢漸廣。夾皮溝者吉林產金最旺處也。其地在萬山中。山形環曲如盤。東倚金銀髓嶺。西迄老營場之渭沙河。計長三十五里。南至女道溝前嶺。北至五道岔帶山。計寬二十餘里。其水西南入渭沙河。由老營場曲折而東。依夾皮溝河右岸。歷頭二三四五道岔。其左岸則頭道溝山梁老西溝大猪圈穹棒溝岔頂子小南溝也。各溝共約積七八百方里。溝內沙石翻騰。如岡如阜。皆當時老礦。今產金已漸耗竭。其新礦則在熱鬧街之上游。相距里許。華民之業金於此者計十家。曰玉盛發。曰公盛興。曰馬架子。曰興順堂。曰泰和成。曰楊成富。曰福興永。曰義興和。曰韓受恒。每家工人。計各七八十人。而皆受節制於效忠。效忠結異姓五十餘家。爲弟昆。招集墾丁礦夫至四五萬人。經營實業。資其生計。流氓皆歸之。俗稱之爲韓邊外。日人常謂吾吉林境內有一獨立小國。實卽效忠也。其在夾皮溝釀金之法。每年四月八月。向金帮每戶徵金六兩。商店則家徵二三四金不等。把頭每名納金一二錢。礦丁每名納金二三四分不等。耕地一晌。徵租六斗至一石二斗不等。伐木滿百株者。抽稅十分之一。獵鹿捕虎。種葠采藥。均按所值稅十之一。立法嚴而不擾。人莫不便之。蒙境馬賊。間有來掠礦者。效忠輒設計擊破之。以故盜賊遠遁。居民罔不安堵。效忠嘗自署其門曰威鎮江東。時國家方苦地廣漢。設兵不敷用。因擬牢籠之。使毋為日俄所惎。吳中丞大澂之督辦寧古邊防也。為書安分務農扁額易其門榜。效忠歿。子受文。羸弱且庸闇。不能用其衆。登舉雖少。而雄武有祖風。遂襲其業。光緒甲午庚子間。嘗兩充練總。防匪安民。地方賴以安謐。大吏以其功入奏。乃授職都司。并賞戴花翎。三十三年秋。徐世昌總督東三省。檄登舉帶練勇。偵勦夾皮溝一帶鬍匪。甫兩月。羣寇為之肅清。於是加恩以參將用。夾皮溝附近居民之訴訟者營業者開礦者。不願受成官吏。而無不樂受登舉之裁處者。四郊多壘之時。固當鼓舞而利用之。以為實邊殖民之基礎者矣。

苗霈霖遺詩

余前既錄翼王石達開詩。今復得苗霈霖詩兩首。亟錄之。登峽石山云。長淮古浪壯千秋。峽石雙峰鎖上游。江左元凶仍負固。中原偉績賴誰收。迴瞻故里熱腸斷。遙憶先皇血淚流。稚子不知情與勢。啞啞向我笑無休。又書懷一首云。故園東望草離離。戰壘連珠靠畫旗。乘勢漫吞狼虎肉。借刀爭割馬牛皮。知兵亂世原非福。餓死寒窗不算奇。為鼈為魚渾不解。終歸大海作蛟螭。前一首為歸降勝保時作。故有元凶負固及遙憶先皇之語。後一首則復叛時所作也。石王詩悲天憫人。有儒者氣象。若霈霖則反覆桀黠之小人而已。誰謂詩不足觀人心術哉。

紀章嘉國師事

章嘉國師者。西寧人。俗姓張氏。少聰悟。精研內典。乾隆帝最優待之。嘗以法司奏案。令之判決。辭曰。此國家大政。上當與大臣討論。方外之人不敢預也。其尤著者為折服番僧哲敦謀叛一事。乾隆時。準酋阿睦爾撒納既降。喀爾喀親王額林沁伴之入覲。中途密語阿。至京恐有不測。否亦不能復西旋。阿大懼。遂逸去。未幾即叛。上震怒。賜額林沁自盡。清室故事元太祖嫡裔無正法者至是諸部咸聳動曰成吉思汗後從無正法者今若此是國家輕視我蒙古也。因相煽謀叛。而推額林沁之兄哲敦國師者爲之主。即蒙人所謂活佛也。是時上方狩木蘭。章嘉扈從。上以其事告之。章嘉慨然曰。上勿慮此老僧事當折簡以消其逆謀不勞一兵一矢也。即作書與哲敦。備言國家撫綏外藩。恩禮至厚。今額林沁自作不軌。故不得已施之以法。此國家內視蒙古與滿漢大臣一體之證。非薄待藩臣疑其有貳心也。如云元裔即不應正法。若宗室犯法則如之何。吾儕方外人。久已棄塵俗如敝屣。安可妄動嗔癡。强預人國事耶。書成。遣其徒白某者持以往。日馳數百里。旬餘已至。哲敦已誓師。刻日舉事矣。白至。嚴兵自衛。而後召使入見。白故善辭令。且嫻蒙古語。因爲備陳利害。言甚切至。哲敦已心折。更讀章嘉手書。益悟起兵之非。即優禮白。遣之歸。逆謀立解。章嘉守律戒甚嚴。晚年病目。能以手捫經典。盡讀其文。人爭異之今北鄙不靖。活佛竟自稱尊號。且扇動內外諸盟。咸思獨立。爲虎作倀。而不悟其自賊。安得章嘉其人者出。折衝樽俎弭戰禍於無形也哉。

滿洲大臣之紕繆

嘉慶時。滿大學士兼軍機首輔者。爲宗室祿康。其入相也。繼和珅貪縱之後。欲反其所爲。持躬頗清介。一時翕然以賢相許之。然才具駑劣。又不甚識字。其所舉錯。率以市井毀譽。爲之趨向。朝政益叢脞。祿之先爲誠毅貝勒。務爾哈赤之弟也。開國以戰功封貝勒。卒後立碑旌功。賞延於世。於宗室中爲長者。或有向之述其祖德者。祿赧然曰。先人負國。身遭顯戮。安敢言功耶。聞者大駭。取國史貝勒本傳示之。祿始爽然悟蓋清大祖之長子名褚英者以謀逆賜死祿誤以爲其祖也一時朝列傳爲笑談。後林清事起。祿以知情徇隱革職。謫戍邊左。佗傺而死。

蘇淩阿者。和珅之戚也。最闒茸無能。以和力至貴顯。乾隆末。以使相督兩江。年七十餘矣。接見僚屬。輒拈鬚自述恩遇曰。皇上命咱們到江南。並非要辦事。不過憐咱們年老。江南地土最繁華。叫咱們撈幾個錢。做棺材本兒的。公事我實不願管也。江南之良將。曰副將楊天縱。捕梟匪甚力。民愛之如父母。匪不得逞。則以萬金賄蘇。蘇即參奏楊誣良爲盜。奉旨正法。行刑之日。六營軍士及城內外居民。爭携酒肴生祭。哭聲震天。幾釀巨變。提督陳大用恐力撫慰。始得已。蘇由是震恐。亟求內用。和又爲之地。即召使入閣辦事。和誅後。蘇亦奪職。命守護裕陵。又數年乃死。

嘉慶中。伊桑阿爲貴州巡撫。貪黷冠海內。常令其部下出虜鄉閭富民。勒令以重賄贖取。始釋。否則斃之。事發。上命侍郎彭齡往治之。得實奏聞。革職拿解入京。既而怒其貪虐辱國。乃命侍郎瑚圖阿賚手詔。於中途賜死。伊初聞命。以爲詐僞。咆哮不受命。瑚叱從者縛之。乃伏地叩首。謂上且行有赦旨。乞貸須臾。以俟恩命。瑚怒且笑。立命人以帛勒斃之。

乾隆末。有滇省巡撫某者。滿人也。秩滿入覲。時方征廓爾喀。爾因詢福康安海蘭察二人在軍前聲名如何。某率爾對曰。邊人咸服二人。謂可比羅成敬德也。上大笑。揮之出。某本阿文成所薦。阿聞其奏對語。大悔之。語所親曰。吾以某相貌豐偉。故登薦牘。不意其乃熟讀小說人也。嘗憶雍正時。滿大臣某奏疏中。引孔明誤信馬謖語。上怒其以委巷讕言。上達天聽。殊爲悖謬。杖之四十。此公不惟不受杖。得保其官秩。可謂厚幸矣。

嘉慶中。有侍郎庆泰者。起家乙科。洊至卿貳。擁腫拳曲。人爭厭之。平生與人言。輒曰。可不是。人遂以庆可。不。呼。之成親王好滑稽。一日於坐中縣語庶曰。今日天氣甚寒。庶急。應。曰。可。不。是。時方炎暑。座中人已莫不失笑。王又曰。君觀某尙書相貌。中作龍陽君否。庶亦以可。不。是。應之某尙書方在座。聞之大怒。起欲毆之。庶踉謝始已。

副都統明泰者。寧夏駐防。以軍功洊至二品。言貌粗陋。人皆疎之。一日帶領引見。其正都統爲某王兼攝領侍衛內大臣。故事。領侍衛階最高。朝見必先入。明視王入。即隨之入。他一品官尙有在後者。又一品例皆賜坐。衆既入。上命之坐。衆方叩謝。明亦隨之叩謝。上詫而問之。明始知錯誤。即日罷之。

乾隆末。某王攝步軍統領事。正陽門外火災。王督兵往救之。有娼家避火。羣立巷口。粉白黛綠者百餘人。王不識。問其下。曰此。那。位。中。堂。大。人。宅。子。宅。眷。何。若。是。之。多。也。

乾隆中。副都統金僩署戶部侍郎。自以武官。應服武補服。而現兼文職。頗羨文補服。乃於補服獅子尾端。繡一小錦鷄。竦立其上。上見而大笑。旋降旨嚴斥。謂其私造典禮。

紀李合肥軼事

李文忠之升任蘇撫。由安慶沿江至上海也。於是前任蘇撫者爲薛煥。署布政使者爲蘇松太道吳煦。撫藩皆僑居上海。保松江上海兩城及黃浦江東三縣而已。上海累被敵困。勢且岌岌。吳煦任滬道久。與西人交頗稔。乃以厚餉募勇數千人。浼美國人華爾以泰西軍法部勒之。與敵戰。頗有功。所謂常勝軍者也。煦又以重利啗英法軍官。軍官爲保護商埠計。亦盡力助守禦。滬城綰轂江海。雖戰事近在咫尺。而商旅輻湊。關稅厘金。反贏承平時倍蓰。煦手握關榷權。綜覈才本過人。由牧令起家至監司。仕宦數十年。官場積習。頗不能自滌。且素不知兵。僅倚洋將自固。洋將既數戰勝。則益恃功驕蹇。必先索厚賞。始肯出一戰。否則雖危急。不肯一矢加遺。煦雖憤慨。然不敢開罪也。煥雖綰疆符。然以財權在煦手。自度又不如煦才。無所短長。畫諾坐嘯而已。李之將赴任也。曾湘鄉語之曰。不去吳煦。不能收餉權。事之濟否。未可知也。煦聞李將至。亦頗不自安。於是乞師於英法兩提督。代攻青浦嘉定。下之。李既至。兩提督欲請李分兵守兩城。李正色拒之曰。吾所部才千人耳。然皆百戰勁卒。可任戰不可任守。且能合不能分也。君等第觀吾戰果何如。未幾。敵大舉來。李親履行閱。戰果大勝。英法兵亦心服。自是乃聽約束惟謹。世有以常勝軍爲合肥所創。因以借外兵平內亂歸咎李者。非事實也。李既受事。先派員筦理支應製造兩局。以分煦權。一夕。月色大明。李便服乘馬。詣道署。不俟報。徑入坐聽事。煦倉皇。亦便服出。李與談良久。忽曰。吾忝爲巡撫。而本省稅釐確數。尚未詳知。君筦榷多年。當有簡明扼要之簿籍。可俾我一觀乎。煦難之。然念倉卒繙閱。未必遽得要領。因檢十餘冊以進。李曰。當尚不止此。煦復檢呈數冊。李曰未也。更索之。如是者三。簿籍三四十。已鱗次几案間矣。則曰。是纍々者。一時那遍檢閱。不如携歸行署。竭一日力讀之。即呼材官數人入。以黃袱包之。馳而去。煦始悟墮李公計中。然末如何也。李公得簿籍。始知吳中財賦眞相。乃奏調安徽道員王大經總辦牙釐局事。煦權已去强半。既而金陵來徵援師。乃奏派督常勝軍以往。於時華爾已死。代將者法人白齊文。軍未行。而齊文倡其衆索巨餉。不焉。遂大譁。因褫齊文兵柄。而煦亦以不善統馭被劾罷。餉權自是始歸於一。

當海禁初開時。西洋人頗慕中國貴官。華爾將兵數年。積功至記名提督。時々舉其珊頂翠翎炫耀於衆。後攻青浦城。中砲而殞。臨終時。語左右曰。吾受中國厚恩。官至一品。是即中國人矣。吾死後。當以中國衣服斂。毋歸葬也。齊文則天性狙詐。雖受清廷官爵。然陰持兩端。潛與洪氏通消息。既罷兵柄。遂嘯聚土匪爲亂。卒爲合肥所擒誅之。

紀明地山人琴

明地山人遺琴。故爲湖州人施伯均藏。咸豐丁巳。以贈其同郡人淩子輿。琴之腹有銘曰。崇禎戊午。漢仙爲地山人作。攷崇禎十七年無戊午。戊午者清康熙十七年也。上距煤山大行時。已三十四年。即距永曆被害時。亦十七年矣。而是琴猶紀故元。蓋兩君皆有明遺民也。昔紫桑賦詩。僅紀甲子。此則直書故君年號。膽力更過淵明矣。當時私史之獄。至數十家。湛族以殉。而此琴獨超然玄黃刼灰之外。訖二百餘年而猶流傳海內。不可謂非至幸。然兩君姓名。竟翳如無可攷。不得與湛若先生綠綺並傳千古。亦足悲矣。歸安姚孝廉宗誠。曾有詩以詠其事曰。浮雲去西北。游子悵何之。泠々膝上琴。持以贈將離。中席爲君奏。慷慨託言詞。永念采薇者。遭値非良時。紅塵蔽白日。海水羣分飛。悠々遠行邁。託響一何悲。斯人已零落。將隨秋艸萎。世情隨轉燭。絲竹羅光輝。古調非時尙。持此欲依誰。且奏高飛曲。勿傷知音稀。

趙甌北之控袁子才

乾隆中。江表以詩名者。有袁趙蔣三大家。甌北茗生。皆行檢脩飭。惟隨園頗以佚蕩。爲道學家所訶。甌北晚年遊秣陵。過隨園。爲十日平原之會。一日大醉。乃戲爲呈詞。控簡齋於江寧府。其詞云。爲妖法猖狂。誅殛難緩事。竊有原任上元縣知縣袁枚者。前身是怪。括蒼山忽爾脫逃。年老成精。閻羅殿失於檢點。早入清華之選。遂膺民社之司。旣滿腰纏。即辭手版。園倫宛委。占來好水好山。鄉覓溫柔。不論是男是女。盛名所至。軼事斯傳。借風雅以售其貪婪。假觴詠以恣其饕餮。有百金之贈。輙登詩話揄揚。嘗一裿之甘。必購食單彷造。通家花燭。使劉郎直入生筵。妓宴笙歌。約杭守無端闖席。占人間之艷福。游海內之名山。人盡稱奇。到處總逢迎恐後。賊無空過。出門必滿載而歸。結交要路公卿。虎將亦稱詩伯。引誘良家子女。蛾眉都拜門生。凡所臚陳。信無虛假。雖曰風流班首。實乃名教罪人。爲此列款具呈。伏乞按律定罪。照妖鏡定無逃影。斬邪劍切勿留情。重則付之輪廻。化蠹蝶以償夙孽。輕則遞回巢穴。逐獼猴仍復原身。簡齋讀之。笑曰。我未患頭風。甌北乃欲效陳孔璋耶。

如皐冒君鈍宧。藏有隨園詩話一部。眉批甚夥。嘉慶中覺羅某君所批也。不著名字。據其自敘身世。知爲故閩督伍拉納之子。蓋伍得罪後。某君以贓吏子孫。發遣塞外。窮愁無計中。僅携詩話以自遣。所載軼聞遺事。多關繫乾隆時朝章國故者。如云福康安目不識丁。其詩皆畢秋帆代爲之。即囑秋帆轉致隨園。錄入詩話。遂餽之萬金。甌北所謂虎將亦稱詩伯者也。又言其父赴閩督任時。迎眷屬偕往。道出秣陵。其母聞隨園之勝。與袁氏姬妾之艷也。輒往一遊。已亦隨往。至則簡齋方客浙中。其夫人偕諸姬出見。且留宴。夫人固龍鍾一嫗。即諸姬亦僅中人姿。且語言亦粗俗。未見有林下風格。且能書盡韻語。如詩話所言者。伍夫人盛贊其園亭之勝。與其酒饌之工。則遜謝。且尤袁曰。結廬不在人境。而擇此僻地。非畏鬼即防賊。吾輩自居此。未嘗得一夕安睡也。且去市遠。沽酒買菜。動須至數里外。今幸有戚友餽肴饌者。故得留夫人小飲。不然。將枵腹矣。彼食單所矜詡者。皆子虛烏有也。語畢。伍夫人亦爲之大笑。抵閩。爲伍言之。伍拍掌曰。子才威風。爲汝等掃地盡矣。

紀楊安城出塞事

寧古塔距京師三千里。清初漢人有罪者。輒流徙於此。今則文化已開。略比邊左內地矣。然其初爲之篳路藍縷。啓艸昧輸文明者。乃一罪隸耳。此較諸歐西之殖民家。難易相去。蓋不可同年語矣。山陰楊春華。字友聲。父故明時貴官。春華少喜任俠。博通經史。年十七爲諸生。思陵末造。天下多故。慨然有濟世志。明亡清興。春華與其友人魏雪竇錢允武等。陰謀匡復。雪竇爲怨家所搆。指其通張煌言逮入獄。事連允武。允武妻以千金抵春華。將爲營救。書未至。爲邏者所獲。嚴訊允武。索春華甚急。允武死不肯承。春華聞之。慨然曰。我名在牘。詎能免。我出。允武冤自白矣。遂詣獄自首。已而獄具。魏錢竟坐死。春華長流甯古塔。時康熙元年十一月也。大雪出塞。膚肉凍裂。耳鼻手指。觸物輙墮。渡混同江。入那木色齊。喬木夾道。日月蔽虧。老根穿裂石罅。氷雪所灌積。馬行輙踣。豺虎罔兩。白晝嘯呼。聲徹山谷。同行者痛哭不成聲。春華獨悠然。周覽山川險阨。歷舉所見。作詩歌紀其事。不異平時。明年仲春。抵戍所。遂改名越。號曰安城。安城者戍所所居地也。土人及駐防將士皆椎髻衣魚皮。漢人以罪至者。輙庸奴視之。安城至。獨築屋以居。入山伐木。壘土石爲炕。皆躬自擘畫。土人始故奇其狀貌。至是益服其才。稍稍出所攜漢物與市。土人貴漢物。不惜數倍以酬。久之乃約漢人共賈。輙奇贏。土人既仰給於賈。始不敢輕漢人矣。春華曰。未也。尙不知禮教。於是教之識字讀書。崇讓退。獎孝弟。凡貧不能舉火及昏喪者。爲倡率周卹。富人感其義。爭解囊相助。以不得與爲恥。窮荒絕徼中。彬彬有禮義矣。安城居甯古塔數十年。嘗奉將軍檄。練水師混同江。以禦俄羅斯。政事多就咨焉。歿時年七十。

清孝欽后那拉氏軼事

清德宗以光緒十五年大婚。那拉氏即於次年撤簾。其撤簾也。非果欲歸政於德宗也。特欲藉頤養之名。以遂其盤樂泆遊之志耳。故雖撤簾。而專政猶如故。既乃議修西苑。爲歸政後所居。西苑者在禁城西華門外。有中南北三湖。故亦以三海名。自同治前。僅中南兩海爲禁禦。而北海卽爲通衢。任車馬往來行走。所謂金鰲玉蝀橋是也。至是乃圈入禁中。而皇城西面之交通。爲之阻絕。光緒十四年。西苑工竣。乃定以次年正月。爲德宗行大婚禮。卽以是時歸政而遷居焉。然猶以西苑在城中。山水之趣。不及郊野。於是又有重修圓明園之議。其後以圓明園荒蕪歲久。水道阻塞。不如萬壽山昆明湖水面廣闊。施工較易。乃輟圓明園工。而修萬壽山。且錫名爲頤和園。是時朝邑閻文介敬銘以大學士管戶部事。爬羅梳剔。歲得羨餘百餘萬。八年以來。幾盈千萬矣。文介意儲此欵不他用。累千五百萬者。卽可脩築京漢間鐵路。或補助海軍費。既而苑工起。內務經費。驟增數百萬。每咨取時。文介輒力拒之。那拉氏固知部中儲有此款。一意提用。而文介一日在位。必不得行其意也。於是眷文介驟衰。文介知無可爲。竟移疾去。文介去。而戶部儲欵。數月間盡矣。後文介卒。那拉氏猶未忘前憾。遺疏上。僅贈太子少保銜。輔臣恩數。乃僅得正二品。二百六十年閒。一人而已。

撤簾之令既下。御史屠仁守知那拉氏之必不遽釋政柄也。乃上疏。謂皇上春秋方富。正宜專心典學。請太后勿遽撤簾。再訓政三年。疏中且徵及李蓮英事。那拉氏得疏。立褫仁守職。永不敘用。先一歲。御史吳兆泰抗疏請停脩頤和園工。亦觸那拉氏怒革職。時人有湖北兩御史之稱。仁守兆泰皆湖北人也。

那拉氏亡清室以弱中國。其罪案之最大者。則以海軍經費移修頤和園是也。初法越戰事起。侍講學士張佩綸上疏。請大興海軍。朝議是之。未遑行也。乙酉春。中法和議成。始決議興辦。於是建海軍署於京師。以醇賢親王督其事。貝勒奕劻(時奕劻尚未封王)李鴻章副之。而曾國荃劉銘傳曾紀澤容貴皆爲會辦。醇邸固不知海軍爲何事。李文忠總其成。而小事則不暇過問。且京津路隔。亦無由遙制。國荃銘傳皆疆臣。不過與議而已。故署中事悉決於紀澤一人。規畫甚密。唯署中各科司員。全用滿人。什九紈袴子。非第不知海軍。亦且未諳軍旅。第車馬衣服酒食相徵逐。紀澤病之。謀所以參用漢員者。那拉氏疑焉。密勅容貴爲之備。容貴者本市井無賴惡少年。徒以出身勛閥。得挑乾清門侍衛。因緣媚事宮闈。不數年荐至都統。那拉氏特用之會辦海軍。第以鈐制諸漢大臣而已。容貴至署。既盡用所親爲司員。又欲以滿人充海軍將校。紀澤不可。容貴遂大憾。所以齮齕紀澤者甚至。紀澤憤。遂病。容貴更荐一歐醫使診之。紀澤本非篤疾。服其藥。則大困。竟不起。人皆知容貴陰授意歐醫。使以藥鴆之。紀澤既卒。海軍署遂無復漢人蹤跡。都人士目爲新內務府。後某國以汽舟進。乃置輪船公所。某國又進電燈。復置電燈公所。兩所皆直隸海軍衙門。調用旗員至數十人。月領巨薪。每二年開保一次。悉照軍功異常勞績。勅吏兵部不得駁議云。

北洋海軍既成。那拉氏命醇親王親往校閱。醇王念那拉氏前言。頗自危。乃奏請以李蓮英自隨。蓋不啻自請監軍也。蓮英至天津。聲勢赫奕。幾出醇王上。天津烟台旅順供張治具。兩人皆平等。靡所軒輊。靡欵至百餘萬。於是丁汝昌衞汝貴葉志超衞汝成趙桂林龔照璵諸將。皆奉厚贄。拜蓮英門下。稱受業。蓮英敵國之富。實以此役爲之基礎。諸將既樹奧援。目中遂不知有主帥。甲午朝鮮之役。李文忠有所指揮。諸將無奉令者。遂以大敗。文忠憤懣欲死而無如何也。其原因皆以蓮英閱邊一役啓之。

紀珍妃軼事及辦殉國異聞

珍妃與瑾妃爲同母姊妹。瑾性行醇厚。而珍則機警。故上獨眷之。孝欽雖位中宮。然恒不爲上所禮。故常悒々。壬辰夏。上偶因事。與后反目。后詣孝欽所。哭訴其事。孝欽溫語慰之。且曰。上有廢疾。度必不久人世。汝盛年。正可行樂。何必屑屑與此且暮人較耶。先是孝欽遇上雖無恩。然猶未有仇隙。至是始惡上如眼中釘。廢立之機。萌蘗於此矣。以惡上故。遇兩妃益苛。孝欽自歸政後。益務聚斂。賣官鬻爵。日不暇給。二妃既寖失慈眷。宮中用度頗不足。內侍乃有以效法太后之策進者。瑾妃頗畏謹。卒不敢用其言。珍妃恃上寵。輙偶一爲之。魯伯陽之放江海關道。即由某內侍納賦而得之者。孝欽亦微聞其事。顧己所爲乃千百於此。亦不敢獨嚴於責人也。既而有玉銘之事。玉銘者某木廠商人。隸籍內務府。貲緣得包攬醇賢親王廟工。侵蝕巨萬。且勾結醇邸內監。竊重器十餘事。直亦數十萬。上微聞之。而玉銘倚李蓮英爲奧援。上無如何也。玉既獲巨貲。忽動宦興。遂棄商而官。捐道員。候選於吏部。更因李監報效銀三十萬。充頤和園經費。孝欽大喜。遂語上。授以四川鹽茶道。上初不識爲何人也。及翌日謝恩。呈遞膳牌。叙履歷。上閱之。始憶及醇邸事。思藉事去之。既召見。詢以向在何署當差。對曰。在某木廠。專供應內廷工作。上微哂曰。然則木匠耳。顧何以不匠而官。則對曰。因四川鹽茶道。歲入過十萬。更勝木廠生意數倍耳。上曰。能作字否。囁嚅久之。始對曰能。上乃授以御筆。命內侍給紙一幅。使自書履歷。玉駭汗浹背。歷一時許。始書玉銘兩字。而紙幅已滿。且訛舛不成字形。上始震怒。立逐之出。命以同知降補。孝欽聞其事。益忿曰。汝能用魯伯陽。吾乃不得用一玉銘乎。自是兩宮益交惡。孝欽更日伺二妃過失。李監蜚讒間愈肆矣。其後玉銘竊寶器事。旋爲某御史所劾。奏上。命革職拿辦。乃祝髮爲僧於西山某寺以免。魯伯陽抵江南。劉忠誠留之金陵年餘。不令到任。旋劾其才力不及。恐誤交涉。得旨開缺另補。憤而去。爲黃冠以終。時人謂之一僧一道也。甲午十月。孝欽六旬萬壽。豫撫裕寬入都祝嘏。覬謀升蜀督。

先謀之李監。所索奢。未能滿其欲。裕故與二妃母家爲近姻。乃輦金獻之珍妃。俾伺便言之上前。未及行。而事爲李蓮英所詗知。憾裕之舍己而之珍妃也。遂以告孝欽。孝欽果大怒。召珍妃至。親詢之。妃直自承不諱。且曰。上行下效。佛爺不開端於前。孰敢爲此乎。孝欽忿極。乃命褫其衣。杖之百。禁中杖人所用。乃以全竹爲之。通其節而實以鉛。妃受杖未及半。已血流殷地。上不忍。因跪求賜帛。諸先朝妃嬪亦環跪乞恩。乃釋之。而與瑾妃并降爲貴人。時甲午冬十一月事也。次年十月。侍郎長麟汪鳴鑾得罪革職。始復二妃封位。庚子之變。孝欽以上及后與瑾妃西狩。已出宮矣。忽憶珍妃未從行。因遣人促之至。至則迫使投井。且下石焉。而後去。辛丑回鑾。始出其尸而歛之。此事。都下人人能言之。一時勝流多爲詩詞以志哀悼。而曾重伯太史之落葉詞。尤爲哀艷。未嘗爲孝欽少諱。近見某氏筆記。乃力辨妃於孝欽出宮後。追隨不及。始自行投井者。妄也。附辨於此。讀者勿爲所惑。

女蜮記

老談

第九章

假紈袴見門外繫一騎。一馬夫坐門石旁假寐。知老吳已來。入門即高呼曰。老吳來耶。今日何早也。語已。入室。見二人對臥燈側。老吳微笑問之曰。適從何來。假紈袴曰。覓人討貨價耳。語已。脫外衣。除帽以坐。若甚憊者。

女蜮時故整其容曰。汝去後。小仇即來。謂覓汝有所陳訴。且欲坐候。後爲我速之去。語已。面上頓現一種慘淡之色。若甚不愉悅者。假紈袴曰。小仇一人來耶。有何事欲語我。女蜮不之應。

老吳乃問曰。所謂小仇者。是否即昨晚所見之少年耶。假紈袴曰。是也。吳曰。彼何事覓汝。且又何緣與之稔熟乃爾。假紈袴曰。我正不知其覓我何故也。其人我素與之並不過熟。緣彼與藍姓者偕來。藍與我素識耳。吳急問曰。藍姓究營何業。其人素行若何。假紈袴未及對。

女蜮即應聲曰。其人營業無定。時而經商。時而他就。亦常入軍府也。吳曰。此語差可信。蓋我視其人。固非完全商業中謀生活者。察其獷悍之色。於軍事爲近。特未知就何軍事中耳。

假紈袴曰。亦不甚清晰。顧其人就我視之。亦殊泛常。公何注意若此。而一再研究之也。吳乃微笑而振其首曰。汝欺我矣。我轉有一語告汝。且獲大利。汝願之否。

假紈袴曰。果獲大利。焉有不願者。公其教我。老吳曰。昨日大營之密函。曾語汝輩。謂有多數諜者潛來。令各處嚴備。倘有能得其人而獻之者。可膺上賞。即知其人而密告。因而捕得者。賞亦不貲也。假紈袴曰。事固絕佳。惜難知其人耳。

女賊乃笑語曰。事殊危險。設機事不密。一經漏泄。生命且隨之矣。第未知彼輩事此者。獲賞當得幾何。既諜者衆多。倘一一破獲。又安得有此巨欵以奬告者。吳笑曰。卿誠過慮。軍中何處無欵。至賞之多寡。亦視其所得者爲何如人。倘得彼中重要人物。不獨萬金不吝。且可得奬官職。下此者亦必賞符其勞。豈虛設此說以欺人耶。女賊曰。倘事或不成。爲其所覺。恐告者未必能望輕輕放過也。吳笑曰。此更非卿所當慮及。蓋凡諜此等事者。原非鹵莽人所能辦。然警密如卿者。又何得漏泄耶。

女賊笑曰。我又不欲獲賞。此原泛論人事。于我警密何與焉。老吳亦笑曰。以卿之才。欲獲此賞。正易々耳。假紈袴乃笑語曰。獲賞固至願。特知人大不易也。

老吳方欲再語。而扣門聲甚厲。女賊急呼女傭應門。假紈袴出室以覘。則爲投函者。女傭授之假紈袴。即就室外披閱已。趨與投函者語曰。煩汝歸復。謂我當如約來也。其人諾而去。假紈袴入室。女賊詰其何處書函。假紈袴對曰。前此貨價久未收得。而物主索價甚急。昨往催之。今來函令我即往接洽耳。女賊曰。是宜即去。

老吳亦即起立。謂女賊曰。我亦去矣。假紈袴曰。時將曛黑。行即晚餐。公去何爲者。我去。々當即歸也。吳曰否。我今日亦有他事。不獲在此久坐矣。女賊曰。彼欲去。徑聽之去可矣。挽之何爲。豈與之倘有世故耶。老吳亦笑應曰。此語至當。此間殊無形迹可拘也。語畢。即振衣出門。促馬夫起。乘騎而去。

女賊乃招假紈袴于牀。密語之曰。今日所聞。汝注意否。假紈袴曰。何得不注意。是彼已覬破老薩等之行動矣。爾後益宜愼防之。女賊默然良久。假紈袴曰。我將取貨價。汝既欲與我語。而默不一聲何也。女賊曰。汝徑去可耳。俟我熟籌。再與汝商之。亦無不可。假紈褲曰。亦無不可。我任汝便也。語已。即着其外衣。呼女傭應門而出。

女賊即就烟具畔臥。斂手側身。不言亦不動。而雙眸澄々凝注不已。其胸中此時之思潮起伏有非尋常存想時所可比擬者。忽而臉泛潮紅如新暈臙脂。眉目間漸露强毅之色。已而重又轉和。兩頰作淺緋色。眉目亦復其故態。似其所念慮者得有圓滿之定見。而無庸過事研究者。不十數分時。便已沈々睡去。嗚呼。即彼十數分鐘之時間。其委宛芳心中慘酷之狀態。雖劍樹風輪之地獄變相亦無以過之。機智警敏勉力獷悍之男子。幾々乎致生命于其如玉纖々之手。亦可畏已哉。

第十章

日光穿牖。庭戶寂然。女賊甫下床整衣。女傭洒掃纔畢。而假紈褲高臥正酣。忽聞扣戶聲。女賊呼女傭往詢何人。即視壁間時計。正指九點。乃自語曰。時已非早。想已踐約來矣。乃急整衣步出室外。而女傭已隨小仇入。

女賊轉迴身入室內。小仇趨而至。笑語曰。甫離床耶。女賊微頷其首。復以頤指床上。若示小仇以假紈褲睡正熟。毋高聲以驚之者。小仇會其意。乃悄語曰。渠尚未醒耶。女賊亦微語曰。天明甫睡也。語已。即移奩具入床後小室中。

小仇亦趨而入。女賊微笑曰。汝來此欲何爲耶。小仇笑曰。我亦不知我欲何爲也。言時。即就女賊前斜坐。注視其面。則雙顋斷紅。惺忪未已。婉娟之態。較平時尤甚。小仇雖非能領略此等情味者。然嬌好如女賊。凡有目者皆能辨之。故亦不覺心爲之蕩。乃目視室一楊妃榻曰。此榻大佳。女賊曰。少安毋燥。看我梳頭。小仇無語。女賊即問曰。汝今日來何早也。小仇曰。一則昨聞渠傳汝語。謂早間亦可來此。故爲踐約而來。一則昨夜與老薩計。正有與渠相謀事。能即呼之使起否。

女賊曰。無庸。有何事欲相謀。即語我可也。小仇曰。此事恐非汝所能辦。語恐無益也。女賊鼻中嗤然作聲曰。汝何誤會乃爾。渠胸中素乏主宰。事無巨細。强半我爲決之。不如逕語我也。

小仇曰。果爾。未始不可語汝。昨晚老薩所計非他。即行營糧台事。其會辦既與此間稔熟。當不難刺探其實情。糧餉若何。器械若何。以及種々軍事秘要。倘能得其內容。不惜重金以報。汝能辦到否。女賊曰。辦亦正易。第眼前有一困難處。本欲語汝輩。彼老吳者。前日乍見汝輩。適又有大營愼防諜者之密函。因而疑忌百出。前日渠因已略與汝輩言之矣。昨日彼又來此。絮々及汝輩。且欲得汝輩居址。其心殊叵測。故此時正宜愼密防之。倘再詰其台中之眞相。恐益動其疑忌。宜緩圖也。

小仇曰。若然。則不如除之。前日老薩在此時。已曾議及。更何慮也。女賊曰。不然。此事我已熟計。良非易々。小仇笑撫其肩曰。我知汝固不忍割愛耳。女賊故莊其色曰。是何言也。彼髭鬚鬑々。殊足生厭。雖曾一以言挑我。而我固久已絕之。汝以我之遇汝寬也。遂疑他人亦若是耶。我有不能死彼者。非我矣。語已。色若微怒者。小仇笑曰。我語過當。請宥我。然如我所言。亦尋常。不爲唐突也。女賊適櫛髮。遂默不與之語。

小仇正欲設詞消釋其意。忽聞前室中腔々嗽聲。知假紈袴已醒。乃隔室呼曰。日已向午。尙欲復睡耶。微聞假紈袴含糊應一語。爲嗽聲痰聲相牽混。致不可辨。小仇正以女賊嬌弄。頗覺不耐。乃假此趨赴前室。見假紈袴方屈起半身。就床側几上取水烟筒。覓火欲吸。微笑而言曰。來何早也。小仇曰。行將過午矣。汝尚以爲早耶。語時即側身就床沿坐。即以語女賊者復語之。假紈袴垂頭默聽。不出一語。小仇復語以適間女賊言。假紈袴曰。渠言是也。非緩緩圖之不可。小仇乃就懷中出一小綾袱。置于膝。且解且語曰。此物。老蓬本令携來。授汝爲贈費。今既不能行。只得仍將去矣」時女賊方自後室來。欲呼女傭爲假紈袴備洗漱具。瞥見小仇膝上綾袱。燦爛耀目。俯身就近視之。見黃金數錠。明珠一圈。約百數。大逾菽。心目爲之一震。不禁問曰。此物將作何用。小仇笑曰。原取以贈汝者。今將携去矣。女賊曰。此珠似尚圓潤。待我一鑒別。價値當幾何也。即就小仇膝上並袱取之。臨牕省視曰。珠尚不劣。如此百粒。價當不貲也。語時用袱包裹完好。一手置諸懷曰。既云贈我。即當留此。何得復將去也。語時即復入後室。小仇乃高聲語曰。欲得此正易。只需如我所求者辦到耳。女賊即隔室語曰。遇有時機。即亦匪難。我固非無故受人財者。請毋懼。小仇亦答之曰。此語直是笑柄。我輩豈吝財者耶。何懼爲。時假紈袴已下床整衣。旋即洗漱既畢。女傭來理衾枕。設烟具。假紈袴乃與小仇就床坐臥。而女賊亦妝畢而出。面床立而易衣。笑謂小仇曰。袱中物我已笑納。汝尚欲索回去否。小仇方欲發言。假紈袴乃顧女賊而言曰。女毋嘵嘵。小仇豈吝財者。我輩惟圖得當以報可耳。小仇時復就懷中出一布裹。去其縛。中一臍式小磁瓶。大纔如蒜。顧謂女賊曰。中貯白色葯。入少許于飲食中。其人即迷惘。不出一日夜必死。汝輩愼藏之。以備不時之需。蓋我輩之與人能爲我用則甚善。否則即以此了之。免致他變。語時雙眸灼々。光頗兇惡。假紈袴噤不敢聲。女賊轉莊其色曰。作事故應爾也。即隨取葯瓶裏之。藏于衣厨中。復回語曰。汝輩稍俟。我爲備午餐也。小仇曰否。我有要事當即去。語畢。即振衣而起。女賊留之不可。

第十一章

小仇既去。女蛾回視窗間日影。已斜而偏西。即呼女傭治餐。復親入廚下監視之。蓋假紈褲最重啖嚼。每飯必須最肥美之品三四簋。尤以女蛾手製爲宜。故雖有女傭。仍須女蛾親入廚下料理之。已而午餐已備。陳設既畢。二人對坐而食。假紈褲忽自語曰。老吳何昨夕未來。女蛾曰。是必有要事。否則無不來者。假紈褲曰。得毋以老薩等之可疑而不願來耶。女蛾曰。否々。老吳何等人。其機智警敏。每自負爲高人一等。豈得以老薩輩可疑。遂足以沮其來者。我猜測其非台中有重要公務。即或病耳。然其體壯。不易致疾。恐仍公務之糾纏也。汝今日當往探之。謂我疑其致疾。頗縈念慮。設其無他事也。即可促之使來。

假紈褲曰。甚善。我今晚即往與教寺一行。旋低聲語曰。今日小仇攜來之物。汝均承接而儲藏之。將作若何發付也。女蛾曰。我之欲促老吳來也。亦正以此。爲商量地耳。假紈褲停箸驚詫曰。是何言也。此等事而欲與老吳商量者耶。女蛾笑曰。汝誠騃稚。豈眞與之商量耶。僅俟其來時。覘其言動。以便作計耳。假紈褲曰。汝將何作計也。女蛾曰。是亦不能預定。汝意以爲何如。假紈褲蹙蹙而言曰。老吳非易與者。我誠有所不敢。即欲作計。當愼之又愼也。女蛾笑曰。汝可謂膽小如鼠。無一毫丈夫氣者。顧我雖屬女子。似較汝略有定識。汝唯知得錢。見彼珍寶。未嘗不涎垂過頰。及裁決事實。又復畏首畏尾。瑟縮不知所云。如汝之計劃而行。恐終無一事能成也。

假紈褲亦笑曰。讓汝女英雄。我實不及。唯我意中覺觀人不可過忽。汝往々輕量天下事。設遇智出汝意外者。則或不免于失敗。我雖無裁決之能力。然低徊審愼。自問尚非冒昧者比。女蛾不俟其詞畢。即徵笑曰。汝以我爲胃昧者耶。請試言胃昧之點安在。時飯已將完。即置碗箸于案。假紈袴未及答。而門外有扣關者。女娥猝然曰。老吳來矣。假紈袴曰。何以知之。女娥曰。其扣門聲固習聞之。及女傭往啓門。而老吳果至。

假紈袴乃笑曰。正擬飯後訪公。而公已至。頃我兩人揣測公昨夕不來之故。渠疑公或抱恙。否即台中軍書旁午。無暇及此。故非常記注。方趣我速往探視也。

時老吳已步至兩人之前。笑而答曰。昨晚適以大營獲得賊中諜者。來文知照。並謂諜供本城倘有多人潛匿。特懸重金之賞。以勵諸捕者。令本台儲備以待。故不得不摒擋其事。一日未來。致勞系念。殊令人增無限感悲。

女娥鼻中嗤然作聲。若微哂者。復謂老吳曰。可入室自坐。我飯已將畢。毋需汝在此承應也。老吳笑曰。承應亦所應爾。語已即入室。覓水烟筒自吸之。女娥亦起身入室洗漱。老吳倚身窗前。方欲與之絮語乃見女娥兩手浣巾。雙目注視窗外不少瞬。吳乃隨其視線所集。廻視窗外。則斜陽半庭。竹樹弄影。祇一二鳥雀飛鳴其間。殊無可玩味者。正訝女娥凝注何意。忽聞女娥啞然急視之。則見其方低鬟匿笑。殆彼正獨有所思。乃老吳誤爲有所觀覽。故匿笑之耳。老吳見其狀。亦爲輾然。

女娥忽問曰。子頃所謂大營中懸重金購捕者。何人也。老吳曰。無論何人。凡諜者均當捕之。賞額亦不一致。倘彼中重要人物。雖萬金亦所不恤。以次賞亦等差。我前嘗與卿計。倘有所獲。未始不可作富家婆也。

女娥曰。子言我豈不思。奈彼兩人固明爲營商業者。復低聲曰。姑不問其何如人。即報爲諜者而捕之。

亦可以獲此重金否。老吳笑曰。事無佐證。烏乎可行。誣指平民。傾干法紀。是不能邀賞。且獲罪矣。女蜮曰。無佐證不能捕耶。然則先覓佐證。殊大難事。即其眞諜者。又何肯輕示人以諜者之證。如用鈎稽導誘之術。竊恐佐證未得。而先爲所覺耳。然彼兩人者。我亦疑之。惜未得其眞狀。故不能妄下斷定也。老吳曰。我亦正擬與卿計之。何妨設法偵其眞狀。設我所疑不謬。則彼此富貴且不計。亦爲民除害也。卿是我言否。女蜮又問曰。設彼等果爲諜者。應以何等計劃捕之。

老吳曰。是亦至易。能得其確據。縛而獻諸軍門。可立即獲重金。此策之上也。得其確據而密語我。我令兵弁往捕之。則卿家有告密之勞。亦可得次賞。策之次者也。唯卿擇之。女蜮笑曰。果其是也。自以縛獻爲佳。何勞兵弁爲。老吳曰大佳。卿速圖之。時假紈袴亦飯罷入室。適話吳以他事。女蜮遂亦亂以他語。

第十二章

假紈袴時就榻親理其烟具已。邀老吳對臥。初以瑣事互相問答。漸及大營中獲諜事。時女蜮方倚身妝台前。取鬢上金飾。就瓠犀之齒縫中。剔取嵌入之餘餚。而雙眸注地細數。地上涕唾之跡若有絕大之關係。又若甚閒暇者。其實此時彼至靈慧之心中。正如轆轤轉而未已。及聞吳與其夫語及獲諜事。忽猝問曰。此次所獲諜者。其得獎金幾何也。吳曰。此次爲一營弁所發覺。捕時僅費數兵士之力。而獲得者乃一僞指揮。故兵士數人所賞金錢。雖不甚鉅。而均獎以未弁。彼營弁則已得越級之保舉矣。女蜮笑曰。此等事與生命有關。而幷不獲多金之賞。人何樂爲。倘以官職爲獎。則如我者。又何官職之可羨。而作此危險事也。

老吳曰。否々。獎亦隨人所願。設專利金錢者。則亦以金錢酬其志。況卿爲女子。自無意干功名。又何慮金錢之不豐也。女賊笑曰。預以萬金畀我。當爲子立大功。子能許我否。老吳曰。萬金之賞。亦屬時有。唯視所獲者爲何如人耳。至預畀金錢。惟大帥能之。我無此權力也。女賊曰。若然。則孰肯用命者。語時即轉身就妝台側。坐覓針黹理之。

凡貪嗔癡愛。最足顚倒衆生。故佛家視爲四關。四字中有其一。則不獨不論是非。即利害亦不計矣。而女子尤易犯之。女賊此時觀念。則純是一貪字。其與老吳所籌種々。實非虛詞。在彼意中。若老吳果能畀以多金。即眞能以小仇老薩而幷售之。初不念彼二人與有情愫。更不一計此後之利害也。故俟老吳去後。即與假紈褲謀曰。頃老吳所言。是否眞實。假紈褲曰。虛僞或無。惟萬金之賞。恐是炫耀之詞耳。女賊曰。是亦不必萬金。彼若以多金來者。即以老薩小仇貨與之。假紈褲曰。汝不常謂當售老吳於彼等乎。何忽又作是語耶。女賊笑曰。我固謂汝無能也。無論男女。作事總以靈活爲尙。利之所在。其間毫無愛憎。則賣彼賣此。本屬一致。汝又何輕于吳而重于薩仇輩耶。假紈褲曰。非我有所輕重。以汝前所計畫。固若彼。今忽變計。故相詰耳。女賊笑曰。嘻。汝良迂拙。我固何嘗變計哉。假紈褲不禁訝然曰。是說我誠不解。汝頃與我計者。明々與前說成一反比例。而謂未嘗變計。眞令我莫測端倪矣。女賊曰。我今試問於汝。無論所賣者何人。而宗旨果何所在。假紈褲曰。此地無他人。毋庸諱飾。我輩不過欲多得錢耳。女賊曰。汝言良是。既爲多得錢計。則錢多即無所不可。汝今速往約小仇今夜便來。我自有所與議。假紈褲曰甚善。我亦正擬出門晤一友。便即約小仇來也。語時復急々吸烟。已而整衣出門去。

乃假紈褲去未數刻鐘。而小仇即貿然而來。時室中久已張燈。女賊方取日用簿籍就燈下視之。小仇入憑其肩曰。假紈褲何處去耶。女賊視簿籍如故。緩々答之曰。我令其往覓汝。乃竟未之遇耶。小仇曰。否否。我午餐罷即出。有所營。訖未歸寓。故不得遇也。隨拍女賊肩曰。可偕入小室一休息。女賊舉首笑睨之曰。甫來即欲縲人。汝不見已將晚飯時耶。小仇曰。飯時何碍。汝毋故意難我也。語時。强牽女賊入室後小室。約一句鐘時。女賊先出。呼女傭提熱水來備盥嗽。小仇亦隨出就榻上臥。將吸烟。女賊令女傭治理晚餐去。便亦臥烟具側。徐謂小仇曰。我正有要言告汝。視汝如何應付。

小仇曰。何要事乃欲應付。女賊乃愼重其詞曰。即彼糧臺中之老吳。昨日來此。謂大營中近獲諜者。供出本城尚有多人。渠頗疑汝與老薩。欲令我設法擒汝輩。并許以重金之酬也。

小仇曰。汝意云何。女賊曰。我意汝輩宜暫離此地。爲最穩。未審汝意然否。小仇曰。去亦甚佳。俟我歸與老薩商之。女賊曰。設竟暫去。務預以告我。小仇曰。是固必然。少默。復語女賊曰。我思老吳終不能輕舍我輩也。言時頗憤々。女賊乃故與軟語以解其意。時女傭隔戶問曰。飯已具矣。何時食也。女賊即令其取來。小仇曰。我不及飯。將去矣。女賊曰。何匆遽乃爾。已將陳列案上矣。語時起至室外。督女傭陳列食器。旋呼小仇共食。殷勤與語。小仇則隨意答之。匆々飯畢。即辭而去。頻行謂女賊曰。我與老薩議定。今晚或當復來也。女賊曰。甚善。我當專盼汝矣。少頃。假紈褲亦歸。

第十三章

月影朦朧。與室中燈光相映照。四壁寂然。微聞廚下食器觸擊作聲。景象極爲幽邃。殆女賊夫婦晚飯既畢女傭自就廚下洗滌食器。女賊與假紈褲並臥烟具旁。嘁々作密語細碎不得聞忽假紈褲自語曰。殊欠穩妥。設小仇疑我。生命且不保矣。女賊亦高聲曰。我豈不知。所以語之。正防其致疑俟其他去。令老吳預伏人于途。而縶之固令其猝不及。防亦使其絕無疑我意也然方法非能一成而不變。姑試爲之見機而作也假紈袴默不語。而眉目間頗露不然之色。且微帶惶恐狀。女賊方更欲有所陳說。而女傭忽作應門聲。旋聞步履聲。匆匆入室。則小仇也。

假紈袴詰以何來。小仇不之答。即猝然語女賊曰。汝之語我者。已與老薩籥之。渠謂事尙繁夥。未能便去。老吳既疑我輩。留之終爲所害。汝能誘而除之。當不惜重酬。前存作賄費者。亦以爲贈。汝能有此能力否。

女賊作若莊若諧之狀態以應之曰。凡人作一重大危險之事。必能令其所得足償所失。設我竟如汝之意以行其他危險姑不計此間即不可復留而所失多矣汝能負此責否。

小仇即就坐其身畔。探懷出螺鈿小匣。更就匣旁所繫之小銀鑰啓其鐍。則匣中所儲者。悉爲渾金捶成之薄片。即俗所呼金葉子者是也。女賊睨之。約計百兩。彼時金價未昂。每兩可易銀二十兩有奇。合計得二千兩餘矣。女賊不俟其致詞。即詰之曰。是戔戔者何爲也。

小仇笑曰。眼光濶大。不愧爲女英雄。此物老薩令我携來。即存汝處。事若諧也。更當倍此以報。否則仍當取回也。女賊笑曰。既入我手。任汝至能。尙得取回耶。小仇曰。是固不難。汝勿謂我輩毫無能力者。設汝果受之。而不如我輩意旨以行。試觀我輩有術以應付之否。女賊微哂曰。其將死我否耶。小仇笑曰。死亦至易。惟徒死之。尙不爲能事。正欲汝求死不得耳。女賊故撟其舌曰。怕人怕人。我竟爲汝所嚇巳。

假紈褲即微笑而起曰。無儘事戲言。此匳中物重量若何也。語時以手取匳。而展視其金葉。小仇即以匳授之。且語曰。僅重百兩耳。無怪乎彼以奚々者視之也。

假紈褲曰。彼眼光大而我之眼光小。視此已覺殊不易得。即欲得之。亦乏此能力耳。女賊笑曰。能力我固富有。若樂爲之。三日內必令汝輩目的達到。

小仇曰。果然耶。女賊應曰。果然。特我尚未樂爲耳。小仇亦笑曰。樂不樂。恐不能由汝矣。我今即去。三日後再來候復。女賊急止之曰。且住。我尚有所計劃。

小仇時已起立。即停步曰。何事待計。可速言之。事果成矣。所許之報酬。必不吝惜。汝可毋過慮也。女賊曰。否否。汝可寄語老薩。三日中宜加意戒備。萬一不成。或恐生意外變也。小仇曰。是固無妨。我輩固無日不防禦意外事。汝但行之。無爲我輩計也。語已。即急走而去。女賊默坐移時。即小語曰。正未知誰生誰死也。

假紈褲曰。是又何說。女賊不之答。即側身就煙具旁閉目而臥。假紈褲亦臥而自吸其煙。越約五十分鐘。女賊忽問曰。老吳。家何所也。假紈褲曰。我亦素未深悉。汝忽注念及此。何謂也。女賊復不答。假紈褲復問曰。此事汝究作何布置。

女賊忽猝然曰。無多言。但供我指揮。事畢。汝享其成可已。絮絮何爲。設爲汝言之。又將生種種疑慮。而轉碍我之進行矣。假紈褲曰。我誠無判決力。然既知其事。則亦願預聞其概耳。豈竟不能略一語我耶。

女賊曰。汝必欲聞之。亦不妨語汝。我已定雙方幷進計。吳薩輩必不得兩全矣。假紈褲爲之默然。女賊復語曰。明日若老吳不來。汝晚飯後。往爲我約其後日來此。作竟日之聚。務令其無却。假紈褲曰。設彼詰以何故。應如何以對。女賊曰。汝但約之。此等舉動。固已屢矣。渠必不致詰也。惟既邀約後。即赴老藍處。語以我正如其囑。已在進行。而徵聞台中。有擒捕彼輩消息。促彼暫避。言時需極鄭重。令彼輩堅信不疑。

假紈褲曰。此等處我優爲之。可無計及。絕不至敗汝事也。女賊曰。能如此甚善。更不必多所過問。假紈褲遂亦不之詰。

第十四章

燭影參差。更鼓初定。時老吳晚飯初罷。在廳事中與二三賓僚縱談時事正歡。忽僕役入報客至。老吳詰客何在。僕役對曰。已延入臥室矣。老吳即轉身入室。則見所謂客者。即假紈褲也。見老吳入。笑而迎曰。何今一日未莅止也。

老吳亦笑曰。適有公務糾纏。未暇過從。擬明晚再來耳。假紈褲曰。何事如是緊要。彼見公一日未至。殊切疑慮。故囑來探。乘約公明日早臨。作永日之聚。且有要事奉商也。言時隨意就椅上坐。老吳笑曰。我亦念之綦切。永日之聚。或恐不能。然數小時。當無不可。言已。復話他事。兩人正閒話間。胥吏捧文書一束。急趨而入。曰。大營中有羽檄至。老吳曰。姑置案上。胥吏如其言。陳文書於案。即退立門側以俟。假紈褲方擬窺探其究竟。老吳乃謂之曰。我此時有要事。未能與汝多談。請即歸。明日再圖良晤也可。假紈褲知不可再留。乃怏怏起而言曰。我此時且去。明日專盼早臨矣。老吳畧一頷之。亦起立就案前。將整理文書。假紈褲趨而出。及離興教寺門。則街市上行人至稀。軍人往來者如織。店肆門强半已掩。間有燈火條條。由門隙射出。映照街衢。作微光。時尚未及二鼓。兵中景象固如是也。

假紈袴急促以行。因未攜燈火。途中爲邏者致詰者屢。折曲達城南一破廟前。則朱門深閉。闃其無人。墻中老樹橫披。半出墻外。棲鳥聞人步履聲。驚而飛動。廟中人爲所警。即有啓閉門窗聲。微達廟外。假紈袴時就旁側一小門。輕扣以指。內有女人聲。問伊爲誰。假紈袴隔戶自陳。內審其音已確。始門拔鍵聲。旋門亦微啓。一人露半面以窺。則一少尼也。見爲假紈袴。即低聲微語曰。渠等俱在。曷速入。假紈袴側身以進。尼即闔其門而加鍵焉。

假紈袴久熟途徑。即巡至殿後一室。則燈火熒煌。人語喧雜。入室。老薩與小仇榻上。各設烟具。燈火映四壁。烟氣蒸騰。觸具芳馥。室中薩仇而外。復有數人。或坐或立。見假紈袴至。亦不爲意。縱談如故。假紈袴嗅煙氣。觸其所好。亦不暇辨彼室中坐者立者爲何如人。即趨.就小仇榻前。睨而微笑。且小語曰。鬧熱鬧熱。小仇即率之就身畔坐。老薩隔榻問曰。假紈袴適從何處來也。

假紈袴乃應聲曰。方自家中出。特來此共話耳。小仇即起身令其臥曰。我知汝孱弱如女子。奔走後急需烟爲助力。可速自吸之。榻上固有已成者在也。假紈袴欣然就燈臥。取烟自吸。兼聽諸人言論。則互述者。非攻克何城。即刼掠何地。知其悉爲天國來者。亦不之異。適對臥者起立。即招小仇曰。曷來此共話。我有所陳訴也。小仇即欵身就其對面坐曰。何謂也。假紈袴即悄聲以女賊所囑者語之。小仇笑曰。知之矣。煩便致聲。請其專意乃事。毋爲我輩顧慮。後日當往討消息也。

假紈袴見其殊不驚訝。復鄭重其言曰。渠堅囑公等注意毋忘。似不宜等閒視之。小仇大笑曰。毋慮毋慮。即以兵馬來。我輩自有處也。老薩聞聲。步至榻前。問何說。小仇即以假紈袴所語者語之。老薩亦笑曰。營中略有舉動。我無不知之。正不勞賢夫婦代慮也語已。即與他人縱論他事。假紈袴亦無可再語。

略一停頓。即與辭而歸。

時女賊就榻畔假寐已酣。假紈褲亦不敢略驚之。便就對面臥。自理其烟具。少選。女賊微醒。見假紈褲臥其旁。即緩問曰。歸何晏也。遇彼等否。假紈褲乃以老吳及老薩等兩地情事。縷々述之。女賊默不一語。忽微哂曰。老吳之來。當不虞其挿翼飛去矣。老薩輩輕視吾言。或果自尋死路耶。

假紈褲殊不解其所謂。然亦未敢致詰。蓋女賊素以知識自詡在其上。往々有所計劃。事先秘不予聞。習慣然也。女賊又默移時。即促假紈褲早臥。謂明日當清晨即起。汝不可以妨我睡眠。假紈褲諾之。急移煙具至床後小室。女賊即起而整理衾枕。卸妝安睡。

假紈褲獨入小室中。又飽吸煙已。方來前室。解履登榻。與女賊並枕臥。燈光映照。見其睡思方濃。愈饒婉媚。私心自喜曰。如此佳麗。無怪乎夫人而愛之也。轉念及明日之事。不知其究竟如何布置。試一忖之。但覺其殊無把握。不覺心中怦々為之大動。睡魔遂遠避三舍。永無成夢時矣。迨雞聲四起。東方漸明。牕紙盡作魚肚白色。始沈沈睡去。

第十五章

晨光熹微。宿鳥纔動。室中殘燈明滅。光小如豆。女賊時已微醒。念及今日事。急披衣起坐。回顧假紈褲。沈睡方酣。亦不驚之。悄然坐床沿。納履而起。聞則室窸窣作聲。知女傭亦起也。及啓室門。果操箕帚而來。女賊聽其掃除。即入床後小室理妝。良久始畢。則日影已滿射紙牕矣。

呼女傭入。令其入市購餚酒蔬果等品。一一詳述已。即料理他事。俄而女傭已歸。所肆各物檢視迄。概令攜置廚下。隨亦親自入廚整理割烹事。迨操作就緒。仰視日已正午。覺腹中微飢。蓋操作時初未計及晨起至今尚枵腹也。即入室覓餅餌食之。時假紈袴方欠伸。即促之起曰。無再食眠。可速起助我布置所事。假紈袴勉强應之。遲回而起。兩人又略話今日之預備。及假紈袴盥嗽整衣畢女賊即呼女傭來。觸處清潔。事竢老吳惠臨矣。

假紈袴亦自理其煙具以待。更時時取時計視之。正貯盼間。而老吳已至。入門即遣馬夫引馬去。且囑之曰。倘臺中有要事。當速來報。時女賊夫婦已迎諸庭。歡笑入室。女賊即促其卸去外衣。假紈袴指煙具曰。我明燈待公久矣。老吳笑就榻上坐。女賊曰。俟汝吸烟後再備飯耶。

老吳笑曰。可略緩。我來時已飽食點心矣。女賊曰。遲速惟命。語已。即入床後小室。老吳與假紈袴對臥。略話數語。即携水煙筒亦步入小室中。殆與女賊情話去矣。假紈袴方一人吸煙未已。忽聞撾門聲甚厲。女傭應門已。即手一函入。假紈袴接視之。則臺中人致老吳者。即隔室呼曰。臺中有書來也。聞老吳朦朧應曰諾。又一頃。老吳始匆匆携水煙筒而出。假紈袴急以函授之。老吳披視已。隨手令假紈袴閱之曰。我只得暫去矣。

時女賊已由小室出。急問曰。何事急劇乃爾。假紈袴曰。臺中來緊要文書。促其歸而裁決也。女賊聞而色頓變曰。尚未午餐。食後即行。當亦無礙。老吳曰。否否。事畢當復來耳。語已。即着外衣出走。女賊追語曰。頃所告子者。當愼之。老吳遙應之曰諾。於時出門上馬而去。

女賊轉身坐廳前。默不瞬者。歷數十分鐘。忽自語曰。豈得遂置之而任其去耶。時假紈袴亦坐於榻而凝想。聞女賊語。初未解其所謂伊何。將欲致詰。女賊忽曰。我已將老蘧誰居址語之。令其速遣人往捕矣。汝可即往臺中。再速其來。一覘其動靜也。

假紈褲驚曰。何便以彼輩居址告之。女賊曰。非汝所知。汝但速往可耳。假紈褲如其教。亦不他問。即匆匆整衣巡去。比至老吳處。則室中人至夥。老吳方據案觀一文書。見假紈褲入。即令僕役延就別室坐。假紈褲知其忙迫。即語僕役曰。汝主飯未。僕役曰。無暇及此。事正緊也。假紈褲乃令僕悄語其主。可否仍至其家。速來覓我。我將去矣。僕如言。一頃即來復曰。此時無及。當來晚飯爾。假紈褲乃歸。詳語所見聞者。女曰。若然。我輩可即先一飯。時已將五句鐘矣。於是兩人匆匆飯已。假紈褲急臥而吸煙。女賊重整脂澤。愈益娟媚。攬鏡自照。默念曰。無論何人。能不爲我顚倒者。我不信也。治妝已。復啓篋出衣易之。假紈褲靦而笑曰。無事他圖。即此已足以追人生命矣。

女賊笑睇之。少頃。天已昏黑。室中燈火齊明。忽又聞扣戶聲。假紈褲曰。來矣。女賊曰。異甚。何未聞馬蹄聲也。及女傭應門入。手一箋。與假紈褲曰。臺中遣馬夫送來也。

女賊接而與假紈褲共閱。則寥寥數語。備言臺中公牘甚繁。不能來此共飯矣。女賊略一存想。急語女傭令馬夫少候。隨入廚下。擇老吳素嗜者。餚四簋。點心四種。以提籃盛之。囑馬夫携歸。並予以勞金百錢。

馬夫欣然携之而歸。老吳乃令他僕役檢存之。以備晚飯時佐食點心。中有水角子者。吳所素喜。適覺微飢。即令僕役熱之以進。方舉箸欲食。忽一弁入白五臺山營中有客至。已延入廳事矣。老吳乃起身往晤客。僕役則斟茗以隨。及僕返入室。則見一貓殭臥案旁。有齕碎之水角子遺地也。知必爲所竊食。即撲貓而不少動。異之。詳爲審視。則貓雖未死。然已失其感覺。莫喻其故。方欲擲貓於外。廳事人方呼人執役。僕乃趨而出。迨客去。老吳入室。見貓亦不之異。僕乃具道所以。老吳默視貓狀態。僅存呼吸而無知覺。已自了然少一默想。即呼一弁入。令率護臺兵一小隊。往伏假紈袴家左近。並令僕以水角子仍置提盤中。交馬夫提之。乘騎徑往假紈袴處。迨入門。殊出女賊夫婦意計外。然初未疑及有他故也。老吳笑語女賊曰。公務略清。終覺獨啖乏趣。故來同食耳。語時。女傭以提盤至。具言餚點仍携來。女賊乃令仍置厨中。老吳曰。晚飯整理需時。我已覺飢。可先以水角子來。煩卿親往一熱也。女賊欣然入厨下。

第十六章

女賊既入厨下。即視女傭熱水角子。偶檢其數。已缺二枚。大是惶惑。以爲倘竟食之。何能復來。縱他人食之。亦必有所發覺也。仍强自鎭攝。急盛水角子於甌。親持匕箸捧甌而致之老吳前曰。可趁熱食也。姿態艶媚。莫可方物。

老吳默嘆曰。如此美人。而竟能鴆人者。寧非異事。即取箸將食。忽以箸指甌。笑謂假紈袴曰。此中得無有毒。汝盍先嘗之。女賊在旁轉笑曰。我所手製者。理宜防之。即顧假紈袴曰。速食。以袪彼之惑。假紈袴有難色。女賊即以箸挾水角一枚。强假紈袴就食。老吳轉爲之懍然。即止之曰。勿爾。我已證明。無庸彼食矣。隨奪女賊手中箸。擲水角於地。正色語之曰。今日作用。我已瞭然。室外兵衞已具。老蓮輩此時當已就擒。汝輩速以眞象語我。女賊默然不一語。顧視假紈袴。則面色灰敗。戰慄不能自持。老吳促之曰。曷速語我。我知必爲老蓮小仇輩所慫。渠輩計劃究若何。許汝輩以何種利益。食中究入何物。能令人食之迷惘。倘不少遮飾。我必念香火情。否則立呼兵衞入。縛付軍中矣。

假紈袴急跽而前。涕泪交頤。哀懇曰。非我也。渠也。女賊不俟其詞畢。即毅然答曰。均我所爲。與渠無與。

我不似彼之推諉也。旋以小仇輩要約情事。一々述之。老吳曰。既將毒我。又故以老薩輩居址語我。而屬我捕之何也。

女賊曰。一則免子致疑。更以設毒子不死。老薩輩亦必不我恕。計不如除之也。老吳更默許其狠鷙。復問之曰。食中之葯。必能致人死否。女賊曰。初未一試。據彼輩云。初食僅迷惘。終至於死。老吳曰。然則卿頃迫汝夫食之。亦將致之死耶。女賊曰。非必欲致之死。特以欲釋子之疑。死之亦無可如何耳。我檢水角。子已飲兩枚。固疑子已預覺。故一言及此。知非戲語矣。

老吳又問之曰。爲今之計當奈何。女賊曰。生之死之。惟子所命。老吳俯視假紈袴。則伏地而泣。不能出一語。吳乃笑謂之曰。毋恐。事已至此。恐亦無益也。即起步至門。召弁入。令其遣一卒回台。設武台營中有何事故。當速來此報我。弁諾而退。老吳乃復入。笑而語曰。我尙枵腹。可以未置毒者具晩餐也。假紈袴知其有兵衛在門。懼益甚。惟崩角乞命。女賊則呼女傭。傭晩餐少頃即具。老吳視之。則提籃中四簋均未復陳。殆悉已置毒也。乃命女賊同食。々時女賊猶殷勤勸進。假紈袴則垂頭而坐。食幾不能下咽矣。

忽聞撾門聲急。女傭啓門。則一弁入。白吳曰。營中來報。賊悉就獲。方捕時。賊至悍。傷我軍五人。幸我衆彼寡。終就捕。薩姓仇姓外。尙得四人。均本城人而爲賊諜者。現候命處分。老吳曰。汝輩候之。食畢當即歸也。弁乃退至門外。

老吳乃笑語女賊曰。今卿所愛而不利於我者已悉捕得。卿更可無慮矣。我固頗重卿胆。更絕不仇卿薩輩諒不至牽及卿輩可毋恐我此時歸理此事會復相見語畢即起立。女賊即以巾進。老吳淨面而已。

顧謂女賊曰。今日兩全。亦云幸矣。否則此時我固已死。卿輩亦不能獨生。其危險當如何耶。時弁兵環侍階下。吳乃出門乘騎率衆而去。

後鞫問薩仇輩。所謀悉吐。而獨未牽及女賊夫婦。老吳亦未予深究。呈報大營。而悉置之法。越日。密遣馬夫往偵女賊舉動。則挈室他徙。不知所終云。

老談曰。甚矣女子之可畏也。以女賊之姿態。雖未必如西洋白女鬼之美。而其狠戾之心。足與相並。幾令人疑凡至美之女子。均有此致人於死之手腕。至其以毒餌强食其夫。尤不能不令人懍々設老吳少欠靈警。未有不遭其害者。尤物害人。竟如是耶。女賊之名女賊。信非虛譽也。世遇美人而輕於傾慕者。曷引爲鑑。

社告一

本社發出介紹劵、得之者可以敝誌送與友人閱看、意在與人機會、使之得見敝誌內容、而因以爲繼續訂閱與否之標準、是乃呈送樣本性質、而非贈送性質、故凡爲學校團體以及同居之友、其中已有敝誌多分、決其可以共見者、本社卽得有此種介紹劵、恕未盡行奉寄、又介紹劵效力限於第一號雜誌、並乞諒之、

社告二

本社暫以此誌作爲公共輿論機關、凡有投稿、或論文體、或通信體、無論與敝誌所持意見、是否悉合、如確爲國利民福而發、或足以代表國中一部分之意見、均不拘成見、一律採錄、駁雜之譏、所不辭也、近日所得各稿、佳作極多、惟着社過遲、多有不及排入本期者、容隨時登錄、乞諒之、

社告三

本社記者秋桐君、以前年從事獨立週報、以故中輟、對於愛讀該報、已交報費而報未取齊者、頗致歉悵、因囑本社以敝誌照所餘報費補寄、此節早登上海各報聲明、陸續牒報函達本社、請求補寄者、雖不乏人、而未以函來者尚居多數、本社因求得獨立周報發報底簿、按名寄出首期、雖其中有地名確有變易可以斷言者、亦未盡寄、特此通告、凡已得敝誌首期諸君、無論住址有無變更、均請以片通知本社、以便源々續寄、凡未得者亦請通告以便補寄、一俟報費劃淸、當有函奉告續行訂閱與否、悉聽諸君之便、

社告四

敝誌發行、頗蒙社會推許、感激之餘、益圖奮進、現第一號初版售罄、再版已出、所有誤字悉行訂正、玆更作正誤表、凡得敝誌第一號初版者、請覽觀焉、

第一號初版正誤表

頁	行	誤	正
二二	四	爭	存
二三	十一	約此	約者
三一	三	其長	甚長
三三	十三	收	取
三四	十三	反	及
五二	六	收錄	錄收
同	十三	微	懲
八四	十五	控	抉
九四	十三	字	字
一〇二	五	採	探
一〇八	四	長	政
一五六	四	諸炘	
同	七	三	四

頁	行	誤	正
一五六	十二	越歲	此間
同	十四	釋	恐
同	十六	眞	志
同	同	閒	同
一五七	一	手	乎
同	二	痛	肩
同	四	昭昭	閒昭
同	八	官	支
同	九	玆際	時柱
同	十三	明	昭
同	同	纍	雲
同	十五	留	苗
一五八	五	背	弗

頁	行	誤	正
一五八	六	材	林
同	十一	神	稗
一六三	一	環	綠
同	同	梆	紬
一六四	十二	口	獻
同	十三	芊	芏
同	十六	青	蕤
同	十七	恆	惑
一六六	十三	合	含
一六七	四	偬馬	偬
同	六	錢	鼓
同	十一	口	雁
一八八	四	客	容
同	十	餘	除
一九九	十二	蚊	曰

甲寅(五)

甲寅（八六）

上海棋盤街總發行所
掃葉山房最近出版新書

上海之騙術世界

雲間顛公前輯騙術奇談一書頗爲社會歡迎因其事迹奇幻於人世間機械變詐諸術描寫無遺閱之可以知趨避之法不特爲消遣閒情計也惟上海一隅地其欺詐誆騙之事尤較他處爲多顛公在報界數十年就所見聞隨時紀錄凡妓院賭場茶樓戲館種種騙詐之伎倆變幻百出雖老於世故者猶且防不勝防茲爲之逐一描寫幾如禹鼎鑄奸他埠人士之初至上海者苟一覽是書可藉知世途險惡而不致受人詐騙於旅行不無裨益也

（精裝四冊一函定價八角）總發行所上海棋盤街掃葉山房分售處各埠書肆

最新滑稽雜誌出版廣告

滑稽文字最爲社會歡迎因其寓莊於諧易於動人之聽聞也茲雲間顛公以其生平所著諧文與夫時下名賢之佳著彙輯成書計分命令電報公牘詩文詞曲小說雜俎等十一類意詼恢詭語必雅馴茶餘酒後閱之可以一洗胸中之塊壘序文一篇尤獨創一格有東方滑稽之風試一展覽當必仰天大笑冠纓欲絕也文約二千篇分訂六冊定價一元二角

清人說薈出版廣告

是書爲雲間顛公所輯仿唐人說薈之例搜採有清一代名人所著說部書計得數十種其間如曹千里之說夢蒼弁山樵之吳逆取亡錄等多種皆世無刊本尤可寶貴此外長安宮詞（紀光緒帝西巡事）都門紀變（紀庚子拳亂事迹等）雖曾刊行然當時祇投贈親友並非賣品故流傳無多其餘或紀逸聞或述艷迹皆足廣見聞資掌故亦有清一代之野史也　每部精裝一函定價一元二角

民國適用普通新尺牘出版廣告

尺牘爲社會交際必要之品然必須恰合近日社會情形方爲適用是書所採錄均係民國新紀元以來**最新最切**之各函札中分○家書　問候　交際　商務　求託　勸戒　慶賀　唁慰○及關閉啓事等各類末附尺牘應用要語凡社會所需用者已無一不備至語句之新用典之切尤爲有目所共賞誠**尺牘書中之至爲美善者也**　精裝六本一函價洋五角

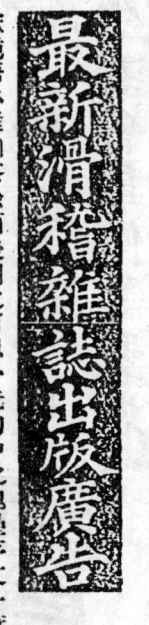

民國野史 甲乙編

訂正改良

再版出世

是書一名（朝野新譚）悉為吾中華民國開幕前後之異聞軼事凡可驚可愕可泣可歌足資談助者靡不搜羅無遺初版於三月五號出書至三月二十號僅兩星期間三千冊不脛而走付之一空愛讀諸君暨各省代售處紛紛函購竟無以應辜負雅意實深抱歉於是本社悉心校訂趕速再版其紙張印刷裝潢在在改良力求精美內容與攝影亦特為增添裝訂一厚冊足有二百二十餘面定價大洋五以外埠函購郵票九五折寄費免加書中精華附佈於下

◎封面

▲日本名勝一幀用銅版攝影嵌於彩色書面上

◎名人鴻序

▲小鳳先生序文

▲情天室主序文

◎彩色肖像

▲袁大總統并贊

▲十歲神童馮鎔書民國萬歲四字

▲河洛大俠王天縱

▲章太炎先生

▲陳國權先生

▲錢錫麟夫人王天縱夫人吳木蘭女士合攝

▲吳木蘭女士

▲沈佩貞先生

▲吳祿貞先生

▲吳樾被炸時攝影

▲彭家珍烈士

▲陶煥卿被刺攝影

▲歐陽駿秦寶鏡兩女士合攝

▲光復時闘謀袁君項城者三人合攝

▲湖南烈士劉君

▲末附編輯者泣萃

◎內容節錄

▲袁大總統歷史

▲記王照述吳祿貞死事狀

▲辛亥湖北革黨運動史

▲何海鳴筆記

▲武昌三烈士供詞

▲民國旗之歷史

▲同盟會之歷史

▲福建之奇蹟

▲陸徵祥小史

▲張懷芝軼事

▲蔡元培歷史

▲裕朗西女兒之革命談

▲章太炎軼事

▲廣州流血事略

▲王天縱小史

▲伍廷芳軼事

▲周鳳林與張某

▲熊承基供詞

▲汪精衛小史

▲汪精衛婚事談

總發行上新閘聚慶里第四百另八號

光華編輯社啓

代售處

◎上海

中華圖書館　掃葉山房　國華書局　海左書局　江左書林　來青閣　時中書局　女子植權公司　女子興業公司

◎各省

各都會各大書莊均有出售

民國野史 丙丁編

（出版）

◎封面

▲為泰西名畫嵌印於秋香色書面上

◎名人鴻序

▲李貞先生序文

▲倦鶴先生書後

◎彩色肖像

▲唐才常先生

▲譚壯飛先生

▲日本名優團十郎

▲朱漁父先生

▲林頌亭先生

▲吳樾先生

▲鄒容先生

▲趙百先先生

▲汪精衛先生

▲李燮和先生

▲湘鄉黃漢湘君

▲黃復生先生

▲吳芝瑛與秋墓

▲傅文郁女士

▲末附編者泣萃

○內容節錄

▲辛亥武漢赤十字會日記

▲禹之謨墓碑

▲禹之謨獄中書

▲蔣百里先生事略

▲光復湯邑小史

▲八指頭陀遺書

▲八指頭陀示寂記

▲張榕傳

▲張榕暗殺別記

▲關東革命始末記

▲陸鍾琦

▲盛宣懷

▲傅女士脫網記

▲金陵半月記

▲名士遭劫記

▲周烈士實丹傳

▲阮烈士夢桃傳

▲尹銳士女士小傳

▲尹維俊女士小傳

▲陳楊兩志士投海

▲楊篤生之卓識

▲謝奉琦之慘死

▲瀏陽唐佛塵傳

▲瀏陽譚壯飛傳

▲譚壯飛遺聞

▲唐佛塵遺聞

▲林旭遺聞

▲楊叔嶠遺聞

▲劉光第遺聞

▲康廣仁遺聞

▲萬福華

全書足有二百八十餘面採搜精當趣味深濃裝潢美麗印刷精良定價大洋五角外埠函購郵票九五折寄費免加

光華編輯社啓

◀代售處▶

全國各大書局

中學英文教科書出版

著者CC君。其自序曰。『歐美人之習其國文也。少者誦讀本。(Reader) 稍長則習文法。(Grammar) 其後自能爲文。若夫語言。固不求之於書籍也。至習外國語言文字則異是。德國人之習英文。英國人之習法文者。皆必於讀本文法之外。別製一種 Lesson 書。糅合會話文法繙譯而爲之。且釋之以國文焉。蓋習外國文與習本國文異趣。必如是而其國語言文字之綱要與習慣。始易於曲喻而灼解也。吾國人習英文之書。如英文法程。及譯本正則英文教科書。皆此之類。顧法程雖簡明。而釋文法過略。正則書雖完備。然又嫌編制淩亂。不合文法程序。解釋破碎。不合吾國人教授英文之習慣。二者皆未盡善也。茲取正則最近改製之本。(與舊本之編制截然爲二種) 參以吾國教授英文之習慣。酌加損益。由淺入深。由簡之繁。別爲四冊。第一冊釋八種詞之要略。第二冊釋各種詞之不規則法。第三冊釋各種詞之特別要點。第四冊釋動詞之各種法。(如Mood, Infinitive 之類) 及各種前置詞之用法。不知吾國英學界。視此與法程及正則教科書爲何如也。』此誠中學教育必不可少之書也。現已出第一冊。第一年用。

上海 棋盤街平和里 **亞東圖書館白**

新到 保壽丸

美國醫學博士德根士醫製

本醫生自研究

醫學數十年來方藥已不知定出幾許然欲得人人適宜幷有強壯之滋養劑殊稀得也每欲定一人人必需之方劑以期普救人生之疾苦而又苦無入手之法於是從腦筋一門復加精細之研究乃得一種腦系之原理按腦系爲人身之主管五臟六腑及其軀殼神髓無不賴腦系爲轉移資腦系能使人身新血發生能使肺經呼吸和勻能使心臟血液增多能使腎部滋血之力強旺能使肝經發生膽汁能使精液充足腦力健全故腦系之作用與人身有絕大之關係也本醫生以探微之法而得精奧之妙遂於一千九百零八年定成保壽丸一方後經各國醫藥研究會及柏林醫科大學主講審查化驗始由美立根廠製造而成一經分售即爲歐美諸國咸傳爲治病治根之新藥當時余方以爲愧乃知近來幾有人人作爲常食之品而報告精強力壯卻病延年之書又不下數十百爲人足徵定名與余之本意實相照合但此種腦系病幾成全世界普通之疾者生計困難操勞太甚酒色過度之類者無人不有若無相當之藥拯救實爲最劇烈之隱憂近來歐美有斯疾者自得此丸後已日漸減少於是余拯救之念又不得不轉向東亞而發茲特發行於海上深願中國人士早爲嘗試以剔除隱憂實本醫生之所深望者也

本醫生謹識

功效

一治腦系衰弱之急慢性腦膜炎神經萎縮及其頭重頭痛失眠精神疲敗健忘便秘易喜易怒感情忽變感覺遲滯脊椎部疼痛等症

一治腦系衰弱之急慢性貧血病心臟血虛病壞血病血虧病白血病中之脾臟硬固骨疳腺腫心悸亢進病頭暈目眩四肢無力面黃肌瘦心跳怔忡病閉目則身體動搖等症

一治腦系衰弱之精虧病精薄精冷精閉不固夢遺滑精陽萎不舉房勞過度手淫等症

一治腦系衰弱之精虧病背脊腰痛腰脹疲軟及膀胱病小便赤白病腎力不足不能遺出清淨之血及其酒色過度陰萎衰弱等症

一治腦系衰弱之肺經虧弱呼吸不便肺氣短促痰咳傷肺及其肺癆等症

一治腦系衰弱之胃病胃不消化反胃胸悶飲食不思嘔吐不安胃氣疼痛等症

一治腦系衰弱之肝病肝旺肝陽氣逆易怒等症

一治腦系衰弱之婦女痛經病子宮寒冷病赤白帶下小產血虧血崩等症

一治腦系衰弱之年老血衰精神疲乏筋骨疼痛以及小兒虧弱肚腹膨脹先天不足後天失調久病等症

按保壽丸一藥乃與舊腦筋系之強壯劑內含有固精補血療肺健胃保壽之滋養料余歷以是丸療治病家確能在二十四點鐘後即見精神強壯飲食增加能常服實有祛病增壽之效果云　德國醫學博士席勒氏附柒

價目

大瓶（六十粒）壹元柒角半

每打　拾柒元伍角

小瓶（三十二粒）壹元

每打　拾元

中國總經理處　上海英租界勞合路南仁壽里一百另一號門牌內　德醫生保壽丸批發所

中國各大埠各大藥房均有分售

大正三年七月十日發行（每月十日一回發行）

民國三年七月十日

第壹卷
第參號

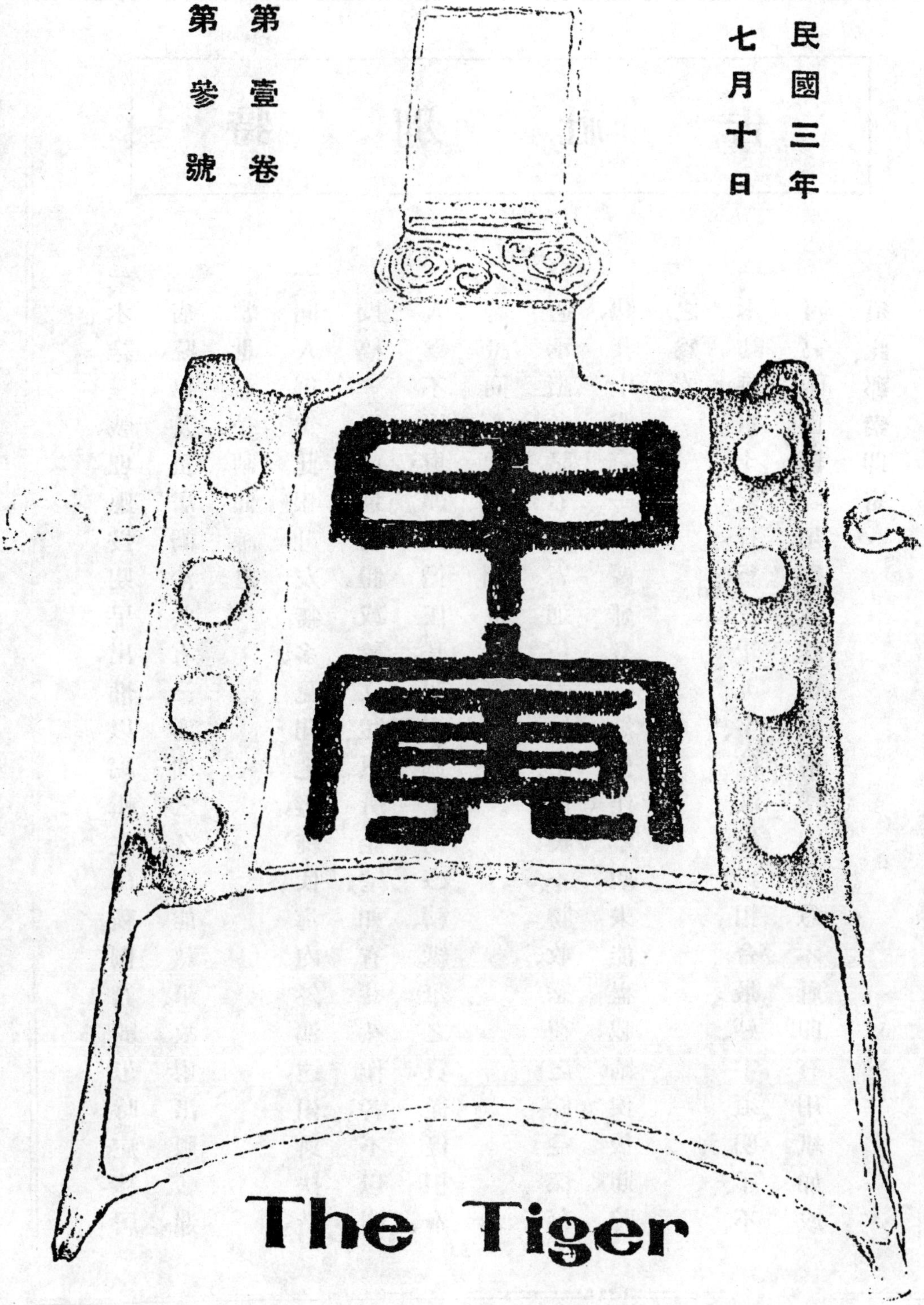

特別社告

一、本誌三號、理應按期早出、惟以編輯主任秋桐君罹患時症、移居病院、以及蟄居調治、共有三週間之久、未能執筆、故爾出版較遲、當世君子、請曲諒之、

一、同人創爲此報社友無多、見聞尤隘、純仗海內外鴻達、相與扶持、投稿一層、或通信體、或論文體、俱所企望、如有斐然作者、不以同人爲不屑與、願爲擔任長期著述、尤爲感禱、紙筆之費、從優相奉、聊證同心、非敢云酬也、

一、邇承讀者諸君辱寄通信論壇諸件、美不勝收、感荷之餘、益深奮勉、其中或有一二礙難登錄、然佳作本期未能盡載、請俟後期、諒之爲幸、

一、本誌每頁十七行、行三十九字、稿紙能與相合最妙、字須明了、不可寫兩面、圈點須從本誌格式、請特別注意、本社印有用紙、如或須此、郵索即寄、

甲寅雜誌第一卷第三號目次

時評

評論之評論

自覺

秋

人類者政治之動物也。今之人儘曰。吾不談政治。政治無與於我。而其所行。要不越政治範圍。政治之良否。要與其所行有直接若間接之影響。是其避政治而不言者。非嘗試而失敗。流於偏激。則惡社會之汚濁。自矜高尚。否則知其無力。莫由自進。故爲飾詞以自處耳。要其心理所歸。莫不以當今政象有所未安。其本心以爲當然。與實境之所逼而至此者。決不相合。此則無論何人。諒未有否認斯言者也。究其實所謂未安者何在。所謂不合者何在。則又人人心目中確有此一境。至欲其按諸邏輯而表見之。立爲系統而指陳之。幾人々病於未能。非眞未能也。感情之所傷。客氣之所中。俗論之所囿。見象之所局。據理斷事之勇氣不生。憑虛證實之機會絕罕。遂令所有思潮失其條理。迷離惝怳。不可究窮。久而久之。社會中遂發生一種痲木不仁之象也。

愚論發端。乃欲爲安與合者求一究竟。此而不得。爲說萬千。皆爲廢料。此誠論政之大鍵也。讀者於此。請任執一人而問之。由何而安。由何而合。必且答曰。吾人所重者國家也。政事足以保持國家。則爲安。吾人日夜所想望。國家之和平而興盛也。政事而入於此途。則爲合。雖或其語未必逕直明爽若此。而窮其所之。罔不類是。是固可謂人心之所同矣。然國家果何由而保持也。又何由和平而興盛也。則其答案有可共見者曰。欲全國家。首當犧牲箇人利益。欲措國家於上理。國民之義務。首當公爾忘私。此其說誠是矣。又爲吾人所習聞者矣。然若充此說而無所於限。所謂安者果在是乎。所謂合者果在是乎即其言而抑以其心思又未見其必然也。以例證之。夫近世最足以亡人國者。莫外債若也。前淸之季。吾國已困於此。無能自拔。有志者倡爲籌還國債會。擬募捐以償之。此有當於犧牲之說者也。而應之者卒寡。深識之士。竊議其無當。此何爲耶。民國既成。吾國之困於外債。無能自拔。更甚於昔。南京留守府倡爲國民捐以應政费。通電中有最沈痛之言曰。「將來殉債而致亡。毋寧此時毀家而紓難。況家未至毀。而可以救國不亡。亦何感而不爲」此有當於公爾忘私之說者也。而應之者卒寡。深識之士。亦竊議其無當。此又何爲耶。苟誠無背於犧牲與夫公爾忘私之義。而應之者少。同時復宣揚其義。以爲當守百喙。而一致舉國而同聲。二者之是非曲直。茲且不論。而叩其心理。則必有其一非爲本意之所存。昭々然矣。是果犧牲說爲本意耶。抑非犧牲說耶。果公爾忘私說爲本意耶。抑非公爾忘私說耶。謂本意屬之前者。已證之於事實。而有未然。謂屬之後者。又拘於大義。而甚不可。於是倫理心理之間有至難解決之問題。以爲之梗。國之廢興存亡。亙數千年中間。命世之英。無慮數百。知言之聖。亦且迭興。類皆略心理。潛滋之勢。而崇倫理矜持之義。舉世習焉。而不敢以爲非。既不。敢以爲非。而又無法以通其欲。公私不得其平。弛張一無所當。而國家根本問題。坐是無由了處。而眞正之和平幸福。舉冥隻。墮壞於名分經制詩書禮義之中。且民欲不以正通。必以變通。不以緩通。必以急通。而吾有史以來之改姓易朔狐火篝鳴。皆可由此點。窺其眞蘊。嘻此豈細事也哉。

愚嘗略求其故矣。吾人國家與君主之觀念。全然未明。以爲君者即國之所寄也。報國之事。同於報君。爲君致身。無異以身許國。荀卿爲儒作詁。有曰「儒者法先生。隆禮義。謹乎臣子。而致貴其上者也」(一)夫曰致貴其上。則將自損其所有。或爲物質。或爲精神悉以加於君焉。殆無疑義。儒家既以此垂爲大訓。

歷世之獨夫民賊。復崇其說以取便於已以是舉世之聰明才力。悉為所禁制。而不敢一爲非常之思。

荀卿所以歸美「大儒之效」。復敢稱引周公。大言欺世。謂其「兼制天下。立七十一國。姬姓獨居五十三人焉。周之子孫。苟不狂惑者。莫不爲天下之顯諸侯。而天下不稱偏焉」(一)古今人情大抵不甚相遠。吾人試一平心思之。當時成周之人果誠以周公宰割天下一遂己私而絕不一議其偏耶抑有議其偏者而格於儒術不敢昌言或則昌言之且抗拒之而屈於威力旋見殲滅爲史家所不載耶苟人類不無通感愚知偏議不生決無當於事實也。本篇之職。本無事徵取古訓。而涉筆至此。乃在說明吾人立國本義。乃在損下而益上。其所以爲損益者。初出於力。漸納於儒。觀夫韓子作爲原道。至謂民不出粟米麻絲作器皿通貨財以事其上則誅。詞旨繆戾。不足以欺童子。而千年以還。名儒輩出。舉稱其薪傳所接。上及禹湯。世論之蠱。可以想見。惟君國同體之義至最近十載已有變更由是損下益上之文轉爲損私益公之訓而尊其言之脈絡仍未免爲儒術所拘以致行私者每得託爲公名以相號召抹摋民意以行己姦毀棄民益以崇己利動假微言大義以行事過帝王耑制之實法律上無可抗輿論亦毫無能爲如此而謂之國家尚復成何意味愚誠不肖又安得不略貢所知以哀告吾國人矣

愚之取證。固不必訴之於極端之例也。凡圖建設國家。不究民心至於徹底。而因其所各々欲得者。而利導之。使共同守此公約。而決無背畔。徒賫假定前有之說。緣飾誇張。以相鉗束。則致民情不得。民志莫通。雖當局者之精白賢勞。有百倍於今日。而愚主義所在。亦當捨之。特今日政局所顯之象。迥非尋

(一)見儒效篇、

(二)同上、

常。第三次革命之聲。洋々盈耳。主之者唯謀以暴力易之。他非所計。駁之者亦徒謂無方法無目的之革命。萬無可贊成理。至國家問題。究以何法而得解決。愚殊未之前聞。夫革命而無至高之鵠蹙然有憾於人心者懸以爲招則其事即成亦等於政權之易位於國家前途初未嘗有好望則豈直三次革命。無當而已即充而至於十次百次亦猶是也反之排革命者。自以爲其說之穩健而可行。有逾於常人。然可行者亦未必即行之而當者也丁君佛言頗以代表斯派自任。其言曰「吾人內察國情。外觀大勢。知非法之改革。徒以殘害人民。耗傷國力。仍不足收效於異日。但使不放棄國民之責任。堅定目的。踏實脚根。不爲利誘。不爲威屈。即有條件之平和改革。亦足以得國民之同情。而驅政府於憲政軌道之內」（一）此其說頗近理矣。惟愚不解所謂責任作何義解所謂目的屬何範圍所謂和平改革其道何由所謂國民同情其緣安在尤不可解者所謂驅政府於軌道之內作何驅法在丁君特未明言。要不得謂其別無方略。妄爲忖度。殊非所宜。且其所以驅政府者。意在消極。抑在積極。果政府不服其驅。勢將委之他去。抑終出於革命之一途。亦非愚職所問。惟世俗所用政治名義誤解二三歧解六七甲曰國家乙曰社會概念既已不明方針安審所出因之急激者暴起穩和者盲進無力者自放受禍者自傷如是而已而眞正之國家直無從見豈惟不見且或永絕此誠當世之奇險而今之君子所不能不亟思審處者也

國家者一種之政治組織也舉一國之人悉範圍於此組織之內則第一條件乃在一國之人盡同意於其所以爲組織者縱難言盡而亦必有最大多數相安無事國家始有平和進步之可期最少數之

（一）見中華雜誌第四號敬告政府及倡第三次革命者

不同意者其力亦容足感動多數使之屈服至於何度以應其需已乃遷就至於何度以通其惑此猶不以爲可則惟有脫其羈罕自求所之國籍自由正爲此設此立國之本則腐儒之所駭而法家之所稱也其故則人之處於一羣也所有意見情感利益希望斷難一致墨子所謂「遠土異國之民是非利害之辯。不可一二而明知。」(一)其言近之。惟不可一二而明知則當以國之文野爲判在墨子之世誠如所言。若夫代議之制已興輿論之道大立。舟車廣通。職業交錯。國中是非利害之所在。焉有遁形。誠無遁形矣則所貴乎國家亦在網羅此種是非利害使之相劘相切相和相讓而共覓一途以安之而已。果吾有所是非是不足以盡吾分而有物焉强吾不得是其是吾有所非非是不足以盡吾分而强吾不得非其非吾有所利所害非是不足以盡吾分而强吾不得利其利害其害吾又安能忍而與此終古也由是國家之義至此而終無政府之義自此而始何也若而國家不成其爲國家亡之可也若而政府不成其爲政府滅之可也近世法家。莫不言國家之存。存乎公道。公道者何凡居一國中者無不各得其相當之分以去也(二)相當者何吾盡吾分而有所是吾當守之吾盡吾分而有所非吾當棄之吾盡吾分而有所利吾當張之吾盡吾分而有所害吾當屏之是也信如斯也。或則以爲人欲橫流。其何能國。故墨子曰。「天下之人異義。是以一人一義。十人十義。百人百義。其人數玆衆。其所謂義者亦玆衆。是以人是其義。而非人之義。故交相非也。內之父子兄弟作怨讐。皆有離散之心。不能相和合。至乎舍餘力不以相勞。隱匿良道不以相教。腐朽餘財不以相分。天下之亂也。至如禽獸然。無君臣上下長

(一)見尙同篇、

(二)參閱本誌第二號拙著國家與責任所引英儒吳汝霄之說、

幼之節。父子兄弟之禮。是以天下亂焉。」(二)惟是說也。愚滋惑焉。蓋墨子所持乃倫理之常談非政治之要義。乃家族主義之所重而國家主義之所輕。父子兄弟不能相和。餘財積粟不以濟衆。此社會通病。數當世文化最高之國。其病不僅不免。且又甚著。果墨子之所謂亂止於此而已乎。則生人之理。亂殊未易有定評也。字以禽獸。此墨子根本觀念之異。而決無與於近世立國創憲之本。經所謂一人一義。十人十義。百人百義。無論人類通性不甚相差。宇宙事爲。歧趨有限。其義之多。將不至如是。其衆也。即衆義紛呈。有若此矣。而號爲國家。當乎眞理。亦決非無游及有餘之地。使之自生自滅於其中也。

說者曰。吾請得奉子之言矣。惟人人自爲其是非。自爲其利害。以此形爲國家。羣然安之。必也其所以爲是非利害者。不相凌越而後可。而此則事實之不可能者也。果不可能。終亦必亂而已矣。子又何說。曰、此國家之所以賴有組織也。組織之起原。必也一羣之人。自認其固有之利。而謀所以保之。同時又認保之之法。莫如結爲一體。立爲規約而共守之。以故國家之職務。一面在鞏固箇人之私權。一面在維持社會之秩序。苟能以人權自由之理與公安國利之道。互相調融而無罅漏。則其國之文化已達於觀止之境。無可更高。惟欲圖此而人權自由之式。必求其與未有組織以前同出一轍。雖在豎子。有以知其未能。苟人之所以異於禽獸在有政治覺念。則凡政治事情所求於己而以爲公共和平之代價者。決非不能自審其限度。而在此限度以內。當割之利。即割之。當低之求。即低之。此憲法之所由來。而一國自有憲法以上。初不慮其與此義或相背也。憲法者何。一國權利之規定書也。其所規定。必其協謀聚議。斤斤計較。已經相劑相質相和相緩而確爲一羣所能共守者。由是人之是非利害。如不與

(二)見尙同篇。

於政治之域則聽其人持一說家守一義可也若或與焉憲法以及他種別行諸法立爲定義設有大閑又何相畔相越之足憂也乎

凡右所陳。乃在闡明爲國之道不在毁民之所有以集乎公而在致民之所有於相當之位斯而可致國已隆興反是而行靡不衰敗故今茲舉國怨嗟民氣抑塞即而察之。亦人人失其所以相當者一語盡之矣。政士以失其相當之地位。無所行其志。言論以失其相當之機關。無所盡其說。農賈失其相當之機會。無所致其利。推之財產生命全失其相當之保障予奪唯命。生殺唯命萬民耗其生機社會成爲枯臘而當今政盜猶且假託儒言肆爲顢頇非曰國家。必爲前提即曰統一萬不可缺無論溝壑所委日有幾何閭閻所苦已至何度而名分一日可假即泰然而以自安至持論之家中流之士率皆困於久假不歸之說震於一時無對之威理想與實際二者皆無能抗實則所以不抗出於自然則亦已耳而叩其本懷則耳目接觸何者爲可傷何者爲極戾舉非漠然無所動於其心以是社會之感情日益損傷非入於銷沈即流於偏宕正氣不生全力皆廢國本之撥蓋已成於不知不覺之中矣此又豈盡當局之咎耶愚今請正告天下曰。民利不張國利胡有民力不堅國力胡生民求民利即以利國民淬民力即以衛國凡言毁民而崇國者皆僞國家主義也此種僞義無論倡之者動因何似吾人一例辟而闢之一切拘墟之詞籠罩之說苟子所謂以古持今以一持萬諸謬悠之談其在今日皆當絕其。本根使無遺孽號稱國家凡隸其下者對於已有之利益已有之主張苟屬正當溫和率自有其邏輯之位置應保持而不失若以國家之故而致兩者成爲齋粉則必非國家本義如是而爲假藉國家以售其姦者之所僞託可以斷言於時吾之本意遜於常經其爲自矜抑爲自克一視事實都可不論苟或外境所接與此相反可一本乎主觀絕不牘於客感而以片言決之曰吾有心之所安國家當安吾所安吾知理之所合國家當合吾所合如其不然則其國家已不成爲適於人類之一組織或存或亡了無關係必議存之吾人亦惟求其所以相當者而已矣至求之之法如何非本篇所能議求之而即得與否亦無能預爲之說惟確有應求之道且一言求之人或以國家主義以及他種類似之語來相間執吾人可立批其僞絕不以亂吾心曲凡關於權利欲望之種々主張直主張之無所容其囁嚅無所容其消阻此則本篇之所三致意而求國人之深喻其旨者也誠或喻之斯爲自覺

政力向背論

秋桐

今執一人而問之曰。吾國々基可謂大定矣乎。此非絕無常識之人。將不以爲然也。即在以戡亂自詡。頌言神武者。亦將不曰。此眞子孫帝王萬世之業也。是何以故。其故有最明而無翳者。則第三次革命之不知將以何時而起也。此種感覺。自以其人利害深淺神經敏鈍而異其度。而要不能推定革命事實之不發生。則人人所同。聞之丁君佛言曰。「贛寧亂後。元勳偉人。流徙喪亡。國之人方以爲季氏旣去。魯難或已。而不知彼輩固非能絕迹國中。忘懷政治。即云失敗。彼在前淸時之失敗。已屢見而不一見。而卒有辛亥之大革命。故吾謂彼輩將來苟有機會。必仍思得當以報。」(一)此殆可以代表國人多數之心理矣。然革命者。則又國人之所厭惡也。故丁君又曰。「處今日共和之下。若有圖謀帝制復活之人。固爲不赦之叛逆。然欲更爲第三次之革命。亦必爲亡國之亂民。而厥罪維均。」(二)革命旣爲所深惡痛絕。而又灼然見其無可倖免。以是人無樂生之心。家乏一年之計。工商不進。學業不興。僥倖之心。流爲盜賊。偕亡之歎。聞諸薦紳。嗚乎。此尙可以爲國也乎。此尙可以爲國也乎。

今且不問革命之果起與否。亦無暇推究起後之現象何似。惟問吾國胡乃獨有革命之恐慌。而他國

(一)中華雜誌第四號敬告政府及倡第三次革命者、
(二)同上

無之。此或有人爲之答曰。吾國乃特別國家。非可以政治常道論也。邇日外邦學者。作吾顧問。以大鼓其學於吾。尤競倡此說。謂革命不足慮。唯賴有以制之。國人不察。羣然以和。斯則黃君遠庸曾痛斥之。謂外人之爲此言。乃「中國之大恥。不當引爲佐證。……斯言果信。即等於謂吾中國人在天演上當永劫爲奴。惟治奴當以特別法耳。」(一)斯誠深通治體之言。可以發人深省。由是吾苟在不當「永劫爲奴」以上。則其所爲政治生活。決不能外於他國所經之恆軌。而別有所趨。果他國有道焉。使國中不含革命分子。人民安居而樂業。社會因以平和而進步。而吾乃無有。則自人謀不臧以外。決無他故可爲吾歸咎之墟。嗚乎。國人果眞無悔過之心。而一平情察其咎之所自出耶。

愚請先言革命不見於他國之道。昔者英儒奈端。治天文稱宗匠。斷言太陽系中。有二力於焉運行。日者全系之心也。一力吸行星而向之。一力復曳行星而離之。前者曰向心力。後者曰離心力。斯律既著。質學大進。後蒲徠士覃精史學。深明律意。以奈端之說可通於政治。乃專篇論之(二)極言作政當保持兩力平衡之道。名言精義。曠世寡儔。其說曰。

> 凡社會號有組織。必也合無數人無數團體而範圍之。其所以使此人若團體共相維繫。則向心力也。反之人若團體因而死解。則離心力也。國憲者。乃集若干法之大成而其法之若則若規。皆所以構成一社會而宰制之統合之者也。以是二力之作用。不期然而表著。向心力見分子密著而社會日強。離心力見分子背馳而社會必裂。理有固然。無可疑也。凡曰社會。無不有前力爲之主宰。此至易明。然而後力可以悉蠲免除。自有社會

(一)庸言第二十九期論衡。

(二)The Action of Centripetal and Centrifugal forces on Political Constitutions 見 James Bryce 所著 Studies in History and Jurisprudence 上册。

以來完美亦決不至是蓋社會者乃由小團體組織而成而小團體中之個體莫不各自有其中心環之而走無論何之不盡離宗此種趨勢對於他團體及其個體其為離立決非調融可不俟辨且也社會過大人人之意見希望利益情感斷無全歸一致之理彼之所以為康樂此或以為寃苦彼受如斯待遇而以為足此或受之而不能平綏則別求處理急且決欲舍去社會之情一傷至此久而久之勢且成為中堅所有受傷疾苦環趨迸發羣體不裂又復幾何是故生民以來有若社會有若憲法綜其歷史率不外此二力之爭衡其一集之其一散之其一合之其一分之(一)

夫所謂羣體裂者何即革命之禍之所由始也然則欲禍之不起惟有保其離心力於團體之內使不外奔斷無利其離而轉排之之理苟或排焉則力之盛衰原無一定强弱相倚而互排之局成展轉相排展轉相亂人生之道苦而國家之命亦將絕矣由是兩力相排大亂之道兩力相守治平之原此讀蒲氏之書稍一沈思即可深明其故雖然兩力相守於何守之則「國憲者……所以搆成一社會而宰制之統合之者也」觀其憲法可以卜其政治組織之安否矣夫憲法者有硬性軟性之分(二)硬性憲法謂其法視為根本法一成而不可變即變而程叙異常繁重者也軟性憲法則抉根本法與普通法之藩其法隨時可以變易二者與政力之關係頗復深切著明蒲氏曰

今試從憲政上以觀人國而問其適於軟性憲法抑硬性憲法則即二力而詳較其實質乃開宗最要之務其國向心力較强者或軟或硬皆足以維持於不敝二者胡擇可決之於他問題而不沿重於此惟若離心力潛

(一)見原著上册二五六及二五七頁、

(二)硬性軟性之分、附級習之名以來、實則倡其說者蒲徠士也、伏其中。且信其滋長而未有艾。是建一硬性憲法。誠爲要圖。然其事甚艱其基尤不易穩苟若而憲法偏於集權則設制時預想必須之向心力必突過於僅有見存之量其制一行將漸見竭蹶甚且崩壞莫可收拾且政事所之。日呈變態。憲法過硬其所代表者乃過去而非今茲苟國中分子爲時勢所移趨於離析而憲法適未豫爲之地任其自由施展則其法已敝不復能行其在他面。苟一國盛爲若干部爲象絕明各部皆欲求所以自治而其國之成本由於各部之相集合因是自治之事謀以法律認之且防護小部之被侵於大部或見壓於全體則制爲硬性憲法爲之一一規定乃理想之所宜然聯邦憲法即其例也凡國中離心力過強各部決不欲統於一尊而又見有制限之聯合大有益於實用此種憲法最爲適宜(一)

愚引斯說。在習聞憲法之名而不加深察者。或且不信憲法之爲性或軟或硬。影響乃如斯之鉅。則請分爲兩項言之。一爲性之所之。一爲性之所由賦。

以言性之所之。乃純在憲法邏輯上之作用著想。其他問題。皆屏勿論。是則戴雪恆言之最明矣。其說曰。

即兩種憲法比而觀之。惟問硬性憲法。果能歷久不敝。使所謂國家根本大法。不生變動矣乎。以史例證之。乃知其未必然也。六十年來。英倫之政治改革。悉行以漸。程叙既簡。人因游其中而不自覺。其在他國。有若何法律。高々在上。表而出之。不容置議者。則無能與此。比利時之憲法。形式上未生變換者。已五十年以上。美利堅之憲法。壽命且逾百年。而未嘗有一變遷。可與佐治第三以來之見於英倫憲法者。同年而語。但如有時以憲法失其圓融凡無形漸進之改革爲國家根本大計所關者俱因而見阻則必有時以憲法之性過硬而激起

(一)見原著上冊二五九及二六〇頁、

革命之風潮無疑法蘭西號稱不變之憲法多至十二而平均計其運命每次不足十年且所以毀滅之者恆出於暴力涂格維爾大儒也路易非立之君主立憲既成彼爲宣言無人擁有法權變更此中條目乃不足七年即成灰燼尤有一例顛覆憲法即以厥性過硬充爲理由者即法蘭西革命史而深求之如此類者當復不少其例維何即一千八百五十一年之政變其最良之口實乃法蘭西人民贊成總統連任而爲憲法所格非有國會議員四分三之同意不能改正此四分三者今不可得而主權國民之意因不流行非毀此憲法不可云云倘若法蘭西國會焉能如英之巴力門焉路易拿破侖必且無從藉口彼之惡行固多以他因而成者矣而十二月二日之罪則又能以其所據口實自爲辯解也(一)

法蘭西諸政家以千八百四十八年之革命創立憲法暫不變易未幾爲獨夫所毀棄此誠爲非常之事然此種禍變實硬性憲法之缺陷有以釀之不必即爲例外也蓋立爲不變之法無異制止薩威稜帖之作用使英能行於是法律中之文字與人民最高之意思易流於衝突蓋在憲法法蘭西選民之多數乃與主權者也而條文禁制總統連任多數選民乃欲之則硬性憲法自然之趨勢必至使國法中之文字與主權者之精神不相容也如法蘭西憲法以其性過強之故激起革命則運用軟性憲法之英倫其行大改革獨能免於暴力宜有可稱學者試平心而讀史即知千八百三十二年之大改革案全國之秩序不亂而卒以法律平和之序從

(一)法蘭西千八百四十八年之革命、成功者工人居其太半、以路易拿破侖夙爲政治論者、頗市惡於工人、遂得以五百餘萬票舉爲總統、是年十二月二十日、彼宣誓盡忠共和、逾年即與國會大肆衝突、多數議員憤其專橫、路易密謀人心之不與也、乃乘意買收軍隊之勢力、羽翼已成、即以保護國民生命財產爲名、陳兵四出、國會抗之、勢以少挫、彼乃自抉其共和立憲之假面、於五十一年十二月二日、以兵力解散國會、毀滅四十八年之憲法、其所託詞、則戴雪之說憲法不能適如民意云々也、同時開罪之錚、四處蜂起、而以力不敵、悉遭慘戮、其他黨人之囚者逐者、不計其數、路易既全以兵力壓倒全法、遂於此時舉行大選、彼復以七十萬票、膺爲總統、明年稱帝、容過渡者則巴力門萬能之爲功也。

要而言之。在硬性憲法之下。穩和漸進之改革。有所難行。惟其如是。一爲事勢所迫。革命之禍。所不能免。此可斷言者也(一)

由右觀之。戴氏於硬性憲法所以惹起革命之故。可謂言之有物矣。愚知聞者必且自叩曰。英倫之不文憲法。此不可學而幾者也。一立憲法。如法如美。而皆爲硬性。硬性乃適爲革命之媒。然則憲法不可立乎。立憲法則革命終無可避乎。愚曰。此當先於不文憲法與軟性憲法之間。加以界綫。愚爲民立報時。嘗一馳論及此說曰。

軟性憲法。乃非與不文憲法同物者也。英憲之不文。以不必要耳。倘必將所有憲法上之規律。彙爲一冊。顏曰憲法。如法蘭西如比利時。亦何所不可。於斯時也。吾知英憲之精神。仍爲軟性。成文與軟性。兩質同時並具。今世雖無其例。而在政治邏輯。實爲理想中無上之結構。但人多爲近例所縛。不敢過泛政治上革命之思潮耳。反對此說者。必且如羅君(二)所言。謂此固爲『世界最上之憲法。然非國民之政治習慣久遠。罕能行之』然須知無政治習慣之國民。運用軟性憲法而不可者。運用硬性憲法。亦同爲不可。不可之量正同。而以變易憲法甚易。故其激急之衝突。轉或可免(例中引法蘭西不備錄)……以記者之所觀察。倘法人不以其憲法爲奇貨。使人民之意思。得隨時與憲法相調和。則革命之慘劇數量。二者皆可翏減。

或曰。軟性憲法尙矣。然法蘭西擁其硬性憲法。以前雖時見顚覆。而自千八百七十五年以來。爲時亦非不久。而革命之事。乃不更見。何也。至美利堅之憲法。成於千七百八十九年。爲時愈久。革命之說。尤

(一)戴著英倫憲法論一二四至一二六頁、
(二)其文乃與羅君鴻年辯論之作、

無其夢想。又何也。愚曰。此問題也。不宜僅決之於硬性之所之。而當詳覈之於硬性所由賦。請得進而言之。

法蘭西憲法之所謂硬性。非可比論於美利堅憲法者也。後者之改正。須創設憲法會議。手續異常繁重。而前者則唯以兩院合議行之。同一硬性。而此中差別。不可以道里計。且也。後者乃爲莊嚴燦爛之文。而前者則成於因陋就簡之意。此其關於本說。尤爲切明。美儒羅偉恒言及之矣。

近時政治。憲法爲要。但在法蘭西。雖亦有憲法一物。而有兩點。與吾人平昔所見。頗不相符。其一。憲法不包舉於一案之中。而散見於各案之內。其二。各機關之作用。未嚴制限。而人民權利。國家所當保護者。亦未列舉。此不僅與美利堅憲法有異。即與法蘭西之習慣。亦決不同。以其昔年憲法。類爲長卷。且盡全力以臚舉權利。雖無實際上之保證。將來效力何似。終以政府之意志爲衡。而權界森嚴。則固盡憲章之能事也。今之憲法則不然。僅於國家權力之所以施行。粗々組織。即重要如每年預算及法官任期。且無規定。彼之所爲。祇爲政府成其虛構。而明定高級公共機關之爲何爲何。至國政胡以行。一聽後來者之便宜而已。……其所以然。則當時控制議會之多數者。爲君政黨。以創設君政之無望。乃與少數黨聯合共議共和。雖採共和之名。而迥不如前。此法家視爲理想之一組織。今政府之所由成。其精要在於調和。調和者固政制成於倉卒。而又傳之永久。所必具之性也。從法人所有政想之中。共和一名以外。所假借者。幾僅關行政首長出於選舉一事。凡元首不負責任。以及第二院之設立。則由君主立憲而來。基本之觀念既如斯之不齊。宜無從創爲高貴無倫之制。且各黨視茲大法。俱不以爲最後大定之文。君政黨欲乘機而復其君政。共和黨亦欲乘機更建民政之新基。國會之止於遷就一時。造一政府。簡單圓活。使合於當時實際之用者。職是故也。(一)

(一)見 Lowell's Governments and Parties in Continental Europe 上册七至十二頁。

觀羅氏之言。宜以法蘭西憲法過於簡陋。不足取法。此如何作答。非一言所能了。今茲所宜申論者。則法蘭西之革命不再見於今日。乃深食其憲法簡陋之賜。而決不當爲法人病。何也。以其於政力向背之間能保其平衡也。自拿破侖第三乘千八百四十八年革命之機。入爲總統。旋復剪滅共和黨。自爲帝制。國中急激一派。已積不能平。惟以可乘之隙不多。拿破侖第三復能施行善政。保持國人信用。以是帝政能持二十年不衰。未幾而與普魯士搆釁。師丹之役。固不獨以決普法之勝負。而並以卜法蘭西帝政之存亡也。故敗耗朝聞於國內。而共和夕布於巴黎。於斯時也。久鬱不伸之共和主義。方得當以報。其勢自不可侮。然民間習於帝政既久。亦復安之。所謂百足之蟲。死而不僵。而國民會議。號稱萃制國政之中心。以致議員之多數。仍思帝政。苟過爲共和黨所逼。法不亡於外患。或且亡於內訌。吾人試一熟察當日情形。共和黨之志。不得盡通。帝政黨之勢。亦大有所阨。僢馳已甚。其中至無可聯之環。則假定法蘭西憲法。不爲今形。恐敢決四十年來法人之轉於溝壑以死者不止其半此可以推見彼中建國諸賢之智慮。爲何如也。雖曰以圖一時之安。而長圖大念。斷無逾此。前述羅偉之名言曰。「調和者……政制成於倉卒。而又傳之永久。所必具之性也」。法人卒明此性。故最後之成功。遠邁前古。此其智計與其歸之君政黨。毋寧歸之提倡共和大義諸君。蓋其時君政黨跋扈於議會。國家之運命。彼實操之。帝政之不復蘇。其間不能以寸。幸而其黨自有內訌。所擁各異。未能即決。苟民政黨過張其理想。迫之以不能堪。則反動立成。彼惟有自泯其爭端。相攜以制共和之死命已耳。倡共和者。知其然也。相與讓之。祇須保存共和之名。以上一切制度。自審其無可抗議。即惟其所欲。法蘭西者。主權在民說之產地。以故所爲根本大法。恆訴之國民總投票。以爲最終取決。而茲乃不然。蒲徠士曰。「法蘭西千八百七十五年之議會。不以其所製憲法。質之人民者。以各黨均慮其結果之不如己意也。就中共和黨尤甚。彼雖勉使帝政之名不出於議會而一般國民是否與彼黨悉同意見乃不可知以故在千七百九十三年法蘭西已獨先他國堅以薩威稜帖植之人民而自千八百七十五年以還乃生息於一國法之下初未經人民批准而當時制定僅以臨時急就視之者也」(一)此其故即共和諸子善養帝政餘孽之餘而待其自挫至不惜犧牲其相傳篤信之道以殉之忍而有謀可以概見且彼輩蓄意假一機緣。重創憲法。使民主理想之基幾於不壞。自時厥後。亦卒未爲其在於今。君政雖如已死之灰不可復燃。而君政反動之徒不無從容活動之餘地居於議會爲勢猶不可輕聽其自然卒未聞於共和有害於以知褊狹者不可以謀國浮淺者不可與議法此誠觀於法蘭西之往事而當著爲炯戒者也

簡而舉之。法蘭西前乎千八百七十五年恆不已於革命乃昧於政力向背之道掌力者惟司向以推背罔識其他由是一黨既興非盡殺他黨之勢不止他黨復起待敵黨亦如之報復相乘亂乃無藝後乎千八百七十五年未嘗一革命乃明於政力向背之道掌力者惟使兩力相待各守其滿由是一黨既興決不過用其力以倒他黨他黨以能盡其相當之分遂乃共趨一的而永納其國於平和有序之中此其關係最可深長思也

說者曰法蘭西憲法之不召革命實以其性本不過硬而性所由賦且全出於倉皇遷就之故既聞命矣至美利堅則宜不在斯例彼其憲法最難改正已非法蘭西所可比擬而費拉德費亞會議情形復與法之第三共和建立時迥異以法有其可以遷就之道而美則無之何也美乃組織聯邦中央政府

(一)蒲氏原著上册二一四頁。

當自無而之有。祗須有中央政府以上。則其本身結搆與夫各邦及人民之權利關係。不得不一一臚舉。切實而嚴明。是美利堅國憲乃一治具畢張之死法。與法蘭西之零章斷牘。不可同日而語。則在法不以憲法釀成革命。在美容或未然。然南北之戰。乃起於實際問題。初未聞以此攻及憲法。憲法之禍。美卒未受。是又何說。愚曰。法美憲法疏密弛張之處儘各々不同。而其所以定憲之根本原則則所共守。故內容大殊而成功則一。是原則者何也。即政力向背之道也。求之蒲徠士。則又有說以處此。

美憲之成功何耶。以其政府組織言之。三權離立。近夫機械。世俗譽之。實爲過情。且總統之選舉。康格雷之作用。法俱未善。不足稱許。然其憲法有兩優點。皎然分明。一則制憲之時。社會中所存向背兩力。悉拄衡之銖兩靡遺且坦然認定離心力之存在而任其自然發展。當其收合所有向心力施以準繩製爲規則。亦惟以不至惹起分崩之反動爲限。匠心所至。並使聯邦與非聯邦兩黨。皆躊躇滿志以歸。以是向心力轉增高度。向使定憲之初。滿持向心力而發所得之多。猶不抵此。其所以然。則在第二點矣。彼規定中央政府之職務。其所用語。富於彈性。解釋之也。從其廣義可。從其狹義亦可。易詞言之。中央政府行政之範圍。擴而張之也可。甚而小之也。亦可。其初數年。州權之聲。高於統一之說。所謂範圍。乃守其最小之限度。以其行政立法兩部。皆欲如此。而法院所下解釋。亦惟以此爲界域也。自時厥後。各州交通。益々發達。商業激進。及於全國。且州權之論。已大挫於南北之戰。舉晤其非。於是行政範圍。日漸恢廓。且其所以恢廓。出於自然。由於綏進。於憲法中之文字。不相衝突。而惟一準當時思想情勢變遷之度。加以弘潤之新詮而已(一)

由蒲氏之言以覘。美憲之成功。決非偶然。戴雪嘗謂美洲聯邦制之日起有功。爲瑞士所莫及者。在其

(一)原著上册二九七及二九八頁、

人民法律觀念之重。(一)是則然矣。然法律觀念重者。決非謂不擇法律之美惡而悉奉爲神明。美惡固無定衡。而亦決非謂不問己意之願否而悉惟法庭之命是聽。戴雪曰「在審判最終之級。判詞亦容爲紕繆。凡國民不能默認此種紕繆而容忍之。決不適於創立聯邦制而爲其分子」(二)斯誠透宗之談。莫能顚撲。然容忍法庭最終判詞之紕繆可也。倘或法庭所據以爲判之最初法律而亦見爲紕繆焉。則將不在必當容忍之列。不能容忍。則組織之體裂矣。今美洲憲法以其所留離心力活動之地甚寬。凡情感利益不同之人。俱游其藩而無所於礙。故其尊重法律之天性。始有所寄以爲施。是戴氏之言。又待蒲氏之說足之。始予吾人以中邊俱徹之象也。愚嘗細窺蒲氏之書。覺其所論美利堅創憲名家。先爲州權論者留其有餘之地。而離心力轉日減。向心力轉日增。此種歸納所得之例。實可立爲通義。放之四海而準。是就向心力而論之。爲先弛而得張。就離心力而論之。乃欲取而先與。物情治道。往々相通。一語道破。萬惑都解。愚見世之主張集權論者。至惡分權論如蛇蝎。推其用意。乃在創一純一不雜之集權制。不使有一點分權之影。存乎其中。此其有違於政則。自不必論。(三)吾人且不深非其用心。

(一)英國憲法論一七五頁、

(二)英國憲法論一七六頁、

(三)兩年來論集權分權者、唯見王君寵惠有得於蒲徠士之書、持說頗中肯綮、所著憲法芻議論省制一節曰、「夫絕對主張集權、而排斥分權、與夫絕對主張分權、而排斥集權者、同爲昧於政治之原理、均無有是處也、不觀夫物質上之原理乎、有向心力焉、有離心力焉、此二力者、或推之、或挽之、相殺而相生、相反而相成、天地以此而運行、日月以此而照耀、寒暑以此而往來、萬物以此而生活、宇宙之大、機械之妙、何莫非此二力莫大之作用乎、且此二力者相諧而行、不可須臾離也、使有向心力而無離心力、則機械止、々則萬象俱寂矣、有離心力而無向心力、則機械解、々則一切俱壞矣、世界將毀滅、而何有於天地萬物乎、惟國亦然、一國之政治、有集權之趨勢焉、有分權之趨勢焉、此二趨勢者、一張而一弛、一闔而一闢、國家以此而強盛、地方以

而惟問其目的是否得達。以勢推之。行見其潰爛決裂。不可收拾已耳。是故欲集權者不當於集權求之。而當於分權求之。天下之路有似紆而實逕非眞逕也。以其逕者由之不可通。不可通再折而入於紆。耗時與力無算。卒之最逕之路不得不讓此紆者。此類是也。然玆理也。又不獨施之聯邦國而有然。蒲氏曰「美與瑞。聯邦國也。法比荷丹則統一國。而俱擁有硬性憲法。兩々相衡。吾於此得一公例。是即以硬性憲法扶植向心力而扶植之最有效者。必其國之採用聯邦主義者也。蓋在斯時組織國家之各社會其所有權利。悉受相當之保護。無所恐於國家權力之濫用。而擁護中央政府之意始出於誠由是此種社會如或存在。是乃離心力之表見。對於國家日欲脫其羈縻。非詳察曲諒。有以位之。國必不安。必也範其力使不外奔。而又保其力使能自育。立憲以綱維一國。至此始有可言眞統一國。自不須乎此。但有時號稱統一而統一問題尙在籌畫。則其法之最良者固不若訴之聯邦諸原則而以硬性憲法卵翼之也」(一)往者法家論憲。絕嚴聯邦統一之分。以爲統一之邦。不可稍染聯邦之質。理想之蔽。一至於此。蒲氏湛深史學。博通國故。發爲宏論。良非偶然。沾丐後人。斷推此種矣。統一主義。在英曰酉力帖良沁(二)直譯之當作一神主義。謂國法統於一。猶之神道統於一也。此字戴雪用之。頗自矜

此而發達、政治以此而進化、人民以此而振興、是二者亦相需而行、不可須臾離也、是故世界各國、無論何種政體、其實行集權者、必同時而有分權之事、其實行分權者、亦必同時而有集權之事、若夫絕對集權及絕對分權、則斷々不可、即使有所偏重、然物極必反、其結果必終歸於各得其平而後已、是以今世各國、對於過於集權及過於分權之制、莫不以爲不當、以法德兩國而論、昔見爲集權者、而今其國之政治、乃有分權之傾嚮焉、又以英美兩國而論、昔見爲分權者、今其國之政治、乃有集權之傾嚮焉、然則或集或分、不過從一方面觀察之情狀耳、而主張集權及分權者、眼光豈非各有所蔽耶、總之集權分權之說、皆是也、亦皆非也、蓋此問題、不在乎集權分權之本身、而在乎集權分權之界限、與夫集權分權之方法如何耳、(論本蒲氏、

(一)蒲氏原著上冊二九九頁、

重著爲說曰「吾英政治之原則。一言蔽之即一神主義也。(一)易詞言之。即由一種中央權力行使最高立法權成爲習慣是也」(二)此其樹義之堅。迄無駁論。惟事勢所之不囿於學者所爲界說愛爾蘭自治問題一經解決而所謂一神主義不得不容異教之聯邦主義漸潰其中斯可知政力之一向一背有其自然不能拘於成法冀幸强制而蒲氏獨到之言其價益與人以共見也

以上乃言法美兩國未嘗以硬性憲法釀成變亂之道則如英倫之運用軟性憲法。其不至釀成變亂。在憲法範圍內言之宜無煩吾人覼縷惟白芝浩論內閣制有曰「吾英自憲政成熟以來國中初無大難以是自爲一制。其中賦有最良之潛性竟不易覺」(三)白氏之使之覺之。乃在表明人之不採斯制者。其害爲何若則欲證英憲軟性之善。莫若假定英憲不爲軟性其結果爲何若且以所食軟性之賜衡之。其比較又爲何若也英人自詡其憲法之良而以爲幸免於革命者實指千八百三十二年來之各改革案諸案者。皆在擴充選舉資格質而言之。乃貴族與平民之劇爭。苟巴力門爲憲法所格無力通過此案則革命必起革命一起而首逢其厄者必爲貴族雖不必若巴黎暴動輒稱殺盡貴族二十八萬人而將驟失其安富尊榮之樂斷無疑義是爲貴族者即逆料各案通過後將大有妨於其利益猶當以此易彼而況乎所妨之度何似當時固無人有絕明之概念也由今覘之則可以了然矣。尊西

(一)Unitrianism.

(一)(原註)一神主義一語、詞意雖稍涉宗、而引用則頗便利、

(二)英倫憲法論一二七頁、

(三)本誌第一期白芝浩內閣論十七頁、

烈(一)者。當今學者談英憲最具銳眼者也。其言曰。

選舉權之以次擴張也。論者頗深病之。且危懼焉。凡好學深思之士。囿於中流康樂之家。無不執筆瓶甌。以為政權落於萃氓，患且不測。據其所揣。則自彼以往。國本必且動搖。而社會秩序。亦且大亂。行政方針之所取。將不以國民全體利益為的。而止為多而且貧之一部分。力圖其私。財產一宗。行為流氓之意所左右。彼視何者有利於己。即以何者入之法律而制定焉。舉凡老成多識之夫。博學達才之士。將見放公衆生活以外。取而代之者。悉為輕浮寡信疏懶貪黷之徒。此種戒心。不獨保守派之老宿。如梅因雷啓之流有之。即自由急進派。向以擁護民權為生命者。至此亦不能不生疑懼。白芝浩曰。「選區中無識一閧之徒。吾甚畏之。自由黨之當局者。雖未宣言有如白氏。其意亦大抵類是。千八百六十七年之案既決。識者咸謂政海之大變局。將伴以俱來。不僅政治原則不同，即登場人物亦必大異。

不謂二者俱不如其所期。新享選舉權者。其無意於橫厲無前之改革。及極端孤注之政略。與其前輩無殊。若謂彼輩志在權位。必以己黨之人。掌握政權。舉華貴般實學高行修之人。迫而遠之。尤為不實。以言工黨內閣。與夫議會多數。屬之工黨。惟當於澳洲殖民地求之。英倫無是事也。平民首領。亦自有政治生活。然十九世紀之前半期。即已有之。以今衡昔。並無絕異之處。自千八百六十七年改革以來。保守黨實與自由黨平分政權。且千八百八十五年選舉權復加擴充以後。亙二十年之久。保守黨在朝在野之勢。又皆如日中天。為從來所未有也。(二)

(一) Sidney Low 見為倫敦大學教授、

(二)見羅氏所著 The Governance of England 一七五頁、

由是觀之。可見英倫貴族。坦然以選舉權公之平民。於己黨勢力。並無所損。其所以然。則英國民性。本偏於保守。其歷史上之政治中心人物。無論何時。社會率重視之。身分才華學問經驗。草茅之子。鞏自豬其不及。即怡然以政權讓之。無所於妬。且其所信平等自由諸說。皆求之實際。不如法蘭西人總爲空想。熱乃如狂。故彼激厲之餘。仍不失其矜慎之態。此其特質。毀譽之者不一。而以明釋改革案後之政象。要自不差。魯西烈之書。即本此以立說。惟本篇之引魯說。用意乃不在此。愚以爲英人沈著之性固屬天生而亦猶水性就下激之可使在山苟非導之使復其故常則和氣不難變爲乖氣蓋英人之於巨室薦紳致謐敬禮亦謂當由我自致謐已耳敬禮爲物非可由自號巨室薦紳者流強徵之於民間也。柳子厚送薛存義序有曰「凡吏於土者。若知其職乎。蓋民之役。非以役民而已也，凡民之食於土者。出其十一。傭乎吏使司平於我也。今我受其直。怠其事者。天下皆然。豈唯怠之。又從而盜之。向使傭一夫於家。受若直。怠若事。又盜若貨器。則必甚怒而黜罰之矣。以今天下多類此。而民莫敢肆其怒與黜罰何哉。勢不同也。勢不同而理同。如吾民何。有達於理者。得不恐而畏乎。」此其持論之正。在吾國誠所罕覯。然所以保障民役使爲之吏者勤於厥職惟在吏之自達於理恐而畏之不在民之自奮怒而黜罰此是柳州限於吾邦儒術。不敢過爲非常之談。亦不足怪。惟由今思之。吏之受直怠事盜貨器者常八九反是者無一二果吾民終莫敢肆其怒與黜罰也耶抑怒與黜罰之道有爲子厚本文所未及言者耶以愚觀之。子厚他時有謂「殺守刼令而并起」（一）者。是即怒與黜罰最終之式特此式不恆用顓頊者遂以民爲可欺曰怠其事盜其器而不一反顧殊不知不用者非無之謂也怒與黜罰之事雖

（一）封建論語、

不常見而其力則日日蓄之蓄之既久今年不見其用明年或見其用甲吏不當其用乙吏或當其用不用於常必用於變不用於緩必用於急吾惟不解其常與緩之坦途而止儆倖其變與急之不及吾躬而發故民權之說自治之理未經一人夢見遂貽數千年强豪篡竊之局以至於今若夫西方之政則不然即柳子之說反證之一言可以破的是即灼然見夫人民儲有「怒與黜罰」之力惟因勢而利導之無蹈束縛馳驟之弊以故代議制度確立而人民之聰明情感乃得平流而進國政以呈平安穩渡之觀席兌曰「代議政體之所求者乃利用被治者加於治者之反動以改良政治也易詞言之乃被治團體之利益必治者隨時可由被治者直接或間接以景響加之而後能充分保全也」(一)席氏此說乃以證明地方政治獨立之必要所謂以景響加之即民備乎吏將不聽其受直怠事盜貨器而不問也即此數語可據以劃分中西政治之鴻溝前者翫於民情而不晤其鬱久將別求一洩後者審夫民力而任其紓徐以達於用政治之清濁國家之險夷社會之苦樂悉於是見焉愚爲此言乃在說明中外民心非有異同逆而堵之者罔不凶順而導之者罔不吉吾惟欺民之不敢怒而黜罰而有時怒而黜罰之者倍酷彼惟假手於民俾得怒而黜罰而民了然於怒而黜罰之權存於我也其所以用之者轉出於矜愼留爲有餘或竟不用亦所時有此在人情往々如是訴之政理何莫不然英倫之保守黨以選擧權公之衆民而其保守之勢未之或動其在他一面衆民爭選擧權時憤濊不堪及其既得卒未一濫用此固宜歸之英民特性如魯西烈所云而就政力言之則非於向背之道能得其平其效決不至此也

(一)數語參閱本誌第二號國家與責任一八頁、

由上述法美英之例觀之。可因以得一共同之點焉。蓋法共和黨之欲戰勝君黨也。則先於憲法表示讓步以養其銳。卒之共和之義大昌。而君黨之存於今。較前十不得一。(一)美聯邦黨之主張統一也。則先於州權論者。使有以盡其說而安其分。卒之結合之情。日以鞏固。其度較之草憲者之所推想。且有加焉。英保守黨之得以保其厚勢也。則由於宣導民權。使之得所。此固非其始念所及。而政象如此。較然不欺。於是所謂共同之點者。乃政力之向背本無定形而無論何種國家兩力又必同時共具則欲保持向心力使之足敷鞏固國家之用惟有詳審當時所有離心力之量挽而入之法律範圍之中以盡其相當應得之分而已易詞言之。使兩力相劑範成一定之軌道同趨共守而不至橫決而已此外無他道也他道者皆政治自殺之愚計也

凡右所言。乃在陳明政力向背之一大政則。尤在使此政則。得有機會。以適用於吾邦。至何時可適用之。何由以適用之。則惟任諸讀者見仁見智之情。無庸過於詞費。故本篇結尾。止於略及近三年來之政情。以表其與此說之關繫。不欲詳也。聞之丁君佛言。「中國共和而後。擾擾不寧者。兩年於茲。溯厥原因。大抵由於新舊勢力之衝突。換言之。即理想派與經驗派之相爭不下。質言之。即國民黨與袁政府之互不相容是也」(二)丁君此言。自不能無語病。蓋以新勢力全屬之理想派。舊勢力全屬之經驗派。已不盡然。以國民黨代表新與理想。以袁政府代表舊與經驗。尤屬不當。然就事實上論之。則丁君所斷。尚是大致不差。茲姑就以入論。則「衝突」之所由來。以愚觀之。即兩方皆不解政力向背之道也。夫以

(一)今法國四議會、僅有君黨二十六人、
(二)見中華雜誌四號敬告政府及倡第三次革命者、

數千年之古國。一旦以共和之義。來相號召。舊勢力之不能盡倒。童子可以知之。而民黨設心。必以盡倒爲期。此其根本大誤。發點既謬。綜其所爲。悉背於反敵爲友之方。而併力於爲叢毆爵之舉。當民軍一呼。滿廷解紐。昔日之主張君憲者。轉而表同情於革命。此較之拿破侖第三既敗。共和政府已宣布於巴黎。而君黨之聲威。尚公然揚於全國。國民會議。以君黨名義而得選舉者。至居多數。因日在共和議會。昌言恢復帝政者。其爲勢順逆難易何似。不難想見。而法蘭西共和先烈。有道以立於楚歌四面之中。而吾首義諸君。乃不知利用衆山皆向之勢。責以不明政理。其又奚辭。十三省代表集於漢口。議創臨時政府。其中多昔日主持立憲之徒。遂大爲革命黨人所齮齕。鳥獸散去。實則此諸人者。爲執役民軍而來。亡友黃君可權。高才篤實之君子也。亦與於是役。當其倡言君主立憲之時。確信以爲非此不足以救國。及其贊助共和政治之日。亦確信以爲非此不足以救國（一）主義因時變遷。果何害其爲君子。而以爲黨人醜詆。不得行其意。至遐嘔血而死。非憤不見好於黨人也。憤國事之將以此不可爲也。其後唐君紹儀南下議和。從行者百餘人。其中居心叵測者。固有其人。一時俊髦之士。多與其選。而俱以昔日黨見未同。接洽未遑。即欲仇以白刃。致彼倉皇投止。狼狽北歸。保皇黨者。乃過去之名詞。當事者以欲張其鼓吹革命之功。乃日尋敵黨之宿愿。以相媒孽。仇殺之事。且見於廣東。吾家太炎。聞之大懼（二）即愚亦不解嫉視康梁。胡乃於共和已立之後。乃愈加劇。偶於民立報端。發爲疑問。即大遭議

（一）聞黃君由河南赴鄂。曾以哀痛迫切之書。告其京中同志。有吾輩昔日所見。雖與革命黨不同。而至今日。果尚存敵視彼黨之心。國存君攻。是無人心等語。

（二）太炎以同盟光復兩會相仇事移書南京總統有曰。『竊聞同盟會人。有仇殺保皇黨事。彼黨以康梁爲魁帥。案明超晴。索所

著白眼。一切蜚語。轉中悉身。凡此數端。求於前舉政則乃離心力之可轉爲向心力者，既爲所排而去，而國內所有一切離心力更不識所以位之使得其所而日以獨伸向心力爲事卒之離心力驟然潰決。全體以解。已竟陷於絕地而不自覺焉。丁君以袁政府與國民黨相待言之。不知亡國民黨者袁政府而非袁政府也。吳稚暉先生嘗推言其故。而歸之於人心。其說曰「政府借人心以肆其志。人心不過爲之傀儡而已。然樂爲之傀儡必有至理存乎其中。故此次民黨之失敗。雖原因多端。而正因必爲守舊反動」(一)是則然矣。惟吳先生當知反動云者即離心力失其軌道之謂。而使離心力失其軌道者又非離心力之咎。而使之失之者之咎也。所謂「至理」宜於此求之矣。

以言今政府之所爲。則尤有令人心意灰絕者。以彼既利用國民黨竊追離心力之勢。悉收之以向己。而人心以得。而同時乃不審籌一相當之地。以道不可收之離心力。使運行於法制之內。借圖政治劑質之用。而措國家於平和進步之域也。夫國民黨之不慊於政府。固衆所周知。而第二次革命之起。則不必即其本意。此觀於孫黃不入政界。各省自裁軍隊。可見一斑。猥與時會。實逼處此。遂出萬死不顧一生之計耳。事至於此。無論從法律倫理何方立論。革命黨之咎。自無可逃。而當事者之釀成此局。其

周知、然附和入會者、尙不能解保皇名義、赤子陷罪、亦謂無罪於人、今茲宗祀旣淸、天下曠蕩、雖嘗染汚俗、亦當督與自新、若以名號相爭、而令挾私復怨者、得藉是以爲名、無損於粵、徒令粵東糜爛、此亦執事所當禁飭也、」又太炎與張季直書曰、「海隅近狀、令聞者時有戒心、曩者武昌倡義、未踰百日、而紀已淸、謂法國西山岳黨之禍、必不見於今日、然未敢斷言也、款々之愚每以老子常善救人爲念、苟有寸長、以爲不應記其瑕過、昔於儀徵劉申叔嘗伸此旨矣、何圖先事建議之人、尙蒙慘禍、彈丸列法、布在市闠、所謂民多利器、國家滋昏者、其禍殆非數年不解、雖有保全善類之心、而乏飮醇餔糟之用、身非在朝、不能遂其所懷、是則下走之罪也、」

(一)本誌第一期通信、

佮叉居何等。丁君佛言謂政府不無「慚德」(一)慚德二字。界說苦於難立。而自愚觀之。謂其不諳政治通義。彼必無詞。蓋在社會可號爲國家以上。其所以處置反對黨者。決非自迫其背畔草薙禽獮以外別無他道。哈蒲浩曰。「人競言政府當準時勢以立策。而不知其詞換位。(二)轉含眞理。是何也。即政府不當自陷於一時勢因而見逼以致行事不見容於較良之主義也」(三)此類名言。可書萬遍。當南北相持急時。中立者頗欲以調和之說進。而時論大詈之。以爲玆番不可更壞於敷衍。此種謬論。果有强而言之者耶。抑由衷而出也耶。由前之說。愚欲無言。由後之說。則吾人乏於政治常識。亦至於此。斯誠可憫。西方三尺之子。無不知社會之中。與接爲搆。無不有調和之意。行於其中。團體愈宏。意尤切要。前引羅偉之言曰。調和者政制所必具之性也。英之大家莫烈(四)且專著一書。名曰「調和」。十七世紀以還歐洲所有政治運動殆可以此二字盡之。今我方極力背此而馳。宜西人之以特別國家辱我。聞者或曰。吾惟不調和。故有今日之安。則惟問以武力驅一敵黨使暫不得安居於國內。果即謂之安矣乎。此自官吏偵探及亡命客以外有耳目者舉不謂吾民之獲一日安也。其所以然者。政力未得其平也。政力未得其平雖有聖者不足以爲治也。

愚所謂政力未得其平。非爲革命黨人抱屈。而欲平分政權以與之也。苟革命黨盡受驅逐。而當事本其公心以行其政。因得躋國於理。豈不甚善。事惟有濟。成之者不必在我。革命黨之眞愛國者。至此亦

(一)見中華雜誌、惟弃本不憶出於何篇
(二)換位者、謂一句之中、賓主兩詞互換其位也、如甲爲乙換爲乙爲甲之類、
(三)見本誌第二期哈蒲浩權利說五頁、
(四)Jhon Morley 所著曰 On Compromise.

將樂覩其成。而無如政例相告。此不惟不可望。而又適得其反也。蓋其以力殄滅敵黨之本意乃在不認政治上有合法之抵抗力而此種抵抗力之不能不有又由於政治之本性而然當革命黨既去政府所見爲敵者又星他式則餘威所至疑忌將加於昔時附己之徒以故國會既熸。進步黨亦奄々一息。近日南昌大戮其黨支部人員且拉雜其中。丁君佛言自述其黨之苦心曰「對於政府。既失其法律上所依據之機關。已立於忠而見疑之地位」(一)此在政府。雖與對待革命手段有殊。而爲不置離心力於相當之位則一彼逐時演進將來成何見象乃不可知其在他一方。革命黨之首領。雖悉亡去。而種子則到處仍存。且素不附於革命黨而並爲黨人所唾棄者至此亦假託名義嘯聚爲亂閭閻宛苦西北驛騷乍報肅清旋又蜂起多方亟肆奔命維艱長此不已社會不悉歸糜爛勢且不止由是觀之輿論付之蹦踩政黨亡其根據民心即於痲木伏莽肆其兇頑正氣銷沈乖風扇發民生塗炭道路怨嗟種々敗徵皆於國民黨失敗以後而始見丁君謂「結局統歸於報復致死之一途」(二)此其報復致死。丁君乃專指國民黨而言。愚則慮其如蒲徠士所謂「社會之情一傷至此久而久之勢且成爲中堅所有憂傷疾苦環趨併發羣體不裂又復幾何」夫至羣體以是而裂雖有扁鵲無以爲治若是者何也曰、當事不明政力向背之道所致也一念之差誤國乃至於此所謂作始也簡將畢也鉅豈不然哉。

愚書至此。竊歎奈蒲諸賢所立原則。關於吾民國之廢興存亡。如此其重也。實則茲原則者。推之古今中外而皆準。吾惟一國。故亦同之。今之人輒曰。吾邦特異。宜以力治。惟問其力是否亦有窮時苟或有

(一)中華雜誌二號民國社會之大危機、
(二)同上、

窮其則即驗設辭抵讕祇形其拙爲斯言者又不必謂力旣窮而則始效也以約法言之若而法者國命之所託也國中所有意見希望利益情感皆當於此表之由是硬性軟性之分政權人權之界當經極嚴整之戰論極審愼之調和而後其法可與人以共守而以愚所聞則大異是南京政府時代之所創者乃成於革命一派之手由起草以至通過不聞有意見之相軋利益之莫容苟天下之力有存於革命一派以外者則其約法宜不二年而毀何也離心力之作用則然也北京政府時代所改造者乃成於官僚一派之手由起草以至通過不聞有意見之相軋利益之莫容苟天下之力有存於官僚一派以外者則其約法亦宜若干年而毀雖欲諱言亦不可得何也離心力之作用則然也於茲兩約法之異點呈矣前約法者雖爲革命軍之所胚胎而掌而行之者乃屬異黨一方視約法爲聖神而一方視之如土芥一方日駭汗流涕以相告曰爾胡破壞約法爾胡破壞約法而一方日行其破壞之實而不顧是保之之力本有未至宜其速毀後約法者則在凱旋之餘本全盛之勢以立之且已立而已行焉於他人無與與革命派之不能始終其事者迥異是保之之力周匝無遺宜無從毀此今之爲言者之所衡論也雖然愚請以內籀歸納之術從中抽出一義曰約法者以力保之者也易詞言之約法者與力並存者也此正面之說也從其負面言之約法者與力俱消者也夫法者權利之所存也愚嘗聞之盧梭矣(一)彼曰「有最強者之權利」(二)又曰「最強者之權利以力守之」此與吾正面之說同者也其所作負面之說曰

(一)諸說皆見民約論一篇二章、

(二)盧說原敍附錄民約平議引之、見本誌一期、以力服人者。自謂有權利矣。吾且暫認之以起吾說。惟吾日即而求之。空無一物。如曰有之。直夢囈已。何以言之。如權利可由力造。則果隨因變。彼爲後之有力者所倒。權利亦爲彼所承。於是人之暴力足以相傾。彼即傾之。而無所戾其違法夫至最強者恒擁其權利。人之所爲亦惟爲其最強者而已。一旦失其所以爲力。即失其所以爲權利。此而謂之權利。果復成何意味乎。大凡以力服人者。當其服時。純乎由力。苟可不服。決無必服之觀念驅之而行。是力之所止。義務即隨而止。可見權利之爲物。以加於力。並於力毫無所增。故此而曰權利。亦一無義之詞而已。

盧梭此段。乃言民約而說明「約以意不以力」之道。其言精透。聖者莫易。以吾約法衡之。則號稱爲約實乃無當於法。以須與力共其存亡。息々存時息々可爲亡候。故必待其亡而始知有可亡之道。斯誠大愚不靈。吾末如之何者也。然天下事往々有至易明而若至不易明者。即是此種。故今之政府若民黨俱無望其深喻斯旨。且國事敗壞至於此極。惟其俟其塌盡。徐圖轉圜。正如已傾之乳守而哭之。其又奚益。是愚之此篇。亦留以爲寘子見訪之用。讀者若以第爲三次革命之風謠。加以詮說。末矣。

（完）

議院主權說

天鈞

天鈞曰。戴雪之迪英憲善矣。其義賅。其旨遠。書更數易。部凡三著。而其所反復致意。發揚英憲之精神。使卓然有以自殊於世者。蓋有二義。曰議院主權。曰法之宰制。余讀其書。歎其意。因其文辭。究其終始。先箸是篇。以諗吾國人。世有君子。以覽觀焉。

余向求世治。徵列國之文書。窺其制度之本原。詳覽得失之林。至美、法、瑞。比各國憲法。立法司法行政。三者鼎峙。小大相權。强弱相節。曰制馭(一)曰平衡(二)相抑而不相侵。相維而不相殉。雖其間形勢輕重。國有殊風。要之各任其能。竭其力。俯仰惕息於軌物之中。而不敢自越其職。期於盡責守憲而止。而主權所秉。則直臨之以人民。曰、善哉。大道之行。天下爲公。民爲邦本。本固邦寧。豈不信哉。各國之長治久安。民生百年。不見兵火流離之慘。亡夭札疵癘之苦。使其國勢固於磐石。據於覆盂。道在是矣。至如英國。世所稱王國者也。亨利八世之尊嚴。查爾士一世之恣肆。克林威爾等之憑藉威柄。操縱於上。倍根等之附和世主。攽說於下。猶赫煇於英國之史乘。震耀世人之耳目。而今乃以議院主權特聞。斯不亦異乎。夫盎撒立國以前尙矣。賢人會議(三)之初。民治有朕兆矣。然而土則王之土也。民則王之民也。政則王之政也。惟辟作福。惟辟作威。特立獨運於萬化之上。而編戶齊氓。減衣縮食。以供租稅。所挾持以責要於君者。至微末。不足以置數。諾曼戰勝。此區々會議。名存而實亡矣。其後約翰肆虐。國人怒王而

(一) Check
(二) Balance
(三) Witanagemots

大憲章以布亨利顯越。西蒙秉政。而院制以萌愛德華守法。三部先成。而模範(一)繼立。皆興於十三世紀。當此之時。王威不下轂。而粟米之征。金分之供。非衆兆之所命。不登於府庫。人主無所私焉。誠以定治而已。民志少章矣。然有力者顯榮。無力者退絀。向以奉之一人者。今則貴族僧侶。紛然而秉國鈞。勢位富貴。轉移一國之大事。民視民聽。未得而盡通焉。且衆院之立也。武卒下士。豪農大賈。攘臂受事。卒于一庭。而知不足以率之。力不足以舉之。雖明徵立法之權(二)或共廢立之事。非無監財之術。亦有善良之稱(三)然其勢若圈沙。其弇陋無文采。致足嗤鄙。二三貴戚。挾之以馳驅。其柔從若蒲葦。獨立不羈之風。蓋亦少絀焉。卒然有薔薇之變。故家舊族。競焉傾頹。無有遺跡。衆院窅然。若喪其師保。蹂躪於約克。利用於秋鐸爾侮之似嬰兒。束之如溼薪。易之如轉丸。解之若撥麵。群吮俯首。割一己之享。以爲吾王終身之奉。僅足以繫一朝之離心。而制沒權之律(四)以寒國士之心。所以致其君於幽厲者。其煩刑嚴誅。遺毒餘螫。歷數世而未沫也。委蛇遜禮。百有餘年。浚遲至於額里沙白斐迷斯之朝。道盡乎無爲(五)功殆於都命。徵夫斯之爲烈。已夫蓄之久者。其洩之也必盛。壅之固者。其潰之也必烈。世方淳悶。國家無事。四民猶有幸生之心。而未替尊王之義。主雖以無道行之。其勢可以少安。若夫文化大啓。學說明。與其視一國之君。若丘中之穀。苟有盜其牲牷者。必起而捽之矣。當十六七世紀之間。英之王者。挾雷霆萬鈞之勢。以臨其上。爵祿以鞭之。刑罰以驅之。以爲是蚩蚩者人率雖衆。可以鞭箠使也。束縛之

(一) 一二九五年之議院。謂之模範議院。The Model Parliament

(二) 英衆院立法權。一三二二年。已以成文規定。

(三) 一三七六年之議院。謂善良議院。The God Parliament

(四) Bill of Attainder

(五) 一六一四年之議院。謂之無爲議院。The Added Parliament

馳驟之而不足。陰謀有傾全院之心。至不惜擕外患以拒內敵。(一)然而謗政之聲。騰於道路。權利之請(二)宗教之爭。相激相蕩。再蹶再興。王兵方及於院庭。而披讀之軍。如雲而起。而暴王戮矣。自時厥後。天地革命。國事搶攘。雖彼小民。激於一時厭亂之心。亡規恢萬世之策。嗣王乘之。克服厥辟。而國是大定。院基已立。迨荷蘭客主。入承大統。權利法典(三)之纂成。而魁柄斯植。那瑟入閣。舉國大擾。終局宣言(四)之功定。而改革以成。蓋自是而王僅守府。世之所稱議院主權者。其樹本乃大固矣。夫英國王祚。歷世相承。各有萬機獨斷之心。常懷徙威傾國之懼。其父詔子。勉殫精畢慮。思所以遏抑議院者。卒不可得。至衮冕不足以周其澤。斧鉞不足以明其威。而專國之術窮矣。何者。民貴君輕之義。昌明於時。勢之所趨。智者失其謀。勇者失其力。而五士唱前。三傑唱後。憂國之彥。持不屈不撓之節。危其身以爲民者。志有必達。爲有必成也。

藪雪曰。議院主權者。英制之所獨有也。議院主權之原則者何。法之廢興。議院司其權而已矣。無有能以越其法而已矣。法者何。自茲篇言之。律也。法院之所厲行者也。然則議院主權之原則云者。自其有而觀之。議院之議決。或議決之一端。所以著其新法。或改廢舊法者。法院之所自遵也。自其無而觀之。一人之微。一羣之大。無有能制律以違議院之議決。而爲法院之所厲行也。(五)又曰。議院立法權之無限也。徵諸蒲奈斯頓英法註而明矣。蒲氏曰。考克有云。議院權力與其裁判權之優越也。無論何人何

(一) 十七世紀之初。愛蘭之叛。查爾士主之。將以制議院也。
(二) The Petitions of Right
(三) Bill of Rights
(四) Finality Declaration
(五) 原書第七版三十七八頁。

事。未有能限之者也。又云。夫此高等法院。言其淵源。則貌矣邈矣。言其品位。則隆矣崒矣。言其裁判權。則宏而碩矣。善哉言也。神人之務。軍民之治。航海之事。刑罰之權。名之所得加而法之所有事者。則因而制之定之。增而益之。縮而節之。停而止之。起其廢者而復生之。詳說而聲明之。至高至大之權。是則有焉。自有國以來。顧制之權。必有所屬。由英憲以談。則屬諸是矣。夫過失之行。不正之惡。匡而復之之方。常法之所不及者。非此非常高等法院者。其誰與歸。王位之繼承。規之可也。更之可也，如亨利八世威廉三世之朝是也。國教之設。變易之可也。如亨利八世與其三嗣之朝是也。極而言之。即英國憲法。議院自身。革而新之可也。如聯合條例及三年七年之選舉各法是也。誠哉議院之所能爲者。舉世未有能毀之者也。夫然。故剛毅篤實之君子聰明特達之士之被舉以膺此大任者。於王國之自由所繫爲獨重矣。財政長官白芮有名言曰。舍議院。未有能亡英者也。海爾曰。議院者。最高之法院。治之者無有也。苟失其政矣。於英之臣民。雖欲救之。其將及乎。若碩學孟德斯鳩之言。則少激矣。其言曰。如羅馬司巴達迦太基之失其自由而亡其國也。英國憲法。亦將失其自由而亡之。亡之其在立法部之失德逾於行政部時矣。(以上蒲氏之言)德洛晉節而述之曰。議院者。自化男爲女化女爲男而外。則無所不能。斯乃英國法家之通論也。德氏之言。已爲英倫今日之諺矣。(一)又曰。同等立法權之不並存也。若國王。若各院。若選舉者。若法院。競謂其權足以與於此矣。苟覈其實。則其立說無有足稱者。(二)又曰。世之所稱立法權之節制者有三焉。一說者恆言。議院立法而背乎道德之旨與國際法之義者無效也。且直謂議院欲立一法。背乎公私道義之典訓。有所不能。蒲氏之書屢稱曰。自然法者。與人類俱生。天之所命者也。

(一)原書三十九至四十一頁。
(二)原書四十八頁。

其不可不遵守。視他法爲重矣。是法也。放乎古今。無不周也。推之東西。無不準也。人定之法。若有反乎是者。其法爲無效。人定之法而有效者。其淵源莫逾乎是。又近世法官亦有謂議院越權之法。法官得以拒之者。雖然。若蒲氏。若法官之言。吾人不可以折衷解之。以法官爲表章道德之人。而得左右議院之立法。則於法爲無據。其如是云々者。當法官解釋法律之時。亦曰道德之常規。國際法之原則。背之之意。議院未嘗有。而釋之者務以其法爲合乎個人及國際道德而已。當今之世。明法之士。苟有以議院之法爲不道爲越權而云無效者。法官必弗從矣。何者。英之法院。未有不守其原則者。原則維何。曰。法雖不良。法斯爲法矣。法院不可不遵者是也。二、世有說焉。似謂王之大權。議院不得而干之。當司秋特之世。持是說者不獨國王也。即法律家政治家如倍根之徒。欲擴張王權者。靡不主焉。其言曰。國王者。持大權之名。而廣運之權不測之威具焉。彼大權者。即主權之餘。固軼於常法矣。推是說也。夫固謂法之行。王者得以止之。即不然。而守法之責。王者得以免之也。要而言之。則大權之力之所及者。時或超然於議院立法之外矣。雖然。此前代政爭。吾人所弗及。吾人之所識者無他焉。曰權之一部。如立約之權。或以法律委諸王而實行於行政部矣。然輓近法家。未有謂是立約之權。或其他王權。議院立法所不能規。所不能廢者。亦未有謂法之所定。立約之方。衆院同意之要。司法之官可據法而斥爲無效者也。三、考之議院法令之中。有謂議院得立法以制將來之議院者。其意以爲現在議院之權力。得受裁於宗祖之成法云爾。雖然。此議院之所嘗試而卒未有不敗者也。(一)

上來所述戴氏之言。取足闡明議院主權而止。夫稽之故實。一剝一復。相刃相靡。英議院之所以致此

(一) 原書五十九至六十二頁

者。如彼其難也。及其得之也。御俗獨化。牢籠萬有。如此其盛也。然則榮辱安危存亡之衢。可以觀矣。宇宙雖大。封域雖多。苟非獨任之國者。其主權之運行。不守之以人民。則濟之以議院。制治之術。未有外此者也。何者。彼國者人民之制利用也。士農工商。各有分職。羣一國之人。離其所守。囂々然論治於朝堂之上。則勢有不能。而鄉舉里選之制興焉。以達其意。貸其責。然後向之所利用者。不必爲大盜之守。而反以賊吾民。此理之至顯。特所以選舉之者。其任之之分量有不同耳。今世俗之議者曰。議院之治。施諸吾國。足以召亡。權家倡之。瞀儒和之。何其獎然以熒吾聽也。悲夫。世固有以議院而亡人國者乎。夫自中古以降。生茲土者。屈伏於一人專政之下。呴濡相化。莫知其所爲使。一旦震以不見之事。駭以未聞之言。固有驚而卻走者。況其及之也。寵賂之事。奔競之風。自愛之士。所不屑爲。而黨伐之爭。論議之卑。有以絕望者之心而資忌者之口者。彰然在人而不可爲飾也。若夫喪志失節之士。寡廉鮮恥之徒。乞靈於當塗而供奔走者。又賢者之所痛心。鄙夷之不忍道耳。雖然。吾嘗聞之蒲徠士曰。美立法部失德之章聞也。世人之所駭。而美人則詡々然自以爲足。以立法與行政。足以相制也。夫議院即不善。而其功猶足以相償。而況斯民直道之所寄乎。彼夫欲地者制壐欲壐者。制地一年之中。挐國之大利拱手以外市者有之矣。議士雖不肖。其釋國法而騖外猶不至是。然則議院未足以亡國而亡之者自有人在焉。此吾所爲讀臧氏之書而悁々以悲也。

非募債主義

運甓

吾國外債之爲害。本誌記者秉心君。前期已詳言之。無取贅述。顧秉心君之所言。於外債之爲害於吾國雖詳。於公債本身之利害猶略。讀者或以爲債本可募。特不宜於吾國。則其所生之惡感。當集矢於吾之所謂政府。而不及於公債之本身。將見吾民希求募債之心理仍存。或又以爲苟得政治改良。雖至今日猶可以之救吾國。豈非大可憂乎。愚誠不敏。乃以必得去此心理爲念。謹貢玆篇。本諸學理。證之實例以立說。即其所略者而詳之。一得之知。或無大謬。使吾國民循是。而更能了然於公債之性質。世界之大勢。與夫吾國之危險。果已達於何度。對於公債之爲物。深惡而痛絕之。羣相勵而奮起。以遏狂流而匡時局。則愚敢必吾四百兆先民之靈。咸將深幸吾人。不願爲他國奴隸牛馬。而能自覺如此。許爲其賢子孫也。

題云非募債主義。顧名思義。不難知其主張債不可募。然此一名詞。非愚所能臆造。實起於募債祖國之英倫。而流行及於世界者。英倫之非募債主義。倡之者有年。行之者亦非一日。特至最近。而其崇信彌眞力行無懈更爲表著耳。觀今夏自由黨內閣財政大臣佐治氏提出國會之新年度豫算案。則政府欲行衛生敎育並國民保險諸社會政策。歲入不足一千萬鎊。案中改正所得稅法。及相續稅法。以期增收八百八十萬鎊。並削減減債基金一百萬鎊。以補其不足。就此論之。其關於稅法者。英人素喜稅法明確簡單。雖以所得稅之性質。亦採比例稅主義。大陸諸國。流行累進稅法。卒不爲動。至佐氏就職之初。一九零九年。乃破例以行之。且其稅額之等差。不僅因於所得之年額。並視其所得之種類。比諸大陸。更有進焉。資產家謂爲實行革命計畫。羣相非之。佐氏不顧。卒之所得稅一項。年不過三千三百萬鎊者。至佐氏而增至四千四百萬鎊。英倫財政基礎之愈加鞏固。所賫於此者爲多。故自由黨內閣。既能一面擴張海軍。維持國勢。復能一面施行社會政策。充實國民生活。毫不感其困難。本年度之財政計畫。無非承一九零九年之豫算案。據其實績。而於同一主義之下。改正所得稅法。用途限於衛生教育並國民保險。可知英倫財政方針。已專注於社會政策。從茲以往。隨其國富之增加。可舉其膨脹之歲入。胥爲充實國民生活之用矣、而其尤可注意者。則爲削減減債基金一百萬鎊之一事。英倫近年。康索公債市價。大形低落。現其所値。往來七十四五鎊間。資產家與銀行家苦之。反對黨指市價低落。爲基於財政失信。從而攻之。羣起要求恢復市價。使財政當局而意志稍弱。必將增加減債基金。買入該項公債。收諸國庫。以期市價昂進。迎合社會心理。此財政政策所最易有之傾向也。佐氏則不然。不獨拒其所請。幷削減基金。以供社會建設之用。以爲該項公債市價之低落。由於商工業繁榮。致使一般金利騰貴之故。大勢所趨。非小策所能挽回。且既商工業繁榮。國民生計富裕。則債價之低落。更不足以介意。故毅然貫徹其從來之方針。此雖可曰佐氏意志之強。然苟非其歷年以來。厲行非募債主義。則亦不敢斷然出此。蓋一八九五年統一黨執政以來。其第四次至第七次豫算。皆含多額之募債計畫。六年之間。所發行公債。達一億六千四百七十五萬鎊。與其償還母金之數相殺。其現存總積。尙由五億八千三百萬鎊，增至六億三千七百萬鎊。及一九零五年。自由黨內閣成立。掌財政者。始則愛斯葵斯。繼則佐氏。皆持非募債主義。前後九年間。僅因一九零九年豫算不成立。發行二千一百萬鎊善後公債一次。六億三千七百萬鎊之公債。至一九一三年。減至五億九千三百萬鎊。其輕減國民之負擔實鉅。雖得曰統一黨內閣。適當南非戰爭之時。經營戰後之財政。募債要非得已。自由黨內閣。乘財政之順勢。故能遂其初心。然通觀九年間經久之成績。殆能以非募債主義貫徹無渝。苟非信之者堅行之者力。而謂汎々然即可得之。吾不信也。減債基金之爲物。非眞能如畢德創造之意。行之而有利。制定基金。歲入而無剩餘。更爲募債以充之。乃所不免。以新償舊再募之損費既多。而公債市價之低落者。恆屬低利公債。收回之以期其價昂。又無異以高利而借換低利。其策之愚。不値一笑。史證相告。失敗恆無一爽。財政家樂行之者。欲以固其信用。爲繼續發行公債之地。然後可藉公債以售其彌縫之技倆耳。英人惡之。嘗加以限制。佐氏立志既堅。本無彌縫之心。即不爲發行之地。斷然削減基金。示其與公債決絕也。然非成績之良。則又或爲事實所不許。淺識者流。至謂佐氏償還公債之方針。爲破滅國民之信用。此豈然歟。

英倫之財政模範之財政也。佐氏之政治家。模範之政治家也。方今世界財政學者。率以之鄭重介紹於本國。愚雖非財政學者。而亦不能有外斯例。故於篇首不惜詞費以表出之。知爲政社名賢之所樂聞也。今其非募債主義。自西及東。日本大隈內閣。據之以爲償還國債之方針。將第二次桂內閣以來所定五千萬圓之減債基金。削減爲三千萬圓。而以此租稅節約之二千萬圓。充建設鐵道之用。同時復經營小口保險。用途得當與否。雖屬可疑。要於佐氏之精意。可謂得其一體。且知小口保險之必要而行之。亦不得謂非社會政策之見端也。於斯吾人可卜世界潮流之趨勢。財政上將發見二大原則。其一爲社會政策施行之必要。其一則非募債主義信守之必要是已。前者歐美各國。皆已行之。獨憲政未嘗發達之國家。尙居其例外耳。後者應於時勢之要求。且以於國民直接負擔之利害。尤爲緊切而普遍。欲其影響不及於世界。亦屬勢所不能。讀者勿驚斯言。或更生反抗世界潮流之念。須知此二大原則者。皆中庸之道也。世固有極端排斥社會主義與極端主張募債者。然終不如極端主張社會主義。與極端排斥募債者之多。國家施行社會政策。私有財產制。既獲保存。排斥之者。可以安心。國民生活。又可充實。主張之者。亦能靜氣。調和貧富之衝突。莫此爲善。國家信守非募債主義。財政雖覺其受束縛而欠敏活。然濫用之憂可免。而又不必急於償還。國民負擔使之可見。富力可因節約而增加。國家歲入由之膨脹。歲需無虞困難而短少。久而久之。惟有反形敏活之可言。並無時受束縛之可慮。明明坦途。何事畏避。但曰債不可募。前此之債。皆須舉而償之。則猶謂債可以募。不急之債。皆須舉而募之。極端之病。二者惟均。是又非今之所謂非募債主義矣。

今夫債。在個人言之。莫不視爲毒物。凡人之借債者。非至迫而求生。必不樂爲。生活僅足之家。一遇疾病災害。誠明知爲鴆。亦不得不飲。然苟非勢之所逼。謂有人焉將吝其藏金而不用。恃借債以資其揮霍。雖在狂愚。亦屬必無之事也。個人如此。惟國亦然。國家者個人之集合體也。國家之利害。無不直接影響及於個人。爲個人謀如此。爲國家謀又不如此。是不與此國家生利害之關係斯可耳。苟其有共同之利害以上。則個人之家計。與國家之財政。有相互爲謀之必要。試再舉前之二大原則以喩之。社會政策者。國家爲個人謀者也。非募債主義者。個人爲國家謀者也。國家負債。財政之受害。一如個人之負債。財政之所出。恃諸個人之租稅。個人能生存以上。其國之財政。決無不能生存之理。故論國家之募債。必非出於迫而求生。勢之所逼者。災害戰爭耳。然不過以非可豫計而缺其準備耳。非所論於生活僅足之家也。可言募債而與個人略同者在此。而亦僅在此。往時言財政學者。分國家費用爲經常與臨時二部。其發點即由災害戰爭而生。意謂經常出諸租稅。臨時出諸公債。乃爲至當。誠至當也。而後之財政家。當其行政。每擴張其臨時一部之範圍。舉凡事業之擴張。無不以公債爲其支出。甚至政務之膨脹。亦以臨時收入流用焉。流弊至斯。雖非爲此別者之咎。然今之學者。皆謂所別爲不完。棄之者多。未全棄者行政家耳。今之學者之論經常臨時兩費也。極端者謂即災害戰爭。亦須取諸租稅。免遺後人之累。是直不認有臨時費之一物矣。實則文化日進。各國之民。希望和平益切。民族主義之隆見。殆將絕跡。戰爭減少。爲一定不移之進程。所謂災害。亦比例於物質科學之發達而退聽。則即以災害戰爭爲臨時費。亦必愈久而愈見其無。事實上將與極端之論相合也。茲且退一步言。災害戰爭仰諸臨時收入。吾人不得不認之。以其不能豫計。不得已也。然至事業擴張。如運輸交通之類。凡在建設之計畫者。是亦不能豫計乎。是亦不得已乎。二者皆必無之事也。必無是事而又以臨時收入應之。此何說也。若以此類事業爲有利。不至遺累後世。漫與公債而不計其成敗。與其獲利之遲速。則不獨後世不能享其利。現代即已先受其害。其敗也遲也。固無論矣。藉曰必成且速。其成與速之爲度何似。初無一定。而目前利子之負擔。母金之年賦。每足紊其財政。即編製預算者之痛苦。已不可言。此豈非吾人習見之事乎。人第知經常費爲國家必要之恆久費用。臨時費爲特別事件之一時費用。因是臨時收入。不可以爲經常費之支出。而不知欲期財政之鞏固。則出納之際。經常費固必取諸經常收入。臨時費亦必以其一部分取諸經常收入。何則。世界之進步。突飛而無已。國家一切施設。皆必隨之而改良。所謂臨時費者。年年需之。以性質言之。雖屬臨時。以事實言之。與經常無異。見爲臨時。不過所費項目不見於前年度之預算案。又或見之而其範圍有異焉耳。以是之故。一國之財政其經常收入能支出臨時費之大部分者始有財政鞏固之可言此固事勢之無可如何。無怪持極端論者之不認有臨時費矣實則在法。亦誠不能認其爲有。可以認其爲有矣。亦不過每年相較僅有之差額。此即以公債應之。爲數至細。短期之間。可以償之。其性質類乎財政部年度內所發行之債券矣。

抑愚有不可解者。動物之中。惟人類未來之觀念最富。而人類之中。又以文化高者爲然。較低者次之。野蠻之族，則逐水草而居。朝不謀夕。所殊於動物者無幾。債之爲物。其於人也。樂在現在。而未來之苦乃不可言。謂人不畏之，不可信也。特畏之不眞。有如野蠻人之逐水草。苟安目前而已耳。嘗謂人莫不愛其身。亦莫不愛其子孫。債之近者乃累其身。遠者累其子孫，累其身不智。累其子孫不仁。己身之累。有其現在之樂，足以償之。子孫果何所樂而應代任己身之累。如謂己身力不足以任其累。則子孫亦自有其己身之累。舍其累不顧而專任他人之累可乎。倡爲債者。何其薄於子孫。而惟己身之是厚也。歐人富於未來之觀念。與博愛之精神知過而改還其本能。終有其日英倫之非募債主義。其見端也。東亞之邦。物質文明。雖不及之。精神文明。以開化最早之度。應在當仁不讓之列果也日本乃先我而爲之。吾國對此。能無歉於心乎。或曰。子言財政。乃爲道義之迂談，毋乃不類。曰不然。謀國者計必百年。國家之生命。百年且不足以盡之。今顧澤不及一代之子孫。豈其所以謀國之道。是亦見其自戕國家之生命而已矣。寧有他哉，

雖然以上所談。猶汎論焉耳。求其切於吾國事情。不得不姑讓一步。承認公債有其可行之道。然後細以公債之原則。例以各國之實況。庶幾可以廢然而知返。今曰公債可募。當否暫置不問最先即宜問

其能否。何謂能否。曰國民有無負擔力。負擔力之謂。即國民財產上所感輕重之謂。輕者舉之。重則不舉。前者謂之有。後者謂之無。夫視公債之種類如何。負擔有難易之感。此盡人所知。然與負擔生重大之關係者。利子乃較母金為甚。母金如屬永遠公債。償還額尚可伸縮。利子則不然。母金存在一日。即必支出一日。母金同而利率異。則負擔之輕重形焉。故負債者之所患。尚不在母金之多。而惟在利子之多。今試以一九一二年英倫國債費與民國二年吾國國債費比之。英倫國債額為七十二億四千八百六萬餘圓。國債費中。償還母金者。九千三百五十八萬餘圓。屬諸利子者。一億八千六百一萬餘圓。合計不過二億七千九百五十九萬餘圓。現其債額大減，為費更輕。吾國國債。無確實計算。據外人之為我推算者。則國債額僅達二十八億圓左右。而國債費乃至二億九千九百萬圓之多。比諸英倫國民之負擔。為重三倍有餘。至富之國民。輕其三焉。至貧之國民。重其三焉。而人方求減。我則議增。人之度量相越。不亦遠乎。人之募債也。利不過三四厘。我則至輕者五厘。重且八厘。折以實收。重以回扣。尚不止此。而惟議借不成之是懼。不知五厘八厘單數雖微。一計其總數。乃莫大矣。吾國人輒以計較錙銖。為市井之可鄙。抑知不能見其大者。正由於不為此計較矣乎。然茲言負擔之輕重。尚未計及危險之性。試更以國債費與政府歲入比而觀之。則所謂危險者。童子可以知之。今請分國家全體費用為行政軍事國債三項。國債費若占全體費用三分之一以上。則負擔之重。乃不可言。財政學家至謂國民負擔公債之力至此而止。再有逾焉。則其財政必紊。而國家維持生活。不能盡恃租稅。將非至展轉而惟仰給於公債不可。此其為說。初無關乎政府歲入之多寡。如有甲乙二國。歲入同為三億圓。甲之為用者。僅三分之二。或不及焉。乙之為國用者。大有過之。其供國債之用。不過一小部分。則兩國之國政。將見大差而財政之基礎。相去更遠。以吾國言之。據民國二年之豫算。歲出六億四千二百餘萬圓。歲入五億五千七百餘萬圓。不足八千四百九十萬圓。其中公債費之支出。二億九千九百萬圓。公債收入。二億二千三百餘萬圓。公債費一項。對於歲出將及二分之一。對於歲入。且有過焉。衡諸所謂三分之一者。尙何負擔輕重之可言乎。況其歲入之中。除去公債收入。僅三億三千四百餘萬圓。則其數僅足與公債費相等。是吾國民所負擔之租稅。全然未用之國政。縱或用之。亦九牛一毛。而吾民膏血之全部。惟以供政府揮霍公債之年利已耳。於此猶言募債。此尙得謂之有人心者乎。然徒曰民力不足負擔。猶未盡其中危險。蓋惡債之加於民。不過譬之貧困之餘。加以盜刼而已。即惡債不止一次。亦猶盜刼不止一次而已也。苟盜刼者一旦戢其盜心。吾人即有蘇息之望。而今乃不然。吾之生命。固直接懸諸盜刼者之手。而間接實懸諸誘之盜刼者之手。操諸盜刼者之手。盜止而痛尙可復。操諸誘之盜刼者之手。誘止而痛莫可救。是何也。即債權者也。夫貧困至極。鋌而走險。苟可以全吾之生命者。猶將忍痛以爲之。此持借債說者之最後答案也。乃本有坦途。必求走險。可走之險甚多。而惟明知其能戕吾命。無可倖逃者是趨。不至於死而不已。方其未死之前。猶命於衆曰。此正所以自全生命之道也。其從我毋違。而所命之衆。亦不暇辨其眞僞。惟聞自全生命之說則喜。有以自戕生命告之者。怒且形於色焉。是不亦大可哀乎。欲得是說。請更進而論之。夫至國民之租稅。僅足以支出公債之利子。則其所恃以維持國家生命大部分之經常費。勢不能取諸經常收入之中。所仰賴者。臨時收入耳。他國之臨時收入。不必盡屬公債。而公債又不必盡屬外債。吾國乃僅有外債可言。人之臨時費也。可以租稅當之。我之經常費也。惟以外債應之。外債之能供應與否。仍須還以詢諸租稅。租稅告之以疲而且竭。則外債亦將却步不前。却步不前。而吾國家之生命。乃不能維持。至是吾亦不暇他顧。爲維持生命計。只得仍將公債利子之支出停止。而仰給舊有之租稅。對於外債母金利子之處置。惟有一法。母金永不能償還。利子亦永不能支出。必欲支出。不外二途。一曰借新償舊。一曰扶利作本。借新償舊。仍以租稅無出。利子停止之理由不能有望。則惟有要求債權者。變更契約。扶利作本而已矣。此法世界各國有其先例。吾欲援之。債權者處於勢之無可如何。不得不從吾之請。即一八七六年埃及所行者是已。吾之所要求於債權者。俟吾財政整理後。始能償還子母。並賠償損失。惟同時債權者亦有其交換之要求。以向吾。則謂損失既大。整理無期。吾不敢信。必求吾信代爲整理。斯可耳。代爲整理。則債權者設置委員。以整理吾之財政。主權乃不我屬焉。斯時吾亦處於勢之無可如何。亦不得不從其請。埃及之先例。即屬如此。聞者曰。主權既去。非亡國而何。愚曰。此當分別言之。欲求債權債務之關係圓滿而無缺。是乃至當。舍此并無他法。彼債權者固不願有此結果。吾債務者亦何嘗樂而爲之。當其發生債權債務關係之初。人并不欲亡我。我亦未欲自亡。直至結果既得。而此亡國之念。彼此仍無。蓋始終一債權債務之關係而已矣。曾何與於亡國。謂主權既去即爲亡國。此固然矣。然欲保存主權。非至斯時之所能主張。當其尙能主張之時。謙讓未遑。既至不能主張之後。悔何能及。世有不欲亡國而必保存主權者乎。今其時矣。時乎時乎不再來。讀者試思之。此其爲說。容有未至者乎。

說既至斯。富於愛國心者。聞愚言必曰。民力雖不足以負擔。傾吾家財。鬻吾妻子。犧牲個人之生命財產。以保存此主權。而使國家不至於危亡可也。雖然。顧全國家。不在犧牲個人。非徒不必。抑且不能。租稅者。求其維持國家生命者也。但使租稅得其實用。生命自能維持。何須犧牲個人。若夫外債之負擔。

此爲無底之壑。無益於國家之生命。而惟足以害之。從而負擔。旣爲奢侈。雖以英倫國民之富。充其資力。亦無能爲繼。不有以止之。雖欲犧牲。將無從也。吾人不得已而爲一部之犧牲。增加無理之租稅。亦只得以整理財政之後。永遠用諸維持國家生命爲限度。愚爲此言。非敢故爲谿刻。任何財政家之能者。處理吾國之財政。愚敢決其無能逾此範圍也。

人或猶不以此爲足。意謂吾國接觸世界文明。爲時甚淺。人民雖貧。而租稅之負擔不重。儕之負擔極重之國。則其間負擔餘力。要有可觀。準此餘力。再發行若干公債。當無不能。是對於人民富力與國債費之比較。猶有疑也。則又請進而論之。以言增加人民租稅。爲今之計。舍此又安有他途。然歲入不足之三億餘圓。（此於民國二年預算中控除公債收入而得）爲額可謂鉅矣。是鉅額者。非將取諸租稅乎。吾國民負擔力。能否聚加以此。尚在疑問之中。乃一大問題尚未解決。而先發解決後之問題。其能免於早計之失乎。愚則以國富之金額與國債費相較。可以定其平均負擔力之最大限度。第國富之調查。最難得其正確。有數字可稽。雖不正確。亦能得其彷彿。而在吾國。并此數字亦無可稽。則欲定其平均負擔力之最大限度實難。然幸吾國公債。皆屬外債。債權與債務之關係。即國家與國家之關係。惟即債權國與債務國輸出入之關係窺之。而已足矣。夫使債務國爲自然輸出之國。債權國爲自然輸入之國。則經濟之關係。可以望其調和。如英倫之與印度是。然此非可蹴幾者。債務國欲幾乎此。則其所需勤勉之度絕高。倘隨處懈弛。誤其經濟施設之順序。增發紙幣。紊亂貨幣市場。則輸出入立失其均衡。生產事業不擧。非陷於極困難之境不止。史乘相告。例多多也。且債務國輸出超過。而債權國輸入超過者。乃兩國間貸借關係旣終。而債務國自貸借關係發生之日起。即以其借入金投諸生產。而絕無流用濫費之弊。且其生產事業。已收成效以後。始有此現象。當其貸借關係繼續未終之間。其現象乃適與之相反。倘債務國而發生流用濫費之弊。或雖投諸生產而事業又遭挫折。則又不獨反形輸入增加已也。子母之損失既須一一賠償。而其國經濟之基礎必且大壞。故自有外債史以來。能如英倫之與印度債務國。保其輸出之位置而不搖。受外債之益。而不見外債之害者。爲例絕無。非必其外債之盡屬不當也。實以良好之結果。未可操券而得耳。不能操券而得。則經濟之調和無望。債權國永立於債權之地位。而債務國永立於債務之地位。債權國之國民經濟力日强。而債務國之國民經濟力日弱。相背而馳。速力同等。然此乃假定兩國國富之程度。相差甚微。輸出入之關係。皆從水平綫上同時出發而言。若在吾國。則輸出之遠不敵輸入。乃在其債務未發生以前。是早立於債務國之地。利害更屬不同。國民新興之生產事業。既無可言。即固有之生產事業。亦日被外貨之壓。迫而日見萎靡。加以貨幣制度之不立。關稅制度之未改。國家全不爲之保護獎勵之事。亦所罕聞。民力之凋敝。輸出之不振。皆無從望其回復。不有以回復之。從而責諸國民曰。爾債務日重一日。是爾之富力也。爾有此富力。吾又安能置爾爾其爲我再負一重債務可也。此則與狂易之人何異。或曰。今之不明債權國與債務國之關係。動謂吾國民之富力。尚可負擔外債若干者。誠若是矣。以言內債則何如。曰是固有別。然內債者。爲額若鉅。將紊亂全國資本之分配。當玆民力凋敝之餘。亦不宜有此。但若人民富於外國有價證券。應募力甚强。則內外債俱不足以爲害。蓋外國有價證券者。即國民對於海外之投資也。在於國內。爲貯蓄之富力。其性質等乎遊金。以之應募。無傷於資本之分配。對於國外爲一種之債權。其效力等乎輸出。雖募外債。不立於債務之地位。衡國富者。必以其國民所持外國有價證券之多寡爲的。然而此物求之吾國絕無此可以占吾國民之富力何如矣據一九一一年。英倫對於外國及殖民地所積投資額。已上三百五十億圓每年所得之利子計以十八億二千萬圓。現所增殖當更可觀即此論之其國可隨時增募三百五十億圓內外債而無慮而人有此絕大之富力。尚議募債之非。今我居其絕無顧發增債之夢。是猶三尺之童。責以舉鼎。而不悟其斷脛絕臏之即在目前也。不亦傎乎。不亦傎乎。

廣尙同

白沙

墨子爲尙同上中下三篇。倡明大公無私之義。謂一家之君。一國之君。天下之君。皆當上同於天。故曰上同。上尙皆近而義通。在六書爲假借(一)故曰尙同。以弟子言。則家君爲上。以家君言。則諸侯爲上。以諸侯言。則天子爲上。以天子言。則天爲上。有諸侯而家君非上也。有天子而諸侯非上也。有天而天子非上也。家君諸侯天子。皆必奉承於天。乃能謂之上同。革命以前之中國。爲君主專制之中國。其政同於君主而止。不必同於天。革命以後之中國。爲總統專制之中國。其政同於總統而止。亦不必同於天。皆不得謂之上同。上同者。以天爲獨一無二之標準也。四千年開化最早之中國。至今不能達於治安之域。以不尙同之故。此廣尙同之說。所以不可已於今日

本誌之第一期。秋桐政本之論。言爲政之本。在不好同惡異。歷數今日人民之疾苦。政局之險象。而歸結於好同惡異之罪。天下有良知者。皆與泣涕而讀之矣。其或深思之士。猶疑其有違於行政之事實。而悖乎墨子尙同之說焉。設爲疑詞曰。墨子言一人則一義。二人則二義。十人則十義。其人兹衆。其所謂義者亦兹衆。是以人是其義。而非人之義。故交相非也。是以內者父子兄弟作怨惡離散。不能相和。合天下之百姓。皆以水火毒藥虧害。……天下之亂。若禽獸然(二)是天下之亂。在異不在同。則爲政者

(一)荀子楊倞注引作上同。
(二)見尙同上篇。

正宜好同而惡異。況中國革命之始。朋黨比周。處士橫議。用人則議會掣其肘。行政則都督攬其權。政出多門。有如異國。今幸悟趨於統一。方思所以同之不暇。何有於異。由前之說。不好同惡異與學理相避。由後之說。不好同惡異。與事實相違。是二者皆不可通也。應之曰。茲無所謂避與違也。夫物之不同。物之情也。雖天地不能強之同。惟善用之者。集天下之大不同。使各得其用。不好同惡異之論。實可由墨子尚同篇中體認而出。此有論證。非可妄言。愚惡夫天下之強有力者。負墨子而趨。假尚同之說。混人觀聽。此廣尚同之說。所以不可已於今日。

欲廣墨子尚同之義。必先揭其精義之所在。不得其精義。則尚同之說。反足爲專制者所利用。鋤誅異已。排斥清議。以統一之者。號召天下曰。吾尚同。吾尚同。吾守墨家之言。是誠墨子所謂異義非所謂同也。然則同之精義。果何在乎。曰同於天。同於仁。同於民。此三同者。尚同之靈魂也。天子不可爲同之標準。故必同於天。然天者鬱蒼々而不言者也。故必同於仁。然仁之範圍又至大。且博浩無涯涘者也。故必同於民。天以見仁。仁以託民。然後尚同之眞諦。如日月之昭天。雖有沈霾陰雺。不能損其光明。欲知當今統一之中國。果足以合尚同之義與否。亦必以天仁民三者爲標準。無專制。無共和。皆不外此三事也。此三事尤非愚之所得臆造。試舉墨子之言。分別證明之。

同於天何謂也。子墨子曰。天明乎天下之所以亂者。生於無政長。是故選天下之賢可者。立爲天子。(一)又曰。聖王明天鬼之所欲。避天鬼之所憎。以求興天下之利。除天下之害。(二)以上二說。質言之。即謂天

(一)見尚同上篇、原文明上爲夫、蓋天之誤字、尚同中上帝鬼神之建國設都立正長也、亦謂正長受天之選擇、
(二)見尚同中篇、避上原文有不字、與文義不合、刪去、天志中篇無不字、是其證、

子爲天所選擇而立者。其所以立天子。在與民之利。除民之害。天子亦不敢逆天之欲。不避天之憎。蓋專制時代。一夫之威權。易於濫用。而無所限制。不得不尊天以制天子。此古代通行之法語。非徒墨者一家之言。不過墨子言之。尤深切著明也。彼以爲天子與百姓之對於天皆處平等之地位。故曰「天下無大小國。皆天之邑也。人無幼長貴賤。皆天之臣也」(一)又常主張天之威權。可以賞罰天子。故曰「天子有善。天能賞之。天子有過。天能罰之」(二)天之所以享此威權而不妨其弊者。抑自有故。天道蕩蕩。無偏無黨。天道平平。無黨無偏。凡百艸木。春生而秋殺。天時之不可違也。然菊吐華於白露。松柏後凋於歲寒。青黃雜糅。橘獨立而不遷。簪簪下垂。竹冬生而勁節。悉能蕃殖其類。競存於天演之場。固未常見妬於造物。而使之摧折飄零。同作西風之黃葉也。復如氣候。夏暑而冬寒。天運不可違也。然冰洲之北。層冰峩峩。飛雪千里。日月晦冥。萬籟俱寂。不以盛夏而解其寒。天毒之國。金石俱流。山土同焦。十日代出。萬物怨生。不以泰冬而釋其暑。同運乎大氣。而一寒一暑。殊若天壤。造化何常惡其岐異而謀統一其時令也。孔子言四時行焉。百物生焉。天何言哉。天何言哉。萬族之不齊。四時之相代。皆在天運鑄冶之中。各得其在宥。墨子尚同之極。不同於天子。而同於天。以天之能。在宥天下也。易詞言之。即所謂「天之行廣而無私。其施厚而不德。其明久而不衰。聖王法之」(三)也

同於仁何謂也。子墨子曰。里長者里之仁人也。鄉長者鄉之仁人也。國君者國之仁人也(四)又曰。天子

(一)見法儀篇。
(二)見天志下篇。
(三)見法儀篇。
(四)見尚同篇。

之所是。必亦是之。天子之所非。必亦非之。去而不善言。學天子之善言。去而不善行。學天子之善行。天子者固天下之仁人也。舉天下之萬民以法天子。夫天下何說而不治哉(一)墨子言同之極則至天而止。言同之德則至仁而止。天者其體。仁者其用。說文之訓仁曰。親也。从人从二。是則二人以上。非仁莫親。二人以上。社會之所由立也。社會之形體存乎人。社會之精神存乎仁。觀於鄉黨。民日由之而不自知者。莫非由於仁之道中。民由之而秩序寧一。則仁之質充足者也。民由之而秩序叢錯。則仁之質不充足者也。其毫無秩序。如虎狼之父子。蜂蟻之君臣。則仁之質尤不充足者也。一群之內。少則同儕。長則同友。游遨同品。祭祀同福。死生同愛。禍災同憂。居處同樂。行作同和。弔賀同雜。哭泣同哀。出入相右。守望相助。疾病相扶持。皆由仁以行之。仁者所以使天下不同之物而皆得同之用也。仁者所以使天下不同之物。相反相成。相害相生。以發揮光大而超於大同者也。夫天下之百姓。皆服從天子之是非。此其故皆有定軌。非百姓與天子所能自知。勉强而出之者。天子之言爲善言。仁者之言也。百姓去其言之非。以學仁者之是。天子之行爲善行。仁者之行也。百姓去其行之非。以學仁者之是。此服從仁之是非。天之是非也。是非者非同異之謂也。天下之大患莫大於以同異爲是非。譬之人身。臂所以自衞而營物。脛所以持體而健行。同異之說也。而非是非之說也。耳目口鼻。各不相通。而各得其盬。亦同異之說也。而非是非之說也。以同異爲是非者。是左臂而右脛。貴耳目而輕口鼻。其病在身。諡之曰。痲木不仁。痲木不仁之病。國亦有焉。爲政者以同異爲是非也。然痲木不仁之國家。猶可存也。右脛尙可得脛之用也。貴耳目。尙可得耳目之用也。以其爲同異者。行事之同異。學術之同異也。若不以行事。不以

(一)見尙同中篇。

學術而惟區々於權位利祿，不知其他。是且腰與耳目之用而亦無之，在人爲陳死之人，在國爲陳死之國，諡曰麻木不仁，猶擬非其倫焉。以行事學術之同異爲是非者，麻木不仁之國家也；以權位利祿之同異爲是非者，陳死之國家也。故尙同必以仁爲前提。

同於民何謂也。子墨子曰：古者上帝鬼神之建國設都立正長也，非高其爵，厚其祿，富貴佚而錯之也，將以爲萬民興利除害，富貴貧寡，安危治亂也。墨子直以尙同歸結於民，有民乃可以見天之心，可以得仁之用。利則與之，害則除之，貧寡則富貴之，危則安之，亂則治之，天之心也，仁之用也。非此則不足以證其同於天與仁矣。黃南雷原君之言，唐鑄萬帝王皆賊之論(一)，爲中國民約論之一端，實不外推闡此義。然富貴治安，乃言同於民之果，非言同于民之法也。不舉其法，人將疑爲理想，不必見諸行事。

墨子曰：上有隱事遺利，下得而利之；下有畜怨積害，上得而除之。是以數千萬里之外有爲善者，其室人未徧知，鄉里未徧聞，天子得而賞之。數千萬里之外有爲不善者，其室人未徧知，鄉里未徧聞，天子得而罰之。是以舉天下之人皆恐懼震動惕慄，不敢爲淫暴。曰天子之視聽也神。先王之言曰：非神也。夫惟使天下之耳目助己視聽，使人之吻助己言談，使人之心助己思慮，使人之股肱助己動作。夫墨子所謂天下之耳目吻心股肱相助己者，非如周厲王之以巫監謗，今政府之游探四出也。是曰助暴。

(一)黃南雷說，見明夷待訪錄。唐鑄萬說，見潛書室語篇。唐之言曰：自秦以來，凡爲帝王者皆賊也。殺一人以取其匹布斗粟，猶謂之賊。殺天下之人，而盡有其布粟之富，乃反不謂之賊乎。大將殺人，非大將殺之，天子實殺之。偏將殺人，非偏將殺之，天子實殺之。卒伍殺人，非卒伍殺之，天子實殺之。殺人者衆手，實天子爲之大手。天下既定，非攻非戰，百姓死於兵與因兵而死者十五六。暴骨未收，哭聲未絕，目皆未乾，于是乃服袞冕，乘法駕，坐前殿，受朝賀，高宮室，廣苑囿，以貴其妻妾，以肥其子孫。彼誠何心而忍享之。

實非尙同尙同之相助于政長乃由於教育習慣而成使天下之民有不得不助之勢且不自知其助之之故孟子所謂王者之民也夫聚天下之耳目吻心股肱鑄治之爲一人其難在同人者。不在同於人者。同人者治人同於人者治於人。治人者欲同天下之耳目吻心股肱必同天下之富貴治安心本乎天用本乎仁始之則爲教育終之則成習慣百姓之耳目無異天子之耳目百姓之吻心股肱無異天子之吻心股肱故墨子曰治天下之國若治一家使天下之民若使一夫所以然者尙同于民也

上來所說天仁民三者。爲尙同之精義。確鑿不移。欲倡尙同以救中國之亡。亦惟有本此義以立說。尤必知天仁民三者在今日即可以民括之墨子因當時羣化而說法故分爲三事今但曰同於民足矣

墨子言同於民有二。一爲同之果。一爲同之法。法者即所以濟其果而求達其的者也蓋天下之耳目吻心股肱之大不同、使之同爲已用。此其爲法。中國古代政家久已見諸行事。試以周禮證之。小司寇之職。掌外朝之政。以致萬民而詢焉。一曰詢國危。二曰詢國遷三曰詢立君。其位王南鄉。三公及州長百姓北面。羣臣西面。羣吏東面。小司寇擯以叙進而問焉。則古之百姓亦有議法之權故國危國遷立君諸大故悉視百姓之從違天子之視朝猶今之開議會也小司寇以三訊斷庶民訟獄之中一曰訊羣臣。二曰訊羣吏。三曰訊萬民。聽民之所刺宥。以施上服下服之刑。雖言三訊而終以民言爲重故惟聽民之刺宥以施刑也鄭康成曰。民言殺殺之言寬寬之。其義遂矣然國危之間國遷之間。立君之間。訟獄之間。非榛狉癡黠之氓。可與共議而解決也。由是而重地方之治。人民之智。州長正月之吉。各屬其州之民而讀法。黨正四時之孟月之吉。則屬民而讀邦法。族師月吉。則屬民而讀邦法。書其孝弟睦婣有學者。閭胥聚衆庶。既比則讀法、州長之讀法。一歲一次也。黨正之讀法。一時一次也。族師之讀法。

一月一次也。閭胥不言時。其敎民讀法。必更多于族師矣。民習于法而後足與議法此豈後世愚民之治所能望耶

然人民所讀之法。爲民意之法乎。爲天子獨裁之法乎。法而獨裁于天子。强人民以奉承。是民同于天子。非天子同于民矣。墨子之同于民者民爲主而君爲客民爲貴而君爲輕也民爲主矣。則所讀之法。亦必主于民。不過天子執其樞紐。發號施令。以布憲于州黨族以已耳。觀于國危國遷立君訟獄諸大故。皆以民爲從違。況其相屬而讀之法。乃反不以民爲從違乎。法者民法君主不得而損益管子之言。信而有徵。其立政篇曰「正月之朔。百吏在朝。君乃出令布憲于國。五鄉之師五屬大夫皆受憲于太史。大朝之日。五鄉之師。五屬大夫。皆身習憲于君前。太史旣布憲。入籍于太府。憲籍分于君前。……考憲而有不合于太府之籍者侈曰專制不足曰虧令罪死不赦」憲者一國遵守之法也籍者憲法之所本也令者君布憲之詔也憲法掌于太史藏于太府君主有頒布憲法之事無制定憲法之權故必合于太史之籍增曰專制損曰虧令罪且底于死桀紂幽厲。喪亂典型。遂啓革命之師。身爲刑僇。後世謂之曰誅一夫。而尊革命之師曰順天應人。陸子靜曰。憲典二字甚大。惟知道者能言之。後人乃撰其所定之苛典。名曰憲法。此正所謂無忌憚。是君主不得以私意擾憲宋儒陸子尙能道之周代之典可以謂之憲者以其進于法治而不厲于人治有治人無治法之謬論早爲當時學者所唾棄也法治之說。以法家所論爲最精。韓非之言曰「設柙非所以避鼠也所以使怯弱能服虎也立法非所以避曾史也所以使庸主能止盜跖也爲符非所以豫尾生也所以使衆人不相漫也不恃比干之死節不幸亂臣之無詐也恃怯之所能服握庸主之所易守」又曰「釋勢委法堯舜戶說而人辨之不能治三家夫勢之足

用亦明矣。而曰必待賢則亦不然矣。(一)韓非之論。以爲握法執勢。雖庸主可以平天下。棄法委勢。雖堯舜不能治三家。此有治法無治人之確詁也。商鞅之言曰「仁者能仁于人。而不能使人仁。義者能愛于人。而不能使人愛。是以知仁義之不足以治天下也。聖人有必信之性。有使天下不得不信之法。所謂義者。爲人臣忠。爲人子孝。少長有禮。男女有別。非其義也。餓不苟食。死不苟生。此乃有法之常也。聖人者不貴義而貴法。」(二)商君之論。以爲天下之仁義者少。不仁義者多。天下之忠孝者少。不忠孝者多。若以仁義忠孝爲貴。則天下亂多而治少。故不貴義而貴法。此有治法無治人之確詁也。韓非之言重在國君。商君之言重在國民。蓋法治之國。其君不必有堯舜湯武之德。其人民不必有尾生之信。比干之忠。曾史之行。惟上下守法而不相亂。遂能奠邦國于治平。此之學說。出自老氏。其言曰「以智治國。國之賊。不以智治國。國之福。」人治之國。以智治者也。故必有聖明之君。法治之國。不以智治者也。故庸主足以定海內。聖明之君。五百年而一作。是天下治少而亂多。故曰國之賊。庸主之出。接踵而比肩。是天下治多而亂少。故曰國之福。後世陋儒耳食之談。以老氏商君韓非爲愚民之尤。實非愚民也。愚君也。愚君之說。法治之說也。法治者。同民于法。不同民于君。同民于異。不同民于同也。商君又曰「有道之國。治不聽君。民不從官。」夫不聽君。不從官。豈非大逆不道罔法亂紀之暴民乎。商君不以爲暴。反以爲道。法治之國。民則然也。人民消搖于法中。惟知有法。不知有君。知有法。故同于法。々者民法也。同于法者。同于民也。同于民者。民之自同。非一人之能強同也。民自相同。故能以天下之耳

(一)前說見守道篇。後說見難勢篇。

(二)畫策篇。

目為視聽也以天下之吻為言談也以天下之心為思慮也以天下之股肱為動作也語曰心之不同。各如其面。耳目之聰明至不齊。其視聽之趨向亦難一。有仁者之耳目焉。有智者之耳目焉。有庸人之耳目焉。有不肖之耳目焉。視聽之善惡是非。亦必隨人格之等差以異。視一色也。仁者曰善。智者曰惡。庸人曰善。不肖曰惡。聞一言也。仁者曰是。智者曰非。庸人曰是。不肖曰非。吻心股肱。亦復如是。況仁之中有仁之等差焉。智之中有智之等差焉。庸人之中有庸之等差焉。不肖之中有不肖之等差焉。仁智庸不肖之等差愈分。則善惡是非之別愈遠。析之又析。往而不反。欲齊天下之耳目吻心股肱于一轍。如墨子所謂使天下之民。若使一夫。愚者知其難矣。故法治之國以天下之耳目為視聽者非謂同其視聽之善惡是非同其視聽之的而已此一視聽也國利而民福焉止矣盡矣所以利之福之之方不必同也此一視聽也轉危而為安焉止矣盡矣所以轉之為之之道不必同也故墨子曰「其然也有所以然也其然也同其所以然不必同其取之也有以取之其取之也同其所以取之不必同」(一)此之謂也。然天下善惡之爭。是非之起盡產于不同之域。仁智之尤。其爭愈烈。往々強人之異以為己同。變本加厲則強凌弱而衆暴寡。智者詐愚而賢者罔不肖。墨子言以水火毒藥虧害。亂如禽獸。其亂不在異而在同也故必閑之以法法者所以扶持劬育其視聽之異非膠漆纆墨其視聽之同也民消搖于法中各守其異以發揮光大其異之良能以趨其國利民福轉危為安之的是之謂大同

周禮之法為法治。證以韓非商君之言。更識其精審矣。周室衰微。諸侯強大。專制之勢日重。先王之法日亡。孟子曰。諸侯惡其害已而去其籍。孟子之籍即管子藏于太府之籍也管子以為不能增損增損

(一)見小取篇、

則罪死不赦者而當時諸侯且公然去之以爲害已矣于是諸子蜂興各本其學以立說。周禮大同之遺則猶多發明。墨子即其一家之言也此外與墨子相表裏者。亦有數家。管子神明于大同者也其言曰「君據法而出令。有司奉命而行事。百姓順上而成俗。著久而爲常。犯俗離教者。衆共姦之。則爲上者佚矣」(一)管子以法爲上下同守之約。君所據者法也。有司所奉者法也。百姓所順者法也。百姓有司與君同執此法。相習既久。乃成風俗。其或與此風俗相違。則舉國之民群起斥其姦。是即同于民之極致各守其耳目吻心股肱之巽以得大同之用者也以法治不以人治故曰爲上者佚孰使佚之法佚之也孟子亦神明于大同者也其言用賢殺不可。則歸之于國人。言舜禹之即位。則歸于民之訟獄謳謌。言天下之定曰定于一。夫定于一之說。今之人藉以爲總攬統治權之口實。尊之曰微言大義。(二)愚敢謂執政諸君。實未解定于一之確旨。孟子常言離婁公輸子。不以規矩不能成方圓。堯舜不以仁政。不能平治天下。以仁政喩規矩此即韓非釋勢委法堯舜不能治三家之說也其言定于一故以不嗜殺人爲準殺機何自起乎即不以法扶持勆育天下之異強人之異以爲已同者也孟子常舉挺及以定殺人之界。蓋非徒播弄干戈盈野盈城乃得罪以殺人也匹夫匹婦流離顛沛少壯失其生養老弱轉乎溝壑皆可酬政府以殺人之名今大盜横行于秦隴。小盜恣肆于中原。都邑爲墟。白骨成壘。寡妻孤子號啼之聲。聞於街衢。驕兵惰將狠戾之氣。充乎寰宇以孟子挺及之說爲例是政府授盜賊兵吏以及而戮此數十萬元々之膏血也更有甚者。間諜侁々而噬人。罷民沉々以待斃。商賈休市。畎畝成

(一)見君臣上篇

(二)見五月一日大總統布告

蕪。工釋規矩。士輟弦誦。此數百萬無告之煢獨。不出三稔。必接踵續袂。化為游魂。以孟子挺及之說為例是昔之殺人殺其身今之殺人並殺其心昔之殺人惟絕其生今之殺人並斬其澤也今之政府既日日殺人時時殺人處々殺人人人殺人且覥然以號于國曰定于一定于一孟子不可復生將誰使辨此殺人之一哉今日之一以殺僇摧殘天下之異使同于一者也故殺人然後能一孟子之一以仁政調和天下之異使大同于一者也故不殺人然後能一商君亦神明于大同之說者也其言曰。「天下之吏民無不知法吏知民知法令也故不敢以非法遇民」又曰。「堯舜之位天下也非私天下之利也為天下位天下也論賢舉能而傳焉。非疏父子親越人也。明于治亂之道也今亂世之君臣。區々然皆擅一國之利。而管一官之重。以便其私。此國之所以危也。」(一) 此其所謂法者同于民也所謂私者同于君也同于民者以異為同同于君者以同為同曰法曰私治亂之所分也韓非亦神明于大同之說者也其言曰。「人主以一國目視。故視莫明焉。以一國耳聽。故聽莫聰焉。」(二) 此即墨子以天下之耳目助己視聽之說也綜觀管孟商韓之言。莫不源于周禮發揮其政論以各趨其國利民福之的為此中國之法治由非實降為言論之時期也

愚常以為奠安中夏。厚利民生。不必摭意乎華夸之業。銳思乎盧孟之訓。歸而求之有餘師焉姬周之治。若是其粲然也。諸子之言。若是其彰明較著也。基隆于羲農。規廣于黃唐。家々自以為稷契、人人自以為皋陶。戴繆亟維之流皆擬于阿衡侍從趨步之子可以使南面天下之士振拔跨騰學術之盛臨

(一)前見定分篇後見修權篇
(二)見定法篇

古絕尤同歸而殊涂一致而百慮故學術之競爭尚矣孟子常攻揚墨矣墨子非儒矣韓非列儒墨于五蠹矣其餘仁義覇王之辨離堅合異之談各守其異不苟同于人相競之烈勝于水火交和而舍儆若敵國或詆以無父無君或謚爲洪水猛獸或譏曰汗邪詐僞或指爲大姦或稱爲國蠹言乎學術則各守其異言乎法治又共趨于同當世之君與爲師父未敢屛黜百家奉守一尊從者數十人傳食諸侯而不以爲泰弟子三百人持兵器以待戰而不以爲亂此周秦諸子所以雷動雲合飈飛景附摛藻煥然蔚爲大觀者也雖未見用于天下而先王之法治賴以不墜生民至今猶湛其澤焉今之政府常稽古訓矣其布告約法曰本之歷史地理風俗習慣之特性矣抑知此數特性者有善性惡性之別乎周以前之特性善性也以法治扶持劬育人民之異而得同之用者也周以後之特性惡性也以殺人摧折天下之異而失同之用者也各保其異以得用于同者諸子之學其最鉅焉摧折天下之異以失用于同者秦以來之獨夫民賊以一己之私挾萬鈞之力刀鋸斧鉞爵祿慶賞威福天下而使之同者皆是也彼舍異而言同或自以爲得矣而不知大異卽伏於是遠者外者不必論以近者內者言之墨子所謂「父子兄弟作怨惡離散不能相和合」者乃基於此昔者呂雉思天下同于呂移兵柄于產而祿絕劉氏之位武氏思天下同于武改國號曰周而攘李社之祿非失同之用于妻者耶春秋以來如楚世子商臣弒其君頵蔡世子般弒其君固趙武靈王之稱主父隋楊廣之簒弒明英宗之變生土木竟以失同之用至于放殺君父嚴周有言虎狼仁也父子相親妻子者天下之周親也一旦于甕橐之中以爭私利相制相殘毒于虎狼同之爲害何其酷哉斯誠吾國之特性矣要而言之徒威福天下而强之同其效乃至肝膽楚越者此無他不知以異爲同耳易辭之言道曰仁者見之謂之仁知者見之謂

之知百姓日用而不知故君子之道鮮矣顯諸仁藏諸用鼓萬物而不與聖人同憂盛德大業至矣哉

法治之國鼓萬物而不與同憂者也不與同憂者以異爲同者也此廣尙同之說所終也

時評

官國與總督制

洸心

帝國滅亡民國繼興今所存者官國也此某名士之言也。

余謂我國自開國以來。未嘗一日去官國也。而近今爲尤甚。前清之季柄政者號曰親貴。而親貴實不外官僚之傀儡夫孰不知之

民國之倏興而倏敗也。人或曰。民黨不能利用舊日官僚也。又或曰。否々。民黨之失敗。正坐不能剷除官僚之故。余則曰。皆非也。民黨之敗正坐名曰民黨實亦幾無以異於官僚故夫彼既無以異於□僚矣設竟以官僚而利用官僚或乃以官僚而剷除官僚官僚之爲官僚自若苦吾民已耳非有他也

雖然。吾上所言。就實質言耳。若但就形式言。則今日官國之形式。始完全發達。誠如某名士言。官國形式完全發達之時正其情見勢絀之候沈幾觀變之君子靜以俟之可也

某名士又曰。今人紛々言今制爲總統制。以余觀之似須易一字易何字易統爲督

余向者嘗謂南方黨人日紛々言地方自治。而結果乃適得都督制。今某名士言。最與余類。余熟思之。殊無足異。以若輩思想舍用總督制都督制外殊不能發現其尚有何項思想也

但余於某名士言。尚須略加註解。即今政府採總督制云者惟謂其發號施令用人行政一如今總統督北洋時之所爲耳若謂今之總統能與昔之總督比權而較力則吾殊未之敢許昔之總督。於一省

之財權兵權等。無不有偉大之力。今則銀行團之監督機關。遍於全境。日俄戍兵及與密通聲氣之紛子軍隊。充斥於滿洲。總統曾何敢過問。此對外之說也。昔之總督。於省內道府州縣。視今總統之於都督巡按使。其關係之疏密如何。其管轄能力之大小何若。是尤世人之所共見共聞。無待余之贅述。此對內之說也。然則彼等所理想者雖爲總督制。而實際所得仍不過似是而非之總督制已耳夫以完全發達之官國而僅能行此似是而非之總督制。則官國之所以爲官國可知矣。官國之將來。景象何似。可以於今日卜之矣

參政院

漸生

政治進化說之披靡世界而爲學者之所信仰者。以歸納之結果。縱偶被逆轉於暴君污吏。而不逾時。必仍恢復其順序之程途。在在有不可逃之公例迫之以不可不如是之進行也。最大多數之最大幸福。決非可得於一人或數人之意思。終須求於最大多數之分子。而最大多數之分子。其人數至夥。而無限。非可聚於一堂也。於是代議之制生焉。今文明國政治所自出之議會。即最大多數縮小之雛形。而得以存其分子之精神者也。故最近之歐人。爲圖政治之進化。遂以改正國會選舉法。爲根本之根本。今已成列國共通之趨勢。其運動將有增而無已。廢除財產制限。期於選舉之普徧。今已爲通例矣。至不區別男女性。幷婦人亦與以選舉權。雖有學者主張。而實行尚無期日。但其傾向於普徧。有可知也。此其一。不認選舉權之差別制。而採用平等主義。亦已行之於列邦者。今惟俄羅斯在於例外。此其

二十九世紀歐洲之選舉制度。間接選舉制度也。今則已成既往之問題。雖俄仍居例外。其他殆靡不直接選舉者。此其三。爲保持選舉之公正。寧採祕密主義。務使選舉人以自由之良心。行使其投票權。此其四。此四要義者。在一般學者。羣認爲歐洲最近十年間選舉法之進步。而衆民政治之精神。遂緣之以出現於世界者也。

歐洲如此。吾東亞果何如者。夫議會制度。非有色人種得以應用之語。此僻說也。日本行之三十餘年。今亦小具規模。且有躋及西歐文明之希望。在吾有宋諸大儒。亦恒以鄉舉里選。爲治國平天下者之極軌。使生於近世紀。其醉心於代議制度無疑矣。乃今以觀於吾國。解散國民黨後。并進步黨。亦以無形之解散。而解散之撲滅議會後。并四百兆人民之選舉權。亦永撲滅之。然則非獨有惡於國民黨也。乃其晦盲否塞。若惟恐無色人種之僻說。無以證明。而鄰邦之得師。不知愧背先賢之衍義。不知非立國於二十世紀之中。竟不知有選舉法之一說者。然追言歐洲最近所改正之要義也。謂余不信。今玆之參政院。胡爲乎來也。夫參政院自約法會議產出。約法會議自政治會議產出。政治會議者。祕書廳之所放大也。約法會議者。法制局之所放大也。今參政院爲其苗裔。則亦祕書廳與法制局同一種類之物也。本前清之縉紳爲參政之名册。此不惟遠於歐洲最近之選舉制度。即十九世紀初期之制限。選舉亦距離數萬千里也。質直以言之。沒收人民之選舉權云爾。

夫人民選舉權之被沒收。歐洲對於普通之殖民地。尚不爾々也。惟置之特別行政範圍之生番。乃以絕對無選舉權聞。吾民乃獨立國之人民也。今并殖民地人民之資格。亦無緣取得。其亦至可悲之事也。在昔前清末年。滿洲政府雖吝吾人以國會。而地方有諮議局。中央有資政院。猶是人民所公選也。

而終以請願之不遂致釀成辛亥之革命今入民國吾民乃喪失前清已有之資格竟竄一生番之待遇嗚呼就政治上言之退化奚如是之速也耶

夫以一國政治有不可思議之退化其所生之影響亦必陷於不可思議之境域而暴發於一朝近世國家必以立法權屬之代表人民之議會者不惟三權分立之原則不可犯亦以養成人民尊重法律之慣習也法律有尊重之價値然後人民乃無逾越之行爲又政府所負之責任以見問於人民而明顯也今夷滅代表人民之機關則人民之責問政府者以何機關而發表夫至發表無由縱至萃怨望而政府一無所知焉其禍害豈可思議也耶要而言之今非置重於議會政治無以起已死之人心吾國甲午之失敗以吾民閉塞之久一任政府之所爲遂得割讓臺灣賠償二百兆金之結果庚子義和團亦以仇新之故政府之所作爲人民不敢誰何遂以釀成四百兆償金之大錯今猶未能歸償也由斯以譚政府之不法人民之放棄擧無足責也其於國家何哉

國務卿

白沙

有日本之卿有美國之卿有中國之卿欲知日美請先擧中國

何謂中國之卿孟子曰天子一位公一位侯一位伯一位子男同一位凡五等也又曰天子之卿受地視侯是卿者侯之爵也天子之國則然也說文訓卿曰章也六卿天官冢宰地官司徒春官宗伯夏官司馬秋官司寇冬官司空从卯皀聲卯者爵之制也章者章天子之德也（應劭漢官儀佚文語）六卿皆爵也天子之

國則然也。甘澤之誓曰。乃召六卿。卿之制舊矣。夏以上有之。今執三尺童子而詰之曰。中國何以無天子。莫不答曰民國也。烏得有天子。再詰之曰。無天子何以有卿。童子莫對。于是今之叔孫通衛宏應劭之徒爲之說曰。中國之卿得之日本之文也。日本之文得之美國之制也。美國而可以有卿。中國焉得不可以有卿。美國有卿。無傷于民。國中國有卿。焉得獨傷于民國。

更進而詰之曰。美國之卿。爲美人定名之本詰耶。抑日人假中國之爵名以譯之耶。曰，日本既已譯之。吾既已用之矣。然則日人之所謂卿。乃吾三代以前之卿。非美人之所謂卿也。日本假我之爵名。強加于人之非爵名。日本固不知也。今以日本假于我以強加于人者。而我復強以自加。我固不可不知也、猶日本假我國之犬以名美國之馬。我固不可呼我之犬爲馬也。非然者。是黃農虞夏之世。神州已宣布民主共和矣。

卿者。章天子之德也。卿與天子狼狽相倚。爲對待之名。而非獨立之號。猶子之于父。妻之于夫也。民國無天子。童子皆知。乃既有卿。則不得不略更鄰訓曰。卿者。章大總統之德者也。然既曰大總統。則不可言德。尤不可言章。是今日欲求卿之確注。已如殷盤周誥。詰屈聱牙。馬鄭再生。不能訓釋其義之何居。無以詰之。詰之曰。無夫之妻。無父之子而已矣。以其非父母之命。媒妁之言。履東方巨人跡。產于空桑。不祥之物也。

有爲邏輯者來言曰。袁枚論文。謂筆宜曲。故天上有文曲星。無文直星。夫天上之星自若也。未嘗有曲直也。人從而曲之。復取以證其曲說。其在邏輯。是謂丐詞。今美洲之國務首班自若也。未嘗與吾爵制相謀也。而人從而卿之。於是本欲立卿乃走於美以圓其卿說。是誠袁枚文曲之類也。宜曰曲卿。直衡邏輯又宜曰丐相。是說也。余取之。

八釐公債案

無卯

近聞國內以八釐公債案。甚囂塵上。政府主之於先。肅政史從而訐之於中。全國新聞紙羣焉吠之於後。恍若民國風紀。惟恃此案以立者然。噫亦太可醜矣。

記者於此案。初不暇爲枝々節々之研究。以其將民國三年來之財政史看作一整案。即八釐公債。如說者所云。亦不過全案中之一片段。其所耗散吾民對之而流涕者較之三年來偉人官僚政客賣買兵偵花費之所爲者。當不過百分之一。就此百分之一。尋垢而索瘢。此肅政廳平政院所有事。吾人稍作倫理之談。非至算總賬之日。不爲執剖驗之勞也。

記者之爲此言。非謂八釐公債之必無弊也。特以共和成立以來。他事無一可言。惟傾軋之風。突飛進步。昔之告訐。但憑傅會。今之傾陷。敢於誣衊。此三年中。稍於國事時或留意。即能舉其證例不少。此有耳目者所同認。非記者敢爲是抹撥之言也。信如是也。則斯案之內容如何。吾人終有疑障。今且假定爲有罪矣。然胡乃不交普通法廷。一例公開。而始終交平政院彌縫包辦。前江蘇省長應德閎案中之要人也。其辯解書盈把。記者俱未遑披閱。惟有請願呈文關於法制者。吾人不能不加以相當之注意爲其詞曰。

竊南京公債票一案。奉大總統命令發交平政院辦理。德閎當時以脫蔣懋熙諸人之手。從此得見天日。是以會同程前督電呈鈞座。表明感幸之意。並聲明俟傳案時。卽行投質在案嗣開奉派肅政史曾述棨李映庚到滬。先行查辦。自應靜候審理。惟查平政院係特別法庭。肅政職權。等於法庭之檢察官。與尋常行政範圍之查辦員。迥不相同。檢察官搜集證據。理應雙方兼顧。凡文卷證據及其事實。有可以證成罪案者。亦有可以解釋嫌疑者。均應收集羅列。參互比較。方能定案之成立與否。誠以法律之用。一方面爲國家懲姦宄。一方面爲人民雪寃誣。故法律上之檢查起訴一切事項。但使司法官吏。對於嫌疑人胸無成見。卽無秘密之可言。此固國民應享之權利。而亦司法官吏職務內應有之手續、今曾李兩肅政史。但與蔣懋熙及其委員曹元度等秘密接洽。專以原呈之一二函據爲主，而於此等函據之由來。及案中重要人證。重要關係。重要情節理由。概置不問。則蔣懋熙呈報到日。早可執付有司。何必多此一番查辦。此案證據尙多。日後發現。能否認爲有效。殊不敢知。是被嫌疑者之權利。第一步已剝奪淨盡。大總統明愼爲懷。當亦惻然以爲不平。德閎所被嫌疑。罪名至重。平政院條例。一經裁判。更無上訴機關。審度再三。惟有仰懇大總統按照普通刑事辦法。飭由上海地方廳起訴。理由有三。一、現奉大總統公布之平政院訴訟條例。凡平政院應行受理各條。與德閎等現被嫌疑。不相比附。二、中華民國人民被刑事嫌疑者。皆用三級審判制。平政院係特別法庭。爲尊重官吏之特別身分而設。因有特別之身分。轉失普通之權利。立法本意。決不如此。德閎等曾任官吏。一經卸職。卽屬平民。不應剝奪普通人民應享之權利。三、現行刑事訴訟律審判衙門章內第二節第十二條。審判衙門之土地管轄。以犯罪地或犯罪人所在地爲斷等語。原案理由、犯罪地並指行爲地及結果地而言。犯罪地證據最多。犯罪人所在地於傳喚勾攝羈押等。皆於審理上關係。至爲便利。故本條以此兩處爲其土地管轄區域等語。此案發生於上海。一切重要人證。皆在上海。德閎身被嫌疑。又在上海居住。故在上海起訴。此事與現行法律相符。國家法律。斷非爲一二人而設。用敢據以上三種理由爲法律上之請願。……

榮辱者一時者也。是非者百年者也。無論應某所犯之罪其大何似。而其要求一相當被審之權利。總算是守共和國民之本分。彼之敗訴至於何地。雖不可知。而茲一呈則於將來民權史上有一位置。此固不爲識短者所見。智昏者所顧。而記者則深以爲然也。夫平政院者本特權國之法制。非剝奪人民之權利。其本身即無以自存。然其剝奪之法尚決不是此種。蓋彼之所謂剝奪。乃官吏以國家代表之資格與人民有交涉時。其訴訟不歸於普通法庭而歸之平政院也。非人民獨立自入一罪而可由平政院任意挽之入庭科以私罰也。如謂訴訟涉於官吏。即當屬之平政院。亦必其以公人之資格牽入訴訟而後可。非其以私人資格觸犯刑律。亦當奪其普通法律所保障之權利。而一爲行政長官所魚肉也。（原呈謂官吏一經卸職即爲平民。此猶後一層。蓋人爲官吏時一面即保存其平民之資格。公事屬官吏。私事則屬平民。）茍不顧其罪狀之性質如何。惟以吾欲懲創是人。非以平政院爲之機關將不如意。遂以之胡亂羼入。是則與十常侍之北寺。魏忠賢之東廠。又胡以異。亦詔獄而已矣。平政云乎哉。

奧皇儲被刺

漸生

奧大利皇儲柏爾起那者。名譽職之皇儲。不待奧皇上賓。即代表奧匈合邦之元首。而有重要之勢力於歐洲之局面者也。波斯尼亞之合併。全出彼一人運籌帷幄之功。近東遂得無事。又於其間以代表奧皇之資格。西走英倫。北馳柏林。交驩英德於無形。根據三國同盟之遺傳。既與德日加親密。而三國協商之英復不與奧攜貳奧大利非維持舊有之勢力於歐洲即一日不得高枕而臥也夫奧今日失勢於歐明日之匈牙利即可宣告獨立不必待双方同意得以解除合併之契約綠奧與匈雖稱合邦而以種族不同在匈牙利一方面每時感人權之束縛日思與奧離異刻奧以傳來之專制即入二十世紀時期亦不與人民自由惟追蓦梅特隍是務民智遂日陵夷幾無競存之資而匈牙利之內政突飛進步恰與奧立於相對之端貴族所保存之特權經民黨歷年之奮爭已有日趨平等之勢而政府對於地主之取締復能優待農民使無不得其所之慨人民之程度既已日高故每思前世紀孔師安擧兵之失敗即對於奧大利有若仇讎而不能與之共戴一天也今雖依一八八六年所締結之妥協條約。得維持其現狀。而奧皇已入暮年。所恃以懾服匈牙利者皇儲耳是皇儲之才智可懿。而關係尤可想。乃今不幸而被刺。消息初傳歐洲報紙即有恐其統御匈牙利之無人而代爲奧危者今雖無事而出任塞爾維亞之調停者乃匈牙利之總理大臣基沙氏自表面觀之匈非惟不與奧離且爲奧處理國際之紛爭反若因皇儲被刺之哀情而日形親密焉者然將來奧所有歐洲之勢力或即因之以移於匈亦不可知之數也

法蘭西內閣

漸生

法之賚美爾午內閣。以總選擧之結果辭職。繼賚者利勃。又以不信任於議會。不一週間而倒。政權未可久懸。終以賚々亞宜承乏。賚內閣之生命奚若。今爲未定之問題。歐洲新聞紙。亦頗有爲賚賚亞宜

危者。但巴黎近所發行公債反日進於良好之狀況則法蘭西之大局不因此而生大動搖可知也乃日本有賀博士竟認爲法蘭西之悲運恐其不能維持五大强國之資格將有夷於二等國之虞遂以一文揭於彼邦之外交時報今爲舉其一節於下。

法蘭西以議院內閣制之弊其國非一日矣。千八七五年第三共和國憲法成立以來。迄於今日。內閣交迭。無慮五十。大總統益以陷於無力之地。政治中心。寄存於朝不謀夕之內閣。欲其國家之免於式微難矣。一九一一年十二月以來。內閣更迭之第六次。其總理爲潘嘉里。繼續當選。進於大總統之地位。國民甚重潘氏之人格。法蘭西之悲運。依彼之力量可望幾分之挽廻也。不幸三年兵役之問題起。陷於楚歌之大總統。終亦無能爲役已矣。

有賀氏以談外交著稱。前所著之最近三十年外交史。乃非如是云々者。徵之其觀察俄法同盟之障礙。有曰。以神權專制之俄。忽與革命產生之法聯盟。是必先舍其國體。而俯就於民權自由也然後可。然則彼固早認其應以專制趨於民權自由不應以民權自由趨於專制也其於國際之持論猶尙如此豈關於內政在二十世紀尊重個人人格之歐洲獨宜效法吾國之撲滅議會而後可以爲治耶平情論之。法蘭西政黨之情感。過於高張。內閣頻々動搖國政之機。以生滯澀。玆亦非政情中之良態無可諱言。然其救濟方法當訴之政黨德義問題與夫運用政治方法不可於國本所關之內閣制有所訾議也。須知法蘭西民情之亢。非同尋常苟不有內閣制使其情在法律範圍以內以時宣洩則革命之禍必且橫生有賀氏徒知千八七五年以來內閣交迭至於無數而不悟同年以來憲法不搖等於磐石是乃何故夫以內閣之改造與憲法之顚覆相較以數人之升降與兆民之利害相較以政事一時之停滯與革命數年或數十年之慘毒相較何取何舍何去何從寧以飽有革命經驗之法蘭西人尚計之而不熟是故千八七五年以前法蘭西共創十二憲法皆以暴力覆之平均計之每次運命不足十年以例爲推第三共和建立以後憲法之死於暴動者至少宜有四次而乃無有是無有者乃法蘭西之政潮別有其道消之無可疑也是何也即內閣制也是法內閣更迭之次數雖過於頻繁不滿吾旁觀者之意而其本事則固有解免四次革命之價値存於其中此論法蘭西政事所不可不知者也

入二十世紀初期以來。歐洲政治上趨勢。咸收縮其對外之野心。置重於發達箇人之域。英海相昨年提議製艦延期。不見拒絕於德將。而德法議員所發起之聯合委員會。今至常設機關於瑞士。其意可知也。三國協商之同盟進化說不惟不可能之事且亦非識時俊傑之所許今法總選舉之勝利。雖歸於聯合社會黨。而以反對潘嘉里政綱爲旗幟者。復有聯合急進黨。其院內議員。尚有對抗之優勢。三年兵役制之不易進行可知也。夫所謂反對潘嘉里政綱者換一語以言之表面反對三年兵役制而裏書之所藏乃在變更普法戰爭後傳來之國際統系也國際統系之變更重在斬除三四十年來保存之復讐觀念冷淡俄法同盟降心與德握手固定歐洲之局面而後尊重箇人人格之的乃有到達之一日忍辱負重之言聯合急進黨之志士足以當之矣而法之總統乃日與之背馳今日賜謁俄相明日通書俄帝烏得不遭其反對耶

國家財政之計畫今亦異於昔所云也十九世紀之收入強半取於間接稅二十世紀之收入乃在取於直接稅法前藏相愷約氏之政策殆蔑視私有財產制度而置重於社會主義之先聲者也今雖先

資內閣辭職而潛勢力之所在倘充溢於法京愷所編製之預算表其被歡迎於聯合急進黨至列舉之爲政綱焉政費之範圍務求其小收入之財源以資本稅及所得稅爲原則不濟乃以募債充之是也近英藏相佐治民亦對於私有財產爲充分之征伐且幷不欲以現在之費用遺損害於未來而主張非募債主義投之於生產之域猶尙如此矧乃投之於不生產之域乎三年役兵制之實行其經費之激增可想也反對之也宜矣

愛蘭國民黨

漸生

黨之爲言在吾國幾成絕對惡名詞若無後起之日本稍々矯正之幾與黃髮碧眼齊觀以爲非可植之東洋諸國者矣正其誼不謀其利明其道不計其功之二語者董子倡之宋儒取爲立身之則其說自與黨義不侔乃今以觀於歐美先進國植黨者之共通原則所標之政綱不必同所持之政策不必無異而其以國家爲前提不謀一黨之利不計一黨之功毅然以正誼明道爲一黨之責任者殆靡不然焉是豈惟法律許可之政黨爲然即現今各國暗中運動之祕密黨若非有此幾分之元素亦決其於政治無絲毫美影響然則所惡於黨者箇人之私黨也其物恆以極端專制國爲其產地吾歷史統字之曰朋黨亡國敗家相隨屬經數千年而留存今雖國體變更而潛滋暗長竟日新而月異如世所稱之某派某派者其禍害誠不可思議也此乃絕對不可與政黨混視者政黨之爲物公也非私也其以接近政權爲途徑乃公道正義之熱誠所迫而發非存有箇人之利害於其中且有時以一黨之勢

力不足以組織政府恆不希望政權但以政策爲的而爲有條件之提携終以達其所志者往々然也。英之愛蘭國民黨。即其最近之一例。

今欲言愛蘭國民黨之効力不可不歸結於愛蘭自治案。此案自英之自由黨內閣提出。今得確然成立者。靡不賀戰勝於愛氏。而稱其知治亂之大體。但自政治進化言之。凡得良好之結果者其主因恆在人民不在政府人民之權利人民放棄之政府無從與之也人民之權利人民不放棄之政府亦無從不與也今英政府所爲恰應於時勢要求憲政恆軌不肯違背人道以自取不德爾非果最惡於愛蘭也英所殖民徧於大地奚不聞統與以自治而僅惓々於愛蘭然則其人民奮鬭之雄心團結之毅力固有大殊焉爾者愛蘭國民黨即其精神之代表也

夫今世自由國民贏有幾分之自由必其先投有幾分之代價政府非剝奪人民之自由無以濫用其權利人民非保存其應有之自由亦無以監督其政府國家者人民與政府共之也故英之格蘭斯頓執政時。其所宣言有曰「假爲民行政之名以獨斷獨行者惡政也民無待於爲也吾英倫乃以政府之資格與人民共行其政治」使一國之民有如物焉一任政府之宰制其奚能國反之而全國人民胥有相當之自由各以發展其萬有之事業其國又奚以弱假維持國家之美名愚弄人民陷之於萬劫不復之域而予智自雄謂人莫己若者其處心積慮殆非將國家斷送竟有不可中止之勢雖然彼獨夫爾彼民賊爾奚足責焉其與所謂獨夫所謂民賊同時之人民何在也此則不能不太息痛恨其放棄之罪也近匈牙利來熙博士。以歷史樹幟於倫敦大學。所著國民功業論。其開宗明義之言曰「通覽古今歷史。某國民或某人種。得以成其巨大之功業者。咸其國民其人種具有成功之元素反之其他國

家。暨其人種至今日見衰退或竟爲歷史之名詞爲無他缺此元素爾」今紬繹全書。所謂元素者人民竭全力以競存不肯放棄而已又法之柏密氏所著英國人民政治上心理之研究一書出版未久即有英譯今又經日人譯之其終結之論曰「百年前英倫物質之文明政治之平等社會之自由幾與現在英倫別爲一國別爲一人種而偵察其致此之由靡不緣於大多數之民衆以保守之形式奮力於不息之戰爭」由斯以譚。同人種之人民組織同人種之政府非具有不可侮之抵抗力尚不能構成完全人格之國民矧歸併於他人種之國家隱若殖民地之人民乎愛蘭今竟得以自治益有以知愛蘭國民黨之價值也夫愛蘭自與大不列顚結合以來既殊其人種復異其宗教每以權力分配之不平時起急激之衝突中間雖經克林威爾之迫壓得以苟安於一時但利益握於英人之手土著終無樂生之趣鋌而走險至有時出以野蠻之暴動者陰結徒黨激厲同仇或親加危害於地主或間接焚掠其財產此雖爲愛蘭國民不甘放棄之特徵但亦一時復讎之愉快終無損於英人毫末也故在歷史上只認爲暴動之初級後乃發生刺客狙擊長官延及一八八二年愛蘭太守師比沙暨其次官齊斃於腓意克斯公園之下此則非細故也英倫爲之震驚政府爲之寒膽但亦僅々增愛蘭之聲勢終無濟於自治之弘圖其時適値英倫選舉法改正之頃愛蘭人民得被選爲議員而爲民請命之巴訥爾氏出於其間目擊情形憤不可忍痛同胞之生命慨自治之前途長此以往終無了時欲敵文明之苛待宜循政治之恆軌乃投身愛蘭國民黨中務鮮明其旗幟爲政治之競爭追隨兩大黨之後而左右之距今愛蘭自治案成立之前十二年其人雖早已物故而終不能不歸功於彼者緣無巴訥爾即無愛爾蘭國民黨也巴訥爾未加入前。愛蘭即有國民黨。巴訥爾已逝後。愛蘭仍有國民黨。政黨乃衆民政治之雛形。安得謂繫於一人之存亡也。不知前之國民黨以巴訥爾未加入不聞有勢力於英倫後之國民黨以經巴訥爾之訓練遂告成功於今日巴訥爾者以愛蘭自治爲的而以不接近政權爲黨員之表率者也故今巴訥爾雖死而愛蘭國民黨之精神不死當彼始入國民黨爲首領時。其黨員只知以仇英爲志。無取得自治之籌畫。迨經巴訥爾頻煩之訓練。導之於軌道。俾移其同仇敵愾之心。爲院內衝鋒陷陣之效。愛蘭國民黨。始得議員之功用焉。中間彼又一度游美。募集愛僑巨額資金。歸以擴張黨勢愛蘭國民黨之組織。方抗衡他政黨。而無所於讓焉。又彼初借愛蘭至少之議員。列席兩大黨議院時。其所號召。乃在自治。此愛蘭一隅之問題。而非不列顚全域之政要。在大多數議員眼光視之。靡不笑其不度德。不量力。乃國民黨自得巴訥爾率領不惟不可睥睨反因以發現其不可一世之能致英倫全域議員不能不披靡於其旗幟之下其勢力之不可侮也有如此者夫英以議會政治立國者。議員之在議會。恆有充分之權威。以縱橫於院內。演說時間之制限不聞有也。故雖討論終結之法案。議員可於字句間提出修正。更可於決議后爲延期之動議。且有時可於議事進行中。宣言出席議員定數不充。有要求檢查之權巴訥爾利用之愛蘭議員效法之英政府不與愛蘭以自治則其所出議員即防害英政府議事之進行若自吾國人眼光視之殆未有不以搗亂排之也而今英史至暨稱之曰巴訥爾障礙策在當時反對黨之議員中。非無妨害議事放逐場外之提議。而大多數之議員。亦靡有直巴訥爾者而彼終以權力之不平即無秩序之可言爲其主旨遂不惜出種々之手段破壞之俾所提議歸於無效而愛蘭議員遂一躍而占有英議院強大之勢力故自格蘭斯頓組織內閣以來英政府非與愛蘭國民黨提携即無成立之希望今雖巴訥爾物故而其精神所感化不啻製造無數之第二巴訥爾於愛蘭國民黨中現愛斯葵斯之內閣固以自由黨爲本營而得愛蘭國民黨之提携亦唯一之後勁也

由斯以譚。愛蘭國民黨非有所親昵於自由黨內閣也格氏第二次內閣之失敗。即以見侮於愛蘭國民黨。巴訥爾以八十八人之議員。爲保守黨左袒。而沙士勃雷之內閣成。保守黨承認所提携之基礎案也然則愛蘭自治案之成立非自由黨內閣之助力乃愛蘭國民黨主動力之强俾之不扶助不可也格與愛相繼秉英政權猶可爲之說曰政治之作用不得不如此也英之以文豪而兼有政治家之目者莫烈氏。有名之格蘭斯頓傳及克格威爾傳等著作。皆其所爲者。於格氏第二次內閣時。曾一度出爲愛蘭總督。其所自述。「予之贊同愛蘭自治乃本於良知非有其他政治之作用也」今問莫氏何以有此良知非以愛蘭能創立國民黨其國民團結力之强毅俾有所感於中而不能自已也耶天賦人權無待於與也喪失之收歸焉爾蹂躪之報復焉爾偷生活於專制之下是至賤之民也以團體爲援繫之階是至汚之民也意大利憲政亦以兩大黨名者。而不聞有以發達其國勢焉。緣意之政黨。以政策爲後圖。而所最熱心者閣員也。故一遇內閣更迭。往往以數黨之人員組織之英則無是也夫英豈惟兩大黨爲然即所謂第三黨亦靡不然某黨與某黨提携但以對於政治之信條爲條件不以加入閣員爲條件也今得愛蘭自治案之成立代表人民之精神因以充分發現即吾董氏之古訓亦因以放一光明政黨者汚濁之總滙也惟潔白乃心者始克有强硬之主張人民者政府之魚肉也惟團結力强者始克有完全之人格邦人諸友。其可忽諸。

張伯倫

漸生

吾國人所習聞之英倫政治家張伯倫氏。以帝國主義名者。以七月三日物故。彼生七十有八年。占勢力於英政界者。三十餘年。不必時握政權。僅一度爲殖民大臣。而恆有左右朝野之聲望。今於其卒也。爲述其政見之遠者大者。亦克以得其爲人矣。奚待溯及其微時。而無如紹介之本懷不許也。夫益格魯撒遜民族之性質。恆不偏於抽象之思索。强半趨重事實。求理想於歸納之中。張伯倫其代表也。彼家故革商。生十有六年畢學後。即投身其父之商店。勤勉忍耐。習於製造。後以發明螺旋釘。得專賣權於英美兩政府。累致巨萬。爲英富豪。人以張螺旋目之。彼於其時。潛修希臘羅馬之古語。復覃思哲學。初信天賦人權說。認國家社會主義。爲政治必然之傾向。時々聒於人。尋入議會。無所屬。即與自由黨握手。而爲格蘭斯頓內閣中之一員。於是經營商業二十餘年之久。乃積極爲政治之活動矣。

然彼之政歷。實權與於地方。以一八七三年。被選爲伯明罕市長。伯明罕者。彼營業時之根據地。而英所新創之都市也。其秩序之不整。殆如吾辛亥革命後之漢口。若市所營造物。僅一市廳舍。一市場。無公園。無圖書館。無公共浴場。無美術館。無博物館。無寄宿學校。無美術學校。并無市有之大道焉。今得才智卓越之市長。又以生長於斯。明晰羣衆心理。以故事靡不舉。彼首組織市會。知非黨派之統一。無以希望其整理也。乃先以政治家之手腕團結之。人心歸往。著々進行。水道市營之。煤氣市營之。而終之以市區改正。僅々三年。而伯市之觀瞻壯麗。竟無讓於倫敦闔城溢郭之闤闠焉。其事務之敏捷可想也。

雖然彼政治之功名心非安於一隅者也一八七六年以四十之年齡被選爲伯市之候補者一躍而入英倫下院。此爲彼三十餘年政治生活之誕生期。其時政府屬於保守黨爲第斯列利內閣。而當時彼所持主義猶胚胎於潛修時之根本觀念自與保守黨不合而與自由黨接近且於院內又與格蘭斯頓友善。以故同執反對第內閣之政策。終以救援土耳其問題。創第內閣至死。一八八〇年之總選舉。全國視線遂集於自由黨。而格蘭斯頓內閣立時格氏夾袋中人。不勝其選。僅以通商局長官屬張。彼無容心。即藉此以發展其事務上之材能。在職五年間修正破產法與特產法。其最著也。其他大小改良事件。無慮數十大博朝野之信任夫然後有以見政治家之作爲固實事求是者也

夫拘々於目前之事務絕無遠大之眼光者俗吏也空談學理終不解施之政事當作何變換者文士也。張伯倫非其人也彼惟不蹈蔑視事實之弱點故前者經營商務以及處理國事皆出畢生之精力以確立有條不紊之本基彼雖信天賦人權說根本上不無尊重箇人權利之觀念而鑑於外界趨勢以謂欲得一國各箇人之尊重先不可拋荒其國家時則英旗徧於大地而隔一衣帶水之愛蘭獨首求離異此於所倡帝國主義自不相容故其後對於愛蘭自治案不得不與格內閣分攜者亦必然之勢也於斯有須附以一言者彼非絕對反對愛蘭自治案者時期未到即不肯苟焉附和且彼以政見不合今日於自由黨內閣如是即異日於保守黨內閣亦靡不如是後以關稅改革之不遂即獨翩然下野其主義之明瞭進退之磊落尤吾人所當俯首拜崇而奉爲實際政家之模範者也

當彼退出自由黨時。不無買愛蘭人民之惡感。而來自由黨員之非難。彼無所顧也。終組織統一自由

黨。且於其時一度游美。以求最後之戰勝。而格氏後亦以八十四歲之高齡。絕意政治。一八九五年。內閣更迭。而沙士勃雷氏出焉。沙侯亦第三次組織內閣者也。不久即移於其甥巴爾福。以帝國主義之旗幟。鮮明於其時者。莫張伯倫若也。今保守黨爲政彼自受無限之歡迎殖民大臣一席固非彼莫屬初入二十世紀有名南非戰爭之告終而彼之時機至矣。

夫英之有意於南非。非一日矣。當一八九五年。南非特許會社以資本金百萬鎊成立時。即得英政府許可。有宣戰媾和任免文武官之權。其意可知也。英之滅印度也。以印度公司。其夷南非也。亦自以南非會社。十九世紀之末期。國民主義入於帝國主義之時代也。故同時以養痾南非與其兒偕。發見金剛石。而毅然抱持絕對之帝國主義者。又有祿芝氏。祿芝之功業。非不偉也。且曾一任南非總督。然而收征伐南非之功實不在南非會社不在祿芝而在帝國主義者之張伯倫也巴爾福之內閣張伯倫之內閣也南非會社之特權彼所許與也祿芝之功業彼所成就也彼以殖民大臣定計朝右知不許之強硬手段即無以發展帝國主義之精神遂於一九九二年。夷杜蘭斯哇等兩共和國。以組織南非聯邦。至是而英以三島沿海岸線而南西有南非聯邦東有印度大陸復轉而入太平洋又有澳地利亞等々殖民地與母國有指臂相連之勢貫通一氣隱若地球之主人翁然彼之功也彼於功成後。曾以一九〇三年巡游南非新版圖其出發也致勞英帝之出送發縱指示之功之可貴也有如此者。南非征伐成功者之張伯倫固尚有第二之帝國主義在也其的在破壞英倫歷年自由貿易之國是。而更之以保護政策。世所稱關稅改革說也。彼於南非巡歸後。欲於巴內閣提出之。且爲方略以明之。先組織關稅同盟於英本國與殖民地之間。以保護相互之生產。而鞏固英帝國版圖之連結。其一也。

又宜言此關稅政策採用之必要。非為內國生產之保護。乃以之為外交上之武器者。又其一也。當附閣議時。被斥於多數之閣僚。彼終不屈。卒以一九〇三年之末。解殖民大臣之印綬。歸其鄉土伯明罕。從事於在野之鼓吹。不三月而巴內閣倒。自後張氏以年高多疾。亦復隱而不出。惟令其子繼承父志。張其舊幟於巴力門。世所稱、小、張、伯、倫、是、也。小張之辯才精力。雖不減於其父。今內閣愛斯葵斯之勁敵。茲為一人。語云有是父必有是子。觀於其子而父乃益可思矣。

雖然。張氏之帝國主義。是否適於今日世界大勢。此一大疑問也。蘇明允曰。吾於龍逢比干。只取其心。不取其諫。吾於張伯倫亦然只取其人不取其主義張氏者乃富於節操一空倚傍之政治家也主義所在絲毫不肯苟同於人今日同僚明日翻為政敵舉世謗議不動於心其豪健不屈不可一世之概有如此者英倫實業諸家。每好利用政治以營其私利。張氏恥之。此於其飄然遠引。宜可以鑒其誠矣。而議者嫉其一意孤行且以其中含有私意妄相媒孽彼受社會之冷遇至近數年乃益甚矣今於其死也舉國之人似又恍然於評騭英雄夙嫌過當黨無新舊悉為感傷而張氏忠於主義篤愛國家之公心至此乃大白於天下蓋棺論定。固宜有然。然究於張氏之為人何所損益於其間哉至言主義則現將入二十世紀之中期在憲政先進國之英倫正宜以謀世界和平增人類幸福為己任帝國主義者過去之物也吾人不必贊同之新大陸之共和黨執政時其所持之帝國主義已大見效用者而今威爾遜氏且宣言取消之非律賓獨立案之提出其事實也

非律賓自治案

漸生

太平洋之非律賓群島。以古巴戰爭之結果。被置於美之行政範圍。此一八九八年定於巴黎所結美西條約者也。時以有麥荆來之宣言。美非利其土地也。終必與島民以自治。此在殖民史上。已放人道主義之異彩。而塔虎特氏於未被選總統前。曾爲非島總督三年。復能以麥氏之理想見之事實。新大陸之所作爲。固自異於列强也。塔之治非島也。始之以鑿通道路。改良農業。爲設衛生機關。爲定警察行政。此猶是殖民政治之恆規。而材智卓越者所優爲也。若夫力破其土會遺傳之惡制度。導之於自治之域。復頒布完美之教育制度。以發達其人民知識。爲責任。此則殖民地所難望於本國者。而塔以一身肩之。其所恆言。吾之經營非島。吾之天職也。終吾身焉爾。故後以羅總統之敦促。雖不免歸就陸軍卿之任。而殖民長官一席。終不肯易以他人致與日不收圓滿之結果。舉無教育之人民。經數年之訓練。各與以自由之大光明。島之官吏焉。議員焉。皆得以島民任之。而不虞其政治知識之缺乏。塔氏之功。即爲立銅象百座於非島。曾未足以酬之也。彼於爲總督時。設立施政委員會於總督府。職務若美之元老院。然總督爲之會長。以委員九人組織之。而島民占其四焉。至一九〇七年。又令非島開設議會。俾出八十八名議員。議員之資格。被之於大多數之淸教徒。然則非島自治之雛形。距今數年前。已略有規模矣。

夫列强對於殖民地。恆恐其自治。而美於非律賓。則適行其反。此乃門羅主義之結果。不問黨爲共和民主。而同其徑途者也。今非律賓自治案。果提出於民主黨議員鍾師氏。據路透電傳。此案本會期有成法律希望。但恐其廢止非律賓委員會。而代以上下兩議院。頗難見之事實。而以考於鍾師所草之法案。則僅在擴張其自治之權限。至完全之獨立。仍當俟之異日。今爲略舉其要點。亦本案之基本談也。

鍾氏以非律賓自治案成立後之八年期間。爲自治準備時期。準備時期中。非律賓行政長官。即號總統。美總統與上院協議後任命之。總統得上院議員三分二之同意。可締結條約。但不可不經美總統與元老院三分二之承認。又總統任命國務員。須得美總統與元老院之同意。以國務員職權上有對外關係。利害恆影響於華盛頓政府也。其他分掌國務者。如內務部。如商務兼警務部。如財務兼司法部。如文部。如海軍部。如陸軍部。總統不須經美總統與元老院之同意。得任命之。八年準備時期既滿。先於九十日前。行非律賓共和國之選舉。總統及副總統被選後。受代於美所任命之總統。同時撤退美駐在非島之海陸軍隊。但關於割讓於美之貯炭所及軍港之守備兵。不在斯例。元老院議員三十九人。任期四年。代議院議員八十七人。皆由人民公選。非律賓之立法權。於焉確立。但美總統對於兩院通過之法律。得不裁可。又總統有任命司法部吏員之權。但關於大審院判事之任命權。由美總統行之。

美人中之贊成此案者不惟民主黨。然即共和黨亦靡不然。其重要之主因。以美自領有非島。年須投以莫大之經費。今八年後。軍隊調歸。年可減五千萬圓之美金。其裨益於國庫者甚大。且今總統威爾遜被選時。非律賓人民開空前之祝賀會於馬義朗地方。祝威爾遜之當選。即以祝非島獨立之期近。政府。對非之方針。尤早與人以共見。由斯以談。此案通過。殆有可期。惟抱持保守主義之島民。以暨流厲之外國人。則不無執反對之態度。所陳理由。約有兩端。今爲略擧於下。亦當世政事得失之林也。

反對之第一理由。公共精神之缺乏也。非島人民之政治教育極不完全。縱漸施以自治制度。亦不能得政治上充分之經驗。政治教育不完全之人民。恆缺愛重民主政治之精神。精神如此。正確之共和政治。即終不能實現。據塔氏爲非島總督時所移羅總統書。非島人民。以久受西班牙人之教育。恆喜膚淺之理論。而忘事務之經綸。今雖矯以讀書計算之實踐。其得效與否。乃未可定。一八八九年。併於美國以來。一簡拔中流以上之島民。與以政治之實際練達。而貴族結習。終不肯稍々擺脫。與下等社會以接近之緣。而民可使由不可使知之謬論。則自西班牙統治時所留遺。今尚牢守而不肯唾棄。其人民之閉塞可想也。島民之擧爲自治團體公吏者。無絲毫公共之精神。而在々圖謀一己之私利。平時怠於義務而權利被人蹂躪也。亦茫然於所以爭之之方。在吾悲憫之良知。今尚不能別離此島。而任斯民之陷害也。

反對之第二理由。統一之不可能也。自外觀言之。今之非律賓人民。與所謂赭顏短身之馬來人。殆無大別。星羅棋布。散住於列島。宗教不同。言語各異。安望有統一之一日耶。以宗教言。凡根據南方之回教徒。與基督教徒。常有不共戴天之意。一九一〇年。美軍務卿徐屋孫氏巡游非島桑播安地方。其酋長向之陳情。所陳者。非他。乃即求美政府不與非島以自治也。並云。美若許非獨立。回教民所在地。將於事先請求合併於美。表示反抗非政府之意。本年春間。聞自治案將有機會可以提出。即要其成立。酋長遂以一書寄於威總統。爲維持現狀之請願。其居於呂宋島之北部者。則有種々之拜物教徒。其嫉視基督教徒。亦與回教徒無異。今非島總督尚以生番治之。爲設特別之行政區域。乃望其躋入自治程度之役。殆不出二十世紀時代不可也。若就言語以觀。以蕞爾之列島。而有互不相通之六十種方言。今雖經總督規定。以英語爲公共用語。以普及之不易。各方地言。依然存在。且地方區域之界限太嚴。達賀克千人以非島革命主動者之歷史因緣。每思壟斷政權。而非他非人恆竭全力以排斥。恐其以一方之權力濟一非島也。又以久處於西班牙人統治之下。染於拉丁民族之習气。濫用政權之弊害。亦時有之非也。

理由。如此充分而無害於非島之自治者。以一九〇三年之人口調查表非島基督教徒之人數六九八七六八六而非基督教徒人數乃十分之一。而弱六四七七四〇普通選舉之方一時自難行於非島。今有六百餘萬之清教徒謂其中全乏公共之精神。余不信也。

胡爾泰亡命

秉心

墨國議會。已允胡爾泰辭職。胡氏退位以去。墨亂其告終乎。威柄可以暫竊。而不足以爲長治久安之恃也。民論可以力屈。而不足以服天下人之心也。胡氏而早知此。又何至專制無藝。自棄於民而釀成今日之惡果也耶。胡氏攘政。一年有半矣。熾其無限之淫威。以臨墨人。墨人無告。不得已訴之武力。以革命自救。此馬德羅氏被殺。而憲政軍起。死力相搏。所以力持不下者也。夫既以一已權利爲之的。則朘賊民命。動搖國基。於彼固無所動於中。彼但期無悖於私圖。其他更安用顧惜。今一旦棄其從來惡戰忿爭之成績。爲遁居異國之計。吾知其間必有至不得已之原因在也。蓋美人干涉既啓。三國調停之局以成。來牙加拉會議。既以胡氏退職爲妥協條件。自國際關係言。已無復戀棧之餘地。憲政軍轉戰各地。多獲勝利。着々南進。遂奄有國境三分之二。且號稱第二首都之加達拉市。亦被占領。敗衂之餘。即更思欽而不舍而楚歌四面相逼而來。設若前途倒戈或者變生肘掖。雖欲避位求去。即倉皇出走有所不能。胡氏內省於中。深懼人以彼之待馬德羅者相待。故急乘可逸之勢。不待新政府之協商妥洽。倉卒出奔。狼狽情形。已可概見。嗚乎。政柄可竊也。故帥可殺也。國會可以撲滅。可以改造。而議員可以捕殺。可以易置也。曾幾何時。出爾返爾之公例。胡氏顧無術可以自逃也。世有乘時竊勢假威柄以刼持天下者乎。睹胡爾泰之末路。可哀也已。

雖然。胡氏政治之生命。既爲最後之結束。墨人於玆。能否鑒於前車。而闢一除舊布新之生面。以進其國家於健全之途乎。此吾人所亟欲研究。而又思下一判斷而不易得者也。新政府之責任。首當以調和舊政府派及憲政軍派之勢力爲要務。調和之道。尤當以執魁柄者不先黨爭而後國家爲斷。加伯哈爾氏。久任大審院長。國人稱其公平。今既負臨時總統之重任。自不難本其積年夙望。竭忠誠於所事。正式國會。秉公道正義。選舉總統。懲前毖後。善啓革新之偉業。即在此舉。憲政軍視爲罪首。胡氏一人而已。胡氏去而反對。即失其目標。泯一切嫌怨。速結此革命之戰局。庶亦加南札諸氏所蘄望者歟。夫既以政治革命相號召。當唯一以改良政治爲的。於此猶或囿於黨私。無能合全國民力以救此槃卼之危。則革命相續。將無已時。是改革救國之謂何。直假革命以快其私。亡其國已耳。豈有他哉。間嘗論之。墨之多難。非民主治制之不善。乃執政者有竊國之志。國憲不足以制裁。因反而趨於君主專制之風。不能自已於亂。加南札諸氏。際成功之始。深冀其有見於此。不爲胡氏之續。要之。墨之愛國者。必使胡氏去而竊國者從此絕跡。於國內亂庶有豸。此一定不移之理也。

評論之評論

行政法

秋桐

汪君叔賢曾與張君東蓀一書。論平政院之作用。書載庸言報第二十八期。及中華雜誌第四號。於愚夙所持論。頗不滿意。其言曰。

> 行政法Droit administratif，在英文本無相當之譯語。依章氏引戴雪之言。謂英人腦筋中不審行政法爲何物也。夫英之所以無行政法者。因英本爲非成文憲法之國。而民質優秀。頗有自治精神。至於行政上之一切事務。非無法律爲之規定。特行政事務之規定。散見於普通法內。非如大陸諸國。特將行政事項。歸納之而成一獨立之法典也。章氏不察。以爲英無褎然成冊之行政法典。遂疑大陸諸國之行政法。乃以官吏之意旨編之。而爲官吏所享之一種特權也。章氏純從官吏之人格問著想。故謂行政法爲官吏一類之法規。雖然行政法之範圍。果如斯之狹小乎。則誠如章氏所言。爲一類之法規。吾人又何必極力擁護之。

愚昔在民立報。論行政法最多。即與汪君直接討論。亦有兩次。是汪君所假定以爲愚指所在者。必刺取民立諸篇而爲之無疑。因苦憶之而得一文。必爲汪君之語所由出。雖嫌覼縷。請得述之。

當日神州日報擁護行政法最力。謂此種法規。要以不背憲法爲主。官吏與人民同被治於行政法規之內。而各種自由權利。乃獲完全之保障。愚駁之曰。

> 欲知行政裁判之能保障人民各種自由權利與否，當先問行政法以何原則而成立。以記者所聞。則行政法實基於國家之特權。因而官吏所享之權。高於齊民。顚使國民不得生活於平等法律之下。吾誠不解行政裁

判。以何因緣而能保障自由權利。神州日報謂行政法規。要以不背憲法為主。此當視憲法之原素為何如。神州日報記者。果能武斷各國之憲法。分量悉相等乎。有平等國之憲法。有特權國之憲法。倘其憲法既特別於重一階級之特權。因是制為法規。號於衆曰。此不背憲法也。各種自由。乃獲完全之保障。此寧非欺人之尤。縱曰憲法無不保障人民權利者。亦誰見他種法規。必不與此精神相迕。今行政法則確與之相迕者也，所謂不背憲法，又烏足為典要。至謂「政府精神學識。萬難完全無缺，於是不得不制定綿密之法規」此言頗足以動庸衆之聽。而不知以此言論行政裁判者。乃僥幸聞者不能分解行政法者也。行政法之所規定。一為官吏與官吏之關係。一為官吏與人民之關係。神州記者所云果指何種關係乎。若指前者。則其說誠屬健全。其在英倫亦復有「行政官法」Official Law 與之相似。亦誰得謂不採行政裁判之國「關係國家之行政作用概無一定之法規」若神州報所云。乃指官吏與人民之關係。如云「官吏與人民同被治於行政法規之內」則此種法規。直接與人民自由權利不相容。即不得謂人民權利。因此得其保障數語之中。自相矛盾。願神州記者於此點熟察之。

神州記者。以不解官吏及官吏之關係，及官吏與人民之關係。作何區別。遂生一絕大之誤會。其說曰。

民立報復按既究心社會通詮。以歐陸諸國有行政法者為特權法制之國。此何以解於英國之特設海法裁判所。軍法裁判所。商法裁判所之法制乎。

為此說者。固亦不僅神州記者。某君嘗為書致民立報。其言曰。

若以裁判權不歸統一。法律終非平等。試問英人既倡法律平等主義。而海法裁判所軍法裁判所種種特別機關。果何因而設立之乎。

為此言者。在不明法律通用之範圍。海法。軍法云云者。其法之通用地僅止於海。於軍。與普通人民權利無關之謂一類之法 The law of a class 謂其法之通用地僅止於一類也。而行政法則不附行政法之所通用決

不止官吏一類凡人民之權利者可因之而受損傷此又胡可與海法軍法等相提並論乎（[illegible]論三百八十頁）

此篇所涵之理。爲價何似。可作別論。惟其中所謂一類之法者乃指海法軍法之類以行政法言乃指其中一部規定官吏與官吏之關係者非指其全部也苟行政法而祇規定官吏與官吏之關係也則猶議院之有院內法院內法無人以爲非即此種行政法亦決無人以爲可少此 Official Law 之所以見於英倫也惟其法之範圍擴而及於人民則人民與官吏一有交接凡其權利爲他種法律所保障者至此舉無效而一惟行政法之命是聽此英美學者非難之點所由生而愚之忘其無似持其說以告吾國人始終未移一步亦即在此右文雖簡。足見一斑。今汪君謂英於行政上一切事務。非無法律爲之規定。特章氏不察云々。實則章氏何嘗不察。々之而不爲汪君所顧。無如何也。汪君又謂「章氏純從官吏之人格間著想。故謂行政法爲官吏一類之法規」實則章氏何嘗有此言。無之而汪君必曰有之。亦無如何也。果所謂一類即愚譯戴雪語之所謂一類則汪君之所以爲愚病者正愚前日見夫人之以海法軍法例行政法而爲之病者也汪君謂行政法之範圍。不如斯之狹小。愚固謂行政法之範圍不如斯之狹小也。惟其不如斯之狹小愚故抗之苟狹小焉汪君擁護之與否愚不敢知愚則決在擁護之列不爲一字之反對也

張君東蓀之施敎於愚。則更有進於汪君者。其言之見於中華雜誌第五號者曰。

吾以爲欲明行政法不可否認之理由。當先知行政法果爲何物。通常敎科書。謂行政法者關於行政之法也。意味含混。轉使人陷於五里霧中。大陸學者亦鮮有精確之定義。獨英美派之學者戴雪氏付一言之。惜未得其要領，章氏初未研究。一讀戴雪之書。即奉爲圭臬。實則戴雪自身本有謬誤。而章氏誤解戴說。猶居多數。故

吾人當分別觀之也。……

……世之謂行政法爲規定官吏之特權者。胥出於誤解戴雪之說。戴氏雖曰。

The......most despotic characteristic of droit administeratif lies in its tendency to protect from the supervision or control of the ordinary law Courts any servant of the State who is guilty of an act, however illegal, whilst acting in bona fide obedience to the orders of his superiors and, as far as intention goes, in the mere discharge of his official duties.

然戴氏又曰。

An intelligent student soon finds that droit administratif contains rules as to the status, the privileges, and the duties of government officials. He therefore thinks he can identify it with the laws, regulations, or customs which in England determine the position of the servants of the Crown, or (leaving the army out of consideration) of the Civil Service. Such "official law" exists, though only to a limited extent in England no less than in France, and it is of course possible to identify and compare this official law of the one country with the official law of the other. But further investigation shows that official law thus understood, though it may form part of, is a very different thing from droit administratif. The law, by whatever name we term it, which regulates the privileges or disabilities of civil servants is the law of a class, just as military law is the law of a class, namely the army. But droit administratif is not the law of a class, but a very different thing—a body of law which, under given circumstances, may affect the rights of French citizen, as for example, where an action is brought by A against X in the ordinary Courts, and the rights of the parties are found to depend on an administrative act, which must be interpreted by an administrative tribunal. In truth, droit administratif is not the law of the Civil Service, but is that part of French public law which affects every Frenchman in relation to the acts of the public administration as the representative of the state.

由是觀之。戴氏謂規定官吏特權身分之法。謂之階級法。而法之行政法。實非階級法也。即無論何人。苟有事件。關於行政之爭執者。皆當歸於行政裁判。則行政法實不限於官吏可知矣。章君秋桐未曾注意及此。故致誤解。非戴雪之罪也。

今之人有聞人之攻詰而沮喪者。而懟怒者。愚則不然。蓋居無學之邦。懷不析之義。自以爲於己於國。皆爲絕大險事。非敢爲矯情之論也。今承張君坦懷見誨。斥以未嘗研究。指爲有所誤解。私衷之幸。莫或逾此。誠以學力未充。識解未立。老儒宿學。且或有之。謭陋如愚。亦何足論。惟若所論之事。已有定域。兩方論議。期若列眉。其中有無謬誤。常人可得而決。又不必有賴於專門碩學也。愚請竊本斯義。更爲張君一瀆陳之。

張君所引戴雪前後兩說。最爲切要。愚今請得譯之。以資共見。戴氏前說曰。

凡官吏有罪。無論其違法之度何似。惟若所爲。誠奉上官命令。且推求其意。實在盡職。則此種官吏。自有護符。不受普通法庭之檢舉裁判。行政法之趨勢。最含有專制性者此也。

其後說曰。

凡明徵之士。無不知行政法者。乃規定官吏之身分特權與其職務者也。於是彼見英倫亦有法令規條與夫慣習。以明定所有一切官吏之位置。(軍人不在此例)將以爲此即行政法之類。夫此種「行政官法」雖亦不多。而其存在於英。猶之存在於法。且以甲國之行政官法。與乙國之行政官法比而同之。誠非必不可能。但進而究之。若而行政官法。雖可以爲行政法之一部分。而與行政法之爲物。截然不同。蓋法而規定官吏之特權與其無資格。各項無論以何名錫之。而要爲一類之法。猶之軍律之爲一類之法也。類者何。軍隊也。若行政法則異是。彼非一類法也彼乃一種法規在一定事實之下可以涉及法蘭西國民權利者也例如甲控乙於普通法庭而兩造之權利適甚於行政事項則必由行政裁判所解釋質而言之行政法非官吏之法乃法蘭西公法之一部官吏以國家代表之資格與人民相交涉時人民即受其影響者也

譯文雖劣要自明了張君謂愚「初未研究」「未曾注意及此故致誤解」果止於此而已乎則戴氏前說張君所不置重意在引後說以證愚之不學惟讀者當知此後說者即愚曾揭載民立報以駁神洲日報之文其中「一類之法」即張君所謂「階級法」此則汪君尚能憶之前已具引可以覆按「研究」本不敢居循誦則確有之「誤解」之有無又待第三者論定也

惟愚乃冥頑尚有不能已於言以促張君之後教者張君之意若曰法之規定官吏之身分特權者由戴雪言之乃一類之法（茲姑如此譯）非行政法也故今之奉戴雪之言謂行政法爲特權法制者乃誤解也愚今請以質於張君法之規定官吏之身分特權者必歸之一類而不以爲行政法何故張君明々有曰「如官吏服務條例一種行政法也地方官制又一種行政法也各部條例亦一種行政法也」凡此皆戴雪所謂一類之法張君以爲此行政法而戴雪以爲非者何故今不及求張君之答愚請以一言決之曰一類之法範圍祇及於一類而不及於人民行政法者範圍及於一類而又及於人民也於二者之中除其共同之點（即及於一類）其所以別爲二種一在不累及人民權利一在累及而已戴雪之排斥行政法曲折萬變皆本此別故讀戴雪之書當知彼所謂行政法乃排除他種一類之法（如官吏服務條例之類）而獨著眼於人民權利以爲討議之資彼謂英人不解行政法爲何物者非不解他種一類之法乃不解人民權利胡一與官吏有關而乃不能受普通法律之保障也於是彼慮學者朦於大陸派範圍廣漠之定義

因以一類之法槪行政法且以英之「行政官法」混而同之乃爲後說如上云々蹊境如此至易見也乃一經張君引之恍若官吏之受特別保護普通法庭不能檢舉而裁制之者乃屬之所稱「階級法」而非行政法於是人之詰擊行政法號爲特權法制者全然無根何人之理解力不同於我乃至此耶

愚嘗靜思其故而知張君於特權一名徵蹈媒語不明之病「誤解」歟「未曾注意」歟皆非愚敢置評要之說有未安可得言也特權有二義一分內之特權一分外之特權茲所謂分內分外要無一定界說彼所謂分內此或外之此以爲分內彼又或外之惟立論之時必有一種主張以爲根據其說始立而觀他人論事尤宜致辨於此否則將不解其命意之所存此所當知者也今之英美學者非難行政法以爲特權法制茲特權者乃對於平等言之謂國之採行政法者其人民立於法制之下不得平等而官吏擁有代表國家之特權以抹殺國民權利也是之謂分外戴雪所謂一類之法以規定官吏之特權種々茲特權者乃就於職務言之如上官得以命令下官此爲上官特權之類是之謂分內分外者在行政法派將不以爲分外至分內者則兩派俱無間言故戴雪曰「凡明敏之士無不知行政法者乃規定官吏之身分特權與其職務者也」此所謂特權乃兩派之所同惟若充其特權之範圍蝕及人民權利則兩派之爭端以起今張君拘於兩派從同之點而因疑攻行政法爲特權法制者立說有誤愚竊以爲不免於邏輯四詞之弊也

愚之此文乃就汪張君所以評隣拙論者略爲疏擧於兩君之主張不加評論以本文幅窄未能容此責以愚忱請俟異日今即所已述者簡而擧之行政法可分兩部一關於官吏之本職一涉及人民之權利而作者運用行政法之一名詞恆不一其義有包兩部言之者如大陸法家作定義時所用是也有

偏指前部者，如言官吏服務條例，戴雪謂之一類之法是也。有偏指後部者，如戴雪以及英美諸法家所攻擊之行政法是也。汪君致張君書有云「章氏……力言英美學者並不知行政法為何物。是直不認有行政法也」。此當分別言之。若此行政法者指後部言或指兩部言，則不認有此，愚誠為之。若指前部言，如所謂官吏服務條例種々者，愚則未嘗有不認之說，英美學者更不至有不認之說。且不認者非惟事實上所無，亦理論上不可。今汪張兩君，其膽識至欲平視歐美大儒，而乃不許以尋常學生應有之學力，揆之情理，不得謂平。至如不肖，又何足論。往歲愚與汪君郵筒往復，究論此事。偶理民立舊稿，得愚答書，中有一節，可資佐證，以汪君善忘，請並引之。

汪君謂世之論行政法者。有權利說及法規說二種。權利說雖有與民事訴訟共同之點。而法規說之意義。則非民事訴訟所有。蓋法規說者。乃對於行政處分違反法規之時。以行政訴訟為糾正之手段者也。故行政訴訟。不得與民事訴訟共為一談，是豈不然，惟記者所欲問者，學者之主張兩說，果兩說同時主張之乎，抑僅主張其一乎，抑主張其一而不主張其二，為理論所許否乎。英美學者之攻行政法者。乃攻其權利說。謂官吏如以行政處分。毀損人民之權利。其救濟手段。不當訴之於特別裁判所。而當訴之於普通裁判所也。故學者主張法規說而並主張權利說，或僅主張權利說者，無所逃於英美人之攻擊。果僅主張法規說者，則當問其適用法規說之範圍，能否不及於人民。苟及於人民，則亦與主張權利說同其結果耳。苟不及於人民，則所謂法規者，乃一類之法規，其效力僅及於官吏之一類。此在法德之行政法，誠占一部分，而在英美亦非無此種法規。故行政法僅如此者，則本題法理之論爭，遍於歐美兩陸，亘數十年者，可以悉免。而無如如此主張，實反乎創作行政法者之意也。

由右觀之。愚之未嘗否認行政法全體。可謂著明。其所期々以爲不可者。僅在以行政裁判損及人民權利一節而歸宿於平政院之不當設法規云々。愚固未嘗侵及之也。此實英美學者之公態亦非於愚而獨然也。愚學於英。見其蘇格蘭大學。即設有行政法一科。專以說明全英行政組織爲務。世論謂英無行政法者。本是瞽說。惟彼中無行政裁判耳。由是觀之。行政法之爲名。以入英美大陸兩派學者之論潮其意義專限於行政裁判一點。若其國設行政裁判者謂之採行政法之國。不設者謂之不採行政法之國。至於廣義之行政法無論。何國皆有之。與此論點無關也。張君之新案。乃謂行政法不當廢。而平政院不宜設。自以爲新。乃言人之所未言。惟問離行政裁判而言行政法。得非廣義之行政法爲國々所必具乎。既云必具無所謂廢不廢。於是張君新案之所餘。惟在不設平政院一件。而此則英美學者之所倡。大陸學者之所抗。張君口宗大陸而迹踏英美。妙則有之。新則未也。惟在不背。則請居絕對贊成之列矣。

自然

秋桐

黃君遠庸在庸言報二十九期。作論衡一段。想全篇必爲體大思精之作。茲特其發端耳。惜其爲現時政象所局。行文未能盡如其意。然已有精深罕經時人道及之語。見諸行間。如曰。『所謂政治革新者。非新舊之問題。乃順應於國家與否之問題』。其言確爲見的。所以釋應順者。則本蘇子治水之喩。謂『蘇軾之言曰。治天下譬如治水。方其奔衝潰決騰湧漂蕩而不可禁止也。雖欲盡人力之所至。以求殺其尺寸之勢而不可得。及其既衰且退也。蹙々乎若不足以終日。故夫善治水者。不惟有難殺之憂。而又有易衰之患。導之有方。決之有漸。疏其故而納其新。使不至於壅閼腐敗而無用。」斯可謂善於取譬者矣。復又立爲「盡萬物之理」一語。以與順應相發明。其說曰。「盡萬物之理。則無所謂新舊之說。今所謂新。決非區々數千百之皮毛學生所能代表。今所謂舊。決非區々數千百之尸居餘氣習爲科舉八股剽習程朱近似之言所能代表。今縱有極頑梗不化者。決不敢謂中國可閉關而獨立。今縱有醉心化外者。決不敢謂國之政治。可專以移植爲治。吾固已言之。政府所爲要在順應。何以能順應。在曲盡萬物之理。而不爲偏己之見而已。」斯誠透宗之說。愚又何間然哉。

惟愚有欲本黃君之意而推言之者。則盡萬物之理。在吾國本爲舊說。理者性也。中庸所謂盡萬物之性。即此物也。惟其盡法。非聖人莫能知之。必有聖人。先立一本。持其本以御天下。使天下之人。悉受其陶鈞而復其性。而盡之道乃成。苟非有參天地化育之人。莫或語此也。其在歐洲。則大不然。彼中學者。以爲人之有生。必有其所以生。生者性也。有其所以生。必當有以盡其性。性爲己有。惟己乃能盡之。故盡之之法。厥惟自由。曩者愚譯法儒齊德之計學指要。見其所列自由派計學之原則有三。與此點頗合。請得徵之。

一、人生社會。乃爲自然法所綱維。自然者天也。法既非人所能爲。即欲易之。亦所不能。且人而法天。所謂至善。殆無逾此。借曰能易。於人胡利。爲計學者之所有事。惟在探索此種自然法昭示於人。自政府以至於庶民。職分所存。亦惟本以律其行爲而已。

二、若而法者。與人生自由權。不相悖而相成。蓋人而獨立不爲外力所牽掣。一本己之所利者以行。則在一社會中。人與人所生之關係。將若莫之爲而爲焉。闡明此種關係者。非他。即自然法也。誠如是也。個人利害有明々

相衝突者至是各如其量以相與而所謂哈穆黎者生焉哈穆黎者卽人物事爲中之自然秩序人爲之準則未或有及之者也

三、其在立法。必以人生之秩序社會之進步爲念。使其法律之效果。在乎發展人民自動之機。凡可以阻塞其機會者。悉移而去之。而個人彼此相防之舉動，亦同時制止。是故政府干涉之範圍當以僅足維持全體安寧爲止。易詞言之。干涉主義當使之不與放任主義相犯也

茲主義也。亦易亦莊。計學成科。此爲楹石。推之政治。道亦有然。哈穆黎者。猶吾言和。中庸曰。致中和。柳子厚作守道論有曰。「自天下至於庶人。咸守其經分而無有失道者。和之至也」。其所謂和皆哈穆黎也愚嘗論中國治法本尙自然於此以通中西治術之郵乃爲大要惟惜吾之自然法乃天降下民作之君師由此一人之君師自爲詮釋謂之「經分」適命之使然非必其固有之序也坐是人民自由之力無自發展獨夫借天之訓日肆淫威同法自然而吾之收效乃大異於西國此則愚因黃君一語而不能不太息痛恨者也

黃君又有沈痛之言以告吾人曰。

今世之爲說者。輙謂中國爲特別國家宜以特別法治之。此言漸一致於外人之口。此乃中國之大恥不當引爲證佐者也抑思外人之所謂中國須用特別法治者。乃謂惟文明人能自治中國人決不能自治惟文明人能受文明敎化中國人決不能受文明敎化惟文明人能受法治中國人則非朴作敎刑不可耳斯言果信。卽等於謂吾中國人在天演上當永劫爲奴惟治奴之法當永以特別法耳

愚讀此段。不能贊一辭。

迷而不復

無卯

有署名玄元者。在六月二十及二十一兩日神州日報。發布「迷而不復之孫文」一首。其中所舉事實。關於革命黨人者。虛實何似。非本篇所問。惟其所談共和專制並非兩境之理。愚殊未能釋然。請得相與辨之。先引原著。次中愚說。玄元君之言曰。

共和與專制從字面觀之。儼如兩截。實則此種字面。不過文章家製成之名詞。實與眞際不合。蓋在眞際。由專制進於共和。決非截然兩境。初非經一革命。卽能頓時躍入共和之一境也。是則今人將專制共和看成兩概者。實與眞理相遠。所謂共和。本非如今人意想頓時躍入之一境。故欲求共和幸福。貴在國民之自求而已。孟德斯鳩不云乎。共和國之元素。在國民之崇尙德智。易言之。卽其國人智識廣遠。不貪近功私利。而存儆倖篡發之心也。果能如是。則內亂可以不作。而可進一國全力於製造德智。開發物利。由是國民皆得其養。德智能力。必將與日俱長。積而久之。人人皆有士君子之風。皆能修身齊家。而又明於羣己之界。倫理蔚然可觀。則自治之力健全。官治壓力。自然日退日減。吾國果能幸底此境也。吾國民所享之共和幸福。自然日引日增。循玆軌道。日日演進。官吏且將退處於分工之一種職業。雖欲爲暴而不可得。雖欲不稱國民公僕。亦不可得矣。尙何恣肆於民上之有。此誠共和之盛軌，吾國古先哲人之學說。多從此點發揮。此吾人所以每謂中國共和之基礎。優於五洲萬國者也。吾國人果能恢張先世鴻緖。孟晉述卒。不特可以自福其羣，抑且可以移福世界人類。嗟夫。茫茫宇宙。吾國人之擔負正重。有志者不可不聳起雙肩。頂天立地。擔荷此重任也。且欲臻到斯境，以吾觀之。亦非難事。特患國人宴安鴆毒。不肯振拔以爲耳。今若人人移其儆倖苟取之心。而用於磨礪學術發能。各就天性所長。而出以堅忍淬礪。日積月累。將見五年小成。十年大成。幸福之加。赫然屑累矣。故今日吾人欲求後日得享共和幸福。與求子孫有此幸福可享者。惟此一途。乃爲不二法門。若必捨此不圖。萬人蚩蚩。傳染滿清病病。迷心於儌來不可必得者。而不肯湔滌前汚。此今日北京所以有十萬無業政客。日日覬覦權位利祿。上海所以有十萬無業流氓。日日思行刧奪。冀能平空發財。而全國失業之人。所以有滿坑滿谷之歎。以人心迷於儌倖苟得之途。而存鬱有乘巇獲利以豫一身之想也。故其離於國民之眞正道幾日遠。使是種人而緩得志乎。其現象即爲猷媚之官僚。使其急速得志乎。其現象即爲劇烈之暴民。故以吾人公平之眼孔觀察。發其自利本有同然之點。二而一。一而二也。今日中國之所受。實由萬人卑汚之心理所造成。政府利用國人此弱點。以肆於上。暴民亦利此以行刧奪。軍人染此。即不期而橫恣自猥。土匪染此。其禍又不期怒作。實皆萬人心理所造成。初非一人或一類人之咎也。試更易言以明之。則今日國人之未能克享共和幸福者。正爲國人偷息於宿染。未嘗有自求多福之誠心。而今種種禍害所以未能消者。亦即國人平居所造之刧。有以自作之而自受之也。果明此理。欲救中國。自有其道。於革命之暴力也何有。吾國人果不由斯正道。自造共和幸福。即使三次四次五次六次乃至百千次之革命。皆能現實。皆可幸成。亦不過增益恃勢凌奪之惡風。殺人盈野之慘劇而已。

愚於作者所寫社會之通病。與謂暴力之不足以求共和幸福。俱無間然。使此說而有力。吾之社會道德。必且有煥然改觀之望。豈不可尙。雖然。愚之第一懷疑者。則此說將何由而使有力也。作者曰。「果能如是則……。」果者擬議之空想。非邏輯之前提。使此空想成爲事實。道將何出也。今試即作者之身以起吾說。作者愚假定爲「智識廣遠。不貪近功私利。而存儌倖篡獲之心」者也。作者之友。其幾何人。其中智識廣遠云々如作者者若干輩。不如作者。而蒸其德而善良如作者者。又若干輩。愚要。作者不爲欺人之談則必曰不能『人人』也。即愚崇拜作者至於無上許爲孔子再世耶穌復生亦將曰不能『人人』也。作者如此諸賢類然是不能人人已成通象而作者所設之案一則曰『人人皆有士君子之風』再則曰『人人移其徼倖苟取之心而用於磨礱學術藝能各就天性所長而出以堅忍淬礪』是作者明々以爲託邦之理想爲人說法矣作者曰『亦非難事』愚則未之敢信矣

今更假定作者撰杖都講。從者萬人。同時大師。亦復如是。一時俗淸於下。大有可稱。而作者之意。乃在培養國民之德。以抵抗執政。使『官治壓力。自然日退日減』則當其爲民進德之時已置政府於一旁而未之問是必政府收視返聽使其政治之影響不溢於百執事以外舉凡齊民道德一聽師儒主宰迨至俗成民化政府始出而受所謂『士君子』之制裁而後可也雖然。史例所詔有以證作者之言之無據也。匡衡者經師也。其論政治得失有曰。

朝廷者天下之楨幹也。公卿大夫。相與循禮恭讓。則民不爭。好仁樂施。則下不暴。上義高節。則民興行。寬柔和惠。則衆相愛。四者明王之所以不嚴而成化也。何者。朝有變色之言。則下有爭鬬之患。上有自專之主。則下有不讓之人。上有克勝之佐，則下有傷害之心。上有好利之臣。則下有盜竊之民。此其本也。今俗吏之治。皆不本禮讓而克暴。或忮害好陷人於罪。貪財而慕勢。故犯法者衆。姦邪不止，雖嚴刑峻法。猶不爲變。此非其天性。有由然也。臣竊考國風之詩。周南召南被賢聖之化深。故篤於行而廢於色，鄭伯好勇。而國人暴虎。秦穆貴信。而士多從死。陳夫人好巫。而民淫祀，晉侯好儉。而民畜聚。太王躬仁。邠國貴恕。由此觀之，治天下者審所上而已，

夫風俗之醇。民情之善。大儒之踵出。經術之有力。至兩漢亦可觀矣。而稚圭持說。猶且以民間善惡之樞紐。一歸之公卿大夫之所上。則國民之德智能力。非能自動而自進可知。作者亦知今北京十萬政

客。企謀加入官僚者。方鱗戢於首都」又了然於「政府利用國人此弱點以肆於上」而乃徒責激急者不應出於暴亂不問改造政府尚有何法徒傷民德之不進發爲迂濶遠於事情之論謂當改造民性以後始謀政治之改良而不悟政治不良即民德不進之唯一癥結此而不去並無改造之可言即令有可言矣。須知吾所改造者即政府所毀壞者也吾改造於南政府毀壞於北吾今日得一人而改造之政府明日即攫此人而毀壞之作者亦云「彼自稱爲革命家之民黨。初無自治之力。一接觸即與同化。」革命黨猶且如此。其他可想。果爾。則不謀所以處置政府使不得行其操縱顚倒之術以傷風而敗俗而徒奮袖攘臂以號於衆曰吾亟進吾道德增吾智力官吏自欲「爲暴而不可得」「共和幸福自然日引日增」是誠講孝經以服黃巾之類奸雄所當竊笑於旁愚夫借以自掩其耳者也不亦太遠於人情也哉

愚爲此言。非敢反對作者「眞正道義」之說也。特以吾國倫理與政治之觀念。向不劃清。每以倫理之迂談。誤政治之大計。作者之論。微偏於此。故特表而出之。夫倫理以道德爲歸者也而政治則以法制爲歸。政治以法制宰制一國自元首以至白丁自大賢以至極不肖在法律之眼光俱無歧視舉有一定之域範圍之焉其人道德上之價值不之問也「自利」者倫理之所不許而作者之所排斥也在政治組織之中則確有地位以容之不僅有以容之而且爲法制中之要素世之號稱根本大法其最良者即其各方面自利之質分配最均者也以故吾國今日之大患不在倫理之不良而在政治之不善不在道德之不進而在法制之不立政治者本以濟倫理之窮而法制者即能補道德之不足縱令全體精神注在倫理道德罔識其他而亦非不假途政治法制所能爲力今作者惟高談前者。而置後者不顧。

愚誠無似。敢妄議其於近世治術有不可通者矣。作者曰『中國共和之基礎。優於五洲萬國。……吾國人果能恢張先世鴻緒。孟晉逑羣。不特可以自福其羣。抑且可以移福世界人類』如此虛憍自大之語。出之作者。誠不可謂非遺恨。而細審其語之由來。則無非作者之所注目。全在倫理。而未一移於政治。姑無論中國之倫理。將無所益於世界。且以人類進化之例徵之。吾國今時之倫理。亦不必遽劣於古人。即全認之。而亦無當。何也。所謂共和之基礎在倫理。一面釋之固爲道德在政治。一面釋之則爲法制。今作者以倫理談政治。故且曰『由專制進於共和。決非截然兩境』殊不知由專制而入共和在道德言之誠不必即爲兩境。以言法制則二者迥然不同。是故革命者與言求新道德。寧言求新法制。即謂求新道德。亦以求新法制者求之。非由直接而得也。

平和

白沙

日人服部宇之吉氏。與吾國教育有年。近作支那之平和論一篇。是其演稿。載在哲學雜誌第三百二十八號。述中國周秦諸子之學說。以證今日世界列强之大局。劇談雄辯。口若懸河。隨意所之。罔不如志。惟其以平和二字。抹殺中國民性。似過于武斷。且于諸子之統系。猶未辨其本原學術之發生。似倒置其因果。不揣擣昧。稍有所陳。要之平和者。乃人類進化所應有之一境。而亦近世文明之所企圖者也。今聞人言。吾自始富於此物。豈不可尚。惟吾國歷史上之所謂平和。皆災祲饑饉兵戈水火之所流貽。決非本之人類自然之性。優游醞釀而出。冒認文明之嘉號。既所恥爲。謂當以此自腐。使於現局。不敢一作推盪矯正之思尤不欲出且溯民族起源吾本雄於尙武之性追懷祖德宜切深思此誠不得不因服部氏一言而欲爲國人告者也其言曰。

支那民族。原爲平和之國民平和者。即支那民族之生命。試取支那民族發展史觀之。自古惟以文德同化其他民族。決非以武力征服爲主義者也。雖然。文德亦有窮時。欲以文德同化之。而終于不行。無已。乃用武力。此支那民族發展之眞實歷史。即支那民族之思想之主義也。如彼有名之苗族。今尙存在。當堯舜時代。與支那民族。起非常之激爭者。凡三次。其結果支那民族以武力征服之。逐竄惡地。觀古文尙書。謂以文德同化之。非事實也。夫然。不可以文同化者。乃用武力。斯則支那民族之思想。固極重文矣。彼以武功開國者。若漢之武帝。匪唯不得美譽。而且加之謗焉。開國之功。豈不偉大。然自支那人視之。亦絕無可貴。正以其用武不用文之故。故以窮兵黷武議之。古代人之思想如是。即近代人之思想。亦何莫不然。自來從事科舉者。多致力于文章。其作文章。必取材于古人之陳文。古文既有窮兵黷武之明文。遂模其文字。而以爲用。甚者且直書此四字于文中。或辨之曰。是不過襲用古人之文字耳。其實此四字。固深々印入支那人腦際而最有力者也。近今雖小有變遷。然卑武之風。初無異于古昔。俗諺且曰。好漢不當兵。質言之。即好男子不充兵卒之謂也。此種思想。迄于今日。竟不能改。文武等視之域。尙未至也。由斯以談、支那民族。以和平爲主義爲理想爲發展之大方針。固章章矣。推之儒敎之根本主義。亦即深切著明之平和主義也。今不必述。余所欲述者。特就於鼓吹和平憂身勞心之士。一闡揚之。非于支那民族理想中之平和主義。有所論列也。與儒敎全然異趣之老子。亦言平和主義者也。特其著書多兵家言。遂有解釋老子之書爲兵書者。具此種眼光以觀老子。是不得不曲說以强附之。老子原不乏談兵之言。若細考之。老子之主義。固云夫不得已而後用兵。非不設限制。而以用兵爲原則也。老子之道。是謂自然。由自然之道推之。凡迫于不得己之境。亦唯用兵與用刑罰。庶無背于道。故老子亦認許用兵川刑于限制以內。其書旣數言兵事。而又曰兵凶器也。尙兵者不詳之物也。要之兵非善事。不獲已而後用之。固消極用之。而非積極用之也。語夫吉凶。則其爲凶無論矣。準是以觀。老子之主義。不外乎平和。雖然。彼固未嘗以平和主義。鼓吹于天下者也。故不言其詳委。次則與儒者殊途。鼓吹平和有二人。玆二人者。非僅以理想鼓吹。且企實行焉。此余今日所欲言者也。

其一人卽墨子是也。墨子之名。爲兼愛之說所掩。其爲平和主義。世人鮮稱道焉。雖然。其爲和平主義。費莫大之苦心。此則歷々可證者。墨子之平和主義。固以兼愛論爲之根本。但兼愛論不足以遮蔽墨子所有之學說。惟以墨子重視兼愛之故。遂謂所有之學說。皆可以此蔽之。其重視兼愛論。幾與平和主義等夷。蓋爲謀畫實行平和最苦心之人。顧墨子頗具有邏輯思想。其末流遂成一種詭辯派。幾至以詭辯樹敎。若夫墨子之書。于邏輯原則。每多稱道。其立說亦皆準邏輯論法。卽如彼之兼愛論。根據甚堅。何嘗憑空出之。大凡彼之立說。要有三種標準。卽本原用三者是也。第一云何爲本。本乎天鬼之志。或天意也。易詞言之。卽天鬼之志或天意演繹之所至。第二云何爲原。依其說別分二種。(一)徵引古聖先王之政敎。資爲證據。(二)根據一般人民之經驗。是二者。雖同名爲原。立言之際。互有取舍。第三云何爲用。用者預想其學說實行後所得之結果。卽先假定其說爲眞理而推察之。觀其演繹之所至。果于國利民福有害與否。如其害也。則遂自反省而否定之。利而無害。則定其說爲可行。若是者自邏輯論法言之。不必悉當。然墨子所論訂。大都政策。或政治論。故其政策一旦行之。其結果爲若何。不必及于千萬年後之事。而一一論窮之。始定其說爲可否。第于心目中所限制之年度內。默察其演繹之所至。果于國利民福無害也。則斷定玆政策爲可行。了無窒礙。如是焉而已。若夫學問上之論說。固難如是證定。然樹政策。用此論法。不爲悖也。墨子卽根據此本原用三者爲標準。而立說焉。彼更本兼愛說。作非攻說。卽平和主義之建言也。彼之平和主義。本全出于兼愛說。而兩者之重輕。自彼視之。恒相等夷。特就非攻說致非常之苦心。今舉其一事。楚國將攻宋。墨子適居北方。聞知其事。晝夜兼行而至楚國。足被傷創。其苦心可想見。既至楚。而楚王。勸勿攻宋。然彼非于宋有連。而爲之游說。良以戰爭非善。欲說而罷之也。楚王以戰爭既有準備且劍歷都發。答不可。再說之。則曰攻城兵器已備。今悉棄不用。所難忍舍。楚王所言之攻城兵器。爲魯國技巧士魯般所造。墨子聞楚王言。乃請曰王姑許余與魯般鬥攻守之技術。彼攻我守。若我敗北。則如王所欲。伐宋可也。若我勝之。請止。楚王諾。于是墨子與魯般鬥攻守之技于圖上。戰凡數次。而魯般敗去。伐宋之舉遂罷。由是以觀。彼對于無恩無怨之楚宋。一日聞其戰事。不遠千里。晝夜兼行。以至楚國。不憚口舌。苦心游說以止之。是墨子之言平和主義。非局于理想。直欲以此主義盡化天下之諸侯也。以魯般之技巧。終能屈服之。可知其戰爭上之能事。亦罕匹仇。是則以精通戰術之人。而主張平和主義者也。漢書藝文志兵技巧部。錄墨子書。又墨子卷末載言兵技巧者數篇。且其說楚王時。曾有言曰。如是而尚欲戰爭。請還一言爲證。余之門人有禽滑釐者。將余所發明之一切守備兵器。并率余門人三百人。居宋城上守之。王知此。然後罷兵。墨子非徒爲脅嚇之辭。抑或係事實也。要之一介匹夫。以學者而兼爲武裝之平和論者。猶之今日武裝强國。而稱世界之平和論。旨趣雖殊。而相似之點頗多。

尚有一人。其所處之地位。與墨子不同。而所倡之平和論。一本之純然哲學。即宋牼字榮子是也。諸君讀孟子時。已知之。孟子遇宋牼于石邱。互有議論。宋牼爲主張平和論者。觀此可得之矣。彼於所持主義。不憚奔走。冀得實行。苦心孤詣。一如墨子。至孟子于宋牼之理想。未得其百一也。宋牼之學說。雖見于群書。如荀子莊子韓非子等皆有之。莊子天下篇。以宋牼墨翟。列入同類。並說曰。宋牼者爲平和主義。周游天下。欲以此號召天下者也。即孟子中所紀之事實。莊子又從而著明之者也。雖然。如茲所言。於宋牼之學說。僅窺一斑。尚未得其眞象。考之韓非子。所載宋牼學說。最爲備明。是爲何。曰不戰爭。不與人爲敵。雖入牢獄。不以爲恥。雖受人侮辱。不以爲辱。惟其所言。失之過簡。或不易理解。要之所言。確有哲學上之根據。荀子書中。亦列有宋牼之說。曰、宋榮子不以受人輕蔑爲辱。然難者曰。夫人與人相爭。必其受人輕蔑。而自覺恥辱。今辱之侮之。而不以爲恥。則爭何由生。此說木繆。荀子辨之。莊子亦謂宋榮子以世間毀譽褒貶。置之度外。然自莊子际之。此尙非超世絕倫之人也。僅視常人爲高。就常人而言。得一官位。克盡厥職。或以薄德化一鄉之庸愚。即揚々自命爲賢豪偉人。更下者。一旦得官。欣々自得。而宋榮子惟笑置之。故謂宋榮子置世間毀譽于度外也。夫置毀譽褒貶于度外。自無恥辱可言。互成關係。自不待論。顧此種思想。必根據何等哲學而來無疑也。彼之學說。僅于荀韓莊等書中。稍得敘述。自身之著述。既不可見。故難詳知。荀子書中。又有言曰。宋榮子者。寡情欲之人也。然謂人本多情欲。則又非是。蓋任人性之自然。觀其所動。則情形焉。然此自然之情木少。惟飢則思食。渴則思飲。倦則思息。凡此皆出于自然。所謂人情也。特世人多于自然以上。更有所求。以遂其私。此普通人之欲望。所以浩無涯厓也。倘所求者。悉循人性自然之序而行之。其結局必無人與人相爭之事。庶各得其所。反是貪多無厭。誤認己之欲望。爲人性自然之需求。充其力之所至。必得而後已。于是人類相爭之事起焉。就此推之。則知外來侮辱。木不足輕重。爭鬥之事。智者所不爲。宋牼之學說，蓋首重知足自好。不爲外來之毀譽褒貶所動。恥辱無存。怒惡之情亦絕。個人無所用其腕力。國際戰爭。亦莫由生。即根本此理論而樹立平和主義者也。玆爲老子一派之思想。其是否濫觴于老子。不可得知。惟思想確近之。而荀子之評宋榮子也。其言曰。一偏之理。亦有見識。惟彼于國家組織。全然不知。夫置毀譽褒貶于度外、投之獄而恬如。彼侮辱亦不怒。世間寧有如是卑劣之人哉。且國家以刑罰賞善懲惡。若如所言。是終不能以賞罰誘導人心。而賞罰直爲無用之物矣。賞罰不存。國于何立。此宋榮子學說之大疵也云々。要之彼乃根據哲學上一種理論。而倡道平和主義。且期見于實行。故周游天下。力止國家之相爭。如上所言。武裝平和論者。墨子已有之。哲學平和論者。宋牼亦有之矣。

服部氏陳説極長。提綱挈領。無非曰支那民族。以平和爲生命者也。其歷史。平和之歷史也。其學説。平和之學説也。其語言文字。平和之語言文字也。又爲一斷論曰。「此二種之平和論。與夫儒老之平和論。均未見奏何功效。而實行平和之人。銷兵鏑。築長城。反爲尙武建國之秦始皇帝。秦之受支那民族感化也甚晚。且支那民族。以文爲立國之本。秦以武爲立國之本。故支那學者。多非議秦之風俗。」其説甚怪。愚考中國々性與服部氏所談適得其反。秦以前之中國。實爲尙武。秦以後之中國。乃爲平和。而所謂平和。乃出於勢之不得不然。並非遵何主義而得。秦始皇帝者。尙武之蟊賊也。秦之強。始于繆公。盛于孝公。至始皇已成强弩之末。故不再世而敗于楚人。所謂以武立國者。其兵降且坑至數十萬。焉楚漢相持。天下洶々。丁壯苦軍旅。老弱罷轉漕。苦天下之民父子者。徒以兩人。史遷有言曰。孝惠皇帝高后之時。黎民得離戰國之苦。君臣俱欲休息乎無爲。故惠皇垂拱。高后稱制。政不出房戶。天下晏然。可見當時天下以一婦人懦夫制之而有餘。秦漢以降。中國進于平和。可深思其故矣。此豈待學者爲之鼓吹哉。又豈所論於近世平和之義者哉。若三代之中國。實乃尙武。徵諸文字。國之从戈以守一。族之从矢。我之从戈。躬之从弓。是古人之于國于家于身。無不以武力自守。故堯舜以來。自天子以至于庶人。皆習戎事。甘誓言夏啓之自將。牧誓言武王與紂之親戎。周禮、大司馬。掌大師之戒令。鄭注、大師。王出征伐也。行軍之禮。殊于諸侯。王執路鼓。諸侯執賁鼓。王載大常。諸侯載旂。王之征伐謂之大師。王之習射謂之大射。故天子握全國之兵柄。猶晳人之有海陸軍元帥也。至百姓服兵之制。可考見者。厥有五端。(一)相地之肥磽。民之衆寡。以定服兵之額。小司徒五人爲伍。五伍爲兩。四兩爲卒。五卒爲旅。五旅爲師。五師爲君。上地家七人。可任也者家三人。中地家六人。可任也者家三人。下地家五人。可任也者家二人。上地中地下地。言地之肥磽也。可任者。言可任以兵役之事也(二)兵有常備後備之分。惟操演與追寇則不別常備後備小司徒凡起徒役無過家一人。以其餘爲羨。惟田與追胥竭作。鄭司農云、田獵也。追々寇賊也。竭作。盡行。田獵。即操習兵法也。家一人即常備兵也。其餘爲羨。即後備兵也(三)兵器藏于民間縣師受司馬之法徵之于稍人稍人奏縣師之法聽之于司馬縣師受法于司馬。以作其衆庶。及牛馬車輦。會其車人之卒伍。使皆備旗鼓兵器。以帥而至。鄉師四時之田。前期出田法于州里。簡其鼓鐸旗物兵器。遂人以歲時稽其人民。簡其兵器。兵器藏于民。故縣師稍人徵之。鄉師遂人簡之。質人掌其市之兵器。可見兵器且許人民以自由賣粥。王制曰。兵車不中度不粥于市。則中度者可以粥矣。司甲、司兵、司戈盾、司弓矢、繕人諸職。皆掌鄉大夫諸侯天子之兵器。非授之民也(四)服兵時期之長短有國中野外之別鄉大夫辨其可任者。國中自七尺以及六十。野外自六尺以及六十有五。皆征之。其舍者。國中貴者。賢者。能者。服公事者。老者。疾者。七尺年二十也。六尺年十五也。祭義云、五十不爲甸徒。若征法六十乃免。王制云。六十不與服戎。韓詩外傳二十行役。皆國中之制也(五)操演之法寓之于田獵寓之于農事寓之于鄉射寓之于徒役大司馬仲春教振旅。司馬以旗致民平列陣。如戰之陣。遂以蒐田。中夏教茇舍。遂以苗田。中秋教治兵。遂以獮田。中冬教大閱。遂以狩田。古人四時皆教其民于兵。此寓于田者也。遂大夫正歲簡稼器。修稼政。里宰趨其耕耨。行其秩序。蓋古人偶耕。鋤耰之間。亦有行列。而官司掌其秩序。察其稼器。管子曰。繕農具當器械耕農當攻戰推引銚耨以當劍戟被蓑以當鎧鑐菹笠以當盾櫓故耕器具則戰器備農事習則攻戰巧矣。此寓于農者也。大司徒以射御教萬民。鄉大夫以鄉射之禮。五物詢衆庶。州長春秋以禮會民。而射于州序。保氏教國子六藝。而五射五御列爲。此寓于射者也大司馬大役與慮事。屬其植。受其要。以待攷而賞誅。鄭注、大役。築城役也。役之行列紀律與軍旅同故司馬與其事而行賞罰鼓人以鼖鼓鼓役事。是役事亦如軍旅之有律也此寓于役者也以上五者。爲全國皆兵之制此中國古代尚武之明徵矣至于諸子學說。皆救當時戰爭之禍。墨子曰、國家務奪侵凌。故語之兼愛非攻。此施諸殘忍好殺之國家則然投諸平和之民族以水濟水是謂益多。焉用此媚世諧俗之學耶。譬如醫巫。炎疢狂熱之疾治之以嚴苦劑之以淸解不得遂謂其疾爲嚴苦爲淸解也且孔子之勁手引國門之關足蹶郊原之虎墨子弟子赴湯蹈火死不旋踵以較東海武士道剛强深毅且過之矣宋鈃之學。出自墨家。修身而節用故寡欲非鬥而兼愛故不爭不累于俗不飾于物雖似道家然爲人太多自爲太少日夜不休强聒不舍列禦寇之所不爲也豈猶龍之嫡派乎詩曰昭茲來許。繩其祖武。於萬斯年。受天之祜。今吾人猶貧子被褐帶索簞食瓢飲日與人侈言祖禰之貨寶其又奚益祖武之不繩宜自殄滅安得與人爭萬年之祜哉

通訊

平政院

（致甲寅雜誌記者）

記者足下。尊意對於約法中平政院之規定。頗示反對。以爲行政裁判。但適於特權法制之國。而不宜於平等法制之國。吾國旣號稱共和。無論官民。自應一律平等。無取乎特權。卽無取乎行政裁判。尊意雖善。愚竊以爲非。夫行政裁判所之設立。所以謀行政上之救濟。而以澄淸吏治爲宗旨也。不以國體而異。要視其國民程度之如何耳。在大陸法系。如法蘭西者。共和國也。以其國民程度。尙未足語于平等也。故取特權制度。特設行政裁判所。審理行政上之訴訟。在英美法系。如英吉利者。君主國也。以其人民程度。已高至極點。故取平等制度。而以行政訴訟歸之審判廳。此自程度上之問題。而非國體上之問題。吾國人民程度。較之法蘭西尙有遜色。其不足與英人比肩。固不待智者而後知也。法旣毅然行之於前。無所妨害。吾今仿之於後。庸何傷乎。是故平政院之設立與否。在吾國實不成問題。惟旣設立以後。當採獨立主義。以期裁判之公平。乃能收澄淸吏治之實効。否則徒爲政治上之陳列品。未見其有絲毫之利也。此則最宜注意之事耳。比者該院已成立矣。院長已任命矣。惟該院權限如何。是否獨立。未見明文規定。吾人固難逆料。然據報章所傳。則「肅政廳之封事。呈由該院轉呈大總統披閱」云云。是最終裁決之權仍在大總統。而不在平政院。平政院之設立。直同駢枝。徒糜數十萬之國帑。而已。

未見其能平政也。使大總統意存偏袒。故爲拖延。留中不發。或加肅政史以妄事彈劾之罪。痛加申斥。吾知平政院必懾於權威。不敢有所建白矣。于是官僚中凡得大總統之歡心者。舉無所畏。雖橫行天下。無敢奈何。人民徒然呼籲。行政空失救濟。誰爲厲階。寗非不獨立之平政院也耶。夫平政院之與官僚派。其勢力互相消長也。果使平政院眞能獨立。不爲外物所牽。上自院長。下至評事。一皆當世之名流。剛直不阿。不畏權勢。如彭剛直其人者。吾知彼貪狠之官僚派。必聞風而斂跡矣。語云。君子道長。小人道消。而平政院之與官僚派。亦猶是耳。不然。徵特吏治之不能澄清。且足以助長官僚之氣燄。奬勵官僚之罔法也。平政云乎哉。此平政院所宜獨立者一也。肅政廳爲彈劾之機關。殆如通常審判廳之檢察廳也。通常審判廳與檢察廳爲對等機關。兩相對峙。各不相屬。此蓋由於彈劾主義之結果。審判上不告不理之原則。即由此生焉。欲期審判之公平。誠不能不如是也。今肅政廳乃附屬平政院。實與彈劾主義相背馳。雖云行政異於司法。然以理論之。固無所不同也。使院長與某々宿有仇隙。命肅政史彈劾之。以爲報復。吾知肅政史不得不惟命是聽也。或肅政史所欲彈劾者。與院長有舊。則院長又將止其彈劾矣。欲期彈劾之公平。非使肅政廳獨立不可。此肅政廳與平政院所宜分立對峙者二也。

以上二端。乃亞心私人之意。以爲不如是不足以收澄清吏治之實效。質之高明。以爲然否。　何亞心白

大示發題甚大。指陳今制之失。亦甚切當。惟鄙意終以有可進商之點。請得爲足下言之。愚自以言論與國人相見。向無一語迷信共和。有所主張。特見其於理於勢。非如此不可已耳。非以吾爲共和。而必裝出何種格式也。反對行政裁判。亦同是例。足下以愚之反對。乃若拘泥共和所致。此

失愚立論之本意。不可不先辨也。此點既明。則足下所謂行政裁判之設立。與國體不相關係。本爲愚旨。又何閒然。惟國民程度之說。則與鄙見剌謬。不敢附和。夫所貴乎國民程度者。乃在民力自動之時。而非在民權被控之際。乃爲人民參政而言。非爲國家執法而語也。國家執法以施之民。應以何種形式出之。此法制優劣問題。而非民智高下問題。廢除行政裁判。誠有取於官民平等之義。而謂在法律眼光之下。民智高者官民當平等。民智下者官民不當平等。此等論法。恐有未安。吾國治法。夙持民可使由不可使知之義。是民智絕下。乃吾人已定之前提也。而在法律且官民向無歧視。官至極品。罪無論爲公爲私。均一律下刑部獄。初不聞行政事項當別設獄以待之也。然則法律上平等之待遇。與國民程度問題。又胡來直接之關係。至法蘭西之採行政裁判制度。此自有其歷史。自有其理想。而謂以國民程度。尚未足語於平等。故採用斯制。如足下所云。則恐質之法人。斷難默認。蓋法人革命之神。即爲平等。寧有毀政府而造之至於十度以上。而結果乃以「未足語於平等」自安者乎。須知法蘭西之有行政裁判。乃歷史上偶有之象。貽流至今。初非視爲法制上不可少之機關。從而設之也。彼當君主時代。圖君政之集中。盡廢地方裁判所。以王室之官吏代之。因有此制。其相沿而不革者。則一面行政部自計其便宜。不欲爲法律所縛。一面法人所持分權之說。又足以售其掩耳盜鈴之謀。說者謂法人所論分權。乃自審其司法制度之不可通。乃特爲曲說以自障。（此段意可參看美人黎高克之政治學二百十七頁）即英儒戴雪持論莊嚴。猶且不免以此相諷。是或未必盡然。而其說之爲曲。則無可諱也。愚前答陳君蘧一書。已論及此。（見本誌第二號通信欄）茲不贅述。其願足下記取者。則行政裁判之起於法蘭西。彼自有事實與理論兩方之根據。萬非自察其民智之低而爲此以救之也以例實之理當益明。如官吏以公人之資格侵奪人民財產。而訴訟以起。此在行政裁判之國。官吏得曰此吾受長官之命令而爲者也。或曰此吾代表國家而爲者也。純屬於行政範圍。非普通裁判所得問。在普通裁判之國以上口實。官吏不得爲之。而當以個人責任。受法廷之檢舉。是爭點者乃在犯官之如何治法而亦僅在犯官之如何治法與國民程度問題。又何風馬牛相及也。若曰國民程度低者。其財產應被侵奪。高者始不應被侵奪。則不僅於立憲政治不復可通即專制之朝亦未必爾況乎假定採用行政裁判制度即屬剝奪人民權利此其爲說正反對斯制者之所持從而和之又實自撥其本根使己說無能自存者乎由是平政院之設立與否。足下以爲在吾國不成問題。愚則以爲不言憲政則已一言憲政問題之大過於是者吾見實罕此又不可不辨者也今請讓一步言。聽平政院之成立。而討論其利病矣。足下之言。又有足使愚聞之而駭者。則謂當採獨立主義。以期裁判之公平也。夫平政院者計行政之便宜而設者也首當破壞司法之獨立始克有成己身始終附於行政機關獨立之資本來無有若必。課以是物則立還乎司法統系之舊而平政之說摧壞無餘。足下習聞主張平政者一方之論而又不欲自昧其寶愛司法之心不期而以獨立之義責之是院是足下之用心與愚徹底反對者原無二致特未暇詳究行政裁判之本性而因自蹈於牴牾之說而不知此誠愚摯愛足下非稗販憲政逢迎權勢者流故設淫詞以助強者張目乃至不辭呵斥而銳欲辯陳者也足下第知最終裁決權在大總統之不善。而不知在平政院亦未見其善何也大總統之不應握有裁決權者以其爲行政首長也而平政院則固不脫行政範圍首長之影響無乎不在從而善之又寧非五十步百步之差者乎。所論肅政廳一節。極中肯綮。近聞京中有主張改爲肅政院。與平政院對立者。然根本旣誤。枝葉上之救濟又胡益者。尊意雖是。究嫌隔膜。茲事體大。詳細推論。本非短幅所許。且當今憲政百端。著著皆謬。語及行政裁判。尚在狐狸安問之條。故愚於此素有積極之主張。亦惟有擱置不論。俟有相當之時會。再行疏舉。茲以足下不恥下問。不能自已。輒復約略陳之。當否不敢自固。更有以進之。所深望也。　記者

復舊 二首

(致甲寅雜誌記者)

一

記者足下。旬日以還。國事敗壞。不可收拾。而所演之活劇。則愈出而愈奇。光怪陸離之象。幾令人不可思議。名曰。刷新。實則。復舊。將以備諮詢也。乃設立參政院。以羅致新舊。歲糜巨款。永久不廢。恐其不就職。或就職而不來京也。則令兼差。或遙領以羈縻之。將收統一財權也。乃合併國稅地方稅。政尚包辦。但使各省能協解中央欵項。供其揮霍。雖括盡民膏民脂而不惜。司法立法。則消滅而無存。輿論淸議。則剷除而殆盡。而政治會議。而約法會議。而政治討論會。則名目繁多。官則集會自由。而民無與也。外力競進。得步進步。不顧也。民氣不揚。蕭瑟冷靜。怡如也。所謂民意機關之立法院。則成立無期。卽成立而亦政治約法兩會議之變相。欲求一眞正之民意代表。由人民直接選舉而來者。恐亦如夢幻泡影而不可復得。處滿淸之世。吾民猶有希望。而今何如者。乃大張其幟曰。此共和政體也。誰其信之。豈吾

國政體必如此而後適宜耶抑新舊過渡不可逃之階級耶果如是遂足爲長治久安之計耶求之他國有此先例否耶願記者之一一有以教我也。　詹瘦龕白　六月二十一日

二

記者足下。邇來政象。光怪陸離。內而政府。外而疆吏。無不視前淸爲唐虞之治。疾共和爲桀紂之世。行政用人。必反舊觀。意若以爲中國苟能急流勇退。力復前淸之規模。遂能與英美馳騁于大洋。與日俄頡頏于東陸也者。此非吾故爲過當之詞。有事實足徵也。政府知財政必當統一也。乃合倂國稅地方稅。各省包辦。解欵中央。所訂之額。各省大吏。抗不奉詔。彼則曰吾之原氣未復也。此則曰吾之軍隊猶多也。外人理財。以生財爲本。中國理財。以括財爲先。小民之財。既括且盡。而中央且卜屯膏之象。省吏乃揚鼓腹之歌。此所以汲汲圖復前淸之財政也。政府知人才必須有經驗也。于是立參政院。月糜巨欵。人惟求舊。事必老成。今日遣一使。以勸遺民之駕。明日發一電。以敦故老之行。東海之濱。青島之崖。雖有翻然改意。志在澄淸。盍歸乎來。不乏大老。而皤皤黃髮。膂力既愆。可以保我子孫黎民者。猶多招隱于山林。接踵于租界。斯人不出。如蒼生何。此所以汲汲圖復前淸之人物也。政府又知民氣之不可鴟張也。于是毀地方自治。以鋤自由之根本。取消留學生。以免歐風之橫流。停辦學校。使邪說不至于口傳。摧殘新聞。使民聽不至于淆溷。多置無行之游民。巡徼偶語。廣開告訐之言路。誣罔懦夫。而報章詆朝政不絕。革黨乘瑕舋猶來。此亦汲汲圖復前淸之民氣。而變本加厲以行也。政府又知崇德報功名器不可略也。于是議復爵位。以昭感化。設置國相。以佐宸猷。中堂大帥之聲。徧于京華。大人老爺之

號。播于全國。巡按即是巡撫。道尹猶同道臺。知事斷獄。行政而司法。非是不足以威官權。統領治軍。前營而後哨。非是不足以張軍制。公文之格式。必分等級。履歷之呈報。率由舊章。此亦汲々圖復前清之名器以定民志者也。政府又知鄉黨之誼有碍于行政也。于是易地而官。拔茅以彙。如鄂督某皖人也。奔走承侍其肘腋之下者。皆服皖之服。言皖之言。行皖之行。湘督某鄂產也。其窺測意旨。仰承鼻息者。皆服鄂之服。言鄂之言。行鄂之行。皖督某潁產也。其卻曲足恭。觀望顏色者。皆服潁之服。言潁之言。行潁之行。推之于各省。納之于一道。袞々者流。滔々皆是。此又汲々圖復前清之吏治。以防弊叢者也。政府又知盜匪充斥。不足以保治安也。于是西北之勁旅。會于中原。東南之雄師。布于郡縣。而白狼跳梁。橫行兩載。綠林豪俠。蔓延四境。兵則曰吾之月獲巨賞。日肆飽掠。皆彼匪之賜也。吾愛護之。劬育之。使勿滅亡。以促吾走狗之烹。將亦曰吾之博虎章。膺勛位。受重賚。蝕餉餌。皆彼匪之予也。吾愛護之。劬育之。使勿滅亡。以促吾良弓之藏。兵之死于匪者非兵也民也。匪之死于兵者非匪也民也。白骨如山。民骨也。亦血成川。民血也。直是兵與匪賭博。以民爲注而已。名將段祺瑞督豫。則驅匪入秦。重臣陸建章督秦。仍逐匪還豫。白圭治水。鄰國爲壑。郡縣之治盜。亦如是也。此又汲々圖復前清之盜匪。以表我治軍保民之勤勞也。政府又知外交之宜繼續進行也。于是振蘇張之策。建縱橫之謀。派專使。遣重臣。聘顧問。置監督。以鐵路爲玉帛。以鑛山爲貨幣。以煤油爲盟誓。吾莊嚴燦爛之山河。冥々中已隨此聘問酬答之聲淚而逝矣。中央大借欵。以供大揮霍。以充大囊橐。外省小借欵。以供小揮霍。以充小囊橐。鐵路則借欵。實業則借欵。紙幣則借欵。解散軍隊則借欵。與一事則有一事之借欵。幾若吾國民不必擔負國家租稅。皆可以借欵了事者。此又汲々繼續前清之外交政策。有過之無不及也。凡此種々。磬南山之竹。不能盡書。一言以蔽。則曰力復前清之舊而已。默察所復之政局。可分三級。有復之恰如其量者。有復之猶未及者。有復之過勇而已超越者。螟蛉有子。類我類我。既無所不類矣。又何怪法學之士好談君憲。蚩々之氓。厭棄共和。股肱心膂之臣。握兵符而被鎧鑐。欲以蔭其五等之爵于子孫也哉。嗚乎。所謂民國前途。誠令人不可思議。心之疑懷。三日不釋。巫咸不能告。詹尹不能卜。孰吉孰凶。何去何從。願因先生決之。

韓伯思白

新約法 二首

（致甲寅雜誌記者）

一

記者足下。前蒙惠書。不以鄙人爲不肖。許與通訊。奈愚不學無識。言多乖理。雖然。烏能已也。夫今日之約法。奇駭極矣。怪謬至矣。玆不暇爲之逐條批評。姑檢其最重最要者而論之。新約法第十四條曰。「大總統爲國家之元首。總攬統治權。」第十六條曰。「大總統對國民之全體負責任。」愚讀此兩條之規定。生無限之感觸焉。我國自改政體以來。始也採用內閣制。不及二年。內閣屢易。政務廢弛。民生凋敝。或謂法制不善。政府爲國會掣肘。不克施展其才略。於是乎有解散國會之舉。無何。國會解散矣。而政務之廢弛也如故。民生之凋敝也如故。或咎臨時約法之不良。內閣制實不宜於中國。於是修改約法。規定總統制。以爲政治之運用。可暢行無阻。此前兩條約法之所由生。且修正約法。其本意實全重此兩條也。

就第十四條之法文觀之。大總統既爲國家之元首則自不僅行政部而已。舉凡立法部司法部皆附屬於大總統之下。觀其第二語『總攬統治權』更可明瞭。盖統治權者。即國家之主權。（此語昔日獨立周報及滬上各報皆筆戰多時其歸束卒以此語止）是以第十四條之總攬統治權一語。即根第二條『中華民國之主權本於國民之全體』而來。揣其意思。必爲大總統之得總攬統治權者。乃國民全體所賦予者也。既爲國民全體所賦予。則大總統之行此權也。豈特國會不能干與。即國民全體。亦當然不得反抗。緣國家統治權有至尊無上絕對無限之性質。今以總統而總攬統治權也則總統之權亦爲至尊無上絕對無限矣。嗚呼橫視列强。縱視歷史。惟有君主國元首可以總攬統治權。萬不料我共和國之大總統。亦攬有此權也。豈非可駭之甚者歟。更深一層論之。國家之主權不可讓。今總統既擁此權。則吾願其長生不老。始終爲總統。則主權之地位鞏固。民國之地位亦鞏固。不然。總統一有變更。國家主權亦因而動搖而歸於飄渺無定之所。而國。危矣且後任總統易人則今總統將持此主權讓與於彼又豈通論哉約法會議諸議員。非萃我全國通儒之尤者乎。乃其見不及此。余實不信。聞此案三讀會時。亦有莊君蘊寬。提議去此總攬統治權一語。可知約法會議々員非全盲目。而我國亦未嘗無人。惟其時爲議長所不容。卒歸無效。噫。斯人亦太愚矣。何不思全部約法。至重且要者。實惟此一語也。删之烏乎可哉。

共和國大總統於政治上不負責任。惟於犯叛逆罪時負責任。故其行爲須以一國務員副署之。即所以代總統政治上之責任也。其理由以總統在任期內不可去。而國務員則可以賢良更迭而代之。故內閣雖屢倒。而國本無動搖之虞。此英法制也。美國則採總統制。夫所謂總統制者。亦不過僅行政部之責任。全由總統負擔之耳。而我約法第十六條則曰『大總統對國民之全體負責任』此其責任當然非限於行政一部亦非對於立法部而言章々明甚。雖然國民全體一語意亦巧矣。細觀約法全部。所謂國民全體竟無代表之機關則此語似同虛設立法院者僅曰爲大總統之諮詢機關不論其選舉之方法如何可料其無代表民意之能力既無代表民意之能力則總統之行爲非議會所能監督而總統之任期有定限任期之中無法令其更易不必總統有叛逆行爲其尸位溺職敗誤國是亦只可聽之而已如之何哉要之總統既總攬統治權大權集於一人之身而無他權力可以與之相抗責任既對於國民之全體而言所謂國民全體又無物可代表之責任二字全無意味則獨斷獨行勢必達於專制專制者民所惡也民既惡之而末何如之自不得不以武力解決革命之事遂爲勢所必至矣此墨西哥之所以迄無寧歲也嗚呼。總統制之害有如是矣。而我國乃尤而效之更以明文規定於根本大法之中。一若惟恐中國不爲墨西哥也者。噫我中華民國不斷送於此悠謬可笑之約法者。余不信也謭陋所及。如斯而已。其亦以爲可教而辱教之乎。　朱芰裳白

記者按朱君此書、乃本誌第二號未出以前寄到、惟當時印刷將竣、不及插入、雖其中所言、與前號記者之論頗相出入、而朱君之文、自有本價、且不期而同、尤足以徵輿論所在、故補登之、

二

記者足下。吾國新約法既經召集約法會議修訂矣。復由大總統公佈施行矣。凡行政部之障礙物。固已一掃而空。乃披閱全文。偏重行政。抑制立法。矯枉過正。變本加厲。猶得曰。採取總統制之當然結果。

姑勿置論。而予最躊躇滿志而不能無疑者。莫若矛盾之條文。雜出其間。稍治法學者。類能避之。不謂自命造法機關之約法會議。貿然蹈此。致國家根本大法坐模稜兩可之弊。使人民無所適從。何也。夫信教自由。爲人民八大自由權之一。各國以規定于憲法爲通例。約法第四條規定中華民國人民無宗教之區別。法律上均爲平等。與美國憲法修正案第一條國會不得以法律定國教。并不得妨害信教自由。用意正同。質言之。無論人民信仰何教。各處平等自由之地位。法律上毫無畸輕畸重之觀念。不啻宣告國家不以法律制限人民之信仰。其義甚明。依此解釋。則約法第五條七項人民于法律範圍內有信教之自由。其「于法律範圍內」六字。不免與第四條有衝突之嫌。此法律二字。指容許信仰某教之法律而言。容許之法律。對于禁止之法律而言。既定法律以禁止人民信教。何得謂法律上均爲平等。若靳若予。遑論其與各國憲法原則相背馳。且與第四條原文顯相抵觸。前後不能一貫。文理上論理上均無可通之理。未識記者以爲何如。幸賜教之。　顧一得白

記者夙不樂於討議現行法制。以政治組織根本既誤。枝葉之得失。皆不値一錢者也。新約法云云。人曰根本法愚則曰枝葉法。何也。以此種法之有無。無關於現時之政局也。執約法而求之。是之不足以增其効力。非之不足以減其魔力。吾人則亦何暇爲之論議哉。然以足下推論及此。愚又適重本誌通訊之例。聊復就足下所言。著其通則。不必拘拘於約法也。國家之組織。信教自由。固不可少。而他種法制之維持社會秩序者。亦復多端。二者相遇。亦或有其衝突之點。如一夫一妻。歐美之法律也。苟有夫妻之關係。待解決於法廷。司直惟據一妻一夫之律斷之矣。然當世有一夫多妻之教。號曰摩門。頗行於美。而潛入於歐。此兩洲之法律。皆不之許。以許之則全社會之

秩序以亂。在勢有所不可也。於斯時也。摩門之徒。其信仰之自由。實阨於法律。而莫能遂。吾之白蓮大刀紅燈照種々。皆含有宗教性質。而以觸犯民刑諸律。亦在嚴禁之條。由是信教自由。當以法律範圍之云々。其法律乃指他種散見諸律。固不必爲「容許信仰某教之法律」也。鄙見如此。至約法會議諸公所見何似。非愚所知。愚言之矣。執約法而求之。是之不足以增其効力。非之不足以減其魔力。足下勿以爲意可也。　記者

人口

（致甲寅雜誌記者）

記者足下。頃由東友寄到大誌一册。精旨名理。縋幽索微。展誦數四。無任欽仰。鷃冠云。中流失舟。一壺千金。頃者國論滔滔。人心酔溺。瓦釜扇燄。衍俗取寵。得大誌起而振之。砥柱横流。狂瀾以剪。績勛所被。豈僅一壺之微。疑淼在荒壤。聞風嚮往。平昔研學潛理。懷疑多端。所欲就正有道者。至賾且繁。迫于校課。未遑覼縷。比爲此間諸生講授農業政策。對于人口過庶問題。不揣謭陋。妄有研究。于西國鴻哲持論。且多徵詞。自顧所學極淺。謬附解人。終不慊懷。足下學貫中西。理蘊精湛。雅所欽遲。茲以該文奉寄。當有宏議卓識。發盲起廢。爲斯問題下一最終解答也。再該文倘足下以爲尚有一二足錄。轉載大誌。庶以引起海內學者研考斯問題之盛心。而以拙文作其椎輪。高明以爲何如。　郁嶷白

人口過庶問題之研究

英國計學家馬查士有言。萬類生生。各用幾何級數。（幾何級數者以比例用乘法相乘也所謂如生五子則每子各生五孫）使滅亡之數。不遠過於所存。則嘩息之間。地球乃無隙地。人類孳乳較遲。然使衣食裁足。則二十五年。其數自倍。不及千年。一男女所生。當徧大陸也。嗚呼。使其言然。則人口過庶之患。其效至速可覩也。特以人處天演之中。始也人與物競而圖存。繼也人與人競以食弱。終乃優者常存而弱者浸亡。陶思汰閫。優勝劣敗。惟有以適合於天演之境者。方能自殖而孳乳。而人口過庶之患。遂緣茲緩厥期焉。其故以大地有限之塊土。供人類無限蕃衍之需求。遲早不可知。而終不能免於過庶。致生者無立錐之所。存者鮮粒米之獲。哲學名家。生物巨子。所爲鰓鰓然發其深憂。倡爲拯溺之道而終苦無術也。茲略舉英儒赫胥黎斯賓塞爾兩氏所云。較而論之。備諸君參考焉。

赫胥黎曰。天地之大德曰生。而含生之倫。莫不孳乳。樂牝牡之合。而保愛所出者。此無化與有化之民所同也。方其治之未進也。則死於水旱者有之。死於飢寒者有之。且兵刑疾疫。無化之國。其死民也尤深。大亂之後。景物蕭寥。無異新造之國者。其流徙而轉於溝壑者衆矣。洎新治出。物競平。民獲息肩之所。休養生聚。各長子孫。三十年以往。小邑自倍。以有限之地產。供無窮之孳生。不足則爭。干戈又動。周而復始。循環無端。此天下之生。所以一治而一亂也。故治愈隆則民愈休。民愈休則其蕃愈速。且德智並高。天行之害。既有以防而勝之。如是經十數傳數十傳以後。必神通如景尊。能以二饅頭哺四千衆而後可。不然。人道既各爭存。不出於爭。將安出耶。爭則物競興。天行用。所謂郅治之隆。乃儳然不終日矣。故人治者所以平物競也。而物競乃即伏於人治之大成。此誠人道物理之必然。昭然如日月之必出入。不得以美言飾說。苟用自欺者也。

設前所謂首出庶物之聖人。於彼新造烏託邦之中。而有如是之一境。此其爲所前知。固何待論。然吾儕小人。試爲揣其所以挽過庶之術，則就理所可知言之。無亦二途已耳。一則聽其蕃息。至過庶食不足之時。徐謀所以處置之者。一則量食爲生。立嫁娶收養之程限。使無有過庶之一時。由前而言。其術即今英倫法德諸邦之所用。然不過移密就疏。挹茲注彼。以鄰爲壑。曾有窮時。窮則大爭仍起。由後而言。則微論程限之至難定也。就令徵積之術。格致之學。日以益精。而程限較然可立。而行法之方。將安出耶。此又事有至難者也。於是議者曰。是不難。天下有驟視若不仁。而其實則至仁也者。夫過庶旣必至爭矣。爭則必有所滅。滅又未必皆不善者也。則何莫於此之時。先去其不善而存其善。聖人治民。同于園夫之治草木。園夫之於草木也。過盛則芟夷之而已矣。拳曲擁腫。則抉除之而已矣。夫惟如是。故其所發皆嘉葩珍果。而種日進也。去不材而育其材。治何爲而不若是。罷癃愚癎殘疾頑醜盲聾狂暴之子。不必盡取而殺之也。鰥之寡之。俾無遺育。不亦可乎。使居吾土而衍者。必強使聖智聰明才桀之子孫。此眞至治之所期。又何憂乎過庶。

據赫氏所論。欲以人力防過庶之弊。此其慮至深。而其事乃不可行也。侯官嚴氏曰。嫁娶程限之政。瑞典嘗行之。民欲婚嫁者。須報官驗明家產及格者。始爲牉合。然此令雖行。而俗轉淫佚。天生之子滿街。育嬰堂充塞不復收。故其令尋廢。其明驗矣。

雖然。赫氏亦知其說之難實行也。故又曰。天演家用擇種留良之術於樹藝牧畜間。而繁碩茁壯之效。若執左券致也。於是以謂人者生物之一種。雖靈蠢攸殊。而血氣之軀。傳衍種類。所謂生育其先。代趨微異者。與動植諸品無或殊焉。今吾術旣用之草木禽獸而大驗矣。行之人類。何不可以有功乎。此其說雖若駭人。然執其事而責其效。則確乎其必然者。顧惟是此擇與留之事。將誰任乎。前於墾荒立國。設爲主治之一人。所以云其前識獨知。必出人人。猶人人之出牛羊犬馬者。蓋必如是而後乃可獨行而獨斷也。果能如是。則無論如亞洲諸國。宣聰明。作元后。天下無敢越志之至尊。或如歐洲。天聽民聽。天視民視。公舉公治之議院。爲獨爲聚。聖智同優。夫而後託之主治也可。託之擇種留良也。亦可。而不幸橫覽此五洲六十餘國之間。爲上下共六千餘年之紀載。此獨知前識。邁類逾種如前比者。而斷斷乎未嘗有人也。且擇種留良之術。用諸樹藝牧畜而大有功者。以所擇者草木禽獸。而擇之者人也。今乃以人擇人。此何異白鴿欲爲施白來。（[illegible]）多見其不知量也已。且欲由此術。是操選政者。不特其前識如神明。抑必極剛戾忍決之姿而後可。夫剛戾忍決。誠無難。雄主酷吏皆優爲之。獨是先覺之事。則分限於天。必不可以人力勉也。且此才不僅求之一人之爲難。卽合一羣之心思才力爲之。亦將不可得。久矣合羣愚不能成一智。聚羣不肖不能成一賢也。從來人種難分。比諸飛走下生。奚翅什伯。每有孩提之子。性情品格。父母視之爲庸兒。戚黨目之爲劣子。溫溫未試。不比於人。逮磨礱世故。變動光明。事業聲施。赫然驚俗。國蒙其利。民戴其功。（[illegible]）吾知聚百十兒童於此。使天演家。憑其能事。恣爲決擇。判某也爲賢爲智。某也爲不肖爲愚。某也可室可家。某也當鰥當寡。應機斷決。無或差訛。用以擇種留良。事均樹畜。來者不可知。若今日之能事。尙未足以企此也。

赫氏他日又曰。知人擇之術。可行諸草木禽獸之中。斷不可用諸人羣之內。姑無論智之不足恃也。就令足恃。亦將使惻隱仁愛之風衰。而其羣以渙。且充其類而言。凡卹罷癃養殘疾之政。皆與其治相舛而不行。直至醫藥治瘵之學可廢。而男女之合。亦將如會聚牸牝之爲。而隳夫婦之倫而後可。陋隘酷烈之治深而慈惠哀憐之意少。數傳之後。風俗遂成。斯羣之善否不可知。而所恃以相維相保之天良。其有存者。不其寡與。故曰。人擇求强。而其效適以得弱。蓋過庶之患。難圖如此。

總觀赫氏所論。以人口過庶。乃必至之境。而其所以防之者。又無其術。然自斯賓塞附言之。則以人口過庶。不足爲患也。其言曰。今若據前事以推將來。則知一羣治化將開。其民必庶。始也以猛獸毒虫爲患。庶則此患先袪。然而種分壤據。民之相殘。不啻毒虫猛獸也。至合種成國。則此患又減。而轉患孳乳之寖多。羣而不足。大爭起矣。使當此之時。民之性情知能。一如其朔。則其死率。當與民數作正比例。其不爲正比例者。必其食裕也而食之所以裕者。又必其相爲生養之事進而後能。於此見天演之所以陶鈞民生。與民生之自爲體合。（按物自變其形能以合所遇之境天演家謂之體合）體合者。進化之祕機也。雖然。此過庶之壓力。可以裕食而減。而過庶之壓力。又終以孳生而增。民之欲得者。常過其所已有。汲汲以求。若有陰驅潛率之者。亘古民欲。固未嘗有見足之一時。故過庶壓力。終無可免。即天演之用。終有所施。其間轉徙墾屯。舉不外一時挹注之事。循是以往。地球將實。實則過庶壓力之量與俱盈矣。故生齒日繁過于其食者所以使其民巧力才智與自治之能不容不進之因也。惟其不能不用。故不能不進。亦惟常用。故常進也。擧凡水火工虞之事。要皆民智之見端。必智進而後事進也。事既進者。非智進者莫能用也。格致之家。孜孜焉以盡物之性爲事。農工商之民。據其理以善術。而物產之出也。以之益多。非民智日開。能爲是乎。十頃之田。今之所穫。倍于往歲。其農必通化殖之學。知水利。諳新機。而己與傭之巧力。皆臻至巧而後可。製造之工。朝出貨而夕售者。其製造之器。其工匠之巧。皆不可以不若人明矣。通商之場日廣。業是者於物情必審。于計利必精。不然敗矣。商戰烈。則子錢薄。故用機必最省費者。造舟必最合法者。御舟必最巧習者。而後倍稱之息收焉。諸如此倫。苟求其原。皆一萃過庶之壓力致之耳。蓋惡勞好逸。民之所同。使非爭存。則耳目心思之力皆不用。不用則體合無由。而人之能事不進。是故天演之祕。可一言而盡也。天惟賦物以孳乳而貪生。則其種自以日上。萬物莫不如是。人其一耳。進者存而傳焉。不進者病而亡焉。此九地之下古獸殘骨之所以多也。一家一國之中。食指徒繁。而智力如故者。則其去無噍類不遠矣。夫固有與爭存而奪之食者也。不見前之愛爾蘭乎。生息之夥。均諸圈牢。然其究也。徒以供溝壑之一飽。饑饉疾疫。刀兵水旱。有不忍卒言者。凡此皆人事之不臧。非天運也。然以經數言之。則去者必其不善自存者也。其有孑遺而長育種嗣者。必其能力最大。抑遭遇最優。而爲天之所擇者也。故宇宙妨生之物至多。不僅過庶一端而已。人欲圖存。必用其才力心思。以與是妨生者爲鬬。負者日退。而勝者日昌。勝者非他。智德力三者皆大是耳。三者大。而後與境相副之能。佚。而生理乃大備。且由此而觀之。則過庶者。非人道究竟大患也。吾是書前篇。於生理進則種貴。而孳乳用稀之理。己反覆辨證之矣。蓋種貴則其取精也。所以為當躬之用者日奢。以為嗣育之用者日嗇。一人之身。其情感論思。皆腦所主。群治進。民腦形愈大。襞積愈繁。通感愈速。故其自存保種之能力。與腦形之大小有比例。而察物窮理。自治治人。與夫保種詒謀之事。則與腦中襞積繁簡為比例。然極治之世。人腦重大繁密固矣。而情感思慮。又至賾至變。至廣至玄。其體既大。其用斯宏。故腦之消耗。又與其用情用思之多寡深淺遠近精粗為比例。三比例者合。故人當此時。其取物之精。所以資輔益填補此腦者最費。腦之事費。則生生之事廉矣。物固莫能兩大也。今日歐民之腦。方之野蠻。己此十而彼七。即其中襞積複疊。亦野蠻少而淺。而歐民多且深。則繼今以往。腦之為變如何。可前知也。此其消長盈虛之故。其以物競天擇之用而腦大者存乎。抑體合之為。必得腦之益繁且靈者。以與蕃變廣玄之事理相副乎。此吾所不知也。所可知者。用奢於此。則必嗇于彼。而郅治之世。用腦之奢又無疑也。吾前書證腦進者成丁遲。([illegible])又證男女情欲。當極熾時。則思力必遜。而當思力大耗。如初學人攻苦思索算學難題之類。則生育能事。往往抑沮不行。統此觀之。可知群治進極宇內人滿之秋。過庶不足為患。而斯人孳生遲速。與其國治化淺深。常有反比例也。([illegible])

總覽斯氏所論。其謂因人口過庶之壓力。而致社會治化之日隆。社會治化日隆。斯人類所以防患之術益精。而過庶之患。無足為慮。此其持論。逾于赫氏也倜乎遠矣。惟謂治化進則用腦奢。用腦奢者成丁遲而生育減。生育減。斯過庶不足患，余殊不謂然。([illegible])夫其所謂生育減者。其程度為如何耶。(1)所生之數減於死亡之數耶。(2)抑所生之數與死亡之數相適合耶。(3)又或所生之數微過於死亡之數。而較今日所生之數遠過於死亡之數者為稍減耶。余意斯氏著論時。於是三者。必有一合。故余先就此三者。研索其於人口過庶不足為患之說。果有當否耶。

第一。使斯氏所謂生育減者。乃指所生之數減於死亡之數。則人口過庶之患。誠不足慮。蓋生者日減。死者益多。自斯以往。世界治化愈文明。而人口愈減退。現在既存之數。且不能保。則現在各國既不以過庶爲患。後此更必不以過庶爲患也。然斯氏固謂世界究竟。必詣於郅治者。若當世界郅治之秋。人口日減。馴且鄰於滅亡。則誰與維持此郅治之文化者乎。矧一國人口之多寡。恒影響其國之盛替。勿待遠徵。如現世紀之德國。以人口蕃衍日衆之故。雄長大地。而法國以人口增殖不盛。國勢衰微。彼國政府。方汲汲設各種獎勵之策。以救其弊。是人口減退。不第文化無由進。而郅治尤不可期也。

第二。使斯氏所謂生育減者。乃指所生之數與死亡之數相適合。則人口過庶之患。亦不足慮。蓋所生之數。即爲死亡之數。二者常有以相消故也。雖然。此其事懸諸理想可耳。徵之事實。必無此一境也。

第三。使斯氏所謂生育減者。乃指所生之數微過於死亡之數。而較今日所生之數遠過於死亡之數者爲稍減。則人口過庶爲不足患之說。直囈言耳。蓋人口之生殖既較過於死亡之數。無論其所增殖者爲一至十之最少數。然屑累塁積。引而彌長。遲早不可知。而過庶一事。終不能免。特較今日人口增殖之數遠過於死亡者。有五十步百步之判耳。譬之人行萬里。日走一里。所走雖微。終必能至。必使繞城而行。循環無端。始無窮期也。

據上所說。斯氏之言。無當於理。彰彰可考。惟斯氏謂治化日進。人類所以防過庶之道益工。則誠名論不刊。余請即其義。引伸如左。

洪濛之初。人智僿野。圖生之方。僅恃漁獵。以當時人口之稀簡。狩山釣水。而不虞其不給。然余意當時之民。亦必有深叕遠慮。以鳥獸魚介之存於自然者。爲數至僅。使生齒日繁。求增而供不足以相副。過庶之患。緣茲而興。且惴惴然不得其救患之術。一如今之學者。長慮周審于後此過庶之事也。浸假而生齒繁矣。僅恃漁獵。誠不足以長養蒸民。然而人智因境遇之遷拸而日進。發生之途。乃舍漁獵而事牧畜。收畜與則孳乳較多。而民以給食。（[illegible]）昔之人以過庶爲患者。至其境乃絕不足患也。然牛羊之繁孳。常不同人口增加之所需。是人類之進於游牧時代也。舍漁獵而事牧畜。雖足以維持一時過庶之弊。洎乎累年經歲。生齒之繁。遠過其初。民又舍牧畜而事耕稼，芟荊棘。剷土奠居。闢田園。長子孫。厥衣厥食。端仰地力。嘉禾林總。蕃衍夥頤。而人口過庶之患。又緣此兇焉。然其始民之勞力隨野也。鋤耰粗笨。人力鮮施。五穀百產。生殖尚不甚夥。學者所稱粗放農業者是也。逮人口益衆，民食又以不給。於是新穎之機械。便農之良術。層出不窮。墾疆闢土。布種施肥。法精費宏。一畝所產。浸倍其初。學者所稱集約農業者是也。集約農業興。則前之所患。今乃無虞。而當牧畜時代之人民。其以耕稼時代人民之過庶爲患。與當粗放農業時代人民之以集約農業時代之人民過庶爲患。揆諸今之學者以後此人口之過庶爲患者。又無以異也。然而前世人民之所以爲患者。至其境乃因民智之進。闢新製異。創爲嘉猷。防其患而濟其窮。而終以無虞。據已往以測將來。則今之學者之所患。安知後世人口果有過庶之一境。而有限之農產物。不足以養其生。不別談宏謀至計。於農產物之外。另求養生之道以救其患。一如前人之所爲乎。（[illegible]）吾人今未詣其境。顧勰勰然深致杞憂。庸有當耶。

客或謂人口過庶之患。如予言。當無足慮。然使人口過庶之極。養生雖有其術。而員輿面積有限。密布稠生。立錐地窮。彼時人智之發達。雖若何遠過今日。而謂能于員輿外。另闢新壤。移繁就疎，有以識其必不然也。則應之曰。他日人智雖極進步。誠不必有另闢新壤之能。但就今日之已事推之。余知他日人類必有以處此也。曷觀今日之歐美乎。樓房櫛比。直接雲霄。彼其民非耆爲居上臨下凌空高懸也。地狹民稠。寸土千金。購求維艱。窮極思變。則層壘爲樓。層至十數。用地寡而容納衆。使非爲此。歐美人滿之患。不必于他日始見也。若在吾國。凡樓之在二層以上者至寡。廣土平鋪。橫連無垠。非吾國人之智不知爲高樓縱闢也。以地廣人稀。隨處可室、人滿之境未至。遂不及爲此。故歐土一方里。在今日之爲用。數倍往昔。而人滿不足以窘之也。以此例推。異日假使世界有人滿之一日。彼時人類所以豫爲之防者。當有其術。若客所言。慮患雖深。要亦與前之以人口過庶食料不給爲患者同其杞憂。而人智大進之日。固不必然也。

手示誘掖過當。萬不敢承。所發問題。切要而極饒趣味。愚頗忘其不肖。樂與賢者一縱論之。惟鄙論所涉範圍過廣。非區々千數百字。贅於大札之後。所能畢其詞。當謹貢所知。別爲一篇。於甲寅四期登出。以資就正。且足下原欲公布此文。以來海內學者之質證。愚請謹奉此意。以告讀者。若當世精於計學諸君。因足下一言。而更續々以其心得。倩爲宣布。俾拙論未出以前。得以廣收教益。自正其訛。尤私衷之所切期也。　記者

孔教　五首

（致甲寅雜誌記者）

一

記者足下。比者言界鉤鈲析亂極矣。得繹大報。震東啓明。曙光一綫。較近何易多覯。休甚休甚。惟中評孔教。有不能釋然於心者。太炎文臬。陳誼高簡。渾々圓矣。雖然眞理之在天壤。如水銀洩地。未必太炎爲是。而溝猶瞀儒爲非。兒啼婦嗟。足以譣玄機。而謂醉孔教者。智出兒婦下耶。智者之揆事。蹷則衡然弛其兩耑以聽物者之自呈。文身何身。蘄達吾之所測而勿爲剽剝囿距。則幾矣。世變譎觚。有大於誣聖者。姑舍是。惟君裁之。僕行能無似。去歲爲友人所浼。嘗發表言論於滬上叢報。今已脫離矣。仇孔詛

孔。兩無容心。所以云々者。以君達者。冀有以終教之也。炎夏惟爲道自愛。不宣。

張爾田白

二

記者足下。前書諒達雅覽。大報殫精政論。僕則尤注重社會。今之竺舊者。輒謂堯舜之治即共和。吾不敢知。然進而言之。所謂社會主義者。稽諸禮運。我先民固早有此胎觀矣。孔演五經。微言所繫。志蓋有在。恨今尚非其時。然終有達之之一日。要貴馴而致之耳。羣化輪軌。必先使之適於現境。而後有以日蛻其舊而不自知。固非鹵莽滅裂所易爲功也。聖者知天勿攖人心。去秋黨閧。雖所緣萬端。毋亦有不合於此公例者耶。政治乃社會結晶體。竊願大報時々於此加之意也。君尚異者。僕亦不喜苟同。聊貢愚管。當否幸財擇之。不宣。

張爾田白

三

記者足下。前上兩書。皆論孔教。孔教爲宗教與否。此問題竊謂當聽後世裁判。無庸我輩齗々。惟尊評引班固語。此則局於漢時。非所論於今日。今政途甚寬。士之有志利祿者。揭一新幟。即可博社會歡迎。固無須乞靈二千年前不適時用之孔教。試觀政變以來。所謂彈冠于于者。非舊日胸無點墨之官僚。即民國鼎々有聲之大政客。班固所訶。若輩當之矣。不得以此詬孔教。更不得以此詬信心孔教之徒。至蓄妾狎倡。縱慾敗度。普通恆情。即廢孔者亦蹈之。蔽罪先聖。何其不倫。君以邏輯著聲。此語得毋不邏輯耶。獨立擾攘時。固有假名義以攫金錢者。必謂革命爲金錢主義。吾恐智者所不許。近時主張孔教者。誠不無過激之譚。此其咎當與廢孔者分任之。非片面證據所能斷斯獄也。檮昧如僕。何敢獻替。亦本吾良心上所欲言。以復於執事而已。執事賢者。必不護已。如以爲然。乞加采擇。抑亦大報通訊宣

言所謂如其量以發表之也。索居無俚。拉雜書此。不盡欲言。　張爾田白

四

記者足下。前論孔教。尚有未盡。玆再陳之。宗教者一羣人心之最高吸力也。一羣有一羣所奉之教。不必與異羣盡同。孔教是否宗教問題。當視一羣信仰者之多寡爲衡。夫孔子布衣耳。二千年之經典。誠不適時。然而民國創建以來。上自開國鉅公。下至販夫騶卒。無一人敢以非聖誣孔子者。此心同。此理同也。卽太炎先生不欲奉孔子以教主徽稱。而不能不崇拜其文治之功。豈冥々中有迫之使云然耶。毋亦有不忍不然者耶。嘗謂無論何教。無論其教之精粗何似。苟爲一羣所仰乳。必有幾分眞理存在其間。所謂平等云者。在使一羣所需。胥有機會同蘇並育。立於水平線上。非遏其一而決其一之謂也。謂國之治也。不僅恃宗教。則吾無間矣。必蔽其全體而諏之。僨孰甚焉。且天下事若不爲人心所許。杜之實所以張之。水靜者也。激之可使在山。今爲吾民敵者誰乎。不此之務。而日與人心挑戰。吾恐資寇兵齎盜糧。必有兩承其害者。吾思之。吾欲爲吾同胞涔々淚下矣。嗟乎。舉世滔々。方日趨南北之二極。非僕不敢作此言。非執事宅心公恕。又安敢以此言進。至於是非。竢天下後世公判。僕不固也。此頌著祺。不一。　張爾田白

前後四函。以次諷誦。心長語重。讀後神爲之移者久之。惟愚所主張。終有當求諒於足下者。以足下不貴苟同。請得更賫陳之。愚之不滿意於今之倡立孔教者。非於孔子之道有所非難。特謂彼等之意確以耶教入據中華。漸爲上流人士所歸。而因假藉孔學樹爲宗教以相抵抗。且憑政治强橫之力。號稱國教。籠罩全邦。加異教者以無形之壓迫。甚且亂其已堅之信仰。是則期々以爲

不可者也。足下爲平等二字作詁。曰「在使一羣所需。胥有機會。同蓝並育。立於水平線上。非過其一而決其一之謂。」立義之精。可稱獨到。則今之假孔子以排耶穌者。明々與足下所謂平等不合。足下語中。固未爲排者設辭而助攻。而愚指斥尊孔者不應存此心理。當亦無忤於尊恉。若謂耶教之在中國。非爲一羣所需。」明達如君。想未必即作斯語。要之愚之本意乃在爲耶教謀其發展之地而決非於孔子之道尋垢而索瘢。當世之信孔子者彼自有其權利爲之無論何人不得詰難。即以愚之無似有欲脫愚於尊孔之籍。愚決不承。惟不如世俗所爲。奉爲教主耳。足下謂「孔教爲宗教與否。此問題當聽後世裁判。無庸我輩斷々。」則似足下亦乃離教而談孔。斯點既明。足下所言。並無與愚根本衝突之處。此外尚有一語。欲以强聒於足下者。則足下謂「蓄妾狎倡。縱慾敗度。普通恆情。……敵罪先聖。何其不倫。」是乃千慮一失。不敢苟和。夫所謂教無論其爲名教或爲宗教。而要歸本於化民成俗。斯效不著。焉用教爲。今惟問蓄妾狎倡縱慾敗度是否反乎教旨而躬行。蓄妾狎倡縱慾敗度者是否即屬奉教之人。若兩問皆得正答。則一面教義流行。一面在教之人。淪於禽獸。是敵罪先聖誠哉未可。惟若證明其教之未能直接控制世道人心。縱蘇張復生。恐亦艱於作辯。愚非耶穌之徒也。久居耶教之邦。與奉耶教者日相接。而深歎其言忠信。行篤敬。遠非吾秉禮之邦所能夢見。足下所謂「普通恆情」。吾以爲病者。求之彼中。絕無而僅有。間嘗推求其故。則上自鴻儒下迄走卒。莫不歸本耶教之功。即求之本邦凡奉耶穌篤誠不貳者。其律己嚴明處事勤奮。已遠非儒言儒行者所能及之事實昭然。斷非愚一人之筆墨所能顛倒。信如是也。歐洲既以奉耶教之故成其美俗。則吾俗之不美。乃由於所奉之教。其力不若耶穌。實爲邏輯應有之聯想且國人中有一部分方以奉耶穌而正其身心則若全國而悉奉耶穌其政俗之清明當遠逾於今日亦爲邏輯推類之所宜然雖不必盡當。愚愛言論自由。愚則愛推尋至此。足下所言。謂爲「良心上所欲言」。愚之言此。亦復同之。人或以非聖無法。摑愚左頰。請更以右頰承之可也。足下默觀時局。審有大敵在前。戒以勿攖人心。免致授敵以柄。此其深心。豈不可感。若惟社會而不能辨理至此一聞反對之論即至附敵同攻倒戈以向則時日曷喪請與偕亡姑息之談果安用也。君涙滿眶。愚涕亦並盈把。妄言極矣。惟曲原之。幸甚。 記者

五

記者足下。民國成立以來。自由平等之說。風靡天下。竟欲舉數千年來最尊崇信奉之孔教。亦悉棄旅遺。而不肖頑黠之徒。遂乘時奮起。排斥孔教。以逐其自私自利之心。既破滅其舊有之道德。而不道不德之事。乃日出而未有已。政治日形腐敗。習俗日見偷苟。馴至法律不足以治。刑戮不足以懲。兵力不足以懾。而天下人心皇皇。如無柁之舟。隨流飄蕩。不知所屆。聖道墜地。神州陸沈。猶欲望維持秩序。保守治安難矣。然則廢孔者乃亡中國之徵。尊孔者其救中國今日之絕大方針乎。雖然。未易言也。濂洛講學而無補南宋之亡幾復興社而無救朱明之亂徒言尊孔恐於時局仍無補也。何也。前清末年。士大夫非不日言尊孔也。孔聖則崇升大祀矣。學校則讀經矣。教育宗旨。則以尊孔爲第一要義矣。漢儒趙岐。元儒劉因。亦請從祀孔廟矣。尊孔若此其盛。乃不旋踵而亡。此豈尊孔之罪歟徒言尊孔而不知實行孔教之罪也。清之季也。君主蒙蔽於上。權貴驕肆於朝。大小臣工。賄賂苞苴。互相吸引。而一般新進之流。或倡言西學。或崇拜歐風。學識寡陋。治術不知。一入仕途。則惟日從事於飲食交遊徵逐。間以

國家大計。財政困難。而無術補救。學校腐敗。而無法維持。盜賊滿山。而無人過問。軍心橫決。而無能歛戢。凡所用人行政。無不與孔教之實際相反。因循怠惰。而粉飾尊孔虛名。故振臂一呼。而清社遂屋。此談尊孔者所為觸目驚心。疾首蹙額。太息痛恨而道之者也。今者非日言尊孔之時乎。袁大總統既頒祀孔及崇聖典禮。欲提倡孔教。以維繫中國之風俗人心。教育部亦議以孔教為修身大本。且編輯經籍。以為教科書之用。孔教其將大行。而可以救中國今日之衰敝耶。竊以為未盡然。蓋深懼乎日言尊孔之人多。而實行孔教之人少。失尊孔之真。則孔教反因而晦也。處排孔時代則深喜人言尊孔。處尊孔時代吾又深懼徒言尊孔。此非固為刻也。孔道貫古今中外。而莫能易。數千年而皆可行。行之則治。失之則亂。試問孔道之所以為治。今日果何者見諸實行。孔道之所以為學。今日果何者頒諸學校。能實行孔道之人。果如何表彰之。以為群倫矜式。此皆真尊孔者所當斟酌而施行者也。入孝出弟。謹信愛眾親仁。學文。諸大端則小學之楷模也。格致誠正修齊治平則大學之綱目也。遵之守之則可以為人。背之棄之則不可以為國。處今日孔教昌明。人人知尊孔時代。則鄙人尤不能不為是言。誠欲明尊孔之真精神。使由言論而達之實行。庶天下後世。不至以尊孔之名相詬病。斯孔教乃亘千古不可磨滅。此鄙人進而益上之心。非附人尊孔之志也。昔孔聖之在春秋。憂世憂民。周流天下。皆欲一行其道。以拯天下之飢溺。迨所如不合。乃退而刪訂詩書。故浮海有嘆。九夷欲居。知河圖不出。而天下莫宗。望大同之治。而有志未逮。皆冀實行其道以救時耳。是以於季桓子有見行可之仕。於衛靈公有際可之仕。於衛孝公有公養之仕。皆視其道之行與否以為斷。不然。使尊孔而僅以虛聲羈縻。不以行道為重。則爵祿之榮。華袞之貴。何所之而不得。而孔子愁然不安其位者何也。子曰。禮云禮云。玉帛云乎哉。樂云樂云。鐘鼓云乎哉。由此視之。尊孔眞際。固在彼不在此。徒若於儀文上尊孔。便謂已足。而不求實行其道。是無異認昔日之作八股。而謂孔子之道。其用不外如是也。吾願挈尊孔之名。以鼓勵天下者。當於此三致意焉。弟久居粤城。與聞孔教會事。與北京孔教總會頗相聯絡。則時々以此旨進之同人。熟知大誌關懷時局。不挾偏見。作中流之砥柱。定衆向之方針。風聲所樹。已入人心。用敢瀆言。請爲傳布。想亦記者之所樂爲也。　梁士賢白

宗教與事業

（致甲寅雜誌記者）

記者足下。大報載太炎先生駁建立孔教議。足下書其後有曰「歐人所謂宗教。乃視爲身心性命之所寄。而決非如吾神道。止於迷信崇拜之倫」大哉此言。足以破吾國士夫鄙夷歐教之習。足下久居歐土。於其書無所不讀。義無所不明。得片語維持。勝於傳教者百輩。際此俗薄民漓之會。身心性命。不亟求所以寄頓。則人道之苦。又伊胡底。同人等仰望崇論。載渴載飢。恨謭陋無知。不足以佐大君子之宣化。有致留東諸同學一書。錄呈左右。祈賜覽觀。視有萬一之可取否。　陳敬望白

致留東同學書

竊敬望少未知書。長益荒落。中歲留學美洲。得漫游彼中名都大邑。時千八百九十七年。中國戊戌政變之秋也。……予之在美也。以慕彼富强。頗復究心物質。終無所得。惟見彼中之士讀書外無他意也。農力耕外無他意也。工商勤其職業外無他意也。士專則學益進。農專則土益闢。工商專則貨財益充實。予每就其專時而叩

之曰。汝有他念否。則彼不知也。問何以無他念。則曰上帝使吾人作業。舍此不敢有非分想也。然則業暇何所念。亦念上帝而已。嗚乎吾中土人之材力聰明。有過人而無不及。乃求人富强而迄不可得。其道可知矣。今夫人之爲業成於專而精於誠。然必有物焉主宰拘束其中。然後其誠乃不雜其專乃不貳。奕秋之誨奕，必不能使心有鴻鵠者。學底於成。予十餘齡時。常入山。見一伐木者。初運斧傷其足。再則毁其指。遂痛而踣。予覺日過諸途。詢其故。曰。疇昔之晨。宰官蒞吾邑。車馬衣服甚都。予因念人生世間。固應樂此。想結不釋。身失所主。遂不知斧之傷吾足及指也。嗚呼。國變以來。此樵人者日益多。舉天下士者、農者、工者、商者。而皆懷宰官之冥想。其不至削足傷指者幾何。故予謂富强有道在乎精神精神誠於專一專一起於禱禱上帝吾國人每聞上帝之名。則斥之曰耶穌教。亦若上帝之名。乃耶穌教所獨有。而所謂耶穌教者。蓋等諸大刀紅燈青白蓮諸異教。展轉相傳。遂如叩槃捫燭者之日亡其實。而不知上帝者。乃吾國古聖奉以爲立身行道之準。與今之耶穌教義畧同。特以時代益近。人性愈漓。彼夫山崩川竭。既不足爲修省之災。而宋明以來。所謂天即理良知即天之說，又轉相抽剝。於是遂并湯之禱野。文之昭事。孔之使天下齋明盛服以承。孟之齋戒沐浴以祀之上帝。亦等諸莫須有之事。而人有崇拜者。或轉揶揄之。世道人心。至是遂益不可問。夫耶穌教者。至精極備之教。其教義無所背於吾古人所立諸說。特吾古人之信上帝者。未若耶穌之親切。故相感相應之道。未遠遂漸失其眞。今在他國。自君長以至豎卒。自耆老以至童子。無不遵奉而信賴之。吾人不必遊其國。試一讀其名人傳記。如華盛頓林肯之流。即可得其教之精粹。聖書翻譯。多至四百餘之文字。傳來吾國。亦無間言。徒以譯文直率。不爲士大夫所稱。遂令經義沈晦。明者絕少。斯不可謂非吾國通人之恥也。嘗念數十年前。彼邦牧師教士之來吾土。死於瘴癘者若干人。死於豺虎者若干人。死於窮僻苗猺各地仇教者又若干人。歷無數艱險。不聞有褒足不前之事。且益進而堅其志焉。試即彼履險如夷之力進而探其所自得則亦如彼土之士農工商之各篤其業而無少異蓋彼心有所託而毅力隨之及其至也貫天地感鬼神格金石得其道無事不可爲區々物質富强烏足多耉吾謂天下遠大之業惟精誠貫徹者能之精誠貫徹則必有所主欲有所主則必誠信上帝欲誠信上帝必服膺耶穌教理苟有志於福吾國利吾民且進而救斯世者盍歸乎來……

物價與貨幣購買力

（致甲寅雜誌記者）

記者足下。僕嚮者喜讀獨立周報。因於足下及率羣先生。敬慕之情。兼乎師友。去歲南中再亂。周報忽焉不厤。政俗靡敝。訛言繁興。不得讜論以匡正之者數月。而戎馬江南。音書隔絕。即私人間學之通訊。不得諸先生教導之者亦復數月。中情鬱悒。莫可申訴。殘冬風雪。迺從二三朋號。東來瀛島。閒雖無地。索居寡歡。偶於書廛。得雅言讀之。知爲率羣先生所作。則喜。繼得甲寅出版之告。知爲足下所作。則更喜。喜今後有質疑匡謬之所也。讀雅言第五期。於率羣先生論「吾國今日物價問題與貨幣之關係」文中。有所疑難。莫能自解。爰假大報通信之餘欄。冀足下暨率羣先生有以闢其謬也。

率羣先生曰「夫國貧之現象。必先在貨幣之減少。即所謂購買力之減少也。購買力既減少。則被購買之品質。是必減退其價値。所謂物價賤之現象出焉。今物價既不賤矣。足徵貨幣未嘗減少」僕思貨幣之多寡與其購買力 Purchasing power 之富弱適成反比例。即貨幣多則其購買力弱。反之寡則富。蓋購買力云者。非即貨幣之價格所能購買他物之力也歟。其本質本與貨幣之價格爲同物。不過價格自其値言。購買力自其力言耳。譬之昔以一枚銀幣能購二斗米者。今則僅能購一斗米。此銀幣之値

Worth 若力。power 今昔之變遷爲何如者。價格則昔昂而今落。購買力則昔富而今弱矣。然則物價與貨幣購買力之關係亦猶物價與貨幣價格之關係也。於此須爲價格與物價 Value and Price 之辨方不棼紊價格者何。謂一物值他物幾何也。物價者何。謂一物值貨幣幾何也。一馬適值二牛。此馬牛之價格也。馬值銀幣五十枚。牛值二十五枚。此馬牛之物價也。以幣値物。正如以權稱物。物之重即權之輕也。權之重即物之輕也。物之昂即幣之賤也幣之昂即物之賤也夫果購買力與貨幣之價格爲同物者則物價賤貨幣之購買力必富物價昂貨幣之購買力必弱必然之理。顯於事實。鳥容怪者。惟學理幽玄。事象迷炫。以僕淺學。不敢自信。用述厥懷。就正達者。幸辱教之。　李大釗白

尊論極是。析理如此。可以愧宿學。甚休甚休。惟率羣所謂購買力。乃指社會容受貨物之量。非指貨幣、權衡、貨物、之値也。蓋國有貧象。則民生凋敝。民生凋敝。則其銷受百貨之量。必不如前。故曰減少。此率羣之論思也。不然。豈有精研計學如率羣。而不解貨幣購買力之理。雖然。社會對於貨物之容量而亦以購買力稱之使易與貨幣價格淆其觀念究有濫用術語之病。此病人多犯之。率羣固不應爾。執此以難率羣。當無以應也。往者愚在民立報。當持論如率羣所云。則更作購買量之名。以示區別。實則此處以通常語句達之可矣。初無立名之必要。量云力云皆無謂之爭也。足下以爲何如。　記者

民國之權衡 二首

（致甲寅雜誌記者）

一

記者足下。民國社會是非之倒置。國家誅慶之失當。少具良知者。類能言之。自逝初狙擊于江南。太炎拘留于燕北。天下益曉然于執政之心。既惡黨人。尤惡清議。不除萬姓之害。先除一已之仇。國內名流。以死以囚。以逃以捕。不可勝數。而桎梏之苦。幽閉之深。纏綿悱惻。求死不得者。太炎先生其最酷也。太炎先生。讀書種子。賢者能者。國之所寶。雖居獨夫之朝。當受三宥之赦。武曌讀駱賓王之檄。布猶許爲人才。燕王受方孝孺之口誅。尚欲其不死。二君子者聲罪致討。列在敵國。此長彼消。勢不並立。乃能見許于篡奪之毒嫪殘殺骨肉之暴逆。今太炎之行。不逐孝孺。文章學術。過于賓王。雖詆諆苛政。指發奸科。是諷刺之興。賦非討伐之鼓鼙。無引矢之勁。吞錐之勇。何嫌何疑。必至桎梏幽閉迫之。求死而不得。爲毒嫪暴逆之不爲。淵獨夫專制所不淵。何古今人雅量相去若是之遠耶。夫不世出之彥。與俗無苟與物。無飾。常糈靖。愁。逐。放。囚。拘。刑。僇。以成其名。是太炎雖囚且死。曾無損于毫末。愚之所不能自已者。則碩人飢病于邁軸獨嚴困死于沈冥。國華歇而文獻斬。人之云亡。邦國殄瘁。學之不講。民喪無日。非一人之憂也。

高吾寒白

二

記者足下。有友人自京師來。道及太炎先生近境。窮餓囚拘。間日一粥。婉轉塵榻。形若槁木。直言之。曰無形殘殺而已。先生之學。總攝玄妙。超絕人天。雖在婦孺。亦逆料其不能見容於世。不幸而遭不測。於先生性分固無絲毫損益。特國華消喪。民質就亡。存形。體。而。喪。精。神。是俗儒而非絕學。固有之精蘊。胥捐而輸入文明。復非咄嗟所能融貫。神魂悵悵。其何能國之云。矧方今大總統在上。聖神文武。明析秋毫。揖讓盛儀。繼隆古昔。黃巾猶拜鄭公。阿瞞尙容名士。而亡淸末季。文字禍興。縶先生於上海。々內激昂。猶得不死。今先生所履之罪。與繫鼓厲罵者奚若。大總統之爲人行事。與黃巾阿瞞奚若。堂々民國。與亡淸又奚若。凡有血氣。雖不敢宣之於口。類能識之於心。乃鋤戮文豪。獨見於盛世。余愚竊爲盛世惜之。夫當道視先生其重如此。要皆左右親近游揚之功也。積毀銷骨。衆口鑠金。理固有然。無足深責。獨惜海內正人君子。亦鉗口而莫之救視。一若先生之死爲有當。而大總統之生殺可以好惡出之也。嗚呼文王明夷。則時主可知矣。仲尼厄毀。則人心可知矣。此其問題固不關乎先生一身之事也。在視革命若蛇蝎之滿淸時代。淸議猶能生先生於獄中。謂當共和大成之秋。而不能救先生於龍泉寺。其又以何說爲辭。先生吾國之易也。易不可見。則乾坤或幾乎息。此其義凡讀先生書者。類能道之。不假余一々談也。所可怪者。海內噤口不道先生事。雖雅知敬憚先生者。亦多作仗馬寒蟬。氣餒可燃正義。其信然歟。余友某君於先生初無一面緣。徒以激於公憤。今已軀車返去。耑以營救先生爲事。先生如得釋。當與偕隱。否則非敢豫測也。以實行自任。以鼓舞公論相援助任余。此余友之決心。臨行涕泗縱横爲余言之如此。余交寡能薄。未能如約。心滋慚焉。然正義所在。不敢以負吾友者負先生。並負後世。聞貴報影響於社會頗大。敢爲言之。儻能加以鼓吹。釀成與論。得救先生。使當道者知人心不死。公論終不能屈於威權之下也。則非特二三小子之福矣。

高一涵白

譯書

（致甲寅雜誌記者）

記者足下。數月來大道晦塞。正義淪亡。邪說詖詞簧鼓天下。推原其故。乃一般曲學之徒。乘社會法學知識之薄。出其一知半解。以逢迎權勢。長此不改。民國將以此不國矣。今欲挽救此弊。非普及政法知識。使社會大多數人民。能了解政治上之眞是眞非不可。然工欲善其事。必先利其器。社會所需善良之書籍。其量必甚巨也。環顧坊間此類書籍。由中土自行著述者甚少。即現有之譯本。亦大半自東籍轉販而來。非支離滅裂。即生吞活剝。求其文筆雅潔。具有條理。衡之原意。確不相差者。殆如鳳毛麟角矣。毋怪有識者斥爲枯澀無味。初學者又歎爲聱牙難讀也。鄙意能多得才識卓絕淹貫中西之士。如大記者與王寵惠先生輩。發爲宏願。組織譯社。將歐美諸名家著述。若法律。若政治。若經濟。廣爲迻譯。以介紹我國人。則其功效所及。決非辦兩個法政學校。送幾輩出洋學生所能比。否則人才經濟。一時難集。即由大報於行文之暇。擇取名家學說之最新穎最正確。而又切合吾國現情。若大報第一號所譯之白芝浩內閣論者。時常譯述。登之報中。則受惠者。亦不僅莘莘學子已也。愚忱若是。大報以爲何如。

周銳鋒白

論法美兩總統在國法上之地位

汪　馥炎

近爲世界共和制度模範之國。首推法美。然法美兩國々體雖同。而其政體則大相殊異。因其政體不同。故研究法美兩總統在國法上所立之地位。亦大異其旨趣。蓋共和國之總統。與君主國之帝王。雖同爲一國之元首。而在帝王則世襲萬禩。不親職權。故在國法上常居端拱無爲之地位。若總統則億兆推舉。必其人之威德。足以博全國民心之信仰。始得獲選。既由舉國人民。不惜紛擾。以舉出一最有威德之元首。自必畀以大權。使得展其抱負。不至視同國王。置之閑散之地也明矣。總統既非閑曹。則必躬親政務。於是有以總統身當行政之衝。直接對於人民負責任者。如美利堅是也。有以總統超立三權之外。總攬政務。以司操縱調劑之責者。如法蘭西是也。夫一國總統。所執行政務之範圍。及其擔負責任之方法。常與其國之政治制度。息々相通。故觀其國所採之政制。如何即知其國總統所立之地位。何等而研究總統居國法上之如何地位。亦必攷察本國政制之如何組織也。

今法美兩國之政制。所處絕對不相同之點。即法爲內閣制。而美爲總統制是也。惟取內閣制。故法總統所執之政務。頗與議會相聯鎖。課責雖由議會而負責則歸閣員承之。惟取總統制。故美總統所執之政務。常與議會相扞格。課責只有人民而負責則以一身當之。茲就法美兩總統執政與負責最不相同之處。分別析論如左。

（二）就執行政務而論法美兩總統在國法上之地位。

近世法治國所設政治上之機關。不外司法行政立法三者。除司法機關常處甯靜之地位外。其行政立法兩機關分配之權限。或兩相對待。互牽制以斬於均平。或各自分立。劃鴻溝而不犯經界。皆各有不刊之精義。存乎其間。若法蘭西政制。則政府與議會執行權限。無在不呼吸相通。彼此商權。遇有意見衝突之時。則總統又超立政府議會之外。而司操縱或調劑之責者也。試觀法總統。對於議會有提議案之權。議會若認該議案不甚適宜。可否決之。若政府確認該案爲有理由。以議會不應否決。又可修正之後。再由總統名義。重交議會覆議一次。議會如覆議可決。該案固屬有效。倘覆議再被否決。則該案即爲打消。此爲交換政府與議會之意見。非如斯互相鈎聯。不足以判眞實之是非也。又法議會對於內閣。有投不信任票之權。內閣々員。一逢此票。即應辭職。但總統確認內閣所持政策。毫無乖謬。即可毅然解散議會。另行選舉。開新會議。以覘眞正之民意。若新會議仍不信任內閣。則總統惟有聽閣員之罷歸。服從輿論。此爲調劑議會與內閣之衝突。非如斯互相鈐制。不足以徵全國之大公也。凡此皆由政府議會。聲氣相應。故兩者權限。不得不彼此牽制。惟法制更有足注意者。即直當議會之衝要。係屬內閣。而一切行政之名義。迺由總統。且總統同時可執行政立法兩部之紐。各閣員之進退。可以任命或罷免。議會之開閉。可以召集或解散。以是知法國總統之地位。乃超立政府議會之外而司操縱或調劑之責者耳。若美利堅政制。則墨守三權分立主義。政府與議會。執行權限。各不相侵。因議會不濫掣行政部之肘。故總統掌執政柄。暢行無礙。而議會無入居政府之野心。故政治上之潮流。亦不洶湧。試觀美總統對於議會。無提議案之權。如政府有何意見。不能派員蒞會。出席表示。僅得先期運動康格雷各股委員長。以疏通意思。如英儒白芝浩所謂半連環者。然究屬政府與議會私相授受。憲法既無明文彰示。則議會即無從施其批評。況議會議決法案。總統得認爲不當。在法制可交覆議。而美制無覆議權。僅有不裁可而已。蓋一交覆議。々會即不妨與政府大肆辯難。設政府詞窮。恐漸侵及地位之獨立。若竟不裁可。則該議案爲政府所銷匿。議會固無如政府何也。議會既無法督察政府之過惡。而美總統又非對於議會負責任。故議會對於政府。無不信任權。而政府對於議會。亦無解散權。以是。知美國總統之地位雖躬攬大權而仍不畏其專制耳此以法美兩總統執行政務上觀之。而知其地位之所在者一也。

(三)就擔負責任而論。法美兩總統在國法上之地位。

共和國之總統。所負責任。包含兩種。一曰法律上之責任。一曰政治上之責任。法律上之責任。法美兩總統。均應擔負。若犯叛逆罪。無論法憲美憲。皆規定有制裁之方法。固不容擅逃法網也。若政治上之責任。則法總統無擔負之可言。而美總統有擔負之必要。蓋法總統之下。尚有內閣々長及閣員。凡總統發號施令。非經閣長及閣員副署。不能發生效力。而閣長及閣員所行職務。對於議會均應負責。議會既認閣長及閣員有輔弼總統署名之職務。則總統如有非法之命令。議會當認閣長及閣員署名爲不法。不能責總統命令之不當。因總統之命令。若無閣長及閣員之副署。則該命令即無從發出以公布。閣長及閣員明知總統之命令爲違法。事前既不諫阻。且有拒絕署名之職權。臨時復不拒絕。是閣長及閣員。不啻自爲違法行爲。不負責任。咎將誰歸。然則總統所發命令。即因內閣副署。以移其責任於閣長或閣員矣。總統既由內閣輔弼而負責。則當行政之衝者。純屬內閣。而總統自身。反可超乎象外。不負政治上之責任矣。故學者有謂法總統為非政治的總統至於美國。總統之下。不設總理。亦無所謂內閣。雖有各部之總長。不過為大總統之屬僚。一切政事。均係總統一身負其責任。至各部總長應行職守。皆對於總統負責。設有不職。總統隨在皆可罷斥。於政治不生若何影響。非若法制更迭內閣之駭聞也。又美制不設內閣。則政權集中。純在總統。總統之權大無限。已可想見。是不有監督機關以課其責。鮮不流為專制矣。但課總統以責任者。究屬議會乎。抑屬人民乎。若屬議會。則總統直當行政之衝。稍有不法。而議會非難攻擊之聲。如驟風暴雨。凌逼而來。總統之位。將不能以一日居。況美制總統與議會。絕對獨立。若强令總統對議會負責。議會一不信任。而總統即不得不辭職。是以總統之去就。而納之於議會喜怒之間。果若斯。又安能保其地位之獨立耶。故美利堅總統。對於議會。絕對不負責任。所可課總統之責者。惟有美利堅之全國人民耳。但美民課責之方法。亦無他巧妙。無非訴之選民。再舉賢能而已。然此等事實。規之憲法。在一定時期行之。此而謂之責任。意義終欠圓滿、故學者有謂美總統為無責任的總統。要而言之。法美兩制成為今形。無非保總統地位之安全而已。法制、總統雖不負政治之責任。然有內閣輔弼負責。故政事無叢脞之虞。美制、總統雖號稱負政治之責任。然無議會嚴逼課責。故行政亦少掣肘之憂。且法制、內閣議會。無論生如何衝突。或內閣推倒。或議會解散。而法總統猶自居高臨下。屹立不搖。是法總統不負責任、而其地位始得安全。美制、總統若有政治上過失。雖由人民課責。但任期未滿。亦屬無從另選。是美總統雖負責任。而其地位亦得安全。此以法美兩總統擔負責任上觀之。而知其地位之所在者二也。

法美兩總統之執政與負責、既已分析條辨。有如上述。則法美兩總統在國法上之地位。可以了然矣。

余今更以極簡單之語比較之。即法總統、所處之地位。如英國之國王。美總統、所處之地位。如法國之內閣、內閣々長。昔英儒戴雪爲政制之分類。以美德爲同一政體。自詡得意。余既以共和國之法總統。類於君主國之英國王。更以美國之總統。類於法國之內閣々長。（此項比較只能就執政一方面言之若從負責一方觀察則擬不於倫矣）是較戴雪分類。更覺奇特。雖然。政制之分配。千變萬化。余之比較。確有神似之處。非好奇也。

按右文僅就內閣總統兩政制、關於總統之規定、提出討論其差異之點、略比較通、不加論斷、並法美政制各具精神、並無是非之可言也、吾國素稱內閣制、而總統內閣、僅限混同、所謂假內閣制也、今約法修正公布、忽改總統制、然三權總攬、政頗獨裁、所謂假總統制也、竊謂我國政局、紆迴曲折、至今日僅識得一假總統制、政治前途、尚何言哉、悲夫。著者附識

風俗

李守常

哀莫大於心死。痛莫深於亡群。一群之人心死。則其群必亡。今人但懼亡國之禍至。而不知其群之已亡也。但知亡國之禍烈。而不知亡群之禍更烈於亡國也。群之既亡。國未亡而猶亡。群亡而必亡。亡國而不亡其群。國雖亡而未亡。暫亡而終不亡。顧氏亭林有言曰。有亡國。有亡天下。亡國與亡天下奚辨。曰、易姓改號。謂之亡國。仁義充塞而至於率獸食人。人將相食。謂之亡天下。謂亭林亡國之說。僅指一姓之喪滅。則其亡天下之說。即今日亡國之說也。謂其亡國之說。乃混易姓亡國於一事。則其亡天下之說。即今日亡群之說也。今日之群象。人欲橫於洪流。衣冠淪於禽獸。斯眞所謂仁義充塞人將相食之時也。斯眞亡群之日也。群之人而甘於亡也。夫又何說。其不然也。則保群之事。必有任其責者矣。夫群之存亡。非人體之聚散也。蓋群云者。不僅人體之集合。並具同一思想者之總稱。此種團體。實積

有暗示力與暗示於他人者之層級而結合者。結合之容愈擴暗示之力愈强群之分子既先天後天受此力之範制因以成其是之意志鬱之而爲風俗章之而爲制度相維相繫以建其群之基群其形也。風俗其神也群其質也風俗其力也風俗之變。捷於雷火。易曰。撓萬物者莫疾乎風。今其所撓。撓於人心也。龔氏自珍亦嘗爲說以釋之。曰「古人之世。條而爲今之世。今人之世。條而爲後之世。旋轉簸盪而不已。萬狀而無狀。萬形而無形。風之本義也。今其所條。亦條於人心也。是故離於人心則無風俗。離於風俗則無群。人心嚮道義。則風俗日躋於純。人心嚮勢利。則風俗日趨於敝。聲之所播。力之所被。足以披靡一世之人心。人心之所嚮。風俗之所由成也。人心死於勢利。則群之所以亡也。故曰。一群之人心死。則其群必亡。

一群之中必有其中樞人物以泰斗其群是曰群樞風之以義者。衆與之赴義。風之以利者。衆與之赴利。顧群樞之所在。亦因世運之隆污而殊。世運隆也。其人恆顯於政。而勢與義合。故其致俗於善也較易。世運污也。其人恆隱於學。而勢與利合。義與勢分。故其致俗於善也較難。前者易奏登高而呼之功。後者愈重障而束之之責。世無論其否泰。要於其群有自宅之位。功不問難易。要於其群負克盡之任。在朝可也。在野亦可也。因政可也。因學亦可也。惟群樞既離於政則高明之地必爲勢利所借居矜天下之觀聽賊風俗之大本斯時苟非別建群樞以隱相與抗則權勢之所叢利祿之所誘群之人靡然趨之亡群之禍將無可倖免仲尼之論政也。有風行草偃之說。垂上好下甚之戒。匡稚圭之疏政也。亦曰。「朝廷者天下之楨幹也。公卿大夫。相與循禮恭讓。則民不爭。好仁樂施。則下不暴。上義高節。則民興行。寬柔和惠。則衆相愛。朝有變色之言。則下有爭鬬之患。上有自專之主。則下有不讓之人。上有克勝之佐。則下有傷害之心。上有好利之臣。則下有盜竊之民。……考國風之詩。周南召南。被聖賢之化深。故篤於行而廉於色。鄭伯好勇而國人暴虎。秦穆貴信而士多從死。陳夫人好巫而民淫祀。晉侯好儉而民畜聚。太王躬仁。邠國貴恕。誠以化俗於政。力非加強。勢使然也。漢之光武。崇尚名節。士風丕變。哀平之衰。而能進於東京之盛。變齊至魯。功亦何偉。流風所被。雖至末造。黨錮之流。獨行之士。猶能依仁蹈義。舍命不渝。而孟德既有冀州。崇奬跅弛之士。觀其下令再三。至於求負汚辱之名。見笑之行。不仁不孝。而有治國用兵之術者。於是權詐迭進。姦逆萌生。故董昭太和之疏。已謂當今年少不復以學問爲本。乃以趨勢求利爲先。光武。明。章。數世爲之而不足。孟德一人變之而有餘。毀世敗德。可勝慨哉。宋史言士大夫忠義之氣。至於五季。變化殆盡。宋之初興。范質王溥。猶有餘憾。藝祖首褒韓通。次表衛融。以示意嚮。眞仁之世。田錫王禹偁范仲淹歐陽修唐介諸賢以直言讜論倡於朝。於是中外薦紳。知以名節爲高。盡去五季之陋。故靖康之變。志士投袂。起而勤王。臨難不屈。所在有之。及宋之亡。忠節相望。亭林躬逢亡國之痛。深致慨於風俗之靡敝。而風俗之厚薄。自乎一二人之心之所嚮。曾滌生原才之言。殆亦非欺我者矣。

今以觀於朝。執政之人。則如何者。政如疾風。民如秋草。施其暴也。上之所好。下必有甚。豈其殺也。盈廷皆爭權攘利之桀。承顏盡寡廉鮮恥之客。鈎心鬭角。詐變機譎。將軍變色於廟堂。豺狼横行於道路。雄豪自專其政柄。強藩把持其兵權。論功聞擊柱之聲。思亂多滿山之寇。勇不如鄭伯。其民敢掠貨殺人。信不如秦穆。有士皆鷄鳴狗盜。祭禱開淫祀之風。有類好巫。嘉禾錫聚歛之臣。庸知尚儉。仁暴不同。流風自異。與人以術不以誠。取士以才不以德。不仁不孝。迺受崇奬。有氣有節。則遭擯斥。意嚮既示。靡然徽風。少年不以學問爲本。士夫但以勢利爲榮。諛諂面諛。青蠅惑耳。直言讜論。寒蟬銷聲。不爲光、武之成。徒事、孟、德、之、毀。群學告我。風俗之行。一緣暗示。一緣模倣。相應併行。群之人且不識不知。順率其則矣。況以有意之揣摩。益造一時之風氣。嗟呼。漢室之傾。宋社之屋。尚有一二慷慨就義從容盡節之士。以殉其所忠。循是以往。任群德之淪喪。若江河之日下。智者盡其智。勇者盡其勇。肆惡作孽。惟所欲爲。似太平天日之無多。胥奴隸生活之是備。國終於必亡。人尙希苟免。一旦天傾地折。神州陸沈。旌旗飄揚於海外。壺簞奉負於中原。將求一正邱首而死者。亦不可得。亡群之禍。於斯爲痛已。吾嘗論之。群與已之關係。蓋互爲因果者也。有如何之人群。斯產如何之人物。有如何之人物。更造如何之人群。必有法之人群。始產拿破侖。亦自有拿破侖之人物。而後法之人群至今猶尙權詐。必有美之人群。始產華盛頓。亦自有華盛頓之人物。而後美之人群至今猶重道義。昔人評隲孟德。亦謂爲治世能臣。亂世姦雄。同一人也。胡以可爲能臣。可爲姦雄。則世之治亂爲之也。則所產孕之人群異也。深山大澤。實生龍蛇。亡國廢墟。迺興妖孽。平心論之。亡群之罪。不必全尸於助長之人群之自身。亦實有自作之業。惟幸而遇光明之人物。與人爲善。則世風可隆。不幸而更遇桀黠之人物。助桀爲虐。則世風愈下。觀於哀平可變於東京。五季可變於宋世。今之風俗。胡遽不可反於純良。既握政權。世風攸係。赫々師尹。民具爾瞻。未可以挽狂。適益以階厲。竟其所造。險惡機關。正不知其胡底。屬望已絕。責備斯嚴。所不能爲當今執政之人物諱。愈不能不爲未來之人群憂者此也。

大易之道。剝上而復下。改邑不改井。群樞傾於朝。未必不能興於野。風俗壞於政。未必不可正於學。立於朝顯於政者。吾無敢責矣。草茅之士。宜有投袂而起。慨然以澄清世運。綱紀人心爲已任者。而以觀於野。或則以聖人自居。有奉之者。利祿之徒也。或則以英雄自命。有從之者。暴厲之子也。一將以術取。一將以力奪。陰希政柄。殊途同歸。及其究也。聖人得志。欺世盜名。英雄吐氣。殃民亂國。均非吾儕所敢望也。餘若一般士夫。則又雞鳴而起。暮夜叩門。孳孳焉以求官爲業。逢惡爲能。勢在一黨。則蠅附一黨。勢在一人。則狐媚一人。既以賄而獵官。更以官而害民。栖栖皇皇。席不暇煖。各擇其地位之便。從而發揮其才智聰明。盡量以行於惡。滿清之亡。民國之亂。黨人之狂。政府之暴。皆有若輩之幻影。趨承緣附於其間。以長其惡。一旦惡貫滿盈。則首示離異。爭下落井之石者。又若人也。突梯滑稽。暮楚朝秦。世運有時而滄桑。人情有時而榮枯。若輩總無失勢之日。明之亡也。朱舜水究致虜之由。歸莫大之罪於士大夫。今之士夫。其罪視明之士夫爲何如。而望其培剛正之風俗。傾非惡之勢力。石爛海枯。絕無可望。欲群不亡而國或保。烏可得哉。烏可得哉。然靈均去國。猶冀改俗。之推仕人。尙知明恥。凄凄碑碣。永招黨錮之魂。滾滾黃河。不沒清流之骨。松栢未凋於歲寒。雞鳴詎已於風雨。縱遘彼昏之日。寧無獨醒之人。時至今日。術不能制。力亦弗勝。謀遏洪濤。昌學而已。聖人既不足依。英雄亦莫可恃。昌學之責。匹夫而已。國一日未亡。責一日未卸。我盡我責。以求亡國之後。無憾而已。論者得毋謂禍已迫於眉睫。計尙求之迂緩。此誦經退敵之事也。曰是不然。宇宙尙存。良知未泯。苟有好學知恥之士。以講學明恥爲天下倡。崇尙道義。砥礪廉節。播爲風氣。蒸爲習尙。四方之士。望風興起。千里一人焉。百里一人焉。或聞名而向慕。十人之尤者。百人之尤者。或弔風而感歎。聲應氣求。流濕就燥。未嘗以志道相約也。而士皆和之。未嘗以徒黨相召也。而士皆歸之。利達不易其心。威武不奪其氣。力矯涼薄之習。共切澄清之志。朝有亂政。議論以裁抑之。於是世復有清議。人而無恥。風節以折服之。於是世復知恥辱。嚴杜求仕之風。

恬安百姓之分積爲群力。蔚成國風。其效至迅。群樞潛樹於野。風俗默成於學。元惡大憝。必不敢披昌於吾群矣。亭林所謂匹夫之責。滌生所云一命之士。拯捄國群。是在君子。雖以不肖之陋。亦將勗厲其匹夫之任以從之。

孔教與耶教

陶庸

余前旅滬瀆。友人頗言吾國道德之澆漓。非倡奉耶穌。莫能挽救。余心識之。及讀甲寅雜誌首卷孔教篇。見其駁章太炎先生宗教至鄙之說。引林樂知之言曰。『支那人偶有知識。于立身行己之道。能得其正者。皆耶穌之徒教之使然。』初聞之而驚。繼思之亦未嘗不然其說。于是反復推求。繹其眞理。視察社會之實狀。考究歷史之已事。不得不有一言。以貢于國人之前矣。然余尊孔者也。而非墨守孔教流爲迂濶之士。非耶穌之徒也。而嘗考究宗教之理。且愚意非以孔子與耶穌並立。亦非以耶穌爲孔子之敵。更非欲導誘國人尊奉耶穌而黜孔子。特留意及于風俗教化世道人心。故敢有所陳。以論孔教之興衰。追溯耶穌有造于吾國之由來。使國人自知不能善行孔教。轉致耶穌之教。淺而易化。本良知以爲言。不設成心而已。當此耶教盛行中國之時。我國人欲抵抗之。排擠之。或村儒曲士。不忘懷于高頭講章。或志士仁人。有戒心于自由平等。群起創立孔教會。有以爲宗教者。有以爲國教者。意在尊孔。適以卑之。設起孔子于今日。必不樂聞。且深疾焉。何也。孔子非以教傳者也。亦非欲以教主自居者也。孔子。以道爲立己之方。以教爲立人之法。教者。庠序之教。六藝之教。六行之教。非崇奉信仰于一尊之教也。道者。天地之正經也。教者。一家之心說也。孔子述而不作。六經皆先王之典。孔子刪訂而修明之。何嘗有一家之說。如群教之教經乎。漢武帝董仲舒之徒實不知孔、實以孔教爲一尊之主。而孔子之道。湮沒不彰。僅爲專制之符瑞而已。耶穌生時。未嘗有自立宗教之說。耶穌死後。亦未嘗有宗教之傳。特其弟子推崇耶氏。以其救世之苦。有功于世道人心。遂沿爲宗教。今人不察。以耶穌之教。既爲宗教。則孔子亦當爲宗教。牽引附會。不成意義。是又安有辯論之價値也哉。

夫所謂宗教者。必有沿革。亦必有歷史上之作用。中國非無宗教也。特宗教之意義複雜。不相統系。無一定之作用。無純正之沿革。似一無宗教國耳。孔教非不可爲宗教也。特無宗教之信仰心。無宗教之强迫力。無宗教之形式。無宗教之專論。其相近之點。則集各道各教之大成而已。故不得謂之宗教。如梁任公先生所謂『西人言宗教者。專指迷信宗仰而言。其權力範圍。乃在軀殼界之外。以靈魂爲根據。以禮拜爲儀世。以脫離塵式爲目的。以涅槃天國爲究竟。以來世禍福爲法門。』是誠然矣。惟所言祇在教經形式上立說。未在宗旨作用上着想也。大凡。一。教之。興。苟非。邪。說。詖。行。鮮不。于。世。道。人。心。風。俗。教。化。有。益。當西方草昧初開。榛狉甫革。無所謂風俗。無所謂倫理。非懸一虛無縹緲可驚可懼神聖不可侵犯之上帝。束縛人心。鑒察行動。則弱肉强食。衆者暴寡。智者欺愚。奚以異于禽獸。惟上帝有好生之心。有罰暴之威。有不可思議之萬能。用以設教。有功于道德。豈曰小補。特不欲明揭其旨者。所謂見不可布于海內。聞不可明于百姓。借形式爲收束人心之具也。秋桐君言歐人所謂宗教。乃視爲身心性命之所寄。』又曰。以言愚民。則宗教心尤不可乏。苟無宗教心。蘊于其中。以通其所不可通。安其所不可安。則頑者將視天下無可以忌憚之事。勢且壞法亂紀。殺人火居。無所不爲。懦者奉偶像。以求寄頓其身心。至殘軀以爲佞。祈藥以自殺。而了無悔悟。此即宗教于歷史上之作用也。至謂『中國惟無宗教。故二千年來。觀其政俗。率不出此二象。余竊謂是不盡然。我國古初。重在祀天。天上帝也。是亦以上帝立教。不過其時教之範圍廣大。不如西教之專一。詩曰。昭々在下。赫々在上。又曰。明々上天。照臨下土。又曰。旻天疾威。敷于下土。書曰。皇天震怒。命我文考。肅將天威。又曰。天道福善禍淫。又曰。惟天降災祥在德。故啓伐有扈。湯放桀。武王誅紂。皆託言天命。蓋神道設教。誘人爲善。儆惕人心。使人趨于道德之一涂。堯舜禹湯文武相承而弗墜。是中國未嘗無宗教。亦未嘗于歷史上無作用也。而中國不以宗教名者。抑有故焉。黃堯以來。政教統一。行政之元首。即主教之導師。未聞有一崛起之人。創一教宗。覆載萬民。與天子中分政教之域。春秋以來。處士橫議。各倡其學。思想言論。極於自由。舉世人心。不爲宗仰所束縛。進化雖由是而啓明。而旁門異議。亦由是以紛擾。主宗教參以哲理。儒墨是也。行宗教附以占驗陰陽術數是也。諸子百家。以人事而呈天心。得古教之用。而失古教之體。各標一幟。分門別戶。孔子生其時。目擊失教之世。不能規矩民志。收束異說。稍得宗教之糟粕者。明鬼祀天。流于迷信。故曰。索隱行怪。後世有述焉。吾弗爲也。罕言命。不語神。此不欲使後世迷于左道耳。秦火而後。古訓失其眞詮。漢代以來。佛教入傳中夏。天下之人。遁于清淨無爲之教。淪于專制苛政之阱。而言佛者。多以神自尊。倡專制者。猶以天枉命。此人心之所以不可收拾也。

然則孔子不主宗教。不言迷信乎。作春秋何以言災異。定禮何以重祀天。又曰。獲罪于天。無所禱也。天生德于予。桓魋其如予何。故大德者必受命。是孔子非不言天與命。特重在治國平天下之道。而非如堯舜禹湯。託天爲教。牢籠覊縻天下之人心也。以仁義爲守身之道。以忠信爲待人之方。其道變動不居。其說述而不作。畢生言行。誠如梁任公所謂未嘗使人于吾言之外。皆不可言。于吾教之外。皆不可信。集各道各教之大成。非別立一幟。如所謂根據儀式目的究竟法門等物。孔子之道。祖述堯舜。憲章文武。贊易删詩。訂禮正樂。孔子之說。仁也。禮也。忠也。恕也。孝也。信也。其人則政治家也。哲學家也。教育家也。而非宗教家也。如日月之經天。江河之行地。亘萬古而不移。歷百世而不墜。誠能于仁禮忠恕孝信之道。推己及人。立言涉世。擴充盡至。實行無僞。則無論專制共和。皆可以至于治平。揆之中國古代宗教之原理。西方宗教之眞詮。何嘗不殊途同歸耶。惟孔子無形式。無專說。無信仰。無強迫。故孔子之道大。非耶穌所能幾及。惜後世專制之術日精。鉗制之法日巧。強者利用之以愚民。而毀學。黠者假借之以欺世而盜名。上無禮。下無學。賊民興。反不如天主耶穌入我華夏。奉教者尙不失固有之良能。遂使一曲之士。轉念耶穌有造于吾國。以中國不可無國教。欲起孔子而主之。是不知宗教。且不知孔子也。

耶穌之教。自明代入中國。其殆有間而入矣。試先擧耶教入中國之利弊而揭表之。庶國人不入于迷涂。入中國者。有曰天主教。有曰耶穌教。或曰基督教。而皆本於耶穌。耶穌者猶太產也。其教西行。傳于羅馬。及羅馬分東西。教亦分東西。東曰希臘教。西曰羅馬教。兩教互爭。東教不設偶像。西教設偶像。東教不禁嫁娶。西教禁嫁娶。西羅馬政衰。教士權大。教主號曰教王。政權入其掌握。及西羅馬亡。地爲意大利國。而羅馬都城。爲教王所有。教王沒。則大會各教主推老成者嗣位。略如前後藏喇嘛坐床之制。其教傳布各國。而教王統屬之。傳教者各受教王之俸糈。有不遵者僇之。各諸侯王聽其指揮。歷數百年。及四五百年前而日耳曼之路德崛起。力攻其說。謂羅馬（即天主教）誤解耶穌之語。國家政柄。非教王所能干涉。乃重加譯解耶穌之書。別定教規。創立新教。昔之奉羅馬教者多從之。于是有三十年宗教相爭之歷史。國與國爭。民與民鬥。殺僇之慘。耳不忍聞。歷數十年乃趨平等。有信教自由之典。然各國僅半從新教。教王之權雖衰。猶據羅馬都城。及普法之戰。法撤防衛羅馬教王之軍以助戰。意大利乘機取羅馬。而羅馬實以教而亡。羅馬舊教。入中國曰天主教。路得新教。入中國曰耶穌教。而兩教之教規。亦有不同。天主教堂中立十字架。作人肖耶穌被釘之形。耶穌教不設十字架。天主教教士稱神父。不嫁娶。耶穌教教士稱牧師。能嫁娶。天主教禮拜之儀。神父佩十字架。上坐。從教者向之跪拜。耶穌教禮拜之儀。牧師跪于前。從教者跪于後。天主教統于教王。耶穌教屬諸教會。天主教拜偶像。不以新舊約書示人。其事天主以誠。耶穌教惡偶像。無煉獄之說。而奉祀之事。亦稍簡易。教政一秉大公。淑世而愛民。授受之間。不肯自秘。故今日耶穌行于中國。較盛于天主者。由其立教宗旨。主重救世之心。化人之用。不過事尊嚴。使人望而生畏。故百姓便之。易于領悟也。

外人以教救世之心。由其宗旨。驗其實績。感化所至。約有數端。(一)除殺人之淫祀。(二)止殘殺之民。(三)禁販奴之風。(四)免戰爭之慘。(五)絕娶妾休妻之俗。(六)廣學校之教。(七)設醫院之制。(八)興女子之學。(九)平男女之權。(十)新見聞之路。而其端人品行。益人忠信。推崇道德。培養博愛。薰陶自治之力。脫離悲難之域。固不可以宗教至鄙而斥之。誠所謂歐人視爲身心性命之所寄也。其于歐洲中古之教育。關係尤重。蓋以行于第二世紀之末。大變歐洲之秩序。易羅馬之思想。而誘入新良知于人心。其教義爲對國家之暴政而發。謂人民惟身體屬國家。靈魂則屬上帝。上帝視人無貴賤貧富之別。雖婦女奴隸衆所輕蔑者。當一體施教。自由之觀念平等之思潮皆萌芽發長于此教說。反觀中國。何莫不然。中國浸灌泰西之文化。實以教爲之先導。此其有功于中國。乃有耳目者所共見。而闢耶穌尊孔子者則曰。自耶穌傳來。按諸條約。爲之保護。理固然也。而莠民倚爲護符。作奸犯科。詭詐欺淩。無所不至。甚有奪人之妻。攫人之產。或租項應交業主。延不淸償。或錢粮應繳公堂。抗不完納。傳敎者未達國情。存心庇護。出爲抵抗。有罪則縱之渡海。違法則匿之深牆。官吏恐啓釁端。先行戒愼。不敢據法以爭。遷就定讞。以至平民枉辱。呼籲莫由。積怨既深。釀成仇殺。國際一起交涉。而外人政權乃隨敎權而入。多方要挾。悖情蔑理。百年以來。未有已時。安得謂耶穌之敎。有造于中國。此其爲說。亦自有因。然是不得爲耶穌之咎。而吾國民喪失道德。如梟之食母。犬之相殘。自傷其類者。假託耶穌。售其奸欺之咎也。吾不自責而攻耶乎。是之謂不知本。

由前言之。孔子不以宗敎名。惟以政學顯。其道廣大。以治國平天下爲極。不專事于心身。專制君主亦利用之。堵絕天下之思想。鋤除個人之氣節。懸利祿名位。以驅策士類。天下亦奔走惟恐或後。上下皆曰。此孔子之學也。此治國平天下之道也。乃至今無敎化之可言。人心之可信。耶穌專行其敎。以世道人心敎風厚俗爲崇尚者也。無利祿之情。故無奔走之事。但誤用其術者。借國力之强。以淩奪弱國。直以耶穌爲取亂侮亡之武器。此爲敎義之玷。固無庸爲諱。而吾人亦不察國爲何物。民爲何解。往々借敎徒之名。以爲避死計。是直以耶穌爲逋逃藪。無終身歸依之誠。而徒取一時便宜之計。無怪不食其利。先受其害。而如前舉流氓地痞。藉敎橫行者之不足責也。是豈敎之本性然哉。間嘗論之。以今之世。言今之治。惟有眞共和。眞自由。眞平等。可以挽狂瀾于既倒。回白日之西沈。何者。孔子所謂仁也。禮也。忠也。恕也。孝也。信也。卽三眞之要義也。耶穌之經訓。亦三眞之精理也。今中國若行耶穌。其感化十端。必得其效。但信敎自由。著于約法。是在人之智慧。得其取徑矣。

詩錄

寄杜翰藩詩笠

吳之英

杜君翰藩。萬縣孝廉。官溫江教諭。美秀好自飭。弛跅不爲小謹。善書工詩。能擊劍。論政要有經緯可施行。及當世事。輒感激泣下。史遷目留侯所謂貌如好女不勝志氣者耶。悲其遇。寄語壯其心。

利害中人生好惡政體因時新代故出機入機勢不窮古道熒然薄衰暮因知學道貴堅成。精神孤邁見遙情。辛苦自釋羸絀算。不從市井權重輕。杜君倜弱姿娟膩。麗采瑩瑩意深邃。時激眞氣動眉嫵肅爽。逼人有俠意。家簪蔓門舊精廬。峽雲深處擁藏書。二千年內不可識。廢卷昂頭思古初。間肆書法爽點畫。南閣祭酒傳規格。聲襲陰陽魂與魄。形誼相聯如血脈。實力中出森騰挐。亦作龜龍亦龍蛇。熟知篆隸本同法。隨他扁直自成家。尤喜學詩抒特見。六藝兩科扶正變。漢魏賓重齊梁薄逆爭理味由心戰千回百轉悵悠悠雜引芳心會古愁歷落清辭尤短韻寫成孤怨寄溫柔忽然投筆自矜束。幞巾笴襆更袞幅。布形候氣待塡實。雖示安儀已整肅。發硎短劍鑄寒霜。金錫不離色碧蒼。瑣石初斷芙蓉出。振鎖揚華波滿塘。側身曳踵抑相擬。翔步直突伏又起。橫衮紾轉閴無人。繁星飛入電光裏。舞罷縱鏢刺虛空。頓舒輕擊按垂鋒。應是南林處女訣。袾䙝捷末走袁公。從容即席仍禪袉。條陳經術獨炙輠。初月照醅酒興新。耳後風吹鼻頭火。偶譚時務淚霑衣。西學今是舊學非欲行我意恐爲敵空令持此將安歸。嗚呼噫欷。巨子由來分孔墨。用者宜言舍者默。黃帝自受空同業。神禹自師西王國。憐君篤學感人心。告君常道無古今。次第人倫作政典。五經胡可就銷沈。

寄張祥齡子馥

辭章貴有秀心。特不當專求嫵媚。同學張祥齡子馥頗解此誼。嘗嘉歎之。謂時輩不及也。自壬午執別二十年矣。有從京歸錄其詩者。見之欲然。寄語代勸。兼慰勞之。

自古名才富文藻。雕刻名物鬪新巧。體格妍曼感人情。每嫌氣韻失蒼老。輕薄染就浮華格。福澤短弱精神小。固疑大雅有遐心。但依敦樸存古道。憶昔執業幾同盟。翩翩瓌質何聰明。時漚秀色成麗語。委約閒情入韻淸。楊柳滿堤喚春鶯。梧桐月夜聽秋聲。十年離索相思夢。翻覆榮枯半死生。吾兒沉慧亦宛宛。別具風華饒偃蹇。嫣低纖眉羞暈靨。深抱芳心遲歲晚。一曲清角海山綠。笑奪靈裁歸九畹。玉佩鏗鏘不聆人。淩波獨步寒香遠。當時君住錦城西。小園曲引浣花溪。繞樹藤蘿青上壁。晚菘早韭自成畦。醇漿醶醸蟹螯熟。葡萄香煖碧波瓈。醉理瑤琴幡樂府。商量增損舊篇題。而今重過七橋地。故徑皆平多不記。新花滿草長池塘。空有柔情無古意。忽睹君詩思窈然。爽氣冷々生遠寄。邇來鍛鍊眞足力。更洗鉛華出深膩。嗚呼王道陵夷詩教絕。宗廟禾黍不堪說。美人要眇滯西方。秋老蒹葭露如雪。處々腥臊走龍蛇。勢將肌肉膏爪牙。夙被奇服厭劾家。曾知梟鬼厭人邪。欲謁巫陽招魂魄。歸來爲君話楚些。

買書行　　葉德輝

買書如買妾。美色看不厭。妾衰愛漸弛。書舊香更烈。二者相頡頏。妄念頗相接。有時妾專房。不如書滿。

匳。買書如買田。連床抵陌阡。田荒逢惡歲。書足多豐年。二者較得失。都在子孫賢。他日田立券。不如書買錢。吾年已半百。終日爲書役。大而經史子。小者名家集。二十萬卷奇。宋元相參積。明刻又次之。嗜古久成癖。道藏及佛經。儒者偶乞靈。藏本多古字。佛說如座銘。百川滙巨海。不別渭與涇。遝來海舶通。日本吾元功。時有唐卷子。模刻稱良工。新法玻璃版。貌似神亦同。俾我肆饕餮。四庫超乾隆。又有燉煌室。千年藏秘密。忽然山洞崩。光燄燭天日。魯殿絲竹遺。汲冢科斗迹。疆吏誠瞶聾。坐令懷寶失。西儒力搜求。傳抄返趙璧。此事頗希聞。朝士言紛紜。輶軒使者出。殘篇稍得分。我友王(幹臣)柯(鳳孫)輩。持贈殊殷勤。列架充遺物。豈是坊帕群。譬如豪家子。戀色拚一死。粉黛充後庭。復重西方美。又貪日女姿。愛聽橐聲。履書中。如玉人。眞眞呼欲起。又如多田翁。槁臥鄉井中。一朝發奇想。乘槎海西東。胡麻獲仙種。玉樹來青葱。不問誰耕種。倉廩如坻崇。買書勝買妾。書淫過漁色。朝夕與之俱。不聞室人謫。買書勝買田。寢饋在一氈。祈穀長恩神。報賽脉望仙。吾求仙與神。日日居比鄰。有蠹必先祀。有酒必先陳。導我瑯嬛夢。如此終其身。一朝隨羽化。洞犬爲轉輪。世亂人道滅。處富不如貧。買書亦何樂。聊以酬癡人。

杭州酷暑寄懷劉三沈二　　陳　仲

病起客愁新。心枯日景淪。有天留巨眚。無地着孤身。大火流金鐵。微雲皺石鱗。清涼詩思苦。相憶兩三人。

詠鶴

本有冲天志。飄搖湖海間。偶然憩城郭。猶自絕追攀。寒影背人瘦。孤雲共往還。道逢王子晉。早晚向三山。

游韶光

石級穿林三百層層層仄徑繞山行礙雲密竹兩旁立裂地清泉一路鳴山意不遮湖水白鐘聲疏與暮雲平月明遠別碧天去塵向丹台寂莫生。

游虎跑二首

昔聞祖塔院。幽絕浙江東山繞鐘聲外人行松澗中清泉漱石齒。樹色曖晴空莫就枯禪飲塔前水不窮。

神虎避人去。清泉滿地流僧貧慵欵客山邃欲迎秋竹沼滋新碧山堂鎖暮愁烹茶自汲水。何事不清幽。

靈隱寺前

垂柳飛花村路香。酒旗風暖少年狂橋頭日繫青驄馬惆悵當年蘇九娘

雪中偕友人登吳山

春寒一夜雪。繞郡千山白淒風斂微和。城郭暗朝赤。相期素心人。寒空盪匈臆登高失川原乾坤莽一色。騁心窮頫仰。萬象眼中寂屋瓦白如沙層城沒寒磧繽紛蔽遠峯冷色空林積凍鳥西北來下啄枯枝食感爾飢寒心四顧天地窄紫陽踞我前。積素明峭石。上有鹿皮翁。浩歌淸澗壁飢來齧堅冰。荒巖坐晨夕不笑復不悲雪上數人迹炎威滅千春忍令腐寸礫

即席次季明韻

桂念祖

異時無着共天親。一度輪迴一度新。香象十方從蹴踏。流鶯三世總比鄰。長空落日回光乍。大海揚波變態陳。敢向當前論得喪。由來冰谷亦生春。

促織

百忙無暇聽蛩汝徹宵吟。未異風人旨。翻同懶婦心。茫茫根境識。擾擾去來今。且欲脩空觀。相將古砌陰。

見韻笛園成倡和二作不覺興動聊復效之次原韻

雙々心跡清。脈々古今情。慧少千憂重。詩多萬戸輕。麗空雲葉吐。永夜月華明。好伴天眞友。閑吟聳落英。

感舊用李明韻

彈指華嚴閣現前。悲歡倏忽判人天。誰從隔世尋羊祜。枉說生兒似馬遷。兜率光陰空昔々。閻浮消息總玄々。惟餘一瓣心香祝。祝莫風輪萬刧旋。

次韻酬程履平

髯蘇氣節消無幾。不似當年太白高。誰謂搜神來孔墨。固知論道鄙蕭曹。荒々白地聊涙久。莽々紅塵求索勞。今日駑駘重戀策。不然何以謝甄陶。

小草數莖爭自喜。長松百尺未云高。至虛懷漫心如谷。大辯才須舌捲濤。挽果及今勤掃葉。種因從古互投桃。君看夙世觀音事。曾竝牟尼稱二豪。

西巡發大理日作　　趙藩

此地居三月。河山幸宴然。人心思復漢。己力敢貪天。更問蘭津渡。誰當呂凱賢。殷勤鄉父老。霜鬢望籌邊。

據鞍

據鞍日日上孱顏。蹔得郵亭半晌閒。草閣松風冠早挂。鐵橋梅甲雪仍擐。故知猿臂無侯骨。要看鴉飛不到山。自古騰衝稱劇鎭。雄邊猶扼幾重關。

蘭津渡謁諸葛忠武祠

崇山危徑蚰蜒曲。俯瞰蘭津如碧玉。鐵橋千尺跨江橫。丞相南征有遺躅。少年四度騎生馬。馳驅意氣酬知者。巡邊垂老迫蒼生。江山壯偉聊心寫。瓣香丞相升祠堂。江波掩映須眉蒼。南中已定事北伐。悲公此願奢難償。方今豪俊乘時起。漢業重恢公倘喜。功成長揖復耕桑。吾言不信如江水。

越高黎貢山渡龍川江入騰衝再贈印泉

浮嵐暝翠一重重。蒼莽匼匝不辨峯。大壑烟雲能隱豹。古松鱗爪欲成龍。衣租食稅恢無外。厚地高天廓有容。得見異人兼異地。老償游興到騰衝。

偕印泉游虛凝菴及鐵峯菴即事有作　　楊瓊

苴蘭寓匝月。積壒蒙淸胸。言游虛凝菴。出郭迎朔風。曠舉一豁目。頓覺予懷融。累累越荒塚。悉爲狐狸叢。近郊稻棲隴。男婦忙秋農。北望較武場。壘白殘壘紅。乃知去年秋。鏖戰排胡兒。桓桓李北平。火此宜奇功。緬思楚赤壁。誰如周瑜雄。辛亥重九、印泉率將士於此起義、翠柏篩日影路曲隨嶺通行行陟山砠漸見桐與松青桐最宜蠶森林利頗豐胡不業山巒亟以紓民窮隔峽忽犬吠。窮簷紛谷中。經村入古寺。高殿襟遠宵。羽流但寄食。勝地徒蒿蓬。幽訪別有託。新都留雅蹤。爰登讀書樓。仰止欣可宗。一茶日未午。去踰繇數重。憶昔有明季。沙賊首爲戎。黔國西出走。母婦失所從。金井渫玉骨。朝陽銷芳容。淸兵繼逵滇。有姿復殉忠。沐家有三烈。死異志則同。鄰侯事闡幽。祀之依鐵峯。願言剡栗主。椒桂此內供。沐氏一家三烈、信可風者、印泉謀於撥米巷之魁星樓、毀其偶像、設三主祀之、以與金井朝陽近也、歸與疾飛鳥。夕照猶熊熊。

癸丑冬日感懷八章

璧勤齋

數載共和竟若斯九州鑄錯復何疑暴秦稱帝魯連恥豎子成名阮籍悲今日吾知舜禹事。當年空慕許巢辭。瀛寰萬國方同軌遙望東球有所思

五色旌旗映落暉。虛名爭鶩總乖違。左徒憲令生讒搆。邦內干戈動殺機。袖鋏寧爲宿將惜。避臺無恤赧王畿乾坤一賭成孤注莽々神州淚滿衣

家天下已數千年。鼎革新猷萬古傳。首事方由彤涉始。驅除豈果帝王先剷通空抱佯狂策精衛難將鬱恨塡今日論功已灰燼朔風枯樹漢江邊

歎惜金陵王氣衰。蕪城秋草不勝悲。雨雲翻覆一朝迹。黑白紛紜數局棋。虎踞龍蟠原得地。泣麟哀鳳惜非時子山哀思傳詩賦危苦於今空費辭

歇浦雄城舊有名。秋風鏖戰海濤驚。眈眈虎豹九關護。擾擾龍蛇一族爭。避地人多竄荆棘。挽河星不洗欃槍。蒼天欲倩湘纍問。誰遣蚩尤作五兵。

砥柱江中峙小姑。傷心萬骨逐流枯。舉棋不定失先著。捲土重來非故吾。劍履倉皇羣士憤。旌旗慘淡一軍孤。英雄未合論成敗。飛將終看絕世無。

大長臣佗亦自豪。樓船聲到忽嗷嘈。當門狠虎難迎距。移窟蛟龍遠遁逃。助國縱教倖卜式。濟師無復覓弦高。橫流滄海安何處。誰掣長綸奠六鼇。

地狹原難舞袖迴。孱王騰謗任人猜。畹蘭畝蕙無香澤。紫電清霜付刼灰。豈虎不成形豈類。見龍無首禍偏胎。南公三戶今何在。吟望低垂白首哀。

甲寅春暮感事八首

海外虬髯

江南草長亂鶯飛。無限新愁付落暉。時不再來春又暮。樹猶如此柳成圍。天心翻覆悲棋局。海色蒼茫入釣磯。莫上新亭揩淚眼。河山風景已全非。

一手遮天海內驚。本初才調信縱橫。荆州開府持雙節。殷浩還朝負盛名。儘有安車徵綺皓。能無功狗醢韓彭。湯湯江漢英靈地。底事春潮意未平。

貞觀開元指顧間。曲江風度領朝班。人材不負蒼生望。文字難回國步艱。我信謝安堪賭墅。誰知李泌未還山。津橋最是傷心地。聽罷鵑聲淚已斑。

斜陽芳草睨平蕪。莽莽神州入畫圖。百輩黨爭蠻與觸。一時朝論碧成朱。小臣抗疏言家事。上相飛符算國租莫道江東才俊少。幽燕自古帝王都。春風戍鼓動黃河一髮中原涕淚多北帥名高龍武節。西巘望斷魯陽戈紛紛有詔收銅馬寂寂無人問趙佗猶是昔年豐沛地荒臺日落起哀歌

江山從此輕孤注。百級誇臺又告成。飲鴆明知難止渴。枯魚無計可爲生。豪門珠履三千客。北府旌旗十萬兵。一例謳歌忘帝力。南風猶作太平聲。

紅塵紫陌着先鞭。又値都堂大試年。太白萬言堪倚馬。士元百里等烹鮮怕經東郭齊人墓誰問南陽蜀相田到耳聲聲行不得鷓鴣啼處雨如煙

片帆穩渡大江東。曲按銅琵唱未工。莫遣憂傷催鬢雪。好憑文字愈頭風。置身敢作千秋想到眼眞成一笑空世事乘除只如此。不須搔首問蒼公。

北行雜詩之一　　　　楊守仁遺稿

斑騅不逝朔風號獨上榆關典佩刀歌哭勞勞渾見慣亂山荒戍向人高

辛丑歲暮題儷鴻小影

行吟日笑五噫狂。偃蹇相偕有孟光一事如君差不惡斫頭衛足兩無妨

已辦要離共一邱。發春便買入吳舟香篝酒椀如相憶黃浦江東碧澥頭

倓劍崢嶸欲化龍。酒徒歌哭漫相從生平。不作牛衣泣應解兒夫意未慵

步華生先生韻

去國意未忍。回轅當此時。津梁疲末路。醒醉動繁思。世事眞難說。余心不可移。平生慺惻慣。寄與白鷗期。

原詩附　楊昌濟

城南攜手日。嶽麓縱談時。山水足清興。蒼茫寄遠思。風雲驚變幻。身世劇推移。五夜聞鷄起。千秋信所期。

遊利赤蒙公園 Richmond Park.

忽向西郊得勝遊。湖山清寂望中收。時々馴鹿來爭座。的的鳴禽與散愁。萬木欺風都入定。一泓過雨欲生秋。未容灰槁妨行樂。更借孤艭試拍浮。

奉和陳君乘呈許子　舒閏祥 遠稿

憶昔送子登河梁。浮雲萬里天莽蒼。榜人催發征帆張。盈盈一水遙相望。人生執手安可常。携酒又得登君堂。君時偃息或在牀。一盃聽我歌慨慷。君非有羽翰羈棲在江鄉。藉非二豎力關塞方茫茫以玆疥癬疾未免別離長。禍福本相倚得失差可償。昨夜天公迴春光。酒徒三兩傾壺觴。座中元龍詩筆强。相逢一笑投琳瑯。詞源倒傾三峽水。應有氷雪侵君腸。一針爲君起膏肓。吁嗟乎。男兒墮地志四方。風萍聚散須臾間。此後覿面誰能量。雲龍何處同翺翔。雨師爲我停君驂。好風吹我置君旁。

送楊君重浮沅湘

元亭今古幾揚雲。薦爾明廷未有文。一夜愁心滿江漢。十年生計老河汾。故園歸去春猶滯。別路相看日易曛。載酒題襟歎未極。斷鴻驚雁忍離羣。

依人王粲莫登樓。清絕沅湘是舊游。此後言愁有江水。共誰長嘯看吳鉤。世途久已荊榛滿。我輩何當涕梗休。漫仗雙魚寄消息。尺書珍重海東頭。

橫塘口占

凄然一夜雨。吹夢到橫塘。已是霑泥絮。東風故放狂。

訪阮一衲墓

鄧菽孫 道協

昨聞吾弟說。今訪阮公墳。古徑穿修竹。荒郵宿斷雲。碑題交友誼。宅地野人耘。太息幽棲志。狂名亦不聞。

贈常季

天暗朔風晴。窗寒燈影明。知君向江館。竟夕起書聲。暫別猶當憶。清才況早成。山行吾未返。脉脉此時情。

杜老詩中聖。寒齋見此心。爐煨松火活。花落膽瓶深。昨日猶同咏。今朝笑獨吟。寄言高抱者。披豁好開襟。

得常季書

籬外疎林窗外山。高齋鎮日意虛閑。故人昨送雲中字。隔月秋深始叩關。

寄曼殊

寥落枯禪一紙書。欹斜淡墨渺愁予。酒家三日秦淮景。何處滄波問曼殊。

寄貽蔣恵琴

興逐秋風白下城。聞君消息已孤行。飢驅自是憐陶令。消渴翻同病馬卿。渺渺寒潮三載別。淒淒夜雨十年情。荒齋漸坐還辭去。塞甌个年又欲生。

閉門槁臥誦聲稀。每展新編玉屑飛。盡脫塵埃人遠信。相期沆瀣世還非。一鳴久已忘金帖。十腱何嘗冷絳幃。莫怪上書迎馬首。幽貞自古例寒飢。

展帖

弱齡弄柔翰。三世貽寶訣。荒嬉及中年。遂與此事絕。昨朝檢舊藏。如逢故人說。吾友倘文素。冥心事妍悅。芬芳結茝蘭。皎潔如冰雪。墨池偶臨摹。妙顏追前哲。愛子百夫俊。益形野人拙。高齋展相對。幽討釋煩熱。

叢談

說元室述聞

咸豐丁巳英人廣州入城始末記

咸豐丁巳。粵人以拒英人入城之故。遂致大開兵衅。省垣淪陷。使相被虜。僨事者葉漢陽。而啓衅者則耆英也。道光二十七年。英人照會兩廣總督。請易約。且要求援福州上海故事。入城來往。於是粵民大譁。振臂一呼。洶洶聚數萬人。時耆英任總督。而已革巡撫黃恩彤運司趙長齡皆在省中。二人者。皆昔年議和最有力者也。英船進薄虎門。泊十三行碼頭。盡逐沿海砲台守兵。毀砲而去。耆英偕同官集議。許則恐激民變。不許又恐啓邊衅。議終日不決。是夕。恩彤長齡進說於耆英。謂諸欵若不盡許。斷不能拒入城之請。不如盡許其他諸欵。惟入城則緩以兩年。此兩年中。公早內召。可置身事外矣。耆英然之。蓋是時耆已拜使相。方日夜營謀入閣辦事也。次日耆英出城。與英官晤。凡所要求。悉許之。而緩入城之期。期以二年。英人亦許可。於時徐廣縉方爲巡撫。漢陽爲布政使。雖心不以耆爲然。然不能有所可否也。長齡竟以此奏保復原官。咸豐初。耆英伏法。猶以媚外故。而長齡乃洊至山西巡撫。同治初始引疾歸。及二十九年。英人遂以書來責我踐約。顧此時英政府實無意啓衅。聞尚有訓條戒其使臣若粵民必不允入城不必因此而啓爭端。總以保全商務爲亟。然彼族顧極意迫脅者。蓋以覘當事者之能力耳。惜乎吾疆臣擧懵於外情。竟不知所以折衝之術也。是時廣縉已擢總督。漢陽亦晉巡撫矣。得英人書。廣縉則單騎往見英官於虎門。與之面議。從行者督糧道柏貴。督標中軍副將崑壽也。廣縉登英艦。英官邀之入倉。而坐柏崑二人於倉外。廣縉爲英官指陳利害。英官敦迫三四。終執不可。聲色俱厲。二人恐竟決裂。欲入倉衛廣縉。侍者阻之。崑壽則盛氣相向。侍者亦爲辟易。遂入倉。廣縉方屈指數英人罪狀。英官猶作遜謝態。崑壽乃掖廣縉出倉。遂歸入城。與巡撫聯衔飛章入告。於時粵民方大憤。紳士許祥光等傳檄。約城內外居民。家出一丁或至二三丁。數日間集者十餘萬人。復令紳耆往見英商。反覆陳說。怵以利害。英官亦頗慮衆怒難犯。因罷其議。且徧張告示。言不必再議入城。兩國永久和好云云。時已擬旨令督撫切實勸諭粵民。無過拒英人。致後來難於收束。擬旨未發。而督撫急奏已至。則事已定矣。於是詔嘉奬督撫之功。廣縉封子爵。名琛封男爵。二人亦遂居之不疑。自謂不世功矣。廣縉之將赴虎門也。諮撫署與名琛約。若議不決。即請以砲擊英艦。誓與俱燼。且出關防相授。名琛固辭不受。其父志詵自屏後出。命名琛毋違總督命。名琛始受之。

咸豐二年。詔以徐廣縉調督兩湖。而以名琛爲粵督。旋於五年冬拜協辦大學士。六年春。授體仁閣大學士。有清一代。漢大臣年未四十大拜者。李文定天馥後。名琛一人而已。名琛本聰强。精吏事。屬吏憚其威重。令出必行。無敢抗顏行者。且狃於前功。謂天下事不過如是。乘以粵民銳悍爲可恃。務張國體。視諸夷蔑如也。每洋官照會至。輒於牘尾批數字擲還之。或竟置不理。諸夷怨刺骨。然尚懾其氣。未敢肆也。四年。英船抵天津。照會直隸總督。以已屆五年換約期爲言。直督訥爾經額。庸駭人也。復書答以五口通商約。本由廣東兵事而起。今欲換約。仍當由廣督主稿。英使怏怏歸。及至廣州。復照會名琛。申前請。時值東莞會匪三點會首何六等倡亂。省垣戒嚴。名琛乃答以軍事倥偬。不暇議。此俟事定後再議。英人愈失望。既而匪亂果平。名琛益自雄。視外人不足當其一盼矣。方匪勢之熾也。其軍分水陸三路。入佛山鎮。遂犯省城。勢强甚。屬吏有以借外兵助勦策獻者。名琛震怒。嚴劾之。布政使沈棣輝。時爲肇羅道。以平賊自任。激厲各鄉民團。努力捍禦。棣輝不習水。則以巨綆縶身桅上。指揮督戰。先後斃匪數萬。年餘事平。棣輝錄在事官紳兵弁出力者。乞奏請奬敍。名琛病恩非己出。謂棣輝以是市德也。執不可。棣輝不勝憂憤。疽發背而卒。由是軍心亦解體矣。

六年三月。佛山雨血。七月。海上大風。三日夜不息。六榕寺塔被吹圮。塔建自唐代。民間謂以鎮海外諸夷者。自是遂奔走相告。謂廣東將有兵禍矣。

九月。水師千總梁國定搜划艇私運煙土。訟其篙師榜人。皆逸匪也。縶十三人以歸。拔船桅所建英旂。划艇者。本內地貨船。以偷稅故。購英旂於香港。並雇洋人居船上爲護符。土人名之曰鬼划。以此。西人故以下旂爲大辱。聞其事則恚甚。照會督署。引和約拏匪須知會彼國爲辭。責歸所獲十三人。時獲犯方就訊。訊實者七人。未得供者六人。名琛令先以六人還之。告以七人者實積匪。供證確鑿。不當還。英人持不可。名琛謂此小事。不足深較。彼堅欲得者。與之可耳。使縣丞某持照會並解七人往。英官忽不受。謂必以梁國定往。且由彼代爲定讞。某復命。名琛曰。姑置之。必事事如其所請。彼愈無厭矣。及二十三日。英人忽遣繙譯來。促限明日日中。不如約者。當進兵攻城。名琛笑置不理。時柏貴已洊陞巡撫。陛見未出都。名琛兼署撫篆。届武闈試期。二十五日方赴校場試馬射。忽聞砲聲自東來。有頃。報英艦入奪獵德中流砲台矣，司道鎭協相顧錯愕。急入告名琛。名琛笑曰。烏有。是日昃。彼自走耳。下令省河諸軍艦偃旗勿與戰。薄暮砲聲果止。英船泊十三行。詰旦。砲聲復作。敵趨鳳皇山砲臺。臺上守兵以總督有令不許開戰也。相率棄臺去。莫知所往。名琛尙從容欲畢試事。府縣力爭不可。始停試。二十七日。海珠砲臺亦陷。名琛雖大言。然中實極恇怯。時城內外團勇集者二萬餘人。憤欲迎戰。名琛終不許。廣州守吳昌壽入署。請發兵至長隄。名琛竟不爲動。昌壽憤極。取架上令箭。亟走出。欲矯命宣戰。名琛躬起追之。及諸大門。奪令箭以歸。由是民閧亦切齒名琛矣。念九日。英船及海珠兩處砲同時並發。直擊督署。屬吏某冒死入見。請避居他處。名琛但危坐中堂。手四元玉鑑一册。彈丸洞几案。不爲動。某至但哭而慰遣之。日暮。砲暫止。布政使江國霖糧道張百揆亦以避居請。仍不可。曰家君尙無還意。我安敢獨避。國霖等不敢復言。翌日午後。砲又作。督署西偏廳事及月台均被擊毀。又縱火焚靖海門外民居。火及城樓。中夜照耀如白晝。司道固請避居。不得已。始許之。人定後。舁行李出署。用夫數百人。砲息。地方官始出救火。遂旦方熸。

十月朔。名琛進老城。詣至聖廟行香。遂入居巡撫署。南海紳伍崇曜入謁。述英人願和意。請委員同往。乃令雷州守蔣立昂偕崇曜往見領事巴夏禮。議良久。仍不得要領而散。巴之入中土也。久通漢文。能華言。者英與英人定約時。巴才十餘歲。耆甚愛之。錄爲義子。故巴於吾國中外機事。無不洞曉者。英之獲利權於我。較他國獨優者。皆巴爲之也。日中。砲忽大震。城垣崩二丈許。督標中軍副將凌摻穓之中彈死。一軍悉潰。大吶團勇入援巷戰。互有殺傷。團皆用土槍。力不敵。久之亦退。然亦斬馘敵兵數十人。敵將入督署。周視而去。焚靖海五仙兩門。居民有救火者。輒擊斃之。時敵兵實不足二千人。入城者百餘而已。初二至初六日。砲擊城如故。初七日。更分五路入城。炸彈落地。巨者八十餘斤。然入夜必息。是時崇曜偕諸官紳與巴夏禮會議數四。卒無成說。巴復議及與總督相見禮節。又請於城外擇公所爲議場。請總督親臨。崇曜以告江國霖。國霖謂此儘可行。乃入白名琛。名琛不可。國霖曰。彼但以燕見爲請。固自無傷國體。許之。必可止兵。何所憚而不爲。名琛怫然曰。夷情詭譎。至於此極。君倘以所言爲可信耶。若相見而驟遭挫辱。後事益不可爲矣。國霖無以對。此議既寢。其後砲遂晝夜發不稍息。嗟夫。一相見。猶慮被挫辱。孰意後來挫辱乃千倍於此耶。戰事至此。斷無解理。而猶始終不肯一決。此則百思莫得其故者也。

十一月朔。有舌人吳全者來告。明日將有英船兩艘。入省河雞鴨滘。携其公使照會送來。船揷白旗。示無戰意。請派員往相見。勿疑有他。名琛派南海丞許文深往。兩船白旗皆如所言。英官來者爲威妥瑪。其一則法船也。船員爲卑某。以禮相見。照會既交訖。卽駛船去。前此進攻者獨英人。至此乃益以法。照會要求凡三事。一入城與總督見。一索河南地闢租界。一責償被燬洋房及其貨財並通商事。語頗悖慢。名琛答以通商而外。概不能從。初三日後。兩國兵船遂陸續入省河。由河南登岸。奪民居以駐兵。近河居民。紛紛驚竄。官紳入見總督。則從容仍如無事曰。彼何能爲。第以戰勢恫嚇我耳。張同雲在彼動靜。我先知之。彼窮蹙甚矣。同雲者亦舌人。名琛所信倚。託以諜敵。實則同雲受敵厚糈。轉刺取名琛動作報敵。而其語名琛者。皆誑詞也。衆皆言其叵測。名琛卒不悟。是以致亡。司道謂雖明知無事。然守禦不可不嚴。請增兵。不許。請招集民團。又不許。固請則艴然曰。誰增兵。誰給餉。姑待之。過十五日無事矣。蓋乩語也。先是某巨公以理學負時望。恒謂粤民不可用。且謂當大事。宜澹定。名琛夙敬其人。又扶乩祈籤。亦與某公言合。故信之益堅。或曰。扶乩者亦陰受敵賄。乩語皆敵教之。而新聞紙復僞造英兵在印度非洲戰敗窮蹙之狀。以堅其信。名琛遂據以入奏。絕不悟其被紿也。

十一月朔日以後。砲日夜發無時。彈所及輒火起。府縣出示。令居民去篷廠。毋蓄引火物。多儲水以備。十八夜。砲未發。西關忽大火。焚美法兩國人廬舍幾盡。次日午後。延及英人所居界。風猛火熾。洋人亦無如何。昔所稱十三行者。至是遂爲焦土矣。洋人失所居。皆僑廬船上。頗疑火起由居民所爲。遂令兵登岸。焚西濠沿河民居店肆亦數千家以報。然自是日後敵兵在陸地者。悉退屯海珠。不復攻城矣。二十六日。諸艦又退泊大黃滘。陸兵則屯於滘旁之車密礮台(大黃滘者。虎門內南路第一重要隘也。滘粵中俗字。音叫)此後數月未有戰事。

七年五月初十日。瓊州鎮黃開廣。以師船紅單船百餘號。與敵船戰於三山。大敗。敵船追至佛山而止。未登岸。亦不再發砲。數日後。大黃滘敵船又漸退至虎門。且有退出大洋者。砲臺上守兵亦日少一日。粵人莫解其故。於是有謂夷計已窮。不久必回國者。又有謂印度已叛。英兵大敗。喪其渠帥。將撤兵歸救者。種種游譚。市井人悉欣欣有喜色。名琛益自詡鎮靜之力。謂此後可安枕臥矣。

十一日夜四更。諜者密報敵軍布置已定。即日將進攻。十二日。伍崇曜約許文深。謂此時兩軍相持。宜遣紳商託議約名。赴船密探。文深以告。名琛遽震怒。急令督糧道王增謙傳語官紳士庶敢有私赴敵船者。以通賊論。立按軍法。已而英法兩師聯銜照會至。通告督撫將軍及兩副都統云、十三日開砲攻城。官紳軍民人等悉當遠避九十里外。城外徧張告示。所言略同。聞旬日前。他國人亦有密報總督。謂英法戰志甚決。不可不嚴防者。名琛終不理也。

十三日黎明。砲聲驟發。如百萬霹靂。併擊督署。煙霧四塞。名琛走避粵華書院。敵軍登岸。焚雙門拱北樓。樓上藏元時刻漏儀器。及官書板片甚夥。皆灰燼矣。千總鄧安邦以東勇千人。冒死血戰。殺傷相當。

孤軍無援。勢遂不支。日莫。東固砲臺亦陷。敵兵登台。移砲自東擊西。全城鼎沸。獨北門砲臺爲副都統來存駐守。敵衆來犯。來存手發八千斤巨砲。擊斃數百人。法酋畢某竟中砲死。敵軍驟退。砲聲頓止。方謀乘勝逐之。忽報敵兵已越小北門城牆入矣。遙望觀音山頂。已插三紅旗。時敵軍尚未至。蓋城內通敵者爲之。名琛方在粵華書院。至是始信城果陷。乃派一材官持令箭出新城。調潮勇攻觀音山。懸賞萬金。潮勇甫入城。敵又下山。趨蓮塘。潮勇倉卒迎戰。敵復退上山。就土礮臺。移砲內向。我軍仰攻。多死者。遂紛紛潰散。不能止。名琛聞之。益震慴。無所爲計矣。

十四日。巡撫柏貴檄伍崇曜梁綸樞往敵軍議和。十五日。將軍穆克登阿傳令西北城插白旗。開西門。任居民遷徙。佐領巴蘭布者。素諂事巴夏里。與聯宗。往來最親密。故城陷後。旗下街獨無擾。巴蘭布以此自矜己功。粵民恨之刺骨。將軍與巡撫會銜出示。極言和議之利。以曉粵民。不列總督銜。以敵意專仇總督故也。伍崇曜將往敵營。見名琛。面請機宜。名琛猶以斷不許入城語之。崇曜上觀音山。敵拒之。謂公使額爾金在兵船上。急下山趨見之。額辭不出。獨威妥瑪巴夏禮出見。譯者張同雲李小春往返數四。和議竟不得要領。敵索名琛急。十八日。府縣入見。請移居。乃以夜中移左翼副都統署。或白不可。宜之僻地。名琛尚力言過二十五日必無事。仍乩語也。二十一日。敵入布政司署。刼庫銀二十萬去。至南海縣。開獄門。出繫囚。令分途前導。尋總督所匿處。初入將軍署。刼將軍穆克登阿。巡撫柏貴方在客座議事。亦並刼之。同至觀音山。途遇巡捕官張樹番。令從往。樹番不可。强之去。既乃入左翼署。得副都統慶齡。慶年七十餘。老且病。亦刼之同行。已出門。有忘携所帶什物者。入尋之。竟遇名琛。遂擁以出。當慶齡被刼時。家人喜告名琛。趣匿他所。又不聽。竟被執於中庭芭蕉樹下。猶冠帶肩輿。上觀音山。午後。

送慶齡歸署。薄暮挾名琛。度飛。橋越東城。拘之船上。從行者三人。老巡捕藍蹟家丁許慶胡順也。二十二日。又挾之去廣州。泊白鵝潭。崇曜等上山。以巡撫回署爲請。是日。將軍巡撫兩副都統會疏劾名琛罪狀。二十四日。巡捕張釗傳柏貴諭。告司道以下官。定明日偕英法官下山回署。令各官盛服將事。且令多備輿馬。二十五日。敵軍全隊下山。鼓樂前導。英法官肩輿前行。巡撫將軍在後。至撫署。諸酋已先入。比柏貴至。酋反降堦迎入。延之上座而自居主位。巡撫在署中。以勁卒數百人守之。譏察綦嚴。內外阻絕。柏貴檄道員蔡振武專辦議和事宜。振武素以才辨自詡。見敵能應機對付。敵深喜之。藩司江國霖臬司周起濱。以巡撫既在敵掌握中。失其自由。因出居城外。密謀恢復事。然亦竟無成。

十二月七日。敵與蔡振武議。巡視城廂。擇要隘駐兵。振武飭南海令華廷傑番禺令李福泰爲前導。廷傑等有難色。振武呫不已。福泰言身爲朝廷命官。乃爲夷酋前導。何以對百姓。振武曰。此何時。倘講氣節。恐名入淸史耶。廷傑憤曰。名入淸史。公且不能。我輩何足算耶。振武恨甚。廷傑幾不免。是時城坊告示林立。皆敵自主政。巡撫將軍唯諾而已。列銜書大淸國某官大英國某官大法國某官會同出示。大旨不外中外一家。業經和好。百姓不得再滋事端。又嗣後不得再呼夷鬼。及外國人下鄕。鄕人當以禮接待等語。司道分居城外。謀以計取巡撫出城。圖恢復。一日忽有巡撫單銜示諭。禁居民毆罵外國人。且有鄕民敢藉詞團練者。照叛逆治罪之語。司道聞之皆奪氣。柏貴督語英公使。請開列議和條欵。當爲奏明請旨。英使使人詭之曰。議和自當俟北京派欽使來。爾何人。敢當此大事耶。柏無言但面赤而已。

八年正月四日。藍蹟自白鵝潭來。持名琛手書。言將行海外。令備衣服食物幷呂祖經一册。募一廚役一雜工買米二十石備洋銀千兩以往初九日。發香港。十五日。至新加坡。十七日。至孟喀喇。二月朔。登岸。住河邊砲臺。三月二十五日。移大里恩寺花園。居樓上。名琛日唯早起誦呂祖經而已。七月十六日。地震。衆請下樓避之。震止。復上樓。有豐順人金子達。嘉應人劉裕壽。久商印度。時來存問。九年正月二十二日。藍璸病歿。葬唐人義塚。二月二十日。名琛亦病。以西法治之。不効。自病後遂不復言。三月七日午。忽問見電光乎。家丁對曰無之。至酉末乃絕。印官來視殮。用藥入口。雜以水銀。用洋鐵爲櫬。銳兩端。裹鉛錫。旁有兩環。欲葬之。金子達不可曰。必葬是。請給義塚山價三十金。乃止。初八日。以船載其棺至相距十餘里之宅蘭宅拉。製松木箱爲之槨。四月十四日。柩歸至金花廟河岸。照會巡撫。繳箱篋衣物及銀三千兩。銀蓋伍崇曜寄往海外者。尚未用也。照會且曰。不信者可啓視之。四月二十五日。華廷傑爲啓棺改殮。尸裂於棺中。扶出。皮肉未脫。面目猶可辨也。

方廣州城陷時。有傳李福泰陣亡者。妻朱氏。即命一妾携子女出走。盛服入室。自經死。粤人謂此役官紳男女殉難者。朱夫人一人而已。福泰後官至廣東巡撫。

明成祖登避異聞

明成祖崩於榆木川。顧世多有傳其被刺者。相傳楊文敏士奇臨終時。密語諸子。謂成祖北征時。命近臣某往某處督餉。久而始至。帝詰其故。對以途經某山。徑路錯雜。衆兵皆不識所往。久始達大道。方迷途時。見山厓洞中。有一老僧趺坐。鼻息咻然。儀觀甚偉。問之。瞑目不荅。帝聞言。忽心動。即引扈從軍數十騎往視之。令某爲前導。行深山中十餘里。遂至其地。某遙指曰。老僧尚在洞中也。帝即策馬前驅。涉溪而過。扈從者皆在後。帝騎將近洞。忽大呼墜馬。衆亟往視。則已被刺殞落矣。尋老僧已不知所往。有識其貌者曰即程濟也按此或建文諸臣後裔怨毒之辭。然程編修在當時實以有神術名而成祖之喪賓諸官私紀載確係暴崩本足動人疑慮齊東之語未必無所自來此與清世宗被刺事略同雄才大略如兩君亦可謂專制帝王之極軌矣而身歿之時皆不免於曖昧甚矣帝王之不易爲也。

康熙時秦民徭役之苦

康熙初。吳三桂叛命。王輔臣應之于平涼。西陲用兵十餘年。關中供應之苦。甲于宇內。嘗讀常熟薛孝穆先生熙依歸集。中有送錢文海序一首。叙秦民苦累綦詳。文海者。蘇州諸生。未嘗仕宦。然喜求民間疾苦。陳之當事。自吳入秦。又北上京師。將有所建白。故先生爲此序。以贈其行。略云。秦之民疲于轉輸也久矣。然向猶在秦之地。遠不過六七百里。近只二三百里。民之輸粟。或費十餘斛致一石。或三數斛致一石。用兵於秦需糧亦於秦民之不得已也用兵于蜀而徙秦民歷盡羊腸鳥道飛湍奔谿之險荼毒冰膠之苦磨牙吮血之慘而致粟焉語云。千里饋糧士有飢色而況蜀道之難々于登天蜀秦相距幅員廣遠其爲千里者更三之四之而未已哉彼不察者如觀蟻之移穴而不以爲勞如越人視秦人之肥瘠漠然不以爲戚徒知取券以誅求必令如期而已於是民之背負者肩荷者羸裝者牛犛者相繼于路壯者馱粟三斗老弱半之或驅羸二頭驢加一焉羸馱粟六斗驢減其二其陸走也雲棧陡險百步九折或懸厓仄徑僅容半武經入百里而至坦途儼然左右村墟草色青綠若芸耔謂可稍息肩矣即之則千村萬落榛莽邱墟爲豺虎蛇虺所窟宅闃無人烟者又千餘里始得屋食芻秣既而問其直已不啻倍蓰矣其川浮也衝波急洑舟船上下多設橈工水師以駕駛之舟之易壞也又多設斲木鍛鐵之匠以保護之木材不足於供則采山伐墓以給之憂其衆之逃也則多給雇直以維縶之人受錢約二百而預給數月之錢。問誰與之。秦民與之也。又日給數千百人之食焉。總計所費。蓋兵食一石。民必費粟百餘斛而後至。或無粟則有嫁其妻易其子而僅輸升斗者矣。輸粟之役必經歷寒暑而始歸。或以沍或以暍或以餒而僕仆於道。或墜於淵化爲豺狼蛇虎之糧者又何多也。一歲之中民輸粟以石計者二十萬有奇。其費之以斛計者二千萬有奇矣。而況前此之十餘斛三四斛而致一石者又已六年於玆乎。其送軍行甲冑器仗弓矢火藥砲石之車與頭畜及葺棧閣之圮而需金木之工歲又以鉅萬計。而謂秦民之力終能堪之否也。康熙爲清治極隆之世。今日所夢想而不可得者也。孰意民生之困厄。乃一至於此哉。非先生此文。吾鄉人又孰知先世之水深火烈至此極也。然則國史之所紀。士大夫之所頌揚。蓋十無二三之足徵已。文海一書生而關心民瘼如此。猶有明季任俠之風。雍乾以後法令益嚴。無敢作此等出位之想者矣。

乾隆廢后異聞

近傳閩中江叔海瀚官學部。在內閣搜檢遺書。於密室中得一黃篋。扃鑰綦嚴。上有乾隆某年月日及嘉慶四年正月御筆封條。發視之。則御史阿當阿奏摺一扣。蓋請復某故后位號者。裕陵硃批云。無髮之人。奚足以母儀天下。所請着無庸議。此說既傳。聽說紛然。或謂清高祖有妃某氏。在西山某寺爲尼。阿當阿請奉迎復位。有旨不允。其人至裕陵殂落後。當在嘉慶親政。又有以爲請者。曾宣取此摺。見有先朝御批。乃作罷論。或且有疑爲嘉慶生母者。今按此即廢后那拉氏事耳。那拉氏以皇貴妃繼孝賢正位中宮。十數年。忽犯狂易之疾。嘗一日自剪其髮。滿俗。嫠婦矢志不嫁者。始剪髮。故有夫之婦以剪髮爲大忌。那拉氏所爲。大都如此。裕陵遂深惡之。未幾病卒。詔以皇貴妃禮葬寢園。生前固未嘗有廢黜明文也。阿御史之摺。必係請復后位。入祀太廟耳。後人不知廢后有剪髮事。故疑以傳疑。異論乃以紛起。清代宮中固多秘事。然此事。本末固自明白。非有他故也。又按清制。小臣言事之例綦嚴。阿某一御史耳。何敢妄言此等大事。傳聞之詞。恐非實錄。偶讀嘯亭雜錄。是時有刑部侍郎阿永阿者。覺羅也。以筆帖式起家至卿貳。那拉后既以病退居別宮。阿欲上疏力諫。念老母在堂。猶豫不決。母識其意。喟然曰。汝天家同姓。遇此等事而不敢言。異姓之臣。更誰敢言。豈可以我老故而忘致身之義耶。趣上之。侍郎涕泣受命。因置酒別母。慨然上疏。乾隆帝果震怒。謂其蹈漢人惡習。召九卿面諭。將置重辟。陳文恭弘謀時爲首相。頓首對曰。此事若在臣等家中。亦無可奈何事。求聖恩念其無他。姑寬嚴譴。託家宰庸奏曰。帝后即臣等之父母。父母不和。人子何忍於其中辨是非也。刑部漢侍郎錢汝誠曰。阿永阿有母在堂。皇上可否寬其一線。上拍案厲聲曰。錢陳羣居家老病。汝爲獨子。何不歸家盡孝耶。錢頓首謝。上怒亦稍霽。乃戍侍郎於黑龍江。而命錢司寇歸養。踰年后殂。御史李玉明復上疏。請令臣民行三年喪。亦戍伊犁。與侍郎先後卒戍所。阿永阿與阿當阿名相類。江君所見之疏。恐即此疏耳

紀湘潭湘贛兩省人械鬥案

吾國人省界畛域之分。最爲無理取鬧。往々以睚眦之怨。激成巨案。眞所謂天下本無事。庸人自擾之者歟。以余所聞。事之緣起至微。而創鉅痛深。未有如嘉慶中湘潭之大獄者。是獄之起。當嘉慶十三年已卯正月也。湘潭綰轂交廣江湖之衝。商賈駢集。而江西人爲尤夥。江西之會館曰萬壽宮。歲時祀神。輒演劇飲宴於此。先是有江西劇班來湘。江西人以其鄉音也。召之至。登場歌舞。皆佶屈聱牙。不可聽。臺下觀者咸大笑。或以芒鞋土塊擲臺上。曰。爲汝遠來犒也。笑者益衆不可止。聲如潮沸。江西人大慙

怒且詢。湖南人亦忿。還詈之。俄頃。遂爭鬬不可解矣。時畏事謹愿者。皆爭先引去。強者獨留。江西人遽下令閤館門。招其眾。共持械。擊湖南人。死者數百。傷未殊者且數十。縛之柱。於是市人走相告曰。盡殺湖南人矣。烹之鑊矣。釘之柱矣。拔舌而臠切之矣。市胥奔告知縣。知縣懦。不敢往彈壓。在籍紳士有石承藻者。以給事中請假家居。亟往謁知縣。曰江西人既殺縣民數百。知罪大。或且爲亂。公即閉閤。能獨生乎。等死耳。不知往救之。或萬一可止亂。知縣憤然作色曰。公責我。能偕我行乎。承藻曰。不能。胡以來也。乃相偕往。至則門堅扃不可啓。壯士舁石獅撞門。門立破。知縣乃得入。被縛之湖南人。尚有十六人未死。舁之出。江西人始散歸。於是湖南人憤相告。商民數萬人齊集。共毀江西人店肆。遇江西人於途。輒痛毆之。死者略相當。奔闖喧呼。數日尚未定。橋津關市。遇過客。必再四詳語。審語音非江西人。乃得過。往々有他省人久僑江西操贛音致死者。事既定。知縣始以聞。巡撫吳邦慶者。江西人也。聞報。輒大怒。亦不問起事原因。與曲直何在。但嚴檄州縣捕拏治罪。而眾已早散。莫得主名。久之乃捕一市胥。市胥者。方事初起。見眾洶々往來。疑有變。急鳴鑼於市。令店肆各閉門備劫掠。至是知縣遂以鳴鑼罷市召變爲胥罪而斬之。獄未具。時巡撫尚揚言。當多殺湖南人以報。縣人周系英方官吏部侍郎。其子家居。慮召大亂。乃僞爲父書抵巡撫。陳說利害。巡撫輒封奏之。系英遂以越職干預地方事罷歸。且有旨令閉門思過。石承藻數於眾中短巡撫。亦被劾免官。久之。有爲上徵言其事始末者。上始悟。亟移邦慶他省。湖南人心乃大定。

方望溪之謬論

康熙時。湯若望南懷仁輩。方以修歷事。致位通顯。與士大夫交游。且箸書言歐洲地理甚悉。而其時碩學通儒。有不識中外大勢。妄發奇論者。偶讀方望溪集。見其論邊事一書。謬悠之言。至可發笑。方雍正時。用兵準夷。而鄂張兩相正當國。望溪乃上書兩相。言利害甚悉。凡十二條。幾萬言。其第十一條云。聞大西洋去荷蘭國不遠。西洋國俗。所不可缺者。惟內地之茶。不識俄羅斯荷蘭諸部。亦賴茶以愈熱疾否。果爾。則與西洋人要約。既久與中國通市。必爲我通荷蘭諸部。俾與我同心。探賊東來。即出兵以乘其虛。果能摧破賊軍。或牽制使不敢動。我國歲以金幣名茶凡所致貴之物酬之。若受吾約。賊必相猜而不敢輕動。西洋人若不用命。即不許互市。必深懼而求得其要領矣。按大西洋即葡萄牙。葡人通中國最早。其來時。自言至自大西洋。故中國人即以大西洋國呼之。今官牘往來。猶蒙此稱也。望溪意中。直謂準夷西境。即與歐羅巴接壤耳。但不知何以屏英法義日諸國不言。而獨注重荷蘭。得無謂荷蘭居歐洲最東。與準部密邇耶。責葡萄牙人以探得準夷要領。此眞天下最難題矣。俄羅斯自雅克薩戰後。即許其在恰克圖互市。且每歲來華購茶。又俄人所購者紅茶。與歐西之需綠茶。絕非同物。並此而不之知。則所謂經濟者亦可概見。望溪與鄂文端交最密。張文和則雖同邑里。而絕不相能。此書題爲上兩相國。實專與西林一人耳。然其識度如此。則爲文和之所擯也亦宜。

又按此書第七條。論西北互市利害。謂年羹堯督師平青海西藏時。所以能使將士盡力。而民間不困於供億者。徒以多遣部下親信小校。販茶絲布帛銅鐵等物於諸番。回圖往來。所獲不貲。即以其財供賞邮戰士縱遣間諜之用。以故能得將士死力。而國帑不至多耗。民間且忘用兵之苦。此則諸書之所未載。足見雙峯經緯之才。固高出同時諸帥上。此可備史家資料者也。

羅癭山先生軼事

有淸二百六十年間。講學之儒。先後相望。其以儒而兼俠者。無過瑞金羅臺山先生。有高先生精拳勇。善擊劍。尤好蓄奇石。有奇章南宮之癖。常獨行數千里外。並不需傔從。慕蜀中山水雄勝。束裝往遊。瞿唐灧澦峨眉劍閣諸勝。一一皆親歷之。比返歸舟所載皆怪石也。護持珍惜不啻金寶。石悉用綿布包裹。外盛以布囊。其銘心絕品。直以縑帛什襲。石過重。艇舟欲沈。先生坐舟中無事。則捧運摩抄。日夕不休。舟人窺之。以爲寶物也。陰相與謀議殺之。而析其所齎。舟子四人。一長年者老翁。其二即翁子。一爲傭。三人者方竊々語。翁入則皆默然。翁疑之。固詰不已。始以實告。翁大驚曰。惡乎可。二子曰。此纍々者皆奇珍也。得其一可以小康。況若是夥耶。客書生。劇文弱。且孤身無僕從。執之如縛匹雛。此天授我也。遂之不祥。翁知不可止。而又牽餂犢愛。不忍告客。乃太息而去。時先生已寢。忽驚覺。心怔忡不已。先生固善占。筮卜之。知有殺機。聞後倉舟人爭論聲。潛起屬耳。備聞所言。乃偃然復就枕臥。察泊舟處。正當墟市。帆檣林立。知舟人必不敢動也。後數日薄莫。舟泊荒江叢葦閒。舟人二子入告曰。今日祀神。有酒肉。願以酸餘爲先生壽。客其毋辭。先生忻然曰。甚善。吾數日未謀一醉。酒興殊不可耐。汝等眞愛我哉。舟人子爲之失笑。先生亦大笑。有頃。二子以酒肴進。先生察其酒色有異。蓋已置醉藥矣。乃食其肴核至盡。獨以酒置牀頭。曰。吾最好夜飲。今未昏。非其時也。舟子與之。疑其謀已洩。然欺先生無儕偶。且羸。不疑其能技擊也。亦不深勸。先生俟夜深。乃出私蓄紹興釀一大瓮。飲之盡。而傾舟人酒於窗外。陽爲沈醉狀。滅燭酣臥。鼾聲雷動。舟子聞之狂喜。謂先生果爲藥力所中。迷不復醒也。三人者相率持刀秉炬而入。刀皚々如霜雪。一人舉刀。就枕上悉力斫之。刀下。鬆軟不聲。覺有異。驗之。乃非人。蓋卷被衖而覆以衣。且加之幘也。方駭愕四顧。一飛石驟至。中腕。刀落腕脫。不復能舉。二人繼進。亦如之。先生乃自隱處突出擊三人皆仆地不能興徐解帶盡縛之以刀擬其頸曰余有前知術方登舟時已知汝等有陰謀矣實則吾所携皆頑石爾曹雖得之亦何利焉吾知爾曹害人多矣將藉此殲除醜類爲天下去殘賊今爾曹果來犯余必不汝宥三人者皆哀呼乞命翁亦入跪求。先生麾之起。曰翁毋然吾知翁無罪翁泣涕曰。三人罪誠不赦。然果死。老朽之嗣斬矣。公仁人。幸寬裕之先生始從容擲刀曰爲翁故姑貸爾曹死亟革乃心脫仍故態者早晚血吾刃矣天下以孤身遠涉者類負奇技能自保如余者猶其下駟耳爾曹其識之毋輕天下士以自取死亡也衆唯唯。叩首崩角而出。因共疑先生爲神仙。奴僕事之。

白絲巾

一

老談

巴黎春季。新月初弦。有僻街曰白老克者。居其西偏。散列編戶數家。負寂荒涼。夜色沈沈若死。此都號稱繁盛。而著此幽境。轉若遠隔塵囂矣。

街盡處得一小樓。樓外繚以白石之垣。近窗雜植竹樹。月影自隙漏入。藻紋浮動。樓中燈火熒然。虛牖不扃。纖幔四卷。時有女子。露其半面倚闌下。覷秀髮覆額。艷艷有光。衣飾似弗甚華而姿態清婉。以眎飾鑽垂璫殆區雅俗。蓋天然妙麗不必假物質增妍也。

此街既非衝繁要區。即當晝日。車馬之往來者。亦無肩磨轂擊之盛。矧夕陽久下。長夜方迢。道上行人。迺如鳳毛麟角。不易一覩。女子凝眺既久。悄然掩袂。則以太息爲蹀躞之酬報。

既而坐近案側。振管擘紙。類有所營。顧久久不下。雙蛾蹙蹙。含愁欲絕。手中所握之管。墨水下注。滴瀝紙上。凝如淚點。女周章四顧。即亦弗覺。爲時可一句鐘。紙上墨痕斑駁。弗成一字。女乃擲筆歎曰。天乎。今夕何夕。雖繫參辰以長繩。令之弗落。鞭燭龍於海底。俾其弗升。吾猶謂此宵光之短。奈何擲此黃金之晷刻。俾其一逝不復。匆匆至於詰旦。吾親愛之禰而森汝寧不知爾我覿面之期盡於今夕。過此以往。未之或知。而故爲此姍姍來遲。亦如吾輩女郎畏行多露耶。言際。斂淚含睇。似亦自知無人酬答。弗若嘿爾而息者。然感喟方輟。而剝啄之聲作矣。

夜色荒寒。月魄漸墜。循樓而下。簾櫳黯黯。花霧沈沈。女小膽惺忪。步至中庭。恇然心怯。顫聲以詢誰氏。第聞門外應曰。余…余福而森。幸速啓關。今日日中煩燠，內衣少御。不耐宵寒矣。女子隔扉問曰。君來例乘馬車。茲車燈弗燎。豈徒行耶。其人應曰。余…余已命余車騎遄回。弗相紿也。言際。又以手撼其扉。以示匆遽。女子居故臨街。當叩門時。初無蕭蕭轔轔之聲。爲此人之先導。此時聞言。俛首微思。似亦覺其有異。然所期過切。遂不及詳審。砑然啓關。其人得間。塞身而入。入即遽挽女手。就行吻禮。女微拒曰。愛勃君以君與妾之分際寧復當以愛情相靳然妾實欲披瀝肝膽與君爲竟夕之情話形骸上之親愛宜且寘爲緩圖君謂然否其人期期曰。余頗不解汝言何謂。繼復曰。白羅夫人歸乎。女曰。吾母今夕恐未能歸。以白萊斯公爵邸中。方開跳舞。吾母亦與賓坐。必以淸晨返駕耳。其人曰。如是良佳。幸女郎假我辭色。勿復更拒。言時。力握女腕登樓。女訝曰。今日君之腕力何偉。妾孱弱殆將不耐。其人復曰。卿固許以愛情予我。曷爲拒吾之握。於是燈光之下。女郎面色大赬。喉中格格不能一言。而其意若悔識人之誤。其人初不暇辨。第張兩手作翼形。逕前擁抱。如舉嬰孩。女顫聲曰。君欲求婚凡百皆可商榷倘不俟妾之承認遽以武力相逼妾將視君爲暴客非復文字之知交矣。其人嘿不一語。然亦更無動作。屹然兀立。而手固未釋。既而女覺其面漸灰白。着膚之腕臂。亦森冷逼人。駭而呼曰。福而森。汝何故爲此狀。其人仍嘿不應。更爲凝注。則脣角津津。白沫溢出。口鼻中呼吸已泯。女駭極。力擘其手。其人立仆。撥擭間。門外夜巡至矣。

二

入女郎之室者二人。夜巡米露馬斯外。福而森之僕亞利。實從其後。門故下鍵。以曳鈴不應。則撞屏而進。米露擎鎗登樓。揚目四顧。狀極沈鷙。女郎見其身後亞利。方臨爐矗立。乃雪涕告以福而森事。亞利轉身而女。瞳子閃睒。口頤張動。喘然忽若毒蛇吐舌。冷語女曰。頃事吾已遠於窗中瞥見。故乞馬斯君至此。冀援吾主。今佳朕已鮮。吾唯促召醫生一決。而後乃知此事究竟。果吾主非禱無幸。即釋罪人勿問。未爲失也。亞利言既即行。以女屬之米露。俾爲監眎。女知亞將坐巳以罪。弗驚弗辯。容光慘淡若死。米露盤辟其側。時々引領窗外。冀有足音之至。俄而車騎雷動。裁判官力門司。挾偵探白克俱蒞。數武外復有一車。飄若電掣。剎那間亦止門外。蓋醫生賓里斯格。應召來也。時此家外戶大闢。門側警士森列。燈光燿耀如晝。裁判官先詣樓上。偵探醫士亦相繼畢登。亞利之至最後。并步以上。每進必越梯之數級。偶不慎。足乃蹈空而墜。遽仆樓下。突有二人掩入。匆促如風。一人履著亞利肩臂。亞受蹴蹈。失聲而號。其人喈曰。福而森果能爲厲。靈魂乃附吾足。亞辨其音爲女母氏。忍痛呻曰。白羅夫人。君女已致吾主於死。吾儕小人。豈亦足勞垂盻。俾侍吾主後塵耶。白羅夫人者。跳舞方懽。驟得傳聞。家有變故。疾偕女侍步馳而返。及門。警士不聽其前。再三訴爲室主。始准其入。及獲視此玉梯之影。其精神所注。純在己之生女。與死福而森。至足之踐亞。亞之發言。皆非其所深悉。僅女侍聞之耳。兩人顚躋上及梯末。忽爲米露所沮。堅斥令下。下乃復與亞遇。夫人始知仆足下者此奴也。然亦不暇慰藉。惟貯立梯側。與女侍靜俟樓上動止而已。

亞利犇赴主人橫尸之所。醫士賓里。則已檢得福之體溫盡失。白沫中含有毒質。實爲此人受戕之故。偵探白克。復於尸體及樓中搜覓證據。以備研索。視亞利至。熟察其面。即詢福以何時至此。及其與女締交之歷史。亞利歛容抑志。發沈著之音吐。具言福得女郎之厚。弗應施此慘毒。此時夜巡米露。亦言行至街角。遙自窗中覩此女郎。似與逝者相搏。方在瞻矚。而亞利已至。見狀大駭。謂逝者寔爲其主。今與此女郎鬨。宜得余爲將伯。事始可以速解。余以和協忿爭。亦爲余職所應盡。故與之偕詣。不謂既至而遇茲事。殊非余意所及料也。白克曰。吾摯感君餉我以聞見。苟吾更有所疑者。尤願君罄所知相告。米露於是退就窗側。與亞利並立。白克復顧女曰。可憐哉女郎。君竟受殺人嫌疑矣。雖然。君果有何辯護之語。余當代爲達於裁判長官之聽。女瞠目直睇。殊無一畣。白克復曰。君今欲有何言。當恣言之。過此以往。慮雖欲有言。亦將不生效力。女搖首曰。余無所言。余言將爲何語者。裁判官力門斯曰。他人所言。或於情事不無違背。女郎果能即其紕繆之處。加以糾正。則亦未必無利。女俛首初無所應。白克忽出絲巾半幅。字跡數行。指以示女曰。此死者衣袋中所得。君果更無所言。則此物即足爲君殺人之證。倘有說處此。曷弗亟自申辯。俾此案之眞相披露耶。女驟覩此巾。慘然凝睇。詳睇字跡已。不禁奮力而言曰。妾之所爲百死。不足自贖。判妾死刑。實亦無枉。公等絮絮何爲者。此巾實死者貽妾物也。裁判官曰。女郎須知此間地非公庭。即欲判決人罪。尚有紛繁之手續。福而森果戕於汝手。無慮不獲死所也。言既。集此案之人證。傳呼返署。女郎爲案中之主要。則載以廂車。衛以警士。戒備而出。偵探白克於茲巾之外。復於爐臺得玻璃錘一具。謂其足資研究。挾以俱歸。時白羅夫人令女侍候門。亦匆匆隨從。

三

案發之翌日清晨。巴黎雜誌社中。首以人至女郎之居。探其消息。女郎蓋此社中館外撰述者。讀吾書者須少俟。吾將追述此女之生平。方知其人獲遇福而森之本末。女名雪格。氏曰白羅。無父。依孀母居。父若華。生時爲法之詩人。就吟不樂治生。故家無遺產。母女之境恒約。雪格有族叔曰芬利白羅。商於英之利物浦。娶婦十載。苦不育。雖擁巨資。舍所聘司事。及祇應之臧獲。塊然無親戚。芬利哀其嫂之煢也。月周之以百鎊。雪格能文。翰詩之外。復善小說。投諸新聞雜誌社中。因少少得以自給。顧習文之事風味醰澀。尋行數墨。以覓錙銖。而燈影墨池。至相依爲命。妙齡女郎。躬歷此味。長日案頭拈毫。迄日彼綺羅之福。游宴之場。殆於著述中想像之耳。

白羅夫人年逾四十。服裝猶喜穠麗。以貧故。不能致飾。則乞靈於粉白。齒豁。兩輔微凹。膏沐終不去手。望之殆若女之姊妹行也。夫人好交遊。家事屬之雪格。蓄女侍一。曰非蘭。行則挈之以偕。雪或無人爲眞發膳。則且據箴觚而自理之。

雪格交遊簡鮮。其母之客。此女恒弗青眼。彼愛勃公爵之公子福而森之得許過從者。非偶然也。福而森家世既華。其人又好文學。當世貴遊之氣一無所染。其知雪也。即得之於巴黎雜誌。此雜誌中。每期發行。必有雪之撰述。又恆以雪之玉照顏其眉。而撰述斷續之處。則懸爲問題。俾讀者出其腦力。爲之射覆。射而中者。予以重采。不中亦弗爲露布。以掩人之慚怍。福而森於雪所著。三射三中。獲采既碩。則感著者心與己印。欣其得一知己。把玩卷端倩影。爇香朝拜。如對上帝。朝拜不已。既欲知其身世。訪其居址。乃走謁雜誌社主者。具陳所志。冀與一面。以遂傾慕之願。顧主者與雪有特約。既以其文爲采的。凡在懸賞期中。不得與外人通謁。弗則春光漏洩。采金當由雪肩其任。必弗可悔。福既與主者唔。主者具以情告。且曰。微論吾不能以彼之居址示君。即令强徇君請。君亦弗能與面。抑更有進者。不與之面則已。面則此孤窮之女郎。烏能償此重金。是君非欲與爲良友。直仇讎也。福而森曰。吾嘗謂崇制國家其防報館者恒酷不謂報館之防主筆酷乃彌甚如君所言此可憐之女郎非司撰述殆因人也主者曰吾爲吾營業計。不得不爾。幸君恕之。曰。獨無變通之策乎。曰。有之。即采金耳。福而森曰。其數幾何。曰。約可萬佛。君試以歷次所得者計之。當信吾言非謬。福而森少即躊躇。毅然曰。然則吾以彼女郎故。乃得萬佛者三。今何惜捐棄其一。請如君指。吾當即挈金來。購一晤面。君宜更無他說矣。主者曰。此爲懸賞一期之値。若欲賡續與面。則此後當更有代價。福而森曰。後此當更有說。吾顧目前也。遂別而出。斯須。果以金至。乃得社中認可。俾就見雪。雪初守約。不與人晤。既知福圖晤已而承鉅金。則大疑訝。下樓相面。詢其主何原因。迫切至此。福而森曰。下走之意無他。寔仰女士之鴻博。故敢思一見。且女士每出一編。必如吾之意指。下走因念世界人羣其志趣相同者雖曠隔千古遠處異域猶且僾然生感況同時同世而不能接席憾何可既女士聽之下走雖爲齊梁所溷然以文字爲性命誠知天人眼界高顧勿。以尋常紈袴相例則幸甚福而森舉動溫文。語尤誠摯。雪感其意。亦報以溫語。此即二人相見之始也女筆田所獲。雖不甚豐。而鉛槧迫促。絕鮮暇晷。福而森時與接見。値此女郎仰眎時鐘。或吮弄筆器。則逡巡自去。奄忽間。萬佛購得之寶貴光陰將罄。雪格汲汲顧影。深以虛牝金錢。爲福致惜。福則初弗措意。猶欲更以萬佛爲益。以蘄逾期仍復相見。雪喟然曰。君之貲財。以眎法國之租稅何若。以有限之晤對。屢擲最高代價。君須知此社之組。路易十四寔爲經理。究其宗旨。第計消數而不計贏絀。故其懸賞之事。雖復永永舉行。而財力亦無弗繼。君倘每度必爲代償所耗。不亦僨乎。福而森曰。下走囊中。尚有礦山數處。即公司股息。月計亦至豐厚。此殊無足動慮。若女士而必爲下走惜者。則請毀棄此約。還其自由。下走計女士所當得於社中者。以相供億。似於女士亦無所損。下走亦得常聆淸誨矣。女不可曰。無因而取傷廉。無因而與傷惠。君縱多金。此舉實關妾之行誼。未可忽也。福聞言。力白其無傷。女終不可。既而社中又以人至。復屬女爲他稿。福遂期女宵中相晤。鞠躬而出。

四

福而森。馴謹人也。與雪相處匝月。文字交外。曾未及男女之情愛。而精神之貫注。直睎言情愛者。穠郁倍蓰。雪格蟄居。遠俗與世。疎闊迂冷。成性。福則爲其爐火炙之使熱。於是。女遇他人以峻峭者。於福不自知其消融。雖兩俱未越矩矱。似即有所踰。亦爲勢順也。福而森父母蚤逝。承襲先蔭。行年二十。未有家室。同居者惟其異母弟史突雷。史行誼主倘廉深。異兄純厚。然長於理化。尤善治生。福頗樂予以家事矣。昆季故皆未娶。而財產奴婢至賾。亞利黠而能伺人意。福之兄弟皆以爲才。故福每詣女。亞利恒爲車僕。往還此家至悉也。

案發之夕。寔爲福雪萬佛代價最後之時。雪格珍此餘晷。每睎鐘移一分。如擲黃金一笏。故宵漏初下。即盼福之如期而至。其心似有無量情愫。欲與福握手時。爲盡情之傾吐。惟福素溫文。此時忽若狂且行誼。雪格且慚且悚。深訝福之變易常態。迺未及展轉。遽覩慘劇。女郎奇駭極窘。忡惕不已。又念既稱莫逆。何間形骸。徒畏緇磷。竟遺長恨。設使我弗遐拒。未必彼遂遠逝。且彼即終不免。吾心亦可差安。況躬爲女子。不能終弗事人。今得人而速其凋謝。未來之身世。亦殊可想。綜言之。則福既垂盡。雪亦無意人間世矣。夜巡入室之後。雪格哀痛至極。與人間畬。都如夢寐。偵探所獲之證據。周章詳愼。睎爲鴻寶。

及舉以示彼。似即據此定其殺人之罪。亦漫不足動其心志。蓋冤誣與否。均非雪格所計及矣。雜誌社中之主者。名曰洛克芬蘭。雖從事於官報。顧爲人伉爽有節。聞是獄。疑雪格非能殺人者。且所殺之人。爲其生平知己。揆諸情理。似皆無此事寔。蓄疑不已。則遣記室菲里。詣白羅氏問狀。菲里至時。白羅夫人已往觀審。雙扉外鍵。無應門者。菲里乃亦巡詣裁判之所。以報社名義。得列席於旁聽。菲里入時。亞利所延之律師佛禮勝斯。方搜此案證據。以明雪格之罪。裁判官之案側。則寘玻璃鍾一具。絲巾一幅。蓋爲此案之證據。巾上列有字迹。以相距遠。不可辨識。玻璃鍾則空洞無物。以意揣之。似爲酒注。第見佛禮指絲巾而言曰。此中數語。無語不足證此女郎之罪。因朗誦其文曰「君欲死我。直死我耳。何爲多方苦我。噫嘻。我死君手。我無所恨。第君之罪孽大矣。白羅姑娘鑒。福而森白」讀訖。即曰。此書第一二語。顯謂女郎久蓄謀之之意。第三語則見謀之者已非一朝。第四五六語。則知其必爲女郎所死。而強望其畏罪而悔。亦爲知謀之者初不少悔哉。惟鄙人之意。深恨此書首尾不能完全。致其中顛末。尚未詳盡。否更無庸若是解詁耳。佛禮言既。雙目炯炯。氣滿大宅。似躬歷其境者。亦當遜其明確。白羅夫人所延之律師克生。亦起而辯護曰。鄙人之意。則謂此巾殊不足爲證據。蓋男女相愛。苟至極則。則恒有離奇誕謾之語。令人難以索解。此巾所云。安知非愛勃小公爵欲表摯愛。爲此奇語。欲據之爲女郎罪案。殊不足以服人。且此巾在死者身畔所得。女郎果致死小公爵。當時何不匿而燬之。而故留此以作案中之證據耶。勝斯律師復抗辯曰。倉卒之間。未及計此。亦恒情也。況此巾之外。復有炭絲合化之玻璃鍾。與愛勃小公爵中之毒同質。又女郎當此案發生之際。嘗自謂其所爲。百死不足以贖。此段證據。更睬偵探所得之證據爲確。即寘玻璃鍾絲巾勿論。亦何疑義可言。言至此。坐側之雪格。而色灰死。淚珠傾瀉如注。裁判力門司起立宣布。謂此節果足證女郎爲有罪。宜俟逝者之弟史突雷至案。將更定期覆審。即可判決女郎死刑。於是白羅夫人掩涕而出。非里亦隨旁聽之衆以行。

五

甘菊街之一百二十號。偵探白克所居也。屋故近市。有樓四重。下爲客室。次層則以辦事。樓中百物。位置井井。其副佐治喬治。書記畢司愛穆。亦咸各列一室。勤其職務。白克初固甚窶。以路易十四喜興大獄。出而致力官中。所獲罪人無數。而每次得金。亦優。今則沐浴人血之賜。躋於富室矣。是日白克新自外歸。坐而太息。謂佐治曰。吾茲晨出。將獵取佛郎千數。以購東方銀行之股票。乃世事變幻。著手飛去。滋足令人懊喪。佐治曰。君言何謂。白克手取雪茄。劃火恣吸。噓氣言曰。君知衛而生乎。是軍事之偵探員也。其人殊大狡黠。彼嘗偵一共產黨員利布。知其將購軍械以倡亂。乃化裝隱名。託爲此種私商。意在設阱以誘利布之入。不謂其中又一偵探。不識其機。亦僞共產黨員與訂售械之約。期以今晨交易。潛以警兵伺於路側。將取之以受上賞。衛而生則又以此探爲獵朵。期會軍隊。捕此偵探。及僞幕既揭。始知皆誤。而已成爲噱料。君須知此中之又一偵探。蓋即不幸之我。我於愛勃小公爵之案。曾與檢查。今日初値開庭。亦以茲事未獲躬蒞。殊自悔也。佐治凝坐聽其陳述。口吻張翕。似欲加以慰解。驟聞門鈴大震。閽者來恩持刺犇入。謂有客須於樓下。佐治睨白言曰。君所悵爲失去千佛者。安知此客不能償君以萬。蓋政府購捕黨人。懸賞固豐。而此人社中。則以懸萬佛之賞爲恒事。是足爲君敬賀矣。白克力搖其首。微語曰。萬佛萬佛。吾焉有此佳運。然言時已棄手中烟捲。急步下樓以詣客室。

來客洛克芬蘭。巴黎雜誌社之主者也。其人年鬢可五十。冠白色之冠。衣服亦如鵝羽。其中黃光照眼者。則路易所錫之金質勳章也。白克既下。洛賓冠櫥架。起與爲禮。不三數語。即及福而森事。且詢白以碻寔之罪人。果當何屬。白克躊躇曰。以現狀卜之。則白羅女郎。恐無赦免之希望。以彼勇於自認。即有它人辯護。亦將不生效力矣。洛克曰。先生以爲罪人即雪格乎。白克曰。雪格之爲罪人與否。下走未敢臆斷。第苟無眞碻之罪人出現。其罪則又烏能解免。洛克曰。鄙人所以造訪先生者。良以此案眞相。竊覺其有所未盡。而雪格之於敝社。又非絕無關係。果使渠眞致毒福而森者。則刑章具在。固將無所逃死。設其中少有疑似。非特此可憐之女郎。將含寃於地下。即彼溘逝之小公爵。亦將恫有罪者之稽刑戮。無辜者之受煩寃。目必不能遽瞑也。言至此。白克足恭曰。芬蘭先生之仁厚。下走久所深佩。第恨事機旁午。弗能窮究此案之起原。以副先生之意。歉滋深矣。洛克曰。鄙人亦知君之賢勞。初不欲君獨肩其任。第念愛勃小公爵者。曾以欲見雪格之故。耗其金佛一萬。鄙人今亦願懸此數。以待能者。倘先生而捷足先人。偵知眞相所在者。鄙人固深願舉此以相奉。即不願耗精力於戔戔之懸賞。亦非鄙人所敢强也。白克聞言。深悔市重之非。惟勢已難挽。則第發爲稜稜之語。謂果有暇晷。當竭綿薄。洛克乃出紙幣百佛。資其用度。鞠躬而別。

六

吾書不云史突雷善持家政乎。顧自其兒福而森逝後。終日蟄居一室。賓客罕見其面。即銀行礦山之交涉。史突雷向弗假手它人者。至是亦皆諉之嘉朋樸爾經理。嘉朋吶而短眎。善以鼻近筆鋒爲行楷。

公爵存在之日。即在邸中筦會計。今三十年矣。愛勃公爵喜敝衣。謂衣敝者其心必赤。以無嗜好相擾。治事之心不紛也。嘉朋一呢外套。乃符其來邸之歲月。福而森昆季。習聞乃父言其儉德。故主人雖易。嘉朋所據之席弗改。即寵僕亞利。猶其後起者也。史突雷既以家事界嘉朋。恒於福而森之室宿息。亞利及嘉之外。咯其面者蓋鮮。史惡聞福之死狀。即其遘遇暗殺。亦未嘗犇往一睐。愛勃氏之稔客。多謂史於昆季之愛本薄。今伯氏遭變。於史實有隱利。故淡漠爲其故常。特忽又厭棄家事。此中曲折。殊背常理。人固弗易知也。此類蜚語。史亦似有所聞。則其惡人益甚。若非需亞利之供其驅策。嘉朋之庇其貨財者。即此二人。亦在屏斥列矣。顧史雖畏與人面。而求面之者終弗爲止。雪格受箒之第二日。裁判長以案有端緒。召史往觀訊決。來伻莅止。史忽大擾。深閉所居之室。令毋使使者入。亞利隔扉呼曰。吾主幸即啓關。比斯君非它人。蓋即裁判長官遣送吾主者也。史在內如未嘗聞。自其壁隙窺之。第見史之面目變異。變腕戰戰。似不能於自主者。室有兩窗。其百葉之格。皆已深掩。然日光穿射。猶足資人睬矚。史亦覺其韜晦未至。則更引帷以蔽。四壁遇有罅隙。輒施障塞。室外窺伺者。至是遂歎技窮。亞利力與使者道歉。謂其主人素講交際。其屣人門外。乃由精神病所激發。倘值清醒。斷弗如是失禮。使者頷之以首。乃詢病之所起。亞利曰。是病舉發。即在吾家小公爵遇禍之日。此家災眚之來。竟爲重規叠矩。滋可歎也。使者顰蹙其額。若深爲之惋惜。咨嗟鄭重。別亞而出。公爵之邸。當銀行街寶安里之口。地位頗佔衝要。車馬往來者如織。使者出時。有一皮篷馬車。飛馳而至。使者顧其車沿。十字之徽。迎睐揭櫫。執鞚其上者。則爲醫生賓里斯格之僕路材。使者揚手呼令緩駛。車果屹如山立。賓里斯格探首出睐。使者舒其右手。出於腰左。向賓而立。醫生喻意。立援使者登車。微語曰。白克君。君自何來。乃爲如是裝東。苟非示我暗記。余幾目迷五色也。白克出其懷中之僞名刺。署曰厄佛比斯。舉示賓曰。君第呼我以此。毋煩更呼白克。因廻指公爵之邸曰。吾將與君合謀此中金佛。幸毋延緩。致爲宅人所得。於是舉雜誌社主所託以告。賓里斯格曰。洛克擯斥金錢。大類非色野宮之匠石。匠石拋棄建築品之珍貴玉石。略如沙礫。金佛一遇洛克。價殆亦與沙礫等耳。白克曰。吾玆無暇品隲洛克手腕。惟欲求助於君者。則以此家現在之主翁。今乃現一可疑之點。是授吾人以探索。吾將就君決其果病神經與否。事乃有所着手也。語際。遂歷述史突雷病狀。因曰。此人腦筋。殆已紛亂異常。否或手戕其兒。欲託病以自免。亦意中事耳。賓頷首曰。君之所言似碻。倘需吾者。吾將附君以行。

七

佐治喬治坐於辦事之室。取一潑蘭地酒樽。仰首向空而吸。翕張其口。以噓壁間白克肖影。喃喃語曰。汝遇事輒淩轢汝之儕輩。以爲腦中之摺。多於聖經葉數。然腦滿者心亦滋穢。吾覘汝之藍脈管中。充塞炭氣。無容一萬金佛之罅也。語際。釋樽探其手袋。出一紙片。注目直睇。復謂肖影曰。汝睇此寧非金佛之券。何以乃爲我所檢得。嗟乎非蘭。吾摯愛汝。吾得金後。必求汝之壻我。不存階級見也。佐治之面。得酒而赬。臂脉浮起。色亦與面爭麗。雙瞳閃灼。外廓尤作正赤。凝睇此紙不輟。似其中有金佛之氣。拂拂而出。苟或他晌。則逃弗及捕也。佐治又以此紙爲非蘭之所授。曾經纖腕摩撫。吻之者再。紙角亦沾酒之餘瀝矣。此時佐治之後。忽似有人猝其長臂。下攫此寶貴文件。佐治突見鏡中人影。急塞諸袋。回首辨其誰氏。而朦朧之眼睫。已爲其人牢握。不能展睇。佐治縱呼有……語未竟。口亦受握。且聞魁聲呼曰。吾待汝良非薄。胡爲背人詈我。咄。汝其速出此門。無更留溷乃公事。佐治聞言。知主人白克已至。私語悉爲所詗。則瑟縮其身。有若中寒而慄。慄顧未轂。又聞嗤然笑聲曰。偵探先生。汝之豪氣何往。汝不見良友非蘭。已須汝於禮拜堂耶。言時立下其手。鼓掌縱笑。佐治回顧。乃辨其爲畢司受穆。作色以咎之曰。君爲此劇。幾壓吾臍。須知吾怯見彼。甚於病人之見魔鬼也。畢司曰。君言魔鬼。魔鬼之警告。已逐君言而至。門外鈴聲三作矣。佐治側耳傾聽。知言非妄。袁畢司曰。我如獲雋。利必與君相共。惟幸守此秘密。毋俾魔以巨靈之掌。攫取無遺也。畢司曰。君必謹識此言。違則兩俱弗利。……語至此。白克履聲橐橐。已及樓下。二人相睞以目。淵嘿無聲。佐治取其已殘酒樽。位寘案下。畢司躡足歸其書記之室。伏案治事。似忠勤無出其右者。白克既登。即詢今日有何客至。佐治不言已曾它出。則立白其無有。畢司羅致郵局書牘。上之白克。白克據案展睞。檢一書在手曰。此爲陸軍上將穆林阿罕所貽。彼失一狗。乃亦勞吾偵探。遂舉書於膝。讀之曰。密斯忒白克足下。老夫愛犬亨狢。去家七日。老夫曾乞足下爲吾蹤跡。酬以軍用紙幣十佛。足下告老夫謂去當不遠。第在巴黎市中。然迄今老夫之耳。乃不聞吾亨狢金鈴之響。足下其謂我何。穆林阿罕上。白克讀既。爲嗤鄙之聲曰。異哉。我苟偵狗不得。將以身爲獵犬。丐汝佛郎耶。言時。復顧來書。爲數至牘。又攢眉曰。吾安得如許暇晷。徧事尋行數墨。受穆君試爲我捐其要者。維誦一二。餘可一々束之也。於是畢司進而檢查。萃尋常通問函札。都爲一處。復取其中之關於探案者。指二通以言曰。一書語極簡括。蓋爲與君期會而發。一則語含恐喝。其意叵測甚也。白克檢其第一書曰。十句後晤君於蕤地。先所約爲時過夙。賓白。白克特書自語曰。賓里斯格之爲人。縝密殊甚。甫與余別。又以書至。良不憚勤勞哉。畢司復取第二書曰。書言賊害福而森之罪人已得。無庸更假偵探之力。波及案外無辜。君若必欲貪功遽搆。則將飲君以彈。然其下殊無姓氏。則山鬼伎倆也。白克面書語曰。汝彈吾殊懼其不利。蓋畏爾者殊不名爲白克偵探耳。言時略繙它書。即燃吸雪茄。籌思此書所自。竊念書或爲史突雷之所發。其人神經。必無病疾。彼意吾將引繩批根。貢其情於社會。欲假狡獪自脫。不知此書既出。則陰謀益顯。愚彌甚矣。思竟。意氣益張。據案作書二。一報洛克芬蘭。一投力門司裁判長。告以今日之所得。

八

是夜。夜將過半。愛勃公爵邸側。乃有馬蹄禿禿。往來絡繹。當街警士。亦皆盛其戒備。各植槍枝。當風而立。如遇非常。時則自春徂夏。凝陰亘沍。鬱鬱不開。都下方捕新教徒及平民黨人。居人狎見震駭。咸蛩閉關。以靳無咎。此類景象既著。知今夕將有何人入網矣。沿街燈火弗輝。間有探燈閃爍。一瞥即隱。都如燐火。行必燃燭。且有口號。不符者抉之以去。弗能辯。辯亦無益。暴徒之徽。足以盡人而辨也。時有二人來自街西。衣褌皆黑。蹤跡詭秘。騎士揚燈呼曰。汝宜止而弗前。或有口號。乃得自由之券。二人中前者即白克。其後則爲賓里斯格醫生。受詰時即微呼天幕。天幕者是夕所傳口號也。白克復出偵探之章。金色爛然。耀人眼纈。騎士即曰。余實不知先生之至。幸勿爲罪。余輩都凡十有二人。皆爲警長遣以助先生者。若有部署。悉聽指揮。唯先生之所命也。白指賓里斯格曰。鄙人將與吾友。踰垣入內。以探其人動作。敬煩公等遙爲聲應。防其逸出。第聞警笛之聲。公等當破扉入也。騎士諾而告諸其儕。頃刻俱遁。白克潛行及於垣後。超踰而過。略如鷹隼。賓素與白克習。技亞於白。履行升降。亦無聲響。白克畜目四顧。見其僕役之室。猶有燈火。史突雷之樓上。非第燈光未滅。隱隱且聞人語聲。白自闇中詰賓之掌曰。何如。我謂此人非病神經。今豈妄哉。賓亦劃掌報以手語。遂潛行及於僕役室外。隔窗窺見亞利而外而坐。其儕三五。環列於側。共爲劇飲。興致咸極酣暢。然已强半沉醉。白賓二人。固身手輕捷。然即略有聲息。此時彼輩亦必無所聞。蓋室外之事。絕非彼輩意計所及也。於是白賓兩人竝趨樓次。白克躡蹤先登。復繼賓令上。越樓一重。已抵史突雷室。室之窗牖。仍下厚幕。燈光透幕而出。顧亦不甚明燎。然兩人對語之聲。則歷歷可聽。白克乃徵作聲響。故偵室中人舉動。不意彼乃若毫無感覺也者。白克欲窺室中何狀。爲幕所蔽。又不可得。略一存想。頗似不加顧慮者。逕前力撼其扉。扉脫。門內亦無拒者。白克挈槍於手。狙伏以進。賓里斯格偁白遭遇危險。超過其側。以身爲衛。然入室四顧。初弗見人。尋其對語之聲。則自帳中越出。帳四角低垂。白克撥其一面。以窺內幕。忽失聲曰。噫此伧已逝。吾輩失先着矣。白克言時。帳中猶若有人對語。賓里斯格瞠然不知所謂。白克搴帳以示之曰。君試觀此。對語者。語固在也。白克如其所言睬之。則赫然在望者。寔爲留聲機一具。方在驚訝。忽聞樓下人聲嘈雜。譁言捕賊。蓋白克入時。亞利輩固未睡眠。而嘉朋樸爾則亦均醒覺。此時驟聞異常音響。非其所習。故招集家衆。呼譟以至也。

九

禮拜三日。裁判長力門司。晨入預審之室。呼其侍者。導一新來之囚人以入。此囚而垢首蓬。身服織縞之衣。灰膩狼藉。衣下垂一鑽石之鈕。乃爲偵探所遺之紀念。其它珍物。蓋不翼飛矣。因見裁判長官。行一鞠躬禮。欹斜跛倚。猶存媚態。力門司睨之而笑。謙光溫婉可挹。溫婉之中。寔含萬千芒及。將以此柔軟芒及。剚因人腦海出之也。此地雖當炎夏。而陰森肅殺。弗異秋冬。以因人之生致死。悉起滅於是中。舉動間似有斷頭台之寡婦監臨其上。則氣象變矣。因人蓋爲白克搜捕未得之史突雷。此時乃爲夜巡米露。獵得之於車站。蓋史自偵探入室。即洶懾欲遁。薄暮携一皮鞄。塞以紙幣。自後戶出。出時閤其臥室之扉。令如常式。而賓留聲機於牀上。以惑人聽。比白克與賓莅止。則其去遠矣。洛克芬蘭之懸賞。米露亦聞其事。意中擬主名之所屬。乃亦略同白克。是晚米以事適至車站。史突雷蒙面以袂。入站購票。遂爲所捕。此時因人證據。生於偵探之口。因人罪案。決於裁判之心。路易王嘗謂朕即國家。白克力門司亦謂我即法律。平常之人。觸之即僵。矧此因固有可疑之點耶。史既入網。白克聞耗。亦自銀行街馳至。上其所得玻璃錘。以證史之殺兄情事。蓋白遇嘉朋後。即出偵探威力。謂其主人有罪。已奉公家命令。至是逮捕。弗之信者。則琴瞽猶在垣外。招之即至。足明吾之不欺也。嘉朋老於涉世。果麾白克之詐。即謂諸君以吾主人。蒙犯霜露。良勞苦可念。宜且招之入室。白克微哂。頷之以首。即命啓門逐琴瞽入。曰。吾鳴瞽笛。汝扉破矣。既而琴瞽畢至。嘉朋敬備杯酌以欵此瞽。飲啖之餘。益以餽贐。衆乃少饜其欲。白克詢得史所常處之室。入事檢查。得一玻璃錘。製與白羅氏之所得者無異。遂携至裁判署也。

力門司之見史突雷也。畢笑之餘。即繼之以溫語。首詢史之家世。次及福而森之生平。凡此皆爲力門司所深悉。然必加以考察者。則欲就史間畜之辭色。燭其情僞。亦裁判之鈎距學也。史於力之所問。陳述先德綦詳。至涉及福而森事。則吐辭格格。良久弗能成一語。力門司殷然曰。君有言當恣言之。鄙人甚願君之無罪。保守汝世家之門第。史不語如故。力門司曰。彼可憐之女郎。吾初不信其有殺人之手腕。君倘憫其寃抑者。盍告吾以所見。史突雷面色弗改。而意若有所感動。率然曰。彼女。郎。誠。可。憐。而。無。罪。君所。料。者。殊。碻。裁判長得此一語。以爲是即爲其自承暗殺之發軔。得情而喜氣乃滿於大宅。即甘言以慰之曰。吾甚悅君之伉爽。得君一言。彼女既脫寃誣之域。吾人亦免失入之譏。受君惠者衆矣。然則君以何故而有此舉。尤願君之以情見告。蓋男子作事。宜有擔負之能力。雖知當濺頸血。而嫁禍他人之事。終必有所不屑。且國家罪疑惟輕。自承者未必不邀寬典。鄙人甚願壯君膽力也。史突雷忽曰。彼女郎固未殺福而森。余亦烏能殺……語至此。斷續不能自畢其說。久之始曰。余亦烏能殺福而森者。且福而森猶在人間。其人不難令君一見。又烏從而受暗殺。語時自噓其氣。戰顫弗已。力門司搖首自語曰。此人故爲妄語。其殺兒之事碻也。

十

裁判長預審之際。例不與人通謁。且値案情變幻。腦力大敝。尤不樂人溷乃公事。爲無謂之周旋。乃所中閽者。忽挾兩刺而至。進言有客請見。力門司蹴之以足曰。咄。汝目盲乎。曷弗告以吾無暇晷。閽者踧踖。故揚其刺。刺署洛克芬蘭。其又一刺則爲佐治喬治。洛克素於貴族中有聲。力門司尤知其於此案懸賞。刺既入目。則力之顏色。立就和煦。顧閽者曰。審爲芬蘭先生。汝胡弗夙告。乃令之久待矣。閽者曰。芬蘭先生爲小人言。即因此案之碻寔罪人而至。小人面彼。或不當以主人無暇却之乎。力門司怒曰。盭奴無禮。乃捃摭吾之罅漏。更有言者。當斷其舌。閽者縮頸而退。延二人於客室。還報其主人。力門司命稿史於別室。乃出見客。洛克一見。即作耳語。復自佐治手中。取一紙幅而進。讀者當猶記憶此紙。蓋即前此佐治謂爲金券者也。力門司曰。事勢變幻若此。爲能爲人所料。吾今先以人捕二賊。當開特別法廷。判此奇案。公等須俟此案之結束。然後歸也。二人並皆敬諾。力門司乃命所中法警。往逮亜利嘉朋。此時嘉亜方至此間。刺探史突雷之情狀。逮捕之令甫下。而罪人已得。於是力門司特闢廣庭。縱人旁聽。消息一播。巴黎全市皆動。咸聯袂至所。以觀此案奇蹟之所在。第見裁判官升其坐次。案中人證咸在。雪格盈盈自堂下至。羈囚未及一週。而慘淡玉容。已不勝其消損。力門司微蹙其額曰。女郎。汝自承殺人之罪。言之已屢。今日定讞矣。此言一發。盈庭聲息都泯。有覩女郎之面而泣下者。雪格喑曰。福而森死於吾家。吾亦安能獨活。刑臺之血。蓋爲薦券也。吾殺福而森。請速就死。弗則吾不能待言未已。囚席突有一人。狂號而出。直前擁女頸曰。雪格。—福而森在—汝毋死—嗟乎。雪格。未殺人。吾未殺人。吾……吾福而森。未殺人。言既。聲斷氣不能續。膚冰若鐵。手猶弗釋。雪格瞠目直眡。驚疑弗敢遽決。力門司曰。女郎猶欲以殺人自豪乎。吾筆一下。生死判矣。雪格不語而泣。意似甚悔。而其律師克生則立起辯護。力門司曰。此案今已豁然開朗。女郎前此之悲哀。吾輩疑爲懼罪。而其慷慨祈死。又疑爲情眞罪當。適如世之所謂直認不諱者。嗟乎直認不諱一語。寧足恃哉。今君可勿勞脣舌。女郎無罪。余既知之矣。於是宣告罪人已得。雪格寔爲誣枉。揮釋令旁聽。福而森之手。則已有人爲之舒解。施以湯液。復即清醒。然此福而森者。寔即前此之史突雷。此際已由裁判長力門斯。傳命醫生賓里斯格。爲之檢其面部。蓋面之外皮。乃有橡皮包裹。凹凸之處。隨所肖之人爲厚薄。復染以色。令如外皮。故福之眞相隱去。而轉肖史也。先是史突雷邃於理化之學。製有面具之模型。長短肥瘠。悉如人意。欲肖何人。則模型中先摹其人之眞相。既乃入橡皮以製造。成而傳之於面。惟妙惟肖。即目力精銳者。亦弗能辨識也。嘗以試演面具。爲兄與已。預製兩具。互易爲戲。至其性精毅而嗇。常弗善其兄之揮霍。福以雪格故而耗萬佛。史竊期期以爲不可。福卒不聽。史乃醉兄以酒。爲傅假面。令其肖已。俾嘉朋監之。不令外出。已則別以肖福之假面自傅。竊兄之名。抵白羅氏。欲刼持雪格。冀其兄聞而棄之。絕其揮霍之路。策旣定。且恐雪之不偕也。復取絲巾半幅。僞作福書。藏諸衣袋。將以之感動雪格。謀諸嘉朋亞利。嘉亞二人。素惡史之持算精刻。頗有礙其私圖。至是乃更合謀寘毒於酒以飲史。計毒發弗在中途。卽於白羅氏。亞利復以玻璃鍾藏諸身畔。乘隙置雪室。俾案發後。足爲雪格獲罪之證。而二人乃可握愛勃氏財政。此卽案中之曲折也。然史突雷雖去。福而森猶存。終弗能任其自由擺佈。遂加以恫嚇。謂其一出。而雪格必死。否且受官中之逮捕。以故福之懼人特甚。至白克旣疑福爲罪人。遂又以書抵白。令益疑福。而福益入於陷阱矣。佐治之家。與非蘭隣。非眷佐治。將訂婚約。而亞利則以往來白羅氏。雅好非。屢爲非拒。雪旣受捕。亞以恫喝福而森之術。加之於非。微洩其謀於非以爲誇耀。旣非乃以微白於白羅夫人。而更密語於佐治。夫人視女之罪狀。若甚眞確。日謀於所交游者。冀爲之減免。人咸以女已自承。無可解免爲談。夫人救女之念已絕。故聞此亦無所動。佐治則令非陽爲讋服。故與亞利親密。以陰施其偵察。未幾。盡得其實。犇告佐治。佐治遂偕洛克訴之於力門斯。所謂金券之紙。則非與佐治之密函也。此時福之假面。已爲賓里斯格除去。雪格見之。驚喜欲狂。裁判長遂進亞利嘉朋。折以種種佐證。二人無可遁飾。乃與斷頭之台。訂其預約。案結後。洛克果致萬佛於佐治。佐治以半歸諸罪司。復析其半以與白克。遂及非蘭成婚。福而森哀其弟夭逝。三月後。始與雪格訂約而結婚焉。其斷幅之白絲巾。當時福請於法庭。取回作紀念品。因握而語雪格曰。昔日以此幾將釀成寃獄致君於死而今而後願其化作祥雲永覆吾二人於無既也。

明明編譯社廣告

明明編譯社緣起

民國肇造。才俊之士。蹈厲奮發。效功政治。然社會事業未發展。日企冀國勢之強盛。文化不增。群治不進。徒者騖求備於政府。政病不振。有由然矣。國運方新。並力建設。斯或事勢使然。然一國之聰明才智。競進於一途。重此而輕彼。偏倚之極。影響及於政治。昔亞丹斯密氏。推論經濟原則。區理分業。孟子斥許行爲神農之言。折以通功易事。夫治亦多術矣。太上立德。其次立功。其次立言。皆可有功社會。賢哲用心。亦視時會所致。分功效能。各盡其職分所當爲。初非有拘式定程也。今世之才者。恒以不接近政權。無可施展。甚者惟服官得祿。爲終身之生活。舉國成爲風氣。官多民困。國力頹萎。奔競貪鄙之習。隱中於世道人心。嗚呼。此豈朝夕之故哉。夫國家之事業。至繁夥也。位於政府者。盡力於政治。士君子伏而在野。能研精所學。貢獻於社會。或介紹有力之學說。及其成法美制。供任事治學者之研求。亦國民天職所有事也。用得其道。既可助長國家之文化。於社會事業。個人經濟。亦兩有裨益。心誠求之。豈小補也哉。同人有見乎此。特創立明明編譯社。糾集股本。延請名碩。造述專作。或迻譯泰東西專門名著。教科書講義等。以實事求是之精神。竭誠圖此。雖不敢必其有所補益。或亦爲當世大雅所樂許。有以贊助而擢拔之。是尤同人所祈夜切盼者矣。

明明編譯社章程

第一條　本社定名爲明明名編譯社、第二條　本社以編譯圖書輸入文化爲宗旨、第三條　本社爲股分有限公司股本定額十萬元招股章程另訂、第四條　本社分編譯營業兩部編譯部設總編纂一人營業部設總經理副經理各一人、第五條　編譯營業兩部辦事人員由總編纂總經理酌定、第六條　編譯部營業部細則另訂之、第七條　本社編譯書籍約分左之三種、一、翻譯東西洋專門名著、二、專門著述、三、譯叢或叢著、以上三種或由本社指定編譯者或編譯者投稿皆須經總編纂審定後始能出版、第八條　編譯者所編譯書籍經總編纂審定出版其版權歸本社與編譯者共同享有其利益分配之成數由本社與編譯者協議定之、第九條　編譯者不願依前條規定時本社得按千字酌送以二元至十元之酬金、第十條　編譯者得以酬金作爲股本或受酬金幾分之幾更以所餘作股本、第十一條　編譯者既受酬金其版權歸本社享有但所編譯書籍如暢銷再版須訂正時得按照前項酬金之十分之二三報酬之、

本社事務所　日本東京牛込區天神町八十八番地　暫設

政法學校招生廣告

一、新班之設置

本校於下學之始、即本年九月、實行擴張、另添設政治經濟專修科第一學年新班、並設置法律專修科、務期設備完全、且可包容多數學生、

一、碩學泰斗之網羅

既設之政治經濟科各講師、皆當代碩學、內外具瞻、今秋九月設置之新班講師、亦求之於學界各方面重鎮、與以前之講師、相頡頏無遜色、至於擔任新設法律之講師、則或爲斯界耆宿、或爲新進重鎮、均已選聘就緒、是以本校九月以後之各講壇、增美學界、獨成大觀、

一、設傍聽生

本校政治經濟專修科、設有傍聽生、與正科生同樣聽講、九月新設之法律專修科、亦特設傍聽生、

一、科外講義

本校於正科之外、就切重時局之大問題、特請專門大家、各界名士、每月講演數回、於學生以外皆許傍聽、現在已講十餘回、將來仍隨時敦請各碩彥講演、以期爲時局問題研究之助、

一、日語專修科

本校設有日語專修科、以供正科研究之餘、復得練習日語之便、本學年授業、以六月三十日爲止、然在夏季休習期中學生等共同設置日文夏季講習會、自七月初六日、至八月三十一日、每日自午前八點鐘至十點鐘間、教授日文、

一、希望入學者、通知本校後、即以簡章相贈、

一、願入學者、須於每日午前八點鐘起、至午後五點鐘、來本校事務所接洽、

一、校址設大日本東京市神田區錦町三丁目十番地(錦輝館前)

定報價目

全年	半年	每冊
十二冊	六冊	
報費四元	報費二元二角	報費四角
郵費三角	郵費一角五分	郵費三分

凡直匯日本東京本社定購者以日銀核算不收匯費

廣告價目

每期	每期
每頁	半頁
價十五元	價八元

長期另議

廣告費先惠

發行人 漸生
編輯人 秋桐
發行所 日本東京本鄉區駒込神明町三二七番地 甲寅雜誌發行所
印刷所 日本東京小石川區久堅町百〇八番地 博文館印刷所
東京代派處 東京神田區神保町停留場 巖松堂
上海代發行所 上海四馬路五百五十三號 甲寅雜誌代發行所
北京代發行所 北京琉璃廠 作新社

上海代派處

亞東圖書館　著易堂　千頃堂　棠光社　會文堂　羣學社　掃葉山房　國華書局

時務書局　海左書局　時中書局　江左書林　藝林書局　科學書局　時新書局

新學會社　來青閣書莊　中華圖書館　神州圖書局　科學編譯部　中國圖書公司

各埠代派處

廣東著易堂　武昌著易堂　奉天會文堂　常熟福學堂　無錫樂羣公司　常州晉升山房　鎮江大成書局　鎮江吳春記　嘉善全昌洋貨號　蘇州圖書總滙處

寧波汲綆齋　寧波新學會社　北京鴻文書局　天津直隸書局　保定直隸書局　山西文元堂

成都粹記書莊　重慶粹記書莊　北京直隸書局　南京江南圖書公司　南京共和書局　長沙羣益圖書公司　長沙集成圖書公司　寶慶問報社　南寧石渠書局　雲南維新書局

大正三年五月八日第三種郵便物認可
大正三年七月十日發行（每月一回十日發行）

大中華民國
上海北四川路三十號

伊文思圖書有限公司廣告

啓者本公司爲歐美十一家圖書公司之駐中華總經理人運到各科西文書籍三千餘種皆是名家所著新穎完善之本每種常存千數百本之多在中華國之書坊藏書之多無有能出本公司之右者由小學以至專門大學無論英文德文法文俄文拉丁文希臘文各種教科參考書籍圖、具備又經理美國普興隆公司顯微鏡美國中央儀器公司各種儀器美國愛斯的風琴英美醫學書籍太陽牌打字機器並售文房四寶學校用品一應完備且爲總經理故格外從廉零售躉批均極定價克己外埠函購寄運妥速另備有醫書目錄學校書籍目錄顯微鏡目錄奉贈以便各界諸君選購倘歐美書籍尚有未載入本公司目錄者無論多少本公司均可向外國代客購回依期不誤最爲利便訂有（代向外國購書章程）載在學校書籍目錄後幅凡欲取閱目錄者函索即寄不取分文

注意
（一）函索目錄須指明由甲寅雜誌介紹
（二）來函須華文幷將收回件地址註明

英文	商業	讀本	醫學	工程學	生理學	畜牧學	英文小說
德文	美術	算術	化學	鐵路學	學生學	微積學	科學叢書
俄文	格致	三角	農學	演說學	天文學	飛艇學	方言書類
法文	圖畫	幾何	礦學	心理學	地質學	拉丁文	機械繪圖學
工業	地圖	代數	哲學	倫理學	動物學	希臘文	水彩畫
法律	地誌	測量	名學	修詞學	植物學	世界語	公民必備叢書
政治	作文	經驗	文學	教育學	物理學	算學表	英文典教科書
理財	歷史	音樂	詩學	社會學	簿記學	函牘類	英德法拉字典

上列各種書籍乃本公司新運到者茲略序其大綱欲知詳細書名價値及著作者姓名請取閱本公司學校書籍目錄便悉

分售處 ○天津大公報 ○北京廣學會 ○香港聖書公會

民國期刊資料分類彙編

甲寅雜誌

甲寅周刊

第二册

國家圖書館出版社

民國三年十一月十日

第壹卷第肆號

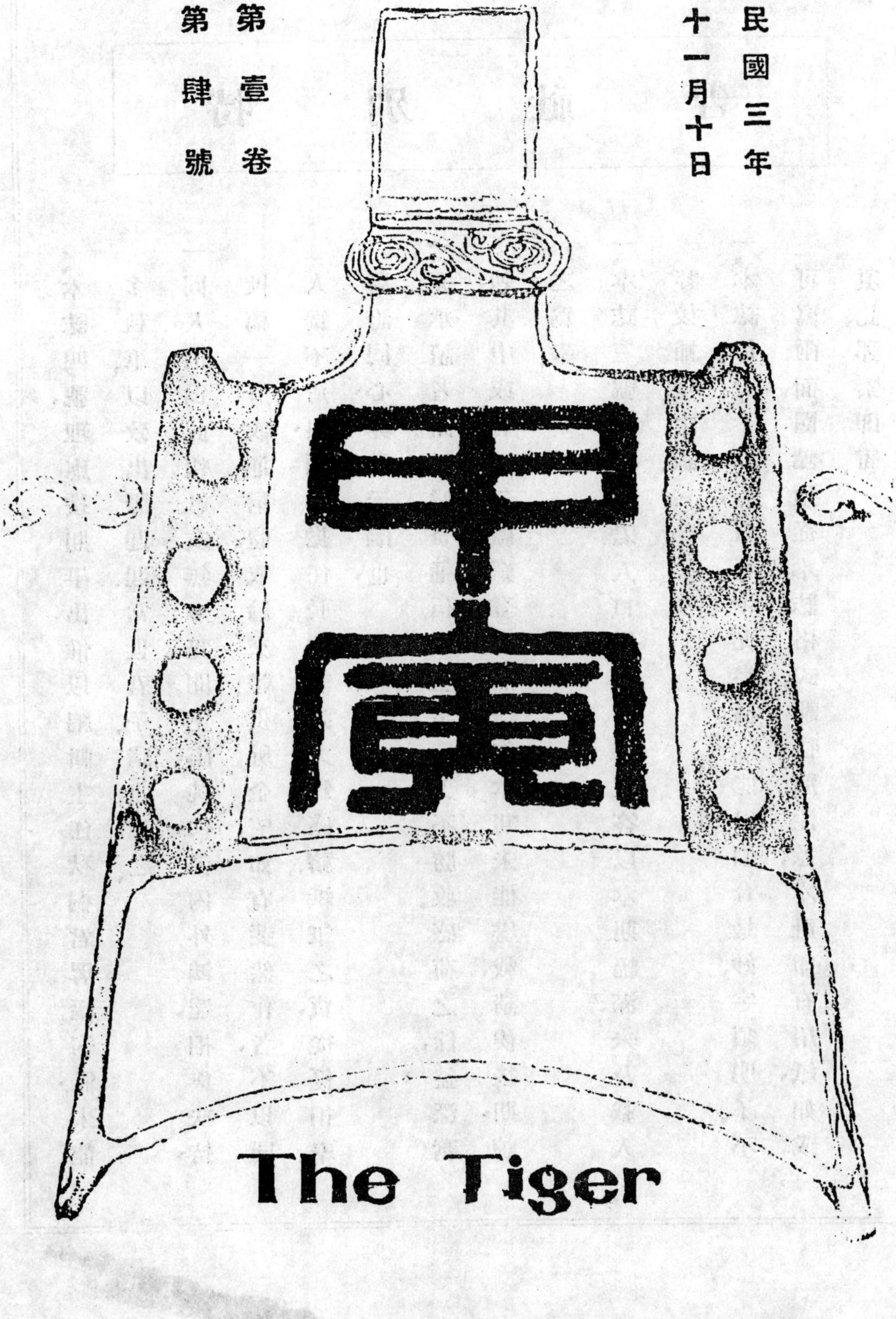

特別社告

一、本誌四號、理應按期早出、惟以編輯主任秋桐君孱軀病體、未能多執筆、以致出版遲遲、當世君子、請曲諒之、

一、同人創為此報、社友無多、見聞尤隘、純仗海內外鴻達、相與扶持、投稿一斛、或通信體、或論文體、俱所企望、如有斐然作者、不以同人爲不屑與、願爲擔任長期著述、尤爲感禱、紙筆之費、從優相奉、聊證同心、非敢云酬也、

一、邇承讀者諸君辱寄通信論壇諸件、美不勝收、感荷之餘、益深奮勉、其中或有一二礙難登錄、然佳作本期未能盡載、請俟後期、諒之爲幸、

一、本誌三號有郁嶷君人口問題一書宜答、以本期幅滿、未及載入容後補登、之諒、

一、本誌每頁十七行、行三十九字、稿紙能與相合最妙、字須明了、不可寫兩面、圈點須從本誌格式、請特別注意、本社印有用紙、如或須此、郵索即寄、

甲寅雜誌第一卷第四號目次

調和立國論上

秋桐

愚曩居英倫。目擊其愛爾蘭自治案之發展。自由黨柄政既久。愛爾蘭國民黨與之提携。此案日々有成爲法律之勢。保守黨抗聲而呼。皆爲壟斷。此其政情得失。非本篇所宜問。惟反對者之詞有曰。玆問題也。關乎國本至巨。宜由各黨和衷討議。徹底籌畫。不由一黨一意孤行。是則合理之眞。無可詰難。固不僅保守黨人云然。即自由黨中之賢明者。亦復深明此義。昨年有自由黨議員。發行一小册子。題曰『憲政危機』(一)即就此點反復指陳。警其同黨使勿專擅太過。格蘭斯頓者。英之政家最稱公明强毅者也。千八百八十五年。愛爾蘭問題初興。彼即言於沙侯(二)曰『如斯巨政。不可決之於尋常黨爭。必由是決。是誠不幸之尤者矣』其言卒不見聽。此小册子者。即本以起論。謂『自格蘭斯頓發爲斯語。中經二十七年。愛爾蘭問題。仍然未決。今則決有日矣。……但若視爲黨派問題。以力爭之。則其所釀不滿不安之象。必重而遠。且所生險狀。將至何度。不可前知。須知吾人共同生活與夫共同利益。各々有其本基遠在。黨派問題。所當廻旋。以外。縱令訴之黨爭。不必即有格蘭斯頓所稱不幸之事。在法亦不當行。蓋於此種事件。非收合各派之聰明才力。治於一爐。使其所定全由同意。不假强爲。不足以安國本。而善國俗也。……格蘭斯頓往矣。及今奉其言以行。猶且不遲。讀者其果無意也乎』由議員之言。可見文明國之黨爭。將不盡恃多數專制之力。其所以然。愚執筆斯誌以來。已屢有陳說。簡而擧之。則一國以內情

(一) The Constitutional Crisis 倫敦 T. Fisher Unwin 發行、未列作者姓名、

(二) 時沙士勃雷侯爲相、

感利害雜然並陳非一々使之差足自安羣體將至迸裂不可收拾故凡問題領域及於是焉者非以全體相感相召相磋相切之精神出之不足以言治國之長圖也

愚論發端。即絜述他國久懸不結之案。或疑其不類。然愚意所取。乃謂黨派者。其策源地實爲選區。國民明々以己意相託。其或相畔。並可隨時解除其代表權。猶且於國家重要問題。不宜以多數凌轢他黨。則如有攡權自恣國民之監督作用本根已絕其爲不可更不俟言。愛爾蘭自治問題。雖於國本有關。而其範圍。亦祇屬於國家組織之一部分。猶且非全國一致。通盤籌度。不足以消隱患而奠邦基。則如有大政所關其深且廣伯什於一地方自治事件其不可爲一人或一派人武斷擅行尤爲無疑。愚讀書觀政。偶有所觸。信筆所之。以起吾說。本事之切於今情與否。不足深論。亦惟問讀者諸君吾國今日政象其爲大權壟斷一切披靡民志抑塞無可告語否也。果爾則惟一解決之法。正在覓一機會。使全國人之聰明才力得以迸發。情感利害得以融和。因範爲國憲。演爲國俗。共通趣奉。一無詐虞。無可疑也。顧其所以致此。或者訴之武力而出於革命。或者訴之政治而由於進化。此別一問題。非本篇所能爲之抉擇者矣。

讀者當知愚今執筆作爲此文。正歐洲戰局雲詭波譎之候。此戰之影響吾國。迥非尋常。債源已竭。國政莫舉。中立失實。內地被兵。平時不逞之徒。且持政府之急。而謀擣其虛。將來禍之所至。良未易測。於時有爲愛國之說者。謂外患方深。內訌宜解。英俄之宣戰也。其愛爾蘭芬蘭波蘭各自治案。或則停議。或則速決。而要以和衷濟變爲歸。吾國所謂外患。雖與交戰國有殊。而國中險象百端。更無餘地容有

（一）參觀本誌第三期自覺篇第四及五頁、餘如二期國家與責任、三期政力向背論、皆可參閱、

顧當時有似是而非之說。與此正成反對。不可以不先辨。政府黨曰。民國初立。首誤於優容。束縛馳驟之約法。不得不勉遵之。放辟邪侈之元勳。不得不敷衍之。暴厲恣睢之都督。不得不容忍之。故以袁總統之雄才大略。從政非年。而一事莫舉。一旦決裂。將假面悉行抉去。虔劉亂黨。至於淨盡。始有今日之統一可言。此一說也。革命黨曰。吾黨之第一失著。在與袁世凱言和。其次則在南京政府之引用舊官僚。以致本黨藩籬。不期盡撤。迨南北統一以後。袁氏行其陰謀。政黨從而擾亂。吾人降心俯首。與之提攜。遷就愈甚。橫決亦愈甚。故今後吾黨如或成功。非盡所有舊勢力摧陷而廓清之。使無遺孽。不足自保。此又一說也。之二說者。皆與吾調和之義不相容。使吾說而有可存。必先使兩派人皆明其妄。庶足發生効力。愚何人。拳勇不足以服人。才辯不足以衒世。漫欲圖此。談何容易。然莫烈又有言曰。「凡一理想之見於世。決非偶然。苟其已至吾前。必將次第往叩他人之門而求其採納吾冥行而得見光明。亦必有他人暗中摸索。去吾不遠。吾之發明特其的耳」(一)信如是也。則愚即輕微。無足比數。或其所言。亦有不容已者存乎。

調和者實際家之言也。首忌有牢不可破之原則先入以為之主。吾國調和事業之無成功。病即在此。今政府成為今形。彼有根本原則焉。是何也。即大權總攬主義也。革命黨舍死奮鬪。彼亦有根本原則焉。是何也。即共和建設主義也。大權總攬者。獨裁帝制之精神也。其中不容有何種機關。分其權能。限其作用。此在牖童小女。可以辨其與近世民主政治。若冰炭之不相能。由共和建設以談。其與大權政治之不相融。更不待反證而得。以原則之本體言之。無論根據若何。要無言不成理之慮。共和尙矣。專

(一)見莫氏調和論二百十七頁。

制亦非不能主張。且主張專制。而以皇帝與狄克鐵特(一)等量齊觀。亦復自成一說。惟本調和立論欲知原則之通不通。惟問施行之適不適。必嚴此界。而後愚說得以入焉。

凡施行一原則而定其爲適與否。觀念每由人人之見解而殊。如今政府之所爲。人宜以爲不適者也。而彼毅然行之。是必以爲最適。等一物也。人之所見。相差至此。或者疑之。不知此乃所謂適者。其想境各有範圍。並非一物而呈兩象。由此勘入。合點可求。今試問政府號爲適者。果適於一人及少數人之利權乎。抑適於多數人之幸福乎。又試問政府號爲適者。果適於現狀之維持乎。抑適於國家之進步乎。吾之於一原則而字之曰適。必其不背於後者兩宗。而政府則惟懸前者二事爲衡。苟合於茲。他非所計。所見異致。實質大抵在此。並非政府不能爲二者之別也。試推政府之用心而語之。何者爲多數人之幸福。何者始適之。政府曰然。惟其事與吾利權有妨。吾不爲也。又語之。何者爲國家之進步。何者始適之。政府曰然。惟其事與吾現狀有妨。吾不爲也。如此推論。雖近滑稽。當局諸公。或且不認。而三年來所演政象。剝膚求之。其底蘊確乎若是。此在偏激者流。將立生兩不並立之想。而自愚觀之。則方哀政府之蹶於政情。並深歎其自私圖存之不得其道。蓋善保利權者未有不明兩利之術者也。苟多數人之幸福於焉安全。則吾之利權決能守其相當應有之域。善全現狀者未有不同時計及久遠者也。苟久遠之策於焉講求。則自通前後而合爲籌。所謂現在即爲將來發軔之點。反之。舍國民福祉而專言利權。其所保存。必有潰決不可措手之日。舍未來進步而專談現態。其所支持。必有僨焉不可終日之觀。是知政府之所謂適。由吾人易地以觀。乃即不適之尤者也。何也。以其昧於調和之理也。

(一)Dictator 危時竊政專制長官之名。

大權總攬者。君主政治之涵義也。然在近世紀。即以君主言。亦安見守此原則。不加變通。而能安富尊榮自若者。愚於英法。而得正負兩證。請得述之。英儒邊沁。昌言最大多數之最大幸福者也。而彼生長君主之邦。深觀君制之利。頗於君權民福二者之際。著其調融無間之方。蓋英之君主。雖有薩威稜(一)之號。而薩威稜帖。則存於巴力門。巴力門者。實合君主貴族平民三族而成。與他國政家之言國會。外君主而別爲一體者。大異其趣。於時邊氏立爲論曰『吾英國憲中之薩威稜帖。即寄於此。而其所以寄之。乃爲國民求福。窮極其致者也。蓋政府中之三大質。求其配置之均。毫無遺恨。如今制者。此邦而外。殆絕無之。假如三者之中。有一負大權以去。則或爲獨裁君主制。或爲貴族制與民主制。吾將勢不獲已。擇一以從。而若策若德若智若力。平時所恃於二以濟其一者。至此舉無有。假如三者之中。有二共負大權以去。而負者適爲君主與上院。則法律容亦出之。以慎行之有方。惟以言爲益民生。或不必時々在意。如負者適爲君主與下院。則察勢相時。居中審度。凡貴位老成之人所優爲者。吾均失之。如負者爲兩院。而立法之中。君主不容否決。則皇室特權。時虞侵蝕。甚至廢除王位。亦非必不可行。於是行政者。非全失其機能。必且異常孱弱。但吾英憲法。乃聚三質。范而成之。相劑相調。極其合度。此其所以可稱也』(二)在熟察英倫最近憲況者。或以其上院之力。日趨衰弱。英王否決之權。雖有其名。斷無其事。因疑邊氏三質調劑之說爲未確。欲詳論此。非本篇所許。惟就王權而言。說者所論。乃指民權十分成熟之時。而邊氏立言。則在君民兩權遞嬗之際。愚意有取於氏。乃在證明古初以來。君主首出庶物。號

(一)Sovereign 即大權總攬者之稱。Sovereignty(薩威稜帖)大權也。

(二)見 Bentham's Fragment on Government, ed. by Montague. 一八三頁。

稱至尊一切法權本歸獨擅徒以與近世民政潮流相抵不復可通或則厭惡民直多方摧抑而已轉即於亡或則坦然與他質相投自爲體合(一)因得保其固有尊嚴之量至其量之多寡强弱則政力消長天演深淺問題一視時勢爲轉移初不與權力調融之說相背執此以論英事無可疑也。

英事然矣。法蘭西則適得其反。蓋法者昔爲君權無對之邦。路易十四發爲朕即國家之言。即與民權宣戰之牒。大革命不起於他國。而獨起於法。決非偶然。閒嘗瀏覽法史。探討古制。審其自中古以迄十八世紀之末『法王者實集一切權力於一身。惟彼有行政權。任用官吏權。甚且指定神父權。惟彼有宣戰媾和權。締結同盟權。惟彼有徵兵與國民軍權。彼更有立法權。所有行政司法諸制。王之一令。足變更之。何也。令即法也。質而言之。治法蘭西者。惟習慣與王令兩物。此外無所謂法。爲司法之源泉者王也。裁判悉以王之名行之。裁判吏名則法官。實爲王僕。王有不慊。任意黜之。王有特案。隨時招來。設庭審之。全國財政。亦王自掌。歲出若干。何稅當課。徵收之方。何者爲適。皆由彼自定。人莫誰何。……至千七百八十七年。巴力門宣言。自後非得三族會議(二)許可。不得增新稅目。三族會議者。當時計之。已有百六十五年未之召集。路易十四十五兩世。迭徵新稅。均未一與之謀。今議院忽有宣言。實爲對抗王權之新主義。是年冬、宰相導王臨院。祖述君政諸原則以抗之。有曰惟王有最高無上之權。有曰王行此

(一)體合者、物自變其形以合所遇之境之謂、本生物學中語、侯官嚴氏如是譯之、

(二) Etats Generaux、三族者指貴族僧侶平民而言也、此會創於菲立第四之朝、時當十四世紀之初、王權無上、菲立尤英鷙、固毫無發展民權之思、徒以與教皇爭衡、欲國之助己、又欲藉借平民之力、以勁貴族僧侶深固不拔之基、故有此舉、凡以誇示己之威力也、後法人乃漸利用此物、主張政治改革、卒遭抵抑、並機關而廢之、故在十八世紀之末、已幾二世紀不設矣、三族會議之名、南海康氏法蘭西游記如是譯之、王佩叔作共和憲法三大模範論、譯爲各州總會、康譯較當、仍之、

權。惟對於上帝負責任。有自立法權惟屬之王。不分諸人。亦不惟人是賴。此種大義。乃法人世々所遵。政事萬端。惟王聽之。無取他力特爲助理。民之代表。聚於王前。亦猶臣僚聚議。特形式稍爲恢廓。所陳疾苦。或有譏彈。均待王言。以成定讞。宰相所齋王訓。堅强若是。宜議院不能服。而路易不顧。遥發借款策令。交院備案。痾爾良公(一)宣言。此不法之案。必欲存册。當聲明王命爲之。路易十六低聲答曰。「聲明可耳。於我胡擇」旋曰「此案斷非不法。何也。以吾意爲如是也」實則當時王意以外。本無國憲。路易之言。謂之虛誕。固不可也。」(二)然王與議院之情。以此大傷。時全法人心激昂。學說大盛。小册鼓吹之書。滿街飛如蝴蝶(三)新聞集會。激論日有所聞。地方暴擧。亦或時有。王至此時。始允召集三族會議。千七百八十九年五月一日。此會遂成於微賒喇(四)微賒喇王宮所在地也。夫三族會議之所以異於國會。以後者本身。有自由討議之權。而前者則銜有特別固定之使命。職在陳情。而不必由其發策。故其被選時。選擧團體。已繕有說帖。歷述所求。令其携呈。以備採擇。此種說帖。無慮數千。若而箇人。若而團體。皆就其所涉範圍。指陳時政得失。諸帖並陳。彙爲三集。貴族爲一集。僧侶爲一集。平民爲一集。旋經法定程式。捧呈於路易十六之前。讀者須知此會議者。意在和平改革。初未敢集怨毒於王也。吾人手諸帖而讀之。立見憂傷憔悴之民。其不堪虐政。呼求援手。精誠一致之氣。感人肺腑。彼其所欲得。一近世之新

(一)Due d' Orléans' 當時主張民權頗激、以與王忤被囚、後爲山岳黨所殺、
(二)見群紐伯(Charles Seignobos)所著 Historie de la Civilisation 第四章首、群氏法之生存史家最知名者也、
(三)如樹留耳公、即大出其私財、經營此事、小册子中如席岩思(Sieyès)之「何謂第三族」(Qu' est ce que le Tiers Etat ?)乃流行最有力者也、
(四)Versailles、路易十四所營之新都也、

組織耳。而所欲之範圍。無一與尊王之旨相背。且矢忠王室。情見乎詞。由表面觀之。包本主義(一)之幻想。當時固全未叫破也。』(二)尤足異者。路易設爲茲會。意在貴族僧侶助己張目。併抑平民。乃『一族之人。多數寄同情於第三族。彼皆愛國多智之夫也。尤服膺於福祿特爾盧梭孟德斯鳩之書。以爲包本主義。爲人道計。爲法蘭西計。即爲其自身計。均當改造』(三)苟當是時。路易俯從民意。坦懷與三族提携。稍々犧牲威權。以屈己而伸民。求一適中相應之點。以期法蘭西全體幸福。建之於上。愚敢決王室尊榮。不難與英比烈。而革命之慘禍。可以不經。無如路易昧於大勢。不解圖此。未能推誠與民黨相見。徒懷復仇之心。日以小機小智相應付。務終持王權。慴伏民黨。而後釋於懷焉。此其根本之誤。不可救治。時三族會議。已由平民一部。把持用事。號曰國民會議(四)以其創立憲法。又號造法機關(五)此中所布自由平等諸義。自與積世君權。不相融洽。然其溫和緩進之態。與暴民心理不合之處亦多。且兩々相衡。與言近民。寧言近王。蓋當時全法意見。裂爲三派。而各相仇。以兵戈自衛。有犯之者。寧爲玉碎。不爲瓦全。王與民立於兩端。居其中者則爲國民會議。王之所志。報復也。反動也。絕對專制也。民之所志。革命也。根本破壞也。無限自由也。極端之見。兩相背馳。其間連環。厥惟國民會議。以其目的乃在和平之改革。與有限之民權。固不徇王。亦不徇民。王不知與會議提携。轉乘巴黎市民暴亂會議止之不得之時。

(一)Bourbonism. 包本當時王家之稱也。
(二)R. M. Johnston's French Revolution 四九頁。
(三)同上五一頁。
(四)Assemblée Nationale。
(五)Assemblée Constituante。此與平時立法機關(Assemblée législative)相對。

調外兵入徵賒喇以衛會議。芮克(一)者時掌財政。號能和緩君民之衝者也。王既欲與國民會議宣戰。乃放逐芮克以示決心。更廣集兵官。置酒高會。誓保其累朝無上之威。俾勿失墜。此風既播。國民會議與暴民者。遂忘其夙嫌。一致結合。以與王抗。此千七百八十九年七月十四日之變所由來也。迨十月五日。亂民擁王自徵賒喇遷於巴黎。白龍魚服。螻蟻欺之。王之本身。已全失其作用。然當時有精於調和之術者二人。乃心王室。復得民心。苟得王與后推誠相見。假以全權。極其所爲。未始不可返於和平之局。無奈事實來告。又得其反。茲二人者。一爲米拉波(二)米氏曾游英倫。究其政術。嘗發爲論曰。『英倫！英倫！一憲法耳。此外吾無見也』(三)又曰。英倫者模範之無盡燈。而自由之祖國也』(四)彼既服膺此邦。一本其溫和調解因時作計之道。以應於政。革命之初。彼爲主動。凡於暴民失紀之事。無不節々維持。聲名既宏。謗亦叢起。千七百九十年春。大亂之生。已經兩載。米氏與王通款。冀有萬一之當。可以已亂。乃王不信任之。轉加愚弄。五月與后約會於園中。互籌良策。后竟『挾持私意。不肯以誠相見。米拉波則坦懷雪涕。謂彼愛王。尤愛自由。非乘營弁救。策終莫出。后深惡之。而陽假詞色。米氏既出。后即貽書駐德近臣。告其招米。特欲利用。並非深託。時國民會議主張媾和宣戰之權。惟己有之。於王無與。米氏審此可以挾王與國民携手也。出席爭之。至於名譽掃地刺客環伺而不恤。卒以其平日高才雄辯公心正義之力。己說僅乃通過。王則以隙大可乘。頓起陰謀。思以昔年對待三族會議之法。急掩會議。

(一)Necker.
(二)Mirabeau.
(三)(四)Tallentyre's Life of Mirabeau.

將其所有議決案悉取消之。(一)種々樸枒米氏之謀全歸失敗。智盡能索。逾年即死。此政雄去而王之死日亦可數矣。一爲拉飛咽。(二)愚讀法蘭西革命諸紀載。作者於拉氏之毀譽。不一其說。最近美人約翰嗣同。(三)著法國革命小史。其論拉氏。愚以爲頗得其平。其言曰。「拉飛咽之爲人。易毀易譽。惟不易知。革命初起。彼有助美獨立仗劍成功之歷史。惹人懷想。其篤信自由。持理一貫。尤爲先登。朝貴之相仇者。於斯以浮妄短之。寧慮無隙。實則拉飛咽之自由主義。諦認之不外有容。既不走於極端。亦非隣於空想。彼之政敵。固屬茫然。即其知好。亦未深察。拉飛咽以爲自由者非聽他人之意見流行。義乃不備。凡政治號有建設。非以合理之調和爲鵠。基乃不眞。此種教訓。逾一世紀。法蘭西人始有知之。彼在當時已能深通其意。」(四)約翰之言。眞能尙論古人者矣。自亂民直搗王宮以來。凡有急難。非拉飛咽至不解。護國軍(五)者。巴黎市廳之所置也。拉飛咽領之。上以衞王。下以制暴亂。其勢雖張。而已爲民黨所忌。王且不知倚之。於其拱衞之下。倉皇宵遁。拉飛咽以此益見惡於民。攻之者益有所借口。自是以後。護國軍蓋無能爲矣。由斯以談。路易之死。基於不信國民會議。不信米拉波。不信拉飛咽。其所以然則迷於王朝絕對之淫威。而無遷就調融之美。愈南海康先生著法蘭西游記。謂路易固仁厚。能開議院。聽

(一)Michelet : Histoire de la Revolution 第三卷第六章。
(二)Lafayette。
(三)R.M. Johnston 美國哈佛大學歷史助教。所著 The French Revolution 一小册。詳簡得宜。眼明詞達。爲初學佳本。
(四)La Fayette had already learned the lesson it took France a century to learn, that liberty implies freedom of opinion for others, and that reasonable compromise is the true basis of constructive politics. 原著七二頁。所謂逾一世紀法人始知。當指第三共和之成功。參看本誌二期政力向背論七及八頁。
(五)Les gardes nationales。

民權者。而即以開議院聽民權死。施而不報。且以囚戮報德。民心之難與亦甚哉。』(一)是乃未然。路易。非。能開議院聽民權者也如其能之又何至身死家亡爲人僇笑。今之論者。每以法蘭西第一次革命過於暴烈。不知當時國民會議。悉由中流深穩之士所集而成。千七百九十一年之憲法。乃君主立憲中之理想組織。於王權民權二者。調劑頗得其宜。所謂暴民。則別爲一體。立於會議之外。會議之所爲。大爲暴民所痛恨。而王之痛恨之。量尤有加。由表面以觀。王爲勢迫。亦恆讓步。然其讓步等諸降鹵所爲勢盡而降稍起則又翻覆以云調和去之千里調和云者貴有公心尤貴通識『凡人聚而爲羣其事成於相劑相質其習行於相與相讓當割之利不割不可當低之求不低不可也』(二)當其可而割之應於時而低之是謂調和當割不割而卒割當低不低而卒低其割其低必非尋常應與之量所能饜敵之意。路易身爲刑戮職是之由遽以能開議院聽民權稱之未爲知言也何也。開議院聽民權非深解調和之義者不能而路易非其儔也前清之季。滿洲政府逞其強頑。請願國會之士。致受囚放。親貴內閣之爭。置若罔聞。卒之武昌一呼。勢不可當。信條十九。無異廢紙。由今思之。茲信條者。其精神可比法蘭西千七百九十一年之憲法。施而有效。吾國足與英吉利齊觀。豈不甚盛。乃不許之於和平競爭之際而誓之於暴動四起之秋等一物也時勢未同則聖神化爲豺虎今據十九條以論滿清謂其聽從民權信誓旦旦而卒以此覆其宗社其不爲知言與康先生之惜路易殆同何也。聽從民權信誓旦旦非深解調和之義者不能而滿洲非其儔也

(一)法蘭西游記一一七頁、
(二)本哈蒲洽語、見本誌二期權利說、

說者曰。此君主之國則然也。共和之邦。或當別論。蓋國而共和。人民可以自由運其意志。其奉爲元首。宰制一國者。必其最稱德高望重之人。以視世襲童昏驕汰之君。觀念迴乎有別。於斯委以全權。民實委之。用力過專。半由時勢驅之至是。未必可厚非也。爲此論者。意在擁護民主專制。謂其不失爲一種政制。愚固論之。欲知原則之適不適。惟問施行之適不適。今陽奉共和之名。陰行君權之實。所謂不適。莫此爲甚。蓋以學說欺人。謂元首之來由於人民自由推戴。則此自由云者印之事實恆極不自由。如其自由元首之性質又決不如是。雖事變之起。國民中亦誠有一部分。甚願若而人者出。以非常之手腕。濟一時之艱難。一至權假不歸。流於橫恣。即前之尸祝者。亦不得不詛呪之。本屬仇讐。尤不俟論。此觀於拿破侖第一而可知也。當彼行其苛壘達。(一)而盡滅共和黨也。法人受革命之痛苦已深。綦以爲大難非彼莫救。雖惡其恣肆。亦頗安之。好持極端之見者。至以爲苛壘達之行。與言拿破侖之勝利。寧歸之共和黨之罪惡。(二)此亦可見當時之心理矣。乃其稱帝以後。情勢大異。前之推崇惟恐不至者。漸至去之惟恐不遠。時共和之理已入人心。然鑒於拿破侖之專橫。社會中漸露追懷君主之想。王黨乘之。潛施運動。人遂益畏班拉巴主義。(三)而轉以復辟後稍得自由爲可親。(四)觀其敗後。王政復古。不成問題。可見盛時其機早伏。伯倫知理曰。千八百十四年六月四日路易十八之憲章。其精要在於調和。

(一)Coup d'etat 以非常手腕改造事變之稱。

(二)Dangin 所著 Royatists et Républicains 有此言。

(三)Bonapartism，班拉巴亦破侖名也。

(四)On n'a assuré que des hommes tels que M. de Villès craignaient plus le bonapartisme que le libéralisme pour l'établissement de la Restauration. 見巴禾(E. de Parieu)著政治學指要(Principes de la science politique)四一三頁。

時舊朝歸自寬地。而人民方經革命及拿破命專制之餘。此適足以調和之。君主制有其所必存。新政制有其所必守。此適足以調和之。宗社與革命。兩體相厄。此亦足以調和之』(一)由斯以談。路易十八所假以收拾人心者在調和可知。拿破命爲治之所缺乏即爲此物然此固不必謂拿破命之專橫。至於酷不可耐也。史家執筆。且稱其權以僭生。尙能正用。秩序既復。凡嫌疑黨錮之律。並皆解除。亡命咸歸。四民樂業。法令確定。財政綽然。政潮所趨。或生對抗。亦非不能讓步。稍饜其意以歸。惟大力所之。莫能自屈。百事皆可一損及己之權力則不允行伯倫知理曰『以拿破命初政觀之。如其帝運不斬。君主立憲。容或可成。然凡事彼欲以絕對之意行之。他體有權。彼皆視爲有妨己意。此其受病之本。一旦失敗。所有制度。亦與之俱倒矣』(二)伯氏之言如此。以證所以稱路易十八者。拿破命不能調和。即其致敗之由。益灼然可見。求之英倫。克林威爾之亡。亦同此例。請並徵之。

千六百五十五年。克林威爾解散國會以後。英倫全土。在彼一人掌握之中。租稅如何徵。法令如何立。軍警制度如何編。外交政策如何出。皆由一手擘畫。人莫近焉。論者輒謂克林威爾暴主也。實則彼之所爲。與古代君主之暴者。又異其趣。蓋後者爲暴。基於一己之私。克林威爾則信教絕眞。純以天吏自居。欲以所受諸天者。强致諸民。謂以崇己身之權威。非知言者也。惟克林威爾自信之力過强。以爲己

(一)Die Charte Ludwigs XVIII. vom 4. Juni 1814 war ihrem Wesen nach ein Vergleich zwischen der alten königlichen Dynastie, welche aus der Verbannung zurückkehrte, und dem französischen Volke, welches die Zeiten der Revolution und der Napoleonischen Herrschaft durchlebt hatte, ein Vergleich zwischen den Rechtsansprüchen des früher absoluten Königthums und den neuen politischen Gewalten, zwischen der Legitimität und dem Besitzstand aus der Revolution—Bluntschli's Allgemeines Statsrecht 首卷四百七頁千八百六十八年本。

(二)同上。

之所行。有百正而無一曲。人有持論稍異於己者。決不容之。若謂己稟天性獨全。故所見獨眞。餘於服己之命以外。可無他務也。此其根本誤處。宜其及子而亡。穆勒恆有言曰。『人不能無過者也。其所得眞理。往々偏而不全。故非聽反對之議論盡量流行往復比校從而折衷意見之統一不足尙也。其在事爲。抑又有然。須知言論之龐雜與生活之多歧非至人智大進可以認理靡遺茲乃佳徵決非惡象』(一)克林威爾不解此也。妄謂己乃知理獨至。備道而全美。(二)盡壞一國之制度文物。以己意代之。語之於理。寧復可通。證之以情。宜不相入。彼既以橫厲之策。盡收民權。而自爲淸教徒。宗教之遭其强制者尤至。民心離畔。何怪其然。且彼討不服也嚴。窘異己也迫。厭蘇愛。制王黨。顯之草薙而禽獮。隱之月朘而日削。欲不潰裂。安有幸焉。盧斯福著克林威爾傳。嘗論及此曰。『吾美南北之戰。格蘭特(三)既勝。彼之所以遇敵黨者絕寬。此固不能望之克林威爾。獨立之役。美之王黨。一敗塗地。其敗後之受逼拶。與查爾士第一既裂。克林威爾之逼拶王黨者略同。惟華聖頓及當時政家。以爲大非。秩序一定。敵黨之自由。同時恢復。所享公私各權。一律平等。克林威爾時代則不然。政敵既敗。勢澌敗之一事。即爲彼終身受罰之符。參政既沒其權。所有重稅。皆强徵諸彼。是惟恐其不畔己而保證之也。』(四)克林威爾既大失王

(一)Mill's On Liberty 第三章首段、參閱嚴譯權界論八二頁、民國二年版、吾國墨子尙同、荀子譏之曰、墨子有見於齊無見於畸。
又曰、有齊而無畸則政令不施、此荀勝於墨處、語見天論篇、

(二)盧斯福論克林威爾曰 ...he was too impatient of difference of opinion, too doggedly convinced of his own righteousness and wisdom, to be really fit to carry on a free government 見所著 Oliver Cromwell 二一二頁、

(三)Grant 當時戰將、旋爲總統、

(四)Theodore Roosevelt's Oliver Cromwell 二一六及七頁、

黨之心。人民厭其專擅亦寖至。尤怪者附己之軍隊。並乃與己示異。習為讙敖。致使克林威爾遣其親信之尤者。分置各軍。日不暇給。蒙克(一)者諸將之雄。克林威爾之股肱也。而復辟之日。首按兵出迎查爾士第二者。即為蒙克。以彼倒戈。餘將皆望風解刃。王政之復。不假流血。職是之由。當查爾士入都正位。鹵簿所之。萬民迎泣。此豈故君之足懷。殆由克林威爾之操切過甚矣。平心論之。當時民智未純。大刀闊斧之為。未必盡可非議。且克林威爾操心制行。皆有精誠。其過激之為。由於信道之篤。與權謀幽險悖逆無道者。又不同科。徒以不諳治術。不解調和之道。遂至身死名裂。尸且受戮。良足惜也。

凡右所陳。乃以證明大權總攬主義。未能以邏輯之道行之。使之名實相印。易詞言之。前主義者。其在事實。抑在理論。皆無餘地使之自存。事實一方。既歷々以史蹟相證。請得更就理論。約略言之。昔荀子說威有曰。『威有三。有道德之威者。有暴察之威者。有狂妄之威者。此三威者。不可不孰察也。禮樂則脩。分義則明。舉錯則時。愛利則形。如是則百姓貴之如帝。高之如天。親之如父母。畏之如神明。故賞不用而民勸。罰不用而威行。夫是之謂道德之威。禮樂則不脩。分義則不明。舉錯則不時。愛利則不形。然而其禁暴也察。其誅不服也審。其刑罰重而信。其誅殺猛而必。黭然而雷擊之。如牆厭之。如是百姓劫而致畏。嬴則敖上。執拘則最。得閒則散。敵中則奪。非劫之以形勢。非振之以誅殺。則無以有其下。夫是之謂暴察之威。無愛人之心。無利人之事。而日為亂人之道。百姓讙敖。則從而執縛之。刑灼之。不和人心。如是下比周賁潰。以離上矣。傾覆滅亡。可立而待也。夫是之謂狂妄之威。此三威者。不可不孰察也。道德之威。成乎安彊。暴察之威。成乎危弱。狂妄之威。成乎滅亡也。』(二)他日又論湯武曰。『天下者至重也。

(一)Monk。 (二)見彊國篇。

非至强莫之能任。至大也。非至辨莫之能分。至衆也。非至明莫之能和。此三至者。非聖人莫之能盡。故非聖人莫之能王。聖人備道全美者也。是縣天下之權稱也』(一) 荀兩說非無關也者。則愚謂禮樂倫分義明。擧錯時。愛利形。不賞而勸。不罰而威。非至强至辨至明者。莫之能爲。道德之威。非聖人莫之能及也。愚搜討未勤。史識彌闇。不審書契以來。此類聖人。曾否有之。論者動稱堯舜湯武。然五帝之事。若存若亡。三王之事。若芒若昧。堯舜湯武之治。是否與此合符。亦苦無左證。玆亦不深論矣。惟二千年以還。地無論東西。人無論黃白。凡史家所紀。文士所傳。可以今日人類通性證之。而決其不謬者。於其帝王君長之中。求一至强至辨至明。能爲天下之權稱如荀卿云々者。果有之邪抑無之邪。謂曰有之。則誰擧其例以告。雖在萬里以外。愚且裹糧挾贄以從。謂曰無之。則言治必懸一不可有者以爲之的。此誠柳子所謂聖人之道不益世用者矣。是亦不可以已乎。愚曩論克林威爾。請即其人思之。有以明吾說未過甚也。盧斯福曰。『世俗之爲說者。輒曰開明專制。信爲良政府。是不然。三五坐談漫造原則。豈有合於治道。克林威爾之覆亡。即所以施教於此坐談者也。凡一國民智差足自由。於時有大力者出。奋臂攘之。代以己力以爲己力所致遠勝自由制之所能爲。心誠求之。功亦逾奋自有專制以還未有盛於克林威爾者也。而且無成。其他又何足論』(二) 其所以然。則前擧人性不全一語。可以蔽之。笛卡兒曰。人類生而不全者也。全者非彼所能思議之物。則民之秉彝。雖有等差。未能絕遠。備德全美。信乎未能。如其未能。一人政治之論據。豈不立爲齎粉。穆勒曰。『夫人道乃不知何日乃進於最隆。惟今日之人

(一)正論篇。
(二)Roosevelt's Oliver Cromwell 二三六頁。

意。與理少合而多乖故其言諭云爲莫不利爲同異」(一)美人李德曰「統而觀之。爲多數之幸福計多數人之平均意要愈於一人之最良意也」(二)斯皆透宗之談。聖者莫易信如斯也。荀卿曰。道德之威，成乎安彊。道德之威既無其物所謂安彊何所自來由是奉荀卿之言以往非爲暴察即爲狂妄而天下之治乃展轉於危弱滅亡之間且克林威爾曾以道德之威自期者也。茲不可得。宜爲暴察，暴察之效在於危弱。然克氏所得實爲滅亡是荀卿所計效能初無準的以英倫護國之賢猶且如此今之頌言神武者。奈何自蹈於滅亡而不自知也

且荀卿之言三威。以概專制。猶有未盡。蓋其所謂威者。無論德暴。要發自一人。致諸民衆。中無間斷者也。必如是也。而後其威之效。始有可言。且必如是也而後主張斯制者。有其立腳之點。惟間自來專制之朝。其能達於是域。命由君出。一絲不紊者。果有幾乎。間嘗考之爲專制者必有賴乎肱肱手足亦既賴之其病首中於蔽一有所蔽威則下移威之下移專制胡有是專制爲物實含有自賊性於其中其制一行性即自動韓非子曰「夫虎之所以能服狗者。爪牙也。使虎釋其爪牙。而使狗用之則虎反服狗矣。人主者以刑德制臣者也。今君人者釋其刑德。而使臣用之。則君反制於臣矣。故田常上請爵祿而行之羣臣。下大斗斛。而施於百姓。此簡公失德。而田常用之也。故簡公見弒。子罕謂宋君曰。夫慶賞賜予者。民之所喜也。君自行之。殺戮刑罰者。民之所惡也。臣請當之。於是宋君失刑。而子罕用之。故宋君見劫。」(三)實則釋其爪牙。寧虎所願。徒以政性如是。實逼處此。不釋不能。簡公之失德於田常也有不

(一)語本嚴譯，見權界論八十二頁。

(二)Speaker Reed 之言，羅斯福述之，見所著克林威爾傳。

(三)二柄篇。

得不失者在也雖至弑身不可避也宋君之失刑於子罕也有不得不失者在也雖至見刼無所逃也何也。君者出令者也臣者行君之令而致之民者也君不能自行其令以致之民而有資夫臣非至失刑。必且失德或則兼失刑德而使之用之也韓非之爲此言。是知其一而不知其二也。彼之於此。豈不有審合刑名之說。以爲之基。然其基不位於人性之所同亦美於言詞而不中於事實其言曰「……審合刑名者。言不異事也。爲人臣者。陳事而言。君以其言授之事。專以其事責其功。功當其事。事當其言。則賞。功不當其事。事不當其言。則罰。故羣臣其言大而功小者則罰。非罰小功也。罰功不當名也。羣臣其言小而功大者亦罰。非不說於大功也。以爲不當名也。害甚於有大功。故罰。」(一)此其爲說。非無合於近世法治之精神。豈不甚善。然今之文明國所有法者其性公其質固審判有定員解釋有定義所用者法也而非用法之人人惟用法而不能自用故行之而無弊專制國之法則不然。舉所謂法不越一人之意即意即法莫能則之果茲一人者亦落形氣之中則意決無衡而法因應定好惡者人之恆情也。由非之言。君人者且不得有好惡。故其言曰。「……越王好勇。而民多輕死。楚靈王好細腰。而國中多餓人。齊桓公妬外而好內。故豎刁自宮以治內。桓公好味。易牙蒸其首子而進之。燕子噲好賢。故子之明不受國。故君見惡則羣臣匿端。君見好則羣臣誣能。人主欲見。則羣臣之情態得其資矣。故子之託於賢以奪其君者也。豎刁易牙因君之欲以侵其君者也。其卒子噲以亂死。桓公蟲流出尸而不葬。此其故何也。人君以情借臣之患也。人臣之情。非必能愛其君也。爲重利之故也。今人主不掩其情。不匿

(一)二柄篇

其端。而使人臣有緣以侵其主。則群臣爲子之田常不難矣。故曰。去好去惡。群臣見素。群臣見素。則人君不蔽矣』(一)夫創設一制。首貴行之者去其好惡則必假定其人對於斯制初無所容心於其間以無所容心之人施行一制其制必不成。韓非能言名數。不當立說矛盾如是。若有容心是用好也又安得去爲非之言者將曰。如專制者。以其爲專制而好之也。吾情不動也。則既不動情實得言好。又曰。情誠動矣。而乃集中。惟好斯物。餘俱弗顧。於是有利吾專制者。吾雖惡必取。有害吾專制者。吾雖好必舍。是又不然。好惡者生於人心不生於法術人之好專制也其好乃由人心而之於法術今欲其好者於法術從而絕其心理是猶一木既長枝葉扶疏撥其本根而責枝葉凌空不墜無是道也夫好者何樂也。以其所好能發生體質若精神之歡娛也歐洲功用學者邊沁之倫。至以好惡爲一切善惡之準。愚茲持說。姑不務爲高遠。淮人君以專制爲善而好之必其事足樂體質精神均因之呈一快感斷無可疑。而專制之爪牙厥惟刑賞此非所已言也用刑賞而無妨於樂必也刑其所欲刑而賞其所欲賞也。今其言曰。爾欲專制。當刑其所不欲刑。賞其所不欲賞。是拂其情也拂情者天下至苦之事也以圖天下至樂之人而律以天下至苦之事此大反乎人性其說必不可通蘇軾上神宗皇帝書曰。『……陛下雖嚴賜約束。不許邀功。然人臣事君之常情。不從其令而從其意。今朝廷之意。好動而惡靜。好同而惡異。指趣所在。誰敢不從。』斯說也。歧令與意而二之。則眞知君心者也。人臣事君之常情者相待言之。即人君使臣之常情也。君非以是來臣將不敢以是往以情召情遂成此象令之所在或爲成規意之所

〔一〕二柳篇。

在始爲所欲。故得君之專。爲君所親愛。大臣廷吏不若左右近習。循令按法不若傚笑侏儒。何也」此人主。未命而唯々。未使而諾々。先意承旨。觀貌察色。以先主心者也」（一）韓非不明此理。遽造爲「去私行行公法」（二）之談。以干人主。宜其所如不合。身且不保。當其窮時。發爲孤憤。輒謂「……法術之士。欲干上者。非有所信愛之親。習故之澤也。又將以法術之言。矯人主阿辟之心。是與人主相反也」（三）彼至斯時。猶以己說不行。乃無黨孤特。爲當塗貴重之人所格。無由自進。反復說明。使人主反乎阿辟之爲。而遂其法術之道。何其愼也。夫阿辟之心。性也。非習也。習可移。性不可移。性即可移。亦移於習。而所習者。則專制也。以言莫予違之習。加諸樂諛近佞之性。是猶以水濟水。安言移也。由斯以談。專制之政。首生蒙蔽。乃萬不可逃之公例。一有所蔽。則荀卿所謂威者。非復人主之威。道德既有所不行。綦察亦有所不許。有時即欲自爲狂妄。亦莫能爲。此其結果。固不越乎滅亡。特其滅亡。與荀卿所言異趣。故曰荀卿之言三威。以概專制。有未盡也。

嘗論專制之威下移。成於人主之意者半。成於當時之勢者亦半。韓非任法之說。未通其意。亦未明其勢。前者略如上述。後者請得約而論焉。夫古來最足害專制者。莫如封建。柳子厚作爲是論。首立大義。謂「封建者。更古聖王堯舜禹湯文武而莫能去之。蓋非不欲去之也。勢不可也」勢不可者。易言之「是不得已也。故復曰「蓋以諸侯歸殷者三千焉。資以黜夏。湯不得而廢。歸周者八百焉。資以勝殷。武王不得而易。徇之以爲安。仍之以爲俗。湯武之所不得已也」夫以不得已之情而生不可之勢。則其中於專制

（一）八姦篇，（二）有度篇，（三）孤憤篇．

之利害得失不言可明請更舉子厚之言實之。夫堯舜禹湯之事遠矣。及有周而甚詳。周有天下。裂土田而瓜分之。設五等。邦羣后。布履星羅。四周於天下。輪運而輻集。合爲朝覲會同。離爲守臣扞城。然而降於夷王。害禮傷尊。下堂而迎覲者。歷於宣王。挾中興復古之德。雄南征北伐之威。卒不能定魯侯之嗣。陵夷迄於幽厲。王室東徙。而自列爲諸侯。厥後問鼎之輕重者有之。射王中肩者有之。伐凡伯誅萇弘者有之。天下乖盭。無君々之心。余以爲周之喪久矣。徒建空名於公侯之上耳。得非諸侯之盛強。末大不掉之咎歟。遂判爲十二。合爲七國。威分於陪臣之邦。國殄於後封之秦。則周之敗端。其在乎此矣。」愚讀至此。覺其所見。有不敢盡同之者。是何也。即子厚著封建之失。乃欲以明郡縣之得。失者有叛之謂。得者無叛之謂。愚則曰論有叛無叛。不當拘於制之本身。而忽視其作用。苟吾不能以此絕天下之叛。徒使其叛由甲點移於乙點。則挖肉醫創之道。未見其爲得也。子厚曰。「秦有天下。裂都會而爲之郡邑。廢侯衛而爲之守宰。據天下之雄圖。都六合之上游。攝制四海。運於掌握之內。此其所以爲得也。不數載而天下大壞。其有由矣。亟役萬人。暴其威刑。竭其貨賄。負鋤梃謫戍之徒。圜視而合從。大呼而成羣。時則有叛人而無叛吏。人恐於下。而吏畏於上。天下相合。殺守刼令而並起。咎在人怨。非郡邑之制失也。」是不然。果非郡邑之制。失者則人怨之禍。胡乃不易起於封建之時。戰國之際。諸侯之虐用其民。奚減暴秦。豪強之不滿於其君。何讓陳涉。然侯者頓劍一呼。民無不應。伏尸滿野。民無敢尤。夫強者之所深惡亦叛耳。初不論叛於何。起郡邑之制。有叛人而無叛吏。封建之制。有叛國而無叛人。叛地不同。有叛則等。右郡邑者。謂無叛吏爲得。右封建者。亦將以無叛人爲得。彼亦一是非。此亦一是非。愚揣秦政初帝。衡論及此。決策必難。徒以前此皆食封建之菑。未受郡邑之災。故以後者定爲大計。不知其計一行。禍變立起。謂天下大壞。由於暴威竭賄。此亦似矣。實則秦政不失。亂亦隨之。失政之力。僅以速亂之成耳。以為亂之全因。信乎無當。此其故亦不待智者而明也。專制之效。首在民怨。民怨既衆。亂象四萌。平時文恬武嬉。可云遙制。一旦有事。非變生之地自有重鎮。足相攝制。則土崩瓦解。理有固然。秦郡邑制者。中央集權之極則也。事事盡收於中央。所謂守令。本以供天下之麹殺。事果如此。以論本制。可謂得仁。秦事然矣。歐洲之霸主。處心積慮。有與秦皇相類。曰法王路易十四者。所收之果亦同。南海康氏嘗論及此。『革命共和之事。不始於他國。而必出於法者。以歐洲各國侯權甚大。羣侯並強。民能小動其一二。不能全動之也。惟法國削侯權。奪侯土久矣。自路易十四後百餘年。諸侯未聞有稱兵作亂者。皆奔走後宮以希王寵。其小侯食邑。不滿千戶。幾致饑寒。故爾時惟一王獨尊耳。巴黎亂民。一夫夜呼。亂者四應。圍王宮。撤衞兵。而遷王於市。王權一失。諸侯無力以救之。只有逝逃。故羅伯卑爾等得恣行焉。假令法不盡收侯權。強侯四布。則一有內亂反兵。定之至易。故革命共和所以獨出於法者。即緣法盡收侯權之故也。……凡物之患。常出於所備之外。法累世英君哲相。專志於削侯權。而不知民變即從此而生。猶宋藝祖專削藩權。而狄禍由此而盛。得失相尋。陰陽互根。故君子不可不知陰陽消息之盈虛也。』(一)準是謂談。郡邑之制。不足以制天下之亂。章章明甚。行郡邑制同時。又蘄專制之運。勿失非別建大節不能。唐之方鎮是也。子厚謂唐制州邑立守宰為宜。而以虐害方域。歸罪叛將。不知將之能叛。即足以證郡邑之未宜。叛等耳。今徒自州而移於將。此朝三暮四之說也。自唐以後。皆可作如是觀。愚為此論。絕非於封建郡邑有所軒輕也。乃謂封建之存。全出於勢。明知其叛莫能去之。必欲去之。變

(一)法蘭西游記百五及六頁。

且立起說在漢之七國。清之三藩也。或則本變剛終民變即起。說在秦之勝廣。法之段敦羅伯卑爾也。其後封建之根已絕。而强藩悍將相繼而起。其理亦同。於是以專制之故保留是物。是物之反響。即中於專制之身。太阿既已倒持。順逆將惟其所欲。故苟强藩悍將一日不去。專制之道一日不完。果去之。不可能也。即專制之道不可能也。專制既不可能。則所謂道德暴察狂妄諸威舉無所用。故曰、荀卿之、言、三威。以概、專制。有未、盡也。

上述種々。凡以明大權總攬主義。以韓非綜合刑名之道推之。宇宙間初無是物。本論多陳原理。盡舉往事。讀者或且疑之。請更以今之政局證焉。數載以前。即聞有開明專制之論。施行未果。而滿洲亡。君制既摧。共和以起。共和者本非一二年所能收效之物。以舉國皆不欲之。不與深試。試未期歲。殄滅無餘。自是以後。政出一門。威駕清室。凡勝國之所欲爲而不敢爲者。俱爲之無所於恐。故乘時游說之士。爭以開明專制歸之。而當塗之人。亦復以此自許矣(一)其實果何如乎。夫言開明。宜莫若荀子道德之威。此其斷不可得。前已詳證。即質之時彥。亦未必敢證其然。拿破侖克林威爾。乃吾人之所懷想。而以頌禱當局者也。此兩人不解政術。自取滅亡。束縛馳驟。尤無民福。茲亦不論。惟以拿翁愛國之誠。克氏操行之正。謂當局者足相伯仲。答者然否已不一其詞。是開明者本不可期。有之厥惟專制。然一言專制。韓非之說。實據邏輯不拔之基。苟或不然。即爲自殺。專制者不可以意亂者也。能以意亂即不成爲專制。而今何如者。洪述祖之殺宋教仁也。刺探政府之意而爲者也。而政府不能以制正。意至甘爲僇

(一)昨年解散國會之時、北京亞細亞諸報眾稱總統爲克林威爾、總統對路透社員言、以爲西評底亞士自居、

人受謗而不恤專制云乎哉(一)專制者不可以勢撓者也能以勢撓即不成爲專制而今何如者張勛之掠南京也逆料政府無如己何而爲者也而政府果憚其勢數十萬生靈之衆至不能易一武夫專制云乎哉夫專制之主不能自司其意使人不窺則主必壅蔽下且無忌憚各私其私而主者一人孤立於上韓子所謂亡國之廷無人是也專制之主不能善處其勢使己不讓則外必有挾而內不能行其令既縱之後收攝無從賈生所謂天下之勢方病大腫是也茲二象者凡有目者皆所共見。初不待廣搜近例。而後可明。(二)苟大變猝生。專制以此不保。乃所自求得之。其又何怨惟長此已往或倒專制不得其法國且魚爛而亡中其禍者終在吾民全體憂時者徘徊審顧以爲時至今日非有統籌全局之計甚不足以救吾國之急難者凡以此也

然則如之何而後可。苟在十八世紀以前。民政未萌。學說未轉。則吾惟有從申韓法術之謀。採李斯督責之論。志在君權。期於絕對。雖不可得。亦且爲之。而無如今非其時也。大凡一意之生々必不滅一象之進々必不退有時見爲滅爲退者非眞滅而退也乃正其迂回宛轉所以爲生與進也今者吾以一人政治最古之邦。被以多數政治最近之號。爲生與進。遽至終端。於時舊勢尚存則促其生與進者就於迂回宛轉之途乃題中應有之義惟若抹撥新機一意復舊則大背天演之道必且絕脰斷臏而亡。

(一)韓昭侯醉而寢、典冠者加衣於君身而得罪、韓非爲之言曰、「明主之畜臣、臣不得越官而有功、不得陳言而不當。越官則死。不當則罪。」今越官殺人以侵辱主且不得如衣者之罪近且徧佈京津之間與貨人游宴道路側目法司不敢問此實行專制者之辱也

(二)丁君佛言、於中華雜誌第一期、論最近政治上國民心理之變相、舉例甚夥、愚於本誌二期評論之評論中、所作開明專制篇亦可參閱、本誌三期時評中、洗心君官國與總督制一首、指今之總統其權力不敵昔之北洋大臣、亦可證也、

斯賓塞曰。『蓋蛻嬗之際。無往而非得半者也。其法制則良窳雜陳。其事功則仁暴相半。其宗教則眞妄並行。此雜而不純者。吾英之所有。正如是也。其衝突齟齬。自亂其例。上自國政。下洎學術。所樊然日多者。即以演進方將。損益之以與時偕行之故。義理法制。古之所謂宜者。乃今以世變之更新。而適形其不合。且是之世變。往々即爲前時義理法制之所生。特世變矣。而新者未立。舊者仍行。則時形觝觸。設圖新而盡去其舊。又若運會未至而難調。此所以常沿常革。方死方生。孰知此雜而不純觝牾衝突者。乃爲天演之行之眞相歟。』(一)斯氏之言。即所以著調和之精要也。(二)然則。排專制之弊者。其惟調和乎。調和者兩利之術也。愚曩論之。法蘭西未革命以前。彼邦賢者。腐心於包本主義。謂即爲包本自身計。亦當改良。今於專制主義。愚亦云然。

抑調和者兩讓之謂也。前言吾國共和。不能築於調和之上。有兩原則爲之梗焉。一曰大權總攬主義。一曰共和建設主義。是宜雙方並議。而講其所爲調融和合之方。乃本論至此。皆所以掊擊前主義。使失其根據。而於後主義且未一論焉。知且爲讀者所誚責。顧論之非一二言所可了。本篇幅窄。吾病未能。專篇究之。請俟異日。惟於此請以一言告讀者曰。愚言調和。凡以立爲國之大經。非於何派何人。有所粘著。人或以愚條舉近政。謂以是業望之現政府。穩和者以爲可行。激進者從而詛呪。愚均笑之。夫

(一)譯依嚴譯，見群學肄言三四六頁，商務印書館三版，原文見Spencer's the Study of Sociology 三九六頁。

(二)原文本明著調和字樣，嚴譯以他字代之。It can not be too emphatically asserted that this policy of compromise, alike in institutions, in actions, and in beliefs, which especially characterises English life, is a policy essential to a society going through the transitions caused by continued growth and development.

苟現政府自審其病。從而轉圜。冀有合於悠久可存之道。固非吾論所能拒。若謂現政府恣睢太甚。罪惡將盈。吾惟厚其毒以速其亡。斷無爲之借箸使得自脫之理。因謂本論爲不當有。未免太愚。愚言調和。論其理也。未著其方也。吾惟問調和之理是否可通。並不問調和之方將於何出。前者邏輯之事。後者醫術之事。愚此論乃蔡倍根並不自稱扁鵲也。吾惟論調和之道。於今爲宜。並不謂調和之機即今已熟。前者乃學者之事。後者乃政家之事。愚誠願爲斯賓塞而不願爲米拉波拉飛咽也。且前言之。調和生於抵力。今之抵力安在。以政府之道推之。又豈容人以此迂濶不近事情之談。攖其意志而未已也。調和首義。在發見新舊之媒。使之接搆。其在吾國現政府。未足代表舊革命黨。亦未足代表新。一言調和。運思僅及於口耳四寸之間。亦何其陋。現政府爲自存計。固利於調和。苟不知焉。終於自覆。革命黨起而代之。以史例證之。此代之者。專制未必不如曩日。時則吾調和論之有用。亦猶是也。不然而見夫國內情感之未融。利害之不一。因悟橫厲無前之策之未可遽用。尤吾調和論脫穎而出之時也。愚言調和生於抵力。而抵力無定式。其所自出。復無定向。苟於革命黨以外。若而力者。忽也異軍蒼頭特起。見於國中。排大力者以去。而將所有政象。規之使正。國基以穩。民困差蘇。亦非絕不可有之事。是亦吾論適用之處也。愚固言之。今日政局惟一解決之法。乃在覓一機會。使全國人之聰明才力。得以迸發。情感利害。得以融和。因範爲國憲。演爲國俗。共通趨奉。一無詐虞。顧其所以致此。或者訴之武力而出於革命。或者訴之政治而由於進化。此別一問題。非本篇能爲抉擇。斯乃愚之深望讀者留意及之者也。

愛國心與自覺心

獨秀

範圍天下人心者。情與智二者而已。伊古大人。胥循此轍。殉乎情者。孤臣烈士。游俠淫奔。殺身守志。不計利害者之所爲也。匯於智者。辨理析疑。權衡名實。若理學哲家是矣。情之用。百事之貞。而其蔽也愚。智之用。萬物之理。而其蔽也靡。古之人情之盛者。莫如屈平。憤世憂國。至於自沈。智之盛者。莫如老聃。了達世諦。騎牛而逝。斯於二者各用其極矣。

今之中國。人心散亂。感情智識。兩無可言。惟其無情。故視公共之安危。不關己身之喜戚。是謂之無愛國心。惟其無智。既不知彼。復不知此。是謂之無自覺心。國人無愛國心者。其國恆亡。國人無自覺心者。其國亦殆。二者俱無。國必不國。嗚呼。國人其已陷此境界否耶。

愛國心爲立國之要素。此歐人之常談。由日本傳之中國者也。中國語言。亦有所謂忠君愛國之說。惟中國人之視國家也。與社稷齊觀。斯其釋愛國也。與忠君同義。蓋以此國家。此社稷。乃吾君祖若宗艱難締造之大業。傳之子孫。所謂得天下是也。若夫人民。惟爲締造者供其犧牲。無絲毫自由權利與幸福焉。此歐洲各國憲政未興以前之政體。而吾華自古訖今。未之或改者也。近世歐美人之視國家也。爲國人共謀安寧幸福之團體。人民權利。載在憲章。犬馬民衆。以奉一人。雖有健者。莫敢出此。歐人之視國家。既與邦人大異。則其所謂愛國心者。與華語名同而實不同。欲以愛國詔國人者。不可不首明此義也。

國家之義既明。則謂吾華人無愛國心也可。謂吾華人未嘗有愛國者亦可。即謂吾華人未嘗建設國家。亦無不可。何以云然。吾華未嘗有共謀福利之團體若近世歐美人之所謂國家也土地人民主權者。成立國家之形式耳。人民何故必建設國家。其目的在保障權利。共謀幸福。斯爲成立國家之精神。吾國伊古以來。號爲建設國家者。凡數十次。皆未嘗爲吾人謀福利。且爲戕害吾人福利之蟊賊。吾人數千年以來所積貯之財產。所造作之事物。悉爲此數十次建設國家者破壞無餘。凡百施政。皆以謀一姓之興亡。非計及國民之憂樂。即有聖君賢相。發政施仁。亦爲其福祚攸長之計。決非以國民之幸福與權利爲準的也。若而國家。實無立國之必要更無愛國之可言過暱感情侈言愛國而其智識首不足理解國家爲何物者其愛之也愈殷其愚也益甚由斯以譚。愛國心雖爲立國之要素。而用適其度智識尚爲其智維何自覺心是也

愛國心情之屬也自覺心智之屬也愛國者何愛其爲保障吾人權利謀益吾人幸福之團體也自覺者何覺其國家之目的與情勢也是故不知國家之目的而愛之則罔不知國家之情勢而愛之則殆。罔與殆其蔽一也

不知國家之目的而愛之者。若德奧日本之國民是也。德奧日本。非所謂立憲國家乎。其國民之愛國心非天下所共譽者乎。然德人爲其君所欺。棄畢相之計。結怨强俄。且欲與英吉利爭海上之雄。致有今日之劇戰。流血被野。哀音相聞。或竝命孤城。或碎身絕域。美其名曰爲德意志民族而戰也。實爲主張帝王神權之凱撒之野心而戰耳。德帝之恒言曰。世界威權。天有上帝。地有凱撒。大書特書於士卒之冠曰。爲皇帝爲祖國而出征。爲皇帝其本懷。爲祖國祗誑語耳。奧之於塞。侵陵已久。今以其君之子故。不惜亡國破軍。以圖一逞。即幸而勝。亦所謂一將功成萬骨枯耳。於國人有何福利也。若塞耳維亞。

若比利時。乃爲他人侵犯其自由而戰者也。若與地利。若德意志。乃爲侵犯他人之自由而戰者也。爲他人侵犯其自由而戰者。愛國主義也。爲侵犯他人之自由而戰者。帝國主義也。愛國主義。自衛主義也。以國民之福利爲目的者也。若塞比是矣。帝國主義。侵畧主義也。君若相利用國民之虛榮心以增其威權爲目的者也。若德與是矣。日本維新以來。憲政確立。人民權利。可得而言矣。一舉而破中國。再舉而挫强俄。國家威權。莫或敢侮矣。若猶張皇六師。日不暇給。竭內以飾外。賦重而民疲。吾恐其國日强。其民胥凍餒以死。强國之民。福利安在。是皆誤視帝國主義爲愛國主義。而供其當局示威耀武之犧牲者也。夫帝國主義。人權自由主義之仇敵也。人道之洪水猛獸也。此物不僵。憲政終毀。行見君主民奴之制復興。而斯民之憔悴於賦役干戈者。無寧日矣。人民不知國家之目的而愛之。而爲野心之君若相所利用。其害有如此者。

不知國家之情勢而愛之者。若朝鮮土耳其日本墨西哥及中國皆是也。朝鮮地小民偷。古爲人屬。君臣貪殘。宇內無比。自併於日本。百政具興。盜賊斂跡。訟獄不稽。尤爲其民莫大之福。然必欲興復舊主。力抗强鄰。誠見其損。未睹其益。土耳其憲政初行。國基未固。不自量度。與意爭衡。一戰而敗。軍覆國削。今復左德抗俄。列强治外之權。欲一旦悍然奪之。吾恐其國難之將作矣。俄之敗於日也。越國萬里。且非傾國之師。日本國力。豈堪久戰。介美行成。誠非得已。而其國民憤詈當塗。不自審矣。墨西哥名爲共和。實則其民昏亂。無建設國家之力。梟雄爭權於朝。地主肆虐於野。民不堪命久矣。使其翻然自覺。附美爲聯。其人民自由幸福。必遠勝於今日。必欲獨立。恐其革命相循。而以兵得政以政虐民之風不易革也。吾國自開港以來。情見勢絀。甲午庚子之役。皆以不達情勢。辱國喪師。元氣大損。今者民益貧敝。

貲械不繼。士氣不振。開釁强隣。詎有幸理。然當國者襲故相以夷制夷之計。揖盜自損。同一自損。敵之甲得乙失。我何擇焉。而書生之見。竟欲發憤興師。爲人作嫁。其亦不可以已乎。凡此諸國所行。豈無一二壯烈之爲。吾人所敬。惟不自覺其國之情勢客氣乘之愛國適以誤國謀國者不可不審也。

假令前說爲不謬。吾國將來之時局。可得而論定矣。自愛國心之理論言之。世界未躋於大同。桀傲善羣。以葆其類。誰得而非之。爲國盡瘁。萬死不辭。此愛國烈士之行。所以爲世重也。然其理簡其情直。非所以應萬事萬變而不惑應事變而不惑者其惟自覺心乎愛國心具體之理論也自覺心分別之事實也具體之理論吾國人或能言之分別之事實鮮有慎思明辨者矣此自覺心所以爲吾人亟需之智識予說之不獲已也

吾國閉關日久。人民又不預政事。內外情勢。遂非所知。雖一世名流。每持謬說。若夫懷抱樂觀之見。輕論當世之事。以爲泱泱大國。物阜民稠。人謀不乖。外患立止。是何所見之疏也。中國而欲爲獨立國家。稅則法權。必不可因仍今日之制。然斯事匪細。非戰備畢修。曷其有濟。欲修戰備。理財尙焉。論時局而計及財政。誠中國存亡之第一關頭也。中國經常歲入。約銀三萬萬元。新舊外債約有銀二十萬々元。利息平均以五釐計之。每年不下一萬々元。應還本金。年約五千萬元。本利合計。年約一萬五千萬元。已占歲入之半。此事寗非大異。國非不可舉債。若中國之外債。則與他國異趣。中國之外債。乃以國稅鐵路爲抵償。列强據此以定瓜分之局者也。此事不能自了。無論君主共和。維新復古。瓜分亡國之禍。終無由脫。自今日始。外不舉債。內不摸金。上下相和。歲計倍益。年減外債若干。期以十稔。務使不爲財政之累。然後十年教養。廿年治軍。四十年之後。敵國外患。庶幾可寧。若其不揣事情。期於速效。徒欲朘

削貧斂之民。殘民耀武。以爲富强。不啻垂死病夫。飲酖以求涤樂也。其或激於事變。過涉悲觀。怵瓜分之危。懷亡國之痛。以爲神州不振。將下等於印度朝鮮之列。此其人用心良苦。而所見則甚愚也。窮究中國之國勢人心。瓜分之局。何法可逃。亡國爲奴。何事可怖。此予之所大惑也。分割陰謀。成之已久。特未實施者。其形式耳。夫徒欲保此形式。蓋無益而難能也。時政乖違。齊民共喻。以今之政。處今之世。法日廢耳。吏日貪耳。兵日亂耳。匪日衆耳。財日竭耳。民日偷耳。羣日潰耳。政紀至此。夫復何言。或云、此固不治。鋤而去之。國難自已。此言甚壯。此計亦不得以爲非。惟恐國人志行不甚相遠。取而代之者。亦非有救民水火之誠。則以利祿毁人如故也。敵視異己如故也。耀兵殘民如故也。漠視法治如故也。紊亂財政如故也。萑私無紀。殆更有甚焉。以此爲政。國何以堪。又或謂。吾民德薄能鮮。共和不便。仍戴舊君。或其寧一。此亦書生之見也。姑無論國體變更。非國人所同願。滿清末造。政蹟昭然。其親貴舊勳。焉有容納當塗部曲革命黨人之雅量。欲以此廣與論之塗。興代議之制。不其難乎。蓋一國人民之智力不能建設共和。亦未必宜於君主立憲。以其爲代議之制則一也。代議政治。既有所不行。即有神武專制之君。亦不能保國於今世。其民無建設國家之智力故也。民無建國之力而强欲摹擬共和或恢復帝制。以爲救亡之計。亦猶瞽者無見與以膏炬。適無益而增擾耳。夫政府不善。取而易之。國無恙也。今吾國之患。非獨在政府。國民之智力。由面而觀之。能否建設國家於二十世紀。夫非浮誇自大。誠不能無所懷疑。然則立國既有所難。能亡國自在所不免。瓜分之局。事實所趨。不肖者固速其成。賢者亦難遏其勢。且平情論之。亡國爲奴。豈國人之所願。惟詳察政情。在急激者。即亡國瓜分。亦以爲非可恐可悲之事。國家者。保障人民之權利。謀益人民之幸福者也。不此之務。其國也存之無所榮。亡之無所惜。若中國之爲國。外無以禦侮。內無以保民。不獨無以保民。且適以殘民。朝野同科。人民絕望。如此國家。一日不亡。外債一日不止。濫用國家威權。斂錢殺人。殺人斂錢。亦未能一日獲已。擁衆攘權。民罹鋒鏑。黨同伐異。誅及婦孺。吾民何辜。遭此荼毒。奚我后々來其蘇。海外之師至。吾民必且有垂涕而迎之者矣。若其執愛國之膚見。衞虐民之殘體。在彼雖視之。非愚即狂。實則國人如此設心初不爲怪。蓋保民之國家愛之宜也。殘民之國家愛之也何居。豈吾民獲罪於天。非留此屠戮人民之國家以爲罰而莫可贖耶。或謂惡國家勝於無國家。予則云殘民之禍。惡國家甚於無國家。失國之民誠苦矣。然其托庇於法治國主權之下。權利雖不與主人等。視彼亂國之孑遺。倘若天上焉。安在無國家之不若惡國家哉。其欲保存惡國家者。實欲以保存惡政府。故作危言。以聳國民力爭自由者之聽。勿爲印度。勿爲朝鮮。非彼曲學下流。舉以諷戒吾民者乎。夷考其實。其言又何啻夢囈也。夫貪吏展牙於都邑。盜賊接踵於國中。法令從心。冤獄山積。交通梗塞。水旱仍天。此皆吾人切身之痛。而爲印度朝鮮人之所無。猶太人非亡國之民乎。寄跡天涯。號爲富有。去吾顚連無告之狀。殆不可道里計。不暇遠徵。且觀域內。以吾土地之廣。惟租界居民得以安寧自由。是以辛亥京津之變。癸丑南京之役。人民咸以其地不立化夷場爲憾。此非京津江南人之無愛國心也。國家實不能保民而致其愛。其愛國心遂爲其自覺心所排而去爾。嗚乎。國家國家。爾行爾法。吾人誠無之不爲憂。有之不爲喜。吾人非呪爾亡。實不禁以此自覺也。

歐洲戰爭與中國財政

運甓

愚前爲非募債主義一文。言吾國財政之危險。必出於外債亡國之一途。讀者當能憶之。曾幾何時。而世界之大勢一變。吾國財政之危險。轉在外債之無可募。前以有外債可募。固虞國家之破產。今以無外債可募。亦虞國家之破產。甚矣外債於吾國之爲祟也。愚爲此言。或且疑之。發爲問曰。外債也。有之不可。無之亦不可。然則吾國財政。舍外債不言。即無整理之可期乎。是問也。匪惟人欲質愚。即愚亦欲自質。今忘其不肖。請得詳爲說焉。

惟作論之先。有一言不容已者。方今國是未定。國家之危險。固非一端可盡。要之最危險者。莫如財政。且無論國是定否。任在政府抑在人民。其同感切膚之痛。而皆亟需解決以求免於危險者。亦莫如財政。讀者諒皆首肯斯言也。既有此舉國一致之心理。宜即有其舉國一致之行動。而現象所呈。輙與吾人以反感。兩年以來。當局者徒爲挖肉醫瘡之計。而永無長治久安之圖。以致債積如山。危險轉甚。此固官僚之素性使然。良無足責。所最不可解者。當世論治之家。亦絕少措意於此。明知政府募債之非。或見慣不以爲異。深悉政府理財之拙。或旁觀而不一言。麻木不仁。直與官僚同等。其在激烈之士。又動謂豺狼不問。狐狸奚爲。根本尙非。枝葉胡益。殊不知財政之爲物。乃國家與人民共同生命所託。舉國懈弛不理。久而久之。生命且爲之絕。不有生命。何有國家。更何有人民。且政府能制人民之死命。以斷送國家者。惟財政。人民能制政府死命。以保全國家者。亦惟財政。舍此不爭。將安爭乎。愚習聞政治通用語矣。在政府恆曰爲國與民謀幸福。在人民亦恆曰爲國與民求幸福。究之所謂幸福。果何物也。

其徒託諸空言耶。抑須附物以行耶。讀者之答案若何。非所敢知。愚則請爲簡單之說明曰。國與民之幸福。皆自有其實質。而表現於一國財政之中。離乎財政。固無所謂幸福也。謀之者謀之於財政。求之者亦求之於財政而已。非有他也。茲篇之作。亦惟不欲舉國之人彷徨乎歧路。而遺其眞實之幸福耳。請依次以述之。

外債之無可募者。歐洲戰爭之影響也。此次戰爭。實爲世界空前之大舉。惟其戰爭之大。故影響及於世界亦大。其波及吾國者。一言盡之。有惡而無善。將來更不可知。目前之可擧者。約有數端。領地之蹂躪。外債之絕望。貿易之減退。金融之打擊是也。茲就本篇範圍所許。而獨詳外債一事。夫戰爭者。富之破壞也。其有害於經濟界。人人知之。然至外債因此絕望。或則以爲未必如斯之甚。此觀於政府由戰爭初起以至於今。屢向美國資本團請求借款。絕不以未諾斷念。可以知之。甚矣吾國人之昧於世界大勢也。惟然。吾人於解答財政問題之先。宜一述歐美經濟恐慌狀況矣。

世界愈即於文明。則國際經濟之關係。愈趨於複雜。而一般經濟界神經敏捷之度。亦必隨之而愈增。惟其複雜與敏捷。故世界經濟之發達也易。而其破壞也亦易。一地方之豐收。助長世界市場之圓滑。一銀行之破產。惹起各大都會之恐慌。非吾人所恒目擊者耶。平時卽然。戰時尤甚。此次歐洲戰爭。及於世界經濟界之影響。無非此一原則之實現而已。故當七月二十八日。墺國布告宣戰。全世界之經濟界。卽時驚擾。翌日倫敦巴黎伯林紐約諸大市場之股票市價。皆大形低落。交易爲之停止。商人爲之破產。英倫之康卒公債。暴落至於六十九鎊。其時今之交戰諸國。尙未悉行宣戰。而其影響及於全世界。已如斯其迅速而廣汎。此誠世界未曾有之大紀念。比諸四十五年前普法戰爭之時。惟見倫敦金融市場。一時稍形緊縮。而未至於恐慌者。相去不啻天淵。英倫銀行。世界銀行之北斗也。至八月一日且遭巨額之兌換請求。兌換制度幾瀕危險。其折息利率由三厘指高至於一分。此實五十年前大恐慌以來未曾有之高率。蓋開戰方及一週。即減少正貨準備一千萬鎊。銀行若不以高利自衛。即時可有破產之虞。可知其經濟界之恐慌。決非尋常可比矣。以外各國。富力遠遜。狼狽更有甚焉。開戰未及兩週。各國間滙票與紙幣之兌換。並銀行現金之支出。大都至於不得已而停止。甚且戰時海上保險。亦必列爲官營。舉凡經濟界救濟之非常手段。無不即時皆見施行。且各國制限外發行之紙幣。現皆充斥於市場。戰爭期限稍長。此項增發之紙幣。愈積而愈多。事實上必將成爲不換紙幣。則不獨目前恐慌而已。即將來金融界之運命。並可卜之於斯時也。

平時之恐慌。止於一時。不難望其回復。戰時之恐慌。久而彌甚。元氣日爲凋喪。矧在此次空前之大戰耶。吾人試一即戰時經濟損害觀之而可知矣。此種損害。有直接間接之分。前者爲戰費之支出。後者爲貿易之杜絕。文明國之戰爭。以此間接損害爲最著。其損害之程度。固必視乎戰爭期間之長短。然如此番惡戰。即令期間甚短。亦必非可以數字施其說明。千八百七十年普法戰後。法國之間接損害。計以二十六億圓。直接損害。亦上十六億九千萬圓。德國以戰爭未在本國。損害較少。而亦直接六億五千萬圓。間接五億圓。爲額亦可觀矣。若以衡之今日。微論現時國際經濟關係。與夫國內商工業。非四十五年前所夢見。其間接損害之鉅。即非可以同日而語也。第以直接損害論之。當時兩軍兵數。不過二百五十萬人。今則暫不計及參加之國。而即法德兩方。已及七百萬人。此外尙有海戰存焉。彼區々普法戰爭之損害。其在今日。亦寧足稱數耶。更觀交戰諸國平時之貿易關係。俄國之對德貿易。輸出占三成二分。輸入占五成二分。德國之對英貿易。輸出占一成三分。輸入占八分。法國之對德貿易。輸出入皆占一成二分以上。墺國之對俄貿易。輸出占三成以上。輸入占六成。其彼此貿易關係之親密如此。則將來間接損害之鉅。由是可推知其半。世界歷史中。決無可與相匹者也。

夫戰爭之經濟損害。實資本之濫費也。資本之爲物。濫費至於何度。即缺乏至於何度。資本一日缺乏。其當然之結果。即利率一日騰貴。此利率騰貴之見象。不必限於交戰諸國。凡在貿易關係親密之邦。要不能免於斯。吾人可卜世界經濟界之運命。戰後必呈數年間之大窘象矣。南非戰爭之後。英倫之窘。凡五六年。普法戰爭之後。德國之未呈窘象。因有二十億圓之償金。散諸國內。日俄戰爭之後。日本之未呈窘象。亦因有巨額外債之正貨。備諸英倫。然此乃適逢其時之變象。不能望諸此次戰爭。蓋各國同時皆爲交戰國之一員。且各傾其全力以相向。無論其結局之勝負誰屬。而皆不能免於經濟上之疲勞。是將來世界之大窘象。又可於此決之也。

吾人既知世界經濟界恐慌之狀。況並其運命所之。則外債之有無可募。稍有常識者。應可一言以判之矣。况在歐洲各國。戰時有軍事公債。戰後有財政整理公債。皆須於國內募之。己身且不暇顧。還能代任他人之義務乎。或謂歐洲固無可望。而美國又豈一例。殊不知經濟發達之趨勢。既由國民經濟而入於世界經濟。則世界經濟界運命之所之。決非一國民之經濟力所能抵抗。前述經濟恐慌之狀況。即在美國。焉可倖逃。且即而察之。並已着々實現。況美國爲資本輸入之邦。對於歐洲各國。尚居債務者之地位。其不能爲債權者而上之。更屬顯明之事實乎。今即舍資本而言貿易。而美國之對歐洲輸出入。實占其貿易之重要部分。此次戰爭之影響。至減少關稅一億萬圓之多。其貿易損失之鉅。不亦大可驚乎。以是之故。德法兩國。現皆欲募債於美國。而大總統威爾遜氏拒之。雖美其名日嚴守中立。究其實戰時募債於中立國。其例數見不鮮。日俄戰爭時之日本。即已行之。且威爾遜氏塡補關稅損失之政策。又不仰諸內國公債。而必以戰時奢侈稅之增加當之。此雖可爲當世財政家之模範。而以之證其金融界繁忙之狀況。不已有餘乎。以美國之金融界。募一億萬圓之內債。尙虞打擊。而謂其有絕大之餘力。以應吾國外債。揆之事理。殊有未安。美國之異於歐洲各國者。亦未受戰爭之直接損害耳。至其金融界之恐慌。與夫戰爭之間接損害。要亦相去不遠。吾所謂外債。即望於是。其爲望也。不亦僅乎。

抑愚所不可解者。政府不謀財政之獨立。而必眷戀於外債。仰他人之鼻息以自甘。是誠何心。夫弱國之財政能否自謀獨立實爲其存亡一大關鍵。埃印波蘭惟不能自謀財政之獨立終以致亡此寧不足爲吾國前車之鑒乎大凡弱國財政之失其獨立必有其主從之二條件前者爲己國之內政不脩後者爲列强之外債侵畧兩年以來。列强之得肆其外債侵畧者。皆由於吾國之內政不脩耳。今也天遣從者以去與我以自新之路矣而我不惟不欲自新反若從者之去爲我莫大之憾事者然豈非人不亡我我必自亡而後快乎愚爲是言。非有心呪吾政府。實以有其事實存焉。無可諱也。徵諸外報。戰爭初起之時。政府聞美國宣告中立則喜。喜者何。喜其尙足爲外債之後援也。以故美國中立宣告甫出。政府借款交涉即生。外人咸稱今後美國以借款活躍於支那。必有大可注目之價値。幸而以前述經濟恐慌之理由。交涉未至成立。而政府不悟。反形怏怏。直至最近。猶哀願於資本團。外人又咸稱支那政府窮達極端。資本團憐其哀願。或可假以三四千萬圓。然支那必至以最小借款之成立而招最大利權之喪失無疑。恐當時一聞斯言。心痛欲裂。蓋僅以犧牲目前之最小利益。而可獲得將來之最大利權。無論何時何地何人。皆將樂而爲之。誠恐不幸而見斯言之驗也。嗚呼。兩年以來吾國利權喪失於現政府之手者。亦可謂至矣盡矣蔑以加矣。於此猶言最大利權是猶窮兒典屋蕩子鬻妻非舉國與民而齋粉之殆莫可也

由是觀之。吾人但得政府不以最大利權爲餌而敢行極端之賣國。以上無論在歐在美今後數年間。外債之絕望可斷言矣。在平時反對外債者。深惡政府不顧死活。而惟知飲鴆自戕。其聞外債之絕望也。莫不極一時之快心。即在平時慴於政府之威。心知其非而不敢言者。至此叩其心理。當亦與之相等。愚亦倡外債亡國論者之一人。雖無此種感情上之好惡。亦未始不以消極得達其主張。稍々自慰。其快也慰也。皆基於愛國心之發動。無可非難。雖然。有是心理者。是徒見外債之危險而遺其財政之危險也。外債之危險。雖已去。財政之危險猶未去。前者爲枝葉。後者爲本根。吾人不努力以求去此本根之危險烏有可以快慰之時耶

吾國之財政。據民國二年之豫算。歲出六億四千二百餘萬圓。歲入五億五千七百餘萬圓。不足八千四百九十餘萬圓。其中外債費之支出。二億九千九百萬圓。外債收入。二億二千三百餘萬圓。而外債費爲永久支出。外債爲臨時收入。除其臨時而存其永久。歲入不足實上三億八百餘萬圓之巨額。政府求此巨額之財源。並無一定之財政方針。而惟乞靈於外債。是吾國之財政直以外債爲其永久之收入也。一旦此永久之收入絕望。勢不得不另求所謂永久之收入。爲之補償。然而執此以問政府。則外債雖對於彼爲絕望。而彼對於外債固猶未絕望。其不效諸憲政國之所爲。另求收入也。毫無疑義。

夫財政之爲物未可一日停止活動之機能者也一日停止其機能即立瀕於破產之危險吾國財政平時活動之機能既全爲外債所侵損如受電氣治療者然常居於被動之地位不能須臾離其電氣今電氣曰待我數年而後治療而主醫者復曰治療仍以待諸電氣爲可雖欲其機能之不至於停止其可得乎愚所謂財政之危險即如斯喻也今且讓一步言假定現象至斯政府仍不改其素行吾人所視爲極端之賣國而必政府之不敢行者政府竟敢行之而吾人民無如之何矣斯時國亡與否且不論人民忍聽其賣而至於亡與否亦不論果其能免於財政之危險不至如斯喻也僅就財政已身之利害言之愚亦暫不非焉而無如以若所爲求若所欲猶緣木而求魚也吾之所謂最大利權屢經喪失之後爲數既已有限而人之所謂最小借款久居恐慌之中所得亦復有限以有限之財塡無限之壑雖在至愚亦知其爲無補是破產之厄仍可立待耳且即此有限之財亦未必能濟吾之急也試取證於目前之見象最小借款之交涉以兩月之久尙不能望其成立而吾於此兩月之間外債利子及拳匪償金不得不延期清皇室費不得不少納軍餉不得不停發官俸不得不減半總統公費不得不節約種々機能停止之狀畢呈於此靑黃不接之時一旦幸得成立而到手即空爲狀如故其去破產又復幾何況復一次不了一次如斯展轉債務以愈積而愈深且非臨渴掘井之謀所能救濟於萬一試問斯時除公然宣告破產而外尙有何法由是觀之今日吾國之財政苟政府終不易其財政方針國亡產破無可逃也

雖然政府之於外債雖未絕望要亦知其難望即前述危險之將至亦非全無所覺特以財政上之技倆惟長於募債一門雖欲去此危險而不得其道耳觀其近來多方從事於內債之募集可以知其然

也。在政府狠狽之極。欲以募集內債爲其最後手段。惟有訴之於商民之愛國心。商民不爲所動。宜又繼之强迫。論者或非之。愚則以爲毫無足怪。惟玆所欲問者。果可以之去吾財政之危險否耶。夫內債未始不可募集也。若在戰爭之際。國交斷絕。募債地在吾敵國。戰費之所出。不能求之於外債。則戰時軍事內債。亦屬萬不得已。如此次歐洲戰爭。各國皆在交戰國之中。尤非恃此不可。斯時訴之商民之愛國心。誠屬至當。而在今日之吾國則不然。蓋巨額之內債足以擾亂內國金融之市場及商工資本之分配在富力極强之國雖無此虞否則視其富力之程度輕重皆不免焉今之國民能勝此者惟有英法兩國以是財政家恒不敢輕試內債之募集當前好例。即前述威爾遜氏取償海關損失於奢侈稅。而不忍募集內債是也。値玆世界大戰爭之中。國民方受其影響。其金融恐慌貿易減退之痛苦且莫能勝焉有餘力可以應募美且云然況於吾國平時猶曰不可更何論於今日今也人之政府惟聞其有經濟界救濟之政策而在吾之政府惟聞其有巨額强迫之內債吾國民之不幸何若是之甚耶今且暫不論國民幸不幸。而惟論內債能不能。夫公債者所以吸取人民之遊金也人民有無遊金視其富力富力足以語此則又視其金融之狀態金融緩漫時則多金融繁忙時則寡多則能募寡則不能非不能也能應募者寡也然金融緩漫平時始能見之若在經濟恐慌之中未有不繁忙者也今吾國民之富力。盡人所知。無取陳述。玆且假定足以語此。而吾國金融界平時且達繁忙之極端値玆世界大恐慌更非繁忙所能形容其萬一於此而曰能募內債非愚即狂矣必曰能之亦惟有失敗而已寧有他哉試以實例證之。現政府所已募集者。不過千餘萬圓。聞尙得諸强迫者爲多。以區々之千餘萬圓既非强迫不爲功其無能以歲入不足之三億八百餘萬圓盡數取償於內債夫何待言在不明世界之大勢者。語以外債之無可募。人或疑之。然若語以內債之有可募。則未有不嗤之以鼻者也。故謂今日財政之危險能以內債去之者此在政府或然耳由稍有眼光者觀之直不成為問題也。

夫既募集內債。亦不足彌縫破產之局。則政府財政之技倆窮矣。斯時最有力之救濟莫如減政。此一主義。熊內閣時代欲實行之。遭軍人之反對。旋成畫餅。議者惜之。今政府計窮。當亦不得不出於是。則又請試論之。夫吾國歲出。所以膨脹至於六億以上。其主因在入民國以來。兩次戰費。所耗既鉅。軍隊驟增。一時難減。固無待言。然滿清季年。歲入不足。不過數千萬。及至民國三年。不足之額。乃至與歲入相等。相去在二億以上。其不免於濫費又屬顯而易見雖不能盡舉其實而政府用度之奢不急之債與夫偵探賄賂等不正之消融參々數端去其大半無可諱也即此減之其額要亦可觀而如公費節約。官俸減半。亦皆不失為減政之一手段。此則政府已實行之。其尤有益於財政者莫如裁減軍隊吾國軍隊。可為國用者。十無一二。大半皆在可裁之列。而軍紀之壞者尤足殃民裁之不獨財政有益且使地方受福惟政府方以戡亂為名。有擴張而無縮少。與言裁減。必不易入。今彼為勢所迫。或亦將至實行。所謂減政。不外如斯而已。然其中除濫費者可減之至盡以外。他如公費官俸軍餉。皆有一定之限度。達其限度。即無可減矣。今且假定政府果能實行減政且能減至最小限度試問以其所得與此三億八百餘萬圓之不足相殺能值幾何固曰能值幾何是幾何非不可行也行之且有益也惟欲以之為免於破產之答案亦有幸焉否耶

說至於斯。人將應曰。尚不能免於破產則惟有加稅之一法愚曰。然矣。惟一言加稅。愚即先有一言。告吾之所謂政府曰。歲入不足之三億八百餘萬圓者是乃經常支出之不足也經常支出取諸臨時財

政未有不紊亂者也他國之財政鞏固者其臨時支出且以經常收入當之我則適得其反焉得不至日在荆棘之中而莫能自拔以故乞靈於外債外債不應而我有破産之憂轉而乞靈於內債內債不應。而我又有破産之憂。夫豈有何秘術爲我所不能窺見遂足以制我之死命乎。毋亦由於誤其本根自生拔節以至於此耳迨至危險既至計無所出始不得不改變方針而始爲本根之計豈亦何頑鈍至此國民受害已深矣驟加以巨額之租稅一時難於負擔矣然而爲求免於破産計亦誠不欲徒以非禮相責讓事已至此其好爲之並有一言。告吾之所謂國民曰。前此政府假國民全體之名義。濫與外債。而吾民不問。並同時喪失利權。而吾民亦不問。喪失利權所得之外債。徒以供其不正之濫費。而吾民更不問。一若此皆與吾毫無關係者然今竟何如議加吾民之稅矣非吾民自出不能去此破産之危險矣究之三億八百餘萬圓中本爲吾民所應出者當不及半數餘皆外債之利子與政府之濫費耳此不應出之半數今成爲吾民放棄責任之罰金持以向吾民算總賬矣自今以後。吾民得此有益之教訓。須知國家一切之費用皆爲吾民之負擔即皆將爲吾民之租稅外債亦租稅也內債亦租稅也濫費亦租稅也即利權之喪失亦苛稅之變形也早加之於吾民者爲輕遲加之於吾民者爲重孰舍孰取皆吾民之權利亦即吾民之責任必至租稅及身始認識其物麻木不仁之甚也從而議之爲時亦嫌晚也凡國家財政上之一出一入無一不與吾民租稅之輕重有關在在皆須吾民之監督否則吾民所受之痛苦必有不止於此區々之三億八百餘萬圓者此不可不預知也

政府與國民。其皆體愚言也。則愚請得進論加稅之利害。夫政府稅制之不良。苦吾民者久矣。試言其一二端。如食鹽者。此必需品也。在文明國。恆免其稅焉。而政府則利其稅可普及貧民反屢行鹽斤加

價。重複稅者。此不宜有者也。而政府則既徵產地稅復徵商場稅一再不已及於三四不使營業者利無可圖消費者力不能購而不止類此者最多。一言蔽之吾國之稅制背乎租稅原則而行者也負擔最不公平者也在公平租稅原則之下漫言加稅吾民力且虞其不勝今不首先改良稅制而驟以巨額最不公平之租稅加之於吾民豈惟吾民力不勝此甚且以租稅不與負擔力相稱之故而反至於減少其收入亦不可知寧有當哉且兩年以來。兵匪交困。災害迭興。商賈不行。農工廢業。至乎今日。益之貿易減退金融恐慌。遭此不幸多端。謂宜邀減免之寬典顧轉言加稅豈眞目覩流亡溝壑而不動心況復鐵道之屬地方者。逼而使歸官有。公司之屬人民者。盜而押之外人。民利礙矣何以爲稅悍將驕兵公然勒索刁胥惡吏。暗中侵漁。出自民囊與稅何異以言乎加行之早矣凡此皆政府之罪不曰悔改誰與爲謀此外平時之保護獎勵急時之救濟撫卹皆屬增加稅源切要之圖發育無聞摧殘則惟恐不及吾民即傾家財鬻妻子以博政府之一揮霍亦誰與爲繼者種々問題固非今日始有而在今日則遠烈於往時有一不能解答雖以桀紂之暴亦必不敢更言加稅以犯民怒誠或犯之而民不見加怨焉是非不爲也未至其時也然無論遲速其時必有到來之日矣今日殆即其時亦未可知矣故謂加稅能免於破產之危險者若然而實大不然者也

聞愚言者必曰。加稅者。不得已也。最後之手段也。此而不能免於危險。則惟有任其破產之一法。然則吾國財政。其竟不能不破產乎。抑仍有可期整理之道乎。是問也。在人爲最終之發問。在愚亦即爲最終之答案。請得一細論之。

愚前設詞。警告政府與國民。固明々承認加稅之正當矣。旋又翻覆其詞。指爲不可。愚雖無識。矛盾應

不若是。然須知所稱爲正當者。乃立憲國家之通則也。責備政府與國民者。不啻曰此通則者。乃吾人所必守也。旋又皆爲不可者。乃吾國民主專制所獨有之變則也。亦不啻曰此變則者。乃吾人所必不可守也。守此通則則有加稅之可言。守此變則則無加稅之可言。至理之所存。史訓之所示。使吾人莫之能逾。而吾人亦竟莫之能逾。今吾國者。實自處於絕地而莫可救者也。一面既守此變則而行民主專制矣。一面又欲侵乎通則之範圍而奪立憲國家之美以收歸己有。悖理忘訓。其何能存。愚言國家破產。此自財政一方觀之而已。讀者試從多方面觀之。當能發見同一之點。衡之不或爽也。政府與國民。果其皆韙愚言。而欲免於國家之破產。則尙非絕無方術。且從其方術而行之。盡善也。不獨能免於破產。且可整理其財政。使無破產之憂。而致政府與國民於同一幸福之域。讀者諸君其亦樂聞否耶

人有持似是而非之論者曰。吾乃共和國也。凡立憲國家之美。吾何不可收歸己有。夫美有可收。收之誠是也。惟確見其爲美。成之可也。奪之則不可也。非徒不可。抑且不能。人但知吾之爲共和。同時忘吾之爲專制。凡專制國家之弊。吾先不能免之。美不勝弊。其何能歸。百政皆然。財政尤甚。吾既不免於專制。吾之財政。即亦不免於專制國家之弊。一觀專制國家之財政。而吾之財政可知矣。

夫專制國家之財政。一言蔽之。君主一人之家計耳。國家視爲君主一人之私物。人民之愛國。義實同於忠君。吾之古訓曰。民出粟米麻絲作器皿通貨財以事其上。大抵專制國家。歲出歲入之關係。皆爲此主義所支配。故其皇室費與國費。初無所用其區別。所有國費。皆君主一人之負擔。租稅之制。不見於古時之國家。雖在戰費。亦恆出諸君主之財產。財產不足。則人民之兵役。每多命其自費。人民爲國服官。謂之食君之祿。後雖以費用日繁。漸與租稅。而亦不爲其主要之財源。蓋既欲人民之忠君則首

在能得民心而租稅之爲物最足以傷民心一有苛歛。則謚爲暴君。一遇減征。則字以德政。於是厭惡租稅之心理又不必在人民而先在君主之自身租稅之能興者非爲負擔國費也實以藉免兵役由是觀之。在專制主義之下租稅制度之不能發達有其根本之障碍物存焉者矣此不必求乎古代。即觀吾國共和三年。當局者實行專制主義。所以用其壓迫者。無所不至。惟不敢向人民提起租稅二字。而民國租稅之收額非惟無逾於滿清且反見其減少可以知此障碍物作用之神也以是之故。君主有所取於人民恆避租稅之惡名在歐洲古代。謂之奉獻之金。在滿清季年。則設捐納之例。在今日民國。則假外債之稱。蚩蚩者氓。不解外債之苦痛。烈於租稅。惟以其尙未及身。乃共安之。當局者即利用此弱點。大興借貸而不見人民之有異辭。異辭或見於人民承諾機關之國會。則即時解散之。自後更爲其所欲爲。不必有所顧忌。究之不必顧忌亦有窮時今果逢着不得不轉而加稅之問題矣此即當局者己身所最難解決者也夫專制國家之租稅制度。既不能望其發達。則其歲入必微而其歲出亦不得不微姑無論今日之軍事費動需巨萬非所能望也即文明各國一般行政亦決非所夢見語曰。博施濟衆。堯舜其猶病諸。試使堯舜一視文明各國之救貧制度則何如。大抵專制國家歲出上唯一之原則不外節用二字所謂節用非惟行政上須取消極主義又實以犧牲皇室費以補充國費爲意義衛文公大布之衣大帛之冠稱爲賢君。而衛卒以此治其國。蓋非此則其國莫由治也今吾國實行專制而不守此節用之通義宜其歲入不足而財政日以紊亂歲入不足雖幸有外債以彌縫之然愈彌縫而愈紊亂一旦失其彌縫之具則立瀕於破產之境吾人但由此點觀之破產之解決首即訴之。減政主義減政主義之術若窮則專制主義之術亦窮矣徵諸上述。專制國家之財政。與吾國今日之財政。固同爲專制主義所束縛者也。雖然。此束縛也。非時代進步之所能許。近世文化日進。發明日多。一方軍事費與行政費。激增而無已。既非節用主義所能塞責。一方人口與產業之激增亦如之。人民負擔力。亦大異於昔時。於是國家乃不能不要求加稅於人民而同時人民對於國家亦因加稅之過多不能不要求租稅用途之監督監督用途四字非徒託諸空言而必具一定之形式則人民須有其代表機關之國會政府於加稅之先提出議案要求國會之協贊經其協贊始能有效此近世立憲國家之所由成立而古代專制國家之所由推翻也此法首行於英倫。繼爲各國所採用。無論其國體爲君主抑爲民主皆不能不施行憲政者大都迫於財政之困難舍此即無其解決之方法也其所以然者則在專制國家雖亦能強行加稅然強行一次必惹起人民之反抗。一次法蘭西第一次革命之起。八九爲此。吾國抗捐爭稅之例。亦頗不乏。即不然焉而強行之程度亦必遠不如立憲國家之高專制國家之租稅雖輕而人民必以爲苦立憲國家租稅雖重而人民猶以爲樂一苦一樂之間而輕重乃倒置矣人之苦樂恆從主觀淺而喩之人有財產爲盜所刼雖微必怒爲己所施雖多無怨租稅出於人民財產故得其承諾與否相去不可以道里計由是觀之。人民承諾租稅之權實爲財政上之不可抗力也政府而欲與此不可抗力爲敵實乃自尋荆棘之道故吾國憲政摧殘之與財政紊亂實有相隨而至之關係也歐人有言。不出代議士。不納租稅。語雖至簡。最足以表示此不可抗力。吾國人民。惟無此表示。當局者遂遽謂人民程度不足語於憲政。不知此不可抗力之存在初無關於表示之有無有表示者其積極之面也無表示者其消極之面也不得謂人民未要求出代議士即能躑躅於納租稅也人民程度不足云々。他非愚所敢知。但在財政上言之實爲極謬之見解。憲政一日不得施行。即財政一日不得解決。此政治自然之法。即百秦皇千拿帝。莫能廻也。

然則今日解決財政之道。一語答之。施行憲政而已矣。然而是無望也。吾既稱爲共和。豈能不有國會。有之尚被解散。徒供專制主義之犧牲。今乃欲於死後求生。曾何異於癡人作夢。即令求之而得矣。被解散供犧牲如故也。亦復何益。憲政施行既曰不能有望。而同時復欲加稅以免破產之危險。奪立憲國家之美。以收歸己有。雖在至愚。亦知其欲之過奢而必無所得。愚故曰吾國實自處於絕地而莫可救者也。愚知政府至此。或以情勢之所逼。或以天良之所動。容亦一時以立憲自矢。惟彼必有問曰。人民既無負擔力。加稅即可望收入之增加乎。不能增加。吾果何所取而必爲此乎。善哉是問也。夫今日人民之無負擔力。不足以言加稅。此誠然矣。惟今日之加稅。非尋常可比。乃爲救濟國家破產而起者也。其所謂稅自不能以負擔力爲標準。要必以能救濟國家破產而始止。此無理之增加。非可訴之於負擔力。而必訴之於愛國心。政府不嘗以愛國心誑騙人民乎。須知人民之愛國心。乃人民自由眞實之保障。非可以政府之壓力而即能强而致之者也。能向人民要求愛國心者。惟有人民之己身。政府向國會。爲其間接之要求則可耳。不能直接嘗試也。人民聞有國會之聲。或亦從而起舞。惟彼亦必有問曰。果有眞實之國會。吾人非不知愛國。傾家財鬻妻子可也。其如在今日政府之下。即有國會。亦必有名無實何耶。善哉是問也。吾民惟不知國會之眞實作用。任其有名而無實。所以至有此問。國會之眞實作用。一財政案之提出與通過耳。今吾國有國會。政府不提出財政案。議員不要求財政案之提出。而吾民不問。即令提出而得通過。而財政案之內容如何。果否適合於吾民之利益。議員果否能代表吾民之利益。而吾民亦必不問雖欲不至有名而無實亦必不可得矣時人有言。但得政府不募外債。勝於與吾民以選擧權十倍。此似以不募外債與與吾民以選擧權爲渺不相屬之兩事不知吾民旣無選擧權即無由得其不募外債也。此最可深長思者也。

吾人不聞歐人所云不出代議士不納租稅之語乎。此語歐人奉爲神聖之經典。非徒語之且實行之。吾人不知所取法者。果何故乎。滿清季年。雖亦有要求國會之聲。而未聞以不納租稅爲幟志。則其要求也非因租稅可知吾民恆若以爲歐人夙愛自由不納租稅者將以之爲要求自由權利之利器也迨至自由之權利既得即可不問租稅之義務視自由權利與租稅義務爲二物宜其國會之雖有亦如無也數載以前。叔兄秋桐嘗於北京某報。推論及此。且爲介紹英之政家柏克之說。茲請述之。柏克之言曰。自由者懸名也。凡懸名不能離物而自存故自由者亦必附物而始見民族之嗜好既不同。則其所擧以爲國民之樂利者。亦因之而異欲覓自由於英倫則自前古至今大都以徵稅問題爲滙在各國之爭自由。或置重於官吏之選擧。與階級之平衡。金錢問題。乃不之急。獨吾英則否吾英以征稅事件。禿吾論家之筆。敝吾辯家之舌。已不知凡幾。甚且以身殉之。夫吾英前代之憲章。及議院之盲習。亦既收承諾租稅之權。攬之民間矣。而吾論辯家舍身以爭之的乃不僅在擁護此憲法上之特權而在證明一原理蓋自原理言之吾人本有天職將此種用財之權卷之於懷也而下院者既以代表人民爲幟志則以下院特殊之質而論其必保守此權乃理有固然也至於前代法典中果含有此種眞理與否彼不論也質而言之彼之所不避艱苦大聲疾呼者乃在建設一根本之通則無論居何政體之下承諾租稅之權必直接或間接操於人民之手也不然自由之影且無倖存也是說也可謂精深透闢。當十八世紀中葉。英美以征稅問題交鬨。柏克此言。乃於此時發之於議院。謂美人者英人之子孫也。英人之子孫以求自由往居美洲。則其所懷之自由。即英人之自由也。即征稅之自由也。英人奈何强征美人之稅。此說一出。乃大爲美人自由之保障。而美人乃至脫英自立。此誠大家之論調。而富於教訓之文也。

納稅義務一語。吾人亦恆不能了然。此其故叔兄秋桐亦嘗言之。夫一國之用。率有常經。穩固之源。不容不有。民爲邦本而義務以生。惟義務者乃吾人感於必要而生。非他人能加吾以負擔也。非他人能强吾以所不欲也。吾之義務。吾自欲負之。從吾所欲而已。英之政家佖德曰。「征稅者非行政權。或立法權之一部分也。租稅之爲物。不過下議院隨意之贈送及承諾而已」。英人素以立憲祖國自豪。而其立憲之精神。即在自征其稅四字。此在稍治英史者即能知之。佖德斯言。誠足以代表英人自征其稅之精神者也。義務與權利。實以對待而成意義。一言義務。吾人即知其必有對待之權利。否則一無義之詞也。吾人既有納稅之義務。同時即有征稅之權利。是征稅之權利。本屬之納稅者之自身。又成不易之論理矣。由是觀之。可知義務二字。不存於專制國家。而惟存於立憲國家。吾人對於專制國家無義務之可負擔也。欲吾人負擔義務。則吾人必行使權利。此所以不出代議士不納租稅。足爲神聖之經典也。是非謂出代議士爲一物。納租稅又爲一物。政府如以前物予吾。吾即以後物貢之政府。如貿易然。如鬻官然也。租稅者乃吾人之囊中物也。吾人何時欲之。即探囊出之。發篋而盜之。不可。紾臂而奪之。亦不可也。代議士者。吾人舉之司吾囊者也。不出代議士不納租稅。魯莽道之。則不問司囊員。不能得囊中物也。吾人守囊不謹。是放失其自由也。失自由者爲奴隸。吾人不知自守其囊。是奴性之民也。

今日者、但得國民不願自居於奴隸以上。挾此不納租稅之利器。夫何患政府之實行專制。又何患國會之有名而無實。夫人病在不爲耳。如爲之。又若身之使臂。臂之使指然。其效可立覩也。效既可覩。自今以後。吾民即不可更棄征稅之權利。此次塡補歲入不足之三億八百餘萬圓。直易事耳。吾民雖貧但使征稅之權利得在我手。且無更遭此種損失之後患。則盡其力而爲之可也。普法之戰。法敗於普。償金乃上二十億萬圓。踰年而即一舉淸之。豈必當時法民之富力足以語此。無非愛國心之發動而已。吾民之困於專制。以致喪失此愛國心者。惟不知己身之有此利器可以推翻專制而回復其愛國心也。破產之憂既由吾民去之。則今後財政之整理。乃專屬於吾民己身之責任。政府整理之方針。即宜一視吾民輿論之趨向。財政既得整理。而永無紊亂之虞。則國家之行政。乃可專爲吾民謀其幸福。而吾民犧牲之報償。亦可期於以後之收獲。數年之間。使國基穩固。差足立於世界潮流之中。當不難也。

吾文至此。亦無取更論矣。政府與國民。其聽也聽之。其不聽也亦聽之。惟愚敢斷言。必如吾言。然後可以免於破產。吾言即不驗於今日。亦必驗於他日。吾國已有兩次革命。或爲種族。或爲政治。而皆非爲財政。財政革命之價値。吾國人倘不解之。或亦不免於一次之經驗乎。然此尙非意外之危險也。以愚觀之。破產、不如吾言以速其解決。將有二大意外之危險、出乎其間。蓋破產者。對於債權者不能爲債務之決濟之謂也。不能決濟債務。而由債權者自出理之之謂也。吾國債權者之最大者。莫如外債與軍餉兩大宗。外債不能決濟。則債權者之自理。不外監督財政。如埃印波蘭然。此一危險也。軍餉不能決濟。則債權者之自理。不外飢軍譁潰。此又一危險也。監督財政或可免於歐洲戰爭之中。而必不能免於歐洲戰爭之後飢軍譁潰則息息堪虞兵散爲匪擾及全國斯時以戡亂自詡者既無能爲功以避亂爲苦者亦至無可爲避政府思之國民思之能不懼乎能不懼乎

鐵血之文明

白沙

自俾斯麥倡鐵血主義以撓天下。天下之强。莫不奔命于鐵血。公言無諱。視爲天經。其國民皆能持鐵以殺人。殺人之鐵。復及長而鋒利。則俘虜臺隸。身嬰其禍者。歌頌爲文明之上國焉。其國民皆能流血以拒人之殺。持危城而不咩。勞苦煩辱而不犇。則斬將覆軍。爲其所拒者。亦艷稱爲文明之友邦焉。甚至比權量力。挈長較短。莫能相讓。蓄機既深。不可遏抑。各恃其鐵與血之殺人拒人。遝奮鬭于俄頃。求僥倖于萬一。兩敗俱傷。暴骨盈野。于是交和而舍。結盟而退。互相標榜。甲稱乙爲慈惠。乙贊甲爲愷悌焉。斯言也。乃揭出世界文明史之秘密。籀爲公例。提綱挈領而言之也。

欲知文運之隆。全恃鐵血。更爲一例以證之。此其爲例。非他物也。吾人習見之飛者走者潛者游者。凡肖翹懦耎之微生。無不涵蘊其鐵血主義。涵蘊之量益充實。則聰明智慮。必益發展。彼之涵蘊。即預謀撲殺他人以爲食者也。彼之發展。即利其撲殺之武器也。物之有黿鼉。可云弱矣。然環甲以自衛。適于兩棲。故能繁殖。以享數百歲之長齡。物之有蜂蠆。可云微矣。然結群以爲衛。藏毒以爲螫。故能繁殖。物莫能傷。他若獅虎之勇。玃狙之捷。撲殺競爭之器愈利。聰明智慮。亦幾能凌駕殊族。自非圓顱方趾之族。鑄金鍛鐵以征服之。鮮有能勝者矣。淮南書曰。凡有血氣之蟲。含牙戴角。前爪後距。有角者觸。有齒者噬。有毒者螫。有蹏者趹。喜而相戲。怒而相害。天之性也。(一)淮南惟知血氣之相害。出于天性。未知此天性之深淺。各隨聰明智慮爲增損。齒也。牙也。爪也。距也。毒也。角也。皆彼之鐵血主義也。

(一)見兵略訓。

人類亦血氣之蟲也。爪牙不足以自守衛。肌膚不足以扞寒暑。筋骨不足以從利辟害。勇敢不足以却猛禁悍。以一族敵累類之侵淩。吾之祖若宗。䟽其臂脛。焦其心思。沐甚風。櫛疾雨。以與草木戰。與蟲蛇戰。與鷙鳥戰。與猛獸戰。險阻艱難。罔不備嘗。歷數千載。始克底平。吾人之戰勝蟲蛇鳥獸。其歷史可得而述也。堯戰封豨于桑林。斷修蛇于洞庭。(一)黃帝殺青龍于東。殺赤龍于南。殺白龍于西。殺黑龍于北。殺黃龍于中。(二)舜烈山澤而焚禽獸。禹疏九河而驅龍蛇。周公之時。沛澤多而禽獸至。故驅虎豹犀象而遠之。(三)觀于周禮設官分職。猶見當日人與物相戰之制。秋官庶氏掌除毒蠱。翦氏掌除蠹物。赤犮氏掌除牆屋。蟈氏掌去鼃黽。壺涿氏掌除水蟲。此人與昆蟲之戰爭也。柞氏掌攻草木及林麓。薙氏掌殺草。此人與草木之戰爭也。冥氏設弧張。穴氏掌攻蟄獸。此人與猛獸之戰爭也。翨氏掌攻猛鳥。硩蔟氏掌覆夭鳥之巢。庭氏掌射國中之夭鳥。此人與鷙鳥之戰爭也。孟子曰。當堯之時。草木暢茂。禽獸繁殖。五穀不登。禽獸逼人。獸蹄鳥迹之道。交于中國。墨子曰。古者聖王爲猛禽狡獸暴人害民。于是教民以兵。行日帶劍。爲刺則入。擊則斷。旁擊而不折。此劍之利也。(四)淮南子曰。爲鷙禽猛獸之害傷人。而無以禁御也。而作爲之鑄金鍛鐵。以爲兵刃。猛獸不能爲害。(五)管子曰。令諸侯之子。將委質者。皆虁虎之皮。卿大夫豹飾。列大夫豹幨。大夫散其邑粟與其財物。以市虎豹之皮。故山林之人。刺其猛獸。若從親戚之仇。此君冕服于朝。而猛獸勝于外。此堯舜之數也。(六)由諸家之說。吾人持兵帶劍戰勝禽獸蟲蛇實鐵血主義之發端也。

(一)淮南本經訓、(二)墨子貴義篇、(三)孟子滕文公上篇、下同、(四)節用中篇、(五)見氾論訓、按古人以鷙禽猛獸并言。鳥亦足以害人也。周官設職。最能考見古之社會。方望溪周官辨。謂庭氏硩蔟氏爲僞書。此不明孟子周公驅禽獸之說也。(六)揆度篇、殺機之開也。始則物與物戰。再則物與人戰。再進則人與人戰。再進則野蠻與文明戰。再進則文明與文明戰。再進則半文明與全文明戰。再進則全文明與全文明戰。鐵血主義者。愈進而愈精。愈演而愈烈。天下極慘。莫如全文明之相戰矣。故今世紀之戰亂。反不若太古國家蝸爭蠻觸。無悖于天和。無傷于人道。博林木以爲戈。剡石砮以爲矢。戰線不越數里之遙。死傷不逾百人之衆。而國家之興亡種族之强弱。可以立判。稽管子之書。述黃帝蚩尤制五兵以經營天下。亦吾國戰史之最饒興味者也。地數篇。黃帝問于伯高曰。吾欲陶天下而爲一家。爲之有道乎。伯高對曰。請刈其莞而樹之。吾謹逃其蚤牙。則天下可陶爲一家。黃帝曰。此若言可得聞乎。伯高對曰。上有丹砂者。下有黃金。上有慈石者。下有銅金。上有陵石者。下有鉛錫赤銅。上有赭者。下有鐵。此山之見榮者也。苟山之見其榮者。君謹封而祭之。距封十里。而爲一壇。是則使乘者下行。行者趨。若犯令者罪死不赦。然則與折取之遠矣。修教十年而葛盧之山發而出水。金從之。蚩尤受而制之。以爲劍鎧矛戟。是歲相兼者。諸侯九。雍狐之山發而出水。金從之。蚩尤受而制之。以爲雍狐之戟芮戈。是歲相兼者。諸侯十二。故天下之君。頓戟一怒。伏尸滿野。此見戈之本也。是黃帝時代。吾人已脫木石之格鬭。而入兵戈之戰爭。當世事實可考見者。伯高鑛術之精也。榮者。鑛苗之共名也。采鑛亦藉神權。禁民之折取也。采鑛未精。修教十年。水流金出。然後用之也。諸侯以爪牙不能抗黃帝之利器也。綜此數端。在今日固爲可笑。在古代實疑有神。後世口傳。謂天降玄女。授兵法于高邱。遂勝蚩尤。且鑄五兵。爲天授矣。以武力經略天下。而創一偉大之國家。豈非鐵血之力哉。

東方文化。至黃帝而大明。殺人之智術。亦黃帝而大啓。文化者隨殺機而演進者也。我不殺物。々乃殺我。我不殺人。人將來殺。穴居而野處。冬日則風雨霜雪。皆殺機也。夏日則暑熱蚉虻。皆殺機也。于是上棟下宇以覆之。牆垣以障之。茹毛而飲血。采樹木之實。食蠃蠬之肉。則疾病毒傷。皆殺機也。于是嘗百草之滋味。辨水泉之甘苦。播嘉穀。鑽火燧以御之。剡耜而耕。摩蜃而耨。木鉤而樵。抱瓶而汲。肩荷負擔。則勞苦憔悴。皆殺機也。于是耒耜耰鉏。斧柯而樵。桔皐而汲。輮輪建輿。服牛乘馬。以倍其功。以逸其勞。然寒暑非一宮室所能御。又爲帛錦之服。狐腋之裘。溫煖之器。凡此修備。皆與寒暑宣戰者也。又爲絺綌之衣。凌冰之室。自轉之箑。凡此修備。皆與暑宣戰者也。穀食火化。未足以御疾病。又爲察九竅之變。明九藏之動。愼以起居。和以飲食。攻以藥劑。凡此修備。皆與疾病宣戰者也。耒耜耰鉏。不可盡耕稼之利。又爲新穎之械。助其功能。昔之一農。僅耕十畝。今且百畝焉。昔之一田。穫穀十石。今且百石焉。樵汲不可盡水火之利。又爲自至之火。不待采樵。自至之水。不待引汲。輪輿牛馬。不可盡重遠之用。又爲輪馳于虛空。車奔于大陸。轉瞬千里。速于盜驪。一髮而引千鈞。一木而支大廈。凡此修備。皆與勤勞憔悴宣戰也。居于四面楚歌之中。蕞爾之軀。攻非一塗。易竭之身。內外受敵。(一)不得不嚴其戒令。固其守圉。訓其師旅。防于未然。操心旣危。慮患旣深。而德慧智術。與疢疾俱長。迫其難則求其便。困其患則造其備。故匈奴生穢裘。于越出葛絺。各生所急。以備燥濕。各因所處。以禦寒暑。航海者知風信。居火山者知地變。用智不分。乃凝于神。天下化成。蔚然丕變。日新月異。不睹涯岸。孰營度之。而孰職司之。曰惟殺機。萬類紛呈。交午錯綜。有氣有生。有知有義。必具一體以位于大塊之上。葆其一體之秩序安寧。使其官能。遂其生養。育其族類。所以位之安之養之生之者。不必各盡其量。各均其求。各贍其欲。量不盡。務人

(一)用嵇叔夜養生論語、

以盡之。求不均。擭人以均之。欲不贍。掠人以贍之。相食相殘。相攻相燬。始則有力者勝。而無力者敗。繼則有智者勝。而無智者敗。敗者浸假而衰弱。浸假而滅亡。猶或衍其族類。保其子遺。亦惟恃勝者之愛護。勝者之滅亡之也。非有惡于彼也。不滅亡則量不盡。求不均。欲不贍。其愛護之也。非有憐于彼也。不愛護則量不盡。求不均。欲不贍。譬若老農之栽百穀。耘其草萊。化其糞種。去其螟螣。均其灌溉。而日黧黑。手足胼胝。終歲勤動。而不言勞瘁。歲豐而年孰。婦子嘻々。慶爲大有。歲凶而穫少。愁顰蹙額。如喪考妣。非與百穀有親戚之誼也。以能盡量均求贍欲而已。又若山虞之養森林。爲之守禁。頒其條例。考其栽植之道。相其土地之宜。斧斤以時。盜竊有罰。非與森林有親戚之誼也。以能盡量均求贍欲而已。又若牧騶之馴擾禽獸。察水草之便。吻牝牡之性。療其病瘍。順其芻豢。潔其牢柙。食虎者不敢以生物與之。爲其殺之之怒。不敢以全物與之。爲其決之之怒。時其飢飽。達其怒心。愛馬者以筐盛矢。以蜄盛溺。拊畜蚉寅。慎炎暑。護惜若此其周。非與禽獸有親戚之誼也。以能盡量均求贍欲而已。夫草木鳥獸之位于天地。彼自有其生存也。自有其夫婦之情也。自有其父子之親也。吾人以智力。一一毀其生存。離其夫婦。殘其父子。將欲毀之。乃先輔之。將欲離之。乃先合之。將欲殘之。乃先成之。啖肉飲血。以爲羽觴之瑤漿。玉鼎之肥醲。食前方丈。芬芳甘濃。炮羔燔牛。胹髓煎鴻。若不勝其悅我口焉。刲腦剖髓。以爲大呂之樂。雲門之舞。竽瑟雜羅。管弦並奏。齊容鄭舞。吳歈蔡謳。若不勝其悅我耳焉。炙皮剔骨。以爲冬之突廈。夏之寒室。刻桷畫棟。翡帷翠帳。層臺累榭。高堂邃宇。寢處于肝脾。沐浴于膏血。若不勝其悅我體焉。毀人之生以成吾生滅人之樂以遂吾樂天下至不仁之事皆循文明之軌而前驅老氏所謂天地不仁聖人不仁者即吾人文明之濫觴也此何以故。曰我不殺人。人將來殺。不以肉血悅我之口。則我之肉血將悅其口矣。不以腦髓悅我之耳。則我之腦髓將悅其耳矣。不以皮骨悅我之體。則我之皮骨將悅其體矣。不徒人與物之相接如是也。此群之與彼群。甲國之與乙國。其相接亦如是。群之相攻。國之相伐。亦遵此盡量均求贍欲而行者也。昔者桓公問管子曰。請問爭奪之事何如。管子曰。以戚始。桓公曰。何謂用戚始。(一)管子對曰。君人之主。弟兄十人。分國為十。弟兄五人。分國為五。三世則昭穆同祖。十世則為祢。故伏尸滿野。兵決而無止。(二)管子言社會戰爭。由于人眾而地寡。物有不足。親戚寇讎。其說最古。其義尤確。後世言社會學者。不能出其十世之例也。(三)韓非曰。古者丈夫不耕。草木之實足食也。婦人不織。禽獸之皮足衣也。不事而養足。人民少而財有餘。故民不爭。是以厚賞不行。重罰不用。而民自治。今人有五子不為多。子又有五子。大父未死而有二十五孫。是以人民眾而貨財寡。事力勞而供養薄。故民爭。雖倍賞累罰。而不免于亂。(四)管子之說。國與國戰爭也。韓非之說。群與群戰爭也。無野蠻無文明。不足則相亂。有利則互攘。愈文明者其亂尤烈。其攘尤巧。其施于被征服之國。陰賊慘刻。有甚于食肉寢皮者矣。誦亡國之史。若埃及。若波蘭。若印度。若安南。若朝鮮。彼有土田。他人耕之。彼有廬舍。他人處之。限昏娶之制。寡其種類。毀庠序之教。閉其聰明。苛賦斂之征。貧其財力。禁武鬬之技。弱其體膚。懸諸九天之上。投諸九地之下。奴隸牛馬。刀俎鞭笞。求與所畜之犬。抗庭分禮。而不可能。望其一笑一盼。稍霽赫怒。而不可得。歷史者。文明之神器也。乃印度人欲自纂其史。而英人嚴禁之。焚其居而火

(一)用猶以也、

(二)見山至數篇、原文多舛誤、從王氏雜志訂正、

(三)甄克思曰、以六七圖騰。共處一區。其相好惡也。視山野之廣狹。得食之難易。使獵場饒衍。而禽獸多。取以贍其口數而有餘。雖數十年相安可也。禽獸減少。擊獵之場。以口蕃而日形其蹙。斯物競起。而兵賊之事興焉。此亦管子十世之義也。甄說見嚴譯社會通詮。

(四)見五蠹篇

其書。游俠者。武士道之型範也。乃安重根椎擊伊藤。而日人致之慘死。戮及親戚。禍連宗社。忠義者。人類之魂也。乃安南將軍阮說主戰。法人流其八十垂老之父于荒島。陳春撰不降。則扣其祖墓。沉骨于海。潘廷逢不降。扣其遺骸。投諸熛燄。法律者。民之保障也。乃埃及華檀尼。殺其首蒲赤洛。疾其媚英人而賣祖國也。國民黨以爲政治之犯。延三律師爭之。卒宣告死刑。散其黨徒。禁其遺像。彼英法日本。非自詡于文明之邦乎。而殘忍險惡。至于此極。仁者不以爲非。智者不攻其短。猶草木鳥獸。啖之飲之。封之剖之。炙之剔之。從心所欲而已。然草木鳥獸。始且殺人智絀力窮而殺于人。人之殺之也。殺之而已矣。初未嘗設以成心。涵以妒嫉。殺老牛莫之敢尸。見觳觫猶有不忍。雁能鳴而全其天年。毋以毀而反于巢穴。怵惕惻隱之心。感而遂通。觸而即發。君子之仁術存焉。若文明施于弱小。則除之惟恐不盡。陷之惟恐不深。立法惟恐不嚴。設防惟恐不密。必使亡國頑民。靡有孑遺而後快。彼殖民辟典。久無仁術二字之可尋。烏虖文明。文明。天下至不仁之事。皆假汝之力以行。

人文火賁。若何因緣而生。若何灌溉而長。不得究其歸宿。觀文明之國光。則全國上下。慘淡經營者。無他。惟殺人耳。學校教訓。十年沼吳之謀也。鐵軌馳騁。徵兵運餉之速也。海機輕颺。不絕手之方也。飛機上下。虎傅以翼。擇人而食也。電信疾馳。軍書之旁午也。工巧技精。蚩尤之鑄兵也。商賈出市。伊尹放桀。先貧其國也。鷄鳴而起。孳孳而爲。一語一言。一顰一笑。何莫非殺人之預計乎。雖然。殺人之父者。人亦殺其父。殺人之兄者。人亦殺其兄。雖殺于人。無異自殺。故文明國家將欲殺人。必先養自殺之民。以爲交易之貨幣。殺千人者。自殺之民。亦必有千焉。殺萬人者。自殺之民。亦必有萬焉。蕃滋生聚。尤政家所汲汲利導也。故孔子言富庶。孟子言多民。商君言來民。管子言定宗廟。育男女。墨子言蚤昏民倍。國之盛衰。恒視人民衆寡以爲準。人民蕃衍。則耕戰之事備。工商之利通。噓氣成雲。揮汗爲雨。文教日章。禮樂日隆。政治日良。國勢孟晉于治平之極。未有人民寡鮮。而國能强盛者焉。況戰爭而民少。則不足以自殺。不足自殺則不能殺人。是交易而先虧其貨幣基本。安望貨殖之屢中乎。今之列强。罔不求其民之發育。日謀々然至人滿之憂矣。德人孳乳浸多。民困于生產。諺語街謠。以多男子爲不幸。而奮振有爲。雄視列國。法人則以人口蕭索。頒行政令。啓迪生機。及歲不昏。則課重稅。生子衆多。斯享特權。而民寡氣衰。國威不振。日本則人口日衍。一歲生者爲百七十萬。死者百有九萬。生死相衡。是有六十萬之新民也。而其群視衣食如天地。以勤苦爲宴安。民氣剛桀。死不旋踵。由此會通。猶爲定例。其人民日衆。斯群化日深。智術日增。斯殺機日巧。彼之日日謀殺人也。明目張膽。昭々然揭日月而行之。擴充軍實。惟恐後人。增師團。製戰艦。造飛機。利武器。水則軍港之革新。陸則要塞之設險。磨刀霍々。視人眈々。高加索山之西。地中海之北。燦然文物之中堅也。所謂六大强國者。朝野上下。除厲兵秣馬而外。幾無他事。海陸軍費。占其歲出全額之半焉。試擧近兩載言之。去年三同盟國之軍費。德則一、四七九、四六萬馬克矣。奧則六五一、四六萬馬克矣。意則五九五、三三萬馬克矣。三協商國之軍費。俄則一、七五一、六七萬馬克矣。法則一、二〇三、五二萬馬克矣。英則一、五七一、三九萬馬克矣。今年三同盟國之軍費。德則二、二四五、六萬馬克矣。奧則七二六、六三萬馬克矣。意則六二九、六六萬馬克矣。三協商國之軍費。俄則一、八三四、九九萬馬克矣。法則一、一八九、四三萬馬克矣。英則一、九四〇、八七萬馬克矣。察其歲出增加之勇可知戎機設備之急積數十年之精銳竭六國富强之武力決裂于一旦虎嘯龍興風馳電照此今日戰禍所以撼天地震海嶽爲生民以來未有之血鬭也烏虖文明文明天下至不仁之事皆假。汝之力。以行。

于是今之墨翟耶穌。悼生靈之塗炭。悲郊壘之髑髏。創非攻之談。立弭兵之會。意非不仁也。非不持之有故。而言之成理也。然而誦孝經以却黃巾之寇。當大爭而循揖讓之軌。迂濶而遠于事情。徒託空言。未能見于行事者也。昔者俄皇首倡和平會。美人嘉菲義捐巨金助之。列邦行使。兩會海牙。今年實弟三會之期也。弭兵果足以恃乎。吾國之韓非。嘗詆非攻矣。其言曰。古者寡事而備簡。樸陋而不盡。故有珧銚而推車者。古者人寡而相親。物多而輕利易讓。故有揖讓而傳天下者。然則行揖讓。高慈惠。而道仁厚。皆推政也。處多事之時。用寡事之器。非智者之備也。當大爭之世。而循揖讓之軌。非聖人之治也。(一)呂氏春秋。亦嘗詆非攻矣。其言曰。古聖王有義兵。而無偃兵。兵之所由來上矣。與始有民俱。凡兵也者。威也。威也者。力也。民之有威力。性也。性者所受于天也。非人之所能爲也。武者不能革。而工者不能移。兵所自來久矣。黃帝固用水火矣。共工氏固次作難矣。五帝固相與爭矣。遞興廢。勝者用事。又曰。蚩尤作兵。蚩尤非作兵也。利其械矣。未有蚩尤之時。民固剝林木以戰矣。勝者爲長。々則猶不足以治之。故立君。々又不足以治之。故立天子。天子之立也。出于君。々之立也。出于長。々之立也。出于爭。爭鬪之所由來者久矣。不可禁。不可止。(二)管子亦嘗詆非攻矣。其言曰。貧民傷財。莫大于兵。危國憂主。莫速于兵。此四患者明矣。古今莫之能廢也。兵當廢而不廢則惑也。不當廢而欲廢之則亦惑也。此二者傷國一也。黃帝唐虞之隆也。資在天下。制在一人。當此時也。兵不廢。今德不及三帝。天下不順。而求廢兵。不亦難乎。(三)諸家立說之旨。管子則謂兵雖有四患。列國並立。不能偃兵。故曰寢兵之說勝。則險阻不守。

(一)八說篇、(二)蕩兵篇、(三)法法篇。原文多舛誤。據王氏雜誌訂正。

兼愛之說勝。則士卒不戰。可見墨子以前。即有寢兵兼愛之說。爲管子所拒。蓋列强競存時代。倡言非攻。國家之蠹也。韓非則謂人智開明。則事物繁而器械巧。人多而用不足。故成大爭之世。非攻必爲聖智所笑。呂覽則謂戰爭出于天性。野蠻社會。君長爭奪。後世啓明。亦有義兵。由是觀之。非攻者。適于宗教而不適于國家。宜于太古之酋長而不宜于開化之民族。利于統一承平之時而不利于分據割裂之局。管仲韓非諸子。生于列國。侵伐之事。無日不聞。攻守之具。無時不備。與今世各國。殆不謀而同。故諸子之言。亦不啻爲今之國家。陳其利害。彰其幽隱也。

非攻之說。果不可以行矣。不得已而求其次。則戰時之公法。救濟之約章。俘虜之持養。傷亡之存問。毒器之禁止。中立之維係。不殺老弱。不獵禾稼。服者不禽。犇命者不獲。此世稱爲義戰。法天地絪縕之德者也。夫劉季殺項羽而哭其尸。不如弗殺之仁也。宋襄與楚戰。而不鼓不成列。不如弗戰之仁也。既有事于軍旅。殺敵致果。以求仁義。是孟子五十步百步之喻也。瞻彼西方。龍蛇起陸。大地不足以殺人。爲飛行器翔于空碧。探狡敵之情。投猛烈之彈。方城爲城失其險。漢水爲池廢其固。海上不足以殺人。爲潛行艇沈于波底。入無人之竟。離朱不能施其明。公輸不能用其攻。九天之上。九淵之下。盡殺人之戰場也。上以飽飛鳥之喙。下以葬鯨魚之腹者。前仆後繼。器巧械精。慘于蜂蠆。輕利縹速。猝于飄風。非王者之師莫能焉。戰之未來。前行素修。鬪以廟算。而每歲之軍費。在八萬萬馬克以上矣。戰之現在。名則兵戎。實乃金貨。而每日之軍費在一萬々圓以上矣(一)。戰之過去。工商凋殘。瘠疲載道。國家之損害。在

(一)最近調査歐洲戰局俄法英德比奧塞七國共有陸軍兵員一千六百七十萬人一人所需軍費多者十圓少者五六圓平均以八圓計之則共當八千五百三十六萬圓海軍除砲艦以下艦艇不計外戰鬥巡洋共三百五十五艘一日軍費至少不下一千五百萬圓統計陸海軍費一日當八千萬圓之鉅

四百五十億圓以上矣。(一)此僅以數月之時期。數國之戰局。爲準則者也。如黑山國諸小邦不列也。加入戰局之日本不列也。中立各邦受其影響之損失不列也。無形之膏血。如此其鉅。是出死蹈亡于疆場者千人則流離鰥寡于閭閻者萬人。臧取係累于俘虜者千敵則困苦顚沛于逃亡者萬敵。猶有形之死者一人必有猶無形之死者十人。要有形之殺者一敵必有要無形之殺者十敵。一人猶其死即有一敵。要其殺猶其所猶者十倍要其所要者亦十倍。一夫按劍而受其螫者二十倍以上。焉橫潰于四極縱施于百年道德不進智慧不淪學術不講耕稼不興商賈不蘇工藝不振人類事業數十世不能忘其痛苦降之百殃豈在洪水猛獸下哉。猶煦煦爲仁孑孑爲義謂法天地絪縕之德不爲智者所笑幾希矣。況人發殺機。萌于獸性。如火烈烈。莫我敢遏。絪縕之德。若存若亡。無義戰之可言矣。不然。則法于安南。英于埃及印度。日本于朝鮮。如前種種。何不人道若是之甚乎。不然。則庚子聯軍之役。甲午中日之役。丁己廣州之役。庚子圓明園之役。吾民之或焚或殺。或虐或辱。而無所籲告。何文明列邦。不人道若是之甚乎。不然。則吾民之僑于南溟。傭于北美。散處于海外。群居于域中。無不負痛忍辱。憯莫懲嗟。何承平之時。不入道且若是之甚乎。是猶得曰文明之于野蠻乃爾也。被征服之族乃爾也。敗軍之國乃爾也。然試觀德人與列强之戰。首襲露克森堡比利時兩中立國。破壞倫敦條約。隳署名簽印之誓。乘出奇制勝之略。辱諸國之大使。因日本之學生。徵人頭之稅。肆焚燬之威。刃加童子之首。彈被教士之胸。天下鳴鼓申罪。指爲大逆焉。德人雖有百口。固莫能辯。彼乃聲言諸國背棄人道矣。平心論

(一)經濟學者、謂歐洲戰爭如及半年之久、預料各國經濟上之損害、大約英國一百五十億圓、德國一百億圓、法國九十億圓、俄國七十五億圓、義國三十五億圓

之。今日之戰。奧塞作俑。俄起而助塞。德亦出而援奧。法又繼起應俄。英又繼之。日本又繼之。戰發開展。其次序固不容諱也。使各國而果不好戰。付于第三期之海牙會議可矣。公判奧塞之是非可矣。待其勝負將決。出爲排難可矣。宣布中立。留平和之餘地可矣。乃一不出此。聯袂投入于戰局。若就流水。若登春臺。俄且試其侵略之舊圖焉。法且洗其前恥焉。英且藉殺其勢以莫予毒焉。日本且雪其責還遼東之憤焉。君皆抱其亞歷山大拿破侖之雄圖。民皆揚其如火如潮之客熱。嗜殺之名。又豈得專咎于德人乎。舉天下莫不嗜殺。譊譊然言非攻。倡人道。不爲智者所笑幾希矣。

有疑之者曰。天演之中。衆弱攻昧。取亂侮亡。小國而不事大。弱國而不事強。國大而民愚。地富而財寡。干戈之媒而禍祿之賊也。衆攻取侮靡有孑遺。蹶然獨存于將來。皆適于天演之強大地醜德齊勢均力敵。人生之福樂。益湛平和之希望。更殷協謀僉同。祓此祅孽。鑄黃白于一家。陶四海爲一域。不言非攻而慘禍自偃。不倡人道而天祐自格。安見戰爭之不能自己乎。應之曰。衆攻取侮者。必至之天儀也。弱昧亂亡者。無定之經界也。人與物競。則物弱而人衆。文明與野蠻競。則野蠻弱而文明衆。半文明與全文明競。則半文明弱而全文明衆。人智孟晉。未有窮期。太古之文物。淪爲野蠻中世之聲名。擠于半化。後之視今。亦猶今之視昔。百世之下。君子退爲野人。野人進爲君子。零落于耳孫。渙汗于後葉。視其民力之勇怯。國運之隆替。以爲變遷。則所謂弱昧亂亡。即當日衆攻取侮之強者。無平不陂。無往不復。代翕代張。代存代亡。消息盈虛之數。生死存亡之林。焉能以一時耳目心思之力。刊爲典型。執其離合哉。且方以類聚。物以群分。白有白人之魄。黃有黃人之魂。宗教有異同。族類有畛域。地齊有疆界。二女同居。其志不同行。革之道也。種落繁熾而無以舒人滿之憂。靈威震蕩而無以袪功名之慾。流血伏尸。

定于冥兆。生之無亭毒之心。死之豈虔劉之志。墜之淵泉。非其怒。昇之霄漢。非其悅。天地乃爲戎首。造化當服上刑。莊周有言。同焉皆得。而不知其所以得。今日王者之師之謂也。角而觸。爪而距。毒而螫。蹶而決。齒牙而噬。不識不知。順帝之則者也。王者之師。又奚異此。禽獸得之于自然。文明假道于才智。而同爲有力者負之而趨。折天柱。絕地維。傾西北而陷東南。悠々人生。其長與共工氏之民。委蛇以終古乎。范蠡之對王孫維曰。予雖靦然而人面哉吾猶禽獸也。此姑蘇城下之天籟。而今世文明之憲象也。他日助天爲弱者。獸蹏鳥跡。交于神州。殘女社稷。滅女宗廟。余且浮輕舟于五湖。從鴟夷之靈。祭句踐之鬼矣。

(一)參見許氏說文解字序。

時評

紀歐洲戰事

浙生

歐洲戰爭經過。今已二月有餘日。戰勝之果在誰面。繼續進行之迄於誰日。立於大地之國家與社會所被之影響果奚若。凡此種々。俱宜求之異日。今但略述戰事之開始與其啓戰之重要原因。而並及進行中所發生之現象。亦觀察時局者必要之政聞也。

今一九一四年。其六月二十八日。奧皇儲飛蝶南夫婦。被刺於波斯尼亞首府。舉國上下。集矢於塞爾維亞。旋以政府所調査。暗殺者果屬於塞人。遂羣欲夷其國而甘心。竟以七月二十三日。與塞以最後之通牒。求懲創罪人。至蔑視塞爾維亞獨立國之資格。且責及其所謂大塞爾維主義之團體。而限以四十八時間回答。塞答覆如日。奧終以所求不足。二十九日即舉兵侵塞都別爾克辣。此明々惹起人種惡感矣。俄爲保護巴爾幹斯拉夫人種國家之主任者。憤其通牒所要求。不得不向西陲動員。乃德因之。限俄以二十四時間內動員中止。尋於國中布告與俄宣戰。法與俄。攻守同盟國也。俄既興師。法自不可以已。而英首相愛斯癸斯氏。其時亦於議會說明。英對於法有以軍事應援之義務。迨八月二日。德既侵犯永久局外中立國盧森堡。復長驅衝入比利時。英亦以擁護中立國大義。投於交戰團中。布告與德宣戰。而三國協商對待三國同盟之局成矣。中惟意大利嚴正中立。出於意外。歐洲強國。殆靡不列入戰爭者也。其他北歐之諾威瑞典。以暨和蘭丹抹。南歐之瑞士。以暨西葡。皆以形勢不占戰。

爭。上。要。害。得維持中立於無事。至若土耳其與希臘諸邦。未來之加入與否。今尚爲未知數。緣自歐戰發生。以來亘二月餘日之久。其內部乃無日不在醞釀之暗潮中也。而與歐對峙於南之亞非利加者。以英德殖民地所在。今亦動其干戈。與歐並立於東。吾人所居之亞細亞。亦以德意志之租借地及殖民地所在而有英日聯軍。特與吾人以砲擊相聞。大地縱云廣袤。而戰線竟彌漫之而不虞。其莫及今完全未加入戰爭者。五大洲中僅々亞美利加。爾其戰域之廣。殆百年前拿破侖戰爭之所弗及。是誰使之然哉。

靡不曰以奧皇儲被刺。惹起人種關係也。一方有所謂大斯拉夫主義者。其他一方即有所謂大日曼主義與之頡頏。結果非出於一戰不可。是以有今日之巨難。如此則戰局應限於歐洲之東。又有曰。今番之戰爭。不惟有人種關係。且帶有齊桓公復九世讎之臭味也。法自亞耳撒與魯達林二洲割讓於德以來四十餘年中。雖平時亦現交戰狀態。是終非出於一戰有不可以已者。故因俄德與塞之紛爭。而釁皇蒲胥。緣隙以起。如此則戰局應限於歐洲之大陸。今戰局彌漫全球。其主要之原因。決非僅々人種之關係。乃歐洲霸權之誰屬也。亦非鰓々復讎之僻見。乃世界主義之相逼以逞也。故質而言之。交戰國以十餘數。而英德以挾持世界之力互決雌雄。有此大波瀾也。法歷史學者薛紐伯氏。纂著歐洲政治史。以『近百年中國際團體員之重役。不得不推英爲第一』。又蘇格蘭學者馬非孫氏所著政治發展一世紀一書。對於德意志增加海軍案。結論有曰『英德兩國民之經濟競爭。軍備競爭。殆必呈二十世紀中之一偉觀。至最後之輸贏。歸於誰國。今所不問。但其結果。可豫言其有變更世界歷史之魄力。爲一新紀元』。蓋距今百年間。拿破侖敗北。以來今日戰爭。之險象殆已孕育於無形。英自此以區々三島。得張勢力於大陸。後遂至執歐洲牛耳。以平反俄土戰爭。而當時之普。亦藉撲滅拿翁之勢。暗中爲組織聯邦之豫備。迨一八七〇年。有普法戰爭一事。而大陸之德與三島之英。隱然對峙於歐洲。其時英以國威已炫耀於國際。遂善保持其優勢。外以誇有光榮之孤立。內則傾全力以經營殖民於大地。故在十九世紀中。從不問英吉利加盟某國。惟問其以某公司獲取某洲之殖民地而已。德於其時則以組織聯邦未久。復結不可忘之大憾於毗鄰之法。不得不注重外交。俾法無復起之望。故關於戰後之經營。經畢士麥機敏如神之手腕。首與々德競爭聯邦之奧締結同盟。防俄南下而示法以不可侮。殆至一八七九年。經維廉帝之裁可。得調印於維也納。其時又陽與俄協商。巧取亞力山大二世訪問柏林之榮。形式上使法益成孤立之勢。一八八二年。又以意大利對岸之突尼斯見併於法。爲意所至不欲。陰使同盟之奧。深與意大利相結。以牽制法蘭西地中海之勢力。遂於一八八三年一月。締結五年間之密約。形成三國同盟。近百年之世界史所認爲畢士麥之大著作品也。自今言之。使維廉一世不於締結同盟之後。即云殂落。德得以永持畢相政策法至今孤立可也。乃天不德與。今維廉二世繼位。罷免畢相。復變更其政策。而顯與俄異。法遂以一八九一年與俄結二國同盟之約。以對抗於德。且日謀其同盟之擴張。

夫三國同盟與二國同盟。乃德與法維持國家生命計。爾非有稱霸於歐之野心也。故英亦仍以有光榮之孤立。超然大陸之表。不爲事後之加入左右袒焉。但於其時。力圖伸展其國力。始以克利米戰役樹偉功於聖伯羅。俾東歐之俄有所憚懾。此一八五三年乃至五六年事也。尋又出兵於波斯。與吾爲鴉片之戰。漸近侵略東亞之步調。同時復掃平印度大陸。收爲己有。以强固英帝國殖民根基。此英史

所稱維多利亞女皇之治世而亦足以表見女皇之治世中以區々三島稱覇全歐四周所遭之境有莫與京者

東歐之俄中央之法自入十九世紀中期後皆急々以圖自保眞無暇與英爭全歐覇權所難堪者德皇維廉第二爾維廉自即帝位罷退畢相即予智自雄對於內政既以皇帝行總理大臣之職務遂銳意擴張軍備故皇所嘗言「德意志之將來在海上」有此一語即無異與英以宣戰書也英以海軍立國者無海軍即無以維持散漫無紀之殖民地故其閣議所出對於海軍所規定嘗以匹敵二强國之優勢爲標準而德乃務與之爭德自入二十世紀以來其現有海軍之膨脹已足使英震慴乃於一昨年所提出之海軍擴張案豫算迄於一九一七年竟增加三十八艘戰鬪艦十四艘裝甲巡洋艦三十四艘小巡洋艦百二十艘驅逐艦其他空中飛行艇水中潛航艇尙不在此數具此龐大之海軍其作用固亦在殖民地也

英之廣有殖民地謂出於「擁護麵麭路」之苦衷德之搜取殖民地亦謂「但求商工業之販路」德以後起之聯邦已於一八七〇年乃至八〇年間畢公執政時非洲西南得有多俄蘭地方太洋洲中得有新南威斯士後以銳意海外之凱撒經營之其國力已日有增進但以道途遼遠難收指臂之効非於歐亞毗連地得有根據難言貫通乃腐心與土耳其結交一九〇八年土皇太子游柏林時凱撒親迎於停車場交驩宛若平生德既奏此奇功致使英失其克利米戰爭數年之成績退出保護土耳其之地位讓德獨執君士但丁之仲裁權且於波斯灣有白達鐵道之經營名爲德土合辦實乃德之所有權也肇始於市入二十世紀時締結新約則在一九一〇年其鐵道之延長自君士但丁經白達以迄巴

司勒港。換言之。即由玻斯頗洛海峽達於波斯灣之要道。俾英領有之印度生根本上之動搖也。而其全線開通期規定於一九一七年。夫凱撒非僅插足於歐亞毗連間而止者。對於東亞。亦具野心。曾覬覦臺灣。後以甲午戰爭之結果。致歸於日。遂以二教士被害。逼我租借膠洲灣九十九年。又凱撒以求南非殖民地之擴張。曾於一九〇七年。便道訪問摩洛哥。游說其朝野。反背法之所爲。遂於一九一〇年以干涉摩洛哥問題。終使法割讓南非之公果地。以輔衛舊有之多俄蘭。而與英之南非殖民相爭競。夫德於殖民地之布置。既已略具規模。而海軍又足以濟之。惟軍艦出入之徑途不易得爾。故德自凱撒執政後。既自一八八〇年以迄一八九三年。有所經營之徐羅大運河。爲時十三年。投資至三億五千七百五十萬七千馬克。通航北海與婆羅的海間。既免迂回丹抹北岸之險。爲時復僅十小時。乃近以大戰艦激增之要求。竟於一九〇七年。特立擴張計畫。復豫備二億二千一百萬馬克之投入。務使其深三十六呎。底幅百四十呎。足令龐大之海軍得以通行無阻。而其落成期亦規定於一九一七年。德之相逼而來。故英自一九〇一年愛德華七世即位。即變更傳來之政略。舍光榮之孤立。爲質直之聯盟。且歷訪各國宮廷。暗以折衝樽俎。同時復唱導現狀維持說。以鮮明英倫外交之旗幟。但所謂現狀維持者。質言之。即英於世界永續立於優越地位之謂也。首與大陸之法締結協約。以保持地中海之制海權。得移馬爾達艦隊集中於歐北。尋又以德侵及極東。逼借膠洲灣以經始軍港。遂於東亞與新起之日本同盟。英本其固有優勢之海軍。並綜合與國之力。尚不足以敵崛起之德。迨一九〇七年。復與俄釋累世之讎。以絕大之犧牲。易其協約。出波斯之橫貫鐵道與俄合辦。即是也。其時英倫與論沸騰至斥現內閣外交之失敗幾使愛斯葵斯不安其位彼安知其謀慮之深遠耶蓋英以印度爲國庫所自出務使其西陲舒緩其衝突傳來之政策有然也是宜以歐印直通鐵道據爲已有又安可與人問鼎者今乃以波斯之險與俄共之故但就形式以觀宜當時輿論有「俄可征與「波斯可退去之激語豈知當時之俄一舉足即足爲英之輕重非得其甘心對峙於波斯橫貫之鐵道則德意志之自達鐵道今方並日進行倘俄不我輔將以誰爲抵制之具耶

夫英愛內閣所籌及者豈凱撒所不克籌及耶但不肯如英出莫大之代價爾故任英成就其三國協商而孜々爲根本之圖蓄養背城借一之全勢以求達世界主義之大欲自達鐵道之開通期一九一一七年也徐羅大運河之落成期一九一七年也擴張海軍之最大數亦一九一七年也一九一七年距今僅々三年爾奧塞俄德既起爭端法又挺身以加入英不於此時與德一決雌雄坐待其毛羽豐滿倘有成敗之可言耶故今番全歐魚爛在稍研究歐洲最近十三四年間之外交者殆皆知此戰爭之不克免而無用驚爲新奇可駭之舉也前者巴耳幹戰爭開始時識時者即羣憂其波及全歐而莫知所底止當爲讀者諸君所能記取蓋凡燭眼所及見靡不知英有後起勁敵決非可久在暗鬭中必有一日發現而不可收拾者也

今原因雖已明瞭。然戰局一日千變。其結果終難以論理預爲推定。惟於戰爭進行時。得有種々現象。今舉其大者。拉雜以紀於篇。平和說之無效也。局外中立之不可爲也。外交之神出鬼沒也。經濟之眞象畢露也。

當七月間。戰爭尚未開始。法之平和主義者左訥恩氏。旅行途中盛爲非戰之演說。但殺氣已徧於大

陸。欲以優美孤懷。與大勢相抵抗。在左氏或不自知其不敵。故不幸被戕於巴黎。若德自畢士麥傳播
鐵血主義后。朝野上下。殆靡不以「戰爭爲安全之母」最近俾思濟大將著一書題曰德意志暨次期之
戰爭。日之浮田和民氏。已於太陽雜誌中。舉以駁之。茲不贅舉也。惟俾大將所嘗言「威力即正義也。欲
表現威力之優劣。非於戰爭決之不可。」又言「天有暴風。即以淸淨其空氣。汰弱木而存强樹也。國有戰
爭。亦以使國民於政治上生理上智識上得試驗之具爾。故腐敗之國家。縱得生存於平和之日。一遇
戰事。必暴露其弱點。」視平和如飲鴆。殆成全國輿論。故在德抱持平和主義。以戰爭見阨者。已不知凡
幾。特以征戰期中。國內事情。每不易溢出。今亦只據日本所得紐約電聞。知有「急激之撲滅」已爾。
自和蘭有創設三十年之平和會議。而美之嘉亞義氏。至寄附二千億美金於平和財團。今俄帝尼古
拉二世。且爲第三次平和會議之發起人。當日俄戰爭時。俄以國內有社會黨之煽動。遂急遽請和。故
俄於此番戰爭進行中。與波蘭以自治。且與猶太人以政治上之相當權利。凡此皆所以減社會黨之
惡感。而表示戰爭之出自不得已者。但究其終結。仍戰爭也。非平和也。此乃政治之手段。決非人道之
極軌。故近有排斥海牙平和殿。爲「僞善殿」而認平和會議之結社。爲「無意識之結社」且慨歎嘉氏之寄
附多金「不收一錢之效果」者。其言要非過於憤激也。以英之愛斯葵斯所組織之現內閣。其大本營爲
自由黨。而藏相又有佐治氏。宜其爲國民謀人生之趣味者。乃終以與德對抗。致破壞黨義之精神。不
稍愛惜焉。其閣員中。柏仁士與莫烈兩氏。當愛氏布告宣戰時。竟奮袂辭職。雖無力挽廻閣議。而有此
辭職之決心。亦足爲平和主義留一縷之光明也。自赫胥黎生存競爭說出。國際橫被其影響。世論滔
滔。眞理遂沒。故近今一般濡染愛國熱之國民。不自知其誤墮牢籠。反目唱導平和之人。爲「非愛國者」

而學法之左訥思氏以爲戒庸詎知爲平和說所犧牲其犧牲乃有眞價而人道賴以不墜也英人威爾斯氏所著書有曰「將來之發見」者書中豫言二十世紀中新共和國之信仰道德及其政策並重言申明謂戰爭爲文明之障礙物其得平和之意味者歟

立於大地之國家不知凡幾而自今番戰爭所經過言之要以有充分之戰鬭力者方得目爲完全之國家自來國際法學者所主張靡不謂「凡國家有固有之政治組織即於國際有十分平等之資格如是者目之爲單獨國」及今而言其語尙足爲典要耶在國際法規之所謂單獨國者不惟英俄德法與意然即比利時以迄盧森堡亦靡不然乃經今番戰爭初哉首基即將盧森堡局外中立破壞無餘復於嚴正中立之比利時於其國中亘三月餘日之戰爭俾燦爛有名譽之蒲盧塞首府化爲灰燼要塞盡落國王播遷瀰迤平原但供鮑明遠蕪城之材料彼二國者在歷史上已於一八三一年十一月之倫敦會議經英俄普奧四國認爲永久局外中立國今乃爲認許國中代表德意志之普所蹂躪國際關係所締結諸條約尙有一分信用耶

大地永無戰爭相與平和乃有條約之可言若戰爭既已發生則只有交戰國無局外中立國也今意大利與美利堅局外中立不見侮於交戰國者又何以故此非例外也凡戰時之國家得確然守中立之義務同時復得保中立之權利者率有充分戰鬭力否則遠在戰線以外交戰兵勞不易達到此外未聞有能免焉者是故歐洲之戰爭與吾固渺不相涉也而英日聯軍致動干戈於吾地謂吾爲德意志租借地所在也夫在吾國有租借地者非僅一德意志凡今所號爲文明國者强半有此物焉而在二十世紀中交通發達日增無已茫々大地亦將日見縮小使所謂文明國之中今後一有衝突殆不

必據本土以戰爭即以吾國為戰場亦意中事而吾仍美其名曰吾局外中立也不大可哀也歟

讀近世外交史靡不見尊重國際信義之明文但即其裏書所存仍吾蘇張之故智應用科學上之原則遂益顯揚其神妙爾英外務卿格雷法外交長德格賽以暨俄前日俄議和全權大臣槐特皆今日外交中之代表也平時則揮巨腕於世界戰時則傾全力於一隅南歐之中之意大利南歐之東之巴爾幹殆為戰爭時外交之中心德以已握土耳其陸軍權而又賴有與何國壤地相接故即使節頻繁亦不易與人窺測意大利則近據外電所傳召集北非之波利妥里役軍其加入戰爭與否非今茲所得言惟於宣告中立後俄之槐特與法之德格賽會議於長靴半島南之西西利而意大利外相列席焉其談判不可知但於戰爭有重要之關係則可斷言也

因之有一言附記於此戰爭時會議於意大利者非中立問題乃加入戰爭與否之問題若關於今番戰爭之嚴正中立此乃規定於一九〇二年三國同盟繼續時所附加之條件中非德奧戰爭既起而意大利有所寒盟於其間也其所附加之條件有曰「意大利於同盟中之一國被其他一國侵襲時應盡同盟之義務但同盟中之一國侵襲法蘭西時意大利不在援助之列」蓋意之加入三國同盟乃為防禦羅馬之分裂今統一既已完成根本上已如贅物而與拉丁人種之關係又日見親切已有不可離貳之趨勢

又英法俄三國於戰爭中雖曾協議於倫敦不為單獨議和之行為但戰爭終有止期故干戈滿地而樽俎亦因以頻繁前據外電所傳美國有派前大總統盧斯福前大總統達夫多現國務總理浦奈安三專使觀察歐洲說偵戰爭之激烈即為議和之預備現世界各國中有此外交之資格殆舍美利堅

莫屬也但其裏書之所存果奚若歟

今番戰爭之費用以經濟學者所計。稱日無慮一萬萬圓。今已三月餘日矣。投去之軍費。殆已達六十萬々圓之大數。而未來之支出幾何。以暨商工業間接所損失幾何。尙不在此列。當戰爭開始時歐洲中央銀行殆靡不以吸收正貨爲唯一之政策者英倫乃世界之中心點也而其英蘭銀行之金利擡高乃達一分之大數德法遂亦同時擡高金利歐洲各銀行其出此急激吸收之政策不越維持兌換制度計爾乃不逾時而德法之中央銀行則停止支兌英倫則發行小額紙幣英倫之小額紙幣事實上無異不換紙幣也其經濟疲弊之狀態殆達極點夫英之康奉公債世界有名之公債也其在一八九七年價値達於百十四鎊今乃不越七十五鎊餘此非細故也

夫自昔金融機關之受打擊莫不基於信用薄弱英蘭銀行固以信用聞於世界者而以戰爭啓隙致破壞而無自掩飾今後雖非無恢復原狀之一日但必須相當之歲月方得鞏固其兌換制度可決言也兌換制度既已鞏固然後有伸縮紙幣之自在權又今玆銀行陷於破壞之運命者不惟交戰國然即獨立西半球之美利堅亦受此影響而失金融上活潑之態度據今外電所傳殆亦進於不換紙幣之地位矣

此不惟戰時然也戰後之窘迫恐殆有甚焉緣戰後之經營各國爲本國金融計必傾注重於吸收現金之一舉以求强固財政上之基礎必無暇取用開放說也吾政府之以借債爲生活者不知亦計及於此焉否也

評論之評論

聯邦論

秋桐

三年已來。國中頗多消極之說。以指駁聯邦論。究其實主張聯邦者何人。其說又何似。愚亦頗留意論壇消息。迄未有聞。吾友康子率羣。惡聯邦尤至者也。其言曰『南方始奠。民國既基。三五淺嘗之士。輒倡異議。謂當卜宅金陵。改制聯邦。…紛騰報紙。譁訕於時。私心未安。不敢妄同。乃與二三同調。首發詰難。以爲國家上治。當貴統一。共和之實。無取分立。』(一)又曰『聯邦制度也。二重政府也。官吏之選舉也。不特與人民希望者無毫厘之關係。且更外牽國情。徒生擾亂。卒至新綱未布。舊紀已斁。舉國愁苦。若遂大祲。夢々者氓。乃大悔昔日行爲之非。彼又寧知倡言共和者之罪。亦直以爲共和之罪爾。』(二)由前之說。劈旂聯邦諸義。已有正式宣言。由後之說。又似二重政府。已見施行。至全國被其苦痛。愚誠無似。不敢以阿好友朋。遂右率羣之說。而謂與事實無迕。蓋當時南京政府。實主張統一者也。宋教仁之徒。信之尤篤。其後。政事不修。道路怨歎。北京政府當分其咎。何獨尤南京。縱尤南京。亦與聯邦無與。選舉官吏。彼以爲共和固當如是。非從美之州制而生。英非共和。官吏且多選舉。果尤北京。又實行統一。未善之故。去聯邦益遠。至於報章鼓吹。同盟會之重要機關。皆言統一。愚在『民立』諸記者實未嘗外此

(一)雅言第一期率羣宣言、
(二)雅言第七期『共和眞精神與人民之自覺心』篇、

立言。率犖與焉。宜知之彌審。其他激烈銳進之徒。亦不聞公立言說。以相號召。有之亦毫無責任不知誰何之人一二詭。又爲激烈銳進之徒所不齒者耳。凡玆所言。非謂聯邦之制必可以倡。特以其時。固未倡此。不可以是爲共和失敗咎也。

平心論之。革命之業。發於諸省。諸省獨立。已如北美群州。在都督軍事者。豈不樂就聯邦。爲擁權自恣之便。而顧不敢發。蓋當時東瀛承學之士。舊嘲習政之夫。倡言統一爲中華唯一必採之途。反此即爲不韙。聞者和之。習爲一談。輿論專制之勢已成。自由討論之風。莫起。强頑者有所憚。自好者亦默爾而息。探厥眞因。則由未辨聯邦之道。以爲聯邦果徒便私圖而無裨國計。以爲聯邦惟革命黨人受其賜。非革命黨人皆受其殃。前派以此自疑而不敢言。後派以此自勵而張其討伐。傳曰。鄭人相驚以伯有。聯邦者殆三年來之伯有也矣。

此外尚有一說。民國而行統一制。事仍爲因。改行聯邦。則純乎革々命自不憚夫革。而革中有可因者。仍當因之。此穩健者之心理應如是也。且統一聯邦。兩制並立。各有獨至之理由。互相是非。是不知務。謂吾行聯邦而有利。亦不當謂行統一而絕有害。政制死物。非人莫舉。民國實始發軔。安知行統一而即無成功。苟或成功。此有愜於言聯邦者之心。焉有二致。故當時明者亦持統一之說。職是之由。

易曰。無平不陂。無往不復。凡事有然。言政亦不外斯例。國人之厭惡聯邦。可謂至矣。而由近象觀之。頗有至極而返之勢。此與言求理。有得寧言經驗教之。蓋年來統一之失政。使人發生惡感。較吾率犖所以敵聯邦者。殆又過之。人心反動。何怪其然。忽於聯邦。贊否何似。本篇不著其義。惟請於本制不加可否之詞。而爲介紹諸說如下。

張君東蓀在中華雜誌七號。作地方制之終極觀一首。其文甚有價值。最要之詞曰。

……由政治言自治之本位。在地方制。本位立而後發展可圖也。……吾以爲欲舉自治之精神。非改正現行制度不可。

今之主張廢省者多矣。殊未慮及廢省之害。省廢爲道或州。直轄於中央。中央之權力。壓制此道與州。自較省爲易。則民權之蹂躪。自治之撲滅。正如反掌。其害一也。且區域之分劃也。必出於自然。自然者。人民心理之所產也。今省制亦有數百年。人民心理之結合。已成固定之形式。除一二省內部不相融洽外。概爲相生相養敵愾同仇。今一旦使結晶體爲之離散。非徒於自治之精神無益。且足以隳人民之氣。使皆奄々一息受治於人而已。其害二也。地方既縮小。則自治與官治。必同屬一機關。今全國方迷於非民選主義。則以中央委任之縣知事道尹或州觀察使。而兼理自治。是不啻自治全滅。其害三也。以現今之政象卜之。廢省必爲政治上之大害。可斷言也。

……吾故以自治精神。爲今日解決「地方制之終極問題」之匙。徒爭制度之形式。則失之矣。簡而言之。今日解決地方制問題。當絕對採取能發展自治精神之制度。此制度初與省制無涉。故存廢省非所問。特省制既存。則不必更張。徒增紛擾耳。

此能發展自治精神之制度。果何物乎。……請以存省爲例。於省組織省議會。及省參事會。參事十人。舉一人爲長。其職守等於昔日所謂民政長。今日所謂巡按使。省之下即爲縣。縣々之組織。如上所言。省參事長爲執行自治事務之一人。同時亦管理中央委任事務之官吏。事無巨細。由省自辦。於是自治之精神。得以發展矣。更詳言之。所以設參事會以爲執行之機關者。取其精神在合議制。蓋合議制之發生。後於單獨制。單獨制有歷史上之習慣。故人皆拘於成見。以爲單獨制之優點實多。殊不知任何機關。皆以合議爲宜。集思廣益。利一也。個人不得藉作威福。有同職者之牽掣。利二也。遇事必愼重於始。討究於未執行之先。利三也。苟其中有少數道德高尙之人。亦足制阻其道德卑下者之妄爲。利四也。同負責任。無所推諉。則遇事必各視爲當而後行。利五也。此五利正單獨制之五弊。玆不復贅矣。

凡一省之事務。無分巨細。悉歸省自理之。惟外交歸於中央。全國軍隊減至現制六分之一。專爲國防。其費視各省之富力等差。爲之分擔。中央行政經費。亦由各省分擔。凡此款項。均規定於預算。各省依豫算繳欵。至於國債。由中央籌出一定辦法。編爲條例。由各省承認。司法經費。雖由本省負擔。而司法官吏。則須由中央委任。此各省與中央之關係也。此外則各省自治中央不得干與矣。各省得自練民兵。以防匪盜。各省不得違背中央所立之法。而於法律之內。得自由議決法律。及增減租稅。其他如警察敎育。咸由省自辦。其程度不必一律也。

以上卽自治之機關言之者也。請一言其監督。監督權有二。一曰立法。二曰司法。國家之立法。省不得違背之。省之行政。須一依國家之法律。遇有爭執。則由司法以解決之。邇者民立報記者行嚴君。曾有行政分權立法集權之說。余頗韙之。蓋英美行政。必取分治主義。立法必取集治主義。已成一行不移之現象。初非新發明之學說也。夫立法集治。而行政分治。則立法足爲行政之監督。雖然。立法靜的。行政動的也。動者雖受靜者之範圍。然一旦有事出其範圍。靜者不能自動。於是失其救濟矣。故司法之監督權出焉。凡有爭執。不問何事。概由司法以處斷之。司法所以爲行政之監督。而足以補立法之不足也。旣有立法與司法之監督矣。則行政自身。固不必再有監督。否則非但監督之機關。疊床架室。足以消滅自治之活氣。抑且監督過甚。反致諸事不舉。全趨於消極。其爲害莫此過也。

論至此。請先自消極方面爲之總括曰。吾人不主張集治主義。不主張一省有中央委任之長官。不主張行政有監督權。更自積極方面一言以蔽之曰。吾以爲中國欲圖存且強。非採用英美派之自治不爲功也。論者必以爲吾之說有類於聯邦。當革命未成之時。聯邦論大倡。不佞當時亦爲反對此制之一人。當時謂聯邦之要素。在先有邦而後聯爲國。決不能先有國而後分爲邦也。及今視之。此理初不爲誤。特以爲自治與聯邦二者。精神上實無甚差異。而名義上則絕對不同。由來上亦復不類。何者。自治者以民爲邦本之公理。本於政治義務。自行執役於國家之政事。其與聯邦國之人民自治於其邦內者。固無以異。第於聯邦國。邦先存而後結約爲國。々者不啻同盟而已。此與自治絕不相同也。至於聯邦之名義。源其由來。由來不同。則名義自異，故以聯邦之說。應用吾國。則必不可。且吾以爲聯邦之害。不在聯邦之實。而在聯邦之名。夫今人之抨擊聯邦主義者。其藉口第一非外交乎。聯邦國之外交。誠不如單一國。然其弱點。半存於名義上。蒲徠士(一)謂外交之弱點。在聯邦國。歸於多數特別勢力之政治團體。蒲徠士所謂團體。意即指邦而言。然有歷史之邦。始有特別勢力。後有特別名義。以此之故。外交多有遲鈍之虞。實則聯邦之目的。在自由自治。初未嘗絕對不可讓步。而必以特別示異於人。故外交之困難。仍在名義上。而非實質上也。蒲氏列舉聯邦之弱點凡六。所謂內部不齊，行政遲緩。內亂難平等。其中內亂一層。爲非尋常必有之事。可不必論。至於內部不齊。行政遲緩。大凡土地廣漠之國。莫不如此。初不必聯邦爲然。吾國非聯邦。而內部之不一致。行政之遲鈍。想亦爲國人所共見。則又於聯邦何尤。蒲氏評聯邦之弱點竟。更爲廻護之詞曰。「以上弱點。不僅可以國政府不撲滅紛爭。反以此而強爲答。且可言聯邦制而發生紛爭。但使此爲聯邦契約上之法律爭執而已。於經濟複雜感情激發之時。則紛爭之生也。實出於勢之自然。若此紛爭生於中央集權之國。其猛烈決不視此稍讓。且足貽害於後世也。」(原本平民政治第一册百四十八頁)

(一)原文作勃闌斯，今改從本誌習用之名，作者識之、由是觀之。聯邦制之弊。實不盡然。即單一國亦未嘗無之也。且聯邦制之精神在自治。吾人但求自治。不必有聯邦之名。論者疑吾言乎。將以爲聯邦與自治絕不相侔。吾請以加拿大爲例。以證吾說。加拿大本有四省。後又加入四省。此省即等於美國之州。蓋加拿大雖爲屬國。而實爲聯邦。加拿大之爲聯邦制。世界所共認。然加拿大各省之性質。則不類於美國之州。其權限列舉。規定於法規。凡此範圍以內。爲省之權。此範圍以外。則悉屬之中央。美國則反之。各州之權限。不列舉於憲法。憲法所規定者。爲中央之權限。此範圍以內。屬之中央。此範圍以外。則咸歸各省所有矣。且加拿大各省。於行政固爲分治。而立法之高權。則由國會操之。即前所謂立法爲行政之監督是也。由是以論。即聯邦之中。亦未嘗無程度之差別。以加拿大與美比。其相差不爲不遠。而人名之曰聯邦則一也。實則若加拿大者。不過自治而已。故自治與聯邦。精神上固不必强爲分別也。王君寵惠倡中國省制取法於加拿大之說。吾當時惑於廢省論。頗淡然未爲注意。及今思之。其說殊有價值。實則加拿大謂之爲聯邦。毋寧謂之爲自治。今以提倡自治爲主義。則去其名存其實可矣。

凡右所陳。實一篇聯邦論也。作者雖極力掩之。而其眞愈露。往者英儒白芝浩論政最具隻眼。其觀察所至。往々揭明與時論相反之象。而謂反者爲眞。時人驚而自察。竟不能不認。如三權分立之說。發自英倫。孟德斯鳩親游其邦。歸而稱道於大陸。著爲良法。英人自是更不自疑。洎白芝浩出。大非此說。以謂英倫政象。實立法行政融成一片。而內閣爲立法部中之一委員會焉。聞者大驚。即而諦認。則又歎其言爲不可易。白氏當時僅一普通新聞記者耳。而乃驟享廣譽於著作之林。至今談英憲者猶歸之。其以此也。愚之徵此。非敢以明銳竊比白氏。惟以今時競言統一。舉國上下。文人談士。莫不依此而揚其聲即或懷疑亦不敢外於斯名更立新號蓋吾人之於聯邦久已視若異教之不可聽矣不謂反對聯邦之中乃有眞聯邦說忽焉流露爲斯說者初不肯以其名自居苟白芝浩生於吾邦必且大張反射社會心理之論是則眞相所在無所逃於天地之間特在白氏時爲事實而今則僅爲言論耳今請由此以入吾說。張君主張自治。同時謂自治之精神。與聯邦無殊。是張君所主張。實聯邦之精神也此乃張君自道之。且其精神所寄。又復具體臚列。蒲徠士所著聯邦之弊。更詞而闢之。本篇全爲徵引。讀者必有會心。實不待論。惟就聯邦名義言之。張君曰『……聯邦國邦先存而後結約爲國。國々者不嘗同盟而已。此與自治絕不相同也』張君果故爲是言以欺庸衆耳目乎。抑眞以爲若是乎。聯邦者先有邦而後爲國。歷史中數見之例。固不相差。然政論眞値存乎理不存乎例聯邦者中土之詞强入邦字歐文之Federation初不必指邦今於宗教學術工商諸事以戮力幷進爲約大抵皆曰Federation矣此亦得以邦字泥之乎嘗論之。國由個人及團體結構而成此個人及團體初皆各々獨立而必有法以聯之而國始成故憲法者聯法也(一)州若省者特團體中之較大者耳本來存在何分後先今以組織略異之故而乃以此組織爲一分點從而先之後之豈復知理者之言乎即以例論。而先後之說。亦不足破。法蘭西統一國也。而千七百八十九年之革命。及倫的黨諸名士。嘗有法蘭西聯邦之議。雖爲暴民所持。未獲實行。而原議具在。可以覆按。又英吉利亦統一國也。尤戴雪所謂一神主義之國也。而自愛爾蘭要求自治以來。聯邦之思想。逐漸發達。兩三年來。爲說益盛。雜誌論文。名流著述。以爲標題。詳

(一)聯法之名、創於吳稚暉先生、癸卯先生主上海愛國學社、編學生爲若干聯、々各選長、由衆選、別爲規條、號曰聯法、此其組織、實一美洲聯邦之雛形、而尙可曰聯、不可曰邦也、以其事可記、特附誌之、

細討論者。夙有所見。請徵最近一說實之。戚廉孫曰『吾國今後憲法。不久將成爲世俗所謂聯邦者。乃絕對可能之事。蓋大多數之自由黨。咸信玆義。惟變遷之遲速與其程度容不同意耳。保守黨人亦信之甚至極力鼓吹。此數雖不必過半。而決其爲多。愛爾蘭國民黨。所求如遂。焉有異議。工黨見夫社會主義。可以自由活動於地方議會。影響法律。此種政策。亦所歡迎』(一)是法曾創聯邦之議。而未行英且正墜其議之渦中而莫能自拔。持此以證張君先邦後國之論其無根據可知愚爲反復推尋。惟決其以欺庸衆耳目。其說始可通也。張君又謂『聯邦之害。不在聯邦之實而在聯邦之名』聯邦之實者何。由張君之言。蓋自治也。本文之意。如愚解釋不謬。無異『自治之害。不在自治之實而在自治之名』字義相鬪。驟難施解。夫名者實之賓也。名之所以可棄。正以其實之未安。今實既安。名之害何所自至且也。外交弱點。如張君言。不存於聯邦之實質。而存於其名義。以實質上之困難。可以讓步而消之。夫既實際之困難。獲除外交之弱點。已歸烏有。所謂仍存於名義上存者又是何物。果無物者。張君聯邦之害在名。一說殊難圓也。加拿大者聯邦也。張君曰『聯邦之中。亦未嘗無程度之差別。以加拿大與美比。其相差不爲不甚。而人名之曰聯邦則一也。實則若加拿大者。不過自治而已。故自治與聯邦。精神上固不必强爲分別也』以此爲材。出之邏輯之式。則張君之自治。等於加拿大之自治。而加拿大之自治。實與北美之聯邦。共一範疇。此童子可得其斷案曰。張君之自治亦實與北美之聯邦共一範疇加美人均『名之曰聯邦』張君之自治亦將比肩北美而得聯邦之『名』似不待沈思而得。是張君之文

(一)見本年出版之 Proportional Representation and British Politics, by J. Fischer Williams. 五一頁

實無形中告人以聯邦之名可採也。復曰『去其名存其實』名果得去。亦朝三暮四之術已矣。不亦衆狙我國民乎哉。張君謂『當革命未成之時。聯邦論大倡』愚則殊無所曉。張君之所以『反對』之。亦未或聞。蓋愚當時尚留歐洲。宜未之知。惟南京政府成立。愚已歸來。則兩方論議之影。無可辨認。故在愚殊不能追溯此段歷史也。惟如張君今日所云『當時謂聯邦之要素。在先有邦而後聯爲國。決不能先有國而後分爲邦也。及今視之。此理初不爲誤』愚則曰。此中是非。殆非一言所能盡矣。

張君之論既出。丁君佛言從而和之。撰民國々是論。揭諸中華雜誌九號。其言多可稱。請並徵之。愚讀丁君之文。覺其發端數言。最足注意。有曰『張君之主張地方制。既非附和政府。又不偏倚於激烈和平之論調。雖非自我發明。而要爲共和以來言政治者所未道及。且其說在今日。恰應民國之需要。又爲徹上徹下統括一切之根本主張』此在稍明三年來之政象者。有以領其言之趣意。革命初發之時。激烈者主張聯邦論。(一)既成之際。主張自治論。而皆爲丁張諸君一派人所反對。此屬事實。決無可諱。今張君所主張。實聯邦論也。已與革命前之激烈派同科。即忌其名不言。亦不能不與革命後之自治論合轍。謂爲共和以來之所未道。恐未必然。稍以例實之。國民黨主張地方長官民選。進步黨嘗爲暴亂。極力排之。而今張君論中。『不主張一省有中央委任之長官』。實爲精要。在昨年爲擾亂民國。在今年則恰應要需。在他人言之爲爭權爭利之符號。在我言之則徹上徹下之主張。然則昨年之反對民選論者。非反對民選論也。乃反對國民黨也。亦非反對國民黨也。乃反對國民黨之所以爲國民黨也。苟其論不出於國民黨。不出於當時之國民黨。則或保其邏輯應有之價。而爲設從容討論之方。愚

(一)此從張君所說、

其時力倡毀黨之說。職是之故。姑不具論。々丁君國是論之本質。國是論者。乃推廣張君之意而作者也。故曰「張君對於地方自治與聯邦制之論辯。極爲痛快。特只限於地方一面。而未闡發我國地方與國家之特別關係。故僅及其當然。而未及其所以然」然則丁君之所謂「所以然」吾人當諦聽矣。其言曰。

何謂國家之特別彩色。即所謂國基是也。……吾之所謂國基。不願利用渾默不可解之人心之說。且更除去國體政體諸建築物。及不相干之政府。今雖無十分切當之定義。以爲解釋。然可暫用今日最流行一語以說明之曰。國基者其內容雖廣泛。而其大部。則惟國情二字足以當之。其最好適例。如美、法、德、日、當未決定其國體、政體以前。美先有自由、殖民、十三州之市府。德先有日耳曼之諸小邦。日先有與人民無政治上惡感之一系君主。乃得於此基礎之上。建設平民政治。聯邦國體。君主立憲諸事業。彼三國者。其開始改革。亦非遽能自認定其國基。中經若干紛擾。然後發明其本體所在。著々進行。故其改革也。勢如破竹。而其建設也。如土委地。否則其國基未之發現。則一切設施。皆爲無效。

中國之國情。當不能於政府及國民兩方求之。然又非無國情。無國情則國家直無從建設。然則中國々情果何在乎。曰在地方。中國之地方實於國家有最多組織之意思。而又於政治上占最大之勢力者也。他國之地方小。中國之地方大。他國之地方。僅爲政府劃分之行政區域。中國之地方。則含有自治之人格。他國之地方。無論如何變動。國家自身不受影響。中國之地方。一有變動。國家本體即有動搖。他國之地方。僅能承受國家之法令。以執行其區域內之行政。中國之地方。則更能本其獨立之意思。使表現爲國家之行爲。故中國之地方者。非地方。乃組織國家之主成分。直接構成國家之單位也。通常之國家。皆以人民爲分子。而中國之國家。則先以人民組織地方。而後乃以地方組織其國家。通常之國家。必人民背叛。國家始有變革。而中國之國家。

地方若有崩離。國家卽爲解體。通常之國家。地方託命於政府。而中國之國家。政府託命於地方故他之國家。恆虞人民叛變。而中國之國家。則惟要地方分裂凡以地方爲有意思有勢力故也

吾所謂地方者。非指通常地方而言。乃指中國之各省而言。吾國省之爲物。在世界各國中。最爲特別。其地理之遼遠。區域之廣闊。人情風俗之歧異錯雜。強爲比例。若英吉利之各殖民地。美之各州。德意志之聯邦各小國。大抵皆有部分之相同。而全體又似不類。卽歷史上亦有差異。然若直認爲同於奧大利之各州。日本之府縣。則無論誰人。不能承認。國有如此特別地方。其與中央有何種關係。究適用何種制度。二年以來。當大建設時代。未見政府有何籌議。民黨有何主張。國民黨只知利用其勢力。以爲競爭政權之武器。(一)當局者只知鞏固其地位。欲盡數消納之於中央政府。今者前之失敗。已有目共覩。後者之辦法。亦恐無甚把握。其根本錯誤。皆在始終未認定地方有若何之眞價。

中國省之地方。其由來姑略而不論。要至今日。謂其爲物已有歷史的根據。習慣的效力。爲中央政府所承認。地方人民所自發者。當爲全國人所首肯。前清中興而後。督撫政權放大。幾與古之封建藩鎭相埒。說者謂前清政府。斂取失策。而各督撫之竊柄弄權。殊不知此有特別地方之國家。無根本良好之組織。只能勉強羈縻。敷衍於平時。一旦有事。無論效順與反抗。同時皆有脫離中央之現象。咸同軍興。舉凡募兵籌餉。皆出自地方。防堵禦寇。皆由於自衞。未見中央政府有何種之補助。觀乎此則知非前清政府之放棄權力。實由地方本自有權而中央政府之本無權也。其前之名爲有權亦表面上之虛飾耳。中央政府尙且如此。彼督撫者。亦不過因地方之權力。邀功已有。又烏得而竊之弄之。……前清末年。知地方勢力之不可侮。行一政必徵求各省同

(一)此當分別言之、蓋爭政權爲一事、有無主張又爲一事、前者可不置辯、後者則不禁爲國民黨呼冤也、蓋地方分權、及省長民選種々、久爲彼黨之政綱、宋敎仁之意見書、王君寵惠之憲法芻議、今尙可考、豈得謂民黨全無主張、

意。立一法必下之督撫簽註。卒不得已。而設各省諮議局。使參與地方政治。更取地方代表主義。以各省諮議局選出之議員。組織中央資政院。更令督撫派遣委員旁聽。於時國家構成成分之主要意思。乃得稍々表現。而國家之組織。亦似得其要領。徒以當局不識大體。貪述無條件之中央集權。憲法未定。地方制度不明。各省之權限。無所遵守。親貴攬權。舉兵與財欲收集於政府。而嫌疑所在。促成土崩瓦解。識者早憂中國變革上不在君下不在民。而在中間之各省。此論政者所由致恨於前清光宣之際也。武昌起義。各省響應。擬以美利堅十三州之聯盟抗英。決非虛譽。而乃誤認一時紛亂之現象。舉國上下。視地方分權如洪水猛獸。謀所以削奪收集之者。不遺餘力。然而事實所在。雖神聖不能變男爲女。卒之省有議會。前參議院取地方代表。國會上院議員。仍選自各省議會。而省制提案。至三易稿。試行道制。終議廢省。卒無能動地方絲毫。此其事不亟可借鑑。而國情不大可知乎。

去秋至今。國亂削平。省議會作廢。外官制施行。各省文有巡按。武有將軍。地方上極盡彼此牽制之妙。中央文有參政院。武有將軍府。政府極盡控制內外之能。說者無不謂大權統於一尊。宇內晏然。從此可幸無事矣。而不知此特皮相之空論。理想之虛言也。吾非不知政府存道。舍有廢省之寓意。特中國大勢。外重之形已成。有巡按使以分將軍之權。倘可保旦夕之安。否則廢省存道。而以百萬陸軍。散布各區。無他之有力者旁爲牽制。意外之變無論矣。即平素無事。儻此無限的餉械要求。有挾的勢力把持。當局者度難供其所求。而此斗大北京政府。雖日夜仰武夫之鼻息。亦恐不能得其一顧。更何論節制調遣乎。夫廢省既有不能。而視此現行制度。即爲已治已安。其誰信之。且說者猶未知今日中國政治上內外關係之眞象也。今日中央對於地方。非命令的。而協商的。地方對於中央。非從屬的。而對等的。一財政也。分明爲中央預算所制定。而不得各省財政委員之承諾。則不能有效。前之財政會議即是也。一軍事用欵也。分明爲大元帥之全權。而不得各省都督之同意。

則不能削減其絲毫。本年馮督之首倡減少軍事費即是也。故吾謂中國中央政府與地方之關係。乃契約的關係。感情的關係。而子的關係也。契約不協。感情有傷。而子一失。則分崩離析之形。即時出現。曾見國於天地。

而有此等滑稽之組織。兒戲之政治乎。此予所爲對於今之民國組織及行政之統屬。而惶惑不得其解者也。

：：中國之地方。構成國家之主成分也。而强抑之爲客體。此所以地方重爲中央之累。：：世無無意思無主權之國家。而爲中國求意思之所在。主權之由來。則舍着眼地方。無他法門。以今日中國。惟地方有爲國家之意思與組織國家之勢力。合各地方爲國家之意思。以成國家。則建設鞏固。集地方勢力以監督政府。則政治改良。今之民國。舉凡練兵籌餉。中央爲之乎。抑地方自爲乎。則必云地方爲之。今之中央政府。去一兵則某省曰時未至。索一欵則某省曰辦不到。此其中固不無爲把持對抗者所借口。然所謂某省時未至某省辦不到亦的有時未至辦不到之眞情而此意思之表示謂爲某省之官意不得目爲某省之民意亦不得只有渾指爲某省之意思而已所謂地方之意思是也而時未至即不能無待辦不到即不能强行所謂地方意思之勢力是也然此意思雖爲地方人格之現身說法。而不善用之。則永爲對立反抗之禍根。一旦有事。即形四分五裂之怪狀。苟善用之。使得立於國家機關之地位爲國家直接發表其意思一轉移間而國家乃得根本鞏固政治乃得徹底改良換言之。不善用之地方即操縱中央善用之中央乃得命令各省吾前云勿恃中央强制各省。要貴地方效順中央者此也。

依吾人所見。中國之國情。既非個人主觀上枝々節々新舊觀念之別見。而爲客觀的確鑿有證之事實。則民國之國基在是。而民國之組織亦即不外左之三要點。

第一制定憲法。注重中央與地方之權限。其大要中央取列舉主義。地方取概括主義。但中央須保有一層之高權。爲其自由活動之餘地。

第二各省設行政省長。亦無須拘定簡任。設省議會。爲地方立法機關。並監督地方政府。

第三中央設國會。上院以各省省長派遣之委員。及各省議會選出之代表組織之。下院以全國人民選出之議員組織之。

由上三法。第一可免去今日中央與地方權限之淆亂爭執也。第二可除去今日各省之官僚政治。而地方得有自由發展也。第三有上院代表地方。則立法有效。政府行政。無須得各省同意。有省議會下議院代表人民。則人民可逐漸得爲政治之訓練也。此其積極之利益也。至於消極之利益。國人不日憂共和之不鞏固乎。國會之再被取消乎。總統制之將來有危險乎。若依此三法。則吾敢擔保國人之所憂者。皆不成爲問題。而國基一定。舉凡國體政體諸事。一併解決。並彼激烈和平各派。皆可融化一爐。携手同行。而謀國家之利益。必不至如今日之仇讐水火也。且二十世紀之政潮。雖不容有個人冒稱國家意思之政府。而國家舊勢力之所在。決不能不承認之。中國人民之程度。組織國家。不無勉強。而大勢所趨。要不可不使其參與政治。有地方代表補助調和於其間。則大體成就而後起可望有功。夫依平民立憲之原則。英德日美僅有一下院足矣。更何須貴族院元老院參事會乎。在彼諸國之初。蓋亦有所不得已也。卽國會議員選舉。直接選舉足矣。而何爲又有複選一說。複選制度之發明。蓋亦彼國人民程度不及之明證。民國而果行吾說也。又烏在不能爲共和。不能爲立憲乎。

丁君之文。關於本論點者。旣爲全舉如上。讀者其勿即謂愚悉贊同丁君所言也。其中所持。儘有與鄙見不盡相合之處。惟本篇之職。乃在證明丁君國情說之性質。而非品題其價値。故出其內容。相與析論。愚病未能。至性質何若。則愚敢爲宣言曰。此一絕明無翳之聯邦論也。其於省制委細申說。無非屈曲盤旋。以明聯邦之必要。最後提出組織三項。曰制定憲法。中央取列舉主義。曰行政首長。無須簡任。曰國會上院。代表各省。則美利堅立國之精神。舉不外是。所謂結尾一點。破壁而飛。丁君之夢想聯邦。可稱功德圓滿矣。然一篇之中。意在聯邦。而不標聯邦字樣。是又何也。其殆以爲不言而喻乎。抑故避其名乎。皆不得知。惟愚讀之終篇。覺其與張君之文有異趣者。乃即在此。蓋張君惟恐人以聯邦議其後。而僅以自治爲名。丁君則不暇爲聯邦自治之分。而極倡吾之諸省爲地方特別制度。其論國基。以『美先有自由殖民十三州之市府。德先有日耳曼之諸小邦』爲譬。是美德我民國也。其論各省曰。『若英吉利之各殖民地。美之各州。德意志之聯邦各小國。大抵皆有部分之相同。』是殖民地我省州我省小國我省也。其論革命。擬以美利堅十三州之聯盟抗英』是又明々美利堅吾支那也。結論有曰。『彼美利堅之建國也。固始於離英獨立。然得形成今日之合衆國者。則出於波多因哈密敦(一)二人之倡議。吾安知今之中國。無波多因哈密敦其人乎。吾又安知有其人而必可有其功乎』是復明々波多因哈密敦諸政客或己身也。丁君之摹擬聯邦。惟妙惟肖。同時更不聲明己說與聯邦論有何差別。則恐漫以是論字之。丁君或不以爲迕也乎。丁君或不以爲迕也乎。

(一)原文作漢密爾頓，今改從本誌習用之名，諒之。

通信

救國本問

（致甲寅雜誌記者）

記者足下。自大誌之出。輒欲陳書請益。惟以枝節問題。無與大計。牽及根本。則又傷時。且起各方感情衝突。欲言而止者至再至三矣。將終無言乎。鬱極莫宣。發狂且死。將有言乎。身入狂瀾。其不汩沒者幾何。雖然。吾寧汩沒以死。不能鬱極而終也。平居設思。製爲三問。謹爲披瀝。祈垂教焉。

（一）共和政體。果足以救中國否也。自美國以十三州獨立。法國大革命繼之。一時共和狂潮之所被。舉世界專制之毒。一滌而空。雖中間梅特涅出爲摧殘。生機稍滯。然將欲遏之。轉以張之。其在今日。民主政治。幾有觀止之歎。此足尙矣。惟天下事利之所在。弊即寓焉。福之所至。禍即倚焉。自美利堅瑞士史蹟特異外。法之革命。亙七八十年之久。政體屢更。反覆搘擊。國之不亡。其間不能以寸。是未食共和之福。先受共和之禍也。墨西哥及南美諸國。自有民政。即無寧歲。至於今玆。衝盪愈烈。是未食共和之福。將永受共和之禍也。即證以共和中堅之美。由麥荊尼以來。亦不得不遷就帝國主義而已非當年純粹共和之眞面矣。西儒稱共和國有條件四。曰民智。曰民德。曰富有自治之遺傳性。曰據有狹小之版圖。中國有一於此乎。無法國之民氣而欲僥倖於七八十年間之自相魚肉而不亡。不可得也。無門羅教書之庇護而欲步墨西哥及南美諸國之後塵而不亡。不可得也。況自民國成立以來。上自政府下至民間號稱共和求一稍與共和性質相近之事而無有乎證諸歷史及學理既如彼。稽之我國事實又如此。而欲言共和政體以救國。竊疑爲南轅北轍之類。此誠不能已於言者也。

(二)共和、以、外、之政體。果足、以、捄、中、國否也。共和以外之政體。則專制耳。（本條所謂專制政體並包君主立憲而言）夫天道無往而不復。否極泰來。循環終始。一部歷史。均可作如是觀。上古無論矣。中古以降。由貴族政體趨於專制。自美國獨立。則由專制而趨於共和。伯倫知理波倫哈克之徒。唱導君權。理論上又稍々由共和返於專制。二者之利害得失。前人言之詳矣。末學小子。可以不論。第、今、後、之、中、國。能否、復、容、專、制、政、體、蘇、生。此、則、有、研、究、之、値、者也。考世界史蹟。自羅馬等最古不完之共和國外。國政一度改爲共和。未有能還乎專制者也。克林威爾之後。王政於焉復古。似爲創例。其所以然。則英之君主立憲。所以保障人民之自由。較之克氏護國時代爲尤至也。外此雖專制一時復活。終且紆迴曲折。以合於理想之衡。蓋愛自由好平等本諸天性由屈而伸者有之矣由伸而屈者未之有也況夫中國民性囂張以十年來政潮證之智識不開則已開則所事往々過當今日而欲其承認專制政體之再現寧可得耶吾嘗謂中國不亡於滿洲則由專制改爲君主立憲如日本與德國然救國之上乘也乃不幸滿人主我中國吾人不與共戴一天卒至以倒滿政府者永倒君主政體今如議復君主。三尺童子。共知其非。此足以徵國是矣。夫共和既非。專制又不許其復活。然則吾國能於二者以外。別創一政體以捄國否耶。此又不能已於言者也。

(三)顧或者謂歐美之國性民性。與我不相比附。欲法歐美。當節取其長。不當囫圇吞棗。共和其國體。專制其政體。庶爲得其調劑之方者乎。曰、惡、是何言也。前之激成二次革命者。非即以誤施此方之故耶。

而三次革命之躍々欲動。仍是此故。人方未善。吾思易之。未及易而轉欲求其方以爲嘗試。姑無論易之萬無成也。即成焉。人之欲易其方。誰不如我。展轉相勝。如環無端。醫雖易人。藥無二劑。吾恐蚌鷸之爭未已。漁人之利先收。今之耽々逐々於吾旁者。決不許吾閉門而自殺。欲則如法國蕢莘八九十年後收其効果。決在必不可得之數矣。或又曰。革命之所以必起。非徒以政府之專制也。懼亡國耳。使某能發憤爲雄。發揚國威如拿破侖第一。彼雖專制。吾人尙能忍痛以相諒。而無如其不能。此革命所以不容緩也。斯言而信。則吾不能不怨昊天之不弔矣。何也。自古創業。皆屬英雄。獨至民國。而乃無有。某誠非其人也。並世人才。誰則是之。某之不諳治道。予智自雄。誠足以亡中國。而有餘。然尙能統一全國。苟延殘喘。取而代之。誰則相勝。今且假定吾人（凡維新志士皆包在內）氣力。足以倒某黨（指現在從政與某有特別關係者言）矣。然能殲滅使無遺種否耶。如其不能。內訌之局勢。不能免。競於內者。未有能競於外者也。所謂救國。寧非欺人之談。況乎月暈而風。礎潤而雨。機微之先見者。君子皆能尋其公例。以決將來。道德者。萬務之基也。無道德。一切學問策術。俱無所麗。辛亥以還。風紀之墮壞。人心之腐敗。等洪水而烈猛獸。言之可爲傷心。吾非不謂吾人道德。較之某黨爲優。然以區々百步五十步之差。遂謂某黨不足捄國。吾乃能之。此種大言。倩誰傾聽。吾竊詳察人心以衡國運。敢謂有某未必足以存。無某未必不足以亡。今猶有臧否人物。校論得失者乎。愚以爲無上無下無貴無賤無男無女無新無舊所謂一邱之貉。莫或擇焉矣。道德之重要也如彼。國民之無道德也又如此。此而不究。漫言救國。俗言畫餅充饑。得毋類是。或有病道德迂遠無近效者。然以吾觀之。道德不存。救國一語。永久未由說起。惟孟子曰。今有七年之病。求三年之艾。苟爲不蓄。終身不得。是及今培養。未始即無著手之方。於是問題之呈於吾前者。乃必培養道德學間。始足以採國乎。抑仍奮放任之。亦足以語此乎。此又不能不亟々研究者也。至謂共和政體。必以幅員狹小爲宜。然美利堅大國也。共和之政。首稱完美。是其條件。並不含絕對之義可知。或言美之完美。以行聯邦制而然。瑞士亦如是。然則中國將來其行聯邦制以調節幅員過廣不能統一之弊。或亦一策乎。此吾平日之所思維而欲奉爲政策者也。雖然。以上三問題。不能解決。而貿々焉談政策。所謂不知三年之喪。而期小功之察。放飯流歠。而問無齒決者也。前路茫々。憂心如搗。未免有情。話言孔長。招怒聚罵。所不敢計。惟質左右。以求解答。倘能曲諒。賜以教言。幸甚幸甚。孫毓坦白

來示發端至大。立願至宏。下才迂學。敢承是問。雖然。足下獨排謗議。登高以呼。愚果何人。敢復隨俗依違。不以狂言履賢者之意。首條疑共和政體不足救國。鄙意解決是題。當先爲共和二字嚴定一界。不然。題未認淸。遽爾發論。爲語千萬。都爲廢辭。愚見今之狂贊共和。與夫痛詈之者矣。至共和果爲何說。未易言其所以然。此誠今日社會之癥結。愚不得不因足下一言而略一論及之也。愚夙在上海民立報發爲論曰「吾人生息專制政體之下。每過於重視共和。實則共和在人爲之。政體無能自舉。政治學者。至不細作共和與立憲之界說。共和二字。在吾文本非正譯（一）律以

（一）顧氏日知錄曰、「史記周本紀、厲王出奔於彘、厲王太子靜匿召公之宋、周公召公二相行政、號曰共和、共和十四年、厲王死於彘、二相乃共立太子靜爲王、以二相爲共和非也、汲冢紀年、厲王十二年出奔彘、十三年共伯和攝行天子事、號曰共和、二十六年、王陟於彘、周定公召穆公立太子靖爲王、共伯和歸其國、此即左氏王子朝所謂諸侯釋位以間王政者也、」是共和云者、乃共國伯爵而和其名之謂、與政體無關、即如史遷所紀二相行政、謂之共和、以言政體、又是貴族、與今世平民政治復不相同、

歐文之義。特爲國民求福祉而已。天下能爲國民求福祉之國。固不獨世俗所謂共和也』此論一出。攻者朋興。愚復著論曰。夫曰共和政府。其統治機關。合多數人之意見組織而成。是同時必曰立憲政府則否。而何以解於英吉利之國會萬能。其曰共和政府。以人民爲主位。似又謂立憲政府不爾。吾聞以人民爲主位之國莫如英。而英則非共和國。至謂民主立憲與君主立憲異者。一爲無限之民權。一爲有限之民權。此又不然。美利堅共和國也。而其民權即有限。準是種々以爲共和立憲之別。是適自墮雲霧而莫能拔耳。然則此二制者胡以分。曰、以吾觀之。亦惟視元首之爲何物而已。元首爲世襲者謂之立憲（此指君主立憲）元首爲選舉有定期者謂之共和如是而已』（一）凡茲所言。乃在表明共和立憲之分。在乎形式而不在乎精神。以言精神則兩種國家從其最高性言之。實具同一之量。詳細推論。乃須廣篇。姑不具說。惟由斯以談。今人之言共和。似含歧義。一重形式。以共和與選舉元首。併爲一詞。一重精神。以共和必多數參政。始符定義。今足下致疑於共和政體者。果謂元首出於選舉不足以救國乎。抑謂多數政治不足以語是乎。足下或以愚爲是問爲可怪。然愚以謂決吾大計。非分道致思。殆猶治絲而棼之矣。

愚爲此別。乃觀夫今之措擊多數政治者。大失其當。欲有以箴之。蓋多數二字。最易使人迷惑。在言者意。似謂必待人口過半之數。具有參政之識。始有多數政治可言。不知當今文明諸國。能希

（一）本社記者重民君、前作『中華民國之新體制』、於國體問題特以元首繼承與否、爲君主國與共和國之分、引枚格雅之言啟之、謂昔有選舉帝國、足破斯例、愚謂凡立一說、此種例外、總須容許一二、不足病也、即如多數學者、以法律上統治權之總攬者、是否限於一人、爲君主共和兩種標準、吾國新約法則規定大總統總攬統治權、事實上又不得不容此例外也、

此者。且未有也。遑言吾國。此理愚前作「國家與責任」（參閱本誌第二期本篇十八十九頁）已詳言之。是多數云者。特相對之詞。本非絕對之義。美儒柏哲士曰。「今日理想上之政治組織則以多數政治之國家行少數政治之實」。美洲民智之高。冠絕大地。學者猶爲是語。遑論其他。然其言有最宜留意者。則少數政治之精神非多數政治之國莫舉。其在君主之朝。選賢任能。亦或時有。然耳目有所限。忌諱有所中。權奸有所蔽。朋黨有所軋。而欲舉凡民俊秀。充量登庸。萬不可得。不可得則非吾可貴之少數政治矣。惟國立庶民議政之制。採公平選舉之法。無過不及。恰以國中賢智。脫穎自出。爲衡而又舉國無一有大力者圖負國家以趨。所謂人才皆使之任情盡量。以見於政事。祇有調劑不相傾陷。亦分朝野。同是扶將。此誠柏氏所謂理想組織。信乎非多數政治之國家。莫或望此也。夫此種政境。固自易於想像。難於即眞。而懸此爲標。使吾政所趨。日々與之相近。而先以做到幾分之幾爲吾政不易之基。則雖盧孟復生。當亦有知言之歎。故苟足下所謂共和。與愚今玆所釋多數政治合轍。則無不能救國之疑。章々明甚。若謂吾國政治。日入悲境。其制雖善。未必即適於吾。則惟問悲境之來。是否即爲實行此制之故。民國成立。三年之間。爲三時期。南京政府爲一時期。南北統一以至二次革命爲一時期。二次革命以至今日爲一時期。三期之中。人民之感受苦痛。厭惡共和。今日爲最。夷考其實。國會斐夷。自治滅絕。一門秉政。才智屏息。律以共和精神。殆無毫髮相類之處。輒以此爲共和罪。豈非奇冤。南京初政。本無施展。譬猶孩提。才不才尚無可言。其以共和加之試石。稍用淬厲者。亦惟統一政府一年間耳。今之言者。輒以元勛跋扈政黨橫決爲共和罪。以愚觀之。苟國中無奇衺。莫倒之力。節々與共和爲難。則於元勛政黨叫囂隳突之中。儘有餘地。

如前所言做到幾分之幾。平心而論。共和失敗之咎。大力者負其六。黨派負其四。至共和本身。則絲毫無與。何也。羊質虎皮。因而見殪。遂謂虎威無足取者。豈眞虎之罪也。由是以知共和救國非不能救。實未嘗救。足下之疑。似稍爲政狀所局。此愚敢於反足下之意。而强以質之者也。

然則共和果無負於今日之時局乎。曰是亦有之。是乃共和之形式。非共和精神也。蘗有言之。精神者共和與立憲之所同也。形式則若而總統。若而君主。其所獨也。凡國已具多數政治之精神。雖戴君主。無取革命。英倫是也。吾辛亥革命之所以不可已者。非以有君主故。乃以無多數政治之精神故。亦非虛懸精神以爲的之故。乃求於滿洲帝制之下。而不可得之故。則革命後之唯一覺悟。乃在求精神之所在矣。精神而存也。共和與立憲。在理論無擇。精神而不存也。共和與專制（此不包君主立憲如足下所言）在事實無擇。新約法有大總統總攬統治權之文。其源出於日本。然日憲於此。別有「依此憲法之條規行之」一語。緊接其後。而約法無之。吾友重民著爲論曰。『大總統乎哉。吾人甚願奉以天皇之名。以求易此最後之一句而不可得也』。（見本誌二期中華民國之新總制七頁）是謂與其假共和。毋寧眞立憲。易詞言之。與其有獨裁之總統。毋寧有守憲之君主。何也。吾人重形式。而尤重精神也。此種理想。十九世紀之下半期。始爲歐洲學者所知。英儒梅因。至謂此乃政治學上之一大進步。而政局上之紛擾。以此廓淸者至多。英之永絕革命之媒。法之第三共和後。不再見革命。皆此之由也。而不幸吾人未能解之。蘗以爲共和一成。精神即當隨之而見。及其不見。初不推求所以不見之故。則大罵共和欺人。不知爾所得者。僅爲形式。精神之養成。本別爲一事。而又非一朝夕一手足所能爲功。今有人據爾形式。以威臨爾。使爾之精神。莫由自發。則若夙懷梅因之訓。了然於某種精神不必見之某種形式之下。當立晤命題換位。名理遥眞。是何也。即某種形式。原不必產生某種精神也。於斯時也。重精神者。是否將由甲種形式訴之乙種。以求解決。非本篇所問。惟在吾人。若自始不立今式政府。人之怨誹共和者。可以不生。然則共和之有負於吾人。果形式也。非精神也。

欲知共和以外之政體。是否足拯中國。當問共和以外之政體。是否與多數政治之精神相容。足下取兩言論法。(Dilemma)以共和與專制相待。謂政體之事。不出於此。即出於彼。鄙意未敢苟同。以專制一項。萬難兼涵君主立憲而言也。由前所說。多數政治。不止共和一種。如假定多數政治可以救國。則救國一語。可以推之他種政體。他種政體自不待言。足下且云克林威爾之後。王政所以復古者。以『英之君主立憲。所以保障人民之自由。較之克氏護國時爲尤至也』是則他種政體之愈於共和。又可由斯言推見。然茲乃理論。如是。至國體。胡出。乃有時勢因緣。不容勉强。今之共和。已成既定前題。寧容置議。愚之此說。特由足下所詢推論至此而已。非有他也。

民性由屈而伸。斷不由伸而屈。足下所見。確不可移。惟治道所之。往復平陂。所不能免。所謂伸者。又非一蹴而幾。其中專制復蘇。從其後而觀之。未始非民權所赴之紆徑。須知專制繼共和而生。乃一時反動之潮流。其勢不能以久。法蘭西政局翻覆之久。而頻在二十世紀。似不至是。專制者。而傾跌後起者。鑒於前此一心直遂之不可訓。就國中之利益情感相質而相劑。然後有中正可守之道。盡國人而能循此精神也。求此精神。初不必得之於世俗所稱共和之號。足下所疑不能救國者。殆此種共和耳。非眞共和也。蓋眞共和未有不能救國者也。

立國首重道德。此何待論。然立國是一事。培養道德又是一事。不可併爲一談。蓋吾人不能虛懸一道德之量爲立國至少之度不及是焉即廢國不治也所貴夫大政家者亦以能體察當時道德之最高性極其量以形於政耳風聲既樹。原有之量。固由此增殖。益有昌明博大之觀。方其樹也。基本道德幾何祇得就其原質爲之不能驟議多也七年之病。求三年之艾。不蓄不得。是已。然苟以蓄艾之故。置病不理。恐艾既成。而病將不待。是三年中一方蓄艾。一方仍當以他藥代治。可以推知。以爲國言。較高之道德艾也，今有之道德他藥也據今有以希較高猶病者不以求艾而廢藥也信如是也。吾言救國。當言利用道德之最高性不當言道德之不足放任之說固非培養之說亦嫌後起足下試澄心思之。今之政局。黑暗至此。果眞國民道德之不足乎抑當局者不善利用之乎且非惟不善利用之又從而毀敗之乎道德之修養。固恃師儒。道德之維持。則在法律。辛亥以來。苟得公忠體國之徒。在々以民爲念。從而修明法度。嚴守紀律。以吾人夙有愛和平重禮讓之風。而謂道德未足以小康其國。愚滋未信。足下謂當今人才。大抵一邱之貉。某誠不能存國。去某亦無補於亡。言之痛心。可爲揮涕。惟愚謂果善用多數政治與言重人寧言重法野心不德之徒自非竊武力自恣儘有法以範圍之似不必重以爲憂也

行聯邦制以救幅員過廣之病。大是奇策。一年以前。倡是言者。被指目爲暴徒。今似稍々出於學人政客之口。惟舉其實而仍避其名。如足下明目張膽。欲奉以爲政策。正如春雷初發。萬象爲之昭蘇。鄙陋如愚。驟覩幾不知所可否。異日有隙。當詳就是問。加以考求。再爲專篇。以俟明教。暫不贅也。詞繁意率。無以自道。審足下虛懷。不同流俗。輒言之無擇如此。惟宥其狂疏而賜以誘導。幸

甚。

記者

政本

（致甲寅雜誌記者）

記者足下。展讀大著。所以講明學術而教道國人者。甚正且誠。欽企何極。嘗觀君子之論治也。不以其著而以其隱。不以其敷布條教之端。而以其飲食笑言之節。揆之今古。莫不同符。今先生概然太息於好同惡異之私。反復陳辭。若有所不能自已。可謂勞矣。然而人世之所以蘄其同。與其所以致其異者。豈其生而然哉。不佞以爲必有迫之激之。使之不得不好同而惡異者在也。今先生於同異之弊。言之至痛。而獨於人之所以好同與其所以惡異者。略而勿道。儻所謂僅論其著。論其敷布條教之端者乎。間嘗衡觀列國。從極千年。人世擾攘。英傑代興。當其伐罪弔民之時。義聲薄雲之日。舉世未嘗不曰。徯我后。々來其蘇。聞望可謂至盛。然自不佞論之。所謂弔民伐罪之端。一言以蔽之曰私而已矣。往者天相美國。誕降華氏。連任以還。毅然敝屣軒冕。超於塵埃之外。吾曹視之。以爲靖國之英。誼應如是。而世之論者睹華氏之遺棄大位。竪古橫今。無其偶比。莫不驚歎咨嗟。不知所稱道。何者、私已之習既著。強者以是爲常情。弱者以是爲取則。偶有睹乎反於此者。安得不以爲詫怪。理有固然。曷足異乎。三代盛時。勿可聞矣。降至于秦。夷六國。焚書詩。坑儒士。銷兵器。天下騷然動矣。此爲同之弊也。然彼之所以爲同者。果何道乎。其亦曰、不同、無以爲子孫帝王萬世之業也。劉季奮起。誅暴秦。々民安之。其後滅楚王。殺韓信。自將擊黥布。戕吳王濞勿反。此爲同之弊也。然彼之所以爲同者。果何道乎。其亦曰不同無以永保帝王之業於劉氏子孫也。且推而廣之。如法之拿破侖。固曠世英物。吾曹所心賞也。彼其屢屈奧師。孤海上之英國。爲露國之遠征。百折不爲之下。至死而勿悔者。亦爲同之弊也。然彼之所以爲同者。果何故乎。其亦曰不同無以立大一統之法蘭西。圖帝王之業也。退而觀之。如德之威廉第一。亦近世之雄主也。得俾氏爲相。有魚水之懽。敗奧人於南部。屈法國於西陲。頻年征伐。泰然勿顧。放黜社會黨。獨斷獨行。亦爲同之弊也。然彼之所以爲同者。果何故乎。夫亦曰不同無以建新邦。固吾圉也。凡斯所陳。先生所知。而不佞之所以復喋々者。蓋以明爲同爲異之端。固大有故在也。夫同之與異。其別至殊。其性至差。猶黑之與白。冰之與炭。薪之與猪。枘之與鑿也。不惡異無以成夫同。不好同無以惡其異。欲同其同。必先有以異其異。不異其異。更不能有以同其同。不能好同。即不能惡異。異之惡也愈甚。即同之好也愈力。同之好也不甚。即異之惡也不深。凡斯二者。消長迭乘。始之於迫。繼之以激。而皆本之於私。既迫既激。而好之惡之。亦若皆本於固然而勿以爲怪。今先生進其說曰有容。詎有冀乎。且其有容之德。固先生所習聞於西方。而痛揭其說。將以救垂亡之中國者也。自不佞論之。爲治有先後。而民德有純雜。休々有容。高矣美矣。然可冀於民德較純之時。而難期於民德正淆之日。可冀於法度較脩之後。而難期於道揆法守蕩然已盡之秋。故以今日文化之稚。黨派之擾。民俗之偷。而欲與憲政鼻祖教化大著之英倫。考較乎今古。比量乎短長。誠不知其可也。抑所謂無好同惡異之別者。亦比較之言耳。若以爲絕對之辭。吾敢斷今日之世。尙無其境。然縱曰比較。而比較之度又至何等。其在英倫。無好同惡異之習之最高度果何如。而其最低度又何如。先生亦嘗有所計乎。且至若何限度。始爲非好同惡異之私。又粃至若何限度。始涉於好同惡異之習。求之理說。固屬非難。而求之人情。恐亦不易。英倫學者之理說。固極通平。而其政海之人情。未必盡爾。先生令號於人曰不好同惡異。亦嘗取理說人情而一一衡之乎。雖然。不佞固有言。不好同惡異者。比較之辭耳。故英倫之政潮如何。是否盡符理說。姑勿深計。而以之較吾國之今日。吾敢鄭重語人曰。英倫政治不好同惡異。不好同惡異。然則先生之所以持是說者。誠今世知言者徒也。

共和肇造。已更三年。不圖三年之中。竟有千年之別。何者私之害之中於人夫固以爲固然而流於不自覺也。曩者國民黨崛起南中。乘國是擾攘之日。以享盛譽。有道仁人。莫不引爲大懼。何者功名之際。自古爲難。況當此蜩唐鼎沸可臧可否之秋者乎。不意民風既作。萬竅怒號。某法則强人之同。某人則强人之同。某事亦强人之同。心之同既不可蕲。轉而蕲名之同。進之同既不可蕲。轉而蕲退之同。然則所以拳々於同者。果何道乎。曰私而已矣。既中夫私。于是乎不能不求同。始也出之於迫。蓋欲固其私。不得不迫於求同。既也出之於激。蓋知不能有其私。不得不激于好同。好同惡異之術不能勝。夫人于是遂不能有其私。申而言之。保其私之術不工。好同惡異之敗于人耳。國民黨既不勝好同惡異之故而敗他人則以好同惡異之故而勝矣。人之好同惡異既勝則其好同惡異之志益堅而術益工而揭其根本之端一言以蔽之曰私而已矣。始則欲保有其私。于是乎迫于好同。不好同則其私必不能保也。繼則欲固有其私。于是乎激於好同。不好同則其私更不能保也。其昔日之亂議會。易總理。設護軍使民政長。弱都督權職。此迫於好同也。後日之裁總理。廢國會司法。自定約法。排斥政黨。廢地方議會。安布强兵於國中。蹂躪新聞界。非傴僂龍鍾者不用。非奴顏婢膝者不顯。亡國大夫。盡廊廟之才。異俗客卿。亦館閣之選。此激於好同也。迫激相生。而好同惡異之天演。亦與之日進。今先生太息而告曰有容。豈有幸乎。且其有容之說。更不能期之於喜權弄勢之徒也。何則。蓋以好同之故。而惡異已深。假曰有容。能計異者之終于甘心乎。如其不能。則有容之說。不可期也。此其一也。抑以好同之故。而異者已去。同者之私更厚。假曰有容。能計異者之終不攘臂相爭乎。如其不能。則有容之說。不可期也。此其二也。惡異之故。既已大奏膚功。而好同之程。日進不息。終且欲長葆其同。假曰有容。能計異者之不妨其同乎。如其不能。則有容之說。未可期也。此其三也。異者既被惡。日孳々以疾其同。必去其同而後快。假曰有容。異者能忍其容乎。如其不能。則有容之說。未可期也。此其四也。由是觀之。先生之所謂有容者。蓋亦僅矣。不奢惟是。同異之說。不佞固言。迭相消長也。同者得勢。而異者流亡。設今日所謂異者而得勢。則今日所謂同者。亦必流亡。蓋今同異之分。已如黑之與白。冰之與炭。薪之與豬。枘之與鑿。終無有容之期。吾曹觀於一七八九年以後。一八七一年以前之法蘭西。夫豈非彰明較著者耶。夫不好同惡異。政治家之美德也。然必政治家俱稍々有此美德。而後可以有所表見。否則一政治家之不好同惡異。无濟也。即一同一異之中而有一焉不好同惡異。亦無濟也。不特無所濟。或且得其反焉。甚矣人々之隱之難知。而於飲食笑言之節之未易言也。

雖然。先生不好同惡異之說。固不佞之所欽崇。且爲先生誦千遍萬遍而不辭者也。然而欲其說之見諸行。攷之衆而皆可從。其道果何如乎。自不佞論之。今日同異之私。已逢絕地。雖有聖哲。莫可如何。何者衆人所趨。勢之所歸。雖有大力。莫之敢逆。滋生之言。不可誣也。然物極則反。亂極思治。苟有不世之英。承兩敝之後。揭正義以倡天下。奠其和以安人心。攬兩方之賢。表有容之德。樹東方之型。作後人之法。較今日影響之捷。殆萬々也。先生其有意乎。事冗晷短。苦不盡意。每行三十九字殊困人。不得已自由爲之。冀諒我並問安善。GPK白

有心哉足下之辱是書也。足下揭爲同之弊曰私。凡古今帝王雄桀之所爲。皆出於私之一念。即最近政爭。若而政府黨。若而國民黨。並爲私所役。急於求同。前者能同其同而勝。後者不能同其同而敗。勝敗既定。同異尤堅。今日異者流亡。他日以異搰同。同者之流亡亦將如彼。法蘭西之往史。行再演於神州。事實具存。無可挽救。愚所倡有容之說。決不行於今茲。結尾則祈禱大賢之生。承兩敝而收兩長。奠定共和。爲法後世。語長而心重。愚雖百磨其舌。未能爲此言也。雖然。鄙意所在。似仍有與尊說相表裏者。請得引申前論。爲足下更賡陳之。私說尙矣。愚論之中。未標是名。固含是意。苟無是意。即不見同。所謂『專制者何。强人之同於己也。人莫不欲人之同於己。即莫不欲專制。故專制者獸欲也。』是即私也。自古善爲專制者。莫如秦皇。其爲同之證。集於壞封建設郡縣。柳州爲之言曰。秦之所以如是者。『其情私也。私其一己之威也。私其盡臣畜於我也。』故足下所爲私說。不可易矣。惟愚辭其爲私也。以有容之說箴之。足下辭其爲私也。以爲有容之說。決然無效。此其異趣處。然細按之。則固由於見地未同。不必多所牴牾也。蓋愚有容之說。非以豁達大度。期於一人。乃以盡分明職。責之大衆。故又曰。『專制者獸欲也。遏此獸欲。使不得充其量。以爲害於人羣。必賴有他力以抗之。』有容之道。使之自由聽從。固無可望。而迫於外力。舍此不足自存。歐史之中。其說以是而奏效者。例不鮮也。由是推勘。足下所設數問。以有容之道未可期者。可得而答矣。有容果以有抗而得。所得之數。未必即如所抗之數。然既已出而抗之。決非有所不屑。故不甘

心之說非也。此其一也。有容而生於抗。同者焉能自保其私。毫髮不動。異者之攘臂相爭。實有容中必涵之性。此其二也。三項異者妨同。義同二。四項異者不忍其容。義同一。愚知足下必且發爲問曰。抗力之生。必其國有自由。人民運用政治。不遂挫壓。否則惟有出於革命已耳。革命者兩力相易之謂。以言相抗。恐非子義所包。今國內武人專橫。自由掃地。命且莫保。安能言抗。縱曰能矣。而抗者夙以叛逆。與當局互爲誅求。雄者安於失敗可耳。安肯便與敵讎。共議政事。是抗終莫有。容又何來。愚以爲足下之見。以論國中政局。微失之偏。蓋當局者之爲同。乃以極少數人之意。强制天下。其見爲異。而爲所逼拶者。正不獨國民黨。抗者合衆異以抗一同。非謂獨以何黨爲抗也。國民黨失敗至此。其所取之策。舍再興革命莫由。此其利害得失。乃別一問題。惟已出於絕對之途。於人之地位異於己者。終不當加以詆訶。使人不獲利用所能以施其抗。眞國民黨人。其所求者。亦國家之治安耳。謂治安之術。惟彼獨操。他無有知之。揣其設心。必不若是。則有外於吾黨能以術措國於治於安者在。彼視之宜若已出。愚爲此言。非謂國中果有理平之望。以見象察之。自非無目。將不爲是言也。特愚有容之說。爲用至廣。必一國之人羣解是道。然後爲國可進於近世憲政之林。若革命黨人褊狹。猶昔以辛亥以前之排所謂君憲黨者排今之政治手段異於己之人焉。則政運循環。癸丑之敗。行且再見。於成功以後。此等理解。實年來政訓之所施。吾人所當虛懷受之者也。足下謂同異之分。已如水火。惟有相迭。決莫能容。一七八九年以後一八七一年以前之法蘭西。即吾前例。是又當分別言之。夫異者見惡於同若是。而謂有道求容於同。自爲詭論。惟彼不容我。吾當容彼。吾容不見於相迭。以前終且見之於相迭。已後法蘭西革命。亙若干年。彼此代與翻覆仇殺。是乃不解革命之咎彼第三共和之初。當事者即已知之。乃力更前失。純從調和入手。始克奏効。不然。此四十年間。法人必且相屠未已也。吾人生於其後。失德亂政。紛陳吾前。正殷鑒之足資。焉前車之同覆（吾人於法國四革命史事恆語焉不詳若有人撰茲小史或譯一成書其爲益於社會決不少也）昔者英人自詡其革命之智。而致諸於法之先烈。爲謀未臧。法儒雅璉（Paul Yanet）爲之言曰『如以英法革命相較。謂後者之期長而爲禍烈。則當知英之革命。遲於法蘭西一世紀也』（見所著 Histoire de la Science Politique 六一頁）果英鑒於法。法亦自鑒。因收革命之功。而遠革命之害。則吾人不當妄自菲薄。奚待講明。賢者偶爲不擇之言。當不料聞者走狂潮而入迷霧。能使吾政局三四覆而不一定。精英落盡。國力大疲。其在今時。或且亡國。惟事有必至。可以前知。此愚之所大懼也。足下思之。以爲何如。或曰。今政府逞其兇殘。爲之倀者滿天下。而子漫以有容期諸革命之成功者人不以爲不入耳之談。來相勸勉。即以爲設淫詞而助之攻。子將何以自解。愚曰。然。然前者愚猶將强聒之。後者則疑似之辯。口舌不能勝。無如何也。往者政本論初出。有李君北村貽書爭之。謂與容論議是篇。客以謂『異同之義。主客變置。惡政府以一私部之異。壓天下使從同。天下惟有固守其同。令公同不爲私化。此主之義。足下乃懇々忠告。又導之以有容。究所望之結果。非盡納天下之公同。悉同化於彼之部中不止。此客之義。客義充塞。國民無噍類矣。夫安得此亡國之政本談』愚答之曰『愚之所謂有容。乃在使異者各守其異之域。而不以力干涉之。非欲誘致異者使同於我也。果誘致焉。則是好同惡異矣。好同惡異正愚說之所觝排。焉能翻覆一至於是。苟愚說而有力也。則客所謂公同者。對於政府而見爲異政府有容。將不干涉其公同之行。爲公同而在議會爲多數政府。即翻然而下野。英倫內閣是也。

公同而在革命軍有天下之半王朝亦欣然而遜位滿洲皇帝是也又安見有同化於彼之部中者哉「此其問答。載在第二號雜誌中。足下遠在重洋。初手一號。故未之見。今請取而觀之。於足下所持四不可期之說。能得一二分解脫焉否也。若謂當世私欲橫行。此說無幸存理。則古今藥石之言以很忤當時不見采錄者何止千萬今之政本論亦於千萬中占其一數已耳又何怪也足下謂休々有容。」可冀於民德較純之時。而難期於民德正淆之日。可冀於法度較備之後。而難期於道揆法守蕩然已盡之秋。「似亦難以一言盡之。愚唯問足下所持之策。是否欲以專制易天下。苟不爾者行憲政一分即須有容之量一分吾民德即不純而至憲政無可施行恐亦未必法度未備。誠哉是言。然正惟未備故宜定憲今乃以此遮憲政使不自進無因之果何所自來且在今日當知民德未純者半由爲同者毀敗之也道揆法守蕩然已盡者又八九爲同者釀成之也以有容進之乃正所以移其一切暴戾無度之總因足下以爲未可竊所未解是故文化之稚惟有容足以成之黨派之擾惟有容足以靜之民俗之偷惟有容足以厚之英倫憲政。以此益臻上理。吾固不敢望彼。然正宜以此而登憲政之堂遽謂不當效法亦如前言惟有舍憲政不言已耳毋乃自毀過甚乎足下疑不好同惡異之說。行之英倫。人情與理論。斷難盡合。似亦不然。大抵英倫、之政則乃由事實歸納而來非學者製爲訓言政家從而採取彼所謂不好同惡異其精詁不外聽反對黨之意見流行此語發自梅衣(may)政習則先梅氏而立果反對黨之意見能自由發抒以上發抒之度何似視其本力以言不好同惡異之習無高度低度之可言也雖然。足下之言。中乎事實。愚欲以空言而迴世變。信爲不度不量之尤。然區々之心。無能自已。愚公之請。所不敢辭。

得大君子觀之。惟取其詞。不計其效。則愚文已非虛作。無復恨矣。書詞繁委。不能盡意。幸爲道自重。復有以教不肖。臨紙無任馳念之至。　記者

內閣制

（致甲寅雜誌記者）

記者足下。讀甲寅尊譯白芝浩內閣論。洵屬傳意畢眞。甚佩。玆有質疑之點二。其一、我中華民國國體。碻定不易。學者論政。貴有貫徹主張。以健輿論。倘我國實行責任內閣制。又得天假奇緣。國人長足進步。不數年而政黨精神。竟亦能立法行政融成一片。然我無所謂名部者存在責任內閣設施政事。果能推行盡利乎。其二、倘所謂名部者必不可少。學者應知我國現在名部所存之處。以詔告國人。而此名部人物將政治上如何發生關係。責任內閣設施政事。仍能推行盡利。以上兩端。敬乞見教。　羅侯白

尊問發端至大。以愚學疏才下。焉能解答。惟以足下製題之切。請得效其一得之愚。白芝浩以名部刻畫君主。讀其文者必疑君主不存之國。制將莫立。不知白氏所謂名部與君主合體。乃事實之偶然。非理論之所必有。宋人耕田。於株得兔。釋耒守株。冀復得之。兔不可得。身爲宋國笑。以衡政制。名部兔也。而君主則株。舍君主不言。名部是守株之類也。當爲白氏所笑者也。當白氏椒言名部時。法蘭西第三共和。尙未成立。彼固言內閣之制。可用於非君主國。人多笑之。法之千八百七十五年之憲法成。始足以間執人口。白氏親游巴黎。究察政狀。歸而著錄。以耀於衆。（詳見重版英倫憲法論序）

實則白氏所爲。愚猶病其淺。理之所在。初不俟例證。即法蘭西不同英系。其說之堅如故也。惟事實如此。可從論思。名部者由內閣制而得者也。果行內閣制名部。即相應而起。君主可也。總統亦可也。前者視英後者視法。若元首而不得字爲名部。則必其國未行內閣制。此在君主曰君主專制。制在總統曰狄克鐵特制。(狄克鐵特危時竊政者之稱)或總統制。不足言內閣也。內閣且不有。亦尸位者流。奚言責任。奚言推行盡利。故我無所謂名部者存。而於內閣有所責望。無是道也。至今日當塗之人。能否納之名部。吾因以舉內閣之實。則事實問題。非更端論之不可。足下達者。見之必瑩。愚之喋々。徒爲多事。請勿賚焉。記者

總統制與解散權

(致甲寅雜誌記者)

記者足下。新約法之疵點。更僕難終。而其最難索解者。即第十七條。大總統經參政院之同意。解散立法院是也。論者謂參政院備大總統諮詢。議員由總統委任。純粹顧問機關也。立法院代表人民總意。議員由人民選舉。完全民意機關也。得顧問機關之同意。便可解散民意機關。五洲萬國所未有也。而謂主權本於國民全體之民主立憲國。而可若是乎。此眞創造民國斷頭流血諸先烈。始願所未及料也。抑聞解散下院。得上院同意者有之。今參政院之性質。等於前清之資政院耳。日本之樞密院耳。與民主國之上院。絕不相同。何能解散立法院。果能之。國會尊嚴。掃地盡矣。凡所云々。自有一種顛撲不破之理由。誠哉然矣。惟吾人之論點。猶以爲不必及此。易詞言之。論者之言。雖無可非難。而論鋒所向。

吾人以爲倘屬第二問題。至吾人之主張。則總統制下。絕對不容解散權之發生是也。考解散權之由來。爲對待不信任權而起。而不信任權之規定。則由於責任內閣制之採用。因果關係。脈絡分明。非有私於立法部。故予以彈劾權爲壓倒政府之武器。亦非見好於行政部。遂賦以解散權使之制國會之死命也。以故欲論解散權之應有抑無。須先問責任內閣制之應否採用。一面主張總統制。一面復主張有解散權。此矛盾之法理。不成片段之文字也。何以言之。責任內閣制者。例由制國會之多數者組織內閣。內閣既爲國會多數所組織。自應對於國會負責任。不信任權者。以內閣對於國會負責任故。苟內閣之政策。不爲國會所同意。而失多數於國會也。當然投不信任票傾覆之。解散權者。爲國會可傾覆內閣故。斯時內閣之政策。苟自審爲良善。默計國會之多數。不能與國民之心理相應也。例得解散國會。要求全國國民最後之判斷。夫如是雙方各有護身之器。國會不爲政府所壓抑政府不爲國會所節制互相調劑互相抗衡而權以平此責任內閣制之妙用也。然則責任內閣也。不信任權也。解散權也。有則俱有。無則俱無。不能斷鳧而續鶴焉。不能蒙馬以虎皮焉。蓋有一貫之精神也。於斯有一國焉。立法行政兩部。兩々獨立。不相連屬。政府可以任意組織。國會亦無法課其責任。不信任權。無所適用。政象如斯。而謂當予政府以解散權乎。抑不當予乎。此五尺童子。可以明其故矣。而約法議員。竟敢冒天下之不韙。貿然予之。何所取義。抑美利堅大共和國。爲當局者夢想久矣。足資吾人之借鑑焉。蓋美利堅之政府。無論若何失政。康格雷不能動其毫末。同時康格雷失代表國民之資格。政府亦無法干涉之。換言之。國會不能推倒政府。政府亦無權解散國會也。未聞美政府緣此而行政上有所不便也。亦未聞歐美之大政治家。對於美憲之不著解散條文。謂爲有一簣之虧也。何也。蓋美之政制。亦如吾之政制。乃總統制而非責任內閣制也。由是言之。總統制之於解散權。從法理上觀察之。其矛盾也既若彼。從經驗上詳審之。其不必也又若此。而約法議員必欲方其枘而圓其鑿也。何所取義。足下談政有典。素所傾服。今以奉質以爲若何。餘不白。

張企賢白

出廷狀

（致甲寅雜誌記者）

記者足下。愚昔讀民立報大著臨時約法與人民自由權一篇。即深信出廷狀制度足以保證自由。但於與刑事法區別之點。則不能無疑。蓋人若違法逮捕拘禁訊問處罰人。在刑律俱有相當之制裁。而刑事訴訟律、除檢察官違行搜查犯罪提起公訴外。又許被害者之告訴。他人之告發。是罪刑既有法定。而訴追機關又極完備。犯罪人無論如何狡詐。終難倖逃法網。人身自由。因是得受完全之保障。於斯復立出廷狀以保護之。未免有重床疊架之嫌。然觀貴誌自由與出廷狀一節。則又恍然如有所得。僩而舉之。得兩義焉。一、刑事法一事。出廷狀又一事。二者有相得益彰之妙。而無水火不容之處。二、刑事法縱屬盡善。若無出廷狀以輔之。則人身自由。終難得完全之保障。蓋刑事訴訟律、雖許被害者之告訴。他人之告發。而提起訴訟與否。則屬檢察官之職權。若檢察官拒不受理。被害者即無伸冤之途。雖刑律嚴檢察官應受理而不受理之罰。然於事實上。終屬具文。因應受理而不受理。不能爲抽象的論定。而須調查證據。其事緩而難。且官官相護。中外不免。誰肯執法以相繩。然則刑事法下之所謂自由。殆所謂貓口之鼠之自由。反之、有出廷狀以障之。則一有違法侵人身體之事件發生。被害者或其戚友。皆得向相當法廷。呈請出廷狀。而法廷不得不諾。毫無自由裁量之餘地。而加害者一接出廷狀。亦不得不依限率被害者出廷陳述理由。並受審判。萬難藉口而不前。是自由朝被侵害。夕即回復。無寃苦無所告訴之慮。宜乎此制爲寶愛自由之國所重視也。然我國治法學者。大抵取材東籍。而所設施。亦皆效顰日本。故出廷狀制度。國人未嘗夢見。大記者雖著之於篇。而了解此制之作用者。恐仍不多。鄙人不揣譾陋。妄貢已見。望足下進論此制。並將英美等國出廷狀律。譯成國文。加以批評。俾立法者有所取資。而國人藉省覽焉。足下以爲何如。

戴承志白

來示揭出廷狀以示讀者。追其法意。明其體要。以見此制在自由國爲極可愛重之物。其於國人之法律觀念。所益實多。愚亦受益者一人。本無可說。惟細審足下以出廷狀律與刑事律交爲思索。始疑其有重床疊架之嫌。終以爲有相得益彰之善。似乎二律根本相異之處。尚有餘地可容一言。賢者居懷。既樂使一曲之士。得竟其說。請即約略陳之。尊論謂刑事法果善。犯罪人縱極狡詐。莫逃法網。誠然。於斯爲刑事法著其精要。則是法者所以使一國無不罰之罪者也。而出廷狀之精要。則異乎是。所貴夫有斯狀者。乃吾之身體受人拘禁時。而吾可訴之於此以復吾故態也。則是法者所以使一國無偶犯之自由者也。易詞言之。即所以使一國無無罪之罰者也。雖曰。凡訴訟必有兩造。刑事法正而正甲之罪。負面即保乙之自由。出廷狀法正而保甲之自由。負面即正乙之罪。二者功用。固自相通。而即法論法。二者各有特殊之領域。非嚴爲區別。不足以得其眞性也。藏雪曰。或謂人受違法之拘禁。一旦得釋。彼有權控違法者治其罪。或科以金以爲賠償。此即人身自由之保障也。余則以爲毫無意味。如丙拘丁。丁不能脫。丁即了然於他日之得罰丙。或科丙金。無補於當時之事實也。丁之所欲得者自由之恢復耳此不可得罰丙云々皆成廢語當福祿特爾因於巴士的獄也。倘有人告之彼一出獄。可以捕敵而要其償。吾知決不足以慰此老也。且惟其出獄後可以正違法者之罪違法者或因而覺悟錮之終身使無出時由是觀之。人之法律上自由爲人干犯縱有法詳爲規定使無遺罰而無相當保證使人一受不法之拘捕即得脫出以云自由保障尙屬欺人故在吾英創有出廷狀律斯律者即爲具此保證而立者也」（英國憲法論二百八及九頁）由戴說以觀是出廷狀之精神全在還人自由一層得違法者而罰之與否乃在第二步。且適用出廷狀律之結果。固有得侵人自由者而罰之者矣。然此律之第一強點在鞏固司法獨立而削行政部任意施罰之權其在英倫。茲例甚夥。此則違法者又不必有刑事問題發生也前聞章太炎先生襆被出都。行抵東站。爲總統府中人邀歸。幽之龍泉寺。置兵守焉。太炎之友。無如之何。倘有出廷狀律。無論何人。可向法廷請狀。則太炎被縶之故。當在廣廷衆目之下。一々陳明。凡政治便宜無關律意之談。當不爲法官所採。而太炎可出矣。然課總統府以刑事上責任。恐未能也。即在民間。運用此律。亦恆無刑事意味。例如有父幽其成年之子。後見人匿其所後見者。其親其友。俱可請狀提審。此又入乎民事範圍矣。要之出廷狀之作用在出人於不自由之域刑事法之作用在入人於不自由之域前者惟恐無罪者而被罪後者惟恐有罪者而不被罪一爲消極一爲積極此其所以異也。凡此皆足下所能想及。猥承許與。使更作數言相爲發明。輒復略論如右。當否請賜敎也。至英美成律。譯成國文。其事甚善。惟非本誌篇幅所許。異日有機。當有以報命也。

記者

民意

（致甲寅雜誌記者）

記者足下。近日國事益復支離。不可究詰。東取一鱗。西取一爪。匪古匪今。一言蔽之曰欺我同胞而已違法。尚可恕。惟欺之罪。上通於天。其敢於欺者。實緣大多數國民。聾瞢然於憲政眞象。故耳所謂眞正民意。惟眞正市民。足以代表之。斷非無籍客民。所得假借。即使假借。必不能久。此桀者所以得肆於民上也。故鄙意不亟々要求政府立憲。但要求其實行約法上集會出版言論三大自由。而不以法律干涉。三者中尤以集會爲最要。至集會辦法。當純以學識道義聯合。不必標之曰黨。標之曰黨。則不免帶權利臭味。及招人忌矣。嘗謂吾人既居在野地位。當盡在野職務。智者作事。造端於微。其收效或在十年二十年後。甚或吾身不能及見。但使日復一日。我子若孫得享幸福。雖犧牲現在。亦不爲殼也。質之足下。以爲何如。

張爾田白

强暴

（致甲寅雜誌記者）

記者足下。昨得大誌。卒讀一過。始則歎中國之命運。何竟一至於此。深爲可悲。繼則幸中國尙有人焉。翹首扶桑。矢志不渝。濟時救國。或猶可期。是又足喜。雖然。大誌之作。固以鍼刺淤膈。抉剖臃贅。欲作斯世之盧扁。無如靈方在前。而主治庸醫。方且以異己之不利。屏而去之千里之外。以免若之干吾治而浸吾權也。庸有濟乎。更進而譬之。當見途中有寡婦孤兒。被强暴者刼持。彼强暴者恐途人之干涉。則詐其言曰。若背吾何往。尙不隨吾俱行。且行且詈。且恫喝之。彼寡婦孤兒。雖嚶々啜泣。而途人不之詰也。且有附和於强暴者而爲之詞曰。若而不服。將受其笞箠。吾勸若。是愛汝而憐汝也。今吾民之被强暴何以異是。足下察其隱。洞其詐。而欲喝止其所爲。必先以其所隱所詐示諸途人之附和者。而後其術乃可破。寡婦孤兒乃可脫其厄。不此之務。則雖舌敝筆禿。指强暴者若何無禮。摘其若何不法。而爲其所惑之附和者。方將以足下爲妄。爲癡。眞僞之分。是非之界。終不能明於天下。則吾嵩々四百兆生靈。勢必終墮於混世魔王權力之下。而無可翻異。足下殷々救國之熱忱。恐亦煙消火滅。與空氣而俱化。嗟可畏已。愚謂今之寡婦孤兒者。國民也。强暴者。政府也。受强暴者之所惑而爲之附和者。列邦也。欲謀救助。必先解附和者之迷惑。而後訴之於公理人道。以求適當之解決。此較之呼號悲泣。以震悚於寡婦孤兒之前。欲求其自脫於厄者。殆稍得其要矣。是故今日當有痛陳時弊之論著。出以歐文。廣布列國。使彼中政家。共得悉其內蘊。而後政府非法之施。不致爲一二客卿所朦蔽。除惡抑暴。其在斯乎。姑妄言之。不審足下以爲然否。

陳樂白

米專賣

（致甲寅雜誌記者）

記者足下。前閱日本小林庄太郎所著米專賣策一篇。縷列利病。頗爲精詳。惟氏所論。專着眼於日本。以我國情形衡之。是否適用。尙須硏究。蓋氏主張該專賣權全歸政府掌握。僕不能無疑焉。夫食爲民之天。米乃食料中之重要品。權歸政府。雖可免奸商之把持。而陷勞働者於困苦。然米專賣含有營業性質。固不僅爲公益事業已也。以有營業性質之事。而委於絕少營業經驗之官吏辦理之。雖有善政。亦將不能見諸事實矣。故鄙意以爲米專賣業。如可行於我國。似採官商合辦之法爲當。蓋以公益心較富之官吏。（非指今日之官吏）而濟以商人之經驗。非特成功較易。則資本亦較易召集也。商人所認一部之資本。宜行招股法。每股金額。宜定爲最少之數。務使貧寒之家。亦有力可買。如此則不獨合於利害相共之理。而巨商之跋扈。奸人之私賣。亦可以稍減焉。鄙意如此。未審當否。前於足下創辦獨立周報時。每欲以此見詢。輒因循而中輟。及見大誌。特設通信一門。喜甚。遂有此書。　王渭西白

手教所陳利害。自非一言所能論定。然國政不明。無論何策。皆成弊竇。況米專賣猶爲滋弊之尤者耶。最近漕米專賣問題。至以財政總長之尊。結託奸商。朋分餘利。而以此策進之。是直責貓守乳。庸有幸耶。至謂非指今日之官吏而言。則以勢推之。明日亦今日也。任推至若干日。亦今日也。抵掌畫策。必河淸以後。始能行之。吾徒果何必浪費此種筆墨也耶。今請以此答足下矣。不以爲狂。而以爲哀。則鄙志也。　記者

社會

（致甲寅雜誌記者）

記者足下。今日政事。言之氣悶。終日見之命令者。惟某々文虎章某々嘉禾章種々。發之報紙。已行及未行者。有復肉刑復科舉種々。凡此皆足下所知。無待鄙言。惟僕以爲有形之政局。更張之也尚易。無

形之社會。其毒根所植。往々有千百年不可爬梳之勢。改造之也實難。然惟其難也。愈不得不改造。苟此無可望。國家即無振興之望。此中消息。甚願足下推論及之也。古人有言。正人心以衛國本。今日國本之弱。實因人心之壞。而人心墮落之原。實由民生好嬉。成爲惰性。故其遇事也。每憚于致思。而懶于陳力。印度之亡。殷鑒不遠。嘗聞喬頓演述印度之事。有足爲吾人警戒者。喬頓者斯丹福大學之祭酒也。其言曰『方余漫遊印度安那也。乘火車行。經一村落。見有六人。負暄駢坐。芒若無思。後三數年。復經其地。則此六人者。仍駢坐如故。夫印地荒蕪。遺利至厚。耒耜所加。立成沃壤。所不足者人功耳。而此六人乃負其身手。輟業以嬉。凡繕業治生。力田致富。僉若未經其思慮者。則惰性之中於人心爲害烈也。以喬頓之所言。証吾國今日之社會。其去印度也幾希矣。以言輿論。則習爲盲從。暮氣滿紙。以言政治。則一味顢頇。偷安旦夕。以言家庭。則諸務廢弛。米鹽雜沓。以言商務。則坐視停滯。空嗟命蹇。以言農務。則西藏新疆之田未經開闢者。不可以數計。如此社會。國安得不亡。且惡現象尚有過于印度者。則樗蒱之聲。到處盈耳。博臨一注。動言千金。廢時棄業。忘寢與食。窮日盡明。繼以脂燭。當其臨局交爭。勝負未決。專精銳意。神迷體倦。人事曠而不修。賓禮闕而不講。雖有太牢之饌。韶夏之樂。不暇有也。甚以金盡。議及衣物。又或護敗。中傷友朋。廉耻之意弛而忿戾之色發。禮讓之道廢而陰賊之局張。舉凡下流之爲惡小人之無忌憚一彈指頃可以迸發而無餘。蓋百事以誠信爲本。嗜賭者則尚變詐。人以忠恕爲重。嗜賭者唯務賊人。舉國若狂。上下相競。父兄不以此戒其子弟。師友不以此勸其生徒。國風若是。成何體制。向使世士移其賭博之力。用之于詩書。是有顏閔之志也。用之於智計。是有良平之思也。用之于資貨。是有猗頓之富也。誠不意老儒名宿文人學子平日卓然自命者至全忘其所營何事。亦唯以牧豬奴戲送其先知先覺之年華。小子後生更何足論。嗚乎。使賈子復生今日。其痛哭當何如耶。夫賭博之貽害于社會也。履霜堅冰。非一朝一夕之故。而其致此之原。實由于惰性。深入人心。好嬉遊而不務正業。前固言之。今請更徵西儒威爾士(Welsh)之說。威氏論惰有曰。『夫惰性之中於人心。不僅怠于致思。不求前進已耳。勢將忘其所學。棄其所知。故凡廢時棄業之徒。最好作無益之嬉戲。以消時日。所謂心勞日拙。相習爲僞者是也。夫人性之易流于惡也。亦由水性之趨下耳。其逆流也難。其下流也易。惰者趨易避難。常自投陷阱。苟非漸漬德義。棲遲道藝之士。其能挽狂瀾使勿倒者鮮矣。且物之感人也無窮。而人之好惡也無節。一二深識之士。類能勉精勵操。禁于未然。中惰性者既無堅固不拔之毅力。復無契濶勤思之志望。其極也必爲好惡所制。爲萬物所羈。沉迷至死而不悟。此君子所以必慎其獨也。』由威氏之言觀之。則今日社會競爲無益。殆即逸豫自甘者之變相耳。醫人身者。必求疾病之源。醫社會亦然。社會流毒之源。既由于惰。則救治之法當若何。法之名醫呂博(Theodule Ribot)醫而哲者也。其論惰也。頗具卓識。其言曰。『惰惡病也。但心理學家所言。與教育學家所言。間有不同。據心理學家所見。惰實出于先天。其病根係實質與心經所搆成。苟取懶惰之人。施以科學上之試驗。則其身體中。實缺少一種纖維收縮性。其心之跳動也微。脈管之迫壓也低。血之循環也遲而緩。職是之故。其腦筋所顯病象。雖不若大病者之甚。然滋養之功既衰。則不久而腦亦隨以耗矣。此乃事實之談。但平日心力體力並極精壯之人。一旦忽自甘懶墮。幾與委靡不振者無甚差異。直待此期已過。始能漸復舊觀。試即其期內考之。則血之循環必易常度。斷不能如平時之活潑。或則以食物不消化。與夫肝經遲鈍之故。而其腦筋及體內所得之血。必有一部分未若平時之充足。』又曰。『欲救惰病。不當專恃德育。歸罪于志趣之薄弱。意向之卑鄙。須講求體育之法。使血液充足。循環準度。顧尙有一種糜力足以抵抗惰風者。則所事。爲其人所心愛。乃以綏而進之之法。誘之使勤。是也。夫愛動與好作事。究竟得諸習慣者爲多。非必盡出于天性。語曰。習慣成天性。是蓋心之所向。則外界之阻力無由而生故耳。」又曰。『救濟懶惰之法。當注重衛生。珍重起居。使體態强健。血脈活潑。中心恬淡。性情純靜。而後遊心道藝之林。準之以繩墨。則此心不至外馳。而惰性亦庶幾乎息矣。」觀此諸論。則吾人今雖死期將至。苟能振刷一新。得良藥自救。未嘗不可有爲。讀書之暇。偶有所觸。拉雜書之。以寄足下。不成體段。豈足言文。亦見救濟社會之事。在今最爲要圖。特以數言。引起足下之與使詳細痛論。爲此黑暗世界放一線光明耳。足下鑒此。當不責我。餘不白。

劉陔白

宗教問題

（致甲寅雜誌記者）

記者足下。綜觀論孔教諸篇。似以宗教爲人類所必不可無。耿々余心。思有所白。願余所欲就正者。非尊孔尊耶之執。乃人類應否終有宗教問題也。關於此端。論者約分二派。一派謂宗教起於民智淺陋。惟太古愚民行之。民智既深。即不需此。一派謂宗教本隨時之義而成。與天地相終始。太古民智單弱。見異而驚。故宗教之事起。人智彌進。推知彌遠。遠則不可思議之境彌多。故宗教之義。日離跡而即於玄。其託愈幽。其行愈遠。質言之。一謂宗教與民質爲相對者。一則謂爲絕對者也。夫推論萬象。必歸一元。宇內眞宗。幾皆認爲通論。然惟心惟物之爭。至今而未有已。余拙且陋。於二派未敢置辭。就鄙見所及。則重惟心。主張直覺自證。易詞言之。謂論事在求其徵。說理貴推其故而已。宇宙既形。此顯象。懸示吾人之前。斷非徒有象而無理。事有象而理難徵者。乃吾知之有涯。不得謂彼爲神秘。吾友趙子壽人謂佛家言不可思議。即是佛家怠惰。其言雖逼。要足策人猛省。斯賓塞曰學之道出於思。由明而誠者也。教之道本乎信。由誠而明者也。然則守漠然之信。何如出蹵然之思。信爲當然。何如推其所以然。信此不可知者爲愚哲祛疑之資。何如懸此不可知者作萬衆研鑽之的。天地萬象。幽渺無窮。如無盡小數。任除至何位。終有餘數。此理余固確信。然進除一位。則得數亦進一位。々位相續。謂仍有餘數則可。謂得數非多明一位。則不可。人類之推知。亦猶是耳。昔者地雷風火。舉拜爲神。今雖四者眞因。仍不可得。即象推尋。歸諸物理。不謂設於神意。此理固甚明矣。夫信之對爲疑。祛疑爲信。不聞懷疑爲信。誠之訓。爲不欺。自欺爲妄。不聞自欺爲誠。今指不可知者爲神造。在學理不得不以爲疑。守不能明者爲天眞。在人道不得不以爲妄。如其理玄奧難知。則委爲天功。其道懷疑不明。則歸諸神秘。即如足下所謂通其不可得通。安其所不自安。所求者在通。以其玄奧難知。則通之途已塞。認不通爲通。則通之本已誤。所求者在安。以懷疑不明。則安之念已搖。強不安爲安。則安之本奚著。余愚竊以爲不明則不通。不誠則不安。假不明者以爲明。定不安者以爲安。則隣於妄且欺。人道期於徵實。謂此既妄且欺之行爲。必與人道相終始。天地無終極。而此行爲亦隨之無終極。若佛家所謂眞如無明。終古並存者然。猶詔人曰。此信也。誠也。說將何以自圓。余鈍根深。不得圓滿確證。終病不能釋然也。其說甚長。非單詞片語所能如量以白。特示概念。以就正於博學鴻識者之前。其必有以撥吾心霧。渙吾疑團者。斷可識也。此問題爲根本。尊孔尊耶爲枝葉。而某教挾門戶之爭。某教作事功之梗。某教嗜於利祿。某教流於僞妄。

學爲教徒之罪。又下此而爲枝葉之枝葉矣。雖然。滔々斯世。習見方深。意根盤錯。固執成性。學詖情瞀。負之以驅。是非膠葛。其胡能理。君唱尊耶。愚又問鼎於宗教。擠吾等於地獄。儕吾等於名教罪人之列者。必紛然放矢矣。意氣之爭。應之將恐至於無暇也。懍乎。悲夫。　高一涵白

手教所論。乃哲學根本問題。不學如愚。何敢爲一辭之贊。雖然。西哲有論及此者。間嘗涉獵。得窺一斑。請爲賢者證之。宗教本於歸依上帝。論列宗教。有無首當進叩上帝有無。足下祇謂玄奧難知之理。委爲天功。終不可通。懷疑不明之道。歸諸神秘。有所未安。而未嘗推究天功神秘是否確有其物。可委可歸。愚意足下由此推勘。而能得一圓滿自足之解。答則玄奧者未必眞難知。懷疑者未必眞難明。而一切問題皆歸冰釋矣。笛卡爾者。哲學之母也。其學從尊疑入手。凡非深明其理而以爲實在者。決不妄語。本此爲推。世間萬物。在々可疑。所無可疑者惟我。何也。我有思也。苟我能設思其事非妄則我必非妄。若謂我不能設思。疑亦思也。即無由起。苟能疑非妄則能思必非妄。於是凡吾思之而明了者皆眞相也。舉明了之思其中有最要者爲上帝觀念。上帝現於吾思之中。實爲一完全無對之體。人類者不完全者也。不完全焉知完全。完全爲何相。是知此相發於人之腦中必有主宰者焉。即上帝是也。笛氏主二元說者也。以爲心純乎覺。物純乎境。覺境兩離。非上帝從而斡旋。不生連繫。其徒司賓挪莎則主一元。謂心物同爲造物之見相。含宇宙萬物而言上帝。實爲不詞。上帝者即物見之。體物而不可遺者也。此雖與師說有殊。而以邏輯絕嚴之律。證明上帝之存在。則較笛卡爾愈有加焉。爲說過繁。玆不徵引。要之二氏皆理學名家。有神之論。悉本科律。揆之足下論事求徵說理推故之意。信乎未睽。即在吾儒。所言亦間與西賢合轍。荀子曰。

信信。信也疑疑。亦信。必以疑。々爲信。而後。一。切。論。思。之本。以。堅由是而之。宇內萬象。皆不難求其歸宿。足下謂不聞懷疑爲信。似乎百尺竿頭。尚可更進一步。此種蕪詞。知早在高明意境之內。猥承下問。輒復陳焉。殊自忘其無似也。至前者拙論有謂通其不可得通。安其所不自安。本爲恐民說法。殊乏哲理可論之資。言非一端。夫各有當。不以詞害意。是望達者。記者

孔教

（致甲寅雜誌記者）

記者足下。桂聞之。非富有身世之經驗。不足以解道德之眞詮。非貫通中西之學理。不足以測孔耶之妙諦。讀大箸。見足下頗致力於宗教。故爲之溯其淵源。指其奧蘊。其用心最苦立意獨眞之處。乃在爲耶教謀發展之地。以挽頹俗。而又不欲於孔子之道。故肆觝排。識邃旨嚴。洵吾黨之河山。甚佩甚佩。惟是言激失當。事所恆有。質疑者紛至沓來。頻復以足下之說爲不然。桂平心察之。言者固失之偏與苛。而足下似亦未能辭其責也。夫孔子老安少懷友信之旨。耶穌化人救世之經。雖地異言殊。而其仁翼天下利濟萬物之心則一。世人不察。或軒孔而輕耶。或是耶而非孔。此非墮於深閉固拒之識。即中於舍己芸人之說。其陋惟均。西人且笑之矣。是故一偏之士。見耶穌流行中國。因思立孔子爲教主以敵之。此固爲失。悲觀之徒。輒至妄自菲薄。謂孔教無益於人心世道。又焉爲得。足下所論。微有後者之趣。桂殊爲足下惜之。名教罪人自多有之。然懲罪人遂至病名教。揆之邏輯。有是理乎。以事實言曰耶穌而躬盜賊者世豈無有。足下又何以爲辭。桂恆與人言。足下議評孔教。至謂蘇張復生。亦艱作辯。此憤、

極語。非本意也。還質足下。以爲奚若。

國學

梁天柱白

（致甲寅雜誌記者）

記者足下。神州學術。自漢武屛黜百家。獨尊孔子。而規模一小。自六經爲利祿之鵠。孔子爲丹紫之獺。而規模又一小。百家去。則中國惟有儒學。而無國學。利祿盛。則儒學惟有糟粕。而無精英。數千歲政治之不能改良。學術之不能孟晉。道德之不能匡正。國勢之不能振拔。誰生厲階。至今爲梗。未嘗不太息痛恨獨夫專制之禍。烈于洪水猛獸也。楚王好細腰。而國多餓人。越王好勇。而士皆蹈火。上有所好。下必甚焉。全國之民。風行草動。化久成俗。膠固漆堅。雖有獨立不懼之彥。倜儻非常之英。如司馬遷王充嵇康李贄諸子。不靡于物。不飾于人。卒皆爲國人擯絕。人心所趨。罔不由漸。消長之跡。有足徵者。春秋之季。儒學與百家並立。各不相下。人民視之。亦無軒輊。故列禦寇言孔丘墨翟。無地而爲君。無官而爲長。天下丈夫女子。莫不延頸舉踵而願安利之。孟子言天下之言。不歸楊則歸墨。不歸墨則歸儒。可見孔子在當日。實無統一學術之勢。百家往而不反。各不相通。黨爭所至。非難尤烈。墨子之非儒。莊子之漁父盜跖。詆醜不存餘地。孟荀反嘲。詛以禽獸。證爲俳優。此在當時。實無足異。及讀嵇叔夜與山濤書。謂每非湯武而薄周孔。在人間不止。此事會顯。世教所不容。乃竟以遭戮。三國距儒學統一。不過三百數十年。而世教滋漬。已不可遏。況浸淫千歲以下乎。百家之學既亡。進化之塗乃塞。蓋睿思幽渺靈曜精光皆由競爭而煥發未有專事一尊摧挫其心思桎梏其言語而尙可以言學術也往者章炳麟爲國學講習會于東京。劉師培黃節諸人爲國粹學報于滬上。朱孔彰爲國學社于皖城。皆不專宗孔學。是爲名實相稱。惜未能持以歲月。弦誦所被。不可復姬周之舊觀。則大兵之後。猶有凶年。專制淫威。未盡湔滌。遽望人心之復陽。學術之敦古。是見卵而求時夜。見彈而求鴞炙。無乃太早計矣。愚所謂名實相稱者何也。以爲國學者。必萃一國之思想學術也。若以一家之思想學術爲教。祇得曰一家之學。而不可曰國學。朕即國家之妄語。久爲天下所棄。思想學術。猶有同情。一家之學。不稱國學。即渺々之躬。不可命名國家也。不然。以儒術爲國學。則若道。若墨。若法。若陰陽。若兵。若農。與鄒魯薦紳。勢類水火。將屏諸國學之外乎。指爲夷狄之學。盜賊之學乎。故以儒術爲國學者。名不稱實之舉也。朕即國家之學也。今者滿洲遜退。專制消沉。而數千年利用之武器。尚未去于人心。或發于淸季科舉之妖孽。或主于皇室遺黨之謬論。相應相求。鑄爲一鑪。盜賊假孔子。敗壞千載之道德。彼反以爲維係百世之綱常。夷狄藉孔子。堵塞天下之聰明。彼反認爲誘啓後生之才智。視聖而曰黔。望泰山而曰海。是非倒置。陰陽錯綜。未有若是之甚者。現今民德。突梯滑稽。如脂如韋。夸毗寡恥。萬象羅陳。利祿實爲最終之的。而孔子三月無君。則皇々如也。出疆載質。曰可使南面。曰從政何有。曰吾豈匏瓜。繫而不食。儒家立己立人。首重爲仕。與老聃嚴周之隱遯。墨翟禽子之中立。迥然不同。干祿之徒。引爲口實。排道拒墨。獨尊尼山。上自名公巨卿。下至負笈之子。一命之士。有不以私淑弟子自居者乎。觀其治國經邦。則于孔子所謂富教、即戎、去殺。立國大本。茫乎不識爲何物。觀其修身厲志。則于孔子所謂禮、樂、恕、敬。多識鳥獸草木。泳乎沂。風乎舞雩。釣不綱。弋不射宿。執干戈。衞社稷。陋巷簞瓢。疏食飲水。立身大本。惚焉視若無睹。詰以讀聖賢書。所學何事。彼最上者亦不過如文文山成仁取義云々而已。況爲數百歲而一見者乎。愚以爲今日言國學專尙儒術則名實不稱言民德專尙儒術則奔走之風熾二者皆洪水猛獸。孔子之靈。必不來格。立百家于學官。復三代之舊。去利祿之貪黷。行富敎之修養。國學興而民德振矣。漢以來之六經。唐以來之詩賦。明以來之八股。以及今日之新技異能。取崇官厚祿。以爲宗族交游光寵者。何一非假道于儒術。今之入官。稍趨于實。乃必以儒術爲方相氏之熊皮蒙以黃金四目則一切新技異能將與詩賦八股同其功效生民日用失其典謨此倡國學者不可不察也近有東京某々。創爲國學一報。浮游膚淺。偶然無所歸宿。頗爲學者所病。東人之子。猶多精研文獻。恐遺笑異邦。自增點辱。大誌能進其忠告。則天地神祇。實嘉賴之。舉世皆鄉愿。用自矜奮。何敢賊人。書不悉意。謹陳固陋。　孫叔謙白

譯名

（致甲寅雜誌記者）

記者足下。頃讀貴誌譯名一首。邏輯二首。音譯之說。敬聞命矣。如依康老密。如邏輯。如薩威稜帖。如札斯惕斯等。學名術語。兼示其例。又聞庸言報載有胡君以魯論譯名一首。於夙昔尊論。有所指彈。愚未讀庸言。弗詳胡說。竊思足下於迻譯究心甚深。持說甚堅。愚於此本極疏陋。直覺所見未能苟同。懷疑塡臆。請得陳之。邏輯及依康老密二語。倘指科學。用作學名。則愚頗以音譯爲不適。蓋科學之職志。無千古不易之範圍。故其領域之張。咸伴時代之文明而進。即同一時代。學者之解釋區畫。言人人殊。無論何一科學。初未嘗有一定之職。故一學成科之始。學者爲之授名。後其學遞衍遞變。名則循而不易。

是故邏輯與依康老密。在歐文原義。業不能盡涵今日斯學之所容。而今刺取其音。用之以名斯學。指爲最切。物曲影直。恐無此理。謂義譯有漏義。而音譯已不能無漏。初無彼此。其漏也等。謂義譯須作界。而音譯更不能不作界。同是作界。二者所費之力。姑不計其多寡。然就讀者用者主客兩觀之。覺爲學術說明時。往往諸學名列擧對稱。以示諸學之轇轕。或以明所述事物之屬性。又或行文之便。用爲副詞。苟音譯義譯雜用。長名短名錯出。不妙之處。淺而易明。若就讀者一方言之。覺羌無意趣之譯語。自非專門學者。無由通其義。直覺既不望文生義。聯想亦難觀念類化。凡俗念佛呪。誦萬遍了無禪悟。將毋類是。今世科學。不能與佛典等觀。固欲擧科學概念。化爲盡人常識者也。且果如斯說。將見現有百科學名。幾無一完卵。勢非一一盡取而音譯之不可。愚觀日人辭書。除人名地名物名。其精神科學名辭。鮮有音譯者。即地名物名。有時亦以義譯出之。愚不同章說。並無特見。不過體諸經驗。比長度短。謂終未可以彼易此。又如薩威稜帖及札斯惕斯二語。雖或義爲多涵。頗艱適譯。例以佛典多涵不譯。似從音爲便。愚謂我邦文學。雖木強難化。不若歐文之柔而易流。然精神的文明。爲我邦之古產。凡外域精神科學之名辭。若以邦文遂譯。縱不皆脗合。亦非絕無相近者。其完全合致者。則直取之。不實不盡者。則渾融含蓄以出之。如此。以譯名。視原名。縱不能應有者。儘有。或亦得其最大部分之最大涵義。抑方今之急。非取西學移植國中之爲尙。嘗食而化之。吐而出之之尙。西學入國。爲日已長。即今尙在幼稚之域。我國學者於移植之功。固不能無怍。然第一味移植。遂謂克盡能事。亦未見其可。章論謂盪名與義而二之。名爲吾所固有者不論。吾無之。則逕取歐文之音而譯之。名爲一事。義又爲一事。義者爲名作界也。名者爲物立符也。作界之事。誠有可爭。作符之事。則一物甲之而可。乙之亦可。不必爭也。惟以作界者作符。則人將以爭界者爭符。而爭不可止等語。昔張橫渠作箴愚訂頑。程子見之。謂恐啓爭端。爲改題東銘西銘。此命名息爭之說也。又有若貴誌以甲子爲號。容別有寄託。然息爭一端。必爲作用之一。此即愚渾融含蓄之說也。夫一事一象。有涵義甚富者。今乃欲隱括於一語之中。即智力絕特之士。孰不感其難能。即在愚最大部分之最大涵義之說。甲以此爲大。乙或以彼爲更大。爭端誠不可免。然學問之事。必不能無所爭而亦無取乎息爭。非第不許息爭爲消極之作用。將有以啓爭求積極之成功。則有爭寧足憂。無爭又寧足喜。苟學者各竭其心思。新名競起。將由進化公例。司其取舍權衡。其最適者。將於天擇人擇不知不識之間。巋然獨存。精確之名既定。則學術自伴之而進。即如足下手定之名。自出世之日始。固已捲入於天演中。將來之適不適。存不存。人固無能爲。今亦不能測。惟一番競爭。一番淘汰。所謂最大部分之最大涵義。或可於殘存者遇之。此時以其所得。以視譯音得失何如。終有可見。然即在音譯。已不能免與義譯派之爭。是固欲無爭。反以來爭。且兩派之爭。絕無折衷餘地。所謂爭不可止。斯誠爭不可止。愚又聞邏輯與依康老密二學。日儒傳習之初。異譯殊名。紛紛並起。更時既久。卒定於一。舉世宗之。然而涵義之爭。今亦不已。而亦終無窮期。尊論謂以作界者作符。則人將以爭界者爭符。而爭不可止者。觀此見爭符者之終有止境。與乎爭界者不必並其符而亦相爭。似與尊論作一反比。邇來日本學界。喜以假名調歐字。彼邦學者。已多非之。然此乃一時之流行品。非所論於譯例也。說者又慮義譯多方。期統一於政府。惟政府之力。亦不能過重視之。蓋惟人名地名。暨乎中小學教科書所採用之名辭。政府始能致力。稍進恐非所及。然即就可及者爲之。仍須在學者自由譯述之後。政府從而取捨。頒諸全國。以收統一之用。若謂聚少數學者。開一二會議。舉學術用語。一一規定。而强制施行之。亦未見其可也。愚自忘譾陋。自擬譯例。凡歐文具體名辭。其指物爲吾有者。則直移其名名之。可毋俟論。其爲中土所無者。則從音。無其物而有其屬者。則音譯而附屬名。至若抽象名辭。則以義爲主。遇有勢難兼收並蓄。則求所謂最大部分之最大涵義。若都不可得若原名爲義多方。在此爲甲義則甲之。在彼爲乙義則乙之。仍恐不周。則附原字或音譯於下備考。非萬不獲已。必不願音譯。此例簡易淺白。與佛典五不翻之例未合。與尊論亦有不同。誠願拜聞高論。匡我不足。前足下於論譯名時。曾許異日更當詳述。僕不自量。雅欲獻其膚見。作大論之引端。倘蒙不鄙。願假明教。不宜。

容挺公白　八月三日

本書所論各節。委曲周至。一讀傾心。非精於譯例者。不能道其隻字。甚盛甚盛。惟足下所言。有稍々誤會鄙意者。有終爲鄙意不欲苟同者。推賢者不恥下問之心。廣孔氏各言爾志之義。請得爲足下潰陳之。愚之主張音譯。特謂比較而善之方。非以爲絕宜無對之制。且施行此法。亦視其詞是否相許。尤非任遇何名。輒强爲之。足下以愚言譯事。以取音爲最切。致來物曲影直之譏。又以愚說所之。百科學名。都爲羌無意趣之譯語。實則愚自執筆論此。未嘗爲此絕對之言也。夫以音定名之利。非音能概括涵義之謂。乃其名不濫。學者便於作界之謂。如譯Logic爲邏輯。非謂雅里士多德倍根黑格爾穆勒諸賢以及將來無窮之斯學巨子所有定義悉於此二字收之。乃謂以斯字名斯學。諸所有定義乃不至蹈夫迷惑牴牾之弊也。果爾。則足下謂「科學……領域之張。咸伴時代之文明而進。即同一時代。學者之解釋區畫。言人人殊。適足以張義譯之病。而轉證音譯之便也。足下亟稱日人。謂其辭書鮮從音譯。且邏輯一名。彼邦傳習之初。殊名紛起。卒定於一。舉國宗之。則愚知其所譯邏輯之名。乃論理學也。論理學(science of reasoning)云者。斯學稚時之定義。其淺狹不適用。初學猶能辨之。今既奉為定名。於斯別求新義是新義者非與論理一義涉不相涉即相涉而僅占其小部總而言之作界之先當先為一界曰論理學者非論理學也名界牴觸。至於如此。寧非濫訂名義者之惡作劇。是果何如直取西名之能永保尊嚴者乎。足下謂「義譯須作界。音譯更不能不作界。」此就界而論。尊說誠是。若祇言譯事。定音與義胡擇。則義譯固然。音譯乃不爾也。義譯之第一障害即在定名之事混於作界先取一界說以為之名繼得新界前界在法當棄而以為名之故不得不隸新界於棄界之下若取音譯則定名時與界義無關涉界義萬千隨時吐納絕無束縛馳驟之病利害相校。取舍宜不言可知。循是而談。苟音譯之說。學者採之。一名既立。無論學之領域。擴充至於何地。皆可永守勿更。其在義譯。則難望此。邏輯初至吾國。譯曰辨學。繼從東籍。改稱論理。侯官嚴氏陋之。復立名學。自不肖觀之。辨義第一、名義次之、論理最、為、劣、譯。東學之徒。首稱論理。名辨俱無取焉。內地人士。似右嚴譯。次稱東名。吾邦初傳之號。反若無覩。今吾學子。似俱審邏輯為一學科矣。其名胡取。尚無定論。然則足下所謂「一學成科之始。學者為之授名。後其學遞衍遞變。名則循而不易。」以譯事論。音譯誠將有然。義譯似未易語是。足下取證日人。謂一名既定。學者相率用之。不更交相指摘。以破愚爭符不止之說。不知是乃彼邦學者習為苟安以唱宗風首當矯正而乃甘蹈其覆也耶且彼之為此亦以其名沿用既久勢已難於爬梳故出於遷就一途則吾人乍立新名允當借鏡於茲勿將苟簡褊狹之思以重將來難返之勢足下乃謂為可法愚竊為智者不取也足下以天演公例施之譯林然當知適者生存適者未必即爲良者且據晚近學者所收例證擇種所留其爲不良之尤者往々有之以故爲眞正進化計天演論已當改造以論問學義尤顯然今言邏輯。請以辨名論理三名。抛之吾國學界。聽其推移演進。以大勢觀之。得收最後勝利。或爲論理。如日人之今運然。是則足下所信一番競爭一番淘汰所謂最大部分之最大涵義或可於殘存者遇之。愚則以爲最小部分之最小涵義亦或可於殘存者遇之也蓋百事可以任之自然惟學問之事端賴先覺非服食玩好人有同嗜者可比此乃提倡之道不得等之强制之科足下達者當不以爲妄。至吾譯有弊。誠如足下所云。愚雖右之未敢忽視。故愚用斯法。亦擇其可用者用之。非不問何症。惟恃一方也。足下所擬譯例。就義譯一方。用意極爲周到。愚請謹誌。相與同道。惟足下遇義譯十分困難時。因憶及鄙說不無幾微可論之價。則亦晋林之幸也。妄陳。乞教。　記者

白種人之救國熱

（致甲寅雜誌記者）

記者足下。第二期大誌已到。此間同學爭讀之。咸以爲精言壯論。得未曾有也。甚盛甚盛。恭困於校課不能多執筆。惟有一事。欲借大誌以警吾國人。若有餘白數行。使鄙淺不完之論。因緣貢之讀者。所最望也。歐邦開釁。禍延遠近。振古未聞。其最使吾人一新耳目者。爲其愛國精神。戰局未成之日。俄有十五萬人罷工之風潮。英以愛島自治案事。政波橫決。岌岌不可終日。迨國際有事。內閧之聲。即時闃寂。不獨如此。俄於接到德政府戰書之一夕。全國義憤。人人有請纓之志。聖彼得全都通宵無一人安寢。

街頭演說。軍士歡呼。富者奉金。農民遣足馳報政府。欲獻馬及壯士。以備前驅。即勞働之人。亦紛々相告攻敵之策。愛爾蘭反對黨首領。具電英政府。聲明義勇隊願受調遣。和衷禦外。爭選擧之女黨員。亦停止要求。結合看護學校學生。爲紅十字會之義擧。且也。坎拿大澳洲新西倫諸屬地。派兵遣艦。及籌備麥麪。貢之母邦。源々不絕。國民捐收數。於甚短時期。已達二百萬鎊。其大學生徒。幾走一空。聯袂從戎。爭購鞍馬。其他職業應募者亦夥。在法京者。咖啡館酒肆中侍者。闃々無人。因市場執役之輩。多隸後備軍名籍。軍書徵召。不得不棄其所業。倉皇出走。而飲者麕集。輒就爐煎茶。親手料理。一泯怨言。通衢公園中。學子政友。時々對衆發揮其謀國之意旨。要皆於事實理論。各有見地。婦女於日事以外。省取片時。練習放槍。云將往交戰區域之內。習工科之少年。紛々入軍。爲飛行效用之請。亦所在多有。比利時黎市之戰。比人之敢死。尤可風世。其大學行畢業儀式之一日。諸生服學位衣冠。禮成出校。巡赴戰壘。數小時後。倒臥沙場者已不知凡幾。眞歐戰史中之特色也。拉雜書來。以告記者。使讀者見之。想見其同胞中一人曾在歐洲聞知諸狀以此來告決爲不虛因而自鏡少易其麻木不仁之習焉則恭之誠意達矣餘不白

李寅恭白

論壇

民福

高一涵

政的。百端各有趨嚮。吾挈其綱。令繁賾萬幾。釐然就序。循軌赴的而不紛。是曰政鵠。運此正鵠施於事功。循其必由之途。達吾所蘄之境。不枉其道。不誤其歸。是曰政術。鵠者以言其經。術者以言其用。鵠爲定。術之方針。術爲達鵠之手段。鵠雖甚當。苟操術不正。則南轅北轍。功效與蘄嚮僢馳。其馳彌差。其操彌急。壓力益迫。抗力益強。一朝爆發。則國與民交罹其菑。此歷史恆軌。必無倖免者也。民國成立。於今三載矣。國門布告。莫不以『國利民福』爲言。雖中經政變。法案全翻。而此『國利民福』四言。持之益固。間者疑吾言乎。則請檢閱三年以來大總統之命令。各議會之咨文。閣員疆吏之宣告。與夫政客之所談論。報社之所鼓吹。衆口同聲。幾視爲天經地義。今大總統以『國利民福』自誓者也。故尊奉之。海外黨人。指爲反乎『國利民福』者也。故放逐之。然則『國利民福』云々。非吾國所謂政鵠乎。非吾國上下一心。奉爲無對不諍而莫與易之政鵠乎。雖吾於此。亦無間言。然觀其達此政鵠之術。則何如者。

余作政論。雅不欲引徵敝政。今以旁求政術。欲已不能。姑就各報已載者。採而列之。三年以來。政府非日以謀中央集權爲事乎。乃所謂中央集權界說。竟與政府萬能主義同詮。國會解散。代行立法機關者。全以任命議員。則沒收人民選舉權矣。日增國債。不謀於擔負之人。商辦之業。任意盜抵。(一)則代理

(一)華洋各報載北京商辦自來水公司事是。

人民財產權矣。指姦則姦。誣匪則匪。殺人不詢其供。拘人不謀於法。(一)則蔑視人民生命權矣。毀黨而任私派。(二)則人民評政之自由權失。返國者須攜護照。(三)則人民行動於本國之自由權又失。猶慮或談政於野也。爲密布爪牙鷹犬之間諜以伺之。慮四百兆人民之不能盡臣妾也。爲四縱代表國家戰鬪力之軍隊以淫之。頃讀國權報、謂政府注重自治、傳云有將任致仕官員監督辦理之說。果爾。則自治又遂歸官治矣。就所行之政。以定界說。豈不曰、中央集權者。乃侵奪人民一切公私權利。集收於政府之下。聽其恣意執行。而本人不得詰何者耶。易詞言之。政治者官僚之事業。與人民無關者也。爾人民除出粟米麻絲作器皿通貨財以事其上外。絕無他職。如敢與人家國事。則匪而已矣。於是碩學通材。爲之曲說。曰、此其說昔賢倡之。『微言大義。深入人心』也。曰『制定國法。不可與曆史地理風俗習慣違反』(四)也。政府固別無成見。特不如是不足救亡耳。外人所謂特別法。蓋即指此。噫、此非今日所謂政術乎。此非今日十目所視。十手所指。公布朝野間之政術乎。謂吾言爲過。則固斯民之幸。然昭々事實。中外具瞻。固不得藉好言美賄以終蔽之也。吾言過乎哉。

然則以若所爲。求若所欲。其相差之率。巧律不能得。以言民福。固如龜毛馬角。附會無從。若言國利。則吾於是不得不作國家詮說。國家者何。自由人民以協意結爲政治團體。藉分功通力。鼓舞羣倫。使充其本然之能。收所欲祈之果。及以自智自力。謀充各得其所之境者也。國家人民。以性質言。則無二體。

(一)國權報時事新報等、所載湖北安徽湖南三都督事、累々盈幅、皆輯爲冤民錄、得百餘頁。
(二)見三月十六日北京亞細亞報、
(三)見近日留學生經理員逐名刊布傳單中、
(四)見約法會議咨大總統文。

以權利言。則互相對待。何謂一體。以國家者建築於人民權利之上』(一)非離外人民權利。別能空建一國家於無何有之鄉也。何謂相對。國家對於人民權利。亦如私人對於私人。踰限妄侵。皆干懲罰。亞丹斯密曰『大利所存。必其兩益』蓋損上益下者固非。損下益上者尤謬。必二者各守其藩。各得其宜。相需相勵。調劑融和。使展其本能。達於完全之地者。乃爲得之。故國家對於人民。其活動之正當範圍。除國防公安而外。均立於調護維持之地位。持以大力。鼓起人民之參政能力。引發人民之政治趣味。就其本能所近。區處條理。使各適其宜。並藉此羣策羣力之動。與其自覺自勵之情。以求夫自利自安之果。吾人所以樂有此國家者。正以得此組織。可以自由斟酌若者爲利。若者爲害。若者爲吾羣所安若者爲吾羣所苦之標準。以自爲趨避之計耳。驅本羣之才力心能。趨向於政治經驗。以圖謀本羣之事業。言其才能。安得不發揚至盡。言其建設。安得不審愼周詳。民力發達至此。即一旦政府飄搖。或歸倒滅。觀於其野。則固紀綱屹立。秩序整然。選出數人。收拾而整理之。則依然治具畢張矣。美利堅之各州獨立。英羅已脫。國憲未成。而循序就軌。一絲不亂者。即此例也。國家爲自治所放大。歐美文明。所以不虞退轉迴異吾國史中盛衰興亡之陳蹟。若軒然大波突起突落者。此殆其最大原因歟。此即吾所謂民福也。更於次徵吾國之所謂民福則何如。

吾國政術。既認爲不違歷史地理風俗習慣。則欲言今治。不得不略徵古史。自三代以來迄於清。所謂國家之盛衰興亡。祇言君主一身之事。易言之。即政府之成毀。而不與於民事者也。歷朝政府。組織於

(一)見本誌第二號哈蒲浩權利說中、

何人。味蘇子瞻之言。可知梗概。其言曰『智勇辯力此四者皆凡民之秀傑者也。類不能惡衣食以養人。皆役人以自養者也。故先王分天下之富。與此四者共之此四者不失職。則民靖矣。……六國之君。虐用其民。不減始皇二世。然當是時百姓無一人叛者。以凡民之秀傑者。多以客養之不失職也。其力耕以奉上。皆椎魯無能爲者。雖欲怨叛。而莫爲之先。此其所以少安而不即亡也』(一)其所謂智勇辯力者何。即『謀夫說客。談天雕龍。堅白異同之流。下至擊劍扛鼎。鷄鳴狗盜之徒』(二)也。即『戰國至秦出於客。漢以後出於郡縣吏。魏晉以來出於九品中正。隋唐至今出於科舉』(三)者也。曆朝政府。皆以『此四者』爲中樞。有大桀者。崛起其間。操縱『此四者』善用之。則國家蔚然盛興。反之則應時而衰而滅。其盛興也。政府自盛自興。其衰滅也。亦政府自衰自滅。所謂『椎魯者』舉不參與其事焉。試一披數千年來之曆史。陳蹟具在。豈有一朝逾此常軌者乎。今之所謂『謀夫說客。談天雕龍。堅白異同。擊劍扛鼎。鷄鳴狗盜』以及『出於客。出於郡縣吏。出於九品中正。出於科舉』者流。齊集於我大總統袁公之幕下。可謂各得其養。而不失職矣。故上敢以國利民福自誓。下敢以國利民福爲言。剝民公私權利。唯恐不盡者。即所謂『分天下之富與此四者共之』也。但求『此四者』不去吾庭。其他之流離困苦。疾首蹙額太息痛恨於隴畝之間者。雖戾氣干霄。漢既『莫爲之先』終亦無能爲也云。其所恃恃此曆朝祕訣也云。其所信々此曆史常軌也。損下益上。爲之不厭。其過亦所謂矢在絃上。不得不發耳。勢已至此。吾復何言。

然語曰『當局者迷』人事果有此一境。則吾又烏能默然。請再引哈蒲浩之言曰『國家者建築於人民

(一)(二)(三)均見蘇軾志林戰國任俠篇

權利之上』者也。『人羣幸福云者。非以其分子所享權利之程度計之。亦殊不成意味』也。然則所謂民福。必合一國全體人民享有權利者之總數計之。乃爲有當。縱不能然。自其多者言之。斷非徒利用此客。此郡縣吏此九品中正此科擧者流。而爲之犧牲人民一切權利。以博其歡心者。所能高建一國於世界上也。國家之所以長治久安。在致人民之知識材能於相當之位。以鍛鍊而磨琢之。非爲少數者謀便利。侵奪他人權利。使代庖代斲者所能克奏膚功也。即此少數者同心戮力以謀國。贏得漢祖唐宗之治。已爲技盡力竭。攷其實功。仍是治者之與被治者。劃而爲二。絕不相謀。質言之。即官僚自官僚。人民終人民耳。政與民既無痛癢之關。焉有不盡奪民利。供一羣官僚橫欲之理。此等不由自繇組織之政治團體。吾斷言其不能存於今之世界也。吾聞穆勒言曰。『欲爲文明之國。持既盛不可復衰之勢。其民必得自治之制。以爲繕心養性之用。夫而後能自拔於一身一家之私。而與其國之公利衆情相習』(一)其義甚精。深願吾當道略加味玩。猛省國無根本。必無足存之理。民喪權利。終有反抗之時。莫謂『凡民之秀傑者』足恃。客養不善。傾軋橫加。暗中水火。非一人之力所能調。統制不能。弱者則絕裾之他。强者必倒戈相向矣。莫謂『椎魯者無能爲』。斬木揭竿。固皆來自草野。人情苟無公同。世界安有正義。四者雖莫爲之先。而正義則終不能爲之屈。衆怒難犯。嚮之者必無倖逃。吾言及此。吾不寒而慄矣。總之。國家職務。在致民於各得其宜。不在代民行其職務。質言之。國家爲人民之監督保護者。而非代理者。此其界判若鴻溝。何能渾視。以國家代行人民權利。是以人民爲無權利能力也。是以人民爲發育不完。心神喪失。而同於未成年禁治產者之待遇也。國民不能享有權利。非疾廢童稚。即爲皂隸。今之政術。固明々疾廢我。童稚我。抑皂隸我矣。猶紿曰。民福民福。里中村嫗。見垂暮高年。龍鍾衰朽。孫曾繞膝。飢寒則爲之衣食。起坐則爲之扶持。生養無能。守以待斃。反從而豔羨。贊曰福星。今之民福。其有異此村嫗所讃者乎。歐美郅治。尊重民權。促其自覺者也。唐虞郅治。興賢選能。任官爲理者也。卒之竭堯舜二聖畢生之力。僅贏得『不識不知順帝之則』之效果。何況既無二聖之文明睿哲。又不任民。不任賢。徒總攬官民大權於一手者哉。握及盈掌。則暗中旁落。嬖人佞士。竊以自豪。揚首吐氣於公堂私第之間矣。生民何辜。獨蒙其害。道途側目。至願偕亡。此總攬大權者。於不知不覺之間。積爲衆怨之府。及視兩手。空無一物。而大事固已去矣。國利云乎哉。民福云乎哉。

政府疑吾言乎。敢再徵穆勒之言曰『國家之政。不如使民自爲者。有三類焉。一曰、事以官爲之。不若民自爲之之善也。……二曰、其事以官爲之。雖善於民之自爲。然國家以誘導其民。欲其心常有國家思想之故。又莫若聽其民之自爲也。……三曰、官之治事太廣。將徒益之以可以已之權力。其流極將至於奪民自繇也』(一)以上反復所陳。蓋即證明此理。夫吾人所貴乎國家主義者。恃有國力。輔翊吾人身家於安全之域。致吾人性能於適宜之地耳。國家不能扶植吾人權利。已爲溺職。反奪吾一切所有者。俾爲極端之犧牲。未受國家之益。先遭國家之害。無惑乎我先聖宿儒。常遐思太古之治。盛美無懷葛天氏之民。而欲絕人逃世。脫離政治團體。神入乎太初之自然社會也。故由今之鵠。無變今之術。無論終不能達也。且操之過急。則爲獺爲鸇。水火勢迫於域中。雲霓望穿於海外。以暴易暴。焉有不反道背馳。再奔極端之理。吾恐簞食尙溫。羣狠已鬬。天上之時雨未降。人間已洪水橫流。弔民之意。直行之

(一)見政治羣己權界論篇末

於殷墟周黍之間而已。噫。

國情

李大釗

自臨時約法爲集矢之的。而世之談國情者衆。夫衡憲典於國情。寧匪可尙者。而以客卿論國情。則扞格之處恆多。縱其宅心立言。力闢國拘。而欲以誠摯自貢。慮其所謂國情者。究屬皮相之見。不叶於實象。所向愈切。所去愈遙。況邦國之際。利害相反者有之。使其人而褊塞陰狠者。忠於己不必忠於人。則其標爲治安之制者。安可信賴。蓋國情之不可與客卿謀也久矣

今國人信爲足與謀國情者。爲日人有賀長雄與美人古德諾。二氏學詣之所造。吾不敢知。但知古德諾氏之論國情也。必宗於美。否亦美洲人目中之中國國情。非吾之純確國情也。有賀氏之論國情也。必比於日。否亦日本人目中之中國國情。亦非吾之純確國情也。幸而與謀國情者僅一美人一日人耳。而新約法之毛顏已班雜二種。設更得黃金百萬。開館築臺。延納列國博士。相與辯析天口。文擅雕龍。抵掌而論吾國情。時勢潮流之所推移。群衆狂暴之所釀煽。一人意志之所專恣。所能容與斟酌於國情者之量幾何。將亦爲天下挾策干時之士裂矣。夫非築室道謀之類乎。

往者有賀氏倡爲總統內閣制之說。以迎當道。而憲法之風潮以起。吾儕已驚其立言之異趣矣。而新約法頒布之頃。古德諾氏復有新約法論。刊於北京各報。所論是否諧理。姑不置辯。以新約法爲物。無吾儕管窺法理之餘地。獨其所謂國情者。不能無疑焉。

氏之論國情也。要謂吾民俗重視家族。淡於政治。自昔無選舉制度。似謂國情如此。行代議政治有所未安者。吾嘗思之。中國自唐虞之世。敷教明倫。親九族以協萬邦。家族之基。於以確立。聚族爲村。有禮俗以相維繫。國家權力之及於民者微乎渺矣。百年而上。尙純以放任爲治。征賦折獄而外。人民幾與國家無涉。國權之及於民也輕。故民意之向於政治也淡。然歷代君人者。必以省刑罰薄稅斂爲戒。其民始相安於無事。否則揭竿四起矣。尤以宅國大陸之中。閉關自守。歷有年所。初無外力之激迫感動。而家族制度之鞏固。亦足以遠抑國家之權力。故此狀保持獨久。民情亦因之稍異。斯誠近似。而今則何如者。近世國家政務日繁。財政用途亦日增。人民負擔之重。已非昔比。於是「不出代議士不納租稅」之聲愈高。而爭獲參政之柄者。亦不惜犧牲身命以求之。稽近世政變之由來。直可謂爲因賦稅之加重而起也。中國海通而後。亦競立於列國之林。財政用途之擴張。不惟不能獨異。而以屢遭創挫。國力益微。養兵賠款。窮索編氓。維新以來。負擔益重。夫前之漠然於政治者。以國家權力之及乎其身者輕耳。今則賦重於山矣。法密於毛矣。民之一舉一動。莫不與國家相接矣。縱懸厲禁以閼之。民亦將進索政權而不顧。迺謂其不習於代表政治。退抑之使仍聽命於行政者意旨之下。此實逆乎國情之論也。苟能返吾民於上古榛芒之域。耕田而食。鑿井而飲。帝力何有於我者。雖無國家可也。即不然。取於民者有限。法令不如今之繁。賦斂不如今之重。使民不聞政。猶可也。奈世無茲大力者堪與時勢抗耳。抑氏不云乎。「官吏誅求過苛。民不堪命。故群起而抗之。然人民對於政治之權力。舍此固無他術也」。夫然。當此負擔加重之時。吾儕乃謀所以避其反抗之道。欲以代議政治行於吾國。以免於禍亂。而氏必欲保吾已往之國情。必欲使吾民舍群起反抗無他術焉。吾不識制憲法衡國情者。將以求治乎。抑以蓄亂乎。

氏論最奇者。莫如『人民生計至艱。無參究政治之能力』及『其人民既不習於代表之政治。而又有服從命令與夫反抗苛虐之積習。一旦改數千年專制之政體。一變而爲共和。欲其晏然無事。苟非其政府有維持秩序之能力。蓋必不可得之數矣』吾之國民生計。日瀕艱窘。無可掩諱。然遽謂其至於無參政能力之度。吾未之敢信。蓋所謂生計艱者。比較之辭。非絕對之語。較之歐美。誠得云然。較之日本。倘稱富裕。胡以日人有參政能力。而我獨無也。此則大惑不解者矣。共和國民之精神不外服從法令與反抗苛虐二者。蓋共和國之所由建造。大抵爲反抗苛虐之結果。而其所以能安於共和政治之下者則必有服從法令之精神。今氏指斯二者。爲吾之國情民性。處其不能晏然於共和之下者。抑又何也。且國無間東西。政無分共和專制。政府要宜具有維持秩序之能力。此政府之通性也。共和國既不能獨異。亦非特因吾之國情而需乎此者。氏以忠於國情過篤。竟忘其爲政府之通性。何其率也。

言國情者必與歷史並舉。抑知國情與歷史之本質無殊。所異者時間之今昔耳。昔日之國情。即今日之歷史。來日之歷史。尤今日之國情。談憲法者。徒顧國情於往者。而遺國情於近今。可怪也。吾以爲近今之國情。較往昔之國情爲尤要。蓋憲法爲近今之國情所孕育。風雲變色。五彩旗翻。曾幾何時。漢江之血潮未乾。盟誓之墨痕宛在。共和政治之眞義。尙未就湮。人且棄之若遺。如古德諾氏者。至不惜掘發歐洲古代之文辭故事於亡國荒塚之中。以章飾新約法。謂國家即帝國。其實元首即終身其任。亦無妨於共和之假名。惜氏所知者僅於 Republic 之一字耳。使更有人以周人逐厲之事相告。則論共和先例者。當更添一奇觀矣。傷時之士。見有賀氏議論。怦然心動。至謂以地勢相連。遂成今果。無善法以彌此憾。惟深望識時之彥。常往來歐美。嗚呼。歐美人之言。豈盡可恃哉。求國情於外人。竊恐此憾終難彌耳。

按此篇著社已久、前期幅滿、爲手民倉卒抽出、未及排入、深以爲歉、然文中所含眞理、歷久不渝、且古氏之論、恐果甚深、正賴有人隨時匡救、作者或不以出版之遲速爲意也、編者識

社會與輿論

汪馥炎

一

民國建立未三載。而政象詭譎。愈演愈奇。在昔國基初奠。黨派鴟張。世風凉薄。民德未純。議論以意氣爭持。行事則陰私訐詬。朝野傾軋。不可終日。於是國中號稱憂時之士。知放任之不能爲治。遂日以强善政府與保育政策相標榜。以爲政府達於强善。政策取其保育。始能策馭民治。而起社會之沉痾也。乃未幾因甯贛搆釁之結局。政府至舉民意機關。一網打盡。而激烈黨人。紛々四散。竄身絕域。足跡不敢一履故土。宜若可以從容措理。以成郅治矣。何以向之希望政府强善者。今則政府不顧民意。政尙獨裁。强固有之。未見其善。向之抱持保育政策者。今則社會民氣蕭索。幾絕生機。不暇救亡。遑言保育。而環顧朝野相傾相軋之風。且有甚於曩時也。昔之憂時君子。所持爲安民至計。一經實施。莫不盡反其所期。憂時君子之在今日。方且徬徨中夜。盡失所據。矧在小民。則更冥行索途。所見全黑矣。夫至舉國上下。謂將盡入迷途。不見光日。則國運將至末境。愚安敢爲是消極厭世之言哉。居恆深思熟攷。推

求政象詭譎所以至此之故。皆由種々惡因魔業。醞釀而成。歸咎於此而怨懟於彼。二者均失之偏而不全。自其大體言之。政治社會。嘗相扞格。不能適應。是則病根所伏。堪以一言撥出者也。蓋社會爲意志結合之產物。而政治又爲社會心理之映象。生羣之意志愈開化。社會之生機即愈發展。而由社會羣衆意志所範成之政治。則更發揮光大於無窮。但必社會先發達至於極度。而人民又實具有運用政治之能力。始能政治社會。融洽無間。若在社會幼稚時代。人民尙乏政治見解。則不能不望有賢明之政治家出。掌握政權。勤求民隱。開誠心。布公道。民胞物與。誠怛爲懷。厲行開化之政策。以爲國民之表率。此觀吾國史册。往々當大危難之世。嘗有一二明哲之士。沈機觀變。力挽頹風。而因以開一代之治。是昔賢時君子所持以强善政府與保育政策相標榜者。若果政府能舉强善之實。政策能收保育之功。未始非應時善策。愚又何可厚非之哉。雖然。以强善政府而行保育政策。固可以救社會一時之萎靡。惟苟徒知倚恃政府之强善。而不謀植社會之根基。則社會萎靡之風。可救於一時者。或將貽害於永久。烏可不自知其瞀覺耶。凡一國居高位者。賢明之士不常有。而狡黠與庸沓之夫則恒多。吾國治道。爲政尙人。故人存政舉。人亡政息。政事之舉廢。全視人才之賢否爲轉移。殆賢明去位。而不肖者乘之以興。攘竊政柄。予智自雄。人民至此。遂亦束手受治。相視無策。社會生機。坐是斲喪。卒難自躋於歐美之盛者。皆人民不知振拔之過。思之眞可長太息也。愚是以知政治之與社會。雖可互相激進。然社會不過羣志所結合。羣志渙散。不能自行運用政治。則舉其羣之英傑者。立之政府。而代羣志爲其運行焉。政府所運行之政治。是否即屬生羣所欲之政治。遂視其社會之程度何若。社會程度。日進善良。則政府施行政治。必順社會之潮流。社會程度。日處退化。則政府發表政策。每逆人民之意志。此因社會根基深厚。人民自治之能力。足使政府懾而不敢侮。社會根基薄弱。政府强制之壓力。每迫人民畏而不能伸。故社會善良。進而改革政治。政治社會。乃日相得以彰。社會不善良。而徒希望政治修明不獨政治修明不可期。而社會元氣先已爲之銷損矣。愚嘗周覽歐美政制。見其所以爲治之具。無非寥々數十條之憲法。何以即能束縛政府。恪守無逾。度必社會根基充固。人民皆有實力爲之擔保。苟有犯者。必大不利。反證宗邦。亦有約法。何以不能範納政府之行動。以入正軌。其故可長思矣。今人喜離社會以造政治。固爲不適國情。特愚不解執政者流。所日以博洽社會之政治。號召於衆者。而社會反日評判政府政治之不當。豈非政府所稱爲博洽社會者。適足抑壓社會哉。愚因以知政府之益不足恃。而感社會之益不可不求所以自恃也。

二

愚之所謂社會求所以自恃者。乃言不可倚賴政治。而忽於社會之發展。非謂專重社會。而置政治於不問也。蓋政治與社會。生息相通。社會發達。固可晉政治於修明。政治不良。亦足貽社會以毒害。試觀政府所日頒行之典章教令。何一不使社會受其影響。良則被澤於人民。惡亦流毒於羣衆。烏有利害切身。反若秦越人之視肥瘠耶。倚賴政治與放棄政治。二者皆失其爲國民之天職。而社會益覺無可自恃之具。然則社會果以何爲自恃之具哉。噫是難言矣。愚聞世界先進國。所以范成强健之社會者。不外與人民以政治上之知識與訓練。言乎知識則在開拓政治之輿論。語其訓練則在假以參政之機會。輿論暫不具言。今唯問吾民參政之機會。果何如者。以言選舉。則方鎮大員。方且惡如蛇蝎。圖爲根本推翻之計。(一)政府雖未敢毅然從之。然務名去實。掩耳盜鈴。若政治會議約法會議以及將來之立法院。何嘗不以選舉自欺々人乎。以言自治。則政府藉口現制不良。重修章制。以期完善。而所稱爲完善之自治制度。近方鄭重起草。不易公布。欲計規復。當俟河淸矣。以言議會。則自國會省議會次第消滅以後。而由政府所組織之各種議會(二)勾萌發達。層出不窮。政府以是愚弄人民。人民因亦輕視政府。朝野上下。明知以僞亂眞。顧迫於情勢。遂亦互相隱忍而不能言。政象離奇至此。尙復成何政體哉。以言政黨。則更摧殘零落。如秋風敗葉。一掃無餘。政黨二字。更有何人掛於齒頰耶。若選舉。若自治。若議會。若政黨。舉凡歐美以是陶鎔國民參政之能力者。今則剝奪殆盡。無有僅存。社會墮落至於如此之甚。甯復有可自恃之具。然即社會之自身而一叩之。廻溯民國一二年。若選舉。若自治。若議會。若政黨。皆如荼如火。無一不具。何以任其摧枯拉朽。而無一毫之力以與之抗。興思及此。愚又不當專責政府。而並應責社會。人必自侮。而後人侮之。跡其社會今日受侮之道。誠必有其致侮之由。若果社會不自護其短。而一察其前因後果。則當速自懺悔以求超拔。徒斤々責讓政府。終竟何益。愚當探求社會致侮之由。與夫現時所應自拔之道。而得兩言焉。即人民先宜造就政治之知識以漸養成參政之實力是也。夫知識爲事實之母。知識深沈。則處事必多周密。知識浮淺。則處事類皆輕率。羣民一言一行之微。皆足以覘社會之趨勢矣。民國當一二年之交。新制雲興。光景燦爛。吾民果能認定方針。踏

(一)近如江西巡按使戚揚、通電指摘選舉流弊、謂選舉必參之以委任、實圖爲根本推翻之也、夫選舉本非不易之方、在歐美且有指爲蠹賊者、苟使有較選舉爲上之策、各國早已棄選舉制度若敝屣矣、無如絞盡腦血、竟無更良於選舉者、然則選舉之在今世、亦不得已而出此耳、今之官僚、各專工媚術者、固無足責、至自詡爲老成持重者流、而發言輕易、竟亦如此、愚故不欲爲此猥作恕詞也、

(二)如政治會議約法會議參政院等、皆可謂之政府議會、

實做去。發揮固有之本能。毫無機械之作用。則相盪相激。安見不足以躋法美之林。況內力既充。又何患爲强有力者所利用與壓制耶。惟有參政之機會。而無確定知識。展其實力。故若選擧。若自治。若議會。若政黨。其得之也。既不善爲之運用。其失之也。亦不知所以護惜。社會而苟有一毫自覺之心。則當深自懺悔。以求自拔。焉有餘力責備政府。且社會淪落至於今日。選擧諸制。既爲政府習骨洗皮。飽啖以去。吾民固不能自進於參政之地位。亦不必即欲自進。趁此一度失敗之後。甚宜休養生機。以圖增進人民政治之知識。而謀開拓社會輿論之先聲。輿論之爲物。雖飄忽無定。莫可捉摸。而潛生滋長於社會之中。嘗隱爲之厚其根基。及其發揚蹈厲。則更磅礴萬物。而爲政治社會一切指導之模形。古者太史陳詩以觀民風。而治道之隆汚。每於民間之諷誹是覘。證之歐美。憲法遂勃若斯之盛者。直言之。純爲輿論范成之政治而已。社會芒昧。輿論可以宣導之。社會澆漓。輿論可以深厚之。迨社會進於文明自覺之域。而輿論復可代表社會之情勢。外界之侮力。始可言抵抗矣。讀者苟不以輿論爲空虛無用。愚且更端以詳輿論發展之順序。與其成效。並籌今後范成輿論之趨向焉。

三

輿論者社會之聲也。社會之情狀。無不可由輿論以表呈。覘其國之輿論。即可知其國之社會。惟社會爲有機之體。而輿論之在社會。又嘗爲流質。故輿論之健全與否。非必盡隨社會之潮流。相與上下。有時且因輿論。影響社會之善惡焉。輿論在於社會蒙昧之時。可爲國民之木鐸。其在社會開化之際。嘗爲國民之舌喉。此就輿論光明而言之也。至一察其黑暗面。則又每因輿論之混淆不定。致反失其社會之眞相是輿論可福社會者。亦可賊社會也。輿論之於社會。關係如此其深。然則不當專以輿論開拓社會。並應注重民力。陶鑄輿論也。故輿論之在社會。而能推求其進化之階級者。愚未見有出英儒蒲徠士之右者也。玆摘錄其譚輿論之一節如左。

政治社會。在幼稚單純之時。輿論常爲受動的。當此時也。社會之權力。與其謂之贊助。不如謂之默認也。何則。輿論不知有愈於此者也。不知改良方法也。或爲宗教之某種制裁所威服也。……今日政府之不良。未有如土耳其及波斯者也。然其人民初無不豫之色。蓋土耳其及波斯之臣民。視爲當然之事而服從之。且不問其何故而服從之。此無他。爲其服從之習慣所縛束故也。……故無論在何種社會。其輿論能達於自覺之域。而又自知其勢力。且致疑於主治者之權利。則其社會已漸有進步。必不久而發明抵抗之方法。究出强行改革之手段。故專制國與自由國。無不爲輿論所支配。其所異者。不在前者以武力後者以輿論。而在前者人民不知其向來服從之權力爲人民之所與。後者人民自知其有主權。視其統治者爲己之代理者。而統治者亦認其有立己之勢力且有倒己之勢力而甘心服從之者也。兩者所需武力皆極少。苟有所需。亦僅在少數之惡徒。何則。其服從之習慣足以代武力故也。凡爭鬪革命等事。爲此二者中間之階級。即起於人民已自悟其爲主權者而統治者猶未悟其權力爲人民所委托者也。迷信及服從之習慣。旣蕩滌以去。而統治者亦自認爲一市民之代理者。反而造成服從於人民之習慣。則自今以前。輿論殆如爲人所遺忘之股東。至是而一變爲活潑有力之經理人也。(一)

讀蒲氏此段之文。而知輿論進化之階級。在先必爲受動。繼則進以自覺。再進則支配而實行焉。徵之歐美社會輿論遞嬗之跡。此寥寥數百言。固已囊括無餘矣。吾國當辛亥革命之後。人民似已自覺。而進於支配政治之境。此觀政黨內閣倡聲最高之時。即可知人民在政治上活動之能力。有進無退。然

(一)見所著美國平民政治第七十七章、據民友社譯本、

何以政府運其鐵腕。打消國會。彼時人民竟如抱樹寒蟬。毫不敢稍樹直聲。責其舉動之非法。降至今日。退化復退化。民力處於被動。民心唯尙服從。較之淸季。且有不及者。果何故歟。國中不乏有心人。試將國情略一剖析。當可悟無實力之進化故有過望之退步也。愚謂人民受强力之壓制。而不謀振作。固爲無自覺心。若不自量其力之厚薄。而過存奢望。則其心之不自覺。量亦與之同等。然則吾社會吾人民。固始終尙未有眞正之自覺心。始終尙未達眞正支配政治之境也。不謂國體已樹共和之幟。而與論尙不能爲活潑有力之經理人。至如蒲氏所識。終爲人所遺忘之股東。夫股東固亦爲組織公司之要素。又寗可自待太薄。無如今日與論之墮落。竟求有如股東之權利而亦不可得。豈不羞稱泱々大國民之風耶。

四

與論之由種々魔障。以致表呈今日萎靡之現象。愚固已推論其源矣。至與論在今日所呈之各種眞相。愚尙未言也。愚雖欲不言。與論寗因愚之不言而掩其罪惡。然則毋寗暢切言之。與論之罪惡。或可因愚一言而知所悔也。嘗攷今日與論。略分數派。一爲中流社會之稍識時務者。現雖厠身於言論之地位。而中心實無政治之見解。其發爲議論也。每依違兩端。不肯略表己見。惟冀免咎綏禍。而無一毫丈夫之氣。自其形式觀之。此輩雖無關禍福於社會。而文風委靡。漸致失其國民判斷之力。浸假社會朝氣亦將爲之頹化殆盡矣。一爲較前稍有幾分學識。而局量褊狹。思潮浮淺。挾其固陋之見。毫無與人攻錯之餘地。此如吾國耆舊之士。一聞新學二字。即掩耳疾走。在彼自命不凡。而通人視之。鮮不笑其迂愚可憫。至於激烈黨人。又深守其不復可通之策。見有持說異於己者。必盡其力排之至盡。恣睢暴戾。使人難堪。現雖黨人匿跡。而平昔嫉黨人者。今反盡效黨人之故態。且又加之以官中之威力。防緘民口。必使無一反對之聲而後快。我社會何以不幸而長有若學究。若黨人。若官僚之輩。日相傾軋。絕無一毫相容之機會。使其消融意見。紛々擾々。誠不知其何日已也。一爲國中素號清流之士。彼嘗本其定見。發爲政策。以號召國人。乃爲時運所厄。清議不容於流俗。在彼持以爲治國安民之計者。而不知即有人反假其說以爲蠹國病民之具。攘竊他人之智。文飾一己之奸。昏々者固已不知人間有羞恥事。獨不解彼自命清流之士。甘爲人所利用。而復不知警覺。阿附取容。委蛇朝夕。國人方謂彼清流者。尚復若是。遂亦習非勝是。淡焉若忘。黑白顚倒。孰令致之耶。一爲熱心國事者。初則挾其絕大希望。改革政治。及見政治終不足以救時。而國家危亡。必不能免。於是心存厭世。有遯爲浮圖者矣。至猶存入世間之思想者。懼以言論賈禍。發爲詼譎奇駭之談。欲寄深心。以醒塵夢。此其志尚。固甚可嘉。無如解人難索。或因以甚社會澆漓之風。而失人心醇厚之旨。愚謂國事已敗壞至此。只望生憂時之屈原賈誼。無需有玩世之東方朔也。此外若依草附木頌德歌功之徒。亦可以占輿論之大部分。更不足數矣。(一)凡此所陳。雖未必盡國中輿論之大概。要亦不甚相遠。夫輿論愚固認爲代表社會之情狀者。

(一)丁君佛言近作民國々是論、中有數語曰、國民受教育者、不過十分一二、其他大半爲不識不知之民、除有身家溫飽之要求而外、國之執政、爲前清皇帝可、爲民國總統可、甚至爲洋人所統治、亦無不可、其有得天獨厚、而賦性難馴者、迫之以威、誘之以利、則亦貼然服矣、夫立憲國家、雖亦以少數有學識經驗之分子、爲政治之前驅、而其成功、終必傾多數國民爲後援、今則所謂多數國民、其一部爲其傭、其一部爲鬼怪、中間少數之分子、處此兩不相容之時代、惟有供有力者之魚肉而已、此寥々數百言、而愴切透骨、確足寫盡社會之眞相、以與愚說多所印證、故特錄之、見中華雜誌第八期、又張君東蓀作有言論之道德一文、針砭社會輿論、亦至明切、讀者可參觀之、見中華雜誌第三期、今既與論放逸不正。至於此極。是以社會間從未有能深運綿密銳入之思想。而自樹牢固不拔之事業者。若政黨。若商會。若公司。若新聞社。其託生命於政府者。或可卵育以活。若離政府而能自樹立。愚未見有久長者也。以社會事業而仰助於政府。則社會既無根基。政府復失對抗。長此以往。國體且不鞏固。更何有政體之商榷與爭執耶。愚是以論政治首在改良社會。而談社會又必以締造與論為先務耳。

五

與論之墮落。因以形成社會之萎靡。是欲改良社會。莫良於矯正與論以為階梯焉。然則與論果以何方始能矯正之乎。愚嘗推求社會現有之與論。約可分為三級。一為具有國家政治之眼光與知識者。一為並無政治之確切見解。嘗假與論以自便其私圖者。一則盲目衝動。隨聲附和。而人云亦云者。此三級以第三種人為最多。第二種亦占次多數。若第一種則醇乎醇者而已。夫盲從苟同之人。與夫藉言論以自私之徒。既居國中之多數。是不能不有以啓導其智識。而扶育其道德。化被流俗。端賴賢豪長者之興矣。愚誠不敏。但亦忝列與論界之一人。狐兔悲其同類。願為一言以當借箸之籌也。竊以為今日與論之委靡。實為受病最深。欲發展之。首在漸進國民政治之興味。而啓其研究心。穆勒曰。宇內大論題。須待吾人宣其餘蘊者甚多。莊生曰。人生也有涯。而知也無涯。益以見夫事物糾紛。非細心探討。決不足以見真理。若政黨。若商會。若公司。若新聞社。無論何種團體。苟成為一種事業。即莫不含無窮之學問。果能鑽研其至理。而精心竭力以赴之。未有不登峰造極者。試觀法國當一七八三年。深受美洲憲法會議之激刺。遂致引起國人討論國憲之濃趣。甚至咖啡館中。亦有津々談憲法不倦者。可見平民政議。素養極深。誠爲不愧共和國之民也。再觀我東鄰之日本。凡討論政治法律各項專科之雜誌。每科每種。發行號數。有至數百餘卷之多。今尙繼續不輟。足證學子莘莘。遍於全國。反視吾國。政治著錄。略具精義者。了不可得。間有政法雜誌數種。亦皆東塗西抹。不甚可觀。發行號數。至多未達於百册。壽命之長。能及五年。可謂幸矣。(一)至於工商等報。更若希世之珍。不輕屬目。他若政黨之以具體的政策。宣言於衆。以供討論者。竟充耳未聞其聲。我國士不悅學。即此已可概見。平昔既無專門學識。一旦應事。倉皇措手。又焉可恃。今日國中所萌芽之新事業。無一能立定脚根。足與歐美抗衡者。皆坐不學之弊也。愚故敢告國人。必先學焉。始曰能之。凡事倘能窮其理之所極。未有不達至善之域者耳。

其次則國人於公德私德之界。最未辨明。關於國家公共之事理者。舉曰公德。涉及社會個人之交際者。則曰私德。公私雖各有應具之德。要非牽扯誤認。並爲一談也。蓋事理既名之曰公共。必非一人之所得而私也明矣。故凡因處理公事。討論公理。其始也。必各出其己見。以相質證。其繼也。則必採納衆說。而爲折衷。殆折衷既定。而後最終之眞理。始有表見。而致於實用。蒲徠士曰。吾人所持信念之最大部分。實爲衆多個人之感象相融化而成。其各人自起之感象。祇一小部分而已。(二)眞見的之言也。愚聞歐美議院之議員。每因重大法案。抗爭激烈。不稍寬讓。殆一出院門。則握手驩呼。毫無嫌隙。誠以公理之爭。並不礙其私德也。我社會唯不明此理。每因公共事理之爭論。遂致激成意見。互不相容。卒之公理未彰。而私德復損。即如新舊派之水火。相視竟若仇讎。豈不大可笑哉。甚望國人。略具容人之量。

(一)惟商務印書館發行之東方雜誌、壽命居然已逾十一年、可稱罕見者矣、
(二)見所著平民政治第七十六章、

勿自令其心地之褊窄也。再次則國人生息於數千年專制政體之下。養成一種奴隸根性。自甘暴棄。莫肯樹立。而不知天賦靈性於生民。莫不各有其志。即莫不欲各展其志以致於用。何乃人心蕭索。隨俗浮沈。間有心存國事。略肯作政治談者。亦皆唯々否々。左右於大人先生之側。而無敢標新立異。以求自見。此其故由於政治之見地未眞。不知人民在國家上究應負有若何之責任。故終爲人所用。而不明所以自用之道也。章君秋桐曾有言曰『用人曰用。自用亦曰用。天之生才。而適有相當之職分以發展之。擧曰用。々才云者。乃盡天下之才。隨其偏正高下所宜。無不各如其量以獻於國。非必一人居高臨下以黜陟之也』(一)而梁任公先生同時亦有數語曰『以不經濟之故。於是擧國殆無一人能發揮其良能。其在客觀方面。則相詒以無用。其在主觀方面。亦人々漸自覺其無用。不知天地果何爲而生我。而我果持何鵠以生於天地間也』(二)兩君所陳之義。誠可勉進國人不少。而其言之沈痛感人。愚嘗三復讀之。至於流涕泣矣。所謂矯正輿論者。大體略具於斯。雖爲老生常談。然苟社會循斯所告。而時々警惕之。謂輿論終無自新之一日。愚不信也。

六

夫輿論苟有自新之一日。則愚見其發達之層序。又可得而懸斷之焉。蓋輿論。銷沈其先。必有四數閎達者。流嘗能本其鷄鳴風雨之思而存覺世牖民之任。良言苦口。以時喚其國人。殆國人迷夢。爲其喚醒。則必各有一部分之覺心。而改良其各部分之事業。蓄養既久。根基自立。而各部分互相需助之處

(一)見本誌第一期政本論、
(二)見庸言報第二十五六兩期合冊、

逐漸感其必要。於是政見不免分歧。利益或有衝突。因是各本其所信所持之具而作政黨攻錯之資。須知社會發達至此一級。人民政治思想必已普及。使無政黨以秩序之。感情橫決。必致不可收拾。而政黨勾萌發達於社會間。乃應自然之趨勢。不可逃也。(一)國民而至有組織政黨之實力。向之須國家機關以傳達人民之意志者。今則人民意志不待傳達而已遍行於國中。向之人民動仰政府之鼻息者。今則政府施政。必順人民之趨志。向之政府嘗假民意以自重者。今則人民有自認其意志之好惡。而非政府所可假借。政府至此知民力之不可侮。因亦造成服從輿論之習慣。而范成平民之政治矣。夫使政治而由平民以范成。則人民之意志即不可不於政治上而時表其興革。試觀世界政制。選舉總統。何以必限以任期及連任之次數。而立法部之議員。何以必於憲法規定。每年須改選其幾分之幾。(二)凡以防行政立法兩部。因任期過久。遂致民意與政治不克時相適應耳。故在政黨必任反對黨意見之流行。在政治被治者必時加以反動力於治者。此物此志也。我社會、我人民。儻亦有意於平民政治乎。則請速自養成信己之毅力。容人之度量。勿獵等以倖進。勿一得以自矜。取途固紆。收效則鉅。雖然。又豈今日社會國民所可夢見者哉。嗚乎。

(一)憶秋桐君、嘗倡大創毀黨造黨之議、彼時黨人張脈僨興、多有誤會其說者、今日觀之、誠不能不服其有遠識也、

(二)國會意思、是否即爲人民意思、英美兩國、頗呈歧見、蓋英之國會即國民、美之國會、非國民也、吾國近日、似尚不足以語於此、

歐美教育之進步及其趨向

楊超

大凡一國之文野。全由教育者司其權。固夫人而知之矣。歐美今日之隆盛。不外教育二字齎來之結果。而今日教育之方向。又爲他日所得結果之原因。故覘國者。苟辨明其現在教育之所趨。即可卜其將來之形狀。歐美各國。政體既異。國勢亦殊。教育方針。南轅北轍。有固然者。乃世界大勢。日相接觸。日相牽引。駸々乎驅列强教育於一軌。專制如俄。亦莫能施其抑勒。世界大同。將來未必絕無希望。不過時機未熟而已。所謂一軌者何也。平等思想是也。此所用平等思想之界說。乃謂一國人民。無論富貧貴賤男女。皆有受同等教育之權利。不得有所歧視。進而至於宗教。不得歧視。更進而至於種族。亦不得歧視。夫是之謂大同。今日列强教育之活動範圍。尚未臻此絕域。然富貧貴賤男女之別。則大見其薄弱。宗教之爭執。亦爲之減色焉。是不可謂非一進步也。謂予不信。請一一表而出之。

牛津劍橋者。英國最古且最有名之兩大學也。其建立均在六百年以前。其頑固氣質。亦爲今日英國諸大學之冠。此兩大學原爲保守黨機關。雖由此出身者不必全屬保守黨。而其學風校規。則無不與前述各條相牴觸。貧賤子弟。無由入學。蓋其組織與學風。既不便於平民。而其直接預備之兩中學伊敦(一)哈洛(二)其組織與學風亦復如是。然則牛劍兩大學。謂之爲富貴子弟所專有。亦無不可。女子雖能入學。而不能與卒業之考。至最近三四十年間。始得與考。而猶不能取得學位。叩其故。則曰。女子之學力。非不能並肩男子。特以學校事務。不欲容女子干涉。故不給以學位云。蓋英吉利大學制度。在學

(一)Eton College 創立在一千四百四十年、

(二)Harrow School 創立在一千五百七十一年、

三年畢業。可得初級學士(一)之學位。嗣後再研究一二年。經校銓選。可得高級學士(二)之學位。高級學士可充校內評議員。參議一切校務。若許女子以初級學位。則高級學位亦必隨之。如是則校務必容女子之喙矣。英自女王以利沙伯以後。路德新教定爲國教。羅馬舊教徒往々橫遭壓抑。一千八百二十九年。羅馬教徒開放之法令。始通過議會。其後自由黨漸握政權。各宗教乃得同一待遇。牛劍兩大學既創於保守黨。故學域相沿。限以宗教。非隸新教籍者。毋能入其門。逮一千八百三十五年。倫敦大學(三)成立。一千八百五十一年。曼捷斯特市之阿偃玆專門學校(四)繼起。二校皆自由黨人創辦。以開放爲主旨。不分畛域。由是他處大都市(五)皆有聞風興起之勢。牛劍兩大學自知閉關不能終古。乃自一千八百五十二年始。三次改革。削除教域。當倫敦大學之初發軔也。在一千八百二十五年。其時重要發起人。爲自由黨名士邊沁穆勒康培(六)蒲燮(七)等。牛劍兩大學以爲有礙其發展。百方阻撓。其時議會中人多承其意旨。對於新大學案。不予通過。而千八百二十五年二月九日、保守黨機關報倫敦泰晤士至謂康培之計畫。當即硬化而無發展之望。綜上各事言之。牛劍兩大學之名譽赫然者。不過因其建設既早。人才多出其門。然自今日觀之。萬物進化。新代陳謝。乃不易之理。若始終閉關自守。則

(一)Bachelor　(二)Master
(三)The University of London 此爲一卒業試驗總機關、倫敦大學之實體、由各專門學校組合而成、各校自有其名、不謂之倫敦大學也、至一千九百年更行擴張、凡在倫敦各專門校、皆編入倫敦大學、而其範圍乃益廣、
(四)The Owens College, Manchester 此校一千九百零三年、更名曼捷斯特之維多利亞大學 The Victoria University of Manchester
(五)此專就英倫而言、蘇愛不在其內、
(六)Thomas Campbell (177—1844)、英詩人、
(七)Henry Brougham(1778—1865) 英法學者、

冢中枯骨已耳。何足道哉。

十九世紀中。英吉利學界著有三大進步。一廢除宗教畛域也。二擴張男女高等教育也。三普及勞動社會教育也。茲將英吉利各大學之勃興及其創立年代表示於左。

Owens College, Manchester 一千八百五十一年創建、一千九百零三年更爲維多利亞大學、

The Durham College of Sciene 一千八百七十一年創立、是年即與他校合併爲 University of Durham

The Yorkshire College, Leeds 一千八百七十四年創立、一千九百零四年更名 University of Leeds

University College, Bristol 創立在一千八百七十六年、該大學總長今爲英王喬治第五、

Firth College, Sheffield 創立在一千八百七十九年、一八九百零四年更爲 University of Sheffield

Mason College, Birmingham 創立在一千八百八十年、一千九百年更爲 University of Birmingham

University College, Nottingham 一千八百八十一年創立、

University College, Liverpool 一千八百八十二年創立、一千九百零三年改爲 University of Liverpool

University College, Reading 一千八百九十二年創立、

Royal Albert Memorial College, Exeter 一千八百九十三年創立、

University of London 一千九百年改組、

Hartley University College, Southampton 一千九百零二年改組、

女子高等教育之進步。可於下列一表徵之。

Queen's College, London 一千八百四十八年創立、

Bedford College, London 一千八百四十九年創立、

Girton College, Hitchen 一千八百六十九年創立、一千八百七十二年移於劍橋、

Newnham College, Cambridge 一千八百七十一年創立、

一千八百七十八年、倫敦大學始許女子以學位、

Lady Margaret Hall, Oxford 創立在一千八百七十九年、

Somer ville College, Oxford 創立在一千八百七十九年、

一千八百八十年、維多利亞大學始授女子以學位、

一千八百八十一年、劍橋大學始許女子與初級學位名譽試驗、

一千八百八十四年、牛津大學始許女子與數學科學近世歷史之名譽卒業試驗。

St. Hugh's Hall, Oxford 創立在一千八百八十六年、

Royal Holloway College, Eghan 創立在一千八百八十七年、

一千八百九十三年、威爾斯大學始許女子取得學位、並參與校事、與男子同等待遇、

一千八百九十四年、牛津大學始許女子與其餘各科之名譽卒業試驗、

一千八百九十五年、德倫大學(The University of Durham)始許女子取得學位、

威爾斯大學。千八百九十三年。由三專門校合組而成。蘇格蘭大學有四。設立均在十五世紀及十六世紀之中。造育人才。不亞於牛劍。中等教育亦盛。今日英吉利學務之改革。取法於蘇者甚多。愛爾蘭二大學。一 Grinity College。十六世紀之末創立。今頗有名。一 Royal University of Ireland。至一千九百零

八年。忽分爲二。一爲三專門校所組成之 National University of Ireland。一爲別爾化斯特(一)之 Queen's University of Ireland。以上蘇愛兩處大學。均無男女畛域。惟最可異者。各大學方講求削除宗教界限之法。而愛爾蘭一千九百零八年之分校。則實由宗教問題而起。蓋愛爾蘭自治案。今爲英國政界第一難題。其故即由以少數之新教徒壓制多數之舊教徒(二)至今日幾成不兩立之勢。可見英國教育上之宗教門戶。尚未剷除至盡也。實則此等門戶之見。皆由政治惡結果所釀成。今用解鈴繫鈴之法。仍以政治上之手段除去政治上之惡果。亦不過一時彌縫之策。若欲永絕禍根。仍須訴之國民道德。是教育仍爲解決政治宗教諸問題之本也。

自十九世紀中葉以降。列國教育。日趨於平等。其發達最可觀者。自女子教育外。斯爲勞動教育。補習及夜學之勃興。其裨益於貧寒子弟者不少。最近則其程度益高。如英之校外講演(三)法之通俗大學。(四)其最著者也。英國大學之校外講演。原非爲勞働社會而設。而賸其益者。勞働社會及女子爲多。是非女子求學之心。甚於男子。勞働者向上之念。越乎常人。蓋饑者甘食。渴者甘飲。完善之高等教育雖不可得。睹此聊勝於無之校外講演。遂爭赴之耳。一千八百四十六年以前。英吉利各都市。自牛津劍橋倫敦外。無有大學。曼捷斯特富翁阿偎茲(五)慨然憂之。將卒遺命捐貲興辦大學於其市。此阿偎茲

(一)Belfast 爲 Ulster（愛爾蘭四省之一）首府。愛爾蘭保守黨根據地也。

(二)據一千九百十四年七月十六日倫敦太晤士所調查。愛爾蘭人口。共計四、三九〇、二一九。羅馬舊教徒三、二四二、六七〇人。新教徒一、一四七、五四九人。

(三)The University Extension

(四)Universite Populaire

(五)John Owens 自由新教徒。

專門校之所由創也。流風所播。不僅各大都市相繼與起。即素稱頑固之牛津劍橋中。亦卓然有自立者。一千八百五十年。牛津教授塞維(一)建議。各市當以次設立大學。其言曰。率羣衆以就學此校。勢或不能。獨不能移此校以就教於彼羣衆之前乎。不採。千八百六十七年。劍橋校友史秋瓦(二)應北方諸女士之招。爲之設壇授課。後又爲某處鐵道工人開講。皆具成效。千八百七十三年。劍橋大學採其議。定爲常規。倫敦牛津維多利亞諸大學繼之。今遂成爲英國大學之一重要事業。大抵校外講演。行於暑假中。定期授課。驗其心得。不願者聽。成績佳者。仍給證書。其講演科目。多係社會問題及文學歷史地理等項。置重常識。而不務高深。此其所以奏效也。法之通俗大學。創於十九世紀之末年。以擴張市民之高等教育爲目的。俾勞働者於日役完結後。得以夜間餘晷。來校修學。並得息游之所。其組織類結社。其課目爲近世外國語音樂衞生圖書手工劍術等。巴黎市內以地價過昂。各校經費頗絀。社員每人每年納會金六佛郎至九佛郎不等。其無補於校費也明甚。百方醵金。猶不足。乃創爲營業之法。校內兼設飲食店。以其贏餘補充校費。其用心亦良苦矣。

美國學風。與英國迥異。英人尙階級。上級與下級。交際鮮通。中等社會居其間。爲之媒介。大抵下級之人。安分自守。不思上進。日得賃錢。以供一飽。無爲子孫計超越階級之念。故高等教育乃爲上中社會所壟斷。間有貧民子弟希冀上昇者。有給費一法以濟之。給費生分二種。甲 Scholarship。乙 Exhibition。兩種無甚差異。惟甲種稍優。且限以年齡自十九歲以下。所給費均無一定。自英金數十鎊至二三百

(一)William Sewell
(二)James Stuart

錂不等。其期限約三四年。大學中學均有之。亦有遣派出國者。給費之主。爲大商店或公共機關或學校自體。給費之選擇。大都以考試定之。美國則無此法。窮困者當自食其力。故大學生傭爲人役者比比皆是。同學之相待。生徒供役於職教員之前。無所謂辱。是皆由人民進取之熱誠與金力政治發揮無遺憾處。謂爲平民思想。則尙未也。然觀其學校之內。絕無階級可言。紈袴子弟。不以結交貧士爲恥。貧者一旦得志。勢位富厚。不以出身微賤爲慚。是乃新大陸之平民精神他洲所不及也

世運日進。社會之情狀。乃益複雜。高材之需要。愈覺爲經營事業之最急務。此等現象。世界各國皆然。而以美爲尤甚。然而教育之發達。終不及政治實業之速。故國無新舊。人才每嘆其難。近數十年來。美國工商界之需求高材生。有加無已。學校教育。因之丕變。古代文物之研究。殆將絕迹。趨時之士。競擇政治經濟而習之。而經濟學以與商業有關。尤爲廣泛。據本年美國東部一大學總長所統核。謂最近三年間。該校學生之習古經典者。殆已不見。其最多數。乃致力經濟學者。其次爲政治學(一)兩者合計。居全數三分之一。若加以美國歷史學科心理學科社會道德學科及其他近世學問各科目。則得全人數之半。其餘一半。則屬於實科者。如數學博物學及工藝學等。屬於文科者。如語學文學及全世界之文藝美術等是也。此等現象。不獨此一校爲然。其他各處大學亦莫不爾。約計美國全國之大學及高等專門學校。數凡六百。教習三萬。學生三十萬。以大學生占三分一而論。其中習經濟政治及其他近世社會學畢業而得學位者。每年當在六千與一萬之間。其內女子居五分之一。卒業後重行研究

(一)美人所爲 Science of Government 常略爲 "Government" 英人稱爲 Political Science

而再卒業者。每年當在五百與一千之間。致力於教授此等科目者。不下四千人。吁、亦盛矣。

美國一教授有言曰。西美大學有專爲其本地方造就立法行政人才者。是等政策。與其謂爲教室之精神優入政治。毋寧謂爲政治之精神優入教室云云。大抵美人之爲學在合乎實用而不崇理論準乎通俗而不尙抽象其所著書類多汎而不擇。速而不精。學科鐘點。失之過多。此其所弊也。社會問題。在今日已成爲美國大學之重要科目。雖實力研究。爲日尙淺。未得完全之結果。然其影響所及。已大有可觀。自十三州獨立以來。各州代表及聯邦政府官吏。多爲法律家。今則年少新進。於法律外。常兼習政治或經濟。聯邦及各州所備官吏。多只曾充當社會學之教師或社會學之著作家而無其他長者。大抵有爲之士。於大學卒業後。經校貲遣往歐。考察一二年。歸國後。充任大學助教授或初等官吏或各會社之書記等。嗣後乃各就升遷。美制任官。遷徙靡定。久於其職者蓋鮮。英人短之。謂如此則事將不舉。地方官吏之任用。以英式爲善。而美人則曰非也。任職過久。閉塞新進之途。阻礙事業之改革。是兩說也。余並存之。

德國學制。與英國亦絕不相類。凡英之法律政治實業。無不帶歷史的臭味。其發達也以漸。其改革也亦以漸。全國事業。各自發展。無整齊畫一之規。蓋英人性質。絕愛自由。不受外部干涉。政府行政。亦只得旁採輿論。隨時彌縫其闕漏。故其得也。人人有自立之心。不倚外力爲轉換。其失也則歧途百出。扞格不通。政府無法以挽救之。今以教育論。各小學與各中學及各中學與各大學。均不一律相啣接。故入學試驗。乃不可缺。非僅因人數擁擠爲之設考以限之也。夫入學試驗。原非善制。青年子弟。爲二重考試所限。因而廢學者多矣。二重考試者何也。下級學校卒業試驗及上級學校入學試驗是也。以常理論。凡在一校畢業。自願入相當之高級學校者。不應設爲限制以難之。如謂下級畢業生過多。上級學校無以容納。其非作育人才之本旨明矣。故最有可據之理由。即因各校程度參差不齊。所習科目亦異。不得不甄別以釐正之。以便授課。此英學制之缺點也。德國學制。與英全相反。教育之權。操之政府。中學以下之指導監督。政府全負其責。其改革也。自上而下。大學制定而後中學隨之。故中學欲更一教法。而大學不認爲適合。則中學不得不屈從大學之舊制。然有一調劑之法。凡中學欲別立他制。不與大學相合者。其卒業生可入高等專門學校而不入大學。故德國教育之特長。在以國家之力。促進人民之智識。於是强迫教育。遂爲近世教育之惟一政策。英人雖以愛自由自詡。亦不得不逐其後塵。此識者所提倡。而漸次實行者也。當十九世紀之初。歐洲各國均尙古典。近世科學。多鄙夷之不屑道。德人雖以講學稱。當時亦蹈此弊。習科學者不得稱爲純正之紳士。不得享有高等文官考試及一年志願兵之特權。千九百年。始革此苛例。故二十世紀科學之發達。尤有一日千里之勢。要而論之。德自千八百七十一年普法戰爭以後。教育之進步。他國罕及。於是乎國家干涉政策。漸爲世界所公認。有謂干涉政策足使人民弛其自立心。一旦國家之效力。運用不周。勢必錯愕失據。百學皆廢。是說亦未始無一面之理。然國家干涉。亦自有度。非謂盡取民間事業而代爲之。不過爲之樹立範圍。建設軌道。使其有所趨附。箴其過失。矜其困窮。使其無爲中輟。獨立不倚之精神。縱有稍弱處。決不至偶失所依。即一蹶不復振也。且今日文明國之政府。無論立憲共和。不以一二人爲興廢。準現勢以推之。斷未有教育日進而政府日衰者。然則國家干涉之說。其將爲二十世紀之定理乎。

俄之專制。世所同認。宜乎教育之腐敗。有非吾人所能揣測者。而竟大謬不然。社會思想之浸淫於人心。勃發而不可遏。奮勇前進之志。亦爲他民族所不及。無他。所受者烈。故其所感者深也。俄國大學。在歐洲各國中。爲最後起。以懷抱新思想之故。常不得不與政府搏。故其成立之艱苦。亦爲列國大學所未嘗。綜計全國大學。並亞洲之妥謨斯克(一)其數凡八。學生都三萬人。較之列強。猶爲幼稚。八校中設立最早而人數最多者。厥惟莫斯科大學。其學生之困窮及其襤褸齷齪之狀。望之若久困危城之卒新逸出者然。不知其爲學生也。莫斯科之生活費。不減於歐西各都市。而一萬學生之中。每年手持一千元之學費者。不過二千人。五百元以下者。乃七千人。且有區々二百元以供一年之用者。故其同類相視。若年有五百。遂爲可羨。大凡窮困學子。二三人聚居一室。日至學校。謀一餐以資果腹。書籍輒假之同學之富裕者。日用所需。聽之天命。或爲人僕。或夜間守視邸宅。或授徒受其束脩。風雨寒暑。無所擇焉。去年冬。有一著名劇院。得書一通。乃謂學生四人。同棲一室。僅衣一襲。靴一雙。交互著用。必不得已。用向院主假二十五盧布者。院主遣人察之。則見斗室中。一床一椅。別無長物。四人皆有餒色。如此刻苦自勵。殆所罕覯。然平等自由之思想絕不爲之少掩。一校之中無富無貧。毫不相斥。尙義俠。有無相濟。無事則變裝入工場演說社會主義。工場之同盟罷工。類皆出於彼等之煽動。彼等方以談政治當休息。演說當玩遊。樂之不疲。禁之不改。政府亦莫如之何也。政府之視學校。若秦越人之視肥瘠。不思設法改良。非不知也。殆不欲爲耳。專制之世。以愚民爲上策。其所謂維新。不過掩人耳目之舉。於是民間有志者。乃慨然謀所以救之。或輸財。或盡力。大勢所趨。政府乃欲以一二人之私意阻之。何其愚

(一)Tomsk

也。俄國學校。多爲私家所辦。所需經費。多仰給於富而有學者之家。(一)政府補助缺如也。莫斯科及聖彼得堡。各有女子高等學校一所。學生各有五千。教育部津貼。年共五百盧布耳。雖然。自千九百零五年至十二年。八年之間。教育部所轄之經費。已爲三倍。而千九百十三年及十四年之預算。更大有增加。茲將最近三年俄國教育部所管經費表之於左。

	一九一二年	一九一三年	一九一四年
行政經費	四、六一九	五、一一七	五、二五七
學會及他項事業	二、五八六	二、七五九	三、〇一九
大學等項經費	七、六九七	七、六五二	八、〇九四
中等學校經費	二三、〇五四	三三、二九一	三四、二三〇
初等學校經費	五六、一五九	六六、三一六	八一、九二九
教員酬金	四、二四九	三、五五二	三、九二一
建築費及修理費	一七、二一七	二二、四〇〇	二二、〇三八
年金及補助費	二、二五五	二、六五二	三、一五二
其他各項	三一二	—	—
總計	一一八、一四七	一四二、七三九	一六一、六三〇

(注意)一九一三年及一九一四年爲預算額、單位爲一千盧布、

(一)此等人俄人呼之爲富、Intelligenzia. 即富家子弟卒業於大學者之稱、

照上表析之。則俄教育費之驟加。全在中等初等學校。而大學無與也。又以上所列。專就教育部所管而言。若加以他部之教育費。當更不止此。玆將最近二年之教育總費及對於歲出全額之百分比例表示於左。

	教育總費	百分率	增加	百分率
一九一三年	二一〇、六六八	七、〇		
一九一四年	二四三、八五九	四、七	三三、一九一	一五、八

然則俄之教育經費。已達二萬四千萬盧布。不可謂不巨。且一九一四年較一九一三年之增加百分率。除交通之二八、二及農林之一六、九外。無有能及教育費者。可見俄雖專制。猶知教育爲急。不惜竭力以赴之矣。

以上所述。均據英書。且以時間過促。不暇詳採。惟列强教育近況。由此可窺一斑。其足資吾人參考。有斷然者。夫平民思想。亦非自十九世紀始。百年以前。學者稱道之者不鮮。特以近世教育之興盛。乃得淪肌浹髓。普入羣氓。因果相尋。至於斯極。民之思想。猶如川流。可利導而不可擁治。不觀夫英之同盟罷工乎。豈獨資本家之患。經濟學者亦斷爲傭主二人兩俱不利。而其風日益盛。不聞學者持忌工政策。絕其教育之生涯也。而反孳孳獎勸。是其用意以爲欲除去罷工惡習。不獨當增進資本家之道德並須擴充勞動者之智識也。又不觀夫英之女子參政乎。恣睢狠籍。報不絕書。不聞當局者廢棄女學以塞其要求參政之途也。自事勢觀之。或病未能。然毋寧謂當局以女子教育爲救濟將來參政之失敗。不謂其僻於參政之風。而以興辦女學爲解釋嫌疑之具也。吾國教育原未立極。然創造維艱。模倣實易。矧成均之設。由來既久。當局果有意維新。自應以教育爲當今第一要務。採國家干涉之制。以作其始。法英美自由之風。以養其成。不謂比年以來。接於耳者。無非與列强政策相刺謬。政府既以教育費爲眼中大敵。於是毀學之風。紛然而起。尤可笑者。一面尊孔定爲國教。令學子讀經。一面則勒還寺產。保護釋道。是皆由私意構成。遂不顧倒行逆施若此。吾於政府已矣。不欲復贅一詞矣。所冀者志士青年。不忘祖國。富者捐貲。私家立學。少者奮起。致力前途。教育之實。其在斯乎。其在斯乎。

本篇所用參考書如左

The Contemporory Review, June, 1914.
The Chambers's Journal, June, 1914.
The Windsor Magazine, June, 1914.
The Times Russian Supplement, April 26, 1914.
Our German Cousins, published by "The Daily Mail," Jack's Reference Book, 1913.
Germany in the Nineteenth Century, by M. E. Sadler, 1912.
Continuation Schools in England and Elswhere, bp M. E. Sadler, 1897.
American Business Enterprise, by D. Kncop, 1907.

按作者方留英倫、精研政學、是篇雖隨意參考之作、亦大可爲吾人進學益智之資、固不僅以遠道寄來爲一雜誌光寵已也、 編者識

啁啾漫記

殉夫

畢秋帆制軍軼事

畢秋帆制軍沅好儒雅。敬愛文士。人有一藝一長。必馳幣聘請。惟恐不來。來則厚資給之。開府秦豫。歲以數萬金遍惠貧士。以故江左名流。及故人之罷官無歸者。多往依之。其時孫星衍洪亮吉輩留幕府最久。後皆擢第始散去。星衍喜謾罵人。一詈中疾之若讎。嚴侍讀長明等輒爲公揭逐之。末言如有留孫某者。衆即捲堂大散。公見之不悅曰。我所延客。諸人能逐之耶。必不欲與共處。則亦有法。因別搆一室處星衍。館穀倍豐於前。諸人益不平。亦無如何也。後移節兩湖。其愛姬某善音律。解吟咏。與幕客某孝廉潛遁。公聞之。亦不恤。徐遣騎士持百金。追而贈之於途。二人拜受。感泣而去。其豪曠如此。公歿。符葆森輓詩有云。杜陵廣廈今誰繼。八百孤寒淚下時。蓋道實也。公生平酷好金石。撫陝時重修省城。秦漢瓦頭及甎之有字者。搜羅殆盡。如長樂未央蘭池瓦當長無相忘之類。拓碑者撫摹以爲奇貨。傳重藝林。銅雀瓦更不足言矣。其幕下某客用古人澄泥之法。手自埏埴。土細工精。出窯時其堅如玉。與眞者無少異。再埋土中數月。曾具隻眼者莫能辨也。

金堡

金堡字道隱。浙江仁和進士。官禮科給諫。剛直敢言。滿朝側目。爲權貴所中傷。被杖下獄。崇禎末。避亂至新寧。寓居茅坪巷。每面壁痛哭。人問之不答。竟莫測其故也。尋聞永歷建號。欣然曰。中興之機。其在斯乎。乃走端州。從桂王。復以言事獲譴。遂披緇入桂林山中。又入羅浮。自號澹歸上人。後移棲於仁化之錦崖。改額曰丹霞山。酒酣耳熱。則對崖大哭。與鳥聲泉聲相應。人以顚僧目之。二子亦祝髮。武進趙繼鼎語以金氏不可無後。堡惻然。乃聽其長子鎬還俗。著有借山遺輿詩集。嘗以書貽定南王孔有德。乞葬明故臣瞿式耜張同敞遺骸云。山僧吳水之罪人也。承乏掖垣。奉職無狀。繫錦衣獄。幾死杖下。今夏編成淸浪。以道路之便。養痾招提。投軀浮屠。四閱月於茲矣。車駕至桂。咫尺階前而不欲通。蓋以罪人自處。亦以廢人自棄。又以世外之人自恕也。今且有不得不一言於左右者。故督師大學士瞿公、總督學士張公、皆山僧之友也。已爲王所殺。可謂得死矣。敵國之人。勢不竝存。忠臣義士。殺之而後成名。兩公豈有遺恨於王。即山僧亦豈有私。痛惜於兩公哉。然聞遺骸未殯。心竊惑之。夫成大業者。表揚忠節。如出天性。殺其身而敬且愛其人。若唐祖之於堯君素。周世宗之於劉仁瞻是已。即我太祖之下金陵。於元御史大夫福壽。既葬之矣。復立祠以祀之。其子犯法當死。又曲法以宥之。盛德美名。於今爲烈。至於元世祖祭文天祥。伯顏郎汪立信之家。豈非欲興起禮敎。共植彝倫者耶。山僧蓋嘗論之。襃國之忠臣與興朝之功臣。皆受命於天。同厲砥柱。乾坤之人。天下無功臣。則世道不平矣。天下無忠臣。則心術不正矣。事雖殊軌。理則同源。兩公一死之重。豈輕於百戰者哉。王既已殺之。則忠臣之忠見。功臣之功亦見矣。此又王見德之時也。請具衣冠爲兩公殮。瞿公子孫宜存郞。張公無嗣。益可哀矜。并當擇付親知。歸葬故里。則仁義之擧。王且播於無窮矣。如其不爾。便許山僧領屍。隨緣葉葬。揆之情理。亦未相妨。豈可視忠義之士。如盜賊寇讎。然必滅其家。狼籍其支體而後快於心耶。夫殺兩公於生者。王所以自爲功也。禮兩公於死者。天下後世以王爲德也。惟王圖之。物外閒身。不辭多口。既爲生死交情。不忍默默。然於佛氏冤親平等之心。王者澤及枯骨之令。聖人維持綱常之敎。一擧而三善備焉。有德覽之。

遞令殯葬。

紀周昌發竊出江忠源遺骸事

周昌發字盛侯。沅陵人。性豪爽。喜擊刺。咸豐二年。新寧江公忠源募楚勇。昌發充親兵。三年冬。忠源巡撫安徽。入廬州。被圍。命昌發縋城促援師。未反而城陷。忠源死焉。湖南援軍統領江忠濬者。忠源弟也。謀以死士入城覓其兄尸。昌發慷慨請行。詢其術。對曰。出入百萬敵軍中。事貴臨機應變。其術豈能預定耶。苟不濟。請以死報。忠濬壯其言。乃著所獲敵軍號衣牌入城。爲邏者所執。將誅之。遇黃衣某帥。故其鄉人也。得釋。使居營屋中。勿許之出。久之。與一卒狎。時引出坐一老人所。閒語及忠源。老人曰。江公死古塘側。就掩泥中。昌發故不信。老人引至塘側。指示。忠源尸所。夜分潛往掘得之。負尸墜城闉閒。解衣覆之去。然而未有隙也。越夕。黃衣帥大醉。急趨尸所。負之逃。城內尸山積。又大風雨。黑雲四垂。咫尺不能見。鬼聲嗚嗚然。舉足非踐尸即陷泥淖中。敵軍巡警踵相接。昌發乃禱神求佑。適有阮得勝者。新陷敵中。昌發告之故。啗以金。遂同縋尸於城下。城外竹簽密布。昌發且行且拔。過敵卡無覺者。竟夜達援軍大營。往返蓋八日云。賞千金辭。强之。受其半。又分半與阮。於是湘楚諸軍。無不知周勇士者。五年。移師三河。中礮額傷。踰年創發遂卒。同時有江忠信者。忠源之族弟也。驍果善戰。從忠濬援廬州。敵軍圍厚。援軍雖日搏戰。不得近城。城中饟盡。募能入城饋餉者。衆將噤莫敢應。忠信憤然。獨以所部六十人往。人懷白鏹。夜半踰敵壘。敵驚覺則已入矣。因留守城。未幾城陷。從忠源不去。忠源曰。吾守土者。義當死。城亡。敵必以全力撲援軍。援軍勢單。君速出佐吾弟。徒死無益也。忠信大慟。逃歸本營。卒完其軍。嗚呼。忠源倉卒臨難。而神志不亂。其雅量誠不可及也矣。其後二年。忠信攻桐城中礮亡。余以其行事與昌發類。故并紀之。

劉峴莊制軍軼事

新寧劉峴莊制軍坤一性機警。權奇自喜。少時家貧甚。食常不給。一日友人招飲。設有佳饌。舉座皆熟識。公大喜。又慮人多不得飽。佯爲捫蝨足間。揚其敝襪。拂之者再。塵垢飛落樽俎。座客無敢下箸。公則徐起大饞。果腹而去。

庚子之變。公力持和約。以保東南。時長江欽差李秉衡者樹異議。公竊憂之。一日詭語李曰。今聯軍攻天津。京師危甚。老夫受國深恩。志在勤王。願以此席畀公。何如。李憤然曰。僕有懷久矣。微公言亦欲以一死報國。勤王之舉。僕身任之。無煩公也。後數日。李即率師北上。公語人曰。李公此行。社稷之福也。或問其故。笑而不答。未幾。李以戰敗死綏。而東南半壁。賴公獨全。

紀趙申喬父子

趙申喬者字慎旃。江蘇武進人也。康熙九年成進士。歷官至尚書。以廉名顯於世。顧性苛刻不能容物。遇僚屬詞色甚厲。稍不稱意。輒登白簡。人皆畏之。晚歲尤酷虐。喜興大獄。如戴名世案。無辜株連者三百餘人。天下共寃之。而申喬悻悻不顧也。聖祖嘗諭曰。辦事當於大者體察。不可刻意苛求。寬則得衆。信則民任焉。治天下之道。以寬爲本。若吹毛求疵。天下人安得全無過失者。爾前任浙江巡撫時。民多怨之。後任湖南巡撫。大小官員。無不被參。豈一省之內。竟無一好官耶。爾爲大臣。不可徒肆意氣。申喬不之省。暴厲如故。其子鳳詔授山西太原知府。會車駕西巡。駐驆龍泉關。帝謂鳳詔曰。汝父官聲清廉。汝當效法。鳳詔對曰。微臣所自信者。不受賄而已。居官受賄。無異閨女失節。臣實恥之。帝笑曰。爾言雖鄙陋。然如此存心甚佳。五十四年。山西巡撫蘇克勃劾鳳詔受賄三十餘萬。帝震怒。詔鳳詔立正法。其贓銀照數追取入官。中喬大懼。求賜罷斥。帝以其疏詞忿激。失大臣體。嚴旨詰問。中喬奏稱臣一念愚誠。誓不欺君。惟皇上始終矜全。帝怒曰。汝如不欺君。汝子貪贓數十萬銀兩。汝何以不先陳奏。中喬語塞謝罪。尋卒於位。

魏叔子軼事

魏叔子先生自言生平未嘗蹈邪淫事。而淫念觸地而發。又數有天幸。不使成就。其客吳門時。嘗青藜暱一娼。其兄庭聞未之知也。叔子偶與娼笑語。頗欲狎之。旣以爲不可。而念不能絕。翌日晨起。庭聞使僕來請速往。至則迎門而哂曰。吾得奇夢。夢君與吾弟共與一豭豬淆之。豈君近有遺行耶。叔子聞之汗下。後每舉以戒子弟。其不自欺如此。

王綱

王綱字乾維。樂平人。生有夙慧。讀書過目成誦。知天下將亂。益結友言兵事。與歐陽斌彭士望爲刎頸交。務實學。恥言章句。每夜分辨論古今兵農諸大政。輒達旦以爲常。往復呼叱。意氣昂激。鄰人睡。驚起。以爲鬬詈。而綱舌鋒滔滔自若也。甲申燕京陷。莊烈帝殉社稷。綱痛哭不欲生。乃就史閣部可法於維揚幕府。公待以殊禮。奏疏文牘。皆綱起草。未幾。清攝政王致書招降。公大怒。屬綱復書駁之。多爾袞氣奪。或傳是書爲侯朝宗筆者誤也。綱數以奇策進。公未嘗不贊嘆。然竟不能用。遂辭去。無何。清師南下。史公殉節維揚。南都繼陷。綱聞之。竟鬱鬱死。

錢牧齋軼事

虞山錢牧齋歷事明清。再至尙書。好延引後進。晚歲委蛇。物望頓減。平生喜聚書。所居紅豆山莊絳雲樓上。牙籤縹軸。分別部居。珍如拱璧。性復嗇吝。凡世間孤本。輒祕不示人。所撰絳雲樓書目。凡載宋元善本。皆是中乘。絕佳之品。則並書目亦不存。其後中夜乳媼抱其幼女嬉樓上。剪燭灺。落紙堆中。延燒栅櫝。牧齋驚起。已不及救。所藏古書。悉付一爝。惟劉成明臣誌傳數百本。當時備撰明史。在樓外。未及於難。曹倦圃溶、藏書亦富。遊長安時。牧齋得暇。便過從。繙撿架上。得奇書。便借鈔。曹因請南歸後。借其路振九國志。劉恕十國紀年。牧齋慨諾。及曹庽蘇州。晤牧齋言及前約。牧齋疾應曰。我安有此書。盛者言妄耳。曹以其先輩。不敢詰。及弔樓災。談次。牧齋忽嘆曰。我昔有惜書癖。誠畏因借轉展失之。子前欲九國志十國紀年。我誠有之。今此書已成廣陵散矣。使鈔本尙在。予可轉鈔也。其平生作僞多如此。宜其出入兩朝。首鼠靡依也。

紀陳侍御

鄞上陳侍御紫芝、有聲臺垣。一日、在友人酒坐。時明珠官大學士。坐中署伯揆無虛口。侍御被酒大言曰。諸君奚爲者。吾方有封事。衆皆愕然。翌日、具疏劾湖廣巡撫張汧恃勢貪暴。且請罪其舉主。張乃明珠所私也。奏入。聖祖語之曰。滿朝爲所賄。爾小臣胡獨敢言。侍御頓首曰。臣秩雖微。臣言責重。知而不言。寔負陛下。帝頷之。諭九卿即與四品卿。侍御益感激思報稱。一日、於朝房値明珠。延坐甚恭。並進茗飲。歸寓暴卒。盈廷皆疑之。然無敢言者。其威權可想見矣。

江忠烈公遺事

江忠烈公忠源微時遊京師。謁曾文正公國藩。曾時官左庶子。刺入。曾慍曰。此新寧秀才江岷樵。素無賴。善辭遣之。門者出。謝曰、主人敬謝客。客新寧無賴秀才。平生工喝雉耳。主人不暇與若輩遊也。公正色大言曰。事誠有之。雖然。天下豈有拒人改過曾國藩邪。門者復入告。曾驚起。逆入。時朝野承平久。公獨以爲將大亂。侃侃言天下事。聲震屋瓦。手指擘盡。袖拂茗盞墮地。公談自若。絕不顧。曾深敬禮之。及去。曾目送之。退謂人曰。平生未見如此人。既而嘆曰。此人雖名滿天下。然當以節烈死。聞者亦莫測其旨。而二公之遠識深慮皆不可及也。同客舉人鄒柳溪名興愚。陝西人也。公以其溫雅士。厚遇之。鄒病羸喀血。又貧不能賃僕。公親爲量水稱藥。數月不少懈。而鄒竟死。時公之師鄧鉄松名鶴齡。湘鄉舉人。亦喀血垂殆。公既爲柳溪治喪。屬其族人傳霖送歸陝。而身護師南歸。未至亦卒。又爲任棺斂。而致其喪湘鄉。其後同年生曾春田名如礲死京師。公又歸其喪。當是時。公之義聲已震京師矣。其送人詩曰。人生無憂患。誰知性情厚。淪落不足悲。此行當不朽。蓋其氣節養之有素也。公才氣浩瀚。所著有奏議六卷行世。其遺詩一卷。初刻于長沙。郭意城爲之序。謂其忠肝義膽。照耀千古者。原不必以詩傳。而其性情所寄。長篇短幅。皆有浩然不可遏抑之氣。誠非虛語。集中於三喪之歸。皆有詩以紀其事。藹然仁者之言也。悉錄於此。以誌高誼。其爲鄒柳溪驅病詩云。陰陽寒熱鄒胷鬨。熱似探湯寒作凍。鄒生爾病果何辜。綿歷三春過夏仲。我欲乘風上九天。手叩天關如鑿空。謁見玉皇借六甲。斬除二豎清惡夢。須臾天仗森排列。大開閶闔受朝貢。臣愚昧死再拜言。願齎天威聽與誦。臣友鄒生狷者徒。安貧久抱漢陰甕。奇骨例爲百神欽。運艱偏被羣魔弄。高堂有母下無兒。萬一不虞臣實痛。東陵壽考天寧論。原壤不死聖所諷。鄒生清耿獨攄忠。一身那敵三彭衆。願假神農草木兵。岐伯專征御飛鞚。盧扁和緩受節制。四面環攻無一縱。窮追邪賊繕榮衛。只有三焦留霧霧。廓清膏下與肓上。從此攻伐長不用。鄒生爾病合當蘇。蟣虱小臣言必中。病鬼不與窮鬼殊。昌黎有文尙能送。哭鄒柳溪云。昂藏意氣薄雲煙。病裏猶思著祖鞭。宛馬未騁千里志。海鵬難訴九重天。蘇韶詎有回生望。向秀空傳思舊篇。或喜修文君不愧。一生孤憤未妨宣。半月論文病即侵。無方起死愧交深。良規尙在人何往。遺篋親收淚不禁。溽暑蒸雲天慘黷。淒風送雨氣蕭森。黃金臺畔桑乾水。鳴咽聲聲助客吟。哭鄧鉄松師云。異鄉見同氣。生死誓相依。嗟我鄧夫子。至性終不移。去年客京華。有弟捷南闈。春明試將迫。盼弟來如期。弟來亦何暮。兒望亦何擬。擬望忽焉到。喜極不自持。憂喜互相攻。嘔血倏盈卮。形容日枯槁。行路知艱危。誰謂試事畢。阿弟已先歸。旅館嗟誰伴。惟有二豎隨。欲歸囊無錢。插翅安得飛。曾蕭古君子。解囊時共虧。謂我舊及門。鞍馬護南馳。南馳未數日。奄及死別離。臨危執我手。欲語淚交頤。謂余死不恨。永與同氣違。妻孥誰不念。所重在遠枝。子歸語余季。念我毋過悲。此語誰復聞。沈痛摧心脾。憶昔甲午歲。吾師來夫彝。數月坐春風。早得窺樊籬。謂當貢玉堂。勳業媲龍夔。次亦宰百里。膏雨潤瘡痍。豈謂天難問。用行終無時。潦倒五十年。一朝隕路歧。從游實無狀。萬咎安所辭。異鄉惡死人。見輒走避之。逐客今屢下。安望持其危。典衣買柳棺。鬻者尤居奇。送終禮數缺。悽惻徒涕洟。可憐春生子。古誼厚不漓。知我方寸亂。籌措不少遺。哀哀路三千。素車指湘淵。吾師有二子。頭角閧嶔嵜。扶柩到其家。義當敦切偲。達人後必大。庶幾紹裘箕。東明阻雨云。天公似惜我行速。噀雨濺泥止歸軸。我留京華逾兩載。不惜此間一再宿。男兒進退本寬綽。早歸固願遲不惡。不緣情事有匆遽。逆旅何妨且尋樂。長安故人骨未返。白髮倚閭嗟道遠。哀哀吾師死他鄉。萬里一棺何日還。我欲乘風叩天閽。喚取羲和鞭朝陽。朝陽一出宿雨止。靈乎歸來返蕭里。哭曾春田云。十載走名場。觸事多感愴。豈惟嗟沈淪。漸復悲死喪。前年鄒與鄧。艱難已萬狀。曾侯我同年。里閈復相望。行年五十三。髮白心彌壯。慷慨走幽燕。談笑輕波浪。同行竊相謂。此老不可量。何期近國門。一病天不相。凄涼道路間。桐棺等藁葬。邸寓始得聞。尙冀傳者妄。癡奴走告我。涕泣聲輒放。經營易其棺。麥飯聊相餉。謂我稍得志。南歸片帆颺。送汝返故鄉。免遭赤日煬。不才已擯斥。定省難久曠。孤棺戢烈日。萬里寧無恙。良由我不德。念之徒自悵。可憐妻若子。按日計臚唱。不知成死別。猶復盼歸舫。痛哭長途長。火雲燒萬嶂。何時到其家。白骨就黃壤。

毛西河軼事

毛西河生平絕不喜東坡詩。人有云佳者。則痛詈之。一日汪主事蛟門舉竹外桃花三兩枝春江水暖鴨先知之句相難。謂此等詩亦不得謂佳耶。西河怫然曰。鵞詎便後知耶。獨尊鴨也。蛟門詆其剛愎。西河大怒。奮拳毆之。蛟門走而免。又一日與李檢討天生會於李文定公天馥座。論韻學。天生主顧亭林韻說。西河斥以邪妄。天生秦人。故負氣。起而爭。西河罵之。天生舉掌批其頰。文定素以兄事天生。西河遂不敢校。聞者笑之。

記朱生

大興朱生永慶字長源。修幹美髯。才名藉甚。乙酉清豫王下江南。生起義兵。敗被執。隸正黃旗。儆宣府人姜納吾居。王奇其貌。嘗賜以婦人。輒辭不受。時都諫楊兆升死於難。其妾姚氏被擄。王又以賜生。生沉思良久始諾。遂以姚氏歸納吾家。向夕、閉戶長揖姚氏曰。夫人忠臣側室也。吾何敢非禮。其所以僞娶者。爲全夫人節耳。是時納吾伏童僕數輩偵兩人。而生據椅誦佛。燭且跋。聲益高。至曉不輟。童僕報納吾。納吾異之。不言。抵夜復令童僕以班伺。生誦如初。納吾又不言。三夕伺之。又復如初。納吾晨起問曰。君既不近婦人。何賛此一妾爲。生曰。此搢紳妾。吾非欲妻之。欲完若璧以歸。恐機洩。弗果吾願。故且同室。然非誦佛無以明心。不意爲君偵得。幸祕之。勿敗乃公事也。納吾曰。君誼動鬼神。毋復夕夕苦君。爲治別室。遣老嫗侍姚氏。家人咸敬之。久之聞於王。王高其誼。以資遣姚氏歸家。而生竟以鰥夫終老。

清德宗西狩瑣聞

清德宗久制於孝欽太后。鬱鬱不得志。拳亂之始。帝心非之。而不敢言。且朝貴咸黨於太后。雖言亦不從。及西狩。恒思援各省督撫以自助。勤王之師。陜西藩臣某最先。某故先朝舊勳之裔。帝頗重之。擢陜西巡撫。一日召某入。叩頭畢。帝甫有言。而太后適至。帝色變。某亦汗下流背。乃亂以他語而罷。太后未之審也。

帝之西狩。衣履敝垢。一日、內侍以新制襪進呈。式劣。帝不悅。有頃太后至。問襪佳耶。帝曰然。太后又曰。差長否。帝曰、然。太后乃笑。

帝初巡長安。在行宮二重殿東室召見臣工。門作圓月式。垂棉布帷。王夔石相國趨入。輒爲門限所阻。仆於室內。趙尚書舒翹繼之。又顚。帝大笑。趣內侍扶起之。

迴鑾計定。帝命將新製二轎試坐。巡撫督夫舁入。帝奉太后出。命內侍八人舉之。太后先坐以爲適。乃命帝坐。帝見太后立於地。不敢坐。太后促之。帝跼蹐曰、不敢。太后笑曰。汝略坐無妨。帝面赤。乃作半跪式。略坐即下。

仇山邨遺詩

宋遺民仇遠字仁近。自號山邨民。學者稱爲山邨先生。宋亡後、先生息影荒村。不入城市。惟與方外士游。凡名山勝地。佛刹靈區。足跡所到。無不有其題詩。其詩冲遠幽茂。而靜適閒曠之趣。悠然言外。與白湛淵詩名并稱於吳下。人謂之仇白。若唐之有皮陸也。歿後。其詩集堙沒蠹餘殘簡之中。又無一有氣力者爲之推挽。至今六百餘年。鮮有能舉其姓名者。亦足悲矣。余家藏有先生詩卷一軸。乃爲士贍和尚所書者。亟錄於此。以闡幽光。詩云、我本迂踈落拓人。滿頭霜雪滿懷春。登山有屐身恒健。挂壁無絃趣更眞。往歲效官殊漫浪。老來學佛雜貪嗔。却憐衛鶴齊雞輩。空費心機不庇身。(其一)野鶴淸高六翮輕。孤雲萬里去冥冥。漢科合應茂才舉。唐士曾書遺教經。好趁江南諸老在。盡看薊北衆山青。錦衣歸日春風滿。期醉沙堤雙玉缾。(其二)慚學羊裘漢子陵。亦非解印晉淵明。好山好水恒相對。浮利浮名不願爭。詩酒每尋朋友共。田園都付子孫耕。野心直與閒雲似。却喚孤雲出岫輕。(其三)末俗由來不貴儒。愚夫愚婦恣揶揄。束書合向山林隱。絕跡莫登名利途。膝上有孫貧亦樂。門前無債醉如愚。咸平處士眞堪羨。死守梅花住裏湖。(其四)宦海漂流四十年。老來默默守吾玄。艱危頗得文章力。嫁娶各隨兒女緣。白飯充腸聊當肉。好書到手不論錢。閒心懶作邯鄲夢。樂取南窗一枕眠。(其五)筆硯生涯獨善身。一區花竹四時春。無求莫問朝廷事。有恥難交市井人。籬外烏衣飛上下。窗前絳蕊結輪囷。鑑如居士東鄰住。肯借霜毫爲寫眞。(其六)難得心交左伯桃。亦無善相九方皐。而今賤子多儒誤。自古山人索價高。衆雀豈能知鵠志。一雞何足用牛刀。獨醒獨醉俱堪樂。妙理依然有濁醪。(其七)倦游懶着小烏巾。短髮絲絲不滿簪。信手拈書聊慰眼。轉頭忘事太無心。笑他杜老頻看鏡。愛我昭文不鼓琴。喜有山林方外友。時携佳紙索新唫。(其八)北風雨後忽南風。頃刻開晴又轉東。后土未乾偏有恨。漏天難補竟無功。小樓兀坐思猿鶴。好客相期避燕鴻。壁上墨蘭香可掬。令人長憶所南翁。(其九)豪氣年來漸掃除。簞瓢自樂守臚儒。江。頭。甚。醉。居。朝。士。澤。畔。行。吟。楚。大。夫。萬里鯤鵬何必羡。一官蟣蝨不如無。葛巾草履從人喚。莫問青衫似葉枯。（其七）後有自跋。署至治元年九月。餘尚有方外弘道妙聲道衍（即姚廣孝）守道之流。題跋甚夥。玆不著錄。

彭躬菴逸事

彭躬菴先生少。時喜結客言兵事。爲閣十楹。居天下豪俠。故氣節之士。皆樂就之。崇禎末年。有忤權貴者。奉旨緝捕。躬菴匿之家中。其後巡撫某偵知。迫以威。弗爲動。會有達官爲之關說。事乃解。嘗娶吳姬。私謂之曰。吾平生慕楊椒山之爲人。汝當效其妻。吾他日爲官諫天子。拜杖下詔獄。汝裹飯食余。或刑辟。汝宜上書請吾死。姬許諾。居三月。察其不誠。逐之。乙酉、弘光立。躬菴被薦入南都。都司索賂。躬菴謾罵之。遂不用。時史公可法開府維揚。招之入幕。躬菴以奇策進之。請興晉陽甲。用左良玉高傑夾攻。除君側之惡。猶愈於束手而待亡。史駭曰。君年少氣銳。果爾、天下後世謂我爲何如人。躬菴退謂人曰。史公忠而無謀。非撥亂才也。不及一年。吾儕爲左袵矣。遂辭去。後卒如其言。

朝鮮越南文獻一斑

我國文化。遠播殊域。東方如日本朝鮮。南方如越南。皆其最著者。自越淪於法。文獻邱墟。論者惜之。而朝鮮復入於日本。典章文物。亦將墮地盡矣。咸豐戊申冬、桂林龍翰臣先生典試湖北。適越南副使王有光道出武昌。以彼國大臣詩集求刪訂。翰臣選其越國公綿審及潘僩二君詩詞若干首爲越風合鈔。並題慶清朝詞一闋。紀其事。詞曰、蠅楷書成。烏絲界就。天南幾帙瓊瑤。茶。江。印。水。嬝。人。佳。景。偏。饒。曾記。畫。屛。圍。枕。春。山。淡。冶。似。南。朝。（茶江春水印山雲畫屏圍枕香在山詩居人集中佳句也）風流甚。錦囊待媵。彩筆能描。思摹到盛唐韻遠。

但宋元人後。比擬都超。知音絕久。今番采入星軺。一自淡雲句邈使臣風雅總寥寥同文遠試登鞮樂聊佐咸韶（淺雲微雨小姑詞乃康熙朝朝鮮使臣詩也）其評論詩格。頗以盛唐相許。今各略錄數首。亦以見文化之遠。而傷國威之喪也。綿著字仲淵。集名倉山詩鈔。其秋懷用遺山均云。夢落寒山暮雨聲一樽倚醉坐來清長風撼撼迎秋至古意茫茫入夜生賓客病多黃葉散江湖計晚白鷗驚村南煙舍遙相約擬買扁舟釣月明。送別云。落日照衰艸送君多苦吟窮愁歸故里垂老負初心驛路寒山瘦關門。秋。露。深。中途逢九日。相望碧雲岑。仲淵又有倉山詞鈔。浣溪紗曰。料峭東風曉幙寒。飛花和露滴闌干。蝦鬚不捲怯衣單小飲微醺還獨臥。尋詩無計東吟鞍。翡屏閑枕看春山。潘僊有菊堂詩鈔。其工部杜郎中往沱灑柾道見訪。枚館把酒奉慰一首。頗有唐音。詩云。寬江滾滾下沱洋。相見伊人水一方。萬里君門悲賈誼十年郎署老馮唐非闊日接文章氣几案風生笑語香蓮酒滿斟聊共醉。風流記得在他鄉。一雁同叔明賦云。儔侶幾時到。江湖何處居。一聲天地外孤影雪霜餘歲晏愁看汝。吟成獨笑予。祇應附歸翼。遠寄故鄉書。寄綏和縣知縣杜紋甫云。相思那得日相聞。獨夜裁書酒正醺。遷客風流君識否茶江春水印山雲古風如風騷久淪靡。微言誰嗣音。天稷挽頹波。百一有遺吟。三唐富傑作。名聲猶至今。翩翩陳拾遺。感遇意何深。鍊服已千歲不見蓬萊岑團團三株樹攀企獨勞心亦不落凡響者。光緒年間。朝鮮金君奭準與翰臣先生喆子松琴友善。持其鄉人松穆館集相贈。松琴有東海奇才恨不並世之嘆。今亦錄數首於後。松穆館者、李虞裳（名彥瑱）之所居也。李曾於元陵癸未。隨通信使入日本。日本詩人率爲難題強均以窮之。李左酬右應。筆飛墨舞。日人皆瞠目吐舌。詫爲希有。其才氣如此。集中如日本道中所見數詩。皆佳。詩云、野鳧毛如繡段。山鵲尾有金翠。嵐吐起紺碧雲花染成臙脂水又袖口引粘蝶粉。帽頂坐懸蛛絲。先生賞花深處。茶烟如縷。罥枝叉樹。十圍皮爲蟒。橋一縛背如駝。網散水銀鱗躍。棹穿花漆齒歌。他如山寺題壁云。老衲幽居祇樹林。石橋苔徑入春尋。虛潭聚雨垂龍氣。碧幛游雲帶鶴心。竹裡跡燈僧院靜。花間淸磬佛樓深。百靈來聽無生偈。每夜松牕月色陰。又碧天樓閣帶春星。檻外飛泉坐倒聽。樹色濕雲諸洞黑。磬聲搖月數峯靑。院中宿鳥參禪定。池上游龍學佛靈。頓覺前身金粟是。懸鐙蘿幌獨翻經。皆卓然大家。置之吾國名家集中。眞不可辨識。嗚呼。古人錄良友遺詩。尙徘徊痛悼。不能自已。況喪社之邦。遺風墮雅。安可不亟表揚之哉。吾於錄是篇。而不禁有壹慨焉。

楊篤生手寫遺詩

一

蹈海烈士楊君守仁事略

楊昌濟 撰

蹈海烈士楊君守仁字篤生湖南長沙府長沙縣人幼穎悟強記年十二三已遍讀十三經史記文選及各名大家詩古文辭十五歲補博士弟子員後肄業湖南省城之嶽麓城南校經三書院從沉號國粹人經說本國文學歷史尤留心經世之學歡迎人所著關於時事之書獨居深念輒感憤不能自已甲午中日構兵君時在校經書院作江防海防策痛詆當局院長杜仲丹賞之謂其退然如不勝衣乃能爲犖略雄談也自馬關和約締結以後國中人士知非改革不足以圖存也乃競然倡維新之論元和江建霞督學湖南以開通風氣爲己任網羅通達時變博學能文之士爲丁酉歲拔貢生君其一人也旋以是年中式湖南舉人君見時局日迫欲圖改造非有世界之知識不爲功壬寅往日本東京入本國人所立之清華學校習日語數學甚苦嘗失足傾跌傷足指痛甚然扶病上講堂受課不肯休一堂感動旋改入日人所立之宏文書院復改入早稻田大學值日俄戰爭將起君作滿洲問題登之游學譯編發政府之罪慷慨淋漓聲淚俱下君見國勢日危欲奔走呼號以救之不復能安心求學遂歸國往來北京上海之間無所就曾從考察憲政大臣出游於法政知識所得甚多然以現政府徒欲塗飾耳目非有眞立憲之精神不屑々也復在神洲報館爲總撰述每著一論精神流露氣象森然使讀者深爲感發君固工文辭有遠識其不可及處尤在其言有物出於至誠蓋並世所罕覯也君既奔走江湖積年勞瘁感憤時事腦疾時發加以報館事務異常繁冗精力大虧戊申辭去報館之事來游英倫充監督處書記員旋以己酉冬謝去移住蘇格蘭阿北淀研習英文甚苦腦疾愈甚顧勤敏性成不自制明知用功過度於身體有傷而苦學如故常歎少年精力徒費於國學之一隅於數學英文未嘗致力迨中年爲之其難乃十倍也又嘗悔在日本時爲感情所動未能堅忍至今日而科學根柢乃不可得而追補也讀英文報紙見其主張強權不講公道憤甚尤痛心疾首於日本人之強橫顧見時事日非政府賣國而國民無力能排除之也鬱憤悶不能自已而病乃日深矣至今年閏六月初旬因服硫燐藥品太多腦炎狂發徧體沸熱不復可耐乃乘車至利物浦作遺書與友人以閏六月十一日投身利物浦海中其遺體爲漁父所獲同人葬之利物浦墓地君有老母在堂兄弟二人皆讀書明理之人也君夫人甚賢子女各一人女已長成子克念年十三四現肄業北京清華學堂爲游學美國之預備君性至孝對於其家恩義甚篤然以國家多難常懷捨身殉國之志公爾忘私近十年來居家僅四日也君來英倫之先其太夫人與其夫人往省之於上海歡聚數月遂爾永訣亦可悲已

芬園盪舟 Finsbury Park （寒衣）

幽思陵八極吹墮一坡塘人語秋煙碧船迎夕照黃因波鏡華髮將夢泝流光已倦迴天地棄桴興未忘

似尚清健未諳不陳腐否

利未茨公園

忽向西郊得勝遊湖山清爽望中收時時馴
鹿來爭座的的鳴禽與散悲筆未歇
風都入言之一泓過雨欲生秋未來厭槁
舫行樂更借孤艭試拍浮

樂續遊莽葛母
泰懷書江中

步入翠林 Hampstead Heath 綠村路西行至

郭園 Golder Hill

午曛愁孤寄行吟趁晚晴攜人山遠近

逐日樹縱橫徑曲緣村轉泉幽入峴

明舊時携手處憑眺有餘清

出市無多路秋宵已自賒遊人人

五瓣幽靈淺深花藉草撥針葉

英土多針葉草較燈芯草小而勁挺 Vontmont 及 Richmond 各處并見此物詳其形性當係一種水草惟英國則往往生於林巖谷間在 Richmond 見燈芯草亦生於巖林澗邊島國土宜固與大陸有異耶

緣陂數鈎車

陂塘中有垂釣者釣具甚精其制似與吾國車鈎略同一少年的魚頭多稱之曰 Jack 也

畫收金粉氣彈指墨煙霞

獨往處寥寥鄉關懷更一邱名園

秋在樹佳果熟當頭鶴意閒

郭園有異果此是何物其形似何物

相引嵐光重重綠流來拂衙看

色驛策且淹留

覓經遊歟爐煙歸集不厭編篇

穿林麓迴卻遶市街前騎影

村童詫塵心氣留先祇應嗟

信美無多許行屢

四詩與尚自閒適格律亦似擇能懂少

遂題氣五之適鄉音凡首自不可騐也

侍

懷中妹祖徃已拄瑜銷夏得異人格

蘭特氏為地主款接既周風景尤

勝連日徃遊丕的湖源丕木内馬

觀瀑探勝那訶賴嘎湖吐納煙霞

塵襟滌釋寫呈所的小小詩以為紀

念詞悟淺尚未足以言詠事也

恐得湖源

巨浸淵源一綫繞靈巖陰洞豁

然淵履綦晦昧題名大多是詞

人發度来

Buu Vai 為雨湖源細閒微波僅道一句

源頭白石礫斑巡洄壁上多題名字大小
椀奚人言擺脩嘗來此
自己極特丞不由爲山川助事
入山靈物特靡纖而態晴容一
劍箭細馬輭馱纏靄進蒼松
飛翠上眉尖

耕煙野兔時窺客
著雨蹊花不受泥
曲曲山光開明媚
倚天殘雪照晴谿

卡爾列麻爾嘴湖湖瀑布

卡列麻爾嘴瀑布距不內馬三英里而近

浩浩飛湍激石来
巉巉峭壁劃

雲开危橋斷嶷人跡少一寸
松毛掩綠苔
那訶頼嘎湖
荒陂亂石見蕭森大嶷龍蛇
異可尋世外神鷹藏健翮

煙中苹鹿逃機心塗泥粗給郵吹火列樹偏垂輦道陰跋足湖山成予奪曠懷天地一沈吟

格蘭得女士言山中多鹿是日欲見一頭不可得女士言鹿善嗅能於數里中識獵者鎗煙

那訶賴嘎湖弔擺倫

英人財產分配不均富者占山澤連數十里貧者僅蔽一椽環那訶賴嘎湖皆貴族麥鏗濟氏產也財權專屬於一人而地力復磽瘠村居者掘泥炭禦冬生活程度大略可知也

亂山回複水重波舞舞縈川
壺嘅多詞客看靈應樹
掌國人猶唱黑非詩

再姪守仁敬呈

改正近作耶訶賴嘎詩并呈新

製乞

懷中妹祖大人訓正　再姪守仁

耶〻訶賴嘎

荒〻冰石繼幽奇無賴圖

巒濬一坡窮谷寒澈真
畏鏤飄風靈雨或乘貍
崆峒嶺上煙雲苦鈷鉧
潭邊草樹與世絕里
那知幾曲迷陽滿目空

何之
陳倉霸王誰當獵大蟄龍
能爲于尋天外神鷹藏
健羽煙中萃鹿巖巇
心剩將遲炭供炊賤偽

霜松枝邑躁陰照天湖

山歲暮喟曠鏡八表一

沉吟

嬰聯兄書不的鄉家

酒括桃李何年夜鐙火

江湖萬里身惆悵東坡黃
髮訊遲回工部短牆壽
雲山下地化盡美波浪
萬道天看夢親早晚連
翻拓赴雙井慈暉研肆

照垂綸

夢覺

駕鵝日夕念東飛夢裡神

翎覺悠然淒惻荃蓀侶

淚痕春紅兒女鬢芳菲

甘肥分明鋌劍長攙在太
息傳標蘚迹徼萬里
白鷗聊可復寥天黃
鶴離當歸

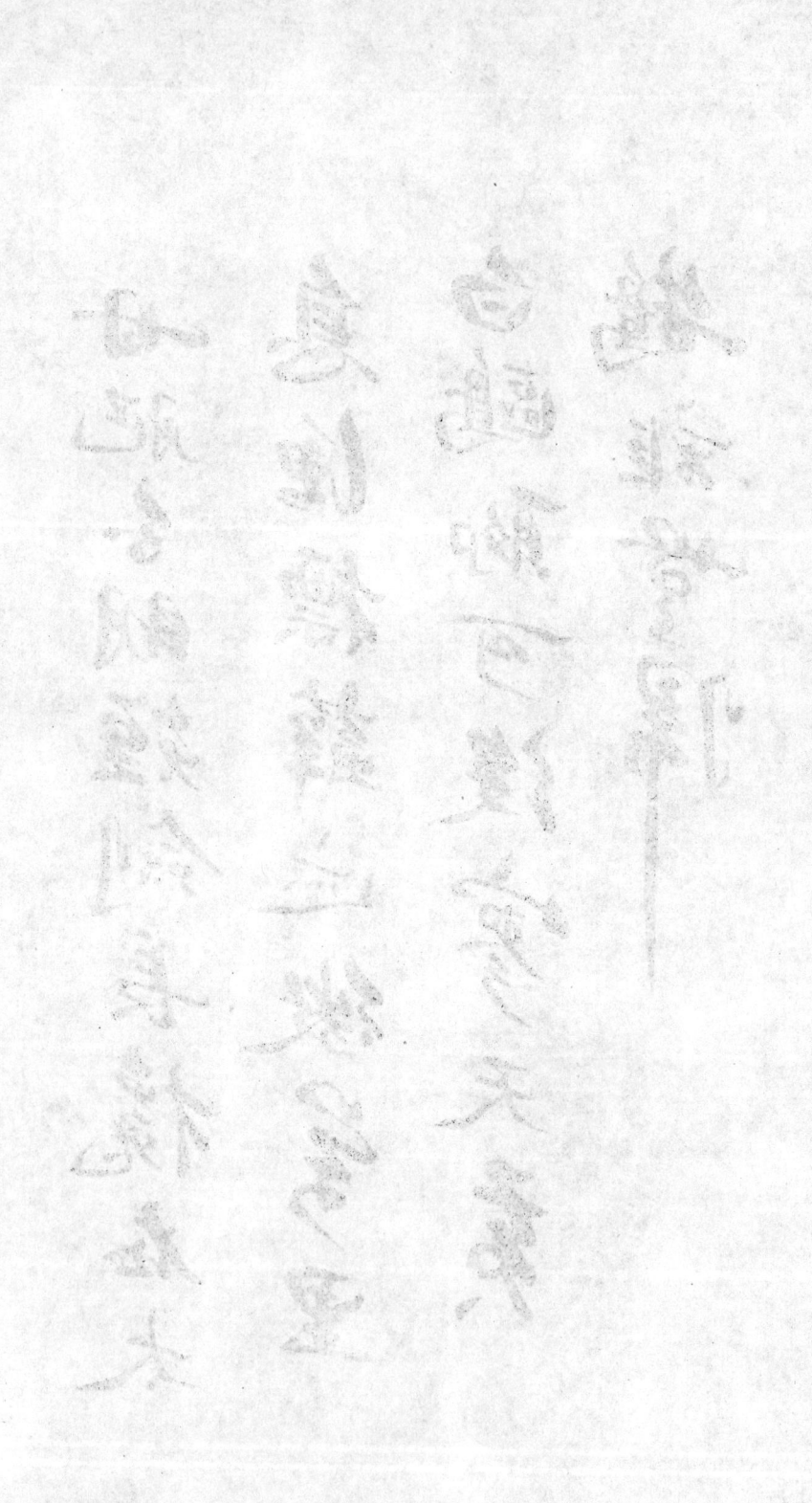

短篇名著

柏林之圍 (Le Siège de Berlin)

法國都德著
中國胡適譯

敘

都德 (Alphonse Daudet) 生於一八四〇年。卒於一八九七年。爲法國十九世紀文學鉅子之一。所著小說劇本極富。

「柏林之圍」者。巴黎之圍也。一八七〇年至一八七一年普法之戰。法人屢戰皆敗。西丹之役。法帝全軍解甲。巴黎聞報。遂宣告民主。誓以死守。普軍圍巴黎凡四閱月始陷。此篇寫圍城中事。而處處追叙拿破侖大帝盛時威烈。盛衰對照。以慰新敗之法人。而重勵其愛國之心。其辭哀惋。令人不忍卒讀。

此篇與都德之「最後一課」(La Dernière Classe) 皆敘普法之戰。二篇皆不朽之作。法國兒童無不習之。重譯外國文字。亦不知凡幾。余二年前嘗譯「最後一課」。易名「割地」。載上海某日報。今德法又開戰矣。勝負之數。尚未可逆料。巴黎之圍歟。柏林之圍歟。二者必居一於是矣。吾譯此篇。有以也夫。 民國三年八月二十五日記於美州旅次

余等與衞醫士過凱旋門大街。徘徊於鎗彈所穿之頹垣破壁間。憑弔巴黎被圍時之往迹。余等行近拿破侖帝凱旋門。衞醫士忽不進。而指凱旋門附近諸屋之一。謂余等曰。君等見彼嚴扃之四窗乎。去年八月初旬。巴黎消息已惡矣。當此危急之時。余忽被招至彼屋。診視一神經顛狂之症。病者朱屋大佐。當爲拿破侖部下軍官。老矣。而餘勇未衰。愛國之心尤熱。當普法之戰之始。大佐自鄉閒來。僦居此

屋。以屋有樓可望見凱旋門也。君等知彼傚屋之意乎。傷哉此老。其意蓋欲俟法人大勝後。可凭闌下觀法軍凱旋之盛儀也。一日晨餐已。將起。忽得維生堡之敗耗。（一八七〇年八月四日）遂倒於座。若受椎擊。余往診視時。大佐手足僵直。幾疑已死。其人頎長。軀幹偉大。齒佳。白髮鬈然。八十歲矣。貌乃類六十以下。其孫女好女子也。跪其側而泣。哀傷動人。此女之祖若父皆軍人。父隨麥馬洪大將軍出征。今對茲僵臥之老人。遙念軍中老父。宜其哀也。余竭力慰藉之。然殊少希望。病者所患爲半邊風痺。八十老人當之。罕能免於死者。大佐一臥三日。不省人事。而雷舒賀墳之消息至矣。（八月六日麥馬洪以三萬六千人砲百三十尊與普軍九萬六千人砲三百四十尊戰大敗）君等皆知此消息之初至。人皆以爲我軍大捷。普軍死者二萬。普皇子爲俘。此大捷之來。全國歡聲雷動。而此鼓舞之歡聲。乃能起此風痺老人之沈痾。余第三日往視時。大佐目已能視。舌已能動。喃喃語曰。大！捷。大！捷。余亦和之曰。誠大捷也。因語以道路所傳此役死傷俘虜之數。大佐聞之。貌益揚。目益張。及予退出。遇其孫女於戶外。容色若死灰。余執其手。語之曰。勿再哭。若祖父有起色矣。女乃語予以雷舒賀墳之確耗。麥馬洪力竭退走。我軍大敗矣。余與女相對無語。女蓋念其父。余則但念其祖。若老人聞此敗耗。必死無疑。然則奈何。將聽其沈湎於此起死神丹之中耶。是誑之也。女含淚曰。決矣。余非誑老人不可。語已。收淚強笑。入侍其祖。余與女之紿老人也。初尙易易。以老人病中易欺也。及老人病日瘥。則吾二人之事日益不易。老人之望消息甚殷。我軍進兵之一舉一動。老人皆欲知之。故女日必坐牀頭讀其假造之軍中新聞。手持普魯士地圖。筆畫我軍進取之道。巴遜大將軍趣伯林也。滑煞大將軍進巴維亞也。麥馬洪大將軍佔領巴羅的海上諸省也。女不曉軍事。每乞助於余。余亦未親疆場。但盡吾力告之。餘則老人親助之。老人嘗隨拿破崙皇帝數次征服德意志。故知其地理甚詳。余與女所假造。不如老人之精警合軍事方略也。老人每以小針指地圖大呼云汝乃不知我軍所志何在耶彼等已至此將向此折而束矣其後余與女亦循老人所料告之謂我軍果至某地果向某地折而束矣老人益大喜佔地也。戰勝也。追奔逐北也。而老人望捷之心終不可饜余每日至老人所輒聞新捷余入門未及開言。女每奔入室告余曰。我軍取梅陽矣余亦和之曰、然余今晨已聞之。有時女自戶外遙告余老人則大笑曰我軍進取矣進取矣七日之內可抵柏林矣

余與女皆知普軍日迫。且近巴黎。余與女議。令老人去巴黎。顧終不敢發。蓋一出巴黎。則道上所見。皆足令老人生疑。且老人病體猶弱。一聞確耗。病或轉劇。故終留巴黎。

巴黎被圍之第一日。余至老人所。道上但見深閉之門。城下微聞守禦之聲。余心酸楚不已。既至。老人。顏色甚喜謂余曰城已被圍矣余大駭。問曰。大佐已知之耶。女在側。急答曰。然。此大好消息柏林城已被圍矣。女語時手弄針線不輟若無事然嗟夫老人又何從而生疑耶。老人病後重聽。不能聞城外炮聲。又不得見門外慘淡之巴黎。老人臥處所可望見者僅有凱旋門之一角而室中陳列無非第一帝國(自一八〇四至一八一四拿帝盛時是爲第一帝國)之遺物往烈之餘澤也。壁上則名將鬚眉。戰場風景。羅馬王襁褓之圖也。(拿帝幼子生時即封爲羅馬之王)架上則奪歸之旗幟。表勳之金牌也。又有聖希列拿島(拿帝幽死之島)之崖石。玻盒盛焉。又有美人之像。鬈髮盛服。衣黃色之裙。羊腿之袖。半尺之帶。令人想見拿帝朝之粧束焉。傷哉此拿破侖大帝之大佐。凡此諸物其足以欺此老人勝吾輩之妄語多矣老人畢生居此往烈之天地之中此往烈之天地乃日使老人夢想柏林之捷矣

自圍城之日始。軍事進行日事簡易。柏林之陷。指顧間事耳。老人時或不適。則女必假爲其父軍中來、書。就枕邊讀之。其時女父自西丹之敗。已爲普軍俘虜。（九月二日法帝大敗明日舉軍解甲爲虜降者九萬人大將三十二人）女明知其父遠羈敵國。又不得不強作歡欣之詞。書恒不長。然軍中之人。安能瑣瑣作長書。有時女心悽絕。不能復作書。則數十日不作一字。老人盼書心切。余等懼其疑慮。則塞上書又至矣。書中道軍行方略。本屬僞造。多不可解。然老人乃曲爲之解。女誦書時。老人靜聽。時點首微笑。閒插一二語褒貶。書中之略。有時老人答書。其言多可稱。老人揚聲口授。而女書之。略云吾兒勿忘兒乃法蘭西國民。待勝國之民。宜寬大。其人大可憐。勿過摧折之云云。書末諄諄訓以軍人道德。有時亦及政事。議和之前。法人宜作何舉動。老人於此頗無定見。謂宜鄭重出之。但索兵費足矣。勿貪其土地。法人終不能令德意志變作法蘭西也。

老人口授書時。聲亮而重。辭意又篤厚懇摯。愛國之心。盎然言外。聞者安能無動。

當是時。圍城方急。嗟夫。吾所言非圍柏林之城也。時巴黎方苦寒。（巴黎之圍始一八七〇年九月二十一日至明年正月二十八日始陷）普人日夜以砲攻城。城中疫癘大起。糧食復乏。余與女百計營謀。老人得無匱乏之慮。雖城破之日。老人猶有鮮肉及白麵包供餐。余與女久不得白麵包矣。老人坐床上。談笑飲食。白巾圍頷下。女坐其側。色如死灰。久不出門故也。女手助老人進食。食已。進杯。老人就女手中飲之。餐已。老人神王。則遙望窗外冬景。雪飛打窗。老人時時念及朔方寒天。則數數爲余等道莫斯科敗歸時。（拿帝征俄大敗而歸）軍中絕糧。但食冷餅。馬肉耳。老人曰。小女子若安知馬肉之味耶。

嗟夫。老人誤矣。兩月以來。女安所得肉。但有馬肉耳。

老人病日有起色。前此麻木之官能。今皆漸復。余等欺誑之計。日益不易。一日、老人忽聞梅鹿門外之炮聲。遽側耳聽之。余等不得已。紿以巴遜大將軍已破柏林門外炮聲乃巴黎殘廢軍人院所發以慶此大捷也。又一日。老人令移病榻近窗下。老人外視。見街心國家衛隊出發。（城破之前一日巴黎殘軍爲最後之攻擊時正九月十九日也）老人問曰。此何兵也。繼又自語曰。何委靡乃爾。何委靡乃爾。余等方幸老人不致深詰。惟私語此後益不可疏忽。然不幸余等防範。終未能周密也。

城破之夜。余至其家。女迎語余曰。彼等明日整隊入城矣。女語時。老人室門未掩。余事後思之。是夜老人容色異常。疑女語已爲所聞。然余等所言乃指普軍。老人則以爲法軍凱旋也。老人夢魂所縈想者乃欲見麥馬洪大將軍奏凱歸來。嚴軍入城。城中士女擲花奏樂迎之。老人之子。騎馬隨大將軍之後。而老人戎服立窗上。遙對百戰之國徽。而致敬禮焉。

傷哉朱屋大佐也。老人心中殆以爲余等欲阻之。不令與觀凱旋大典。故雖聞女語。佯爲未聞。明日普軍整隊入城之時。而彼樓上之窗。忽悄然自闢。老人戎服介冑立窗上矣。亦不知何種願力何種生氣。乃能使老人一旦離牀。又能不假人助而盛服戎裝若此。

老人既出。見街心寂然。窗戶都深閉。巴黎之荒冷。乃如大疫之城。雖處處揷旗。然非國旗也。乃白色之旗。十字麗焉。又無人出迎凱旋之軍。何也。老人方自怪詫。幾疑昨夜誤聽矣。

嗟夫。老人未嘗誤聽也。凱旋門外黑影簇簇成陣。迎朝日而來。胄上之纓見矣。耶拉之鼓聲作矣。（耶拉德國地名）凱旋門下。許伯「凱旋之樂」奏。（許伯德國大樂家名聞世界）與普魯士軍隊步伐之聲相和。

凱旋門街深寂之中。忽聞大聲呼曰。上馬！上馬！普魯士人至矣！

普軍先行之四人。聞聲仰視。乃見窗上一魁偉老人。雙臂高舞。四肢顫動。頹然而仆。朱屋大佐。此時眞

死。矣。（完）

雙枰記

爛柯山人

敘一

何郎弱冠稱神勇。章子當年有令名。枯骨可曾歸閩海。文章今已動英京。此予辛亥春居臨安時所作存歿六章之一也。存者爲爛柯山人。歿者爲何靡施。今予不知何故。忽來江戶。爛柯山人持所造雙枰記來令予敘。作書者及此書主人。皆在予詩中。作詩之人亦復陷入書中。予讀既竟。國家社會過去未來之無限悲傷。一一湧現於腦裏。今不具陳。人將謂予小題大做也。

十年前中國民黨之零丁孤苦。豈不更甚於今日。當年咸以脆薄自傷。由今思之。有道德。有誠意。有犧牲精神。由純粹之愛國心而主張革命。如趙伯先、楊篤生、吳孟俠、陳星臺、何靡施者。其人云亡。其魂不返。雖奔走國事者遍海內外。吾輩迂儒之隱憂。得未少減。趙楊吳陳。不惜自戕以勵薄俗。恐國人已忘其教訓。即予亦墮落不堪。愧對亡友矣。靡施之死。殉情邪。憤世邪。蓋未可偏執一見。其出於高尚之犧牲精神。非卑劣弱蟲所可議其是非。可斷言也。夫自殺者非必爲至高無上之行。惟求之吾貪劣庸懦之民。實屬難能而可貴。即靡施之死。純爲殉情。亦足以勵薄俗。罷民之用情者既寡。而殉情者絕無。此實民族衰弱之徵。予讀雙枰記。固不獨爲亡友悲也。

泥城公校。固革命精神所充滿者也。靡施爲之魁。旋以內訌外患交逼而仆。其凌亂可憐之狀。不啻爲今日民黨寫一小影。靡施以一死解脫其無窮悲憤。誠無聊之極思。使靡施尚在。其悲憤恐更甚於當年。豈復有解脫之善計。具此觀念而讀雙枰記。欲自制其同情之淚。末由也矣。

書中人之懷抱與境遇。既如上文所陳。而作書者之懷抱與境遇。亦欲以略告讀者。爛柯山人嘗以純白書生自勵。予亦以此許之。爛柯山人素惡專橫政治與習慣。對國家主張人民之自由權利。對社會主張個人之自由權利。此亦予所極表同情者也。團體之成立。乃以維持及發達個體之權利已耳。個體之權利不存在。則團體遂無存在之必要。必欲存之。是曰盲動。爛柯山人之作此書。非標榜此義者也。而於此義有關係存焉。作書緣起。乃以代倭市之篇。譯於某氏擬設之大江日報。功未竣而歇行。在歐復爲飢驅。大江報亦未出版。作者遂改譯其稿於宛平某報。以前受某氏貲故。別造他文以易之。夫寒士賣文爲生。已爲天下至苦之境。而作者且以此因緣招天下無窮之謗。益可憐矣。悠々之口。不必與較。所最悲者。與作者十餘載志同道合之楊篤生。亦因此以不恕之辭加於作者。致爲他人所藉口。此作者之所痛心者歟。篤生性摯量狹。殷憂亂神。急不擇語。今日而提論及此。祇增作者懷舊之悲。他復何語。使褊狹社會。復因此推波助瀾。以造成專橫政治之結果。恐亦篤生之所痛心者歟。作者稱此書爲不祥之書。予亦云然。今以予不祥之人敘此不祥之書。獻於不祥之社會。書中人不祥之痛苦。予可痛哭而道之。作者及社會不祥之痛苦。予不獲盡情痛哭道之者也。嗚呼。民國三年九月日獨秀山民識於日本江戶

敘二

燕子山僧案爛柯山人此箸來意。實紀亡友何靡施性情遭際。從頭至尾。無一生砌之筆。所謂無限傷心。却不作態。而徵詞正義。又豈甘爲何子一人造狎語邪。夫士君子惟恐修名不立。顧爲嬰々婉々者損其天年。奚獨何子。殆亦言者一往情深。勸懲垂誡焉耳。若夫東家之子。三五之年。飄

香曳裾之姿。掩袖廻眸之艷。羅帶銀鈎。綃巾紅淚。簾外巴蕉之雨。陌頭楊柳之煙。人生好夢。儘逐春風。是亦難言者矣。迺書記翩々。鎖翡翠以爲床。拗珊瑚而作筆。寶鼎香消。寫流魂於異域。月華如水。聽墮葉於行宮。故宅江山。梨花雲夢。燕子庵中淚眼。更誰愁似我。小青山下。手持寒錫弔才人。欲結同心天涯何許。不獨秋風鳴鳥聞者生哀也已

甲寅七月七日

嬾柯山人曰。余記此事。乃不能詳其究竟。書中要人。或中道暴折。或莫知所終。今所得剌取入吾書者。僅於身歷耳聞而止。然小說者。人生之鏡也。使其鏡忠於寫照。則即留人間一片影。此片影要有眞價。吾書所記。直吾國婚制新舊交接之一片影耳。至得爲忠實之鏡與否。一任讀者評之。

一日亭午。予在上海某新聞社之編輯室。與同社友獨秀山民。當窗理襍報。聞鈴聲。掣之。得郵筒一事。蓋此編輯室位於上階。排印室下階。上階窗沿有繩垂而下。繩之末端。繫以竹籃。々身綴一小銅鈴。不及於地者尺許。兩室稿件往還。即以此籃爲遞役。時或郵書至者。僕人紀順性嬾。或適紀順不在門。書落即書傭手。並恆納之籃。掣鈴相送。此時郵筒。即遵此法而得者也。書緘封甚固。無郵局捺印。知爲遣伻齎來。書致予友何靡施。字甚頎端秀。一望審爲女郎手跡。書先入予手。獨秀瞥見之。嘻曰。吾見此種書來致靡施者屢矣。欲叩之。未得隙也。彼邇來顏頹殊異曩昔。吾早審其有關涉婦女之事。吾輩與彼厚。奚可不有以規之。余當時固不省獨秀何重視此事。顧曰。靡施何在。則頓憶其早膳後已他出矣。書既不獲遞。即欲審所自來。而書面無朕兆可驗閱。乃掣鈴呼紀順。將詢之來人。紀順言來人固索復簡。比以何先生外出。無從得復。已令之歸矣。至書自何所來。未暇叩問。然此致書人來此頻矣。前約略聞之。若自棠平街也者。紀順言已自去。此件殊難覈得端兆。獨秀即以原書置之櫃。加鍵焉。余二人治事

如故。此癸卯冬間事也。

何靡施者。余同學友。時擬渡日本習陸軍未就。余暫招之同寓者也。是乃吾書主人。理當鄭重敍其生平。且今以無端之艷束予讀者疑團。尤不得不將前此所知於靡施者。一一紀之。以告讀者。靡施者閩產。銳穎絕逾恆輩。聞其幼時不樂塾課。喜隨市兒跳盪。以此軀幹發展。較學業有加久之。凡超距搏躍之術。靡所不習。膂力尤絕人。余與之同學。在上海泥城公校。是歲本校與同地某私塾約爲競技會。靡施以兩手反攀鐵槓。腰橫於空。首與足如衡之平。此所需於臂力者甚鉅。而靡施更齒銜白巾。一同校生握巾而懸焉。如是者約十分鐘許。觀者舌撟。兩校生並皆失色。顧靡施多力宜粗鹵不爲女子所好。而貌殊儁潔。望而知爲深於情者。兩膀絕闊。筋肉彌豐。而面龐清減。雅不與其體力相稱。凡聞靡施之聲者。及見之輒謂不似。彼早歲去閩。曾一入天津水師學堂。修業綦三年。拳匪之亂。水師學生當編以備戰。未及發而天津陷。同學星竄。靡施匿厠中。飛彈透壁。掠項而過。然卒得出。走上海。尋入南洋公學。南洋公學者。彼時研求近世科學。規模宏濶之校也。靡施在天津。治普通學久。操英語尤流達。入公學時魁其曹。顧靡施姿高。不耐學。有時課績亦或疵劣。靡施良不措意。蓋其務外。自少小已然也。居頃之。公學解散。釁起於一墨水壺。此事於吾書爲支流之支。不贅錄。旋此中最高材者數人。發議創設學校。自教自育。靡施與焉。前公學監起居常州吳紫暉及總教浙江蔡民父。皆夙學通儒。雅得學生之望。至此亦欲舍去公學。寄示同情。靡施尤與此二君愜。遂從中斡旋。卒得二君提携。所謂泥城公校者以立。退學在辛丑之冬。公學成立。則逾年之秋也。其間奔走庶務。號召同志。靡施之力最多。靡施軀健神完。其才復能綜理微密。與人交必出肝胆相示。而人亦樂以示之。是時也。人醉於共和論。顧實行之者厥惟此校。校中無監學無師無弟子之稱。共編校中人爲若干聯。每聯若干人。聯各置長。聯長由票舉。三月一更選。號曰聯法。教員由校中上級生自充。上級生則別就傅他校。不足亦復求益於外焉。方言理數之類。校中多素養深者。外益之師。如吳紫暉之掌國文。蔡民父之敎倫理。蘇州王肖堅之言名數。杭州章炎叔之講政治。皆妙絕一時。四方學者日益衆。翌年春。余亦自南京來會。震於其所聞也。初至。吳紫暉謂曰。此流氓會館。胡辱君來。余遜謝。且相視而笑。聞之者亦各笑。中有欹牆而立者一人。獨突予視線。身服玄色單衫。編髮如故。惟周遭淺者未薙。叢長寸許。知邇時風趨。最尙側髮。否則付之不薙。薙且爲人笑。即亦不怪。濃眉前橫。與朱唇相掩映。風采俊拔。予心儀之。退而詢知爲靡施。即與納交。傾談甚暱。此人言不掩行。予亟許爲國士。此予識靡施之始也。顧此後浸淫共和。權界漫滅。校友閎恆有意見衝突之事。益以外間逼拶。愈不可支。其後有聖人。游歐州。著游記。評議此校。謂學生服粗野而行暴亂。革命成。且爲法蘭西山岳黨。當時受禍。此種議論。是否亦與有力。今並不暇推校。惟粗野暴亂之詞。以加靡施。余決不承。余於此時。別從友人之招。與靡施誌別而去。亡何。蔡民父謀走德。吳紫暉走英。高材數輩走日本。此校竟至潰散。靡施與紫暉厚。紫暉之渡英也。送之香港。瀕行約予及同學子數人。至其船執別。述及本校之不終。各爲泫然。靡施爲色絕沉滯。如負重憂。予隱揣之。彼當不祇爲校事及別紫暉欷歔者。因注視之。靡施覺。急爲予言他事。並謂能自刻苦乃進德宗要之圖。紫暉此行。資斧至乏。且至英更作計畫。彼言居日本時。月得日幣八金。即足膳讀之用云云。時諸子皆困乏。其言蓋以作束行者之氣也。是夜光景絕慘淡。無歡而別。久之靡施自香港歸。一度訪予。言將返閩。請資於家。爲游學計。不日行矣。後靡施復來自閩。余方經營某新聞社。即約與同居。此距獲東時僅一月有奇耳。獨秀山民性伉爽。得靡施恨晚。吾三人同居一室。夜抵足眠。日促膝談。意氣至相得。時更有社友燕子山僧喜作甚。亦靡施劇談之友。靡施資已足。行且東發。凡吾所悉於靡施者。彼時不過爾々。

余既獲此束。即時時盼靡施歸。而彼是夜歸良晚。殆近一句鐘矣。余與獨秀尚未寢。蓋新聞脫版。速亦無前於十二句者。脫版後必更閱全稿。防有誤字。此役余與獨秀遞爲之。然一人爲之。餘一人恆與相守。不獨往寢。故余與獨秀同逾十二句不睡以爲常。此次余爲值。獨秀就旁案迻譯嚣俄小說。俱將蒇事。則聞履聲橐橐。而靡施歸矣。未暇致問。彼即滔滔爲余輩言汪笑儂演黨人碑一劇。儘有未洽。靡施固解音律。而爲秦聲尤佳。有時曼聲長歌。其慷慨處雅不與平日體態相稱。余與獨秀皆不能歌。而頗嗜劇。故靡施每樂爲余輩談及此道。今夜之歸。必觀某劇而有所批評也。獨秀以急有所白。不待其詞畢。出書於桄。笑謂曰。今有函致子。何所自至。吾不知之。然審爲士女投報之事。吾輩固萬不能侵人通信之權。特見子心旌憧憧。嚝爽殊不似曩日。是必有難離之倩影。擾擾君身。吾輩義合忠謀。然無以相詷。必不見告。今子欲陳其實者。此函在此。否則未可得也。寄書處靡施似已瞭然。聞言即亦不驚。從容曰。諾。即從獨秀手挐函。展而讀之。讀時亦無異態。時吾三人方向爐。爐爲美國式。靡施讀既。即以鈴啓爐關。將投之火。獨秀急曰。前言之謂何。靡施笑曰。與子觀之。亦無不可。特無益取悶耳。必欲之者。吾又何吝。即舉函付獨秀。余攢頭同讀。書詞甚簡。中有曰。妾四致書而君不答。妾料書必無誤投。何君薄行如是。何時有暇。即來妾所。以慰渴懷。並作長計。不妾聽者。妾恐君所屬望之地。行爲邱墟。餘詞不復更憶。然亦無多。且非關要。書末未署名。獨秀置書於膝。急搔其首曰。靡施吾更墮雲霧中矣。茲何事者。靡施慨然曰、予生二十四年矣。挾書走江海。自謂人情世態。亦頗諳習。何至爲此牝所陷。須知易近而難遠。此女子恆態。奚足怪者。但……總之吾將決去此邦。吾今日往虹口詢東洋郵船。則有名平羅者。於下週啓椗。更得東京友人寄字。則謂陸軍某校。速往可望編入。天畀吾以身手。縛强壓駿之骨。寧可以酖毒壞之。吾行當大祖高驟。以排遣情懷。更數年歸者。與吾子游。或當以武夫見胖矣。言已作乾笑。狀至可怖。余揣其隱痛至深。特難言喩。殊不知所以慰之。因念靡施者。活潑潑地人也。胡偶有拂意。其狀乃甚於殷憂之士。吾鄉有許蓄叔者。其人之活潑。且甚於靡施。而憂患之來。竟於數日之間。自戕其生。特其憂患非婦女之關係耳。今靡施之有此態。恐非佳朕。思至此。毛骨爲悚。見獨秀方張口作態。如有所待。而靡施恨恨之色。仍浮於面。余急曰。今夕勿復談此。旋亂以他語。遂各就寢。

翌日靡施早起外出。爲摒擋旅具也。余與獨秀仍治事於編輯室。獨秀曰。昨日之書。子何所見。余曰。未得竅要。獨秀曰。審其詞氣。決非出於閨秀之手。余曰。是未可知。獨秀曰。倘屬蕩婦。以靡施情懷磊落。果何由入此溷渠矣。有英人婦。見其夫與貓接吻。曰。人生嗜好。非可知者。靡施之謂也。余曰。是殊難料。此女有缺望語。意靡施必有所不屑。顧何以與靡施成此轇轕。則夾縫中之文章。非經驗不能告予。不覩其最後突兀之語。明明有挾以相要乎。昔者英國詩人擺倫。有婢絕醜。自以與擺倫萬無通殷勤理。乃挾其畢生詩稿付爐火以要之。擺倫竟至以此近醜婢。此女之惡聲。即醜婢之故智也。特其所挾。或不爲竊詩稿之類耳。正論及此。而紀順報伍天笥至。

無錫伍天笥者。謹愿人也。亦泥城學友。與靡施曾同研於南洋公學。二人交至厚。彼既訪靡施不遇。余接之於客室。談及靡施神情彷彿。若有心疾。頗相欷歔。天笥言彼亦見及。特叩之無朕兆。未識所以爲謀也。余乃徐徐以獲束事告之。並問曰。子與靡施相處久。曾不聞彼有關涉婦人之事乎。天笥沉吟久之。即曰。何嘗無也。前歲與靡施同游曹家渡。曾遇一絕世名姝。吾料靡施萬不能恝置。然余審靡施且不識彼姝姓氏。突如之情來。胡自而來。且此種猥褻之詞。萬不出自美人之口。余聞天笴言。喜極。曰。天下。事。之。眞。相。恆。在。理。想。之外。是固未可知也。今且不論與此書有無關係。然以余得聞靡施驚艷之事。大是佳致。天笴爲余言之可乎。天笴曰。可。余固未嘗以此告人。審予非不能與聞靡施秘密者。敢爲言之。當吾輩既出公學。爲暇絕多。靡施頗愛天然之美。市中張徐各園。桑濮之地。意殊不屑。曹家渡較靜僻。邱壑之勝。冠絕滬上。靡施月必二三至以爲恆。曹家渡有園曰。小蘭亭。中植花木甚盛。園中有樹。兩偏皆室。室內几案配置。殊楚楚有致。游人例至此品茶。並置棋枰。任客就奕。一日傍晚。余與靡施游此園。且即左偏之室。相與彈棋。予棋少劣。然亦不易接應。以故鏖戰甚酣。右偏一室。予來時固闃無一人。不審何時有一女郎偕一媼入。亦相與對奕。俄而胡兒二輩。亦以游覽至此樹。目左右視。瞰室中之並有人也。徘徊久之。已而闌入女室。女驚甚。仍按枰強自鎭制。與媼着子不輟。意闌入者頃之將自去。正不必自擾以取窘也。而彼人互爲啁哳。不知所操何詞。即有其一。立近女案。對枰而哆。爲狀至可醜。女急。乃推枰起。彼即勢手撩女肩。爲媼所格。不達。女此時思奪門奔者。前有二兒橫阻。無幸越理。視後戶不掩者近寸。女乃奔之。略一審顧。即更前行。媼從焉。此兩偏室前後戶皆相逐開者。出右室之後。中經堂身。即至左室。女計往外爲狀逾險。倘據左偏室而閉其前後戶者。碧眼胡兒當或消阻。時予室後戶正未閉。遂衝而入。忽見予與靡施者在。紅上梨渦。莫可爲計。繼念可得同國人之扶掖。中心轉慰。惟予二人以正爭一子。刻思良苦。一枰以外。殊無所覺。故斗室中增此春艷。雖逆料爲時未久。而欲定其入門之晷刻。正自不能。吾輩所據之棋枰。即鐫於几石者。几而以檀木爲之。中嵌此石。爲狀殊歷落。女室之枰。亦正如是。此予事後留意而得者。此几位於室之中央。吾輩占上下隅。吾面窗。靡施背焉。女郎自後戶來。適當予背。宜吾不能見。而靡施心志專致。亦迄未一擧首。女郎既怯室外之强暴。更慙無端闖入人室。將與素未相識之男子周旋。而此男子更未識兒無妄之災。迄不見顧。閉戶有所未安。反奔爲其所懾。呼助更不知所出。芳心自警。進退莫可。正自焦悚。而前撩女肩者已躡蹤至。女郎幾欲抗聲而呼。仍忽咽住。急出予之背。繞几而前。危立於靡施之後。媼更後女郎焉。氣息。全。默。羞。懼。莫。狀。西伶竟近予几。以手越靡施之肩。求侵女郎。方女郎危立之頃。予既見之。絕驚詫。欲引吭而未發。而彼伶之掌。則已摩靡施肩而過。其影即於枰上收入靡施眼簾。靡施始覺有異。昂首驟見胡兒猙獰狀。更一廻眸。則亭亭者忽焉在後。一髮之際。情勢瞭然。義俠憤興。拳勇來格。祇一伸掌。則彼獠已倒退十步外。觸牆踣矣。此方女郎早離立數武。眼光波動含有無窮驚懼與其感謝之情非此世間語言文字所能描寫且眉黛櫻唇之際倉卒間似見其噓氣而翠也者媼則口禮佛號。合十至額。靡施此時乃聲言曰。請女郎恕僕無狀。此獠護敗。勢殊未了。此局僕請當之。女郎其速行。女方不知所答。媼如遇赦狀。抗聲曰。小姐馬車亦候久矣。其速行。靡施曰。馬車良便。十分鐘以內。吾決不許此獠跨越此室。女時慙感交迸。紅潮過耳。欲低聲作一謝辭。終不可得。余當靡施手擊西伶。即已旁立。夙稔靡施多力。取此當亦匪難。此時殊不自審。髣髴愛神示予。此靡施命宮。義當爲彼導之出險。乃信足行。示先導意。媼捧女郎隨之。女及門。忽回首內顧。靡施時儼然以護美神將自居。又見予爲前導。意氣似舒。亦方目注女郎倩影。四眸相屬。如電之翕。靡施則急收視。私念吾輩落落丈夫。不當於瀕危之域。逼視一弱女子。其時狀極蹴踖。幸別一胡兒聞變繼入。謾罵之聲。起於此際。靡施之精神。倘得由此救脫窘鄉。而女郎之羞伲。尤不可爲地。意謂男兒相救。在禮宜申謝歟。特兒此視。不過迴視難局。萬非固弄柔情。倘誤以爲有意之凝眸。則殊辱人無上此頃兩方設想。正自不同。在慧眼者觀之。以爲心電之通。此其焦點。凡此種思想。起伏於佳人奇士之胸。如電影之飄忽。爲刻至迅。雖描寫極肖。而究嫌滯拙。且局境倉皇。所爭恐在秒忽。更不容吾爲之覼縷。女郎正在羞怯。而媼早聞西獰之聲。彌形警悚。緊捉女郎之臂。曳之外奔。予亦不自制其足。未失導引。俄而女郎撥媼手脫立。纖纖出巾自拭額液。蓋已香喘微聞矣。予方作力前進。一回首。則吾已去女郎近十武。幾自失笑。以爲果何心者。將使美人與健兒競走。乃趣女前。言曰。幸恕僕鹵莽。女郎不怯步否。女嫣然答曰。否。甚謝先生。音響清麗。有如春鶯。子試思之。以意境不僇如予。一旦於無意中。得見絕世麗姝。倩然展吻。其意又甚殷勤周至。此生如何可忘。此女之體態。約略可憶者。則修容白面。頗擅天然之美。年事約十七八以來。其人之孤高傲俗。可於引眸而得。是日服裝瀟絕。紺青色。裙疊片片爲風欺舞。履襪皆新式。挽髻入時。罩以蟬翼之紗。髮鬖鬖覆額。風致清艷入骨。吾方自忖。此行與靡施俱。乃令能者獨當危局。而吾乘機飽餐秀色。揆之於理。不可謂平。已而馬車在望。乃令媼謹侍女郎入幰。己遠立以俟之。女則再理前言。向余道謝。更欲發吻。默爾遽止。予乃答其意曰。以吾友之勇。荒傖二豎。良不足盡其技。女郎幸勿爲慮。女聞言頓慰。略爲禮而行。余既觀其登車。覺此女舉止恬靜。立審爲大家閨秀。忽憶及桃花三月。曾於龍華道上遇一女郎。微步柳陰。輕盈彌妙。以爲游觀以來所未覩。以此方之。直浮薤耳。俄而蹄聲得得。馬已離園馳去。余頓憶靡施在內。受困不知何等。余貪與美人酬答。竟棄良朋。是寧可尙。乃絕足反奔。亟及樹。則靡施揚長出矣。余迎問狀。彼坦然曰。是無事也。女郎如何者。予曰。安然行矣。靡施曰。善。然彼女受驚當非小者。余曰。是未可料。靡施曰。余待彼回復驚態。

予責始卸。余曰。此誠男子之言也。彼胡奴果以何術了之。靡施曰。彼見予能操英語。大有羞色。余旋責以背棄人道。如此凌弱暴寡之舉。萬萬不能施之本國。今乃試於吾徒。吾甚願爾此次遇余。從受一有益之教訓。彼知理力舉無所用。漸至相與寒暄。卒乃爲禮而別。余行時。彼受擊者粗能舉步也。靡施與余。且言且行。亦忘其去園幾許。偶舉目視。則赫然前陳。油壁粲然者。乃女郎之車也。御者手彗。緩極欲停。車爲篷式。篷臥不張。遠見女郎與媪附耳作語。俄而媪下。余佯訝曰。汝家小姐。固未行乎。媪曰。小姐以貽累官人。殊抱不安。特令媪將意致謝。且欲知胡奴果作何狀。媪言時。移目注靡施。靡施備舉其詞以告。媪抱頭去。靡施爲態絕矜遲。似有大問題待決者。時予二人。傍小樹叢而立。予手摘野葩。欲覓一語。以廣靡施意。迄不可得。則爲言西人橫行於中國。何日可了。美詩初不審。已而豁然。滔滔言中國民德民力。長此不進。欲求禦侮。戞戞其難。國家之昏頑。社會之窳敗。乃使弱女子供其犧牲。豈不可痛。語未終而媪更至。請靡施里居姓字。靡施決然曰。是何需者。今日之事。爲機至偶。天相麗質。鄙人何有。寄語小姐。殷殷之意。感受良多。若此番未受驚懼。則下懷已慰。萍水姓字。無取相知也。媪領言去。尋復來。固申前請。謂否者。小姐將責其製詞未善。靡施不言。媪無計。乃奔告女。女知此着將終無當。更附媪作數語。車隆隆發矣。車行既遠。隱約中猶見女回眸相矚。斜陽適反射其面。覆額之髮。受風微動。猶能辨識。予因念此女堅欲得靡施姓字。而不一垂問及已。平情論之。此局良非予力所能了處。凡人身懷一技。必食一報。則美人之青睞。法當加及吾友。顧吾二人同行。又何必强分軒輊。如以前導爲可錄之勞。則即以傾注吾友之餘瀝。浸潤及我。良亦匪薄。涉心如此。亦不自辨爲妒爲癡。繼念靡施力出佳人於强暴之手。而此佳人不眷及彼。而厚一旁觀袖手之人。在理似又必無之事。是吾友之獲此。乃正當之權利。吾果何力與爭此一問之榮。倘欲此者。胡奴早在吾側。何不飽以老拳。則此時之冷落。實爲無能者應受之慘報。至此心氣頓平。不覺自笑。靡施視女行後。仍忽忽若有所思。聞予笑。亟問故。予漫應之曰。此女回顧時。夕陽被面。好一幀治春圖畵。倘燕子山僧在此。又與之以美人標本矣。吾輩更爲縚色。歸以告之。彼必頓足不迭。恨其未見。吾豫想其憨態。是以失笑。靡施聞言良信。曰。是必不可告之。妨爲人黑白。致辱閨秀。余曰。是何待言。頃聞之言。偶然浮想及之耳。子堅不告女姓字。其意何屬。靡施慨然曰。以吾輩身世學問。皆非可爲情縚染者。浮花浪蕊。吾又何屑。倘女屬巨家。則自有矩範。在勢不宜以情自種荆棘。若由男子以術誘致。則男子爲可誅。故予立意。凡遇此種關頭。皆當力爲避去。一姓字之酬答。似亦不足輕重。然畢生之魔障。安知不由此而生。凡人事後皆智。迨萬丈懸崖。兩俱墜落。而推原禍始。實不外口耳出入之間。悔恨又當何極。人亦孰無情者。撥予心至於深坎。且欲先自陳說。況又重以柔情款接乎。特理欲交閧。利害接觸。吾最後之把持。竟足空滿前之障翳。天笴。今吾心中爲態至舒。即此可見制慾之樂。吾至願長此不忘今日之勝利。余聞言自服靡施持義之正。以彼平日果力證之。良亦不難辦此。但靡施情種也。其立論高絕處正用情痴絕處。所謂不忘今日之勝利者。寧能深爲保證乎。因曰。好自爲之。吾亦至願子勿墜此情網也。言已。即覓車歸寓。自後公校事。端緒至紛。靡施勞極。無暇談及前事。即予亦久已忘懷。今以子言根觸。遂滔々及此。子得毋惡其詞費乎。余曰。是何言者。旋自念由天笴所述。以如此美妙之人。何因出此種佻傜悍妬之簡。此中疑竇。殊費窺探。余思至此。頓憶書中最後一語。與此容有關合。彼書明々爲妬而發。更非兩女同時轇轕。此語無自而萌。由是推勘。驪珠當不難得。但以吾忠於爲人。而行爲至與偵探相近。殊失友道。少一沉思。而好奇之心。旋復偪塞。更詢天笴曰。子其別無餘聞乎。天笴恍然曰。予幾忘之。予貪敘當時之邂逅。致腦筋爲之滯澀。此後不曾一遇之于張園乎。予大喜過望。曰。趣爲我言之。天笴出時辰表示之曰。諾。惟更十五分鐘。友人約食之期已屆。涂間需晷刻亦不少。吾有暇者。明日更來。余無奈。遂起送之。且堅約明日之期。

明日天笴不至。逾日始至。彼何以失約。余浸忘之。然不必苦憶矣。天笴既至。即賡續言曰。黃龍公會。每月公開演說於張園。子所知也。余曰。然。猶憶此會初起。紫暉在公校評議室內。發問此會果政治革命之結集乎。抑教育革命之結集乎。與民父相持頗急。天笴曰。此演說會旣有聲。聽者彌衆。女子亦有聞聲至者。張園之安塏第頗宏敞。爲會恒劃左方一角。編次女座。一日予憶爲三月上旬。天氣清新。黃龍公會遵例爲演說。是日至者尤衆。女座亦塡咽無餘次。演臺高出平地三尺許。臺左右側有板斜次及地。爲級如梯。此級非會中執事及演員次補者。例不得登。時余爲執事。故屢拾級上下。男女坐次。高下相齊。男座之眼光。不能平視達於女座。惟余所居之地。壇中全景。可以矚目無餘。女座又適當演臺左次。尤爲呈露。余於無意中。覺座中有一似曾相識之女郎。漾吾眼光。令吾不敢正視。凝思至再。始復憶及。更一展睇。余幾越級而顚。私念此女。胡因至此。去歲名園邂逅。爲時幾及一載。余輩雖或忘懷。而女子製情沈摯。安知別後相思。不息々以追尋所慕爲事。彼才識超凡。必熟審今時風會日新。所有英才秀士。走集於黃龍旗下者尤多。如有所探稽。彼中集會之場。萬難滑過。則彼美此番莅會。良非無因。今第一着。當詳察其態度何若。此時更矚女郎。則方與鄰坐一女寒暄。爲態安詳已極。較之昔年相晤於警惕之餘者。又是一番風味。是日適衣白袷。通體素潔。所御之裙。依然舊製。然美人身段。施此最宜。余旣擬念移時。防爲覩者覺察。徐步而下。則場中聲浪極雜。頗聞人竊竊私語。謂來者如此之多。皆吳紫暉懸牌爲餌。蓋絜暉演說。最能深入顯出。識者自服其明達。即在婦孺。有時亦立徹中邊。故凡演說會。聽者無絜暉不樂。俄而鈴聲動。登場者數輩。以次遞演。聽衆如觀戲目。視前數齣。毫不在意。已見群中一人閃立。衆動色相語。謂吳絜暉至矣。絜暉體貌魁梧。善爲姿勢。以佐其說。更聲如洪鐘。振動屋瓦。及演至一句鐘以外。詞尤洶湧不絕。每一頓挫。必聞掌聲。語竟尤滿堂雷動矣。例絜暉演後。最難爲繼。時立於臺左右級者。各有戒心。遲遲不發。靡施以關於校事有所陳述。遂排諸人而前。靡施音響不敵絜暉。始尤徐徐作勢。衆咸易之。逾數分鐘。妙緒始如雲而起。聽者方改容傾耳。而靡施則更作力以博衆歎。若以此番演說。關係畢生。故不惜悉舉所有識力。併爲一席議論也者。靡施素不以演說著稱。予至此亦暗爲驚奇。謂似此詞鋒。等有餘子。何靡施竟懷此技。而予相習弗知。忽憶此女今殆已見靡施。爲態奚似者。因游視場內。以次及女。則見彼凝神靜聽。時々躍目及於臺上。又恐若人睟與之遇。旋復收視。爲狀似極欣動。又極蹴踖。倘靡施倏忽覩此。詞鋒當立時頓折。更窺靡施則滔々汩々。正得文章妙處。墨無旁滯。似未爲所見者。昔英倫有議員。與其妻同赴議院。妻登車時。手指爲車門所壓幾斷。俟其夫出院。始以示夫。夫遂以當日演詞。聲震全國。今此女能使靡施視而無覩。亦實大有造於靡施。聯想及此。亦不計擬人不倫。由今思之。可笑甚也。余憶靡施此議。在闡明校義。要人贊同。雖就一校立詞。語其關係。且及於政治社會各面。語々透闢。聞者慷慨奮迅。舒忱未遑。即不以此義爲然。亦幾欲引身歸社。靡施平日詞令固佳。而演說之惹人狂讚者。則以此番爲第一。靡施語訖。鼓掌之聲。塡然徹耳。予更竊視女郎。則似爲態極舒。悉領解靡施所言。而力表同意也者。靡施任校事夥。匆匆返校。予職司周察。頗聞座間竊議。謂靡施辯才無礙。何亞絜暉。有不知者。展轉相詢。答者每舉靡施名以對。此種聲浪。女座亦或聞之。女似已得演者主名。目左右覷如鼠之索食見刺々談靡施者。屬耳至專。余窺其笑靨微開。殆深自慰其昨年間訊之勞。無可自制。又恐爲女伴所覺。時强作嗽聲以素手出白巾拭其香唾爲態。至娟巧。時行且閉場。與會者以次散。女郎與一女伴相扶而行。余並日之登車。名園晚景翳翳當年佳人之回顧則隻乎不可復矣。予念予頻往來會場。理當識予至審。胡竟熟視無覩。時予且思且行。校距張園至近。正欲抽繹其故。擧首已垂及校門。余亟入事務室。覓靡施語之。靡施驚甚。似不能信。然亦無餘語々予。自後予或以彼女消息。詢之靡施。每含糊作答。泥城散後。予與靡施睽離。至此數月間之歷史。吾當轉以詢子矣。余曰。獲束之外。余殊無所覺。即有亦不足取證此事。天笥曰。傷哉靡施也。畢生之煩惱。似兆端於彼女之重逢矣。然愚哉靡施。玲瓏如彼。似不審効媚於女子。徒自取悶。余笑曰。子言果眞知靡施者乎。天笥作自信狀。言次更爲他語。已而天笥行。

天笥去後。余細繹相逢之終始。即決定靡施與彼女別有情史。爲天笥所不及知。且天笥理解尋常。有時透項絕壁之談。靡施決不彼告。果欲知之徹底。非得當局者口道。殆不可能。顧用情之事。寧可宣之局外。若可宣者。寧復謂情。雖然。予知情者也。語言特鞭影耳。靡施容或以此諒予。不吝予告。且明日即爲平羅出航之期。予與美詩同處。祇此一夕。風雲變態。一日萬千。別後蒼茫。更不知爲會何日。今夕不談。將更何待。遂決計直詢之靡施。獨秀者。熱心於靡施之事者也。天笥語余各節。予既爲獨秀轉述之。遂同危坐。以待美詩之歸。時夜已逾午矣。靡施果歸。余從容即而詢之。靡施聞言坦然。有如臨終待懺。竟欲盡情爲余傾吐。而轉恐詞之不赴。余覩狀大爲踖踧。深悔發問之誤。而靡施則已滔汨而下。是夜景絕沉澹。而靡施發聲較之平時尤低。時予方向火。足踏爐弦。支肱於膝。以掌承腮。僵視靡施而諦聽焉。獨秀情直。至悲涼處。輒以手擊案。予因自覺。幾不復辨爲人境。予固多身世之悲者。靡施言下感傷。令予揮涕。靡施殊未盡其詞。而言外之意。予儘能領解。靡施每下一義。予祇能以涕淚酬之。無敢曰然。亦無敢曰否。惟念靡施以如許年華。而至情堅定。有如老衲。抑何其不肖。白雲在天。微霜渡河。此夕之情話。纏綿大似。舍此一宵。將終身無有。傾膽瀝肝之日。明朝南浦。生離耶。抑死別耶。友生如此。靜女何堪。嗚呼。自吾聞此長夜之談。更越十四句鐘。而靡施東矣。（未完）

經濟學原論

Allegmeine Volkswirtschaftslehre,
Eugen Von Philippovich.

奧 斐禮博維 著
宋 殷 汝 任 耕 譯

經濟學一書東西碩學著者頗多或偏於抽象理論或囿於歷史事實求其立言不失正鵠者實難數睹奧國斐禮博維所著國民經濟學原論及經濟政策雖能不偏不倚持論得中日本氣賀勘重令取其第二次刊本節譯成書風行彼土然原書於客歲已重十版一切統計概已改訂而備値瞭制人口資本諸項尤多所增易其敘述更覺精賅且氣賀氏譯本刪略斷裁與原書頗有出入讀者恒以爲恨本社特請宋殷兩君從德文原書最新第十次刊本迻譯成編以饗吾國人士有志學者當必以先覩爲快也

財政學

Public Finance.
C. F. Bastable.

英國 巴斯台布爾著
橫陽殷汝驪譯

本書爲英國達布林大學教授巴斯台布所著久已風行各國原書前後改訂三版內容賅博理論周密結構宏卓考證精確晚近學者無敢逾越其矩矱諸大學多採爲課本全書分爲六編第一編論歲出第二三四編論歲入第五編論歲入之關係第六編論財務行政及財政監督各編皆根據學理稽引事實不拘囿於一時一地之見解而注重於永久普遍之觀察我國財政問題之急待解決夫人而知之比年以來朝野士夫多盡力於財政之研究顧因我國向無善本學者每以爲恨本社特請殷君 汝驪從 事迻譯不 久出書 有志斯學者其以先覩爲快

卡德式 中學教科參考叢書

明明編譯社編譯

中學學科浩繁東西各國多用卡德card式編以各種學科能使讀者省用腦力助長記憶試驗既易於復習平時復便於參考其裨益學界功效頗著風行各國惜我國獨無本社特仿其式敦請各專門大家博采各國教科等書擷其精英編譯十餘種仍用特別新法裝訂成書得二十餘冊編法於每一卡德首書綱領次列問題以喚起讀者之注意再於後幅逐條敘述以供讀者之參考條分縷晰一目瞭然製本精巧尤便携帶凡合於中學程度精深處殆搜括無遺而敘筆簡明務期便於記誦以上諸點皆爲本書特色洵研究科學所必携預備考試之利器凡教員學生皆不可不手置一部至卡德用法另詳卷首學者依法讀之自能得其妙處書之種類錄左

西洋史　中國地理　英文法
鑛物學　外國地理　地文學
生理學　動物學　植物學
幾何學　算術　代數學
化學　三角法　物理學

銀行論　貨幣論

日本法學博士　堀江歸一著

陳鴻鈞　黄曾延　譯

銀行貨幣之書各國著者雖多而求其能提綱挈領賅博詳明者蓋不多見日本經濟財政大家堀江歸一博士學殖淵深所著銀行論貨幣論二書從理論政策歷史三方面研究各項問題持論得中說理圓達其銀行論中注重中央銀行之效用及紙幣之發行與夫各國金融市場之特色於國際滙兌及金融恐慌尤三致意焉貨幣論中致力於貨幣論本位論並詳於各國貨幣制度關於中國幣制多所指論尤可藉資考鏡原書初版在十年以前再版者十餘次改訂者二次其本年最新之版更易增補之處甚多本社特請陳黄二君將其最新之版從事迻譯並商請原著者隨時指正全稿已成三分之二不久出書實業家諸君及有志政學之士亟宜各手一編

歐洲現代政治史

A Political History of Contemporary Europe.

C. Seignobos.

法　賽紐伯著

彭允彝重譯

本書第一編地理上之順序及政治上發展之前後敘述列國內部之政象第二篇從論理上之順序敘述各國物質文明之發達經濟變化宗教之勢力國際間社會黨改革之運動與政治生何種關係有何種影響第三篇依年歷上之順序敘述列國外交之情形塊英俄法互爭霸權之顛末皆能獨具識眼綱舉靡遺既不失於偏頗又能詳略得中誠政治史中之傑著也現已著手繙譯剋期成書治政學者不可不亟謀一讀

商業政策

趙世鈺編述

立國於廿世祺商戰劇烈之場欲助成國民經濟之發展恒視一國商業政策之施設如何故商業雖以私人營利為基礎非國家及他公共團體獎勵及保護有法則私利心之濫用損害及於生產與消費國家經濟因之亦受阻障商業政策之研究誠今日當務之急茲編本諸斯旨關於國內國際商業政策諸大端如世界各國商業政策變遷之歷史現代各國關於商業政策施行數大主義與功效及關稅制度通商條約商港外國貿易振興機關等詳徵博引綱舉目張凡我國人關懷民計熱心企業者不可少之書也

政法學校招生廣告

本校以教育中華民國留日學生爲目的今春二月卜校址於東京先設政治經濟科延聘國中法學名流擔任教授以留學人士工邦語者爲之通譯開學僅及半載成績卓著學生之數已達參百餘名今秋九月新學期再擴張規模添設新班以便多數學生之入學篤學諸君幸勿失此機會也辦法如左

一、添設新班及改正學制　於九月新學期之初擴張規模添設政治經濟專修科新班及法律專修科並改正學制採用參學年制度謀學生畢業後立身之便益

二、添聘名師及通譯　政治經濟專修科舊班各講師皆當代名流九月添設之新班擔任各科之講師亦係一時碩學本校通譯皆得通材既有定評添設之新班擔任各科之通譯亦篤學而頭腦明晰之人物

三、傍聽生　政治經濟專修科及法律專修科設傍聽生制度減輕學費以謀同種學校學生傍聽之便

四、科外講義　本校於正科而外關於緊要學科或時事問題特聘學界專門大家或社會各方面名士每月開科外講演數次對於本校學生以外之人亦許其傍聽現在已十七回將來仍隨時敦請各碩彥講演以供學識研鑽之便

五、日語專修科　本校又別設日語專修科延聘良師依極新之教授法講授日文日語

六、報名手續　關於入學事務每日從午前八時至午後五時在本校事務室接洽倘有希望本校簡章可函告本校事務室當即寄送

七、校址　設大日本東京神田錦町十番地（錦輝館前）

紹介新調和之味請吃好東西罷！

一、味之原來

所食之物、所飲之物、始入口時、先感者、即或旨美或粗惡之味也、凡物之味、物猶未入口以前、或以色奪目、或以香導鼻、十分之味、僅感八分者有之、六分之味、感至十分者亦有之、孟子有言曰「西子蒙不潔、則人皆掩鼻而過之、雖有惡人、齋戒沐浴、則可以祀上帝」、是言也、誠以外觀而失其本質也、物之味也亦然、必咀嚼始知實味、忘色香始知善惡、食物之旨美粗惡、雖有因人之嗜好而異之說、或亦有謂不然者、自古以來、立說如此、今日本東京帝國大學敎授池田理學博士苦思、辣、酸、甜、鹹雖爲五味、同有一種旨美之要素、必因此要素之多少而定味之善惡也、此要素之研究、正在五年以前、其後經數年之星霜、費長久之苦心、終至此要素、已發見矣、

二、當今唯一調和物味之原料

前言要素者、無刺鼻之味、無奪目之色、只白粉而已、冷熱水中即刻溶化、故以此代我國廚用之醬油、蝦皮等、實爲便利簡單、價廉味美、此要素名曰「味之素」即味之根原之意也、即以此可增美味也、又可謂之增味粉、博士池田君、既發見此、又恐於人身有害、不可以爲食用、請之日本內務省衛生試驗所、以試驗之、確知不惟於人身無害、且多於血脈有補、因此製造發賣、逐次增加、且請各國政府特許有專賣之權、光緒三十四年六月、得日本政府特許之專賣權、宣統元年八月、得法國政府特許之專賣權矣、以食品而得世界最驕奢、最侈華、巴里政府之特許、此增味粉之聲價、而不待智者知矣、宣統二年、又得英國政府特許之專賣權、其他各國、現已請命、不日可待特許矣、

三、用處

增味粉前已言之矣、白色細粉、較比美味極多、中外燕客席上之必用、不必多言、即菓子、茶、酒、豆醬、清醬、醋等一般飲食物中、少加此粉、能使特別味美、此增味粉之特色也、且冷熱水中、最易溶解、味淡味濃、自由自在、若遇不適口味之食物、少加此增味粉、既覺旨美、故行路中、帶此增味粉、即可無厭客店食物之粗惡、不亦便乎、今將平常家庭用處略述於左、

西洋家庭、平常所豫備不缺以爲調和味而用者、雞肉湯也、我國平所豫備爲調和味用者、醬油也、做雞肉湯、不惟多費時刻、且有腐敗之虞、醬油製造時、亦多費時刻、總之、用雞肉湯、用醬油、無論前製造時多費手工、今用時亦多費時刻、何若用此增味粉、省多時刻、以做他事、時若忽然客來於不豫之時、而欲待之不粗、用此粉、菜粗而轉爲旨美矣、其他、惟於老人、幼兒、病者等、人身體既弱、食物有限、非其可口之飲食、難免嫌食之虞、既嫌食而體力愈弱、體力弱不測之變、安知如何、故、必用旨美之味而勸食也明矣、若用旨美之味、當今之世、含增味粉、無此便利簡單之物也、且增味粉、以博士諸君之考證、多含補血之要素、不覺之間、能使身體精壯、豈非不徒悅口而且壯身、使用靈便、蓄積簡易、家々不可須臾離之唯一要物乎、望、諸公先一試用用過即知、非做妄言、以欺人也、

請知本品營業之擴張及名譽

一、得日英佛三國政府特許之專賣權

二、供獻大日本內務府

三、被日本政府內務省衛生試驗所指定爲此次獨國德勒斯頓市衛生展覽會出品之物

增味粉定價表

一小瓶 兩角五分　一中瓶 五角　一大瓶 壹元

一小盒 兩元四角(五兩)　一大盒 四元六角

由日本發賣處投信買時小包郵稅三角

製造發賣元

鈴木三郎助商店

日本東京市京橋區南傳馬町一丁目十二番地

謹示衛生試驗所報告

第三百五十號　報告　委托人　鈴木三郎助

一增味粉　一種

於衛生有害無害之試驗

右書爲試驗之故所出之品爲白色之粉而有美味就此物試驗之結果

本品爲食物之調味材料衛生無害

明治四十一年十月十三日

日本內務省衛生試驗所

所長　衛生試驗所技師藥學博士　田原良純㊞

主任　衛生試驗所技手　瀨川林次郎㊞

定報價目

	報費	郵費
全年十二冊	報費四元	郵費三角
半年六冊	報費二元二角	郵費一角五分
每冊	報費四角	郵費三分

凡直至日本東京本社定購者以日銀核算不收郵費

廣告價目

每期每頁	價十五元
每期半頁	價八元

長期另議

廣告費先惠

發行人 漸生

編輯人 秋桐

發行所 甲寅雜誌發行所 日本東京本鄉區駒込神明町三二七番地

發行所 甲寅雜誌發行所 上海四馬路東福華里

印刷所 博文館印刷所 日本東京小石川區久堅町百〇八番地

東京代派處 巖松堂 東京神田區神保町停留場

北京代發行所 作新社 北京琉璃廠

上海代派處

亞東圖書館　著易堂　千頃堂　棻光社　會文堂　萃學社　掃葉山房　國華書局

時務書局　海左書局　時中書局　江左書林　藝林書局　科學書局　時新書局

新學會社　來青閣書莊　中華圖書館　神州圖書局　科學編譯部　中國圖書公司

各埠代派處

廣東著易堂　武昌著易堂　奉天會文堂　常熟福學堂　無錫樂羣公司　常州晉升山房　鎮江大成書局　鎮江吳春記　嘉善全昌洋貨號　蘇州圖書總滙處

寧波汲綆齋　寧波新學會社　北京鴻文書局　天津直隸書局　保定直隸書局　山西文元堂

成都萃記書莊　重慶萃記書莊　北京直隸書局　南京江南圖書公司　南京共和書局　長沙羣益圖書公司　長沙集成圖書公司　寶慶閱報社　南寧石渠書局　雲南維新書局

大正三年十一月十一日第三種郵便物認可
大正三年十一月十日發行

秋桐先生主撰

第壹卷

第五號

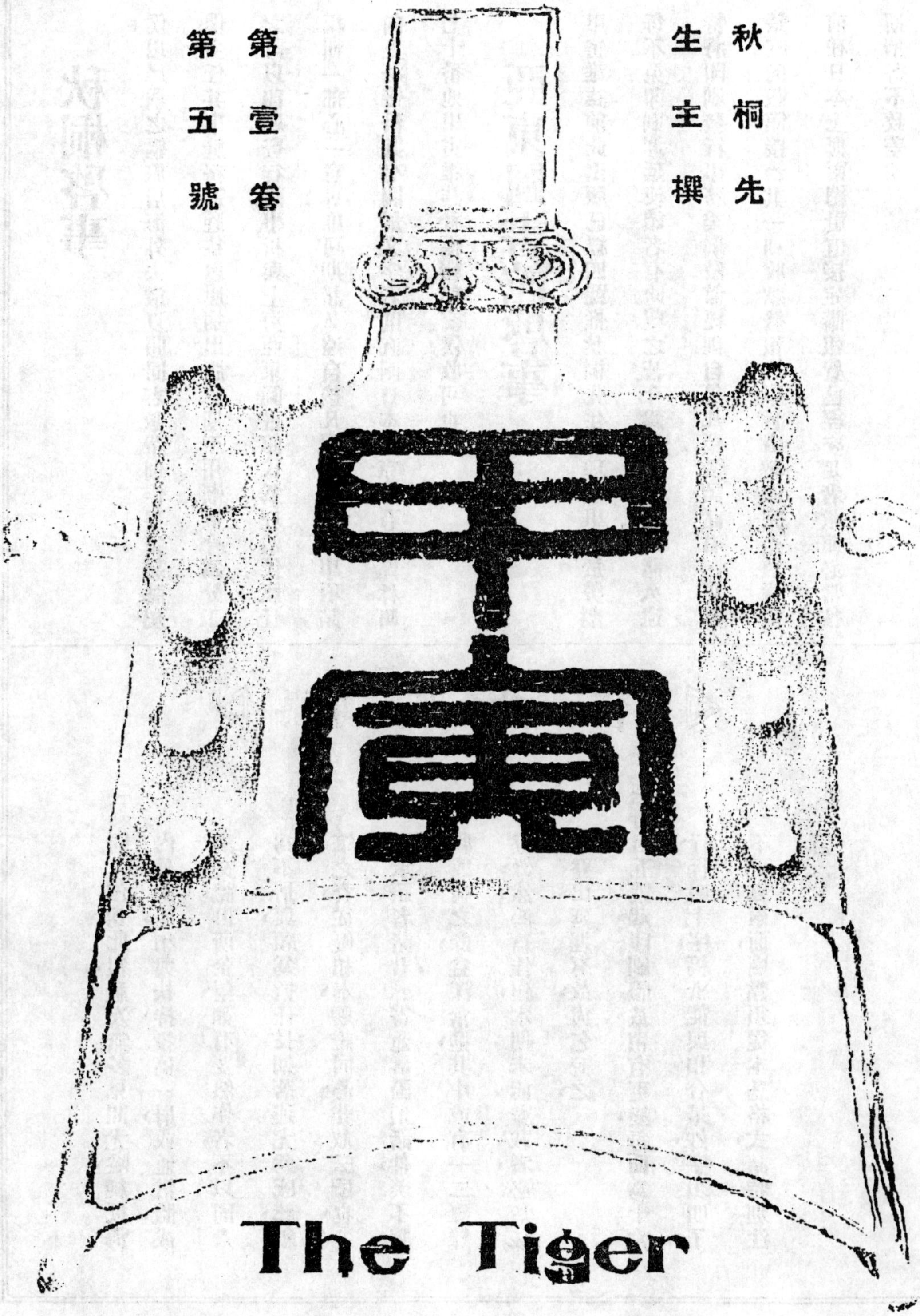

秋桐啓事

僕以孱弱之軀旅居海外去歲夏間同志數輩創作甲寅雜誌屬僕主任其事社務叢脞益以歷病出版愆期至用慚歉今爲分工之計以印刷發行兩事析與上海亞東圖書館代爲理治僕祇任編輯一部心一意專庶可期諸久遠自後凡屬印刷發行事項請向上海接洽其有關於文字者則直函日本東京小石川區林町七十番地甲寅雜誌社編輯部交僕收可也

亞東圖書館啓事

甲寅雜誌前此出版已經四號惟秋桐先生兼理數事過於勞劇每不免印刷遲延使讀者有盼望之苦今爲分任職司期諸久遠特將印刷發行事務委屬敝館經理自後凡蒙愛讀諸君　惠購請直向敝館接洽其一切收款發報等事皆由敝館完全負責從前在日本上海兩總社直接定購報費已經交足者敝館必當按期續寄不致差誤

◁特別社告▷

一　同人創爲此報、社友無多、見聞尤隘、純仗海內外鴻達、相與扶持、投稿一府、或通信體、或論文體、俱所企望、如有斐然作者、不以同人爲不屑與、願爲擔任長期著述、尤爲感禱、紙筆之資、從優相奉、聊證同心、非敢云酬也、

一　迴承讀者諸君、屢寄通信論述諸件、美不勝收、感荷之餘、益深奮勉、其中或有一二礙難登錄、然鴻篇佳作、本期未能盡載者、必於後期登出、延遲有故、倘乞諒之、

一　自五號起、印刷體裁、稍有更變、每面爲十六行、行四十字、稿紙能與相合最妙、字須明了、不可寫兩面、圈點須從本誌格式、請特別注意、

◀二十餘年之精心結撰▶

中華民國地理新圖

胡晉接
程敷鍇　先生合著

全一巨冊
定價六元

特色

1 本圖爲多年精構之作非潦草因襲者可比

2 其性質爲分類的非分省的實我國前此所未有

3 我國前此地圖僅屬於地文一種本圖則詳重人文兼及地文

4 由種種事項而分爲各門各類詳細區別至極精徵殆可謂之地理上之解剖既便記憶尤易檢查

5 其中大部分皆前無專籍著者苦心搜集於羣書之中始克編製成圖可謂前無古人後惠來者

6 關於往古之事實皆綜合考訂於各家通說及歷代史乘絕不依傍一家之言致使失於偏陋

7 前人所說有與現今事實不符者皆重加修改使合於正最有功於斯學

8 凡現今事實以最近之調查爲準

9 前此我國地圖於領土領海之界線多不分明甚至著名地段亦皆遺落棄去以之盡入外國線內禍害國家爲罪實大本圖於此特別注意務求無所遺漏

10 讀此圖者能由地理上之各種實象以引起其對於國家之興味卽於以考知我國之實在情勢及將來所以內治外交之道最合於國民教育主義

11 國內各種專門學業之與地理有關係者如政治軍事外交實業交通皆能由此圖考索而得其實況

12 圖內所印顏色種別極多無此地與彼地相混之弊

13 繪圖製版工程細緻界線點畫皆極明了絕不模糊

14 著者別編有中華民國地理講義一書與此圖互相表裏詳盡賅博尤便參證

地學界創格之著作

目次

▲我國**向無分類**地圖有之**自本圖始**▼

安徽韓巡按使評語

胡君績學之士現任本省師範校長熱心教育成績最優其品其學夙所欽佩是圖爲其多年經意之作**搜輯之詳攷證之精**足爲後學之津梁尤可貴者此圖於自然地理人爲地理均係分門別類各自爲軸**爲他本所僅見**而於人類生活及國民生存與地理上關係又能一一深切著明使覽者曉然於國家權利之消長與夫治理進化之原斯則著者之微意而尤爲鄙人所深佩者也

上海四馬路福華里　**亞東圖書館**印行

新體中學英文教科書

歐美人之習他國文者於讀本文典外別製一種 LESSON 書綜合會話文法繙譯而爲之且釋之以國文蓋習外國文與習本國文異趣必如是始能速解而曲喻也吾國英文教科書若斯之類有英文法程及譯本正則英文教科書二種顧法程解釋文法過略正則書又失之繁瑣破碎茲據正則最近改編之本就吾國教學英文之習慣而損益之按中學程度由淺而深由簡而繁計分四冊以應中學四年之用英文詞句務爲雅馴漢文解釋力求顯達不獨學校可按程教授以補讀本文法之不及卽稍通英文門徑者亦可循序自習以日進精深誠善本也第一二冊業已出版

CC生編輯

全書四册

每册五角

上海四馬路華福里亞東圖書館發行

本誌月刊一册按期出版　愛讀者請查照底紙所列簡章塡寫定單幷應納之費寄交上海四馬路福華里亞東圖書館爲荷

甲寅雜誌定單

姓　　名　　號　　住　　省　　縣

地方今向亞東圖書館定購甲寅雜誌　　册

自第　　卷第　　期起至第　　卷第　　期止計共寄上洋

元　　角　　分並郵費　　元　　角　　分請卽收入將

收據　　張寄交

君收以後出書卽請按期照寄爲要

中華民國四年　　月　　日　　具

本雜誌前四號目次

▲一號目次▼

▲二號目次▼

▲三號目次▼

▲四號目次▼

甲寅雜誌第一卷第五號目次

文苑

時局痛言

秋

兩年以來。吾國方顚倒沉迷於權力萬能之下。政走絕端。人生狂想。以爲國命所託。不外於茲。則舉國傾心。以之對外。則強鄰聽命。近凡武夫抗疏。策士謝恩。類此之詞。纍纍不絕。神云武云。卽此種心理之所釀成。愚且佞者。固頌爲太平極盛之符。明且狡者。亦以謂十年無事之兆。蓋社會之情。昏惰兩臻其極矣。

不謂酣歌恒舞之中。忽有所謂中日交涉者。發見日本所提條件。在在與家國存亡有關。北京之晝諾稍遲。江戶之角聲已動。威臨勢逼。莫敢誰何。雖經當局折衝。不遺餘力。而其結局。則已成爲史中奇辱。非以若干年修養之力。數十萬同胞之血。層層磨洗。不能爲功。此一迅雷。忽轟於前。舉昏惰社會之上。其感覺爲何如乎。

昔瀏陽譚氏之論湘軍也。有曰『中興諸公。正孟子所謂服上刑者。乃不以爲罪。反以爲功。湘人旣挾以自驕。各省遂爭慕之。以爲可長恃以無敗。苟非牛莊一潰。中國之昏夢。將終天地無少蘇』又曰「中國之兵。固不足以禦外侮。而自屠割其民則有餘。自屠割其民。而方受大爵。膺大賞。享大名。儼然驕居。自以爲大功。此吾所以至恥惡湘軍。不須臾忘也……迨聞牛莊一役。不戰而潰。爲之奇喜。以爲吾民之智。此其猛進乎」瀏陽本文之所取義。非愚所論。以今之當局。持與中興諸公並論。亦非所圖。惟不以詞害意。觀其引爲深恥。在乎無力禦侮。而專務內競。則流涕讀之。不忍以爲非是。夫牛莊之役。倘能一戰。朝鮮之爭未及本部由今視之已若唐虞三代之不可幾矣人亦有良心同此理而謂此番交涉猶不足以蘇中國之昏夢矣乎猶不足以策吾民之智而猛進之矣乎

所謂蘇與猛進云者第一當知中國之不亡乃列強均勢之賜並非吾國本身有何能力致之於是第二當知國人一味自殘不復振作放辟邪恥無所不爲即在均勢之下所存一線生機亦將轉瞬不見第三當知立國於二十世紀亦當稍顧國家原理使國中利害情感希望意見不同之點得其調和各方面優秀分子戮力並進不釀雞鶩蚌鷸之勢以發和平進步之基

今交涉案既起國內頗倡主戰論吁亦客氣耳日人揚言吾國所有鎗彈莫供二十四小時戰線之用彼出一師團即盡殲吾所有精兵而無不足新聞家之滑稽者恒謂對於毫無武力之支那施其威嚇乃強國之所恥爲凡茲所言吾蓋不能否認果其能之彼二十一條者日本決不敢妄提即提吾亦決不與之開議也以勢推之尚地球之上惟吾與日本獨存則吾之四百餘州必且直隷三島如今之浪人所倡日支聯邦之議猶嫌其迂而彼不敢爲者無他列強盾其後耳此種惡辣條件不先不後而獨見之於歐洲大戰之頃亦即此故然歐戰雖劇終有已時日兵雖強終有所忌故交涉開始以至於今日使驕橫無所不至中間偶經頓挫少覺融和亦賴有美政府之質問與其同盟國之牽掣耳日政府當議發最後通牒元老與大臣意見不調其第一因則山縣松方諸人兢兢以傷害歐美各國感情爲慮此固非謂外交當局未嘗盡力元首威信全然失效而持與第三國之潛勢力相較終覺擬不於倫由是以知吾國之存亡由對外關係觀之蓋不繫乎吾有何人首出庶物之故如倪將軍嗣沖之流謂有大總統在強鄰不敢啓

釁。(一)取證於此。殆未必然。或謂日本之要求。止於二十一條。正惟吾有強有力之政府。苟非此者。必且逾酷。此非僥幸。或者妄人不爲此言。夫吾兵不強。不能引爲外交之助。此亦不足以責政府。卽以民國四年之力。準吾輩理想之政。則以其所能周轉之力。整軍經武。驟逢茲變。亦不必大愈於今。故於外交失敗。徒乘客氣。不辨理由。以蔽罪當軸。乃吾輩之所不許。惟一國外交。政府。旣全陷於無能之境。則其對外吾人。卽不必歸以救亡之功。此非稱頌功德之卽足爲害。乃如此爲之。而必忘乎其所以然。將來國破家亡。尙不知病症何在之爲害也。

客曰。日本之爲此要求也。彼必已熟思審處。逆料吾國所以應付之道。不出己所掜制之中。故暴戾恣睢。無所忌憚。最後通牒。無憚於發。夫所謂道不外三途。一宣戰。二承認。三不宣戰亦不承認。宣戰。彼之所樂聞也。承認則本其所欲得。惟不宣戰亦不承認。則彼苦之。何以明其然也。日本之不敢併吞吾國。徒以有列強在耳。所有領土保全機會均等諸主義。尙非島人之力所能抹煞耳。苟吾不資以口實。使之有詞用兵。彼竟不顧。公然侵略。則吾通告各國。布其理由。彼得曲名而犯衆怒。將無以善其後。果不訴之兵力。又別無對付之方。故知惟此足以苦之也。惜乎吾之當局。無其決心。惟恐日兵一入吾疆。輿情因而大擾。國內國外之不平分子。必且乘閒突發。以致政府地位。瀕於危機。故明知爲良。不肯出此。日本於吾政情洞若觀火。亦惟料及吾之不肯出此也。是以節節迫吾承認。無所於讓。是豈不爲政府之咎也乎。

愚曰。此應有之義。以此責備政府。誠不爲過。曩者歐戰初起。吾卽宣告中立。日攻靑島。向吾假塗。當時愚

(一)倪將軍駁勞宋主張復辟等、見政府公報、

卽主張不從其請而聽其以兵強行通過此其有傷獨立國之顏面與從其所請而以我之同意侵我中立者在事實上不過五十步百步之差況其後濰縣問題發生彼並不遵協定之約其結果與強行通過全然無分乎夫吾之國命操於列強正如有夫之婦不得私有所遇強姦與逼姦固同爲其夫所深惡然前者已全失其抵抗力猶得加人以強暴之名後者已陽諾之人且入吾以同罪之律吾之所謂劃分交戰區域援引日俄戰爭之例始終爲德所抗未之肯承將來吾被姦者之何以自了尙非今之意料所能及然破甑不顧傾乳不哭及今補牢或亦不遲於是二十一條者出矣前特尋一夕之歡今乃欲挾之脅逼此其迫我以萬不能諾之勢五尺童子可以具知蓋其條件之利害關係有在本身者有在事後者在本身者不外所要過酷與主權國體直接相妨然吾居今日果有何力可伸主權更有何顏靦言國體譬猶孤露之女已爲暴者所汚則亦聽其所爲而已無奈此且不能得也愚前言之吾之國命操於列強正如有夫之婦不得私有所遇均勢者吾夫也有一國焉從吾破其均勢卽外遇也苟旣破矣則人之欲我誰不如彼今雖有事歐邑未遑顧及一至囘戈東指而吾之血肉橫飛矣人縱無識不至並此不知人縱無良不至並此不恐觀夫外交當局與日使逐條磋議不曰此與某國權利有關吾不敢應則曰此與何種條約相背吾不敢承卽或偶爾抗顏謂與主權有傷國體有礙亦明示日人盾乎主權國體之後終無非某國權利何種條約云云可見事後之險吾人非無所見舉凡自傷之詞亡國之歎今俱無暇爲之惟吾欲保存軀殼努力向上以圖獵取機會他日可得列於世界國家之林以上則今之條件之不能承認乃如鐵案之不可移不承認奈何戰而已矣戰又不能奈何則如客言不宣戰亦不承認而已矣

戰者兩國俱有交戰行爲之謂苟甲國向乙國宣戰而乙國不受此不得謂之戰國際法字之曰不抵抗（一）大凡備戰不及或武力凋傷明知戰必無幸而有待乎第三國之出爲周旋者惟有採用此法普法戰役之後法人元氣蕩盡不堪再戰而德人相逼迄無已時至千八百七十五年德岌岌有重開戰端之意總統麥馬韓令其駐德大使向德宣言果德兵駛入法境法終不抗後以折衝卒乃無事前兩年巴爾幹戰爭保加利亞方敵土希而羅馬尼亞復尋保釁當是時保決無力敵羅羅與宣戰不受其牒駐羅保使亦不下旗羅兵已入保境保不抗之後以調停亦卒無事今吾戰鬪力之消乏較之當時之法保尤甚不幸而遇外交生死關頭則舍不抵抗外更有何法矣乎

雖然我行此法亦有不能不顧慮者二一列強干涉之力是否足以牽掣宣戰國使於用兵以後而更服其調停也一吾任敵兵入境能否保國內不生內亂也

列強之干涉力斯時最爲薄弱此引眸卽得更何待言雖然卽此薄弱之力在日本終有所忌憚果其用兵以後列強竟無仲裁之餘地則交涉之時充日人野心之所至條件將不止二十一最後通牒亦將無讓步之可言故第一層政府尚不深慮所慮者內亂耳夫內亂者以內政爲範圍一至外侮全國無仇無友宜同表敵愾同仇之慨此國家之常經而民族之正義也今吾大敵當前而惟內亂是憂此常經正義云者獨不適用於吾國何以故是豈政府行其萬惡之政人民因而痛心疾首倒行逆施而不顧也耶抑人民毫無愛國之心甘爲虎倀卽有良政府而亦倒之以爲快也耶今且不深論而吾之外交當局其與

（一）Non-Resistance.

人談判。始終橫一內亂之念。不敢折衝過甚。而日人公私兩面之以此相恫嚇。刺刺而不休。則事實具陳。不可爲諱。尤可怪者。數日前日政府正議哀的遜敦而未發。輿論促戰若狂。吾人之旅東者不遑寧處。其新聞中之論調。則一致賣好於吾國人。而以擾亂民國與夫破壞東亞和平之罪。推之袁總統。謂爲民國計。爲東亞計。支那國人宜與日人携手先行倒袁。再議長策。亡命之人。親聞此議於彼中學士大夫者亦復不少。報知新聞者。人人知爲內閣之機關也。而其醜詆總統。尤無所不至。所載袁爺小傳。今日尙未終篇。爲政府計。交涉幸而未決裂。已如其決裂。則討袁軍旗。必且由日人代豎。此種怪相。向後思之。令人心寒。而顧何以至此。民國與彼何關。而爲起義師以正擾亂者之罪。獨立國之元首。他國人民對之宜表相當之敬意。胡乃彼中政府機關新聞。於吾元首敢於無禮辱罵。不留餘地。個人之自由思想。法當尊重。國際之間。宜愈有然。胡以此一人者。吾方尊之如帝天。而彼必强吾謚之爲蟊賊。卽逋亡之士旅於其邦。反對政府之幟雖明。借寇覆邦之舉。未必所欲。何以彼人借箸。竟假定吾人爲宋秉畯李容九一流人物。而無所疑。凡此今亦不深論。惟吾屈服於最後通牒之下。原因雖多。而其畏內亂之竊發。則固政府必有之成心。與其必居之口實。昭哉可觀矣。

成事不說矣。今後當何如者。孟子曰。有孺子歌曰。滄浪之水淸兮。可以濯我纓。滄浪之水濁兮。可以濯我足。孔子曰。小子聽之。淸斯濯纓。濁斯濯足矣。自取之也。夫人必自侮。而後人侮之。家必自毀。而後人毀之。國必自伐。而後人伐之。至哉言乎。日之最後通牒。濁斯濯足也。政府懼內亂。而莫與抗。國先自伐也。濁矣。今後當求所以淸者。伐矣。今後當求所以不伐者。此束髮小兒不復疑之。其術何出。亦復反證。卽得愚旣有言立國於二十世紀。亦當稍顧國家原理。使國中利害情感希望意見不同之點。得其調和。各方面優秀分子戮力併進。不釀雞鶩蚌鷸之勢。以漸和平進步之基。斯則一際危機。可得全國一致之捍禦。嗚呼。今者外交之辱。是誠當頭一棒矣。哀我國人。獨奈何不於此一致思哉。

雖然若此類者。二十年來。固已棒之不一棒也。而乃沈昏若素。以至今茲。欲知方來。可鑒既往。涉思及此。使人心驚。牛莊之敗。瀏陽所恃以蘇中國之昏夢者也。已則竭力蘇之。結果爲戊戌政變。自此以後。昏夢較甲午前有加。聯軍之役。又復蘇之。蘇之而昏夢復如故也。且其泄沓顢頇。視庚子前尤甚。其後十年。亦有機會時時以小蘇之。而大蘇則在辛亥。以吾人惡蘇之性。且突進也。不足二年。而昏夢之態。又遠勝於光宣之間。瀏陽之言曰「一統政府臺諫九卿督撫司道之所朝夕孜孜不已者。不過力制四萬萬人之動。縶其手足。塗塞其耳目。盡驅以入契乎一定不移之鄉愿格式。夫羣四萬萬之鄉愿以爲國。亦安得不亡。種類安待而可保也」。然前清末年。私人著述。新聞論說之反抗朝政。與夫留學生政客之公然活動者。其範圍遠過於今。而精神何止數倍。且極其縶之塗塞之之力。亦驅國人入於鄉愿而已。鄉愿尚有曲謹小廉之可稱。有良法律以推輓之。固不失爲近世善良國民。其國未必遽亡也。而今者縶之塗塞之之力。一方使鄉愿且無側足之地。一方造出無量無邊無忌憚無廉恥之小人。是果有浩劫。眞不遠矣。不謂蠅營狗苟之中。忽有今番交涉出現。以善義解之。是仍所謂蘇我者也。然而屢蘇而屢昏。屢昏而屢蘇。昏量愈增。蘇機愈狹。日本維新五十餘年。始有今日。吾國自甲午敗後。發憤自立。急起而直追。國差可保。而乃蹉跎復蹉跎。冥頑無復省錄。以至於是。所餘者。惟列國均勢一線之機。此機也。前已言之。亦將轉瞬不見

嗚呼死期至矣而仍不欲爲臨終之懺悔矣乎

愚執筆至此覺有一異常之感念椎吾心曲則交涉急迫烽火告警之時而墨客文人且請開方略館仿聖武記例紀述蕩平內亂之盛德以謂唐虞以來所未有云云也夫如此之爲求之史冊豈乏其例推其命意吾豈得以自欺請讀者試遊目及於五年以遠並自念所居爲廿紀之期則所謂方略不難得其眞解矣稚暉先生有謂今之思想全走曲綫是之謂矣然此不過一端其他可哀可痛之舉何可勝數孟子曰不仁者可與言哉安其危而利其菑樂其所以亡者不仁而可與言則何亡國敗家之有南海康先生講其義曰『此章言不仁之自樂於亡言之深痛晉陽陷而請再獵一圍江都亂而開好頸誰斫羣盜滿山而以太平諱飾偏安半壁而以歌舞懽娛寢於薪火之上巢於覆屋之下而鬻官黷貨偸竊鑽營以樂旦夕至其敗亡則譙周慣作降表而樂不思蜀馮道能仕累代而不失三公者皆是也近者鳳凰城破而傳戲稱壽不休台灣賠割而泄沓怠傲如故此非人之來伐而己之自割也古今一轍不知覆亡之不旋踵也哀哉(一)嗚呼愚也無似卽欲論事何以加玆今請誦之以卒吾篇矣至今後政術之所當取願非此短篇所盡將以異日明之。

五月九日卽國恥紀念日

(一)孟子微、見不忍七期、

學理上之聯邦論

秋桐

聯邦之論。初起於國內正副兩面之說。彌引而彌長。非本篇所能罄其百一。故以學理爲題。讀者當知其一定之界。至於本制贊否何似。仍待他篇綜計。本文所談。皆關於聯邦自身觀念。欲知聯邦之爲何物。茲或不無小補。至物之爲美爲惡。終俟讀者自爲權衡。故今番所陳。亦由之而贊否可得以施。非欲壟斷他人思想之力也。

愚嚐告著論曰。「聯邦者先有邦而後有國。歷史中數見之例。固不相差。然政論眞値存乎理不存乎例。」或者病之。謂理由個別之事實歸納以得。『事實自個別散立觀之。名之曰事實。自其證明眞理觀之。則名之曰例。實則同一物也。且事實已然也。理當然也。當然必在已然之中。離已然無當然。』由斯說也。先邦後國。既爲聯邦已然之事。當然之理。卽在其中。自後凡爲聯邦。苟邦不先存。時曰非理。與愚例外別有理在之說。不能相容。今請得而辨之。

理有物理。有政理。物理者絕對者也。而政理祇爲相對。物理者通之古今而不惑。放之四海而皆準者也。政理則因時因地。容有變遷。二者爲境逈殊。不易並論。例如十鳥於此。吾見九鳥皆黑。餘一鳥也。而亦黑之。謂非黑則於物理有違可也。若十國於此。吾見九國立君。餘一國也。而亦君之。謂非立君則於政理有違。未可也。何也。立君之制。縱宜於九國。而未必卽宜於此一國也。或曰。自培根以來。學者無不採經驗論。

此其所指似在物理而持以侵入政理之域愚殊未敢苟同善夫英之論者魯意斯(一)之言曰『人謂政學之精蓋存乎驗但所謂驗若視與科學之試驗同科則相去萬里以驗加之政學亦惟謂詳察之試行之而已』其所以然則科學之驗在夫發見眞理之通象政學之驗在夫改良政制之進程(二)故前者可以定當然於已然之中後者甚且排已然而別創當然之例不然當十五六世紀時君主專制之威披靡一世距此以前政例所存罔不然焉苟如論者所言是十七世紀後之立憲政治不當萌芽矣有是理乎

如右所陳聯邦之理果其充滿初不恃例以爲護符『卽以例論而先後之說亦不足破法蘭西統一國也而千七百八十九年之革命及倫的黨諸名士曾有法蘭西聯邦之議……又英吉利亦統一國也……而自愛爾蘭要求自治以來聯邦之思想逐漸發達兩三年來爲說甚盛』此愚前論之所言也駁之者曰『法蘭西之事已屬過去況及倫的黨人專崇拜美利堅者其主張聯邦尤出於模擬爲不切實況之空想無一足證至於英吉利卽使他日竟爲聯邦又安知不爲例外乎』茲亦請得細論

人類者富於模擬性之動物也世有良法從而擬之本不足病惟以謭陋所知及倫的諸君子之倡言聯邦乃事勢迫之使然非必出於豫立之理想蓋當諸君與山岳黨人同據造法機關(三)宰執國政頗兢

(一)Lewis、語見所著 Methods of Observation and Reasoning in Politics 一七八頁、
(二)參閱 Garner, Introduction to Political Science 二三頁、
(三)Assemblée Constituante。

競以法蘭西統一爲心。千七百九十年七月十四日。國民會議舉行諸省同盟祝典。意在堅諸省之志。使勿與中央相離。及倫的人並無異說。其後兩黨交鬨。温和諸子。不敵山岳暴亂之爲。一國政事。掌諸暴民屠伯之手。及倫的黨計無復之。乃翩然下省。驟翻聯邦之幟以抗巴黎。巴黎羣兇。宣言擁護唯一不可分之法蘭西。以割裂邦家之罪。嫁於彼黨。舉而殲之。聯邦主義亦隨而息影。或謂茲之主義。乃一不切實況之空想。以愚觀之。實應於當年時事之要求。及倫的之敗。雖由山岳之凶頑逾分。而其時法人思想幼稚。政習拘攣。於單一聯邦。早持入主出奴之見。坐使橫逆者隱操默契人心之利。乃其亘因。假使共信此理。一舉成功。恐致決爾後八九十年間之革命流血。可以全免。即不然。而亦不至如彼之烈。此誠論世者所不可不知也。大抵當時誤解聯邦。輒謂國而有此。無異割據。其後法人自爲定義。特曰『凡一政制。於各地方共同利益所關。建爲總體以營之。使之支幹相聯。其他則入乎自治者。聯邦主義也。質而言之。聯邦主義。分權主義也。特其分權。乖夫立法行政。而其度又特高耳』(一)且其推論及倫的黨之所爲。謂彼有意分割法蘭西。如山岳黨之所蔽罪。斷乎不可。苟最後成功。終歸及倫的。其將無害於法蘭西之統一。無可疑也。(二)且論者其办謂法西蘭之聯邦主義。特偶發於第一次革命之頃。自後即不復能殖也。蒲魯丹、(三)前世紀中葉社會學者之斗山也。嘗著『聯邦主義』(四)諸書。鼓吹斯義。其言曰『法蘭西聯邦

(一)見 Block, Dictionaire de Politique 九八九頁、

(二)參閱同書九九〇頁、

(三)Proudhon、(四)Du principe Fédératif et de la nécessité de reconstituer le parti de la Révolution、

當以獨立之理想樹爲組織以成之。於斯時也。其第一步乃在以最多之自治權讓之諸縣。以薩威稜帖。讓之諸省。」(一)夫蒲氏之著述價値何似。非茲篇所能評隲。其所當注意者。則此公之思想印入法人之腦蒂至深。雖曰千八百四十八年之革命。彼身爲議員。且無能爲役。而千八百七十一年之共和。巴黎政府亦欲試行而未果。今後何時可以實現。或竟永無實現之日。俱不可知。而最近法學大家。則頗遠紹蒲氏之說。懃懃論列。狄驥(二)與葉斯曼、(三)方今法蘭西學者以善談法理名聞天下者也。其所著書。皆大於聯邦原理有所發揮。(四)且謂二十世紀之新思潮。咸集於此。(五)其言精深奧博。非可悉舉。愚異日當爲專篇以介紹之。

至於英吉利之爲聯邦。已漸由理想而入實行時代。或字之曰例外。愚謂此一例外。已足證明邦不必先存於國而有餘。夫邦先於國。其例多。邦後於國。其例少。據此少例。以護其先國後邦之議。此非於先邦後國之多例。有所觝排。或謂愚以己說『否認』其說。實則無所謂否認也。聞之蒲徠士曰。

邇來吾英主張聯邦組織者有二說。一將全英裂爲四邦。從而聯之。一將全英視作一邦。與各殖民地

(一)語見蒲氏所著 De la Capacité politique des Classes Ouvrières 二三五頁、愚見葉斯曼引之、

(二) Duguit、

(三) Esmein、

(四)狄氏 Le Syndicalisme 一書、頗祖述蒲氏之說、

(五)見葉氏 Droit Constitutionnel 序論、

共爲聯邦而已屬於其下之二說者固不必今日即見施行而眞値所存足資論究蓋以彼表顯憲法將以何時而易性由何式而變形也……

苟後說而將行也必也先以法案創造聯邦憲法與夫聯邦議會此種法案由巴力門通過之以其聲明爲全帝國而立也法律上之效力母國所被與各殖民地同苟此法案列舉若干事如帝國國防與夫商船法版權法之類取之於巴力門以及各殖民地立法院而歸之聯邦會議因是巴力門於各殖民地之所爲不能自由取消變易則今之所謂巴力門萬能主義將至減其效能……

其又一說則聯合王國立英倫愛爾蘭蘇格蘭威爾士爲四邦自化爲一聯邦之制各邦既自有其政府與立法院以處理其地方政治而凡共同事業則以巴力門爲聯邦議會而屬之如美利堅之有康格雷坎拿大之有道密議會(一)澳洲之有康芒議會(二)焉由斯道也勢將以地方政務絕對屬之地方議會使巴力門無由干涉於是剛性憲法將代今之柔性憲法以興矣……

更有人焉合前兩說於一爐而冶之其法則將聯合王國離爲四邦與各殖民地並立共遣議員於一全不列顛聯邦議會(三)此其憲法之成爲剛性亦與前同(四)(五)

(一)Dominion Parliament、(二)Commonwealth Parliament、

(三)Pan-Britannic Federal Legislature、(四)見 Bryce, Studies in History and Jurisprudence二四五至二四九頁、

(五)自愛爾蘭自治案通過後、愛爾蘭四省中之一省曰烏爾斯德、起而抗議、至於用兵、政府出爲調人、曾提議以愛爾蘭四省立爲聯邦、意在使其各得自治之便、不以教派之別、互相凌踐、此又於上述三說以外、別具一說、最饒趣意者也、

夫不列顚自其本部言之曰聯合王國自其全體言之曰不列顚帝國而皆國也無論其爲聯邦之道何出而非將其分子先樹爲邦不爲功此於蒲氏之文可以一覽而得反對斯說者類於計之不便置詞初未聞以邦不可後國而立相詆諆也且由蒲氏之書單一與聯邦之遞嬗一憲法之變遷耳此種變遷當然屬之國法範圍以內邦國之關聯果何後先之足分也

凡右所陳不過於英法所以爲聯邦之道珍重而更道之或終以其未爲實例不足取證雖不列顚之聯邦以愛爾蘭自治之故成其小半(一)以非全豹仍有恨焉愚因請得進言中南美諸聯邦

中南美諸共和國大都由單一進爲聯邦千八百五十七年墨西哥聯邦成逾年哥崙比亞邦聯成六十一年而聯邦成六十年阿根廷聯邦成九十一年巴西聯邦成千九百三年委內瑞拉聯邦成就中巴西尤爲著稱巴西者王國也千八百八十九年革命軍起而逐王隨而變易政體一在王政之下巴西乃一强有力之集權國自千八百八十九年革命以至於今則爲聯邦共和其憲法取法北美惟恐不肖故其國以「巴西合衆國」(二)爲號決非欺人(三)夫聯邦先例類先有邦而後結約爲國自南美諸國反其道而行之國家組織上遂別開生面而大爲法家探討衡論之資耶律芮克輿之公法學者言聯邦有重名者也於斯特爲注意其言曰

(一)愛爾蘭自治案、曰聯邦自治案、Federal Home Rule

(二)The United States of Brazil、

(三)詳見 Denis, Brazil 一一八頁、

夫聯邦之各邦或者於建國之時既已先存或者於建國之後始行加入而後例之中復有二別一新入分子至今立乎聯邦之外……一聯邦以其所有之權在邦權所許之範圍以內讓於所屬之地方其地方無論爲省爲州因以造爲政情使其組織含有獨立國家之性(一) 在第二例邦之於中央也其服從性不出於創以其夙爲一般之服從者今特承其流而用之也以此之故其在單一國亦得化爲聯邦如最近巴西之所章示是也(二) 斯時之所當爲者亦新造各邦耳以言乎國本來存在今之聯邦組織特使憲法蒙其變遷無餘事也聯邦之發生與夫法理上之可能有如於此此誠最饒趣意者矣(三)

由耶律氏之言以觀單一國之轉爲聯邦絕無不合法理之處其所以然則聯邦所需服從中央之性乃有定量不及其量而使進而求之與夫已逾其量而使退而就之途雖有殊而其歸則一譬之三帶邦聯爲寒帶懼其太寒單一爲熱帶有時懼其太熱惟聯邦溫帶淸燠適中果見某甲自寒帶移入復見某乙自熱帶移入以常識推之人將不是甲而非乙今也自寒帶至者日多而來自熱帶者不數數覯主奴之見遂因以生甚矣政習之拘人也大抵由邦聯改作聯邦其服從性爲創由單一改作聯邦其服從性爲

(一) eine selbständige Staatliche Organisation、謂各邦有國家性、此耶律氏之見、鄙意不以爲然、後當細論、

(二) Auf diesem Wege kann sich auch ein Einheitsstaat in einen Bundesstaat verwandeln wie in jüngster Zeit die Vereinigten Staaten von Brazilien gelehrt haben.

(三) Jellinek, Allgemeine Staatslehre 七七九頁、

因耶律氏樹義之堅洵足一空理障創者能之因者宜尤易易謂曰不能愚實惑焉世之論者或視單一爲政體之終級聯邦特其過渡因謂化單爲聯乃墾治退化之徵討論及此當訴之實在國情非玄理所能畢事姑不具說特人之懷挾斯見以爲改制有所未安斷非謂事實有所不許柏哲士卽微偏於是者也然其言曰『單一國家準夫聯邦或二重政府之原則施其組織乃絕對可能之事』(一)故夫先國後邦之說就而細論惟有政情合否之問題決無本身能否之問題此愚之敢於斷定者也

於斯有當爲讀者警告者則單一國之創設聯邦本蒲徠士耶律芮克柏哲士諸家之說繩之蓋屬於憲法變遷之事而非國本破壞之爲在勢革命之後其制易成然必革命而其制始有可成其說亦無根據是故千八百九十一年之巴西誠乘革命之機千九百三年之委內瑞拉則不爾至英人盛倡聯邦論其與革命思想風馬牛不相及尤不待言然今之爲言者曰

吾素謂中國非不可造成聯邦但在今日則有所不能使當革命之時各省依獨立力量能自制成根本法與統治機關然後再集合組織中央政府則聯邦成或過此以往有非常巨變再演辛亥八月之活劇而使各省有爲邦之實際則中國亦可成聯邦準此爲例美之得成爲聯邦亦由各州有離英獨立一事始確實取得邦之資格否則彼依據免許狀所定之憲法恐至今不脫英皇命令之性質反之法未能成爲聯邦與英欲行聯邦而猶病未能者亦由未經此程序之故今日中國各省有無自立之

(一) It is......possible that a single State may, as a matter of fact, construct its governmental system upon the federal or dual principle. (參閱商務印書館政治學及比較憲法論上册九二頁)

根本法存在，依此現狀爲設施。其地方權限，無論爲概括爲列舉。是否皆賴國家爲賜予。秋桐君若非取第三次革命手段。使各省先建爲邦。則無論如何設定條件。謂中國宜於聯邦之組織者。……其實終不是。

愚審此說之受病處。乃未暇細爲聯邦與邦聯之分。苟彼主張邦聯。或主張由邦聯政體之聯邦式多少尚存其舊有邦聯之質。（一）愚未敢以其說爲不然。若夫純粹聯邦或保有若干分單一性之聯邦。則實無取經過革命之一程序也。大抵一國政權之分配。不外邦聯聯邦單一三級。而三級之中。邦聯單一兩俱離立如甲乙二國之不相關。惟至聯邦。乃邦聯或單一之所遞演而出。自來二獨立國以上依平和之序準原有之法。蒼頭特起。樹爲聯邦。歷史中尚無其例也。（二）惟其如此。聯邦之爲物。祇其何所自出。政性莫不微毘於彼焉。欲求醇乎醇之聯邦。蓋猶理想中事。善夫史家胡禮門之言曰。『聯邦政府者。鈎其玄而言之。乃所以調和兩極端制者也。兩端之間。爲地至廣。其所容聯邦之式。亦至夥頤。有時竟或傾入其所近之端。不可驟辨。此乃理有固然。無可疑也。』（三）胡氏史識絕倫。其言遂於政學中獨開蹊徑。蓋彼著聯邦史時。在千八百六十三年。北德聯邦。猶且未立。史例之足資左證者。悉介乎邦聯聯邦之間。聯邦

（一）現在德美皆不得謂爲完全之聯邦式、而德尤甚、衡其內容、蓋介乎邦聯與聯邦之間、名家論此者多矣、參閱 Garner, Introduction to Political Science 一五二頁、

（二）參閱柏哲士商務譯本上册九十二頁、伯氏謂史無此例、乃政治學之癌、

（三）Freeman, History of Federal Government 第一頁、

之隣於單一或由單一而成者。未或一見。而乃獨樹眞詮。創爲兩端調和之義。使聯邦單一。有道以通。其藩。學者之言斯爲可貴。愚所作第二圖。卽所以表其說也。甲乙丙毘於邦聯。甲乙丁毘於單一。所毘雖異而所以爲聯邦則同。反而言之。所以爲聯邦雖同。而所毘難於易位。何也。事勢使之然也。是故時勢有其

第一圖

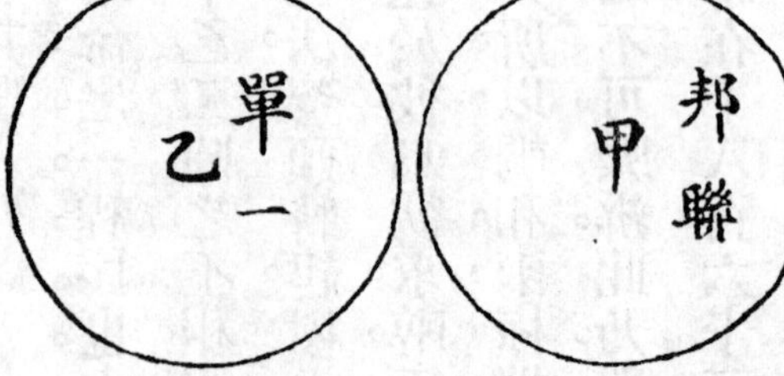

第二圖

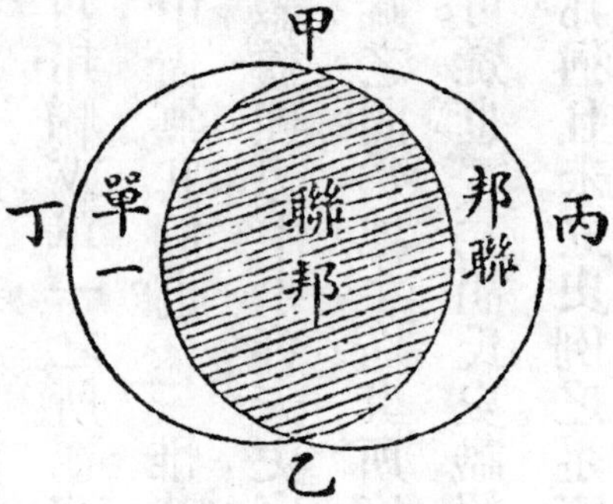

第三圖

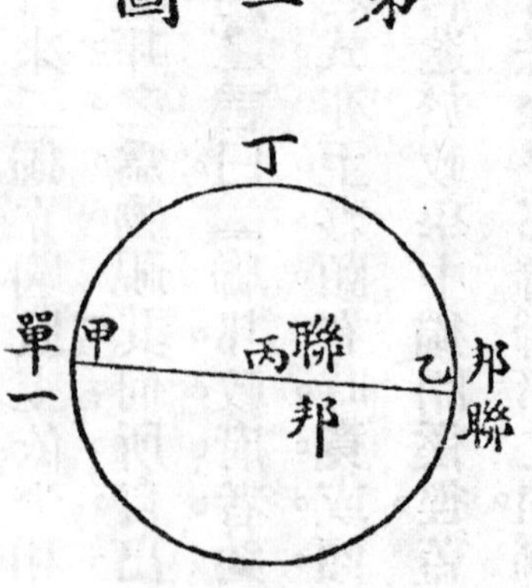

要求。凡政治組織。皆可改施。聯邦之制。惟改施之時。不可不注意其所毘者。乃爲何端。毘於丙者。不可強做甲乙丁之聯邦。毘於丁者。不可強做甲乙丙之聯邦。必欲做之。其事必至大背言者之心目中。似乎祇有甲乙丙式。而無甲乙丁式。故一談聯邦。卽望德美而却步。非必謂德美之不可爲也。乃爲德美必首創邦聯。如欲得邦。必由革命。而革命又其所不欲出者也。須知凡事亦問其理如何耳。理果充實。如無他種

障礙。即可立見施行。人謂聯邦必依革命始得造成。愚謂革命云者。不過一種排除障礙之手段。果有他法。其排除障礙之力等之革命。諒亦人所樂從。特其力何因而至。未能立證。人或不之信耳。然愚敢言。斯力不至。即革命亦不爲功。辛亥之役。吾嘗有爲聯邦之機矣。而卒不成。何也。斯力未至也。法蘭西千七百八十九年之役。與夫千八百七十一年之役。不僅有爲聯邦之機。而且有爲聯邦之事。而卒不成。何也。斯力未至也。言者謂法之未能成爲聯邦。乃由未經革命程序之故。愚誠固陋。未敢以其言爲有徵。斯力者。何力也。曰輿論力也。麥克支李曰『不列顛各島之行聯邦主義也。似仍屬未來之事。何也。以輿論之未熟也』(一)是則聯邦之成否。惟視輿論之熟否以爲衡。輿論朝通。則聯邦夕起。輿論夕通。則聯邦朝起。初無俟乎革命也。若夫輿論終不可通。聯邦即永無由起。雖革命無從也。以第三圖表之。丙爲聯邦。無論由甲點單一。或乙點邦聯。以至於丙。皆非輿論之力不行。而由甲經丁以至於乙。則破單一爲各邦屬之革命以內之事。苟革命之力已至於乙。而輿論之力不導之由乙以達於丙。聯邦終無由成。時則革命之力已達終點。惟有復經夙程由丁以反於甲。吾國辛亥與法蘭西前事。章章明也。由是觀之。可知創造聯邦與革命程序。初無邏輯必聯之關繫。吾人亦從事於甲丙半徑已耳。舍正路不由。而懷疑於甲丁乙半周爲道之過迂且險。因不敢竟其詞說。且不悟道行至乙。所須乙丙半徑之力。其量仍與甲丙同甚矣。其惑也。

(一)Mckechnie, The New Democracy and the Constitution 一八五頁、

其次之當辨者。論者於聯邦之邦字。頗多拘泥。如所謂地方權限。賴國家賜予者。不得謂之聯邦。即爲邦

字所縛之故愚請得往復論之。

討論此題有德派美派之別。吾人當兩者並論視何者於法理為尤合。於吾國國情為尤適者從之。不可先主一說以奴其他也。言者之病。似在墨守德人之論。而未悟德人在德言德。吾不為德。卽難生吞其說而無所變通。其所引拉龐德之言曰。

單一國土地及人民皆屬國家統治高權之下。而於聯邦則有二重。卽土地人民屬於邦權之下。此邦又隸於國權之下是也。國權之直接客體為邦。邦者為單一體。為公法上之法人。乃國之直臣屬也。邦之疆域。間接為國之疆域。邦之人民。間接為國之人民。故聯邦者。邦自屈服之謂也。非壓制及解散其邦也。邦上戴國。下復馭民。

讀者第一當知拉氏此言。乃其所著德意志帝國國法之一段也。戴雪嘗懸為戒律曰。「聯邦主義以美利堅式發達較為完全……瑞士坎拿大大抵宗美。至於德意志帝國。無論取為何種政制之代表。皆為畸形。此種畸形。蓋生於歷史與夫臨時種種事變」(一)此種事變。今不暇陳。惟一念及普魯士之強橫。已足證為聯邦之變。則大凡由邦聯改組之聯邦。原有邦權不肯輕讓。原有名號亦不肯銷。況如普者更不待論。故拉氏曰「聯邦者……非壓制及解散其邦也。邦上戴國下復馭民」質而言之。各邦者仍得保有其國家之性質也。若夫美人之說則不然。柏哲士曰「聯邦者非複合國也。極而言之。聯邦之名。吾且不承。(二)所謂聯邦云者。亦兩種政府立於同一薩威稜帖之下云耳……原有之各國家在新國家中僅

(一)見The Law of the Constitution 一三五頁、(二)……that this (federal state) is no Compound state; that there is no such thing as a federal state....

成爲政府之各部非有他也以邦名之絕不正當所以云然亦中無所有之榮名而已（一）自來事物新陳代謝舊名每沿而不改別創新名以詁新質蓋非一時所能爲也」（二）美人之有此說亦其特別事實驅之於是如拉氏言聯邦者諸邦不被壓制解散者也而美洲南北之戰林肯直接壓制解散之邦無慮十數此其所謂邦者意味果何如乎柏氏又曰「再造諸邦其鑰乃在爲聯邦制之所謂邦下一精詁……

……吾知單純國家之根本原則薩威稜帖也薩威稜帖者權之最初無限可以致人服從否則加罰者也至聯邦制下之邦則異是若而邦者地方自治機關立夫共同憲法最上權威之下而保留其餘力者也

……邦之性質如此人謂聯邦之邦不能解散是何理也」（三）由斯以談美之國情不同於德即不能適用拉氏所定之義而吾之國情且不同於美人見德人講其國法如是云然因以概括聯邦一切之利謂吾不能如彼聯邦之名有所未安愚殊未敢雷同其說也

且德與法家之中其說亦不一致耶律芮克卽恆與拉龐德抗論者也拉氏曰「邦之疆域間接爲國之疆域邦之人民間接爲國之人民」所謂間接耶律氏則不謂然其言曰

聯邦者合諸邦而爲一體者也易詞言之凡聯邦權限所能到達之處諸邦所有各別存在之點皆當消除以是之故諸邦之土地人民皆收入聯邦權限之中凝爲一體邦之疆域卽國之疆域也邦之人

（一）... the old states become parts of the government in the new state, and nothing more. It is no longer proper to call them states at all. It is in fact a title of honour without any corresponding substance.

（二）Political Science and Constitutional Law 上卷七九及八〇頁、商務譯本上卷九一及九二頁、

（三）Burgess, Reconstruction and the Constitution 1866-1876 一及三頁、

民乃統於一尊之人民也(一)

耶拉兩家所見之差亦有大故耶律氏主張國家要素存乎薩威稜帖而拉氏則否由拉氏之說縱無薩威稜帖仍不害為國家故有邦國同體之論耶律氏反之故如上云云言者於此主拉不主耶律故曰「一聯邦之邦實為國家不過無最高權耳」愚嘗譬之最高權之於國家猶理性之於人舍最高權不得言國家猶舍理性不得言人邦非國以無最高權猶動物非人以乏理性今倣言者「不過」之說則所謂不過者又何所不至是亦得曰「動物實人不過無理性耳」其將許之否乎愚見柏哲士葦羅貝諸氏於此致辨綦審請徵柏說如下

拉龐德博士既欲為諸邦保存眞國家之性格同時復頌言是種國家未嘗賦有薩威稜帖焉既恐此之國家無以別於他種奉令承教之機關又為之言曰大抵國家之特性不在薩威稜帖而在有力強迫自由民衆服其命令吾因之愈惑矣苟其此類強制之權獨立而不出於界予是非他物即薩威稜帖也不然苟其稍有界予之意雜乎其中則博士所恃以分別邦之於國與夫地方之於邦兩種關係者立至墜地何也其在地方彼之權力明明有所自出而又何嘗不能強迫自由民衆從其命令也故苟在聯邦制中薩威稜帖絕對存於總體則惟總體為眞國家其各邦與地方異點所存亦惟地方承權於邦由於訓示而有定性邦承權於國由於容許而無定性而已(二)

(一) Daher sind in ihm (Bundesstaatsgewalt) Gebiet und Volk der Gliedstaaten zu einer Einheit zusammengefasst. Das Land der Gliedstaaten ist sein Gebiet, das Volk der Gliedstaaten sein einheitliches Volk. Jellinek, Allgemeine Staatslehre 七七一頁、

(二) Political Science Quarterly III No. 1, p. 128、愚見雜萃具引之、

由斯以談。邦非國家。可以立辨。說者曰『聯邦與地方分權。……其間有一界限。於此界限以下。任何程度之高。皆爲分權。於此界限以上。任何程度之低。亦爲聯邦。英吉利之自治與分權。固不亞於聯邦。……而英仍爲分權。非聯邦也。故聯邦與分權之界限。爲地方團體有國家之性質與否。如其有也。是爲邦。無論命名曰州曰省。總之爲非主權國也。當爲聯邦。如其無也。則仍爲地方』此論雖辯。而以何者爲國家之標準。乃爲先決問題。若謂主權者非標準也。則國家云者。特吾漫字之爲是物已耳。卽吾爲說辭亦不過如拉氏有力執行命令之謂。令其言曰。自吾號爲國家以往。無論其執行命令之力至何程度之低。皆爲非主權之國家。則一鐵路公司亦非主權之國家也。一小學校亦非主權之國家也。豈獨曰州曰省之地方也哉。

論者又引耶律芮克之說曰。『聯邦國者。多數國家所組織之一主權國也。其國權乃由於結合一體之各國家(卽邦)而生』以此證明邦爲國家。非若地方。任國家之編制或解散。茲其不足證明。請捕論至此。已可知其梗概。請得更詳言之。

耶律氏之說。僅就本文觀之。與謂爲聯邦之定義。寧謂爲邦聯之定義。故不通觀耶說之全。而僅執此段施其評騭。未爲當也。耶律氏之論邦也。僅於其權力之獨立運行處。而國家之至於服從國權之處。則不認其有國家之資格也(一)故本耶律氏所言。而斷定邦爲國家。亦爲相對。而非絕對。耶律氏一則曰國

(一)… der Gliedstaat hat daher auch nur, insofern er der Bundesstaatsgewalt nicht unterworfen ist, Staatscharakter, verliert ihn aber… soweit er der Bundesstaatsgewalt unterworfen ist. Allgemeine Staatslehre 七七三頁、

家之所以爲國家者以其能統治也(一)再則曰聯邦之破裂與夫諸邦之脫退法理上不可能何也以其爲國家也(二)證是諸說則儻有如美洲南北之爭起於所立聯邦之內而謂國家不可行其最高之權以解散而編制之如林肯之所爲焉愚未敢以爲邏輯應有之斷案也

即以耶律氏本文論之謂國權出於各邦其所取證乃以德意志聯邦爲重施之美洲將立見其說之未安也美洲憲法之開端曰「我合衆國之人民爲欲組織最完全之聯邦……制定憲法如左」(三)波因哈克曰此之所謂人民指各洲之人民耶抑指聯邦全體之人民耶斯爲一大問題(四)易詞言之此憲法者乃諸邦之所制定耶抑總體之所制定耶然若而疑問德人誠未易決而美人則未見其艱試檢其同盟公約條款觀之彼其開始即列舉諸州之名可見千七百八十九年之憲法不曰州而曰民乃爲自邦聯進爲聯邦國權不基於州而基於民之證(五)此亦談聯邦者不可忽視之點也

且耶律氏此說泰半由於歷史觀念發生凡聯邦自邦聯遁遞而來者尚能勉强置之此義之下至非然者與其說風馬牛不相及也此即以耶律氏之言證之足矣其說曰.

(一)同上、

(二)同書七九頁、

(三)民友社平民政治譯本、僅譯作我合衆國、……而略去人民字、此精要所在、萬不可略、

(四) Bornhak, Allgemeine Staatslehre 二四九頁、

(五)參閱 Harrison, The Constitution of the United States 一四頁、

聯邦基於憲法而不基於條約。如聯邦組織起於散在之諸國。此自先立條約而憲法緣之以生。至由單一國或屬地改爲聯邦。如委內瑞拉墨西哥阿根廷巴西諸合衆國焉。則異是。何也。此之所謂邦者必經聯邦憲法之許可而後能施其組織也（一）

由是可知耶律氏國權發於諸邦之言。彼並非以之遮蔽所有聯邦之制。吾國若爲聯邦國。情同於委內瑞拉諸國。而不同於德美。奈之何覩人半面之談而自阻也。

或又引蒲徠士之言以證邦先於國曰「諸州憲法……決非自聯法所賜。且不特法文如是也。最初之十三州爲各別之共和國。其起源甚古。自亞美利加殖民之初。以達革命戰爭之時。早已成立……若使諸州僅爲聯邦政府所創造。則決無是也」愚曰。此史家之言也。蒲氏本以史識見重於時。故其所言往往歷史臭味過重。此其爲說。美人之駁之者多矣。韋羅貝曰。

或曰。諸州權力本來有之。吾直不解所謂本來乃何義也。如諸州者不能外於聯邦別有政治團體之資格。則本來權力一語。亦僅含有歷史上之意味。謂創造聯邦之時。彼或爲獨立國家而已。至言法理。彼之得爲合衆國之一員。其法權純出於聯邦憲法之畀予。無有他也。或曰。諸州政權不同法律義務。苟吾詮之不謬。蓋謂權之行使與否。以及行使之方式。大抵由諸州以意爲之。無法律爲之制限也。雖然。有若市府。有若郡邑。僅得字爲行政小區者。亦何嘗不有此種自由伸縮之權乎。或又曰。諸邦發號施令。義同法律。故不失爲國家。易詞言之。彼於法權以內所布政令。效力乃與法律同科。然此種定義

（一）allgemeine Staatslehre 七七四頁、

推之所有一切行政機關無不相宜綜而言之從法理上以觀聯邦之諸邦與諸邦之地方行政區域其權力之不同特一程度問題至根本上之異點自訴之史蹟以外直無從覓也(一)

韋氏之言博深切明最近美洲政學諸家之言大都類是此可以結吾論矣

本篇所談未嘗自立條段特就時賢所論略以己意相與參稽而亦未盡也異日有隙請更論之綜計所談歸於三點(一)組織聯邦邦不必先於國(二)邦非國家與地方團體相較祇有權力程度之差而無根本原則之異(三)實行聯邦不必革命所需者輿論之力而已至於此制是否宜於吾國宜矣利害如何皆非本篇之所問茲所講明亦聯邦自身觀念而已前固言之欲知聯邦之爲何物茲或不無小補至物之爲美爲惡終俟讀者自爲權衡故今番所陳亦由之而贊否可得以施非欲壟斷他人思想之力也

愚因之有感矣聯邦之說微露於辛亥革命之際徒以倡統一者專制輿論說乃不張偶有言之輒指目爲暴亂甚者追論至今猶覺斷斷愚爲此言非歎息斯說之見殺於當日縱令不爾施行之結果亦未必良特近頃以來統一之失日益彰明智者發策以慮難賢者虛衷而求治恍若聯邦之制行之有道容足奠民生於安利拯國命於紛糾愚也政識不周實際上此制是否可行願聞賢豪長者之教但在理想上聯邦之論必當聽其獨立發展政府不加禁斥之詞社會不表閉拒之態乃愚所絕對主張凡在一國政治之事有兩領域廣袤等焉一卽實際一卽理想無實際政治無由行無理想政治無由進前者政家所爲後者哲家所爲政學兩派融和而並邁固最足尚苟不可得卽一時之舛迕亦無所防要之一國有政

(一) Willoughby, The Nature of the State 二五〇頁、(威氏現充北京政府憲法顧問、)

而無學舉所施措皆苟且顢頇之爲而無辨理析義之士盾乎其後其國將不足以久存是故史家記政政治史與政治思想史並重蓋舍思想而言政治亦如無本之泉涸可立待已耳不足稱也

愚更憶及英之論家莫烈有言欲持以告倡聯邦論者曰

凡造一意欲以行之苟無害於而隣卽造卽行無所於礙惟事關改制易俗非廣衆同心併命戮力莫能舉者則人之肯以心力相向其數是否足舉吾事誠爲問題然吾固言之實行爲一事提倡又爲一事誠改誠易此固須時至就改之易之之胡以爲要切實陳說息息可以爲之初無時機未熟之憂縱其說未盡安亦可不慮蓋人能造作新想卽其新想業經圓滿之徵正如雨後之筍其芽自生已熟之瓜其蒂乃落夫革新者流實與保守之徒中分運命異教之士其爲時勢所孕育與正教之子無殊善夫培根之言曰眞理者時代之驕兒也以知新想者非履空桑巨人之跡以生亦非若明珠黑夜之投而至此有其自然之境不爽之因苟其已至吾前必將次第往叩他人之門而求其採納吾冥行而得見光明亦必有他人暗中摸索去吾不遠吾之發明特其的耳彼他人者未能自覺新理及其由吾覺以相示其受之也必且不啻若自其己出焉縱或多數之人不肯自覓我覓之而亦不受是亦決非有力之前提可據以匿理不告譬猶有燭在手其光已然吾必藏之深林使人莫見非義之正者也時會未至云者特在他人爲然焉耳在吾則明明至也人之意向決非可知與人爲隣隣之政治思想將以何時而變抑或不變吾不能斷其所能斷者則此種改革吾所決然爲之者也吾以爲是而獲行足以善羣而福衆也備豫者苟無其人事將無成功之望也吾果不欲備豫安知人之不欲不正如吾則成

功之罪將自無而之絕也。凡茲諸點。見理明切之。夫萬不可忽。如或忽之。是其所爲爲害於所信之理。與暴者之所爲爲害於所惡之理。其度適同何也。其爲拔本塞源之道一也。（一）

莫氏之言美矣備矣。客懼聯邦論不與社會相容。請視此矣。

顧愚於今之談士有大惑者。則彼不免爲政象羣情所局。而又不肯自棄其論也。乃倡爲採聯邦之實而諱其名之議。荀子之論名曰。「同則同之。異則異之。……知異實者之異名也。故使異實者莫不異名也。不可亂也。猶使同實者莫不同名也。」此邏輯之通義。而吾儒發之者也。今其言曰。存聯邦之實。去聯邦之名。去其名。亦必有名之者也。是同實而得異名也。又尹文子曰。「形以定名。名以定事。事以驗名。」今以聯邦之形。而被以非聯邦之名。是定之說可廢也。非聯邦之名而行聯邦之事。是驗之說可廢也。二說俱廢。邏輯爲墟。由是「奇辭起名實亂。是非之形不明。」吾儒之所謂亂。將由是而起也。愚聞學者制名未謹。或見地不同。恒有名存而實不至之事。如胡禮門著聯邦史。自以史家之態。異於哲家。凡後派正名定界。以爲未達於聯邦之域者。彼均認之是也。至實存而名不至。未之前聞。如曰聞之。則是其人之識。未足以名。如蘇子瞻之記石鐘山。所謂漁工水師。雖知而不能言者也。若識足以名之。而輒避其名不取。無是道也。荀子又曰。「名聞而實喻。名之用也。」是故名聞而實不喻者有之矣。未聞實喻而名不聞者也。此邏輯之說也。

至言事實。今人之於聯邦論相驚以伯有也久矣。今詭其辭曰。吾言聯邦之實。不主聯邦之名。則驚者必

（一）Morley, On Compromise 二一七頁、

且愈驚曰。果聯邦之實可言。何名之不可居。名不可居。其實必且大悖。且夫名之所以見惡於人者。以其實也。故強者之於虛名。猶願寬假。獨至其實。一髮不肯讓焉。今言者懼人之不悅於其說也。或則始終諱其名不言。或則語以吾名如是。而實則非。猶近情耳。獨奈何先翹是名。且告以將舉其實。繼又宣言惟實是務。不存其名乎。大凡一說。見怪於人。出其本相而章顯之。怪將不見。而閃爍其詞。枝梧其意。是適所以重其怪耳。未見人之信我也。卽信矣。亦不爲利。蓄馬有馬之用。橐駝有橐駝之用。今橐駝而告人以馬腫背。則人不知所以用橐駝者。馬以畸形。又復乘走。皆非其結果。又焉如告者之所期也。且愚以爲人之醜詆聯邦。特由於未識聯邦之眞相耳。苟或識之。安知其不易醜詆而爲狂贊也耶。黃公有二女。國色。以其父好謙。力言其醜。人莫敢娶。有偶娶其長女。而見爲殊色者。次女之美。因噪於時。人爭問名。今聯邦之論。安知其不爲黃公之女也耶。故知論者無所用其辭讓。唯坦然布懷。明白昭示之爲貴矣。(完)

復辟平議

秋桐

本文乃復辟論起時縱筆成之。以本誌停版數月。未能及時發布。雖事實已過。無取論列。而以其中所談共和原理。原非沾滯一事爲之。世之君子。以覽觀焉。於共和之道。不無微益。故幷存之。失時之誚。所不辭也。 作者識

邇者劉廷琛勞乃宣宋育仁章梫之徒。昌言復辟。政府甚之幾興大獄。輿論排之。指爲邪說。波流所及。久之人心。尙爲不寧。國本攸關。誠非細故。雖然。斯說也。果以甚之排之。如是其卽泯焉澌滅矣乎。如其然也。固爲大幸。若猶未也。寧非隱憂。愚嘗勤求其故。覺主復辟者。固有蓬心。攻之者亦違正軌。所謂楚則失矣。齊亦未爲得也。長此不已。將至人心失其正鵠。所關悉在意氣。戾氣所迸。大難以生。愚也不才。深爲此懼。敢布此篇。以徵同氣。邦人諸友。其詳審之。

大凡一說之起。必有其所由起。譬猶物必先腐而後蟲生。人必先疑而後讒入。防蟲不防物之所以腐。憂讒不憂人之所以疑。其爲徒勞無當。童子猶能辨識。獨奈何於隱中一部分人心之說。不深惟其終始。不熟察其變遷。而徒以束縛馳驟之思。發爲虔劉蘊崇之論。詆爲叛逆。詈作禽獸。恣怒極罵。不留餘詞。易而言之。獨奈何不務以理與事。解其惑而折其心。徒務以力與勢。關其口而奪之氣。此種乖氣。積久必洩。吾國歷史所傳先賢所論。若暴主之禁腹誹。庸君之防民口。其後不至潰裂不可收拾者幾何。今之論者。率以國已粗安。當局者尤有宏圖大力。瑣瑣復辟之論。何異已死之灰。不能復然。是强辭以挑之。極論以辱之。信筆所之。舉無不可。此其居懷鄙倍。且不深論。卽其所恃無恐者求之。乃亦子瞻所謂庸醫以爲無足

憂而扁鵲倉公之所以望而驚也愚之是論豈得已乎

愚於著論之先請以一言告讀者曰愚非能贊同復辟者也十餘年前愚主上海國民日日報卽唱無君之說詞繁旨博連載十餘日不休其時人言革命未講共和卽吾家太炎詞猶惝恍愚著革命小册乞其題字且以掩迹鄭洪爲詞獨愚與滄洲張溥力闢君說雖其言稚弱偏宕在所不免自儕學力略略有加與前論異趣之點亦[illegible]不少而語其大體則自不違今共和已成寧有復持異說之理惟愚不尙苟同者也自律律人悉本是道此其理由前作政本及政力向背諸論已詳言之茲不贅惟其如是故愚苟當國必且於復辟論曲爲之地而不以力禁制以令誣譭如今政府所爲往者劉廷琛氏致書徐相醜詆共和愚當時卽本此意造爲評論擬揭於甲寅四期繼以恐亂人意去之初不意勞宋諸人再接再厲政府竟以此興黨獄也事已至此若復多所顧忌不以眞實理論收納感情禍且不測復觀前論詞雖未盡未始不足爲時論之箴請得先述以爲發端其言曰

『自愚爲尙異之說議者紛如有謂共和聖神理不可瀆如議國體卽爲叛逆則尙有爲君主之說以進於子者子亦將許之乎愚曰奚爲其不許也客大駭曰子毋駭愚有說

近世立國不外將國中所有意見情感利害希望維持而調護之使一一各得其所此其義愚已屢陳無取覼縷惟所謂各得其所其所必異異則黨派以生君政者亦黨派之得以爲幟者也苟弄守異說至堅斷無禁其存在之理於是有爲事實之談者曰國體何事旣云確立復容他說以叛之視國家如奕棋又焉可尙愚曰此正所以固國本者也蓋對抗國體之論張之則爲頑詞閉之則爲祕計頑詞之張誰則聽

之而一部分之孤懷野性有所寄託反側之志旣銷於言詞寬大之名復歸於民國名曰張之其實弛之非失計也反是叛國之辟懸爲厲禁感情旣鬱詭祕橫生國基縱不以是而顚而覬覦時鬨大有害於和平進步之序議者得毋謂吾爲共和有倡言復辟者卽當執而戮之肆諸市朝以警有衆則法蘭西之山岳黨曾爲之於百餘年前矣不僅王黨被戮卽有通王之嫌或溫和而可被以是嫌者皆上斷頭臺彼豈不曰王孽旣絕共和之花當百年不凋乃死事之血未乾王政之基復起中經數王往復數十載至師丹敗後拿破崙第三被鹵而共和始慶更生時則建國諸賢深明治體對於尊王反動之徒不加壓迫轉與提攜議會之中君政黨公然列席初爲多數逐年遞減至今日仍存二十餘席焉如此優容轉不聞共和爲該黨所壞此誠一孔之士所不可解而明理之夫以爲自然者也

『前清之季君主立憲黨盛稱於時民國胚胎黨卽灰滅其有號稱强頑不服新治者亦惟託庇他國偸其餘生從未見有創爲政論號召同人以訴之國民心理者有曰宗社黨乃屬秘密團體非公開政社之科此自民國政綱異於法蘭西形格勢禁不能發表亦由國人闇於政情對抗力之不能用得其正且卽而求之情偸而質脆並亦無對抗力之足言也愚之言此豈復嘆息君政黨之不生特以所謂宗社黨者時有隱謀露於軍隊京師之兵以此受戮者動數百人各省兵士染有斯質者亦復不少將來釀何變亂不可預料傷本邦之前途思先進國之往事是固不若因勢而利導之於政治運動之場假以自由言論之地使之仰首伸眉論列是非與當世論潮相抵因洞見民情之所向轉或翻然戢其桐宮返政之謀也是故當世無爲王政復古之說者則已有之卽宜許以相當之域使得從容以竟其詞聞者之觀察何似

自各有其權衡而言者無罪則確爲眞共和國之所保障且對其所言之自成一說者不加以揶揄輕蔑之意尤爲共和國民道義所關至謬妄之詞辱人過甚此其咎彼自當之吾惟一笑置之可矣此區區之意也

「近傳前清大學堂監督劉廷琛氏有書抵共和相國大倡尊君之說且責備今大總統至嚴且重其中腐朽不成理論之處甚多且詆排革命至稱曰賊其乏於政治觀念可見一斑條列而駁正之非本篇之意其以爲言乃謂此書確足代表殷頑陳其胸臆書中有謂「況觀三載灼見病源實在於此蓄之久而不敢輕發懼不知言者將誣以反對之罪」又曰「如謂淆亂國是聲其罪以暴之天下亦所不辭」此雖簡牘推宕之辭要亦不無以身嘗試之勇苟吾共和誠立無論何種反對之說祇在所謀不涉軍政範圍以上要當認爲合法言論聽其盡量流行茲書其一例也人或有惡夫今日之僞共和以其切責當局比之漁陽三撾而稱誦之此其設心自不爲正愚則謂在眞共和之下茲亦當於聞者足戒之條愚之所見不肯苟同時流此類是也知我罪我所不計矣」

右說所陳愚雖信其有當於理聞者必且以爲走於極端歐陸名邦容行之而治而特非吾國所能倣法愚苟堅持前說是與時賢背道而馳失其共同之點相與論議本篇之作可稱多事今且讓步不主復辟說之當流行而主其說之當勦滅惟勦滅之道有當有否當則絕之否則轉而滋蔓茲篇所商此點其最要也

愚前言之一說之起必有其所由起今復辟說之所由起者何也此在稍明時勢之人可以一言斷之曰

僞共和也。僞共和者何也。帝政其質。而共和其皮者也。質不異矣。我之質胡乃獨貴於人之質。人求其質。而我必自貴強人以從我。此安足以服之。且在他物貴不貴尙無定說也。若夫政制相較。質苟不差。新者必劣於古。此有史例不容詆譋。英倫論家白芝浩嘗言之審矣。曰、『苟諸事不變。僅卽政制而論之。則昨日之制度實遠優於今日。何也。彼其已成者也。彼其最有力者也。彼其最易致人服從者也。彼其襲有國民之敬憚心。而他制尙待求之者也。』（一）倡復辟者果以此爲言。吾將何詞以答。此以帝政抵帝政。直箴言之者也。尤妙者。今人痛排帝政。並不自認帝政之嫌。而輒翹共和以對。意謂共和之名一出吾口。卽有鬼神呵護。帝政邪說。法當退聽。則拿翁設祭。華聖頓之靈翩然來格斯可耳。不然。則我露其質。乃朝四而暮三。我蒙厥皮。亦朝三而暮四。名實未虧。而喜怒爲用。狙公誠智。劉勞章朱之徒。未見有若衆狙如莊生所稱也。傳曰、堯舜率天下以仁。而民從之。桀紂率天下以暴。而民從之。其所令反其所好。而民不從。今所令者共和也。而所好則不在是。凡民且爲離心焉。論俊秀。董子曰、『詰其名實。觀其離合。則是非之情。不可以相讕已。』愚固共和論中之走卒。而興言及此。對於復辟論者。蓋不知所以爲情。由斯以談。復辟論非其本身足以自存。乃僞共和有以召之。明白甚矣。其因旣得。攻復辟者。惟有證明今日之共和。非僞或促進今後之共和。使不爲僞而已。此外皆支離破碎。虛憍痲木。屬託干進。無足比數之談。非愚之所敢稱也。

證明今日之共和非僞。無論何人。殆莫不以爲非可能也。雖然。共和何物。僞乃何狀。質之誰某。皆未易答

（一）見本誌一期白芝浩內閣論五頁、

也是不可以不先辨。

勞氏共和正解之言曰。

……宣王即位共和罷案隱云二相還政宣王稱元年也此共和一語所自出也其本義爲君幼不能行政公卿相與和而修政事。故曰共和乃君主政體非民主政體也故宣王長共和即罷伊尹之於太甲霍光之於漢昭皆是此類今日東西各國所謂君主立憲絕相似而不學之流乃用之爲民主之名詞謬矣夫君主立憲有君者也民主立憲無君者也古之共和明有君惡得引爲無君之解哉。

此乃就吾國共和本字施其義解即字論字謂之無誤可也而特於今之國體問題無涉蓋今之國體固非以周召共和爲鵠刻之而不肖乃別有所倣事遂之後而假其名以名之者也莊生曰『道行之而成物謂之而然惡乎然然於然惡乎不然不然於不然』今之共和所謂謂之而然者也謂之而然可不謂之而不然自無不可周召之共和非今之民主立憲此事實之不可掩者也今之用共和爲民主之名詞所謂然於然也非必使二者之實相同也詞窮而假用凡物皆然文字之相孳乳即以此故無所謂不學與謬也勞氏謂民主立憲非即周召共和所謂不然於不然也於二者之實仍無傷也勞氏欲別創一名以字民主而獨留共和以詁二相之政將無人得而議之也故勞氏之病在邏輯謂之逸果倫楷逸果倫楷者猶言外於論點也（一）則幸而吾名民主適以共和耳莊生又曰『物固有所然物固有所可無物不然無物不可』苟吾不謚民主爲共和而謚以他物他物之名適與周召共和相去萬里勞氏又將何

（一）參看本誌一期讀嚴幾道民約平議五頁、

說之辭莊生又曰『以指喻指之非指不若以非指喻指之非指也以馬喻馬之非馬不若以非馬喻馬之非馬也』愚於茲亦曰以共和(周召共和)喻共和(今之共和)之非共和(眞共和)不若以非共和喻共和之非共和也(一)勞氏之說在其本文頗足自立其在吾論不與置辯可也

吾友康子率翟以爲未足必與抗爭謂共和之名律以民主政治並非不通『厲王奔彘國已無君周召行政是曰共和是共和者由行政之官共同行政而無君主制裁於上非沾沾於周召二相假使周召二相或有薨殂別求賢乂代職其事吾知共和之名必不因此而易共和者其政之稱而非其人之稱也』(二)爲勞氏者於此豈無異議蓋厲王奔彘後之無君乃放其君之人也非廢其君之制也周召行政誠無君主制裁於上康子有何古本足證其非假天子名號以行勞氏所引史記『十二諸侯年表庚申共和元年以宣王少大臣共和行政』苟無君主安得稱臣君苟不存言少胡取至共和爲政而非人亦未見可爲定論崑山顧氏即以史記周本紀共和屬之二相爲非謂『汲冢周書厲王十二年出奔彘十三年共伯和攝行天子事號曰共和二十六年王陟於彘周定公召穆公立太子靖爲王共伯和歸其國此即左氏王子朝所謂諸侯釋位以間王政者也』斯言而確則勞氏所爲伊尹霍光之比未便謂爲不倫康子謂『太甲之時何不傅以共和之稱』由周書說乙不得被以甲名由本紀說又伊尹一人而周召二人也持論如斯終無安處故康子所言皆爭其所不必爭者也

(一)以共和喻共和之非共和、第一共和字可作周召共和解、亦可作近世共和解、言非一端、讀者自爲會心可也、

(二)見闢勞之書、康子既單行印布其說、復載之於雅言雜誌、

要之勞氏所謂共和非吾之所謂共和也。吾之共和有名有質。質乃先至而名爲後起。勞氏攻其皮傳之名。究何礙於本來之質乎。

然則所謂質者何也。曰、吾無字以表之。無已仍假用共和字。惟玆之共和、乃邏輯之符。而視作歐文(Republic)之譯與周召共和嶄然不同。夫共和者有形式有精神。何謂形式。曰、共和對於君政而言者也。君政有君而共和無君。凡元首爲世襲者謂之君政。元首爲選舉有定期者謂之共和。玆義雖淺。而以有一定不移之界。較之以統治權爲標準。易致殽亂者爲優。愚執筆論治以來。卽持此說(一)此形式之說也然形式徒存。又安足貴。果其足貴。則方寸之木可使高於岑樓。吾今有總統矣。是不已駕美凌法而不虞其不足乎。此在束髮小兒有以知其未然也。是則形式尚矣。尤重精神。善夫英之法家梅因之言曰、『立國精神自君主制以至共和蓋無不同』雖然以言國家觀念斯說誠精。若質之國家概念則仍有辨。美之學者韋羅貝(二)曰、『觀念爲淩空之想像。概念乃實驗之思維。前者起於玄。後者起於察。……觀念者乃國家之存於最大通象者也。凡屬國家生活無論何式、其質之所必不可少。與夫亦既咸備者。皆爲此一念所涵。以故此之國家內包最簡。至於概念則必徵諸實際而有涉於特殊政體歷史表而出之者焉。此其別也』試泛舉一說以實之。蘇軾之策略曰、『所貴乎朝廷清明而天下治平者何也。天下不訴而無寃。不謁而得其所欲。此堯舜之盛也。其次不能無訴。訴而必見察。不能無謁。謁而必見省。使遠方之賤吏

(一)參看甲寅四期通信五頁、

(二)Willoughby 其人方在北京充顧問、所著國家本性論、(The Nature of the State)乃有價値之書、

不知朝廷之高而一介之小民不識官府之難而後天下治』蘇氏立於專制之朝故其言如此然卽而察之立國之要素果有過於平人之窺厭人之欲者乎吾恐造說如盧孟未見其能易之徵例如美瑞未見其能外之也此所謂觀念者是也觀念者國無君政無共和一也至此種觀念印之政事乃爲何狀則所謂『徵諸實際而有涉於特殊政體』概念之說也精神者非實乎觀念概念以求其通未易言也用梅因之說而未善將見視國過重強者以爲口實不卹屈政體以從之今之國中亦既廣播此種言論矣人相與議輒曰國爲前提官交爲勉亦曰盡瘁事國恍惚國苟存者一切犧牲皆所不顧此其爲說甚爲唐皇恐有肺腸敢生異議然有叮嚀爲公等言者曰國家者質而言之乃政治學者所用之符以詁某種社會者也其本身價値殆與圖騰番社同科輪廓僅存有何足重是必有物焉相與立之尤有法焉使立之者各得其所然後其名不爲虛稱茲物者何也人也法者何也權利也國爲人而設非人爲國而設也人爲權利而造國非國爲人而造權利也自政治學成科以來作者每樹義曰政治學國家學也愚則病其略蓋猶某社之講作政治學指要一書首陳是義其言曰『夫斯學職在原國有何疑義惟國家非徒存者也必有所以存者也亦猶前言（一）國家者非人生之歸宿乃其方法也蓋人之所求者幸福也外此立國焉川國爲馬哥里（二）曰『古代作者如馬奇斐立（三）之徒立說支離不如後進蓋由不解社

（一）是乃取喻計學、計學原富、貨則計學非唯富之爲貴、乃富之有以善羣利俗之爲貴、故曰富者非人生之歸宿、乃其方法也、

（二）Macaulay、英之史家、

（三）Machiavelli、十五世紀意之政家、

會法律非以之增進個人幸福之總量不足以存」此其爲說或者病之以爲行之不善將至助民爲暴不知馬氏斯言非以范舉國家作用夫建國常道增崇人福同時豈無維持秩序之方其說之有價値亦在國而咋此則不成國耳』美之政學老雄吳汝霖（一）知此籥也其所著書首以權利爲立國本根謂『國而舍此不得稱爲適於人類之一組織』此其爲義亦無間於其國之爲專制抑爲共和蘇子所謂無窕而得其所欲細按之亦未始無合乎權利之說也然其鴻灕所在則君主之朝所有權利悉集君身人民所獲乃由賚予民固不欲窕苟其窕之非革命莫如君何也民固有欲得苟其不得非革命亦莫如君何也自立憲以往則異乎是憲法者權利書也此書既立民乃有權不受人窕民乃有權自謀所欲窕而有訴不啻訴已欲而有謁不啻謁已此政體之所以爲良革命之所以永絕而能將立國之的著實顯現者也是之謂精神若而精神惟眞立憲國能見其全立憲者專制之對也故課一國之精神不問其有君無君而惟問其是否專制此不可不熟知者也

由斯以談共和之形式民主之謂也精神立憲之謂也形式其獨也精神其通也（二）形式者國體之事也精神者政體之事也所謂共和之質單舉形式不可單舉精神亦不可也必形式與精神俱而後質乃備也

然則孰爲重曰精神爲重此其故亦不待繁詞以釋矣夫所貴夫田以能芸也若石田而不可耕又安用

（一）Woolsey、語見所著政治學、

（二）君主專制、自不在此例、

之所貴夫匏以能容也若堅匏而不可剖又安用之今共和形式之說何以異是猶未已也石田堅匏其病止於無用已耳無他害也共和則不然苟其名存而實不具民主專制其弊較之君主專制尤深何也前有言之『彼其已成者也彼其最有力者也彼其最易致人服從者也彼其襲有國民之敬憚心而他制尙待求之者也』是故君主專制可以數百年而不亂民主專制近則一年數年遠亦不過數十年勢不能不亂且一亂之後相與循環不能自已法蘭西共和之所以見惡於人者無他以其無固定性易於肇亂也此又無他民主專制之故也墨之爹亞士可稱近世民主之雄矣而專制其國至於二十八年可謂久矣而卒不能不亂而卒不能不及身而亂南海康先生頌爹亞士之神武稱最者也至曰『爹亞士文武之士冠絕大地……殊功盛德合堯舜湯武而一之』而其下卽緊接曰『然墨人並不戴之也卒以專制見逐也』(一)姑且不論爹亞士治墨之功未必卽如論者所言卽殊矣盛矣無以復加矣而至二十八年以後其功德又胡在者一經翻覆固不僅舉其所已成者而悉毀之而且求及二十八年前爹亞士未經施治之情形恐不可得試觀墨國連年爭戰澈底破壞以證斯語豈有未然夫所賴夫命世之英亦以其足致其國於長治久安耳二十八年安得卽言長久然在短識者必且長之久之以爲不可及矣則惟問墨人享此二十八年小康之福果得之儻來飽嘗而無禍者乎抑將有大亂乘之使其一得一失不足相償者乎由前之說愚欲無言由後之說愚則未見爹亞士曾有造於墨西哥也昔者飲冰先生作開明專制論有曰『開明專制政體與非專制政體究孰優曰是難言也以主觀論則非專制之優於專

(一)不忍五期中國不能逐中南美之形勢篇、

制似可一言而決以客觀論則決之不若是之易易也昔達爾文說生物學之公例曰優勝劣敗而斯賓塞易以適者生存意若曰適焉者雖劣亦優不適焉者雖優亦劣故吾輩論事毋惟優是求而惟適是求』此其爲說可謂辯矣而其受病處則在昧於一時永久之別斯氏之所謂適一時之適也一時之適生物學認之而國家學則否何也以其足以啓紛爭肇禍亂也蓋國家之適以勝殘去殺和平進步爲歸而生物之適正得其反此形上形下二學之所以不可強同也知此可以論墨事矣以爹氏長才偉略豈無見彼之失敗在節節抗國民眞實之心理以行而欲盡一己之智能求一日之功名於不可必得得亦不固之域莊生曰「世俗之人皆喜人之同乎己而惡人之異於己也同於己而欲之異於己而不欲者以出乎衆爲心也(一)……此以人之國僥倖也幾何僥倖而不喪人之國乎其存人之國也無萬分之一其喪人之國也一不成而萬有餘喪矣悲夫有土者之不知也」苟爲爹亞士者不以出乎衆爲心不以人之國僥倖處處與國民同其好惡高其議政之聲恢其自治之力政權所至惟以爲激濁揚淸之用絕不雜以欺淩壓制之謀則墨國至今無亂可也夫國家者百年之計政治者必世之業今治一國目光不能及於二十八年以外吾未見其文武聖神也今人好混言中南美以爲彼中共和皆惡不知智利與阿根廷其政制善良之度卽可與法美齊觀(二)墨人之文化雖低未必卽較智阿爲劣苟無爹亞士之專橫尊民而重法爲之而有序墨西哥雖欲爲良共和國亦未必不可能今若此則民主專制之咎也然爹

(一)專制由於好同、說見本誌一期政本論、

(二)浦徠士新游南美、著 South America 一書、卽言此、

亞士所稱爲堯舜湯武者也且不議其不倫而提以並論胡以吾有堯舜湯武則治而墨有爹亞士則亂所以然者康先生亦言之矣『蓋以名爲共和國則止能聽其共爭共亂並不能容專制而爲治也』(一)然此猶指民主之賢者而言耳蒲徠士稱爹亞士得國以力守之則以法(二) 其他不解法律爲何物僭妄險狠無所不爲而治績不及爹氏萬一者何可勝數故曰民主專制之弊較之君主專制猶深也是民主專制且不足望君主專制遑言君主立憲甚矣精神之不可不講也

詰之者曰子所謂精神存乎立憲政體而立憲又無間於其爲君主抑或民主其價皆同是子與復辟論非鬬之也曰奈何非鬬特不肯用抹摋之論無端厓之詞如今之人已耳蓋君主民主之分爭之於理論者十之二爭之於事實者十之八原乎國之有主本以約成約基於民民有自由擇主之權利此在原理民主論似乎爲優然爲君主之說者亦初不慮不能成理勞氏君主民主平議篇中所列君長世及之故凡四困難言賅亦未盡當而其持之有故足與共和論平分領域則無可疑由此致辯彼亦一是非此亦一是非勞氏無以折吾吾未見卽有以折勞氏不僅此也卽集古今世界學者講論一室求其有以相折亦必不能故此爲無益之論爭徒資聚訟而不足恃以解大紛決大計者也自來理論之有力依乎事實事實宜於民主則民主論特張事實宜於君主則君主論制勝無抽象一定之義也英吉利君主國也謂其人民不解共和之道自非狂瞽不爲此言而英之共和不成無他事實爲之也美利堅民主國也而其

(一)所出見上。
(二)同前頁(二)。

人民系出於英謂其不辨君主之利自非狂瞽亦不爲此言而美之君主不成無他事實爲之也吾國之由君主變爲民主亦然今者復辟之不可與言理論之不可寧謂事實之不可也故愚之闢之重事實不重理論奈何非闢

詰之者又曰所謂事實者何也曰此國有未同未能等視英之君主統而不治(一)統者名也治者實也故君號曰名部而內閣實部(二)內閣獨掌政治之大權由民選任實際已與共和無異存君之名無礙於政而轉得保留國中舊有之秩序而攝取愚夫愚婦敬憚之心此英之事實也美本自治諸邦聯爲一國既不堪英人之虐稱兵獨立無再認英王爲宗主理而本邦夙無王室人民守法自治之習已成楷模忽爾立君寧非蛇足此美之事實也若夫吾國夙戴君主而乃不爲本族之人祇知吸吾膏血以自肥而於民生幸福不知所以爲計十載以前國人盛倡排滿之論愚誠無似亦其一人今茲立論雖不肖以此爲改革之主因而滿人所貽戕賊漢種之慘紀念甚深於斯而冀被壓之民及其子孫不求得當以報幾何可得然而復仇之舉不見於辛亥以前者何也曰非不見也見而無所成也蘇軾曰「古之失天下者皆非一日之過其君臣之權去已久矣適會其變是以一散而不可復收方其未也天子甚尊大夫士甚賤奔走萬里無敢後先儼然南面以臨其臣曰天何言哉百官俯首就位斂足而退兢兢惟恐有罪羣臣相率爲苟安之計賢者既無所施其才而愚者亦有所容其不肖舉天下之事聽其自爲而已及乎事出

(一)此本英人成語 The king reigns but does not govern、

(二)名部實部之稱、參閱本誌一期白芝浩內閣論三頁、於非常。變起於不測。視天下莫與同其患。雖分國以與人而且不及矣。」此按之滿洲之亡。可稱畢肖。然蘇氏之言。初不爲種族之爭而發。縱滿漢卽無夙怨。而由其治國之道。亦且必卽於亡。前清之季。親貴驕橫。顢頇在位。賄賂遍地。民怨日滋。憒於外勢。日損利權。闇於政事。僇辱新黨。本邦已在存亡危急之秋。而羣昏猶且酣歌恆舞於上。此而不亡。其又何待。有曰、辛亥之役。爲種族革命。或曰、非也。是乃政治革命。實則兼斯二者。僅舉其一。皆爲得半之言。今苟於共和底定之時。謀復君政。則(一)滿漢之界已滅。而使之復生。前此從事排滿之人。必倡異議。有此異議。國必不安。(二)滿人之無政治能力。已可概見。今其可數人物。誰是九五之才。(三)清政不綱。殷鑒未遠。復辟以後。朝政誰敢必其清明。有是三者。王政復古之談。信乎無當。此吾國之事實也。

詰之者又曰。事實旣爾。則無論如何。復辟論不當復存。而子不肯痛詆之何也。曰、事實之印於國民心理。以當時爲最有力。若事已過。則情亦與之遷矣。仇滿之論。在辛亥以前。誠滿國中。滿廷僞託立憲時。激急者至謂滿洲不能立憲。當亡。能立憲亦當亡。入民國後。首昌是說者。且主與滿人親善。夙昔閉距挑撥之論。諱而不言。羣曰此政治革命也。彼亦曰然。羣曰此非種族革命也。彼亦曰否。前之言曰返之長林豐草之地。今之言曰納之五族共和之中。前之言曰羶胡雜犬。皆可殺。今之言曰寡婦孤兒不可欺。兩兩相衡。情勢大異。精而求之。則曩者絕對排滿之論。大抵感情之所驅。政策之所出。而非其根本所以致恨於滿人者也。其根本所以致恨於滿人者無他。滿人之不能救國。之不能求國民大多數之幸福也。信如斯言。則繼滿洲而起者。國民首當以救國及求多數幸福之責相屬。果屬之而得當也。其又何求。不然。屬之而稍失當不平之情卽稍起大失當且大起此物理之常斷無可駁夫國民之情至於不平則力有所離必有所向有厭於新必有懷於舊此復辟論之所以乘之而起也今求所以闢之其鍵惟在平民情致民福易詞以明之復辟盾也其可攻之矛惟眞立憲自此以往皆不可恃誠以事實之價時有未同刻舟求劍劍不可得故愚之事實論又當以現時政象入以衡之不敢如時賢競爲抹摋之論無端厓之詞也間嘗論之政理不如物理後者所立斷案恆稱絕對而前者則否故以滿漢言辛亥以前絕對主張排滿者非也絕對非難排滿者亦非辛亥以後絕對主張復辟者非也絕對非難復辟者亦非何也吾人之所求者亦國利民福已耳斯爲目的而排滿與否復辟與否均爲手腕手腕之當何出要以不背目的爲衡由此論思可答今問勞劉諸人之無足取則在好持絕對之論謂立君保民非君民將不保清運未終在法不當卽亡且又頌言「大清列祖列宗深仁厚澤淪浹海內」冀以此動天下人之心是誠諸氏於近世思潮未遑探討勝朝掌故亦有遺忘因有此理實兩無所可之說至以相對之論謂滿洲不當亡厥惟康先生先生當辛亥九十月之交實持此義欲以易天下徒以革命勢大噤未敢發其後二年二次革命已經失敗始暴其說於不忍雜誌其言曰

今者朝廷審天下爲公之理爲中國泰山盤石之安旣明且決毅然下詔行不負責任之義而一切付之資政院立開國會公之國民定憲法而議立法聽民望之所歸組織內閣俾代負責任是朝廷旣下完全共和立憲之詔矣此一詔也卽將數千年來國爲君有之私產一旦盡捨而捐出公於國之臣民共有也此一詔也卽將數千年無限之君權一旦盡捨之而捐立法權於國會捐行政權於內閣改而就最高世爵仍虛名曰君位云爾國民曰國者吾之公產也昔代理者以吾之幼少而代筦之今代理者已願將公

產交出。吾等可享此公產而無事矣。又曰、代理者昔總吾公產之全權也。今已將公產權讓出。公議公辦。代理者不過預聞而簽一名云爾。故昔之憤然爭者。今宜愜然喜矣。故夫立憲云者。以君有之國．爲公有。以無限之君權改爲最高世爵之代名詞而已。

此指信條十九而言也。茲信條者可稱爲完全共和立憲之詔。誠如康先生所云。愚戇立論亦以法蘭西千七百九十一年之憲法相况。（一）惜乎滿洲爲此未協於時。遂致『聖神化爲豺虎』已耳。然猶有說。

或曰。辛亥信條果得行之。誠爲中國之福。惟卽當時民黨奉命唯謹。其得行與否。尙屬疑問。蓋滿洲之立憲僞也。事至迫切。勉從悍將之言。全然屈服。其心豈甘。倘南中諸子聞滿洲之以憲政誓之太廟也。相與釋甲而就新治。則滿洲一反手間。孫文黃興之徒。殆不足以膏其斧鑕耳。安見張紹曾要君之詞。乃得玉府金縢之奉也哉。此觀於劉廷琛氏之論而可知也。氏之言曰。『光宣之際。奸宄生心。乘機作亂。……武昌變起。小醜跳梁。亂黨挾種族之見。恣盜賊之行。好亂之徒。紛然如蝟毛而起。……當此之時。項城抱公忠之心。尊主討賊。復武昌。援金陵。則東南賊勢瓦解。大局立定。而乃與賊媾和。致成茲局』。今謂滿洲當國諸公。所見不同劉氏。無論何人。未或不疑。由今思之。彼之起用項城。舉國以聽。其用心豈不如劉氏所云哉。則東南之賊。誠未易於滿洲朝廷之下。自進而爲立憲之民也。此一說也。

有辨之者曰。革命黨之勢。未易驟衰。滿洲雖有翻覆之心。吾自有力強之就範。似亦近情之言。入理之論。苟其事勢非出於此不可。亦惟遵此勉力以行。若就法蘭西往事觀之。亦未見收效之必良也。法之千七百八十九年之革命。非以共和相號召也。逾兩年。憲法成。乃以英憲爲楷模。仍戴君主。英之史家馬哥里

（一）見本誌四期調和立國論、

曰『苟法之憲法會議所事僅至於廢王而止則其革命之價値可與吾英正當健全之改革並稱』（一）馬氏之意頗咎法之妄稱共和也然其所言不中於當時事情焉足使及倫的黨溫和諸子爲之心折蓋彼輩初意特欲改革政治而已不獨剷除君制無其成心卽馬氏所稱廢王亦非本志觀夫君主憲法頒於千七百九十一年而王於九十三年始行見殺可以證之事至於此人惟歸獄段敦羅伯士比諸屠伯之暴亂無人道而不知王之不能謹守信條時思翻覆陰謀不絕冀傾民黨乃其巨因由後觀之爲法蘭西計與其浮慕共和反致羅伯士比拿破侖專橫無藝誠不若奉路易十六作憲定治以求平安司徒赫爾（二）者法之史家右於王政者也王政既復彼於千八百十八年著法蘭西革命論（三）一書謂『革命之事在千七百九十一年卽當知止果其知止一理想中之君政國可以成功拿破侖旣敗王政復興以英吉利之良規移之吾法以知千八百十四年之所爲者理當緊承千七百九十一年而來中間屠伯橫行奸雄竊義所經擾攘皆革命不正之產物所宜一切糞除者也』今之治法史者鑒於諸獨夫之害禮傷義殘民以逞孰不於司徒氏所論灑淚同情而證以當日之情則殊無望今吾國所患較之法人之患羅伯士比與拿破侖者何如愚未能斷而有少數之士憤今政府之專制回想滿洲所誓之法其爲吾民自由參政之地相比不啻天淵因發爲噬臍無及之嗟自恨昧於當可謂時之義且謂吾唯以虛名相

（一）Bodley in France 七二頁引之、
（二）Madame de Stäel、
（三）Considérations sur la Révolution Française（此語 Bodley 引之、

假已耳。彼族人少又焉能爲。實則吾未如是行之。効果何如。亦難懸擬。且滿洲食言而肥。戕賊民黨。此前已言不待更論。卽名義僅存虛君之旨達矣。而事勢所之。未必無敢爲不義挾天子以號召天下者。有君之董卓未必優於無君之羅伯士比。奪國於君之王莽未必卽優於奪國於民之拿破侖。故今以滿洲立憲爲言而追恨革命黨之爲謀未臧者。大抵爲感情所中。理想所朦。未見其有當於事實也。

如右所陳。復辟之不可行明白甚矣。而斯說也。一時見倡。髣髴大動國人之感情。政府聞之。狼狽而不敢辦。勉強發一令逐一士。而大露色厲內荏之狀。其他肅政之所參。參政之所議。新聞之所詈。大都目爲機械之爲質。其本心未必肯如是說。私居聚議。或遇清流正士。偶加駁詰。轉若所爲隣於妾婦。求掩不遑焉。至於武夫馳電。舞爪張牙。比於無良。狀尤可醜。卽革命之徒與滿洲不共戴天。至此恍若忘其夙讎。不肯卽加謗議。被指爲賊亦不與校。而政府設防謀夫獻計且深慮宗社亡命兩兩相聯。共爲不軌。凶於而國。是又何也。曰。無他。此諸象者皆今之僞共和有以召之也。

夫今之民國。其基築於共和者也。清帝遜位之詔曰。

今全國人民心理多傾向共和。南中各省既倡議於前。北方諸將亦主張於後。人心所嚮。天命可知。予亦何忍因一姓之尊榮。拂萬民之好惡。是用外觀大勢。內審輿情。特率皇帝將統治權公諸全國。定爲共和立憲國體。近慰海內厭亂望治之心。遠協古聖天下爲公之義。……

而前臨時大總統今大總統之誓詞曰。

民國建設造端。百凡待治。世凱深願竭其能力。發揚共和之精神。滌盪專制之瑕穢。謹守憲法。依國民之願望蘄達國家於安全彊固之域俾五大民族同臻樂利凡茲志願率履弗渝⋯⋯卽此二者以觀可見民國之基存於共和帶礪之詞萬不可畔今日之政象有合於斯誓者幾何此固仁智所見各有未同而其不足間執復辟論者之口使不張其頑說則恐無論何人不能否認勞乃宣氏曰「今民主制實行三年矣此三年中變亂百出⋯⋯近者總統之制定黨人之燄衰大權集於一人外雖有民主之名而內實有君主之實」（一）此種讕言欲有制之術將安出愚請本前言以正告天下曰攻復辟者惟有證明今日之共和非僞或促進今後之共和使不爲僞而已此外皆支離破碎虛憍廝木圖託干進無足比數之談非愚之所敢稱也

（一）見共和緝解、

制治根本論

東蓀

夫為科學哲學之論涉思懸想不必拘於時代而政論不能也。司賓挪莎（一）磨鏡而箸書其不求人知為何如。卡利萊（二）製器窺天亦何嘗欲見效於其時。然若論政者徒以虛擬之象不知經若干年始可實現者日呶呶置辯於今日士夫之前亦終為覆瓿而已。故白芝浩曰「政議必使人易行而確為圖案。必合於前例應乎時代猶諸必用當日之言語也」（三）是則為政譚苟不切時不徒効不可睹抑亦勞而無功耳。吾今為說自審固不能與時局相應惟吾仍不甘默止者乃冥察現今政象所覆沒之下隱然有一種國民心理儲而勿顯此心理維何曰、本今日政治之理決不足以為治是已。吾願自此出發以導國人於正軌則此篇之作或正為順應時代。今之君子當亦與予有同情也。

然欲揭政治之根本不可不先述國家之現象自清末以降倡改革論者勿計其方案何似要皆以清之政治不足救國此數十年間雖千變萬化底於今日固仍為清之政治不過變清國為民國一名詞之不同而已。此吾人所大宜覺悟者也。吾知國人能知此義者頗稀竟有以改良政治之譚為無益者其言曰。

（一）Spinoza.

（二）Galileo.

（三）"Political discussion must move those who have to act; it must be framed in the ideas, and be consonant with the precedent, of its time, just as it must speak its language."—Bagehot, Physics and Politics, P. 163.

『我國人試思之彼帝制也。共和也。單一也。聯邦也。獨裁也。多決也。此各種政制中。任舉其一。皆嘗有國焉行之而善其治者。我國則此數年中此各種政治已一一經嘗試而無所遺。曷爲善治終不可睹。』（一）論者於此乃有絕大之誤謬者。卽認共和單一與多決等政治。皆爲吾國所已曾實行也。殊不知吾國政治上變化雖多。皆屬表面。察其根本。按其精神。固仍爲淸之政治。未嘗稍變。神經過敏之徒。爲名義所蒙。迷於朝三暮四之術。乃自陷於懷疑。以爲全國之中。無一善良之人。苟臧否之。直『牛羊何擇。恩李怨牛。徒益其擾』且以爲一切政策。皆屬無用。『雖說理極完。措慮極密。而當局恒覺其拘墟。卽立言者一旦身當其衝。或且不免嗤然自以爲可笑。』更以爲國制不足救國。於是廢然思返。不如苟安。以爲『在今日欲作政譚。無論若何忠實穩健。而終不免略帶一種激刺煽動之性質。吾則以爲在今日而爲政治上之激刺煽動。則國家所受者實利少而害多。』懷此種心理者。吾以爲實居多數。（二）其故由於一度打擊。不能自振。遂生此種有害之觀念。聞之精神病學者言。人有有害之觀念。往往於未病之時。自以爲有疾。且有病本極輕。自信爲甚劇者。非先破除此等有害之觀念。病不可祛。今吾人對於國家前途。亦復類此。

欲破除此種有害之觀念。當分數層。（甲）苟安（卽維持現狀）之不足以圖存。（乙）改革之可能。（丙）政

（一）見大中華雜誌第二號梁啓超所著之政治之基礎與言論家之指針、下此所舉者皆同、梁公此作、在規人弗爲政譚、未嘗不可爲一種意見、第其中則云、政譚生惡影響、吾誠不敏、乃未之見也、至於其中更謂當乘今日政象小康之際、吾尤不識所謂小康者、果何指也、

（二）梁公尙如此、社會上袞袞者、更可想見、要之今日之政治無能說、乃最時髦之論也、

治根本之精神其間尤以丙為最要。三者且復關聯。不可分離。請於甲乙兩端先略言之。至於丙則本篇之主旨也。夫今日政治之精神一仍前清之舊。則前清政治之日陷自殺不可圖存。固人人而知之。今日政治又遽能適於生存耶。此蓋最易辭者。一語反詰當立證也。若改革之可能。亦復淺顯。往者辛亥之役未致引起排外之舉。說者乃謂此庚子之教訓也。吾以為良然。夫吾國於庚子所受之痛苦。不為不深。而所贏得者即此。亦不為少。謂國人失而無償。則不可也。辛亥之歲以迄今日。其示教於吾民者。固已多端。不必為具體之記述。是則苟安不足以圖存。改革未嘗絕望。既已證矣。然改革則必順應乎政治精神之本髓。故以為國民尤當知制治根本之所在也。

所謂制治根本者何。曰非福國利民之治術。而實為所以得此治術之道也。夫以治術言。是為制度。制度萬殊。而所以確立其制度而致治者。則其背後有道焉。此道無古今。無中外。一而已矣。國家之安生立命胥在此。文化之基礎亦胥在此。此道維何。請詳言之。

制治之根本有消極與積極二方面。消極者曰國家與國民有嚴格之分界是也。更以通俗之語表之。即國家與社會判而為二。夫人類何貴乎有國家。吾人得應之曰以維持公善（一）。故則反乎公善之行為。為國家所不當有。顧公善者。即不害於私善（二）之謂也。近世國家深知此理。知不能以主權之力為全國人民謀個別之幸福。乃必分公善與私善為二。公善之事。國家掌之。私善之事。聽國民自為之。不為越

（一）Common good 亦曰 public good.

（二）Individual good 亦曰 private good.

組代庖焉故近世國家非使國家如教師國民如生徒國家對於國民一切行爲皆干涉之督策之率領之懲責之乃使國家如公司國民如股東凡公司之事國家掌之其不涉公司而爲各股東自身之事則由國民爲之無與於國家也是則國家與國民其行爲之塗徑其事業之範圍各有嚴密之分界互不相越國家既不能侵及國民之領域國民復不能越占國家之事務此非政制亦非國體乃制治之根本也」

雖然歷史上之國家由專制而成故國家之破壞國民權界也易且不寧惟是當人文未進之時人民之權界實未嘗立所存者亦惟專制之威權而已人民於國家權界之外有其權者乃出於人格觀念之發展故於羣中其分子之權有二界焉一爲平等之人所不能侵一爲其上所戴之國家所不能侵人所不能侵之人權由國以保障之國所不能侵之人權由制度與人心以保障之苟人不能侵之人權國不足以維持之國不能侵之人權制度與人心又不足保有之則其國謂之不國固可謂之未進化之國尤當故吾友藍君公武嘗謂中國不成爲國良有以也

吾聞之摩爾之言曰古之人民所爭者參政之自由今之人民所爭者國家不得干與之自由(一)此蓋近世文明之淵源也吾嘗謂近世文明如學藝之進化經濟之發展國制之改善法律之完美皆出自此原則之賜謂近世文明近世國家皆建築於此理之上蓋無不可所以者何一國家之強盛一民族之伸展決不僅恃有首出庶衆之偉人以大力挾國家而前驅且證之歷史古代英雄之所爲與近世建國之

(一)原語爲 "Dort besteht die Freiheit in der Teilnahme an der Regierung, hier im moglichst wenig Regiertwerden."—R. V. Mohl, Enzyklopadie der Staatswissenschaft, S. 319.

道乃異其軌古代英武之君主其擴版圖振國威固屬偉業然不數十年其國衰其民流離竟無立錐地者又比比然也近世建國之道則適乎不同彼之國家乃築於萬世不朽之基國民不待偉人之挾持而別有其安生立命之所故國家有進而無退民族有興而無衰其所以能致此者卽在國民有確立之自由爲國家所不能侵故得而自然發展耳

讀者以中國之現象爲擬以爲自由有關國運若是其重不亦言之太甚乎不佞敢大言曰此事易徵蓋人民之知識能力正如春草不必播土布種而後始生但去覆於上者則自然而茁是謂自然發展一國之人民皆有自然發展之力不僅歷史所示抑亦事實所證也就吾國目前而論多謂吾民德民智民力之不振實則平心按事吾未嘗見民之智力有遜於居民上者且人性習焉則愈進不習必退今非民智陋民德敝民力拙乃壓遏之抑止之使其不能一發揚耳此則數年來之事迹可指證者也特當一旦去其藩籬則必振盪曳揚有逸出常軌者然在其初決不爲害今之人不察此理睹非常則驚以爲如水之奔堤莫可救止必先壓制納於範圍殊不知事乃大謬民之向上惟恃自競自競惟恃放任此則證之學塾亦然敎育之爲事在啟發兒童之天性啟發天性之道乃在一任自然若臨之以威束縛之令其不能自動則兒童之靈性必爲消遏盡矣國家之待國民亦莫不如此國家之視國民也非若撫難馴之兒童必束縛其野性須知國民愈壓則愈弛專制之下民德日墮蓋以此耳人之性本富於活動也不活動於此則將活動於彼專制之國其民不能爲正當之業於是挺而走險者有之侈華淫逸者有之舉國之民皆使其道德墮落此誰之罪歟

或曰。政治本有保育與放任二主義。二主義各有獨至之理。不可執其一而廢其他也。吾應之曰。不然。自立國之根本上觀之。初無所謂放任與干涉。國家之干涉。必國家確爲衆善之源。然如此國家。必其組織先臻美備。欲國家組織之密。運用之良。則必其國民先有優秀之德。欲國民進德。必賴其自然發展與自然競爭。決不能以一大力者挾之而前驅也。且當民力未充之際。無論其干涉之爲正當與否。總之干涉愈多。民愈委退。此則事實矣。故蒲徠士謂放任主義之理由。卽自社會現象觀之。國家干涉。害多而利少是也。亦卽謂人之希望動作。若聽其自然。則可以自然競爭與自然協力。由此則羣己皆得善果。其較國家之有意導御爲得。(一) 此區區數言。英美之立國之基。卽於是乎在。(二) 國人奈之何背道而馳哉。

雖然。立國御治。在國民之自由。非特在普汎之自由。尤在間接得致其影響於政治之自由。如言論自由集會自由。出版自由。結社自由。書信自由等是也。吾聞之。一國政治之進。決非政府自身之力。必有社會之威迫。以驅策其政府。然後政府始得入軌道矣。(三) 夫欲社會之力足以威迫其政府。則必有社會威

(一) "The rational ground (of the doctrine of Laissez-faise) is the principle, gathered from an observation of the phenomena of society, that interference by government more often does harm than good—that is to say, that the desires and impulses of men when left to themselves are more likely by their natural collision and co-operation to work out a happy result for the community and the individuals that compose it than will be attained by the conscious endeavours of the state controlling and directing those desires and impulses."—Bryce, The American Commonwealth, II P. 589—90.

(二) Bryce, ibid, II, Ch. XCVIII.

(三) Ostrogorski, The Power of social intimidation as a principle of political life, (Democracy and the Organisation of political parties, Appendix I.)

迫之道而不爲政府所奪其道卽國民之政治上自由是也。國民有出版之自由。則政府有失職者。得以言論糾責之。國民有集會之自由。則政府有違法者。得合羣力以抵抗之。至於藉此得更替當局。使政治常新。其理更屬深要。容下詳之。

讀者其以爲吾猶作老生常談乎。雖然。吾亦知吾之所謂自由。迥異乎時論之所謂自由也。自由固非一度規定於憲法而卽可確立而不移也。往往憲法如具文。而實際乃未嘗有自由焉。故各國憲法上之規定從同。而實質之自由各異。耶律芮克曰。『法文（指憲法規定自由之條文）雖同。而各國以立法司法異其內容。則爲事實。瑞士民主國與普奧君主國之憲法上自由相同。而其公法的司法則大異。苟比較之。乃至有味也。』（一）是以臨時約法上。旣有自由之規定。而所謂新約法者。亦復有此項之列擧。抑吾又聞之戴雪論法蘭西之報律曰。『人權宣言書中。宣告凡國民均有出版言論之權。而一七九一年之憲法更加以保障。謂人皆有言論出版之天賦權。不得於出版之前受官吏之檢察。第實際上此宣言與保證皆歸無効。蓋此理論乃久爲法政府所反對矣。』（二）是可知徒恃空架之法律。而謀人民之實在自由。

（一） "Daher die eigentümliche Erscheinung, dass ein und derselbe Gesetzestext in zwei verschiedenen Staaten einen ganz verschiedenen Inhalt für Gesetzgebung und Rechtsprechung gewinnen kann. Von hohem Interesse ist es, unter diesem Gesichtspunkte die gesetzliche Durchbildung verfassungsmässiger Freiheiten in Schweiz einerseits, in grossen monarchischen Staaten wie in Preussen und Oesterreich andererseits, sowie die Rechtsprechung der betreffenden Gerichtshöfe des öffentlichen Rechtes miteinanden zu vergleichen."—Jellinek, System der subjektiven öffentlichen Rechte, S. 103.

（二） Dicey, The law of the constitution, P. 252.

必無濟也吾民自革命以還其所得之自由爲何如然而約法如故所謂新約法者亦如故也吾友李君敏齋謂約法所以便於政府者也政府引用之則有効國民則否慨哉言之矣

國民之自由者其反面卽爲國家之制限易言之亦卽政府之制限柏哲士一派謂國家無制限所制限者政府耳政府爲國家之機關國家爲人格機關如手足是國家制限政府也特吾以爲此乃言語之爭國家之制限政府固未嘗有異於制限其自身此等爭論殊屬無謂要之當有制限而已政權之有制限乃近世國家之精髓近世文明之根本也今之言治者喜爲開明專制之主張於今日政象之下猶有以俾士麥爲提倡者其謳歌開明專制爲何如秋桐君謂開明專制實無是物吾嘗嘆爲知言吾亦遍搜西籍除佛蘭士（一）以生理比較爲論及郝伯思（二）之外皆未嘗主張專制誠不知開明專制在學理上作何詮釋至謂證以歷史大彼得之興俄維廉大帝之興德那破崙之治法足爲開明專制加以助力姑不論事實未必盡如論者之言然此等機會是否可一而又可再並可抽爲原理準之他處而皆驗吾之愚頑實不能領悟也

且吾之所知乃適得其反夫人之自營爲私本諸天賦也無論何人苟假以威權而無法以督責其後鮮

（一）C. Frantz, Vorschule zu einer Physiologie der Staaten, 1857.

（二）郝氏亦非謂不受制限特受神法之拘束耳 "The Office of the Sovereign consisteth in the end, for which he was trusted with the Sovereign Power, namely the procuration of the safety of the people; to which he is obliged by the Law of Nature, and to render an account thereof to God, the author of that Law, and to none but him." 見 Hobbes, Leviathan, Ch. XXX.

有不利己而害公者，此事實雖有蘇張之舌，亦不能爲之掩護。故制治之道，首在分散其權，不使凝集於一，各得制限，互相督責，使皆不敢畔其範圍以自逞。古今立法建制之精神，皆不外是。世之論政者，莫不祖述於英，以爲英倫者一切優良政制之發源也。顧英之所以有議會，其初亦在制限政府。由是觀之，自然人有自營利己之惡德，不易排去，一入國家機關，每易藉職權以自逞，故必先嚴制其職權，苟其不敢冒大不韙而越其分界，則不惟得以自盡厥職，且他機關及國民乃敢公然爲督視與反對之行爲也。要之制治之根本，其消極方面在人民之自由，而人民之自由，則由國家之制限中得之。論者必以爲國民與政府若環無端，國民無能力，又安能制限其國家，故有良人民始有良政府，有良政府始有良人民。吾則竊謂不然，國家之制限，初不待全體人民之發育，但覓一機會，一度限定，徐徐導之前進卽可矣。求之於例，亦不在遠，我國之有國會，擬於英美固屬不倫，謂其有害，未免太過。雖其監督政府之力，不能如吾人之所期，政府於時大爲斂迹，則屬事實。今之獻媚者雖欲反對而不能也。發軔之始，得此已足，吾人又烏可求全責備。若本此而推揚焉，則爲良政治之基礎也無疑矣。吾人更溯法蘭西之歷史，拿破崙時代非無議會也，其議會何以不若路易拿破崙兵敗於野時議會之有力？是則選舉法既不相同，而中等之人可以語上，復可以語下，因時勢爲之變遷耳。故「使吾國民有運用合議機關之能力耶，雖以今之參政院立法院，固饒有迴翔之餘地」一語，吾殊不敢盲從。姑不論前此之國會未嘗失德，試問卽以國會議員而入今之參立二院，其能相容否乎？夫以有恥之士，相率避秦，居者非若寒蟬，卽無以自立，以此而謂國民能力不足，其誰能信？法蘭西之第三共和，去拿翁固未遠，反對戴冶與麥馬韓之議員，未必於拿破崙時無從覓得苟於其時謂法人無運用合議機關之能力當時固可言之不怍即今觀之又當何如故吾以爲言治最宜具精透之目光不可爲現象所局當於極尋常之中發見至理若客感不除鮮有不失者也

然而吾非汎言國會之能力而爲片面的頌揚也吾特取其制限政府與監督行政之一點耳換詞以明之卽得遏制不良政治與不法行政是也謂吾之取義僅在消極亦未嘗不可雖然議會之有消極効用者同時必有積極之事務如嚴定法規以拘束行政一也如實行課責之方法以督促政治又一也夫有議會足以制限政府則人民於政府制限之下得以自由活動自然發展徐徐引揚一旦能力充足則何種政治不可運用而致善哉

言夫制治根本之積極方面有不可不熟記者則『世治之最不幸不在賢者之在下位而不能升而在不賢者之在上位而無由降』(一)易辭言之卽國家之機關不容一黨派一勢力所永久盤据也夫不賢者無由降則必多行不義無所顧忌一黨派一勢力盤据政府則不徒反對之勢力相異之黨派對立之意見爲其壓倒無餘抑且凡與彼相抗者皆得以力征服之於是國家變公有爲私有矣私有國家之害稍有常識之士鮮不知之毋待縷述至何以使私有之國家變而爲公有乎此非叩諸常識所可解決者也不佞願依此三年經驗之教訓試爲解答

第一須知使私有國家一變而爲公有者決非革命所可爲功也蓋革命之成莫不基乎羣衆心理夫羣

(一) 此取嚴幾道天演論語、至于移譯原意是否相符、與此無涉衆心理無推理之目光無遠大之企圖往往走於極激以感情而用事法蘭西之革命也其最初不過數百飢民圍困皇宮以求食耳法帝倉皇出兵民乃大憤段敦羅伯斯比馬拉之徒不過藉秩序之紛亂利用羣衆心理以相號召而已亦未嘗有一定之主張永久之計畫也若中國則武漢初起不過少數士卒瑞徵欲一一置之於法衆乃憤與挺而走險蓋純出於義憤決未嘗爲未雨之綢繆也夫以盲目之羣衆而欲與謀久遠之立國大計又將安可試瀏覽史乘有國經一次革命而劇能長治久安者乎吾乃不敏實未嘗見法蘭西之大革命有造於法固不容疑然謂大革命後法蘭西卽得鞏固其國基則殊不敢信若曰法蘭西之所以立國者由於數次革命而始得有良善之教訓庶乎近是矣

第二須知使私有國家一變而爲公有者亦非專恃較良之政府虛衷退讓所可爲功也雖有極善良之政府然苟其久占而不去政治上必生一種影響蓋政治非一方面也而實具有多方面國家亦決非一政策所能治者也實有待於各種政策且政治之方面與政策之種類亦初不必相似有時竟相反相成要視乎時代變遷之趨勢耳夫時勢變遷無定者也苟執着一政策側重一方面則國家之福利必不可得故治道初無一定之理愈討論其理亦復愈繁（一）要以應時爲之進退是以各國政府之解組未必其心迹不可告人亦未必其行事違法害政然以不足應時代之要求順世界之趨勢故必解政柄離政權以收彈性之効近世學人稱揚內閣制者其注目亦咸在此誠知夫政府之良惡猶屬第二問題而政

（1）"As far as it goes, the mere putting up of a subject to discussion, with the object of being guided by that discussion, is a clear admission that that subject is in no degree settled by established rule, and that men are free to choose in it."—Bagehot, ibid, P. 161.

局必使之流通不致壅塞乃爲第一問題耳

公有國家不在革命與德治（言以道德爲治如孔子所詮者）矣則必別有其道吾嘗思之夫國家者公善之實現也顧公善無限定之內容乃日進無已故國家之職務亦正在追尋此公善之演進耳然國家非自然人不能自動者也則撲捉此公善以求實現者誰乎或曰必爲政府然而非也夫政府常本公善以導人民固不爲謬特此撲捉公善之職實不僅在政府凡人民皆有之然若人人撲捉公善人人所得者各殊又將奈何於是有道焉即秋桐君之調和說是已秋桐君之言曰「一國以內情感利害雖然並陳非一一使之差足自安羣體將至迸裂不可收拾凡問題及於是焉者非以全體相感相召相磋相切之精神出之不足以言治國之長圖也」旨哉言乎近世政治之隆文明之興莫不發源於此讀者愼勿視爲空廓之談也

所謂調和者非無端退縮相劑於平而無上下高低之分乃雖自然競爭而各不傷其固有之基礎雖互有進退而不過順應時代爲隱顯之區別此言一方面也而他方面則固各足相安初無相殺之事於是由相安而各得自由進退而得應乎時運羣治之進端賴此已淺識之士一聞立異即慮爲分裂殊不知眞統一惟於分立並進中求之耳此理丁佛言君嘗於論中央與地方相關之處一闡揚之實則初不限於此凡政治之活動莫不由此軌道乃無上之眞諦也

要之相異之意見應乎時勢互爲進退使政局流動更新此即吾前所謂制治之積極方面也顧此由何術以致之乎曰證之歷史能得此三昧者厥惟英人夫英之所以成功者不在內閣而在議會以制度言

議會之制本爲希臘羅馬民族之遺他民族亦多採用之其用也或未能致善顧英則獨佳其故不在法律而在政治德儒之論議會也莫不曰非人民之代表（一）證之法理此說吾乃無以易特驗之事實乃不盡然於是吾人必分別觀之分法律與政治爲二自法律觀之吾人敢同德儒之說訓議會爲國家之機關而止不復更進自政治方面則吾人確見議會爲社會之縮型何以言之法律者主形式之規律政治者詮活動之實踐譬如人之有目以形式論爲人之機關無疑矣至若目何以視視而何以有益於人生則不可訴之於形式以求解釋也議會亦然議會者自形式之法律而觀爲國家之機關自活動之政治而觀則爲社會之縮型蓋國家之目的在國利民福常人同喻之矣然所以致此福利者惟恃全國人士聰明才力各相迸發以議之結果爲政之實施故夫相召相感相切相磋咸無虞詐俾國中各意見各黨派各職業各勢力各階級皆相遇於一處以優容異己之心爲眞理之追尋以調和對抗之德爲討論之進行者則國家必有一機關焉可容此多數之人衆而此多數之人衆又必適爲各黨派各意見各勢力各階級各職業之代表自此點以言則謂議會爲人民之代表誰曰不宜英倫之所以善其治者正在乎此蓋使社會上凡有意見皆有其代表於議會以爲討議由此討議得應時代之要求常新其政策再轉而內閣制成焉故曰英之成功在議會也

吾人之所以贊揚議會政治者其目的卽在以社會之寫影移置於政治上而政治乃得由討論與調和

（一）近世德國法學界主張代表說者、唯 Jellinek (Allgemeine Staatslehre, S. 552—579) 與 Schulze (Preuss Staatsrecht, I, S. 563) 二人、然自法律方面而論、吾亦不復贅同耳、

而常自新焉故凡國有優良之議會無不行內閣制世之論內閣制者多謂內閣當衝元首無責乃維持國本之大計吾則以爲內閣制所以存在之原因在使政治得以流動而常新至於元首置身於攻擊之外猶其次也夫政能由議而出且得流動更新不致否塞則一國之氣必飛揚一羣之業必發展而革命賴以免也

不佞贊成聯邦者也梁任公曰『謂在單一制之下不能善治之國民一易爲聯邦卽能善治此理吾直無從索解』(一)須知吾之所謂聯邦者殊非如是之單簡前不云乎政治之大患不在賢者之在下位而不能升而在不賢者之在上位而無由降夫一國之中苟有大力者以壓制臨民其國能發達者鮮矣凡人皆有自私之惡德一入政局而無所制限則必放弛橫決不可收拾又必然之勢也退一步言之假定其人尙有差強人意之德然以一人之力處理全國之事全國之衆聽命於一人之指揮其於國計民生亦復不能發展蓋國家而有廣漠之地域者無論執政之賢與不肖苟委之於一人終不可睹國利民福之効果吾之贊成聯邦者亦以此耳更詳言之土地廣大之國家必確定地方制度假手於人民之自治俾一地方之政治常得流通自新而全國之政治始有活潑進行之望苟不然者以中央之力壓制地方將見民如春艸雖具有自然發育之能力徒以有物覆於其上不能自伸而國亦隨萎故在土地廣漠之國其不能善治者非國民之罪也且徵之吾國近數十年之情狀尤爲易覩清末之政府果優於各省諮議局乎今日之官僚果優於國民乎然則於單一制之下不能善治之國民謂其一易聯邦必仍不能致

(一)見前引之大中華雜誌、

善者。吾殊不敢妄爲附和也。

然吾非於內閣制與聯邦制之間有所抉擇。特以爲內閣制也、聯邦制也、其背後之根本、則在使政治流通而活潑。其命意一而已矣。此非制度之問題。乃制治之根本問題也。凡有一制度能合乎此根本者。是爲善良之制度。凡有一組織能適乎此命意者。是爲優秀之組織。苟不然者。制度屢變。組織萬變。要與根本無關。則國利民福。不惟不可得睹。抑且行見其日損而已。有國如此。未獲不亡。吾言至此。吾悲莫抑。讀者試觀今日之域中。果爲若何之國家乎。

常使政治流通更新。固未易言也。必先發揚民氣。宣育民智。然後可圖。吾聞之梅因曰。變化自新。唯近世有其事。人類中知之者亦復至稀。即此知者仍屬近今。乃由民意政治而得之也。(一)推梅氏之意知此義者惟歐人。而白芝浩則謂東方文明爲靜止之文明。西方乃爲進行之文明。適相反也。(二)吾誠嘆服其言。吾民族之文明爲靜止。而不復更進。固無可諱。第竊察今日之社會現象。覺固有之文明。固有之秩序。久已不復存在。今日所蒙者。唯一苟安之心理而已。若謂吾民族於今日猶擁護其靜止之文明。吾知今日之社會尚未敢當此。然則致社會至於今日之畸形。又誰之罪歟。是以民性立論。謂吾民乃永永不

(一)此譯意原句爲 "To the fact that the enthusiasm of change is comparatively rare must be added the fact that it is extremely modern. It is known but to a small part of mankind, and to that part but for a short period during a history of incalculable length. It is not old than the free employment of legislation by popular governments." —Maine, Popular government, P.134.

(二) Bagehot, ibid, P. 53 et seq.

得趨於變化進行之一端證之事實已殊不可又況據今日以觀確有一種民氣抑鬱而未伸耶

或曰子之言誠善矣然今日之中國曷由致此吾應之曰政治之改革不在當時之改革方法而在所以支持永久之根本精神以一時之改革言訴之於武力固未嘗不可然一度破裂之後輒謂國家即此可得治安則必無其事故政治之改革在先築改革之基礎由此基礎而漸進焉則必日形完善可斷言也所謂改革之基礎者何曰凡足爲改革之障害與阻撓者劃除之劃除之後立一軌道俾民氣民力由此道以發揚定一制度使民意民德由此制以前進一度確定之後不使有所執着逐漸改善聽容相異之主張使社會上爲分化之發展復由分化而得自由競爭自然發達焉則政治始趨於活潑由活潑而善良矣

故積極之政治流通與消極之國民自由乃屬一物而有二方面耳其間有必然之關係也吾前謂國民之自由能間接影響政治如言論結社等最爲切要侯官嚴氏曰『所謂去其所傳者最爲有國者所難能能則其國無不強其羣無不進者此質家親親必不能也文家尊尊亦不能也惟尙賢課名實者能之尙賢則近墨課名實則近於申商故其爲術在中國中古以來罕有用者而用者乃在今日之西國英倫民氣最伸故其術最先用用之亦最有功如廣立民報而守直言不禁之盟保公二黨遞主國政以互相稽察凡此之爲皆惟恐所傳者不去故也』(一) 由是觀之一國之政治求其流動常新端恃開發民志凡爲人民自然發展之挫制者必除袪之不必如園丁之治草木爲之擇宜芸惡以人工而代天事但於其

(一)見天演論上卷導言第十七之按語、

初也聽其自然由自然而發育焉及其繼也則能力既充自收稽察與輪替之效所謂民志之伸卽此是矣夫任民之自然發展者政府必常受制限凡暴政專制必確在禁除之列以此施之於已專制已暴虐之政府何異與狐謀皮國而有此或謂別有過渡之辦法特此辦法非本篇所能論也

吾前云國民之自由乃自國家之制限中得之顧爲政者有自私之惡德又安能實現其制限耶然此實無難國家之制限其初步卽在各機關之互相控制迨夫人民之能力既足則無待於此矣特欲各機關之互相平衡互相制限者非徒恃憲法可以爲功吾嘗對於今日言治者之重視憲法輒有過度之慮夫憲法一紙空文耳欲此空文上之効用得以實現則必有待於多數之法規與執法者夫英吉利以立憲甲於世界者也然卽其憲法者果若何乎淺學之士但知有大憲章權利法典等實則英憲固不止此也德儒葛雍斯特以法治國之名貽英(一)英當之無愧者非因有大憲章權利法典等之區區數十百條乃於此外別有現實的(二)完全憲法焉雪僧評言之(三)可以細按是則英之所以爲法治國者無他

(一) Gneist, Verwaltung, Justiz, Rechtsweg 見 Lowell, The government of England II, P. 480 所引

(二)正英語之 Actual.

(三) "The English Constitution is a body of rules and understandings more or less clearly defined, in accordance with which the various governmental agencies are kept in harmonious action. The great part of these are not laws at all, but are mere understandings based upon custom, or growing out of the necessities of government. Yet, if we apply the American analogy to the English Constitution, we find that a part of it is actual law. In the chapter on the courts the fact has been pointed out that some of the most important rules of the Constitution have had a judicial origin. The rule that the Monarch can do no wrong, or that the King cannot be accused in a court of law, is a rule of the courts. Likewise, the rule that the official

乃正在不分憲法與法律使法律皆等於憲法而有同一之効而已故知徒有憲法亦不足以現法治之精神國人研究公法者不可不一省悟也此義本非茲篇之主題特論機關之權界國家之制限一旁及之。

制治之根本既明請更為簡括之結論以醒讀者之目曰政治之精神惟在使國民得以自由發展顧此自由發展乃由政府之受制限中得之由此自由發展則得以時常促進其政治使之流通日新——如一壺之水熨之以火而其中無數莫破質點暖者自升冷者旋降回轉周流至於同溫等熱而後已——(一)於是羣乃大進入乎郅治之境矣特當其始也先求政府之制限而制限之道則由數機關之互相控制以為稽察不致流於專擅更設一機關(即議會)使為社會之寫影凡社會上各黨派各意見各階級各職業咸得其代表於此以調和之德為討論之舉以議之結果為政之實施苟有國焉能克致此而不強者吾不信也此理皆先哲所已言語云至理寓於庸常之中今乃體驗得之吾知於今日政變之後國人必不以斯言為河漢也。

acts of the King must be done through a Minister who is legally responsible them, was made by the courts............In this way the Executive is constantly checked by the courts of law. In American, for example, we secure the right of petition, the right to freedom of speech, the right of public meetings, the right to bear arms, the right of trial by jury, by clauses which we have inserted in our state and United States constitutions. In England these rights are secured mainly by the rulings of courts."—Macy, The Nature of the English constitution, P. 107.

(一)亦天演論語、

再紀歐洲戰事

漸生

今吾執筆距歐戰開始時已八閱月戰勝果在誰面議和期果在誰日仍如聶者莫能爲一言也惟就戰爭所經過得於作戰計畫之中證明交戰國以十餘數其挾持世界之力以決雌雄者惟英與德餘子紛紛固附庸也此不惟遠東之日本近東之土耳其先後加入戰爭大都爲英德驅除難者卽奧塞俄法竭力以馳騁於戰場亦何一非代英德以受敵耶

夫去秋戰事起時若自表面以言主動者奧塞也俄憤莫能忍而德起德起而向法英遂不能坐視因遘此彌天之戰禍涓涓不塞將成江河論者靡不歸咎於坡斯尼亞一彈也庸詎知其內容不如此也英執歐洲霸權行已一世紀德自勝法后毛羽亦日見豐滿久思翻此現狀起而代之其蓄意已四十餘年平時尊俎相折衝亦恒具雙方不相下之勢故歐洲國際一有難勢非先得英德之默許卽無法排解往者巴爾幹戰爭識時者卽墊憂英德之潰裂勃發於一朝天下紛紛惟以英與德故爾事不兩毖終見於一九一四年之八月方奧發最后通牒初塞所答覆亦可謂奉令承教宜若得免乃奧不肯絲毫遷就非有德爲強固之後援惡得堅執至此俄於七年前憤坡赫二洲見併於奧時欲起而與之爭德出一紙書卽屏息不敢與較非直日俄戰役之創痍未復也單簡之俄法同盟不足恃爾今德復襲用虛聲恫喝之策卒以無效竟寢皇蒲胥奮然以起非以三國協商之局有所成就而不恐又惡敢出此法銜於德已久宜緣隙以求鬬者乃德軍已抵盧森堡猶卻顧而無所行動必俟其占領比之亞倫后始毅然興師是非取

進退於英倫以慓悍之拉丁民族肯迂迴遲重如此哉且我首奧塞也英德俄法之各陳師以出亦靡不曰爲奧塞戰爭也既曰奧塞戰爭宜羣聚師於巴爾幹旁近乃今歐南之巴爾幹旁近反若可以相忘而各併力於歐北歐北又莫激烈於比法間身爲戎首之塞不聞列强得以誰何不爲禍始不爲福先之比利時獨被以不可思議之慘酷此非有愛於塞而於比否也亦非塞以善戰名而比無似也方略所存違計可否塞形勢不中要害而比立國於德法間與英法間之孔道爲軍事上所必爭當德軍通過比利時初德之聯邦議會亦非不以侵害中立爲惡事但善惡無定名最後之判斷卒傅會平時國家有尊重人民權利之義務至戰時則否之說美之羅斯福氏近憤而撰一文題曰歐洲戰爭之教訓謂今列强興師時莫不可搜求一面之理由以宣言於宇內惟災及於比縱人詈百喙以自解亦無能穿鑿正義以號召天下曰吾乃弔民伐罪之師彼德之聯邦議會以偏袒政府爲職務者也其良知上猶不能否認爲非惡侵害中立之罪之無可掩飾可知也……余以近所觀察激增軍備買列强以畏怖不可也懈弛軍事誘列强以侮蔑愈不可也英倫三島設若銷滅其海軍安知不爲比利時第二中華民國設若有相當之軍備日本豈易如入無人之青島得此覺悟於歐亞兪知吾美不可不汲汲有所準備也

羅氏所云云於吾文爲駢枝讀焉而吾心怦怦遂迻譯於此今自悲之不遑又奚暇爲比悲也耶比有主權有人民而無土地吾有土地有人民而無主權土地之喪失或恢復於議和時主權之喪失其恢復果待何時耶蒼天悠悠曷其有極自此吾亦仍入正文以述歐戰所進行始比利時而波蘭而奧塞終以土耳其焉

比法間之戰爭

德之作戰計畫何在在制英之死命而已累積其數月之所進行一舉一動殆靡不向英圖謀比法間之戰爭其最明瞭者也夫英以號稱優勢之海軍雄於世界其水上固不許德人窺伺而德以數十年經營之陸軍既爲世界所莫可誰何亦自非萬全而不出故始之作戰也不直接向英而在間接以俾英困其成算先求制勝於大陸掊擊其與國使無復再起如斯縱英擁有不可抗之海軍亦一籌莫展世界之霸權固隨凱撒而舉之柏林也且兵戎相見所爭者時日爾俄夙以遲鈍聞於鄰右陳師鞠旅非倉卒所能爲曠日彌久而德以有馳迴無滯之鐵道得以操縱及時迨彼成師以出德或已取得巴黎縱不如所期亦得與法以重要不復起之損傷俾踰時不克稱戈然後旋東搗俄如反掌爾

比利時者德固不在意中也孰知其中德要害幾駕俄法之上俾間接困英之計畫竟莫得而施方德以十二萬五千之師通過盧森堡後卽通告於比不假我以道吾則訴之武力焉此去秋八月四日事也比曰侵我中立者侮我也侮我亡也卽舉四萬之師陳於東北兵數雖弱於德三分之二而有餘而以黎市要塞有最新式之砲台十二一夫當關萬夫莫開其形勝固足以制多數也復乘德之未至壞其橋梁俾不得渡且得於塞前投以砲火迨彼結筏而濟師已疲焉仰億萬之師亘二日有六時之晝夜損德精銳二萬五千大砲二十七士卒死傷如積德請休暇一日比復不許僅允以二時之停戰及期而砲火復又轟天夫黎市要塞後雖終爲德有而以不及三分之一之衆橫當強敵既俾法以時日整理軍備得以一

師援比復以一師直抵亞爾沙斯而英亦不憂渡海之不及得與比以援兵二萬聯合軍之聲勢爲之頓張而東方之俄亦壓師境上不惟德始謀之無效且東西疲於奔命今戰爭亘數月之久并卓然有關係之勝負亦不可得而見其戰象卽胚胎於此然則比雖擢敗其功亦足以暴於天下矣昔韓愈之論張巡許遠謂守一城捍天下以千百就盡之卒戰百萬日滋之師蔽遮江淮沮遏其勢天下之不亡其誰之功也吾於比利時亦云

夫以寡敵衆得支持於一時勢固不可久也故德終越砲台直搗黎市市旣破卽與英法聯軍交綏一舉而斷聯軍與比之通路黎市旁近之白爾鶱士者亦以八月二十日歸於德有比德境上旣已蕩平卽引兵鼓行而南至則圖蒙肆蒙肆者英法聯軍所在地也其別軍侵入比北阿斯丹附近者亦起而會師於南與聯軍遇肉薄三晝夜大破之遂乘勝侵入法境而法前收歸之亞爾沙斯亦仍爲德所有迅雷不及掩耳其鋒宜若不可當者而已黎東北亞米弁旁近法軍甚張其勢足以控制東南且比軍之集安敦和白者亦無慮二十萬無時不可南下孤軍深入終有腹背受敵之虞故是役僅損英五六千人法師亦不越萬餘卽空中投下爆彈於比北亦僅焚燒安府七百戶殺婦稚十餘人而德所損傷亦不減於英法勝負殆靡得而言焉也

乃一入九月比法間所有要塞強半入於德手強者吾攻弱者不肯守在昔普法戰爭普軍自東北以西入勢亦有同破竹而法東之麥東後雖以戰敗割讓於普終受六十九日之攻擊力盡而始降今法境之黎羅者地望遙與麥都平列且自東而西連於南芝其間有七所之砲臺夙稱險阻德以客軍遠至縱彼

軍士無不一以當十亦若非數月之力不克成功乃法守將俾爾散不待敵師之至卽棄城而遁以金城鐵壁之要塞德竟不費一彈唾手取之宜其如入無人之境不半月而略地百英里巴黎旦夕非法有也黎羅非德所易取者而法拱手以讓之巴黎已非法有者而德棄而不顧忽東向馬羅河畔謀與北海戰線連結爲此出人意表之舉豈眞以分師波蘭得巴黎而無力以守耶乃作戰計畫上勢有所不得不如此也始謀既已不遂今取得巴黎徒增後顧之憂而於英絲毫無所損非兵家所謂攻其所必爭也四十五年前之巴黎普與法戰也故巴黎在所必爭四十五年后之巴黎德名與法戰實與英戰也故巴黎不中要害視線應集於法之西北中央之巴黎又奚容注意耶乃法人竟不知此側聞德師西向卽倉皇遷都於其南一若凱撒行舉入京式於巴黎者然舉國騷然昧茲情實其結果徒犧牲其郊外無數之重樓廣厦而數十年所培植始有此鬱鬱葱葱之喬木亦斬伐殆盡焉可哀也

巴黎被圍急英固不介意也惟鳩集大師於此北阿斯丹附近堵德師以北往傾全力以維持與安府接連之戰線坎拿大義勇兵在焉印度土人兵在焉且哥薩兵七萬自俄亞嘉根港西繞北冰洋抵蘇格蘭渡多福海峽以上陸厚集其兵力如此其勢固非易侮也以唾手可得之巴黎德睥睨而不取獨竭力與此爭一旦之命攻戰十有八日無晝夜猛烈炮火北鄰爭死煙炎漲天人馬燒死甚衆且率精銳繼其后十餘戰卽迫安府比以事急決破隄防激水以灌德軍德軍爲之退卻無已而移時復以砲火襲來安府遂終不可保聯軍所損失英將校百八十士卒八千六百比將校四百七十士卒三萬八百五十法將校三千五十士卒十六萬三千俄將校千百五十士卒五萬二千都凡二十五萬九千三百人云而德所損

失亦尚踰一萬有餘惟所獲有大砲五百穀類七萬石其他多量之軍需品已爾以載在國際條約永久中立國之比利時今竟於十月九日以後有主權有人民而無土地開自有國家以來不見之先例聚數十年海牙平和會之精神在爭霸權者視之自應所顧惜而雙方之勝負終不因此略見端倪此則不能不爲英德咎也

安府陷后繼以阿斯丹而比西北之戰爭愈激巴黎圍解遷都波爾多而法東北之戰爭轉緩且法自政府南移后士氣亦較振於前處逃將俾爾散以重刑能將帥之不武者至二十四人以前者靡日不西退之法軍今乃得東向以復其所失地論者輒歸功於法將徐藥蔔氏之蒐討軍實嚴明律令巴黎得以無恐政府復還故都不知德對於法已以攻取之師一變而爲防禦之師法縱奮鬭終不得復逼亞爾沙師亞爾沙師以西德固不注重也且率皆不費一彈得之項羽懷思東歸而秦宮室皆摧燒殘破德軍東向而法寺院亦被夷滅黎羅之火三夜南芝亦然居民至有潛伏於葡萄酒貯藏穴中以避難者今之德軍與吾二千餘年前之項羽竟如出一轍固由仁義不施而亦表示不甚愛惜之作用也巴黎以東自此殆無戰爭可言縱間有衝突亦羣盜相出入是於大局靡有關係者百年前之拿翁志在爭霸於天下故不憚遠征以進取今拉丁民族所抱持之大志亦不越恢復亞爾沙斯已爾而德扼以重兵安敢近乎故吾有以知其不爾也法東之趨勢信如前說而法西北乃與英共海峽以存亡也形勢如加拉與特根爾圭德自旋施馬羅河以后殆靡日不遙望而迴腸今比西北戰爭之激烈卽爲此也

德自取法搗俄之策被挫於比利時而西出師以困巴黎復旋師於北以屠安府皆兵法所謂偏師也勝

負不足爲戰之輕重故英不肯傾全力以與抗獨全移於伊善魯流域之戰爭各舉國以從今既六月有餘尙無寧日乃重大之關係所在也德軍號稱百六十萬戰線自北海以迄此耳福蜿蜒而西南無慮四百英里徵集及於十六七之青年有學於大學倉卒被徵者有還未入大學卽從軍者其掃境內以致死於敵也可徵而聯軍之龐大更幾倍其量總數號稱三百有十萬悉屯伊善魯河西北有坎拿大兵有印度兵有比領公果之黑奴有法領南非之土軍且有以宗教名義助戰之土耳其人而法所召募之摩洛哥兵會於此者亦不下四十萬人不一洲也服不一色也語言之混淆慣習之殊異而德與聯軍分河以對峙德戰河南聯軍戰河北戰區不足二十五英里短兵既接重砲復轟每遇激烈交鋒則人馬枕藉死者不可勝數河水時爲之不流又附近隄防排決未修復海潮一入戰場化爲澤國鵠立陣前之士卒膝以下至與水族爲伍死於水死於火如斯慘狀殆自十月末繼續一閱月而有餘兩軍所損傷今尙難以數計也

初德軍氣銳甚恒思渡河而北肉薄以戰聯軍爲正兵復以奇兵繞阿斯丹潛伏西進謀超越背後如吾李槊之入蔡洲然彼猝遇不知所防以密集隊伍而兩國受敵動搖自易易一有動搖則全軍瓦解德得以輕騎鼓行而西直據加拉以戰英法此吾歷史所云將軍自天而降也加拉者西臨多福海峽二十英里卽達於英而東南走巴黎亦不越五十英里此英法咽喉也若爲敵所扼縱擁有優越海軍亦無所用武國都且不保遑言與德中分天下耶夫在德所計畫如此如此彼聯軍者有三百餘萬之師旅亦決非坐以待斃無應敵之方略者也當德使用最新式之武器（如四十二生的蝦蟆砲是）相逼以逞時聯

軍不惟有種種防備得屯軍河北而不虞亦有別軍繞德背后謀與法師之在南者連合以困德如此則德勢不得不分兵於南伊河之劇戰必緩而聯軍且得收歸安府還之比利時以發展作戰地域是亦非不可企及之事也後雖不果如所願而法以合於聯軍之別軍得略地至亞爾沙斯旁近德所畫策不遂乃徒惹阿斯丹附近之惡戰而加拉至今葦然焉

行師無慮七百萬爲時亦越六閱月火器各稱空前之巧妙對壘不踰二十五英里之域乃重要關係之勝負迄今不得一聞彼勝於此逾時此又勝於彼隱若楚漢戰於滎陽成皐間憒莫能決雌雄各以挑戰爲兒戲然此北伊普魯流域今之滎陽成皐間也英倫元首不鬪親與凱撒挑戰惟憤而盡力以斷絕其糧道凱撒亦不求與挑戰亦惟憤陸上之不能轉求於水中以潛航艇爲困敵之不二法門而勝負仍依然如昨也噫

波蘭之戰爭

德於此利時攻取之師也於波蘭防禦之師也故置重於西北僅以十餘萬之師爲歐東防備取足以抵禦已也而俄反是出師八百萬不憚遠東之空虛思得滅此而朝食乃戰爭亦旣有月不惟柏林終未一受影響卽德東要塞亦不鬪得以相逼惟時以侵入東普魯士聞移時又爲德所奪去聞循迴往復於波蘭一隅亦猶西歐戰象各不越比利時一步惟損害無數人民生命以人力製造彌天之災禍而已且此尙有地理之關係在試一披輿圖益瞭然其勝負靡足以云輕重俄德間有維士都拉河亦猶劃分歐亞

之。烏拉嶺也。不幸波蘭不足自存。而剖分於强大。當是時。各務爲廣土計。既蔑視人種關係。復不豫計後日軍事所要。求普魯士有地百二十五英里於維河以東。而俄屬又延長於維河以西百二十五英里。疆場之隔。一彼一此。平時既以國際慣例。不得沿境域以經營。故遭遇兵戎。各如入無人之地。一任師徒以跳梁。靡有可憑藉之扞禦也。

當戰事開始時。觀戰者靡不爲俄危。恐師未出境。而敵已壓國都也。乃不如所期。不一月。卽齊師繞維河而南。沿河前進。不西渡河以取東普魯士。而直搗嘉里西亞。與奧軍會戰於鄰山。鄰山者。加洲之首都也。失此。則奧北危。德投以援師五萬。亦無能爲役。鄰山竟爲俄有。而別軍渡河而西者。又得侵入東普魯士。是時俄氣銳甚。方懷柔波蘭。與以自治。消滅內訌於無形。又招募猶太武士。授之將校重任。爲與共存亡之表明。報紙復誇張其詞。至虛稱捕虜奧軍。亦既無藝。而德復不能支。眞若俄軍直將抵柏林而痛飲德不足平也者。傳聞達於巴黎。時法適被困於德軍。無術壯聯軍聲勢。得此聊勝於無。遂不遑審查虛實。舉全國以歡迎。若語求徵信。德師幾何。既如前所云。而奧所損喪。亦不如俄主張之甚。要之波蘭戰爭。俄不越自波羅的海。達嘉淜野山。迤西各要塞而西。無如德何也。德不越辣呂河。向西一路之要塞而東。亦無如俄何也。甌脫之戰爭。蝸角爾。得地不足以爲大。失地不足以爲害。洼爾蘇之戰爭。乃戰爭也。今繼茲以言之。

果爾。俄取得東普魯士。不數日。而德將賓天保氏。以百戰百勝。聞於比法間者。卽提師東徙。爲規取洼爾蘇計畫。輕騎一夜。直出馬芝湖附近。懸軍湖畔。超俄背后。以責戰。先迫敵以不克支。俄遂不得不退出東普魯士彼東普魯士者雙方無所輕重吾固前言也而自俄喪失之乃惹起注爾蘇之戰爭者非東普魯士之爲厲而俄退避倉皇與敵以可乘之隙也東普魯士不足惜因失東普魯士而任彼戰線延長於尼涵河域蜿蜒以迄於南滬據形勝勢可以一舉而會師於注爾蘇附近此則大可惜也後相持十餘日日戰數十合兩軍傷死無算雖終以衆寡不敵俄得保持自莫斯哥通注爾蘇之鐵道而無故與敵占此優勝注爾蘇附近自此遂多事矣

未幾德掃境內之師以屬賓天保數當俄師二十分之一分三道以進以第一軍任指揮統於賓氏溯維河而東取高屋建瓴之勢與援兵亦陸續至統於奧將爲第二軍沿維河而下遏俄南竄之路其第三軍則以德之儲君統之自北辣斯勞東進爲直衝注爾蘇準備之師而德皇復以璽書布告『猶太有人而無國久矣若竭力助德者取得注州以比利時與之』此注爾蘇戰爭之開始時十月二十日也圍攻十日德死傷過當俄人死者與塞平三面受敵惟東面有道出入波蘭西境悉歸於德德距注爾蘇僅六英里殆靡日不可任德奪取注州不守則莫斯哥亦受影響此俄存亡所在也在俄自致死以爭之當事急時俄驅哥薩兵乘夜沿河而下行至中流卽橫河而渡爲德所不及防又適德師不耐波蘭水土狃於破竹之勢意以俄爲不足取不識其有此沈船破釜甑之勇也俄兵繼續以進第三軍先退而波蘭道途險惡非比利時比泥濘不可通德所損失甚鉅遺棄最新式砲達四十座注爾蘇旣不可卽而東普魯士亦仍任俄侵入矣

東普魯士雖任俄出入而德有重兵於尼涵河域迤北各要塞非與人以易窺也相持迄十一月中俄遂

薬北而南復用奪取鄰山故智圖攻奥北而德亦跨維河南下與俄師遇戰四晝夜距洼爾蘇又僅三十英里矣戰捷聞於德德賜賓天保元帥之號而德儲君所將第三軍亦重整旗鼓沿窩得河以進先略取旁近地一舉即陷羅慈羅慈者洼州之第一都會也東北可戰洼爾蘇南可擁護格納沃今為德所有俄必傾全力以爭無疑也

波蘭戰爭自羅慈陷落而形勢一變俄與德相率而南下德在南攻洼爾蘇保持羅慈迤東之之戰線俄在扞禦洼爾蘇而取得奥北加打擊於嘉覇野山以西之要塞去十二月亘二十日之惡戰自朝迄暮至使用七百座之大砲靡有間斷死者高與塞齊羅慈雖為德所保有而俄之報告謂其損傷亦二十萬師最后之勝利可希冀其歸於俄軍焉而俄軍亦日移於東南今春一二月間且弛羅慈之圍而大戰於奥北據最近所傳聞普善米士已為俄所奪得如此則奥危矣故德軍亦注重於格納沃以東夫德既堅壁於波南自形式以言在扶助奥軍與俄以重要之損傷然后齊師南下引保加利為與國擊碎塞爾維而有之若不然則將歸復元始大軍仍還比利時為奪取加拉之計歐東僅取足以防禦若並不出於此二者則將與俄爭一旦之命俾歐東永無後患之憂乃舉全國以與英爭亦戰術上所應有之事也但賓天保元帥攻圍洼爾蘇之決心至今不聞減損第三說之徵信或更易易未可知也(未完)　四月一日稿

英國戰時財政經濟概觀

端六

(注意一)讀者請隨時參觀註釋毋待讀完本文時再閱

(注意二)篇中所用英國貨幣及重量之單位分別如左鎊為貨幣單位一鎊為二十先令一先令為十二片士據目下國際匯兌表華銀一兩約合英金二十六片士左右磅為重量單位每磅約合華衡十二兩

一 緒言

六月二十八日。奧皇儲夫婦被刺。七月二十八日。奧地利對塞爾維亞宣戰。歐洲列強俄德法英以次捲入空前大戰之旋渦中。今已幾四月矣。戰局之發展。方興未艾。前途遼遠。莫可筮卜。吾人際此風雲變幻之會。旁觀以冷眼。獲益良多。而其尤大彰明較著盡人可睹者。則為經濟現象。蓋今世所謂文明國之戰鬬。非僅兵强將勇器精糧足所能制勝。將欲攘外。必先安內。則維持社會之安寧與人民之幸福。尚已。且自大地交通漸盛。國際關係之錯綜。尤非昔日可比。譬如機械輪齒相依。平時運行無礙。一旦局部破裂。全機遂為停滯。今列國間之經濟關係。亦猶是也。不獨是也。古昔戰鬬。白刃相接。傘足相加。其費財也鮮。今則巨砲堅艦。發一彈丸。以千金計。古昔戰鬬。連營數十里。帶甲數十萬。今則戰線延長。動輒數百里。參加兵弁幾及千萬人。軍用之浩繁。可以想見。(一)是故國際承平。折衝樽俎。外交官吏負其全責。至國交絕斷以後。外事付之海陸統帥。內事當付之財政人員。重要如是。愚所以有此篇之作也。

今日中國之財政經濟。非僅程度幼稚。不足追隨西國。其位置在數學上言之。則為負數。在地學上言之。

則在水平線以下。此篇所述情形。自不適用於吾國。然吾人私心竊願中國今後之財政經濟。終有進入正數或水平線以上之地位之一日。關伯此後圖之說。愚敢取以勗我國人。惟此次交戰列國之狀況各有不同。並蓄俱收。不但詞費。且報告缺乏。無由徵信。茲僅就英國一面言之。則西人對於戰時財政經濟之處置。可以窺見一斑矣。再此篇爲便於一般人士閱覽起見。特於敍述本題之前。先將英國經濟市場之組織略爲陳之。

二　倫敦經濟市場

世界市場之大。以倫敦爲第一。其信用之堅厚。勢力之偉大。遠出紐約伯林巴黎之上。此非一朝一夕之故。其由來漸矣。倫敦金融界之霸王。是爲英倫銀行。故欲知倫敦市場之組織。當先述英倫銀行所以稱霸之故。

英倫銀行者。國家銀行。而非國立銀行也。(一) 國家銀行者。以私人財產組織之銀行。而行國家財政機關之職務之謂。國立銀行者。則國家出貲創辦者也。英倫銀行(以後略稱英銀)。肇始於千六百九十四年。以貸款百二十萬鎊與英政府。得議會立案。認爲國家財政出入之機關。其後陸續貸款至一千一百十五萬一千鎊。千八百四十四年。有名之銀行條例出現於世。其重要條項。(一)英銀分爲兩部。一發行部。二銀行部。前者專管發行紙幣之事。後者營銀行一般業務。(二)發行部發行紙幣之額。除一千四百萬鎊可以『政府負債』及其他有價證券作爲準備外。此外每發行紙幣一鎊。即須準備金幣一鎊。或生金生銀一鎊。但生銀不得逾金幣及生金總額四分之一。(三)此條例發布以前。英王國內各銀行(除英銀）已發行之紙幣仍准照常通用惟以後不得較該條例發布時通行之額再有增加。（三）如此等銀行有閉歇或合併者其所有發行紙幣之權隨同消失。而英銀得以有價證券作準備發行紙幣至該消失額之三分之二爲止。（四）又此條例發布以後無論何等銀行均不准發行紙幣。綜上三項觀之其大旨不外整理紙幣一策。此種政策或贊或否聚訟紛紛。蓋紙幣之發行既受限制則濫發之弊自可免去。然紙幣全無伸縮之力。一旦恐慌促起苦無以濟其窮。且國民富力隨時增長。數十年後紙幣之額不足以資周轉明矣。（五）

今爲說明英銀之組織先將千八百四十四年九月七日該銀行營業報告表列左。

發行部

負債		資產	
紙幣發行額	二八·三五一·二九五鎊	政府負債	一一·〇一五·一〇〇鎊
		其他有價證券	二·九八四·九〇〇鎊
		金幣及生金	一二·六五七·二〇八鎊
		生銀	一·六九四·〇八七鎊
合計	二八·三五一·二九五鎊	合計	二八·三五一·二九五鎊

銀行部

負債		資產	
資本金	一四·五五三·〇〇〇鎊	政府有價證券	一四·五五四·八三四鎊
積立金	三·五六四·七二九鎊	其他有價證券	二·九八四·九〇〇鎊

政府存款	三・六三〇・七二九鎊	紙幣	八・一七五・〇二五鎊
其他存款	八・六四四・三四八鎊	金銀幣	八五七・七六五鎊
七日定期存款及其他期票	一・〇三〇・三五四鎊		
合計	三一・四二三・二四〇鎊	合計	三一・四二三・二四〇鎊

發行部資產中除『政府負債』及『其他有價證券』兩項合計一千四百萬鎊外。其餘均屬現金銀。此項金銀通常稱爲紙幣準備金。（六）依上表言之。如發行部欲於二八・三五一・二九五鎊外增發一鎊紙幣則紙幣準備金當爲一四・三五一・二九六鎊而『政府負債』及『其他有價證券』仍爲一千四百萬鎊。不稍增大。

銀行部負債中之資本金一千四百五十五萬三千鎊爲全數已納之股款。今世界各大銀行。無有及此巨額者。積立金可隨時增減。然不許至三百萬鎊以下。『政府存款』多係租稅。故多寡隨收稅時期而異。『其他存款』多出於倫敦各銀行。多寡亦無一定。以上兩項存款。因隨時可以取出。不付利息。『七日定期存款及其他期票』稍有利息而不多。資產中之『政府有價證券』乃政府以有價證券作擔保向英銀所借之款。『其他有價證券』多係倫敦各銀行各滙票中人（七）各股票中人（八）各股票經紀（九）以各種滙票股票作擔保向英銀所借之款。『紙幣』爲英銀紙幣。乃銀行部以金幣或生金生銀向發行部所兌來者。『金銀幣』爲額甚少。僅以充零星使用。此處『紙幣』及『金銀幣』稱爲銀行準備金（十）乃對『政府存款』『其他存款』『七日定期存款及其他期票』三項債務而言。通常銀謂銀行準備、率百分之若干分。卽謂負債中三項對資產中二項之比。此表中之銀行準備率。爲百分之六十七小數八是也。

由是觀之。苟負債中三項債權者同時多向英銀取出其存款。則銀行準備金可立盡。又如各種顧客同時多以有價證券作擔保向英銀借款。則準備金亦可立盡。何則。銀行部決不能以所得有價證券向發行部兌取紙幣故也。自銀行條例發行以後。千八百四十七年、五十七年、六十六年三次大恐慌。銀行準備金均登時告罄。銀行總裁向政府告急。政府乃出負其責。許發行部於信用發行(十二)定限以外。得取有價證券作擔保增發紙幣若干萬。此種臨時處置。謂之銀行條例中止(十三)實一種違法行爲。政府當於議會開會時。卽行提出追認案。要求承認。此三次大恐慌均因宣布銀行條例中止。卽時鎭定。其實行中止者。不過千八百五十七年一次而已。

凡一大恐慌起。銀行部首受其禍。而發行部不與焉。蓋銀行準備金因前述二事均可立盡故也。讀者於此。或不無疑。試設爲問答以解之。(問)第一事謂負債中三項債權者同時多向英銀取出其存款。該所行固無法阻止其行動。設如第二事所云各顧客多以有價證券作擔保同時向英銀借款。則銀行於危急時。儘可拒絕不應。(答)銀行決不能拒絕。其理由當於後述之。(又問)設各人同時以英銀紙幣向發行部要求兌換。則發行部對於『信用發行』之一千四百萬鎊。將何以應付。是恐慌發生之日。發行部所受之影響。或較銀行部爲尤大。而云不與何也。(答)愚所謂不與者。乃事實上之問題。非理論上之問題也。準理論之。苟各人同時以紙幣向銀行要求兌換。而銀行未準備百分之百分現金時。實無力履行其責任。如此則無論何國銀行。均不能逃此危險。然吾人須知英銀紙幣。雖非英政府發行者。而其性質與法幣(十三)無異。英本國人民勿論已。卽外國人信用英銀紙幣。亦無異現金。其實英銀爲英帝國金融界之惟一最後保障。無英銀是無英政府也。故人民決無有同時持英銀紙幣向發行部要求兌換者。不獨不要求兌換已也。且當恐慌發生。各銀行各個人。惟恐不得英銀紙幣。蓋旣便於取携。又確實無異法幣。其價値實高出於現金之上。更就銀行部所受恐慌之影響觀之。每當銀行條例中止之命令發布後。恐慌立時鎭定。蓋人民所恐慌者。恐銀行準備金一盡。更不能得英銀之通融。非懼紙幣在手。無從兌換也。(十四)

以上述英銀之組織及其運用大旨已盡。其中一二疑問。當隨後附見。今且述倫敦他種經濟機關。銀行因營業範圍之廣狹。可分爲普通與特別二種。又因其組織之差異。可分爲股份與私立二種。股份與私立二者之區別。一在股東之多寡。二在資本之變否。三在經營之形式。蓋私立銀行股東不得逾十名。股份銀行無此限制。私立股東有去世或拆夥者。其所有股本可卽時抽出。股份股票可隨時移轉與他人。而銀行資本毫無變動。私立股東可全體出當經營之任。股份則必公舉董事。立董事會以治之。(十五)又凡私立公司。均不發表營業狀況。股份公司則須於一定時期公布其損益對照表(十六)英國自有英倫銀行(英銀亦一股份銀行)後。英政府欲予以特權。遂禁止股份銀行設立於倫敦周圍六十五英里以內。至千八百三十二年以後。始解此禁。股份銀行。遂蔚然而起。私立銀行漸次減少。至於今日。微微不振。數十年來。股份銀行互相合併。大銀行乃日益隆盛(十七)在今金融界之大權。多在此股份銀行掌握之內。英銀僅可利用之而已。股份銀行爲彼此清檢日常債務起見。於倫敦設有清算所。(十八)每日二次。每銀行派委一二人。往所會合清算債務。其法以英銀爲樞紐。各銀行直接向英銀清算。卽間接向他銀行清算。例如甲銀行負乙銀行若干。甲此時不須償乙。而償英銀。而令英銀償乙。蓋各大銀行均加入清算所。均與英銀有往來。故各對於英銀賬簿上一筆記載。則彼此互欠之債務。全行了結。前述英銀營業報告中銀行部『其他存款』一項。卽多爲此等股份銀行之隨時存款。以便每日清算時消除債務者也。

股份銀行以外金融界之重鎭爲滙票中人。將欲說明滙票中人。可先說明何爲滙票。(十九)此所謂滙票二字之範圍。較吾人尋常所言滙票逈大。通常吾人欲滙銀與遠處一友。則往銀行提出現銀或其他貨幣。令其發出滙票一紙。寄與彼處友人。令其持往票上所指定之彼處一銀行。兌取現銀或其他貨幣。此不過滙票一種內之一種耳。滙票有現滙票與期滙票二大別。現滙票中又含有各種形式。其最重要者爲商家與銀行來往之一種。例如甲商人與乙銀行有往來。卽向乙索取現滙票賬簿(二十)一本。以備應用。如乙欲償丙若干。卽將該簿上已印成之票紙取下一張。記載銀數。令丙持向該銀行支取。銀行得此。自當檢查與乙往來之賬。視其尙有存款若干。足以償此債務否。然有時因往來既久。信用夙孚。雖其存款一時不足以抵償此項滙票。亦卽立予通融。不令其失丙之信用。此支取過當之額。在銀行謂之貸越。在商人謂之借越。(二一)

期滙票之爲用更廣。國際貿易常依此而行。今試設爲極簡單之例以解之。譬如甲欠乙銀若干。三個月後卽當償還。於是甲發出滙票一張。交乙。令乙於三個月期滿時持向某銀行支取現銀。乙得此票。卽持向該銀行驗其有效與否。該銀行以與甲有往來。遂承認此票於期滿後可向彼取銀。而於票面劃二平行線。署名蓋印於其內。若乙不急需銀用。固可俟至期滿後往銀行支取。然商家資本何能固定。於是將此票轉賣與丙。易辭言之。卽將此票折扣與丙是也。在乙既得現銀。在丙則以有銀行承認。期滿後必能如數支取。而此三個月內。甲自然準備款項交與該銀行。俾得償此債務。於是甲稱滙票發出人。乙曰受銀人。或滙票所有人。丙爲一折扣商店。而某銀行爲滙票承受人。此乃僅就債務者發出滙票而言。然有時債權者亦可發出滙票。茲更舉實例以明之。譬如長沙一穀米商。運穀往上海出售。若俟其穀在滬售罄而後收回其資本。爲時必久。運轉或致不靈。於時上海購穀之商。可與該地一銀行。立一往來賬簿。先存款若干於彼。並通知長沙售穀之商。該商乃得於穀米裝運後。向上海銀行發出一期滙票。票面銀額與穀價相當。隨將此票折算倒利售與長沙一銀行。此銀行不僅知售穀商爲可靠。且知此滙票承受人(卽上海銀行)必能於期滿如數繳納。故願購此滙票。票既購得。當卽寄往上海一分行。令其持往某銀行照驗。照驗之後。此滙票始成一完全有效滙票。嗣後或由該銀行存在手中以俟期滿兌取。或將此票折算倒利售與折扣商店。此折扣商店更可轉售與他銀行。如此輾轉購售之間。穀已運到上海已經銷售。上海購穀商可將上海銀行(卽滙票承受人)之債務償清。上海銀行可將滙票收回而後上海他一銀行上海折扣商店長沙銀行長沙售穀商以次了却債務。(三三)細繹以上經過之手續讀者當知商業之運行。全係信用二字。並非如上古時之實物交換。亦非如半開化時之錢物交換。乃信用與實物交換耳。夫交換之事。必有兩方。乃能成立。一方既爲實物。則交換之後。實物已落人手。自無翻悔之餘地。而他一方純爲信用。故當平和無事之時。自能保守無缺。一旦遇意外變故。其信用雖欲不失而不可得。此商界恐慌之所由來也。匯票之義既已明瞭。然則匯票中人可知。即匯票買賣者間之一介紹人耳。倫敦匯票中人。多爲極富饒之商人。且因專營此業。情弊極熟。何者確實。何者則否。各銀行以營業頗廣。不能精通如彼。故銀行欲營折扣匯票之業。不得不假彼等爲耳目。而彼等亦得結納銀行。圖一時通融款項之便。以擴充其業務。倫敦匯票中人之總機關爲匯票交換所(二三)每星期二與星期四各開會一次。發布一匯票價格表。俾會員有所遵守。

股票之爲用。盡人皆知。毋庸贅述。倫敦爲股票之集中地。無論何項股票。凡倫敦所求不得者。恐索之全世界亦不可得。股票營業之總機關爲股票交換所(二四)所內會員分爲二種。一中人。二經紀。中人常立於經紀與他商之間。介紹股票之買賣。而分其酬金。經紀則不與外行交涉。專爲中人收買或發售股票而取其贏餘。股票經紀中人。亦如匯票中人。爲銀行一種有益顧客。股票價格。亦如匯票價格。隨時漲落不一定。以是買賣之間。或博得厚利。或虧蝕資本。股票之買賣。並非現金。平常交易。均用一紙記載。至清算日(二五)乃一方交股票。一方交現金。同種股票與同種股票相抵。僅以現金償其餘額而已。清算日期。各國不一律。倫敦每月兩次。巴黎每月一次。紐約不定。股票買賣之契約既已訂定。則自應無他變故。然投機者流。往往見市價低落時。不欲賣出。見市價高漲時。不欲買入。故清算之前二日。定爲股票買賣延期日。或結算延期日(二六)凡不欲於此期內履行買賣契約者。可於是日通知當事者。至延期日之翌日。

即清算日之前一日。當事者乃發出賬目以待次日之結算。

以上所述。不過就倫敦各經濟機關略加詮釋。今更統論全局以表明倫敦『信用』(二七)之運行。匯票折扣一項。前已言之詳矣。其實經濟事情最複雜而最重要者在今日亦莫如匯票英銀利率(二八)即匯票折扣之標準利率也。其率之高下。常有左右世界金融之勢力。其率增高。各國銀行之率隨而增高。其率降下。各國亦隨而降下。讀者幾疑英銀為世界上不可思議之一魔物。其實不然。英銀之勢力半為歷史所養成。半為國家所擁護。遂得如此。英銀利率影響於世界之所以。其事甚複雜。非本篇所能竟其說。今但知現金流入過多則利率降下現金流出過多則利率增高足矣。茲所謂流入流出云者。就英銀金庫而言。無分於國內外也。愚今雖不論及英銀利率之影響於世界。然不得不將其影響於倫敦金融市場。略為述之。夫英銀果能左右倫敦金融市場乎。不敢必也。有時各銀行儲金甚富。而英銀現金缺乏。則英銀雖欲增高利率。而各銀行不隨之。其無效可知也。然則英銀將如之何。曰。英銀此時惟有發售『孔索』(二九)之一法。以現金發售孔索而以賬面(三〇)收回之。其時購買各商人均向各本人所往來銀行發出現匯票。而各銀行所存於英銀之隨時存款因此不得不減少如數。即英銀營業報告表中之『其他存款』一項自然下落。即下次在清算所清算之時。各銀行即減少此數。不能抵償債務。於是市場利率不得不高。而英銀之目的以達。(三一)

普通銀行營業。在能收集外來之遊資。而用之於有利之域。其收集遊資法。厥惟存款。存款有定期與隨時二種。定期存款之期限。亦久暫不一定。然既有期限。則準備此項之抽出。尚屬易事。隨時存款不知存者何時來取故對於此項存款常須豫置準備金然準備過多則資本爲之束縛無從生利過少則獲利雖厚而業務頗危能斟酌於彼此之間而得其當是在富於學識經驗之銀行家如此所收集之遊貲除一部分定置爲準備金外餘悉放款以生利息放款之法略有數種(一)購置政府公債此項最確實可靠且易於發售(此篇係就英國金融言之立辭界限讀者自明)如孔索尤爲銀行所歡迎(二)折扣匯票銀行常因匯票中人之介紹得選擇上等期匯票購而存之(三)以匯票股票爲擔保而貸款於折扣商店匯票中人股票中人及經紀此項貸款多係隨時貸款利息雖微可得隨時收回近年來漸爲銀行營業之一要項(四)以土地建築物及其他不動產爲擔保而貸款於農工商界此項貸款多極穩固且有時獲利甚厚然資本因此固定不易流通爲普通銀行所不取以上各法在平時均絕無危險一旦戰事促起國際交通斷絕匯票市場瓦解股票價格降落存款之家恐有意外變故多往銀行提取存款銀行無術應付不得不將其放款設法收回而折扣商店匯票中人股票中人經紀等乃首受其禍彼等並非有大宗現金在手以備銀行之需要在平時得往來於多數銀行之間挹彼注此恐慌一起各銀行同受緊逼誰復肯通融者彼等無可告訴乃不得不向英銀提出其手中所有之匯票股票要求借款英銀爲救濟市場起見初時自樂爲之及來者過多英銀之『其他有價證券』驟加而準備金驟減於是增高利率以杜來者無如金融緊逼之際雖利率高至百分之百分需要者仍是需要不能禁之勿來也然則英銀爲保全自己起見亦可拒絕不應而事實上究不能行何則經紀中人苟不能償還各銀行之債務則各銀行急不暇擇將向英銀取出其存款於是英銀雖因拒絕折扣可使『其他有價證券』一項

不至驟增而不能不失去大宗之「其他存款」承受折扣與失去存款兩者之結果均是減少準備金而前者尚可得利後者直失去不付息之存款其不利一也當市場危急之際而英銀坐視不理則市場必愈形恐慌而其禍滋大其不利二也（三二）故每當恐慌發生英銀必竭力救濟至力不能及則訴之政府請求中止銀行條例

以上論倫敦「信用」之運行已略得梗概請進陳此次大恐慌之始末及英政府之救濟方策

三　匯票市場之恐慌及救濟策

七月二十三日奧地利提出要求文書於塞爾維亞限四十八時間內答復而歐洲經濟恐慌以起二十五日倫敦金融股票兩市場（三三）始告緊急孔索價落至七十二鎊四分之一二十七日爲星期一市況益惡外國匯票殆不能通孔索更落至七十一鎊自此三日英銀盡力救助市面有價證券之擁入該行者日益衆三十日英銀利率由三分漲至四分三十一日股票交換所封閉此時正當夏期休暑之際又値月末發給工薪之時需現金者衆各銀行欲節省準備金乃竭力驅向英銀英銀利率漲至八分八月一日更漲至十分蓋自千八百六十六年以後未有達如此高率者八月二日爲星期日商界照例休業財政大臣雷德佐治君與英銀及各股份銀行代表開會討論辦法三日星期一爲銀行休息日（三四）當局者利用此時機將休息日延長三日至八月六日爲止綜計自七月三十日至八月一日三日之間英銀準備金減少一千七百萬鎊「而其他有價證券」增加一千八百萬鎊則匯票股票之折扣爲之也其所餘準備金僅千萬鎊準備率由百分之四〇·〇二降至百分之一四·六〇英銀之狼狽可以想見今

將七月二十九日及八月五日兩次營業報告比較如左。

銀行部

銀行部	(七月二十九日)	(八月五日)	(增)	(減)
(負債)				
積立金	三·四九一·七五六	三·五四七·〇八三	五五·三二七	—
政府存款	一二·七一三·二一七	一一·四九九·四五二	—	一·二一三·七六五
其他存款	五四·四一八·九一八	五六·七四九·六一〇	二·三三〇·七〇二	—
七日定期存款	一〇·九六九	一〇·三一二	—	六五七
(資產)			(減)	(增)
政府負債	一一·〇〇五·一二六	一一·〇四一·一五二	—	三六·〇二六
其他有價證券	四七·三〇七·五三〇	六五·三五一·六五六	—	一八·〇四四·一二六
紙幣	二五·四一五·〇五五	八·三八五·六五〇	一七·〇二九·四〇五	—
金銀	一·四六〇·一三九	一·五八〇·九九九	—	一二〇·八六〇
			(增)	(減)
合計			一九·四一五·四三四	一九·四一五·四三四
準備金	二六·八七五·一九四	九·九六六·六四九	—	一六·九〇八·五四五
準備率	百分之四〇·〇三	百分之一四·六〇	—	—
折扣利率	百分之三	百分之十	—	—
市場利率	名稱上百分之五	—	—	—

發行部			（增）	（減）
金幣及生金	三六·六七一·四○五	二六·○四一·○七○	—	一○·六三○·三三五
紙幣發行額	五五·二二一·四○五	四四·四九一·○七○	—	一○·六三○·三三五
紙幣流通額	二九·七○六·三五○	三六·一○五·四二○	六·三九九·○七○	—

發行部之紙幣發行額。爲銀行部之紙幣（準備金）及流通市面之紙幣之和。又發行部之金幣及生金與紙幣發行額之減少相等。可知千八百四十四年之銀行條例全未違反。

八月三日政府第一次救濟金融市場之策、爲期匯票償還延期令（三五）略謂「凡八月四日以前已經承受之各種匯票、除現匯票外。均延期歷月一月償還。（三六）此一月內之利息。以第二次承受之日英銀利率爲準。」四日午後英對德宣戰。次日雷德氏出席衆議院演述關於財政事項。其中有曰「余深望我國民知今日之匿藏金貨。乃大有傷於吾國。當此遺大投艱之際。財政一事。極爲緊要。若措置得宜。將不失爲久戰之一大利器。然我國民中苟有自私自利。或過於警懼、競往銀行取出存款以遂他圖者。其結果較之持鎗助敵爲尤甚。」（三七）然演說之影響不及於蘇格蘭。據蘇格蘭銀行出納課長安得孫君報告可以知矣。（三八）

雷德氏並提議發行一鎊及十先令兩種政府紙幣、與郵局匯票均作爲法貨。一律流通市面。並加鑄銀幣、以補貨幣之不足。嗣後政府紙幣之發行額隨時增減。大抵在二千萬鎊以上。此次恐慌發生後銀行條例之未中止。實賴有此。然細察發行之性質。政府紙幣與英銀紙幣有何殊異。所謂銀行條例未破。不過名義上云然耳。然在吾人觀之。銀行條例已成爲前世紀之遺物。破與否於金融界無大關係。特英人性情守舊。猶惜此風前餘燭耳。此項紙幣之發行手續。乃按各股份銀行之「存款」多寡、用比例配分法、散給之。各銀行當隨時照英銀利率納稅於國庫。股份銀行之外、爲蘇格蘭愛爾蘭發行銀行郵政局儲蓄銀行及信託儲蓄銀行等、據十一月十一日報告。除消滅者外。彼時發行之額爲三三・六七八・九五二鎊。其中貸與銀行者僅二四四・〇〇〇鎊。貸與信託銀行者僅七〇〇・〇〇〇鎊。其餘均存在英銀「紙幣銷却賬」(三九)。內蓋當各銀行領取紙幣時。均負有納稅義務。現英銀利率五分。市場利率不過三分左右。其無利於銀行也明甚。政府欲圖紙幣之伸張。特於英銀銀行部內另闢一簿。專管與各銀行關於政府紙幣之賬。名曰紙幣銷却賬。設銀行有以現金存於英銀此賬內者。則計其所存之多寡。扣除其所借之政府紙幣。俾不負納稅義務。如此實與銀行返却政府紙幣無異。不然則政府紙幣之銷行。早已大加減少矣。

銀行以繼續五日休息之故。海外金貨之流入不少。市場內部之恐慌。亦稍見鎭定。八月六日。英銀利率由十分降至六分。其夜倫敦政府公報發布一般償還延期令(四〇)。略謂「除後開各例外以外。凡於此令以前滿期或九月四日以前滿期之所有應償各債。如八月四日以前所發之現匯票、如該日以前所結之各種流通證書、(非匯票)如其他無論何種契約在該日以前締結者、均可延長歷月一月償還。但如此延期之債務。應付利息。其利率以八月七日英銀利率爲準。其付利期間。如該債在八月四日以前滿期者。自八月四日起算。在八月四日或四日以後滿期者。自其滿期之日起算。不願延期者聽」令末並附例外十一條茲擇其要者舉之如下(一)工薪(二)五鎊以下之債務(三)國稅地方稅(四)各銀行紙幣(五)政府所負之債務及養老年金(六)信託儲蓄銀行之存款此次所發布之延期令其範圍遠較前令爲大前令僅及期匯票此令並及現匯票各種契約各種流通證券前令償還期限僅延至九月四日此令且延及十月四日

八月七日銀行開業市況大爲改善海外及民間所藏之現金陸續輸送來倫次日英銀利率更由六分降至五分自是以後迄於此文告成之日此率未變十二日英對奧宣戰並傳聞日本有加入戰線之說匯票市場又有不安之象政府欲促進工商業復發布左之命令略謂「目下最難問題在各都市及各國不能送金來倫因此外國匯兌不通銀行不能照常折扣匯票令政府爲抉此難關起見特保證英銀行不至因折扣八月四日以前所已承受之內外銀行或商業匯票而遭損失」……「英蘭銀行決定折扣八月四日以前所已承受而尚未滿期之匯票並不向匯票所有人索求淸償其利率以英銀利率爲準至滿期之日匯票承受人猶不能償還可彼此磋商更延期若干日但此後之利率須較英銀利率增多二分」政府此舉或得或失評者紛如蓋商界誠可蘇生然將來萬一損失政府不得不負其責據經濟雜誌主筆吉隱仕君所估計九月第一星期之中匯票在英銀折扣者約一萬萬鎊將來損失至少有三千萬鎊(四一)然則政府果何術以免此損失如明知有損何以願出擔保此其最大理由無非不得不爾然吾人旁採輿論知此令之發布其中不無秘情蓋英銀之董事多自匯票承受人中選出他銀行業者不能與也觀此令特爲救濟匯票承受人而發而知董事會之潛勢力爲不可侮矣(四二)茲將此令發

布前後二星期之英銀營業報告比較如左。

	（八月十二日）	（八月十九日）	（增）
其他存款	八三·三二六·一一三	一〇八·〇九四·二八七	二四·七六八·一七四
其他有價證券	七〇·七八六·五九六	九四·七二六·〇八六	二三·九三九·四九〇
準備金	一五·五三〇·三八九	一九·二二三·三五四	三·六九二·九六五
準備率	百分之一七·〇二	百分之一五·八〇	

觀此表可知政府保證之影響及於有價證券之折扣甚大。此星期內準備金雖增三百餘萬鎊而準備率反由百分之一七·〇二降至百分之一五·八〇。此時苟折扣增加而存款如故則準備金不足甚巨。乃存款亦與折扣同時增進何也。溯其原因厥有三端（一）政府紙幣發行後通貨驟增苟金貨不流出國外則供給市面之貨幣大形膨脹。準目下情形察之金貨流出事屬不能。（二）承恐慌之後基礎薄弱信用不孚之銀行之存款漸移於基礎穩固信用堅厚之銀行。而英銀乃為存款之集中地。（三）英銀既折扣有價證券如此之巨。其結果遂使市面景氣頓加活潑。夫政府用此非常手段以期促進工商業。其表面似大不利於政府。然實則政府自身亦蒙莫大之利益。蓋英銀利率此時為五分市場利率為五分又四分之一。而政府發出財政部證券（四三）之利率乃不超乎四分。則以市面景氣大為活潑故也。雖然戰爭既日益劇烈。工商業因直接間接之影響大半停滯。海外貿易為尤甚。新匯票之買賣不行。則舊匯票之債務無從抵償。是不僅匯票承受人之艱苦。延及一般商業界同受棘楚。夫新匯票之所以無人買賣者。固大半因國際貿易之衰落。非人力所能挽回。然政府思得倒施逆行之法以為足解救於萬

一則先除去舊匯票之障礙。以開新匯票之來源。是亦無策中之一策也。九月三日發布命令。其要點如左。(一)延期令以前之匯票滿延期之期猶不能償者英銀允貸款與匯票承受人。俾得如期償還。此可消卸匯票發出人及匯票轉讓人之分擔責任。(四四)(四五)然彼等對於承受人之責任仍然不免(二)承受人應竭力收集債務以償英銀貸款。此項貸款之利率須較英銀增多二分。(三)如承受人未能收集者。英銀允於戰事了結後一年以內不索還其貸款。此期限未終以前。英銀允將此項貸款請求償還之權利列在延期令後該店營業所生債務之後。(四)如事關必要時。各股份銀行允協助英銀從事此項貸款。匯票承受人須使英銀或股份銀行得知自己營業狀況並告以債務不能收集之故。利率同前。按此令與八月十二日之保證條件大同小異。其差點不過三端。(一)前令僅免除匯票最後所有人之責任。此令並免去發出人轉讓人之責任。(二)前令只云可延長若干日。此令則指明戰事了結後一年以內。(三)前令僅指定英銀為貸款機關。此令則包含各股份銀行在內。揣政府之意。以前令尚屬模糊。匯票承受人尚得假種種口實。躊躇瞻顧。不即承受新匯票。因此商業沈滯。市場不振。今明白規定。庶彼等更無遁辭。

以上八月六日八月十二日及九月三日三次命令。稱為第一次第二次及第三次一般償還延期令。(四六)合之八月三日之期匯票償還延期令。而政府救濟匯票市場之熱心。與匯票為用之廣大。由此可見。然吾人欲知政府救濟之影響。當先瞭然於匯票承受人及折扣人(即貸款人)之區別。承受人多為普通商店。銀行間亦為之。折扣人則為銀行及折扣商店。(折扣商店即匯票中人)銀行所放出之資本。一部出自股本。而大部出自一般公衆之存款。折扣商店所放出者。一部亦出自股本。而大部則出自銀行之貸款。此項貸款約定如銀行需用時得以短期之通告。向折扣商店索取。由是觀之可知銀行之生死操在普通商店及折扣商店之手。折扣商店之生死操在普通商店之手。普通商店之生死則操在外國商人之手。今倫敦未清匯票之額達三五〇・〇〇〇・〇〇〇鎊。統以三月期票核之。平均每日當清償四・〇〇〇・〇〇〇鎊。其中大半係外國匯票。今以戰事之故。送金停止。外國商人脫然事外。首受其禍者爲倫敦商店。倫敦商店如不能了此債務。則折扣商店及銀行分承其衝。匯票中人折扣商店如不能償此債務。則銀行與折扣商店受之。折扣商店如不能了此償務。則銀行獨受之而已。通常外商之了却債務不外四法。(一)輸送商品。(二)輸送現金。(三)發賣有價證券。(四)折扣匯票。此四者於戰事發生後均不能行。商船有爲敵人捕獲之恐。現金不僅懼擄。且須充國內緊急之用。各國多禁止輸出。有價證券因股票交換所封閉不能賣出。匯票因輸送商品而生。今商品既已停止。則匯票已無能爲用。且承受商店此時亦無力承受。綜此數者。倫敦金融界之恐慌可以睹矣。以上既述恐慌之影響。既首及於承受人。故八月三日之延期令。首免承受人一月之責任。然經手人及貸款人之責任猶如故也。匯票中人及折扣商店之資本。殆全自銀行借來。而其所恃以清償者。全在賣舊買新。今舊不能賣。新不能買。除破產外更無他法。銀行雖不全恃此項爲準備。然大宗動資既已擱置。則一不能多收存款。二不能折扣新匯票。其不便可知。自第一次一般延期令出。而彼等亦得享二月緩償之利。然欲匯票市場之活潑。第一須有承受新票之人。第二須有折扣新票之人。政府以爲先開折扣之路。則承受之路自開。即前所謂倒施逆行之法是也。故第二次一般延期令出。不獨匯票之最後所有人。卽金融界最後之保障之英銀。亦得避去將來之危險。至第三次一般延期令發布。而凡匯票所經過之團體。均可於戰事了結後一年以內安其業務。九月十七日匯票交換所復開例會。此例會每星期應開兩次。自戰事發生後。懸而未開者四十餘日矣。

九月三十日。政府復發布命令。(一)一般償還延期令更續至十一月四日爲止。但此次延期後三日內不納利息。則不能享此令之特權。此項規定不適用於田租房租及小賣店之收支。(二)期匯票延期令更續至十月四日爲止。(三)凡各種匯票如經此次延期。尙不能償者。更可延長十四日。期限惟此十四日之利息。照延期協定當日英銀利率計算。此令發布未久。英銀卽布告貸款手續如下。(一)匯票承受人欲向本行要求通融款項。以便償却延期令前之匯票者。請將匯票副張送來本行。經過八日後。卽貸與所需款項。如本行不認該匯票爲有效時。必於滿期前至少三日通知本人。(二)各商家如素非本行所認識者。請先往本人所來往之銀行。索一介紹書。携帶來此。(三)本行如承認該匯票爲有效。則貸與必需之款。使得償却債務。此匯票於貸款未清以前。當歸本行保存。(四)匯票承受人可先向本人所來往之銀行。要求通融。至滿期日。再來本行。關說本行必爲之償却該銀行。

匯票市場之荆棘。可謂剷除殆盡矣。然猶有一事。不可避者。則郵局投遞文書。不免遲誤。甚或全然遺失是也。於是各銀行會商。請政府提出議案。該案隨卽通過。其重要條目如左。(一)準一千八百八十二年匯票條例第四十六條。凡匯票須在不列顚羣島以外償還。而確因戰事直接間接之影響。致延提出(四七）者恕之。（二）凡匯票須在不列顛羣島以外償還而確因戰事直接間接之影響至遭喪失者。政府准以公證人資格或他種方法證明其喪失之事。但政府得應他人之請求索其賠償。（三）此條例於此次戰爭期內及其後六個月以內繼續施行。

四　股票市場之恐慌及救濟策

此次恐慌之最初發現處為股票市場。七月二十八日奧對塞宣戰後。世界股票市場漸次關閉。至三十日。巴黎之公開市場及倫敦紐約尚照常交易。然倫敦大股票商店於此二三日內破產者不下八九家。三十一日。巴黎股票市場宣布結算延期。倫敦亦不得不於是日破除前例封閉股票交換所。英人至今引為大辱。有名之經濟雜誌主筆吉隱仕君至因此痛斥各股份銀行不當逼迫股票市場陷之於不得不封閉之苦境。翌日紐約市場亦隨之封閉。於是世界各國之股票貿易為之中止者有日。（四八）倫敦股票交換所之所以封閉。不知者以為歐洲市場既欲各股票競趨倫敦以圖消售。倫敦不堪。遂行封閉。吉氏不謂然。其說曰。苟股票經紀不願購買新股票。則雖市場不閉。決無人能強之購買。其所以使市場不得不閉者。原因別自有在。（一）外國商人從前所負股票交換所之債務。不能了結。此債務因戰事未起以前。外國商人向倫敦股票交換所購買股票而生。並非戰事發生以後倫敦股票交換所購買外國股票無力償還此債務也。（二）股份銀行對於股票交換所之行為過於苛酷。是也。愚於前章已言之矣。銀行營業。常以股票為擔保貸款。與股票中人及經紀者。甚鉅。戰事一起。股票價格驟落。銀行為預防後來損失。不得不要求彼等增加擔保或減少貸款之額。二者皆彼等力所不及者也。苟股票交換所仍繼續營業。則不得不每日發表行情。苟行情日趨下落。則彼等之顧客將陷於苦境。即彼等亦不免牽連。故交換所之封閉。為救濟股票市場之惟一要着。蓋所既封閉。行情隱而不見。銀行雖欲清算無準可循。不得不從緩商議故也。吉氏所痛惡於股份銀行者。似不在銀行之逼迫股票市場以圖自衛。而在彼等擁有巨貲不肯稍事通融。依常理論之。苟銀行自受困阨。則他人之負於彼者。自有請求償還之權利。烏得為過。特以此次恐慌之始。各銀行過於謹慎。一面向英銀取出其存款。一面又逼迫股票市場。使不得不向英銀要求通融。此其結果。英銀既受兩重逼迫。而彼等復深藏現金於其庫。絲毫不肯放出。延至一般公衆大為狼狽。而英銀乃為衆矢之的。不至於倒產不止。是彼等未受公衆逼迫之先。而已逼迫英銀至於如此。股份銀行之機關「銀行雜誌」於十一月號之社論中。辯吉氏斷案之過早。謂彼等另有苦衷。目下不能宣佈。(四九) 實則吉氏所論。不為無見。通常銀行貸款與股票交換所。係計算時價而加以若干分之餘限。以擔保後來之損失。例如有人持孔索十萬鎊。其時價為七十五鎊。則共值七萬五千鎊。若其人欲以此為擔保品向銀行借款。銀行必設有若干餘限。以防孔索之下落。此餘限通常為百分之十。由是銀行所貸之款。不為七萬五千鎊。而為六萬七千五百鎊。設孔索下落百分之五。則銀行必求加增若干孔索。或繳還若干現金。以符十分餘限之例。英國各銀行股票貸款。總計不下五千萬鎊。是股票交換所非新增二百五十萬鎊之孔索。或繳還二百餘萬鎊之現金不可。而況股票猶日落未已也。(五〇)(五一) 夫貸款既有此十分餘限。則當股票價落時。各銀行為維持市面。似應暫為隱忍。以待恢復之時機。不宜打草驚蛇。自貽伊戚也。吉氏又謂英王國內股份銀行之支店不下九千。令每支店同時增加準備金三千鎊。

則英銀準備金將立失二千七百萬鎊。然則英銀全數準備。僅足供股份銀行之抽取耳。更推論之。當此金融緊逼之際。使一般公衆不必全體。只須大多數同時向各銀行提取存款。則無論各銀行準備如何豐富。亦不能堪。乃今人只責公衆之不當逼迫銀行。而不責銀行之逼迫英銀。殊屬未當。云云。吉氏之論亦春秋責備賢者之意也。吾人證以事實。此次恐慌之經過。殊屬平靜。各銀行並未遭公衆之蹂躪。則財政大臣雷德氏之演說。與有力焉。

自一般延期令發布。股票滿期者亦可延期償還。八月十日以後。市場漸復活動。孔索及其他一二股票之現金買賣。私行於個人之間。倫敦孔索業者三千家。相率板持一定之價格。然無如投機者流。乘風高下以博厚利。定價雖爲六十九鎊八分之三。然有以六十九鎊四分之三售者。有以六十五鎊二分之一售者。有以六十八鎊售者。九月四日。孔索業者公致函於股票交換所委員會。要求公定孔索及信託股票價格。俾會員一律遵守。九日一會員提議。請發布日日公定價格表。以劃一孔索及殖民地股票價格。但須寬其限制。限外嚴禁交易。十四日。公定價格表初次發布。少數會員自不無反對之聲。然多數意見均以此爲維持市面之必要。蓋公定價格利益有三。(一)股票購買者得有遵循。(二)會員內部不至自相殘害。(三)競爭可免過激。公定價格與交換所開業劃然兩事。公定價格並非正式營業。不過規定一價格以爲標準。股票之交易。不在交換所而在途中。是亦一奇現象也。十月二日委員會發布通告。將八、九、十三月內所訂結之孔索交易。延至十一月十八日清算。其十一月內所訂結者。延至十二月一日清算。十月十七日。初行交換所封閉後第一次公式結算。自八月十五日至十月十四日之利息。須一律繳納。而自七月二十九日至八月十四日之利息。則暫行擱置此公式結算之前數日。委員會通告各會員。請將所欠銀行等處借款詳開報。會有謂此舉爲干涉個人私事大爲反對者。然大都稱是委員會將所得報告。送財政部。雷德氏隨即會商各代表決定召集英王國內十八股票交換所公開會議討論善後之法。據委員會所蒐集者。此項借款總額達二萬萬鎊。而倫敦「經濟」週報則謂倫敦一處不過八千一百萬鎊。其他各都市合計不過一千一百萬鎊。都九千二百萬鎊耳。

以上所述皆股票交換所自封閉至今會內之彌縫方策。政府特別救濟案尚未發表。以視匯票市場。未免向隅。其實政府救援之意蘊蓄已久。惟銀行以不得政府之保障。不欲貸款與股票市場。彼此相持久而未決。十月三十一日政府始發表股票交換所法案。(五二)其要件如左。(一)此法案僅適用於貸款於股票市場之人。若銀行已得政府紙幣之通融者。不在此例。又貸款人自爲股票交換所內一會員。亦不通用此條例。(二)各銀行無論其已否加入清算所。但凡已受政府紙幣之通融者。不得於戰事了結後十二個月以前。或一千九百十四年政府便宜行事法案(五三)未終以前。(此二者未知孰先。但以先者爲主。)索還貸款。或增收擔保餘限。惟當借款者破產時。銀行可要求即時償還。又利率不得逾下開第四條英銀利率。(三)英銀允貸款與貸款於股票市場之人。其貸款之額。爲七月二十九日未曾清償之股票價値百分之六十。其股票價値以七月二十九日定價爲準。若股票爲孔索或屬於孔索賬內者。則其價格以七月二十七日定價爲準。此條情節更分析如下。(甲)英銀可任意拒絕請求。但須顧全此條例原旨。不得過迫股票。因此致受清償之困窘。(乙)貸款於股票市場之人及被貸之人。對於英銀之貸款及利息須負連帶責任。(丙)欲借款者須於一千九百十五年一月三十一日以前往英銀陳請。過此不受。(四)英銀此項貸款其利息須較英銀利率增多一分。最低率以五分爲度。利息每兩星期歸還一次。股票交換所再開以後。於每清算日歸還。不拖欠利息者可得股票之官利紅利。(五)英銀允於戰事了結後十二個月內或一千九百十四年政府便宜行事法案未終以前不索還貸款。並不增收擔保餘限。惟當借款破產時可要求卽時償還。(五)凡享受此條例利益之貸款人其所受限制亦與第二條之銀行同。(六)股票交換所不得財政部之許可。不得開始營業。綜以上各條觀之有不可不注意者三事。(一)第二條爲救濟股票市場。第三條爲救濟貸款於股票市場者。其救濟股票市場也以銀行或其他商店當其任。其救濟銀行或其他商店也。以英銀當其任。是英銀僅執救濟之勞。以視匯票之直接救濟略有間矣。政府旣保證英銀使不因折扣匯票而受損失。亦應保證英銀使不因貸款股票而受損失。殊不知英銀此項貸款旣爲股票價格百分之六十。則其擔保餘限極大。且股票價値除孔索外。均以七月二十九日定價爲準。則其定價已不如尋常定價之高。故非股票之價値消失過半。英銀決無受損失之理。特此百分之六十之擔保餘限。非假政府之力不足以施行。此政府居間之不可缺也。(二)允許延期之匯票。爲八月四日以前已經承受之期匯票。或當日以前已經發出之現匯票。而允許貸款之股票爲七月二十九日未曾淸償者。其用意大略相同。惟利率有別。彼爲增多二分。此則一分。而以五分爲最小限度。則以股票之擔保餘限過大故歟。(三)目下英銀利率爲五分。增加一分則爲六分。依此計算。則受政府紙幣通融之銀行。較之未受此項通融者爲有利。蓋政府紙幣之利率僅五分故也。未受紙幣通融之銀行或其他貸款商店卽令可得英銀貸款而其利率與自己所貸出之利率相同是不平也然吾人考察目下之市場利率早已降至三分可見金融已不如戰事初生時之緊逼銀行之貸款於股票市場者固無須轉告貸於英銀也

五　金貨吸收政策

英銀及股份銀行對於此次恐慌之狀況已散見前數章茲不復贅惟有一事爲吾人所當注意者則吸收金貨之潮流爲近世國家銀行最顯著之事實是也自英國首採金本位制以後各國翠起效法貨幣基礎之堅固與否全視金幣之供給自由與否近二十年來德國岌岌擴充武備歐洲各國早知戰機已熟惟何日勃發乃時間問題而非事實問題故列強政府一面謀修整武備一面謀鞏固財政而吸收金貨之策乃附帶出現最近三年內德意志帝國銀行首吸金貨二千萬鎊俄法效之亦各吸收二三千萬鎊金銀比價之日益懸隔未始不因於此今欲證明此事請將最近三年間德法俄之吸收金貨比較如左(單位爲百萬鎊)

德意志帝國銀行

	金貨	銀貨	合計
一九一二年七月二十三日	四八・九五四	一七・五一四	六六・四六八
一九一三年七月二十三日	五七・八三五	一四・八五二	七二・六八七
一九一四年七月二十三日	六七・八四三	一六・七二七	八四・五七〇

法蘭西銀行

一九一二年八月一日	一三二.四六七	三三.〇七一	一六三.五三八
一九一三年七月三十一日	一三四.四八九	二五.〇九五	一五九.五八四
一九一四年七月二十三日	一六五.六五四	二五.〇一三	一九〇.六六七

俄羅斯銀行

一九一二年七月二十一日	一五二.八三八	八.〇三八	一六〇.八七六
一九一三年七月二十一日	一六一.〇一九	七.七六六	一六八.七八五
一九一四年七月二十一日	一七四.五〇九	七.三二二	一八一.八三一

觀右表。可知三國之吸收金貨有爲日不足之概。迹其用意不外戰時財政之一準備策。而反觀英銀。則全異於此。（英銀紙幣準備金全係金貨惟銀行準備金稍有銀幣然微微不足數此處所謂貨幣及生金乃混兩準備金言之也）

	貨幣及生金
一九一一年最後一星期	三三.四三八.一六二磅
一九一二年最後一星期	三一.三〇〇.四八七
一九一三年七月二十三日	三八.七二七.〇七一
一九一四年七月二十二日	四〇.一六四.三四一

今以英銀之金貨與其他三國相較。不獨數量遙小。且吸收金貨之程度。遠不及彼等。驟爾觀之。似英國貨幣之基礎。反不若德法俄之鞏固。殊不知倫敦「信用」之確實。固久已甲於世界。不因此貨幣準備金

之多少而有差異。恐於計釋匯票賬簿時。業已表明英國紙幣之於商界不足十分輕重。（參觀註一〇）金貨之效力雖不因紙幣消失。然取携之便更不若紙幣。紙幣且嫌其煩累。則金貨之不適於今日世界的商業。可想而知。而彼三國者孳孳吸收。惟恐或懈。何也。則巴黎伯林聖彼得堡之「信用」不若倫敦之發達。彰彰明矣。本年戰事發生後。自英國外。無不停止現金兌換。八月七日法議會可決一案。許法蘭西銀行推廣「信用發行」自二七二·〇〇〇·〇〇〇鎊至四八〇·〇〇〇·〇〇〇鎊。同時准其停止現金兌換。即現銀兌換亦可停止。德意志帝國銀行一方吸收金貨。一方停止現金兌換。自七月二十三日至八月二十一日。金貨收入增加一〇·〇〇〇·〇〇〇鎊。紙幣發行增加一一七·〇〇〇·〇〇〇鎊。俄羅斯銀行本年七月二十一日營業報告。金貨準備一六〇·二一四·〇〇〇鎊。銀貨七·三八二·〇〇〇鎊。寄存外國者一四·三九五·〇〇〇鎊。紙幣發行額一六三·四一一·〇〇〇鎊。其信用發行爲三〇·〇〇〇·〇〇〇鎊。故彼時有發行餘限四八·四八一·〇〇〇鎊。七月三十一日紙幣發行之制限。由三〇·〇〇〇·〇〇〇鎊增至一五〇·〇〇〇·〇〇〇鎊。而現金兌換全然停止。八月十四日紙幣發行額增至二三二·一〇六·〇〇〇鎊。現金準備爲一七八·四八二·〇〇〇鎊。夷考三國銀行之實現。凡現金一入銀行。即無復出之望。儻若銀行專爲收貯金銀而設者。在英人視之。頗覺奇異。然吾人再反觀英銀。又何如者。

	貨幣及生金	銀行準備金	準備率
七月二十二日	四〇·二六四·三四一	二九·二九七·〇五一	五二·三七五

八月七日	二七・六二二・〇六九	九・九六六・六四九	一四・二五〇
八月十九日	三七・九五九・八四九	一九・二二三・三五四	一五・〇〇〇
九月二日	四七・七七二・七一二	二〇・九三四・九五二	一九・〇〇〇
九月十六日	四八・七二〇・四九二	三二・五四七・七六二	二一・一二五
九月三十日	五二・九一六・九一四	三六・三九一・九七九	二二・七五〇
十月十四日	五九・二三五・三九〇	四三・〇一八・一〇五	二六・五〇〇
十月二十八日	六一・八七二・七四〇	四五・二一〇・〇七〇	二九・七五〇
十一月十一日	六九・二八〇・九二三	五二・二二一・八九三	三三・三七五
十一月二十五日	七二・二三三・九三二	五五・三五八・〇六七	三二・六二五

此四個月中英銀吸收金貨逾三千二百萬鎊。平均每星期近二百萬鎊。自有英銀以來未有若斯之現象者也。英銀爲何須貯此巨額之現金。則曰爲銀行準備金增加之故。銀行準備金何以增加則曰存款增加故。然紙幣之流通市面者在十一月二十五日爲三五・三二一四・八六五鎊。較去年此時僅增六・八九八・五〇〇鎊。然則金幣不見多於市面。（恐恐市面金幣較前且少蓋英銀所吸收之金貨一部來自外國一部收自民間也）紙幣亦無大大的差異。然則英銀不亦專爲收貯現金而設者乎。雖然英銀自始至終未嘗宣告現金兌換之停止。彼固不禁現金之流出金庫且不禁現金之流出海外。此英人所常自負者也。七月二十九日至三十一日現金流出歐洲者每日百萬鎊。若在德法俄諸國早已嚴禁

出口矣。而英銀未用絲毫禁止的手段。彼固不畏外國之吸收。僅畏內國之貯藏。當此危險一髮之際。政府思得救濟之法有三。(一)發行政府紙幣以補英銀紙幣之不足。(二)第一次一般償還延期令。明明准各銀行拒絕五鎊以上之支取。(三)一千九百十四年貨幣銀行條例。許英銀以制限外之發行。故觀第一項之主旨。可知英銀雖不違反一千八百四十四年銀行條例。而令政府代負其責。觀第三項之主旨。英銀雖不禁止現金之流出海外。而令各銀行限制之。吾人理解到此。實不得不服英人之綜核詳密。藻飾輝皇。宜乎各國銀行望塵莫及也。

英銀之吸收金貨。以八月為最甚。自八月七日至九月二日四星期間。共吸收二千萬鎊。而同期內現金之由海外流入英國者。為一千八百六十三萬九千鎊。然則英銀所吸收之現金。海外居十分之九以上。夫以戰事如彼其急。而英銀遂能吸收如此巨金。是誠何術。則曰此項現金。非必已運來倫敦。儲在英銀金庫。或國家造幣廠也。其大半皆貯存海外。所謂流入者。不過所有一符號耳。蓋英銀有海外支店數處。如坎拿大之阿達瓦(五四)南非州之角市(五五)及澳洲紐西綸是也。英人之放貸於美國者極夥。故美人負英國債甚巨。英人若將所有美國證券在紐約賣出。則美國金幣立可運來倫敦。惟戰事一起。海運極危。且保險價格過於昂貴。雖有現金。不能運渡此岸。英人處此。乃將美國金幣由紐約運往阿達瓦。存於英銀支店內。凡報紙所載英銀「購得美國金幣」若干云者。多指此而言。其實現金並未來倫敦也。南非州之杜蘭斯犖羅迭夏兩處金礦。亦為英銀現金之外庫。英銀支店收得此項生金後。即電本行報告收入若干。彼報紙所載英銀「購得金塊」若干。多指此而言。澳州紐西綸情形或稍不同。然大致亦不外此。

自八月七日至九月二日英銀所收海外金貨一千八百餘萬鎊中。八百萬爲美幣。七百二十萬爲金塊。二百萬來自印度。一百四十萬來自南美之巴西、阿根廷、烏爾乖三國。九月中海外金貨之實際輸入英國者。不過七十九萬鎊。去年此月乃爲四百七十八萬鎊。此七十八萬多來自印度南美。金貨之實際輸出。不過四萬八千鎊。去年此月乃爲七百九十一萬二千鎊。此四萬八千。係送往馬爾他及織布羅陀兩處以供軍用者。夫以英國海軍如此其强大。殖民地如此其富饒。而戰爭之中金貨輸入之困難如此。則各國平日之吸收金貨。豈不其然。

六　一般工商業救濟策

國際貿易三大要素。爲商船、銀行、保險會社。商船掌運輸。銀行司匯兌。保險會社以均其損益。三者缺一不可也。英國以工商立國。商船噸數逾二千萬。占全世界之半。銀行勢力之偉大。前已備述。海上保險之規模。雖不及前二者之大。然不失爲海外貿易一重要機關。世界無事。保險業者以個人或小團體之貲力。足以執行其業。今英德構兵。德之在外軍艦雖爲數無幾(五六)而其能惱英商船。則不愧爲大敵。夫海上保險所受戰時之影響。須視交戰國海軍之强弱爲高下。設令英人與我國開戰。恐致言倫敦保險市場決不感秋毫之痛癢也。

一千八百五十六年巴黎宣言。除戰時禁制品外。所有「中立國旗下之敵貨」及「敵國旗下之中立國貨」不得捕獲。然英人不願遵守。近數十年來。凡戰時所生之損失。概屬於保險範圍之外。海上保險票內常加入「拘捕在外」(五七)一條。以免去保險業者之責任。最近二三年內。英國有海上相互保險之組織。乃船主自謀便利、相約互保其船體。至於貨物。則概屬通常保險會社之事業。戰事勃發。相互會社苟欲冒險圖功。或可繼續其業務。而責任既大。會社之組織復不完全。僅保船體而不保貨物。是貨物無所得其庇蔭。商人將裹足不前。於船主何益之有。貨物當戰爭之時。苟重其保險料。或亦可得通常保險會社之承受。然時局迫切。商人何堪此重負。此官營保險之所以不可缺也。

此次戰事初起。倫敦保險業者或往他處休暑。或雖留倫敦而不願從事斯業。七月二十八日。保險料爲百分之五先令（對於百鎊而言）三十一日爲六十先令至八十先令。八月四日爲十幾尼至十五幾尼。（一幾尼等於二十一先令。幾尼現只有其名而無其幣）六日爲二十幾尼。一旬之間。驟高八十四倍。實足令人驚駭。八月四日官營保險之案始行發布。其辦法分爲兩種。（一）船體保險。政府與相互會社合同擔任。凡欲得官營保險者。須已加入相互會社之英國商船。或從此加入者。已受此項保險之船隻。須由政府監督其行動。保險率由政府隨時指定。保險所得。政府受其百分之八十。會社受其百分之二十。將來遇有損害。政府與會社亦以此比攤分。（二）貨物保險。政府獨負之。凡願受官營保險之貨物。須搭載已受官營保險之船隻。此項保險自宣戰後實行。惟事屬草創。諸凡不備。何項船隻已受官營保險。何項船隻不在此列。其查訪之事。全在貨主。不在政府。商人一時頗爲困惑。

案既布。政府隨立戰時海險局（五八）宣言保險料一律百分之五幾尼。八月七日更減至四幾尼。於是市場保險率隨而減少。八月六日爲百分之二十幾尼。七日爲十幾尼。九日爲八幾尼。十二日爲四幾尼。十三日爲三幾尼。吾人欲知保險率之降下。果由於官營保險之競爭。抑或別有關係。不可不推考當時海上之情況。自八月四日至十二日之間。英德海軍均無大故。惟德國地中海巡洋艦二艘逃往土耳其。其爲土政府所用。其時中國海太西洋太平洋印度洋之德艦均完全如故。海上危險之程度與前無大差異。然則市場保險率之減少。非由航路狀況之改善。實由官營保險之競爭明矣。

官營保險既限於英國商船。則中立國商船之保險不在英政府統治範圍之內。準常理論。中立國商船之海上危險。遠視交戰國者爲小。保險料亦應大低。惟此次現象適反乎是。中立國商船船體保險爲百分之六七幾尼。倍乎英國商船。則保險率之降下爲官營保險所促成。更可想見。

而政府計劃官營保險之初。豫算宣戰時英商船之被捕者百分之五。戰事發生後六個月內英船之損失亦百分之五。合船體貨物兩項而計。政府須負擔一六·三六七·〇〇〇鎊（保險料收入不計）而船體損失六·一三三·七五〇鎊之中。政府應負擔四·九〇七·〇〇〇鎊。自開戰至今將及四月。英商船之遭難者。未得確實統計。損失程度。無從懸揣。惟吾人意料所及。英船之實際損害。決不若豫算之多。約略言之。或百分之二三歟。由此足徵英海軍之強大。非德國所能敵（五九）

官營保險率至十一月更減至百分之二幾尼。市場利率則早已由三幾尼減至二幾尼矣。據表面觀之。官營保險似與民間爭利。實則英人救濟商界之苦衷。非淺識者所能測。戰事勃發。人心驚皇之度。常較實際危險之度爲高。當此時也。家諭戶曉。焉能奏功。欲圖鎮靜人心。英人乃別有良法。官營保險與其謂爲政府營業。毋寧謂爲限制保險率之一種命令。市場欲高其率。則保險者相率而之官營保險局。故不敢也。設令英海軍隨處敗績。德與海軍橫行地球之上。倫敦保險市場尚能承受低率之保險料而從事於海上保險乎。不問而知其必不然也。然則官營保險。仍無補於實際。雖然。政府救濟。只能救濟其所能救濟者。不能救濟其所不能救濟者。英海軍而至於敗績。英帝國滅亡之秋也。苞桑之繫。豈僅區區海外貿易已哉。官營保險不獨鎮靜人心已也。實際上減少海上之危險不少。蓋商人既乏戰事上知識。且無從探知何路可航。何路當避。不有政府以指揮監督之。其遇險必多於今日無疑也。又航路近而較安者。市場常樂為之保險。遠而不明。如中國日本南美等處。卽有高率之保險。受者常稀。此等事業。為商人所不樂為者。官營保險局則受而行之。以補市場之不足。

八月五日。政府宣布與敵人通商辦法。十二日。更加修加。分禁止與許可二種。各條內容。頗饒興味。茲擇要錄之。其禁止者。（一）供給敵國或敵國內敵人貨物。（二）自敵國或敵國內敵人取得貨物。（三）與敵通商。（四）與敵國內敵人締結新保險契約。（五）與敵國內敵人締結新契約。其許可者。（一）貨物以外、如貨幣及流通證券等類。均可輸往敵國。（二）除英國或同盟國所捕獲者外。凡已與敵人締結而未清償之保險契約。均作為有效。故保險金之受授。可謂合法。（三）因契約未了所負敵人之債務。均可償還。故因戰前負有債務而敵人於戰前或戰後發出匯票者。被發出人有償還之義務。據以上所規定。則英國貨物不許輸往德奧。明矣。然據十一月臨時議會某議員質問。謂英國石炭與茶之輸入瑞典那威荷蘭丁抹等中立國者。較去歲驟增。指為間接輸入德國之證。首相愛斯葵斯君答謂石炭之增加。乃因德國石炭輸入瑞那減少之故。至於茶之增加。則似為敵人所利用。然此後當更思他法以禁遏之。其如何禁遏之法。則尚未發表。

八、九、十三月之海外貿易。因戰爭之故。大為減少。其減少之度。觀下表可知。

八月

	(一九一三年)	(一九一四年)	(減少)	(百分率)
輸入	五五.九七五.七〇四鎊	四二.三六二.〇三四	一三.六一三.六七〇	二四.三
輸出	四四.一一〇.七二九	二四.二一一.二七一	一九.八九九.四五八	四五.一
再輸出	八.一五〇.四九九	四.四一九.八三三	三.七三〇.六六六	四五.七
九月				
輸入	六一.三五五.七二五	四五.四二四.八六四	一六.三〇三.七八八	二六.五
輸出	四二.四二四.八六四	二六.六七四.一〇一	一五.七五〇.七六三	三七.一
再輸出	六.八五三.〇一三	五.二七四.〇四一	一.五七八.九八二	二三.〇
十月				
輸入	七一.七三〇.一七六	五一.五五九.二八九	二〇.一七〇.八八七	二八.一
輸出	四六.六二二.六六九	二八.六一〇.八一五	一八.〇二〇.八八四	三八.六
再輸出	九.五五六.一四四	七.一七九.八五七	二.三七六.二八七	二四.八

觀上表。則英國海外貿易之減少。以八月為最甚。九十月稍稍規復。然較去年同期間之貿易。則猶相差甚遠。此等衰頹現象。豈僅交戰國之英國為然。世界各國殆莫不受其影響。德奧此三月內之國際貿易。

無統計可徵。吾人以德奧商船損失推之。決其貿易減少之程度。必遠較英國爲大。北海既爲英海軍封鎖。則德奧之通商路線。在北爲瑞典那威荷蘭丁抹。在南惟一意大利耳。此種間接之出入。爲數有限。故戰局延長。英海軍不至敗績。則英之國際貿易日就活潑。德之國際貿易日就衰沈。可預言也。今就英國貿易稍加解剖。有不可不注意者二事。(一)輸入中之食料品。(含食料飲料煙草三項)(二)輸出中之棉織物。英爲工商之國。農業漸次放棄。國內所需食料品百分之八十。須仰給於海外。平時存儲者不足以供三月之需。使英德易地而居。則英國人民已瀕凍餒久矣。故食料品之輸入。不獨英國海外貿易消長之所繫。乃不列顛羣島住民生存死亡之問題也。

	食料品輸入	較去年同期減少
八月	二一•四九七•二〇四鎊	二•〇三一•九六一
九月	二三•九七七•一二六	二•〇八二•四四八
十月	二八•〇五〇•四三〇	加　六九一•五四四

以此表與前貿易總表相較。可知食料品一項之減少。爲數甚微。且十月內尚稍見加多。蓋英國所失於德俄之貿易。可轉而求之美洲故也。英國所失於德國之輸入品。不僅食料。其他如機械顏料藥品化學器具等。爲額不少。顏料一項。以與織物大有關係。英人最感痛苦。現政府正擬獎勵自造。其詳尚不得而知。

英國輸出之大宗。爲棉毛織物石炭鐵器機械等。此三月中。殆無一不減少。而綿織物爲最。今將製造品

輸出額及較去年同期間之減少額表列如左。（單位爲千鎊）

	（八月輸出）	（減）	（九月輸出）	（減）	（十月輸出）	（減）
鐵鋼類	二·二九五	一·八二三	二·四五七	一·六六四	二·八一〇	一·八六一
其他金屬製品	五四九	四三七	五五一	四七二	八〇七	三四七
機械類	一·七〇八	一·一七七	一·六二四	一·四二四	二·〇三三	一·二三八
船隻	二八〇	二·五七三	二一五	六〇五	—	—
棉織物	五·八三九	四·六二九	六·二二一	三·六六四	六·一〇九	五·二六四
毛織物	二·一三六	一·四三四	一·六三八	一·三二七	一·四五五	一·二八四
衣服類	一·〇八四	四四一	一·〇四四	四一五	九八四	四〇四
化學製品	九三五	六一三	一·二三六	三九〇	一·五七〇	二五八
雜項	一·七七六	一·〇四四	二·二〇六	六八五	三·一二五	一·一四〇

觀上表。則棉織物之減少。遠較其他各物爲多。棉織物之中心市場。爲蘭嘉縣(六〇)。故蘭嘉工商界最感痛苦。然吾人須知本年棉織物之不振。非僅戰爭以後之事。亦非僅英國爲然。當本年六七月間。世界棉織物之供給。已浮於需要。各國均講求節錘之法。蘭嘉縣亦減少工作時間而不減少人數。以免工人之失職。此適戰前事也。然則英國棉織物輸出之減少。毫無足怪。然戰事不發。其衰沈不若是之甚也。製造業者之苦窘。其因有二。(一)成貨銷售之沈滯。(二)代價收回之困難。二者皆恃輸出業者爲轉移。

而輸出業者則視外國市場之活潑與否。今敵國債務固無收集之希望。即中立國市場亦多因戰事停止貿易。是輸出業者已先陷於苦境。故欲救濟製造業者。非先救濟輸出業者不可。政府知第一困難爲已力所不能及。無已。其除去第二困難以蘇商界乎。故於九月以來。即組織一協會。以財政部人員英銀代表及各股份銀行代表充當委員。籌商貸款與輸出業者之法。十一月四日。爲一般延期令終止之期。乃於其前一日。發布商界救濟案。其目的在貸款與確實可靠之輸出商。俾得償還他商及製造業者商業上之債務。但不得以之清償借款借越或其往來銀行所已承受而未清償之外國或殖民地匯票。其辦法約略如下。（一）貸款不得逾該商所有債權百分之五十。（二）該商應給銀行以查賬權。（三）該商已得銀行承認貸款時。可向該銀行發出六個月匯票一紙。協會爲之保證。六個月後仍可續借一部或全部。其續借期限仍爲六個月。以後每六個月繼續一次。至戰事終結後十二個月。或政府便宜行事法案滿期時爲止。（二者以最先發現者爲準）但該商如受宣告破產時。銀行可要求即刻償還貸款。（四）該商可將此匯票往該銀行或匯票折扣市場折扣。（五）該商應償該銀行承受匯票料每一票五先令及手數料票額百分之一。（六）該商應及早收回債項。（七）政府負擔損失百分之七十五。承受銀行百分之二十五。

以上爲一般商人救濟策。至於棉織物之特別救濟。亦於十一月中旬發表。其條件與前略同。惟目的在促進利物浦棉織物貿易。保證人爲政府及利物浦棉織物協會。利物浦銀行。貸款者爲銀行。貸款及利息。如有損失。政府負擔百分之五十。協會及銀行各百分之二十五。

工商業狀況。上文略已說明。尚有一事。爲吾人所當討論者。則戰爭之影響及於勞動者之程度爲何若。失業之多寡。因其職業而異。據前述英國輸出貿易觀之。可知棉織業工人最爲困苦。此外凡屬奢侈品性質之職業。亦在天然淘汰之列。反之而靴皮韈木裁縫等工。因軍隊之增加。大形忙迫。是豈擇術之有愼有不愼。時勢使然。非人所能預料也。據最近商務局報告。英國失業之民。漸次減少。統計英王國勞動者之數。約三百萬家。其已加入職工聯合會(六一)者。此時爲九一二·八九八人(除從軍去者)其中失業者爲四〇·一四六人約當全數百分之四·四。今將自今年一月至十月失業者之百分率表列如左。

一月末	二·六	二月末	二·三	三月末	二·一	四月末	二·一
五月末	二·三	六月末	二·四	七月末	二·八	八月末	七·一
九月末	五·九	十月末	四·四				

觀右表。可知失業狀況漸次改善。其原因一爲從軍者之增加。二爲工商業之恢復。右所統計。僅就加入職工聯合會者言之。其餘三分之二之勞動者。未知狀況奚若。衡情論之。當復如是。但吾人研究失業狀況之原因。更有不得不注意者。卽女子之失業甚於男子是也。關於女子失業者之救濟。尚無表見。惟英后美利有募集女子救濟基金之舉。然爲數甚微。至今不過得九萬餘鎊而已。
德國工人之加入職工聯合會者一·〇一〇·二八三人。八月末統計失業者爲百分之二二·四。九月末爲百分之一六。而去年九月僅百分之二·七。然則德之失業狀況。亦大爲改善。其原因雖不明。然吾

人私揣之則其主因在第一事不在第二事。再就軍人之數比較之。十一月中旬以前。英人從軍者不過百一十萬左右。德國於九月內已有三百萬以上之戰鬪員。而其失業之百分率三倍於英。是可證德國工商業之衰頹過於英國遠矣。

七　戰時財政大綱

自第三章至第六章。悉已將英國戰時經濟狀況縷陳略盡。茲所餘者爲財政情形。請得以此章爲全文之殿。

八月四日。英對德宣戰。六日。議會可決軍費一萬萬鎊。三月以來。英海軍殆全部集中於北海。陸軍之在比法境內者不過三四十萬人。開戰後十星期內。每星期軍費平均約五百萬鎊。其後因兵額之增加。氣候之寒冷。漸增至七八百萬鎊。此項臨時支出。自非豫算案所包含者。故除募集公債外。別無他法。據十一月五日倫敦太唔士所載。則當日以前。政府所發出之財政部證券。其額已達九千萬鎊。茲將各次證券之償還期限利率（對於每百鎊）及償還日期表列如左。

發行額	償還期限	利率	償還日期
一五.〇〇〇.〇〇〇	六個月	三鎊一五先令一.四二片士	一九一五年二月二十二日
一五.〇〇〇.〇〇〇	六個月	三　一五　六.〇九	二月二十八日
七.五〇〇.〇〇〇	六個月	二　一八　六.五五	三月十九日
一五.〇〇〇.〇〇〇	六個月	三　九　三.二四	四月十日

一五・〇〇〇・〇〇〇	六個月	三一四	一〇・八三	四月二十四日
一五・〇〇〇・〇〇〇	六個月	三一三	六・八三	五月七日
七・五〇〇・〇〇〇	十二個月	三八	三・五八	九月十九日

十一月十一日臨時議會開會。十六日首相愛斯葵斯君在議會提議。募集公債二萬二千五百萬鎊。新募兵額一百萬。合之以前所募者共二百十八萬餘人。（其中十八萬餘爲原有常備軍戰事發生後新募二次每次五十萬已應募者達九十萬）而國民軍不在此內。十一月十四日以前所支出之軍費每日平均在九十萬與百萬鎊之間。所募公債九千一百萬鎊之中。貸與外國及殖民地者四千四百萬。即坎拿大澳洲紐西綸三處共貸與三〇・三二五・〇〇〇鎊。比利時一〇・〇〇〇・〇〇〇鎊。塞爾維亞八〇〇・〇〇〇鎊。比塞兩國貸款於戰爭期內不取利息。據愛氏估計將來所支出軍費五分之四。仍消費於本國內云。

十七日財政大臣雷德佐治君提出一千九百十四年至一千九百十五年改正豫算案。其概要如左。

歲入豫算改正	一九五・七九六・〇〇〇鎊
歲出豫算改正	五三五・三六七・〇〇〇
歲入不足	三三九・五七一・〇〇〇
內 因戰爭失去歲入	一一・一二八・〇〇〇
戰費	三二八・四四三・〇〇〇

新稅		一五·五〇〇·〇〇〇
不足彌補	減債基金內劃出	二·七五〇·〇〇〇
	已發行之公債	九一·〇〇〇·〇〇〇
	將發行之公債	二三〇·三二一·〇〇〇

上列表內有須說明者數事。(一)英國歲計年度自四月一日起至翌年三月三十一日止。此處所指歲入歲出。卽謂自一千九百十四年四月一日至一千九百十五年三月三十一日之歲出入也。此豫算歲入總額雷德氏所估計者爲二〇七·一四六·〇〇〇鎊。議會所承認者爲二〇六·九二四·〇〇〇鎊。(卽表中歲入改正及歲入失去兩項之和)(二)因戰爭失去之歲入照雷德氏所估計之原案計算則爲一一·三五〇·〇〇〇鎊。照議會所承認之原案計算則爲一一·二二八·〇〇〇鎊。其實際歲入僅一九五·七九六·〇〇〇鎊則一也。茲將雷德氏所估之原案比較歲入原額及此次失去者如左。

	原案	減少
關稅及消費稅	七五·三五〇·〇〇〇鎊	減 四·〇〇〇·〇〇〇鎊
國內徵收稅	九六·〇一六·〇〇〇	減 七·〇〇〇·〇〇〇
郵政局收入	三一·七五〇·〇〇〇	減 二·二二〇·〇〇〇
國有財產收入	五三〇·〇〇〇	—
蘇彝士運河收入及貸款	一·三七〇·〇〇〇	—

雜收入	二·一三〇·〇〇〇	加一·八七〇·〇〇〇
合計	二〇七·一四六·〇〇〇	減一一·三五〇·〇〇〇

(三)戰費指凡因戰事發生之一切用費如比塞兩國借款殖民地借款等均含在內。(四)新稅指所得稅所得特加稅(六三)皮酒稅茶稅四項前二項自明年度起一律加倍徵收今年度內僅加徵三分之一。所得稅分爲勤勞所得及非勤勞所得二種勤勞所得之最低率(指每年所得在千鎊以下一百六十鎊以上者一百六十鎊以下者無稅)原爲每年每鎊九片士。今年度加徵三分之一則爲一先令明年度加徵一倍。則爲一先令六片士。非勤勞所得之最低率原爲一先令三片士今年加徵三分之一則爲一先令八片士。明年加徵一倍則爲二先令六片士。皮酒每樽增收十七先令三片士茶每磅增收三片士。加以原稅五片士。爲八片士。由此所收得之新稅如左。

	今年	明年
所得稅	二一·〇〇〇·〇〇〇鎊	三八·七五〇·〇〇〇鎊
所得特加稅	一·五〇〇·〇〇〇	六·〇〇〇·〇〇〇
皮酒稅	二·五〇〇·〇〇〇	一七·六〇〇·〇〇〇
茶稅	九五〇·〇〇〇	三·二〇〇·〇〇〇
合計	一五·九五〇·〇〇〇	六五·五五〇·〇〇〇

減少酒店營業特許稅　四五〇·〇〇〇　五〇〇·〇〇〇

差計　一五.五〇〇.〇〇〇　六五.〇五〇.〇〇〇

右稅四種。前二種可稱爲直接稅。後二種可稱爲間接稅。前二種之負擔屬於富者階級。後二種則貧者階級亦不得不分擔之。皮酒爲非不可缺之品。貧者而能戒飲。則此稅不加於其身。然戒酒戒煙在社會學者衛生學者視之。本極爲重要。在經濟學者視之。則不値一顧。蓋非政府嚴定法律如我國近來之槍斃罰金。徒以道德勸止。鮮有能奏功者。今重加稅以冀貧者之節飲。有時或不無効果。然一般心理寧負重稅。不樂絕斷嗜好。其因此減少之額。必不爲多。財政家所能預計者也。茶爲日用所必需。其節飲更難於酒。故此稅可使全國人民各負擔少許義務。現政府爲自由黨政府。每立一法案。必取諸富者以助貧者。雷德氏之意。豈不欲將戰費全部移植富人兩肩。然知衆怒難犯。不得不略加消費稅以間執富人之口。其實今年度內所增收一千五百五十萬中。茶稅不過九十五萬。明年六千五百萬中。茶稅不過三百二十萬。其影響於貧者之生活亦僅矣。而下院勞動黨院內總理恆德孫君則曰。勞動黨願輸勞銀以助國課。不願政府加茶稅也。且謂英國勞動者三百萬家。今因增茶稅三片士。致每人每年對於一鎊之收入須負擔八片士之多云。夫以八片士較之二三先令。誠屬無幾。然以勞動者之所得與富人之所得兩相權衡。則八片士在貧者不爲少。二三先令在富者不爲多。惟恆氏所統計。恐不甚確。以愚所測。則茶稅及於勞動者之負擔。決不至八片士之多。今且不論。論其他事。

雷德氏當日並提議募集公債三萬五千萬鎊。發行價格九十五鎊。年利三分半。一千九百二十八年三月一日政府照百鎊價格收回。或於一千九百二十五年三月一日至二十八年三月一日之間。無論何時均可收回。但必於事前三個月發布。如此則公債利率恰與年四分相當。前豫算案內不有「將發行之公債」三三〇·三二一·〇〇〇鎊乎。此云三萬五千萬鎊何也。蓋前者爲會計年度內之公債發行額。後者爲戰爭年度內之公債發行額也。戰爭年度自今年八月至明年七月之謂。會計年度以明年三月爲止。故豫算案內之戰費三二八·四四三·〇〇〇鎊。僅自今年八月至明年三月八個月間之支出耳。其自明年四月至七月四個月之戰費。雷德氏豫計爲一萬二千萬鎊。故如此時募集三萬五千萬。加以業經募集之九千一百萬。共約四萬五千萬。爲一年戰爭之計劃。雷德氏以借債非持久之策。故自今年起卽行加稅。今年內所得無幾。亦可補豫算原案之不足。自明年後如新增四稅能永久不變。則此戰爭第一年內所支出之四萬五千萬鎊。可於七年內卽一千九百二十二年以前全體償還。而何俟於一千九百二十五年。更何俟於二十八年。雖然此六千五百萬鎊之歲入未必確實可靠。一則戰事延長國民經濟益受影響。將來國稅或更有減收之一日。一則公債利率每年一千八百萬鎊。不可不豫爲之地。三則此次戰事未必一年內卽可了結。設延至明年八月以後。勢非再募公債或增加新稅不可。有此種種原因。故償還期限豫留餘地三年至六年之久。此殆雷德氏立案之意歟。

當改正豫算案未發表以前。外間早已喧傳公債利率爲四分。乃卒定爲三分半。太晤士記者謂當局者之意。以四分公債於英國現行公債頗形競爭態度。蓋謂孔索利率不過二分半。加以額面價格與時價百分之三十之差。亦不過三分餘。卽前次所發行公債九千一百萬鎊。亦不過三分有奇。然折扣既爲九十五。則實際利率仍爲四分。以云競爭。何不同之有。英人好爲修飾。宜其欲博低利公債之美名也。

此新公債三萬五千萬鎊。業於十一月十八日着手招募。至二十四日截止。通計一星期耳。繳納之期。分爲十一次。首繳定金二鎊。十二月七日繳納二鎊。二十一日。明年一月七日。二十一日。二月四日。二十二日。三月十一日。二十五日。四月十二日。二十六日。各繳十鎊。公債之巨。超越今古。英政府恐其價格下落。又恐應募者不多。故與英銀協議。於此三年內。有將此項公債作擔保要求貸款者。英銀允照發行全價（卽九十五鎊）貸款。且其利率較英銀利率減少一分。據二十七日雷德氏在議會報告。謂應募之額。業已超過三萬五千萬鎊。至於詳細數目。尙未發表。又應募者之數。將及十萬名。較之南非州之戰。多七萬五千名云。

如此巨額公債。承經濟恐慌之後。股票市場封閉如故。工商業頹敗如故。又加以四種新稅之重荷。而應募者何以如此踴躍。卽令愛國使然。然一源之水。衆共汲之。不幾窮乎。設應募者爲購買新公債。故將存於各銀行之款取出。則此項存款。自然悉入英銀簿內。蓋政府收入。照例歸英銀保管故也。然則各銀行卽不恐慌。而對於工商界之通融。不幾大爲減縮。而無以執行政府所立之種種救濟案乎。十一月二十八日。太晤士社論釋之曰。關於此事。「有三要點。吾人不可不注意。其一。公債之收集。分爲五個月。則爲時也漸。其二。政府雖一時收入甚巨。然消費亦甚巨。……此項金錢流入民間後。自復循其常軌。歸於各銀行。其三。英銀允照發行價格貸款。並較英銀利率減少一分。此事不爲無效。」然則財政之運用得宜。如此巨款。亦可立集。其與吾人以敎訓多矣。

增稅四項之內。其與吾國有關係者。惟茶。據十一月十四日週刊「經濟」雜誌所載。最近二年間茶之輸入英國者如左。

	自一九一二年十月一日至一九一三年九月三十日 鎊	百分率	自一九一三年十月一日至一九一四年九月三十日 鎊	百分率
印度	一七〇·四一五·二九三	五六·二四	一八〇·〇三七·七〇一	五六·四七
錫蘭	九一·三一九·一二六	三〇·一三	九四·五四五·五四〇	二九·六五
中國	八·七七三·四九三	二·九〇	一三·七八六·九八一	四·三二
爪哇等處	三二·五七五·七二九	一〇·七三	三〇·四五九·四八八	九·五六
合計	三〇三·〇八七·六四一	一〇〇·〇〇	三一八·八三〇·〇四〇	一〇〇·〇〇

觀右表。則中國茶之輸入英國者大有增加。然以視印度錫蘭。不啻九牛一毛之比。自此以後。每鎊茶稅增加三片士。則我國茶亦應分擔十二萬八千鎊。(以輸入額占百分之四計算)顧此項茶稅果能加之華人與否。未可輕易判決。如需要如故。則全爲消費者所負擔。如需要減少。則華人非全不受影響者也。

關於吾國茶業前途。非此篇所能罄。如有機會。請以俟之異日。

上述英國戰時財政情形。雖不免簡約。然大綱已略盡於是茲當全篇告終之際。願更敷陳一事。以助餘興。以見文明國之施設。其不易有如此者。據前表所載。英國勞動失業者在平時不過百分之二三。可見四民各安其業。絕鮮遊手好閒之徒。此等國民平日煦休於康娛之下。何嘗有寢戈露宿之志。一旦砲聲驟起。有業之民。爲愛國主義所驅。捐室家而赴彈石。幸則漏敵網。不幸則裹尸疆場。凡此者爲何也。曰捍衛國家也。保全同種也。國家對此。何以報之。於是政府制爲恩給、爲年金、爲安家費。恩給以慰死事者之家庭。年金以酬廢殘之勇士。安家費以絕出征者之後顧憂。三者均國家所以報愛國軍人者也。然凡事言之頗易。行之維艱。欲施捨之不偏。便須大費周折。且英人此戰。號稱爲人道主義自由主義。齊桓晉文之業。不圖復見於二十世紀中國民踴躍從公。無分階級。富者、貧者、貴者、賤者、有學問者、無職業者。同執干戈以衛社稷。一一分別而與以相當之報施當局者所不能也。然憲政如英。立法惟恐不審。審之又審。愼之又愼。猶不免輿論之挑駁。焉能如我國立法行政之如彼其簡易耶。今將政府所定恩給年金安家費之梗概。摘述如左。

恩給之舊案。爲戰事發生後臨時擬定。後因訾議甚多。又提出新案。較前案大爲寬縱矣。

	原案	新案
寡婦無子女者	每星期五先令	每星期七先令半
寡婦有一子者	六先令半	十二先令半
寡婦有二子者	八先令	十五先令
寡婦有三子者	九先令半	十七先令半
寡婦有四子者	十一先令	二十先令
改適嫁貲	十三鎊	三十九鎊

然勞動黨有要求每星期最少額爲一鎊者。政府未能允也。蓋此項義務。仍須將來國民負之。過輕固薄

於死者過重亦苛於生者故也。兵士死後。六個月內。其室家（妻子或父母兄弟等）仍繼續領取安家費，六個月後始改發恩給。以死者初亡。家庭之狀況不能驟變故也。

全身殘廢之海陸兵士有室無子者。最少每星期可得年金十六先令半。無室者十四先令。此項給與可由當局者隨時酌加。但前項兵士。於戰前加入國家強制保險者。合年金保險兩項。每星期至少可得二十一先令半。至多可得二十八先令。後項兵士。至少可得十九先令。一部殘廢之兵士。視殘廢之輕重能力之大小。家庭之狀況。而給以相當之年金。每星期自三先令半至十七先令半不等。安家費與恩給同。惟陸軍兵士之安家費。由政府按期發給其家。海軍兵士者。由本人自寄。依新案估計。如戰事延長一年。死亡率為百分之五。則恩給年金安家費等之每年支出。至多為二三•六五〇•〇〇〇鎊。總支出為九九•〇〇〇•〇〇〇鎊。如戰事延長至二年。死亡率為百分之十。則各為三三•三五〇•〇〇〇鎊及二〇二•〇〇〇•〇〇〇鎊云。

（完）

註釋

（一）據一千九百十四年八月八日及十五日週刊經濟雜誌The Economist所載一千八百七十一年普法戰爭之役法政府統計其本國於當年正月內每日軍費達一千六百萬佛郎通計該役全期中每兵一員每日用費為十三法郎八十八生丁今年八月加入戰鬥之列強爲英法俄比塞門德奧八國海陸人員合計九百萬若每人每日用費十先令則通計每日當達四百五十萬鎊軍械費尚不在內近二月以來日本土耳其又加入戰團之內英德俄法各各增兵然則每日用費當較四百五十萬鎊大有過之矣

（二）國家銀行Bank of State 國立銀行State Bank見Clare's Money Market Primer 第六頁

（三）一千九百十四年貨幣銀行條例第三條「英蘭銀行及蘇格蘭愛爾蘭發行銀行如得財政大臣之臨時許可及遵守所定章程可於法定限制外任意發行紙幣

（四）其時各銀行發行紙幣之總額約八百五十萬鎊故使此等銀行之發行權全歸消失時則英蘭銀行可於一千四百萬鎊外更發五百六十七萬鎊即合計約二千萬鎊也

（五）德意志帝國銀行 Reichsbank 紙幣發行之限制與英蘭銀行不同能準備現金在三分之一以上即可發行紙幣是其發行可自由伸縮

（六）紙幣準備金 Currency Reserve

（七）匯票中人 Bill Broker

（八）股票中人 Stock Broker

（九）股票經紀 Jobber

（十）銀行準備金 Bank Reserve 或單稱準備金 Reserve 此項準備金對於公私存款之百分比謂之準備率 Reserve Rate 世界大銀行中惟英蘭銀行之準備率爲最大十九世紀以前常爲百分之六七十近數十年來平均總在百分之四十三以上

（十一）信用發行 Fiduciary Issue 或稱制限外發行 Limited Issue

（十二）銀行條例中止 The Suspension of the Bank Act

（十三）法定貨幣或單稱法幣 Legal Tender 法幣有二種一無限法幣 Unlimited Legal Tender 即如金本位國之金幣用以納稅償債其使用之額可無限制一有限法幣 Limited Legal Tender 即如金本位國之銀幣銅幣亦可用以納稅償債但使用時有一定限制英國銀幣之使用限制爲四十先令銅幣爲十二片士

（十四）此種現象實英蘭銀行獨有之美質其他世界各大銀行如法蘭西銀行德意志帝國銀行皆不能及

（十五）Gilbart: On Banking, Vol. I., p. 28.

（十六）Dicksee: Business Organization, p. 21.

（十七）一千九百十四年十一月銀行雜誌 Bankers' Magazine 引 The Journal of the Institute of Bankers 評論此次大恐慌謂「近年來銀行合併之效果已足徵信」且謂「如多數小銀行約立將不堪受現代英國銀行之制度蓋彼等不能取同一的態度故也證之史策每當戰事發生之始大銀行雖有不能受此緊迫者」

（十八）清算所 Clearing House 清算所不獨銀行凡鐵道為國郵政皆有之

（十九）匯票 Bill of Exchange 日人譯爲手形今按匯票二字之義適與原文相符且字較簡單明晰故採用之現匯票 Cheque 日人譯爲小切手期匯票 Bill of Exchange 日人譯爲定期拂爲替手形英文期匯票與匯票無異須注意

（二〇）匯票賬簿 Cheque Book 爲用極廣英國商業之活動全恃有此蓋英銀紙幣不過三千餘萬鎊僅足供商用百分之一而已金幣之流通民間者不過四倍於紙幣之額其不足用明甚

（二一）貸越 Overdraft 爲日人所譯今假用之借越與貸越在英文無異稱在日文無所謂借越恐爲便宜起見輒立此字蓋二者原是一事自銀行言之謂之貸越自顧客言之謂之借越

（二二）以上兩例均取自一千九百十四年九月號 The Round Table

（二三）匯票交換所 Royal Exchange

（二四）股票交換所 Stock Exchange

（二五）清算日 Settling Day

（二六）結算延期日 Contango Day

（二七）信用 Credit 信用制度 Credit System

（二八）英銀利率 Bank Rate 即 The Rate of Discount of the Bank of England 之略稱又有時稱爲公定折扣利率 Official Discount Rate 其他倫敦各銀行所用之利率稱爲市場利率 Market Rate 市場利率常較英銀利率爲低惟金融緊逼時或較高然如此情形極鮮市場之金融活潑金貨充斥時則市場利率愈低於英銀利率故吾人觀英銀與市場兩利率相差之多少可知倫敦金融之概況

（二九）孔索 Consol 英政府發行年利二分半公債爲一種最確實且最方便有價證券不僅英國各銀行以此爲第二準備金即世界各大銀行無不如是因一遇恐慌即可變實故也孔索發行額面爲百鎊現在時價爲七十鎊上下二分半爲對於額面之利率其實際利率爲三分有奇

（三〇）賬面 "Account"

（三一）Clare: Money Market Primer, pp. 36—7.

（三二）Clare: Money Market Primer, p. 61.

（三三）金融市場 Money Market 指銀行及匯票市場而言股票市場 Stock Market 不在其內故當中統稱銀行匯票股票國際貿易及其他工商業爲經濟市場

（三四）銀行休息日 Bank Holiday 每年四次現成爲一般商業界之休息日

（三五）期匯票償還延期 Bill Moratorium 償還延期在英文爲 Moratorium 延期令前 Pre-moratorium 延期令後 Post-moratorium

(三六)例如八月四日滿期之匯票延至九月四日償還八月十日滿期之匯票延至九月十日是也此處所謂延期歷月一月者指八月四日至九月三日

(三七)The Times, Aug. 5, 1914, London.

(三八)Holding of Money in Scotland, The Times, Aug. 25, 1914.

(三九)紙幣銷却賬 Currency Note Redemption Account.

(四〇)一般償還延期 General Moratorium.

(四一)J. M. Keynes: War and the Financial System, August, 1914; The Economical Journal, Sept., 1914; London.

(四二)十一月二十五日下院某議員質問財政大臣路德佐治君謂英銀行事會多數代表爲承受匯票業者德人 Baron von Schroder 亦在其內栗勒德伯於英國宣戰後數時間即改入英國籍栗氏當時承受匯票至七八百萬鎊之多云

(四三)財政部証券 Treasury Bill 一種短期公債通常於當會計年度內償還

(四四)「匯票爲一種無條件之命令書由某人署名蓋印後發向某人令其見票後或於一定時期償還金額若干於票上所指定之人或持有該票之人此命令書署名蓋印者謂之匯票發出人 Drawer 此命令書所發向者謂之匯票被發出人 Drawee 被發出人已承認此票有效後謂之匯票承受人 Acceptor 實際得受領金額者謂之被償還人 Payee 被償還人將此票轉授與他人而自署名蓋印於其票之裏面時謂之匯票轉讓人 Endorser 如裏面指定某人令承受人償還之者其人謂之匯票被轉讓人 Endorsee 被償還人或被轉讓人或其他持有此匯票之人(票上未指定受金者時)均謂之匯票所有人 Holder」Gilbart: On Banking, Vol 1, pp. 255—6.

(四五)一千八百八十二年英國匯票條例第五十七條「匯票不能在外國兌取時所有人可向發出人或轉讓人要求賠償」The Bill of Exchange Act, 1882.

(四六)此等稱謂係出自九月三十日政府命令惟細察第二次及第三次延期令僅指匯票言其範圍不及第一次之廣大則此二次之「一般」云者與第一次之「一般」有別依吾人之意不若稱八月六日爲第一次一般延期令九月三十日者爲第二次一般延期令八月十二日者爲第一次匯票延期令九月三日爲第二次匯票延期令

(四七)Presentation for Payment. 提出

(四八)巴黎公開市場獨維持營業至九月二日法政府將遷都波多始行封閉然即此期間內營業亦屬有名無實

(四九)Bankers' Magazine, Nov. 1914, London.

(五〇)Lombard Street in War, The Round Table, Sept. 1914, London.

（五一）據本年十月十七日週刊經濟雜誌所載倫敦各銀行貸款於股票交換所者約八千一百萬鎊其他各都市銀行此項貸款不過一千一百萬鎊合計約九千二百萬鎊其餘尚有存儲生利未經股票交換所者未列此內然爲數不多

（五二）股票交換所法案 Stock Exchange Scheme

（五三）政府便宜行事法案（Courts (Emergency Powers) Act, 1914, 本年八月三十一日通過依此法案政府得以便宜手段隨機處置財政之事

（五四）Ottawa 坎拿大之首府

（五五）Cape Town 南非聯邦之首府

（五六）當宣戰時德之在外巡洋艦約十一艘在地中海者二艘今已爲土耳其用在印度洋者二艘有名之 The Emden 在遇加洋擊擄英商船至二十艘之多又擊沈俄巡洋艦一艘法驅逐艦一艘乃爲英艦所擊沈其他一艘亦爲英艦所圍不能爲用在檀香山者一艘爲美政府扣留其餘六艘現均在南太平洋

（五七）F. C. & S. 即 "Free liability from seizure, capture and detention, the consequence thereof, or attempts thereat."

（五八）戰時海險局 War Risk Office

（五九）最近商務局發表自開戰後十六星期內英德商船狀況比較表茲錄呈左方

		百噸以上船隻	百分率	總噸數	百分率
英	總計	一〇、一二三	一〇〇、〇	二〇、五三二、七〇六	一〇〇、〇
	被捕	四九			
	拘留德港	七五			
	陷於波羅的及黑海	七一			
	損失合計	一九五	一、九	五八五、五五一	二、九
	現在航行之船	九、九二八	九八、一	二〇、一二二、一七三	九七、一
	總計	二、〇九〇	一〇〇、〇	五、一三四、七二〇	一〇〇、〇
	被捕	八〇			
	拘留於英法等國	一六六			

總	逗在中立國	六四六	五八四	四、五八四、九二六	八九、三
	在本國港內	三二九			
	損失合計	一、二二一			
	現在航行者	一〇			
	現況不明五百噸以上者	一二五			
	小蒸汽船	三五三	四一六	五四九、七九四	一〇、七
	沿岸商船	三八一			

（六〇）蘭嘉縣　Lancashire

（六一）職工聯合會 Trade Union

（六二）所得特加稅　Super-Tax　自一九〇九年至一九一〇年之會計年度始擬試辦卒於次年度實行凡有人每年所得在五千鎊（今年三月財政大臣雷德氏提出豫算案時已將五千鎊改作三千鎊）以上者自三千鎊起每鎊課稅六片士此項課稅係於所得稅之外另加者故暫譯爲所得特加稅　（註釋完）

著者治學英倫。昨年之末。以暇撰爲是篇。郵寄本誌時。本誌印刷部正擬移至上海。未能即時刊布。雖微有後時之病。然其中所陳大抵國內識時之士所亟欲知而未易得者本文價值固未或損也。

編者識

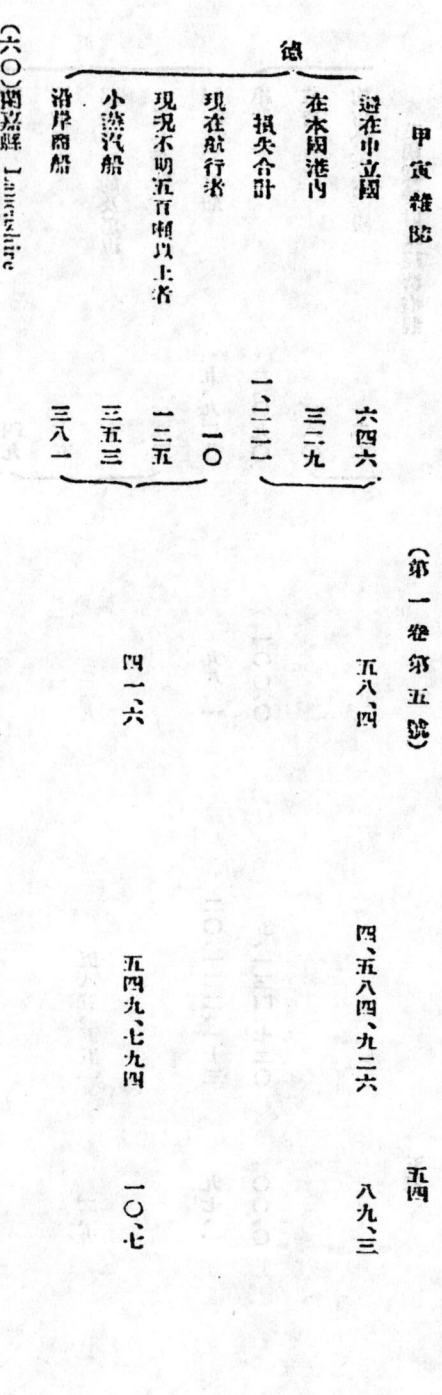

通訊

政本

（致甲寅雜誌記者）

記者足下。自足下爲政本論。揭櫫尙異之說以告天下。知言之士。莫不韙之。雖亦有疑之者。一經闡明。而於尊說之進行。具有絕大推輓之力。此誠僕爲天下幸者也。前見美洲金山民口雜誌。其第八號有好同惡異辨一首。於尊說有所攻擊。迄今數月。未見足下著爲評論。僕恐其說將發生一部分之惡影響也。請得越俎代庖。略爲辨之。當亦大記者之所許也。民口之言曰。

……章君之政本論。吾近由正誼雜誌張君東蓀之『續章秋桐政本論』一文。得以覘其大旨。全豹未窺。滋以爲恨。然據此亦足以知章君用意之所在矣。其言曰。『爲政有本。本何在。曰在有容。何謂有容。曰不好同惡異』。是知章君之所爲往日施政病者。端在好同惡異。苟不好同惡異。則天下之才。必能自竟其經常之軌道。而智勇辯力。各得其所。而爲政之本在是矣。斯言也。章君作之於前。張君東蓀從而引申其說。謂對於締造共和之革命諸公。痛下一針。而復主張保持對抗之說。竊謂兩君於共和國之政本。不獨不能得其精髓。抑於民黨致敗之由。亦且茫無所知。此吾所由駭詫不置。深歎學識淵邃如二君者。亦爲此不經之論也。今夫吾國今日之國體。非共和政治也耶。吾黨夙昔抱負之宗旨。非創造一純粹眞正共和政治也耶。共和與專制之界線。劃如鴻溝。不能混淆。則其爲政之本。亦因而絕異。在昔專制君主。以國家爲一姓之私產。其君若臣。器宇之褊小。局量之狹隘。卽所以代表專制國家之精神。識者憂之。乃爲有容之說以進。……若夫共和國家。則首重平民政治。種族混合。階級全泯。固不因宗教種族階級等關繫而有異同之區域。則有容之說。何自而生。其由一宗教以包容他宗教乎。抑由一種族以包容他種族乎。舉國民。庶一律平等。焉得謂容。是有容之說。祇可對於專制朝家之君相。爲永護君統之貢獻品。而於平民政治之共和國家。作此杞憂之談。則爲無病而呻。無當於事實。不待言也。抑章君有容二字之解釋。曰不好同惡異。張君復簡直言之曰。民國初立。昧於此理。欲以一勢力并吞其他。好同而惡異。於是風潮所掩。全國騷然。絕無休歇。是二君解釋之主張。至爲明瞭。一言以蔽之曰。民黨致敗之由。在於好同惡異。其針砭民黨之美意。端在是矣。夫同於己者好之。是謂好同。異於己者惡之。是謂惡異。在個人言之。則好惡之性。人各不同。要以眞理爲歸點。在國家言之。則同是國民。苟人人能循依大公至正之軌道。以擁護國家。則又何好惡同異之可言。在彼美法諸共和先進國。政體確立。其好同惡異之精神。表示於政黨之激烈競爭。然其爲政綱之標榜。固莫不以國家爲前提也。民國新築。基址未固。其間共和與專制。及平民與官僚。總統與帝王等種種界線。間不容髮。益以二千年來專制之遺毒。深入人心。頑劣官僚之潛勢力。牢不可拔。棋誤一著。全局爲覆。與美法等國政體之鞏固。相去何可以道里計。故建國之本。在夫對於表同情於共和者。則好之。示異意於共和者。則惡之。是謂好同惡異。非是不足以言建設也。……

……要之章張二君之政本論。及保持對抗論。皆書生一孔之見耳。彼等以爲民黨之致敗。在於好同惡異。乃虛僞的學理論也。若吾則以爲民黨之致敗。在於不好同惡異。則事實的經驗論也。……竊謂民黨昔日崩潰之原因。既在於是。則今後補救之方法。捨好同惡異。其道末由。昔孔子誅少正卯而魯國治。華盛頓驅保王黨而美洲合衆。與歷史先例。班班可考。自茲以往。吾黨但有同心協力。以掃滅異己諸黨而已。吾黨以保障共和爲職志。表同情者好之。懷異志者惡之。是卽所以保障共和也。……

彼中人之好爲暴論者多矣。此篇尚比較上能持「有容」之態度者。故僕亦復樂與言之。夫共和之與他種政體。政制名義。固多不可相通。至政治原則。有時竟莫能外。如足下不好同惡異之說。卽其一也。民口雜誌謂此乃專制君相之格言。而共和無取於是。僕惟請問彼之所謂共和究何義也。以僕所知。則人無利益情感之不同。不成社會。所貴乎社會有良組織。卽在保此種種利益情感之平衡。共和者良組織中之尤良者也。是保此平衡乃其第一要義。今其言曰創造純粹眞正共和政治。吾黨之抱負也。同時復曰吾黨保障共和。惟有同心協力。以掃除異己諸黨。此爲兩端義。居絕對。其中有何共同之點。使之相容以僕淺識。未能了解。嘗考法蘭西革命史。首義諸人。莫不持共和極義。所謂八十九年大義。至今傳誦口齒猶芬。乃其後窮兇極惡之暴舉毒行。卽成於此輩之手。是同一人也。由極端之共和主義。一變而爲極端之專制主義。易詞言之。由大多數政治主義。一變而爲獨夫政治主義。此在政理上爲不可解。而在政例上似又無可逃。吾國自黨人失敗以來。彼等之志無可踩通。似將激而循此政例以走。民口論調。卽其見端。僕誠爲此惴惴以懼。至前此黨人失敗之是否由於好同惡異。乃猶僕所不願論列者也。世之君子果眞以國民福利爲前提。幸卽勿忽斯言。竊觀足下夙所論列與此同趣。敢爲瀆陳。當不以爲忤。若夫現時政治合於共和者幾何。彼黨懷此極端之義。出於他方之逼拶。己身所不負其咎者幾何。明眼人一目了然。又不待僕爲指證也。

韓伯思白

調和

（致甲寅雜誌記者）

記者足下。讀大著調和立國論。極其精闢。不勝佩服。然竊以爲此義當適用於新人物與新人物之間。不當適用於新人物與舊官僚之間以新人物與舊官僚萬不能相容也惟一國之新人物則宜各書諸紳焉往者南京政府初成全國歡迎之電每日百數十通無有議孫黃之非者卽對於同盟會中人亦皆敬禮有差不意孫黃擇交不愼中有一部分暴戾之人其在廣東則借保皇黨之名以報私仇殺人無數其在他省又借共產主義之名強分人之財產因此惹起社會之惡感兩不相容不然革新之機既動以全國之新人物及全國之輿論同心協力以與舊官僚抗則亦安至有今日之政局也耶顧往事已矣今後全國之新人物誠宜各銘調和之義守之而不失邇者復辟之案喧騰一時在南方及海外人視之或以爲重大之事不知此特勞乃宣一人唱之而已國人舉知其非卽在淸室亦無此能力蓋淸之王族非屬童騃則爲昏憒久爲社會所共惡至於宣統帝雖與人民無甚惡感然今在羅網正漢獻所謂不知命在何時返政桐宮焉有是事求之淸室既無可爲帝王之人若朱明及洪秀全則年代已遙縱能尋其嫡系之子孫亦決無人焉肯認其可以君臨全國者此外之人不能得國人之認可亦俱類是則慮今後或有帝政復活之事可謂杞憂僕對於民主立憲國體與君主立憲國體無所軒輊特以帝王乃歷史上之產物非如餅師作餅可以頃刻而成今後之中國既無人焉有可爲帝王之資何能復爲君主國則吾人惟一之途亦追隨法蘭西以民主立憲而已至今日政局有合於民主者幾何實不足論惟今後之中國不獨有內憂而且有外患他日革新之後全國有新思想之人當如尊論以調和立國勿互相水火去歲法蘭西與德開戰後組織所謂國防內閣卽合各派人物而成吾國改革當引爲鑒要之對外而言須知有外侮在當守兄弟勿鬩於牆之義對內而言須知有舊派在當守同室勿相操戈之義蓋能相調和始不

爲人利用此則當痛定思痛者也。質之足下以爲何如。

WKY白

功利

（致甲寅雜誌記者）

記者足下。世衰道微。人心不古。居今世而談道德者。不目爲迂儒。卽斥爲贅論。舉國上下。或曰何以利吾國。或曰何以利我家。或曰何以利吾身。苟答者以孟子對梁王之言以對。聞者其有不笑而快走者。鮮其人矣。噫、此政之所以紊。國之所以弱歟。余讀王陽明集。至功利論一節而有感焉。陽明之言曰。『功利之毒。淪浹人心。相矜以知。相軋以勢。相爭以利。相高以技能。相取以聲譽。其出而仕也。理錢穀者則欲兼夫兵刑。典禮樂者又欲與銓軸。處郡縣則思藩臬之高。居臺諫則望宰執之要。故不能其事。則不得兼其官。不通其說。則不可要其譽。記誦之廣。適以長其傲也。知識之多。適以行其惡也。聞見之博。適以肆其姦也。辭章之富。適以飾其僞也。是以皋夔稷契所不能之事。而今之初小學生皆欲通其說。究其術。其稱名借號。未嘗不曰吾以之成天下之務。而其心則以爲不如是無以濟其私滿其欲也……』斯言眞有功世道人心矣。竊嘗思之。人之常情。大別有二。當然之願一也。過分之欲二也。當然之願。爲義理中所應得者。得之不爲僭。失之亦不惜。我苟胸中無絲毫功利存在。則凡有所得。卽本分中所應得者。凡所作事。卽可謂天下之務。要之始事時。卽不能有濟私滿欲之念。一心做去。則自得聖人之道矣。過分之欲。卽非所應得者。不有不得爲分內有之。得之則所謂徼倖也。且不應有而有。不應得而得。必有違背義理之處也。

蓋違背義理徼倖以得之則中功利之毒也申言之在我果無功利心則所謂錢穀兵刑禮樂何往而非實學何事而非天理在我倘存功利心則雖日談道德仁義亦只是功利之事況記誦辭章乎斯則王氏言外之意也朱子曰「觀舜居深山之中伊尹耕於有莘之野豈不足樂此以終其身後來事業亦偶然耳若先有一毫安排等待之心便成病痛」朱子之言如此夫古人能認眞救天下於水深火熱之中其人斷斷不是爲富貴起見雖無治天下之權已有任天下之量此身卽天下之身天生我才卽爲天下一旦用我我只有此一副本領按照次序作去成全平治之天下故舜有天下而不與禹爲天子而猶菲飲食惡衣服卑宮室何嘗有富貴之見存哉夫安排等待是希冀富貴終南捷徑之流也爲富貴而安排等待則患得患失將無所不至矣今之人或爲宮室之美或爲妻妾之奉或爲所識窮乏者得我失其本心自覺不可已遂不辨禮義而爲之地小不足以回旋則思得繁要之職務祿薄不足供揮霍則思得倍蓰之俸給猶自稱名借號以炫其美若是者國中比比皆是也顧其所以安排等待者何一計及於民何一計及於國無不欲滿其過分之欲耳嗚呼民德日薄吏治日窳而國家日以衰弱謂非功利之毒深入人心何哉吾願國人三復王氏之言餘不白　朱存粹白

來書力闢功利有志業功此由律己之嚴尤本傷時而發苦心孤詣不圖於熙熙攘攘中見之甚盛甚盛惟愚懼足下陳義太高不適於普通心理中人以下審其克己之力之不能至也將甘於自棄而轉卽苟偸放縱肆無忌憚之圖貪勢近祿猶其小焉者也則足下與人爲善之心其效乃反若成人之惡此豈倡之者之本意而人心反動勢必至茲吾國講學之風不可謂不發達乃爲年數千大儒數百而

民風皆窳日甚一日以至於今此其故不可不深長思也以愚觀之欲整飭吾國之倫理當於儒先所持根本觀念加以革命是何也儒先治己之律曰苦今當易之曰樂也夫天下積己而成者也吾以一義律己即欲人同以斯義律己而苦者人性之所避也康德嘗立人行之本義曰『爾之所為當求合通則通則者爾以為如斯而適又必凡人類皆以為如斯而適者也』以苦為則斷非人類共以為適之端苦之對義為樂惟樂可語於是故曰當易之以樂也以樂為基而立為訓在歐土曰功用主義(Utilitarianism) 此義自伊壁鳩魯以來即成宗風至邊沁畢生倡之學乃大備穆勒為講其義曰『功用主義者最大幸福主義也凡行為之足以增進幸福者舉曰善與此背馳者舉曰惡幸福者樂之體也苦之反也不幸福為苦之體而樂之反』鄙意此主義者最為平易近人大師以此立說學者決無戕性作偽之憂法家以此訂律舉國可收一道同風之效信如斯也凡事人以為可樂而不至貽何人以苦者皆為此主義所許欲富貴人之同情也此惟叩其情之用法若何而決不責其情之不當有英人者功用說之子孫也多以富為可羨魯西烈曰『凡有可圖之富為其力所及者英人莫不圖之』此其特性也足下謂吾人希冀富貴而國以弱獨不聞英人貪富而國日強也耶舜伊躬耕於後來事業無安排等待之心固也然古時政尚無為出處特易地耳大人養度無取修學而今非其時安排為要古之所謂窮達權操人君用世誠偶然矣而今之政治有才便須自用等待抑又何妨以此目為病痛至指作患得患失之小人似過當也陽明謂知識之多適以行其惡聞見之博適以肆其姦此誠有之然良農不為水旱不耕良賈不為折閱不市吾不能以為惡源乃滅知識以為姦藪乃絕見聞用

陽明之說而不得當必來絕聖棄智之說收視返聽之談而宇內進化之機於焉凝滯又豈得爲通論耶禹爲天子菲飲食惡衣服卑宮室號稱美德而有功高如禹者飲食不菲衣服不惡宮室不卑卽謚爲無德亦未必然人生於世從其大多數言之所欲率不出日用飲食之間宮室之美妻妾之奉所識窮乏者得我自置妾當別論外此種自奮之動機並無不合須知近世國家唯一職志乃在提振人民體質上之歡娛藏雪推廣邊說嘗精求幸福兩字之定義謂幸福云者「在使各種階級皆於法律範圍以內享有相當之娛樂」所謂相當娛樂實不外生活程度與當時文明相應而已非有他也由斯以談吾國「民德日漓吏治日窳而國家日以衰弱」其故決不在人民之富於功利心而別有在且自愚觀苟有謂吾國陷於斯境乃人民乏於功利心所致與爲說適居其反者愚轉樂於贊同何也儒生多爲不適人性之學說國家不立淬勵人才之法制人生正當之功利心無所寄託遂迸出於貪詐傾巧盜賊奸宄之途也荀卿子曰「子宋子曰人之情欲寡而皆以己之情欲爲多是過也故率其羣徒辨其談說明其譬稱將使人知情欲之寡也應之曰然則亦以人之情爲不欲乎目不欲綦色耳不欲綦聲口不欲綦味鼻不欲綦臭形不欲綦佚此五綦者亦以人之情爲不欲乎曰人之情欲是已曰若是則其說不行矣以人之情爲欲此五綦者而不欲多譬之是猶以人之情爲欲富貴而不欲貨也好美而惡西施也古之人爲之不然以人之情爲欲多而不欲寡故賞以富厚而罰以殺損也是百王之所同也故上賢祿天下次賢祿一國下賢祿田邑愿慤之民完衣食今子宋子以是之情爲欲寡而不欲多也然則先王以人之所不欲者賞而以人之所欲者罰邪亂莫大焉今子宋子嚴然而好說聚

人徒立師學成文曲然而說不免於以至治爲至亂也豈不過甚矣哉」（見正論篇）是吾國儒言亦時與西方功用之說相近足下雖好儒茲種或乃鄙之然爲立國計愚深信荀卿以爲「至治」之道實不外是故不惜與賢者之意相迕一強聒之終不以爲然希更賜教　記者

自覺

（致甲寅雜誌記者）

記者足下兩讀手教憂時念友情溢行間感佩無已弟閉影田間遑知大局惟溯十餘年經過事在在有循環之迹遠且不談卽如辛亥迄今民黨與官僚迭相消長亦一例證也再推之吾國國運亦悉隨循環而不自主一若其福德有不可思議者坐是國民之自覺性愈失惰性愈深求伸自力意非教育不爲功也歐戰起有眞識者固慭焉憂之蓋無論德勝與英勝總不利於吾國惟英勝害且立見德勝可延時日以現勢度之德未全勝亦不敗是則天予我以自覺之機也故弟意以喚起自性養成自力爲第一義立人立國之道要不外一自字也鄉談非政談舉以質知者幸教弗笑尊列數則均屬要圖惟是吾國向無輿論如新聞爲官占事業議會承執政意旨指導乏絕內政外交全視政府之能否自覺親美善日某公亦主此議然弟以爲親日不如改忍日之爲當也……國政紛亂有加無已官僚暴民終必淘汰官僚政治正興未艾暴民蠢舉鬱而未宣經此兩期元氣大損國或未遽亡也理無可解求之於數天若予人以本能敢不各盡其長以與時會抗不才若弟亦當隨有志諸公後以自效幸告素識不甘自棄也　陳

濤白十二月五日

新春秋

（致甲寅雜誌記者）

記者足下。友人來告。謂坊間發賣國賊孫文國賊黃興等書。無慮七八種。凡京津各書店及勸業場。皆有販賣。僕急往鄰近書肆求之。僅存五種。一曰國賊孫文。二曰孫文小史。三曰黃興小史。四曰討國賊。五曰黃禍。此五種之書。有作文言體者。有作白話體者。有作小說體者。有作詞曲體者。要使雅俗共賞。智愚皆知。斯則作者之苦心也。且其價極廉。僅一錢而已。然在書店其代售。必有折扣。則寄售者未必屑收回此數厘之資本。意必全爲贈送品無疑。且聞南北軍營。到處飛布。等諸廣訓。人手一編。其銷行之廣。可以想見。在一窮書生。欲印刷此五種之書籍。遍送國民。談何容易。然竟有人爲此。既肯嘔其心血。又肯作虧本之文字生意。可謂愛國之文人。令人感服不已。其中所力攻者。固爲孫黃。而如宋教仁張繼李烈鈞岑春煊之徒。亦皆暴其罪惡。即足下與章太炎。亦所不免。而討國賊一書。開卷即自比於春秋。何以云然。非淺識者所能妄測。但從而字之曰新春秋可也。昔孔子作春秋而亂臣賊子懼。孫黃等推倒淸帝。不認忠君之義。實爲亂臣賊子。而此五書攻之。得毋以此與春秋之旨實相暗合也耶。宋育仁犯贊成復辟之嫌疑。於遜解回籍之前。上書自解。謂非贊成勞乃宣之說。乃主張春秋親周王魯之說。大旨以淸室比之東周。而淸室既亡。只能存其尊號。萬難復辟。若大總統則等於魯。而魯有聖人。其義當王。由是觀之。孫黃等反對大總統。是反對魯之當王。亦爲亂臣賊子。而此五書攻之。又得毋以此、與春秋、之旨實相、暗合也耶。凡此皆不可知。獨是二年以前。天津國民黨之機關報。有名新春秋者。每日專訐大總統之言行。今有人作「討國賊」。又假春秋之義。以罵倒國民黨。所謂卽以其人之道。還治其人之身。其天道循環也耶。抑人事報復也耶。此中眞諦。以質明達。　伍子余白

章太炎自性及與學術人心之關係

（致甲寅雜誌記者）

記者足下。自章太炎先生以不遜之言忤當道。困頓京師。海內談士。不字之曰亂人。卽曰瘋人。夫天下易一者形式。而最難一者精神。今舉國心理。拱衞中央。歧議淆言。羣焉息喙。於最難一者一之於數月之間。卓哉當道。吾何間然。

雖然論太炎先生於今日。宜證其自性。不宜涉及世相。先生本不識世相者也。觀想精微。高蹈太虛。世人莫測。以超越人界。故余謂欲識先生。惟在證其自性之所詣、與其及於國學之影響。奚若而止。人世之視先生。亦猶先生之視人世。何則、性根殊絕。各不了知。故關涉世相以論先生。則失之遠矣。

先生之學。遠窺佛秘。旁徵百家。惟其修得者。猶未離名、相、相執之域。故於相、名、分別三事。執著轉深。此三事者。佛家之賊。而學者之寶也。修佛者必並此三事而無之。乃造其極。修學者非藉此三事。斷莫能折衷百說。籀其精萃。滙其旨歸。以企獨到。老氏所謂爲學日益。爲道日損。是矣。先生學者。而非佛徒。故繫心三

事頗牢固而不可拔。蓋意根含藏於阿羅耶。執阿羅耶爲我。動則人我法我二執。應時而生。不待告教。先生於世。人多有微言。其根源卽自此起也。其超出人世百籌者。以奉唯心論爲太上。其所論說。惟依自證及直覺而發。自心還證自心。非由外緣爲助。故先生之視黨人。亦如其視現政府焉。昔日如能附和黨人。今日亦必附和當道。然自證已心。非由外界。謂之本無執性。執性且不可見。卽不自從。奚有於從人。先生之議人。隨議隨忘。乃根其性所本有。法而不著世相者也。欲先生不議人也。必先撲滅先生之自性。然先生自性。非眞人獨具之奇。乃庸衆共循之則。故欲撲滅先生自性。非盡滅有性之人不爲功。人性亡則乾坤息。乾坤一日存。則人性一日不滅。人性一日不滅。則先生之自性亦存。自性存則自由言論之事。終不可無。有故欲杜先生之口。自積極者言之。則惟由人性行。自消極者言之。則惟毀此乾坤。否則別無良法已。

吾旣以名相分別三事。爲修學者之寶。斯先生與學術之關係。可得言矣。吾國昔賢言學。類皆各局於一宗。非惟域外眞宗。未能融貫。卽域內之旁支別派。亦未敢抉精索髓。道本無方。依宗則有方。道本無體。依宗則有體。若離於宗。則道無盡藏。先生之學。不宗一派。所撰國故論衡諸子學九篇及齊物論釋七節。統儒墨諸流。大小二乘。而融之於一鑪。其最能擺脫吾國學者數千年之恆蹊者。則在離教而唱學。吾國古學所以優於諸宗者。以合教學爲一途。然學之所以不進者。亦坐此。孔子爲吾國教學合途之代表。故其身果爲宗教家。抑教育家。迄今不能定論。夫教期於維世。不離學以爲言。則教不立。學期於徵實。不離教以立說。則學不明。隱依眞理。求不悖乎教宗。此吾國學者之特性。非如耶回諸宗之專言教而棄學也。然而學爲一事。教爲一事。依教言學。終以有所忌顧。不能驗實學之眞。今者乃教蛻學昌之世界。先生會丁此運。其學遂創成二大特色。一則總觀萬法。示拘宗者排異之非。一則推闡眞言。破泥教者依違之習。淵哉先生用心玄遠。此宗大昌。吾國學必結成一大異彩。別開生面於二十紀之東方也可決然無疑已。

正言之。存先生一身影響於吾國學者如此。反言之。則亡先生一身。其及影響於吾國學者。又將奚若。此亦吾徒所應知者也。今當道之錮先生。實則欲藉錮先生思想者。以一天下之心理。夫人人有藏識。即人人有意根。所取之相。與能取之見。即在一人。亦因時各有變異。故思想之可一者。乃假立於人爲之僞思想。何則。以眞思想稱性而生。不可一。故必欲強一之。其害至於率天下人。各隱其眞相。倘以僞其神明。以多畏而不敢抒其特操異秉。亦以無所施用而浸廢。一之之功未著。而人心之腐於無形者。固已多矣。和光同塵。乃銷磨特性之刃。同風一道。固沈湮眞理之媒。矧道惡乎隱而有眞僞。言惡乎隱而有是非。一之之標本無能定。所定者今乃由當道者數人。以自利心定之。此其紕繆。更何待言。莊生曰。聖人不由而照之於天。然則當國者欲民衆之不議其後。惟有公好惡於天下。少近是耳。思掩既往之惡。並護後此之非。以錮先生思想者錮天下。是以一簣而障百川之東也。又何傷於先生。特以政府而率人民趨於僞。不得不爲世道人心之懼也已。

嗚呼先生當世宿學。近代通儒。其存其亡。乃國華消長之問題。非其一身之禍福也。先生得罪。徒以言論。此四萬萬人民所具嘴者。當道如謂亞洲之民。其天秉不當享有言論自由權。則應律先生罪條。明示宇內。若謂古今中外無因言論科罪之條。則不應縛人自由。致人窮餓以死。治先生獄。此兩言決耳。何用遷延。爲以莫須有之罪譏先生。則先生死者其體千古猶生者其神眞人不委。雖化爲鼠肝蟲臂。未見有殊。若欲以苦之者易其性。則至人之性。親證如一。永無歧相。大澤焚而不能熱。河海沍而不能寒。疾雷破山風振海而不能驚。斯所謂焦明已翔乎寥廓。獵者猶視乎藪澤。亦徒見其勞而已矣。故以先生本性論。已消搖於齊生死之域。其存其亡。固無增損。特爲我國前途茫茫之學術人心計。斯先生之生。固有重於泰山者矣。願當道於晨鐘未動。籟寂天靜之時。撫其平旦之氣。較量乎存亡先生之利害也。則非特吾華百世以內之福也歟。偶有所觸。輒以書之。見大誌稱述先生言行者屢矣。願假我數行。暴之天下。以求同情焉。何如。　高一涵白

歐戰之影響

（致甲寅雜誌記者）

其一

記者足下。得東方報紙。知華人與日本感情甚惡。倫敦消息亦如是。法報如舊。中國情形寂然不聞。然據弟推度。中國必無可爲。舉目瞻觀。爲人道之大敵者。德意志耳。德意志之皇帝、學者、人民。皆以強權爲圭臬。目無公法、人權、共和諸名。世界之惡潮流。皆德人造之。吾國之大力者。亦引德人思想之鱗爪。以爲護符。幾多一知半解之法政學生。又採拾由日本傳來之德人餘唾以媚之。是以造成今日之醜態。且日本本是第二德國。中國不幸與之爲鄰。即一般國民黨人之思想。皆不出德人思想之領域。嗚乎。以德人之、

思想而建設中華民國。無怪其南轅北轍也。此次歐洲戰局關係於歐洲思想之變遷。不待言矣。德國處於必敗之勢。亦吾輩素所料及。戰局了結之後。德人之學理。由根本上顛覆。而日本隨之。則中國之擅權謀者亦無從猖狂矣。故吳稚暉曰。現在當合全世界之力撲滅德國妖魔王。已除狐狸豺狼不足爲害矣。目下英法聯軍雖不能進取。頗能防守。意大利之急進派及社會黨主戰頗力。而其王黨及保守黨仍暗助其同盟。據此一端。亦可見此次戰爭之精神。凡歐洲之急進派革命黨。未有不助法軍者。蓋以法軍勝則世界進步無限。法人爲文明之先驅。已成公例。只舉其無君無神二端。已高出於他民族之上。無君則共和民主。無神則科學發明。此次歐洲開戰之初。若德若奥若俄若英若塞若孟。莫不於其宣戰書中大書曰。『求上帝保佑我軍勝利。』每次得勝。主帥報捷書亦必曰。『皆上帝之賜。』而獨法比不然。自開戰至今。其政府及主帥之公布文。未見一字道及上帝。非曰『賴國民結合之力。獲此勝利。』即曰『賴國民服役人道之熱心。我軍必得最後之勝利。』此一端雖美人亦不及之。近閱華報云。美總統令全國人祈禱上帝保全平和。法人保存黨如 L' Echo de Paris 一派。曾聯名上書政府。要求以法蘭西共和政府名義。祈禱上帝助法軍得勝。而政府已拒絕矣。偉哉法人。可謂信道篤矣。雖造次顛沛。亦不改其度也。如法軍不幸而終敗不振。非惟共和變爲帝政。世界人道之黑暗。尚可問哉。

巴黎人歸者日多。市內除車馬稀少外。一切皆復舊觀。弟等無移居之意。土耳其雖已宣戰。然不見大有益於德人。巴耳幹祇有保加利亞問題。尚未解決。現在聯盟國頗用力運動。如保加利亞肯助力於英法俄。則土耳其不成問題矣。土軍志在占蘇夷士運河。亦頗不易。餘不盡述。

張溥白 三年十一月廿八日自巴黎

其二

記者足下。歐洲戰局。據今日情形觀之。非有第三國出助聯軍。德軍非一年之後。不能折服也。因 Lodz（俄地）之戰。關係極大。此戰爲四個月戰爭來之最多變化最有趣味者。經兩旬之久。俄德兩軍皆出其全力。上月末英法新聞。喧言俄軍大勝。其實皆虛也。迨及本月七日。柏林公布德軍占 Lodz。可卜其勝利歸德軍矣。目下尙繼續鏖戰。勝利至何等地步。尙不可知。當此戰未決勝負時。英法輿論甚爲注目。以爲苟德軍敗俄軍。直逼德境。則德軍之在法者。必撤退其幾分。而法軍可取攻勢。今法德之勢相等。（或德軍勝法十之一二）而俄德軍又幾於相等。（或德軍勝俄十之一二）雙方仍是相持。如此相等相持。則只有久而困之之策。據日內瓦新聞云。德國無論南部北部。經濟民心之狀態。與戰前幾於無異。物價不貴。存糧頗多。工場十之八九皆出煙。人心一致。戰在必勝。弟揣此言不中不遠。以日內瓦新聞雖居中立國之地位。確爲左袒法國者。決不爲德人高其信用。如是則久而困之。亦非半年一年所可奏功。故巴黎一般人之閒談。多謂戰局之了結至速亦需六閱月。云目下法國情形。已漸復舊觀。巴黎人十之八九。皆由鄉間歸來。人心確信德軍絕不能再迫城下也。弼剛及惠民每日赴大學聽講。弟因近日有夜不安眠之症。亦嘗至巴黎游街。因四鄉森林寂寞無人。不便散步也。近來小新聞及社會革命黨。頗鼓吹日本兵來助之說。其餘各報不置可否。巷間之談。以謂美人不願日本出兵歐陸。英法以故謹愼。羅馬尼亞及希臘。皆預備出助。惟保加利亞掣肘。故尙未動。俄塞極力說保。而保與土奧似已結密約者。保加利亞之態度關係極大。君等閱報時可注意及之。意大利開國會時。總理宣言頗得英法之歡迎。似待機而動者。

由目下觀之。英法之外交前途。頗可悲觀。中國事望君等向遠處看。向遠處計。萬不可計較目前。同志中意見不齊。只好冷靜以待之。與其兩敗俱傷。或自相殘殺。不如袖手自修。或分業進行。方今天下大難。德意志之帝國主義。及其強權主義已耳。天下之妖魔。皆以德意志之主義爲護身符。若中國之政局。由善義解之。皆帝國主義強權主義之餘毒而已。豆腐公司之齊先生尙曰。『這一次戰爭。英法是居革命黨的地位。……德國若是勝了。世道人心。尙可問麼。……德國人的壞處。是把無理的事說出理來。』三句北京話。直將德人之眞相寫盡。英法在植民地之行爲。雖亦類豺豹。然其在歐洲。總算是文明。其學者所唱道。莫不以文明人道爲旗幟。雖作惡不法。尙不敢脫去文明之假面。若德意志直以弱肉強食爲新理之至寶。如德人執牛耳。則可憐之世界。雖今日不如也。英法勝則英人扶弱鋤強之假面孔。或可變爲眞。至少亦有可變爲眞之希望。法人共和區域。至少擴至阿沙士羅林。非惟吾輩之共和建設。不至於閉戶自笑。反對者之野心。或可少戢。而吾人大可宣言於四萬萬同胞曰。勉矣哉。我國人不自侮。不自伐。天下未有侮我伐我者矣。人之好善。誰不如我。人如爲善。則友我者助我者多矣。方今之戰。中立國之輿論大半不直德奧。無論矣。對於俄人。間有斥其貌爲保護小國塞爾維亞。實則行其野蠻侵略主義。首先舉兵者。對於英人。亦間有譏其內自私而外公義者。（德之宰相於本月二日在德意志聯邦會議宣言其畧曰此次對於上帝對於人道不可不負此戰爭之責任者外觀上言之俄羅斯先下動員令固皆推彼惟其內容實英吉利爲之罪魁彼久忌吾德之隆盛思横兩大陸戰鬪倒吾以漁利耳所謂保護比利時之中立詭辭而已滔滔千言反覆責英之姦詐而無一語道及法蘭西）對於法人。亦有責其久思修怨致有此戰者。惟小小比利時。全國勤儉。工商發達。內政修明。外交溫和。今無故遭此大難。犧牲全國精華。不爲不義屈。黎市固守兩星期。而巴黎無恙。伊宰兒水淹數十里。而加列得全。質而言之。無比利時人之不畏強暴英法不得有今日也全歐無賢無愚無老無幼無德派無法派對於比人未有不聳然起敬油然起愛者也據此一端以觀天下公理尚存欲得人之同情當先自問自己之行爲如何國人不爭氣上進徒責人之侮我辱我者今可以比人爲法矣所欲言者甚多姑止於此望善保身體天下事尚可爲也

張溥白三年十二月十二日自巴黎

某氏挽救危局之實際辦法

（致甲寅雜誌記者）

記者足下自中日交涉發生以來國民于維持現狀之迷夢中稍稍醒悟蜀中有政治研究會之設以輸捐籌餉練兵造械爲倡滬上則有國民大會之舉振起民氣爲外交之後盾其間更有鑒於內政不修無外交可言之原理有國民請願會之組織請政府速開國會以存亡關鍵付諸庶議以定民志各方面之事務雖不盡爲一致亦未必爲不佞所咸贊同特當此民情否塞之秋多活動一分則必多發揚一分多進行一分亦必多伸張一分也不佞於今方求民氣而不得又安敢故爲高奇之論以反對耶顧各方面初無妥善之辦法得聳世人之聽惟其間乃有某氏者自署爲愛國華人之一分子投函於大陸報華報爭譯之茲揭其譯文如下

（一）中華民國國民每人以其全部產業十分之一捐輸作爲救濟吾國振興吾國之用

（二）此項捐款存儲中國銀行取有收據收據上書明倘至本年年底所收全中國各地之捐款不到五千萬元則所存之款准存款

人自由收回。並給以長年利息五釐。假使已滿五千萬元或已逾額。則不得收回此款。最後之用途。由存款人開會。以全體三分之二之同意議決之。

(三)中國銀行收到上項捐款。除發給收據外。應將捐款人姓名及所捐數目。於政府公報上發表。

(四)此項捐款應名曰救國儲金。其用途不得出三項。(一)設立確有效能之兵工廠。(二)練陸軍或築造海軍。(三)振興內國工業。

以上三項之中。倘相度時勢。以與工業爲宜。即從事此舉。將所收款項按數分給股票。倘必須作更急切之用。則吾人即以此款全額繳呈政府。請頒給軍事證券。並要求嚴密監督出款之權。

說明　全額至少之數。所以必定爲五千萬元。倘不到此數。即許存款人收回者。因不到五千萬元。則無事可爲。且見此計畫不得多數國民之贊同。而此種大計。非全國合力不能實行也。然存款人則可以表明業已盡救國之責任。若國家竟至危亡。非彼等之力所能挽回。乃不願分担此責任之人民之過也。若吾人不行此種方法。則與甘心亡國之人民。無可分別。泄泄沓沓。又何以謝吾後世作亡國民之子孫乎。現已有人首先願捐五百元。如續有響應者。吾人即須與中國銀行商量辦法。並刊布捐款人之姓名及捐款數目也。　愛國華人一分子啓。上海三月二十七日。

此議一出。滬濱愛國之士。雀起附和。甚者目爲愛國之實驗。以爲吾國人素喜空談。不足爲眞愛國之表示。必輸款始足爲眞愛國矣。此種論調。其卑高之程度。正適乎羣衆心理。既非純恃意氣。亦非絕不可能。自作者之圖案觀之。誠可謂得乎羣衆心理之妙訣也。故有標其題者曰挽救危局之實際辦法。然而果足挽救危局與否。不佞不能無惑焉。

夫危局猶諸病也。挽救之辦法。猶諸藥也。藥必對症。而病可療。作者之辦法。可一言以蔽之。曰取得五千

萬元而已吾不敏敢詰作者曰今日中國之病是否僅在缺少五千萬元易辭言之是否僅爲貧困之病吾恐作者於此乃不能作唯一無二之答案

吾請以實例證之大借款實收之數有二千一百萬金鎊及其後他種零星之小借款綜計之其數亦不爲少然而未嘗爲一有益國計民生之事謂自統一以來已虛擲浪費數倍於五千萬元之款蓋無不可既無預算復無決算就吾民之所知者而論收買議員者有之饋贈顧問者有之藉曰民黨跋扈然政府未嘗不可持之以正藉曰可得集思廣益之効然亦無須若是之多雖然今日之政府仍當日之政府也則中國之病豈惟貧而已哉

讀者須知吾爲此言非對於現政府有所軒輊也當此危急存亡之際又烏可燃豆自煎故暫置勿論請以他辭進姑爲假定之辭今已得五千萬之數矣則執行之以人民爲當局乎抑爲監督乎以言監督則法定機關之議會尙不足以事此矧論漫如散沙之人民謂人民能握嚴密監督出款之權又誰能信以言當局吾恐事未就緒而干涉先至矣

吾今不欲如剝蕉葉剝至最後一層但爲綜結之詞曰今日救亡之計非在款之不易得乃在機關之不易得也故今日救亡之計乃在吾國民之急起直追建立省議會組織各級地方自治以自治機關爲籌款之設備自辦團練以衞民且作國軍之後盾至於原有之兵則盡數用之於國防可矣此辦法既非反對政府又非分裂統一二年以來政象所演有識之士咸知集權不足以立國非勵行自治則前途必不堪問矣至於振興工業乃治本之計不能治標固不必待至今日始必措辦卽措辦焉亦對於時局未必

有直接之影響。要之不佞非不贊成某氏之主張。特以爲此種辦法。乃僅知其一而不知其二。夫人之爲一事也。必慮之而周。措之而密。於各方面加以施設。以收相成相濟之功。若有其一而忽其他。其弊必將過於利。適終成爲盲目之愛國而已。又何取焉。吾願愛國之同胞。三思吾言。而更爲補足之建設。俾此愛國心勿與自覺心相背離。以求眞確之成就可也。足下宏識。以爲何如。

張農白

文苑

擬進呈新元史自序

魏　源遺稿

臣源恭讀欽定四庫全書提要云。元史二百十卷。成於明初。承前代文獻不足之餘。加以纂修官宋濂王禕。皆係文士。疏於考訂。昧於衰鉞。有史才而無史學史識。八月成書。是以疏舛四出。或開國元勳而無傳。或一人而兩傳。順帝一朝之事。雖經采補。亦復不詳。至其餘諸志。刑法食貨百官。全同案牘。在諸史中最為荒蕪。臣源考武英殿國子監頒行廿三史。有舊唐書。復有新唐書。有舊五代史。復有新五代史。皆於舊史之外。重加整理。往往後勝於前。國朝康熙乾隆間。詹事府詹事臣邵遠平、臣錢大昕、皆有重修元史之事。錢大昕惟成氏族表經籍志、邵遠平元史類編。襲鄭樵通志之重。僅以天王宰輔庶官分題。已大偭史法。且有紀傳無表志。於一代經制。闕略未詳。故欽定四庫全書置之別史。臣源於修海國圖志之時。知元代西域遠徼。皆西北接俄羅斯。西南連五印度。與今歐洲各國接壤。自國朝以前。疆域未有廓於元者。而史書之蕪蔓疏陋。亦未有甚於元者。爰發憤重修。采四庫書中元代各家著述百餘種。並旁搜元祕史元典章元文類各書。參訂舊史。成元史本紀十二。列傳四十。表五。志十一。凡九十五卷。敬敘其端曰。元有天下。其疆域之袤。海漕之富。兵力物力之雄。廓過於漢唐。自塞外三帝。中原七帝。皆英武踵立。無一童昏暴繆之主。而又內無宮闈奄宦之蠱。外無苛政強臣夷狄之擾。又有四怯薛之子孫。世為良相。與國同休。其肅清寬厚。亦過於漢唐。而末造一朝。偶爾失馭。曾未至幽厲桓靈之甚。遂至魚爛河潰。不可救者。何哉。

大道之行。天下爲公。公則中外一家。不公則南北瓦裂。古聖人以絨冕當天之喜。斧鉞當天之怒。命討威福。一秉天道出之。而不敢私焉。明人好訾前代。每謂元起朔方。混一中夏。創制顯庸。以遼金新附者爲漢人。以宋人爲南人。以此用人行政。皆分內外三等。內色目而疏中原。內北人而外漢人南士。事爲之制。曲爲之防。其用人則臺省要官。皆據於世族。漢人南人。百無一二。中葉以後。破格知遇者。官至集賢翰林院大學士而止。從無入相秉樞之事。以臣觀之。殆不盡然。方太祖太宗開創之初。即以耶律楚材爲相。其所舉用。立賢無方。世祖混一南北。復相史天澤。而劉秉忠參贊大計。己同內相。其餘如趙璧宋子貞張文謙姚樞許衡葉李等。並入中書輔政。初無內蒙古色目外漢人南人之見。惟中葉以後。始分畛域。凡臺省長官。皆用蒙古舊人。及其判署。不諳文誼。不得已始取漢人南士佐之。其如順帝之相賀太平者。十無一二焉。中書政以賄成。臺憲官皆議價得之。出而分巡。競漁獵以償債帥。不復知紀綱爲何物。至於進士科舉。置自元初。中葉屢舉屢輟。動爲色目人所掎摭。順帝末年。始一大舉行。而國將亡矣。乘之中原財賦。耗於僧寺佛事者十之三。耗於藩封勳戚者十之二。是以膏澤之潤。罕及於南。滲漉之恩。悉歸於北。界鴻溝於大宅。自以爲得親暱疏遜之道。致韓山童檄。有貧極江南。富歸塞北之怨。天道循環。物極必反。不及百年。向之混一者。復成輻裂。乘除勝負。理勢固然哉。且元恃其取天下之易。既定江南。并大理。遂欲包有六合。日本爪哇。皆覆海師於數萬里外。又不度中外形勢。經畫幽莽。外置嶺北嶺西諸行省。動輒疆域數千里。馬行八九十日方至。內置江浙湖廣各行省。舉唐宋分道分路之制。盡蕩覆之。旁通廣闢。務爲侈闊。鞭長駕遠。控馭不及。於是阿里不哥海都諸王叛於北。乃顏合丹諸王叛於東。安南緬甸八百諸蠻叛於南。竊年遠討虛徼中國如外強中乾之人軀幹龐然一朝痿木於是黃河潰於北海漕梗於南盜賊起於東大盜則一招再招官至極品空名宣敕逢人卽授屯膏吝賞於未熾之初而曲奉驕子於燎原之後人心愈渙天命靡常二三豪傑魁壘忠義之士亦冥冥中輒自相蚌鷸潛被顚倒而莫爲之所若天意若人事焉嗚呼孰使之然哉人第知元史成於明初諸臣潦草之手不知其載籍掌故之荒陋疏舛譌莫如深者皆元人自取之兵籍之多寡非勳戚典樞密之臣一二預知外無一人能知其數者拖布赤顔一書譯言蒙武開天記紀開國武功自當宣付史館乃中葉修太祖實錄請之而不肯出天歷修經世大典再請之而不肯出故元史國初三朝本紀顚倒重複僅據傳聞國初平定部落數萬里如隤雲霧而經世大典於西北藩封之疆域錄籍兵馬皆僅虛列篇名以金匱石室進呈乙覽之書而視同陰謀深閉固拒若是是以元一統志亦僅載內地各行省而藩封及漠北遼東西域皆不詳又何怪文獻無徵之異代哉是以疆域雖廣與無疆同武功雖雄與無功同加以明史館臣不諳繙譯遂至重紕疊繆幾等負塗不有更新曷徵文獻臣源伏思周監二代成斯文之郁郁彬彬書紀三科存前朝之渾渾噩噩敢以文章靖獻上報屢朝厚士之恩竊比杜下潛修整齊一代簡書之舊託浙撫之淵源隨奏疏而上進無上下古今之識特文省而事增於山海崇深之中聊管窺而蠡測無任戰栗隕越之至

新元史乃默深僑寓西湖時作擬託浙撫進呈御覽非未及行洪楊變作而默深亦尋歿矣其稿後歸仁和龔氏又歸莫芝祥手會王益吾祭酒知之乃言於先生之族孫午莊尙書午莊遂以三千金贖回其稿光緒末年延聘通人校勘開雕想近年必可竣工矣予年十六以通家之誼嘗過魏氏主人出新元史見示字跡細如牛毛確爲默深手跡當時忽忽未及細閱但鈔其序而去及今計之又數

年矣。此序古微堂文集中不見。而行文縱恣奇奧。甚爲可觀。其中有臣源諸字。及上報國朝養士之恩句。此六十年前學者之思想。不足怪也。匏夫識

致龍松琴書九首　袁昶遺稿

日久未詣起居。敬維台履馨宜爲頌。高齋多竹樹蔚映之勝。又布寘奇石。盡側視橫看之勢。清興所及。有新句見示。不得公詩讀之。但覺泓峥蕭瑟。可醫長安熱客之病。然吟至深藏月空鑠煙故事。則又愀然於高才悲遇之艱。今之取士與昔之取士異。山谷治平丁未之策試文。未必便勝夫君也。慨歎慨歎。任運而已。卷尾倚聲。使瀨鄉徵物增光。可入續圖經也。

昨夜讀大箸樂府二册。讀至江烈女事。不勝髮指背裂。烈女得椽筆闡揚。超出三界。定可從南嶽魏夫人遊。而所謂劣紳者。安得借紅線利匕首。一取其頭以爲飲器。方爲大快。大筆生氣凜然。可泣可歌。弟異日擬援退之美元侍御表旌甄濟例。爲文記之。先繳侍右。日內匆匆。不及走別。賤文外篇二册收到。蒙瑚纘。朽鈍彌自愧耳。

按江烈女新寧人。父業農。幼字吳氏。未婚。同族勢豪忠淑素漁色。利誘其父母。欲强汚之。烈女不得已。夜奔夫家。匿於樓上。未幾。忠淑又以巨金啗其夫與翁姑。烈女微覺。遂先自縊。鄉黨無敢言者。松琴時居新寧。聞之憤甚。爲譜烈女記以傳其事。書中錢自豪者。卽指忠淑也。

相鄰只隔一堞。雖不相見。然思君如思山水勝絕處也。伏惟台候有相。珍攝萬福。下走迂謬寡當。不學已

甚。敬禮小文尙乞。大疋之材。賜以拌彈終爲定之。歲暮同爲羈客。年華逝水。春夢未醒。無憀若此。其何以堪。又弟謬臺赤緊。風雪欺人。全失生人之樂。幷欲覓一塊冷氈。爲來年生事計。而不能得。雖欲蕭然物外而不覺。終爲形役也。俚吟一紙。自託末座之契。稗粃揚前。益增其陋。然孤踪迷悶。失其故次。亦謬附於蜀桐之叩耳。

前委詢之梓泉。云已奉復。託幼霞寄矣。弟又面敂筱珊同年。據云先丈係於儒林中特立一傳。並有兩人言古韻之學者附入傳尾。筱珊舉其姓名見告。弟忘之矣。伏思先丈天挺異才。忠節奮發。遭逢定陵知遇。間關兵火。扞患救災。陳力未畢。齎志入冥。知與不知。皆以先丈直尹師魯。柳道傳一輩人。遇時矣。而志業不遂。良可惋也。適命運與湘鄉同。豈止區區儒林已哉。以是知古今志士仁人。成就大小。蓋有天焉。不可強也。國朝鼎甲第一人。能稱其名者。有數彭南昀、金輔之、姚秋農。先丈落落晨星。後先輝映而已。今列於國史。名實不刊。足以慰孝思矣。兄去年匆匆一見。氣靜神斂。學道似進於十年前。六經師服鄭。百行法程朱。半農先生遺誡。必誠必敬。博學孱守。吾曹不可忘也。近日湖南王壬秋來此。頗盤桓數日。此天下辯士。閱歷極深。亦足發人意思。弟贈以歪詩。有云。指畫雪山連北戒。夢携丹器付西行。蓋此君熟於青海西藏邊事。而文筆又茂美也。春寒。惟攝衛爲要。弟困於吏役奔走。近多小極。早衰且廢書。穆王之志荒矣。不足有爲也。

按先丈即松琴之父翰臣方伯。

兩日宿城內。乘三更即起。不覺疲病。頃傍黑始出城。灰沙眯目。倦不可支。不復能走送。甚慊也。弟竊覩我兄自律過於刻苦此亦非宜記云危弓爲之安矣安弓爲之危矣處順境要收歛處怫鬱之境勿太苦以勞志自以完養精神爲主完養則氣充然有餘願先生仍挾其薄日月駕風霆之氣以遊世勿過自抑損也闕爲面別敢以蕘言自効賜篆各件如已蒙攜洒乞付小介帶回明日准成行否願頤衛珍重

不通問者二年玉桂鄉中碌碌與雞騖爭食蓋無一稱心事可以上告故人內慰平生者浮沉蕞壏汨沒眞性不如公遷謫著書之樂然每念及塞上苦寒賜環猶待則又不禁喿欷終日矣聞近致力於輿地小學爲功甚勤昔祁鶴皋徐星伯先生皆於謫居後反獲專精厲志握槧成書奪之於彼予之於此冰天雪窖乃反足以厚吾之生矣與春卿語云足下長公子甚慧讀家世廉貧固宜報以賢子孫此尤足欣慰

按松岑謫居時著十三經地理今釋

春間一再致書入夏炎潦鬱蒸不遑通問惟北來者婁傳琴老同年郡將有常袞之治執事有王彥方之教而未能言其詳珠光劍氣磵映一方矣敬維松琴先生以家學教導好深湛之思堅苦自力不負平素之志嗇於遇而成其業既已甘之若飴矣亦孰能以彼而易此哉弟夙嗜九流之術歸者妄思剌取六藝之誼發其野言而存其指要然一向不得靜工夫則入理不深以是蓄於心而不敢妄發吾兄之業能成則道術有所發明亦不必區區蹇劣自爲之蓋斯道乃天下之公器也年過四十久厭仕途然爲妻子人事所涸無一適志獨往之趣仲修已刻集位賓頗在董晉卿間同時之人不易得也尊客於學多通吾輩並世居游之人已成麐角數此兩君而已紛紛客氣之士到頭半字不相救也

別後記曾往返有書及執事至嶺南未悉定居遂難通問近知板輿迎養及瀛眷皆在秣陵秣陵山水高

勝。弟雅爲之心醉。水土亦適。魚稻易給。今以高流得所栖汲。雖寓公亦樂也。昨忽承枉札。猥慰飢劬。想登涉多勝。上有賢母太君。下有都前文度。人倫至性之樂。三公何以易。家行原顏。淵殷企羨。弟強顏適俗。世慮却甚頹然。久謀引去。又以故鄉無田廬。嫁娶不決。去冬蒙恩考用御史。今年二月。府主敍勞以道員薦用。弟自分性迂才拙。於世上爲畸蘖之人。方寸雖未變遷。筋力已不堪用。或蒙光蔭。三五年內得有弦歌三徑之資。便謀拂衣辭去。計此時可訪公於雲飛水宿之區。遯迹人外。翛然孤往。此乃夙心。然事變如此身世之故。正難卜諸司馬季主也。去冬友人爲取活字版印拙詩。已得一半。先以郵呈。方家改正。弟早衰而學退。年長不聞大道。常用此爲恨恨。先生何以教之。浮名終歸煙火消滅。未曾鍊得一腔眞精神。經不得金流石鑠。始悟平生所學者脆而無濟。有遂成枯落之憂。何以教之。

與彬同學屬題麗樓圖　章炳麟

汳京蕩充紀。散衺存江東。閎世逮八百。上與衡湘通。葉君何卓躒。儲書滿園叢。舊臧摖潭建。次及皇明中。自從盧鮑來。改竄不足重。禮失求四夷。采伐窮瀛蓬。梧楸豈不盛。白露相迎逢。老夫夾何寄。攜手臨山戎。周召久衰歇。楚寶遺南封。悲哉永嘉年。託子留教蒙。

夢中作　桂念祖

治亂賢奸總恃才。玄黃深惜百靈哀。莫愁明月宵能翳。可有心光遍照來。

登鹿山倦宿萬壽寺夜半聞風雨作　易培基

一警沿華夜半鐘。四山天籟起惺忪。愁心忽上三千髮。風雨欲移七二峯。會有饑寒張兕景。幸知廉恥不

牛從明朝放舜登臨去絕巘呼雲一盪匈

雞口乃雞尸之訛牛後乃牛從之訛王氏辨正亟確（自註）

贈王湘綺先生

嶓嶓黃髮上長安人喻劉因我謂雖容熱固宜金馬隱譯經眞有續貂觀章門待漏終宵樂剏酒供君夕

照寒欲惜餘簪重作賦而農未作滿朝官

王船山有惜餘簪賦不肯剃髮而作賦藏湘中上林寺湘綺久主船山書院其將上法而農乎雖然行不怍也（自註）

好山

蔣智由

平生慕至遊好山爲余樂年少尙奇嶮峯峯踏吳越及長意未衰所至尋邱壑古云蓬萊山高浪連天蹙

仙人所往來金銀麗宮闕余遘時俗棄竄身東海曲手把扶桑枝滄浪濯我足徙倚方丈雲嘯傲員嶠月

翻覺世路隘差喜天宇闊獨有故山心展轉不可撥白雲從西來了知是鄉國中夜夢還歸身飛遶五嶽

浩浩太平洋

篋中藏元和汪君袞甫榮寶浩浩太平洋一律乃近詩之秀者因步其韻

浩浩太平洋神州一髮蒼風濤來四極爭戰莽千場歲旅春潮急瓊台暮雨涼安瀾吾有策奇氣日撐腸

浩浩太平洋蓬萊鬱莽蒼神仙此高會花雨尙靈場水入櫻雲暖峯沈雪影涼林濤窅越處仙樂斷人腸

伯牙至蓬萊聞海水汩沒山林窅冥羣鳥悲號成水仙操一闋見琴苑要錄

附汪君原作

浩浩太平洋。波濤入莽蒼。幾家權力論。來日戰爭場。海市春雲曙。樓船曉日涼。齊煙渺天末。西顧一迴腸。

朝烏歎

日出我正起。烏鴉先我啼。豈伊多饕性。良無堂宇棲。破巢危秋風。羣雛嗷嗷饑。求食林薄間。無食空以飛。今我有何功。無違饔飧時。開我東軒窗。容膝亦有依。萬物相差懸。豈獨人鳥然。金張與許史。甲第青雲連。羅綺嬌陽春。檳榔薦金盤。（李白詩何時黃金盤一斛薦檳榔事本南史）豈知窮巷中。茅屋秋風寒。布衣不盈肘。土銼冷炊煙。同此血肉軀。苦樂乃萬千。胡爲人倫中。判若天與淵。尼山憂不均。孟軻思井田。社會之學者。張目論平權。嗟嗟貧富間。今後多煩言。

癸丑九月十日感事　張嶺田

蓬巒天仗儼分曹。醉聽攔街唱董逃。丹穴可熏寧論種。黃金一段便成臯。馬肝未必訾湯武。龍血由來識逃囂。寶帳象床成底事。當塗山與亂雲高。

閏月五日夢後作

三山弱水閬風西。桂苑層樓十二梯。但使石堅終到海。何愁雲遠不承泥。金徒箭刻朝朝變。玉女軒窗處處迷。爲問淮南舊雞犬。可能長向別家棲。

寄雪生　趙藩

萬變雲煙起滅痕。高樓偃仰自朝昏。無情肯罵移巢燕。多事猶招入笠豚。烈士心肝酬古劍。漫郎身世倒罏尊。夢中海氣三千里。苦木蒼涼見曉暾。

春感

繁花如繡雨如塵。兩歲酕醄醉過春。深宮憂危非絕物。故鄉功罪敢瞞人。鐘魚淨域居難得。衣物浮雲變自新。屈曲世間甘作我。漫嗟牛斗不能神。

答曼殊贈風絮美人圖　黃節

東海遺書久未裁。殷勤函札幾回開。三年爲別棄春暮。一紙將愁與畫來。入世娥眉宜衆妬。向人風絮有沉哀。憐君未解幽憂疾。莫爲調箏又怨猜。

題某邸繡角梨花箋　蘇元瑛

本是臨安刼後灰。片楸何意更新裁。百年人物渾非舊。一紙滄桑已再來。往事殘叢紛入眼。梨花魂夢寫猶哀。可憐半角開花草。費煞承明作賦才。

簡晦聞

忽聞鄰女艷陽歌。南國詩人近若何。欲寄數行相問訊。落花如雨亂愁多。

無題

星裁環佩月裁璫。一夜秋寒掩洞房。莫道橫塘風露冷。殘荷猶自蓋鴛鴦。

述哀　陳仲

亡兄孟吉與仲隔別於今十載季秋之初迭獲凶電兄以肺疾客死關東倉卒北渡載骨南還悲懷鬱結發爲詠歌情促辭拙不自所

懷聊寫衷曲敢告友生宣統元年秋九月陳仲詰於瀋陽寓齋

死喪人之戚況爲骨肉親所喪在遠道孤苦益酸辛秋風衰勁草天地何不仁駕言陟陰嶺川原低暮曛
臨空奮遠響寒飆逐雁羣一月照兩地兩地不相聞秉燭入房中孔懷託幽夢相見不暫留若慮晨雞弄
牽裙頻致辭毋使薄寒中言笑若平生奚以懷憂慟起坐弄朱絃絃亂難爲理涼風扣庭扉開扉疾審視
月落霜天冥路遠空延企掩戶就衾枕猶憶夢見之輾轉不能寐淚落如垂絲
扁舟浮滄海去住隨風波浩淼不可測起伏驚蛟鼉仙人御離合聒耳如哀歌海立天俯仰安危在剎那
一朝落玄渚蕘桀無殊科救死恐不及豈復悲坎軻坎軻復踽踽慷慨懷汨羅孤蓬豈足惜狂瀾滿江河
區區百年內力命相剟磨蓬萊阻弱水南屏落葉多所違不在遠隔目成關河生別已惻惻死別當如何
感此百念結巨淚如嵯峨嗺嗺鶺鴒鳥雙飛掠舷過
與君爲兄弟匆匆三十年十年余少小罔知憂苦煎十年各南北一面無良緣其間十年內孤苦各相憐
青燈課我讀文彩勵先鞭慈母慮孤弱一夕魂九遷弱冠弄文史寸草心拳拳關東遭喪亂飛鴻驚寒弦
南奔歷艱險意圖骨肉全辛苦歸閭里母已長棄捐無言執兄手淚濕雍門絃相攜出門去顧影各涓涓
弟就遼東道兄航燕海邊海上各爲別一別已終天回思十載上泣語如眼前見兄不見母今兄亦亡焉
兄亡歸母側子身苦迍邅地下語老母兒命壽絲縣老母喜兒至淚落如流泉同根復相愛怎不雙來還
朔風吹急雪蕭蕭徹骨寒冰礫褰蹄足蹇羸行蹣跚寸進復回卻蜷曲以盤桓盤桓不能進人心似彈丸
汽車就中道人畜各喜歡一日馳千里無異策虬鸞余心復急切長夜路曼曼路長亦不惡心怯且自寬

吉凶非目覩疑信持兩端驅車入城郭行近心內酸入門覓兒語尙懷握手歡孤棺委塵土一慟摧心肝。
千呼無一應掩面不忍觀僕夫語疾詬一一無遺殘依依僮僕輩今作骨肉看故舊默無語相視各泫瀾。
中夜不成寐。披衣撫孤棺孤棺萬古閉非夢無疑團側身覽天地撫胸一永歎。

啁啾漫記

匏　夫

紀康熙己未博學宏詞科

康熙十七年戊午。聖祖特開制科。以天下之文詞卓越才藻瑰麗者召試擢用。備顧問著作之選、名曰博學宏詞科。敕內外大臣各薦舉來京。於是臣工百僚爭以罔羅魁奇閎達之士為勝。宰輔科道題薦八十三人。各衙門揭送吏部七十二人。督撫外薦三十一人。都一百八十六人。於次年己未三月朔考試。中選者五十人。一等彭孫遹、倪燦、張烈、汪霦、喬萊、王頊齡、李因篤、秦松齡、周清原、陳維崧、徐嘉炎、陸棻、馮勗、錢中諧、汪楫、袁佑、朱彝尊、湯斌、汪琬、邱象隨二十人。二等李來泰、潘耒、沈珩、施閏章、米漢雯、黃與堅、李鎧、徐釚、沈筠、周慶曾、尤侗、范必英、崔如岳、張鴻烈、方象瑛、李澄中、吳元龍、龐塏、毛奇齡、錢金甫、吳任臣、陳鴻績、曹宜溥、毛升芳、曹禾、黎騫、高詠、龍燮、邵吳遠、嚴繩孫皆授翰林職。入館纂修明史。王方穀、朱鐘仁、申維翰、王嗣槐、鄧漢儀、王昊、孫枝蔚七人。則年老入試未選者。特旨授內閣中書舍人。傅山、杜越辭病未與試。亦授內閣中書舍人。其未試丁憂者曹溶、戴王綸、汪懋麟、王穀韋、陸隴其、惠周惕、錢芳標、陳學夔、張貞、柯崇樸、柯維楨、黃虞稷、彭桂、林以畏。其未試病故者葉舒崇、陳九勝。其未試致仕者祝宏坊。其患病行催不到者。應撝謙、嵇宗孟、黃宗羲、李容、魏禧、張九徵、張新標、顧豹文、王追騏、范鄗鼎、陸舜、顧景星、蔡方炳。其與試未用者。趙進美、畢振姬、王岱、孫棨、上官鑑、法若眞、王紫綬、楊毓蘭、張能鱗、王孫蔚、潘颿言、張瑞徵、張含輝、王廷璧、田霡、馮雲驤、傅扆、嵇永福、章貞、程必昇、李念慈、侯七乘、毛際可、徐之凱、徐孺芳、葉封、王鉞、林堯英、趙廷錫、陳宏、劉瑞遠、魏學渠、顧鼎銓、田茂遇、宋實穎、董俞、江闓、徐懋昭、李開泰、李芳廣、陳玉璂、任辰旦、儲方慶、王祚興、高向台、趙驪淵、馬駿、白夢鼐、許孫荃、許自俊、張英、程大呂、高層雲、李瑞徵、王含貞、金居敬、陶元淳、李大春、葉灼棠、譚吉璁、施清、陸次雲、潘潘大、張霍、趙廷颺、宋維藩、朱培、陸元輔、吳雯、李良年、徐林鴻、陳奕、吳農祥、葉奕苞、閻若璩、耶戴瓚、馮行賢、鄧林梓、王宏撰、楊還吉、羅坤、朱士曾、徐咸清、夏駰、陳僖、宋瀕、葉方藹、成其愿、紀炅、程易、戴茂隆、許先甲、周起莘、黃始、陳懷貞、宋是、邵允彝。凡此一百八十六人者。雖趨捨各殊。然皆才高學博。著述斐然可觀。近代能文之士。未能或之先也。當徵試時。有司迫諸遺民就道。不容假借。惟李容、黃宗羲、魏禧、應撝謙、嵇宗孟、顧景星、蔡方炳以死拒得免。其他類脅以威勢。強舁至京。如驅牛馬。然使弗克自主。而猶美其名曰聖天子求賢之盛典也。其然豈其然乎。

當戊午正月大科詔下。閣臣爭欲以遺民顧炎武薦。炎武預令諸門人之在京者辭曰。繩刀俱在。無速我死。衆乃止。或曰。先生盍亦聽人一薦。薦而不出。其名愈高矣。炎武笑曰。此所謂釣名者也。吾豈爲之哉。同時有魏裔介者。罷相家居。恒謂人曰。吾不羨東閣輔臣。而羨公車徵士。柏鄉縣令聞之。稱於監司。將薦之。監司曰。焉有元老而赴詞科者。遂不敢薦。迷哉裔介。釣名猶不可。而況垂涎乎。人之度量相越遠矣。

李容被徵。自稱廢疾。長臥不起。陝撫怒。檄盩厔縣令迫之。遂舁其牀至西安。撫臣親至榻前慫慂。容遂絕粒。水漿不入口者六日。而撫臣猶欲強之。容拔刀自刺。陝中官屬大驚。乃免。

黃宗羲聞掌院學士葉方藹將薦己。寓書拒之。葉不從。竟薦於帝前。門人陳錫嘏知之大驚。詣葉曰。公如是。是將使吾師爲疊山之殺身也。葉愕然。乃又以老病奏聞。事遂得解。

魏禧被徵。以疾辭。寧都州尹不聽。強舁至南昌。贛撫疑其詐。以板扉舁之入署。禧絮被蒙頭臥。稱疾篤。乃放歸。

傅山年七十有四。大吏強徵之。固辭不可。遂稱疾。大吏令役夫舁其牀以行。至京師三十里。以死拒不入城。大學士馮溥首過之。公卿畢至。山臥牀不起。問之不答。魏象樞乃以老病上聞。詔免試放還。特加中書舍人以汚之。馮溥詣山。強入謝。不可。令賓客百輩誘說之。稱疾篤。仍使役舁以入。數人強掖之跪。山力拒不勝。仆於地。魏象樞進曰。止止。是卽謝矣。遂放歸。山歎曰。自秦政以來。未有辱士若是之甚者也。

孫枝蔚被徵。以老辭。吏部不許。輿舁至京。旣入試。不中。心甚喜。帝以年七十以上者。悉授中書舍人。閣臣列其名上。枝蔚又以未老辭。亦不許。授官日。吏部集驗於庭。枝蔚獨臥不往。已而役至。強擁之去。主爵者見其鬚眉皓白。勞之曰。君老矣。幸自愛。枝蔚瞠目曰。公何言也。我前以老求免試。諸公必以爲壯。今我不欲以老得官。諸公又以爲老。何耶。主爵者語塞。卒以金頂鷺補強加之。然後放歸。

李因篤被徵。以母老辭。閣臣聞其名。必欲致之。大吏承風旨。加意迫促。因篤將以死拒。其母勸之曰。兒死固佳。七十老人。將何依乎。不得已。始涕泣就道。應試入翰苑。與朱彝尊潘耒嚴繩孫稱四布衣。授官後。卽上疏乞養。情詞懇惻。詔許放歸。疏中有曰。內閣學士臣項景襄李天馥等。旁採虛聲。先後以臣因篤姓名。聯塵薦牘。獲奉諭旨。吏部遵行。陝西督撫。促臣應詔赴京。臣自念臣母年踰七十。屬歲多病。又緣避寇墜馬。左股撞傷。晝夜呻吟。久成廢疾。困頓牀褥。轉側須人。臣年四十有九。兒女幷無。母子煢煢。相依爲命。躬親扶持。跬步難離。隨經具呈哀辭。次第移咨吏部。吏部謂稱親援病。恐有推諉。一概駁回。而台司郡邑絡繹遣臣長行急若風火臣趨朝之限雖迫於戴星而問寢之私倍懸於愛日然呼天莫應號泣就途心緒荒迷如墮雲霧低頭轉瞬輒見臣母在前寢食俱忘肝腸迸裂云云足證當時官吏促迫之苦也

召試之日侍衛諸近臣環列左右衆方濡墨屬稿作囁嚅瑟縮狀惟喬萊則展卷疾書數千言立成起顧日晷猶未昃也同試汪琬等旁睨其所爲不覺嘆服

三月二十日折卷帝謂閣臣曰朱彝尊卷中有杏花紅似火菖葉小如釵之句菖葉安得似釵衆對曰此句不甚佳帝曰斯人固老名士姑略之又問汪琬賦中有或問於予曰及唯唯否否之語豈以或指朕予自指耶李天馥對曰賦體本有子虛亡是之稱大抵皆寓言似不必有實指也帝曰毛奇齡賦中有女媧補天事信否馮溥對曰在列子諸書有之似乎可信帝曰朕憶楚辭亦有之但恐齊東野語不宜入正賦溥曰賦本浮夸與銘頌稍異似可假借作鋪張者帝曰如此則其文甚佳今在何等衆對曰已置之二等末矣帝命稍移在二等之中

塡榜將畢帝忽於二等卷中斥去一卷命閣臣擇一有名者補之於是馮溥以吳農祥徐林鴻王嗣槐對杜立德以白夢鼐施清高向台對葉方藹則以其弟奕苞對且曰渠臣弟也若不舉當恨臣刺骨帝不懌遂悉罷不用自取嚴繩孫卷補之繩孫召試日以目疾僅成省耕詩八韻閣中閱卷已不錄帝素重其名得置榜尾

彭孫遹朱彝尊毛奇齡汪琬等皆以績學雄文負海內重望虎視蛟騰傲睨一世每逢校藝論文之會同館之以科目進者率面熱內悲噤不能發一語遂懷忌嫉詆之爲野翰林故五十人者時有野翰林之目

傅星巖相國逸事

聊城傅星巖相國微時。徒步赴江南謁伊公子密之。相見不及他語。遽曰。山左傅以漸聞公子侍姬中有素雲者。艷傾宇內。願一平視。公子其許之否乎。密之逡巡謝曰。勞君遠涉。請少休。容後徐議。星巖怫然作色曰。某數千里跋涉而來。無他瀆也。公子幸許我。誠當少俟。否則無過留。密之欣然諾。命酒款之。數巡後。環珮鏘然。侍女十餘輩擁素雲出見。星巖微睨歎曰。名不虛也。此來不負。因即告別。密之堅挽之。星巖曰。得覩傾城。私願已遂。豈爲飲食哉。不顧徑去。密之怏怏如有所失。既而曰。吾何愛一婦人而失國士。即乘駿馬追及三十里外。挾以俱歸。引之入曲室。錦綺華縟。供張悉備。乃揖之曰。君既屬意素雲。吾即以贈君。此室即洞房。今夕即七夕也。星巖辭曰。吾何敢奪公子所愛。曰。僕以君爲丈夫。故有是舉。乃效書生羞澀態耶。語未畢。侍者已導素雲出拜。星巖驚喜過望。既留逾月。密之又爲之治裝奩物外。更資以數千金。星巖歸里。安然爲富人矣。無何滿清入關。明社遂墟。星巖值順治丙戌開科。由大魁歷清要。十餘年間。遂躋宰輔。會密之以事入獄。曩昔故舊。莫肯援手。素雲聞之。謂星巖曰。君不能脫密之於難。富貴何爲。於是星巖爲之營救。其事乃解。密之既出獄。星巖遣使邀之入都。密之復書峻卻。謂某昔日之施。君今日之報。前後之事。既奇。彼此之心。交盡。自茲以往。君爲熙朝重臣。某爲勝國逸士。兩無所憾。不在相見也。星巖與素雲得書。嘆想不置。

大臣不跪見諸王之始

清初貴冑勢甚盛。閣臣見之必跪白。雖豐功偉蹟如洪承疇者。亦未嘗不屈膝也。其後康熙二十六年。太皇太后崩。詔王大臣議喪禮於永康門外。時親王郡王貝勒貝子等以次環坐。大學士九卿長跪其前。自晨至午。議未決。大學士王熙年老氣衰。膝痛不可忍。屢踣地。康親王傑書叱之。給事中高層雲憤然曰。是苛制也。即日抗章彈劾。謂大學士爲輔弼大臣。諸王宜加以禮接。不可驕恣倨慢。坐受其跪。失藩臣體。奏上。舉朝震駭。皆爲高危。尋詔下。嗣後會議政事。大臣不得向諸王長跪。著爲令。

書任侍御

康熙時。任侍御宏嘉巡視北城。有錦衣駿馬者。突其前。叱侍御讓道。侍御問何人。衆役對曰。此某親王所嬖千金旦者也。侍御命執之。衆相目諫不敢。侍御大怒。身逐之。旦跳入王府。侍御坐府門。誓必得旦乃已。王曰。是申申者何也。即出。敢若何。旦出。侍御叱縛之。予杖四十。王大恚。入奏。聖祖曰。任宏嘉所行者國法。非淩若也。若庇優不自懼。而來訴乎。王蹴餗稽首退。當是時。直聲震朝野。滿大臣相戒勿犯任侍御者。尋以內艱歸。服闋不出。終於家。

文字獄之一

清初文字之獄大興。奸人乘之。紛然投匭告訐。富家世族。被其搆陷者。銀鐺載道。嘗有告人作詩觸時諱者於刑部。他司官將白堂官。移訊主事李可汧。見之曰。此非某詩。乃唐人薛逢作。題曰開元後樂。大槩言天寶亂後事者。有何觸忌而移訊耶。明日李復携唐詩鼓吹。言於堂官。由是被控者方得免。羅織前代人詩以入人罪。二千年來所未聞者。使無李可汧爲之昭雪。其人辨之。無可辨也。雖然此不過苦海中之一勺耳。當時有千百倍於是者。可勝嘆哉。

允禵遺事

固山貝子允禵於康熙五十七年。以撫遠大將軍督西陲邊事時。有武弁康續者。運糧至半道。會歲饑。民乏食無以自存。續即盡以所運賑貸之。歸白其狀。允禵愕然而重其義。軍法當斬。乃上狀云。續法宜死。而心宜生。聖祖異而赦之。允禵留續帳中。參機宜事。續每遇允禵宴飲。輒諫。允禵改容謝之。一日。復以紅裙侑觴。續聞之。排闥直入。流泣而諫。允禵悚然。續指羣侍飲者曰。皆若輩導誤耳。持筝縱擊之。衆恨續刺骨。屢譏之於允禵。允禵笑曰。續吾之諍臣也。去續。吾過益多矣。卒不從。世所傳允禵淫虐事。乃世宗造詞以誣之者。非實錄也。允禵雖非賢哲。然其闊達大度。有世宗所不及者。

沈歸愚軼事

沈歸愚尙書服官數十年。旅進旅退。毫無建樹。高宗徒以其捉刀之故。獨寵眷不衰。乾隆御製詩集。半爲歸愚之作。其他亦必經歸愚潤色者也。一日。帝以所作大鐘歌賜之。閱歸愚讀至道衍儼被榮將命句。疑榮將二字未安。易爲榮國。帝曰。若以道衍封榮國公。故易榮將二字耶。不知榮將乃黃帝時鑄鐘人。若誤會塗之。無異點金成鐵。然古書讀不盡。有我知若不知者。亦有若知我不知者。我固不以此罪若也。歸愚旣退。帝顧侍臣曰。沈德潛今日乃被我難倒矣。言罷拊掌。歸愚卒後。帝聞其洩捉刀事於外。不覺大怒。乃借徐述夔詩案。追奪階銜祠謚。撲其墓碑。

海蘭察遺事

乾隆朝名將。以海蘭察爲冠。海生有神力。矢無虛發。中者輒死。用兵由天授。善以少擊衆。其征西藏科爾喀時。至吉龍兩大山間。隔深溪。溪岸劣容一足。駕橋則敵爭之。礧石雨下。聲若雷鳴。將軍福安康計無所出。問策於海。海笑曰。此易攻耳。予我五百人。八日糧。勿問我所往。乃囑翼長某速備橋材。八日後駕之。當無一人敢爭者。海令故嚴。及駕橋。敵爭如故。皆曰。不意海蘭察今乃妄語。賊滿山來。何謂無一人。正疑慮間。敵亂。左右奔。山上火發。見我兵矣。羣指曰。彼巖間端坐者。非海耶。急渡。合而殲之。福安康設酒。問其故曰。用兵無他。在善思耳。此澗水也。非江非河。源近。發源山必相連。沿澗行。流漸細。百里外果得山梁。踰梁行兩山。望見賊營。衆伏草間待期。如獸遇獵。不敢動。戒士卒勿語。恐邏者聞。五百人塊然如木石。顧度長日如年耳。糧盡而期至。賊空營以爭橋。吾據其營。斬守營賊。以上攻下。雖賁育不敢抗。況驚蛇亂竄哉。福不勝嘆服。海貌恂恂如儒生。口不能道辭。然負氣好勝。與權貴齟齬。和珅嘗訐其在隴西收受皮毛等物。高宗笑曰。海蘭察能殺賊。皮物收以禦寒。何必詰責。汝輩旣不能殺賊。亦豈能謝絕人情乎。和大慚沮。

書羅慎齋事

湘潭羅慎齋少卿典致仕後。主講嶽麓書院。以程朱學誨人。造次必於禮法。諸生心嚮之。而苦其拘。時錢唐袁簡齋過湘。聞慎齋名。訪之。慎齋薄其爲人。拒不見。袁去。慎齋命僕擔水洗門前階石。僕怪之。曰。勿使穢跡汚吾地也。聞者傳以爲笑。慎齋嘗著有讀易管見讀詩管見等書。沾沾自喜。恆謂人曰。能過我一讀吾書乎。吾書若傳世。兩廡冷肉。當分我一席矣。其後讀詩管見一書。爲新寧周恬盜去。周時就學嶽麓。亦能文。慎齋雅重之。而不意其負心也。慎齋尋其書不獲。憤惋不自聊。乃延僧道建醮。對神而誓曰。盜吾書者。其後不昌。因以鬱卒。周得書。秘不示人。尋暴死。其後轉鬻於李某家。李亦暴亡。其家懼。賚之求忠書院。

今不知其所在矣。余聞之於故老者如此。而深慨愼齋之不達也。

宣宗重視清語

清制。滿蒙人員凡遇謝恩請安。皆用清語。道光八年。盛京副都統常文回京在隆宗門外謝恩。以漢語陳奏。宣宗大怒曰。清語爲滿洲根本。若偶爾奏對。尚且不能。非忘本乎。卽命革職。

書胡穆孟事

胡穆孟者。侯官世家子也。善騎射。應武科。捷鄉試。與同年生連江沈廷棟友善。甲寅耿精忠亂。徵武甲武科。以爲車騎驍騎諸常侍。穆孟堅辭其命。逃之連江。就廷棟家。廷棟房師某爲某邑知縣。以事至省。廷棟具書幣修候。已入緘未發也。穆孟竊視其書中述靖南舉動乖亂。人心不屬。難成大事。駭曰。此何等語。豈可形之筆札間耶。往必獲咎。因取書潤色之。稍隱約其詞。爲更書入故緘。而廷棟未之知也。以付使人至城下。爲門者所詰。索得其書。涉誹謗。發書刑曹。逮廷棟。窮治。誣伏論死。穆孟聞之。謀諸其婦王氏曰。沈七罪固當然。其母老妻艾。煢煢未有後。若救之。痛可念。爲之奈何。婦曰。沈母高年。見愛子受戮。必無生理。其妻寡無依。亦必偕亡。是沈君一人死。而三人俱斃也。君素善沈君。安容坐視。穆孟曰。然則惟吾可出代沈君死耳。吾呱呱者在膝下。雖死猶有後。孰與沈君有滅族之慘耶。婦曰。殺身取義。此烈丈夫事也。君爲奇男子。妾其甘守愚婦乎。君勉之。毋以妾爲念也。顧策將安出。穆孟因語之故。卽赴刑曹具狀自伏。刑曹疑之。召廷棟與質。廷棟實不知易書由。爭死甚力。穆孟曰。書實吾所爲。此易辨耳。今第使兩人各具書跡同者坐。復何辭。刑曹然之。使書果穆孟筆。乃釋廷棟而辟穆孟。論決之日。王氏設奠西市。哭極哀。取其首而縫之具衣冠斂。且市兩棺。厲其子於廷。棟令撫視之。而自刎於戶側。觀者數千人。莫不感激泣下。嗚呼。死生之際大矣哉、若穆孟之代友受戮。世俗所譏爲至拙者非耶。夫自知其拙而毅然爲之不少避。可不謂賢哉、新化有張進者。嘗宰張尙禮之僕也。土寇王進才之亂。尙禮命進往偵。被執。詭言其主所在。進紿曰。主固有在。但刦之以衆。恐驚竄耳。信之。遣二卒同往。至則大呼曰。主速避。緩則無及矣。我祇辦一死耳。尙禮舉家遁去。頃之賊衆至。二卒言其故。械赴賊營。割舌抉眼拔筋抽腸而死。進椎魯不讀書。而其樹立乃卓卓若是。嗚呼。此又士君子所難也矣。

犬寄詩

納蘭峻德工詩畫。豪放不羈。嘗寓盤山天城寺。與水月庵僧然西以詩往還。繫於小犬之項。云相望一峯隔。相呼恐不聞。寄詩憑小犬。好去度深雲。僧答詩有昔有鴻傳信。今憑犬寄詩句。犬寄詩則古所未有者。可爲廖融添一詩奴。

紀鮑廷博藏書事

鮑廷博者。字以文。號淥飲。世爲歙人。其父攜家居於浙。故又稱仁和鮑氏云。年二十三補諸生。屢試不售。遂絕意進取。竭力購求典籍。皆收藏家所罕有者。乾隆三十八年。高宗詔開四庫館。采訪遺書。海內藏書家踴躍進獻。廷博聚家藏善本六百餘種。命其子士恭進呈一覽。廷博之書。大半宋元舊板舊寫本。又手自校讎。一無譌謬。故爲天下獻書之冠。四十年。復奉詔還其原書。其書內唐闕史及武經總要。皆御製詩題之。一時傳誦。廷博旣因進書受知。名聞當世。遂以所藏古書善本付之梨棗。公諸海內。而以唐闕史冠諸首。名曰知不足齋叢書。朝夕讐校。寒暑不輟。數十年如一日。仁宗嘗題內府知不足齋詩。有齋名沿鮑氏。闕史御題詩。集書皆不足。千文以序推之句。蓋指廷博所刻叢書二十餘集。用周嗣興千文以次排編也。嘉慶十八年。方受疇巡撫浙江。帝問鮑氏叢書續刊何種。受疇以續刊之第二十六集進。奉上諭生員鮑廷博於乾隆年間恭進書籍。其藏書之知不足齋。仰蒙高宗純皇帝寵以詩章。朕於幾暇。亦曾加題詠。茲復據浙江巡撫方受疇代進所刻知不足齋叢書第二十六集。鮑廷博年逾八旬。好古績學。老而不倦。著加恩賞給舉人。俾其世衍書香。廣刊祕籍。亦藝林之勝事也。廷博於是又欲刊竣廿七廿八兩集。親自校對。廿七集將刊成。忽患心痛。顧士恭曰。若繼志續刊。無負乃翁意。言訖而瞑。時手中尚執卷未釋也。廷博生平酷嗜書籍。每一過目。卽能記其某卷某頁某行某譌字。有持書來問者。不待翻閱。見其板口。卽曰。此某氏板。某卷刊譌若干字。案之歷歷不爽。儀徵阮元聞而異之。訪諸其家。故問以海內鮮見之古本及其書之美惡所在。意恉所在。見於某代某家目錄。經幾家收藏。幾次鈔刊。眞僞若何。語刺刺不休。而廷博答之。無不矢口而出。滔滔不竭。文達嘆曰。古人云。讀書破萬卷。鮑君所讀破者。奚翅數萬卷哉。

陳玉成遺事

故老言英王陳玉成用兵如神。往來飄忽。如健鷹搏空。一瞬千里。敵莫測其所至。其識略實爲諸王冠、每臨陣。橫槊馬上。瞭覽山川脈絡。舉鞭示部將。於某所設疑。某所誘敵。某所設伏。及勝。卒如其言。或問其故。則亦不能盡道也。儻所謂天授者歟。性忌惡如仇。與洪仁達有隙。而洪桂者洪秀全之寵臣也。權勢炙手可熱。倖進者紛集其門。玉成貽書詆之。桂恨刺骨。與仁達譖之於秀全。秀全數譴責之。玉成恒忽忽不樂。

安慶之陷。秀全手詔讓之曰。不復此城。毋相見也。玉成捧詔泣曰。臣敢不竭股肱之力。繼之以死。左右聞之者皆流涕。未幾。廬州繼失。益懼秀全不敢東。故敗。其受苗沛霖之紿也。拔刀欲自刎。不獲。顧沛霖大罵曰。賤奴反覆。我死。行及若。何哉。沛霖於是囚之之潁州。獻勝保。勝保命馮沂說之降。語次。及秀全將覆亡事。玉成仰天笑曰。某起匹夫。拜王爵。手提百萬軍。縱橫數千里。迺且爲降鹵哉。且國之存亡。天也。豈一二人留去所能決哉。不聽。沂以其言聞勝保。勝保自鞫之高坐軍帳。盛威儀。諸囚皆俯伏震慄。莫敢仰視。玉成獨昂然入。堅植不拜。勝保叱之。玉成厲聲曰。某生不知拜跪。爲何事而乃欲以若所習者污我耶。勝保復問生平所遇誰善用兵者。玉成笑曰。李續賓尚不足當吾鞭之一擊。況餘子哉。勝保大慚。命左右擁之去。不復見。越數日。檻送京師。至延津詔磔死。顏色不變。屹立受刑。肉盡而尸不仆。其妻某氏亦不屈殉焉。論者謂秀全不忌玉成。則玉成雖敗。猶可渡江而東。捲土重來。以圖恢復。斷不致西奔壽州以就死也。而卒自壞其長城。以速滅亡。佞人之肉。可足食哉。玉成與李秀成善。秀成好以恩信結民心。玉成則壹恣權略。嘗曰。忠王所爲。此天下大定事也。今海內紛紛。日相攻殺。且欲事煦仁孑義爲哉。及被縶坐舟中。所部三千人伏河畔痛哭。玉成命左右啓篷。面之流涕曰。公等皆去。二十年可相見也。三千人者皆大哭失聲。死後二年。其舊將某卒刺殺沛霖於蒙城壕上。以復玉成仇。

紀石崙森獄事始末

康熙初。三藩平定。有詔蠲免丁糧。湖南過軍之地。所當免者十數年。銀穀累千萬。大吏格沮上意。征斂如故。時天下初定。民惴惴畏吏如虎。無敢言者。湘潭貢生石崙森獨憤曰。此明季之苛政。今世乃有此乎。卽走京師。訟諸守土者。詣臺部。莫敢爲通。乃懷奏俟車駕出。伏道旁稱寃。聖祖覽其詞。交刑部訊狀。給勘合馳驛送歸武昌。令督撫案問。事得直。當是時。石崙森之名動天下。自湖南巡撫以下。疾之若讎。而崙森意氣激昂自若也。會武昌夏逢龍亂。湖南撫臬密諭湘潭縣令楊鶴生。假交通叛黨收之。家人皆散走。子觀逃徐淮間。欲依從妹婿陳鵬年。而鵬年亦陷大獄。歸京師。觀還覲崙森獄中。吏並捕觀。論殺崙森縣商民聞之。皆憤恨。聚數百人欲刼出之。崙森告刑者曰。卽殺我。當於城中。出城不可得殺矣。蒼黃就城垣間刃之。先是崙森在武昌。聞亂先走。從蜀中間道還湘潭。所宿盡題名。後記日月及被收。持此自雪。有司不能傳之罪。雖殺之。祕不具獄。而畚恐嚇石氏。三年犇避不得葬。及部選崙森學官。乃厚賂其家。令具呈報病死焉。楊鶴生以殺崙森博大吏歡。得擢知府。三湘間人。莫不哀崙森而詈楊。然卒無如楊何也。崙森自著陳情紀事。述官吏貪虐甚詳。乃控京後返鄂所作者。略云。從來事屬於公。雖在下。非爲越分。理持其平。卽獨鳴不禁。陳言三楚原屬一省。從古於茲。湖南明末先遭土寇闖獻荼毒。國朝定鼎四年。始入版圖。然猶兵來賊去。旋失旋復。邑里邱墟。闤闠榛棘。至順治十八年。經略洪平定。僅見十年生聚。今上御極之三年。龍陽彭之鳳納賄。題疏南北分撫。時値西山用兵疲困。撫軍某作俑於前。某踵跡於後。誅求之事漸起。至康熙十三年。吳三桂蹂躪。死徙流亡。不可勝道。十八年恢復。民控拋荒田地。撫軍韓世琦疏請恩免六年。業已停徵三載。忽於二十年始而追荒。費繼而折荒糧。且徵荒餉。蕩平已久。事出無名。橫征暴歛。較前更甚。一閏月而江蘇所空之庫餉。旣週再閏月而長安所記之逋欠又足。未半載鼎盛行鹽之重。貲渤海發動。輒數十萬金。索取搬運。昭明彰著。何一非小民之膏脂。如此者四載。湖南之民力竭矣。每見朝廷有公事視為奇貨即如南杉木植功令各官捐助湖南派在里民按糧加派延及煙戶計口出金殃民且以肥己一邑數萬迨此嘑號不忍聽聞雖經排夫控部顯疏然而全情未楚又如戶部行查荒糧止清數也而湖南藉以丈荒派費皇上岳麓賜扁以重道也而湖南亦因之科費如此之類不堪枚舉今二十載計之某某苛剝於民然猶重儒術也今則斯文掃地矣某之害止於苛派糧里今則羅鉗吉網令州縣訪士民之饒裕者動稱院訪拘禁講價一網打盡矣某之縱貪於穢蹟著聞者間有參罰之時今則苞桑孔固不動不搖矣某於士民之呼號者雖不申冤亦不加害今則阿堵入手任其肆虐矣某猶勉強顧名於一年之前某則饕餮橫行於下車之日益深益熱愈趨愈下雖皇恩浩蕩湖南不露涓滴百姓反罹苦害漕糧每石價止徵四錢每石解折二兩二錢一倍五倍況荒熟並徵新舊交迫為禍更烈即今督憲仁廉諸如禁鄉保革里役停詞訟懲濫取不許承差下屬種種大澤止及湖北獨湖南洞庭阻隔全無忌憚竟成鬼蜮民有冤情一控督憲即觸撫怒底死不釋如安鄉劉永昆潘士進鄒海揚王中公至今尚幽囹圄即督憲屢駁行提而鍛鍊如故大抵養癰遺患南楚之害未必非楚人為之崙世居湖湘耕讀為業情屬同室之鬬敢為不平之鳴思范文正公為秀才時以天下為己任崙才不能逮公心竊同患忍令湖南一隅地若越人視秦人肥瘠而漠不相關者乎(下略)

雙杯記（續第四號）

爛柯山人

今茲吾書當歷敘靡施之言矣。靡施曰黃身毒子所知也。當日予演說歸校後。旋得一束來自彼人。意極駴怪。謂雖曾與身毒同會場。通姓名。寄書則從來所無。且此人素有醜聲。今果何事以簡賚予者。發函讀之。則謂有沈棋卿女士。傾慕足下久矣。竊妾與足下有同社之雅。乞爲先容。妾居雖陋。尚自閑靜。可以傾談。沈女士今夕必來妾許。晚間七句鐘賁臨爲望。書雖寥寥數語。而沈棋卿三字。經其珍重介紹。直印入予之腦蒂。終身無復漫漶。至棋卿何人者。證以天苟告余之言。不難運思。卽得此女之用情久而不渝。頗令人感服無地。惟樂與身毒往還。是果何故。身毒之爲人。大不直於淸議。倘此女與彼厚暱。吾亦何樂親之。然天苟恒爲予言女郎倏然出塵。平生未見其兩。律以彼婦之不德。似又萬萬殊途。吾正可利用此招。窮其究竟。然吾以靑年無偶。深夜入人閨闥。設厲垣有耳。此衷胡以自明。似此蕩婦之居。萬無往訪理。且閨秀託人媒致男子。此寧禮法所宜。此女年事太稚。或未能籌思及此。吾則何人。豈可不以良家女爲念。瓜田之約。萬不可踐。更一轉念。則以棋卿摯意。萬無可却。且以欲得其消息。熾念所至。禮防之想頓捐。遂決計如約而往。

靡施曰。吾言至此。當略序棋卿身世。使子想見其爲人。然後吾言較爲周澈。凡此皆吾於晤棋卿後得之。今顚倒敘述如此。此吾立言自由。想爲吾子所許也。棋卿家於浙。爲望族。祖父某。曾作河帥。父名彝。雅好古學。未嘗仕進。以家居著書爲樂。所生子女各一。子曰琴甫。爲長。女卽棋卿也。二人長侍父側。薰染極多。

惟其父所見。以爲女子積學。良非佳兆。以故詔導棋卿。不如琴甫。琴甫更從浙中名師游。文學隆起。棋卿雖嘡居兄後。而出其鑽研所得。已足冠絕儕流矣。丁戊之間。學風乍轉。嗜古者流。亦漸覺徒讀父書之無益。是時琴甫卽得父命。與其中表弟曰桂兒者。同游滬瀆。入西人所設聖約翰書院。久之。琴甫學益進。桂兒雖放蕩。而校課亦殊能升級。時上海風化浸開。女學校亦漸興起。琴甫乃詳陳方略。要妹來遊。父卒許之。母與棋卿偕至滬。母殊戀女。女如入校。母卽卜居於滬。此壬寅夏事也。與予彈棋相遇之時。卽棋卿來滬未久之日。蓋女郎生長名勝之區。流連山水。爲其性癖。琴甫之校。旣傍梵曹二渡。卽時約其妹相與園遊。而中表桂兒者。戀棋卿切。恒覓儕近之。不堪其擾。琴甫亦厭惡之。如與妹晤。必不與俱。是日卽圖避桂兒。以致後時。而棋卿則遲兄不至。以致不辱於强暴之手者。其間不能以寸。得予力禦二暴。五中感切。當亦有之。其後棋卿屢與兄談及此事。兄雖義之。要不識其妹着意何所。妹亦不能相告。尋入法蘭西女學校。且寄宿。母氏賃屋虹橋平安里居之。安息日前一夜。例就母氏。與談校中事。或誦習校課。娛母以爲常。而棋卿以未得予消息。心終不釋。且又萬不可告母。恐禁其游覽。則訪取之道。更自無由。適有以張園演說事告者。此安息日。棋卿得母命。偕一同學友與會。至是棋卿竟刺得予名。則微詢同席何君何人。時有隔座自承與予相識者。棋卿喜甚。遂移座與語。其人標榜予甚至。卽身毒也。夫喜談男子性行。幾爲女學生之慣風。身毒之言。果御此慣風而行。抑或窺取棋卿意。有意渲染。皆不可知。惟身毒詞令便巧。致棋卿爲之傾倒。幾欲盡白其隱。環視坐間。耳目太多。强自支厲。遂約卽時相訪而別。是夜棋卿至身毒許。意氣兩極傾暱。棋卿旣爲傾瀉一切。身毒銳身爲之畫策。棋卿初謂以簡招予。不合禮法。身毒一爲譬說。旋卽霍然。是時棋卿感身毒至於極地。以爲熱腸古道。當今無輩也。是夕身毒留棋卿晚膳。即揮箇招予。予既決心赴約。心志殊愉悅。時出時辰表視之。若恐其時之或屆也者。予爲校中幹事。校規不得夜出。予此行且冒不韙。心尤惴惴。身毒居榮平街。街去校不遠。至時。予陰出校。躡足以行。計程十分鐘可達。予以六點五十分行。比入街。則予表上長針。倘指在十一也。因徘徊街側。則見有軒恰對街門。窗櫺百葉。光自隙中透出。掩映高垣。如黃昏中霱虹壓海。殊熠燿奪目。意或身毒之室與。計五分鐘已過。近戶微叩。有婢門焉。若預知客之將臨者。婢旋導登石階。階上爲爽室。大約一爲書齋。或客室。一即身毒寢室。前軒外向。即予來時閃灼之光所自出也。婢往敲寢室門。予訝婢何引客入此室。處然此意一瞥即過。惟見室內陳設皆歐風。精潔無匹。牀以白獸骨爲之。四柱餙以精銅。衾帳絕白。此外幂榻之衣。布壁之紙。皆淡絕。珠燈數事。懸自藻井。更有籠紗新炬。分列左右。几身入其中。如縣遇廬山之瀑。白光奕奕。無敢逼觀。壁間懸蘇格蘭名后瑪尼像。娟美無倫。餘則名畫數幀。淸幽欲絕。而室中溫燠特甚。且時有軟香。微通鼻觀。右方設一小圓几。身毒坐下隅。棋卿上焉。婢既導予入。身毒先起立。棋卿隨之。予一一瀚躬爲禮。身毒殊坦然。而棋卿色大赧。身頭欲仆。以兩指索几足支之。几上紗燈微震有聲。棋卿色故白。今以赧緋紅如桃。覩美人於華燈之下。光艷尤傾一世。身毒姿首亦不惡。特與棋卿等量齊觀。則有仙凡之別。身毒旋禮予坐。已與棋卿坐次無改。時滿室皆光。而聲響全寂。三人者皆不知所以爲語。既身毒與予寒暄。語多不復記憶。惟論蔡民父辦女校規則過嚴。爲彼川力之處。尙未去懷。久之。身毒提及曹家渡事。示意棋卿。棋卿姚不可仰。已復自定。出言謝予。予曰。此何足道。彼時吾與一友彈棋。凝思至專。徒覺西人向己惡作劇。故以拳揮之。此予自衞。殊不知其爲女郎來也。棋卿云此事關兒至大。如此卑謙。究安可者。試思荒園以內。一弱女子驟遇強暴。自非辱死百計豈能自救。兒非遇先生者。今且不知作何狀矣。此而不謝。良心其復許乎。予曰吾昂藏七尺。見女子阨於暴夫之手。竟不能衞之出險。亦復成何丈夫。吾生多力。見有不愜於懷者。吾技卽癢。客氣所至。或不暇辨晰理之是非。以此僨人事而害及己身者。往往而有。已亦且怨彼蒼賦我力能徒滋多事。自爲女郎故。拳踣彼傖。則予爲念稍異。以爲以力與人事。不必皆爲過。有時亦自爲功。二者雖不必相準。而功則確有補過之日。爲德之報。稱卽在爲德之中。舍此他求。終不免俗人之投報也。棋卿曰。君論至當。實則予所謂謝。特宣之於言爲謝。其在予心。不過先生之所謂德。而兒覺之而已。其名爲謝。而有所不肖。則語言之咎。須知人間儘有感覺無能名之者也。予聞言大駴。以爲女子安有此哲想。卽答之曰。卽使情感中有此一境。最好置之天空之中。使爲風鼓盪以廣漠之野。無何有之鄉。爲其歸宿。若必相與沾滯。則一墮科網。舉人世所有之煩腦困苦。乘之無窮矣。棋卿曰。究亦安能免此。天生慧種。恒帶孽根。諸凡糾繞。罔皆無可如何之事。予曰。亦未始無洗除淨盡之道。予言至此。頓覺所論過深。以相逢之始。而作如斯密切之語。於禮未可。則語態大是躊躇。而棋卿以予之矜遲。亦似晤其爲言之逾量。面大赬。身毒眼光靈活。雖不必渙然了解。而頗悉此中正賴渠綺合之力。則急以他語亂之。久之。聲響稍寂。予幾欲覓一語而不可得。則曰。法蘭西女學堂教法何似者。棋卿曰。亦自不惡。教習皆西人。予在校專治英文。終日不見祖國文字。凡入此種學校者。大都年少基薄之輩。予意以爲因此成材者。罔自有人。而大勢所趨。多使迂謹者喪其所守。浮薄者益奔放無所閑制。此等弊端。想男女校皆不能免。予曰。大抵如此。實則本國教育之乏根抵。當咎中小學之未興，此輩早年失學，今所學者。又不足養其德性。源不淸矣。流胡不濁。而源淸者。又復閉拒。恥言歐化。今日言吸取西方文明。誠非易事也。棋卿曰。是非有國學巨子。更殫精西籍。力以溝通東西文化自任不可。予亦不欲久居此校。惟以家居略習文史，竊不自揣。欲由此探取西人理想。相與參稽。從吾所志。兒亦無倚專門名家，特文字之好。根自性天。卽送此浮生。亦舍此無以自慰。予聞言大服。急曰。此不世之偉業。舉世男子。能語此者。果有幾人。今出自女郎。鄙人感慰之忱，百詞無以自達。倘餘生不爲戎馬所踐。得一日親侍女郎。捧書研墨。卽奄然長逝。猶有餘欣。語至此。大以爲立言失體。截然咽住。更舉眸竊察棋卿。幸彼爲態尙平。似祇覺其出語之誠。未於言外有所猜度。予乃續言曰。國事傾危如此。鄙人獨居深念。竊以爲非可優游文學之時。故雖以觀書弄翰。性癖所存。而兩膊相權。亦殊欲以武力自奮。在女郎觀之。得毋惡其不文乎。棋卿遲疑久之。答曰。兒惡敢爲是想者。大凡才長者足以用世。而不爲世用，若女子之身。則局限彌苦耳，……爛柯山人曰。棋卿名門淑女。其自然之文彩，傳自種性，復潤之以心靈，濟之以講誦。高尙優美四字，洵當之無媿。蓋天然文學之才也。靡施滿身精力。雖才高意廣。不屑屑尋行數墨，而出其餘技。亦足以絕倒時流。倘此時盡棄其野心，委懷繙譔。與棋卿雙雙遠蹈。卜宅於佳山美水之間。朝焚香以修史。夕踏月以聯吟。不可謂非占盡人間幸福矣。此雖想像之詞。而以棋卿之美才。爲之夫壻者。亦誠必得風流韻士。然後爲美滿姻緣。則如靡施旁出武門。殊非佳壻。顧靡施之才。本無施不可。徒以國家多難，世論祟尙軍國民敎育。亦遂自撫髀肉，恥爲坐談。此良不失英雄槪略。當棋卿初聞靡施之論。當亦以與己異趣。不滿於懷，繼思上馬殺賊。橫刀草檄。良文人所有事。更思及昨年受辯。以爲天下不平之事。亦惟武力足以平之。瞬息之間。思想變換。且謂靡施所當從事者。舍軍人無自。讀者當知有崇信人或感激人至於極地者。則其人之單詞隻語。恆足消解其平生之持挾而有餘。棋卿此時正與此類。故答言如此。可見其傾倒靡施極矣。……予曰。鄙人寧足當此。更欲覓詞相詰。則見身毒手據胡椅之腕。旋其螺絲之樞。左右支轉。狀極弗寧。予亟與之敷衍。身毒詞猥鄙不足舉。隨與棋卿亦作他談。驟出表視之。則爲時已晏。乃立起與辭。棋卿無言。身毒殷勤爲後約。予漫應之。各爲禮而出。近梯次、回視可憐之書齋。沈寂如故。似告予曰。是中主人。亦閒有夜游之樂。未得歸也。

自是棋卿與身毒浸習。予與爲會於身毒室者。可二三次。意氣之相許。無可言說。其中情狀。無待縷陳。惟棋卿之母。以女故卜居於滬。此時爲狀奚若者。想予亟欲知之也。蓋棋卿之母巽弱無類。最易爲人言所動。在彼恆性。如伴女遊學等事。斷不爲之。徒以琴甫之勸誘。且習聞人言朝令維新。女子無學。且不得嫁。則決從時尚。襆被來申。既來此間。所見女流。大都脫盡閨閣氣習。亦良有放縱逾分者。此在老年人見之。自以爲節節不中程式。卽如身毒。棋卿引之爲友。間一偕歸其家。此老接之。深爲鄙恥。且屢次致戒棋卿。以後不可更伍此輩。棋卿不能改。其兄琴甫亦敦篤有父風。雖與西人相習久。而絕無夷場少年之態。且其行事。恆不依風潮爲動止。此時海上志士。持論殊急激。琴甫獨謂其持之無物。不可久長。同時諸女學生。氣燄亦寖張。言論服束。悉違恆軌。爲琴甫所不喜。且琴甫不主張自由結婚。謂此種原理。無可非難。惟施之今時男女。則猶黃口小兒。僅能繞床行。乃使之與健者競步。亦足未舉而先蹶耳。琴甫既抱此念。其與切膚相親。惟恐或蹈是弊者。外惟中表桂兒。內則棋卿是也。桂兒者性浮滑。無血誠。不審愛國爲何物。

故雖置之革命派之盤渦中。至處其如當時少年之感情橫決則殊不必。故琴甫之當勖桂兒者亦惟進德修業。不爲浮蕩子耳。棋卿氣息深穩。似不至爲惡習所染。然習慣可以制成天性。故向後遠囑琴甫之隱憂其妹。爲意正長。一日琴甫以省母歸。談及上海風氣惡劣。殊易誤人子女。與母意絕合。此老素愛重其子。已有所見。恆待琴甫決之。至男女風紀問題。其母持論之嚴。尤過琴甫。則得琴甫一言。宜更堅其壁壘。棋卿者。琴甫招之外出者也。倘有所失。將以重己之過。則言下之所以慫動其母者。自然深至。彼此間答之詞。予避煩不敍。惟見其母於琴甫言後。殊爲其女悲歎。亟思覓法爲之有家。琴甫之不主張自由結婚。未嘗於語中涉及。蓋此種語言陳之老母。殊屬多事。以卽有意主張。且遭其拒斥也。

予言至此。在予事中有一致命之傷。不得不珍重敍及。凡予所言。皆先後得之於人。亦或聞於棋卿。今吾爲之穿插聯綴。以便言有片段。想爲吾子所許。蓋母氏商量棋卿姻事時。又頗聞語及桂兒。桂兒者。予雖屢舉其名。而迄未詳其身世。其何以與予事有關。予亦未知。今爲補述於此。桂兒胡姓。其母卽琴甫之姑。亦浙中間家。殷實尤逾於沈。先是琴甫之父。與桂兒之母。兄妹間情愛綦篤。桂兒生一年。棋卿呱呱以啼。桂兒母甯家。曾撫桂兒指棋卿言於兄曰。兩家姻好。賴此以綿。兒意謂何。棋卿父察其言誠。無可爲郤。卽漫應之。其母歸。更質其言於桂兒父。亦得其畫諾。乃未及聘而桂兒母先卒。兩氏遂置此事不議。桂兒寖長。頗聞昔年指婚事。更以棋卿亭亭玉立。尤中所懷。乃以意衷其父。父果爲請踐約於沈。沈父母皆不欲。以桂兒不足婿也。然以有約故。未卽峻拒。胡卽亦不更請。以沈父方嚴持之急。且至破裂也。桂兒雖游惰然欲交歡沈氏。亦頗歛抑。渠本良家子。氣宇亦自儁拔。且善爲僞言詐行以欺長者。而周旋婦女之間。尤爲殷勤久之。沈父恒以少年跅弛。爲其甥解免。而沈母則譽其善解人意。惟琴甫與棋卿始終鄙之。以爲此人滑稽。終無進德之望。沈氏雖閫範嚴。而桂兒至戚。且自幼習居外家。出入閫闥。自不能免。且欲貢媚棋卿。則往來尤頻。棋卿雅不善其人。以婚議故。尤遠嫌避之。而以桂兒有意尾隨。竟至不堪其擾。沈父母亦不謂然。以爲無論婚事成否。皆有所不宜也。桂兒之隨琴甫游學也。頗出於沈父之意。一以使與棋卿相遠。一以此子非無可造。且視此行學業若何。再決婚計。桂兒至滬。亦已數年。中間雖或返浙。而爲時至暫。且以久別故。爲跡不期而疏。而年事增多。禮尤不便。故於棋卿。乃至僅得接見。桂兒智計方無所出。而琴甫適有招妹之舉。棋卿着滬後。桂兒有暇即來相守。天下至有禮法之家。旅居時亦從權變。且風會適轉。桂兒更得假新名義。與爲委蛇。而棋卿漠視桂兒。近且益甚。琴甫亦然。惟兄妹之趣意。究亦有殊。棋卿之鄙桂兒也。至於一文不値。萬萬不屑回顧。而琴甫則謂桂兒固非快婿。而以海上時流較之。亦正如二五之與一十。且棋卿之爲心。固別有鍾愛蒔情之餘地。倘非以舊俗囿之。不難絕足而馳。而琴甫則謂婚姻至於自由。在今日之中國。實爲狂悖。是日與母縱談。所上桂兒評語。故非絕不中程。母閒言。乃謂擇婿果難其人。即以桂兒遷就之何如。姻婭相續。無待訪查家世。亦是佳事。琴甫篤愛其妹者也。以爲得婿如桂兒。是良有憾。然踩舍此。亦絕無上計。故答語異常糢糊。而母氏非得琴甫言。亦不能即決。所談遂無要領而罷。其餘語多。予暫不錄。吾子當憶棋卿琴甫皆寄宿於校。今琴甫之歸也。乃在安息日。則棋卿應亦同在母室。至是日棋卿何在者。當不費思即得。蓋此母子間一席之話。與身毒室中纏綿悱惻之談。約占同一之時間。遙相映合。棋卿反面。則其兒先數刻方離母闥也。

予既言與棋卿爲會。可數次矣。至予製思何若者。想子亦樂聞之。予每夕歸自密約。思想如潮起落。整夜無能貼席。予性非絕不恢廓。又周閱世故。果何至過爲女兒癡態。閨中驅除難以來。雖美人小影。久藏腦中。而念及艱難身世。即已瞥若浮雲。不復置意。予家亦中資。以年事論之。得一鄉人女成禮於家。爲秩至順。家人欲之。顧予以爲不可。積年以來。奔走在外。歸省之日絕少。家有老父。差足自贍。幼弟一。且入塾。母早故矣。予欲於家中多求貲。此必不能。且予父性迂古。恒不以予所爲爲然。予出入風潮之中。已浸有煩言矣。故予之拒婚。父雖不能過強。而倘以自由爲幟。與一已家絕無瓜葛之女。漫相結合。一爲所聞。不難斥爲敗厥家聲。與予相絕。則並其僅少之貲所恃以供旅學之費者。立爲烏有。予又素乏資生之術。且必欲自食其力。以予爲性。似非所堪。則糊口且難。更何挾以覆其所愛。且其時愛國之論。獷然如狂。萬無以室家自累理。且彼女不過春光一洩。何物狂徒。乃敢妄以婚媾之事。期之女郎。身價無倫。倘以汝之故。使之肝腸惱亂。蹤跡詭密。循至失歡所親。萬事瓦裂。爾牛衣一襲。既無福消受。坐看金枝之子。隨風萎化。則担其責者又自何人。使非爾者。彼且得倚其家世。平視東床。優樂從容。以雙修其福慧。爾果何物。乃有此巨膽。戮人子女。剷滅人間幸福。至於此者。凡此種種。皆予平日積算於胸。介然自克。以至身毒投簡之日。無有變遷。得簡之際。異想忽然麻起。以爲事已逾年。而彼美猶眷不相忘。殆可謂得一知己。夫人有一知己。而致相失。無異處生。以吾落拓不偶之身。而忽爲美人折柬相邀。是猶老年肥遯之士。忽被徵車。雖無意出山。而恩意之來。不容不赴闕相答。由校中移詣身毒。途中皆爲狂想塡塞。明知身毒身世安有千金閨秀。可密會於蕩婦之居。顧轉念之來。一瞥即逝。且若謂無論死生成敗。終身之事。良在茲行。迨既與接談覺彼人器識學問無一不居己上平居挾持意氣狎觀女子今則頓生漢文不及之思來時尤想像幽期之女終乏高貴之趣而咫尺相對覺爲態莊嚴絕世如禮觀音反觀及己則直俗物之尤血管中滿裝糞滓美人香澤寧容褻親若存妄念祇益罪惡予至此自克之念復生然美人者每精風鑒彼慧眼所及決不有誤則吾亦何必妄自菲薄惟彼女家世吾未之悉審其風範必爲巨家則今夜之事或一漏聞必且無幸而吾家老父亦且未易陳情倘同墮情科則所嘗之煩苦將無紀極此可見愛人良非易事顧予年少氣盛雖能燭照難處而一戀及新生希望則復邁往無前私衷自計如彼女眞能愛予者予誓與美人同其死生思潮至於極點而從前克己之念又復嚮至後予與棋卿漸稔復證以人言稍得其家狀然未出予之所料故於予之情感無所影響大約予每赴棋卿之約乃癡想驅之而行迨予歸來則復大悔不應多種荊棘自害害人此種安息之夜予心之不寧遠逾平時卽事生情因情動欲由欲反理以理觀事本事制愛爲思迴環起伏至於疲極始得熟睡予憶一夕反側最甚髣髴間見棋卿自身毒室出予緊隨之棋卿不知也時已入深夜而馬路行人如織棋卿御四輪馬車眼灼灼撩人人各春光被面且若盡解佳人意趣特發舒一種吉祥之氣以相迎者是夜棋卿玉容春藹律以平日貞閑之態一見卽知其異車入虹橋地較偏靜兩面高垣輪聲答響街燈欺予照美人乃不朗朗車行雖速予乃不解何故相隨未失比及街門而棋卿下矣予亦竟隨之入與之面母其母則以是日與琴甫議微不合沈憂之態織以煩惱之絲染以龍鍾之色極可憐恤棋卿跨入其室與道歸來遲其母卽凝睇棋卿不已棋卿廢然無能更聲斯時二人著點正同而所懷各異因之發態相射兩兩矜持棋卿靈犀一動卽亦了解急沉斂其色移

坐近母。與瑣瑣言街頭景物。冀以是消釋其憂。母狀若弗聞。久之。問曰。汝歸自身毒許乎、曰、然。去時不曾爲母言乎、母曰、然。然吾望汝以後弗更交身毒。身毒良足誡汝以惡。棋卿聞言大震。竭力自支。幸不爲母覺。已而其母促棋卿歸寢。已亦起往後室。棋卿目送之。見其手觸屏幃。猶依稀作歎聲也。棋卿復廢然久之。旋起。予方默念。棋卿果以何事開罪於母。見棋卿起、即復隨之。棋卿至一室。方搴帷。即有溫柔之香來撲予鼻。若告予曰。此香閨也。予乃大詫。今日。予、有。何。權。乃敢、與、佳。人。同、歸、臥、室。顧此念之生。轉瞬即逝。惟見老媼方折疊衾枕。望棋卿入。口與寒暄而不爲禮。棋卿不暇他語。急即媼問母狀。媼膝席床沿。且事事曰。今日少爺歸、與夫人談久。時正作勢理衾角。氣息復不續。棋卿急曰。談何事者。媼則下床。駢兩指痛搔其髮。作醜態。若甚艱於言者。棋卿罵之。媼頑笑。且徐徐續其言曰。少爺說上海風氣不好。近且益壞。少年男女。都不規矩。小姐居此。亦非所宜。夫人髣髴以少爺之語爲然。小姐。汝欲歸乎。媼則不欲。上海繁華。百倍於浙。居此胡不樂。人家閑事。焉用管者。祇要自家規矩好。人家不規矩。也不得不規矩到我們頭上。棋卿止之曰。毋多言。夫人果謂何者。媼曰。夫人言以游學來。小姐不畢業。似乎無名。棋卿則氣若稍舒。媼更曰。夫人且詢少爺。桂少爺學業何似者。謂小姐與彼曾有指婚事。異日或且歸之。復曰。毋怪媼言無狀。夫人殊弗細思。桂少爺胡足偶小姐者。天鵝至爲雀食。寧復有理。小姐行否。予自不問。但必以予爲媵。予決不承。幸而少爺不以爲然。媼呶呶之聲未已。棋卿已絕倒於椅。伏案嗚咽。而不成聲。予乃大驚。手足靡措。久之。彷彿有物。出自棋卿之腔。招予告之曰。兒今與汝別矣。兒初識君子。未敢以彼事奉告。歉恨多矣。然事良碻。初幸吾父母不守信誓。得以從容擇其所天。今吾母之言胡來者。其果以彼其之子。成人將有德耶。抑爲小人之殷勤所餌耶。抑以擇壻太難。謂閭家如彼。重以舊姻。卽非快壻。亦抱衾往耶。此種思想。棐之予懷。何以無有。究之如彼輕薄小兒。誰則顧之。彼邇更纏繞吾身。然一度向兒諂笑。卽一度增兒厭惡。平居涉念。以爲。社。會。之。惡。潮兒。慧。心。世。俗。之。網。層層。縛。兒。兒唯。卽。時。成。佛。庶了。此。債。乃無意之中。竟與君子相遇。在法男女乍見。奚有百年相託之思。特兒不解何故。名園一睇。恩愛之液。種於眼波。自爾以來。兒惘惘如有所失。彼兒一入吾眼。更且狗矢耶如。數夕之談。頗以爲人間美滿之事。無逾於此。且自幸兒能得此。已不虛生。然仍當恃父母之愛。以格彼氏之約。更自奮勵。借學問之力。從容以申其自由。事或有幸耳。此想甫萌。卽爲橫風摧折。倘媪言確者。則彼氏不久當來取婚。而兒且卽時返浙。嗚呼。兒昨年果死於西傖之手。亦大佳事。胡乃彼蒼戲弄君子。出而救兒。兒得君而生。此身寧復自有。賜談數夕。恩愛之深。已同山海。嗚呼。今生。已。矣。然兒。雖。無。福。事。君。生天。之。後。猶當。以。柔。魂。一。縷。默。繞。君。側。並。呵。護。君。身。勿。以。兒。故。妄。自。戕。賊。嗚呼。靡施。吾。夫。……棋卿至是突然出聲。媪卽前連呼小姐。遂乃頓醒。謂媪曰。吾睡幾時者。得毋夢耶。媪曰。小姐未睡。夢何自至。予見小姐以首伏几。以爲有所思也。予又以唐突得罪。未敢煩瀆。而小姐乃驟發聲。彷彿道梅子二字。嫗乃前來招呼。其實棋卿自暈而出神。而醒。本不過兩分鐘。故媪不以爲異。且瑣瑣問何以思及梅子、曰吾等。離。浙。久。後。園。中。小。姐。所。種。之。梅。或。枯。而。死。矣。棋卿長嘆。轉以驚媪。媪曰。夜深矣。小姐幸速寢。媪卽爲卸去所飾。棋卿復嘆。扶媪行至床沿。又復凝坐。几上胡燈。籠以巨罩。作慘綠色。媪立床前。華髮交頤。面青白如鳩盤荼。狀殊可怖。時室中光景絕淒黯。惟聞媪更聲曰。小姐速寢。夜果深矣。棋卿乃下左幔。媪爲落其右幅。反閉後室戶而去。是時。室。內。萬。籟。皆。寂。其有。不。息。之。機。邊予。耳。膜。

者亦惟床頭嗽聲與壁間鐘聲而已予既前聞棋卿之語中心悲梗至無可喻桂兒之說予向未聞知今由美人之口雪涕述之理無有訣則念棋卿愛予之篤酸感之情尤無可忍亟欲製詞相答而以老嫗在室未便爲此且棋卿似未覺予在其室予尤自虢然予又自幸彼未覺予轉獲安寢予伺棋卿睡久寂無可奈悲尤莫勝計與溫語無逾斯時予亦不憶胆何自至竟乃躡足近榻微掀其帳則見棋卿首向外偏睡似熟左手拊腮而右手加於被上褻衣短袂不掩其臂被綠色雪膚之澤乃類石脂更移觀其面則淚痕一線宛然可尋美艷不減平日而微嫌瘦損予頓憶與棋卿別數時耳胡憂能傷人一至於此憐歟愛歟罪惡歟不復自審惟覺予膝屈於踏臺以口就棋卿吻微接之棋卿未覺予復接之祝曰棋卿予與爾誓之矣棋卿仍未覺予則歎息陡聞鐘機一軋予驚甚一轉瞬間乃舉室如漆渺無所見惟樓窗與街燈相射作光泥城街中一二履聲橐橐能辨認爲予校中之第十四室而已是乃一夢

予夢中既略識桂兒之事急欲取人言證之計身毒往來棋卿家或棋卿別有所言於彼擬明日卽往訪之身毒者熱心於予與棋卿之介者也顧何以爲此以予粗歷世故初且爲所蒙今子以所獲之柬證之亦不難立晤矣予爲約身毒許有時予或早至則亦與之閒談而通常且任予與棋卿坐語彼乃避去故身毒何求於予予尚未曉然身毒浪懟也予早審之使予一人造訪爲勢絕險顧欲得桂兒消息卽亦不願翌日予果乘機往瞰身毒首詢以此身毒曰良確身毒者非必樂予事之成者也然不使趨於成則立失其所以相要之具最好別有覊縻之術而已以西廂爲陷阱桂兒之事其術之一助也則爲予詳舉其顛末身毒本善詞令語尤滔滔不絕曰論以才貌心情足下與棋卿實天然良匹特桂兒風貌亦殊不惡

吾在棋卿家曾一見之其風流處人或特別見賞亦未可料且以舊姻而兼夙約為勢至順相提以較則此方之為至逆似不待論吾若為棋卿拼擋姻事則二者孰可亦至難定之權衡何先生吾非欲阻撓足下者男女相悅本天下之至情矧若二人節節相當尤為人世難逢之偶惟天下事須預計結果然後所下不為虛著棋卿生於守禮嚴正之家兒女之外歡何由陳請於堂上妾意風聲一漏危害且立及棋卿彼其之子既夙為棋卿所不屑今得新知如子當視彼更不值一錢夫好女子至逼嫁於一錢不值之人而其女子又復激烈為道絕險而逼嫁之事又無可逃先生智慮極周此種情態當已思及夫天下用情斷無自利其身而不為所愛之人護惜者倘棋卿以君故瀕於死君果何恃以脫美人於難金屋之貯訴之足下財力既有所不能即相挾偕亡而到處皆強頑昏濁之巢寧容名士美人私來點綴以足下青年有望立身一敗社會即被以惡名出世尋途動皆荊棘而棋卿以名門之子服用素極清華今以下嫁寒生且為奔女縱不致牛衣對泣而一舉手一投足寸寸不能自如子前此所擬之榮譽及所嘗之艱苦至是舉無以相償而後來之發展又復無望則懊悔當作何狀倘婦德稍虧或且交謫前日之愛情勢難作證縱尊夫人茹貧無懟然嫩枝軟葉經風摧折吾子視之又復何忍嗚呼天下情愛之緜緜不絕亦賴有物以副之耳所副之物不備行且由愛生悔由悔成恨由恨致死則一夕之良緣足釀終身之惡果此烏可不慎者凡此吾皆透徹言之以吾所揣並此亦難自致其家防衛極周而桂兒耽耽欲得之心旦夕無能自遏決其大勢不久即將盡室遄歸逼嫁一層萬難解免則押衛之役果屬何人何先生吾平心立論倘棋卿非有君置之心坎者桂兒之婚或且勉為畫諾初時縱有悵惘而以桂兒殷殷將護久且恩愛稠

生君須知自由婚姻希望最富惟其太富亦易失望一至失望苦乃莫狀人爲惡姻早委運命一線恩情引爲慰藉苦中之樂樂乃逾分兩兩相較寧取後者若棋卿先與予訂盟相死生則殊未能望此君當知女子爲情絕無屈曲擬之所至舉一切利害而悉空之故此種關頭必恃爲男子者不妄斲斷其愛且善爲解導使之走於和平倘棋卿此時依然待字則卽爲堂上所不欲而紅娘之說倘非絕不可行顧今日情勢乃不類此故吾忠告君卽欲使君知棋卿爲人聘妻君與之接不可過於濃密致彼爲情所苦至於無生君若以愛爲言則此等云謂或亦在愛字界說以內蓋自料無能享有其人同時爲之犧牲他方幸福其罪比之殺妻且應加等君得毋以吾論爲過酷凡人籌畫一事何可不盡將前後左右審晰一過凡吾所言皆欲爲君計出萬全之助君果有此計者凡吾所能爲力願悉奉之君謂何者身毒滔滔言此至於終篇如演講義未嘗間歇予無隙進一辭然亦無一辭可進覺身毒一字一針鑽予心孔予幾欲跪捧其足親其靴鼻蓋予服身毒至於極地所言如以巨鉗洞吾臟腑提予肺肝以出吾平時亦有此想然百計陳之亦終不肯且谿刻之文字往往爲愛魔所不許故利害之想偶一發端萬萬不欲鞭辟近裏身毒女流何由具此鍋鑊造化之手段涉念及此毛骨爲竦計此婦一席議論當驅予於地球之外矣卽應曰君言甚當特吾意亦不必欲得其人爲妻身毒曰誰非人妻茲亦何害特吾以棋卿大家閨秀法當特眼相看若吾輩者直無施而不可耳言時以手掠其右鬢且作笑睨予爲狀絕慵予大懼不知所答立悟身毒持論之鵠大與予異趣予少留此禍且莫擇乃立起興辭身毒引予裾予不顧絕足奔回

予歸校復卽身毒言思之以爲確有至理於是層理其說製爲數問自詰

一日。棋卿果愛予否。　如不愛予。則本文立時完卷。無可言說。據身毒言。彼似愛予。且予自證亦確如是。

一日。予果能有其人否。自由婚姻之的能達否。　身毒曰。是或未能。予亦謂阻力絕重。

一日。予得其人。予果能保持一安樂之家否。　身毒曰。是或未能。予滋亦莫信。

一日。棋卿舍予而外。別無所愛否。即無所愛。果別無術以發生其愛。從容以送生涯否。　身毒曰。是或有然。予亦不敢謂否。

由是觀之。則棋卿雖愛予。倘予遵身毒訓。不更挑撥其情感。使之潛復其舊。復得身毒所預計之佳處。則予即枯槁以終。亦所至願。然最後一問曰。倘棋卿立志嫁予否。且死則予如何。予涉問至此。頓入昨夜夢境。彷彿棋卿臥予牀側。香澤微聞。予腦大震。乃不能作思。計往商身毒。或得長計。然有所懾。未敢即行。時校事蹶起。幸有他事捉予腦去。乃暫置此問不答。

章炎叔大家也。在予校講政治。病學生不中程。責各撰國文一首。以其精窳。分為兩班。而講程以異。學生不悅。與炎叔齟齬。而蔡樂與吳紫暉。循致章吳大鬨。而學生中分子複雜。同僚屢屢傾軋。予為調人。日不暇給。而炎叔與廣東康素甫辨論革命。致為政府所忌。檄滬道捕之。詞連校中多人。校遂解散。予為棋卿事惱亂之時。即在校事紛擾之頃。予連日困極。未嘗苦憶棋卿。然暇則棋卿二字。浮於腦際。應接室中。有美人畫兩幅。彷彿注名之字。乃作棋卿。隣壁懸拿破侖像。注字亦類是。予因大異。一日偶暇。予計訪身毒非法。乃作函候之。乘詢棋卿狀。詞意殊懃懇。恐彼或不見告也。是日。憶為安息六日。別棋卿正為一週。作去不久。即持復歸。言棋卿安好。其家尙無異狀。惟前番頗遭母譴。明日棋卿或未能出也。予雖以不得見棋卿爲恨。而消息不惡。尙不絕惱。而紫暉以逮捕急。謀即日走英。同學建議予當伴送香港。予無可辭。憶是夜之半。予猶與子話別於龍門船上矣。

予自香港歸上海。黨事益糜爛。同人星竄。或且入獄。而身毒室主亦以風潮故。杜門不出。予焦甚。然無術晤身毒。即投函亦莫可。而吾旅囊至無一錢。在滬不能一日居。乃又匆匆返閩。謀貲於家。以東渡爲辭。得錢尙裕。此次由閩來。即寓子處。予不聞棋卿風息。亦已月餘。焦灼莫奈。幸身毒處主人。冶游如故。予乃冒險一訪身毒。所得關於棋卿者有數事。

一、棋卿自與吾最後一晤後。其母不許之出。故棋卿自衛。未嘗至身毒許。

一、其家畏黨禍。圖返浙。早令棋卿退校。琴甫桂兒。卽並卒業於聖約翰書院。母女兄妹並桂兒。已於一月前行矣。

一、身毒此來。曾一至棋卿家。未得晤。且爲其母所斥。

一、棋卿轉浙後。未嘗有書致身毒。

一、棋卿與予之關係。其母彷彿聞之。以所斥身毒語。足以證之也。

予得狀頓癡。不知所爲。身毒頗憐予。慰予甚至。此次寄予煩惱。未嘗擾予。予料商量無益。亦未就彼問計。而特以詞色假之。防後來或有棋卿信息落彼手也。是後身再與身毒通函。彼仍別無所聞。近有人告余。身毒室主。審予往來其家。將間予罪。予思此至無謂。且身毒似未能協助予事。乃絕足不往。而身毒殊不憚此。友人言。身毒關此種笑話。不止一次。故彼致予書如故。余悉置莫答。而彼煩言興矣。其實借痡之事。已成弩末。然予有畏彼處。則惟彼能造作言語。中傷棋卿。故近仍敷衍之。然欲壑無法可塡也。其實身毒所告余者。皆予意料所及。故以之輔證前設最後問題。甚非切實根據。然吾棋卿天人也。謂其甘從輕薄兒。吾決不信。卽有是事矣。吾仍不信。卽爲吾前日所摯愛之人。爲之。故予解決最後問題。乃不可避之事。所謂古押衙者。吾爲之有餘。然予舍去家族。貧無立錐。置美人於鹽豉之中。愛之卽所以戕之。吾亦不欲。果不欲者。則美人之死。或更數日。而知進退皆是死谷。吾子之智如環。亦有法脫此否。予之東行。意良不忍。然吾異常躁急。更留數日。或先索我於枯魚之肆。故予亦惟望羣魔効力。領會身毒致祝棋卿之詞。而予幸得以枯臘之身。飛渡東海而已。

靡施言罷。神氣瀟索。蓋詞冗而唇焦。尙無可異。予因以若進之。惟靡施今夕爲態殊平。不似邇日之煩急。若已胸有成竹者。予與獨秀腦中。悉爲靡施之言灌滿。更無餘地可以運思。當時亦各有若干語以答靡施。究竟果爲設策抑勵慰藉。乃不能憶。可憶者。則詞極拙滯。毫不中律令耳。明日平羅行。靡施早九時當上舟。予與獨秀起與靡施同膳。靡施談笑不改常態。予殷殷以通信之勤相勵。且任爲訪查棋卿返浙後情形。靡施喜紀順隨報。馬車至。予三人乘之赴虹橋。至石步則安徽蒯樞父在焉。樞父者。與予善夙與靡施以公校捐款事不協。以予故交歡焉。後且相視莫逆。棋卿之事。或且與聞。亦未可料。是日以送靡施故。先候於此。余四人乃共登舟。未一刻。伍天笴至。時將啓椗。甲板上人聲鼎沸。語不相聞。在此數分鐘內。亦殊難擇語。而有煩憂者。當尤不知爲詞。故斯時五人全無聲響。獨秀以手作勢向樞父。予未辨所語云何

天苛尤瑟縮不可奈適舟人速送客者登岸余等乃各與靡施握別靡施沈靜之態立爲悲酸作謝一聲
幾於出淚余等亦各道珍重無歡而返舟行既遠予猶見靡施濃眉依稀可辨也
靡施行後予與獨秀無日不談及之渴望一晝至乃久不可得予雖得一郵件寄自長崎而中僅入日本
地圖綢巾一方乃無靡施一字予謂必彼登陸偶見此巾即購以寄予初無暇作字也顧越一週予在某
報紀事欄見新聞一則謂有憤懣生者趁平羅號渡日本舟未及神戶約數英里乘黑夜蹈海死有與生
同舟者言生蓋效屈平憤世自沈云予大駭呼獨秀曰此必靡施也獨秀亦謂然則相與流涕然猶冀其
非確明日某報登有憤懣生傳並指證其姓字詳言其性行而皆與靡施相去萬里予與獨秀皆不以此
爲靡施不死之據尋審死者確爲靡施憤懣生之號胡自而來予乃莫知即亦不問但哭曰吾靡施死矣
爛柯山人曰此靡施最後問題之答案也靡施初無意與棋卿結婚後以棋卿情摯相與誓之誓之即願
爲之死而死之法有遲速順逆之不同則靡施未能驟決夫棋卿人之聘妻也而靡施復爲獲人其未婚
前之障礙與既婚後之艱困皆在靡施燭照數計之中以靡施之睨略伉爽未能甘此未能甘此而別無
法以通其志於是靡施死矣靡施者愛棋卿者也既不欲以艱苦狀之則或有他道可免其艱苦靡施亦
願爲犧牲供之然愛字反面乃爲妬字則坐見鍾愛之人爲人攫去行險僥倖既所不欲不出於自戕其
道奚由於是靡施死矣矧棋卿者靡施之安琪兒也謂或不貞不可思議則以最後問題刻刻相繩非舍
生不足以償之於是靡施死矣
靡施死兆頗多東行前數日曾塡詞一闋寄廣東薛氏美洲署名綵死屬予爲之登報靡施素不能詞而

忽爲此。署名尤可怪。予當時亦未以爲異。今苦惱之餘。不能舉其詞。是可惜也。余與獨秀。皆以詩哭之。獨秀且有棋卿今尙在。得否此心同之句。余大責其孟浪。獨秀曰何孟浪也。余欲說明其故。乃沈思莫得。得之亦復不當。一笑而能至棋卿後來胡似余輩。未能道一字。惟靡施所贈綢巾。逾年予有事返長沙。藏之行篋。老父見而愛之。予遂以獻。至今尙無恙也（完）

名學講義

連江陳文編　全三册

定價每册大洋四角

名學卽英語之邏輯。(Logic)德語之Logik。法語之Logique。舊譯辨學。日本譯爲論理學。侯官嚴氏譯爲名學。然以譯名學爲善。名學者論思惟之律令之科學也。一切科學皆賴人類之思惟而得。故無論何種科學。皆不得不遵名學之律令。否則失眞而爲妄。所學無當於事實矣。是故名學者諸學之模範。具根謂名學爲一切科學之科學。(A Science of Sciences)非過言也。本書共四篇。第一篇思惟之原理。第二篇外籀術(卽演繹法)第三篇內籀術(卽歸納法)第四篇科學研究法。末附古名學及邏輯與名學分訂三册。現已出全。

財政學提要

日本小林丑三郞著

中江陳啓修譯

全一册　定價一元五角

自朱漁父譯比較財政學(二巨册)小林丑三郞之學說始輸入於吾國然該書篇幅極繁讀者未易畢業本書爲小林氏新著全書僅五百七十頁於財政學之原理原則各國國家財政地方財政之現行制度提綱挈要括舉無遺誠研究財政學者之良助也

政府論

美國黎卡克著

金華梁同譯

全一册　定價大洋八角

是書爲黎卡克著政治學中之一篇所持議論與現行德派各書迥然不同共八章都八萬餘言

上海交通路　科學會發行

科學會出版數學書

書名	著作者	冊數	定價
圖學教科 平面幾何畫法 再版	桂林何錫齡編		定價九角
中等教科 平面三角法 十二版	連江陳文編		定價六角
葛蘭蒔爾 球面三角法 再版	餘姚史青譯		定價六角
陳文 平面三角設題解法 石印	長沙黃離演		定價三角
高等算學 平面三角法 再版	義烏龔文凱譯		定價一元五角
温特渥斯 解析幾何學 六版	香山鄭家斌譯		定價一元五角
温特渥斯 解析幾何學解法 石印二冊	禹航王莪演		定價六角
温特渥斯 解析幾何學 補遺	桂林黎鵬翰譯		定價三角
斯密氏及改勒 解析幾何學原理 再版	義烏龔文凱譯		定價二元五角
奥斯賓氏 微分學 三版	李德晉鄭家斌合譯		定價一元五角
奥斯賓氏 積分學 三版	香山鄭家斌譯		定價一元
奥斯賓氏 微分學解法 石印	禹航王莪演		定價四角
奥斯賓氏 積分學解法 石印			定價三角
德國學培非著 微分方程式	桂林馬君武譯		定價一元五角
數學遊戲	寧河周永鍪編		定價四角

上海交通路 科學會發行

科學會出版數學書

書名	著作者	冊數	定價
高等小學 算術教科書 三版	陳文 何崇禮 合著	全四冊	每冊二角
高等小學 算術教授法 再版	陳文 何崇禮 合著	全四冊	每冊四角
中學適用 算術教科書 二十二版	連江陳文編		折售六角五分
査理斯密 小代數學 二十二版	連江陳文譯		折售七角五分
査理斯密 小代數學解式 十二版	歸順曾彥譯		定價八角
教科兼用 初等自修代數學 再版	歸順曾彥編		定價一元二角
査理斯密 大代數學 七版	陳文 何崇禮 合譯	全三冊	定價三元二角
溫特渥斯 平面幾何學 五版	桂林馬君武譯		定價一元
溫特渥斯 立體幾何學 三版	桂林馬君武譯		定價八角
溫特渥斯 平面幾何學解法 三版	武康魏鏡譯		定價八角
溫特渥斯 立體幾何學解法 再版	武康魏鏡譯		定價六角
中等教育 幾何教科書 平面之部十二版	南海何崇禮編		定價一元
中等教育 幾何學教科書 立體之部六版	南海何崇禮編		定價五角
何崇禮 平面幾何問題解法 再版	長沙王醉六演		定價八角
幾何學初等教科書 三版	歸順曾彥譯		定價五角

上海交通路 科學會發行

日本金井延著　長沙陳家瓚譯

社會經濟學

精裝全一巨册　大洋二元五角

著者於東洋經濟學者之中最稱老宿爲後進所推重然不輕著述生平所撰只此一書詳贍賅博於斯學之精微閎奧論述靡遺讀其書者於開卷時往往不勝汪洋之嘆及乎終篇則凡於斯學疑難莫決之點皆能爽然明悉洽涵浩瀚包舉衆長固有非他書所可及者也

日本河津暹著　長沙陳家瓚譯

貨幣論

精裝全一册　定價大洋七角

是書第一編概論第二編硬貨論第三編紙幣論編中於貨幣之沿革本位之得失貨幣之原則發行貨幣之方法各國貨幣之比較皆能扼要以談不爲膚泛最合敎授之用

日本清水澄著　張春濤郭開文譯

漢譯法律經濟辭典

皮綢裝全一巨册　定價大洋三元二元五角

是書爲日本清水澄博士原著博士從事於我國法政敎育多年此書之作意在取便我國學者故解釋特爲詳備所收名辭多至七千可謂極其豐富漢譯之時博士躬與校役自撰序文尤足徵此書之成絕非草率

上海棋盤街　群益書社出版

定價

預定不論何期或六冊或十二冊悉聽尊便

一冊	四角
半年六冊	二元二角
全年十二冊	四元

郵費

本國	每冊五分
日本	每冊八分
外國	每冊一角

郵匯不通之處可代以郵票但須九五折算

廣告

等第	地位	一期	三期	半年	全年
特等	一面	五十元	一百三十元	二百四十元	四百元
上等	一面	四十元	一百元	一百八十元	三百二十元
普通	一面	二十四元	六十元	一百一十元	二百元
普通	半面	十三元	三十五元	六十元	一百一十元

特等（底紙外面）上等（封紙裏面及廣告紙最前面最後面）其餘皆爲普通

民國四年五月十日出版

▲甲寅雜誌第一卷第五號▼

▲板權所有不許翻印▼

編輯者　秋桐

出版者　甲寅雜誌社

印刷兼發行者　上海四馬路福華里　亞東圖書館

總發行所　上海四馬路福華里　亞東圖書館

本埠分售處

藝林書局　羣益書社　商務印書館　中華書局　中國圖書公司　文明書局　科學會　鴻文書局　錦章圖書局　泰東圖書局

外埠分售處

北京	直隸書局
北京	龍文閣
天津	新華書局
太原	發新書社
濟南	日新書局
奉天	奉天圖書館
龍江	維新書報社
西安	公益書局
蘭州	正本書社
開封	百城書館
開封	文會山房
武昌	昌明公司
漢口	昌明公司
長沙	集成書社
雲南	維新書局
貴陽	羣明書社
成都	萃記書庄
成都	二酉山房
重慶	萃記書庄
重慶	二酉山房
南昌	愼修堂
南昌	點石齋
蕪湖	科學圖書社
屯溪	科學圖書社
南京	共和書局
常州	晉升山房
無錫	樂羣公司
蘇州	振新書社
蘇州	圖書總匯處
常熟	平民圖書館
揚州	競存書社
南通	導文社
杭州	問經堂
甯波	文明學社
紹興	教育館
溫州	日新書社
桂林	石渠書局
廣州	蒙學書局
嘉應	啓新書局
香港	萃文書坊
汕頭	鼎新書局
福州	宏文閣
福州	陳詩記
廈門	新民書社
各省	中華書局　商務印書館

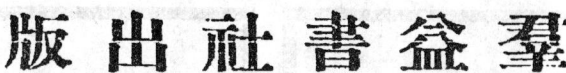

秋桐先生主撰

第壹卷
第六號

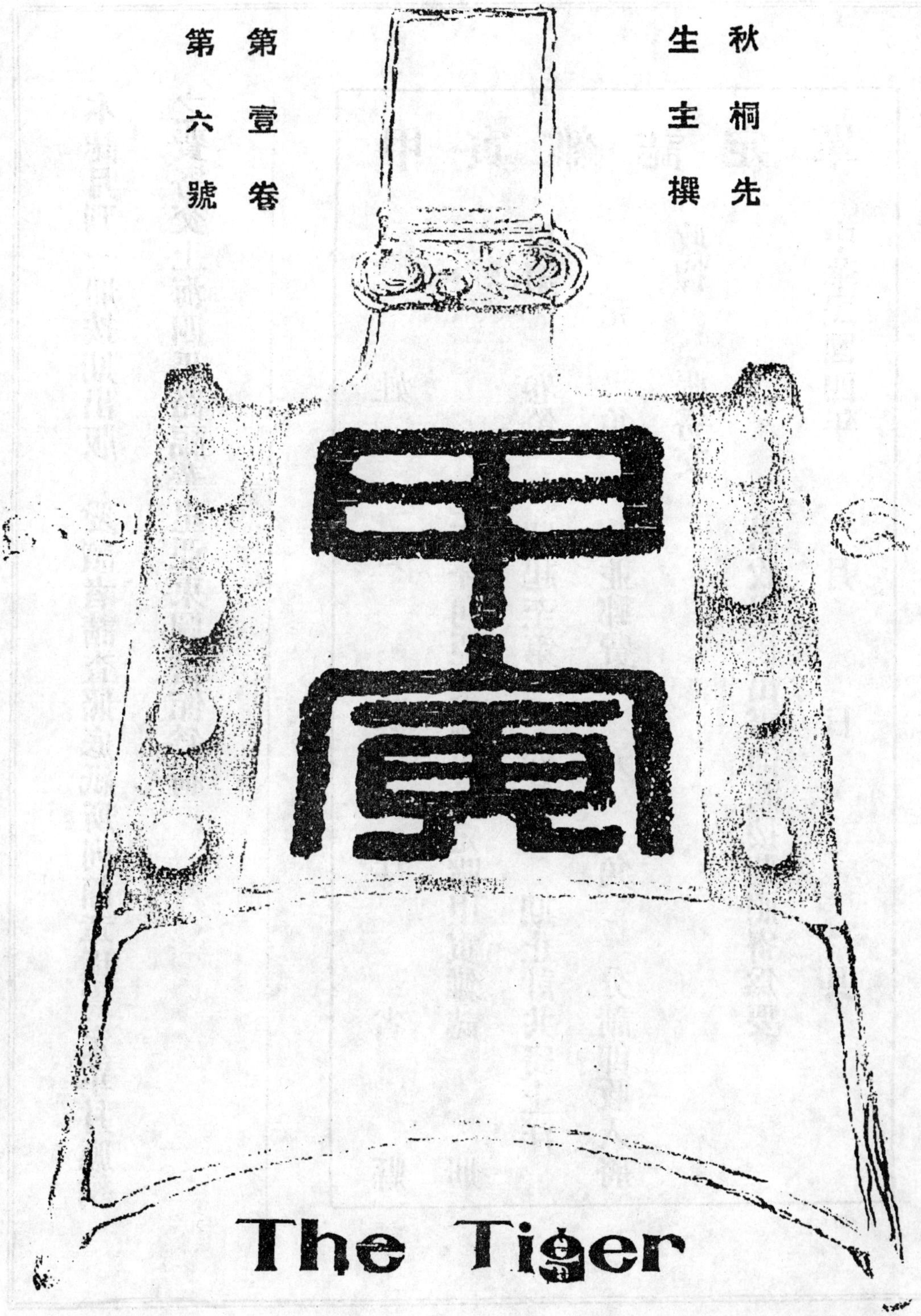

本誌月刊一册按期出版　愛讀者請查照底紙所列簡章塡寫定單幷應納之費寄交上海四馬路福華里亞東圖書館爲荷

甲寅雜誌定單

姓名　　號　　住　　省　　縣
地方今向亞東圖書館定購甲寅雜誌　　册
自第　　卷第　　期起至第　　卷第　　期止計共寄上洋
元　　角　　分並郵費　　元　　角　　分請即收入將
收據　　張寄交
君收以後出書即請按期照寄爲要
中華民國四年　　月　　日　　具

甲寅雜誌第一卷第六號目次

論壇

文苑

國民心理之反常

秋桐

愚旅居東京晨起必讀此間新聞二三種所有紀載其能使愚不寒而慄者不一而足而未有如近日外相加藤氏議會之演詞者也

五月二十二日日支外交質問起於貴族院仲小路廉氏曰『本員之所欲問者通牒之第五項是也交涉之初政府以提出支那之要求通告英美各國他條咸列獨第五項秘而不宣以此生友邦之疑召支那之侮此果事實否乎』加藤外相答曰『第五項之問題決非對於訂盟國故示秘密帝國之以對支交涉內容通告英俄法美四國特以好意爲之決非義務自第一項至第四項乃帝國當然之要求惟第五項與諸項異其性質此不過我之希望非當然可以要求者也故前四項通知後項則信爲不必非故秘之也』(一)二十五日仲小路廉氏復起質問曰『本員二十二日詰問外務大臣何故不以第五項通告各國意謂此事對於支那露出我之弱點關於我國威信實多外相答辯謂帝國以交涉內容通知訂盟國決非義務此豈待言本員所問非問此也本員以爲既通告矣乃秘其內容之一部有悖信義失墜威信使支那窺見吾隱政府胡乃釀此不利益之舉仍求外相說明』加藤氏曰『一項乃至四項無論如何必須貫徹第五項則無勉強貫徹之意思故通牒略之例如顧問傭聘非我國所能強制貫徹之要求明甚仲小路氏毋若視第五項較他四項尤爲重要余則不信』(二)一問答間此番交涉之眞相畢露

(一)五月二十四日東京朝日新聞、(二)二十六日東京朝日新聞、

而吾憒憒者猶在夢中此誠所謂心死者也可勝哀哉

所謂眞相者何也卽日本提出條件之初規定所必貫徹者若干事而慮吾國之抗拒已非稍稍讓步不足以敷衍場面也則以第五項加入此項本其所輕爲賓前四項爲其所重爲主而臚陳於一牒之中而一而二而三而四而五款款相銜節節緊湊務使受之者視之輕重賓主之勢得其反焉私心自計此第五項者萬不可諾無論如何非以全力抗之不可於是而外相之術售矣惟此術以欺支那不可以欺訂盟諸國而本來輕重賓主之意又不可先時語人故其以對支條件通知友邦卽隱第五項不告而已一面通告各國一面恫喝吾外交當局謂宜嚴守秘密苟或洩漏其責支那負之云云當事急時日本將發哀的美敦書五項本爲陪賓早有成竹逕劃之可矣而特故示其難元老大臣會議不決者累日卒以元老之豁達大度賣好感於吾人務使吾國當事有地迴旋以全顏面苟欲自欺且矜功能以加藤之明其講之精矣果也運籌帷幄之中決勝萬里之外飛牒到京白宮作議而吾國名流競頌元首外交之能矣而報界公會雙方交讓東亞幸福之傳單滿街如蝴蝶矣而封疆大吏祝電紛馳且頌言提燈行列開場慶賀矣

夫吾之有此者何也以惡意解之時曰無恥以善意解之則誤視日本通牒第五項爲其強制貫徹之要求吾以折衝樽俎之力僅乃克之縱不得謂前四項於國體無傷而要不如五項之甚兩害取輕亦誠不幸之幸此雖無識姑亦許之惟今聞日相自白之言公等又當作何感想矣日本初交涉時果其棄五項不列其餘諸項仍以哀的美敦之力行之所得實在之利與今無殊惟所與吾國人之感想將呈大異何

也約書之彈性未充與國之顏面大壞狹路相逢短兵相接困獸猶鬭而況於人轉或激起吾人敵愾同仇之義而彼蹂躪有以善其後也日人藉此故爾弛之弛之於我之原案無損而彼且感我即不爾緩其國中鼓吹煽動之力而履行新約之時可以輕減其所以為障礙者亦何樂而不為果也蠢爾支那毫不出控縱者之所料頂門方被鐵鎚微感痛苦尾後偶戢鞭影輒又歡騰此所謂名實未虧而喜怒為用狙公之術白人屢用以待其殖民地諸蠻族者誠不謂吾乃甘受之於人而不辭嗚呼人性至此夫復何言

孟子曰人之所不學而能者其良能也所不慮而知者其良知也孩提之童無不知愛其親也及其長也無不知敬其兄也愚謂人之於國亦然所謂愛國心者即良知也愛國之行為即良能也國家之起起於此知此能(一)國家之存存於此知此能此而不完國必不國而人能為政治生活以上宜無慮其不完蓋以其為不學之能不慮之知也易詞言之是謂直覺偶見英人師白呂爾近著愛國心(二)一書有專章證述此心為直覺(三)之道甚詳請徵其說

謂愛國心不為直覺非妄則愚愛國心之所表見為態不同而要為一絕強之動力操縱人為形形色色之人文文野之衆舉莫能外是乃無形推進之力自然發動之機人之遵此而行即見其與平日理論有違亦莫自禁縱國家平和已永物質繁昌刺激之性潛久未用一旦有變其性之橫厲而無前

(一)蒙羅且所著國家本性論中、有同樣語言此、
(二)Spurrell, Patriotism, a Biological Study, 1911
(三)Patriotism an instinct 原書四頁以下、

有如固然如曰此學而能之者乎則以自來教育之成績綜而觀之而謂將生如斯效果吾滋未信……愛國之行爲犧牲之行爲也其中有必死之道死而將不爲人所知愛國者見之甚灼或謂人之愛國視險如夷乃逆料彼之所爲將永爲國人記念此游談無根毫不足稱且此種行事需力甚多而恆有懦弱之子不能勝衣而倉皇聞變決然以起初不計前途結果於彼云何此謂非直覺之所感動吾則不知有他說矣

以例證之一國與他一國爲約而守之此無所用其愛國心以破約而求利惟兩國之約欲其有效必也相互之利益得其平衡不然一國以條約之力強他一國陷於不利益之地位而冀其長守而無變愚之甚者也何也私人立契果以自殺爲其條件法律不能迫之履行則國際條約欲一國踐言而自毀古今無是道也(一)於斯愛國心起而用事矣愛國心者無他爲一國言之則自衞之直覺也爲小己言之則殺身爲國救國以保種之志願也(二)欲察其相亦自易易當前軍稍挫警報傳來則舉市驚皇不遑寧處衝突縱或極微軍隊縱或極小且都邑之人千中無一曾與前敵之兵相識卽至撓敗己身並無危險私利亦不損傷而其欲得軍中眞相視與己事無殊日日望軍報至滿載將軍之兵機曉暢士卒之勇銳無倫則色然喜而走相告其爲態如故也軍人以發揚國威爲職志國人之視軍人無論有覺無覺皆復如是此天性促之使然無可掩也

(一)此段在原書六三頁、今並錄于此、於原意無損也、
(二)此數語見六二頁乃前一段之前提、

其在他一面有人爲境遇所迫爲恇怯所限爲財賄所誘爲種種個人私利所驅因之愛國諸事已莫爲役此其抵抗自然心理之強力較之作一尋常不合本意之事其難萬萬有加或謂其人心殊未安乃名譽不存社會將起而責備所致亦不盡然儻有賣國之子事秘世不得聞徒以悔不可支至激而出於自白是觀夫不愛國者懺悔之苦益見愛國心之爲良知沛然莫之能禦矣

愚讀師氏之書味味以思異感叢生莫知所出愚其否認吾輩爲人類乎是未可也其否認中華民國爲國家乎愚不當爲此言也苟其廁於人類國家之林以上胡乃師氏所作泛應曲當之談而獨於吾不驗果此次交涉尚得稱爲相互平衡者乎自非無目不謂此也胡乃吾之所謂愛國心者不應之而起不應之而起乃消極之象猶可言也胡乃積極主張外交勝利（一）果主張者皆爲境遇所迫爲恇怯所限爲財賄所誘爲種種個人私利以驅矣乎愚未敢言也胡乃一唱百和恍若竟成輿論嗚呼知覺錯亂黑白顚倒屠者在門猶自慰藉人心至此尙何說矣愚無以名之名之曰反常傳曰天反常爲災物反常爲妖又曰國之將亡必有妖孽諸君諸君頌詞好自憶之提燈好自把之平旦之氣亦復有時而至愚馨香頂祝唯願大好河山將來尙有彈丸乾凈之地爲諸君懺悔時洗心之用矣

五月三十日稿

（一）今日東京朝日新聞、載北京惡電曰、「國民之憤慨、漸次下火、對于新條約容貿之批評、今乃見之、無論何人、一致主張今同之外交、支那不爲失敗、山東殘缺、在事實不能不承認、山東條約、可謂消極的勝利、此誠不得不賀外交當局之明云云、至第五項之協議延期、尤爲大悅」、是何謬言、貽笑四鄰、醜之極矣、

政治與社會

秋桐

梁任公先生在大中華雜誌作『政治之基礎與言論家之指鍼』一首。以申明政治基礎在於社會之說。前輩爲文。豈敢妄施駁義。雖然愚愛前輩。愚尤愛眞理。爲中國前途計。不敢嘿爾息也。作者爲此文時。預料必有起而駁之者。乃先爲讓步之詞曰。

設有難者曰。今日社會種種罪惡。强半皆政治現象所造成。政象不變。其導社會於下者。且不知所屆。而從事社會事業之人。乃如捧土以塞孟津。雖勞何補。此難吾固無以應也。又難曰。社會事業。强半須政府積極扶助啓發。然後能成。即不爾。亦須消極的放任。乃有發榮滋長之餘地。而在惡政府之下。時或不惟不助長之。而更摧殘之。則所謂社會事業者。何由自存。此難吾又無以爲應也。更難曰。社會事業。殖其萌櫱。已大不易。而政治現象。既予人以不安。一有變故。遂見破壞。人人有汲汲顧影之心。誰肯足事。此難吾又無以爲應也。

由右觀之。作者主張政治基礎在於社會。而社會基礎繫於政治之理由。同時亦承認之。惟於今之政治。無法可設。不得不轉而訴之社會。冀先植政治上不拔之基。此其用心蓋亦甚苦。然欲爲此。當先假定一前提。爲政治與社會兩兩離立。爾爲爾政治之事。我爲我社會之事。俟吾社會發達。至於可以加力政治之時。再行結合。以建新國。則試問此一前提。果得立焉否乎。由作者所設諸難以觀。蓋不得立也。不得立則亦惟有反乎作者之言。謂今之社會。無法可設。不得不轉而求之政治。以廓淸障礙社會之源而已。此種斷案。寧待愚立。手作者之文。於夾縫中讀之。將見腦際立浮此想。皎然而無疑。今請駢兩說而觀之。則見政治不良由於社會不良社會不良又由於政治不良互相爲因互相爲果雖然此兩因者果絕對者乎抑或與他因並著者乎果絕對也則互限改良之事於不可能天下丏詞之大莫過於是作者決非謂是也果並著也則當熟察並著之因與本因之大小輕重何若而後可決改良之事當從何始如社會之不良政治其本因也此外更求其並著之因政治之不良社會其本因也此外更求其並著之因苟若社會不良之本因小且輕則改良之道可以不從政治著手否則不可避如政治不良之本因大且重則改良之道不可不從社會著手否則非所急此中消息乃須詳參抹殺之論似未足以解決此題也

今作者避政治而言社會同時又確言政治不良愚以作者平昔之理解力推之決其所欲改良之社會不過政治不良之一因而非其全因則此一因者較之他因其大小輕重何如乃愚所亟欲聞者而作者俱未之道唯曰「今吾欲問當世之言論家爲欲與政府當局諸人言耶……則吾敢信其決無反響」是則今之言論家不當倡爲政治改良之說者徒以政府之不見聽耳非政治之不當或不必改良也愚則以謂某論之當倡與否是爲一事某論之見容與否又爲一事若必料定吾說之將見容遂從而倡之此胥小逢迎或策士揣摩者之所爲豈足以當獨立言論之目言論家之天職亦在使其言論與時代潮流相合可以見諸實行已耳至眞獲實行與否非其所當問也果不獲行此他人之咎於言論之眞値何與也且言論之眞値每以不獲實行而愈見其重賈誼陸贄蘇軾之書皆是也至其言有系統枝葉扶疏之文志在當時而亦目送來葉梨洲之明夷待訪卽是其倫歐洲盧孟諸儒其言何嘗及時見錄於世莫烈曰『倍根之言夐絕一世卽其所志之高騫出語之名貴已挾有一種實力以俱行吾英之所以爲大

者此也』(一)是故言論者本身具有眞實力量政府採而用之自爲其所願欲而必以政府採用爲的愚殊未敢以爲然也且也正當之言論不僅不當刺探政府之意以爲張弛有時正惟政府雅不願其流行宜更高其鼓吹之幟此見理之眞有以迫之使然非必故與政府爲難也是故吾人亦問吾之言論正當焉否耳如其然也吾徒因他人之不善此從消極一面消阻之與夫他人之厭惡此從積極一面摧壓之厥罪惟均以其同遏正言讜論之萌也吾人其忍爲之哉(二)

作者所理想之社會謂『必由生息此國之人民分任此國之政治其人民能知政治爲何物能知政治若何爲良若何爲惡其起而負荷政治者人人皆有爲國家求良政治之誠心人人皆有爲國家行良政治之能力苟其心有不誠力有不逮者將不能見容於政治界夫如是良政治可以得見』此種社會誠爲良矣然以歐美社會程度之高其實際是否能如先生所言愚猶以爲疑問今求之吾國不得而遽以政治罪惡全然諉諸社會謂非獲此政治可以不談愚誠不解作者平昔不涉架空之思胡乃今有此論夫政治之本固在人民而謂舉國之人其智足以辨別政治良惡始有良政治可言斷非篤論不必言全數也必待多數得此而政治始能圖良亦不必然蓋人民爲物於政治上產生意味必爲選民苟其國民智未高可以使其選民團體特別縮小當世文明各國固仍行少數政治耳以齊民智量之高低定其國政之善惡此政客門面語非實際也大凡政勢所趨其樞柄握於國中優秀分子之手同時無何種阻力

(一) Morley, On Compromise 十頁、

(二)語意略本莫烈、

使之情渙而機停則政治良否則爲惡故卜政治者亦視此種優秀分子之地位之情狀何若已耳普通人民固待別論也今吾之民智誠低然不得謂國中乃無一部優秀分子今作者之所以絕望於政治果此一部分子未盡其用也耶抑盡其用而仍無望也耶後者愚欲無言如屬前者作者惟當先行求盡其用不當遽爾走入範圍廣漠之民智問題今假定先生之言自挾其邏輯之力以行而民智頓高矣然高者比較之詞特在今日所定合理之選民範圍以外更收新民幾許而此較大之範圍中亦終必聽其一部優秀分子蒼頭特起果此分子不得其用卽人人皆智亦如散沙不復可摶故知社會中樞人物必使之出其才智盡量流通無間於羣化之淺深而要爲立國不易之素作者曰負荷政治者必人人有爲國家求良政治之誠心在愚觀之人類爲不完全之動物縱有誠心決非絕對而政治爲公開之運動縱無誠心亦有一定必誠之域督之使莫能逾是在國有良法制以夾輔之使人求誠之心日日向上斯爲得耳不當曰誠尙未至不得言政治也愚曾游北京政海又嘗出入歐陸名邦如法之德格賽英之雷德佐治(一)求之吾國政事之林未必無人得其髣髴而一則號稱政雄蜚聲全球一則齷齪狠狽同國之人猶且戟指漫罵是不必人之度量如此相越實乃政制迥別法度不同人之組織使從政者不得不誠尤才者誠尤甚誠尤甚者位益隆焉吾之組織則使從政者不得不詐尤才者詐尤甚詐尤甚者處益顯焉向使德格賽雷德佐治與吾之齷齪狠狽者易地而居其所成亦必適與相反故政治之良惡人才之成敗於是乎緊決不爽也至言能力其無一定標準義亦同此夫政治能力當計全體之量不當任取一人

(一)德氏今法之外交總長，雷氏今英之財政總長。

以出類拔萃之德衡之而無似遂以玆力爲未充夫政治猶貨棧也而能力則貨盡貨以入棧爲歸盡能力以入政治爲的（一）有力一分未入之政政已有虧政之所出排力泰半時曰蠹政是故良政治者無他以其能創爲一組織使其國中智勇辯力之士隨其才之高下鈍銳所宜直接間接以施之政無有毀傷亦無有放棄而已矣今吾國之政象果有才未入於政之爲患乎抑盡入於政仍形不足之爲患乎後問姑且不答苟確見國中發生一種魔力使一切人才悉陷於跅弛無用疲癃不具之域今不惟魔力是尅而曰無才無才愚竊疑爲不見輿薪之類也矣（二）且良政治非可一蹴而幾國人政治能力亦惟從政治上以陶鎔之始漸次可見作者忽視此點愚尤爲之歉然後當詳陳玆姑不贅

作者論今日政譚之不應有其重因乃無緣有反響及於政局而政譚本質之不足取亦並及之其言曰

（一）語意本瞿勒、

（二）往者愚與某君論及國民道德問題、有可參考、茲並錄之、「立國首重道德此何待論然立國是一事培養道德又是一事不可併爲一談蓋吾人不能懸一道德之最爲立國至少之度不及是爲即廢國不治也所以大政家者亦以能體察當時道德之最高性極其量以形於政耳風聲既樹原有之量因由此增殖益有昌明博大之觀方其樹也基本道德幾何祇得就其原質爲之不能躐躐多也七年之病求三年之艾不蓄不得是已然衍以蓄艾之故況病不理恐艾既成而病將不待是三年中一方蓄艾一方仍當以他藥代治可以推知以爲國言較高之道德艾也今有之道德他藥也假今有以希較高猶病者不以求艾而廢藥也信如是也吾言救國當首利用道德之最高性不當言道德之不足放任之說固非培養之說亦嫌後起足下試從心思之今之政局黑暗至此果真國民道德之不足乎抑當局者不善利用之乎且非惟不善利用之又從而毀敗之乎道德之修養固恃師儒道德之維持則在法律辛亥以來所得公忠體國之徒在在以民爲念從而修明法度嚴守紀律以齊人風有愛和平重禮讓之風而謂道德未足以小康其國愚滋未信」

『吾國至今蓋未有所謂輿論者存。吾儕少數搖筆弄舌之人。自抒己見。吾殊不足以冒輿論之名。而眞足稱爲輿論者。大都不正當不適應。即吾儕所抒區區之己見。其果爲正爲適與否。亦良不敢自信』。作者自爲時論斗山。撝謙如此。以愚文行無底。豈敢妄贊一詞。雖然。作者之言以補偏也。補偏者往往已亦有偏。請得一細論之。

輿論者有其邏輯之境。有其外賦之形。邏輯云者。全社會純正心理所應有之表章。外賦云者。國中一種言論所偶被之形式。二者合體。固爲政想最上之的。標然即在當世文明諸邦。且不得言合。況於吾乎。夫輿論者。究其極而言之。當成於國民之總意。總意非能以國民各個之意。如數目之相加而成。故輿論亦然。是必有一部導領社會之人焉。時時以製造公論爲事。苟其言出。犁然有當於人心。爲一般辨理之人之所順受。則所謂輿論者成矣。莫烈者今日之穆勒也。論事明銳無倫。其言曰。『人之觀國。不必觀其常人之思想狀態。而惟觀其非常人。蓋民生向上之徵。當於領袖人物或將來之領袖人物求之。而國民之健全與否。卜之於其代表者之言論與夫認爲首領者之行爲。即已足也』(一)今作者謂吾國無所謂輿論者存。果邏輯上之輿論無有乎。抑外賦者無有乎。觀其評騭今之輿論。指爲不正當不適應。知所指爲前者。無疑。既前者矣。則所謂無有者。非眞無有也。乃彼隱於所處邏輯之境。吾無道以覓取之。使見於世也。由是問題之呈於吾前者。乃覓取乎。抑否乎。果覓取之。又是否宜由吾輩任其責乎。凡此諸問。料作者必爲正答。愚敢復爲作者濬曰。覓取邏輯應有之輿論。斷非可咄嗟而辦也。其中有本徑之宜履者焉。有

(一) Morley, On Compromise 九頁。

迂路之宜迴者焉有歧途之誤入而旋出者焉作者曰吾儕少數搖筆弄舌之人自抒己見殊不足以冒輿論之名是豈不然然吾儕果以探求輿論自任此任舍吾儕亦莫他屬因乃搖筆弄舌以上則其所搖所弄雖不必卽爲輿論而得與於履本徑迴迂路下而至於入歧途固決然不欺故苟探求輿論不可以已也卽履本徑迴迂路下而至於入歧途亦不可以已也止云適云不自信云云豈當以是自餒哉

作者於此尤發爲駭人聽聞之論曰

吾最近乃深覺此種政論其極容易發生之惡反響有二焉其一聽吾言信吾言者夢想吾所描寫之政象欲求其實現焉而終不可得則以爲國事遂無可望乃嗒然若喪頹然自放以致國家前途最有希望之人皆流爲厭世一派此一種惡反響也其二聽吾言信吾言者夢想吾所描寫之政象欲求其實現焉而終不可得於是乃激而橫決日圖推翻現在之政局或革變現在之國體以陷國家於奇險之境此又一種惡反響也第一種反響既已可傷第二種反響則尤可憫要而論之在今日欲作政譚無論若何忠實穩健而終不免略帶第一種激刺煽動之性質吾則以爲在今日而爲政治上之激刺煽動則國家所受者實利少而害多

討論此題當先問「此種政論」究爲何種如其勞揚盧梭福祿特爾之所言聞之者又毘於叔本華之所性則第一反響是或有然如其主張有若瀏陽譚氏之言曰『華人愼毋言華盛頓拿破侖矣志士仁人求爲陳涉楊玄感以供聖人之驅除死無恨焉』又曰『世亂不極亦末由撥亂反之正故幣其國之終不治也則莫若速使其亂猶冀萬一有能治之者也』(一)則第二反響是或有然今作者所欲止之之政論二者有一於是矣乎果不有之而厭世一派與夫亂暴一派仍不絕於國中則其因必別有在而非

(一)仁學之言、

『此種政論』之咎也明甚大凡攻人之說者必先儲一說以待之彼一棄其所信則可移其信以卽於我消極之反對無當也談士以今之政象爲未安作者非之得毋作者以今之政象爲安因勸誘天下談士相與安之也耶此有以知其不然也果以爲未安未可以爲安亦未可作者究有何法能覓得一『安身立命之地』與之也耶

間嘗論之一國之人所有情感希望意見習慣各各不同果不同者相持至於極端勢惟訴之革命以求解決然革命危道也有識者率圖所以避之避之之法奈何曰使其情感希望意見習慣差足自安而已不當執不同者而強同之也安之之道奈何曰使其情感希望意見習慣在國法範圍而不至惹起革命以內使之充分發展而已不惟不當強同而且有貴夫倘異也是故近世憲政之精神在乎國家認容合法之反對德之學者黎白丁年亡命於美因爲美人講學數十載稱宗匠其言曰

> 反對者適法者也故反對不可無反對惟以不至變爲徒黨陰謀爲限在此限內皆爲有益有時政府之舉動逆反國志使國家之獨立瀕於危殆此種反對爲力尤宏如查爾士二世於千六百七十年與法蘭西締結條約當時爲英民者舍反對外殆無救國之他途也故適當合法而誠實之反對一失政治上自由之擔保卽與之俱失因之少數者常被壓抑暴政常見流行蓋意見有如空氣任其自由膨脹毫無害處一壓迫之而非常之害生矣
>
> 國無適當之反對欲使自由與平和及秩序並行不悖殆不可能中古時代之共和國種種禍變相繼而起職是故也總之反對在朝者之意見而因被指目爲反亂受種種之敵視逆遇若而國家必不能安昔時攻擊大臣宰相者每受追放或處叛逆之刑……卽行專制的民政或貴族制猶不許公然反對所謂反對黨徒有其名若眞有反對之行爲則且立見放逐洎夫近世代議之制旣行則若

視反對爲叛亂從而罰之非政府志行薄弱之爲卽私黨把持國柄所致非善良誠心之國民所能堪者矣

多數者果常正當乎此決不然也惟其不然則反對之事爲不可乏……故共和國之自由其根據安在亦曰少數之一部分甚且一個人有無限之權利得以適法之手段運動多數使之從己而已故共和國之安全與謂基於多數者得其代表寧謂基於少數者握有運動多數之權蓋正義云者決無僅存於多數一方之理且多數之勢力日見增加而反對愈見其必要愈見其適法誠以非此無以爲專制之藩籬也試觀文明政治諸史其所著錄何有非少數人士停辛佇苦積日累月所變更改進之事爲夫多數之意見誠足代表一時之輿論而不可謂此卽公論公論者乃社會之意志由一部應時協理之士表而出之者也輿論則不然誤謬無知恐怖激昂自負種種皆常人之所易有社會人衆之意見因而有誤良不足奇至於公論其一定成熟之意見關乎事項者非斟酌事情固難判其當否若夫理論上之建議則一人之說恕乎全社會所見之上者往往有之要之輿論者以社會人衆各各所有之意見相集而成（一）公論者社會全體之意見以討議論難之結果而出此其大較也……

吾儕言之爲國民者必也尊重公論果無正確強固之理由可輕視之以上則不可擯斥之若本傲慢之心從私利之點以圖抹殺公論是殆與置身社會之外無殊故當兩黨相爭各陳所見欲吾判斷期於公平最宜以其意見視若歷史所記流傳至今全與一切私利絕其關係而純乎由衷施其斷案矣（二）

綜上觀之反對之權乃國民所共有苟不至危害及於國家『有眞宜反對之政府可得十分反對之』

（一）梁氏所謂輿論、與恩所謂微有未合、蓋彼以輿論與公論截然分離、而恩則謂輿論爲公論之外形公論爲輿論之運轉非公論之輿論乃外形具而運轉不具之輿論非輿論之公論乃運轉具而外形不具之輿論也

（二）Liebr, Political Ethic、恩行餘無此節、譯從日人澤柳政太郎譯本（政治道德學）錄出、見下卷二二三頁以下、

（一）縱令政府所事舉國風從而吾見爲不安且可本一人之意見以發言而抗論語語見的無可致疑夫曰反對當以不至惹起革命爲限其在他一面是不啻曰苟不聽人反對革命之禍將由是而起也觀黎氏所謂非常之害與夫中古時代之種種禍變可以知之此固不必憲政之規而亦一切治道之要故子產不毀鄉校曰『我聞忠善以損怨不聞作威以防怨豈不遽止然猶防川大決所犯傷人必多吾不克救也不如小決使道不如吾聞而藥之也』信如斯也苟爲政者無背於普通治道之理則國中果有『忠實穩健』之政譚方且歡迎之之不暇而何懼其『激刺煽動』之有若夫政府並普通治道而不知之或知之而故背之也則其激刺煽動國人此種忠實穩健政譚之力決不敵其政治本身之力之百一（二）先生如處風雨飄搖之國不堪再有變亂也與其忠告言論家毋寧忠告政府何也今之力爲所以激刺煽動國人者固在彼不在此也今後變亂將以何時而發抑或竟爾不發均不可知惟若不幸而發作者從而爲之言曰此爲忠實穩健政譚者之咎恐時或頭顱已斷亦必發憤答曰非也

至言厭世愚益不解作者所語爲何醇酒乎婦人乎鴉片煙乎雀乎撲克乎凡此皆厭世者之所爲適朝適市到處遇之是豈皆國家『前途最有希望之人』一一『夢想吾所描寫之政象欲求其實現焉而終不可得則以爲國事遂無可望乃嗒然若喪頹然自放』矣乎果此厭世者於簡練揣摩於呼盧喝雉放

（一）亦黎氏語、

（二）愚聞談革命者、以東京之民報、上海之民立報、於推翻滿清有奇功焉、然其力豈足比之奕劻當國時之一足趾哉、愚自稚齒論政、即見革命與不革命之機、純乎操之執政、癸卯在上海蘇報、曾著『論中國當道者皆革命黨』一首、

辟邪侈之術以外尚有餘暇寓目於「吾所描寫之政象欲求其實現焉」矣乎如曰此醇酒者婦人者鴉片煙者雀者撲克者而總次長而督辦而局長而其他其他不足以當厭世者之稱則不總次長不督辦不局長不其他其他而醇酒者婦人者鴉片煙者雀者撲克者其足當厭世之目果至何度如曰醇酒云云不必厭世者必有之象也則總次長督辦局長其他其他不醇酒者不婦人者不鴉片煙者不雀者不撲克者或則不總次長不督辦不局長不其他其他而不醇酒者不婦人者不鴉片煙者不雀者不撲克者其足當厭世之目又至何度若眞有一分厭世之意存於其中是果忠實穩健之政譚有以致之然乎抑別有他故乎凡此諸問不屑屑剔剝不足以爲本題正當之解決嗚呼作者其愼言厭世以媿我國人矣莊生曰「鴟得腐鼠鵷雛過之仰而視之曰嚇」今之熙熙攘攘者方據腐鼠嚇之不遑而厭之乎哉而厭之乎哉

作者概括政譚之種類區之爲三而以三者皆爲無用一曰臧否人物二曰討論政策三曰商榷國制如斯言也則人物也牛之羊之政策也東之西之國制也驢之馬之皆非吾之所問吾所問者惟在社會姑無論社會不能舍政治而獨立也卽令兩不相妨吾且下魏闕入江湖不知理亂不聞黜陟俟社會之事竣而後轉卽政治以求改良則第一條件在吾欲改良之時尚有所謂政治供吾調度易詞言之吾人整頓社會事業期間所有可牛可羊之人物創爲非驢非馬之國制行其不東不西之政策而其國尚可不卽於亡也作者能爲此保證否乎不能爲此保證而輒禁人之臧否焉討論焉商榷焉則昌黎氏之言曰「在周之興養老乞言及其已衰謗者使監成敗之迹昭哉可觀」於今不値一錢之言論家誠不難聽

命惟謹矣。惟作者試舉目曠觀二十世紀地球之上，果有尺寸之土能容此牛牛羊羊東東西西驢驢馬馬之怪物焉否也。今請就作者所舉三項分別論之，所見與作者有同有不同，與當世之言論家亦有同有不同也。

人之恆言曰人才消乏，愚則甚非其言。蓋所謂消乏者，必其用之不足而後云然也。吾國才雖不多，果得曰盡用之以見於政事也耶，此童子可得而答曰否也。如其否也，當曰人才遺棄，尙何消乏之云。又吾所謂用者，非執一人而字曰才，因而被以章服，崇以官階，而卽了事也。是必盡其所能，本其邏輯所行之路，充分施之於政，而後可號曰用。用於正面爲行政官，用於副面爲反對黨，固不問也。今副面無論矣，以正面言，若而總次長，若而督辦，若而局長，若而其他其他，上焉者以其『有涯之精力……悉疲於簿書期會，朝命輿出，晚就床瞑』，如作者所云，下焉者日夜簡練揣摩於呼盧喝雉放辟邪侈之術，如愚所記，果得曰此之人才盡用之以見於政事也耶，此童子可得而答曰否也。如其否也，當曰人才敗壞，又何消乏之云。此固非謂人才眞不消乏也，特此之云，宜在爬羅剔抉㶁形不足之後，今當遺棄敗壞之秋，遽爾揭櫫，則嫌太早。夫遺棄與敗壞二者爲害孰烈，曰後者爲烈。以在遺棄，充其量不過排除人才之一部分，使出吾『負棧』而已，餘一部分吾猶得收其用也。若夫敗壞，則影響廣被，舉天下無一才之可用矣。舉天下無一才可用，吾從而臧焉否焉，此誠『派別萬殊，要皆牛羊無擇』，如作者所云。故作者不持臧否論，愚亦向不持臧否論。作者謂『臧否人物者，蓋偏信人治主義，以爲政象所以不善，皆由不得其人，吾以輿論之力，排蠹政之人而去之，政斯理矣』。當世言論家或爲是說，若愚則未嘗有此夢想也。故就玆點而論愚與作者所見蓋無異致而所異者則作者謂當聽其自然愚謂現狀必所當易蓋人有其人性亦有其獸性惟才亦然才有其才性亦有其不才性人居良社會人性強而獸性弱居惡社會反之才入良政治才性強而不才性弱入惡政治反之今吾國之人才作者視爲一邱之貉者無他乃幾經磨洗善質全銷而人人之不才性等量發展而已其量既等故作者之言曰『當局有力者果能因吾言而解職則吾之志其可謂遂矣而繼其職者究能如吾心目中所期耶吾信其決不能也且舉國中有能如吾心目所期之人耶吾信其決無有也』若夫從其才性而言則假定『非將內外大小一切政治機關悉請外國人代筦』以上而謂舉國中至無如吾心目所期之人苟非自欺寧非自棄愚曩言人才敗壞敗壞云者即排其才性而伸其不才性之謂也於此當知不才性之爲物不肖者有之賢者亦有焉故國有惡政治而排而伸極其開闔動盪之用不肖者無所逃賢者亦莫能免作者舉國所認爲賢者也而一入政局乃不盡饜人之望望之者廢然作者亦頓忘所處何境惟一變爲什匿克之論以騁其悲觀齊物之談謂『吾亦世人所指爲場面上之一人吾亦常爲彼臧否者而吾自視在政界上與人比較眞牛羊何擇也』則試問作者所謂政界上之人乃才性之人乎抑不才性之人乎作者以己與之比較乃才性之已乎抑才性不可得伸之已乎不此之辨而舉一切之人無賢無不肖投之一爐而共治之且復以己入焉呼牛而牛應呼馬而馬應以此種犧牲之精神祇圖破一臧否論誠爲勝任愉快矣顧回想當今政情果如之何始得善其後耶愚爲此說並非爲臧否論張其辯詞苟政治組織不良吾卽否其不才者臧其才者而有效才者亦浸假與不才者同流而合汚其又奚益等是不才更無論矣區區之意乃謂無論才之大小

賢佞何若而既有其才性之一面卽當設法保之使勿散亡才性既張不才性自爾退聽自來論人才者以才不才分人而字之某也才宜進某也不才宜退此之進退治亂存焉故曰君子之道長小人之道消小人之道長君子之道消臧否之論卽以此爲其根據若近世文明政治則不然此種政治可治而不可亂者也雖曰政以人舉而乃有一定不易之政式君子用之無多長小人用之無多短者也故今之政治道德問題不在陟才而黜不才而在合大小各類之才而抖擻之使之共呈其才性飽滿之德平情論之人之欲善誰不如我匹夫慕義何處不勉焉苟其國有良制使人共由賢者益見其賢不肖者亦安至甘爲不肖民國初元始行民政國中當於朝氣爭自濯磨官僚有勤求法制之心士夫亦歛其邪侈之習苟迎此新機稍得其當國政之壞亦安至茲卽此可知制度更新足以發揚國民善性故今之人才敗壞極矣其救濟之法誠不在臧否而在改造而改造人才又不外於創設新治矣作者闢臧否論而乃安於現狀不爲一籌改造之方不惟不籌而人所恃以爲改造之地者且極口嗤爲無用此種全然消極之『指針』愚病未能受也。

政策者一至廣漠難得正詁之名詞也大凡國家機關與夫國民種種行爲志在表見國家眞正之目的者皆曰政策政策有毗於理想者焉有毗於實際者焉是爲二幹幹之下有支焉支之下復有小支焉今卒爾曰討論政策所討論者果其幹乎其支乎抑其支之支乎不此之辨而統括一切討論謚之爲無用未免太泛夫幹不定而討論支支不定而討論支之支誠無益於用蓋本撥而枝葉從之未有徒綴枝葉其本得立者也設有人問曰平政院之組織宜如何乎愚將不答以在今所當論之政策中乃其支也又

有人問曰。幣制局之存廢。影響如何乎。愚亦將不答。以在今所當論之政策中。乃其支之支也。大抵國是未定之國。所有規畫。皆苟且補苴之爲。不足以當政策之目。從而論議。了無意味。作者詆其『未爲知本』。愚意亦同。然則所謂本者何也。作者曰『今之中國。非無良政策之爲患。而無實行良政策之人之爲患』(一)是所謂本者人也。此於原理。本無所誤。惟以概之吾國。似猶未然。今之平政院。謂之不得其人。非持平之論也。而平政之事。莫能舉。前之幣制局。謂之不得其人。非持平之論也。而改良幣制之事不能舉。是知無人爲患之外。所患更別有在。此其故。作者亦言之切明矣。『蓋政策之爲物。不能各各離立。此策與彼策之間。聯屬至爲緻密。先決問題。層層相覆』雖然。此種聯屬。問題橫者乎。抑縱者乎。易詞言之。果與本問題並立。大小輕重相彷者乎。抑立於其上。其大其重。逾於本問題倍蓰者乎。由前之說。甲策之不行。徒以與乙策有連之故。是即兩策而並論之。或討論一策。而注意於他一策不絕。斯可矣。絕對抵排討論甲策爲無用。尚未當也。獨至先決問題。跨乎其顚。本策爲支。而先決問題爲幹。苟先決者不決。本策之無庸討論。本策與他種聯屬並立之策。俱無庸討論。庸童小夫。可以曉然。然此亦非消極的放棄。特移其討論之點。於所當先決者耳。先決之策亦策也。絕對抵排討論政策爲無用。亦未當也。至曰『報紙上討論政策之文。絕非當局者所能寓目』此其過以成敗之見。自限其設策之方。前已論及。不必覼縷。要之一論之是否當發。全視其本身之眞值。而不視外緣際遇之如何。全視發者自信力之淺深。而不視人之信我將至何度。大抵一論確能立爲系統宣言於時。即其論十分成熟。如笋斯茁之候。我之獲有此論。有條

(一)原本無之人兩字當是手民脫略、

而不察其事決非偶然他人姑不具論在我信其能行則此論出世之途已得正向世賴先覺卽賴夫此若乃從而閼之人類失其天職之事蓋莫此若矣(一)夫人類之所以異於動物者亦以不爲形骸所拘而能自定其適於境遇之行爲而已耳定此行爲由國家觀念推之時曰政策故政策論之前提乃在容認個人之自由意思(二)此種自由意思能爲充分健全之發展而國家之演境於以高華此其中有當注意者則自由意思發展一次而國家狀態變易一次變易之度視發展之度爲衡無或爽焉當其未變易也所表意思必與前此政狀不能相入惟其不入故曰自由政府者明明爲時勢所局者也於斯時也苟吾人意思必處處與政府合蹤逆料政府不以爲然吾卽不論是全國之人盡困於一時局勢之中無能自脫與下等生物之爲形體所縛無殊較高之理想不可得而夢自由之精意絲毫無復存若而國家寧尚有存立之價値若而人種寧尚有向上之希望乎初不料以先覺之士自命如作者而發爲言論使愚推論而得如斯斷案也夫國人不善用其自由意思亦已久矣故一切議論『今日以塞報紙篇幅明日覆瓿而已』然此覆之者有咎塞之者亦有咎以其所論實不成爲一政策故閱者羣以輕心掉之也欲矯此弊首在愼其所塞而使文章之氣息有以感動讀者使不忍覆此其責環顧全國惟如作者其人足以當之故作者累次所爲雜誌歡迎讀之者較他誌爲多卽所以警惕作者使履其責而作者以懼人之覆之也遂乃屏政策不談所談者似徒逢迎國民種種方面之弱點而與國家根本大計相去日遠愚

(一)語意本英烈、

(二)Free Will 閱 Green, Principles of Political Obligation 首章、日本小野塚喜平次之政治學大綱政策之前提一節中、論此甚詳、思之不得其故。安敢避諂讓而不請益哉。

法治主義。所以救臧否論與政策論之窮者也。人治苟無法治以輔之。上焉有人亡政息之悲。下焉有「牛羊何擇」之感。政策苟無法治以輔之。上焉官場藉詞以敷衍。下焉私慾託公以橫行。故此之主義。在政論為最高。而於吾國今日為最適。先生非之曰。『無論帝制共和單一聯邦獨裁多決。而運用之者。皆此時代之中國人耳。鈞是人也。謂運用甲制度不能致治者。易以乙制度即能致治。吾之愚頑。實不識其解。譬猶等是丸藥。不能治病。而惟思易其蠟封。等是優伶。不能擅場。而惟思更其班號。謂非大惑。庸安可得』。愚意不然。作者茲說之誤。首在體察現制衡論人才兩乏極明之觀念。以現制言。而謂今日政局之成。凡中國賦有政才政識之人。皆曾以其清醒活潑之力。從而運動所致也耶。抑凡中國此類之人。皆直接間接剝去其清醒活潑之力。不能運動所致也耶。前者。國之人曾盡力以為。無能致治矣。姑請如作者旨。不更妄談法治。如屬後者。今之談法治者。其惟一目的。乃在使全國人才。回復其清醒活潑之力。方方面面。施其運動。有若政治。有若工商。有若教育。有若其他社會事業。有一分之才。務盡一分之用。有一類之才。務遂一類之用。自有政象。斯為極觀。今之問題。惟在此種政象。能得表現至於何度已耳。謂其將不有愈於今。是何說耶。以人才言。愚擬原才有才性與不才性兩面。試問今日從政之夫。果以其才性從之者耶。抑以其不才性從之者耶。由前之說。則人一入官。而才之全量以露。是如丸藥下咽。功候悉呈。俳優登場。伎倆祇此。亦請從作者之譬。不更妄談法治。由後之說。則一物為性。本有彈力。決非丸藥俳優之比。今以被壓而縮。設去其壓。亦斷言其不伸。理安在耶。近朱者赤。胡乃不可近墨而黑。蓬生麻中。胡乃不能不扶而直也耶凡此之談其所根據乃以吾人力有弛張才有隱顯當此既弛且隱之時政治未良不能斷定既張且顯之時其政治之不良亦復猶是今退一步假定吾力已張吾才已顯卽易他制才力俱無所加而卽制論制亦決無邏輯可據之理由謂其運用甲制度不能致治者易以乙制度卽不能致治蓋人才必以死物喻之求其較切莫如七巧板(一)而法治則其拚法也拚法一變板之精神亦一變與丸藥徒易蠟封優伶徒更班號者不可同年而談則鈞是板也甲法拚之而未善安在乙法拚之而亦不善乎夫近世之政治所重者形式耳故國有國體政有政體國體政體之爭皆形式之爭也形式不存卽精神不寄此種政治精義十九世紀以前歐人且未深曉安論吾人惟今求存於二十世紀之秋急起而直追雖欲忽視此種教訓不可得矣須知其在吾國吾謂鈞是人也甲制乙制俱無所可推之歐美同時宜謂鈞是人也甲制乙制俱無不可此其陷一切政制談於無意味他國學者聞之又不知作何感想也

今請以具體之例言之作者曰

> 彼聯邦政制論吾夙所最反對也吾以為此非徒反於今世政治之趨勢而已而我國之歷史地理實不容此制度之存在勉而行之必非國家之福今吾姑棄吾說假定聯邦制為利逾於弊而欲使聯邦制臻於善美必以各聯邦本身先臻善美為前提然謂在單一制之下不能善治之國民一易為聯邦即能善治此理吾直無從索解

詳論聯邦非本篇所有事也然此問題最饒興味以作者輒語及此請得約言之作者謂聯邦反於今世政治之趨勢愚所先欲知者所謂今世政治之趨勢是為何種國家主義耶平民主義耶作者所指必

(一)以七巧板作譬。冊之白芝浩、

爲前者則聯邦主義必謂其與國家主義相衝突愚未之聞也聯邦者簡而詁之特凡關於全民族之事件由中央政府理之凡事件不爲共同利益所存由各邦政府理之(一)是已於中央政府所理事件範圍之中國家主義自有充分之途徑容其發展今之講國家主義最顯者宜莫若德意志而未聞以聯邦故而有所妨美利堅之不武由其種性地勢使然即不爲聯邦亦未必雄飛大地且也凡國之能外競者必無內訌聯邦之制亦泯內訌最良之法已耳苟其國自始絕無內訌聯邦問題自無從起惟若內訌非以聯邦不能圓滿解決以上而乃廢而不講徒欲勉強塗飾國家主義以期國之純一堅強其結果不至外面塗飾一分內面破裂一分久而久之所謂國家主義全墜於地不止故知即以絕對之國家主義爲的而亦必熟察一國內情其能孕育此主義之量共有幾何果孕育之量僅及於聯邦而止易詞言之惟行聯邦之制國家主義始得孕育適當則聯邦政制實乃發達國家主義最直最穩之途採用他法都爲迷誤此之不可不細審也西方學者知其然也當十九世紀前半期國家主義昌明之後從而講求方術使其主義日即於眞遂乃發見唯一之境塗不外將國中所有情感利害不同之點一一令其得所蓋欲求發揮光大於外必先融和無間於中近數十年來歐美兩洲之新學說悉視此矣聯邦政制者乃其方術之最爲深至者也雖不必盡國可行即可行之國亦並未盡實現而學說事例所至則幾有朝宗拱北之概韋羅貝曰『今日之政潮傾於聯邦猶之中古之傾於封建十五六世紀之傾於專制』(二)作者謂

(一)本之歐氏定說、

(二)Willoughby, The Nature of the State 二三二頁、韋氏現充北京顧問、美人言國家學者之白眉也、於今世之趨勢為反以愚謭陋倘未及知愚已別為聯邦論一篇可供參閱(一)即不多論至於我國之歷史地理不容此制度之存在不容云者是果其制不宜乎抑其人不欲乎後者愚欲無言前者則愚敢言無所謂不宜者在歷史者特現制之所由胚胎二者非同物也現制為蛾而歷史之用恰同於蛹其所胎之蛾狀果何似則一以時代精神為歸蓋歷史不外時代精神之連續表徵非有他也果曰史象如是吾不得違恐未免漠視時代精神過甚至於地理愚猶不解有害於聯邦者胡存愚聞有國小不足為聯者矣未有國大不宜於聯者也當世聯邦之大莫過於美而美人蒲朗近著支那新輿論一書嘗將吾之各省與美之諸州兩力相較列為一表(二)由其表觀之以土地言州或偶廣於一省而兩州不及一省

(一)見本誌五期、

(二)Arthur Judson Brown, New Forces in Old China 二一及二二頁、表如下、

省及州	方里	人口
湖北	七一、四一〇	三五、二八〇、六八五
Ohio and Indiana	七六、六七〇	五、八六四、七二〇
河南	六七、九四〇	三五、三一六、八〇〇
Missouri	六八、七三五	二、六七九、一八四
浙江	三六、六七〇	一一、五八〇、六九二
Kentucky	四〇、〇〇〇	一、八五八、六三五
江西	六九、四八〇	二六、五三二、一二五
Kentucky and Tennesse	八一、七五〇	三、六二六、二五二
貴州	六七、一六〇	七、六五〇、二八二
Virginia and West Virginia	六四、七七〇	二、四一八、七七四
雲南	一四六、六八〇	一二、三二四、五七五
Michigan and Wisconsin	一一一、八八〇	三、七八〇、七六九

者則亦有之。至於人口。又非可同年而語。實則聯邦爲物。所聯者惟取自有組織之政區。初不問土若何廣。民若何衆。北美、瑞士、芮特蘭與阿克亞史家胡禮門所稱聯邦四範者也。(一) 北美如上所表矣。而瑞

福建	四六、三二〇	二二、八七六、五四〇
Ohio	四〇、七六〇	三、六七二、三一六
浙江	一一五、八〇〇	二〇、九三七、〇〇〇
Georgia	五〇、九八〇	一、八三七、三五三
山東	五五、九七〇	三八、二四七、九〇〇
New England	六二、〇〇〇	四、七〇〇、九四五
山西	八一、八三〇	一二、二〇〇、四五六
Illinois	五六、〇〇〇	三、八二六、八五一
陝西	七五、二七〇	八、四五〇、一八二
Nebraska	七六、八四〇	一、〇五八、九一〇
甘肅	一二五、四五〇	一〇、三八五、三七六
California	一五五、九八〇	一、二〇八、一三〇
新疆	二一八、四八〇	六八、七二四、八九〇
Ohio, Ind, Ill, Ky.	一七三、四三〇	一一、三五〇、三一九
安徽	五四、八一〇	二三、六七〇、三一四
New York	四七、六〇〇	五、九九七、八五三
江蘇	三八、六〇〇	一三、九八〇、二三五
Pennsylvania	四四、九八五	五、二五八、〇一四
廣東	九九、九七〇	三一、八六五、二五一
Kansas	八一、七〇〇	一、四一七、〇九六
廣西	七七、二〇〇	五、一四二、三三〇
Minnesota	七九、二〇五	一、三〇一、八二六
湖南	八三、三八〇	二二、一六九、六七三
Louisiana	四五、〇〇〇	一、一一〇、五六九

(一) Freeman, History of Federal Government 首章。

士聯郡郡不敵吾一州芮特蘭聯省省不敵吾一府阿克亞聯城城不敵吾一縣而皆爲模範之聯邦吾國地廣於美足資爲聯更何待論（一）至若形勢阻格交通未繁又但證爲聯之宜不足辯駁故地理之說愚所最不解也然以上諸說作者願暫棄置而假定聯邦制爲美善而行之愚亦不當深論至斷定各邦本身未良制於何有此其爲誤與論『鈞是人也謂運用甲制度不能致治者易以乙制度卽能致治』相同前已辨明無取申說一言蔽之聯邦既建以後各省法律上之組織與組織上之成分固截然有殊因異謂果必同愚懼其於邏輯有所未安矣

作者於此尤有合於舉國上下之弱點者一論其說曰

……吾國固嘗有國會矣而當時國人之視國會何若國會之有造於國家又何若者論者必曰今日再開國會其內容必有異於前其或然耶……吾以爲國會之有無在今日政象尙不足爲輕重使吾國民有運用合議機關之能力耶雖以今之參政院立法院固饒有迴翔之餘地彼英之樞密院何以能變爲內閣等級會議何以能變爲巴力門豈非明效大驗耶而不然者則雖純正之民選國會其究亦不過爲多數人圖噉飯地而已

今日最流行之論調每謂民國元二年之國會旣無補於國家易詞言之卽謂共和不適世用此若於空中馳論是丹非素可以亙數日不休今且不論共和之本質如何而以一二年最短之時期國中復有『特別勢力』之存在一步未終遽爾責效責效不得乃立懲之從而爲之言曰共和不適也國會可滅也天下不平之事寧復過茲作者問當時國人之視國會何如則宜問所謂國人以何種人爲之代表自嵩

（一）吾國未可稱之曰聯邦（Staaten-Staat）說出波蘭學者 Gumplowicz, Staatsrecht 二五四頁、

耑者祇不足以言政見以及直接間接與『特別勢力』爲緣者其政見又決不正確外患尙未聞有人對於國會作過度之悲觀也至國會是否有造於國家最宜以國會撲滅後『特別勢力』之所以造國家者何如一爲比較愚夙服德意志史家蒙孫之言曰『憲法之不完全任至何度惟若準斯法也國民之多數可以自由意志定其政略則以衡之最開明而博愛之專制政治其爲優越至無垠焉何也立憲政治進取者也富於生機專制政治停滯者也幾於死體』(一)蒙孫所謂專制政治指羅馬該撒言之其說已如此況乎去開明博愛萬里者耶今之人懼國會論之爲政府所撓也設詞以慰藉曰國會再開內容必異於昔果有異也豈非幸事以事勢推之設若員數減去若干重以第一次之所經驗年來之所察求成績較優亦非無望然即實質上毫無變異亦不許藉爲推倒國會之詞何也此種進取富有生機之物國家祇可促之改良固不可絕其根本也

至謂國民如有運用合議機關之能力即以今之參政院立法院亦足廻翔此種奇談出之作者尤爲可駭愚固不敢曰國民果有運用合議機關之能力如作者所期也如其有之能力之發見將以何式果唯唯否否如脂如韋即足以云能力耶抑必謇謇諤諤正言不諱始得語是耶易詞言之果盡棄所信唯政府之命是聽即足以云能力耶抑必自行其所信百折而不撓始得語是耶前者不成答案若曰謇謇諤諤正言不諱自行其所信百折而不撓乎則今之參政院立法院是否與此物相容諒童子亦莫能率爾而答也夫以能力萬不可伸之地而漫然責之曰爾胡乃不廻翔乎愚不解此言與晉帝所謂何不食肉

(一)見本誌二期哈濡浩權利說、

靡其無意味之度相差幾許愚今請正告讀者曰合議機關之能力賚以發展者無他反對之一制也凡國中認容合法之反對聽其流行者其合議機關始足以言能力不然爲之議員者縱皆騂騮騏驥之才亦見其如退之所云『祇辱於奴隸人之手駢死於槽櫪之間』已耳『策之不以其道食之不能盡其材鳴之不能通其意』而於此曰迴翔迴翔作者言之幾何不爲昌黎所竊笑也耶作者祇言英之樞密院變爲內閣等級會議變爲巴力門而不言其何由而變讀者病之以愚所知英之能爲此變其精要實不外創設反對之一原則黎白曰『反對之一大制度溯其起源蓋以英國喬治二世時反對華爾浦爲始』(一)其初尙以反對大臣爲職也浸淫並王而亦反對之反對之及於王在他國爲陰謀而此爲公議在他國爲革命而此爲議程故英人政治用語中有『王之反對黨』(二)之一名詞以自豪於世界舉凡某種機關變爲某種機關某種機關變爲某種機關無往非此名詞之作用或紓或遲以爲之導作者乎『明效大驗』云云果不此之謂而他有謂者乎設若英之樞密院等級會議曾乃跋前躓後動輒得咎如吾之參政院立法院然作者果尙謂別有『餘地』足以迴翔也乎彼明明言曰『凡政治上有特別勢力存在之國決無容國會政制發達之餘地』今之參政院立法院又明明立乎特別勢力之下也而忽有餘地可以效法英之內閣及巴力門彼全不認有特別勢力之存在反對之力無所不至者又何說耶

(一)同前「華爾浦」Walpole、

(二)King's Opposition、白芝浩亟稱之、日本於英、欲爲東施、近亦有「陛下之反對黨」之一名詞、流露新聞紙中、愚知作者爲文之本旨在於防止革命故於破壞今日政局之不可三致意焉此其苦心亦誰不諒惟恃摧壓政論以爲防範革命之道此十五六世紀暴君奸相所行之愚策作者從而主張苟非以百萬言說明其故令愚不能卒讀愚敢節節斷其理勢兩不可通蓋革命之起起於人心之不平政論之發揚所以平其不平者也今畏革命不務所以平之而反絕其平之之萌象是殆唯恐革命之不起而促之耳何防之足言哉史蹟多矣難於殫述請言愛爾蘭近事昔統一黨之治愛也以抑民爲得策言論集會舉不自由英愛之不決裂間不容髮千九百六年今自由黨內閣立對愛政策首崇寬大前此本乎千八百八十七年之刑事法案制止愛人行動者悉爲免除愛人不經許可不能攜帶武器之令亦爲廢止政治集會准其一律公開言論範圍之擴張更不待論蒲徠士（一）者言自由政治者之斗山也以之督愛是時愛人蹤入自由之鄉若飲狂泉不知所以自制名流演說之痛攻英人者指不勝屈一市會議員曰『愛人其備之一旦英人有事於歐陸卽吾人虎視英倫之秋也』一市長曰『當南非戰爭時若得十萬子弟起而抗英愛爾蘭共和國早已成立不列顚之最高權早已墮地矣』諸如此類蓋大溢乎政論應守之範圍此其『煽動激刺』之度無論何人所當駭詫而蒲氏置若罔聞其後蒲氏被任駐美大使以去臨行之詞曰『凡政治結集於中所爲言論吾蓋未見其有害也』（二）卒之秩序不亂人氣大舒英愛之感情較前逾密愛爾蘭自治案安然通過行見實行雖威爾斯德不無異議久而久之亦未見終爲大梗此

（一）即著平民政治之勃拉斯、

（二）……Not found any harm in any of the speeches delivered at the meetings 見 Is Ulster Right? 1913 第八章、上引議員市長之語均同、

次歐洲大戰。宜若議員市長坐言起行之時矣。乃不惟不鬩內訌之生。而且協力禦侮之唯恐不及。此其故何也。吾人試一沉思。不難以一語明其竅要。蓋愛爾蘭扼於統一黨政府之下。民氣鬱積。莫能蹤發。計其容忍之量。已達於最大限度矣。苟統一黨政府更支數年。愚知英愛流血之事。必所不免。夫凡蓄之過久者。洩之也必急。此無間於洩之之道為激為隨也。自由黨所持政策。雖足以厭愛人之心。而前此瀦蓄過久之情。亦必用其既弛之彈力。稍稍瀉之。而無能自禁。議員市長之言。亦遵此彈力而行。而已非有成心指陳將來進行之方略也。斯時激之變生。任之轉可無事。人之恒言曰政術。政術。此誠術之極高者矣。且言之者。即有成心。與其祕之使其潛滋。毋寧公之使其自汰。蒲氏斷其無害見理絕瑩。由此以譚革命之起。不起在乎民情之平不平。民情之平不平。視乎政談之暢不暢。今先生惡革命而絕政談。是何異畏影惡迹。却背而走。欲湯之滄。一炊百揚也耶。而況乎今之政譚。其「煽動激刺」之度不及愛人所為什一也耶。

作者最後有甚辯之論曰。

大抵欲運用現代的政治。其必要之條件。(一)有少數能任政務官或政黨首領之人。其器量學識才能。舉皆優越而為國人所矜式。(二)有次多數能任事務官之人。分門別類。各有專長。執行一政。決無隕越。(三)有大多數能聽受政譚之人。對於政策之適否。略能了解而親切有味。(四)凡為政治活動者。皆有相當之恒產。不至借政治為衣食之資。(五)凡為政治活動者。皆有水平綫以上之道德。不至擲棄其良心之主張而無所惜。(六)養成一種政治習慣。使卑劣闒冗之人。不能自存於政治社會。(七)有特別勢力行動軼出常軌外者。政治家之力能抗壓矯正之。(八)政治社會以外之人。人各有其相當之實力。既能為政治家之後援。亦能使政治家蹤憚。其此諸條件。其可以語於政治之改良也已矣。吾中國今日具耶否耶。未具而欲期其漸具則舍社會教育外。更有何途可致者。

此眞孟子所謂猶七年之病。求三年之艾。苟爲不畜。終身不得。雖曰遑綏。將安所避。

作者之爲此言蓋浸忘乎國家之事乃一有機體之發展非如築室造路鳩工庀材倉卒可就之此所列八條信爲現代政治之要素矣吾國未具亦誠然矣則試問各國今日具此條件者果今日始見爲具也耶抑一二世紀以前卽已具之也耶姑不問其答案如何惟若以漸而具也果由政爭中得之也耶抑拋却政治不問專從事社會以得之也耶間嘗論之天下萬事萬物皆可預期其結果整備相當之元素以求合之獨至政治不然蓋政治之徑途紆曲錯綜不可蹤辨往往今日之發展昨日乃茫無所知乙策之成功非經甲策之失敗將決無其事故政治之進程其關鍵純在試驗試驗一度卽進步一度易詞言之政治之演進其機括存於自身而非由外鑠歐洲先賢探討政體言人人殊而大要所歸不外使國中才智之量直接間接投於政治渦中以促其旋轉若夫脫離政治而取他人政演最深之成果從外製爲模型以求應之如造車合轍者然愚則未之聞也今試卽作者所列條件細按之所謂能任政務官或政黨首領之人今時豈必無之以愚所見若某若某蓋皆其選特無相當之政制以孕育之故其才不顯又豈惟不顯而已且緊敗而降爲不才未或有異於常人也哈蒲浩曰「政府之責課自國民庶政之行公諸輿論而後相衡相盪相責相望而大政治家可出」(一)版築魚鹽得君而相其時代已遠乃大悖於今日之政式矣事務之才專長之士隨在多有安得言無聽受政譚親切有味之人自儕缺乏然此惟政治運

(一)見本誌二期哈蒲浩權利說、

動足以啓其興味增其識解穆勒曰「一人從平地而起覺其行善去惡之權操之於己不視執政者感情意向以爲成功與否之衡則其人之氣質將大變化而所以鞏固其自助自賴之念者至無涯量反之置其人於國家組織之外一切政事不使聞知則民氣凋喪不能振作矣故人覺自由足以強其人格而得其強之之高量亦惟在己爲公民或將爲公民所擁特權不居人後時耳又不僅感情然也尤要者彼於一定時期可以出參國務其所得人格之實地歷練爲益宏多……質而言之如公務之加於其身者甚大不啻取其人而教育之也昔在雅典羣制不完道德觀念亦甚淺薄徒以設審官開民會雅典民智於此驟高衡校古今都無遜色」(一)其言可思矣爲政治活動者困於衣食固非良象然當問國中足當政治之衝者是否屬之擁有恆產之人如其否也貧安爲病英倫之政治向握於富族之手而以勞傭黨之活動亦不得不須議院之薪爲政治活動者使之保存道德不輕棄其主張惟平民政治具有此力前舉穆勒之言可以重按兩年以前吾國政界多此無良之士乃金錢武力之咎於政譚何尤養成政治習慣使卑怯闒冗之人無以自存亦惟去金錢武力爲得已耳政譚於此斷乎有利而無害也特別勢力政治家謀所以抗壓矯正之惟一之法在乎投入政治以身或舌與之搏戰望望然去又奚爲也政治社會以外之實力離乎政治亦無意味凡茲所言固非謂求此八者與社會事業乃無關係果社會清明精力瀰滿以形諸政豈曰不良吾國去此種社會甚遠今汲汲以求又豈曰無當惟專事此置政治之事不顧果何由使八者得現諸實其說愚若未明故作者之言以作社會本體之策勵誠無間然而將以爲廢滅政

(一)Mill's Considerations on Representative Government 六十五頁、

譚之張本則期期以爲不可今慨然以身作則而謀誘導全國之業言論者使附和焉是誠不可以已者乎。

今縱退一步而以作者舍社會教育無塗可致之言爲言亦當假定兩事始有論據此前已略論請更鄭重言之以終愚說一曰政治與社會各各獨立易詞言之吾從事社會事業必有此種事業之可言當從事時政治不出而掣其肘吾中國今日能乎否乎且政治與社會界線何若亦一絕大疑問先生所指社會事業教育耶工業耶農商耶宗教耶教育工業農商宗教吾得字之曰社會不受惡政治之影響者其度何若耶愚知民間禁吸鴉片可謂社會問題之最易不涉政治者矣而今且喪其不吸之自由何也政府餉源所在日日派遣委員分途演說勸人種植按畝抽捐禁絕之鄉重行補種也一例如此其他可知目覩此情吾尙高談社會縱欲自欺奈其毫無可欺之道何哉質而言之吾國蓋無所謂社會卽欲事此亦當先以大刀闊斧立爲基礎吾始有舉手投足之方茲之所謂乃從腐敗政治之中剖分若干部號之曰社會事業以身心性命遮而蔽之無論政潮何之不使侵越如歐人之謀政教分離者然苟爾爲之其事峻急險巇之量又或遠出作者所詆政譚之上作者曰「或謂在今日政象之下恐所謂社會事業者末由進行吾以爲難則有之不能則未必」所謂難者是否指玆否乎愚敢曰社會事業決不能行是乎則首立社會事業之基礎不獨不能離乎政治而且必與政治宣戰又自陷其說於不得通愚知二者必有一於是矣一曰當吾從事社會事業彼方政治事業必有一部分人相與從事則吾社會事業竣時彼之政治能否保其國使不喪亡而有容吾再出活動之餘地作者曰「雖國亡後而社會教育猶不可以

已』是斷定其不亡。彼蓋不能惟從容作亡後之設備已耳。則同一亡國。吾猶不當舍政治不言。况言政治尚有可以不亡之道也耶。夫作者所惡夫政治運動。亦以其『無意識無根帶』已耳。是補救之方。當在創爲有意識有根帶之新運動。懲羹吹虀。智者不爲。謂即有意識有根帶之運動亦所當廢。復誠詞知其所逅先生豈當如是者乎。又假定國不亡矣。無論何時。吾將有可以活動之餘地矣。則預想吾之社會事業既竣。政務首領之才。事務當門之士。亦既咸備。聽受奔走之人。並皆趣味深而道德高。持以與政治合。果如舜之受禪而堯去位。一切政事。讓吾施設也耶。抑如舊有洪爐。吾惟投其中合而冶之也耶。前者斷無其事矣。由後之說。苟其時特別勢力。依然存在。國家賴以維持。而保其『政象小康』之樂。不許有何種政治運動發生其下。如今日焉。將如之何。其時政治魔力。毀敗人才。破滅廉恥之度。視此無減。吾所竭力培養之巨人。展轉之間。化爲僬僥。吾以大儒。幾輩年載數十。從容陶冶之道德學問大力者。一爲顚倒立爲烏有。又將如何。作者或曰。此社會教育之功有未至也。願仍有待。則更從事於社會而他方政治之態不一改焉。更逾若干年。持與政治合。其狀復如前也。又如之何。如斯遞進。終無了時。作者亦計及焉否耶。嘗論人才道德之量。政治之所必需者。初無必至之點。不及此焉。即廢國不爲。苟非『政治機關悉請外國人代辦』。以上吾人亦惟設法運用今日人才道德之最高量。一面扶將培灌。以期他日之較高斯爲得耳。不聞心希他日之獨棄去今日之隴不守而一概以無意識無根帶抹搬之。如作者所云云也且所謂較高者。亦比較之詞耳。而謂稍經培植。即與歐美諸國齊肩。想作者不爲是夢。姑無論惡政治之下。其度不可得而高也。即高矣。得高幾何。理想之高若干矣。實際是否及是。徒馳思於此種不可捉摸之

幻象而眼中國脈將斬奴籍已陳轉若熟視而無覩焉愚誠不知談粱肉於餓夫之前誇文繡於寒兒之耳果何益於實境也

行政與政治

東蓀

一

美儒古德諾氏著有『政治與行政』(一)一書。分析行政與政治。精微透澈。為談法者所宗。鄭君之蕃曾本其義旨撰有論文。載於神州月刊。大抵不外言行政與政治之界說及不同之點而已。吾今亦取其名以名吾篇。篇內所言則迥異其趣。此吾所以特誌一言於未入論題之先也。

能產良行政者是為良政治。此哈密敦之名言也。(二) 哈密敦又曰人民之信仰政府。以行政之良楛為比例。(三) 斯言也。吾思之重思之。覺近世一切之文化。胥在斯。近世國家之建設。亦胥在斯。顧良行政以何而立。由何而生。吾又思之重思之。知良行政者不在行政者有若何之美德。而在行政制度全受法律之管束。且足發揚民志也。顧此非單簡之言所能明。請以次論之。

三權分立。今之學子已厭聞之矣。吾嘗言於庸常之中寓有至理。語云睹非常則驚。見所習則以為不足

(一) Goodnow, Politics and Administration.

(二) "The true test of a good government is its aptitude and tendency to produce a good administration."—Hamilton, The Federalist, No. LXVIII.

(三) "I believe it may be laid down as a general rule that their (people's) confidence in and obedience to a government will commonly be proportioned to the goodness or badness of its administration."—Ibid, No. XXVII.

察此終身由之而不知其道者所以衆也吾人有言責者亦不當以好奇鶩新爲教而當闡發理之所是而揭櫫其所非三權分立之名今之君子雖既習聞之矣然三權分立之實猶未之夢見也不佞去歲入都觸目棖懷覺有一至不可思議之事此事苟揭諸外報吾知彼歐人將驚異莫置必以爲吾民族性質之奇吾國家組織之妙求諸歷史乃不得其偶此事維何曰勿論在官解職凡屬士大夫其言論之間皆不直政府之行爲是已夫於一國之中其政府不爲國民所信任以理而論政府必倒其所以不然者必有一大部分人士以全力擁護之此一大部分之人士又必適爲政府之爪牙今又不然以吾觀之其能赤心歸向又爲其文過者乃少數中之少數耳其大多數則於依違兩可之間出而馳驅固屬非其本心而爲光明磊落之言不直於政府者亦爲一種門面語對人而施耳論者或謂此乃道德墮落之所致不佞默爾以察知固不僅道德問題而已也其間實以未知近世國家新式政治爲何多數苟使歐人易地而處必不待賢者之提倡而已蠭起矣吾國人則安之若素蓋正如居月球之生物初不知地球更有幸福勝於彼者以魯濱孫置之孤島使不得接近文明其苦又爲何如雖輓近以來遊學之士日多然所學者亦多拘乎紙面之譚對於政治之眞詮未能有明切之印象甚者以抉擇不易多蓄疑念蓋政治之意味決非可純自故紙堆中尋之亦非可未審孰何漫爲附會也故吾以爲吾人今日之天職惟在以近世國家新式政治之果爲何物一一陳述於國人之前耳

二

近世國家新式政治得一言以蔽之曰惟民主義也(一)而於惟民主義則非詳釋不可何以曰惟民主義非謂國家之機關皆由民選以組織之也亦非謂國家以強力率導國民使國民皆仰給於國家而始得其幸福正如父母之撫稚子保育之訓導之使其一舉一動皆惟父母是賴也所謂惟民主義乃謂人民以自身之能力運用其政治耳其克致此者惟在人格觀念之發生人格觀念有二曰自然人之人格曰非自然人之人格非自然人之人格是爲法人法人由模擬自然人之人格而出自然人之人格謂之出於法理甯謂出於道德自文藝復興以來新人生觀(二)以起人格之觀念乃漸萌芽矣人格者吾以簡單之言表之卽格林之所謂自我實現也(三)自我實現者以小己之自覺而求爲合乎世界之發展也其前提則爲有發展之能力與自覺之活動於是凡有發展與自覺之能力得爲自我實現者是爲有人格特人格之觀念不僅側重於對內注目於對己而尤在對外與對人蓋人人有發展與自覺之能力欲爲自我實現則必互相承認其能力釐定其界限彼此不致侵害者乃在承認他人之有人格亦等於自身也故耶律內克謂凡人格皆爲相對易言之卽有制限是也(四)此言誠爲透宗故一切法律之觀

(一)在英語爲 democracy 與 popular government 本譯民主政或民政實則不僅近世之共和國足以當之、而今日立憲國、亦奚不可以此字冠之、如英倫乃其好例也。故易以今名、

(二)New idea of life 乃 Erasmus 等考古學者研究希臘羅馬之所得、

(三)Self-realization 見 Green, Prolegomena to Ethics.

(四)"Alle Persönlichkeit ist daher relativ, d. h. beschränkt."—Jellinek, System der subjektiven öffentlichen Rechte, S. 86.

念皆自人格而出有人格然後有法律非有法律而後始有人格也

法人之概念亦自此出凡在團體其行動之能力等於自然人其發展之途徑亦等於自然人則擬定其有人格名之曰法人特其與自然人之交與其他法人之交亦必互相承認其人格釐定其制限換言以明之法人之人格由自然人之承認而生自然人之人格亦由法人承認而著於是其行爲各有界限以術語表之卽各有權利與義務是也而人格卽爲權利義務之主體是故國家人格說乃近世文明之所產亦近代文化之精髓也國家之有人格卽是國家之行動等於國民國民之有人格與受制限固不待言惟國家亦然此近世國家之眞詮也故近世國家與道德同源格林亦謂政治上之服從與道德同其淵源異乎奴隸仍保其權於自身（一）則近世國家純爲道德之產物非徒自身有人格受制限且必承認國民之人格其互相交涉之間有一定之規律與嚴密之徑途各不侵越也試觀吾國何如乎國家對於國民素未承認其有人格國家與國民之交亦未有一定之途徑獨秀君謂如此國家其何能愛『保民之國家愛之宜也殘民之國家愛之也何居「殘民之禍惡國家甚於無國家』（二）吾誦斯言吾淚如綆吾國家其眞不足愛乎吾聞人之詬病獨秀斯言者衆矣吾亦亟欲駁斥之然觀乎近世國家所以生存之道無奈於其言外不能更覓一語也嗚呼

（一）"Morality and political subjection thus have a common source, political subjection being distinguished from that of a slave, as a subjection which secures rights to the subject."—Green, Lectures on the principles of political obligation, P. 121.

（二）見本雜誌第四期、

三

夫各人民皆有同等之人格有同等之發展力有同等之自覺心互相承認以求進步則固不必有首出庶物之聖人以一人之力而爲萬衆之謀如園夫之治草木草木之茁長繁盛皆必待園夫措施之功奪其自然發育之機而一一代庖焉故新式政治之精髓不在求有賢良之人擁之以爲君后知言者且謂賢君之害於自由乃更甚於無道之君(一)換言以明之近世政治之第一義惟在反對專制主義至於專制主義之不可與存秋桐君言之詳矣茲不復贅但以積極之言表之近世政治全出於國民之自覺以自身之能力爲政治之運用不沒却各部分之利益不由一黨派之專斷相召相感無詐無虞而其制度尤必爲並育兼容之組織廣大公正之構造俾各得發揚其能力開展其自覺於是各得自我實現焉顧於各人發揚振盪之中情感利害勢且互相交錯則必於其交涉之間自然立爲一定之規律使各各循之而行此規律是爲法故近世政治爲法治而有所謂法治國出焉法治國者非謂其國有法律有憲法亦非謂國家之立法多多益善蓋言國家自身等於人民同受一法之制裁耳(二)易辭言之以法律

(一) "I imagine that the good Caesars were more formidable to the remaining liberties of Rome than the famous tyrants." —Villiers, Modern Democracy, P. 18.

(二) "Der Staat ist Rechtsstaat im speziellen Sinn, insofern er rechtlich beschränkter unter dem Recht stehender Staat ist." —Schmidt, Allgemeine Staatslehre, I, S. 182.

制限其行為之範圍。規定其活動之趨徑。苟出乎此範圍與趨徑。則得訴之於法。國家亦必服從之。而蒙其不利也。

讀者勿以為吾恃法治萬能主義也。吾聞羅偉之言曰。形式與實質。不可不分別觀之。政界之中。多有形式存而精神已死。質而言之。蓋為虛偽。然虛偽未嘗無價值。政治上之虛偽。其有功於英治。正等於理想之有施於英國之法律也。(一)是則尚法治者。固不免偏於形式。流於虛偽。然必形式既定。徐徐發育。其精神始得而現。若以形式為勿善焉。不如廢而去之。甯復更有發展之望。夫因噎廢食。愚者尚不為。而今之論者。則以為司法勿善焉。廢而去之。議會勿善焉。立猶不立也。吾誠不知是何居心也。

四

吾今所述近世國家近世政治之義。初非與行政無涉。夫本篇之主旨。在明若何而始足為良行政。前既言之矣。故不可不先述近世國家之精神。以明有所謂新式之行政也。請先汎言行政。行政之界說。學者多謂僅可以消極定之。以為除立法司法以外。凡國家之作用。皆屬於行政之範圍。吾以為失之樸素。蓋當人文未進之時。國家之作用。大都簡易。而政府之組織。亦復淺陋。一切活動。總由一機關以司之。此機

(一)......"One must distinguish the form from the substance; for the world of politics is full of forms in which the spirit is dead—mere shams...... Shams are, indeed, not without value. Political shams have done for English government what fictions have done for English law."—Lowell, public opinion and popular government, P. 3.

關即爲君主。而其行爲則曰施政。(一) 施政者、以君主一人之自由意思而爲專斷施設之謂也。其後作用漸繁。以制定規律之作用分而出之使別隸於一機關是爲立法。又以宣告法律之適用裁判爭訟者分而出之別隸於一機關是爲司法。於是立法司法分出之後。其所餘者乃總名之曰行政。甯非失之粗淺乎。其間若議員之選舉議會之開會總統之就職 (二) 均不得謂爲行政。故依近世國家之性質而觀行政未嘗不可以積極求之。吾以爲行政之界說其要素有三曰達國家目的之具體的個別的行爲(三)曰必依乎法規曰行政部負責是故爲具體事務矣而非爲達國家之目的不得謂行政也爲達國家之目的矣而不依乎法規又不得謂行政也依於法規矣而行政部不負責任仍不得謂爲行政是則行政之界限從可知矣。蓋以最足達國家之具體的目的厥惟行政而最與人民親接者亦厥惟行政特以其爲具體之處分又復親接人民故最易侵人民之自由釀政治之罪惡亦莫行政若也哈密敦謂人民之信仰政府以行政之美惡爲比例殆千古不磨之言歟。

吾人論行政之性質既竟。請更重揭『何謂良行政』之問題而細剖之。吾之揭此蓋深知中國苟無良行政。則中國永無立國之道。至於何以得良行政。吾願與邦人共商榷之。茲先一言其重要。夫辛亥革政。何由一變而有今日之現象乎。說者必以爲其間人事天功互爲參差。故產斯悲境。吾則以爲其盤根錯

(一) Regierung, Reign 此係日譯、明知不切、苦無相當之語以易之、

(二) 凡此等作用、梅雅氏謂之日憲法上補充行爲、(verfassungsrechtlichen Hilfstätigkeiten) 見 O. Mayer, Deutsches Verwaltungsrecht, I, S. 9 ff.

(三) 國家之目的、爲人類之目的民族之目的個人之目的結合而成、詳見 Burgess, political science and constitutional law, I, P. 83 et seq.

節之處。惟可歸罪於官僚政治。李君肇甫於同盟會本部演說曰。按諸各國通例。革命後革命黨必占勝勢。顧吾國則否。不可強求。吾觀李君之言。蓋有慨乎官僚於社會上之勢力也。當時革命黨不能獨立運用政治。已爲事實所證。自政府北移。政黨朋興。顧各政黨復不能獨立發展。欲求其勢力之伸張也。必借重於官僚。於是各政黨又皆自殺以去矣。凡此皆足證吾國之社會。官僚政治之社會也。吾國之國家。官僚政治之國家也。今日之一切黑暗。一切腐敗。政府之妄爲。人民之苦痛。皆自此推演而成。謂今日政府之所爲。全建築於此基礎之上。殆無不可。由是而觀。罪惡固不僅在一人。他日亡國之禍。能否幸免。亦惟視此。摯友藍君公武更爲沈痛之言曰。今假定將來中國有甦蘇之機。而所與共事者。必仍爲此輩人士。則甯復有濟。斯言也。吾聞之愀然不甯者累日。吾國何辜。豈竟欲以官僚而致亡耶。比者新會梁公有「作官與謀生」之作。大聲疾呼。以沈摯之言論。爲社會之忠告。吾願今之士夫。日誦萬遍。第其間謂作官僅能成一機械。以吾觀之。苟成機械者。猶不失爲一種之器用。特惜其並機械而不成耳。直爲社會國家之蠹。往者吾嘗入觀政府各部之內容。但見無用之公牘。與無聊之會議而已。吾友吳君旭初嘗謂此乃專造廢紙。言譃而意深矣。吾誠不知有政府。如此其國何爲設此政府。其政府果有何用。夫以設立政府。專爲豢養多數之遊民。其所事事。乃實等於無事。則較之無政府何如。吾誠不敢言矣。

吾國政治之不良。端在官僚。而官僚政治之弊。則更僕難數。如尚繁文。趨勢力。無廉恥。作威福。其所事之事。不過公牘之形式而已。終日耗其精力於對上應下之辭句。務使其辭句不生効力。此事民黨勿能爲也。當革命功成。必先乞助於官僚者。職是故耳。此言對於事務也。至於勢力。則初非全據於此。其間實有數十百年之潛伏勢力由於家族親友祖父門徒隱然成把持之局而爲一鞏固之團體以官爲業傳之子孫社會以此而墮落政治以此而腐敗彼大力者負國家而趨亦正利用此耳故非撲滅官僚政治則永無良行政之可言無良政治之可望今之君子其亦注目及此否乎

五

撲滅官僚政治之重要既如上言然撲滅之道何如乎請得而詳之吾以爲撲滅官僚政治第一在使人民自治所謂自治行政是也吾聞學者謂英倫獨能免於官僚之毒端在民自爲政夫以民自政則人民之能力日以發展得對於一方之政事爲是非良否之評判而政事乃無特別之秘鍵非外人所能知者於是但求一政之行一令之施爲民得福祉而福祉與民共睹民得議其後焉更進則執行者不僅事事必受人民之評騭且必有退居之時使機關常得流通不爲一人一黨所專據久占也特吾之所言指地方而論蓋自治之原理卽本於行政分權誠以地域廣闊之國家斷無由一機關而得處理一切之具體事務耶律芮克謂行政集權不過一種空想而已(一)當中世紀之際封建制度之下地主與敎皇依自然之權勢常爲爭執學者鑑之遂倡集權之議實則僅出於反動欲以空想而踐於實際宜其不能成事

(一) "Er ist bereits erwähnt worden, dass der streng zentralisierte Staat,... nur als Schulbeispiel, nicht als realer Typus angetroffen wird."—Jellinek, Allg. Staatsl. S. 618.

也。即證以吾國之歷史。亦素爲分權。但分寄於官僚耳。彼以爲非中央集權不可立國者。當亦廢然返矣。

吾之所謂地方自治者。正本乎近世政治之精神。以人民之能力自行運用其政治也。蓋地方事業。其接近於地方之人民也切。其關於利害也深。而人民對於本地之政情。所謀既周。所知亦密。所見亦復不致全爲無的放矢。先以地方事業。引起人民之興味。養成參政之能力。喚醒自身之覺悟。由是推之議政之風。於焉而起。對抗立而調和生。競爭行而進步得矣。吾嘗謂一國之民。其能運用政治而致善者。莫不賴有政治上之興味理想與欲求。今焉掃除其興味。打破其理想。杜絕其欲求。則民之所餘者。甯復有幾。此某名士所以呼民國爲官國。蓋以其無民也。故制度何貴乎。貴在能啓發人民之興味。導引其理想。開化其欲求。藉使一時不能致善焉。而本此興味理想欲求。逐漸引揚之。終必有大成之一日也。故此種興味一日未戢。則國民一日有發達之望。顧引起國民之興味。喚醒國民之自覺。決非可以隱匿秘奧不可思議之中央政治。以爲標的。蓋中央政治與國民隔離。則知眞是非者既少。而利害關係亦復不夥。不能因此而生近代之 popular government 也。若以地方事業爲號召。則一方之人民。情感交錯。既密。利害關切亦同。知之既詳。則謀之必周。此所以近世政治以自治爲歸束也。

雖然自治偏於行政也。發育人民行政上之才能。固有餘。而於政治活動之建立。似仍不足。此所以吾於自治之外。復主張聯邦也。吾曾視聯邦之功用。同於自治。繼而思之。殊不盡然。自治之功用。在行政。聯邦則不僅爲此。夫自治以英爲極。則英人之自治。擬諸其他聯邦國。其保障民權。開發民治。殆無愧色。顧愛爾蘭猶欲以自治案提出於議會。其欲組織聯邦之心。尤爲顯然。是則聯邦與自治固有不同。而其不同之點在聯邦則邦爲一政治單位有自主組織權。(一) 近世學者以有否自主組織權爲國家與非國家之判。(二) 夫此權在法律上作何詮釋茲且勿論第自政治上觀之實爲政治獨立之符以拉稱赫夫之言表之所謂政治人格 (三) 是也以足獨立自善故于一邦之中得喚起人民之政治興味唯對於邦而施上自邦之組織下至具體之政事皆得人民之力以左右之於此之內作何理想有何欲求蓄何興味亦惟以邦爲界以邦爲的改善焉建立焉破壞焉亦於此內行之初無特別之阻止是以聯邦之國易於啓發民治者蓋以此也若自治則有待於中央之代表政治換言以明之苟非有善良之議會則斷無優美之地方自治誠以地方自治以中央之議會政治爲後援英之自治爲天下稱者以英之議會佳耳吾爲此言非謂自治而改善者亦不足產善良之議會特以爲議會與自治息息相通有發展之自治固可建善良之議會然求自治得以鞏固又必待議會爲其後盾也是則中央既無優良之國會不如使地方爲完全獨立之聯邦蓋有完全發展之力於自身之政治得以自由改善不爲中央所控制俾一邦以內其人民情感迸發意見交融由競爭而得進步由對抗而得調和以利害問題相切磋以共同福祉相召感於是興工商辦教育立法律建制度凡足以得民福者由一邦之民自爲之爲之而勿善焉更由其邦

(一) Selbstorganisation.

(二) "Der Staat hat das Recht zur Selbstorganisation immer und unter allen Umständen, die Gemeinde besitzt es nur so weit, als der Staat es ihr einräumt, also nicht zu eigenem Rechte, sondern als Übertragung eines Rechts."—Hatschek, Allgemeines Staatsrecht, III, S. 1.

(三) politischen Persönlichkeiten 見 Gumplowicz, Geschichte der Staatstheorien, S. 462 ff

之民自改易之如是爲政謂其不良於中央干涉者焉吾不信也此所以自治之外猶不可廢聯邦而聯邦中又即含有自治也

六

撲滅官僚政治之道第二在代表政治夫代表之說非求之於法律乃得之於政治吾已論之矣(一)蓋代表者非謂民法上之委託關係乃政治上之宣達作用也人民對於政事有興味有意見欲其理想得以實現欲其所求得以滿足不必躬自爲之凡有與吾同意見同理想者其對於治事若有施設固不啻我之施設也且人民之情感不能無二致意見又不能無分歧此分歧殊致之象不可不咸形於政治否則民情不宣民志未伸於民意鬱結之際政治必日陷於悲境社會必日趨乎墮落國家亦必不振近世國家有鑑乎此無不取代表主義俾社會之情態盡行映寫於政治民志民意無論其所主持者何似其所反抗者何似要皆容納兼蓄之使其盡情發洩而爲一度之磋商於是理之非者由議而淘汰理之是者由議而建立白芝浩曰議政之風所以綿延而不斷蓋由優容異己之習與之相引而彌長(二)故近世政治之代表主義實深知民志之不可不宣洩意見萬殊俱有徑塗曲折以達於政民意爲政此之謂

(一)見拙作制治根本論（本雜誌五期）

(二)"If we know that a nation is capable of enduring continuous discussions, we know that it is capable of practising with equanimity continuous tolerance."—Bagehot, Physics and politics. P. 164.

也。

近世政治之進步。人文之開展。皆爲代表主義之賜。此非誇大之言。稍有近世政治史之知識者。當證此言之不乖。其最淺顯者。卽爲各國自十八世紀革命風潮以後。無復革命之故。夫革命之爲事。乃民情鬱抑至於極度。積久愈深。一旦破裂。遂莫收拾。滿清末葉。惟以壓民爲政。有識者早知其不免矣。當時藍君公武嘗謂予曰。君勿謂革命不易成也。惟如此國家。始能革命。吾自是以革命爲救國之夢。遂打破無餘矣。竊以爲無論何國。其政治改良。必分二期。於第一期。爲純粹之破壞。凡足爲改善之障礙者。除而去之。於第二期則否。第一期中革命是否無功。吾亦不作極端之論。往往無可奈何。勢必出於此途。又爲歷史所示。是以革命之成。大都基於反激。而單純之言論。不爲功也。由是以證近世治道之根本主義。卽在使民志宣揚。非爲民求福利。實使民自求福利也。其制度必廣大乘容。公正不黨。俾人民於制度之中。有迴翔之餘地。有活動之基礎（一）然而非謂人民上其意見於政府。猶今之上書馳電者然。一任政府自由

（一）穆勒更有親切之說明曰……it is evident that the only government which can fully satisfy all the exigencies of the social state is one in which the whole people participate; that any participation, even in the smallest public function, is useful; that the participation should everywhere be as great as the general degree of improvement of the community will allow; and that nothing less can be ultimately desirable than the admission of all to a share in the sovereign power of the state. But since all cannot, in a community exceeding a single small town, participate personally in any but some minor portions of the public business, it follows that the ideal type of a perfect government must be representative. (Mill, Representative government Ch. III)

栽擇此種現象由於人民之人格不立吾嘗謂中國之國家未嘗以人格付於人民今之爲政者尤本此心理馭人民如奴隸顧吾民方作擁護中央維持現狀之迷夢語云哀莫大於心死嗚呼尙何言哉。

近世代表政治之精義爲人民以其理想而施政理想何自得乎曰得於公善夫人自私自利者也顧人人自私焉事將末由而集必利於我者同時亦利於人推而至於千萬人更推而至於全國之人夫我之所利者全國之人亦利焉則我必謀之所以利全國之人即所以利我也是以公善與私利不背又與私利不同代表政治之足剷除官僚者以此蓋官僚以職業爲政治人民則以興味與理想爲政治故英倫獨能免於官僚政治者以實行代表主義之議會政治也王君寵惠曰『行政權受立法權之指揮不獨理論爲然即事實上亦有不得不然者……蓋政治之施設不能無法律之根據亦不能無經費之供應而財政案及法律案皆定於議院是以政府終不能不就議院之範圍』吾以爲代表主義之足以撲滅官僚者即源此旨而更有進於議會制定嚴密之法律編次精細之預算固矣特英之所以免於官僚之弊則凡行政之重且要者無不爲議會所與聞無不爲議會所干涉必得其許諾而行至是官僚之勢力根據乃盡失矣。

七

雖然代表政治與輿論政治相系聯也撲滅官僚政治第三厥爲輿論輿論者人民對於政事之意見也其意見非屬於一人亦非系於一黨以公善爲指歸故其條件爲調和爲優容異己以磋商之精神爲欲

求之表示。羅偉氏言之詳矣。(一)至表現之方法。初不限於何種制度。若議會之代表。亦方法之一也。其他若報章。若集會。若總投票。若直接立法。(二)盧梭以人民之投票爲表示總意輿論者。總意(三)也。總意之表現。初不必限於投票。亦不必全體一致。(四)而始爲是。近世國家之輿論政治者。務使人民之主張。盡量形於政治。夫一人爲之而致善。則不必再求之於衆庶。抑否。衆人所能爲者。乃一人亦所能爲。結果正同。不必取捨於其間。此種思想。正與近世文明之原理相背馳。世之抱開明專制主義者。亦坐此弊。殊不知近代政治。不問其一人爲之能致善與否。設致善焉。亦無足取。則其爲惡。更當排斥。故一人執政。之良楛。非注目之的。而所企圖者。乃在使全國之人。盡其分量。以容納其意見於政治也。所謂多數政治。卽此是已。多數政治者。非謂多數之人皆躬親政柄。乃言一政之行。必求之庶議。全國之人。皆以其主張。

(一) Lowell, op cit. P. 28-40.

(二) Referendum 日譯爲總投票 Initiative or intiative referendum 日譯爲直接立法實則二者不過消極與積極之不同耳前者對于議會之法案人民得爲反對之投票羅偉曰 The referendum is, after all, negative. It is an instrument whereby the people can reject an act passed by their representatives which they do not like...but it gives them no power to legislate themselves. For this last purpose the initiative was devised by Swiss, and has recently been copied in America by most of the states that have adopted the general referendum on ordinary statutes. It empowers a certain number of voters to draft a law and demand a popular vote upon it without regard to the opinion of the legislature. (op cit. P. 198.)

(三) general will.

(四) unanimity.

之政策欲求之理想達於政局也今之論者謂多數政治之中必有少數之人爲其中堅以多數之名而行少數之實吾竊以爲不然夫人之主張不能盡同然亦不能各異必有同者於同之中自表視之單一而非駁雜自裹觀之則固爲繁多故乙之意見同於甲丙之主張亦同於甲推而至於千萬人之意見皆同於甲則甲一人之意見固不啻千萬人之意見也自甲而言是爲少數自千萬人而言復爲多數於此一事甲之政策爲千萬人所贊是甲不啻代表此千萬人於彼一事甲之意見不爲千萬人所許則此千萬人更有獨立表示其主張之機會近世多數政治之精神其在斯乎

吾前言近世文明發源於國民之有獨立人格故政治之美惡猶屬第二問題其第一問題惟在使人民獨力自強自求福祉而不託庇於大力者之下國民之進步不由偉人之率導如牛之曳車乃由人民之自動如水之推磨雖然民之所欲必爲一國之利一羣之福政治之良于焉可致則所謂第二問題亦於此內解決矣秋桐君曰「有最宜留意者則少數政治之精神非多數政治之國莫舉其在君主之朝選賢任能亦或時有然耳目有所限忌諱有所中權奸有所蔽朋黨有所軋而欲舉凡民俊秀充量登庸萬不可得不可得則非吾可貴之少數政治矣惟國立庶民議政之制採公平選舉之法無過不及恰以國中賢智脫穎自出爲衡而又舉國無一有大力者圖負國家以趨所謂人才皆使之任情盡量以見於政事祇有調劑不相傾陷亦分朝野同是扶將……信乎非多數政治之國家莫或望此也」吾請更下一轉語曰政治之爲事不在擇賢任能求善良之人以爲政而在檢察抉擇政治上之主張與計畫務使立一政策而止於善焉故多數政治非以人爲政乃以意爲政非以舉國之賢俊皆萃集於政途特使人民

之意見發現於政治而已此輿論之所以可貴也

八

以上所言所以剷除官僚之法不外以民意爲政夫民意之發表其形式必爲立法故吾聞之美儒漢尼斯曰『政治上有公例焉無論何國必有一高權以爲最後之決定而不更受制於人此高權乃組織國家之要素而常發源於自然之人力伯爾文曰政府之功用在有優俊之人力而付之以高權於相當之事與時耳此高權或寄於通常之機關以行使其正常作用或寄於憲法會議與總投票若寄之於憲法會議及選舉人必更有一通常機關以高權而處斷多數之事務而爲彼會議與選舉人所不能執行者是則最後之決定權雖係於人民然仍留有數多之事務爲一通常機關所處分也』(一)漢氏更本此旨

(一)譯語從簡故揭原文以資參証 One of the axioms of political theory and governmental practice is that there must be in every state a supreme authority whose determinations are final and not subject to any recognized higher power. This supreme authority is generally regarded as constituting the very essence of the state and is based ultimately upon the physical power which makes civil authority effective. "The nature and operation of government requires that there shall be "Some permanent human force invested with acknowledged and supreme authority, and always in a position to exercise it promptly and efficiently, in case of need, on any proper call." (Baldwin.) This power of supremacy may be located in one of the regular departments of government in the exercise of its normal functions, or the final determination of governmental matters may be reserved for constitutional conventions, constituent assemblies or the popular referendum. In cases where important issues are referred to constituent assemblies or to the

分近世各國之組織爲二類。曰獨立政府與非獨立政府。此言聯邦之主權國與非主權國、非此處所論。特漢氏於二者之中。更分有四式。曰獨立政府而採不文憲法者。必爲立法高權（一）。曰獨立政府而採成文憲法者。或爲立法高權。或爲司法高權（二）。曰非獨立政府。必有成文憲法。亦必採司法高權。漢氏之說。重在證明司法高權。至於司法與立國之理。吾將後論。特吾之意。以爲無論立法高權。抑爲司法高權。國家賴以得良行政者。莫不視此。今暫以立法爲言。立法之拘束行政。在英殊有好例。其在美亦然。威爾遜曰。『必有權力之中心焉。然於現制中何爲中心乎。此充足之權力果寄於何所乎。若何以表現乎。此問題之解答。人將索之於憲法解註中。必不滿足。以其與事實相反也。彼將曰。於吾制之中。無單一之中心。抑且不容於聯邦制。所有者權力之平衡與互相控制耳。然實際則不若是。有優越與制馭之權焉。而爲一切活動與立法之源者。議會是也』（三）姑不論漢氏謂美之政權以司法爲高。而威氏則言集權

electors, one of the regular departments of the government must exercise supreme power for the host of matters which may not or cannot be referred to the ultimate power of the state. Thus where important issues are referred to the people for determination there still remains a wide field in which one of the departments of government exercises a regular and constant supremacy in the determination of the multitude of questions that arise in the ordinary settlement of human affairs. (Haines, American doctrine of judicial supremacy, P. 1—2)

（一）legislative supremacy.

（二）judicial supremacy.

（三）There is always a centre of power: where in this system is that centre? in whose hands is self-sufficient authority lodged and through what agencies

於國會。(一)要皆可見美人創制之用心。而哈密敦之言。尤足徵矣。是則近世以民意為政之國。欲使民得以負荷政治之責任。宣示其主張之意見。必人民據有一定之機關。故以立法為民意。蓋世界之通則也。夫以立法部操最後之高權。以民意不可抗耳。並非以此即可忽視司法。往往個人權利之保障。少數利益之迴護。社會秩序之有効。人民公意之保證。端恃司法。所謂法治國者。以法拘束行政。其功亦莫不由於司法。非有強有力之司法。則其國法治終末由以隆。法蘭西其明證也。論之將入司法範圍。容後詳焉。要之欲得良行政。必使立法握政治之高權。同時尤必使司法有強固之力。一以發揚民志。一以保障人權。論者或謂有賢良之君主。以優厚之德。而立周密之法。合乎社會福利之目的。正如新會梁公所言「吾又熟思求得良政治之法矣。蓋欲得之。惟有二途。其一則希望昊蒼。忽錫我以聰明睿智聖文神武之主權者。而其人又如佛典所說之觀世音。千眼千臂。舉一切政治。無鉅無細。皆自舉之。而一一悉應於吾社會之要求。如是則政治不期良而自即於良。」(二)茲勿論事實上決無其人。假若有之。吾亦決其不

---

does that authority speak and act? The answers one gets to these and kindred questions from authoritative manuals of constitutional exposition are not satisfactory, chiefly because they are contradicted by self-evident facts. It is said that there is no single or centre force in our federal scheme; and so there is not in the federal scheme, but only a balance of powers and a nice adjustment of interactive checks, as all the books say. How is it, however, in the practical conduct of the federal government? In that, unquestionably, the predominant and controlling force, the centre and source of all motive and of all regulative power, is Congress."—Wilson, congressional government, P. 10–11.

(一)有謂威氏之說不確者 Horace Davis 見 Lowell, essays government, P. 56 所引

(二)見大中華雜誌第二期

足福民而適以害羣。前不云乎。政治若何而善。猶為問題之第二。今日所謀者。一羣之公共事業。必委於一羣之人。待羣策而舉耳。是以一人而立良法。非吾所問。吾國苟背乎世界文明之軌道。而馳於夢臆之中。求此理想之人。吾又何說。若其不然。雖假定有是人焉。亦當在排斥之列。矧人性不全。天然富有缺德。且人所賦於天。雖不平等。然智睿聰明。未必僅此一人。則理想的開明專制。猶不可能。又況事實哉。

九

強有力之司法。其足以拘束行政。而驅入正軌。為力亦復至偉。故葛雍斯特呼英為法治國。英之法律。多為裁判例。所謂 Judge-made law 是也。漢尼斯嘗溯美國司法所以據高權之故。謂發源於英。英人之法治。其觀念所以深宿乎人心者。皆基於數百年司法之力。所謂法律之前。萬民平等。此公理由司法以建立之也。所謂官吏犯罪。與齊民等。此公理亦由司法以創設之也。所謂君主不能為惡。所謂君主不能變更法律。凡此公例。鮮不由司法以建樹之。彼郭克（一）之說。其影響於法治為何如。戴雪謂英人不識法蘭西之行政法作何意味。彼但知一國之人。當同受一法之支配。同一法律上之爭執。當訴於法院而已。甄克思亦謂英美之法律觀念與大陸異其趣。一則行政發達較早。一則司法獨立為先。吾亦以為英人法治之隆。全恃司法以陶鎔之。今之君子。對於政治與憲法。頗有所陳。顧於司法則淡焉若忘。自取消司法獨立以來。國民受此苦痛深且莫喻。且並此畸形之制度。亦欲摧殘殆盡而後快。形式雖存。而人物已

（一）Coke 乃英吉利于乾母斯第一時之法院長也、

更多爲行政之附屬。仰此鼻息而已。其下級者。更毋庸論。故彼所謂新約法。亦有囫圇吞棗之國民自由條文。而吾民卒莫得絲毫之自由。蓋以此也。彼以打消司法爲獻策者。又安知一念之差。已影響若是之巨哉。

德意志於十九世紀之初。新帝國成立以後。司法僅司民刑事件。對於不法之行政。既無行政裁判。爲之救濟。亦非通常法院所能顧問。於是行政日見彫朽。乃思建立行政裁判之制度。專以防止行政之違法保障人民之權利。故彼邦學者稱之爲『受法律拘束之行政』(一)吾聞之德人費萊納之論行政裁判曰『德國之爲法治國也。乃以行政置於司法管轄之下。行政者。基於法律之行爲也』(二)此寥寥數語。亦足證德國所以得良行政之故矣。雖然。司法對於行政之拘束。有二派焉。曰英美派。曰大陸派。今非於二派之間。有所抉擇。實證明司法之重要耳。吾嘗謂以法力言。宜於統一。故凡關乎行政之爭執。亦當訴於普通法院。他日請於專篇更詳焉。茲且勿論。所更贅一言者。即司法之力足以驅行政致乎善良。是也。吾望今之學子。於此點加之意焉。

十

(一) Die gesetzmässige Verwaltung.

(二) "Der Rechtsstaat ist in Deutschland dadurch entstanden, dass die Justizeinrichtung auf die Verwaltung übertragen worden sind. Die Verwaltung ist eine an das Recht gebundene Tätigkeit geworden." —Fleiner, Institutionen des Deutschen Verwaltungsrecht S. 227.

綜觀以上所論良行政之界說可定矣。茲更爲簡結之言曰。自消極而觀。非剷除官僚政治。則永無良行政之可言。無良行政。即無良政治。國家之不振。人種之式微。於是相緣而來矣。自積極而觀。則綜合言之。惟在取惟民主義之政治。若演繹言之。則一方以人民自親政事。是爲自治。一方復取代表之精神。爲之監督。有健全之輿論。以導於前。有充實之司法。以救於後。民志既宣。民權亦固。有競爭而不相殘。有調劑而無虞詐。凡爲一事。必能充情盡量。使社會得其福。國家蒙其利。而邊沁所謂最多數最大幸福之旨。得以達焉。此其所謂良行政乎。

能產良行政者。方爲良政制。吾願今之愛國者。以此爲注目之的。則他日建設。或有標準。懸此爲鵠。執而求焉。國家前途。或有幾分之光明。未可知也。第吾之爲說。乃先有假定。假定者何。乃吾人已有建立政制之機會也。苟沾於時局。則吾說初無關涉。不僅今日所行之政治。爲萬國所未睹。抑且較前清爲不如。夫前清以專制國。尚有各省諮議局。今則以共和國而無省議會。友人馮君心支謂中日交涉。縱使亡國。亡國之痛苦。或亦不過如今日。蓋今日之政治。完全爲待遇殖民地之政治。吾輩爲被征服受虐待之殖民地人民也久矣。吾嘆斯言之無以易。而願國人深味之也。　（完）

社會之自覺心

竹音

社會進化者也。夷攷其進化之原。陳說萬千。歸宗兩事。一曰民質。二曰政力。夫民質與政力相待而成者耳。然而察其乘除消長之際。嘗可以判社會興衰之宜。大抵社會方乘極盛。民質政力每不易於剖分。隱之則爲民質。顯之則爲政力。如環相結。治乃益隆。其在中流社會。民質政力間或稍形偏倚。亦必互有調融。如民志已經堅定。決不更縱政治於惡。反之政治既復改良。亦可扶植民質使強。至於民質既呈駁雜之象。政力復軼常軌以行。不能優容。反相尅制。若而社會。品斯濫矣。嗚乎。吾嘗推求社會所以興衰之故。而衡以吾國近日民質與政力之眞象。因歎上治終不可期。今所抉擇者。惟中流下等之間耳。十餘年來。國中殷憂遠識之士。鑒於社會微弱不振。純由政治腐敗有以致之。於是竭其聰明才智。羣謀善治之方。以爲政治加良。社會必有刷新之日。安知試驗結果。不徒未躋立憲之林。轉返專制之實。此中得失。誠非片面所能斷定。而社會程度未能盡與政治相應。固亦未始不居其一因。今則策國者流。深悟單簡社會。決不足以產生良好政治。遂又一轉視綫。專注重於社會事業。而謂前之致力政治。盡入歧路。舉國上下。惘惘莫知所措。究不識是非之果何在。天下竟亦無眞是非之存。余不敏。是不可不一言以解其惑也。間嘗論之。社會與政治。迭相因果。決無後先緩急之序。謂政治萬能。不復措意於社會。固屬迷信。而專注社會。因放弛其政治之責任。亦未可爲覺悟。且吾聞以政治啓導社會。其力易。以社會屬進政治。則事難。試觀列代世風。往往經數十鴻儒哲士敦厚之不足者。而一二暴君汚吏破壞之有餘。蓋彼居朝右者席高明之地握權勢之樞發號施令縱使有害民生而盈廷僉壬最能希風承旨有以文其過而飾其非此間豈乏端人正士主持清議無如忠言逆耳終不敵佞辭之易動人主聽也昔唐昭宗盡殺朝之名士投之黃河曰此輩清流可投濁流今世雖未必有昭宗其人然可見清流之不見容於世與當局之禁絕善人自古然矣況吾國政象所以紆迴曲折促成近日之勢者社會政府固應分尸其咎但由社會激進之反射不過居其二三而由政府朽官之醞造則恒居其七八然則社會不良半因政治反謂政治之汚純出社會又豈平情之論是故今之倡社會改良說者祇可視作社會自身之反省而決不許當局藉以解嘲諉過徒令社會蒙不白之寃也余謂士居今日而欲平心爲策國之談固不必空蹈監督政治之虛名亦不可太爲現時政象所拘束蓋以言論爲監督者必於政治大定之後始呈其效今則毀法亂紀又何惜乎人言至拘於現狀之無所紛擾可以苟安旦夕曾不肯放言高論以自異於流俗庸知社會機能不進則退我旣弛其國民應肩之責任而彼搢紳之士遂愈玩法律於股掌之上竟無一人爲之過問是社會先未改良而政象凌夷更不可收拾矣二者皆敝然則如之何而可曰跡吾本來民質與政力之大原而更加以培植蓄養之道斯焉得之所貴乎民質者非必柔懦謹畏之謂也曩者吾國國民好以感情用事而於政治上之利害得失習焉不察有觸卽興一旦有大力者負之以趨則又震於威勢相率盲從社會有此弱點最易爲强者所利用今欲盡反前非勢必先於國家義利之辨知之絕瑩而復陶鎔其智識砥礪其德性庶不愧爲共和國民之人格所謂培植民質者此也所貴乎政力者非指偶爾現於政治運用之上而實永久藏於羣生意志之中惟其蓄之愈堅則其發也愈愼大如建黨議政小如結社講學政

力所存。隨地可遇。社會中惟存有此各種潛政力。設有他種政力。欲獨壟斷政權。則各種之潛政力。皆可起而與之抗。是不必有取而代之之心。自能含泳優遊於全社會之內。久而久之。國中上下。自不期納入憲政之軌。而無敢或軼。所謂畜養政力者此也。民質政力。若果興厚。有所設施。自無勿宜。是則有賴社會之速自反省也。但民質政力。究以如何培植畜養。始可期其反省自悟。試推索之。得六事焉。茲將順序述之如次。

一曰知恥。　管子曰。禮義廉恥。國之四維。四維不張。國乃滅亡。孟子曰。人不可以無恥。蓋生人所以爲萬物之靈者。全在知恥二字。設不知羞恥。爲何事則放僻邪侈。何所不至。其別於禽獸者幾希。乃吾曠觀舉國士夫。幾不辨道義所在。羣爲逐臭之趨。推波助瀾。橫流益急。豈果無因致此。毋亦感召使然。聞之。上有好者。下必更甚。今上既獎進功名虛憍之士。則下必宏多貪鄙近利之徒。夫小人之所以藏身獨固者。往往貌襲老成謹厚之譽。而陰行其害賢邀寵之私。一朝黨援既衆。勢成不拔。居然昂首議論天下之是非。以欺庸衆之耳目。蚩蚩者氓。竟亦隨聲附和。翕然向風。明則輕改約法。而比其隆於費城會議。明明恢復肉刑。而美其名曰疏通監獄。他如石室金匱。開選舉之創例。居優養老蒙代議之虎皮。乃至學法爲干祿之梯。勳爵爲酬庸之典。此施彼受。恬不爲羞。而猶峨冠博帶。從容於祭天祀孔之儀。詡將身爲表率。敦厚世風。吾不惜其大言欺人。惟哭舉世昏昏。廉恥喪盡矣。雖然此猶就內政言也。至一觀於外交。則當局柔懦無能。本不足以深訝。獨怪此次日本因撤兵問題。無端提出亡國條件。逼我承認。政府含詬忍辱。開議以來。亦既畫諾不少。而彼日人貪得無厭。必欲逼我太甚。比聞道路流言。魯津閩漢。方且任意增師。匣劍帷燈。意別有注。此非危急存亡之秋耶。凡屬同袍。略知衛國。皆宜臥薪嘗膽。起雪今恥。乃中江志士。方嚙指血以陳書。而京國佳人。猶作跳舞之高會。朝野膠視。束手待亡。嗚呼。豈眞韓子所謂亡國之廷無人耶。古言人禽之別。只在一念之差。果吾國魂未絕。人心猶存。惕於憂患之來。速作反省之悟。則國之不亡。是在知恥。

二曰聞過。　昔王介甫作原過篇。以人介乎天地之間。固不能無過。卒不害聖且賢者。以善復其常。且以財之見篡於盜爲例。謂財失復得。曰非其財。且不可。性失復得。曰非其性可乎。是誠善於立言者矣。然吾以爲介甫之言過。僅詳其能復常。余則更喜其能自新。復常者不外就其向所不言行者而今言行之。或向所言行者。而今再不復言行耳。若自新。則言行其向之所不言行。而今之言行。可以償向不言行之失。不言行其向之所言行。而今之不言行。可以救向言行之害。失得償而害蒙救。豈非更能自新乎。然而促省其自新之機者。有時得之自訟。亦有時聞人之規過。特既聞過則必反省。善自省者。又未有不喜聞人之規過也。今之中國。非深墮落於此過惡之海乎。舉目當世。不獨無一日無過。且無一事無過。過不患多。其患不改。他姑不論。吾且舉其近之一例。夫吾國策國之黨。向非兩派。急進緩進。旨各有歸。究其所失。則急進固不能蔽其辜。而緩進亦有以分其咎。往者已矣。暫置不論。所謂急進黨人。亡命絕域。言念國事。豈復忘情。果能政府與黨人。提攜相見。消釋猜疑。則國脈維繫。或即在此一事。人必自絕而後人絕之。當黨人二次發難之際。國中清流。孰不交口責勸。顧黨人掉首不聽。甯敗出亡。卽今察之。黨人誠不無可非之處。然謂黨人盡屬喪心病狂。甘乘國難頻仍而欲爲虎作倀。三尺童子。將亦知其非義。而謂黨人爲之耶。

且黨人中自不乏磊落男子。徒以神經過敏而又激於政治上之感情。遂致不權利害輕重。竟出萬死不顧一生之計。事後追思。黨人當亦有俯衾影而深太息者。況自黨人亡命。國政之壞更甚於前。吾知國人亦未必願與黨人相絕而不許其開誠布公與共國事者。譬如兄弟鬩牆。家庭亦所恒有。一旦外侮踐至。而尙自相猜忌。鮮不爲人所乘。近觀黨人自白之電。椎心泣血。情見乎詞。吾嘗讀之。惻惻涕下。然則黨人誠心愛國。亦既章明矣。不知政府將何以慰之也。政府果思有以慰黨人。徒以區區赦令塗飾耳目。猶爲非計。是必表示政治之大公。毋徒愼防人心之危亂。濡染日久。不戢自安。若僅枝枝節節而爲操縱馳驟之計。吾恐天下將爲黨人寬。而政府陰受其弊而不自覺也。

三曰用才。才猶器也。器之種類不同。要皆各含其用。才之本能。殊異不妨各致其宜。可小知者或難大受。尺有所短。寸亦能長。善用才者。苟能自獻其智勇辯力之量。以納於偏正高下之途。則一國之才。必能盡一國之用。昔曾滌笙送郭筠仙南歸。謂天之生材。或相千萬。要於成器以適世用而已。材之小者。視尤小者則優矣。苟尤小者琢之成器。而小者不利於用。則君子取其尤小者焉。材之大者。視尤大者則絀矣。苟尤大者不利於用。而大者琢之成器。則君子取其大者焉。其意以爲才之不必計其大小。唯視其能善自策勵者取而用之。自可以收才之效。故下文曰天賦大始。人作成物。傳曰。人不天不因。天不人不成。不極擴充追琢之能。雖有周公之才。棄而已矣。此老所談。多鞭辟近裏之言。可拳拳服膺者也。乃今操任人之柄者。既不惜以功名爵祿。鼓舞天下之人心。平居伏處草野之士。復不審自覓途徑。以獻其本能。而徒醉心祿利之榮。大發作官之熱。當其獵取未得之時。竭盡攀緣奔走之力。以趨奉一人之意氣。即已得之。

又廣樹聲援弋取權勢立法足以壟其私則剝奪其機關司法足以分其勢則自操其職權謂非如是不足顯其奇才異能也殆權位既固發軔新試萃萬事於一躬而責遠任重時有舉鼎絕臏之患遂又相率諉爲事之難辦而不咎其才之不能吾雖不敢謂今天下必無良有司而此輩昏昏要必居其十之八九卽有一二圭璧自好之士墜於舉世滔滔沉迷不反又安肯以身之察察而隨物之汶汶者乎縱令心存利物而欲以他事自效然人當濁世四圍所遭皆有以戕其才而灰其志靡不有初鮮克有終者比比然也夫茂才者社會既不容其才之展中材者復不識自琢其才以致之事彼操任才之責者未收才之作用而反戕其才之本能坐令天下有乏才之歎豈果才之乏歟毋亦不得其所用才之術也

四曰尙法　最近有一流行引用之論曰法者治之具而非制治清濁之原斯言命意乃謂不可徒信法治而忽其所制治清濁之原非以法律不能爲制治清濁之原而並其所以爲治之具亦不講也然吾觀今國人每因誤會此說遂視法律爲不足輕重而產出兩種心理其一以爲法者不過作事之模型若事事拘束於法將不良於運用其二則有憤於前之約法無端橫遭蹂躪今縱法令紛若牛毛而朝修暮改嘗受私人意志之左右彼既以法律欺人人亦不妨敝屣視之前者不知法律之設本有活動餘地今不善運用而反畏其束縛此輩法律觀念未免太薄自不足與深較後則持理樹義極有根柢吾殊無以難之蓋法者全國所共守之具也一經頒布既與全國同其利害則當制定之際自宜使全國議其是非必經是非大定而後懸之國門不待迫人以遵守之義而人自有不忍叛之之心何者公義使之然也今則聚三數人於一室私居討論不與天下以共聞而卽貿貿號於衆曰此大經大法也天下既莫窺其大經

大法之妙義。彼亦無實行其大經大法之決心。乃不崇朝而施於實際。嘗扞格不行。而大經大法者。又潛移默化於無形矣。試觀舊約法時代。參衆兩院所議法案。往往尚在審查讀會之際。而輿論批評已喧傳於報紙。何以今竟緘口結舌。莫之短長。豈今法之無可非難耶。毋亦國人有鑒公私之義。今之法律。既不以是非公之天下。天下遂亦視其法律爲無關得失已耳。然則輿論消沉。縱不足慮。獨不計法律失信危及國本哉。故吾謂政府如欲維持法律之信用。是必速立公平選舉之制。與人民議政之風。毋徒恃有參政院立法院。卽可遮飾耳目也。夫法律之服從。固可迫之以力。而法律之信用。則須爭之以意。以力迫人。使從法。力有所窮。法亦不守。以意爭人。使篤法意之所在。力卽以存。吾之尙法云者。非僅尙法之意而蔑視法之力也。以法力不能離法意而獨在。意苟有爭民之信用。力卽足範民於服從耳。

五曰廣言。言爲心聲。遏人之不克暢其言。不啻禁絕其人心之思。絕人心思。則其心死。憎惡人言而國必亡。甚矣。言之不可不廣也。以言從政。則伊古以來。雖當專制之朝。君必納諫以善其臣。臣亦進諫以格其君。唐魏徵之諫太宗。事無大小。皆能指陳親切。感動主心。觀其以諫草付史官。後世多稱其有好名之心。余則謂能不掩君之過也。此特就君臣相與之際言之。至於同僚在位。尤貴有不和之節。昔者范仲淹韓琦杜衍富弼四賢。同事於宋。雖皆歸於盡忠。而其所見各異。故於議事多不相從。歐陽永叔稱其平日閑居則相稱美之不暇。爲國議事則公言廷諍而不私。是誠可謂忠臣也矣。大抵古人於一身出處去就之間。嘗度之至慎而持之極堅。一日立朝。必傾其夙有懷抱以濟世利物。卽令朝有僉佞阻之使不得行。亦必翩然引去。自潔其身。從未肯枉道求合者也。今則自命爲政客者。平居自負。未嘗不卓然有異於常人殆厠身政局所懷主義不克見售遂不惜自貶素操委蛇流俗祿位爲重道義爲輕於是骨鯁岸傲之風永不見於今之時矣以言攷學則好同殘異更爲吾國之恒性周秦之際百家爭鳴彼時學術亦云盛矣吾嘗讀老莊申韓楊墨之書見其詼詭博大各能閫其獨創之理以成一家之言顧始誤於異端之說再陷於科名之途忍令數傳之後獨知有孔而不尊諸子者皆不知廣言之過也且夫明哲之士所藏獨到之理未必盡爲庸俗所喩往往立一言發一說在當時視爲洪水猛獸而至後世反如旭日升天者如盧梭之言民約邊沁之倡樂利達爾文之講進化哥白尼之談天文茲數子者固具旋轉乾坤改造世界之能力者也然在當世之人或目之爲狂易或幽之於囹圄善哉穆勒之言曰言以爲非而禁之而又烏知所禁之言不必非乎以言建黨則一國政論每不單行如英國有進取保守之別貿易有自由保護之殊而兩黨相衡皆各有其所守之義此而曰是彼亦未見爲非掊擊其一他亦不克獨存前者吾國亦有國民進步兩黨所持主義若何今姑勿論惟兩黨政爭不免時越常軌始猶口舌交訢繼則意氣相持卒之國民黨解散而進步黨亦奄奄無生氣可見政黨要義最宜尊視異己兩相督而不相尅乃有以制用事者之威力使之常循理而惺惺也（用嚴譯穆勒成語）夫無論從政攷學建黨能廣言則各能盡其所性不能廣言則政弊學偸而黨亦不存然而在上者猶曰防衆民口終其身不欲聞一反對之論下之士亦皆儀情飾貌同流合汚彼謬尸代表言論之地者則又皆如蘇子瞻所謂舉先賢之言而獵取其近似者以自解說其無能而已穆勒曰存一說以爲是而任天下人之求其非惟無可非乃以爲是主一說以爲是而禁天下人之言其非吾之所是乃不可非斯二說也君子當知所取擇之

六曰講學 社會上之人物大要分爲上中下三級上智恆不多見下愚者又皆蠢蠢然隨其習俗所尙於是社會風俗之隆汙全繫於一國中材之心之所嚮中材心嚮仁義社會斯有仁義之風中材心嚮功利社會亦染功利之習故凡屬中材之士苟不肯自視太薄毅然以轉移風俗爲己任則必號召徒黨結社講學騰其口舌之勞播爲聲援之勢風聲所樹必有翕然來歸者試觀東漢節義之盛冠絕前古雖光武明章表彰儒術功亦匪細然如李膺郭泰陳蕃之倫更相褒重從之游者有太學生三萬人一時有天下楷模李元禮不畏強禦陳仲舉之譽吾國民德之美未有過於東京者也有明之亡清兵殘暴所過爲墟而士大夫猶知砥礪廉恥支配人心如亭林船山梨洲夏峯諸大儒深藏巖穴講學不衰降及乾嘉東南猶多隱君子者詎非清流結社之功哉清當洪楊之亂干戈雲擾生民不遑甯處而曾滌笙羅羅山諸賢獨能提倡宗風扶危定傾其流風餘韻至今猶有存者講學之效詎可沒耶此在古昔不過有二三賢俊本其精誠發爲清議竟足以鍼砭薄俗收拾人心若以近世政黨之義揭其旗幟堂堂爭辨於大公之庭則其力量豈不較之講學尤爲重大顧何以徒滋擾攘反不如講學之能收清議於無形耶是由人之過也夫吾國號稱清流之士所知名者寥寥可數方當彼此欽敬急謀結合之不暇而在彼時卽此最少之清流而猶各懷黨見互相傾軋不能相容此其所以一蹶不可復振也余以爲吾國欲建一完全之政黨必須先謀製定確實之黨綱具體之政策而此黨綱與政策決非碩果現存之黨派與夫一二報章雜誌之所能建議無憾果欲圖此勢必盡國中所有知名之政客而相聚於一種學會之內甲非乙是朝夕研幾趁此政黨衰歇之際藉作黨見消釋之機不計歲時而以黨綱及各種政策次第解決爲度再揭旗

幟以建爲黨則此政黨一度成立決不易於消滅憶昔曾有毁黨造黨之議余甚韙之惟毁黨於黨派林立之時正復談何容易今黨派既已零落則異軍蒼頭特起亦正患人不肯爲耳

上述六義既畢請爲之結論曰昔甄克思嘗謂國家爲最完全尊大之社會故社會國家每可聯合成一名詞猶言國家之由社會組積而成者也夫國家爲社會所組積政府爲國家之機關國家形影離乎社會意志不能想像政府權力非由民族宰制莫之轉旋是以與其空言責政府之不德毋甯實地求社會以自修蓋社會爲主政府爲客社會爲本政府爲標社會苟能厚其根基人人知護國衞道之義時時懷惕息自勵之心民質既堅政力自厚潮流所向衆意所歸政府縱欲逆衆意而獨斷更安能遏潮流而倒行耶不然日望政治加良而不求社會反省卒之政象未見朝曦社會先呈暮氣是反賓奪主務標忽本之下策也余論至此而又憶及曾滌笙有言轉移習俗而陶鑄一世之人非特處高明之地者然也凡一命之士皆與有責焉斯言精透願與天下士夫共勉之

戰爭與財力

端六

一 序言

歐洲大戰已歷半載戰局變幻靡或有定吾人就已往之事實推測將來之結果敢斷言勝負之數非月日所能判決昧於世界大勢者流或冀第三國出而調停或幸一戰團驟奏凱樂由前說則美國干涉之事所以喧傳報紙由後說則黨英者幸德敗績黨德者咒英危亡凡此諸人非苟安旦夕之病深中於腦筋即倚賴他人之心無時或離乎左右日本英之同盟也其禱祝英法俄之勝利或出諸二三人之誠意亦未可知然吾人私揣彼國之賢明政治家決無有為歐人借箸代籌者縱欲為之亦且未暇蓋彼方欲乘千載一時之機大伸其掌於東亞大陸故也國中輿論直可視為一種外交手段與時局殆渺無關聯彼在今日應執之外交方針浮田博士於「太陽」雜誌著有「日本之外交政策」已宣言無諱其主旨不外置日本於中立地位諷其政府不必結怨於德（一）以為將來攜手之資彼蓋深明世界大局而能發為言論為一國之指針者也返觀我國蚩蚩者氓固方酣歌恒舞享燕雀之樂有心國事者則發為激論幾欲執干戈以滅此而朝食鼓舞民氣振起國魂亦未必非救危之一策吾人決無反對之理但空言既非可以奏效盲動更非所以圖功不明世界大勢而欲立國於今日難矣

（一）太陽第二十卷第十四號（大正三年十二月一日）第十四頁

歐事發生。不幸禍及我國。膠州灣由德人手移交日人。猶藉口曰爲逐東半島復讎。爲東亞和平剷除強德之海軍根據地。今則不待歐戰完結。且提出多數苛虐條件。欲乘機染指於全夏。無理自不待言。然倫敦太晤士(一)則曰「合理」曰日本政府之行爲。乃「保全中國領土」不背乎「門戶開放」「機會均等」主義。夫英倫政治家。豈欲日本獨步東方。蠶食中國利權。至於罄盡。特歐戰爲本國存亡所繫。不暇顧及中國問題。與其不能掣日人之肘。不卽肆其侵略。毋寧順水行舟。稍許日人自由行動而已。乃居間爲最後之調處。(二)日本攻其同盟國之敵。旣非有不共戴天之恨。且欲爲將來攜手之計。則其攻也不以力。其待俘虜也。必且加厚於尋常。反之而對於無罪無辜之鄰邦。轉脅迫不遺餘力。是知國家強盛。雖戰敗爲虜。猶蒙靑眼。國家危弱。無故且遘禍殃。國人不圖自立。猶欲東倚西賴。視故李鴻章之遺策。爲救國之玉律金科。殷鑒不遠。卽在目前。歐洲列強搆兵於西。扶桑島國。遂得稱雄於亞。是非其明效大驗耶。

(一)二月十三日太晤士報、

(二)二月十八日英外務大臣格雷君、在議會答某議員質問日本要求中國之事云、「現尚未得日本政府確實通知、無從報告、」又云、「一千九百十四年九月五日倫敦會議、英法俄三國、在此戰期內、不得有一國獨自締結平和條約、如有平和締約時、須未先得他兩國同意、此三同盟國中、無論何國、不得要求平和條件、英日同盟條約第二條亦同此意、故遇此種問題發生、此四國須聯合一致進行、」按去年九月十四日、太晤士彼得羅城電、謂得東京電云、「日本已加入倫敦三國協約之中、」「外相(加藤高明君)已通知東京俄國大使、謂日本從先取得膠州、決不於歐戰未了以前、獨與德國締結平和條約、」

參與歐戰者九國(日本以實無關除外)實則戰爭之中心不外五國即英法俄對德奧是也五月以來海陸兩面均無大勝負俄雖略取加里西亞一大部而不能得克拉科(一)德軍東逼瓦鎖卒未得逞比淪於德巴黎繼之告警乃自九月六日以後德軍退去五六十英里迄今衛屯(二)不下加列(三)拒守如故陸上之勝負難分如此英海軍集中北海六月於茲一月二十四日之役德軍喪其裝甲巡洋艦一隻兩軍各有損傷而於全局絕無影響法奧海軍相持於亞得里亞海亦無所聞海上之勝負難分又如此夫以號稱無敵之德陸軍不能不老於英法堅城之下以百戰百勝之英海軍不敢近窺厄爾北河一步文明國與文明國相遇兵力戰略魯衛之倫非一朝一夕所能決乃自然之理由今之勢察其將來之數國者皆非任人殄滅者也

二　三國經濟同盟演說

前章已就武力均勢之實況稍加詮釋然今世之戰非僅武力財力之鞏固與否亦爲判決勝負一大關鍵今於敘列各國財況之前且述三國經濟同盟之事二月初旬英財政大臣雷德佐治君俄財政大臣巴克君與法財政總長李播君會於巴黎協商三國經濟事項十五日雷氏在英議會演說三國財政現

(一)Cracow、加里西亞省之一大要塞、

(二)Verdun、法之東境一要塞、

(三)Calais、法西岸一港、爲英法海上交通要道、

狀及此次會議之結果。茲錄其概要以供吾人之研究。(一)

自今年一月一日至十二月三十一日。預計三同盟國之費用總額。不下二十億鎊。(二•〇〇〇•〇〇〇•〇〇〇鎊)其中英帝國當較他二國多費一億至一億半。其理由則以陸軍新造、海軍弘大、軍士贍家年金較為寬裕、殖民地軍隊運輸至遠、戰事不限於歐洲、且及亞非兩洲之故。

我國戰費。僅以收回我海外投資者充之。亦足支持五年。法國仿此辦理。至少可支持二三年。兩國尚有餘力補助他同盟國。現德國已出其全力。而我同盟國不過出其三分之一。目下問題。即在我同盟國及早籌維用其所餘三分之二之財源。

俄國情節。異於英法。其天然之富。甲於全球。人口亦足相副。然常不能得有滿足之資本以開發此富源。今戰事發生。更形困窘。平日所恃以獲貲於海外者。今則變為軍需品矣。採鑛工人。則從戰矣。其國既無附近之銷場。則雖有貨物。不能出口矣。反之而彼不能不輸入貨物以補其缺乏。

法雖富埒於英。而別有困難之處。其富饒地方。既為德人占領。則金融市場。不若昔日之完美。幸敵鋒稍戢。法人知德之不足深懼也。金融界隨而鎮定。嗣後軍費之籌措。當必不難。

吾英亦有弱點。全國食物三分之二。來自海外。入口貨中之原料品及國內製造品。多以之供軍需。商船多被徵發。由是出口貨船貨及報酬金。不足抵償入口貨。不獨此也。我國且不能不貸款於他國。以冀協力進行。故國際借貸。失其均衡。我國將大蒙不利。然吾苟能保守吾之金貨。則此事亦殊不足慮。

今日之事。在我同盟國各出其所有公之軍用。其責任不可有限。如一國軍隊彈藥多於其他各國者。茲國應盡出之。以殄此公敵。海

(一)節錄二月十六日太晤士報會錄事報、

軍財政仿此辦理。是則巴黎會議之主旨也。

會議中第一問題爲聯帶借款。此問題經再三磋議之後。決爲用財之最下策。此事若行。各證券交易所(一)將無不褰足。各國信用將爲之掃地。試問一借款問題發生。我國所付之利率。能令法俄同之乎。如令我附以高率。則此後必不能募得低利之款。因此決定同盟各國。當先就本國市場募集其本國必需之款。但若關於外面問題需人扶助者。則最有力之國應出而擔任。然有一例外。即現在或將來爲我等同仇敵愾諸小國。欲有所稱貸。三同盟國須各負一部責任。屆時可商議聯帶借款。以前我三同盟國貸款於他國者不少。嗣後遇有機會。無論何時。此等貸款當混爲一。發行於英俄法三國市場。責任則三等分之。

吾英已貸與俄三千二百萬鎊。加以彼運來之金貨八百萬鎊。則俄國已在我國擁有債權四千萬鎊。此款以充俄人海外購貨之資。法國亦已因此貸款與俄。然俄人預計自現在至今年歲暮。更需巨款。其確數不能預告。蓋此後彼所必需之款。視其出口貨之多少以爲增減故也。英法政府現擬爲俄首募五千萬鎊。兩國各任其半。以後再察兩國金融界情況。隨時商酌續貸。吾料此款告罄之日。俄法戰事必大有起色也。

就金貨而言。吾敢言三同盟國之形勢極爲鞏固。俄法保存金貨極夥。自宣戰後法固勿論。俄自運來八百萬鎊外。餘亦未動分毫。我國金貨準備之巨。爲我歷史上所未有。現雖不逮俄法德。然我國夙號爲世界金貨之自由市場。紙幣之流用爲額不多。每歲生金入口。不下五千萬鎊。其由匯兌而來者不在此內。自南非叛徒敗潰後。金貨之供給有增未艾也。且此次巴黎會議。已得俄法政府允諾。如我國金貨減少至若干額。法蘭西俄羅斯兩銀行必出而相助云。

(一) Stock exchange、恐前於英國戰時財政經濟概觀文內、譯作股票交易所、近閱支那雜誌、見北京政治會議議案內、有證券交易所一案、當即指此、特改稱之、我政府已允承受俄財政部證券。以之抵償俄商匯票。俄政府予我以財政部證券。而在其國代收其國商人之應付。由是英俄兩國間之匯兌必大加改善。由是而兩國間之貿易亦必日有起色。由是而俄政府必可於其本國募集軍費。俄政府亦允改良運輸機關。以便其貨物得速輸出於英法。

至於我同盟國在各中立國購貨之事。頗極紛糾。蓋我等同在一國購貨。互相競爭。必致物價騰貴。不僅諸多糾葛。且足增濫費之風。因此協定同心一致。免除競爭。

本會議經六月之商。三日面議。舉連結累牘不能陳訴之事項。不崇朝而判決之。吾敢正告諸君。其結果良好有斷然者。

雷氏演說已盡於此。撮其概要。不外四項。一聯帶借款。二貸款與俄。三保存金貨。四協定購物。大抵已經議會同意。惟對於第一項。頗有訾議。議員中有主張僅顧比國而不及其他諸國者。蓋恐擔負過重。國力不及也。雷氏答謂此事原未議妥。尚可從長計議云。（一）

雷氏所陳各國經濟現狀及將來三國之計劃。可謂綱舉目張。瞭如指掌。本無須作者再贅一語。惟立言過簡。未得列強財政近況之報告者。恐不免有隔靴搔癢之感。愚既寡學。不能評騭得失。欲就所知。取以擴充雷氏之說。俾讀者得曉然於世界大勢之一斑。而得研究之資料。則區區之意也。

三　富力及富之活用

雷氏謂德國已出其全力。而三同盟國僅用其三分之一。此等計算。在列強自早有成竹。不待戰時。即平

（一）二月十三日雷氏議會演說、

時亦必詳加調查。以比較彼此之眞實國力。惟戰時列強惡其害己軍事財政。多秘而不宣。甚者揑造流言以虛張其勢。雷氏數字上之計算。果切合實情與否。吾人不得知。亦無從證其眞僞。今假定其說爲實。而兩方武力得保其均勢。永如今日。其他列強如意大利巴爾幹諸國。嚴守中立。永如今日。則最後勝利必歸於三同盟國。毫無疑義。惟天下事恒變動不居。將來結果何若。固非吾人今日所能逆料。卽雷氏亦未必能固信其說之可行。然吾人縱不能得其確實解答。非不欲得其近似。質言之。吾人茲不論其全力或三分之一。或三分之二。但列舉其已知各數。爲讀者一討論之何如。

各國財政。對於戰時所生之效果。全視其平日所貯蓄之富力。及富之活用之程度。爲準。雷氏所舉英法俄三國之事實。卽此標準實現之一證。以土地人口論。俄自較英法遙勝。今不僅不能提攜二國。且須二國之扶持。則富之活用之程度劣於二國明矣。富之活用之條件。如金融。如運輸。如交通。如產業組合之類。不勝枚舉。條分縷析。非本篇所能盡。今且概括言之。則俄債務國也。英法債權國也。債權債務。非可以國債多少爲判。乃由一國人民對於他國借貸總額之差異而生。如以國債論。則英爲六六一·〇〇〇·〇〇〇鎊。法爲一·三一五·〇〇〇·〇〇〇鎊。俄爲八九〇·〇〇〇·〇〇〇鎊。（一）其不適合明矣。債

（一）二月十三日倫敦經濟週報 The Economist 估計交戰列國之新舊債如左。（單位爲百萬鎊）

	舊債	新債	戰入消失	全債
英	六六一	三一二	無	九七三
法	一、三一五	三六三	五〇	一、七二八
俄	八九〇	五二〇	五〇	一、四六〇
德	二四〇	五二〇	五〇	八一〇
奧	四九〇	三六三	五〇	八五三
塞	二六	二六	四	五六
比	一四八	二六	……	一七四

權債務亦不能以出入口貨之優劣爲判須就各方面觀察之乃不失其眞象如專就前者立論則英之入口恆多於出口一億三四千萬鎊法之入口亦多於出口六七千萬鎊俄之入口則少於出口三四千萬(二)其不適合又明矣國際貿易之眞理據近世經濟學者之言不過一高等物物交換爲上古時物物交換之進化者蓋入口貨之債務須以出口貨抵償國際債務之淸算初未嘗用金銀不過一紙匯票而已然匯票之作爲全屬信用其價値全恃貨物爲之後援猶紙幣需現金爲後援同出一理使一國貨物之輸出偶然不足抵償貨物之輸入匯票未必失其價値蓋不久卽可輸出多量以超過輸入而得補償前日之債務也苟輸出永久不足輸入永久過多此外又無其他條件調和其間則匯票之信用無可維持而國際債務之整理乃不容緩欲整理國際債務首在輸出金銀金銀之爲物飢不可食寒不可衣戰爭不可爲武器然以其物自身之價値不愧爲有用實物故人樂受之是以輸入超過之國苟無其他條件足以抵償則金銀之輸出乃不可遏然金銀有限且爲國內貨物交換之媒驟然減少則全國之金融市場爲之震動恐慌於是乎生故一國至不能輸出相當之貨物以與輸入相殺又不能輸出金銀以整理債務之均衡更無其他條件足以抵償其缺損則除減少輸入以與輸出相遷就別無良法然當戰

(二)德之入口、多於出口八九千萬鎊、一九一四年、英之入口總額六九七、四三二、六四九鎊、較前年減七一、三〇二、〇九〇鎊、出口四三〇、二三〇、七二五鎊、較前年減九五、〇一四、五六四鎊、再出口九五、四八九、五八六鎊、較前年減一四、〇八五、四五一鎊、一九一三年、德之入口總額五二六、〇〇〇、〇〇〇鎊、其中大半爲生貨、又食物及牲畜占一五〇、〇〇〇、〇〇〇鎊、出口總額四九五、〇〇〇、〇〇〇鎊、一九一三年、法之入口總額三四〇、〇〇〇、〇〇〇鎊、出口總額二七五、〇〇〇、〇〇〇鎊、爭之際。不僅出口貨減少且因購買軍糧武器等項益令入口貨增加。如此者其困難情形。殆難名狀。其困難之發現首推匯水之上騰如今日之俄國是也。

所謂其他條件者何也。第一爲海外投資或海外借款。兩者形二而實一。自債權國言之則爲投資自債務國言之則爲借款當債權國投資時債權國反變爲債務國然其後受取利息及收還本金乃實現其爲債權國之眞象。第二爲船賃一國擁有多數商船航行海外爲本國或他國運輸貨物者則其國得於船賃之中吸收多額之金貨如英國那威等是也。第三爲報酬金銀行經理匯兌商人受託販賣等事均由外人領取金銀以爲報酬。如倫敦金融界及大商店是也。第四爲僑民送金。如中國其最著者也。第五爲外人游歷及傳教等所費。第六爲政府訂購軍艦武器及在外公使領事之費用。以上僅舉其最要者言之。第一條中之海外借款及第六條之政府費用均所以增加債務與其他各條增加債權者有別。綜此各種條件更加以國際貿易之盈絀而國際債務之狀況乃可得而言焉。

四　列强富力比較

愚論國富因及債權債務旣分析言之如上。然讀者須知債權債務不足爲國富之標準。蓋債權國之國富恒較他國爲大是可言也。然謂債務較大者之國富必較債務較小者之國富爲小則大不然。英法德爲債權國。非僅其國富宏大使之然也。其富之活用之程度較他國遙高故得彼之結果。反之俄美諸國之富。較英德法有過之無不及。而仍不免爲債務國者。則以活用之程度有所不及故也。赫夫利希博士

(二)統計英德法美四國之富及對於人口之比較如左。

	全富力	平均每人富力
德	一四•二〇〇至一五•六〇〇百萬鎊	三三一至三四〇鎊
法	一一•四〇〇	二九〇
英	一一•三〇〇至一二•七〇〇	二五〇至二八四
美	二四•五〇〇	二七〇

照上表言之。美最富。德次之。英法又次之。此所謂國富。不僅指土地人口。凡關於資本的富。皆統核在內。然美國以土地人口之衆多。遂致富冠四國。俄之富未經赫氏統計。吾人試以土地人口推之。則其富必不劣於美國。是債權債務不足爲國富之標準明矣。又據英國國勢調査會所報告。一千九百零七年英國生產富力如左。(該報告於一九一二年發表)

生產分配兩界所消費或交換之貨物	一•二四八至一•四〇八百萬鎊
勞心界(政府及勞心業者)所消費或交換之貨物	三五〇至三四〇
各界所貯蓄及投資	三一〇至三五〇
合計	一•九〇八至二•一五八

(一)Dr. K. Helfferich、當此次開戰時、任伯林 Deutsche Bank 總裁、現任德帝國財政大臣、茲所引赫氏之說、見一千九百十四年十二月 The Round Table, No. 17, p. 140、

赫氏所統計一九一三年德國生產富力如左。

政府事業	三四三百萬鎊
個人事業	一●二二五
剩餘富力	三九二至四一七
全收入	一●九六〇
十五年前之每年剩餘富力	二二〇至二四五

據上兩表則英德兩國均爲債權國可知。且德之剩餘富力較英尤大。然有數事不可不注意。第一。英之國富調查爲一千九百零七年。德爲一千九百十三年。此六年之間。各國生產力之增進。不可以道里計。若以現時之英國與德國相較。則英之每年剩餘富力。恐不在德國之下。（一）第二。英之工商業自十八世紀末即已漸次發展。德則自一千八百七十一年普法之役後。始由農業國升爲工商業國。國富之根基。遠不英逮。現英國海外投資總計自三·五〇〇·〇〇〇·〇〇〇鎊至四·〇〇〇·〇〇〇·〇〇〇鎊。每年收入利息。幾及二〇〇·〇〇〇·〇〇〇鎊。世界各國無有及此者。欲求其次。厥惟法國。德美諸國相去甚遠。美固不足論。德亦新建之邦。雖一面對於他國爲債權國。而一面對於英法仍爲債務國。據赫氏所調查德之海外投資爲一·〇〇〇·〇〇〇·〇〇〇鎊。是不過英國四分之一耳。況船賃及報

（一）二月二十日倫敦經濟週報、引統計雜誌、(Statistical Journal)謂一八一二年、英國富爲二、七〇〇、〇〇〇、〇〇〇鎊、其時國債爲九〇〇、〇〇〇、〇〇〇鎊、約當國富百分之三十三、一九〇九年經濟週報、估計英國富爲一四、〇〇〇、〇〇〇、〇〇〇鎊、國債爲七五四、〇〇〇、〇〇〇鎊、約當國富百分之五、

酬金之收入亦不足望英之項背耶此兩項英國每年所得約三三〇·〇〇〇·〇〇〇鎊德國約不足一〇〇·〇〇〇·〇〇〇鎊際茲戰事德之海外貿易全爲英所阻在外商船非被捕即避在中立國不能爲用(一)則德國富力之基礎不及英國明矣第三英人口僅四千五百五十萬德人口已過六千八百萬每年人口增加英僅三十萬德乃九十萬則德之剩餘富力每年被本國所吸收者遠過於英則其及於他國之餘力不及英國之大

以上僅就英德兩國比較之至於法之國勢與英德各異第一法人勤儉貯蓄其剩餘總富力與英相伯仲過非德所能及第二人口增加速率最小(二)故每年之剩餘富力愈益滋多赫氏謂「法爲資本國德爲勞動國」可謂知言蓋法人之投資法異於英德英德投資多爲生產事業且時時派人往監理之法之資本多投於各國政府以法人戀鄉心之摯投資政府坐收其息乃法之至安全者法人貸款於墨西哥之額亞於美國然近年墨西哥之亂英美德人之旅居是邦者極多而法人則寥如晨星此可見法民性之一斑也夫法人此種投資法雖較爲安全而其滋長不若英德之速今假定各政府之借款利率平均年利五分(百分之五)則法之資本每年可增殖百分之五反之而英德之投資生產事業者有時或全失其利然平均計之其利率必倍於政府借款即每年可增殖百分之十也由此可知英德此後

(一)參觀甲寅第五號　英國戰時財政經濟概觀　註釋、

(二)百年前之人口、德二千一百萬、法二千九百萬、英一千七百萬、現時之人口、德六千八百萬、增四千七百萬、法三千九百萬、增一千萬、英四千五百萬、增二千八百萬、一千八百七十一年以來德人口增二千六百萬、法增三百萬、英增一千四百萬、富力之增加速於法國明矣。

五　列强經濟現狀

英德法海外投資既巨則其國人所有外國股票及其他證券可在外國賣出以應急需惟交戰國之證券市場如倫敦巴黎柏林等平時可收納外國證券至速且易今證券交易所雖已照常開業而政府嚴設限制（一）不僅敵國證券不許消受即中立國證券亦不許發行（二）凡此皆所以防資本之流出（三）雷氏之惴惴於金貨減少即此意也世界之最大證券市場首推倫敦次則紐約然紐約市場雖大其日常交換之證券多爲內國公司託辣斯等所發行外國證券不爲所喜勉强發行未必不可而其效至微雖然風雲變換渺不可測國家興盛半在逢時世界三大商業國中英德已自交戰美乘其會豈不欲抒其手腕攫取世界有名之商業中心而代之去年八月十二聯合準備銀行（四）開業其用意一以整理

（一）倫敦證券交易所於一月四日復開、政府發布規則十三條、其最要項、一爲交易須用現金、二爲新發行之證券、非經政府認可、不得交易、

（二）二月十九日太晤士財政商業欄內、載有 New York Central and Hudson River Railroad Company 欲在倫敦發行一〇〇,〇〇〇,〇〇〇美金社債之一部、經財政部禁止、是爲禁止外國在倫敦發行債券之始、

（三）一月十九日英政府宣布法令、禁止濫投資本、（一）英王國內有益之投資、經政府許可者、准其發行、（二）英殖民地內切要且特別之投資、經政府許可者、准其發行、（三）英帝國外之投資、一切禁止、（四）但外國政府殖民地政府之短期證券、或市會及鐵道會社之短期債券、已爲此間人民所有、到期後欲續借者、政府必不固執以上之禁止條例、

內國之貨幣。一以擴張海外之金融。(一)半年來新銀行制之成績。頗稱良好。雖爲時尙幼。不必遂其所欲。然紐約金融業者不僅爲德法發行債劵。且開始承受匯業之業矣。(二)

英國戰時財政。愚已於甲寅雜誌撰有一文。茲不復贅。惟將德法俄略爲陳之。德政府於去年八月四日。募軍事公債二萬五千萬鎊。年利五分。發行價格九十七半。公債分爲二部。一爲財政部債劵。每年依抽籤法償還。一爲帝國債劵。定期償還。應募成績。尙稱完滿。今聞第二次軍事公債二萬五千萬鎊。將於二月杪發行。內容與第一次公債相似。惟發行價格擬爲九十八半。且應募之額。不加限制。其發行公債之法。不外令銀行增發紙幣。而以政府債劵作爲準備。民間應募者。得以財產或有價證劵向銀行押款。以便購買政府債劵。質而言之。卽政府收貯民間財產。而以公債代之。公債不能流通。則以紙幣代之。於是紙幣乃大見膨脹。發行紙幣機關。不僅德意志帝國銀行。現新設「戰時借款銀行」「戰時信用銀行」「

(四)美國銀行制、極爲複雜、日本「國民經濟雜誌」第十七卷第一號及第二號(大正三年七月及八月出版)有「米國聯合準備條例」一文、於近來美制之變遷、紀載頗詳、

(一)W. F. Spalding, "New York as a Monetary Centre," London Bankers' Magazine, No. 851, Feb. 1915.

(二)二月二十日倫敦經濟週報轉載「紐約 Evening Post 一月三十日紀事云、橫濱上海伯林及 Buenos Ayres (阿根廷那首府) 始與紐約各銀行及託辣斯協定承受匯票事件、此事件夙爲倫敦股份銀行所獨占、未有第二國出而競爭者也、」戰事未發生以前、紐約銀行未嘗染指、然近數月來、各處來電、定購食物及軍需品者、絡繹不絕、計自八月中旬以後、紐約銀行承受外國匯票、總額達一千五百萬鎊之多、外國匯票雖向紐約與匯向倫敦之競爭、果能長久如此否、純視戰局之久暫、及倫敦信用之消長以爲斷、」

戰時補助銀行」及「保險銀行」「抵當銀行」等均有發行紙幣之權。此等紙幣與帝國銀行紙幣均視為法幣。然帝國銀行之準備現金居三分之一以上。此等銀行則純以財產及證券作準備(一)以此之故。德國此次得免發布償還延期令(二)增發紙幣與償還延期孰得孰失今且勿論。但德之紙幣政策既令種種機關以財產與證券作準備。其用意無異乎法國大革命時之「土地抵當紙幣」(三)將來之結果未可逆料也。即就目前而論。德之紙幣價格已落。其對於各中立國之匯水已漲高百分之十矣。

法之財政近年來頗為紊亂。至開戰前已達其極。一面歲出達二〇〇·〇〇〇·〇〇〇鎊。且加以陸軍改良經費(三年兵役制問題)支出更覺困窘。一面則民間放資海外之事。史不絕書。如一九一四年一月之塞爾維亞借款。二月之俄國鐵道借款。三月之希臘借款。四月之土耳其借款。六月之摩洛哥借款。皆於開戰前半年內放出。「各銀行存儲外國證券極多。反之而內國公債之應募頗形冷淡」(四)法政府戰時公債不及英德之巨。據財政總長李播君於一月十八日在議會提議。請將國防公債發行額擴至一四〇·〇〇〇·〇〇〇鎊。並報告已發行者一〇〇·〇〇〇·〇〇〇鎊。開戰六月。政府僅向法蘭

(一)一月二十九日London City and Midland Bank總會席上、議長霍爾敦氏(Sir E. Holden)演說德國經濟狀況甚詳

(二)參觀甲寅第五號「英國戰時財政經濟概觀」

(三)Assignats 法國大革命時、以國家土地作抵當所發行之紙幣、為數極巨、後因資本固定、大失信用、全國金融市場、陷於恐慌之境、各貨幣史均紀載其事、茲不多贅、

(四)"The Times" Annual Financial Review," Jan. 22 1915, p. 10.

西銀行通融一五六·○○○·○○○鎊二月十三日李君得總統潘家烈君許可發行公債利率五分發行價格九十六半每半年預息一次千九百二十年以後至千九百二十五年以前隨時以額面價格收還法國亦如英德法蘭西銀行爲一國中央銀行不僅救濟他銀行並爲政府出納之機關公債之發行亦如德國以增加紙幣爲惟一辦法然法蘭西銀行制與英德異其紙幣發行額隨時經議會許可擴張準備金一無限制紙幣之流通額不僅英倫銀行所不及卽俄德帝國銀行猶瞠乎其後焉

俄國一千九百十四年預算案(一)經常歲入三·五七二·一○○·○○○盧布臨時歲入一三·四○○·○○○盧布合計三·五八五·五○○·○○○盧布經常歲出三·三○九·五○○·○○○臨時歲出三○四·一○○·○○○合計三·六一三·六○○·○○○今年二月九日政府委員在議會報告(二)今年一月一日以前所支出軍費並動員費等共三○二·○○○·○○○鎊其中二二四·三○○·○○○鎊爲戰爭實費（內含兵士贍家費二九·○○○·○○○鎊傷兵治療費七·五八○·○○○·波蘭撫卹費三·○○○·○○○）一九一四年歲入不足五二·八○○·○○○鎊其中約四○·○○○·○○○鎊爲厲行酒禁之結果(三)現公債發行總額二六○·○○○·○○○鎊業經裁可一九一五年豫算案(四)經常歲入三·○八○·一○八·三四一盧布臨時歲入一五四·二

(一)The Times Russian Supplement, Jan. 15, 1915, p. 16.
(二)"The Russian Budget," The Economist, No. 3729, Feb. 13, 1915 p. 271.
(三)一九一四年、二月二十日至三月十二日、俄皇命財政部勿以Vodka(酒名)專賣收入作爲歲入之財源、未幾卽下停止酒專賣之命、
(四)The Times Russian Supplement, Jan. 15, 1915, p. 18.

〇〇・一〇〇盧布。合計三・二三四・三〇八・四一四盧布。較去年豫算減三七九・二六〇・九八四。經常歲出三・〇七八・八一四・四六一。臨時歲出一五五・四三九・九五三。合計三・二三四・三〇八・四一四。較去年減三七九・二六〇・九八四。按俄國公債(一)種類頗多。去年八月五日及九月十九日曾兩次發行短期五分利公債各四〇〇・〇〇〇・〇〇〇盧布。在倫敦發行短期公債三・〇〇〇・〇〇〇鎊。又在其本國發行年利四分四年後償還之財部部證券三〇〇・〇〇〇・〇〇〇盧布。十月十六日發行年利五分四十九年後償還之內國公債五〇〇・〇〇〇・〇〇〇盧布。發行價格為九十二。總計已發行年之公債一・九五二・〇〇〇・〇〇〇盧布(以十盧布等於一鎊計之)。

俄之商業(二)不可不稍加研究。蓋三國經濟同盟主旨實為助俄故也。俄地大物博。而交通不便。陸路運輸之施設偏在歐俄之西南。故其與德澳羅馬尼亞之聯絡頗形便利。東北部氣候寒冷。人口稀少。物產雖有皮毛魚類。然重要鑛產農產均在南方。北部自覺無關緊要。西伯利亞之大陸交通更覺迂遠無足道矣。海上運輸之狀況自彼得大帝建都彼得羅城以後。波羅的海遂為俄國貨物之最大吞吐口。北歐及美洲之貿易莫不由此。其次為黑海。為通南歐及亞非兩洲之門戶。而達達涅爾斯海峽司其關鍵。又其次為白海。當彼得羅城東北「德衛拿」河之河口有一城名曰「亞干結爾」由此處可出白海。經北冰洋繞瑞典那威之北以至北海與北歐交通。亞干結爾與莫斯科之間有輕便鐵道以聯絡「瓦爾

(一)Ditto, p. 7.

(二)葉尼塞省選出議員V. Vostrotin報告甚詳。文("Foreign Trade and War Time")載The Times Russian Supplement, Jan. 15, 1915 p. 10.

高」及德衛拿兩河此航路當夏秋冰解之際固大有效用卽冬季嚴寒亦可用碎冰機開通航路苟經營得法大可爲此次戰爭之一助然俄人以輕視白海航路之故不僅陸上設備極不完善卽亞干結爾築港倉庫種種事業均付缺如至於亞洲俄羅斯之海上交通惟海參威此俄人通太平洋之惟一出口北部有葉尼塞河鄂畢河可通「卡辣」海十七世紀之初卽與歐人互市於此後以莫斯科製造業者之反對至今遺爲廢址自俄德宣戰而波羅的海之航路以廢德與國境之交通以絕自土耳其加入戰團後而黑海之航路被封白海之情況既如彼卡辣海之形勢又如此則俄之歐美貿易殆如驟中風邪莫可救藥矣（一）

前言國際貿易與匯兌之關係詳矣俄貨既不能出口且須由海外購入軍需品及其他必要品則匯票有買無賣依供求相劑之理由俄匯向外國之匯票自然騰貴在無事時此騰貴之率（卽法定平價與匯兌率之差）有一定限度爲之界過此限度則輸入業者將自行運送金貨而不須購匯票此限度謂之正金輸出點然此點因種種困難情形有時不免超過略舉一二卽國內紙幣過多、現金消失、欲得現金以自行輸送其勢不能或政府設有條例禁止現金出口或戰時交通斷絕、不能運送皆是也俄之金貨與英之金貨之法定平價爲九十五盧布與十鎊之比例如有人欲自俄都匯往倫敦英金十鎊苟無其他情事影響匯票市場則可以九十五盧布購得此匯票然今日情況與平時異國際貿易之不均現

（一）本段所譯各地名海名英文如下、「德衛拿」Dvina「亞干結爾」Archangel「亞干結爾至莫斯科輕便鐵道」Archangel-Vologdamoskow Narrow Gauge Line
「瓦爾茄」Volga「卡辣海」Kara Sea

金輸送之困難（當此戰時、現金輸送、不獨俄國爲難、各國皆然、）又非若英法諸國擁有巨額之外國證券可在外國市場賣出故自去年八月以來對外匯兌驟增其率最甚時至百三十五盧布其騰貴之率幾至百分之五十目下雖稍下降然猶在百一十盧布以上是輸入業者欲購外貨値英金百鎊者須多繳盧布百五十損失之巨豈堪設想英法政府出爲救濟在倫敦巴黎發行俄國財政部證券而兩國政府爲之擔保是不啻將個人間之債務移爲國家上之債務其純係信用之行爲無異乎尋常信用制度或問曰俄貨既不能出口則何以能有入口殊不知此所謂不能非絕對之辭乃比較之辭也俄爲債務國前已說明之矣凡債務國淸償國際債務之法首在令輸出超過輸入否則輸送現金更不然則向外國借款債務纍纍莫可擺脫今俄雖遭黑海波羅的海之封鎖而羅馬尼亞猶屬中立則巴爾幹半島中可得一出口波斯尼亞灣居然無恙則斯干地那半島中亦可得一出口謂之絕對禁錮不能也然兩處既均恃鐵道運輸則海運之低廉者無復望矣且當戰爭激烈之際陸軍之需用鐵道更覺倍急於商務矣軍需武器待給於海外者更不容緩於輸入矣有此種種情況則俄貨之不能出口又奚疑焉

（未完）

宗教論

CZY生

作者本吾國宿儒又治學日本英倫柏林逾十年篤實輝光當今無雙編者與共講席風義介乎師友之間雖彼此所見不必盡同而作者片語單詞皆足生吾敬憚邇者樸學淩廢時論斐然老成之言輙見輕侮斯篇之出在吾誌固爲北斗於斯世亦殿靈光有心世道者幸一澄心讀之 編者識

狹義的言之可云儒術本非教廣義的言之亦可云儒術爲教吾國從來本有儒釋道三教之稱西人亦謂孔佛耶回爲世界四大宗教蓋皆取廣義的解釋也儒術之是教非教亦不必爭之事但余不以定爲國教載於憲法爲然耳

儒術與佛耶回三教不同之處有數事一則彼三教皆崇拜教主爲神而吾人則仍認孔子爲人二則彼三教皆有禮拜堂爲普通人民禮拜之所中國之文廟則限於入學者始得入而禮拜并不及於女子三則彼三教皆有執行教務之教士儼然成一職業吾國則無之四則信奉彼三教者各有宗派守一尊而排異己中國人之讀儒書者則頗自由可以兼收各教之所長余在英國時英人問中國人信教情形余謂中國普通人民莫能外於五倫卽皆孔教徒也然同時又拜佛或請道士作道場居然似並屬於儒釋道三教者此等奇異之現象乃西人所驚怪也西人則除少數無宗教者外大概必屬於一教旣屬於此教則不得復屬於他教蓋神有嫉妬之性責信徒以專一之信仰恰如中國人所謂忠臣不事二君烈女不事二夫固不容如此分屬也友人嘗言宗教必說未來而孔子但說現世故不得以儒術爲宗教此則儒術本非教之意義也

然若爲廣義的解釋。則孔子受全國人之崇拜已二千餘年。實已具教主之資格。吾人既設廟祀之。卽不能不認孔子爲有半神之資格。釋迦耶穌摩哈默德亦不過半神而已。普通人雖不能入文廟祭祀。然可各人自由在家禮拜孔子。(從前每年上學時均拜孔子)吾人之敬上帝。亦各人在家行之。初不必集合行之於禮拜堂也。中國人有行文公喪禮者。其贊禮之人。居然與和尙道士之作道場者對抗。是亦與泰西教士執行婚喪之禮者同科。若說教之職。則吾國士人之責任。不過泰西則說教與普通教育分離。吾國則說教卽爲普通教育。是則不同而已。吾國人可以自由信道教佛教。然不過汎汎之祈禱而已。必道人始可謂眞奉道教。必和尙始可謂眞奉佛教。不得以普通人民之並屬三教爲疑。耶教行於我國多年。而信者猶少。則信奉孔子者排外自守之力。亦不可謂不強。孔子不說未來。然吾國古來所有敬神之禮。孔子亦行之。是仍含有宗教的臭味。大抵各教不同。多在於敬神。婚喪之儀式。吾國人自有吾國敬神婚喪之習慣。截然與奉他教者不同。故不得不謂吾國自有吾國之國風。而因孔子集大成之故。乃名之曰孔教。孔教之名詞。因各國文字之所有也。余在德國時。每居一地。必開列姓名年歲籍貫職業等事報告警察局。且必載明屬何宗教。中國人則皆書曰孔教。是吾人之爲孔教徒。乃他國法律之所承認矣。故强執儒術非教之說者。亦未免爭所不必爭也。

道家奉老子爲宗。實強冒而已。老子道德經。不失爲吾國古時一大哲學書。後世道家所誦之經。則至爲鄙俚。現在出家修行之道人。不婚而茹素。棲於深山。有似羅馬教之神父。至吾邑所謂道士。爲人作道場者。則古事神之巫。彼輩結婚。與人民雜居。有似新教之教士。此兩種人皆於社會無大關係。惟袁了凡一派道家文學。如太上感應篇等。勸善懲惡。以神道設敎。則風俗人心亦頗受其影響。中國人之慈善事業。多自此派人爲之。彼等刊印善書。散布四方。亦與耶敎徒之刊送聖經相類。此則其帶有宗敎的長處者。佛敎之影響。則人人更深。彼之輪迴說。旣足以啟發普通人之想像。而悚動其心神。而其經論所含之哲理。廣大精深。又能使賢智者欽服。其敎大盛於日本。而其說漸播於歐美。洵哉世界一大宗敎。非道敎之所可同日語矣。蒙古西藏均信奉佛敎。回部則信奉回敎。信仰自由。乃約法所明載。又吾輩所當知也。

以上所言。乃余近日所記對於孔敎問題之感想也。余前在英國考察敎育情形。於宗敎事曾有所論述。請并陳之。宗敎於英國之普通敎育。有密切之關係。兒童幼時受宗敎之敎訓於其父母。每日敎之誦新約全書一小段。必成誦而後已。如我國之讀四書然。小學堂敎科中。亦間有講解新約全書之課。每晨校長及各敎員集兒童於禮堂中。唱讚美上帝之歌。然後分入各敎室。吾國先民立敎之精神。全置重於人事。如務民之義。敬鬼神而遠之。未能事人。焉能事鬼。某之禱久矣。子不語神。子罕言命。皆可以見吾國先民對於宗敎之態度。然吾國自有宗敎之精神。如神之格思。不可度思。矧可射思。相在爾室。尙不愧於屋漏。敬天愛人。乃人道所當然。放之四海而皆準者也。特如耶敎徒所云耶穌爲上帝之子。及新約全書所載種種靈異之事迹。實不足以啓吾人之信。今歐洲學界中亦多有不信之者。敎育與宗敎分離。已成爲現在之事實。而倫理敎化與宗敎分離之運動。方駸駸發達。彼素奉耶教之國。旣若此矣。吾國國民有敬天愛人之精神。而無敎會專制門戶分爭之弊。處今日而言普通敎育。自當與宗敎分離。不待言矣。

又余前在日本時。曾論及美育與宗敎。大致以不拂凡民之信仰爲言。此亦與本問題有關。故遂連類而及之。其說曰吾國山水佳景甚多。惜無人力經營。又交通不發達。旅館亦無可住者。故游覽旅行之樂缺焉。此事於國民之趣味有大關係。蓋人未有能終歲勤動而無游戲之欲望者。吾國普通人民無愛賞山水花月之習慣。而多有鴉片賭博之嗜好。此社會之所以腐敗也。總之人不能無慰安之道。進之以天然之美景。而後不流於野鄙之嗜好。記曰。人情以爲田。移風易俗。一轉移間而已矣。省城之迎城隍會。鄉間之演戲敬神。皆游戲之欲望之發表也。省中曾因禁迎城隍會而致演出焚布政使司衙門之慘劇。吾鄉紳士亦曾有因禁神像行香時之銃會而被逐於鄉人不能安居於鄉里者。皆不能體察人情之故也。吾鄉亦曾有永遠禁止演戲之公議。而卒不能行。蓋農民終歲勞作。惟此數日之游戲爲其慰安之道。而又奪之。誠非人性之所堪矣。相傳羅愼齋先生主講嶽麓。謂桃花坪之桃花可以生學生好色之情也。遂伐去之。果有此事。眞所謂焚琴煮鶴煞風景之尤者矣。人皆謂吾國無宗教。其實所謂儒釋道三教皆具有宗教之性質。吾鄉數年必打醮一次。此數日之中。合境皆持齋戒殺。道士代民祈禱。表懺悔祈福之意。此亦美俗。於風教不爲無補。而躁者輒欲執無神之論以反對之。是誠可以不必矣。近日辦學堂者往往淺躁而不知大體。縱學生痛詆敬神之爲迷信。不知衆民之信仰不可輕犯也。往往激怒鄉人。致有焚毀學校之事。夫迷信誠有弊。而宗教心要爲不可缺者。任教育者但當徐以學理去迷信。而以至誠養普通信仰之心。斷不可有躁迫之舉動也。聞吾鄉有欲以演說開通鄉人智識者。登壇演說。謂雷非殛人者。乃電氣之偶觸耳。是固眞理。而鄉人大譁。謂雷若不殛人。則惡人豈復有所忌憚。余非謂演說者之甚爲不當。但以爲爲鄉人演說。尚有許多切要之事當先說者。至雷之殛人與不殛人。於實際無大關係。且人有此迷信固毫無損處而有益者也何必急急於破之耶總之信仰與游戲乃人性中固有最眞摯最迫切之要求非可以法令論說破滅之者人能知人情之眞相斯可以知支配社會之道矣

總以上所言可以知吾對於宗教之態度余承認宗教之有益於人心而不滿足於其教會專制門戶紛爭之弊欲以耶教救中國者吾固不甚贊成欲以孔教抗耶教者吾尤覺其多事至儒術是教非教之爭要由各人下宗教之定義有所異同所爭乃在虛名於事實固無甚關係今得黃巖柯君嵘希所譯英人斐斯脫氏對於孔教之論調乃與余前言儒術是教之義互相發明茲特錄其精要之言以引申鄙人之說斐氏之言曰

黃人尙有不承認孔子爲教主者揆其原因厥有數端其一則不知宗教爲何物也中華古代無宗教之名詞宗教之形式夫宗教者具一種絕對的無形勢力所以培養民德促進政治其爲功誠不可以道里計然宗教所以具無形勢力者蓋有其無形之義理以制人類精神上之生命者也宗教所以爲宗教既不以形式爲要素則有形式不爲尊無形式不爲卑徒具形式者不得即謂之宗教不具形式者不得謂之非宗教形式者慣習狀態之表現耳安知各教徒以曲膝祈禱爲信仰形式者孔教徒不以身體力行悃悃忠恕爲其信仰之形式耶必信各教之形式爲形式孔教之形式爲非形式具形式者爲宗教乏形式者爲非宗教此余所以迷離恍惚大惑於此派之見解者也余謂宗教二字之解釋舉凡足以陶鑄一民族之道德維繫一民族之風化範圍一民族人民之精神者即無不足爲一民族之教爲一民族人民之宗雖或教義之淺深不倫神人殊趣而其爲教則一也故夫教者往往視民族

之程度爲比例。程度高者。則其敎亦愈良。其信仰亦愈臻於自然。蓋足乎內則遺其外。得乎神則忘其形。神得者不必求其形。形全者惟恐歉於神。此生物之情理之固然也。夫不告而知。不驅而行。知矣行矣而不知其所以知、所以行者。此其化渥其澤周也。告而後知。驅而後行。蓋其次也。輝煌其形式。多方侈其功。以強納於其感覺。俾飾其行者。蓋其化不渥。其澤不周。抑又其次矣。

觀斐氏此論。謂孔敎雖不具敎之形式。亦無害其爲敎。且以其不重形式之故。可以證其程度之獨高。可謂特識。彼以爲耶敎不復足以範圍人心。而有歸宗孔敎之意。尤與研究宗敎問題者以不少之光明。其言曰。

人類未進化以前。無所謂運會。亦無所謂理感。人類旣進化以後。又必視其人民大部分腦髓上所凝結之理數之多寡、以爲時運之標準、理數最寡者爲榛狉時期。則必有相當之宗敎應運而起。以適用於此時期。理數漸次增加。其民族亦漸進於文明。亦必有相當者應運而起。以遞相蛻嬗於其間。迄於近世哲學大闢。空間時間之玄理、蓋亦強半洞達。敎於此時期者。必非復荒唐不稽之說所能範圍。斯世文歐族之身。裸華人之體。吾知其必不甘矣。今文明各族之腦筋。亦旣鍛鍊數千年之久。雖劣之質。銷鎔殆盡。必舉前此劣腦質所發生模糊惝恍之幻景。復納於良美腦質中。曰信敎必如是。夫豈理之情哉。然則不合倫理上道德之自然者之敎旨。當然爲理之所棄。而與時會俱謝矣。綜各敎而細論之。若者不悖於理。若者適合吾人精神上之新生活。而若者反乎此。不難立決。曷待吾之質言耶。

夫神之問題。余嘗究之矣。神乎。豈空間中別有具體之神乎。抑即吾人之精神乎。一切現象皆神也。皆非神也其人民皆能神之也則吾因而神之而已矣其人民皆不神之也則吾雖神之適博嗤笑而無補於事亦獨何爲既莫之神矣而必強神之則神之者非誠是爲社會增一僞也僞者良知之敵而道德之仇吾知信神者未必不祭之祭之而必宗之其或別有見解藉爲一部分人物團結之符號則可也物無非所有運去非所留亦既楬櫫文明鄙夷蠻野矣而附贅懸疣胡爲者

斐氏此言於破除迷信獨標眞諦可謂痛快絕倫此不獨可用以譏迷信耶教之人亦可用以譏塗飾孔教之人吾徵引至此亦將擱筆要之吾不尙迷信而不欲強拂他人之信仰孔子之道本爲吾所服膺固無論矣他教之流行亦儘可聽其自由爲國者對於民間之信仰義在放任無取干涉建立國教無益事實徒召政爭此則微旨之所存當爲讀者所共諒矣

改良家族制度芻記

CZY生

西人篤於夫婦之倫。夫婦同居。不以舅姑及兄弟姊妹間之。夫婦常同居。無有良人重利輕別離之事。夫不得納妾。夫若有外遇。則其妻可以請求離婚。妻死。夫爲之服喪兩年。今聞鄉人有妻死數月即續絃者。（一）恩衰義薄。誠非仁厚之俗。而填房之女子及其親屬亦不以是爲忌。女子不能自立。每事隨人。亦可歎也。

中國法令疏闊。一任民間之自治。於是家族會議。實代行政司法之官吏。處置族人相互關係之事。然而弊端亦生於此。近處人家有一孀婦。年二十餘。有子可撫。其母家之族人欲嫁之而得財禮。其夫家之族人持不可。母家之族人。欲以多人乘夜至其夫家。刼取而嫁之。會事覺。夫家之族人。則以嫁於他人得財禮百餘串。婦之翁姑與其族人媒人均分之。而本人殊不願也。始則被脅迫於母家之族人。繼復被脅迫於夫家之族人。涕泣登轎。嫁一年將六十窮而且醜之人。乃日以眼淚洗面。旁觀者至代憂其何以了此殘生。嗚呼慘已。結婚爲百年大事。不問本人之願意與否。而迫使行之。又爲人身之買賣。而女子竟不能不忍受之。無法律上之保護可言。黯無天日。此眞吾國野蠻之習。立法行政者所宜加之意也。

英人之寡婦。有獨立之財產。可以自由嫁人。無論父族夫族。絕無干涉之權。此則重個人之自由。實合乎

（一）最近海軍部秘書黄大宗。妻死未及一月。即行續娶。海軍總長劉冠雄之子官穎。亦其妻旋亡旋娶。見四月十六日時報。——編者附識

人道主義也。然英人之處置遺產。皆憑死者之遺囑。任與何人。他人不能干涉。不如中國人之財產。父死子繼。寡婦爲一家之主母。有管理遺產之全權。在英人若夫不愛其妻。則遺囑上可與其妻以少許之資財。而其妻不能索遺囑所許以外之權利。中國之夫族。所以干涉寡婦之再嫁者。實因其有承襲財產之權利之故。逼嫁則可以奪產。此誠盜賊之行也。某縣有甲乙丙兄弟三人。甲死。其寡婦無子而不嫁。乙丙及其妻皆與之有隙。而無如何也。會婦與人私生一子。乙丙則刦取其子。欲以是證明其姦而逐之也。訴之官。官以無他人之證。不認爲有姦情。訟遂無效。乙丙乃縛婦而嫁之。婦不肯從。出喜轎。卽坐於地上。曰。吾已吞鴉片來。誓死不成親也。迎娶者不敢逼。會婦之母族。集衆往刦之歸。復集衆往毀乙之家以洩忿。丙家以有戒備得免。婦卒留母家。乙丙之族人歲與穀三十石以餬其口。而甲之遺產則立嗣承襲。事乃結。無夫者之姦。爲英國法廷所不理。乙丙以嫂之有私而綑之以嫁人。亦以財產之關係也。夫家集衆綑之嫁。母家集衆刦之歸。純是太古民族無裁判官時代個人報復主義。亦無政府之現象也。

連日聞戚族家之婦女小孩。多有不是處。女子未受良善之教育。不知立身待人之道。又不知撫教子女之道。溺愛驕縱。使小孩無所忌憚。遂養成惡癖。良可歎也。爲小姑者。或進讒言以苦其嫂。爲嫂者或出惡語以侮其小姑。姪女罵姑母。而其母不禁。姑母責之。則率其女以迫其姑母。尙復成何體統。吁。此教育者之責也。

今又述一事於此。以示吾國家族主義之情形。其姓名則皆用假名。某縣有趙一者。家頗貧。幼娶一妻。曰錢秀英。亦尙未成人之女孩也。彼地貧人娶婦之法。多自幼撫養。謂之女媳婦。及其成人。乃拜見成禮。謂之圓房。凡貧人之家。多以此法得婦。蓋長大而娶婦則須財禮。貧家無力供之也。趙一之母死。而其父往他縣謀生。趙一亦往本縣之他鄉習木工。將錢秀英寄於母家。母家亦貧。會趙一父子久無消息。錢家之族人以爲趙一已死。乃嫁錢秀英於孫三之家。趙一之族人聞之。率趙一請團保理論。孫三之族人以孫三之得婦乃由明媒正娶而來。置不理。趙一之族人乃集衆夜往孫三家刼取錢秀英而歸。藏之。孫三之族人有孫大者。健訟者也。爲孫三主謀。乘趙一之不備。刼執而藏之。趙一之族人則又集衆往執孫大而縛之。將往藏於他處。路過孫大之姻家。孫大大呼救命。其姻家李四集衆出救。孫大遂逝去。趙一之族人以衆入李四之家。坐索孫大。且於公所之地請地方團保與李四理論。鄉人均不以李四之干涉趙姓事爲然。李四不得已。乃謀之孫家。出趙一以了事。事遂結。適會是時孫大得罪官府。官所出之告示中有地方細送來犢之語。孫大不敢出頭。故事易了。方趙一族衆在孫家刼取錢秀英之時。秀英不知何事。大呼曰。吾不願去也。吾不願去也。後知爲故夫。遂與之成禮焉。此事已經過七八年。聞秀英已生子矣。論曰。法家之言曰。太古之社會。無政府。無法律。正義之所以得伸。全賴個人之報復而已。個人力弱。不足以報復。則其族人助之。及社會漸進。於是有調停之法。以保持正義。他人居間平兩家之爭。然此調停之法無強制之勢力。及社會更進。乃有今日之國家。以法廷之裁判保持正義。於是乃有強制執行之權。今吾國習慣。官惟受理訴訟而已。不來訟者則任民間之自爲。故有上述之事。蓋依然在個人報復與調停之時代也。在一方面言之。民能自治而不倚賴官府。故中央政府雖遭大變。如庚子聯軍之佔領北京。而民間猶晏如。秩序不變。即變君主爲民主。民間亦不覺其影響之甚大。似亦爲吾國之特色。然自他方面言之。則此所謂自治者終不免於簡陋。以文明法律之眼光觀之。終不免爲無政府無法律之野蠻惡習。個人受家族之輔助。亦受家族之脅迫。個人之自由被侵害者甚多。而法律不加以保護。此亟宜改變之事也。

西洋女子往往以獨身終。蓋自由結婚。無人相愛。卽無結婚之機會也。我國男女之別甚嚴。青年男女不易有相見之機會。父母操其訂婚之權。子女不復過問。又專憑媒人之說合。媒人或有虛言。訪問亦難得實。因而偶非其人。終身怨望者有之矣。然以此因緣。女子殆無不適人者。略有身家之男子。則亦易於得婦。如白癡殘疾有肺病有煙癖者。在西洋決無結婚之希望。而在中國往往得美妻。故諺有巧妻常伴拙夫眠之語。又有一朶好花插於牛糞之上之喻。亦社會中一不平之事也。欲改良人種。則宜使善良強壯之男女結婚。而不善良不強壯者。則宜使失其結婚之機會。無使謬種流傳。以貽累社會。此人爲淘汰之可行者。如斯巴達棄虛弱之嬰兒。固爲殘忍。非人道主義之所許。若限制結婚之資格。則非不可行之事。在白癡殘疾之本人。與其父母。宜自知其醜。安分守己。無累他人之女之終身。而爲女子與爲其父母者。則宜擇人而嫁。不可但圖有家。不問好醜。如飢之不擇食者然。縱令難於擇配。寧以獨身終可也。此亦社會習慣之宜改者也。

女子無爲人妻之資格者。亦不宜適人。適人則害其夫家矣。爲其父母者。亦當克己安分。不可溺於私愛。但圖其女之有家。而不顧他人之死活也。余聞某家有女瘋癲而遣嫁者。結婚未久。仍歸母家。如此種病人。不如不嫁之爲愈也。又有女自小有筋骨風病而遣嫁者。以產難亡。臨終時怨其父母。謂不應遣嫁也。有筋骨風病之女。易蒙產難。故此種病人。亦不可嫁之。

西洋人結婚則夫婦別賃一家居之不以舅姑及夫之兄弟姊妹間之中國婦人則以事奉翁姑爲婦道之大者而不得不與其夫之家人同居此東西洋家族制度之異點也中國之家族制度翁姑可得子婦之侍奉而婦姑勃谿之弊在所不免西洋之家族制度夫婦同棲無他人間之而老年之翁姑不無寂寞之感西洋新婚之夫婦所以能獨立門面者以不早婚之故中國新婚之夫婦所以難於獨立門面者以早婚之故西洋人之結婚必由於兩人之自願中國人之結婚則全聽父母之主持西洋人無祭祀祖先之習故不甚以無嗣爲慮中國人有祭祀祖先之習故深以無嗣爲憂不憂無嗣故西洋之男女其不結婚者頗多其結婚亦遲惟恐無嗣故中國之女子不結婚者絕少其結婚亦早西洋人皆羣居於市鎭可以隨處賃屋故新婚之夫婦易於創獨立之門面中國人多散處於鄉間不能隨處賃屋故新婚之夫婦難於創獨立之門面今人有欲變中國之家族制度爲西洋之家族制度者當顧慮各種事情蓋欲改一制必將與其制相牽連者一一改之而後可不然則此牽彼掣其勢不行故改制未易言也今試述吾對於此事之意見第一義曰戒早婚男子非學問有成有職業能自謀生活則不可爲之娶婦期於人人獨立不倚賴父兄秦商鞅之立法也家富子壯則出分亦增長國力之政策也第二義曰戒早聘訂婚過早或男子長大有不良之習或女子長大有不良之習彼時悔婚則事同兒戲不悔婚則貽累終身故必待男女均長大而後議婚庶無此弊第三義曰尊重本人之志願中國男女之別甚嚴青年男女相接之機會甚少難於自由擇配然結婚實關係百年之大事必須本人願意然後可行故雖父母作主不可不得男女本人之承諾庶日後不至以偶非其人而怨及父母第四義曰二女同居其志不同行姑婦妯娌姑

娌之間易生嫉隙。家庭幸福。因之而消耗無餘。不如分居之各得其所也。禮有父子異宮之訓。亦有見於此。爲父母者不宜強其子婦與之同居。爲兄弟者亦不宜慕九世同居之美名。致其家人受無形之痛苦。人情多厚於妻子而薄於兄弟姊妹。賢者或矯枉過正。厚於兄弟姊妹。而使其妻忍辱受氣。亦爲不近人情之事。西洋人尚質。故明明置重於夫婦之倫。而不以爲嫌。亦吾輩所當深思也。

中國女子有因聘夫死而守貞不字者。遂往舅姑之家。修行婦道。或以逝者之木主行禮。其家人則爲之立嗣。謂之守望門寡。亦有因聘夫死。在父母膝下守貞。聞父母將改字他人而自經死者。康南海之姊亦守貞不字者也。先聖先賢之禮教。入人甚深。篤信之者。能爲人之所不能爲。居然有宗教之勢力。斯固然矣。小說中亦多此種事實。從前女學不發達。女子除看小說外。無他學問。故亦可謂爲小說之影響。西洋婦人夫死再嫁。社會並不以爲失節。然戀愛亡夫。不忍再事人者。亦爲社會所尊敬。但不以之律衆人耳。至因聘夫死而守貞不字者。亦容有其人。但決無於聘夫死後仍往其家之事。以西洋之家族制度與中國不同也。至自殺。則西洋人以爲大罪。并無旌表之例。此自人道主義言之。有不當獎厲者。秦始皇會稽刻石曰。飾省宣義。有子而嫁。倍死不貞。防隔內外。禁止淫泆。男女絜誠。夫爲寄豭。殺之無罪。男秉義程。妻爲逃嫁。子不得母。咸化廉清。程子曰。餓死事極小。失節事極大。論者謂中國女子貞潔之風。倡於秦宋兩朝。或則以爲女子之受壓制。經秦宋兩朝而益甚。爲功爲罪。各有主張。然秦廢封建爲郡縣。有坊民正俗之功。程子之言。有影響於後世。要爲歷史上不可誣之事實。嘗觀漢時諸王。多淫泆之行。與春秋時之諸侯無異。此乃封建之餘弊也。後世封疆大吏。轄地遙大於昔日之諸侯。而閨門清肅。無敢有蕩檢踰閑之事。斯則食郡縣制度之賜也。

中國人重男系。同姓之兄弟姊妹。百世不通婚。此中國家族制度之特色也。日本西洋則從父兄弟姊妹可以結婚。中國人或聞之而駭然。然中國中表姨表兄弟姊妹。亦可結婚。其實與從父兄弟姊妹相差不遠。惟其重男系而不重女系。故同姓不可結婚。而異姓則可以結婚。此則中國結婚之習慣所由來也。同父兄弟姊妹結婚。乃人類全體之所避忌。此俗不知其所自來。說者謂人類自覺與同產結婚爲可恥。此人類之所以異於禽獸也。從父兄弟姊妹及中表姨表兄弟姊妹之不宜結婚。則自兄弟姊妹不可結婚之義而推廣之。余觀清律有不許中表姨表兄弟姊妹結婚一條。違者杖八十。離異。乾隆時乃以上諭準民間之自由。要之近親不宜結婚。乃人類學之所示。男女同姓。其生不蕃。吾國古代之人。已發明此理矣。中表姨表兄弟姊妹之不宜結婚。亦根據此原理。但問血族之有無關係。不問其爲男系與女系也。據人類學者之所言。謂近親結婚者。其所生子女。多發癲癎之病。與中人所言男女同姓其生不蕃之說相合。中國人以娶外孫女爲孫婦者爲骨肉還鄉。亦頗以爲嫌。謂其不利於生育也。又有甲家嫁女於乙家。而乙家復嫁女於甲家者。在甲家則甲家之女爲姑。而乙家之女爲嫂。在乙家則乙家之女爲姑。而甲家之女爲嫂。俗謂之對關門親。亦有人謂其不利者。大抵結婚以擇新爲善。可以增閱歷而聯社交。電學公例。同極則互相拒斥。異極則互相吸引。物理有之。人道亦然。

農業之國。易於發生家族主義。工商之國。則易於破壞家族主義。蓋業農者多土著。死徙無出鄉。出入相友。守望相助。疾病相扶持。此同宗之人所以能永久相親也。務工商者輕去其鄉。同宗之人。天各一方。會晤少而音問稀情自同於陌路此比較中國家族制度與西洋家族制度者所不可不知也。

余屢言家族主義之有利有害今將復縱論之周官曰宗以族得民相生相養相維相制民情乃不渙散而有安居樂業之風此中國家族主義之長處也人各私其親馴至以私滅公之弊家族之私情太重則對於社會對於國家皆不免淡漠中國人愛國心之薄弱未必不由於此此中國家族主義之短處也恃有同宗之助長族人倚賴之心使民性墮落國力減損此又中國家族主義之短處也無賴之人以親親之大義強索同宗之救助使個人不能自由享受其財產良善者受其蹂躪不肖者肆其兇橫此又中國家族主義之短處也聚族而居自爲風氣難於進化此又家族主義之短處也余觀鄉人之聚族而居者其讀書明理之人往往爲遷徙異地離隔本宗之人此由於與異姓接觸得新感化又與同宗隔離脫舊思想之故此理與余所言結婚以擇新爲貴之理相同亦論家族主義者所不可不知也。

合衆家族而成一部落合衆部落而成一國家中國南方各省有多數地方衆家族各聚族而居名之曰張村李村儼然一部落也時時有兩姓械鬬之事官法難行羈縻而已號稱能吏者則或舉兵勦洗全村爲墟此乃家族主義極强之地於文化之進步國勢之集中大有障礙將來教育普及交通大開庶有轉機耳。

余久知家族主義之弊故族人欲辦族學余不願與聞蓋家族團體與普通團體異派有尊卑尊者若以私害公卑者常勉爲容忍正義不得而伸也各親其親私本房而疏他房公平不得而保也門內之治恩揜義諸事徇情諸事不能認眞故家族團體共同祭祀聯絡情誼如是止已欲以之辦事難於收效不如

其已也。

族人有公共財產。易生嫌隙。管理之人多侵吞。困迫之人多強索。如投骨於地。適以召羣犬之爭。不如無此爭端。反足以保同宗之和氣也。

凡宗族、親戚、朋友、之間。勿輕於交財。多有以索償成讐者。有田地者。不宜使族人、親戚、承佃。無賴者或恃親而租數不清。或不肯退莊。多有以此傷和氣者。

結婚乃百年大事。不可不格外愼重。德性才能容貌身體。均爲擇婦者之所宜注意。而家族之情形尤宜深悉。性情不善。難與同居。理家無才。不能相助。容貌旣不可太陋。身體尤不可不強。至門風根柢。不特有關於其婦自己之品性。幷有關於子女將來之敎育。甥舅之交際最密。若外家之風習不良。兒童富於模倣性。遂自幼習染而不自覺。是不可不察也。

奉基督教之人民。一夫一妻。不許納妾。奉回教之人民。一夫多妻。妻皆平等。不同居。幷無嫡庶之別。中國人可以納妾。旣非一夫一妻。又非一夫多妻。一夫一妻。自是公平之制度。中國人重祭祀。重男系。有不孝有三無後爲大之說。妻無出者。或雖生女子而未生男子者。則納妾以冀生子。今欲改制。必先顧慮此一層。此爲保持舊制者最強之理由。人誰不欲延其血統。但勢有不能。卽當安之若命。西人寧無後而不肯破壞其一夫一妻之主義。因此事大有關於人道也。人格平等。社會中不應有奴隸。一種人妾亦奴隸之一種也。妾在社會交際之間。不得與妻匹敵。其人格不完全。社會中尙存納妾之制。則已剝奪社會中一部分之人權。觀俗者所宜深省也。且納妾則對於妻之愛情不專。其釀家庭之不幸。有不可勝數者。夫婦之道。若。亦制度不良之所致也。故此制宜改。當此制未改之前。吾人。亦。宜。各。守。道。德。無。爲。此。違。反。人。道。之。事。此則區區之微意也。

通訊

救貧

（致甲寅雜誌記者）

記者足下。自大誌發行後。僕屢有所陳。雖自知鄙陋。無當大雅。然文文山有言。父母有疾。雖不可救。爲人子者無不下藥之理。鄙懷耿耿。亦猶是耳。欲醫一身之病。宜先知病起之源。欲知病起之源。宜先考究病中之態。醫人醫國。大抵皆然。就今日之國事論今日之時局。竊以爲今日之所謂安者。誠如賈傅所云。抱火厝之積薪之下而寢其上。火未及燃。因謂之安者也。流民載道。哀鴻遍野。盜賊充斥。商旅裹足。受痛之深。萬民一轍。願先就農民言之。吾國四千年來。以農立國。民之務農者旣多。故今日所受之痛苦爲最篤。夫農夫五口之家。能服役者不過二人。耕耘穫藏。伐薪給役。春不得避風塵。夏不得避暑熱。秋不得避陰雨。冬不得避寒凍。四時之內。亡日休息。而水旱之災。賦斂之征。無時或已。而吾國農人之所最苦者。莫若里制之不一。征收之不均。胥吏之舞弊。火耗平餘等項之雜。貧民國承專制之餘。所有田賦之制。地丁之額。其他一切陋規惡習。未嘗稍改。三年以來。亦未有人議及此者。頃聞財政部明年有加征地丁之議。使此說果實行。是將重累吾民也。柳子厚曰。天下弊政之大。莫如賄賂行而賦稅亂。是卽民力能勝。此議在今時惡劣之政治組織下。行之已不堪其騷擾。況乎民力萬不能勝也耶。江皖之水患方殷。隴北之饑民殆遍。瘡痍滿目。同哀山左之民。庚癸徒呼。誰恤鄂中之難。往者救災恤鄰之聲。尚不絕於耳。今則自養之不暇雖有惻隱之心亦不能舍己濟人老人之老而不老己之老矣政府視之恍若無覩偶有賑助等之杯水此農民所以賣田宅鬻子孫轉死溝壑者之日多也工人所遇恍惚相同我國實業不興工廠不振舉凡商埠之工廠多隸外人掌握之中且工廠法律未備一切保護工人之法均未見諸實行讀英倫十九世紀經濟史他人之良法美意保護工人之善政以視我國其相去何如耶近年物價之貴迥異曩昔苦工每日之所入僅足以贍其生一日不作饑寒隨至京門現象僕所目覩猶憶數日以前風雪大作失業之衆莫若車夫出則貿易稀少終日所入不足賃費而凍死之虞勢難倖免居則饑寒交迫坐以待斃因是四城之內凍死者日有所聞郊外無與焉京中衞生之道執政者視若漠然傳染之病（如猩紅熱等）各處流行受患之深苦工爲最此都中之實在情形人所共覩者也都門繁盛之地尚復如此窮鄉僻壤之中爲吾人所不及知者其痛苦又將何若且此僅就車夫而言之耳他如煤廠之工人面目犂黑奄奄一息之態又如冰廠之工人手足咸凍匍匐於冰雪中之形誠令人不忍縷述至若工資稍高之工人則家庭中飲食居住之費亦隨之而增一人之所入有限而一切送往迎來弔死問疾養孤老幼之費均在其中貧苦如此失業之患仍不能免歐戰發生以後廠多停工工人因之失業者愈多挺而走險急何能擇此盜風之所以日熾而憂愁痛苦之聲之所以遍於宇內也至若商業實爲莫大之進取其事影響於國家者甚深吾國積弱之源實由商業不振之故孟德斯鳩有言他國以商務殉其政策而英倫以政策殉其商務此寰宇各邦所以不逮英人者也夫今日歐美各國之競爭類皆迫於經濟情形之故人以武器爲商務之後盾而我以商務供軍人之蹂躪與言及此迴顧二年來貿易停滯商業不振之情形

而後知今日之弱。非一朝一夕之故也。溯自海通以來。所有一二商務發達之地。類皆藉外人之勢力。仰外人之鼻息。我國固無商務之可言也。舉凡公司之股本錢莊之所賴以周轉者。類皆仰給外國銀行之下。我國固無所謂巨商大賈也。所有關稅之制。公司之法。類皆聽外人之指揮。我國固無所謂保商政策也。上海為吾國最大之商埠。但公司工廠。洋商居其八九。即間有一二為邦人士所辦者。大抵困於資本之不足。時有倒閉之虞。計國人所營之業。不外茶樓酒店戲院旅館以及各種小貿易而已。商務情形。由此可見。然此猶夙所傳來之習慣。吾人日行之而恬然不以為怪者。不幸天不降寧。干戈迭起。鼎革而後。盜匪充斥。搶掠之禍。在在皆然。滿目瘡痍。至今未復。元氣既喪。調劑為艱。故今日各省商務形式上雖已復舊。而實質上之振興。殆將絕望。各省之內。除戲院酒館較前稍稍發達而外。根本上之商務。如杭州之絲。湘省之茶。以及各省最著名之天然出產品。類皆有岌岌不能維持之勢。夫失業之人所以日衆。由於生產之力日微。而其故則皆由於產業之凋零。母財之涸竭。重以幣制紊亂。物價騰踊之故。事實如此。非虛論也。故欲知一國商務之盛衰。必先知一國金融之狀況。而吾國理金融之業者。大抵可分為錢莊票莊等類。山西票商自鼎革而後。營業停滯。不可復振。近日雖尚有分莊。不過收帳結帳而已。至若錢市情形。就上海一隅而論。有足以影響全國之商務者。上海錢莊為金融界之樞紐。直接與華商及內地各邦交易。但大宗資金。實仰給於外國銀行之折票。換而言之。即錢莊之生死。操之外國銀行之手也。自葉澄衷所開各錢莊倒閉後。銀行遂停止折票。而今日錢莊營業。遂無復折票之可言。雖欲仰給外人。亦不可得。錢莊營業。因之停滯。蓋挹注之法既窮。則生存之道不易。此商民之所以失業。而金融界之所以日形恐慌也。職是之故。素封之家。殆成貧戶。中人之產。日漸不支。而物價昂貴。生活爲艱。家庭之內。嗷嗷待哺。影響所及。遂使青年失學。人無恒心。加以吾國教育方針不定。主持教育者。有同奕棋。遂使全國學務。日就淪胥。根本既顚。枝葉將仆。持論及此。深用痛心。夫當此過渡之時。專門實業之人材。需用最廣。而今日專門實業之學校。爲數最少。凡一國經濟之狀況。財政之情形。商業之發達。皆今日最宜研究之事。而習此者絕少。要之吾國今日之所謂教育者。自其多數而言之。不外研究法政與專習外國語言文字者而已。研究法政人材之多。至今日可謂盛矣。其人材之良莠利害之所在。言之者實不乏人。雖政府亦未嘗不知也。至若外國語言文字。實今日求學之寶筏。學子之所以茹苦嘗辛。習此不倦者。實欲取他人之長補己之短。不得不利用此機括耳。而吾人之習外國文字。多不知利用之以爲寶筏。反斷斷焉惟他人文字是務。遂使一生之聰明才智。悉耗於此。文學雖精。腦力已弱。雖欲深自砥礪。進習專門之學。而精力亦有所不及矣。學術之無進步。此其一因也。加之當軸以經驗爲前提。視學術如草芥。於是畢業者既難於自立。而肄業者亦因此寒心。廢學者之多。以今日爲最盛。往見大理院招考錄事。應考者約千有餘人。此中人士。類皆中學一二年之士。徒以求學無資。自立匪易。遂出此下策耳。嗚呼此今日國民之實在情形也。而解散之兵士。四鄉之盜賊。街衢之乞丐。城市之遊民。不屬之於此中者。實鮮有。徒世風之所以日替人心之所以日漓。邪詐淫僻之惡習。所以日流行而無忌憚者。有由來矣。毒根所植。全國相同。病象如斯。其源安在。此眞志士之所爲畢生矻矻。而吾輩今日所當勉焉者也。夫履霜堅冰。非一朝一夕之故。厲階之至。必溯厥所從來。管子之論牧民也。曰倉廩實而後知禮節。衣食足而後知榮辱。鼂錯之論貴粟也。曰人情一日不再食則饑。終歲不製衣則寒。飢寒至身。不顧廉恥。勾踐之治越也。十年生聚。十年教訓。舉凡治國安民之道。不外爲生民籌衣食之源。此洪範之所以首食貨。宣尼之所以言足食也。英倫學者馬沙今日生計學界之斗星也。其言曰『人之所以墮落而不能自振者。貧窮迫之耳。故研究貧窮之源。卽研究社會上大多數墮落之源也』由是而觀。今日之病。實源於貧。馬沙之論貧也。最足以資參證。曰『夫生活程度之高下。其影響及於個人之性質者最大。必其力足以贍養而後足以言自立。以千鎊之進款。與五千鎊之進款相較。其生活程度之高下。尚無大別。至若以三十鎊與百五十鎊之進款相較。則各人物質上之所享受。眞有霄壤之殊。就心理上言之。天倫之樂。交遊之誼。以及宗教上所受之待遇。無論貧富。大抵相同。惟貧賤者。每苦於衣食之不足。而喪其天賦之智能。稠人廣衆之中。比比皆是。大城大市之內。類多無業之遊民。語及友朋之義。則交道殆絕。論及骨肉之情。則家多離散。區區宗教上所享之幸福。亦多苦不能受。雖其物質上心理上身體上所受之痛苦。由來不僅一端。而貧則第一原因也。有一部份之人。其貧苦狀況。較遊民尤甚者。飲食衣服居住之費。多不充足。受教育最淺。往往年輕之時。卽爲人傭。恃工資以度日。故體育智育之發達。殆無希望。雖其終身所受之苦。漸成習慣。日久不覺。但其陷入貧困之中。實乃一生之不幸也。痛苦之時旣多。愉悅之事自少。不幸而流於疾病。其所受之苦。約十倍於常人。縱有不入耳之歡來相勸勉。而舉目四顧。憂患環生。其勞苦過度。日無暇晷之情形。實足以限制其智能之發達者也。雖其間所處境遇。或各有不同。而貧苦之點。大抵相類。故其所以墮落而不能自振者。貧限之耳』由馬沙之言觀之。則貧之苦人也至矣。雖然言之匪艱。行之爲艱。救貧之法。當何所出。馬沙又言曰。吾人今日所當研究者。卽下等社會之名詞應否適用於今日而此大多數之人終日輾轉號泣於此困苦工作之下爲他人之犧牲者是否必不可免。苟前者不適用而後者可免除。則貧苦之人與無識之徒應絕迹於此世。而惟一之希望實生於近世紀工人之進步。蓋機器精則身受之苦減。工資增則生存之道易。諸如教育之普及。交通之便利。國家政策之擴張。皆足以發達貧民之智能者也。故昔日所謂下等社會。其生活程度可日優而日裕。與百年前所謂上等社會相去無幾。但今日有一重大問題應研究者。試問居今之世欲使全國之人文化日進生活日裕。貧苦人民之沉滯現象不再現於今日。此種希望能否達到。欲解決此問題斷非僅就計學之範圍而能得圓滿之結果者。其關係乎政治之能力道德之影響不鮮。計學者亦不過盡其力之所能及貢獻於社會而已。但此問題所及之事皆在生計範圍之中。抑亦研究計學不敢不討論者也」僕誦馬沙之言。有不能不太息痛恨於今日之政局者。以今日麻木不仁之政府而以重大之責任課諸其身。是以方枘圓鑿之中。可逆知其鉏鋙而鮮當者矣。區區之志以爲國一日不亡。勢必有復興之一日。而復興之希望全恃大多數人民知識程度之日高。乘此貧困之時。示以致富之道。養成營業之性 Industrial Training 鼓勵節儉之方 The inducements to saving 使全國之民瞭然於開源節流之法。則貧弱之國民來日庶有豸乎。惟問題宏大不僅一端。且其提倡鞭策之道。政府旣不可恃。不得不望之社會。而社會如此昏濁。此種自勵之策能否使之發生。自恨學識淺陋不能言之切明。望足下進而教之。蒼生之幸也。

劉陔白

救國之談

（致甲寅雜誌記者）

記者足下今有人焉產業爲人攫取自由被人剝奪子孫受人壓制手足爲人桎梏順之則苟延殘喘逆之則命懸反掌族大丁多不思自救此何如痛苦乎此何如恥辱乎痛苦而含忍之恥辱而紀念之亦終於痛苦恥辱而已矣無從去此痛苦雪此恥辱也苟吾人而俔俔伈伈泄泄沓沓忍長此而終古也余亦何說之辭苟尚有絲毫自拔之思懲前毖後自救方法不可不亟講求也

精神上救國之方法（甲）喚醒全國之道德與愛國心（乙）破除私見破除情面服從公理擁護大局（丙）屏絕虛文注重實力（丁）宜以實心實力導引政府而勿阿私苟合以從其亂命（戊）凡應行預備及改革之事實分別結合團體盡心研究互相討論（己）崇尚氣節擁護正人

實質上救國之方法（子）以先民及各國政治常識自治能力編爲專書分頭演講以養成全國國民資格（丑）將歷來國恥及失敗之由補救之法時時警告國人（寅）普及軍事敎育（卯）爲無業流民亟籌生計（辰）解散各處會黨使歸正業（巳）獎勵製造保護資本（午）節縻費無益之金錢以興製造以張軍備（未）獎勵人才保護人才考求實際勿取虛聲

上所云云見者或將以爲時流之口頭禪而惡其煩不知天下事總是要做以吾國之種種腐敗相率安於數十年因循玩愒之惡習頭痛醫頭支支節節而爲之識者皆知其無濟自非大家努力分頭亟行不

爲功現在一事未做則怕事多將來各事稍有頭緒當知遺漏未及而急不容緩者尚十百倍於右所云云也吾國人惟心力薄弱故怕事惟怕事故事愈廢弊亦日出而無窮現在以外交失敗將身受其毒子孫蒙之不知其他種種亦未嘗無毒己身與子孫亦斷難倖免特舉世昏昏習焉不察耳

姑就外交失敗言之斯爲政府無能之咎顯而易見須知內政不脩軍備不足民力不發達受制於政府而不能實行其監督未有外交不失敗者也夫民力凋敝由於政府摧殘固矣然強者爲暴亦祇暴其可暴而不敢暴其所不可暴所謂物腐而蟲生醯酸而蚋集試問民意機關何爲消滅非其能者皆同化於政府其不能者遂被淘汰乎省議會也衆議院也始則爲黨人所賣繼則爲政府所賣其能不負代表吾民之責任者有幾人耶使當時而猶知自好摧殘不盡則今日否認政府之擅專可也不納稅於政府以抵制之可也而今何有也

以上所舉猶直接易見者吾人已無以自解其他種種因果更難縷舉謂吾民已醒已有愛國思想吾何敢贊一詞各國之強也以人才自命以遺大投艱自任故用人少而舉事多吾國則崇拜他人爲人才而欲舉天下之事盡任於彼之一人及其失敗猶不自奮輒曰吾國無人才何其暴棄之甚也嗚呼天降大災促吾猛省國人其卽自返矣自重矣實心實力排萬難冒萬險準上兩種方法以行矣質直之言無當大雅情不自已輒妄言之以告同胞幸甚幸甚　徐天授白

經驗（致甲寅雜誌記者）

記者足下。讀大著政力向背論中。「蓋以新勢力全屬之理想派。舊勢力全屬之經驗派。已不盡然。一敗語。慨然有感於心。愚以爲國家任官。當以人才爲先。而不當以經驗爲斷。富於經驗者。其中固不乏才。而號稱人才。不必盡富經驗。苟國家重經驗而輕人才。則政治舞臺。將永爲官僚所獨佔。而後起之英。罔不以無經驗三字而遭擯斥。此其政治有不日趨腐敗者乎。且人才之於國家。用之則治。不用則亂。其治也。以其才足以治之。其亂也。亦以其才足以亂之。人才祇有此數。一轉移間而治亂出焉。主政者之於人才。不以用之治。而以資之亂。此豈經驗之所示乎。果經驗之所示如此也。則可謂之亂國之經驗。棄治國之人才而用亂國之經驗。此國家所以大亂不已耳。姑且退一步言之。以經驗爲可貴。然經驗由閱歷而來。果後起者不假之以閱歷。經驗又何從得。新經驗無所得。而舊有之經驗派。又非有常生不死之術。可以擔負國家運命於無窮。是直視國家如私產矣。夫復何言。偶有所觸。書寄足下。以表禱之警示。當局亦未始不足爲暮鼓晨鐘之一助也。 儲亞心白

（按儲君亞心本誌三期誤作何君特此更正） 編者識

經驗二

（致甲寅雜誌記者）

記者足下。比來當局者忽以經驗二字。視爲鴻寶。奉爲圭臬。持之爲獨得之秘。自詡有先見之明。以爲制治之術。莫能外是。權家倡於上。瞀儒應於下。由是用人之趨向。行政之方針。一舉一動。一興一革。悉不出

經驗範圍雖大。總統有學識經驗並重之令。而風會所趨。經驗派蓬蓬勃勃。得寸得尺。勢力極形膨脹。而學識一派。不合時尚。日被壓迫。業已退處於無權。夫經驗之見重於當時。既如前述。於斯有二問題起焉。一問奠安中夏厚利民生。舍經驗一途。別無治國之方乎。一中國處列強競爭之旋渦中。以夙昔之經驗治之。果遊刃有餘乎。此今日亟應研究者也。僕謂解決斯問題。當先問如何而謂之經驗。易言之。卽政府最心折最崇拜之經驗談。果爲正確否也。此步未經解決。前二問題可無庸置喙。何者。前提未明。論政者縱爲說萬千。都成隔靴搔癢之談而已。準此以言。則經驗云者。以僕所知。必皆其人如足下所謂實力充滿。持躬整飭。處事公正。政績彰聞。足以捍衛國家。導領社會者也。固不若今之政府所重者。不特與經驗不相關涉。抑且與經驗絕端反背。蓋其所薦拔之人才。他無所長。大抵皆宦囊充滿。躬冒不韙。營私利已。穢德昭彰。足以傾覆國家。窒塞社會者。殆十之八九也。以如斯之人物。而謂爲絕有經驗。且謂本斯經驗足以圖存。其誰欺。欺天乎。雖然。政府主持其說。頗振振有詞。似非絕無依據。搖唇鼓舌之法家。希顏承旨之政客。更從而張皇號召。緣飾誇張。一若刷新政治。鞏固國基。非此輩莫屬者。何哉。僕思之僕反覆思之。彼所謂經驗派。殆指曾作前清官吏有年者而言。公文簿書。既所嫻習。官場慣例。亦所熟審。手段伶俐。治事巧妙。陰陽捭闔之術。是其所長。應對進退之徼。乃彼能事。以爲經驗人才。大率不外乎是。嗚呼。此誤解也。謂之熟手則可。謂之經驗則不可。當知吾人之所注重者。乃在經驗。不在熟手。經驗包乎主義而言。熟手則與機械無異。試問機械數事。果能持之以爲平治家國之具否耶。故不言熟手則已。一言熟手。徒使僕思潮起落。更興無涯之悲。以此輩聲色貨馬。逢迎趨避。均無往而非熟手。滿清之宗社。卽由此輩熟手一手斷送之亡國大夫。必無經驗之可言。苟有經驗。必不亡國。果亡國矣。安能謂有經驗。必曰經驗其結果乃至亡國。國家又何貴乎此。若曰經驗自經驗。本無預國家之存亡。則引用之者。其目的何在。且經驗派幷救亡之術而無之。遑論治國。此則雖使蘇張復生。恐亦無以自圓其說也。夫經驗一說。既不能成立。則前二問題云云。益無討論之價値。不足置辯矣。鄙見如斯。質之足下。以爲何如。　張企賢白

美總統與康格雷

（致甲寅雜誌記者）

記者足下。偶閱鍾達君所著地方自治章程論綱一書。商務印書館出版謂美國總統由康格雷公舉。惟 Congress 譯者作肯列斯耳。愚讀民友社所出平民政治。參照三一五五及五六頁則謂總統實非由國會所舉。乃受孟德斯鳩學說之影響。而行三權分立制之結果。愚雖覺鍾君之說爲非。而仍欲詢之足下。以堅其信。且以昭示讀者。使勿爲杜譔之譯本所愚。餘不白。　戴承志白

歐戰之影響

（致甲寅雜誌記者）

其一

記者足下。弟於上月二十七日到羅馬。已住兩星期矣。此地古蹟。與周秦同時者頗多。而羅馬建築之盛

大則推西漢時代。今日之羅馬。多不足觀。其能引他邦游人年以萬計者。則其古建築雕刻之力耳。中西文明之比較。阿房宮已化爲陳灰。其所存者無一可與抗衡。萬里長城偉大過之。而美麗不足也。昔以爲中邦建築多用磚瓦。故無凌空高大之傑作。且不能經歷兵火。留傳千載。今知其不然。羅馬最初時代之建築。多用磚瓦。其裝飾之柱階雕像。用石而已。意大利輿論（報紙）十之九表同情於英法。主戰論頗盛。究竟如何。不可知。意人腐敗。多言而不行。　張溥白四月十日自羅馬

其二

記者足下。弟由意大利返法。過瑞士。暫作勾留。以察勘情形。此間大概分兩派。法人、瑞士概黨法。德人、瑞士、概黨德也。然瑞士無論如何。不致有戰事。在此頗可得德國消息。據云『德人目下糧食雖覺缺乏。然可支至秋收』『德人雖不能得大勝利。然亦不致一敗塗地』『與大利之局面頗危。然俄人軍火不足。全恃人多耳』『恐戰事尚可支持甚久。年內恐難了』『希臘本已預備出助聯軍。由英國已得若干借款。由法國已得若干軍火。不料途中變計。將衛尼則羅 Venizelo 內閣（主戰派）解職。大半由於希臘王爲德皇妹夫之故歟』　此皆瑞士人之口頭語。目下情形。兩方面以能持久者。爲有勝利之希望。自去年十二月。各報皆言開春必有大戰。已開春矣。尚無激戰消息。又曰『下月將開始』『意大利亦出場』人人閱葫蘆新聞紙。只可信百分之一。弟之個人觀察。今年之內。恐尚不能停戰。　張溥白四月二十二日自瑞士

學一　（致甲寅雜誌記者）

記者足下。去春上函後。楠疏闊絕。軫念爲勞。回蜀省親。於甲寅獲誦答書。詞嚴義正。勃窣理窟。甚佩甚佩。日月易邁。倐經兩春。時事日非。惟有掬淚。在蜀半載。舉目皆荊棘。東望滄瀛。勞如隔世。惟時時披讀大誌。得與足下神游意會於文字間而已。昔海瑞入獄。其友貽之以書。有可奪者公之富貴功名。不可奪者公之道德文章之語。今請轉以贈足下。嘗慨吾國自乾嘉以後。學風中落。清社爲屋。政綱不振。尸其半。學殖不昌。亦尸其半。豈惟勝清。民國俶擾。亦疇不然。今人好言經世而不悅學。實則但使人人有學。如不及之。憂而政治社會。冥冥受福。即已不淺。時方多難。作此腐談。詎不發噱。然蒙竊謂此時固非英雄用武之秋。特機會之來。本無定時。所患者。有機會而我無用之之能力耳。夫政治良窳。因緣甚多。一時政象不良。或政治運用。全黨失敗。歷史先例。固多有之。此猶不足爲恥。獨至立國最久。自號文明種族。乃任舉一學術技藝。而皆不如人。則眞恥之大者。乾嘉大儒。空前者。尙或有之。謂足開來。實猶有待。矧近世學藝日興。必與世界學術銜接。方能稱爲學者。以國人自暴自賤。疇勝此任。弟之愚昧。甚望足下絕塵孟晉。蔚爲東方學者最先一人。慺慺微忱。日夕尸祝。而社稷者此爲第一矣。……

陳遽白

學二

（致甲寅雜誌記者）

記者足下。……恭自返國。學日益荒。志日益餒。曩所抱負。隨風雲散。在英時所希冀研究之書籍。棄置閣上。塵厚積寸矣。迴顧一年以來。讀書日少。嬉游日多。未嘗不太息痛恨於自持之力薄也。所自慰者。尙未做官耳。然昏瞀度日。無振拔氣。又何貴有此生哉。來書以大學內容見詢。殊非數語所能盡。世間各種社會。組織日久。不無弊生。惟善組織者。務革其弊。在吾國則務適應其弊而已。學生中俊秀之士。頗知好學。富於愛國強種之想。然此固青年士子在學時代之通象。前在東瀛。類此者多矣。特不識一入社會。正復何如耳。恭在大學。承乏政治學社會學兩科。既鮮學問。又乏參考書籍。教授舛誤。貽累後生。愧悚萬狀。間嘗接晤一二舊日學生。詢以教授之缺點。僉謂法科各門、若政治、若財政、若經濟、若社會學。殆皆西洋之學術。吾人習之。未能適用。且理論與事實。相去遼遠。夫復何貴。然足下作論。實能以高尚之理想。批評現狀。懷中以西洋哲理。詮釋經傳。亦能融會西學。教誨國人者也。處今之世。若懷中者。能有幾人。學術界之銷沈如此。又焉能於一隅之地。得見此類英才哉。……

陶履恭白

譯名

（致甲寅雜誌記者）

記者足下。從來譯名之道。不出於義。則出於音。義譯爲常。音譯例變。足下服膺後者。拳拳不釋。抉論理蘊。反覆詳盡。幾有曠世不能道而定於斯言之概。而容君挺公獨出心裁。不欲同於足下之說。發爲宏論。所以羽翼乎義譯一方。亦精亦透。足下又就義譯之不可單行。闡之以深理。駁之以精義。賢者之說至當。下才淺學如僕。顧復能道其一二耶。第考思再四。而惑終有所未解。幸足下垂意焉。鄙意音譯絕對不必施之今日科學之上。音譯之失。容君闡發殆盡。鄙意亦不能外是。然不能不講求補救義譯之道。其道維何。

曰造譯、是也。何謂造譯。符初造而界從之也。即過不可以我國原有之字譯之者。則造新字以附之。從此斯符爲斯界而作。不容他界附會。今人所用之字。義莫不出於典。典者前人作界者也。而際今日中外文明互輸之會。他國所有者。未必皆我先聖若賢所盡知而典。遂不能適用。若強用之。徒招物曲影直之誚而已。然不妨創造而典自我始。略就其界以數個本義之國字。參酌以綴成之。譬如依康老密可以人字與財字所綴成之倂字易之。謂是學曰倂學。使見之者見一新字。即起一新義之觀念。足下所謂界義萬千。隨時吐納。絕無束縛馳驟之病。其庶幾乎。而方諸音譯。字常纍纍如串珠。使見之者不能就原字解去別具心象。指鹿爲馬者。其得失何如。且我國定名。字貴簡單。以便記憶。而音譯往往不若是。此亦音譯之一大病處。或曰造譯人各一字。殊難統一。不知音譯亦所不免。況造譯可因推行而定於一者乎。不然。由政府審定而頒行之可也。鄙人謂學者當不至就不可爭者而又不必爭者爭之。鄙言如是。足下以爲然否。

張振民白

邏輯一

（致甲寅雜誌記者）

記者足下。讀貴報於邏輯之義。反覆辯難。不厭求詳。計自民立報獨立週報以至於今。何止二三萬言。誠以學術用語。稍一謬誤。其流毒於政治學術。決非淺鮮。即如開明專制之說。是其例矣。當滿清末葉。紀綱墜地。政令廢弛。舉國上下。奄奄一息。談政之士。知非有勵精圖治之決心。雷厲風行之手段。不足以圖治理。遂貿然鬭望之滿洲。某氏迎合此旨大倡開明專制之論。不知厲精圖治雷勵風行與開明專制。初非同物。世界文明諸國無不勵精圖治雷厲風行者。信如某氏說。然則法美可稱爲共和專制。英德可稱爲君憲專制矣。有是理乎。混政治之本體與行政之手段爲一詞。至孕成今日之政局。皆某氏不解邏輯爲之也。開明專制決無是物。貴報辯之既詳。從前民報諸子亦掊擊至力。然皆未抉出其致誤之由。僕見貴報時論邏輯。又言莫明某氏之用心。因貢其私見如此。抑最近持征伐暴民論者。披靡一時。僕覺暴民二字。於邏輯終有未安。蓋以抽象的言。民無所謂暴者。且其反動之影響極大。今之政局皆受征伐暴民論者之賜。筆鋒所及。幸加愼之。民氣前途關係匪淺。書不盡意。　陳蘿白

邏輯二

（致甲寅雜誌記者）

記者足下。Logic 初至吾國。譯爲辨學。嚴氏譯爲名學。日人譯爲論理學。尊譯邏輯。要皆爲一種科學之名。似無疑義。乃閱足下答容君書批評譯義。有辨義第一。名義次之。論理最爲劣譯等句。省略學字。其餘單稱論理二字之處亦甚多。此 Logic 之爲字。是否脫離之名。別有單獨之意。如 Reasoning 一字之用法。愚未深研歐文。莫知究竟。請以餘白一賜教焉。　徐衡白

邏輯一字。可以脫離科學。隨處應用。如彼亦一是非。此亦一是非。可易言曰。彼亦一邏輯。此亦一邏輯。此其用實與 reasoning 等字無殊。此固不獨邏輯爲然。凡在諸學。罔不如是。如心理學名也。亦

可泛指一般心理倫理學名也。亦可泛言一切倫理。足以證也。即有時口稱邏輯意在科學而省略學字。義亦甚明。且溯厥語源。在原文本無學義。其謂之學者。乃作定義時從而爲之詞耳。吾人譯名。每不求之本名。而求之定義。因以其定義中所含之學字。綴於本名之末。曰此某某學也。某某學也。偶去學字。轉疑不詞。實則學字本爲語贅。吾人蔽於所習。因謂贅者爲要。此人情中恆有之。又不獨討論科名。如是也。以此之故。愚乃崇尚音譯。音譯則其弊免矣。又其事有足貽笑柄者。邏輯日譯論理學。果必名之曰學。而其義始著也。由論理學轉譯英文。當曰 Logical Science。其義所指。則已由邏輯而移入他種科學。蓋邏輯者。諸學之學也。倫理爲邏輯之學。心理亦爲邏輯之學。以學字綴於邏輯之末。其在歐文。義指倫理心理種種。而不在邏輯本身矣。此乃充類至義之盡。言之不審。有當於尊意否。

記者

論壇

弱國之外交

皮宗石

吾國向無所謂外交。六七十年前。舉國上下。習於固陋。幾不知赤縣神州外。尚有所謂列國也。妄自尊大。故步自封。甚且國使之來聘。淩不之禮。外人之來遊。或加之辱。馴致名城淪陷。疆吏被囚。割地賠款。辱國喪權之事。殆更僕不能終數。推原禍始。由於倨慢自招者半。由於外人習而相挾者亦半。一言蔽之。時則昧外而已。民國建立。於茲三載。或爲一己權位計。不惜利用外力。恫嚇國人。如外蒙叛亂。初非有何等實力。及時應付。敢決其不必成外交上重大問題。乃不唯計不出此。反引之以爲要挾之具。於是俄人乘之。至今日遂不可收拾。民國承認。直時間問題。列國固早已聲明之矣。乃一面恐外論之不己利。一面復欲有以早日誇耀於國人也。派密使訪鄰邦。(一) 如滿洲洮南四平間路線。竟不明不白拱手贈人。其他類此無形之斷送。若鑛山。若商民私有財產。兩年來報紙所紀載。道路所傳聞。尤不知有幾十百起。然細按之。殆無一而非政府自身招致之者。時則有所謂媚外而已。昧外由於無識。僨事誤國。其害匪淺。然其弊尙非不可救藥。故有清季世。每值外交事件發生。一遇議會之質問。輿論之反對。彼所謂權貴者。尙不敢顯背輿情。逞其私意。故其時政府雖號稱無道。然方諸今日之以強有力自命。而人卽以強有力政府頌

(一)民國二年孫寶琦李盛鐸兩氏聘日其一例也、

之者其領地之割讓利權之喪失尙不至若斯之甚也夫政府而至於媚外以便私圖國人甚且從而謳歌之若惟恐其不日蹙國百里者則天下傷心事孰大於是昔六國以賂秦力虧卒爲秦滅蘇明允氏著論千載而下猶不勝其悲傷悼惜今吾乃欲以一國而賂列強縱彼樂觀者流能自詡其版圖遼闊而據年來締結條約計之則所喪之領域視吾本部已殆相匹敵然則卽是推之卽舉吾莊嚴燦爛之中華民國以悉供其獻媚友邦之資亦不必定需若何長日月而始淪胥以亡也明矣

故李鴻章氏以吾國外交家著習於縱橫好使權術其間雖亦間能取得一時之小利然卒貽後來永遠之失策蓋彼乃欲嘗試其以敵制敵之計而不悟其終爲敵制也今之政府貌襲合肥故智不過每況愈下此則更欲其操縱之術以爲對內之資故自正式政府成立後今日議約明日調印舉十數年來吾國外交上之懸案一一解決之不足又從而附益之必欲使樂爲用者各如其量得相當報酬以去乃止夫合肥以敵制敵之策原以自求解脫乃終以智力不能相較反爲所制其流毒之深至今日仍不爲少減膠州灣問題其最著者今之政府初哉首基卽欲用外制內寧引虎自衞而無所顧忌宜乎對內以有所恃而日見專橫（一）而外人之視眈眈欲逐逐者方集注其視線於我神州大陸也

聞者疑吾言乎請得徵諸土耳其近事土耳其自千四百五十三年攻取君士旦丁後一時跨有歐亞非三洲成一絕大帝國大有囊括地中海進窺全歐之勢然其人民雖以迷信宗教之故頗勇敢善陣戰究

（一）總統府顧問英人馬禮遜氏、本倫敦太晤士報駐北京特派員、去年六月歸英時、曾在該報讚揚袁總統之內治外交、又顧問美人古德諾、及日人有賀長雄兩氏、亦發言中國國情、意謂今日民主專制、頗適吾國、此則袁總統顧問政策成功之一端也、於政治能力全屬闕如。故入十九世紀來。所領巴爾幹半島。均先後宣告獨立。而屬地之在非洲者。亦次第爲各國蠶食以盡。及經千九百十一年及千九百十二年兩次戰後。(一)土領之在歐洲者。僅餘君士旦丁及亞多里阿羅布(二)兩處而已。然而此俄托曼老大帝國。雖迭蒙侵削。迄今日猶得持續其生命而未卽於喪亡者。實天假之緣。俾得託庇於前茲英法意各國之近東政策也。近東政策者何。卽合力排出俄羅斯於近東。使不得扶殖其勢力。以爲他日經略之基。名爲保全土耳其。助其獨立。實則借爲東歐屏障。使俄人不得西下。接近地中海一帶。因以自脫於危險也。(三)土耳其人士。處此當審知百年來其國之於何託命。而於此運雞並棲之中。對外則運用不沾不脫之政策。無所厚薄於列強。對內則竭盡全國智能。以從事於生聚教訓。庶幾乎其領地雖大蒙侵食。而猶可以爲善國也。不此之務。感情用事之儔。偏誤信德國之遺傳政策。(四)倚爲保護主。陸軍之編練。一爲德將校之指揮是聽。巴格達德之路線。讓與德國經營。於是德之勢力日益滋長。而柏林之軍事家。爲政家。竟公然於預定對三協商國作戰計畫中。列土爲助戰之一員矣。(五)

(一)千九百十一年意大利土耳其之戰、千九百十二年巴爾幹同盟各國對土耳其之戰、

(二)Adrianople 千九百十三年戰時曾爲勃牙利佔有、後乘勃塞內部戰爭、爲現陸軍大臣燕偉將軍 Enver Pasha 克復、燕之聲勢、實基於此、

(三)千八百五十四年至五十六年克利米亞之戰、英法意出師助戰、千八百七十八年俄土之戰、英艦隊入達旦海峽、示威干涉、故俄志卒不得逞、

(四)卽自普脅士腓力大王以來利用土耳其之政策、(見 Holland Rose 所著 The Origins of the present War: P. 93.

(五)見前德帝國宰相 Prince Von Bülow 著 Imperial Germany: P. 60 (英譯本)

去夏大戰之爆發於歐洲也。土耳其穩健政家。一時極力奔走。僅得勉強宣布中立。然不三閱月。卒以德人之煽動。及陸軍大臣燕偉將軍之主戰。穩健派以不有武力。雖得國民同情。亦莫與之抗。於是十月二十九日黎明。不經內閣議決。不向敵國宣戰。突由土德艦隊之在黑海者。進攻俄領阿德薩港（一）并炮擊英法商船。以為此孤注之一擲矣。刻其戰爭經日方百。將來土國得何結局。固無從預言。唯即現今已成事實觀之。則雪卜魯斯（二）之領地。已正式歸英。併有對埃及之宗主權。亦由英宣布取消。而大軍之東擊高加索者。尤敗耗頻聞。他如財政之困難。大有不可終日之勢。是役也。土國上下。除一部少數軍人及曾蒙德國特別利益者外。實均欲避之而唯恐不及者。乃卒以德人在土勢力根深蒂固之故。遂亦不得不賭國家運命。投入此風馬牛不相及之鏖戰旋渦中。則甚矣利用外交而不得其術者受禍之酷也。然外交之為物也。譬之則水。水能載舟。亦能覆舟。要在運用之如何耳。觀於意大利建國來之對外政策。益灼然可以知其得失之所在矣。

意大利僻處於所謂長靴半島。當十九世紀之初。其國家未統一。前始則經法帝拿破崙一番蹂躪。而城社為墟。繼又以奧相梅特涅之不時干涉。統一之業。幾於中阻。腹背受敵。數十年於茲。國之未即喪亡者。實間不容髮。而人民流離死亡之狀。吾人於李氏弔古戰場文。庶幾恍彿一二。嗚呼慘矣。然意人本其愛國赤忱。百折而不為之沮。為政家亦鞠躬盡瘁。秉悲憫之宏願。期舊邦之重新。幸也。千八百六十年。勝普

（一）Odessa、

（二）Cyprus 千八百七十八年柏林會議之結果、英國自土取而代治之、亦一租借地之變體也、

後。其國悲於焉始。迨中間乘普奧(一)普法(二)兩次大戰。更能恢復其舊部。入羅馬而都之。而意大利數十百年來所朝夕祈禱之大一統偉業。於以告厥成功焉。蓋意人於遺大投艱之際。雖常懷想其古羅馬文物之盛。思有以發揮而光大之。然其志士仁人。既無爭誇其千年前王謝家風之概。復若不勝其黍離麥秀之悲。故縱任重道遠。卒能措之裕如。倘所謂持其志毋暴其氣者非耶。吾人今日值茲國步斯頻之際。熟讀此意大利建國史。因而革心洗面。思有以拯吾民而救吾國也。是又匪獨不佞一人所馨香頂祝之者。

當普奧普法兩役時。意大利雖乘鷸蚌之持。獲漁人之利。而因得以完成其國民的建設。然意奧兩國。以利害關係之互異。難保無再啓爭端之虞。避之之法。在當時舍匿怨而友之末由(三)。法國據地中海。海上優越地位。益以北非州之屬地。及近東商業的獨佔。就地理上位置言之。其不利於意大利也明甚。重以千八百七十八年柏林會議之結果。法人取得併有條尼斯(四)之認可。於是法之勢力。益咄咄逼人不可嚮邇矣。故千八百八十一年條尼斯實際合併後。不一年而歷史上最有名而與此次戰爭最有關係之德奧意三國同盟。於焉成立。然則即謂此同盟實爲條尼斯事件所促進。亦非過言也。

(一)千八百六十六年普奧之戰。意以助普故。回復舊領。Venetia

(二)先是法破崙三世。借保護教皇之名。妨意大利之統一。會千八百七十一年普法之役。意乘法人無力干涉。遂收羅馬於教皇之手而都之。

(三)見 Contemporary Review, July, 1914. P. 132-138

(四)Tunis

三國同盟者（就意大利一面論）自其成立時言之乃意大利外交家慘澹經營之結晶物自其成立後言之實開意大利外交史上一新紀元也今欲細述此同盟及於意大利之影響及意大利對此同盟之態度請得劃爲兩時期焉其一自千八百八十二年迄千八百九十六年是其二自千八百九十六年迄今日是

第一時期　前乎此盟時意大利固未嘗見重於列國也柏林會議各國均得飽其慾望以去意大利以新造之邦不與焉法意關係本素欠圓滿千八百八十一年通商條約之轇轕尤不爲意人喜因是關稅之戰彼此相持者且十年然則其時意大利國際上地位之險惡可知矣欲圖補救之方非爲同盟乎（一）況乎意奧間利害既有如上所述者乎又況當時英則沙士勃雷侯秉政對法感情頗稱惡劣俄則以德相俾士麥極力謀與接近亦不深致疑乎此舉是則意大利加盟德奧既有以對付法人復不招人疑忌實策之萬全者更就當時意國內政言之自千八百七十一年後羅馬雖得建爲首都而教皇勢力究未大減他如亞比西尼亞遠征失敗（二）國力益形困憊尤非除去國際紛爭莫由恢復元氣狄龍謂意大利以三同盟國之一員同時克遂其國內的及國際的兩重作用者良有以也（三）

第二時期　洎夫千八百九十六年意大利政家韋洛斯大（四）見俄法之日益接近而大斯拉夫主義

（一）此則與日本以孤立無援故而締結英日同盟者同一筆法

（二）意以欲取得殖民地故遠征 Abyssinia 然戰而不勝於是前此既得權亦因而喪失

（三）見 Dr. Dillon's A Scrap of paper, P. 81-83.

（四）Visconti Venosta 卒於去年十一月

(一)行將見諸實際也。意大利爲維持其巴爾幹地位計。不能墨守前茲成法。於是用力意法兩國之親好。幸而其効不虛。迨千八百九十八年新通商條約成立。自是兩國間歷年來誤解已不難一掃盡矣。夫意法之關係既不復若前此之爾詐我虞。則意國在地中海地位可以維持於不墜。又事勢之必至者。若是則其加盟時之第一層國際的作用已去其功効之大半。而於向所隱忍之對奧政策。至此已不妨稍稍改變之也。斐林曰。對外政策乃實利問題。非感情問題。斯義也。尤以意大利人知之最深。又曰。國際上之友邦不過較敵國少一層危險之教訓。尤意大利歷史所屢示而不一示者。故意大利人信之也彌篤。(二)斯眞能道破意國外交成功之祕訣者也。

當意法兩國接近之日。適德國軍備大擴張之時。准凱撒維廉公言之大日耳曼帝國主義推之。則德意志領土獲得之野心。必將藉以一試其飛躍。而意大利雖爲其同盟者之一員。寧肯依人作嫁。甘其驅使者。況大日耳曼主義之發軔。巴爾幹卽首當其衝。而意大利則國於巴爾幹對岸之長靴半島者。於亞多里亞海上。且常欲有以握其霸權。忍而未發。徒以時機未熟。留有以待。却非眞能恝然忘情者。然則隨德奧以助其主義之實現。於意大利發展前途。有無窮障礙也必矣。

夫意大利之對外政策。不爲感情所左右。而純基乎自身利害。既如斐氏所言矣。故其明敏政家於千九百七年。更與英法協約。由是意於地中海方面既無後顧之憂。遂得一轉而着意於所謂巴爾幹問題。其

(一) Pan-Slavism 卽欲組成巴爾幹同盟、而戴俄爲盟主之主義、

(二) Keith Feiling's Italian policy Since 1870 P. 1.

政策之開宗明義即「任何國家不得在亞多里亞海之他一岸握有軍事上及商業上之優越權」是也。蓋意大利於其東方海岸所欲得而甘心者即一最良海軍根據地。而其領有之蒲林底西及威尼斯兩港(一)又非能完此作用者。然除瓦洛納(二)倘屬阿爾巴尼亞外。餘均為奧領。加以千九百八年波斯尼亞及赫澤哥維納(三)實行併入奧後。而意大利巴爾幹勢力尤相形見絀焉。於是向之恐懼法人地中海海上勢力之念。今且不得不轉而恐懼奧國之在巴爾幹者矣。而歷史所垂示友邦亦敵國之教訓。至此不尤足令意大利深長思耶。

千九百十一年意土之戰。特利坡里(四)為意併有。是役也。直接間接均非德人所喜。蓋德商人於此戰之前已多潛入是地。德政府尤有取得托補魯克港(五)之意。今不幸土戰而敗。該地名實上均為意領。則德人之歷年經營已成畫餅。是直接損失者一。土耳其久入德帝牢籠。且有事時并可利其贊助。今反為其同盟者一員所破。於德帝預計中之戰鬭力自當少減。是又間接損失者一。綜是二者。益以上述種

(一) Brindisi; Venice.

(二) Valona

(三) Bosnia; Herzegovina. 居民均斯拉夫種與塞維亞有血族關係合併於奧即此次大戰近因之一。

(四) Tripoli

(五) Tobruk

種德與與意之關係自非昔日可比然意猶處與委蛇而示以不卽不離之態度者是則孫紏列洛侯(一)之一片苦衷而意大利外交之所以妙也蓋意以後起之邦百年來干戈相尋人民直接死疆場與間接苦重賦者已非一日是則欲求國民元氣之昭蘇非休養生息之不可故爲出萬全計一面於同盟國仍賡續前好一面於三協商國尤倍極親交所謂平和之媒介者其時之意大利之謂乎狄龍曰意大利之滋長發達得力於平和妙術及外交勝利者甚多又曰使意大利政治經濟之力日益發展卽此同盟者一員之資格已不難增進歐洲和平之福祉(二)蓋亟稱其能得外交之妙用也

今者歐洲列強以數十年整軍經武之結果發爲空前之大戰據經濟學者所估計刻下每日平均費財約英金九百萬鎊而間接之損失不與焉死人約一萬有奇而傷卒俘虜不與焉文明乎亦浩劫也唯意大利素以和平爲外交之幟志而又熟審夫國於天地所謂友邦并不必良於敵國而所謂敵國亦不必較危於友邦於是居中策馭以己國福利爲唯一標的既期不爲人挾忽惴惴焉惟恐攖人之怒故値此血肉横流之日終能得其行動自由仍超然於戰局外也雖然兩軍相持僅及半載意大利加入—加入—之聲又揚溢乎中外而各方面之外交能手尤競相操縱於其間(三)一若意大利今日者大有與楚楚勝與漢漢勝之勢未審彼意大利人處此其快慰爲何如也至於將來該國到底出何態度此則有非

(一) Marquis di San Giuliano 意名外交家、卒於去年十一月、

(二) Contemporary Review: July, 1914. 122-128.

(三)開戰未久、則俄之維特伯、法之前外交長德格賽、先後訪羅馬、近則德前宰相畢羅公、又出任駐意大使、

不佞所得預料之者。然吾聞之、狄龍曰。意大利者。實愛平和之國家。而其政策純基乎國民福利者也。故其爲政家所最留意者。即任何事變之來。決不容輕輕易樽俎爲干戈。以損及其既得權利。並危及其將來希望也。易辭言之。即意大利者。隨時勢之指導者也。彼預言其因一時感情作用而闖入戰場者。非深知意大利者也。(一) 然則玩斯語而靜繹乎意大利之國論。因以範成吾人之判斷焉。雖不中不遠矣。

以上所論列。凡以明外交之作用。全恃乎運用之妙與否。故運用之者而爲土耳其之自繩自縛。其弊也失其自主。供人犧牲。小之因而削地。大之甚且喪邦。運用之者而爲意大利之伸縮自在。則人爲其容我爲其主。於友邦也親之。於敵國也亦近之。夫如是。國而本弱者。彼外人亦無自而逞其野心。若强而如意大利。今日者。更可進而言操縱之術矣。

顧吾國今日之外交則何如者。愚誠無似。即欲勉爲掩飾。終亦百思不得其辭。蓋自根本言上之。直視土耳其之不若。遑言意大利。

愚固言之。土耳其者、固欲有以利用外力而即以之對外者也。然其政策。初不必純乎國利民福。而又感情用事。甚且受外人隨時之蠱惑。供三數政家之私圖。故其結果被用於人。莫由自拔。宜乎幷目前一時之利。亦既未得。而禍已逮乎身。視吾合肥李氏收回遼東半島於日本。而斷送旅順膠州灣廣州灣威海衞於俄德法英者。其受害之速。實有過之無不及也。然則吾今之政府。更進而欲假此外力。以虔劉我百姓。而行所謂大權總攬主義者。異日所獲之報。爲石敬塘乎。抑爲張邦昌乎。吾人於此。當亦不難逆億其

(1) Dr. Dillon's A Scrap of paper. P. 96.

一二惡因所種必無良果理勢則然也讀者能鑒此意士外交之得失定吾對外之方針因以喚起國論捨擊吾媚外政府使彼有所畏而不致公然行所謂賂外之素則桑榆非晚中國幸甚（二月十八日稿時在倫敦）

作者此稿成之已久中日交涉未之論列意大利今已宣戰尤所不及前知今以公諸讀者誠不免後時之誚然君念及此文嘗於英倫而東而滬始入吾誌且其中所言可供永久參考之資者亦多閱者或不過責編者之遲鈍也　編者識

論國家與國民性之關係

勞勉

國於地球上者以百數十計其稱爲大國者厤數有七曰英曰德曰法曰美曰俄曰奧曰中華此七國中強國六弱國一是知大國存立之要件幾非強不能又知國大而弱而能存立者幾爲例外之數然宇內之萬事萬物亦往往有立乎原則之外者如有罪則檢舉固爲刑法上之原則惟猥褻毀謗等罪則非待親告不行又如黃金白金殆無可與化合之物然遇王水則立解國大非強不立此殆國際上之通則然弱如中華民國竟存立於競爭劇烈之舞臺此或無足怪者詎知例外之所以成立之理必有一定之阻力或一定之誘因然後可以反此原則而構成獨立之現象彼猥褻毀謗等罪所以必待親告者則以參酌被害者之人情及顧慮風化之影響而爲此原則之阻力黃金白金之所以溶化者則以鹽酸與硝酸混合液之特性而爲此反應之誘因吾國之所以保持不墜者其重因有二一爲列強維持均勢是爲外因一爲國民性之統一是爲內因自歐洲戰爭以來英德法俄皆疲於奔命更無暇顧及於遠東彼列強

之中。而能左右吾國運者。惟美日兩國。美守門羅主義。或無占我領土之野心。日本我同文同種之國。且日以保存中國維持東亞平和自命。似可近而不疑。而孰知使我宵衣旰食而爲吾國腹心之患者。卽此口蜜腹劍之國哉。觀近日交涉。則向恃爲不亡之外因。亦將歸於烏有。則吾國將恃以不亡者。只此唯一之內因。只國民性之統一而已。則國民性之研究。又烏可忽者。由今百數十年前。除上記七國之外。更有大國如波蘭、印度者矣。然波蘭已爲普俄奧三國所分。印度亦已爲英國所併。此兩大國覆亡之原因。雖紛紛不一。而要皆國民性不能統一固定之故。則敢斷言也。世之過印度安南者。輒言英法苛酷。而竊爲亡國民不平。此婦人之仁耳。夫彼亡國民者。不念其祖若宗力征經營勤勞累代。以有此土。坐令大好山河日蹙百里。甚至神州陸沈。亦不甚惜。且併其歷代遺傳國民共通之特性。一任流離散失。靡有留遺。而不自知有保國保種之義務。咎由自取。於人何尤。譬如耕牛。爪牙不足以供嗜欲。趨走不足避利害。欲不寄活於農夫鞭影之下。願可得哉。故世之所以虐待亡國民者。猶之刑法之威嚇主義。非嚴刑重典。無以起其悛悔之心。此正所以驅除人類之惰性。而使之奮發者也。不然、國亡而民亦安逸如此。則誰復以亡國爲懼。而更有所勗勵哉。是則國家所以存亡之故。其大本固歸於強弱。至其所以強弱之故。則在乎其國民性之良否。及其統一之程度如何。彰彰明也。誠以強弱之來。必爲因果律所支配。此因果關係。又不能以國之大小爲衡。世固有國大而弱。國小而強者。則知所謂因果關係。往往果同而因不必同。非如數學之正反比例。必有一定之種類品質。予以決定。吾人於此。必先劃出因果關係之界限。然後於此界限之中。求其眞因。醫者診疾。法官論刑。必就專門領域。探取病源犯意。論國家強弱亦然。國家成立以土地、人民、政治三者為要素。土地大小。既無待再言。而政治又為國民性之表象。故論一國強弱之因果關係。不能不求之國民性中。可知國民性之統一。為國家存立之要件。不特吾國為然。而實萬國之通義也。世之論國民性者。僉曰國性。略去民字。此則名辭之內包(intension)不能明瞭表示。故吾人寧忍佶屈聱牙之誚。而不欲以民字為修辭學上之犧牲。以期概念明確。而免誤解之虞。夫所謂國民性者。卽指國民之性格而言。為一國民所特有。而藉以標識其族類者。至其觀察之法。人各不同。且時代變遷。而思想亦異。當自由思想極盛時代。人無不以意思自由為眞理。迨至自然科學發達以後。而行為必至說。遂勃然代興。近因遺傳學及心理學進步之結果。後說愈確。而信者益多。據心理學者之說。則謂支配吾人個性及指導吾人行動者。厥有三事。一曰祖先之影響。二曰父母之影響。三曰境遇之影響。一為遠因。為重。二、三為近因。為輕。此固可例證者。法國自革命以後。八十五年間。政體凡九變。而法人之熱情易動。明敏活潑。無稍變焉。北美合衆國。中南美各邦。胥共和國也。然盎格魯撒遜民種之國。則日臻隆盛。拉丁民種之國。則幾不足以自持。而反賴前者為後見之役。是知國民性者。非一朝一夕所能成。與其受遺傳與境遇之影響輕重。亦可見矣。據威士文(Weismann)遺傳質連續之說。謂凡親體當構成子體之時。其保存於卵細胞中之生殖質(Germplasm)非全部消費者。必貯存一部。以為形成次代之生殖細胞之用。浦費里(Boveri)氏曾以馬之蛔蟲驗之。蛔蟲當發育之際。其卵初分為二細胞。一為身體細胞之祖。他為生殖細胞之祖。以故本此論據。可知子所由出之生殖質。與其親及先祖之生殖質。其間成為物質的連鎖焉。然據高爾登(Galton)氏先系遺傳之法則。則謂所以構成子體之生殖質中。其二分之一。受之兩親。而兩親各出其半。卽各出四分之一。其四分之一。受之祖父母。而祖父母亦各出其半。卽各出八分之一。以下準是。今試以數式演之

$$\frac{1}{2}+\frac{1}{4}+\frac{1}{8}+\frac{1}{16}+\cdots\cdots=1$$

由此推至無限。則遺傳之屬性如何。更可推演如左

$$\frac{1}{2}=\frac{1}{4}+\frac{1}{8}+\frac{1}{16}+\cdots\cdots$$

$$\frac{1}{4}=\frac{1}{8}+\frac{1}{16}+\cdots\cdots$$

合觀兩說。遺傳質爲多元的而非一元的。可知。且其爲連續性。又可知。於此而國民性之槪念亦從可知矣。考所以組織此國民性之要素。厥惟三種。一固定性。二附屬性。三可能性。固定性者。乃國民共通之根本性質。由列祖遺傳而成。爲一國民特有之表徵者是也。世之遊英國者。輙曰其民沈重。國之所與立也。遊法國者。輙曰其民敏銳。未可量也。遊德國者。輙曰鷹揚哉。其民勇毅。是其爲菲利得列大王之後乎。遊美國者。輙曰其民豪邁。其將爲全美之主乎。遊日本者。輙曰其民褊小。其能久乎。故夫各國民性。皆具固有之特質。而不能逃人耳目者。是其固定性然也。附屬性者。則指性格可變之部分而言。學飽則氣華。勢迫則力倍。故境遇敎育及各等規制。皆足以變化人之氣質。然此等規制。苟非頻頻接觸。則惰性卽生。貧

者縣富則勤勉之習頓弛留學生返國則崇高之念漸消此固習見之事故學校教育之後非有社會教育爲盾則教育之効果必微蓋附屬性格必待外界督勵始不爲固定性格所驅此誠附屬性格之弱點然學能時習是即補救之道又何患焉是知自治制度之不容緩社會教育之不可忽也若夫可能性者乃一時人格之表現是必乘機而起者例如宗教界或政治界之恐慌時代頃刻之間人人頓逸其性格之常軌而演出驚天動地之慘劇雖平日之良民循吏亦必震蕩其腦中細胞作猙獰猛狠之狀令人不敢仰視焉如法蘭西國民議會（Conventionnationale）之巨人有觸其忌者無不化爲斷頭臺上之露然而曾幾何時莫不俯首帖耳於奈翁鐵蹄之下歌頌聖德捧帝冠而上壽者則其要求被治之沈痾使然種族魂之固定性有以致也此種現象自吾國革命以來吾民所瞠目驚視者宜尙流連於腦中而不待吾人嘵嘵爲也譬如碧湖之水波靜如鏡一旦風雨襲來則奔騰澎湃如怒濤激石勢不可當迨至天晴雨霽輒穩靜如疇昔而復常性焉國民之可能性正復類此是知可能性者非有促進之機會則終世或不一生無俟論矣總觀各節國民性之所由來及其組織之成分當已窺見一斑然同時吾敏慧之閱者亦必有懷疑之處（一）固定性果永久不變則國民性何以改良（二）附屬性果不固定則教育自治等制必將歸於徒勞此應有之疑問也然固定性爲累代遺傳之綜合已爲閱者所知而此遺傳作用更有所謂變異（Variation）者變異之說分而爲二子體性質與親體漸異者謂之連續的變異（Continuous variation）子體性質與親體突異者謂之不連續的變異（Discontinuous variation）變異之緩急雖各不同而要與親體性質皆異其趣生物惟有此性故無論外形內質皆可積累變異而逐漸改良

此以知固定性初無不可改良之理。至附屬性所以可變之故。在於善忘。苟制度完善。自能保持勿失。留以利用。設如強行義務教育之外。更設社會教育機關。且布自治制度於各地。使國民教育之要旨。日涵濡於吾民腦際。則此可變性格。亦必與吾民相始終。漸且成爲定質。合固定性以流傳。將兼收改良種性之効。法未有良於此者也。由是而知國民性與制度教育之關係。其對於附屬性也。直接而收其果。對於固定性也。間接而長其德。此吾人所敢斷言。法人潘氏(G.le Bon)曰。知識者人類共有之公產。性格者各國民獨有之秘藏。故科學智識。固各國人所能取而一本於教育之力。然吾人尤有進者。則以爲制度美備。斯不特附屬性可移。且有改良或助長其固定性之効。潘氏又言曰。惟遺傳自身。乃能抵抗遺傳之力。觀此。則吾人間接遺傳之說。其不謬可知矣。蘇格拉底曰。汝不可不知汝自身。則吾國民性。又安可不言者。外人之論吾國民性者多矣。類皆惑於吾國積弱。先入爲主。輙譽少而毀多。而倭人誣我尤酷。甚至吾國文明。彼且盜爲己有。而自誇爲東洋文物之代表。故外人誤解滋甚。此吾民所不能一日忘者也。竊計吾國民性之美點。指不勝屈。徒向以閉關自守之故。物質文明。遠非歐美之比。一旦海禁大開。古代之制。不合時尚。國大民衆。開國復早。思想牢固。難與變更。故猝落他人之後。毀謗之至。實伏因於此。然吾民堅忍、耐勞、冒險、敏慧、博愛、等美性。固赫赫現諸吾國歷史之上。有如日星之光。而無可掩也。禹疏九河。秦建長城萬里。隋開運河。是非有絕大堅忍之力。與有非常之技能。其孰能成此偉大之業者。夫以近日機械工業之發達。彼蘇彝士、巴拉瑪兩運河。亦經數國之力。始奏成功。則吾族堅忍之性。與吾民之技巧。亦可以證矣。吾國勞動階級。日遠征於世界各地。日出而作。日入而息。三代上之美風。亘數千年而不絕。則吾族耐勞之性。爲如何強。又可知矣。世有恒言。英國國旗。隨見於洋海。華人足跡。徧印於大地。則吾族冒險之性。已有定評。明永樂時。鄭和、馬歡。曾遠至非洲之東海岸。文明國人之到此地者。實吾國人爲首。而西班牙人次之。故今日航海史中。無不引鄭、馬爲華袞。是尤冒險性之左劵。吾國歷代以來。諸子百家哲人碩學。不爲不多。即如近世所謂文明事業。如會社銀行之星羅棋布於南洋各地。而爲吾華僑之所經營者。雖不足頡頏歐美。而爲極東三島所不易覩焉。夫以華僑之學力不足如此。而率其本能。猶能若此。使進而獎勵學術。前途顧可限哉。則吾族敏慧之性。此可見矣。外人之論吾民性者。輙曰利己心重。此雖近似之評。而實未窺吾國全豹者也。觀吾國各地善堂公所。遍於都邑。而吾民之好善樂捐者。且姓氏不題。更不以名譽爲念。此非任俠博愛之心。其孰克臻此。不觀東鄰之子乎。其助流連無告之比人也。勸捐數月。不過一二萬金。且分毫之微。必題曰某氏某氏。蓋恐人之不知其嘉惠友國也。吾民顧若是哉。嗟乎。吾民。汝祖宗所遺傳於汝者。有如是美德。汝乃不自知。而任人凌辱。謾罵而不爲怪。汝試觀彼日日凌辱謾罵汝者。由今百年前。國名尚未登於世界史上。而今忽橫暴至此。是豈有他故哉。蓋亦革新教育。人不畏死而已。夫教育之事。亦何難者。十年則小効。二十年則大効。是非如種性遺傳之無近功比也。至於死之一字。爲人生所不能無。人惟愈畏死者。則死期愈迫。愈不畏死者。則壽命愈長。此反動之理也。世間惟富者最畏死。然富者必弱。且多早夭。此人所共見也。死既人所不能免。與其呻吟輾轉於病牀之上。而終至於死。曷若決死於疆場之中。頃刻之間。已成隔世。孰有快於是乎。且北地王、岳武穆之所以爲吾國歷史所珍重者。豈非能爲國而死者哉。則吾民當知所取法矣。

勗報（中國無冠之帝王者誰乎）

劉叒和

新中國處今新世界中。其未來之新事業新功名。足以空古今而震寰宇者。有如鑛產。隨在皆是。所須惟確有新知識新能力之新人物耳。新政治中足以產偉人也。然政治之成功。非一人所得為。新學術中足以產偉人也。然學術之著效。非一時所得為。若求憑個人布衣之智力。操少數之資本。履短期之歲月。而其成功著效。竟足與政治學術者并駕齊驅。事業益於社會。功名誇於內外。其惟新聞業乎。

今亦知世界各國。其新聞報章所占之勢力地位。果至何等乎。英人評彼國議會。除變男為女之外。一切萬能。今也此萬能之力。竟為報紙所奪。雖有政府命令。雖有議會議決。然不得英倫報紙之贊同。竟不能實行。以拿破侖之雄才。猶信新聞一紙。足比一聯軍隊。以俾斯麥平生嫌棄政黨。獨以新聞紙為後援者。已為被後援者。泰唔士報駐歐記者坡靠陀氏評新聞記者之地位。謂為國民之外交官。且為司法官。為行政官。為教育家。卡爾耳則曰。古之立於祭壇者。今則為執筆於報館者。是新聞記者且更為宗教師矣。日本竹越氏之言曰。倘新聞紙由今更整然發達。凡國民之最高最強最聰之思想感情。能完善發表。則國政可由公選之總理與新聞紙共治之。而議院且不必要。二十世後半之問題。恐即如是也。報紙乎報紙乎。其現在關係之重。與將來發達之宏。吾恐社會除衣食住以外。舉無有一物可等比其分量也。

吾國百務。固莫不後於列強。然有志於百務之興起。而特欲為中國之偉人。且博世界之雄名者。未嘗無人。國政大也。亦有力翻君主之局而為共利者矣。國學深也。亦有細調中西新舊之理而謀學問獨立者矣。實業應創各省皆有致力於工商之通人。教育應周各省皆有捽身於學校之志士。而獨於最有益於國家社會。且最易爭名於世界列強。若報界若新聞事業。則至今尙未聞立大志投終身之人士焉。抑又何也。

今若謂中國無報。固明知不可也。由京津滬粵以至邊荒各省。報館以百數。由日報以至週報、月報、雜誌、彙報。報之種類。以十數。除外國人主辦者以外。吾國人自辦者。亦有如是之多。安得謂此十年中風氣之不開。報界之不拓。雖然。余今所必欲進勸者。非徒於報界領土上含有橫的慾望。實對於報界高頂上。將表。其豎的圓滿希冀也。非第欲報界仍負開通風氣之虛名。實欲報界作成左右社會之實力也。極言之。即非第欲報爲中國有稱譽之報。實欲報爲世界有價値之報也。使欲吾國報紙一躍而爲世界有價値之報。一如爲政、爲學、爲實業、爲教育者然。絕對無驟進之法。猶之可也。今據吾言。竟可憑個人布衣之智力。操少數之資本。履短期之歲月。又未嘗不可一躍而爲世界有價値之報也。是余又烏能不勗也。

余言報紙之爲現今文明世界所重要。如此報紙之重要一語。若但抽象云之。則現今粗解新思潮之人。亦類能云然。至若具體的論之。則恐尙費研究也。即報紙不過一小小印刷物耳。何以在現今文明世界中。獨占重要。且無論何人。不敢視爲不重要。然則此一小小印刷物。其自身重要之點。果安在乎。人世之羣認爲重要者。莫非勢與利之所在。然則報紙之眞實勢利。又果何如乎。此有志投身報界。以希冀大成功者。不可不一研明之問題也。余以爲欲研明報紙之眞實勢利。當先略研明報紙之正當性質。余茲請就余歷來蠡測之所見。聊分件疏明報紙之性質如左。

報紙不同於邸抄　溯吾國新聞報紙之形式的來歷實源於邸抄轅門抄之類前淸歷朝之「京報」今之「政府公報」及日本各國之「官報」皆第可謂一種宣布機關而絕非新聞學中新聞報紙之正當性質也邸抄官報祇爲政府對於國中有關係人爲公式的告示別無作用於其間其效力至爲單簡不知政府與所屬關係人之關係祇如人類甲與乙之關係萬倫中僅占一倫而已然報紙者固將統羣倫而與言關係也是邸抄性質烏可比報紙耶

報紙不同於講義　人有謂報紙職在指導社會而學堂講師之講義亦職在指導學生性或同歟不知講義所指導僅及於一部學生而報紙所指導則普及社會全部且講義無代表學生一面意思之作用故其指導但能強制表面之服從而不能發生裏面之若何勢力而報紙則乘重代表羣衆一面意思故其服從絕無強制轉得因羣衆意思而增其莫大之勢力焉

報紙不同於請願書　報紙每代表民意而有所希求於當局將毋同於請願書耶是又不然報紙誠常有代表國民請求之事然尋常請願書僅限於一時一事而報紙之代表國民請求可隨時隨事而發且請願書大抵但爲國民請求政府之一種手續而報紙則既可代表國民向政府爲請願亦可代表政府向國民爲請願又可爲國民與國民間之相互請願且可爲國與國間之國際請願其範圍至廣斯其作用至繁匪可同日語也

報紙不同於演說　方今文化社會所最與報紙似其功力者各種演說是也演說之作用惟在吸收聽者之同情而伸其勢力報紙之作用亦惟在吸收讀者之同情而伸其勢力然以演說擬報紙僅能

擬其論說一欄之性質而已。而其新聞記事各項。則純用一種事實報告。辨黃別白。置重措輕。闡微顯幽。依編輯者之健全頭腦知識。暗示各種社會以計畫安全之路。故謂報紙能爲各項運動演說之種子則可。若謂報紙直同於演說。則徹特狹視報紙之功力。且昧却新聞記事上之精神作用矣。況演說之聽衆有限。而報紙之聽衆無限。演說爲一時一事之作用。其効力爲偶獲的。而報紙爲永久繼續之作用。其效力爲積成的。夫勢力與時間有比例。力愈積而愈大。此力學上之公例也。報紙豈僅如演說而止耶。

報紙之正當性質。旣不同於以上四者。然四者之性質。又莫不兼而有之。明乎此。則知報紙之眞實勢利。當在以上四者之上。旣知此矣。然後報紙之勢利。始可得而論也。余試與分論之。首言報紙之勢力。

(甲)報紙之勢力

報紙之勢力。亦當更分兩層論之。一爲報紙勢力之養成。一爲報紙勢力之發展。

報紙勢力之養成　如前所云。報紙不過爲個人布衣之所業。一小小印刷物耳。何有於勢力。更何有於大莫與京之勢力。然今世文化社會。凡解事者。殆無不公認報紙可以有不可思議之偉大勢力焉。此報紙之所以有可貴之趣味。而値得志士仁人英才奇傑一投身也。報紙勢力。惟在以全般社會爲相手。而操其安危榮辱利害生死之權。無命令之形式。而有行止之實效。無賞罰之法律。而有懲勸之眞功。無捭闔遊說之蹤跡。而有成毀之大用。對於個人爲然。對於團體亦然。對於國家爲然。對於世界亦然。對於親者友者爲然。對於疏者敵者亦然。昔列子述范子華之勢力曰「善養私名。舉國服之。目所偏視。晉國毋之口所偏肥晉國黜之」此最足擬今世報紙勢力之雛形者一言蔽之報紙之勢力惟欲得爲運用全般社會之柄而已耳但汝欲得爲運用社會之柄不可強自爲之也當先得社會公認汝有「柄」之資格欲得此種公認則非養不成養成勢力之大端有三

（一）養其確　新聞之天職惟將每日所出之事實按次報述於一般讀衆使一般讀衆得不必親身探詢而明瞭事實之眞相據以爲大衆研論之材料是新聞紙實無異讀衆之耳目也大抵人生所需耳目之用者耳必需其確聽而無匈匈之聲目必需其確明而無茫茫之影使新聞紙徒取塡紙或編輯室自產電文或探訪員虛揑事件讀者雖或被一時朦哄然久之自露則讀衆必對之懷疑一旦令讀衆生疑則不獨不確者皆不信爲確甚或他之確者亦相率疑爲不確矣美國所謂黃色新聞卽坐此弊也今使人欲視而予以蒙翳之眼鏡欲聽而與以浮囂之電話眞用全失誰不棄之報紙之所報倘惟知求多而不注意求確卽無殊自塗眼鏡以翳而求多影自閙電話以囂而求多聲因求反病欲人共恃爲耳目之用百不得矣或有謂中國現在報紙每日鬧新聞飢荒者甚衆如事之求確則空白必將不免不知眞正報紙當以全社會全世界爲其面影編輯探訪使眞有合法的組織則新聞種所取之途甚多聞歐西日報有以個人在社會中一事一節之微而載占新聞半欄且連日欣動讀衆而日求繼讀者吾國日報若得此法何患新聞之缺少更何必爲不確之敗湊耶新聞原非僅爲政治物故不必求其新聞關係之必大而不能不求其新聞事實之必確例如日本新聞之「花壻花嫁」在吾國報紙鮮登之者以其關係非大也然而日本報紙常登之者則以其事實甚確也故吾國報紙之難於求確實自隘其新聞之途因

而自戕其新聞之體也。

(二)養其公　新聞原理本純爲全般社會之縮影即純以全般社會爲相手自一國之報紙言之自君主卿相以至庶人女子皆平等爲對手之一人無階級可言也自世界之報紙言之則自本國以至外國自歐洲以至亞洲皆平等爲對手之一人無國界可言也是其貴公又何待言乃自報紙中有機關說與而公道每爲私關所掩而其毒乃獨中於吾國幼稚報界爲最深蓋文明列強所謂某報爲某機關不過表其抽象的性質而已至其具體的平常論記仍必以公正態度爲原則即令隱爲某某衛護亦必擇遇偶現之一二重要事件仍設法以公正之論調立批評之地位而行衛護之大凡眞實衛護必求效力使爲機關報者一切失其公正態度則已失社會之信仰雖力行衛護亦不過屢見衛護之事迹并不得衛護之功效其爲機關之作用不啻自行取消智者決不爲此譬之常人欲得人呼爲大人老爺本爲欲尊榮之也然使出金僱人以呼大人老爺則反失尊榮而來譙誚矣報紙之勢力仍在社會一般之信從而社會一般之信從厥惟公道故報紙偶有所一笑必使社會比之包拯河清偶有所一罵必使社會比之禰衡撾鼓則笑罵皆有力矣。

(三)養其速　日報之天職惟將每日新出事實報知於社會讀衆而完此天職之第一要件則爭速是也故謂之爲新聞倘甲日事實待至乙日報知或甲報所報事實而乙報抄謄報知則均非新聞悉陳聞矣查歐美各大報社之探取新聞不遺餘力訪員各有專司所費不惜重價利用交通機關爭先恐後以此見巧同出來一事實也甲報登載先一點鐘則甲報勝乙報一着矣同登載一事實也丙報之出現於

社會。先一點鐘。則丙報又勝丁報一着矣。（此則關於報紙發行之得法）總之各報新聞記事之競爭。求確之外。厥惟求速。倘比較速度相同。則更競爭其速而詳。同一事實。多探記一語。即不啻多得一新聞。（例如甲乙兩報同記一案。甲報幷能以同一快速時間記其案中之人姓名歷史。則甲勝矣）究之詳者。速之多。求詳之目的。亦無異於求速也。

以上三端。皆報紙自身養成勢力之正當方法。假令羣社會之人。皆能同聲稱信曰。吾國惟某報獨確。惟某報獨公。惟某報獨速。則人人皆願購閱此報。人人皆願購閱此報。則人人皆知依據此報。一報而得如是衆多心理之依據。則衆民擁戴。若積德之應帝王。一紙傳呼。若置郵而行命。令偉大之勢力已成。雖湯武之兵力。無或能殺之也。

報紙勢力之發展　報紙既可養成抗王屈霸之偉大勢力。是其偉大之勢力。必有展用之處。即今之報界。雖或未嘗養成若何勢力。然其展用勢力之觀念。亦時時有之。不知眞正報紙勢力之展用。必依一原則焉。即其展用偉大勢力之處。必爲時偶現的。而非時時常用的。必爲選擇的。而非濫費的。是也。報紙當平居時。惟用意於求確、求公、求速。以養其尊望。使勢力潛伏。而日增其堅穩。一旦遇大事件大問題之發生。各界方在渾淪態度中。如洪流之需木標。如陰霾之望皎日。於是主報者乃相與擇其機會。審其是非。斬然獨現主張。或如青天霹靂。以破人之迷疑。或如指南羅盤。以導人之途徑。一經決爲此主張。則自當負道義上之責任。黃金白璧。不能移一語爲模棱。鼎鑊斧鉞。不能強一詞爲欹。後既揭櫫事件正當之理論於先。復醞釀羣衆熱烈之感情於後。務必使一般讀者。悉同情於本報之主張。而衆喙如一。如是則輿論作成。眞理爲盾。戰無不勝。攻無不克。其報之展用勢力一次。轉增加勢力一次。斯其展用爲無失也。若夫但知以機關自詡。不惜冒嫌涉疑。以顛倒是非。以武器自鳴。常爲一挑半剔。以興起風浪。則勢力展用一次。不獨不增加勢力。反或減失勢力。蓋有擊不中。斯失社會之同情。失同情斯失勢力矣。愚莫甚焉。

按報紙勢力所向發展之處。不外以下四種方面。

第一對於國家政府而發展勢力　報紙之爲用本不限於政治一事。然究以關於國家政治之論記爲多。報紙所取之對手。本不僅在政府。然究以代宣民意監督政府爲重要職務。故一國報紙勢力之第一發展處。首在對於政府。余所謂報紙向政府發展勢力。非僅謂以攻擊爲能事已也。必也先抬高本報自身之價格。雖區區一報館。隱然與政府中人分庭抗禮。如是。凡政府應爲之政務。彼政府中人物以在朝資格憑權借勢而爲之者。我報館中人物以在野資格發墨抒紙亦能爲之。不獨自信能爲之也。且必使讀衆皆信其能爲之。且必使政府中人物亦當信我能爲之。斯則報紙之眞勢力現矣。至其發展勢力也假如政府欲施行一政策。我報能眞實研究而發見其政策之瑕隙。出而反對之。僅一報紙之反對政府不懼也。乃浸假凡讀此報者之意見。竟不謳歌政府而謳歌報。浸假凡舉國衆民之意見。亦竟不隨和政府而隨和報。勢已至此。政府雖極惡此報。而無如民意何。欲不中止其政策不可得也。如此則政府凡有所策畫。不能不先取報紙之同意。報紙贊成。則其政策行。報紙反對。則其政策不行。極而言之。報紙擁護。則其內閣立。報紙排斥。則其內閣倒。并非政府願爲尊順報紙。如此也。勢力所在。不得不然也。

第二對於社會而發展勢力　今吾國新聞日報大抵有一通病。卽專於政治官僚一面。而略於社會衆民一面之記事是也。報紙非政治之副產物。實爲社會中獨立事業。昔英國坡枯氏曾在下院指新聞記者席而言曰。「英國議會本合貴族僧侶平民三大種族之力而組織。今也更增有偉大勢力之第四種族矣。」彼所云第四種族者。自當保有政府與國民間之全地位。有時固宜代國民而有要求於政府。有時亦宜代政府而有要求於國民。況乎現在如吾國之幼穉社會。其應要求之點甚多。例如最近競言民主。競言自治。乃全國竟不解市政爲何物。而各地方新聞亦未有重與指導慫恿之者。亦不可謂非一疏也。各國日報類半紀每日社會民衆間之新出事實。一人一家之生死禍福被災作祥諸事。每詳密探載。偶夾批評。雖至微瑣。而作者讀者均樂得之。蓋登載此等事實。其利有六。(一)予社會自身以照鏡。(二)使社會得知受病服藥之途。(三)使旁觀得察社會情狀。知所勸戒。(四)惹動全般社會與本報紙之關係。(五)可備活風俗歷史之材料。(六)增讀者以讀活小說之興味。此實報紙與社會雙方俱利者也。至若別抒正論。則吾國古社會中本有所稱於儒俠。今社會有不良。惟報紙可以論議整理之。社會有不平。惟報紙可以呼喝救濟之。是儒而兼俠者。惟報紙能之。惟報紙對於社會之勢力能之。

第三對於世界國際而發展勢力　現在各國有名之報紙。不獨有勢力於國中。且占勢力於國外。凡國際事件及外交問題。每由一有力之報紙電信而生變動者屢矣。例如昔時法國政府苦德國之陰謀圖己。即商之倫敦泰晤士報。暴露一新聞於紙上曰。「聞德將進兵法京。擬占領阿甫命高地。迫立新條約。且徵十億償金。限二十年間償淸。」此報一出。全歐輿論皆責德國之無厭。而俾斯麥圖法之陰謀。遂不能不中止。由是觀之。其報紙果能爲世界所憑信。則其勢力之及於世界。亦猶其及於國中。其理無廣輪之殊也。吾中國將來之地位。必為全世界所注視。北京之政治關係。亦必為全世界所注視。然則吾國政治中心點。苟永無大報紙出現則已。若有大報紙出現。其必易為亞洲之泰晤士。讀者遍全球。殆無疑也。余論報紙之正當勢力。必極至如此而後止。然報紙之足為世重者。匪獨一勢字可滿其慾望也。利亦有焉。敢更言報之利。

(乙)報紙之利益

方今文明日進。交通是務。往者張南皮勸學篇所云報紙之益。現世有常識者。類能知之。不待鄙說。茲第就經驗所察覺辦報者與閱報者兩方實際之利益言之。

辦報者之利益 亦可分數項言之。

(一)可以獨立營業而致富 致富人之所欲也。獨立亦人之所欲也。官吏雖可致富。然依倚將就太苦。有志者或不甘為之。商工亦雖可獨立致富。然其身分去文化較遠。且非專家不能習。書生或難為之。惟辦報則既無官吏之拘束。亦無商工之繁瑣。但使經營得法。不難如英之泰晤士報。美之赫蘭德報。為世界一繁昌事業。蓋辦報實必本於營業主義。而後其報乃有日進發達之望。吾國近來報界辦法頗中法國報界之惡弊。即多半以報紙為機關的。而非營業的。故吾國報紙。其客體的銷場固不甚圓滿。而其主體的發行方法。亦殊無講究。京滬各日報之銷路。幾乎全任自然。(廣告部亦爾)是在外國猶難之。況在吾國社會乎。此無他。皆由辦報者之經濟打算。但知有津貼主義之例外。而不信有營業主義之原則。試思英國一新聞記者之報酬。可年至千鎊。美國一新聞記者之報酬。可年至一萬五干涉。一主筆論說記者所獲尚如此。全報社可推而知矣。

（一）可以無階級而作官　爲經世爲主義而作官。亦未可一例非之。特凡作高等官者。必歷下等而上進。郎署浮沈。旅進旅退。既名爲人物。或不願謹循此無情之軌道也。然惟新聞記者之職。則既足顯政治之天才。復不拘官職之等級。不就位則常爲揖客於殿庭。苟就位則直以布衣取卿相。是亦志士書生一快事也。外國此例甚多。不遑引舉。

（二）可以無爵位而得榮譽　吾國無論何項榮譽。皆必以君主所給之爵位爲前提。自古已然。賢者不免。惟現今第四種族之新聞記者發生。而後社會有品題之權。布衣有良貴之顯。西人評新聞記者之地位。或曰、「無冠之帝王」。或曰、「國民信仰之擁護者」。或曰、「教師之教師」。此其榮譽。全由自造。豈趙孟所得貴賤耶。故果能爲社會信仰之新聞記者。則所到之處。王公忘爵祿而化卑。老幼忘其年而樂與之接。才士文人聞其至。如獲有趣味之佳書。視爲無尙之良友。下至走卒婦孺。猶且指目爲俠士佳人也。則其榮譽之在全社會。豈區區一時之官位者比耶。且余尤有特感者。吾國古人所謂三不朽者。一爲立言。當古人之期於立言也。經營之者畢世。或必百年後而始有效驗焉。或且百年後并不能有效驗焉。今之新聞執筆者。特患己身無言可立耳。如有可立。則朝議一說。夕即見稱於人。今日建一謀。明日卽見採於當道。揚子得此。太玄之文無患覆瓿。黃梨洲得此。明夷之錄。無取待訪。然則致不朽之榮譽。誠莫善於報紙之爲用也。吾人倘得此用而不能用。詎得列於智叟之林耶。

讀報者之利益　辦報欲本於營業主義而出發。則凡讀閱報紙者之利益。決不可不代爲計之。蓋購讀者之利益。其結果仍歸於辦報者之利益也。各國無論若何大報。其本報之編輯發行印刷三者之彈力經營。或數報之競爭發達。大都注重讀者之利益。而普設其方。吾國現在各報。則於此點多未能三致意。此余勗報之末。不能不舉此一與研論也。普通社會之購閱報紙者。幷非嚴師學課之督行。亦非饑食寒衣之實際需要。大抵由普通人類數種心理所習而然。茲試一一細按而度得之。則讀者之所利益。卽在是矣。亦分數項言之。

(一)由於社會普通之好爭知識　人類文化。已至於今。無論何種社會。皆有以不知爲恥之觀念。余觀每一當社交之際。則大之若國家政事。小之若委巷瑣述。坐者多喜爲不規則之稱述。其間有能稱述者。衆必喜從聽之。其更有能稱述較多而詳。衆尤喜從聽之。稱述從聽不已。更相與甲乙丙丁其說而研究之。所謂談資是。故報紙編輯事件。必注意與人以談資之便宜。然而談資之種類甚多。有政治社會之談資。有俱樂部社交場之談資。有街談巷議之談資。有文人墨客之談資。有優伶婦女之談資。善編輯日報者。必雜多選載各種談資。而首尾有端。接續有味。於是各界社會皆以爲某報可益我之談助也。購讀必多矣。余聞法國巴黎日刊晨刊夕刊之報之多。甲於各國都城。每一報或載一化粧衣飾之微。或述一士女優娼之事。甚至話遍全城。該報竟連日暢銷不止。卽北京當日愛國報亦專重土著家庭婦女社會之談資。而銷場迥在政治大報之上。此皆能合讀者之利益者也。

(二)由於社會普通之好生關係　凡人皆有一種不甘泯沒之心。時常欲能出顯於衆前。報紙者乃極好出顯於衆前之機關也。辦報者雖不宜專爲個人機關。然不妨爲全社會公共發表之機關。故善辦報者宜知利用社會欲自出顯之心理而時與社會各種方面多發生關係蓋發生一方關係直接間接必至牽連發生無數關係關係多則熱心購讀者亦必自然加多矣例如日本新聞社時或發起全國美人照相募集品第贈賞時或發起驢牛旅行算步競爭喧騰及數地方此皆極力引社會多數與本報發生關係之妙策也

(三)由於社會普通之易引美感　此則「插畫新聞」之所由起也(日本稱爲「繪入新聞」)按歐西報紙之插畫始於千五百八十七年單張報紙名沙勃蘭斯顯克者插入「勇之功勳」之圖爲之嚆矢至千七百九十一年英國阿甫洒巴報社主維廉古泯特氏實爲創建「插畫新聞」之偉人彼阿甫洒巴報之插畫首先驚動世人者卽拿破侖所流「聖特赫連拿島之光景」是也維廉古泯特之格言曰「報紙發賣上唯一秘訣惟在繪畫之插入」此時所插悉爲名畫家之繪畫今日各報則類以照像片畫充之亦時代技術進步使然究之至今繪畫之眞價仍在照像之上昔英國格蘭斯侯之薨也某報獨由愛斯親王請求大畫伯維廉西帕頓(英國畫壇四天王之一)臨模一「臨終之格蘭斯侯」圖揭於該報紙上乃一時頓增銷數千部可知插畫之價値矣是以現今無論歐美報紙卽日本各新聞幾無一社不招聘著名之畫伯遇事揮毫以競光彩夾以最新最快之照片(如今日操兵明日新聞紙卽可見其照片於紙上)其不插畫者蓋未嘗有吾中國報界則以有照片者爲偶而以無照片者爲常至若名手繪畫色采鮮印則更絕無此吾國報紙無撩人美感之力而三行目過卽羣厭爲廢紙幾累几案此又安能使讀者喜購不止耶東西洋報紙組織之完美遠過吾國而猶全副精神注重插

畫若斯。吾國報紙既已粗簡。反絕無如維廉古泯特者出爲創興插畫之偉人。雖曰吾國百端幼稚。無亦吾人皆自苟安於幼稚乎。余是亦切祝吾國報界興起之一大端也。

由上論來。辦報者之利益皆由合得讀報者之利益。然後甲乙因果。彼此雙方互利。而報紙之眞正之利益始能永久强固。不然者個人攻詰敲竹槓而得千金一部。買收銜木枚而食雙俸。此乃報界人鑽營一時之利益。非吾所謂報紙之利益也。

嗟乎。方今之世。凡人所最肯趨重者。勢力與利益二大途也。余今欲勸中國報界之興起。乃不能與言爲國家興盛計。不與言爲言論健旺計。不與言立功立言爲不朽計。但與言爲勢利計。余之人格之卑。意志之弱。亦自可知矣。雖然。卽與言勢利如此。其可爲而聽吾言而興起。能突於吾國報界。現一異采。比蹤列強者。恐尙未必有其人也。然而吾又安能不冒昧而試一勸耶。衞多君子。幸勿誤會吾言。

清史例目證誤

易培基

曩於報端見繆君荃孫所編清史例目。誤漏盈千。觸目皆是。以爲淺夫繆託。及見其致某君書。所云正復如此。於是疑惑盡失矣。昔者太史執筆。職重采徵。凡有公言。不廢芻蕘。今罔恤謭陋。義託葑非之末。以與吾國人共明論之。如儗知幾則駁之矣。按清史例目云

紀十二篇　太祖本紀　太宗本紀　世祖本紀　聖祖本紀　世宗本紀　高宗本紀　仁宗本紀

宣宗本紀　文宗本紀　穆宗本紀　德宗本紀　宣統本紀

志十九篇　天文志　災異志　時憲志　地理志　國語志國書附　氏族志　禮志　樂志　輿服志附鹵簿　選舉志制科　推選　文科　封選　武科　封蔭　學校　考績　薦擢　捐納　職官志官制（分幷沿革新官制在內）內官　外官　內務府　宦官　女官　食貨志戶口　田制（官田屯田）賦役　漕運　倉庫　鹽法　茶法　錢法　鑛產　俸餉　徵推　國用　河渠志　兵志八旗　綠營　防軍　鄉兵　土兵　水師　海軍　邊防　海防　訓練　製造　馬政

交通志新增　刑法志　藝文志　邦交志新增　外教志新增

表九篇　諸王世表　公主世表　外戚世表　諸臣封爵世表　藩部世表　宰輔年表　部院大臣年表　疆臣年表　交通年表

列傳十九篇　后妃列傳　諸王列傳　諸臣列傳　循吏列傳　儒林列傳　文苑列傳　疇人列傳　忠義列傳　孝友列傳　明遺臣列傳　隱逸列傳　藝術列傳　烈女列傳　卓行列傳　貨殖列傳　土司列傳　客卿列傳　屬國列傳　叛臣列傳

本紀微論矣。志目之繁。過於諸史。宋元二志最冗。然宋志僅十六篇。元志僅十三篇。章實齋輩。卽訶其繁碎。今清志更過半數。其致誤之處。卽在名目譌增。如國語志氏族志可觀其訛矣。

國語列志。前例所無。惟遼史金史附國語解於後。此蓋異族主國。修史者又爲脫克脫其人。彼其中間以胡語。不得不附語解。猶佛典之有翻譯名義。先有其語。後爲訓釋。今則預爲國語志。是爲滿洲之字書矣。以此例之。史記應編三代之文。而漢書應有篆隸八分之志。何其荒謬不學也。史之大義。崇尚同化。滿洲之主中國。同化於中國乎。中國同化於滿洲乎。學術不異。風俗未殊。典章禮教。彰然猶昔。此滿洲同化於中國也。同化於中國。則今之清史。非一家一族之史。乃我中國二百七十年政府與國民之大事紀也。且遼金之有國語解。乖史之正。顧彼脫脫。以胡人而爲胡史。道其所謂道耳。由前言之。李百藥之北齊書。魏收之魏書。無所謂國語解。由後言之。宋濂之元史。亦無所謂國語解。彼其時國語之盛。證以顏推之說。（推之言。當時士大夫專教其子學鮮卑語、以媚事公卿）及某逸民之詩。（詩云、漢兒學得胡兒語、爭向城頭罵漢人）可以概得矣。若清語者。吾儕小民。固不攸習。繆君曾爲有清文學侍從之臣。亦知彼胡語嘎咕者果何謂耶。是國語之盛。不及北朝蒙古。已可推知。今無其實而強賓以名。同化於此而必加名於彼。其謬一也。

氏族志者。雖未窺其詳。顧名思義。不過宗室親貴之屬系。名公巨卿之族譜。然紀傳之不足。以表言之。當無餘緒。何必創立志目。務謝冗長。況前無所本（二十四史無此志）後不足師。其謬二也。

史例兵志分門。曰防軍。曰邊防。曰海防。意謂邊防者、對外而言也。防軍者、對內而言也。海防者、對內外而言也。不知設兵之義。本在對外。非對內也（各國公理如此）今條例強別。遺譏哲人。其謬三也。清之中葉。卽有洋操。光宣以來。顯師外法。是新軍爲有清兵制一大沿革。張之洞及今總統袁公、特爲表率。今掛漏不載。武憲無徵。其謬四也。

世界日趨文明。主重人格。男女不異。各國皆然。今史例諸王有傳。而公主向隅。往憲何以克繼。德教何由克平耶。史記鑒於呂雉之鳴。漢書感於元后之失。意存貶屈。惟范書后列本紀。古義猶存。卽觀陳籍。亦有良模。新唐書宋史明史均爲公主列傳。男女等夷。中西一例。今故爲貶襯。日蹈腐陳。其謬五也。諸臣列傳。各史無此名稱。蓋諸王循吏忠義儒林文苑諸名。均屬諸臣之內。若大臣名臣。僅編傳前列。今

冠諸臣便同蛇足其誤六也

滿洲初臨中國抱種族之痛者不僅誥命諸君若李顒張履祥王大經吳光陳遘顏元邵以貫傅山許士儉王毓蓍張拱乾諸人均起布衣而哀麥秀未被一命不屬遺臣論學明時又非隱逸而其學術節操凌厲古人何可令其淹沒今置不議其誤七也

有清一代有熱人而無秋士隱逸傳諸人皆明之遺民也若李漁邢誠王曇汗漫均有託而逃並非淪隱李元度先正事略絕意恢獷搜求不得今史例虛目以待塡補必至擬非其倫爲世訴笑其誤八也

清之中葉與國環立交涉蔓生爲前代所罕覩盟約童昏損權失地正宜仿宋元明三史之例修外國列傳緣序損益以戒將來今史例僅有屬國彼英法列强亦將歸之屬國耶抑置而不列耶其誤九也

史漢以來無叛臣傳有之自歐史始旣以臣名則必躬被命祿而後不庭如唐之李懷光宋之苗傅元之阿魯輝帖木兒是也清之叛臣前則吳三桂耿精忠尙之信王輔臣姜瓖諸人後則李沅發苗沛霖諸人若朱一貫王三槐洪秀全之流竄起草茅迹同陳勝九世言復讎經所褒其於清也又無一命之沾臣之不曾叛於何有其誤十也

前史列傳旣有忠義孝友必有奸臣佞幸相對以陳勸戒昭永今史例僅有忠義孝友而無奸臣佞幸平心論之有清當陽政由君主奸臣無所施其技如年羹堯迹近跋扈便逮北司是其證也（年爲清功臣、其死甚冤）則奸臣誠不當有蓋制承朱明下無重柄終淸之世又多剛愎苛察之君如噶禮鰲拜明珠、隆科多和珅之徒旣無宏願又少瑰才職在阿諛性成貪墨今並佞幸傳而無之此輩又將安歸乎其誤十一也。

清修明史。僅及殺宗。其餘四藩正名台灣奉朔。轟轟烟烟。垂數十年。而史册無徵。蓋明史成於文網極峻之秋。史獄暴苛。慘及十族。當時秉筆諸子。共凜苛刑。乃多筆削。觀清攝政王致史可法書曰。本朝得天下於闖賊。非得天下於明朝也。（此書乃李雯代擬、後爲遺民萬少年羞死、）其意已見。然則嘉定維揚之屠。閩何澎湖之役。亦李闖階之厲耶。春秋之法。興絕繼滅。如莊公三年。書紀季以酅入齊。四年書紀侯大去其國。是紀之亡。亡於酅入大去耳。而二十九年猶書紀叔姬卒。三十年始書齊人降鄣。是叔姬一日奉祀。春秋一日不書紀亡。史遷去古未遠。大義猶存。故齊亡於田和。齊康棲遲海上。周天子命田和爲諸侯稱元年矣。而史表仍書康公之朔。若齊之未亡也者。又二十餘年。康公卒。齊無君可紀。然後書威王元年。猶春秋繼絕之意也。明北都雖覆。而半壁猶存。聖安建號於留都。思文纂統於閩浦。永曆即位於肇慶。魯王監國於紹興。臺灣有君幾四十載。豐功偉業。逸羣絕倫。夫陳涉猶存世家。韓林兒方國珍猶有列傳。何況帝之苗裔。夷夏之大維乎。是宜列明遺藩傳。且史目有遺臣傳。如黃宗羲、王夫之、李定國、鄭成功、李爽亭諸君。堂堂乎明之遺臣也。然皆始事四藩之人。今遺其君而錄其臣。皮之不存。毛將安附。其謬十二也。

清與民國交替。一大總因。則革命黨人是也。黨之發蹤雖異。而旨趣則同。其因有三。曰文字獄。曰據地稱兵。曰暗殺。託言諷誦。感發國情。則方孝標、戴名世、莊廷鑨、方芬、呂留良、曾靜、胡中藻、鄒容是也。構火狐鳴。揭竿草莽。則朱一貫、王三槐、林清、洪秀全、容閎、賴文光、唐才常、熊成基、黃花崗諸士是也。擲圖一擊。繞柱睥睨。則史堅如、吳樾、徐錫麟、易宗淡、喻培倫、彭家珍、溫生材、張榕是也。（張汶祥刺馬新貽性質又別、不當列此大概暗殺一事、爲國紓憤則義薄天人、爲己營私則罪浮盜賊）而種此三因者。是皆清初遺老。宜爲黨籍列傳夫遷書刺客班史遊俠諸有深意存乎其間何況黨籍諸人立業淵宏規法覃遠尤非刺客遊俠所能比擬也史例攸忽本有成心其誤十三也。

此僅一史例耳。謬誤已多。將來書成可想見矣。餘不足責。繆君賢者。奈何出此哉。蓋其餔啜眎之也。（繆君致其友人某君書言、就史職爲噉飯所也）清史之爲清史不綦哀耶。

文苑

吳山三婦人合評還魂記跋　葉德輝

此吳儀一吳山三婦人所評還魂記眞蹟。全書字細如髮如絲。不可細辨。眉頭下脚。空白行間無一處無字迹。其書爲明刻初印本。書中圖繪極精。前淸遠道人序後。有擷娛田舍四字白文方印。林間外學四字白文方印。記目下有看書眼如月五字朱文長方印。末後有程大家名瓊英字莊叔九字朱文方印。又有閨友號曰二可夫人八字朱文方印。卷上大題下有朱筆小字二行。一行云黃山陳同次令評點。一行云古蕩錢宜在中參評。下有女士陳莊四字白文小方印。小字端叔四字朱文小方印。第二齣標目下有程瓊二字白文方印。轉華二字朱文方印。第三齣標目有水面風浪四字白文長方印。第四齣印同。第五齣第六齣標目下有閨門秀才四字朱文方印。大心衆生四字白文方印。第七齣標目下有半生旅客四字朱文方印。吳鰥叟三字白文方印。第八齣標目下有偏庵二字朱文方印。第十齣標目下有弱翁二字白文方印。卷下大題下有小字二行。一行云淸溪談則守中評點。一行云古蕩錢宜在中參評。下有二印同卷上。第三十二齣標目下有此意最佳君不會七字朱文長方印。第五十五齣標目下有吳人二字朱文聯珠方印。鰥叟二字朱文聯珠方印。均屬小印。有玉句詞客三白一朱方印。三讓王孫三白一朱方印。亦屬小印。卷尾有玉句詞客四字朱文方印。三讓王孫四字朱文方印。兩印均大一寸六分。皆吳山印記也。陳談錢則其三婦也。書面有墨筆題字曰慈淑留評下注小字曰女蕙百拜記此則兩閨秀母女所記書中朱筆出自三婦。墨筆或有出此女士者。而字蹟卻無可分辨。記目書眉上。有朱筆小字一則。云錄批牡丹亭陳婦遺句。倂寄窩臈稜集香奩者。猶得採摭焉。也曾枯坐閱金經。不斷無形爲有形。及到懸崖方撒手。如何煩惱轉嬰寧。屧子裁羅二寸餘。帶兒折半裹猶疎。情知難向黃泉走。好借天風得步虛。家近西湖性愛山。欲游娘卻罵癡頑。湖光山色常如此。人到幽扃更不還。簇蝶臨花繡作衣。年年不着待于歸。那知着向泉臺去。花不生香蝶不飛。盡檢箱奩付妹奴。獨看明鏡意遲留。算來此物須爲殉。恐向人間復照愁。爺娘莫爲女傷情。姊嫁仍悲墓草生。何似女身猶未嫁。一棺寒雨傍先塋。看儂神欲與形離。小婢情多亦淚垂。金珥一雙留作念。五年無日不相隨。口角渦斜痰滿咽。消消情淚濕紅纓。傷心趙嫂牽衾語。多半啼痕是隔年。昔時閒論牡丹亭。殘夢今知未易醒。自在一靈花月下。不須留影費丹青。按此爲陳婦絕命詞。悽愴哀痛。是亦有才而薄命者。書中三絕婦評點論文者多。注典者少。惟每齣末集唐詩句。載明撰人爲後來刻者所據。三婦惟錢婦標明錢曰。記目尾書眉。又有朱筆小字一則。云三婦所評亦癡亦黠。亦玄亦禪。爲孤冢麵香戕身女手之卷。徒令後來人呼陳姊談姊魂魄。亦能識樹邊錢某。同是斷腸人否也。此與前錄陳婦遺句之筆。究不知出自何人。然皆有心人亦傷心人也。吳儀一陳同談則錢宜事蹟。載吳振棫杭郡詩續輯。及孫以榮湖墅詩鈔。今附於後。以備參證焉。宣統三年辛亥八月念五日。記於長沙怡園寓舍之麗廔。時鄂中新軍變。據武昌之第七日。四郊、多壘、弦誦、依然。書生、結習、眞足爲若輩揶揄矣。編吒葉德輝。

吳儀一。字瑹符。更字抒鳬。又字吳山。別字吳人。錢唐布衣。有吳山草堂詩集十六卷。吳山冊張氏。妊十五月而生於錢唐之松盛里。五月能言。有術者曰是子足心有文。左龍右虎。言早。恐不壽。因手摩其兩足。遂不復言。九歲徧十三經。毛稚黃爲之語曰吳氏四郎髮短心長。以吳山行四。短視。故云。稍長游三邊十嶽。足迹殆徧。然念母老。數千里外。歲必歸省。後葬其父母於靑芝塢。墓左築苫菴居之。號芝塢居士。生於書簏。不讀高蟲上之志。名益重。所撰有夢園別錄四百餘種。今已散佚。三婦皆能文。有合評湯若士還魂記行世。阮亭先生詩云。稗畦樂府紫珊詩。還有吳山絕妙詞。此是西泠三子者。老夫無日不相思。今吳山草堂集不可見。得所錄納涼二詩。則梁學士所藏卷子內倡和之作。鳳梅一首。牆頭雜抄附刻者。杭郡詩輯續二

談則。字守中。適吳。吳山錢宜。字在中。吳山繼室。守中稱陳次令爲陳姊。嘗有詩題云。陳姊彌留時斷句口授妹書者。歿九年後。竹紙斜裂。止存後半第一章首句僅北風吹夢四字。末句卻如殘醉欲醒時七字。今補之云。北風吹夢欲何之。簾幕重重只自垂。一縷病魂消未得。卻如殘醉欲醒時。錢宜亦補爲一節云。北風吹夢斷還吹。一枕餘寒心自知。添得五更消渴甚。卻如殘醉欲醒時。湖墅詩鈔 陶元藻全浙詩話五十一引

陳同。字次令。錢唐人。吳吳山元聘室。次令與姑同名。故稱同。吳山三婦人之一也。未婚而沒。臨終詩三首。簇蟯團花繡作衣。年年不著待于歸。那知著向泉臺去。花不生香蝶不飛。耶孃莫爲女傷情。姊嫁仍悲墓草生。何似女身離火宅。一棺寒雨傍先塋。昔年閒論牡丹亭。殘夢今知未易醒。自在一靈花月下。不須留影費丹靑。

談則。字守中。口口人。吳儀一室。詩一首。陳姊彌留時斷句口授妹書者。歿九年後。竹紙斜裂。止存後半。第一章首句北風吹夢四字。末句卻如殘夢欲醒時七字。今補之。北風吹夢欲何之。簾幕重重祇自垂。一縷

病魂消未得卻如殘醉欲醒時

錢宜字在中口口人吳儀一繼室詩一首補陳姊絕句北風吹夢斷還吹一枕餘寒心自知添得五更消渴甚卻如殘醉欲醒時杭郡詩續輯四十一

此書朱印壘壘皆吳山印記其書確爲本人舊藏朝夕披閱之本然考三婦中之陳同爲吳山元聘室何得於未適吳山之前先評吳山之書談則爲元配錢宜爲繼室以錢參評談則原評却合情理以錢參評陳同原書則似相隔且其書上卷爲陳同評點下卷爲談則評點各分一卷若似三婦相處一室者而一閱上卷一閱下卷又似分派者然亦無此評書之法竊疑吳山好事因前二婦故去搜其遺篋得此一書而屬人過錄藏本之上或即錢氏爲之亦未可知然其印有吳粲叟之稱則是錢宜亦不久在室紅顏薄命有同慨焉坊間又有吳山三婦人評點西廂記更不知又何以聚評於一書豈亦如是書之裝點耶手澤脂香殊有芬芳悱惻之感披讀一過不忍釋手同日又記

楊仁山居士別傳　張爾田

佛典入震旦緇流相習非梵夾不流通泰之如律令明紫柏大師一創易之方冊法施之盛甲東南其有白衣具四宏願誓二百年繼紫柏起者則仁山居士也居士名文會自號仁山楊氏安徽石埭人父樸庵先生某道光某年舉人某年進士刑部某官母孫太夫人居士之方娠也母夢至古剎有巨甕焉覆以笠啓視之蓮也驚而寤居士生及長示現游戲髫如疊如十四歲能屬文不喜舉子業暇則從知交聯社角詩爲樂性嗜書轉徙流離棄大簏自隨凡音韵麻算天文輿地以及黃老莊列之術靡不探賾韞之於心

顧獨於內典未暇治忽大病見馬鳴菩薩起信論一讀大好之先是有老尼授以金剛般若經歎其微妙皈仰轉竺偶閱冷攤得楞嚴一卷就几諷味不知身之在肆中也自後凡親朋客遠方者則就求遺典見行脚僧必詢何方來住何剎有何經冊盡棄向所學一意以西土聖賢爲宗居士之學發軔於起信充之以法華大而化之以華嚴會通之以唯識而歸其墟於淨土晝作務夜則誦經念佛號或習靜作觀至漏盡始就寢又考造像度量取淨土諸經審定其章品延畫者作極樂世界依正莊嚴圖大悲觀世音像張之壁以崇供養其論學大旨統以十宗以爲出世三學持戒爲本首標律宗佛轉法輪先度聲聞次之以小乘成實俱舍二宗東土學者羅什之徒首稱興盛繼以三論宗建立教觀天台方備賢首闡華嚴慈恩宏法相稱爲教下三家拈花一脈達磨別傳灌頂一家金剛密授專修何門皆能證道但根有利鈍學有淺深其未出生死者亟須念佛向西以防退墮卽已登不退者尤當面覲彌陀親承法印故淨土橫超實爲捷要又嘗答西蜀德高長老質疑十八問痛抉禪病其書曰觀所質其弊有二一者誤認六塵緣影爲自心相以爲現前知覺之心卽是教外別傳之心若果此心卽是祖師心印何待達摩西來始傳二祖又何待五祖門下七百餘僧衆獨傳六祖當知祖師心印超越常情非過量英傑不能領薦近代根器淺薄輒以禪宗自命究其旨趣茫無所知何論凡聖情盡體露眞常二者但閱宗門語錄經論全未措心不分解行不明歷位處處扞格無由自通欲除二弊須誦說大乘起信論通利造微深究賢首義記起信論者馬鳴菩薩所造馬鳴禪宗十二祖教宗圓融爲學佛之要典進之以楞嚴正脈唯識述記楞嚴唯識通則他經可解矣所答折收互用兼綜性相二家識者謂靈峯示滅以來現居士身說法者未曾有也父卒既

返。葬旅食金陵。一時遂於佛學。眞定王梅叔。邵陽魏剛已。陽湖趙惠甫。武進劉開生。嶺南張浦齋。長沙曹鏡初居士。皆與之游。共切磋大事。閔末法衆生。不見全經。又雙徑册書。遭兵燹多零敓。於是始發大心。流布龍藏。誓以宏法度人爲務。居士手定章程。俾同志十餘人任勸募。規金陵隙地。爲度經板所。延友董其事。同時與居士發心者。江都鄭學川。後出家號妙空子。亦創江北刻經處於楊州東鄉之磚橋雞園。與金陵。後先倡導焉。居士雖總經役而已。則以其暇出遊。所至必搜訪古德逸著。聞吳洞庭西山有古禪院。多藏經。孑身孤往。冀有所得。航大海。至英倫法蘭西。購日本新輯小字藏於其國。旣走京師。禮旃檀釋迦像。會妻弟蘇少坡隨節而東。則郵書南條文雄。求中土失傳諸籍。南條故習梵文於英。與居士友者也。又偕英李提摩太。繙起信論成歐文。曰。此他日佛教西行之漸也。印度摩訶波羅者。來遊華。居士訂佛教教科書授之。使歸而振興母邦。是時日本眞宗建本願寺金陵。頗訾警淨土諸宗。幻人上人著法華性理會解或問。拂事相而談性理。居士皆馳書辨其失。恐魔外亂正法。其宏護懇懇不倦如此。歲丁酉。丁孫太夫人憂。服闋。詔其三子曰。我年二十八。聞佛法。已誓出家。徒以母故。今母亡而我亦老。無能持出家律儀矣。汝等當自謀食。丐我一席地。盡佛教事。勿溷我。於是析所置金陵房舍器具及所藏經典造像。歸刻經處公之十方。又就刻經處立校。顏曰祇洹精舍。設佛學研究會。月一會。七七講經。興起者日益衆。未幾示微疾。知不起。召同志至。視所刻經大藏輯要者。挺其目爲華嚴部三十二。方等部六十六。涅槃部十二。般若部二十三。法華部十六。法相部二十五。密部五十六。淨土部五十七。小乘經律論二十七。大乘律論三十八。西土撰集禪宗台宗傳記等又若干部。像十萬餘張。倍刻經。凡雕二百五十八。未溯者半之。則曰。四大無常我在世一分時一分時報佛恩我力不能報有陳穉庵陳宜甫歐陽竟無在今屬累三君我何憂及革禁家人勿哭示以往生正因曰此彌陀願力也生平乘急戒緩生品不高花開見佛自詡差速遂卒年七十有五時宣統辛亥八月卽武昌兵起之前一日也蓋克期冥諭云居士少不羈習騎射擊刺之術洪楊亂里居佐當事者襄團練跣足荷鎗先士卒得諜手刃之血濺裾曾文正克金陵飭辦穀米局董工程經理漢口鹽局曾隨曾惠敏劉芝田兩使英法入世出世隨化無方殆不可測不具書書其學佛因緣犖犖大者著有大宗地玄文本論略注陰符道德莊列發隱嘗以日本續藏多駁糅讁提要正之竟未成歿後同志輯其生平論學諸文爲等不等觀雜錄配蘇夫人先居士卒子三自新自超福嚴孫七人

張爾田曰有清一代彭二林汪大紳錢伊庵羅臺山皆具大善知識居士殿之願力尤偉吾鄉夏穗卿紲佛故時時爲余言居士又嘗求經金陵居士則朱疏目若宜讀若不宜讀所以誘進之甚備方思有所奉手而居士歿矣當光緒中葉東南際海士大夫日習爲襞績無用之言獨居士與嘉興沈善登穀成外名鬪利養頹然自樂其所學得一經如護頭然今東瀛古德書稍稍出矣稗販者又爭附佛居士在唱歎宜何如姨姪平尠剛於居士姻也以狀來乃次其行事而爲之傳俾後之續金湯者采焉

送張敦復夫子致政還里八首　戴世名，未刊詩

威鳳揚赤霄文章照天下神龍矯青雲寰中被霖雨一朝遠引去誰得縶鱗羽西崑渺無際東瀛闊如許萬族紛皇皇悵焉緬宗主上帝臨紫闥百靈共延佇飄然不迴顧竟還舊居處有聲戛冰玉有韵諧鍾呂是時五雲飛散彩涵四野

伊昔中天運。皋陶首賡歌。我皇定太平。治道如重華。夫子贊元化。自公日委佗。廟堂雅頌音。大播宇宙和。
倡酬文石陛。激蕩滄溟波。淫哇掃六季。變格苞百家。遂還鈞天響。不啻虞韶過。所以康衢謠。化談下里多。
蘇公黼黻才。當參帷幄議。鄴侯神仙骨。每決機密事。疎逖萬里身。清切千門地。譬陟嵩華顛。跬步慮失墜。
洪濤履忠信。浮雲視名利。息機任其眞。當軸奚所累。禁闥有靑蒲。漏下語恒祕。刿伊溫樹名。家人詎肯示。
一心抱孤忠。斯世稱上智。
鬱鬱西華門。紅墻限中外。賜宅在其南。太液流左界。全家數十口。二紀依華蓋。早入南書房。君王獨召對。
晚歸篤素堂。親戚共情話。花藥小院中。屏幃斗室內。詩書積萬卷。風氣參三代。家傳蘇貫學。人擬韋平拜。
不知恩寵專。豈戀台衡貴。正延東閣賓。忽入東門盡。
蒼髮初未改。玉顏況無衰。抽身信已早。毋乃非公宜。何用相攀留。有馬縶維之。縶維亦奚爲。公去久尅期。
五年遂先請。放歸若脫羈。國家昇平日。支體强健時。明農屬有念。世俗焉能知。
十日緘書縢。五日齊車轂。僕夫將戒塗。帝命駕毋夙。胡爲犯霜雪。且俟春畦綠。王正錫宮筵。中使踵相屬。
龍樓重德義。眷禮恩尤渥。賜物多羸餘。頒衣備寒燠。朱邸皆贐儀。辦裝飾湯沐。百寮企光華。千載垂汗竹。
况鋪雲錦章。棐几盈玉軸。鄉園御書樓。山前亟高築。
大江亘楚蜀。龍眠鬱西蟠。巖洞極天巧。莫測神奥端。異人曠代出。談笑蒼生安。山靈宿盟踐。復茲賦考槃。
公蹟好圖畫。收拾指顧間。勝蹟十六所。形勢相迴環。綠野殊非擬。平泉詎能班。試從垂雲泥。一一仰面看。
達人憐小夫。智士重知己。昔蒙非常眷。命題長卷尾。巍巍四詛公。名仕山嶽比。未行啓事作。猶擅龍頭美。

遠擧諒不倫。微指良有以。念乖霄漢期。忍徙漁商市。言從衰衣歸。湖山侍杖履。不然且努力。還待謝公起。

文廷式 遺稿

擬古宮詞

各倚錢神列上臺。建章門戶一齊開。雲陽宮近甘泉北。兩度涼風落玉槐。

月檻風廊擬未央。少游新署藪游郎。一時禁楄抄傳遍。誰是淩雲韋仲將。

書省高才四十年。暗將明德起居編。獨憐批盡三千牘。一卷研神記不傳。

水殿荷香綽約開。君王青翰看花回。十三宮女同描寫。第一無如阿婉才。

彩鳳搖搖下紫霞。昆山日午未回車。玉釵敲折無人會。高詠新臺雀探花。

筠籃采葉盡吳姝。繭館風輕織作殊。新色綺花千樣好。兒家提調費工夫。

手摘珠松睡不成。無因得見鳳雛生。綠章爲奏鵷儀殿。不種桐花種女貞。

龍耕瑤艸已成煙。海國奇芬自古傳。製就好通三島路。載來新泛九江船。

詔從南海索鮫珠。更責西戎象載瑜。莫問漁陽鼙鼓事。驪山仙樂總模糊。

碧海波澄晝景暄。畫師棋匠各分番。何人巧射春燈謎。著得銀幡便謝恩。

雲漢無涯象紫宮。昆明池水漢時功。三千犀弩沈潮去。祇在瑤臺一笑中。

斜插雲翹淺抹朱。分明粉黛發南都。榴裙襯出鞦韆蝶。學得淩波步也無。

春老庭花喜未殘。雲浮翠輦上星壇。緱山笙鶴無消息。惆悵梁星對脈難。

爲人題陳圓圓麗妝道妝僾萋夷妝三小影

我如臥病維摩詰。臥病軒窗日影移。忽睹麗人三幻影。滄桑浩劫不多時。

東華門內俗傳有回妃樓未知其審聊賦二絕志之

小腰結束最風流。獨占穠華二十秋。如此承恩勝合德。不須重上望鄉樓。近人湘綺樓集記其事近誣故特正之

沙漠寧生禁苑姝。琵琶徵調更模糊。一從化石凌霄後。誰見明妃上馬圖。

海上絕句

春色撩人到十分。錦衾良夜夢爲雲。漏聲殘後爐香定。嫋嫋幽情說與君。

海風吹綠上窗紗。何處雕梁燕子家。試探斷鴻供一笑。此身無賴是天涯。

乍可章臺折柳條。莫同黃鵠便翀霄。江南一種愁心處。點染風花送六朝。

秦鏡分明照卷衣。雲光霞彩萬花圍。臨行不解連環贈。滾滾長江獨自歸。

莫愁湖和壁上璹華女士題句

雲意新收韈上塵。遠山如黛畫眉顰。憐金堂勝黃金屋。不是長門買賦人。

附原作

輕煙漠漠雨如塵。海燕飛來認不眞。廿載重游湖上路。蘆花應笑白頭人。

雨中旅思

絲雨濛濛溼九州。碧闌干外迴生愁。人間若有瓊簫怨。不遣滄波到海流。

繁花無力鬥春寒。遲暮闌林怯晚看。行過苔階更回首。他時曾惜一分殘。

縹緲

縹緲雲煙幕九疑。方春惆悵遇秋悲。秦皇赫盡湘山石。不見青青斑竹枝。

題徐次舟徐二先生鬼趣圖

誰倩巫陽叫帝閽。青風月落與招魂。姓名勝入循良傳。萬樹梅花伴郁元。

此是陶潛自祭文。寂寥塚壤對斜曛。昆明刧後重回首。定有劉伶酒酹君。

平生志業竟多違。欲向重淵且息機。他日誰尋雞酒約。西風裊裊女蘿衣。

曾繙皇覽冢墓記。千古聖賢總翳如。人世浮名君莫問。好留漢臘一篇書。

泛元武湖

龍繼棟 遺稿

元武湖闐浪不起。原是六朝鏡匳子。香閨萬頃迷故宮。翠瀲千年蝕廢壘。谿山宴坐閱興亡。人世營騰失綱紀。蠻觸未了左角戰。滄桑閒話後湖史。吳婦化蹝誠荒唐。宋主見龍亦諛鄙。祥異平生拒不道。成敗悠忽略可指。引流纔建昭明宅。築隄復壅北山水。昆明誰詡舳艫盛。雞埭孰將繻襦侈。孫營馬禪未渠央。劉蹶蕭興曾幾祀。頗憶趙家丁（謂）與王（安石）疏湖涸湖皆可喜。蒲魚固可利及民。稷黍尤宜穀我土。方今大府舉百廢。水利早亦籌至此。我來恨遲三百年。書庫荒榛失舊址。他日異學定方駕。此時儒籍宜廣庤。古懷漾漾淮水長。今思茫茫蔣山紫。座中同是舊日人。暫解煩襟就芳沚。荷花世界原清涼。爾日炎蒸類城市。惟思短櫂泛明瑟。強對嘉殽惜多旨。主人蜀粵兩才賢。幕府紅蓮麗莫比。肯來郁郭賞荷菱。爲譙京朋薦蘭芷。勝游回首迹已陳。甘澤沃胸快無似。爲君追唱後湖曲。夢落蓮舟冷香裏。

朝鮮金姬葆指書歌

東海狂生金姬葆學書入妙甘剔爪不教指際生珊瑚慭使腕紋食墨飽相逢握手對春雪君獨製箋作大草要余凍腕篆齋額筆屈似鐵鷔神巧我書無他貴自然其工頗愧秦吉了不隨時妝用我法斯鉉千秋替人少時賢瓣香在鄧子往住東矉誤西姣何曾筋骨逮完白一味排勒失嫚僊尉律八體豈曾諳鄒書偏旁猶未曉此已不工餘何論書法由來本小道君從滇水游和州裨海徽茫迷蓬島壯觀無物可寄情下筆頓有煙雲繞洪肇毛錐豈足用左旋黑子獨揮掃爪花驗喜常得書玉甲臨池不如鳥東風吹柳宮日長行人來覲上國光自言願索景喬字知名或恐非歐陽琴紋在手自珍惜我殆不僅於書昌勸君休歌竹枝詞續史上繼恭讓王不負此臂固可爾令汝千秋文字香

九月六日宴集同人塔射山房

輭紅塵漲天俊賞苦無地攬勝臨郊嵩秋老塔煙翠百年選佛場盛衰感人意雖乏山水供足判習池醉殷勤一樽酒維駒接同志歌者瘖不喧松篁奏清吹密邇九九辰菊瘦未著蕊非關茱萸會佳日宴君子秋樹眺負遐平楚暝煙紫故國幾歸雁離思望雲起商飆撼草木翠柏鬱深美榮枯豈霜露志士惜幽履侍經知何年宴秋日如水今年無雨風獨慰龍山客晛日照輕嗄郊原振吟策朔風沈遙天驕鷹奮雲翮仰思沙苑臘（德宗時臘南苑）定有佐卿鶴高歌兩君子蕙抱鬱今昔（謂楊蓉甫張芝圃太史）且食合梨飽萬事一毛擲

發寶慶

我生足跡半天下。密邇昭陽獨未來。壽雨蓬舟寒水急。殘年郊市凍雲開。朱梅嶺古花相憶。白善城荒角又哀。我是天涯倦游客。粵雲黔水兩勝懷。

偶感

曾記金貂泥醉時。春風駘蕩萬花枝。如何重聽流鶯語。斗酒雙柑總不宜。

朱孔彰 遺稿

讀陶集三首

朱孔彰字仲我、駿聲先生之子也、克承家業、曾以韶齡能言許學見賞於曾湘鄉、老而好學著述等身、數歲前長國學社於皖城、癸丑之役、轉徙老死於金陵矣、 編者識

西風吹爽氣。叢菊盡含英。秋陽晝已短。晨夕微涼生。愁興讀古書。素月當窗明。鐙火早可親。花蟲宵尚鳴。染翰正多暇。一觴遠百情。頗師閑靜意。但恐學無成。流覽陶公集。千載傾吾誠。

斯人能不朽。斯文乃可傳。公即以文論。筆妙亦自然。幽閑羅奇趣。和光擺俗緣。邈哉氣凌霄。處處見其天。早抱濟時願。託興榮木篇。名車折其轂。中道憑化遷。惟其不得志。所以悟眞詮。我幸遇明時。努力在少年。

人言閑情賦。白璧有微瑕。我讀三百篇。詩亦正而葩。鄭風非鄭聲。蔽以思無邪。世叔歌蔓草。列國方見嘉。西方有美人。賢者追思遐。我又讀楚騷。窈窕詞多華。三閭非善嫉。蛾眉常自誇。柔情卽忠愛。剛腸賦懷沙。悠悠人間世。譏彈莫相加。

憶人

鄧蓺孫 遺稿

忍凍繙書日易斜。小池疎樹又棲鴉。門庭靜掩幽人去。獨立寒梅數落花。

與常季山行

共入寒山路。不分崖枯木。落鳥無聞。分明記得山幽處。無數白雲輸與君。

與常季宿車心澗

日暮邀出城。田家已歸牧。我車行未休。遂至蔣村宿。旁有石橋飛。空明宜遠目。月色何澄清。山意自深穆。
橋西接平灘。蕭疎映林木。橋東崖壑幽。參差露瓦屋。今宵得佳興。步隨碩人軸。並立數石鱗。溪光寒可掬。
來者一童子。慾跳笑相逐。汲澗俯何人。無心語同復。玩久光景滋。靜極物情淑。夜半始入門。行人睡應熟。

同人步碧蘿溪

異地逢良友。閑行感舊遊。江聲吞急瀨。冥色上高樓。曲沼縈荷氣。鄉心送晚愁。呼茶重坐語。明日路悠悠。

送葛義乾之任保康

襄水身雖去。瀛洲望轉迷。君經懷古地。一問峴山碑。（保康爲鄖陽府屬縣）
聞道。鄖陽縣。山城。米店稀。如何。罷素業。卻復。問塵緇。

和倫叔六十自壽

山居卌里宜城路。（城南門曰宜城）坐臥君齋已半周。交到忘名空月旦。詩方書憤轉陽秋。千巖啓蟄尋常事。萬卷藏身自在籌。木落海枯雲物在。不妨瓜芋話西疇。
鄉園聚處百無爲。文字追論已足嬉。舊日朋儕多退謝。老來事業故精奇。庭除寂寂桐陰長。歲月駸駸花事遲。不道壯懷如雪淡。從君可得了頑癡。

知過軒隨錄

文廷式 遺稿

曾沅圃入覲時。召見痛詆徐延旭之不可用。用必僨事。且乞卽與罷斥。請毋庸與軍機大臣商酌。慈聖動容許之。曾旣退。而高陽奏對。遂反其說矣。而曾遂爲延旭奏劾矣。執政非人。疆臣僨事。千古如一。可恨之至。

張靖達深知徐延旭之不可用。而慮有奧援。不敢遽劾。以電達之北洋大臣。北洋大臣覆電云。已轉致幼樵制憲矣。

徐被逮至擬。猶告人云。朝廷輕舉妄動。若再由我經營一月。越南之東京必爲我有。且直取西貢不難也。

癸未之殿試也。讀卷者有張佩綸周家相。先是周見閻敬銘。詢其子學何書。閻曰。臨顏帖也。懸腕作小楷也。及讀卷日。有一卷子體詰曲。每溢格外。周詫曰。此必閻迺竹也。迺竹卽敬銘之子。張佩綸遂力與高陽言之。得置第四。及折卷。則朱祖謀。而閻固未嘗作顏字也。張周以之媚閻。而其後置之死地者。實閻之力居多。

左侯之初次入都也。陳寶琛張佩綸皆終日詣其門。而寶廷獨不與。其出任兩江也。則寶廷鄧承修實留之。而佩綸則深詆之。左故重寶而輕張。及福州馬尾敗後。張爲閩人公劾。命左查辦。時沈應奎在幕。張慄慄危懼。而左頗持公論。佩綸得以薄譴。其致書謝之。以叔向祁奚爲比云。

譚宗浚者。素不談洋務之人也。一日於許庚身坐中。忽遇閻敬銘。談及今時洋務人才消乏。非設科不足

鼓舞之譚退遂奏請潘衍桐上之潘猶豫譚告以實曰非此不足以得閣之心也潘大喜遂奏而終爲會議所格時人咸鄙笑之

張佩綸於光緒十年三月十七日奏請醇邸兼管總理衙門

陳士杰辦理黃金滿一事初則揚厲鋪張欲爲事平時保舉之地其後遷延不獲兩奉嚴旨懼無所出乃以重賄得調山東劉秉璋接其任又不能獲乃勉強以一撫了結侍讀盛昱劾其將爲楊嗣昌嚴旨督責劉乃奏覆願以身保其不反迨九年冬彭玉麟調赴廣東余覿其人乃一極庸猥之子耳乃費一尙書兩巡撫竭力經營而不能誅之可笑也

林文忠之再起也伍崇曜以數萬金必欲毒之不能得乃賄通其家人以極毒之藥研末入之蠟燭中文忠閱公牘每至四更毒煙浸淫入於臟腑遂不十日而斃卒

瑞麟爲兩廣總督貪劣無比其死後十年爲鄧承修所糾命彭玉麟查辦乃盡爲洗刷遂逃法網此公頗負重望其實好諛惡直不學無術處甚多取其大端可矣必謂韓岳之流則去之何啻天壤

十年之春海防甫急朝旨命彭督師駐瓊彭急極請督撫將軍會銜留之督撫又恐朝廷責其擁兵自衞未敢輒請彭次日與張靖達手書云朝命赴瓊玉麟本當遵旨即往而無如粵中紳士自卯至酉糾纏不清不得已躬親不去余時在靖達幕中閱畢怒不可忍此人負海內重名余亦素重之然此一節之謬不可掩也

岑毓英初極詆李鴻章後乃認爲師生其赴雲南也遣其子往合肥見李請授心法李云越南非中國所

急。又朝廷方重用唐炯。爾可讓之。故岑初到。兩奏力言救越南之非計。迨奉嚴旨督責。始惶悚請視師。而不知前此爲李所欺久矣。岑本邊徼人。於中朝無一相熟。以謂李之言處處可用。遂入其彀中。固其識之不足。亦可哀也。

乙酉夏上幸南北海。小修工程銀十三萬兩。而任其事者僅折後牆以培前牆。塗飾一時。

外蒙古生計以牛馬爲大。近日欠俄羅斯債近數百萬。無以爲償。有鬻地者。而理藩院置之不問。又京都中六部書吏以戶部爲最多財。而理藩院過之。蓋其承襲之時。得以上下其手。故索賄尤鉅。致富亦較易。

閻敬銘字丹初。張之萬字子青。同入軍機。張七十四。閻年六十八。人以杜句詠之云。丹青不知老將至。時孫毓汶烏拉布查辦江西河南安徽江西各案。經年不返。孫字萊山。烏字少雲。人遂以雲山況是客中過爲對。句亦頗巧也。余謂唐書所云左相宣威沙漠。右相馳譽丹青。於此時亦略似之。惜其不能馳譽耳。又張之萬一無所長。惟作畫頗得家法。爲數十年來顯官所未有。

馬建忠全家皆入天主教。人荒謬無匹。而合肥保舉之。云素行謹飭。欺侮朝廷一至於此。可爲髮指。

王文韶回鄉之時。通省若狂。司道以下日候其門。迨見降調之旨。氣燄乃稍息矣。然人以爲近日樞臣之有才者。尙推此人云。

諒山之失也。蘇元春敗於十二月廿七日。探報甫到。潘鼎新即於二十八日早逃入鎭南關。蘇軍午後退到諒山。見其無人。亦遂退。二十九日法人始入城。而潘電報云打仗受傷。欺妄如此。不正國法。眞不足以快人心。惟揚玉科力守觀音橋。其地在諒山之前。至正月初十日乃以戰殞命。可謂好男子。邮典未稱其忠。殆爲、潘鼎新、張之洞、所蒙蔽矣。

徐承祖文理不通。倩人代作一條陳。閻敬銘遂爲動。以之出使日本。恐爲敵人所笑。

何璟督閩最能諛佞紳士。故以八年總督。貽誤封疆而僨事之後。劾之者猶有恕詞。孟子、所謂不得罪於巨室、效至此乎。

國史二百年來無后妃列傳。此大闕事。

岑毓英巡撫福建。譚鍾麟巡撫浙江。皆加兵部尚書銜。蓋近日巡撫有頭品頂戴者。移撫他處。皆照例題請其加尚書銜者。則優眷也。若李鶴年撫河南。劉錦棠撫新疆。皆加尚書銜。一則以曾經總督。一則以萬壽盛典賞之。不在此例。

孝貞文皇后聖德巍巍。薄海所仰。尤崇儉樸。宮中器用。一切用銀。起居飲食皆有常節。內監不過七十餘人。穆宗賓天時哀痛過於所生。尤盛德不可及者。

慈禧皇太后初入宮時。封蘭貴人。後進封懿嬪。再進懿妃。咸豐十一年。遂爲天下母。功烈巍煥。與太任比烈矣。漢明德以下不足數也。

大學士額勒和布姓覺羅禪。覺羅禪者、宗室與人私生子女。不入屬籍。列爲此姓。猶言非正支也。

孝哲毅皇后一目重瞳子。福相端嚴。不好音樂。作書端麗。比以身殉。天下痛之。潘敦儼之奏。雖愚忠亦公論也。

盛宣懷者、電局之總辦也。當軍務急時。恆洩機事於敵。以邀厚利。蓋各處密電碼子。伊皆私置一副本也。

而事定之後。轉以電線之故。記名海關道。公論爲之不平。

李鴻章保奏電線學生謝某云。有民胞物與之量。體國經野之才。刻入邸鈔。人人駭怪。

潘鼎新尅扣兵餉。貽誤事機。天下所知。楊叔翹爲余言。其聞諒山失守之際。猶於營中提銀八千寄家。可謂天良喪盡。又於敵撲鎮南關時。密電報之朝廷。謂賊勢浩大。勢難抵禦。不如任其深入。無所擄掠。則和議易成云云。謬妄至此。而迄今未聞拿問。國威於是替矣。

李鴻章欲設銀行。閻敬銘亦頗謂然。惟不欲用洋人。李鴻章云。若不用洋人。人卻不信你戶部。其言可駭如此。事已垂成。幸崇尚書以去就爭之。遂得中止。聞崇尚書請見醇邸云。宣宗成皇帝所以與夷人啓釁者。以紋銀流入外洋。使中國貧弱故也。今若設銀行。使洋人理之。則不啻求其出矣。爺爲宣宗成皇帝之子。何忍爲此。詞氣侃侃。幾於流涙。可謂有心肝者。又聞悙邸請對奏事。至一時之久。亦力阻此議也。其後文海貴賢亦交章攻之。戶部復專遞封奏。遂得不辦。

吳大澂棄黑頂子於俄。查覆後竟得無事。此時事之不可解者。比聞又電促之矣。

海軍省之設。採之於一時衆論。惟請親信親王督辦。則吳大澂條奏耳。及大澂爲河督。果明目張膽而爲小人矣。

太監李雙喜隨醇王視師天津。余與志伯愚銳商。欲得人言之。伯愚未覓人。而自作書與其姊夫譔貝子云。君何不以口舌爭之。挽回體制不少。譔貝子以伯愚原書示醇王。王云。此我自誤。我自請之。今時不能爭也。余遂作書勸盛祭酒昱言之。祭酒曰。余書云。所事創聞。豈讕語耶。余後問之周蓉生鑾詒妹夫。蓉生云伊殆知之。然此非太后本意。故未敢爭也。當太后命醇邸攝行時。王不甚願。奏謂此李太監係三品頂戴職分較大。大似不便。太后曰。可令以六品頂戴隨行也。旋晤李仲約文田學士。亦謂此說爲然。然則醇王對謨貝子之言。乃不可言而自引爲過也。此事亦大可慮矣。

光緒十四年、王先謙密摺劾李太監。不發。

光緒十五年、屠仁守以言事罷。仁守本具三摺。一請醇王不必與政。將以次上。醇知之。及其未上而去之。太后亦啻怒於其劾宮監諫游幸也。嘗棄其摺於一篋。將以事謫之者久矣。至是遂先開缺。

天壇被焚之次三日、軍機大臣、、、、宴於府尹高萬鵬署觀劇。

國家二百年來。宰臣媚內監者。以福錕爲最。福錕本二十四門溥字行。其祖名奕溥。故特改名福。宣宗所錫也。按世祖諱不避。故用唐人名嵩之例矣。

鐵路之議。張之洞一摺。爲醇王所賞。然亦文字華美而已。其實所謂土貨者。不知何指。去年河南通省釐金僅五萬。金貨之無多可見。先造路而後求貨。恐西人亦無此辦法也。此事固不可緩。然此時紀綱不整。未能汲汲於末流也。

棄澳門於西人。曾紀澤一人主之。可恨。

己丑盛伯希告余言。今春在琉璃廠見順治十九年御筆畫。始知高宗內禪後。宮中仍用乾隆年號。即此例也。

李瀚章面劾陳彝。可謂欺妄。陳任巡撫。固無他長。而李劾之則私也。合肥縣知縣不畏強禦。固自可取。

李氏之子弟殺人。曾氏之子弟亦殺人。曾氏子弟好貨。李氏子弟亦好貨。其劣跡殆不可擢髮數也。世祿之家。鮮克由禮。豈不信哉。

閻敬銘辦山西荒務。幾舉山西之荒田而有其半。可謂無恥。此與張英所云荒年正宜買田。同一用心也。國家宰相相傳之法如此。可慨哉。

朱容生示我以劾李蓮英摺。詞甚允。引唐監軍之禍亦切當。其附片請開言路。則尤觸怒之甚者也。戊子之冬。上書房羣臣公摺內亦有一條。指近時之待言官。謂千古閉塞言路。莫此爲甚。故醇邸大怒。專摺劾之。謂狡黠者攘袂而秉筆。愚懦者附會而聯銜也。

王先謙以劾李蓮英去。其摺則淡淡二百字耳。蓋欲俟明白回奏時。列款繼上也。及摺入。則留中不發。聞歸政之意。蓋決於此。未知實否。或云王先謙得李太監之金。未知果信然否。亦足見人貴立身於早也。

成孚由河督革職遣戍。赦歸。以六萬金報效海軍。欲復原官。邸意許之矣。適屠仁守盛昱奏至。海軍報效遂停。成孚奉窺意旨。具呈言情願報效。不願掣回原銀。上意嘉之。特賞按察司候補。次日左子雲朱琛劾之。故閱二年未實授也。

張蔭桓辦華傭事。私受美國之賄。華人欲得而食之。故其歸時。不敢由舊金山。而朝廷則用爲總理大臣矣。

俄國太子之來也。李瀚章爲粵督。親登舟自呈名帖。次日又導引而來。護送而去。粵民憤歎。余以爲此可笑耳。

曾沅浦晚年爲江督賄賂公行女眷用事一營之兵不過百五十人分棧一差應酬督署乾修每年萬二千兩曾德如此而日事鬼神吾以高駢比之聞者皆深以爲允

臺灣之用劉銘傳醇邸一人之意也經年累月而不能獲一生番慕府上功牘欺朝廷而已至於剝民虐民又其次也不伏法而引病以去天道果可信歟

邵友濂爲臺灣布政與劉銘傳不協將劾之矣乃稱疾渡臺急以十萬金賄內監遂得湖南巡撫中外駭異而聶緝槼者方由試用郎中捐道入京踴躍懽喜遂以八萬金託邵賁緣又以一萬金買曾國荃保舉亦竟得上海道矣乳臭未乾驟任監司近日除授之怪異無過此者余見聶賀之云君可謂扶搖直上蓋隱譏其費去九萬也

梅小巖河督爲余言張汶祥刺馬端愍一案查奏之言無不實有不盡張佩緒知府云余少依端愍在浙時與張汶祥同居一屋熟識其人此事余知之甚詳不能言也又云此事牽涉李世忠張汶祥實爲人報讐非己之讐也佩緒豐潤人佩綸之弟其父乃馬新貽之師云

彭剛直不及揚厚菴遠甚厚菴樸直忠篤有大臣之風余在湘時與之晤譚四五日蓋李西平一流人未易求之晚近也厚菴六十喪母舉動必依於禮廬墓三年非祭祀之日不歸城市訪余於旅店多徒步而來談及渡臺一役惟引咎自言無功而已

按文芸閣於簡端題曰此册雜錄時事字字從實或偶有傳聞之過則不敢必若有一毫私恩私怨於其間則幽有鬼責明有三光所斷斷不敢出也附錄於茲以見温公通鑑不撓筆於黃衣希文碑銘及

貫人之陰事。罔兩鑄於禹鼎。姦佞指於堯庭。敢僭仲尼獲麟之筆。猶稱盧奐記惡之碑。而國家之敗。實由官邪。履霜之漸。至於堅氷。今日草木將移不通之野。戎狄思逞薦食之心。豈非昔之暴君汙吏墮散明德遺此厲階也耶。民國四年仲春白沙記於長沙之聽雨樓

孝感記

老談

孝為吾國倫理上第一要義然居今日而言孝舍少數舊思想家鮮有不視為腐敗嘗為頑固者殆道德之淪喪久矣小說以孝感名背於現時社會心理尤甚然記者此篇初不欲僅供舊思想家讀也俗有轉移情無變遷果能言情眞切或未必為俗見擯剝旨趣眞純情詞悱惻縱怨女癡兒亦當欣賞而領悟之矣寧常人哉是篇雖振於時正冀其轉以見重耳

紅日將墜餘暑尚盛草樹蒸鬱待清風徐徐繼之而未來密葉中鳴蟬嘒嘒仍作繁響似報游人以晚涼尚難希望者樓臺亭榭間茶瓜殘膳衣香扇影傾動一時車馬動移雜陳草地是為上海盛夏日暮時味蒓園中游人將去之景象也

已而車馬爭馳後先散去夜游之客尚未即來園中頓呈一種幽寂情態天半殘霞明滅暝色東來寥寥未去之客則或步池邊或憑欄畔似專領略此靜中旨趣者園丁緩緩清潔器物借作暫時休息未去之客亦漸漸倦歸園丁將各事晚餐矣

此時有一美少年席帽粉履素衣短杖由園外入急步繞草地一週似有所覓未遇乃就南向平臺上脫帽倚杖傍欄而坐於衣袋中出一小疊扇披襟扇之而蓮花面上汗顆浸浸不已狀態極閒而胸臆中又若甚燥急者園丁以茶至少年即索巾拭面已默不一語凝視樹杪歸鳥爭集如有深意其實彼少年此時意緒別有所在耳目中固一無聞見也

少年正凝慮時，忽爲光線所激，神經爲之一振，則園內電燈明矣。急起由迴廊繞出草地，凝立向外，若有所俟者。約十分鐘，忽一清麗女郎，縞衣蹁躚，姍姍而至。遙睹少年，即笑語曰：子純勞君久候矣。少年猝無以答，惟笑應而步逆之。兩人旣接近，即携手偕行。

女郎復曰：君來幾何時矣。少年曰：無多時，僅約三十分鐘耳。語時已至平臺，兩人相將傍欄坐。女郎曰：我於午後四時，甫得君函，即擬來此，詎見君所期在六時後，因復入浴。已即附電車來，半道以他電車脫軌阻道，遂稽二十分鐘，致累君久候矣。

少年曰：我來亦不甚久，惟急欲見吾孟敏，遂不覺其遙遙無已耳。女郎爲之嫣然，忽肅其容以問曰：君今日召我，是否以君老父已有書來耶。少年曰：良然，午前得老父書，謂將我姻事，必俟其親來滬上，詳細審查而後可以定議。然我逆計之，以吾孟敏之人格，老父無不懌者，婚事即謂其已成，亦無不可。語時意頗愉快，即以兩手執女郎手而撫摩之，似表示其愛情脗摯者。女郎亦甚欣適，加一手於少年肩臂，徐徐問曰：老父果何時來滬耶。少年曰：書中雖未定時期，然此時正値暑假，彼校中無甚多事，或來滬至速亦未可知。我已復書請其時日，便往車站迎逆也。

女郎曰：甚善。至時我與君偕何如。緣我歷聞君言，老父慈愛，異乎尋常，非我家二老可比，故欲見之心至切。君其能許我否。少年曰：似無不可。此時且無需計及，請先計我二人之婚事。設老父審查與我兩人同意，則此暑假中，婚事即可訂定。吾孟敏之家庭，固毫無阻礙也。

女郎曰：良然。我家二老，思想甚舊，然我久已要約於我，婚事不來干涉矣。惟我素來宗旨，覺婚事固重大然既得兩人同意定婚似不宜去結婚過遠舊界中無論矣卽新界中偶有定婚一二稔而後結婚者其間難免發生種種不良之事實致結婚後之愛情因而減少亦婚事中之一弊也

少年解其意卽應之曰我意亦爾故爾我婚約成後當急議結婚事下學期前總期成禮吾孟敏抑有所不便否女郎笑曰遲速均無不宜卽下學期前我固無所不便惟君擇之可已

彼時二人意態至愜笑語密切促坐欄畔不獨盛暑相忘卽園中此時作何景象亦並不知而新月一鈎遙掛空碧於深樹淺草間弄其倩影似深羨二人愛情圓滿欣欣然作局外旁窺者已而夜游之客漸來男女囂雜車馬喧響二人深厭其擾乃各檢衣物相攜至草地略略散步見佇立互語者去來不定者徘徊瞻眺者散坐憩息者不一其狀女郎卽攜少年手曰歸休久留眞顚倒惡心煩矣於時二人匆匆出園而去

閱者固知一雙新界之青年男女將締婚約特假此名園爲祕密之談判其名字亦且於話言中互相呈露而於兩人姓氏及其身世則茫然未知或亦咎記者落新體記事窠臼否然而行文苦心不得不爾今亟爲閱者一詳敘之

子純爲江南高氏子年甫二十三丰儀優美性質眞至久卒業於高等學校現就教職於滬上幼已失恃父爲文學家頗解新學近在金陵爲國文教師於此子本極慈愛而子純事父素以孝聞而於老父心理備極體貼不敢或逆雖寧滬間隔不能日夕奉侍而一舉一動必本老父之指趣而行幾有催眠學家所謂他心通之概女郎姓秦氏字孟敏蘇產而就學於滬者近亦將卒高等業雖未留學海外而慕歐風甚

篤於舊家庭之組織久所鄙夷然知重新道德婚姻則採完全自由主義惟墮落青年頗不得其許可與子純相識已久互相傾慕精神上日漸融洽乃有婚姻之議在秦氏意兩人既具同等之情感逕締婚約原無第三人置議之餘地子純則非以得老父許可不肯卽定蓋生活雖能獨立原無所依賴於父然倘以婚事重拂父意良心上所未許也故與孟敏明議婚約後卽詳陳於父冀得承認而後可前所紀述卽其得老父書後與孟敏第一次晤談也

風雲變幻治亂無常距彼二人第一次晤談僅一星期金陵之二次革命事起此耗傳來滬上人心惶惶高子純焦慮尤甚以報紙既各異其詞金陵此時究作何狀老父安全何如莫能眞悉決計卽日附火車赴寧忽得老父電信一通略謂城中安謐汝萬勿來殆其父知子純聞耗必來故預阻之也子純無已急具復書請父來滬未得報而滬上戰事又起雖租界中不虞擾亂而稍具常識者終日惴惴恐有異變子純盼父來滬之心又爲之一阻惟日以書函探問老父起居而已秦孟敏此時心中毫無掛礙惟時以書問訊子純金陵家宅現狀亦分憂意耳

不數日滬上戰事已停金陵戰事乃起子純忽三日未得老父手書遑急萬狀擬冒險赴金陵一行時以校舍去戰線正邇有至好程叔仁寓虹口招避其家子純不能拂其意遷往數日矣乃就叔仁商決進止叔仁解之曰君意固當惟尊公於未見戰事時尚阻不令歸矧此時耶子純曰彼時或以安謐無恐故不樂我歸今事急矣違命而返當可見宥叔仁曰否否尊公慈愛君所深知今冒險以歸設途中少有妨礙大悖尊公意指君轉無以自謝也子純曰我亦正以此躊躇未定耳叔仁方欲有言而門環大震程僕往

應戶外人以送信告程僕啓關則爲一旅館侍者出函授僕因致子純書也程僕令侍者少俟以函入報子純視之爲老父手跡急啓封則寥寥數語略謂已偕友避地來滬寓旅館中促其卽往子純令程僕復侍者以卽往卽轉語叔仁曰老父來矣語時以書授叔仁叔仁曰幸甚君其速往我處尙安逸可請老人居此也子純曰良然我亦正擬謀於子語時卽匆匆整衣而出呼人力車告以地址坐而促其速行少選抵旅館下車入詢知居第三重樓上急走以登侍者指向外一室子純趨而入見老父斜倚榻上室中行李凌亂尙未安置子純鞠躬致謁老父緩緩起坐微笑曰此來大不易此間戰時汝當亦備極驚恐矣子純對曰租界中尙稱安謐金陵擾亂當已不堪老父曰城中尙未見擾亂惟國軍方在攻城砲彈雨落城北頗有損失居民寢饋不寧矣我本不欲急走適校中落一砲彈損屋兩椽全校人均各他徙我卽歸家女傭輩泣而求去比鄰去者已多往訪親友半多不遇及至汝姑丈家其弟兄方託商會運動出城護照正檢點隨身行李將來滬上據云江防兵已將入城恐有一番紊亂力以偕行勸我我亦念汝正切且恐汝冒險而來故亦歸家略略摒擋卽偕汝姑丈出城幸有特許携帶行李之護照能未如趁十字會船者之橫被搜括也子純急詢姑丈何在老父卽頤指凌亂之行李曰此卽渠之什物我僅携一皮包耳渠此時偕其弟澡浴去矣今日天氣本熱我少俟亦當入浴語時揮扇不已且曰汝曷去其外衣子純如教更呼侍者以荷蘭水至與老父分飲之方言及叔仁延攬之意適有二客入室子純回視則其姑丈昆季浴罷歸來也

子純與二人致禮其姑丈略一酬對卽呼其老父曰純甫我今日澡浴身體至適而心頗不懌後幸逢一

知好暢談此地日前戰事更邀我弟兄主其家情至殷懇我已許之矣子純知姑丈爲金陵商界鉅子性近豪俠惟人極頑錮今日不憚者或以滬上風氣非其習見有所激刺耳時其老父已詰其所以其姑丈與其弟正卸其外衣袒裸而坐取茶壺就口吸之更呼侍者以水來即揮扇大言曰我與三弟赴洗清池澡浴池中一切設置較吾南京爲優侍應者週至尤非南京所能及故浴後體極蘇適惟我弟兄所坐處隔榻爲數少年有中裝者有西裝者詭異之狀已不可名而衣上一種氣息純是釣魚巷中手帕上之風味及聞其言論雖時雜夷語不甚可解而約略各談其所識之女學生猥褻殊甚而言之侃侃若毫不避人者我常謂我國閨訓從前何等嚴緊自女學堂開後日漸敗壞吾南京女學堂笑柄久爲人所傳播不謂此間尤甚眞令人聞之忿忿純甫汝尙爲學界人試平心論之女學堂一日不除風氣尙得有純正之望否語時面目間頗顯一種義憤之色

時子純方與其姑丈之弟吳芝石共話聞其老父應曰斐石汝語亦嫌過當女學校原不能一槪抹煞惟今之誤解自由因而於舊有之禮教竭力推翻未免與人以口實耳頃汝所言邀汝往居者何謂其姑丈曰我浴已畢正倚榻乘涼忽對榻來一人視之乃素與我商業上有往還之楊航友見我親切異常備告我以滬上戰時情狀據述外國人極稱許戰時非常文明雖歐洲亦不過如是租界秩序仍舊舞臺入夜開演不輟惟槍砲聲轍夜不息聞者終覺不安而每晚中國境內平民扶老携幼露宿於租界者千萬雖有倡臨時救濟者施以飮食而一種慘苦之狀殊令人心惻耳彼家素居裏虹口屋尙寬敞戰時居中國境之親友來僦居者幾滿近已散歸故力邀我弟兄偕往也聞其父笑曰大佳我亦適有虹口友人招往

下榻去汝處正避此時時已過午汝輩未來時旅館中已促午餐可即令其取來飯後我輩即遷去免躅躇於一室中也

子純至此乃婉言曰此間食物恐不清潔我意請姑丈姻叔至大餐館一飯父意若何純甫即應之曰亦佳芝石方致謙詞叟石曰大好大好我輩可速着衣於是衆乃整衣而出殆午餐畢後即各事移居矣小院風清盆荷香溢一二流螢閃灼飛動階前喞喞時有蟲鳴如訴人以秋之將至者因程叔仁家入夜庭院之景象也室爲三楹主人眷屬居樓上樓下右廂爲餐室左廂爲高氏父子下榻時高純甫就簷下一籐榻偃臥子純坐其旁叔仁則遙坐閒話以純甫爲父執也執禮甚恭純甫亦以其爲新學中人而又爲東道主故亦頗予周旋叔仁知其父子於離亂時甫聚必互有所訴因不事久坐匆匆興辭登樓而去純甫乃緩緩述其家中之部署及出城趁船時總總情況子純亦詳言滬上戰時種種見聞並互相評騭其事純甫忽問曰汝前函所請秦女嫺事語雖綦詳汝試更縷述之

子純乃詳述孟敏性情容止及與其感情之醇厚在子純之心理惟恐事或不成故竭力裝點而摹擬之雖小說家亦不過如此純甫默聽移時緩緩語曰如汝所云自是佳偶然今之女界情狀我知之素諗其所謂自由婚配者雖較勝於野蠻結婚然其弊害亦有不可勝言者蓋男女年齡均尙幼稚動於感情作用於種種方面上弊害不知預一計及迨結婚後彼此各挾一種不能切合事理之過當希望久而遂生出無量之惡感以致於乖離者比比與其將來互抱悔恨不如愼之於始我故對於此事總當詳晰審查方能解決我素非反對新締婚之頑固者惟爲汝策永久之幸福不得不爾汝其以爲當否子純聞老父

言雖深覺其理論圓滿惟與孟敏情感已深自信甚堅轉覺老父未免過慮世人自由婚配之弊害雖時有所聞而非所論於孟敏之於我老父旣欲審查正老父爲我計之深切乃肅然對曰老父之論至當世之自由婚配之弊害亦所素知固不可以不愼也純甫知子純能體其意亦頗欣慰於是縱論時事言笑甚歡純甫以連日未得安寢頗呈倦態於是相率歸寢明日子純寓書孟敏報以老父來滬孟敏復書欲來謁見子純請諸純甫却之曰此時可無需爾子純婉詞答之而每日伴父亦無暇與孟敏一作覿面談也

炎暑將却西風漸來天空留雲作碎魚鱗片庭院草樹似呈秋意女校舍中以假期未滿生徒寥寥僅管理者尙居校中其餘各執事亦均未返故校中異常淸寂此時寄宿舍廊下皮一籐榻一女郎着輕紗衣趿綉履欹坐其上旁置蕉扇手已開書函一封反復凝視如有不懌意良久忽抛書榻上起立循環而走於百無聊賴中微露幽怨之色吾知讀此篇者必能臆知其人卽秦孟敏女士也孟敏自得子純書知其老父已來而仍以審查爲詞且阻其不必往謁殊不愜意覺子純何柔懦乃爾婚姻結合個人自有主權何得聽命於父母設非其素性肫摯且疑其爲託詞矣我雖女子父母尙不得干涉彼何爲者念及此轉生微憤正徘徊間忽遠聞笑語雜以呼孟敏姊聲

孟敏卽就榻上取書插入衣袋中轉視則女友數人聯袂而至有本校者有他校者中有二人未經識面及互相介紹知爲內地新來就學者孟敏方欲延坐衆笑語曰吾輩此來特奉邀偕遊耳孟敏詢所往衆對曰以渠二人初來滬上各地均未游覽吾輩擬先赴樓外樓繼至張園小憩知渠二人以慕君綦切特

來請謁。即累君偕往。知正清閒。毋設詞推託也。
孟敏報以謙詞。且笑曰。今日幸少陰涼。無已。請勉伴諸君一行。樓外樓固吾儕於開幕時一登眺耳。諸君請少坐。俟吾略整衣履。語已。匆匆入室。衆乃散步庭中以俟。孟敏易衣更履迄速。衆出校步行至有電車處。附之以行。車中談笑頗適。及樓外樓購票自升降機而上。見男女青年佻達遊冶之狀。百出。孟敏殊不介意。憑欄眺遠。頗覺蘇曠。衆乃分遊諸處。各適其適。孟敏忽見茶亭中高子純在焉。更留意同座者共三人。肥碩洪壯者二。一則貌頗嚴重。年約五十。鬚髮微斑。面目與子純略相似。知必爲子純老父矣。欲與子純問答。而視線殊不集。疑其未及見已也。正未知渠甫登樓時。即爲子純所瞥見。以知老父素性深恐孟敏遝來。酬對故意他矚。而時時偷睛望之。孟敏未覺也。
顧孟敏知子純父來。即欲修謁。旣爲所阻。正自不耐。今邂逅相遇。豈願不少與周旋。於是逕趨子純座前。呼之曰。子純君不晤久矣。子純驀見孟敏。頗不安。適蓋相隔多日。固急欲有所陳訴。以老父在座。舍意難伸。且姑丈昆季思想頗舊。見此情狀。必多誹議。故初作未見。以冀其或不我顧。今忽致聲而前。其窘狀可想見矣。乃急起肅對曰。良然。
孟敏復笑顧純甫而問曰。此公何人。子純曰。老父也。孟敏笑曰。吾固疑其是矣。煩爲一介紹。俾吾修謁。語時。即趨至純甫側。子純無已。乃以秦女士報於父。純甫當其初與子純語時。已逆知其爲秦孟敏。乃微笑起立。孟敏即鞠躬致禮。備致起居。且申傾仰之意。純甫亦以撝謙答之。吳氏昆季殊現疑訝之狀。冀石不滿之意尤甚。孟敏淡然。不知方環顧座位。擬坐而緒談。子純益形跼蹐。幸其女伴見孟敏與人周旋。即羣趨而前與坐客略俯其首隨問孟敏曰時已將晚吾輩欲往張園去矣孟敏姊其在此少坐耶孟敏見子純窘狀知其爲已然味於其故潛懷疑訝問衆詰之乃曰同行可也於是復與純甫爲禮及與子純致辭偕衆由扶梯緩緩而下。

吳裳石即瞿然問曰彼美何如人子純聞之頗侷促純甫笑應曰女學生也裳石笑曰何與子純熟識乃爾語時頗露輕蔑之色子純、不、覺、微赧純甫代應之曰與子純朋友耳裳石忽正色語子純曰我語最直率吾姪青年似不宜有此等友朋既礙觀瞻且妨聲譽需知女學堂中此時供人口實者比比浮薄子弟視此輩爲玩具實爲此輩所牽率我所聞者多矣子純以其腦筋過舊不足與辯僅唯唯應之芝石亦笑曰此君殊落落大方我輩多人在此逕來與子純語一無羞澀態足知其閱歷深矣在芝石作此語原非出諸刻意詆毀而子純在旁受其激刺頗難自容純甫深解其意轉爲之解曰新女界以交際相尙此風已久彼女子已成習慣矣吳氏昆季相與粲然

子純此時深悔今日不應來遊致惹此話柄縱不至於婚事上生何等影響然不免留一缺點在婚約未曾解決以前不與老父謀面爲最善前日私慮其逕來謁父或生阻力不虞今日偏出此巧遇且又有吳氏昆季在座不得謂非我婚事上之晦運矣思至此尤不可耐即託故起立緩緩巡欄而走念及孟敏此時以老父和藹遇之必深以我前函阻其不必來謁爲非是幸相知已深否則必疑我爲設詞矣時遊客囂雜子純悉未在意偶見天末紅日如斗出沒於數抹紫雲中甚速光線着人面中作黃金色仰視明霞滿空斑駁如繡知天已向晚回顧老父談笑方殷若不知已日暮者即趨至座前語老父曰時已過宴尙

少坐否純甫聞語舉頭四矚自語曰高處不覺下方殆張燈火矣於是吳氏昆季亦起整理衣物相率繞梯而下嗚呼孰知今日情事果與彼兩人婚約上大生阻力也

去此游僅三日是夜純甫已歸房將寢子純侍其旁純甫忽語之曰汝所最愛之秦孟敏以我衡之不可偶也子純驟聞此語如猝然觸電筋肉萎縮神經震撼幾欲傾跌幸倚案而立得免急力自鎮懾以俟老父後命純甫睹其狀乃緩緩繼續言之曰自由結婚所以優於舊俗者以夫婦愛情可以常保耳汝設與此女結婚愛情決其必致互變然汝驟聞此言必以我爲武斷試詳述其原因就此女表面觀之未始不可稱爲佳配惟據汝所言婚約渠可以自主而爲其父母者乃非有新知識之人則其平日對於父母非倔強不服即鄙夷視之方得有自主之權是其倫理上已少研究純以感情用事矣以生而撫育之父母尚能視如無物矧偶然結合之夫婦耶宗旨一有不合勢且趨於決裂寧能常保愛情耶前日樓外樓之遇汝姑丈昆季視爲罕異嗣更與我屢議之我固夷然惟觀其偕行諸女伴頗涉放誕端人所友必端語有至理況我連日調查彼所就之學校名譽頗不優美顧未婚少女可以自由原歐美之通俗不可以我國舊禮教相衡然程度彼此不同彼雖自由於夫婦愛情上初無妨礙我則不然一有外遇家庭便生種種弊害離婚猶害之最小者耳汝其亦能解此否

子純囁嚅一晌對曰父言是也惟……純甫不俟其詞畢即輾然曰凡聰穎少年已中女子魔力時其於異日種種弊害非思想所不能及惟以我之所遇迥異常人以自解即心理學上所謂迷惑是矣汝今豈不以爲我言雖當非所論於秦女耳然此亦爲普通應有之心理不足爲汝過也我不日將與汝姑丈返

寧故亟語汝汝其婉轉復之渠欲與汝結婚情自可感今事不成毋使其抱怨也子純此時無可自解亦惟唯唯而已蓋其時南京戰事已平旅滬者紛紛謀歸計純甫與吳氏昆季已相約言旋矣

晴日杲杲光射籬落樹下棕亭旁有傭者數人整滌器物一折足案斜擱欄畔上陳茶酒具幾滿司帳者滿面倦容倚檯而坐手茶一甌細細品之間與傭工相問答意似甚閒適者噫此何地耶殆熟遊滬上者必能辨之所謂小花園之半醉居清晨之景象也以半醉居一尋常揚州餐館耳何必累此筆墨是亦有故蓋此時樓上一東向小室中有靑年男女一雙方假早餐爲名而密切談話也

案上雜陳餚核數簋茶盞酒鍾紛列案旁側坐男女二人正喁喁私語閱者理想中當已知其爲子純孟敏矣彼二人來此之由亦當略及子純自聞老父阻其婚約澈夜未嘗交睫其腦海中翻騰起伏者卽異日挽囘必成之計劃及眼前報告孟敏之措詞躊躕至再以孟敏素以性情相見不宜語以設詞意旣定侵晨卽起念此時聚談之所惟有假餐館之肆早餐者爲宜知半醉居尙幽靜乃逕往飛箋報孟敏請其速來孟敏知必有要事匆匆履約子純固已久候矣

兩人坐旣定傭者例以茶進子純卽指定餚核數事令其速治幷囑其有所需當相喚毋躞躞來擾傭者承諾而去子純乃以昨晚老父所言盡告孟敏初無一語之隱諱也孟敏聞時面色處處變異時而慘沮時而微笑時而不懌俟子純語畢轉坦然曰君老父所見固自不謬然非所論於我耳語罷低首默想者移時子純亦垂首不語若有所計

孟敏忽微笑語子純曰吾聞歐美文明之國男女及歲卽脫離親權婚姻率由自主此說果有之乎子純

笑應之曰我亦素有所聞然未可引以爲喩歐美與我人程度如何姑不與較卽如近年不取決於父母以自由結婚亦復比比然終得圓滿之結果者頗鮮且父母之爲子女謀也事事每策萬全其決擇自必精當初非如個人之純以感情用事者故掃除貪財慕勢之舊習慣而專採男女種種相當爲婚姻之的雖自擇後仍以就父母決之爲宜況婚姻關乎畢生之幸福設有未當良足貽父母憂蓋我國家庭之組織固自不同尤不得不惟親心之是從也

孟敏忽猝然問曰中國倫理上所謂孝者果何所取義吾至今不甚了解得無涉於專制乎子純聞言乃莊其色以對曰是未盡然經史上所謂孝者原每有一種專制氣象反對者遂有所謂父母者不過淫慾而已之論以我意見是宜分晰言之專以生我卽當盡孝理論上原不甚圓滿然自生我而後提攜懷抱飲食寒暖保衞教誨惟恐或有未當而父母之心力瘁矣倘遇疾病其急迫痛切之情尤非他人所可比擬舉凡人類用情之厚無有過於父母之於子女者且其苦衷之最難表見者則爲取締原父母愛子女之心理在在處處惟恐或拂其意而以謀畢生安全故遂不能不有嚴重之取締以大拂其心理然往往不能爲子女所諒而爲父母者苦矣試卽以男女情愛論彼此邂逅相遇日漸以情相結合或女先致其親愛而男應之或男先致其親愛而女應之親愛愈深則相應愈切此亦人類之固有性乃父母致其極端之親愛於子女而子女轉無以應之有是理耶吾是以每發癡想覺世有借詞新理想而心志上棄其父母者非有獸性卽至殘忍人也殆世惟有至殘忍人始不爲親愛所動耳

孟敏當子純初釋孝字時意頗非之及言至用情之厚無有過於父母等語意念爲之一動迨子純以男

女親愛爲喻不覺爲之大感動熱血潮湧耳面具赤眼波蕩漾盈盈淚下矣子純偶窺見之尙疑所言癡想一節譬喻過刻孟敏素與父母無甚關係之觀念者將毋以我言爲有意貶之怨極而悲矣惟我所言實我胸臆中素所依據之理由以觸其緒因而傾瀉之而竟成此誤會耶

方欲致詞解釋孟敏即哽咽其聲而憤曰吾誤矣吾誤矣吾向迷於及歲後與父母即無關係之念故年來與吾父母殊落寞即如近時滬上戰事甚時吾父日來書函詢吾安否幷謂蘇較滬安速作歸計吾以君婚約故不願暫離且覺父母促歸不過與尋常交際等視遂僅以函復未肯即歸蓋吾與父母不面者已近一歲當此亂離之時吾父母念吾不歸如君所喻則吾父母之心爲吾粉碎矣吾深感君至論吾覺此身已一刻不能復存於此今日即將趁車歸省也語畢淚如斷綆簌簌下不已子純此時方悟其悲泣之由轉無詞以慰之而情性觸發亦遂涔涔淚下也凡人心理上原有一種天然感動力彼兩人此時實由於此閱者當不以爲異也

孟敏掩泣一晌或寂然無聲者有頃忽收淚語子純曰速以食物來我餐畢當急歸矣子純曰諾乃召侍者進食物兩人大啖已孟敏即起身趨近子純握其手曰爾我婚約有無挽回我此時已不暇計及容後再以書函相研究吾此時返校即束裝返蘇矣

子純乃肅然起立曰我孟敏如此銳斷而性情感動之速尤足敬慕至婚約則老父雖已否決我心終始不渝必力迴老父之意以冀其終成也語時即以吻親其手遂相攜下樓償資迄出門珍重分道而去

子純匆匆而歸則純甫尙未外出而吳氏昆季適來省視方談笑甚歡見子純入囊石訝其早出何往子

純漫應之純甫回顧而詰之曰謀面否子純對曰暢談二小時渠此時已返蘇矣純甫訝詰其故子純方深幸孟敏感悟之速而又自喜能感悟人也於是自抵半醉居以迄分手而散其間情事纖悉靡遺一一道出純甫瞑目默聽無一語而吳氏昆季則大爲驚異子純語竟裳石卽應聲曰噫異矣新界女子尙有能解孝親者耶吾姪現身說法原足動人而此女子竟能領悟眞可謂放下屠刀立地成佛矣難得難得芝石亦隨聲和之

純甫曰亦無足異此女爲性情中人本易爲感情所動今聞此眞摯語頓受激刺自有此反應之結果特恐其不能持久耳吳氏昆季深韙其說互論移時更及歸計裳石曰我頃已言如我家書則南京雖遭蹂躪尙不如報紙記載之甚此時已稱安謐我決意明日卽歸偕否請速作計純甫曰我亦極欲耑返惟連日體頗不適惰於行動故遲遲未決明日再計可也吳氏昆季少坐卽辭去而純甫頗覺憊不能支卽就床偃臥子純頗惶急侍立床前純甫厭煩擾揮之使去

子純乃隔室尋叔仁共話初以老父抱恙爲憂叔仁力以偶然感冒殊不足慮爲解慰且謂滬上中西醫均不乏高手卽指數人俟君老人同意後請便立至子純頗是其言叔仁語次詢及秦孟敏事子純不覺太息曰事不諧矣因縷述老父昨晚辭婚之言更詳及今早與孟敏面談情事語已戚容猶甚蓋旣悵婚事又疚心老父病也叔仁靜聽一晌曰此女大不易得然卽此一番感受之速已足以迴老人初意婚事終成正未可必愼毋過戚戚也

子純方欲有言忽聞隔室老父夢中呻吟聲乃急趨往視則見其朦朧睡眠中顴輔盡赤以手輕按之熱

度暴長而眉間時結若不勝其苦楚者已忽張目索飲子純急以茶進郎婉問所苦純甫曰通體疼楚頭目涔涔作痛殆昨夜爲風寒所中耳子純知老父素重中醫乃以叔仁所指者請純甫初言無需繼以子純請之至再乃許囑叔仁代決而代延之子純急覓叔仁商決

俄而醫來診視則瘧病也子純心少定親事湯藥不敢或離明日向午純甫瘧又至乃令子純馳書吳氏昆季告以病狀請其先發午後鄞人送書來子純視爲孟敏手筆急開緘默讀其詞曰

子純足下感君啓發悔恨無已午後乘快車返蘇入門兩老人均喜極而痛殆以敏平日所持主義置家庭於度外兩老人知之已審而傷心亦深今見敏忽歸因有異常之感觸耳老父幸尚健全老母則患目疾近盲以敏揣之或因思敏哭泣所致敏之罪大矣晚來團坐共食兩老人欣恬逾常絮絮話家常事不倦敏年來久未得此境地亦覺快極而悲現決意侍母目疾愈後再作他計校中開課在邇不及來矣所最足感觸者兩老人於敏在滬眠食起居探詢殆徧直視敏如嬰兒在襁日敏不獨以爲可笑且覺可厭今得君之覺悟對此抱痛益深矣嗚呼高君今日方知人類親愛無有過於父母者實受君之賜也君老父已返寧否君至性過我百倍老父歸後君之鬱鬱可知然非他事所可解免吾今所深信者也奈何奈何秋風漸涼珍攝爲要孟敏手上

子純默忖曰纏綿哀怨悔恨不遑眞足令人感佩正凝想間純甫忽問曰何人書也子純以孟敏對即趨床前呈書於席純甫命讀之聽已默然已而命曰汝可復詢其母目疾何狀并告以我病未返也子純敬諾蓋純甫於世情經驗頗富此時於孟敏之覺悟久暫尚未敢決令子純復之者亦欲借覘其眞相耳純

甫病瘧雖不過劇而纏懨浹旬始起孟敏來書問疾者成叠純甫一一均悉其最爲純甫所許可之語則有往者吾對於君之老父殷殷致意者不過因君素以老父爲重體君意而立言究竟仍蹈世俗交際上之窠臼耳此次聞君老父抱恙此心殊切惶急非前僞而今眞也良以今始知老親健全爲人生最大之幸福而子女對親痛苦其一種憂懼慘苦之狀非言語所能表示推測君心更當過吾萬萬此吾之所以不能不日有所問訊也

時西風弄爽淸露宵涼候蟲競鳴賓雁將至不覺已近中秋節矣純甫已調攝如常匆匆離滬頻行語子純曰孟敏老母目疾未痊汝少緩可赴蘇一慰問之以報其於我病時之日夕致念也子純領諾私心頗極愉快蓋久所摯愛之人暌離月餘其眷戀自不可解適以老父抱恙憂苦交幷未暇計及今老父已愈兒女之情不覺頓縈胸臆老父竟有是命殊出意外遂不少延緩於老父去之明日卽作姑蘇遊矣

閭巷繁盛街衢縱橫百貨充集市人蟻聚非蘇州城中之景象乎子純出車站卽入城趨孟敏所居在一狹巷中有瓦屋數重雙扉闃然子純扣之傭婦出應子純告以故幷以名刺入孟敏卽倉卒出迎意似喜極而轉致驚異者子純趨與握手相將俱入就客室坐子純略述老父已歸特來探問君老母目疾匆劇未以書預報也孟敏欣然曰君老父疾吾未得一來省視而以老母累君遠行令我抱愧深矣卽呼傭婦爲子純治餐子純請見其父母孟敏諾而先入已而導子純進見則均五十許人雖棲息於舊商界空氣中而和藹慈善之氣可見言動尤極謙抑子純以孟敏故遇之甚恭其老母目疾未愈淚盈眥睫子純詳詢病狀極致懇切幷力主以西醫治之其母初不謂然此亦舊界中普通性也子純微引成效至夥母遂

爲所動似有許意孟敏親督具餐令子純就客室進食乃縷訴老母爲己致病及病中苦況語時淚隨聲墮子純婉轉慰之孟敏更詳詢純甫病時情事子純具告迨餐畢孟敏爲下榻客室於侍奉兩老人之暇卽來與子純密語互伸懇悃子純細察其於二老前一種孺慕之態誠摯坦率純是天然眞趣意殊欣適明日告以亂事已平校中亦將開課不能久留今日卽將返滬孟敏亦不固留惟告以母病我久主西醫母不以爲可昨得君一言母意已移夕談曾詢及此我力陳滬上西醫之善少緩或奉母就醫亦未可定至時當可暢聚子純力贊之午後興辭以返車中迴思孟敏好潔已成第二天性今其母眼眥膿淚沾濡而日以口吮之在常人且不易得而孟敏事母竟能至此實非初意所料及抵滬卽以此行作書報告老父旋校中來促開課卽辭叔仁仍遷入校未幾孟敏果奉母來滬入醫院暇輒相約聚談經此一番結合而彼此感情尤篤於前矣

燈火星羅車馬雲集釵光帽影相逐而來非福州路中大餐館前之景象耶鈴聲琅琅有一西裝少年與一絕麗女郎攜手偕登扶梯者卽子純孟敏也登樓後侍者略一致問卽導入向外一小室中兩人隨意就坐侍者循例伺應孟敏曰吾得電話後待老母晚餐畢始來滿擬君已久候矣不圖門外之巧相値也子純曰我以電話與餐館預約後始通告我孟敏及出校候車不得卽徒步而來此所以欲速反遲也請先以最要一語相告則互相希望而不得之婚約諧矣語時自頂至踵似均現一種欣悅之狀面目之情態更無論矣

孟敏急應聲以詢曰老父有書來耶子純曰良然語時卽於裏衣袋中鄭重出書一函授之孟敏孟敏見

封緘已開卽出信箋默誦更反覆視之不覺輾然曰老父慈愛之意溢於言表殊令人感謝不置婚約可喜猶其餘事耳君以爲當否子純曰我孟敏眞至性中人也孟敏未俟其詞畢卽又言曰惟獨以孝譽吾徒令吾益增愧悔吾嘗思之爲人子女者孝爲天職今以此見知於人其中已多所不幸否則原爲庸行不足稱也語至此音頗淒楚若不勝其感觸者

子純爲之肅然已而緩緩語曰此理固極精當爲子女者固應常抱此種觀念也時侍者已陸續進饌兩人且食且談預議婚事之手續互換意見已孟敏復曰此時君之老父固已許諾而吾之父母尙未得知吾歸醫院卽以白老母更詳函請於吾父則知二老或不至有所否決然吾絕不如蠢者之敢於獨斷矣子純亦竭力贊同曰事固應爾我專候佳音可矣於是兩人談笑盡歡似獲得畢身絕大之幸福覺耳目所觸接無一非祥和氣象卽案上之瓶花亦欣欣然如爲彼兩人愉快者蓋亦心理上之造象固應爾也

松柏交翠花彩競艷國旂高張音樂大奏味蒓園安愷第中又裝點爲華麗之結婚禮堂矣此園每歲賃爲結婚禮堂者無慮數十其間陳列大類相似初無足紀惟此次獨有異於往昔者則禮堂正中各色鮮花簇成一極大橫額上綴逾尺者四字曰永錫爾類是也

此時堂中男女來賓至夥新郎新娘已久在休憩室中閱者至此當已猜得爲高子純與秦孟敏矣純甫及孟敏之父母以家族主婚人資格周旋其間吳嘗石爲純甫約作介紹人芝石偕來請爲禮堂招待惟程叔仁則大忙蓋以典儀而兼爲子純布署一切也時叔仁向上中立依次唱贊証婚人乃特請教育會長任之鋼琴當奏穆穆雍雍而訓詞祝詞答詞均較尋常結婚爲新穎者率皆以孝字爲主義純甫更以

兩人所以締成婚約之故。於訓詞中宣布於衆。孟敏父母本爲創見。惶惶然不知所措。吳氏昆季。如觀新劇。處處祇覺其可異。於演說之新穎初亦不辨。而男女來賓擊掌之聲振耳。甚且有感而欲泣者。亦結婚禮堂中從未見過之特點也。

已而音樂大作。一雙高帽禮服輕紗罩體之新人。相攜乘彩輿欲去。而男女來賓歡聲雷動。擲花如雨。以送之彼純孝性成之新夫婦。婚禮乃成。

法律要覽

每册定價大洋四角

民法要覽	全四册	已出版
商法要覽	全三册	已出版
刑法要覽	全一册	印刷中
刑事訴訟法要覽	全一册	印刷中
民事訴訟法要覽	全二册	印刷中
國際公法要覽	全一册	已出版
國際私法要覽	全一册	已出版

法律之學。浩博無涯涘。千條萬緒。而各有其本各有所用。不可以混淆。因是之故。不獨理解、爲難。即記憶亦極不易。本編將各項法律學說。備爲搜集。用表解式排列。綱舉目張。極其淸白。立詞不繁。而新舊異同胼比列出。不稍遺漏。凡疑難莫决之處。則發爲種種問題。以求解釋明悉。一開卷而諸說並陳。最有助於記憶。學法律者。不可不手置一編。

上海棋盤街

群益書社

印行

經學史講義

鹿門先生遺稿

善化 皮錫瑞著

精裝一冊

大洋五角

發國學之光輝

皮鹿門先生著內容分經學開闢時代經學流傳時代經學昌明時代經學極盛時代經學中衰時代經學分立時代經學統一時代經學變古時代經學積衰時代經學復盛時代十期先生為近世經學大師平生著述甚多然皆宏篇鉅製義理深洪非耆宿名流不易窺覽是本乃先生掌教湖南城南師範學堂時講義之作自上古迄於近今數千年經學之變遷得失闡述靡遺立論執中無門戶之見文字淵懿典雅易於領會學校中講經之書此為最善本矣

上海 羣益書社 印行

陳設中之益品

分類地理掛圖

胡晉接 程敷鍇 先生合著

單張大幅※展便懸掛

四大交通圖

中華民國鐵路全圖

中華民國電政全圖

中華民國航路全圖

中華民國郵政全圖

註載明細※一目了然

自然地理圖

中華民國山脈全圖

中華民國地勢全圖

中華民國水道全圖

中華民國地文全圖

每種一幅 每幅定價五角五分

上海四馬路福華里

亞東圖書館印行

正誼

編輯者谷鍾秀

本雜誌自出版以來蒙國內外各界歡迎銷流至廣實深感謝茲特冀慰讀者之望自第七號起再大加刷新希購者注意

一 本雜誌撰述人皆在野有名諸政客以銳敏之眼光負指導社會並忠告政府之責任

二 本雜誌分論說時評譯述記載通信藝文雜纂七門前五門要皆有關政局之鴻篇傑製為關心政治者所需要之文

三 本雜誌以公平之主張發穩健之言論不涉一黨偏私之見足為政論之模範

四 本雜誌每期約十五萬言其內容之豐富為近今雜誌中所罕見

特別聲明

如定閱全年自一號起及已定半年繼續定閱全年者報費仍收三元郵費連此特表歡迎本報者特別優待之忱

▲已出八冊▼

定價表

報費		郵費	
一冊	四角	本國	五分
半年	二元二角	日本	八分
全年	四元	歐美	一角二分

發行所

上海四馬路

正誼雜誌社

定價

預定不論何期或六冊或十二冊悉聽尊便

一冊	半年六冊	全年十二冊
四角	二元二角	四元

郵費

本國	日本	外國
每冊五分	每冊八分	每冊一角

郵匯不通之處可代以郵票但須九五折算

廣告

等第地位	一期	三期	半年	全年
特等 一面	五十元	一百三十元	二百四十元	四百元
上等 一面	四十元	一百元	一百八十元	三百二十元
普通 一面	二十四元	六十元	一百一十元	二百元
普通 半面	十三元	三十五元	六十元	一百一十元

特等(底紙外面)上等(封紙裏面及廣告紙最前面最後面)其餘皆為普通

民國四年六月十日出版

▲甲寅雜誌第一卷第六號▼

▲板權所有不許翻印▼

編輯者　秋桐

出版者　甲寅雜誌社

印刷兼發行者　上海四馬路福華里　亞東圖書館

總發行所　上海四馬路福華里　亞東圖書館

本埠分售處

藝林書局　群益書社　商務印書館　中華書局　中國圖書公司　文明書局　科學會　鴻文書局　錦章圖書局　泰東圖書局

外埠分售處

北京　洸北書局
北京　龍文閣
天津　新華書局
太原　晉新書社
濟南　日新書局
奉天　圖書發行所
龍江　維新書報社
西安　公益書局
蘭州　正本書社
開封　百城書館
開封　文會山房
武昌　昌明公司

漢口　昌明公司
長沙　集成書社
雲南　維新書局
貴陽　華明書社
成都　萃記書莊
成都　二酉山房
重慶　萃記書莊
重慶　二酉山房
南昌　慎修堂
南昌　點石齋
蕪湖　科學圖書社
屯溪　科學圖書社

南京　共和書局
常州　啓升山房
無錫　樂群公司
蘇州　振新書社
蘇州　圖書總匯處
常熟　平民圖書館
揚州　競存書館
南通　導文社
杭州　開經堂
甯波　文明學社
紹興　教育館
溫州　日新書社

桂林　石渠書局
廣州　蒙學書局
嘉應　啓新書局
香港　萃文書坊
汕頭　鼎新書局
福州　宏文閣
福州　陳詩記
廈門　新民書社

各省　中華書局　商務印書館

秋桐先生主撰

第壹卷

第七號

本社通告

一本誌以條陳時弊樸實說理爲主旨。不作架空之論。尤無偏黨之懷。海內宏達。皆可發揮意見。印載本誌。惟所主張。須無背本誌主旨。

一本誌既爲公共輿論機關。通訊一門。最所置重。務使全國之意見。皆得如其量以發表。其文或指陳一事。或闡發一理。或於政治學術有所懷疑。不以同人爲不肖。交相質證。一律歡待儘先登錄。

一本誌社友無多。精神聞見或病狹隘。如有斐然作者。願爲擔任長期撰述。尤用感荷。紙筆之資。從優相奉。聊證同心。非敢云酬也。

一小說爲美術文學之一。怡情悅性。感人最深。雜誌新聞。無不刊載。本誌未能外斯成例。亦讀是欄。倘有撰著譯本表情高尚者。本誌皆願收購。名手爲之。酬格從渥。

一本誌印刷體裁。每面爲十六行。行四十字。稿紙能與相合最妙。字須明了。不可寫兩面。圈點須從本誌格式。請特別注意。

一本誌事務印刷發行兩項。歸上海四馬路福華里亞東圖書館經理。其有關於文字者。乃章秋桐君任之。須由日本東京小石川區林町七十番地甲寅雜誌社直接收發也。

一本誌前由秋桐君一人經理。事務煩冗。不免延期。近頃以來。秋桐君祇任編輯。文字如期撰就。自後按期出版。必不延誤。

羣益書社出版

日本工藤重義著

最近預算決算論

預算決算往昔皆列爲財政學中之一段雖以日本之學術銳進亦至近數年來始有成書工藤重義氏於斯學最爲專長此書其所著也因此種著述行世絕少故本書極力網羅集材完富其立論雖以財政學爲主而常兼及於國家學務欲擴大規模使斯學獨成一科以促世人之注意

長沙易應崐譯

精裝全一冊

大洋一元四角

各國預算制度論

工藤氏前著預算決算論一書於此學之理論學說臚述極爲詳備本社曾譯刊行世此本乃賡續前書而作分三編第一編預算準備上之問題第二編預算提出上之問題第三編預算議定上之問題專意敘述各國預算制度之沿革及各國預算制度之得失廣匯衆流最便參照足補前書所未備

長沙李猶龍譯

精裝全一冊

大洋一元八角

發行所上海棋盤街

共和國之好模範

美國民主政治大綱

常裝一册

三角五分

此書分上下二編。上編述地方自治及邦自治之制度。下編述中央政府之制度。且附述合衆國建國及革命史畧。於凡構成各種制度之要素。組織政府各部之程叙。人民與約法之關係。皆能措詞不繁。而大要畢備。閲覽一過。即可將共和國所以成立之大本。了然於心。我國國體雖已變更。而未諳共和眞諦者。尙屬不少。此書最足借鏡。言簡事賅。尤便誦讀。

上海棋盤街

群益書社發行

美國公民學

精裝一册

定價八角

是書爲美國學校通用課本。首述公民之初步。次述公民與政府之關係。次述公民於經濟上之義務。次述公民與社會之關係。次述公民與國際之關係。大而政事。小至社交言動行止。皆當各有儀則。以矩範之。不可稍相踰越。太倉唐先生評謂綱擧目張。纖細俱備。其精至之意。與我國大學禮記相出入。洵人道之軌範。社會國家之通維。不僅於以見美利堅立國之精神。並足爲我國今日之模範。有志之士。當奉爲座右之銘。

中華民國地理新圖

二十餘年之精心結撰

◀本圖特色▶

1 本圖爲多年精構之作非潦草因襲者可比

2 其性質爲分類的非分省的實我國前此所未有

3 我國前此地圖偏屬於地文一種本圖則詳重人文兼及地文

4 由種種事項而分爲各門各類詳細區別至極精微殆可謂之地理上之解剖既便記憶尤易檢查

5 其中大部率皆前無專籍著者苦心搜集於羣書之中始克編製成圖可謂前無古人後惠來者

6 關於往古之事實皆綜合考訂於各家述說及歷代史乘絕不依傍一家之言致使失於偏陋

7 前人所說有與現今事實不符者皆重加修改使合於正最有功於斯學

8 凡現今事實以最近之調查爲準

9 前此我國地圖於領土領海之界線多不分明甚至著名地段亦皆遺落棄去以之畫入外國線內禍害國家爲罪實大本圖於此特別注意務求無所遺漏

10 讀此圖者能由地理上之各種實象以引起其對於國家之興味即於以考知我國之實在情勢及將來所以內治外交之道最合於國民教育主義

11 國內各種專門學業之與地理有關係者如政治軍事外交實業交通皆能由此圖考索而得其實況

12 圖內所印顏色種別極多無此地與彼地相混之弊

13 繪圖製版工程細緻界線點畫皆極明了絕不模糊

14 著者別編有中華民國地理講義一書與此圖互相表裏詳盡賅博尤便參證

全一巨冊

定價六元

胡晉接 程敷鍇 先生合著

地學界刱格之著作

本圖目次

▲安徽韓巡按使評語▼

胡君積學之士現任本省師範校長熱心教育成績最優其品其學夙所欽佩是圖爲其多年經意之作 搜輯之詳攷證之精 足爲後學之津梁尤可貴者此圖於自然地理人爲地理均係分門別類各自爲幅 爲他本所僅見 而於人類生活及國民生存與地理上關係又能一一深切著明使覽者曉然於國家權利之消長與夫治理進化之原斯則著者之微意而尤爲鄙人所深佩者也

我國向無分類地圖 有之自本圖始

上海四馬路福華里 亞東圖書館印行

中華民國

地理講義

胡晉接
程敷鍇 先生合著

精裝一冊

本國地理與國民教育最有關係而吾國出版各書非嫌乾燥即涉模糊以求助長國民教育殆未易言安徽第二師範校長胡先生與其高足程先生積多年之研究作為是篇注重在國家生存國民生活問題而處處對准世界大勢以立論條理分明材料新確使人讀之親切有味每項詳說之後列為表式一覽瞭然其再三致意者則我國三百年來領土領海得失之故舛訛之點悉皆糾正闡發最有功於前人之著述而於今日外交國防尤有莫大之關係凡我國民不容忽略者也復別編中華民國地理新圖分門別類與是書互相表裏參照閱之所得益大

定價大洋一元五角

上海四馬路福華里
亞東圖書館印行

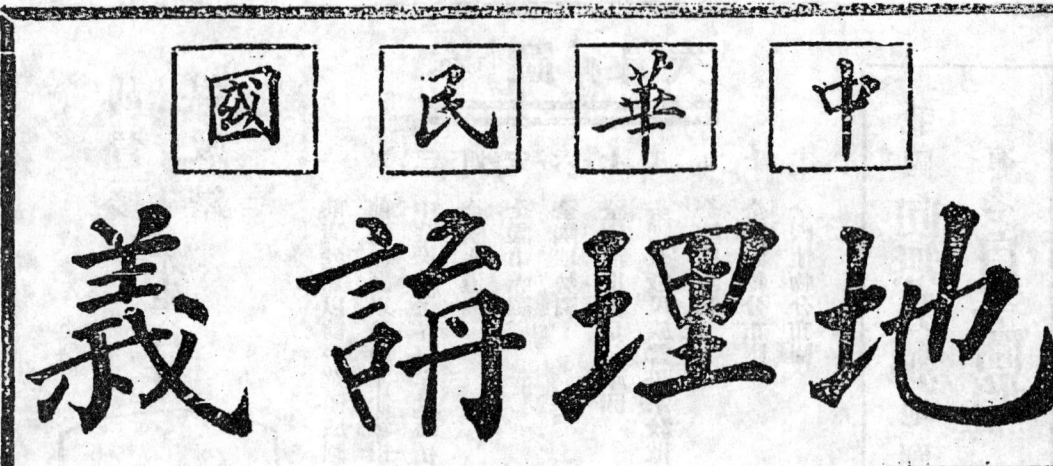

甲寅雜誌第一卷第七號目次

論壇

通訊

文苑

共和平議

秋桐

六月七日東京朝日新聞有上海『袁帝說頻傳』之電載贊否兩面之意見甚詳同欄復有北京一電言楊度孫毓筠外四五名已有關於國體之意見書上於總統更觀他報所紀亦略相同是變更國體之說言近已傳播南北特以輿論久寢忌諱尤多談者不敢公然論列故吾之報章不見此種論議已耳雖然國民之聲也揚之則氣通而漸趨於平抑之則氣鬱而發不可制愚主倘異者也無論何說謂當自覓邏輯應有之域使呈其量以卜於時大凡國體旣定昌言變更者律曰叛逆愚誠不認其說而以討論國體爲應時必要之題惟在他一面今之共和論者縱當魯縞不穿之秋亦宜奮其春蠶未死之氣傳曰周德雖衰天命未改今共和之實雖去而名則未移爲政府者不能一日去其名輒禁天下談士顧名以思其義焉伊古以來未聞暴政至於斯極也況當局之意未必卽如談者所言邇日府中議士已建言確定共和以息浮議（一）而總統對美報記者宣言吾之國體旣同於美以後惟有奮力前邁以期發展眞正共和之精神（二）猶未已也東京風說聞於首都總統復明白宣示謂第一次革命之際清皇族中曾議以帝位讓余而余不受胡今忽欲取之果其取之是欺人孤兒寡婦不仁不義余何忍爲且由中國歷史觀之帝王數代必逢革命子孫絕滅貽禍無窮卽曰君主立憲亦終不能不依君主其人以爲興替余若自

（一）參議上行走王祖同呈、
（二）見滬報、

爲皇帝。是自絕其姒續而無益於國家。人雖至愚亦不至此云云。（一）卽朝日所傳楊孫建議之說。彼且自電陸使在原紙爲之辯明此種官樣文章。吾人當信之至於何度。姑不具論。惟君子可欺其方。彼以是招吾。寧忍不以是應。今之惟恐君主說之不實現者。一出於攀鱗附翼之徒。一出於憤時嫉俗之士。前者其心可誅。後者亦失之激。中國者四萬萬人所共有之中國也。一兆焚如。玉石同盡。故眞愛國者宜具悲天憫人之願。而不可稍存幸災樂禍之心。今共和之無似。豈待講明。而餼羊猶存。禮終可復。並其名而去之。則大亂從此始矣。苟事勢必達此途。吾又何說。惟當全國風聲鶴唳之頃。忽來當局別嫌明微之詞。愚卽以爲不當過以不肖之心待人。而不留天下幾希之望。愚不自揣。因作此篇。讀者平情思之。於解決國體問題。或不無壤流之助也。

今之主張毀棄共和者。大抵蔽罪於中國人民程度不足。是說也。愚屢有駁論。散見本誌諸篇。略謂程度云者。乃比較之詞。非絕對之義。吾國民智之低。誠不足語於普通選舉之域。而謂國中乃無一部優秀分子。可得入於參與政事之林。無論何人。所不能信。果其足信。則專制政治。亦莫能行。何也。爲專制者。終不得不恃人以爲治也。故愚理想中之立憲政治。初不以普通民智爲之基。而卽在此一部優秀分子之中。創爲組織。使之相觀相摩相質相劑。此其基本人物。與世俗所稱開明專制。不必有殊。其絕明無黷之界。則專制制下之人才。皆如狙如傀儡。而一入於眞正立憲之制。卽各抒其本能。保其善量已耳。雖不必全體從其多者而言之。此義不可沒也。至於普通人民。其智未足以言政。卽於政制無所可否於其間。吾國

（一）見六月十七日東京朝日新聞

由君主變爲共和彼蓋視爲無擇善爲政者亦惟相其所宜使之智量日進於高而已若以人民全體爲一標準而疑多數拙劣分子所不能了解之事即不能行於少數優秀分子相互之間以致優秀者失其磨礱之力而本質以縣拙劣者以無人提攜誘掖永遠末由自拔甚矣其傎也愚嘗聞北京顧問美人古德諾之論矣曰『約法會議修正之約法以大權屬之總統此在崇拜共和者視之必以爲不當雖然新約法之有合於支那之歷史與夫國情較之舊約法爲多無可疑也蓋支那以人爲治傳之數千年非本此種習慣以爲國人民將有所不解也要之支那人民決不適於社會共同運動』(一)茲言之病即在以人民全體之程度爲創設政制之的標而忘却轉移社會爲其中堅無論何國皆屬之一部聰明俊秀之士其在吾邦情尤顯然今討議憲法不使與此部人士之理想同符而惟對於不識不知順帝之則者行其權術甚矣古氏持論之僻惟足以欺美人不辨吾國國是者流吾人果安可不自辨也夫吾國素尙人治是豈不然人民非此不解亦不爲妄惟人治之不善乃立憲法惟人民之無識乃言進步不然則有國者亦祇隨其古來相傳之政習以終焉耳矣是不僅吾國辛亥之役不値一錢當世文明諸邦其政治良明得如今日所由激急之革命或平和之改革而來者其程敍皆爲謬妄有是理乎

蘇子瞻曰『夫智勇辯力此四者皆天民之秀傑者也……先王因俗設法使出於一三代以上出於學戰國至秦出於客漢以後出於郡縣吏魏晉以來出於九品中正隋唐至今出於科舉』今可益之曰歐洲自十八世紀以來出於代議士至出於代議士則所謂出非由王者『分天下之富貴與此四者共之

(一)此古氏昨年十一月十九日在紐約政治學會之演詞、見Revision of State Constitution 三六頁、即政治學會出版物、』乃其自有作用各挾其智勇辯力之量求進於政事得失之林非王者招之所能來麾之所能去者也於是憲法尙焉立憲政治云者無他亦萃集四者之量投之政治總體之中使之調和而淬勵焉以表見其高華多福之羣制而已然欲爲此有一通則不可不守卽認反對者爲合法是也蓋人之意見不同情感尤各異相觝相衡以趨於共同之鵠斯爲善治不然此有所屈彼必有所伸伸屈不得其平政象卽失其理桴鼓相應未或爽也斯義也固近世政治之所闡明而在吾以家天下爲治亦未能去之絕遠傳曰興王賞諫臣書曰臣下不正其刑墨下至淮南亦稱言者逆於己便於國則不加罰（一）有違之者亂亡隨之甚者如厲王之監謗者始皇之禁腹誹是也其所以然則人之濫用其權以充其不制之欲此其弱點根自性天不有以抗之勢不至於亡國敗家不止也由是反對合法一語蓋無古今無中外而見其通古氏之論吾國政治也首稱政治通律之不適用其言曰「十八世紀之末實以創立共通政則爲全歐學者所同認著稱此種政則以爲無論何時不拘誰國而皆可行如主權在民三權分立天賦人權其尤章顯者也……但余昨年游支那幸而與其草訂憲法有關親見若而政則之惡果迫其改造國政之事不能施行印象甚明猶能記憶」（二）古氏所得之印象是否正確容細論之惟恐所舉反對合法是否亦得列爲政治通律之一茲律是否亦不得適用於吾邦恨不聞良顧問言之且吾國施行彼所鼓吹尊崇之新約法以後其違反此律之效果所益於改造國政者若何亦恨良顧問不親齎其所印之象一忠實

（一）見繆稱訓、

（二）所出見上、

吐露於彼邦政治學會之前也。

『晏子見於子華子曰。日者嬰得見於公。公惡夫羣臣之有黨也。曰子將何方以弭之。嬰無以應也。吾子幸教以所不逮。虛心以承。子華子曰。嘻。君之及此言也。齊其殆矣乎。游士之所以不立於君之朝。以黨敗之也。人主甚惡其黨。則左右執事之臣有所藉口矣。夫左右執事之臣。其託寵也深。其植根幹也固。背誕死黨之交。布散離立。聯累羅絡而爲之疏。苟非其人也。則小有異焉者。不得以參處乎其中間也。士以潔廉而自好者。夫孰肯舍其昭昭以從人之昏昏。洒焉若將浼焉。必不容矣。是以左右執事之臣。因其脩而縣之曰黨人也。人君曾不是察。隨其所甚惡而甘心焉。於是有流放戮辱之事。夫士之自好者。剗斲數椽。足以自庇。而一簞之食。足以餬口。其孰肯以不貲之軀。而投人主之所必怒者耶。嘻。君之及此言也。齊其殆矣乎。小人之始至於齊也。小異者不容而已矣。今則疑似者剗跡矣。小人之始至於齊也。媕阿脂韋者未必御也。今則服冕而乘軒者矣。小人之至於齊。爲日未數數也。而其變更如此。齊其未艾也。人君曾不是察。而左右執事之臣。又原君之所甚惡。因以縣游士之脩。舉齊之朝。將化而爲私人矣。日往而月易。築壇級於宮。而君不知也。嘻。君之及此言也。齊其殆矣乎』(一)茲之所紀。乃專政者之通象。無間於君主共和一也。今之政象與此相似者幾何。讀者當不難一覽而得。夫始而小異者不容。繼而疑似者剗跡。此小異疑似者。才不必劣於左右執事之臣。德不必下於媕阿脂韋之輩。而其不得與於政事。與見愚之黔首無殊。黔首謂之程度不足可也。小異疑似者流。謂之程度不足不可也。明明程度非不足。而不得與所謂

(一)子華子晏子問黨篇、

私人者相切相劘執中以爲政是藉口程度不足而圖毀滅共和者直讆言也夫政治之蟊賊無他好同惡異而已矣好同惡異不足以立君政況在共和今吾言共和而蟊賊之橫飛逾於專制輒曰程度不足程度不足此得毋淮南所稱亂國情與貌相反者耶(一)

凡茲所言乃謂吾國政治當萃集社會中堅人物之才智出而主持無所謂程度不足也而論者所見往往與愚適反梁任公先生卽其一人也請於一篇之中擇其關於此點者述之

吾黨夙鼓吹革政而又常以人民程度未至爲懼急進之士以爲詬病謂是侮吾民也數年以來政名屢易政象滋棼論世者探本窮源亦漸知人民程度之高下與政治現象之良窳其因果蓋相覆矣然所謂人民程度者其界說抑又當有辨聞之一國所以能立於大地而日進無疆者非恃其國民之智識也而恃其品性……吾嘗考歐洲諸國政治進化之軌迹……所以獲有今日實諸國國民之品性能自造之而其品性所以能淬厲完美者又自有其原……歐洲自中世以降剖爲封建者數百年於是社會中有貴族之一階級……其人大率重名譽而輕生命尙任俠而賤財利抗骨鯁而惡諂佞信然諾而恥欺詐尊法紀而厭褻曲既別自爲一階級互相觀摩激勸薰染成風其父兄之教不肅而成其子弟之學不勞而能代代相襲以隮家聲爲大羞故其精神恒歷數百年不絕故家喬木恒爲重於國中其與國休戚之念亦較齊民爲切至其修學獲常識又較易其明習政事之機會又較多也國有外難則執干戈以爲捍城暴君非理之壓制則聯而抗之使不得逞也……我國今日固未嘗無所謂

(一)齊俗訓、

上流社會者。其所謂上流社會。在國中固亦常占中堅之地位。然人格之卑汚下賤。則舉國亦無出此輩之右。蓋在中國今日之社會。非巧佞邪曲險詐狠戾。不足以自存。其稍稍自好之士。已入於劣敗之數。其能嶄然現頭角者。皆其最工於迎合惡社會而揚其波者也。故名則上流社會。而實則下流莫此爲甚。以最下流之人。而當一國之中堅。國人共矜式焉。則天下事可知也。求所謂故家喬木與國同休戚之一階級。渺然不可得。其自稱盡瘁國事者。皆賴國家以自營養者也。此其與歐洲情實相反者矣。（一）

由斯以談。吾國程度不足。轉在所謂上流社會。固亦切中時弊矣。然請得而辨之。立國如英。其政治之樞機。全握於老成故舊之手。而其人又疏財愛國。重信知恥。故國俗日隆。而邦基日固。誠哉然矣。然在法蘭西。其貴族貪汚腐朽。則與英絕異。其倫。卽在王朝。一切國政。已悉爲中流人士所左右。千七百八十九年之革命。卽此輩所造成。自是以來。政治社會諸事業。大抵皆其慘淡經營之成績。就中暴戾不中繩墨者。固亦有之。然其艱苦卓絕見義勇爲之概。卽在盎格魯撒遜民族。亦不能不起愛敬之心。法蘭西語稱此輩曰 bourgeoisie 其意義之深切。固不亞於英吉利語之 gentleman 也。（二）是則法有貴族與英蓋同。而不能望英。且亦無取效英。而吾之情形。適與法同。而乃不取法人之長。徒然望英而却步。愚竊爲智者不取也。以言品性。今之占中堅地位者。卑汚下賤。無所不爲。亦誠不謬。然彼之出於是者。果生性使之然

（一）歐洲政治革進之原因、（見庸言報、

（二）梁先生文中論此、

乎抑政制使之然乎如曰兼斯二者量之多寡又何如乎愚聞之『矩不正不可以爲方規不正不可以爲圓身者事之規矩也未聞枉己而能正人也』則持此論最宜以論者己身爲發點論者之以卑汚下賤責人必其自詡已得幸免於是者也是當知人之欲善誰不如我苟吾見人不如我尤當卽時自叩今我是否卽爲眞我未或變焉以愚觀之眞能不變者蓋絕無矣倘或變焉右之者豈不曰政治不良賢者亦惟激而自溷也乎然所謂激者挾刃尋仇佯狂披髮其途亦自多端又何必濫爰國家之豢養降與卑汚下賤者同其僚伍果其『終已不能引決以自沈汨羅而不得不謀升斗以棲餘命』(一)則激之一字尙未足以說明之也是無他政治姦之而已就之而已夫若而人者乃吾國中堅人物之中堅也而且不免爲一時政象所黝舉世悠悠更何足論是可知今之習爲巧佞邪曲險詐狠戾者大抵由政制導之使然殆無可疑雖其資地儘有未同而江漢朝宗百流齊匯源之長短所不問也說者曰凡子所言蓋欲以破程度不足之說今並其中堅之中堅者而抹摋之不愈見其不足乎愚曰果安見其然也凡人品性有其善面亦有其惡面此無間於賢不肖也掩其惡面而著其善面斯謂賢掩其善面而著其惡面斯謂不肖惟豪傑之士與小人之尤掩著有其硬性未易驟移然無論何國大抵中才之人多而兩極端之人少果爲中才則一掩一著有賴於政制之力者宏矣堯舜帥天下以仁而民從之桀紂帥天下以暴而民從之不從者堯之時有四凶紂之時有三仁此外隨大力者而趨莫知所以自主專制之制則然也夫堯舜之民猶是桀紂之民也謂前者程度及之而後者不及入耳卽審爲瞽論也則何獨於今而疑之若某某

(一)梁先生『二十年來之政象與國民程度之映射』一篇語、見新晉報、者。果得爲豪傑之士乎。愚何敢知。若某某者果卽爲小人之尤乎。愚何敢知。惟立政制而有取於運用。斯制者之程度。宜以立於水平線者爲衡焉。低者固所當排。高者則得之望外。如有某某夙昔奉爲豪傑之士。而今不如其所期。此自損其人格。爲別一問題。惟以受吾政制之裁成。則決不在水平之下。豈僅不在其下已也。必且發揮光大其固有之性。而進爲一世楷模焉。如有某某今日指爲小人之尤。而會有一時行爲較此爲善。或想像其人生於何種社會。行爲必較此爲善。則吾創一政制。與某一時之情形合。或進而與想像中之某社會合。則其不在吾水平之下。或且進而與當世賢豪程功而比德。又可斷言。是知妄自菲薄之論之不足尙矣。

愚又嘗聞梁先生之論對抗力矣。其言曰。

強有力者。恆喜濫用其力。自然之勢也。濫用焉而其鋒有所嬰。而頓焉。則知斂。斂則其濫用之一部分。適削減以去。而軌於正矣。百年以前。各國之政治。未有不出於專制者也。而千回百折。卒乃或歸於君主立憲焉。或歸於民主立憲焉。皆發動力與對抗力相持之結果也。……尙一國中而無強健實在之對抗力。以行乎政治之間。則雖有憲法而不爲用。

強健正當之對抗力。何自發生耶。曰、必國中常有一部分上流人士。惟服從一己所信之眞理。而不肯服從強者之指命。威不可得而刼也。利不可得而誘也。旣以此自厲。而後以號召其朋。朋聚衆則力彌於中。而申於外。遇有拂我所信。則起而與之抗。則所謂政治上之對抗力。厥形具矣。今代各立憲國之健全政黨。其所以成立發達者。恃此力也。夫旣自知對抗力之可貴。則於他人之對抗力。亦必尊重之。

故當其在野也。常對抗在朝者而不爲屈。即其在朝也。亦不肯濫施強權。以屈彼與我對抗之人。……如此然後政治得踐常軌。國有失政。不必流血革命。而可以得救濟之道。立憲國之所以長治久安胥是道也。

政治上之對抗力。以何因緣而萎瘁。以何因緣而銷亡耶。曰、由於弱者之不能自振者。十之二三。由於強者之橫事摧鋤者。十之七八。夫眞政治家。未有畏人之對抗者也。彼本有所挾持以對抗人。即以待人之對抗我。而何畏之與有。惟自審遵常軌不足以與人對抗者。始憚人之對抗我。由憚生嫉。乃不得不設法滅削人之對抗力。以圖自固。……此或按諸其國情。有所萬不得已。而利用人類之弱點。亦未嘗不收奇效。於以保強權而圖自存。爲道固得。而豈知各方面對抗力銷蝕既盡之後。全國政治力成爲絕對的。其結果必爲專制。而專制繼起之結果。必爲革命。究其極則何利焉。況乎人民於內政上失其對抗力。則國家於外交上又未有能保其對抗力者也。舉國皆柔懦巧媚之民。政治現象。愈變而愈下。外力乘之。待亡而已。是故有愛國之君子。遠識之政治家。終不肯斷喪人民政治上之對抗力以自貽毒也。

嗚呼。何其言之沉痛而雄傑也。當作者著此論時。國中一部分之對抗力尚存。履霜堅冰。因發爲危言以策當局。文人報國。無過於斯。然其後對抗力漸次銷滅。至今絕其本根。論者反不能本所主張。再接再厲。時論惜之。茲姑不具論。惟作者之言曰。對抗力之銷失。由於弱者之不能自振。十之二三。由於強者之橫事摧鋤。十之七八。夫吾輩之爲弱者。明矣。則姑交勉。己之二三。而歸獄人之七八。苟非爾之七八。則吾所信之眞理可得而服從也。政治可得踐於常軌也。柔懦巧媚之習可得而絕也。流血革命之事可得而免也。外交上之對抗力可得而保也。一言蔽之。與歐洲長治久安之立憲國比隆焉可也。嗚呼。胡乃未言程度之不足哉。胡乃未言程度之不足哉。

顧說者曰。今之人好以觝排異己罪政府。亦不盡然。某處亦用新人矣。參政且收各派矣。交涉敗後。覺引用新學人物之要尤切。舉世不談之立法院。至由大總統三令五申。尅期舉辦。子其謂何。愚曰。此傳所謂吾且柔之矣。對抗力且以消失淨盡。與蟲言保持對抗力以躋政治於常軌者。不正僢馳也耶。一年以來。頗聞有建議廢學校復科舉者。交涉既屻。又聞有頌功德請慶祝者。此其人皆夙稱才士能吏。縱非嶄新。而亦不能謂舊。顧何以如是。果其自始卽持此見。冀貫澈之。吾又何責。而事乃大謬不然。偶見文道谿所遺雜識。謂有譚宗浚者。生平最惡洋務之人也。一日謁相國閻敬銘。閻稱洋務不可不習。譚乃走告某御史。請上摺設立洋務學堂。某怪之。則曰。非此不足以取悅閻丹初也。今之才士能吏。無往而不閻丹初其主者。故有如此之怪現象。有自京中來者。爲言邇日時髦政客(一)。無不結識一二內史。以刺取總統意旨。或總統偶言某事之當辦。明日辦某事之條陳至。偶言某事之當廢。明日廢某事之條陳至。閱條陳而偶不善其某點也。明日匡救某點之條陳又至。凡此諸狀。愚本前知。今聞客言。特喜耳與心叶。果於不安已耳。若是者何也。一人好同惡異之所至。人類之惡質弱性。遂一一爲其所獎勵。不期而褫露焉。有若山徑蹊間。介然成路也。等一人也。始以逢迎刺探爲可醜。繼乃習之。二人以上。甲習爲逢迎刺探之事。乙乃

(一)指一般從政者言之。

隨之如此而用新人亦驅而入於一爐已耳其又何益況舊者塞途彼又烏得所謂新者而用之冰炭相與論議水石求其疇答觀念懸殊理解自謬則新之為度又可推知大凡亂國之人宵小銳身以營其私謹愿者祇求容頭而無過卽有德慧術智亦均碌碌無所短長故韓非曰亡國之廷無人非無人也統於同也統於同奈何他日韓子又言之矣「魯哀公問於孔子曰鄙諺曰莫衆而迷(一)今寡人舉事與羣臣慮之而國愈亂其故何也孔子對曰明主之問臣一人知之一人不知也如是者明主在上羣臣直議於下今羣臣無不一辭同軌乎季孫者舉魯國盡化為一君雖問境內之人猶不免於亂也一日晏子聘魯哀公問曰語曰莫三人而迷今寡人與一國慮之魯不免於亂何也晏子曰古之所謂莫三人而迷者一人失之二人得之三人足以為衆矣故曰莫三人而迷今魯國之羣臣以千百數一言於季氏之私人數非不衆所言者一人也安得三哉」嗚呼吾特不得權臣如季孫者耳何其言之似為今日發也說者用人云云參政云云獨不思韓子所謂雖問境內之人猶不免於亂之謂何耶獨不思成立立法院之令既下籌備選舉之事既行而『一察社會之情狀則緘口如不欲道』(二)之謂何耶肅政史程崇信獨言國家之所與立不在阿諛取容之徒而在面折廷諍敷陳大計之士其言雖正識者謂宜在百里奚不諫之條矣

總之今日所患在舉全國之聰明才力或顯或暗悉行廢置從而為之言曰聰明才力不足舉共和焉吾

(一)謂事不詢之衆人則將迷惑、

(二)見六月十四日上海時事新報時評、

誰欺欺天乎。

以上所言皆以中流人士爲限至於大多數之人民卽愚持論亦向未以程度已足歸之然民意所之終不可忽此固不得以程度如何如何爲藉口也書曰謀及卿士謀及庶人翕然大同乃底元吉與卿士謀謀法與庶人謀謀意法者所以行民之意者也民意安在在苦與樂何者民苦之則宜革何者民樂之則當興善夫邊沁之言功用主義也曰『所謂苦樂卽常人所謂苦樂絕無新生武斷之義謂當排除何種苦何種樂其界始立而亦無至精極玄之理必須商之柏拉圖質之雅里士多德其蘊始宣蓋苦樂者苦樂也無論何人皆同感之自王公以至農庶自鴻儒以至白丁一也』(一)言者或曰民不解眞苦樂非在高位者無以董理之故非常之原黎民懼焉眞愛國者不當以此而廢其行也是誠有之然在吾國言之則宜愼其所發往者且不論廣東之賭廣東人之所以爲苦者也政府曰否爾樂焉亂黨禁之絕吾其爲爾復之陝西及蘇贛粵三省之鴉片四省人之所共以爲苦者也政府曰否爾樂焉亂黨禁之絕吾令陸建章遣員游說聽爾種植(二)吾令蔡乃煌粘貼印花任爾購食易詞言之爾小民程度不足者吾政府爲爾足之言者其將下何轉語乎嘗論人民希望政府莫隆於南北統一之時猶勉持於癸丑戰役之後一年以前而望失數月以來而望絕蘇子瞻論人心之失曰『豈去歲之人皆忠厚而今歲之士皆虛浮

(一)參觀本誌二期國家與責任廿一頁、

(二)陝西官廳、明明派員四出演說、勸人種植、搭詞謂憐小民窮苦云云、後經外人詰問、御史彈劾、政府乃發僞命令、謂據陝西官廳報告、愚民無知、自行種植、陝西官廳欺政府耶、政府欺中外耳目耶、如此欺罔、何以爲國、蔡乃煌以禁煙之名、行開禁之實、騰笑外邦、事尤可醜、丁義華宣言中國前途、竟無希望、哀哉、

』(一)而肉食者猶一味曰程度不足豈叔寶全無心肝於今乃爲烈乎非所敢知矣

此外蔽罪共和之最有力者猶有一說則共和已經試驗確見其不適於吾是也則試問試驗之道安在在癸丑之役以前歟則此中政象之紛糾首由反抗共和之大力從而鼓盪謂純乎共和之試驗非也在癸丑之役以後歟則其政迹不含一絲共和之意童子不足以欺謂之共和之試驗尤非當謂無論何種政制未有行之絕無弊者又豈獨不能絕無而已而有甚多甚大之弊亦未可料是在精心以行其制竭力以防其害已耳而行而防而防而行展轉相促斯謂進步(二)蒲徠士近游南美於人所絕不滿意之共和制而著爲論曰『得此是亦足矣謂共和制行於此間而有弊又誰見行於他文明國而遽無弊也』(三)允哉仁人之言矣今有人追論民國元二年之政象謂某種爲共和所種之毒某種爲共和所生之疽卽事論事愚則豈敢否認不僅不否認也當時居民黨之中心敢以危言聳論攖暴亂分子之怒而不顧者愚且未嘗弛其責雖然以之懸爲厲禁警惕國人使不再蹈前轍而貽共和之羞誠得其正矣遽以歸獄共和謂此制不合於吾而謀有以絕之則無說則死有說亦死聞吾言者專制過於齊桓楚襄吾又如之何也夫共和表徵最爲人所集矢者宜莫若國會平心論之國會亦何嘗造大孽於天下叫囂隳突者國會之恒態也英之巴力門可謂高矣愚嘗觀之而其爭不已日本之帝國議會亦經訓練二十餘年

(一)見上神宗皇帝書、

(二)可閱Hobhouse, Social Evolution and Political Theory 第二章、

(三)見蒲氏所著 South America 惟出智利言之、忘其頁數、

矣。今年開會。猶幾不免於揮拳。吾開第一次國會相持之急。所傳者亦不過拍案擲墨盒而止。則一翻各國議會史。此類之事。豈得云無。一在吾邦。則彷若已犯天下之大不韙。爲五洲萬國之所無者。然何師心之爲害。一至是也。歲費六千。卽議員應受死刑之證。內外攻詰。使無完膚。而今之參政。所受實同。不聞其非。轉嫌其少。情實相潛。竟乃若斯。不可謂非古今之所希聞也。議員品性之不齊。此寧可諱。然當彼賄賂遍地。兵威四逼之時。而天壇憲法草案。猶能從容就稿。主張不變。總統選舉。困議院於一室。而饑渴之刃露於牆。兵噪於外。而自朝至暮。票僅足焉。其事之是非曲直。不論。而國會有此節操。以上決不得謂其絕無存立之値。必曰無焉。愚何能禁。其不言。惟揆之情理。期期不以爲平也。今假定共和之設施。徹底敗績。民間僅有之廉恥道義。掃地無餘。則曩固言之。亦由於有大力者。利用國民之弱點。從中顛倒。不得以爲共和本身之罪也。若曰大力者如斯顛倒。卽共和附帶之性。無可解免。而因以爲共和罪。固亦言之成理。愚見康梁兩先生。卽曾爲此說也。康之言曰。『若中國而行共和政體乎。則兩黨爭總統之時。每次各率一萬萬男子而相戰。不知經何年而後定也。不知死幾千萬人也。』(一) 梁之言曰。『此種虛僞之多數政治。祇足以供一二野心家一時之利用。而於國家私毫何補者。僅無補猶可忍也。一二野心家成功之結果。能使國中道德之元氣。生計之基本。消磨剝蝕以盡。而國復何以立於天地。』(二) 雖然。爲是言者。乃將爭總統者。野心家者。納於共和之內。而並罪之。不如今人於焉劃一鴻溝。謳歌一而詛咒其二也。綜而言

(一)救亡論、見不忍、

(二)多數政治之試驗、見庸言、

之共和之失敗一由於國民責望之過奢一由於當局成心之無對而責望過奢之中又分兩派一爲夙主張共和者平日之理想一旦見之事實而不如其所期則頓失望失望則忿疾忿疾則指責過當矣吾家太炎卽其一也一爲夙不主張共和者國民之行動旣節節抗其心理而行則一有蹉跌射入於其眼簾者獨先而爲象獨顯夫人過崇其所信息息欲著其先見之明指陳不信己者事後之過失以爲快者本人類之惡性惟賢者亦不免焉不免則所歸罪有過情矣康梁其尤著也當諸先生發爲言論惟恐其不痛切意在扶植共和使之進行耳豈有他哉惟讀者思之共和二字本爲吾國人所不習行之而不能無弊又爲事實之所當然今罵倒共和之聲出於此輩賢豪長者之口其不爲人所利用以顚覆新制者幾何至於當局者之成心尤爲章顯昔之主張排滿者謂滿洲不能立憲當亡能立憲亦當亡今之排共和者亦然共和不適於吾國當亡適於吾國亦當亡惡姑之下不能爲婦入美洲而夢俄羅斯不論吾國無哈密敦曼狄生之流其人也卽有之而謂能容其充分出其懷抱而試行之哉

以上皆以共和爲一政體而討論之訾議共和者大抵以此種政體爲與吾國程度不相應則愚有權以質論者曰何者始得謂應也此可卜其不易之答案曰開明專制夫開明專制之無是物愚已詳論再三茲可不贅惟請以英儒穆勒一言以統之曰『開民專制疑難萬端今俱假定化爲烏有矣而一物終不可少是何也卽一人出類拔萃心智絕倫將全體被動國民之事事物物一一理之使就緒也』(一)果此人不能得則開明專制不成問題梁先生者夙昔主張開明專制最力者也其結論是否與穆勒同符愚

(一) Considerations on Representative Government 三卷、

未暇考惟見其最新之見解曰『吾又熟思求得良政治之法矣蓋欲得之惟有二途其一則希望昊蒼忽錫我以聰明睿智聖文神武之主權者而其人又如佛典所說之觀世音千眼千臂舉一切政治無鉅無細皆自舉之而一一悉應於吾社會之要求……』(一) 其意若謂觀世音理無可得惟有返而求之社會自身而已是開明專制之根據已破國中賢達不當更持是論夫共和不能行開明專制復無可望則非一端走入無政府一端走入黑暗專制萬無解決本題之方或曰立憲又須知以政體言共和與立憲正如二五之與一十勢難區以別焉也

今之為言者又有進於是謂共和不行存其名胡為是以政體為主眼而持論之範圍入於國體則請論國體

名者實之賓也無其實而尸其名智者所不屑今共和失其實久矣進而並其名而去之以理推之謂各方之感情將以此生大變動恐亦未必克林威爾之不稱王與稱者何異拿破侖第三即不稱帝亦未必見賓於第三共和故吾人亦聽其自然可矣雖然為國家計則不可不一促言者使反省也

今者政象之不可以久長非絕無識或其智已昏者必能認明而無翳夫政治變遷之最合於理想者亦設其新之必要而存其舊之不必改作者耳若澈底推翻之則非常之原其不大傷國本甚且亡國者幾希此政家之所萬不可忽也故共和雖失其實而尚能保存中華民國之名義則他日革新其因或出於今之政局中人或有異軍蒼頭特起亦就原體而損益之已耳卽需訴之激烈手段其功可不大殺人流

血而可幾也。不然。澈底推翻之事無可免。而禍不可勝言矣。或曰、惟慮如此。故宜早定君主。以絕奸人覬覦之心。愚特不解所謂定者於何定之。以鄙陋觀之。不外力耳。則請誦盧梭之言曰。「以力服人者。當其服時純乎由力。苟可不服。決無必服之觀念驅之而行」。以此為定。有何意義。或且曰、以現有之力推之。將來可保百年而無患。然當知政變之事。非所前知。大禍之生。其機每秘。故善為政者。決不恃智以防亂。而恃無致亂之原。拿破侖聲震全歐。克林威爾威高三島。其力可謂較吾為大矣。而平均不足十年。卽敗身流屍戮。為人僇笑。歐洲論者。偶謂拿翁不勤遠略。失敗宜不如彼之速。(一)不知武力緊張於內。時時有潰裂之憂。不向外以求洩焉。內訌將無法以自了。兩拿破侖之尋外釁。與夫克林威爾之伐西班牙。皆非得已。其間或不勝而蹶焉。或勝而隨蹶焉。梟桀之心。勞日拙。良足悲也。夫以國力膨脝。威稜四露之國。南面而專制其境內。尚不足以善其後。如此則祇務內競。而無力對外。續續與他國為城下之盟。行且求為小朝廷以苟且偷活。四民信望。墜地以盡者。而謂君臨其國。可以百年不亂。豈非夢囈之尤。愚知駁者或又以劉季朱元璋為言。則吾苟有道焉。能冀幸兩漢兩宋之典章文化。從容長養吾子若孫。則犧牲區區。飢不可為食。寒不可為衣之中華民國四字。有何難忍。無奈稍一沉思。萬無是道也。凡政治中之根本原則。在某一國。求之見者。亦坐其民未及知之已耳。苟或知之。而又經一兩度之事實。使空想成為凝體。則惟有千回百折。不達其的不止。雖有大力。能遏之於一時。不能朦之於久遠也。朱明以前。吾人立國。祇解立君。故一君仆而一君興。乃事勢之所必至。今之民智雖稚。而豈三百年乃至千餘年前之所可比耶。

(一)英人 Bodley 所著 France、卽持此義、

而未已也戰爭者人口繁殖之結果無術可以避之者也孟子所謂五百年必有王者興亦五百年而後人滿足以相斫耳非有他也興王既起宇內乂安至少可保數十年而不亂其所以然則兵威所至已屠其民至半或三分之二以上桀者雖欲抗之而其力莫舉也而今有其事耶兩次革命無一死傷過當之戰滿人以外吾民之死於是者前後蓋不及五萬人餘均滿坑滿谷而未有動而又羣盜如毛饑民載道虐政所至民不聊生誠所謂積薪之下豈容忽改帝制抱火厝之善夫一子孫無噍類云(一)之言之出諸總統之口也策時之士其幸毋更以人之國僥倖矣

又有一說曰吾人所當爭者憲政耳苟得立憲戴君初不爲玷共和石田耕之何用此說在辛亥革命以前誠不失爲一種健全之論康先生救亡一論慷慨萬言即不外是不然而爲復辟論者所持亦復言之成理蓋滿洲之無力即返政亦猶有然非出於完全立憲一途彼將無自存之地故祇須急激者不更揭櫫共和名義以興革命更無莽操之徒假天子之令以行其奸則虛君共和好自爲之必無蹉跌而今非其類也今苟改立君制孰敢保吾憲政可見實行果可實行胡乃不爲之於民主之時而必留以有待於立君之日所謂司馬昭之心路人皆見殆從此類語言見之者歟

此外尚有一根據最牢之說曰中國地大不適於共和此自前清立憲運動發生以來即已熟聞此論而其說出於盧梭謂二萬人口之小國始能布設共和之政此其爲反對共和之口實本甚堅結又不獨吾

(一)見各報。

國人持之。拿破崙第三炙手可熱之時。參議院承其意旨草爲勸進之表。其中卽祖述盧梭以爲左證。(一)先賢之目其不瞑矣。雖然卽盧梭之言察之當否又何如乎。請先引諸家之說觀之。康先生篤信盧梭者也。故其言曰。『歐土自希臘雅典創立共和。以其小國寡民故能安之。羅馬繼之已多爭亂。蓋大國有不適於共和者矣。其後意大利之威尼士佛羅練士鄧那話瑞士之二十二村。德之漢堡佛蘭拂佉論呂覲伯雷問皆以共和立國而安。皆以小國之故』(二) 梁先生反之。其言曰。『昔盧梭著民約論。實爲近世共和政治所自出。然其心目中所謂最完全優美之共和國。則以民數二萬內外爲標準。蓋遠徵希臘羅馬近徵瑞士。而因以斷共和政體之運用。與廣土衆民之國不相適。凡持論者。每根於所習。亦人之恆情哉。盧氏之歿不二十稔。而美法兩大共和國。迭興於新舊大陸。論者旣稍稍疑盧言之爲過矣。然美由聯邦而成。合衆國之基礎在諸州。州之基礎在諸市。諸州諸市本爲具體而微之一國。合犖小以成一大。爲道至順。與盧氏所標原則本相印也。法則紛擾亘數十年。中間政體屢易。今雖大定。而國威不逮其舊。卽其民權之伸。亦遠下於美瑞。於是復有疑盧氏之論雖破而未盡破者。夫禮尊大同。易占先首。共和政體本言政者之極軌。懸理想以測方來。舉天下萬國。宜無不以共和爲民權之究竟。而今後世界大勢所趨非大國又不足以競存。使共和政體而不能適用。則盧氏之志不其荒耶』(三) 夫康先生以爲共和不能

(一)原文恐未之見、有英譯附在「Lieber; Self Government」之後、希世之公文也、

(二)救亡論中共和政體不能行於中國說、

(三)憲法之三大精神敘、

行唯一之理由在爭亂則今之主張變更國體亦爭亂之一端人若引用其說以爲何種行動之護符康先生必不受然引用者自引用又焉可不細辨爭亂者自有本因不關乎人數之多少也昔賢有言家族可爲國家者兩人以上卽爲家族而爭奪之起吾人豈罕聞之若謂國小則爭亂之事較小亦姑且認之然國大而他種利益之事較大亦不可不互衡其輕重也雅里士多德固亦謂國小易爲治者也然且曰民數不宜過少過少將不國蓋人羣不振居業未繁國家之目的卽末由達况今日社會由簡入繁遠非雅氏之時所能想像者乎且盧梭疎於史識所舉之例不足爲訓莫烈所著盧梭一書明銳無倫有曰「盧梭蓋不知有史者也彼偶讀故事因乃熟之自史家觀之皆以爲不幸之尤者也大抵彼所引例以佐其說質乃說例兩不相關區區所徵未或出於古希臘之各小國與古代羅馬共和國以外」(一)於斯最有當注意者盧梭之以國小爲宜乃謂於一切國家之組織爲宜所謂政治總體(二)是也政治總體固不限於世俗之所稱共和也故莫烈曰「羅馬帝國之一種政體何以能成盧氏未或致思當時英昔利半聯邦之領地至爲恢闊而更有一大邦聯之國成於盧氏未死兩年之前彼均若未之能見」梁先生拘墟於共和二字於駁倒盧梭爲義乃失之狹蓋以政體言當世大國固未或與共和相背而元首世襲與否固出於時勢之偶然非卽立國之原素也且盧梭之謳歌小國者彼乃有其特別理想爲之前提姑舉兩點以例其餘彼最惡國際之競爭者也謂國大則開發易失其宜而强隣逐欲而至善當以守而

(一) Morley Rousseau 三一二頁、下所引見次頁、

(二) Corps Politique 民約論二卷十章、下引國際競爭條同、

出於戰。人多則資生不易。而望隣國以爲之供。吾當以攻而出於戰。大凡立國。將於商務與戰爭之間擇一以行者。其國必弱而無與久存。是其所言與今世立國之道適相反也。吾茍不能閉關以老死者。其說不可信也。又盧梭者排斥代表制度者也。以爲人人惟服從己之意志。服從他人之意志者。非人之本性也。故求國民之總意。宜以人人直接投票爲歸。（一）若大國者。共集其民於一議堂。同出占焉。勢不可得。故其理想之國。乃以國民與接爲構。互相認識爲宜。（二）此其組織。求之今世。惟瑞西之六小州行之。茍吾立國不欲外於文明通制。而下儕瑞士之小州。其說未可信也。故今人以盧梭之言爲共和咎。愚當勸其多讀盧書以求其通矣。有曰反盧梭之說。吾國宜舉聯邦。此固通人之言。愚於此尤有固定之見。可以詳論。然僅決此題。持論尚不必過遠。故此點當以他篇詳之。不具於是也。

凡右所陳。意在駁斥兩說。一謂中國人民程度不足。不適於共和。一謂國土過於寥廓。不適於共和。而於前說尤委曲致意焉。其中所引多康梁諸先生之說。明知今之謗議共和者。其用意固不與兩先生同。而溫李諸人困於撏撦。時論既引其言爲重。愚又安能不從源頭而致其辯焉。夫賢者立言稍不經意。卽永爲世論口實。當兩先生大聲疾呼。以共和之弊正告天下。豈不謂吾言而有力。共和之花。當長此不凋。而乃假夙伯之力以摧殘之者。仍無改於其說。此愚今日道之。天下宜有幾人與兩先生同灑傷心之淚者矣。若兩先生以重理過時之說爲愚罪。所不敢辭。但念天下紛紛。妄騰口說。平昔指目當途。謂其不測。今

（一）民約論四卷二章。
（二）民約論二卷十章。

幸已明白昭告。表示無他。一有參差。全責將由國民負荷。諒哉亞細亞報之言曰。「國體問題。以全國之關係而定。夫所謂全國之關係。當求之於全國人民之意向。事理昭然。無可誣。亦無可諱」(一)如斯大事。人何敢誣。亦何必諱。爾可憐之小百姓。忽爾荷天之寵。以商定國體之大責。置之雙肩。則愚以新聞記者利用千載一時之言論自由。以芻蕘一得之愚。爲民意萬能之助。倘亦識時君子之不忍苛責者乎。

六月廿二日草於東京

(一)六月十四日亞細亞報、

聯邦論答潘君力山

(先識論壇潘君原論)

秋桐

今於討議本題之先。有不可不爲潘君告者。聯邦論之在吾國。今日以前。實無人肯與論壇一席之地以優容之。以輿論專制之結果。羣謂倡此論者爲不道。卽休休有容之士。亦目爲異教邪說。拒之千里之外而不與通。則欲與之審勢度情。謂吾國何者於聯邦爲宜。何者於聯邦爲宜。則彼已有入主出奴之見牢固而不可破。又何從覓其共同之點。相與細論耶。卜以決疑。不疑何卜。彼實視聯邦如毒蛇猛獸。又寧暇於應用上著想耶。故愚以爲討論聯邦之程序。當從學理上入手。以破人奴主之念。而啓其疑。以本體眞相明白昭宣。使人異教邪說毒蛇猛獸之幻覺。排除淨盡。然後按切時勢之談。乃可次第及之。前篇以學理爲範圍者以此。非曰聯邦可論之事。止於是也。此文之出。雅不望社會遽爾雷同其說。固不可能。亦非善事。以輿論如此其無定力。意見流轉。如蓬之輕。國命斯託。險乃莫狀。所望者。亦許此問題在理論上能以成立。易其深閉固拒之態。而爲賞奇析疑之心。一任言者以次畢舉其詞。酌理準情。而平施其贊否之見斯已矣。潘君以愚論聯邦。當於學理之外。別求根據。是已認此論於理論非絕不可通。爲幸厚矣。敢不聞命。願少假以時日。愚將別爲專篇。以求敎焉。今茲持論。唯以潘君之文爲範圍也。

今人每以物理談政理。其在聯邦。所見之例。皆先邦後國。因以內籀歸納之法。斷吾國先國後邦之議爲不可持。愚因作絕對相對之辨以破之。而九鳥之例以生。人曰。政理絕對者也〔一〕。愚曰。不然。惟物理始

〔一〕茲姑假定其說、

為絕對則為人之言者不宜否認愚說而惟移其說自物而之政斯為得矣苟愚說破焉則物理且不為絕對何況政理如斯致辨適足為愚先國後邦之議張目非能攻之者也

今且就例論例鄙意亦有與潘君未諧者物理之稱為絕對究其極而言之非能眞絕對也何也無論何物人蓋不能舉其全體現在方來之量之數一一試驗以盡始定其理之無訛也必待如是不特其本身歸納之業直無時而可成而外籀演繹之事亦終古無從說起邏輯之學不全荒乎是故範為定理不得不有賴於希卜梯西焉希卜梯西者猶言假定也凡物之已經試驗歷人既多為時亦久而可信其理確為如是如是者皆得設為假定用此假定之理以為演繹歷人既多為時亦久而無例焉與之相反則可諡以絕對之稱矣故絕對云者亦假定之未破者而已非有他也將來或終無破抑或破焉其事既非今時人智所能及卽不以妨今時絕對之名也凡烏皆黑其概念經二三千年而未有差其物質徧五洲萬國而不有異邏輯鉅家後先輩出類喜其印象之該遍特揚其例以為全稱肯定之符以絕對許之不為鄙陋之創見也杜老曰長安城頭頭白烏此詩人怪異之稱非物類必徵之象藉曰有之亦惟別立範疇以歸之不當以之混入烏稱自亂其例也愚曰九烏此任舉一數之詞潘君如嫌其少不足以證益言九十九烏可也更益言九百九十九烏以至無窮可也

推論之說愚意亦有異於潘君推論者以已知推求未知誠如君言則九烏皆黑者已知者也餘一烏是否為黑未知者也以此為推知餘一烏者亦黑潘君曰否烏之他形狀構造為已知之一端色黑與否為

（一）Hypothesis譯從嚴譯、

未知之一端惟問烏之他形狀構造見而知之者乎抑聞而知之者乎見而知之則色之為黑與否亦自可見不待為推聞而知之則就一烏而論不及餘烏以已知之他形狀構造欲推求其未知之色由邏輯言之論法直無可施如曰可也則已知之數定有三事一曰他烏之他形體構造二曰他烏之色黑三曰此一烏之他形體構造此三事者有如此例之三率缺一不可非僅恃最後一項在名理即能尋思在數理即能布算者也信如斯言所推者舍色黑外不能有他斷案矣若事實上初不為黑亦惟曰於物理有違已矣

愚曰聯邦之理果其充滿初不恃例以為護符潘君病之以為恃理太過無政府主義其理未必不充滿是寧亦可行愚文以學理名篇而潘君以應用之實際相駁未免溢出題外然就本文察之亦可見愚之論政不略地與時之二要素而能行與否尤以輿論熟否為衡固非空談玄妙之論也特一篇之中不能兼語此耳無政府之理其能號為充滿與否愚蓋疑之果充滿焉而又證其於時於地為宜輿論復翕焉主此誰則謂其不能行乎

潘君最辯之詞曰「夫有十國如此雖九國立君不足以證餘一國之亦宜立君則用同一之論法有十國於此雖九國以單一而變為聯邦不足以證餘一國之亦可以單一而變為聯邦明甚」雖然曰宜曰可是大有辨九國立君餘一國者立君與否惟視其宜故潘君繹愚之詞曰雖九國立君不足以證餘一國之亦宜立君此曰未必宜非曰不可也蓋九國立君餘一國亦從而立之苟其相宜誰曰不可惟聯邦亦然十國於此俱以單一變為聯邦此明明詔餘一國者苟其相宜爾亦可為此變必曰不可則世間不

應有此種變化之生故茲一國之變與否祇有宜不宜之問題無可不可之問題也故謂九國變不足以證餘一國之宜於變此鄙意也謂九國變不足以證餘一國之可以變此潘君誤會鄙意不敢承也所爲三帶之喻取便論思非有深意讀者以甲乙丙三點觀之可矣

潘君之辨本可以已亦既爲之請更以數語進適中云者必有上下兩觀念其語始通寒帶無熱熱帶無寒寒熱無對中從何立移寒熱帶之動植物於溫帶而反萎瘁以死止足爲彼動植物不宜於中候之證而不足爲溫帶不果適中之證單一之國有其由單一而生之特別制邦聯之國有其由邦聯而生之特別制一入聯邦則俱變易猶之動植物之萎瘁也且愚爲此論亦立邦聯單一於兩端而執聯邦以爲中而已非持一切抹殺之說漫以居中者强例其他謂非盡同化於聯邦不可也苟吾在十九世紀之初爲北德之一國乎吾當主張邦聯苟吾今日而爲日本乎吾當保守單一今吾對國人而談聯邦特以吾國獨宜此制之故非有他也吾避濕寢焉暇計鰌之知否正處吾食芻豢焉暇計鴟鴉之知否正味吾悅嫱姬焉暇計猿猴之知否正色善夫餘杭之爲齊物之釋曰一但當其所宜則知避就取舍而已（一）莊生之說果安足爲愚病哉

愚謂聯邦之成乃憲法以內之事祇需輿論無待革命潘君謂此僅足證其制之適法不能證其事之有利事利與否本待更端以陳前文專以破世論執著之見今已承明達之士如潘君者認爲適法尚何說乎

（一）齊物論釋二十九頁頻伽精舍本

愚謂邦與地方團體之分。祇在權力大小之不同。潘君謂不同之度。苟無一定。此天下之公疑。無怪潘君以爲言也。關於此點。非詳細論列。殆不易明。姑以最簡單之語出之。地方團體之分權。限於行政。邦之分權則賅乎行政與立法。凡地方有獨立議會。依據憲法。在一定範圍之內。可以自由創設法律。自由施之政事。而不仰承中央政府與議會之意旨者。斯爲邦。否則爲普通地方團體。如斯爲界。不中當不遠也。潘君翹英之地方團體以破愚說。『謂其非邦乎。則權力固甚大。謂其爲邦乎。則英又無聯邦之名』。茲所謂地方團體。殆指聯合王國中之英蘇愛威四族而言。其自治之權力。雖甚大。然終未達於設立獨立議會。自由訂定法律之域。不得名邦。愛爾蘭今可如是爲之矣。則愛爾蘭獨別乎英蘇威而名爲邦。在事實上已無可避。故愛爾蘭自治案。英人亦曰聯邦自治案（一）不列顛自後果爲聯邦。茲案其嚆矢矣。是邦與地方團體之分。以英事證之。其界亦未或破也。

愚謂有聯邦之實。即宜被以聯邦之名。實至而名不存。未之聞也。潘君曰。有之。宣王之射。名能九石。其實三石也。黃公之女。名爲醜惡。其實國色也。愚謂名存與否。是爲一事。人以感情作用。諱其名不言。又爲一事。宣王之射。三石實也。三石之名。即存。苟不存焉。宜無人知其爲三石。而罪宣王之好諛矣。黃公之女。國色實也。國色之名。即存。苟不存焉。衛之鰥夫。宜亦不知爲美。而悟黃公之好謙矣。而未已也。楚人擔山雉而曰鳳凰。路人以爲眞鳳凰也。買之（二）趙高陳鹿於廷。指以爲馬。羣臣相與馬之。斯時以雉鹿之實。而

（一）Federal Home Rule Act.

（二）亦見尹文子。

得鳳馬之名謂雉名爲楚人之欺所隱鹿名爲趙高之奸所隱可也謂其名不存焉不可也苟不存焉欺與奸俱不得立也尹文子所謂『有形者必有名……形而不名未必失其方圓黑白之實』是也今若去其諛將謙者欺者奸將則亞若國色若雉若鹿之名赫然在焉果也實至而名不存未之聞也夫以學者之恆態定品物之本名諛謙欺奸將安用之果其用之則又尹文所謂『是非之理不同而更興廢翻爲我用則是非焉在』正爲邏輯者之所大戒又焉引其事以間執之哉以知愚曰『未之聞』者亦於學子之聞未之聞耳非指『世俗』言也

潘君引荀子名無固宜約定俗成則不易聯邦與地方分權之名無所謂約定俗成即無不易必守之要然當知持論不先爲不易之名他且不言即其本論已自限於迷離矛盾之域且所謂約與俗亦非一蹴而幾是必有人焉先爲是名拋之寥廓之中任其流衍幾經演嬗而後沿用不衰愚固非其倫世有作者依於當仁又何讓也

潘君謂古之正名者於散名不亟辯疑未盡然刑名爵名文名其義甚固不易濫用無定而易殽亂者散名耳故孫卿正名篇雖四名駢舉而於前三者未之置辭獨首正散名十四事韓退之號爲儒宗文起八代之衰原道一篇所爲者亦正散名四字而已他家所爲者尤難指數焉謂不亟辯哉古之正名以定上下之分賞賢罰不肖與今世正名辯物之事殊科是誠有然韓非言審合刑（二）名意謂何形當得何名而審合之易言之即何功當得何賞何罪當得何罰使不相差也是之謂正孔子所謂名不正尹文所謂

（二）與形同。

正名分俱是此類往者侯官嚴氏詁邏輯為名學愚疑為未當卽有見於此雖然謂古者正名之事全局於此至無與今之邏輯合者亦失之偏若如潘君謂今為之名由學者之見解而有異非如古所謂上下之不可變賢不肖之不可混卽不能引古以自證恐尤未安蓋吾人有取於古之正名者亦取其正之之法耳非取其所正之名為不可易也尤非謂有取於古者其名亦卽不可易也且不可易卽古亦何嘗之有在命物之名毀譽之名況謂之名誠有定稱不易相蒙然名亦何限古之所正者豈止於此孔子曰天命之謂性孟子曰生之謂性荀子曰生之所以然者謂之性生之和所生精合感應不事而自然謂之性孟子謂性善荀子謂性惡揚子謂善惡混一性之名且如此誰謂必不可易哉

人曰今行聯邦宜行聯邦之實而去聯邦之名愚曰未聞實喻而名不聞者也潘君曰有之童豎之知去來今之類是也此其弊亦同三石國色之譬潘君當知愚所談者為正名之事乃以一名呈於為邏輯者之前而求其正非內道外道漁工水師所俱能有事也夫知其實而莫舉其名者人人俱有此境奚待旁求特茲之所謂與彼殊途此乃名實具存論者欲竄其名而揚其實事與邏輯相背故愚不以為然曰「未聞」者未聞諸為邏輯者也故其終詞曰「此邏輯之事也」

上所陳述皆依潘君原論以次答之不立條段故無友紀且利與潘君原論同布於世而致辯之先立案亦略想讀者俱能曲諒也請更以數語結之潘君最後之忠告謂聯邦問題殆無專論學理之必要誠然誠然愚論此題剖為三事一言學理以明聯邦論之可能一言事實以明聯邦於吾國為必要一言組織以所懷之理想立為方案就商國人今所為者初步而已而且未蕆也故此後之將受教於潘君者甚多

願少有以待之惟就愚所已陳者言。潘君曰『捃摭偶有之成例。及一二學者之創說。又不足以證明其學理之充滿』何以不足證明。願聞其詳。以愚觀之。顯例六七。流風被於全世界。不得謂偶。學者論此者多矣。而頗有左右世界政潮之力。不可謂創。卽勉曰偶矣創矣。而此種本近世新生之政想。前世紀以往之政家學士。何從執而論之。今不問其政想實質之若何。而徒曰吾宗國會先君莫之行。吾先君亦莫之行也。焉用此。偶且創者爲此。豈正名辯物之士所宜出者哉。此豈正名辯物之士所宜出者哉。

政制論上

東蓀

往者秋桐君曾於獨立週報著有政制商榷論一篇舉內閣總統二制之得失比較而疏通之語無偏頗論則精透在當時固有選擇於二制之機會秋桐君發爲讜論以詔國人正其所宜今者何時不惟民氣銷沈新政掃地以盡抑且舉前清所培養之新知識新方法新精神一舉而廢之現行之總統制不過名詞相似而已實則與總統制本爲風馬牛不相及吾今重揭政制二字於愛讀諸公之前不徒將畏人之竊笑抑亦當自笑也雖然吾有一語敢以自信曰除中國卽今日而亡則已苟不亡者無論遲早吾人終有討論政制之機會是也讀者若以爲吾言不甚明切則更易辭以進曰今日之中國唯有二途一途曰因外患而致亡一途曰聽其自然而變化苟不由前之一途勢必出於後之一途爲無可疑矣夫今日之現象爲良爲惡固得因私人自身之利害各殊而不一其說然謂如此現象而能不變足以維持至數十年之久則全國之中殆無一人能信之者以此理初不待上智而始辨之也是則無論其變止於何度爲變又爲若何終可斷定曰但一度變之爲事而見則應用政制之時卽至應用政制之時至則抉擇與討論之必要亦必同時而來故吾人於今日而爲政制論者初非如博古家繹尋埃及金字塔之構造乃正如天文家之研究彗星今歲彗星飛過乃逆記其歷若干歲時以後必將重現也且夫一國之民知識能力不能逆睹世變之來而預爲順應之法者其能生存於今之世界蓋亦鮮矣則此篇卽視爲吾人

順應來日世變之預備固未爲不可讀者勿以空論而忽諸豈僅不佞一人之幸而已哉。

新會梁公近於大中華雜誌抒發新意以爲空譚政制非徒無補於實際且導入危途國家必將受害乎心而論所見誠不爲盡謬吾非好辯然竊不能無疑今藉梁公之論以爲吾篇之開始。

於是吾人首先發爲問題曰今日是否無討論政制之必要乎更進而問曰苟討論之其害果若何乎吾不敏對於第一問題請爲之解答夫欲國強民富此無分乎上智下愚其心皆有所同也顧若何得強其國而富其民則必待乎良政治此又不待詰而自明者也於是吾人得綜括之曰吾人之生自朝至夕其有所求求良政治也凡吾同胞休養經營同有所求求良政治而已。

然則若何而得良政治乎梁公之言曰吾又熟思求得良政治之法矣蓋欲得之惟有二途其一則希望昊蒼忽錫我以聰明睿智聖文神武之主權者而其人又如佛典所說之觀世音千眼千臂舉一切政治無鉅無細皆自舉之而一一悉應於吾社會之要求如是則政治不期良而自即於良而不然者則其二必由生息此國之人民分任此國之政治其人民能知政治爲何物能知政治若何爲良若何爲惡其起而負荷政治者人人皆有爲國家求良政治之誠心人人皆有爲國家行良政治之能力苟其心有不誠力有不逮者將不能見容於政治界夫如是然後良政治可以得見梁公之言何其明切由前之說則聖文神武之主不徒事實上不可得見卽使凝爲幻想吾人亦不能模寫其萬一是則萬無其事可不待論矣由是可知得良政治之道舍第二途外更無他法詳言之卽除自國之人民有政治知識政治能力知夫若何爲良反是則惡公同擔荷以爲運用之外則良政治乃永永不可得也。

夫欲一國之人民知自國之政治當以何者爲宜則決非任擇一人而可隨意叩之也必其民先有充實之知識富足之判力對於世界政治有明晰之印象對於本國國情有深切之體驗夫然後始得辨政治之良楛而能定取舍之方針然而吾民何若乎吾殊不敢以誇大之言貢媚同胞而取一時之快愉吾誠知吾親愛之國人尙未足以語此也且吾之爲說亦非過於自貶吾見今之論國運者輒曰五千年之文明以文化論中國斷無亡理言固可觀理實未足如彼埃及猶太文化雖存國則亡之久矣徒留歷史上之古跡爲後人憑弔之資而已然則文化又烏足恃哉姑勿論今之復古有特別之命意與其謂之復古則毋甯謂爲復帝卽使其眞能復古果足以支掌危局否吾知賢者必不作此答也是則爲今之計唯有使吾民應乎世界之大勢合乎政治之潮流而先得充足之知識美滿之能力於政象能判其良惡於措施能定其去取而已其他皆隔膜之談無足取也

夫使人民皆有判別政治良惡之知識決定政策取舍之能力必由人民自求得之非能執全國之人納於一塾執政治原理之書而課之也詰者將曰民不自求將奈何吾敢應之曰民不自求非民之罪也夫一羣之事一羣之共公利害也利害之所在注意隨之謂人民對於政治之進行不能自求吾殊不信其所以退縮不前者其因無他卽有大力者壓制其上是已防民之口甚於防川凡足啓發人民活潑之氣者必多方以杜絕之致民無生氣惟知仰食安有餘暇而求政治之改善故曰民不自求非其罪也是則居今日而曰爲人民輸入知識第一當啓發其對於政治之興味苟其興味得繼長增高則知識必漸以發展而政治得日臻完善特啓發興味之道首在去壓制者次在留有活動之機會於是人民不畏

大力之强制而有基礎之自由。(一)本此自由而爲活動則興味必日以增。知識亦必日以密。良政治乃於此中得之矣。

合觀以上之說可知得良政治之道惟在啓發興味與夫輸入知識。則吾人今日爲政制之討論者亦不過欲引起國人對於政制之注意喚發其討論之精神切磋之方術俾其興味得常此不減其知識由懷疑而即於正確而已。是則政制之論非徒不含煽惑與激刺之性質抑且足以陶鎔民智。若一國之民不識政治之原理、即謂得以安然帖服不致犯上作亂。徵之歷史、實無是處。(二)彼泰西先進各國自改民政以來絕不見革命之再現。其故決非由於使民由之而不知。乃正使民知之。知其中之奧秘與利害則得而公同肩荷之。所謂公天下是也。南海康先生嘗謂近世國家所以異乎古代。亦即近世人民所爭而求之者即爲公有國家與私有國家之別。(三)吾以爲此語足以概括近世一切文明矣。故依吾之所見不但討論政制極端無害於國運。抑且欲抑止暴動消弭革命舍以研究政理導國人於正軌之外殆無

(一)見拙作制治根本論、

(二)一國之民、若無正確之知識、乃更易於叛亂、證以吾國歷史、尤爲易見、漢以後以人臣而篡位者、不知凡幾、夫當時未嘗不以安分守己爲教、然而戰亂相繼、平均不滿百年、必有大亂、則又何耶、是則叛亂之生、決非安分之勸告足以弭之、亦非激煽之言論足以啓之、前清以減賦寬刑爲政、而三百年中、每不及五十年必有亂作、是其明證也、即以辛亥一役而論、謂純成於革命之學說、有誰能信、漢陽失守、武昌垂手而得、革命之事、行即烟消、彼北軍遲遲不發、用以迫清廷之退位、寔別有深意、與激烈之言論何與哉、

(三)見不忍雜誌、忘其篇目、

他途非曰一言討論國可立強然吾頗信國人有一分研究之精神於是非必明切一分而受欺被愚之程度亦必同時減少一分不佞往察吾國之商民以爲今日幸得維持現象不然亂且無已故痛詆國會之搗亂黨人之猖獗實則以知識幼稚遂爲時論所蒙且爲一方面之言所欺也吾人以銳目觀察世局彼所謂統一者又何嘗爲眞正之統一驕兵悍將分布於野巨奸宵小參列於朝不過以利害關係偶爾相同遂致維繫一時不爲決裂正如以一紙而蒙棋局割據之勢乃不得見若揭去其紙四分五裂之形立現矣彼商人者未能解此猶作釜魚之樂不亦哀哉至於國會則吾人所親歷於先進國者尤足以爲教訓各國議會中黨爭舌戰較之吾國殆無遜色顧吾則蒙以搗亂之罪名遂不見容於社會彼行吾之實而社會轉以致敬焉其中之樞紐可以悟矣秋桐君嘗謂苟非有大力者節節爲共和之製肘則斷無今日言之透澈實無比倫平心論之前此之國會良國會也吾願以賢人會議（一）之名詞加之蓋其間大多數爲新進之賢俊實不啻舉國內所有新政治之知識者悉數收納之其在他時此種人物以不有地方之深厚根據未必盡能膺選今者居然得之則國會之良於此可徵彼淺識之徒不能判別是非眞僞遂爲大力者所愚然則啓發民智以減少其受欺之程度甯非當務之急哉

以上所論用證研究政制非徒無害且更有益吾今竊本斯旨願爲政制之研究區區之意不過欲國人知政制之原理與夫良惡之標準而已特詳論總統內閣二制以限於篇幅非此所許則僅述其根本之

（一）Witenagemot 此言賢人會議、乃英國古代之會議、由貴族等組成之、此不過借名、實乃不類、幸勿誤會、

精神與其存在之原則至於抽繹條理列舉情狀當俟諸異日也。(一)

有一制度而能產良政治者是謂良政制夫政治若何而良吾於前已言之矣則所謂良政制者不外乎能啓發民志使聰明才力皆得自用情感利害咸足自安更以明晰之言表之卽使全國聰明才力之最高量得以表現於上全國情感利害之最低度得以相安於下夫聰明才力之最高量得形容於政治則所謂立法司法行政悉得美備而完善焉情感利害之最低度得交融於社會則橫決破裂之禍賴以免而自由發展之基礎立焉反是則才智之士鬱於下昏瞀之人弄於上政令一乖而羣道潰矣以擾民爲政欲其民不挺而走險不可得也此理初非近代發明古人早論之矣所謂爲君者必擇賢任能且必與民以休養否則佞臣弄權巨奸竊柄重剝民財橫殺無辜則人有戒心而亂機萌是也近代所明雖不外此然不恃有賢明之君由君爲之選擇賢能休養民氣乃建立一制度由此制度使人民有自然發展之機會自由運用之作用凡民之聰明才力得悉數盡量以襮呈於其上於是休養於茲奮發於茲無互相殘虐之事無一人獨占之利人民之情感利害得以融洽由人才表現於上之說則政治趨於良由情感相安於下之說則社會賴以固特有休養生息之民氣而後始有超羣絕倫之才智易辭以明之必人民有自由之基礎而後始得自用其智能於政治故有一制度焉能導民之知能運用於政事而致善焉則必先許民以自由藉此得自發展其天賦之性也

(一)詳論總統內閣二制者、秋桐君之作外、尙有盛公武君之英國政治論、於英制述之甚詳、而於內閣之精神、尤有闡發、拙作內閣制之精神一篇、載庸言報、亦可參考、凡彼所論、茲不復剿入也、吾人爲良政制之汎論旣竟。請更細繹其要素與構造焉。夫與民以自由者。其制度自身機關之職權。必有嚴密之限度。然以制限而論。言之匪艱。行之維艱。決非一度規定於法律。其限界遂得而立。故往往法律無恙。而實權已變。此種先例。隨處皆是。不待詳舉也。是則制度而欲其有嚴密之限度。不可僅求之法律之條文。尤當於各機關之配置。務取其互相控制。互相平衡。於是一機關之權。常爲他機關所限。苟出於非分。得互相督責之。蓋使全國之政權。不集中於一點。則一機關斷不能淩駕於各機關之上。而不受控制也。凡此諸義。吾於他作中已詳陳之。茲不復贅。唯爲概括之詞曰。機關配置。得以互相控制與平衡者。良政制也。

茲本斯義。於總統內閣二制。爲之批判。夫總統制者。美利堅之產物也。吾人欲知其性質。不可不追尋美人立國之歷史。與夫創制之命意。盎格魯撒遜人種。富於自治之能力。當其原始。卽羣居而議政（一）一羣之事。必待公議而後行。此風由來久矣。腦門征服英倫。然於政事。仍不能不叩諸衆意而舉。此所以英吉利爲議會政治之祖國也。美利堅十三州。爲英倫之殖民地。英之殖民地。若加拿大。若澳洲。無不基乎其國民之特性。而實行議會政治。惟美獨否。甯非一至有味之問題乎。以吾觀之。美人所以創新制者。實有不滿意於英制之點二。

一、英制中三權分立不明切。

二、英制對於個人自由少數權利之保障不完備。

（一）見 Masterman, The House of Commons P. 4 et seq.

以上二點徵之彼費拉德費亞之憲法會議中各議員之言論殊爲易見有葛萊（一）者力言行政部之宜於獨立而排由議會選舉總統之說蓋當時之議決總統爲行政部之長任期七年不得連任由議會選舉之（二）審查會既已通過其後有加羅爾（三）者提議改議會爲人民足以少數否決（四）則當時之形式固與法蘭西今日之憲法相似然而於各州委員會（五）首改七年爲四年改議會爲選民（六）由此委員會報告於大會卒無異議而通過則美人不欲以行政部受制於立法且尤不願英制之三權混合蓋爲普遍之心理矣白脫拉（七）致書於英人其書中痛論美人創制之苦心並列舉英制而比較評騭之（八）則總統制之根本命意於此可徵不特白氏言之且馬第孫亦爲之說明其以爲三權分立

（一）Gerry, Elbridge, Massachusetts 州所選出之憲法會議員、

（二）當時審查會（Committee of detail）之草案爲 Art. X sect. 1. The Executive Power of the United States shall be vested in a single person. His stile shall be "the President of the United States of America"; and his title shall be "His Excellency". He shall be elected by ballot by the Legislature. He shall hold his office during the term of seven years but shall not be elected a second time.

（三）Carroll Daniel, Maryland 州所選出者、

（四）當時憲法會議、皆以一州爲一表決權、其結果贊成者二票、反對者九票、見 Farrand, records of the Federal Convention. II, P. 397, 402

（五）由各州一人組織之、共十一人、亦曰 Committee of eleven、

（六）各州委員會之改正、與現行之憲法正同、不過文句未周密耳、見 Farrand, II P. 497-8

（七）Butler Pierce, South Carolina 州所選出者

（八）見 Letter to Weedon Butler 1788 其間論英制之處、證以今日英倫政象、乃多不符、

非絕對不相關係乃謂不能全部相混耳。馬氏列舉各州之憲法。其間皆有三權分立之明文。而實際上行政長官。多由立法院選舉。而司法官亦多由行政部任命且上院亦具有審判彈劾之權（一）故雖有三權不可混合之法文。而仍不免於部分的關聯（二）馬氏詳論此旨。意在勸告美人贊成新制之憲法。蓋當時頗有因憲法中三權之分不甚嚴密而疑之者。馬氏之言。即對此輩人士而發也。各州憲法之制定。在聯邦憲法之先。其規定分權殊爲明切。則美人之心理從可知矣。蒲徠士謂美之聯邦憲法。一方以英爲模範。一方以各州之憲法爲標準（三）此言乃精切無倫。故吾人欲知其中央政制。不可不先一按察各州之政治制度。各州有所謂州長（四）者。實一縮型之總統也。在未制定憲法以前。所謂十三殖民地。其州長多由立法部選出。今則改爲由人民直接選舉矣。於此則美利堅立國之根本精神。可得而推知也。彼蓋深惡三權混合、多數壓制少數之制。乃以殖民地時之經驗。與其祖國英倫政制之參證。遂毅然建立新制。其新制之成功。雖非盡屬徼倖。然實出於冒險。夫一國之政制。無論其積極方面命意何在。而其消極方面。無不在防遏野心家之恢復專制。美人對於總統敢付以重權者。蓋早知有華盛頓其人也。蒲徠士曰「總統之創設。謂其模擬英憲。則不如謂其取法於本國爲多。蓋各州皆有州長。且其間亦

（一）見Federalist, No. XLVII, XLVIII, XLIX

（二）partial mixture

（三）語出 American commonwealth，一時不能揭其頁數。

（四）Governor，並有所謂 Lieutenant-Governor 者，與副總統職同，亦爲該州之上院議長。

有以伯理璽天德名之者此外則議會（一）於戰中及戰後之軟弱現象亦足有以促之於是衆知必付託於一人乃鑑於當時議會之無能也雖有以權力集於一人適滋後患爲慮者然卒以有華盛頓其人而消故雖辯論甚熾而心目中則皆以爲今日之憲法會議長足爲他日之聯邦總統須知有適當之人而爲立職（下略）」（二）是則美人之成功實出天賜苟無華氏其人則危險至若何程度誠未可逆睹若彼墨西哥終歲騷亂亦未始非總統制之賜也

美人以英制爲不健全故別建新制夫當美洲獨立之際英倫方在佐治第三暴政之下其不健全初不待論美人當時之所見爲帝權之過重議會之無能故彼以爲欲求優良之行政必付託於英傑之一人同時又必設以制限定其督責俾無恢復專制之虞且更知足以防遏專制消滅野心者厥惟三權分立彼嘗以此權力分立之理實驗之於各州以剛性之成文憲法爲之運用此外彼更知人民之自由爲最足可貴故不使一機關而握大權以致危及自由本此原理演爲制度此美制之由來也吾人欲評其制之良劣當先驗其民德吾以爲美利堅當獨立之際人才輩出人民對於政治確有觀念其觀念雖不得謂若何發達然正足以運行其當日之政治觀乎哈密敦與馬第孫之論文可以知矣蓋當時人民所慮

（一）當十三殖民地各各獨立之時、即有議會、(congress)或譯爲公會、以其在未組織聯邦國家之前也、今仍用議會、讀者宜注意焉、

（二）Bryce, ibid, I, P. 38.9 預定華氏爲總統之事、即自脫拉之書札中亦言之"Nor, Entre Nous, do I believe they would have been so great had not many of the members cast their eyes towards General Washington as President; and shaped their ideas of the powers to be given to a President, by their opinions of his Virtue."

者各州之權將爲中央所侵呑總統將爲暴虐之主上院將成少數專制下院將擁莫大之權大州將壓制小州(一)雖哈氏等所見者適得其反然即此亦足證國民確有政治上之見地也間嘗論之一國之民能知國有野心者其害甚於猛獸洪水則其民方有自新自拔之機美人知專制之宜預爲防遏野心者之宜預爲杜絕即其所以立國之道也哈氏等惟恐此思想趨於極端致疑及憲法之不適而不肯贊同故發爲言論以闡明憲法之精義於是美人知憲法非唯不使中央侵呑各州之權抑且於中央之權設有嚴密之制限非唯不使總統爲暴政者抑且於其權限爲周詳之分配上院不足爲少數專制下院亦不能握最後之高權大州小州之間權利初無分別故憲法施行之初尚不免懷疑迨施行有日衆疑冰釋追認者乃紛至矣彼制定憲法者初非以所抱之理想而強其實現乃正體驗人民之心理知人民之所欲而利導之人民惡野心家之思逞一機關之專橫而喜正確之自由平等之權利於是憲法一方以杜防野心家他方復建立鞏固之政權一方以阻止一部之專擅爲嚴格之分權他方復使各部關聯不致渙散一方以保障人民自由維持少數權利而他方則樹立強有力之政府(二)凡此皆因人民之所欲而加以意匠爲之利導也

由是觀之美人所以奏厥成功者其原因一在人民有政治之觀念一在無野心家思利用政制前者成於人功後者出乎天賜若吾中國則人民對於政治初無一定之情感於有國會時既不覺有若何之福

(一)詳見 Bryce Studies in history and jurisprudence I P.367-8(Essay VI The United States Constitution as seen in the past)

(二)強有力之政府、謂政府之意思、即全體國民之意思、故爲強而有力、非謂政府之強力壓制國民、此不可不辨也、利於無國會時亦不覺有若何之苦痛。司法獨立之際人民所受者爲苦爲樂。既不之辨。迨打消獨立之後。亦復漫無感受。故非徒現行之政。不能判其良惡。卽已經之事。亦無從擇其善否。吾友丁君佛言嘗謂吾國多數國民。一部分爲良懦。一部分爲鬼怪。除有身家温飽之要求而外。國之執政爲前清皇帝可。爲民國總統可。甚至爲洋人所統治。亦無不可。是則以吾國今日之狀態與美人當時之情形相較。其不相符抑亦明矣。若論野心家則由一而二。由二而三。乃可推至無窮。此種野心家既已生存。卽無法使其消滅。（一）若得加以制限驅入正軌。則非有極大至偉之民力不爲功。故卽以野心家而論吾國與美。尤不相類也。

於是有消納野心家之法焉。使其擁至尊之名。而實權則有制限。此英之內閣制是也。吾人於此請論內閣制。

夫內閣制何由發生。茲暫措置勿論。先以美人當時所不慊於英制者。與今日之英制一比較之。美人以爲英之三權分立不甚嚴密。少數權利之保障。亦不明確。然吾人據今日之英制而觀。非徒英制確有控制與平衡（二）之構造。且其構造之中。更有實質上之平衡與控制。美人亦知極端之平衡與控制。爲事實所不能。卽能之亦非國家之福。故必有關聯也。吾人則見英制之關聯。乃較美制更爲周詳完善。於是吾人得於英制爲之說明。亦約有二點。

（一）消滅野心家之法、唯有革命與暗殺、然二者皆非國家之福、亦人道所不應有也、

（二）Check and Balnce、

一、美制以三權分立之平衡與控制。求之於法律。英則求於事實。

二、美人以法律爲少數權利之保障。英雖不認有此制度。而實質上少數之權利。固未嘗因此而少有損害。

欲說明以上之理。不可不溯內閣制成立之歷史。夫內閣制之根柢爲議會。故論內閣。又不可不先述議會。英人有議政之風。乃傳自古初。既言之矣。蓋腦門豆之入主英倫也。凡徵收租稅。制定法律。非王所能專。非王不欲專擅。乃事實上非叩各地主之意。不能行也。於是有議會之設。又以平民與貴族不便同居一室。遂分爲上下兩院。(一)然在當時。以貴族院爲重。庶民院不過用以制限而已。(二)於乾母斯第一之世。議會中始有非政府派之發生。所謂清教徒者。有一定之主張。爲制限王權之動作。蓋當時權力乃萃於庶民院。而貴族院已早墜其勢力矣。其後王與議會之爭愈烈。幾次解散。卒以財政困窮。不得不再開議會。孰知議會既立。反抗更力。王乃不悟。致演革命。(三)雖其間經若干變化。而議會卒以此而有力。此內閣制所以發生之根本原因也。然更有一因。卽樞密院(四)是。蓋英自有歷史以來。王之施政。無不

(一)或云、當時集會之室、一在樓上、一在樓下、故有上下院之稱、

(二)"The House of Lords was once the strongest power in our Constitution and the Commons only a checking body." Mill, Representative government ch. XIII

(三)詳述清教徒之改革者、有Gardiner The Constitutional documents of the puritan revolution

(四)Privy Council、

有所諮詢。凡一命令。皆須大臣爲之副署（一）。此猶前清所謂祖宗成法也。樞密院爲王之顧問機關。大臣且有兼任樞密院者。故君主不能爲惡之原則。固由事實上推演而成。而非單純之法律原則。迨乎全國之確信既定。則無敢越之矣。由樞密院中更分爲一部分之重要會議。然後迭嬗發展。遂成內閣。故內閣必爲合議制。蓋以此也。於維廉第三之時。始專任議會中占多數之黨魁爲大臣。內閣制之完成。乃自此始耳。

是以吾人於法律上。初不見有內閣。所見者惟諸大臣各掌一職而已。羅偉曰『憲法之習尙。以國家各正當機關。於法律上諸權爲之分限及規理者。乃以中央最高之指揮駕御之權。付於一不見諸法律之機關。蓋內閣之各員。皆爲有公職之官。由法律而設。然其職則非爲內閣之一員。故彼有二重作用。自個人言之。各爲官吏。處理國事。執行部務。自綜合言之。則定一統之政策。且與各爲官吏之事無關也』（二）然內閣之性質。不僅此也。內閣之閣員。自法律上視之。爲散立之大臣。此諸大臣各有相當之部務。若自其法律之背後觀之。則非徒各大臣互相一致。爲一合議制。且內閣總理。尤必爲下院議員。同時且必爲多數黨之首領。其他閣員之選任。乃出於總理之自裁。其對於議會。負有綜合的責任（三）。凡此雖爲內

（一）Dicey, the Privy Council P. 31 et seq.

（二）Lowell, Government of England, I, P.54.

（三）Collective responsibility，即所謂連帶責任。

閣之性質然不見諸法律也（一）

吾前已言詳論內閣制之組織非本篇之主旨茲故從略特有一事不可不注意者英吉利所以得確立內閣制者雖源於下院之壓抗王議王乃不得不擇下院中多數黨之首領爲宰相以期政治易於運行然出於下院民黨之力者固多而出於王之甘心退讓者亦復不少也故當內閣制之初成英王乃爲有力之要素且王權亦未嘗如今日之虛蛻推其所由在議會不能不開不開則租稅無由徵收財政陷於困難開則民黨屢次抗動王乃不得已俯順輿情以議會中多數黨之黨魁爲執政於是政出無阻治乃愈進孰知此端一開民氣愈張內閣遂至鞏固此英倫之內閣制所由成也若吾國當軸初不必有求於議會議會雖停止至若干年日其於財政亦無若何之苦感議會既可不立則內閣更有何望於是可知英人於曩昔已早有實質上控制與平衡之制度與我乃至不相侔矣且以英之現制而論內閣控制議會而議會又控制內閣內閣控制英王英王又復控制內閣總之英制雖無法律上之控制與平衡而事實上之控制與平衡則未嘗有異也

是以當時美人所觀察之英制與今日之英制乃至不相同英王之實權已漸蛻化而幾於零所存者名而已矣吾人得謂英美二制正異曲同工殊不能分其上下判其高低特可言者美人於無野心家之時預創平衡分配之制度以防專制之復燃英則力迫野心家讓出一部分之政權由此而逐漸發展得底於今日則吾人於此知所擇矣

（一）學者有謂此諸性質，皆在法律之背後，故曰 Die metajuristische Natur des Kabinetts Hatschek, Englisches Staatsrecht, II §145 (S.85ff.)

吾論至此暫爲綜括之詞曰無論若何政制凡足以樹代表政治惟民主義之基礎者其消極方面無不在防遏野心家之恢復專制換言以明之近世國家其創制之精神雖在啓發民志然同時無不爲專制復興之預防用以消遏野心家也蓋當民智已啓民力既豐之時代表政治之基礎久已鞏固由社會事業之分化教育之陶融傳說之制裁風俗之利導則野心家自然消滅故近世各先進國中殆無一人欲負國家以趨者雖爲最初創制之功然亦其後教化之力也若在國本飄搖之際民力既不足民智亦無定一切政治制度皆未確立則野心家必乘機而起乃自然之勢而不可幸免者也當此之時則賴有一種平衡控制與分配之政制使野心家無論若何不能握全部政權於是由互相督責互相抵制互相畏懼之中以驅入正軌由是以觀則總統制與內閣制殆同一功用特總統制不徒使野心者入乎其中而不能恢復專制且足令其望而退縮若內閣制則名位既定雖讓出大部分政權而尊嚴無損故前者僅足拒之而不能消納後者非但拒後起者之窺覦抑且消納已存之暴主是則以吾國之情態論終以內閣制爲宜也

換言以明之良政制之積極方面既如上述所謂使聰明才力得以迸發而自用於政治然其消極方面則莫不爲暴者之剷除務使全國之中無一人敢作竊國之思故剷除野心亦立國之要道苟國中野心者迭興則其民族必無或幸此又歷史所示吾人之鐵證也剷除之法莫不由政制之平衡與控制特有時消納之由漸而進有時杜絕之由頓而成若吾國之情態去其一復生其二訴之於武力將不勝其煩而國力必於屢次革命消耗盡矣故吾以爲今日惟有消納之法使野心者得讓出一部政權由此而徐

徐發達焉。則最後之結果可期也。至事實上能行與否。非吾之所欲問矣。

此外更有一制足以消遏梟雄者。是爲聯邦。聯邦之制。於中央政制之平衡與控制外。更有二重之控制與平衡。本乎地方之情勢。尤足以利導政治。乃更進一步之組織也。吾將與下期論之。

紀中日交涉

詔雲

歐戰勃發。全球震撼。吾國於國際所處關係極複雜。而地位至微弱。啟戰以來。上下惴惴。求所免禍。尤冀有保國之責者。殫智竭誠。應付鮮誤。或能微倖拔此難關。今則歐事方殷。危期未去。而舉國所憂慮之大患。已一部實現於所謂中日交涉者。夫國際利害。互爲因果。彼歐洲禍亂之本宗。及今尚未遽臨。而旁枝橫生。所構之國難。已若是其難堪。則未來者大可推矣。語曰。痛定思痛。吾方怵於未來之痛苦。寧有定時。惟在今日。則所謂中日交涉。業告一段落。於是對於已往之痛苦。且不忍不記其所受之概略。覽夫所由受之塗徑。蓋亦且痛且思云爾。悲夫。

中日交涉。兆自歐戰。夫固人盡言之矣。若追溯遠因。則兩大不並立。東鄰圖我。由來已漸。卽謂肇於甲午之役。成於日俄之戰。殆無不可。茲且不具論。惟就今次事實而紀其顚末。亦當斷自昨年八月十五日日對德發最後通牒爲始。至今年正月十八日日使提出條件。特談判之開始耳。夫普通國際談判。尙必求所以構成之因。矧若是戕人國脈。制人死命之要挾。我卽至弱。而列強互制。未嘗少怠。焉敢唐突。或有差池。於是盤馬彎弓。勢必有百五六十日之醞釀。亭毒。而吾國當茲未雨。絕無所以綢繆。逮夫成熟。而二十二條之提出。遂卒無由倖免。故起昨年八月十五日。迄今年正月十八日。是爲交涉之準備期。起正月十八日。迄五月七日。爲談判期。七日以後。至九日。爲談判之危迫期。九日以後。至二十五日。爲締約及簽字期。至六月八日。兩國全權在日本外署交換批准。而強鄰所耽耽逐逐之大部分。遂乃確定。然有所謂第五號中之五項尙大書特書於答覆文中曰日後協商而其國加藤外相答議員質問亦昌言俟有時機再行提出又其國松井外務次官於本年六月八日衆議院委員會中亦言欲俟適當時機再行提議惟議員伊東知也詢以時機何在則答難明言耳然則此次交涉之終了期竟未及達居今日而秉筆記其本末人尙不許我有最後一葉也

國際間之不能無捭闔鈎拒猶之弈然勝負之數類決於布局之初逮實見諸談判則以强遇强互讓之度已屬僅少矧在弱國而欲圖功於焦頭爛額寧有幸乎故吾人所痛惜不置不在乎談判以後而在其準備伊始人之準備卒底於成皆吾之失敗有以釀之馴至非受其談判不可則終局所屆思過半矣及今觀之日人準備之功首奏效於用兵膠澳自有是役遂得攫取山東權利尙其小焉者爾而因以闌入英俄法之聯合關係尸保障遠東之名收獨步東亞之效卒鉗各國之口而獲遂其乘間要挾之私陷吾於孤立肆所操縱而莫或滲制偉哉此役所繫至巨顧其所以能構成之者果誰之咎歟

方昨年七月三十日奧塞宣戰其越日俄德法繼之在遠東之吾人一時尙未能遽斷其影響何若也旋日政府於八月四日宣示態度謂萬一英國投入戰爭於日英協約之目的或瀕危殆日本爲協約上義務應執必要之措置其翌日而英德絕交卽喧傳人耳識者於是知所謂限戰禍於歐洲竟成虛望而擾東亞以禍吾國者乃不在西而在東顧政府方驚愕不知所措於八月六日倉皇宣布中立日人乃誚我以無準備無責任宜也其應付又極迂緩七日始電日美公使令與兩國政府協商防患之策駐美夏使旋覆美不反對而駐日陸使則報告大隈氏婉示同意之不可能夫加入戰局權固屬人而免禍之術端

操自我我力果足起而糾合未戰諸國以從事積極維持我即微弱亦自有其消極方策日所憑藉者惟英所尋釁者惟德德在吾國僅一膠澳足供口實惟時駐京德使亦知膠澳難守曾提三例願以自處一原駐艦隊離入太平洋二小艦卸除武裝三膠濟路中立暫歸我理德使並曾告日使日使不答揚言中國果容此議日決不認且不能阻日本之行動夫日使所言固應爾爾惟吾國乃遂被所恫喝而不能出奇制勝以實見此議將有偏於英乎則考英德宣戰在八月四日而日政府亦適於是日宣布與英共行動蓋英日秘商遠在四日以前英有戰德之決心竊懼其在波印極東之利益或眞瀕於危殆不得不假助於日而不意日人乃利以求所大欲於我也八月七日英受日合攻膠澳之提議而爲答覆九日日政府復商之英使十一日英使覆謂日猶豫十二日英使附以交還我國之條件且示同意十三日日英再商十四日始得英最後答復十五日經御前會議而對德之最後通牒乃於午后發表此中消息固難盡明惟英之聯日於始拒日於繼卒乃勉與同意之跡則固躍躍如見當夫既拒之後尙未同意以前何莫非說英以實行德使之策之機會矧其時美之態度已極明確自日人示其與英共行動美即回牒以日本履行協約於極東所爲實延禍亂美難默認須得相當之保證云云蓋英日之議方未帖協德使之策業已提出而美政府復宣言如是當此之時謂吾國終無術以免膠澳戰禍恐亦未見其必然也

日人尋釁於德之秘謀經旬日之波折卒無有能破其成者於是不惜以山東一隅之故而樹百年之勁敵於德此中得失日人當早較量苟非有大利可圖幾何不類狂痫而其大利所在又決非逕求之於日德交戰直接之效果何者青島還附既附條件於英而南洋各島復予美以非即永古之言質戰德直接

之效果所獲如是然則日所大欲固別有其間接所在間接之效果維何非假戰德以聯英聯俄聯法而又獲與吾接觸以爲要挾之發端者歟方歐事初起其國論沸騰不外乘此機以樹立權威於我其政府且咎在野派之言論放縱過不負責在吾人亦以日卽無釁必難躁出無名之舉誠見其於歐戰尙未結何等關係苟突加横逆於我則尙非世界大勢所許也孰意其政府外交敏決不出旬日一舉而援同盟之義結好於英且因以闌入協商側綏俄人遠東之備俾專力於西且俄交驩日法之好以固乃出實力抗鞭長莫及之德以虛言誑戰備未修之美而其獨占東亞之局遂乃告成獨步東亞云者卽肆所欲以箝制吾國之謂也故日德戰啓而其於我之必有交涉遂成定勢顧日與我之交涉乃以強臨弱以野心者臨孤立勝負之數惟決於有無之始在勢既成必有則內容之嚴酷非亦已爲定數哉

日德未戰以前日之於我抱要挾之志有要挾之機日德既戰以后斯並其所布要挾之局亦告厥成繼此所求惟力攫要挾之内容以期不負此千載之遇也

攫大内容之第一步則在九月二日日兵上陸龍口我乃於翌日爲局部中立之宣示先是日牒德後尙未滿期而美國駐日大使賈士理氏卽曾於八月二十一日訪日外相加藤氏告以如在膠澳以外用兵當與美人協商其於日人肺腑蓋已洞見機先也顧我則知覺痺鈍迨見日德絕交方始惶恐一時北京排日之論頗盛日本代理公使小幡氏力白其非駐日陸使旋亦電政府謂日無領土野心我遂信日實無他八月二十六日外交曹次長出席參政院尙言不幸開戰則中國政府應依膠州租借條約劃出一百中里爲自由交戰地乃未幾而小幡氏卽出其交戰區域之要索其國人有賀長雄復建言可援千九

百零四年日俄戰爭成例。英使朱爾典從而和之。我初猶堅持百中里之說。日則劃自黃河以東。卒乃折衷以龍口萊州及接連膠州灣附近各地爲範。此議於八月三十一日卽由駐日陸使通告日政府。越日而日兵上陸。因招德與三次抗議。伏禍機於將來。而日人以此遂獲煙濰借款權之根據。且其足跡所及愈廣。則開放商埠之請。愈挾以俱來矣。

其次爲占領膠濟鐵路。我國當劃定交戰區域。乃於此橫亘區域之鐵路。自始未能協定明確。僅外交當局與日使有濰縣在區域以外之口約。逮九月二十五日。日兵據濰縣。翌日我提出抗議。所爭亦僅及濰縣之非交戰區域。而於鐵路未道一詞也。日使置而不答。二十八日突赴外部爲非公式協商。謂占濰縣志在鐵路。於交戰區域爲別事。且強陳其於濰濟間有必占之理由四。我於二十九日復提抗議。十月一日日使突告我日兵當以三日進向濟南。駐京英使聞之。急訪日使止之。而無效。由是知英亦不利日有是舉。惜我未能假其力以戢禍機先也。十月二日、外交曹次長訪日使。會談極久。內容秘不得知。日使卽於是日正式覆我。列陳理由三。終歸之膠濟路乃租借地延長。占領與否。非中國所宜問。日政府且語陸使迫我撤守備隊。以十月三日爲限。我政府陽懼無以對國人。暨各友邦。仍持抗議之態。而陰已莫如之何。密令撤張樹元所部。日兵遂於十月七日長驅直入濟南矣。膠濟全線既獲。沿線礦產相繼占有。由是而日人獲有繼承山東權利全體之資格。於日後迫我承諾之第一款。遂告成立矣。

日德宣戰。義在援英。則行動當範圍於膠澳。如英軍之所爲。乃一則擴其境於登萊。再則延其勢於濟南。皆非援英戰德必至之果。而我之外交拙疏。有以促成之者也。兩者胥敗日人囊括全魯之勢乃成。以迄

今日乃得實現所謂山東條約者即當局於山東所失尙自詡爲消極勝利夫誠能收消極之勝利則自始當限日人不出膠澳一步也而顧何如哉

日人擴大其要挾內容之經過如上所陳特已顯諸事實者其他外交上祕密進行東鱗西爪難見全龍惟按其跡以索之則所偏重乃在英俄以其最所注意之南滿與英利害最薄必以解決懸案爲詞丐其同意次所注意之東蒙與俄利害緊切於是濟以軍需供之武器力結俄好時俄方感日惠高唱同盟日人乘之事遂以諧方日政府舉全力經營外交之際而大阪朝日乃有中日議定書之登載各國駭異日政府旋於九月十六日不惜冒不韙而發布外務省令第一號鉗制其國言論界凡影響及於國交者禁止揭載其意豈僅懼犯怒於我至十月下旬其外交尙未成熟大隈內閣至受元老詰責交換覺書元老始退此說乃十二月十七日其國議員吉植庄一郎明揭之於豫算總會中者也十一月七日青島既下其國人相繼迫以處置之方外務次官松井氏乃宣於衆曰對德關係日本不能獨自了結須視歐洲戰局之推移然後及於青島亦足立證其時外交尙未遽臻成熟而其國政友會責以不乘青島陷落即開始談判於我者尙爲遠於事實過於責難之言也其外交驟難成熟之主因決不在俄亦非在美而實在其同盟之英此時旅居我國之英人抗日頗盛其於青島善後主張稅關合辦守備加英兵一中隊俱爲日所不容又議收津浦煙濰兩路津浦旋實行而烟濰以違德原約中止迄十一月二十六日英使朱爾典尙勸我收囘膠濟路英日意志之相馳有如是也顧我未能利用而日之外交漸告成功十一月十三日召還其公使日置益氏遲遲以迄十二月十五日始令返任日置氏之返任乃其外交成熟之徵而要

挾吾國之內容。必經準備確實者也。據最近日政府所發表公文書。則第一次提出之五號二十一條。日置氏實於十二月三日受諸其政府。其國加藤外相並於是日交付訓令。授以方略。以時計之。距提出前實四十有六日也。然此尙得謂其內部極秘。我何由知。實則當日日人之言動。往往流露。不覺十二月十七日。其國議員小川平吉質問有無旅大延期之交涉。外相加藤未曾否認。但言刻難答辯。不已情見乎詞哉。惟時我國尙未能執此以窺全豹。意謂日即有求。不出山東。吾當拒以延俟歐戰終了。其目光亦特注視山東靑島稅關吏之任命也。交戰地內之損害賠償也。乃至軍用電線之取除。交戰區域之撤銷也。爭之非不力。而日人視之蔑如。十二月十五日。首答覆賠償事。二十八日繼解決稅關吏事。惟於撤兵問題。始固諉諸時機尙早。逮其對我之準備已成。亟亟謀假以爲啓釁之具。適本年一月七日。我國再爲正式請求。而日人遂躍然據以爲口實矣。弱國外交。不能揣度虛實。巧爲進止。卒乃於事無少濟。而授人以反詰之柄。不亦大可哀哉。

正月八日。日政府於我通牒不屑作覆。惟致一警告曰。貴政府此次關於交戰地域撤銷之通牒。帝國政府乃不勝其驚愕。尤不禁其憤懣。帝國軍隊之行動。絲毫不因貴政府之通牒而受其拘束。且此次中國政府之通牒。尤爲違反國際之慣例。而沒却國際之信義。帝國政府應將此事永遠記憶不能忘懷云云。蓋日政府尋釁於我之決心。已畢呈露。而其時國人尤善體此旨。持論極暴。詆我侮辱其國。武人派敍甚至議遣特使詰我。或令日使直向總統嚴談。其言中則有物在。決非僅爲反抗我通牒也。惟時日政府解散議會未久。亟求所以示好於國人。而其國所畏爲辣腕家之駐京德使興賓氏。適於正月中旬無恙蒞伍機緣驟集而談判之開始遂無能再緩矣。

溯自日德肇釁以迄於玆日人對我準備雖極迂折而節節奏效綜其大要不外兩端一以醞釀要挾之動機一以完成要挾之內部其慘淡經營之心始終貫徹到底無懈方當歐事初起決策於俄頃之間比其局勢既定養之以數月之力而在吾國則自始卽誤機宜輸人一著歷時愈久活動之範圍愈隘於是其在外交上之地位勢不能不全陷於受動必人有來我始有應問題未至以前不許豫有趨避也事機成熟以後日人應時而起我惟順受之而唯唯諾諾也夫以強日而乘歐戰謂其有要挾之力得要挾之時此誠先天定數我無如日何者也然而要挾之動機有遲有速要挾之內部有廣有狹此則儘有弱者避重就輕避極不利以就較有利之餘地然而吾國處此準備期間竟不得見其所以爲避就之道逮夫談判開始則祇有拒諾無地容吾避就夫以弱國外交不能收效於避就之間而欲挽救於拒諾之際尙何言哉。

日人既積其準備之功而暴露於正月十八日繼此以往中日交涉乃出準備期而入談判期矣原國際談判之本旨必於當事國互有所利於是相與同意以從事今玆談判讀我國三月二十六日申令雖亦強稱爲協議案件而究其實則日人單獨之迫議也何協之云質言之直日人本其準備之所內韞運用之而實見諸約章者耳當夫提出伊始在日人已若黃河千里蓄源極富而吾國方迷夢初覺驚從天降政府倉皇密議臨期易外交當局以應之其竭蹶可慨也

日人於所已成準備運用之尤極詭譎非不知吾所處卽徑情直索亦何術以爲迎拒也而於條款中必

多布疑兵以眩吾目奪吾氣予吾以輕減餘地則不患吾之不允其所必欲又慮秘密終難久保他國或誤疑以爲眞也同時舉其所必欲者十一事秘告英美俄法其提出我國之內容如下

第一號

日本國政府及中國政府互願維持東亞全局之平和並期將現存兩國友好善隣之關係益加鞏固玆議定條款如左

第一款　中國政府允諾日後日本國政府擬向德國政府協定之所有德國關於山東省依據各約或其他關係對中國政府享有一切權利利益讓與等項處分概行承認

第二款　中國政府允諾凡山東省內並其沿海一帶土地及各島嶼無論何項名目概不讓與或租與他國

第三款　中國政府允准日本國建造由烟台或龍口接連膠濟路線之鐵路

第四款　中國政府允諾爲外國人居住貿易起見從速自開山東省內各主要城市作爲商埠其應開地方另行協定

第二號

日本國政府及中國政府因中國向認日本國在南滿洲及東部內蒙古享有優越地位玆議定條款如左

第一款　兩訂約國互相約定將旅順大連租借期限並南滿洲及安奉兩鐵路期限均展至九十九年爲期

第二款　日本國臣民在南滿洲及東部內蒙古爲蓋造商工業應用之房廠或爲耕作可得其須要土地之租借權或所有權

第三款　日本國臣民得在南滿洲及東部內蒙古任便居住權並經營商工業等各項生意

第四款　中國政府允將在南滿洲及東部內蒙古各鑛開採權許與日本國臣民至於擬開各鑛另行商訂

第五款　中國政府應允關於左開各項先經日本國政府同意而後辦理（一）在南滿洲及東部內蒙古允准他國人建造鐵路或

爲造鐵路向他國借用款項之時(二)將南滿洲及東部內蒙古各項稅課作抵由他國借款之時

第六款　中國政府允諾如中國政府在南滿洲及東部內蒙古聘用政治財政軍事各顧問教習必須先向日本政府商議

第七款　中國政府允將吉長鐵路管理經營事宜委任日本國政府其年限自本約畫押之日起以九十九年爲期

第三號

日本國政府及中國政府願於日本國資本家與漢冶萍公司現有密接關係且願增進兩國共通利益茲議定條款如左

第一款　兩締約國互相約定俟將來相當機會漢冶萍公司作爲兩國合辦事業並允如未經日本國政府同意所有屬於該公司一切權利產業中國政府不得自行處分亦不得使該公司任意處分

第二款　中國政府允准所有屬於漢冶萍公司各鑛之附近鑛山如未經該公司同意一概不准該公司以外之人開採並允此外凡欲措辦無論直接間接對該公司恐有影響之舉必須先經該公司同意

第四號

日本國政府及中國政府爲確實保全中國領土之目的公訂立專條如左

中國政府允准所有中國沿岸港灣及島嶼概不讓與或租與他國

第五號

(一)在中國中央政府須聘用有力之日本人充爲政治財政軍事等項顧問

(二)所有在中國內地所設日本醫院寺院學校等概允其土地所有權

(三)向來日中兩國屢起警察案件以致釀成轇轕之事不少因此須將必要地方之警察作爲日中合辦或在此等地方之警察官

署須聘用多數日本人以資一面籌畫改良中國警察機關

(四)由日本採辦一定數量之軍械(譬如在中國政府所需軍械之半數以上)或在中國設立中日合辦之軍械廠聘用日本技師並採買日本材料

(五)允將接連武昌與九江南昌路線之鐵路及南昌杭州南昌潮州各路線鐵路之建造權許與日本國

(六)在福建內籌辦鐵路礦山及整頓海口(船廠在內)如需外國資本之時先向日本國協議

(七)允認日本國人在中國有布敎之權

而其秘告各國者據二月十七日路透社所電傳。「(一)關於德意志以條約於山東省所獲得各種權利之讓與事宜。將來日德間如有協定。中國應即承認(二)中國不得以山東省或其一部或其海岸附近之島嶼割讓或租借於他國。(三)中國與日本以由煙台或龍口與膠濟鐵路相接之鐵路建造權。(四)中國應在山東省續開商埠。(五)延長關東州南滿安奉線租借之期限(六)中國許日人在南滿及東部內蒙古有居住權並土地所有權。(七)中國許日本以在南滿及東部內蒙古有指定鑛山採掘權又中國如許他國以該地方之鐵路建造權或由他國借款以建造該地方鐵路須先經日本許可。(八)中國如聘用政治上財政上或軍事上顧問時須先商諸日本。(九)吉長鐵路之管理權及管轄權應讓與日本。(十)漢冶萍公司於便宜時應改爲中日合辦。(十一)依完全維持中國領土之主義中國不得以沿海之河口海灣或海岸附近之島嶼割讓或租借於他國。」兩者互勘懸隔遠甚。夫其秘告他國。豈在彌縫一時。而條款顚倒輕如是。則其眞意所必欲之最小限耳。夫日欲竭竪限度何從則列國之所能爲默允而其準備以爲要挾之內部所醞祇此耳顧其提示於我乃不肯卽所準備如量暴露而因勢乘便踵事增華以僞亂眞以利操縱恫喝之後我爲所乘今日結果則逾此最小限矣倘以爲臆度乎則試取其國加藤外相於昨年十二月三日所予日使之訓令而觀之其詞曰『帝國政府欲圖時局之善後且鞏固帝國將來之地位以保持東洋永遠和平故此際欲與中國政府締結第一號至第四號旨趣之條約及規定(提案別錄)第一號爲山東問題之處分第二號大體欲使日本在南滿洲及東部內蒙古之地位益加明確(中略)又第三號乃鑑於我國(日本)對漢冶萍公司之關係並欲爲該公司將來求最善方策而有此舉要之以上三項皆非特別新生事情至第四號不過於帝國政府屢經闡明之保全中國領土主義更進一步而已在帝國政府値此機會益欲確保帝國在東亞之地位(中略)故以爲以上各項之實行爲絕對必要之事(中略)又別紙所錄第五號與第一號至第四號所載各項全然別一問題乃此際欲向中國勸其實行之事項(中略)又本件交涉中中國當局必提議欲知帝國關於膠洲灣最後處分意嚮之所在帝國政府之意若使中國政府能承諾日本要求則重保全中國領土主義爲增進中日國交親善計卽言交還該地亦所不惜望察知此旨如果實行交還時須附條件如開放該地作爲商港及設日本專管租界等事皆絕對必要者如聲明交還時可俟請訓再爲措置』試爲繹讀其旨要剝去其外交門面語而露骨以揭日人談判之眞意則其所必欲者厥惟第一二三四各號其範圍適等於路透電所傳而第五號實非所急卒乃收效於福建問題已出所望而復允之以日後協商尤喜逾願至膠澳可爲附加條件之還附亦早決在提案以前然而日使最初所加於我者聲色極厲態

極頑強迫我承諾全體二十一條不稍懈也。逮恫喝之效已奏強半成擒之後乃復一縱而交還膠澳之虛餌僅乃於四月二十六日提出新案時一示誘我旋咎我回答不足卽復撤去而第五號則直至新案提出時尚迫我以換文或由外交當局聲明也。我繼屈讓五月一日交覆而二次成擒於是酬吾以最後通牒而交還之說始定日後協商之局以成。蓋溯自談判開始日人玩吾股掌威迫反覆靡所不極吾與之周旋數月疲命奔越究其所與以視日人豫計抑過或不及可覆按也。

談判期中依日人操縱之闔翕張弛而得區爲四段落。起正月十八日迄二月二十二日爲要索討議全部之期則日人操縱之第一步也。於此期間日人首取逆勢以利進行蓋乘迅雷不及掩耳令吾猝莫辨其眞意所在無精覈抉擇之餘暇而列國亦方恃其秘告姑袖手不贊一言。於是陷吾於惶惑迫吾以表示對於通體之拒諾。二月二日第一次會議所爭卽此。五日第二次會議因我又僅論列第一二號至八日而稱奉其政府訓令非於第三四五號亦示意見不可。九日十一日互爲非公式協議至十二日而我周章無備之政府遂交付修正案於日使矣。此項修正案日政府所公布與吾國所流傳互有異同。據吾國所流傳者則當日允諾之範圍尤廣屈讓之程度愈深。茲就日政府所明示爲二月十二日交付之修正案者譯如下。

第一號 日本國政府及中國政府爲維持極東全局之平和並期將兩國友好善鄰之關係益加鞏固茲締結左之條款（第一條）今後日德兩國政府間關於德國在山東省內依條約及成案辦法（除德國膠州灣租借條約第一章在外）對中國享有一切利益等而協定其處分時中國聲明概行承認（第二項）日本國政府於中國政府承認前項利益時應聲明還附膠州灣於中國並

承認今後日德兩國政府間爲前項協商時中國有權加入會議（第二條）今同爲日本國用兵膠州灣所生各種損害日本國政府應承諾擔任賠償膠州灣內之稅關電報郵政等各事在膠州灣還付中國以前應暫照向來辦法辦理其用兵添設之軍用鐵路電信等即行撤廢膠州灣僞有租界以外所殘留日本軍隊先行撤回膠州灣還付中國時所有租界內留兵一律撤回（第三條）中國政府允准自行建造由煙台或龍口接連膠濟路線之鐵路如需用外款德國願拋棄煙濰路借款權時可先儘日本資本家商議（第四條）中國政府承認爲外國人通商起見在山東省內自行選定適宜地方開爲商埠其章程由中國自定之

第二號

日本國政府聲明始終尊重中國在東三省有完全領土主權茲中日兩國政府爲發展彼此在東三省南部之商務起見議定條款如左（第一條）中國政府允准延長旅順大連租借期至九十九年以民國八十六年即西歷一千九百九十七年爲滿期又延長南滿洲鐵路全部交還之期至九十九年以民國九十年即西曆二千一年爲滿期其他皆照各當該原條約辦理（第二條）中國政府允俟日本國安奉鐵路經營期滿時商議期限延長辦法其他各節照中日滿洲協約附屬第六條繼續辦理（第三條）中國政府在現今東三省開放商埠以外更酌定地點自行開埠通商劃定界線許日本及各國商民任意居住貿易並經營工商業等各種業務且許日本及各國商民爲建造關於工商業所必需房廠可向各管業主公平商議租金租借土地但一律完納各種稅捐（第四條）從本協約簽字之日起一年以內日本資本團希望在東三省南部經營礦業時除已經採勘及開採之礦山外中國政府允將該地方礦山探勘特權限以一年給予該資本團對於所調查礦山許令選擇半數遵照中國礦業條例實行開採其他各礦山由中國自行處置（第五條）中國政府今後在東三省南部需建造鐵路時中國自行籌款若需用外國資本時允先向日本資本家商借（第六條）中國政府聲明嗣後在東三省南部需聘用政治財政軍事各外國顧問時應儘先聘用日本人（第七條）關於東三省中日現行各條約除本協約別有規定者外一切照前實行

關於漢冶萍公司交換公文案

查漢冶萍公司爲中國商辦公

司按照中國法律原有保全財產營業管理之權故政府未便不與該公司商定逕自代爲處置惟該公司將來若有機會爲現在事業希望與日本國商人商訂合意辦法時以不違背本國法律爲限中國政府應即允許

由此觀之卽知開議未及一旬而於談判主要之第一二三號我實已允諾逾半矣復據外交部答覆參政院文則於第四號當日亦業允由中國自行宣布則所未及者僅乃非所必欲之第五號矣說者以談判開始至於終結歷時三月有餘吾國不可謂不持重而不知其初乃有以十日而承諾強半之一段事實惟時則十九省將軍之電爭方力政府方侈口論國人靜俟無躁而自示其有嚴正一定之政策也至第五號在我當日固尙未議及然在日人則確已收其效用何者苟日人自始不淆入第五號則無以虛張姿勢而肆其恫喝惟既淆入以亂吾視聽復迫吾以全部應諾其態度又極橫強以不允不復開議相要故五日以後越半月無正式會議且語吾以過於堅持恐生不測而駐日陸使亦爲之疊電政府不應所求將蹈危險於是日人採逆勢攻入之陣法吾惟不觸觸卽披靡計其戰利所獲距非所必欲之假全部似尙遼遠而於所必欲之眞全部則迎刃而入矣操縱之術顧不善哉雖其所秘告列國者旋漸敗露遂有十七日路透社之電傳第五號之虎皮當不復可以畏人然而於我少濟矣

二月二十二日開第三次會議日人於所必欲之全部既已迎刃而入獲其概要遂允我以逐條討論繼此以迄於四月十七日屬逐條討論期則日人操縱之第二步也其間計正式會議二十有一次卽起第三次迄第二十四次

於此期中歷時五十餘日問題較夥波折極富而操縱亦復多端要在日人所舉措乃不過應用其在討

議全部期所收之功效也何以言之彼於所必欲之全部則已奪我先聲迎刃而入復得就吾所羅織吾意旨何重何輕何從何違參以所要挾之有觸於他國者之利害而定其抑揚緩急而此五十餘日中日使之擒縱離合乃至於聲音笑貌之末曁其政府所以爲之後盾者悉一一適應其分以出之矣

逐條開議後首從事山東問題卽所列第一號者循事理固宜然也惟山東問題曷爲列諸第一號豈其重視乃過滿蒙於是益有以證此次交涉構成所由來首在坐令日人得染指膠澳戰端苟啓要挾之權利卽至惟此最不虞他國之妒最不患吾之不俯就也惟議此時日使態度亦較平靜吾於第三次會議當日承諾前次修正案所未列之第二條由中國自行聲明不將山東沿海或島嶼租借或讓與何國於二十九日第五次會議依前次修正案承認第三條與日人以煙濰或龍濰路之借款權於三月三日第六次會議亦如修正案承諾第四條自闢商埠惟地點及章程修正文尙由中國自定至是則允與日政府協商矣至山東問題之第一條當第一次會議我已提出條件附之允諾卽要求其聲明交還膠澳並允我有權加入講和大會也同時並附以擔任賠償撤回軍隊等五事嗣二月十二日提出修正案亦本此編爲第一號之第一二條夫我承諾此條其性質爲條件附則條件與承諾自始爲一事必強令分離非我同意曾撤銷此條件不可也乃日人當我提出之初要請擱置及至逐條討論復告我容俟緩議不加可否我無如何也而此後遂若不復記憶及此斷章取義但謂我於第一條業經允之矣五月一日我覆日牒重復提出而日人大譁誣我反覆謂爲旣決不應食言其行徑幾無別於市井無賴國際談判之謂何日則無理我則自誤可慨也

山東問題既畢。循序當議第三號。然後及於第三號。顧當日事實。則第三號之討論。乃偕第二號以並舉。山東問題告終於三月三日。而第二號第一條之承認。乃見於三月九日。則其間尚有三月六日第七次會議。其主要議題。當爲漢冶萍事。夫第二號之條款誠酷。顧其範圍乃屬滿蒙。於他國抵觸較寡也。而第三號則不第侵入長江流域。且日人於所秘告列國者外。更復增益第二條。曰礦山附近不許他人開採也。曰凡影響於該公司舉措必經同意也。蓋靡不顯背機會均等之元則。竊知其爲他國所不許也。乃欲乘瞢議之未及。爲捷足之攫得。提前開議。意在玆乎。苟其既得。則責任已嫁於吾國。幸吾此時屈讓之度。尙未至此。而英美俄之質問。則旋於三月十三日相繼提出矣。

三月六日以後。討論始及第二號。即滿蒙問題也。夫日之有大欲於滿蒙久矣。第二號所要索。實乃構成此次交涉之主因。其條件之嚴酷。侵吾主權。攘吾利益至巨。其必得之志至決。故討論入此。而其出鬼入神。龍擣虎躍之狀。亦至可見。其在吾國。則窘迫周章之無能。亦於此時愈莫可掩也。

第二號原案七款。區其輕重。約爲三類。強釋爲既得範圍。而或主延期。或圖潛易其權利之性質者。則於旅大南滿安奉吉長各款是也。絕無與於既得範圍。而藉詞止於發展經濟者。則如獨占採礦權。鐵路借款優先權是也。初非既得範圍。更無條約先例。而其野心昭然。超乎經濟以外者。則其他各款。如土地所有權。內地雜居權。稅課抵債優先權。乃至顧問教習等權。皆是也。三類之中。其較輕或雖重而弊害之波及較狹。暨夫發露較遲者。吾悉已絕少更正。允之於二月十二日之修正案。此在恆例。欲獲其中無論何項之一。鮮有不費絕大談判者。而日人顧乃強半獲之。俄頃曾無所勞。於是既有以益其覬覦。更有以窺吾意旨彼知吾於劃分滿蒙與夫土地所有內地雜居兩事持之較力其他則五十步百步之爭也於是其所爲威刼勢奪之術亦惟議至此兩事時爲最露骨

當第二號開議伊始而日艦游弋福州沿海之警報乃已喧傳三月十日日政府遂發布命令提前換防其海軍亦於是日下令出動其陸軍當局聲稱此舉於談判進行難保不作重要解釋其名和海軍司令則揚言裂支那艦隊以爲一束亦當立碎意固皆在使吾聞之其政府命令既發而軍隊行動乃頗遲滯陸軍之速者爲派入山東兵隊卽其姬路師團之一部於三月十三日始由該團司令命令拔隊而首途最先者在三月十五日其派入奉天之岡山部隊乃相繼至其海軍受命者卽第二艦隊而三月二十三日其主腦旗艦三笠號尙駛入佐世保有備戰之決心者蓋不如是其作用止於示威其進行正與第二號之談判相俟以致其迂迴逮四月上旬各款大半備償所欲而其第一批以後之軍隊乃不復首途矣顧吾國初聞此耗倉皇詰詢日使日使旋稱爲正當警戒質以至者何時換撤則言必待交涉圓滿其無顧忌若是夫國與國之時出爭戰亦極故常惟實無決戰之心而敢昌言以侮我者爲至可痛耳談判云乎哉

威刼勢奪之術既與第二號之談判相終始施之者悍然惟知有強權夫復何咎惟受之者乃竟令其能生効力則吾國被辱極矣茲記其効之所及則三月九日第八次會議首諾旅大南滿之延期而並及安奉且拋棄南滿原約二十三年後可贖回之權利三月十一日第九次會議將前訂安奉九十九年期滿無價交還一項允其刪除是日陸外交總長中途退席赴總統府旋出續議狀極周章蓋適在日政府下

軍事命令之翌日也。三月十六日第十一次會議。允以南滿之鐵路借款權。三月二十三日第十三次會議。允將股權各半之吉長鐵路。拋棄吾國所有並以管理權予日。所謂改爲全路借款重訂合同也。又允以南滿稅課抵債優先權顧問先聘權暨指定區域以內之採礦權。於是第二號案所未定者。僅別東蒙於南滿及第二三兩條卽土地所有內地雜居二事矣。第二三條日人自稱爲第二號案之主腦。其關係直可據吾領土。當局爭之不得不力。而日人持之不少讓。我亦遂歷時愈久。屈讓愈至。其討論實在各條以前。逮各條粗定。而此議猶獨未決。至四月初旬。計談判已達八九次。吾國歷次屈讓之跡。卽日人示威功效所著。數其大要。有可見者。我最初不許雜居。而允在南滿增闢商埠。蓋繼承二月十二日之修正案。惟加允以中日合辦農墾公司也。嗣日人堅欲雜居。我乃撤回前議。而要以放棄領事裁判權並服從中國警章完納各項賦稅與中國人一律。而日本以我司法退步不我可也。嗣允雜居而依延吉韓民辦法。裁判由吾而許日領事以聽審及要求再審權。而日人亦不我可也。屈讓至此。已屬三月中旬。正日人亟亟動兵之際。我無如何。復允分別民刑訴訟。倣土耳其成例。普通案件。允歸日領事。惟土地民訴由我審判。而日人仍不我可也。惟時所要我者。一則警章課稅應經日領事承諾。二則土地民訴雖按中國法律習慣而由兩國會審。實迫我以土耳其之不若。三則易鹿爲馬。土地所有允改永租。我無如何。遂大讓步於第二三條原案全與同意。惟於土地所有改爲商借。並依三月六日日使聲明之案擬成調和辦法。以爲附條。顧尙未能饜所欲。而四月九日我最後之第六次雜居修正案乃出矣。日使受之無答。及二十六日提交新要求案。乃獲知其拒諾之所在。迫我承諾。逮受我屈讓。曾不屑懇切作答。惟突出其新案見示耳。強者與弱者之國際談判法固如是也。而吾國尙得侈口謂之有外交哉。

自入第二號各款之討論後。歷時月餘。因迄不得其確覆如上所述。故無由明定其結束期。惟斷自四月九日我提出最後維居修正案爲止耳。於此期間。我之屈讓最巨。受辱備至。每週會議次數。悉依日人之便。日使墮馬。則往就爲臨床會議。惟懼人之不我寬假也。而日人舉措。則不第其政府出武力以爲之後盾者。至可痛嘆。卽其談判當事者言動之微。亦復多越正軌。聞某書記官當會議時。以杖擊几。杖爲之折。三月三十日。日使竟於議席。聲言其國選舉告終。政府制勝。爲中國計。當速應諾。四月一日提出某件。我方欲發議。而日使喝止之曰。諾否兩言決耳。類此者傳述尙多。昔合肥李氏以戰敗國之使臣赴議敵地。而至馬關後。談笑軒昂。氣奪伊藤。日人至不得不斂其驕志。不識此次當事者對之作何感想也。

日人盤空拏攫之態。實於此時期達其極度。而其應付之事端。亦以此時期爲最繁賾。當夫談判伊始。執一紙祕告旣鉗各國之口。而復輔之以祕密進行。我唯唯不敢絲毫洩也。於是自其提出之初。卽詭示吾以曾得列强同意。意告吾以乞援他國之無益。備施其技倆。令吾並疑列強不復關切中國之命運。宜乎其自始卽拒吾保存會議紀錄之請。蓋其臨會所言。必多不堪入第三國之耳者也。於是振其疾風迅雷之勢。刼吾詐吾。及功效強半已收。而各國乃始稍稍異其所聞。起而質疑。致問於是。日人不得不分其專一對我之精力。而設策以應付他國。此蓋三月中旬以後事也。夫各國之於日。德已爲敵。所餘惟英美俄法。而日人對於英美俄法之外交。則固已收效於準備期間。始與吾開始談判。此時四國之所由起。特因日人乃越其當初準備範圍。而私迫我以第五號耳。然當此時。四國情狀亦復各異。蓋法惟俄意是從。俄則不第竭全力以戰歐西方將恃日於東且於此次日所要挾至酷之滿蒙雜居權利尤惟慮其不獲而已無由均霑於新疆外蒙若是乎其或有不慊於日者惟一美而妄信之於前旋稍疑之於後者惟一英耳美於昨年日致德牒後即令駐日大使賈士理氏於八月二十一日訪日外相加藤氏而致之詞曰日本應依通牒以膠澳交還中國其他行動要當尊重一九零八年路脫高平協約之精神日人漫然置之也本年談判開始美即不安國務卿勃乃安氏曾屢以非公式求說明於駐美日大使日使何答雖不及詳聞要其要求之符合秘告與否在當日實未盡洩於世界也迨三月中旬眞相漸露日人又適於時增兵奉魯美政府乃於十三日正式照會日大使其詞旨大要出以詢問而非抗議謂日本要求之一部雖未及蹂躪日美協約惟有傷中國之政治獨立與領土保全美國因解爲侵害門戶開放主義應求日本說明二十一日日外相加藤氏親致說明於駐日美大使其翌日駐美日大使珍田氏交覆美政府大旨詭稱其要求於領土保全機會均等皆無牴觸於第五號各款均經分辨而於福建問題則特示強項稱其索特別權利於該地者實以抵制他國如美曾有築船塢海港於三都澳之議其意果在台灣則於軍事關係極大云云蓋隱示以第五號各款雖遣秘告原非必得之數而惟此則有要索之決心也於是吾國終無以免於福建之宣言矣美國務卿旋於四月一日聲稱已得日覆意見一致說者以吾國自始未能加意聯美而日人藉參列桑港博覽會式特遣其海軍大將出羽氏等秘事鈎合收效極多彼國跋相於四月三日語路透社員則顯稱已得美國贊可矣自時厥後美之輿論雖激昂而美之政府實緘默吾國恃美之心遂成虛願俟交涉確定至五月初旬美始兩發警告謂無論何約凡牴觸領土保全、門戶開放機會均等、三大主義者皆難承認顧於日則何損於我則何裨哉英於日爲同盟日之所以媚英復加於美當其專橫山東之始旅華英人未嘗不仗義執言而英政府爲戰局計爲將來對德計遂默讓以成日之坐大吾國衮一莫理遜結一朱爾典恃之以引外資博聲氣或稍見效一旦對外則旣誤於日英方屬磋議之初終遂無救於旣曾結合以後也談判開始惟英獨悉內容三月十三日駐日英大使曾偕俄法兩使同時通告日政府請於吾國領土主權暨各國在華利益特別注意惟時日人要挾之有遂秘告喧傳已久雖明知其出自操縱吾國之一策然國際形式上此舉固不可以已也英政府之於中日交涉自始庶因迄終無異惟其國人則激於遠東英商之警告尙屢見質問於議院最初提出者在三月十日之頃英外相葛雷氏則明言深信日本必守一九零五年英日所訂維持列強在華機會均等之盟約也其次輿論復昂於四月中旬下院提出質問多至十有六件蓋重在致疑第五號而英外相葛雷氏於此時聲言政府必得適宜處置不必過懷不安惟復云英已通告日政府不得侵犯英公司所已得於中國之鐵路權利於是日人四月二十六日之新案遂於第五號之鐵路條款尤與他國協商矣最後則激於吾國最後答覆已去而日人之哀的美敦適將發送之時其議員提出質問者十餘人其要旨不外六事（一）英政府能否宣布日本要求（二）與英在華利益有無衝突（三）與日英條約有無違背（四）於中國獨立有無影響（五）日本最近修改之條件曾否通告（六）日本果否恃兵力以強要中國蓋英人之注意不可謂不周而其政府則尙謂日後中國給予權利之文書一旦發表則諸誤解當可立消也要之對日關係英與美之國民或無不同而英與美之政府則確乎有異兩國對日之論難皆始於三月初旬而盛於三四月之交俄法亦復相繼爲形式上之詰問其主眼皆在第五號而其時機則適在討論第二號期內日人處此對我方亟而應付他國亦復多事或則釋疑樽俎或則文書詭辨或則秘使往還或則介路透電社以以宣言於世界其顧盼有餘之勇正復堪羨而我則驚疑憂懼忍隱曲全竭全力以應一日之不暇於國際後援絲毫無由以誘致之也國之弱歟抑外交之無能也

四月十日以後於第二號經告一段落而第三四兩號亦業於三月九日第八次會議後相繼允以不反對合辦允以自己宣言不將沿海一帶割讓於是逐條討論之進程遂及第五號矣第五號原案七款合辦警察一款曾經日使於商議南滿洲顧問時加入警察顧問遂撤去之此時所議計六款也

夫日人提出第五號之效用前固已反覆申言之矣國際間所最忌在聲張過大而實利未符故表見於條款者恒故示其簡狹而適用以收效則擴大之惟恐不足從未有虛列所不急以招吾怨而蔑視吾弱曾不吾稍留餘地如日人此次提出第五號之甚者也顧日人於此其作用乃不待條款之允從而在條款以外之恫喝計至此時第一二三四各號吾國屈讓十已八九於其第五號提出始願蓋已大償卽允吾不復討論亦復何失然而日人乘吾披靡因勢利便堅持不可吾國竟復俯就棄其拒不開議之初志而與之周旋以從事於逐條陳述矣

逐條討論開始於二月二十二日終結於四月十七日其在談判期中實占主部譬之戰爭乃爲正面交敵其間波折區之亦爲數期要其對於全部討議之關係則以此五十餘日成一段落也

夫逐條討論固國際談判之通例卽交涉完成之主要顧其實際則此五十餘日乃大半耗精力於滿蒙

問題其他各項則當日人奮其迅厲之勢迫吾以全部討議於始吾卽已強半承諾此後特就所已諾者再事覆勘且持之進一步吾卽益退一步耳故通觀全局有談判開始以前數月之蓄勢吾卽不能免開始後第一着之披靡有第一着強半之應諾日人卽可就二三要項有餘裕以施其專力堅持之策談判開始以前修軍實備要害置偵伏之舉也開始之初縱先鋒以亂吾陣奪吾氣逮夫逐條討論則望吾殘壘所在坐以施其射聲耳吾以無備之師披靡於一擊之後相繼退却卒見全敗當此之時日人之所必欲者實已大體確定然而日人更能避其島國易滿之短務爲堅忍不拔之態以與吾大陸性之外交相追相逐彼知吾敗北之後必尙有殘餘可供捕掠於是再布其疑陣不遽廢棄其第五號之虎皮以威吾於最後迫吾降服務至於是四月二十六日似最後而非最後似減輕而非減輕之新要求案旋復提出矣此則日人操縱之又一段落也

四月十七日第二十四次會議終了日使聲言討論已畢須俟政府訓令二十日日政府致長文之訓電於日使二十二日我代表詣有會議處待迎賓館日使不至逡巡自去惟時日跛相嘗爲國際宣言論者或解爲含有修正要求之意而同時傳言英美俄法於第四五號要求又嘗質問日本日政府一一辨解其不如傳聞之甚逮二十六日所謂新案者交出則依然與原案相距無幾也其全文如下

第一號前文

日本國政府及中國政府互願維持東亞全局之平和並期將現在兩國友好善鄰之關係益加鞏固茲擬定條款如左

第一款　中國政府允諾日本國政府擬向德國政府協定之所有關於山東省依據條約或其他關係對於中國政府享有一切權

利利益讓與等項處分概行承認

第二款改爲換文　中國政府聲明凡在山東省內並其沿海一帶之地及各島嶼無論何項名目概不讓與或租與別國

第三款　中國政府允准自行建造由煙台或龍口接連膠濟路線之鐵路如德國願拋棄煙濰鐵路借款權之時可向日本資本家商議借款

第四款　中國政府允諾爲外國人居住貿易起見從速自開山東省內合宜地方爲商埠

附屬換文　所有應開地點及章程由中國政府自擬與日本國公使預先妥商決定

第二號前文

日本國政府及中國政府爲發展彼此在南滿洲及東部內蒙古之經濟關係起見議定各款如左

第一款　兩訂約國互相約定將旅順大連租借與期限並南滿洲及安奉兩鐵路期限均展至九十九年爲期

附屬換文　旅順大連租借期至民國八十六年卽西曆一千九百九十七年爲滿期南滿鐵路交還期民國九十一年卽西曆二千零二年爲滿期其原合同第十二款所載開車之日起三十六年後中國政府可給價收回一節毋庸置議安奉鐵路期限至民國九十六年卽西曆二千零七年爲滿期

第二款　日本國臣民在南滿洲爲蓋造商工業應用之房廠或爲經營農業可得租賃或購買其須用地畝

第三款　日本國臣民得在南滿洲任便居住往來並經營商工業等各項生意

第三款第二項　前二款所載之日本國臣民除須將照例所領護照向地方官註冊外應服從由日本國領事官承認之警察法令及課稅至民刑訴訟其日本人被告者歸日本國領事官其中國人被告者歸中國官吏審判彼此均得派員到堂傍聽但關於土

地之日本人與中國人民事訴訟按照中國法律及地方慣習由兩國派員共同審判俟將來該地方司法制度完全改良之時所有關於日本國臣民之民刑一切訴訟即完全由中國法庭審理

第四款改為換文 中國政府允諾日本國臣民在南滿洲左開各礦除業已探勘或開採各礦區外速行調查選定即准其探勘或開採在礦業條例確定以前仿照現行辦法辦理

（一）奉天省

所在地	縣名	礦種
牛心台	本溪	石炭
田什付溝	本溪	同上
杉松崗	海龍	同上
鐵廠	通化	同上
暖地塘	錦	同上
鞍山站一帶	遼陽縣起至本溪縣	鐵

（二）吉林省南部

所在地	縣名	礦種
杉松崗	和龍	石炭鐵
缸窰	吉林	石炭

夾皮溝　樺甸　金

第五款第一項改爲換文　中國政府聲明嗣後在東三省南部需造鐵路由中國自行籌款建造如需外款中國政府允諾先向日本國資本家商借．

第五款第二項改爲換文　中國政府聲明嗣後將東三省南部之各種稅課（惟除業已中央政府借款作押之關稅及鹽稅等類）作抵由外國借款之時須先向日本資本家商借

第六款改爲換文　中國政府聲明嗣後如在東三省南部聘用政治財政軍事警察外國各顧問敎官儘先聘用日本人

第七款　中國政府允諾以向來中國與各外國資本家所訂之鐵路借款合同規定事項爲標準速行從根本上改訂吉長鐵路借款合同

將來中國政府關於鐵路借款附與外國資本家以較現在鐵路借款合同事項爲有利之條件時依日本之希望再行改訂前項合同

中國對案第七款　關於東三省中日現行各條約除本協約另有規定外一概規仍舊實行

關於東部內蒙古事項

一日政府允諾嗣後在東部內蒙古之各種稅課作抵由外國借款之時先向日本政府商議

一中國政府允諾嗣後在東部內蒙古需造鐵路由中國自行籌款建製如需外款須先向日本政府商議

一中國政府允諾爲外國人居住貿易起見從速自開東部內蒙古合宜地方爲商埠其應開地點及章程由中國自擬與日本國公使妥商決定

一如有日本國人及中國人願在東部內蒙古合辦農業及附隨工業時中國政府應行允准

第三號

日本國與漢冶萍公司之關係極爲密接如將來該公司關係人與日本資本家商定合辦中國政府應即允准又中國政府允諾如未經日本資本家同意將該公司不歸爲國有又不充公又不准使該公司借用日本國以外之外國資本

第四號

換文

按左開要領中國自行宣布所有中國沿岸港灣及島嶼概不讓與或租與他國

換文第二案

關於由武昌聯絡九江南昌路線之鐵路又南昌至杭州及南昌至潮州之各鐵路之借款權如經明悉他外國並無異議應將此權許與日本國

對於由武昌聯絡九江南昌路線之鐵路及南昌至杭州南昌至潮州各鐵路之借款權由日本國與向有關係此項借款權之他外國直接商妥以前中國政府應允將此權不許與何外國

換文

中國政府允諾凡在福建省沿岸地方無論何國概不允建造船廠軍用蓄煤所海軍根據地又不准其他一切軍務上施設並允諾中國政府不以外資自行建設或施設上開各事

陸外交總長言明如左

一嗣後中國政府認爲必要時應聘請多數日本顧問

二嗣後日本國臣民願在中國內地爲設立學校病院租賃或購買地畝中國政府應卽允准

三中國政府日後在適當機會遣派陸軍武官至日本與日本軍事當局協商採買軍械或設立合辦軍械廠之事

日置公使言明如左

關於布敎權問題日後應再行協議

按此次修正案除於第五號各款延期者一。易爲換文者二。由外交當局言明者三。暨刪內蒙於南滿改列四款及南滿雜居之附加案。尙有異同外其他蓋列記逐條討論之成績耳。夫第五號之非所必欲。最初卽已確定。乃至此時。尙不肯逕行放輕。而僅出於變易形式。且詭稱爲最後最小限度之修正。而同時誘吾以膠澳之虛餌。謂如全部承認。日本可以適當時機附加條件交還中國。則其意實不僅執此以迫吾承認內蒙四款。暨南滿雜居之附加案矣。夫望蜀者惟其旣得隴也。吾惟望風披靡。俾日人及早已獲其所必欲。於是有再進而索及所不必欲之機會。且吾於四月十日以來。過與委蛇。陳說第五號。於是益有以啓其野心。令彼得謂其變易第五號之形式者。乃原本於吾意而積勢所刼。益復難以自持。吾乃並此第五號所列。尙不得不允其一事。而福建之聲明。遂以定矣。

五月一日。我交覆日使於第五號之福建問題。允爲聲明於東蒙四款。應諾三款。於南滿雜居裁判權。復爲讓步。而於第一號第一條。則取二月間所提議條件重行提出。卽日人所譁以爲反覆者也。其全文如下。

第一號前文

日本政府及中國政府互願維持東亞全局之和平並期將現存兩國友好善鄰之關係益加鞏固茲議定條款如左

第一款　中國政府聲明日後日德兩國政府彼此協定關於德國在山東省內依據條約及成案辦法對於中國政府享有一切利益等項處分屆時概行承認日本國政府聲明中國政府承認前項利益時日本應將膠澳交還中國並承認日後日德兩政府上項協商之時中國政府有權加入會議

第二款　此次日本用兵膠澳所生各項損失之賠償日本政府概允在膠澳內之關稅電報郵政等各事在膠澳交還中國以前應暫照向來辦法辦理其因用兵添設之軍用鐵路電線等即行撤廢膠澳舊有租界以外留餘日本軍隊先行撤回膠澳交還中國時所有租界內留兵一律撤回

第三款改爲換文　中國政府聲明凡在山東省內並其沿海一帶之地及各島嶼無論何項名目概不讓與或租與外國

第四款　中國政府允准自由建造由煙台或龍口接連膠濟路線之鐵路如德國願拋棄煙濰鐵路借款權之時可向日本資本家商議借款

第五款　中國政府允諾爲外國人居住貿易起見從速自開山東省內合宜地方爲商埠

第六款　以上各款將來日德政府協商讓與等項倘或未能確定此項預約作爲無效

第二號前文

日本國政府及中國政府爲發展彼此在南滿洲之經濟關係起見議定條款如左

第二款　日本國臣民在南滿洲爲蓋造商工業應用之房廠或爲農業可向業主商租須用之地畝

第三款　日本國臣民可在南滿洲任便居住往來並經營商工業等各項生意

第二號第三款第二項　前二項所載之日本國臣民除須將照例所領護照向地方官註册外應服從中國警察律及違警章程完納一切課稅與中國人一律至民刑訴訟各歸被告之本國官審判彼此均得派員傍聽但日本人與日本人之訴訟及日本人與中國之訴訟關於土地或租契之爭執均歸中國官審判日本領事官亦得派員旁聽俟將來該省司法制度完全改良之時所有日本中國臣民之民刑訴訟完全由中國法庭審理

換文

一中國政府聲明嗣後不將南滿洲及熱河道所轄之東部內蒙古除關稅鹽稅外之各種稅課抵借外債

一中國政府聲明嗣後在南滿洲及熱河道所轄之東部內蒙古需造鐵路由中國自籌款建造如需外款除與他國成約不相抵觸外先向日本國資本家商議一中國政府允諾為外人居住貿易起見從速自開南滿洲及熱河道所轄之東部內蒙古內合宜地方為商埠其章程按照中國他處已自開之商埠辦法辦理

第三號　日本國與漢冶萍公司之關係極為密接如將來該公司與日本資本家商定合辦中國政府應即允准又中國政府聲明該公司不歸為國有又不充公又不准使該公司借用日本以外之外國資本

來函

逕啓者聞中國政府在福建省沿岸地方有允外國建造船廠軍用蓄煤所海軍根據地及其他一切軍務上施設並聞中國政府有借外資建設或施設上開各事有無此項情事希即見復為荷

復函

敬啓者接准月日來示閱悉中國政府可以聲明並無在福建省沿岸地方允外國建造船廠軍用蓄煤所海軍根據地及其他一切軍務上之施設又無擬借外資建設或施設上開各事相應函復卽希查照

覆文交後日人以我曾指爲最後答覆因誣我無誠意舉國譁然日政府旋於五月四日招致其國元老山縣大山松方三氏與其閣臣開聯合會議山縣等勸日外相加藤氏以大使資格携最後通牒親赴吾國俟吾不允再爲交付加藤氏以已無餘地拒之其海相八代氏提議改派他人亦迄不果蓋日英夙約平和處置由日如事戰爭必英同意而英時適有勸告致日日固未便卽戰焉敢輕遣特使或難收拾而陽爲積極之進行下動員令布關東戒嚴令電日僑準備回國而陸軍備戰奉魯海軍相繼出發哀的美敦計時待交吾乃又爲所欺倉皇失措策無所出亟亟又欲自食其最後答覆之語而謀所以讓步據其國議員犬養毅氏於六月四日所聲言於衆議院者則我國實曾於五月六日遣外交曹次長往訪日使示以第五號中兵器顧問兩項請允俟日後協議而此外三項皆逕可應諾適日使方將請訓而其政府最後通牒之文乃於是日午後三句鐘電達矣日人至詒其政府所以迫吾於通牒者乃不及吾可允之量然而爲我國民者則將何以問責於政府哉

七日午後三句鐘日使致最後通牒於我其全文如下

今回帝國政府與中國政府所以開始交涉之故一則欲謀因日德戰爭所發生時局之善後辦法一則欲解決有害中日兩國親交原因之各種問題冀鞏固中日兩國友好關係之基礎以確保東亞永遠之和平起見於本年一月向中國政府交出提案開誠布公與中國政府會議至於今日實有二十五回之多其間帝國政府始終以妥協之精神解說日本提案之要旨卽中國政府之主張亦

不論鉅細傾聽無遺共欲力圖解決此提案於圓滿和平之間自信實無餘蘊其交涉全部之討論於第二十四次會議即上月十七日已大致告竣帝國政府統觀交涉之全部參酌中國政府議論之點對於最初提出之原案加以多大讓步之修正於同月二十六日更提出修正案於中國政府求其同意同時且聲明中國政府對於該案如表同意日本政府即以因多大犧牲而得之膠州灣一帶之地於適當機會附以公正至當之條件以交還於中國政府五月一日中國政府對於日本政府修正案之答覆實與帝國政府之豫期全然相反且中國政府對於該案不但毫未加以誠意之研究且將日本政府交還膠州灣之苦衷與好意亦未嘗一為顧及查膠州灣為東亞商業上軍事上之一要地日本帝國因取得該地所費之血與財自屬不少既為日本取得之後毫無交還中國之義務然為兩國國交親善起見竟擬以之交還中國而中國政府不加考察且不諒帝國政府之苦心實屬遺憾中國政府不但不顧帝國政府關於交還膠州灣之情誼且對於帝國政府之修正案於答覆時要求將膠州灣無條件交還並以日德戰爭之際日本國於膠州灣用兵所生之結果與不可避之各種損害要求日本擔任賠償之責其他關係於膠州灣地方又提出數項要求且聲明將來有權加入日德講和會議明知如膠州灣無條件之交還及日本擔負因日德戰爭所生不可避之損害賠償均為日本所不能容認之要求而姑為要求且明言該案為中國政府最後之決答因日本不能容認此等要求則關於其他各項即使如何妥協商定終亦不覺有何等之意味其結果此次中國政府之答覆於全體全為空漠無意義且查中國政府對於帝國政府修正案中其他條項之回答如南滿洲及東部內蒙古就地理上政治上商工利害上皆與帝國有特別之關係為中外所共認此種關係因帝國政府經過前後二次之戰事更為深切然中國政府輕視此種事實不尊重帝國在該地方之地位即帝國政府以互讓精神照中國政府代表所言明之事而擬出之條項中國政府之回答亦任意改竄使代表者之陳述成為一片空言或此方則許而他方則否致不能認中國當局者之有信義與誠意至關於顧問之件學校病院用地之件兵器兵廠之件與南方鐵道之件帝國政府之修正案或以關

係外國之同意爲條件或祇以中國政府代表者之言明存於記錄與中國主權與條約幷無何等之抵觸然中國政府之答覆推以與主權條約有關係而不應帝國政府之希望帝國政府因鑒於中國政府如此態度雖覺殆再無繼續協商之餘地然終眷眷於維持極東平和之帝國務冀圓滿了結此交涉以避時局之糾紛於無可忍之中更酌量鄰邦政府之情意將帝國政府前次提出之修正案之第五號各項除關於福建省互換公文一事業經兩國政府代表協定外其他五項可承認與此次交涉脫離日後另行協商因此中國政府亦應諒帝國政府之誼將其他各項卽第一號第二號第三號第四號之各項及第五號中關於福建省公文互換之件照四月二十六日提出之修正案記載者不加以何等之更改速行應諾帝國政府茲再重行勸告對於此勸告期望中國政府至五月九日午後六時爲止爲滿足之答覆如到期不受到滿足之答覆則帝國政府將執認爲必要之手段合併聲明另附說明書七

通計七欵如下

一除關於福建省交換公文一事之外所謂五項卽指關於聘用顧問之件關於學校病院用地之件關於中國南方諸鐵路之件關於兵器及兵器廠之件及關於布教權之件是也

二關於福建省之件或照四月二十六日日本提出之最後修正案或照五月一日中國所提出之對案均無不可此次最後通牒應請中國對於四月二十六日日本所提出之修正案不加改定卽行承諾然此係表示原則至於本項及（四）（五）兩項皆爲例外應特注意

三以此次最後通牒要求之各項中國政府倘能承認時四月二十六日對於中國政府關於交還膠州灣之聲明依然有效

四第二號第二條土地租賃或購買改爲暫租或永租亦無不可如能明白了解可以長期年限且無條件而續租之意卽用商租二字亦可又第二號第四條警察法令及課稅承認之件作爲密約亦無不可

五東部內蒙古事項中關於租稅擔保借款之件及鐵道借款之件向日本國政府商議一語因其與在滿洲所定之關於同種之事項相同皆可改爲向日本國資本家商議又東部內蒙古事項中商埠一項地點及章程之事雖擬規定於條約亦可仿照山東省所定之辦法用公文互換

六日本最後修正案第三號中之該公司關係人刪除關係人三字亦無不可

七正約及其他一切之附屬文書以日本文爲正文或可以中日兩文皆爲正文

最後通牒出而中日談判遂入第四段落自其外形而觀則此數日爲談判危迫之期顧按其實質則日人之所要挾曾不逮其四月二十六日之修正案夫以日席積勝之後我當披靡之餘大欲所償又已什九此外殘餘彼豈無術以迫我於壇坫之間而必故出此國際所忌之武斷行爲者則有以知其用意決非舍此無以遂所求於目前而習見吾屈讓備至曾無底止遂乃奮其最後之權威隳吾聲威蔑吾體面俾知日怒固不易犯增兵絕非空吼令吾由是有所慴於中而格於現勢所不能遽獲之第五號內五項既迫吾允以伏其機復奪吾氣以開異日再至之先導矣故有四月二十六日之一擒卽繼之以五月七日之一縱吾見其已不復堅持第五號之五項乃爲欣然俯就也而不知卽此一縱已復被擒以貽患將來矣四月二十六日之一擒其效乃見諸五月七日五月七日之卽縱以爲擒者其奏效當復不遠也可不懼哉

我政府受通牒後適將致覆而日使旋索閱底稿我唯唯莫敢拒也八日午后因删改覆文往返磋商於日使者三於第五號中五項日使強我加日後協商四字我唯唯復莫敢拒也迨九日午前一句鐘我覆

始去其文如下。

本月七日下午三點鐘中國政府准日本公使面遞日本政府最後通牒一件附交解釋七條該通牒末稱期望中國政府至五月九日午後六時爲滿足之答覆如到期不收到滿足之答覆則日本政府將執認爲必要之手段合併聲明等語中國政府爲維持東亞和平起見對於日本國政府四月二十六日提出之修正案除第五號中五項容日後協商外其第一號第二號第三號第四號之各項及第五號中關於福建問題以公文互換之件照四月二十六日提出之修正案所記載者並照日本政府所交最後通牒附加七件之解釋卽行應諾以冀中日所有懸案就此解決俾兩國親善益加鞏固卽請日本公使定期惠臨外交部修正文字從速簽字爲荷

自交覆允諾而談判期遂告終了。嗣十五日。日使出其政府所擬定條約正文。交我。迨月二十五日簽字北京。六月八日在東京交換批准。於是喪權辱國之條約二照會十有三。遂與我國民以永痛而貽禍患於無期矣。

吾人探索原委。推測方來。最後尙欲有一言以正告我國人曰。東鄰要挾之有無。誠決於歐戰之成否。惟要挾動機如是其速。要挾內部如是其酷。則因吾失敗於準備期中之有以促之釀之。夫固旣述如前矣。逮夫談判開始。吾以弱國雖無復避就餘地。然以謂拒諾之際。豈遂無功。卽極所失。當不逾日人準備所得者。庸詎知人之謀我。固無止境。前效方呈。後機卽伏。當其準備旣成。談判開始之日。乃卽乘機再厲越所準備以外第五號之提出。固日人始願所不急。而各國意料所不許者也。乃吾旣惑於前。倉皇彊半聽從。復屈於後。允以俟諸異日。夫國際禍機。交相倚伏。橫逆之加。難於其始。彼其初姑妄以試吾者。乃今日則吾已諸爲在可協商之列而遂成懸案矣繼自今其受禍於條約之結果者已亘而覆文所許第五號中之五項禍機潛伏猝發更莫知何日要之正月十八日以後五月九日以前吾國折衝數月備受欺淩顧其結果乃一則結束其準備期間所失敗一則繼復失敗以俟他日之結束耳可不哀哉可不痛哉

三紀歐洲戰事（續第五號）

漸生

奧塞戰爭

創此彌天之禍。今尙不克測其終極。爲時不越一載之遙。趨勢已周地球之面。追及天空。殲窮海底。耗財無藝。殺人無算。舉世惟務於兵戎。大義無邈於軍國。國於大地者以百數。有若不與於交戰團體。卽隱失國家資格。而將來國際團員之地位。亦將於此決。有無焉。是果何景象也。以夙昔有同盟之雅之意。今茲亦相見以干戈。以孟羅主義。號召天下之美。今以一船之橫被沈沒。亦隱隱而見告

吾易有云。天造草昧。宜建侯而不寧。以文化遞演迄二千年久之今日。乃以有國者相競。致無地以安居。觀近者德爭比塞之影畫。俄窺奧堡之寫眞。草樹粘天。山河雄鬱。而火煙觸野。樓船并炸。寺屋半圯。尸骸蔽地。黎市陷后。僅餘一犬。亦以吠怪而中敵彈。波蘭荒蕪。從軍記者爲之裹足。但傳維河流域。時以積尸爲之不流。歐大陸東西相望。以婦女奔走流離。屋傾煙鬱。而全家盡沒者。更數見不鮮矣。二萬七千里之遼圓。乃僅以供血濺尸橫。推演劇慘之具。天地不仁。以人爲芻狗。昔聞其語。今見其事。戰爭中所表見之慘酷。耗矣哀哉。已如是其極也。戰后之蕭條荒漠。殆不可思不可議。而作始乃在顚斯尼亞一彈

顚斯尼亞之一彈。乃奧塞作戰之張本也。吾儕立於局外。觀之耳不忍聞。目不忍睹。乃生人所有之恆情。夫固無所左右袒也。春秋無義戰。其語出於孟氏。而自吾言之。豈惟春秋哉。凡一言戰。卽未有義者也。今之以平和爲言者。咸集矢於德奧。而有所恕於英法。是豈持平之論邪。於論次奧塞戰爭。附此導言說明

斯義。亦述事之順序。應爾也。

與塞戰爭。被動也。啓釁以後。卽靡事不俯仰於他人。匪惟無陳兵鞠旅之能。卽應敵之師。亦非所許。半從於英俄德法。已爾殆無能爲雞尸於萬一。故混跡大戰之中。謬以戎首被目於天下。而鉦鼓寂然。論者乃不察其終始。恆以兵法律之。甚矣其誤也。今試舉其最有力之數說。有曰。法聞德師長驅直入。而倉皇遷都於其南。塞與奧匈談判決裂。亦棄舊都而不顧。是豈軍事計畫所不得不如此耶。抑二國用慮之未精也。彼別爾克辣者。位於多惱沙伴兩河交會之際。其形勝北可戰匈奧。南可戰希土。無事則商賈輻輳。有事則一夫當關。萬夫莫前。夫固巴爾幹之函谷關也。險要如此。乃以有與敵共之之缺點。遂不戰而讓之敵。有寧非失算耶。法畢竟非還都巴黎不可。塞則時棄而時取。徵於戰爭所經過。而益瞭然始謀之不周也。

又有曰。塞爾維亞者。以頗赫二洲爲幟志者也。旣與人決鬭。則宜舉國以從。向西北進取。而不宜退守東南。塞之所缺者海。爾宜憑藉門的內哥之軍港。張聲勢於外海。而不宜僥倖於向背靡定之布加利亞之不我侵。而倚谿谷以爲固。且塞山國也。守易而攻難。居恆旣以巴爾幹勇者自居。豈臨事而可自安於苟且。前者與土對壘十閱月。雖不克直達君堡。而人謂其能戰焉。平時有兵六萬。戰時可得三十萬。今列強方投於戰爭。夫固與塞以橫行之機也。又況與塞爲敵之奧。重要師旅。盡數輸於東方。西南防禦之師。空虛可想。失此不爲。而老師費餉。其於大塞爾維亞主義之謂何耶。

其對於塞之責言如此。論奧亦有曰。疾風不終朝。驟雨不終日。始之勇猛者。恆不克繼續於其終。此兵家所最忌。而相戒不可者也。乃者奧有貴言於塞。朝野勃勃。勢將滅此朝食。有窮追而無讓步。意氣之雄奚若也。乃若虎似狼之態。僅在哀的美敦一書。紙上之兵以外。初哉首基。竟無戰事。夫與人決鬭。而袖手旁觀。蹉跎復蹉跎。竟延至二十日之久。始徐徐作戰。迨吾所損東方之軍十五萬。得達別爾克辣以北。而塞已徵集師徒。占吾先著。且爲數亦十五萬。以主待客。匪惟以禦來師已也。其別軍游弋於端麗河畔。者拜聲言將以爲規取頗赫二洲地步。先聲奪人。是無待交鋒而勝負有在矣。果爾奧與之遇。戰五日不休。而勝利歸之塞軍。不武孰甚焉。賀戰勝者旣在塞。而易之所發表。遂謂奧所損傷竟達巨萬。其說不無誇張。而維也納掩飾之詞。乃不認戰敗。而繆悠其義曰。懲罰之師。不在勝利。但取足表示軍容已爾。據此則奧軍敗退不可掩之事也。

且勝之不武。勿勝爲笑。其語非爲奧發也。而若爲奧設。奧旣與德連鷄並棲。東南奔命於波蘭而不暇。西與共外海之意大利。又駸駸而欲動。始旣寂然。卽宜終持不戰主義。任敵保有其舊都。乃以十五萬師示人以虛實。梅特陘之聲威掃地。而多惱中流之艦隊。頓與人以易竊。故延及九月。塞卽隔岸施其炮火。直統軍渡河。而徑取塞舊都對岸之窩林部署甫畢。又超窩林背後。以不絕之炮彈轟浴奧境。其別軍往西北者。與門的內哥合。更得爲頗斯尼亞之侵入。奧軍之頹敗至此。勝負縱兵家之常。乃何以對於首要之敵人。始則無戰。繼則有戰而不有勝。而東方之成績。又復缺如。更不得引見小敵怯見大敵勇之言以自慰也。

凡此總總之云。皆就奧塞以言奧塞耳。今茲戰爭。吾前固言對壘之雄。爲英與德。英德之方針。誰向而重心即隨之以移歐東西固天然戰場也而平和恢復之前歐南亦在所不免土耳其既與於德而意大利又與於英未來戰爭之激烈及今已略具端倪以次得述土耳其興師時奧大利之活躍而意大利加入后塞爾維亞又舉國以從前者被指使於德后者被指使於英固非其所自動也解此而對於奧塞之責備可以寬矣。

當奧塞戰事肇始時。觀戰者之視線，靡不集於別爾克辣。以謂是區區者殆指日歸之奧有也。乃兩軍對壘中更數月。而別爾克辣如故。人遂習焉忘之。且謂奧莫塞若也。乃以去冬十二月二日終落於奧人之手。其時後爲軍事談者。遂發生一二疑問。以絕難防禦之別爾克辣。何能於長久時間。繼續抵抗乎。此一疑問也。相持不下。數月於茲。奧若認爲石田也者。又何忽以爲軍事所必要。而汲汲攻取乎。此又一疑問也。

干戈之局已成。在吾人當時所感想。亦非無第一之懷疑也。以前者塞竭全力於巴爾幹戰爭。瘡痍尚未復。準備尚未完。今又臨以十倍之大敵。而所都爲別爾克辣。其地三面受敵。獨一面倚谿谷之險。敵之攻不必公輸之巧。而吾之守即百墨翟亦有所不能矣。塞之明有奧師。即不慮及保加利亞之窺伺。而倉皇遷都於易芝。亦形勢之不得不爾也。棄之而敵不取之。反夷然得以支持數月。是有故焉。不可忽也。彼俄。諸以出師遲漫聞於天下者也今乃反所豫期不十日而全師以出如此則奧之嘉里細亞危非先以重兵引俄於波蘭以北則國境且不保安有餘力得與塞爭且成師以出求致敵也德盡域內之師與英戰於比法俄自乘隙以擾西陲非合力以阻俄師則德東西弃命之不暇安能力征英法彼倫敦者是乃敵也別爾克辣形勝，不中要害，得其地不足以為利，奚用老師為耶。

始戰時之情實如此也，而軍事一日千變，矧既數月，形勢自異，土耳其投於戰爭矣，歐南之局面奚若，此時為未知數，而方略所出，非先造強有力之聲威，則巴爾幹各邦庶得聯為與國，而西以戰英法，東以扼強俄，其希望皆水泡爾，衆之於奧，亦如黑子著面耳，今不能大創之，則各邦觀望，或附敵而與我為仇，且別爾克辣者，巴爾幹之中堅，奧非得之，則維也納與君士但丁之鐵軌中斷，鐵軌不得利用，則有土耳其之應援如無有也，故德之賓天保氏為土耳其籌畫軍國時，即與之佛格蘭將軍為奪取別爾克辣準備之日，與德之相應，路人所知也，而軍中發表，乃錯亂其詞，諱而不言，謂欲以別爾克辣為老皇壽，期於舉行六十六年即位祝典日陷落之，夫豈其情實耶，而奧都報紙，遂誇大其詞，謂捕虜之數，乃逾巨萬，舉國歡喜若狂，以賀戰勝，吾謂非賀戰勝也，賀得此戰勝，而巴爾幹之聲威震矣。

使奧非倚此以壯聲威，則佛氏奏記老皇，何以必謂「別爾克辣不足守也，易芝之之圖陳之維也納，請假徽臣以二十一日，保為陛下得之」，而老皇亦錫以無上之勳章，以旌其功，在奧將親歷行間，詎不知塞舊都之不可守，易芝之不可攻，而老皇臨宇六十餘年，又豈不諳軍中情實，而貿焉賞罰者，乃君若臣，不惜為此詐偽，事後又不聞督責，其必有其他軍情發生於不意，可知也，敗報達於維也納，輿論大譁，有請仿法治俾爾散故事，附佛格蘭於軍法會議者，而匈牙利首相至宣言於奧皇前，有曰，吾匈與衆密邇，奧若不能為匈謀者，請任匈獨立，而匈自謀之，今據戰爭所經過，佛格蘭之治軍如故也，而奧匈亦不聞有所携貳。

且別爾克辣前之見棄於塞者以三面受敵也今自塞歸之奧有三面受敵之危有轉移而無減損奧欲收爲郡縣乎則三面之防禦不可缺非橫陳勁旅於端利納河畔塞與門的內哥合而別爾克辣危非加增多惱流域之艦隊塞師自東截取別爾克辣更危雙方有備而非得重兵駐其南則自塞新都易之輕騎一日夜可以抵別爾克辣而全功盡毀如此非三十萬軍不能也而與歐南攻取之師其數既不足三十萬又以急赴俄西要塞（蒲善密胥爾）之援迭遣大軍十六萬於嘉里細亞留之塞境者僅僅十二萬餘人兵力單薄可知也使無致死之敵猶得僥倖支持而塞自啓戰以來損傷不越二萬人且時補以十九歲之兵數又達於四萬然則塞軍乃三十二萬人也塞皇畢塔氏又以六十老軀親出督戰以鼓厲士氣將士更一以當十靡不爲王效死夾摩拉拂河兩岸殆只有塞師而不見奧兵也衆寡之不敵如此而歐東勢急又不得分師於南留別爾克辣以爲後圖事固不得已也所幸者土耳其之軍容不因塞而見損而保羅門希亦中立如故蒲善密胥爾隨德以舉其功自有眞値也

土耳其與於德而奧以三十萬師追別爾克辣取得而復失乃其他之關係方略所在仍無自掩也今意大利與於英法而岑寂無行動之塞軍即開始活躍求軍港於亞班尼且與門的內哥聯合以亞班尼北部委之門而以亞班尼南部委之意但求於中間領一海港以通地中海於塞爲已足其協約以六月十日發表於泰晤士報而明日塞軍即占領亞班尼之典西拉哥自此阿執倫多之海峽與塞無遮而意行軍必由之路亦得所憑藉塞固聽令於聯合軍者也

惟德軍於歐東所布之戰線已超波蘭而南下而嘉里細亞一帶今又適在激戰中別爾克辣爲維也納

鐵軌所必經之路與師或由西以與德會而重爲上年十二月二日之舉亦軍事進行所應有之事也且保加利亞之所欲在馬基頓塞雖許之而馬基頓之民黨乃與於土耳其者故宗旨不能瞭然希臘首相雖篤同情於聯軍而希望乃在小亞細亞領土之見與此亦非聯軍所能遽許也然則巴爾幹各邦之向背亦決於達達諾海峽之攻擊奚若耳彼與塞之勝負誰屬又豈能外此耶

土耳其戰爭

土耳其自十字軍后復經一八七七年之役歐洲之土耳其殆僅君士但丁一隅也其他蓋非其所有最近又以蝸角之爭一敗於保再敗於希不可形容之積弱已盡情暴露於天下今乃背城借一舉國投入空前無類之戰爭與英俄法意爲敵伐兵吏豎子之言匪惟聯軍有此意氣卽局外旁觀亦靡不是認斯說而非難其自取滅亡也

勝負兵家之常而於土獨否若有敗而無勝者故軍事計畫人不置重惟關於戰后處置好事者每昔之達達諾海峽此英以扼俄也今俄爲與國若復咨以通航協商之謂何若徑使之管領來日之憂更甚乃不計此所有者土也而橫生論議有若平和亦旣恢復付於海牙裁判以平此紛爭然甚且謂土耳其已烏有尉吾輩所負之責任乃在最后之分配得其宜君士但丁應取例於摩洛哥之單敎定爲國際都市其政治交付永久中立之比利時執行而列強聯合監督之頗頗洛與達達諾兩海峽被以蘇彝士之性質各國艦隊出入一依運河條例所規定平時戰時均得通行無阻土負天下之形勝乃以篤戀舊汙爲障礙於世界文化今得藉以開放匪惟兩洋文明之流通九大洲中殆靡不被其影

響也

夫以土陳腐無漸意爲天下所共罪吾亦無異於所云也惟彼中有少數青年明晰近世國家之眞相縱一蹶下野而團結有力得時轉移朝右於無形歐戰發生后土廷毅然以十月一日始停止列強在土之特權此即從少數青年之所主張也夫列強在土之特權領事裁判權一關稅制限權二郵便設立權三而羅馬法王所享受則更有加焉關稅權非制限而免除裁判權不歸於領事而歸於僧侶如此土不國矣故青年黨請願土廷利用戰爭除之夫他國有特權於某國者即不對等之表見而可由漸以迄於亡者在官僚安之固然而志士則慨焉不能以終日當青年黨執政時即欲解此約束而以見扼於列強遂置以爲后圖梁任公爲歐洲戰役史論有曰

……使吾國稍稍具備國家之資格者則今茲之役寧非與我以千載一時之機會吾將以宣告中立故將舉凡各交戰國之租借地悉令解除武裝交我暫爲管理以待戰后之談判吾將乘彼商業消歇之時大獎厲吾工商業不必改正稅率以行保護而自莫與吾競自茲以往吾國勢之進當沛乎莫之能禦

梁之希望不及土所停止之萬一而以歐有戰事爲與以千載一時之機會則所見同也失此不爲而坐待中日之談判土無是也停止特權之發表不聞列強得有異議惟英法報紙偶有抨擊略謂『安用如是之急迫改革爲也日本經營數十年始爲免除之請願今土以一紙文書成之代價太微薄吾恐異教徒之不安枕也』輿論如此而政府不爲公式之抗議但衷心以望之美美亦不聞有所爭論焉惟羅馬

法王忿憤不能忍羅馬又奚能抗土耶

夫以積弱不振著聞天下之土耳其今乃利用歐戰時期剷除百數十年人民之障礙固有德爲之後援抑其國亦非無人也奚有盡如論者之所云云耶且土之投於戰爭非好戰也不得已也達達諾海峽俄艦不得出入國際習慣也管領之權仍歸土有亦國際習慣也今英法忽遣兩艦隊封鎖之如此則土與地中海之交通斷頗頗洛海峽爲土航黑海必由之路今俄忽敷設七百水雷是明明擯土於黑海之外也如此則亞細亞土耳其之北危沙爾膽阿斯滿兩戰艦乃土與英約爲對抗希臘自美購入之二戰艦設也落成於歐戰發生時而倫敦政府忽以軍事所需收爲國有雖聲言與土相當之報酬而巴爾幹均勢因以不克維持豈猶可囿細故耶如此則巴爾幹者希臘之巴爾幹也土非退歸於亞細亞不可當此危急存亡之秋苟有補救之術固不問恩怨而頓首以請也矧德乃土之與國耶耿秉普利司羅者德之二戰艦也適游弋於地中海被英法襲擊遁逃而入意大利得二十四小時之猶豫遂出敵不意以無比之速力經十日程徑入達達諾海峽土舉國歡迎即昌言已以交易行爲改爲土艦不令解除武裝蓋交戰之意已萌非僅國際成規之不適用也而英法責言不已且與俄艦聯絡出入達達諾海峽聲言非擊沈此兩艦不已達達諾海峽有事君府之危可知也

不布告宣戰不通牒在外使臣先聯合艦隊執行達達諾之封鎖同時使用所購入之德艦襲黑海西北岸各都市克里米西南受禍尤酷寺院銀行停車場咸爲灰燼又轟沈俄之砲艦一商船三法商船之在黑海者亦爲所中以休息幾四十年之黑海而復演此隆隆雷火乃十月二十九日事也而十一月四日

英俄法政府卽正式布告與土宣戰

夫土加入戰爭今已八閱月而北與俄敵南與英敵前面向高加索進取後面東據波斯以扼印度西擾蘇彝士以迫埃及此攻取之師也弱小如土而所負責任竟等天下莫強之德且達達諾海峽者爲英俄法意所必爭以一敵四防禦之師更不得單薄今被攻擊五月有餘日而達達諾之威嚴如故然則聯軍側所主張安見其足徵信耶不寧惟是歐戰發生以來諜報所傳每每不得情實海底電線橫被殘斷是其主因而檢閱嚴重雙方戰爭一方壟斷其報告亦其重要之因也最近波蘭戰爭稜卑已奪於奧影響將及俄都而路透電報乃侈陳俄人深信與終不支如斯之例蓋已不一而足可掩耳目於一時難逃判斷於最后土耳其今旣存在則恫疑虛喝眞情畢露矣今將分晰以論次其戰爭首達達諾之防禦而以高加索與蘇彝士之攻取殿焉攻易而守難也

英法艦隊聯合爲達達諾海峽攻擊北綴高加索之師南固蘇彝士之防旣俾敵疲於奔命不幸而國都亦不保焉是誠扼土之吭而與德以鞭長莫及之恨也故始之出師其氣銳甚君府殆將隨艦隊而交付於英法然天險可踰也要塞可夷也自峽而下之水雷在峽以外之潛航艇出以護此廣僅一英里之納賀朋而堅利之英法艦隊遂失其鋒芒焉是非英法之所料及也

夫英倫傳來之政策以封鎖達達諾爲憲法者也一八四〇年之倫敦條約已如此後三十七年復又尋盟於柏林「土得以主權禁止外國艦隊之出入兩海峽」俄爲此扼與日戰爭商之於英而見拒乃以波羅的艦隊迂迴航遠致招失敗逾年遂傳聞於國際英俄有協約許俄南下政談如此而形式靡得證

明迨今茲攻擊開始英議院質問政府外相格雷所答遂亦無所含默謂「俄出地中海爲所久諸至取何形式則待之議和條件而非吾英所能處決」云云然則達達諸之攻擊英之所排代價獨多匪惟英大之軍費也貶損控制地中海之威嚴而了無顧惜其致死於敵也可知

故成師以出軍容甚盛能戰之艦合法所有號稱百二十艘咸統於英將賀的賀又以習於水爲敵所嚴憚也就中如江麗沙倮者最新式之一等巨艦也排水量二萬七千噸速力一時二十五海里上備十五英寸大砲八座砲力所及克達十二英里外之地點例如自加利玻里灣得飛送巨彈於亞細亞土耳其之砲臺是也若事急時所攤八座之大砲同時迸發其鋒尤不可當惟斯時也消費甚夥使用彈丸重量在六噸餘火藥代價亦萬元以上且其他之曰威斯攊曰巴爾漢曰威利晏曰馬納雅皆與江麗沙倮爲姊妹行艫艫千里盛極一時而飛行機翱翔空中視察敵狀時時又得以無線電信指示距離

夫君士但丁雖天下之形勢固非必不可取之物也在昔拿翁行軍通過君府顧謂從臣曰使吾領有君府者吾其世界王矣拿翁距今百年前殺敵制勝强半倚天然之形勝方得無敵於天下且達達諸海峽自地中以迄馬莫拉爲長四十二英里而紆徐曲折廣不越四英里狹亦有一英里舟船溯洄儘有餘裕納賀朗其最著也兩岸復丘陵起伏人不易窺又經讀罕默特四世修築要塞有如林立號稱難攻不拔百年前之拿翁一見傾心乃應有之感觸也

今非其時矣兩岸砲臺舊式也自德輸入之格爾蒲砲小僅六英寸大亦不越十一英寸及遠之力終不敵英法又況君府空虛土所有精鋭大半遣調於亞西故以二月二十一日從事掃海之役不五日即聞

以砲擊之聲地中海入口四要塞據倫敦所發表殆幾盡為灰燼雖君府斥為非是謂所費砲彈悉陷岩石而聯合艦隊繼茲即為峽內掃海之豫備入口四要塞之失其戰鬪力夫固不可掩之事實也其時英法艦隊氣銳甚以無間斷從續之砲擊勢將指日上陸並發布通牒與以二十四時間之猶豫交付英法管領而塞旁土吏亦發命令凡非戰鬪員者得即時退去掃海船舶號稱七十艘江麗沙俾等艦一日所送巨彈約三十回同時迸發者亦不一而足賀的英將且期於景教祭日以前為通過達達諸之豫備如此則君府之生命至久亦不越四月五日也

英法艦隊遂以三月十八日開始大攻擊江麗沙俾艦立於陣前繼之以戰鬪艦三艘自亞土送巨彈於歐馬納雅艦亦率戰鬪艦三艘則自加利玻里灣為亞細亞土耳其之攻擊法艦又與之合以世界無比之海軍鳩聚一隅咄嗟土耳其奚足當其一擊耶而事乃有大謬不然者以積弱聞於鄰右之土今以運籌帷幄悉仰於德乃取高屋建瓴之勢仿吾兵法儲有囊沙復利用潮流得急激以澎湃拋擲無數之水雷混峽流而南下不折一兵不費一矢而彼七十艘掃海之成功頓毀於一旦又海峽之旁地小無自回旋縱有水雷驅逐艦以一時間二十八海里之速力亦復失其技能故一萬噸之法艦曰普悠者以三分時間先被沈沒六百船員同為魚餌曰伊內洸曰阿停者噸數無減普悠亦繼沈於水底惟以沒入徐緩少數船員得免於難外此尚有戰艦二艘雖自海底救出已無進退之自由歐戰發生以來此殆為空前之損失故愛斯葵斯內閣亦甚被其影響

所幸者江麗沙俾等艦得屹然不動而法將復能於倉卒之間得迴航所泊於敍科亞之艦隊成軍以退

俾土不克追擊自此而達達諸之攻擊殆無關於勝負土復沈埋廢船於極狹之納賀朗以絕英法之希望且埋藏潛航艇於地中海近爲意大利所發見者爲艘已十有二而英艦曰多納晏曰馬徐格者以泊於達達諸海峽被擊沈於潛航艇此固前月事也有此證明而地中海遂以恐慌有謂於未戰前德儲材料於土今始落成入水又有謂自德製造之自奧入之意大利之外海且有謂自直布羅陀得西班牙之保護此英法所不意以出沒於地中海其事言人人殊使英無術抵制則數十年之制海權喪盡無餘矣

英與俄法合力以戰土亦既如前所陳土被德動以戰英俄其事實吾請試言之土之加入戰爭乃聽命於德此有識者所知也北出師以擾高加索南出師以擾波斯灣與蘇彝士自軍事言之在分英俄之兵力自經濟言之在阻石油之輸出亦有識者所知也彼高加索者横於裏黑兩海間南鄰亞細亞土耳其以暨波斯北爲默揑起世所稱爲四地帶以證明往古裏黑流通之跡者其位置爲俄土有爭所必爭之地也三十八年前俄以之自北而南今一九一五年土亦欲以之自南而北但三十八年前聖彼德之鐵路不能抵高加索今黑海之東岸曰薄芝讀者爲聖彼德鐵路西向之終點自此復迤南而東與此線平行達裏海西岸之白肯而中間復有分道自富利南下迄亞律商耿又西走加斯東走衣黎威以達土耳其國境歐戰若遲緩數年高加索鐵道更得延長向南與西而進則近得以通蜿蜒土耳其國中以達白達之鐵路遠得以通自波斯往印度之鐵路反之而土亦非昔比始君府對岸之伊斯密頓終美索不達米亞之白達軌道有若盤龍延長數千里此世所稱白達鐵道也雖功程未抵白達戰事以起而自伊斯密頓迄加撒里更自加撒里迤南而西以達多島海旁岸此固一九〇八年已落成者故陳師鞠旅其勢易

易以一土耳其而南戰俄北戰英雖得德之指揮使無此利便之鐵道亦疲於奔命已爾水有黑海艦隊陸有白達鐵道土之所以戰俄也故作戰高加索土得分爲兩軍以一軍自君府出發向黑海東南上陸侵入俄領如此則高加索鐵道之薄芝謨危而石油輸送之咽喉爲土所扼薄芝謨者黑海唯一之港灣又自白肯輸送石油唯一之要路今茲戰爭美墨石油之供給以戰時禁制品既已杜絕且產生之額不暨高加索萬一遭此空前戰爭求過於供亦非高加索莫屬彼石油者殆英法之生命也其他之一軍以攻取加斯爲幟志者也平時亞細亞土耳其東北有兵六萬當歐戰開始時此方兵力日漸加增迨入戰爭后已十二萬人且號稱土軍之精强使加斯爲土所據則高加索鐵道中斷而南部與波斯之交通亦絕彼石油之出口水道賴黑海以出達達諸陸道賴加斯以出波斯灣今殆盡爲土所杜絕也

土以干戈與俄相見以十一月始彼勝於此同時此又勝於彼其初殆無勝負之可言惟延及一月三日海軍自黑海東南上陸得入薄芝謨背后其時雪與山齊溫度乃在冰點下六度非越此出海一萬呎之險則俄領不可侵入既侵入矣而三面受敵獨以一面爲土軍出路又山岳重疊倉卒不易收師故亘數日之戰爭有死而無退據俄所報告土師已以一萬五千葬之冰雪中其別軍之向加斯者亦爲俄所包圍其慘澹之戰爭亦與薄芝謨背后之狀態無異土師之脆弱如此而俄乃聯英法爲達達諸之攻擊者彼其冒險肯深入而高加索終將爲其所危且氣候日就溫和侵入又自易易有以俾俄寒膽也

外此而波斯灣之戰蘇彝士之戰以暨埃及之遠征其聲勢足以困英而可紀述之戰爭甚少茲故略焉

戰爭與財力（續第六號）

端六

六　金貨吸收與信用制度

愚前於報告英國戰時財政經濟文內特闢一章。記載各國吸收金貨狀況。今時勢又歷三月。更覺吸收金貨一事為二十世紀財政經濟上一大問題。不辭煩冗。欲詳為讀者一陳之。

英國用金本位制最古。自普法戰後德以提議萬國複本位制為英所反對。遂決計改用金本位。嗣後拉丁同盟美利堅日本諸國陸續採用英制。印度亦於一千八百九十三年改金匯兌本位並停鑄銀幣。美國以實行兩本位制失敗。而金本位之風。遂徧於全球。羣以為莫可訾議。經濟學者雖常主張萬國複本位制。而因時勢所趨。發言無效。準理以論。萬國複本位制。雖未必不可行。然近數十年內恐非吾人所望。我國幣制紊亂。歷數千年。從未有良法美意足垂數十百年之範者。近寰海交通已久。國際競爭日烈。而我國財政上第一大問題。至今不啻幣制借款、消費無迹。調查有局。成績無聞。號稱有識之時賢。不明大勢所趨。猶斷斷然於首採用銀。繼改金匯兌。再循序進於金本位。俟河之清。人壽幾何。蠅營狗苟。吾國政治界之通病。良可慨已。

金本位、銀本位、或複本位、或萬國複本位。是非得失。茲且不論。但各國既均採金本位。則金貨為清償國際債務不可缺之要素。前言國際貿易。以匯票為之媒介。而匯票又全恃貨物為之後援。似金貨無甚關緊。然貨物之交換或盈或絀。迥無定軌。更加其他各種條件。則匯兌率之變動。無有已時。且當此戰時。信用之範圍。大爲收縮。國際貿易。恒非卽時淸算不可。欲卽時淸算。不過數法。一輸出貨物以與輸入貨物相交換。二債權國則在外國市場發賣證劵。三債務國則在外國市場募集公債。此數者若均不行。則惟有輸出現金之一法。故現金在戰時尤爲切要之物。各國平時保存金貨。或依賴中央銀行。或貯之國庫。其趨勢至近二三年而益烈。歐戰發生後英法俄德或孳孳於吸收。或惴惴於失散。讀雷德氏之演說而其故可睹矣。玆將開戰前及現在之各銀行營業報告比較如左。

法蘭西銀行

	九一四年七月十六日	一九一五年二月十一日	增加
金貨	一六三・七〇七千鎊	一六九・三七八千鎊	五・六七一
銀貨	二六・四〇七	一四・九六三	減一一・四四四
紙幣流通額	二四一・七八九	四二九・九八六	一八八・一九七

德意志帝國銀行

	一九一四年七月十五日	一九一五年二月十五日	增加
金貨	六七・二〇四千鎊	一一一・四二八千鎊	四四・二二四
銀貨	一六・二三八	二・三七四	減一三・八六四
紙幣流通額	九九・七二八	二三一・八七〇	一三二・一四二

俄羅斯帝國銀行

	一九一四年七月十四日	一九一五年二月五日	增加
金貨	一·七四三·五一〇千盧布	一·七二一·五一一千盧布	減九五·三八九
銀貨	七三·三九〇		
紙幣流通額	一·六三〇·三七〇	三·一二五·〇〇〇	一·四九四·六三〇

奧大利匈牙利銀行

	一九一四年七月十五日	開戰以後無報告
金貨	五一·九六六千鎊	—
銀貨	一二·〇六六	—
紙幣流通額	九〇·五一七	—

英倫銀行

	一九一四年七月二十二日	一九一五年二月十七日	增加
金貨	三八·五六四千鎊	六五·五四五千鎊	二六·九八一
紙幣發行額	五七·〇一四	八二·六一四	二五·六〇〇
紙幣流通額	二九·三一七	三四·一六七	四·八五〇
政府紙幣流通額		三六·五〇〇	三六·五〇〇
政府紙幣準備金		二五·五〇〇	二五·五〇〇

綜觀此半年內五國中央銀行金貨之變動。英倫銀行增加約五千二百萬鎊。德帝國銀行增加約四千四百萬鎊。法蘭西銀行增加約五百六十萬鎊。俄帝國銀行減少九百五十萬鎊。（以十盧布等於一鎊

計之）奧國則以無報告不知其增減之狀今將增減之理由縷列於左。

英倫銀行之增加。一係由俄國運來八百萬鎊。二係坎拿大南非州澳洲紐西綸印度等處代收金貨。（一）三係吸自民間德帝國銀行之增加。一係政府以「斯攀道」金庫（二）之軍用準備金一千萬鎊移交銀行管理。二係自奧匈銀行得來（三）三係吸自民間法蘭西銀行之增加。一係開戰時由英國輸入三百萬鎊。二係吸自民間俄之減少殆全爲運往倫敦八百萬鎊之故。

吸收金貨不僅此五國爲然今將最近三年間歐國各國中央銀行保存金貨之額（四）列左。（單位爲鎊）

	一九一二年	一九一三年	一九一四年
英吉利	二九・二九四・四五五	三三・八四七・五三五	六九・〇三二・一三五
奧大利匈牙利	五〇・三八〇・〇〇〇	五一・六六六・〇〇〇	五一・五七八・〇〇〇
比利時	八・五五九・〇〇〇	九・九六〇・〇〇〇	一〇・九七七・〇〇〇
丁抹	四・三〇五・〇〇〇	四・二六〇・〇〇〇	四・五二〇・〇〇〇

（一）參觀「英國戰時財政經濟概觀」第五章

（二）Spandau、普法之役、德得法賠款五、〇〇〇、〇〇〇、〇〇〇法郎、以二五〇、〇〇〇、〇〇〇法郎之金貨存於「斯攀道」庫內、以備戰時之用、

（三）倫敦經濟週報、以奧匈銀行不發表營業報告、爲金貨運往伯林之證、見 The Economist, No. 3727, Jan. 30, 1915. p. 190.

（四）London Bankers' Magazine, No. 851, Feb. 1915. p. 288.

法蘭西	一二八·二九三·〇〇〇	一四〇·六九六·〇〇〇	一六五·六七〇·〇〇〇
德意志	三八·五〇四·〇〇〇	五九·八八七·〇〇〇	一〇四·二七四·〇〇〇
荷蘭	一三·三九〇·〇〇〇	一二·六二四·〇〇〇	一七·三三二·〇〇〇
意大利	四六·〇一九·〇〇〇	四八·五八五·〇〇〇	四九·六二八·〇〇〇
那威	二·三五三·〇〇〇	二·六五七·〇〇〇	二·二四六·〇〇〇
俄羅斯	一五五·八四一·〇〇〇	一六八·三五五·〇〇〇	一七六·七九六·〇〇〇
西班牙	一七·四八五·〇〇〇	一九·一六八·〇〇〇	二二·八七〇·〇〇〇
瑞典	五·五六三·〇〇〇	五·六七二·〇〇〇	五·八〇九·〇〇〇
瑞士	七·〇九二·〇〇〇	六·八一三·〇〇〇	九·五一〇·〇〇〇

上表內丁抹意大利兩國略含有銀貨在內

以上歐洲十三國中。惟那威稍見減少。其餘無不各有增加。而最宜注意者。爲德法俄三國。蓋此三國之增貯金貨。不自戰後始。卽平時亦未嘗稍懈也。

一九一四年七月末。美國國庫保存金貨二四五·〇〇〇·〇〇〇鎊。阿根廷四〇·〇〇〇·〇〇〇鎊。巴西一〇·〇〇〇·〇〇〇鎊。(一)

以上所舉。僅各國中央銀行或國庫保存之金貨。至於其他銀行所保存。及民間流用之額。尙不在此內。據霍爾敦氏報告「英王國內各股份銀行所有之金貨不下五千萬鎊」民間流用者無從統計。其額

(一) The Economic Journal, No. 96 – vol. XXIV, p. 622.

當亦不少。然此僅英國爲然。其他各國自中央銀行所保存者外。殆不見金貨之踪跡也。

最近三年世界產金額(一)如左（單位爲鎊千九百十四年未確）

	一九一二年	一九一三年	一九一四年
杜蘭斯衛	三七·七一九·八五二	三六·三七七·八〇二	三四·六五五·一二二
羅迭西亞	二·六三三·二四六	二·七八七·一三六	三·五四九·六五五
西非洲	一·四七七·二〇五	一·五六九·三一二	一·七六一·〇〇〇
馬達加斯加島	五八五·〇〇〇	四〇八·九二〇	三九六·〇〇〇
美國	一八·六九〇·三〇〇	一七·七七六·八八〇	一八·五六四·〇〇〇
墨西哥	四·五〇〇·〇〇〇	四·一〇〇·〇〇〇	三·五〇〇·〇〇〇
坎拿大	二·五一一·八五八	三·三四三·二二六	三·三一〇·〇〇〇
中美洲	七二六·五〇〇	六〇六·〇八〇	七〇〇·〇〇〇
歐洲（並西伯利亞）	六·六一九·五〇〇	六·八五二·四二〇	六·一一〇·〇〇〇
東西兩印度	三·四〇八·〇三二	三·三八三·一七七	三·三八九·六〇〇
中國及日本	二·一八三·〇〇〇	二·二一〇·六四〇	二·二二五·〇〇〇
南美洲	二·四八五·〇〇〇	二·六一一·六八〇	二·六五〇·〇〇〇
澳洲	一一·三二七·一六〇	一〇·六〇六·六七八	一〇·二五〇·〇〇〇
合計	九四·八六六·六五三	九二·五三三·九五一	九一·〇六一·〇七七

（1）The Economist, No. 3728, Feb. 6, 1915, p. 220.

上表內。英殖民地、一杜蘭斯窪二羅迭西亞三西非州四坎拿大五東西兩印度六澳州合計每年產金、約占全世界百分之六十。其次爲美國約占全世界百分之二十。又其次爲俄國約占百分之五。更其次爲墨西哥約占百分之四。其餘諸國不足數也。然產金之國。未必即保存金貨之國。觀下表（二）可知矣。

（單位爲鎊）

	一九一二年產金額	一九一二年末貯金額
英帝國	五九·九〇〇·〇〇〇	二九·三〇〇·〇〇〇
美國	一九·二〇〇·〇〇〇	二五八·〇〇〇·〇〇〇
俄國	四·六〇〇·〇〇〇	一五五·八〇〇·〇〇〇
法國	三五〇·〇〇〇	一二八·三〇〇·〇〇〇
德國	一六·〇〇〇	三八·五〇〇·〇〇〇
奧國	四二〇·〇〇〇	五〇·四〇〇·〇〇〇
意大利	二·〇〇〇	四六·〇〇〇·〇〇〇

雖然。今當戰時與平時異。使貯金爲無用而有害也。（三）吾無說焉矣。苟有貯金之必要。則英倫銀行不

（一）London Bankers' Magazine No. 851, Feb. 1915, p. 287.

（二）The Economic Journal 中載 J. M. Keynes 論英倫銀行數月來吸收金貨過多之非策。略謂吾以爲英倫銀行將來不久所遭之危險、不在準備金之下降。而適在其反對之方面。金貨如此屯積。其結果足使當事者不易維持其適當之利率。當事者苟能見及此。則此後不應再要斷海外金貨之流入。而當設法阻止之。（見 The Economic Journal, No. 96, p. 628.

患無來源矣。

「保存金貨之目的有二。一維持兌換制度。當外國匯兌緊逼之時。則散之俾國內通貨不失其均衡。二如欲在外國購貨而非現金則彼不受者。則此項基金之準備為不可少」(一)英法為債權國。且以海軍之強盛。得自由與海外貿易如故。第二條件隱於無形。至言兌換制度。英夙自稱倫敦為世界惟一自由市場。自一八四四年發布銀行條例後。英倫銀行未曾停止兌換。匯兌率之高下。原因甚多。貨幣之良否。亦為其一。然不得兌換不停。即足維持匯兌也。自俄之食物不能出口。而美之食物輸入英國者驟增。二月十一日以後。坎拿大為英倫銀行所收存之金貨。漸又運往紐約。於是英美匯兌率於旬日內由四元八三降至四元七九。（四元八三者。謂英金一鎊可電匯美金四元八十三仙也）是非英幣之實值下落。乃金貨流出時匯水上升之常態也。德以商船被捕或趨避中立國。海外貿易全然杜絕。故不得不在接近各中立國如荷蘭丁抹瑞典那威瑞士等間接輸入。於是金貨之第二作用始顯。開戰五月。已實運金貨五百萬鎊往荷蘭諸國。以為購貨之資。(二)是與俄國運往倫敦之八百萬鎊同一作用。德帝國銀行於半年間吸收金貨四千四百萬鎊。非如英國之擁有多數產金殖民地。得隨時代收金貨於海外。則其事良不易。今除所已知之斯攀道金庫一千萬鎊外。餘仍三千四百萬鎊。縱如倫敦經濟週報所主張。謂得自奧匈銀行者不少。然愚料奧匈銀行決不能竭全力之大半奉之鄰國也。然則三千四百萬鎊中

(一) J. W. Keynes, "The Prospects of Money, November, 1914," The Economic Journal, No. 96, p. 622.

(二) 見霍甫琍氏演說、

大都來自民間無疑。德之紙幣既成爲不換紙幣。又加以政府禁止現金出口。故德帝國銀行之紙幣價值在荷蘭已低落百分之七八。現紐約對伯林之匯水已騰貴百分之十。此等現象與上述英美間匯兌之變動不同。後者爲一時的現象。前者爲永久的現象。（自非復興兌換弛禁出口）是卽第一作用之發現也。紙幣價落已及三月。未聞德政府講維持之法。而竭力吸收金貨如故。何哉。掘江博士（一）謂停止兌換爲保留金貨是也。謂以防兌換停止後紙幣流通價格之低落。則不盡然。蓋準備金貨之目的原爲兌換。今有金貨而不兌換。與無金貨奚擇。欲不低落。又安能得。是欲防之。乃反促之也。博士又謂停止兌換爲將來易於復興兌換制度。是或當局者之苦衷。然今日不計。安問將來。是等政策。決不能謂之至善。察當局者之意。殆置重國內貨幣之流通。而不顧對外匯兌之影響。彼以爲帝國銀行既存有如許巨金。足使一般人民信用紙幣之價值。庶市場不致擾亂。至於對外購貨。或以收回海外投資充之。或竟送出金貨。以爲一時權宜之計。其事之重要。不及內國紙幣之流通歟。平情論之。兌換制度之確實。世界各國無有出英倫銀行之右者。

雖然。吾人須知英美信用制度與歐洲大陸迥異。大陸中央銀行之業務。首在發行紙幣。故存款不甚發達。英美重在存款。故紙幣之發行爲數至微。紙幣與存款二物而一。銀行學者所公認者也。蓋英美銀行所收公衆之存款。多係隨時支取。銀行備有支條簿。（二）存款者領得此簿後。可隨時發出支條。以償債

（一）法學博士掘江歸一著有「歐洲戰時戰後之財政策」一文、載太陽第二十卷第十四號、（大正三年十二月發行）

（二）支條（Cheque）及支條簿、（Cheque Book）愚於「英國戰時財政經濟概觀」文內、皆譯作現匯票及匯票賬簿名殊不安、茲得侯官嚴氏原富、譯作支條、較爲適當、特改正於此、詳見嚴譯原富部乙篇二論泉幣註中、

務此票發出後。常輾轉流通。不異紙幣。及至承受此票之銀行。又多記入最後所有者之存款賬內。實際領取現金者絕少。是則利權之移轉。與紙幣無不同。惟紙幣一經移轉。如發行此紙幣之銀行或破產或停止兌換。致紙幣價格下落者。前所有紙幣之人、卽轉讓紙幣之人。不負絲毫責任（一）而支條之經過各手。均不能脫此干係。此其所異也。夫英美信用制度。何以異於大陸。白芝浩（二）謂信用之所以發達於英。以英不受外國侵襲及國內承平無事之故。黨額（三）非之。謂美制緣於英。英信用制之發達。因於需要。不因於選擇。國民性之差異。不足為存款制度發達之惟一條件。人口稠密。交通便利。工商業之發展。皆所以助長此制。季爾伯（四）謂原因非一。第一政治平靜。財產安全。故人樂出其窖藏之金。付之銀行。俾代為管理。第二一千八百三十三年條例。股份銀行不許發行紙幣。因此誘導人民之存款。第三英人口稠密。都市彼此接近。故銀行或其支店。得以支條代紙幣。三子之論。愚於季氏殆無遺恨。惟於第二條中。欲以二事補充之。其一卽一千八百四十四年之銀行條例。限制英倫銀行發行紙幣。其二則一千八百五十四年清算所完全成立。一千八百六十四年英倫銀行加入清算所。皆足以滋長支條制度者也。

（一）香港使用錢票、常有保証三日之事、俗語稱包假不包倒、其保證期間、固不若支條之大、然錢票背面、署明來手、頗若支條作用、惟目下銀行紙幣未聞有此。

（二）Walter Bagehot, Lombard Street, p. 90.

（三）Charles F. Dunbar, The Theory and History of Banking, 2nd edition, pp. 49—51.

（四）J. W. Gilbart, The History, Principles and Practice of Banking, revised by E. Sykes, Vol. I, p. 138—9.

英國支條制度（粗忽言之卽存款制度）既如此發達則兌換自毋庸停止。美國銀行制素稱紊亂。然此次國庫兌換亦未停止（一）而歐陸中央銀行無不停止兌換者。可見兌換制度與信用制度大有關係。蓋兌換紙幣之流通額少。兌換自易爲力。人民亦無要求兌換之必要故也。然存款之性質實與紙幣無殊。其及於社會之影響。決非有輕重之別。各國嚴定發行紙幣之限制。而略於存款之責任。未爲允也。英制既去紙幣而就支條。故有償還延期令。而德無之。（二）然英之償還延期。業已終止。德之停止兌換仍若初時。則英之金融組織與信用制度實超乎德國之上。無容疑者也。

七　財力均衡與食物問題

雖然。前所比較。乃彼善於此之謂。非有天壤之判也。以德國學術之進步。人民之勤奮。休養生息。逾四十年。一旦毅然宣戰。必非絕無把握茫然一逞者也。財政雖窘。（三）苟人民竭誠愛國。踴躍輸將（四）二三年之軍費不足籌也。紙幣對外價格雖落。苟帝國銀行始終保存已有之金貨爲將來復與兌換之資則

（一）The Economic Journal, No. 96, p. 623.

（二）Ditto, No. 95, Sep. 1914, p. 506.

（三）參觀堀江博士、歐洲戰時戰後之財政策、見太陽第二十卷第十四號、

（四）英財政大臣雷德氏在議會報告、謂三億五千萬鎊之戰時公債、應募者十萬人、爲自古以來英國募債所未見、而德國第一次公債二億五千萬鎊、應募者乃爲百十五萬人、其中九十萬人所購公債之額、各在百鎊以下二十萬人各在五鎊與十鎊之間、各儲蓄銀行之存款者、應募至四千五百萬鎊、

信用制度之維持終有可言也。茲篇材料得諸英籍。寧無夸詞。卽彼都人。亦不乏公正賢明之士。今且略舉一二以爲愚財力均衡之證。

Round Table 記者曰「苟彼政府有印刷機。卽可以製幣。苟彼人民信其政府。卽可以此幣爲久戰之資。其他問題。如得食之艱。失業之苦。物價之騰貴。皆不足迫其息戈修好。……自財政經濟上察之。最要問題。在日耳曼人之心理奚若。及其所擬犧牲之程度。吾人遠矚時局。覺此程度頗高。恐戰爭之結果。不待此犧牲之過重難堪。而已決定於戰場彼此之勝負矣」(一)結論中一節云。『吾輩固當竭其力之所能及。從經濟財政上摧壓敵人。然謂此卽足制勝。愚矣。今茲事業。在提三尺劍殺敵。鼎揚經濟勢力。不過當其一面耳。……制海權爲帝國存亡之鍵。勝敗之分。決於此。權在我海軍。下則帝國可立於不敗之地。否則勝云乎哉。』(二)

泰晤士記者曰。『適論「銀彈」及吾英人富饒自負。覺事實之來。告於吾英。無不利。實則吾人所應曉之事。卽專門財政之士。今亦茫然。戰經五月。局正發展。猶憶十七年前。俄國銀行家兼經濟學者蒲洛棲(三)有言曰「如彼戰事。實不可能。蓋交戰國財政。無論其國若何富庶。必且陷於麻木不仁之苦境。故也」是等似是而非之論。今人猶樂道之。讀本期經濟週報而得一例。該報載雷德君演說辭有曰「每

(一) "The Financial Exhaustion," The Round Table, No. 17, Dec. 1914, p. 150.
(二) Ditto, p. 163.
(三) I. S. Bloch.

月戰費既達四千五百萬鎊。彼謂財政計劃。無論若何完善。不足支持戰局者。實確有所見」雷德氏之意。蓋謂費用之巨。足以弭戰於無形也。類此議論。滿於國中。羣謂戰場勝負可置勿論。僅此財政經濟之疲竭。足以降敵而有餘。是等訛言。絕鮮價值。今茲戰事。範圍情節。世所未經。吾以爲休戰以前。經濟舊說必多所釐訂。翻閱史乘。從未見能制勝疆場之國。因費絀而不戰。或戰而不支者。國如英德。爭衡將來。財政上之犧牲。經濟上之困阨。其有待於許多難題之解決。以爲解決有斷然者』〔一〕

雷爾敦氏演說德國財政。斷之曰『德之軍費。每日約需二百萬鎊。一年以後。其吸收人民之流資。或證券。或家財。或物產。必不下七萬萬鎊……吾人須知此一年內（或不止此）就敵人金況而論。決無休戰之事』

綜上各章兩方之現狀。可略睹矣。武力均勢矣。財力均衡矣。戰爭之結局。可得言乎。猶未也。今且更進一步而研究食物問題。

以食物論。三同盟國頗占優勢。俄供給食物之國也。其不患乏食明甚。英法得自由貿易。其仰給於海外也甚易。德奧逼處大陸之中。平時生貨之最大輸入國。東爲俄。西爲美。俄源既絕。美貨難輸。食物供給問題。乃爲德人一主要課目。浹旬以往。德人思得一破除英人遏羅之法。大聲宣布於二月十九日以後。將英王國四周海面。全然封鎖。無論何國商船。航行此封鎖境域內者。德軍艦將不預加警告。即行攻擊。德之駐美大使。諷美政府。如美能令英不遏羅。則德亦不封鎖英之四海。此所謂封鎖。自非絕對之稱。其不

〔一〕 War and Wealth; The Times, Dec. 29, 1914.

能禁英之自由輸運。顯然易睹。但既不先警告。卽行攻擊。且無論何國商船。一律如此待遇。則此宣言之影響。不僅及於英之商界。且及於中立國明矣。頃閱英報。知英商船及中立國商船爲德潛航艇所擊沉者。已數見不鮮。夫德之食物供給狀況。果奚若。此吾人所亟欲聞者也。德自普法戰後。由農業國一躍而爲世界三大工商業國之一。近且欲摩英肩而過之。「一千八百十六年。德之業農者千八百五十萬人。餘僅六百三十一萬一千九百。零五年。業農者數如前。而其餘爲四千一百八十萬」(一)自經濟學言之。土地之報酬率。以漸而減。德人口增加。而土地面積如故。毋惑乎供給之不足。然以近世科學之魔力。足以改良土宜。增加收穫。以三十人耕。供百人食。未見其不足也。藉曰從軍者衆。南畝荒蕪。然中立國之間接輸入。既不能完全禁絕。占領地之敵國倉廩。亦可以稍助軍需。未見其十分不足也。雖然。凡事豫則立。不豫則廢。德人知食物問題之足爲後患也。早已殫精竭思。熟籌自給自足之方矣。伯林高等學校長愛玆霸赫博士(二)刊行一論文。(三)題曰「德之食物與英之遏羅策」(四)文爲十六學者共纂。四月成書。年終出版。書中歷敘英之政策。德人業已於數月前料及。並假定德已全被封鎖。而目下食物不患缺乏。又須如何設法維持將來。著者從科學上詳加研究。知德人現在「食量」(五)濫費者百分之五十九。蛋

(一)新日本第五卷第一號(大正四年一月)二三七頁河津暹博士之「最近世界商業之發達」、

(二)Dr. Paul Eltzbacher.

(三)見大晤士二月二十三日社論"Are the Germans Starving?"

(四)原文未詳英譯爲The Feeding of the German People and the English Starving—out Plan.

(五)Carolie之此字由物理學上之熱量用來、蓋自物質上言之、則爲食物、自能力(Energy)上言之、則爲Carolie也、

白質濫費者百分之四十四。其原因則歸之富豪之消費過度及使用食物之不適當。至於今日實際養身之食量可由六十七減至五十六。蛋白質則由一五半增至十六。易辭言之食量有餘而蛋白質不足百分之三也。其理由則因肉類牛乳等多含蛋白質物不能入口而國內砂糖之供給足以增多食量故也。著者又進陳補救之法三。一節用牲畜。二調置農產。三改變生活習慣。循序漸進不圖近功雖不能使人民度日如前然其差不遠。且必在生理必需之上。依此計畫食物當較從前標準減少百分之二十。蛋白質減少百分之十三。如此則可支持於永久云。

本篇於列強形勢略已陳述盡致。今將歸結全文更贅數言於此。就武力言之。德之陸軍似強於俄法。然合德奧土耳其之兵數不敵英法俄之多。海軍之技能。英德約足相抗。而英之質量多於德。自財力言之。俄雖不及德奧。而英法則過之。即以中央銀行貯金論之。德奧不過一億餘萬鎊。三同盟國則逾四億萬鎊。更自食物言之。則德之此後供給。頗費研究。三國之需求似易滿足。準情論事。三同盟國其將贏得最後之勝利乎。雖然事變之來。決無常軌。今後之事。拭目俟之可也。（完）

民國四年二月草於倫敦

論壇

集權平權之討論與行省制度

汪馥炎

國於天地必有與立此吾邦之古訓也顧欲進求所立之道則條理萬端言各有當而以吾人常識察之要不外定一憲法而納政權於分配調劑之域立一制度而令社會有歧途發展之機近來談法之士論治之家或以抵抗爲政治之作用或以調和爲立國之大經誠以政體分類無論總統與內閣統一與聯邦皆各有其集權分權之趨勢錯綜其間究之何者宜於集何者宜於分何者此宜集而彼宜分何者此宜分而彼宜集何者集之可受操縱指揮之利何者分之能盡泛應曲當之宜何者集而不成獨裁何者分而不釀割裂曲折千變舉莫外於抵抗調和之軌軼越以行柏哲士嘗舉世界政體分別而評騭之而獨歸宗於平權制（Co-ordinated government）（一）並謂『此制遍行於世界之諸大國能使政治社會維持助長得自然之發達而無偏頗狹隘之處世界進步苟非至於不能想像之境此制必與相爲終始』（二）夫所稱爲平權制者謂能平衡權力之增減而不使偏倚者耳如權所以衡輕重度所以測長短欲使輕重長短相靳平均固舍權與度莫能致力欲使政制適合不陷偏頗則舍平權制亦莫奏效柏氏所稱之平權制非謂平權制爲別具一種之政體而實各種政體所含之作用故柏氏既舉一平權制反面卽標一集權制 Consolidated government （三）以與對峙蓋集權制悉舉其權於單一之體則羣衆意思與權利束縛馳驟自難發舒是以柏氏斷爲粗惡專擅之政制謂在任何社會均感不通然則集權制

亦非別具一種之政體。而實各種政體所呈之變象。余以爲世界政體。無論若何類別。苟能分配政權。以盡調劑之利。皆可稱爲平權制。若徒專擅權勢。以逞一己之私。終必形成集權制。如有疑吾言者。取證正不在遠。今者吾國政體。非號稱爲總統制乎。何以稍具常識者。皆嗤其爲不類。無他。未能平衡政權。徒知吸取權勢也。以如此之專擅政治。柏氏譏爲任何社會不適者。而偏適於吾國。實爲大惑不解者矣。雖然。現今政制之不洽於人心。又非總統制自身之弊。而實名是實非總統制之弊也。以是吾人所欲討論者。亦非品評政制之得失。實在探察運政之紐樞。儻吾不能窺測政治之中樞以發展其支配政權之作用。則存總統制不足以善治者。即革總統制又何救於時。政以人舉。亦以人廢。質之政體本身。固無絕對善惡之可言也。

夫政體本無絕對之善惡。而運行政治之樞機。則必依據平權之原理。吾知世界立國。殆無人敢否認此公例者矣。乃反觀近日吾國政象。則何如者。內而自政事堂成立。各部總長。悉同虛設。而機要主計各局。迭牀架屋。增設頻仍。外則巡按使握一省之全權。事無鉅細。必由歸納。甚則本隸中央之財政廳。亦將爲其屬署。義當獨立之司法官。亦爭歸其任用。至於代議機關。盡成假設。自治基礎。雖有若無。一國權力。內集於政事堂。外集於巡按使。名爲集權中央不啻二重政府 Dual government 政象離奇。莫可究詰。顧何由致此耶。吾人試觀現時政局。推索眞相。而證以內籀歸納之術。蓋亦大有其因存焉。其一、則倡導復古也。此派倡導復古者。吾姑不問其目的何在。亦不暇推其心理何若。惟泛覽史籍。何代又無良治。苟能折衷因應。施措得宜。夫何古之不能復。若僅以復古爲不適世界潮流。似尚不足折復古者之心。故人謂古也不宜復余則謂其不啻復試觀今之政治何一不欲循清季辛亥以前之舊又何一能肖清季辛亥以前之舊即如肅政廳誰非謂其模倣都察院之制度來乎而在清末臺諫猶有江春霖胡思敬之流抗言立朝以氣節鬪視今肅政史之唯唯否否無所表見當必有所軒輕者況清至垂亡各省尙有諮議局各省行政所賴監督之力實多今則行省求有類於諮議局者亦不可得更何論有省議會也此而號稱復古抑何古之不類今所爲是又言復古者之羞矣其二則迷信官治也官僚政治(四)至今日亦可稱臻其極矣在昔國會省議會跡近操切政府行事動爲掣肘乃自國會打消以次殃及省議會迄今代議機關固已废劉淨盡遂不惜舉民治所有之事而悉代以官治故一議員之資格必經官吏之鑒定一自治之事件必經官吏之督程詎意官權益恣而官方益壞道尹知事大半存記保免獵取一官殆銅符在握使貪使詐控告迭聞當局者固亦未嘗不思澄清吏治也故出巡之典見於令甲枉贓之律罰重前清然而法令弁髦犯者依然卒之民氣潛銷官常不整雖再多增治官之官其又何裨於治道哉英儒穆勒闢官治最有力者其言頗多發人深省請以其說進

某欲爲文明之國持既盛不可復衰之勢則所謂自由之民必得此以爲繕性操心之用而後能自拔於一身一家之私與其國之公利衆情相習其身常出以與國人相見而致力於公事之林而其民有以常即於和不致分處於獨也假其無此則其國今者雖治矣其民智將歷久而日槁其民才亦以不用而日微雖有自由至美之國憲勢將扞格而不操桀者長而乘之斯其治復返於專制觀於國無地方自治之制而勉爲立憲者其轉瞬消滅可以悟其所以然矣

且文敝之國國民之事待官而辦習以爲常即民欲有爲亦必奉命朝廷而以官爲之程督是故國有災害民責言紫興以爲斯皆師

尹之階致如此耳。使其可忍。則晤識作愚之意。與使不可忍。則蹶然犖起而挺之。於是乎有革命之事。（五）

讀穆勒此論。可知盛行官治之國。必致釀成兩層惡果。而此兩層惡果。又隨民性上下。盡量以呈。蓋民力、偷惰、則政治任其專制。民怨潰發。則草間崛起革命。嗚呼。苟吾國民終非舍專制革命二者以外。不能討生活。則又何必迷信官治之萬能耶。其三。則崇尚國情也。國情者。當隨時代遷流而變易不居者也。故善察國情者。必因時以制宜。不立法以泥俗。乃今倡言國情之輩。彷彿一言國情。而國民程度低下六字。即足為國情表徵之符號。是以代議之機關。自治之制度。乃至一切憲政之萌芽。均諉為民智幼稚。勿適宜於運用。不惜摧陷廓清。一掃無跡。更別創立所謂特別之法。與制。蒙頭蓋面。而強指之曰。惟此始適國情也。此其設想之謬。黃君遠庸曾有最痛之語以闢之曰。『斯言果信。即等於謂吾中國人在天演上當永刦為奴。惟治奴當永以特別法耳。』（六）夫至以治奴之法治中國。姑無論吾民之果為奴與否。即誠民智低下。有若奴矣。試問斯時政府。又甯能獨善。穆勒推求至此。復有數言。可代吾說。請摘引之。

處今物競之世。國之能事。終視其民之能事為等差。彼為國家而陰求民才之孱弱。以為必如是而後吾政舉。吾法行。而國可治也。則不悟國多愚闇選軟之民者。其通國之政令教化。未有能離孱稚而即明盛者也。就令法行治定矣。而置其國於競爭之衝。未或不蹶。是故自由之國。欲政府常有與時偕進之機。道在使居政府以外之人。為之指摘而論議。今欲政府以外。有如是之人才。則政府所收。不可盡一國之豪傑。又必有地方自治之制。以摩厲其治國之才。此其事固相須而不可偏廢者也。彼專制之國。方其創業立法。莫不至精。然數傳之後。常至於腐敗不可收拾者。正坐政府而外無反對耳。（七）

穆勒此段所陳。乃指政府專尚官治。雖有賢明法度。曾不數稔。尚仍趨於腐敗。況現所稱之法度。適得賢明之反則官治爲效幾何能存彼以國情二字爲弊政之廻護者其亦不思之甚矣凡上所述各派人之心理均爲現時政象產出之助因吾人以論政之眼光爲政象之評議勢不得不先取國中最流行之論調辭而闢之俾知以若所爲行若之政匪徒善治不可期浸假釀成專制激起革命甚則下伍爲奴讀者勿以余言爲過激是則明哲之士已先不俟言之也夫盛倡集權者本欲以善治而乃以專制革命爲奴收其效嗚呼我國民苟不至毫無政治上之自覺心則必有感集權之縛束太甚而始徐徐悟及平權制之不容緩圖者也

平權制固善矣政權果以如何分配而能平則繼起之問題也欲答此問敢以一言斷之曰必求之於省制夫吾行省之性質旣不可稱完全行政區域而又非屬自治團體不俟曩亦詳言之矣（八）今更就省之關係而詳察之益覺其與政權分配竟有舉足重輕之槪蓋吾省之位置立於其上者有中央政府在於其下者有無數州縣（九）因之省權若倚重於中央則地方有束縛之慮若倚重於地方而中央有尾大之虞故分配善則交相助益分配不善則兩蒙弊害省制一有輕重而政之淸濁形焉可不愼哉省制之關乎治理旣如此其重要設今有人忽以吾國行省之現制爲採何種原則其區域含有若何性質來相質問吾知國人能解答者十不得二間有能本政治常識以下懸斷者則必指省屬國家行政區域而爲中央集權制度無疑也但省旣屬國家行政區域而爲中央集權制度則地方行政自以直轄中央方稱其實而何以事無鉅細各省巡按使必與京曹盡力爭衡未甘屈伏最近如財政司法二事固明明應屬中央行政也然而疆吏屢與部曹文電爭持攬歸地方結果縱部曹制勝權勢已下移之行省矣嘗考

疆吏所敢與部曹爭衡權力必有二因一則地方本有特殊之情狀藉以挾持中央二則在位擁有龐大之政柄因以扶植勢力前者因勢利導不難圖治後則侵國病民爲害正烈乃今應利導者而反加以壓迫應防制者而反任其放恣毋怪丁君佛言謂中央求便宜而不得適與官吏以活動之自由而地方不但不得發展且勢必日就萎縮腐敗而不可支也(一〇)良可慨已且今之省議會消滅已久而徒虛懸一無法人資格之行省爲政治累持廢省論者固必以省之早廢爲愈不知就令廢省而省廢道存道之區域固較省爲狹而方之各國地方區域猶覺碩大無朋使廢省後而仍不認道爲法人則道之爲害未必不較省爲更厲使果認道爲法人也則又何獨於省而不認爲法人哉吾知廢省者必又有說蓋省之民衆地廣不如道之易於羈勒故道可存而省必廢昔者柳子厚作封建論以爲周之喪在諸侯強盛尾大不掉其後判爲十二合爲七國周之敗端其在乎此子厚既言封建之弊而以秦之裂都會而爲郡縣謂其所以爲得乃不數載而天下大壞子厚推其所由乃歸咎於人怨而非郡邑制之失此其合理甚非尤當秋桐君曾駁之謂強者之深惡亦叛耳初不論叛於何起苟吾不能以此絕天下之叛徒使其叛由甲點移於乙點則挖肉補創之道未見其爲得(一一)斯言誠信然也余謂柳子厚之闢封建卽無異今人之議廢省苟吾不能取省制以調和中央與地方之政權以納於平衡之軌則不廢省固何救於時卽廢省又何以善其治今不務權力之平衡而徒沾沾於省之存廢是亦秋桐所謂不能自絕天下之叛徒使其叛由甲以移於乙之類也不亦朝三暮四之說乎

且夫省之無論廢與不廢以及將來或廢而現暫不廢然省旣一日猶存卽不可不一日確定其有法人

之資格、此理即質之夙持廢省者、當亦不厚非也。吳君貫因向曾主張廢省者、特以為省、既暫存、而不予、以法人資格、必多窒礙難行、余以其言頗多可稱、請特錄之、

今之行省。既已設有議會矣。苟整正地方制度。不廢去省之區域。而僅欲廢去其議會。在勢未必能行。即能行矣。亦未必果為地方之福也。而既有議會。使不予以法人之資格。則省議會議決之事。安能發生效力耶。此其障礙一也。行省區域。既有特別之職務。必不可無獨立之財政。質言之。即得自有財產。及徵收租稅是也。然苟不予以法人之資格。安能自有財產。安得徵收租稅耶。此其障礙二也。不特此也。值省對於他團體或個人。苟遇有民法上之爭議。必具地方團體之資格。乃能自主張其權利。若國家不承認其為法人。將不得為訴訟之原被告矣。其所有之權利。安所得保障耶。此其障礙三也。(一二)

吳君所列三層障礙、除第三尚未發見爭議外、第二則地方稅制現已混亂不清、尤以第一為陷於絕地而不可通。乃今立法行政諸當局漠然無所動於心。一任省之行政魯莽滅裂。弗加治理。不徒政治大壞。國家形體且未具備。然則不認省為法人。則萬萬不可行也。

省之必認為法人。固矣。顧省當為何種之法人耶。國家亦法人也。地方自治團體亦法人也。若認省為國家之法人。是認省之區域無異聯邦。此在中國。必不能行。故省為法人。必屬地方自治團體無疑。然地方自治團體有兩大別。一行於英美。一屬之大陸。然吾國人之談地方自治。則每宗大陸。而與英美之制相去固甚遠也。茲欲抉擇兩制。以為取法。首宜標其區異之點。此則美人黎喀克已先析言之矣。其說曰。

地方政治團體之組織。可分為二種大相反對之制。其一為地方分權制度。或地方自治制度。用地方分權制度者。地方事務之管轄權。付之一曹官吏。由其地之人民自行選舉者也。而此等官吏。則須服從中央所發出之普通法規。或憲法的權力所發出之普通法

規。（成文憲法所表示者）憲法的權力所發出之普通法規者。即所以監督中央及地方者也。而當處理公共事務時。操最完全之權者。即其地之國民。其二為中央集權制度。用中央集權制度者。地方事務之處理。大部分為中央政府所任命之一曹官吏管轄之。地方分權制度。合衆國全然采用之。英國亦然。惟較合衆國則稍減。中央集權制度。法國采用之。普魯士王國則並此二種制度而實用之。（二三）

觀黎氏所述。可知英美大陸兩派之地方政治。含有二異。一則地方官吏全由當地居民自行選舉。一則地方官吏。必由中央政府循資任用。一則官吏處理公務。雖可相度地方需要。隨機因應。但必服從憲法權力所發出之普通法規。毋使叛越。所謂受立法上之監督權是。一則官吏黜陟臧否。權操自上。所有地方政務。均不啻為國家行政之分部。而地方意志。嘗屈伏於中央意志之下。所謂受行政上之監督權是。兩種地方政制。橫亘於前。以聽吾人之採擇。不佞曩著省制私議。已從國基上、法理上、民權上、推言大陸制之種種不適宜於吾國。反以證之。可知矯其弊者。自舍英美制莫屬也。惟吾地方政治所以必當提倡英美制之故。除曩述三種理由外。尚有一大特別情形。為吾省制所不得不參究而應用者。故特補之。以廣前篇之意。

近世談地方政治者。每先計畫政治所及之區域。泛稽各國制度。有所謂官治區域者。有所謂自治區域者。又有所謂官治自治同一之區域者。英美則自治區域以上。或為殖民屬地。或為中央政府。或為聯邦。而無所謂官治區域。法則邑為基本自治區。郡為官治區。縣為官治自治合區。普則市町村為基本自治區。縣為官治區。而州與郡均為官治自治合區。此世界地方政治畫區之大概也。若以吾省與之比較。則區域寥廓。無可爲例。然而地方制度。余則祇認其有省縣兩級。縣應屬基本自治區。而省應屬官治自治合區。至於純屬官治區則爲吾所不應有者也。且吾之省雖屬官治自治合區。但就自治一方面言。又不可以基本自治區之制度視同一律。蓋基本自治區不妨按合自治範圍施行政治。省則不過合各縣之自治事務而集其大成。又上接中央。旁鄰各省。自不得不另有一番組織。而非可以基本自治區之制度削足適履也。聞之自治行政。有一反比例焉。即地方之區域愈大。則自治之範圍愈狹。地方之區域愈小。則自治之範圍愈廣。此因普通自治之性質。實以其地方常有特別之利害關係。僅限於社會之一部。而不及於國家之全體。國家因不能處理此等瑣屑事件。不如委之特別區域。而使其與區域內之人特別治之。如市鎮橋梁之建設。街車之布置。此其利害關係。一市一鎮。即優爲之。無勞省之瑣瑣代謀。甚明。試觀法普自治畫區。此等事件。亦僅見之邑與市町村。至縣與州郡。則區域較大。而自治事件。幾全吸收於官治機關之內。若英美固同屬地方分權制度。然觀其殖民屬地之政治。與各團體區域之自治。倘不相侔矣。吾國之省。官治自治。雖同現於一區。而以自治事件。全吸收於官治機關。此固余之絕端反對。特如英美團體區域之自治。亦非吾省所當效法。況省既總集各縣之自治。則事權龐大。必當提綱挈領。規畫全局。如劃定自治區域之廣狹。分配地方事務之大小。均省政府立法所有事也。更有進者。凡低級自治團體之吏員。大抵屬於名譽職。以不受俸給爲原則。故從事於自治事務之吏員。必其生計先本充裕。而爲義務心所迫。始肯出秉行政事務。且職務僅屬名譽。而地位亦不示人以可歆。則斯職決無有趨之如騖者。然後自治制度方可收弊絕風清之效也。儻吾省之行政。亦盡模倣此制。則擔任公職之吏員職務繁劇。必且百倍於縣之自治。安有餘暇。可以兼營私人生計。而又責以不受俸給。恐無一人敢承斯乏。況省行政條理之密。責任之重。有非專門學識技術之人。決不足以勝任愉快。是在位者而不限於專務之吏。更安足語治道。此在大陸諸國。優級自治體之公吏。尙多出於專務職。矧在吾省之位置。方高出於大陸之優級自治體哉。木上所述原理。可知吾行省之自治制度。斷不能倣大陸之地方政治。必取英美殖民屬地與聯邦各州之政制。斟酌而變通之。庶幾可近。今欲取吾省與世界之行政區域。一爲比較。吾則認定非美之州。德之邦。又非英美普法各地方基本自治之區域。實宜取加拿大、澳洲諸州之政制。而復以英美地方自治之精神。採合而參酌之。以適成爲吾中國之省制。斯得之矣。張君東蓀近謂吾省當爲一自政體。而所謂自政者。適當英字 Self government（一四）此固與所提倡英美之自治。初無殊異。特吾未暇爲自政與自治。在學理上細作區別（一五）東蓀則取二者而詳析之。自較吾說精密有加。惟依吾理想上之省制組織。僅就地方政務可由行省全權處理者爲限。至於官治一面。並未涉及。東蓀似頗不認省有中央直轄之官治。比較吾說。略有權限廣狹之不同。要之均不以大陸派視吾省制。則宗旨固相符合也。

曩者吾國論政。視統一與聯邦界限太清。而仇視聯邦。更覺過情。往往以吾行省組織。稍涉聯邦之跡。遂不惜加以大逆之名。今吾主張以加拿大、澳洲之政制。移植於吾行省。則加拿大與澳洲人。方有自爲聯邦者。保不誤會吾說。亦近於聯邦乎。是又不可不爲聯邦與省制。更作一辨別也。查聯邦第一要義。首在立法分權。蓋聯邦對於中央政府。儼有獨立之資格。邦各自定其憲法。而與中央平分立法之權。學者所稱爲制憲體是也。若吾省之行政權限。一切皆由中央憲法列舉。省議會不得意爲增減。且所立之法。必限於省內特別情狀而不抵觸中央法規者。始克爲之。是省制決非聯邦者一。聯邦對於中央之權限。與省制對於中央之權限。一爲概括。一爲列舉。故聯邦除某某事件應屬中央。餘則中央權力絲毫不能行於邦之區域。省制則官治自治合行一區。中央權力固可達於地方。而地方有時且受中央行政上之委托。是省制決非聯邦者二。國家形體之構造。在聯邦政體。則中央政府每成於各聯邦之擁戴。是以各聯邦中之行政。邦各保有其原動力。而中央不能有法齊之也。然在統一政體。則地方離立。視爲分崩。地方必聽中央之宰制。非若聯邦之先既有邦而後結合爲國可比。此省制決非聯邦者三。省制與聯邦既有如上所述各項之區別。祇須認定以上之界限。則吾行省制度。縱使組織有類於聯邦。實非聯邦而爲地方政府也。夫地方政府者。生息於統一政體之下者也。吾今既認定省之性質。確爲地方政府。省之組織。不背單一政制矣。聯邦云乎哉。

余說既竟。覺所懷意見。尚多未罄。茲特舉其積抱。列爲附帶問題於左。他日有隙。當再細論。世不乏留心政治之士。苟能先不佞而討究者。固不僅不佞一人所樂聞也。

憲法上列舉省權之範圍

區分中央政務與地方政務之子目

省行政機關之組織

省議會之權限及監督地方行政之方法

中央行政委托省政府便宜管理之條例

行省互相協助之方法

省縣兩級自治行政之統系

裁判省行政與中央行政權限爭議之機關及其方法

匡正省議會之方法

登庸與選舉官吏之種類及其章制

軍事區域與行政區域之分合　今人每以裁軍區與廢行省併爲一談實則軍區之應否裁分與省並無關係余既不主張廢省則軍區與省區宜否同在一域如謂不宜則軍區又當若何裁分最堪研究也

邊遠省分之特別制度　邊遠省分似不宜與內地一律且蒙藏回疆時懷異心若放任自治更難控制鄙意此等區域仍宜以中央管轄爲當況內地各省自治規制苟能齊一則中央注視邊遠則必事簡而力專也

按此文作於一月二十間、因事稽延、今始印出、故篇中所論、難免明日黃花之誚、現見國人討究此問題者、益覺蔚起、如谷君鍾秀之地方制度答客難、（正誼六號）劉君少少之各省自治無害於中央統一、（中華二卷一號）而佛言東蓀秋桐三君且因此題大相辨難、議論正如泉湧、此皆發表在吾文之後者也、雖所持意見未能盡同一轍、然如省區之不廢、行政之分治、立法之集權、則均遙相冥合、道同與謀、是不特見風誼之相尚、益幸此學愈不孤也、

（一）本權二字、爲張君東蓀所譯、商務印書館譯作對當政府、余以對當二字殊欠雅馴、故從張譯、

（二）見所著政治學及比較憲法論、

（三）此與商務印書館譯作集權政府有別、譯書館所譯集權政府、實爲統一制也、統一制須與二重制相對待而言、並非如集權制之稍涉分權、如柏氏所云也、

（四）官僚政治非必惡名詞、德國且以行官僚政治而興其邦、但與吾之官僚政治、大異其趣也、

(五)參看嚴譯群己權界論、

(六)見拙著廿九期論衡、

(七)見嚴譯權界論、

(八)見中華十二號省制私議、

(九)參之十級、本屆縣長直選、故不準之、

(十)見中華四號評省官制、

(十一)雜採本院內務調和文國論、

(十二)見甲寅三號省制與自治團體、

(十三)見府書政治學綱要、

(十四)見中華十二號系統組及之研究、

(十五)官制自政自治、在英美人視之、本無區別、惟大陸學者、輒甚持有異議耳、

用人之復古

胡涯

今之時代復古之時代也凡百政制皆以復古爲主義獨於用人方針吾乃欲勸以舍其舊而新是謀此不獨當道者視爲逆耳之言即我反覆深思亦覺與其採用新方針不如沿用我歷代用人方針之爲愈也故余今乃欲持復古主義以定國家用人之方針

我國歷代之興。其公卿將相。率皆崛起田間。少有用前代之臣者。即採用一二。亦置之閒散之地。不令其盤據要津也。夫豈必其存畛域之見。謂先朝乃其讎敵。故其遺臣亦爲其讎敵。因擯而不用。實則用之將大不利於國家。故對於勝國舊老。甯從割愛。而不敢輕於拔擢也。謂余不信。試言其理。

一則其才無可用　一代之亡。非謂其無人才也。特以既亡而後。或則盡節以死矣。或則遯荒以逃矣。有用之才。或死或逃。既不爲新朝用。其尚發做官思想者。大半庸惡陋劣之輩。望博升斗之祿而已。實無才之可言。所謂亡國大夫不足與圖存也。試觀漢唐宋明之興。除少數小官。酌用前代官吏外。其舉朝大臣。何嘗充以勝國之遺老。良以此輩實才無可用。雖欲博優待勝國耆老之名。拔之以在高位。無奈彼輩之不能勝任也。今則舉國達官。皆爲前清之遺老。謂彼之才可用耶。則前清何以亡。夫前清之亡。非由其元首亡之也。當時宣統帝沖齡典學。不親政事。雖未知其性質之如何。然實未有桀紂之罪惡。其以虐政激起人民之怨叛者。皆大臣爲之耳。故前清之亡。非其君亡之。乃其臣亡之也。彼輩既亡人之國矣。今乃使之遍布要津。苟恨中華民國運命之短。欲使其以亡前清者亡我民國。則亦自有目的在。我固不欲與幸災樂禍者言。而不然者。違反前代新朝用人之方針。遍拔著亡人國之臣。而期以制治保邦。此正如盲人騎瞎馬。夜半臨深池。天下險象。甯有過此。而當局者竟採此方針。國民亦承認其採此方針。焉此吾所未解者一也。

二則其心不可信　亡國之臣。其有氣節者。或死或逃。皆不肯爲新朝用。吾上既已言之矣。其餘之靦顏望作新朝之官者。皆不知天壤間有廉恥事。彼其進退。特視利害爲從違耳。甲朝不利。彼既可賣甲朝以降於乙國乙國不利彼又何不可賣乙國以降於丙邦蓋習慣成自然欺君賣國之事可一而即可再也故歷代創業之君對於勝朝死節之臣必褒賞之對於勝朝失節之臣必貶辱之誠知亡國大夫其敢搖尾乞憐於新朝者其心必不可問故必加以惡名以爲天下後世戒也遠者且勿論即如前清之代明而與其力與之抗者莫如史可法而賜謚忠正以褒其忠其爲之走狗而盡力最多者莫如洪承疇而列之貳臣傳以辱之彼豈不念恩怨誠知節義之可貴而二三其德之人斷不可恃也譬之婦女必其未失身於他人者乃可望其守節若在妓女既可薦枕席於二三人即可薦枕席於千百人望貳臣之能盡忠與望妓女之能守節皆如航斷港絕潢未有能至焉者也今舉國達官無一而非前清之遺臣清帝所以待之者不爲不厚矣乃一朝變起卽反噬焉彼輩何嘗解事人君何嘗解從民意所知者則勢利已耳以廉恥道喪利祿燻深之人而悉使爲顯官其何能國邇者中日交涉當道者曲徇日本之要求國民多責其懦弱不知果持強勁之態度激而至於開戰吾知全國達官或且皆樹降旛以求作日本之臣僕殷鑒不遠固在前清庚子順民思之尤悸夫此等貳心之臣其所以厚用之者樂乎惟其言而莫予違耳不知彼輩對於一方之強者固惟其言而莫敢違而對於他方之強者亦惟其言而莫敢違今遍用惟強是崇之人使籌大政以是立國何異冰山其頹崩也可立而待而舉國之人竟樂托國命於此輩焉此我所未解者二也

三則阻人才之仕進小人道長則君子道消此中實有因果相關之理既以嗜亡人國之人使之遍作高官則潔身自愛者必皆萌退志而不樂與之相周旋韓信武夫猶羞與儈等伍矧在積德修行之士也

歷觀往代凡羣奸當國則清名之士必皆乞退彼豈必以去官爲名高誠知蕭蕕異器強與共事不獨自汙盛名抑亦何能爲福國利民之事也故甯棲谷枕山讓豺狼之當道而不作出世之想焉歷代創業之君惟知此理故對於亡國大夫多不敢拔用非有所致憾焉誠知彼輩寡廉少恥使在高位將阻賢者出山之志而天下之士將相率裹足而不前故不敢輕於攀引也今則舉國達官其爲亡國之臣者殆居百之九十九焉坐是之故清流之士或則被其戮辱或則躬自引退其有一二尚留於政界者特無術自脫置之閒散之地已耳而有權有勢者孰非前清之遺老夫用人方針在於引惡類以排善類其在謙飭之士固能閉門不出置理亂於不聞也若稍有血性者憤政象之濁其太息隴畔坐嘯東門將爲勝廣劉項之舉者甯得云少而在平時濁流固能排清流若在變時亂臣豈能定亂事而以退賢進不肖爲方針雖能偸安一時豈能維持永久而我國民竟承認其政策與之同其臭味焉此我所未解者三也

四則招外國之欺侮　一國官吏之人格不第民具爾瞻已也卽在外國亦將以是覘其國之程度焉蓋國民之對於執政者知推崇賢能者以爲之則其程度必高竟推崇凶惡者以爲之則其程度必低而外國之敢侵略與不敢侵略恒卽視是以爲進退也今且勿徒事理論詞諸歷史則固有明徵矣唐人詩云但使龍城飛將在不教胡馬渡陰山有龍城飛將北方胡馬何以不敢南渡陰山誠以一國能舉用名將以作干城不獨此一人之可畏也而其國上下有知人之明則同讐敵愾之風必家喻戶曉此所以不敢輕於窺邊也又非獨李廣而已宋史稱司馬光相遼夏使至必問起居勅其邊吏曰中國相司馬毋輕生事開邊釁則在位者而得人其見重於外國果何如耶若夫燕罷樂毅而用騎刧遂爲齊所敗趙殺李牧

而用趙蔥顏聚遂爲秦所破今庸惡陋劣者用事則外侮必至歷觀古今莫之或爽也今再以近事論之當武昌起義之際歐美各國皆動色相視而日本人亦紛來相助其國中輿論謂中國或自此轉弱爲強其時之日本固未敢欺侮中國也及此二三年來以寡廉鮮恥之亡國大夫遍布當路於是日本人之心理謂我國民聽豺狼之當道而認作聖賢不獨其識之低抑且其心已死於是侵略之野心從而生矣故金陵獨立之役張勳因誤殺二日本理髮匠彼遂昌言出師首持出若干之要求逼我承認焉歐洲戰起日本藉攻青島爲名進兵至龍口濰縣且侵及於濟南焉最近藉撤消軍區問題更提出二十餘苛酷之條件逼我承認且下哀的美敦書以相威嚇焉間日本對我之態度何以與三年前大異則以彼了然於我國民託國命於誰何之人不獨以誰何之人爲易與抑亦以我國民已無是非之心惟強是崇而茍雖加以極端之逼壓而亦莫能如之何也我國民毋以爲託命於此輩之手此僅屬內政問題已也而不知外患之來亡國之因卽種於是而全國人乃熟視無睹聽其以壞內政者召外侮焉此我所莫解將四也

五則斷喪國家之元氣——管子有言禮義廉恥是謂四維四維不張國乃滅亡我國數千年立國之根本在此四維而已苟其無之國必不競故經國之道不能不謀培養此四維也今亡清遺老當清之末亡也既不能守忠君之義陳閶闔之疾苦謀政體之改革以順民心而固清祚惟欺彼幼主盜竊其權以鞭笞百姓是極無禮無義之人也故清亡之後彼輩苟稍有天良當求所以謝清帝之道或則遯之山林以避清議庶可以存廉恥於幾希今則競發官輿自誇在前清閱歷之深羣欲於政治舞臺占有崇高之位置

遂使今日之士夫不知名節二字作何寫法則管子之所謂四維今乃全斲喪而無餘也夫國家之用人以破壞名節為事其在外競不烈之世猶難長治久安試觀六朝五季為君者喜用武臣以其善承意旨卒之藩籬盡撤名教掃地其結果也篡弑相仍彼喜用武臣者其子孫率無遺類或並其自身而不能保焉則彼好破壞名節者其利安在蓋國家之元氣既已斲喪則其一姓之統緒自亦不能久延也況今者外侮之亟為前古所未有彼寡廉少恥之徒既可周旋二姓又何不可周旋二國猝有外侮則不堪設想矣夫國家之元氣既斲喪彼以此為得計者將來結果此無俟論獨計國家何辜亦因是而遭其摧折焉安得不一為痛哭也夫彼雖欲以敗壞名教之大坊而摧殘國家之元氣苟國民而能自覺豈無術可以補救之而竟大夢沉沉瞑不加察焉此我所未解者五也

六則腐敗國民之道德　民德之隆汙與政治有密切之關係中國之民德以戰國三國六朝五季為最壞以東漢為最美顧亭林嘗評論之而亭林謂東京風俗之美其原由於光武之尊崇節義夫民德之美固非徒由在上者之力而在上者之提倡能與以莫大之影響則固彰彰不可掩矣試觀光武能尊崇節義新莽之遺老遂不敢思仕漢以博高官於是由戰國傳來朝秦暮楚之風於斯斬焉若曹操下令求不仁不孝負汚辱之名見笑之行者而用之且以盜嫂受金為無害於才遂使當時臣工一面為漢室之官一面又為曹氏之官兩朝元老自誇光榮民德之壞視東京之末蓋一落千丈矣然光武尊崇節義之士之結果不特國祚綿長而桓靈之世清流之士猶盈國中以為亡國時代之點綴則不特民德善良而自家亦何嘗不受其利也曹操崇奬跅弛之才之結果使士夫之間不講名節而其所親信之賈充曹丕賴

其畫策用以代漢。然未幾賈充又爲司馬昭畫策以弒曹髦。則不特當時之民德汙下。而自家亦何嘗不蒙其害也。國家用人之方針。其影響於民德之隆汙也若此。而今則純採崇奬跅弛之政策。非前清寡廉鮮恥之輩。必不能作高官。政府以是爲倡。遂使舉國士夫以周旋兩代爲無礙其仕進之途。且可詡其資格之高。以博高官厚祿。民德如此。譬之娼妓以多得顧客爲榮。蓋貞之一字非娼妓所能解。忠之一字亦非今之達官所能解也。夫忠君與忠國。其義雖殊。然平時對於其君。但知敎以虐民。而不知引以當道。一旦有事。則去之以博富貴。此等之人。謂能忠國。其誰信之。而今日用人之方針。則務以養成國民具此性格爲宗旨。當局者之用意。吾不敢知。而士林之間。不聞爲世道人心之計。謀所以挽回此頹風焉。此我所未解者六也。

於是有爲之解者。謂民國之成立。由於隆裕太后之禪讓。此種美德。可比唐虞。而唐虞之世。不聞爲堯之臣者不可爲舜之臣。今以前清之臣作民國之官。則亦效稷契皋夔之故事也。（某省龍巡按使曾作此言）不知苟無武昌之起義。則清帝之退位何從而來。當陽夏革命軍之未起也。國民雖哀求速開國會。早定憲法。猶遭拒絕。而其敢繼續要求者。且多被其戮辱焉。夫以君主立憲之局。此與清祚無礙者。猶且不許。何論共和。謂其具堯舜天下爲公之心。願去位以讓賢者。爲此諛詞。不特擬不於倫。抑亦恬不知恥也。故民國之成立。比諸湯武之革命則近之矣。比諸堯舜之禪讓。則眞風馬牛之不相及也。而首爲禪讓之說者。實惟有賀長雄。有賀績學。其生平著作。多有可觀。不意以垂暮之年。始爲人用。作此違心之語。晚節不終。此如凱風之老婦。有子七人。始思再嫁。吾深爲有賀惜之。而彼剽竊有賀之說。以掩其所遺之臭者。斯又一文之不値

也

於是又有爲之解者謂孔子亦嘗周游七十二邦歷事幾朝實不足爲政治家病不知孔子之周游七十二邦爲欲行其所抱之政見非欲求博升斗之俸祿觀其相魯三月魯之君相皆舉國以聽然三日不朝卽舍而去之其爲行道而仕非爲求祿而仕此心實可質諸天日矣故苟爲行其政見而做官周旋二姓誠不足爲政治家病然今之遺老其別抱琵琶試問爲利國福民而仕耶抑爲營私取利而仕耶如曰爲利國福民而仕也則當清之未亡何以不請諸清室卽實行眞正之立憲政治以順民心且當時光宣二帝絕無權力使諸大臣皆欲立憲則朝定議而夕卽可實施矣顧何以靳而不予也夫豈獨靳之而已試觀自戊戌以來新黨之士無論激烈派與溫和派因謀改良政體爲彼輩所譖殺或親自殘殺之者奚啻千百則彼輩實以反對立憲摧殘民氣爲主義也旣以反對立憲摧殘民氣爲主義則必迷信君主萬能理當竭力以擁護之則當清之亡宜以一死相殉始可云不屈其政見乃武昌金陵一下羣下野以求容於民國視利害以爲轉移則彼輩作官之目的非欲謀利國福民而欲謀營私取利所謂司馬昭之心路人皆知矣此等喪心病狂之徒曾不自知其醜乃反欲借孔子周游七十二邦之事以自解嘲亦多見其不知量而已矣

故我以爲今日而謀復古則用人之方針亦不可不復古古之用人則不用貳臣是也試觀漢唐宋明清諸朝所以皆能傳國數百年者其用人之方針孰不如是卽間有一二先朝遺老亦終必列之貳臣傳以作後人之警戒而嚴名敎之大坊而今顧何如者盈天下之達官大抵欺君誤國賈充馮道之流亞也而

芸芸之衆且謂其閱歷深經驗久可以治國孟子有言上無禮下無學賊民興喪無日矣令之謂也嗚乎余欲無言

讀秋桐君學理上之聯邦論

潘力山

秋桐君以善談政治及名理聞者也近於其所主撰之甲寅第五期中有學理上之聯邦論一文其所談歸於三點(一)組織聯邦邦不必先於國(二)邦非國家與地方團體相較祇有權力程度之差而無根本原則之異(三)實行聯邦不必革命所需者輿論之力而已蓋近今非難聯邦之論者原分三事聯邦之制邦必先於國而存在中國既有國而無邦不可於已存之國而更析之為各邦此其一邦與地方團體相較前者之權力本所固有後者之權力乃由國家所賦與中國之地方團體其權力既由國家賦與之縱令多所賦與而其為地方團體之性質仍無異不可謂之為聯邦此其二一制之行必於一國之根本制度不相背中國既為單一國今欲變為聯邦則其實行必待於革命此其三秋桐君之為是論也蓋將反駁此三事而旁徵博引以證明之其為說既極精闢之致矣顧其根據則在物理政理之異其言曰

理有物理有政理物理者絕對者也而政理祇為相對物理者通之古今而不惑放之四海而皆準者也政理則因時因地容有變遷二者為境迥殊不易並論例如十烏於此吾見九烏皆黑餘一烏也而亦黑之謂非黑則於物理有違可也若十國於此吾見九國立君餘一國也而亦君之謂非立君則於政理有違未可也何也立君之制縱宜於九國而未必即宜於此一國也

物理政理誠未可以同論幾何之方面重力之形式聲光之激射物質之化分驗於彼土者然驗於此土

者亦宜有然若夫人事萬殊政情紛歧則不能據一端以爲權槩斷可知矣但秋桐君所舉物理之例似不足以證物理之絕對蓋九鳥皆黑是一鳥者獨爲非黑亦不可知故也（如甲乙丙丁戊己庚辛壬癸十物甲乙丙丁戊己庚辛壬九物皆有子而癸有在此一癸既有子矣而亦推定其有在任多數之例常無誤然不可謂其必如此卽不可謂之爲絕對今假定鳥之他形狀構造爲子其色之黑爲在此十鳥之他形狀構造雖同獨其色黑一事九鳥者同而此一鳥獨不同爲造可謂於物理必逆異耶卽謂吾人所常見之鳥無一非黑者因以斷定此鳥之必黑亦未見其然何則此一鳥者方待論證則凡鳥中之一鳥其爲黑與否固猶未定不得以云凡鳥皆黑也不得云凡鳥皆黑則此鳥之必黑與否固難斷言夫以人類已往經驗之皆如此而推論此鳥之亦如此其在名理猶難斷言又況於九例一例之絕對豈其然乎或謂我國造烏字之始卽取義於黑小爾雅曰純黑而反哺者謂之烏說文烏孝鳥也象形段注鳥字點睛烏則不以純黑故不見睛也由是言之則非黑者不得謂之烏矣曰此就烏已定之概念言之耳烏之形狀構造不特異於他鳥故造字者以其象他鳥之形象之又以色純黑爲不類故他鳥點睛而烏不點睛此合色及其他之形狀構造而爲一概念也烏之概念他形狀構造爲一事色純黑爲一事合此兩事乃名爲烏有烏於此有其他形狀構造之一事而無色純黑之一事就烏之概念而分析之則具其一而缺其一故不得謂之烏然自分析之事計之以色純黑一端異於烏者爲非烏可也自推論之事計之若無其他根據而惟以色純黑一端異於烏者爲非烏不可也何則推論者固將以已知之一端推及其未知之一端若無未知之一端則無所用其推論（如以烏之他形狀構造爲已知之一端以其色之黑與否爲未知之一端則其爲黑與否尚待推論若色黑亦爲已知者則無所用其推論矣）亦惟然而推論之事不得僅以前例之多寡而謂必應於將來秋桐君以九烏皆黑而推論餘一烏之亦黑以云絕對恐猶未免武斷也）

又其言曰。

或曰自倍根氏以來學者無不採經驗論此其所指似在物理而持以侵入政理之域愚殊未敢苟同善夫英之論者魯意斯之言曰人謂政學之精蘊存乎驗但所謂驗者視與科學之試驗同科則相去萬里以驗加之政學亦謂群察之試行之而已其所以然則科學之驗在夫發見其理之通象政學之驗在夫改良政制之進程故前者可以定當然於已然之中後者甚且排已然而別創當然之例不然當十五六世紀時君主專制之威披靡一世距此以前政例所存罔不然焉苟如論者所言是十七世紀之立憲政治不當萌芽矣有是理乎

倍根氏之論宜牢籠一切學理以爲言然於物政理二者其度固有等差秋桐君舉英人魯意斯之言意謂科學之驗已驗於既往政學之驗當驗於未來專制國既可進而爲立憲單一國亦可變而爲聯邦故又曰『聯邦之理果其充滿初不恃例以爲護符』其論則極端之演繹法也果如秋桐君所言則何種

主張不可實現乎無政府主義者其理亦未必不充滿顧今日之中國可行否耶蓋法制之良否非可抽象討論必按諸其國之實際然後良否之議乃得而施今離於實際以爲言曰是理充滿也所謂理者則學者一家之理所謂充滿者則論者主觀之充滿人亦有言玉卮無當雖寶非用況可寶猶非玉卮比者哉秋桐君既謂理果充滿不必恃例以爲護符矣繼復舉英法之歷史及其趨勢並舉阿根廷巴西委內瑞拉諸國之實例以爲證是秋桐君亦兼採歸納法者也惟既謂政理爲相對且曰「有十國於此吾見九國立君餘一國也而亦君之謂非立君則於政理有違未可也何也立君之制縱宜於九國而未必即宜於此一國也」夫有十國於此雖九國立君不足以證餘一國之亦宜立君則用同一之論法有十國於此雖九國以單一而變爲聯邦不足以證餘一國之亦可以單一而變爲聯邦明甚矧國於大地者數十而秋桐君所舉之例猶不及其十之一則又何足以證中國之可以單一而變爲聯邦耶秋桐君舉耶律氏之言謂單一之轉爲聯邦絕無不合法理之處竊意此關於法理之問題者輕關於政治之問題者重秋桐君當從政治以立論不當從法理以立論也秋桐君又舉寒溫熱三帶以喩邦聯聯邦單一三者謂『邦聯爲寒帶懼其太寒單一爲熱帶懼其太熱惟聯邦爲溫帶清燠適中』夫寒帶太寒熱帶太熱此自溫帶言之耳若自其本土人言之彼方且以爲適中今有移寒帶及熱帶之動植物於溫帶而反萎碎以死者庸詎知吾所謂適中之果適中耶「民濕寢則腰疾偏死鰌然乎哉木處則惴慄恂懼猨猴然乎哉三者孰知正處民食芻豢麋鹿食薦蝍且甘帶鴟鴉耆鼠四者孰知正味猨猵狙以爲雌麋與鹿交鰌與魚游毛嬙麗姬人之所美也魚見之深入鳥見之高飛麋鹿見之決驟四者孰知天下之正色哉」

此先民已知之矣且物理與政理有異秋桐君亦既言之以此相喻豈非比儗失倫者哉卽秋桐君之意惟喩其二者相轉之一點然此可曰由邦聯及單一以轉聯邦爲適中彼亦可曰由邦聯而聯邦以至單一爲正軌徵之事實又多屬彼而不屬此令有主張單一之制於德美者人且以爲不切情實矣主張聯邦之制於中國者寧有愈是乎然秋桐君亦嘗謂當訴之實在國情非玄理所能畢事則愚於此固無難爲秋桐君以邦與地方團體相較祇有權力程度之差而無根本原則之異又以純粹聯邦或保有若干分單一性質之聯邦無取經過革命之一程序惟視輿論之熟否以爲衡尋秋桐君之意邦與地方團體相較在邦之權力較大於地方而二者仍同出於一源質言之二者之權力皆不外由國家所賦予也審如是則變地方團體以爲邦固憲法以內之事但候輿論成熟卽可奏功不必有待於革命然此僅足證其制之適法不能證其事之有利蓋輿論之所趨不必眞實利益之所在也且如其言於地方團體之權力較大者固不可不賦以邦之名矣則於英之地方團體將何說焉謂其非邦乎則權力固甚大謂其爲邦乎則英又無聯邦之名蓋二者相較旣爲程度之差則相差之程度卽難一定必至何程度以上始爲聯邦何程度以下乃爲地方團體殆無明確之界限夫二者旣無明確之界限則主張聯邦與主張地方分權者其實質蓋無所異而橫起是非以相砍伐是抑不可以已乎且所謂奇辭起名實亂是非之形不明云者其過或反不在他人矣至謂「有名存而實不至者無實至而名不存者如其有之則是其人之識未足以名」云云此亦未必盡然名存而實不至者有如墨西哥（爹亞士時代）迹爲民主立憲實至而名不存者有如此利時或英吉利之爲民主立憲此猶曰學術上之名未有定也以世俗言之宣

之射名能九石其實三石也。（見尹文子）則名存而實不至矣。黃公之女名爲醜惡其實國色也（見尹文子）則實至而名不存矣。當衞之鰥夫之未娶其女也其女固有美之實矣而黃公不予以美之名謂黃公之謙未足以名。（既謂黃公好謙則非不知其美之實也此類甚多不特於好謙者爲然）是豈可哉。若自名之本質言之莊子曰名者化聲也實之賓也荀子曰名無固宜。（此猶印度學者所謂名無自相也）約定俗成則不易此言已定已成則不易也今聯邦與地方分權之名或以爲原則上之異或以爲程度上之異則無所謂約定俗成也不校其實質之是否可行於中國而惟斷斷於一名之辨已爲賓矣卒其所辨者仍迷離而不可辨不亦過乎且古之正名者將以定上下之分賞罰賢不肖也。（孫卿爲正名篇道刑名爵名文名散名之異宜然古者於散名不亟辯莊周曰春秋以道名分蓋與近世正名辯物之趣異矣）尹文子曰『慶賞刑罰君事也守職效能臣業也君料功黜陟故有慶賞刑罰臣各愼所任故有守職效能君不可與臣業臣不可侵君事上下不相侵與謂之名正』又曰『王之所賞吏之所誅也上之所是而法之所非也賞罰是非相與四謬雖十黃帝不能理也』（見公孫龍子引）呂氏亦謂『人主之患在刑（刑當作形餘杭章先生說）名異充而聲實異謂』故曰名不正則言不順言不順則事不成此之謂矣夫聯邦與地方分權之名既由學者之見解而有異則非如古所謂上下之不可變賢不肖之不可混也秋桐君引尹文子『名以檢形形以定名名以定事事以檢名』之言以證聯邦之名之不可易處非古人正名之意矣秋桐君又引荀子『名聞而實喻名之用也』因繹其詞曰『名聞而實不喻者有之矣未聞實喻而名不聞者也』不知荀子之言在正名故以名聞而實喻爲名之用名聞而實不喻非名之用至於實喻而名不聞者則非此論之所及孰謂其必無哉。（荀子之旨但舉有相分別不及無相分別瑜伽師地論二云『有相分別者謂於先所受義諸根成熟善名言者所起分別無相分別者謂隨先所受義及嬰兒等不善名言者所起分別』攝大乘論亦稱此爲『無覺尋計』世親釋曰謂牛羊等雖有分別然於文字不能了解（印度合音爲字故文字即名）夫現在必有未來今日必有

例曰此誰所經渦者然嬰兒之初生雞鼠相遇寧知代之名言哉見略然以求孔名固知現在求之未來可以得之也鼠亦然以過往者亦知現在見往未來可以避噬也此皆心所自以爲者與有故歟淺姿論十四云若思若智內道外道世間論者乃至或皆知有去來今（以上錄杭辛先生說）以此證知有相分別必名開而實始喻無相分別則名不開而實亦喻文列子之言但在名思所引如實智不及非名思所引如實智答曰瑜伽師地論三十六分四種尋思四如實智一於名尋思所引如實智謂於名尋思惟有名已即於如實了知謂如是名爲如是義於非假立爲令世間起想起見起言說故於一切色等想事假建立色等名若無有能於色等想事起色等想若無有想則無有能起增益執若無有執則無言說若能如是如實了知是名名尋思所引如實智二事非尋思所引如實智謂於事尋思惟有事已觀見一色等想事性離言說若能如是如實了知是名事尋思所引如實智（以上錄杭辛先生以之釋莊子齊物論中之說以爲十分且得有言異制於求惟見事亦即性離言說也）以此證知名尋思所引如實智必名開而實始喻事尋思所引如實智則名不開而實亦喻即秋桐君所采蘇子瞻之說石鐘山所謂漁工水師雖知而不能言者亦可爲實喻而名不開者之一證既且宋明實喻而名不開者未見自相抵牾矣

以上所言多涉於名理不盡關本旨要之秋桐君之聯邦論雖以學理爲範圍但以固陋所見殆無專論學理之必要蓋既以政理爲相對即令學理充滿不必可以實行且摭拾偶有之成例及一二學者之創說又不足以證明其學理之充滿秋桐君而欲主張聯邦論也當於此外別求根據勿沾沾於學理爲也

通訊

聯邦論

（致甲寅雜誌記者）

記者足下。邇來海內亟張。萬機叢脞。國之賢者。咸歸咎於政制之不善。謂吾國地廣民衆。甲於全球。欲以單一國家。實行多數政治。實反乎政學之原理。今欲求治。非增加地方權力不可。欲增加地方權力。舍改組聯邦外。殆無他術。此聯邦論所以大倡於學士之口也。自愚觀之。政制無絕對的優劣。惟適者爲貴。適於學理者。未必適於國情。誠能兩適其宜。斯固善矣。如其不然。寧舍學理而就國情。江南之橘。遷地爲枳。雖有善制。而不能行。或行焉而未盡善。不足多也。姑以國體論之。共和之與君主。相去遠矣。吾儕在滿清時代。未嘗不渴望共和。由今思之。直蛇蠍耳。數年之間。而思想矛盾乃至如此。是果何故乎。或曰。此非共和之不善。乃治人者之不善耳。愚以爲與謂治人者之不善。寧謂治人者之不適於共和耳。而此治人者之意嚮。即吾所謂國情也。今之主張聯邦者。徒以地方權力不足爲慮。不知增其權力。實足以資其暴戾。助其爲惡而已。嘗憶臨時政府時代。各都督之專橫跋扈。至今思之。猶爲心悸。爾時國人以中央權力失之弱。莫不主張集權。以造成強有力之政府也。今則政府強有力矣。而未免於專橫。以此例彼。其效可知。他日各邦首長。專權勢無可免。厚賦重刑。以意爲之。雖有議會。不啻敝蹝。覆轍相循。終無所止。謂予不信。請申詳之。夫今之執政所以見惡於人者。以其剛愎自用也。惟其然也。故與多數政治鑿枘不容。於是所謂議會也。自治也。政黨也。與夫多數政治必需之機關。一舉而摧殘淨盡。以快其志。遂以演成專制之局。此種根性。受之於天。成乎自然。不爲政制所選。而政制實爲所選。論者謂聯邦爲制治之根本。愚以爲此則根本中之根本也。如果實行聯邦之後。另有奉法唯謹之人。主持國政。恐亦不敢有所饒舌。毋奈中國人性。大抵相類。好同惡異。幾於人同此心。心同此理。以暴易暴。非徒無益。且增紛擾。況今之執政者。其於政治舞臺上。率皆根深蔕固。牢不可拔。苟非甘心破壞。必無術以去之。際此國本飄搖靡定之時。雖上下一心。猶虞隕越。若再稱干比戈。以事鬩牆。亡可立待。至於足下所謂『聯邦之成否。惟視輿論之熟否。以爲衡。輿論朝通。則聯邦夕起。輿論夕通。則聯邦朝起。初無俟乎革命也。』雖屬和平之論。以愚觀之。不過想當然耳之詞。衡之事實。或竟有大謬而不然者。民氣銷沈。於今爲極。語以國事。則怵然怐目而驚走矣。蓋明知當道不可窮以辭。故相率謹守明哲保身之訓耳。間有一二名言讜論。亦復曲高和寡。固無若何效力也。然則今之將軍巡按使。非卽異日之各邦首長乎。在今日單一制下。以大總統之威嚴控制於上。猶難貼服。一旦撤其籓籬。俾其分立。乃僅以一有名無實之議會。掣制於後。謂其能發展地方政治。而張民權也。疇能信之。行見尾大不掉。釀成割據而已矣。又如選舉頻繁。易滋內亂。團結不堅。示弱於外。本聯邦制之通弊。施之吾國。抑又甚焉。凡茲所言。大抵皆就聯邦已成。歷陳其弊。進而論之。卽使聯邦盡善盡美。吾儕竭力鼓吹。欲其見諸事實。終爲幻想。問其何故。則曰中央政府作之梗耳。夫爭權攘利。出於天性。未得之權。且猶爭之。既得之權。詎甘放棄。私權且然。況政權乎。今之以聯邦論強聒於政府者。譬猶與狐謀皮。皮固不得。且有吞噬之憂。是故湖口而後。則有議會解散。自治取消之舉。取證前事。章章明甚。今日之事。胡獨不然。奈何明知故昧。授人以柄乎。總之聯邦制在學理上。容或可行。按之實際。斷非所宜。心所謂危。不敢不言。因拉雜成書。以告足下。臨穎神馳。不盡所懷。　儲亞心白

辱教甚善。學理與國情。本有不必相融之處。惟主張學理而忽於國情。實學理之蟊賊。非能主張之者也。愚爲聯邦論。亦以適於國情而爲之耳。非祇見其理論甚精而遽右之也。特時人之訾議聯邦者。初不問其於吾是否有合。而矢口卽罵。謂於學理不通。搢紳所不道。明達所不言。亂黨暴徒。輒利用以爲鼓吹。是則不可不先與言理。再論事實耳。愚爲此文。標曰學理上之聯邦論。語有範圍。自不能以實際之談。率爾羼入。他日當更作事實上之聯邦論。儻時更賜教言可也。足下以今人惡共和如蛇蝎。玆之共和。愚不審所指。指癸丑之役以前乎。抑其後乎。愚以爲前後政象。皆於共和無與。今者之與共和相去萬里。尤不待陳。然則人所惡者。僞共和耳。於共和胡病也。今人不易辨此。故追隨強者。妄譏共和。此實理解不清。非思想矛盾也。夫共和者何。亦政制之良。足以爲民福者耳。而政制之良。足以爲民福者。泛觀當世。追溯往史。初不限於共和。今之爲政者。果政迹背夫共和。而羣福於焉大起。吾又何責吾之不爲。執政怨特以由今之道。無變今之俗。豈眞共和未可。卽百易其制。亦徒見陷吾民於泥犂。日加甚耳。寧有他也。足下謂其不適於共和。愚則謂其不適於一切政制。蓋旣號爲政。必有幾分基本原則。保持不睟。今盡睟之。何政之足云也。然足下乃謂國情在此。豈以吾民程度之低。祇得儕於犬馬土芥之列。基本政治。且可悋不之與也耶。至曰強者在位。一切不顧。陳義雖高。如彼不聽何。此乃一時政治之凶象。非國情也。若以有人壟斷政局爲國情。則節南山云不自爲

政卒勞百姓鄭箋云欲使昊天出圖書有所授命民乃得安經傳所稱應天順人之舉者豈非更確之國情乎是知言國情者當一以民情國勢為主一時之政象當別論也足下謂專制之根性受之於天政制不足遷之此亦不盡然好為專制者宜莫若吾國歷代之君主矣而若有人敢壞其麻制詔即無所出此其專制之性非中書一制有以捍之耶愚嘗平心論之今之為政者心未必盡不肖有時不肖之事亦未必本意所存惟以逢迎其旨從而甚之者所在皆是明著其非慷慨爭之者不得一人遂演成今日之活劇然則欲創為政制使人廉恥是非之心有所寄託以與黷政亂紀者相抗非謂根本之圖得乎聯邦者特愚與少數同道之士以為政制中之良者耳與政制改革之談初不相蒙足下不善聯邦竟以咨嗟歎息於「無術」於一切政制足以遏暴之理澈底非之吾豈又有何種相同之點足資討論聯邦之論初見萌芽條理百端未遑披露足下亟亟以邦長擅權為慮若在愚之聯邦案中則決無是病臨時政府時代各都督專橫跋扈以愚觀之今諸省將軍之肆無忌憚且遠出各都督之上特以其人與當塗同其系統輿論遂不敢攻耳然都督將軍諸制與聯邦截然不同此非僕全論出時殊未易與讀者以印象請略僕之民氣銷沉福乎否乎如其否也吾論正未可已曲高和寡宜和否乎如其宜也寧當自秘其曲「效力」何在初非倡公論者首當瞻顧之事也至所謂「吞噬之憂」姑無論以言殺身乃士君子莫逃之責愚無所似不敢望此惟當此無道之世何言將見讎於何人非尋常理解所能周澈鄙人之困於此者屢矣今即不言聯邦惟問足下果其所言與所謂「名言讜論」者有毫髮之似何者可與今之社會相容則安知彼人吞噬不別

有在畏首畏尾身其餘幾吾亦行吾心之所安而已其他非所顧也質之君子得毋哂之　記者

波哀柯特

（致甲寅雜誌記者）

記者足下邇來中日交涉日本視吾國若朝鮮吾國人民大憤羣起圖抵制之策於是有所謂提倡國貨排斥日貨之議此吾民愛國心切欲藉此以促日人之反省也然排貨之性質若何在法律上有如何之關係恐非盡人所能知也鄙人無似願就此問題一研究之考吾人所謂排貨之法卽西文所謂波哀柯特 Boycott 也緣英國愛爾蘭地方有田主名波哀柯特對於田戶曾加虐待一八八〇年田戶羣起抵制弗與耕種弗與貿易波氏對之無可如何以後凡關於此類抵制行爲均稱之爲波哀柯特今則波哀柯特之範圍已由國內延及國外波哀柯特之定義解釋因亦廣泛凡一國人民因與他一國有惡感乃決議對於他一國人民斷絕貿易關係此決議之行爲卽謂之波哀柯特然則波哀柯特者蓋抵制中含有報復之義矣夫一方而出報復之手段必其他一方先有無禮之行爲旣惡他人報復何如自己不施無禮之爲愈乎是排貨之性質乃人事間自然適法之行爲與彼庸愚之妄言仇外者絕不相同也排貨之性質旣聞命矣排貨在法律上之關係何如乎發生排貨國當負若何之責任否發生排貨國之政府有禁止之義務否解決此問題則有至明至著之先例在焉當一九〇八年奧大利併合土之波黑二州土人大憤乃集議排斥奧貨甚至奧船抵土竟無一人爲之搬運貨物奧人窘甚乃向土政府提出抗議

土政府答以人民不用外貨乃人民之自由政府不能負責工人同盟罷工亦工人之自由政府不能壓制卒之奧對土允償賠金土排奧貨之風始息至今美人某氏且謂土數瀕於亡而卒不亡者賴有此報復之能力尚可使各國略有所顧忌耳然則排斥外貨不但不違背國際法律且爲對待非禮者不得不然之手段也此外更有塞爾維亞人之排斥奧貨土耳其人之排斥希臘貨波蘭人之排斥德貨社會黨之排斥西班牙貨從未聞有課塞土諸國之責任者亦未聞塞土諸政府有禁止排貨之事也雖然此猶他國之事實耳即吾國亦有先例焉一九〇五年因禁華僑事而排斥美貨一九一〇年爲二辰丸事而排斥日貨美之損失約達八千三百萬佛郎日之損失亦達一千〇七十萬元當時滿政府並未有禁止排貨之公文而美日諸國亦未強我國負若何之責任也雖各國對於因排貨而受之損害間有任若干之賠償者然此乃出於國際上之道德並非國際上之法律當如是也至獎國産而抑外貨尤爲振興工業之要道凡採保護政策諸國莫不如是彼日本之市場不嘗以排除外貨爲愛國乎在日本爲愛國在他國爲仇外非之矛盾有過此乎由是言之排貨果純由個人計畫且絕無暴動之舉政府固不負絲毫之責任亦無禁止之義務也今吾民之排貨固未嘗有暴動之舉矣而我政府必出而禁止之此所謂無病而呻也惟吾民果能持以鎭靜之態度矢以堅忍之決心則貿易自由孰能干涉哉此所謂精神上之排貨也若夫集會演說印刷傳單乃其形式耳以上所言未敢謂是質之大報以爲何如大報能犧牲數行紙幅爲之介紹尤爲大幸　周銳鋒白

所見極是至爲佩服記者有暇亦將於他處論之

言之者無罪

（致甲寅雜誌記者）

記者足下。前函未盡所懷。抑另有以奉告者。今日盈廷臣工。頌聖德者有之。進玉璽者有之。謂天下太平。爲唐虞以來所未有。請開方略館者亦有之。彼輩皆以爲生逢神武當陽之世。天下當必久安。可以坐享富貴矣。而豈知禍變之來。當必不遠。夫所謂禍變之來者。豈謂革命黨之好謀革命哉。實則官吏之擾民。卽有以逼民之鋌而走險也。僕居家鄉數月。默察地方吏治。見州縣之官。十之九焉爲前清聲名狼藉之汚吏。而報館旣不敢據事直書。地方公正紳士。懼言及公事。彼可誣爲亂黨。以拑其口。則不能不採明哲保身之義。以故生殺予奪。惟所欲爲。吏治之壞。達於極點。不特新黨覩此政象之汚濁。抱除秦苛政與民更始之心。卽頑固黨亦驚爲前清所未有。而存時日曷喪。予及汝偕亡之想。徒以有嚴刑以監謗。民不得表示其意見。故滿朝臣工。遂得以歌頌太平耳。然腹誹之國。豈能久安。使其能焉。則周厲王可以不出奔。秦始皇可以傳萬世矣。地方吏治之壞。難以枚舉。今姑舉其有妨學務者言之。僕歸家鄉旬日。卽見十一二歲之小學生。因被革命之嫌疑。爲警察擄之以去者。凡十餘人焉。夫十一二歲之童子。安知革命爲何事。則因學校之國文教科書中。有武昌革命一節。於是小學生徒。知當世有所謂黎元洪者。又知數年前有武昌革命之事。故課餘歸家。三五相從。時談武昌革命之事。然警察聞有革命二字。不論其講他種革命與講武昌革命。輒擄之以去。彼豈必欲鎗斃此等十一二歲之童子。特旣已擄去。其父兄不能不以金來贖耳。故爲父兄者。多不敢輕令其子弟入學校讀書。卽入學焉。亦常預告校中教習。勿講武昌革命南京政府之事。懼兒童失口談及。卽爲警察擄之以去也。故兩年來之學務。一落千丈。雖有種種原因。然此等稗政。亦大足以敗壞學務也。又自去歲以來。政府發行公債兩次。皆由縣知事強逼地方殷戶。每人必認購若干。然使彼出錢而卽給以票。則他日償還與否。雖不可知。而目前有票以與之交換。則亦稍足以慰其心也。而實際則不爾。爾縣知事告殷戶曰。爾先以錢來。我始知爾所認購者爲不虛。然後待我詳文巡按使。由巡按使詳文北京。以請公債票焉。俟其到縣。則以發給爾等也。然以我國交通機關之不發達。縣之至省。動須數月或經月。省之至京。動須半月或數月。合來往之日計之。其必三四月或七八月者。比比皆是。而縣知事之更易無常。當其未更易時。有往問者。則曰票尚未頒到。（其已頒到而故言未頒到者亦不少）及新官涖任。有再往問者。則謂前任官不知如何辦理。吾見公債簿中固無汝名也。僕固未敢謂全國辦理公債之手續。悉皆如是。惟據僕所目擊。其出錢而不能得票者。殆居十之六七焉。故人民謂前清之昭信股票。雖不償還。然尚有票焉。可以供捐納虛職之用。今則並票而無之。故公債云者。特人民出錢以償官府之債已耳。非政府得錢而負人民之債也。略舉一二。人民之憔悴於虐政之下。已可概見。其他稗政。非此短簡所能盡述。則姑曰舍旃。要之人民既在水深火熱之中。亦運而已矣。謂人民安樂太平。爲唐虞以來所未有。此特劉師培之所見而已。若我儕小民。寧生於桀紂之世。而不願生於此舜日堯天之世也。人民之受虐政。固不堪其苦矣。然在達官貴人。則亦何樂之有。其在廣東。爲防革命黨暗殺黨計。入城者必受搜查。然以廣州商業之繁盛。人口之稠密。入城之人。殆等恆河沙數。而必一一佇待警察之搜查其需時之久。擁擠之苦。寧可言喻。然達官貴人。旣以爲人民皆亂黨也。則必謀所以自衞焉。故廣東之將軍府巡按使署暨其他一二重要衙門。皆架天橋相通。有事由天橋往來焉。不敢出市街一步也。聞湯薌銘在湘。每出則八湯薌銘并轡齊驅。衣服面目如一。撲朔迷離。狙者莫辨。史稱李林甫夜寢必易數處。今自政府以至各達官。其寢不安席。必更苦於李林甫焉。獨我儕小民夜得高枕無憂。此種幸福。爲聖神文武者之所不能有。爲高官厚祿者之所不能有。與言及此。殊足自豪。一爲比較。正未知孰苦而孰樂。雖然。我儕亦有苦於彼輩之點焉。則以彼輩身體不自由。而我儕則言論不自由是也。現北京稽查極嚴。緹騎四出。消息靈通。故各飯店茶居皆貼有『諸君小心』『勿談國事』兩聯語。懼城門失火。殃及池魚也。至於出版物之不能言論自由。更無俟論。要之今日國內之情形。則國民皆重足而立。怒目以視而已矣。前人詩云。萬木無聲待雨來。今社會之現象。實一『萬木無聲』之現象。而其心理則皆待雨來耳。邇歷各地所目擊者。慮爲足下所未知。故拉雜書之。語無倫次。足下暫抽珍重之光陰而一閱焉。亦可以知國內情形之一斑也。　伍子余白

武昌之犬

（致甲寅雜誌記者）

記者足下。客有自武昌來者。偶述一事。請爲記者陳之。倘亦有轉告讀者之價値也。巡按使某君有幼子十二三齡。一日嬉於署前。犬躍至嚙其衣破之。幼子啼而入。某巡按大怒。下令捕犬。不審孰爲嚙者。則令

遇犬輒捕以投於江數日之間江面浮犬屍數百武昌城中至無犬焉此事實由目擊而來決無虛僞而全國新聞無敢揭載嗚呼爾犬爾誠不幸生於神武當陽之世矣雖然神武當陽處其下者何往而非爾犬吾又何暇獨爲汝悲哉餘不白　譚仁白

國恥

（致甲寅雜誌記者）

記者足下邇日有友自燕京來爲言賭博之盛誠不愧爲全國首善之區顧其風弗煽自里井編氓而導源於政府有位封疆渠帥樞院政參呼龍喝鳳比晝作夜三五作朋萬金虛牝浸淫數月病毒下流舉各級社會幾化成賭世界間有有志之士亟思發奮徒以病菌播傳流長源遠手無斧柯奈龜山何則惟側目而視歎息垂涕而已尤可恨者彼自稱爲第一流而社會認爲名士許爲先覺置身政府之中日以改良社會呼號於外者而亦哺糟啜醨沈迷不返此其明知故犯罪加尋常一等云云僕聞之爲不甯累日嗚呼我中華民族將遂隋落永刧不復乎今當垂喪亦尚無賢豪挺生乎抑氣數已盡不容有賢豪乎不然胡彼所謂賢所謂豪者而亦自暴自棄至於斯極也夫天誕賢豪本屬難事其自修也亦經無限之歲月絕大之努力以底於成於其未成將成既成之間社會之養之奉之屬望之又費無量數之物質與心血則凡一有德負才望者誠非易覯易得之倫宜爲社會之中心國家之元氣指導一世扶持國命將於斯人是賴而斯人也正宜自待不薄引責自任如范文正公所言先天下之憂而憂後天下之樂而樂國

弱習勞國貧示儉以圖補報卽在治平之世已當如此況在世衰道喪風靡俗頹國勢民命危在旦夕之時乎此其義理在常人苟經喝破應立醒悟況在哲人乎凡人之欲遂一志建一業者將果報之是求不能無犧牲之前供所求小則所供小所求大斯所供大保國救民爲事甚重凡可措手無論何物以供犧牲曾不少惜而謂賭癖此爲敗德喪行檢之惡習固不足語於犧牲卽曰樂之些須不正之娛樂曾不能舍然則昔年之痛哭長號以保國救民詔人者得非自欺欺世之爲乎抑祖國之病上在政治下在風俗二者交相爲因交相爲果蠹國家而敝社會莫非二豎爲虐欲檢尋因果求其病源於歷史則上下千年幾曾不能發見其病之孰先孰後而二者之交接有如電氣互爲感應愈以增益迨其增益感應更大循環因果遂至無涯我國病根端在此點決無疑義故欲從事醫國者宜各就其位自審其力或兼途並進或分道揚鑣羣策羣力積以歲時卽若何腐敗之國家社會終有澄清之望若夫身居廊廟心在江湖名士顯宦合爲一人者此其所就正如荀卿所謂若挈裘領詘五指而頓之順者不可勝數也下視吾民無夫人之資而有賈生之涕者寧不氣絕彼所謂社會之中堅國家之元氣負時巨望爲世名卿者不惟辜衆期望且適得其反馳念及此寧不痛心嗟夫已矣神明黃裔去爲奴之日不遠矣有爲之言者曰習俗移人賢者不免一國之衆又焉能專責諸二三人之身子何見之偏而悲之深耶則曰是不然斯言不能適用於斯輩也彼固可以爲社會改良者又自命爲社會改良者今以移風易俗之人而反作傷風敗俗之人吾是以悲且吾非謂改良社會之業舍斯輩外秦遂無人四億同胞遂以斯輩爲代表今斯流輩遂有以一身繫民族存亡之重之資格彼二三人不自愛愛國遂謂舉國無自愛愛國之人凡此命題都非

吾指。未來者不可知。隱遯者不可見。吾惟就所可知可見者而演繹推想之。則責備賢者。不覺其過重。而傷時憂國。遂有此絕望耳、陳鶴曰。士大夫者。庶人之準則也。公卿者。又士大夫之準則也。公卿有激勸。而後士大夫有廉恥。士大夫有廉恥。而後庶人有趨向、曾滌笙曰。風俗之厚薄奚自乎。自乎一二人之心之所嚮而已。此一二人者之心向義、則衆人與之赴義、一二人者之心向利、則衆人與之赴利。衆人所趨。勢之所歸。雖有大力。莫之敢逆。又曰。今之君子之在勢者。輒曰天下無才。彼自尸於高明之地。不克以己之所嚮、轉移習俗。而陶鑄一世之人。而翻謝曰無才。謂之不誣可乎。又曰。轉移習俗。而陶鑄一世之人。非特處高明之地者然也。凡一命之士。皆與有責焉者也。以上陳述。彼自命爲社會改良者。非不與吾人同感。聆其辭、誦讀其文章。未嘗不深切而著明。痛哭而流涕。乃夷考其行。而不掩若此。謂之何哉。謂之何哉、吾書至此。吾更想及一人。其人、非他。即舉世目爲鴻儒。政府列爲碩學。平昔論議。常有障百川而東之。挽狂瀾於既倒之氣概。問其學術。則有私淑赫胥黎斯賓塞之盛業、詎聞諸國人。僉謂此公人則吸其犯國法喪道德之鴉片。出則建其忠孝節義之閎議。言不顧行。騰笑國中。嗚呼。韓裴有言曰。有君子其人而小人其行者矣。有小人其人而可以至於君子其行者矣。君子陷溺其本心。可無所不爲。小人提撕其本心、可有所不爲。本心者何。恥是也。恥固同然之心。露於孩提。亦時存於乞者。而多消亡於士大夫、亭林有言曰。士大夫無恥。是爲國恥。夫諱播間之往來。以欺其妻妾。揜閒居之不善。而畏見肺腑、此猶知恥者也。獨至一時民望。爲世先覺。遭逢衰代。怵心喪亂。嘗自任於覺民。共相期以支國。而乃晚節末路、自甘暴棄、讀聖賢書。所學何事。吾固不暇爲斯人悲。前不見古人。後不見來者。念民族之前途。獨愴然而淚下。方今國聞

之足感傷者多矣。誠未有若斯事之甚。愁思滿胸。四顧鮮足語者。特爲足下概夫言之。想足下亦不能忍於一歎也。餘不具白。 容孫白

自治與教育

（致甲寅雜誌記者）

記者足下。美洲民權發達。實業之進步。一日千里。其根本原於地方之權重。美國學者。常以此自誇。非虛言也。美國人民程度雖高。然其進步亦各州不同。昔日東部獨立各州。在今比較的保守性質略重。近日新闢土地。如西部諸州。往往進化逸出常軌。各州雖意見不同。然各有自定州憲之權。各行其是。不相牽制。在進步狂熱之州。行之有效。保守者亦相率仿效。不必求一時形式上之統一。而各向其希望而行。不至因意見不一。程度不齊。致各州互相仇視。釀成內亂。其實質上之統一。更爲鞏固。且美國人愛地方之熱情。過於中國人之省界觀念。彼即利用此種感情。發達地方事業。無不舉。各州爭發展其地方之特色。惟恐落後。故其進步絕非少數人空洞無物之中央集權所能夢見者也。如近日禁妓問題。已將全國竣事。而禁酒問題。女子參政權問題。各州所見不同。有已實行者。有尚在要求中者。有在極力排斥中者。不待十年。此種問題。皆將全國一律解決。毫無疑義。以女子參政權一端而論。其初實行者。不過西方一二州。他州莫不反對之。不數年而實行者。今已達十三四州。雖東部諸州。今秋亦有三四州可望通過。使美國州權不重。事事均賴中央機關。一致公布施行。則拘牽紛擾。將不可名狀。種種複雜問題。非南北美一次

戰爭所能了也內亂尙不可靖而何進步之足言

聞政府推翻教育萌芽此眞亡種政策以後不可救藥國之文明富強決非少數人所能辦到美洲中央並無教育部教育事業任之地方自辦弟等曾至紐約隔岸一鄉村調查其村制人口總數約九千人而在校學生數約三千云雖在黑奴亦須受八年義務教育吾敢謂美洲黑人程度高於中國人非故爲驚人之言也吾人欲救國救種不可不於此點注意無道德知識技藝及自治能力之國民不惟不能抵抗暴政亦卽不能生存於現今進化之世界此國家及種族上之根本問題非細故也此間有一中國學生在中國學中文之年月倍於學英文而至今寫一家書尙須倩人作刀而數年前在中國其英文論文已有規模以本國人學本國文與外國人學外國文難易乃適相反豈非奇事然而事實如此不可誣也美洲七八歲兒童大概能看兒童報紙較之日本人尤易無他語文一致故也在日本猶有無數漢字作梗彼國人屢欲廢之想亦有鑒於此蓋國民教育各國年限均短欲在此短少年限內造成其人格又授以謀生之道期限短而要求多在語文一致之國兒童入校卽可教以種種學科若在中國則萬萬不能最初須教之認識幾千圖畫（美國友人多稱中國文字爲一種圖畫蓋字各一義又各一音熟其面或不知其名知其名或不熟其面云）此認識圖畫之時間至少較他國文字須多費三四年或尙不止此一人之進步較外國一人須遲三四年四萬萬人之三四年計其總數當達何點此誠不得不深駭也至其所虛耗之腦力猶不在此限此限礙中國人進步之一難關不設法除去或輕減之中國人終無與世界人同等進化之一日而種族必歸滅亡弟論及此似屬離題太遠然在美洲於此事感觸最深故聯想及此不願中國爲文字國而願之爲科學實業發達之國此其本意也

此間日本報紙。已宣言中國人無立國之能力。不受日本保護。終必爲白種所呑噬。日本爲黃白種前途計。故有此次之要求。嗚乎大事去矣。神武大將軍固可卸責於不得已三字。惟國家之實權及體面又不知降至何等。外國人提及支那人三字大槪聯想及於劣等種族較之日本之輕侮中國人尤甚或有一視同仁者則生憐惜之心侮固難忍憐尤可悲國人大家不爭氣又將如何 或者亦有天幸。經此番之羞憤震恐可以喚醒一部分人之迷夢乎。非所敢望也。

李垣白 自紐約

文苑

致龍松岑書

袁昶 遺稿

連奉手數敬悉起居近狀。快慰無伹。鍾山治城。琴尊久駐。詩得江山之助。社結宗雷之契。敝門覃思述造必多。近峴帥以石渠祕册覼淵雲爲讐校理而董之。非公不可。不但爲此席得人之慶。且將來黃綾呈進怡懌天顔。赤紱方來。彈冠可慶。此所私心禱祝者也。開辦此書。係於六月十四奏准。十五電峴帥卽行開辦。廿五又電催靚深椎使。想現在鉛槧紛披。剞劂氏寫官。雁鶩排列。皆仰成受治於揔治祭酒。正復晨夕少暇也。弟十六年疲吏。玉柱國中。支離頓撼。皮骨僅存。細弱累人。生事搘迫。本乏諧俗之材。徒以世緣自縛。不能決去。久滯冗曹。非夙願所及也。學殖將落。語葬無涯。仁者何以敎我。終日疲牛喘月。傍夕歸來。勞筋稍息。匆匆奉問。未及縷詳。惟希敎察。不盡欲言。

與公蹟流轍迹。離合不自意。滬上得相見。穨然兩禿翁矣。樽酒龍招。夜闌促膝。歡娛旣飽。蕭瑟乘之。蓋身世之故。有不能無慨於中者。弟在海上。俗塵三斗。竟不獲一與令季弟黃冠君相把臂。一領海鶴風姿。弟有第三猶兒名松喬。年已十三。自云慕哲弟居士之爲人。如黃山九華間得一杜治赤華之舍。松兒願奉居士君主之。已執巾拂洒掃之役。其本志如此。殆志在不婚宦也。不幸松兒途中積病。到蕪湖才兩月卽殤逝。竟未遂其從師之志。根器不深故耶。舐犢之痛。不能齊殤彭爲一致。此兒入世未久。遂欲出世。亦可憖也。此地方外人多劣俗。前屬爲惠連覓一佳廟。竟未可得。無以副命。良媿良媿。春卿兄弟門皆列戟。眞時來望若仙也。暑熱入秋。惟慎攝爲宜。

連因無謂酬應。憊精勞神。混混與世相濁。反致欲繼踵求見高齋而不可得。俗吏之儔。眞嵇生所云不堪也。弟出門二十許日。急於稟辭言歸。奉上洋蚨四十番。藉佐賃屋之資。乞勿斥爲盜泉而拒之。幸甚。

致龍松岑書

唐景崧　遺稿

一昨獨挈姬人觀荷南泡。一月之間。蓋三游斯地。而無一字題詠。深負紅蓮綠水矣。擬逐次補以詩也。聞南西門有暢園。詢之途甫。語我主人姓氏。且指方向。鄙人終恐茫然。且疑有主之園。無介紹恐不能入。到南泡詢園名。無知者。聞離花之寺不遠。欲到彼訪問。一車一驢。在萬竹千章中行。入寺則飯莊已歇業。寂靜無人。獨一雛僧供茶。花事頗盛。坐時許。問暢園。仍無知者。問係工部耆宅園。更茫然。雛僧云南西門城旁花廠可游。有富茂花廠尤雅潔。聞嘗宴客於是。遂往。在石橋南。往東第一所。門扃。扣之。問何家眷宅。答因游者。園丁徘徊。見芒鞋草笠人。似不願放入。詢與誰氏來。倉卒莫能應。渠瞿忽見車有婦人。迺請下。吁可悲也。問此間嘗宴客否。曰主人則可。問主人誰。曰英姓。問有耆氏暢園知乎。曰耆即步主人也。乃知屢訪不得。無意相逢。適償所期。屋宇清幽。花木繁艷。亦郊坰一雅游地也。擬作一記。重游懸壁間。以志幸。不如王子敬游顧辟疆園故事。攷西南門。當是右安門。西南乃俗稱。是否。蚤豈宜門是何門。均希示知。昨請客沽酒十五斤。消去不及一半。久留恐變味。鄙人一人不能消受。今雨生涼。能過我晚酌否。

致龔定庵書

魏　源　遺稿

近聞兄酒席譚論。尙有未能擇言者。有未能擇人者。夫促膝之言。與廣廷異。密友之爭。與酬酢異。苟不擇而施則於明哲保身之誼深恐有關不但德性之疵而已承吾兄教愛不啻手足故率爾諍之然此事要須痛自懲創不然結習非一日可改酒狂非醒後所及悔也

致鄧守之書

龔自珍 遺稿

守之足下望吾弟之車塵至於不可復見而後反歸來恍若有亾轉一念曰吾平生好奇然未一出塞足下乃從名將至長城書劍磊落又足羨也古來詩人文人之爲記室參軍者多然幾人有此英遇耶重以公子之賢賢而好客遙想兩君高譚駛辯傾出心腸足令塞禽驚舞矣兄枯寂本慣足下及默深去後更兩紙舌裹脚杜絕諸緣待明年春抄兩君拚轡歸時兄爾時當出定一話塞上風景耳兄在終日坐佛香繚遶中翻經寫字以遣殘年亦無不樂也足下處一切人無論何時何地總須曉得他好處使其心委曲以受異因蠻之善雖其非善也而胸中自有安放他處則足下必福矣寶其門風之高與其天姿之不俗空腹高睨府吻觸處皆犖謷兒前所云能淸不能濁能寶而不能市者危之道也心所謂危不得不以告也

歲寒歲暮足下旅居何以爲懷未卜年內有試事否兒冒塞上三日衣冰雪踉蹌而歸家嚴慈喜皆無大恙家慈受驚不小兒子等幾乎不救痛定思痛言之心骨猶慄而奇災之後萬事俱非或著柳子厚所云黔其廬赭其垣以示人是亦祝融回祿之相我耶此事頗有別情悲離起於家庭殊不忍言然外間因有微聞之者未卜足下曾聞之否也兒暫得依戀膝下以度殘年而試期又迫正月初旬即須買櫂北上相見甚迫兒此行尚有一點泛交俗論笑我幸皆於無益之地者有謂我名場不思上進反屬不孝者兒皆

聽之耍之吾輩行事動輒爲人笑豈爲所惑而動哉

再者家藏五萬卷盡矣而行篋亦攜以自隨者尙不減千餘卷名之曰刼外藏書編列五架其爲我朝夕拂拭之勿令蟲鼠爲崇賚此叢殘殊爲不達苦惱之餘難復悲愧吾弟應憐而笑之也

覆鄧守之書

魏源遺稿

接手札與悉行旌安穩抵京甚慰源與挹之處此每有寂寥之感惟有勉理舊業來春相見京師耳札中言本欲回車來口因源向挹之有成言是以不來源反躬自思不但无此語卽詢之挹之亦並未嘗向足下言之且文駕之去也軍門勸之挹之勸之足下亦自決之而忽有微詞於源何源之命蹇動輒得咎耶足下非妄怨人者源惟有自反而已天寒尙愼眠食以時力學自重爲祝

前書謂源與挹之退有後言方切悚懼昨札則已釋前疑而止謂詞皃之間不甚親洽夫舍其大而責其細寬其重而就其輕是故人之恕也交久而不略其文貌責過而不忽於細微是故人之周也源素性䟽疏動多尤悔故人知之豈自今日然在他人則將以爲不足責備而置之自非直諒肫懇之君子其肯齒諸朋友之列而規誨不倦乎近與挹之講習切磋頗知自反尙望時貺良藥以針以砭不致遐棄以全始愛詩云無我惡子不寁故也明春入都面晤乃竭其愚前接秋舫書言足下受定公之託頗不容易未知日內光景何如定公正月卽可抵京否日內閉戶作何工夫念念天寒惟珍重不宣

聞琉球爲日本所滅

龍繼棟遺稿

千年文物舊藩封倚漢依天職最恭國近虎狼難避噬穴同鼉黿肯相容無援六蓼伊誰責夷縣江黃竟

覆宗東望莫悲卅六島徒令學子感西雝

畯秋見懷以詩次韻奉酬

答兒衆指爲山賊雪嶺人教到墨池千古謗來須自省百年運去不勝悲我無行誼爭同舍君有文章近左司得附姓名漸西集平生風義要維持

龍谷懷內兄

南遊六詔北車犁重到燕臺後馬蹄辭祿不居千石後約身惟處兩峯西鯉長舊學難商榷韓范家聲易取攜得與東坡共生日願君名字與坡齊

書事四首

南飛孔雀愛裴回信美湖山謝再來網得珊瑚獻天子量珠翻畏世人猜

小星光逐使星輝十里揚州妗紫微眞個封侯心不羨向君玉乞愛卿歸

黎渦何惜有微辭拜疏心懷皎不欺一例永豐坊畔柳春風都達禁中知

籌邊爺子在人間憂國端宜髩未斑要與乾坤留正氣不妨聲伎學文山

「右龍松岑遺詩皆戊寅以後所作正集所未收者」

辭史館還南隆福寺餞席　　王闓運

東門張飲地知足在明時茲來値文壁適館慕雍熙聖公喜充盜鄰鳳多威儀爾趣覽輝德庶無巢幕譏

朔風送南轅莫歲告將歸親知惜懽會論別始傷嗟無田亦何歸旅汎信非宜本無行臧計會合安所期

春華有時榮崇德或可師

雨坐參政院一首

廣場百人靜秋雨四筵清昌言萬邦乂築室道謀成如蜩昔嫌沸寒蟬今媿聲構廈信先補吹竽徒自驚
時艱信倚促政散方驕盈奇計寔所好橫流良未寧聊從庶人謗知余日莫情

衡陽山中送客作

十日秋炎炙毛髮南窓鼓足吟冰雪竹香詩客遠到門始覺清風入庭闈佳句已聞弟子誦文科不共時
人熱束脩加麵枉稱贊一飯留錢更高節清秋乘輿不肯駐短衣徒步皤然別豪情跌宕四十載衡岳崔
魏七二凸此時湘上喧笳鼓傳聞海上鳴金鐵伏尸蠻觸竟何意鉗口蘇張那能說胸中奇氣老偪強山
角斜陽自明滅吾衰久矣樹婆娑君去何之葉飄瞥祁人雖無口腹累詩家未要形影子試望東洲明月
圓苦茗回甘儻能啜

偕印泉登碧雞山望昆海放歌　楊瓊

豪游今世有太白手滌胡羶奠滇國功成暫退登西山我亦偕焉訪幽蹟憶昔此邦初鴻濛茫茫大海一
無有但有海底蠕動珊瑚蟲太華西關倩鬼斧尾閭倒洩昆陽通昆陽通五華瀦西列碧雞東金馬地軸
倏蛇轉北來天門縞鶴飛南下羽毛猨而人豈云黃土摶射獵以爲食草卉以禦寒渾不知其幾千百世
然後孟津之會髳人濮人集衣冠莊蹻略地名滇始常頞通道僅尺咫漢武矜誇鑿池功寧州立郡羈縻
耳鐵柱曾傳遠塞標玉斧終教大渡止彼元與清侈雄圖腥臊河山一彈指偉矣韋皋幷沐英能延唐祚

光明紀今君豪舉繼二公造新世界歸大同山川無恙恣吟脚側身東望昆海東噫嘻乎壯哉浩淼無涯隈遠瞻列岫千峯競逐走近瞰奔濤萬頃紛披(?)逐城郭樓臺隱隱出林際田畝禾稻離離彌隴陂春陽舒暉動綠滿秋月澄影涵翠微向夕明霞赤散綺侵晨炊煙青成帷時有漁艇自茭出驚將鷗鷺銜雲飛如此胸襟足騁蕩那復塵壒還翳迷叨君招邀樂且耽青巔碧嶢取次探問誰游蹟垂滇南前有子淵後升庵立功德言不朽三時飛時蟄神龍諳雖蟲得失那足參與君高歌聲喃喃天風吹空搖山嵐

自華亭寺往游太華寺羅漢壁即景有作

避囂登西山華亭久停躅鄰侯計安禪榛蕪爲斬剗栽花事經旬太華近未目（印泉覩寺荒僧懶爲之芟荊斬草莊嚴龕像旬日大有興復之象）清獻隨鶴來雪霽游興昇扶杖出寺門萬竿度幽竹盤紆上松坡老氣喘難續仰瞻忽禪房馴馴迎苑鹿山檫高於墻含苞尚未簇紺殿何莊嚴梁王事祈福黔國繼營宮元明碑可讀巖然鬟鏡軒繁篆競歔欷命僕悉芟之海天始一矚與僧話斯須又言訪滇族出河陟彼砠礐确不容足峭壁供諸天飛甍布巖曲吐閣而納殿玄發相貫屬石磴轉折登危橋攢巨木巖罅須蟻穿石壓每匿伏極巔有蝸室奇險天使獨至茲一窺瞰身戰膽復縮急循故道下訾非問仙蹟乃知趙道人修眞此結屋巖腰磨漢隸金碧猶歷碌子淵所移文升庵重刻錄玩焉古可珍歷刼幾百六堪嗤後學者俗體附癡冢搭探興正炎西山日落速遂降千步巖脫屐入巑巃回看所游處對面垂畫軸巖骨斷層層排林補其肉黝赭妙含毫紛難涴墨述舍舟蘇家村盈盈山月惘衰矣瘁於登礎負賃健僕長嘯抵故山黃粱炊久熟

寄懷章太炎宛平

易培基

龍不負圖麟絕麑皋郵嗣響入困淪孫登（孫仲容）死去劉歆（劉申叔）辱雪北香南臏兩人

哀楊惺吾

曉風天外哀殘月襟上墜參商平北斗樵麗動清吹眷懷楊夫子噩耗昨宵至叔世喪元儒千人同揮淚
何況感焦桐雞鳴聞典義憶昔武昌遊名流接斯地佝袖刺漫滅傾蓋譽穎異蔡公知仲宣擁篲爲倒屣
拙著碎湘綺嘉題拜殊賜（余有王氏墨子注摘糾君見極傾賞書贈聯語有大作推碎湘綺樓之句）皤然歸鹿山共頡頏三載絕雁鱗亹亹駒過
駛今春客京華相見如夢寐自語貧病乖良覿欣不易詎知一刹那修文已召賓公自有千秋死亦等閑
事在昔居九夷搜書撫奇字唐抄借宋槧國光與聖瑞一舸乘天風萬卷盡眞粹功比克名城上將知斂
避水經唱絕作全（祖望）趙（一淸）各赧姚莫年成禹貢睥睨斥循（焦循）渭（胡渭）神與溧陽交貞石窺靜邃天
子歎失官春風風島崇（日本士夫多從君問學）人生極三樂如公罔不備垂老忽嬰恐毋乃舐犢累豈如東芻狗天地
同蟲蟻會有北山盟努力謀百世九京安可期負此平生意

餞花二首

繁花經眼過其奈曉風何惜別惟餘蝶殘紅欲濺波去同新婦戀餞覺老夫歌脉脉臨歧候春心損更多
南浦銷魂極東皇著意呼朅來同機宇飛去亦良謨縱惜朱顏改羞欣白眼無鉛華眞有限且復立斯須

遠遊　　陳仲

晨風一噓吸吹落羲和車細雨海上來濛濛瀰空虛驕陽不敢世冥色慘不舒寒暄各異恨晴晦兩弗愉
百年苦勞役汲汲胡爲乎達人識此意裂冕輕毀譽陽春玩小兒入眼等空無小草簷閒碧青山門外臞

讀書破萬卷。祇以益懦愚。徒步歷州郡。窮途泣海隅。拏空窺五嶽。破碎混中區。忽然生八翼。輕身浮天衢。初見海如勺。熟視益模糊。撮土載萬類。旦夕相誅鋤。強弱不並處。存滅爭斯須。寥廓不可盡。星火何稀疏。微塵點點外。幽暗不可居。歸來觀五蘊。微命繫囚俘。貪癡雜糞穢。妄葆千金軀。仙釋同日死。儒墨徒區區。佳人進美酒。痛飲莫踟躕。

夜雨狂歌答沈二

黑雲壓地地裂口。飛龍倒海勢蚴蟉。喝日退避雷師吼。兩脚踏破九州九。九州囂隘聚羣醜。靈瑣高扃立玉狗。燭龍老死夜深黝。伯強拍手滿地走。竹斑未滅帝骨朽。來此浮山去已久。雪峯東奔朝岣嶁。江上狂夫碎白首。筆底寒潮撼星斗。感君意氣進君酒。滴血寫詩報良友。天雨金粟泣鬼母。黑風吹海絕地紐。與康回笑握手。

辛亥雜詩

吳虞

河伯猶能歎望洋。蟪蛄全不解炎涼。廣從世界求知識。禮教何須限一方。

大儒治國自恢恢。坐見中原幾刧灰。始信詩書能發塚。奸言多藉六經來。

小院秋深鎖綠苔。低吟赤鳳有餘哀。誰知金井胭脂水。曾照驚鴻倩影來。

獅吼何堪拄杖鬭。荒唐暮雨更朝雲。犢車麈尾誰家屋。絕倒王公九錫文。

金谷花飛夢易殘。銀瓶落井露華寒。沈園哀怨詩難寫。腸斷當年陸務觀。

古今朋黨論縱橫。罪可滔天亦足驚。解得亡身由悻直。不妨伯鯀有兇名。

朝家興廢事無窮。愛國東西義不同。歐九漫修馮道傳。有人孤識慕揚雄。

不使民知劇可傷。恰如行路暗無光。秦皇政策愚黔首。黔首愚時國亦亡。

平等尊卑致不齊。聖人豈限海東西。若從世界論公理。未必耶穌遜仲尼。

李耳曾聞法自然。迦文平等義淵殘。獨憐儒早分爲八。苦闢楊朱是異端。

大地耶回致力馳。衰殘六藝幾人師。早知儒術終難起。好詠哀時杜老詩。

相斫書成劇可驚。百家罷黜用儒生。生民立命徒虛說。萬世何曾見太平。

經世春秋志已疎。低頭長笑注蟲魚。不妨大索驚天下。正好空山讀素書。

謁費此度祠

王衍清談漫自誇。東門長嘯事堪嗟。雞鳴狗盜能生患。薛下奸人六萬家。

自有高名擅五洲。卅年林壑足優游。六經日月終何補。此是江河萬古流。

老共蘇門賦采薇。羞言殺賊馬如飛。江湖滿地遺民淚。三百年中此布衣。

一門詞賦幾名家。明月揚州老歲華。傳得二南風雅派。詩人從古愛桃花。

題寗夢蘭畫

寒影垂垂情脈脈。玉麟寂寂飛無跡。獺髓吳宮補不勻。香痕吹作胭脂雪。

芳莖窈窕秋霞簇。響散金風亂浮綠。惆悵江南暮雨時。瀟瀟更聽吳娘曲。

寄吳伯朅先生

益都自古多豪傑。儒林文苑今寥寂。蜀才誰復繼周秦。嘖嘖蒙山異人出。先生浮沉百不如。禿帽烏巾聊著書。出入百家有眞宰。厥協六藝成通儒。菁華聊藉文章露。手剖鴻濛入詞賦。竟成大冶不祥人。錐鍾萬象天應怒。落筆何心驚鬼神。盲左腐史堪爲隣。便從兩漢論風雅。不數卿雲以後人。年年顛頓蒙山道。縱擅吹竽誰解好。相知四海定何人。前有朱公後王老。文翁石室講筵開。當時同輩誇英材。孫陽一顧騏驥奮。回眡萬馬皆駑駘。龍門整齊心獨苦。先生冥契遙深許。默識羣經有是非。不從千載爭今古。幽懷隤濟復芳非。絲來古樂賞音微。一官灌口容耰散。好對靈山暫息機。賤子相逢正年少。糟粕書生衆人笑。每聞高論啓遐心。最憐絕俗稀同調。先生繆許狂狷流。意氣已足傾九州。眼光直出牛背上。一朝談笑思千秋。自游門牆漸開拓。造化雖工智可奪。謾嗤混沌飾蛾眉。恰喜金丹換凡骨。學到移情索解難。精神離合意無端。瑤琴別爲傳師法。東海波濤靜裏看。祇今宇宙悲蕭瑟。五洲龍戰玄黃血。腷有離騷怨屈平。瀟湘蘭蕙增嗚咽。轉瞬滄桑劇可憐。名山事業幾人傳。蓬萊無恙成年在。孤操蒼茫託水仙。

說元室述聞 玆

紀靳祿

靳祿者、乾隆初臨潼農家子也少悍勇無賴酗酒縱博好入山射獵鄉人共疾之一日射麋追至山深處忽聞女子哭聲大疑瞷之則羣盜六七人共刦一少女將行無禮勢危甚祿固識女卽其鄰村某富室幼女也時歸寧將返夫家從者一老嫗一佃夫已被戕矣急大呼曰鼠輩何敢爾抽佩刀徑前盜出不意亦舍女迎鬬俄頃皆披靡鳥獸散去祿乃護送女返其家女父母悲喜出迎崩角頓首延祿上座出金粟爲酬祿大笑曰吾豈望報者耶卒不顧而去鄉人張喆士先生四科豎閑堂集有詩紀其事曰南山道新雪落日長林昏有客逐麋至遇盜方殺人義憤一以激衆寡寧所論箭如餓鴟叫始各鳥獸奔惟餘一女子泣拜不成言自分遭剽刦永與黃壤親何緣鬼伯手奪得未絕魂刦顧此身外何以酬斯恩黃者金滿籯白者麥滿囷拂衣去弗應歘越銅人原（臨潼南山中地名）歸來掩關臥飢腸如轉輪客固飲博徒作橫鄉里嗔忽焉赴急難猶謂血氣振終乃不望報此足媿縉紳三老上其事頌者萬口喧縣令始亦喜擬請旌其門訪諸老博士謂匪素行純四境多椎埋況可使上聞吾聞爲政要求備不一身居上示所嚮厥下庶克循殺一警且百舉善遠不仁俗吏乃罔識安議惟搖脣作詩待采風質言存其眞此客曰靳祿櫟陽村中民

臨潼三異人

寶閑堂集中又有詠里中三異人詩各一首。三異人者。一曰張風子、詩云。襏襫黃冠士。瞳方頰紫豪。施藥徧近縣。行歌皆古謠。道逢病躄者、起之如飛。採武皇昔西幸。接引升煙霄。回首四老人。雲中苦相招。結屋大元洞。宛然巢父巢。終歲踞石榻。當暑猶絮袍。有時空甕中、採得綏山桃。按武皇西幸。指聖祖西巡事。然則風子爲康熙中人矣。其二曰靳毛頭。詩云。明經本遺民。披髮謂天醉。孫登恒自覆。袁閎久絕世。家傳伏臘古。人訝衣冠異。閉出只上冢。忍飢不拾穗。白幍與天梳、野處任狂恣。何以耗壯心。但作擘窠字。按旣曰明經。則在明季。曾爲貢生。陽狂學仙。蓋有託而逃者矣。其三曰楊姑姑。詩云。翩翩一佳人。日暮隱空谷。玉女挂明星。終朝伴幽獨。自從避亂來。不省時代速。寒衣槲葉乾。晚飯藥苗馥。樵客不相識。驚見古裝束。謂是秦宮人。隔花倚蒼鹿。山深俄易暝。石室可止宿。中夜百獸號。塵夢何由熟。凌晨谷口別。姓字播流俗。翹首望仙山、白雲空滿目。按詩有避亂語。當亦是明末清初人。秦宮人句。或竟道其實也。

讓圃

喆士先生、當乾隆初。曾官廣陵。集中多與樊謝及馬秋玉兄弟唱酬之作。而與謝山交誼尤篤。其哭謝山一詩最沈痛。而題直書曰聞全祖望死。願似師於弟子之辭。先生又有園在維揚。名曰讓圃。嘗自爲之記曰。郡北郭天寧寺側。隙地百餘畝。竹木森蔚。距城不數武。而窅然深邃。若山林間。蓋晉謝文靖公別墅也。以多銀杏。故俗有杏園稱。乾隆庚辛間。馬嶰谷昆季。構行庵於其中。旁有某氏廢圃。因從容余以二百千買之。而陸南圻亦助成其事。取陸張共宅意。顏之曰讓圃。入門。軒三楹。明簡庵略禪師退院所居。舊名松月。今仍之。軒後一銀杏樹。大蔽牛。下累白石爲塔。即藏簡公爪髮所。一碑、爲姚少師所作塔銘。由軒右入。

有小樓。登之。樹色浮空。雲影在下。曰雲木相參樓。樓之右。蘿陰如幄。一徑出其下。曰蘿徑。徑盡。一小齋曰黃楊館。其左由步廊遶樓後。土岡起伏。悉植梅花。曰梅坪。循岡而右。一古井。曰遺泉。泉上有亭翼然。左右修竹數百竿。梧桐二三十株。曰碧梧脩竹之間。落成之日。置酒高會。自都御史胡公而下。凡十六人。詩社之集。於斯爲盛。自是二十年來。春秋佳日。選勝探幽。多在於此。四方文人學士。知有韓江雅集者。未嘗不從遊於行庵。讓圃。則賞其地之勝。而慶余輩之獲結鄰也。乃未幾而同人凋喪殆半。前年夏嶰谷亦歸道山。近南圻復移家金陵。惟余與半查及二三知舊。消聲匿影於荒林老屋之中。友朋文酒之樂。非復曩日矣。夫此地隱於幽僻。賴謝公輝映千古。歷千載而始得余輩。徒以一觴一詠、流連往復於一時。無修遠之名。爲之增重。而又風流雲散。今昔頓殊。吁。其亦可悲也已。不有所述。後之人將何以考諸、爰屬鄒城周牧山作圖。而余爲之記。乾隆二十一年。歲次丙子。閏九月朔日。臨潼張四科識。讀此記。可想見承平時士大夫文酒觴詠之樂。百六十年來。未知尙有遺跡可尋否。亟錄於此。以徵吾鄉文獻遺聞。而備此邦寓公之故實焉。

地方官禁令璅紀

往時爲地方官吏者。欲博取風厲聽察之名。不知務其大者遠者。僅毛舉民閒細故。申嚴禁令。爲種種不情舉動。自詡爲能坊民正俗。耳食者亦相與曹好而稱譽之。不知自識治者觀之。皆笑枋耳。爰憶舊時所聞見者。彙記於此。

賁鈍譚序。初中丞鈞培之爲蘇藩也。以蘇城民閒婢女。及女僕。往往就茶肆飲茗。男女圜坐。履舄雜沓。惡之。因下令禁止。然民間婦女已成習慣。雖厲禁不爲少戢。譚亦知之。一日乘輿出署。道逢一壯婢。貌頗風致。傳婷而前。至翠肆門口。升階將入。譚乃令駐輿。問從者曰。此何人。安往。從者以實對。譚怒曰。吾已數示禁矣。奈何明知故犯。呼婢至輿前。略詢數語。令去其雙履而歸。曰。汝著履能行如此速。脫履當更速也。婢乃彳亍歸家。途人莫不大笑者。由是其風遂革。

江西邵某者。失其名。嘗官河南按察使。中州俗尚博衣。馬褂袖至寬尺有數寸。邵以爲奢。出示禁止。然已成者不能遽改作。邵不思以爲民嫚令也。每逢衣博衣者於途。輒召至前。斥之曰。汝曹何侈若是。立命從人以剪剪其衣。曰。持此回家。尚可作一半臂也。於是豫人莫不小其衣者。

咸豐時。有張觀準者。知河南河南府。洛陽俗。婦女好入廟觀戲。張夙以道學自名者。抵任。即下令嚴禁。城中人雖畏法暫戢。然皆去而移之城外。每四關祠廟有酬神演劇者。城中婦女至空城往觀。張聞之大忿。一日。西郭某廟又演劇。張即微服而往。徑詣某廟。携胡床坐廟門外。命役杜其後門。凡男子悉驅出。乃令役告諸婦女曰。官謂汝曹胡愛遊廟。當是喜僧人耳。今將命一僧背負一婦人而出。諸婦女皆相持涕泣。無所爲計。郡紳聞之。急相率出城。詣張緩頰。持至半日。張始登車去。由是雖數十里外窮鄉小市中。其婦人亦無敢入廟者矣。張以令行禁止。甚自憙。後言官摭以入告。張遂罷官。

道光時。都中諸戲園演戲。婦女皆可往觀。唯男子坐樓下。婦人坐樓上。以此爲別。某言官之巡視中城也。奏其有傷風化。請旨厲禁。雖有旨如所請行。然僅平民之家稍稍歛跡。而世族豪門。則依然如故。雖園門帖有御史示諭。視之若無睹也。某以令不行。憤甚。乃於一日探得婦女最多之處。往坐其樓梯下。使胥吏登樓諭曰。婦女觀劇。已奉旨明禁。果爲大家宅眷。必無不諳禁令之理。想爾輩皆係妓女。今本官來此。召爾等速下樓點名。勿延。諸家從人皆大怒。嚴斥之。某則又使人上樓言曰。果是大家宅眷。則視聖旨如弁髦。治罪更當加等。速各自書明夫家母家姓名官職。以便指名稟參。諸人始大懼。各遣人歸家設法。某乃勒令各具不再觀劇甘結。而後縱之歸。

咸豐間合州冤案始末紀

吾國帝政專制時代。地方有司。承審命案。先以保全祿位爲前提。而緝兇雪冤。轉爲第二義。若遇困難命案。眞兇猝難弋獲。則百計彌縫。作僞以圖掩覆。其譸張爲幻。有出於人情意計之表者。嘗聞蜀中友人爲述咸豐時合州一案。貪官猾吏。狼狽贓私。眞足令聞者髮指。然此猶幸而遇明察之長官。得以發覆平冤。使人得傳述其事。以爲法戒。殆千百中之一二焉耳。其不幸而無人摘發。死者銜冤以歿。生者顧盼自雄。蓋不知其有幾何矣。吾述此案。又未嘗不爲向氏幸也。四川合州境內七澗橋民有鞠氏者。世業農。家亦小康。翁姑子婦四人同居。向氏者。卽其姑也。一夕晚餐畢。闔門就寢。已中夜矣。向偶睡醒。忽失其夫所在。篝火起視。則自室中以達大門。扉皆洞啓。大駭。急呼子起。出門視之。姑婦坐待。久之。子亦不見還。俄而天明。自往尋覓。距所居約五六十步。有一小溪。父子尸皆在焉。蓋已爲人所戕矣。亟報官請相驗緝賊。半歲尙不得主名。郡守以其事聞。大府札催甚急。而向氏每逢三八告期。必詣署泣請緝兇。合州牧榮慶者。滿洲人也。以納貲得官。債累巨萬。私念緝限垂滿。倘終不獲兇。如例必離任。是時合爲腴缺。旣惜此鳳池。且慼于吏議。或至降級褫職也。憂之甚。與刑幕某甲謀所以消弭之也。某甲亦計無所出。久之。思得一人。曰。

刑房吏陳老倫者、機警頗練事。試召與商。或可有濟。榮乃召陳入。隆以禮貌。與坐談。謂之曰。若能設法消案、必以五百金爲餽。且設法爲若於吏部斡旋。俾提前選簿尉缺。且擇善地相畀。陳謝曰。本官事當竭力謀之。寧敢望報。惟玆事已達上官。彌縫頗不易。容徐思良策。勿汲汲也。先是向氏每催案至署。輙就陳問訊商榷。因得相諗。陳既承榮慶旨。卽詣鞠氏家。審視良久。而後歸報榮曰。業已得要領矣。旬月間必有以復命也。榮大喜。先以五百金與之。陳乃潛遣媒媼。托事之七淵橋、因小憩鞠氏家。佯爲不知鞠父子死事者。方殷勤詢近況。向泣告以近日所得奇禍。媼陽驚詫。歎惋久之。乃密語曰。汝家遭此慘變。良可哀悼。然兇盜必已遠颺。一時決無就獲理。而獄事曠日持久。所費當不貲。汝貧家何從置辦。計不如遣嫁此婦。既省食口。又可得財禮。此兩便也。向惑其說。卽以媒事託媼。媼唯唯去。逾數日復來見向。言州署刑房吏陳某。適喪偶。方謀續娶。若以婦嫁陳。非惟得財。卽獄事亦可得力。時向亦微聞陳老倫得官賜金事。顧不知其緜。鄉農家頗以攀附公門中人爲得計。又冀獄事得陳爲道地。可早獲犯、遂欣然許之。陳既娶婦。乃盡得鞠氏家事。而婦自嫁陳後。伉儷綦相得。亦漸忘前夫矣。一日陳自外歸、愀然有憂色。婦怪問之。陳曰。汝尙不知耶。爲汝前夫事耳。婦驚問故。陳曰。此案州官以責成我。必欲了此事乃得已。今實無策。故不覺憂形於色也。婦聞言。亦深憂之。陳曰。汝能使汝姑不催案乎。婦曰。此必不能。無論彼夫及子皆慘死。安肯遽休。卽我憶故夫。仇亦欲早一日獲此兇犯也。陳頓足曰。若是則眞難爲計矣。數日後、陳自署歸。色甚慘沮。數對婦欷歔。婦益驚疑。問其故。初不語。苦詰之。則曰。此尙何言。官已限我。如一月內不能結案。必先斃我命在旦夕耳。婦先在鞠氏家。操作綦苦。自嫁陳後。服食起居。皆平生所未見。私喜得所。以爲可久相安。驟聞陳言。心膽碎裂。急問計將安出。陳陽爲不肯言狀良久。始曰此案吾早知其實際。徒以礙汝故不可直言。今不得不以告汝。汝知汝翁及夫果被誰所戕。凶手近在咫尺。乃舍而求諸遠。縱百年亦不能得。徒使殺人者優游法外。而我乃以不能緝凶被杖以死。不亦寃乎。婦聞言瞠目不解所謂。陳乃語之曰實告汝。殺人者卽汝姑。非他人。汝姑與人姦。礙汝翁及夫。故殺之以除其偪。汝尙憒憒耶。婦初不信陳言。力辨姑素行淸白。決無曖昧事。陳哂曰。汝眞騃豎。此何等事。汝姑乃令汝知之乎。吾所以告汝者無他。汝但能一至公庭。證明汝姑姦狀。此案卽可收束。而我亦得幸生。不然。彼此皆同歸於盡而已。亦不須多言矣。婦至是亦微悟。陳不能獲賊。將誣其姑以希自脫也。欲拒不爲證。然深信陳不得賊將杖死之言。意謂果如是。則已又當改嫁。所適必不能如陳而安樂不克終享。遂諾之。陳大喜。卽以所謀報官。且爲密籌進行方法。未數日。向又投牒催緝。榮立坐堂皇。引向氏入。略詰數語。忽拍案怒叱曰。此案吾已密偵得實。汝夫汝子皆汝使姦夫殺之。汝乃陽爲不知。而促我爲汝緝凶。汝自恃陰謀神鬼莫測。豈知天網恢恢。已有人告密發汝陰私。而躬親殺人之凶犯。已爲我所緝獲。汝尙夢夢耶。向氏出不意。惶駭無所措。惟痛哭極口呼寃。榮哂曰。奸夫現已在押。吾何畏汝狡展。卽命喚奸夫上堂。與向氏對質。須臾羣隸引一壯男子至。榮略問之。卽自承姓名某某。與向氏通奸有年。且歷言謀殺狀。不俟駁詰。卽盡吐實淸辨。滔滔如背誦熟書。然堂上下吏役悉太息竊笑。灼然知爲敎供也。榮詰向氏尙何言。向惟哭詈。堅不肯承。命刑訊之。堅執如故。且曰有子婦某氏。雖已離而近在城中。可傳詢是非。不難立證也。榮頷曰可。立命傳婦至。向方恃婦必能明已寃。迨婦至。榮但詰以汝姑在家曾與人奸通否。婦卽頓首曰有之。榮大笑曰。何如。此時尙能諱飾巧辨耶。向至時大悟為人所陷。計堂上諸人皆同謀。雖力辨。必無人肯聽。且懼嚴刑之不任也。遂誣服。案立定。是時州署內外人。及民間。莫不憐向冤而憤榮陳之毒。然勢力不敵。無敢發者。然街談巷議。莫不及此案。童豎為之謠曰。合州一朵雲。盜案問奸情。若要此案明。須殺陳老倫。四川境內。殆無人不知矣。雲者榮慶字雲田也。向氏本續娶。子非其出。所生僅一女。甫九齡。育於舅氏某家中。某念其姊無辜被陷。謀上控。怯不敢。乃浼人為訟狀。携甥女走成都。俾女持狀控諸大府。時臬司首道府皆滿人。與榮慶有連。莫肯受詞。或撻而逐之。且戒曰。再來者不汝生矣。展轉又數月。是時督四川者。為閩人黃宗漢黃公。夙以翰林起家。由府道洊升督撫。人以其附和端肅也。遂擯之為肅黨。然其為吏尚精刻。能綜覈名實。固當時疆臣中矯矯者。一日以答拜客出府。制府往時固深居簡出。女此時歷控司道府。悉不得直。已絕望矣。聞制府出。私自幸或得當。急持狀攔輿訴冤。前驅諸材官。已徧受榮慶賄。見女至。則揚鞭嚇之。令速去。制府在輿中見一弱女子呼冤。而從人皆變色相顧。且禁不使聲。大疑之。因叱騶從不得威嚇。而令武巡捕趣將呈至。卽輿中閱之。呼女使前。諭以溫語。命賞之錢兩緡。以呈詞發臬司提訊。已而仍依原訊上。制府亦姑置之。他日又出署。女復跽道旁。首戴冤狀泣訴。制府詫曰。汝一幼女。胡刁頑若是。將無覬再賞若錢耶。女痛哭曰。母受奇冤。將被極刑。故冒死瀆控。非敢覬得賞也。制府乃召臬司至。面授以狀。戒曰。此案疑竇孔多。當虛心詳勘。勿徒為見好屬員計也。臬司退。制府默念是獄必別有故。乃召候補知縣李某至署。屏左右密告之故。令潛往偵勘。冀得確讞。李雲南人。夙有強直聲。為同官所不喜。制府知其無黨。故特命前往也。李受命出。不敢語家人。擕心腹僕兩人。忽忽去。又數日。制府念臬司承審是獄。尚無要領。欲躬往一察之。卽命駕詣臬署。至則臬之閽人。循例謝不敢當。制府必欲入。則以方督諸委員讞獄。對問何獄。即合州案也。制府乃曰。吾正思親審是獄耳。遂命肩輿徑入。命毋罷訊。即正坐。命臬司陪坐於側。讞局諸委員列案兩旁。命引女至前。則頰肉盡脫。齒外露。行步伶俜。羸瘦骨立。蓋此數日間。臬司方勒女自認誣控。女堅不可。則叱使批頰。若是者已十餘次。故委頓至此也。制府見女狀。意良不忍。乃曰。一九齡童女耳。使非真有奇冤。何能健訟。煞刑若此。且彼以毋冤求雪。就令不實。有何大罪。君輩乃專苦此女。不一向他犯研訊耶。乃盡集全案諸犯。令臬司自訊之。臬司以制府親臨。不敢復如前顢頇。又慮犯供或有罅漏。真相且立暴。承命踧踖甚。乃詐稱夙疾偶發。乞暫停訊。制府已大詫。又顧所指為奸夫者。面色充腴。意氣揚揚。不類他囚。始大悟。拍案曰。噫。事乃如此耶。立呼杖。杖奸夫未數下。奸夫忽大呼曰。汝輩雇我為囚。曾許我不受刑。奈何失信。伍伯大駭。急掩其口。而制府已畢聞其語。臬司諸委員悉失色。制府乃喜曰。吾得間矣。呼囚至前。窮詰之。遂盡得榮慶與陳老倫陰謀賄買狀。乃飭暫羈諸囚於督署。別以親信人監伺之。而通飭各屬嚴緝真兇。蓋恐諸人奸謀不獲逞。將毒斃囚以滅口也。是時蜀中官僚朋黨之風甚熾。雖飭緝真兇。而訖無入肯奉令者。制府憂憤甚。方李令之出省也。由水道抵重慶。甫登岸。方覓旅舍。突兩健僕持名帖。鞠跽於前曰。李大老爺。道台待公久矣。僕輩日日在碼頭奉迎。今日始到耶。請即入居道署。毋別覓旅舍也。李訝曰。吾乃賈人。亦非李姓。來此自以商務。與官場何相涉。而以老爺見稱耶。僕笑曰。李胡子李大老爺。何人不識。且此來非奉督府委查合州案乎。但請入署小住。無他慮也。李不得已。乃告以實係李某。但以索債事私行出省。並未乞假。故不敢以真名姓語人。初不知有查案事。且索債須往鄉間。實不能入居道署。二僕必不可。徑攜其褻橐以行。李乃隨入城。渝道某亦滿人也。相見。禮數甚恭。絕不談查案事。但李欲行則極意挽留。如是者十餘日。李所至皆有人伺其後。查詢鉤稽。絕不得端緒。乃決意辭歸。行之先一夕。某道遣所親密語李曰。君奉制憲命來此。我輩盡知之。奚必諱飾。不腆之儀三千金。聊壯行色。但能相覆蓋。圖報倘有日耳。李念卻之重啓其忌。或且有意外變。乃直受不辭。力以保全自任。始得脫。乃兼程遵陸。遄回省城。至省。則陰薙其髯。服傭保之服。不攜一人相隨。由僻道復往。合僑居半月。盡得奸狀。始怏然返。然正兇未克緝獲。倘以爲憂。行兩日。抵一鄉村。村中止一逆旅。冠蓋縱橫。問之則縣令公出寓此。李恐爲所識。乃別求一農人家。卑詞請寄宿焉。蜀中民居。什九以竹籬編成牆壁。薄敷以土。故聆隔垣人語。了了如同室。李念獄事未竟。夜分不成寐。忽聞鄰舍夫婦對語聲。婦問夫何往。胡久不歸。夫曰。今日官場眞大糊塗。七里澗鞠家父子二命。乃我所殺。而有司乃以奸殺結案。可謂憒憒。當時吾行至彼。適以賭負喪資斧。因夜往鞠氏家。竊得衣飾數事。甫出門。一男子追出。抱持我。苦不得脫。因出匕首刺之。仆甫行數步。其子又至。吾又殺之。懼罪。故久不敢歸。今聞案已結。故坦然歸耳。李聞之。狂喜。亟起詣逆旅。見縣令。出制府札相示。而將吏役至殺人者家。禽其人以歸。復命於制府。制府喜極。遂定讞。榮慶陳老倫皆擬斬決。婦凌遲。承審諸官皆褫職。釋向氏婦。而旌其女之孝。李令有功。超補某縣。奏疏未及發。而召入陛見之旨已下。且促行甚急。蓋蜀中官場。挾全力鳩貲賕當道。言於上。以南方兵事日棘。黃督知兵。可資以剷平寇亂。故上諭立召入覲。且不容片刻逗留也。制府已去。將軍某署督篆。則盡翻前案。仍以原讞定擬入奏。且劾罷李令。而移榮慶失入之罪以罪李。蜀中士民。莫不喪氣。會黃公抵京。既召對。上意忽中變。不令其出京督師。適刑部尙書缺。郎以黃公補。授黃抵任之日。而署督奏報適至。黃乃大憤。因召見。面奏全案始末。而嚴詞駁回。於是獄事乃大定。然終脫榮慶死罪。僅革職戍邊而已。陳老倫先已畏罪自裁於獄中。惟逆婦論罪如律。其褫職諸員。未數月。皆相繼開復。仍各得腴缺。優差如平時。而李令則以是舉爲同僚所公敵。無人與通往來者。李知終不爲其所容。恐或撥奇禍。旋亦乞休去。

絳紗記

曇鸞

序一

人生有眞世人苦不知彼自謂知之仍不知耳苟其知之未有一日能生其生者也何也知者行也一知人生眞處必且起而卽之方今世道雖有進而其虛僞罪惡尙不容眞人生者存卽之而不得處豚笠而夢游天國非有情者所堪也是宜死矣英有小說名家曰王爾德曾寫一妙齡女優色藝傾一時演沙翁劇中羅密禾一齣已去岳麗艷與羅密禾相愛體貼微妙曲曲傳神自觀者視之眞天下有情眷屬也無何與一美少年遇美少年愛之至每夕必包廂觀岳麗艷劇終必至幕後與之溫語岳麗艷不知美少年名惟稱之曰美麗之王如是者久之岳麗艷不自覺漸移其所以愛羅密禾者愛此美麗之王一夕美麗之王招兩密友至劇場共賞岳麗艷岳麗艷登場忽如泥美人不知所以爲演觀者大沮喪兩密友尤不歡未終曲而去美少年羞憤交迸無所措手足幕剛下卽走覓岳麗艷將痛責之未及言岳麗艷卽抱美少年求親其吻謂兒新見人生眞處兒胡愛彼粉面假髮之羅密禾而不盡鍾吾愛愛美麗之王美麗之王不顧盛氣叱之岳麗艷尋悟求其恕己以後不復爾美少年仍不顧悻悻作色絕之而去岳麗艷獨坐泣移時入洗粧室不復出翌晨倫敦新聞紙中競傳女優仰藥死矣余讀之竊嘆女優之爲人生解人彼已知人生之眞使不得卽不死何待是固不論不得卽者之爲何境也吾友何靡施之死死於是曇鸞之友

薛夢珠之坐化。化於是。羅霏玉之自裁。裁於是。曇鸞曰。爲情之正。誠哉正也。吾既撰雙枰記。宣揚此義。復喜曇鸞作絳紗記。於余意恰合。曇鸞謂余當序之。又焉可辭。　乙卯夏日爛柯山人

序二

爛柯山人前造雙枰記。予與曇鸞皆敘之。今曇鸞造絳紗記。亦命爛柯山人及予作敘。予性懶惰。每日靦面進食。且以爲多事。視執筆爲文。寧擔大糞。乃以吾三人文字之緣。受書及序而讀之。不禁泫然而言曰。嗟乎。人生最難解之問題有二。曰死。曰愛。死與愛皆有生必然之事。佛說十二因緣。約其義曰。老死緣生。生緣愛。愛緣無明。夫衆生無盡。無明無始。而詎有終耶。阿賴耶含藏萬有。無明亦在其中。豈突起可滅之物耶。一心具眞如生滅二用。果能助甲而絕乙耶。其理爲常識所難通。則絕死棄愛。爲妄想而生人之善惡悲歡。遂紛然雜呈。不可說其究竟。耶氏言萬物造於神。復歸於神。其說與印度婆羅門言梵天也相類。而其相異之點。則在耶教不否定現世界。且主張神愛人類。人類亦應相愛。以稱神意。審此耶氏之解釋死與愛二問題。視佛說爲妥帖而易施矣。然可憐之人類。果絕無能動之力。如耶氏之說耶。或萬能之神。體爲主張萬物自然化生者所否定。則亦未見其爲安身立命之教也。然則人生之眞果如何耶。予蓋以爲爾時人智尚淺。與其強信而自欺。不若懷疑以俟明。曇鸞此書。殆弁懷疑之義歟。曇鸞與其友夢珠。行事絕相類。莊周夢蝴蝶。蝴蝶化莊周。予亦不暇別其名實。曇鸞存而五姑歿。夢珠歿而秋雲存。一歿一存。而肉薄夫死與愛也各造其極。五姑臨終。且有他生之約。夢珠方了徹生死大事。宜脫然無所顧戀矣。然半

角絳紗。猶見於灰燼。死也。愛也。果孰爲究竟也耶。愛爾蘭劇家王爾德（Oscar Wilde.）之傳猶太王女薩樂美（Salome.）也。有預言者以忤王及后。繫之地窖。薩樂美悅其美。私出之。讚歎其聲音。讚歎其肩髮。求與之近而弗獲。終乃讚歎其唇。堅欲親之。而爲預言者所峻拒。王悅薩樂美之舞。弗覩其舞。則廢寢食。薩樂美以此諷要王取預言者之首。力親其唇。狂喜欲絕。繼悟其死。又悲不自勝。以此觸王怒見殺。王爾德以自然派文學馳聲今世。其書寫死與愛。可謂淋漓盡致矣。法人柯姆特（Comte.）有言曰。『愛情者生活之本源也』斯義也。無悖於佛。無悖於耶。薩樂美知之。岳麗艷知之。何靡施知之。麥五姑知之。薛夢珠知之。羅霏玉知之。若王爾德。若曇鸞。若爛柯山人。若予。皆強不知以爲知者歟。　乙卯六月獨秀叙於春申江上

曇鸞曰。余友生多哀怨之事。顧其情楚惻。有落葉哀蟬之歎者。則莫若夢珠。吾書今先揭夢珠小傳。然後述余遭遇。以眇躬爲書中關鍵。亦流離辛苦。幸免横夭。古人所以畏蜂蠆也。夢珠名瑛。姓薛氏。嶺南人也。瑛少從容澹靜。邑有醇儒謝翥者。與瑛有恩舊。嘗遣第三女秋雲與瑛相見。意甚戀戀。瑛不顧。秋雲以其驕倨。私送出院。解所佩瓊琚。於懷中探絳紗。裹以授瑛。瑛奔入市貨之。徑詣慧龍寺披剃。住廚下刈薪供僧。一日與沙彌爭食五香鴿子。寺主叱責之。負氣不食累日。寺主愍念其來。薦充南澗寺僧錄。未幾天下擾亂。於是巡錫印度、緬甸、暹羅、耶婆堤、黑齒諸國。尋內渡。見經笥中絳紗猶在。頗涉冥想。遍訪秋雲不得。遂抱羸疾。時陽文愛程散原創立秪洹精舍於建鄴。招瑛爲英文教授。後陽公歸道山。瑛沈迹無所。或云居蘇州滾繡坊。或云教習安徽高等學堂。或云在湖南岳麓山。然人有於鄧尉聖恩寺見之者。鄉人所傳。

此其大略。余束髮受書。與瑛友善。在香港皇娘書院同習歐文。瑛逃禪之後。於今屢易寒暑。無從一通音問。余每臨風。未嘗不歎息也。戊戌之冬。余接舅父書。言星洲糖價利市三倍。當另辟糖廠。促余往以資臂助。先是舅父渡孟買販茗爲業。旋棄其業之星嘉坡。設西洋酒肆。兼爲糖商。歷有年所。舅氏姓趙。素亮直卒以糖禍而遭厄艱。余部署既訖。淹遲三日。余挂帆去國矣。余抵星嘉坡。卽居舅氏別廬。別廬在植園之西。嘉樹列植。景頗幽勝。舅父知余性疏懶。一切無嘗省。僅以家常瑣事付余。故余甚覺蕭閑自適也。一日爲來復日之清晨。鳥聲四噪。余偶至植園遊涉。忽於細草之上。拾得英文書一小册。郁然有椒蘭之氣。視之。乃沙浮紀事。吾聞沙浮者。希臘女子。騷賦辭清而理哀。實文章之冠冕。余坐石披閱。不圖展卷。卽余友夢珠小影。赫然夾書中也。余驚愕。見一縞衣女子。至余身前。俛首致禮。余捧書起立。恭謹言曰。望名姝恕我非儀。此書得毋名姝所遺者歟。女曰。然。感謝先生爲泮水之人。還此書也。余細瞻之。容儀綽約。出於世表。余放書石上。女始出其冰清玉潔之手接書。禮余。徐徐款步而去。女束髮拖於肩際。殆昔人墮馬之垂鬟也。文裾搖曳於碧草之上。同爲晨曦所照。互相輝映。俄而香塵已杳。余歸。百思莫得其解。蠻荒安得誕此俊物。而吾友小影。又何由在此女書中。以吾卜之。此女必審夢珠行止。顧余逢此女爲第一次。後此設得再遇者。須有以訪吾友朕兆。而美人家世。或蒙相告。亦未可知。積數月。親屬容家招飲。余隨舅父往。諸戚晼父執。見余極歡。余對席有女郞。挽靈蛇髻者。姿度美秀。舅父謂余曰。此麥翁之女。公子五姑也。余聞言。不審所謂。筵既撤。賓客都就退閑之軒。余偸矚五姑。著白絹衣。曳蔚藍紈裾。腰玫瑰色繡帶。意態蕭閑。舅父重命余與五姑敬禮。五姑迴其清盼。出手與余。卽曰。今日見阿兄。不勝欣幸。暇日願有以教輟學之人。胥清轉若新鶯。余鞠躬謝不敏。而不知余舅父胸有成竹矣。他日麥翁挈五姑過余許。禮意甚殷。五姑以白金時表贈余。厥後五姑時來清譚。蟬嫣柔曼。偶棖觸縞衣女子。則問五姑。亦不得要領。余一日早起。作書二通。一致廣州問舅母安。一致香山請吾叔暫勿招工南來。因聞鄉間有秀才造反。誠恐劣紳揑造黑白。書竟。然呂宋煙吸之。徐徐吐連環之圈。忽聞馬嘶聲。余即窗外盼。見五姑攬馬首立棠梨之下。馬純白色。神駿也。余下樓迎迓。五姑揚肱下騎。余雙手扶其腰。闈輕若燕子。五姑是日服窄袖胡服。編髮作盤龍髻。戴日冠。余私謂妹喜冠男子之冠。桀亡天下。何晏服婦人之服。亦亡其家。此雖西俗。甚不宜也。適侍女具晨餐。五姑去其冠同食。既已。舅父同一估客至。言估客遠來。欲觀糖廠。五姑與余亦欲往觀。估客舅父同乘馬車。余及五姑策好馬。行驕陽之下。過小村落甚多。土人結茅而居。夾道皆植酸果樹。棲鴉流水。蓋官道也。時見吉靈人焚迦𥦗香拜天。長幼以酒牲祭山神。五姑語余。此日為三月十八日。相傳山神下降。祭之終年可免瘵癘。旁午始達糖廠。廠依山面海。山峻。培植佳。蔗果纍纍。巴拉橡樹甚盛。歐人故多設橡皮公司於此。則吾國人亦多以橡皮股票為奇貨。山下披拖瀰望。儘是蔗田。舅父謂余曰。此片蔗田在前年已值三十萬兩有奇。在今日。或能倍之。半屬麥翁。半余有也。余見廠中重要之任。俱屬英人。傭工於廠中者。華人與孟加拉人參半。余默思廠中主要之權。悉操諸外人之手。甚至一司簿記之職。亦非華人。然則舅氏此項營業。殊如累卵。余等瀏覽一過。午膳畢。遂歸。行約四五里。余頓覺胸膈作惡。更前里許。余解鞍就溪流。踞石而嘔。五姑急下騎。趨致問故。余無言。但覺徧體發熱。頭亦微痛。估客一手出表。一手執余脈按之。語舅父曰。西嚮有聖路加醫院。可速往。舅父囑五姑偕余乘坐馬車。估客舅父并馬居後。比謁醫。醫曰、恐是猩紅熱、余療此症多然、上帝靈聖、余或能爲役也。舅父囑余靜臥。請五姑留院視余。五姑諾。舅父估客匆匆辭去。余入暮一切惛惚。比晨略覺清爽。然不能張余睫。微聞有聲嚶然而呼曰、玉體少安耶。良久。余斗憶五姑。更憶余臥病院中又久之。始能豁眸。時微光徐動。五姑坐余側。知余醒也。撫余心前言曰、熱退矣。謝蒼蒼者佑吾兒無恙。余視五姑衣不解帶。知其徹曉未眠。余感愧交迸。欲覓一言謝之。乃吶吶不能出口。俄舅父麥翁策騎來視余。醫者曰、此爲險症。新至者罹之。輒不治。此子如天之福。靜攝兩來復。可離院矣。舅父甚感其言。麥翁遇余倍殷渥。囑五姑勿遽甯家。舅父麥翁行。五姑送之。倏忽復入余病室。夜深。猶殷勤問余所欲。余居病院忽忽十有八日。血氣亦略復。此十八日中。余與五姑款語已深。然以禮法自持。余頗心儀五姑敦厚。既而舅父來接吾兩人歸。隱隱見林上小樓。方知已到別廬。舅父事冗。他去。五姑隨余入書齋。視案上有小箋。書曰、比隨大父返自英京。不接清輝。但有惆悵。明日遄歸澳境。行聞還國。以慰相思。玉鸞再拜上。問起居。余觀畢。既驚且喜。五姑立余側。肅然嘆曰、善哉。想見字秀如人。余語五姑。玉鸞香山人。姓馬氏。居英倫究心歷理。五稔。吾國治泰西文學。卓爾出羣者。顧鴻文先生而外。斯人而已。然而斯人身世淒然。感人。此來爲余所不料。玉鸞何歸之驟耶。余言至此。頗有酸梗之狀。此時。五姑略俯首。頻擡雙目注余。余易以他辭。飯罷。五姑曰、可同行苑外。言畢。挽余出碧巷中。且行且囑余面余曰。晚景清寂。令人有鄉關之思。五姑明日願同往海濱泛棹乎。五姑聞余言。似有所感。迎面有竹。竹外爲曲水。其左爲蓮池。其右爲草地。甚空曠。余卽坐鐵椅之上。五姑亦坐。雙執余手。微微言曰、身既奉君爲良友。吾又何能離君左右。今有一言。願君傾聽。吾實誓此心。永永屬君爲伴侶。則阿翁慈母。亦至愛君。言次。

舉皓腕。直攬余頸。親余以吻者數四。余故爲若弗解也者。五姑犯月歸去。余亦獨返。入夜不能甯睡。想後思前。五姑恩義如許。未知命也若何。平明余倦極而寐。亭午醒則又見五姑嚴服臨存。將含笑花贈余。余執五姑之手微喟。五姑雙頰略赬。低首自視其鞵尖。脈脈不言。自是五姑每見余。禮敬特加。情款益篤。忽一日。舅父召余曰。吾知爾與五姑情誼甚篤。今吾有言關白於爾。吾重午節後歸粵一行。趁吾附舟之前。欲爾月內行訂婚之禮。俟明春舅母來。爲爾完娶。語云。一代好媳婦。百代好兒孫。吾思五姑和婉有儀。與爾好合自然。如意。余視地不知所對。踰旬。舅父果以四豬四羊龍鳳禮餅花燭等數十事。送麥家。余與五姑因緣遂定。自是以來。五姑不復至余許。間日以英文小簡相聞問耳。時十二月垂盡。舅父猶未南來。余憑闌默忖。舅父在粵。或營別項生意。故以淹遲。忽有傴僂疾驅而來者。視之麥翁也。余肅之入。翁愁嘆而坐。余怪之。問曰。丈人何嘆。翁搖頭言曰。吾明知傷君之所愛。但事實有不得不如此。言次。探懷中出紅帖授余。且曰。望君今日塡此退婚之書。余乍聽其言。縕淚於眶。避座語之曰。丈人詞旨。吾無從着思。況舅父不在。今丈人忍以此事強吾。吾有死而已。吾何能從之。吾雖無德。謂五姑何。翁曰。我亦知君情深爲五姑耳。君獨不思此意實出自五姑耶。余曰。吾能見五姑一面否。翁曰。不見爲佳。余曰。彼其厭我哉。翁笑曰。我實告君。令舅氏生意不佳。糖廠倒閉矣。縱君今日不悅從吾請。試問君何處得資娶婦。余氣湧不復成聲。乃奮然持帖署吾名姓付翁。翁行。余伏几大哭。爾日有綱紀自酒肆來。帶英人及巡捕入屋。將家具細軟。一一記以數號。又一一註於簿籍。謂於來復三。十句鐘付拍賣。卽余寢室之牀。亦有小紙標貼。吾始知舅父已破產。然平日一無所知。而麥翁又似不被影響者。何也。余此際旣無暇哭。乃集園丁侍女語之。故幷以餘錢分之以報二人侍余親善之情計吾尚能留別廬三日思此三日中必謀一見五姑證吾心跡則吾蹈海之日魂復何恨又念五姑爲人婉淑何至如其父所言意者其有所逼而不得已耶余既決計赴水死黯晚余易園丁服侍女導余至麥家後苑麥家有僮娃名金蘭者與侍女相善因得通言五姑五姑淡妝簪帶悄出而含淚親吾頰復跪吾前言曰阿翁苦君矣卽牽余至牆下低語其言甚切余以翁命不可背五姑言翁固非親父余卽收淚別五姑曰甚望天從人願也明日有英國公司船名威爾司歸香港余偕五姑購得頭等艙位既登舟余閱搭客名單華客僅有謝姓二人并余等爲四人余勸五姑莫憂且聽天命正午啓舷園丁侍女并立岸邊哭甚哀余與五姑掩淚別之天色垂晚有女子立舵樓之上視之乃植園遺書之人然容止似不勝清怨余卽告五姑五姑與之言殊落寞忽背後有人喚聲余回顧蓋卽估客也自言送其姪女歸粵兼道余舅氏之禍實造自麥某一人言已無限感喟問余安適余答以攜眷歸鄉越日晚膳畢余同五姑倚闌觀海女子以余與其叔善略就五姑閑譚余微露思念夢珠之情女驚問余於何處識之余乃將吾與夢珠見時情素一一言之至出家斷絕消息爲止女聽至此不動亦不言余心知謝秋雲者卽是此人徐言曰請問小姐亦當聞吾友蹤跡否乎女垂其雙睫含紅欲滴細語余曰今由恕不告君抵港時當詳言之君亦夢珠之友或有以慰夢珠耳女言至此黑風暴雨猝發至夜風少定忽而船內人聲大譁或言鐵穿或言船沈余驚起亟抱五姑出艙面時天沈如墨舟子方下空艇救客例先女後男估客與女亦至余告五姑莫哭且扶女子先行余卽謹握估客之手估客垂淚曰冀彼蒼加庇二女此時船面水已沒足余微睨女客所乘艇僅辨其燈影飄搖海面水過吾膝余亦弗覺但視前艇

燈光不滅。五姑與女得慶生還。則吾雖死船上。可以無憾。余仍鵠立。有意大利人爭先下艇。覩吾爲華人。無足輕重。推吾入水中。幸估客有力。一手急攬余腰。一手扶索下艇。余張目已不見前面燈光。心念五姑與女。必所不免。余此際不望生。但望死。忽覺神魂已脫軀殼。及余醒。則爲遭難第二日下半日矣。四矚竹籬茅舍。知是漁家。估客五姑女子。無一在余側。但有老人踞牀理網。向余微笑曰。老夫黎明將漁舟載客歸來。余泣曰。良友三人。咸葬魚腹。余不如無生耳。老人置其網。藹然言曰。客何謂而泣也。天心仁愛。安知彼三人勿能遇救。客第安心。老夫當爲客訪其下落。言畢。爲余置食事。余問老人曰。此何地。老人搖手答曰。先世避亂。率村人來此海邊。弄艇投竿。怡然自樂。老夫亦不知是何地也。余復問老人姓氏。老人言吾名并年歲亦亡之。何有於姓。但有妻子。日出而作。日入而息耳。余矍然曰。叟其仙乎。老人不解余所謂。余更問以甲子數目等事。均不識。老人嘗見余懷中有時表。問是何物。余答以示時刻者。因語以一日廿四時。每時六十分。每分六十秒。老人正色曰。將惡許用之。客速投於海中。不然者。爭端起矣。明日天朗無雲。余出處獨行。疏柳微汀。儼然倪迂畫本也。茅屋雜處其間。男女自云不讀書。不識字。但知敬老懷幼。孝悌力田而已。貿易則以有易無。並無貨幣。未嘗聞評議是非之聲。路不拾遺。夜不閉戶。復前行。見一山。登其上一望。週環皆水。海鳥明滅。知是小島。疑或近崖州西南。自念居此一月。仍不得五姑消息者。吾亦作波臣耳。吾安用生爲。及歸。見老人妻子。詞氣婉順。固是盛德人也。後數日。偕老人之子出海邊行漁。遠遠見一女子。坐於沙上。旣近。即是秋雲。顧余若不復識。余詢五姑。行在女姑。婉容加禮。一一爲具言。五姑無恙。有西班牙女郎同伴。但不知流轉何方。余喜極。乘間叩夢珠事。女淒然曰。余誠負良友。上帝在天。今請爲先生言之。先生長厚。必能諒其至寃。始吾村居。先君常歎夢珠溫雅平曠。以余許字之。而夢珠未知也。一日夢珠至余家。先君命余出見。余於無人處。以嬰年所弄玉贈之。數日。侍婢於市見玉。購歸。果所佩物。而吾家大禍至矣。先是有巨紳陳某。欲結褵吾族。先君謝之。自夢珠出家。事傳播邑中。疑不能明也。有謂先君故逼薛氏子爲沙門。有謂余將設計陷害之。巨紳子聞之。強欲得余。便誣先君與鄰常肅通。巡警至。吾家拔刃指几上新學僞經考以爲鐵證。以先君之名。登在逆籍。先君無以自明。吞金而歿。吾將自投於井。二姊秋湘阻之。攜余至其家。以燭淚塗吾面。令無人覺。使老嫗送余至香港。依吾嬸。一日見循環日報載有僧侶名夢珠。遊印度。紆道星洲。余思叔父在彼經商。余往。冀得相遇。乃背吾嬸。附賈舶南行。於今三年矣。余遭家不造。無父母之庇。一日不得吾友。卽吾罪。一日不追。設夢珠忘我。我終爲比干剖心而不悔耳。言至此。淚隨聲下。余思此女求友分深。愛敬終始。求之人間。豈可多得。徐慰之曰。吾聞渠在蘇州就館。吾願代小姐尋之。女曰。吾亦爲先生尋五姑耳。女云。住海邊石窟。言已。遂別余。同老人子行阡陌間。老人與估客候余已久。余見估客愈喜。私念如五姑亦相遇於此。將同棲絕境。復何所求。余三人居島中共數晨夕。而五姑久無迹兆。心常動念。凡百餘日。忽見海面有煙紋一縷。知有汽船經過。須臾船果泊岸。余三人遂別島中人。登船。船中儲鎗炮甚富。估客頗聲耳語余曰。此曹實爲海賊。將奈之何。余曰。天心自有安排。賊亦人耳。况吾輩身無長物。又何所顧慮。時有賊人數輩。以繩縛秋雲於桅柱。既竟。指余二人曰。速以錢交我輩。如無者。投汝於海。忽一短人自艙中出。備問余輩行蹤。命解秋雲。已而曰。吾姓區。名辛。少有不臣之志。有所結納。是故顯名。船卽我有。我能送諸君到香港。諸君屏除萬慮可也。五日船至一灘頭。短人領余三人登岸。言此處距九龍頗近。瞬息駛船他去。估客攜其姪女歸堅道舊宅。停數日。女爲余整資斧。余卽往吳淞。維時海內鼎沸。有維新黨。東學黨。保皇黨。短髮黨。名目新奇。且多大江南北。雞犬不寧。余流轉乞食兩閱月。至蘇州城。一日行經烏鵲橋。細雨濛濛沾余衣袂。余立酒樓下。聞酒販言有廣東人流落可歎者。依鄭氏處館度日。其人類有瘋病。能食酥糖三十包。亦奇事也。於是過石橋。尋門叩問。有人出應。確是夢珠。惟瘦面披僧衣。聽余語顚末。似省前事。然言不及贈玉之人。心甚異之。飯罷。簷雨淅瀝。夢珠燈下。彈琴。絃軫淸放。忽而據琴不彈。向余曰。秋雲何人也。盍使我聞之乎。余思人傳其瘋病信然。余乃重述秋雲家散。至星嘉坡。苦尋夢珠。及遇難各節。夢珠視余良久。漫應曰。我心亦如之。夫覩貌而相悅者。人之情也。吾今學了生死大事。安能復戀戀。余甚不耐。不覺怫然曰。嗟乎。吾友如不思念舊情。則彼女一生貞潔見累於君矣。遂出。至滬。遇舊友羅霏玉。明經。於別發書肆。因譚及夢珠事。霏玉言。夢珠性非孤介。意必有隱情在心。然秋雲品格。亦自非凡。夢珠何爲絕人如是。余卽曰。君與我當有以釋夢珠之憾乎。霏玉曰。竊所願也。霏玉番禺人。天性樂善。在梵王渡帮教英文。人敬且愛之。霏玉招余同居於孝友里。其祖母年八十三。藹然仁人也。其妹氏名小玉。年十五。幽閑端美。篤學。有辭采。通拉丁文。然不求知於人也。嘗勸余以書招秋雲來海上。然後使與夢珠相見。余甚善其言。但作書招秋雲。未嘗提及夢珠近況。小玉又云。吾國今日女子。殆無貞操。猶之吾國殆無國體之可言。此亦由於黃魚學堂之害。(蘇俗稱女子大足者曰黃魚)女必貞。而後自繇。昔者王凝之妻因逆旅主人之牽其臂。遂引斧自斷其臂。今之女子。何如此時。聞叩環聲。霏玉肅客入。卽一細腰女郎。睨笑嫣然。望而知爲蘇產也。霏玉曰。密司愛瑪。遠來故倦矣。女郎坐而平視余。問余姓氏。

小玉答之。已而女郎要余并霏玉乘摩多車同遊。既歸。余問霏玉與此女情分何似。霏玉曰。吾語汝。吾去夏在美。其飲冰忌連時。有女子隔簾悄立。數目余。忽入簾笑爾示敬。似憐吾爲他鄉遊子。此女能操英吉利語。自言姓盧。詢知其來自蘇州省。其姨氏。吾視此女頗聰慧。遂訂交而別。是後常以點心或異國名花見贈。秋間吾病。吾祖母及女弟力規吾勿與交遊。吾自思縱此女果爲狐者。亦當護我。我何可負義。明日復來。引臂替枕。以指檢摩爾登糖納吾口內。重復親吾。吻囑吾珍重而去。如是者十數次。吾病果霍然脫體。即吾祖母亦感此女誠摯。獨吾妹於此女多微辭。今吾質之於子。此女何如人也。余未有以答。數日女盛服而至。謂霏玉曰。吾母在天賜莊病甚。不獲已而告貸於君。霏玉以四百圓應之。省其家貧親老。更時有接濟。前後約三千圓。女一夕於月痕之下撫霏玉。以英語告之曰。I don't care for anybody in the whole world but you. I love you. 秋候已過。霏玉與女遂定婚約。至十一月二十六日午膳畢。霏玉靜坐室中。久乃謂余曰。吾甚覺耳鳴煩。爲吾電告龍飛備乘。吾將與子馳騁郊野。俄車至。余偕霏玉出遊。過味蒓園。男女雜踏。霏玉隔窗窺之。愕視余曰。歸歟。吾亦以此處空氣劣。不宜留。遂行。霏玉於途中忽執吾手狂笑不已。問之弗答。吾恐霏玉有心病。令馬夫馳馬速行。至家。余扶將以入。此時霏玉踞椅如有所念。余知必有異事。時見小玉於女紅坐處告余。有西班牙女子名碧伽修刺求見。自云過三日重來。霏玉聞言甚欣悅。視余曰。是爲五姑將消息者。余心稍解。詎知霏玉即以此夕自裁於臥內。明晨余電問龍飛馬夫昨日味蒓園曾有何事。答云盧氏姑娘與綢緞莊主自繇結婚耳。余始曉霏玉所以狂笑之故。然余不欲其祖母妹氏知霏玉爲女所紿。今筆之於書。以示人者。亦以彰吾亡友爲情之正者也。吾友霏玉辭世後三日。碧伽女士果來。握余手言曰。五姑自遭難以來。無時不相依思君。如嬰兒念其母。吾父亦愛五姑如骨肉。誰知五姑未三月已成乾血症、今竟長歸天國。五姑是善人、吾父嘗云。五姑當依瑪利亞爲散花天使。今有一簡幷髮敬以呈君。簡爲五姑自書。髮則吾代剪之。蓋五姑無力持剪。吾父居香港四十九年。吾生於香港。亦諳華言。遇秋雲小姐。故知君在此。今茲吾事已畢。願君珍重。女復握余手而去。余不敢開簡。先將髮藏衣內。驚極不能動。隔朝抆淚啓之。其文曰。妾辭君子平安。吾魂甚慰。妾今竟以病而亡。又不亡於君子之側。爲悲爲恨。當復何言。始妾欲以奄奄一息之軀。渡海就君子。而莊湘老博士不余許。謂若渡海則墓亦不得留在世間。爲君子一憑弔之。是何可者。博士於吾良有恩意。妾故深信來生輪迴之說。今日雖不見君子。來世豈無良會。妾唯願君子見吾字時。萬勿悲傷。即所以慰妾靈魂也。君子他日過港。問老博士。便得吾墓。簡外附莊湘博士住址。余幷珍藏之。時霏玉祖母及妹歸。心已織議將霏玉靈柩運返鄉。關余悉依其意。於是趁海舶歸香港。旣至。吾意了此責。然後謁五姑之墓。遂雇一帆船赴鄉。計舟子五人。船行已二日。至一山脚。船忽停於石步。時薄暮。舟子齊聲呼曰。有賊有賊。脅使余三人上岸。岸邊有荒屋。舟子卽令余三人匿其中。誡勿聲。余思廣東故爲盜邑。亦不怪之。達曉。舟子來笑曰。賊去矣。復行大半日。至一村。吾不審村名。舟子曰。可扶櫬以上。去番禺尚有八十四五里。舟子擡棺先行。余三人乘轎隨後。余在塗中。聽土着言語。知是地實近羊城。心知有變。忽巡勇多人。荷鎗追至。喝令停止。余甫出轎。一勇拉余襟。一勇揮刀指余鼻曰。爾膽大極矣。言畢。重縛余身。余曰。余送亡友羅明經靈柩歸里。未嘗犯法。爾曹如此無禮。意何在也。視前面轎夫舟子。都棄棺而逃。唯霏玉祖母及妹相持大哭。俄一勇令開棺。刀斧鏘然有聲。時霏玉祖母及妹。相抱觸石而死。勇見之不救。余心俱碎。少間。棺蓋已啟。余睨棺內均黑色。餘勇啓之。乃手鎗子彈藥包。而亡友之軀。杳然無覩。余暈絕仆地。比醒。余身已縶獄中。思欲自殺。又無刀。但以頭搶壁。力亦不勝。獄中有犯人阻余。徐曰。子毋爾。今日卽吾處斬之日。聞之獄卒云。子欲以炸藥焚督署至早亦須明日臨刑。計子命尙多我一日。且子爲革命黨。黨中或有勇士相救。亦意中事。願子勿尋短見。若我乃罪大惡極之人。雖有隱憂。無可告訴。寃哉。吾妻也。余答之曰。吾實非黨人。吾亦不望更生人世。然子有隱恫。且剖其由。吾固可忍死須臾爲子聽之。犯人曰。吾父爲望族。英朗知名。父有契友。固一鄉祭酒。與吾父約。有子女必諧秦晉。時吾在母腹中僅三月。吾父已指腹爲吾訂婚矣。及吾墮地後七日。吾妻亦出世。吾長。奢豪耍咨。而朋輩無一善人。吾亦淪於不善。相率爲僞。將吾父家資蕩盡。窮無所依。行乞過日。吾外家悔婚。陰使人置余死地者三次。吾妻年僅十七。知大義。嘗割臂療父病。剛自英倫歸。哭諫曰。是兒命也。何可背義。其父母不聽。適吾行乞過其村。宿破廟中。吾妻將衣來。爲吾易之。勸余改過自新。且贈余以金。天明。余醒。思此事甚奇。此金必爲神所賚。卽趨至賭館。一博去其半。再博而盡。遂與博徒爲伍。時余實不知其爲偷兒也。前晚鴈糖村之事。非我爲之。不過爲彼曹効奔走。冀得一飽。殺人者已逍遙他去。余以饑不能行。是以被逮。然吾未嘗以眞名姓告人。恐傷吾妻。言至此。獄卒入曰。去。犯人知受刑之時已到。淚漣漣隨獄卒去矣。余記往昔有同學偶言玉鸞事。與此吻合。犯人殆玉鸞之未婚夫耶。因嘆曰。嗟乎天生此才。在於女子。而所遇如斯。天之所賦。何其駁歟。少選。獄卒復來。怒目喝余曰。汝卽曇鸞乎。速從我來。遂至一廳事。人甚衆。一白面書生指余曰。是卽浙江巡撫張公電囑釋放之人。此人不勝匕箸。何能爲盜。

衆以禮送余出。余卽渡香港。先訪秋雲。秋雲午繡方罷。乃同余訪莊湘博士。博士年已七十有六。蓋博學多情安命觀化之人也。導余拜五姑之墓如儀。博士曰。願君晚住。遂別。亡何春序已至。余同秋雲重至海上。尋夢珠。旣至蘇州。有鏡海女塾學生。語秋雲云。夢珠和尚食糖度日。蘇人無不知之。近來寄身城外小寺。寺名無量。余卽偕秋雲訪焉。至則松影在門。是日爲十五日也。余見寺門虛掩。囑秋雲少延竚以待。余入時。庭空夜靜。但有佛燈光搖四壁。余更入耳房。亦闃然無人。以爲夢珠未歸。遂出至廊次。瞥見階側有偶像。貌白皙。近瞻之。卽夢珠。瞑目枯坐。草穿其膝。余呼之不應。牽其手不動如鐵。余始知夢珠坐化矣。亟出告秋雲。秋雲步至其前。默視無一語。忽見其襟間露絳紗半角。秋雲以手挽出。省覽迴環。已而伏夢珠懷中。抱之流淚。親其面。余靜立。忽微聞風聲。而夢珠肉身忽化爲灰。但有絳紗在秋雲手中。秋雲卽以絳紗裹灰少許。藏於衣內。此時風續續而至。將灰吹散。惟餘秋雲與余二人於寺。秋雲曰。歸。遂行至滬。忽不見秋雲蹤跡。余卽日入留雲寺披剃。一日巡撫張公過寺。與上座言。曾夢一僧求救其友於羊城獄中。後電詢廣州。果然。命釋之。翌晚復夢僧來道謝。甯非奇事。余乃出一一爲張公述之。張公笑曰。子前生爲阿羅漢。好自修持。後五年。時移俗易。余隨曇諦法師過粵。塗中見兩尼。一是秋雲。一是玉鸞。余將欲有言。兩尼已飄然不知所之。

（完）

正誼

編輯者谷鍾秀

本雜誌自出版以來蒙國內外各界歡迎銷流至廣實深感謝玆特饜歷讀者之望自第七號起再大加刷新希購者注意

一 本雜誌撰述人皆在野有名諸政客以銳敏之眼光負指導社會並忠告政府之責任

二 本雜誌分論說時評譯述記載通信藝文雜纂七門前五門要皆有關政局之鴻篇偉製爲關心政治者所需要之文

三 本雜誌以公平之主張發穩健之言論不涉一黨偏私之見足爲政論之模範

四 本雜誌每期約十五萬言其內容之豐富爲近今雜誌中所罕見

特別聲明

如定閱全年自一號起及已定半年繼續定閱全年者報費仍收三元郵費準此藉表歡迎本報者特別優待之忱

▲已出八冊▼

定價表

報費		郵費	
一冊	四角	本國	五分
半年	二元二角	日本	八分
全年	四元	歐美	一角二分

發行所

上海四馬路

正誼雜誌社

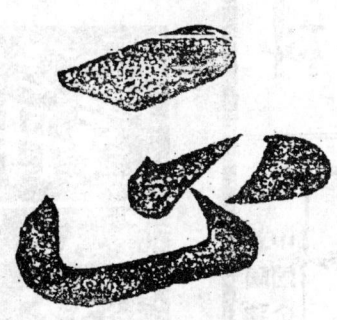

日本吉田良三著

長沙楊蘊三譯

商業簿記

精裝全一册

定價大洋九角

本書初稿五年之間重版至二十餘次可謂風靡一時此爲第二次改稿其內容爲非常精構較之前撰又復逈別著者特自矜異謂通常簿記之書皆用複釋法解說複式一時雖稱簡便然學者往往不得其詳今此書獨用歸納法自交易要素之結合關係而說明借貸之原理故能條理井然前後會通無有隔閡之弊學者能了解其一種交易要素結合關係則其他數種皆自然明悉譯者寢饋是册所得極深且能以簡明之筆寫複奧之理尤爲斯學中難能之作

上海棋盤街

群益書社出版

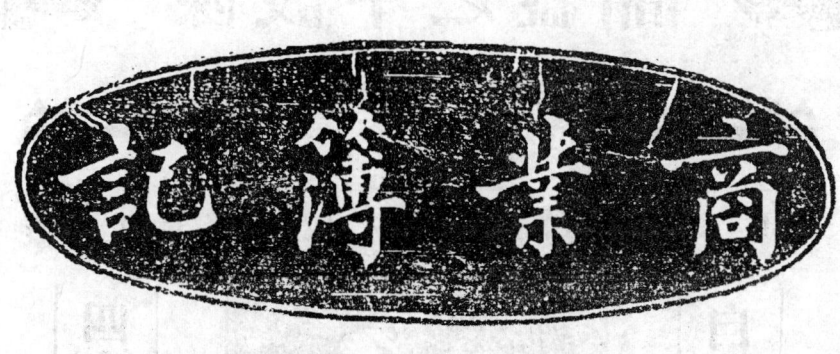

定價

預定不論何期或六冊或十二冊悉聽尊便

一冊	半年六冊	全年十二冊
四角	二元二角	四元

郵費

郵匯不通之處可代以郵票但須九五折算

本國	日本	外國
每冊五分	每冊八分	每冊一角

廣告

等第	地位	一期	三期	半年	全年
特等	一面	五十元	一百三十元	二百四十元	四百元
上等	一面	四十元	一百元	一百八十元	三百二十元
普通	一面	二十四元	六十元	一百一十元	二百元
	半面	十三元	三十五元	六十元	一百一十元

特等（底紙外面）上等（封紙裏面及廣告紙最前面最後面）其餘皆爲普通

民國四年七月十日出版

▲甲寅雜誌第一卷第七號▼

▲板權所有不許翻印▼

編輯者　秋桐

出版者　甲寅雜誌社

印刷兼發行者　上海四馬路福華里　亞東圖書館

總發行所　上海四馬路福華里　亞東圖書館

英文辭典

英漢雙解辭典

大版定價二元五角
小版定價一元六角

中學 **英漢新字典**

定價一元

中英會話辭典

定價一元二角

普通 **華英新字典**

定價一元

新譯 **英漢辭典**

皮裝定價二元
綢裝定價一元五角

上海棋盤街 **羣益書社** 印行

民國期刊資料分類彙編

甲寅雜誌

甲寅周刊

第四冊

國家圖書館出版社

近傳美國政府。主張在華召集國際會議。英人表示反對。吾國駐美公使施肇基、付電外部。聞政府持何意見。政府以美國提案。意不明了。答覆頗覺爲難。蓋依據華府條約。不久應有兩種會議。成于我國。一司法會議。一關稅會議。前會議以所須手續。尚未準備完全。吾國曾請展期。期滿而他國復延不辦理。以迄今日。後會因法國堅持以金佛郎案爲交換品。華府會議該項條文。最近始由巴黎國會批准。前會、迨、有、司、法、部、負、責、之、聲、明、謂、各、種、事、項、準、備、俱、齊。無、論、何、時。皆可、開、會。由外、交、部、正、式、宣、知、各、使。後、會、會、期。當在、九、十、月、間。兩會並舉。不平等條約之可討論者過半。美國所主之國際會議。指兩會乎。兩會外別設一範圍較大之會乎。抑廢兩會而特起異軍。包羅一切乎。凡此俱不明晰。故評判殊不易云。

此次滬案。外部首向使團提出抗議。遷延至今。無甚結果。議者、乃、追、咎、外、交、步、驟、之、誤。以爲慘殺之責。英人直接負之。滬案如是。漢案如是。潯案如是。粵案尤其如是。今舍英不問。使得巧避于外交團公共旗幟之下。橫施詭計。無所損。吾之失策。莫大於此。近以此類輿論之逼眞。外交委員會。居然提出討論。則會衆又以外部持態。自始不設。蓋此種國際關係。欺壓民族之事。理應嚴定範圍。使各國共同負責。以爲修改不平等條約之根據。不應視爲兩國人民尋常互毆例案。專從回復本事件之損失入手。理至灼灼。無可非也。顏惠慶、王正廷諸君。俱持此說。人以外交老手。所見如許。衆議或且稍靖。反之英倫衆議。又稱法意爲之代表。將以己意自由決定條件。強迫英人行之。剝奪英人權利。莫此爲甚。是爲不列顛民族之公恥云云。事實未告。則法意諸使。加入此案。亦並無不利于我之證。中英人意見之相左。有如此者。

滬案中之收回會審公廨一項。至關緊要。外交司法兩部各有專會之設。從事研究。外部之會。由次長曾宗鑒及朱鶴翔等主之。法部之會。由次長王文豹及梁敬錞等主之。法部之意。以爲會審公廨。乃是中國。

公常收回之事。純屬內政。內政應有隨時自由施設之權。外部則以事人該管機關。至少當有外交關係。不能全然作內政觀。在官言官。兩部之理皆甚切至。法部求其在我。外部求其在人。二者如何調劑以達到恢復國權之實。則兩部共同之責也。

罷工、罷市、及經濟絕交者。吾人所謀窘迫英人之武器也。究之英人所發窘迫程度如何。及濫用此種武器。是否鄰於自殺。正討論間。而英人竟卽吾人之道。還治吾人之身。上海以停給電力、甚且停供飲料品。上海商人。受此一擊。前倨不可。遂乃後恭。從英人婉求所以通融之道。英人伉然以工人照常上工為條件。無從長和解意。嗟、誤矣。吾農國也。而英為工國。工國須仰賴世界之商場。以求活給。農國則閉門自足。無所求人。吾人苟已澈悟工國之為害。不欲步資本主義之後塵。使子孫遭其荼毒。則吾惟有力脫工國之羈絆而已。夫工國者。以羈縛人為生業。而不欲人脫之者也。鴉片戰爭以來諸交涉狀況。俱可以此釋之。今何幸英人將自壞其羈當。使吾人得脫。吾人胡乃自賤無已。以終受其束縛馳驟為快乎。英人之敢於以絕電絕水相要者。正以縶得吾人之劣根性。必且宛轉就範。以求了事耳。寄語同胞。此計幸勿中之。電力不足之所苦。止于十數大紗廠。是十數大紗廠不存。於吾國固有之生計。力無害。別求自給。儘有選途。而況乎閘北電廠從速整頓。又何渠不若漢乎。記者、主以農立國者也。深喜英人此類消息。為促進吾人明農反本之好機。經世君子。以為何若。

西洋兩岸諸國。既先後呈遞國書。而美使馬克謨新至。國書且直標明執政姓名。題曰中華民國臨時政府大總統。款式證數。俱各有加。已于七月十五日遞上矣。先是吾國駐英公使顧維鈞、久未到任。代辦朱兆莘、資輕任重。英政府頗以為言。吾外部與商易人。則又以臨時使節艱于招待對。聞朱代辦近且有逸出常軌之言論。更迭勢不能免。而英使感于他國與臨時政府相倚之殷。

持態亦經剪芟。所商各節。當易進行。俗傳老、大、英、人。腦筋、遲、鈍。於此、可、見、一、斑、云。

合肥出山。以根本改革相號召。其程序則先立善後會議。次立國民代表會議。善後會議成。國民代表會議行且開幕。因之該會議組織法、議員選舉程序令等、次第公布。此皆前定必然之勢。毫無足怪。去歲有名之馬電。即已言之。顧開唐君紹儀等。出而訾議。謂合肥不應忽爾有此。嘻、奇已。夫執政之所以貴夫執政者此耳。今曰此不當有。是何異公孫龍以白馬非馬立名。而趙穿請為弟子以去白馬論相要矣乎。中國人不善推理。見其因不見其果。果之至也。有時忘其出于何因。今昔然否之論。遂乃歧出。此例是也。

邇日內閣制之聲。甚囂塵上。宣傳與反對之紀載。俱頗用力。半年來合肥獨鎮中樞。立法機關。去而未返。北京政治幹色。漸形暗淡。梁閣梁閣云云。不得謂非空谷足音也已。篤而論之。合肥。喜。自。負。責。同時。亦。喜。人。負。責。謂內閣制與執政之性不相能者。非知言也。惟其產出方式。及人選如何。良非旦夕間所能議定。昨報楊宇霆日內入京。與此不無關連。誠妄如何。諒與前傳各耗相等。語云。雖有鎡基。不如待時。是亦在、為、鎡、基、者、之、自、審、耳。

日來北京昏沉之政局中。有驟受震動之一事。宣撫使盧永祥辭職是也。盧君為轉變時局之元動力。以往事論。若無盧君。即無今日之局面。語其關係。豈有不願為國家負最後之責任者哉。今形式上出於辭職。其中不得已之情。呼之欲出。段執政之不能見許。自是必下之著。聞已令軍務總長張樹元。退回辭呈。惟盧君所以必辭之苦衷。執政當以滿腹之同情迎之。天下惟惺惺惜惺惺。一辭留間所烘託之政象甚顯。然則所不惜之者誰哉。

俄國有飛機四架。以五十二小時之行程。由莫斯科飛至北京。七月十三日午後一時。下陸于南苑。所謂雪恥會議後援會、學生聯合會、國民黨諸團體。赴會歡迎者。凡二百三十餘種之多。女士劉清揚爲之主席。鋪張揚厲。彌極一時之盛。夫飛機由甲國渡至乙國。至尋常事耳。由主管機關派員招待。禮數已盡。何乃有民間二百餘團體。中風狂走。爭與爲驩。嘻、此蘇俄之所以爲蘇俄也已。

東南大學問題。久懸不決。其故則校長胡敦復、與地方長官不甚接洽。擬蹈三月九日之前轍。遂乃遲延不進不意江蘇學閥黃炎培、沈恩孚輩手眼通天。遂得以其阿附齊燮元之慣技。蒙蔽蘇省長鄭謙。詐取聘函。顯抗明令。由恩孚率同警察數十人。蜂擁前教育廳長蔣維喬、於七月十日。馳赴該校視事。庠序之地。化作戰場。名在衣冠。行同無賴。江蘇省教育會之能事。諒於是盡矣。聞教育部不甚以鄭省長此舉爲然。會提出閣議。詳加討論。擬由部派員前往接收該校。所有一切善後事宜。由該員與鄭悉心商洽。務期省部意見一致。俾得較良解決方法。並聞該部已以此意正式通告鄭省長云。

字說

孤桐

歲辛丑、愚讀書長沙東鄉之老屋中。前庭有桐樹二。東隅老桐。西隅少桐。老者葉重影濃。蒼然氣古。少者皮青幹直。油然愛生。時愚年二十耳。日夕倚徙其間。以桐有直德。隱然以少者自命。喜白香山有一顆青桐子之句。因自號青桐子。壬寅癸卯間。愚客江海。談革命。稍稍以文字自見。上海蘇報、及國民日日報等。有署名青桐之詩歌。卽鄙作也。後數年。愚游歐洲。所事無成。而馬齒加長。黃花崗既敗。至友楊篤生復蹈海死。旅居無憀。黯然有秋意。感于詩人秋雨梧桐之思。遂易青而秋焉。其時北京帝國日報。屢徵愚文。愚皆署秋桐二字與之。壬子、愚主上海民立報。所爲文以本字行嚴標識。未用秋桐。此特偶爾變置。初無深意。頃之、有同盟會之黨報。與愚見相左。謀所以陷愚。因訐愚投文帝國日報署秋桐事。嗾其黨以主君憲敝愚罪。愚大言。因別辦獨立周報。大書秋桐。以示無畏。其後居東。別爲甲寅雜誌。猶承用此號未渝。此本。局狹之思。與蕪報酬發之意。爲值無甚低昂。不足稱。甫。年來憂患之餘。業雖不修。德亦未進。而年少褊急之態。用稍稍斂矣。故上海新聞報近有愚作。復標本稱不署桐字。而天下文士。頗以愚甲寅所爲有功文。往狀剝三字因速。循而未忘偶存。書聞或見。社存。舐呼。君顧先生以示。龍異。吾兄太炎病之。以爲秋桐者。石頭記中賈璉以字其妾。焉有文家。崇此賤稱。愚夙不喜小說。紅樓從未卒讀。賈妾之稱。雖未及知。夫知之而故犯之。與犯後而設設避。其其自賤與不達。益亦等耳。夫以宇宙之大。品類之繁。丘跖俱埃。士女同燼。一錢不値之儒生。偶與稗官所僞之傀儡人物。同其符號。違何傷乎。天地之和近何。措乎品節之數哉。且吾生有涯。而小說之詩不盡。苟秋桐爲號。流悔哉林。尙復未艾。向後繫者。或專意曹記。而不指愚生。必與之爭一日之貴賤榮辱。何意之不廣而智出錢嬉。森。故之下。乃爾哉。雖然。庶幾云。其取諸字義者。蓋因其性之所近。而救其習之所偏。以示勉勵警戒之意也。愚以桐爲號。乃有取於桐德。至別擇一字以狀之。本無一定。早歲春。中歲秋。其爲變動。已甚不居。香山孤桐詩云。直從萌芽拔。高見毫末始。四面無附枝。中心有通理。寄言立身者。孤直當如此。孤桐孤桐。人生如樹。苟復何根。涵雲居之。詩取嶧陽之義。愚其皈依。此。昔以沒吾世焉矣。因易字孤桐。緣周刊出版布之。又甞行文。或別署無卯二字。甲寅雜誌偶有之。無卯者何。哀先妣之所爲作也。丙辰秋。太炎爲作小記「行嚴十七而喪母。母劉氏也。其後行嚴奔走國事。欲隱名。本名、釗、故、改、稱、無、卯。亦以、念、母、云。」茲並錄焉。以告讀者。愚爲無母之人也。

大愚記

孤桐

民國三年。愚違難東京。憤袁氏之專政。謀執文字以爲文。爰約同人。糾立雜誌。倉卒無所得名。即曰甲寅。紀其歲也。越二載。愚偕西林岑公。舉義肇慶。廣勞尠暇。誌乃中輟。然什幾可以復之。吾兄太炎同居軍幕且爲題記。後以議士來京師。遭張勳之亂。漸厭政治。將事學術。北京國學、有邏輯一科。愚妄主是席者一年。復以人事奔入歐洲。南北和議不就。舍而西征。訪威爾思何爾之徒。賢有繫于社會諸學。卒不得當。喪志而歸。文字之役。久無能爲矣。歸後、適曹錕大賄議郎。乘便竊國。愚念吾湘三千萬人見推之重。未敢自貸。遂適而之滬。蟄管已久。輒復思動。既爲新聞紙有所撰述。尤油然生嗣與前迹之思。名仍甲寅。刊則以周。招賢授事。卄議旋定。而江浙之變起。愚以合肥段公之召。杖馬箠走天津。曹氏被幽。合肥入承國命。猥以下材。備員樞府。庶政倥傯。更無暇時。以言文事。相去又遠。竹絲生六。處京師擾攘之中。視聽旁午。甚囂而已矣。尚何精品之有。昔約如此。今愈有然。不僅此也。身居政府。凡屬秘要。例不得外洩。縱有異見。祇能貢之密勿。未可論于堂皇。攻人既所不宜。自白時嫌未。使爲文之不能精也。如彼持論之受制也。又如此。自有甲寅以來。重刊斯誌之機宜莫倓于今日也矣。然而重刊之事。竟表見於今日。前此、爲、勢、從、容。竹壓、宕、而、不、舉。一旦、相、逢、俠、路。反、發、憤、而、必、爲。人或以故見詢。愚何能答。誹生曰。大愚者終身不靈。愚無以自論。亦曰大愚而已。孔子曰。甯武子其智可及也。其愚不可及也。由斯以談。愚之大者。其不可及。將亦大愚行。能至無似。而未爲天下所棄者。或以未失其愚。故。或以未失其大故。作大愚記。自諭復自勵云爾。

毀法辨

孤桐

今之快政政府。人或以毀法少之。此大謬也。蓋凡法籍憲令。有人依託之以爲重。其規條所不便於己者。必或紓或逕以壞亂之。致名存而實違。而仍得使天下之人集於名下。苟且曲折以求合于己。則毀法也。項城之修改約法是也。否則法籍憲令之規條明明。爲某爲某而主者以行苛囂違之。故故反其道而行之。使其條規所載無效。亦爲毀法。袁張之兩次解散國會是也。不然。兩法相嬗之際。後法以議士皆亂無道。成之因之前法横遭夭折。其鬼不靈。是爲毀法。章寳。尤其曹錕之公布憲法是也。是三者皆非所論於

今之執政政府

執政政府者乃乘無法之末運開造法之初基應時而權變見形而施宜謀弋取天下德慧術智之總量以奠民生而立大本者也本來無法何所謂毀己身並不標榜何法毀不毀抑又何關蓋法也者既死不可作生者也可斷而不可續者也在理有如流水提足即非故端在勢有如破甑再顧有何實用孔子主復九世之讎而不聞主復一世之法荀卿言刑名從商爵名從周文名從禮散名之加於萬物者則從諸夏之成俗曲期是取乎古者貴通百代以爲郵取乎今者貴放四海而皆準未聞斷代而執一法不聞其宏深適譚如何而乃往之于疑似脩之以必守人情之不齊孤注之不計如今時以約法爲市者之所言也法蘭西革命以迄第三共和之成中更憲法十二年裁相約不足十稔而皆各自爲法不相襲代未見以何年復何法循劉安曰「一弩不可以百發一衣不可以出歲弩必應乎高下衣必適乎寒暑是故世異即事變時移則俗易聖人論世而立俗隨時而舉事王者法度不同非務相反也時世異也是故不法其已成之法而法其所以爲法所以爲法者與化推移也夫能與化推移至貴在焉術」執政政府其職亦在求其至貴者何在焉耳矣他非所知也

或者疑之以爲凡有所舉措之前代甚廢之法于義誠當若夫約法爲民國之所託命制定不過十餘年安見世俗時事相去甚遠其間屢廢屢興卒莫能絕民意可知去天下亦焉有無法之國者約法雖未善而於他法代立以前遂毀棄之非也曰不然理所貫通無與時代法誠廢矣其爲一年前廢之抑或百年前所爲不必問也諸君果以民國元年之約法去今絕遠三代無論矣較之九通所裁之最近世成規其于世俗時事之離合向背有不可權度者乎以愚觀之約法諸條在五十年前吾民族思想所絕未及也其生硬爲吾民所不習遠在典謨訓誥之上是約法者橫法也而吾自有其縱法約法者皮傳之法也而吾自有其立命之法橫而皮傳者時雖近而實遠縱而立命者時雖遠而實近吾人于深厚固有之法猶

且適變相益無所於滯。彼南京參議院十七票之所成。顯由稗販勒襲而來者。而又何疑焉。夫謂天下無無法之國。亦視所謂法者何詁耳。若謂無憲法或約法。即國無與立。乃尊言也。英史家麥考黎曰。一憲法者紙幣也。紙幣誠利于商。而無質幣以盾其後。一紙亦紙耳。何裨於用。惟憲法亦然。憲法之下。別有力焉。此力不存。憲瀕于死。此力者何。亦吾民之作長歌哭。久久相沿。爲用之種種法則而已。一以是之故。英可謂無憲之國。其曰英憲不成文。亦法家從而爲之辭耳。吾中國之以習慣力統御社會。彷彿似英。此習慣力不失。即國家不失。根本法云云。俱從後外鑠之謂。倘民元而無所號約法者出世。吾國、積、極、方、面、之、安、寧。決無、遜、于、今、日。而消、極、轉、可、避、去、約、法、之、爭。生命、財、產。因得、保、全、無、算。未可、知、也。諸君試思之。吾自有約法。國人切切以利害惜感者。欲希望維繫之者幾何。自南方軍人。偶揭護法二字。以爲稱兵之便。及議郎八百餘人。非此無所竊其我即國家之謬者外。天下之爲約法請命者。復何所見。有之。亦惟。

商二者之分野。不歸楊則歸墨耳。故吾國雖有約法。固久矣不嘗無此物也。傳曰。惟名與器。不可以假人。天下雖不得約法爲命矣。而昔言絕之。仍無其事。篤論之。項城之約法會議終。約法即已消失。中經帝制。相去益遠。黃陂繼位。所有國家百年至計。即當別開生面。重與細論。而不當拘牽因襲。以恢復約法之議進。斯時愚在寧度。與岑梁諸公計事。主圖新運。別立政統。至少亦決不復國會。無如湯化龍吳景濂之徒。大會混淆。以民意相劫持。四方賅服。約法國會表裏唱和之局。嘵嘵以成。自時厥後。翻覆者再。而要以議員自身。僂力併命。天下重足而立。敢怒而不敢言。夫近年來。兩院諸公。醜迹迭著。無學無恥。無所不爲。其得罪於吾民。亦云至矣。而公然懲創。或建議撤回者。未或聞焉。語云。社鼠不灌。城鼠不薰。所託者然也。夫以約法未嘗於人心也如彼。而人心無最後之決斷也如此。劉安之言亂國曰。言與行相悖。情與貌相反。今悖反之象。一至於此。宜乎無名之戰。相尋而亂。國之運。反復照臨以迄。

九

於今也。

夫人必自侮。然後人侮之。國必自伐。而後人伐之。惟法亦然。吾國以有約法。社會全人於不自然之亂狀。處處以有議員當前。無由常理。何幸爲議員者。罪惡貫盈。竊不自意。往歲、驟自蹈其身。自蹈其機關。兼自蹈其法統。名義師摧。刑網以去。約法旣已受代。前滅。復無八百人。吾爲之尸。遂乃舉國濤浮。物極思反。所謂吾民生長歌哭。久久相沿。爲用之種種法則。暫復其本有之功能。徐徐謀執總意。合力別造大法。以覆其上。使爲安利元元長養子孫之計。此其無法以求法。安詳協進之狀。爲十三年來所未有。如意外之機不生。爲我國開新基。立新命。殆無便於斯役者。是何也。曩之無法。乃以他力毀之。隨毀隨復。激盪之勢如是。而今之無法。則由法之自毀。毀而更創。自在之情不僞也。由是而談。約法者。毀於曹錕。毀於吳景濂之徒。與執政政府無闕。中而言之。曹錕與吳景濂之徒。以同利而竊國。以掩恥而術憲。僞憲佈。約法銷。法統以斷。斷矣。曩已論之。法可斷而不可續者也。前此不顧法理。歷續歷亂。今者國會自殺。情僞大彰。終于斷矣。寧更妄續。傳曰。栽者培之。傾者覆之。覆栽傾培。安有是理。臨時執政政府。以天時人事之適援。會逢其適。出持斯局。力小任重。彌自兢兢。而善善從長。惟在君子。天下談士。間以毀法爲執政政府咎。夫亦拂、于、人、情。拘、于、政、用。紀、元、以、還、法、史、之、所、經。未、甞、屑、意、也、矣。作毀法辨。

收回會審公廨平議

梁敬錞

滬案發生。收回上海會審公廨。至列爲十三條件之一。政府付派大員。馳往上海。認眞交涉。司法部以此爲歷年懸案。檔文盈尺。本部又屬司法主管機關。責無旁貸。因是派次長王文豹、參事上任事梁敬錞赴滬。襄同辦理。其後會務雖形停頓。王梁兩君調查磋議之所得。付回部會合專家。悉心討議。並擬有具體辦法。由部密呈執政。候示遵行。正與外交部商訂進行步驟間。未便向外宣示。天下洶洶。咸期本案。得當。國權可復。司法部。亦無。懈厥職以答國人而已。

記者

收回會審公廨問題居混案十三項中之一。顧十三項中除首五項爲本案應有之先決問題外。其餘或爲要求公允之權利。或係排除不法之壓制。獨收回會審公廨一案。既非要求權利。復非排除壓制。僅就不公允被壓制狀態之下。求其稍稍申紓。使一國主權之侵略得稍減殺而已。故其性質。實十三項中限度之最低者。論混案者所宜知也。

修改不平等條約。誠今日之急務。然今之最足爲吾國患者。尚不在條約之不平等。而在於不平等條約之納不能實行。蓋同光以後。涉外規約。雖多失當。然使切實奉行。則國權淪喪。尚或不至如今之甚。數十年來。因循遷就。委縮不振。吾國人固不能辭其責。而外人之恣擅專橫。既使演成違約之事例。則又執爲口實。轉而困我者。其權威乃遠過於約章之所定。若會審公廨特其一端耳。

會審公廨之根據。爲洋涇浜設官會審章程。該章程訂於同治七年。係由滬道訂立。後經總理各國事務衙門咨行者。故以性質言。純爲地方協議之涉外文件。與國家條約根本不同。原文十條。容情權限、傳案、執行、暨其他審理辦法。在當時頗稱完備。綜其涵義。約有五端。

一、審判機關稱公館。押所稱飯歐。辦其事者、爲中國專駐洋涇浜之同知。

二、審判權限。凡錢債鬭毆竊盜、除軍流徒罪以上。須由上海縣審斷外。其他發落枷杖以下罪名之案。皆由該同知審理。

三、係涉洋人之案。須由領事或洋官會同審問。其他華人相互案件。不得干預。

四、中國差役在租界內得提傳人犯。不必經用洋局巡捕。除爲外國服役之華民。其傳喚須經領事官外。其餘不得庇匿。

五、華洋訴訟。准以上海道爲上訴機關。

洋涇浜章程之精義。不外在上海設一承審委員。管理租界內民刑違警之詞訟。論其性質。實一內政之設施。所關涉外人者。僅在會審一項。然章程中所謂會同審問。實與咸豐八年中英續約第十六款所載之會同審辦無殊。該約所謂會同審辦。既係相互之規定。而經光緒二年烟台條約明釋之後。則其意義實爲觀審。是故依是剖析。則洋涇浜章程中。除傳喚爲外國服役之華民須經領事手續外。其餘尚無更失主權之處。詳言之。自同治七年以後。迭經提議修改。皆未成。是故至今。尚爲國際共守之規章。則又凡會。會審公廨者。應首先認定者也。

章程規定雖僅若是。而奉行之者乃竟過之。吾嘗一查辛亥以前會審公廨之狀態。其職務可分爲三。一爲審理巡捕房解訊華人之刑事案。二爲審理洋人控告華人之民事案。三爲華人控告華人之民事案。其堂期有早晚之分。所謂早堂。即審前二種之案。由副領事會審者也。晚堂審後一種之案。由華官單獨審理者也。夫章程中所謂會同審問。本可不作會審解釋。吾國官吏既認許之。使開混合裁判之先例。而華人相互之刑事案。領事尤無干預之權。而吾華官則亦聽由外人會審。此豈約文本意之所及。即廨讞

提人。依據原章。初尚自由。而其後狃於捕房之協助。往往先以提票知照捕房。次則提票內又須經由領事簽字。再次則非經領事簽字。不能協捕。非協捕。便不能單獨提人。於是。華官在租界之內。便無逮捕罪犯之權。差役等諸閒人。公廨失其威力。而洋涇浜章程差役一條之規定。遂又淪喪無餘矣。不特此也。刑決執行之權。原章盡屬於華官。枷杖管押。由廨執行。徒流以上。由縣執行。亦章程所明定也。而其後則凡華人之刑事案。與牽涉洋人之民事案。皆由捕房執行。于是會審之案。中西讞官因意見不同。每有爭異之判決。而捕房必照西判辦理。華官既無執行之權。所判亦等廢紙。乃不得不屈從洋官之意思。以保持其體面。加以律師辯論。概用西律。捕房報案。皆用西語。華官聽訟。既多扞格。即有爭執。而洋官挾持捕房之力。最後勝利。卒歸副領之手。因執行之無權。遂影響於審判。因審判之影響。遂聽命於洋官。原章設官之法意。至是蕩然。蓋自有清末季。華官之在會審公廨。僅僅葆其審理華人民事案件之權。

而已。夫豈當日訂立章程者所得任咎哉。洎辛亥革命。公廨會審官寶頤、以旗籍關係。乘機逃遁。于是上海領事團、乘變亂之頃、遂將公廨佔據、並以維持地方治安爲名、委派華官、執行廨務。夫以保護商務之外、領事能於他國領土之內、通告有案、制定法權。實國際公法有史以來未有之特舉。吾華苟尚成爲獨立國家。此種侵略事實。豈可容其一日存在。蓋經太平天國之亂。遂延長領事裁判之權。而有洋涇浜之章程。經辛亥之役。遂破壞洋涇浜章程。而成今日會審公廨之局。外力浸陵。積漸成習。有心之士。所同慨也。

會審公廨自領團佔管後。其權限既肆張。而組織亦大異。中國差役皆被裁撤。又設檢察處。由捕房派檢察員駐廨中。司收受公文、指定審期、及會計之務。檢察處下分各部、交保收支處之。廨內又設總務處、洋案處、華案處、華官辦公處數部。總務處司刑事案件。洋案處司涉外民事案件。華案處司華人民事案件。每處置洋員二三人不等。至華官辦公處。則僅設秘書文牘由股司繕譯及謄寫而已。凡租界傳提人犯、均由捕房辦理。公廨無獨立之權。傳單、報單、且須領袖領事簽字。人訟案無論民刑。皆須副領事會審。其判決書、且須經副領事簽字。于是所謂中國委員者、除陪作副而出庭外、無他職務。而所謂會審公廨、乃由屬人主義、而進於屬地主義。凡約章所載、以原就被之訴訟原則。遂由上海領團實行破壞而無餘。

即就公廨審判之自身而論。亦有至足異者。案之時負權。既盡操于會審之副領。而會審副領。既非一人。又不同籍。今日英領會審。則援英律。明日美領會審。則引美例。日領會審。則又用日律矣。公廨既懸中國之旗。則每自稱爲中國公堂。以掩其侵略之迹。故又偶用中律。然中律非所盡曉。則援其便己者而用之。於是。同罪異罰之事。數見不鮮。其判案不必引證律條。尤無須確定罪名。詢其故。則曰沿以前堂諭之例也。然會審領事。本爲商務官。其政府初未嘗許以審判之事。故所派遣者。恒不諳法律之流。則所引判之根據。乃不外隨其喜怒好惡爲轉移。不肖者乃至勾結律師。以致富厚。上訴制度。自領團借管後。亦遂革除。故案情無論大小。情節無論眞僞。一經判定。便成信讞。其威權。校諸專制。刑訊之世。殆有過之。廨中審判職權。本以五年徒刑爲範圍。然會審副領以爲未愜。則每隨以十年或二十年之刑。華官不得已。乃於中文判詞之上。仍書五年。而附以期滿再核四字。爲他日刑期滿了時加刑地步。甚符西文原判刑期之數。夫會審制度。其自身之存在。旣屬非法。詞審判之權者。又非識解法律之人。所據以判人罪者。又不據任何一國之法律。而此機關。乃猶能高坐堂皇。平亭曲直。隨二十世紀之曆日而苟延。是眞人類文化之大辱。吾國法權固不足論。而自詡爲文明先進者。亦可以已矣。

收回公廨之交涉。不自今始。民國二年十一月二十四日、外部照會領銜英使。即以領團接管公廨。旣本於維持地方之治安。爲暫時之設施。民國政府。現已正式承認。自應收回爲詞。其理由固甚正當。而英使對此照會。遲至半年之久。始提五端。爲收回交換條件。所謂五端者。其精意約如左列。

一、廨員之任命。須經領事團之認可。幷確認一切會審之制度。

二、陪審領事之權限。及于五年徒刑以上。

三、提傳人犯。統歸工部局巡捕辦理。

四、上訴維持洋涇浜章程之規定。但華人民事之上控。原會審員之領事。亦得干預。

五、檢察處之組織及其人員。依舊保留。由領團推薦。經中國政府任用。

讀者試將右開五端。與洋涇浜原定章程一比較之。其出入之點。眞可令人駭詫。英使明知借管侵略之非。實法律上不可久恃。乃欲以收回之虛名。換實際之根據。吾國不允。自在意中。惟外部同年七月二十二日。所覆照會。乃不從洋涇浜章程。嚴詞拒駁。而反就五端中爲枝節之磋商。不肯自尋束縛。表示弱點。殊爲失策。當時袁政府方欲假借英使之力。驅逐上海租界之黨人。故其條件今有不能理解者。蓋英使又以推廣租界爲請。于是收回之案。屢議屢擱。民六民七兩年之間。吾國照會催議此案。至八九次。而朱邇典成還未覆。朱使去職。福使符禮德領銜使團。我國又申前議。亦未解決。去歲六月、和歐使領袖時。曾將提案修正六項。內中大體。較英使前案雖稍讓步。而對於華人刑事之案。須由外領會審。傳緝人犯。須由工部局巡捕房辦理。與公廨外國主簿須由外領推薦數節。誠爲吾國所難容納。以故我國覆文。仍未承認。此次滬案發生。積因雖不一端。而平日公廨捕房之專橫。魚肉貧爲衆怨所叢集。彼領團中人寧不知之。乃猶敢負固估據。自覆公理者。特就于目前之便利。遂至甘蹈違背章程之責任。而不恤嗟乎。不平等之約。早爲世界正義所不容。而吾國今日。乃至實施不平等約章之要求。尚須向人哀乞。歷十餘年猶未解決。租界以內本吾國權之所及。公廨既係吾國之機關。派員理訟。尤係吾國之內政。雖今日吾國猶必競競于捐店樽俎之上者。或亦華部之誼所應爾。一朝橫決。依據約章。自爲恢復。但使國家觀念猶得存在。則干涉內政之名。度亦外人所不敢悍然者。是在任交涉者處之何如耳。

通訊

教育問題

……公近以法長兼教長。想教育界各種困難問題、必能迎刃而解。敬祝敬祝。茲有二事奉商。一、貴部巳派黃仲生君。代表出席於巴黎之世界語國際科學會議。而八月間、尚有在日內瓦舉行第十七次萬國世界語大會中之夏令國際大學。務請派員出席。如仍派黃君代表。似亦甚妥。奉上里昂世界語學會函。請酌行。二、四川趙想華女士留學德國。成績頗優。受川戰影響。學費甚爲困窘。援前部費生韓明矩張傳琦二人成例。請貴部准給公費。已經駐德使館爲之陳請。厲培更爲一言。附奉趙女士履歷一紙。請督。……………蔡元培北因六月五日

久不得蔡先生消息。凡屬士林。所同結想。此雖寥寥數語。所述復無關宏旨。而先生邇來行迹。可見一鱗。用是揭之。其懷餞津。且原函祇知從北因來。未標地址。非從公表。裁答無由。惟先生諒之。所屬二事。已交仲爲公爲辦理。請勿系念。釗猥以庸愚。廿歲從先生後。略與教事。自審性不相習。力不相副。機緣偶觸。退避不遑。以知其難。而不敢犯。誤人子弟。而良不忍也。是主講辦學。均自以爲不可。何言長部。今搆成斯局。釗亦無以自解。無他。亦聿日。慣爲大言。好僨事。故有以致之已耳。無源之泉。其調可待。一蹶至此。夫復何言。來教所稱教育界各種問題。究爲何種。惜未疏列。惟以師友之所習談。經驗之所默示。私衷自度。約有數端。辦教育者。每爲經費所困。就中尤以積欠過多。致一尋常教職員之進退。爲所束縛。以言改革。其又何從。一也。校紀日頹。學績不舉。學生謀便曠廢。致倡不受試驗之議。即受試矣。或求指範圍。或脅加分數。醜迹四播。有試若無。爲教授者。以所講並無切實工夫。復同見好學生。以便操縱。虛應故事。亦固其然。二也。吾國興學許久。而學殖轉見荒落。如自語文字之不適。及出版述作之蕭索。可以概見。他國大學教授。在職愈久。愈見一學之權威。而吾國適得其反。夫留學生。初出校門。講章在抱。雖無成案。條貫粗明。而又朝氣尚存。污俗未染。際膺教職。彌悟燒燒。此類人選。他國至多。置之研究院。回助教室中。而在吾國則爲上品。適材良足矜貴。何校得此生氣立說領生律艇適伯諸君之人北大是也。過此以往。漸成廢料。新知不益。物誘日多。內諸學生。外干時事標榜之術。工容疏化。爲神聖擬懼之。氣熾一切。可以把持教風若斯。誰樂治學。北京八校。教授多至數百人。年耗庫款。少亦二百萬元以上。歲終。

至。無。宜。頁。可。讀。之。書。三年。可。垂。之。籍。以登。學。府。而。版、國、門。學者。自。揣。誠。不。作。而為之學生者。讀西籍、但、乏相稱之功能。實本師又乏可供之箸述。幾紙。數年、不、易、破、停不全之、講義。尸視、社、稷、於是、出。焉。此云、與學、當非昔。道。三也。校狀之不足也如彼。入才之消乏也又如此。而北。京。教。育。乃必。千。國。立。大、學、四字、之、下、強分、門戶、藝設、多。科、卒之、兼、課、紛。紛、師生、勞、年、學、統、蟲、壞、排、娼、風。生。欲求首、都有。一。宏、深精。進、條、幹、分、明。之大、學、與倫、敦、巴、黎、競、爽、侯之。百。年。將亦。難。得。且也。大學。為、學、術、總、集、之。名。猶之。內、閣、為。政、治。總。集。之。名。內閣有長財政者。不聞稱財政內閣。有長司法者。不聞稱司法內閣。今大學宜講農工業。竟自號農業大學與工業大學。大學宜講法律政治。復自號法政大學。甚至師範美術。文科中之一部耳。亦分別獨立。各稱大學。幹為。支。滅。別得。類。名。邏柑。所。不。能。通。行政。所。大。不。便。部落。思。想。橫被。學。林。正士。寒。心。友邦。騰。笑。四也。凡此四端。皆創平昔之所熟計。有時侍教。亦或及之。第

三事、劍於北大教授職內。且佐先生有所計劃。時由先生特錄、列入編譯館之款。積至本年。數幾二十萬。惜無宏績。足副初衷。第四事者。幾歲與先生過于倫敦。曾一痛論。前年先生出國。思與諸友走送津門。小樓聚語。並三致意。夢麟諸餘。俱獲聞之。凡此。劍。並。不。以。為。深。謀。秘。計。到。部。未。數。日。即持。執。以。為。政。策。偏。集。八。校。當。事。開。誠。切。商。今再明白言之。清理八校積欠。由本部設委員會董理之。所有校欠。悉由部負責清償。使各校得依據新預算。切實整頓。一也。本部設考試委員會。仿倫敦大學成例。學生入學畢業諸試。概由部辦。本年並特辦臨時大試一次。以期整理班次。施行新學年課程。二也。本部設編譯館。要求各大學教授。通力合作。優加獎勵。期於必成。務使。期。年。之。間。有。新。著。數。十。百。種。布。列。譽。合。辭。理。並。當。歷。入。取。求。三也。合併八校。四也。當聚議時。劍持說侃侃。無所避就。同人雖有後言。臨席未甚敵詰。劍不、明、官、術。尤惡、權、謀、家、言、韓非、所、謂、事、未、發、而、使、人、疑、之、為、危。劍愚、未、易、

爲、意。果也數日之後浮議鋒起、請理積欠、似絕有利于校。而無不樂爲者。乃以校中有實錯須算之達。便在因緣負數、以爲奸利。議梗不行。部試諸生。青年自視爲大逆不道、校員陽持靜嘿。而陰和之。羣勢極嚴、宏獎著述、遑訛傳爲甄別教員。不加考詢。頑然抗議。合併八校。施受之間。本嘗斟酌。事前鮮于說明。暗糊塗不可終日。凡此諸案。劍壹未之先見、或少見之。亦不甚惜。正設、法、悔、移、間。而五、七、之、世、起。夫五七者。以紀念愛國爲慣例者也。此種。紀念於劍所擬政策何涉。劍何所爲而必應抑之。以爲快。先生視劍又豈倡鼓學生以自求奮猶者流。言。禁止游行。事前原有警聽通知。請爲傳知衙技。但本部並未照辦。報載情知一文。乃出點者偽造。並非事實。然事出至此。劍乃立于不能辯解之地位。蓋政治上之責任本無理性、有人聲東擊西必以斯責。課之娼婊者明知而撖輕姑息者不絲而諷退此則合順受外別無他道何也。移咎同僚。壯夫不爲。苟免橫逆介士所恥也。昔劉寬下車歸牛鄉人。不疑坐盜。反金同舍。疑似之不是。新自右。如是。劍雖不學。此誼有之。然劍辭合肥有云。已飯之鬼不黨既錫之羽翼振教育方針。果復以何道。施設甚。先生謂有數問題。可由劍迎刃而解者。又豈料庵了此役之見笑居佪至於是哉。聊因德音。偶張胸臆。事勢緊委。書之不覺累幅。推不惜少頃之間。賜覽觀焉。

孤桐

怪事

……有一怪事。北京民國日報者。中山先生之機關報也。因中山先生之喪。館內辦事人均無暇。爲一年輕人胡亂登一上海寄來之印刷品。因國民會議策進會宣言。朱總監見之。大怒。捕去辦事人鄒明初。又不許國民日報出版。當夜由汪兆銘以電話懇求龔總長、總長允諾、然明日無效、其明日、敬恆查出原文。敬恆亦大怒、以其顯係豬仔議員所爲。貿然、轉載十分、抱、歉。適姚院長以此事親來鐵獅子胡同。郭泰祺、張繼、正向道歉。敬恆亦連聲引咎、姚院長深意而去。乃知明日仍無效。敬恒復與林森、鄒魯親懇許秘書長。許公云。下午當滬朱總監親說。且云先把拘押人保出。許公是夜、即懇于右任焦易堂二人往保。却保不出。言必用舖保。於是我們覓舖保往保。檢察廳又推之不理。因弱者應受些待遇。是非曲直。不必深說。一朝權在手。便把令來行。強者之權利。所固然也。惟思假道報殺人之犯。尚可取保。何以鄒明初獨否。因此正式呈求總長主持。請飭該廳予鄒明初一般人民同。一之權利。至紉公誼。……吳敬恒 三月二十五日 北京中央公園孫公治喪處

吳先生此函來。該案在進行中。愚拘於職守。未便答復。然於函中詞意之委曲周至。則固深爲感悚也。晚近政治。內包深複。一端之起。其眞意往往難于迹象求之。執法抗爭。不過迹象間事。久懸不解。之。南北問題。似必超以象外。始爲得其環中。不然。則吾人之赴粵東者。偶或不愼。身體自由。當被如何限制。至不可料。其夙經名捕。不得入境者。又別論也。鈕惕生爲應中山先生之召而往。以稍涉嫌

已。橫被僇辱。吳先生爲懇言及。頗重惜之。新聞記者。爲彈丸刻注。肆諸市朝。在五羊之城。並未視爲怪事。似強弱之說。無有常家。凡此皆所謂迹象不足論。鄒明初獄。當時雖爲法程所限。而猶留而在所頗受優遇。結獄亦殊平速。一般人民同一。之權利。信無所佼。而鄒君年少書生。據其自述。亦未感北京刑獄之如何酷濫。此則可明答先生而差慰者。闕然久不報。謹申意以自咎。國悔至乏。而內、爭、不、已、略、迹、從、心、昨、死、今、生、之、業。推、先、生、孤、懷、大、力、有、以、鬪、之、事、成、而、追、論、愚、罪、所、欣、受、也。

孤樹

兩詳

……自師入都。竹雨陳館素。以從者爲國賢勞。雖時傾懷想。終不敢以私慕妄瀆凝勤。乃者聞拜兼攝之命。行見敷典揚和。休明被國中。而門人乃得因末秩。託餘睞。采賴聲施。宜資德教於萬一。安得不復有言。邇者傾耳新猷。諸多興革。遠在下風。悚佩英斷。惟

南中人士。頗於新布教廳避籍。東大任長兩事。執持異議。教廳避籍。繩以今日任官通例。上自省府。下至邑宰。成無所拘。獨沿提議於教廳。此在常人目中。誠不能無所疑。而門、人、要、以、吾、師、教、然、處、此。必、不、至、無、所、準、據。特非、蠡、測、所、及、耳。東大為南高所嬗蛻。門人昔曾隸此。更長以來。事變紛乘。凡在舊游。同為奇慨。鴻聲先生頻歲經營。不無勞苦。惟年來阿附權門。罔所顧惜。以一身而隳全局。能不為之痛心。三月九日之事。同學中間有矜然相持。尤不能無所憾。敦復先生以前嘗倡學。領袖名庠。何所論謗。吾師為曾重先生人格。扶植師儒。曾嚴重中前命。亦何可議。況中樞令出不行久矣。朝暮乖戾。聲威蕩然。吾師振持紀綱。敦重然諾。門人於此。益懍然於扶運柄衡。不屈不移。更復何說。雖然。竊有進者。九日之事。變起倉皇。胡先生與原有師生。既不能泯其芥蒂於前。今期降心相從。亦常情之所難挽。而此中秉教諸賢。承學同帶。不乏宏業之士。可成之材。設令以前嫌故。因胡先生一人而避引解退。增益紛持。於學校前途重其戕喪。在胡先生亦或有所未安。是以今日之事。愚以為政府不可不有此命。以順全胡先生。胡先生不妨方此命。以順全全局。一言蔽之。胡先生不宜膠執此命。而滋其糾葛也。在昔胡先生情難自已。誠有窮於曲解者。頃則欄垣示以扶將。士林加以愛重。舊好已滋。適可乃止。功毋待於我成。光益著於讓德。若竟有以怯弱寡能相匿笑者。是直以悻悻然小丈夫為責耳。何足開於大君子寬博之風。而東南校政。於是更由政府甄采純修粹行之第三者主之。且益策其進善。胡先生苟有誠謀。亦安所不可盡其獻納。此則區區之私。所以為母校解其困難者若此。亦以子、女、舊情對故家之、蕩、析、亂、危。不容、漠、然、無、動。又逆料吾師一日之愛。而不敢隱其愚。是否有當。乞明以見教。敦復先生處亦以此道諷之矣。……吳契寧 金埠寄省局 四月二十九日

吳君得一。年少英才。文章之道。造詣頗邃。兩年前愚邂逅滬濱。得一以文來見。崇飾逾分。輒以師弟子之稱相煩。愚懷孟氏之患。兼避柳州之譏。未敢承也。來書言婉而諷。慮周而切。經世有用之文。斷

推此種。惟所列兩事。其中委曲。有未爲得一所及喩者。請得略陳。以資研覈。各省教育。民國六年。始設專廳。當時部長范靜生。截然定議。所有廳長。內須迴避本籍。向後五年。均是曹隨。衡才。酌劑。成效。彌著。十一年、高凌霨代部。以馬敘倫出任浙廳。其例乃破。堤防一潰。日浸。稽天。週年。指審。紛紛。借端。迎拒。教廳一職。非本省。人士。咸在。屏斥。之列。在事。瞻徇。爲務。情實。兩傷。在勢。黨伐。無常。學紀。大壞。殊失。國。家。教。育。爲。公。之。道。尤與。政。府。爲。事。擇。人。之。旨。有。違。事。實。其。存。豈。得。爲。諒。夫各種行政機關之有賴于內外相維者。還惟司法一系之條貫差完。是無、他。以有、高、等、審、檢、兩、長、避、籍、一、例、爲、之、障、耳。今然頓教育。圓鑄時弊。將來。恐不。敢知。今時。則非。變長。換。籍。不。可。敢斷。言。也。東大之準。悉本無成見。推以教復爲教育名家。無論何人。不得更有非議。前歲上海新聞報。載愚評新文化運動一文。末有「教復當今豪傑之士也。學問重實踐不重浮言。所主大同學院。有造于學。爲全國公私學校冠」數語。愚之。推。服。此。君。不自。今。日。又見。郭。鄒。諸。君。辦。學。旨。趣。祇。講。排。場。不重。實。際。專。務。廣。告。寖。忘。本。來。得一。所。稱。阿。附。權。門。勢。所。必。至。政。治。罪。惡。姑。且。不。講。如。此。一。味。爲。人。恣。情。醜。斷。之。僞。學。者。若。終。任。其。假。學。府。之。名。以。行。其。詐。貽。誤。青。年。果。伊。胡。底。此。愚。所。爲。毅。然。主。持。必。使。敦。復。到。校。移。其。董。理。大。同。之。心。力。重。造。東。南。原。有。師。生。精有。避。就。在。所。不。恤。且。又。以。爲。與。心。爲。學。無。所。鬪。利。者。實。不。應。阻。撓。鄙。議。甚。且。設。浮。詞。而。助。之。攻。使。學。盛。終。于。無。日。嚮。除。也。得。一且詳思之。而謂愚說果無足取乎。第三者之說。頗亦有人主之。此。種。細。人。姑。息。之。謀。與得。一。所。不。直。于。悻。悻。然。小。丈。夫。值。亦。等。耳。茲事前程。殊多荊棘。愚議能否堅持到底。殊未敢知。聊因見詢。略抒胸臆。惟得一察之。

孤桐

三子

……數月來、與基爾特主義者常相談論。柯爾、潘悌、般般以先生近況爲問。柯氏今年述 W.Cobbett

及R.Owen二傳。潘氏著反對自由貿易一書。尚未成。大致謂英人應求糧食自給。復興農業。不宜仰給殖民地。大興海軍。可謂識高於頂。柯爾謂近代國家。成爲保障資本家之機關。勞動者轉向組合結立契約。組合主權。應與國家主權對峙。變更前人政治學說。可傳不朽。說雖未行。柯爾自謂將以全副精神。經組合。組合。發展。即其學說之成功。近復組織 Workers (Control League)。鼓吹產業自治。不作其他支蔓之鬪。可謂知其本矣。恒常謂英人政治理論爲最長。能力亦足相副。爲吾國民所當效法。柯爾、爲、獨、立、現、代、政、治、理、論、之、人。能得其來吾國演講。以極健全之思想。貫輸青年之頭腦中。爲益國家。何可限量。故以此事詢之柯爾。甚表同意。不知先生能設法助其成行否。近得威爾思函云。現著手增訂歷史大綱。遊華之約。恐須延至明年。恒勸其早行。蓋威氏著作。其勢力、足、以、改、變、英、人、對、吾、民、之、態、度、也。……胡善恒　倫敦五月　公使館轉二十三日

胡君鐵崖、吾國青年學者之上材也。曩與張君勱同辦上海自治學院。近游英倫。研求財政產業諸學。親炙名家。駸駸上進。函中所舉三子。皆愚居英時之舊友。潘悌之。渾樸。柯爾。之明銳。威爾思之。英爽。品性。絕。高。可爲。人。範。學。業。所。就。抑。又。其。次。愚所著業治論。三子均加披覽。各有評騭。潘評尤長。優假同情。惜愚歸國後。乘于人事。箸錄中輟。以視三子、精、進、無、已。功、在、人、群。媿、赧、何、如。　孤桐

耶佛

……法律精神。普徧領土。此可期之將來。然現在不種因。將來如何結果。去臘聞足下總持法部。或者此種子從此散布乎。義自八年秋季。交卸湘校。庶以目疾。退居距城六十里之官橋。此地民風樸陋。故人且難來。把酒話桑麻。數載於茲。亦至足樂。暇取耶佛兩家書讀之。忽悟科學之勢力。窮於形質。將來全世界。形質。退化。至於。消。滅。而吾。人。靈。性。之。能。力。必。有。脫離。形。質。大。放。光。明。異。彩。顯。現。世。界。於。無。際。無。邊。之。虛。空。中。者。飛昇輕舉之談。現在以爲無稽。將來各各親

經。諸基球之交涉往來。猶尋常事耳。佛經所說。較新舊約、尤為詳備。而大旨無異。兩年來專讀佛經。於首楞嚴經、圓覺經、大乘起信論、心經、金剛經。尤多感悟。去歲余年六十六。於除夕得一絕句云。墮落婆娑六六秋。一重解脫一重愁。忽然超越人天世。無熱。無煩。眞。自由。究竟孕幾色性空無邊際顯大神通。迴心。已。向。塵勞。內。一片。慈。光。入。鏡。中。錄之以供識者一噱。義目眚。對坐不見人面。然能讀大字書。天朗氣清。亦能寫字。行住、坐、臥、與釋迦、耶穌、日、夕、相、隨、而已。……

馬晉義（錄長沙[illegible]九日）

長沙馬陽晉先生。當今苦學篤行之宿儒也。愚年二十一。學於江南陸師學堂。先生主國文。兼講地理。持校律嚴。為諸生敬憚。然以此與躁妄者不相習。時值上海南洋公學大鬧學後。吳稚暉先生主蘇報。特借學界風潮一觸。恣意鼓吹。士氣、騷、動。風靡、江、省。當時、知、名、諸、校。莫不、有、事。陸師、亦、不、免、焉。時愚隱為校士魁領。一日毅然率同學三十餘人。買舟之滬。求與所謂愛國學社者合。戾氣所乘。百不之恤。三十餘人者。向稱一堂冠冕。此輩一去。華路藍縷。總辦俞格士先生夙重愚。函勸不顧。馬先生垂涕示阻。亦目笑存之也。其頑劣如此。今試思之。三十餘人。由此。失學者過半。餘亦未見別有所就。追舉姓字。若為士林習知者。蓋無一焉。能學之於學生。有百毀而無一成。昭哉可見。愚返長沙。適馬先生長女子師範學校。要愚講演。愚為女生述此故實。深自刻責。並諷以、無、違、先、生、之、教。致與、姬、舉、三、十、餘、人。同趨、下、流。追悔、無、由。女生頗感動。不意。士。不。悅。學。借故。罷。課。時逾。廿。載。此習。依。然。日諳。新。聞。之。假。藉。學。閥。擴其。販。路。視蘇報。過之。而政。士。詆。結。營。門。資為。利。器。又屢。當。日。學。社。諸。賢。所。未。及。知。也。嗚。乎。博士。如。婁。講師。如。雨。求如。馬。先。生。者。不。阿。忠。于。所。事。者。蓋有。之。矣。吾未。多。見。愚猥與時過。彼長教部。坐視既所不忍。整理復又無方。慙不自勝。唯有辭卸。適奉馬先生書。感喟進集。書此見懷。讀者、或、以、愚、本、劣、生。昔、什、闔、學。今有、何、顏。加人、制、裁。愚當、遜、謝。不敢、懟、也。馬先生學養深醇。觀本書可知。詎敢此老。是所切盼。

孤桐雜記

偶檢舊篋。見先外舅吳北山先生所遺高麗式罫面舞扇。質體倫素。太炎於辛丑三月。為書一律其上。並附跋語。時太炎主先外舅家。詩即投贈之作也。先是太炎里居。以昌排滿為清廷牒捕。太炎不及知。先外舅聞訊。即道急足迎至湖寓。以身家障之。衣食與居。備極優遇。即詩中、所謂、梅、福、里、也。於是相處者近三年。故情誼迥非尋常。卜居梅福里。草上杜根書二語。先外舅付書作門帖。以示矜重。此稱太炎文錄未收。詩既名貴。筆尤可紀。字極、樸、秀、舊、歇。太炎、近、年。絕無、此、類、作、意、之、作。更可、貴、也。署名章絳。乃其時改稱。以避捕者耳。且示有慕崑山顧氏之為人云。詩跋如次。

漸識吳君遂。高情乘直感。卜居。梅。福。里。草。上。杜。根。書。城外俳。張。楚。斯人顧。伏。蒲。修門遺燼在。誰共弔三閭。

君遂刑部鼎腐守正。有張廷尉風骨。以讞獄忤上官。投劾歸里。中更國變。嘉遯湖濱。雖棲神家衖。未忘君國。己亥秋、草疏抗言國是。未及上。是時。海。外。倡。駭。猜。議。征。誅。而君。悱。然。寢。焉。修。之。一。悟。也。素善詩伯兆學士。庚子殉慕之役。伯兆死難。君益無聊。余與君相識遂稔。嘉其懇欸。輒賦一律以尉聊寂去衙。辛丑三月章絳書。

府中。會議、懇恆與梁眾異聯席。有時書兩人喜即會議。用紙。書短詩舊語。遞觀為樂。一日眾異疾書一律見示。謂十七年前以贈先外舅者。詩云、

吾道要為天下裂。知君根不十年前。相逢。三。伏。有。寒。意。脫手。千。詩。皆。可。傳。天際輕陰餘護惜。斜陽烟柳費喧妍。杜根、心、迹、無、人、會。豐說、香、蛩、一、竿、處。

香蛩、先外舅彭嬛之字。十七年前當清光緒三十四年。先外舅正以項城食客。攜嬛居津門也。眾異詩才

淸澂。年少已然。顧不學詩。未能評騭。先外舅刊有師友緒餘一卷。所得投贈詩詞。瑕瑜具錄。衆異此詩未見。以在緒餘刊後也。重此因緣。取管愚記。

在林宗孟坐中。熊秉三先生言及執政二字。右書有之。此次合肥以此號開府。開出自廣東陳競存之處議。武人亦不爲無見。姚次之在座。未甚承之。去歲在津。其商定首名署。愚與次之主用執政。頗力。次之所見何來。愚不了了。至愚則爲兩年前之夙見。與陳議無關也。近人主毀法造法。逆料有一時期。約法既壞。新法未生。總統舊稱無所用之。非別立一名不可。以前軍務院之撫軍長及軍政府之總裁。納是一階。自限之界。徙位北京。軍民並治。取義當有未同。因念西史紀元前。羅馬初設民主。署曰公薩。譯家如嚴幾道、林琴南。均取吾籍執政兩字當之。宏義雅名。嚮往彌切。曹錕竊國。黃陂移節上海。議立政府。愚不取法統說。以臨時執政制進。議雖未成。執政字得與吾國政治爲緣。此爲嚆矢。合肥出山。亦舊義重提已耳。此號人知爲吾籍所在。然未暇考之。因詔次兒章用、檢錄各條。臚爲詮次。以資當世談助云。

執政者

家君詔撰執政者。執政稽古足徵也。爰援經籍。試爲辨章。世之君子。觀覽如次。春秋傳曰。吳公子季札聘于鄭。見子產如舊相識。謂之曰。鄭之執政侈。難將至矣。政必及子。又曰。鄭人游于鄉校。以論執政。然明謂子產毀鄉校何如。子產曰。何爲。夫人朝進夕退而游焉。以議執政之善否。其所善者。吾則行之。其所否者。吾則改之。周語曰。王孫說言于僖王曰。晉執政唯強。故不欲焉。而後道之。又太子晉曰。今吾執政。無乃實有所避。說苑曰。楚昭王將招孔子執政。史記曰。幽厲之後。周室衰微。陪臣執政。又文帝紀詔曰。唯二三執政。猶吾股肱也。鹽鐵論曰。今之執政。亦未能稱盛德也。漢書螢鋼傳序曰。品覈公卿。裴楷執政。曹植求自試表曰。執政不廢于公朝。下情得展於私室。恒範世要論曰。執政者選用而不廢杜甫詩曰。狄公執政在末年。濁河終不汙清濟。唐書韓愈傳曰。愈作進學解。執政覽之。

奇其才。宋史王安石傳曰。安石上章。語者侵執政。又曰。安石執政。所用多少年。雱亦欲預選。乃與父謀曰。執政子雖不可預事。而經筵可處。又蘇軾傳曰。時安石創行新法。軾上書論其不便曰。臣恐自今以往。習慣成風。盡爲執政私人。又曰。九年除執政。趙借詩曰。娟今執政。爲于敬賢。由是觀之。執政一名。往昔多有。而大抵賢否。不齊。才德。異致。此亦知。帝王卿相之與世推移。良不足怪。無其名。雅馴其彥。深宏。爲自來舒職諸名所不及。舜執兩端。用其中于民。湯執中。立賢無方。仲長統曰。聖人執權。遭時定制。執政。云。者。殆亦。是。類。也。楚詞大招曰。豪傑執政。流澤施只。政者。正也。固所以正己而正物。者。也。畢凡。宋傑嗣起。遭時。定鬪。撥亂。反正。允稱。執。政。當今段公。以天下大老。居北海之濱。遭萬方多難之秋。乘幸福無首之乎。惜民物胞與之衷。順兆應欣鼓之世。繼位定丕。宰制諸夏。博咨衆言。曰總執政。志大。賢可。皆至。名從。爲與。盛哉。雖然。無私。然。侵得。入。不修。方能己謂有容。乃大務崇子產譽行。

否。改。之。言。正。氣。常。存。嚴。爲。杜。甫。淸。濟。濁。河。之。別。明公。有。賢。必。敬。誠。若。借。言。小。子。才。不。見。奇。彌。慙。愈。解陳。言。雜。樂。非。同。安。石。之。上。章。盛。德。在。茲。竊。笑。損。謂之。不。遇。誰。爲。者。

恐廿年來不作詩詞。以機括不熟。不敢輕執筆也。幸西夏、恐游日內瓦。參觀國際聯盟會場。與汪袞父過於湖上。復雨重逢。縱談無碍。納是、艱、年、法、學、命、否、戰、紅、樹。異域得此。廿載可知。一日、袞父出新詩一厚冊。強恐題詞。辭不獲已。天下從來有以能詩許。恐者袞父。獨。食。馬。肝。亦徒。自。喪。其。知。味。之。名。而。已。翌日、以鉛筆寫百四十字歸之。究是詩否。不自知也。詩云。十年不見汪袞父。瑞士湖邊偶相遇。示我新詩數百章。旨與詞繁未全驗。我聞時尚輕前賢。文字詩篇迴非故。聞君何事自熬煎。月下花前苦封步。我拋詞筆已廿載。荒落年年不知務。今爲此間忽沉思。默數時賢深有悟。道歲。蒼。州。焚。陸。沉。孔。丘。盜。跖。俱。泥。汙。君。智。幾。癡。才。斧。斗。倒。狗。何。如。供。俺。蘇。鳴。呼。一。時。誠。得。矣。回。頭。終。向。中。原。望。何。日。江。湖。更。遇。君。集。中。定。征。愛。時。何。

甲寅周刊第一卷第二號

目錄

特載

爲會審公廨事致英名家電

麥克唐納、羅素、威爾思、華納思、蕭伯訥、鏗士、狄鏗生、郝蒲生、柯爾、蒲徠、諸君足下。曩歲旅居貴邦。備承欵接。品交衡政。受教孔多。歸後人事卒卒。通問未遑。然諸君言論丰采。時在心目。以爲純正。英人之思想。爲諸。君。所。代。表。者。得。以。流。貫。中。英。間。則。英。善。保。其。領。導。世。界。之。地。位。而中。國。問。題。號稱。紛。糾。難。理。者。將亦。得。有。比。較。合。理。之。解。決。方。法。今世。紀。之。幸。福。殆無。逾。此。不意近事有大謬不然者。五卅之變。有手無武器之華人多名。慘斃英人彈丸之下。其事。起。于。本。國。領。土。以。內。有。居。民。百。餘。萬。人。親。見。之。而。無。如。何。其。地。之。本。國。法。庭。不。能。問。即。相。驗。屍。體。亦。不。許。愚不。謂。此。與。史。稱。蠻。族。入。境。恣。意。虐。殺。之。事。竟無。以。異。然不。論。何。種。民。族。若不。因。此。有。所。激。盪。則地。球。雖。大。殆亦。不。值。

爲。之。悽。慘。餘。地。使。得。自。存。此極。哀。情。所敢。求。文。明。國。人。其。諒。者。也。政府熟念民瘼。周察大勢。代擬有相當條件。備與列強協議。其中、有、程、度、最、低。歷史、最、慘、之、一、事。務求、以、人、道、最、泛、之、同、情。爲之、保、障。非辦、到、吾、官、無、以、爲、國、者。卽收、回、上、海、會、審、公、廨、是、也。公廨者號稱中國法庭。而其權握諸一二國領事之手。上海全市華人間之民刑訟案。強制行之。高下。從。心。刑。僇。在。口。無何。國。之。法。律。脊。其。信。守。無一。字。之。約。章。以。爲。權。源。略形。可。徵。非法。妄。爲。純由。諸。領。事。之。積。年。侵。蝕。中國。政。府。之。事。事。退。讓。以至。于。是。夫領事裁判。已爲今世文明之大玷。而此。更。別。於。領。事。裁。判。至以。甲。國。少。數。之。商。事。官。員。在乙。國。領。土。之。內。自由。裁。制。乙。國。之。人。民。生殺。惟。命。行所。無。事。焉。不平等條約。已爲戰後國際精神所不能容。而此。則。不。平。等。條。約。之。所。規。定。不僅。消。極。不。之。守。也。而且。積。極。背。反。以。大。爲。奸。利。創鉅。痛。深。之。餘。吾人。求復。不。平。等。之。原。狀。而。不。可。得。焉。案情繁委。電備悉未能詳。然悉。所。樹。二。義。實。爲。評。騭。本。案。之。指。標。無可。達。暫。諸君請拔絕世。至論折人。近有鴻篇。黨且爭爲傳誦。恐職存明法。情不自安。竊陪稷下之遊。敢效秦庭之哭。若得介于足下。鄙見流開。全英人士。樂爲援手。使國、交、保、其、無、恙。人、道、因、而、大、明。爲我、爲、英。不勝、大、願。章士釗

按此電已由外交部譯拍英倫。經朱代辦兆莘布達矣。

記者

時評

一週以來。外交形勢。表面頗覺沉靜。而裡面進行。却甚不穩。其故。則。使。團。知。滬。案。責。任。無可。避。免。而又。以。受。滬。案。之。壓。迫。近。城。下。盟。爲。可。恥。乃。謀。以。自。動。之。方。式。逐項。解。決。條。件。中。所。有。問。題。也。日本內外紗廠之

於頭正紅案、顯然爲單獨公協者無論矣。上海全市之工廠紛糾事件。關各國商會、將亦出面了處。而十三條中最爲重要之會審公廨一事本有懸年交涉之檔文在。不因滬案而始起。使團遂執此爲理由。擬根據前檔。脫離滬案。俾吾以形同難助之條款。於開議初。或竟不待開議。由彼選行提出。作爲了却此格公案也。彼方蓄於吾國向來外交之䟽款。全權代表之無能。以爲藉虎顏色。無不得當。因在步步準備中。而吾。得其機先。熟權利害。以爲收回會審公廨懸論。如何。其次必爲激表激要之爭滬案便不可脫離積年懸案。亦無足準據。務完全以今日四萬萬人之公意與之交綏。原則已定。步驟亦緊。故中西兩方。俱在嚴陣中也。據上海消息。英日美商會亦正聯合運動。將公堂無條件交還中國。何謂無條件。英國亦焉。昔鄉此事輕輕看過。亦姑妄聽之而已。然可證。各方俱正爲此事動作也。

國民軍第三軍、爲孫君岳所部領者。近日以入陝聞。

先是孫君長豫與國民軍第二軍岳君部隊。同其省域。地小不足迴旋。故思向外發展。第二軍亦聲言助之。而所謂向外者。即指陝西。第二軍本屬陝軍。由岳君出面接孫。故爲孫君所信賴。而馮君玉祥、同時電保孫君長陝。與劉君治洲對調。而未得請。孫君者、兼有豫陝甘剿匪總司令一職者也。陝西亦其轄境至是以盤踞公民籲懇入關剿匪爲詞。由旅長徐永昌、率師進據藍田鎮安各縣。此本月十日前後事也。陝督吳新田、以陝內無匪。孫軍有意闖關。飛報中央、不、直、孫、軍。而亦、無、法、阻、之。嗣至徐旅入城。西安全爲圍民軍佔領。而吳督于十五日棄職出走。孫君時在華陰。部屬何遂等力促來省主持軍事。孫君以無中央命令。且以中央不即發令爲抑己也。憤不前進。而西安駐軍複雜。又似有爭權不協之象。因加入此役者。第三軍外。尚有第二軍之田玉潔李雲龍兩部。兩軍雖同一軍號。所懷各有不同。患難與共。在昔爲然。而既到咸陽。爭先後。人之故。事或且重演。而中央處此。輕重緩急。俱無長策。記者執筆時。尚未聞有何應付

三

之法也。近頃以來。軍人宣擾地盤之事。屢見不一見。既經擾得。中央勢不得不以令文拖之。所謂綱紀蕩然盡矣。孫軍入陝。正以特有前例。料中央將不能寬于甲而獨靳于乙。所可慮者。情節過複。小利害過多。港汲紛歧。路諸不出。求如前例以不綱紀了之。而亦不可得矣。奈何。

本張駐津凡五十餘日。天下之耳目。環而集焉。以不知何時將有何事發露于此一隅也。乃忽一塵不驚。於二十日夜車。默然以出。闃闃矣。何所見而來。何所聞而去。人幾以事秘莫得而聞一語了之。然臨行前數日。張氏曾遣總參謀長楊宇霆入京。代修述職之禮。意甚恭謹。外傳使命如何如何。俱不確。內閣事一字未及。軍事有若干項。亦僅為極有考慮之商榷說。者謂張氏所欲獻納于執政者。原不止此。知其徒言無益。乃中止焉。而政府方面之所以使張氏有此覺悟者。又非何種鉤心鬥角之計謀。而為執政坦然明白之想度。時論因此賢之。實則時政之不滿人意者。

四

何得言無。以張氏為國家負責之重。與執政相與之厚。隨時建言。理所宜出。而奉軍拓地至廣。軍紀政事。授人口實。因使中央行政感覺為難之處。隨在皆有。此其所須張氏協助中央。親加策理者。至大且顯。所謂合之兩美。離之兩傷。段張之間。繁然可觀。張氏此行。若歲得此種覺念而去。比之商得某種具體條件。其值更隣。為之政府者。當亦勉之矣。

溫案之思。馮君玉祥。循其軍人之常分。於正義多所揭櫫。乃不幸為僞激者所利用。倫敦之工黨機關報若干種。什一日徧載馮君之主戰論。並云馮君手電英京某星期報有之。吾國代辦朱兆莘。至報陳此耗。謂英人讀此。群相咋舌。後察知並無其事。英報所載。亦馮君在本國所發傳電之譯本耳。英人惡吾軍人之有懸識。乘機諫綫。亦何所憚而不為。日人亦有以赤化質模範軍人目馮君者。馮君為言外間論傳。舉不足信。民貴之說。吾國有之。何假他求。个人動以赤化陷人。猶清末之以革命黨為殺人利器也。對君方以忠信詔天下。其言如是。天下宜共信之。雖然。今日。之。赤。化。吾甚。不。願。其。爲。前。清。革。命。之。續。也。前清有革命黨。而革命成。革命成而天下受其禍。甫至如今之甚。今日有赤化黨。而赤化之成否未定。果其。成。焉。其爲。禍。于。中。國。必且。較。革。命。之。禍。爲。尤。甚。中外。人。是。否。以。赤。化。謀。人。其。事。小。而吾。國。已。有。所。謂。赤。化。黨。者。其事。大。馮君、與、國、所、同、作、成。較恢、人、爲、切、至。尚其、念、諸。尚其、念、諸。

十八日、北京學生滬案後援會等。相約開國民大會於天安門。學生聯合會代表陳某等。以事前該會未徵與聞。而單獨對英。尤爲彼輩所不願。乃於增置間。不服勸阻。並詈大會中人爲賣國賊。秩序大亂。事後彼此登報互詰。學聯且大宴賓客以廣其援。兩會之水火因益甚。唯、奇己、賣國、賊、者。學生。本。日、罵。倒。軍。閥。官。僚。之。詞。也。學生。中。焉。得。有。賊。者。學生。又。焉。得。以。此。詞。互。罵。者。賣國。賊。若。如。此。其。無。標。準。則凡。爲。賣。國。賊。者。將自。好。矣。且。不。爲。賣。國。賊。者。將自。危。矣。學生。一。旦。

專。政。其將。何。以。立。綱。紀。分。正。僞。哉。或曰。學生、中、有、共、產、黨。共產、黨、受、人、之、貨。恣爲、一、切、破、壞、之、計。區區、同、學。何足、責、哉。是說、也。余疑、之。

國憲起草事。明令已定八月三日開會。據云委員總數爲七十六人。法定數五分之三爲四十六人。周期決有成會之望。除各省委員沙君彥楷、戴君秉清等、陸續來京者外。就中執政選派。如梁士詒、李家駒、汪榮寶、湯漪、林長民、黃郛、江庸、姚震、汪有齡、施愚、徐佛蘇、余棨昌、馬君武、方樞、劉恩格、江亢虎、齊振林、蔡龍、林行規諸君。八九俱在北京。且全體委員、於憲法各有積儲之功。而待抒發。而林君。長民。尤稱。一時祭酒。籌備、之。責。爲其。所。尸。昨二十日午後三時。會在新華門內之頤年堂。開第一次談話會。自梁君士詒以次。到者三十餘人。所以、使、同、人、了、然、於、所、事、步、驟、如、何。而爲之、備、也。議事細則。如何規定。湯君頗有建議。林君與議憲應先決者十餘條。如立法部制如何。行政部制如何。地方制如何。軍費標準如何。田廷狀律如

五

何。明若列眉。溯稱扼要。本非提出討論之案。逐條意見。卽席並無表示。惟齊君振林、以軍人論政。爲執政所議扱。謂軍。事。不。設。專。章。不足。裁。制。軍。閥。僅定。軍。費。標。準。未。嘗。也。衆服其有識。無異議。稍論他事。席散。

太炎題詞記

孤桐

民國五年。愚什有中興甲寅之議。吾兄太炎實慫慂之。並爲題詞約四百言。且十年矣。而吾誌始得再起。其辜負吾兄殷殷之望爲何如也。追念前迹。不敢沒其詞。謹此布登。與世欣賞。自惟疲駑。並志愧怍云爾。

重刊甲寅雜誌題詞

甲寅雜誌之迹。起長沙章士釗行嚴。行嚴少居江南陸師學堂。始弱冠已有濟世志。以蘇報訟言光復。與滄張繼、巴縣鄒容、及余歃血而盟。行嚴與余本同訓。而因弟畜之矣。其後馬福益起湘東。善化黃克強與行嚴爲主謀。事敗。竄日本。中國同盟會起。余主民報。欲行嚴有所發舒。行嚴以修業明法爲辭。余甚恨之。及武昌兵起。而行嚴自倫敦歸。其妻燕與袁氏有連。夫婦相誓不受嬖人羈縻。余以爲難能也。民國二年。故人宋遯初以議改選死。余亦自長春解官歸。是時行嚴再起。慨然有廢督立明之志。與余先後上武昌。議不就而有二次革命。旣敗。行嚴復東竄日本。知袁氏不可與爭。蹉始刊甲寅雜誌。言不急切。欲徐徐牖民志以俟期會。逾一歲乃有雲南倡義之事。行嚴則走肇慶。爲兩廣都司令秘書長。多與廢興大計。袁氏早夭。功未就。以民氣之衰頹。國難之未已。退復繼嗣前迹。重刊甲寅雜誌。以示國人。于是知其志之果也。余聞言之中者。在適其時。方行嚴初爲甲寅雜誌。主聯邦議甚力。是時元凶專宰。吏民人人在其彀中。不有。征。誅。雖主聯邦。何益。焉。時物勸移。交象相變。至于。今。而。聯。邦。爲。不。可。已。又非。如。嚮。者。之。難。行。也。余願。行。嚴。無。忘。昔。之。言。矣。民國五年九月章炳麟

聯邦論者。自民國初元。意已萌動。經癸丑之役。以爲

集權制之反響。勢尤潛長。惟懾於袁氏之淫威。國內談士如丁佛言張東蓀輩。詞旨可見。而無敢尸其名。截斷衆流。嚴立界說。毅然揭聯邦二字以示天下。自愚始也。惟懸談相立。條幹未分。諸待敷陳。而吾誌機響。嗣後斯論。漸成城中廣居。人人言之。以言。者。過。多。而本。旨。轉。晦。如今之標揭聯治者。意欲何居。愚實莫得而詳也。聯治之社。吾兄什褒然居首。果否眞欲以此義易天下。恐同志者之所信念。不必名實齊副。其矣。聯。邦。論。之。久。爲。政。士。所。擯。未。見。確。有。與。於。家。國。興。亡。之。數。也。試。觀、西、南、之、亂、奚、何、如。他、省、之、以、某、人、治、某、之、名。行、其、殘、賊、本、邦、之、實、者、又、何、如。吾兄云。言之中者。在適其時。夫聯邦本論。固高貴未可非議。吾國土廣民衆。帝政墜而統一無望。明夷待訪。非此亦誠無可與言。惟今。日。之。日。見。衆。如。是。如或。見。詢。聯。者。自。治。是否。卽。爲。最。適。命。中。之。言。卽兄。恐。亦。未。免。相。視。而。笑。也。易操。不。敢。多言。亦。雅。不。欲。鄙論。於。繫。世。不。爲。之。日。宜。辯。於。繫。國。若。干。之。日。宜。慣。道有。張。弛。言非。一。端。時逾十。稔。踐諸。似。當。別。有。其。道。也。錄題詞竟。謹記數語。俟吾兄教。世之君子。並覽觀焉。

代議非易案

孤桐

疑者吾兄太炎有代議然否之論。其時吾國尙無此制。人亦莫審其言之眞解。忽忽十餘年。事理漸著。國會爲物。亦朽敗無以自存。天下之論代議者。不得其然而盡得其否。於是人類之所貴夫有先覺者。乃於吾兄焉寄之。雖然。墨子曰。旣已非之。何以易之。今輿論、灼、灼、以、明。遠章、懸、而、待、決。代、議、制、之、論、域。已、逸、出、研、覈、是、非、之、外。代、與、何、物。探、討、宜、周。是、否、然、否、而、進、言、非、易。愚、案、之、作。豈、徒、然、哉。

愚若意改造代議制。蓋在民國九十年間。以疑莫能明。又懾於斯制惰力之未全去。所稱遠政祖國之英倫。尤如北辰所在。時論拱焉。乃於十年二月。于役歐洲。親加考覽。長途萬里。所懷百端。卽紅海舟中。草致吾兄一函。略抒鄙慮。凡一、思、想、之、來。致、敷、爲、文、詞。可成、追、憶。無、論、當、否。俱、非、偶、然。重、此、因、緣。請、得、申、述。

七 太炎長兄左右。兄集中有代議然否論一首。主不設國會。又與馬良書。及記政聞社員大會被毆狀。復于此三致意焉。此皆遜清末年。兄在東京所標大義。時弟習律英倫。浮慕政黨政治。兄有此文。竟頹然不省。人事卒卒。後亦未遑追誦。無何、民國締構。議士譁起。吾二人皆歸國。國之大政。大率有所主張。獨不聞兄緒緒用力。措擘代議制。人亦莫或道之。弟本主三權。又無足論。蓋兄文。相忘。于。廢。官。豪。民。狠。奔。豕。突。之。中。也。久。矣。斯制既立十年。捉襟見肘。弊害百出。弟從來所持信念。掃地以盡。橫移淮南而化為枳。亦漸開人深致慨歎。然有人民神聖國會萬能諸說。稗販政治者流。得以奔走號呼。關其口而奪之氣。亦遂委蛇委蛇。莫肯頌言其非。前歲弟在廣州。偶言議員宜課資格。受試驗。聞者大譁。又在上海揭論。主憲法不由國會訂立。其文流傳羊城。兩院中人。指為叛逆。張皇號召。削弟議籍。此固不值一錢。然取證議員諸君之抵死不悟。則有餘也。今天下大亂。紛紛不能休。軍閥與國會。同尸其咎。長此不已。國誰與立。軍閥別為一事。至

國會者。信無人不以改絃易轍為不能殺。確其論不出日耳四十之間。亦謂分子龐亂。宜黜莠登良已耳。人數過繁。宜去原額之半。或三之一已耳。選法未善。宜改從某制某制已耳。抑或如弟夙昔一院制論。謂中國無設上院理已耳。至國會。乾。然。為。憲。政。不。可。缺。之。一。機。關。自。非。吾。兄。未。嘗。敢。有。以。一。矣。加。道。者。也。語。云。蝮。蛇。螫。手。壯。士。斷。腕。民。國。之。蠹。于。國。會。也。甚。矣。以。弟。之。愚。駸。駸。懷。斷。腕。之。念。不。止。一。日。然懷之而不敢發。且善後之道。不止一端。如國會去而立法何寄。所謂新黨豪傑。慣肆人上者。不使出于國會。宜以何為尾閭。皆當列案考求。未可率爾而道。歐洲大戰數年。多見國會之不適于政。即英倫巴力門威權無上。近來亦且搖搖。論政之士。大排異議。弟逝將西遊。深致查察。外參世界新、趨、之、勢。內、按、吾、國、已、然、之、情。衷、本、為、政、宜、然、之、理。發為文章。以訊國人。不謂途若半程。日蹈追溯。循誦兄文。忽憶名論。其說建。于。未。立。本。制。之。先。始。為。人。人。所。不。能。言。中。為。人。人。所。不。敢。言。卒。為。人。人。

所欲言而不知所以爲言。此誠不能不痛伏于兄。先濺巨膽之下。不勝欲哭。深用自壯者也。竊觀兄文論事每多奇中。人爲外物所蔽。不能體悉。往往造一勝論。用等浮雲。昔者子雲寂寞。草玄自傷牴。罷。知其能實五稼飽邦民者果有幾人。以弟與兄相嘅。會不能抗蹤伯松。其他又何足論。所繫封建久近、頗積大小諸義。均頗接不破。此外有何新剖。倘望開陳。國會去後。兄意似歸重綜覈名實。然否論所列各條。微嫌簡略。詳細條目如何。及弟議舉所需列案兩半。如何等度。昔何承天與人論事。謂吾所要不言。言非謂洪論。難持。退嫌此事不可頓去于世耳。今絕、國、會。亦有、此、嫌。在求、實、施。其方、安、在。凡此諸問。雅思所及。俱願詳聞。又兄所持義。間有遷變。如夙厭聯邦。今反稱之。其一例也。代議然否。既久不道。人且莫明兄指所在。重伸本懷。必不可少。幸更爲文張之。弟有所見。當具別紙以往。草率不盡所懷。弟士釗謹白。

此函後寄爲郵者所誤。未達兄覽。歸國察知。相與太息。蓋理、晦、未、章。國亂、無、已。大匠、不、得、示、人、以、規、矩。而天、下、之、爲、方、員、者、大、僨。非細、故、也。以此議終待吾兄一言而理。去年六月、錄致原函、遂乃開緘。

行嚴吾弟左右。得鈔寄在歐來書。吾前在日本。逆知代議之制。不適于中土。其後歸國。竟噤口不言者。蓋以衆人所昧。兒約已定。非一人而能故革。社國會再被解散。言之擱爲北方官僚張目。故長此默爾而已。今國會懸名。播于遠近。亦無再成之分。窮而思變。人人皆知之矣。然則復理前論。適在今之時也。

今所患于國會者。又非如代議然否論所指而已也。蓋取決多數。其勢有。必不可。行。者。以過半列席。議員監督政。府官吏。則彈劾查辦之。事。牽。率制。而。不。能行。以人。民法。吏。監。督。議員。則過。半。以。上。之。議。員。作奸。犯科。者。亦無。術。以處。置之。是。故選。區撤回。法庭。起訴。可以制。少數。議。員。而不。能。制。多。數。議員。也。或曰。政黨結合。則多數一心。彈劾查辦。必無倖濟。然吾國之政黨。已可知矣。以愛憎爲取舍。雖實聘、名、儒、碩、學。諸、練、政、事。行、義、方、正、者。以、爲、考、官。居其、祿、養。封、幣、而、致、之、京、師。所、過、防、閑、唯、謹。其、應、考者。給事中則取專門畢業。及前代進士以上。曾充薦任官六年。或充簡任官三年者。爲應考資格。御史則取專門畢業。及前代鄉舉選貢以上。曾充薦任官三年者。爲應考資格。其有名實卓著。而資格未具者。考官得特調以就考焉。闈防、周、衛、糊名、謄錄、朱。仿鄉、前、代、君、場、舊、制。錄取之數。以科道員額三倍爲準。既錄則爲選舉人。使之互選。選成則以告於政事堂而任命之。然則唐吏。土室。自丁。粲人之徒。必不得闌入矣。

唐宋給事中官甚尊。御史則末僚已。明代給事中、御史。秩任不過七品。清代增秩至五品。然出就外吏。得不過道府。其視之亦猶也。夫位過尊。祿過厚。則無勸功樂進之心。位過卑。祿過薄。則有訶人受賕之。志今宜使給事中處循任二等資御史處循任四等資爲得其中。給事中以在職六年爲限。御史以在職三年爲限。無使長久。淹滯以失。鑑利之。

氣。此亦。與。議。員。改。選。同。意。也。以上所列。鄙意似以爲懇請更詳其當否。兄炳麟白。

自得此函。愚以復科道議蓄於胸。與人論政。輒見談友。府中計事。亦屢以言察兩官宜復爲言。同僚及所接諸友。大率依違兩可。獨梁君燕生、持袒反之說頗力。昨與梁君遇諸席間。猶反復言科道萬無可復理。此種得諸經驗之談。良未可忽。綜其大意。有如下陳。

自古。臺。諫。未有。不。務。隆。大。者。也。而諸。季。尤。甚。某親見御史某某。剌探可以捃奏之事。而紬搢游於公卿之門。得五十金。即爲拜發。名稍遲者。二三十金亦樂爲之。此指尋常封事言也。若夫國有大政。權相用。事。隨。指。彈。官。使。諭。奏。如。旨。者。又。無。論。賄。賂。下。諧。大抵本命。雖。謹。語之。者。百。不。得。一。焉。某。嘗。與。徐。勤人言。今之學生。好干國政。人輒詆其迷妄而詳揣之。不知吾輩爲翰林時所事之迷妄。殆有甚於今之學生也。甲午之役。翁同龢李鴻藻當國。大不慊於合

肥。陸合翰林二十餘偈。聯章劾之。若蒙聚議於松
筠庵。吾二人咸在。情景何似。當未能忘。夫以當時。
國勢之阽危。文忠所負之艱鉅。一髮千鈞。豈容吾
儕。妄有擠排。而竟受人嗾使。如瘈之狗。高議堂皇。
了無忌憚。以此今之舉。徒立于無責任之地。而
橫議者。何如。菊人無以應。項城之設肅政廳也。某
方爲掌書記。諸肅政使時或來候。渠儕以三等祕
書接之。所有幾宜。甚且不必面授。何論項城。就此
觀之。若輩承風希旨之度。果又奚若。且也、晚近言
官之頑劣無知。直是不可思議。馬車之初興也。彈
章中頗復及之。有主人之頭。適當奴股。及主未入
車。奴已先坐等語。咸豐初元。下詔求言。有御史奏
稱、宣武門改爲順治門。於國不利。其去順治門額。
復宣武之稱便。詔着該御史馳往城門。親驗題額
何字。一時傳爲笑談。諸如此類。不可枚數。陜謬。如
此。以一國之言責。歸之。其不僨事。誤國。者幾何。不
傳此也。彼等雖居言職。乃無事不可言。無時不可
言。數人可言一人亦可言。意到筆隨。漫無牽制。言

中立得從詔名領中外不中亦付之風聞無甚直
聲。而況乎所謂中。不中。者容或。懟國。者。迷。並無公。
道。甚且結非勝是。票世僞。不明。其所以然。也以是。
朝。臣。名節。所關。安。國家。廢興。存亡之故。寘寘隨壞。
於。此。藉買名。市怨。無所不爲之中。[illegible]。不知凡幾。貝
子載振、其人固無足取。然於女優楊翠喜。儷什一
觀其劇耳。婺之雍無其事。以有彈章。婺乃如山。戊
戌。庚子。全是滿蔭。彼時多數。言官所持惡度豈是。
有。一。毫。國。家觀念。者。之所。能爲。某祖明崇。故。彼曆
政要。深明。臺諫之制。於國。政。有。百害。而無。一利。議
員。固。是。不良。然比之。諫。官不過。德。裡。國。會。亦。非。作。
制。然比之。都察。猶是。喬木。君家兄弟。同非代議。謀
以科道易之。某恐未敢苟同。逕請王思。以重國制。
梁君自信之深。斷制之嚴如此。自非泛常之論所能
答辯。雖然。愚薄有說。請試言之。凡一制初立。利弊。蓋
同。伏。焉。天下。固。未。有。絕。良之制。祇有。利而無弊。天下。
亦。未聞。與。制。相。緣之弊。其中。竟無。對。制之方。也。梁君
所舉臺諫之失。信有然矣。顧乃。舉。其。弊。而。而未。嘗。計。

及。其。利。而。也。吾兄謂出有清所但殺、爲文右之。但君明於典制源流、言頗有物節彼數言。以見各當兩漢無論矣、唐給事中、名沿於漢。而職則因隋。選任既嚴。職權益重。蓋瑣闥位冠三省。奉常職右九寺。百官庶政。靡不綜覈。自非名儒碩望。履素立德者。未易居之。上之所以責成者既極隆重。在其位者。頗以宰輔自期。凡事、有。觸。朝。典。逆官。法。爲上計。民。生。所。不。便。者。多能。愁心論駁。考之唐書魏徵以仁人美元素。裴垍以相器目李藩。得人之盛當代稱之。他若袁瓊閣之職。輕收守之才。呂元膺、郭承嚴、均不果外用。巳開久任之規。終唐之世。女后、藩鎮。佞、宦。遞。嬗。之。禍。史不。絕。書。而政。治。不。致。大。紊。者。則給事中制度貽謀之善。有以維持於不敝也。宋明仍之。用意美懇。（[illegible]）閣督論之。趙宋以前。諫議之所益於政事。至爲可觀。金元官制簡陋。金幷給事中之名而無之。元存其名。而祇司記注。不采封駁。得失了無可言。至明則見智見仁。持議稍別。考都察院之設。始於太祖。乃改御史

臺爲之。合唐宋三院御史爲一。明代之崇視言官。本爲特色。仁宣以後。朋黨之勢漸張。神宗委裘未得其道。臺章所及。無一得請。斯風一扇。攻訐不正之舉。亦自挾與俱來。並封。廷擊。京察。考選。諸爭。意氣雖深。而忠憤亦至。知人論世。時不爲清流惜者。其後魏閹戕權。引用宵小。列名彪虎。搏擊正人。乃以逆璫之力。將事。無。求。而。不。遂。名無。託。而。不。便。正不。得。引。爲。本。制。谷。也。入清以來。朝旨勸以明季臺諫惡習爲言。所稽整飭臺綱。視爲國命。加之滿州以異族宰制諸夏。亦如金元前例。朝士殊不樂競進與章。與同休戚。組頗極諫。尤不屑爲。且以世宗之寡恩。庚乾兩帝之明察。國政又誠未若有明之顛倒淆亂。平流之人。宜不亢進。謝濟世之獄。在近以。孤星照耀。二三百年。者。僅之。明。史。何曾。豕。頭。臺諫之爲無聲光于清室也。有由然矣。終清之世。爲其言官下。一總評。與謂不得其言而言。寧謂得其言而不言也。泊乎末流。雖有如梁君所言。稍爲膽大。然在其時。一般人格之墮壞。內外政事之凌亂。以此衡之。僅爲小疵。夫所貴乎有言官者。取其

能言蓋不必言之而悉當自古正人君子其所寄責爲望於言官者亦在其以時言之已耳韓退之之於陽城歐陽永叔之於范司諫是也未聞以其言之偶有不愜而遂疑及臺官之不當立也彼僅攻訐箇人或舉發一事惜有用人本不甚關宏旨若慮國家存亡危急之秋有人利之以爲爪牙中傷元良搖動國本遠若魏閹近如翁李之所爲者則權力所存朝官之可得用爲爪牙者何限縱無臺諫其計未見不行松筠庵之聚議梁君亦陪翰林之末班耳[illegible]其時並非諫官都察制不可復矣詎有人議復翰院職司國史與籍制誥文章之事無與諫議梁君辭亦以告徐菊人之故阻之乎如此之不憚煩一部憲令尚有何制可立矣乎梁君謂言官奏事純以感情衝動爲之漫無系制危險太甚以此衡之吾兄昔議國會謂其多數取決彈劾查辦之事率不能行者贊否之情適得其反雖然梁君之言亦甚有理在昔專制之世主者以爲自一人外訐參有誤俱是無傷而今共和之邦人權至重英倫所行毀謗之律吾當仿爲言官所言不得獨居例外吾兄主張以法吏監督科道卽慮及此至學識過低不足以爲言官則凡無學識者一切官俱不應爲何止言路此其救濟之法宜別有在而決不在本制之廢與開也以上就梁君所語稍施駁義已言之累幅他點之可論者尚多卽吾兄本案恐亦頗有補充之說更端而進請俟異時辱承梁君厚與抗論幸不爲罪

科舉議

瞿宣穎

本年之夏梁燕孫章行嚴二君於談燕之頃縱論及於昔時科舉制度之利弊因有建議舉行特科攷試以新觀聽之意以僕昔曾主攷試議員之說屆試撰一議以備研討議既成見者疑科舉二字不符時俗耳目微論若文中所論何若但此標題之兩言已足大來醜詆僕應之曰吾曹論事當衡事理之是非不當從時人之好惡況科舉二字本非可惡之名科者分科舉者選舉選舉之後試以文字科舉非他此之謂也投票而選稱曰票選不

一五

開被以醜戾之稱。分科而舉。謚爲科舉。胡便蕪穢滅絕耶。然此兩言。渦總至精。沿革至富。苟求中析。連類難窮。昔以科舉二字爲可商。僕則以爲此名際不可易。文中所綫自不過因事立言。粗樹輪廓。以期便於討論。又往往以行文之便。暫定名字。以期易了。昔無一成不易之見。獨此標題之二字。爲立論之中堅。不容混淆。倘有欲加僕此文以彈學者。請自茲始。僕固擱筆以待也。

古人有考試之法。實所以濟選舉之弊。因相輔以並行。漢制州郡舉茂才孝廉。日二十萬人以上歲察一人。四十萬以上二人。皆類於今時之票選議士。選舉以考行。考試則以得言。自東漢已有策試孝秀之事。唐代創投牒自舉之例。始稍失古時鄉舉里選之精意。而考試與選舉。漸有爲由。遂然此法。僅立人才進身之階。國家取士之。則始替至公。標則一切平等之增。由唐以來行之千載。遂末流多失。而法意終存。後人但視科舉之弊。以爲束縛馳驟。汩沒異才。殊不知異才之所由以賁身於社會。舍此更無他善道。舉其爲利。略有四端。采毀、譽、於、衆、口。不、若、觀、器、識、於、片、言。月旦、未、免、浮、談。風、尚、幾、眞、貴。一也。鄉、僻、寒、士、各、有、自、矜、之、途。等、第、資、門、無、由、獨、擅、其、便。二、也。衡、文、有、式、衆、目、昭、彰。可、有、無、心、之、倖、獲。而、不、能、有、必、得、之、挾、持。三也。正、途、出、身。獨、成、氣、類、雜、流、自、知、斂、迹。物、望、遂、歸、士、林。循、術、得、殊、榮。清、議、有、風、力。四也。晚清浮議。主廢科舉。特慮其與學校相妨。順時通變。固有其由。因噎廢食。抑又已甚。十餘年來。事之徵驗。有可言矣。夫人才之所以自進。因由學校。因由選舉。學校則凡倚已著難就範。更莫遂殊衆之英。選舉則虛誕相習成風。了不關責實之效。豪猾之勢張。則謹言行者避路。奔競之術盛。則保節概者見嗤。凌風則斷養可登朝列。失勢則儒素賤過輿臺。進退不關賢愚。寵辱盡由徼幸。人才升沈之機。失其運用。社會活動之力。喪其均衡。遂若積水洿池。還濁不流。清流不激。日積月累。腐朽蕩游。行見乾枯。無復潤液。國家之亂靡不由茲。欲索途而已窮。不更張而何待。使人知積學之必倚。慕策名之可貴。作士林之正氣。抑仕路之倖心。

爲謂宜酌仿科舉制度。融合學校選舉之精意。而卽以濟其所窮。審時勢之所宜。參古今之成法。請本漢代詔舉賢良及策試孝秀之遺意。兼採明清鄉會試制。而大體則規之康乾兩次博學鴻詞制科。舉行特科一次。以新觀聽。論者或疑考試之法。不外以言取人。今世學科繁賾。人有專門。若一以文字相繩，未足以該實學。殊不。知。論。政。論。學。皆貴。文。字。可。觀。苟其。操。翰不。能。自。達。則面。牆。抑。已。可。知。況衡文程式。一主明通，不限體裁，其弊自敗。或又疑此途一開。學校生徒。將棄所業而求速化。其弊恐適足以獎空疏而啟倖進。殊不。知。所。試。科。目。非。止。一。端。但。使。對。策。中。式。已。可。卜。其。學。業。有。成。寬。以。兩。途。以。待。傑。出。之。士。其。餘。學。子。實不。相。妨。凡茲致疑諸端。未免拘墟之見。以今。日。士。風。之。浮。囂。宦途。之。猾。濁。正。類。辨。進。清。議。不。彰。誠。非。確。樹。改。弦。易。轍。之。標。示人。除。舊。布。新。之。會。無以。滌。除。隱。憂。挽。回。頹。俗。自。茲。之。後。賢良。縱。不。能。盡。佈。仕。路。要。使。清。流。猶。爲。衆。望。所。歸。選拔。縱。不。能。盡。屬。眞。才。要。使。儒。素。猶。有。自。見。之。地。補偏救弊。茲實要圖。試擬辦法。揭之如左。

一 定某年月爲各省區舉行特科鄉試期。期前通令京外特任官、暨國立專門以上學校校長、列保堪任試官人員。由執政指任臨時考試試官委員會。按照從前考差辦法。悉心甄選。分別等第。卽以考取諸員任爲典試院官。所有特科科場事宜。卽由該院辦理：

一 至期、執政在典試院官內簡派主考官。每省區一人。副主考官二人馳往主試。試場以省區長官爲監臨官。教育廳長、及高等檢察長、或其他高等法官爲監察官。並得由主考官、會同省區長官、分別聘委若干人爲襄試官。

一 鄉試應試人、不拘資格出身、國內外專門以上學生、年在二十歲以上者。簡任以下官吏、及曾應文官考試、或前清科舉願與試者。均聽。惟曾得褫權處分、未經復權者。不得與試。

一 應試人應由本縣知事、或縣議長。在會城者由省區長官、或省區議長保送。開具三代履歷、學校、或其他出身及所習科目。於試前若干日彙送主考官處。此項保結。應自行填寫。由機關蓋印證明。

一鄉試分兩場。頭場試通策一道。或論一篇。二場試其所習專科策問五道。題目式樣、由典試院先期呈請核定。届期由主考官比照酌量出題。限一日納卷。並禁懷挾。

一鄉試中額。甲等省限六十五人。乙等省限五十人。丙等省限三十五人。各特別區限二十人。(略照國民代表選額分配)

一遠省鄉試。得借地舉行。其餘蒙古、青海、西藏、得臨時咨請附近鄰省。量予中額。

一鄉試試畢。應由主考、監臨、監察官、會同將卷匯驗明封固。由主考官齎送京師。(不在本省閱卷發榜、以杜請託)

一鄉試試卷送京後。由典試院委聘襄校官若干人。隨同各該省區主考官分閱並擬定名次。俟典試院長覆核。即行發榜。

一鄉試中式舉人。比照普通文官考試及格資格。交京外各機關儘先任用。叙資在保舉分發簡任職之前。

一定某年月爲特科會試期。集各省舉人試於京師。執政親臨發策。特派總裁一人。副總裁二人。就典試院官選派閱卷官若干人。並聘委襄校官若干人。公同校閱。試場以內務總長爲提調官。教育總長、司法總長、及大理院長爲監察官。

一會試期前。京外特任官、暨國立專門以上學校校長、得保舉遺才。呈請執政特准一體與試。但以確係因故未與鄉試、學業行績可稱者爲限。

一會試題爲策問一道。題式由執政親定。限一日納卷。並禁懷挾。

一會試中額。約比鄉試五中取一。

一會試榜發後。由總裁典試院長引見執政。面加考詢。親定等第。以才大堪用、學有本原者爲一等。才堪任事者爲二等。一等第一至第三名予以特擢。第四名以下授學士。二等第一名以下並儕進士。比照高等文官考試及格資格。交京外各機關儘先試署薦任官。下第舉人仍資遣回籍。會試中式進士、均得由執政酌選。補充國民會議代表缺額。

一 科場條例、及舉人進士任用保障條例。另定之。

通訊

毀法

！……比讀大箸。淸言娓娓。自是本色。惟毀法一論所見不無異同。輙假數行。以代面談。僕以爲法統革命。各有短長。偏持法統。視爲神聖者。非愚則惑也。然藏罪約法。以爲民國亂源。由此而出。則亦未免過當。往者項城專制。國會解散。其後無所謂約法也。然而洪憲禍起。國本幾搖。是果何所爲而然哉。非有約法之過。有約法而不守之過也。及夫項城自斃。黃陂繼起。假如足下與岑梁諸公所計。一一實現。湯化龍與景濂之徒。不復能大會滬濱。以民意相劫持。則南方軍人。無法可護。而陸。榮。廷。唐。繼。堯。之。徒。遂一。任。他。力。之。來。迫。拱手。退。讓。嘿然。而。已。乎。恐未。必。然。也。足下既知約法爲彼輩假借稱兵之口實。宜。知。口。實。之。外。別有。其。不。得。不。稱。兵。之。情。勢。此。情。勢。一。日。不。除。則口。實。之。可。假。借。者。寧。獨。約。法。何況。邇。來。稱。兵。者。不。必。有。所。假。借。乎。又橫法縱法之說。甚美矣。未甚善也。橫法不必皆皮傅。縱法亦不必皆立命。韓退之有言。君者出令者也。臣者行君之令而致之民者也。民者出粟米麻絲作器皿通貨財以事其上者也。所謂縱法者。此類是也。此豈近代中國人所能安。約法誠有不合不備者。然如國民之權利。政府之職務及責任。國會之權限。司法之制度。會計之出納。種種規定。何嘗非近代中國人所要求。而可以皮傅少之乎。今日之。事。不在辯明法之當毀及毀之者之爲誰而在求所以副革命之實及國人之望者苟其不然則志士爲之寒心僕亦自覺往者之多事矣………謝大道　北京七月二
十五日　戶爾壽論首刊同二號

力由好辯尤好與愚辯亦是本色吾無間然前文所稱乃爲歸獄執政政府者略進一解非有意翻民國全部功罪案也力由之言俱叶於理與愚辯來見多少出人所謂言非一端夫各有當者也力由曰今日之事在求所以副革命之實及國人之望者此語破的今之執政政府皆甚慚焉愚也不才亦決不敢於政府乖戾不憾與情之舉由爲護惜然力由視之以人欲橫流生計壓迫兵匪縱橫機牙密接之局如今日者政府亦何所爲而可哉改造之事力由曾有大力以其俊才淸辯當世多所推崇治安有策不宜秘惜亦告知言君子同護蝡焉耳矣橫法縱法愚別有說暫不赘　孤桐

東南大學

………蘇省以東南大學爲最高學府自前校長免職新校長未能到校相持日久校務停滯近且暑學年告終新學年將開始影響及於分配校款延聘教員諸問題長此糾紛校績學程均蒙莫大損害現在該校教員湯用彤徐聿璧等謂校中歷年經費向多不實不盡故決不願異派之人來長校務遂通電主張查帳以清弊混而該校校董沈恩孚等亦通電願受查帳以明心跡是雙方主張漸趨一致捨去感情作用專從實際調查最爲公平扼要大部主管國立學校應請即日派員將該校原有帳據提京審核如該校拒絕審查或審有弊竇自當依法究追以重公帑反是若空無可議則該校董等廉潔自好亦可大白於天下雙方之疑慮既消感情之融洽自易竟瞻念鄉邦義難坐視特貢一言敬希亮察………非廬寬　北京七月三四日

東南大學問題日趨乖謬思緘先生以老成之德守金人之訓情不自禁亦以依法查帳爲言知其於今日之學閥有隱痛矣江蘇省教育會者使愚

改想前後轉變之大關鍵也。先生思考求所以改造代議制者。在英倫為基爾特主義所薰染。因夢想業治。使人人皆自理其本業。使業不得干涉。其基礎、則求之各團體、合行會、而以新與國體開望、其最降如江蘇省教育會者、為領導焉。並草業治論一冊為命林。日討論於各家之門。期于折衷而成一案。李家彥伯諾、倫敦大學教授華納思者、名家之以倡導基爾特主義著稱者也。愚不惜與之抗論。當時論壇諸賢、並借著愚冊中。其指、要、則、由、氏、斥、斥以各黨自與私慾、無法制止為言。愚舉吾國近事析之。首推江蘇省教育會為例。此可証愚所戲服于該會者為至深也。其後歸國。人以該會之所為如何見告。愚漫應之。久之、其迹彌顯。又久之、愚親承其教者數事。而愚之業治論。適於他方。有所舐皆華氏之所申警于愚者。復不期而一一于愚所舉以折人之江蘇省教育會、直接得其印証。於是愚所積年所樹之政論。不得不大動搖。而特動搖。並使愚有戒心。無論何種主義。以後不得輕於斷制。先生試思之。該會動言新中國。此其影響於新中國之前途者何如。查帳之事。談何容易。該會有力拒絕校長。即有力拒絕查帳。然姑以先生請望及其敬恭桑梓之意下之矣。

孤桐

爭金款

……金款助學。議論紛紜。本校因有懷疑。從未置喙。乃近聞報載京內外公私立各大學。已備案者、未備案者、已報部者、未報部者、均以力征經營。分得開辦津貼等費。似當局支配此款、初無法定標準。金濫物競原則。裒多益寡。不盡持平。顯讓獎筆。已開惡例。本校於此。竊有儆焉。惟效尤固貽譏於左氏。從眾亦見誚於東家。況處濁世之中。獨懍清流之戒。本校開辦。瞬屆三年。生徒逾千。教授累百。設施編諸。不敢後人。雖出入相抵。常年僅足自支。而經始方中。基金尚待募集。謹飛電籲懇。所有京滬兩校。應請比照同等各大學。一律待遇。先際可及。不辭附驥以行。圖座同欲。應免向隅之歎。在大部為惠而不費。在本校尚取

二

不傷廉。務祈核准施行。不任迫切待命。……汪元虎（南方大學京校七月二十日）

諸校之爭念歟。乃教育界最近一大不幸事。其進行路線。及其自暴其弱點處。蓋不僅如符兩所稱物競原則而已也。當發洩時。教育部以其有妨整理教育計劃。卻未贊成。至今仍是以前態度。然以天下之用。辦天下之學。自多多而益善。有請款者。本部亦謹籌其承宜之職。以達於司農耳。奏元忠先生來。當奉行如儀。孤桐

農國

……昨在敝校演講。多所誘掖。論文化運動誤解之處。尤能指示青年途徑。愚對此距躍三百矣。惟論農業國與工業國之利弊。淺陋如愚。不能無惑。謹斷章取義。發為一問。大著農國辨、謂「凡所勸興於工國浮濫不切之諸法。不論有形無形。姑且放棄。返求諸農。先安國本。而後於以拙勝巧之中。徐圖捍禦外侮之道。庶乎其可。」愚嘗時默誦。謂先生固不主盡廢工藝者。而同時頗病答案未有究竟。今聆先生物質破產之論。主張奇伎淫巧。一概屏棄。則視兩說。又相逕庭矣。究竟先生立論標準。農業國單廢工業國法制。而允宜借助工事乎。抑將所有關於工藝者、全行湔除乎。所謂文化救濟。是否即前論所云徐圖捍禦外侮之道。非然者。果工業國從而壓迫我國。捍禦之道。又將安用。心所謂疑。不敢妄擬。幸先生有以見教。……石克士（上海南方大學十二年十二月六日）

石君此函。存篋中年餘。多事卒卒。迄未之覆。然石君好問之誠。則固逾久而未能忘也。今幸有暇。願得逕答。惟終投之。乃真理之幸也。愚所謂農國。自有工事。蓋農工二者。無相距之道。西洋工國亦不能無農。猶吾農國固不能無工也。豈僅理想之農國。不能無之。即神農以來數千年。自始不能無之。然則農國胡以示別于工國乎。曰。以工國之精神。與農。有農。仍為工國。以農國之精神。與工。有工。仍為農國。而已。所謂農國之精神何也。曰、此其所涉者至狹。大而制度文為。小而米鹽瑣屑。明而倫

二三

常。習。接。暗而。且。炎。修。養。宜炎。不。有。此。精。神。實。之。由生。計。方。面。言。之。是曰。取。足。謂力。田。以。自。取。給。而。無。不。足。也。與工。國。之。經。濟。侵。略。不恃。己。國。之。地。方。需恃。世。界。之。商。場。適得。其。反。由道。德。方。面。言。之。是曰。知。足。是曰。克。己。復。禮。是曰。節。欲。是曰。不。爭。凡。理。之含。有。消。極。自。反。之。意。者。屬。焉。與工。國。之。競。欲。崇。侈。主。張。個。人。權。利。父子。兄。弟。漠不。相。關。惟恃。金。錢。以。爲。社。會。關。鍵。者。殊然。有。別。此精神之周浹乎兩方面者。本爲吾所固有。海通之後。日見消失。其所以見爲消失。表則。鴉。片。戰。爭。以。來。諸。工。國。之。壓。力。乘。之。裏則。吾。人。自。勦。襲。諸。工。國。浮。濫。不。切。之。法。制。以。蝕。之。而。已。今欲矯而革之。後者。舍。自。爲。節。制。勿更。航。于。舍。己。從人。來。本。趨。末。之。斷。港。絕。潢。前者。舍。明。農。言。利。自求。活。給。使人。之。帝。國。主。義。無。從。追。我。外。別無他道。最所謂捍禦外侮大難。如是。不若虛懷明辨。宜有發揮或更見詢。諸執筆以竢。

孤桐

吾人所有事

……手教本悉。愛示曾刊創設宗旨。至爲佩仰。但吾人論政。無賦不鮮。滿無以易天下。英諺所謂 Latitude and Platitude。爲政家持論之通病。不知者直以爲騎牆者。苦請謂何。第學此間擬辦之報。志在擬一羣衆運動之方式。腳踏實地。在一定之軌道上行之。蓋民國來。智識階級每好運動武力而起政爭。所謂 Coup d'etat 如百年前俄國十月黨。及 Terrorists 諸政策。亦曾屢試。但今已成強弩之末。每用一次。國家受病即增一度。故教。然。拋棄此種政治手段。從根本上。求一國民自決之法。以其存長治爲的。使國宗之。生。活。與之相合。因之教出吾民。於不生不死混亂無已之爭。戰中。乃吾人所有事也。………梁龍（二月二十七日發自法科大學）

梁君雲從、意氣豪邁。學識亦足副之。觀書中所爲壯語。可想見其爲人。愚在倫敦林宗孟處。實始晤之。論政頗相得。執政近聘雲從爲國憲起草委員。行且由廣州來都。謀以所學易天下。喜此間增一佳士。因出此書與人讀之。雲從或不以爲迕也。

相若。試思一區之中。利害自出。包舉於一人之身。如何可作。吾英謀爲此罪。因有基爾特制之創議。苛制。非他。即所以遷政。治於實際者也。夫代議制之爲虛僞。以機體不立故。基爾特首祛是病。乃基一國之人。類聚而羣分之。如此爲分。其最自然之尺度。曰業。誠以業者。人所相依爲命者也。彼談閎政。恆不免於無意識。而本業。夫唯不談。談則不離乎意識。者近。是何以故。問題較簡。而已與之相習故。由予觀之。吾乘民治之今式。以基爾特爲之的帶。成與維新。將見所討論者。非非運輿。而一切政治。可歸諸實。不然。天下滔滔。亦與僞同。一輩。而自自有基爾特運動以求。發軔於英倫。風靡於歐美大陸。使言政之家論思一變。蓋以其說深抵巴力門制之創痛。使凡生息於彼制之下者。不得不罷然深省也。

以是之故。若主業治。擬將中國國會之組織。由集中化爲聯邦。將選舉之所取義。由分區化爲職業予不禁以滿腹之同情迎之。以予所知。比來西方之富於政想者。類皆君之同調也。而予意尤以中國爲饒。有施行業治之機會。蓋所謂七十二行。氣力不足。而行會未亡。以漸治加於其上。爲勢甚順者則不然。吾之基爾特。於其本創未興以前。即已消失。今以業治期之。宜先有準備工夫以資過渡是何也。即計議貲本如何可去。而基爾特如何可復也。由是君之新案。雖不得謂非西方思想之影響。而實行或將視西方爲獨先。中國果其實行。尤且得促西方之反省。使奉爲楷範。起而效法。此徵於今日西方人心之大惑。予語良非泛然。何也。以其賦墨今制。信念全失。思古幽情。油然以生。舉凡生活方式。使人由之心差安而理差得。中國斷喪未久。猶有存焉者而在。西方則不反而求諸過去不可得見也。

潘悌氏爲工程師。人甚樸拙。出言口吃。著書亦遲鈍。嘗爲愚言。彼初倡基爾特制之小冊子。稿凡四十易。又極惡都市生活。尤鄙厭當今之大學教育。倫敦社交中往過此君。眞若羲皇上人。

甲寅周刊第一卷第三號目錄

時評

修改不平等條約事前須宜加意準備。執政重視此事。異乎尋常。昨視書僉條。交法長章君。謂宜延聘各國大政治家。大法律家。來華襄辦此事。以昭鄭重而叶全世界之公意云云。章君擬具說帖。大致謂聘外國顧問有二端首當注意。一有身分學問相當之專員。司理其事。免致此方有題無文。彼方有文無題。習用兩達。洋顧問徒成裝飾品。而無裨於實際。二所聘者確爲聞望隆學識優之家數。而非謬采虛聲。誤致贋品。反以專家之故。貽累本事。昔項城聘美國法家韋羅貝爲憲法顧問。以有重名。優加禮遇。有人後游倫敦。倫敦大學教授納師奇爲言。民國製憲而請益於通世法家所鄙恥之韋羅貝。爲法而亂。亦固其所。得許。如其有顧問。良不如無。以此二因。無請執政電召王寵惠回國擔任修訂法律館總裁一職。同時邀理修改不平等條約準備事宜。所須外國如關於其一手延聘接待。而顧問之人選。及其標準。則由吾國學者。聞公同討論而定之。以此類大家來華。不易於修改條約而外。凡關有益文化之事。可連類而並及也。云云。執政閣之頗爲嘉許。刻在章君與外長沈君協商進行辦法中。

近以外侮日迫。南北覺後。均欲握此時機。互相結合。以期一致對外。因之南北合作之空氣。甚爲濃厚。兩方軍人、如馮君玉祥許君崇智等。於息內對外之舉。均表贊同。於是擬以粵軍召集聯合會議。討論外交筆些。而以國民黨中央黨部召集全國國民會議。商權外交最後步驟主旨所在約有三事。（一）請中央政府通電息爭。以杜外人覬覦。（二）由方應厚爲團結。以免爲外人利用。（三）南北不問何等會議。祇由政府派員赴粵。實行携手。所謂國民會議者。國民黨中央黨部。曾有公表。謂按照中山去歲十一月十三日宣言。由國民自動。於本年八月一日、開預備會議於北京。以接受滬青粵漢各處人民之要求。協論進行方針。並決議廢除不平等條約。及審議其實行方法云。此其事項。以南北所處地位不同。宜再協商。求其至當。而中山所擬之國民會議與執政召集之國民會議。如何相質相濟。使之調融。亦至費斟酌。然大體既已相近。商洽所不宜。迺開政府會議接胡漢民等來電。頗以息爭禦侮爲請。所見既同。定遣信使。現在外交委員會、已擬推汪君唐君赴粵。謂合沙面案件。並携十萬元接濟工人。而久未到任之慶長楊熙績亦於二十八日翩然履新。雖稍有波折。而仍得爲國務員自若。從此兩方誠意結納。措除成見。切磋商榷。無復猜疑。以坦白無私之精神。應糾紛險塞之環境。使南北統一。由是得其端緒。積年紛亂由是歸於理平。則內政既修。外侮莫入。剝復之機始將於此見之矣。

二

陝事仍停頓如一週前。雖孫岳有功說。噪於京華。校前途塞。蓋孫君爲曹錕戚黨。手握禁兵。職司警衛。徒以激於大義。逢附滅親。倘去歲驅曹。孫君不於相當時機加人。京津一經應戰。吳佩孚得乘勢迴戈。天下事正未可料。故孫君反曹之事。便其難能可貴。而其借盟靖國。使鎮威國民二軍戰勝攻取之力。據形舒展。爲功絕高。質而言之。孫君態度不明。馮胡諸軍廻師搗京之事。決不能有。論功。如此而行。賞。獨後。初見。迫于大名。而大名讓。徵見。實于河南。而河南不可一。日居。僅軍數十萬。無所待。僅其由徐永昌。維領一部。叩閭而求食。亦出于無可奈何耳。況孫君爲三省剿匪總司令。陝西本其轄境。移師入關。亦其職分上之自由。若必區區省長名義而防之。天下義士。孰不寒心。至以逆近京畿。於國紀有妨。則作僞者決不爲孫君。中央威信已弛。正宜徐徐收拾。若遽欲其擴張。于一時。一事。一地。一軍。其不因而潰裂。徒重國家之累者幾何。凡爲孫君張目者。其說如此。惟陝事極其複雜。假非單詞隻義所能了處。現二三軍將領李雲龍、田玉潔、馮子明、徐永昌等。俱駐軍西安。報稱各有先入爲主之意。此不僅無以處吳督。又何以處孫君。而陝中民黨、及省議會中人。則倡設委員制。管理民政。此其斡旋孫君。尤爲順明。又陝人之密言于執政者。大率于孫君有所不利。噴、路歧。如此。行道所悲。是在爲政府者。斟酌功賞。熟權理勢。力排浮議。毅然主持。使天下爲孫君左右袒者。俱以無違公道。叶乎人情稱之。斯爲得計已耳。

外交、消息、正誼、沈、寅、海上、天、閩、聲。總以、被、封、聞。三團體者。一爲工商學聯合會。一爲海員公會俱樂部。一爲洋務公會。被封之原因不一。聯合會以演講未先呈報。又散布傳單。謂北方某大軍閥聯絡日英帝國主義。壓迫學生愛國運動。海員公會、則有人指其舉動違法。不止一端。洋務公會、則因迫脅工人隨同罷工。事均在本月二十三日。而封之者。則淞滬戒嚴司令奉軍邢旅長士廉也。道遠莫明真相。政府因囑江蘇省長鄭君、就近查覆。據報章陸續所布。則海員公會、乃由有人告發海員職業工會。誤以爲一。遂遭波及。嗣經審實。即於廿五日揭封。聯合會以有人調停擠保、亦將免議。獨洋務公會、則以介進工人。情節較重。記者執筆時。尚未聞有揭封消息也。那氏此舉。是否出於維持治安。迫不得已。依據傳聞。不敢遽加斷定。惟時甫半旬。事將終結。則那氏而有過。亦不失爲勇於改過之士矣。惟恐有因之而生感者。變國運動。其名至美。而以與者人品未齊。恣爲一切逾軌破壞之計。在所不免。政府於此。當與其進。不與其退。掩其惡而揚其善。而不當一味摧壓。使民氣不論正僞。俱爲不伸。而手握實權。一發而人民無復可抗者。尤宜愼其彈力。勿輕動作。試以民氣易摧而難養。國權一喪而不能復。貽笑外人。交涉失敗。政府之罪。更浮于人民萬萬也。而人民謀以反對某某自張其軍者。其亦愼擇手無戈不日高詩書蓄意抗之有百勝而無一敗者。嘗試焉可矣。

農商總長得其用。受任半年之久。竊而未就。此半年中。醞釀之新形勢。與初任時自有未同。楊君此次入京。面謁執政。並無表示就職之語。乃忽於七月二十八日午前九時。突然到部視事。事先知者絕罕。旋折而入府白事。並參列是日國務例會。執政以事起突兀。不能不從長計議。乃於例會入席之先。召集各國務員於別室。凝議此事。僉謂楊君爲南服秀士。執政推誠結納。始約與同任國務。楊君雖迄未到部。執政倚畀之意。並未少衰。惟事越半年。環境不無少變。楊君卒然履新。事前一無關白。於禮數人情。公務手續。似有未安。但決不能以此妨害執政。延攬人才之眞意。並示天下以不廣。法長章君、因言執政之推重楊君。與楊君之輔佐執政。爲國務耳。本來國務一體。何人分擔。何部事務。上有意義。政務上並無差別。士釗兼管兩部。原是特局。楊君既於農商本任。微有隙礙。請執政將士釗司法一職開去。移調楊君任之。理勢、公、私。似俱、妥、愜、士釗教育兼職。雖經迭次請辭。如一時無相當替人。亦願暫時支持。隨後再開陳辦法。請執政裁度云云。陸長吳君、以司法乃章君本職。教育則爲暫兼而又難辦。今使章君舍本就兼。舍易就難。於情未可。章君答稱。今日計事。乃爲國家負責任。非為人情謀。使有力者執政。用人之當否。非為自己旅。事之難易。合席其異詞。議遂定。旋入國務例會席。農商坐次。仍是次長某君主之。此揭章兩君分別調任司法教育之大略情形也。

說鐵飯碗

孤樹

民國五年。愚攜妻子。由東京返滬。室廬相就。孑身走章屢。是為愚離家入政之始。而粵、而吉、而湘。而北京、而東京、而滬、而粵。復由而滬。而歐洲。而湘、而京。仍出而滬。至此而京。前後十年。愚以家事付諸夫人。不一過問。寒門二子。自識字以至成章。皆夫人一手董理之。愚之於家。作客而已。嘗自南中歸。夫人含笑迎於門曰。子幾時帶得鐵飯碗來。愚初不解。詢知所指為議員。則相與大噱。此愚家人有鐵飯碗一語之所由來也。蓋愚之參議員職。二年屆滿。改選復又繼續。國會屢斷屢起。二年之議員。壽至十二年而終。則總新職六年。遞推將擇三十六年之議符。始得報罷。世變加劇。長期國會隨而加長。且未可知。愚年四十餘矣。本職未完。而墓木可拱。是得一議員。真一生吃著不盡。非鐵飯碗而何。今此飯碗不幸而毀矣。如破甑然。不必所奏。然人生不可一日無飯碗。飯碗亦不可不求其稍牢且固。既已毀之。何以易之。愚笑詢夫人。夫人無以應。嘗讀韓退之致衛中行書。謂「汲汲於富貴。以救世為事者。皆聖賢之事業。知其智能謀力能任者也。」此愚不能任。至為昭昭。果其能之。亦不得曰飯碗。退之又曰。「始相識時。方甚貧。衣食於人。其後相見於徐泗二州。僕皆為從事。日月有所入。比之前時。豐約百倍。足下視吾飲食衣服。亦有異乎。」愚之魏家胡同十三號。亦舊貨。破屋十餘間耳。五六年前。即處于是。學生疑與大道朱樓同其華膴。相率毀之。愚無意以此誑取公家償金。不必浮冒。因稍稍自識。而復居焉。客多無可坐處。即亦逡巡自步。無論何時。不煩警廳為加一崗以相護持。以言衣服。愚十年未易一裘。飲食則在家傳餐。恆不得下咽。惜以不能

五

食貧、爲妻子所笑、遂亦默然、是愚自奉本約、家人尤約無取所得、設波于富貴、皆偶然得之、亦傳舍耳、勉曰飯碗不得曰鐵、以上諸理、皆吾夫人之所深喩、外此而求其所得爲鐵飯碗者、果安在哉、夫人仍無以應。愚曰、愚年廿二、始爲蘇報、君在南京、不知愚爲何許人也。然集愚所爲論說、英譯而並印之、名曰自由鐘、後數年、卒以此因緣而締婚焉、自是以還、愚蓋無歲不爲新聞撰述、形影相弔、以迄今茲。愚依之切、殆甚于祖母劉之依李密、而天下賢士大夫謬相賞接、亦以愚略有寸辯、能爲文章、大之建策扞謀、小之贊文覓食、爲人爲己、俱各有方、是新聞記者眞愚之唯一鐵飯碗。退之又曰、賢不肖存乎己、貴與賤禍與福存乎天、名聲之善惡存乎人、存乎己者、吾將勉之、存乎天存乎人者、吾將任彼而不用吾力焉、其所守者、豈不約而易行哉。一新聞記者、眞愚之存乎己者也。且愚意尤有進于退之者。此非守之至專。凡存乎天存乎人者、俱莫得而與之爭、一時之學潮政潮、叫囂騷突、聚無所用其氣力任之誠是也、而效且有遠超于任之上者、惜退之當時無所謂第四族（新聞紙爲第四族、乃英相格蘭斯頓之言）不知所以爲言、今眞亢含合。論師裝稱。無冠帝王、不肯之才力、差能勝之、又安能含約而易行而擇不約而難行者、爲夫人笑而領之、大兒章可相解藝術、以彩自勵、其旋詞曰、左手執鉢、右手持甚。板。愚舉諸兒而告之曰、愚後有鐵飯碗在、僧等其讓承之。一室盡讓、愚退而爲之說。

行憲半十論壽林宗孟

孤桐

八月三日、國憲委員、將有事于草創、毖士宴與、宏規萌起、眞然成章、愚無惑焉、然憲法者、不祥之物也、各國憲史、殆無不爲血汚、即民國議憲十四年而無成、爲法與戎、無歲蔑有、經此一役、而國本剪焉、民生休焉。憲法憲法、天下罪惡、不更假汝之名行焉。是不僅同人之所切望、而亦祖宗之所式懲、子孫之所託命者也。雖然、果由何道、始克到此。今人勤曰、憲法爲百年大計、斯言誠是也、國發六行百里者半九十、此以後十里之艱于行、持與前九十里相校也。推算憲法。則用逆比。愚請立其式。曰行百年者半十。是乃以前十年之艱。于行持與後九十年相校。正得推算里數之反序也。蓋行路艱于終。行法難于始。理勢則然也。其意者曰。苟國憲立行之十年。而暢遂其成功。已得其半。向後之九十年。將亦無不與之爲暢遂也。不然則跬步之間。已未見其能移矣。奚高說百年。爲此理則自人共見之。昨順天時報有曰。以現勢度之。假無論何種憲法。但不易于實施。此語破的。吾亦不必深論。是行憲前十年之艱難。乃天下之至艱難者也。同人亦於此致意焉可。

愚爲此故。敢樹二義。一曰、求簡。一曰、求我。何言乎求簡也。漢高帝約法三章。自殺人者死。傷人及盜抵罪。後得天下。此爲符驗。以其運斷而至易行也。今雖未能便提乃爾而要。以此意爲北辰居所。萬變莫之離焉。夫民國約法五十六條。天下之能誦者無幾人。曹錕公布之憲法一百四十一條。議員之能誦者無幾。人義既揆。朔遂踏事乃束。縛驗躁多而不切。昔僞朝然。今當一切反之。推取利害之最共同者。提要規立。

餘謀隨時以單行法了之。務使羅羅清疏。吾人可曉。益然。有當費毁無從。此一義也。所謂求我。乃指西洋各國憲法之譯本及日本六法全書。可不生吞者直不吞之。無庸活剝者在不剝之。究之吾國數千年立國之大道。安在民情國俗之宜。因宜革者何許。乃一一獨立致其詳思。俾成法意。王通曰。西方之教也。中國則泥。此其用心循狹。容有過當。而貢禹曰。品如右雅然。宜少放右以自節。則其言老成。精神貫乎二千年後矣。此又一義也。

二義立。國憲行之十年。餘九十年。亦即暢行而無所於滯。是十與九十。各爲一半。愚半十之說所由來也。吾友林君宗孟。適亦於八月三日。慶其五十初度。是果彼蒼夙卜。國憲草于何日。而宗孟生焉矣乎。抑爲宗孟生于是日。國憲遂乃斷焉矣乎。均未可知。然五十者、百年之半也。而愚所度憲壽之一半。則爲十年。宗孟、以五十年之精力。經營十年之事業。應無不舉者。吾儕同人。年事相望。又各各以五十年之精力。共助宗孟經營十年之事業。更應無不舉者。然不叶。

七

二義。畢終不易。聖人復起。不易斯言。同人勉之矣。壽宗孟即以壽國憲二義勉之矣。

今四維論

孤桐

十三年一月間、愚為上海新聞報特撰此文。該報不敢登。託李君伯虞來寓商謝。逾月、太平洋雜誌索稿。愚復以此應。該雜誌主者周君鯁生又不肯載。來書告罪。噫。是誠可謂不祥之文也已。今愚自版一志。文苦不見售。稿得此。詎可勉充篇幅。置閱一過。覺所忘者仍未盡去。勉乙數段。始成今篇。乃覺當時李周甫君之審慎非無故也。文人輕率僨事。嘗為大過愛語默語。只自警豈云附。

四川盧子鶴高尚士也。以嘗為人傭書而文辭優洽。不同流俗。愚恆與論吏治。子鶴謂吾國自來政象。官吏濁而社會清。國家亂而鄉里治。今清者治者。兩俱壞滅。非與復此國易可為。嗚呼。此其識解豈餘子可望矣。昨有書來。於黯俗侮闌芳患南方大學講演事深致慨歎。愚以其言足以明恥而勵教。不虞大旗顧有識之士。俱得聞知。

……竊以今日朱三鄉五。可作皇帝宰相。而不可作教習。以皇帝宰相不論纖兒細子奴隸盜賊。苟優為之。而教習講師弱不俛。無其道無其學問。不敢借也。不問冠綴擄者。竟以高踞講座開。而其事復由教員本身發議為之。一請再請。始得一當。其梅至之頃。校出迎容光年接。欲聲當勁。是固不待其所講之如何。而夢魂已為顛倒也者。是比之地化作耀偶之謎論之符。易為胡索。嗚呼。猶自二字。計誰學。校猶有易號。亦復喆污乃附。可為一毀昔鯁在難求以得此為快。第廷棟名不足以動人。文不足以申意。且積茲潤惡。易流於激。恐一言傷害。辭意未周。人不諒其苦衷之忱。反致其口給之譏。先生能為澄思渺慮委曲詳盡之文。而又行誼儼然。名滿九牧。為該校砭其失。為學子端其趨。為君非旂是之社會祛其毒。非先生莫屬也。敬俟鴻篇。用當鳴鼓……盧廷棟是事愚本有感，明微子鶴言，亦擬立論。惟愚意有與子鶴微異其趣者，則南方大學畢業海南芳雖謹乃當今浮靡嫖娼，舉世同波，習俗所移，學者不免隨流，學所謂化閨。籍之居者也，其事抑末不能單言。夫閨者閨怨。錯者諧謔。詩時以娼妓當幸，與上風起。並傾朝廷。公卿皆因閒說天下化之，部侍皆傳脂粉。子鶴所稱冠蓋門言。淵言事也，近兩月來，外覽政情內寬。舉隱天下大勢。力量以頓，娛誰意者，北曰李彥青，南曰術閣方自在。才猾兩人而已。計今日材武智辯之士，衣食名利之客，正負依違，儀容一想，而其言語動作，俱不越此兩人勝下，而復有人焉，起家負販，盜青戈獵。獵與時俗，握縱大位，遽知皇帝之晉，頓與淫時之思。濁亂自宮，無所不至，人自流平來為道居仁堂每日四五時後。齎來雜沓，鳥雀交錯，就中女賓尤為競爽。蓋男為人臣，女為人妾，家有龐姬，莫不通引。時則華燈百盞，花鈿滿室，雀聲四溢，燕几橫陳，香霧既濃，謔浪喧發，聲明儀態，怪亂莫紀，主人撒髯平視，隨意目成，起趨別室，姬則隨往，諸勝人拍手送之，不勝

妒。羨，嗚乎噫嘻，史稱蔡賢妻妹，旦夕上下，並侍左右。以此方之，紂褒僞已。夫若而人者，才遜寄奴，鄙同蕃寄。見，絡以競淫，宜其淫縈，然外有大將，事若心存之寄，情同子孫之望。櫛風沐雨，日討軍實，相與夾輔而擇蔽之。天下國親，遂莫敢動，內有大僚，負時望，實歷中分。其與奕劻、袁世凱聯姻論政之時。今之為所知過者，方居端下，斷養去項城，坐上客首階，而乃好值事故，不暇擇木，相與包羞而伏事之。瞻觀人蒨，几索來長安，而才地下之者，何止百輩。名流如此，他又奚惜，積此內外二因，而害人又最為苛且偷惰之民族。遂乃獨夫亂於上，元元亂於下。其淪於無恥，鶩懷之域，毫不自怪乎。梅倫所至，天下之淫情濫緒，於焉。寄許分途並發，一無餘蘊也。梅倫在鳳鸞技才一月耳，票價達十三萬餘元，以此因緣，衣食旅館諸費，且五十餘萬元，中人千家之產，不能過是。而所號捧角家者，觀無虛夕，筵不暇停，狩之曰藝員，媚之曰歌聖。託名文化，影射西劇，一若與為藝術而言藝術。可以告無罪於天地鬼神也者。孟堅叉曰。柔曼之傾意

九

非獨女德。蓋亦有男色焉。今聞國以白二字表彼天下佈詞千萬醜相愈是南方大學亦適自忘其醜面。亂。又何貴焉。管子云。禮義廉恥。國之四維。四維不張。國乃滅亡。愚請易其詞曰。倡優皂隸。今之四維。四維不入。四維難免。於今作今四維論。以示子鶴。流於激否。非所計也。

論吾國財政之現狀

楊汝梅

吾子曰。無政事則財用不足。信哉斯言也。吾國最近政象。岌岌不可終日。人多歸咎於無財。然以吾國幅員之廣。物產之饒。非真無財也。實由政治失序。有財而不能運用耳。夫全國收入。患莫大於稅源涸竭。收額曾減者。次之。全國支出。患莫大於徇私而有所偏重因公。而增費。無節者。次之。故養稅源均財用。乃理財之原理。政治之正軌也。然必政府有申明綱紀。劃一事權之能力。而後克合全國財政收支。酌劑其盈虛緩急之宜。任所措施。無不如志。斯又立政之大本。而尤為理財最要關鍵也。吾且持是以衡吾國近日之財政。以言收入。各種租稅。大都因事添設。毫無系統。重複遺漏。大背公平普及之原則。甚至巧立名目。竭澤而漁。且一切政治苟且補苴。應償國債。屢次爽期。以致外交信用。日漸墮落。外人因乘其隙而操縱迫挾之。關稅不允增加。金融被其把持。循是以往。收入不僅暫時短絀也。稅源且有將涸之虞。以言支出。中央無統一支配之權。各省截留租稅。任意支銷。浮濫與否。正當與否。中央無從過問。近年以來。有權者均紛紛擴張軍備。冀以厚其勢力。致使全國歲出。偏重一方。而於文治方面之各種政務。概屬無從發展。是其徇私而有所偏重。無可諱言。非徒因公增費無節之足憂也。收入之現象如彼。支出之現象如此。失立政之大本。背理財之原則。奈之何不窮且困耶。窮困之原因。雖極複雜。可一言以蔽之。曰紊亂。財政紊亂。由於政治無統系。不溯其本。徒歸咎於無財。奚其可。不揣蒙昧。請述財政現象如左。

現時全國歲入歲出均無精確之細數。就查閱最近有案者。約略核計全國歲入。總計四億五千九百九十六萬零一百三十四元，全國歲出總計五億六千六百四十九萬六千二百六十元。出入相較，不敷一億零六百五十三萬六千一百二十六元。值財源枯窘之時，僅此不敷之數，已覺甚巨，無法彌補。而況証之事實，國家歲出總數，實不止五億六千六百四十九萬餘元，因軍費及國債費，尚有一部分不能算出未列入歲出概算總數內也。如左。

甲、未能列入概算之軍費。

(1)西南各省軍費因中央無案可查，只能照錄八年度豫算數，而各該省八年度豫算，又多係照抄五年度豫算數，邇時西南軍費，實已超過五年度之數倍。

(2)本軍經費在十一年戰事以前，原有一部分本軍軍餉由中央撥發，戰後該軍改編，情形變遷，已無從知其詳數，只能仍照舊案核定之本軍餉數開列，然以與現在之實數比較，當必缺漏甚多。

(3)十三年十二月十一日明令取消之第三、第九、第十三、第十四、第十五、第二十、第二十三、第二十四、第二十六等師第十二、第十三、第十四、第十六、第二十五、第二十六等混成旅其經費自不得再列入概算。然考其實際，此類敗殘軍隊，被他方面收編成軍者，不在少數，不過其軍費多寡，現尚無從計算耳。

乙、未能列入概算之國債費。

查歲出臨時門內所列借款，一億二千三百二十七萬餘元，係由次列三種借款集合，即(一)有確實抵押之外債本利。(二)有確實抵押之內債本利。(三)雖無確實抵押，而有一定還本期限及利率，容易計算之公債。如九六及元年八年各公債之應還本息數是也。

此外尚有一種借款，本利早已逾期，既未決定償還整理方法，其利率亦複雜而難確定，故無法列入概算。茲姑假定較輕之利率，算得最近應付本息如左。

(1)國內各銀行號各種長短期借款及庫券。

截至最近止，應付本金約計一億五千一百九十六萬一千七百六十九元，每年應付利息，從少計算，約計一千六百八十三萬一千零五十一元。

(2)無確實抵押之各項對外借款。

截至十三年六月底止，約計本金三億一千七百二十四萬一千二百八十元，每年應付利息，從少計算。約計二千三百一十七萬九千九百五十元。

(3)各銀行墊款。除存款扣抵外，約欠二千餘萬元。

以上本息，從少計算，亦需五億二千餘萬元。皆係過期應付之欵。若加入歲出總數內。得數十億零八千六百四十九萬六千二百六十元。出入相較。不敷六億三千六百五十三萬六千一百二十六元。然如此支配歲出。是爲不可能之事。因利息早已無力照付。何能更償本金。玆姑將此種債欵之本金。暫置不論。假定每年應付利息至五千萬元，（姑從最低計算）加入歲出總數內，將歲出分爲軍費國債費政費之三大部分。分晰言計，定爲百分比率，以供將來斟酌核減之參考。如左。

全國歲出總數六億一千六百四十九萬六千二百六十元。

軍費　二億七千四百八十六萬二千零五十八元。約占歲出百分之四十五。（若將軍費總數與歲入總數比較已占歲入百分之六十有奇）

國債費、二億七千三百二十七萬四千三百三十七元。約占歲出百分之二十八。

政費、一億六千八百三十五萬九千八百六十五元，約占歲出百分之二十七。

試就上列之比例數。權衡政治學理。參酌世界潮流。而加以簡單之評論。

歐戰以後。世界各國之公債。猶著錄長增高。大有不可收束之勢。法國戰後之公債，至一千九百二十年。已增至二千一百九十三億佛郎。較戰前約增七倍。英國戰後之公債。已增至七十八億鎊。較戰前約增十一倍。義國戰後之公債。已增至九百三十九億利拉。較戰前約增六倍。德國戰後之公債。已增至二千億金馬克。較戰前約增四十倍。美雖爲歐戰期間之債權國。而其國內公債。亦增至二百四十億金元。較戰前約增二十倍。日本震災後增加之國債。亦足令人驚異。俄國廢棄內外國債。對外之信用全失。不得已濫發不換紙幣。亦屬一種強制公債之性質。其數亦上吾國因債支出，比之世界各國並不為甚。唯政治紊亂，國信喪失，整理為難耳。為維持國信，以立整理財政之基礎計，前列國債支出之總數，實不能再為削減也。

但察最近世界潮流，各國歲出經費之分配比例，已日生變化，皆有之，即軍備費，漸漸減少，民政費，逐漸增多，是也。試從各國預算中。除去國債費。則英國民政費。在戰前占百分之五十二。戰後增為百分之五十四。法國民政費。戰前占百分之四十。戰後增為百分之四十七。美國民政費。戰前占百分之五十三。戰後增至百分之五十五。德國民政費。戰前占百分之四十八。戰後已增至百分之六十。俄國財政。注重人民經濟。又廢棄國債。其民政費遂占百分之九十。吾國政費。僅占百分之二十七。用以改良政治。發展文化，尚覺不足。只應於政費之內部。斟酌輕重。移緩濟急，其總數亦不能再為核減也。惟軍費占歲出百分之四十五。（占歲入百分之六十）比諸。世。界。各。國。為。最。巨。值茲世界趨向和平。提倡縮小軍備之時。吾國擁此巨額軍費。實無絲毫理由。茲比較世界各大國之軍費百分數，列表以供參考。如左。

中國軍費約占歲出百分之四十五、
英國軍費約占百分之一十五、
美國軍費約占百分之二十七、
法國軍費約占百分之二十一、
日本軍費約占百分之四十四、
西班牙軍費約占百分之二十、
義大利軍費約占百分之一十五。

據右表所列。可知英國歲出一百鎊。軍費僅占一十五鎊。美國歲出一百金元。軍費僅占二十七金元。惟日本軍費支出較多。然其比例亦不若吾國之巨。據此，可知，吾國，整理，財政，當從，核減，軍費，著手，矣。

以上論分配支出之大概。茲再補論收入之大概。查全國歲入。照民國以來之案據。屬中央分配者。為關稅、鹽稅、菸酒稅、印花稅、官產收入、及中央各機關收入。合計得二億八千零四十三萬七千六百九十六元。屬各省當局分配者。為田賦、貨物稅、（即釐金）正雜各稅、正雜各捐、及各省官業收入、雜收入。合計得一億七千九百五十二萬二千四百三十八元。據此。可。知。吾。國。財。政。向。採。中。央。集。權。政。策。中央固有之收入。以之支配中央所需軍政各費。應甚充裕。乃考其實際。海關稅及五十里內常關稅。年收一億元以上。已完全指抵內外債欵。歸總稅務司支配。政府不能動用一文。（每年年終結算總稅務司手中總有餘欵八九百萬元存在匯豐銀行歸總稅務司自由運用此年還債之餘欵應交還我政府支配者乃總稅外人動受挾持過有萬不得已之急需向提稅務司再三請求始觀爲總稅務司中之惠特別允許一小部分之通融試問此種現象與共管財政何異可知吾國關稅主權有愆須收回之必要）鹽稅年收一億元上下。除指抵內外債欵外。大半爲各省所截留。所餘以供中央政府支配者。已屬無幾。然中央政府。得以苟延殘喘者。亦正賴有此少數之鹽餘耳。（現在財政部指定鹽餘撥付之款每月已達四百餘萬元若全數照付巳成壟斷而現時尚略有盈餘者因中有一部分之債欵財政部並未照約撥付耳）至若全國菸酒稅費捐之收入。其豫算合計。雖有四千零七十餘萬元。而中央所能收到者。不過一百餘萬元。印花稅收入。每年能解部者。不過三十萬元。因此種種。中央財政。遂陷於困窮之絕境。幾有無法維持之勢。然衡以財政原則。中央固有之財源本多。不過一時爲債欵所侵奪。不能運用耳。債欵各有豫定之償還期限。滿期後財源依然存在。世未有擁充足之財源。而號稱貧國者。只要政權有統一之希望。首先劃分中央與各省之收支權限。以免糾紛。依次整理內外債欵。以維國信。至民國二十六年。則整理案內之內國公債。完全還清。可以騰出關餘。歸政府支配。而外債之俄法借欵。至民國二十年。即可償清。英德借欵。至二十一年。即可償清。庚子賠欵。至民國三十四年償清。並可利用外交上之機會。逐漸請求免除。期限最長之五國善後借欵。至民國四十九年。亦可還清。至此則關稅鹽稅。完全騰出。中央財政。可變爲富裕。各省能裁減軍費。整頓收入。其他政費。亦不至缺乏。但此爲假定政局統一以後之樂觀理想。若以論目前政局。則未足以語此。蓋現時政權之不統一。達於極點。財政情形之紊亂。亦達於極點。縱有理財能手。提出完善之理財計劃。亦屬紙上空談。無法見諸實行。唯一之希望。則在全國軍事善後委員會及財政善後委員會對於全國軍事及財政。定有具體改革辦法。而全國各有力方面。又能互相輔助。努力實行。但証以從前各種會議之成績。恐此希望亦終成夢想耳。現時政治上之通病。不在無計劃。而在於全國各機關互相牽制。任何計劃。不能實行。故現時財政之紊亂。乃政治全體之責任。任何機關任何職員皆不能獨尸其咎。故欲救今日財政之紊亂。先求國家政治之清明。政治有統系。而國家之歲入歲出。自然進乎軌道也。以上所述。雖捧土導涓。無關宏恉。第因現時留心國事者。大多喜論財政。往往以不明政府財政眞相之故。對於政治當局。發生無意識之攻擊。須知吾國財政具有特殊情形。欲定改革方針。非僅憑學理上之標準所能奏效也。

上海會審公廨紀實

莊杰

清季上海會審公廨。分早晚兩堂。早堂刑事。華洋會審。晚堂華務。華官獨裁。遇華洋交涉案件。由關係國人與其領事、照會華官會審。其他罰欵、傳案、交保等。其主權均操於華官之手。而華官則分爲道委、撫委兩種。又上海租界內新衙門、天后宮兩處。條約定爲華界。縱有鬥毆賭博、及其他非法行爲。英界巡捕不能問。逮至辛亥。武昌變起。正讞員寶子觀、以滿籍故逃去。副審員關絅之、王嵩生二人。彌形竭蹶。英界商會、因請法界讞員聶榕卿。到廨襄理。關絅之則以第二審員移爲正會審員。聶王副之。其時溫宗堯爲交涉使。廨員尚以長官事之。由溫轉請陳其美。發下委札三道。每星期一、三、五、聶仍回法廨辦事。然法廨會審主權。鼎革以後。蕭規曹隨。並未損失。英界則因藉口革命。派印捕守衛公廨。以英人馬丁爲監察員。總理廨內一切事務。另英人一名管收支。九十號英捕管交保。另英捕三人。以二人司提票傳票。一人接受稟單。昔之差役。悉行驅革出署。一切由華捕邵阿金、與英捕九十一號朋比爲之。華官方面之書記、收發員等。則由兩捕指導辦事。至此。華人權限。爲英人剝奪淨盡。雖有掾屬。不過木偶耳。當革命役起。滬道劉襄孫、將庫欵三百餘萬兩、交存比領袖領事。以爲革命不成。仍可歸還清室。而於自身無涉。官吏。工。趨。避。初不。料。威。稜。卽。由。是。而。日。損。也。查昔日讞員。每月津貼不過數十兩。加以朋分之早堂罰欵。綜計月入。亦止一二百金。後領團忽開會議。擬正審每月庫銀一千一百兩。副審四百五十兩。洋務文案楊國樞二百兩。華務讞伯符、周蓉江、孔孟昭各一百兩。華洋文收發刁桂等四名、各七十兩。書記十二名、各四十兩。所有華務人員。一致加薪。議己決。通知正副讞員。每月具領字至比領袖署支薪。其餘辦事人。則向公廨收支處領取。讞員及辦事員等。以爲公廨華署。月薪向由道署發放。一旦改赴領署領欵。不但損失國權。抑且自汚人格。故第、一、月。華官、觀、望。未敢、忞、領。後比副領事到廨解釋。以欵存領署。南北尙未統一。自應由領團代付。本屬道欵。何傷國權。時閤署華員。惟關絅之進退是瞻。關愀然、不、願。當卽、具、名、領、取。其餘華員、遂相率行之。是時公廨訟費。己定每百元先納堂費三元。由西捕經收。於是、昔、日、所、謂、早、堂、罰、欵。亦歸、捕、房、獨、得。華官、不、得、染、指、矣。杰適奉黎總統派。爲駐滬代表。因卽走商陳其美。請其按月撥付華讞員薪金。以免外人侵越。陳以、爲、小、事。殊不、措、意。元年五月、漢陽兵工廠總辦王壽昌、捲公欵八十餘萬兩逃於滬。黎公電杰交涉提欵。並咨照溫交涉使襄同辦理。由溫函請比領、速簽提票。比領擱置不復。杰因欵鉅。不便延誤。促溫隨同交涉。溫親繕英文函件。令杰面晤比領言事。比領無理可却。卽函公廨監察員。拘王到案。追出現銀二十餘萬兩。杰旋回鄂。王得釋。歲秒、復有人控王帳目不實。杰又來滬交涉。適陳貽範爲交涉員。杰當將黎督咨文交陳。陳照例函知比領事。越數日不復。復請諸陳。陳置不理。是時陳與比領齟齬。杰促比領速簽拘票逮王。爲其堅拒。謂須、杰、自、行、投、廨、起、訴。杰謂。國。家。交。涉。豈。能。原。被。平。等。若政。府。在。滬。辦。案。動須。投。廨。何以。處。吾。國。比領稱陳交涉員近來所辦安徽湖南提欵之事。皆是如此。湖北豈能獨異。遞稟繳費。今無可逹。他日別有機會。再行通融可也。杰至。此。乃。知。主。權。已。失。再。無。磋。商。餘。地。矣。舍已。從。人。媚外。辱。國。此其。事。實。始。於。元。年。冬。民二、程德全任蘇料。聞有進款存儲領署。親身到滬坐追。領團喜極。以爲公廨華官薪金。此後由彼支付。則華人官吏。將悉等諸僱員而已。是年三月。實爲、公、廨、華、官、竊、身、之、始。四月、比領忽照會關絅之。謂已委孫羹梅爲第四審員。時杰正在公廨交涉張振武存款事。關稱比領照會。無理擯擱。非嚴拒不可。以杰爲湖北特派駐滬員。特央相助。杰卽電陳政府。而政府殊不爲意。陳貽範又巽懦無能。日視、美、領、携、孫、上、堂、訊、案。無、可、如、何。八月、領團會議。以關絅之在會審時多言。欲罷其職。平時關聶孫三人。與領事計事。尙稍以理折之。今聞罷職。則大恐。然關亦深知領團可以挾持。因逐商之杰。爲呈請黎公。令關回鄂辦事。黎電到滬。領團因中輟罷關之議。由此、少、少、假、以、詞、色。聶榕卿不自安。脫離英廨。仍回法廨供職。英廨自民國以來。訟事日繁。而所涉錢債。又屬鉅案。關乃、向、領、團、保、俞、奠、蓀、以、代、聶。民五、孫羹梅辭職回湘。薦張陸李三讞員自代。十三年、孫復回任副審。而張則因貪婪被斥。去年、道署與交涉署、復向領事推薦二人。故現有讞員六人。此八、員、更、迭、之、大、略、也。昔時公堂任人旁聽。無分貴賤。自民六以來。除當事人暨律師外。不許他人觀審。每逢開審時間。巡捕輒將公堂大門鎖閉。領事華官、由後堂出入。律師來往。則由巡捕啟門。當光緒二十八年。有一官眷。携婢數口。經滬赴閩。西探誣爲拐賣人口。拘入捕房。翌晨逮案。關絅之會訊。婦呈公文。並携保人到堂。英領不省。竟判押西牢。聽衆大憤。斥以誣良爲盜。喧噪之餘。勢將用武。關見事急。閉門自保。領事從後垣逸去。是爲大鬧公堂之役。商店罷市者半日。後經江督周馥到滬。沿街勸商復業。並將官婦婢女開釋。其事始了。今日杜絕旁聽者。意在使華人消息不通。領事得以爲所欲爲也。又華官家室。向住署內。逮至民八。英捕厭其夜深喧譁。迫之遷出。現署內所存者。祇車馬耳。而進出須從側門。降志辱身。一至於此。滬案與收回公廨。列爲條件之一。其實卽獨成一事。據理力爭。彼方亦不難就範。三年來、比美兩副領事常語杰。廨權早可歸還政府。惜交涉不得人耳。卽全體華員。亦屢次聲稱。倘別有位置。當相率去職。其所以不敢爭者。恐以爭失位而政府不用也。不必論之。政府因其失位。而優予獎借。國人亦何至自甘暴困哉。若論公廨積弊。罄竹難書。而制度、不良。尤爲顯而易見。巡捕邵阿金、十數年來。包辦傳案提案。家資數十萬。人所皆知。九十一號西捕。貪賊太多。案發革職。讞員張某、去年一案得賊五千金。後由公平洋行告發。乃革職。報章所紀。彰彰可據。又公廨民刑案件。不延外國律師到堂。勒受領事索擇。民國以來。公廨乃成。爲外國律師之外府。律事領事。狼狽爲奸。一案所。誅勠慨亘萬。故有稅安素者。聚歛至數千萬之多。淑土。商民。久罹。訟累。無不。恨之刺骨。至投訴稟單。止審堂費付足。不論證據有無。西捕收稟照傳。日久原告變爲被告。被告再巡稟。付堂費。又爲原告。循環報復。無有已時。討法慘酷。於斯爲極。其實公廨止貪堂費而已。又有所謂特別傳單者。價定十元。隨請隨出。此則事同販賣。毫無法律意味。冒黷至此。尤可寒心。彼西人者。方自以人道文化驕人。而其設施。乃闇無天日如是。謹以身驗之事。書示國人。亦使主交涉者。知所從事。六、卅。

通訊

東西文化及其哲學

⋮⋮⋮前付兩通書緘。而卒未一走謁。蓋頗聞公所事殊忙。而某亦甚自珍其時間。絕少出門也。然兩年不見請教之心。未嘗或已。前年以對於東西文化問題之所懷。發表於世。署曰東西文化及其哲學。頗以未嘗一履西土。并西文書亦不甚能讀。極願得聞識者之批評指示。俾鏡其失。兩年以來。批評之文。良亦不、可、計、數、乃、俱、無、所、開、錄、祇、堪、香、閨、念、誦、公、其、必、有、以、飾、迪之、第不審是書旣邀披覽否、敢乞餘暇、一加披覽而賜教之。或著之簡札、或面命之、均不勝翹幸。臨紙無任馳仰⋯⋯梁漱溟（北京崇文門外纓子胡同 十三年五月十五日）

嘗在柏林。遇張申甫。就觀漱溟所著東西文化及其哲學。申甫曰、此吾國淵來擬然大作。然吾意未盡洽也。予日讀之。並告我何見。愚諾之。然其時習德意志文甚苦。不暇旁鶩。未之能爲。逾年返國。見某報載梁任公演稿題目。云評漱溟著作。而本文則迄未見也。其後往來寧湘京滬間。辛辛鮮暇。稔知原著包孕過宏。不敢輕試。旣自克責。仍不能然、適漱溟書來。以批評之任相屬。且謂他評夥頤。無一當意。矜寵如此。愈不敢爲。蓋愚一、張目。中國。言。書。人。之。智。慧。將謀。露。至。盡。在漱。溟。一。人。不。勝。光。榮。解。人。難。索。之。悉。文章。大事。並有。子。雲。草。玄。寂。寞。之。默。如何。如何。自時厥後。愚又爲政潮捲去。羈留滬濱。有意擠發。復不如願。今抽誌再興。當舉一切文債而究之。與漱溟心約在先。無可更緩矣。用是循覽一周。詳其指要。所有部見。書如別紙以往。（本誌月刊）

有違淵旨。還望重申。又原書體裁部見有所未安。請得附述。蓋文以載道。先哲名言。漱溟之所著錄。不爲不精。斷非白話蕪詞。所能抒發。近年士習日非。文詞。鄙俚。國家未滅。文字先亡。梁任公獻媚小生。從風而靡。天下病之。不謂漱溟亦復不自檢制。同然一辭。夫國家所貴。夫有學士大夫者。何在以漱溟所志之高。此責安可諉。卸習俗移人。賢者不免。不違而復。先與所高。惟若其狂愚而熟度之。幸甚。

孤桐

王莽傳

⋯⋯讀周刊第一期。論闡明星。今見重曜。乃士林之幸也。竊以周孔人倫道德之說。萬古不廢。潛之爲仁義禮智信。以樂其道。行其教。發之爲事業文章。以濟其用。成其志。可以立身。可以化俗。可以治國。可以平天下。洋洋乎大觀。人道之康衢也。其他論政窮理之書。如老子荀子管子淮南呂覽諸家盡之矣。雖復世界。大通。眞理畢見。偶一展卷。低徊忘倦。其有感於吾心者。深交信足。衣被百代。囊括萬有者也。又嘗感於近世士夫。巧僞多端。偶披閱漢書王莽傳。慨發憤忘食。以矜今日新法號召之徒。所不逮於莽者。尚未及誅僇其子。效周公之誅管蔡一事耳。若莽之好學務名。行僞作奸。假竊天意民意。首行井田制度。劇至畏私之極。慘酷愈甚。父子之間。不克相容。大欲旣償。終於自斃。言指千古罪人。以莽稱首。亦可與堯舜周孔並垂不朽者也。令世無莽之才之學者。其次奸行僞用私。逞慾翻將爲莽而王之。豈足云立國之大法。抑且不克行苟且日且夕之政矣。先生舉貫古今。鑑周時變。倘願秉筆餘暇。抽閱莽傳。摘奸發伏。著爲文章。偉聲斯世。助我張目。誠所望也。久不思作文。見大著毀法辨。欣然有感。聊復走筆及之。……林大闓 南部 七月廿二日

林君劍秋。以精研兩漢著稱。來書以莽傳隱射時局。必有深見。自恨駑鈍。往復無以自明。昔張詠諷寇萊公。霍光傳不可不讀。萊公不諭其意。取傳觀誦。至不學無術。何始爲恍然。今劍秋以抽讀莽傳相期。殆亦有不讀不明之勢。愚賤詞與誦。志切廣論。請與天下共讀。何如。謹有所見。逕願相開林君擬著政本昌言一書。有益時政之鴻著也。猥承不棄。要作弁言。文機不叶。迄未踐諾。附述志歉。

孤桐

孔傳考

……承仕近治尚書。以清儒考僞孔書者。意爲抑揚。迄無定論。又謂僞書爲王肅皇甫謐所作。而杜預亦與有嫌疑。故欲撰孔傳考一書。而杜孔異同考、王孔異同考。皇甫孔異同考、皆爲孔傳考中之一篇。雖已脫稿。而時有修正。王孔異同考一篇。已錄入華國第二年第七冊。並致汪旭初一書。略說著書大指。不審已閱之否。昔王鳴盛纂尚書後案。用功三十四年。承仕治此不及一載。已妄有撰述。其疏漏可知。……

……吳承仕 司法部 七月二十二日

吳君檢齋。爲太炎高足弟子。近得吾兄書。稱一。去

歲作清建國別記。敢予者薄泉。而門人歙吳承仕、爲檢明代書錄。助我亦多。吳在司法部充僉事。學問、詩、書。與季剛君相埒。而中正穩練。則過於季剛。望濟親之也。一聞從檢齋者。其近時著錄。有札所述。足見一斑。經學愚未致力。雖於辨難。而此刊大抵論政之作。不比華國。多錄高文。檢齋著述全部。復未便由此以介於世。踏蹈久之。檢齋亦不欲過自發露。惹人幾嫉。嗟士習日壞。學殖全荒。國家。故學。且惟摧毀國學是務。所謂俗惡俊異。世號文雅。者有是歟。今觀厥成。檢齋沉淪下僚。獨治絕學。豈僅今之肉食者宜有愧色已哉。

孤桐

流毒

……近從報端見先生改革教育之偉畫。甚佩。白話文弟亦竊謂流毒無窮。以白話文掩其不通。乃今日學生之通病。梁任公嘗語弟。渠作白話。費時較平時三倍。先嚴在日嘗言。中國文字。欲其與世界進步之局勢相叶。必須改易。但白話決不能爲役。此論似甚平允。八校合併。其事頗難。弟前在北大。裁去工科。大招衆怒。因悟合併或裁撤。必爲怨毒所府。先生其善爲之。東大事此間人甚思與貴部作默。江蘇省教育、會、全、爲、少、數、人、所、把、持。可、歎、之、至。……

夏元瑮

六月二十日　吳淞同濟大學

浮筠辦學。素有宗旨。但抱負從未一展。故概乎其言之。浮筠先德穗卿先生。文行俱一時山斗。尋常片言。亦有關係。故特爲士林存之。

孤桐

家庭問題

……家庭問題。包含二事。一結婚。一婦女。又其一則兒童也。拙著新論。係注重兒童問題者。故主以兒童爲家庭主體。而尤顧全國兒童在經濟上得享一致。平等。待遇之。幸福。故又主兒童自六歲至二十四歲。均應由國家給以扶養金一份。其支給額、由中央議會定之。全國一律。至個人私有財產及繼承。亦不絕端反對。除依累進律制定財產稅法外。凡遺產擬作三分處分之。甲在法定限制額內之兒童遺產金。

乙在法定限制額內之各種贈與金內除前二項外。其餘所有財產。悉應存入省銀行。充作全省兒童扶養公積金。以上爲論中專關於兒童本身之點。其他婦人經濟獨立、結婚優生學各節。亦皆妥有論列。要仍歸結於兒童之利益。此描著之大概也。家庭在中國社會中。實占有極大而且最普遍之潛勢力。故欲改革社會或改革個人。皆非先着眼於家庭改革不可。此又描著之微意。既認此題爲最重要。而又覺自己知識與力量不足。故甚願天下共同討論。第一希望即速能成爲全社會所注意之一個問題。第二希望辯論者多。使觀者自明。第三自己主張之是非。自己不知。由此可求他人盡力糾正。所最困難者。家庭問題。關涉女子方面。甚大重。鄙意終慮男女意見必有根本不同之處。專由男子討論之解決之。深恐仍多隔膜。而又無法可以邀徵意見也。左右論政治之暇。曷請少撥餘閒。加以評論。至幸至幸。………沈鈞儒 十三年十二月二十二日北京南長街東河沿十三號

去歲愚主新聞報撰述。沈君衡山以此書及其專著號家庭新論者見寄。要愚衡之。此約今日始踐。彌邑邑也。愚之家庭久矣以兒童爲中心。不待衡論之誘掖。已先天下而行之。衡山宜與細論者決在愚家以外。故特抑鄙論而爲衡山介於天下之善男善女云爾。　孤桐

東南大學

………貴刊第一號時評東南大學問題一則。內有恩倅維同警察數十人。並擁前教育總長蔣維喬。於七月十日馳赴該校認非等語。查蔣君到校。在七月十一日。開由該校教授學生歡迎前往。何勞警察。且自七月二日至十八日。鄙人未嘗一離上海。寧有化身術可至該校。不知誰以此等讕言。傳布京師。貴刊遂採之以爲資料。設使確知鄙人蹤迹者。以此推論貴刊之所記載。無有價值。度非足下所願也。鄙見以爲足下果欲整頓學風。首宜以誠實指導青年。而不當以無稽之談爲天下倡。足下之推許敦復至矣。詎

知敦復圖亦嘗爲部人所欽服者。其自誤乃在不審進退之大義。貪言而肥。不能自反。專務攻訐。擁之者又以造諸爲長技。凡耳目較近者。每深悉其與事實相反。以致大爲公論所不直。本一爲人信仰之學者。而迫之使自陷窮境至此。亦部人所代爲扼腕也。讀竹箸大獄記。自覺今人能逃此二字者鮮矣。即如部人等碌碌之見。不過、欲、稍、爲、社、會、存、是、非。而不堪入耳之惡言。乃時見於報紙。雖私衷坦然。其感想正與足下等耳。以時鼓竹有往還之雅。而他日亦容有相見之時。與其匿怨。不如忠告。故在喉之鯁。不敢不吐。幸察諒之。……沈恩孚（上海中華路斐志坊少年路 七月二十四日）

本刊不爲偏激之論。尤不願濫用一面之紀載。鈴制他人。不使張目。沈君信卿、不失其讀書人之本色。來相辨論。本刊何敢拒焉。惟若東南大學之曲直。係決於沈君護持蔣前總長到校與否一事。則問題亦至簡明。請發此函。與蘇人共證之可矣。至沈君欲爲社會存是非。其意甚善。然江。蘇。省。教。育。會。者。豈天。下。言。是。非。者。之。的。彀。哉。苟天。下。之。是。非。必存。于。江。蘇。省。教。育。會。者。則今。世。是。非。之。權。果幾。何。哉。沈君又言以誠實指導青年。使人聞之。良此同感。

記者

外兵

……弟一介武夫。少通法則。襄年僑寓滬瀆。親見會審公廨種種行爲。大出乎理法之外。竊以不明原委。恒歸咎於當時立約之人。拜讀大箸。方知、其、病、不、在、立、約、之、先。乃在、履、約、之、後。因、由、外、人、之、越、俎、干、權。抑、亦、我、國、歷、來、當、政、之、放、棄、責、任。實、令、人、太、息、不、置。再有進者。各國駐京使館、及京榆路綫。均派有各本國兵士駐守。此固兆端於庚子之亂。限於條約而國都之內。時見。外。兵。武。裝。出。入。是。示。我。國。軍。不。足。保。護。駐。使。其。將。何。以。立。國。況洋兵雜處內地。不免因誤會而發生衝突。思患預防。尤關重要。弟分屬軍人。心殊耿耿。使各國撤去衛兵。應從何法入手。望討論及之。……曲同豐（北京老君堂胡同 七月二十七日）

人言國恥。忘此一事。曲君所示。誠足棒喝國人。

孤桐

孤桐雜記

聽仙舟重印其遠祖忠毅公（鼎孳）定山堂詩集。贈愚一部。京師擾攘之地。煩累不堪。忽與雅事相接。心意頓爽。愚初未審仙舟昆仲為芝麓先生後裔。雖在長沙。稍習詞翰。於清初錢牧齋吳梅村及先生、赫然為一代文宗。竊嚮往焉。流離江海。茲事蕪廢。今對此卷。為之憮然。嘗論明清相嬗。士氣隳喪。新朝謀以清書易天下。（公任刑部右侍郎時獄事同堂風有清讞自無漢滿案情滿從論字翻明經公若改始稿漢文旋孤）不復以文學為意。時文靡濫莫救。追言詩古文詞風雅。未絕。亦賴二三宗匠。默持風會而已。氣節之說。乃不明斯文大勢者為之。況公入清。年不過三十。與錢吳早經貴顯者不同。而宏獎風流。一無矯飾。抒金。結客盡氣力。以援天下士。又非兩公所及。知滿洲三百年之文運。所繫於合肥者。為不少也。民國承清。每況、愈、下。更越、十、年。將求、稍、識、字、者、而、不、可、得。今時、宗伯。又係、何、人。景仰、前、賢。可勝、太、息。集中。有稽古志士。榮大業。起儒。素之。句。一生。所事。不愧。其言。

先生詩品。婁東序文所稱。選詞綺麗。使事精切。遣詞雋逸。取意超詣。四語盡之矣。惜其詞繁。無從採錄。獨見、與、杜、于、皇、唱、和、綢、密。杜有、饑、風、軒。軒有、桐、樹。贈杜、詩、中。頻涉、青、桐、孤、桐、諸、字。且杜、氏、之、桐。早為、雙、青。後乃、成、孤。今、昔、之、感。與、愚、同、趣。敢取、茶、村、之、清、標、絕、俗。公之、勝、概、凌、雲。以、自、勵、云、爾。仙舟不忘祖德。期與共勉。唐貞觀中魏文貞雅道自期。謙靜之烈。比於三代。宣宗時從其七世孫謩索遺書。不可盡得。今魏氏子孫。能完此集於二百年後。撫詳其鄉先輩李文忠為之嘉猷也。（文貞事見李序）即詩云。窮巷落木深。中有幽人宅。昔來。雙。桐。青。年到。鴻。雁。跡。及茲對杯酒。為日忽已百。歲晏多寒雲。庭草委衰白。苟無達生術。晚節復窮惜。又云。晨風感長征。九載一鄉縣。若螢錮嶺色。復此逢門見。萬響。急。深。秋。況乃。凄。搗。練。孤桐。何。陰。森。江山。晴。遙。何。對酒理素琴。斯舟反荒宴。別多歡苦稀。寒花濬飛霰。各保。金。石。姿。無為。嘆。霜。鬢。

茶村最愛先生十八灘雜詠，謂嶺南山水奇絕。昌黎子瞻。久於其地。俱無所發洩。轉言其地苦惡。使山水蒙詬。先生廿返其境。不過數月。詩乃溢至三百餘首。劃刻銘鏤。精湛而深雋。十八灘諸作。乃猶永嘉之有謝，澳門之有杜。韓蘇視之缺如云云。黃岡傾倒如此。吾儕又久留兩粤。奇境屢經在目。不可不留佳句。以時涵之。爰錄其一首云。心怵天柱險。到目炫眷亦。高沙界中流，萬象，歸。一。石，遠者，浮。近者。欹。屋。壁。錯落，臥，首。馬。拱，揖，昧，主。客。骨奇草樹青。忽綴幽怪跡。併力，爭，一，發。淪漣，遠，崩，迫。諸山谷竟徑。宛轉匯中澤。境過，靜，使，情，狠，輕，此，何，適，

江西彭君、出其伯華先生遺札求跋，覽之不勝慨然，乙卯、余在東京。最後晤伯華。伯華尚言將從習英文事。此事遇蓋許之甚久。迄未踐約。伯華客死東京。已數年矣。思之不懌。至伯華湛深佛典。余未獲請益。尚不、過、伯、華、未、度、衆、生、中、之、一、生、而、已。札如下。

十餘年來。未嘗作一文。雖有見屬者。而持之甚力。不少動搖。無疾時尚附。況有疾乎，今序之不能作。早已內決。然頗數自搖惑者。徒以足下待人竭誠盡力。能爲人所不能爲。某平日藉助處實多。而君於此序又求之甚堅。故雖熟知力所不堪。然猶欲冒險爲之。以副雅意。而不度此舉之適不如願也。蓋作文之難。某深悉之。精力之總。又自知之。然一。見。君。意。之，誠，懇，則不。禁。意。動，意動。則。必。試。爲。之。爲輒。大。困。大困。則。意，復。決。復決。而。又。晤。君。則意。又。動。動則。又。大。困。蓋若是者。已數次矣。長此不已。將徒見受困之循環。而序亦終不能成。殊覺非策。故至此不得不汲汲知止。雖自負君。然無可如何。此序有人作固佳。即無一人肯作者。某亦不作。蓋關係之重大。僅乃如是。而必至以身殉之。殊無謂也。若謬許老馬識途。入已作就。而俯商於某。某則詞意悉仍原本。而但就行文之章法。加之整理。使合矩範。此或可力疾爲之。不若命意遣詞。悉出於某之難爲役也。作一序耳。何至身殉。此兩遞序之不能作處。至爲曲

折。有作此函之氣力心思。序亦可爲。凡此俱見伯華之拘執處。愚朋交中有兩人負性特異。一楊華生。昌濟一桂伯華。華生臨死前一月。尙有書抵愚。爲言已定一讀書五十年之計劃。甚覺得意。伯華求學英文。蓋志在展轉以學梵文耳。其後便不能學此。旁觀至明。而彼抵死不悟。此二。人。也。愚皆。有。所。負。而其。方。正。不。容。一。毫。苟。且。處。以。鄙。性。方。之。愧無。地。也。

近來青年知識慾膨張。裘糧不足。紛紛出國求學。因之流離於外。欲歸不得者。不可勝數。而尤以法國之勤工儉學生爲最狼狽。愚在、諸、邦、親、見、其、狀。有心、無、力。大、違、老、子、常、善、救、人、之、意。追、思、猶、有、餘、恧、也。有黃生仁浩、字嘯巖。亦勤工生。在顧少川處傭書。爲實勤苦。不同餘子。愚在英有所撰述。黃生輒爲清理稿件。頗資得力。顧不索酬。愚亦不及酬之。由彼慨然以半工半讀赴美洲矣。黃生暇時。成國際聯盟大會紀要一書。愚曾爲作序。頃檢得原稿存之。天末之思。其何能已。

國際聯盟大會紀要序

辛酉夏、愚與黃子嘯巖同客英倫。嘯巖編有第一屆國際聯盟大會紀要。索序于愚。愚嘉其纂輯之勤。且信此書有補國人常識。諾之。然久未報。嘯巖屢來促。無以謝也。卽循覽原書一過。執筆求所以爲序者。顧褐然無所得。所知一二。都不足爲論材。可見。史。稱。顏。延。之。疏。誕。不。能。斟。酌。當。世。非。徒。然。也。時此邦作者威爾思、新著文明救苦論。言人類一體。當破國界。求大同。統一政教。書中深譏國際聯盟之無謂。謂此。種。枯。瘦。悕。悕。帶。法。律。臭。之。算。式。集。合。何。能。開。發。生。人。之。眞。同。情。此。之。所。爲。與。強。人。不。愛。其。妻。而。愛。俱。樂。部。中。之。往。來。婦。人。何。異。爲書苦心洪辯。讀之爽然。愚一手持威論。一手序此作。文思不佳。宜爲讀者所見諒也。然國際聯盟。究爲大戰所食之報。與國相犄之念。較前有加。吾國新得列席。代表顧君維鈞聞望亦隆。此、誠、吾、人、自、審、國、情、戮、力、併、命、之、秋。嘯、巖、之、作。及、時、而、有、用。愚、所、敢、言。是爲序。

甲寅周刊第一卷第四號目錄

特載

停辦北京女子師範大學呈文

章士釗

呈為國立大學。師生互鬨。紛糾難理。擬懇查照美術專門學校成例。將該大學暫行停辦。以資整頓而維風紀事。北京女子師範大學校長楊蔭榆。為校內一部分學生所反對。呈詞互訐。由來已久。本部前任次長馬叙倫、總長王九齡、均以辦理棘手。遷延未決。迨士釗兼部。日在辭職或未實行負責之中。亦復未暇顧及。查此事之起。由於該校學生。設有自治會。倡言不認楊蔭榆為校長。並於公開講演之時。羣起侮辱。該校長乃於素喜滋事之學生中。革除蒲振聲、張平江、劉和珍、姜伯諦、許廣平、鄭德音等六人。該生等不服。聯合校內外男女各生。大施反抗運動。非但革生不肯出校。轉而驅逐校長。鎖閉辦公室。阻止校長及辦事人等入內。以致全校陷入無政府狀態。由五月至今。三四月間。學生跳梁於內。校長僑置於外。爲勢睘然。一籌莫展。邇者士釗奉令調署。正擬切實查辦。適該校長楊蔭榆、擬具改組四班計劃。請示前來。當以該校長職責所存。批令妥善辦理。頃據該校長呈報。八月一日到校。頑劣學生。手持木棍磚石。志存毆辱。叫罵追逐。無所不至。又復撕毀布告。易以學生求援宣言。並派人駐守校門。禁阻校員出入。其餘則乘坐汽車。四出求助。旋有男生多人。來校恫嚇。並攜帶快鏡。各處攝影。種種怪狀。見者駭然等情。學生紊亂如此。逾出情理之外。竊思比年學風囂張。已極。政府既乏長策。社會復無公評。四方不逞之徒。又從而扇發之。但使青年男女。頑抗部校命令。是非顛倒。一無準擬。該校長以一女流。明其職守。甘任勞怨。期有始終。雖其平時措置。未必盡當。平心而論。似亦爲所難能。士釗每得該校長之訴書。思此輒爲太息。或謂師生之情過傷。感召難期妥愜。原案雖不能易。人選似可通融。不知京師各校。以革除學生而謀逐校長。已非一次。其後因緣事變。借口調停。大抵革生留而校長去。勝負之數。伏於事先。橫逆之生。慣如飲食。乖風流衍。以迄于茲。綱紀蕩然。泰半由此。今若謬種相仍。再誤三誤。此其選愞羞當世之士。其失小。公然縱子弟爲惡。其失大。士釗詳加考慮。此著斷不可行。默察該校情形。各系教員。植黨搆扇。勢甚強固。不可爬梳。而諸生荒學踰閑。恣爲無忌。道路以目。親者痛心。該校長任事以來。一切要害之政。並尚未能董理。而已怨毒之甚。一日難居。倘仍其舊貫。環境依然。即別求一人爲繼。度亦無能爲役。士釗少負不羈之名。長習自由之說。名邦大學。負笈分馳。男女同班。亦嘗親與。所有社會交際兩性銜接之機械締構。一一考求。其中流以上之家。凡未成年之女子。殆無不惟家長阿保之命是從。文質彬彬。至可愛敬。從未見有不受檢制。竟體忘形。噓聚男生。蔑視長上。家族不知所出。浪士從而推波。僞託文明。肆爲馳騁。謹愿者盡喪所守。狡黠者毫無忌憚。學紀大紊。禮教全荒。如吾國今日女學之可悲歎者也。以此興學。直是滅學。以此尊重女。子。宜是。摧。辱。女。子。釗念。兒。女。乃。家。家。所。有。良用。痛。心。爲。政。而。人。人。悅。之。亦無。是。理。該師。範。大。學。號爲。全。國。女。子。最。高。學。府。強自。取。柱。柔自。取。束。立表。不。正。其影。可。知。當此。女。教。絕。續。之。秋。宜爲。根。本。改。圖。之。計。擬請查照馮前次長處理美術專門學校成例。將該大學暫行停辦。該校長楊蔭榆、調部任用。一面遴選專家。妥速籌畫。務期重立宏規。樹之模楷。以副執政與民更始不遺女子之至意。是否有當。理合具文。仰祈鈞鑒施行。再、該校學生。半由各省考送。家長戚族。未必在京。責令即時解散。亦未便操之過急。日者士釗曾偕部員。親赴該校視察。見留校女生二十餘人。起居飲食。諸感困苦。跡其、行、爲。宜有、懲、罰。觀其、情、態。亦甚、可、矜。當由部派員。商同各該保証人。妥爲料理。無須警察干預。外傳警察毆傷學生各節。全屬訛言。此後校事部了。尤不至有學警衝突之處。合併陳明。

時評

滬案自英國方面。主張改用司法手續。由各國組織委員會。共同調查後。漸成僵勢。緣中國政府。絕對不能承認。而各國間之見地。亦復未能一致。凡外。交。界。中。人。莫。不。知。此。事。爲。倫。敦。主。動。又。莫。不。知。倫。敦。政。府。因。過。信。駐。滬。駐。粵。兩。英。總。事。之。報。告。致有。此。顢。頇。偏。執。之。決。定。此項。委。員。會。意見。蓋。決。不。能。融。洽。步調。亦。決。不。能。整。齊。法意兩國。以與上海工部局關係較淺。且屢屢有被擯不使與聞之勢。政府曾警告英國。謂使團延不開議。以致激起輿論。另生枝節。政府不能負此責任。使團對此。亦尚無滿意之答復云。

三　關稅將次開議之聲頗高。其事實則華府條約所議定加稅一二五之關稅會議。原擬各國批准後三個月內。由中國政府擇地擇日。柬請各國派員開會。徙以法國爲金佛郎案。延不承諾。此事遂由千九百二十二年二月六日。擱置至今。最近金案既決。法國換文。遂華盛頓。遵于八月五日。由吾國駐美施使。在美京辦理存交手續。因得按照前約。從八月五日起。三個月內。召集該項會議。此外、間、呼、聲、之、所、由、來、也。至將來會議之範圍廣狹乃無一定。千九百二十二年一月五日。吾國代表、在太平洋與遠東問題委員會十七次會議席上。曾聲明保留關稅自由提案。是本。會。議。之。彈。力。至。爲。厚。重。國。人。若。於。其。無。可。疑。者。而。疑。之。則。儕。己。

邇來中俄國交。日形嚴重。駐俄代表李家鏊、大有不能支持之勢。政府以孫君寶琦、外交耆宿。資望最深。特請認充吾國第一位大使。當此折衝鉅任。孫君快然承之。已見特簡。會蘇俄異軍特起。創立工聯。如洪爐然。火花迸射。以國。際。間。之。利。益。總。量。計。之。蘇。俄。之。不。欲。以。人。易。己。亦猶。各。國。之。不。欲。以。己。從。人。世界。既。未。大。同。國。情。難。期。一。致。故歐美各國。凡與蘇聯訂立條約。莫不於相互不爲宣傳事業。三致意焉。實則各國之資本帝國主義。以陰謀破壞蘇俄之嶄新國命者。其例絕罕。而蘇。俄。之。宣。傳。機。關。如網。之。密。遍。叢。地。轂。隨。處。觸。之。爲。各。國。所。厭。苦。所力。禦。而無。可。如。何。者。報紙。蓋。未。嘗。一。日。絕。書。吾國。既。與。于。國。際。家。族。會。議。斯例。亦。莫。能。外。其。如。何。外。重。邦。交。內。清。國。本。相。維。相。劑。大有。工。夫。孫大。使。其。毋。負。國。民。之。厚。託。可。已。

盧君永祥迭請辭職。挈留無計。已經八月二日國務會議。正式許其辭去江蘇軍務督辦兼職。而宣撫使名義。仍虛懸焉。查盧使爲首義第一有功之人。執政既所深倚。奉天張督辦尤所推服。往歲淞滬軍事。小有頓挫。盧使拂袖東渡。張督辦則專誠迎之東歸。其後開府江南。謀舉黔軍建國之實。又皆奉天一一爲之壁畫。以人。定。國。正。是。其。時。無。如。盧。使。功。成。不。居。志不。可。撼。雖。以。執。政。之。厚。勉。張。使。之。敦。勸。無。所。用。焉。而參省軍政。又未便擱置不辦。不得已而有八月二日之決議。此誠天下之人。所共爲歎惜者矣。

執政重視修改不平等條約。擬令王君寵惠回國。擔任修訂法律館總裁。從事準備一事。已誌本刊。茲悉王君及駐和公使王廣圻、先後電復沈章兩君。稱所擬各節。王君仰體執政重視國權之意。慨然擔任。王君現滯海牙。不日啟行東歸云。法界。聲光。重曜。本土。拂士。法。家。應同。一。喜。

新法長楊君庶堪、曩於南北合作之不容已。執政及僚友推挽之無可卻。已定脫卻形迹。毅然就職。許君世英新由南歸。從中醞釀。尤爲有力。八月六日閣議席上。執政曾親提此席。當指派內長龔君、教長章君代表勸駕。隆中既顯。卧龍可出。此重、公案。不日、似能、了、卻、也。

日本之加藤內閣。初爲憲政政友革新三派聯立成之。以實行普通選舉爲其綱領。其後政友會改組。戴田中大將爲黨魁。革新派之犬養毅氏入政友會。於是內閣僅存憲政政友兩派而已。破裂之聲。喧傳已久。政友。會。人。日望。與。其。舊友。新。敵。之。政。友。本。黨。重相。提。攜。規復。其。多。數。黨地位。田中。入。黨。蓋大。有。所。圖。者。特以。政。友。派。師。與。無。名。故仍。相。忍。爲。國。耳。邇因整理稅制一案。兩派以主義不同。竟爾公然攻擊。稅制、取、緊、縮、主、義。減輕、地租、及、營、業、稅。並設、免、稅、點。憲政、派、之、主、張、也。政友、派、則、反、是。主將、地租、及、營業、稅、委、讓、而注、重、地方、分、權。前月二十二日、憲政黨之濱口財政大臣。將該整理案內容。向閣僚報告。易而言之。此種。報。告。不啻。現。內。閣。對。政。友。派。所。下。之。哀。的。遺。敦。茲將該案大略。摘記如下。

(甲)改正稅

一、將現行所得稅之免稅點八百圓。提高爲千二百圓。(因此收入稅額約減六百萬圓)不設資本利子稅。

一、地租改爲收益稅。採用賃貸料標準課稅。除宅

五

地稅。而田畑地畝及其他土地百分之二減稅。不設地租免稅點。（因此收入稅額減二千萬圓有奇）

一、營業稅改課營業所得稅。千圓設免稅點或減稅。（因此收入稅額約減一千五百萬圓）

一、酒稅比較現在之稅率倍增。（因此收入稅額約增數千萬圓）

一、相續稅倍率復活。（因此收入稅額約增一千萬圓）

（乙）廢止稅

一、自用醬油稅。（收入稅額約減七十萬圓）

一、絲織物消費稅。（收入稅額約減一千三百萬圓）

一、通行稅。（收入稅額約減一千二百萬圓）

（丙）新設稅

一、化粧品稅及賣藥稅。根本改正。（收入稅額約增一千萬圓）

據此總收入稅額。約減少八千萬圓。增加者不過二千萬圓。尙不足六千萬圓。聞將以酒稅及目下調查中之增加關稅補充之云。

黨戰既開。內閣總辭職以起。繼任之選。不外兩途。其一、使政友會組閣。其二、則仍使憲政會任之。依憲政常理言。憲政會爲第一黨。而普通選舉該會倡之。則宜使其負責辦理第一次選舉。其結果也。八月一日。仍由加藤高明重拜組閣之命。閣員名單如左。

內閣總理大臣　子爵　加藤高明　（留任）
外務大臣　男爵　幣原喜重郎　（留任）
內務大臣　若槻禮次郎　（留任）
大藏大臣　濱口雄幸　（留任）
陸軍大臣　陸軍大將　宇垣一成　（留任）
海軍大臣　海軍大將　財部彪　（留任）
遞信大臣　安達謙藏　（留任）
文部大臣　岡田良平　（留任）
鐵道大臣　仙石貢　（留任）
司法大臣　江木翼　（新任）
農林大臣　早速整爾　（新任）

商工大臣　片岡直溫（新任）

內閣書記官長　塚本靖（新任）

由右觀之。此番政潮所得。亦政友派與現內閣決絕。謀一明雌雄於總選舉耳。此次更迭。純依政軌。頗爲國人所許。逆料加藤一派。在此數月以內。當無動搖。議會一開。風雲乃起。田中大將毅然舍去軍職。從事政團生活。律以謀定後動之義。成敗利鈍之數。未審其自期者何如。

跡府

孤桐

汾陽王徵伯、浪跡之人也。少與愚遊。頗相依倚。而其人細行不檢。大不理于衆口。愚恐之責之也。浸與愚疏。亦偶有書來。枝梧其詞。昨馳函密稱甲寅之美。惟惜一事不足。則卷中自道之處過多。與讀者之趣意不相生也。嘻、此非徵伯所及知也。昔英倫有文家。曰艾狄生。自創一周報曰司佩鐵特。與愚之爲甲寅略同。司佩鐵特者。袖手旁觀人之謂也。艾君實以自況。其第一文。即聲敘司佩鐵特之爲人。其言曰。「凡欲深知作者所言爲何物。當先知作者其人何狀。彼果黑人耶。白人耶。溫文人耶。抑躁妄人耶。有室耶。抑鰥者耶。高士耶。抑曾犯罪耶。如此類者。皆讀者所急欲知。不及知之。則讀其書恆不樂。」斯之爲說。蓋精通讀書人之用心。抉其微而出之者也。即吾國大家。亦不外是。諸君試思之。倘史記自始無自序一篇。吾人倘論史公而敬之愛之歎息之之意。與其文章驚天地泣鬼神之度。敢言決無減耶。公孫龍、名家也。其書正名足矣。而開宗明義。輒狀己行。曰、公孫龍、六國時辯士也。又曰、龍趙平原君之門客也。其行事如何。其與孔穿論難如何。皆涉行跡。無關本論。因題跡府二字以冠于篇。示與義理有別。謝希深云。府、聚也。述作論事之跡。聚之篇中。因名跡府。一孔之儒。不明斯理。輒謂此爲後人追錄之詞。因疑本書不爲龍著。嘻、此徵伯之論所以尚存於今日也。愚之甲寅。半是闡發個性。作者雖行能無似。而稍擅文辭。麤通治理。好宿事故出人早晚其所行事期於無甚不可告人之處而又益信近世心解諸學意在表彰人類之弱點無人無己俱使自覺然後洽爲同德當人可由于斯世也當然有一部分必思者好奇望感情蕩焉寄之使之代主拮增與世共見用是範作中心成爲文匯令天下相同相稱甚且相反之情之意之志一人自狀直人同誼以質以剖以循以環人人了然于一時風會之所共趨因緣措施之所宜出是非大之有曾於世道人心而小之文人所當滿意踏踏之勝事乎愚不自揣竊志於斯用遊戲言著爲今論有見疑如王君者以資觀焉

與李君石曾談話記

孤桐

八月三日午後七時、江君亢虎、呂君戟之等招宴於歐美同學會爲朱劍霞女士饋贄與學也愚與李君石曾同座朱女士乘言於李君李君起請余亦不從言惟今日京師女學有一極悲慘之紀念願孤桐以警告教育當局使知女子師範大學有爲警察殘傷者若干人（傷重者四人餘傷他處）其導因爲外交問題其表見爲摧殘女學如此痛心之事演於首都已成之國學而不能保何暇計及地方私立女學之成毀盛衰乎語甚悲壯合座動色愚從容請之曰石曾（先生語今但行吾公文從略）所稱警察毆傷女生若干人果何所見而云然乎石曾曾身親焉否乎若僅以告者爲憑則凡來愚處述告及所得負責任之是恨適得君言之反當日警察蓋絕未傷及學生徒見學生紛持木棍磚石追擊校長教等從中調解而已究竟何方所言比較實在石曾何妨調查明白始出爲魯仲連乎以北京學界號觀當局之甚保護弱者聲浪之高而女師大又向爲一切教聯學聯休戚與共之大家豈有女生傷及多人事越三日欲一紙診書而不得見而魏家胡同十三號之門庭復閧宣乃僧奏乎五七之變學生閧傳朝陽大學學生林世境死難謠刻大書報單如螺日號頓易稽懸章士釗標題林烈士與尸游行由今觀之其事果何如乎當時並傳某生死于魏家胡同愚嗾警兵毀其屍假埋於床下今敝處猶在瓦席。依。然、石。什。復。作。何。感。想。乎。石什又謂女師大事。導因為外交問題。此語命意如何。遐欲請教。李君曰。是日學生正開滬案後援會。而政府即派軍警。馳往女師大。解散學生。不得不疑是外交問題。不得不疑及英日盾諸其後。愚曰。此種解釋。幸獲親聞。不然。恐決不僅李石什能為是言也。所謂英日盾諸其後者。大之為賣國。小之為得罪。（實則實國與得陏即如一事姑分而詳之）此種大事。一無澀澁。遽於大庭廣衆之中。公然責難政府。愚誠深服石什之無政府主義。十分貫澈。此其影響。固可引起一部分人罵倒政府。亦未始不可。引。起。他。一。部。分。人。罵。倒。石。什。謂。石。什。諸。所。行。為。有。別。一。國。盾。於。其。後。色。彩。甚。為。濃。厚。因。追。而。以。同。一。之。罪。名。轉。嫁。於。人。以。為。疏。辯。或。紙。衛。之。計。石。什。將。何。辭。以。對。乎。假若政府不肯。適如其言。石什屬權崩同壓之危。宜有披髮纓冠之計。政府中人。如愚、如贊侯、如其他其他。皆為石什之友。若應。將。之。以。游。談。論。之。於。密。勿。責。以。諸。惡。可。恕。惟。罰。國。不。可。原。此。不。肯。之。政。府。者。如。天。之。福。從。善。如。流。石。什。救。國。此。眞。救。其。大。者。遠。者。天。下。誰。

不。尸。祝。石。什。之。是。務。不。然。石。什。號。召。同。志。討。之。天。下。亦。誰。敢。不。從。今。乃。羌。無。故。實。全。憑。羅。織。掉。之。以。輕。心。臨。之。以。戾。氣。國。利。青。年。男。女。之。弱。點。破。壞。舉。國。一。致。之。外。交。如。飲。狂。泉。百。端。煽。惑。此。不。愛。國。並。不。愛。己。此不。重。行。並。不。重。言。愚。甚。為。石。什。不。取。也。愚。甚。為。吾。友。不。取。也。李君曰。總之學生開滬案後援會時。政府不應解散學生。愚曰。學生開會。未必次次呈報。政府安從知之。楊蔭榆改組計劃。愚並未提交閣議。政府亦全未曉洽。石什之截搭題。如此做法。眞是匪夷所思。惟閉校長為學生驅逐出校。封閉辦公室。不准辦事人等出入。如是者三四月。石什、為、政、將、從、何、處、理、乎。其將、保、留、革、生。遂、免、校、長、之、職、否、乎。李君未對。愚曰。愚才雖無似。而並不以官為業。從事撰述敎授。俱各有年。學界老宿。半為舊識。平日口傳筆述。各種改革教育計劃。大抵同人之所謳歌。今與時會。得掌本部。內衡部陋。外矚時流。謂是僇力並進之秋。焉來同室操戈之事。不意。諸。君。所。以。相。待。其。理。解。乃。大。出。乎。尋。常。倫。理。之。外。石。什。平。且。視。愚。豈。求。崇。壓。學。生。以。為。已。

九

利者哉。五七之事。果以擢用學生爲得計。寧有本部直轄諸校。今未接奉本部訓令者。試諸君抹殺事實。廣搆虛詞。鳥瞰先機。務鋤異己。但使血氣未定之學子。悉爲一切壞亂之秘謀。此其用心。直不使有言讀種子。留連京府。紊理教務。以氣類之相感。爲學閥之遂。闘而軍。禽視鳥息。於軍閥官僚之下。伺其顏色。偷爲奸利。偶有衝激。奇變有名。而凡手持毛瑟。或腰帶出。揮刀者。諸君乃立爲第二天性所暗示。不復正覘。而推使夙稱。固頑固情。決不肯濫用政力。徒陵學府者。不復有旋足。吐氣之餘地。以爲快。以愚不明。心解苦味。其故石骨。思之。亦能示我。轉語否乎。李君曰。

辦教育者。當認吃虧。愚曰。此言最是。但以部事論之。

學界。以莫須有之罪。罪愚。愚初不辯。昔於辭職以去。辭職書中。亦並不翻此爲一理由。如前不疑。還今同令。如司馬德操推豬鄉人。此其勉自賠損亦若可告無罪矣。而寒家遭毀器物。供盡妻子。駭其圍擊。己身之猶逃者。以寸亦俱不問。法庭公訴之案。愚自長秋暫陰令消之。私訴更不必說。事前事後。一取無抵抗主羨。五七之屋。營聰。派途便衣。綮十六人。來宅。室人不肯收藏之。再四。僅留其二。迫沈納之。酬既已爲人之室。見逐。薪木尚在。將屋略修。愚則立求警盡撤。諸倘以返吾素。學生何時傾校見訪。便利俱一如前。此其於石骨所話吃虧之涵養。偶有嘗爲否乎。抑猶有進於是者乎。李君來對。以外諸語。不能盡記。雖詞旨往復。各有氣力與俱。而李君與愚之交誼。決不因此有損。姑舉大凡。留示知言君子云爾。在座聞者鹿君瑞伯、汪君允虎、呂君藏之、雷君惠南、彭君臨九、馬君夷初、馬君寅初、秦君墨哂、胡君仲寶、朱女士劍霞。

國民失業問題

金體乾

金君葆光、蒞在甲寅雜志中。商榷政本。備闡諸論。今復是昔登然論摘之喜可知也。失業問題。最關國本。本文祇闡脈絡、未施方藥。金君及天下知言之士。重細論之。曷勝企望。　孤桐

歐戰閈事後。同盟暨協約諸國。莫不因財耗竭。產業

萎縮、市場疲敝、銷路減削、加之戰士歸來、倖存者無工作可者、殘廢者需卹養之欵。於是各國間遂發生重要緊難之國民失業問題、政家彷徨、談士欷歔、咸謂茲事體大、所繫甚宏、倘不得當。則社會之隱憂潛伏、國家之騷亂莫靖、迄於今日。時歷數年、經各國當局擘畫救濟。略見端倪。第稽其成效。僅補苴之術、非本根之計、日後遷流所届、果至何程。莫能言之。惟太平洋岸之美日二國、遜與歐戰。而情勢不同。如此情實。尚不經見、顧日本震災以後、國力耗折。後日能否幸免、亦莫能言之。

中國情狀與他國異。凡此不幸。俱所未聞。擊既未作。宜其無累、孰意失業之衆多。遠非他國所可比擬、而士夫對茲問題之忽略。亦初非他國所能想像、此豈歐亞思想之不同。實歐亞政治目光之有異。各國討了失業問題。風起雲湧、震撼山嶽。轟轟然負不可終日之勢。稽其人數、誠莫詳指。第一千萬人極矣。以喻中國。猶滄之與河海。丘垤之與泰山耳。若以中國失業之狀況。語之歐人。不待詞畢。殆已令人驚倒。夫以

國人失業之緊。超於他國、而討論之聲。閱其無聞。排濟之方。漠然未及。茲姑日長。使搖國本。此實社會與國家現在、及將來之隱心棘手問題。余無似。輒抒孤陋、取而論列、以申警國人、

一國之中、凡一現象發生、自具邏輯必然因果。執因尋果、據果溯因、因果不忒、而現象之實況、表裏畢呈。莫之或逃、今國人失業現象、徵之邏輯。因果所倚。灼然可指。種因既明。後果不爽。刀圭之施、可得而言。

中國昔以士農工商、殊為四民。士居四民首選。為三民表率。名實甚崇、至今未衰。顧士之所業、恆莫能名。大率士焉者販書詩以弋科第。稽科第而博爵祿。次焉者設館收徒、自資養給、日授章句、而自號人師。下焉者習為刀筆。舞弄破爛文法。或游食幕府、或武斷鄉曲。士之所事、盡此數端。假令之數端者、與於職業。不伍游民、亦僅錚錚佼佼者、能若是耳。其不及是者。如恆河沙數、更僕難量、夫農傭力田疇、樹藝五穀、以贍人而自養、士不能任其勞、工居市廛、競技巧、製器造物。以利民用。士不勝其巧。商博輸萬貨。調劑有無。

一一

擅天下之利而利天下。士不能勝其任。士不若農工商。之自給給。人復分。農工商之所盈。盈已。士之爲士。豈非國民失業者之最著者哉。然而士之出此。固有職之使然者。典章所重。名利繁焉。清紫俯拾。鄉里榮焉。倖而獲之。固足致功名厚利。爲交游光寵。其或不售。亦恬然自甘。不復怨懟。寄生社會。黃馘終老已耳。往者可勿論。自滿初以降。二百數十年間。士夫之沈溺於此。不能自拔。失業之人。歲歲增加。至於國亡而止。綜而計之。蓋奚止數百萬人也。是爲國民失業之一原因。

迨乎前清道光二十二年。南京條約成立。許英人五口通商以還。各國踵至。援例互市。所締諸約。率多自縛。中國版圖。遂淪乎爲列國工商業角逐之場。其時歐美諸國。丁工業革命之餘。產業振興。百貨闐溢。海宇四通。商務蔚起。莫不目營心計。開拓世界市場。斬殖財專利之策。而吾中國人者。正神游羲農。行崇懷葛。蕩蕩然忘利用厚生之訓。一任各國騰擧電駛。環趨偕赴。兼攻吾國市場。其始僅略江海沿岸。其繼侵入腹地。其終包擧遐陬遠鄙。山巔水涯之地。莫不被其蠶食。至於今日。仍不知所底止。吾國古昔以農立國。大義所垂。今猶不墜。夙斥工商之業爲末務賤藝。搢紳先生。所不稱道。雖數千年間。遞經演進。亦有可觀。顧語其程功。手工工業與負販商業而止。國情所驅。事實昭昭。莫能爲諱。夫以工場工業之產物。與手工工業之產物抗衡優劣。以公司商業之懋遷。與負販商業之經營較論成敗。後者不敵前者。鑿侯顯著。蓋工場工業產額鉅。物品精。成本廉。而手工工業反之。公司商業資本厚。品物備。賺利薄。而販負商業反之。故手工工業產物。與工場工業產物遇。則前者必爲後者所驅逐。負販商業。與公司商業遇。則前者必爲後者所兼幷。手工工業爲所驅逐。則錯場大綳鬻之。貲爲衣食者。轉瞬失其故步。負販商業爲其兼幷。則奇盈無術可計。有無聽命於人。黠者僅足自給。愿者遂成廢民。而工肆商廛。失業之徒。項背相望。自今以往。涓涓然尚不知所止也。自列國工商業侵入吾國市場之後。垂及百年。國中士夫。亦嘗謀所以禦之。

若者建工廠。若者設公司。三十年來。成立不少。消納人工。厥數亦鉅。顧經營未善。率遭挫敗。環境不適。遂外尤多。存不什一。屈指可計。失業之人。仍難挽救。是爲國民失業之一原因。

民國改元。草昧初啟。項城秉政。海內喁喁。乃昧調和之意。鬨同異之爭。癸丑之變。因之驟作。自是以後。如石投水。波環四濺。起伏不休。迄今未靜。綜計十四年間。無歲不尋干戈。二十餘省陷中。無地不遭禍亂。探厥癥結。歷歷可尋。自項城稱帝。繼以殂落。中樞威柄凌替。地方權勢崇隆。尾大不掉。情實漸著。不論何人。不問何地。苟其人者。一旦擁專閫之符。莫不懷非常之慾。凡百要政。無過養兵。竭其度支。盡其搜刮。以供率師旅。驟爲一日之用。而民間騷然。百業衰頹。非其所問。財力絀匱。宜其可已。而事實殊異。增額者如故。誅求者如故。既斂民間子金。復剝民間母金。社會元氣消耗。各業因之彫落。又非其所問。此地如是。彼地不殊。全國人民。乃宛轉衰憊於軍費壓榨之下。無術自救。業之優者。因之而劣。夙有業者。因之而無。失業人民由是漸衆。此其一端。地域不同。互逞雄長。一旦不下。遂弄干戈。號召黨徒。糾合師旅。少者數萬。多者數十萬。調遣費用。橫征強派。坐提之員。比邑相望。追迫之吏。絡繹於途。無告之民。何能抵拒。饒裕民戶。勉足供應。而編戶齊民。大抵或竭衣食之資。或鬻田畝所得。以求免牢獄之追比。然而納未已也。軍隊行動。更賴輸運。火車汽船。已無論矣。其無二物之地。則牲畜舟車。盡量徵發。壯丁盡量拉拿。甚且及於童叟。苟言逃者。生死莫測。而徵往之具。歸還無期。道發人夫。或罹鋒鏑。或攖疾疫。或乘間逃亡。生命懸之旦夕。其幸而免者。又以抓拿之無已時。率多離去所業。遠竄他方。兵事未終。欲歸不得。無論所居。爲克敵之區。或敗挫之地。凡經一度戰爭。莫不十室九空。流亡載道。安居樂業之趣。蕩然無存。此又一端。夫吾國粗劣工商。遭列國之蹂躪。失業之衆。不勝計數。所餘以奠邦本而維國脈者。農業而已。今之農人。平時不勝敲剝。至不能舉其業。戰時不堪騷擾。因之而失其業。固已岌岌可危矣。而餘兵客匪之徒。方如雨後春筍之繁。

一三

長人羨紛用隨時備戰逐其酋心勢非驅全國人入於失業之途不止。是爲國民失業之又一原因。

自前清末葉。倡言變法。宏獎興學。學校蔚起。遞入民國。歲有增設。然非佳象。綜其設學區分。大率別爲數類。一中央設立者。一地方設立者。一團體設立者。一私人設立者。凡此四類。設建初意。誠無紕繆。顧教育之主旨不立。甄陶之方法不嚴。自昔已然。於今爲烈。窮其禍害。不可勝舉。初級教育。姑置勿論。中級學校以上之教育。所費至鉅。所關甚宏。不幸頻年以還。政局糾擾。掌教育者。敷衍不遑。何言施政。間有賢達。發憤振飭。與國人更始。率因阻力橫生。不得少展其志。其在地方。軍藩恣肆。達於極度。教育何似。尤無人措意。以致狡猾之士。投間抵隙。結黨成團。把持校務。標榜清流。自謀便利。各地自成部落。學校儼同私產。其由中央或地方興辦之校。學科粗備。款項較裕。在中國爲教育中堅。而所施課程。強半空疎。無裨實用。不禁學校可得熟習。承學之子。歲耗巨金。費時間。縱絕外務。學業兀兀。之所得。已成敝帚。而況考校不嚴。管理失敘。請假懈學。習爲自然。職員不敢干預。教員樂爲優容。更有所謂學潮者。時隱隱隆隆。起伏於學校之間。勸率開會罷課。累月經旬。學業所獲。能有幾許。在黌數載。循例卒業。卒業之後。所學不能自給。深造無術可循。飄流無依。淪成廢物。畢業愈盛。廢物愈多。雖其間不乏出類拔萃之士。嶄露頭角。顧皆奔附交游。依憑權勢。而資其所習。致身崇膴者。蓋甚寥寥也。其由私人籌建之校。成績卓著。爲世稱道者。未嘗絕無。而夷考大較。又不逮官校遠甚。大抵所授學科。盡屬政法。或尚英文。管理方法。尤爲任便。遴選學子。資限極寬。學校惟圖張羅金錢。學子志在獵取名器。學業云何。二者均非所計。縱及畢業。何所資以謀生。亦惟游食社會。增加失業之人已耳。至於團體所設之校。見有無幾。不必濫議。國家與社會。歲糜鉅萬。[illegible]濫。興設學校。期以作育人才。供給百業之所需要。以發揚一代之文明也。今各種學校情況如是。而與學結果。乃散布年年遞增之失業學子於社會。社會事業既不能容。田疇園圃。有所不屑。除仰食公家外。更何所。事夫需用有限，則遺棄自多。遺棄多則失業衆。失業衆而社會遂蠢蠢然思亂矣。率之者不論何人，所求者不論何物。一有觸動，乘機即發。是孰令之然者？亦曰不良教育而已。是爲國民失業之又一原因。

國民失業現狀，綜其大者，盡此數端。自餘天荒地災，不時猝發，人民因之失業者，尚未預計。此種失業情況，爲列國之所無，亦爲列國之所不察。而吾國人更昏昏罔覺，無人知之而言之者，其可慨痛，寧有涯耶。

通訊

代議非易案 其一

……頃讀大箸代議非易案，揣見稍有異同，不敢自文。竊願貢其硜硜之愚，以就正有道。代議制之流弊，今日歐美政論家言之詳矣。雖於玆制有所詬病，而終苦無替代之善法。良以玆制之發達，在憲政上亦自有其悠久之歷史，既不敢根本鏟除，復無術別謀改造，故能綿延至今日者，勢也。我國既號共和，則此種憲法上代表國民總意之機關，似未便輕言屏棄。以民立憲政治之通例，雖證之吾國往事，不免缺望。究只應改弦而更張，不宜因噎以廢食。竊思吾國代議制之所以失敗者，由於組織之不良，分子之太雜。改善之道，雖匪一端，語其要者，則機關之構成，宜舍兩院制而採一院制；議郎之產生，宜變選舉而爲考試。似此因革損益，或可補偏救弊。若夫吾國昔時之科道制，在君主專制時代，恰遺補闕，播爲美談。惟衡之立憲政治下之代議制，則地位不同，性質亦異。故逕以之易代議制，不佞竊不無懷疑。然則斯制竟無採用之餘地乎？是又不然。不佞素主彈劾機關獨立者，故彈劾權宜使其與立法權相分離。蓋科道彈劾之制。自歷史上觀之。因亦不無流弊。但其中究多丰采峻整之士。雖奸璫權相。貪官汚吏。亦恆懾於臺諫之抨擊。而稍稍斂迹。斯誠專制政治之一線曙光也。共和成立。反罷茲制。而以彈劾之權。畀之國會。其結果。徒知濫用彈劾之職權。以為政爭之武器。而實係禍國殃民。瀆職營私。昔時早應名挂彈章者。今日反得逍遙法外。以致國事之敗壞如故。吏治之衰濁。日甚。綱紀廢弛。閭閻愁怨。較諸往昔。科道尚有一二封事。震動海內者。其相去為何如。卽項城時代肅政廳之設。成效未甚著。然王治馨因受賕被劾。卒伏於法。今則全國官吏。豈無王治馨其人。乃未聞有起而摘發之者。亦足見彈劾機關設置之必要矣。倘使彈劾權離立法權而獨立。別設專官以司其事。則不獨能消弭立法部與行政部之衝突。抑且可為今日澄清政治之良藥。至此項官吏之任用。固宜登庸清流。始足激揚士氣。太炎先生主張先之以攷試。繼之以互選。不佞則以為攷試之法。差可得人。更合互選。反等蛇足。質諸先生。以為何如。

朱得森　北京七月二十八日

朱君此函。以諍友之用心。為法家之立說。其休甚休。雖然。惜其於國會全部作用。未之深攷也。國會號稱立法機關。監督彈劾。本無與於立法。然國會之慣習。則每向政治方面。絕足馳去。而今之論國會者。又往往置重於監督彈劾。是忘其本職為立法者。然吾兄太炎。卽未盡袪是弊。今朱君主彈劾獨立。別為一機關矣。則國會之所存餘者。應為純粹立法之事。而純粹立法。決非今日代議制之眞相。代議而拘拘於條文臬之討論。亦決非堅士政家之所樂為。故朱君使彈劾與立法相離。已是白承科道可代。國會重要職務之立法。所存餘之立法事務。儘可招致專家為之。不必從金錢酒食中亂擾多人。蒙然分股。無理取鬧。則由朱君之說。國會之不能廢者。亦備矣。且朱君之說。與歐洲代議制。緜延未能鏟除之故。亦迥然有別。朱君用思微嫌紛錯。有暇還望三思。考試後互選與否。此猶末節。暫不贅論。

孤桐

代議非易案 其二

……壬子冬、在季中堅上。幾瞻淌哉。忽忽十四年。初以分野殊異。未能繼見。今則名位懸隔。愈難執唔。比者甲寅純刊。復得諷誦高論。快幸何如。當戊午秋間、徐菊人膺政之始。下走頗望其於文治兩字。有所發揮。曾上一書。凡言十二事。時走方息跡里門。此書郵致陳叔鋒兄。轉託曹理齋代遞。而如石沈海。了無影響。此與王仲淹之十二策。程正叔之皇祐上書。同爲失言。至今悔之。昔不復與夏蟲語冰矣。頃見甲寅第二號。因憶前書中有兩條。頗與符情相合。爰節錄如次。一四民擾擾。惟士難馴。失所依歸。必多橫決。道在有以區處之。鼎革以還。學校雖設。而試與不行。士無進身之階。相率而出於奔競。其桀黠者北走胡南走越。傳食四方。橫扇構難。近今之事。概可覩矣。是以撫。衆。安。民。莫。先。於。取。士。取。士。之。道。莫。若。廣。其。途。而，嚴。爲。之。制。學校一途。自爲正軌。其自中學以上畢業者。宜各予以學位。使得循序漸登。而現在學制未盡改善以前。國內不乏遺材。似應輔以特科。略參舊制。此外或以碩傑保薦。或以品行甄拔。而皆嚴定條例。無令泛濫。所舉不實。罪及有司。若不遵此軌途。則雖有長才。勿予登進。果使。占。小。善。者。率。以。錄。名。一。藝。者。無。不。庸。則士。夫。亦。何。苦。而。營。營。於。行。險。徼。倖。之。事。哉。如是則不特囂張凌轢之夫。可減少無量沙數。即邦內干戈。亦可因而少息。所宜先務者三也。一曰自來文明古國。必具有特種政治。足以維繫其國家者。無論。若。何。改。革。總。宜。稍。留。此。種。精。神。以。保。持。一。國。歷。史。上。之。地。位。吾國。之。臺。諫。即其。一。也。臺諫之設。實有以補救政治上之遺闕。而濟其所窮。即以彈劾一事而論。議院中提出一彈劾案。需經若干手續。而其結果之成否。尚不可知。臺諫則風聞言事。或單銜上聞。或聯名具議。均可勿庸限制。其便一。議院之彈劾案。全院負其責任。往往以此引起絕大政潮。臺諫則僅由其名者負責。即有不合。政府可予以相當之懲戒。不至牽動大局。其便二。又如元首小有過舉。議院中自不宜喋喋煩言。致傷威信。臺諫則不妨隨事規勸。輔導

七

成德。其使三。且各省大吏及地方官吏。或有事須從寬按者。若由議院提案查辦。不特手續繁多。每每失效。而打草驚蛇。尤易別生枝節。幸諒則不妨據事糾陳。潛移默化。其使四。總之欲求政事清明。而不致動生意外波瀾者。非建言官不爲功。此宜更張者二也。以上兩段文字。以爲百年中必無第二人肯作此語。故亦如晦翁觀炙過臨。卷面悵之久矣。不意僅越七稔。而得見我公與枚翁器者之名論也。然此不過細陳崖略。聊欲相質。以應同聲耳。科道、科舉、事體甚大。要俟暇日。分別論之。定草有日。當以是政。……

……楊定襄（北京二月十一日外國同胞五十號）

同岑之應。敢不升嶠。更有鴻文。諸當俯示。久與楊君闊別。忽覩手迹。快慰何如。所循李中堂上。恍如夢寐。嗟天下紛紛。人事相噬。欲求民政。長才。血性朋友。如李中者。何可得。哉李中、應君德閎。　孤桐

時風

……甲寅三期。俱寓金玠。於舉國若狂頹波靡已之時。加以棒喝。兄之魄力。殊可驚也。代議非易、案毀法辦、詩宗孟諸篇皆有功世道之文。憶辛亥各國。弟從太炎先生於滬上。其時南都甫定。孫黃舉措。莫敢非議。獨太炎日日以時評諷之。民國始肇。倫有正命。而孫黃亦不以爲忤。於是建都北京、停止北伐之事、乃定。今日時風之緊。甚於辛壬。猶持正論。則操切斷者屢起。仇視開兄之風宜更有起者矣。弟人存以來。溺於放浪。由顛海隅。流連忘返。會開高命。敬吐胸臆。昔亡友方厚卿因以經史爲體。以政治爲用。復能以文章達之。此義望兄勉副之矣。……張弧

厚期何以當之。人知偕杉明。時而未審。偕杉明政。卽此數語。可見一斑。　孤桐

思無邪

……自歸從軍入國門。適當外交迫急之秋。時勢震撼。機緒紛迸。禍福之朕。懸於眉睫。想攬轡峯帷中。亦極難爲懷抱也。今日政局。有無可說所冀。帷。帷。之。

中。嚮勿。之。地。得一。二。賢。豪。者。子。秉孤。危。之。節。樹開。濟。之。功。以享。天。循。而。支。危。局。多竭。一。分。人。力。即多。挽。一。分。天。心。四顧茫茫。誠不能不厚望於執事。周刊復活。第一期頃已獲讀。放今愁於廣朗。鬱有意於者茫。庶幾發憤著書。合於聖人不得已之志。而衡論精闢。足該當代得失之林。特其末焉而已。報之爲文。貴其上諷有位。下以坊民正俗而錄之鑑。自頃報章雜志。非不繁多。肆事揭辭。競尚自詡。所謂俗之所好。今見其尤。察其。研覈。是。非。敗誰。得失。則徒。迂徊繞。非真有。確。乎。不。易。之。理。以此。瞞民。日以滋亂。周刊殺青伊始。首揭此辭。將使讀者恍然於亂名改作之非。開之詩曰。思無邪。思馬斯徂。若斯紛者。卜其徂於世矣。巍獨立周報。頗載時賢詩詞。淵淵乎東南之美。文章風雅之林也。夫樂府噓唏。其精爲詩。宗周行役之歌。據門鼓鼓之辭。哀樂萬殊。各漸其執。賢者賦之。以抒其志。智者采之。且將以察其變。非徒摘藻選聲。侈言風雅。而已。也。首期付梓。未遑采錄。嗣出各期。似宜酌收時賢歌詩。亦使讀者既聆非命。兼得翱翔於比興之域。此其受賜。益復無量。伏念執事本師出陰觝庭先生。少歷艱虞。篤嚮名節。晚逢國變。辟世孤往。孳煩冤憤痛。畢宣於歌謠篇什間。僅成就賦詩數卷。撼杜陵之發傷。唐篇齊之深秀。並世諸賢。同符推賞。前者獨立周報。亦嘗刊其官贛暨慶隨出塞諸篇。其游湖居越。及辟地貴溪。所作尚多。未暇備載。茲雖遺詩已見印行。而猶以流傳未廣爲憾。如以取資周刊。俾海內嗜先生詩者。其資循誦。以成其。我。所。思。分。豈。惟。並。世。之志。則執事風義之烈。亦且同垂無極。區區私心。不勝倚企。同縣金天翮字松岑。其人天下之士。神才高傑。文章雄奇。倜儻出一時。所述作者蓋數百萬言。擬在獨立周報。分任譔述。皆切中國皆。不爲慈容之譚。執事當能識之。還者蟄伏荒江。久不以文字相見。周刊復活。以廣求同氣爲職志。如執事以一書相遺。余君瞻懷舊雨。必舉以所蘊者貢於左右。當爲周刊生色不少也。三三三黃復北京宣外汊家胡同六十二號 七月二十二日

有心哉黃君畏生此書也。過承提掖。私衷甚愧。惟其盱衡當世。惓念斯文。足下。有。悚。亦。恨。以。慨。而。已。

一九

本刊詩歌。義當采錄。惟新者不可繙譯。舊者作手殊鮮。有亦訪察爲艱。愚不举詩。臨趣俱遜。如足下爲、任、頭、集、兼賜、佳、章。俾天、下、有、興、詩、之、感。其所、願、耳。不敢、請、也。瓠齋先生遺集。刻未去懷。容即採登。以傳絕響。松岑。佳士。夙共交游。辭辯俊洽。一時無耦。行當往書。求其文章。還望偕促。俾樂從事。

孤桐

傷弓之鳥

……入夏荒齋臥病。久疏晤對。頃閱公報。敬念榮調教長。莫名欣幸。昔陽城爲司業。柳子厚深自喜慰。謂不特大學諸生。陶照醇懿。即已亦有所矜式。今閣下所司。遠非唐之司業可擬。國人皆將有所矜式。愚之喜慰。寧異於子厚耶。論者謂閣下經五七之綫。如傷弓之鳥。見曲木而驚。此來恐無改革之勇氣。愚以爲閣下再入教部。必具有刷新之宏願。或將貫澈其初志。驚鴻識寞。決非賢者所爲也。閣下前者改革教育。所樹三義。自亦持之有故。言之成理。惟更張之道。應自。部。始。蓋比年以來。部務廢弛。人才缺乏。制度不良。在在不足以饜士林之望。孔子曰。其身正。不令而行。其身不正。雖令不從。閣下。兼。署。教。長。之。初。不。先。改。革。部。之。本。身。乃。急。欲。整。頓。學。校。宜。其。令。之。不。能。行。也。愚自民國初元。即從蔡孑民先生參與部務。迄去冬始行辦部。濫竽郎署。十有三稔。春間王君竹村入長教部。以愚爲識途老馬。來命般般下問。愚亦盡情告之。王君居部不久。雖無建樹之方。終鮮覆車之禍。閣下清才碩學。當世宗倚。果能得其道而行之。則批卻導窾。自可迎刃而解。九城。庶。士。當。傾。心。之。不。暇。寧有。蠢。動。之。噪。哉。……湯中（北京安福胡同　七月三十日）

辱承厚與。來此靜書。既遂曲木流俗之喻。尤多舊君可告之獻。排齊南鍼。俾知正路。身正令從之說。所極拜嘉。容勉赴之。求符盛念。亢宗。不。作。馮。婦。重。來。一無。定。謀。不。敢。妄。動。太。學。諸。生。之。留。之。乎。抑。去。之。乎。其。爲。士。者。笑。之。乎。抑。否。乎。非。所。計。也。

孤桐

校試

……青年在校。欲其爭自濯磨。文憑不須由本校發給。凡小學畢業。歲由全縣教育機關。設一考試委員會董理之。初試複校。如前清小試例。及格者是由教育廳給予畢業文憑。未及格者。准於次年補試。中學畢業。歲由全省教育機關。設一考試委員會董理之。試法如上。專門及大學畢業。歲由全國教育機關。設一考試委員會董理之。試法如上。至學。生。之。出。於。公。校。私。校。抑或。自。修。均可。不。問。一以。程。度。爲。去。取。而。已。其有專精一藝者。另用一種考試法救濟之。若是。則。濫。竽。之。弊。免。而競。爭。之。心。甚。學潮。可。望。減。少。而學。業。成。績。必。且。視。今。爲。優。或疑錙銖質量之害。將隨之而起。竊謂懷挾之禁。似宜稍寬。其餘則隨時救正。或立法繩之可已。事固不能有利而無害。然以視今之教育。淺薄腐迂。必有間矣。濟滄頻年辦學。於此頗有所見。敢貢芻路。幸垂察焉……湯濟滄 上海西門斜橋本源學校 六月三十日

湯君所論。極切時弊。於鄙見尤相脗合。願識時明學之士。相率倡之。 孤桐

南中教育

……前上數書。最後書就。而報載從者拂袖出國門。遂改寄舒宅。忽忽兩月。雖竊幸名賢重任艱鉅。而迄未奉覆諭。終惘然也。不意展誦甲寅。已蒙厚誨。寵錫深情。若承棒喝。驚悚之餘。敢不加勉。南中教育。門人。近。亦。痛。疾。其。僞。徒利。虛炫。以眾。聾。聵。而順。我。則。生。逆我。則。死。尤足。憤。慨。循誦明訓。益自悔前言之失察。而深幸蓋書之觀成。所慮。爲。之。長。惡。者。之。不。知。自。已。耳。惟終始持之。甲寅初志一卷。五體俱投。天之未喪斯文。乃假手先生以主風會。用彰名教。幸爲國珍衛。門人雖遠在遐陬。如親左右也。商者。聽。長。以巽。順。將。陷。於。不。自。拔。革。刷。徒。具。癡。心。又。將。奈。何。……吳契寧 江蘇金壇教育局 七月二十五日

虛。炫。順。逆。數。語。刻。畫。惟。肖。南。中。教。育。惟。南。中。明。理。任。重。之。士。共。圖。利。之。得。一。勉。之。矣。 孤桐

三一

孤桐雜記

執政公餘。每好執筆。蓋凡決欲自作之文。秘書擬稿。萬難當意。一經自擬。他人請求增損字句。亦輒未以爲可。此事愚歷與之。以爲執政之文。宜重其神而略其迹。宜評其全幅而不議其單句隻詞。蓋以文家行文之道。衡論經世建業者之手筆。未有不鑿枘者也。執政所作。愚謂樸壯生逸四字。足以當之。往往幕僚爭議欲改之句。自愚視之。原句頗以生硬而饒逸趣。易者平俗。轉非其儔。執政不工雕琢。理質自樸。而氣盛言宜。壯字尤爲的評。昨林宗孟生日。執政爲一小序。持稿示愚。愚不肯爲易一字。以著于此。知言者其謂愚說何如。

民國創業。約法促成。美備未覩。枝節錯綜。十七學者。對人而作。似縛猶拯之手。使升喬木。膠離變之日。以辨濟蕢。要知幅嵴之廣。人民之衆。交通梗塞。敎育幼稚。專制作率。共和難好。優爲之所猶虞不濟。來槊橫生。叢脞奚免。致起紛擾。越十三年。驚濤駭浪。國家震撼。皇天眷佑。未底沉淪。歐戰告終。國際平列。議員自汚。與法併盡。造憲機熟。起草會成。爰於十四年八月三日開幕。天朗氣清。英俊畢集。和光藹悅。蔚鬱蒸騰。執事籌備會長。適當懸弧佳期。立百代大法。以壽世。應克享遐齡。以壽身。準繩有據。程功易期。本仁義之教。充格物之用。克己功深。使人益信。握幾萬里縱橫之國勢。策數百兆人民之羣力。幣帛揖讓。化以大同。日月所照。霜露所墜。莫不尊親。天下平治。體上天好生之德。造世界無疆之福。尤以此次良好之憲法。爲基礎焉。倘希鑒重再三以出之

湯斐予之鄉人歐陽輔、棠丞。著有集古求眞十二卷。石印本。斐予見貽一冊。略翻閱之。乃考證金石之作。如方藥雨校碑隨筆之類。特碑帖雜收。且著錄亦較碎細耳。歐陽君無書名。亦自承不能書。卷中於能書

而好言碑版如南海康氏輩。每多深刻之論。謂廣藝舟雙楫。臚灑多而精義少。彼何嘗見楊儀等碑眞本。竟漫爲論列。其乘分漢分、方筆圓筆之說。杜撰傅會。不堪度人。傳衛一篇。斷變臚造。其不知弔比干文爲翻刻。是未見題記。又誤以爲崔浩書。且未讀東觀漢記矣。如此類者。不可勝記。自稱其日有神。其手有鬼。何子貞魏稼孫輩。俱不謂然。獨推服覃溪、潛研、蘭泉、盧谷諸老。而葉鞠裳尤以爲後來一人。綜其。所。著。亦有。特。見。惟。文。筆。平。俗。殊。乏。書。卷。氣。以。致。平。章。石。墨。亦類。村。嫗。罵。人。蓋。天。分。低。而。用。功。篤。者。一。流。也。據稱收藏彌富。乃積三十餘年之心力爲之。民國十一年五月、北軍自贛南下潰。至泰和大掠。南軍踵至。逾月南軍潰而上。北軍又來。如此循環。所有書帖字畫印章等件。悉被抄毀。所存者止舊碑數種與此卷稿本耳。文家受厄。洵爲太息。

李印泉自蘇州寄來鄒蔚丹墓表石墨。吾兄太炎撰。于右任書。印泉醵貲刻之者也。印泉書稱近與殷叔桓、韓達齋、日誦佛經爲樂。間亦摩挲金石。恍若以媿愚者。愚驟覩蔚丹碑文。悵觸百端。愚友蔚丹時。彼才十九年耳。與愚同居愛國學社。氣凌厲。愚每下之。革命軍草稿。愚亦偶爲改竄。初版、簽、書、革、命、軍、三、字。乃愚、筆、也。後愚主陳夢坡所。蔚丹恒來談。談每午夜不去。一日驟問愚曰。大哥爲駁康有爲書。我爲革命軍。博泉爲無政府主義。子何作。愚笑謝之而已。實則。愚。時。依。人。談。革。命。而。於。東。西。文。字。全。不。通。曉。主。義。胡。別。如。菽。與。麥。即。欲。發。憤。著。書。而。不。可。得。蔚。丹。此。問。愚。甚。慙。焉。後。入。東。京。稍。稍。憤。悱。二。十。四。歲。初。習。英。文。字。母。而。不。以。爲。恥。吾。家。小。弟。（太炎恒稱蔚丹爲吾家小弟）勖。我。之。力。也。而。當。時。乃。以。無。署。名。之。著。作。得。免。于。禍。或謂治是獄者。爲山陰俞君。與愚有素。特置不究。吾兄後以此節疑吳稚暉。眞乃太冤。事既發。太炎就逮于愛國學社。蔚丹走避虹口。終。不。肯。亡。去。逾。日。自。投。捕。房。讞。定。受錮。二。年。而。死。而。愚。與。博。泉。於。時。轉。逍。遙。於。東。京。此。其。罪。應。較。一。般。臨。難。苟。免。者。加。一。等。也。去。年、太炎博泉與愚三人。同謁其墓。生。死。離。別。之。迹。臨。碑。宛。然。印泉蓋蔚丹而不及交。身後事慨然任之。義同劉三。吾此酬之。吾兄所爲表如次。

附大將軍鄒君蔚丹表

君諱容。字蔚丹。四川巴人。父某行商隴蜀間。君少慧。年十二。誦九經史記漢書若干日。父以科甲期之。君弗欲。時滋彫刻。父怒。輒榜笞至流血。然怨愛重。君從成都呂翼文學。與人言。指天畫地。非堯舜薄周孔無所避。翼文懼。擯之。父令就日本學。時年十七矣。與同學鈕永建規設中國協會。未就。學二歲。陸軍學生監督姚甲有姦私事。君偕張繼等五人排闥入其邸中。榜頰數十。持剪刀斷其辮髮。張繼者。故嘗與滬化奮力由發議排君主立憲者也。事覺。潛歸上海。與章炳麟見于愛國學社。是時社生多習英吉利語。君調之曰。諸君堪爲賈人耳。社生皆怒。欲毆之。廣州大賈馮乙故嘗入英吉利籍。方設國民議政廳于上海。招君。君詰乙曰。若英吉利人。此國民者。中國國民邪。英吉利國民邪。乙慙。事中寢。君既明習國史。學於翼文。復通曉經訓說文

部居。疾異族如仇讎。乃草革命軍以擯滿。自念語過淺露。就炳麟求修飾。炳麟曰。感恒民當如是。序而刻之。炳麟亦自有駁康有爲書。與君書同意。時又有蘇報社者。以論議相應和。則長沙章士釗所爲也。君與。士。釗。繼。者。年。少。獨炳。麟。差。長。相得。歡。甚。約爲。昆。弟。交。要以。光。復。漢。族。事。會清道江蘇候補道俞明震來檢察革命黨。君及炳麟皆就逮。繫上海租界獄。兩人日會聚說經。亦時時講佛典。炳麟授以因明入正理論。曰學此可以解三年之獄矣。時清。政。府。自。賤。與。作。衣。訟。南洋。大。臣。遣。法。律。官。擔。文。來。廷。辯。兩造。爭。讞。廨。曲。直。于。上。海。知。縣。前。開。者。震。詫。更。卒。不。能。決。上。其。事。外。務。部。外務。部。亦。難。明。年。與。外。國。公。使。雜。定。之。兩人。者。皆。罰。作。而清。奪。廢。亦。博。替。君以少年爲獄因。獄卒數侮之。心不能平。又啗麥麩飯不飽。益憤激。內熱數有遺下。明年正月疾發。體溫溫不大熱。但欲寐。又懊憹煩寃不得臥。夜半獨語罵人。比旦皆不省。炳麟知其病少陰也。念得中工。進黃連阿膠雞子黃湯。病日已矣。則

告獄卒長，請自爲持賑疏湯藥。弗許。請存日本醫。弗許。病四十日。二月二十九日夜半，卒于獄中。年二十一。奏請朝日加巳，炳麟往撫其尸，目不瞑。初獄之竟也，處炳麟三年囚。君二年囚。至是君程未滿纔七十日，遽死。內外皆疑有他故。於是上海義士劉三收其骨，葬之華涇，樹以碣。未封也。君既卒，所著革命軍因大行。凡翻印二十有餘反。遠道不能致者，或以白金十兩購之。置籠中雜衣履餐餅以入，清關郵不能禁。卒賴其言爲光復道原。迨六年，武昌兵起，民國元年，臨時政府贈大將軍。四川軍府以禮招其魂歸。大總統孫公親拜遣焉。劉三者。性方潔。寡交游。業爲君營葬。未嘗自伐。故君諸友不能知葬所。十一年冬。炳麟始求得之。十三年春四月。與士釗暨等二十餘人祭於華涇。驚衢李根源議曰。貽如鄒君。而幾無石刻，後世何觀焉。與祭者皆起立。炳麟、亡命日本時，已嘗爲君傳。及是、稍增、損、其辭。以表于墓。

收回上海會審公堂。近方成爲交涉重案。觀吾兄文中。清政府自彤與有衣訟。兩造俱護廚曲直于上海知縣前一節。知閩，權之凌。替已久。所謂上海知縣。指會審委員。由上海道札委候補知縣爲之者。請此有感。並表而出之。

應酬之作。有妨文品。歸震川以此見譏。良非無故。然文家能免此者。亦無幾人。愚文本不足以言格律。人非晉接。又輒於文有連。亦擇其可爲者爲之已耳。此類文字。隨手散佚。存者不多。偶有存之。取質記中。

常德李誠齋先生六十雙壽序 十三年三月

十餘年來，士釗好以交字結識天下士。戊午己未間，其友武陵陳強爲言同里少年李祚輝，奇挺有大志，且能文章，介與交焉。祚輝則方由東京畢所學而歸，與把晤海上，一切具如強言。吾二人者自是意氣稱相得也。後數年不見。釗游歐洲，祚輝從政湖湘間，各不相聞。去歲釗返長沙，始再晤祚輝。得祚輝所以佐省長趙恒惕立大計，訂省憲狀。恒惕倚祚輝專，愛之篤，至以其弟妻之。友朋之樂。公

二五

私之情。一朝供得。至爲款洽。新婚有日。劉爲取李趙經過之意。製詞頌之。時微聞將甫澈齋先生。將由常德來主婚事。而劉倉卒走京師。不果過。今年秋間。祚輝奉檄使粵。道出滬上。復與劉晤。則爲言所以壽父之道。劉踊躍曰此朋友之責也。在劉義尤當言。吾湘。當。光。緒。丁。戊。之。際。新。學。驟。起。踰。年。而。被。黨。禍。大。吏。如。陳。寶。箴。黃。遵。憲。江。標。之。流。俱。得。罪。去。雨。雲。翻。覆。舉。新。者。汲。汲。不。保。頑。紳。本。嫉。寶。箴。所。爲。甚。至。是。益。媒。孽。新。黨。凡。年。前。所。立。學。堂。學。會。保。衛。局。諸。政。悉。廢。士。失。其。守。新。舊。不。知。所。出。紳。士。態。希。齡。以。翰。林。佐。寶。箴。談。時。務。有。聲。則。蟄。伏。湘。西。不。敢。論。事。先。生。與。希。齡。善。獨。議。學。務。不。可。中。止。於。一。師來咪之頃。創小學于郡城之東。分科習業。各延名師以任之。祚輝及李氏子弟。咸令入學。以爲之倡。衆。議。騰。譁。不。爲。阻。如。是。者。數。歲。國。是。漸。定。立。學。成。爲。功。令。人。始。趨。之。而。先。生。一。枝。獨。得。風。氣。之。先。人。材。稱。盛。識。者。每。嘆。先。生。孤。懷。閎。識。爲。未。可。及。也。是時常德有賢太守曰朱其懿。與希齡有連。就

志開新。實力亦差相副。凡地方公益之事。若學若警。及農田水利諸節。俱發憤以爲。人多其懿功。而不知非得希齡及先生助之。效決不若是也。濱湖七縣。舊稱水國。其懿委先生督修八垸。湖田大稔。合郡賴焉。二十年來。先生所爲善舉。如此等類。不可枚數。入民國。與宋教仁主國民黨事。常德支部。先生任之。勞怨交乘。心力俱瘁。而黨義不齊。全湘鼎沸。以至如今日所見亂狀。先生亦駸駸有倦遊意矣。德配易太夫人。爲名家女。早歲來歸。與先生同甘苦。急公好義。老且益篤。唱隨之樂。鄉里稱之。丈夫子三。祚輝爲長。祚荃游學日本。祚胤尚幼。在小學。一門彬彬。和樂最稱。七月二十一日。爲先生夫婦六十壽辰。祚輝將自爲家慶。同人追述兩老之所以當壽者。捧觴隨祝。禮也。士釗忝與祚輝爲友。相互砥礪。不敢悖先生教。附於賓客末班。掬誠一言。長者其亦笑而許之乎。謹序。

甲寅周刊第一卷第五號目錄

特載

創辦國立編譯館呈文

章士釗

呈為學術途徑日繁。所需國文參攷書籍。遠不相副。懇設專館。宏獎著述。以維風化而惠士林事。吾國夙為右文之國。士君悅學。家有著書。雖以印刷之艱。生事之窘。習業之狹。程功之苦。而經史子集四部。無論何代。率有汗萬牛充萬棟之觀。吾華號為文化古國。職是之故。今也不然。海通以來。學術途徑。隨形擴大。除舊籍所當加意整理外。近世應用科學。及各邦文史政俗種種著錄。為學子所萬不可忽者。所涉尤繁。使先習講學之精神。得存一二。今時述作。將百倍於古。而未有已。乃自上海製造局倡議譯書以還。垂四五十年。譯事迄無進步。而文字轉形蕪淺。本學未追。探索。焚刀妄割。謬種相傳。無其書有其文。將爽之覓。有之轉發不如無書之歎。昔徐建寅、華衡芳、李善蘭、

一

徐壽、趙元益、江衡翟。所譯質力天算諸書。揚徐李之宗風。甚中西之學脈。字斟句酌。文義俱精。由今視之。惜若典册。高文攀躋不及。即下而至于格致書院課參。其風貌。亦非今時碩博之所能幾。如此崇文轉形歸地。以言進化。適得其反。計自白話文體盛行而後。髦士以俚語為自足。小生求不學而名家。文事之鄙。陋乾枯。迴出尋常擬議之外。黃茅白葦。一往無餘。譎盜淫。無所不至。此誠國命之大創。而學術之深憂。士釗所為風雨徬徨。求通其志。亘數年而不得一當者也。竊思能不必高。在位為貴。書不必深。有用為宜。以近二十年來國內外之學績計之。數量當超出徐華時代而有餘。取而肆應。一切編查探討之計。似應有而僅有。而今北京大學叢書所著。寥寥可數。以衡當年製造局書目之富麗堂皇。轉非其儔者無他。製造局編譯之道得焉而已。倘吾得其同一之道。以今

時學業所有之數與量。一一使效于體中用西。慎思明辨之途。雍容揄揚。著之簡册。吾國文化。因而大放光明。亦未可知。而所謂同一之道者。亦無他。如該局然。設專管機關。以司其事。而司之者。又協其機宜。使無曠材而已。查民國十一年十二月間。內閣曾有設立此項編譯館之議。當時士釗在京。與聞崖略。惜其議中梗。未見施行。茲參酌前法制院擬定之辦法大要。謹草該館章程八條。默計依此行之。於一二年間。可將全國之著書量。善善從長。悉致之作者之林。同時擴充全國之讀書量。使之盡力馳騁。而控縱一一與之相應。此乃文化之巨鍵。而儒林之大觀。釗愚以為轉移學風。培養國脈。其事無善於此。所有擬請擬設國立編譯館緣由。是否有當。理合具文。仰祈鑒核施行。無任屏營待命之至。

時評

頃日來報章紀述上海英日紗廠案經日矢田總領事。與許交涉員。五次磋商後。殆已完全議妥。而此中斡旋極力者。則爲總商會會長虞君和德云。所議復工條件。計分三項。

一、英日各紗廠華工上工。仍予照給原薪。不得無故有所進退。

一、自華工上工三個月以內。由我政府按月貼補工資五萬元。以三個月爲期。屆時英日各廠主。應予照加工薪。不得藉詞延宕。

一、工作時間。留爲繼續協議。從長商榷。務期雙方各得其平。

以上三條件。已經江蘇省長鄭謙批准。交涉員許沅。即於十二日在交涉署簽字。爭持將近三月。爲滬案導綫之顧正紅案。至是殆可告一結束矣。罷工者。雙方損失之事。工人胼手胝足。以博微貲。此其處境。本極可憐。若搾取他人之汗血。以維繫自身之厚利。盈朒之間。調劑不得其平。則工人挺而走險。以兩敗之事相抵拒。此於資本家又何利焉。故觀於此事。爲資本家者。宜有所覺悟。而外人設廠招工。冀飽囊橐。尤不應傲岸自尊。而忘其所自。人道所施。本無間於國界。親仁善隣。更何必因是而招尤。第三項中。所謂繼續協議。從長商榷者。深望兩方平心靜氣。期於妥適。他日勿再橫生枝節。逸出正軌也。

邇來疆吏力圖振作。錚錚有聲。以安徽省長吳君炳湘爲最。稍知中國近情者。莫不了然於倪道烺用其不正之武力。把持皖局。恣爲一切無忌之事。鳳陽關爲其聚斂源泉。中央軍事特派員。爲其招搖嘯聚之名器。士夫嗟嘆。道路以目。政府亦幾無如之何。而吳君履任未久。卽毅然以去倪安皖爲己任。近且臚陳罪狀。爭以去就。務將倪道烺軍財兩職。概行撤去。執政審吳君之不避勞怨。辦事切實。可以風有位也。亦斷然從其請。內外明良。風紀立振。政聞可矜。蓋莫逾此。

有爲調停之說者。以長蘆鹽運使段永彬。與倪道烺對調。閣議遊之。以段本爲吳君所推轂。計亦甚便也。

三

而直隸省長李君景林抗議。電稱倪以貪恣不容於皖。直人何辜。宜承此敝。長盧已令張同禮暫權其事。倪某俟其將鳳陽關務。請算交代。一無纍贅。調職如何處理。始再從長計議云云。嘻、倪之末路。如此君子。爲賊。有此不受之誅矣。

教育部主張各省教育廳長。迴避本籍。以時論多所誤會。及各種實際上之障礙。當然未能一蹴幾之。而部議至堅。以爲挽回教育。頹風。此爲最要。無論曲折。何。但期於必達。果也、安徽省長吳君炳湘翕然應之。當吳君出京時。晤教長章君。表示、中、央、教、育、政、策。皖省、當、准、先、行、重。且以、皖、中、教、育、混、亂、之、狀、觀、之。本省、人、士。蓋已、無、能、爲、力。非得、一、中、正、有、力、之、他、籍、教、育、專、家。萬難、整、理、等、情。章君旋即遴派部視學王君家駒。出膺斯職。王君迭司教育重任。以有條理能辦事著稱。令下之日。皖省人士。多表同意。吳君尤屢電敦促赴省。省教育會亦有電來迎。邇年。學運晦盲。荆棘塞途。所謂。篳路。藍縷。以啟山林。及今不。爲。更待何。日。王君此行。不得不視爲教育界之一大事。與尋常遷調。迥異其趣也已。

北京女子師範大學。既經部令停辦。連日部派接收該校專員陳君問咸、戴君修鷺、柯君興昌等。點收物件。尚未完竣。女生二十餘人。亦尚未遷出。大有違抗部令相爲終始之勢。查該女生等。閨門稚質。少不更事。負笈京府。列名上庠。本體既幼弱可憐。且頗有家督保人。交相維護。逾軌使令之事。豈所能爲。其故、則、有、北、大、教、授、兼、該、校、教、授、沈、君、兼、士、馬、君、幼、漁、周、君、作、人、等。擅名、閥、閱、胆、智、不、凡。與校、務、維、持、會。爲諸、女、生、之、武、夫、干、城。強、令、守、死、不、去。以、嘗、試、其、征、服、異、已、之、計。至該、女、生、等、之、貞、正、利、益。恐亦、未、遑、講、求。實則教部特停該校。乃出於萬不得已。三日。日停、三月。日停。三年。亦日停。該校停辦。尅開之久暫。治以四。闈之情狀。爲斷。該校女生繼續求學之志願。部意當然充分爲之顧惜。所得顧惜之度。亦以女生自處之本態。爲衡。此中消息。惟其有心。教育及家有子女者。

擇。參。焉。可。矣。

農治翼

孤桐

農治之說。愚倡之亦既數年。而國人能洞明其義者殊尠。間有撰述。慨遭駁詰。發案試行。擇地維艱。自審氣力舉措。不足舉此大業。阻滯之餘。卷舌不談也久矣。邇從執政段公、平章國事。公餘論政。慨及立國大本。執政於明農救國持生已亂之道。闡發極詳。愚私竊自幸。以爲治亂轉關。於此判然。而愚亦得追隨自效。借明素志。故執政當國以來。所頒令敎。何非干事。而其發。國之深察。事之明。所示從途。可以確立國家。根本大計者。愚意蓋莫若二月二十三日一電也。不謂爲曲過高。和者仍寡。各省區以其爲執政之言也。雍容揄揚。循例電復。而心、知、其、意。切籌、辦、法。謀發、揮、而光、大、之、者。尚有、待、焉。天未厭。亂。邦失。其。本。道爲。時厄。如何。如。何。愚謂此旨終當傾而不舍也。請先發原電以明其意。

土地廣而民饑。資殖富而國窮。四萬萬衆。幾同無用。非無用也。權力在握者。棄於六塵。大欲物發。隨地。豪取過於自用。只知一身之我。而不知戮喪天性。之我也。古語有云。攫拏者亡。中外古今歷歷可考。良善固受人欺。欺人終乃自欺。因果不爽。循環無端。輾轉傾陷。舉世積孽。大劫既成。兒戲滔天。歐戰四年。傷亡千萬。全球震慄。亘古所無。吾人不悟。其禍深。恐過於歐戰也。本執政平居深念。皆造良因。無非本仁義之行。以處世體忠恕之道。以接物。而已。當茲改革伊始。萬象丕變。允宜論世聞法。行中和道。醒自私之迷。夢立生計之本。基力田而食。以農立國。因發宏願。淬勵全國之精神。一新國是。藉覘勇氣之何若。夫闢土開源。固須厚集資本。尤應先挽信用。內外借五六萬萬。宜令擔保確實。政府潛心國計。正在擬具辦法。次第施行。此後擬募內、外、大、宗、公、債。並集、僑、商。振興、實、業。設大、銀、行、於、

五

北、京。分行、於、各、區。開發、路、礦、林、墾、各、業。以行、屯、田、衛、民、拓、地、建、省、之、實。現在四川西康。已定爲特別區城。其他邊徼荒地。更不知凡幾。逐漸墾拓。俾成重鎮。無餉之兵。雖百數十萬。廢業游民。即有萬萬。何難安置。內地人民。平均無十畝產。移置墾地。兵民皆可百畝。縱子婦八口。衣食亦足。由是交通四達。農業繁昌。歲收日饒。國富益裕。百業隨進。教育偏興。安富之餘。不造時勢。太平景象。誰不樂觀。凡我、國、人。其悉、本、此、精、神。踴躍、將、事。捐私、急、公。通力、合、作。毋作、後、人、之、累。貽、無、用、之、譏。本執政無德無才。可行可止。惟本孔子。一貫之旨。懍佛家造孽之戒。職責所在。不敢自荒。富強之圖。不能不勉。普告同胞。期共籌策。

執政此電。有須揭明者數事。國內大亂。紛不能已。究之不外生計二字。隱爲之梟。生事得之。餘乃迎刃而解。一也。生計之法百端。工商尤爲海市蜃樓。使人迷亂。歐戰四年。既證明工商政策之不能終通。吾無工商之實。混淆工商之皮。所中之禍。必且酷逾歐戰二

也。然則推農其可。吾本農國。籠就尤宜。國人熟視無覩。眞乃大怪。三也。凡立一策。必其發端宏大。措基堅實。然後能迴天下之意。使集於一以期於成。本土人口。茂密迴旋不易。因思就邊徼荒地屯田建省。以爲之借。四也。今天下之所苦者兵耳。此策能行。則凡必去之兵。舉易而農。子婦八口。衣食俱足。三代井田之意可復。太平盛事復逾茲。五也。舉此事也。移運墾拓。勤須巨金。據德國最新經濟學者言。豐于物產之國。可依據物產最數。視同準備金額。發行鈔票。以資流通。祇須政府能合。應無流弊。由是言之。農國之貧金宜易籌畫。惟吾政令之力。而不及此。則思其次而謀。募集公債以行之。六也。吾國募債之信用久喪盡矣。驟募巨額。事若甚艱。然以吾人民之衆。平均人出一元。數萬萬可立集。政府與社會之願力並舉。內國與華僑之總意齊施。謂必不成。亦無是理。七也。西人恆謂吾無國家。無團體。而吾亦自暴自棄。勇于小爭。安于無用。此奇恥大辱。頭當建一公同大業。以牢之明農立國。此物此志。八也。此八義者。循誦電文。油然

而得愷治本義。不外於斯。雖然。愷、治、之、道。有、外、彰、者、焉。有、中、備、者、焉。有、新、建、者、焉。有、改、作、者、焉。前、者、指、開、發、四、邊、之、荒、徼。後、者、指、整、理、內、地、之、耕、田。如、鳥、之、飛、時、日、兩、翼。執、政、所、示。乃、一、翼、也。而、愚、夙、有、中、備、改、作、之、案。別、爲、一、翼。翼、以、竟、執、政、之、宏、願。作、有、夏、之、本、圖。茲、幸、有、會。容、更、端、言、之。

爲滬案重行調查事敬告使團及各友邦政府

梁敬錞

滬案開議。愆久無期。而英國忽有改用司法手續。組織委員會再行調查之舉。嗟乎。英。倫。政。府。公等。誤。矣。夫立國大地。非足稱號文明。蔚然大邦。爲世運文化重者。非徒恃有游彈綠礟之利。潛艦飛船之雄。遂能宰。制。公理。莫敢誰何也。人類。賦。性。恒抑。強。而。扶。弱。同。情。佽。助。之。風。尤。多。發。於。躬。親。橫。逆。義。憤。莫。遏。之。頃。一。蘊。不。浄。便。積。衆。毒。迫。其。既。決。則。雖。有。斷。脰。裂。身。之。慘。滅。室。毀。家。之。危。而。前。仆。後。繼。趨。之。如。飴。亘。數。十。年。終。必。一。遂。世界革命之源。端皆在是。其歷。時。久。暫。成。功。度。程。雖。各。不。同。然。必。造。現。局。破。壞。動。力。始。稍。稍。減。殺。者。則。尤。可。虞。高。壓。專。橫。之。不。可。常。恃。公。義。正。理。之。不。可。終。滅。有。史。以。來。所。共。見。也。使。團。諸。公。今。方。蘄圖遠東之和平。懲過激之蔓決。將於防杜禍變。維持現局之道。汲汲不遑。然使滬案重行調查之說。果見事實。則公。等。日。夜。所。消。弭。者。乃。適。足。爲。蘊。毒。之。媒。釀。亂。之。術。吾。恐。遠。東。現。局。變。動。破。裂。之。期。將。在。旦。夕。而。文。明。正。義。之。稱。號。亦。將。必。自。榜。其。僞。以。示。於。世。界。此。大、戚、也。吾。誠、不、敢、不、以、嚴、重、懇、摯、之、語、進、道、於、公、等、之、前。

夫所謂滬案者。一殺傷之案而已。徒手華人。彼死傷者。數至百餘。屍證供詞。鑿然具在。平亭之吏。援筆立斷。可無稍惑。願公等必欲紓迴其事。先之以滬領團之報告。重之以六國委員團之勘查。吾華人民。矜重公理。知曲、直、責、任、之、必、有、在。則亦、姑、默、而、待。以、觀、其、竟。乃自委員團北返之後。調查、報、告。既、秘、不、宣。而、上、海、英、領、忽、以、不、奉、使、團、命、令、聞。自後倫敦巴黎協議之聲。甚囂塵上。東京華府之間。亦復疊相引洽。吾國催議。既已數次。使團感於應答之窮。則以模稜口頭

七

之詈。以相搪塞遷延迄今竟有重行司法調查之提議。嗚呼公等倘謂弱國本無外交高壓吾時長恃則華人革命亦未嘗不足為公等民族之福約溫案不開誠而求可不諱已耳文答必假司法調查之美名。為公等誤國過甚而特為司法二字之留嚴作偽心。勞公等自計寧不擲耶公等重行調查之提議其表面之理由度亦不過謂前次調查非出于司法人員採集罪證未必盡屬合將重加檢覈期得情實而已然吾以為重行調查既於本案無甚必要而於發現真實之利害主義尤不可能。且其結果無論如何。皆不足引起價值之分量。吾國人於公理曲直之下。雖不慮公等之十首調查。然公等之一再反覆誠足使國際信義凝假隳潰。正是非既不得公理為之保證則吾國上下一致之反對。亦人道正義之所宜出也。請進一言為公等解判定滬案之責任。其關鍵在事實。若適用法律。尚猶其易決者。夫調查事實。凡事理透澈。體認精細者。皆能了之。初無類及司法人員之必要。即曰司法人員。

于援法採證之點。較常人為周到。然本案發生之後。先之以溫領事團之報告。次之以合審公廨之訊供。繼之以六國委員團之調查。經過手續。不可謂不盡。夫溫領事之賦有條約上裁判之權限。且得以其意旨以斷人曲直罪名者也。會審公廨者自領事團接管以來。其副領事儼然審判官。平日亦得因其裁判以定中外人民之罪名刑罰者也。是故領事職責。本僅商務。而駐在吾國之領事。則於今日條約狀態之下。實兼有司法之權能。其訊供報告。亦即司法調查之一種。若謂中日所得援管斷人詞訟之人員合乃張。調查事實。尚不足盡司法之能事。則中外人民歷年抱屈於駐滬領事不法行動之下者。公等殆將自承。若謂一次司法調查之不足而尚必為二次之調查。然兩者所得倘有出入。一方信用將必墮地。由前之說。公等直認領事本無司法資格。則領事裁判權之撤廢。將不待實行華府會議之成案。而必立予剷除。由後之說。公等此舉。不特贅餘。且必妨及司法之尊嚴。為我為公。兩無所利。吾所謂重行司法調查。

對於、本、案、無、必、要、者、以、此。檢證、勘、驗。貴在、迅、速。而傳、聞、不、如、目、覩。尤關、事、理、之、平。滬案發生。今已七十餘日。當日。之。查。勘。若謂。未。盡。則今。後。之。檢。證。謂其。必。能。翔。實。者。至足。疑。也。矧時日歷久。死者、腐、尸。偽者、積、復。目擊、在、場、之、人。亦皆、散、處、無、所。即當、時、情、形、之、有、無、必、要。事過、境、遷。重查、人、具。雖皆、司、法、專、家。恐亦、無、從、以、造、事、實、之、眞、像。事實、不、眞。則所、根、據、以、斷、責、任、之、輕、重、者。亦皆。虛。薄。不。足。滋。信。公等、苟、欲、以、司、法、之、神、聖、為、犧。以濟、公、等、消、磨、吾、國、民、氣、之、外、交、政、策、者。則猶、可、說。倘曰不然。則重。查。之。效。其檢。證。之。完。備。恐猶。非。前。此。領。團。報。告。公廨。訊。供。以及。六。國。委。員。團。調。查。之。所。可。及。夫發。現。眞。實。主。義。為近。世。刑。事。訴。訟。必。守。之。定。衡。若捨。棄。近。切。之。詞。者。而徒。摭。拾。傳。聞。據斷。曲。直。雖公。國。民。亦難。甘。服。吾所、謂、重、行、調、查、於、舉、證、上、有、不、可、能、者、以、此。抑司法之足引為世重者。初非根據於自身之神秘。且必、基、於、眾、心、之、信、仰。若夫、信、仰、既、失。而徒、假、公、正、之、名。強人、難、服。雖所、判、者。確非、冤、誣。而已。儕。之。鬼。既

疑。之。象。欲兆。雖。鑒。幽。顯。紛然。物。我。者。殆不。可。得。今者案經、調查。事已曲直。國際爭執。突然飆起。公等、內、部。已因、左、袒、面、生、罅、隙。補完之法。惟有將前此報告。公表于世。明其懲罰。判其是非。方足稍釋外議。若必涉翻舊案。重事審查。是公。等。對。於。已。因。之。最高。代。表。已自。有。不。信。任。之。嫌。乃欲。強。我。遠。東。人。民。信服。公。等。新。道。人。員。之。調。查。無乃。偽。謬。吾所、謂、重、查、結、果。無論、如、何。皆不、足、引、起、價、值、之、輕、重、者、又、以、此。已上所論。皆就法律立眼。公等憒憒。已自可見。即就持常事理而言。重查、之、說。亦有、不、能、自、圓、者。夫六。國。委。員。之。派。遣。使團。所。通。知。吾。國。而要。求。吾。國。赴。滬。專。員。與其。談。判。者。也。使團、非、他。公等、代、表、之、結、晶。平日、擁、有、全、權、之、資、格。與人、當、周、旋、俯、仰、之、任、者。也。國家。代。表。之。意。思。表。示。即足。拘。束。其。所。代。表。之。國。家。當吾國專員在滬之職。公等。代。表。如不。認。事。實。調。查。業已。完。備。則胡。得。要。求。開。議。既經。開。議。特以。條。件。稍。稍。不。同。遂又。移。地。交。涉。公等。代。表。即此。已。多。出。爾。反。爾。之、嫌。今乃悍然遽欲為根本之推翻。然則。滬。中。開。議。於

九

等亦猶幸中機已耳設於彼時竟臻妥協今日之下公等猶將推翻協定另作解決耶抑將俯首衡心聽此不確定事實之判斷以長終古耶是故公等此舉在國際為失態于事理為紕繆吾民此後對于公等國家代表之信用雖欲維持將不可得抑將事事直接公等政府始有解決之方公等縱不為吾國計抑亦不為公等本國代表之地位計耶大國際紛爭所貴於其同調查事實為談判之基礎者謂其易去偏畸之見以其人卒平之逵也六國委員國調查本案之結果曲在英人事實也重行調查之議借自倫敦政府亦事實也度皆公等所難為諒曲在英者若能再事調查則重查結果英猶不直是否能為三次四次之重查三四重查之結果若竟曲在吾國則吾國能否援英之例提議再查如曰不能則國際平等之意義安在如曰可能則循環往復將無已時本案死者將永無申雪之期遠東和平將永無可復之望我友邦政府若以代表現文明自擬于豈奈何聽受蠱惑贊此悖理之說蔑棄其同調者之與義重增世界之糾紛也耶國內法之民刑訴訟固亦有再審之例然其條例之謹嚴非此所可同日而語本案六國委員團之調查公等如認為未盡則至少限度亦必先將其報告全文宣示就其未盡之點一一揭舉使世人周知情實共辭補完之方絕不容圇圇秘諱左袒一方自驗文明國家之人格蓋凡解決紛爭惟正與直實為歸宿遠東民族雖重平和然公等措置倘過乖理則此平和者將為過激所竊而為他日之厲階我遠東人未能負責也惟公等熟思之

與太炎論音之爭

汪榮寶

袞父與太炎論音之爭近今筆訟之有聲於時而有獻於學者也愚要袞父為甲寅撰文承為窮數日之力遂此作原委幾至萬言既精且速愚大感謝惟原文過涉專門知識復為本刊篇幅所限未能備載復煩商袞父拔萃成此短篇此其矜寵晉甲寅之讀者可謂至矣爰誌數語以紀文緣

孤憤

聲類之學。有清極盛。清儒言古韻者。分部不同。然皆以爲古無麻（a）音。此與。世。界。語。音。由。侈。入。歛。之。通。義。頗相。乖。繆。愚嘗博徵內典及諸史譯名。證明魚類默類之字。古皆讀a。其說備載華國月刊及國學季刊中。自部說出。世論頗有異同。是之者以李君思純爲最。李君本世界語音之變遷通則。凡世界年代較古之語音。及世界文化未啟言語未進步地方民族之語音。其中麻韻必多。以見中國古音之亦當如是。（見學衡二十六卷）非部說者以太炎爲首。太炎以爲內典譯音。略取相似。不求諧切。不可據以倒論此土古音。（見華國一卷五期）然古歌部之當爲a。按諸六代唐人譯語。驗諸日本所謂漢音。例證燦然。殆無可疑。至魚類。之。爲。a。則愚。所。獨。創。適與三百。年。來。古。韻。學。者。之。說。相。反。故太炎謂爲振古未聞。獨錢君玄同。嘗舉呂覽重言篇載齊桓公伐莒事。以證部說。信爲魚類字古讀a音之塙據。重言篇云。齊桓公與管仲謀伐莒。謀未發而聞於國。桓公怪之。少

頃、東郭牙至。管子曰。子邪。言伐莒者。對曰然。日者臣望君之在臺上也。君呿而不唫。所言者莒也。高誘注曰、呿開唫閉。然則呿而不唫。卽口開而不閉之謂。若依今音莒讀如舉。則爲撮口。或讀如古。則爲合口。乃是唫而不呿。此云呿而不唫。明彼時必讀莒如假。方符音理、顧太炎於此。亦有異見。以爲與莒字同類者。國名有[illegible][illegible]吳許等字。皆古韻魚模部音。直以聲勢古射。又焉知其必爲莒也，檢隸續所列三體石經。春秋莒字篆隸皆作筥。乃知莒本筥誤。由隸書傳寫。變竹爲草使然。詩國風于以盛之。維筐及筥。傳曰、方曰筐。圓曰筥。筥卽今之籅子。其口谽張。故桓公呿口以肖其形。東郭牙由是意度得之。本非以呿口表示聲勢明矣。愚近有論阿字長短音答太炎一篇。備陳魚部古讀a音之理。至七千餘言。其中駁太炎此說。尤有足以解難者。請爲述之。

太炎說之尤可怪者。莫如解東郭牙言伐莒事。夫以呿而不唫知所言爲莒。此眞莒音開口之塙證。太炎欲否定魚模之爲侈音。不惜併此事實而[illegible]

一一

之至據石經異文改莒為筥而謂為盧以呿口為象盧形非表示聲勢誠可謂匪夷所思吾人論事之際以手助勢者有矣未有以口示勢者也人之器官不能於同時效二用方當答述辨難無故而忽中止其詞默口作勢以示其所論事物之形自非狂易失心宜不出此伐國大事所欲伐之國尤諗議之主名其當反復及之乃至易明之理今謂謀伐莒者諱莒不名而每於語及此字之頃屢呿其口以示意雖甚聖智無由悟其所欲語者何等也謀伐莒者不言莒而惟呿口以肖盧形然則謀伐犬戎者將不言犬戎而嗥而效犬聲乎且器之囂張者衆矣不必為盧詎名標識尤與本字無涉莒卽作筥並無盧義呿口何以知其欲象盧象盧又何以知其欲言莒耶若謂與莒同類者國名有舒楚吳許皆古魚模韻字直以聲勢占射焉知為莒蓋國際之有戰爭非一朝一夕之故桓公之謀伐莒彼時齊莒關係必有足以發生戰爭之原因預入國家者無容不略有所聞其不致疑及舒楚吳

許固可以事理斷之者也此事亦見管子小問篇直云東郭牙望見桓公開口而不閉知言莒也房注謂莒字兩口故二君開口相對即知其言莒以此注與呂覽重言篇高注相校則時代之先後語言之異同較然可見蓋漢世魚音未變莒讀如假（古音莒假本為同部）毫無可疑故高注僅云呿開唫閉而於言莒何以必呿之理無所用其說明至唐時則魚已轉u開口為莒乃不可解故房注以兩口相對為說夫呂字本不從口房注此說與馬頭人為長人持十為斗之義何擇而不謂千載之後乃有太炎以呿口為肖盧形則又唐賢所不敢知矣

玄同所疑者在三百篇中魚類之字與歌類之字甚然有別不相通用由愚之說則是魚歌當為同部此可以論漢魏之音不可以論先秦然愚則據楚書長短二阿截然殊用以為先秦古音亦復如是魚為長阿歌為短阿短阿為今曷末之音如英語之a長阿為今麻韻之音如英語之a故魚模對轉為陽唐其

入聲爲藥鐸。歌戈對轉爲元寒。元寒之入聲爲曷末。審陽唐藥鐸之讀而去其ng與k。則得魚模之本音。審元寒曷末之讀而去其n與t。則得歌戈之本音。其說甚長。非此所能備載也。

通訊

女師大

……頃讀吾兄爲北京女子師範大學事上執政呈文。中有牽涉弟者。不審命意所在。不能不一言之。吾兄呈謂北京女子師範大學校長楊蔭榆、爲校內一部份學生所反對。呈詞互訐。由來已久。本部前任次長馬叙倫、總長王九齡、均以辦事棘手。遷延不決。迨弟在部時。迭據女師大學生會呈控楊蔭榆校長。弟初以容其某會名義呈控事件。概無理會之必要。照例收擱而已。即有以該會代表求見申訴者。亦屬秘書告以風紀所關。倘有不實。理應嚴懲。愼毋輕率。以貽後悔。乃本年二月間、該會又復呈催。弟始親見該會代表。剴切導誨。代表執辭不屈。乃告以如校長辦理確有不合。應按公文程式。依法具名蓋章呈訴。以便虛實皆可懲辦。冀其或有凛懼。知所斂束。乃越日、即有具名蓋章公呈來部。弟猶以青年學子。既異凡民。況在閨秀。尤當善導。比令其呈各生到部。將呈控各節。除關學校行政各款。未經調查。無從判說。如謂校長任用私人。侵吞公款。及其他各款。皆委曲判說。聽斥兼至。當時各生即有聲明不明手續。致生誤會者。如因教員容之。支出較省者。薪俸餘款。乾人私囊之類。餘仍執稱均有實據。發言者且願負其全責。弟乃告以部中辦事。不能僅憑一面之辭。究竟虛實若何。當經調查。嗣後即派科長張君邦華、秘書李君光字、前往勘查。卽經先據面報。除關經費一項。因部欠甚多。一時無從着手。此外各節。學生所呈。固有未實之處。校長辦理不善。亦難曲爲諱護。正令其文呈復。一面定有解決辦法。事際維決。鈍弟卽部。竹村到部。不待該員是復。別派調查。此後關於該校風潮。僅於報當面悉一二。弟固不復齒知矣。此情本月三日手有任呂戴之諸公、爲上海勤業女師事招飲於歐美同學會宴賬。當已爲兄略陳。滬上諸公。皆所共聞。爲日無多。想兄不致健忘之速。乃兄、是、語。若、謂、弟、有、所、畏、難。致、貽、兄、今、日、出、於、鬧、散、停、辦、者。弟不、甘、負、此、責、也。況如兄是所謂驅逐校長。并鎖公室。詳情如何。弟亦未悉。僅於報端知有此舉。然弟離部久矣。竹村離京。兄兼長部。不久赴津。滯留彌月。然自津返。陽不到部。而陰持部務。參司秘書。銜參法署。爲日亦久。則兄、所、謂、未、嘗、行、負、責、者。弟昧、於、法、律、愧不、能、解、也。再兄是末云。擬請查照馬前次長處理美術專門學校成例。將該大學暫行停辦。查歷來公文。如有援引本部成案。則稱查照本部前辦某案云云。如援引他項機

關成案。則稱請照某機關某案辦理。蓋以、事、既、執、行。卽成、機、關、故、事。苟非、發、生、法、律、問、題。不當、追、溯、當、時、負、責、之、人。今兄是必日查照馬前次長云云。雖不過文字之細末。兄以書生當官。或且委之不習吏事。然竊、謂、全、文。儼然、刀、筆、落、技。則此、區、區、數、字、之、間。實深、用、的、出、之。顧查京師解散學校之事。不自美專始。自有成案可查。教育行政機關。於萬不得已之時。出以必要之手段。固中外所當有。卽就弟之處置美專言。與兄今日之處置女師者有殊。美專風潮。積以經年。其初因不具論。澎湃潰決。其影響波及於全京師之學校者。誰實致之。輿論固昭昭然矣。去秋部派陳僉事延齡、特充美專校長。糾紛益甚。校內情形。前屆者不暇舉。如教職員幾占學生人數二分之一。主任教員薪水之大者。超過國立大學教授薪俸最高級之上。每月支出、超過豫算二成以上。僅薪俸一項。幾佔豫算全額。而實際則教職員學生。分派對峙。教員學生上課寥落。因一一在人耳目。該校外國教員某、至詫爲世界所未有。而怪若無上級監督機關者然。弟

代部以後。知非別任校長。不足以資整頓。所聘校長。不敢自謂上選。然固高出舊任。社會所同許也。乃部令未下。該校已知。楊充校長、並未請假。託故離京。重要職員。嘯聚學生。闖抗部令。新任校長到校。遂遭拒絕。職員會同學生。封閉校印。經弟一再勸諭。充若無聞。百策俱窮。乃始謀之參司。不得已而有忍痛斷腕之舉。然心固惻然。以為青年學子來受教育。吾豈不能訓迪栽成。轉令一二自私自利之徒。利用其易動之感情。誘導其未定之血氣。使之衝雜決裂。陷於不韙。而後以嚴罰隨之。則亦安用教育為。今見於女師大之風潮。不甚求悉其經過。而一繩之以法。法所以濟情理之窮。女師大之風潮。於情理早可以了。而使之遷延。因而潰決、負其責者。不能不謂教育部也。故女師大今日之遭解散。不能不謂教育部設阱以陷之。然而且萬惡加於十百青年之女子。祇之等於倡妓。於乎、不亦甚乎。草此布陳。不盡欲言。干冒尊嚴。自分投東。……馬叙倫（北京西四大拐棒胡同 八月十一日）

得爽初此函。不禁踊躍。蓋愚所引為學界之大恥者。乃謂書八不言理而言勢。而所謂勢又屬攫取青年男女之腦力時力。摧毀國家之元氣以成之。愚為士林僇人。名已章顯。而爽初不畏[6]為同類所指目。慨然貽書。詳辨節目。此誠不得不服爽初之理性明強。高出于尋常為卯蒲（奚羲譯從）執鞭鐙者萬萬也。謹就來書。答陳如次。爽初謂愚呈文涉及前任。意在責其在部畏難。貽禍今日。此非部意也。愚行能至無似。而要有一長可取。乃凡事無論美惡。險爽若頗自負其責。而決不諉卸於他人也。是中輒舉前事。以著該校風潮由來已久而已。不於爽初竹村有所責難也。如指愚所用遷延等字。含有歲罪於人之義。則以愚所知。以善意而遷延。及以遷延而獲良效者。往往而有。天下事。又寧有一定。哉。至爽初以愚陽不到部、陰持部務為非。則愚自津還。日日在辭職中。而執政不許。不許而愚自計。仍無法辦事。無法辦事。而例行文件。亦終未能久閣。故不得已。有時在法署判教署事焉。惟事之稍關重要。須氣力以舉之者。猶置未辦。是乃政情之

一五

所恒有宜亦律意之所不拘不謂夷初卽用是爲譏議也夷初亦曰愚有從容了處該校事件之時間而不了處此其所謂遷延不決者焉得移以咎彼云借如夷初此意止于此愚願安承罪雖然從容了處夷初之於美專苟得其時間矣脫愚至自天律卽行視事固部之人仍執除效法美專前例別無良法夷初又何說之辭乎夷初試詳察部意廣微臾惜兩校相衡其各受停辦之罰果孰爲最適者乎夷初謂愚引前例當記稱機關不當追溯個人且以愚之爲此本於刀筆再技此殆夷初有受患之心而云然愚意初不如是也丈夫創行何例焉慮人之援引昔革政治風重人存政不因人光無意謗愚夙持此遂隨意流露故爲避就所未迫也如夷初自認不辟則於晚蓋覺幸吏家軌準曲爲賢諒則愚他時著錄當傾出之前此遂信無心倆爾疏忽推夷初亮有焉耳夷初詳述美專必須解散之依振振有詞而道路之言則稱陳延齡白長該校風潮澈告卒息而夷初必依易一長以激勸之。使得藉詞。一網打盡。愚固不信茲說。然可見天下之是非。因人言而大異。夷初謂女師大之道棧。乃教育部特設陷阱。此可令他人許之。愚者嘵嘵。其值將與夷初之詆謀美專者等矣。至愚敘述今日女學情弊。嚴乎其言。則有之矣。謂以借妓骨之。則推開是似係在京者。公然有是言。愚是何說。天下可覆按也。拉雜裁陳。伏惟悲鑒。

孤桐

大同大學

⋮⋮⋮敝校同人。主學術救國之論。十餘年矣。屢遭世變。艱阻備嘗。而孤詣苦心。堅持未敢稍懈。誠以國於天地。必有所特以立者。同人之愚。以爲舍精研學術。無他道也。邇來滬漢事起。群謀救亡。治本治標。在均須努力。而宜由愛國志士。各自審其才能責任所在。竭全力以赴之。而在學士子。尤應刻苦求學。蔚成良才。以爲根本建設之計。惟少年血氣。往往激人歧趨。同人有鑒於二十年來教育之成績。力所能及。萬不忍使後之視今。猶今之視昔。爰特重申敝校設學之惜。雖當逆耳之忠告。其言曰。

學術救國。在實致其功。本校揭櫫斯旨。非謾言也。國之俊秀。或持議不合。本校無力強其贊同。若在。一校以內。則本校新所以貫逆斯旨者。宜負全責。茲特重申信約。本校守定宗旨。仍照歷年辦法。孤詣進行。許以務學救國。決不許以廢學出位救國。人各有志。學校亦有自主政令。有不能遵守此約者。未來者不必來。既來者不必復來。庶幾廓清黌宇。水靜橋門。平范張抗憤之氣。安鄭郭隱修之業。俾本校無負於留學諸生。諸生得各無負於家國。幸甚。

右列通告。曾經布登上海各報。夙仰貴刊旨趣相同。乞再賜登。以廣流播。無任企望。………胡敦復

細察敦復來書。及通告大意。必其所辦大同本校。亦有時染不可幸免之風潮。主者毅然以解散全校之決心應之而已。不許學生廢學出位救國。此語。不圖於今日聞之。感喟謂敦復之大同學院。成績為公私諸校冠。即此一語。亦更無餘校有力書。

之。嗚乎。僞已。

孤桐

時可

……近日弟患腿疾。自膝以下。浮腫至足。行履維艱。又以南北相距太遠。若風馬牛。故晤面甚疎。而縕結之思。無日不若在公左右也。間到砥柱頹波。力求上進。填所謂空谷之足音。陽春之絕響。大有令人聞韶忘味之思。弟學業久荒。一知半解。恐不足當先生之青睞。將來倘有所作。必就正於有道之前。絕不敢自外也。方今政治學術之壞。人心士習之偸。譬彼川流。莫知所屆。然爝火之光。萬難久燭。是在有力者之設法挽回耳。孟子曰以時考之。則亦可矣。其今之謂乎。………王樹枏（西直門北草廠　立秋日）

晉卿先生以北方樸學。默持風會者有年。惜萃飲狂泉。黃鐘毀棄。有心救世。無力回天。時可之說。先生乃慨乎其言之。孟子不吾欺。先生之道。仍當大明于世。短書數語。已見元吉。甲寅圖正時趨。惟力是視。先生以時教之。天下所從受益。寧有涯哉。

一 字說

孤桐

………此讀大著字說。竊以爲命題失泛。無當於邏輯。蓋字者達名也。字人者私名也。達義博。而私義約。判然。固。不。可。相。亂。今以。私。冒。達。故名。實。紊。名實。紊。則。惑。莫。大。焉。如先生易題爲某某字說。或字某某說（此例古文中頗多）則界義嚴明。誤解自除矣。此種擬題。想先生臨文時偶未之思耳。一得之見。謹貢芻納。是所禱盼。………伍劍禪 北京按院胡同三十一號 七月二十九日

伍君之說甚是。愚思偶不愼。致有此誤。正作答遜謝間。小兒章用從旁見之。堅稱有說。斥以妄而不服。姑使言之。似亦成理。小子狂簡。惟伍先生裁之。

原說見後。 孤桐

劍禪先生左右。家君出示尊書。摛詞辨給。界義嚴明。自非精於名理。思不及此。雖然。於邏。輯。一。而。之。理。誠。當。矣。而未。足。以。覩。其。通。也。荀卿言散名加於萬物。從諸夏之成俗曲期。旣曰。成。俗。曲。期。自必。與。理。想。之。邏。輯。不。同。標明。諸。夏。又。不。必。與。泰。西。文。法。相。類。先生。徒。見。英。語。之。以。冠。詞。別私。於。達。不知。我。國。之。並。無。冠。詞。也。旣無。冠。詞。則一。字。之。爲。達。爲。私。當求。之。義。而不。當。拘。泥。於。形。縣覽經籍。以達名爲私名者多矣。春秋稱公。魯隱公也。稱王、周平王也。王公、達名也。魯隱周平、則私名。如先生言。私何。以。能。冒。達。乎。荀卿又云。名無固宜。約定俗成謂之宜。先生似。於。宜。義。未深。留。意。夫古人作字說。題之宜。如先生所擬者誠多矣。而如。家。君。所。擬。亦。未。始。無。之。如柳開爲焦生作字說。僅。題。字。說。而。已。焦生名邕。字世和。不聞。題。焦。邕。字。說。或焦。生。字。世。和。說。如。先。生。言。又歐陽修爲胡生作字說。亦。僅。題。字。說。而。已。胡生名寅。字子畏。不聞。題。胡。寅。字。說。或胡。生。字。子。畏。說。如。先。生。言。唐、宋、八、百、餘、年。作者、如、林。稱字、說、如、歐、柳、者。寧可、一、二、數。以故、先、生、之、說。乃知、其、一、而、未、知、其、二、也。狂言聖擇。伏惟裁之。世之讀者。

亦得相與簡雅焉。

章用

今四維

……久欽雅範。莫逮瞻馳。十年以來。每讀左右文字。清脉簡亮。未嘗不契若平生。甲寅復刊。益自驚喜。論政知人之作。求治名世之言。導其宏緒。蔚爲介辭。緻佩无促。乃頃讀第三册今四維篇。以爲頗不類左右之言。竊陳鄙議。幸省察焉。夫以四維名篇。本諸管子之說。禮義廉恥。實爲虛位。倡優。皂隸。屬之。人事。昔韓退之於仁義道德。猶爲定名。何況漫自綴繫。律以泰西。文典。且有抽象。實名之別。重以左右名家。絕學。當不。諦。諸。而篇中所指。但一伎一伶。無復隸卒。伎固不與。隸卒。同儔。乃爲。同。斷。此畀、諸、者、一。豔伶之字。於前無徵。梅伶聲容並茂。歌舞兼工。徒揭其豔。似失皮相。王恭。春柳。謝覽。芳潤。未聞。以。豔。官。相。加。律此。失。彼。於義。未。當。此其、二。盧君高士。未敢蠡窺。書中標榜教習師道之旨。孰不謂然。顧非所語於今日。衡論亦往往如此。讀畬。鶴卿。一。賊知端。其趣。而。疑。其。失。者。正在。彼。不。在。此。此其、三。冠側鵕鸃。稽諸淮南子有曰。趙武靈王貝帶鵕鸃而朝。趙國化之。此與史稱胡服騎射。同致美詞。班書所傳。殆籍閎異服。漫爲別裁。期悅人主而已。鵕鸃。因。非。脂。粉。之。媚。飾。亦異。弄。臣。之。制。服。饍繼踏袖。指事孔繁。庶若獨引此名。加之伎幸。已數典而忘剷。左右並爲箋釋。假借伶官。益推波以助瀾。陳陳相因。斯恐。名之。不。正。植非。勝是。此其、四。梅伶京籍。偶來海上。乃以彌月之游踪。道其一世之業貫。訛其南北。而以之張偶李彥青。一則。減。獲。賤。斷。旅幾。濟。船。之。黃。頭。一則。黎。園。世。掌。未隆。虞。庭。之。茂。矩。薰濟。自。刳。雲泥。超。絕。擬非。其。倫。語失。所。當。大惑。不。解。莫此。爲甚。此其、五。曹氏竊國。政以賄成。靦顏干祿者輩薄。甯識廉恥。左右給極水風之妙。詞嚴斧鉞之加。當也。乃自積此內外二因。句下逕云無怪梅伶之所至句云云。玩其文意。似梅伶承道喪之餘。收名定價。夫梅。伶。臚。舉。襲英。於茲。十載。何自。與。亘。選。爲。緣。更何。得。與。伎。倖。同。傳。若謂指淫情濫緒所寄托者耶。則翔雅有人。達官朝市。宏獎風流。名士山林。別存孤抱。扇芳風於緣綷。結塒思於丹。青。話別、一、圖。宗孟、為之、題、端。香南、尺、卷。游、讌、為、之、書、首。茲二公者。名節矜重。左右固投分甚深。一時期以畫業。一則列於師友。又嘗其。亂。下。之。亢亢、偶爽、風氣、於。末。造。又嘗、得、錫。以。倅。角。之。佳。名。而謂。可。以。告。無。鞏、於。天。地。與。神、者。耶。此。其。六。文。化。之。中。自存藝術、藝術之列。不廢戲劇。老生常談。時流通論。卽實之介友甫伯訥氏。常無間言。名。非。謬。托。事。質。同。曠。至東西習俗、歷。禮不同。梅。俗。諸。劇。大。都。采。自。史。官。風。人、之、本。事。迄。未。嘗。以。影。射。開。未。可。厚。誣。欲。為。刊。誤。此其、七。抑更有進者。文中於今之四維。頗加部吏。夫故革之役。左右固推其先覺。議憲之業。左右又期以醫心。民主、國家、安得。旣。別。民、業、第、別。貴。賤。無論憲章之嬗變四民同仁。必無異詞。或有貳者。左右亦必擯秩而起、疾言以爭之矣。在遜清光緒間。沈文肅開府兩江。猶且奏復作作馬快出身。以為業微責重。未可使絕於編民。皂隸固僕役之至賤。今國家行政之長。且競以公僕自稱。則皂隸之復不待言。當進社會者。比又力闢廢倡。倡亦行廢。獨至優者、等而上之。談言

微中。可以解紛。英人。如。莎。士。比。亞百。世。之。盛。業。間施。紛。觀。未開。因之。而。賤。次者亦特如左右字說中所謂偶與稗官所擬之人物傀儡、同其符號。遠何傷於天地之和。近何損於品節之數。史漢。亦。但。斥。佞。幸。不。詆。滑稽。固知。其。末。可。併。為。一。談。也。且梅伶私德可淑、公讀是風聞儕。無。蕩。檢。之。行。藝樂。補。備。荒。之。政。懸劍。多。故。人。之。賠。謂。娛。處。士。之。情。至。其。追。古。舞。於。雲。門。返變。微。於。部。淺。音。節。應。所。沐。聲。教。淵。光。左右輔弼明時。賛衰邦治。正音。嬰引。稽貫元音。區區之私。固何、敢、特、矜、標、異。亦。甄、少、別、其、是、非。為服、膺、者、道、之、耳。倘蒙披枝。猶承教言。感幸特甚。臨書不勝屏營之至。……趙朗西　八月八日　上海漢口路二十四號

文字者心思之表徵也。而心思有正病高下之不齊。猶人身之有寒燠不時之症者也。心思旣有正病。高。下。之。不。齊。文。字。因。有。雅。變。隨。激。之。各。別。故。凡。知。人。貴。夫。論。世。而。觀。文。尤。必。明。時。世。與。時。者。乃。文。字。心。思。表。裏。變。化。之。大。機。捩。也。而。況。文。字。之。道。藻鑑。詮。繁。見。智。見。仁。家。持。一。說。所。謂。雅。變。隨。激。與。夫。

百。體。所。從。之。正。病。高。下。又無。成。俗。曲。期。之。繩。尺。可以。準。裁。愚之。今。四。維。鋪。出。八面。論。師。俱從。索。隱。是非。各。執。鈞、否。紛。施。者。職是。故。也。趙君以爲不類愚言。的是眼說。昔孔子對人問孝。其說不一。執此繩彼。道每參差。有違宗師立言之體。以孝、其名也。宜有盡人可喩之定德。而孔子反之。反之又不失爲孔子之大。名家絕舉。至此頗窮。此無他。言貴因人而立。人異而其言自異也。文中之。時。亦。然。時既。異。也。文之。聲。情。體。貌。必且隨。之。而。異。杜陵。本。是。哀。俳。入蜀。尤。健。神。寒。柳州。一。生。沉。鬱。而貞。符。忽。爲。雅。什。此乃神。秘。之。隱。示。而妙。手。之。偶。成。己。實。莫。知。其。然。入難。率。爾。而。議。蓋。文。家。者。時。代。思。潮。之。寒。暑。表。也。有其。時。而。無。其。文。是大。失。職。文。家。求。供。厥。職。何。能。預。定。一。升。降。度。數。迅。雷。風。烈。不。使。或。遲。暗、此。不。類。二。字。彌有。其。深。理。解。可得與趙。君。細。論。者。也。君試思之。去年今日。乃是何時。愚所寫照。是否應有。盧君所標。君曰孰不謂然。愚詞所嚴。君曰並無不當。本旨。既。得。小節。寧。論。抑一。倫。官。以。明。世。道。似亦。無。僞。大。雅。而君許則今日成之。事過境遷。情感大異。君陳七義。愚在本刊作答。俱屬大、體可承。故時之。爲。義。既。明。愚論。皆。許。兩存。無。近。衡之。雅。度。未審何。如。至趙君之文。吐屬名貴。斷制謹嚴。合文、家、名、家、爲、一、手。世有、此、才。何易、可、量。

孤桐

白話與科舉

……大箸屢斥白話文貽誤青年。自是正論。然吟龍以爲其弊猶不止此。往者語體初興。未有教本。不得已而摭拾水滸傳七俠五義等小說爲範。天下青年。趨之若鶩。當時吟龍謬膺講席。嘗箸一論。以爲庚子。拳。禍。遠。因。實。種。於。流。毒。社。會。之。武。俠。小。說。故。拳。黨。之。所。崇。奉。不。外。孫。悟。空。黃。天。霸。一。流。然。等。禍。雖。烈。要不。過。一。時。一。地。非。如。現。時。之。遍。地。皆。匪。也。今。號。倡。先。體。者。更。率。靑。年。而。歸。焉。幾。何。不。胥。天。下。而。淪。於。盜。藪。也。友人某君。嘗言、讀、水、滸、傳、至、日、便、有、敢、笑、黃、巢、不、丈、夫、之、慨。（此水滸詩宋江所作）今之懷抱利器。鬱鬱不得志者。何可勝數。而是以導入爲盜之下等說部。又倍蓰水

二一

浙等傳而無算。將來愚勢不問可知。吾濟著書防微杜漸。今乃極力宣傳鼓吹。於途之。爲是可嘆也。罷官須君徹科舉議。實爲國家立樹人之法。然部意有不盡同者。往與家君論及此事。以爲國家欲拔眞才。舍考試外。別無良法。至於選舉。無能脫却金錢（賄買）欽選（長官指派）範圍。其不適於用。無可爲諱。科舉、考、試。宜分、三、級。中央、省、縣。均舉、行、之。今罷君議倣。各縣不論。殊不知縣令爲親民之官。縣政爲國本所託。縣治得人。省無不舉之事。中央行政何有焉。故國家。舉人。宜自。縣。始。縣治。則國無不治矣。至中式舉人進士。似不宜即行授官。應設立相當見習場所。中式人實習一年。或二年。然後授職。仍當按其殿最而位置之。蓋爲愼擇。人。不得。不如。是。也。如罷君所云。覘器識於片言。有無心之倖獲。此昔人所以有但願文章中試官之誚。即罷君亦無以解於此之浮冒者也。又人情貴難賤易。今之學士。偶涉重洋。動稱碩博。專門大學。歲卒業者無慮千人。故人亦莫之貴也。假令應試者一朝中式。便得顯官。在彼濟才。因爲奇遇。脫有倖進。事無嘖言。此不可不愼也。……汪吟龍（四京白廟胡同　八月二日）

婺安公寓三號

自話之弊。誠如尊言。此於。蕪。正。文。體。而。外。更。增。一。義。發時君子。毋忽斯言。舉人應從縣始。乃古人鄉舉里選之正。亦大可商。

孤桐

科舉　其一

……今世論政。異乎昔時。古者重在治人。今時重在治事。治人則術可一道。治事則千歧萬別。即古人雖有文以載道之訓。但無道必以文之理。且如鐵道管理。濟理財政。整理監獄一類之政。更非自文字可測其淺深。今世論學。亦非文字所能效命。如數學也。物理也。化學也。工程學也。電學也。文字縱不明通。無妨學有根柢。即社會科學中。如國際公法、外交史、政治制度憲法之類。亦非僅憑文字所能闡發。……

……羅敦偉（石駙胡同二十六號　七月三十一日）

科舉　其二

二三

……大箸謂「論政論學。皆貴文字可觀。苟其操翰不能自達。則面墻抑已可知」是仍不外以言取士也。吾國舊習。學者重理論而不務實際。尙空談而不切應用。處今日物質文明競爭之世。凡百學科。各有專才。通文學者。未必長於政治經濟。精於工藝製作者。不盡文字皆有可觀。倘專以文字。核其實學。則技藝專精者。難以當選。行見學非所用。用非所學。國家如此選才取士。非所謂南轅而北轍乎。……范育士（八月五日北池子草嵐胡同六號）

抽議既布。頗來商榷之書。就中致疑最多。厥在以言取人一點。爰取羅范兩君所示。剪裁刊錄。兼更一申愚說。

原科舉之用意。非謂納天下萬殊之人物於一途。古者明經進士之外。原有諸科。所以待不齊之品彙。惟是國家求賢草野。與共國政。勢不能不限此以文字自達之途。政。治。之。爲。物。本。爲。專。習。非。盡。人。所。能。操。弄。自。非。博。通。古。今。之。故。能。抗。言。盡。論。窮。理。樹。義。者。無。由。厠。身。其。間。以。言。取。人。道。固。宜。然。實。初。非。過。偏。也。

設科舉所以求問政之才、所以使國人之俊異者。得以自進而與聞國政。非但以充官吏。故中式之士。首宜以之處議士之位。次乃以之任官。至於府中小史。簿毫抱牘之役。自當別設事務官考試以求其選。若鐵道事務官。若監獄事務官。皆業有專門。非夙所研習。且終身志於其事。精不旁騖者。不克入選。不妨國家特設大科以求此等人材也。專門技術與專門職業之人。若醫士工師之流。更宜別論。彼其所業既專。從政之思必淡。苟非其天才卓越。蓄有經世之猷。能爲文章。以論當世。則自可不必應試。其。所。以。問。世。者。固。別。有。道。正。不。必。藉。應。試。幾。娶。方。是。以。增。其。聲。價。也。

凡諸致疑之端。類皆誤於前清舉業文字之慣習。殊。不。知。科。舉。爲。一。事。詩。賦。八。股。又。爲。一。事。科。舉。果。行。自。非。浮。詞。濫。調。所。能。入。設。必也如吾向之所云。博通古今之故。能抗言盡論。窮理樹義。庶乎近之。假。其。義。理。雖。通。而。文。字。稍。拙。則。自。宜。遺。文。取。實。故吾前議有一主明通不限體裁之謂。以則寬待衆流。不偏一格。設如闓文猶難盡悖。則最後仍有詢。

光宣詩壇點將錄

曩與義寧曹東敷同客南昌。又同廬簡庵思齋昆仲家。昕夕論詩。極友朋之樂。東敷詩學黃陳。頗爲當世名流所推許。與愚一見即定交。蓋愚、蚤、年、嘗、詩。夙服膺、元、祐、諸、賢。與所論、不、謀、而、脗、合、也。東敷、言、並、世、詩、人。突過、乾、嘉。昔瓶、水、齋、主、人、曾、有、乾、嘉、詩、壇、點、將、錄、之、作。予於、並、世、諸、賢。多所、親、炙。盡締、爲、之。亦藝、林、一、掌、故、也。余卽具草。比擬、洽、合。至萬、不、可、移、易、處。東敷、簡、庵、思、齋、皆、拊、掌、大、笑。竭一、晝、夜、之、力。而當、世、諸、詩、人。泰半、網、羅、此、册、矣。今東敷思齋已歸道山。原稿迄未寫定。比來都門。適章子孤桐續刊甲寅。徵稿於愚。乃重爲釐定。補其漏略。正其謬妄。布之海內。惜未能起吾友一共商耳。乙丑八月辟疆記。

事。故。言。之。法。以。馭。其。變。而。救。其。偏。設。廉。期。無。所。遁。而政。體。務。存。其。大。若。是。乎。其。亦。可。矣。

宜頡

汪國垣

詩壇舊頭領一員

托塔天王晁蓋　王闓運

陶堂。老。去。彌。之。死。晚。主。詩。盟。一。世。雄。得有。斯。人。力。復。古。公。然。高。咏。啟。宗。風

詩壇都頭領二員

天魁星及時雨宋江　陳三立

撐腸。萬。卷、饑。猶。饜。脫手。千。詩。老。更。醇。雙井。風。流。誰。得。似。西江。一。脈。此。傳。薪。

天罡星玉麒麟盧俊義　鄭孝胥

肯向都官拜路塵。花開著語老猶能。脫然。出。手。皆。生。氣。聖處。如。詩。見。道。眞。義寧。句。法。高。天。下。簡。淡。神。清。鄭。海。藏。字內。文。章。公。等。在。扶輿。元。氣。此。堂。堂。

掌管詩壇機密軍師二員

天機星智多星吳用　陳寶琛

閩海詞壇鄭與陳。老陳風骨更翩翩。詩人。到。底。能。忠。愛。晚歲。哀。詞。哭。九。天。（陳可）

天閒星入雲龍公孫勝　清道人李瑞清

來往金陵又幾時。久聞人說李梅凝。過江名士知多少。爭誦臨川古體詩。（陳可）

一同參贊詩壇軍務頭領一員

地魁星神機軍師朱武　陳衍

一錢。說。法。懸。孤。月。在。夜。招。魂。向。四。閣。記取。年。時。香。末。句。老。無。他。路。欲。何。歸。

掌管錢糧頭領二員

天貴星小旋風柴進　寶廷

親貴、中、能、詩、者。前有、紅、蘭、主、人。近則、推、偶、齋、侍、郎、也。偶齋、門、人。多當、代、豪、俊。鄭蘇龕、陳石遺、林琴南、康步崖、吳彥復、尤、有、名。柴進。在。山。寨。中。亦。卑。卑。其能。爲。人。所。推。許。者。亦以。廣。收。亡。命。濟。人。緩。急。也。

天富星撲天雕李應　李慈銘

餘事。爲。詩。竟。不。羣。別。才。非。學。總。難。論。清。詞。合。配。金。風。長。月。轉。觚。棱。夢。未。溫。

越縵、詩、在、小、長、蘆、春、融、堂、之、間。雅、潔、謹、飭。且、齎、卷、極、多。尤、熟、史、事。孫、同、康、謂、與、兩、當、並、雄。推、爲、正、宗。譽過、其、實、矣。

馬軍五虎將

天勇星大刀關勝　袁昶

太常。忠。義。世。所。許。詩歌。乃。摩。黃。陳。邈。渺。緜。聲。響。獨。所。探。光。瑩。奧。緩。相。依。倚。

天雄星豹子頭林冲　林旭

東市。朝。衣。更。莫。論。棄。繻。才。氣。誤。高。軒。當前。苦。語。誰。能。會。欵。唾。人。天。萬。劫。存。

天猛星霹靂火秦明　范當世

盤空。硬。語。真。能。健。緒論。能。窺。萬。物。根。玩月。詩。篇。成。絕。唱。蘇黃。至。竟。有。淵。源。

陳散原見無錯中秋玩月詩。嘆爲、蘇、黃、以、來。六百、年、無、此、奇、矣。

天威星雙鞭呼延灼　周樹模

六轡不驚。揮翰手也能恣肆也能限。泊園詩骨知誰似。上溯遺山與半山。

遜官能詩。當首推泊園老人。於奔放恣肆之中。有冲遠閒澹之韻。長篇險韻。遊成偉觀。王梅溪許昌黎詩所謂韻到窮東尤瑰奇者也。

天立星雙鎗將董平　樊增祥

天琴老人詩。繁密工麗。能取遠韵。詩篇極富。合長慶裴東為一手。晚年尤恣肆多奇豔。亦猶風流雙鎗將。有名於山東河北間也。

馬軍大驃騎兼先鋒使八員

天英星小李廣花榮　陳竹壽

仁先為太初裔孫。詩屢易其體。近更出入昌黎東坡半山遺山之間。能拔戟自成一隊。散原恪士寐叟。皆亟稱之。

天佑星金鎗手徐寧　曾習經

蟄菴詩工力最深。能由后山而上溯玉溪少陵。

天暗星青面獸楊志　沈瑜慶

愛蒼詩熟於史事。結束精嚴。正陽一集。尤多名作。

天空星急先鋒索超　左紹佐

竹勿與泊園倡和極多。詩在昌黎東坡之間。

天捷星沒羽箭張清　趙熙

堯生詩蒼秀密栗。成之極易。其遺詞用意。見者莫不以為苦吟而得。實皆脫口而出者也。石遺昫谷咸極推服。張清一日連打十五將。日不移影。堯生有此神速。

天滿星美髯公朱仝　梁鼎芬

梁髯詩極幽秀。讀之可令人忘世慮。書札亦如之。

天微星九紋龍史進　俞明震

恪士詩在柳州簡齋之間。紀行詩尤多可誦。嘗言詩人非有宏抱遠識。必無佳構。頗為至論。詩見道語極多。王伯沆乃頗訾之。立論固不必強同也。

天究星沒遮攔穆弘　沈曾植

寐叟詩學宛陵山谷。閒出入韓蘇。遣詞屬事。多取內典。用意深微處。最耐細誦。今詩人之最精悍最橫驚者。無出其右也。

甲寅周刊第一卷第六號目錄

特載

創設國立女子大學呈文

呈為國立女學。規模簡陋。不足以廣納衆流。一其趨嚮。擬請創設女子大學。以宏女教而端國本事。查二十年來。學校競興。男女並重。而高級女學之設備。遠遜於男。以致中學畢業之女子。升學極其滯澀。知識之。欲。既。啟而上。進。之。路。未。宏。激入。歧。趨。亦固。其。所。近來官私立各種大學。頗收女生。流弊之滋。有識同見。間嘗徵詢家督。接晤教師。灼知男女同校之效率。去乎理想之所期者甚遠。士釗居恒侍政。尤見執政論及吾國女子教育。未能將中西禮學之精華。融為一氣。慨乎言之。遠慮孤懷。至深佩仰。雖然。大勢。所。趨。抑之。轉。病。易案。未。具。非之。何。庸。前北京女子師範學校。所收生徒。不過二百人耳。試問。以。中。國。之。大。人口。之。繁。博道。宏。京。號稱。太。學。所容。女。生。止于。此。數。而又。辦。

一

理。不。善。學閥。頹。聞。自好。者。益。歸。未來。者。裹。足。此誠。示。天。下。以。不。廣。含遠。大。而。未。聞。敷教。之。意。謂。何。平旦。之。思。彌。媿。以釗之愚。宜即京師創設國立女子大學一所。規模應設。庶與北京大學相仿。務令天下高材女生。各依其願欲之所至。不論高平繁簡。得見此中科目。靡不相宜。初辦之時。並可弘設預科。多立級數。使其樂就。曲予陶鎔。管理之方。略參私塾辦法。先之。以。家。人。師。保。之。親。次之。以。禮。樂。書。數。之。事。卒乃。器。數。與。文。藝。俱。得禮教。與。管。學。齊。輝。女學。之。成。茲為極。則。釗意此種中心學府。果得成立。天下之為父兄者。宜莫不將其女弟。爭先送學。凡附學于各官私立大學。彌感不便者。宜亦莫不寫其願書。轉學而來。如是。則。風。氣。以。移。一舉。以。立。執政。志。在。整。頓。女。學。始可。得。言。整。頓。矣。現時女子師範之學生。近二百人。其如何編入該大學。抑或按照原有學級。先令分別畢業之處。一俟籌備處成立。謀當妥為收束。所有擬請創設女子大學緣由。理合具文。恭祈鑒核施行。無任屏營待命之至。

時評

本刊之興。不虞之譽。與求全之毀。雜然而起。而時評尤為大發。羽箭紛集。平敘。則。嘆。為。斷。爛。朝。報。義不。應。有。稍具。又。以。謂。皮。裏。春。秋。分不。當。為。擬笑。兩。非。一。籌。莫。展。時評。應。賦。之。德。於斯。窮。矣。非關、才、盡。勢須、閣、筆。前頭、鸚、鵡。不欲、多、言。知我罪我。幸少安勿躁。

八月十八日、北京大學。以本校脫離教部問題。開評議會論之。到者李煜瀛、馬裕藻、顧孟餘、譚仲逵、朱希祖、皮宗石、周鯁生、王世杰、王星拱、丁燮林、高一涵、沈尹默、馮祖荀、羅惠僑、余文燦諸君等十五人。顧君主席席開會否兩方爭持甚力李君聲稱騙章爲學生所要求大凡學生要求之事不能賠償應之如所要求爲十分許以八分仍是不患必以十二三分償之始能不失領導學生之地位所論範圍全然有出理人勢之觀主席宣告討論終局訴之票決時羅余兩君已出場票發李馬朱沈譚馮六人主張獨立皮周王王丁高反之顧君例得參加一票遂以七對六之多數通過本案從此北京學潮中又增一紛糾極大之故實矣查北大脫離教部在彭君允彝長部時曾一行之時彭君志切調和一面聽其自立一面勇爲籌畫經費曾以重利向察哈爾興業銀行借入鉅款一次撥發該校經費兩月以示好意該部財政上經此鉅創元氣頓傷至今葛藤未了張都統之江之催欵甚急若星火但終彭君長部時期北大仍然不屈反唇之譏有加無已特所謂獨立者他種公文一概不受支付命令則一笑承之而已開討論時曾有人提出此問謂本校經費至關重要今章某是否與彭某同一章法亟應考究李君以自有辦法四字了之而案遂決又開反對本案最力之王君星拱高君一涵俱與教章有嫌並有爲言語細故涉于訴訟此次特持公論時議高之

近日北京學界反對教長章君益烈號稱代表九十八校之學生聯合會在各報遍登啟事痛論之餘至呼之爲賊在章某意存靖難志切爲犧呼我爲牛者可應之以牛呼我爲馬者可應之以馬賊云賊云於章某何傷惟無政府主義尚未實行行政系統與夫校由部轄之公文程式亦未盡柰而有九十八校之代表詆毀長官竟號曰賊而社會視爲固然輿論樂爲露布倘政府欲稍全其顏面或私人以謗律相繩則摧殘教育壓迫愛國運動諸罪名可得出於人人之口以相詬詆此可謂上下風習之一斑與夫吾國士君子所享受之言論自由衡之同代諸文明國已至何度也已記者以此爲將來民史所必採之材料而本刊之存續性復較該聯合會所登各報差有一日之長請爲錄之如右

章士釗兩次長教。摧殘教育。禁止愛國。事實昭然。敝會始終表示反對。乃近日復受帝國主義之暗示。必欲撲滅學生愛國運動而後快。不特不謀美專之恢復。且復勾結楊蔭榆。解散女師大。以數千女同學爲犧牲。此賣國媚外之章賊不除。反動勢力。益將氣焰日高。不特全國教育前途。受其蹂躪。而反帝國主義之運動。亦將遭其涂毒矣。故敝會代表九十八校。不特否認章賊爲教長。且將以最嚴厲之手段。驅之下野。望我國人共共圖之。

昔衛玠云。人有不及。可以情恕。非意相干。可以理遣。由今觀之。殆未必然。章君以部令停辦女子師範。乃出於事勢之萬不得已。非於人有宿怨。或於己有執念也。部署未當。可以更張。善後百端。諸待董理。以有二十餘生。堅不離校。章君則具柬邀請其家長保證人等。於八月十三日午後四時。茶會於本部大廳。所以、致、敬、盡、禮、兼、質、取、其、所、懷、意、見、爲、何、等、也。賓主之形。既昭鄭重。公誠之意。可得互期。不謂一。二。相。識。以。外。自好。者。不。來。而冒。名。者。大。至。咆哮。公。署。肆意。詆。諆。怨。云。遣。云。一。無。所。入。所謂。父。兄。師。保。竟。與。魑。魅。罔。兩。同。科。假。面。一。揭。閧然。而。散。嘻、此交。際。所。希。聞。而亦。人。情。所。不。應。有。矣。正惶駭間。連得三呈。俱出家長。情趣大異。懇欵遙恒。咄咄、人之度量相越。焉至此者。社會之情。如此殽亂。治絲之道。不宜更棼。謹舉原文。再申部意。

……查女子師範大學此次風潮。其音樂系各生。概未與聞。早經登報聲明。諒邀鑒及。現奉部令。將該大學全部停辦。在鈞部整飭學風。自應治棼絲以利刃。而玉石不分。致令無辜者亦遭波及。既不足以示勸懲。尤非國家興辦女學之本意。且校內各生。大都籍隸外省。自停辦令下。校內既難容身。其家人未在京者。校外亦鮮相當廡址。更無合宜學校。可以轉入。徘徊歧路。悵悵何之。功虧半途。尤深可惜。伏維總長望重斗山。政權在握。揚清激濁。自具權衡。應如何設法安頓。俾諸生得以竟其所學。不致盡棄前功。爲諸生惜寶貴之光陰。爲國家留一綫之正氣。無任企禱之至。抑更有請者。查音樂一門。在各國皆設專門學校。殫精研究。我國限於財政。故附屬於女子師範大學校內。原係權宜辦法。且與該校學科。截然不同。師範、重、在、科、學。而音、樂、重、在、研、究。古今、樂、器。尤非、設、備、完、全。難期、進、功。今聞鈞部整頓教育。不遺餘力。儻能按照各國成規。特設專門學校。俾音樂一道。大放光明。此則所尤馨香禱祝者也。謹聯合各生在京家長。合詞上陳。是否有當。伏候批示祗遵。………韓建鐸、鄭晟禮、李鴻敏、王若宜、李蘭陔、韓燿曾、劉德薰、汪臚甲、楊濂甫、周用

…………頃閱報載。我總長呈請停辦國立北京女子師範大學校文。內稱擬請查照成例。將該大學暫行停辦。一面遴選專家。妥速籌畫。務期重定宏規。樹之模範等因。自應靜候總長詳細籌畫。惟念小女等在該校體育肄業。已歷兩年。平日抱求學宗旨。研究所學。校課繁多。不遑更涉他事。故凡、關、於、校、內、任、何、方、面、一、切、舉、動。概未、參、預。曾於本年

五月十七日。在晨報京報特行聲明。報章具在。可覆按也。自此次風潮起後。均各歸家。痛學潮之激盪。肄業漸荒。念歲月之推遷。寸陰可惜。爲家長者。若坐視其曠日廢學。實有未忍。且查楊校長改組四班之時。曾經聲明。體育音樂兩班。不在此限。現在該校既經解散。若使平日潛心學業之學子。同受制裁。似非事理之平。且小女等自小學中學畢業。幾經艱辛。始獲得入該校。若使中途輟學。不但該生等學業。功虧一簣。且與國家培植人才之本旨。亦有未符。所有保留之體育音樂兩班學生。究應如何妥籌辦法。俾得完成學業之處。理合具文。呈懇察核。批示祗遵。………步翼鵬、齊國鈞、吳祜貞、鍾剛中、梁成熙、李培、田樹藩、初兆聲、王席珍、王縝、張盛楷、蹇先榘

………查國立女子師範大學。爲大部主辦之全國最高女子教育機關。其管理與課程。夙稱完善。毓珹等家有女妹。望門投止。深期安心向學。俾有所成。乃自去冬以來。迭起風潮。潛滋暗長。毓珹等

五

之女及女弟蜚。平素恪守閨訓。質弱才庸。柔和、安、靜、之、有、餘。剛、健、活、動、之、不、足。祇知、研、鍊、躬、修。未解、主、張、外、事。風潮激越。有碍課程。心雖焦急。莫可如何。幸得我總長重掌教育。方冀秩序從此恢復。得以照常肄習。不意校中未有區別法門。遽行解散四班一筆抹煞。已嫌急切。謂爲將要改組。即先解散。亦未免因果倒置。迨潮流益進之下。大部乃以紀律之故。下令停辦。伏思四班循謹學生。或肄業數年。或行將畢業。今因校中秩序不整。概行中斷。致使假學家居。功虧一簣。各生既向隅愁苦。爲家長者亦終夜彷徨。溯自清末民初。女學甫萌。程度未臻美善。女子欲求高深學問。非寄學教會。即遠涉重洋。智育方面。縱不無成績可言。而考其實際。往往心儀歐化。國粹淪失。民國以後。該校設置。逐漸提高。吾國女子。始得高等教育機會。前此數班畢業後。服務各處。成績既優。操行亦謹。足徵本國學有基礎。與借助他山者不同。今者毓成等之女及女弟蜚。以十餘年辛苦艱難。游學此校。乃因、害、馬、爲、累。竟致、池、魚、蟲、殃。惶惑焦憂。莫可言狀。惟有仰懇我總長儲國家作育維宏之意。念諸生向學新進之忱。在整、頓、風、紀、之、餘。寓、獎、掖、善、良、之、旨。使毓成等之女及女弟。於蕩、檢、踰、閑、四、字、之、中。稍加、部、分、昭、雪。予以、循、序、績、學、之、機。庶在肄業中者。得以繼續進修。將畢業者。得以完成志行。究應如何辦理。始爲相宜之處。謹乞批示祇遵。感荷隆施。非獨身受。……楊毓瑛、王孝緒、容作斯、潘筠、陸友芝、陳韞、嚴之衡、賀敏蘅、何重勇、汪兆鈞、蔡璐、鄧劍華、徐堅白、陸基、秦畏晴、李會茂、江永一、李公甫、陳國蔭、丁仲燦、萬里鳴、彭國嘉、劉慶燊、王經佐、徐灼宜、趙延敷、

以上二呈。特爲備舉。一、以、驟、然、停、辦、爲、辜、負、天、下、賢、父、兄、殷、殷、之、望。不、得、不、使、其、正、當、意、見、盡、量、伸、張。一、以、章、君、士、是。指、摘、女、子、近、習。大、爲、異、己、者、所、詬、病。若、有、賢、父、兄、者。倘、不、以、章、君、爲、不、肖。樂與、討、校。竟其、女、弟、之、學。則章、君、之、罪。可、從、末、減。至章君擬創女子大學。以承師範之後。文已別見。不具于篇。

女師大事久成僵局。無法處理。教長章君、爲息事寧人起見。擬對於楊蔭榆實行解散之四班生。不加追究。現在該校之女生等。亦不限令遷移。並設法獨允範圍。創立女子大學。以起宏規而恢女教。該師範生等。自亦可望連同編入。現時、所、採、必、然、處、置、之、手、段。亦就、該、校、校、址、設、立、大、學、籌、備、處。部、員、入、內、辦、公。而不、許、所、謂、校、務、維、持、會、者、及、他、校、男、生、闌、入、已、耳。八月十九日。教部開始動作。其結果如專門司長劉百昭所呈報者。是云。

……百昭于今日上午八時。前往該校視察。見門外有巡警八人。遂返部偕同部員柯興昌、陳間成、戴修鰲、吳家鎮等再往。及抵校門。爲女生二人阻止。經以好言安慰。乃得入辦公室。旋有便衣巡官修兆惠。亦奉廳命來校磋商辦法。當囑其勿令巡警入校。並飭部役及校役各一人。會同巡警站立校門。除部員及該校教職員外。其餘非携有名片。經昭允許者。均不得入校。以免閑雜人等。入門滋鬧。旋命校役將女子大學籌備處豎牌。懸掛門外。詎有住校女生等見而大譁。肆口謾罵。并聲言誓不承認部令。一味橫蠻。不可理喻。甚至呼百昭等爲曹國賊。間有較溫良女生。前來勸止同學。暫息暴動。請百昭說明來意。當云此次改組女師大。實出于萬不得已。現在亟宜研究者。只治標與治本二法。治標云者。因以十餘暴烈分子。違抗部令。把持學校。致使百餘良善學生。無求學之地。深爲可惜。部中是已決定。除將音樂體育兩班學生。暫行另覓房舍。繼續開課外。其餘各班學生。雖事前未曾發報聲明。不參入此次風潮。如得家長及妥實保人担保。此後果能安心向學。遵守校規。均得回校肄業。以維現狀。治本云者。因年來校欵支絀。辦理難臻完善。執政具有提倡女子教育之宏願。已由部務會議議決。請政府增加預算。籌辦女子大學等語。囑該生將此意轉達各同學。萬勿誤會教部提倡女校獨立之善意。語未畢。有三四暴生。遷怒百昭爲解散女師大之主使者。卽實行閧拉

七

百昭出校。當請男女授受不親。諸生不得如此無禮。而諸生不顧。仍閧拉如故。時有僕役。請接部來電話。彼輩環列阻止。昭亦莫可如何。部員等見此情形。回部報告。女生則將部令及處牌撕毀。同時有男子二十餘人前來。由女生排闥巡警。迎其入校。當持各校滬案後援會名片。請百昭往會客廳談話。經百昭申說治標辦法。語猶未竣。有數男子拍案叫罵。勢將動武。百昭正色。告以本人此次供職教部。原具提倡教育決心。願本耶穌犧牲精神。以期整頓學界頹風。且本人稍嫻武術。在德時曾徒手格退盜賊多人。諸君若以武力相加。則本人勢必自衛。該男女等恃其人衆。仍欲合圍叢擊。幸內有同鄉黃英劉侃元護昭出室。彼等仍尾隨鼓噪。欲將百昭擒入彼等所預備之汽車。實行擄票。便衣巡官佟兆惠、巡長于存壽、上前護衛。同時見有警兵將隨入校門。昭猶止其勿前。以免衝突。而該男女等仍蜂擁追擊。至通衢之中。巡警見狀。實行救護。百昭等始獲脫險。百昭雖屢被擊而未傷。佟于兩人。俱受微傷。巡警中受傷者多人。于是始由巡警將爲首追擊者拿獲男子十四人。此今日奉令前往國立女師大校址。開始籌備女子大學。被男女學生圍擊詳情也。……

釋言

孤桐

愚以部令停辦北京女子師範大學。所上執政呈文。於今日女學所中諸病。痛切言之。說者以爲抹摋太甚。不應如是毀壞女子人格。吾友某君。其女與于斯校。昨親爲愚言及。意謂學風誠是不美。呈文所指各節。亦未必無之。而究不能斷其全體若是。倘文中分別優劣。稍示例外。則學生本人。或其父兄阿保。尚可以優而居於例外者。自相慰藉。今一筆罵倒。使全校無一人足以自容。如之何其不買人之怨毒也云云。某君之言。與他人欲加之罪者未同。請得申釋。以明部說。

按原呈上敘歐洲女子之文質彬彬。下接從未見有不受檢制……如吾國今日女學之可悲歎等語。此、乃、概、括、今、日、之、女、學、情、形。並不、專、指、北、京、女、子、師、範、而、言。猶之、上、文、之、歐、洲、女、子。亦並、不、指、歐、洲、何、國、何、校、之、女、子、也。蓋一。時。風。氣。之。所。趨。或美。或。惡。持論。者。均。得。發。爲。撮。舉。大。凡。之。言。以明。主。觀。而。衡。世。變。初不。謂。于。其。撮。舉。大。凡。之。下。必無。入。焉。足與。時。風。相。抗。以著。其。異。而。全。其。眞。者。也。全稱。肯。定。之。詞。施之。政。象。或明。確。紀。固。未。有。能。爲。絕。對。者。也。政理。所。異。於。物。理。者。此。也。自有。書。契。以。來。凡能。爲。文。者。俱依。此。通。則。而。執。筆。決不。以。偏。之。異。而不。舉。其。全。之。同。凡能。論。文。者。俱依。此。通。則。而。爲。衡。卽見。所。舉。同。地。同。時。亦決。不。翹。其。已。異。而害。他。同。之。立。夫此通則入于吾文者屢矣。如評黜國會。凡議員惡德之可枚數者。愚無不書。愚名在議林。未嘗自怍。吾友之未被諸德如某如某。未聞責愚所書爲過當也。如嘗論士習。凡其空疏荒蕩。未見悅學。以及把持學府。誤人子弟之罪。愚無不書。愚忝爲一士。未嘗自怍。吾友之以篤學雄文著稱如

某如某。又未聞責愚所書爲過當也。此類。通。解。無關。邏。輯。甚。深。之。學。不論。古。今。中。外。雅俗。仇。友。無不。能。明。愚以。文。字。自。見。夙料。愚。文。所。之。其肯。不。惜。餘。閒。使得。出。入。口。耳。者。此亦。並。皆。曉。洽。不謂。愚。以。同。一。通。解。律之。今。時。女。學。而逢。如。某。君。所。持。之。誤。解。一。至。於。是。也。該大學有音樂體育兩班。共四十生。以安靜好學聞。日者此四十生之家長韓君建鐸、步君翼鵬等。聯上兩呈。求所以善其後。愚固、未、意、此、四、十、生、者。卽、爲、愚、呈、刻、劃、諸、德、所、涵、被。而此、四、十、生、及、其、家、長。亦決、不、以、愚、呈、所、泛、稱、爲、辱、己、或、有、辱、于、其、子、女、也。此四十生外。他班生之家長楊君毓珣等二十六人。所見亦同。而何。某。君。竟。與。是。大。異。其。趣。哉。且羣德之良惡。何國蔑有。又何代蔑有。諱疾。忌。醫。凡民。所。笑。社會。大。病。安忍。不。言。以今日女習之不正。學政之不綱。自非無目。不能無覩。縱或害羣之馬。乃爲少數。而以。乖。風。所。扇。正氣。爲。銷。往往。少。數。之。披。倡。竟足。挾。持。多。數。疾趨。而。走。假。借。名。義。號召。張。皇。從其。外。而。觀。之。所事。恍。若。全。體。良以。選。懊。者。不。敢。抗。自好。者。廿。于。默。也。諸君如

九

謂愚旨所說。在今日女生中爲毫無根據。愚甘服罪。若如某君告我。未必無之。則愚。職。司。牧。教。志在。挽。瀾。其拔。切。時。繁。不避。嫌。怨。所謂。消。汰。而。道。之。者。凡髮。答。愛。閔。如。某。君。者。流。允宜。其。相。辭。策。已其。挾。疾。斥斥。於。所。言。之。短。長。輕。重。應未。逮。也。何也。以言。折。愚。一。人。其得。小。使天。下。之。爲。妻。爲。母。者。自始。失。其。受。教。之。道。其失。大。也。嗚呼。當世有二病、而愚適遭其厄。娼嫉。之。風、臻于、極。盛。祇須。惡。其。人。之。害。已。也。其人。之。言。不拘。何。等。一。切。詩。辭。而。索。瘢。一。也。自白。話。興。行。而閱。文。章。法。知。能。日。淺。凡文。之。風。貌。稍。殊、脈絡。微。伏。者。後生。見。之。瞭若。異。書。昔楊。雄。草。玄。解人。難。得。今無。論。何。草。索解。內。難。二也。精此、二、因。愚言、女、學、一、是。眞意、乃、莫、明、于、世。某君、固、不、入、此、範、疇。其以、斯、說、爲、何、如。

馬學雜反

孤桐

此篇曩歲草於柏林。蓋於馬克思學。相有論述。以數百字弁其端耳。文義無甚足觀。以其爲舊述也。偶檢得之。不忍棄置。且中、有、一、義。欲使、梁、君、漱、冥、知、之、持與、所、論、孔、子、之、道、相、發、明、因縣附本刊。並志愚學之不進云爾。

昔韓非子稱儒墨顯學。謂孔墨之後儒分爲八墨離爲三。取舍相反不同。而皆自謂眞孔墨。惟馬、克、思、之、學、亦、然。蓋馬克思。當今之顯學也。而有所謂柯茨基之馬。卡斯泰之馬。列甯之馬。與吾儒之張思顏孟漆雕仲良孫氏樂正。墨之相里相夫鄧陵。其離合紙館之迹、相差何若。雖無可騁衆並論。而馬。學。之。中。儼然。有。韓。非。所。謂。雜。反。之。辭。在。焉。無可。諱。也。夫大師樹義。辭未盡也。後學者就己之境地與其臆見。各下一解焉。是之。謂。雜。我下此解。而同學者以其有害於彼之境地與其臆見也。勢且挾彼解以與吾爭。是之。謂。反。間嘗論之。凡號。顯。學。此類。雜。反。之。象。必不。能。免。免且。不。足。爲。顯。孔墨之徒。以眞孔墨自居。韓非因謂孔墨不可復生。將誰使定世之學。噫、何其。迂。也。彼以。爲。孔。墨。復。生。眞足。以。定。世。之。學。乎。果其。定。之。吾知。今。義。朝。下。夕將。失。其。所。以。爲。顯。者。矣。蓋學。以。一。人。爲。不。祧。之。祖。其得。浸。淫。曼。衍。以至。蕩。爲。江。河。長流。不。廢。秘論。全。

在此一人者已長往而不能言而所詒幹義若干若
明若昧可東可西是爲容納衆流扶疏枝葉之地孰
此以窺中外學術之與思過半矣愚近治馬克思良
有感于是也著馬學雜反

文體說

瞿宣穎

本刊既揭櫫文體純正不取白話之說同時有某刊自於文體活潑不取古文語有近乎滑稽義乃不容無辨爰即其點申而論之

夫白話可與文言爲對文而不可與古文爲對文蓋文言自有時代白話亦非無古今元代典章秘史之白話幾與周誥殷盤同其艱僻即水滸西廂之文字不可通於今日者亦正多豈惟時代因地域之限而致語言組織之歧異者亦固有之南嶺之人不諳官話者當以作白話文爲苦即勉強從事亦恆患用語助詞之不能協當然則今之所謂白話文者不過聚今日較通行之一種語言更越百年又當別謚之曰古白話也

至若文言時代之別固甚微而彌顯昌黎號曰復古而昌黎之文決爲唐文昌黎且如此其他更莫外此例大抵一代之文緣其風俗習尚之殊事物制度之變煩必自成風貌莫可強同數百年一大變數十年一小變博觀文字尋其歷史嬗蛻之迹蓋躍然而可見納之鑑別古器花紋色澤題識體裁質地形式在在可供研尋縱或刻意作僞決難悉出自然而泯其時代不侔之迹也

由此以談甲寅之文字自是民國十四年之文字其所標舉乃是文言以對今日通行之白話非古文也豈獨不侔於古文作者之筆墨蹊徑不同庸不自成抒軸蓋難概目爲一體良不似白話文既限於今日通行之一種永永自縛於枯槁生硬之境是知欲求文體之活潑乃莫善於用文言緣其組織之法綦然萬殊既適於時代之變遷尤便於個性之驅遣百鍊之鐵可化爲繞指之柔因方之珪亦倏成遇圓之璧若八音之繁會若五色之錯呈世間難狀之物人心難寫之情頗非日用語言所能是用肯賴此柔韌繁

二

使、之、文。言。以供。唱。薄。若流。於。自。諾。而。反。自。矜。活。潑。是貫、好。爲。拵。心。之。妝。適以。自。翔。其。醜。也。作文。體。說。以。袪。惑。

唐科舉議

楊定襄

罪若姑之。近作科舉議二千餘言。其指歸在於作正氣。抑倖心。變深思遠。仁者之徒也。方今人安嫡部。士使佻僞。又溺於郵販之辭。與謬線戀。往而不反。則罪君此議。其不見嫉於一世。而大其非者幾希矣。懲其恐懼。爰草是篇。以廣其說。濟乎姚東漢之言曰。登進之法。宜有常格以礪奔競之門。須拔之途。必有殊材以收非常之用。此扼要之論也。科舉之法。始於隋唐。唐時科目最繁。其歲舉常選。有秀才。有明經。有進士。有俊士。有明法。有明算。有明字。有一史。有三史。有開元禮。有道舉。有童子。而明經一科。又有五經三經二經一經三禮三傳史科之別。此外出於天子自詔者。謂之制舉。據王伯厚困學紀聞。唐時制舉之名。多至八十有六。古人求士之誠。非後世所能夢見。

者。宋王安石始能諸科。其後溫公爲相。乃有十科舉士之請。其途固漸以隘矣。陵夷而至於明代。則僅有進士一科。清室因之。至癸卯而其局乃終。明洪武中。嘗一舉秀才。（其非常）一舉孝廉。（入非常）後遂絕響。清康熙乾隆。再舉鴻博。一舉經學。後亦絕響。雖嘗有經濟特科之試。不過奉行故事。以塞眾望。故其舉不顯。夫搜賢。才。求。治。理。固。非。庸。闇。媢。嫉。者。之。所。肯。爲。也。學。者。觀。於。唐。宋。舊。事。可。曉。然。知。科。舉。之。制。初。不。限。於。一。途。一。事。而。已。則。他。日。兼。行。科。舉。其。於。學。校。亦。何。所。妨。乎。罪君之議。今誠未必施行。苟中國有萬一之幸。不至遂喪其邦。有賢智雄傑之材。實心謀治。則必采其說以爲當務之急。無疑也。惟其所擬程法。管見稍有異同。著目多暇。聊復言之。夫既曰特科。則宜仿制舉之法。由行政首長特令徵辟。使京外長吏。各舉所知。成集國門。然後延聘學術湛深。清望素著者爲閱卷官。局門而試之。假不、必、沿、科、場、故、事。按、省、典、試。以免、驛、騷、之、謗。供應、之、煩。此其一也。徵辟、之、令。宜示、準、則。如經術、史、學、詞、章之類。皆當明定科目。舉主準是以登薦。

試官準是以命題。中程者乃命覆試。試以時務。不復分科。覆試中程。然後分別等第而授之職。此其二也。凡特科所取士。專備、獻、納、講、議、顧、問、著、作、之、選。不必、分、發、部、省。責以、吏、事。無論京外官署。冗員充斥。未經甄別。萬難措置。就令無此障隔。亦宜留以待學校生徒進身之地。故、愚、以、為、既、設、特、科、以、收、才、士。當、闢、清、要、之、所。如、弘、文、院、禮、制、館、者、以、安、處、之。此其三也。抑又聞之。偃武。始、可。修。文。治、定。乃、能。制。禮。此之所述。要當期諸能者。非今日之論也。先民有言曰。一法出。一弊生。然古者立法之初。未嘗不收其效。必至末流。乃變其本而為厲耳。從、未、有、法、與、姦、騁、令、為、弊、作、如、近、今、之、政、者、深、識、之、士、所、以、痛、心、疾、首、而、不、欲、有、所、論、列、也。然任此以往。禍且不測。僑厯之懼。時復嬰心。又不能不冀幸謀國是者之一悟。而亟改其轍也。若夫修學制以端士習。立學位以勵人心。辨等威以定民志。整飭京察。大計軍政。旌別淑慝。以飭官方。清仕路。凡此皆立國之要圖。所賴從政諸公。一念國步之艱。民生之瘁。措之意而次第行之。果能運以實心。持以實力。雖有驩兜、三苗。巧言令色孔壬。何足以撓之哉。至其條目。非本議所及。不著於篇。

通訊

代議非易案

……讀大箸代議非易案。悉太炎先生欲復科道。以易代議。側論新頴。無任欽遲。竊嘗謂學者當以超越時代之言論。為時局改造之先驅。如太炎先生此文。足以稱之矣。然管蠡之見。有未敢苟同者。請略陳之。夫政制所以應付社會環境。自古無絕對之美。類因地因時而顯其用。故當一制之初興也。既與社會環境相近。而新興之氣。又足鼓舞群倫。使其推行盡利。磬而一世。了不為異。然積久怠生。環境漸移。末流之弊。因以叢出。而制遂崩頹不可維繫矣。後世學者。徒欲其一時之利。而忽其末流之弊。汲汲然謀所以復之。未見其可也。如井田為三代良制。及秦而壞。叢仲舒孔光荀悅方孝孺之儕。倡言恢復。終難實現者。即其明徵。昔夫柳子厚之論封建曰。封建非聖人意也。勢也。疑謂科道制。唐宋行之。績效彰著。明清以降。則徒承其弊。終至廢滅者。亦勢使然也。非可臧否於斯制之本體也。今夫明清之時又遠矣。而時勢蛻變。尤異於昔。太炎先生乃欲起已死之魂。而肉白骨。榮古虐今。削足適屣。其弊一也。近民治潮流。如日方中。鼓蕩坤輿。當者披靡。歐戰而後。俄德革命。愛土繼起。其焰尤烈。我國雖僻處東陲。而狂瀾震撼。未能自外。故代議之制。雖非我國所固有。然思時應變。勢偪處此。遂亦移植。蓋共和國家。主權在民。人人皆得參與政治。而人口繁衍如中國者。除選舉代表間接參政外。實無他道也。今若廢代議而復科道。勢必舉人民參政之權。而剝奪之。國政興革。既惟政府任命之給事中御史是賴。則併立法於行政。必變政體為專制。破三權分立之大防。違五洲共遵之常軌。中外疑懼。徒滋紛擾。其弊二也。給事中御史、雖居於監督政府官吏之地位。而其地位之由來。又為政府所任命。主從異勢。逢迎恐後。強弱攸殊。對抗無由。則欲其舉監督之責也實難。雖太炎先生主張使其人皆出於考試。考試及格。則使之互選。選舉已定。則政府加以任命。故任命不能隨意。其弊可差減。然政府既操考試任命之大權。則所謂互選者直虛文耳。苟非甚不畏死。如吳可讀者。安能望其直言極諫。以批政府之逆鱗哉。且往者君主立於超然地位。選任台諫以監督其臣僕。尚能屏除私心。簡命惟公。今則共和立國。法制平等。即以大總統之尊嚴。亦為政府之一員。行事苟乖。輒罹彈章。逆跡彰著。法亦不宥。（大總統犯叛逆罪時內由）（國會彈劾存用之者科道自必代行此權）復則蹡顛利害。分有黨與。操縱左右。以便私圖。勢所必至。是科道制之設。名雖隆崇。實同贅旒。其弊三也。綜茲諸弊。則科道制之不宜復也審矣。然疑於代議制。亦甚不懈。往讀英哲穆勒約翰太半之豪暴無異專制之一人之語。尤篤信之。惟中國今日之紛亂。則不得歸咎於代議制之不良。如醫者所開方劑。病家初未遵守。妄以己意而增減之。及其不瘥。乃遷怒醫者。寧非冤乎。代議制之初行於中國也。民智僿野。未之前聞。元年選舉。卒然而起。基址未固。紛然橫施。土豪猾姦。乘間竊發。蒙蔽把持。濫竽充數。而當國會議員流品之雜。乃爲有識所共痛。以視歐美議士游行講演。宣示政見。博民衆之信仰而獲選者。邈乎遠矣。始謀不臧。荊棘叢生。此其一也。議員爲人民代表。而人民意思。常有變更。故每經數年。必行改選。期與民意脗合。此各國通例也。吾國則元年當選之議員。至民國十三年。歷十餘年之久。尚覥然謬尸代表之名。豈民意之所許乎。且任事過久。朝氣垂盡。難期振作。熟於政僞。易滋弊竇。概民五以後。議員之行動。與人民對之之感想。迥然不同。是以微矣。妄開惡例。益成兇慝。此其二也。議員在職。舉動乖戾。違反民意。選區人民可以撤回。藉示懲儆。各國

憲典。皆有成規。我國選法。則付闕如。坐令議員橫恣。罔所顧忌。人民側目。徒喚奈何。立法疏漏。竟爲亂階。此其三也。然此三端。俱非代議制本體之失。實推行未盡其方。有以致之。欲謀救濟。良非無術。考漢代郡國舉士之制。比例人口。選舉端士。人口滿二十萬者。歲舉一人。滿四十萬者。歲舉二人。餘以類推。不滿二十萬者。二歲舉一人。不滿十萬者。三歲舉一人。試以四科。定其取捨。及格者任爲三輔縣令。斯制優善。在以選舉觀其德行聲望。以考試驗其學識才能。二者兼備。方任以事。今擬移以改良吾國之代議制。凡各省區比例人口。依法選舉。仍如常制。惟所選之被選人。須定期齊集北京。再由政府分法制政治經濟教育交通等科。延聘碩學。糊名錄朱。嚴加考試。被選人各就所學。擇科應試。及格者始授以當選證書。庶幾土豪猾姦。得以斂跡。而流品純一。績效自舉矣。至於法定任期。絕無寬假。期滿改選。新陳代謝。毋俾戀棧。并於憲法中。明定撤回之權。以懲議員在職之兇頑。者似此改革。既足摧太半豪暴之淫威。亦不妨人民

參政之機會積年沉痾或可少瘥惟改選緊隨淺陋之見未敢自是敬質高明乞賜教正不勝大願……

郁莊 北京東黃橋四河沿一號 七月二十九日

憲章此書大足為研究本題之資料願深識之士相與論之惟憲章所深研篤信者似納是歐洲十九世紀下半期之民治論須知三權分立是不成為政治原則五洲其遊之軌亦經最近經濟大戰損毀不堪彼方之人方日謀脫軌而不可得東家之女捧心效之未免稍遲又須知代議制者應絕對尊重選民之自由意思選後復加以糾名錄朱之嚴試不僅選民所不欲抑亦被選者之所不為倘試不及格必指令選區更選如此繳繞代表之意何存蓋代表者亦代表其意已耳其意之為何等是否與中央所定之法制政治經濟教育交通各試律相符不應計也如憲章言是謂自律背反此事部見頗繁細論有待姑紀數語以質疑于憲章

孤桐

考試

………讀貴報代議非易案科舉議兩文課國之道未敢厚非致治之方納以未是今日政局之敗壞亦既極矣不究其本徒歸咎某種制度之不善或採用某種制度以謀救濟而不能使人人應相當之身分與境遇因此而擠於向上之途欲望多則阻撓衆又無強固與有信用之政府貫徹其主張徒行一偏之見鮮克有濟頗其敗壞之原不祇一端而絲微莫著於不平不學擾利三種之通病處茲局勢非使官聽法閑學校三者所從出之人無由發生以上三種之現狀任行何制皆滋流弊及今不變弊將滋甚變之之道第一當順應潮流而不可徒增人心復古之感想使舊者因緣附會新者藉詞擠擊第二當統政治全部使分配與協應各適其宜而不可枝枝節節為之如袁氏肅政使之設與他制並存不倫不類是也第三當應各方面之要求使皆能致用且所持與所得其進步為正比例因此部意最先討論者為考試

制度。如衆君所議。標題不合。第一。原則辦法不合。第二第三。原則試揭其要點。一、不能。使。各。方。從。準。之。人。皆由。考。試。出。身。非澄。清。政。本。之。方。如原案僅列鄉試會試二種。與試者祇及于專門學校學生。簡任以下官吏。及曾應文官考試。或前清科舉願與試者。是不、任、此、類、者、無、與、試、機、會。而下、級、機、關、職、員。不必、以、考、試、及、格、者、從、事。二、不、體、察。與、試。者。之。身。分。與。心。理。將科舉學校官階各項人員。一切納于鄉試之中。再由鄉試及格者應會試。另以保舉遺才。付之特任官與專門以上校長。與試、之、資、格、濫。又限、於、及、格、名、額。則自、矜、身、分、者、不、願、與、試、保舉之例開。則人思倖免。初試、開、奔、競、之、門。三、不適應。各。方。之。人。才。而使。之。藉。考。試。以。各。顯。其。才。能。今日從事之人。不外三種。一科舉出身。二學校出身。三在科舉初停。又未入學校。而以其能力効用者。原案同一試題。頭場固無問題。二場所試之專科。以學校科目為主。則非、學、校、出、身、者、不、使。不以學校科目為主。則學、校、出、身、者、無、由、自、拔。四、不另。定。現。在。任。職。人。員。考。試。方。法。將使之同受考試。

事實上或有難能。在職、者、不、受、考、試。又非、公、允。五、不以。考。試。制。度。為。變。更。一。切。法。令。之。張。本。如敘出身。而比照文官考試法令。敘應試人員。在鄉試中得由省縣議會議長保送。進士得派充國民會議代表。論前者則文官考試法令。在民、國、用、人、上。併無、若、何、效、力。論後者省縣仍有議長。國會則以國民會議代之。且由政府派充。制度、兩、歧。於勵、行、考、試、之、策。間接、發、生、影、響。鄙意。考。試。當。分普。通。高。等。特。科。三。種。其出。身。不。限。于。充。任。官。吏。其方。法。時。目。前。當。有。因。時。制。宜。之。道。普通考試。就各省分道行之。與試者為中學以上畢業生。前清秀才。曾任或現任委任職。名額按各省委任職務人數。取三分之一。高等考試。于省會行之。與試者為高級中學以上畢業生。前清舉貢。曾任或現任薦任職。名額按各省薦任職務人數。取三分之一。特科考試。于中央行之。與試者為大學畢業生。前清進士。曾任或現任簡任職。名額按全國簡任職務人數。取三分之一。主試官皆由中央特任。普通考試襄校官。由主試官聘請。高等考試襄校官。由教育部聘請。特科考試養校官。由執政聘請。三種考試之頭場同試題。二場試題。分學校出身與非學校出身。學校出身者。依學校科目命題。非學校出身者。分法制財政教育掌故四科命題。普通高等考試、得兼試公文程式。但非學校出身者。限于舉行三次考試後停止。文考取名額。雖規定三分之一。仍當視投考人數與試卷程度。臨時核定。此制須行。後。凡各官署局所委任職員。縣議會議員。必普通考試及格。薦任職員。省議會議員。必高等考試及格。但知事祇可試署。簡任職員。官缺。知事。國會議員。必特科考試及格。此外學術文化團體。或新聞事業。非經考試及格者。辦理不得呈請官署注冊。方定主試官審校官考成懲戒條例。防止冗弊。又定官吏升轉與保障條例。以免信故超擢。舊有文官考試法。廢止。依此辦法。上所論。羅君原案之五項缺略。悉可免除。而以後各方從事之人。遵一定程序與標準。在政治方面。金錢與夤緣。舉不得行。白丁與蟻徒。無由倖進。在學校方面。畢業後。確有用途。僱取得文憑者。不得錯禁謀事。濫用之例。除

長官。不能徇私。倖進之風戢。人自奮勉于學業。由此行政。政無不舉。由此立法。法無不張。吾人當知。今日政局之敗壞。不繫於最高級長官之一二人。而繫於全國從事之人。循令之繁。雖有賢明長官。無由圖治。行存之法。長官即不肯。不能恣意以行。況夫中樞適施省自爲政。使社會不平。人競于不學。而擴利用人。習階之腐。推此腐行考試。允清治本。然後可語於民德民生。否則日言統一。而紛擾日甚。日言共和。而專制日甚。政府如此。社會亦如此。欲國不亡。夫復何待。若夫代議制之然否。科道制與彈劾制之應否採用。必考試制度成立。而後可以討論。合是立論。所謂得失利弊。皆一種制度之自身問題。不足以解決國是也。鄙意代議制度。當合省縣議會而討論其資格權限、人數等、資格已如上述。權限須將選舉與彈劾兩權提在立法機關以外。關於選舉。以臨時特殊組織行之。而以彈劾與司法兩機關監視其後。防止賄選。彈劾則由政府就特科及格者簡任。立法之事。法案須由法定團體或政府機關提出。法定團體以教育

會商會工會爲限。農會與農民無涉。根本不能成立。議會討論法案時。與法定團體有關者。由該會職員推人列席說明。政府委員亦得參以然否意見。政府提出者。由政府派員說明。經議會修正表決。然後施行。議會所司者。爲審定法制、與預算表決。用兵與締約。舉凡借故徇私。牽動政潮。皆無自而發生矣。如僅以科道制替代議制。第一、地、方、議、會是否、存、在。存則國會既廢。此制獨存。似有未協。廢則以目前之局。中央既無力制馭各省。且以中國之大。舉地方一切事務受命于中央。勢不可能。一任地方官吏之武斷。又嫌偏重。況國家重大問題。惟國會可以防止政府行動、但使。考。試。制。度。行。產。出。者。既。爲。秀。士。又削。其。選。舉。與彈。劾。之。權。流。弊。可。無。慮。矣。區區之見。是否有當。願留心國是者是正之。……李步青 北京西長安街 八月十六日

原函書

遂舫此文。字字從經驗研幾中流出。所稱不卑不學擴利三弊。剗剔最爲精到。正本。清源。綜核。名。實。合明。試。何。由。此策。得。行。政。舉。法。張。殆非。虛。語。至節目如何。可得隨時細論也。遂舫清高深穩之才。久而愈粹。今日。僅。得。以。斯。言。見。可以。窺。末。流。人。才。消長。之。機。言。之。慨。然。　孤桐

奇論

……昨勞命御。得接清塵。禮同後車。儀殷前席。正由玄朗。卽之彌溫。殊抱瑩逸。挹之愈永。謙沖之意。欣契無量。遂忘淺微。妄贊高論。言深是愚。意多未信。既違直諒之懷。夫豈輔仁之義。敢吐嚶懷。用救而訣。魏文典論云。文章經國之大業。不朽之盛事。以氣爲主。固必具大無畏之心。雖千萬人吾往矣之概。以縱橫鼓盪于宙合。而自成輝天鑑地之奇彩。若如兒女子之論事。先之以支吾。後之以囁嚅。多所顧忌。莫暢願懷。固未足以言文也。惟帷薄之隱。君子不稱。牆茨之羞。詩人所戒。騁蘭蕙綿綫之思。給迷樓祕幸之影。既乖。成。事。不。說。之。訓。更。失。修。辭。致。敬。之。規。陳孔璋云。箭在弦上。不得不發。此屬。聲。討。之。文。亮。非。從。容。所。尚。至於身當大政。國本攸關。固宜。盡。情。曲。喩。不激。不。隨。以

明是非之真面爲流俗之敝子貢云出言陳辭身之得失國之安危可不慎哉若逞一時之快意撫腥膝之佚聞使人懷終身之恨而已賈刺骨之怨在平時猶名悔尤當亂世詎免當變非惟盜直之所疵亦明哲之所不爲也是以史載阮嗣宗口不論人過稱爲天下之至慎不用流俗如嵇中散猶嘗師之以彼之禀性難馴放蕩禮法豈願爲矜持自閉哉抑以與物無傷庶不傷於物也然猶以非薄湯武之言致招因殘之怨終不能如阮之自全近世如宋鈍初湯濟武實遠庸儕其致禍之由因不一端要其平日器格中放言恣論之積怨毒於人者不能謂無與也凡此稱引必爲正思所及在咎固陋常談至今又爲奇論莚叩納忱維垂察之……劉巽（北京□湘同寓　八月十二）

六號

蕙農厚我來此諍書謹即拜悉期於加勉恐生平持論彌自兢兢隱照所圖未嘗記注獨至夫己氏倚國縱欲天下家眷與私家敗德末同抑史錄必登之謀偶因積憤一紀腥聞文人之結習難忘越歲之焚草未盡更復不慎僕附布發群以既往不咎之心貽我輕薄爲文之目蕙農婉而多諷辭令尤佳竊附有過人必之作敢忘開言則拜之義至文中所及野相二人意在諷其匡扶以道或則去位而爭立罪非擬末關穢德是在明者自辨之耳語云立於淫亂之國而好盡言以招人過怨之本也唯善人能受盡言齊其有乎嗚乎此示立言之最非盡莫聚指齊國子而號爲善終是勉強自愚之詞良以淫亂之勢既成怨尤之生不測立言者命逢其適亦自定其激隨合度不可畔越之域起與周旋已耳畏首畏尾身其餘幾死生禍福之事過計似無益也蕙農所稱大無畏之心及于萬人吾往之概是此種者蕙農吾湘異才爲湘潭王翁高足弟子久沉末僚世莫聞知文學伯仲於夏午貽而識尤超卓吾家崑仙云　孤桐

大愚

……甲寅展讀一周見其不尚玄談不爲激論雖

羅喬疎。得未曾有。雖然。讀大愚記。竊有所感。先生不言重刑甲寅之機。莫爽於今日乎。吾爲先生慮。身居京府。視聽龐然。果其爲文既不能精。持論又復受制。即日日執筆。其能表見於社會者幾何。豈惟不能表見。吾恐、先、生、之、過。乃、日、以、促。先、生、之、毀。乃、日、以、集。若且、尤、其、發、憤、必、爲、之、最。先、生、之、痛、苦。乃、日、以、深。創劇痛深之會。先生胸中雖條理萬端。其如此顛倒移亂之濁世何哉。然此亦有說。先生有名之記者也。記者進而爲國務員。吾國先例。容或有之。身爲國務員。同時執筆作新聞記者。先生實爲開山之祖。夫國務員者。位分尊嚴。率皆自重其身。不肯以眞面目示人。偶答客問。亦皆撲朔迷離。令人不得其旨。先生乃欲以國務餘閒。拔擢肝膽。出其眞實言語。以與社會相周旋。如、此、乖、世、戾、俗。安、得、不、令、人、疑、其、自、白。疑、其、攻、人。疑、其、猜、測、密、勿。並、疑、其、別、有、作、用。其與先生以進行之障礙者。固亦其宜。雖然。先生有主張之政論家。而其有實行之願力者也。政策既不適於吾國。則施行政策。惟執政者能之。先生。身。居。施。政。之。地。乎。統。論。政。之。文。雙方。并。力。藏。馳。藏。騁。其。收。効。當。倍。宏。而。且。速。時乎。不。可。失。世。情。難。與。較。先。生。之。愚。其。亦。有。不。容。已。者。矣。抑吾聞先生主張業治。新聞記者，先生自賓之鐵飯碗也。吾亦願先生於抒寫論文時。一心知有甲寅。其他環境。暫排瞻顧。收穫之豐。歉。何。常。而。農。夫。要。不。輟。其。耕。耘。之。力。政。策。之。施。行。難。定。而。讜。者。當。自。盡。其。振。導。之。功。其。愚。與。否。吾。何。惜。焉。至鄙之切望於甲寅者。初非以區區數紙。即足爲定國安民之具。實欲、先、生、永、保、此、光、明、磊、落、不、屈、不、撓、之、態、度。以易、斯、世、虛、僞、狂、妄、欺、人、自、欺、之、習。且以先生負蓋世之名。居滬濱之地。而執筆以求天下之友聲。則天下之忘先生。畏先生。媚先生。或有求於先生者。正復無限。不虞之譽。求全之毀。將時時間接直接以達於先生之前。先生。允。當。持。以。定。力。平。心。靜。氣。以。制。處。之。永。不。使。此。斷。而。復。續。之。甲。寅。爲。爭。持。意。氣。之。具。則。杞。人。之。憂。蓋。稍。息。矣。偶書所感。不覺累紙。此外待教於先生者甚多。容日續達。……王符生（北京東四牌樓八條胡同）八月十日

百）六號

二一

王君恐尚未誠。辱書道破世情。亮察鄙志。所謂、執、筆、以、求、天、下、之、友、聲。玆兩、朝、得。本刊、夕、停。夫亦、可、以、無、恨。君其靜觀吾筆所由進展之道。記注險夷。時加督責。使志。圖。爲。祖。國。保。存。幾。分。元。氣。爲。鄉。愿。洗。却。幾。分。恥。辱。之。一。言。論。機。關。其。澤。不。復。中。斬。則受。其。賜。者。當。不。僅。本。刊。已。也。　孤桐

教育

………謂甲寅。于先生整頓教育計劃。益覺了然。殊深欽服。頗有不能已於言者。今春先生政策既布。雖報紙傳言。頗多浮議。然青年同學。初未有若何非難。視爲大逆云云。或亦先生深憂過計。惟坐觀成敗。人情之常。當時雖不無欲爲清議之人。誠不免効金人之緘口已耳。五七事變。平心而論。實無反抗先生政策之意味。藉使有之。亦爲少數。然自彼以後。反對者旣有所利用。即持觀望態度者。至是亦有所嘖嘖。誠不禁爲教育革新惋惜矣。嘗論。青。年。言。行。與。思。想。只宜。梳。櫛。不應。遏。抑。値。玆。國。事。旅。派。新。舊。過。渡。時。代。無問。老。幼。無論。男。女。莫不。情。神。失。所。崇。依。生。活。亡。其。準。式。莫有。根。本。改。革。之。主。張。出。爲。關。切。周。詳。之。指。導。則學。士。向。風。未。始。不。可。做。到。爲。今。日。計。智。識。階。級。正。宜一德一心。同謀教育之改進。今先生已專長教育。政策實施。行將見及。竊以爲有一事須注意者。則凡事貴能先訂其總計劃。明白公布。博人諒解。即如八校分立。爲牀架屋。人盡云然。然所複何科。所冗何職。雖教界中人。猶難縷舉。真相不明。誤解易生。精確統計。不可或緩。僕于合併八校。素具信心。粗有擬議。容暇陳之。偶抒所見。無當大雅。諸維裁答。………陳東原

北京大學　七月二十日

此是學界同人矜平躁釋之言。偶然得之。其所光被。不管甚是歷害。恐自信非頑鈍無是非之心者流。何以。士。君。子。之。間。竟。不。能。以。理。性。二。字。通。其。血。脈。陳君何所擬議。望有以語我來。　孤桐

絕筆

………違教久矣。早擬摳衣奉謁。竊恐閣下爲國賢

勞。拒而不見。慚惶愧汗。故逕逕惟託神契而已。昨見大報。錄出桂公致禹一書。此事則大奇。不禁距躍三百也。蓋此書原爲桂公絕筆。故珍視之。民國七年。裝成手卷。曾求大筆題跋。禹意蔡公孑民。亦與桂公交誼甚洽。桂公在時。曾與禹數談及之。適蔡公以徐菊人先生徵詩故。屬禹錄桂公詩以進。禹乃攜此卷求跋。不料京都多故。學潮起。蔡公去。此卷迄未交還。近則海角天涯。消息渺然。究不知此紙尚在人間否。禹正悔當年俗見之深。此紙。果。足。珍。耶。藏之。不足。珍。耶。棄之。又何。必。往。求。名。人。而有。是。書。蛇。添。足。之。舉。爲。不謂閣下已別將此紙錄出。致使精金美玉。不隨滄桑世變以湮滅。以言功德。寧無甚矣。敬謝敬謝……

彭禹 北京太平湖民國大學 八月十日

文章、之、事。疑有、鬼、神、呵、護。愚錄存伯華先生手迹。亦自、了、心、願、而、已。初不料有如彭君所述之一段公案也。又何謝爲。

孤桐

孤桐雜記

湘鄉曾重伯、廣鈞文正公孫。於文學有重名。在吾湘尤如靈光獨存。愚年前過之。亦皤然老矣。數年來、愚連遭家難。父兄見背。弟妹云亡。苦志哀情。見於詞色。愚由柏林奔喪回里。曾自撰先君先兄事狀。分致親友。重伯、見之。以爲、情、至。因各、爲、誄、詞、見、貺。感切、心、脾。永矢、弗、諼。謹分錄焉。以殺予哀。亦足爲文增價也。

章太翁哀誄

新市。小。林。盜。相。娛。元元。叩。心。更。思。吝。石郎。劉。使。郭。雀。兒。夾馬。之。子。中。央。衣。皂。甓。和。尙。興。淮。西。自言。撥。亂。覓。鬆。爽。但恐。見。笑。梟。頰。鷄。何況。神。威。靑。靑。斯。天下。紛。紛。久。當。定。欲定。定。未。定。哀。時。命。蟻鷄。蟬。雀。幾。銜。環。血走。成。河。骨。巉。顱。小者。腥。沫。猶。漂。山。有何。淸。濁。之。可。言。加以。揚。激。譁。嘖。然。章公七十翁。少年奇且武。提筆論皇霸。欲假鴟山斧。蟻觀科舉徒。不如一鼯鼠。挾劍泛揚子。石頭壯龍虎。湘士。徙移。顛。蒼氣。嵩。奴。廚。雖作十年。留。竟無。一。堪。語。歸來對孺人。陀傑弄孫女。有子於兵間。豪雖謀張楚。久從滄海君。竟飲黃龍府。離庭有本懷。或者未傾吐。不然西臺髮。何車尚容組。晚節。睨。舉雉。批鱗。相。嘲。汝。如以。臨。濟。林。而鼓。淦。耆。鼓。逐狂。亦。東。走。居艱。方。衙。耆。作述。異。行。藏。此語。古。所。許。贈言老成人。自有無雙譜。滷倏衛霍容。請風團千古。

章柱年哀詞

章氏信多賢。行誼各有至。往年在傍權。溫溫無所試。其弟猛虎步。而兄霜鶴唳。一開九臯音。使人消其意。事親若孺子。取予又廉介。投水筆爲末。遺澤欣其弟。大字。如、道。州。劍器。壯。蔚。跂。使能。易。錢。帛。豈羨。本。道。士。並此。亦。各。之者者。竟。何。謂。幸以。書。家。名。所得。已。不。細。獨其。友。愛。事。與人。亦。異。趣。琴瑟思通誠。花魂香同氣。有穆猿相照。有失嬰相慰。人前豈開解。親側亦益諄。眼如凝點半。味若甘辛痒。喝喝相勞苦。遙遙繫離憶。大似獄犢儂。又如姊攜妹。不信黑心符。並薄蒼梧帝。聖人。重。怡。怡。不以。切。偲。責。淺然。史。刪。開。其風。稀。舉。似。弟疾。兄。所。起。兄以。斯。疾。逝。悵悵。述。哀。詞。其言。悽。肝。肺。天下。有。兄。人。誦此。得。無。淚。請製獨行傳。以爲隱君誄。

恐錄此詞訖。不知所以爲許語者。惘失作者佳處也。適汪西莊辟疆來。告以此故。即援筆爲詞此職。辟疆、並、言、亟、佁、詩、境、老、者。與前、作、以、沈、博、絕、麗、勝、者、異、趣。

光宣詩壇點將錄

汪國垣

馬軍小彪將兼遠探出哨頭領十六員

地煞星鎮三山黃信　黃節

晦聞刻意學后山。語多悽婉。嘗刻小印。文曰。後。山。而。後。

地勇星病尉遲孫立　李瑋

瀾石。詩。樹。骨。韓。杜。取徑。黃。陳。沖澹。似。泉。明。雋永。似。都。官。言江。西。詩。人。者。皆推、陳。散。原。而不。知。瀾。石。詩。工。之。深。也。百年。後、當。有。次。之、於。散。原。之。亞。者。

地傑星醜郡馬宣贊　吳士鑑

地雄星井木犴郝思文　黃紹箕

絅齋仲弢、皆學、使、能、詩、者、也。絅齋。風。骨、高。騫。善。用。近。代。掌。故。及。西。史。事。實。能。雅。能。詳。仲弢。遊。黃。州。三。遊。洞。詩。數。章。最。工。皆能。宗。唐。宋。諸。賢。矩。矱。者。也。

地威星百勝將韓滔　夏敬觀

地英星天目將彭玘　諸宗元

映菴、詩、學、梅、都、官。遣詞、樹、骨。幾於、具、體。平生。論。詩。最服。膺。東。野。宛。陵，守一、先。生。之、言，而不、爲。所。囿。此映。菴。之。過。人。者。也。其長、早、年、隨、宦、江、西、兩湖、時、始、與、映、菴、倡、和。味雋、而、永。與映、菴、有、二、妙、之、目。

地奇星聖水將軍單廷珪　梁菼

地猛星神火將軍魏定國　陳銳

公約、久、寓、金、陵。與散、原、多、倡、和。詩峭。刻。而。能，秀。逸。

伯弢、爲、湘、綺、弟、子。爲詩。初。學。漢。魏。選。體。近亦。脫。然。自。立。思深。旨。遠。雖時。嫌。生。硬。而不。失。爲。楚。人。之。詩。也。

地闊星摩雲金翅歐鵬　陳懋鼎

徵宇、爲、弢、庵、猶、子。詩學。后。山。偶作無。不。從。詩。律。中。苦。吟、而、得。用意。造。語。最能。窺。見。后山。深。處。作雖不多。然篇篇。皆。可。誦。也。

地闔星火眼狻猊鄧飛　李宣龔

拔可。詩。雋。逸。處。似。簡。齋。高秀。處。似。荆。州。孤往。處。似。后。山。

地強星錦毛虎燕順　張元奇

薑齋、以、循、吏、而、能、詩。遂東、一、集。已具、骨、幹。入都、遍、閱、後。風骨、益、高。近刻、知、稼、軒、詩。不乏、名、作。閩派、中、一、作、手、也。

地明星鐵笛仙馬麟　秦樹聲

乖菴、文、極。晦。澀。而詩。特。婉。約。

地周星跳澗虎陳達　陳衡恪

師曾、初、多、選、體。殊能、稱、心、而、談。不爲、唐、宋、所、囿。思

深，味，雋，悼亡，諸作，尤工，

地隱星白花蛇楊春 楊鍾羲

子勤。詩。氣。體。清。雋。措意。婉約，

地暗星錦豹子楊林 楊增犖

昀谷。詩，高，秀。處。似，放，翁，閒，適。處，似，石，湖，其，風，骨，峻，峭。之，作。又，時，近。文。與，可。米，元，章。在，京、師，時，詩，名、甚、盛。近，躭，禪，悅、尤，多，名，理，

地空星小霸王周通 姚永概

叔節、散、文。得，惜、抱、法、乳。詩，亦、甚、工。遊，山、諸、作。多，可、傳、誦。

步軍頭領十員

天孤星花和尚魯知深 金和

亞匏、詩、以、五、七、古、擅、長。鴻，篇。鉅。製。極，奔。放。恣，肆，之，觀。力，量。甚。大。幾，無。與，抗，手。亞，匏、作、成、同、時、有、名。至光、緒、年、間、方、卒。時，代、較、早。然，不、可、遺、也。

天傷星行者武松 黃遵憲

李詳題黃公度人境廬詩鈔云，昔枝，無，人，緻，硬，黃，（黃注裁蛘境有硤黃之保直患論月復 專以糊濾糊先御公戊亦可詞硬黃夾）如君。合。署。

此，堂，堂，鳳，誥，接，翼，權，虞，網，蟆，蝗，先，驅，待，崇，皇，詩，草，闊。合，薛，蔵，咏，英，雄。名。破，海。天。荒。試，看，生，氣，如。康，南，執，與，吳，兒。論，辨。亡。公度、有、改、革、詩、體、之、志。其，成、就、雖、未、能、副、其、所、期。然一、時、鉅、手、矣。

天異星赤髮鬼劉唐 蔣智由

蔣觀、雲、詩、宗、李、翰、林。頗有、逸、氣。居東、一、集。不乏、名、作、也。

天退星插翅虎雷橫 邱逢甲

仙根、在、嶺、南。詩，最、負、盛、名。中，原、人、士。多，不、能、舉、其、名。工，力。最，深。出，入。於。太。白。子。美。東。坡。遺。山。之。間。能自。出。機。軸。固，一。時。雄，者。也。仙，根、字、仲、閼、廣、東、焦、嶺人、寄、籍、福、建、台、灣。

天殺星黑旋風李逵 易順鼎

石、甫、早、年、有、天、才、之、目。平，生、所、爲、詩。累，變、其、體。至四、魂、集。則，推、倒、一、時、豪、傑、矣。造，語。無。平。直，而，對。仗，極，工。使，事。極，合。至，門。險，韻。鑄，偉。詞。一，時。幾。無。與。抗，手。

甲寅周刊第一卷第七號目錄

時評

八月二十六日、閣議席上。僉謂學風敗壞如此。不可不有明令。表示政府整頓之決心。同時責成教育部、擬具方案。切實施行。無論如何艱困。此次整理。期于必達云云。執政大以爲然。當囑起草[illegible]的。二十五日閣議。將草稿提出討論。各閣員略加修飾。即行發表。全文如次。

邇來學風不靖。屢起變端。一部分不職之教職員。與曠課滋事之學生。交相結託。破壞學紀。以致師生多數之循分爲學者。大被侵擾。無以自安。既懷斯文將喪之憂。更深賊夫人子之痛。國家設學。成效如斯。咎將誰歸。寧可不察。本執政行能無似。導誘未周。念血氣之方剛。冀迷途之不遠。教育爲國本所託。中央乃政令之源。諸生如此恣肆。尚復成何事體。用特明白曉示。自後不論何校。不得藉故滋事。並責成教育部擬具條規。認眞整飭。不隨不激。期於必行。倘有故釀風潮。蔑視政令。則火。烈。水。懦之驗。斷。殺。誰。屬。之。諸。前。例。具。在。所。宜。取。則。本。執。政。敢。先。父。兄。之。教。不。博。寬。大。之。名。依。法。從。事。決。不。姑。貸。其。懍。遵。焉。此令。

今人競以整頓學風為言。而整頓之實。於何繫之。亦曰。負。教。育。之。責。者。确。有。計。劃。而。政。府。復。有。力。焉。使。此。計。劃。見。之。行。事。已。耳。十年以來。教育成績。日見其退。其故雖多。而教育部不肯負此重任。乃為人所共認之一種因。今之長教育者。能否負此重任。雖不可知。而其。試。可。乃。已。無。論。成。敗。利。鈍。必。使。有。一。結。果。可。省。討。議。亦。屬。不。可。掩。之。事。實。然。則。所。懸。而。待。決。者。則。與。論。能。否。督。之。以。道。是。已。

日來解散北大之謠。最為製造空氣者得意之作。甚至捏稱閣議如何如何以實之。實則北大之有變動與否。其權唯北大自身操之。天。下。未。有。內。力。不。虧。而。外。形。遽。易。者。也。此次北大教員。自相攜貳。豈其有一毫教部干涉之力。有知教部之眞意者。則且以國學久無成績。對青年而滋愧。深感國家直接辦理教育每事倍而功半。方求改弦更張之道而不可得。天津南開大學。每年所耗經費。不足北大之半。而天下論學。往往軒南開而輊北大。兩者雖未確實比較。各個成績。大略可知。何也。官立與私立之勢異也。夫官立云者。假使表裏一致。其弊猶不至此。今以官立之名而行。私。立。之。實。兩。相。推。諉。無。一。方。可。貫。徹。其。主。張。鹵莽。滅。裂。勢。所。必。至。則。北。大。之。猶。得。保。全。至。今。尚。為。幸。耳。要。之。教。育。者。公。器。也。非。何。人。可。得。而。私。者。焉。亦。非。政。府。可。得。而。私。者。焉。有人審國學之不使與教部同其覺念。翻然改圖。別設嶄新之學術團體。網羅天下之學子。使各得其所歸。教部方慶幸之不暇。而又何病焉。故北大脫離教部云云。教部相聞其說。並無發生惡感之餘地。惟若其所謂脫離。並非眞脫離。事實上。仍。不。得。不。與。政。府。發。生。部。分。之。關。係。則。政。府。對。此。部。分。關。係。不。得。不。保。留。發。言。之。地。已。耳。故。北。大。之。運。命。惟。北。大。自。定。之。教。部。無。容。心。也。事實如此。誣者焉是以更之哉。

女師大留校之二十餘生。教部本無意令其出校。且爲規劃將來轉入女子大學各節。布告言之甚明。乃該女生等受人唆使。故與教部爲仇。搗毀牌示。驅逐部員。且出否認教部之大言。以相恫喝。則今日尙號稱有政府者。其不得不持之以力。責令該女生等遷移他所。聽候解决。勢也。教部之爲此。頗遭無責任者之詆謗。然一。日之。是非。校之。國。家根。本。大計輕重。去。從所擇。至。明。教部。亦。爲其。所。當。爲毅然。行之。而。已。女子大學。在極力籌備中期于、學、潮、澎、湃、之、間。別思、者、樹、一、軍。爲女、子、靜、修、上、進、之、所。胡敎復云。許學生以舊學救國。不許以廢學出位救國。不明此旨。請不必。來。

八月二十五日。國憲起草委員會開會討論憲法大綱。於民國議會如何組織一項。辨論甚烈。夙以、代、議、制、爲、不、然。意主、廢、之。代以、他、制、者。以絕、對、無、通、過、之、希、望、未、嘗、提、案。即退、如、曹、君、貢、泉。主、一、院、制。除提、案、者、外。贊成、者、且、不、過、一、人。所謂。獨。見。之。處。見疑。於。人。國家。之。根。本。故。爾。今日。假。尙。非。其。時。也。結果、兩院制以三分二以上之人數通過。將來所得斟酌取捨。亦限於職權人數及選舉法諸規定而已。

廣東者、共產主義之試驗場也。兩三年來。醞釀之功。不爲不深。而內、訌、暴、露、短兵、相、接。如最、近、廖、仲、愷、暗、殺、事、件。則尙、爲、鬨、宗、明、義、第、一、章。現廣東全城。爲黨軍所占據。黃埔士官學校之司令部。發出訓令。搜索反對派官吏之公署及家宅。被捕者已達百人。胡漢民亦在嫌疑之中。伏匿河南。無敢攖其鋒。恐怖時期。由此始矣。查廣東國民派。自孫陳携貳以來。所得存留於省中者。皆迭加披揀。爲質極純者也。每經變亂一次。分子淘汰一次。逮至今日。純質殆無可更純。乃廖仲愷之事起。純之純者。又大生罅隙。汪（兆銘）胡（漢民）且各爲敵首。仇殺不休。黨綫之窄。蔑以加矣。昔稱肝膽。胡越以爲過喻。由今觀之。非大可能。雖然。此自黨勢

三

一面言之者也。若以主義論之。自共產非共產之旗幟大明。使人各得走集其一之下。以為左右袒。戰域至宏。使人便於加力。此其有造於國。理亦至明。何也。共產之禍。遲速必發。遲發禍大。速發較易收攝。國人其毋覩為廣東局部之爭也可。

說輈

孤桐

昔柳子厚著說車一首。以贈楊誨之。廣著車德。而歸本於方中而圓外。以為任重行世者法。美哉說也。然車德猶有子厚不及著者。則輈是已。子厚泛言諸德。作說車。愚偏明一德。作說輈。

澤而杼。山而侔。上而輊。下而軒。且曳。子厚所叙之德也。然問馬之不前曰騺。車之不前曰轚。轚則奈何。且不前者。非徒不前也。有所以抵之者也。抵之者仍為車也。兩車相抵則奈何。曰惟輈以濟之而已。輈者還也。車相避也。相避者。又非徒相避也。乃乍還以通其道。旋乃復進也。自有此輈。車乃無道而不可行。輈之時義大矣哉。今諺有所謂開倒車者。時人談及以謂有背進化之通義。概大病之。是全不明夫輈義者也。愚說其為能已。

北京大學。邇有倡為脫離教育部者。教授顏任光胡適諸君。發言抗之。表揚學術獨立之威重。誠甚盛舉。然終未敢過逆驅章之怒潮。而特列著章士釗之罪狀。以貢點綴。有一罪曰。『他在今日社會裏。是一個開倒車走回頭路的人』噫。今之社會。利害衝突。是非殽亂。可謂諸車悉擠。幸其機軸之未全損也。愚則諷其徐徐後却。却乃更進。今之人瞀惑。相尋如寘荊棘。迷陽迷陽。大傷厥行。愚則為之指示徑途。令有歸嚮。此其為功於國。次於曲突徙薪一等耳。罪何有焉。以諸君盛心宏度。亦寧有功不賞。抑且故入人罪者。而以不明輈義。致生觀察大誤。良可慨已。

嘗論新舊兩詞對舉。固無絕待之義。今日之所謂新。容卽曩日之所謂舊。今日之所謂舊。異日又或嶄然而以爲新良以人之嗜好情感因時而異而人類思想力能所得描摹髣髴以求適應此一時浮動之嗜好情感者其品質率不出此曰新曰舊之中承舊以新承新仍返諸舊非不欲新也以舍舊無可爲新者也新舊如環因成進化必然之理易著元亨利貞貞下又以起元詩稱興觀群怨怨極遂乃復興理數自然未之能逆袁子才偶見三十年前之舊服一旦變爲時裝謂通易理形之謳詠噫、子才亦少見多怪也已六年前之國語文學承文體久弊之後彌有新意今率全國而爲不學爭名之事開卷惡俗渾不可耐遂不期而有文藝復古之思此之復古乃是新機與意大利之利乃誦斯正同適之輩愚守舊不知己乃化爲沉痼莫救之新守舊黨而不自覺語云月暈而風礎潤而雨甲寅之興不脛而走天下即預卜何方風雨之將驟至惟林宗孟差明機局恐反動太驟戒愚勿過爲髦士之言是開倒車云者論義不得不開論勢且不容不開謂愚不信請持韓說贈適之以爲左驗人亦略守髦士之戒也可

月生於西釋義

汪榮寶

自袁父與太炎論音一文。揭於本刊。嗜袁父文者以爲未足。以原稿萬言。稽而未載也。而袁父亦連接數函。爲他雜誌道地。未之許也。今取饜本刊及他雜誌之讀者。袁父更出此篇表之。愚喜而爲之記。 孤桐

禮器大明生於東。月生於西。鄭注惟云大明日也。於月生於西無說。上文爲朝夕必放於日月。注云、日出東方。月生西方。正義云、日旦出自東方。故於東方而朝之。月初生出自西方。故於西方而祀之。又下文君西酌犧象。夫人東酌罍尊。注曰、象日出東方而西行也。月出西方而東行也。日之西行。含生共見。月之東行。邃古莫聞。鄭君此義。殆不可曉。若謂月之初生。出自西方。則俞氏樾平義駁之云。月初生之夕。見於西方。是其將入。非其始出也。豈得因此而謂月生西方乎。斯言允矣。顧俞氏自下之義。亦正難通。彼據地圓之理。謂日月出入本無一定。在此處爲入者。在彼處

五

正爲出。日東月西。聖人據理以斷之。以爲日生於東。從地上西行。而入於地下。月生於西。從地下東行。而出於地上。此陰陽之正位。亦升沈之定理。吾所立之處如是。即與吾上下相對之處亦如是。學者不明乎此。則月生於西之義。終莫能明矣。夫日恆不動。而月乃遶地。日月之爲德。本非可以齊論。然以地體之左旋。遂若天象之右徙。二曜同軌。萬世爲昭。今執陰陽異位之義。橫生東西對起之說。語日則依日見。言月乃懸。冥想以爲聖人據理斷其若是。朔乃近於滑稽。愚按法言五百篇云。月未望則載魄於西。既望則終魄於東。其遡於日乎。李軌注曰。光始生於西而以漸東滿。始虧於西而以漸東盡。此即日生於西之確詁。（說月月始斷日受光之光今文家說皆以魄此同天魄即是光其魄爲月質無光之處者此劉說是正與霸調相反義傳語不匪言說生魄謂魄朔長爲始調說爲光並本馬融書注哉霸形辟俱近古書說用王莽傳羣臣奏言公以八月載生魄庚子奉使朝用書陸既雙第字正作載著今文書如此子害於將用無陽說采五篇朔此相相可並此文以被爲哉縣亦似陽之異文）蓋月本無光。遡日以爲光。其嚮日之面恆明。背日之面恆晦。晦朔之際。月行日地之間。人止見月背日之面。而不見其光。朔後

月行去日漸遠。人之見月。在日出以後。光面在西。以次東展。至望而日月各居地之兩端。日落而月出於時日正射月面。月光全滿。望後月行又稍稍近日。入之見月在日入以後。光面在東。漸虧漸微。以至於盡。又爲晦矣。然則月生於西云者。生即生魄之謂。西指月之西側。質言之。猶月光始生於西。而云爾。惟禮文簡奧。不云月魄生於西而云月生於西。讀者見大明生於東。爲指日月行之躔而言。則月生於西。亦當如是。乃首思而不得其故矣。夫行躔之自東而西。日月之所同也。明始於西而終於東。月之所獨也。於日稱其恆軌。於月表其特徵。言各有當。非苟爲而已也。大戴禮記誥志云。日歸於西。起明於東。月歸於東。起明於西。猶此義也。俞氏正燮癸巳存稿解此云。弦以前月見於西。明亦在西。望以後月見於東。明亦在東。爲得其理。然彼雜用沖遠月初生出自西方之說。仍不免於陰甫所譏。不如專用子雲載魄於西之義爲說之無病耳。

代議非易案書後

瞿宣穎

往時郭筠仙侍郎嘗憤言官之叫囂。至借書去臺諫天下始定之論。其意本之衡陽王氏。言雖激直。自能深切當時之弊。與甲寅第二期代議非易案所述梁君不主重設科道之旨。若合符契。烏府清流。雖為天下所當想望風采。而醜態褻露。詬病所叢。其甚乃復至此。烏乎。其無故耶。其故不在立法之初。而在變法之敝耶。請得而詳言之。

欲明科道制之利弊。必先悉吾國三權分立制之沿革。秦漢之初。以丞相太尉御史大夫分掌政務軍事執法三大權。雖互相衡格。而丞相位尊望重。接近人主。常隱然為重心所寄。嬗積之既久。握軍權者勢復常居文臣之上。而丞相漸移為備員之官。古人所謂大將軍之府史是也。東京之世。矯其積弊。以政權改屬尚書省。自時厥後。演繹而成中書尚書門下三省分權之制。中書為政令所自出。於今當國務員之任。尚書分理諸曹。則今之各部大官。門下省最要職權厥為封駁。實即今國會中彈劾一權所寄。彈劾一名稍為不類。正名當曰否決。宰相一切政令。必經門下。其不便者。立時封駁。與彈劾權之糾違失於事後。義實不侔。故有門下一官。而君主無上之威始有所絀。宰臣專制之勢亦有所檢。國政得失不必待外廷之叫囂。而綸綍之地已得以折衷於至善。要而言之。宰相秉承皇帝意旨以決政令。經門下之審核。以付尚書省施行。此三者交為政治之樞機。而萬幾之務。以較歷朝良法。斯為極則。吾國政制之卓然獨絕者。亦即在此。此吾國三權分立之說也。

三省分權之制。及趙宋而漸替。逮至宋明。而門下一官遂全失其職。蓋明之內閣。本非前朝之中書省。門下省官僅存六科給事中一名。官名雖存。無復獨立性質。迨至有清。而竟以之併入都察院。則往時設官之精意。彌不為人所重矣。

有清都察院官之職守。細辨之實分三種。古時各有專司。今則混而一之。自非究心前典者。往往遂為所蔽也。一曰言官。古時諫議大夫拾遺補闕之屬。建白

七

時。政。純。疵。糾。謬。是。其。所。司。初。不。與。臺。官。之。司。風。紀。者。相。離。自宋興宗置言事御史。而臺諫官始合為一。（存炳顧氏指給事中併於都察院為臺諫不分稍失本意）二曰察官。是御史臺之職。督。百。僚。糾。違。失。其。性。質。偏。於。執。法。非。惟。彈。劾。並。有。逮。治。鞫。訊。之。權。清代都察院實具此質最多。故與刑部大理寺通稱三法司。而總督巡撫並帶都御史銜。三曰封駁官。自蕭梁以至唐宋皆以給事中當之。與。聞。機。要。地。親。而。任。重。詔旨不便。得即時執奏封還。唐制並得徑批詔尾。惟此第三種職存留最尠也。晚清籌議所以叢詬病於臺諫者。其實豈有他耶。無亦曰建言輕剽。務為訐直名高。而不身任其責而已。其故。在。乎。備。執。言。官。之。權。而。不。執。察。官。與。封。駁。官。之。權。也。吾向之所云。政本。澄。清。之。由。首。在。能。疑。正。誤。於。渙。號。之。前。不。當。侍。拾。遺。補。闕。於。奉。行。之。後。果。能。恢。復盛唐之美制。於政令發源之地。置審議官。數人。（給事中在漢魏本為加官其名不正今仿其職不宜襲其名）則遂失之播於外廷者宜可已勘。而訐擬沽名之習亦自無所逞其意氣。此其、可、祛、之、病、一、也。臺官宜兼法權。其所。職。蓋。介。在。行。政。

與。司。法。官。之。間。然後言事者不敢恣其私臆以亂黑白。凡有所彈。必宜加劾。彈者糾彈。劾者劾治。本非一名後人習焉未察。誤以為臺官之職止於舉奏。舉奏不實。言者無罪。此大非古時置御史臺之意也。今復。察。官。之。權。宜正。其。名。曰。監。察。院。官。（此仿唐代監察御史之名御史之名亦不正故不取若政史之名亦不典也）院官有所糾舉。宜即如古制。解被糾者職。付院驗治。驗治之法。宜略采之法庭。然後。惠。文。之。冠。為。庶。僚。所。嚴。憚。而。如。梁。君。所。慮。恣。意。毀。人。名。節。積。非。務。是。買。名。市。怨。諸。弊。亦。宜。可。絕。此可、祛、之、病、二、也。獨言官一職差為無足重輕。蓋時政之建白。人盡有立言之途。所謂工執藝事。庶人傳語。初不必專設此官。昔人論之詳矣。至於獻可替否。類關君主一身之事。亦非今之所急。苟非。務。欲。粉。飾。治。具。以。張。觀。聽。則此。官。宜。可。不。復。假令以為必不可無。則請正其名曰諫議官。慎其選而嚴其額。且區其職不使與其他混。若是乎言路囂尨之弊庶亦可祛其太甚也。復次、宜同擇人任官之道。夫官人之方。至於民國可謂紊亂滅裂、無所紀極矣、毀譽則通抑不知其由、喜怒則高下任乎一己。自古帝王所絀而未敢中者。今則人擅其柄焉。烏乎。由此道以任百執事之人。吾未遑屑屑焉譏其後、由此道以任諫爭風紀之官。則無惑乎袁政府之肅政廳。爲世所譏姍不值一錢也。自古臺諫官之選任。必極精嚴。明清兩代。始由行取。繼由考選。州縣行取。在康熙年間。猶號得人之盛。若李天馥彭鵬陸隴其以循良薦舉任臺諫。熟於利病。明於治體。故其。出。一。言。建一。議。類能。洞。中。竅。要。眞實。不。虛。且也。治。行。有。聲。鬱爲。時。望。置之。言。路。在一。己。則。愈。惜。聲。名。在朝。端。則。憚。其。風。骨。當時。立。法。非無。故也。行取制至乾隆間而停止。揆之今日情勢。自無可復理。然試參其法意。由列保而考選。嚴其保障。隆其官資。庶乎猶可養成淸嚴峻整之風氣。爲政之道。斯其正軌乎。此又。與。考。試。制。相。輔。以。爲。用。者。也。

通訊

內學

行嚴先生無恙耶。嘗於報紙。觀見行事翊翊有生氣。凋瘵之國。若都如此。外侮內爭。其不可以熄乎。武人。利。器。殺。一。團。辯士。政。策。殺。一。國。學說。潛。勢。殺。天。下。萬。世。使人。樂。酖。狂。死。而。不。悟。進化。論。是。矣。門人景昌極許進化論生

命及道德文闕切甲午以還。奔走悽惶。無所托足。石埭楊居士講究竟學於寧。乃與桂伯華諸人。相率以事之。不仕不葷。絕男女之慾。悉力精研者二十年。而後豁然淹貫。講學育才。將以移易乎天下萬世。此支、那、內、學、院、之、由、來、也。別調。孤。彈。宗教。則。屏。爲。世。學。世。學。又。屏。爲。宗。教。舂糧。且。不。能。宿。盖垂。靑。者。寡。矣。十二年秋、公

會與太炎印泉右任諸公。諫所以欲內院者於滬商人而無教。公與印泉頗悶損。今者時機大至。公爲天下教宗。乃作支那內學院非宗教性質是講學機關之文。將用以釋羣疑。呈請左右。必爲宣傳。嗚呼。如先生者。可謂上不負國。下不負友者歟。天下誰不竭誠盡忠。獻芹奉曝者。而況於漸乎。謹先陳支那內學院性質四條外。將一及乎教育之精神肝髓。所稱支那內學院性質者何耶。一、所學之目的。求得如鏡之智。照一切事物。能究竟即用爲拯拔羣衆苦迷之器。具而天下皆脫苦解迷。宗教。有悲無智。科哲學。有智無悲。佛法則悲智雙運。然其悲亦非宗教之悲。以宗教悲人不爲善而生天。堂佛法則悲人不證不生不滅平等自由之理。又其智亦非科哲學之智。科學因果律展轉比量。不能超量物理。推至原子電子而術窮。哲學之知識。或謂出先天。然不明先天爲何物。或謂由經驗。然何以突有經驗。更何以歷久長存。以故事物窮研。每難結果。佛法銳智。但思現量。一剎那間。如物而量。不用比證。一剎那間。現前明了。不藉先天。現成即是。不用經驗。以是佛法能得究竟。夫現量者、術語名無漏種發現。與常人日用行習思想邏輯之有漏種發現者。截然兩物。是故佛法非宗教。非科哲學。而別爲一學也。

二、求學之方法、假聖言量爲比量。多聞熏習。如理作意。以引生其他日之無漏。由聖言渾涵中推闡。以極其致。詳前所略。簡前所雜。或疏失之糾。修或他義。之資助。以期思想之大發達。

聖言量者。非宗教之教條。但有服從而無探討。實若因明之因喻。幾何之公論也。宗教有結論無研究。哲學有研究無結論。佛法則於結論後而大加研究。以極其趣。非待研究而希得其結論。是故佛法於宗教哲學外而別爲一學也。

三、現得之學理。一、羣衆三苦熾然。而後學興。一切所學爲他而學。二、唯識法相學。是兩種學。法相廣。於唯識。非一。慈恩宗所可概。三、法性法相是一種學。教止是談法相。龍樹無著實無性相之分。四、教以法義為通途，無大小乘之畛域。五、教無進化之理，而有遞嬗之迹。六、理非佛說者，而必從法印而生。七、世所棄幻相是真相，世所執實相是空相，道在空其所實，而真其所幻。八、一切法相體用因果，法爾如是。九、法相不可亂，六根互用，以耳為見者，耳中其眼種，耳帶之發現，而實眼見。十、三性是一物，無別實物，但是緣起，故明依他起用義，而法界立。十一、不立無漏種，說心性自生自滅者，墮外道說。十二、唯識學有今學古學之異。十三、今古學同符無着世親之籍，而傳本各異。奘師承今學，譯名潤文，但存今學傳本之精。以西藏異譯勘無着世親原文，而古學傳本之精時見。十四、古以無不屬識為唯，今以無不離識為唯。十五、古唯受用緣起，今創自性緣起。十六、能緣挾帶所緣而起，古學就所緣種邊曰真如緣起，今學就因緣種邊曰正智緣起。十七、真如緣起，說無漏則通，說一切不通。十八、諸行剎那頓起頓滅。十九、一切有情各自識變，各一宇宙。二十、各變宇宙，互不相礙，光光相網。

略述二十理。恐繁且止。而皆術語。不能詳析。他日內院學理書成。將以呈公。藉餉國人。此二十條中。一至六。為總得之理。七至十。為法相之理。十一至終。為唯識之理。其古今傳本之異。法相亦然。

佛法之晦。一晦於望風下拜之佛徒。有精理而不研。妄自蹈於一般迷信之。曰二晦於迷信科哲之學者。有精理而不研。妄自屏之門墻之外。若能研法相學。則無所謂宗教之神秘。若能研唯識學。則無所謂宗教之迷信感情。其精深有據。足以破儱侗支離。其超活如量。足以藥方隅固執。用科哲學之因果理智以為治。而所趣不同。是故佛法於宗教科哲學外。別為一學也。

四、現學之科目。

一、唯識學。二、法相學。三、因明學。四、印度哲學。五、印度歷史學。六、佛法律學。七、佛法心學。八、佛法美術學。九、梵藏英日文學。十、古中國文學。

心理學有與唯識意識中之一部分相似者。物理學有與唯識色法中一部分相似者。哲學有與唯識中多數部分相似者。然唯識學之因果緣依伴

二

業所及。一物之起。實繫有緒。單純相者。決不能同。因明之三十三過。十四過。以觀近時邏輯學。亦然。印度無史。依經比附。全賴佛徒。世史一任其殘。斯科乃不稱學。大乘之律。捨迹。誅心。察其用意。是濟世間法律之窮。如何非學。化腐爲新。轉凡成聖。全恃觀力。豈有神奇。萬變唯心。組成緒統。如何非學。美術者。適當其可之象徵也。思想高邁。構結遂神。此中。彫塑。畫像。獨非學乎。周秦遼籍。毫不聞。律內典。深文。爲容。涉選。風騷。雅頌。已不敢呵呀呢嗎之聲。久矣。留此餼羊。忍云非學。

所稱教育神髓者何耶。從民之慾望。趨時之潮流。始事而兆亂者。不得辭其過。然爲頭以治風。水來而土淹。因應。復因應。亦復何時已乎。夫事有似迂而實神者。端本。澄源之謂。遊力於虛之謂也。教育不以興國爲的。而以民能充其所以爲人之量爲的。國可亡。天下不可亡。明不可失。其所以爲人耳。夫人也者。仁也。克己之謂仁。無我之謂仁。生心動念。唯知有己。非人也。舉足下足。環顧皆人。人也。爲仁之方。曰、己欲立而立人。己經有。其欲而立之。是爲事實者。即在乎人。孔子之教育也。今天下何能之不有。而朝野上下賢者智愚。第一夸夸。止知有己而不負責。豈獨武人。夫亦蕩往而不滅亡者哉。事已無可奈何。以故不得不側菩薩以他爲自之教育。無言之教。不行而至。華周杞梁之妻。善哭。其夫而變國俗。陽明而後。誰其繼者。以故。須復宋明講學精神之教育。搗虛以實。去囂以樸。專門之學。愈簡愈精。一絲一材。必充其量。苟能分門別類。無學而不踐其實。而所謂虛懸。分懸之士。氣能長存而不變者。未之有也。以故。須趨重學術。闡揚之教育。漸愚止是知此。唯公裁之………歐陽漸 南京八月

半邊街公八十號支那內學院 十五日

愚讀竟無大師數年。未嘗相從一聞佛法。納之愚與太炎有兄弟之好。而未嘗相從以國學爲事也。師既要愚赴金陵。聽其講經。承誘於人事而止。卽奔走勸募小事。亦非無所盡力。遷延至今。頑鈍無進于德。至愚已極。頃得師函。精光奕奕。無敢逼視。愚之內媿也深。惟深冀大師之書。由本刊公表於

世。有旌、然、起、修、菩、薩、以、他、爲、自、之、教。抑、或、以、弘、教、度、人、爲、己、任。廣、斥、餘、貲。助、師、講、學。則、愚、罪、可、從、末、減、也、已。此一年中。愚益爲塵俗所制。去學問益遠。席末。睽而。旋起。筆年。諾而。客。至。如此卒。卒。亦何能。爲。深。湛。之。思。書來。書之唯恐有誤。交劉君蕙農撿校一過。並爲跋語。附於後端。蕙農篤信內典。諒亦大師所樂聞也。　孤桐

孤桐謹注出示斯篇。微言淵致。獨唱幽宗。慈願悲懷。允昭宏度。撼孔氏經世之志。暢釋迦度生之心。期事理以俱融。運悲智而雙懸。拯溺救惑。無愈于此。于茲陽九。業風怒號。萬彙迷惘。六道紛乘。所謂武人利器殺一國。辯士政策殺一國。學說潛勢殺天下萬世者。皆熾然焦集于一時。以爍此含靈抱識之衆。同淪于宛轉哀號之域。思求所以拯之者。復顛倒迷謬于岐途。而弗知所適。科哲宗教。既勘歸宿之據。政法禮文。又豈可通之路。劃並此亦喪。其名。而。遺。其實。徒爲。造。業。濟。惡。之。具。猶不。惜。殫。精。竭。慮。以。赴。之。迷途。狂。走。舍父。窮。奔。此眞。所。謂。可。憐。

愍。者。非有高謝四流。俯弘六度。放毫光以動地。曜慧日而輝天。安足以昭蘇羅哉。遠公嘗云。釋氏之化。無所不可。適道固是教源。濟俗亦爲要務。世主若能翦其訛僞。獎其實驗。與皇之政。並行四海。幽顯協力。共敦黎庶。何成康文景之獨奇哉。聞釋斯借。允應理與。人顛命溺。基於三毒。世界業流。尊于五蘊。物質之文明愈進。則人類之欲望愈奢。欲望增加一分。則苦痛亦隨熾一分。言進化者。驅天下人盡赴于猛餒烈焚之中。而日言樂利幸福之策。此救經引足之謂也。抑知其謬之至于此極耶。何尙之謂。皆仁德則兵气衰。禮讓進則戰士息。世有抱。我。不。入。地。獄。誰。入。地。獄。之。大。願。者。欲。求。拯。拔。衆。衆。苦。迷。之。資。其。乎。自。有。眞。實。平。等。自。由。之。法。在。歐陽先生海內玄宗。其無礙才。殫究竟法。佛法非宗教。非科哲學。法相廣于唯識。無性相之分。凡斯妙諦。足詔天下。久思建議。請揚自業。得斯篇以宏其端。大地洪流。將其趨于娑婆苦海。茫茫浩劫。庶有底乎。載欣庇蔭之緣。遂忘縉紹之誚。孤桐社主。于

意云何。

兩院分職

劉異

：：：披言代議非易案。遺篇甚夥。廣集衆議。如是下著意代議制之故。造久矣。夫代議制之在二十世紀。流弊之彰。懷疑之衆。掊擊之論。改易之方。因已不分遐邇。騰播全球。非止足下一人之以矢加遺也。惟含然否而進言非易。此中有一極嚴之界說。不可不慎守之者。卽凡一制之確立以及崩壞。必先熟察其醞釀相乘之故。弊害顯著之由。然後對症下藥。標本兼治。或采有他山以攻錯。或獨運匠心以擬案。舉無勿可。若遠溯夫本制尚未確立以前。懸思往古似是而非之另一種制度。謂可復之以乙代甲。不免生吞活剝。軼出論域以外。未見其有當也。今足下因痛惡國會之念。至欲絕代議之根株。復臺諫之舊制。僕以爲志大而計疎。私衷有不敢苟同者。願陳其說。與足下一暢論之。故臺諫制沿自兩漢。在昔君主專政。言官可封還詔令。駁議章疏。以抗天顏而警奸吏。古制原亦未可厚非。但欲規復此制。須合於三種條件。其一、必爲、專、制、國、家。歷代君闇臣昏。朝政荒怠。諫官有敢批逆鱗而劾宵小。廻君聽而振朝綱。自屬難能可貴。第朝政決於一人。賞罰由於喜怒。無論諫官立身如何清高。立言如何公正。幸則傳直言敢諫之名。不幸且罹滅族殺身之禍。韓非說難。千古同悲。達吏始不必徵。卽就清末御史之雅號三霖論。試思彈章盈尺。何、能、動、搖、於、毫、髮。此、與、今、議、院、所、掌、之、彈、劾、權。而政、府、不、能、不、對、之、負、責、者。果同、異、之、何、如。其二、必屬、官、僚、政、治。三權分立之義。在近世視之。本甚淺薄。而在立憲觀念昌明之始。則此義爲百家所宗。莫之或外。中華建國雖古。立憲則向所未聞。故刑政典章。無不包羅於行政範圍以內。給事中與御史。本爲行政官吏。彈劾之效果。亦僅至懲戒處分爲止。而立法。何。所。寄。計。政。何。所。決。以。及。條。約。官。制。稅。則。之。如。何。議。訂。而。監。察。皆。未。聞。有。精。詳。之。研。究。何。從。計。及。代。替。之。良。規。其三、必行、集、權、政、策。我國地方制度。自秦罷侯置守。卽屬行集權政治。雖唐元明清。演成外重內輕之局。實由人謀不臧、而立制本意。縣吏究為朝廷命官。且檢察舉劾。舊制唯嚴。明制以御史分道。亦中央府監察縣吏之一法也。太炎以各省有自治之制。彈劾省吏。有本省人員主之義以給事中與御史。內按院部分科。不當據省分道。僕謂太炎倡嘗自治。議非不美。無如國會既廢、則彈劾省吏之方式。將何所取如謂中央廢國會。而各省仍沿用省議會。不足以言主張。貫徹。如謂御史可直接彈劾地方官吏、而彈劾事件。亦按中央院部所司之職權以為分類、則地方事權勢必與中央事權取同一之系統。始可。是與劃分。自治組織之旨、寧無背謬乎、凡此疑問、太炎諸未解答。僕則認為既復科道制、並同時厲行中央集權政策、殊無一貫之精神可言耳。至於科道官之何自而出、尤與國體問題。不能無關、依太炎原議、選命皆有流弊。主考試互選任命三者並行、僕以為考試任命。權操自上。選舉權源於下。近世議員之出於選舉。而不出於考試或任命者。因議院與政府、不相隸屬。非使其權力發源於民衆。不足以對抗政府也。今於選舉之前後、雜以考試與任命。則科道官一身進退之權、皆操於政府。此在君主時代。言官彈劾、僅及卑僚、君主世襲。而又神聖不可犯。彈劾權之所及、天子乃在除外之列。是以科道官之予奪權操君主、亦不發生疑義。若在共和時代。議院所行之彈劾權、勿僅對於院部。即一國元首違法被劾。亦不能不去其職。以被任免之科道官、而謂其權力可以躐陟、有最高任免權之元首、固事之必無者。所以各國憲政雖不良。尚無法以易之也。綜上諸義而歸結之。僕敢斷言科道制可行於專制之朝。而不可行於立憲之國。可行於君主之世、而不可行於共和之邦。可成於代議制未有之前、而不可復於代議制既興之後。僕為此議、非謂代議而輕科道。誠以兩者之性質既不相侔。穿鑿附會。已覺儗不於倫。移植代興、更復何所取信。況吾人論事。宜觀其全。而不宜觀其偏。我國代議士之召侮取辱、其流弊多端、改弦易轍、誰曰不宜、顧二年之議員。甚至十二年而終者。議員有罪。罪亦居其幾分之幾。至在此十二年長期國會之中。如軍閥之破壞。官僚之阻撓。與夫策士之離合操縱。致使國會解散。議員播遷。任期斷續。巧歷難計者。此輩亦當平均負其責任。偏舉國會之病由。運動者。一切屏而勿道。徒歸咎於病者內損。不善攝生。僕固鄙棄議員之一人。惟如此立論。未敢謂得情理之平也。更進而論之。我國之代議政治。實始民國。若併前清資政院與諮議局。勉強附合計之。至多亦不過二十餘年。較之西歐。即屏絕英國議院與昔王長期奮鬥之一段歷史不論。僅自一六八八年榮譽革命算起。至少亦已兩世紀有奇。代議政治實施之經驗。以二百餘年與二十餘年相較。其度量之相去何如。乃西歐縱已發見代議制之弊害。猶未聞有廢棄之計劃。我果以何因緣。偶遭頓挫。便厥根本失望。試僕嘗攷西歐代議政治之遞嬗。曾經三種階段。最初代議制之設。不過出於限制王權之作用。嗣因議員之選。皆出自資產階級。故參政不為生計所困。而能運用政黨。牽制中樞。近則一方因經濟組織之變革。一方因議院弱點之暴露。於是政家學子。紛紛謀所以更易之法。此中派別紛歧。自難枚舉。扼要言之。不出兩義。一曰民治。一曰業治。前者在伸張公民之勢力。以救議院專斷。民意之蝕。後者在分析職業之種別。以免代表虛僞。民意之弊。要之皆於保存國會基礎以上。而循社會進化之途徑。補偏救弊。別舊更新。且我國代議制經驗太淺。加以政治運用。未入常軌。捉襟見肘。理固宜然。是宜遠察歐美之成規。近察國內之變象。或因或創。列案攷求。庶不失學者之專業。政家之能事。無如循誦大著。抨擊之談。多於建設。即就足下本為圭臬之科道制言之。仍不出於創。而出於因。特不因於地。而因於時。不因於橫。而因於縱。試同僻心歐化。固有橘變為枳之譏。然舉一切政治信念。打破無餘。收視返聽。退而法古。又寧無夏裘冬葛之譏。僕向所持論。不尚偏激。凡足下所病於國會之諸端。未嘗不具有同感。旣已非之。何以易之之念。亦蓄於心中數年。今春旅居長沙。曾與友人李君祚樞、合擬憲案。內有對於代議制改造之建議。以足下傳采眾言。茲摘錄一節於后。

夫弊愈不調。改弦而更張之。理也。亦勢也。代議制既不良善。宜有以謀其救濟之方。曠觀先進諸國。如創制、複決、撤回、解散、諸種新制。層出不窮。而着眼要點。可以一言蔽之曰。不外擴張社會公民之勢力。以對議院行使其充分之監督權而已。至於議院制度之內容。並未有何變易也。竊謂以國民之勢力。監督議院之職務。可以救已成之過失。而不足防未來之弊端。爲正本清源計。非從議院法定之職權上着手改革。終無以挽代議制之崩潰。時今之議院。一般稱之爲立法機關。實則議院立法之外。尚須監督政治。而立法事業。與監督政治事業。性質各殊。有萬不可並容者。蓋政治無一定之是非。評騭得失。隨各人見地而不同。此政黨之所由發生也。議院政治。離政黨不能運用。爲之議員者。自不免各隸黨籍。對於政府所持政策之態度。大抵各視其是否合於本黨政見。以爲贊否之標準。設一院有兩黨以上之議員。自不能不有所競爭。有競爭則必有所排詆。於是人物之臧否。政策之利害。往往蔽於黨見。而未能深思熟計。公正無私。況國家政務頻繁。設施之緩急先後。必須準情酌勢。期合環境。而議院之監督政府。無論內政外交。亦宜接切實際。或應出以慎重之態度。或應運用敏捷之手腕。隨機應付。無成法之可守也。反之、若立法事業。則處處含有固定之性質。不可隨實際之利害爲轉移。況社會人文愈發達。即法典之種類。愈趨分化。自非法理精深。成例嫻熟。勿克膺此專門任務。是以立法事業。學者優爲之。而非政治家所能從事。因學者頭腦冷靜。眼光超然。平時既不甘以黨籍自限。臨事自不懼爲政潮所捲。本其研究之心得。著爲縝密之法規。較之普通議員之各懷政略。幾經調和遷就。始表決其一種法案者。何可同日語耶。綜上所述。可歸納立法與監政兩種事業之異點。即立法爲技術的。監政爲普遍的。立法爲超然的。監政則黨派的。立法貴冷靜。監政貴敏活。立法乃學者之事。監政則政客所長。合兩種相反事業於同一機關之內。以行使之。宜乎。驟。掊之不相入。適溯國會往事。復轍相循。雖曰人謀不臧。而法制未善。亦居其咎之大半。民國建立已十四年而民商刑及訴訟各法尙鉛經請總送未編成致外人藉口法典尙未完備撤除領事裁判權之決議案法次延期延缺行庭告議員會心政治未盼法憲立法之所致設立法事以一院案其機務又何紛紜十四案而不能制定一種法典耶又如湖南法典編纂令督草定法案四十餘種提交晉諸台見無一案議決告爲議院不能依據立法之定察往彰來。力圖改制。故本草案。特取兩院分職主義。將議院素相混合之立法權及監督政治權。劃出其一部分之立法權限。另予一院專司之。俾立法者。不得監政。監政者。不得立法。表示兩院特殊之精神。此本章第十八條及第十九條規定之旨趣也。

此案最所注重者。在乎兩院分職。立法院專司編纂法典。與政府關係較疎。可無問題。若夫監政院。既爲彈劾機關。則行使職權。諸宜慎重。近代行政。愈趨分化。則監督行政者。亦不能不有專家。故主於院內多設分科委員會。以專其業。至於兩院選政。則立法院取職業選舉。監政院取地域選舉。惟職業範圍寥廓。資格均有限制。非漫無標準也。此案自表面視之。似爲兩院制。實則屬於一院制。因政府僅對監政院負責。而監政院與立法院所行之職權。雖在同一有關事件。亦必分清界限。各不相混。非如普通議案之議決。須經兩院一致行之也。特兩院分職以後。牽涉之疑問亦多。合著憲案。均有規定。文繁恕不一一具陳。俟印齊再當就正。僕見足下徵文題中。有立法與彈劾二權之分合利弊一條。因附述管見。俾供抉擇。如足下以僕所述。不出口耳四寸之間則已。否則望有以督教而董理之。幸甚。……汪馥炎　八月九日　北京口袋胡同八號

久不與叔賢論政。今乃細意熨貼。遠過曩昔。兩院分職之議。尤見匠心。甚休甚休。雖然。謂科道制必合三事。一專制國家。二官僚政治。三集權政策。此則守株待兎者之所爲。又何其滯也。叔賢亦嘗考求代議與科道兩制之所以爲異者安在乎。以愚思之。亦有數事。科道一人自由論事。而代議。則以多數議決爲限。一也。科道之所表著者。獨見也。清議也。而代議。則以衆論民意爲歸。易而言之。科道。

宜于闡發個性國會乃為代表機關二也科道以得言為止有效與否暫不必論而代議所移號曰法案志在必行三也科道言官也擇通才有風骨者任之惟能者乃得在位議員則來斯受之無能不能之問題四也此四事者因一空時與地而自存與皇帝官僚集權政策均了無關係安見有必合何種條件如叔賢所云哉叔賢又以不創而因退而法古為病此乃受刼於時議見囿于往迹取悅卯蒲忘懷遷辣尤非賢者所宜出也蓋因者非徒因也無可為創乃因也吾人謀所以改造代議制者理想所之適與昔之科道制有默契也有默契矣而曰吾宗國會行之非二十世紀法制大同之世所宜重出如是不肖而復不知理非吾儕所當為也叔賢得毋以為屬於古即不可法乎則叔賢試設一境凡古昔所流貽者俱蕩而無有制度文為一切由今之人自創而自垂甚且如今之白話文家屏古書不讀止以所得宜於流俗人之口者取而筆之於書則今之人之所得為去上古原

人優越何許愚未敢繼也蓋以號為文明無他亦古先哲人之流風餘韻沾溉彌廣而已今斥所沾溉者勿用且日用之者為退化若無足齒數者然果何說也且進退之說亦何嘗之有人類之智慧力能止有此量所得規劃之綱維施設其方式亦不越幾種後先變換類不出彼膠此漆之中必懸何式而曰進嘗何式而曰退幾何不為古今且莫之所竊笑也叔賢以代議制行于西歐二百餘年而差完吾國之採此制剛二十餘年耳毋乃失望太速此又不然語云行百里者半九十此言兩數相衡當計數之量而不當僅計數之數世界自入二十稘來政情彝俗諸形劇變較之五十年前之秩序井井政象渟然者年所經歷其量且超過一二十年而有餘是不得謂吾之代議試行期間為未足也至純粹立法事業科道未能代之其理甚是愚本別有補充之說容俟得當為詳陳之叔賢湘憲擬案確有見地如不得已而存代議制則分職之說亦愚所樂聞者已叔賢審愚狂躁所言諒

心儀焉。明德初辦時。子靖曾從問計。愚以經費人才兩俱不足。曾勸以不必急於爲此。子靖不悅。愚亦自悔失言。今幸有會。自儼其言之不中。子靖終不愚罪。與計大學之進展如初。然明德有此良績。則復庵之力也。復庵以此書求爲表襮。愚以所言近乎直諒。且不計其文責之事。而先著其爲人如此。以諗者不知其人將無以察其言也。　孤桐

孤桐雜記

檢甲寅年居東雜記。記有安徽人劉君名夷、年少美才。文學甚好。而家貧無以自給。昨得一書。謂僕貧病交迫。往往斷炊。敝書數篋之外。環顧斗室。求能質錢數百以療一日之飢者。竟不可得。日爲饑驅。奔走求食於友朋之家。夜市餅二三枚。懷歸以遺細君。食迄。擁敗絮眠耳。舊稿尚有數首。須略整理。乃能寫寄。然當此境況。安能搆思著文。必得數十金。償一月房稅。免催租者叫囂馳突。購米數斗。薪數十束。始知安心。家居閉戶執筆耳。榮啟期有云。貧者士之常。且足下亦嘗賣文爲活。故直陳其窘狀如此云云。短札描寫、末世文士生活。至堪瓶味。劉君後文才益進。著述益宏。以舉世不諳舊籍。稱者彌少。至其困境。了無以異於曩昔。愚當日爲少籌市餅之資。易得論名學者一文。以甲寅中斬。未及揭載。容日理出公之士林。嘻、貧者固士之常。然居今之世不貧。又安得爲士。勉矣。劉君。吾輩以賣文爲活。終其身焉可矣。劉君在滬樓居。樓下別爲一家。一夕劉君得餅大嚼。兼佐以酒。醉後、挾細君爲胡人舞。四足交旋。翻其飲器。瀋汁透承塵、落樓下人頭上。樓下人大譁。劉君夫婦立罷雅舞。悄然就帳。得寢至甘。明日逾午方起。名士脫略。其趣如此。于右任云。

侯官嚴幾道先生、譯才之江河不廢者也。晚歲牽於政治。齎志以沒。士論痛之。愚於先生。僅一晤於林少泉坐上。通訊一次。民國元年、愚繼先生被任爲北京大學校長。辭而未就。有先生再起之說。上海中華民報曾以章行嚴嚴復五字標題。著一評論。愧在王前。因輒憶及三年、先生在庸言雜志。作民約平議一首。通體譯自赫胥黎。矜爲自造。未免冒濫。愚在甲寅著論駁之。非駁先生。實駁赫胥黎也。恐爲先生盛名之累。此點未曾揭明。七年、愚任北大教授。蔡校長曾將先生名詞館遺稿之一部。交愚董理。其草率敷衍亦彌可驚。計先生羈館覓食。未拋心力爲之也。頃見某報載先生爲王書衡所書界說五例。文語俱平常。而在今時。文敝道喪。則彌矜重。取資記中。並道愚與先生之違誼如此。

界說五例。

一、界說必盡其物之德。違此者。其失混。二、界說不得用所界之字。違此者。其失環。三、界說必括取名之物。違此者。其失漏。四、界說不得用詁訓不明之字。犯此者。其失熒。五、界說不用非無不等字。犯此者。其失負。戊戌八月四日、爲書衡學兄作此。嚴復。時在通藝學堂。

光宣詩壇點將錄

汪國垣

天巧星浪子燕青　夏曾佑

別士、詩喜用哲理入詩。名篇頗多。梁卓如嘗舉與公度、觀雲。並推爲新詩界三傑。其實三人皆取法古人。並未能脫然自立。黃氣體較大。波瀾較宏。蔣夏皆喜撫用新理西事入詩。風格固規橅前人也。

天牢星病關索楊雄　楊度

晳子、詩工亦深。惟氣體稍嫌平滯。

天彗星拚命三郎石秀　嚴復

幾道、敏學甚篤。詩工最深。惜爲文所掩。樹骨浣花。取徑介甫。偶一命筆。思深味永。不僅西學高居上。

塵也。

天暴星兩頭蛇解珍

環天室。詩多。沈博。絕麗。之作。比儗。之工。使事。之博。廣山而後。此其嗣音。近詩人。多祖宋。祧唐。惟湘人如湘綺、重伯、陳梅根、饒石頑、李亦元、寄禪諸公。多尚唐音。

天哭星雙尾蝎解寶　程頌萬

鹿川。田父。詞翰。繽紛。楚艷。之侈。也。楚望閣集與鹿川田父詩集。名作。極多。出入唐宋。情韻。兼美。間學中晚。氣體。要自。不弱。可與。環天室。伯仲矣。長兄伯翰亦能詩。華實。並茂。惜其亡久矣。伯翰名頌藩。號集虛。

步軍將校十七員

地默星混世魔王樊瑞　章炳麟

太炎、經學、為、晚近、大師。詩原出。漢魏。樂府。古艷。蓋然。世不。多見。余嬰在申江曾見友人錄其五言古若干首。頗有。問世。高談。自闢。戶牖。之概。惜未寫。稿。今尚。悵悵耳。

地暴星喪門神鮑旭　譚嗣同

瀏陽、三十以前詩、多法少陵、三十以後、適有、自開、宗派、之志。惟奇。思古。艷終近。定菴。且喜。撫西。事入。詩頗有。詩界。彗星。之目。

地飛星八臂哪吒項充　黃侃

地走星飛天大聖李袞　劉光漢

季剛、申叔、皆與太炎關係較深。申叔、社友。季剛、則、太炎、高足也。申叔詩。法子。美。間學。漢魏。氣體。頗大。略嫌。膚廓。季剛。則專學。選體。華實。並茂。雖近。摹儗。要不。失為。學人。之詩。也。

地伏星金眼彪施恩　吳保初

北山。品節。極高。詩亦。悲壯。遣詞。命意。時近。臨川。其迴腸。盪氣。之作。亦不。亞。海藏樓。也。

地幽星病大蟲薛永　丁惠康

叔雅。襟期。高亮。詩亦。如之。少與。曾剛。庵齊名。吐屬。蘊藉。與曾詩。取徑略同。但氣體。差弱耳。叔雅、交游、遍海內。死時。挽詩。極多。皆足以。傳叔雅。也。

地鎮星小遮攔穆春　鄧方

秋門聽才，絕豔綺歲，有聲小雅，樓詩感時撫事，不亞萋吏。使假以年，其成就固不僅只此也。

甲寅消息

彭毅

本刊之興。愚以與孤桐總角故交。爲任發行會計諸務。故于本刊流行市場及讀者所生感想之各消息。知之甚詳。一言蔽之。銷數與各方注意之度。其進展有大爲發刊時所不及料者。蓋一字一句。從未輕輕滑過。讀者之目。荒陬僻邑。亦莫不聞虎鐸之傳聲。愚意興既隆。因請於孤桐。特設此欄。以爲本刊與天下同志傳心互語。共驗盈虛消長之地。莊言政論。不以闌入。茶餘酒後。多所取資。此蓋附於不賢識小之義。而增發同人之餘興。或亦爲宏識通才之所不笑也。

此間有輿論日報。其附刊曰翰海。多載文藝故實。有一欄曰息廬信摭。常紀甲寅消息。高情至可感也。拾取數則。略答如次。太炎甲寅題詞。有袁氏早夭一語。息廬謂以項城之年。猶曰早夭。假令長壽。不知活至何許。此與日本福島大將謁項城事。足相發明。福島言其鄉人有壽百四十歲者。項城問遵何法得此。福島言此老享有長齡。乃由戒色。問戒色從何年始。答九十歲。項城嘿然久之。然則項城未及戒色之年而終。太炎以夭論之。不得訾爲小學家用字之獨特矣。

甲寅頁數。在邏輯原無一定。以編輯首期適成二十六頁。以後遂沿之爲例而已。可見天下之事。惟例足以限人。息廬以材料不充爲病。此病愚亦病之。孟子曾云。得道者多助。惟得道在我。而多助在人。甲寅志爲天下文事之廣增篇幅。充否其責似不盡由本刊負之。至息廬謂以二十六頁之小册。售銀一角。其價過昂。則本刊印刷一項。所費已過六分。益以他種用欵。成本在七分以上。收數平均。不過如此。且不能全收。折本生意。固亦無可如何也。

孤桐之子。有名用者。曾兩見於本刊。署曰章厇。姓名同敝。患盧病之。謂不知此用上之章。名耶氏耶。父道其子。必沾沾焉繫以姓。不足爲典要。徒資笑枋。他友來函。亦輾及此。此蓋。以。國。語。悉。爲。單。音。有時。行。文。于言。之。短。長。與。聲。之。高。下。稍。稍。留。心。化。單。爲。複。徃。不。能。免。孤桐之子。俱爲單名。連氏並舉。亦此。不。能。免。者。使。然。而。已。無他。意。也。曾憶兩般秋雨盦隨筆。記劉石菴致父書。末稱男劉墉百拜。諸誠、父、子、間、如、此、稱、謂。用意、如、何。有博、雅、君、子、能、言、之、否。

本刊時評。曾紀熊章兩君。奉執政命。往楊君庶堪處勸駕。收筆有隙中旣顯。隊龍可出兩語。各報于此。大加詮議。茶餘酒後。亦樂引爲談枋。然究、兩、語、作、何、意、味。言人、人、殊。有某周刊。指爲向楊資好。曾出其最得意之白話調。試爲差得八九之批評曰。『他們看見了這個時評。應該是多麽滿意。怎樣嘉許。』而上海品報。向從夾縫中讀人文章。亦竊笑而指點曰。『章先生豈不是自比劉玄德嗎。』嘻、不意。此。尋。常。八。字。竟歷。試。全。國。批。評。家。之。腦。昰。寂。寞。而。回。惟王君耕木請之。睨人而語曰。此兩句眞好。以少。許。勝。人。多。許。舉竟。王。君。解。人。

本刊在各埠寄售。例於雜志遞到後。始行揭登廣告。廣告、之、後、於、報、到、一、二、日、者、勢、也。而漢口讀者熊君友仁等來函。稱見廣告卽往中華東壁兩書局購取。而俱售罄。祇得直向本社訂閱。而該埠經理人。亦稱廣告之效率。完全失却。以人見廣告而來購時。雜志已經無有。如不將每期來報擴充數目。殊不必濫耗此項廣告費云云、本刊、過、爲、社、會、矜、寵。殊增、愧、恧。後當、力、謀、供、求、相、劑。以謝、讀、者。

甲寅周刊第一卷第八號目錄

時評

臨時政府。爲各方勢力所協同支拄。無可諱言。所賴政府。以至公之心。保持平衡之局。使不橫決。而後國家可即小康。建設諸端。亦得徐徐董理。八月二十九日。有大批疆吏更迭之命令。如馮玉祥督甘。孫岳督陝。楊宇霆督蘇。姜登選督皖。皆含有重要意味。此事全由執政獨斷。並未有支支節節之磋商。馮君督甘仍兼西北邊防一節。事前國民軍方面。一無所聞。當執政召集閣員。凝議此項命令。陸長吳君。表楊馮使之功。語極切至。僉謂馮使既有殊勳。今尚因依部下。客處張垣。體制施爲。諸多未便。執政尤殷殷以馮使事權不一。修汽車道阨于寧夏爲言。議遂定。發表之後。輿論翕然。群卜爲時局漸安之象。並謂自有執政府以來。政令規模之大。影響之遠。足以表示執政堅強之意志者。以此爲第一云。

一

北京學潮。日目在醞釀中。女師大既經教部改組。並聘定胡君敦復充任校長。人事相當。一切漸見頭緒。而所謂校務維持會者。仍抗行不已。且強令女師大學生。不得投考女子大學。或以此微詞教長章君意見。章君謂女學生有此獨立精神。良不易得。昔留日學生。以反對取締規則。歸國創設中國公學。至今蔚成東南學術重心。前事不忘。後事之師。慮雖爲彼反對者。精神上願親其成。惟部內一切處治。則當官而行。無可變易云云。北大獨立事。已經評議會與教職員聯席決定。章君對此。亦有意見。謂本人原爲該校教授。自蔡先生以下。多是積年老友。彼輩雖排我于北大團體之外。遂自謂爲與該校休戚相關之一人。此番就任教長。即準備以北大爲中心。根據與蔡先生前定之計劃。行其改革教育之實。此意人多知之。愚友之在北大者。尤所深稔。女師大事。乃是致月前之懸案。愚因物付物。而辦理之。毫無表現政策之可言。凡知交之在教育界者。亦無一人指愚辦法爲未合。此與北大。有何風馬牛之相及。今彼輩肆人自擾。強于教政。致有宣布獨立之怪事。則教部完全爲一被動者。惟今以逸待客。以主待客。中懷空洞。一者從前。如對方壓迫無已。以後竟自違反初意之主張。不利於北大。則純根于被動事實而來。甚良心不負其責。教育公器也。必攘爲一部分人之所私有。排斥異己。不擇手段。一至於此。甚亦何能不竭忠告之義務。云云。如此倔強。亦可嗤已。

教育部所定教廳迴避本籍之策。志在必行。皖省長吳君提案于前。蘇省長鄭君繼行于後。此事得見用。目教育或可于黨爭學閥之外。另闢一途。新任蘇教育廳長胡君庶華。留德八年。以刻苦深造有名。辦事脫除習氣。艱苦卓絕。爲青年學者中所僅見。或以胡君不習學界情形爲言。惟近今學界之事。恐爲情習。恐惟不習者能辦得少許。此次鄭省長毅然徇教部之請。是徵先識。聞蘇學界亦有相當諒解。尤難能也已。

廣東之共產軍。竟獲勝利。反共產軍如李福林、梁鴻楷等。擊散繳械有差。嫌疑犯被捕者百餘人。胡漢民與焉。在黃埔軍官學校臨時裁判庭中。鮑樂廷蔣介石並坐堂皇之下。胡以莫須有三字。自護其罪。吁、傷已。聞將念其前功。生命當無危險。惟粵局如此變動。國民黨人。頗受非常激刺。其故則彼輩爲三民主義。奮鬥至今。國內未見一乾淨土。人民幸福。無毫髮可言。老黨員死亡顛困。亦絕無所利。方求解于國民而不可得。乃忽爲一俄人曰鮑樂廷者所傀儡。並以反乎國情。悖乎良心之共產主義。強人。而君之黨人持態。微有出入。動輒鞫訊。禍在不測。老宿如張君博泉、馮君自由。均被束如溼薪。轉動未能。今且同黨相殘。有如粵變之甚者矣。先生之骨未寒。弟兄之血分濺。撫躬自問。果是何心。有馬若君者。篤信中山。而痛恨亦化者也。爲記者言及。義形於色。謂船可沈。旗不可下。指三民主義也。在國民黨多偏急之才。黨界素狹。經此爆裂。大是重行抖擻。四出求友之機。全國人才。不拘一格。立大同盟。與共產軍戰。乃今日共同必有之覺念。吾人亦以滿腔之同情。與國民黨友共相提紮也、可。

答適之

孤桐

甲寅中興。人以反動之時期將至。有色然喜者。有瞿然憂者。有相驚以伯有者。有防之如猛獸者。百感雜陳。囂然塵上。吾國自有言論機關以來。論域至明。關係至大。正負兩軍。各不相讓。筆鋒所至。興感環騖。如吾甲寅今日所包舉之論戰者。未之前聞也。雖然。愚之本態。始終無故。物來順應。何所容心。天下之情既啓。是非之公不顯。未勝孟子好辯之任。敢忘東方答難之思。相舉時言。略加指正。知我之過。期于日莫云爾。

胡君適之近爲一文。因愚起論。全篇詞旨纖滑。可駁

三

之値甚微。（見十二期國語週刊）適之、之、文。大、抵、如、是。今之、所、謂、白、話、文、者。均大、抵、如、是。此先、天、不、治、之、症。聖醫、所、無、如、之、何、者、也。今請擇其稍莊者答之。適之曰。

白話文學的運動。是一個很嚴重的運動。有歷史的根據。有時代的要求。有他本身的文學的美。可以使天下睁開眼睛的共見共賞。這個運動。不是用意氣打得倒的。今日一部分人的謾罵。也許趕得跑章士釗君。而章士釗君的謾罵。定不能使陳源胡適不做白話文。更不能打倒白話文學的大運動。

時代、要、求、者、何、謂、也。曾見小兒。身罹胃疾。好食飴餌。不得不止。其母溺愛。彷彿兒意。兒食不已。病乃日增。此一事也。情節同前。惟母賢明。延醫診視。慎擬方藥。藥大瞑眩。兒避不就。母強飲之。厥疾以瘳。此又一事也。以適之之說。施之醫事。時代醫之小兒。則其所要求、者。宜爲、自、擇、而、甘、之、飴、餌、乎。抑苦、口、利、病、之、方、藥、乎。夫文。章。大。事。也。曩者。窮。年。矻。矻。莫獲貫。通。偶得。品。題。聲價。十。倍。今適。之。告。之。曰。此無。庸。也。凡口。所。道。俱

爲。至。文。被之。舊。目。聖。者。莫。易。彼初。試。而。羣。疑。後倡。焉。而。百。和。如蚊。之。聚。雷然。一。聲。而六。州。之。大。錯。成。矣。適之。從。其。後。而。名。之。曰。此時。代。要。求。也。此時。代。要。求。也。是何。異。愚。母。之。日。縱。病。兒。食。飴。餌。者。乎。愚昔著論評之曰。「以鄙倍妄爲之筆。竊高文美藝之名。以就下走壙之狂。墜載道行遠之業。」此乃。垂。涕。泣。而。道。之。而適。之。以。爲。悻。悻。（適之本篇引此四句人恐罪而斷曰這不是悻悻然和我們生氣嗎）是何。異。醫。者。爲。言。飴。餌。亂。投。之。將。殺。兒。也。而其。母。憤。而。標。之。門。外。乎。間嘗論之。凡時代者。俱各有其所需適應之思想事業。號曰要求。不中不遠。但。此。要。求。不能。以。社。會。一。時。病。態。之。心。理。定。之。而當。由。通。人。藝。士。匠心。獨。運。於國。民。智。識。之。水。平。線。上。提高。其。度。以。成。之。茲之。所。成。恆與。社。會。一。時。病。態。之。心。理。居於。反。面。所謂挽狂瀾於既倒。相反。始。得。曰。挽。障百川而東之。亦相。反。始。得。曰。東。自來。獨。慮。往。往。見。疑。非常。每。爲。民。懼。而息。邪。說。距。詖。行。放。淫。詞。之。爲。好。與。天。下。所。歸。者。辯。肯是。道。也。焉有。「跟。著。一。班。少。年。人。向。前。跑。」（此適之語）（揚梁任公語）如適。之。所。云。視卯。孺。爲。神。聖。戮子。弟。爲。名。高。

而猶得以識時成業白文其陋者哉此點勘破則其他嚴重運動歷史根據等詞殆無意識不足致詰—適之謂白話本身能為美文此語在邏輯為可能但處今日文化運動之下北的決不能達此義稍迂請申言之凡人類之心思以何種方式施於文字使人見之而生美感大是宇宙間之秘事能得其秘斯為文家古今中外之大文家不多足証此秘之未盡宣洩又人類為富於模倣性之動物而語言文字尤集此性所寄之大成從古文豪絕不由胎息之功而成名者乃至罕以文本天成得之至艱而理復夥頤發揮難盡前人既有獨得後人自審無出於右其揣摩乃不期然而然由是而公美成由是而文學有史此普通論文之理也至白話文學則與此異趣吾國語文自始即不一致以字為單音入耳難辨凡于義無取徒便耳治之駢枝字語言中為獨多以此駢枝字盡入于文律之文章義法殊無愜心貴當之道古來除語錄小說及詞曲之一部外無以白話為文者此也今以白話為文因古之人無行之者胎息揣摩舉

無所施其事蓋出于創天下事之創者惟天才能之豈能望之人人故白話文愚謂惟限于二種人為之一全然不解文事一文事至高者而已中材如愚直是無能為役二十年前吾友林少泉好談此道愚曾試為而不肖十年前復為之（愚有論哲學者之白話文見東方雜誌）仍不肖五年前又為之（題為邦聯為藍志先作）更不肖愚自是閣筆蓋作白話而欲其美其事之難難如登天敢斷言也夫美物所必具之通德在以情相接反覆之而不倦西施與嫫母之別無他亦願常見與不願見而已惟文亦然凡長言咏嘆手舞足蹈令人百讀而不厭者始為美文今之白話文差足為記米鹽之代耳勉閱至盡雅不欲再漠然無感美從何來若其麗諳文史持筆本有可觀偶爾驅使話言令為篇章移文就語或亦勉能入目而非所論今之不嫻文義從白話中求白話者也適之謂本身有美此美其所美非吾之所謂美天下睜開眼睛果是誰之天下共見共聞又誰與共適之自為小天地愚又何言惟若文學固有周咸徧之性在則本篇所陳或亦未盡為天下所

五

槧也已。

適之曰。白話運動。非用意氣所能打倒。以愚所知。意氣之說。已爲適之一派用盡。更無餘瀝。沾溉於人。七年前。愚與適之同人北大爲教授。卽爲言嘗試白話之未可。愚雖自始非之。而未或用力止之。偶爾爲文。如評新文化之類。亦發愚一人之意態。選題製詞。與他篇等而已。未若爲、白、話、者、之、有、所、謂、運、動、也。卽在今日略有職司。亦未計以何氣力與適之爲敵。適之引愚投贈之白話詞。事雖近詼。心乃甚平。意氣云、云。乃適、之、自、造、蛇、影、之、談。實不、値、也。然文。章。大。業。非白話之力所勝。邪許之夫。妄扛大鼎。絕臏斷脰。理有固然。今天下對白話文之感想。果復何如。強弩之末。勢不能穿魯縞。適之應非全無覺念。故這個運動之倒。乃這個運動自倒之。於他人無與也。輙凡本身無自立之値者。萬事萬物。終於一倒。又不獨這個運動爲如是也。凡愚排論。莫不與天下以共見。其使氣果至何度。請天下人評之。評言之來。並皆雖受。惟適之尸祝一部分人之詬罵。起愚使跑。悻然之態。情見乎詞。此誠、未、免、有、逢、之、心。而、視、儳、來、之、勢、位、過、重。章、士、釗、雖、不、才。亦寧、假、此、爲、鼠、之、嚇、者、流、哉。適之、視、愚。假其、今、日、去、職。明日、卽、將、俯、首、帖、耳。開口、不、得、者、哉。適之謂愚有意使不爲白話文。此亦未然。適之以倡白話文爲職志者也。君子愛人以德。豈願其中途易節。惟適之者。有權自了其一生。而無權阻人討論。一因文化之公共事業。愚以謂白話文者。固非不可爲也。特以適之之道爲之。則猶航於斷港絕潢而不可通者也。適之已矣。今之紛紛藉藉。迴環于斷港絕潢。而不得出者。蓋念民日之瘠可痛。包胥之志未忘。子能亡之者。未見不能興之。夫天運未可知。而人力期于必盡。愚與適之共拭目以觀其後焉可已。至通伯歸國未久。無多表見。沈溺未若適之之深。愚忝與爲友。愛其文才。而病其隨俗。感想又是一番。不能、與、適、之、倂、爲、一、談、也。

新舊

孤桐

新舊問題。近忽有人提起。復古復古之聲。囂然盈耳。倘若愚濫居今職。故遏新趨也者。噫、僭已。權位者。一日之事。而立論者。爲人之道。自有新文化運動以來。區區之意。無所變更。今日所見思想橫決。文筆蕪濫諸微。數年前即已頻頻忠告。曲突徙薪。其功不顯。圖窮匕見。坐視何能。恐蹈無意。藉政力以行、其私。亦安可。因作吏而忘其素。偶見坊間新文選楷本。錄愚民國八年在上海寰球學生會演稿一首。題曰新時代之青年。此篇頗多。未免迷誤讀者。以其、說、在、今、日、猶、有、可、存。且足、輔、愚、一、時、筆、舌、之、所、不、及：略加增削。標以今題。當時以演講見約。乃幹事朱君少屏。聽者數百人。終席未見譁笑。少屏以爲難得。事逾七年。社會觀感。視前何若。請於此論重出後說之。

新時代一語。往往易生誤解。以爲新之云者。宜是嶄新時期。與往古絕不相謀。諸君試閉目沉思。假定一新。時。代。者。突然。而起。一切。文。字。制。度。都非。前。有。則其。社會。人物。成何。景象。刻骨。言。之。謂非。回復。上古。原人。之狀。況。得。乎。夫以上古原人與今世文明相較。群制文野繁簡之程度。芬若霄淵。南北極之不相接。而一言以蔽之。不過。一。無。歷。史、與。有。歷。史。之。別。而。已。故歷。史。者。在人。類。社。會。諸。可。寶。貴。之。物。之。中。最爲。寶。貴。今人競言教育。不知教育所以必要。旨在以前輩之所發明經驗。傳之後人。使後人。可以。較少之。心力。博得。較。大。之。成。效。不至。更。如前。輩。走。卻。許。多。迂。道。費。卻。許。多。日。力。慘。淡。經。營。纔。得。築。成。僅。可。流。傳。之。基。礎。而。已。閱報、見博士杜威在北京教育部演講歷史教育之不可少。因人有生必有死。人死而學問經驗與之俱死。後代之人。復從而學問之。經驗之。豈非文化永無進步之日。故教育云者。即將此種學問經驗。往下傳遞之謂云云。其言殊有至理。以知。新。時。代。云。者。決非。無。中。生。有。天。外。飛。來。之。物。而。爲。世。世。相。承。連。綿。不。斷。決然。無。疑。既曰世世相承。連綿不斷。是歷。史。爲。活。動。的。整。片。的。如電。影。然。動。動。相。續。演。成。一。齣。整。劇。於。斯。指。定。一。點。曰、此某。時。代。也。此某。時。代。與。某。時。代。之。所。由。分。也。是皆。權。宜。之。詞。在邏。輯。未見。精。當。自古朝代變換。每有一定時日可指。如中華民國第一任臨時

七

大總統民國元年十月十日就職。則以民國元年十月十日。爲滿清與民國遞嬗之時。自屬無訛。然此純爲形式之事。至言時代精神。則決無如此斬明之界線可分。如史家恆分史期爲上古中古近代。究竟上古與中古之分。中古與近代之分。在何年何月何日何時何分何秒。殆無人可以言之。今縱曰此無取甚子尺極之義。追晰至於分秒。而分在何年。並非絕對不可能之事。則假定某年爲上古史中古史之分點。果有人能證實某年以上。社會中絕不含有中古史所載之習性。某年以下。又絕不發生上古史所紀之事件乎。如其不能。則時代之分。無頓挫不破之理。可爲依據。宇宙最後之眞理。乃一動字。自希臘諸賢以至今之柏格森。多所發明。柏格森尤爲當世大家。惜吾國無人能傳其說。（按其時張君東蓀所著錄然創化見之）總之。時代相續。狀如犬牙。不爲櫛比。兩時代相距。其中心如兩石投水。成連錢波。非同任作。兩圓邊線。各不相觸。故知新時代之所謂新。亦猶前言一種權宜之詞耳。非有悠久固定之實者也。友人胡君適之、借爲白話。反對古典文學。在相當範圍以內。其說無可駁者。惟其所標主義。有曰、說話須說現在的話。不可說古人的話。聽者切不可以辭害意。若以辭害意。則須知不說古人的話。現在即無話可說。今試考字書。何字不有幾千年或幾百年之歷史。文字者、祖若宗貽留我輩之寶藏也。我輩失此寶藏。學問知識。一無憑藉。行見窮無立錐。故古人用文字以達其意思。吾輩之意思。有與古人同者。或古人之意思。有先我而得者。爲立言便利及節省心思起見。正須說古人的話。求其共喻。故以愚見觀之。不說古人的話。決不成爲新文學之規律。二十年前。英人李提摩太。著泰西新史攬要。文中喜用中國詞章家語。如寫時晴。必曰淑氣催黃鳥晴光轉綠蘋之候。此固無謂之至。然如談何容易。乃前漢人言。今人哆口。輒及此語。人人了悟。而亦自然。諸君亦尙憶及此語之發生。距引用時已在二千年以外否耶。然則說古人的話。亦視如何說法已耳。文字如是。群俗亦然。新時代既非截然爲一時代矣。則在此時代中之青年。欲別於前一時代之人。自號日新期與前一時代之人物截然不同此焉可得夫無論何時代之人宜講求最適合於該時代之政治學問以求自立若冠此最適合者以新之名斯亦可耳然決非與舊者析斷分界鴻溝確立之謂也蓋宇宙之進步如兩圓合體逐漸分離乃移行的而非超越的既曰移行則今日古新而一分蛻舊而亦祇一分蛻至若干年之久從其後而觀之則最後之新社會與最初者相衡或蔑然為二物而當其年古年蛻之時固仍是新舊雜糅也此之謂調和調和者社會進化至精之義也社會無日不在進化之中即社會之利益希望情感嗜好無日不在調和之中今日論壇有兩名詞曰改造曰解放此日本之思潮影響近被於吾國日本作者如福田德三吉野作造之流於此類主義多所稗販上海最近所出雜誌至有以自由解放等字標名者愚以謂改造者就一物而重經營之也其物之本質如何首宜致問若是朽木之不可雕糞土之牆不可圬即改造亦有何用解放者就人而去其所束縛也所施之成績良否當然視受

者之程度為衡林肯之釋黑奴最為解放好例然美洲黑奴之所為究何所開於世界由此以談改造也解放也俱不可不以舊有者為之基址則此種名詞悉可納諸調和之中新舊質劑之結果因別製成一物斯曰改造新舊不相容舊者因為新者擯出餘地者干聽其迴旋已身不在所擯餘地之內更加控縱斯曰解放調和時義之大有如此者愚為此言決非助守舊者張目特以翻手為舊覆手為新在邏輯上為不可能且舊之云者又確非悉可屏棄之物近人於國學不加研究因之中國舊道德之為何物雖昌言斥排而實一無所知者殊不乏人往往吾國早有是說絕不留意而於西洋相類之學詭知一二崇若聖神聞留英學生某君一日於倫敦肆中求得一幀詢知價為十二先令即諭店夥以更佳者見示店夥察其執褲也以原物改碼為一幾尼示之某欣然付價而去以此事例之中西文化之比較吾國所固有者恒不幸處於十二先令之地位為青年所拋棄殊可嘆也十八年前愚排極端之革命論並主廢學以

九

救國。其後避難東京。觀念漸易。廢學救國。竟一變而為苦學救國。因與革命老友割席。馳赴英倫。章太炎黃克強諸先生。俱甚恨惡。惡不之顧也。民國八年間之所經歷。足證吾逐漸變化之理想。不大謬者。其例甚夥。故吾之新舊調和論。即或字之為守舊論。亦由證例歸納所得。與先天假設之說。大大不同。往者張翰思蓴。棄官歸里。夫蓴羹乃平生習食之品。何久久不思。而一旦思之。此其故。思決非一朝一夕之故。亦決非但夫野老之所能為。故蓴之為物。等耳。季鷹歸時。所嗜之味。與去時必且大異。者此有經驗與無經驗。有比較與無比較之分而已。今者歐戰已終。世局大變。承空前大戰爭之後。必有空前大改革發生。於是人人有迎新之機。家家有應變之想。吾國青年之受茲影響亦綦鉅。雖然。歐洲之戰爭。科學之戰爭也。物質之戰爭也。經濟之戰爭也。經此結果。此三方面之有特殊變化。亦何待言。然各國凋殘已甚。必先言恢復。然後可言改進。則其變化。或上或下。忽進忽退。其中必且參差而有不能逕前直遂者存。且其社會

風紀敗壞太甚。人自巴黎歸。稱其男子好賭而不事事。女人淫侈奢靡之習。迥逾時昔所聞。即此一例。其他可想。總之歐洲之所應為。一面開新。必當一面復舊。物質開新之局。或急於復舊。而道德復舊之要。必甚於開新。甚在吾國。亦如是觀。如前清政治。號稱腐敗。不腐敗亦不至召革命。然今日政治腐敗之度。遠甚前清。此其故何也。其所迎者新之僞。而舊之真者。則已破壞無餘也。前清官僚。雖不作事。而尚知恥。不敢大貪贓。與今之官僚。妄為而不知恥。貪贓無厭。賊款動數百萬者。適得其反。觀此以知新機不可濫。舊德亦不可忘。挹彼注此。遂漸改善。新舊相銜。斯成調和。凡物號稱調和。自以適宜於當時情況為旨。並不必下一最後之論斷。討論道德問題。易及於無上絕對之一境。此時非談玄學。將不落論。惟恐敢言道德。不必為最終之真理已耳。故道德有宜於古者。有宜於今者。吾人固不可以其僅宜於古。因執成見。亦斷為必宜於今。亦不可以其稍違於今。遂并其所含宜於古今之通性而亦拋諸淨盡。夫道德有宜於西洋

者、有宜於吾國者、吾人固不可以其宜於西也、因深閉固拒、以為必不宜於東、亦不可以其西方文化所宗因持演繹歸括之論、以為必可行於東方、無所於滯。夫文化者、原無通性、無往不受時地人之制限、以成其色彩。吾人亦因酌調和之可耳。豈言至此、其非如一般舊者流謂舊者悉宜、不當改易、想為諸君所能諒。如吾國聖賢教人、教以如何能成為天地間之一人、而不教以如何能成為社會中之一分子、此大病也。充彼之說、彷若備天地間之人、但各各有其獨立之地位、毋須與他人有何連貫者然。及其由誠意正心修身及於齊家治國平天下、而又視家與國與天下為與我對待之各體、所謂家與國與天下者、自身果不必有何意識、我者不能將誠意正心修身各級功夫修養深醇、別有道焉、齊之治之平之、則家與國與天下者、即未見有何自齊自治自平之能性。故中國人之思想、勸欲為聖賢、為王者、為天吏、作君作師、不肯自降其身、儕求為社會中之一分子、盡我一分子之義務、與其餘等量齊觀之、羣合為同心戮力之謀、以其齊其家、其治其國、其平其天下。故吾國賢者、每標獨善、而不言公善、（二）……（三）此其流弊、一則將公民應有之權利、汶悠易啟人借竊專制之心、一則立境過高、灰人進取向上之念。前者彰明較著、無取說明。後者其理亦至明顯。蓋吾國學者立教、勸以聖賢期人、而又標出聖賢為人生最難到之一境、既曰庸德之行、庸言之謹、夫婦可以與知與能矣、而旋曰中庸不可能、是直以不可到之境期諸人人也。夫以不可到之境期諸人人、如方士之求神山、虛無縹緲、可望而不可即。人至此而不灰心短氣者幾何。人至灰心短氣、其行動恒易趨於正相反之一面。以為求為聖賢、既不可得、何必自苦乃爾。又以為聖賢小德且有出入、何況吾儕、自律之心一懈、放僻邪侈、因無所不為矣。故中國道德之墮落、由於取法乎上而不可得、悻悻而降、下一落千丈者、比比然也。孟子曰、五百年必有王者興、其間必有名世者。夫至五百年之久、始有一所謂王者與名世生、則五百年間之厄運、蹐誰收拾。此乃視社會如一玩物、收庋拂拭、純補傳人如前後兩賞鑒家相距有五百年之久則在此五百年間彼玩物者惟有聽其塵封蠹蝕而已換言之此乃將社會看成一毫無機能之品質如天地閉賢人隱無焉子所期二類人物者出則社會一切政治學問道德之事內將沉閟潰爛無一毫天演性之自存故孟子又曰待文王而後興者凡民也若夫豪傑之士雖無文王猶興茲所謂豪傑之士殆亦名世之碩非數百年不見者耳斯天下若凡民斯天下若待文王而興而所謂文王必間數百年而始一至試問人而進化國際競爭直有一日千里之勢由今觀之有族國弱種能閉關獨治若干年而不為埃及波蘭之續者中無有也則又何能將社會擱滯至幾何年之久而待王者名世其人之來乎孟子生於周末嘗於天下之生一治一亂相距慨數百年故以所待史材歸納而為是論論在當時瀾有其值黃梨洲之明夷待訪錄尚據胡翰之言稱之惟於今日為無取耳今日國家之存亡其機乃操之社會全體而國政之出於何途社會道德之養成何象純由社會自決從前人存政舉人亡政息諸說理固有之而今時之科律則非社會者羣稱也凡一團體其分子整齊以分子共同之力發為團體之力者其社會良良且久反之分子不整齊賴少數人或一二人之制馭發為團體之力者其社會不良良亦不久以此知團體之要素在分子整齊而為分子者之義務不在奢望為少數之制馭者而在為多數之整齊者多數旣已整齊則於此多數之中推極少數者以為之尸彼其社會表裏華實之業自然蒞理觀夫北美新造之邦比之世界各國分子之整齊稱最故其國不出梟雄不出大政治家亦並不出大學者全羣之智識學業趨於平等法律旣良機遇相似平流而進頗是雍容華貴之觀今之威爾遜稱為世界最大偉人而純為機勢所造成從彼在本國之立腳點觀之亦整齊社會之一整齊者隨流應運而出為之代表已耳有何奇也綜點本說要旨兩言決之一曰新舊調和一曰社會自決蓋凡物必厲於己方為可貴三家村婦馳人五都之市耳目所接金碧輝煌然究何補於該婦

耶。以今世文明。科學箝進。吾國閉陋。當然裒多益寡。以求自存。然固。有。之。道。德。學。問。可資。爲。本。原。者。不知。所。以。保。存。而。疏。尊。之。是。忘。本。也。更進一層。凡物。必。以。己。力。得。之。方可。爲。貴。如舟行遇順。揚帆千里。或生長巨室。居移氣。養移體。此皆偶然之事。與己無關。以政治言。或開明新主。與宗國明主。以良法施於一國。縱其民所享福利。甚爲圓滿。而政家評價。則終謂下於國民奮圖所得者無算。吾國雖曰共和。實質究爲何物。至其推究。此其。循。名。責。實。之。任。當由。何。人。及由。何。法。始。克。當。之。吾人。不。能。不。有。此、覺。念。也。總之、一、國、之、文、化。能保、其、所、固、有。一國、之、良、政、治。爲國、民、力、爭、經、營、而、來。斯其、國、有、第、一、等、存、立、之、價、値。此種責任。即在青年諸君。鄙人不學。所欲發揮之義。百不繫一。若因此稍益諸君之意興。明於本末輕重之勢。爲國前途。揚其國光。而增其國力。則此區區一夕話。諸君賜以可供紀念之券。終身不能忘。

國民失業問題緒論

金體乾

褒撰國民失業問題一文。僅其梗概。餘義甚宏。孤桐先生日茲問題有關國本。屬望余與國人細論。不辭孤陋。請得縷陳。

中國國民失業問題。前篇縷舉四端。事實切近。理至灼然。期習國情者所共喻。然四者之外。尚有根本原因。原因維何。國民、因、衆、多、而、失、業、是、已。鈎稽國民衆多與失業之關係。爲業至難。一、中國人口統計。夙鮮確數。官私紀載。往往徑庭。二、中國職業統計。向無成書。間有紀述。僅限一業。以是之故。本文論列各端。或僅指其大凡。或取資於旁證。雖不必精確。而要無紕繆。僅是則事實使然。雖有智者。莫由強致已。

中國人口總數。究有幾何。自古代以迄今茲。嘗有人能言之。遠者姑勿論。近三十年間。有關中國人口問題之調查。數見不鮮。頗取而互勘。人各爲說。家各爲書。莫衷適從。日人津村秀松於所著國民經濟學原論人口章。紀述一九一三年中國人口總數爲四三三、五五三、峇三峇。而據民國六年海關貿易册之調查。東三省、直隸、四川、湖北、湖南、江西、安徽、江蘇、浙江、

一五

居建、廣東、廣西、雲南、山西、陝西、甘肅、河南、貴州、各省人口總數。爲四八二、六零五、零零零。據清宣統三年民政部所發表新疆、西藏、蒙古、青海、各地人口總數。爲五、八零零零零零。核較總數。爲四八九、四零五、零零零。如此兩數相距。歲月不足七年。懸殊之程。逾五千萬人而強。繼使比附馬爾薩斯幾何級數增長之例。亦莫由諸傳其說。其他所載。莫不同然。名爲調查。而義同估計。可勿深論。惟前列二數。年代匪遙。所著册籍。人許翔實。以理度之。既皆依據。今以二數所紀。衡之列邦本部。中國民衆。列居首選。不論誰何。莫不慨承。斷詳。致。審。度。不得。日。爲。確。當。何也。中國土地面積。爲說甚殊。特勿深議。津村秀松所紀。爲四、二七七、一七零方哩。茲本其說。而以氏之人口總數計之。每一方哩。一零一人而強。衡以戰前之日本、英國、丹麥、德國、荷蘭、比利時、法蘭西、瑞士、葡萄牙、伊大利、與大利、匈牙利、希臘、保加利亞、塞爾維亞、羅馬尼亞、薩爾法特、諸國本部面積與人口之密度。依氏之計算。加以比較。中國列於十八。不得謂爲衆多。更以中國二十二省言。恰當列邦本部。據氏之紀載。面積爲一、八九六、零三零方哩。人口總數爲四二三、二五三、零三零。一方哩中。人口密度。爲二二三人。衡之戰前日本、英國、德國、荷蘭、比利時、瑞士、伊大利、奧大利、諸國。依氏之紀載。加以比較。中國列於第九。亦不得謂爲衆多。故人。民。衆。多。之。說。決非。確。論，可以。斷。言。惟依據世界人口統計。不計幅員。不若人口密度。僅取列邦人口總數。一一較量。誠如津村秀松所言。今日世界各國人口額之最大者。首推中國。俄、美、德、日本、次之。然綜合各國領地。聯合通計。英居世界人口總額四分之一。堪與中國匹敵。爲人口最多之國也。

夫人口爲國家要素之一。人口衆多。則產業繁殖。產業繁殖。則財用饒裕。爲經濟學者之恒言。人口衆多則軍備雄厚。軍備雄厚。則國基充實。亦政治家所是認。昔年法國人口。增加遲緩。乘國鈞者。恒以爲憂。議訂法律。獎勵生息。組織團體。制止減少。以期人民之孳乳。國運之昌隆。適其反。德人生齒蕃茂。駸於法國。增加之率。恰當二倍有奇。德人皆引爲慶幸。人民。衆多之。有。繁。於。國。家。如是。其。重。斯爲。明。徵。中國廣土衆民。他國莫及。足兵足食。宜其赫然。而証之事實。適得其反。推原其故。可得而言。中國。人。民。雖。衆。而職。業。殊。簡。職業。不。昌。故無。業。者。夥。於。得。業。而得。業。者。易。於。失。業。自有時以來。殊人民爲士農工商四途。其餘諸業。不足計算。逮歐美棣通。企業漸盛。社會事業。歲有增加。分業遞繁。當然逾昔。然職、業、與、人、民、供、求、之、程。相距、猶、遠。閉關之時。更不必論。故失業人民。不論何時。不問何地。莫不隨在可見。今津村秀松所紀人口總額。爲四三三、五五三、〇三〇。依日本一九一二年人口調查比例。而加以計算。男子總數。應爲二一七、七五六、四一九人。女子總數。應爲二一五、七九六、六一一人。如此比例數字無訛。不得謂與中國適合。且中國重男輕女。習俗久沿。溺斃殤亡。爲數尤夥。故男女比例。必與日本有殊。顧無可依據。姑爲援引。至年齡等級。各國通例。十五歲以下者。約百分三十。十五歲至四十五歲。約百分四十五。四十五歲至六十五歲。約百分之十五。六十五歲

以上者。約百分之六。本此等級。中國男子由十五歲至四十五歲者。爲九七、九九〇、三八九人。四十五歲至六十五歲。爲三二、六六七、四六三人。綜計一三〇、六五七、八五二人。若而人者。居農工商以及其他諸業。究有幾何。試分別計之。中國。以。農。立。國。農人。爲。職。業。社。會。中。堅。第農人爲數何若。莫能言之。中國十八省。據日人依田雄甫撰中國分省地圖所紀。耕作田共七三八、三四二、九二八畝。益以東三省新疆四省。可得八萬萬畝。一夫治田十畝。計八千萬人。一夫十畝之說。言者或疑過少。然中國農事。悉賴人工。田之植穀。各有攸宜。其在熱稍之區。厚水耘草。驅蟲施肥。工作繁多。其熱非稍之地。純任自然。施工略簡。平均二者、工、作。一夫、十、畝。猶、庶、其、多。不、患、其、少、也。農業之外。次推工商。工商、業、之、盾、聚。亦以、二、十、二、省、爲、繁、密。據農商部歷年局部統計觀之。各省工廠。以浙爲多。從事工業工人。以蘇爲多。餘如直隸、山東、江西、福建、廣東、新制工業。亦有可觀。而直隸、河南、山西、山東、湖南、礦業。是與上述諸省工

業相頡頏。以與手工工業者之合計。雖無由確指。然至、多、莫、逾、一、千、萬、人。中國、商、人。綜各、項、商、業、計、之。自較、工、人、為、多。據民國六年海關貿易冊商埠人口之統計。為九、百、餘、萬、人。居商埠者。不必盡為商人。而以三分二計。當得、六、百、萬、人。民國六年。內務部所須現各省行政區畫。凡一千七百餘縣。減去所列商埠。縣以萬人為率。約千、七、百、餘、萬、人。其他官吏、軍人、議員、教員等業。所占、最、大、限、度、五、百、萬、人、而、止。蒙古西藏人民。或事游牧。或為僧徒。以年齡等級計。其人、口、總、額。約占、五、百、五、十、萬、人。綜列前數。施以計算。無業、之、民。逾七、百、萬、人。若之所計。固非確實。而衡以國中情狀。不至完全相背。以全國人口計。居六十分之一。以全國男子計。居三十分之一。以十五歲上六十五歲下之年級人口計。居十九分之一。此其為數。寧不可驚。人民。雖。衆。而。無。業。者。如。是。其。多。國運。衰。頹。亦固。其。所。患貧。患。弱。決非。偶。然。近二十年間。各國人民。從事職業。日見增長。一九零一年統計。英國男子之居職業者。百人中六十四人。法國男子之居職業者。百人中六十八人。一九零零年統計。美國男子之居職業者。百人中亦十一人。一九零七年統計。德國男子之居職業者百人。中六十一八。法國最多。英次之。德美二國又次之。四國統計年度。已閱二十年左右。今日情狀必更較昔日有殊。然即以此例言之。法國居職業者。超過中國十五歲上六十五歲下之人數總額。英國居職業者與中國前之總數相當。果使人各有業。業各進展。中國亦足相亞。惟無。業。之。民。已成。巨。額。而國。中。職。業。卒窮。相。蹴。其不。相。若。蓋不。待。智。者。而。後。知。之。矣。中國古訓。夙重多男。且戒無子。孳乳之繁。遠逾列國。人口、衆、多。斯為、主、因。既有。人。口。必需。職。業。應生。產。與。消費。最、小、限、度。兩得。其。平、然中。國、職。業、為途、甚。窄。以言夫農。各省每方哩人口密度。相懸甚殊。人口密度較高之省。則田地不足。耕種農人。遂形剩餘。密度較低之省。土地餘於人口。農人反形不足。此無、業、原、因、一、也。以言夫工。舊時手工工業。固已不足競存。且受環境騷擾。尤甚朝不保夕。而各地機械工業。或慮海潰，或直於商埠要邑。附近人民，爭先恐後。求之不得。而所處窵遠。道途艱阻者。更難插足。且各地廠屋為數有限。而工作擁擠。莫不同然。工業不能進展。工人日形過剩。此無業、原、因、一、也。以言夫商。舊式商業。則以頻年喪亂。日見彫敝。應儲人員。日見減削。本習商者，已多失業。况非商者。尤難問徑。新式商業。技能較高。非不習可得。數額有限。非盡人可能。甲地如是。乙地亦然。志願習商。無商可習。此無、業、原、因、一、也。自餘官吏議員。社會事業。情狀莫不如是。雖軍隊擴張時。有其人招募。兵士成千盈萬。呼嗡即集，無業之衆，可見一斑。於是人口衆多之結果。使國中支離憔悴。各業莫不見人滿之患。而排擠傾軋之風。波瀾壯闊。靡於一時。不知其所底止。無職業者。皇皇求業。有職業者不得安業。國中遂無寧謐之象。易詞言之。全國事業之需要。遠差於全國人口之供給。故隨在見其衆多。隨在可見。無業。嗚呼。此豈細故者哉。

至於中國女子。依前所述。為數亦鉅。數千年來。雖有男耕女織之訓。亦有夫婦共傢之俗。然要、其、工、作、概為、附、業。而非、主、業。多消費而寡生產。耗散國力。至為顯然。近三十年間。歐美列國女子。出任勞動。從事頗產興業者。日見增加。據一九零一年統計。女子百人居職業者。英國二十四人。法國三十四人。一九零七年統計。女子百人。居職業者。德國三十人。歐洲大戰以還。女子從事職業。尤大形擴張。浸浸乎將與男子爭衡。吾國女子近狀何似。不可得知。雖各地女子之從事職業。漸見萌芽。然為數甚微。殆可意計。而居家坐食之儔。厥數當逾萬萬。所關匪細。故附述之。

通訊

一七

立法與監政

……近讀大誌。空谷足音。快慰奚如。渾年來在湘。一無建白。而學殖荒廢。尤深愧恧。今年春間。電邀舊友武進汪君叔賢來湘。案牘餘暇。輒與縱談時政。每至達旦不限。叔賢素主聯邦。所見多與輝同。因議合擬聯省憲法草案。以與國人商榷。即由叔賢屬筆。而以兩人共同發表全案。凡十四章一百二十條。現已交泰東書局付印。出版當即就正左右。其中關于議會一章。頗與叔賢多所討論。蓋議會本爲立法機關。然我國議會。歷十四年。凡民刑商及其他重要諸法案。迄今無一成者。而議員諸公。終日營營逐逐。無非翻覆波瀾。鼓動政潮已耳。又如湖南省憲。本採議會政治。而省議會自當選迄今。任期已滿。以言立法。則除省政府組織法案外。其餘多未着手。然數年來奔走駭汗。幾于無日不在酒食徵逐之中。穢德彰聞。無可爲諱。推原其故。蓋由議會兼有兩種互相衝突之職務。即立法與監政二者是也。夫立法之性質多屬專門。而監政則常識。每優爲之。立法之效。期諸久遠。而監政之效多居一時。立法爲學者所有事。貴于頭腦冷靜。監政則政家所有事。貴於手腕敏活。且議會政治之運用。舍政黨不能行。議員不隸于甲。即隸于乙。一言一動。均帶黨派之色彩。故對於一切議案。均以黨派定從違。而不能由理性決去取。若立法則貴超然。貴公正。萬不宜囿于一黨一系之偏。以一人而兼此兩相矛盾之大任。其不顧彼失此。一無所成者。幾希矣。輝等有見及此。因採分職主義。別議會爲二。曰立法院。專司立法。曰監政院。專司監政。立法院議員。由國內公法團選舉國內專門人材充之。以期勝任愉快。監政院議員。則由各地人口比例選舉優秀人材充之。以期副于全民政治之精神。此其大較也。惟茲事體大。關聯亦至多。且立法監政二者。亦有相互聯鎖。非可截然分開者。其運諠至爲複雜。自非此短篇所能詳盡。因讀大誌代議非易案諸篇。偶有所觸。特爲提出。惟高明有以教之。……李靜輝

長沙省公署 八月廿二日

鳳亭論政。向稱明銳。本篇所示。尤爲懲時必有之談。部見已具答叔賢篇中。不贅。　　孤桐

白話不通

……豪自春間赴星洲。近月回國。得閱週刊。大慰渴望。對于先生所謚爲不祥文字。尤環誦三四。感喟同深。羣衆所趨。即潮流所赴。順之者生。逆之者死。特立獨行。不顧人之是非。不貪生。不怕死。不計毀譽利害。本我良知。白白好惡。當今之世。中國之大。蓋先生一人而已矣。白我表現。精神磅礴。字裏行間。隱約見之。不惟今四維論有然。亦不單於梅伶致惘也。周刊編製。與前誌殆同。惟時評一欄所載。似於名不副。改仍舊貫。較爲妥貼。逐評標題。亦醒眉目。此外或另闢國聞。或政聞紀要一欄。容納原有時評欄文字。更覺兼收並蓄。相得益彰。不審尊意以爲然否。至言之必文。辭貴爾雅。文壇祭酒。靈光巋然。視一般媚世趨時書生。奚啻明月爝火。惟白話爲文。較便初學。且利於用。倡之者雖不免矯枉過正。要自有其用意所存。先生字曰不通。指爲惡濫。蓋眼睹末流。心驚荒落。期在障挽。大聲疾呼。寧知彼爲白話張目者。方將回聲相報。還諸吾人。文言是死的文字之言。豪往聞而疑之。今之白話不通。可疑殆與相等。豪意。文之通不通。死不死。存乎其人。見乎其所以爲文。初無與乎爲文言。爲白話也。深懼天下頑固鄙陋一孔之儒。拒絕新潮。幷擯白話。求所以戰勝攻守之具而不得。聞先生之言。將驚喜欲狂。據之以爲文化梗也。久不承先生誨益。不避鹵莽。爲此狂言。幸辱教責。不勝企盼。……

陳小豪（汕頭民聲報八月廿五日）

損書推挹。氣爲之壯。久不得小豪消息。詬之尤慰渴思。本刊文字。以愚忝列司存。可得迴旋之地甚狹。時評尤叢謗議。見之不滿。蓋不獨小豪一人。補救之道。當徐徐爲之。至今式乃取法英美名周刊之通行體裁。形近神亡。至爲愧恧。白話文之批評。意旨甚繁。斷章取義。不易有當。所謂不通。亦指今之爲白話文者之過于輕易耳。固非曰本質之不可通也。蓋凡以意思被之篇章。無論其體何似。而

欲其慊心貴當。必有一番簡練揣摩工夫。而工。夫。所。在。又在命。意。遣。辭。善於。變。易。此不。略。明。文。章。體。態。胸藏足供。驅遣者。如何。可。能。今之。人。也。以爲。出。口。成。話。落筆。爲。文。一式。既。成。不能。變。換。枯澀。冗。濫。無可。如。何。村嫗。市。兒。之。氣。逐字。流。溢。此無。他。亦從。白。話。中。求。白。話。文。而。有。此。弊。耳。小豪如謂不通二字。形容過當。儘可易之。鄙意固如上云云也。或謂文言亦有不通者。此何待言。

孤桐

導之以學

……甲寅復刊。獲誦宏文。至理名言。欽服爲已。竊謂今日學子之大患。不在於舉止之囂張。言論之乖謬。而實在於學殖之荒落。彼其廁足校序。遊心城闕。縱執經以從事。終隱几而喪吾。夫博奕小道。亦而有待於專心。尊賢賤師也。而有焉於恆德。今之學子。挾朋升堂。隨班畢業。飢無爲志之功。遂至放心而作。狂者叫囂隳突。不可復嚮。黠者放僻邪侈。無所不爲。正本澄源。似在導之以學而已。執事弁冕彝倫。裁成多士。不審將何以處之也。女師大及東大學潮起後。屢有所論。刊載本報。諒邀清督。恕不檢本。……朱心木

乙丑七夕 上海新申報館

學術救國之說。邇年時或聞之。今之。導。靑。年。以。不。學。束縛馳驟。使爲己用。如狙之豢。如獒之嗾者。即是。倡爲此說之人。天下事。寧復可道。脅論云云。真老子所謂常善救人者矣。

孤桐

學問

……大誌再出。士林騰歡。國中不聞正論久矣。今者霹靂一聲。又見天日。魑魅遁形。可計日待。中愚駮無知。忽欲有言。請得陳之。就正有道。學問之道。貴內攻。而不可外騖者也。學佛而繫懷榮華。無與於涅槃。苟學而縈念得失。未聞乎大道。比年以來。國之髦士。競尚歐化。號召徒黨。馳騁寰中。然而立意不誠。志在竊譽。或則剿襲陳言。自矜創見。或則稗販異說。衒誇通博。惟新是務。炫惑庸愚。其實勞形僻離。耗神名利。几席未得暖。心緒未得寧。彼之於學。初未殫精力探。

儲有所得。而天下之名已歸之矣。青年學子。見成名之易也。於是群相慕效。以埋首爲恥。以馳逐爲能。謀寧未見其影。而報章時載其文。人亦遂以奇才目之。日，此學蘊於中而能施諸事者也。烏乎。學之易爲也。閎如此乎。諸葛武侯之言曰、夫學欲靜也。才欲學也。非學無以廣才。非靜無以成學。夫孔孟程朱陸王之言見迂於世已久。良不足爲時士道。若武侯者。佐昭烈定三分業。抗曹伐魏。智謀卓越。功業炳彪。亦可謂能致其用者。非同窮廬下士。抱守殘缺。與世事不相謀者矣。乃有是言。不知、時、士、亦、有、所、聞、否、也。且既以學問爲欺世之具。而不必傾其力矣。乃得徜徉闤闠之中。徘徊游戲之場。男女言交。法既無禁。情意漸萌。必至縱欲。乃得從容下政。抗拒有位。不管黨徒。遂幾利用。鼓盪政潮。延長紛亂。此其繫於世道國運者。又何如也。疑時君子。當同痛心。果以何術。挽茲頹波。願問獨文。借以引玉。………張中（虎坊橋越中洞 八月二十五日）

作者愚素不濟。默計、乃、一、年、少、書、生。文思、初、發。志趣、淵、高、心、傷、文、與、志、切、暖、鳴、者、之、所、爲。愚故表而出之。以章美才而持風會。推士之大患。在責人重周而責己輕約。作者求挽頹波。宜自己持武侯之言。勿失始。先求自立。乃能立人。際此中流。宜任砥柱。誠閣切依之義。爲此忠告之言。

孤桐

字說

………大著字說並伍君暨余闢所論列。皆未能協乎文例。昔歸有光字熙甫。別號震川。故有震川別號記。先生本字行歲。孤桐其別號也。大著原文。完全標明所以署用孤桐之意。若外無本字。題爲字說可也。又不必如伍君易題云云。既別有本字。則說明署用孤桐之文。應取歸例。題爲孤桐別號說。如題下已署孤桐。或即題爲別號說可也。此類文字大抵近乎記敘之體。曰說曰記無甚軒輊。當可通用。要視其行文之量如何以爲定。至余闢所舉。又係爲人之作。擬題云云。似不可與己作並論。當別有說。聊陳所得。用備商榷。………公羊壽（南京四象橋南洋寓館 八月二十日）

愚昔爲獨立周報。公羊君付與上下其議論。附後

二一

卽不相聞。今得此柬。豈然足音。彌足欣喜。

孤桐雜記

范靜生之太夫人七十壽。同人以贈言之事屬之愚。謭無可辭。顧文義至鄙淺。所事繁。筆凡三四閣始勉成。彙、入於雜記。存其、事。非存、其、文、也。

民國元年。吾友范君靜生長教育。以北京大學校長徵釗共事。說未就而合發。時釗。年。三。十。一。剛自。歐。洲。未。畢。所。業。而。歸。於。學。一。無。可。信。而。大。校。老。師。宿。儒。如。姚。叔。節。林。琴。南。諸。先。生。三。十。餘。輩。外。國。教。師。亦。且。數。人。釗。左。足。出。校。門。爲。中。材。生。右。足。且。跨。大。學。爲。之。長。賫。甑。沮。無。以。自。奮。因由滬走京師。面靜生詳道其故。且堅辭焉。靜生不許。一夕扶病敦勸。逾時而釗不顧。事懸數月。卒以項城一言。釗得所職。今越十四年。釗猥、與、時、會。所、職、適、如、靜、生、靜生、適、長、一、校。與北、大、等。其、辭、不、肯、就。復如、釗、曩、時、所、爲。釗推、之、挽、之。差擬、靜、生、勸、釗。而靜、生、迴、環、其、詞。終躡、釗、迹。事若、往、復、相、報、者、然。雖然。靜生。行。已。介乎。夷。惠。之。間。者。也。凡所。事。事。類行。乎。其。所。不。得。不。行。止乎。其。所。不。得。不。止。遍年校事之不可理。與初元時之情形迥異。靜生之止。自與釗之阻於年少不學者未同。細察靜生負性之和而毅如此。料其禀賦必有獨異於恆人者。果也。湘陰范氏。自蘭江先生在道光中。以名儒爲宰官。蓄德至厚。先德彥瑜先生。食貧勵學。齎志以終。太夫人上事衰姑。下撫靜生旭東兄弟。內政井井。教子尤劬。而其。宏。通。有。經。世。志。迥。非。尋。常。女。流。之。匹。丁酉戊戌間。義寧陳公寶箴、元和江公標、鳳凰熊公希齡、新會梁公啟超、官紳合力。剏立新政。太夫人立命靜生相從入時務學堂爲高材生。頃之政變。太夫人色無沮。又立命靜生兄弟東游以竟其學。其後。靜。生。蜚。

聲、士。林。有徒。數、千、周歷、吏教、諸、省、魁其曹侶天下。無。識。不。識。莫。不。脩。范。先。生。以。其。中。庸。爲。不。可。能。旭東舉成爲商。以精隨名於時。其業恆。其志貞。凡與相接。無不敬服。凡此。皆。太。夫。人。心。力。之。所。表。著。也。今夏七月十四日。爲太夫人七十壽同人例隨賢昆仲之後。登堂而拜。舉觥而祝。以釗、與、范、孟、博、交、久。稱其、母、德、差、備。責言于釗。釗僭而爲之序。並著釗與靜生行迹之大者於此。

本文既就。鄉人之往爲壽者。亦來責言。其無可辭同前。因匆匆更爲一首。所謂。長。言。之。不。已。者。也。凡。爲。靜。生。之。友。者。亦。驗。愚。言。之。當。否。也。可。

壽母大事也。而人每輕易行之。以致文家壽序一類。恆爲通人所詬病。獨吾鄉范君靜生。學有本原。退然自守。與當世役於名利競外遺內者。迥異其儔。有母七十。悱然思所以壽之。此其孺子之情。發於自然。而同人登堂以拜。執爵以從。歘同家人之親。禮隨大賢之後。儀容進止。一本性真。與尋常躋諂之迹近干謁。不免瑟縮。屈于勢位。勉往襄事者。

較然若澠池玉石之不可混。卽釗迫于事故。勢於文責。而爲靜生之母。有不以釗爲不肖。求續續發其旨趣。公之大廷者。略不辭卸。援筆立爲。雖固陋。之。自。忘。抑亦。至。情。之。內。蘊。也。吾鄉在往清咸同間。人才稱盛。功名事業。炳然一時。自靜生與愚稍識世故。其風已衰歇矣。至近。一。二。十。年。湘人。所。得。於。天。下。之。月。旦。與前。幾。得。其。反。差幸。有。少。數。人。支。柱。其。間。使人。終。不。能。忘。情。于。湘。士。而湘。士。亦。得。持。示。天。下。人。恍若。運。衰。而。才。終。未。盡。者。靜生。其。最。得。力。之。一。人。也。迹靜生行事。和同兩叶。理勢俱明。一時。雖。乏。奇。功。久之。亦。無。後。患。所謂。寧。靜。致。遠。庶幾。近。之。而靜生之具有斯德。則其母謝太夫人督而成之。是靜。生。之。母。實全。湘。之。大。母。也。此其。可。壽。更爲。特。至。釗故表而出之。以爲鄉人之往稱觴者導焉。他節之可紀者。已具於教育部所獻一首。不贅於此。

愚幼、時、好、讀、柳、子、厚、文。此癖、至、今、未、改。故行、文、引、用、

二三

河、東、成、句。恒不、自、覺。有紹興李君應韶。去歲造湖寓求見。稱讀愚文久。審其嗜於柳集。特有一事相煩。愚以所請遠於恒迹。大訝不止。李君爲述其家竹祖主堂君。晚年讀書於鄉之大林村老屋。屋有所謂敦叙堂。堂東偏書室三楹。扃閉已三十餘年。蓬蒿滿庭。鼪鼠之穴彌望。光緒癸卯春。李君以展墓寓於屋者兩月。忽從廊下書簏中。檢得柳文一冊。丹黃爛然。因悟工徹。首尾十冊。但其完好。審視圖印。則赫然。孫。月。峰。先。生。手。批。之。本。也。孫氏爲姚江望族。先生在晚明甚擅文壇。杭大宗稱其於書無所不窺。遺著滿家。而之者窮年累月而不能究。（[illegible]）而批評尤有重名。所批文選。早經日本有此集係萬曆年刻本。爲先生暮年致政歸里後所品之書。有關紹興文獻。不敢自私。擬影印以公諸世。幸先生爲序張之。傳先。哲。之。苦。心。重。勞。林。之。聲。價。寒。家。世。澤。亦。與。俱。存。所。感。幸。者。匪獨一。人。云。云。言時以原書見示。愚捧而觀之。點次細密。果如所言。中愚癖習。大喜過望。因請其文而留其書。約兩月成議。此兩月間。有暇輒取讀數首。見其批。語。刻。至。不少。假。借。審先。輩。論。文。持。律。之。嚴。爲之懍。然。大宗。觀。先。生。所。評。諸。書。且。自。承。一。性。謂。不。能。盡。寬。見。其。根。柢。一。愚。之。無。能。爲。役。又。焉。足。詳。頃。之。江。浙。事起。約滿而文未就。李君匆匆持書去。後乃不識主人何往。求再讀其書而不可得。所負諸責。亦無從償。憶及輒爲不懌久之。偶從紙堆見李君徵文原啟。乃記其事於此。

光宣詩壇點將錄

汪國垣

地僻星打虎將李忠　李希聖

亦元、詩、學、玉、溪。得其、神、髓。雁影、齋、集、初、刊、成。自、喜、以、爲、少、陵、不、能、過。有、謂、其、詩、似、義、山、者、心、輒、不、怡。其、自、負、如、此

地異星白面郎君鄭天壽　吳用威

棧齋。詩。風。神。搖。曳。不。減。張。緒。當。年。新。城。以。後。此。爲。嗣。音。至。其。風。骨。高。騫。情。韻。兼。美。並。世。諸。賢。亦。當。讓。首。

地魔星雲裏金剛宋萬　張謇

嗇菴。詩。氣。體。清。剛。微。傷。直。率。

地妖星摸着天杜遷　周家祿

彥升。詩。寄。託。深。微。情。韻。不。匱。

地短星出林龍鄒淵　周星譽

地角星獨角龍鄒閏　冒廣生

冒鶴、亭、爲、周、昀、叔、甥詩境。春容。大。雅。情。韻。並。茂。所謂。何。無。忌。酷。似。其。舅。也。周有濟堂剩稿。冒有小三吾亭集。鶴亭、近、詩、尤、勝。

地捷星花項虎龔旺　李葆恂

地速星中箭虎丁得孫　林紓

文石、畏、廬、藝、術、文、章。別有、可、傳、處。詩其、餘、事、也。文石。見。解。極。高。所作。亦。時。視。古。點。畏廬、壬、子、以、前。爲詩、極、少。有作、則、近、梅、村。壬子、以、後。漸近、蒼、秀。惟結。體。格。緩。殊欠。精。嚴。陳石。遺。所。以。有。排。比。鋪。張。之。論。也。

地惡星沒面目焦挺　朱盤銘

曼君。詩。澤。古。甚。深。不。苟。作。不。矜。材。自是。學。人。之。詩。有桂之華軒詩文集。

地醜星石將軍石勇　劉光第

裴村。比。部。詩。多。奇。氣。鎔。陶。綦。鍊。開。境。獨。行。五。言。意。境。尤。高。戊戌、六、君、子、中、晚、翠、軒、外、當以、比、部、詩、爲、最、工。讀介。白。堂。集。恍若。遊。名。山。大。川。矣。

守護中軍馬軍驍將二員

地佐星小溫侯呂方　梁鴻志

眾異。詩。植。骨。杜。韓。取。徑。臨。川。頗。得。介。甫。深。婉。不。迫。之。趣。入。關。以。後。詩。筆。縱。恣。風。骨。益。高。使。在。黃。門。當在。陳。洪。之。列。小。溫。侯。追。隨。宋。公。明。自。是。一。員。大。將。也。

地佑星賽仁貴郭盛　黃濬

秋岳。詩。工。甚。深。天。才。學。力。皆。能。相。輔。而。出。有。杜。韓。之。骨。幹。兼。蘇。黃。之。韻。詭。其。沈。著。隱。秀。之。作。一。時。名。

鑿、無以易之。近服膺散原。氣體益蒼秀矣。

守護中軍步軍驍將二員

地滿星毛頭星孔明　羅敦曧

地狂星獨火星孔亮　羅敦㬊

二羅皆一時健者。癭公。蒼秀。敷庵。精嚴。癭公。氣體駿快。得東坡之具體。敷庵意境。老澹。有后山之遺意。迹其成就。其在散原。亦猶蘇門之有晁張也。

四寨水軍頭領八員

按四寨水軍頭領。皆中堅人物。今以光宣南朝、詞家、屬之。

天壽星混江龍李俊　朱祖謀

古微、彊邨、沖澹。尤工、倚聲。所刊彊村詞。半塘老人。謂為六百年來。無得夢窗神髓者。也。晚際艱屯。憂時念亂。一託於詞。實能兼二窗。碧山。白石。諸家之勝。非一家。所可限矣。所刊、唐宋詞集。多人間未見、之本。

天平星船火兒張橫　王鵬運

半塘、幼霞、俱工、倚聲。半塘尤精、音律。與古微、唱和最多。精詣之作。不減彊村。

天損星浪裏白條張順　鄭文焯

叔問、雅善、倚聲。知名、當世、有比、竹餘、音、詞、集。彌近、清真。白石。不詩亦。神韻。遐邈。張、喆之遺也。

天劍星立地太歲阮小二　馮煦

夢華。中丞。詞。極。清麗。詩亦。淵永可味。嘗見其手書七言絕句。風神。秀逸。絕類新城。

天罪星短命二郎阮小五　文廷式

道希。芸閣。詞。橫厲。盤鬱。蘇辛之。遺。詩亦、風、骨、遒上。音節。抗。隊。所謂。變徵之音也。

天敗星活閻羅阮小七　況周儀

蕙風、記、誦、淹博。尤精、倚聲。流布、詞、集、筆、記。傳誦、一時。可謂。拚命。著。書者。矣。

地進星出洞蛟童威　王允晳

地退星翻江蜃童猛　潘博

碧棲詩詞皆清麗。秀逸。風致。嫣然。若海、樓、期、散、朗、弱庵。亦勝。詩稱其詞。

甲寅周刊第一卷第九號目錄

時評

據上海交涉員許沅電稱。七日下午二時。總工會及學生聯合會等。在西門公共體育場。開九七國恥紀念大會。四時半散會後。數百人執旗遊行。經法租界轉入公共租界。行抵河南路時。爲英捕所阻。遊衆鬨抗。磚石紛飛。捕發槍擊之工人重傷一人。輕傷一人。行路傷一人。西捕傷六人等語。英捕始終强硬。殊出意料之外。差幸傷人不多。又値上海電氣工人開始復業之際。虞君和德等。復極力斡旋。一波旣平。一波可期不起。惟民氣之爲物。用之再三。則瀕衰竭。此各國皆然。非中國獨居例外也。五卅以來。英人所受各方之抨擊。乃從來所未有。苟吾人慎其所出。保持此可發而不必發之民氣。盾乎政府之後。以舉國一致之號。貴其所衞瞥知之功。天下事大有可為也。而其。微。要。在。不。為。黔。之。驢。而。為。杞。諸。子。之。罪。持。民。氣。者。其無。忘。呆。字。之。訣。而貽。眈。眈。者。以。技。止。之。目。哉。

九月十日國憲起草委員會討論行政組織。內分國務員之任免。及其向誰負責。衆議院不信任投票。及其限制如何。衆議院之解散。及其限制如何諸問題。而總統內閣兩制之爭。尤為焦點。綜其所論。全落籠者。天。增。棄。坊。兩。會。紛。紛。呶。呶。此。膠。彼。漆。之。窠。臼。中。與徹。底。改。革。之。精。神。相。去。甚。遠。會。員。大。半。不。離。藍。本。日不。脫。全。民。裝。點。門。面。之。意。多。創。叢。雜。統。之。氣。知。將來所成之支離繁複。恐較前草。殆又過之。然多數之意。如此。吾則。奈之。何。哉。是日所表決之條文曰。大總統任免國務總理及其所推薦之國務員。此純乎內閣制之表現。府院、風潮、政黨、播、煽、及一、切、惡、政、象。舉包、孕、於、斯、矣。

北大之于教育部。本一隸屬機關。動輒宣告獨立。質

吾國政治上獨絕之怪現象、而、出、之、維、繫、國、脈、扮、人、師、表、之、知、識、階、級、又、適、在、執、政、派、發、難、學、風、介、之、後。尤、與、人、一、極、大、之、痛、惜。五日閣議。決定停給該校經費。由財教兩部會同嚴格執行。此應。為。當。局。愛。惜。北。大。不。得。已。之。苦。心。方出此消。極。之。辦。法。以。促。少。數。人。之。自。覺。乃報紙宣傳。財部如何已允直接發款。他方面如何暗中補助。此皆無常識之談。不應道理。夫同一統治政府之下。凡行一政。全體皆有。連。帶。負。責。之。關。係。有反。對。一部。者。即不。管。反。對。全。體。無論。明。於治。體。之。財。政。當。局。不。至。出。此。即。任。何。政。府。機。關。亦。決無。此。自。相。矛。盾。惹。人。非。笑。之。行。為。可。斷。言。也。且。凡。有統。屬。之。義。即有。處。分。之。權。彼。隸、屬、者、之、自、身、發、生、違、反、行、動。而。政、府、因、物、付、物、以、行、之、斯、告。彼。之。自。取。與政。府。毫。無。與。焉。即退一步論。如朋友然。既彼此相嫉。異趣。絕交。縱被絕者。以。寬。大。仁。厚。自。居。仍。敎。分。金。之。誼。而。受。之。者。稍。有。氣。節。必。認。為。莫。大。之。恥。辱。忿。而。擲。其。金。矣。若。論。事。則。務。日。相。向。見。利。仍。一。笑。相。承。若。而。人。之。人。格。果。居。何。等。邪。故余謂政府停給北大經費。

正所以尊重彼輩之人格。而不忍侮辱之。至促其反者猶第二義也。

朝陽民國五私立大學。怵於近日女師北大之事。聯名具呈執政。請根本整頓教育。以消隱患。辭深意遠。似存左袒。聲氣相近。無怪其然。惟年來學潮迭興。撤膺澎湃而不可遏止者。多在國立諸校。幸賴三數私立大學。維繫支撐於其間。以保存一部分學子。超然於洪水橫流之外。不使同陷於失業之慘境。其功固不在禹下。其賢長此保持光明嚴正之態度。不為請願所衝動捲入漩渦。非特國家教育之幸。亦各私校之幸也。夫教育者天下人之教育也。須與天下共之。若為一人一系所把持操縱。挾全國血氣方剛之青年。利用其純潔單簡之腦經。玩弄蠱惑。驅之於佚蕩橫決之途。以劫持天下之知識階級。國家前途之危險。豈可思議哉。私校諸賢之艱難締造。謀國家教育之發展。殆亦有鑒于此。故不惜千辛萬苦以赴之。至儕于糾紛。惟恐波及。是亦推視各校之自身能不為人利用來及耳。苟無附離之勢。何處池魚之殃。若與彎弓之謀。又豈纓冠之義。五校賢達。其自審諸。

關稅會議。著著進行。本國方面之委員沈君瑞麟以下十二人。及出席代表梁君士詒以下七人。以次發表。會場布置及招待事宜。均由各主管機關盡情辦理。而外國方面之代表。如法如日如荷。亦各派定。東交民巷日與外部有所接洽。並以各國代表之待遇為詢。外長沈君答稱一切將如華府會議所為。如由儀式以述情神。者以沈君之言貫而通之。則華府北京先後相輝映。為盛尤當自詡。惟日本首席代表乃日置益氏。氏疏附加藤總理最力。而為追竄二十一條之人。使軺方來。惡聲已起。即日本明通政士。亦不以此舉為然。雖曰此類代表不同通常使節。必先得駐在國同意。而國內外之情感利害如此軒豁。誠不能不望日政府將有臨崖勒馬之處置也。

三

二蟲

孤桐

有持貓之說以傷愚者，其連想於柳子厚所爲永某氏之鼠。永有某氏者，畏日，拘忌異甚。以爲己生歲直子，鼠，子神也，因愛鼠，不畜貓犬，禁僮勿擊鼠。倉廩庖廚，悉以恣鼠不問。由是鼠相告，皆來某氏，飽食而無禍。某氏室無完器，椸無完衣，飲食大率鼠之餘也。晝累累與人兼行，夜則竊齧鬭暴，其聲萬狀，不可以寢，終不厭。數歲，某氏徙居他州。後人來居，鼠爲態如故。其人曰：是陰類惡物也，盜暴尤甚，且何以至是乎哉。假五六貓，闔門撤瓦灌穴，購僮羅捕之，殺鼠如丘，棄之隱處，臭數月乃已。柳子之說如此。來言者曰：天下之鼠，縱極盜暴，然子何厚其人而爲之貓。

又有持狗之說以射愚者，其源出於希臘文家伊索所立寓言。有牧羊焉，終日覰之，思得一佗，以狗故，終不敢搏。則佯交歡於羊曰：狗，吾仇也，而子爲吾友，吾欲親子，狗乃摩視於側，吾行稍近，狗輒大噪，使吾不得盡其赤心於子。且有狗在，吾之生命且不自保，焉有餘力以示殷勤。子善狗而失良友，殊大非計。其合力逐狗。使羊大喜，漸引狼而疏狗，狗謝去。狼大嚼羊，盡其羣乃已。伊索之說如此。來言者曰：仇友之論，今見端矣，子毋乃見欺於狼而爲之狗。

愚請得而應曰：昔日之古，非熊非羆；今日之神，非子非我。違道以干百姓之譽，固所鄙焉；咈百姓以從己之欲，抑又豈敢。愚嘗官以行之，見義以爲之，居一日之職，即守一日之分，有一分之力，即盡一分之心。至外間利害譽毀之來，縱橫離合之計，其權不自我操者，懸一切任之而已。之二蟲，果何與吾事。

評新文化運動

孤桐

本篇作已三年，未見適之發抒何見。惟近於國語週刊，囫圇其詞以拒之曰：不值一駁。實則吾文所陳諸理，可得與天下後世人共明之。事越數載，文厄益深，偶一循覽，其言仍未可易。請更襮之，重與細論。此之。行。遠。之。力。如。何。雖難。自。信。而其。粗。明。大。淺。有關。世。運。謂斯。時。卽。輕。輕。爲。適。之。所。下。四。字。放。倒。諒不。爾。也。昨歲在滬。適之什面告愚。子所討論諸點。已成過去。文化、大事。適之、莞、石、作、時、旋、表。針質、上、下、張、弛。惟其、手、轉、尤、爲、奇、談。擂適之所謂過去。殆指今之後生。競爲白話。甚囂塵上。遍國學不見已耳。此乃。病。態。畢。理。允宜。痛。治。於斯。謂。健。康。爲。過。去。路者。並。復。元。氣。颯以。失。時。有是。道。乎。前歲北京農業大學。招考新生。愚在滬理其文卷。白話古數三之二。文言三之一。文言固是不佳。白話亦緻綜無似。愚什告人。此非應由適之全然負責。蓋適、之、倡、爲、白、話、文。恰是五、年。中學、卒、業、出應、大、學、初、試。卽其、時、也。今年愚復試農大新生。限令不爲白話文。乃全場文字。詞條理達。明顯可觀。猝然得此。迴出意計之外。適之之。時。旋。表。從此。遂。慟。良未。可。知。過去。與。否。豈由。一。人。之。日。說。而。定。適之又病本文刻至之言。班爲謾罵。讀者辨之。其然豈然。北京報紙。屢以文中士與讀書人對舉。爲不合情實。意

謂二桃之士。乃言勇士。非讀書人。此等小節。寢關謀篇本旨。且不。學。目。學。其理。彼。乃。豈。然。又可。哂也。

愚昨以杭州暑期學校之招。講演本題。愚論之當否。何敢自執。然批評之學。吾夙無之。自有文化運動以來。或則深閉固拒。或則從風而靡。求一立乎中流。平視新舊兩域。左程右準。恰如是非得失之本量。以施其衡校者。吾見實罕。批評之起。或爲椎輪。吾友胡教復同游湖上。聞愚說而善之。以爲可與天下人共見。邇來愚在長沙、南京、上海、北京等處。爲此說者屢矣。久思筆述。因循未就。今因教復之請。爲撮其概略於此。其詳當俟異日也。

文化二字。作何詁乎。此吾人第一欲知之事也。以愚所思。文化者。非飄然而無倚。或泛應而俱當者也。蓋不。脫。乎。人。地。時。之。三。要。素。凡一。民。族。善。守。其。歷。代。相。傳。之。特。性。適應。與。接。之。環。境。曲。迎。時。代。之。精。神。各本。其。性。情。之。所。近。嗜。好。之。所。安。力能。之。所。至。孜。孜。爲。之。大。小。精。粗。俱得。一。體。而於。典。章。文。物。內學。外。藝。爲。其。代。表。人。物。所。樹。立。布。達。者。悉是。一。種。歆。樂。雍。容。情。文。

五

並茂之觀斯爲文化惟如斯也言文化者不得不冠以東洋西洋或今與古之狀物詞若剝去此類加詞而求一物焉能縣是人類之意欲表標人類之材性放之四海而皆準俟之百世而不惑者字曰文化殆非理想中之所能有果其有之亦適如公孫龍之白馬論外白馬而求馬同蹈邏輯實宗普求共相之失莫可救也今之言文化者以爲其中有此共相因虛擬一的皋起而逐之其的之爲正爲鵠及大小遠近何若殆無一人有若明之印象東西古今之辯雖亦爲心目中所恆有而以此特文化偶著之偏相耳人有通欲材有通性西方何物有爲者亦若是因謀毀棄固有之文明務盡以求合於口耳四寸所得自西方者使之畢肖微論所得者至爲膚淺無足道塞也卽深造焉而吾人非西方之人吾地非西方之地吾時非西方之時諸緣盡異而求其得果之相同其極非至盡變其種無所歸類不止此時賢誤解文化二字之受病處敢先揭櫫

其次則狀文化曰新新之觀念又大誤謬新者對夫舊而言之彼以爲諸反乎舊卽所謂新今旣求新勢且一切含舊不知新與舊之銜接其形爲犬牙不爲櫛比如兩石同投之連錢波不如周線各別之二圓形吾友胡適之所著文學條例謂今人當爲今人之言不當爲古人之言此語之值在其所以爲今古之界者而定若謂古人之言之外別有所謂今人之言者嶄然離立兩不相混則適之之說乃大滑稽而不可通今假定古人未嘗有言卽有言而吾人已淡忘之或者相禁不許重提一字同時復假定繼祖承宗之制度文爲化爲烏有如魯濱孫之飄流絕島者然則試閉目以思吾人破題兒第一聲當作何語此將智同蒼頡日規六書聽者各有神悟自然了解抑將伊優亞狋吽牙或犬或否唯東方朔能射其覆矣乎如屬後者可知今人之言卽在古人之言之中吾爲今人之言者卽其善爲古人之言而擴充變化者也適之日寢饋於古人之言故其所爲今人之言文言可也白話亦可大抵俱有理致條段今爲適之之學者乃反乎是以爲今人之言有其獨立自存之領域

而所、謂、傾、城。又以、適、之、爲、大、帝。橫濱、爲、上、京。遂乃、一、味、於、胡、氏、文、存、中、求、文、章、義、法。於嘗、試、集、中、求、詩、歌、律、令。目無旁騖。筆不暫停。以致釀成今日的底他牠嗎呢呢咧之文變。有時難讀。與變舉鄭舍人所擬六字。相去不遠。語稱其父殺人。其子必且行刼。繁所由中。適之嘗自知之。惟文。化。亦。然。新者。早。無。形。孕。育。於。舊。者。之。中。而決。非。無。因。突。出。於。舊。者。之。外。蓋舊。者。非。他。乃數。千。年。來。鉅。人。長。德。方。家。碩。士。之。所。殫。精。存。積。流傳。至。今。者。也。蓋實。謂。思。想。之。爲。物。從其。全。而。消。息。之。正如。潮。絡。所。云。彌異。時。彌異。所。而整。然。自。在。其偏。之。見。于。東。西。南。北。或古。今。且。莫。特事。實。之。適。然。決無。何。地。何。時。得天。獨。全。見道。獨。至。之。理。新云。舊云。特嘗。時。當。地。之。人。以其。際。遇。所。環。情。感。所。至。希望。嗜。好。所。遁。標。循力。生。力。所。交。乘。因字。將。謝。者。爲。舊。受代。者。爲。新。已。耳。於思。想。本。身。何所。容。心。若升。高。而。鳥。瞰。之。新新。舊。舊。蓋誠。不。知。往。復。幾。許。五十年來。達爾文之天演論。如日中天。幾一掃前此進化諸論而空之。今德之杜里舒。標生機主義則反之。法之柏格森。倡創造進化又反之。杜氏所談生機自主。非同機械。綱維主宰。別有眞因。與達氏前此所排之結局論。轉形相近。柏氏萬物皆流之說。近宗黑格爾。遠祖額勒吉來圖。且卽達爾文之學。亦非獨創。近古者且不論。據柏格森謂我。適者生存之義。希臘之言披圖格卽主之。徒以爲雅里士多德所峻拒。故爾不昌。由斯以談。言披。圖。格。也。達爾文。也。結局。論。諸。賢。也。杜里。舒。也。額勒。吉。來。圖。也。黑格。爾。也。柏格。森。也。以及。其。他。無。量。數。之。學。者。也。吾欲。以。新。舊。字。分。牒。之。使之。截。不。通。假。將。何。牒。而。可。乎。意大利之文藝復興。其思潮。昭。哉。新。也。而曰。復。興。是新。者。舊。也。英吉利之王政復古。其政。潮。的。然。新。也。而曰。復。古。是新。者。舊。也。卽新。卽。舊。不可。端。倪。必通。此。諮。始可。言。變。愚爲此言。非謂今之學理政術。悉爲前有。廣狹同幅。了無進境也。特謂。思。想。之。流。轉。於。宇。與。久。間。恒相。間。而。迭。見。其。所。以。然。則人。類。厭。常。與。篤。舊。之。兩。矛。盾。性。時乃。融。會。貫。通。而。趨。於。一。蓋凡。吾。人。久。處。一。境。飫聞。而。厭。見。每以。疲。苶。惛。亂。思有。所。遷。念之。初。起。必且。努。力。向。外。馳。去。蘄得。嶄。新。絕。異。之。域。

七

以爲息壤而盤旋久之未見有得此豈南方有窮理亦納是乎抑造物狡獪困其智力乎姑不深論於時但彼祖宗累代之所遞嬗或自身早歲之所曾經注存於吾先天及無意識之中向爲表相及意志之所捨抑而未動者今不期乘間抵罅肆力奔放而未有已所謂迷途知反反者斯時不遠而復復者此境本期間新卒乃經舊雖云舊也或則明知爲舊而心安之或則竟無所覺而仍自欺欺人以爲新不可階此誠新舊相銜之妙諦其味深長最宜潛玩者也今之談文化者不解斯義以爲新者乃離舊而狂馳一是仇舊而惟渺不可得之新是騖宜夫不數年間精神界大亂儚儚倀倀之象充塞天下躁妄者悍然莫明其非謹厚者萏然喪其所守父無以教子兄無以詔弟以言教化乃全陷於青黃不接懞憋背馳之一大恐慌也不謂誤解一字之累乃至於此

既假定文化爲萬應神膏可不擇病而施復於新舊連續之理大有乖悟其誤已如前述其此兩誤因有必至固然之第三誤立於其後者則文化、運、動、之、方、式、是、也號曰運動必且期望大衆激悟全體參加可知獨至文化爲物其精英乃爲最少數人之所獨擅而非士民衆庶之所共喻宋玉曰客有歌於郢中者其始曰下里巴人國中屬而和者數千人其爲陽阿薤露國中屬而和者數百人其爲陽春白雪國中屬而和者不過數十人引商刻羽雜以流徵國中屬而和者不過數人而已爲問、一、國、文、化、之、所、照、耀、將、恃、有、不、過、數、人、能、和、之、引、商、刻、羽、雜、以、流、徵、乎抑恃、有、人、人、可、和、之、下、里、巴、人、乎是客有意將不使後人之詆其書者無從剖辨然果標歌曲之名曰何曰何以相號召則無韻於曲之高惟恐其和之寡商云羽云無所用之下里巴人爲其輸志乃無疑義信如斯也凡爲文化運動非以不文化者爲其前茅將無所啟是今之賢豪長者闢開文運披沙揀金百無所擇而惟白話文學是揭如飲狂泉舉國若一旨是道也聞嘗論之西文切音而吾文象形西文複音而吾文單音惟切音也耳治居先象形則先目治惟複音也音隨字轉同音異義之字少一字一音聽與讀了無異國。而單音音之字繁。同音異義之字多。一音數字乃至十數字不等。讀書易辨。而聽時難辨。以此之故。西文。文言。可。趨。一。致。而在。吾。文。竟。不。可。能。如英文辟齒。吾譯為桃。為文為語。西文俱昭然可曉。吾則聞人說桃。雖其語脈。使不相屬。究不識其為桃乎。陶乎。逃乎。淘乎。抑咷乎。以著之文。桃與非桃。又一目了然。無待躊躇。因是出語之時。於本文之下。每綴語助。以減聽者。使易攝取。如桃不僅曰桃。而曰桃子。則立辨為與淵明作李。同人先號。一無連繫。故同辟齒。人耳即明矣。夫語。以。耳。辨。徒資。目。誤。文以。目。辨。更貴。成。誦。則其。取。音。之。繁。簡。連。截。有其。自。然。不。可。強。混。如園有桃。筆之於書。詞義俱完。今日此於語未合也。必曰園裏有桃子樹。二桃殺三士。譜之於詩。節奏甚美。今日此於白話無當也。必曰兩個桃子殺了三個讀書人。是亦不可以已乎。英倫小兒。學語牙牙。每為單音所苦。因於尋常日用之字。如父母童子女兒之類。別益唉音。使成長浪。父本曰達。增言達帝。母本曰媽。增言媽密。童子曰博。增言博異。女兒曰格。增言格麗。愚之長兒。

……

生於蘇格蘭。小名曰康。傭保舉呼。易為康泛。吾兒至今因以為號。得名曰可也。兒童對語。雖屬如是。一涉筆墨。自初為文以至名家。設非如迭更司者。故作下流鄉曲之語。以資笑謔。帝密異麗之詞。都不更綴。而吾、必、以、輔、助、單、音、之、孳、字。泥沙、俱、下、而、著、之、文。一何、智、出、英、倫、小、兒、女、之、下。至於、是、乎。復次、為白話文者。其取材限於一時口所能道之字。是又大謬。竊謂國旣。有。文。字。是。用。則。在。選。擇。無。論。何。種。理。想。其。文。之。總。體。中。必。有。最。適。於。抒。寫。者。若。干。字。可。得。委。曲。連。綴。以。抒。寫。之。能。控。制。總。體。揀。出。此。號。稱。最。適。之。各。字。不增。不。減。正。如。其。量。道。盡。人。人。意。中。之。所。欲。道。而。不。能。道。聞。之。而。咩。絕。累。詞。而。不。厭。者。是。謂。文。家。文。章。本。天成。妙。手。偶。得。之。謂。曰。偶。得。形。容。最。妙。以。知。文。家。之。能。臻。是。域。關。鍵。全。在。選。詞。詞。而。曰。選。必。其。詞。之。總。積。無今。無。古。無。精。無。粗。往。來。羅。布。於。胸。中。聽。其。就。拔。應。有。儘。有。應。無。儘。無。然。後。能。事。可。盡。語。其。總。積。就。曰。彼。有。語。吾。就。拔。號。曰。此。求。知。其。有。盡。明。其。求。法。文。家。之。能。宜。洩。宇。宙。之。玄。秘。職。是。故。也。

九 今。白。話。文。之。所。以。流。於

艱澀不成文理味同嚼蠟去人意萬里者其弊卽在爲文資料全以一時手口所能相應召集者爲歸此外別無工夫推適之有甚麽話說甚麽話之說且將以有工夫爲喪失文學上自然之致香山吟曰彼有此求兩不知旣已無求焉得有知無所知矣嫋妍之辨決無當理宜夫文之窮濫至於今日而舉世且以富麗得未曾有宜相詡說也白話文品之高旣如所信而同時又以爲極易盡人可爲吾友高一涵嘗告愚曰吾人久不爲文言欲以文言說明己意轉覺大難一涵如此其他可知試觀今之束髮小生握筆登先名流巨公易師恐後詩家成林作品滿街家家自命爲施曹人人自詡爲易莫風流文采騷[illegible]一時何莫非至易至美兩性同具之新發明尊之至此嗚乎以鄙倍妄爲之徵竊高文美藝之名以就下走嫡之狂隨波道行遠之業所謂俗惡俊異世疵文雅文獻化獻愚竊以爲欲進而反退求文而得野陷青年於大阱顚國本於無形甚矣運動方式之誤流毒乃若是也

方式之誤何謂也曰、文化運動志在國中人人自進於文化之域以收其利而擅其美則其所最忌而不可犯者乃於文化事業中獨擇一事以爲標題闢以易天下也何也文化者無論寄於何事其事要皆縱不貴橫貴突不貴衍貴獨至不貴廣論而運動則非橫非衍非廣論其義無取今以此自律背反之二義併爲一談登高一呼求人響應則若果如所求將志縱得橫志突得衍志獨至得廣論如吾國今日白話文之局勢焉無可疑也適之知此局勢之未如所期也乃發爲一面普及一面提高之論而不悟其意則是其實乃不可能也故愚謂此類運動決不當求題目於文化本體而當審察今之國瀾文化與後來足資輔導者何在因樹爲表的與世同追如適之所借好政府主義雖失之寬緩而尚不失爲一種方法蓋凡一國文化能達於最高合理之境者必其舉國之中上自德慧術智之士下至庸衆紛散之材不爲貧賤貧富之遇所限不爲刀兵疾疫之禍所苦所有文教之設備修養之日力外於困學必需之限而寬假之在機會均等之下極英才教育之觀因得如願所言各本其性情之所近嗜好之所安力能之所至孜孜為之大小精粗俱得一體而於典章文物內學外藝為其代表人物所併立有達者悉呈一種獻樂雍容情文並茂之觀者也然無論何時不拘何國國之子弟大抵聰明才智相混居養師保不一貴賤貧富級次有殊力兵災疫無代蔑有設備以際遇而分日力為生活所吸彼任其性情抑其嗜好銷其力能使大才中就中才小就小才無就以至一國之文化漸次陵地無從舒發者不知凡幾於時運動起焉方式如何一以當時之社會情況為衡不能一律其在歐洲則十八世紀以來之資本主義乃知言者認為有妨於文化者也哲家義士因為社會主義以抗之就中催流難出不可究窮而綜其全觀之其謀使勞資兩級平分參與文化之權與機乃為根本要道蓋文化者與國民生活狀況息息相關者也一國生活狀況枯澀紓促之度如何即可以卜其文化高下眞僞之度如何知歐洲之情事者可斷言其資本之制不穢文化決無可講而吾農國也工商一切之計成無規模而資本國之姿安鴆毒乃轉沈淪至皆不此之去文化亦無可談此其理味醰醇不可殫述惜今幅窄未及多陳要之文化運動乃社會改革之事而非標榜某種文學之事凡改革之計劃施於羣治義與文化有關曲折不離其宗者從社會方面觀之謂之社會運動從文化方面觀之謂之文化運動愚之理解如斯而已

科道平議

楊定襄

綜上所談略得三事一曰文化二曰新三曰運動其他條理尚富詳於本篇即在杭州演講所言亦不止此姑為發凡資取世論開暑期學校乃萃集全浙中小學教員諸君而為之不同當會愚於座間曾以批評之批評相要茲事體大幸致三思杭州又為適之臥遊都講之所正負質劑或歸至當面教復當今豪傑之士也學問重實踐不重浮言所主大同學院有造於學為全國公私各校冠既不以愚言為不盡當尚其縱覽今古橫極東西有以詔我來

亭林顧先生之詩曰。廢天下之生員。而官府之政清。廢天下之生員。而百姓之困蘇。廢天下之生員。而門戶之習除。廢天下之生員。而用世之材出。天下之出入公門以撓官府之政者。生員也。倚勢以武斷於鄉里者。生員也。與胥吏爲緣。甚有身自爲胥吏者。生員也。官府一拂其意。則羣起而閧者。生員也。把持官府之陰事。而與之爲市者。生員也。前者譟。後者和。前者奔。後者隨。欲治之而不可治也。欲鋤之而不可鋤也。百年以來。以此爲大患。向嘗執此以論世之所謂代議士者。未嘗不脗然而有當也。觀其播惡流毒之迹。抑又有十倍於亭林之所云者。夫豈議員之盡不仁哉。要亦其術使之然耳。嗚呼。世界善此制久矣。歐美論政之士。雖或歎息痛恨。而終無良法以易之。則其歷紀久遠。積重難反。所謂治之不可治。鋤之不可鋤者。勢也。天驕中國。使代議制凡百罪惡。於十三年間。盡其量而宣洩焉。今舉國之人。自非別有肺腸。莫不憬悟於茲制之不可復存。而亟求所以變革之道。識者以吾國舊時科道。實爲國命制度之權輿。以之代輿。允爲美則。更欲吾人從容討論。以新至當。以備制憲諸君之採擇。甚盛意也。或者謂民主國家。不有民選議員。疑於國體爲未符。於政體爲不顯。愚謂民主云者。在國民自舉代表。選出總統。以統治國家行政。而國體既已立矣。於議、員、乎、何、取。至其政體則爲立憲。立憲云者。乃國民制立憲法。政府循而行之。通國之人。共守弗渝。而政體亦既定矣。更於、議、員、乎、何、取。是二者與議員之有無。邈不相涉無疑也。或者又謂少數專政。法家所忌。代議制依歸多數。所以袪此弊也。今欲易以科道。是張少數之燄。滅多數之志。與政治原理。得無悖乎。不知。天。下。惟。多。數。論。最。害。政。耳。今試問世間有識者多乎。無識者多乎。恐無論何人。未易斷然謂有識者之多也。然則。勞。少。數。有。識。以依。歸。多。數。之。無。識。政治學中。果曷貴有此原理哉。昔者吾嘗從事於政閱矣。每共議員握晤言一室。與之語道理。論政事。非不渙然冰釋。怡然理順。一旦身入議場。情感衝動。頓失故步。叫呼狂惑。無復人形。則多數之爲害也。故吾敢毅然進一解曰。政治者。使凡。明。政。之。

士各得。發。傷。其。獨。識。以振。導。流。俗。為。諂。快。者。也。此則科道之能事。而代議制之所不可能也。且所貴乎代議士者。非欲其謀國利造民福耶。然已往十三年中。凡議員所指摘叫號者。什有一毫涉及國利民福者乎。而彼時科道。固優為之。遠者且勿論。論其近事。請康熙中。吾邑陶子師先生為粵昌化令。以昌化田額四百餘頃。半淪於海。賦不及二千。浮糧居三之一。民重困。乃為浮糧考一冊。請於上官。乞豁除。不可得。逮其仲子正靖。由翰林改官御史。拜命之始。首奏能之。又陸稼書自靈壽令行取為監察御史。疏請將畿輔災區錢糧悉蠲免。勿留微。亦得旨允行。此外給事中御史之為民請命者。試一展碑傳集科道一門。如此之類。已不勝枚指。試問吾人民所選之議員。亦嘗有為此等不生產事。一發其喙者乎。無有也。嗟乎。吾人。民。又。安。用。此。獨。便。私。圖。之。代。議。士。為。至若科道之失。莫詳於三水梁君所論。而吾轉因梁君之言。得為科道解嘲之地。梁君謂自古臺諫。未有不為腐大者。而清季尤甚。恐以事實考之。殊費米鹽。漢唐以來。蜚聲臺諫者。奚翅數百輩。豈得概以腐大目之。至於清季。為吾人耳目所及者。如趙啟霖之劾載振。謝遠涵之劾陳璧。江春霖之劾奕劻。皆足、申、天、下、之、公、論。吐、志、士、之、正、氣。不、得、目、為、腐、大、也。惟惲學士之劾瞿鴻禨。李襲侯之劾端方。實皆有所受之。而彼二人者。皆自、始、末、入、諫、垣、一、步、者、也。梁君又謂甲午之役。翁李當國。大不協於合肥。陰令翰林二十餘輩聯章劾之。如燹之奔。了無愧畏。夫李鴻章卽深惡言官之害己。而斥為犬吠之一人。其當官行事。為功為罪。有良史出。自有定論。閻孫相國。立朝本末。愚不深悉。未敢妄議。至叔平協揆。吾鄉先正。其為人褊隘尚氣。或者有之。謂為嗾使爪牙。意圖誤國。恐自孝欽翊教而外。無忍以此等語加諸其身者。甲午之役。是大激喪師辱國。誠不得為無罪。然當淮軍稍顯大局。同心匡救。何遽敗壞至此。則當時松筠庵之聚議。亦未宜指為國狗之狹也。梁君是歲方成進士。為庶常。度非翁相朝夕把晤之人。翁相雖愚。宜知分際。未必遂以腹心爪牙。委寄新貴。則梁、君、當、日、之、與、議、松、筠、庵。亦出、於、一、時、患、憤、之、氣。而非、冊、爲、歷、史。可、斷、言、也。至主張奴隸之論。循治門額之參。誠爲可嘆。然議、員、中、黨、途、無、此、等、見、智、者、乎。吾、人、試、取、兩、院、油、印、之、作、而、縱、覽、焉。則知、其、批、釋、數、倍、於、此、者、比、比、也。顧此不過其人意志之誤。要非制度之罪耳。抑代議制之在今日。又不僅爲可不可之辨。而實爲能不能之辨。民國十年。徐世昌不嘗令全國選舉議員乎。卒之辦選舉者。十一省區而外無聞焉。前年曹錕。不又嘗令全國選舉議員乎。而終錕之局。無有應者。則民情亦大可見矣。儻必復務而行之。其不爲徐曹之續者幾希。故愚謂與其舉步歐邦。勉強以行舉國莫應之選舉。孰若反求諸己。規復科道舊制。加以修飭更張而推行之。爲世界開一新例之爲愈乎。

科道者。謂六科給事中及諸道監察御史也。(明十三道淸初十四道後改爲十五道)給事中一官。漢唐以還。職掌迭變。鄭志所謂因古之名。用隋之職。原其所稱。蓋謂有事於殿中云爾。御史之名。周官有之。實掌贊書而授法令。戰國亦有御史。則爲記事之職。至秦漢乃爲糾察之任。後世因之。唐以前有侍御史。有殿中侍御史。有監察侍御史。謂之侍者。謂在王左右。亦如給事中之稱。要其本意。皆爲常侍常任之官。是古之所重。今無取焉。故愚以爲科道之制可從。而其名不必沿襲。此所以有修飭更張之說也。其說維何。曰、立法機關。宜定其名曰諫議院。彈劾機關。宜定其名曰肅政臺。合而稱之。亦可曰臺院制。考唐時諫議大夫。原與給事中同屬門下省。職掌初無大異。其名稱則無悖今制。或疑諫之爲字。有施於君視之嫌。是不然。白虎通諫諍篇。諫間也因也更也。是非相閒。更、革、其、行、也。此說最稱詳盡。左傳成二年。周王使單子辭管使有云。寧不亦淫從其欲以怒叔父。抑豈不可諫誨。諫誨並舉。尤爲、不、專、施、於、君、視、之、明、證。今欲使其人審察命令。論列法案。謂之諫議。名實正符。肅政臺雖爲新擬官制。而偏考諸稱。莫此爲適。往年吳君向之。爲項城擬定此名。實亦斟酌再四而後用之，愚嘗論項城爲政五年。惟茲事差強人意。其時如王治馨案。如交通參案。皆至今膾炙人口。而乙卯秋間。

首劾籌安會者。都肅政史非縱寬也。是即以民國而言。肅政一官。亦豈有功無罪。今之規復。於理爲宜。所以不從廢制而用臺稱者。欲其臨照百官。無所不察也。其中組制。則諫議分科。而肅政不分道。分科所以便封駁。不分道所以杜請託也。其進用之途。自薦擧於考試。考試之法。宜不拘資格。聽人自行投報。用符平等之則。主試一職。宜求望實兼重而見無官守者任之。其好爲深刻。所習。目與。倡優。爲緣者。勿宜。攔入。致失人望。試事忌草率而不厭繁重。如往者拔貢試至九次。誠若過繁。然五試亦不復可省。首試經義以觀爲學之徑。再試史事以觀論古之識。三試時務以觀涉世之略。四試法律解釋以觀用心之精粗。五試撰擬文告以觀處事之當否。五試之、而、不、敝。其、才、亦、可、以、用、矣。又諫議一官。固當以考試一途爲限。肅政則似可兼採行取之法。使外吏有所鼓舞。惟須嚴定制限。每屆行取員額。不得逾考試額十分之一。以防冒濫之弊。至臺院人數。諫議院以每科四人計之。四十人爲已足。肅政臺以每省區二人約之。六十人亦已足矣。任期各定爲六年。使得專心任事。每三年改試二分之一者。一則人才有限。務求及額。必致以下駟充數。一則全體改組。於事亦殊多窒礙也。

通訊

靡俗

……靡乎官人賭馬。奔走縱橫。肝膽吳越。由河將崩之際。獨樹一幟。追古清流。明輕之義。救補學風。厥功偉。逖才學陋。何敢讚。惟先生身當黑白之衝。權掌中國死生之要。雖頭微懸隔。將欲効萬慮一得之愚。

無乃不自已。請陳一二。夫民國以來。師生之道。掃蕩無遺。其故何也。人皆。非。爲。學。而。來。也。直爲。名。利。耳。此爲有識者之定論。不必贅言。此種風氣。前途堪憂。出而干涉。乃國之所以爲國。善爲名者。將毀先生以歷制愛國相爲號召。若之不開可耳。愛國。者。自。有。愛。國。之。道。造愛。國。而。無。道。又何。愛。國。云。爲。中國不幸有累卵之危。經國濟人之與待譽。東西異同之勢待察。機關槍砲彈飛機潛艇。凡此種種。莫非急待吾人發明。慘澹求充。正國士臥薪嘗膽之秋也。何暇小題大做。吹毛求疵。推波而逐浪哉。先生果斷。解散女師大。天下半爲鼓掌。旗幟大明。雖反動之聲澎湃。先生復作釋說。信已忠天。竊謂當可免於時賢學者之惑也。然觀乎先生自述對於北大獨立之態度。與對女師大之處置。宛出乎兩端。夫國立諸校。國家經營之。管理之者也。豈能容其獨立。既獨立。豈容許其留校。今教部僅以其完全脫離教部爲前提。允許北大之獨立。則無異慫恿智利者之撰營。國立諸校盡可獨立。則國人所投教育巨資。盡可化爲奸黨窟巢。則教部不必立。國家教育不必言。此非、惑乎、似是、而非、之說。退讓、干、不、逆、不、理、之、間、者、歟。竊謂宜做前爲。應機立斷。教部能辦。再興學可也。否則還諸國人耳。非如此。則國權一傷于武人。再恐傷于學閥。而先生當其責。不亦悲乎。其後果何堪設想。部人一个寒微耳。雖作篤人之言。固無一臂之助。先生明德。惟理是胆。成敗固非爲所計也。再者。先生執甲寅虎耳。議論堂皇。宗旨一貫。唯內學一篇。似乎宜請歐陽大師術其所謂學說沿勢殺天下萬世之高見。反復再思。夫佛之於中國。初爲賢哲所學。甚有教化之功。及其普及。卻漸失風品。再論沈。乃至于公食道上。展轉巷中。無私心執著之清教。化爲無血氣廉恥之頹風。其故何也。今者救國之論沸騰。學校大興。政客人才輩出。而民國益陷窮途。政治澄清。黃河是待。塗炭下民。國破在即。其故何也。一則。欲。超。越。于。塵。俗。而。遁。醜。于。塵。俗。一則。欲。治。國。而。却。亂。國。無。他。其。自。身。之。經。濟。問。題。未。解。決。故。也。海通以來。國人大有注重實業之勢。唯其所行。斜稱是務。實業仍不能發展。小成者出爲軍閥。失敗者竄則爲匪徒。退則爲土棍。人民仍是吃虧。其故何也。其立。身。之。道。未。修。也。中國。衰。于。垂。亡。者。道德。淪。喪。與經。濟。薄。弱。交相。爲。因。耳。然有方術救。不見其効者。又何因緣也。求財則逐塵迷利。不見玄理。自化爲野馬。談理則視人皆是聖哲。離塵俗而登仙。疎忽經濟。自絕其糊故也。於是。愈。講。求。實。業。其國。愈。窮。愈尚。玄。理。其理。益。昧。而況。徒。尚。玄。理。而欲。希。期。經。世。之。才。可得。乎。今救。國。濟。人。非大。興。科。學。求用。資。于。俗。塵。于。俗。塵。中。見。玄。理。講。玄。於。塵。俗。塵。俗。中。自。立。而。立。人。別無。良。策。改革國風學風。非此亦無良謀。尤於民生。其所關至大。所謂中國死生關鍵也。不敢不質諸先生與歐陽大師者以此，伏祈誨教。……林伦方 上海旦關路一九二 九月四日

此書氣蓋一世。非恢流所能落筆。夷之初。且。明而。未。融。經。世。大。猷。恐難。實。布。如悲。疲。結。更何。是。言。然作。者。發。悲。之。心。天。下。共。見。之。矣。　孤桐

法

……長沙話別。屈指三稔餘矣。人事遷移。晉間罕通。今幸甲寅重光。前之如親塵論。至爲折煺。昨讀毀法辯。高燭遠炤。洵爲確論。特執一偏之見者。不無爭持耳。吾國十四年來。政潮起伏。兵匪橫行。物力凋敝。閭里騷動。謀國者不思於垂斃之民。有以救之。驕兵悍將。有以制之。而惟斷斷於約法之存廢。是捨急而圖緩。豈不謬哉。夫約法者。出之於三數人之私意。成於倉卒之間。無法定之基礎。無民意之可決。以之約束臨時政府。固宜。若伸之而爲全國之大法。則未可也。且歷。經。專。政。者。之。摧。殘。早。已。委。之。溝。壑。又。豈。有。餘。物。之。可。毀。哉。不識。今。之。所。謂。毀。法。者。所。毀。者。果。何。法。也。吾國人惑於法治之義。知有治法。而不知有治人。狡黠者流。又每每藉法典爲口實。以行其推波助瀾之技。於是官爭於上。民困於下。保民之物。反以害民。是有法不如無法也。或者曰。法之能行。恃有威力爲後援。此說是也。德儒如黑格爾、伊耶（三三五）力倡此論。現代法國公法學者狄驥。亦爲相類之主張。然觀今之中央。政令壅塞。威力不存。疆吏驍悍。動輒稱兵。

者欲繩之以法。豈惟不能。恐適以激成大變。是以今之爲政者。不如舍法律而言政治。乘武力而言仁義。以德化民。以誠感物。力行爲天下倡。各省疆吏。或有觀感而興者。至於憲法。幾爲我國不祥之物。非急務也。製之可。不製亦可。如堅欲製憲。則條文宜簡。規律宜寬。務使尋常政變。不有違憲之嫌。而中央與各省。亦得因事制宜。爲適當之處置。庶乎近之。又或有謂吾爲無法國者。是殆惑於英儒奧斯丁之說也。奧氏以命令爲法律。非命令則非法律。其說之誤。經英儒梅因反覆詰駁。已無存在之餘地。狄驥曰。國之前。有法焉。國之上。有法焉。然則此何法耶。蓋習慣也。無國不有習慣。即無國不有法律。豈可謂吾國無法律耶。且吾國已成之政習。如國體不能變更。各省趨於聯邦。其效力殆埒於憲法。豈可以尋常法規視之耶。芻蕘之言。無當高明。尚希教正。…………章維鍵（八月十五日長沙寓[illegible]）

憶在長沙。與章君論政。英銳不可一世。今視此來。如面其人。今之稍通歐文。號習法學。無不爲彼邦之成俗曲期。形諸律文者所束縛。而以一先生之言。先入者爲之歸。不知國情。大格近政。尤乖移植。就範宜其不適。合法言政。遵從習慣之說。能言而敢言如章君者。吾見亦罕矣。至中外立國大本。其異安在。二十世紀之社會問題。糾結若何。由此勘論。必有可觀。勉矣章君。願聞明教。　孤桐

讀經救國

……欽遲十載。未遂瞻韓。前日於畿輔先哲祠席間。得親塵論。至慰飢渴。王君書衡謂拙著讀經救國論。與先生政見。乃多暗合。下走此書。係作於民國八年。至九年秋初出版。區區纂輯之意。在冀孔孟之教勿淪榛莽。人禽之辨。存此幾希。因不惜瘏口嘵音。刺取經傳之精義。比附時政。曰某事非便。某事於經當如何。仍雜引古今說經及論政家言。疏通證明其間。卷四教育各條。於白話及女學。均有所陳述。愚者一得。誠有與尊見不謀而合之處。今則又越七年。橫流靡屆。挽救愈難。下走伏處人海。徒切杞憂。時時於詩

文箋記。僭抒正命。苟非其人。不敢貽而與語。往年王祇源省長付託世仁甫三六橋兩君致意。欲延主東北大學經學講席。下走以年力漸衰。憚於遠行。且世變方殷。學風益甚囂塵上。譬亦未敢輕於一試也。女師範楊校長蔭楡、亦曾屢囑敝門人史館。來述殷拳之意。欲聘爲國文主任。以扶植舊學。整飭校風相期。下走亦屬史生善爲我辭。誠恐無益於事。而徒招謗口之囂囂。不得不甚而後入也。先生當官而行。不茹不吐。成敗利鈍。縱難逆覩。古來君子。與小人之爭。往往。不免。爲小人所勝。蓋城狐社鼠。大率有所憑藉。方敢譸張爲幻。媢嫉。此道揆法守。淪亡殆盡之時。積非可。以成是。積毀可以銷骨。下走私竊爲左右危之。然際陰霾蔽天之會。得我公以驚霆迅雷。一發其覆。或者景星慶雲。可以重煥光華。此則下走所日夜禱祝者也。茲呈讀經救國論、名賢生日詩、壬癸詩存三種。計凡十三册。又近作六十自壽詩及落葉詩。均乞方家賜教。落葉詩悵懷故國。恐與左右宗旨不同。然離黍緣關。古人不廢。通人當不以爲嫌。昔賢有云。不相非薄不相師。願左右一笑置之。……孫師鄭十四廿壽

胡同三十八號 乙廿七日

師鄭先生、與先外舅北山先生交好。久欽其人。今始見之。讀經救國論。略誦一過。取材甚爲精當。比附說明。應有儘有。不闕。今。世俗見。斯文。 孤桐

疑義

……壬子先生主民立報。法理政論。皆爲大宗。讀者如老圃。雄放如天仇。一時亦幾爲斂手。愚方承之天讎報。以右社會主義。與汪君瘦岑意見出入。往復累數千言而不休。一日槃餐某處。先生與天仇發爲雅謔。且以愚與黃花(刪汪習昌)辯難之事相詢。越日復承以社會主義無政府主義書目見示。並謂任何學問。皆當虛心研求。名言書紳。今逾十稔。流風餘韻。使我縈思。不圖甲寅復刊。精勤過昔。文風再振。國論一新。愚爲愛讀之一人。竊有懷疑之數義。先生居密勿之重地。作輿論之導師。譬之雜劇登場。獨脚兼扮。聲容迥異。情感立殊。施受。一身。弛張。兩失。此其一也。臨時

執政府。雖無內閣之名。而國務會議相沿。仍其聯責之實。政府措施不當、今恢有之。排異。則。見。惡。於。同。僚。扶同。則。有。逹。於。消。滅。此其二也。朝野易位。主客異觀。環境感受不同。假察各有得失。先生所掌教育。國務之至淺部分也。部議所是。衆或非之。為敵。楚。嘗。不辭。自。戰。既貽。官。恨。之。宵。徒尸。護短。之。名。此其三也。更有有進者。甲寅專采文言。大名請售可誦。推譯名道辭。有時降於晚近。如馬克斯主義。稱為馬學之類。望文生義。雖驗通人。迫言普及。斯密亞丹之言經濟。首創母財土地勞力諸原則。在今固已動搖。當時實為鼻祖。然未聞謂之為斯學也。馬克。斯。以。剩。餘。價。值。與。資。本。集。中。二。說。確立。學。理。上。之。基。礎。為近。代。社。會。主。義。之。北。辰。要不。過。經。濟。思。想。嬗。演。中。產。生。之。一。門。戶。初非。世。界。容前。之。發明。不得、以。其。氏。蔽。其。學。也。吾國言譯事者。嚴幾道師而後。惟先生足以任之。相望之深。故附譯末。十年轉徙。學無寸長。不知大匠。何以教我。……張客公（八月二十八日 來函六十號）

愚生平自負之第一事。為文字因緣頗廣。而其效或近。或遠。或紆。或遙。恢于有意無意之間。發之昔年深述之與張君有述者。微張君言。恐乃莫憶。諦言之來。畢究由此。私心之喜。豈同泛常。所示疑義三事。恐所深感。大恐記中。已悉言之矣。馬學者恐意比之孔墨而為之言。由思想史觀之。馬克思實為廸學大宗。國際不祧之祖。主義所之。譯為政力。縱橫離合。衣被五洲。舉其學而尸以氏。名實無發。不侔。斯密亞丹。非其倫也。至恐恢人難喻。則凡屬新名。在始俱所不免。有力者強矯而習用之。久乃人于自然。恐自作之例。即已不少。張君所應。假無庸也。　孤桐

代議

……甲寅周刊。開名十載。今獲展讀。正始元音。乾坤清氣。于是焉賴。就中犖然。今四維論。意度波瀾。匪惟湘綺。貨殖佞倖。淋漓嗚咽。殆相髣髴。某君破義。橫發七難。柱文借字。論詩必詩。固哉高叟。匪其笑矣。代議通訊。邑子朱生。亦捋虎鬚。可云大膽。長者署尾。詭

謎不拒。海大能容。無任佩企。十四年來。國政不綱。浸成分裂。國會戎首。席可由諱。平心而論。此衰衰者。誠多暴徒。其中優秀。與夫朴鈍。十倘六七。過此以往。巨有悔言。各省縣會。流氓大盜。必半居人。致此之故。賢者不爲。黠者爭附。他日之禍。不亂不止。不亡不止。桀曾林論。特挑科道。日見泰山。不自見睫。亦日敝矣。彈劾獨立。別爲機關。朱言爲假。至若立法。招致專家。虎觀。成。論。如選。故事。校彼。有。官。緊而。相。閥。得失。正。斷。行憲年十。公既著命。縣之閥門。時易變字。吾國政治。一室之內。聚至十人。議無良果。代議之制。不能存在。衡我民。德必然。灼然。僥倖嘗試。苟且敷衍。終曰無倖。公領衆流。世界知識。復不後人。奮吞力戰。扶此附離。不贊之歷。後嗣利賴。恭享賤人。產禮之部。偶入城市。見見聞聞。省會縣會。譁旨混爭。笑柄百出。從旁觀者。聞而頭痛。何論當局。國會邸賢。納吾大夫。事同一體。科道之制。相沿千載。弊害雖多。然尚有利。代議生命。萬後綜計。不出十年。禍烈至此。擇害從輕。國及省縣。一既之路。回翔審慎。碻無餘地。我公悲智。登高一呼。必

有響應。救國救民。舍此物也。抑有陳者。湘數年來。亂不逾已。他不具論。即如客歲。熊湯果入。湖西半壁。不待天災。赤地千里。大雞皆斃。元氣傷凋。今陷死境。此類。大事。規在。省憲。政府。聲官。議會。蟬噤。蛩伏。蝸縮。演此。失敗。代議。價值。可知。也已。戰事既平。司法行政。教育行政。一切經費。苟聽蝕減。瞑目熟視。一若無睹。凡此種種。公成知聞。君子愛鄉。孤正丘首。被發往救。必有其道。正色直言。下風引領。屬目賢者。知而不言。公之忍也。言而不傳。民之責也。前路茫茫。予懷耿耿。嘅類引伸。好爲其嚙。七十寅野。不廢文字。湘有此人。公倘矜憐……吳恭亨 八日二十八日 常德水星院

野無遺賢。盛治所難。況今道揆法守。無一可紀。交征無厭。戰伐頻聞。救死未遑。焉來付養。老人。湖光。臥。詬。抗志。長。謠。此船。由。所謂。廣。其。心。以。游。於。亂。世。存黃。農。虞。夏。於。盜。賊。貉。獸。之。中。者。也。謬承推挽。媿無以當。然老成之言。天下其敬聽之矣。孤桐

譯件

二一

……頃讀大著無百頁可讀之書。三年可垂之籍兩語。迴思往年。不覺慨然。僕雖在京師大學。五年之間。出書十數種。且時兼師範譯學兩館。日任教科五六時。講義盈尺。此十數書。半在其外。起草謄正校刊諸事。皆於每晚子後。身任其役。往往因此失睡。睡亦不過三四小時。初未嘗不欲竭其譾陋。為學界倡。顧所刊諸書。雖風行一時。而售價盡為書店乾沒。餘稿遂乏資續出。且亦不敢續出矣。茲檢呈四元一種。（其餘各書均見所附廣告中）雖十七年前之舊物。然今日學界。尚不、聞、有、進、於、此、者。（雖或所學非深無不可貴然此中術湍書深淵節恐今日尚無人能讀之者可也）是則百頁三年兩語。僕敢自謂能逃例外者矣。近聞執事有編譯館之設。而議者謂高等專科。無須迻譯。意在能讀譯本者。其西文程度。必已能讀原書。殊不知。科。學。之。精。粗。無。關。於。文。字。（此文字指中西文字之別而言）偏高深科學。漢譯甚多。已敷大學各科之用。則以後學者。即不必先習西文。可省光陰不少。彼歐美文字相近。互習極易。尚常譯他國之書。以便己用。況中西文字相去甚遠。凡習一種西文。須費四五年之時間乎。如編譯館設立以後。能取高等各科。分別精譯。積以日月。諸科咸備。於是重訂學制。減少西文鐘點。（預備學外交及出洋留學者設特別學校可耳）則學生之學年可短。學費可省。吾國學術之進步。亦自可因之而速。且學。者。之。程。度。可。還。著。述。以。第。高。下。而。挵。腹。之。士。無。從。恃。虛。位。以。盜。名。茲事關係教育至鉅。非片言可明。此其大略而已。僕欲倡譯書久矣。顧以前當局。大抵無意於此。恐蹈失言之譏。默不敢發。今聞提倡譯事。暫不忘視、略一言之。幸少審度。不盡萬一。……顧澄（順治門內嘎哩胡同四號　八月二十九日）

愚鑒於出版物之貧乏。擬用國家之力。開局以宏獎之。養吾之說。助我不少。凡私家已印流傳未廣之書。經局審定。認為有用。購收重刻。義所得為。養吾齋交各種。容如法存審。四元一書。養吾自謂十七年來。學者無進於是。學術、公器。顧宏、識、諦、認、斯、言。設有、反、證。諒亦、養、吾、所、樂、聞、也。

孤桐

光宣詩壇點將錄

汪國垣

四店打聽聲息邀接來賓頭領八員

按四店頭領。頗多汲引之勛。以言、興、實、本、領。固未、易、企、及、馬、步、軍、諸、將、也。孫、張、杜、李。自是、健、者。餘子、碌、碌。吾無、取、焉。今以光宣兩朝歷掌文衡諸賢屬之。

地數星東山酒店小尉遲孫新　翁同龢

松禪、執、事。別有、可、傳。門下、多、宿、學、能、詩、者。即其、自、作。亦雅、飭、可、誦。慨嘗、見、其、松、常、文、獻、畫、像、題、詠。皆風、骨、遒、上。餘事。作。詩。人。非學。裕。識。廣。避。易。千。人。者。固未。足。語。於。此。也。

地陰星母大虫顧大嫂　黃體芳

漱蘭、先、生、有、燒、車、御、史、之、風。節概、炳、然。晚主、大、梁、書、院。喜以、詩、歌、自、娛。風骨、頗、高。兼尚、情、韻。世固、未、知、也。

地刑星西山酒店菜園子　清　張之洞

廣雅、平、日、自、譽、其、詩。以謂、高、出、時、賢。面貌。學。杜。韓。比辭。屬。事。要歸。雅。切。尚不。失。爲。廟。堂。黼。黻。春。容。大。雅。之。音。其自。負。在。是。其失。亦。在。是。也。

地北星母夜叉孫二娘　江標

建霞美風儀。號稱識時之彥。世皆知爲清末革新運動之人。然詩、工、殊、深。風致、娟、然。有靈鶼閣稿。頗自祕惜。己亥燬於火。

地囚星南山酒店旱地忽律朱貴　張百熙

冶秋、尚、書。門下、多、俊、彥。汲引、之、功。當不、在、旱、地、忽、律、下、也。退思、軒、集、多、尚、唐、音。要自、雅、飭。惜風。骨。未。高。不免。文。繡。鞶。帨。耳。

地全星鬼臉兒杜興　柯紹忞

鳳笙、不、朽、之、業。當在、元、史。其詩、亦、風、骨、高、騫。意味、老、澹。一時、鉅、手、也。

地奴星北山酒店催命判官李立　吳慶坻

子修學使精地理之學詩筆亦雄舉卓然大家

地劣星活閻婆王定六　嚴修

範孫通方之彥尤負時望詩亦淵懿可誦在美時遊山諸作駿快似東坡可誦也

總探聲息頭領一員

天速星神行太保戴宗　康有為

高言李杜傷雜擬却小蘇黃語近溫能以神行吏奇絕此詩應與世長存

今詩人尚意境者宗黃陳主神韻者師大歷鍾幽驗險則韓孟啟其宗風範水模山則謝柳標其高格其純脫然人乎古人出乎古人者則南海康有為也南海平生學術不以詩鳴徒以境遇之艱屯足跡之廣歷偶事歌詠直有抉天心探地肺之奇不僅巨刃摩天也返虛入渾積健為雄惟南海足以當之

專管行刑劊子二員　鄭盧識

地平星鐵臂膊蔡福　方爾謙

地損星一枝花蔡慶　方爾咸

地山澤山詩名滿淮海所作皆清剛遒上獨秀時流維揚多俊人閔葆之梁公約陳移孫及方氏昆仲皆一時楚風也

軍中走報機密步軍頭領四員

地樂星鐵叫子樂和　惲日

地賊星鼓上蚤時遷　林日

地狗星金毛犬段景住　沈日

地耗星白日鼠白勝　潘日

專管三軍內探事馬軍頭領二員

地微星矮腳虎王英　廉泉

地慧星一丈青扈三娘　吳芝瑛

南湖詩差有風韻樹骨未高王英在山寨亦平平取媲南湖或從其類小萬柳堂主人在女界文學中自是俊物散文家法具存詩尚唐音平生風義最篤故人秋墳惓惓亦晚近俠舉也

掌管監造諸事頭領十六員

行文走檄調兵遣將一員

地文星聖手書生蕭讓　顧印愚

尊向、翁、詩、宗、晚、唐。風、韻、絕、佳。生、平、精、小、楷。嘗、爲、梅浣華書哭庵數斗血歌。細行密字。精氣坰拂拂從十。指。出。也。

定功賞罰軍政司一員

地正星鐵面孔目裴宣　胡思敬

退廬、骨、鯁、之、士。晚、清、末、造。早、決、危、亡。平、生、大、節、學、術。自、有、可、傳。詩、則、不、甚、措、意。推、時。附。處。事。自、是。退。廬。之。詩。他。人。不。能。有。也。

考算錢糧支出納人一員

地會星神算子蔣敬　胡朝梁

詩廬、詩、精、謹、之、作。不、在、秋、岳、衆、異、之、下。推、出、筆、太、易。微、傷、佻、率。生、平、以、詩、爲、性、命。並、世、名、流。多、所、親、炙。廣、廬、四、壁。張、時、人、詩、卷。幾、無、隙、地。

監造大小戰船一員

地滿星玉旛竿孟康　饒智元

石頑、熟、南、北、史。所、作、風、韻、獨、絕。平、生、脅、唐、黜、宋。持之、甚、嚴。著、有、十、國、雜、事、詩。爲、時、傳、誦。

專造一應兵符印信一員

地巧星玉臂匠金大堅　吳俊卿

老缶、詩、筆、從、峭。題、畫、之、作、尤、工。篆、刻、負、有、盛、名。

專造一應旌旗袍襖一員

地遂星通臂猿侯健　史久榕

史竹坪竹集玉溪生詩七律八十首。七古一首。五律五十首。共刻之。題曰靡塵集。翁叔平、徐花農、皆推、爲、天、衣、無、縫、工、緻、絕、倫、者、也。近、人、工、集、句、者、無此、巨、帙。唐、堂、而、後。當、推、竹、坪。

專治一應馬匹獸醫一員

地獸星紫髯伯皇甫端　顧雲

石公、詩、筆、從、縣。醉、中、命、筆。頗、多、偉、觀。盋山詩集。不乏名作。

專治內外諸科病醫士一員

地靈星神醫安道全　王乃徵

病山、詩、工、甚、深。曾、見、其、嵩、山、游、草。風、骨、韻、味。其、臻、勝、境。故、物、以、後。僑、居、滬、上。以、醫、自、隱。易、名、王、潛。文號、潛、道、人。醫、固、絕、技、也。

監造打造一應軍器鐵器一員

地孤星金錢豹子　李詳

別才。非。學。不信。儀。卿。短書。小。册。拉雜。並。陳。

專造一應大小號砲一員

地輔星轟天雷凌振　梁啟超

日。對。天。地。悲。歌。沈。傾。四。海。水。作。潮。音。（邱菽園八友歌）新、會、向、不、能、詩。惟、嘗、與、譚、瀏、陽、黃、公、度、鼓、吹、詩、體、革、命。著、爲、論、說。頗、足、易、一、時、觀、聽。返、國、以、來。從、趙、堯、生、陳、石、遺、問、詩、法。乃、窺、唐、宋、門、戶。遊、臺、一、集。頗、多、可、採。惟、才。氣、橫。溢。不、屑。拘。拘。繩。尺。間。耳。

起造修葺房舍一員

地察星青眼虎李雲　劉世珩

愁石、寶、聚、異、書。鏤、板、行、世。多、精、槧、名、刊。學、裕、才、高。逈出、流、輩。詩、學、源、出、東、坡。與、復、初、齋、爲、近。覃、溪。雅。好。金。石。喜。逃。石。巖。源。流。引。證。賅。博。與、愁。石。異。代。同。風。故。於。鑒。相。通。也。

屠宰牛馬猪羊牲口一員

地稽星操刀鬼曹正　陳詩

皖皖。時。彥。少。所。服。批。卻。導。窾。經。肯。綮。提刀。四。顧。心。茫。然。絕。技。心。折。子。陳。子。子、言、詩、宗、唐、音。精、嚴、自、喜。不、隨、風、氣、轉、移。此、其、過、人、處、也。所著尊匏室詩話。江介雋談錄。立論不苟。

排設筵宴一員

地俊星鐵扇子宋清　陳夔龍

庸、庵、詩、平、澹、之、意、境。雖、喜、爲、之。實、不、甚、工。晚、寓、滬、濱。較、前、略、勝。尚、不。逮。善。化。相。國。也。

監造供應一切酒筵一員

地藏星笑面虎朱富　敬安

寄、禪、詩、在、湘、賢、中、爲、別、派。清、微。澹。遠。頗、近。右。丞。惟、喜。運。用。佛。典。微、墮。理。障。

監造梁山泊一應城垣一員

地理星九尾龜陶宗旺　水竹村人

田、間。釋。耒。東。淵。徐。寄、情。水。竹。恣。娛。嬉。錫、權。風。雅。顧、在。茲。詩、成。早。築。晚。晴。簃。

專一把捧帥字旗一員

地健星險道神郁保四　孫雄

近、代。詩。才。讓。達。官。曾、聞。寶、甫。論。詞。壇。潛、夫。只。有。傷。時。淚。也、當。君。家。史。料。看。（鄭孝胥題詩史閣詩）

（完）

甲寅周刊第一卷第十號目錄

時評

民國自項城時。偸安二三載。餘則幾無一歲而不亂。近頃戰亂之謠且四起。有言豫晉之間也者。有言蘇浙之間也者。有言某起於南。某奮於東。某持於西也者。事如杯弓之生。疑視卽已不見。說若秋蚊之擾。既驅旋又復來。此其。故。何。也。乃人。心。之。習。於。亂。而群。不。逞。者。賫。以。爲。己。利。也。柳州。所。謂。視。天。下。之。勞。若。觀。蟻。之。移。穴。翫而。不。戢。此類。心。理。不。除。國事。未。有。能。善。其。後。者。也。熊秉三先生近游晉歸。爲道該省自治之績甚詳。大抵五家爲鄰。五十家爲閭。由閭而區而村。爲級釐然。人各有屬。省令一日卽遞下于鄰長。以達諸家。閻氏。爲。政。之。要。在簡。易。順。三。字。以人。情。在。此。而爲。王。道。所。基。也。計熊先生旅行三星期間。所至數百里。不見一兵。汽車道上。並無巡路之警。而其平如砥。曾無一大車犯之。五台繁峙兩縣。牢獄率不過數人。詢其籍則屬燕豫。蓋晉民已無犯罪者。聽訟于裁判所外。別設息訟會。置公斷。若外國之陪審官然。民訴不及于法。而自了者。比比也。教育則每村必有高小一二。入學者已超過人口十分之一。而秩序井井。無所謂學潮。教授以著書講學爲事。成績斐然。吾鄉易由父順昇昔年浪迹京師。際於疲廢。今居山西大學國文講席。著述甚富。且有梧蓉。稱小康矣。誠以彼間無從作惡。無可耗費。群習民隱。下流而進。賢者不得過。不肖者不得不及也。中央命令。號稱不出國門。獨於山西獨不然。凡有重要國令期于周知。閻君利其指臂相聯之勢。急則電話。緩以文移。家諭戶曉。良非虛語。部頒之度量衡律。惟山西一省行之。其一例也。熊先生之言如此。外長沈君、亦言外人僉稱豫晉之間。風氣黯絕。一方盜賊蓬起。越界乃道不拾遺。綜上所談。三晉之化。已非近五百年所有。而犯晉之諺。適於是思。吾人又焉從而施其批判哉。（完）

英美日司法調查滬案之照會。聞業經送達外交部。

三國所派之委員。美國爲菲律賓大理院法官約翰生。英國爲香港審判長柯蘭。日本爲廣島控訴院院長須賀。政府駁復之文。稿已擬定。該照會所請中國派員加入一節。斷然拒絕。余謂國際交涉。曲直在理。激隨有宜。可則可。不可則不可。兩言決耳。既屢殺吾人矣。既自派員會同與國查明矣。復自推翻之。欲再行司法調查。其意果安在乎。豈再欲科被殺者之罪乎。不意二十世紀之文明國家。尚有此越絕理性之交際也。尤可異者。美本非外之國。毫無利害關係。又嘗以援助中國揭於世。此次扶同英日加入不正當之照會。違法比之不若。殊予吾人對美好感中生一極大之刺激。豁達大度之美友乎。慎勿自反國性而與恣睢暴戾之帝國爲緣。受其蠱弄。陷於強暴自損。國際上寬厚和平之行爲也。此次無理之照會。外交當局。儘可肆氣力以拒之。會稽乃報仇雪恥之邦。楚國有三戶亡秦之例。敢希全國血氣之倫。以盾其後。（完）

本刊曾載執政重視修改不平等條約。擬延請外國顧問。法長章君主從慎重。所延請者必名副其實。始能裨益。並擬美人韋羅貝爲例一節。消息傳至華盛頓。大爲美人所注意。並由吾國駐使施君。電外部詢問本刊意旨何在。實則、章、君、夙、爲、美、國、有、名、之、公、法、學、者。所著、國、家、本、性、論。與英、儒、鮑、生、葵、所、著。一時、號、稱、雙、璧。章君曾譯其書而未卒業。可見章君對於韋君本人。並無何種不滿之意。特以其學說另成一派。前次在華充當顧問。亦無特殊成績。有倫敦大學教授那士契。前歲由美洲講學返英。與章君遇於倫敦。談及韋君。意在諷刺。章君聯想及之。遂爾涉筆云爾。那、士、契、年、少、英、才、也。言、法、唯、宗、狄、驥。於當、代、名、家。少所、許、可。又不、獨、於、韋、君、爲、然。章君。偶。爾。不。檢。代。人。受。過。雖。亂。世。好。毒。言。之。不。易。乎。毋。亦。道。聽。塗。說。之。未。可。爲。典。要。也。（民）

東大問題。紛糾彌甚。近頃始有相當解決方法。鄭省長尊重中央意旨。中央亦曲體鄭君爲難情形。雙方互讓。以停辦改組爲暫時過渡。由部省兩方。商立籌備委員會。以資接管而利進行。日來京甯交換電報。甚爲頻緊。胡廳長庶華日來赴甯。尤爲本事件之重要連鎖。竊思郭君秉文。創設東南大學。所耗心力。其量甚大。結果如此。始頗全乖。然其。爲。一。部。分。人。之。猶。爪。以。門。戶。之。私。見。壞。樂。育。之。本。圖。天。下。公。論。亦。自。有。在。君子。唯。相。與。太。息。而。已。唯故革東大之動機。起於北部。胡君。教。復。以。宿。學。高。名。又爲。別。一。部。分。人。之。猶。爪。因此。未。服。東。大。舊。派。之。心。且教育之事。無限於地域。教部。既。以。整。頓。學。風。相。號。召。尤不。應。蹈。姑。柔。吐。剛。之。嫌。又東大雖名實不稱。而其。崇。尚。舊。學。不與。外。事。學。府。之。表。相。儼。然。尚。爲。北。方。異。派。之。所。不。及。教。部。所。爲。之。緩。急。輕。重。似。失。其。宜。此類評議。流布頗廣。今東大之事已矣。負教育一體之責者。其亦博採衆議。堅行其是也可。（民）

北大學生。近日發佈復課宣言。略云五卅之變。毫無結果。同人所負職責。不專在奔走呼號。而在、預、儲、能、力。爲他、日、任、重、之、語、實以、救、國、事、業、決非、空、言、所、能、奏、效。尤非、旦、夕、所、能、完、成、不有、沉、毅、之、精、神、豐富、之、智、識。徒恃、呼、號、終何、補、於、實、際。卽使、悻、達、其、要、求。亦無、以、維、持、於、不、墜。身居智識階級。負指導民衆之責。雖處、不容放棄。要以不害及求學爲限。所謂、救、國、不、忘、讀、書、是、也。善哉善哉。風雨晦冥之中。何期忽聞此朝陽之鳴。哉。學術救國。人所公認。士爲國脈。人所共知。世界學術。千條萬緒。無論科學哲理。非凝靜縝密之腦經。幽微要眇之思力。不能探賾索隱。若日。惟紛。噭。之。自。鶩。而仍。號。於。衆。曰。讀。書。讀。書。自欺。欺。人。無有。是。處。語曰。君子思不出其位。君子恥其言過其行。諸葛氏云。非學無以成才。非靜無以成學。皆是旨也。且君等之奔走呼號。多半出於天性之熱烈。人道之義勇。而一。二。野。心。家。每每。利。用。此。憤。激。之。同。情。性。暗行。其。爭。權。攘。利。之。私。雖隱。君。等。於。九。幽。亦非。彼。之。所。惜。君等。爲。一。時。之。熱。情。所。移。或未。之。知。及知。之。或。亦。無。如。之。何。往事俱在。細思果何如耶。蓋救、國、必、各、如、其、人、之、道。失道、救、國。非惟、不、能、救。反速、其、亡。詩云。其亡其亡。繫於苞桑。中國之存亡。舍青年學子。尚有。何。望。學子救國。舍拚。命。讀。書。復有。何。術。君。等。揭。櫫。天。下。救國。不。忘。讀。書。吾。請。下。一。轉。語。讀。書。乃。眞。救。國。（完）

四庫全書付印之議

因循六載。作輟數四。近似已決居前議。時論頗復欣然。然此事有得失兩方。論當世事者所不得而略也。四庫全書編纂之初。意在網羅古今載籍。苟非觸犯時諱。或猥褻不堪供乙覽者。咸爲分別部居。寫定一通。上備天祿之藏。以彰右文之治。明朝編永樂大典。直至嘉靖間始有副本。以清盛時之物力。亦僅分儲七閣。各一通。蓋撰集之初。亦但欲。天。地。間。只。有。此。數。未。嘗。通。億。後。人。覽。據。此。以。付。剞氏。也。然則今日果當物阜民豐之候。列國名都。豪家別館。俱欲坐擁百城。以傲萬乘。此事自不爲虛費。至若揚扢著作之林。以供承學之士。廣流傳而彰文獻。則四庫之所去取。滋有可商。晉未宜據爲定本。漫加迻錄。徒以鴻寶之編。供羽陵之蠹。明於古今之故者。必能辨茲得失也。故排印之舉。宜分爲二部。相挈以成功。相得而愈顯。其一、彙寫、原本。格式、體裁。色澤、首、地。毫釐不忒。專以省、藏、度之美觀。其二、則擷取其中、落、本。與夫、流、傳、亡、鮮、之、編精加、讎、校。付之、刊、布。而目當習見或情采無多之書。似不必再耗物力。（其有皆入註生）（說約之作自有第陳中不實譯二也）如其力有餘羨。則與其踵事增華。不如取材四庫。廣蒐遺佚。更附益以近百餘年之新作。略仿圖書集成之例。撰一至偉大之類書。化無用為有用。易散漫為整齊。其有裨學問。尤為宏大。姑發其緒於此。俟更詳之。（完）

說分

孤桐

省憲之說已成國論。近國憲起草委員會。亦以此為中心問題。湖南至以保障省憲。為派員出席之左券。章太炎、搭慧生、諸君在滬組織之聯省自治協會。明白號召。期于得請而止。許俊人林宗孟湯斐予諸君。與聞大計。桴鼓相應。故此論貌似沈寂。內蘊彌甚充盈。而尤以執政所標制定省憲四字為截斷眾流。囊括建國大義。所謂馬雷是也。顧猶有不明此旨。令統一為虛治。昔分制為病民。泥於理勢。以相齮齕者。逆料憲草程中。正負之論。不免相持。愚為此懼。竊欲有說。質則。省。得。制。憲。並無。妨。於。統。一。強藩。竊據。亦省。憲。所。不。容。兩說。分。野。不在。於此。由今時政象觀之。將使省憲之義。推行盡利時期上之準備。及事實上之限制。俱不能免。亦於國憲之施行細則詳訂之可耳。今之所為。乃正其義。不。容。其。例。舉其。綱。不。舉。其目。倒與。目。可。萬殊。義與。綱。不。得。不。定。於。一。三年前、國會同人有制憲特刊之設。從事於省治之討論。適遭政變。條附停刊。愚有短篇。未及流布。頃檢原稿。猶有可觀。謹奉敝帚。用佐公議。特一爪而已。未及本論之百一也。有丁為君。發增發議。謂國家組織。由分而合為進化之制。反是即為退化。如戰國七雄。漢末三國。六朝五代。以及唐末藩鎮。民國督軍。凡此皆分之咎。每經一

五

統。治化較降。今省憲主分。理當反對云云。此等不學膺受之說。按之于理。徵之于事。無一而有當。今得以一言為辯。

國家之職務。其繁簡緩迫之度。每比例社會之演進。如何。相應而有所異。以時分律之。古簡而今繁。古緩而今迫。此有目者所同見。不可爭也。惟其簡而緩也。家國大事。禦外侮保內安以外。幾不必有所設施。當時則國之所為。降于消極。果能對外成為一陸軍國。對內成為一警察國。則其所以為治者。已臻無上。其餘文為風化。土田生計。一任人民潮維主宰。自生自活。絕少由國出而干與者焉。若是者。其國宜合。吾國二千年來。史跡流轉之所謂統一。此類是也。每當國家盛時。四夷賓服。盜賊不興。因得舉合之實。享合之利。及其衰也。控制內外之力。弛極以盡。姦猾生心。豪強竊地。其國乃不得不由合而分。分之既久。天下厭亂。命世之才。乘時崛起。全國又得一合。自周末七雄以迄前清。如丁君所舉吾國蹣併之勢。大抵皆循是例。其歸納所得之公律。則分也。何以政繁文敝而分。其合也。每以令簡兵強而合。劉季約法。止于三章。中華大一統之玄秘。即在於此。以知吾之分合無定。乃閉關時代農業國家政趨必至之象。分無所謂退化。合亦無所謂進化。歐洲古代。立國如林。其離合仇友之迹。亦復相類。故其國賴以生存之精髓。號曰薩威棱帖。薩威棱帖者。至高無上之權威也。此義自進為歐土國家學之通則。沉浸於法家博士之腦中。數百年不衰。一至最近。始有新觀念。圻副而出。蓋社會日進。情偽日紛。一國之賴以蕃昌所生之者。善樂育。決非僅僅乾枯生硬之薩威棱帖所能奏功。狄驥者、法蘭西法學之斗山。而革新斯學之元功也。其所篤信。強聒則今世國家所宜造端作基。從而締構者。乃在分職。而不在高權。倫敦大學教授那士哭俊士也。力播狄氏之學于英美。往歲曾為愚言。當今國法明星。狄氏一人而已。愚循誦名言。持律世變。果得其道。幽深旋達。因應無窮。今敢為之言曰。今世為國。精要在分。分之愈明。治乃愈上。有主分地者。其義寄于邦聯。邦有主分業者。其義寄于法之泌第加。英之基爾特。

今後所以爲分者。理論上之精進。及事實上之應驗。當至何許。非一時所斷言。惟分。義。在。國。家。原。理。中。已經。確。立。無可。吁。減。乃爲。言。治。諸。家。之。所。共。認。曩者一國之有分裂也。由于實力。今之所以爲分。訴之法理。吾人曠觀當代。熟察政情。探索特別。因。性。之。所。在。疏導。羣。衆。心。理。之。所。往。以。造。法。之。程。叙。立。分。治。之。宏。規。使一。羣。中。之。情。感。嗜。好。利。害。望。欲。各。得。自。納。于。本。位。因之。舉。國。之。夫。皆。本。其。心。之。所。安。性。之。所。近。遇。之。所。許。材之。所。能。分途。並。功。其實。豁。治。此在。邏。輯。大爲。可能。依據本真。吾國所當爲分。何止區區省憲一義。且卽目前諸君所倡省憲最高制度。在愚視之。亦不甚于宏旨有關。愚之本案。蓋別有在。特以憲法會議超居立言之條文。已有大半。而又同人爭以主義報國。其情過于激越。不肯深研本題。廣納異義。故且卷而懷之。以俟他年。曾、命、天、下、事、有、無、可、畏。惟、不、能、辯、理。則一、切、想、休。今逢、此、際。謂之、何、哉。

愚擬言英國近採聯邦制。而引愛爾蘭自治爲例。論者因欲證此之自治與聯邦無涉。乃不惜隨意杜撰。

希圖開執人言。某曰。此案英國議會反對之。以其內容非單純自治。而含有國家行政之意味也。某曰。英之發生此案。乃由于其屬地反動之關係也。某又曰。此不過一尋常自治案耳。去聯邦萬里。焉得爲比。其·他繆說淺闇不合事實之批斷。不可悉計。一一正之。何勝其煩。今惟請正告同人曰。英之巴力門提出英蘇威愛之全體自治案。Home rule all round 及愛爾蘭自治案。Home rule for Ireland 殆無人以效法聯邦爲諱。詰其動因。愛爾蘭人之欲自守其族。謀脫英羈。不能不占一分。而在法理最饒趣意之一特質。則政。治。分。功。之。義。是。也。當千八百七十九年。格蘭斯特執政。痛詆巴力門簿領紛披。法程交錯。職簡事繁。不可爲政。計惟嚴樹地方政府以自救。逾年、陸軍大臣齊德宣言曰。「吾英殖民地中之一共和國。蓋指其處理政事之立法機關。至四十五十之多。而其機關之爲兩院者。且大多數。而本國合英蘇威愛以及不列顛全帝國之若法若政。俱填委于一巴力門焉。是誠奇談。」斯義既立。各族之自治案。于焉醞釀。自謝以

七

還。義愈宏布。稍熟英政者。殆無不知英之議員。其職分內所應知應能之事。以今日舉體復隨之甚。科學應用之廣。無論何項材性。何種勤勞。俱非所堪。大戰以來。情擊尤顯。赫劭曰。一戰後之改革案。純恃大規模之分權。Devolution 苟非此者。一切政治。俱叢脞莫救。一觀此、亦、可、於、分、義、完、得、其、相、矣。

綱說

王照

二十年前。卽耳小航先生名。戊戌揭參六部堂官。同時落職。所謂不畏強禦。勇猛可嘉。天下莫不敬之。後開倡爲簡字。意在濟國文之艱。非近揚湯止沸。疑於先生性行。不甚相類。以非權不屬。亦未暇究問也。近與時會。忝司敷敎之事。面欲就先生詳論簡字利害得失之故。人事卒卒。仍未得爲。而昨先生先施以書。並附綱說一首。志在救世。欲使天下俱得開知。懇重先生。不得不重其言。會當細論。先此酬覘。　孤桐

吾國廢三綱之說。始於三十年前。今已竭力實行。其所得效果如何。國人皆見之矣。夫綱之爲用。萬事萬物。天然自有。而不能或外者也。惟古人所謂三者。乃舉此爲標。以概其餘。而所謂綱者。則不廢江河萬古流也。夫綱之爲字。始於若網在綱。綱之有衆目也。非總乎綱則不得其用。設有綱焉。不循衆目之理。而年錯於綱中。或偏繫一角之目。而斷離其全綱。是失其提挈之用。其必應故製也。固也。而遽謂凡爲綱者必廢綱任目。始協均平之理。可乎。若驗行星。必以太陽爲全系之宗。測繪地球。必以兩極爲經線之會。植物枝何必聚於本幹。而本幹或護以棘蘩。動物肢體必運以腦筋。而腦海獨厚其骨殼。列車何以讓車首居先。築屋何以任棟梁在上。非有意偏重也。物理之天然。固如是也。獨於人事。而曰必廢綱而後。還其無階級之原則。有是理乎。夫三綱之說。自有正解。非專制之謂也。由一、國、以、至、一、家。凡一、切、合、羣、之、機、關。下至、一、小、商、店。必任一、首、領、以、便、提、挈。皆若、之、類、也。父則亦家中天然之君耳。君父之爲綱。悖之卽叢脞不治。此古今人事大同之公例。至於夫婦。古人本云合體

同符。因男女體質之構造。原來不同。就平均數計之。強弱略分。各有所便。故天然演成之習慣。以女子留守家庭爲後盾。以男子馳騁進取爲前鋒。職是之故。凡對方之所責成。必在男子。其契約之關乎家與家者。男子結之即爲有效。一切擔負皆然。此不。得。不。然。之。勢。所以。爲。綱。也。使家與家。或他機關與家之交涉。不握此爲綱。則事事必穿房入闥。一一尋覓而訂結之。始爲有效。其貽誤家事。不可勝言。與國事之終日紛呶。萬事隳壞者何異。夫綱。之。爲。用。也。如。是。而。已。與平。權。不。平。權。何。涉。今邪人爲使其放蕩之情。特意誤解綱字。而力反其用。以敗壞五千年之禮制。流禍未有底止。奈之何莫思一挽也。

代議非易案書後

梁大肅

選舉、吾國古政也。以流弊之甚。嬗化數千年而有科舉。民國紀元。狃於歐化。遂用以選代議之士。人方、威、于、末、流。找乃、標、爲、新、政。非所、以、治、天、下、也。辛亥之冬。曾在光華報中略論及之。人微言輕。其不足輕重宜矣。十餘年間。情見勢絀。今太炎先生。乃有復科道之議。周官諍人。僞今思古。此真、空、谷、之、足、音。班亦、剩、復、之、機。貞元、之、會、乎。顧科道之弊。誠如梁燕公之言。無遁形矣。然苟以人廢官。亦非篤論也。清時科道職掌。朝廷大政。本不與聞。所行者例案。所閱者京鈔。孤陋寡聞。惘惘之吏。數年不具一摺。至鬻、璧、虛、造。以應、求、言、之、詔。黠者、摭、拾、風、聞。乃勢、所、必、至。況其、官、初、不、甚、尊。而俸、又、過、薄、者、乎。若謂、權、門、熾、大。則凡、可、以、上、封、事、者。皆優、爲、之。不待、臺、諫、而、始、然、也。彼議會之弊。太炎論之已詳。騙天、下、之、人、使、之、挾、衆、圖、上。雖有、賢、者。不能、自、拔、崇如、英、日、諸、國。兩黨、互、相、消、長。不致、牽、動、干、戈。爲願、已、足。遑論其他。然則議會不合于國情。及時改圖。未爲晚也。然遂責科道以監督政府之權。則利害相較。不能無疑矣。蓋國會。兼立法。由民選。察院。司。糾。彈。由任。命。其權限輕重不同。人數多寡不同。是故、國、家、有、大、政、令。以議、會、抗、之。人視、爲、固、然。而政、府、乃、有、所、憚。以全、臺、諍、之。則力、薄、而、效、已、鮮、矣。且如。裂。麻。封。駁。古今。傳。爲。美。談。而千。餘。年。間。所。流。聞。者。不過。

九

數。事。正如。疵。峯。猩。唇。可列。爲。八。珍。而豈。足。以。供。常。饌。也。哉。夫國、家、設、官。道在、指、臂、相、使。大小、相、維、而、已。苟通。其。意。則龍。師。鳥。官。皆足。以。治。天。下。何斤。斤。於。科。道。爲。今使下一令。部設給事中若干員。爲監察之官。省設御史若干員。爲耳目之官。夫復何難。然究其實際。其儒、者、不、過、多、一、畫、諾、之、人。其強、者、即、已、有、掣、肘、之、患。其賢、者、可、以、效、補、闕、之、用。而不、肖、者、已、多、一、奔、競、之、途。適爲、梁、燕、公、齒、冷、而、已。果何、益、哉。然則、科、道、必、不、可、復。而議、會、遂、不、可、廢、乎。則幷也。愚謂當酌其會通。重給、事、以、權。而優、御、史、以、俸。賓禮元良。奬勵風節。分其途以致之。嚴其格而試之。然後庶乎其可也。故給。事。若。非。特。任。則不。如。勿。設。御史非。經。考。試。則不。如。無。官。蓋。欲。給。事。監。督。政。府。而使。新。進。爲。之。必。瑟。縮。不。能。舉。其。職。欲。御。史。彈。劾。政。府。而。以。薦。舉。進。之。必。顧。忌。無。以。滿。其。言。謂。宜、仿、元、老、院、之、制。凡通、材、碩、學。勳位、隆、重。民望、所、歸、者。羅而、致、之。國家、大、政、皆、就、商、焉。略如、前、清、管、部、之、例。月以、一。二。人。輪。値。稽。察。各。部。部中。用。人。之。增。減。行政。之。得。失。出納。之。贏。縮。任事。之。勤。惰。日有。紀。季有。考。庶長。官。不。能。弄。權。而下。僚。可。以。自。達。則給。事。中。之。職。舉。矣。至若御史之設。太炎所定。先之、資、格、清、其、品、流。繼之、考、試、衡、其、材、識。拔十得五。吾無間然。惟互選是否盡善。當更思之。誠如是者。非獨爲監。督。政。府。計。亦所。以。消。弭。黨。爭。保。存。元。氣。甄。拔。寒。畯。庶幾哉。民氣。靜。而後。治。理。可。得。而。言。也。雖然。今之內閣制、委員制、聯邦制。甚囂塵上。人各一端。國本未定。官制抑末也。吾說、未、必、可、行。行亦、詎、必、能、久。所謂、居、門、大、嚼。快意、之、言、耳。夫天下豈有無弊之法。玆特引其端。俟有心者論之。

論學制

金兆鑾

學制改革。二十年矣。政事之科。茂績不著。文學之士。宣教無聞。蕩檢踰閑。藉詞解放。束書輟講。以爲愛國。有識者痛於心。而不敢宣諸口。蓋閥閱濕勢。學子尙氣。互爲營植。以事傾倚。異己者排。逆己者誅。其鋒甚張。不可嚮邇也。古惟人主喉下有逆鱗。嬰之則怒。今則學籍中人。類多有之。僕何人斯。敢嬰其怒。雖然、竊有二事。自昔興學。至今懷疑。鬱之數年。更難緘默。願諸明哲。平心靜氣。一體察之。

其一、教育、專制。夫國家興學。爲養士也。學校養士。爲國用也。然有其才者。不必自學校。而卒業學校者。不必其有才。今法官文官之考試。憑藉於學校之證書。有其證者。空疏之子。皆就廩餼。無其證者。淹博之士。末由登進。數年期滿。學博僭名。一紙書來。功名唾手。甚者朝販鬻於外邦。暮効用於內國。昔之捐照。何以異茲。亦有私塾之中。講求實學。而與教者。專比例於部章。合部章者。雖無違在。皆予通融。不合部章者。即有良規。均遭禁止。誠使部定之章。無可非議。猶慮日久弊生。況其所定。未切國情。乃欲以此相衡。定於一是。豈獨造端不宏。長才淹沒。亦恐無術之士。日以流競。浸至朝章國故。無素習之人。文物聲名。有淪胥之懼。而列于學籍者。并此學年考校之法。亦擬廢之。以便其私。不待數十年後。朝野均無可用之人矣。昔漢魯申公。退居家教。子弟自遠方至。受業者千餘人。一時學者。如孔安國周霸之徒。皆爲太守內史。治有廉節。爲博士者十餘。而至大夫郎掌故。以百數。使在今日。繩以部章。不爲禁止。亦遭屏棄已耳。蓋學籍之壟斷。亦既有年矣。

其二、學不平等。夫政體共和而後。奴婢之制已除。凡在國民。均可向學。以言不平。夫豈其然。不知觀於其名。誠無上下等級之分。求之於實。殊無貧士讀書之所。南北大學。今無慮數十所。問廁足于中者。有一貧寒子弟乎。中等學校。今亦千百所矣。而負笈入學者。年需二百金。合初高二級。以六年爲期。求學之費。至少千金。夫千金者。中人以上之家。非僅小康已也。然一子求學。五年即可罄其所有。不幸子弟有三四人。何以繼之。中人以上之家如此。小康之家無論矣。赤貧之子更無論矣。即此一端。穎異之子。以無財力而不克自拔者。豈可以數計哉。中學卒業之後。其財力可升學者。百人中纔二三。一校之內。一年之中。卒業者三百人。升學者纔十八人。此二百九十人。其於大學。皆有高山仰止之歎也。國家取士。唯重專門。升學不能。進無所據。而耕田問舍。在所不屑。行商坐賈。非其

二

素習于是。退亦無據。一校如此。推而至于全國。進退失據之人。年有幾何。吾誠不忍言之。去前年奉化所獲之盜魁。爲法政學校之肄業生。今年鎮海所獲綁匪。爲中校卒業生。彼豈樂於爲此哉。是皆國家年以數百萬之教育費。中人以上之家。竭其所有。以造就之也。至鄉里小民。家有子弟者。入學既無其財。欲求稍稍識字。不得不入私塾。而各縣之教育局。又以不合部章。從而持其長短。俗士生機。於此遂絕。嗚呼。不平之制。又孰過于是哉。凡此兩端。較然可見。而今之教育家。顧熟視而無覩。日坐講壇。高談社會主義。盛唱馬克思列寧之學說。其于切近可覩之弊。曾不一爲顧慮。不知而不言。不免于闇。知之而不言。其意何居。漢之取士。學校明經而外。有科目。有選舉。科目之中。有賢良。有茂材異等。廣開登進之門。不拘拘于一格。故董仲舒、公孫弘、兒寬、朱買臣、諸儒。始雖困于燕雀。終皆鴻漸于陸。更觀三代之時。伊尹割烹。太公垂釣。傅說版築。甯戚飯牛。顛沛半生。猶傷一日。貧士無終困之時。豪杰少不平之氣。今之用人。不由學校。即自宦緣。懷才抱器者。鬱而不伸。隱曜韜光者。晦而莫出。遺才滯用。關亦甚矣。爲今計者。使夫入學之人。知讀書不足恃。而後可以勵其勤。使夫未入學者。知實學自有真。而後可以折其饕。杜學府之把持。絕要津之請謁。多其方以養士。廣其途以進賢。而又副以書院月課歲試。優其廩餼。使貧士未通顯者。得安心以講學。庶幾調劑貧富。教崇實學。家弦戶誦。復見于今。孤桐主復科舉。蓋救時之良藥。均富之宏猷。未可謚以守舊之名也。

通訊

質正

……………讀大著代議非易案。慨然於現行代議制之不良。而亟思有以易之。草議名論。至深敬佩。大著中關於恢復臺諫制各論。均係專從該制自身推究得失利害。僕不欲有所論列。所欲質正於足下者。則以、拯、國、今、日。果僅、廢、罷、國、會。廢、去、選、舉、代、議、制。恢、復、臺、諫、科、舉、制。即足、納、政、治、於、軌、物、否、乎。足下謂今天下大亂。紛紛不能休。軍閥與國會實尸其咎。軍閥別爲一事。若國會者。信無人不以改絃易轍爲不可緩。如此論斷。僕亦不暇深辯。惟所謂軍閥別爲一事者。將以、國、會、爲、首。軍閥、爲、從。首惡、伏、罪。而從、犯、可、聽、其、逍、遙、法、外、乎。抑將、待、其、自、爲、改、善、乎。否則、別、有、去、之、之、術。斯時、姑、不、遽、揭、示、乎。子產有云。安定國家。必大焉先。姑先安大。以待其所歸。足下立意。豈亦如此。大著又引蝮蛇在手。壯士斷臂之語。以喻國會蠹國。宜下斷臂之決心。竊以。今。日。爲。蠹。蝕。於。中。國。而。宜。下。斷。臂。之。決。心。者。國。會。而。外。正。自。多。多。足下既主根本改革。

……………

不應、避、重、就、輕。舍難、取、易。致蹈、不、澈、底、之、譏。昔在徐東海時。足下曾建議於靳翼青。謂北京各部院。宜一律裁撤。統歸併於國務院。分設數科而已。可謂如此則月省百萬。年省千萬。中央經費不假外求。而後庶政有整理之可望。靳不能用。足下惜之。今中央岌岌不可終日之象。又倍蓰於靳當國時矣。足下在爾時則僅立於旁觀建議之地位。在今日則立於主持執行之地位。雖易緩急。今昔奚啻壤。然則、足、下、亦、何、憚、而、不、爲、此。豈、今、昔、異、地。而、主、張、即、緣、以、不、同、乎。僕有以知足下之必不若是矣。此所欲質正於足下者一。又足下前於就教長兼職宣言。毅然以整頓學風爲己任。夫今日教育第一致病之原。莫若學校經費一項。今自中央國立各校。以及各省縣立大中小學校。有一不爲爭校長、爭經費、爭賦教員、而演出種種傾軋排擠煽動勾結把持告訐之惡風者乎。長此以往。恐橫決之禍。不必起於土匪亂軍。而即在國家前途所託命屬望之教育界。近年長教育者。大率沆瀣一氣。唯諾承風。否則被迫不已而去之。足下既毅然以整頓爲己任。則各、釜、底、抽、薪。廢止、國、立、學、校。將原、有、基、址。聽各、校、自、組、董、事、會、自、爲、維、持。其不、遵、守、部、章。或有、法、外、行、動、者。得停、止、或、解、散、之。其道、無、由。觀於近來各私立學校成績日益澌盡。而官費學校反之。此無他。經費。概。由。自。籌。野心。家。無。所。用。其。攫。奪。既得。免。種。種。之。惡。劣。競。鬬。而校。風。即。可。以。整。頓。校。課。即。不。至。廢。荒。也。足下今且以明令專長教育矣。如對於主管政務。不有徹底振刷。恐其餘遠大計劃。亦終託之空言。語云。皮之不存。毛將焉傅。僕以謂。教。育。不。能。改。善。則凡。百。設。施。皆等。具。文。此所欲質正於足下者又一。昔人謂惟善人能受盡言。久未親雅範。茲因偶讀名論。敢本足下夙抱之條闓。聊申數行。爲大箸進一解：：：高仲和（文昌胡同十八月二十日號）

重源發筆。咄咄逼人。適料所答。無當作者之意。讓存原案。以待公哉。昔柳州書責楊誨之。「今子之言非是。則子當自求暴揚之。使人皆得刺列。卒采其可者以正乎己。然後道可顯達。」愚視。此。言。深自。愧。也。　孤桐

者何

：：：闊別經年。有懷莫釋。頻聞北來人言。出任艱鉅。爲中國後學振聾啟聵。竭盡心力。不惜如張江陵之甘爲孱鷹。固未嘗不服其勇。且更悲其志也。近狀奚似。無任懸仰。竊以爲中國士習之壞。不自今日始。其患實中於前清末年。彼時從學者。以科舉之餘習。濟之以。上。海。洋。薄。少。年。之。狂。餤。託。爲。愛。國。求。新。其實。荒。無。所。知。無。目。不。爲。誤。國。誤。家。誤。身。之。舉。民。國。以。來。此風。尤。甚。爲今之計。固當如董子所云。不過正不能矯枉。然化民成俗。非一朝一夕之故。求效過急。究非所宜。治厥病源。宜莫如。聚。徒。講。學。嘗憶台從在湘時。吾儕有術強學會之結合。公更推求誠之旨。擬取公羊文法。名學會曰者何。三年以來。竊不自揣。謬承高論。倡設文藝書院一所。講學其間。略於湘中賢士大夫。有風雨雞鳴之樂。今寄上章程數分。及請願書一分。儀器一分。冀求教於明達。倘以爲不謬。即乞優加宏獎。俾經費不絀。所志竟成。不勝厚幸。王船。山。所。謂。

抱孤心臨萬端。亦惟知者之哀其愚而已。本擬北行。濫漢適爲車阻。文事久廢。詞不達意。率貢區區。諸希愛諒。……蔣典球（洋[illegible]年紀八月二十四日）

前歲在湘。子毅約集夙荒劍凡諸君。議創學會而難其名。愚詢爲會何意。子毅言實非求是。並無前設固定之宗旨。課立語言。起名字。以相號召。亦因物付物。何所得即何所主張而已。愚笑應之曰。此公穀筆法所稱。王者何。元年春者何。及其他者何者。何者也。何不逕名曰者何學會。衆嫌其不習。卒定名南強而散。憶愚遊難東京。初爲雜志時。與克強議名。逕不得當。愚倡以其歲牒之。即曰甲寅。當時莫不駭詫。以愚實主此志。名終得立。由今觀之。吾甲寅。亦未見俗惡荒野。不得上口。愚於者何二字。亦有斯感。蓋無論何名。得人口傳。筆述強聒。不舍。久之。必成宗風。無形流衍也。此意子毅以爲然否。子毅吾湘傑士。冠冕學林。諸所經營。皆存孤詣。今之所請於愚者。愚亦盡心力以爲之而已。

孤桐

民極

……女子師範大學。雖經停辦。而二三學閥。皆諮紛紜。左袒以附一閧。默察方來。倘多糾結。沈吟鄭風子衿之詩。誠不料人心士習之壞。遽至於此。自頃以還。入習苟且。主教育者。亦復窺時俯仰。以赴勢物之會。同俗媚衆。視爲當然。而執事適從清黨之後。不量敵之多寡。欲一舉而矯其弊。則衆何爲而不洶洶。抑君子之道。莫大乎以誠篤果毅之心。躬試天下之至艱。行類大愚。乃動鬼神。即逆審事。或靡濟。亦終不當。濟身顧私。憚自鄰於遜就畏葸者之所爲。今茲之事。係關一校。但使是非既彰。徐圖改組。會得底於清寧。生徒相習於矩矱。因以生新機而遺舊識。即搖時艱於萬一。亦未可知。倡而爲風。效而爲俗。固匪執事。一身之爲利害也。屬任甄詩之役。抽揚幽隱。深佩慈施。惟茲事彌弘。篇廣取舍未審。易涉門戶之嫌。執事既勇且智。才自天縱。縞紵徧於海宇。瓊瑤報乎巾箱。杼軸從心。以時甄選。出諸餘事。奚假無生。至於索及部作。尤無以副。不佞少治文辭。未詮眞諦。重以不自檢格。奔走四方。憂患傷人。爲章廢絕。深維。左。書。今。賁。相。詛之。訓。莊氏。知。安。交。養。之。言。良。不。欲。以。離。謚。自。耀。承般般之厚。而未有以答。彌切悚惶。方今九州瓦解。國故陵遲。曲說流傳。殆將滅學。吾儕當世所名爲腐儒。竊不自揆。頗欲因時。發憤。就根。於。人。心。學。術。之。不。可。沒。者。以。爲。之。說。則。於。明。其。指。歸。以。立。民。極。近爲劉向新序作佚文校注。（[illegible]）又好請世要論。（[illegible]）擬爲箱注。餘單初陳。僅具梗概。茲事泯歿已久。世用邪說爲尙。以貢待刊。匪特於例未適。亦適以近時滋語而已矣。無己則僕中尙有舊時雜錄如干則。者前聞。兼涉近事。略關掌故。非籌杜撰。丞於懷賢念舊之辭。弔夢歌離之什。微尙所依。則亦不廢。不賢識小。固知其猥陋。而違意執非或不以爲惡。稍得休閒。便當迻錄求教。羽膠詩云。略就掌故非勵濟。誦此自嘲。亦兼以自惕云爾。松岑寓址。別紙寫上。曾刊想伊已見及。吳江縣教育局事。頗形棘手。聞將改就東南大學講席。知注附及。…………黃復（宣外八月）

（十頁五家廿四同）自來。風。會。無。不。爲。最。少。數。入。之。所。總。持。患。難。非。其。人。終。蒙。其。莫。得。逃。黃。君。卓。見。及。此。幸。堅。持。之。徒。避腐儒之譏。懼時詬之滋。非所望於明指歸。立民極。以人心學術爲憂如黃君者流也。須知。吾。不。自。腐。孰則。腐。之。吾。方。詬。時。焉。爲。所。詬。孟。子。言。勇。其。道。在。養。雖。千。萬。人。恐。與。黃。君。請。執。此。義。往。矣。曾。著。二。種。所闡甚宏。如昔以欒本見示。及就商刊布之事。俱願承教。雜錄出自君手。價必不凡。倖候傳鈔。先覩爲快。松岑尙無書來。所請望加敦促。此函久閣未報。以爲積稿所掩。今始理出。勿罪。　孤桐

三遊

……見大刊第三期。猥蒙不棄。采及蒭非。過荷揄揚。且感且愧。今世之弊。曰惰曰僞。青年溺於惰。士夫習於僞。由惰。斯。偷。故。自。話。文。以。興。且。繼。以。不。韻。之。白。話。詩。矣。積。僞。成。妖。故。一。切。法。制。名。義。任。擇。何。等。善。良。者。皆。優。孟。之。衣。冠。狐。鼠。之。城。社。矣。晚近儒閎之道。仁

人來乎。自非。攻。心，良難，已。疾。苟不。察，者。茂用。知。今。詞大箸今四維論。暨致恒乎自話之察。以爲國家所貴夫有學士大夫者何在。嗚呼痛哉其言之也。竊有以見仁者之用心矣，可謂游夏之徒。莫贊一辭。懸諸國門。一字千金者也。昔荀悅東漢名儒。遭值末世。作中睿矣。又奉敕删孟堅書爲漢紀。傳誦當世。史稱名筆。孝武紀中。因郭解事。什著論痛言三游之弊。指爲德之賊。其事、則、史，其文、其、屈。檢、奸、發、伏。窮、形、盡、致。不、啻、今、日、社、會、之、寫、眞。亦、復、當、代、政、局、之、縮、影。未則歸本于德義風化。先王治世之道。此其犖然。特爲鈔致。請付周刊。俾與天下人共讀。曉然。于。東。亞。文。化。之。所。由。植。吾國。政。教。之。所。自。來。爰。焉。慕。焉。息。焉。游。焉。勵。精。于。樸。學。以致。其。用。洗心。于。禮。教。用全。其。性。又以。明。夫。治。亂。之。象。今古。同。源。瑜。妖。之。智。甚。于。禽。獸。曰正。義。曰人道，宜闡揚其精華，而不可自斲其本根。曰反帝國主義。曰民族自主。宜先鋤抉達爾文物競之學說。暨歐美一切人欲士之功利主張。而不可耽其遺毒。還以速其自斃也。孔子曰。士必端慤。而後求其知能。非子曰，自三代以下者。天下何其囂囂也。甚矣。夫。好。知。之亂。天。下。也。今者人智汎濫之世。誠可謂智而淫者。智不如其愚也。哀哉苟公之言。不幸而又中矣。天其或者以爲木鐸。徇于斯世乎。乃余小子之志也。先生眡味道腴。職司與誦。儻有同感。拭目俟之。……林大閎（之首部　九月八日）

名論切至。得未曾有。文章光燄。彷彿東京。敬服敬服。苟君三遊之論。謂當懸之國門。使人自鏡。愚極然之。惟漢紀並非僻書。恒人均得寓目。周刊錄布、似可無庸。劍秋云。其文。則。史。愚請。得。而。糾。之。曰。其義。則。某。竊。取。之。矣。

孤桐

可憂

……堯承鄉先生陳伯嚴之招。遜本教於金陵萬全酒肆。欽幸至今。彭澤汪辟疆來。又時誦說先生。竊冊勵精撰述。以文章大業爲重。而接遇朋賓。復篤於文字因緣。此天下文士之所以輻輳願進。留鄉論意於左右者也。甚盛甚盛。平旅都四月。見見聞聞。不可婢謎。而於甚囂塵上之所謂文化。與羣流景仰之所謂學者者。乃得諦綜其眞。不禁感慨係之。良以、北、京、為、新、文、化、之、湯、沐、地。而、諸、學、者、之、洙、泗、場。是可、徵、信、也。夫文化羣天席地。充塞宇宙。乃遞演遞進而成。非一手一足之烈。本無新舊可分。尙何運動是言。彼今日自待以為新文化者。於社會事業。無所匡改。自然演進。無所翊贊。而乃囂囂獨競於白話文字。以為新文化者在是。是何異於盲者摸得象之一體以為象。鄙夫年人都市。驕其家人。自詡為綺容之游邪。設曰白話文字。可代表文化。則平話小說之篇。何自超程而前。聚坐杯觥之什。何自勝譏於後。於此標新。新將何。有。設為不然。則文化事業正多。程序方長。羣策羣力。竝馳竝驅。日月悠邁。以畀子孫。毋念成功。乃克有濟。今若此者。是樂。以。一。二。人之私智詭辯滑亂天下。其於行遠。未有不敗者也。至羣流景仰之所謂學者。宜莫如梁胡二氏。二公掄衣揚袖。囊括南北。其於青年。實倍耳提面命之功。惜無扶困持危之術。梁氏之病。生於嫵媚。胡氏之過。乃為武譎。夫嫵媚則為面諛。為徇從。後生小子。喜人阿其所好。因以恣睢。不悟是。終身之惑。無有解之一日也。武譎則尙詐取。貴詭變。人情莫不厭艱。日而樂輕易。畏陳編而喑新說。使得略披序錄。便膺盛理之榮。纔握管觚。即逞發揮之快。其倖成未嘗不可樂。而不知陷溺既深。終無成就。之一日也。先生以為何如。二公賢者。必不以盡言為罪也。平居常深念以為一國無強固之政府。未始可。髮。一國無良好之導師。無正確之言論。乃始可癡。民七以還。波譎瀾翻。罔知所屆。際乎此者。什莫為之針砭。後乎此者。又誰為之舟楫。是誠可為欷惋者也。倘抒積懷。借本明教。詞義瀝碎。不足聊茂。……儕祖

中四城四太平街九月十六日寫十二號

儕君之言。天下之公言也。梁胡二公。總持風會。廣納衆流。諒於所言無迕。

孤桐

四人

……甲寅復生。國人重得循誦先生之偉論。以端正其趨向。不可謂非混亂之時局中一大幸事也。前

於民立報、獨立周刊、甲寅雜誌、數數想先生之文辭，而想望君子之丰采。而甲寅橫版，良用悵然。繼聞有再起之說，心焉喜之。久之而闃寂。以為先生之訢我也。不意甫履南京。而甲寅重光之消息以至。知先生之未忘乎斯民也。自一至七，已獲拜誦一通。觀其於培養民德，挽救時風，匡正文體之意。時流露於字裏行間。誠有慨乎其言之也。近日雜志。多於牛毛。閱者慨倦欲睡。如學衡華國之詞氣雅馴者。實為星鳳。甲寅之痛絕白話，亦固其宜。然從前琢磨過甚之文。不適於時。必歸淘汰。不為改弦而更張者。立言略有揚抑。而附之者。變本加厲。一若遊談無根。即曰辭達。意亦非倡白話者之初衷所及料也。先生掌教育之權。以修辭立誠師天下。揆之仲尼欲善而民善之義。決無不可潛移默化者。亦何用鰓鰓過慮哉。京中女師大事。先生所為。大不理於眾口。竊以挽今日之頹風。宜化之以漸。不宜施之以驟。法家嚴肅整齊之力。終不如儒者至誠惻怛之為之收效弘而遠也。先生以為然乎。鐵風西蜀之鄙人也。名不出乎里閭。足不及乎域外。雖醉心於前哲。亦崇仰於時賢。緊國家三十年來。能於學術方面。具有開天闢地之手腕者。惟有四人。一吾川之廖季平。一浙中之太炎先生。一梁漱溟。一歐陽大師而已。廖曾與之接談。而未暇讀其書。太炎先生之著述。則讀之垂二十年。而未識其人。漱溟亦然。於竟師則不惟讀其書。知其人。且不時承其訓誨。師之精光耿耿。如皜日當空。一見輒令人不忘。天之於我。誠可謂厚。私心猶以未見章梁兩先生為憾也。月前讀甲寅三期，稔先生於東西文化及其哲學，有所評騭。下注云容載本刊。今已讀第七期。尚未發布。望先生之有以啓天下士之耳目也。⋯⋯唐鐵風 九月四日南京鼓樓保泰街四十六號

挽頹宜漸。不宜驟。自是一種理論。然理論必與事實參合。議始可通。孔子。大儒也。久于其道而化成。儒效也。然又曰。有用我者。朞月已可。三年有成。何哉。須知聖人之道。隨時之宜。執經論權。未易有當。唐君以不理眾口為詞。請問眾口何口也。其不善者惡之。未必無善者好之。處此人欲橫流是非顛

例之時。作事若動以多日爲慮。是直舉步不得。儒法術雖一切之論。俱無從談起。然唐君勤勤誨勉之意。諄摯綦矣。文化評論。擬而未就。辱承齒及。愧應曷任。偶閲施愚山集。見其序陳伯璣詩。稱傀、嬰、機、務、神、慮、往、廢。又、牽、文、累。多、所、忘、諱。數、語、正、爲、愚、道。近負文債甚多。又不獨漱冥一評爲然。唐君策我。敢不加勉。

孤桐

張子晋

……敬告人士。讀君書。信君道者。屏與張之說劉積學三人爲最。步趨惟謹。無敢或違。張君注釋墨經。深蒙賞許。本君論文。有如異寶。視爲生平第一榮譽之事。豈面不窺。逢人稱道。無奈造物忌才。張君忽於今正謝世。士林失此一賢。曷勝痛惜。想君聞之。必有同情。其子明時函稱。伊父臨歿時。遺囑託屏代求誌銘。以光泉壤。俾收家乘。傳之無窮。君爲爲之。死且無恨云云。哀懇之情。一至如此。想爲君子之所動心。鴻篇何時賜下。俾屏不負先友所託。日日望之。………

周維屏　四月廿五日

近來講墨經者如蝟。而愚唯服張子晋一人。以其。於。斯。學。確。有。心。得。能。貫。串。全。經。以。次。說。明。儼。然。成。一。系。統。以。視。衿。訓。詁。之。能。執。破。碎。之。義。遺。神。取。貌。牽。強。傅。會。者。有。上。下。床。之。別。也。不幸其人往矣。如斯好學。今也則亡。墨學不昌。可爲痛哭。誌銘愚必爲之。近廠肆持來袁子才手札一册。見其與栞田姻長書。稱生平不願負債。文債尤甚。愚也不才。適得其反。子晋碑文。可稱大債。惟周君時時責之。

孤桐

文律

……民元以還。於先生之文。自論政論學。洎乎說部。見之無弗讀。讀之無弗熟。言既足重。文尤可貴也。晚近文壇風氣。競尚鄙俚。欲求如鄉先生吳君稚暉所謂冰清玉潤者不多覯。淺見之士。且唾棄未遑矣。先生獨不囿於俗。樹義必援古。立言斯雅馴。於舉世滔滔之日。曼然成家。私心嚮往。詎啻一人。甲寅週刊抵滬。臨風快讀。終編乃已。如親嚴師。如逢暱友。快慰莫極。頃有數端。非讀諸所盡解者。敬陳座右。倘乞賜教。大著字說一文。有業雖不修。德亦未進兩語。吟誦再三。終難釋然。按進德修業。語源周易。本為美德。詎非相反。而吾文通例。語有雖字。卽倍原義。稽彼古籍。不乏例證。而李陵答蘇武書中。陵雖孤恩。漢亦負德兩語。語調彌近。夫孤恩罪也。下一雖字。卽孤恩亦可宥罪。蓋陵孤恩則漢非負德。漢旣負德則陵不為孤恩。孤恩負德。固相消而非相彰。以此相繩。則大著語氣。一若德固宜進。業非當修者。又大著記中。有杖馬箠一語。史公原以狀武夫。今世南北往來。非車卽舟。世除執鞭之士及騎卒外。亦少杖馬箠者。又孤桐雜記。有因紹次見章用語。按為文通例。涉及同姓。無間親疏今古。輒不書氏。而毀法篇中。議郎議員代議士一名。凡三歧也。萃意。行。文。非。援。引。古。語。之。難。而確。切。不。移。之。為。難。偶有。未。諦。卽尺。文。律。太炎先生旣為文以詮之矣。凡茲所陳。當亦有自。幸辱教之。勿以吹求見譏也。………柴萼

上海說雅第百六十九號 七月三十一日

二

錄示數義。見教諄切。初不。料。鄙。倍。之。文。為當。世。矜。重。吹。求。如。此。業雖不精。德亦未進兩語。與言一雖因業旣不精。德亦未進一同意。業德平列。以雖、字、為、接、續、詞、而、統、貫、之。正文、意、義。納在、下、面。雖在英文為 Although。例居句首名詞之上。有時易用若則居。句。首。名。詞。之。下。愚文。之。雖。則第。二。例。也。與李陵書中句法。形近而實非。杖馬箠之語病。誠如曾論。然文。字。最。重。成。俗。曲。期。凡動。作。納。是。而器。物。已。非。借器。明。動。之。字。往。往。相。沿。不。改。如帆船久絕迹於海洋。而今乘二萬噸之汽船。英人仍曰 Sail 亦馬。箠。之。類。也。往請癸卯。愚譔沈藎一書。吾兄太炎為之序。紀藎天津之行。亦用杖馬箠三字。愚觸而用之。彌不覺耳。名見涉姓。純為補單音之不及。不是為諱。近人與上官對語。輒自稱名。而遇單名。不涉姓則不詞。如楊度黃郛之類是也。愚援語入文。頗承不檢。惟兩般秋雨盦。記劉石菴寄父書。稱劉墉百拜。頗足解嘲。又愚行文。自忌一名歧用。非不得已。必使避之。故議郎議員代議士等名。篇中歧

出此圖。文。辭。於律。未協上列數則。葉君之意云何。遐望承教。

孤桐

書林叢訊

晚歲國家多故。於網羅獻典闡發幽潛之道。闕然未甞講求。書坊賈賈。所志惟在什一。私家纂集。縱疲于腕。所獲蓋寡。抑可斷言。本誌復刊。冀能炳蔚。其宇內善學之士。投贈卷軸。積日累月。頗復充盈。其將假本誌為喉舌乎。雖力不敢承。固責無可貸。爰承社主之命。分集同人之力。特闢此目。最為鈎稽。無論故籍新作。善本零篇。聊復辨其源流。資為暢抉。文章。有。神。望古。流。集。請導。先。路。以俟。哲。人。

嬰宧雜記

劬堂文集

夢碧齋石言

右會稽顧家相樊光父子撰。顧氏於會稽。代有學人。阮文達視學浙江。得名諸生曰顧廷綸。命與修經籍纂詁。且字之曰鄉鄉。十赴鄉舉不售。以武康縣訓導終。著有玉笥山房集。子淳慶。道光壬辰舉人。官陝西韓城等縣知縣。卒於咸豐十年。有政聲。能隸工書法。著有鶴巢詩。淳慶三子。壽楨家樹皆能文早卒。家相以舉人官江西縣令。擢河南知府。劬堂集其所著也。時當清末。紛言時務。集中多此類文。然類。有。根。柢。非。苟。作。者。文字。雅。馴。而又。足。以。考。見。爾。時。思。想。風。尚。致足。珍。也。集末附詩一卷。其宿州懷古一首。謂北宋亡國。卽已不能制遼。厥後屈於金。亡於元。勢所必至。擬作歷代年表。以遼夏金元與宋並列。稱為後南北朝。可謂論史獨具隻眼。向全部。史。迹。作長。卷。之。鳥。瞰。而不。爲。井。蛙。之。見。所。囿。必如是乃能眞得史之用。習史中可議者若此甚多。安得起顧君一一重論斷也。劬堂之子樊光。後印行所撰夢碧齋石言。其體裁蓋彷。葉。昌。熾。之。語。石。言。金。石。碑。版。者。之。津。梁。也。撰者於此有篤好。又曾客游河朔関中漢唐城闕都邑之遺蹟。身自蒐訪。用力勤而聞見博。故應搜勝。其第一卷記碑刻。第二卷記墓誌。第三卷記造象法帖。第四卷分繫地域記龍門造象之屬。第五卷記近代金石家之言行。第六卷記金石書籍。雖其中間有習見之語。爲講金石者所不屑措意。然排比眷錯。開卷了然。承學之士。所宜人手一編矣。

晚近輪軌交通。地不愛寶。古人遺迹。前賢所未及備閲者。往往而出。雖摧毁淪沒於庸妄覬覦之手者。已不知幾許。然藉以免風雨之剝蝕。苔蘚之封埋。故應或勝於往昔。據是書所述。河陰一縣自民國四年以後。搜得隋唐宋墓誌至六十五種之多。而洛陽縣令什君徧拓伊闕各刻。輯爲魏造象題記五十品目録表。又計算龍門佛象大小完損共九萬七千三百有六尊。此種詳審編摩。差足爲傲視古人之一事歟。

龍門造象。雖爲鉅觀。然其制作之奇瑋。與夫歷史關係之鉅大。終不若大同之武州石窟。尤爲震鑠古今。宣穎與近人陳垣均有撰記。日本山本照相館有攝影。緣輪軌之便。聞風瞻拜者遂多。昔時。朱。竹。坨。之。所。僅。游。武。崗。谷。之。所。未。見。一。旦。豁。去。障。蒙。合。千。五。百。年。後。之。人。瞭。然。得。見。當。時。東。西。文。化。溝。通。之。跡。眞。盛。事。也。據是書所述。則鞏、縣、石、窟、寺、爲、時、雖、稍、後。其、可、寶、亦、不、在、武、州、之、下。寺在鞏縣城西北五里許。洛河北岸大力山下。地名市灣。唐幢宋碑金牒尚存。魏齊隋唐所造佛象徧山麓。已多磨泐。寺後依山鑿石窟三。大如室。中垂方石柱。四面刻佛象。每尊高三四尺。極精緻。窟内四牆刻小佛無數。門内左右刻執鹵簿古衣冠伎樂人物石刻十餘方。皆北朝時鐫刻品也。其情狀與武州石窟正同。据武氏授堂文集。稱其最早者題晉泰元年字。是爲魏節閔帝。然則。鞏。寺。後。於。龍。門。而龍。門。又。後。於。武。州。也。

以上二書。均上海科學儀器館出版。鄭君蓋以儒士而兼營商業也。實[illegible]

說林

說林何爲而作也。緣夫經國大業。肴乎文章。談言解紛。貴於微中。是知寥寥短札。洋洋長篇。繁簡攸殊。懷心則一。惟是萬事雜陳。從何說起。新中肯綮。雅貴經營。且也討論同道。不無見仁見知之異撰。欲錄條辭。尤貴宣萃紆徐之姿首。與其獨學而寡聞。毋寧共學而適道。或道掌故。或評詩文。或摭異聞。或抒諷諭。但使成章。即公同好。間施別裁。就正時賢。顏曰說林。列於周刊。世有君子。以覽觀焉。

明代李卓吾。及憨山大師。每以佛學說經。援孔、入、釋。直截、了、當。頗多、勝、解。近人鄒若叔進。解論語子絕四一章。意、億也。億過去。必、期也。期、未來。固、執也。執現在。過現。未。皆。我、見。三世。俱。空。是以。無。我。

庚子之變。端王載漪遞封奏。正摺係按家搜捕奸細。附片、略、謂、滅、洋、驅、日、無、功。皆由、漢、奸、且、在、兩、宮、左、右。多所、牽、制。請斬、王、文、韶、一、人。以示、天、下。是日榮文忠祿先到軍機處。閱摺至此件。而王文勤適來。榮遂、以、附、片、藏、納、袖、中。而文、勤、不、知。旋閱封套。問附片安在。文忠紿曰。當係、留、上、未、發。毋何。軍機捧黃摺匣。待召於乾清宮西階小屋。召見官皆立丹墀。是日端王頭起。軍機二起。端、在、丹、墀。招文、忠、出、問。見摺、片、未。因見。復以、手、指、文、勤、作、殺、式。章京、在、小、屋、內、答、應、待、命。頭起下。軍機次上。文忠進摺匣於御前。略稱、載、漪、所、奏。按家、搜、捕。驗、掩、無、證。旨詢附片。文忠、從、袖、中、檢、呈。復免、冠、叩、首、曰。願以、身、家、保、之。上意遂解。摺片皆留中。文勤。耳。聾。實不。聞。文忠。示。以。目。始免。冠。謝。文忠、管。語。機。蓮。溪。當時。纔、有。倘以。爲。有。何。賞。賜。合謝。殊可。笑。人。章京、答、應、待、命、者。江西、歐、陽、旭、菴、也。

廣西王鵬運字幼霞。晚號半塘老人。予母向太夫人中表弟也。詞名、滿、天、下。氣節、尤、可、稱。乙未丙申間。爲禮科給事中。時中日戰後。和議甫定。朝廷又習爲宴安。太后居頤和園。樓臺宮殿。頗議規復圓明舊址。鳩工相度。已有見端。半唐上封事。言前者海軍經費。虛耗園工。遂以不振。國恥未復。更有事圓明。非皇上所以事太后之道。語干慈宮。景帝震怒。將置重典。恭邸力爭不得。乃赴頤和園請旨。太后執書感泣。摺遂留中。圓明之議亦寢。後恭邸傳語臺諫。凡言事者。俱勿涉及慈聖。庚子之變。京師拳匪縱橫。其時予與朱古微侍郎、裴韵珊府丞、張次珊京卿、左笏卿侍御。常就半唐所居之四印齋。結爲詞社。至是四城火起。白日魑魅。日德使者。相繼被害。半唐出示奏稿。命予代書。大意急召袁世凱。劾剛毅輔拳匪。令李鴻章迅速來京。預備議和。予遣其僮曰。阿貴何自仇其首耶。予翌晨即避地山西。不能代書奏。乃行。辛丑余復還部。半唐已游杭。晤古微侍郎。向知此摺仍上。並無危險。當戰劇時。叫大起廷議。古微以講官與焉。竹抗聲陳奏。主意略如半唐所云。黃澤安京卿次在古微後。嘗爲予言。當時親聞其陳詞侃侃。竊爲心悸。而卒無事。前此諫園工者。或奪官。或遣戍。同時言拳匪者。許景澄、袁昶。皆棄市。唯半唐古微獨全。其亦有幸有不幸者耶。今半唐下世。古微隱海上。前塵如夢。可勝慨然。

南皮張子青相國。少時嘗夢使者數輩。奉關壯繆詔。有要事與商。遂隨使者。曲折就道。凡數轉。使者曰。至矣。則見宮殿巍峨。金碧璀燦。重門洞啟。燈火煌煌。使者導之立階下。毋何。宣詔人對。歷階而上。俯伏殿前。見一王者冠冕高坐。堂皇鬚髯甚美。但白皙如書生。不似神像戲劇之赤面。心竊異之。王者令之起。問曰。君識我否。對云。草茅下士。今日始得瞻仰威嚴。不敢妄附相識。王者笑曰。季重南皮之游。竟忘之耶。少頃有力士數十。抬一鐵檻。籠置殿下。王者命啟封。見一異物。非猿非熊。非虎非豹。拳毛而怒目。猙惡可畏。鐵索縶其身者數匝。力士徐啟之。王者正色厲聲誡之曰。你困此已千餘年。今放你出。毋多殺人。以重爾罪。俄有白光騰空如電。異物遂亡所在。王者顧相國曰。此事與君有因緣。故邀君來此一證。四十年後。君自知、之。相國。驚、詫。骨刻。一。小。印。文曰。吳。質。後。身。蓋紀。此。夢。願安。所。證。異。物。者。哉。其後相國開府襄浦。獲捻首賴文光。就關廟訊其供。相國。占。夢。之。年。適爲。文。光。降。生。之。歲。其證。始。信。文光遂伏誅。

杜詩、宛馬總肥春苜蓿。將軍只數霍嫖姚。玉谿詩、遠路應悲春晼晚。殘宵猶得夢依稀。苜蓿、嫖姚、依稀、晼晚。以雙、聲、疊、韵、互、對。唐人、詩、集。此例、頗、多。而少、陵、古、詩。每於、五、字、七、字。有相、間、用、韵、之、例。如月出塞通雪山白。黑入太陰雷雨垂。樂極哀來月東出。雪白、雷垂、月出、皆通、韵、間、疊。愈顯、音、節、之、古、拗。凡入、聲、韵、詩。上下、句、疊、用、韵、者。其音、彌、哀。如經年至茅屋。妻子衣百結天寒翠袖薄。日暮倚修竹。水深波浪闊。毋使蛟龍得之類。東坡用此法爲七言古詩。其別子由云。登高迴望坡隴隔。時見烏帽出復沒。苦寒念爾衣裘薄。獨騎瘦馬踏殘月。促響。繁。聲。使人。不堪卒讀。非但。文。字。哀。豔。亦聲。音。之。足。以。感。人。也。由三百篇以至唐賢。所爲聲詩。多被之絃管。故曰詩言志。歌永言。聲依永。律

和聲。舍去。聲律。無所。謂。詩。歌。也。宋詞、後、起。原於、樂、府爲長、短、句。元曲、更、加、襯、字。無非、使、之、參、差。便於、歌、唱。唯三百篇之四五言。與唐賢之七言。章法、板、滯。最難、按、律。鹿、鳴、琴、歌。至今、猶、存。幾於、一、字、一、聲。簡古、醇、淡。而不、悅、耳。至唐、則、音、繁、矣。而詩、則、限、以、七、言。所恃。以。通。其。血。脈。無直。接。硬。轉。之。病。者。則賴。有。句。中。之。韵。以宣。聲。律。之。和。而爲。長。短。之。節。夫句。中。有。韵。顧當。人。已。詳。言。之。然則。三。百。篇。亦賴。此。以。協。律。可。知。矣。今試、舉、唐、人、七、言、句、中、韵、之、例、於、後。清明時節雨。紛紛路上行人。欲斷魂。借問酒家何處。有牧童遙指杏花村。黃河遠上。白雲間一片。孤城萬仞山。羌笛何須怨。楊柳春風。不度玉門關。雲想衣裳花想容。春風。拂檻露華濃。若非羣玉山頭見。會向瑤臺月下逢。一枝紅。（淸平調係）（連章銜故韵可隔上）紅豔露凝香。雲雨巫山枉斷腸。借問漢宮誰得似。可憐飛燕。倚新妝。名花傾國兩相歡。常得君王。帶笑看。解釋春風無限。恨沉香亭北。倚闌干。凡此、皆、聲、調、譜、所、不、載。願與、今、之、談、詩、者。一商、榷、之。未知、其、有、當、否、耶。

章華

甲寅週刊第一卷第十一號目錄

時評

一月以來外間謠言四起幾於南北各方隨時可以爆發近日稍稍銷歇矣其故則楊督辦宇霆輕裝南下聲言不帶一兵姜督辦登選亦表明態度急速履任蘇省收回松江之說證爲無稽河南謀晉之聲亦隨馮岳諸君之表示歸於烏有如時局經此一番風鶴漸就敉平誠爲中國之幸不然則當全國之創痍未復國際之大會行開內外逼機蝶形潰裂其禍有不可勝言者矣此爲理至明而事容有牾推原其故咎將誰歸現今各方勢力雖未必十分平衡而大抵懲於先發者敗之例願保連雞不棲之形任相忍爲國之中容有納民軌物之道人言嘖嘖所不可知者獨有人撫髀生歎餘燼復然以其睥睨叱咤之能恣爲束縛馳驟之計昔日爲其提挈者禱祝勢禁無可如何而出於一動耳總之此等大變皆關時會次係人心政府之措施當否亦爲要著夫無論何國皆有政爭既有政爭當然有朝野兩派如兩派必以戰爭相見始能解決國是則政治二字有何意義可辭今吾國必以孤證提供政史吾儕亦復何說惟各種仇友相連之人物俱統納于中華民國頭銜之下人人果以中華民國爲重舍小忿而就大謀理論上豈盡無相輔爲治之方亦在彼此之努力何如耳（通）

重查滬案之駁覆照會業已送出措詞尚爲嚴謹關稅會議聞亦有縝密之討論頗側重華府會議既承認中國主權之完整中國關稅當然有自主之權以現政府所處之地位對外交涉有此嚴

正堅強之態度一矯從前委曲優容含垢忍辱之失不得謂非吾國外交之進步蓋正義人道日任天壤間惟亂世晦蝕而不信亦惟亂世功用而益顯但視揭而通之者之精神氣力何如耳吾于此忽憶兩事清光緒丙午湖南大饑市民聚衆焚掠著殿巡警道不軌之徒乘機竊發焚掠洋行數處外人洶洶當道失措時譚廷闓爲諮議局長問計於湘綺老人老人謂焚衙辱官國之大變洋行波及何必重視譚采此布告人心大定並馳電中央請由湘自行交涉外人探知竟無如何一日領袖領事選謁湘綺意求轉圜老人答叙後之詞救災恤鄰立國要道湘中大饑人民犯上作亂不顧貴國以弔慰之辭教扶助之誼反來質責殊失文明國家之榮禮且我之衙署命官尚不能保又安能保君等洋行乎領事踧日無以應繼乃婉言彼之損失姑不論華人所存者爲華人所損請自償之老人屬以證據來卒按數賠償結案此一事也宣統初元湘人設湘川鐵路之議學于東長街傍鄰教堂出而阻之謂須撤保安全主者懾于勢又不敢負責竟中輟而賠累已不堪矣察額爲湘綺老人書一日欲往觀劇人告之故老人詫然急招堂主至促速開幕外人來屬同我堂主大窘未數日即鼓樂喧闐矣外人阻之如老人教遂來謁老人言中國人在本國開戲院無論何地皆有自由主權外人不能過問更無橫加干涉之理居民治安自有官廳保護無庸過慮如畏殃及自保險可也徙教堂可也侵人主權而自陷無理則大不可也教堂近戲院正便往聽當樂其成何反阻之邪外人唯唯悻然而去此又一事也由此可見折衝尊俎惟當視理之曲直不必問國之强弱既未可昧乎公理自失依據又不可懾于强暴過事求全弱國無外交此自餒自貶之詞發曹陸章鄭于產諸强國之人戰略釋擇居之良規復感篇門之暗

語微言大義世罔知聞特紀兩端用資借鏡（蕙）

本月二十一日京城又開國民大會作示威運動各學校倡之他團體和之以打倒帝國主義收回領事裁判權力爭九七慘案等等爲旗幟軍警爲維持秩序保護治安之責任以極和善之手段出而制止提倡此事者又從而非難政府藉作架罪報讐之資料學子之狂愚人心之悖謬至於此極眞堪痛哭夫各國公使中國賓也東交民巷中國地也北京中國之都城也以中國人在中國都城聚衆遊行喧喝過市而曰示威果威誰乎威政府邪是爲鬩牆之鬩與外侮無與也威外交團邪則公使國賓行人無罪即絕交宣戰下旗回國尤必護送出境豈君等所能威乎假使攜於羣動抵抗衝突再演拳匪之鬭於外交又奚益乎愛國之道多端喚醒人羣亦多術舍此呼號叫囂之兒戲行爲豈再無進於此者邪何其不思之甚也外人曾云即能課白年亦不相干此等行爲之效力不過博得此不相干三字試問果值得否邪推而行之縱使聚衆百萬示威千回踏碎北京蹴翻中國與外人果何干乎以彼之雄猾陰鷙恣睢暴戾公法所不守天理所不顧而以赤手空拳之學子蟻行通衢蚊聚都市作蚍蜉之撼大樹方且嗤其愚懦其憐幸其無知以爲快矣而謂能威嚇之雖三尺童子亦知其謬不謂以知識階級自命指導民衆自負者竟甘爲此黨之驅也大凡事理一見爲奇再見爲常三則厭矣行使氣力亦再衰三竭矣年來君等之示威能課除與自己爲難荒落學殖貶損人格遺憂父老見笑大方使天安門之塵土多受幾次踐踏外其功效果安在乎政府制止使君等不至荒廢學業果摧殘乎抑愛護乎或謂君等名雖愛國揭言對外實則被人利用別有陰謀不過假此

冠冕堂皇無可非議之名色以激勸人之同情而行其私君等實登場傀儡伴人豢狗此且有金錢豢養之浮議以學子人格之神聖余固不敢承此學評然物必先腐而後蟲生亦昔不能爲君等歸其評也往不可諫來猶可追嗟夫青年可以醒矣（鎮）

敎廳迴避本籍之敎育部逐步施行決不變易余君同甲豫人之學論乃能破壞者也近鑒理河南敎育提標見肘艱困萬端有呈來部切實本省人長本省敎育之弊可見敎育家之心理漸趨一致節錄原呈共資借鏡云爾

……竊同甲籍屬豫省忝長豫省敎廳職之際學校多爲軍隊駐地經費積欠累月翻經多方調處一面遷移駐軍一面籌借欠已散之師生復聚已斷之絃歌再續並創立全省圖書館搜羅古物陳列所方擬整頓學校教育務期學課程度提高學風趨於純正以期爲社會之表率爲國家培元氣乃豫省敎育程度既低學風悉向浮靡黨派競爭各不相下一遇要求不遂乃反齒以囑以學校作私產視教育爲兒戲嘯聚生徒張威作勢積習成風已相沿十餘載一言整頓各黨譁然咸恐失其噉飯之所同甲目覩斯狀竊有痛恨於心故不憚怨勞極力改革不忍坐視國家發育墜於淪亡惟以黨派橫阻於前鄉紳掣肘於後日事非分要求苟有措施橫逆交來互相抵抗考厥原因以本省人長本省教育事業甚非所宜正思詳陳一切恭呈鑒核幸值鈞令敎廳迴避本籍此誠改革教育之良方大有造於國家及地方也同甲感茲痛苦應先呈明迴避以爲各省倡……

邇來教育之墮落程度低學風靡黨派競爭生徒嘯聚四語盡之又不獨河南爲然至有傾省之中學生來京求入國立大學全體落第無一中程者聞老於學務者云今之中學生持較光宣間學校尚未普及時程度之低蓋不止百分之二三十學績如此皆安在哉（民）

疏解蛋義

拙桐

昔柳子厚說車而人不愉且持異議以抗之子厚發書疏解幾二千言爲柳先生集中不可多見之長篇有曰『告之而不更則憂憂則思復之復之而又不更則悲悲則怜之……吾於足下……雖百復之亦將不已況一二敢意於言乎』噫何意之摯而言之痛也惟愚說蛋亦然鄙說既出譏議麻起吳稚暉先生作廣說蛋一首助後生張目謂蛋者渾也譏所謂渾蛋者也某惟渾蛋乃著蛋義此遠祖東方朔近祧林步青下筆之妙難於辨難然愚扶輪大雅之志終不少衰天下棄愚愚何能天下因立百復之願懷疏解之義謹拓餘閒聽我說來

天下無眞是非久矣凡一時代激急之論一派獨擅之以爲名高因束縛馳驟人使懾於其勢不顯與爲抗一遭反詰甚且囁嚅無敢自承於是此一派者氣燄獨張或隱或顯壟斷天下之輿論而君之久之他派盡失其自守之域軒豁之能如彈丸然一唯外力之所施者以爲受不論久暫全閡天下大勢終統於一翕然理詘不由利害情感鬱結無自紓發羣序既不得平流而進國家社會之元氣乖戾過甚卒亦大傷愚生所及其事乃數數覯也前清季年革命之論浸隆亦有人持立憲說稍稍抗之而其黨阨於上述情勢迄不得立壬寅癸卯間戇厠上海論壇於時百論不足折人雖指與立憲黨有連則無不關及口而奪之氣湖北王侃叔至抗辯于衆曰吾非忘八蛋焉爲立憲黨蓋其時習以此二語對詰猶

今吳先生渾蛋之論也迨後革命幸成立憲黨人紛紛自懺謂宗旨大同手段微異舉凡立國大計更不敢顯批元功鉅人之逆鱗本其所篤信而由衷者質言剴焉以求奠國家於磐石之安革命黨人亦遂悍然自居標榜國由黨治隨時隨地以質力爭衡而鬥很而從理性入手使國論著乎衆長同採因得達于人己兩利調和立國之道竟悖悖然無所知卒之力不足以抗軍閥智不足以勝陰謀理質同屈進退失據試問今日黨人之狼狽適國之蹟亂其景象二十年前吾人想像及之者幾何此一事也後乎此者百端而其最爲國命萃紀所關則新文化說是斯說也處勢差比前清之談革命而其縱闊之深至俱適過之何也以運動之式可以公開少年竊此以便其不學自恣欺世盜名之圖河流急轉一瀉千里又較之黨人艱貞爲國前仆後起如馬十駕卒登峻坂者爲勢順逆不可比數也而有一事相同則持其故者一切務爲刼持凡異議之生不察以理而制以勢天下之人因亦競爲護懊以應之老師宿儒且紛紛易節以期無背識時俊傑之義此胡適之所謂跟着少年人後面跑者也有不肯跑者則羣指曰落伍落伍千人所指無病而死有不肯跑而稍稍匡救焉者則羣版其名曰賊賊發爲口號日爲鑿鑿國人皆殺時或不遠而國家之教育機關不啻縱操于彼輩之手勢不止歷來之教育長官所不爲彼推頤使位不安京滬規模較大之書局所不避彼輩之教條出書書不倫語其表也假天下之論已歸于一至語其裏則不學者少數人發縱指示彊令天下之學者默焉以屈於己而已如金在冶不躍爲常復假定天下之學者自默焉屈於己外無他道而已爲問此默而屈者其將與之終古否乎與之終古中國之文也化也將于何境界乎四五年內非無月旦不見倫紀之淩夷文事之傾落如水就下獸走壙日蹙千里而未艾也人曰新文化者亡文化也此類亡徵不特明者知之即發難者亦漸知之知矣又爲問狥之乎抑捄之乎捄之之道將安出乎凡物之弊也勢且更張理著循環易言剝復今之所稱新文化者變固變不變亦變何也有眇不忘視者矣未有視而甘眇者也有跛不忘履者矣未有履而甘跛者也閻嘗卜之黃帝在天之靈決於人類審美之性吾華民族終非劣等國風之衰不遠可復故敢截然爲是斷耳邇來暴言專制已成自然本誌之興且爲大逆主者發憤以令曰某開倒車某開倒車意立此號足制敵命愚忽不論爲牛爲馬瞰然應之曰然彼其重足而立自承渾蛋明達侃侃達若莊生吳先生誠有惡於頑且佞然人見愚敢居不可居之名容亦別具非常道之道因立好奇之意轉爲窮理之階輪扁有說或悟明君墨子迴車乃善惡俗前事不忘後事之師愚之本念彌復在此且愚於有一念不惜大聲疾呼必曉於衆則往而必復者時會往而不可復者精神從通象而觀之曰復執部居而計之有必不可復者任立於造物之位曰復立於所造之位往者復由何來涉念及茲不塞而慄以白話國文言愚非謂白話文不可爲也特於白話中求白話無有是處今率天下之人習爲嘔啞嘲哳之言矣昔者文藝明通之士俱折而與嫗童競爽更求文筆瑟縮彌艱莖化爲繭乃勝太息愚十年前文字之變大抵坐是歷也本是白丁又何消說而在理與勢非於文字逐步得復原狀更就原狀別立善善從長之法東方文化之屬諸吾國一部者其澤竟至中斬良未可知則復矣而此五六年間全國少年心力之所荒耗於何取償且心力有一分荒耗收拾即增二三分艱難良時不再而後貴彌重遠懷國脈近切心期此等負擔談何容易而時人乃習以開倒車爲漫罵語何其度

豈相越至於是耶彼亦知必具何等才器倒車始得開耶柳州爲楊誨之申說圓義謂「吾所謂圓者不如世之突梯苟冒以矜制乎已者也固若輪焉非特於可進也銳而不滯亦將於可退也安而不挫欲如循環之無窮不欲如轉丸之走下也」由斯以談必輪之安而不挫然後可退諸君試一自繹其輪挫已幾何所餘銳安無損可待進退自如之度果何如乎而嘗人也又試與所嘗爲倒行之輪相較其銳安果孰勝乎而自矜也始愚與適之同入北大爲教授見其倡爲嘗試白話之說於意並無所迕而絕不料乖風煽發容疏殺人其禍乃至於斯事既無可奈何愚爲文章與辯國命斷續之大不得不因其一言反復陳說期於開解而無所滯凡以見懸義雖爲時病亦居然有人尸之且嘗有至理彼皆蓄德今惟萃衆共由國乃可救云爾非有他也適之近贈愚詩引韓生但開風氣之句令毋相鄙此意腆摯如何可忘惟適之迴翔藝海展輪馳去略險不顧險亦自來柳州又云「夫車之爲道豈樂行於險耶度不得已而至乎險期勿敗而已耳」愚惟期適之勿敗並期宗適之者俱勿敗故言之勤勤而不已也鄙云乎哉

滬案評詞

郁嶷

滬案發生數月於茲情節重大中外屬目國人奔走號呼謀所以挽救之者類爲一時感情所衝動而缺乏理智之研究故其始也風起水湧波濤滔天不可嚮邇繼則來源漸竭聲勢漸殺今乃潮平浪靜海波不驚舉世酣嬉若未嘗有其事者然滬案之毫無進展也如故而國人感情則發洩淨盡矣外人觀此弱點故意拖延國人不審適受其愚可勝浩歎不佞嵩目國亂義憤填膺滅此朝食豈後於人顧事變之來應付措置實未可徒馳感情掉以輕心爰本超然之見對於各方略進評詞

（一）對於友邦之評詞　國家盛衰本一時之運會強弱遞嬗迭爲乘除今世雄邦睥睨一世安知後此無衰敗之日而中國積弱謂能長興終古矧又信之故友邦政府爲免除將來糾紛計種因宜良否則循環報復世界戰禍安有窮已考諸往列如維也納會議之蔑視比利時人遂釀一八三〇年荷比之戰一八七一年德國挾戰勝餘威欺侮法國德法世仇日醞益深致有一九一四年之大戰即其明証曾謂憑一時之威勢凌弱暴寡而可以長治久安乎歐戰而後列強懍於國家侵略主義之爲禍頗有主張恢張正義採用國際調協主義以防止未來之戰爭者吾人方深慶幸不圖友邦政府歷次對於吾國之舉措仍襲故轍而此次對於滬案之態度尤反常理以懦弱書生赤手空拳遊行講演而上海英界巡捕可以不予警告任意槍殺人道梏亡天理何存英國政府不咎上海英領之違法反謂出於正當防禦所應然友邦政府比附權勢從而和之試使易地而處罹此慘變返躬循省能毋愀然乎然往事已矣亡羊補牢尚未爲晚乃友邦政府幷不出此頃者竟欲推翻六國委員之調查報告而重行所謂司法調查有意欺凌無心悔禍友邦政府苟以公理正義尚有絲毫存於天壤者當必不如是矣夫司法調查之謬極爲顯著舉其最者略有四端六國調查委員係北京公使團所委任而公使團又爲友邦政府之代表其調查報告鄭重完備原無可議徒以稍持正義不利於英竟謂不足憑信然今次司法調查委員亦爲各公使所委任者其報告又果可憑信乎其謬一也滬案發生倏已數月時移境遷證據蕩湮從事復查罔所憑藉虛構事實淆亂觀聽勢有必至其謬二也滬案肇事地點雖在英租界而英租界實爲吾國之領土

主權攸關調查之責匪異人任前次六國委員擅派調查已屬越俎今又施行於法無據其謬一也六國委員之調查其中如美法意比四國委員本與滬案無關以調人資格居超然地位尚能屛除私心稍持正義故其報告近於事實現在司法調查因法意比三國不肯贊同僅由美英日三國派員行之除美國外英日俱爲利害關係人着手調查必徇其私美國勢孤何能爲力調查結果決難憑信其謬四也友邦政府倘熟視無睹聽任英日之所爲則中國即惟於強暴屈服於一時而忍辱含垢必圖報於他日將來戰禍造端於此固非英日之幸抑豈友邦政府所樂聞哉（二）對於政府之諍詞　政府諸公代表國家當外交之衝任彼閫結賢力協以相隨我則勢渙力單獨爲其難進行棘乎自在意中糾際千孔百創之後無指揮若定之權艱屯錯午尤倍尋常雖然弱國從無外交可言乎是又不然借箸代籌竊謂政府諸公對於滬案應付之方略厥有三端晚近以來列強外交無不以國民爲後盾所謂國民外交是已滬案發生國內民情激昂踴躍逾於極點蓋理直爲壯正氣克昌政府諸公允宜因勢利導納之正軌助我張目苟無視執行動不宜橫施干涉此其一也司法調查謬誤之點旣如前述自應嚴詞拒絕以杜紛更倘彼悍然行之其調查報告應不承其爲解決滬案之源而此其二也滬案曲直顯然易見苟依公理是非立辨然列強恃其威勢橫蠻無禮不易就範將來滬案結果苟違正義政府諸公宜斷然拒絕簽字寧成懸案留待異日之解決勿貪小利姑爲苟且之謀蓋公理自在天壤沉冤終必昭雪證之往例如巴黎和會我國爲參戰國之一而列強待遇失平代表諸公對於和約拒絕簽字義聲昭聞數年以來卒與日德諸國直接交涉收回山東青島之權撤消德人在中國之領事裁判權廢撤不遠故轍可循此其三也總之強鄰偪處交涉失敗雖難幸免而抱定宗旨千折不撓要當努力此政府諸公所應自勉者也

（三）對於軍閥之諍詞　此次滬案外人敢於橫行蔑視公理者以中國內亂蟬聯民生凋敝救死不瞻決無餘力出而抵抗也而追溯亂源各省軍閥實爲禍首夫兄弟鬩牆外禦其侮值此強鄰頻侵軍閥仍無覺悟競爭地盤但便私圖得隴望蜀慾壑難塡百與名區淪爲化外中原雄勝隱相吞噬不知楚弓楚得原無出人雖蟲爭執何關體要乃諸公見不及此國可亡權可奪而私人意氣個人利祿不可不爭養兵所以禦侮今有兵而外侮益甚四郊多壘籬藩撤扶危正傾伊誰之咎哀哀諸公淸夜自捫寧毋愧乎考我國之常備兵百三十餘萬居世界之首位數非不多也堅忍耐勞善戰敢死馬革裹屍義不返顧我先民之烈令諸未艾志非不勇也各省軍閥類擁巨貲集腋成裘咄嗟立辦餉非不充也幅員二千萬方里同文軌民志可鼓山陬溪澗憑險可守地非不廣也使諸公一旦幡然聯袂崛起殺家紓難戮力爲國目前縱不足言戰而臥薪嘗膽期以十稔必成勁旅以之攻城何城不克以之制敵何敵不滅三戶亡秦一旅興周歷有明徵非同夸誕而諸公異日之偉烈豐施彪炳環區所以國人之喁望者以觀今日怨讟載道苟且圖存豈不惕若霜淵乎

（四）對於國民之諍詞　吾國人士平居里巷疾首蹙額走相告語輒曰政府惡劣非改造之不可自滬案發生國民非難政府之聲甚囂塵上夫政府措置能適當固難諱言然改造後亦未必能獲良政府也蓋政府諸人亦猶爲是國民之所從出也不咎其所從出者之不能鑄造良政府而徒悍然病政府之不良不告儲

力之未厚不能監督政府以軌於正而徒用以猶政府之恣睢爭有當乎故吾民不可徒責政府對於國政宜求所以自任之道譬諸一國家如鐘焉政府其猶鐘面之長短針也國民則鐘內之法條也長短針之能循行合度既賴伊夕不爽分秒者非長短針自長之力而實內發條配置得宜成勤獻職有以致然也其收壞也亦然是故修鐘之匠不以長短針之顛倒錯亂不遵正軌妄事更易但修理其發條鏽者油之斷者續之斯長短針不能不正矣夫政府由國民所產生為國民者日惟廢業以嬉埋亂不知當識不只顧顧然憾政府之不良而救濟之道又不知所以自任焉是爲異修鐘者不察法條之腐敗而迅事經理徒覩長短針之不軌于正輒為更易耶嗚呼使吾國民之智下于修鐘者則誠無論設其不然當知所先務毋舍本逐末長令修鐘之匠竊笑其旁也吾國民自任之道首在涵養道德勇于平日于國政興廢有眞知卓見發表意志鼓鑄輿論使執政者當有所忌憚而不敢以自恣洎乎大亂當前政府束手為國民者尤宜團結一致挺身自任排難解紛不貽國羞此稍讀近世文明各國政治運動史者所共知也吾國國民不然處乎被治依賴政府徒望他人之代謀毫無自任之決心自昔已然于今為烈故雖有四百兆龐大之國民而外人視之殆等于零也當中日之役日本以蕞爾小邦竟能辱我者其識者曾言之謂彼國雖小而作戰者有五千萬之國民中國雖大而對敵者僅李鴻章個人耳以五千萬之民戰四百兆之衆誠不能敵而與李氏個人戰則勝算可坐操也故甲午之敗識者流徒為李氏及少數之清廷要人咎而不知四百兆國民袖手旁觀未嘗投袂而起自任國難其罪實浮于李氏與清廷要人也雖然往事已矣前車既覆來軫宜戒頃者滬案遷延不決全國輿論皆責難于政府政府誠不能逃其責矣然為國民者曾有挺身自任作政府之後盾動外人之觀聽者乎雖有少數青年起而抗議而概之全國國民不啻滄海一粟也故此次滬案遷延失敗雖由政府措置之未善亦國民不能自負責任之過也夫經一次失敗應有一次覺悟古人有言失敗為成功之母自來國家其精神與物質方面受外力之壓迫有一蹶不能復振者有經一度失敗轉促其國運之進步者其機樞在其國民能否自覺若失敗後而有覺悟則其失敗即為成功之母否則終於萬劫不復耳故有覺悟之國民自其一事一時間之關係觀之雖常受巨大之失敗而總其事件之始終與其時間之久遠則恆立於優勝之地位也試徵之日本無固有之文明維新前其思想界全為儒教所征服維新後儒教衰微而歐化輸入其思想又全為歐洲文明所征服日本國民可謂無往而不失敗也然因外力壓迫舍舊即新大生覺悟不全為儒教歐化所驅策而能審量利弊擇長棄短取其精神遺其糟粕駸駸然而有新文明之建設焉是當其初雖為儒教歐化所征服及其久也變化革新不過以儒教歐化供其利用耳又如佛教發跡印度乃墟其國陽明之學行於我國流弊百出學者至謂晚明之禍實彼釀之然一入日本闡揚光大致用無窮是其得失在奉之者能以自己之覺悟相機運用之否耳更觀德國為古失敗之國民（普法之戰雖占勝利然僅屬普魯士之國民非德民之全體也）碩學鉅利希有言德人曾三次為羅馬所征服即武力之征服宗教之征服及法律之征服是也然經武力征服後而德人之武力反以益強宗教征服後而德人之宗教改革竟以成功路德新教之樹立即就羅馬舊教加以革新者也德國法律雖淵源於羅馬然就其精神推揚顯大取為已用非因襲陳

七

文食其稍納者也又如當拿破侖蹂躪歐洲時普國全土爲其摧殘每年兵卒大受限制不得過四萬二千而卒能崎嶇艱危濯磨奮發以有今日者實德國國民每經一次失敗卽生一次覺悟每生一次覺悟卽有一次進步有以致之德國此次大戰之失敗學者謂其國民將來之發展未可限量其原亦在此也返觀我國國民爲何如者海通以還失敗不爲不多矣毫無顧覺悟毫無進步邇者內亂頻仍外患乘之奪我利權戮我人民失敗之夥積可山成而內亂之相尋也如故其嘗之舉溢於宇內橫逆之來層出不窮而國民之冥頑自若也夫以無覺悟之國民安能爭存於今後之世界此不佞所爲大聲疾呼不憚詞費冀促國民之猛省也上舉四端粗陳概要詞義膚淺未敢謂當然爲政不在多言顧力行何如耳孔子曰我欲載之空言不如見諸行事之深切著明也友邦政府軍閥國民倘取鄙論而深味之其於人已相與之道保邦衛國之謀或不無小補乎

取消不平等條約之法律根據

蘇希洵

自滬案發生以後舉國奔走呼號以要求不平等條約之取消吾人猶謂不平等條約亦云極矣雖然欲達取消之目的外交手腕與國民後援固有必要而法律上之堅定根據尤其不可缺乏

今多數人所持之理由咸曰不平等夫不平等云者豈非謂雙方所負担之義務或所享受之利益不均平耶此在私人契約有時可爲取消之原因而在國與國間之條約據近世一般學者之論則否認其足爲取消之根據其理由蓋謂雙方所負担之義務與所享受之利益事實上絕難得其均平若以不均平之故而予一方以取消之權則凡不欲履行義務者皆可藉此爲口實國際條約將隨時可以推翻而國際無限之糾紛亦相緣而起矣據此則吾所持不平等之理由雖在道德上與政治上可以喚起友邦之同情與對方國之覺悟而在法律上終恐未易得一般學者之公認也

或曰僅據義務之不平等法律上之根據固不免稍形薄弱然我國不平等之條約非由當日政府不知外情顢頇訂立卽由外人以暴力脅我使我隱忍簽押是不有錯誤卽有脅迫按照契約之普通原理皆可得而取消之不知顢頇訂立其過在我若夫脅迫之說國際法所採之原則與民法所採亦有不同蓋國際法固不認脅迫之加於國家本身者足以影響於條約之效力也若然則附此爲根據者其在法律上之力量與僅主張義務之不平等者卒無以有加

然則所謂法律上堅定之根據果安在乎是則當就條約之種類而分別求之按國際條約就其執行之時期而觀察之可別爲二種一有一定期限至期可以修改之約如通商行船條約是二無期限而長守不渝之約如和約與界約是

我國與各國所訂之約亦有此區分如咸豐八年中法天津條約道光二十七年中國瑞典挪威條約同治四年中比條約光緒二十二年中日通商行船條約卽屬於第一種康熙二十八年中俄尼布楚條約道光二十二年中英江寧條約卽屬於第二種

夫第一種旣明定有修改之期限卽係予吾人以取消之現成根據期限一至吾人卽可提議修改提議之後如對方國容納我之主張則舉國厭惡之領事裁判權及片面協定稅等等當然在汰剔之列如其不然吾人宜告解約此種特殊權利亦當隨條約而消滅是循通常之外交手續卽可達到取消之目的固無庸以不

平等爲仍然反使外人日我爲情激之感情作用也

或曰吾人對於不平等條約已不能再一日忍受若必須期限之至俟河之清何能以平今日之衆憤此固當注意然苟欲速効即亦不難可就各約之期限而分別辦理之如中比條約已到期或如中日條約將到期者卽以此法行之其期限太遠再人有不及待者則以下所論取消無期限條約之方法處理之可也

或曰據天津第四十款『日後大法國皇上若有應行更易章程條款之處當就立換章程年月核計滿十二年之數方可與中國再行籌議』及中比條約第四十六款『日後比國若於現議章程條款內有欲行變更之處應俟自章程互換之日起至滿十年爲止先期六個月備文知照中國如何酌量更改方可再行籌議若未付先期聲明則章程仍照此次議定辦理復俟十年再行更改』修改之權祇屬於法比一方設我提議彼方拒絕將如之何此則必不足慮何則商約原係一種有期限之條約按照普通原則雙方自應有修改之權無俟明文之賦與

至中法條約第四十款及中比條約第四十六款實別有原因蓋當日中國對外政策每主保守不願紛更各國深知故特以條約明文保留修改之權若其爲片面式則因各國明了商約性質當然承認中國之權利無須明文之規定倘對方以此之故便拒絕我之提議則是曲解條文違背國際法之原則非至無賴何至於此

至於第二種長守不渝之約既無期限締約國似卽應永久受其拘束其實不然宇宙間無一成不變之組織安得有一成不變之條約現時政府無權處分後來人民之命運亦何能使其永受繼絆於一條約故一般學說及國際習慣均認有所謂『情形變更條約不適用』之原則蓋以各種條約之締結皆暗含有當時情形爲條件（Clause rebus sic stantibus）情形變更即條件消滅條約即不能獨存

我國取消無期限或期限太遠之條約若以情形變更爲理由法律上卽有堅實之根據對方亦將無辭以難我

或曰以情形變更爲根據設使情形不變此種病國條約將永久不得取消乎所慮亦是然我國不平等之條約大多在數十年以前締結締約時之情形絕少不變更者如領事裁判權之授與寔因我國當日刑罰嚴酷訴訟手續不完備與地方有司之偏頗今則嚴刑已廢訴訟法亦頒布審判官尤一視同仁領事裁判權設立之原因已不存在領事裁判權之制度當亦隨而消滅又如京津沿途駐紮外兵之約實因我國人民當日有仇外之舉不能不予外人以自衞今則外人有賓至如歸之樂已無須此特別自衞該項約定卽應取消又如租界之設立係因當時華洋雜居易生轇轕故不與外人入住城市特劃一定地域居之今則中外共處相安無事租界已失其存在之理由又如關稅之值百抽五因當日政崇節儉故薄徵便可足用今則政務殷繁凡百課稅已逐漸增加關稅自不能獨異此猶僅就稅率言也更進一步而論從前以農立國關稅之征不過取資國用今則因應世界潮流對於國內工業有提倡保護之必要協定稅率既不能收此效果卽係妨害我國之發展亦應取消

以上云云不過略舉數端其他條約締結之時莫不各有其特殊情形一經細求均不難得其變更之點卽不難得取消之根據所慮者情形變更與否每苦無一定標準我以爲變更彼可以爲不變更如領事裁判權我以爲司法改良可以撤廢彼則以法律

不完備斷而不與是藏足以困我然此究係事實問題調查結果終得真像縱不經彼原則上亦必不能不承認我之主張既已承認我之主張我即居於勝訴地位而時時可以催促執行較之以不平等為理由他人可從之不議者所得不已多耶

現有當研究者即情形變更之時締約國之一方可否自由解約抑須他方之同意據荷儒賓傑索克及法儒渺莽斯解除條約應雙方之共同意思行之不能出於一方之自由或任性面法儒伯拉進爾諾當則謂締約各方均得片面解約蓋尊重條約不能極端致於自殺云毛阿教授以國際上無最高裁判機關亦認締約國有獨立解約之權且謂執行條約而陷於危險之時此實為一種之正當防衛此學理上之爭論也而任事實上解約之先例有出於雙方之合意者亦有出於片面之行為者如近今美國通告廢止蘭辛石井協約日本承認是即合意之解約一八七〇俄國不顧英法諸國之抗議悍然取消一八五六年巴黎條約關於黑海中立之條款是即片面之解約一九〇八年奧大利不徵求柏林條約簽押諸國之同意遽然合併波赫兩州亦即片面解約之例

我國現在所當採取之步驟第一着須先以取消之意通告各國如其容納我之主張自無問題如其決然拒絕或一味狡卸我惟有步武俄奧之後塵獨立宣告解約縱一時實力不足以貫徹我之主張而理直氣壯終必達到目的萬一相持不下付之仲裁而我法律上既有堅實之根據彼膺仲裁之選者雖欲偏袒強國亦當顧恤清議而為我稍留餘地吾人所以斤斤然獨從法律上討論者亦此以耳區區之見不敢謂是願與法學同志共商之

通訊

毀人

……侃僑居武昌但以講學為事初未嘗臧否人倫況左右乃吾所心欽近日為政尤私心所疑其肯加以非議乎不謂北京某報妄造侃誚公之聯語嫁我之餘緒此之諸度必有不便於公者為之然而必不出之侃也即令民德溺淵士習併張就此一端可以推見公居政地有牖民匡俗之責觀此橫流變勞曷其能已乎侃固非有干於公慮得罪于從者然人不可妄毀亦不可妄得毀人之名故敢書一白中誠想左右智慮通明必能察其情偽也無因造前敬希為國為道珍重……黃侃（武昌黃土坡下三十四號九月十九日）

北京自失季剛士林為之黯淡忽覩書來誠莊生所見而喜者矣聯語愚固未寓目有無都無關係愚居北京人且時時偽造部文揭諸報端號曰輿論區區詢嚇等諸自鄶彼羅方積邱山之毀以贈愚背季剛所稱又何啻一塵惟私人謗譽事小斯文得喪事大比來文壇蕪穢正義淪亡心乎下世朋儔難得季剛文才照耀天下此間為其昔年都講之地何時北來吏樹風聲

所想望者又寧止恐一人已也

監獄

孤桐

……作再版獄附報載附青棠藻所加箋劄生色今已印成輙檢奉十冊此非詩文行卷標榜沽名良以一事辦成雖屬微末而出於艱難中並曲折不無可念之價値亦冀爲典獄官吏芻蕘之獻耳概自遜清司法改制不先籌執行期刑之監獄遽設法庭已嫌務末而不揣本國初頒布新律各省偏設三級兩廳風起雲湧以多爲尙未皆顧及人才經費進銳退速不待洪憲摧殘固已不能存在厥後由地初合廳復事裁減僅留省城商埠重事擴充究甚新制監獄成立者少而縣知事兼理司法認爲不得已暫行過渡之辦法合推檢獄官一人化爲兩而僞爲矢左畫圓而右畫方責之以不可能報之以四不像於是多數舊監獄其窳敗黑暗情形有非楮墨所能罄者矣夫刑獄民命所繫廷尉所以稱天下之平專制共和治無二理淸律治自唐明主義不同矜愼獨至錄少爲收命游陟刑曹追隨前輩竊竊一二當時科罪滿徒三年府道司院層遞加覈到部非常慎重累加不至死刑而二死三流同爲一減斬絞監候列舉似苛實多慮擬死罪秋朝審制備極精詳有時即決緩勾例須夾簽聲請法窮情斷取自上裁間官故失出入罪有專條流禁四參處分尤嚴獨子有留養之條皇室有覃恩之赦其爲仁恕遠數難終今則何如者刑等裁量之地太寬大理判決之例未備自由心證便處極刑名有上訴救濟之途實少提審平反之案即無情賄威勢之弊已感術楊刀鋸之冤其自特別法如懲治盜匪私鹽治罪等減等而來者在法官方謂貸其一死下判從寬不知無期徒去死一間竊鈎之誅根本上之定讞已屬苛簡人非窮兇者由一念犯非積慣贓或輕微主文數行畢生囚梏以視極邊烟瘴足四千里不過發遣鎖礮十二年尙爲習藝其仁暴爲何如耶揆諸司法改良之本意亦大相剌謬矣躬爲知事親歷其境以爲監門流民之形狀猶有可圖舊獄囚徒之隱微斷無可達每懷㦖及悚惕難安知而不言可與閣下言而不言孤負此耑矣全國檢廳縣治爲數約二千即二千監獄除去看守所未決犯暨陸軍監獄警察拘留各部分每年結正監犯平均每監從少數以百名計全國則二十萬人爲數可驚囚糧一項無省而不苦支絀在國家爲不經濟生計日高侵剋不免饑斃瘐死不死於法不死於刑死於獄耳是謂沈冤矧一人之獄一家失養迫民於廢業耗國於無形名在丹書剝喪廉耻兇狡儕居不啻犯罪研究所變本加厲再犯累累是以論者多讚項城易笞之制差堪救敝今日邊屯移墾宜實施徒刑改遣盖刑事政策先務之急也此姑不論最可慨者國家處刑主義懲儆輕而感化重乃一般官吏尙不免誤認處刑爲報復何論愚氓故犯罪者一入犴狴堅信終身無復得見天日之日强者聚衆反獄弱者乘間脫逃此類案件歲月而有尤以縣獄數見不鮮良由監所建築類多狹陋管獄一職咸視爲國家不甚愛惜之官流品不齊俸祿奇薄辦公經費限制尤苛而付之以數十百人重大之責任其人但能應付上級官廳表冊如式能竭除凌虐需索諸弊而戒護不至疏防已爲爲守兼優不可多得之員顧責以振興工作施行敎誨勢實碍難是不能也非不爲也然此二事實獄政中之要素要素不具因來續續其將任此二十萬丁壯猷畜而禽獮之乎竊盱衡時局政潮兵禍方興未艾最近十年尙談不到實業敎育司法等事縣知事兼司法之制名曰暫行恐最暫亦必亘二三十年新監未必完美比諸前代

已是天字當此過渡時期同一犯罪不幸而隸舊監視新監不啻霄壤旣飽涵待遇太不平等不能不急求治標惟有厲行假釋獄免減刑之一策耳此其法意本無深與在司法公報雜誌等書內已言之詳切無如法界外人不閱也士紳優秀強半茫然平民罪犯絕對不能夢想不至感化二字謂宜國議席上提出方案將國家刑法感化意義用淺近文句詳晰說明請執政以訓令行之頒布各省監獄令其製匾恭錄懸掛如學校之校訓然亦竟可名之曰獄訓責令剴切星期演講如清時宣講聖諭廣訓然力破古老之報復觀念務使囚人了解引起懺悔向善之心而後監獄教誨可施否則具文而已一面責成有監督司法行政權之省道長官各就屬境情形提倡免囚保護作業教誨種種並擬具疏通監所辦法爲該省之單行法舊監與新監情形不同辦法不能不稍從寬格司法部不宜過爲制限綜期事有實際凡一政策中樞以有系統有精神的主持於上各省必能承流宣布於下久之自有成效所患前諸不論始其因循則廢弛所蓄必歸敗壞獄政居內治重要部分數十萬生靈託命祥徵感召通於人天國脈所關爲容輕視我公出秉國鈞兼掌司法詳說定命群服遠猷即如大赦民七東海當選紿時宰諮詢會有電陳法曹拘牽議歸廢棄今公副署毅然行之不作佛家最福德之言實合明王與民更始之政事釋不濟不必執法理過繩之也雖經此數末季訟繁計不數年例圄復滿特有非可歷趨常制所宜規畫尤望我公特加注意鼎力玉成至鄙此冊係學友朋監獄任者彷而行之附於商也起予之列以爲行得一縣是一縣辦得一監是一監區區再版之意云爾亦冀公有以玉成之再立法不顧事實爲弊最甚現行刑律僅總則通過於前清資政院當時法部舊人對於服制姦非和略誘強姦人命諸分則諍之甚力新派斥爲頑錮不諒其注重事實之心面事實具在不能磨滅也故民元全律頒行至民平仍不能不取前部奏爲刑律補充條例但此數年中之試驗任繼尚有形之害至今風俗人心貽害無形焉清律例館脩訂刑法實綜成於日人岡田不惜以中國爲試驗學說之品刑訴法訂豫審改隸檢察官爲國初法界一大爭議鐸曾請以盡先行於貴國渠無以應也即如監獄法令粲然具備但責效舊監法與事戾是削仍未必適應承其害者囚徒不啻中無名釐毒可痛孰甚焉……陶鑄（浙江杭縣公署九月十五日）

京兆陶君在東以文雅之士久歷法曹精研律學兼治劇邑卓有政聲今年春間以其宰定海時所輯監獄講經會文牘輯要郵示索序率書數說歸之乃承長言裁答往復丁寧於近世刑獄之弊仁人之用心固當如是而究心當世之故者所不得而忽也欷歔讀數函爲披露　孤桐

國故

……甲寅雅言正義當揚國光甚偉甚盛惟於國故似應特闢一欄一以發胸臆之精英一以資國人之研究江河所會必成巨觀則所繫於學術者尤重也拙作諸子哲學說略付由郵局奉上一本想塵記室因撰次之初正白話盛行時代學子非此概棄不閱文體隨俗時用玆心刻正準備三板改用文言望錫南針藉繩糾謬胡適與愚素不相識觀其撰著亦嘗博習故書必欲鄙棄文言不知是何用意……陳筦樞（長沙九月十六日）

所見極是此誌愚以退食之餘爲之疏漏百端亦何消說惟甲寅者士林之公器也所賴當世鴻碩憫斯文之將喪爲雅意之

扶將凡有建言敬當虛受國故一欄應如何興起陳任其亦察士習之所崇視體裁之能合開宗明義錫以名篇可已大著諸子哲學說略尚未及見容當細讀再貢芻言

論無教

孤桐

……先生無恙倚憶在國學教授邏輯者談柏格森哲學耶雖歲月不居忽焉七載而瓦爾聲欬無時不在心目也甲寅重興私衷爲之大慰蓋甲寅假天下之目視耤六合之耳聽處今之世苟非目眯耳病未有不韙此而一中其稍損者也昔嚴幾道答熊純如書云「北京大學陳胡諸教員主張言文合一不知西國爲此乃以語言合之文字而彼則反是以文字合之語言棄周鼎而寶康瓠如退化何須知此事全屬天演革命時代學說萬千然而施之人間優者自存劣者自敗雖千陳獨秀萬胡適錢玄同豈能刦持其柄則亦如春鳥秋蟲聽其自鳴自止可耳」當時以爲蟲鳴之喻妙絕人寰輾轉談說聞者咸爲大快乃近讀甲寅云「振衰興廢時致則可適等自陷於新守舊黨而冥然罔覺」又曰「適近爲文因愚起論全篇詞旨極滑可駁之值甚微適文大抵如斯今之所謂白話文者均大抵如斯此先天不治之症聖醫所無如之何者也」此兩詞者前狀難寫之景如在目前後含不盡之意見於言外與嚴氏蟲鳥之喻同一永味俊語沁人肝脾奚民六以還北大爲一黨一系所盤據曲道蠅時詭行噉名久爲通人所目笑近複標鄉原之舉樹比周之黨詐芥暴戾自絕於國夫任何國立學校全國國人所公有乃任三五小夫世襲傳授據如私產聚全國之後起於一堂德之不修學之不講狙象之獒嗾之依學生

如戈不視焉合爲利藪尚何教育之足云乎尚何教育之足云乎先生既秉教育之樞應爲澈底洗刷之計縱容三五小夫其責小任邦國之論於無教其責重也所感至多未罄所懷惟先生宥其狂愚而辱教之幸甚……李濂鏜（保定西關第二師範九月十四日）

凡生未有不篤視母校頌言其善厚覆其過樂與人持短長以自取重者也何也學問之事大而淵源之感深也至過已昭然無可爲覆因明揭其狀而圖遷善則於例爲變而情尤可矜愚好言邏輯實則所得於斯學甚淺居講席尤無狀而輒爲當時從學諸君憶念不衰可見校評之所涵容者甚大而由北大出身差能自立之士凡於該校有所評騭無論正負意匪不誠負而痛之誠乃愈至閱君此書愚感百端至胡先生一代宗風取徑乖而負累重區區責言諒所能容惟君輩行差後近亦列帳授徒於當世名宿本校大師不必因取捨而定毀譽君其勉之矣　孤桐

士

……疊蒙數箴久不見報想師爲國賢勞無暇計及此也聞師於百年樹人之大計頗有宏槃碩畫足新其壞宇者使智爽闇昧得耀乎光明甚休甚休竊於當時學制有不能已於言者惟師有以教之自科舉廢學校與國人方謂學術當日進而人材標落反不逮科舉時遠甚蓋置身黌宮者皆紈袴之子寒人不得望其門於是歲糜國帑數千萬而學子游資所耗亦不貲故竟販業者等諸輸穀納貲使人苟媮更何學術之孕養之既失其道取之復乏其方遂各以奔走運動爲弘材所治愈下得車愈多不然則無以塞父兄鄉黨之望此廉恥之所以淪喪也及觀科舉行數千年中

閒與章皆於所理學昌於宋天元四元與宋元間小學經訓隆于清世寒畯之士皆得舒發其材性及其有造輒淩厲前哲如淩曙賣香汪紱陶瓦戴震裨販汪中傭書張惠言飢不能具餅餌皆能恢弘國故以自名家今上品將無寒門此風則墜地矣竊以養士須取函授制（中學以上則可以函授中學以下仍舊貫可也）取士須取考試制庶足袪其敝乎是否有當佇候明教……孫至誠（察哈爾都統公署九月二十一日）

所論極中肯綮憶往肄業於蘇格蘭大學彼土夙稱貧瘠學術亦幾爲高門禁臠厥後卡匿忌者蘇人移美而暴富者也議以四百萬爲蘇國興學大學因爲立白薩烈制白薩烈（Lirrbary）猶吾其膏火於入學時以競爭試取優等生資之俾得依公費從容成學惟受試者以貧士爲限蘇人不然能自給者亦竟不來無冒濫不數年而蘇格蘭學風炳蔚迴異疇昔有一木工之子修神學爲上選與愚同歲爲愚詳道其事謂吾且以箕裘之業終言下戚傷兼自感憶愚負笈之年適當爾時今偶憶及輒爲神往竊意吾國非於此相類之制學必不昌如淩戴汪張不費一錢以攻苦致名術已爲時勢所不許也今者兆鑾有論學制一文所見亦與愚吻相合請實見格容力圖之愚昉年二十一國學深造有得尤邃於子本誌獲此良友吾黨之士其所樂聞

孤桐

白話文

……循誦周刊都六冊矣當舉言龐雜之衝標萬人吾往之幟作者其有憂患且敬且佩竊謂今世革命事業不幸而波及於倫常道德近且波及於文字倫常道德江河不廢固已倘謂文字亦然走則未敢深信埃及古文何以至今湮滅獨不解所謂新人物者何仇何怨必欲從而革之八號有一標題曰白話不通夫白話容有不通在理或居少數惟問白話文三字本身通乎否乎文則非白話則不文世稱西人文言一致曰一致云者可見根本原是兩事詎惟兩事直是反比也白話可謚曰先將便溺謚曰糞矢橛論曰食可乎如其不能則所主張之名詞先不成立他復何言嗟乎班馬屈宋文亦至矣其實亦祇最高美文之一種以視倫常道德輕重奚翅倍蓰在提倡改革者殆與提倡男女無別提倡廢除考試同一鬨合於不學少年之心理而已所慕其破壞之理由之手段不值通人一哂且又非強力禁用或不至如埃及古文之遽就湮滅獨關於倫常道德道德謂宜大聲疾呼堅持到底風化醇澆以先生地望負有重責勿使人類淪爲禽獸幸甚……劉孝存（由東荷澤九月十日縣公署）

時論鬱而不昌久矣主新文化者因謂天下已無異議一切問題都成過去本誌之興微切輿論之脈有以知其未然愚不敢謂吾派所談皆宗於正然重提舊事悉心推究廣搜材料以求折衷乃吾人不貸之責也讀劉君此函愚有此感故云

孤桐

說林

肅順當國在咸豐間值天下擾攘頗能禮賢下士尙書高伯足湘潭王壬父皆游其門賓客盛一時胡文忠左文襄深得其助力湘軍老帥多能言之雖稍涉豪侈其贊翊中興功不可沒既敗伯足過西城爲詩弔之責其豪華使酒以買禍罪案止此其末云平生

風義虧忠告江海瀝流此淚垂復爲中興篇推其匡贊之功至矣當時以爲實錄壬父嘗爲肅草封事文宗歎賞問屬草者對曰湖南舉人王闓運上問何不令仕曰此人非衣貂不肯仕上曰可以賞貂事翰林得衣貂時壬父在公邸意不欲他途進後游山東肅爲書招之將入都聞肅被誅臨河而返其人日寄高伯足詩當時氣奇無倫顧我昔爲丞相賓儼羅酒味猶在口幾回夢哭春華新不勝華屋山邱之感衡陽程戟傳嘗爲予言壬父在船山書院時一夜朗誦此詩說當時故事淚涔涔下某歲來京師託言應試實未入場猶以賓文錢數千金付肅之家人云壬父誠諸善譎獨於朋友死生之際風義不苟如此與若高王者皆足以矯世勵俗與任子之苡報公之宦維相去遠矣

順德李仲約侍郎乙未座主也撤瑟之年予臥病江南未獲躬親執紼後聞翁倘菴云侍郎身長逾量棺木係猝辦幾不容殮時殮服咸具唯歲頂不能著帽時人謂之死後挂冠此不豫備之咎也亦有預備過早而不中體者京師風俗凡病革時家人恐其手足僵硬趁彌留爲之更衣甚至有裝綿者移置別室謂之停牀此風至今猶存實則病者尚未至死也長沙徐壽衡大司空於庚子夏日病篤在徽園廳屋亦舉行所謂停牀典禮者舖板於地上其旁設紙硯筆墨尙能作字與徐花農南齋時有唱和之作可謂奇矣距捐館時將及半月之久屬纊炎天安得不死此等風俗急須改良

李仲約侍郎素精風鑑見客初不發言先注目左右上下諦視良久門生屬吏班見者必一一審察畢然後問對人多莫識其故咸豐末年與常熟翁祖庚同書同日召見先集朝房祖庚知其善相士也請爲言相仲約曰俟人對後復來此當爲公言之召見畢不會於朝房言祖庚某年當遷官某年當外簡某年當得禍禍且何測祖庚有避法否曰幸勿爲封疆大吏祖庚復問皇上氣色如何曰不佳慮有山陵之變天下將大亂予亦從此逝矣毋何仲約果乞假歸英人入犯京師文宗北狩崩於熱河而祖庚亦膺安徽巡撫之命思仲約言遷官外簡適如其年文宗亦上賓皆奇驗大懼職至再三不得請後以兵事失利卒獲嚴譴此翁弢夫師所云弢師祖庚孫也

昌黎西山詩連用數十或字人以爲奇實本毛詩或偃息在牀或不已於數句及杜詩或或紅如丹砂或黑如點漆擴而充之耳此猶是字法句法至於章法亦有脫胎於三百篇者我徂東山第二章町疃鹿場熠燿宵行善狀淒涼景色爲鮑照蕪城賦壇羅虺蜮階鬬麏鼯一段之粉本然所云伊威蠃蠨蛸町疃行皆實物故其下云可可畏也伊可懷也全用空字以疎其氣古人行文雖未必用心如此天籟自然亦有法在玉谿生錦瑟一篇莊生蝴蝶望帝杜鵑滄海珠明藍田暖玉詞旨雖工字面稍實末聯此情可待成追憶只是當時已惘然連用十四虛字便化典麗爲空靈否則如七寶樓臺折碎不成片段此亦東山詩法也三百篇有全章詠歎一語點睛以寄其微文刺譏者如猗嗟昌兮極言魯莊公威儀技藝之善其次章云展我甥兮明其爲齊之甥非齊侯之子也君子偕老極言衛宣姜山河象服之尊鬒髮楊皙之義其末句云邦之媛也所謂不稱其服者非他即衛之君夫人也杜甫麗人行刺相楊國忠初言禊游之盛次叙服食之精以及椒房之貴寵音樂賓

從之噬臍千迴百折以恢莫近前丞相專一語爲之歸結是亦我甥邦媛之旨也故吾謂唐賢詩人尙能與三百篇通其消息此類甚多昔竹言於蘇厚菴王義門皆極欣賞勸爲筆記年來善忘略舉梗槪於此

馬車制自外洋本非中國制度光緒末京師修馬路始見此車湘陰張國鐸號巨年時官禮部郎謂主人尙未登車御者先已高坐旣登車後僕夫之股高於主人之頭非禮胥上說帖於部欲禁其制一時傳爲笑柄後巨年考御史取第四卒未記名實因此累之足見當時言路用人尙愼其迂然巨年爲人謹飭除論見稍陋除亦可稱取與不苟辦同鄉公益任勞而復實爲道不甚高而喜爲人治病偏甲歲杵熱劑多至兩許擬方後必親爲檢藥以求道地親爲煎熬以視火候一服不愈必再服三四服以至於死又必爲之親視含殮撫棺一痛治喪歸葬無不一手包辦平日最講儉德而同此耗財顚躓人皆笑其愚而憐其誠范文正云不爲良相當爲良醫蓋醫國醫人同一功用若巨年者殆兩失之矣（章華）

甲寅週刊第一卷第十二號目錄

時評

甘肅馮玉祥近上執政書謂人心既習于變亂則以不亂爲非常歷史既成于相斫則以不斫爲非事正詩云莫肯念亂誰無父母鄉子厚視天下之勞若觀蟻之移穴貌而不戚此其存心可勝痛悼每念戰陣寡人妻孤人子獨人父母有形之傷亡既極人生之至悲無形之經濟尤復自陷于絕境深燮過計以爲當代軍人非有眞正之覺悟祈嚮眞正之和平即無由措國家于治理覺悟維何即武力終不可恃當艱苦卓絕競民治痛下功夫是也又浙督孫傳芳電四川將領云養兵所以衛民非以自衛行軍所以赴義非以爭利民國所揭櫫者爲民而十四年之擾攘則全在軍人之背義擁兵又全在利今欲救國救川亦惟于軍民義利之辨加之意而已姑無論民養兵以衛己非以厲己即軍人爲自衛計得道者多助失道者寡助己一而已民則萬也以一敵萬寧有幸理義由我起利則衆欲不求之我而爭于衆其難易之數不待智者而自明戰事爲罪惡之源非成功之經十四年來迷信武力甘有成功其人者乎當茲謠言蠭起人心皇惑大亂若在目前之時忽得此仁人之言不啻鈞天廣奏蓋吾國黔黎苦兵戢之日久矣豈但一蜀舉目山河有一不爲鋒鏑膏血所殷乎父老子弟有一不被烽燧燋燔之苦乎浩劫之來澒洞靡届撥亂反正惟在三數負干城之任者一轉念之賜耳果能發大覺悟修大懺悔不爲無聊政客所蠱惑失意軍閥所利用各戢私欲護念國家內怵凶危外變強暴上全統治之威信下愍民物之創痍相忍相讓相維相

一

繁內恣覩于鬩牆上刑于苦戰則天下事尙可爲不世勳亦可保非然者狼貪虎視事爲幾種復懈相尋陸沉不顧胡虜無全木復巢無完卵所謂身死無名益爲至愚而及父母爲天下笑不僅國家之不幸又豈公等之幸哉語云知之匪艱行之維艱昔謂行之匪艱知之維艱人之甘蹈困危蹈人蹈己促國家之滅亡遺後世之非笑特患不自知耳苟眞知利害得失之數軍民義利之辨矣而猶背道而馳不努力以赴之自非病狂寧肯出此天道助順人道助信兵食可去無信不立金玉之音縣爲息壤（熙）

近日批政無過於用人之無標準銓法既壞易以輸賂既人人知其弊論其勢不可一日居矣或稍稍主考試之不當終歷則群焉嘂之詞迷復辟甚矣晚近人心之不易持執也湖南以自治號召天下省憲行而治道不進省長趙君恒惕恥之謂治道不進之源於用人也則毅然以考試爲天下先又慮湘人自狗其私未足舉其實也則特聘章行嚴主知事試張行權竹主法官試章行已於九月二十五日抵湘趙君以儀待之比於前淸鄕試監臨之於主考有過之無不及試程分預錄初覆三次前兩試以筆表一試以口紙試一爲論文一爲地方行政之策問二十九日開始舉行張行嚴亦於是日由京趨往是舉也實爲民國十四年中可以大書深刻之節。吾敢湘省擬而行之以其所得布告天下使其餘各省漸次仿傚因而庶政有淸明之會人才有自進之階於內治蔚然開一紀元爲天下之門標可從而知矣（民一）

原化

孤桐

各省電報局員因要求加薪於前日相繼罷工僅直隸山東奉天山西四省未曾加入哄然大波風靡全國鉤結醞釀必匪朝夕各局長官于事前毫無覺察預爲之防不能謂無疏忽之咎且細究直隸山西等省何以獨未加入靑島哈爾濱鄭州等處電告何以受人誘惑則此次事變之來源決非單純之加薪問題殆含有別種危險之性質可以概見幸交通當局應付靈敏處置得宜未能者不至捲入漩渦已能者又將恢復原狀風潮範圍可免擴大此誠不幸中之幸也惟一時權宜消弭之計終非根本救濟之道局員本屬雇傭其生計之狀況亦不能不稍加體恤予以相當之解決俾得安心職務以繁劇辛苦之事而欲責之憂勞寒餓之人展拓橫決亦事理之必然也爲局員者亦宜審愼利害權衡輕重倘有困難儘可提出理由擬具方案請當局之核議即存爭得亦可宣布天下求社會之公決罷工乃最後之武器未可掉以輕心倘使當局嚴于威信亦以最後之手段應之毅然解散使君等盡失其所恃又將如何若受人煽惑屬于被動負內亂之罪名受失業之實害之罷工者成績如何前車不遠可以鑒矣至於利用工潮者値此外侮憑陵之際國會將開之時電報遞中外之消息關係至爲重要無論如何此時總宜忍耐靜守維持相當之秩序爲吾人存一分顏面即爲國家留一線生機使外交不至失敗中國不至覆亡惟有公等迴翔報復之機會任如好爲滿歐速其魚爛皮之不存毛將焉傅公等既甘之矣余又何言（通一）

梁君漱冥之東西文化及其哲學爲近今罕見之名著國論歸之久矣讀承推許送懋一冊人事卒卒期年未就有唐君鐵風復勤勤以撰約爲言未幾已勉成此篇聊以寄意敢俗繁委不能爲精思析疑之文體勢之能毫毛未備作者幸有以進之

梁君漱冥分大地文化爲西洋中國印度三系西方以意欲向前要求爲其根本精神中國以意欲自爲調和持中爲其根本精神印度以意欲反身向後要求爲其根本精神至三者人民何以有此意欲何以有此精神梁君以爲文化爲物點點俱是天才之創造偶然之奇想而不滿於質觀派視環境之反射過重知有被動而不知有主觀懋則謂之二說者合之兩是離則兩非比年以來懋以調和論爲時詬病今見梁君標此二字目爲吾國文化之要道勝氣驟壯更請以梁君之道還治梁君之身爲其文化起原說進一解焉文化爲天才所構毅無疑義然天才者非孤寄無所依傍之物其先必有所散其機必有所託散之託之皆非天才本體所能有事而一切特外緣焉大抵天才之爲性不主常而主偶其才向外發露每起於好奇而思遷謂曰好奇必有視爲不奇而不好者謂曰思遷必思有所寄而遷往焉者此皆前緣後緣所以疏附天才使得取集於文化以自成其系統然先民開物成務以前民用雖曰好奇將不創爲人我所不能共之業雖曰思遷將不越於官能所至不得之境凡此皆環境節節有以範之天才之所以爲於世用而且蔚成偉業利賴無窮者此也不然天才至備者也而文化爲常天才至散者也而文化爲聚苟無天然範之者焉則興廢一動異化立成轉瞬以來安有緜緜延延一系不紊之文明史料散敘天才能創者也而不足證其所創之適爲何狀今東西洋之文化顯然異觀因謂西洋具有能創西洋化之天才焉東西洋具有能創東洋化之天才焉似非篤論文化者蓋合時地人三要素而成之偏舉其一皆不足賅括本義而無憾今之倡言新文化者不解此理以謂文化當有藉人可能無地不行之共相因謀毀棄固有文明以謀而求與羣星稗販於西洋者合轍此誠不揣其本而齊其末之甚者也其偏於質觀者又謂環境萬能縱無天才文化亦自能立馬克思之說是也彼謂除舊開新爲科學必然之則蓋天演之行也舊一方自腐新一方自生極人力之所至亦止如巫降助產者隨地已耳非能孕育小兒也此說不僅爲梁君所斥懋亦疑之然彼派之爲是言亦自有道凡文化爲數千年之所養成數千萬人之所服習典章文物粲積彌多學術思慮繁賾已甚於斯時也天才家之抽思運力良不若自古創業垂統之易爲功希臘之蘇柏亞吾國之周孔吾人固深信其爲絕特之才而以其居於開創時期人欲未進群制殊簡一切獨利於天才之布施亦爲不可爭之事實自此以往東西洋文明規模各具蹴騰不易後人即有蘇柏亞與周孔之才之美其所成就將不若彼五人之章顯也無疑質觀者流不能體察天才之獨立性徒爲成事往史所蔽因謂成事徒史之弊即新紀元之所由開縱有天才亦無所用其所見偏頗而無當吾輩未敢以爲據也以愚識馬克思之書體大思精惝中肆外不愧爲近百年之第一流天才家彼謂社會革命非人力所爲然全歐今日之萬丈工潮謂是馬克思一人之力所釀成亦不爲過嘗謂天才者無時蔑有地尙無才世運即欲孟子曰雖有智慧不如乘勢雖有鎡基不如待時才覺有顯晦大小之不同者亦視其所乘之勢所待之時何若而不當專攻其故于智慧鎡基之本身孔子之才無人不承然如梁君云「後來之天才不能出其範故不能別有所發明而徘徊於範圍

王

之中」關節意未敢遽同吾國哲學統於孔子未能多有發明此別有故不足爲後人天才遠出其下之證蓋孔子之道非能自行也以有尊之者也尊孔者非一家其詞恆有出入而要自命爲眞孔然孔子爲甲不能同時爲乙則號爲孔學其中必有託孔而非孔子之眞面目者但孔子不復生不與證其孰爲眞孰爲非眞於是至聖先師因兩收其自命爲眞之利而其道坐大以知孔子本未必有是學而後人往往託之以成名是其名不若孔子非其才不若孔子也又凡吾人所許爲孔子正統其所釋孔事爲孔子當時所未及設想者必且多有如梁君于子釣而不綱弋不射宿及君子遠庖廚二事中推言「一般人講理孔子不講理一般人求通孔子簡直不通實則一般之通終歲不通而孔子之不通則通之至」此純是梁君自有之見解而嫁其名於孔子人或問孔子飫不綱何必釣孔子心中設答未必即如梁君言而梁君搆是理本可自立而必用孔子名亦是其名不若孔子非其才不若孔子也要之孔子亦幸而不能復生與人明證其所言爲非爲是耳設如能之其道將一旦崩破片甲不存孔子之見爲大關鍵全在依託者衆詮釋者繁轇轕往復而但不失爲孔之中故孔子云者不當爲一人之名而必標爲一學之號其學也非一人材智之所獨擅而爲二千來年材智總最縱綴塡集之所共成是故文化非天才奠就吾二人所見蓋同獨至崇古而略今崇獨而略衆則愚不無異趣凡茲所言意在表顯吾國文化獨有調和持中之精者第一以其處境爲農業國其次則古先君相師儒善相其華之所宜娵爲適於農業國之政利之道備以護持之人文與流風以衍於是自羲農堯舜以前迄滿之季四千年間一系相承人無間

然印度至視農業國爲太過其聖哲因遺物質而遁空虛故其文化之精神爲反身向後西洋視農業國爲不及其雄桀因爭生存而驚實利故其文化之精神爲向前要求誠以才與境相會習與化相成三者俱累世由之而未易明其所以然也今則所謂境者稍稍變矣海通以來西方之工業化繼續東被顯焉隱焉紓焉遲焉使吾固有之文明遭其抨擊者不可枚數於是東方文化能否長存之一問題乃起於學士大夫之心胸而無能自禁如梁君其一人也然梁君之說見獨于斯時者以先之則無導後焉則過飫惟今當惟其可以凡見天才無憑虛翔集而能見洽于人人相與其認者也惟西洋亦然自十八世紀以還工業之盛一日千里以爲天堂可由巴黎之鐵塔以躋樂園可乘徐伯林之飛機以往最近一戰死傷以千萬計而仍無幾希強兵之望於是西方文化能否長存之一問題亦爲彼中學士大夫之所探討無能自持如德之司賓格勒英之潘悌皆是也吾之孔老諸書夙爲西儒所不解而最近哲學名著所不於四子書或五千言中摭拾一二以自壯者彌罕何也時與勢爲之也以言文化蓋無論東西今乃瀕於破產重須抖擻之一時期梁君發策分別若干問詳察東西文化存亡分合之度其事叶於英語所稱 Tune-hanoured 刻不容緩梁君又言東方化不存則已存且有擴爲世界化之値此其膽智尤爲豈子篤愚誠以爲世界大亂紛紛不能休物欲無藝饑饉行尸戰爲溝瘠平亦枯如此乾澀無意識之社會惟吾之農業化差足濟之西方明者蓋亦不能無見梁君其無外于己而別懸天才爲虛的一本至誠因物付物使救濟二十世紀之文化共迪事業君書適爲開宗明義第一章凡我國人尸祝奠或逸是焉矣

本刊發題徵文特偶爾興到聊試爲之不謂作者蜂興名篇鱗接以文會友爲德不孤天下文壇所貴於聞人者大已謹將前三名原作以次布刊潘君所作與題旨不甚相侔然文爲公器言非一端惟奇文之共賞寧己意之獨執爰紀數語謹致謝忱 孤桐

代議不易辨

潘大道

（一）緒論

孤桐先生標題設難徵海內好辯者相與辯之辯而當者有厚獎否者亦無懲焉余既好辯尤好與孤桐辯雖有重懲宜不易素偷此嘿然何以副實於是攘袂奮臂搖脣鼓舌以試其辯而祈其爲一之有當其果有當乎其果無當乎吾烏足以知之莊生有云大道不稱大辯不言今者言之不已其得爲大辯矣乎雖然孤桐常非代議而思有以易之矣余終信代議之不可易也不言則彼我之所信無以相質而校量之豈好辯哉不得已也作代議不易辨

（二）代議制之經過

今欲論代議制之得失爲一般讀者起見不可不略述其經過蓋代議政體一語（Reprcsentative Govern-ment）其含義幾與立憲政體（Constitution Goʌern-ment）相若未有立憲政體而不以代議制爲中心者也間嘗攷之代議之源實導於歐洲諸國之等族會議（Slandeversammlnng）等族會議者封建時代之特權階級所組織之會議也當十四世紀之頃歐羅巴諸國殆無不有之迄乎近世之初此種會議諸國或惟存其形或并其形而亦不存獨英國綿延弗替以形成今日之所謂代議制者然英國政治乃基於實際上之必要而生非有哲學的理論精密的攷案明白的規定也故其制未能直接與後世以模範其直接與後世以模範者首推美國蓋自美國而代議制始著於成文之憲典矣然以別爲一洲影響猶微故自由民權主義之運動所以普及全歐乃至擴充於世界則法國大革命之力爲多彼輩之目的不在法國一國之組織而在全人類之自由其革命思想根柢於十七八世紀之哲學就中以孟德斯鳩盧梭爲最有力觀一七八九年之大權宣言可見也蓋歐洲中心世一切以教權爲中以政治學術皆其臺隸教會腐敗之既極始有文藝復興宗教改革之事及宗教之軛漸舒而國家之勢驟振國之大權集於一人十七八世紀之英法兩國其勢尤著如查爾斯一世君權神事之思想路易十四世朕卽國家之言論最足以表示其傾向學者著書則霍伯思之說其代表也然人類既日上自覺之途民權自由之運動轉因國權君權之壓抑而勃興其間雖惰力未盡反動屢

起至十九世紀之末則除俄土二國而外代議政體乃爲歐洲諸國之普通制度雖亞洲之日本亦傚行焉及廿世紀則龐然自大之二老如中與俄者亦已隨死斷廢於是全世界之中乃無一而非代議制之國家矣

(三)代議制之內容

何謂代議制亦有一言之必要代議制者以由國民定期選舉之國會爲國民之總代使之發表國民意思之總機關也是故代議制以出代議士爲要素退之則爲專制政治進之則爲全民政治繼續維持亦代議制之工則也今分別述之

(甲)組織問題

國會既爲國民之總代則組織國會之議員不可不自國民選舉之且期其於事實上能代表國民之意見故其選舉之結果不可不反映社會上各種之勢力此代議制之理想也其實現之程度如何則視國民之智德以爲準多數國家國會分設兩院下院悉由民選上院有由民選者有由任命者其在任命之國難乎其言代議矣至選舉之方法已由限制選舉而入於普通選舉即女子選舉權亦漸次爲各國所公認矣爲調劑大小政治集團之勢力計又有比例選舉法以彌補普通選舉之缺陷焉最近有職業代表之議亦選舉方法之問題也

(乙)權限問題

關於國會之權限就各國憲法之規定言之大體相似其最主要者·曰立法及預算議定之權一曰監督或締造政府之權至其實際則由國而有異近來國務擴充種類亦從稀複雜形式上屬於議會權限者實際多操自政府觀英國議會與政府之關係可以窺其消息矣然總統制如美國者其國會與政府仍保持此對待之形勢也

(四)代議制之得失

如前所述代議制之歷史極短言之有三百年其勢力之廣被今世號稱國家者無不屆也然自十九世紀之末非難之聲逐漸而起學士政家同然一辭綜合各方可分爲二

(一)爲激進的革命之思想　此極端社會主義派之思想也彼以爲今之議會制度縱令選舉權如何擴張或爲普通選舉或爲女子參政皆形式問題而已在此資本主義之社會任何選舉終爲資本家所支配如是則會議乃擁護資本主義之機關求其改良社會造福平民何異於與虎謀皮乎是故議會制度宜與絕緣非訴於直接行動無望此派思想大抵由馬克思階級戰爭說養成之然馬氏之徒亦頗有持議溫和依議會得政權以改造社會者在西歐諸國其勢實不可侮持議會否認之說者屬於馬氏之極左派西歐諸國工團主義者可代表之其在工團主義勢力不昌之國則依大規模之同盟罷工以與資本家相對抗甚者使全社會均蒙其禍如斷絕一般人民日常需要之供給及一切交通之設備是也此不限於經濟問題而已即政治運動如英國婦人參政權運動及愛爾蘭新芬派之獨立運動亦皆訴於暴力以求貫澈其主張而其事乃見於議會制度最發達之英國此論政者所不可忽視者也以上什與派

(二)爲反動的保守思想　此懷舊復古者之思想也彼等對於民衆政治本乏同情其於議會制度惟見其短而不見其長見政黨之營私也則詆立憲見議員之失職也則非代議喬木之家文學之士相與疾首蹙額不可終日過故宮而掩涕觀舊章以滯徘徊廢磚棄瓦爛泥污塊皆從新收拾什襲之而珍藏之視同拱

皆不以爲嫌其情可憫其鬼蜮何如矣
以上兩種思想極端相反其不滿於代議制則一所以然者誠非無因自十九世紀上半期以前國家作犧牲取消極態度而實際亦然自十九世紀下半期以後思想趨於積極政務日益繁複非有專門智識與經驗者不能應此事議員多無專長又法律書案不諳習條文之煩瑣必不能條理周密每爲多數人所不能盡立法職權之事轉委其權於政府職掌之實亦不能無此其一也英國議會之代議制向以二大政黨爲基礎二十世紀以來勞動黨崛起衝破壞均勢大陸諸國則小黨分立無能制多數於議會而聯合內閣時虞顛撲不易有一貫之政策故內閣改組議會解散之事日有所聞使政府疲於奔命人民厭其煩苦此其二也政黨之弊於今爲極議員不受黨部之資助則終身無當選之份既受資助不當選則又失其獨立不羈之精神又政黨資金多出資本家供給秘密授受無從稽考一旦政黨得勢不免爲資本家利用犧牲多數人民之利益加以政黨分立以權相競利黨禍國在所不計妨害議事之技無所不用其極議會失其尊嚴國民蔑其價值此其三也以上之弊幾爲多數國家之通病至於中國則又異是余以民國十一年入參議院一日過湯覺予於第二休息室覺予爲我指示曰此元二年時代國民黨議員之休息也其相對之第一休息室則爲進步黨議員之所據吾時爲國民黨會內幹事常立一几上大聲呼曰今日甲案如何主張乙案如何主張語畢相率以入會場無或有與所語違迕者蜀南袁君偶持異議則申斥之無所假借此一休息室之議員往他一休息室訪友者必令役人先容之不則視爲間諜今日則一休息室之中不知有若干派人相與混處以視元二年乃如三皇五帝之時不可復得矣語畢若不勝其太息者蓋元二年時代政黨初成有如歐美利弊兩面兼而有之嗣後則小黨林立每下愈況三五成羣其敎以政綱政策示人者不過一二三除惟以門牌號數見稱於世一議案之起意見紛歧無從整理頭破血流什有所聞十年無成之憲法賴賄選之險陰曖昧而成之爲軍閥之犬馬資自身於貨物縱有賢者無如多數何則又爲各國之所無而國人所爲痛心疾首者也於此而革命保守之思想同時併發不可遏抑夫豈足怪其訴之於直接行動乎在接行動之後又當如何且安能事事直接行動者其退而於專制政治乎則又忘專制政治所以不能不變而爲代議政治之歷史也其進而爲全民政治乎則又非地廣人衆之所宜且安見不能行代議政治者之能行全民政治也然則將如之何曰各國今日之代議制已非初期代議之面目其原屬於法律上之權能或法律上已移於他機關如瑞士及美國諸州之直接民政主義德國新憲法之中央經濟會議或事實上早不存於議會如英德法日意等國之官僚勢力各國民間之示威運動與夫報紙之權威任何皆足以震撼議會而揭其弊抑吾嘗深思之制度者死物也行之者人也故凡一善制之立必有其惡化之可能蓋民族之性質不能有長而無短而皆畢現於其制度之上且一時代表有其特殊之勢力焉影響於社會之各方面其見於制度者爲利爲害均非制度之本身所使然雖別易一制亦必變形易證表暴於外如財閥軍閥等之勢力是已夫歐美資本主義之弊乃工業革命之結果非代議制之結果也而代議制之惡化資本主義過於發達有以致之假使歐美無代議制則第四階級之參政社會勞動黨之組閣必難實現資本主義之爲禍更有甚焉可斷言也中國敗壞至此議員誠不能不負一部分責任

然謂中國之亂由於代議則大謬不然蓋中國以數千年來君專制之結果服從勢力倚賴他人之習已成第二之天性上焉者高蹈風塵不以俗事攖懷其卑陋跳跟好預人事者大半皆無恥之尤也會清室不競革命黨人得因利乘便以仆之然國民性缺乏獨立自治之精神不因是而驟變轉以綱維忽撤故武人得以橫厲政客供其爪牙有議會任名爲代表民意總統由是而出大政於焉以決武人雖暴政客雖黠猶有所憚而不敢公然破壞不幸議員失職點污議會其爲可恨夫復何言然議員之所以失職蓋有數因中國議員大抵士流既非名身亦非資本家之代表一爲議員使無暇以其精力兼治生業則事務之費應酬之需皆不得不取給於議費而長安居大不易政治生涯所耗尤夥彼軍閥代表之政府則發國庫之所有以供軍人之需索於議員之歲費揩不放發發亦至微以窘迫之時乃別出其途附以條件用濟其困以致多數議員廉恥掃地其因一又議員任期本有定限新舊更迭則氣象可以常新然一派之軍閥以其不便於己而非法解散之他派之軍閥以其便於己而有意利用之以故三年任期越十三年而未滿腐氣相乘雖英傑之士亦無能以自振其因二之二者其皆不專在議員亦非代議制之本質然也抑自近年以來國民中之知識階級已不復爲傳統思想所束縛內政外交不憚潛嘵索辦能課瀾見踴躍獨於過遂總統賄買議員一事首都之教聯學聯皆噤若寒蟬從不以對待彭允彝章士釗之氣力對待曹錕天安門之吶喊自若也不聞有國民大會之舉東西長安街之坦蕩如故也不見有遊行示威之事偶有一二則包圍總統逼迫議員之流氓被買於曹黨者之所爲也北京報館數十家其能持正不阿者幾何既不能激濁揚清於拒賄離京者轉以少數之不德摧淨辭而助之攻故議員失職國人當共分其咎不能獨責議員也夫巡閱督軍肆於民上塗虐千萬甲第連雲下至師旅團長亦各良田美宅勝不計何一非自胼手胝足者敲剝而來國民熟視若無覩也於議員區區又何責焉使中國不幸而亡者定讞判罪當以麻木之國民爲魁首軍閥之罪猶當末減也然國民之所以麻木則數千年來專制遺毒之所致推原禍始又當歸其罪於專制政治而國民但覺其可憐耳國民云軍閥云政客云其他云云特各各表現其所受專制遺毒之一面亦已不足深責矣而豈代議制之過乎蓋國民之麻木不因代議制而代生議制反因國民之麻木而不克舉其應有之績然循是以往國民之麻木有所刺激可逐漸而解也軍閥之橫厲亦不因代議制而生代議制反因軍閥之橫厲而不克舉其應有之績然循是以往軍閥之橫厲有所忌憚可以逐漸而減也是故善謀國者不當廢代議制而當於議會之組織及權限深致考慮著於憲典使背於其國之國情而有助於其民之進化此則可悉原代議制之價值實有其不可淺滅者

一曰爲國民的政府之原動力蓋秉國鈞決政策者非議會之多數人所能勝故政治之重心不得不集於政府然使政府大權在握無一機關爲監督而抑制之則國民對於政府之惡行無從抑制議會者代國民以當監督政府之任者也在內閣制之國家非於議會制多數者不得組織內閣是內閣直接由議會之信任而成立間接由國民之信任而成立故議會者內閣組織之原動力也蓋國民雖無判斷複雜瑣碎之立法問題政治問題之能力然於大體之傾向何黨之候選人何黨之大政方針較能代表自己則不難判斷而其判斷之結果則以定期及臨時之總選舉表現

之以故議會雖不能正確代表國民之意見大抵國民之多數比較的信任何黨於此可以見之英國自由勞動保守之更迭美國共和民主之代興非其證乎

二曰爲刺激政府及輿論之要求在專制的官僚政治之時代國事決於密勿之中國民由之而不知之此爲政治腐敗之要因代議制者於打破此制最爲有力者也議會於豫算議定財政監督之權雖甚薄弱然對於政府之施政有公開討論之機會其效不淺尤以質問政府徵公共之權威於衆目睽睽之地要求答覆俾政府自覺其責任之重大勝於無責任之專制政治萬萬也

三曰爲秩序的進步之保障代議制度可使現無政權之政黨他日得有政權機會以是亦於暴力之直接行動較易減少雖民族的宗教的階級的反感太甚者亦有難於融和之勢然視專制政治民氣逼抑無由宣洩之國家則其程度不可同日而論英有穆勒其人與骨俱朽矣所著代議政體猶懸日月而不刊願國人反覆讀之且讀威爾斯蒲脩皮之言也

（五）代議制之根本精神

夫歐美人民以求得代議制之故至於橫尸流血前仆後繼亘百數十年而不恤者豈其好逸惡勞樂生厭死之心有以異於常人哉抑以倫理上之要求非此不足以饜之所謂不自由無寧死也蓋倫理上之原則凡名爲人均具人格人格之義康德最能道之是有二義一曰自我目的自我目的者不爲他方之手段方便之謂此人格與事物之所以異也二曰自由意志自由意志者不爲本能所束縛訴諸自己理性之意志一以貫之是曰自律自律者自立法而服從之也自由之實亦不外是專制政治之下政府之威權無限也法律由治者定之租稅由治者定之乃至一切是非善惡之標準皆由治者定之是其所是非其所非善其所善惡其所惡不自生也如是則與奴隸奚異焉猶如封建時代之諸侯土地人民皆其私產而又何人格之有代議制之下則凡法律租稅無不經由議會之議定人民對於議會通過之新法新稅不特法律上有服從之義務即道德上亦有服從之義務是何也其法律租稅非出自政府之擅定有議會焉以國民所選之代表組織之多數決議認爲不易者也是故法律非他人所定之法律乃我之代表即我自定之法律也租稅非他人所課之租稅乃我之代表即我自課之租稅也如是而不服從則於人格之義矛盾蓋至此而倫理之觀念與政治之觀念訴合無間此代議制之根本精神也

（六）代議制與科道制

科道制者君主專制的官僚制之一部分也昔在西漢以丞相總百官而九卿分任天下之事自光武中興朝政始集於尙書及魏文受禪別置中書而亦不廢尙書東晉以來天子以侍中常在左右故設門下省以分中書之權唐初始設政事堂合門下與中書爲一以中書出詔令門下掌封駁日有爭論紛紜不決故使兩省先於政事堂議定然後奏聞溫公論政極以門下中書分設爲非有曰『文字繁冗行遣迂回近者數月遠者踰年未能決絕或四方急奏待報或吏民詞訟求決皆困於留滯又本置門下省欲以封駁中書省錄黃樞密院錄白恐有未當若令舉職則須日有駁正爭論紛紜執政大臣遂成不叶故有門下省以來駁議甚少又門下不可得直取旨行雖有駁議必須却送中書取旨中書或不捨前見復行改易近日中書文字有急速者往往更不送門下省然則門下一官殆爲虛設』蓋中書門下分峙之弊既如此矣給事中於唐屬門下省任出納王命之事及明則特設一官專主封

駁其秩至微是猶清代各部之司官乃查書藉秩雖微末猶得以成文故事持其短長雖堂官無如之何也此在君主專制重視習慣之時非不能行然已利弊兼之矣太炎先生謂與議員所掌未有大異余雖疎於掌故極知二者之大異也蓋議員爲國民之代表給事中爲君主之耳目其異一議會決議元首負執行之義務否亦待交覆議一次而已給事中所條陳君主有採擇與否之自由其異二給事中之職主於匡正議會之務貴乎創制其異三給事中立於行政府之內兼收發校對之事而有之舉職則煩擾不堪不舉則胥吏不若議會則立於行政府之外有其職守雖有牽掣不及細目其異四抑代議政治者輿論政治也輿論政治必以自由討論爲前提夫社會愈進化則事實愈複雜一事之所由生其原因結果之叁伍錯綜有非常識所能究詰者惟先覺者能於千變萬化未始有極之小潮其原由窮其終極察往知來示於羣衆而此先覺者爲數至少爲力甚弱欲得政府之採納而見諸實行則不得不求人民之討論與判斷俾得爲有力之輿論焉人民既得討論與判斷之機會其智能不期進而自進矣此輿論政治所以含有政治教育之作用者也科道制者專制制也在專制下有識者不能自由發抒其意見於社會不幸而不爲科道則惟有緘口結舌而已科道不都有識者幸而有識者在位其說亦但得陳於君相之前君相之所採納不必爲有識者之言有識者之言亦無以造成輿論而促成君相之採納如是則國事決於一二親幸之手人民無從過問雖欲了解政治訓練能力其何由哉此專制政治必然之結果也要而言之科道制縱善非在君主專制之下則不能以行中國已入國民自覺之途君主專制非特於理不可亦於勢不能代議制之根本精神可以滿足人類倫理的要求雖亦有弊然可以輕減或消滅之況其利優足以相償而有餘乎

（七）代議制之立法與彈劾

夫立法與彈劾二者均爲議會重要之職務然以中國之經過言之立法之事瑣碎煩雜議員多不樂爲惟彈劾查辦不妨掉以輕心而又可因緣爲利故其事層見疊出然而以人數之牽制當彈劾查辦者其事或往往不遂也於此而欲匡正其弊者則有太炎先生太炎先生之言曰『以過半數議員監督政府官吏則彈劾查辦之事牽牽制而不能行以人民法吏監督議員則過半數以上之議員作奸犯科者亦無術以處置之故監督政府當規復給事中監督官吏當規復監察御吏以科道監督政府官吏以法吏監督科道其逮及者不廣則無牽制難行之事』夫以給事中監督政府不如以議會監督之其理由既如上述至以監察御史監督官吏謂其必勝於法吏則亦不可解之事按唐代監察御史掌分察百僚巡按州縣獄訟軍戎祭祀營作太府出納皆蒞焉凡十道巡按其一察官人善惡其二察戶口流散籍帳隱沒不均其三察農桑不勤倉庫減耗其四察妖猾盜賊不事生業爲私蠹害其五察德行孝弟茂才異數藏器晦跡應用者其六察黠吏豪宗兼併縱暴貧弱冤苦不能自由者自今觀之諸所職掌或屬於政治以外之事或雖屬於政治而其事各有專司今之監察御史就太炎先生之所擬議惟以監督官吏爲務顧監督官吏之事關於機關者有行政訴訟及訴願關於個人者有議會可以查辦有檢察官可以檢舉有懲戒委員會可以懲戒同一中國人也於此數者皆不能舉其績效以監察御史之名則其績立舉殊不能想像其所以然也且既以法吏不能監督議員而又以法吏能監督科道尚未能自圓其說若謂其逮及者不廣耶則凡會議及合議制之

機關·切可以廢除矣余以爲凡論·制當從其積極消極兩方面立論從消極言之正以合議及合議制之故作奸犯科亦較之獨任者爲難中國軍民行政官吏其作奸犯科者何止十九而皆秘密行之難於發覺議員則人數衆多雖欲秘密無由非個人生計齊迫社會道德掃地之日寡廉鮮恥之事不敢公然爲之然則人數之牽制於消極方面未始無效也故以專章彈奏爲設立監察御史惟·之理由不免薄弱

太炎先生從消極立論自有僻觀之其說似未能立其從積極立論者則有中山先生中山先生民權第六講有曰『我覺現在爲何要五權分立耶其餘兩個權是由何而來耶此兩個權是中國固有者中國古時舉行考試及監察制度亦有甚好之成績如滿清之御史唐朝之諫議大夫都是極好之監察制度舉行此種制度之大權即監察權即彈劾權外國亦有此種制度不過置之於立法機關之中不能獨成一種治權而已』又於其五種憲法講演中爲圖以比較中外之憲法如左

- 中國憲法
  - 考試權
  - 君權
    - 立法權
    - 行政權
    - 司法權
  - 彈劾權
- 外國憲法
  - 立法權——兼彈劾權
  - 行政權——兼考試權
  - 司法權

且曰『就此圖觀之中國以前何嘗無憲法……彈劾則設有專官如臺諫御史之類雖君主有過亦可冒死直諫美國學者巴直氏所著自由與政府一書謂中國之彈劾權是自由與政府一種最良善之調和法』云云觀中山先生所引巴直氏之言可以知其着眼於彈劾制度之積極作用矣然余所甚不能同意者則以考試權彈劾權與君權並稱爲三權是也竊謂君主專制時代惟有君權而已直諫而須冒死尙何彈劾權之可言乎巴直氏之言蓋猶未能深知中國之實情者也仰中山先生以唐之諫議與清之御史並舉是所謂監察者蓋合太炎先生所謂科道之職而並有之昔胡致堂氏有言『古者人臣皆得進諫於其君後世專設一職既已乖戾居是職者又多以立異爲心擾亂政事人君難於盡從故員多不備難於盡廢故姑設二人比諸餼羊惟臺官亦然』然則臺諫專設一職雖君主專制時代亦以乖謬見斥矣胡氏又曰『方祖宗時充臺諫之選者皆天下望士或中外踐更已久故能有補後世乃以新進利口爲之宜其觀望喋喋而莫可遏也』然則縱有專設一職之必要而太炎先生所擬考試互選之法所得者必非天下望士或中外踐更已久者不過新進利口之徒觀望喋喋而已何補之有觀中山先生所講演於彈劾權之行使未嘗詳細論列不知所謂監查員者出於選舉乎抑出於任命乎所謂彈劾者以過半數行之乎抑以單獨行之乎彈劾之後被彈劾者應即免職或交覆議一次乎抑聽諸行政首長之自由採擇乎若屬前者則是以一議會而二之仍於代議制之根本精神未有異也吾實相對贊成之若屬後者則與太炎先生所擬監察御史之職無異至多與能行之於普通官吏然其懲黜猶應以懲戒委員會決之若以國務員之進退大政方針之所繫出於風聞奏事之言官定於兩政首長之喜怒其毋乃類於兒戲矣乎綜之立法與彈劾之分合果其不背於代議制之精神本非甚重之問題吾亦不欲爲絕對之贊否如不然而惟尙想王朝竊其遺規其弊有不止如梁君燕孫所已言者吾實不敢爲苟同之論也

通訊

害馬

……巧電誦悉慙愧交縈比歲以還遁迹杜門忍饑屏絕百務山林枯槁意蓋有由竊念民國肇造現象至斯躬與革命事業者罪塞匪細無建設知識徒事破壞其所成就辟諸潢汙行潦水本無源不待崇朝涸可必遁藏不才昔亦預犇走之末推心自鞫成爲罪人本食蚌衣無能懺悔蓋非一日矣間嘗矯首竊盼以爲方今庠序青年心地純潔年力富強庶可大造以迴國運亦使吾儕稍贖前愆顧自最近學潮時起絃誦廢輟入室操戈以矛陷盾化庠序爲荊棘汚皎皎以汶汶餘怨與遺痛心曷極今先生出總全國教育行政將以求新爲務斯誠盛事亦美政也顧以遺不學素未留心於教育事業又方鍛羽剛翮循自懺悔之餘則又何足以上裨高深而教越走猥辱大命愆無以副徵謝不敏抑竊有進者大庠學府文化所繫維持勿墜人同此心頗深維近來教育界致亂之由假者當屏除標教育家之名而行政客之實者勿使得所借手若乎本爲政客而絕不知教育原理者其當投還尤無論焉害馬既除良苗云庶此一定之理也東大重組之始宜擇純粹學者專門名家畢身以講學爲事者則外界任何誘惑百變而不離其宗素衣不緇素絲莫染而教育救國之道庶有望矣新病初瘉感惓惓之意自忘愚陋力疾陳辭至希亮察……陳陶遺

（松江九月二十五日）

陳君陶遺血性淋漓志行純潔之君子人也久不與世事讀書灌園爲樂愚近以東大改組本江蘇正士之公意擬浼陶遺出爲籌備員今得覆如此知其什匿克之意深有不可講強者矣夫民國十四年之罪惡誰實爲之革命黨不引而自責豈是乃心家國之徒愚於本刊欲露斯意而見者大詫以爲革命黨不應與康有爲羅振玉同其口脗若爲愚惜其自損二十年前革命黨之資格者然嗚呼自五經當薪百家束閣時賢略解持論之法度者蓋寡初不料他人所爲泛常平恕之談亦且蒙然莫辨其爲何謂而復紛紛譁訟謂是謬戾布之上庠資爲講誦也語稱惟庸能受今士林如此茅塞與儒家立論之準繩全然桿格欲以言易天下者果將何說而可哉幸陶遺亦云躬與革命事業罪實匪細天下重陶遺之爲人或相與稍接其言然道陶豈料今智識之頹壞至有傷心雪涕之言而號稱大庠學府文化所繫者竟將日不解且用爲詬譏哉教育家與政客陶遺相況爲論知其嚴心于江蘇教育者深矣重增其悲即不多論昔眞白在山世事亦未盡忘陶遺不以故人爲甚不肖時有所辱教幸甚　孤桐

頭腦

……愚昔肄業法政學校時即得讀尊著國文典雙枰記及甲

尚雜誌等甚佩詞旨淵雅思理縝密足爲吾國散文作家開一局面近年於報章又時見非黨毀黨立國之容星撰述復得瀏覽英文本之聯業救國論知先生爲吾國有數之政治思想家故調和之論一院制之建議聯邦憲法不管部之內閣業治諸說皆自先生倡之成爲一時風氣迺先生嗟於地域代議制度及政黨政治之衰頹也遂矯枉過直幾欲排斥一切近二十年來吾國從歐美日本販賣抄襲之種種憲政制度而以吾國歷史上舊有者承其之先生之意固甚善也而一般無學術淵源之附和者遂以科舉存廢可不加根本改造卽能措施裕如先生亦無此餘暇根據學理事實詳加討論使讀者心悅誠服徒以家庭瑣節朋友訊問塡滿篇幅先生雖以艾狄生文報自傳之語解嘲然學殖荒落之譏雖有百口莫能爲辯矣愚爲敬愛先生之一人故敢本責備賢者之義如鯁在喉不得不吐愚甚願先生將晚近政治思想家如Gol-e, Wallace, Hobhausc, Laski Duguti, cte, 之學說爲系統之介紹其有益於國家之前途者甚大也並望先生常作精密詳贍如甲寅年之論文則往昔榮光當能永持不墜甚即犧牲此日臨時政府閣員之榮職以從事學其計亦良得也不知先生以爲如何

白話文之爭猒聞久矣夫語言者人類發表思想情感之工具也苟言之無物（無思想之內容）則白話不足以掩其不通而文言之典麗高臯者叩其實則亦金玉其外敗絮其中夫何得軒此而輊彼故今日之事非文言白話之興廢所能決實吾國人根本思想改變之關鍵欲學術昌明文藝發達當先自鍛鍊此糊塗混沌之頭腦始先生爲邏輯學名家正宜貢其長技以澄淸此一般人之頭腦爲職志乃遍覽甲寅週刊之通訊愚不禁大駭此日國中尚有不少代表糊塗頭腦之智識階級在而知新文化運動所標榜之思想革命者其收效殊極微弱先生爲當代學者苟以國家文化爲前提則不應宏奬斯端此理愚曾於數年前論及之先生必知今日何日苟非有專門之科學知識必不足以言學亦不足以言研究或整理國故卽如章太炎先生爲一世宗匠其音韻學尤可睥睨各家徒以未諳音韻學之科學原理故其精心結撰之成均圖亦犯粗疏重複之弊此外碌碌之輩更不足數矣至如言史則天皇地皇九頭六臂言哲理則無極太極陰陽五行生尅之說一日未去卽社會之迷信不得剷除科學不得滋生發展欲立足於二十世紀與他人爲學術上之競爭其可得哉愚因失眠症重發書不盡意容他日續陳之……楊鴻烈（琉璃廠師範大學校研究科九月二十六日）

不聞正直之言久矣得楊君此書殊距躍不自禁也學殖荒落愚蓋息息憂之然半誘於政事半蔽於謏詞偶亦自忘其所以然今楊君以百口莫辯甚其詞而督之愚震於耳與心叶誠不得不憮然自省感荷感荷然有數事楊君亦未免誤會甲寅者周刊也周刊文字固不便于講學近來稿件不論自作他作凡屬學理稍晦篇幅過長愚均削去誠以二十六頁之小冊子滿紙柯爾狄驥非專家不甚了解之文則讀甲寅者何止萬人恐立於楊君之反面者又將廢書而歎出詞以懟也周刊者寒暑表也可從而驗風雨不足以求風雨周刊者探礦針也可從而審礦苗不足以長礦苗吾國論壇雖不悉其中三昧然以楊君壯年多識此義知之也必詳故於晚近政治學說爲系統之介紹愚將別以其道爲之初不必併周刊爲一事甲寅年之論文布在月刊意境體裁俱各不同持較優劣外於論點又不關乎

愚之持論戀位不肯用力也周刊通訊之富且美莫如司配鐵特以本刊所披覩之遜色良不甚多非敢誇張特崇事實蓋此係以情理衡至爲得與偏於理專偏於情有幹無支規律整嚴之作未可於書札中求之也楊君所謂糊塗混沌之頭腦不爲僅列未易明楊君所見本刊已逢十一期長短文字何止百篇而涉及家庭瑣節藉明本義者止于鐵飯碗說一首而楊君謂爲壞滿篇幅此毋亦與所稱混沌二字有連且楊君視愚此說乃爲他文力有未逮姑攄是以充篇幅而已哉總之周刊自有其不可踰越之範圍顧爲雞口而不爲牛後昔孟子不論階而揖案自謂行禮而子敖以爲簡楊君責言簡我之意甚明愚深感其意而不欲苟同其詞謹貢數言謝此畏友　孤桐

胡思敬

……詩之季世國論蜩螗亡友胡瘦唐待御思敬在官二年疏四十餘上皆關國家至計諸能新政一疏謂有速貧之道六速亂之道九速亡之道五且中之門臣諸膺專職若不習死一陳其弊異時準爲身爲獨被凝作狂爲奴貧不沈溺而從彭咸之道則徒徇己之名於國事何無裨遂韜其言至爲沉痛論數月遂劾歸孟子云有言責者不得其言則去待御有焉今往待御所舉速亂之道數則在當日視爲變昧在今日尚可借爲殷鑑可否實之周刊傳俾知大厦將傾之時舉天下翕進大言蔑事之徒罪許助力而慷慨家國發爲流涕犯咒提太息之言猶以維繫支柱於萬一本善無其人也某君謂爲通隱國故過謂自古以誠未有不爲政府罷人未免厚誣古今人且此事近在十數年間何其健忘乃爾

……黃維翰（北京屯街前宅胡同六號九月十五日）

胡瘦唐先生以文章氣節重一時愚讀退庵文集覺其憂患一出至誠所陳類爲人所欲言而不敢言愚心敬焉久矣黃先生來中無一虛飾語所商追錄數條確有關係敢乞胡先生之靈一警國人有意切至而事例不甚可通者闕而戒焉可也

孤桐

先儒顧炎武嘗言人聚於鄉而治聚於城而亂聚於鄉則土地闢田野治欲民之無恆心不可得也聚於城則徭役興訟獄多欲民之有恆心不可得也臣觀近十年來鄉井之民皆不安於其土輟棄家人父子出門而逐輕巧之利上之人又大興土木以招之設爲學堂巡警礦務鐵路工廠徵兵多方以誘之於是草野之人寡而農業荒市埠之人日多而風俗壞獨身無賴之人多而匪類盛成家室長子孫之人寡而生齒衰去歲不甚大荒而米糧逐處闕乏含木遂末之害影役已及於四方加以巨室富家避寇亂頓徙城鎮畸民游士謀旅食而擾官途此速亂之道一也

戊戌以前主計者憂國空虛即有裁汰冗員之議其時臣初入仕同時供職吏曹者只四五十人今合司務筆政且三百員矣臣鄉江西當時官京朝者只五六十人今亦於二百員矣既添設學部郵傳部民政部又擴充大理院其分支旁出者別有政務處海軍處鹽務處稅務處憲政館法律館禮學館圖書局軍諮府名目繁多不可僂數每署添官多者以數百計每官月薪多者以數百金計舊時以御史數人管理五城地面而未聞蹉跎今每城設一廳每廳設官數十詞訟愈多盜竊如故也自銓法廢天下選人無不分省自科舉停而天下舉貢無不捷官內而資政院外而諸議局各級議員聞名不列於仕版亦皆支給

新体有關專鈔關稅事皆應成立以後各省設立法官當在萬員以外三尺在手而不給餼廩以養之庸有幸乎此速亂之道二也

元來內政於中書省後以京城太廣不足遙制四方乃建行中書省於關外行省之制蓋即政府分出之一支如總銀行之有分行總稅務司之有分司也督撫以親職兼兵部長官攜用關防原屬京朝體制是天下之權本在中央不待集也謂外吏不盡可倚尚書出爲總督巡撫入爲侍郎互相調用可也甚則罷而斥之可也自中央集權之說興提學使爲學部所保之員巡警道爲民政部所保之員勸業道爲商部所保之員盤踞深穩不撤輕言節制而又司法獨立鹽政獨立監理財政官氣凌院司亦浸有獨立之勢一省之大如滿盤棋子都成散局將來天下有變欲以疆事責之督撫而督撫呼應不靈責之學使以下各官而各官亦不任咎此速亂之道五也（胡思敬）

編譯

……閱報知國家有國立編譯館之設且得先生主持其間發揚國光惠士林甚盛甚盛竊有所見敢效芻蕘之一得之愚惟長者有以教之近來出版界之窳敗非但書賈射利即學術團體亦不免尤而效之如梁任公張君勱諸公所組之共學社其所出諸書除梁張本人外大多數之謬誤膚淺至足駭詫姑舉一例以概其餘該社有什友豪所編之中華民國政府大綱一書其述清季外交之失敗而未舉辛丑和約述國務院之組織而闌入參謀本部述京省庶政之設施而不及警察其盲目而無常識居然有張君勱爲之序封面且列張君勱校而售價一元五角則其行爲寧高出一般書賈上耶故鄙意國立編譯館將來出書首重校勘不許有一瑕瑜互見之書（瑜不掩瑕固在樂鄉郎大純小疵亦非嚴其筆削不可）次則廉售中國社會貧者居多窮士讀書望洋興嘆既無圖書館以濟其窮則惟有平價以厭其望所謂嘉惠士林即在此梁任公所著非不佳無如售價太高其學術講演集第三輯售九角較之梁漱溟東西文武及其哲學質且勿論量已三倍之而僅售八角者其値不可謂不昂矣先生行事頗有實事求是之心上舉兩端於一國學術之隆替所繫甚重倘希留意及之

……熊張斧（漢口德潤里七十八號九月二十八日）

所示極有價値容切實行之　孤桐

說林

順德李文誠少爲諸生時偶游古寺見一匾額係姚文蔚所題旁有印章文曰已未狀元文蔚歸安人名文田精小學嘉慶己未科狀元及第文誠慕其爲人且默數流年將屆周甲遂改名文田冀魁多士咸豐己未文誠果舉進士殿試卷進呈時已列第一名不知何故改置第三否則前後己未狀頭皆名文田矣故生平引爲恨事嘗語常熟翁文恭云國朝狀元除某某兩人文學差足觀外餘皆不通其牢騷如此貴州夏用卿與翁文恭俱名同和先後得修撰時文恭猶爲朝殿師光緒癸卯湖北舉人王堤三嘗夢本科狀頭爲王彭遂更名曰王彭及臚唱時爲王壽彭即山東王次籛也以上三事頗相類

偶讀南華經郭象謂野馬爲澤中游氣疑非確詁愚謂當是動物甘以顯微鏡窺蚤其形如馬日光穿蒲動搖不住半爲纖塵半爲微虫其相可見質野馬塵埃之注脚故其下云生物之以息相吹也又風負大翼凡言負者以下荷上若負簣然鳥翔虛空所受之風東西南北背來四旁而非上下不應言負故知莊生所言風者必是空氣唯空氣可以承托羽毛如持乘墜深雖危不死扶搖直上空氣絕斷故云九萬里風斯在下至若大塊噫氣其名爲風是莊生已自釋風爲氣矣又證一瑟於室而一瑟於室鼓宮宮動鼓角角動言空中傳音爲無線電之權輿凡近今科學最新之發明莊生率皆爲寓言之引端但非至德妙道之所在則當時思想發達爲何如耶鄒衍談天所言神州赤縣海外九州環以瀛海楊雄謂衍無知於天地之間然內典所稱五大部洲適如今日現狀魏默深至與歐人習用皮革爲西牛貨洲之證亦得謂其無知於天地間耶推之南閻浮提東弗于利所謂四天下者安知非星球交通之預言然則招魂遠游爲實爲假極難論定夫害稱九萬非淡國之微言塵界三千豈釋氏之宏旨而科學家猶以爲疑智最相越豈不甚遠乖秋紀日食曆家推算多不相符然道有隆汚世有升降今時地球是否與春秋時經緯線相合亦是疑問蘇長公云不識廬山真面目只緣身在此山中最爲得解李義山因井中泥沚想至於鳳不五色虎附兩翼論者乃謂其有乖動物學之原則是亦拘墟之見也昌谷所言羲和敲日玻璃聲世界未壞或有此相酒酣喝月使倒行疑屍爆者必以爲荒唐無理然魯陽揮戈日返三舍未僣修德熒惑退心共工怒天柱折維絕因斯以談無論爲海爲懸精神感通其例一也如此則以秦皇之雄必謂且可倒行亦非虛誕夫心理作用之大不可思議既爲心理所有即非

事理所無孟子以爲天下一治一亂其樞機在生於其心然一治一亂猶是時間事至釋氏所謂大地河山皆由心造則天地可以平成乾坤可以傾覆影響且及於空間尚何區區治亂之足云哉

（章華）

甲寅周刊第一卷第十三號目錄

時評

今日爲雙十節。計中華民國之興。經此者十四度矣。不獨國未加治。民未加樂。而人類之惡劣根性。因積年動亂而續續發露。根性續續發露。而動亂復日增劇。如此循環。以成今之殭局。然則。所。謂。國。慶。慶何。事。耶。凡屬報紙。例於是日增刊。多爲明功受福之言。以昭吉象。本刊誠亦不欲獨外是例。然果。何。功。可。明。何福。斯。受。也。耶。雖然。有一、事、焉、暗、光、所、從、出、機、運、由、是、轉。十四、年、之、國、慶、日、應、爲、人、人、所、默、感、而、胎、孕、於、前、十、三、年、未、見、如、斯、切、至、者、則、惡、性、之、發、露、應、有、窮、時。國、家、之、殘、破、不、容、更、亂、之、一、覺、念、也、自有執政政府以來。諸所設施。不必盡如人意。譏評怨嘆。時有所聞。然標。與。民。更。始。之。號。不。取。力。征。經。營。之。術。雖。有。從。善。轉。圜。之。誠。而。無。下。令。流。水。之。效。則。其。所。恃。以。盡。一。日。之。能。使。國。脈。垂。絕。而。復。興。大。政。毅。舉。而。待。後。是。非。曲。直。可。得。付。之。青。史。者。亦。惟。彼。一。覺。念。爲。之。基。耳。人之

欲善。誰不如我。善善從長。先典攸高。大悟。旣生。乖氣。斯。殺。可疑。在。是。敢告。國人。（民）

滬案重查。政府駁覆外交團之照會。復於二日送出。登載各報。仍未變更向來所持之態度。是見我國朝野。對於此事。始終堅持反對。乃彼方悍然不顧。著著進行。在滬組織辦公處並通告自四日起。執行調查。其調查事項。報載有五。一五卅風潮之發端及其性質。二風潮發生前之預兆及其理由。三事前之預防方法。四事變發生時之彈壓方法。五死傷者之環境。綜核五端前二關事前之起因中一爲未然之防範。後二屬當時之情狀。卽於發生之際。舉行調查。猶貴有、敏、捷、之、偵、察。嚴密、之、研、究。方能、得、其、眞、相。決非、經、數、月、之、久。事過、境、遷。情移、物、變。證據、多、已、湮、沒。當事、半、已、星、散、捕風、捉、影、渺容、肌、度。所可、得、而、明、也。且時效爲法律之主要條件。司法行爲專重證據尤不能不注意及此。良以。消極。方。面。過相。當之。時。機。則重。要。證。據。容易。消。滅。變。易。無法。根。究。積極。方。面又可。假。造。達。反。事。實。之。證。據。以。迷。淆。調。查。人。之。耳。目。據以。爲。實。不但。無。裨。本。案。反失。當。時。之。眞。疑以。爲。僞。因時。事。之。變。遷。情態。之。惝。恍。又苦。無。證。明。之。術。此吾國迭次照會。均鄭、重、聲、明。此時、重、行、司、法；調、查。適以、徒、滋、紛、擾。誠有、重、要、之、理、由。非泛、談、也。況此事發生以後。旣經雙方委員會同調查。復經根據此項調查。催促開議。亦未聞有若何異議。是明、已、承、認、無、重、查、之、必、要、矣。向使此次調查。與前不符。或因、證。據。之。明。確。反與。彼。方。更。有。不。利。果將。遵。後。案。乎。抑仍。遵。前。案。乎。遵後。案。則。前。之。派。員。爲。多。事。遵前。案則。此。次。重。查。又。奚。爲。前案。旣。不。足。據。又安。見。此。次。果。足。據。乎。雙方。會。查。之。案。尙可。推。翻。此次。單。獨。之。調。查。獨不。可。推。翻。乎。無論我國始終拒絕。決不受查。卽退一步。容忍而承認之。彼於會查之前案。尙可。推。翻。而。不。顧。我獨。不。可。推。翻。片。面。調。查。之。後。案。乎。彼在。吾。國。殺。吾。人。可任。意。推。翻。罪。案。重行。再。查。吾人。在。本。國。被。人。殺。獨不。可。堅。持。正。義。推翻。彼。之。不。合。法。之。調。查。再行。調。查。乎。由此推之。此次司法重查。其意義均失所據。其效力殆等於零。不意以文明國家自居之英美等國其出此舉無意識侮蔑人道之行動遺天下萬世之非笑也或謂此次重查在諸彼方違法之程度以為判罪之標準非故意發展企圖卸責損害吾國之權利世間若有公道固應有如是合理之推測特諸以前次調查報告之不容公布甚至雖使自己團體破裂亦所不惜乃忽有此種國際上公平正眞之最高道德恐不過為君子之忖度而已謂余不信請拭目俟之（悳）

國之政治由利而趨於弊其勢常主于順順則浸淫漫衍以至于潰敗盡失其本性之美而惟存惡矣循弊而反之利其勢常主于逆逆則窒礙百出枝節橫生雖有善者亦末如之何矣蓋弊端一啟而人類不肖之心即隱乘之侮舍正當之途徑不由惟騁心思才力於邪之是務以逆億人類之同情且施其暗昧險柔之術而牽挽移奪之不肖者固不勝其利欲之私如石投水沉溺而不能自拔即賢者亦不勝其私欲之利搖奪其操牽就苟且而不能常保其度外之

功名此眞世道之大變也如選舉之制近行吾國其利至僅而弊則無窮自曹氏賄選之政創敗以來此制遂成破甑臨時執政有鑒于此將前此政府指派賄買操縱壟斷之弊盡行矯正一任人民自由競爭不稍使犯其權能宜其有眞正選舉以復代議制之利矣乃近日江蘇民會選舉又以賄聞且涉及南通張氏父子何習俗移人之甚邪從前吾國選舉之弊大半可以歸罪政府運用之不良今既以全權付之民衆且從而行其監督之責仍不免於金錢收買之穢聞豈總統不可賄選議員獨可賄選乎總統賄選則有不赦之罪議員賄選其罪更何如乎且昔之選以賄成者正幽囚放逐以待國民議會之審判使將來開會時彼之賄選則梏手桎足為階下囚靜待決錄此之賄選則高坐堂皇日舍憲典以議其罪設彼反唇相稽果何辭以對乎即使服罪而以賄讞賄又豈得為定獄邪語云執柯伐柯其則不遠望有選舉權者於此加之意焉可也（悳）

三

本年七月。前法長章君。因金佛郎案。謗諑紛紜。詞連司法部及章君本人。以謂該部審查是案。所下穩妥無疵四字。乃重金買來。而重金又悉為章君流用。未入部賬等語。章君當即呈請執政。自行檢舉。結果由總檢察廳依法辦理。承辦者檢察官翁敬棠即為一人。此案情也畢蹤數月。該檢察官於檢查財法兩部出入簿記。及北京各銀行有無與章君往來賬目。及其存支之數如何。皆一一應有儘有而鉤稽之。然迄無一字是報。本案中、章君是、否、受、賄、之、重、要、節、目。世莫、得、知。數日前、該檢察官忽分呈司法總長及總檢察長。將論點完全變更。諉章君受賄一節不問。而齒情攻擊外財兩長。援引刑律第一百八條之外患罪。指為有故意不利中華民國之行為。全篇論調。純是政治意味。與新聞論說相同。且於遞呈之先。陰將眷屬移往天津。呈發而己亦隨往。顯有情虛畏罪之迹。夫在昔中人之主。不幾諫官。其和自由之邦。寧傷檢吏。如此虛怯。其別有情節可知。且不利之云。焉有不移界說。所謂故意。周內揣又何難。政爭陰謀。人至傀儡。法吏以遂其志。君子不禁為司法獨立痛惜也已。

（寅）

文俚不議

孤桐

有自若擘黃者。以文言優勝為題。推言文俚相較。俚未必不如文之道。揭於現代評論。（第二卷四十二期）近所見白話文。無叫囂淺薄之習。而能持理。人得相從討論如是篇者實罕。以所言與愚近見有連。雖不及愚名。愚嘗自承。願假斯台。略申論焉。

所謂白話文不通。不必指文之質地而言。以文俚言之通與否。固無絕對之義也。但今之文言通者。雖俚言亦通。不能文言。即俚言往往不通。其所以然。則文者非以口所能宣之字。泥沙俱下。而著於篇即得是名也。其中造意遣言。至費斟酌。而此斟酌工夫。天姿與學力蓋參半焉。學力者何。即將古文中善於立言而已。有特嗜者。反復諷誦。得其彷彿。樣之於紙。而心安。示之。於。人。而。其。快。者。也。凡人無此學力。卽於文事無所措手足。文事旣無所措手足。則雖有幸。使以白話自見。而其所。爲白。話。亦止。於。口。如。何。道。筆如。何。寫。品味。之不。明。剪裁。之不。解。分段。之不。知。道誼。之。不。協。橫斜。塗。抹。狼藉。滿。紙。嫫。妍。高。下。無。力。自。制。己與。徒。黨。慨悍。然。號。於。衆。曰。文。也。文。也。自甚。天。地。跳。踉。以。喜。而。已。夫文之爲道。要在雅馴。俚言之屛於雅。自無待論。而其。蘊。蓄。之。深。切。著。明。者。尤在。不。馴。凡說。理。屬。絮。之。文。恆見。五。六。的。字。貫於。一。句。乃二三十。言。不。休。耳治。旣艱。目誦。尤。澀。連。思。至。四。五。分。鐘。意。猶。莫。明。請道。他。詞。源乃。不。具。諜易。他。何。法。亦。不。習。離。脈。堆。垛。爲。勢。殊。然。思。曾。親。試。此。例。彌不。乏。也。是。無。他。亦。於。白。話。中。求。白。話。文。而。捉。襟。見。肘。醜。態。乃。爾。耳。不。通。云。云。其是。之。謂。擘黃君謂若干年後。不通者行卽於通。此時無甯過慮。以愚思之。今去文未遠。俚言多出能文者之手。茅塞已呈是境。更越。若。干。年。將。所。謂。國。文。爲。一。事。傳達。思。想。又。爲。一。事。打成。兩。橛。不見。相。屬。備通。不。通。云。乎。哉。

擘黃君曰。人或以白話文爲不美乎。吾請其自閱水滸石頭記儒林外史等書可也。思欲如是。至可駭人。夫水滸等書。固無人謂其爲不美也。特宇宙之文。何止。小。說。宇宙。之。事。何。止。淫。盜。瑣。屑。今。欲。以。記。淫。盜。瑣。屑。而。見。爲。美。者。移。以。爲。一。切。義。理。考。據。詞。章。之。文。而。相。與。美。之。尊。彝。與。瓦。缶。並。陳。寧無。異。感。巨。屨。與。小。屨。同。價。豈。是。人。情。殺。天。下。之。文。思。隳。百。家。之。道。術。反。國。家。於。無。化。啟。人。類。之。淫。邪。擘。黃。君。一。言。以。爲。不。智。其。流。將。及。於。是。敢。斷。言。也。愚。嘗。論。美。詁。爲。人。數。數。及。之。而。不。厭。如。李、陵、答、蘇、武、柳、宗、元、與、許、孟、容、二、書。文。之、甚、美、者、也。每。當、晨、起。天。朗、氣、淸。持。就。明、窗。迴。環、高、誦。其、不、手、舞、足、蹈。心、曠、而、神、怡、者。必。其、淺、不、知、文、者、也。今、試、一、如、原、書。而、以、白、話、文、出、之。擘。黃、君、自、揣、所、益、於、吾、人、之、意、境、者、何、如。有。白。話。文。家。與。人。行。野。遇。婦。道。哭。其。夫。聲。徐。而。荒。不。可。卒。聞。其。詞。曰。

我的丈夫呀！

昨天我還看見你，

你眞死了嗎？

五

今天看不見了，我好傷心啊!!

白話文家厭之。迷人去休。人情然曰。此婦女作家所爲祈詩也。子宜玩味之不暇。而又何話焉。此一事也。[illegible]杜工部所紀石壕村婦人之詞。三男鄴城戍至猶得備晨炊云云。質直與此道哭之婦所稱何異。乃[illegible]。則見部於同派文宗。一爲今古共推之絕唱。何也。學黃君懸美字以脊宏獎。其將何牒而可也。學黃君曰。白話文向爲詩書人所蔑視。不以文章目之。故不甚其美。是猶之爲東施。竊謂此女不幸爲中。樫賤不以詒人。待之故其美不著之類也已。循環之義。愚於評新文化運動文中。言之頗詳。亦垣陳列。似無庸也。信仰自由。天賦之權。人類自安於不文以白話爲著作。他人無橫阻理。學黃君之言是也。但自由者推成年人得有之。今白話文之爲害。非成年人自由著述之謂。而少數人以此風厲天下未成年人。不學而恣肆。乖熟之聰明材力。荒於嬉。壯國家與人類兩受其損之謂。且自由之云。爲可彼可此。惟己所擇者發也。

……

而今白話文則未然。其於文無所知者無論矣。即夙堪排偶聲論。而以近習村嫗俯拾即是歸依文雅。精病未能是諸君奴於白話文也久矣。自由云乎哉。自由云乎哉。答學黃君意。尚有二義。則於周知。蓋文事之精在以少許勝人多許。文簡而當。其品乃高。計世界文字之中。此點以吾文爲獨至。然自昔大家且嬈嬈以是境爲不易幾矣。故孫樵與高錫望書稱其爲文在彼宜一二百言者。錫望能數十字。悵惜情狀及意窮事際。反若有千百言在。歐陽修與吳充書亦謂發其文詞之語。平若千萬言之多。及少定而視焉。終數百言爾。而白話文則反之。喘息。水滸。紅樓夢之白話文尤反之。其終。人的嗎呢咧。及其他。借樾聽贅。羼無意義之補字。而自成爲贅。又不待言也。是文貴簡。剔紛殽。而白話以紛殽爲尚。文宜整齊駁冗。而白話以駁冗爲高。徐志摩陳通伯二子俊拔之士也。所爲白話文俱可覽觀。然近見志摩作晨報副刊瑣瑣序其爲副刊之故。通伯弔劉叔和通體看病之細言。皆不免於紛殽駁冗之譏雖曰二子餔粕啜醨以求苟合於時儲意摘詞未暇求其深雅而亦白話文之本質易趨於是無可諱言此一蔽也其次則文以載道愚夙昔疑之自白話文興立言無範以致論思失其準據其喻爲類然後爲信古人之不我欺非有倚理基本觀念萬說無自而立李翱曰吾所以不協於時而學古文者悅古人之行也悅古人之行者愛古人之道也故學其言不可以不行其行行其行不可以不重其道其言似迂其理切至蓋文者孕育理道以傳於後而非徒文墨筆硯之爲也今之於文徒有取文墨筆硯而遺其理道以謂吾之理想可得依此泛鶩無所於礙不謂所持理想乃至脆弱而相矛盾人我隳突一無準哉猶憬相師如獸走壙冥冥中文化漸於破產中國人且失其所以爲中國人而不自知此誠斯文之大厄而華胄之亡徵也如愚以民國十四年亂無寧日推言革命黨應尸其責愚夙主革命負咎尤深此乃順道恒情庸童所曉人可背其請之僞而無由議其理之非今乃不然愚言出而論者以爲狂易謂推愚之革命事跡未見眞耳果其眞矣安得有此自毀之論又愚論文章天成惟妙手偶得乃由以文字宣洩宇宙之玄秘事至不易非人人可能此義稍識字者莫不知之而愚竟以此招怒聚罵謂愚志存復古故作大言欺人如此類者不一而足凡與人持辯必賴有（Common Ground）論得基之而起今各闔余失所可假之爲前提者一一蕩盡如赤手長蛇莫可提搦生馬無控駭奔而顛是何也自世重俚言文字與理道悖馳階之厲也此又一義也

徵文

科道制與代議制之利害得失如何立法與彈劾二權之分合利弊安在此項條文應如何規定其分別論之

文天倪

一

自代議制之弊顯。久行此制諸邦。皆漸有動搖改革之趨勢。中國採行以來。未獲其利。而弊已不勝言。遂有疑及斯制之根本者。或則議復科道制。以爲代替。或則欲分立法彈劾二權。以採繫端。此誠不可謂非高瞻遠矚。爲國深謀。然科道制果有愈於代議制。而立法彈劾果以分立爲得乎。是則關係於國家之前途至鉅。請分別論之。

欲論此問題之先。有必當一述者。卽代議制與科道制之起原及其性質何如是也。二者既明。然後其利害得失。可得而論焉。科道制之得名。自明、以、給、事、中、分、科、御、史、分、道、爲、始。然淵源甚遠。給事中始置於秦。爲掌顧問應對參禁近密勿之職。唐宋隸門下省。掌受天下之成事。審命令。駁正違失。受發通正奏狀。與中書尙書。號稱三省。及明始分六科。設都給事中左右給事中。奏章出入。咸必經由。有所遺佚牴牾更易紊亂。皆得封駁。凡朝政之得失。百官之賢佞。幷許聯署以聞。實兼前代諫議補闕拾遺之職。淸幷其職於都察院。其權漸不能舉。至御史之名。則始於周官。爲掌贊書授法令之職。其任與後不侔。至秦爲糾察之任。代經變遷。傳至於明。更置都察院。分左右都御史、左右副都御史、左右僉都御史、十三道監察御史。職主糾劾百司。辯明寃抑。提督各道。爲君主耳目風紀之司。職位之重。逾於往古。凡監軍理漕讞獄茶鹽糧儲倉庫祭祀考試河工屯田江防緝捕。無不司之。淸增監察御史爲十五道。略與明同。此卽科、道、制、之、大、凡、也。

代議制者。比較、適、應、於、近、代、社、會、狀、態、而、發、明、之、制、度、也。往昔希臘羅馬之議會政治。爲人民自盡其種種職分之直接民政。及中世紀歐羅巴所行之等族會議。(Standeversammlung)均不得語於近世代議制。獨能與近代代議制發生關係者。惟有英之國會而已。英之三族會議。在十三世紀成立之初。其爲一種諮詢機關。原與他國無異。特本其自治之經驗。不斷進步。至中世紀之終。對於以國會爲全體國民代表會議之思想。大致已爲一般之所承認。而租稅不得國會承諾。不能賦課。法律不得國會同意。不得廢止變更之原則。亦復爲事實上之所確定。國會組織。更分爲二。貴族院則繼續昔之諸侯會議。成於高僧及世襲貴族。庶民院則成於各州武士地主及市府代表。大抵均不外大地主資本階級。此其時代。英國政治。直可謂爲地主階級之貴族政治。近世王權隆盛。如亨利八世及伊里沙伯女王時代。固莫如之何。及查理斯一世。蔑視其職權。濫事苛歛。竟召顛覆。由是國會之權愈重。自確得財政協贊權爲始。更進而獲得立法裁判諸權。最後又因所謂名譽革命之結果。則自國王所最重之外交上權利。以至其他行政兵馬之權。莫不盡取而收之。國會之優勝勢力。遂確定而不可移易。以成近代之局。再經美法諸邦之革命。此種制度。愈傳播於世界。遂使代議制有十九世紀後半期。及二十世紀之盛況。此即、代、議、制、之、性、質、及、由、來、也。

綜觀兩者。可知其性質與發生之根本原因。絕對不同。要而言之。則科、道、制、乃、君、主、設、置、以、爲、補、助、統、治、之、制、度。而、代、議、制、則、爲、人、民、發、動、於、自、治、精、神、想、而、與、統、治、者、爭、執、統、治、權、之、制、度、思、也。是以君主之對於科道制。可以隨意建置。亦可以隨意廢改。數千百年來。其制代有不同。在臺諫官吏之能盡其職與否。既每與時爲殊異。而所謂封駁彈劾者。其效力之何如。亦純恃人君之喜怒爲轉移。古之所謂賢君者。其設此職。與其所以獎勵保障諫臣者。不過在明目達聰。以增統治之力。一旦遇昏暗之君。卽以拒諫偉非爲能。甘於蔽聰塞明。不以亡國爲意。此時臺諫遂亦無最後補救之術。使此制稍收其效。所以歷代雖莫不有臺諫。而無救於政治之混亂。國家之滅亡。此種制度。在專制國家之下。雖爲勢之所不可少。然其根本不固。祇足、以、收、消、極、之、效。不足、以、獲、積、極、之、益。無可疑也。

代議制在英之國家。與君主之惡戰苦鬪。而奪取其權者。固足見其力之強。卽在其他各國。此種政治之基本思潮。亦無不根於國民自治之精神。與自由平等之思想。惟議會爲發表國民意思之機關。以操決定國家政策之實權。或因組織之不同。而生權能之殊異。有未能達此目的者。要亦必懸此的。以爲最後之希望。則無疑也。是以就代議制之位置言之。實期握一國最高統治權之機關。不實取昔日君主地位之權能而代之。其職、權。決、非。如。科。道。制。僅司。封。駁。彈。劾。之。責、爲君。主。之。輔。助。者。所可。同。日。而。語。此實。兩。者。性。質。根。本。之。不。同。也。在此兩者性質殊異之下。欲相提并論。在理已甚不侔。更欲較其利害得失。爲勢更屬匪易。蓋一、爲、君、主、制、下、之、附、屬、物。一、爲、立、憲、制、之、主、體。以君、主、專、制、制、與、代、議、制、比、較、則、便。而以、科、道、制、與、代、議、制、比、較。則不、順、也。必欲論其得失利弊。惟有分別言之。

二

就科道制之本身性質論。誠可謂惟一無二補闕拾遺整肅風紀之良善制度。蓋彼君主者。挾其統治至高無上之威權。日含天憲。高下在心。舉國榮枯。皆隨其意旨爲轉移。爲善爲否。莫敢與抗。乃其精神智力。既無以逾於常人。而一日萬幾。自不能免於叢脞。不有匡救之術。危險何所底止。得此制度以事補救。則賢。者。固。有。以。増。其。善。不。肖。者。亦。得。以。寡。其。惡。苟非甚不道之君。必不致盡屏忠告善道之臣。故中國數千年來專制政治爲害之不甚酷。得力於此制者。實不爲不多。至謂往古臺諫。無不爲權貴之鷹犬。要不足以爲此制之病。何則。臺諫之責。只在於進言封駁糾彈而止。固無其他實行之權。言之見用與否。一惟君主之意是決。言如有當。則所裨於國者固甚大。卽其不當。而採取與否。亦惟當局者之是擇。其弊至僅。所謂言者無罪而聽者足戒。其理至明。況權貴之爲惡。卽使有嗾使臺諫以爲中傷之地者。其害亦屬至微。蓋權貴如欲爲惡。卽使。無。臺。諫。足。以。嗾。使。其。術。亦。復。至。多。固。不。必。專。恃。於。臺。諫。特。臺。諫。有。時。而。承。其。之。已。耳。其。主。因。固。不。在。於。臺。諫。也。是科道制直可謂專制政治之安全瓣。有利而無害之可言。卽退一步言。亦利多而害少。此所以行之千百年而莫能廢棄也。雖然此僅可對於專制時代而云然耳。至於立憲時代。則其効用即不徒無幾焉。就立憲制度言。以權力集中於議會。爲其精神無議會則無立憲政治之可言。欲在號稱立憲政治之下。而廢止議院直不啻於變更政體。勢非返於專制不可。此其勢之不可自不待論。次惟討論在此制度之下。非採科道制。其無益難行之理由。亦可得而舉焉。立憲制度之下。舉凡法律預算。皆當先經國會同意。政府官吏一有違法措施。大之由議會。小之由法院。皆可執法以繩。且因立憲政治。凡百公開。輿論報紙。隨在可施以監督彈劾。不特容言。且可以進而期其必行。苟政治之組織。至於完善。彈劾自可盡祛。其力之偉大。自非科道所可及。何復取此以爲蛇足。此其無益者一。中國古代以君主爲法律之源泉。君主之命令効力。等於法律。御史之除授免調。出於君主。其彈劾事件。非得制許可。不能施行。獨立之權。本已微末。然君主家天下。以臺諫爲其耳目。苟能聰明睿智。即可依其見聞以決是

非。故其効猶有可言。立憲國家人民所感痛苦。本有自由之道。既不必復恃臺諫爲喉舌。而政治上之弊端。亦決非僅恃如科道制者所能匡救。此種制度之最易滋生弊端而難於救濟者。厥惟運用代議制之本身之國會政黨。然而國會政黨。既托庇於此政制之下。其權力當莫之與京。縱採科道制。亦將莫如之何。在此政制之下。而欲以科道制鉗制議會。即不啻欲於專制政府之下。以科道制鉗制君主之本身。同爲不可得之數。無可疑也。不特此也。專制君主不過一人。且居深宮。人民之情僞。容有不知。因不得不待於進言。以促省悟。政黨議員。日處民間。舉世情僞。何所不知。其所爲惡。匪特知而故爲。或且爲勢所迫而不得不爲。并不僅爲之而已。其所作爲掩飾之術亦必甚工。加以占多數黨之故。人縱知之。而莫可如何。雖欲進言。其誰聽之。如此則小者不必待其言而大者又無所用其言。兩均無當。其爲無益者二。在昔成憲。保障御史之身體言論。至爲嚴重。御史建白論列。不負責任。殆成不文之法規。若採此制。自必愈維護彈

一一

劾官之地位使得獨立發抒然後可以存其精義由此則彈劾官又必隨在毛舉細故阻撓政治不加認眞則所言等於空談無益實事消遣言責之効如每必認眞則事經試驗或蹈不實又失言者信用揆諸情事兩無足取蓋立憲與君主絕對不同君主旣以御史爲耳目則務在廣收聞見以酌權衡以資裁決其言可取則付諸吏議如其不然亦可隨意留中不發立憲國家一見成文彈章虛實皆當詳究決不能徒許爲不負責任之空言如此而查辦之事將惟日不足甚且弊之所極官吏與彈劾官互爲勾結則事無發覆否則無日不在嫌疑之中必無一事可爲而後已立憲國家法治之下人皆平等詎能使此少數官吏處於特權地位如此是在此制度之下不得其言而言與得其言而不言之弊必兩兼之至謂採取名儒碩望履素貞固者充之必不致蹈此弊其採取之道又將何從由於辟舉不免生朋比之弊由於考試則有其言者不必有其行安能一一如所期況所謂名儒碩望者是否皆應薦辟考試以干此職已屬疑問而國中此種人物卽不任此職又豈不可隨時發其言論以正國俗自非專制忠諫之朝緒必在位而後可以有言此爲無益者三給事中封還駁議防患未成其意固善但天下事利之所在弊必隨之設有一法令多數人民喜之政府擬頒之而獨不利於少數人乃運動給事中別持理由加以駁還則此政府人民將何如倘因其所駁而不行則反於多數之福利如不阻於所駁而仍竟行則斯制奚益況立憲國家政府必得人民之信任議院爲人民之代議機關政令法律由其所通過者猶令少數人加以封駁不特不中於理亦且不詳於勢無裨事實徒滋紛擾此其無益者四論者一面欲以科道制監督政府一面又慮科道之不能無弊乃欲以法院監督科道於法誠不得已其勢固有所不能旣許科道官吏以特別保障則對於不負言責之詰法律卽有所不能繩對之監督者已失一部分之効果且受賄瀆職等事在一般官吏所爲固有爲刑律所未著定罪或事情委曲非法官所能喩其旨以及有非財物之受賄者科

道之犯賍受賄。亦復如此。法官又豈能當其任。救濟之道。復將何由。且積極之非。猶或有形可跡。消極方面。科道。因得賄而不言。若更烏從而監督之。是所謂。以司法官吏監督其後者。亦不過空名而已耳。設另定法制。監督科道格外從嚴。或與一般人民無異。則科道之地位。本爲一般之所忌恨者。又將莫不藉此得而甘心。方俯伏於司法官吏之下。而不暇自保。又奚暇摘發他人之弊黑邪。就此以言。是積極消極兩方。無不足以減削科道制根本之効力。此其無益者五。綜此五端。科道制在立憲制下。已成化石。無存在之必要。若略師其意。另制適合今日之制。則未爲不可。特其性質。必將隨之而變。決不可復視爲昔日科道之制。固可知也。

三

代議制爲立憲制度不可或離之一端。既稱立憲國家。一日未得善於此制者。以爲代替。則一日不能廢棄。可以斷言。舉世雖加詬病。祇能施以補救。於其根本。卒莫如之何也。世間所指代議制之弊。固不一端。惟我國則爲特有之現象。有不能諉於各國代議政治之列者。蓋嚴格言之。我國。已往所行之代議制度。是否爲眞正之代議制。實屬疑問。玆所先論列者。爲代議制利弊之當。而非所以語於中國式代議制之撻。

代議制之弊。舉其重要。約有六端。其一謂政府齊民。原僅二級。橫着議士於其間。則分爲三。躍是以希望政府而平民。反多一抑制。是不啻多生階級。推抑民權。其二則在以十數萬以上選民舉一議員。被選者決不足以代表民意之眞。加以賢良不能與豪猾相抗。結果不過豪猾當選。徒爲有力者傳其羽翼。相與腰股。齊民雖以納稅資格定被選之權。權利更有不均之弊。既無以舉民意之實。更足以喪平夷之美。其三則以議士被選。每不能得之直道。結果乃致苟且流溢。比間可發。半爲政府爪牙。以役黎庶。不至使一切人民淪於陷谷不止。故近世極端社會主義者。乃以今之議會制度。無論選舉權如何擴張。結局不過徒爲資本階級增其代表。揆諸事實。良非無謂。其四則以代議之制。必與政黨。爲緣。猥鄙。浮。華、之。士。叅錯。其。間。榜署。旣。章。惟封。殖。黨、援。是。急、苟可。以。利。營。者。惟力。是。覬。民之。利。病。則委。置、不。顧。賄賂。公。行。仕宦。於。官。人民。既。不。勝。其。痛。苦。國家。亦。徒。供。其。犧。牲。其五則以議會取決多數。必過半列席。以議員監督政府。彈劾查辦之事。牽率制而不能實行。以人民法吏監督議員。則過半以上議員作奸犯科者。亦無術加以處置。選區撤回。法庭起訴。可以制少數而不能制多數。且議員政黨。以愛憎爲取舍。即彈劾查辦。亦無從於國家。[illegible]其六以多數議員。來自田間。不習政事者甚多。若擇取決。不已易於錯失。加以近代。國。家。任。務。範圍。逐。漸。增。廣。議會之事。非常複雜。議員對。於。立。法。豫。算。已抵。適。當。盡。其。義。務。之。能。力。甚諾。則。同。於。官。從。主張。則。徒。滋。謬。誤。挨諸兩者。義均無當。凡此諸端。實綜新舊反對代議之說。除十二兩項事實有不盡然。且可設法救濟外。其餘四者。皆爲代議制之根本弱點。不輕易得其完善之救濟。是以、各、國、有、在、立、憲、制、度、之、初、期。屬於、議、會、之、權、能。因法、律、之、變、

遷。而移、於、他、之、機、關、者。有雖、不、依、於、法、律、之、改、正。而實、際、勢、力。漸至、不、屬、於、議、會、者。如瑞士直接民政主義。多被採用於美國諸州。議會外別設產業會議機關。見採於英德諸國。與官僚勢力在英法諸邦之送漸增加。國民輿論及新聞紙勢力。在各邦之激急昂進。以及政府每提出法案於議會之先。恒預將政策綱領提倡於選舉人民。使人民提出文書於議員。俾議員據以質問政府等等。固無非此種趨勢之表現。他如選舉區命令制度之倡道。選民撤回議員之規定。尤莫不表示此種制度根本之動搖。二十世紀之立憲政體。實不、能、不、謂、爲、彷、徨、於、不、安、狀、態、之、中、者、也。

代議制之弱點如此。而環顧世間。是以爲此代替之物則何如。欲復於官僚政治之舊態。固爲今日國民自治之精神所不許。若採國民投票之直接民政主義政治。則民。衆。政。治。之。弱。點。更必。趨。於。極。端。較議。會。政。治。更不。堪。問。所謂直接行動者。勢必。蔑。視。國。法。破壞。秩。序。直與。否。認。國。家。無。異。他如蘇俄之共產主義

政治。集政權於一黨。造成無產階級專制之社會。亦不過變相之專制政體。與一切之專制實同其弊害。其不足取。自不必辯。就此種種比較。則代議制雖有弱點。就國民自治機關而言。尚不能不謂爲比較的健全制度。將來趨勢。不在加以打破。而在施以改善。其理甚明矣。且代議制實有不可磨滅之眞價值。略舉厥有三焉。一爲組織政府之原動力。二是以打破政治之秘密。三防止革命運動是也。何以言之。蓋國家政治中樞。其負重大責任。決定方策者。性質所在。勢不得不歸諸少數。此無可如何者也。國民對於複雜之立法與政治問題。既不易加以適當之判斷。則對此少數執政者。即不易加以嚴密之監督。苟無適宜監視抑制之機關。勢必養成政治之專制。有國會以代國民監視政府之任。俾必有制議會多數之力者。方足以當組織政府之責。則政府之成立。直接由議會之信任。間接即國民之信任。一般人民雖不能判斷政策之何如。然可以信賴政黨之心。信任政府。亦即可以選舉表示其信仰何黨之心。因之得以舉

立憲政治之實。今日立憲國認爲議會重要之任務者。良在於此。此其一也。復次則官僚政治之下。國政每決於密秘。因國民之不得知。每易陷於腐敗之境。代議制對於議決豫算監督財政之效果。雖不能免於薄弱。而對於政府各種設施。既可公開議論。以喚起國民之注意。復得行其質問之權。要求政府辯答。使其自覺施政之職責。實於打破秘密刺激輿論。有無窮之効果。此其二也。復次則在一國之中。一黨專政。每足招致異派不平。調和無由。反動必作。代議制度之下。苟使現離政權之政黨。有於他日選舉勝利支配政權之希望。則訴諸暴力以達目的之事。可以不生。其於防止革命運動效果。爲力至大。他國先例。多有足徵。此其三也。綜此三者。爲代議制在之最大價值。假使組織適當。俾得盡舉其權能。則他弊亦不難末減。不能以一眚掩其大德。固屬甚明。特其如此。有不可不備之條件二。一使議會於事實上有代表國民意見之組織。二使有決定國家政策之實權。欲期前者之實現。必使選舉不被左右於不正之勢

力。偉得、隨、國、民、自、由、之、良、心、又、必、有、選、舉、者、有、相、當、之、識、見。使、其、結、果、足、以、公、平、反、映、社、會、各、方、之、勢、力。至於如何足以滿足此等條件。固爲至今所未完全解決之問題，然最近各國所採比例代表法與普通選舉制度。固不外此旨。至於後者。則各國憲法表面規定議會職權。雖略從同，而其實際。要在是否能有左右國務員進退之實權。以爲依歸。凡此二者。是爲代議制精神之所寄。亦即良楛之所由判。反是而以罪代議制，則代議制勢所不承也。

代議制在我國。獨有害而無利，且其害尤與各國不同。而更加甚。間嘗考之。其故、不、外、缺、乏、運、用、代、議、制、之、根、本、條、件、是、已。行代議制之根本問題。必在得人。民。之。眞。正。選。舉。而我國戶籍不備。根本已無眞正選舉之可能。然猶未爲至也。根本中之根本。厥惟、運、用、代、議、制、之、實、力。一種制度之實行，不徒形式。必有實力以爲後援，始得成立。此一定不移之理也。代議制運用之實力何在。據歐美先例觀之。一言蔽之曰。金。力。而。已。英之以地主資本階級運用代議制。以維其君主之權者。其事固甚昭著。即其他各國。代議制發達如是之速者。因不外因於近世科學之勃興。商工交通。百業增進。資本階級。同時興起。恐感於其上君主貴族權力無限之危險。特挾其金力以爲武器。起而與君權戰鬥。及至獲勝。結果則以金錢定選舉之權。藉議會以爲支配政權之具耳。反觀我國情形。數千年來。雖名專制。實主放任。以農立國。交通遼阻。既無豪農巨富。尤無工商新興階級。政府於賦稅正供而外。絕鮮科求。人民對於政治相忘已久。勝代革命。大抵由於失業遊民起而與政府爭鬪之結果。每以同一方式。傾覆舊之統治地位。取而代之。千數百年。皆不稍易。比及近代。雖受自由平等之灌輸。一部分人以建立民主代議制度相號召。實無中堅實力。絕與他國不同。及革命成功。實假舊朝大僚軍旅之力。無怪實力之轉移。竟同於君臣之授受。渠魁一死。權力散在部屬。展轉變化。傾散日著。遂成今日割據之局。使世無共和民主名分。正不知幾人稱帝。幾人稱王。根本亦不得與並世諸國相提並論。故在今日以前。中國所謂代議制者。始終不過爲裝飾門面之品。既非民衆之代表。亦無所謂資本階級者相與爲緣。其所以取得代議資格者。亦鮮能免軍閥官僚之助。嚴格言之。直與涼道者相等而已。發生種種怪狀。復何足怪。代議制之在於中國。有名無實如此。安得遽以不適於中國而罪之。故在今日而言政治。不當論代議制之如何爲害。惟當求其可以行。不必惜代議制之行而無效。惟當求其運用之實力。此則論國事者所宜注意者也。至如何而後可行。則不可不先使承襲專制產業之軍閥。歸其實力於軌道。以與代議制并行而不悖。如何而後有運用之實力。則不能不使人民確能團結。以爲資本階級之代替。在此問題。關係繁多。要而言之。不外得一良好憲法。注意及此而已。

四

中國政治。欲達上述理想之目的。在憲法上。第一宜劃分國家與地方權限。決不可以軍權專屬於中央。當就各省現有軍隊。詳爲劃分。各定所屬。其歸於中央者。直屬軍部。不得復爲地方之累。其歸於地方者。宜歸省長統率。不得復累中央。省長則擇一省中之勢力最大者任命之。盡其所謂督辦督理總司令鎮守使之名。使任其職者。各以軍職大小。分屬於中央各省。務使國事權歸於整齊。同時另規定除第一任省長外。凡有任命。皆當經中央參議院過半數同意。省長候選之人。則由大總統及各該省議會推舉。候議院決擇同意。省長下之省務院。行責任內閣制。由省長自由擇人任命。俾對於省議會負責。使漸養成議院內閣之風。軍隊性質既分。各自統率。則軍閥武人。既不能據地方以抗中央。亦不至藉中央軍隊之名。不受地方節制。省長先由有勢力者任之。以後逐次依法代以文人。則今後藩鎮割據之禍。亦必可免。如此則束縛軍閥之勢可成。導入軌範之舉可期。此其一也。復次則改革全國議會及選舉制度。對於中央參議院。當以中央政府及各省政府並中央學會所舉議員充任。衆議院則由各省省議會所舉議員充任之。至省會議員由縣議會選舉。各縣議員。則以普及國民教育為基礎。不因財產為區別。並採名籍投票之制度。(即比例代表法)則國會以至縣議會。皆有聯鎖密切之關係。平時聲氣可以相通。選舉與被選之人。關係密切。決無僥倖。既足以得較良之人才。而各黨派之選舉競爭。不在議會。而在地方。俾人民得以就近監督。作弊即不易。加以比例代表之制。實兼有擇人與擇國論二者之長。政黨因此。自必各守信用。不敢趨於腐敗。競爭選舉。尤必定其政綱主義。以求人民同情。因之可以訓練人民智識之增益。不特可舉代議制之實。並可一掃資本階級壟斷之弊。以平等之選民。運用代議制之實力。理想之民主政治。計亦不過如此矣。此又其一也。此外再酌量規定國民抗議。Popular Veto. Referendum-veto 國民表決 Referendum. Plebiscite. Volksentscheid-ung 國民發案 Popular Initiative. Volksinitiative. Vol-ksbegehren 國民罷職 Popular recall. Volksabberufung 等諸制。旁及產業會議等法。俾國會監督以及於上。而主權則無不發動於下。人民支配政治。雖似間接。實與直接無異。代議之弊。既可盡祛。人民自治之實。足以確舉。以視徒妄慕人民直接政治之名。而無以收人民正確判斷之實者。似不侔矣。凡此根本問題既決。再嚴定考試銓敘之規。確行監察審計之法。俾任官用人。皆守一定之秩序。不隨黨派為轉移。官吏黨人。均不能因緣政治。以為營私舞弊之圖。更曾重司法獨立。採用陪審之制。使法庭不受政潮影響。人權確得完密保障。國家有不治者。吾不信也。代議制實是苗病哉。

五

代議制之利害得失如此。立法權與彈劾權之分合利弊究屬何如。以吾所見。兩言可決。即立法與彈劾不必分。仍妨另設一彈劾監察機關是也。議會主要之職能。在進退國務總理之實權。以決定國家之政策。憲法上所畀與其他權能。如立法豫算等。在十九世紀下半期以後。國家任務。日益複雜。非有專門智識經驗不為功。非如議會之以普通人組織者。所能審查判斷。故其權已移於政府。議會不過有形式上、之、承、認。與其。謂。議。會。之。主。要。權。能。在立。法。及。豫。算。之。議。決。無當。謂。爲。負。批。評。任。務。對政。府。表。示。信。任。與。否。而。已。實際握國家之政權。定國家之方針者。雖在內閣。即不當在議會。內閣一失議會信任。即當去職。此立憲國家之通義。而彈、劾、權、即、表、示、此、不、信、任、方、法、之、一、種、也。今若拘拘於表面之形式。謂議會爲立法機關。不必予以彈劾權。是何異奪其生命而加以斷絕。議會尚何有存在之可言。是彈劾權之不可舍議會而獨立。其根本性質然也。雖然。彈劾權果不可分離乎。是又不然。如不分離。則彈、劾、或、將、永、不、行、使。蓋議、會、多、數、黨。必與、政、府、爲、一、體。殆成、立、憲、國、家、之、通、例。尤其。於。立。憲。根。基。愈。固。者。此例。愈。著。如英國因王原有解散國會之權。因之政府與議會。永無衝突之事。內閣既隨議席之多寡爲進退。選舉結果一經揭曉。國務員早已定其進退。決不待於議會之彈劾。故有彈劾權。亦永無應用之日也。但有而不用則可。苟其無之。進退內閣之術必窮。是猶如戰爭非國家所期。而武裝則不能不備也。是故國苟使非如美國

之以多數黨首領爲元首者。議會必不可無彈劾權。而其權不輕見行使。其勢實使然也。在此現象之下。又安得不有救濟之術。彈劾機關之不能不設。亦勢之不得已也。或謂既以彈劾權予立法機關之議會。而另設彈劾機關。兩者權限。豈不有衝突之虞乎。吾敢應之曰。是無傷也。前言立法與行政機關雖屬幷峙。實不過一體。根本已無衝突之患。且實言之。立法之權。表面雖代議會。實際早已操之政府。是立法機關。亦非議會而爲政府。議會政府之間。精神上早已合而爲一。則議會雖有彈劾之權。等於無彈劾久矣。今立此制。雖同時不廢議會彈劾之權。仍與分彈劾與立法爲二無異。不待言也。但其彈劾之性質。則不得不爲嚴重之區別。議院彈劾權。其性質作用。當在於不信任政府。藉以進退內閣。而彈劾機關之彈劾。則不。當。有。表。示。不。信。任。政。府。之。意。尤不。當。有。直。接。影。響。內。閣。進。退。之。權。只。就。其。違。背。法。律。以。及。政。策。措。施。有。危。害。國。家。社。會。之。嫌。舉發。彈。劾。加以。警。告。以及。宣。布。民。衆。敦。促。法。院。注。意。而。止。至於。警。告。之。結。果。何。如。

一九

法院。之。裁。判。何似。則當。守。一。定。之。權。限。且不僅對於政府官吏。有彈劾之權。即對。於。議。會。司。法。官。廳。以及。一。切。機。關。社。會。人。民。皆當。就。其。聞。見。所。及。有不。合。法。律。國。情。者。大之。如。危。害。國。家。妨礙。民。族。生。存。小之。如。違。反。公。衆。規。律。損及。善。良。風。俗。皆得。按。其。情。形。舉發。彈。劾。警。告。或對於政府議會舉措政策。促其注意。或對於官吏違法瀆職。加以糾彈。或對於司法官吏之裁判不公。牒告詳審。或檢查政府之收入支出。俾符決算。或考察總統。以至議員之選舉是否正當。以袪弊端。或宣布政黨議員之惡德。以示民衆。或指摘學術教育之流弊。提醒當局。或剔舉社會惡德陋俗。詔戒社會。或廉察官人罪惡。通知法庭。要必皆確舉事實。依據法規通則。出諸。正。式。嚴。肅。之。程。序。發。爲。完。全。負。責。之。言。詞。不得。復。爲。已。往。風。聞。言。事。之。故。狀。摭。拾。不。關。重。輕。之。陳。言。所有。舉。措。非。常。以。機。關。名。義。行。之。不得。復。如。已。往。之。個。人。自。由。行。動。至于內部組織。與各部署組織略同。定名曰監察院。上置正副院長。次而監察若干員。其下酌置事務員。職司則按所監事務性質以定名。稱曰立法監察。行政監察。司法監察。以兼計監察。銓選監察。社會監察。按其職務之繁簡。以法律定其名額。凡應彈劾宣布之事。則以同監會議過半數通過。得院長同意行之。任監察者。先由國會與各省議會。就有法定資格人員推薦。經政府嚴格考試。由大總統依名次先後任命之。正副院長。則由監察官全體選舉。過半數通過。由大總統任命。監察官之得過保障。壹如司法官吏。考試六年一行。取中者候缺依次遞補。候補人多。則暫停考。此就中央而言也。至於各省。亦當由憲法規定設置制略與中央同。考試則由各省依法行之。其人員由省縣議會推薦。此其大略也。如是或可補代議制不能舉行彈劾之缺點。以濟一般政治之窮。奏朝有鼓吏之箴。則吏可免於詭隨。世重骨鯁之職。則人將歸於矩矱。不獨爲人民耳目風紀之司而已。更有言者。十四年來。國家之所以紛擾不定者。根本原因。不能不謂爲國人對於一種制度之下。無詳密之研究。甚深之信仰。既無。眞。正。努。力。擁。護。之。心。亦無。確。實。深。惡。痛。絕。之。念。乃持無可無不可之態。日彷徨於岐路之中。不知國家之託命者安在。而國中豪猾。遂亦乘此人民思想動搖。主張不定之際。以肆其貪婪之荼毒。民主立憲之機。不絕如縷。長此以往。而將不知何極。今後國中識者。倘不再定明確之見解。示國家以永久不移之途逕。努力堅持。奮鬥不衰。將必幷此區區立憲制度所賴以託命之根芽而摧殘之。國家前途。眞不知所屆矣。走以敢盡忠言。以冀識者之三思也。

通訊

違覆

……周刊出未三月。聲滿寰區。鳳鳴朝陽。鶴應千里。殆未足喻其盛也。所以然者。良由先生碩學重名。力持正論。片言隻詞。皆足以怙然慰人之望。犂然當人之心。然當此之時。先生之讜論乎彝倫綱紀乎民德者。尤艱且鉅矣。矧以司徒敷教之任。猶木鐸徇路之舌。勢至重。響至捷。海內之士。將承其一嚬一笑而揣摩之。其由此而政教修明。學術端正。國本因之而安固。天下公論。將以爲皆由昌言誘導之功。而先生之名。亦與國家爲不朽。然或於筆鋒馳騁之際。偶未審諦。稍有畸輕畸重之辭。或乃疑古惑經。未必盡當。徒與所持論本矛盾自陷。則其弊亦不可不隨時察。組而革絃焉。昔武侯爲相。求參署違覆。以爲違覆得中。猶獲珠玉。至於盡言啟諫者。終始好合。伯仲伊呂。其亦以此。且古人廣聽。並及瞍矇芻蕘。夫瞍矇芻蕘。初亦何必知其誰某哉。朝爵溝粹陋儒。自安腐舊。權勢之地。夙不敢存希覬干進之思。違者竊窺先生正道直行。有吾湘先正風力。私切欽仰。爰不自避忌。妄陳瞍矇芻蕘之愚。別紙具寫。率瀆清嚴。知之罪之。惟

明公戕察。臨潁末臣：：：陳朝爵（安徽代講安校九月二十八日）

函令

吾友李君繼禾。數言陳君樹猷學行純至。君子人也。恐以其端人之友。久心儀焉。今果貽書相糾。獨見其大。恐誠大幸。有過人乃見規。佩荷佩荷。所示各節。當時講論。於心未盡安。徒以他端。有所摧滅。用力。彌大。遂於此。端。稍稍。寬。假。以期。來復。易。而置。劑平。不謂。一念之疏。致搖論本。有如。手。示。所云。云。也語云。扶得東來西又倒。際此。聖。學。全。墜。準哉淩。失。欲求。本。旨。與時。感。相。應。乃是。大。難。得。教。知所守。矣。前半獎掖過甚。媿無以當。更承相勗。幸勿以此。別紙爲本期篇幅所限。擬次册揭登諒之。

孤桐

士表

……奉誦貴刊所與李剛往來翰札。知李剛致書足下時。亦未知所謂謗聯者作何語也。僕由抵大梁。李鵬晴示以此聯。（京報發兌副刊五百七十七號）因馳書李剛。促其來中州主講國學。遂以告之。得復書有代我罵人用心深刻云云。始知不惟未出李剛之手。並未入李剛之目。乃檢諸殘篋抄寄之。益覺其措詞猥鄙。令人目不可得而言。耳且不可得而聞。其爲誰氏手筆。則無難射覆得之矣。何晚近士大夫。日不擇言。一至於此。原文學領土。至爲廣延。都下引車賣漿之徒。出口而能成章者。亦未可盡摒諸文學之外。童謠里諺。日耳告俾。以其能道出人人之所欲言。又卒皆入耳而無間。其美感殆與文辭同科。亦有稗官野乘。雜取稚居里巷者言。窮迻譯之奇工。盡描寫之能事。如帖括之人人日氣。若優孟之身能逾。異術同工。或亦藝林所有事。佳城蕭蕭。蔻來不得上。夥頤涉之爲王。沈沈者咄嗟而財辦也。非皆屬諸傳神之筆。狀狀之文邪。然所。傳。所。狀。者。乃俗。夫。詈。漢。百世。下。詬。之。猶若。呼。之。欲。出。若傳。之。狀。之。者。之。自。立。言。則有。間。矣。夫衣。其。身。之。章。也。言論。士。之。表。也。言不。雅。馴。則縉。紳。先。生。羞。道。之。未見。有。崇。摭。濫。夫。罵。坐。老。嫗。罵。街。之。詞。肆。諸。報。章。以逞。口。舌。之。快。貽害。後。生。澆漓。民。德。如。今。日。之。甚。者。

僕先兄孫五先生。終其身無二言。僕受薰感最深。納時不免衝口而出。守口之戒。自古為難。季剛日德。亦非無可議者。然觀其急於此事。自白其非。即可卜其能於他端自承其是。則尚不失為古之狂者也。忝與季剛有友朋之誼。慨為道之如此。足下得毋怪其多事乎。所治中州大學。校本尚固。學子亦鈍樸不染稷下餘風。幸免縈念。惟年期尚淺。濡溉需人。惟有以提携之。附上所告諸生解決試事一文。即日黃花。聊博一粲，蓋亦未見。君。子故不。勝其。嗟。嗟。之。鳴云。爾。……

……黃際遇 十四月廿日一時於中州大學

來書道盡時下儇薄之習。士林同慨。至恐橫被白否。又為司空見慣之事。無足論焉。猶論延聘及養成教授一節。如云「一校之人才。即一省一國天下之人才。我儕日夜縈思之理想。無論，政局社會若何紊亂。總設法使此制度能次第實現。」宏識孤懷。至深紉佩。恐有、國、立、講、座、一、案。大旨、與、尊、見、相同。有機發布。定當求教。

孤桐

乙卯

……歲乙卯。下走年十二。始來海上。幾識甲寅。知其為好文章。而未喻其義。嗣後每聞名流推重之說。太炎先生謂之靜穆。胡適之先生謂之最不背乎邏輯。吳稚暉先生謂之冰清玉潤。洎乎甲寅雜志存稿出。下走乃得重讀。然後知太炎狀其態。適之言其原則。稚暉道其品質而已。蓋先生之文。浩瀚而精警。汪洋而謹嚴。匪可以一語涵蓋之也。今周刊出板。不禁距躍三百。久不讀大文。頓增俗塵萬斛耳。第一期、曾論上海公共租界之支配者。慨乎其言之。謹案此題姚君公鶴論之綦詳。理由充沛。辭氣激昂。刊于滬上各報。未識已邀明察未。關于英人停給電力。從者以人之自撥其觴惜為喜。而我之資本家。方以似是而非之論號于衆曰。人以能工而輟業。我何幸而得此推銷之機會。加工製造。責無旁貸。夫彼安知有國。牟利焉耳。東南大學迎拒校長。毫無意義。始謂對人無問題。繼乃毀胡而營其品格。又復擁張擁蔣。夫以三數人之私利。不惜庠序之地。化作戰場。名在衣冠。行同無賴。式瞻前途。我憂曷極。梁君敬錞之平議。持論厚重蓋以洋涇浜設官會審章程為根據恢復其固有之狀態最為妥善若曰收回似失其意矣關于八校合併下走甚表同情夷考洋議之起豈匪以改組則不免裁員鰍而鄙意此亦未必然例如八校國文合併未作不可使其教師專攻一業或各治某時代之文學或治訓詁或擘一家之說也側聞台從頗有攷試教授之議愚謂能如脊論各有著作辭理並當果佳即不然遂於學而不顧執筆者亦可由人記錄其所講述務使天下無遺材材亦不難自見而後可下走少未讀書長而服賈文義粗野伏願先生憐其愚而教之……陸凡夫 上海河南路C三百十號 七月二十二日

信儀此

右函閣置累月昨理積稿見之審陸君特一年纔弱冠之賢者耳而已識周詞達如此可以使今之學士大夫諭之矣愛亟撰焉以資與起惟宥其闕然幸甚至晁胡兩先生所評拙作之語今以時地所關早有移易諺云早晚時價不同未足稱也

孤桐

晚近

……晚近士大夫之昌言政教者率目營四海精騖八極高譚風生宏規蠭起然夷考其所期迺渺若捕風蓋皆不揣其本而齊其末舉所云為無過簿書期會可以言而不可行也木美土蕆可以戲而不可食也雖有所蘄需庸可得乎夫欲整齊政法必自各縣之吏治始不如是不足以嘉惠林蒸以國省之積也省縣之積也欲敷錫文化必自小學始不如是不足以正蒙育德以小學中學之津逮中學大學之津逮也以言小學則教師之學行學子之課本有不可不周思審慮者夫兒童工於摹擬教師之一笑一顰皆如蜾蠃之于螟蛉今學風之輕薄論思之膚淺類擁皋比者作之俑盧君子鶴嘗謂皇帝宰相可借惟教師不可借良以教師之職司近以陶冶學子之行思遠足轉移一時之風化關乎世運非尠淺爾今小學教師率行怠業荒者充斥其間猶冀學子之秀實無當也然非使其有以代耕猶冀教師之清懿無當

也。至于課本。適學子所本爲金科玉律者。今義皆可嗤。詞雖上口。更何教育之足云。思所以發舒其材思。涵養其性情。舍求課本之精進不可俾致也。宜獵諸子之寓言。以瀹淪其心靈。抱賢豪之奇節。以激揚其志氣。拾經傳之大義。以明言行之榘矱。掇文字之形義。以植國學之根與。提要鈎玄。斟酌損益。勒爲一編。若智囊補、人譜類記、伊索寓言、說文部首韵語、(宜採段註)蠶叢學讀本、(無錫某校編)修身教課(商務印書館本)之類。其庶幾乎。近國文課本。尤每況愈下。殊可惋惜。或以所陳各書。鄉於艱深。未審、學、無、深、淺。文、無、難、易。唯在、教、師、之、能、善、誘、與、不、耳。師近掌邦教。將一新其壁壘。於斯二者。似不容忽也。直陳所懷。惟有以教之。又竊以甲寅通訊諸作。署題每多尖新。殊傷大雅。尊意以爲如何。

……孫至誠(察哈爾都統署 十月五日)

論政教頗有發明。願得明者相與繹之。通訊標題。有傷雅道。信然。改善之法。或依、學、而、爲、政、之、例。取首、二、字、爲、號。或依、次、用、數、目、字、記、之。俾成械性。無假思索。思昉謂二者孰爲當乎。 孤桐

說林

承平之世。京朝官多不樂外轉。譚叔裕前輩宗浚。於光緒乙酉。由詞曹簡授雲南糧儲道。赴任時不携眷屬。單車就道。其留別同人詩。有依然學舍書生樸。襆被蕭條一葉寒之句。又云。遷移豈盡明廷意。冷暖方知世俗情。手版頭銜隨熱宦。鳳池雞樹恍前生。自注云。余力辭京察。而掌院不允。或云、同年某實媒孼其間。以傾陷余也。又云。交遊未易輕傾蓋。結習休教尙癖詩。愁憤之意。溢於楮墨。厥後。終以不樂外任。致損天年。今所傳荔村草堂詩鈔。有于滇集一卷。讀之。可想見其牢騷紆鬱之概。又如林贊虞年丈紹年。由侍御簡雲南昭通府。王可莊前輩仁堪。由詞曹上齋簡江蘇鎮江府。相傳。均有中朝大官與之不合。因使一

總。出。守。囲濤。其。垂。天。之。鵬。翮。也。今則外重內輕。尾大不掉。藩鎮、幕中。疏附、先、後、之、儔。有昔、年、爲、元、首、所、倚、重。不啻、蕭、曹、房、杜、者。髀肉、復、生。不惜、屈、居、下、位。時之相越。不及四十年。而內外輕重之形勢懸絕如此。可異也。

翁文恭師與譚文勤制軍。爲咸豐丙辰同年。交誼甚篤。光緒甲午。文恭再入樞廷。文勤先爲閩督。後調粵督。師致文勤手札有云。昨夜狼入我室。牽號者四集。白楮已折。念咒不靈。只索以身餧之。可歎可歎。蓋謂剛。子。良。在。樞。廷。相。阨。事。也。又云。敵兵不至。至則不行。行則無械。在前敵者。驚潰走鹿。真兒戲哉。謂中東之。役。士不。用。命。也。甲午東事挫敗。論者率歸咎於常熟高陽二公之主戰。高陽不久徂謝。遂得恩禮始終。文恭師於戊戌四川。奉嚴旨放歸田里。命下之日。適爲六秩晉九攬揆之辰。殆由。剛。子。良。有。意。挫。辱。之。也。王半唐侍御鵬運集中郵鵠天詞云。武安。私。第。方。稱。壽。臨賀。嚴。裝。早。辦。行。即指。此。事。余於己未四月二十七日。召集同門諸子。及鄉邦後進三十餘人。設位江亭以祭。即爲瓶社第一集。郭春榆宗伯前輩曾賦長歌。有云。宮鄰。金、虎。竟。始。終。空山。杜。喚。奈。何。帝。有人。喚。鶴。痛。華。亭。幾。聲。牽。黃。憶。上。蔡。乞。身。猶。得。老。江。湖。壞。巫。何。須。嗔。鬼。怪。忠。佞。於。今。已。昭。昭。攜。戈。不。挽。虞。淵。逝。愈剩門世丈鍾鑾詩云。公去在帝旁。四海正鼎沸。幸無河清壽。俾不及內哭。誰知太霄上。獨隕蒼生涕。人天値九何。嵐想浩然氣。罷官。適。生。日。家國。兩。可。記。當年。出。都門。行路。盡。歔。欷。燒。城。有。赤。口。昏。椓。味。大。義。師。友。不。必。言。殄。瘁。悔。也。未。郭。愈。二。丈。所。言。皆。公。論。亦。信。史。也。王義門兄存云。痛。寐。中。興。業。所。得。削。籍。竄。滄。桑。感。人。琴。衣。冠。坐。塗。炭。是。非。安。可。論。歷。數。殆。相。半。孤。忠。化。煙。雲。妙。墨。麗。雲。漢。吳伯宛兄昌綬云。金。爵。觚。稜。昔。夢。哀。玉。陽。野。史。亦。蒿。萊。孤。亭。落。照。銜。荒。埂。頭。白。門。生。掩。袂。來。均。極。沈。痛。今。義。門。伯。宛。二。君。已。先。後。化。爲。異。物。歲。月。不。居。人。琴。滋。痛。寒。宵。展。誦。遺。墨。曷。禁。三。歎。

孫師鄭

甲寅周刊第一卷第十四號目錄

時評

日來江浙戰謠。如蘇之起。大有去年今日之概。但據確息。孫楊兩方。各無背城借一之決心。孫督代表某君、新自浙來。爲言主帥顧全大局之念甚切。而楊督宣言浙師攻蘇。蘇不應戰。請以撤退上海駐軍。其言當是可信。加以中央特派員陸君。方在杭州。疏解一切。綜上諸報。戰事或不至發生。惟去歲盧齊備戰最急時。章太炎先生、曾以決無戰事。喻人無恐。卒之太炎負失言之咎。東南糜爛。不可收拾。以今視昔。又爲懔然。惟中央得此消息。等諸司空見慣。執政方草告華僑文。於救國根本大計。多所發揮。安石聞甚。無此閒暇。誠以時局如此。瘡孔百端。無論輕重緩急。均非空言所能奏效。以逸待勞。以靜待動。庶爲得之。詩曰。民之訛言。亦孔之將。又曰。讒人罔極。交亂四國。天下、談士。其亦慎勿出諸焉可。（寅）

一

檢舉金佛郎案。翁敬棠復有二次呈文。詞連前法長章君。謂其濫集司法人員會同審查該案時。會議情形。與章君呈報執政所稱妥無疵意見相同者有異。共犯之嫌。爲進頗然云云。誰該是乃由郵局遞寄。無發函地址。與第、一、呈、遞、後、即、行、出、京、者。尤形、兒、戲。據章君語人。凡該案與彼有關之部分。絕對負責。翁呈中所指各節。在司法正當手續範圍以內。當一一爲之答辯。即落職對簿。亦所宜爲。以國。務。員。而。不。守。法。又安。能。靦。然。以。法。繩。人。也。但凡聽訟。必須兩造。闕席裁判。限於被告。未聞原告遠颺而能成訟之理。雖曰公訴與私訴不同。又檢察一體。一檢察官提議。他檢察官可得辦理。而國。家。有。此。色。厲。內。荏。輕。於。嘗。試。之。檢。察。官。司法。威。嚴。已經。喪。失。遷就。爲。之。缺點。實。多。政府保護法官之誠意。未爲人諒。致稍。有。風。皆。情。般。一。般。之。檢。吏。不。勝。惶。怯。藏。室。逃。去。尤爲。遺。恨。今辦理此案之正當方法。惟有、嚴、令、翁、檢、察、官。尅、日、回、京、銷、假。由總、察、長、而、詢、一、切、情、形。將該、案、依、法、檢、察。無論、何、人。不、得、託、故、規、避、云、云。書此以諗留心法界消息者。（直）

九日執政命令。派本社章君爲湖南賑務籌備專員。三湘大旱。竟成奇災。赤地千里。餓殍載途。兵燹餘生。重茲浩劫。哀我窮黎。何以堪此。以窮兵黷武之雄。暗噫叱咤之槩。如吳佩孚者。猶唯諾而道。爲民請命。凡百湘人。能勿奮起。然默察情勢。揆度機宜。竊謂章君此時。有未可貿然承此任者。國中賢達。失意孔多。悠悠風塵。奔競幅帙。既諳伎。求。之。念。每多。不。肯。之。心。章君一身兼任教育總長國立編譯館總裁。指視已嚴。譁姤紛起。復任斯職。夙稱緊政。知者。或。貸。爲。勇。于。任。事。不知者。必。譏。爲。意。在。專。欲。挾。之。者。衆。程功。最。難。此其未可者一。凡事之成。貴在專志。教、育、整、頓、望、宏、遠、之、規。編譯、纂、著、諸、待、碩、毅、之、書。赴以、全、力。惟恐、不、濟。紛歧、太、甚。叢、脞、堪、虞。于今升云。當軸之士。身兼數官。大極其管。小錄其要。機事之失。十恆八九。今古、雖、異。事理、實、同。此其未可者二。救民水火。生死攸關。疾苦不親。惡溼難通。狼糧膠散。弊竇無窮。以人。造。禍。之。財。賚人。造。罪。之。本。縱失。披。苦。之。實。仍。冒。作。善。之。名。功罪懸。殊。因果。加。倍。此其未可者三。賑災荒政。幾同利數。晚近人士。尤乏勤廉。心既。蕩。乎。報。施。之。理。情。復。奔。于。貨。慾。之。途。凡任事者。能體念悲憫。盡心民瘼。雖千百中。難得一二。況章君在閩日淺。接人無多。相知非深。得情匪易。每欲。用。人。苦無人。用。苟失。其。選。則賑。災。濟。以。幸。災。救死。反。以。速。死。誤人誤己。兩受其戾。此其不可者四。茲以此義。質之同人。始知此事由熊秉三先生所處。並非章君本意。熊因章君職居政府。友善湘道。從中接洽。較爲便利。名義、雖、章、任、之。事實、仍、熊、主、之。桑梓因荒。人人有責。縱不。居。其。位。亦應。謀。其。政。旣。居。可。爲。之。資。安忍。坐。視。而。不。爲。雖蹈。越。俎。之。嫌。當亦。明。達。所。能。諒。觀過知仁。其斯之謂與。熊公連年辦賑。經歷宏多。造福鄉邦。尤非淺鮮。避名居實。隱德無量。所謂行不捨之檀。借無緣之慈者與。惟三四兩端。殆有同感。利如、何、弊如、何、祛、人何、不、濫、時何、不、違。前爲、後、繼、通、往、善、變。昔賢論賑。謂蠲之。當。在。未。徵。收。之。前。賑之。勿。在。旣。死。亡。之。後。仁人之言。利溥萬世。略發其端。借供省覽。（完）

評新文學運動

孤桐

愚竊評新文化運動。今胡君適之明其一偏。矜其獨得。別標新文學運動之號。周游講說。論域旣狹。用力尤至。是報副刊、將彼武昌公開演講之詞。盡揭於篇。[illegible]衞天下悅胡君之言而歸之者衆也。愚以職責所在。志慮攸關。不敢苟同以阿於世。敬抒所見。惟明者考覽焉。

胡君首倡新文學運動。其名早立。其義未始一講。久矣此事成爲過去。風行草偃。天下皆默認焉。今茲舊事重提。蓋有思想頑固之人。出而反抗。吾不得已而爲之云云。噫、奇已。若而運動。行之已七八年。舉國趨之若狂。大抵視爲天經地義。無可畔越。乃主之者竟無說以處此。即有亦卷而懷之。未嘗明白示人。事關

三

百年至計。盲從而發動。不求甚解。一至於是。寧非至怪。憑習澄心求之。以謂人本獸也。人性即獸性。其善拘囚而樂放縱。避艱貞而就平易。乃出於天賦之自然。不待教而知。不待勸而能者也。使充其性。而無法以節之。則人欲不得其養。爭端不知所屆。禍亂並至。而人道且熄。古之聖人知其然也。乃創為禮與文之二事。以約之。一之於言動視聽。使不放其邪心。著之於名物象數。使不窮於外物。復游之以詩書六藝。使舒其筋力。而滌其心靈。初行似局促。潤而安久之。行醇而至樂。出形於君子。實為天下之司命。默持而善導之。天下從風而靡焉如一。夫是之謂禮教。夫是之謂文化。斯道也。四千年來吾國君相師儒紛紛用力以恢弘之。其間至焉而衰焉而復至。所經困折。不止一端。蓋人心放之易而正之難。文事蝕之易而修之難。質性如是。固無可如何者也。今乃反其道而行之。距今以前。所有良法美意。孕育於禮與文者。不論精粗表裏。一切摧毀。不顧而惟以人之一時思想所得之口耳。所得傳於情濫緒彈詞小說所得描寫裸

裼裸裎使自致于世。號曰至美。是相率而返於上古榛榛狉狉之境。所謂苦拘囚而樂放縱。避艱貞而就平易。出於天賦之自然。不待教而知。不待勸而能者也。胡君倡為新文學。被荷如彼其遠。而乃不言而人喻。能收大辯若嘿之效者。以此。雖然今既不以吾人為不肖而教之矣。請得一按所言。如其值而歸之。

胡君曰。舊文學者死文學也。不能代表活社會活國家活國民。此最足以發庸眾之聰。而無當於理者也。凡死文學必其迹象與今不相習。僅少數人肄為考古而探索之。廢興存亡。不繫於世用者也。今之歐人於希臘拉丁之學為然。而吾也。豈其儕乎。且非言異國古文也。以英人論。治趙恕 Chaucer（十四世紀之詩人）之詩者寥寥。吾則二即號難讀。自非大學英文科生。解之者寥寥。吾則二千年外之經典。可得琅然誦於數歲兒童之口。韓昌黎。若比麥考黎（英十九世紀之文家）而元白之歌行。且易於裴 Byron（裴倫）謝 Shelley（詩烈與裴同爲十九世紀詩人）之短句。涉米更非其倚死之六者能得如是之一境乎。且文言其乎數千百年。意無二致。人無不曉。俚言則時與地限之。

二者。有所移易。涵習往往難通。黃魯直之詞。及元人之碑碣。其著例也。如曰死也。又在彼而不在此矣。

胡君言社會不應分兩種階級。使文人學士。獨擅文言。而摒斥愚夫愚婦頑童稚子於文學之外。此今之即前所稱文言屬諸貴族。必白話始為平民者也。方愚幼時。吾鄉之牧童樵子。俱得以時入塾。受千字課、四書、唐詩三百首。其由是而奮發。入邑庠。為閭紳。號一鄉之善士者。比比也。寒門累代為農。亦至吾祖始讀書。求科名。以傳其子孫。凡通國情者。莫不知吾國之自白丁以至宰相。可依人之願力為之。文字限人之說。未或前聞。自新政興。學校立。將千字課、四書、唐詩三百首。改為貓、狗、木、馬、板、櫈之國民讀本。向之牧童樵子。可得從容就傅者。悼若嚴屏于塾門之外。上而小學。而高小。而中學。而高等。一鄉中其得肄業而進之徒。校之前清赴省就學政試。洋洋誦其場作。自鳴得意者。數尤誠篤。求學難。求學難之聲。日聞於父兄師保。疾首蹙額而未已。是今之學校。自成為一種貴族。教育。其故。與文言白話之爭了不相關。由今之道。無變今之俗。即廢手書。而用口述。使所謂工具者無可更加淺近。亦祇便於佻達不學者之恣肆耳。去貴族平民之辯。萬里也。

胡君主張白話文之環境。謂社會一切書籍。均用文言著述。平民概不了解。必且失趣而廢然以返。故吾人必一致努力為白話文云云。白話文之萬無成理。茲誠最大癥結。胡君可謂明於自知。世界語之無生氣。亦頗是也。蓋世界之學問。包涵于英德法三國之文字者。（他國不論）且為量至大。而三國自身。不能互通。有時英人有求于德。德人有求於法。猶且藉力迻譯。彌其缺限。今一旦舉三國之全量而廢置之。惟以鈲落無所容之世界語。使人之耳目心思。從而寄頓。道德學術。從而發揚。他文著錄。全譯既有所不能。能亦韻味全失。無以生感。同時嫻於他文者。復不能嚴為之界。使俱屏而不用。乾枯雜沓。楷亂不堪。此其反于文化之通性。至為顯著。世界語之無能為役。非無故也。惟白話文亦然。吾之國性群德。悉存文言。國苟不亡。理不可棄。今驟百家九流之書。一一翻成白話。當非君等力能所至君等竭精著作將水滸三國演義西遊記之心思結構運用無遺亦未見供人取求應有而備有而又自爲矛盾以整理國故相號召所列書目又奉爲愚夫愚婦頑童稚子之所不諳己之結習未忘人之智慾焉傳環境之說其應彌是而無如其法之無可通也

胡君謂古文文言二千年前已死此二千年之文學歷史其眞意義乃是白話今傳三國演義諸書年逾百萬五百年來文學勢力不在孔孟程朱四書五經而在三國演義諸書今爲問三國演義諸書何時始見于世乎文言死于二千年前是自距今千九百年以至演義出版之日中國無文化也其間若死社會也死國家也死國體也胡君之意果卽爾乎小說年銷百萬亦自亞東圖書館以胡君新標點問世爲然耳五百年間悉如是乎胡君之翻板康熙字典卽考見前代爲如是而胡君倘亦憶及二十年前坊間流行之小題文府策府統宗其銷數爲何等乎又試查今之商務印書館所編小學教科書其年銷之統計果何若乎胡君若以書賈爲導師從其後以嘆於衆曰文化在是文化在是此客觀之念毋乃太深而許子之不憚煩毋乃太甚乎

胡君惡文法之繁難且不切用以謂不如語法之質在而便利如文曰吾未之見也之字何以必在見字之上其故無能言之語曰我見他則何等爽快云云夫文法者非邏輯也約定俗宜卽爲律令從而軒輊其道無由吾文之法曰凡否定句止詞必在動詞之上如吾誰欺顧莫之遂者吾未之見之例也此類定律不論排示何國文家了無媿色而曰「甚麼原因講不出來」此特胡君講不出來已耳未必諸人爲然也若以語法不如是是當廢止則一國之文別有所謂Conversation Grammar與嚴正文律異趣者所在多有當今之時中外互通名家林立誰則斷言文語不兩立如胡君乎

右舉各條皆就胡君詞中稍稍論之義取消極僻止答辯非特立主張自成條貫者可比亦非忘其謭陋無病呻吟者所爲如施君畸者或以老生常談泛而

寡要少之則須知菽粟爲常荒年視同性命一萱非要中流乃値千金昔天下之言不歸楊則歸墨諸子之說乃見眞切而不爲徒然然後人猶以迂闊不近事情豈之可見論世知人本來非易如愚行能淺無足算師今不及安望古人偶有發抒亦比于候蟲時鳴鳴其所不得不鳴者、而已是非誇譽焉足計哉

新舊質疑

陳朝爵

吾國聖賢教人、無大病也、問孔刺孟疑古惑經、皆豪傑之士所爲、而自古學者之所許、然必列舉其所疑之端、而一一辨難之、如荀卿非十二子之例、乃足祛惑解蔽、此文吾國聖賢教人云云、辭氣籠統、標揭不明、似舉聖經賢傳及歷代儒先學說、而一概抹煞、然則本文所云固有之道德學問、足資爲本原者、不且無存在之地乎、是先生之意、固不然矣、然而先生之言、似宜更酌、

聖賢之說、視家國天下爲與我對待之各體、所謂家國天下者、自身舉不必有何意識、卽未見有何自濟自治自平之能性、故每標獨善、不言公善、

此先生不滿聖賢教人之說、根本所起、果如此說、聖賢亦何得稱聖賢、願卽經傳求之、似皆不然、請略釋之、非生云、物無非彼、物無非是、果且有彼是乎哉、果且無彼是乎哉、彼此者、對待之形與名耳、一易地而彼卽此、此卽彼矣、非生知其然、而爲齊是非之論、固也、聖人則更渾然無間焉、其爲教也、以四海爲一家、萬物爲一體、性分一源、物我無間、故聖人曰無我、又曰我欲仁斯仁至矣、又曰一日克己復禮、天下歸仁焉、夫曰無我者、無私己之小我、卽所當克之己是也、曰我欲仁斯仁至者、此性通之大我、我之性、眞天下之人莫不同、我能仁、天下亦皆能仁、人同此心、心同此理、豈獨家國天下之人、卽推至于蠻貊夷狄、下至蜎飛蠕動跂行喙息之物類、蓋莫不通、莫不一、故曰道通爲一、此之謂我欲仁斯仁至、此之謂天下歸仁、其在易曰、保合太和、各正性命、又曰父父子子兄兄弟弟夫夫婦婦、而家道正、正家而天下定、其在禮曰

推而放之四海而準。又曰。行同倫。又曰。凡有血氣莫不尊親。其在論語曰。有教無類。又曰。四海之內。皆兄弟也。其在西銘曰。乾稱父。坤稱母。民吾同胞。物吾與也。然則。聖賢之教。以四海爲一家。萬物爲一體。正時時處處期夫家與國與天下之各各自身能自齊自治自平者也。何以明之。大學曰。爲人君止於仁。爲人臣止於敬。爲人子止於孝。爲人父止於慈。與國人交止於信。爲人君爲人臣。國也。爲人子爲人父。家也。與國人交。社會也。由家而社會而國而人人各盡其道。止於分。是非使其各各自身能自齊自治自平者乎。且孔子又自感曰。所求乎子。以事父未能也。所求乎臣。以事君未能也。所求乎弟。以事兄未能也。所求乎朋友。先施之未能也。處處從對方說來。曰所求。期於人。人之能乎。此也曰未能。責己之。尙未能乎。此也。寧得。謂。舉天下。子臣弟友。孔子一人焉包舉爲之。而獨擅能之。我之外他人皆不必有此能性耶。而先生之所擬議。夫聖人者果何說耶。管窺蠡測。先生殆誤意聖賢專欲爲國家天下首領之一人。而不使家國天下分體之人。得躋於平等。則獨不思。夫彼己物我之性。與初不容有隔閡。而大學之上下前後左右固已皆徧周浹無不均齊。此大舜之所以善與人同。而夫子之道。所以惟忠恕。忠恕之道。惟推己及人也。雖然。此特從理論言之。若其制度文爲政事法禁。無非使家國天下之人自齊自治自平。比閭族黨之規。農桑衣食之計。庠序學校之教。其於經徵於史者燦然。夫豈可謂先儒有言。有關雎麟趾之意。而後可行周官之法。雎麟之意。周官之法。公善之大者。莫逾此矣。彼獨善云者。政教隳廢之秋。邪說橫行。善類不容。君子不得不卷而懷之耳。然亭林之言曰。天下興亡。匹夫有責。春秋之義。世愈亂而文愈治。又果有離人獨立其顚。梏梏之獨善也哉。

吾國學者勤以聖賢期人、而又以聖賢爲人生最難到之一境、既曰庸德之行、庸言之謹、夫婦可以與知與能矣、而旋曰中庸不可能、是直以不可到之境期諸人人也、

所舉詰難聖教之處。似令窮於詮答。而細案之。似未

免滯於言語之迹。孟子曰。以意逆志。是爲得之。蓋以文害辭。以辭害意。恐窮古今世宙之學說。將皆不可立。正非獨儒家嘗受此弊也。竊觀自古聖哲立教。成有。精粗二義。粗者人人可能。精者間世一遇。非子不云乎。萬世之後而一遇大聖。知其解者。是旦暮遇之也。又何怪孟子之期以五百年乎。且詩文書畫藝事耳。矜其至者輒曰五百年無此作。而先生之稱晉省民治亦曰五百年所無。然則明清兩代循吏傳中人物亦多矣。不將起而與先生爲難乎。老氏五千言首曰道可道。非常道。吾將詰之曰。既不可道。何爲留此五千言。佛法平等。又言衆生皆有佛性。地藏王普度盡衆生。吾將詰之曰。法既平等。何爲獨稱世尊。衆生何未盡成佛。地獄幽魂。何日度盡。先生寧不一噱。竊仰先生當世大哲。絕非庸妄巨子之比。豈肯如論孔孟政治者。硬分配爲爸爸政策。媽媽政策。以貽笑士林哉。斯特偶爾涉筆之言。千慮一失之事。原不關根本之是非。正恐後生學子。誤以爲信。然則千古聖賢舉不足法。將國學爲體之說。自成矛盾。或亦不可不少。留意。歟。

師範大學制平議

胡先驌

中國教育。邇來有一特殊之組織。爲歐洲各先進國所無或稀有者。厥爲所稱師範大學者是。以教育爲專門學科。而加以精深之研究者當首推美國。在歐洲英德法諸邦。教育學祇爲文科中附屬之課程。不但不能爲之立一獨立之大學。且每每不得成爲大學中之一系。所謂教育哲學、教育心理學者。亦不得爲大學中獨立之學科。而此數邦之教育。逈不落美國之後。去歲英國教育名家費歐爾（Fisher）至美考察教育。曾發表一文。以爲美國小學教育在歐洲各國之上。而大學教育。則望塵莫及。即就美國而論。著名學校中。亦無號稱師範大學者。赫赫有名之哥崙比亞大學師範院。亦祇爲大學內之一部。其他赫赫有聲如哈佛、耶爾、加利福尼亞各大學。教育祇爲文理科中之一系。而美國第一大批評文學家、哈佛大學比較文學教授白璧德。（Prof. Babbitt）且謂美國大學中所不爲同僚重視者厥爲教育學與社會學教授焉如是觀之教育學在歐美諸先進國尙視爲幼稚而未達於成立之時期其諸教授所主張之學說亦未爲國人所信仰吾國學子數年負笈略剽師說便奉爲圭臬已屬非是今更憑而充之盡力創立非驢非馬之師範大學以期壟斷高等教育其貽害之大寧可臆度哉

余非治教育學者不能爲專科[illegible]詳論然從事國內高等教育有年尊業之暇嘗究心於歐洲文化之淵源與近代思想之沿革邇者重遊美國於彼邦之國情與其教育之利弊亦嘗爲深切之觀察自謂頗具旁觀者清之長近在東方雜誌發表論吾國高等教育一文立論即與時下所謂教育家者異趣焉美國爲新造之邦素無特殊之精神文化如愛默孫（Emerson）郎佛羅（Longfellow）諸文學哲學家不過繼承英國舊文化之作者耳美人以北方民族冒險之天性復加以移民拓殖之精神故能於物質文化有一日千里之進取而於文學、哲學、美術等精神文化。則事事落人後。士不悅學。而國不重士。流風所被。浸及思想故有詹姆士（William James）杜威一派之實驗哲學（Pragmatism）以致用與成功爲人生之惟一目的以殖產之能力爲人品之權衡遺毒之深遍於全國歐戰之後道德日墜人欲日張某大學女學生竟有百分之七十在未婚前與男子有性交者（據哥崙比亞某社會學教授之調查）芝加哥一城有男婦三千人以擱路行劫爲職業羅馬末年之衰敝由逐漸釀露其能否不踏羅馬之覆轍尙繫於其國人文運動之有效與否也

其教育之弊首在學校之衆多與求學之易一人一大學教育已成爲社會之口頭禪公私大學以數百計每校學生以千數百人計辦學校者務求學生之衆故不惜降低其程度以達其市儈招徠之術其首都某某[illegible]立大學校竟有五百餘授碩士學位千餘授博士學位其國第一流大學校如哈佛、耶爾、芝加哥、霍布金士所斥退之學生在他校且得爲高才生即同爲第一流之大學寬嚴亦自有別。北京師範大

學同班之畢業生。一入芝加哥大學，須補習一年。方能得學士學位。一入哥倫比亞師範院，一年即得碩士。其學校程度之不齊，類如此也。哥倫比亞大學教育院之課程，分目極細，參考書雖衆多，然皆千篇一律。一即足以反三，分目既細，遂至學教育者，於各種教育無鳥瞰之識見，加以平日於中西學術絕無根柢，故除墨守師說，如鸚鵡學舌外，別無他能。友人程伯廬曾云。彼留美國二年，在芝加哥大學所得，遠較哥倫比亞大學爲多。哥校學制之弊，可知矣。哥倫比亞大學之博士論文。若有價值之識，而吾國該校學生所草論文以易博士者，其上不過摭拾九通，下則翻帖報紙。某博士之論文，爲一中國教育統計問題，而其調查推論之方法，即背統計之原則，無怪今日雖以哥倫比亞大學，亦不收關於中國事件之論文也。美國近代教育偉人，當首推哈佛大學前校長艾立樂（Dr. Eliot）而白璧德教授、即以彼爲敗壞美國教育之罪人，彼爲主張選課制最力者。美國教育之日壞。即食選課制之賜。在美國大學，以教授之衆多。圖書儀器之豐富。有志求學之士。固能造成高深學問。而規避取巧者。亦能利用選課制。選易習之課。混得學位，尤濫。爲亡羊補牢計。哈佛大學近年乃加設卒業考試。大學四年課程修習完竣。而卒業考試不及格者。仍不得卒業。加利福尼亞大學復另有英文與外國文之特試。學校內英文與外國文課程修習完竣者。尚須應考。不及格者仍不得爲第三年級學生，可見彼一國之中，教育家主張之歧異。有如此者。今乃以一派偏頗之學說，播於全國，以全國之青年。爲其試驗品，且諸專校以擴充其勢力，謬種相傳，其害之大，不難想見，年來學風之壞，致身爲之倡者，猶生請君入甕之感，寧非社會所譏，爲教閥者之罪哉。夫師範教育之宜提高。自不待言。然提高之道。不在設立師範大學，而在規定師範生服務之資格。故欲任中等學校某學科之教席。或欲得此項資格之特種文憑者。可規定先須在各大學專治此科。卒業後再須治教育學、心理學等學科一年或二年。使其程度略等於碩士。方可取得此項資格或文憑。夫於是。而謂不勝師範之職。吾不信也。以吾所知。美國加利福尼亞州即採是制。開德國亦然。否則可採法國師範大學制。同在一大學。苟欲以師範為職業者。除普通大學訓練外。再須加授某種特殊之訓練。於是不必立專校之學校。而師範教育自可提高。吾國昔日之高等師範學校。取法於日本。然目中所見之中國學生在日本高師畢業者。合教育學外。於各種科學類皆淺嘗。蓋為制度時間所限。有不得不爾者。今高等師範學校。既皆逐漸改為大學。正師範教育程度提高之佳兆。乃反有主張恢復高等師範學區。改為師範大學區。與反對消滅師範大學之議案。殆欲保存特殊勢力範圍以把持高等教育耶。行見終成為一種非驢非馬之制度而已。

釋農國

葉時進

曩者論涉農工業國。不幸而遭誤會。大受抨擊。自審命題措詞。不免含混。久欲重申前論。稍明初衷。惟爾時忽尚僑居海外。刊物逃到。業已事過境遷。忽爾重整旗鼓。再翻舊案。殊覺無謂。以故反駁之念。雖如哽在喉。然時機未至。亦只好稍安毋躁。近頃返國。見甲寅周刊又將此題射入于時人目光中也。乃草此篇。愚以工業立國。為計甚左。可認為偶逢暫有。不得為定局常態。故謂中國不宜自鄙棄其農國之地位。為東施之效顰。言者不余曉。誣以重農賤工商。甚至以農工業之絕對的存廢問題。嚣嚣爭訟。可謂不切之至矣。夫考其所以致此之由。則未明乎農國工國之謂何也。讀農國而不解乎農國之意義。納之盲人說燭。雖連篇累紙。亦安望其有歸宿哉。故釋標題。

農國者與工國對待之名稱也。農國工國之分。不在乎農工業之獨存或獨廢。而在於其所佔位置之比較。通常所謂工業國者。大抵其國之工業較盛於農業。其工業在國家之經濟社會財政上之位置。亦較農業為重要。農業國反是。以農為主業。而工居次位。此乃大旨。欲決定之道歧多端。（一）依業農與工之人數。以為區別。（甲）凡農民佔國民全體半數以上時其國曰農不及半數時其國曰工（或商）（乙）農民雖不及半數使其超過業工或商者曰農業國（二）依投于各業資金總額以區其國爲農或工（三）依農業與工業每年出產之價值以爲區別斯三法者各具其長而均有失況人數資本出產三者之比較衡突時兼收旣未能取一復不可故吾悉不納之於定義之內而另覓包含三欵之法卽比較原料及糧食之輸出入與工藝品之輸出入以定農業國與工業國之鴻溝是也

以原料及食物易外國之製品及鑛產者曰農業國

以製品及鑛產易外國之原料及食物者曰工業國（曾經製造手續之食品如麵粉餅乾罐頭之類作此均當作食物不當作製品）

如是定義其利凡三請析陳之

一、可以示農工業在國家之經濟的地位　原料食物有剩餘而工藝品不足者其國之農業必比工業興盛其農產物之總值必大於工藝品農業所代表之資本必多於工業

二、可以示業農與工者之總力量　農民與工人作業異效率殊自未可純以農工業之成果定其操業之人數然成果爲能力之表示故由農產及製品之需給狀況可以推定業農及業工者之總力量而此總力量實較人數總計爲要

三、可以示國家經濟的及社會的狀況與國際的關係　農國工國互相倚賴然因其所賴倚之物不同而其倚賴之性質乃大殊農國倚賴外國者爲製品工業倚賴外國者爲糧食賴人之製品者不得已時可付缺如賴人之糧食者朝不接濟則夕成餓殍製品不足時立開工廠從事製造不爲難事食料不足時則限於地積未易增加糧食原料充足而欲躋爲工藝隆盛之邦（非必爲工業國）易事也糧食原料不足而欲返爲農國難能也此種倚賴之異趣照映於社會其結果則偏重工業國家之社會不若偏重農業之適于人類生存（中國現況自當別論）故吾之主張農國也非主守舊主張足食足原料也吾之不主張工業化非輕視工業乃不願中國倚賴食物于外國也（使歐亞情形互易中國爲以製品易歐洲之原料及糧食者以

或問今之中國為農國歟。（則當歐戰期內中國情形當如何歟）應之曰。唯唯否否。蓋世人之目中國為農國也。非因中國為原料及糧食之輸出國。乃因其為工藝品之輸入國。中國糧食之進口。方且日增而月勝。若夫原料日產者雖不少。然大都品質惡劣。不宜製造。行見其入於被淘汰之數。（如棉花）故中國自其製品輸入觀之。則為農業國。自其食料輸入觀之。則為工業國。若無農工國之長。而兼有其短也。是以中國之窮。非窮于其為農業國。而中國之農業實不振。以中國之騷擾歸罪於其為農業國。更寃哉枉矣。凡茲所論。只及界說。無關界說者不及。只就事實立言。不談玄理。只為我個人見解。不代表一般。

通訊

墨學

……近讀胡適文存二集論墨學篇。見引有先生墨學談一文。就胡先生諸函所署月日計之。知先生此文。曾布於前年十一月間上海新聞報。又從先生文中知先生別為東方雜誌二十年紀念號。撰有名墨訾應考。彼時恐適病臥家中。故均未得見。名墨流別。誠如先生所謂至今無能言之。名家諸子。見於漢書藝文志者。雖有七家。然其書之見存者。皆後人纂輯而成。既非完帙。而列子仲尼篇所稱公孫龍之說七事。莊子天下篇所稱二十一事。及今所傳公孫龍子書中堅白通變名實諸篇。無一不嘗見於墨經。故後之尚論古代學術流別者。非同惠施公孫龍諸子於別墨。即將劃別墨以入於名。然名。墨。各。為。一。幟。不僅漢志有此區分。即莊子天下篇於論墨之後。開以宋鈃尹文一派。彭蒙田駢慎到一派。關尹老聃一派。莊周一派。始及於惠施公孫龍。其不相隸屬亦甚顯著。豈可厚誣古人。逕謂名爲墨之支與流裔。天下篇雖非莊子所作。頗亦不能證明假託者必在劉歆以後。篇中初未揭立名墨諸名。樽使吾人信假託者當在歆以前也。然則當時之以堅白同異之辯相訾。以觭偶不仵之辭相應。如南方之墨者苦獲已齒鄧陵子之屬俱誦墨經而倍譎不同。相謂別墨。殆爲可信。先生據晉魯勝墨辯注謂別墨乃以譏罪他家。似欲劃別墨以入於名。無論別墨爲墨者以之自號。爲以蔽罪他家。然其正名爲墨則一也。獨先生謂名墨兩家一立一破。確可爲攻墨之一新趨。如名墨皆應考中所舉諸例。果能成立。則對於古代學術。實重有所發明。豈但將爲墨學起一翻案已哉。先生所舉之例。即惠子言一尺之棰。日取其半。萬世而不竭。墨子言非半勿新則不動說在端。此兩條之爲同一論題。非相叶即針對。自無可疑。胡適之先生之中國哲學史大綱。釋惠施此條亦引墨子經下爲參證。惠子之義易明。以二約一。何時能盡。然胡先生謂墨即惠義誠使人不能無疑。蓋一云不動。一云不竭。不動者即不竭耶。胡先生謂分至最後。尙納有端。然端爲無序而不可分。既爲墨經之定義。分而至於端即竭矣。先生謂惠子之意重在取而不在所取。墨家非之。謂所取之物。誠不必竭。而取必竭。如先生之言。於尺取半半又取半。何時祇餘兩端以二約一。雖至極微。納之其有序也。納之其可分也。納之其非端也。且如先生之言。名墨兩家之結論。雖有不同。然其態度與方法。固無殊也。天下篇謂別墨以堅白同異之辯相訾。以觭偶不仵之辭相應。亦但言其以同類之題目。同一之態度與方法。相爲辯論已耳。至於結論。原不必同。以此而分別名墨。名墨之流別。固仍不可知。以愚之意。適與先生相反。惠子重在所取。而不在取。墨家重在取。而不在所取。墨子之意。謂日取其半。所取之物。誠不必竭。然並不能取。經下云。非半勿新則不動。說在端。納謂非半勿新則不能新。故棰不動。以中有端故。經說下云斮半進前取也前則中無爲半猶端也前後取則端中也斮必半毋與非半不可斮也猶云斮半非徒以數計之而已將進前取也然極之正中不能無端端爲無序而不可分故雖前取後取皆無從得半使端屬於前則前贏而後絀端屬於後則後贏而前絀皆非半也無從得半是立窮於取矣言萬世耶此誠墨家實驗之精神也墨經中論辯諸條殆皆別墨之流風餘韵天下篇謂墨子其道大觳其行難爲也反天下之心天下不堪墨子雖獨能任奈天下何故其後南方之墨者苦獲己齒鄧陵子之屬不能行墨子之道而以堅白同異之辯相訾以觭偶不仵之辭相應然其辯詰之態度與方法仍不脫墨家實驗之精神此別墨之所以爲墨而非名也歟偶得一義未敢自信謹以質於先生倘承辱而教之幸甚……

……陳伯脁　四月二日晉京第一中學校

昔非生爲容谷是昔之聾人習其詞而不喻其意愚今得陳君書自謂喻之蓋愚不談墨學也久矣天下亦無真知墨者愚所立名墨皆應論頗信爲一得之處可由是而游周末學術之藩然三年來迄未見一人及之應旣無有嚮亦不生學林如海投石未見今否塞之餘忽聞勝義逌然之喜從可知已此書通篇所談皆由心得與愚見雖有出入而大體相同從而細論請俟異日惟有一意欲貢爲陳君補充兼以就正者則一尺之棰其端不必在中是也蓋尺者端之積也而端爲無序而不可分是尺由若干端相次而成應有選輯可紀之數而數非畸則偶又至是疑於是尺爲畸數之端所成耶自始即無得半之理即陳君所云端屬前而前贏端屬後而後贏者也尺爲偶數之端所成耶則以二累約之後必餘一端無可爲半而在此一端以前仍節節可取之二說者墨家皆明之凡兩半相接必有一間經說之所謂中也而中有兩種一爲無一爲端爲無者號曰中無爲端者號曰端中中無可爲半端中則不可爲半故曰中無爲半猶端也猶端者猶端中之不可爲半也此二義皆墨非一義也中無之說與本經無間而不相攖及

纖間虛諸條均相通。為理至精。不可滑過。陳君試思之。以為何如。

孤桐

修辭學

……晤久聞足下能文章。而比來且以振拔斯文為務。甚善甚善。然晤從未一讀份著。故不知所聞者究竟如何。其疏懶庸愚。不亦可嗤邪。昨日偶於朋儕處得見甲寅第十三號。始獲讀份著之文但平議。噫、足下之所謂文律者。其即此邪。將持以振拔斯文者。果只是邪。若然。足下真可謂善於成名。而今之文人學士。真可謂巧於多怪矣。蓋足下所說。豈特老生常談。且多泛而寡要。若以此號於衆。而挽狂瀾於既倒。恐不徒無益。而或害之也。足下若真有志於斯文。似不可不一求其道概而肆諸衆。則是非立辨。糾紛立解矣。夫雅俗美醜繁簡之說。由來久矣。而莫衷一是。今敢。問。足。下。曾。一。一。分。析。其。涵。義。為之。嚴。立。界。說。邪。此乃。由。歸。納。而。演。繹。所。得。之。定。律。如他。稱。學。科。原。則。無所。施。而。不。準。邪。不然。又安。知。足。下。所。謂。雅。之。非。俗。美之。非。醜。而簡。不。如。繁。邪。夫事既可此可彼。則不能強彼之非。而從我之所謂是。其結果亦惟有各非其非。而各是其是。是非既無可準繩。足下不惟說之不已。且欲藉政治之勢而強行其所謂是。噫、吾恐足下徒勞心力。而文學反益陷於晉莫耳。斯不亦可哀也乎。昔者吾謂胡君適之之八不主義。無關於作家。蓋作家從無如胡君之所謂八病。而說者謂吾不知胡君之高深。今吾又謂足下所說。無足輕重。吾知愛足下者亦必謂吾不知足下之高深。然有一事。吾不得不望足下及愛戴足下者。略為注意。即中、國、尚、無、修、辭、學、也。設有。人。焉。能根。據。已。往。維。証。現。在。使。此。學。章。然。堅。立。以。衡。文。章。之。得。失。吾。不。知。昔。今。所。爭。之。雅。俗。美。醜。繁。簡。難。易。諸。事。尚。有。可。說。也。晤竊不自量。研討此事已七年。今幸著成一書。然以貧不克付印。似可惜耳。雖然。晤特藉此遣無聊之歲月。殊不願與當今之士。論列是非。今觀份著。似頗兢兢於此。而又不致力其撮結。故略陳鄙意如此。而望足下有以節勞。區區敬重之忱。尚希諒察。拙著現方與中華書局交涉出版。如得當。必本寄一帙。以就正其完否。餘恕不一。

……施畸（北京師範大學校 十月十三日）

昔昌黎論是非毀譽之大原。在怠與忌。並為講其義曰。怠者不能修。而忌者畏人修。未嘗不歎其言之博深切明。而居恆引以自律。無敢或懈也。修辭學者。愚二十年前。即有意為之。忝於人事。詘於學力。因循未就。即就恐亦無當於施君道楓肆衆是非立辨之義。此愚聞君之責言。自明其怠。而不勝恐懼者也。同時有如君者。成此一書。以七年之研討。為卓然之樹立。持以衡論文章得失。古今所有雅俗美醜繁簡一切之辯。俱見銷亡。若而造詣。不獨吾邦無之。即長於歸納演繹善為定律之民族。自亞里士多德以來。如此密察衡平。一毫不爽。人人帖服。紛議全無之文詞律令。蓋亦未見。愚又安能不自克其忌之一念。至於淨盡。心悅誠服。於君之所為而欲迎之。愚雖不肖。近理國家教務。亦無狀然顧閒已過。宏奬著述之微衷。尚信能與天下以共見。現所管編譯館。志在以國家之力。扶佐作者。使一一如其意。得出所著。貢於社會。此意願施君明之。至君斥愚諸詞。似於邏輯未合。擱置文過之失。不於此從辨。惟節勞一義。恕未敢承。愚為好事之徒。精力不耗於此。即耗於彼。敢援、博、奕、猶、賢、之、義。竊附、言、論、自、由、之、末。又不、關、夫、所、議、之、曲、直、得、喪、也。惟君矜其愚而好教之。

孤桐

治法

……屢誦鴻著。備挹詩談。猥以生同里閈。未獲瞻仰光儀。悵悵奚似。鼎思閉戶養疴。久謝人事。忽聞中央有創遠更法之舉。不覺怦然有動於心。盼不忘視。跛不忘履。爰草治法。以當芻蕘。若幸管窺所及。同於先生者十之七八。謹將已印各稿。先塵清鑒。伏祈就加訓誨。賜以題署。昔彥和校楚。資鑑於休文。太沖賦都。增價於玄晏。敢援往例。敬求寶華。貴週刊內如言科道制與代議制之利害。立法與彈劾二權之分合利弊。拙著引論下。已述其旨。而元老篇法院篇（第參院節）議會篇道之頗詳。科舉一項。攷試篇亦多所陳述。又鼎忠前與友人曾君運乾、合撰通史未成。業藏官書局。燬於兵。惟敘例三卷差完。可否於貴週刊發布。並祈示知。………陳鼎忠（長沙□元宿九號寓宅　□□六月二十七日）

陳君天倪、吾鄉、積、學、獨、善之、士、也。所爲治法一書。愚已評之。翔實如林。一之抗議。精湛若。太炎之葩。書。非荀弃荀。大著通史。將來可由局出版。不必吝星管於周刊。愚近於編譯。雖有計劃。願得天下之英才而共成之。陳君何時北來。以慰饑渴。同里老宿吳雁舟先生嘉瑞曾序陳君書。茲謹介焉。與世明之。

孫樹

陳子天倪産於窮壤。而辛苦劬學。年裁弱冠。即鍵戶治經。嘗謂漢儒以經術決獄。余則欲以獄術決經。剌取漢儒異義懸案未決者若干條。以原詰爲訴狀。而觀其依據。以通學爲證人。而觀其取舍。以後代經生聚訟家法者爲訟師。而核其辨護與互訐。最後施以判決。參互鉤距。有如爰書。故號詰讞。生逢季世。滄波橫流。雖沈浸古訓。不廢言時事。愴懷軍國。爰撰孤言。八原以究假類。九辨以析物竅。十二雜以驗時論。十八議以明本術。其稱引天人之際。可云博矣。旣而以昭氏鼓琴。有成與虧。邯鄲受圍。或因魯酒。故取譬於五石無用之大瓠。以名其書。蓋未敢自信也。作譜因變。貨文於新聞社。非其本志。嘗道有識之者。徵入書局。委以校箸。與余所夕過從。君言族之所繫者譜。國之所繫者史。方今炎黃華胄。久罹厄運。瀛海棣通。百族競躍。欲保其宗。固其萃。合史無由。因與同邑曾子星笙、合撰通史。成敘例十餘萬言。其精博世不多有。未幾局解。書弗克成。雖銷聲閭里。不忘論述。旋草諸子引經攷、諸子語訂、金石證經等書。以貧故。時出漫遊。未竟其業。時北軍入湘。尤來大槍。乘隙蠢動。篝火狐鳴。自夕達旦。君留滯省垣。家人挈箱篋。沐風雨。避匿山谷間。月餘始定。君歸檢集舊稿。損失泰半。其僅存者亦蝕爛不可理。君雅不甚惜。怡然曰。斯世而有天倪。已妄矣。天倪而欲存其名字。是重妄也。自是不親筆硯者數年。去冬君來謁余。余閉戶病臥。兩閱寒暑。甚趣相對。悲喜交集。已而歷日四顧。有觸於懷。縱談移時。彌增悱惻。余謂君曰。昔而不用。今別有在。知而不言。責將誰歸。彌天風雨。不礙雞鳴。君其何以自解乎。君笑諾之。比及今春。遞二巨冊來。每論一事。皆詳稽損益。辨其廢興。旁採西制。及各家學說。而衷以己意。凡二十萬言。字如蠅頭。不盡可識。余許以致用之書。與敘訂異。但求辭達。無取讀閒。飾羽繪畫。亦非所宜。以稿還君。逾月君至。則芟去其十之六。飾而不濫。盡而不汙。持尺寸之矩。而天下之方皆絜矣。其中旨例。覽者自得之。無俟余贅。獨是余自通籍以來。卽摧百變。雖然欲有所建樹。乃言未出口。幾遭羅織。廢錮積年。庚子亂後。朝廷復興新政。然於根本大計。皆塗飾敷衍。惟汲汲焉以練兵等餉為務。余心非之。建言改革之要。當以民政為主。軍政為從。養民為先。取民為後。樞府視為迂闊。以故浮沈州郡。二十餘年。徒深杞憂。無裨天際。五際在亥。鼎命以淪。夷羊遊牧。蜚鴻滿野。為異為祥。不言可喻。今讀天倪治法。粲然有可以致泰平之跡。甚愜於懷。世之君子。有能為之見諸行事。撥亂世反之正者乎。余雖老病。猶幸須臾毋死。庶幾見之。吳嘉瑞

農治

……讀甲寅農治叢等篇。知先生眷懷農治。耿耿猶昔。愚亦崇拜農治之一人。而尤眷眷於普及農教。為精進農治之基。故一志孤詣。治村創學。冀為鄉黨勗其前驅。積年所歷。疑慮彌多。謹以二要。質諸左右。一曰、農、治、人、才、亟、宜、養、成、也。我國教育制度。自廢科以來。所頒典則。大抵拾綴工國島國之遺規。衡諸國性民性。俱有未合。以求農治人才。無異緣木求魚。是固。東西文化之所由分。亦卽農工文明之所不同。故興學三十年。耗金無算。微獨國計民生。無所裨補。徒見增貧益亂耳。竊謂此時亟應由政府改弦更張。頒布農本教育宗旨。改訂學校一切制度。創辦農學院

農鑛館。擴充農業大學。普設農村師範。以養成政教人才。務期所學。所用。趨向惟一。

一曰、城市發達之宜限制也。以工商立國之國家。其人民之居住。政治之運轉。交通之形勢。物產之集散。皆可促其城市之發達。而城市之墮喪德性。摧殘健康。促進混亂諸流弊。亦非所計及矣。我國以農民安土之故。歷數千載。大城寥寥。改制以來。雜政紛投。遂反農本之政策。勢不至驅農歸市。破壞農村。不止。微諸市鄉現狀。彌深洪水之懼。亦應由政府延攬農治通材。釐定農本政策。俾城市農村平均發達。文化交流。兩無偏枯。

以上二義。僅舉梗概。有無一當。尚祈裁教是荷。……

……王環（河南鞏城東青年村 九月九日）

王君之弟璋、向從愚遊。篤學而明農有得者也。以是知王君之所抱負及其事業。鞏城之青年村。足稱樂園。至深嚮慕。如愚能言而不能行者。媿何如矣。來書所稱二義。均為農治之本。願以為鵠。斯其勉焉。 孤桐

論音

……誦汪君榮寶與大炎論音之爭。其釋管子小問。桓公口開而不合。知言莒也。及呂覽重言。君呿而不唫。所言者莒也數語。章改莒為筥。謂為口象齒形。汪謂莒為假。論為聲勢。桐陽以為章說、固、誤。而汪說亦、未、必、為、得、也。攷莒從呂得聲。為三十六字母來母之字。半舌半齒音也。若據齊方音。謂莒為芋音。則莒可讀芋。為三十六字母喻母之字。喉音也。均與口無甚涉。惟莒讀為甫。則為脣音。脣音口必動。乃能發出。說文、脣口耑也。釋名釋形體、脣緣也。口之緣也。簡括之而謂口即脣。亦無不可。詩揚之水。不與我戍甫。傳、甫諸姜也。嵩高、維申及甫。箋、甫侯也。左傳、周有亂政而作甫刑。今書作呂刑。史記周本紀呂侯。古今人表作甫侯。均古甫、呂、兩、聲、同、讀之證。莒本合口。轉甫。則為開口。此本攝本部之自為開合耳。固不可以十六攝之開口呼。合口呼。而分之也。質之高明。以為如何。

……尹桐陽（北京草廠十條上湖南館 九月十七日）

章汪命旨之爭。天下重之。當寧尹君。治國學綱篇。著述頗富。本術所論。自亦不同。凡孽相將討議。兩君之道不孤。其休其休。惟愚昧於小學。不敢置辯。是非離合。還望兩君證之。孤桐

書林叢訊

墨子經濟思想　朝陽大學出版部

寶踐熊夢。年才弱冠之少年著作家也。自稱所著中國經濟思想史一書。積稿六十餘萬言。惟今所得見者。僅墨子一部。一八十二西華之小冊子耳。邇承著者以一冊見貺。相讀一過。其俯比之勤。斷制之明。均有作家規範。英年得此。的未易才。惟其旨趣有可商者。則熊君取近世生計學之普通講章。爲之骨幹。以墨子書中散見近似之說。一一條分而隸屬之。謂欲墨望論者。墨子云何生產論者。墨子云何人口論者。墨子云何若而交通。若而分配。若而消費。墨子各各云何。姑無論墨子所云脫略不完。系統未具。不足與今世成科之學絜長而較短也。假其如熊君言。無一誤釋。吾人所當引申而補正者。爲一切如法。墨子之學。終亦今歐美大學三等講師所同具耳。何足貴哉。竊思世界大師之所述作。貫乎久與宇。闡光燄。遙長而鑽研無盡者。必其於人類根性。有所提撕。從源頭上樹立大義。俾人共由。人以不由而生災禍。以有災禍而興反本之思。以興反本之思。而復尋求某師所立大義。如是循環。義乃章顯。如是章顯。眞値乃存。不此之圖。而先樹西方。彼人所稱以爲無上。然後從而爲辭。曰吾國某代某家之書。無背於是也。則西方彼人至多笑頷。以爲禮耳。吾何從以其道易天下哉。熊君云。「嘉猷卓篇。深謀遠慮。暗與二千餘年後列寧之政見相契。」又云。「墨子之主張國營交通事業。如日中天。」如斯比附。不於提倡墨學有益。梁任、公、先、

生。穠年、好、作、令、義、今、已、悔、而、不、爲。熊君年少氣盛。其不能不經此一階也亦宜。又詁、經、釋、子、之。作、詞旨。均。須。嚴。重。時論。尤。不。可。輕。易。腐。人。熊君云。「殲儒者與樂師而爲害於經濟社會者。其惟丘八乎。」又云。「全國鐵道。大半握洋鬼之手。」丘八、洋、鬼、等、詞。何

說林

曾忠襄督兩江時。年六十餘。朝廷倚若長城。其治術頗主清靜。與民無擾。然喜、變、服、微、行。恆數、日、不、歸、署。先戒、門、者。不得、驚、疑、及、偶、語。久乃、習、然。若無、所、見。一日、公、自、外、歸。門者、卒、呼、宮、保。乃逐、去。其嚴、密、如、此。予少客江甯。頗聞其事。後向重伯太史。云忠襄在當時。嘗令其與公孫淩生。俱著布衫。已則、戴、氈、帽。衣大、袖、短、服。狀如、老、兵。候月、將、中。相率、步、行。出儀、鳳、門。登獅、子、山。遂至、下、關、老、湘、營。渴甚。入其、廚。食瓜、果、以、去。登磐中方。鼾。睡。弗覺。也。江光。月。色。浩淼。千。里。闃無。人。聲。谷倚。石。以。待。旦。而上水輪舟適來。遂登之。赴鄂。往漢口小旅店數日。過江。聞總督方閱兵。偕至校場。時南皮張文襄督鄂。介曾、登、大、將、臺。布陣、演、武。忠襄、故、長、揖。至是、納、於、大、袖、中。若恐、人、見、者。事竣。復返漢口。謂重、伯、曰。今日。之。事。夥頤。沉。沉。非何。更買、小、舟。沿江、而、下。所至、輒、小、住。忠襄、一、人、登、岸。而重、伯、等、守、舟。故不、識、其、所、往。後返江甯。詰時、將、一、月矣。重伯、偕、諸、諫。恐非、大、臣、所、宜。忠襄笑曰。天下。承。平。日。久。兵廢。不。用。凡此。皆。習。練。機。謀。非爾。等。知。也。重伯。素。以。豐。閒。自。喜。以爲。天。下。人。莫。能。及。獨於。忠。襄。則謂。弗。如。遠。甚。

遨、入、文。每段之後。恆附以新聞論調。與詁恐俱無關。凡說。經。昔。夫。鏗。鏗。鏗鏗。者。詁。重。而。聲。宏。也。熊君材高意廣。恐不禁以重且宏者期之。經濟二字。取譯英文 Economy。直是不詞。似亦未可因仍日譯。不爲匡正。玄樹

二三

曾重伯太史。博聞強記。過目成誦。光緒己亥間。以編修截取知府。分廣西。孝欽太后。因其名臣之後。特予召見。時意大利謀踞三門灣。外交孔棘。后偶及之。重伯陳辭畫策。極稱慈旨。命其上書詳陳。即夕草奏。幾萬言。次晨。太后閱摺。獎賞。召見軍機時。謂昨見曾廣鈞。係曾國藩之孫。極有才識。將內用京卿矣。榮文忠曰。此人素知其名。即前年隨吳大澂出關者也。太后默然。蓋大澂甫得罪。觸上怒。恩旨遂寢。

沈文定桂芬當國時。榮文忠以叔房內戚。年齡弱冠。已爲步軍統領。面與文定不相能。一日召對。劾文定擅權營私。不宜居首輔。昔貴州巡撫方出缺。可否簡外。以削其勢。兩宮領之。明日。介軍機擬旨。高陽李文正免冠力爭。始收成命。時文定在假中。聞信。遂銷假。査數日內。並無言官留中封奏。疑爲文忠所劾。而不能諉。顧文忠嘗洩其罪於常熟翁文恭。文恭與文定同里也。乃以情告。俳何。文忠奉西安將軍之命。蓋十年不得逞焉。戊戌政變。文忠爲首輔。文恭前已原品休

致回籍。其年冬。復下諭旨。革職交管。其末云。以爲居心巧詐者戒。自來擬旨。代聖立言。此則稍入作者口氣矣。

戊戌政變後。德宗不豫。日召御醫入內診治。楓以所擬方案。傳示各衙門。鄭太夷詩云。伏尸名士賤。稱疾詔書哀。即指其事。京外大吏。無敢聞者。劉忠誠時督兩江。獨具摺詢病狀。辭甚懇摯。硃批褒答之。至己亥稱疾內禪之風說日起。忠誠復電達榮文忠。有君臣之分已定。中外之口難防等語。時合肥李文忠方以大學士入閣辦事。入閣辦事者。猶言不辦事也。閒居賢良寺。門可羅雀。一日。門外騎從喧赫。有貴客過訪。則榮文忠也。深談晚餐。屏退左右。從容言太后將行大事。天位當易。唯亡命者肆意鼓吹。恐友邦爲所惑。夙知公嫺習外情。煩一探其向背。李對曰。我辦外交數十年。皆人先謁我。且此係內政。先詢人。失國體。如必欲詢。當授我以兩廣總督。我先於秦晤士報傳其風說。屆時外賓必來賀我。詢我以國事。我可藉詞探其

之。棻喜。報太后。乃令皆由廣。外賓果來賀。且詢報言。李文忠輔叩其意。外賓謂理無干涉。唯國書係致光緒帝。今易帝位。是否繼續承認。尚須請示本國云。當時。政府。多。舊人。不習。外交。李文忠。又。或。權。詞。以保。帝。位。故只。立。大。阿。哥。內禪。之。議。暫。止。而端。莊。剛。毅。諸。仇洋。之。說。由此。起。矣。遂有。庚。子。之。變。卓華

余於光緒戊戌散館。改官主事。籤分吏部。在文選司暨驗封司行走。歷曹之暇。時時、諮、詢、耆、舊。記錄、軼、聞。而於、銓、曹、前、輩之、賢、能、者。彌深、仰、止、之、思。如貴鎮黃琴塢先生輔辰。其光著也。先生爲道光乙未恩科進士。歷政銓署。諸例有疑。輒加籤記。胥吏舞文。往往舍例援案。先生與同司搜輯舊案。區別存銷存案。條分縷析。用大簿書之。懸於司堂。遇有、疑、難。當援、舊、案。舉手、可、得。胥吏、之、弊。爲之、稍、息。先生治事務持大體。不阿長官。咸豐初年。陝西巡撫張詩舲祥河。糾一縣令。其人俟張公入覲。訴之於途。又訴於考功司。先生批駁之。而堂官受其囑。其人遂咆哮堂上。先生使吏拘之。白堂官。謂與臣彈劾之權。不可攙奪。啟訐告之風。不可長。遂具稿請交刑部治罪。又直隸易州某。以賄遂聞。得實。交吏部議。侍郎某公陰左右之。侍郎。與易州均先生同年進士也。先生與侍郎爭論。不稍假。卒處分如例。竇蘭泉先生垿。時掌功司。鐫硬黃二字小印。以貽先生。先生作述懷詩云。蹉跎十九年中事。贏得人呼作硬黃。即指此事。又嘗與尚書長白恩桂爭謂南縣令武訪疇議敍事。忤長白意。七年不遷員外。後長白病痊。尚書陳文洛往問之。至吏部堂官言曰。小山彌留之際。謂黃君淹滯久。當遷。其言也善。先生嘗與公子彭年言。長白公治事。精覈。吾以。忤。公。故。凡事。益。加。謹。儼他山之。石。可以。爲。錯。吾受。其。益。不。淺。也。前賢之胸襟度量如此。可以爲後生師表矣。

尚書祝公慶蕃。嘗請令官員罰俸。概繳實銀。以充軍餉。奉下部議。琴塢先生力持不可。議遂寢。鴻臚少卿劉公良駒疏請刪減則例。謂書吏舞弊。由於例文太繁。先生謂不清治原。但知減例。弊將益甚。擬覆疏略

云敢有試法之吏自有懲吏之法不得因吏之壞法遂減例條劉公見之語先生云吾兩人所言一則本原之論一則救時之策也先生之抗直盡言劉鴻臚之鵬懷服膺不得我見皆非可求於今之人矣

琴塢先生後服官山西署冀甯道晉中當事論餉艱難議抽釐稅先生謂晉民商賈在外且由程也與東南諸省通商行者異釐金所入無幾而病及貧民不如諸捐病在富民而足以濟餉事之數四不能得且強令先生主其事先生因言必不得已請除細碎只取大宗初定八宗繼增爲十四宗其布帛菽粟關民日用者概不抽取後以事與當事爭論晉藩常方伯績謂先生宜少遜謝不知大府有肝疾乎先生答言吾官雖微五臟豈獨不全也持正不阿大率類此今日言利之臣取萬取千誰恐民力之不盡聞先生之風能無愧乎先生雖以伉直數忤大吏然晉中當事雅重先生去晉之日挽留至再及閒居保陽猶遣官往迓先生答書謝之有云起家寒素先世無一命之榮賦性迂疏朝右無一刺之納平生風節略見於此

以上各節均聞諸故老又節錄子壽方伯彭年所爲行狀高山景行不變纓簪爲今之有位者風焉銓曹前輩多講風節余生已晚不及親炙名賢然同曹諸公如蔣稚鶴太守廷黻劉誠甫侍御頎皆均關修自勵勤於著述不鶩時名胡瘦唐侍御思敬文章風節尤著稚鶴誠甫兩前輩均考取總理衙門章京庚子以後總署改爲外務部冠於六部之首祿入既豐仕宦尤爲終南捷徑兩前輩均辭謝不往甘作銓曹冷宦其胸次之澹泊非近世熱客所能夢見也項城因徵時保案爲吏部議駁又以吏禮二部人員自命清流（不啟得事分非此正疏近二由部內者）遂於議官制時力主裁撤二署所謂諸侯惡其害己而皆去其籍也辛亥四月實行裁撤曾不幾年清社已屋雖原因複雜曆數告終而邪曲害公方正不容小人爲國災害並至古人之言良不吾欺吾書至此曷禁撫節三歎

孫師鄭

甲寅周刊第一卷第十五號目錄

時評

距今三月以前。本刊初布於世。適逢督辦江蘇軍務盧君永祥辭職。執政留之未得。本刊第一號。特爲深致切慮。以謂將來時局紛擾之端。即兆於是。誠以江南爲舉足重輕之地。懷遠略者之所必爭。非得元勛重望能壓各方之意。如盧君者坐鎮其間。危機一發。勢且牽動全局。所爲短評。於盧君所以必辭之苦衷。不勝慨歎。有一辭留間。所烘託之政象甚顯之語。議者、則、以、本、刊、爲、故、阻、武、師。頗致、訾、讓。今觀江浙孫楊之爭。日見擴大。蟄居洛陽之吳君。亦且投袂而起。大局果如何收攝。無論何人。皆無長策。由是以知。曲突徙薪之策之不見用。爲可長太息矣。嗚呼噫嘻。

據報、浙軍已於二十一日。佔領南京。孫君傳芳亦並入城。以三省聯軍總司令名義。號召一切。馬聯甲之皖軍總司令。白寶山之蘇軍總司令。朱熙之南京保衛總司令。均次第出現。大有。囊。括。江。海。進。規。中。原。之。意。謝鴻勳、陳調元、於同日渡江。軍於浦口烏衣間。奉軍則在徐州扼守。示不更退。姜君登選聞在蚌埠。令軍由皖退出。取道宿縣。以會於徐。芒碭之間。其不。能。免。于。一。戰。似。為。已。成。之。大。勢。無。可。諉。諱。時。局。如。何。轉。變。亦。似。非。經。此。戰。難。見。分。曉。吾。儕。小。人。亦。屏。息。忍。淚。以。Wait and see 焉。可。矣。

數星期前。孫君電勸四川將領。孜孜以衛民赴義為詞。擁兵爭利為誡。君子多之。曾幾何時。前之所以規於人者。已不求人諒而毀其迹。其中必有大不得已者在。夫江浙征塵。息未一年。創痍待蘇。驚魂甫定。使吾流離瑣尾之民。重罹塗炭兵戈之慘。縱曰所稱和平大義。吾儕終未釋然。且國之危亡。已如纍卵。千鈞一髮。厥在滬案關會。正待俎折衝之秋。而為箕豆相煎之舉。國必自伐而後人伐。是亦不可不熟思審慮之一端。又得道多助。失道寡助。已一而已。民則萬也。十四年間。凡迷信武力者。終於一敗。攖民心以為嘗試。其深淺。不可不明。況其所敵之兵。望風退讓。可止則止。知幾其神。孫君以儆蜀將之名言。吾人不得不舉以道勵孫君矣。（直）

反動辨

孤桐

高君一涵近為一文。題曰那裏稱得起反動。揭諸現代評論。（十月十日號）於愚多所呵責。愚以其所見未同恔人。且稍稍表見英人論政之風趣。不可無一言應之。因有是辨。

高君以謂凡為反動。至少宜具三事。一歷史進化之眼光。二應付時勢之主義。三容納普通思潮之雅量。茲三事者。惟英人之素養。最稱完健。柏克、邊沁、梅因、及今之肥賓會 Fabian Society 諸賢。其著例也。今中國之反動派。全不解此。亦何足當此稱云云。此其理論。本為愚所飫聞而篤信。柏克梅因兩家論緒。愚襲恢樂道之肥賓諸子亦與並世相接初未自料己之所爲如高君所稱倖躋至是然高君明明執是以相期待說若甚辯而愚亦似學步未成全失其故者然是何理也

竊嘗思之凡人論事患有所蔽一有所蔽勢且白黑在前而目不見雷鼓在側而耳不聞此荀卿解蔽之論之所由來也依高君之所責言愚於接物持辯蓋必不能免此雖然高君自揣其能悉解於是焉否乎愚曩遊難東京始爲甲寅以文會友獲交二子一李君守常一高君也其後胡君適之著中國五十年文學史至劃愚與高君所爲文爲一期號甲寅派亦號政論文學愚雖不敢妄承時亦未聞高君有所論難若與南屏之於什條生然今人猶是人文猶是文獨己追逐時好習爲俚言以自見因戟指而訾之曰此沒有做得通的甚麼貴族文學也何高君見道之晚乎夫文之不通愚誠未敢自諱然愚掉鞅文壇逾二十年所立體裁自始未變謂曰「恢復」竊又惑之愚性好結納尤重文緣自以考覈是非不失情趣莊諧簡鍊惟與所之南札最足補長篇之不及故報中通訊一欄愚每竭精營之元年之民立報二年之獨立周報三年之甲寅月刊此例彌彰什未見高君或以爲非不僅未以爲非也猶且躬樂蹈之至今日「私信公表」翻成罪案何孟子今昔是非之論如此其無的標也凡茲所言不關宏指然荀子曰水動而影搖人不以定美惡此亦見高君之影搖甚耳所示無起予之驗而當世未必即奉爲定論殊可惜也

進化之理愚嘗言之民國七年北京大學二十周年紀念愚爲演詞什以鄙意示於多士（演詞從删）向後有會亦泛續續闡明其說縱未必然而愚要非無見至應付時勢以愚好爲議論送造方案主義妄得言無高君以愚主農村立國爲賢蜻蜓此亦立義然否問題而非有無問題若夫容納思潮號稱有量愚不敢掠其名而未必不發其實調和之論前乎愚者尚未聞有人倡言之也凡此皆是非實並非辯議荀卿又以感忽之間疑玄之睻爲人之所以無有而有無之時高君以無爲有同時復以有爲無殆由久病新瘥云自

三

如愚又。爲。說。此後更有所論。若其、膽、舉、理、質。列、案、著、求。使愚、從、知、受、教、之、方。討者、亦、洞、明、是、非、曲、直、所、在。不敢、請、耳。因所、願、也。反動。者。非。不。可。居。之。名。而亦。無。有。常。位。者。也。乾嘉經學之後。承以桐城義理之文。方姚之徒。反動派也。八股容疏。則倡爲經世有用之學。如魏默深、馮林一、康長素、梁卓如、反動派也。胡適之。一規。復。一白。話。自稱。理。二。千。年。來。爲。死。文。學。所。抹。摋。之。絕。緒。其。義。叶。于。反。動。尤。至。高。君。亦。相。與。亂。流。而。進。耳。莫。能。外。也。縱。高。君。日。吾。爲。革。命。不。得。曰。反。動。則。須。知。革。命。與。反。動。爲。抵。力。分。子。之。二。名。實。理。兩。方。應。守。之。律。應。歸。一。致。如。其。所。爲。不。如。張。獻。李。闖。之。掠。地。殺。人。狀。則。高。君。襲。舉。三。事。如。進。化。眼。光。也。如。應。時。主。義。也。如。容。人。雅。量。也。宜。發。示。反。動。者。以。律。己。必。嚴。之。界。而。後。其。壁。壘。爲。得。樹。立。今。高。君。自。辯。何。如。乎。進。化。云。者。愚。固。言。之。亦。希。進。反。退。求。文。得。野。已。耳。（詳見評新文化運動篇）主義。則。所。謂。退。與。野。外。未。或。聞。也。至。容。人。之。量。之。爲。雅。量。否。乎。請。讀。者。於高君本文求之。見其一斑。梅因之言曰。吾英遠法之精意。在一任反對黨意見之流行。高君。盛。稱。英。治。亦。當。曉。然。於。其。保。守。黨。之。見。重。於。國。爲。何。如。故。凡。高。君。文。詞。gentleman。所。不。應。道。吾。卽。不。爲。漫。引。加。辯。以。重。人。失。用。安。治。克。遜。沁。梅。因。在。天。之。靈。也。

進化與調和

孤桐

此民國七年、愚在北京大學所爲演稿。頃與高君一涵有所辯論。此篇有可資參證處。因並布焉。

今日爲北京大學二十週年紀念。愚初列教授之末班。於本校事迹。未甚明曉。驟聞二十週年紀念。卽發生兩種感想。（一）吾國有大學已二十年之久。成績究竟如何。（二）此二十年中。政變多端。事業之興而旋廢者。不可勝數。惟大學有二十年不斷之歷史。較之八百年之巴黎大學。法蘭人所翹以自衒者。誠不足爲比例。而在中國言中國事。附於家有敝帚之義。亦誠不得不特別珍重。此之所感。想諸君亦有同然。今請本此略抒鄙見。深致厚望。惟諸君察焉。

今之君子。樂言進步。恐爲大學立說。亦自詡大學進步。究之進步二字。當作何解釋。此開宗應明之義也。試就字面思之。頗易聯想及于火車。蓋火車由驛站駸駸以行。逕前直進。決不反顧。又有人喜以機械論政治。謂歐洲十年以來。摩托車行用極廣。吾人惟無乘車。乘則非此莫可。推馬克思主義亦然。吾人談政治。世得藉而不論。嗜、以此而言進步。社會現象。固未必差與背馳。但若膠馬而處處求合於是。則律之社會進步之眞義又乖矣。蓋凡時代相續。每一新時代起。斷非起于孤特。與前時代絕不相謀。而所有制度文物。皆因異軍蒼頭。一一爲之制事而立名也。果爾。則人智時緣。兩俱有限。其所成就。必且與太古原人相去。不遠。嘗論。時。代。銜。接。其形。如。犬。牙。不如。櫛。比。如連。綫。波。新。舊。兩。心。開花。互。陸。中乃。無。界。不如。兩。錯。相。次。無間。而。不。相。攖。[illegible]又嘗譬之。社會。之。進。程。取連。環。式。其由。第。一。環。以。逮。於。今。環。中經。無。數。環。與接。爲。搆。而所。謂。第。一。環者。見象。容。與。今。環。全。然。不。同。且相。間。之。時。爲焉。不。滅。然諸。環。之。原。形。在遞。嬗。依。然。存。在。

其。間。接。又。間。接。所。與。今。環。相。係。之。故。俱可。想。像。得。之。故今。環。之。人。以求。改。善。今。環。之。故。不得。不。求。知。原。環。及。以。次。諸。環。之。情。實。資爲。印。證。此歷。史。一。科。所。由。立。也。嘗讀莊子天下篇。有鳥影不動之語。以爲難解。沉心思之。彼殆、謂、鳥、影、初、著、于、地。即爲、定、影。雖光、至、而、影、不、見。影固、依、然、存、在。頃之、其、地、之、左、或、右、又、見、一、影。見者、謂、即、前、影、移、動。不知、前、影、固、未、動。而來、者、自、爲、新、法。法法、相、次、以成、鳥、之、飛、路。故曰、鳥、影、不、動。探索此理。涉于玄談。非今日所能爲。惟前影。固。在。之。一。理。想。恐以。爲。與。社。會。進。化。之。機。不無。少。合。須知今日之社會。乃由前代之社會嬗蛻而來。前代之社會。乃由前代之前代社會嬗蛻而來。由古。及。今。爲一。整。然。之。活。動。其中。並。無。定。畛。可以。劃。分。前。後。學者好以時期分類論事。以史蹟言。有所謂畜牧時代。有所謂農業時代。有所謂軍國民時代。以文學言。有所謂周秦文學。兩漢文學。唐宋元明清文學。而唐時又分初盛晚。其實皆是杜撰。毫無標準。一語反詰。其辭立窮。蓋所。謂。初。與。盛。及。盛。與。晚。之。分。果在。何。年。年定。何。月。月

五

定。何日。日定。何時。時定。何分。分定。何秒。此不能言。即無時代可分。依此而言。吾人生于今日社會。亦求所以適應乎今日之情狀。以爲施設而已矣。本體祇一。新云舊云者。是執著之名言。姑順俗而言之。所謂舊者、將謝之象。新者、方來之象。而常舊者將謝而未謝。新者方來而未來。其中不得不有共同之一域。相與舒其力能。寄其心思。以爲除舊開新之地。不然。世運決無由行。人道或幾乎息。理至秘要。無可詆譏。夫此共同之域者何也。即世俗之所謂調和也。

調和二字。隨俗習用。學士大夫不肯言之。愚爲甲寅。初明是理。擬著調和立國論。同社諸子。力以有妨文品相爭。愚強用焉。佳名漸立。今則稍習不以爲敝矣。其實宇宙進化之秘機。全在乎此。達爾文昔倡進化論。以競爭爲原則。使人合於自然法律以行。後之學者以爲不然，謂果如達言，則人亦與禽獸等耳。生命又安足貴。救其弊者。有克魯巴爾金之互助論。有柏格森之創造進化論。有倭鏗之精神生活論。自各有其理由。然互助近於社會學者之主觀。倭柏諸家。合有玄學宗教之鼓吹。愚意不如以調和詁化。既能寫社會演進之實象。而與諸家之說。亦無乖迕。蓋競爭之後。必歸調和。互助亦調和之運用。創造不以調和爲基。亦未必能行。精神生活。尤爲折衷諸派之結論。關於此點。詳細論列。請俟異日。今茲所言、亦在指明、調和、之、爲、要、義。並非、浮、濫、之、詞、而、已。

大學者、號稱學府者也。其中尤須富於調和之精神。雖已言之。調和者、對于今日社會之一種適應物也。人言有良社會。斯有良大學。吾謂有良大學。斯有良社會。誠以學者以先覺自任。不可不立此宏願。故此種適應物。大學當供給之。當本大學初設之時。學風蓋偏於舊。無可諱言。此時固亦無所謂新。然其中恍惚有一種新舊痕迹。未易消釋。各科學生。以其所習不同。亦若有自爲風氣互相輕視之觀。凡此、皆、非、大、學、應、有、之、象、也。

或曰。子言調和。目的安在。所謂適應物。是否如萬應膏。施之百病而驗。而使大學成爲一鄉愿學究之製造所乎。曰、否。不然也。大學者大學也。諸所通籍之學士必有創見獨識始克名副其實然須知創見獨識亦即調和中之一面觀並不能外於調和而特立蓋調和云者亦告人不當固執己見已耳並非欲人犧牲己見不特犧牲為所不欲若不相互尊重義且未完蓋調和者進化自然之境也所有意見若者政治若者文學若者科學若者宗教祇須當時思想之所能及均皆充其邏輯所賦之力使之盡量發展人人之所求者真理而已其鵠惟一法則儘各不同人之為學不可無信法不由己又安從而信之雖然調和之要律在以不賤其信為歸至己不自以為信時即當舍己從人其求大信又在己有所信之時不當鄙人之所信者為不足信以人智有限所知者大抵假定適然之理不能號為無對也近世科學重在求因穆勒之邏輯於此尤為用力然所謂因亦或然已耳迄無人敢謂知其必然也以此之故各種科學皆得在此調和之真基礎上奮力前進和衷相濟而何病焉吾國人不通此理二千年來習以儒術專制至反乎所謂聖人之道者一切廢斥今聖人之道之遺廢斥者亦同調和之理誠吾人所亟宜講也

國故

陳筦樞

頃愚詒社主曾謂甲寅須闢國故一欄以資研究蓋傷民德澆漓士習猥鄙風雅之義浸已衰微而世之以新文化為標揭者方以厭薄舊聞為職志欲藉甲寅之器啟瞶振聾亦以社主學問淵深文章爾雅所係於轉移風氣之責甚重而其所自負者甚深也乃社主復書極道虛受並屬愚為文以啟其端重違雅意思陳概略則所謂國故者其研究之範圍若何而所謂研究國故者其采取之方法若何皆開宗明義必需考慮者也

昔太炎先生著國故論衡一書分小學略文學略諸子略三類海內之士奉為圭臬區區此意亦附於斯蓋小學不明則無以知聲音文字之本柢而訓詁之學晦故小學者國故之樞機而儒生之首務也清代儒生於斯講摩前修未密後出轉精循其科條尋其系統古音舊義皆可得聞則雖姬漢故書方俗殊語

審音求義。可不迷於所往。唯是諸家所得。深淺互殊。擇精語詳。還資討論。中國學說。至周秦而劇變。諸子並出。道術分歧。愚以謂國故研究之第二步。當以諸子學爲中心。則與太炎略異耳。爲學之方。自有次第。苟不博綜典籍。而沾沾於文學是求。則亦空腹高談。無經綸本末而已。諸子義諦。研幾極深。舊注所陳。尙多皮傅。究宜雅故探討精微。妙理斯存。願闢崖略。若夫淹貫典籍。演繹爲文。則有雅俗工拙之辨。此研究文學。亦國故之第三步也。彥和所論。獨明經略。蕭梁文選。取則華麗。叢鈔選之。常科。而未盡文詞之能事也。今之言文學者。計工拙而不辨雅俗。務馳騁而不識體裁。變本加厲。恣爲俚陋。懷古之士。慨然發之。思知弦管之音。必有相翕應而不悖者矣。

國立編譯館應負之職責

張斧

余前以國家將設國立編譯館。曾上書孤桐先生。陳校勘應作二義。既而思之。該館負介紹世界學術、發揚中國文化重責。其任務至多。豈此兩事所能概括。爰草斯篇。聊抒所見。文之工拙。非所計也。孤桐先生倘進而教之。或更如所希望而實行之。舉國人悉拜嘉貺。豈惟鯫生。

竊嘗以爲一國學術之隆替。恆視執政者之獎勵或摧殘以爲斷。如漢武之崇儒術。而孔學遂定爲一尊。亘數千年不墜。黜百家。則使先秦各種學術一時俱亡。清康雍乾三朝。屢興文字獄。而經世致用之學。於以不傳。開博學鴻詞科。編纂圖書集成。四庫全書。則經術小學。超越前代。非其明效大驗耶。今國家既特設編譯館。是已具有獎勵之意。學術炳蔚。則當非遠。欣喜之餘。慨陳十事。

（一）確定鉅大基金。該館應負職責。實重且緊。則非有鉅大基金。且確定不移。決無成功之望。現今英日庚款。及法意比金佛郎電匯餘款。均有作文化事業之規定。則於其中年撥若干。（其數非通盤籌詳密核計不能預）擬作該館基金。實爲名正言順。輕而易舉之事。惟經管支配之權。宜由民間團體。易組董事會執行之。超然於教育部之外。庶免捲入政治漩渦耳。

（二）延致、鴻、博、學、者。 凡國中新舊學者。苟其學識精博。或有著述足稱。宜廣爲延致。或聘爲固定編譯員。或特約編譯某書。均無不可。惟不宜出於迻官僚人之濫託。致有濫竽充數者。否則既是債事。且使興才之未來者裹足不前。已來者不安於位。轉非國家設館之意也。

（三）擴充、編、譯、事、業。 近頃出版界之貧乏窳敗。言之實堪痛心。以言介紹學術。則除摭拾一二畸零片段之皮毛知識外。名貴鉅製。罕有迻譯。即如國內號稱馬克思派之多。而馬克思名著資本論。即無譯本。（固然可讀原書但余敢謂皆讀原書與能讀原譯者必在最少數）以視日本遇有歐美名著。轉瞬即有譯之者。相去何啻霄壤。又如整理國故之聲。洋溢已久。而所整理之書。如劉文典淮南鴻烈集解之類。乃如鳳毛麟角。故該館今後之編譯事業。宜有下列諸端。

（甲）迻譯、外、籍。 我國學術界貧病情形。已成垂死之象。非亟起治療不可。故凡歐美日本舊有或新出之自然科學、哲學、政法、經濟、社會、文藝諸名著。宜盡、量、迻、譯。以爲、救、貧、起、死、之、良、藥。預計、年、出、書、一、百、或、八、十、種。

（乙）編、撰、新、書。 我國史部之書。浩如煙海。而詳略至不得宜。致讀史者有如披沙揀金。多疲神於無益之用。則宜以世界眼光。另編通史。而輔以民族分化史、疆域沿革史、社會進化史、政治思想史、經濟變遷史、哲學史、文學史、宗教史、典制史、賦稅史、貨幣史……等。此外關於本國現代政治、法律、教育、實業、金融、交通、社會問題、勞動問題……等類之書。爲人生所必需之知識。而坊間無善本可用者。亦盡量編撰之。預計、年、出、書、八、十、或、六、十、種。

（丙）整理、國、故。 我國經部子部之書。其普義之類晦。與內容之無系統。已令讀者茫然。而有注釋者。又復浩繁紛歧。莫可究詰。均非切實整理。則今日須兼治科學之人。決不能讀。而整理之道。宜擇其確有價值於今日者著手。首列敘論或評傳一篇。將全書精神。作有系統之介紹。且批評之。再則列入原文。而將其音義。作總賬式之整理。取古今之凡注釋疏證此書者。提要鉤玄。作集解。無相當之舊註可用。則作新註。至集部之書。雖豐富可驚。而風雲月露之句。頌聖諛墓之文。連篇累牘。陳言濫調。生吞活剝之作。且復不少。則又非大加洗伐。改爲選本。亦不能讀。惟選輯宜精。并宜加以評（非八股文試帖詩式之評乃以新文學眼光評其思想技術之謂）註。方盡整理能事也。預、計、年、出、書、六、十、或、四、十、種。

（丁）轉譯中文。 我國之哲學文藝有世界價值者。不在少數。宜取已整理者若干種。譯成英、法、德、俄文字。以流傳世界。既可使淺薄西人。不致妄識吾人爲野蠻民族。而亦可使吾國文化。蔚成世界文化。其關係尤爲重大。故譯之亦更宜愼重。預計、年、出、書、四、十、或、二、十、種。

（四）獎勵私人著述。 該館雖爲學術界大結合。但亦不能盡天下之學士而網羅之。人才畢竟有限。而一人之精力。每年至多能成書一二種。甚至合數人或多數人。甚至竭畢生精力。始成一二種。則頃所預計年出書一二百種之期望。豈非夢想。故必賴獎勵私人著述。乃可補偏救弊。其法先由館中將應編譯之書目。與其編譯條例。獎勵法規。及何者由館中編譯。何者特約編譯。何者由民間徵集。（凡館中與特約者均無人擔任之著述則徵集之徵而仍弗得擧缺無遺久）均一一曉示國人。登廣告於銷行最廣之報紙雜誌。以喚起其注意。則應徵者必能源源而來。若遇非徵集之著述。而民間有已成或將成之本者。可令其送館審定。如屬可用。則已成者遂取而用之。將成者使卒成之。如不可用。則仍照原議。至於獎勵之法。或以質論。或以量計。可參酌行之。而要、以、特、別、優、渥、爲、指、歸。若亦如書賈之預計贏益。使彼耗數年之心血者。亦僅獲數百元之代價。則斷無精心結撰之佳作出現。亦何益哉。故不獨宜重獎私人著述已也。卽對館中編譯員。除優其俸給。使不致爲謀美缺慮家計縈其心外。每成一書。亦當加獎。以資鼓勵焉。

（五）審定、出、版、書、籍。 吾人之欲多編譯者。非僅濟貧。兼資營養。則凡所編譯。當力求精粹。不許有一瑕瑜互見之書。故宜、組、織、一、大、規、模、之、審、定、書、籍、委、員、以、審、定、之。其委員人選。不限於館中編譯員。凡學識豐富者。無論任何團體機關之人員或個人。均可請其加入。但不必定居於委員會所在地。因審定之件。可由郵寄遞也。大會之內。按學術種類。分成若干組。如西洋哲學組中國哲學組地質學組經濟學組之類每組委員人數。至多五七人。亦不必居於一地者。惟須以對於該學研究有素者爲限。凡屬某類之著述。無論館內館外者。均由某組審定之。其審定期間。須有伸縮。因卷帙有繁簡。內容有深淺。有時且須與原著述者商酌。或旁徵博訪。而委員又或散居各地。須往復函商。均非寬其期限不可。審定之後。提出大會。由大會再指定若干人。以讀者眼光批評之。如仍有舛漏。再與原審定人商酌改正。必至純粹無疵而後止。至坊間各書局出版新書。亦應由國家明令。先交該委員會。照此手續審定。然後方准出版。庶可減少窳敗之現象。教育部原有審定書籍之舉但僅及於中小學教科書且亦異常草率故宜改由該委員會審定至審定範圍。雖可大加筆削。惟只限於技術方面。質言之。卽僅問其描寫是否精詳。紀述有無錯誤而已。若思想方面。如共產主義。無政府主義。手段方面。如文言文。白話文。均宜置之不問。蓋限制思想。無以發達學術。且古今中外。亦無有限制成功者。而文言白話。則殊無分別之必要。因信達雅三字。此嚴幾道所定譯書之例余以爲無論編譯均不能外此全在作者之技術如何。與文言白話本身無關係。所謂白話文儘多通者。文言文儘多不通者。如梁漱冥東西文化及其哲學。胡適之中國哲學史大綱。張慰慈政治學大綱。皆白話文。便難求一文言著述與之匹敵。卽其例也。

（六）減低、書、籍、售、價。　吾人之欲該館年出書一二百種。非侈求著述豐富。乃欲以饜全國有志向學者之求知慾也。然吾國貧者居多。寒士讀書。旣無圖書館以供取求。而書籍之售價。又大率高昂。幾何不望洋興嘆。故凡館中所出各書。宜印甲乙二種。甲用精美紙張。售價可以稍高。以供庋藏及富者之用。乙用普通紙張。僅收印刷紙張費。以供中下社會讀者之用。則豈僅嘉惠寒士。於一國學術之隆盛。亦至有關係也。

（七）發刊書評周報。現有新書。既多窳敗情形。舊存古籍。又復汗牛充棟。則學者苟欲於學校知識外。多所研討。將何從問津。故宜由館中發刊一種周報。專取古今中外書籍之應讀者。分門別類而介紹焉。而批評焉。卽館出諸書。亦欲迎讀者批評。以為改善地步。則不僅有便初學。卽從事著述之學者。苟欲參攷羣籍。有此南針。亦不致索塗冥行。多耗精力也。

（八）組織大印刷所。國內大印刷所。當推商務中華。然出書仍不免遲鈍。百數稍繁之書。卽須窮年累月。今吾人欲年出書一二百種。若無大印刷所以承印之。則何能如所期望。故宜於籌集該館基金時。多籌若干。組一大印刷所。專供館中之用。其能力以普通一二百頁之書。一星期卽可出版為準。庶足以與歐美出版界抗衡也。

（九）推廣發行。書已編譯矣。出版已迅速矣。質與量亦均優美而豐富矣。苟發行不善。仍難收普及之效。但此事全屬商業性質。偏於理論之學者。萬難與經驗宏富之商人爭勝。則惟有將發行事務。交商務或中華代理之。而中華似尤相宜。蓋國內惟此兩書局之支店。遍設於各郡會。而商務則出書稍多。館出諸書。又較精於彼。必不免妨其營業。故不若中華出書既少。又向喜稗販者之為愈也。

（十）提倡圖書館。該館所出新書。固可廉售。然已前之中外舊籍。非盡可廢。卽廉售者。亦非貧士所能盡購。則不能不有賴於圖書館之設立。故宜於京津滬粵漢武長等地設立大規模之圖書館。其餘各省省會。通商大埠。則設立較次者。再由此推衍以及於全國。惟茲事體大。該館如有能力兼籌幷顧。固屬盡善。否則宜竭力提倡。勸導各省當局與人民合力設立之。亦非絕不可能之事。但圖書之蒐輯佈置。該館宜負指導之責。以期合於科學的組織。而不致成一雜亂無章之故紙堆。廊耗金錢而無實用也。

右述十事。皆鄙意以為該館所必須應負之職責。且以國家之力舉此。尤不甚難。不過視主持者之熱心毅力何如耳。懸此鵠的。跂予望之。

工化與農業

葉時進

建國之大業有三。曰農、曰工、曰商。商介乎農工之間。事貨物之轉換。其性質與商異。而自具本質。形成基業者。則農與工也。中國自古專重稼穡。無農工對峙之局。故亦無農工兩方之爭論。至今日而此情此境。驟生變動。西歐之現代工業。以洶湧之勢。侵入東亞。國人不解工業之究爲何物。只見其新異也而驚奇之。驚奇之間。析爲兩派。迎之者曰。歐美之富強文明。無一非工業之賜也。拒之者曰。歐美之流血慘劇。以及社會上種種罪惡。無一非工業制度之流毒也。迎拒雖殊。而於一事則同。所同者何。即除極少數外。非狃於成見。即昧乎事理。而後者尤多。此事理之真相。宜急於表明也。

工業之來。於吾國爲禍爲福。當視其及于農業之影響以爲定。(作者此處有一先決條件即欲維持且使之國家必知有且使之農業)蓋中國之社會。爲一農業社會。中國之社會。情形。基於。農業。而。發。生。直。接。影。響。農。業。者。必。間。接。影。響。社。會。苟。工。業。之。來。於。農。業。爲。有。害。其。於。國。家。必。難。爲。福。苟。於。農。業。有。利。其。於。國。家。當。不。致。爲。禍。此篇之作。欲以理論事實。表明工業發達。當於農業生若何影響也。

第欲論工化及于農業之影響。不可不先知農業與工業根本性質上之關係。特分述如左。

一、農業、與、工、業、相、互、之、利、害、關、係。城市爲農產之銷場。農民爲工廠之顧主。城市興盛。則農產可以暢銷。農產暢銷。則農業發達。農民富裕。有良好之農業。富裕之農民。則製造品之銷路廣。食物及原料之來源旺。工業愈以興盛。復返而影響農業。蓋兩。者。往。復。若。循。環。徑。反之工業不振。農業必退爲自足。農不獲利。工業可立待消滅。惟甲國之農業。可濟乙國之工業以振興。乙國之工業。亦可借甲國之農業而發達。然此種連鎖。不甚穩固。而尤以仰給食料於外人者爲危險。蓋工業之爲物。只可進而戰。不容退而守也。

二、農業、與、工、業、有、利、益、上、之、衝、突。農民爲糧食及原料之供給者。故求其價高。爲製造物之需求者。

故求其價低。工人反是。食品務求其廉。工者務求其高。工者既高。製造品之價必昂。製造家出售製品。故欲其貴。收買原料。故求其賤。農界與工界。其利益之相背馳有如此。苟過損其一以利其他。終必兩害而俱傷。惟於兩者之間。保持適當之平衡。使之齊驅而並駕。乃爲上策。

三、農業與工業對于勞動者之需求處于競爭之地位。勞動者常求工作輕便。工資豐富。工作時間短少。工廠使用機械。動作輕易迅速。能率極高。故工人作工時間不須長久。勞動不必劇烈。而可以得較高之傭金。在農場則不然。其工作概笨重辛苦。勞動時間率冗長。傭僱時期常不定。作工能率較低下。故農場與工廠爭求工人時。遠處於失敗之他位。

揆諸理想。農工業之關係約盡于斯矣。顧徵之事實果何如者。余嘗以三事代表農業。（三事爲件地之面其在產物之收益農產物陸田貿易之前農）人就英、法、德、美四國。研究其工業發展時期農業變遷之狀況。其結果可得略陳如左。

近數十年來。英國農業之衰退。毫無疑義。法德之農業。有進步而不著。未足以應本國日增之需要。故農產之輸入。有加無已。美國曠地日闢。出產日豐。農業上進。洵足驚人。此四國者。其工業之日興則同。其農業之盛衰則異。可見農業與工業既未必相得而益彰。亦非絕對如冰炭之不容。蓋其本性原爲兩可。實際上之爲相助或相害。則另有特殊原因驅之使然。在上述四國之特殊原因。可概括爲二。一爲地理的原因。一爲人爲的原因。

所謂地理的原因者。英爲小國。又爲島國。小國因據興工業。求低廉之食糧及原料時。勢必求諸國外。其求之之道。厥爲獎勵農產之輸入。於是本國農業。外受他國農業之侵襲。內有本國工業之對抗。遂至無利可獲。無法保守。業農者棄而業工。田園荒蕪。鄉里空虛。農業至是。生機全失矣。此由於地理的原因。農工業之互擠性單獨發揮。爲發展工業而農業被犧牲也。（英國工業發其農業頗收之果不少而給未達者以其農有所出之農業可恃也）

所謂人爲的原因者何。英國一意認爲其國農業之無望。專注力于工業之提倡。凡有利於工業者為之。其及於農業之影響如何不問也。德法不然。一方補助工業之發達。一方仍承認農業之重要。加以保護與改良。舉凡措施。能從雙面着眼。不犧牲甲以利乙。故德法之工業與農。殆有齊驅並轡之勢。若夫美國。則土地廣大。物產豐饒。本國工業。既可賴之以發展。外國農業。更不能與之競爭。故兩者無相妨之弊。而有互助之效。

是則農工之本性。可以互助。亦可以交害。而導引之使其互助或交害者。則此等特殊原因也。吾嘗設喻以明此理曰。農業與工業之關係。有如植物之根與葉。根強則葉茂。葉茂則根愈強。農工相關。又如枝葉與果實。枝葉盛者。結實亦豐。然結實過豐。則往往虧損枝葉。明乎此理。可知必國家能利用農工業之利害共同性。而避免其衝突。兩者方克同為健全之發展。然常人心理。一遇新奇事物之至。往往趨之若鶩。不惜犧牲一切以成就之。故工藝叩門。吾人迎新之際。每易簡慢舊客。且或不僅簡慢。更犧牲農業以媚工。是猶伐根以求葉茂。必俱傷而偕亡。今有明眼人警醒之曰。爾不可簡慢爾舊客。如是為之。終得罪爾新客。遂群起而斥以不識時務。是吾所不解也。

論語體文

陳拔

近嘗為編譯館徵取文藝。得英年佳作不少。此篇其一也。陳君現肄業清華學校。學生中具此理解詞筆。何可多得。爰喜而布之。

孤桐

自陳獨秀胡適輩、提倡語體文以來。海內靡然從風。雖有牴排而議之者。終不敵呵護而持之者之衆。近且著之為令。凡學校中師之所教。學者之所受。皆以語體為歸。報章雜誌科學哲理史地之書。亦非語體不脊。抑且非語體不行。但余終覺其詞費繁蕪支離。不若文言之簡淨也。況語之非文。古有其證。孔子曰。言之無文。行而不遠。若以周誥殷盤之佶屈聱牙而即指為當時通行之語。不知彼安所據而言當時之語。乃佶屈聱牙也。即曰是語矣。而以今之廢文用語。

爲學於古訓則余益不解當今百事從新以爲今勝於古而於文也乃以尤古者爲法且尙書而誠是語也何以祖述堯舜憲章文武之孔子於易春秋獨不用語必曰用語乃能摹擬口吻狀物宛肖也則千古善狀物者莫過於左氏而今譯春秋一傳未嘗以語爲文必曰用語乃能傳寫心曲導達隱情也則祖經離騷亦何嘗全是語體若間用俗語以入文自屬無僞所謂楚言齊言今亦不異於古所云也至於抽繹玄想敷衍奧賾若易傳老莊之書自更不宜於用語必謂用語乃可以通俗則若政法哲理科學諸名仍非俗之所能解於俗何裨必謂用語乃近於自然則余今覺了的嗎呀之不自然尤甚於矣之乎也況我國方言既以不統一爲病若皆遂用各地方言以入文將北人之不能諭南詞亦猶楚人之不能通齊語而思想隔閡尤甚一蔽設易立新標準以強不同者而同之則亦均之不自然也余意語體之爲用亦自有在若演講之作錄讞獄之供狀事後改竄恐多失實又若野乘之科諢雜劇之賓白本以取便唱演則

於文體類中自爲一門可矣必推崇之爲文學正統摘傳何示天下以極陋也今英俄德法之文言一致自有其相因之歷史倘其以言合文則宜歸功於言語之蛻化若其舍文就語又安知非文學之顯蒙在吾人廿議旁行文字而即以其組織爲具不變之天則舍不易之定理亦將一踏倫敦巴黎而即豔羨其高乳細腰以爲最美之裝束乎余嘗謂當今醉新者之謬妄什不異於鶩舊者之頑固洵非誣也夫我國舊文學細思亦何負於吾人豈彼承家者遺棄寶藏而不知搜求任其銹蝕而不加磨剔乃轉妄自菲薄以爲不適於時代之精神而竟廢棄之夫所謂不適於時代之精神者若蒙昧期之妖誣怪誕貴族性之鋪張揚厲應制體之諛詞溢美科場制之習熟爛調誠哉其爲文弊也然弊者在人豈文之罪哉如洞悉其弊之所在而避去之務平易而趨實用更傳之以新時代之精神即成改造之新文學矣奚必強今天下之發情抒議述事綴詞者皆廢文而用語況我國文學亦自有其特質在若盛唐詩歌宋元詞曲無論

矣。即凡騷賦古文。亦罔。不。求。諧。聲。鍊。切。格律。停。勻。幽之。如。春。鳥。夏。蟲。宏之。如。江。濤。海。瀾。怒之。如。雷。霆。霹。靂。華之。如。風。雲。月。露。其綺。麗。則。萬。花。錦。繡。也。其明。豔。則。百。寶。琉。璃。也。又或。清。似。水。鏡。或深。似。冰。壺。凡宇。宙。之。美。備。幾於。非。獲。而。兼。包。則其。所。以。宜。洩。神。祕。以闡。情。神。界。之。懋。藉。安。當。者。其功。用。又。豈。音。樂。繪。畫。所。能。比。哉。典論不云。家有敝帚。享之千金。夫言敝帚則誠謙矣。而其。用。又。豈。僅。區。區。千。金。之。享。哉。

通訊

科學

……吾讀大誌第十二號說林。載章華君談說科學一段。不禁駭然。夫科。學。之。爲。物。根據。於。事。實。取決。於。試。驗。其是。非。截。然。非。可。以。附。會。影。射。之。詞。推宕。以。爲。論。斷。也。章君首以顯微鏡中之蚤解野馬。已支離不實。非理。蓋莊子之意。以野馬與塵埃對舉。則野馬明非塵埃中之一物。一也。塵埃中誠多微蟲。然蚤之爲物。已非賴顯微鏡而始可見者。卽不得以微蟲論。二也。微蟲之形相甚多。大率體構簡單。不必如蚤之有馬形。（原誌如是馬蚤）三也。章君於微塵與蚤與馬之眞際。略未明白。而遽引爲確詁。自矜觸發。不亦異乎。其尤可怪者。則以空中傳音爲無線電之權輿。春秋紀日食不符。爲今日地球與春秋時經緯線之差異。以魯陽揮戈。日返三舍。證明酒酣喝月使倒行之爲合理。準是以談。晚近數百年科學眞理之發明。直毫無意義。而唯唐言誕語。爲吾人屬思比事之大經。不辭而闢之。亦思想學術之大疑也。按同聲相感之理。古人固什見及。（現代評論楊[illegible]黃兩君所舉之同情共動卽是一例）然皆視若玄秘。於空氣中聲浪之存在。且未夢見。更何論於以

一七

太中之電浪。以太中電浪之存在。豫期於馬克斯威爾。Sir Clerk Maxwell 英國物理學家 而實證於赫爾慈 Heinrich Hertz 德國物理學家 乃近今三五十年間事。設西方治音學者。謂空氣中聲浪之原理。為無線電之權輿。人猶將直斥其謬。矧引所謂鼓宮宮動。鼓角角動。空中傳音等粗淺之事實。以為不祧之祖耶。復次、地球運行。日月掩食。皆可以推算而得。其豫測之符合與否。則視其推算之精否為斷。從不聞與所謂世之升降。道之降污。有何關係。推章君之意。得勿以當世之升道之降時。則地球所循者為別一軌道。按章文言地球軌線 尤不可通信當殆地球軌道耳 不能以世降道污之地球軌道律之耶。此種觀念。不但、非、西、方、科、學、家、所、有。亦且、非、東、方、道、學、家、所、有。吾有日食推測不驗。而太史引咎辭職者。設如章君之言。彼太史者。將不自咎推算之未精。而歸咎地球之不循軌道。有是理乎。復次、羲和敲日玻璃聲。酒酣喝月使倒行。明明是詩人荒誕之詞。無須證明其合理。而章君必引魯陽揮戈。日返三舍。宋君脩德。熒惑退心。共工怒天。柱折維絕等說。証明其非荒唐無理。夫有。所。證。必有。所。據。設所。據。者。先。已。不。能。成。立。即所。證。者。亦。無。有。是。處。茲所稱揮戈返日。熒惑退心等說。果為可信之事實耶。如其不然。此等傳說。正與喝月倒行之說。同其價值。彼自身之合理與否。倘有待於證明。豈能以證明他事之為合理。茲義至顯。不難驟瞭。而言形式邏輯者多瞠目無見。亦可異已。

上所指陳。尤無深義。稍具科學智識者皆能自得。更不煩為詳細疏明。科學。之。所。以。可。貴。正在。其。不。薄。細。微。不信。無。微。而章君慨然以科學家之疑害程九萬。塵界三身。為智量之不相逮。不知章君寥寥數語、乃滋三病。廣己自封。不求甚解。一也。虛憍自是。當局客觀事物以從己。而不自核所持之未諦。二也。以謬附謬。無追求真理之決心。三也。此三病者。實害國。舊式學人之大患。此病。不。除。學術。前途。將無。希。望。吾故不憚煩而為貴誌一言。貴誌主持論壇。慨然有以言易天下之志。意氣甚盛。說林雖近於補自。然言語樞機。影響可念。不知蓋闕。君子所矜。唯留意及之。幸甚。

……任鴻雋（北京試山東大街二號 十月十八日）

吾家曼仙、本是詞章佳士、於科學未致研討。所爲說、林、亦促、膝。啣、觴、連情。發、藻、姑作。此、說、其相。嗟。賞。而。已、初無。意。與。論。師。學。士。考。覽。得。失。首。爲。典。範。鳴。於。大、序、也、昔許叔孫以言西學有盛名。然什謂德京多伯。故名伯林。今曼仙已能爲多方面之物理論。識覽雖局。輪廓儼存。所謂、舊。式。學。人、猶有。進。境、何叔。永。不。滿。之。甚。耶、蓋言非一端。夫各有當。謂曰說林、不妨記傳、愚縱、欲以、言。易、天。下。而難。狙。廢。記。之、類。未是。其、借。叔永科邏輯以瞠目未見之罪。誡不勝悍悚之至。雖然。自甲寅興行。天下談士。未昔潛過一字、所爲矜誕、有過當情。今復、有、嚴、正、之、科、學、家、如、叔、永、純、粹、之、詞、章、家、如、曼、仙。以、野、馬、爲、介。以、容、谷、爲、音。遐、于、本、刊。踢、精、馳、辯。此、其、雅、而、有、韻。尤、屬、今、日、不、可、多、見、之、辨、論、文、字。是知愚之所以謝叔永者。宜如何矣。至書中所論。一覽便周。容參未識。轉近蛇足。此意想讀者同之。

孤桐

……修辭學

頃自甲寅第十四號、得讀復書。惄作惄作。畸今所爲。尚不敢自斷其果能如所期望。而不精不備。則又頗自知之。其所以急於出版、蓋有不得已者。故謂吾書一出、而人人帖服。豈可乎哉。雖然。拙箸苟幸附出現於社會。或能稍正文家之視聽。而與同好者。或得其人正軌、是則所憧憧切望者。惜哉我輩而不克自印耳。夫以國家之力、扶佐作者。使一一如其意。得出所箸。貢於社會。眞可謂意周制美。論者莫不多足下此舉之良也。惟不幸乃拙箸用今語寫就。意且不願改作。蓋自修詞學言之。今人固當用今語。此非苟從而媚俗也。夫文。章。良。否。竊不。在。語。詞、之。今。古、而要。歸。乎。是。否。合。律。苟。鑄。詞。雅。健。組。織。精。密。讀。之。可。以。動。人。按。之。情。理。則。今。語。何。減。於。古。文。不。然。古。文。又。何。勝。於。今。語。此。史。記。所。以。不。弱。於。尙。書。而。庾。徐。所。以。不。如。屈。宋。也。且竊覩足下所不滿於白話文者。乃爲其不文。亦未嘗惟古是取。而惟今是去。若然、設其果能文矣。又何必悱悱於白話。孔子曰。勿固勿我。而今足下位掌邦教。勞精斯文之廢興。其於固我之戒。能不稍留意乎。雖然。此非特爲拙箸立說。意以足下之言行。頗關文化之消長耳。設足下不以畸說爲狂背。因不再絕然以今語之作爲非。而示學術以大公。庶編譯局兼收今語而雅馴之著作。則畸首當攜拙箸徑達於左右。以爲後來者倡。若然。不惟足下所是非者大明。而天下後世。將謂足下忠於斯文。且盛德雅量。不可及也。不然。則隆情厚意。畸惟有銘感於心。而弗敢承矣。中國修詞學後序一篇。乃述畸與胡君適之所見之不同者。茲錄奉於左右。用明我對白話文之不滿。畸現所教者乃北京師範。非師範大學。曾刊誤記。言之殊覺不安。畸自幼習於鄉野。性既孤高。又非博士。夫何敢望於大學教授。更何敢與當今之士爭否泰。若我所爲。亦猶足下所謂鳴其不得不鳴而已。惟何如之處。尚望高明不以不可教而教之。幸甚。……………旃畸 北京師範學校 十月十九日

物。詞。理。加。Rhetorica 自明。李。之。藻。譯。「名。理。探」

吾。國。卽。傳。是。名。迄今。三。百。年。無人。能。爲。一。書。以。見。於。世。國。恥。之。大。無逾。是。也。今施。君。發。憤。爲。之。自。謂。能。正。文。家。之。視。聽。此殆。千。載。一。過。之。機。愚。焉。敢。失。苟其書信如作者所云。同志之士。見之而成告不敏。則愚雖頑鈍。無敢固必。亦請援梁啟超胡適所爲哲學之例。於君作特寬其格。不斥斥於文俚之辯。昔柳州與人論文。謂苟或得其高朗。探其深賾。雖有蕪敗。亦如日月之蝕。不足傷明。是。君。所。著。書。於隨。俗。濫。爲。今。語。自招。蕪。敗。外。仍。自。有。其。得。高。朗。探。深。賾。之。道。今請與君約。凡其見教。俱所願承。惟有一言。敢爲君告。則今語之用。以便淺學之不通文義者也。然文。義。不。通。修。辭。無。緣。明。曉。修。辭。既。了。則釋。詞。之。雅。俗。無。關。君。又。何。必。留。其。疵。纇。而憚。於。改。作。哉。至若急欲出版。所有不得已之故。如許他力爲之匡助。亦極樂聞。所示後序。謹附於此。以諗同好。

孤桐

中國修詞學要領後序

畸

余旣著中國修詞學要領。而欲就評於世所謂新

舊文學家。蓋此書多術義。而又志在解新舊文學之糾紛。而胡君適之、首倡新文學者。因往請其評閱。惜胡君事多。雖自謂願讀吾書。乃事將逾月。胡君尙留江南。而吾方亟於付印。故恐尙不得如願。因略記當日與胡君談話。以告讀吾書者。

胡君自謂不信仰修詞學。甚。且謂講習修詞學。乃至吝極拙之事。然一方又謂文章須清楚有力與美。而美即清楚有力之合。復且盛稱有組織之重要。於是吾問何以能清楚。胡君謂宜淵源於邏輯。吾又問何以能有力。即必如何方能如子所謂使讀者感發。從我心之所欲。胡君則未能答也。吾又問美之具體要件。與其普遍而堅實之標準如何。胡君亦未能說明。其後乃論至組織。胡君謂中國數千年來作品之可以有組織論者。不過數部。即文心雕龍、史通、文史通義、國故論衡耳。此義甚精且要。然如何可得如胡君所謂之組織。胡君則根本未嘗道及。噫、胡君其有所誤乎。夫文。章。之。清。楚。其源。不。盡。在。邏。輯。而有。力。則。屬。於。功。用。美。則。爲。其。統。稱。而組。織。又。屬。乎。手。段。此。皆。修。詞。學。所。致。力。而。各。有。其。精。微。之。教。令。乃胡。君。反。謂。修。詞。學。爲。無。用。此。眞。非。我。所。敢。與。聞。也。而。胡。君。之。不。能。指。導。新。文。學。家。以。康。莊。應。其。不。至。當。此。粗。鄙。錯。亂。如。今。日。者。或。亦。由。於。此。乎。故。當。日。吾。數。請。胡君能撥冗一細讀吾書。蓋人非上帝。誰能盡百學之與。此不足爲胡君過也。

雖然。吾於胡君。似不能不示其失望。蓋當今之士。學識魄力能如胡君者。實不多得。而其所見之左。乃竟如此。不亦可悲乎。至舊文學家。吾則尙未思得其人。或謂章氏孤桐、乃當今舊文學之宗匠。不可不一請其評閱。惟惜吾未嘗與之相識。且不知其果如何也。

遺書

……自上年公入政府。來京師。今且一年矣。相去咫尺。漱冥不一走謁。亦未通箋牮。乃至公檢往年鄙札。布之甲寅。而賜教言。冥亦寂無應響。蓋私見誠有所不足於公。而躊躇莫知進言之所從。既不進言左右。更不屑和流俗。故於衆論紛囂之日。獨守緘默。國慶前曾發憤作書。欲不避造次。一傾吾衷。比復以家有病妻病兒。自己身體亦不適。屬草未就。殆又成虛願矣。甲寅十二期。辱承賜教。甚荷。冥於舊日之作。甚知悔。幾欲焚之。而後快。不復欲深論矣。茲往先公遺書一函。敬呈台覽。伏乞不吝政暇。一加留意焉。幸甚。餘或容得便面罄耳………梁漱冥[illegible]

辛壬類稿卷下[illegible]留靈　子[illegible][illegible]月十七日

昔王荊公作相。嘗太息曰。平昔交游。皆以國事要絕。愚今入官。亦同此感。其有所不足。而巽言之。如漱冥。蓋所費已至宏矣。語云。身居下流。爲謗藪澤。所謂下流。不必以所處勢位言之。愚誠不料不自檢制。爲人毀棄。以至於是。而又深幸時俗勢利之見。及愚躬。而未然。愚既以此知所戒愼。士君子耿介自是之遺風。復見存於今日。而未澌泯也。漱冥先德巨川先生、成仁盛節。夙深景仰。今讀遺書全部。感動尤至。綜先生一生之得力處。在寡欲。而不欺志。惟寡欲也。故爲氣至剛。惟不欺志也。故視死如歸。此其用意。殆非今世言功利講科學者所能澈悟。先生亦以『幼年所學爲本位』行其『自身當行之事』冀『爲國性一線之存』而已。身後。悠悠之論。寧暇計哉。遺書敘目。共爲六種。一遺筆彙存。一感劬山房日記節鈔。一侍疾日記。一辛壬類藁。一伏卵錄。一別竹辭花記。愚諷之。見先生於倫常大義。一毫不苟。尤多激發。蓋先生早年失怙。所謂本位之學。悉由母訓。母賢子義。照耀人寰。手先生所記而無動於中者。非人子也。愚母劉太夫人。其賢亦如先生之母。幼時講誦。母課甚繁。愚初習試帖。每就母徵典請韻。其時篝燈伴讀。夜雨微吟。母子二人相依爲命。今忽忽二十餘年矣。此情此景。居恆有所愧怍。不敢廻思。或牽於人事。未暇盡念。今讀先生之書。一一根觸於胸。無能自禁。可見先生所『思喚起世道人心去澆薄而就誠篤。不惜以性命貢獻於社會』祇須人心未之死盡。其效終有可覩。先生本不善文。而情至則文生。

書中此類記載。惻惻動人。止於至善。其値且在李令伯陳情狀。歸熙甫先妣事略之上。愚所享用此類爲多。至漱冥屬爲記注之辛壬類稿卷下。猶是勵俗矯枉之作。人深。敬。之。而未。必。深。感。之。也。近日文壇。於先生死事。多所論列。大都。根。性。淺。薄。者。之。

執。言。先生有靈。所當默導。愚亦淺薄者之一。有懷未敢多白。漱冥、善、繼、父、志。以先、生、偉、大、之、人、格。遍植、於、泯、泯、棼、棼、者、之、腦、中。俾經、平、旦。復厥、淸、明。庶以、挽、救、『澆、漓』於、百、一。所尸、祝、也。

孤桐

章氏墨學

孤桐

詁墨已成當世學者之一風習。稍耽舊籍。卽樂爲之。愚忘其無似。亦恆有所筆記。今擬以暇錄出。遇便卽書。不依定序。爲閒人整理國故之一助。作輟之虞。誠恐不免。紕繆之處。諸望糾繩。顏曰章氏墨學。亦名。從。主。人。且志。未。忘。吾。兄。太。炎。先。生。之。教。云。爾。

〔經〕以言爲盡誖。誖。說在其言。

〔說〕以、誖、不可也。之人之言可。是不誖。則是有可也。之人之言不可。以當。非不審。

以字、牒經標題。之人之言可。之人訛爲出入。從孫校改。非不審。非舊作必。據文義改。審孫疑作當。非。

此蓋有人立義。謂一切言皆是虛妄。（言盡辭）而墨家正之也。墨家曰。子謂。言。爲。盡。誖。子之。言。盡。誖。一。言。亦。爲。誖。否。故曰。說。在。其。言。而言。盡。誖。一。言。乃。爲。一。切。言。估。値。之。用。猶之。尺。度。勢不。能。誖。故曰。以。言。爲。盡。誖。誖。經說之人之言。卽指經文其言。其言卽言盡誖一言也。意謂。若。以。言。盡。誖。一。言。爲。可。則言。至。少。有。一。言。不。誖。者。謂言。盡。誖。說如。何。立。若其。不。可。（卽言盡辭一言亦辭）則是。言。乃。以。衡。量。一。切。言。者。非不。審。切。理又。宜。然。是言。盡。誖。一。言。本身。之。可。不。可。兩俱。不。通。其誖。可。知。也。以當。以者、以言盡辭一言。當者、考一切言之當否。狀詞作動詞用。謂以己所立言。律凡言而定其當否也。此在。因。明。謂之。自。語。相。違。唐沙門神泰曰。外道立一切語皆悉不實。此所發語。便有自語相違。何故。說一切語是妄者。汝口中語爲實爲妄。若言是實。何因言一切皆是妄語。若自言是妄。即應一切語皆實。（見因明正理門論述記策一）此與墨義悉合。若自言是妄。即應一切語皆實云者。乃自以爲妄之語。尙足。爲。一。切。語。之。權。度。（即自爲妄）不宜乎。天。下。無。妄。語。也。墨言、以、當。非不、審。意。識、於、本、言。因明、言、一、切、語、皆、實。意在、推、斷。其義、一、也。

書林叢訊

影宋本李明仲營造法式　紫江朱啟鈐校印

按李氏此書。有宋崇寧紹聖兩次刊本。著錄於陳振孫書錄解題及晁公武郡齋讀書志。顧宋槧久佚。四庫本乃范氏天一閣所進。後從永樂大典中補其殘缺。即錢遵王所藏影宋完本。亦幾經藏書家竭力購求。珍爲鴻寶。今存江南圖書館者。爲張芙川影鈔本。四庫以外。餘此吉光。朱君乃據以與四庫諸本對勘。景寫精槧。復從京師老匠。增繪木作圖樣。以證異同。闡藝林之新徑。發往哲之幽光。信乎偉觀也已。

朱君自序。標舉數義。皆有可稱。約寫其詞。用供研討。

……列朝營繕。皆取辦於賦役。宋代功限料例。當與晚近官價有別。按汴故宮記東京及岳記諸書所載。竭天下之富以成偉觀。端康刼後。輸來幽燕。伊古帝王。兼幷侵略。遷人重器。誇耀武功。巨製宏工。散亡摧毀。幸有明仲此書。古物雖亡。古法尙在。後人有志追求。舍此殆無塗徑。法式所舉。準之遼金塔寺。元明故宮。造法固多符合。按之明淸會典搨案及則例做法。亦復無殊。益信南宋迄今之營造。靡不由此書衍繹而出。……夫居今而稽古。

非專有愛於一名一物也。萃古英傑之宮室器服。比類具陳。下至斷礎頹垣零縑敗楮。一經目擊而手觸。即可流連感歎。想像其為人。較之圖史詩歌。興起尤切。而濬發智巧。抱殘守闕。猶其細焉者也。

右論闡發精警。吾無間然。但自五代紛亂數十年。盛唐文化。已漸移而北。故兩宋之所承襲。較之遼金猶有媿色。王朴佐周。以治城邑道路。頗著宏規。宋太祖遵汴京。乃故令平直之道路。化為繚曲。古代經涂九軌之制。至此幾無所遺。抑可歎矣。汴京宮殿。據宋人小說所載。皆漆窗棻瓦。以此見其儉陋。南渡而後。抑又可知。故其時使人至北。輒震驚於其壯麗工巧。見諸宋人記載者。不一而足。周煇北轅錄、謂始雖取則東都。終殫土木之費。然則李氏生當哲徽之際。其所見聞。亦不過爾爾。仍不足以概近千年來之建築學術。是又論古者所不得不辨也。所惜者前乎此之漢唐與後乎此之金元。皆無遺書。以饜耆古之士。則此書卒不得不視為靈光之存。賢之朱君。當不河漢斯言也。宜穎

說林

陽湖張嘯圃提學鶴齡。戊戌年與余同應散館試。名列二等。同改官主事。至為投分。提學少余一歲。改官後。以候選道為諸侯上賓。迭主湘、鄂、陪、都學務。有聲於時。歿時、年僅四十餘。未竟其用。譚組庵督軍延闓為撰墓誌云。公貞敏通博。善屬文。既治譯書。通中外之故。究極事理。言皆可行。京師大學堂章程。多公規畫。與人和易。篤於故舊。而自律特嚴。當官守法無所避。卒以是見阨上官。鬱鬱致疾以歿。疾革拊心。恨不得終事母。聞者悲之。呂幼舲舍人景端藥禪室隨筆云。嘯圃生有異稟。其學術最近章實齋龔定庵兩家。既乃博覽譯籍。深窺新理。及中西學術治術源流異同之旨。屢聞其陳說教育原理。嘗推為當代一人。組

庭。幼。狳。不。輕。許。可。故所。言。均。可。徵。信。余挽提學二絕云。頑。洞。風。潮。祇。自。悲。此心。未死。處。孤。危。不。將。私。利根。株。剝。魚。爛。梁。亡。曾。有。時。早年學派近章變。譯籍潛研析異同。守法。當。官。無。避。忌。先。春。惆。悵。咽。歸。鴻。前一首所言。均根據提學手札中語。茲節錄於左。亦表微之意也。提學與友人書論湘當路事云。我國社會辦事。往往避虎得狼。即如粵漢。甫脫美人羈軛。又幾入英國牢籠。此尚係一時冒昧耳。至收回自辦之後。其中種種荆棘。亦難逆料。鶴齡。恒。痛。吾。國。人。貪。詐。偷。惰。已成。一。種。遺。傳。根。性。論事。則。無。人。不。至。公。至。明。任。事。則。無。人。不。自。私。自。利。此則。敗。亡。之。原。因。下。走。殆不欲深言之。徒付諸浩慨而已。又云。抵湘將近兩載。無日不在風潮漩洞之中。辦新。政。則。與。舊。黨。挑。戰。求。賢。是。則。又。與。新。黨。開。釁。同。志。寥。寥。卒。之。寡。不。敵。衆。終。於。孤。立。無。援。論官場現形之做法。我誰欲圖私利。亦何事不可自爲謀。此心。求。死。不。求。無。負。於。人。亦。須。求。無。負。於。我。剋已決策歸歟。誓不再涉宦海。此尚其天良不昧之處。吾弟其許我乎。觀以上所言。可見孤立無援者游事之累。則在今日政潮洶湧學閥盤踞之秋。而欲孤行己意。整飭校風。其可得乎

南通范肯堂明經當世。詩文。均卓然成家。吳摯甫張廉卿兩稱之。其繼室爲姚慕庭先生之女公子。仲實叔節兩孝廉之女兄也。戊午春間。余作感逝詩有云。通州。范。氏。三。珠。樹。大。范。雄。文。邁。杜。韓。磨。骨。不。須。返。鄉。國。凝。時。早。已。裂。心。肝。明經有兩弟。曰仲林大令鍾。秋門大令鎧。並以學行蜚聲於時。世稱通州三范。余弱冠之歲。與秋門同學南菁書院。有兄季之好。每見明經寄弟詳函。剖析學術源流。指示文章利病。於太史公書。及杜詩韓集。尤三致意焉。光緒甲辰。明經客死滬上。歸葬通州。挽之以詩者甚衆。吳北山部郎保初斷句云。肺肝。早。分。變。時。裂。涕。淚。從。教。哭。野。傾。袖。有。文。章。能。活。國。目。存。江。海。獨。傷。情。陳鶴柴布衣詩斷句云。磨骨。何。須。問。鄉。國。大文。至。竟。有。淵。源。自注云。范先生病革時。有勸其歸者。先生曰歸死客死等耳。奚爲故鄉。奚爲道路乎。孫師鄭

甲寅周刊第一卷第十六號目錄

時評

此一週間孫吳軍事未見何等發展氣象沈寂與戰事初發時大異蓋雙方已達於實行備戰時期非自以爲較有把握各不敢動也據報奉軍集於濟南已逾十萬而前綫則固守徐州孫傳芳之本營西於固鎭前鋒且抵離符集兩軍旣相持不發彼此內部不免有多少變化聞孫與陳調元不甚相能而東望夏口吳佩孚遙制之態漸張意亦未懨而奉方謀與國民軍合作極形切至奉代表郭瀛洲旣至自包頭盛京忽傳有于國翰等二八全權入京協商機務是戰場以外必爭之著甚繁所謂運籌帷幄之中決勝千里之外此中消息非外間所能妄測也吳佩孚徘徊武漢以河南之表示於己未甚有利未免失望同時賄選議員數百失職軍官數千日夜擾攘機智頓衰聞章太炎氏曾告以恢復法統於機不叶組織政府尤喪人心吳雖其謀而不能用參衆兩院之頭銜旣見于電文復由張英華以京漢南段押欵數十萬召張伯烈之徒而食之使於武昌自由集會焉實則天下之輕議士也久狃矣公之術亦於大事何補語云惟靜可以制動吾人亦靜以俟之可已（民）

關稅會議業於本月二十六日開幕並已通過議事日程吾國數十年來所受財政上之黑暗束縛至此乃有一綫之曙光誠爲現政府數月來慘淡經營最大之成績凡具有愛國心者當無不同此感覺也惟吾國解脫財政上之束縛以求活動之生機固在是

一

或由此更失卻自由之主權墮於萬刼不復之境亦在是是不能不望當事諸公愼重將事競立爭存扞折衝禦俎之鴻謨無負此車書會合之良機也大凡極複雜困難之事必以極簡單純淨之方法百折不撓之氣志出之以從容應之以貞固以控馭馳驟之雖阻礙百出技節橫生自不難迎刃而解非然者徒求苛細自遺綱領舍正路而不由此作繭自縛之道也此次稅率自主幾爲全國一致之主張本屬內政範圍當然有自由權外人稍顧國際上之正義決不能不爲之容納是以議事日程首列自主權卒以多數通過卽英代表之演說亦承認可加討論可見世間公理仍在人心吾人爲國際交誼及世界商業發達起見於外人提議自可於自由範圍內予以相當之讓步如過加干涉侵及主權儘可自定不必顧忌易地而視試問各國修改稅則果有吾人置喙之地乎且吾國稅率自由製定外人始雖反對終不能不承認者有先例在可覆按也民國三年間農商部頒布鑛業條例外人因有條約上之關係囂然非難不遺餘力吾國行之不懈卒不能不俯首就範去年所定之商標法各國因其與商業上有重要之關係又羣起反對猶以英爲最烈我國仍置之不理亦不能不呈請註册關稅條例與上二種同爲內政苟能行使自主人必不能強我以從人亦猶人之自主我不能強人以從我此理至明惟視當事者之努力何如耳（惠）

此次辦理民會選舉華僑來京者甚多當選者一律均是華僑最爲特色以隊來此項選舉華僑多不措意中央隨意以政客官僚塡塞之也議員共十六人爲盧冠祥孫懋信楊若金潘卓凡黃有淵林有壬歐耀庚潘元鐸凌伯靜潘應霖羅宗孟林舜聰富士英劉善授謝作民諸君大抵在僑居地有眞實力量及熱心祖國事業者旬日之間執政迭次接見並親撰告華僑手帖一通與諸君商榷辦理大銀行事郭君春秧富力最雄首認招千萬元以爲之倡郭君且曾崇儒學切告教育當局請以孔子之道爲修身大本通令全國行之凡在聞者各有媿色自華僑內渡以來冠裳之盛以今爲最良足紀也執政手帖如下　簪念我星散全球之華僑寄人籬下白手成家艱苦卓絕可風足多當選舉令下涉重洋登大陸踴躍歸來生氣勃勃誠有令人感於外動於中有不能不暢所欲言爲我億兆同胞道國勢策樂利也余投筆從戎研究軍學每憤縱橫萬里之國黃帝神明之胄受欺凌於弱小固屬樂天終因循而不振胡以自解然已鬱鬱久之迨治軍服官莫不開誠布公以期有濟發揚國光惟一職志忽忽卅載班白兩鬢卒萌芽之未睹而黯淡之依舊是德不足以感人才未可以慮事夫復誰尤伏處津門　心禰悅本作終古之想不意風雲聚會華龍回旋義旗高揭底定國是喧囂驚天勢雖終日孳以蒲柳之質強作中流之柱荏苒光陰瞬屆期年是以籌添關稅收入挽回債務信用謀訂根本大法廣集海內民意基礎旣立創建之功不容緩觀我大觀悉賴全力以落成以我幅員之廣人民之衆出產之豐莫與比倫墾牧鐵路航業林鑛偉大事業未能悉數我不自辦待人爲謀其悔已晚所缺者一大銀行耳公同性質屹然獨立政潮十變毋慮動搖資本不在少數人之多出而在多數人之少出無傾家蕩產之虞有利益均沾之便由百元千萬人至千元百萬人均可集十萬萬之數加以兌換券其數倍之況舉國之力奚止此數在外洋頭等國家用機匯次用兌換券用銀與元已居三四等矣資本雄厚信用自足當不致仍存彼行授柄與人轉而攫取我之利權也

發達國內現金亦非多數人所樂用高麗發達何嘗用金卽在各國金亦罕見惟各國須設分行匯兌便利從前尤多國力澎漲位置自高不平等之待遇亦不漸消於無形向者僑居異域之衆雖未嘗或忘祖國但所過非人志趣不同而當事者又掌高龐遠上下隔閡故有格格不入之癥然而時會已至前病盡除不妨盡其所有傾吐無遺自當準情酌理容納滿足公正不欺事無不集豪傑無種賢能猶人勿自菲薄有志竟成所可慮者事過境遷時不我與孔子曰君子疾沒世而名不稱焉望三致意焉可耳（繹）

合法辨

孤桐

法統者民國政史之穢迹也曹錕竊國其迹暴著有力者乘勢而廓清之應天吾不敢知順人則庶幾為近於是臨時執政之局以善後為初基以造法為大的艱難締構迄於今茲此其大本天下未或非之夫政者與時為緣待人而舉而時效漸移人力易懈政之不能無弊固情勢之所不免亦由國人督責深至而見為然年來政府為人指摘其詞不一責無與避改勉未遑誠以民意未可逆當國者亦無敢自是也至以法統相劫持謀起所謂參衆兩院與今政府相代為用如吳佩孚在鄂通電之所云云則將囚於而國不可無一言辨之

凡言法統必有所寄所寄者何其文字則約法其人則吳景濂之徒也夫約法者民國元年各省都督遣員成於南京者耳今人輒譬若官式之會議不知號稱根本大法之所自出卽屬此種是法也旋毀旋復既復又毀詰其條文能誦之者無幾人語其精意能同焉者無幾人威棱盡喪無得更論曰法法以變亂之起必資焉以為號召而政客也者非如此偸託無以自存則相與護法護法呼嘯而成之以為塗飾耳目別為陰毒之計翻覆一次國家之元氣大損一次今吳氏之為亦增其次數重苦吾民已耳非有他也夫法者無聲臭者也惟人則弄之吳景濂之法竊於國會而貨之者十餘年去歲尤為犧品（本英計學家言）憂賣腥聞流傳至今已亦以謂自絕於民卷舌固聲而去今以法統之故使得有所憑藉重整旗幟而起是亦唯恐毀滅廉恥猶未至盡黷亂政事猶未極成已耳法云乎哉

且依事實法統亦未易言也患難論之曹錕之敗敗於法之意而不敗於法之數以言數也則彼固赫然票舉之正式總統也今護法之云將以曹氏為畫布乎恐無人具此膽力圖之也又黃陂任期未滿之八十三日頗為法家拂士之所未忘今護法之云將以黃陂為楦皮乎恐主之者未必卽是其意也其尤要者國會議員夙分兩派一賄選分子一拒賄南下之分子士各有志不容相強今吳氏所擬召集之參衆兩院亦何法使此兩派通力合作共戴此國會名義惟將軍之馬首是瞻乎以純乎賄選者成之數之與意兩俱大匱又何法之足言乎凡此種種俱為法統論之大障容頭過身大是不易以吳氏平日之言行律之與此宜不相能而展轉復展轉終必假是以為的標無他亦師行無名姑為此下策以圖僥倖於萬一耳語云日暮途遠倒行逆施誠不料倒與施者其度一至於是

吳氏又以不合法詆執政政府凡外交應俟合法政府成立而有效此尤無謂蓋今執政政府固未嘗以合法自鳴于衆也彼其職志在澈底改革人以改革之不澈底為言或揭舉實施改革案者

之不切至當謹受教今曰如不合法何則是齊王好竽而子操瑟立齊門之類可謂不識時務之甚者也間嘗論之中夏立國之道固有九流自儒墨以下其一至焉於邏輯均可爲治而在實儒道爲歷代所崇奉其勢獨肴法家者流亦參伍其說使佐治焉而已英人 Rule of Law 之一觀念夙爲吾人所不解繹以法治之眞精神入之已嵗捍格而不易通今乃得其僞者而吳氏所稱尤僞之僞者而謂觭叶于人心中於民隱一夫建號百洲同聲是固必無之事愚爲此辨亦杞人之憂也已

慨言 元年八月

孤桐

京報副刊曰民衆者近載章士釗之故事一則（十一月十日）意在醜詆而不知所以爲言作者自稱與不習所紀乃從賄選議員口中得來本不足辯惟所列罪案有昔曾改隸梁啓超之政聞社一條此語在今日猶得聞之眞是非常可怪昔者革命初成梁任公爲同盟會人所側目凡人稍與任公有關輙見詆排或卽無關而如劇盜之扳誣良民狀亦强以梁黨坐罪以元二年民黨氣力之大此固無可如何之事也愚時以非同盟會人主持同盟會之機關報（上海民立報）於南府政策多所匡論則大爲黨人所恨誹詞日至凡足以媒發當日惡感以中傷愚者悉恣言之事之有無在所不計愚得無端通籍于易代久散之政聞社者此也愚適年少氣盛嚴詞辯之爲任公遮護尤至獨立周報曾錄愚致楊懷中一書敘此事顛末頗詳黃遠庸語愚君書足見眞性情有此一文他文可不作矣此雖推許過當而愚敢攖衆怒悻悻自負之風出于黨人用事之秋誠亦不無可取然今爲何時矣所謂黨人其勢浸失任公乘時講學蜚聲士林其處於社會之地位及社會相待之感情較十年前適得其反政聞社之一名詞除於政史差有意味其實足以激發時人之意氣使生仇友毀譽之念者蓋希今猶以此毀人及人因而致辯均遠於時代精神遠甚而愚仍斤斤以爲言者凡以見社會心理編狹如故讀書人之胸藏卑陋有加頗足爲考覽辟情之一助而已流俗愛惜名譽之見固一毫無所動於其中也致懷中書一時覓稿不易尙有民立報一短文在爰表而出之並誌數言如左

孤桐

某報對愚所作總統責任問題不能據理相爭乃轉而攻擊人身謂愚爲政聞社員當武漢起義時曾寄稿帝國日報倡言革命足召瓜分云云蜚語之來本不足辯而以該記者所言足以表見社會心理之一斑請得一抉其妄

十年前愚曾致力於革命事業旣經挫敗頓悟實行非己所長卽絕口不談政治轉以文學爲鵠願附於囂俄擺倫之流然其身焉居東三年罕與人接除民報曾有一文序太炎之國學被習會外未嘗公然發表意見東京結社如林乃無一與愚有連愚之不爲政聞社員與不爲同盟會員皆依當時所持之態度而定了無足異今人誤入愚於政聞社愚不以爲辱猶之誤寵愚以同盟會籍愚未敢以爲榮也

武漢起義之明日英倫新聞界中異議稍起莫禮遜於克強尤多微詞愚審外邦輿論之力可左右吾黨之大事也卽擇其議之袒己者通電民立報以安吾軍心主旨卽在證明革命不足召瓜分之理自後一日一電或一日數電於是者月餘愚發倫敦之日始休愚旣歸國社友相告謂當時館中支應大北公司電費爲狀極窘常積數電不能往取然不取坐失佳訊又大可惜且信用一隳

後屯不繼而中義士之精以自壯者烏有故右任苦不可言云云凡此有報可商有反可質與某報所評適得其反昔有無婦而以撾婦翁見罪者諒其時計惟撾婦翁一事口實最佳因妄稱焉已耳還來瓜分之譏此類是也某報又謂愚居英倫才一年半未嘗入學英文文法不通日手字彙所讀不過兩三頁該記者曾親訪愚愚告以私淑康梁等語此猶辨者將失其所以爲我矣噫十載交游頗重風義一日失歡傾軋竟無所不至世風如此夫復何言

新解蔽篇

葉蓁

昔荀卿子著解蔽篇於蔽之義闡發無餘蘊而無以祛世人之蔽降及近世學術學者愈衆而蔽且彌甚抑亦異矣不揣謭陋請申其說

梁任公於日俄戰後怵故國之孱弱欣島民之勇猛發爲文章形諸歌詠國內青年爭以好男兒自居蔚爲風氣匹夫一呼從者如雲洎入民國軍士彌衆而國勢彌弱此無他國之強在兵而兵之強又別有在則未之及也項城既歿人各自雄而世界大戰方將寡人之妻孤人之子屍塡港岸血滿城寫禍且什伯於吾國於是弭兵非戰之論盈天下上以是號下以是求任公百里賫持之尤力往日於石壕吏兵車行折臂翁諸什視爲汩沒國性痛惡而詛咒之者今且盡力播揚冀家喻而戶曉五卅事發而軍國民教育學生軍國民軍之聲又洋溢乎中國矣果孰是乎孰非乎荀子曰遠爲蔽此乃蔽於近而不知遠也

世衰道微人心日即於機詐於是有倡佛學以捄之者其言曰科哲偏於知宗教偏於悲惟佛也悲知雙修而得其全一人倡之百人和之而風行國內者惟淨土宗甚者佛其言而跖其行而非佛非耶亦道亦儒之同善悟善諸社且遍全國欲捄人心而人心益險矣荀子曰始爲蔽終爲蔽此乃蔽於始而不知終也

茲二事者固爲國人聚訟之鵠猶未至也其訟最烈而蔽最甚者厥維文化問題

自自由平等之說盛而三綱五常之基隳隳之誠是也顧有譚嗣同之衝抉網羅而有陳獨秀胡適之吳又陵之詆毀禮教有李守常之無階級有吳稚暉之無政府譬彼舟流不知所屆『內以自亂外以惑人姑謬於道而人誘其所迨也』

文言白話之爭文化問題之中堅也梁任公始抉桐城義法之藩而務爲汪洋恣肆蓋任公之所重在言不在文言之行與否在誦其文者之衆與寡言主行於青年而文乃與青年血氣彌近往日之獨創近今之隨俗意乃在彼不在此學者不求其旨之是非而繩以文任公不願承也胡適之之言曰文有物文宜活駢儷無物也古文死文也適之治名學所見無非理所言無非理充其極物將盡天下之以爲不合理而者措諸理學者不求其理之是非而責其文適之不願承也章行嚴之言曰文章大業曰文以載道其評人也曰吐屬名貴曰彷彿東京以爲文乃妙手偶得而非士民衆庶之所共喻也學者不求其文之優劣而責以理行嚴不願承也任公以情勝適之以理勝行嚴曩年論政諸作情理俱至又能澤之以辭晚近論文則病辭費矣任公蔽於效適之蔽於理可嚴蔽於辭文各不同蔽則一也

古諺曰城中好廣袖四方全幅帛任公隨時者也可弗具論自適之以白話倡率天下之人習爲嘔啞嘲哳之言而文言可廢古書可廢（白話文家沈九寧主張）漢語可廢（主張語體文歐化者）漢字可廢狂瀾既倒一瀉無餘適之初衷諒非若是何也活人不爲死語華人當不爲歐語

也行嚴義多援古辭求雅馴而和之者謂經可以振國綱常自有至理推其極必將有以君臣之義無所逃於天地之間之說進者行嚴初衷諒非苦是何也古義不盡在經專制共和不並立也而各是所是各非所非莫肯起而糾其失豈非『私其所積推恐聞其惡』乎蓋嘗論之舉國如任公可也舉國如適之可也舉國如行嚴可也舉國或任公或適之或行嚴更無不可也所可慮者一派之氣燄獨張壟斷輿論矯枉而過其正耳

子思曰發而皆中節謂之和荀子曰『虛壹而靜謂之大清明萬物莫形而不見莫見而不論莫論而失位坐於室而見四海處於今而論久遠疏觀萬物而知其情參稽治亂而通其度經緯天地而材官萬物制割大理而宇宙裏矣』去兵也強兵也提倡宗教也改良文化也文言也白話也其各謀發之中節處壹而靜勿蔽焉可矣作新解蔽篇

通訊

藉甚

……藉甚風徽長懷卷卷未遂瞻對紆軫靡極竊念俗敝久矣衆長淆亂毒被膠庠弁髦所激莫之敢逆而閣下毅然排異說揭明義處高名之地遇有爲之勢吾知天下之士受陶鑄者益遠且大豈勝仰企門人孫宣字公達年三十吾師瑞安孫琴西太僕從孫而葉田侍郎孫也幼能夙承不墜家訓初覽羣籍極緒見本所爲文章胎息頗深往歲任西北軍祕書隨蕭縣徐君往來朔漠萬里之地久著賢勞今者經下頒彝倫敷化論道又當中日文化事業初事開幕允宜收集明智共弼良績可否俯加抽擢委以分會委員之任儻蒙明選必有可稱伏希裁察祇候嘉音老憊縮步謹道呈拙著四種并乞教正臨書悁切不盡欲言……馬其昶

北京府右街東紅門
九月一日

愚年十七八學爲文章讀曾文正公所爲歐陽生文集序略以想見近代文藝之富家數之出人輒不勝嚮慕而隱然以求衍其派於湖湘之責自任顧居窮鄉無所師承家中藏書復不足開發其意志則挈弟游學於外冀有所遇而其時革命之說初起喜撫拾焉以自見濡染日益與爲暴亂遂乃亡命海邦改習旁行文字至數歲不親毛錐或見一綫裝書以爲愜近十餘年間又淬於政事卒卒尠暇偶有發抒大抵中西雜糅偸託一時與因文見道之學相去萬里蓋幼時自定之志寖以荒矣今忽承通白先生以近著四種見貺一周易費氏學一三經誼詁一老子故一抱潤軒文集持書諷誦不勝慨然倘二十年前愚得先生其人授以傳書爲之講畫愚之廢墜不自克就以至文事略無矩範必且有愈於今而今不可追矣先生桐城人沉浸於鄉先輩之教宜其深至以是方姚諸人之譽早歲流聞而先生

行文「得諸心而輸諸手躊躇四顧儼然聲咳於周秦兩漢以來諸作者之旁」雅不欲以桐城門限此意王晉卿先生爲微發之而先生未以爲迂也愚竊本斯旨以謝先生之會義滯而有所請幸勿吝教孫君出先生之門定是佳士請令來談當與共商所事斯不辱命此爲中日文化事業與否不必拘也肅此布懷聊發一二　孤桐

頃讀

……頃讀甲寅十四號見通訊中有墨學一則若可解若不可解唯公答中有根本一點謂『尺由若干端相次而成應有邏輯可紀之數而數非觭則偶又至無疑』此後一語可謂一言之未審幾類梁任公之不解『以言爲盡誖誖說在其言』尺固猶可謂爲端之積而端數則非觭非偶何以故爲無窮數故尺爲端之積而分尺必不可得端何以故無窮數非數數所可及故無窮數或超極數者加一不爲增減一不爲少凡線之短不拘至於何等但令猶在所函之點之數均爲無窮任何兩點之間所容點數并爲無窮若是之物近世算家稱爲相續故線雖有長短言其點數則皆相等尋常自然數公所謂非觭則偶者其總數即一無窮數之列詳應言無窮基數觭有無窮序數在一切自然數顯然較一切偶數多過一倍而二者之數相等故無窮之類數爲無窮之集合去半亦不爲減無窮數亦有種種大小不一俱爲邏輯可紀之數自然數之數乃無窮數之最小者線之點數一無窮數即較之爲大據今所知亦有大小不可相比者然皆無觭偶可言上來所述均近世算家之新得爲近世數學基礎之集合論所論大部不外乎此集合論民等曾譯爲萌系論又嘗曲解「物生而後有象象而後有滋滋而後有數」之言譯爲

謬論俱見七八年前公主講北京大學時校中日刊不知此者直不能入羅素學之門羅素專於明算之書言之極詳其『我人之外界知識』中所述亦甚悉公餘盍取觀之當見上所云云非亦在可解不可解之間右及墨經論『以言爲盡誖』之說于古希臘本亦有之所號 Pseudomenos 者是即有 Crete 島人名 Epimenides 者謂 Crete 島人啟齒即謊有德人 Rustow 于一九一〇年爲論文題 Der Lügner 據聞述此來歷衍變暨舊來有關藝文甚備購之不得墨經「在其言」之說便不視爲不解之解要不過特解至于通解或眞解一九〇五年後羅素發類型說乃得之此可于羅素與懷惕黑老教授合著算理卷一之首及羅素自於巴黎元學評論及美數學季刊中所布文求之近於其邏輯原子論哲學講演及邏輯原子論自述并曾說及羅素第一高足爲奧人維持根斯坦有奇書曰名理篇 Tractatus Logico-Philosophicus 亦論及此皆可觀者

往年胡適之初歸國治墨經我亦曾數與商論并就關涉辯算者注解若干則公曾索觀未及呈今從故札中檢出補奉一覽牽強附會不當之處知必不少亦未暇覆看要之以中國人在中國治中國學難易方便自與在今日中國治西學不可同年而語即如目錄小事我如欲成羅素著作全目逐條提要亦非再到歐洲兼及美與日本重事攷索至促兩年必不能辦然治西方新學實比治古學尤有趣味亦更穩妥不說古學必不可治亦知治新學亦是一種戲不能以爲戲便難有成然要不似向故紙堆裏討生活常常勞而寡功新學日進可以使古義日明新學不進古義必多難見『中學爲體西學爲用』前在德時已感爲不易之論我之解釋或與人有殊然如不得西學之用體亦徒然而已凡此種種我願以鑿

理國故相號召者悉察之

新輯邏素近文目一篇印板漠忽未必可讀其說解之處乃以近于文言亦不甚遠于白話之言成之我非能文之人文之爲文（俠誼）爲白初不甚容心正言之只敗達意自然有法有物負言之只知死板與晦矯揉造作之所謂古文與說理論事而非記言之文而滿紙纖甚意思之士言俚語未出百里便索解人不得者同一不可當生計梟兀文業彫殘之會提倡白話原未嘗無相當理據崇簡潔之文言斥濫惡之白話主聲傍漢字而非濫用四不像之注音字母或降表意語爲表音語此于晚近邏輯與語學之新成就亦何嘗不可得其相當根由必抵死相非誠亦同屬不可而最不可則尤在思藉權威勢力 Authority or power 定一尊公尙調和此意想有同情……張崧年（覇才胡同南半壁街十六號十月二十日）

右信書就未發又於甲寅十五號得讀釋解墨經與說『以言爲盡誖』筆記一則『言盡誖一言乃爲一切言估値之用……勢不能誖』云云雖覺意間近于羅素之說似無當于墨誼沙門神泰所說至明顯墨誼當不甚外是詳解轉嫌推敲過甚『以當』似不如解爲所以者當更爲直接了當卽神泰所謂『一切語皆實』『必不審』必字似不必改『必不審』卽必無是理耳但所詁『當者考一切言之當否』云云固甚勝義如此必字亦無須改『之人之言不可以當必不審』蓋卽其言本身既已不可乃以考律一切不無是處故亦誖』之意墨讀儻與如此實勝因明家言解古書必通當字不審二字憶墨經它處并用有手頭無墨經不知今解可通于彼否彼羅素說言（辭、命題 Proposition.）宜有類型 Type 之別同類型之言不可相謂卽言不可以自謂如云 I am lying 便與妄兩不可然如『以言爲盡誖』所以之言爲第一類型而其言（之人之言）屬第二類型卽無不可羅素說可解衆難違之則可成巨繆體大思精非短言能盡雖屬新發人實亦習用之而不自知我往有自己例外之說意略本此以言爲盡誖者或亦有此意乃勞墨家謂爲誖因明家謂爲相違又『兩俱不通』只是無謂（Nonsense, Meaningless）亦不必誖

又見任君鴻雋通訊當此虛無縹緲神靈鬼怪之思詞方盛乃得任君以科學闢甚盛甚盛唯謂『以太中電浪之存在豫期于馬克斯威爾而實證于赫爾慈』又以以太中電浪之存在與空氣中聲浪之存在對舉一似以太爲實有而電浪存在于其中則不免起人誤會自麥開爾森摩雷實驗失敗安斯坦相對特論立言光電均已無須假以太之存在安斯坦成相對論後誠又反認有之其實只是其名實固已迥異特以爲『具有攝引與電磁場之空空間』之代名而已然此固非馬克斯威爾赫爾慈所及此點關涉甚要且猶爲諸家所聚訟任君云云似不無有失科學家之謹嚴至任君於形式邏輯若甚不滿蓋坐未識晚近此科之義　十月二十五再白

畸偶之數乃周秦諸子間辯論最烈之一問題莊子天下篇所謂以畸偶不仵之辭相應是也申府無窮數云云既爲近世算家之新得墨誼未必如是解經之文本有兩種一以主觀應之理充類至盡而言之一依當時情實委曲疏導解墨似宜二法並用申府試更詳察墨經嚴爲剖斷何如本函所陳各義俱極精銳可以開發科學界無數難題謹先錄焉以俟公論愚雖不學亦當徐徐參加討論也　孤桐

聞兄

……聞兄竭力整頓學風欽佩之至此事關係國脈望堅持之至幸近日法國有一教授反對摩洛哥之戰法教部擬停其職因大戰有功得革職次一等之處罰德教部因新舊國旗之爭近日亦不准學生胸旁插此類黨爭記號是各國對於教習學生無不嚴禁干涉政治使之專心學問吾國適得其反可勝浩歎……魏宸組（的林中國公使館 十月三日）

今之言解放者輒假歐洲爲詞法蘭西尤爲宗國先君豪猾反對政府措從者所糾口注東所稱法教部云云得毋有誤記歟 孤桐

羣言

……羣言淆亂八紀蕩然甲寅重光肯有一炬解國病之癥結正文體之兒婦樹之風聲挽迴厄運甚盛甚盛就中所論以農國之說爲最精蓋自工商備興民德日窳疲一世以奔命於奇技淫巧力竭聲嘶而未有已社會狀態長在競爭鬥囂之中而人人無分之可安無命之可立物窮則變明農之論殆將衣被全球乎此視科舉諫職諸事尤爲重要幸竭誠闡發而導揚之本立道生其他問題將不難迎刃解矣又每次徵文題目可以加多獎金可以從減題目多則研究博而集思衆庶無復陳言無關宏旨之作至於以言覺世自是君子之責而亦有不得不吐之情賣文本屬佳談究競賞而擒詞與自動之樹說其誠僞正自有別熙熙穰穰利來利往若君子而亦以言爲貨則覺世之志荒矣且所費不貲亦難爲繼酌致薄酬聊助文興可耳抑有年更有進者有德者固必有言而有言者不必有德君子於此不以人廢言可耳言苟有當嘉許其言而止耳若因言而推挹逾量則毀譽淆而是非熒從風而波所關不小斯有心風化者所宜致謹者也（如武昌某君小學文鈔本有可觀而性情乖僻品行淫蕩近且流爲卑汚乃先生以爲北京尖之士林睢淡且函望其北來如欲引以爲學子矜式者雖僧札寒暄簡順推獎而出之名流高位終於人心風俗有關）孔氏有云各言爾志景慕既切輒貢所懷伏惟有以教之……賀有年（南昌十月高叢臨十八日）

三年前愚粗覽歐洲羣況審惟明農可以而徹捄歸仁返國後擬爲農化論一書中英文對照以資當世討議又不僅專爲本邦說法也公私紛然此願未遂其意散見於泛常論著亦情不獲已以時流露而不自審耳如錢散地貫串未遑知不能爲愧憾無地往歲在上海新聞報執筆尙有農國辨數首羅明旨趣不審賀君已得見未今爲甲寅涉此更尠農治翼下篇且久曠未續忽被齒及頗復自驚闡發導揚之責雖不敢當姑請執賀君之所以策我者往矣其得無負所期否還在君不時督教之也徵文一節所論極中肯綮當如尊旨改爲至獎言逾量君以爲病遇意今世嫉賢害能之風臻於極盛吾即以無限之宏獎出之一時矯枉或嫌於過稍一迴波旋見其平得失偏正之數未可於目前計之也特如愚行能未宜月旦偶爲品藻等若浮雲君意相勉殷勤甚厚凡事爲否在先當否在後爲否也者任也當否也者道也以愚積慝滿躬橫被口語自檢不暇焉妄以言進退人是其任愚已先不克承矣遑言道哉此意唯君亮焉是固不在爲某君辯獲也 孤桐

頑自

……頑自甲寅第十五號再得辱復書知足下不以畸狂背而

納其所議且詢及其所隱而欲爲之匡助幸甚幸甚畸不敏竊嘗謂當今之世不可以言理而惟自了之是宜故雖喜治文學殊不願與今之所謂士者論短長乃不幸今年春出版合作社暗將畸錯雜零缺及未成之稿集而公之於世標其書曰中國文詞學之研究其中所載不特粗鄙膚淺且有適與畸見相左者而竟潞然署曰施畸箸噫人間眞無事不有也以畸之不文夫何敢竊斯號而不暫因致書該社請其停止發行一方更自登報否認著作廣書及得彼覆書除頌諛道謙之外并允我所請畸該謂此事得了乃未久該社不特未背所約且低價方爲發售噫人情如此吾復何言乃朋輩不察多有據彼書相詢或且有以之相稱者於是畸乃益不知所爲而窘迫甚至於無以自容豈不悲哉無已其捺刊佈吾說更有何逃此即畸所謂不得已者吾恐足下雖欲有以厚貺亦將無如之何耳夫箸書美名也且有大利存焉乃吾所得者惟此而困窘或且因之有加蓋畸固以教書爲業者若人謂我之粗陋矛盾　眞如該書所載因而鄙棄之則吾將並此苟以圖活之中學教員而不可得噫吾雖欲不刊行吾書其能已乎況比年吾因貧至於衣食不能給妻子不得養而方汲汲不知所以爲之若幸而吾書得售其窮或可以少蘇此亦吾所謂不得已也中國修詞學自序一篇述此義甚詳茲錄奉於左右用達辱愛拙箸之鈔濟者爲胡君適之攜往江南茲當即刻別錄一通奉寄至於是否如吾所說與能否如足下所望吾亦不能知也夫正其義不謀其利明其道不計其功求學者似應如是況吾之怯懦疏陋又焉能不循此以自文要之在足下未讀吾書之前恕不更有所道說矣……施畸　自而縣發　十月二十四日

窮書生之生活愚夙昔蓋飽嘗焉故施君所言能以滿復之闕情迎之者愚也惟君愚言未讀其書以前不更有所道說愚今作答竊本斯言自序一篇行緣書以見於世亦恕不載　孤桐

前以

……前以學黨不並存奉書左右辱蒙裁答甚盛甚盛惟以一代宗風當世名宿等詞用飾胡君則先生邏輯名家而出言失檢鉞之不敏難爲曲諱鉞實林畏廬及門弟子豈復與胡君有涉耶民十秋日謁畏廬師於永光寺鉞曰師譯茶花女遺事讀之輒爲流涕詢之友朋莫不皆然此譯何若是之哀惋耶畏廬師曰譯此之年適值吾妻之死也汝知之吾此書風行天下言舉燃髯莞爾有干霄凌雲之氣民六之歲胡君等於百種林譯中摭其一章一句縱情詆毀識者笑置之復嗾牙爪託名王靜軒佯爲林師辯護同時並刊駁難而惹觀聽所謂不信之至欺其友鏜親見之夫林師譯書賣畫與世何爭講函簡談說不盡精醇而德行文藝至足範型後輩令人以困學養望其道泰迂急於揭己特吠高名致使吾師暮年抑鬱而沒鉞誠私心痛之今琴南師已謝世矣鉞遊食四方學無寸進覽師之眷注期許覺重負之十五年前鉞肄業五城學堂一日課文蒙林師批於卷三歲氣便食牛此子非近器獲冠其儕清夜追維不覺潸然泣下高山景行敢佩終生劉彥和曰夫心之照理譬日之照形目瞭則形無不分心敏則理無不達豈成篇之足深患識照之自淺今之倡俚語者號爲平民眞爲平民者不求民目之瞭而冀形之日粗不顧民心之敏而求理之日淺耶竊謂僞新文學之寶三曰符號曰的麽曰遊走符號以驚不諳西文之國人的麽以媚未豁愚蒙之後起遊走可以耀耳食塗說之末流夫由北京至武昌纔二千四百三十里耳所特苟有重值

則兀然獨處一室之中橫之可質萬國縱之可被百代所持苟無重值追論由燕而鄂即日日御風周地三匝果何加焉嗚呼國人不勝其自營之私跡象之多於今爲最此與哲人所寢饋難安者也此與哲人所縱饋難安者也叩之明達以爲奚似甲寅新布陳拔君一文爽朗昭彰清新卓爾鑑極願識其爲人未悉先生願爲介紹否又舍弟濂跡新卒業於東京高工現實習於日本大藏省釀造試驗所月前偸暇返國鎔問吾國教育現狀東論如何舍弟曰聞國學皆搖首聞所謂新文學者鼻嗤之獨對柯鳳孫辜鴻銘兩先生深致殷殷所詢者爲爲己而學爲人而教著作精深之誠篤教授鎔聞舍弟說敵國之教授曰著作精深曰爲己而學爲人而教惆悵者纍日茲偶憶及請並以聞……李濂鎔保定西關第二師範學校十月二十七日晨

來書意氣太盛其情可尚其詞竊以爲未安稍加删節祿之於此蓋以師弟子之誼曠隔千載尤爲今之後生所怪駡君之拳拳於林先生如此愚何敢隱獨所以訾毁胡君即舍尋常風義不論亦有傷不薄今人之道尤非養氣君子所宜在胡君可以聞而不罪持志之責終惟吾子自尸之耳猥承不棄敢貢此言陳君拔愚素不習投函清華學校國學院中當不致誤如需介者請持此往本刊如月千里共之較私人書遞爲切至君謂何如　孤桐

甲寅

……甲寅出世之歲中方就學蠡城讀而愛之以爲思理精密得未曾有欲見其人而其時先生遠在東瀛莫可得則強自慰我蓋其人爲其文之有功於世也何必見之耶自是以來垂十年矣先生之足跡南北交馳歐亞徧歷國不忘學學不忘國而中亦衣食奔走萍踪莫定未暇通一札也然先生之文章有勿見未嘗勿讀今年春中棄滬上教職來京師蓋京師者賢豪所萃中病於南方之固陋寡聞而冀得良師友以問業者也時先生方長法部可以見矣恐先生疑其干以私也不敢見嗣先生兼長教育而學子以誤會譁鬨頗欲陳其蠡見而先生已拂袖行矣其在天津也挽留之使不絕於道中以爲國亂未平權勢是競政府偶有號令利國利民者反對黨輒以其不便於己而抗拒之假官力以改革教育勢殆難於登天何如號召同志聚徒講學共持風會欲以此意瀆左右迄因循未爲而先生感於執政挽留之誠又出而任事矣初頗疑先生出處之不審旋見先生棄司法而專長教育然後知整頓之計劃熟具胸中犧牲罔恤而佩其願力之宏也五四以來談教育者愈多教育益以窳敗中蓋痛心也久矣所懷萬端輒欲往見傾吐然終恐先生疑其干以私也不敢見前者已具書稍陳其意矣今復願拉雜述其一二惟賢者裁教焉白話文言爭訟久矣以中之愚以爲可以並存而不廷相得而益彰我中華文字之優美誠有非他邦所能及者以言乎文則上之孟子七篇下之如陽明之著述明白曉暢殆過今日歐化之白話文以言乎詩則三百篇中儘多老嫗皆解之作白傅長慶集更無論矣是又何取乎白話耶中所表同情於白話者小學生循語抒寫便於達意是乃普及教育之先鋒共利一天之生才萬有不齊往往有學文十年未能造句而令爲口語千言立就是爲發展個性之利器其利二且文言存則爲白話者懾於勁敵益努力而不敢怠白話行則爲文言者濡染無形可免飣餖堆砌之習無敵國外患者國恒亡惟學亦然顧彼淺見之流目文言爲古文則又偵矣今國中能文

言者實繁有徒能古文者曾有幾人其易視古文亦適自暴其不知文而已抑中之意爲文言爲白話儘可任人自由而設學教人除小學生外固不必懸白話爲課程也今中年以上之士能白話者遍國中試問誰教之耶庶講研科學之餘得略涉先哲之遺編窺見其用心而我東方古國之文化或者不至泯滅乎此所欲言者一也學無盡也終其身無可畢之日而謂能於一定期限內畢之非妄人而何禀賦至不齊也而責其於同一期限內畢之其妄更甚曾文正公自言記憶極弱而張文襄公則過目成誦二公皆豪傑之士若責以同一時間盡某書通某學皆如破桎梏矣然則今之大學期以六年何居乎若謂國家需材不限以期將奚爲用則隨所需而以時舉行考試并核其平日之學績以爲去取可也惟限以期學子日蘄其滿而爲學意怠期滿則操證書以獵官而所學遂不復究矣學術安得而不壞乎且比年以來各省中學校殆爲北大師大畢業生之尾閭兩大學績按各生而平均計之誠不遜他校然優秀者究屬少數乃不辨優劣皆布學校使當作人之任豈非以教育爲兒戲乎是亦年限制階之厲耳若但衡其學勿計其年則學子奮而人才出矣至於中學以下國人研究道爾頓制者已不乏人其識力良可佩也似亦當宏獎以利推行此所欲言者二也凡茲所陳至淺薄不足道顧鯁不吐不快之感用效獻芹獻曝之爲焉嗟夫女師東南兩大之重組先生之魄力偉矣卽吾師桐城馬通伯先生亦謂此種骨氣良不易得清議於焉可徵但願鼓勇奮鬥勿貽再衰三竭之譏斯教育前途之幸也雖然當此學術荒蕪掌教者雖亟亟謀挽濟之策而操國家用人之權者若日獎奔競之徒苦學清修山林枯槁彼固忘世世亦忘之則爲效抑亦僅矣是又不覺興喟耳……張中　虎坊橋越中祠　十月十一日

論文一節苦心宏量甚休甚休白話文者舉世不爲之日愚曾發願爲之今復有所不可固亦未是至言極論也如君所稱小學生俾得抒寫己意學文未成者令以口語建言此亦何所用其反對特今之主白話文者不然彼不肯自居不文之名而惡天下之文害己也則倡舍白話無文之說務使天下無智愚賢不肖口惟無道道一切法於己手惟無書書一切宗於己而後快汩深造之上材墮載道之遠器以可鄙之下業居高文之美名勢猶寘猿於木投魚於淵馳騁而狂毒流後世有文化之責者其亦如何畏難害理而莫之捄也昔蘇子瞻與張文潛書有曰文字之衰未有如今日者也其源實出於王氏王氏之文未必不善也而患在於好使人同己自孔子不能使人同顏淵之仁子路之勇不能以相移而王氏欲以其學同天下地之美者同於生物不同於所生惟荒瘠斥鹵之地彌望皆黃茅白葦此則王氏之同也嗚乎子瞻豈料文字遞衰下至白話吾人將移其言以病某氏哉自由云者以人己共由而得是名吾以自由往而人以專制來奈之何哉人或罪愚以政治之力摧毀白話果眞爲之愚之肉安足食哉年限之制乃設學者不得已而爲之蓋校課本以待中材而不足蔚成上品曾論亦令良教育家精通其意可耳前半顯飾逾分非所被荷近人願以本刊通訊申述情愫鄰於朋比爲非藥石之言願與君共承之　孤桐

章氏墨學

孤桐

〔經〕知其所以不知說在以名取

〔說〕我有若視曰知雜所知與所不知而問之則必曰是所知也是所不知也取去俱能之是兩知之也

此條頗易誤解胡適之謂與貴義篇瞽者論黑白之義相同篇之言曰今瞽者曰皚者白也黔者黑也雖明目者無以易之兼白黑使瞽取焉不能知也故我曰瞽不知黑白者非以其名也以其取也胡君因謂怎樣能知道一個人究竟有知無知呢這須要請他自去實地試驗須請他用他已知的名去選擇若他眞能選擇得當取去俱能之那才是眞知識（中國哲學史大綱卷上百九十七頁）果如所言胡君亦淺之乎視墨經矣以已知的名去選擇物乃常識中第一險事近洒食店有貨Plumes者店夥不知其名以色黑微與荔枝乾近則號曰外國荔枝日本人不識盧笋取其形似亦名之曰西洋獨活今雜Plumes與盧笋於品物中而令店夥與日本人者實地選擇彼無憚斂然以應隨手而指曰此外國荔枝也此西洋獨活也是將有當於眞知識焉否乎石頭記載鴛鴦以黃楊根整挖之套杯飲劉老老老飲畢笑問老老杯爲何木所成老老曰我們成日家和樹林子做街坊困了枕著他睡乏了靠著他坐荒年餓了還吃他眼睛裏天天見他耳朵裏天天聽他嘴兒裏天天說他所以好歹眞假教是認得的認之許久復曰我掂著這麼體沉斷乎不是楊木一定是黃松劉老老去楊木而取黃松所以取之又根諸極富之夙驗小心之體認是宜無悖於實地試驗之義也所謂眞知識復安在乎縱曰如劉老老皆毫取不得當未足爲訓則使鴛鴦自名朗焉唱黃楊根無誤其邀識於三尺童子之所爲亦有幾乎蓋陳棗栗與萍實（萍實雖孔子知之見劉向說苑）於前使童子之稍誠篤者擇之彼得從容而言曰此棗也此栗也此不知誰何之果也是去取俱能之也墨家之所貴科學之所尙寧如斯而已乎

前解之誤一在以名取與貴義篇之以名以取相混同一在於兩知之義未嘗厝意以名取者不足之詞謂凡取不當以名若徒以名將無童異子之取棗栗與貴義篇輕名軒取之意適反又所謂知者固明明言之我有若視曰知知不得同時爲不知何以下謂是所不知不知不得同時爲知何以下謂兩知是不知云者必與童子之不知萍實異趣

愚案科學家之遇物也大抵周覽而剖晰明德而辨類儘可不知其名不容不知其性常人不知不知其所以不知科學家不知知其所以不知所以不知非以實也以名也以宇宙間事事物物所被之名在其所知範圍以內固無一與之合德也如生物學者於植物瀞發見諸動植物形狀詭異不勝惶駭有一物焉四足大如貓眼與色與皮似鼴鼠喙及蹠則又爲鴨博士邵君 Dr Shaw 以不能定其爲禽爲獸終身不樂此將謂學者爲不知乎則察其實甚審也將謂爲知之乎又無以舉其名也後諡之曰 Ornithorhynchus譯稱鴨嘴獸亦從其後而姑爲之名而已非先以其名取也以實取則知之以名取則不知也故曰說在以名取我有若視曰知若視與經說上以其知遇物而貌之若見同義以其所知在分晰不在統舉故凡一物皆經目及無論何時可得舉其要德歷歷如在也是之謂若視若視者以其實不以其名論名容有不知論實則無不知一有名之知一無名之知是曰兩知

六藝之一錄六百四卷（原寫稿本　四庫已著錄）

清錢唐倪濤撰

按濤字崑渠據其自序稱乾隆五年年七十有二故於厲太鴻爲前輩太鴻有序僅稱之以爲上下千古賅括朝野則通於史偏旁音訓各有據依則通於經旁引曲喻不遺幽遐則通於子與集四庫提要亦稱凡六書之異同八法之變化以及石刻墨蹟之源流得失載籍所著者無不裒輯蓋自古論書者唐以前道文緒論惟張彥遠法書要錄爲詳若唐以後論書之語則未有賅備於是者其纂輯之博且勤有功藝術可以概見其書第一集爲金器欵識凡集古錄金石錄博古圖所載鐘鼎彝器均羅列焉而附以刀劍泉鑑印譜第二集爲石刻文字碑碣而外石鼓石經及其他文字之刻於玉石者皆錄焉第三集爲法帖論述於蘭亭鶴銘之論辨尤致詳焉第四集爲古今書體篆隸行草之外乃至畧吾日本之字亦存目焉第五集爲歷朝書論品評譜訣下及文房之攷索無不載焉第六集爲歷朝書譜朝家列傳以及古今名蹟之見著錄者無或遺焉據四庫全書總目此書爲禮部侍郎金甡家藏本又謂又平生篤志嗜學年幾百歲猶著書不輟貧不能得人繕寫皆手自鈔錄及其家婦女助成之是編猶出其親稿然則不獨世無刊本觀其鈔寫之艱卷帙之富並不容多有副本殆無可疑也已本書爲湘鄉李君進崇所藏李君爲勇毅公續宜之後其尊人潛園觀察家居時同里李亦元刑部於鄉村中訪得此書因從臾購得之時蓋光緒中葉東南刼火之餘巋然無恙晦而復顯尤足珍也書縱八寸半橫五寸半（按通湘尺）舉閣精書色澤古澹雍乾中物無疑世有好古博雅君子假以覽印俾廣流傳固藝林之佳話已又按獨山莫氏郘亭書錄亦載此書謂爲濤手稿云（宜穎）

說林

梁巨川先生濟從前雖曾識面並未直接往來先生與周霖叔紹昌林朗谿灝深至契兩君均余甲午春闈同年故余屢從兩君處備聞先生之行誼先生成仁之前數日作書以後事託兩君追悼開會時霖叔曾徵余爲詩文昨又承朗谿見贈遺書四冊挑鐙讀之不覺竟夕不寐第一冊爲遺筆均先生手迹其最要之言有云愚欲喚世人俯採鄙言非死不足以見眞心故敢踐昔日之志求世人醒悟各忠於所職之事以救國又致彭翼仲云請閣下向報館宣布第一句云梁某遺言此身之死係爲清朝而死第二句即緊接決非反對共和而且極贊成共和因辜負清廷遜讓之心不實行共和愛民之政故憤慨而死又云汪君進德會何嘗不好然未久即成泡影蓋宜以漸以恆勿矯激使人難行即日己亦不能行也又云我實見國性不存國將不國而欲使國性復光明於大多數之衆必賴有一二人爲之先驅以上所言均切實而沈痛先先殆眞能守不欺不貳之學而善養至大至剛之氣者矣遺書六種以日記二種爲最佳感劬山房日記節鈔一卷係壬午癸未間修己勵學之語及壬辰癸巳乙未丙申間論事數則如云大凡作文寫字等事皆與身心性命相通又云書卷固宜多看然必將四而放在心中作爲間架然後看羣書方有定見又云未有力量軟而能做事業者又未有嗜欲多而氣力剛健者愛惜精神是根本而清心寡欲尤爲養精神之本皆今日學者所宜書紳侍疾日記

一卷皆光緒庚寅二月迄五月間侍其母夫人劉氏疾亟時所記其間廻溯病情痛念彌堂苦節劬勞追述往事瑣悉膩掌又復較其醫藥宜否均出以戒謹慎重非至情至性中人不能著一字也

光緒辛卯李仲約侍郎奉命典學畿輔邀先生入幕周歷順直各屬校士閱文於壬辰六月辭館旋京侍郎因屬翁文恭師爲介延余繼襄校閱之任余於八月入幕時侍郎方試津郡余在幕一年周歷州郡凡七屬侍郎校士餘閒嘗語余及汪君伯唐俞君覲甫（兩君時均在幕）謂桂林梁君他日當以氣節顯余當時卽心儀其人今已越三十四年追憶前言益佩老成人相士之灼見也王益吾祭酒師所著後漢書集解三十巨册今已出版昨於友人處見之及至廠肆採購則云第一批消售已盡須俟第二批續印書到京方能送閱祭酒師著述之富奚止等身以東華錄皇清經解續編續古文辭類纂漢書補注後漢書集解數種最爲博大精深承學之士均宜家置一編師於光緒乙酉八月奉命視學江蘇丙戌丁亥間余甫逾弱冠應歲科試所作制義律賦及說經之文均爲師所激賞每試輒冠其曹時余方肄業南菁書院師於案試餘閒命至衙齋侍坐時時商榷文字指示涂徑又令校勘續經解諸書余之粗知學問實由師啟之也至戊子秋間督學任滿上疏嚴劾李蓮英弄權納賄恐累聖德語甚切直留中不報師遂乞病還山不復出矣師按試吳中各屬終日堂皇校閱文字取列各卷無不手自評騭語焉必詳不啻塾師之於弟子又每遇經古試場輒懸牌示許焚膏繼晷使諸生各盡所長嘗以司馬相如善爲文而遲賦命題課士蓋師意詞章之學必須苦心研鍊不容草率也師徂謝後余曾作感逝詩三首其一云義法推求師惜抱典墳囊括配儀徵等身著作垂千古當代龍門許我登其二云一疏批鱗賦寺人挂冠歸去臥湖濱獨營文苑千秋業不踏京華十丈塵其三云洗眼雲光鏡不疲衡量燕雀析毫釐風檐特許燒銀燭枚速終應遜馬遲三詩均爲紀實之言（孫師鄭）

嚴又陵先生當光緒中葉久居天津辛丑後與僕過從頗密後雖南北睽違魚雁往還仍不絕迄今存先生手書尙數十百紙可裝成巨册但未暇清理也近坊間所印先生詩文鈔不知何人編輯遺漏頗多茲先錄先生爲僕所書一律及甲辰出都留別同里諸君子七古一章律云四條廣路夾高樓孤憤情懷總似秋文物豈眞隨玉馬憲章何日布金牛莫言天醉人原醉欲哭聲收淚不收辛苦著書成底用豎儒空白五分頭古云中國山川分兩戒南嶺奔騰趨左海東行欲盡未盡時鬱律嶙峋作奇怪嫚亭拔地九千尺一朵芙蓉倚天碧建溪流域播七府未向鄰封分一滴江山如此人有然學步差稱時世賢舊學沈沈治根底新知聾聾窮人天共說文章世所驚誰信閩人恥爲名入朝見嫉古來有黃鍾瓦釜方爭鳴憶昔戊己游王畿朝班邑子牛尾稀卽今多難需才傑郭（春榆侍郎）張（燮均光祿）（珍五侍御）鄭（展丹京兆）沈（濤園京兆）皆猶飛孤山處士（謂異盧徵君）晉琅琅皂袍演說時登堂憐一卷茶花女斷盡支那蕩子腸諸公且盡乘時樂酒錢詩鐘恣歡謔君知國有鶴乘軒何用神驚燕巢幕乾坤蹙頓會有時孤忠報國天鑒之但恐河清不相待法輪轉日嗟吾衰深慙厚糈豢非才手版抽將歸去來頗似廬岑結精舍倘容桐瀨登釣台長向江湖狎鷗鳥夢魂夜夜舡稜繞豈獨登臨憶侍郎還應看月思京兆

僕自壬寅後爲開風氣牖民智特日草白話文數百言登於報末

內分五類一開智二闢邪三合羣四勸戒纔足五寓言積壘成帙後復另行刊布名曰敝帚千金賤價出售人頗樂取數年中積壘竟逹三十冊甚至再版三版緣其文字淺近讀之者多也十餘年後仍有人向僕索取僕轉一冊無存去歲承孫君伯恒搜檢舊簏獲得第一冊見寄首頁有嚴範孫先生一序僕久已忘之矣茲特錄出俾當時景況不致湮沒淨盡也序云文言不可以諭俗俗不徧諭則教育不能普及教育不普及則民族日趨於拙劣處羣雄角逐之世將不可以倖存近頃以來吾國志士主張是義者日衆文章鉅子往往內閟其瑰麗奧邃之詞而下規乎謠諺說部之體若京話報啟蒙畫報杭州白話報之類皆已風行一時為益甚廣而都門英君斂之又於所為大公報中日綴數行以寓諷諫積年餘乃最集為一冊而索序於予君之為人純而理強固而慈惠不喜張新學徽志而真有愛國之誠故其發之於言深切而平實無過高過激之論所謂為言既易知感人尤易入者也且君籍隸京中能為京語者宜莫善於君今制高等大學中有習官話一課官話者京語也吾見是書之不脛而走也光緒甲辰上巳天津嚴修謹識　英華

甲寅周刊第一卷第十七號目錄

時評

一

關稅自主案。由王正廷氏、在第一委員會提出。經各國代表一致之贊同。已於三日安然通過。召集此會之本旨。形式上可謂達到。今後之當委細討論者。惟完成自主前之過渡稅率。裁釐之切實辦法。與他項連帶問題已耳。實則釐金久稱惡稅。不僅有礙各國商務之進步。兼妨本國實業之發展。吾國有意裁撤。徒以抵欵無源之故。延未實行。今關稅可得自由整理。是固不待他國請求。吾當毅然去此大蠹。王氏所以有儘於十八年一月一日以前實行裁撤之聲明也。此種精神。頗爲友邦所諒。故會務之進行。其困難殆不若外間豫想之甚。四日、執政在懷仁堂。招宴各國委員。情意彌洽。席散、本國委員集於居仁堂。開內部臨時會議。就日美兩國所提方案。分別附加意見。擬於六日第二委員會。由顏惠慶氏提出。本會最後

之表相如何。誰不可知。而以資主之善意。與中外互惠之原則。成之天下事。固無不可為也。（民）

……

日來大局沈悶。殆與一周前無異。徐州戰事。傳聞各殊。披閱報章。如墮異霧。然時局關鍵。不盡繫此。而吾人所酷愛之和平。當世賢達所呼籲以求之者。是否尚有不絕如縷之希望。則雖延頸舉踵。萬目睽睽。而證象所呈。參伍錯綜。亦誠不易遽加論斷。昨日五機關於此。僉加討論。擬聯合致電奉浙當局。請先停止軍事行動。以待誠意之協商。並向張馮雙方。切實接洽。務使彼此相見以誠。免除種種誤會。諸公仁言利溥。宜可感格。然當諸派紛興之際。既無可據之事。昭示天下。以明無他。則人心惶惑。亦無從使之安豫。調人所倡令勸防地之說。正欲藉此弭患無形。縮小戰事。俾其早告結束。共圖治理。此事日來方在進行之中。凡關心時局之人。自無不冀其速現也。夫天下無義戰。孟氏早言之矣。今日民困未蘇。瘡痍滿目。縱有背城之勇。寧無惻隱之情。其所以不能不以兵戎相見者。強由爾虞我詐。而益以他人之離間。因離間而生誤會。因誤會而億萬生靈。遂供其踐踏蹂躪。傾覆死亡。故其始出於不誠。而其極乃害及國本。五機關之一再以誠為言者。其在扶本義。始所謂探驪得珠。深望軍事當局。遵從民意。為最後之覺悟耳。（介）

自來國內有大戰亂。除當事者不計外。所號名流政客。亦必乘機以電報自見。人謂吾國革命以電報成之。殆非虛言。此次蘇浙相閧。中樞未搖。一切現象。較為安定。故電報政策。亦不若前此煊赫而紛囂焉。雖然。如徐、又、錚、山、海、外、黃、楊、際、葛、電。張、季、直、為、吳、子、玉、陳、四、不、可、電。則亦、膾、炙、人、口。不、容、忽、視、者、也。徐君之言曰。槍閧之役。使馮煥章坐觀不動。則奉軍作戰結局誠不忍言。又曰。宜勸兩帥力持三省兵力。修德行義。以得天下之歸心。諺云。言者無罪。而聞者足戒。是亦在讀者之善為抉擇耳。而通所主四事。一不可擁曹。二不可復舊國會。三不可為部下爭地盤。四不可報復私仇。後幅更益之曰。綱紀不可斲傷。吏治不可不修明。工商不可不保護。亦化不可不剷除。外交不可不審慎。噫、是何。不。可。之。多。也。惡從中來。義形於色。

再疏解輆義

孤桐

今歲七月、美利堅學與教鬨。構成頑獄。案情之獨特。論辯之劇急。大震乎天下。是不可以不記。田芮西州。Tennessee 爲崇耶教極篤者也。曾於州憲訂明。凡學校教科書。理與聖經相悖。應行禁制。州有市曰堞塘。Dayton 其小學校中。有教員曰師科布。John Thomas Scopes 以進化論授於徒。州政府大怒。謂其既違教義。復觸憲綱。因名捕斯氏。下法官按問其罪。而軒然大波之文字獄以起。近世科學昌明。思想開放。自千六百十六年。意大利天文家伽離略 Galileo 以日局論下獄以來。學術史中。固不聞何人。以講學獲罪。情如本案也。即進化論。自達爾文倡之。距今七十五年。所立人猿同祖優勝劣敗諸義。固已家喻戶曉。其平淡以視布帛菽粟。有過之無不及。不謂二十世紀。自然。諸。學。豈是。絕。塵。馳。去。而以。利。用。自。然。物。質。大。明。

老成謀國。大是不凡。然而。蘇。人。事。少。之。矣。（有蘇政求是合[illegible]宜）

堅等定（通）

自由。如命。誓死。以。爭。之。新。大。陸。竟以。師。科。布。之。獄。聞。訟獄既起。正負兩面之論。隨之而囂。全國之法家論士。莫不躍然有以自見。蒲乃安者。Bryan 以辯才雄於世。而民、主、黨、候、補、總、統。是、爲、民、聽、者、也。出祖政府。入師氏之罪彌力。有師氏者。大抵人類地質動植物諸專門名家。而以芝加哥律師達羅 Darrow 爲之魁。論戰之劇。得未曾有。七月十日。庭訊以始。兩造互辯凡九日。觀審者由信。好事者麕至。傳簡攝影。色色形形。誠稀聞之巨案。爲天下耳目所共集也。一造之言曰。聖經者上帝之言也。凡上帝之言。在法當遵。不容或疑。故舊約所書創世始末。允爲聖體。非常人所得妄議。一造之言曰。創世之說。寓言而已。與進化之理。並行不悖。宗教與科學。蓋非兩不相容。以信徒而兼爲學者。其人甚夥。拘墟於經中神話。固未必爲耶穌之佳子弟。世如是往復相持。至七月二十一日。庭辯告終。法官宣讀判詞。師科布滿絲干慈。無所逃罪。念其文士。罰鍰百元。而所稱煊赫一時之進化論案。以結。

所案也。將欲評之。議所自出。其源凡三。一宗教家之見地。一科學家之見地。又其一則倫理學者與實際政家之見地也。前二者之論據。蓋同處一綫。而各持一端。相與抗爭。此亦一是非。彼亦一是非。自非居廷尉之地。施強制之刑。在理殊不足以相服。驟聚兩造之詞。大致如是。更語其詳。夫亦無庸。愚獨以爲操縱復之機。妙調和之用。爲今日全人類所不容忽者。第三派之用心而已。

何以言之。凡一社會。能同維秩序。各長養子孫。利害不同。而遊力有餘。賢不肖渾殽。而無過不及之大差。雍容演化。卽於繁社。其游一羣。不爲天下裂。必其有公同信念。以爲之基。基立而樁與。則相與飲食男女焉。教化焉。事爲焉。途雖萬殊。要歸於一者也。茲信念者。亦期於有而已。固不必持絕對之念。本邏輯之律。以繩其爲善爲惡。或衷於理與否也。以泰西言之。二千年來。所賴以維繫社會之公同信念。不得不謂其爲耶教。至耶教與科學之精神不相容。而吾適爲至誠無二之科學家。於此亦不許其以私害公。以一蓋萬也。嘗十七八世紀時。教義至晦塞。人恍若爲教所梏。無得自脫。於時天才偶誕。人心乍醒。英有培根。法有特嘉爾。以學爭鳴。而天下應之。自時厥後。學日以昌。專家日以衆。發明日以見。所謂賽恩斯之一怪物。駸駸與宗教分領心城。由不毛而蔚爲大國。篤教者雖稍稍變焉。而以於教政不妨。大多數人民之信仰。依然如故。則亦相與安之。洎乎最近。工業太盛。群體爲機械所化。人人失其依步。日以血肉與芻包相搏。而不得一俛以求養之村居族聚。從容安樂以教養。淪其心靈。而胸有餘味者。渺如飄風。散燼之不能復。至大戰五年。全世界之人。智人力。迴環于自殺殺人之機詐中。舉凡敗德亂紀。害家凶國之事。爲惡性所暗示。向以宗教之故。形格勢禁。而不敢爲者。今乃一無遮闌。亂流而出。歐洲僞文明之實相。不期襮露于平心調國者之前無可詆謂此誠世道之大蠹而深益懷仁之士所難漠視無賤者也篤而論之如耶教者其博愛焉得言無然天下之大大抵上智少而中材多宇宙之謎既未可以書明因從其不可明者養人敬畏之心取便禁倚之叙乃為疑世者意念之所必至故神道設教聖人不得已而為之因不容於其義理詳加論議也近人有明宗教之不可去而謀所以代之者咸倡思欲人以神聖之意移于世界同盟所有政治法律文學道德一切之計俱於同盟焉替之蔡子民則謂惟美術可易教此其所立未始不為勝義然義勝而力不具宗教之力蓋成於自然而不由外鑠紐約主教蒲伽藍為師氏作辯謂「上帝博士以造亞當夏娃彼二人誘於外物致干天譴吾每讀此紀心慨怦然覺于讀者非他即為己身」今日猶聞是言足見新造慘禁諸理終不敵耶穌之人人也深以是種種歐人於質學發盛教力凝衰之餘迴翔倫理之表孰度政治之器忽起而為一種軒教輊學之進跡良未可料師氏一案可為見端默計反宗

……

教之精神近已達於飽點 Saturation Point 過此以往稍稍還醇返樸乃情勢之所必然此為群化消長之常甲無所謂進化乙亦無所謂退化與愚競樂悍義蓋有合焉夫耆國亦昔社會公同信念之搖落也甚矣舊者毀而新者未生後生徒恃己意所能制斷者自立準哉大道之疑孰甚於是恐為此惝論人懷已慨中本義昧時之譏所不敢辭

超國論

湯松

曩愚執筆上海新聞報時湯君壽軍草此文要愚發布愚擱其理想有犯避猜可詞之病徒滋誤會而無益於實其藏之篋中未以示人旋因去滬此事遂廢壽軍臥病長沙年餘頃聞稍起行且來燕筆耕為事愚以職責所在而又答辯不患無人也為揭於此以念同志然愚之所謂可詞者何耶今世列強諸人知為虎狼國也而其超國仍不外此多數虎狼共同成之是猶居室患盜乃傾家財走盜窟以求釋盜不為害罵題之蔽其能免乎然愚

五

社評嘗有以處此說矣。孤桐

世有超國乎。曰、無有也。無之。何以論。曰、人類要求之也。且懷疑史之進化。超國當應運而生。蓋以世界大戰之教訓。國際聯盟。已有端緒。是信超國之成立。爲期不遠。或緩或速。顧世界之信仰及努力何如耳。吾人既知進化之程序。必至於此。則掃除政學之謬見。破滅政黨之迷信。以欲迎此至高無上之超國。使世間人類。永享和平之福。不亦宜乎。作超國論。

在今超國之前。當先知國之爲物。不能滿足人類之欲望。蓋人之所以組織一國。各各犧牲固有之權利以畀與之者。謂個人之便利而已。而人與人不能無爭。爲勢之所必然。今以判決之權。付之國立司法機關。一切決鬥復仇之事。可以防止。人卒以安。故不惜犧牲個人自由之權。而承認此國。特國之功用。有時而窮。（一）當國際衝突之時。（二）當一國內亂之時。丁此時艱。發生無政府狀態。法律失效。訴之武力。戰禍連年。生民塗炭。愛國者至此。得毋爽然自失乎。

原夫人類勤作。皆有世界共同性。如科學、文學、美術、音樂、宗教、經濟等。均不以國爲範圍。即土地人民。亦非絕對固定。如自由轉籍、自由通婚、自由僑居之類是。其爲一國獨有。神聖不可侵犯者。唯統治、權、而、已。統治權之尊嚴。國際相互尊之。尊之過當。國際發生衝突。不容有第三者出而排解之。判決之。而戰爭以起。牽動全世界。國內發生衝突。亦不容有第三者出而排解之。判決之。而戰爭以起。影響于外人。苟能覺悟。各自制出其統治權之一部分。畀與第三者。承認其有最高裁判權。名曰超國。則國際衝突。可由兩造訴于超國。聽其裁判。國內衝突。亦可由雙方訴于超國。聽其裁判。安有所謂戰爭者存哉。雖然。世界聯邦 World Federation 之論。倡之久矣。大戰之後。威爾遜欲利用時機。以謀實現。發起國際聯盟。乃美國首先反對之。以爲一國獨立。不能更有超然之權力。限制其自由。反對之者。雖爲黨見所驅使然。迷信統治權過甚。實一原因也。故世界和平之障礙。由于主權 Sovereignty 之一觀念。不能擴大。不能變通。有以成之。

夫主權者。果一固定而絕對之物乎。果爲。固定。何以。忽而在君主。忽而在議院。忽而在國民。果爲絕對。何以一國之內。忽有工會直接行動。忽有教主超于國君。忽有種種團體能自立法行政。忽有外國公使享有治外法權。是主權之依附。可彼可此。主權之管性。可伸可縮。要爲國民之便利。以自定其適宜之位置而已。何獨至於超國而疑之耶。幸福者、人類之目的也。國也者、致幸福之手段也。主權者編制此國之工具也。以主權付與各個國。不能達人類之目的、則取而去之。以與世界最高之唯一機關而運用之。亦何失國治之本意。今之人。以手段爲目的。又以工具爲目的之目的。其誤謬與昔之部落觀念同。而此一觀念。犧牲數百萬生靈。致文物燦然之世界。陷于水火。永無寧日。是而可忍。孰不可忍。

一

試舉東西一二例以言。歐戰以後。凡賽條約。保証和平。戰敗國所負之義務。賠款而已。不能於條約之外。更有所蹂躪也。今以交付材煤。遲援百分之十一故。重建會議。宣告德國爽約。法國出兵。占領魯爾。始以護衛技司、監督出產爲名。繳而拘禁廠長。逐殺官吏。奪取稅關運輸等。竟以戰時軍法。行之於無敵之平時。使其境內百業停頓。兒童離散。而英美等國。心知其非。特以尊重法國主權故。莫敢出而詰何。爲利害關係。又以法國擁兵八十萬。遂置德國主權于不顧。且置瓦賽條約之平和保障于不顧。一瑞典人。欲提此案于國際聯盟。以國小言微。不能左右時局。必至德法相讎。各瀕於死之際。而後互相讓而言和。然而勞民傷財矣。而復仇報怨之心深矣。而歐洲之痛瘼久矣。使有超國位於萬國之上。則區區賠款問題。以普通民事訴訟之理處置之可也。何必用千軍萬馬之力。一方積極進行。一方銷極反對。卒之兩敗俱傷。而皆不能支持耶。從局部觀之。指傷不過當事之兩國。其爲禍猶小。而全世界。懷疑國際聯盟之念愈深。信任國家強權之心愈篤。將來更劇烈之大戰。即胚胎。如此。其爲禍大。故爲世界和平計。必有待于超國也甚明。中國革命以來。新舊兩力。相抵而不相容。一則崇於歐美文明。欲舉四億蒸民。狡質造極。與最強

七

盤之國幷賑。一則拘守廿四代陳法。欲以天下利一身。不惜以大好河山。投畀豺虎。兩力消長。忽滅忽起。延綿十餘年。而民心厭亂。賢者高蹈。致赤縣神州。爲三五暴徒所盤踞。有政府乎。無有也。有法律乎。無有也。有維持治安能力乎。無有也。名曰中華。而四分五裂。名曰民國。而主權不在民。是又烏可以爲國。非國也，而外人竟認爲國。何耶。曰、彼所要求者。有一負責之人。爲辦交涉而已。意在利己。故不問誰何。苟能締約畫諾。即如願以償。畫諾之後。條約當然有效，可得以武力爲後盾而執行之。初不必問畫諾者之力量如何。及仍否在職也。此何以故。有尊。重。主。權。四。字。以。爲。曰。實。故。遷都之論。元年即有人倡之而莫能行。其實非最高行政機關不可移易。乃外國公使館不肯移易。故吾國雖有正統之民國。其立法、行政、司法等資格。使其所在地不遷就公使館。彼輩必不肯承認。此何。以。故。彼。輩。欲。乘。便。操。縱。吾。形。式。上。之。主。權。者。以。圖。利。一。切。故。

夫吾民豈忍祖先遺傳、子孫依託、燦爛光華之國。長久爲三五大盜所宰割耶。民國初年之兒童。今弱冠矣。皆年少氣強。躍躍欲開發天產地藏。以化貧瘠之中原爲豐沃也。民國初年之赤子。今且成童矣。皆般般待教。以發展其有用之天才。而願爲無數量之奈端、華德、達爾文、安斯坦等等也。乃此三五大盜。頓挫之。摧殘之。不遺餘力。一若厲域之內。唯虎豹犀象。魑魅罔兩。可以生活。是可忍也。孰不可忍。徵之吾國歷史。必有漢高明太其人。方得統一天下。即令有之。亦必轉戰連年。玉石俱焚。而後有清平之一日。今不獨無其人，亦不能忍痛茹苦。而俟此人之出。則欲於國內尋求一偉大勢力。征服軍閥。寧可得耶。使有超國巍然在上。則人民可代表全國。以強盜犯法之例。控訴最高裁判。請求最高警察。拘禁此三五大盜。制決處置。於是全國太平矣。而一切民治運動、文化運動、實業運動、可以一往無阻也。是超國一舉手。而可出世界人口三分之一之人民於水火。而可與東半球五分之一之土地于治安。超國之使利于各個國。豈淺鮮哉。有心排國者。不如此求。夫復何待。

由斯以談。予所主張超國之權力。當較今之國際聯盟爲大。國際聯盟之聽訟。在國與國之間。國內紛爭。不干涉也。予以爲國際聯盟之權力。止于國際。不能充其功用之極也。夫國際聯盟。既有執行裁判之權。則聯盟國之主權。已明明授予其一部分于此高等機關也。其性質在與國內團體衝突。而皆以法人資格控訴于法庭。一任法庭之判決。無以異也。此一步驟。既無以異。則團體內部衝突。如勞資關係與訟獄之例。亦得應其原則於國際聯盟也可知。夫如是則一國內部衝突。國際聯盟受兩造之詞。爲之排解。或受國民之詞。爲之伸理。不得謂之干涉主權。夫如。是。則。一。國。不。能。應。付。外。侮。或。自。行。破。裂。失。其。統。治。能。力。國。際。聯。盟。可。以。處。理。公。司。破。產。法。處。理。之。不。至。使。列。國。有。其。同。管。理。之。名。義。而。發。生。侵。犯。主。權。之。行。爲。而。國。際。聯。盟。之。自。身。且。有。警。察。武。力。以。維。持。其。履。行。裁。判。之。權。是。其。組。織。應。與。國。同。故。予。以。超。國。名。

明學

吳康

今之君子。好博聞辯知矣。而未識所以統理之道。則以爲學不立其本故也。夫學、先、之、以、知、方。次之、以、放、辨。終之、以、明、類。此爲、學、之、大、本。而今、之、君、子、成、昧、忽、於、此。而別求其幽詭不經者。爲之廣其序說。鮮扁陸離。以駭俗人耳目。其風靡然。適好詭僻之士。則心慕乎道。窮無窮。逐無極。雖折骨絕筋而不悔焉。是亦弘達爲學之道者矣。今欲、回、此、敝、惑。更張、正、學。則先、與、之、講、明、爲、學、之、次、序。審、其、從、違。知、所、嚮、往。若挈領頓裘。若本該末。尊德性而道問學。則知方之謂也。致廣大。而盡精微。則致辯之謂也。極高明而道中庸。則明類。之謂也。顏之推曰。夫學猶種樹也。春玩其華。秋登其實。夫知方放辯。則春華也。明類則秋實也。案學於此而備行焉。亦庶幾可以無大過矣。

知方、者。辯其、途、徑、之、謂、也。旅行者必正荒極之制。然後而北無迷舛之虞。固學者必審門類之分然後聰明無委頓之患。故有性嫻推步而治美術。則傑矣。妙善文史而御形數。則難矣。安於工程測繪而教之生理解剖。習於詩賦文章而強之聲光電化。則傑矣。凡

九

人秉賦不同。有精於此而絀於彼。善於甲而害於乙者。故爲學之道。必識其所性而就之。假以歲月。考其功。能鑽仰以進之。思博以通之。亦可以弗畔矣。夫攷辨者。旨否衆說而考其是非之謂也。聞見不廣。不足以爲言語。記誦不博。不足以資察辯。師友不好。不足以盡觀善。三者皆關學必由之道。而不可須臾離者。故惟博物可以觀志。惟哲士可以論心。惟君子可以隆禮。聞之應然如見四海者。其博學於文之謂乎。學者。擇術已定。則宜兼資衆說。旁羅百氏。博覽廣討。以盡其辭。擘肌分理。惟務析衷。然後別其是非。驗其然白。則可運之於掌上矣。

明類者通天下之倫類之謂也。孫卿有言。倫類不通。仁義不一。不足謂善學。故君子之學也。知方以定其宗。攷辨以大其業。明類以通其變。知變則幾於道矣。天下之物。莫不有雜。雜焉而以文。文焉而人事萬狀以起。苟中其條理而止焉。而不求其統類會通之道。則不能測其物際焉而通變之數。末由知矣。故攷辨之功。必止於明類。得事物之本末。撢萬象之幽玄。文理在中。竿尹旁達。存神索至。周徹內外。故能彌綸萬類。兼總四體。元元本本。殫見洽聞。閎體以明兼。指事而知道。制眇天下而不遺其細。識眇天下而不易其守。明振毫末。舉措應變而不窮。非明哲之精。其孰能與於此。

王者、皆、爲、學、不、易、之、序。不、循、此、道、而、能、全、其、粹、美、者。未之有也。乃有華華爲學。而不可與知方者。王應麟、楊、愼、朱、蘇、舒、之、徒、是、也。伯厚博學宏辭。著深寧集等數百卷。而學無所歸統。用修投荒多暇。書無所不覽。其語曰。資性不足恃。日新德業。當自學問中來。是矣。顧汎濫無歸。何益於事。著書百餘種。騁出橫陳。實繁有徒。則徒資文士獺祭剿掠之用耳。孫卿曰。不隆禮。雖察辯。散儒也。若用修者。不猶等於散儒乎。錫鬯精博詳雅。於書無所不窺。而其爲學迺不能逮毛大可閻百詩。則以雜博無所歸統故也。夫爲學之塗至衆。而經籍之道無窮。博識多聞。而不審其塗徑。則學無所主。廢然終身而已。雖有才美。何異書簏。則有知方矣。而或、不、能、攷、辨。朱熹、王、守、仁、之、徒、是、也。元晦治詩。

承鄭漁仲之說。明小序之不可信是也。而解丘中有麻爲淫奔之詩。不知毛傳釋留子嗟。爲大夫名氏。子國子嗟父。必有所本。而後能爲此言。元晦不明其義。徒以意度。斷爲婦人所私之名氏。因而目爲淫奔之語。是亦昧於多聞闕疑之義者矣。伯安講學。祇憑訶意。釋格物爲正物。謂正其不正以歸於正。是則純以古書遷就己說。而一不考格之古訓爲何若也。此種逆意之風。蓋始自孟子。軻說詩以意逆志。則嘗殽亂主名。移彼實此。魯頌曰。戎狄是膺。荊舒是懲。明爲頌美僖公之作。（周公之孫莊公之子傳謂僖公也）而以前有周公之文。遂以爲周公所云云也。朱熹集註彊爲辨說曰斷章取義。則不知其斷何章取何義也。疏略。如。此。亦何。以。爲。講。學。耶。自孟。子。朱。王。大。儒。已。然。則。不。能。責。於。今。之。淺。聞。寡。學。者。矣。或攷、辯、矣、而、不、能、明、類。鄭玄、王、念、孫、之、徒、是、也。康成以耆學宏辯。箋注六經。可爲集兩漢經學之大成。（以泥同今古故）而學止於詁訓辯證。又雜以讖緯怪異之說。曾不能會通羣制。創爲一家之學。以沾溉來世。王懷祖父子校讐詁訓之學。復絕古今。研精

經術。老而彌篤。而義理之學。瞢然無聞。故以校書終其身。而不能衡道德之是非。著制作之大本。以彼其才其學。而遂止於是而不進焉。眞可悲也。至其、知、方、而、不、儀。攷辯、而、不、駁。明類、而、不、疑、者。其惟、莊、周、孫、卿、乎。周之名理宏辯。揭櫫自然。卿之制度名物。原本人事。（此性惡論之所始也）皆穿貫終始。會通羣義。元元本本。匯爲斯學。始以博文。終以約禮。全而不失其旨。分而能致其說。非通儒之至。其孰能如是乎。孟子亦知方明類矣。而攷辯或失於粗。（井田班祿諸說均淺陋可笑）呂氏亦庶幾攷辯矣。而或方術不辯。明類未可。淮南亦庶幾明類矣。而或方術不周。辯說有閒。則非莊周孫卿之倫也。晚世鄭樵。庶幾三者具體而微者與。其作通志。知留意於憲章。不相尙於言語。可不謂知方乎。淹貫九流。兼綜百氏。以考其是非得失。可不謂攷辯乎。總天下之大學術。條其綱目。匯爲二十略。爲百代之憲章。盡學者之能事。可不謂明類乎。然其中亦有辯說不精。過於泥古者。如以歸藏初經齊母本蓍三篇爲眞殷易之傳。迺至誕妄如三皇太古書。亦以爲眞古初之作。

讀書至此。幾疑非漁仲語。不然。雅材好博如鄭夾漈。而乃作是論乎。則知人不可以貌測。實不可以名定。物固有之。理亦宜然。往往人事之所以顚倒繆亂。其道不出於此。知言君子。察而理之。庶乎可矣。

晚世學術之敝。始於紀昀。極於兪樾。昀雜博。好考覽。寔精四庫總目。提要鉤玄。而中實無所得。後生承之。但以書類叢。論序跋。考板本。爲極學問之能事。而高明光大之風由此而衰。故門之文尚可觀。其學乃至不名一家。而世則猶以北斗泰河目之。學術之敗。不亦宜乎。樾著書五百餘卷。而雜博無所主。治經雖以高郵王氏爲宗。而材力遠不及其古書疑義舉例。至有謂其爲王伯申氏底稿。而竊以爲己有者。羣經平議。亦有謂其本之他人者。然故多隨文敷衍。不以精義見長。徒以餘杭章君出其門下。張其赤幟。而夸其狐博。人遂以樸學主盟宗之。實則華言不實。其文之卑者能麻。已足爲衰世之徵。又何以貴於廣大精微之學哉。後生宗此二家。以抄撮目錄爲博。以涉獵詁訓爲精。埋頭累足於故紙堆中。劌目鉥心於章句瑣

下。曾不能講簡約之道。視廣遠之致。較是非之甚而窮道德之本。則神州學術。自此而絕。耗矣哉。學敝至此。亦當知所反矣。

今欲遊撥稗說。一洒宿敝。而障爲學之本。則宜首辨方術。不迷所往。參之衆說。以定其是非。考之諸家。以揆其長短。則辨之於攻辯矣。徵殊塗而同歸。統百慮而一致。則盡之於明類矣。乃操至約以持至博。卽至微而顯。至簡舉本以該末。振綱以頓網。藏仁以要之。飾美以養之。乾乾以貫之。爲其人以處之。和同會道以終之。神明博大以應變於無窮。詩云。維天之命於穆不已。則天之行而不已焉。則此學之謂也。

孔子曰。興於詩。立於禮。成於樂。誠意積於中。而感興發乎外。則興於詩之謂也。直道而行。降正法則。不易其守。則立於禮之謂也。和同萬物。全道德。嘉文理。立天下之大信。成天下之大順。則成於樂之謂也。三者爲學必由之道。凡知方致辯。明類必本於此。而爲類統。爲方術雖辯而不能學。無詩也。辯說雖繇而不能立。無禮也。倫類雖見而不能通。無樂也。必旅而進焉。

兼統。以盡。其能。錯比。以立。其事。實統。以臻。其極。洋洋。乎。道。術。之。大。綱。學者。之。能。事。盡於。此。矣。

通訊

……讀中宣十五號大著合法辨。快甚。自民五以來、舊國會解散。法統謬論始出。迄於今流毒靡已。而愚者猶視以為金科玉律。其實乃八百議郎持鐵飯碗惟一之戲法耳。揆於癸亥雙十節、曾應東蓀約。為時事新報作闢法統一文。痛斥其妄。先生亦見之未。作考。法。統。之。說。在西。洋。民。主。政。治。史。中。實。之。先。例。惟求。之。中。國。二。十。四。史。則。有。之。蓋古之帝王。創業建國。欲以傳之子孫。永垂無窮。於是乃有所謂統者出焉。是以涑水紫陽。因編史而生正統偽統之爭。宋英明世。以旁支入繼。而有濮議大禮之訟。若今。之。持。法。統。論。者。苟非。別。有。用。心。皆必。染。帝。王。家。天。下。思。想。之。餘。毒。者。也，至於。民。主。國。家。主。權。既。寄。託。於。民。衆。則。一。法。破。碎。以。後。主。權。者。起。而。易。易。以。新。法。本。是。正。軌。常。道。更。何。有。統。不。統。之。足。云。邪說。一。日。不。滅。中。國。而。欲。求。眞。法。治。不。可。得。也。質之高明。以為如何。………陸鼎揆 十一月二日 [illegible]七十九號

邇來、闢、法、統、者、論、奇、而、當、如陸、君、所、云。愚、尙、未、見。愚雖日日搦筆。曾不能道得一字。媿服媿服。法蘭西革命八十餘年。凡立十二憲法。其壽平均不足十年。而各。不。相。襲。未。聞。有。傳。統。法。文。是。國。亂。雖。頻。而。國。民。自。覺。覺。法。之。心。其。誠。轉。見。此義蓋於君文。亦是勝例。前歲雙十節論文。憶曾讀過。幸約取原義。參合目前時事。更為一文張之。君以。眞。民。權。眞。法。治。為。的。諒。不。厭。以。眞。義。曉。吾。民。也。………孤桐

一三

去冬

……去冬故宮一見。倏忽經年。前介劉君。借校名理探。開擬刊行。甚感甚感。原譯十卷。借敝館所藏。只有五公稱五卷。其十倫府五卷尚未見。李所譯又有寰有詮。明史藝文志著錄道家。蓋三百年前物理化學也。百年來此學進步甚速。寰有詮遂不足觀。唯名學進步稍遲。故名理探尚有一部之價值。鄙意久欲刊行。以公同好。人事匆匆未果。又欲借人將原譯近譯及拉丁諸名。製一對照表。附諸卷末。亦未果。仟以此意告劉君。未識採納否。劉君又詢傅汎際原名。傅葡萄牙人。原名 Franciscus Furtado。效華俗。字體齋。一五八七年生。一六〇八年入耶穌會。一六二一年來中國。傳教浙江陝西等處。一六五三年。卒於澳門。李之藻明史無傳。省府縣志亦無傳。民國八年。仟採諸書爲補撰一傳。另檢呈。似亦可附刊卷末。希裁正。……

……陳垣 西安門 十月二十八日

援庵先生宏識奇士。當今無雙。於古來中西教學相互源流。考覈尤精。愚粗治邏輯。纔從借明李之藻所譯名理探鈔本。以資參校。援庵欣然錄副見賜。此誼迄未敢忘。近倩劉君子行。將李譯校核箋注。並將原譯近譯及拉丁諸名。一一引列。復承援庵多所指正。嘉惠尤宏。寰有詮義雖無取。事有足稱。且昔人定名。傳意之處。據閱今本。彌多諷示。鄙意擬商援庵。廣搜此類著作。成一叢書。援庵及時賢所著。凡考古有徵者。亦並彙錄。博雅之士。儻願聞之。

孤桐

前歲

……前歲先生返湘。辱臨敝校。垂賜訓詞。專示周詳。感幸無旣。近承出司邦教。正俗戒罪。凡在學林。孰不增氣。支尼僑居湘省。於今卅年。主理福湘。亦逾一紀。來學閒秀。歲滿百人。令姪賢甥。皆隸門籍。課程綱領。亦采部章。其於國文。尤所注重。今檢雜誌一冊本正。先生幸賜覽觀。亦足知諸生之所業。方今莘士髮風。游心新化。教會設學。尤見詆排。或誣爲軍閥之爪牙。或習爲帝國之鷹犬。官司拒絕立案。學生鼓動風潮。支尼。至。恐。以。爲。西。人。設。立。學。堂。教。育。子。弟。誠。欲。宣。聖。識。於。髮。且。救。赤。子。於。顛。迷。信。教。自。由。絕。無。強。迫。何負。中。國。而。被。逐。驅。先生秉國之鈞。不隨俗議。謂宜明發部令。准教會學校一體備案。仍時遣視學。考察維持。斯則教澤益弘。遠人向化。外僑責望。全在先生。敢貢一言。佇遲明教。…………凌支尼（長沙福湘學校十月二十三日）

福湘者、吾湘所立女校之冠冕也。愚曾親視察焉。然爲難得。吾友李肖聃先生猶龍、主國文講席。尤有殊績。承惠雜誌。粗讀一過。所載論文十首。雕龍。以後。再見。斯。文。學風。所。被。純。懿。可。想。而校。長。凌。君。J. R. Lingle 之。願。力。宏。用。心。苦。矣。年來教會學校之見排擠。誠如來示所云。然固。不。學。未。聞。大。道。者。爲。之。於。學。校。何。傷。且本國諸校之持正不爲俗染者。近亦同被凌轢。乖風。扇。發。似。又。不。僅。以。國。籍。信。仰。之。不。同。而。敵。視。之。夫教育大事。學術公器。一達斯的。即賴匡扶。所商一節。自在鄭重考量之列。請紓明憲。共挽頹波。　孤桐

日來

…………日來重翻墨經。細繹而教。乃見觭偶一端。曾意未非。我言固是。各於其當。兩不爲失。即數言數。所謂觭偶。本自然數所具寓德。非特於無窮數。不可附麗。即於分數無理數。已不可屬。唯即尺言端。謂有觭偶。說亦可成。便如曾論。端中爲觭。中無爲偶。設思嚴理。蓋並可許。（于實無不可半之尺然彼乃更端而言所當不同與此不悖）而本。是。爲。推。乃得。觭。偶。不。件。（用訓敵誼）之。說。此。非。益。怪。尺之端數。既均無窮而悉相等。爲觭爲偶。相等之德。宜不見褫。如是。據。點。明。線。長短。不。齊。可。相。等。本數。言。點。觭。偶。不。件。理。從。同。諸墨相應之辭。不知視此何如。…………張崧年（十一月一日國才胡同南半壁街十六號）

觭偶。者。墨。家。間。執。名。家。之。詞。惠子所謂尺棰不竭。在邏輯義無可畔。而墨家破之。其說在端。蓋端之、數、非、觭、則、偶。偶也。分至、最、後。僅餘、一、端、而、尺、竭。觭也。自始、將、不、能、取。何言乎自始不能取也。凡謂。半。者。兩。半。之。數。必。等。不等。即。不。得。名。爲。半。端數。既。觭。

兩半之中必梗一端號曰端中非將此端更擘爲半無所自取而端者固不可分也端不可分取安從始設若自始取之而無所滯矣此知兩半之中必然無間可得游刃使區于二易而言之是無端也故曰中無而兩半相成以知全數爲偶偶者何兩觭之加也今全數取半半之中取半半之半之中又取其半如此遞取必至最後相加之一觭而所云不可分之端赫然在焉是固無可更取也由前之說一取未定矣言曰取由後之說其端可待矣實萬世信矣惠子之說之不能自立也而名家者流終持邏輯原理抗之人或謂實驗從墨勝義終且從名不作之說由是乃生愚揣名墨當年皆應之實況如是昨而爲申府詳之申府以爲可通故來是函同時仍存己說以爲各當是倘得稱今之不作者歟以世間明辨之士容欲同了是義故將與申府往復之詞略記于此

孤桐

久違

……久違塵教。瞻系殊殷。比唯道德日隆。政躬清豫。元音弼化。嶺海同欽。近讀報章。知教部有國立編譯館之籌建。偉畫豐功。可爲豫祝。康於民九民十之間。曾承夢麐適之二師之命。握管任舌人之役。歲月倉卒。成世界叢書一種。曰近代教育史。（美格萊夫斯著譯本商務館出版）十一年春、猥被出京。任廈門大學中等部集美學校圖書館主任、兼國文哲學教席。是年秋間返粵。歷任高等師範、廣東大學文科教授。光陰荏苒。轉瞬四年。故業全荒。言之愧赧。今大部既有編譯館之宏謨碩畫。康擬乘時返京。復事譯述之業。（願譯哲學思想方面之書）茲先將擬譯近代教育史、及編著經學大綱、宋明哲學、（均未完編）南雲集數種。計五冊。郵呈一覽。付編譯館審查示復。如何。（諸子哲學在編述中不及彙裝呈致）端居問學。靜觀大勢。細審國情。以爲改造今日混沌之社會。須自改造國人之思想始。（五年前曾有由思想改造到社會改造一文布於新潮雜志）故竊不自量。擬畢生投身於學術文化事業。譯事一宗。其見端已。關於譯文雅俗之辨。恐當以舌人才學識爲分野之界。其機括應不在於白話文言。（白話中儘有佳篇文言中亦多仲康平居信好所專恒思以岡雅之文章寫學術之流變此亦就文之本質而論非文言白話之云爾也憶民十來間在魏家胡同邸中侍教函丈深不滿於適之師倡白話文謂今之小生束書不觀游談爲事粗識之無遽騰辯舌皆白話文階之厲也當時默默私以見象所呈固爲不繆訴因之誨未敢遽承以凡一見象之顯著於世其基因至爲繁複決非一二事所得毆而行之不能書而好議論乃古今學人之通弊以今日社會情況之複雜教育事業之不進即無白話文騰踊其間又安能期初學小生之必將進德修業勤劬無間者哉故康於吾師之斥白話文終有茂先我所不解之歎八年回首絳帳春深願與適之師携手偕行布教無類俾門下羣材仰瞻德輝如親杖履豈不懿與……吳康（廣東大學十四年十月十七日）

編譯館者固欲來天下之英才脫略一切形迹認明切己事業量能所之從心所欲將著述大事相與熱豁而共荷之敬軒肯來乃所至願文俚之辯愚特針對時病爲之未是至言極論惟敬軒云社會情況複雜教育事業不進即不爲白話文弊亦猶是則未免因果不明謂宜勤考稽勒五術使諸象之離合異同皎然明白然其忠厚之意懇請承之矣數年闊別時切馳思幸即北來共成文會

孤桐

國人

……國人之習爲苟且久矣執事出長教部不爲時論所左右奮雷霆萬鈞之力以捄敝扶衰此中國之幸也今不敏嘗因近今教育之頹廢深詧其癥結所在雖曰師資缺乏所致而教科書之不盡善實爲之主因海上諸書肆之印行教科書者大都假經部審定四字爲致利之囮於是紕繆之詞勦襲之說庸惡陋劣之譯本仍不免充塞黌舍虛耗學子之腦力更輾轉流毒一世之人心昔顧亭林論兩漢風俗曰經術之治節義之防光武明章數世爲之而未足毀方敗常之俗孟德一人變之而有餘今不幸以三數坊賈之力默操全國文化之進退得毋令阿瞞齒冷

乎。執事國之主人而遂於學。今又得行其志。果能力袪積弊。凡有甚講審定者。無不嚴格繩之。庶幾實小無諱假為幻之機。而皆學之士。亦附所習而有書可詣。則為惠後進。造福邦家。當不在刊布文籍下也。……蔣貞金（得自浙金華寄在 十月十七日）

痛哉言乎。愚雖不敏。請得準於竹意力謀之矣。

孤桐

吾友

……吾友侯鴻鑑善行之士也。私立無錫競志女學校。逾二十年。（中學高初 小學等）初不為勢屈。不為利誘。子身旅行本國十七行省。及察校特區、南洋群島、與歐美十一國。考察教育。歸而實施。雖瀕死西秦。厄困酒水。（有侯氏西行叢行 記南洋東行記）精神益以奮勵。徒以不容於大黨。素志不伸。人亦舉以廢材目之。亦可傷已。民國初元、金松岑竹力為諸蔡偽陳先生。許為當世實行家。（孤侗 集）嗣以政府北遷。不果用也。先生理教育。重志行。（凡文）蓋於此中求之。決往歲嘗冊著太平天國志。規撫承祚獨志體例。為二十一列傳一十八卷。冀以傳信。去春就正太炎先生。先生竹既是而。承誨不勘。今者欽瞻山斗。不減餘杭。錄副是上。願有以教之。……李法章（南京朱狀元巷南京中學第二院教務處 國慶日）

敬聞教。竹著一俟讀及。部見更聞。

孤桐

八月

……八月二日連上先生一函。自後甲寅刊出。即幸有以見教。連連一號又一號。尚未見所以開示者。果說於洪喬耶。抑無暇作答耶。頗前啟事中有所謂揭登不及。時有開抑。或因稿繁。紛失良久。原函始重發現。則愚之此稿。不知是否在此範圍之列。總之先生對愚持論。竹謂誰執筆以答。愚實未敢妄。而愚之執筆以竢先生。今將三月。則亦且假先生之言。以促宏論之惠我矣。……石克士（上海南方大學 十一月二十六日）

辱教悚悉。邇來函稿叢積。紛不可理。開抑遺失諸弊。諒不能免。又不獨竹函為然。且大論必於農化有關。所極願聞。何以未見。暫無從者。幸再明之。俾得有騁意告罪之地何如。

孤桐

執事

……執事近日斥代議制之弊。楊科舉制之利。我亦惡斯弊而樂斯利者。今覩執事之論。吾念益堅。雖然。一制之立。有創議時之本旨。有實施時之利弊。實施利弊為一事。本旨當否又為一事。二者未可混而為一也。蓋一國必有主權。主權必有所在。今我國主權在元首乎。抑在民乎。在元首、則以民舉之領袖。擅一國之主權。於理論為矛盾。在民、則若無代議制者。全國人民。將無以行其權。壤小民寡之國。全國人民。容可直接參與國政。而非所以語地廣人衆之中國也。然則代議制之不可廢明矣。一言蔽之。代議制之本旨。即在藉此制。可使全國人民得行使其主權。（此非述說未可以一二語盡故姑從略）斯旨。固甚正大。無可斥。亦不當斥。也。近代斥此最力而有理者。宜莫如盧梭。然彼所言。止可行於古代之雅典羅馬。而不可行於廣大之中國。豈惟中國。近代諸國。無一能行者。故謝治 Sieyes 出。雖事事服膺盧梭。獨提倡代議制。以示不同。正以盧梭之說。不可從也。今之攻代議制者。皆深議實施諸弊。而忘其本旨。差以毫釐。謬以千里。執事明言。何亦如是。綜執事所談。純為行政方略 Politik 而非政治理論 Staatslehre 亦別有所見否。願得聞之。……

楊宗翰（綿廿方寄東莞馬移四號 八月九日）

主權論者。國法學中無用之陳說也。楊君試取狄驥。那士。契柯。康諸家之書。讀之。當知其所謂 Staatslehre。為。未。必。然。此函久閣未報。公宥。

孤桐

孤桐雜記

廬江吳武壯公長慶。愚妻祖也。與項城袁氏締交最密。項城（川招的以軼）既依武壯成名。愚外舅北山先生、尊年潦倒。亦居項城邸中。倚其月錢爲養。民國元年、愚偕議草述。應項城之召來京。爲此館故。特邀青眼。愚妻恥之。以男子立名。當自致。依妻黨進。非夫也。速電促愚南歸。項城自爲手書召之。愚妻謝焉。謂四伯宜愛人以德。四伯者。項城未貴時。通家往來之舊稱也。項城有舊第在錫拉胡同。欲愚迎眷居之。愚自計亦得。南下與妻面商。終持不可。適癸丑之役起。愚以與黄克強厚。與聞其事。自是與項城絕矣。然吳袁風義如何。愚終莫得其詳。北山先生兄弟均物故。沙湖山（北山所在）者之子弟。尚稚。家居。未明祖德。愚因考詢無自。滋可歎也。昨述之先生以項城袁氏家集全部見眎。就中略窺一二。概記於此。蓋項城之本生父名保中。因其弟保慶無子。用撫爲嗣。保慶字篤臣。仕至署江甯鹽法道。家集號中議公。項城之祖名樹三。與端敏公甲三兄弟也。端敏二子。一保恒。字小午。庚戌翰林。累遷刑部左侍郎。卒謚文誠。一保齡。字子久。壬戌舉人。直隸候補道。家集號閣學公。武壯夙隸端敏部下。中議文誠閣學三人。皆以子姪相從。征役爭立功名。

因與武壯同軍相友善。又兩家各重名節。以宋儒義理之學相砥礪。故其相與之誼。至非尋常。同治十二年。中議卒於寧。項城孤露。武壯方駐軍江浦。旣經紀其喪。復令項城依己。爲任教養之責。南通張季直、武壯之上客也。令爲項城兼理文事。當是時。光緒八年。朝鮮內亂。武壯率慶軍六營。東渡援護。而閣學亦奉直督張樹聲檄入韓。與韓人合謀。韓亂以定。時項城亦隨同武壯在韓。武壯初易之。後立奇策。大見信任。閣學返國。項城仍留吳營。閣學致武壯書。塞報乞撥付凱姪。及肅毅必欲凱姪留朝鮮。又上吳氏書。從姪世凱練朝鮮兵。朝之君臣極稱之等語可見。項城事業。卒以在朝鮮之所建樹爲第一期。則武壯始終提挈之力也。述之名世傳。閣學子。號七先生。候補四品京堂。自項城當國。即隱於礦。奉母命斥其餘財。宏獎學術。天津南開大學之科學館號思源堂者。爲其所建。世論高之。諸此家集。刻於辛亥夏間。篇中所紀。與民國十五年間之歷史。了不相涉。通德之家。允宜昌盛。不謂爲項城一人。發露太過。極盛難繼。今袁氏子孫。爲樂。內。所。載。者。八九。俱。存。乃誼。其。書。恍若。追。尋。史。迹。不勝。滄。桑。今。古。之。情。者。然。而北。由。門。祚。更。衰。艱言。述。德。諸孫。之。俊。者。皆。下。世。豈不。重。可。念。哉。茲錄足見兩家交誼者兩函如左。

閩學致武壯函

歲暮生寒。鱗稀羽闊。久未賞函。東望瀛海。益深景溯。伏維振奮忠義。獨立海表。屹爲砥柱。誠孚助建。傾倒維殷。時局艱危滋甚。然果能從此中外上下。戮力同心。綢繆桑土。楚爲外惱。又何啻非般疑敢望之資。北望觚稜。腥風淒雨。豐潤副憲入譯署。以其明決開敏。佐高陽之正大篤厚。當可煥然改觀。聞其近日經營海防一疏。頗以天下爲己任。來津與肅毅商榷各事。三日遂行。劉永福桑台失利。岑帥進剿。未知能否得手。聞我公有開河乘輪一來之說。久不相見。懸如翹儀。極用馳盼。肅毅必欲凱姪留朝鮮。臨力陳再三。未見允行。屈家書促其迅速隨旌節西來。已寫書縷告之。世受重恩。敢介懷安避患。惟度其年齒階資才力。有不相宜。終恐被憚。而肅毅又不聽其辭。非頗爲難。伏乞公爲我決之。飛書見教。兩世交同骨肉。當必有以開我也。海濱冬寒風急。伏願與居爲國珍護。不宣。豐潤張佩綸 高陽李鴻藻

武壯致閩學書

頃奉排遞手書。猥以襄理篤兄後事。辱荷齒芬。正嗟悼之無窮。增感慚於靡已。弟自七年凱旋南下。奏留駐防江蘇。五載以來。毫無建樹。每與篤兄議談時事。志同道合。共抱隱憂。砥礪忠勤。既得他山之助。淵源至誼。況爲兩世之交。而篤兄一片肫誠。視同手足。方謂攜廉結契。共濟時艱。孰期別未一旬。竟成永訣。補防匪省。一江之隔。二十日尚奉十七日手書。病未能知。忽傳噩耗。度江視歛。徒有撫棺痛哭而已。惟念篤兄忠誠廉正。膽識兼優。自到兩江以來。歷任制軍。無不倚爲左右手。老成遽謝。上下同悲。適舍三弟在寧。彼此心交。均應竭棉部署。所有篤兄助勞事蹟。尤屬卓然可傳。比懇兩帥奏請。宜付史館。附先端敏公傳後。並附祀臨淮專祠。聖主眷念忠勤。定邀恩准也。右三劉銘傳字 函附李芳資

二一

章氏墨學

〔經〕止、因以別道。

〔說〕以人之有黑者有不黑者也。止黑人。與以有愛於人有不愛於人。止愛人。是孰宜止。彼舉然者，以爲此其然也。則舉不然者而問之。

凡推論之術。非有既明之理。據爲前提。術將奚施。倘此既明之理。其先亦待推論而始得。則遞溯而至最初。必且無可爲據。而邏輯以窮。於是假定何焉。所謂止也。有此止以爲初基。而凡所爲推論之道。區以別焉。所謂因以別道也。惟適用此止而人不服。將如之何。此名家一大問題也。墨子曰。有舉不然之法在。如言一事而有正負兩說。無能訴之論法。若黑與不黑愛與不愛之類。所以爲止。亦直舉吾心所然者以爲言而已。遇人反詰。則簡語之曰。君之所謂不然者。果何說乎。倘吾舉出彼所不然之事。而彼答辯不克成理。吾之所然。將不待證而自立矣。邏輯所謂 Presupposition by Denial 是也。墨家以此法立辯。在證明兼愛之說之無可駁。教旨所關。與名家泛論方法。意略不同。

〔經〕宇、進無近。說在敷。

〔說〕宇、區（原作區顛倒）不可偏舉。宇（原誤作字）也。進行者先敷近。後敷遠。

〔經〕行、脩（原誤作循）以久。說在先後。

〔說〕行、（原衍者字）行者必先近而後遠。遠近、脩也。先後、久也。民行脩。必以久也。

宇內之物。大抵有共有別。如動物、共名也。牛則別名。此類別名。以通德著稱。執一可以概萬。全舉偏舉。其德不二。曰凡牛。全舉也。曰一牛。偏舉也。不論何舉。聞者皆無異感。何也。以其爲概念也。獨空間時間。墨經所謂宇與久者。渾然無間。整然一片。不得取一地一時。以爲標準。使測其餘。以是宇久不爲概念。性迥異。

說林

於。他。物。此理。康。德。休。鄭。寅。言。之。而吾。墨。家。早。樹。定。義。以作。裁。度。一。切。難。題。之。繩。尺。殊足。驚。也。不可偏舉曰宇。宜賅久義。經說未及。示可類推。

凡可偏舉之物。不問其論域所包何度。執一以概萬。執眼前以概未見。決不致誤。何也。以其。爲。類。型。Type也。宇則。不。然。如進。行。千。里。遠近。犂。然。非依。次。記。里。由一。以。達。於。千。其非。莫。舉。既不。能。由。已。踐。以。推。見。未。踐。有近。無。所。用。之。故曰。宇。進。無近。敷者布也。說在敷。謂足。迹。布。於。全。程。始得。云。進。也。

宇不。可。偏。舉。而可。區。分。若者。近。若者。遠。猶今。言。空。分。也。故曰。區。不。可。偏。舉。區謂植宇上。原作偏。孫云。壁同宇通。凡所。區。分。皆有。定。域。不。可。移。易。進行者。因。有。定。序。不容。倒。置。故曰。先。敗。近。後敗。遠。此語諸家皆屬下條。殆。非。

惟久。亦。然。久不。可。偏。舉。而可。區。分。若者。先。若者。後。猶今。言。時。分。也。宇久之用。相互而見。行脩一條。經與說謂意極明。說中二必字可玩。

墨經。宇。久。二。義。所以。間。執。名。家。者。也。以宇而言。惠子、有、山、淵、平、天、地、比、之、說。以久而言。有今、日、適、越、而、昔、來、之、說。此其。致。誤。之。道。在以。宇。久。二。事。與皆。通。其。別。相。合。之。物。一例。相視。而已。非有。他。也。蓋若。爲。宇。也。者。分域。至。無。一。定。不妨。顛。倒。錯。亂。隨舉。一。地。以爲。類。型。則山。也。可使。在。淵。淵也。可。使。在。山。天也。可。使。居。下。地也。可。使。居。上。如鳥。隨。草。木。之。得。任。意。標。舉。者。然。平之。比。之。自將。行。所。無。事。又若。爲。久。也。者。飾序。涉。焉。不。見。所號。古。今。旦。暮。纖縮。變。遷。無施。不。可。如呼。牛。而。牛。至。呼馬。而。馬。至。意到。物。隨。無所。於。滯。則今。適。昔。來。抑亦。何。難。倘據爲名舉皆應者。發宇久乃爲兩家分野最要之一義。茲更舉焉。以俟知言者辨之。

二三

余家於有淸康雍間。自休寧徙居常熟。先本生高高祖太守公諱鎬。字西京。號訥夫。少穎敏。喜讀通鑑。而弱冠。遊例授睢州牧。適豫省水災。中丞以睢州稍殺。請賑不許。公卽發長平倉六千石貸之。中丞愕然云。爾不及待耶。對以。民。不。能。待。鎬得。罪。於。公。不敢。得。罪於。民。中丞題之。卽徵署歸德府。丁祖母艱。舊例祖在不得爲祖母承重。公以奔喪請。三上乃行。遂著爲令。服闋補保安州牧。擢移奉天治中。尋權山西潞安府。潞故三省衝衍。稅入多竄。公裁去苛稅五十餘條。商民稱便。黎城令某能事上官。虐其民。民將爲難。公先摘印而後上其事。旋以失察屬吏去官。潞民傾城泣送。左遷成都通判。歷署寧遠嘉定眉州事。值進討巴勒布。總理軍需局。從將軍出打箭爐日。抵第哩哏吉軍營。聞母鄒太恭人訃。請奔喪不許。奏留軍營。以哀毀勞瘁卒。年五十有四。事聞。有旨開復原官。公性澹遂。與人交。披肝露膽。遇人緩急。解囊無少吝。書畫俱工。今僅存山水畫冊九幀。林畏廬孝廉紓題跋。謂似麓臺晚年之作。繁簡皆有法程。公歿於軍次時。臨終

命以麻衣斂。邊塞地僻。不能得棺。軍中士卒感公恩。斫大樹刳其中以斂。公在軍中。攜一石曰佛雲。以自隨。此石係從軍時。得於丹達山南。旋葬以後。萬里間關南返。一棺外惟此石。先高祖吉士公（諱原湘字子瀟）天眞閣詩文集。有佛雲石歌紀其事。咸豐庚申。賊陷吳中。石燬於兵火。余什乞林畏廬及李梅庵提學瑞淸二君。補作佛雲石圖。與太守公遺書。合裝一冊徵題。我輒懷前徽念慈有二絕句。其一云。新樹。爲棺。淚。未。乾。生平。奇。氣。鬱。豪。端。他年。書。史。論。宗。派。休與。王。吳。一。例。看。其二云。宦蹟。家。聲。照。汗。青。傳經。四。世。此。前。型。辟煤。不。陷。滄。桑，劫。自待。東。家。記。祖。庭。方子頎同年怡五律云。萬里西征日。邊聲馬上聽。歸期盼。烏。白。餘事付。丹青。絕域江山古。新闢草木馨。平生忠孝事。數紙見前型。陳石遺學部衍亦作二絕句。其一云。遷客。雲。孃。付。旋。臺。竹垞。老。去。稻。孫。來。傳家。臣。筆。良。非。易。祖硯。人。間。幾。劫。灰。其二云。奇礎無復重摩挲。裹革差同馬伏波。留此。米。家。船。作。鎮。硯山。原。不。讓。寶。晉。陳弢庵太傅前輩寶琛五絕云。石爲。忠。孝。結。書乃。得。其。神。屹立。橫。流。

際吾嘗拜丈人劉幼雲同年廷琛七絶云佛石睛陰詎寫眞爲傳忠孝見精神子臣大義今淪絶展卷汍瀾泣古人陳劉二詩均作於辛亥冬間故不覺言之沈痛幼雲早歲遊庠彊庵方督學江右師生沈溺良非偶然其詩亦用彊庵韵也易實甫參事順鼎七古云海嶠雲人知之廣山佛雲人不知丹邃山南孝子石天眞閣上才子詩孝子從軍天山北得此奇石高一尺携上張惡谿苓橛原是媧皇補天物忽偶付諒殲勞臣死忠死孝惟一身軍中刳樹奉骸骨遺命留石示子孫以樹作棺本奇覯以石伴棺更悲壯傚同馬革裹尸還終傍牛眠正首邱想見矛頭盾鼻間淚痕沁石紅斑斑奇人奇物佛雲石歸骨歸魂大峯山孝子生子即才子爲石作歌石不死才子又生才子孫祖硯磨穿著詩史我聞孝子工丹青遺縑零落如晨星筆枯墨淡剩諸幅地老天荒留萬餘我友命題祖庭冊使我披圖淚橫臆淒絶山中野史亭談忠說孝容頭白實甫晚年詩多諧謔遊戲之作此詩精神團結音節蒼涼洵能不負此題今實甫墓草已宿身後遺稿零落晚年詩已無付刊之望每懷舊友爲禁愴然

吳縣潘文勤尚書祖蔭居宣武門外米市胡同徂謝之時畿輔災民數千人於宣南遮道巷哭哀音沸野數百年來朝貴逝世所未有也公是時官工部尚書兼管順天府府尹事適値順直水災公籌辦賑務心力交瘁余昔於廠肆得公手札十餘紙均致陳六舟中丞彝者時中丞方尹京兆札中所言均賑飢民勤懇吏事公於病中譫語喃喃悵及窮黎流離顛沛之狀易簀前夕六舟京兆視之於病榻前公喘息云吾其爲周筱棠乎蓋周亦以任京尹時（筱棠先生名家樹宜興人）盡瘁賑務而殁者也公與翁文恭師同於咸豐戊午典陝西鄉試有秦輶日記陸吾山廉訪襄鉞爲二公所得士公歿時吾山函托文恭師代致賻儀文恭答書有云潘文勤忽爲傾謝其弟仲午無外務而閟於太少潘夫人大病耳聾歸則無依留則無資稚子尚未就傅也皆處致賻生親手送交儻得回帖信則緩還

云云。（此聯近見滬上世界書局影印名人手札）累葉簪纓。世臣喬木。身後蕭條如此。足以風矣。左文襄未出山時。橫被謗議。幾瀕於危。公為其疏力保。其閎識灼見。亦非人所及。世但知其提唱風雅。潛發金石。所謂焦明翔乎寥廓。而羅者猶視乎藪澤也。孫師鄭

夜間與譚將軍組安坐談。件及故事。情異常開。一、柏中堂葰已至菜市口。猶以為罪不至死。屬家人候於某處。備發遣時相見。俄報刑部尚書趙大人來。柏乃驚曰。此非救我。安用刑部尚書。我死矣。必肅老六。雖死我。我必殊之。家人合藥進。始痛哭飲之。謝恩時。行已僵矣。二、肅順等既奉遺詔輔政。而兩宮太后則欲干之。安得游飆御史董元醇。以垂簾訓政請。非祖制也。肅擬斬立決。時兩宮以同道堂印鈐旨。持之不下。肅遂不以公事關白。兩宮問之。則曰昨日擬旨。尚沒有下來。今日那得有公事。兩宮不得已。下其奏。改斬立決為軍臺黑龍江。而銜肅益甚。皆召醇王。肅遇之宮門。問安往。曰、太后召見。肅怒曰。太后例不得召見。此非七王爺所當來。醇王遂不敢進。乃雜宮役中以見。太后哭曰。肅順欺我母子。奈何。醇王對曰。臣不能。奈何。須是六哥來。六哥者恭邸也。即往商恭王。恭王發奏。請叩謁梓宮。肅等見之。曰、此照例班聯議。而恭王已至宮門請安。宮門請安。輔政大臣例不能阻也。恭王出。問肅等奉旨不。肅等唯唯。曰、既奉旨。則同錄耳。肅等復唯唯。太后遂挾穆宗行。而肅等敗矣。方肅之就刑也。柏中堂之子。以傻頭染其血以祭。肅順英發識大體。曾文正胡文忠之倫。多得其力以濟。死於守法。非其罪也。三、往歲常與黃簡膜、龔枚初、瞿希馬、游金山寶殿寺。寺為李蓮英所建。其私也。李忽至。則相率避於山後。俄一僧來。曰總管請少爺們到廟裏坐。余與枚初不肯去。李見希馬等。即請安。（瞿希馬止庵相國子也）謂瞿大人（時止庵作上書）方狠管咱們的臉。今日少爺們到此。沒有招呼。與下不去。我安頓了點心。請各位吃。我不便陪。實在對不起。希馬等則唯唯而退。其人謙抑自飭。非傲慢者流也。曾[illegible]說

甲寅周刊第一卷第十八號目錄

特載

二感篇

此文執政手譔。前後稿凡數易。意極珍重。欲以徵取此界通人意見。已倩辜湯生先生譯為歐文矣。

孤桐識

內感

仰觀羲皇。五千年來。治亂無常。分合靡定。唐虞之民。鼓腹而歌。帝力何有。桀紂之世。時日曷喪。民願偕亡。周自東遷。迄及清季。爭霸稱雄。併小陵弱。討四夷。犯邊鄙。割據鼎峙。稱干比戈。流寇滋蔓。盜賊竊發。饑饉年凶。瘟疫時行。無百數十年之安。重人民倒懸之苦。無代無之。夫上。天。有。好。生。之。德。何。治。世。之。日。少。而。亂。離。之。日。多。豈故。造。此。淒。涼。悲。慘。之。劇。耶。嗚呼噫嘻。非天。為。之。乃人。自。為。之。也。道。德。仁。義。為。立。身。之。本。機。巧。

變。詐。質狀。性。之。賊。君子。惡。道。不。惡。貧。朝聞。道。夕死。可。也。小人。惡。貧。不。明。道。果能。苟。得。殺身。不。卹。也。欲望。難。滿。任情。而。為。祖宗。所。遺。剝削。迨。盡。人類億兆。交際遠邇。惡變。因。有。損人。時。多。生生。世。世。恩怨。淆。積。因果。相。循。複雜。萬。端。造化。乘。除。輪回。慨。惻。死造。生。前。已成。鐵，案。焚於火。溺於水。殘於兵。殲於疫。現世再世。或數十世。一報再報。收之於天。或假人手。倫常之間。容有不免。甚至永錮三途。善人惡報。惡人善慶。在果。之。之。善。惡。熟之。先。後。帝而。解。脫。必隱。有。濟。人。之。功。否則。小。之。災。及。一。身。大而。成。劫。黃巢禍唐。獻忠屠川。西歐戰禍。東瀛震陷。人徒。見。事。情。之。慘。而不。知。由。來。之。因。經曰。作善降祥。作惡降殃。巨細備具。包羅萬類。識者惕然而懲。悚然而懼。世人不悟。惟有痛惜悲憫。而無可如何者耳。追民國鼎新。滌蕩百代王業之污染。階級無存。降代議士平民之制度。宜有嘉謨。共樂太平。而孰意竟有不然者矣。一般學人。負遊歐美。滿擬負其裝飾。以新晉之廟堂。殊不。知。彼。邦。文。物。建。設。皆由。習。慣。而。來。二千餘年。不知。幾。經。改。革。費千。萬。人。之。心。思。始有。

今。日。考我之歷史。已先三千年。四萬萬人民依舊也。禮。教。異。趣。服食。異。式。強使。之。同。烏乎。可。孔子曰。周因於殷禮。所損益可知也。謂為。損。益。必非。廓。而。清。之。雖然。一治一亂。一盛一衰。見不一見。然而列聖相傳。廿四代史。必有立國要素於其間。孝悌。始於。家。庭。敦親。親。之。義。仁民。愛。物。推於。四。遠。無畛。域。之。分。種族。之。見。故曰。天之所覆。地之所載。莫不尊親。老吾老以及人之老。幼吾幼以及人之幼。視天下為一家。若道植文之事。至聖。大。同。之。化。迥異。英。雄。創。建。之。功。精蘊。豈。可。邇。來。轉貽。效。顰。之。識。哉。若其科學明聲光化電之用。竭製造器機之精。發達實業。捍衛國家。取其所。長。補吾。之。短。可。也。至於尚功利。事侵陵。背人道。逆天和。倍見歐戰告終。與戰各邦驚駭失措。幾同破產。瞠目而視。罔知所從。無已。悉仍舊貫。加而精之。備兵而謀。角觸不免。傾城。傾國。恐甚。往昔。事後。再悔。可以。預卜。若多士濟濟。搆思辯論。期政治刷新。國步增進。宜矣。但名。之。以。慾。能無。偏。乎。然世界所尚。未敢擅斷。無奈。人。欲。無。盡。我見，太。深。獨力。難。支。援取。無。據。巧立。學說。以登。號。召。一呼。萬。應。勢力。雄。厚。有恃。不。恐。殺機。頓。生。驕逞。無。辜。流血。萬。千。自殘。國。力。在所。不。卹。下而有共產黨。無政府黨。流品。龐。雜。烏。集。尤。易。身無。長。物。因利。乘。便。假愛。國。之。名。以。禍。國。愛羣。之。名。以。害。羣。氣燄。滔。天。大地。震。撼。前之。民。意。入英。我。何。最奇。特。者。人之。所。無。而我。更。有。澎。湃。之。革。潮。可謂。新。之。又。新。孔孟恒言。民爲邦本。本固邦寧。天視天聽。悉自於民。載之經傳。果爲民。意。當事。者。因。不。敢。離。經。以。悖。道。假借。云。者。不加。裁。制。胡可。以。安。良。善。鄭子產曰。水懦民玩多死焉。故唐虞四凶之殛。孔子少正卯之誅。聖王。聖。人。仁愛。淵。博。不得。已。而。出。此。是必。有。故。大凡治國之道。綱紀。爲。先。論語云。道之以政。齊之以刑，民免而無恥。呼、無恥。之。刑。亦復。蕩。然。大防。之。決。在於。庚申。止於。甲。子。若能如十三州之義起。非定功成。各歸本業。復以義終。無自。衛。自。便。之。念。致令。鏃。遍。露。生。縱逆。馳，而。上。絕不。致。仍。徘。徊。於。中。流。讓華。盛。頓。獨。美。於。前。也。然而。任。大。非。者。欲速。不。達。爲國。家。人。民。計。不得。不。動。心。忍。性。委婉。善。導。以期。有。濟。迂迴。蕩。漾。固所。難。免。而仍。復。潰。決。奔。騰。不知。禍，之。所。屆。茫茫。神。州。將。焉。所。託。則萬。萬。有。不。可。也。凡我同胞。深望。懍。懍。刑。之。戒。策公。共。之。樂。意誠。心。正。身修。家。齊。克己。功。深。禍利。自。遠。皇天。無。親。願共。勉。之。

外患

博覽五洲七十餘國。儼然東周一大戰國。其戰國之遺因結果。歷歷在目。吾人耆之熟矣。若拿破崙之戰全歐。大彼得之策遠東。兩美南北角逐。比降平治。強滿蘭起。興王赫赫隆隆。英雄事業。洵屬盛舉。溯自一千六百十八年來，新舊教爭。干戈頻仍。心思機轉。午夜彷徨。忽勝而喜。忽敗而悲。銅駝臥荊棘。繁市盡瓦礫。紛紛擾擾。三百年來。仁人不忍屬目。微倖猶以爲功。事後靜思。尚不能。廢然思返。迨塞爾維亞導火一綫爆發。致令全球驚撼。動員六十兆，死傷三千萬。亘古所無。創此惡劇。孤人之子。寡人之妻。凄涼悲慘。鬼神涕泣。敗者勿論。即使勝者。所得幾何。百不償一。元氣大傷，宜有。警。惕。以儆。將。來。然而戰後之約。名爲減兵。仍競能是圖。務絕異己。潛艇也。飛機也。綠氣也。死

三

光也。男婦老幼。戰員與否。觸處便發。一媼可治。酷烈因殘。千百倍前。披髮野祀。不及百年。其爲戎。杜鵑鳴洛。三十年後將大亂。見微知著。先哲預言。試問。備。兵。而。謀。能。無。戰。乎。兵。因。戰。危。存。亡。所。關。非。不。旋。踵。將。何。以。善。其。後。力果。足。恃。牛耳。可。以。長。執。何致。波。蘭。復。國。挽克。自。主。盛衰。迭。更。出入。意。外。矧極。則、復。天道。循。環。一定。不。易。之。理。不見窮荒僻島。可以興隆。通都大邑。終成灰燼。運命。之。來。又豈。人。事。所。能。操。人但。求。心。之。安。則非。自。平。人之。愛。人。正所。以。愛。己。己所。不。欲。勿施。於。人。孔子。之。道。忠恕。而。已。惟察世人。了然力行者寥寥不數覯。所以。世。界。擾。攘。永陷。於。叢。患。之。中。而不。能。拔。長此。以。往。人類。將。絕。暴虎。馮河。不知。自。悟。吾故。爲。世人。哀。更爲。好。事。者。哀。之。矣。梁襄問曰。天下惡乎定。孟子曰。定於一。曰、孰能一之。曰、不嗜殺人者能一之。夫一。豈。易。言。哉。自道。降。爲。德。德。降。爲。仁。爲。義。爲。禮。時至今日。即仁。義。禮。所。見。亦。鮮。小康。國。僅恃。一。法。而共產與無政府黨徒。又復。從。中。縱。橫。捭。闔。必滅。絕。人。倫。如洪。荒。之。世。鳥獸。同。居。而。後。快。吁、有山來矣。非無因而然也。人雖同類。各有自來。賢愚懸遠。善惡各殊。學力高下。志趣不一。窮通分定。早晚異時。勞心者不必勞力。勞力者未必能以勞心。等量齊觀。未可也。無如知命者少。累於。口。腹。熾於。情。欲。詐虞。賊。性。陰險。剛。以禍。累世。積。孽。刼報、災。償。致命。妖。魔。鬼。怪。乘間。竊。發。以肆。其。毒。欲回。天。心。必須。進。德。力挽。人。禍。惟有。謙。和。耶回兩教。本以敬天愛人爲主。而教徒日衆。門戶各鬪。不循軌物。若日暗芒。斜向而下。不知相去幾千萬里矣。致相殘賊。殊爲太息。孔道不分種族。大同無外。佛說超出三界。盱衡大千。道教介兩者之間。耶回雖略有畛域。宗旨亦屬一貫。一千八百十五年。欲以神聖同盟維持和平。無如利害衝突。豈能盡滿人意。卒不能踐。海牙和會。力理。相。間。似難允執厥中。幾同故事。國際聯盟。理勝。而。力。弱。永久和平。仍難作爲保障。各邦達人學士。心知其然。致意東方文化。藉以救濟。惻隱心理。沛然勃發。識遠意美。願爲同志。竊恐有迂緩之虞。若急其所急。當今救世良方。惟有。先。借。五。洲。人。士。擴充。胞。與。之。量。平心。討。論。以天。理。爲。要。素。人道。爲。

依。歸。五教。合一。義。取。大同。協商組一機關。各國人士。成集其間。輪推首長。定以年。限。主持公道。力謀世界之和平。藹然親愛。調劑與國之艱阻。視萬國爲一家。親親長長。人類爲同體。無人無我。若身臂相使。手足相助。外患。既。除。內難。自。泯。戢弱。肉。強。食。之。風。樹治。世。根。本。之。德。良善。之。倫。履升。平。於。沒。世。桀驁。之。徒。自消。滅。於。無。形。不揣妄陋。乃用管窺以測天。世多賢達。順供討論以取決云爾。

時評

近日大局。驟形緊張。視一週前。漸次明瞭。徐州軍事解決。山東未開交綏。萃衆心目中之態度情勢。激烈之玄黃大戰。似不在南而在北。當世賢達之呼籲和平。雖已吞聲屏息。其效果殆已甚微。三數日來。惟此文化之福音。亦歸沉寂。一般人民之虔心祈禱。至此似已絕望。丁茲陽九厄運。當事者之。被。業。風。鼓。盪。毒念。激。衝。各逞。雄。爭。虎。奪。之。能。以增。猿。鶴。沙。蟲。之。劫。殆已。失。其。自。主。之。權。而非。人。力。之。所。可。挽。救。卽億。萬。生。黔。之。橫。遭。塗。炭。早已。自。絡。同。業。之。惡。因。應被。蹂。躪。流。亡。之。苦。果。未可。怨。天。尤。人。惟宜。自。儆。自。解。際此。天。怀。地。慘。之。際。雖有。婉。轉。呼。號。之。哀。鳴。又誰。聽。之。哉。惟吾人所最不能漠然置之者。京師首都。全國之統治所寄。外使棲止。國際之命脈所關。無論何方屯守。決不能不維持相當之治安。以存國脈于萬一。且關係成敗。一髮千鈞。嘉賓滿。堂。兄弟。鬩。牆。縱不。顧。及。貽。組。之。謀。亦當。聯。想。覆。巢。之。敵。報載馮玉祥昨訓令部下之駐京者。謂爲國爲民。雖犧牲一切。亦所不惜。爲私爲利。雖犧牲一髮。亦所不爲。此次戰爭。果爲國。乎。抑獻。國。乎。果爲。私。乎。抑爲。公。乎。婦孺皆知。不待置辯。今日晚報已有國民軍完全讓出北京之宣傳。馮氏之力避戰獄。殆已見諸事實。本方不少賢達。當不至從京師秩序于不顧。京畿治安。應可無虞。本月十一。為歐洲大戰公理獲勝之紀念日。甚願吾國軍人。遠鑒德意。志。黷。武。之。往。事。近。傷。吾。國。連。年。黷。戰。者。之。覆。轍。懸。崖。勒。馬。轉。危。為。安。不。特。國。家。之。幸。當。亦。個。人。之。休。也。（燕）

戰事至今日。蓋既漸有擴張之勢矣。吾人處此。巳入無可言說之境。惟閉目凝神。一念小民之顛連困苦。巳轉死溝壑。則易、地、以、思。當知、小、民、之、感、想、若、何。中國人者。蓋至柔順之國民也。夙昔既乏政治訓練。故於政治意味。甚為冷淡。日出而作。日入而息。所期祇在安生。所冀惟有寧靜。以云。民。意。則民。意。惟。求。不。擾。而。巳。勢力之消長存亡。維持之是非得失。其在小民視之。殆猶蚊蟲鵲雀之過乎前耳。何足以縈其視聽。故撫我則后。虐我則仇。數千年來。殆未嘗易其觀念。而互爭雄長者。其成。敗。利。鈍。或。卽。繫。於。其。方。寸。之。間。今日之亂。在勢既無可逃。曲直所歸。他年亦自有信史。今惟諸公弄兵潢池者。應知今日雖無輿論。而小。民。之。眞。意。所。在。在。理。實。無。可。拂。逆。則。惡。感。既。種。蟠。結。深。植。於。人。心。一。時。縱。獲。凱。旋。而。他。日。擣。虛。而。進。拔。趙。易。漢。者。或。反。出。宸。成。所。料。之。外。此。吾。人。驗。之。史。事。然。驗。之。近。事。亦。知。其。不。謬。者。也。比紀簞食壺漿。孟論猶解倒懸。有。大。志。者。幸。熟。計。之。（介）

十一月十一日。為公理戰勝紀念日。衙署學校。循例休息。所以誌慶祝也。昔丁清季。餘杭章太炎先生。避難東京。主撰民報。惡時論之抵拒。因發憤著四惑論。以遮撥一世風靡之圭臬。公理者。四惑中之一也。其言卓越。不落恒蹊。雖稍畸激。獨標義諦。今距作論。既十餘年矣。而公理一詞。轉以世界大戰。而益膾炙人口。究、竟、公、理、之、保、持。既、至、若、何、級、度。其、所、揭、櫫、以、歆、動、世、人、者。是、否、均、各、如、願、以、償。躊、躇、滿、志。此、在、盱、衡時。事。之。人。自可。熟。察。趨。向。相。喻。無。言。夫吾國於大戰一役。雖無赫赫之功。而當仁不讓。諒亦可告無罪於天下。公理者。相。持。以。義。互。得。其。平。之。謂。也。各守疆界莽相畔越而後能彼是無猜承流並進泯人類之紛岐蹐斯世於郅治將唯公理是賴則公理所懸宜為吾人謳歌讚嘆夢寐求之更有何抨擊之可言太炎先生之所以不能釋然者特謂意想所標或無是物倘同惡異反近劫持耳以吾國年來之傴僂僵蹩汲汲不克自保誠不足與世界列強同其步伐甚之孤注一擲求敢後人者亦曰成敗利鈍不敢知惟知是非義利之辨而已今列強之口血未乾而吾國五卅之變其能否得直於天下則公理伸屈行將於此卜之英有常言曰Do me justice札斯惕斯者此云公理也今日離婚歌舞之餘所欲贈以一言以告天下者亦曰Do Us Justice已（介）

王寵惠君已於前日由歐返國安抵京師當此戎馬倥偬之際忽有閑雲野鶴之舉者適于數萬里外翩然歸來吾人雖居風聲鶴唳之危城中仍不能不致熱烈之歡迎良以國家人望所歸之學者為一國苞桑之繫視一時危亂之戰爭尤為重要在吾國才望素隆之今日若身志皎潔中外知名之王君已如鳳毛麟角吾人安得不於憾心失望之中而屬望及之邪按王君為我國法學界之巨子自民國十二年春去國赴歐出席國際法庭迄今兩年餘備受歐洲人士之歡待并於各國司法情狀尤深致研稽我國為廢除領事裁判權預備各國來華調查司法政府特速王君歸國主持此事觀報載王君與某記者之談話於各國對華之態度使吾人得不少之了解至謂關稅自主各國朝野多數確表同情極願贊助現在時局雖甚紛擾但關會係國際會議召集匪易各國政府殊不欲無結果而散致受無意識之犧牲此尤吾國參與關會之當事諸公所宜敬聽而知其責任之未可稍懈以致自失良機也司法調查委員會與關會同一收回主權之重務得王君主之必當勝任愉快躊躇滿志惟吾人於歡迎之餘又不能不三致意於王君者今日吾國社會之惡濁已成銷融人才之洪爐直不容有躍冶之金翹然而為錚錚者甚之著聲施榮名於海外揹坫為吾民所仰望以為國家

七

前。途。梁。棟。之。人。追。一。歸。國。加。入。政。治。盡。喪。其。昔。之。爲。守。日。趨。於。卑。汚。苟。賤。之。流。而。不。自。惜。予。吾。民。一。極。深。刻。之。反。感。往。事。具。在。已。歎。數。然。矣。以。人。爲。鑑。可。以。自。惕。王君明達。寧不知此。吾人愛國。尤愛王君。故於期望之忱。謹致忠告之詞。王君必不河漢夷之矣。（邨）

答志摩

孤桐

日來時局俶擾。無伏案執筆之暇。暫見志摩原文。以欲保持論壇生氣。乘隙爲此數語應之。所感萬端。百不盡一。他日有會。願詳其辭。

徐君志摩。今日顧厨之首選也。有文揭於十一月十一日晨報副刊。對愚近作。多所評騭。題曰守舊與玩舊。謂愚持論。殊乏基本信念。所計不出實際便利之中。動機不外時代浮動之性。凡古之大人哲士。獨立設思。純粹成性。不企何種作用。爲主義而標主義。以至誠無二之精神。與天下相接而罔所以易之者。愚俱求是非儕。此之所爲。亦如伊索寓言所載水中骨影而已。吾儕信以爲眞。相率赴之。其不兆爲溺犬者幾希云云。統觀前後。信爲腔子裏流出之言。不同凡辯。自白、話、興、行、以、來。時文、能、外、於、紅、樓、水、滸。自闢、理、路。發、爲、此、論。使、人、讀、之、終、篇。心、意、不、惡、如、斯、論、者。吾見、實、罕。至、愚、因、此、而、得、忠、告、善、道、之、言。使、之、洞、明、其、所、窮、乏。不、得、不、猛、自、策、勵。以、求、副、厚、我、者、殷、殷、之、望。尤、奇、已。

雖然。愚答志摩此文。有最艱於落筆者。則凡志摩短愚之處。皆以尚論古人之道出之。微論愚反駁無此厚顏。即自承亦嫌高慢。倘是文也。讀者引爲愚之定評。一字不易。百數十年後。重出於Encyclopedia之中貽人考覈。愚且以謂僥倖之至。何也。志摩、文、中、之、持、以、相、律、者、非、他。乃「耶、穌、聖、保、羅、貞、德、勃、羅、諾、羅、蘭、夫、人。甚、或、至、於、蘇、格、拉、底」也。愚之作答。正負旣兩俱未可。請姑舍是。而別以一二要義爲志摩告。

今世。學。者。間。之。通。病。即。凡。事。必。附。會。一。主。義。以。成。其。

歐所謂學術爲ism惡潮所橫溢者志摩在歐諒亦同聞是言今此風亦漸流於吾土矣白話文之惡濫日報副刊之冗者以乙斯姆爲入而愈見其甚昨某畫報刊載雜丹彫刻男女裸抱下交股而上接吻筋肉顫動淫情欲活此特一秘辛之顯相從刻畫之異處而定其價耳某畫家必從而張之曰「此含有全生命之努力雜丹在大理石上高唱人道之悲歎：：眞實之藝人只知不斷創造新生命」此種人道主義不期而勝血氣未定鑑別不周之青年子女斷送以盡憑所見親成故習其子弟以挾有主義正如志摩所謂「完全相信自己是對的」之故衍抉一切網羅視天下無不可爲之事卒之自悔無及迷罔以終者比比矣「浪漫派或新派」所造之假借招致諸狗而斃焉者豈不然哉今之少年所患之寄盲廢疾在以至易者而強字之曰至難以至醜者而強字之至美以至淫者而強字之曰至貞以至惡者而強字之曰至善奇辭怪名貿亂（語本荀解）白狗黑黃馬驪牛三（借用莊子天下篇語）大言不慚交相唱和顛倒錯亂如飫狂泉是何也即志摩尸祝之「道點子原始的信心」爲之果也（或思想過人詰難曰汝能作白話文乎或只謂不能作白話文即無批評白話文之資格）此一義也其又一義則凡教義也學說也所有乙斯姆也舉不論絕對之理而息息與時爲緣以見爲貴孟子曰孔子聖之時者也言仁言孝每因人而異其詞或往或不見亦是準而不一其態然孔席不暖未聞以Driving Power偶感不足致形頹喪孔子集聖大成亦未聞以其隨時之宜（吾人之道一說一經時之宜未然 有當家語本東方智言有至理未）嘗（可以度之）人有損益明愚義論之今之言新文化者誤於拋卻時地人三要素容中摸索其所欲得以飄萍爲堅址移所構廈模而就之今志摩猶美其詞曰思想本身試問思想不以時表之本身有何眞值即有眞值於人生果復何取吾見至恆之道以爲Time-honoured遂乃爲者蹈襲如志摩勤勤稱道之羅曼羅蘭其一例也未見道與時無礙而徒以本身有何性何質人乃鑽研頂禮視同性命柳子厚有云聖人之道不益於世用昭此義也

九

右二義者。愚特有感而隨筆出之。不必假以自護。志摩云。凡無基本信念之人。不論為新為舊。不但無權充任思想之領袖。亦並不能在思想界占何位置。領袖之說。以衡於愚。根本外於論點。蓋自志摩外。愚夢寐中。亦固未聞何人以是二詞聯屬為言也。此而有權。請得澈底放棄。至愚之時論。在思想界有無位置。則以。思。想。界。是。否。相。繼。濁。亂。及須。愚。辭。闢。莊。理。之。度。何。如。為。斷。其權。又。自。志。摩。與。其。同。派。人。操。之。非愚。之。所。敢。知。也。

通訊

漏濬

……漏濬承教。倏已經年。遙企德輝。時深欽仰。還聞有國立編譯館之設。規模宏偉。尤洽私衷。方謂術語學名。必經名宿專家。審慎討究。俾非紛繁者有所遵循。乃閱報章。見教部已將科學名詞審查會、七年至十三年陸續所送各項名詞草本。概經審定。文傭書為業。於茲有年。譯名之苦。感之彌深。定名之難。亦知之彌審。略有所見。弗敢緘默。謹為先生陳之。科學名詞審查會、由醫學名詞審查會蛻變而成。主其事者為江蘇省教育會。其初加入之團體凡五。除醫學三團體外。其一為江蘇省教育會。又其一為該會附設之理科教授研究會。曾審查醫學及化學名詞兩次。適全國教育會聯合會、有審定科學名詞之請。遂一躍而審查一切之科學名詞矣。民國九年。在京開會。有機化學一組。雖曾延請國內大學專門學校化學教授、及學術團體如科學社、學藝社代表加入。(其他各科則仍同於舊有團體)文亦忝列末席。然終以意見參差。新加入者幾相率退席。俄而直皖戰起。未竟所事。至翌年開會。則京校教授無一至者。去年、全國教聯會以「該會組織之範圍既狹分子亦嫌過濫」議決。呈請教部改組有案。（見該會議決案第三十六）社會信用。可見一斑。至所擬名詞草案。教聯會亦謂其「掛一漏萬。不值專家一顧。」文吞習化學。請就化學論。元素之名。如養氣作氧。淡氣作氮。綠氣作氯。通用已久。民國四年。教部擬爲學名。通令採用。該會則改氧爲氱。氮爲氝。氯爲氯。所諧者均非原名之音。已失學名之正軌。或取雙聲。或取近似。亦失俗名（以雙淡）之原音。立異標新。徒滋紛擾。竊謂。元。素。命。名。之。本。意。在。假。一。字。以。爲。其。符。徵。足。矣。養。氣。淡。氣。綠。氣。之。通。名。既。不。能。廢。則。其。元。素。自。以。用。氧。氮。氯。爲。宜。等。新。字。耳。何。必。改。作。此。所。以。社。會。至。今。仍。多。沿。用。舊。名。也。至。有。機。物。質。多。至。十。餘。萬。種。構。造。關。係。亦。極。複。雜。且。有。全。部。系。統。互。相。關。聯。尤。非。倉。卒。間。集。少。數。人。採。多。數。決。之。法。議。定。大。綱。若。干。條。命。名。數。十。例。所。能。舉。一。概。百。者。該會所擬有機名詞。頗多紕繆。舉其易明者一二例。如 Pentidiene 一物。定名爲「六炭一個炔二個烯」準此以推。則其。二。氯。三。溴。之。易。溶。體。當。名。爲。「二。個。氯。三。個。溴。六。炭。一。個。炔。二。個。烯。」先生以爲尚成一名乎。（在該會草案例字決）又如 Benzene 則名爲困。義既無取。形又不。象。（Benzene之構造式爲⊕與困相去殊遠況困爲習見之字尤未便借以爲名）亦強冗長。不切實用。即該會已不能自審其後。（本年該會在杭開會起草良余謂依報告謂有濮化學前定名詞但太冗長顏惑不便未能起草云云見七月十七新聞報）而望其行世久遠得乎。他科名詞。以非專習。不敢臧否。然非難之聲。則溢然盈耳。陳方之等十八人曾提出教部審定醫學名詞第一卷質疑。於一、千、一、百、八、十、名、中。誤者、凡、百、八、十、則。（見學藝雜誌七卷一號原文附錄）夫該會固以醫學團體爲基礎。所得尚如是。其他可知。竊。謂。定。名。者。一。學。者。之。事。也。一。學。會。之。事。也。非。公。共。團。體。之。事。尤。非。政。府。之。事。也。以。文。淺。識。未。聞。先。進。各。國。有。由。政。府。定。名。而。強。學。者。以。必。從。者。誠。以。名。者。實。之。副。而。學。之。本。也。學。術。進。化。事。實。變。更。則。名。界。亦。殊。而。名。不。能。不。從。之。而。易。科。學。之。名。此。例。尤。多。況。中。外。文。字。義。界。每。有。出。入。常。有。初。立。一。名。似。甚。工。穩。進。而。研。究。則。覺其涵義不周。易滋誤會者。且文有常律。亦有單獨一名。似尚可通。組合成句。則生語病者。故不。能。不。留。學。者。以。擇。尤。改。善。之。餘。地。不宜。以。死。法。令。而。制。生。學。術。思。想。之。進。步。也。竊以爲教部爲劃一名詞計。應獎勵個人或學會。使從事定名。祇宜作爲草案。供人採用。不宜、認、爲、定、案。強人、必、用。所擬之名。如其當也。人必樂用。久則自然統一。如其。不。當。卽。藉。政。府。之。力。亦不。能。服。學。者。之。心。假人名器。而代受其過。甚爲教部惜之。又有一事。欲爲先生陳者。則民四公布之度量衡法。所定萬國度量衡名。不能適用於科學著述也。該制定糎（Centimeter）爲公分。粍（Millimeter）爲公釐。而克（Gram）亦爲公分。竕（Decigram）亦爲公釐。既嫌緊冗。又病混同。夫分釐原義。不過表示分數之通稱。公分公釐不能代表名數甚明。況科學上單位。以糎克最爲常用。而誘導單位。更多以糎克互相乘除而成者。混用公分。不亦偶乎。（如C.G.S.單位當稱爲「公分公分公秒單位一熱衡熱度熱爲時間熱能熱之）今教部於數理化教科書。必斤斤然非用此名不予審定。使初習科學者。對於基本觀念之數量。不能明白。貽誤學人。殊非淺鮮。Logic 一語。日人譯爲論理學。先生以其名界抵觸。嘗斥爲濫訂名義者之惡作劇矣。設先生編纂相教科書。教部必令改用論理學。先生將舍己而從之乎。竊意。教。部。審。定。教。科。書。當重。其。內。容。不當。據。以。形。式。科學官名詞之惡作劇。願先生有以糾之。近讀甲寅周刊。知退食之餘。每孜孜焉與時賢論學。誨人不倦。無任欽遲。如不以頑劣而教之。則幸甚………鄭貞文（上海中華學藝社　九月二十二日）

心儀於科學名詞利病。持說侃侃。蓋是學驗交至之言。凡名。以。約。定。俗。成。爲。歸。古有。常。訓。若以。政。府。之。力。矯。爲。一。切。強令。學。子。從。之。乃學。術。自。殺。之。愚。計。當。今。之。人。應。無。是。想。政府。者。亦。廣。集。天。下。學。者。計。事。較。便。取。其。所。得。布。之。流。傳。易。遍。而。已。非。有。他。也。今取心儀書襮之於此。讀者別有所見。幸更相開。容集衆長。俾歸至當。　孤桐

開來

……開來。寫。得。書。由。寶。不。受。人。間。遺。學。發。弟。奉。召所以迴避其行者。深恐入京而後。或爲生活所苦。陷入官網中。造小學也。弟并非反對投身政治。竊以爲賢如吾兄。又與合肥關係若是之密。倘有餒鬼不饜鍛羽難振之憤言。不肯如弟。今日更向爲國盡瘁之可言。救國不止一端。行當自勉。無負吾兄之教訓而已。

放假而後。於鴿籠之生活中。又新著一書。自謂較前此諸作。對于社會或稍有貢獻。其第一章有云。

凡一。國。政。治。經。濟。各。種。事。業。均。呈。一。種。紊。亂。無。法。整。理。之。現。象。時。同。時。其。思。想。方。面。亦。必。陷。于。一。混。沌。之。狀。態。中。而。使。全。國。茫。茫。然。不。知。其。眞。正。重。心。之。所。在。舉凡耳目之所聞見者。無非破產之語。所謂政治破產、經濟破產、甚至于學術上亦破產是。當是時也。舉國之人。臬臬然若不知所措。各種信仰。一齊。打。破。道德也、知識也、勢力也、恍惚均爲各個人營生之具。而無補救于時艱者。現勢所趨。有日近于淪胥。而莫之能救。設有。人。焉。能在。此。混。沌。

之。狀。況。中。集。其。數。十。年。之。研。究。而。不。爲。當。時。及。以。前。各。種。學。說。與。思。想。所。籠。罩。并。對。于。其。所。處。之。環。境。與。其。癥。結。之。所。在。見。之。至。明。考。之。至。深。而。能。獨。立。一。說。以。納。民。于。軌。物。之。中。雖。爲。舉。世。所。反。對。而其。志。不。撓。結。果。能。使。全。國。政。治。上。經。濟。上。思。想。上。均。由。此。而。認。清。軌。道。盡。力。做。去。小。之。使。一。國。受。其。福。大。之。使。全。世。界。改。變。其。觀。念。知。識。上。之。權。威。至此。時。或。可。引。起。全。國。人。士。之。信。仰。

全文約五六萬字。雖在溽暑中爲之。尙不覺苦。欲借經濟學上之權威。如哲學上之 Fichte 以救今日知識界之貧荒。出版而後。再求教正。有人謂今日學生有不悅學之病。斯言亦不盡然。上海學生聯合會於對內對外百忙之時。炎暑逼人之際。費盡十分艱苦。指揮干涉及組織一夏令演講會。不悅學者能如是乎。弟亦講演二次。聽者毫無倦容。歸來十分感動。自慚貢獻之薄。弟近來之感想與行動。概具于此。

湖兄入閣。將近一年。以吾兄之明。與見義勇爲。而惡社會中之積惡。尙恍惚無法以消除之者。且流俗限人。賢者不免。惠卿之徒。問亦間有累盛德者。自旁觀者觀之。大有王荆公當年之景象。讀者咸以爲疑。及見甲寅出版。則前後各篇。均兄一人所包辦。信夫、孤、桐、今、日之、質、爲、孤、桐、也。如此孤立。雖有善作法。亦何能行。恐不僅八枚併合之盛舉不能行。即甲寅亦難乎其爲繼。細讀各篇。情見乎詞。凡愛兄者。有如河北人民讀陸宣公所代作之罪己詔。但此種深情之文詞。者出自亡命客之口中。則人且泣下。其効力不能與獨立週報致楊懷中書相提并論也。此兄之或當囘省者一也。吾兄酷信農業救國之說。甲寅報上仍申言之。弟則考慮再三。仍有與尊見相左者。或恕其狂妄。而使其終言之。

從經濟進化史方面而觀。凡國家無不經過下述之各時期者。其始也極野蠻之狀態。如漁獵織而進爲游牧。再進而爲農業。更進而爲農業與工業化。最後始達到所謂農業工業商業化者。稽之各國經濟史皆然。法美之均爲農業國轉來。此人人能言者。即工業最發達之英國。其起初亦何嘗非農業國。始以畜豬著。後以牧羊稱。吾欲故步自封。在此門戶開放之後。長保持其農業國之狀態。試問今日能乎否乎。如曰不能。他國之以工業國號稱者。幾無日無時不思侵略農業國。以便輸入大多數之原料品。而同時以農業國爲其過多生產排製造品之銷場。試問我國之市場。將永遠受他人支配乎。抑同時謀經濟獨立乎。欲明乎此。須知農業國與工業國根本不同之原因。與單獨農業國之決不能存在于今日。在農業國之中。其取用天然之力既弱。其資本之聚積亦有限。因之其生產力。決不能盡量發展。以供給其本國滋生之人民。處今日經濟侵略之世界中。而欲單爲農業國。猶農業進化後之猶欲單爲游牧國也。一國之專從事于農業者。其人民之心境必遲滯。身體必呆鈍。思想必頑固。一切習慣與方法。必偏于守舊。所謂文化事業。各種自由。必極形缺乏。反之其一國國民知識上身體上日臻于進步。而一切組織比較完全者。其國之製造業與商業。必已發達。農業國之人民。多散處于國內各地。因此其精神上物質上之交際。亦呈一種散漫不相聯屬之象。一農民之所作所爲。大抵與他一農民之所作所爲者相同。其所生產者。亦與他農民之所生產者相同。各人之所消費。大概皆各人之所自產。因此精神上之交際。物質上之往來。比較極少。且無從以引動之。故農。民。與。其。同。作。之。關。係。尙不。若。其。土。地。之。密。切。毎年照舊播種而後。經過長久之時間。一任上天之照佑。養成忍耐迷信種種之天性。以彼所處之地。可與他人不通往來故。知識上之進步。因而有限。其所有之知識。皆係幼時從其家庭範圍內得來。自搖。床。上。之。生。活。起。至入。墓。之。日。止。其一。切。行。動。皆不。能。出。乎。其。小。範。圍。之。外。特別之榮盛。根諸異常之知識與能力而來者。實爲彼所少見。其生活之簡陋。皆數百年所遺傳而來。至其。最。早。之。祖。先。能由。游。牧。而。發。明。農。業。之。精。神。似。諸。數。沉。沒。以工業之性質而言。根本上與農業不同。以職業上之迷帶故。其生活必聚合。日用生活之所必需。

皆須于市場中求之。即互相扶助而後能生存之意。農人之福氣。多仰望于天。工業家之福氣。要以商業上之消息（相知識）爲衡。買賣交易之間。如機輪然。幾不能一刻停頓。環境之變化。法律之修改。時俗之更動。均爲彼所注意。因之彼欲進行與推廣其職業時。國外之事。與國外之人。必時相往來。所需之能力。亦必有出乎尋常之外者。農人之往來。多以鄰近爲限。工業家之往來。實以世界爲範圍。以農業上之技術而言。只須同樣之人力。以工業上之技術而言。則所需于機智經驗能力方面者。大概有千倍之複雜。以此種複雜之事業。故人之有特長者。皆能得相當之位置。使才。力。與。其。事。業。相。洽。合。而在農業上。則挑選之機會極少。天資聰敏者。常能在工業上弋獲獎勵。"若在農業上。則用人之標準。大概以筋骨之力爲準。且柔。弱。之。人。在工。業。上。所。獲。者。常較。強。有。力。之。人。在。農。業。上。所。得。者。爲。多。婦女兒童。老年殘疾。亦能在工業之中。得到相當之工作。與相當之報酬。

工業。者。科學。與。藝術。之。當。務。而同。時。輔。育。之。維。持。之。者。也。以農業原料品而言。所需于科學與藝術者較少。貨之棄于地者既多。人之所能利用者仍有限。以工業而言。幾無時不適用機器化學算學。與藝術上之圖型。若工業無進步。各種方法無更變。則科學上之發明與進步。亦比較難能。故在工業發達之國。科學與藝術爲人所樂道。教育與演講亦然。以工。業。所。習。與。科。學。之。研。究。相。關。故能。鼓。勵。特。別。人。才。專。心。于。著。本。與。試。驗。室。以。供。各。方。面。之。需。要。以此種需要日增之故。科學研究。分工愈細。而團體愈多。其影響所及。科學之本身既日日進步。技術與工藝之受其賜者亦不鮮。總之。人。民。不。灼。知。科。學。之。用。專。恃。少。數。人。之。提。倡。無。能。爲。力。以此種進步之。故。（相工業與科學）並使一國之。農。業。隨。同。進。步。其一國之水力風力與泉水燃料等。亦以科學進步之故。用途更發展。且以工業發達之故。對于。農。業。上之。提。攜。亦。大。如地價之增加。紅利之增加。以及農民工銀之增加是。其最切近者。即工。業。能。爲。農。業。謀。一。永。久。固。定。之。市。場。以。各。種。原。料。品。均。需。要。之。故。于是農業上各種原料品之種植。均因而起。使一國之內。何地最適宜于種棉花者。專種棉花。何地最適宜于養蠶者。專事養蠶。種稻種麥亦然。此農業因工業發達隨同進步之明証。

科學與工業併合而後。其在物質方面所產生之權力。如野蠻之國。化爲文明。荒僻之地。頓成繁盛。其中影響之大。不可縷述。以出品之日多。交通事業亦隨而進步。二者之互相發展。實今日所常見。在農業國則不然。各地之所生產。多供各處本地之。用。其能。轉。運。至。他。處。者。爲數。有。限。交通之發達。因此較難。初造之時。尚有所得不償其成本者。發明與改良。在農業國內。其用途亦較小。人之盡心于此者。常不能盡心發展。而爲世所埋沒。在工業國則不然。凡一事之所以能發達若是之偉大者。幾無往而不受發明與發現之賜。故在。工。業。國。內。天才。之。用。大于。機。智。機。智。之。用。大于。體。力。而在。農。業。國。內。則用。途。正。相。反。且度量一國文明之程度。最好。之。標。準。莫過。於。時。光。農業國之人民。多不愛惜其時光。守時亦不準。而在工業國中。犧牲其時間。不管犧牲其利益。以農業生活孤獨之故。其所受之教育亦有限。其對于一國之政治事業。既多所不明。而對于保護自由與權利等觀念。亦極其薄弱。除倚賴地主而外。萬事之當前者。大槪不知不覺。一任暴君汚吏之横行。在此種國內。習慣之。拘。束。人。者。亦。極。大。種種悖乎情理之事。恍惚只能順之。而不能打破之者。在工業國則不然。火以磨擦而出。知識。亦。以。磨擦。而。生。以人民之聚居故。科學上社會上政治上商業上之交際日多。思想與貨物之往來。亦日緊一日。生活上之所必需。旣互相扶助。合羣之觀念。自因而生。接觸之機會多。則知識自進。而自。大。與。染。嗜。之。性。亦隨。之。而。自。減。且從統計方面而觀之。惟工業發達之國。可以維持較多之人口。（以上各語均由拙著中摘出的後攷在不貸之處）

弟以歐城市生活之苦。亦未嘗不想到歸田之樂。顧

此乃個人一時之反想。憶初研究農業國與工業國比較之時。尙思有所輔助于兄之農業立國說。而結果適得其反。此願與兄之奉商者又一也。弟忝附師門。近三十年。自長沙以至英倫。追隨之時日既多。受教訓之機會亦最大。區區所得。實皆兄賜。夙絺、吾、兄、存、天、下、之、義。而無、有、所、私。則弟、之、所、以、報、其、師、者。惟、天、下、之、義、而、已。干瀆尊嚴。伏增惶恐。……劉秉麟

上海大沽路　九月廿四日

劉君南陔、愚中表弟。自七歲時卽相從以學文爲事者也。比來所成。非愚智慮所得窺察。俗稱出藍之譽。不敢妄承。以已身固無所謂藍者存也。而其堅苦有定志。尤爲愚所嚴憚。近以編譯之役。招之不來。此旨蓋非凡近所能喻。士各有志。愚亦未便強之矣。所學農國諸義。獨抒所見。無取苟同。甚盛甚盛。惟有一事南陔須記取者。所標各節。愚蓋非一無所知。知之。而。仍。向。相。俟。之。方。馳。去。則必。別。有。見。地。而非此。種。通。義。所。能。相。服。且須。知。厭。惡。今。日。之。工。業。文。明。意。於。根。本。之。地。力。圖。挽。救。乃。舉。世。

者、儒。哲。士。之。通。感。未可。以。口。耳。四。寸。之、學。易。之、又須知南陔所云一國之政治經濟種種。亂而無法整理。思想混沌、人茫茫然失其重心。工業。文明。實。有。以。致。之。更須。知。五、行。無。常。勝。以水、濟。水、猶乃。愈。落。南陔所望超出混沌狀況、獨立一說。懸世非之不顧。養成知識權威、轉移世界。其人。非。可。於。沉。淪。工。業。文。明。迷。不。知。返。者。流。求。之。也。凡茲所云。恐未敢信為見之至明。考之至深。而驗為無見無者。則亦未敢妄自菲薄。他日有會。請得與南陔恣言之。甲寅續刊。乃恐積年所志。適以北京政流穢惡、蕩於其間者。所有精神日力。悉荒耗於機械變詐飲食徵逐之地。南陔。知。之。悉。矣。一。富。於。感。情。制。於。惰。力。易為。傾。邪。難期。克。就。之。人。也。遂。本。博。奕。猶。賢。之。意。發為。朝。夕。遊、戲。之。思。志在、自。束。其。身。心。不計。當。世。之。毀。譽。為成。為敗。雖繼。易。機。尤。未。追。擬、念。及。之。南陔然孤桐今日職成為孤。豈知。孤。桐。今、日。不。能。自。葆。其。孤。更是。一、錢。不。值。介甫當年。才望何等。以恐疲於、是豈敢望。南陔此喻。蓋不期而人言兩失

之矣。

孤桐

樂事

……樂事荷教許。若感似。憶泰夏間。內長龔君面示。有修明禮典。宣揚古樂。挽救世風。莫先於此。及古樂會係本部前年籌設。樂官以時召集講習之詣。始知內務部有設樂官之籌備。天壇齋宮之後。舊有神樂觀。內有演樂殿。極宏敞。階陛下明碑數方。清康熙乾隆亦各有一石。殿中御書匾額楹聯尚存。月前手拓洪治十二年御製重建神樂觀之碑。謹以一紙呈鑒。聞之故老云。成豐十年。曾文正公克復安慶。進規金陵。立幕府安慶。稱安慶大營。時則聘請邱穀士先生弟子數人於幕府。開講樂學之會。幕中人文。多與其事。論者謂大儒興作。規模宏遠。其後果削平大難。安定者三四十年。居今日而講樂學。立樂官。未有不笑為迂者。而執事有之。內務部前年亦嘗籌及之。是曰勵機。鄭先生之學固深。然天下之大。度必有更深焉者。在為會以風厲之。興起之。誠今日應有之事也。

禮稱八風從律而不姦。五色成文而不亂。樂之爲道。實與政通。果能本至誠之心。自必有從律之效。記所謂是故先王本之情性。稽之度數。制之禮義。合生氣之和。道五常之行。使之陽而不散。陰而不密。剛氣不怒。柔氣不懾。四暢交於中。而發作於外。皆安其位而不相奪也。斯義也。可旋至而立應也。願執事在執政段公之前。陳說及之也。吾民苦矣。八風應節。不背天和。天之視聽在人。若執政而知樂之當興。庶幾吾民受賜多多耳。昔讀會典。謂樂舞生以道士充之。不解其故。今觀神樂觀碑。始知其所以然。明有。禮。樂。幽有。鬼。神。我中。國。古。籍。精。英。多在。於。此。今以。迷。信。斥。之。禮之。不。存。樂。於。何。有。白話。行。將禮。樂。等。字。亦。少。識。者。矣。豈不。痛。哉。……龍澤厚 北京十一月七日

奉誦

……奉誦賜章。即欲趨侍。乃以右足中指小創。強與友人過松筠菴。謁楊忠愍祠。步歸而傷。遂不良於行。忠愍得罪西韓苑洛尚書之傳。精律呂。能製器。夜夢大舜命製黃鐘者三。遂得神悟。解製十二律管。一夕而成。韓公大稱許。由是南都有知樂之名。見於獄中所著年譜。臨難前一日書也。松筠菴爲昔日言官聚會之所。亭館甚盛。而今、學、士、大、夫。居京、多、年。談次、竟、多、有、不、知、者。忠愍、長、於、樂。則更、無、人、道、及。甚可、慨、也。聞前數日。北海公園亦有人爲琴會。惜未往聽。同鄉梁漱溟。聞鄭先生之樂。頗欲與其弟子。同就鄭君一加研究。梁君於東方文化。甚崇孔教。重禮樂。今得讀執事原化之作。當信農業化而大之。他日四海謳歌。琴瑟擊鼓。以迓田祖。使乾溼無意識之社會。皆欣欣而向榮。庶安得執事農業化條理而序闡之。竊爲全球十五萬萬人民。祈禱大文之早出世矣。數月來。澤厚時往來舊先農壇。竊見昔日帝王耕耤之田。變爲茶座。觀耕之臺。亦廢爲游戲之場。抑農作而揚工商。必滅其迹而後快。心爲之痛。執事、何、不、以、個、人、名、義。向內、務、部、租、回、此、數、畝、之、地。率農、業、大、學、員、生。而躬、耕、之、以、示、其、意、耶。昔制、祭先、農後。親耕耤田。設樂。有農夫率童子唱禾詞三十六章。載在會典通禮。今

不聞此十四年矣。有之則當日武昌秋獄。爲諸茶樓酒肆招徠遊客。發生衝突。刀劍縱橫。各不退讓。流血滿地。受重傷者七人焉。其始也。鏗鏘喧鬨。笙歌婉起。其繼也。舞劍橫矛。大肆摧殘。先是有知。寧無悼歎。故願執事存此古蹟。以爲主張農業化之嚆矢。諒不以爲迂腐也。……龍澤厚（北京十月十七日）

廣西龍君積之、忠厚長者也。光緒癸卯、上海蘇報案發。先生亦速入獄。時蘇報論文。大抵爲愚手筆。而愚以年少不知名。未爲清吏按問。遺累多人。愚轉得脫。以是自咎者二十餘年。龍君行迹。亦迄未審。今忽遇於京師。得復親其言論丰采。既深忭慰。復益慨慷。龍君皤然老矣。疑思之懷。久而彌篤。愚亦飽經世變。略明大義。讀君之書而喻君之意。其度有越於前。惟。天。下。愈。亂。人。心。愈。壞。根。本。救。濟。愈。難。其。方。君。則。奈。之。何。哉。　孤桐

目前

……目前敬呈拙著墨子經濟思想一册。辱承教

誨。成背易已。所示學忌比附。文禁俚詞。高言偉論。清吁！後生多矣。夢幼讀書里塾。頗以能文鳴。後學長沙。乃爲所謂新文學之狂潮所捲。鹵宇覓瑱。迷而忘返。則至典則弗理。舊聞放失。文思之路以塞。一得之愚浸喪。新潮誤人。一至於此。可勝浩歎。我公重振虎鐸。俠將喪之斯文。起已墜之大道。中流柱石。昏夜明珠。夢雖不敏。敢不聞風興起乎。惟有言者。夢之修晚周諸子經濟思想史。嘗以倫威爾所謂書我勿失眞我。段玉裁所謂校經必以賈還賈爲鵠的。故僅羅列先哲遺說。加以疏證。聊盡整理舊聞之責而已。然抉擇必求其審。考訂必求其是。議論必求其平。至其說之眞値如何。則非所計。與我公所云以有災禍而與反本之思。似頗相遠。此殆由夢之學業幼稚使然。惟著書主旨如是。故不敢不以奉告也。至中土譯Economy爲經濟。考其語源。乃出易之屯卦云、君子以經綸。繫辭云、周乎萬物而濟天下之句。其義與政治同。我公斥爲不辭。夢亦久覺其非。惟以國人習用已久。約定俗成。獨標異詞。恐滋誤解。權仍舊貫。良非獲已。然究

譯作何僻爲濟。亦無定論。嚴幾道譯爲計學。夢意譯Camcralism爲計學或可。（日本譯Cameralism爲官房學官房即日本宗則政之官）（於義不涉中國仍之則不涵之近譯爲計民學最公）以計學譯Economy。則覺爲義過狹。且計學易與會計學統計學混。殊不足取。至我公與任公先生。均主用生計二字。（謂Economy爲生計學不知是否）（始自我公或任公從任公欲沐宜言著改先秦政法思想史均用此辭）因其宜也。惟夢以史記貨殖傳云、范蠡善治生。又云、言治生祖白圭。則先民本有治生之學。涵義適與Economy相當。且古云國計民生。國計似含有理財之意。理財今已別爲一科。故譯Economy爲治生較善。質之高明。以爲如何。拙著分量過鉅。前此幾無人研及。漫無師承。蓋綴依傍。而敝校私立。圖書缺陋。夢又家貧。購書維艱。搜羅叢殘。奔走乞假。苦學力讀。事倍功半。兩年之中。略將散見經史百家之經濟思想。一絲一縷。獨自梳理之。成此六十餘萬言之著述。疎漏紕繆。其何能免。本不願災禍棗梨。徒以師友敦促。而己亦深感孤學之蔽。故毅然付諸剞劂。冀海內名賢進而教之。庶幾一得之愚。有所就正也。前此僅出諸子一冊者。以印費難籌。今以友助。又將老商管荀諸編付梓。出版之後。當再奉呈求教。茲有懇者。夢近畢業朝大經濟科。前友人本欲醵資。促之放洋。以求深造。後以吾湘酷旱爲災。留此未行。然素性孤僻。不工酬酢。欲爲志於博學。則饑能噉人。欲折腰以求斗斛。則勢有不能。抑亦非非陋之所願也。竊惟我公重掌邦教。闡揚文化。宏獎著述。努力熱忱。國人共瞻。頃者設立編譯館。樂育英才。欲助寒畯。宏謀碩猷。遐邇同欽。願夢之生已二十有二年矣。自成童就傅以至於今。手未嘗釋卷。口未嘗絕誦。對於中土經傳史記百家之說。西歐科哲政法治生之書。或相涉其藩籬。或攫索其玄奧。披沙揀金。積稿已盈筐矣。推我公敷教之閎猷。開館之盛意。則夢當亦在收羅之列。培植之林。故不揣冒昧。概檢所爲論著。冀左右之一省覽也………熊夢

朝陽大學　十月二十一日

寶慶熊君、才高意廣。著述驚人。愚懼其博而寡要。滿而招損。稍稍以微詞導之。今讀來函。知未以愚懸見罪。從隗之例開。而納言之路廣。他日所成。焉

二

可限哉。抑有進者。整理國故之聲。聞之已久。而殊績不聞。終於淺嘗而止者。以鑽。研。故。書。之。功。遠遜。於。先。覩。而假。途。西。籍。所得。又。不。越。尋。常。講。章。支離。蔓。衍。徒欺。世。以。盜。名。於兩。學。互。通。之。眞。諦。無所。開。發。故。也。以熊君妙年。所成已遂是境。今後惟當務其大者遠者。就西、方、相、應、之、名、著。吾、力、攻、之。非、確、有、心、得。勿、輕、比、附。非、躐、躐、滿、志。勿、以、刊、行。凡、所、研、習。務、窮、原、竟、委。殫、見、洽、聞。勿、以、所、謂、第、二、手、之、知、識、Second-hand Knowledge 自、限。猥承下問。自審能益熊君者。惟此而已。

孤桐

章氏墨學

〔經〕纑、間虛也。

〔說〕纑、間虛也者。兩木之間。謂其無木者也。

木條歧解之生。在兩木之間。木字人俱誤以爲木。以其言木也。王引之因謂纑爲櫨之借字。櫨、柱上方木也。擔以木爲之。兩擔之間則無木。孫詒讓從王說。果爾。恐經將如小學教科書。無謂甚矣。吾在海上。從吾兄太炎先生者詢是事。先生口授數義。纑、說文云。布縷也。古無木棉。凡言布皆麻爲之。（論語麻冕孔注緝布冠也）是纑者麻縷也。麻之未緝績者曰枲。分枲莖皮曰朮。朮讀若竊。從屮。八象枲皮。段注云、其皮分離之象也。是卽一。縷。而。分。之。成。爲。兩。朮。而。兩。朮。之。間。必。有。無。朮。者。在。然後，可。分。故曰。間。虛。先生此說。恐往復於胸者年餘。然爲不易。（先生嘗云已將有疑故未著錄）近湖南易順豫、著墨經通釋。以此經爲爾雅學。失之千里。獨釋是條。謂兩木爲兩系之訛。其說曰。「布者縷之所織而成者也。無際而實有際。故曰間虛。系卽縷也。故曰兩系之間。謂其無系者也。」其旨大致不差。賢於王孫遠甚。但易君能。見。二。縷。之。間。虛。不。能。見。一。縷。之。間。虛。觀。念。終。不。瑩。二。縷。之。間。虛。俗。人。所。恒。見。也。一。縷。之。間。虛。乃。爲。邏。輯。所。許。兩。朮。之。間。謂。其。無。朮。是。於。分。前。明。其。理，非。於。分。

後。示。其。非。間虛與中無爲半之義。參證愈明。（經說下若半適前取也前則中無爲半猶端也）曰間。虛。曰中。無。凡以。見。犁。然。成。形。渾。然。一。致。之。物。自明。者。視。之。可得。乘。以。入。焉。之。際。觸目。犁。然。即其。犁。然。者。一。一。如。其。分。以。予。之。物理。協。而。天。秩。明。聖人。行。且。將。形。上。形。下。之。非。呵成。一。氣。也。愚揣。墨。家。之。立。是。說。乃。緣。兼。愛。大。義。爲。名。家。所。詰。難。因。迴。環。其。意。以。明。之。蓋。墨。義。所。衍。之。第。一。問。應。爲。人。數。無。窮。子。焉。得兼而愛之。墨家曰。「無窮不害兼。說在盈否。」（義別見）第二問曰。盈矣。子又適隨所遇而偏泛其一體。何故。墨家曰。兼象。中。虛。吾愛。因。隨。遇。得。以。入。之。人焉。而。仍。不。溺。故惑。無。損。於。兼。象。愛其。全。體。兼愛。也。愛其。一。體。體愛。也。（義別見）體固。於。兼。無。妨。是義。也。經中反覆。辯物明之。兩木之間。特一例耳。次論盈義。語尤晰晰。

〔經〕盈、莫不有也。

〔說〕盈、無盈。無厚。於尺無往而不得（得字原衍）一

二。

盈、說在盈否之盈。以釋兼愛本義。但盈矣。以詞害意。而別無說以通之。是將投攻者以柄，而大義終莫明也。故說曰。盈、無盈。墨經、與、說。以正、負、兩、面。相互、面、明、一、義。其例、有、之、如經、厚、有、所、大、也。說、厚、惟、無、所、大、是。惟無、盈、之、說、亦、然。夫無。盈。者。非。無。盈。也。盈而。吾。見。其。有。間。可得。將。吾。意。以。入。之。也。雖有。間。矣。而其。間。前。於。區。穴。而。後。於。端。（義別見）爲域。極。細。不容。一。髮。必吾。將。以。人。之。者。無。厚。而後。游。刃。有。餘。此非。生。所。稱。居。牛。坦。以。無。厚。人。有。間。者。也。（張橫渠詩語云一目全牛萬象閑此深得無厚之旨王伯厚皆稱之見困學紀聞）果無。厚。矣。凡遇。犁。然。成。形。渾。然。一。致。之。物。無所。往。而。不。可。分。分尺。得。二。是爲。斷。證。由是。兼。愛。而。適。然。愛。其。一。體。何。害。愛其。一。體。而。仍。無。損。于。兼。愛。抑。又。何。難。二字諸家取屬下條。非。

二三

余與潘文勤公未及識面。庚寅春間。付以說經舊作十餘篇。郵寄葉鞠裳太史昌熾就正。文勤面贊之。即以滂喜齋叢書相貽。又命作善夫克鼎箋識。此鼎爲公己丑年所得。大幾與盂鼎相埒。銘二十九行。行二十字。今不知流落何所矣。余於壬辰冬間入京。公已徂謝。及甲午春闈。出商城張巽之師孝謙房。師係己丑進士。故於公爲再傳弟子。則去公之歿已將三載矣。公生日爲十月初十日。庚申孟冬。付集吳中旅京舊侶。爲公作生日。啟賦七律二首。其一云。善夫克鼎付箋釋。末學付邀月旦褒。日下。賑。災。碑。在。口。殿前。和。韵。玉。搗。落。業共。付。左。櫓。檢。揃。曹校。韓。陳。刻。畫。勞。八百。孤。寒。眞。附。淚。秋風。歸。客。感。巔。騎。其二云。平視。宵。官。等。布。衣。如公。愛。士。古。今。稀。再傳。弟。子。嗟。梁。壞。百卷。叢。書。似。葉。飛。滂喜。門。網。羅。俊。傑。寄觀。彝。鼎。散。光。輝。蒼梧。白。雲。孤。臣。感。今日。滄。桑。涕。淚。揮。公不欲以詞章名。所爲詩多不存稿。年譜中載穆宗及孝哲后奉安時。公有句云。重華。宴。罷。蒼。梧。野。九月。霜。淒。白。柰。花。沈。痛。蒼。涼。一語抵人千首。康南海詩集有潘公挽詞。其第三首云。憶昨秋風起。叢書送我行。豈聞知貢舉。下逮一諸生。好士如文舉。憐才媿長卿。孤寒齊下淚。寧獨故人情。可想見公之好士矣。

崇明施雨農大令啟宇。光緒壬辰進士。以即用知縣分發湖南。縣三州五縣。所至均有政聲。其牧道州也。州境舊隸廣西。居民文野雜糅。勇於械鬥。牧令素怯於民悍。則恃吏役爲爪牙。奸胥比周蒙混。懸案數百起。蠹役被控。百無一理。君抵任後。誅惡首蠹役三人。獄辭留勤。復嚴申約束。從邑紳議。創設欲善堂。每發役捕人。則計里多寡。資而遣之。俳許擾民。擾則必誅。由是道州之民。舉稱之曰施青天。其宰安化也。安邑處萬山中。民風狡悍。夙稱難治。邑有奇案。姪弒嬸而謀滅其跡。埋嬸尸於土。植叢草其上。以滅跡。兩造聚衆數千。械鬥頻年。令往勘視。輒被毆辱。大吏命率兵士五百人以往。君曰。縣民敢毆令長。則威信不行。久矣。兵之。其謀益急。急必叛。叛必剿。剿必多殺人。且往勿兵。審機而行。大吏韙之。涖邑則縣案山積。日坐堂皇。何有五日。結巨案數十起。洞奸燭隱。民無遁情。風聲所播。四方震成。乃乘肩輿。攜谷揭。隨衙捕十數。赴鄉跡勘。聞叢草中。貓鳴嗚嗚。哀號不已。因命挖貓棲處。深五尺許。得女尸。不朽。面如生。刀痕六七。遂發健役。懸巨賞。三日得兇手。一鞫而服。自是政聲藉甚。有難、治、之、邑。大吏、稱、撰、移、君、治、之。後因、顧、直、過、甚。權紳、奸、民。不利、其、所、為。按察使毘陵某公。又挾夙嫌。發中丞岑公之聽。被劾去官。湘民至今追念清廉。猶為感泣。令子經杰字少農。以行狀及湘江輿頌相存見示。乞為傳誌。鹿鹿久未脫稿。僅作湘江循吏行七古三十韵云。兩漢。前。無。循。吏。傳。良史。官。左。工。寫。真。始歌。孰。殺。騰。來。誇。繼頌。誰。嗣。成。踏。仁。寬猛。相。濟。善。教。政。謗者。頌。者。皆。鄰。民。古之。遺。愛。聖。所。許。感。逝。掩。袂。涕。泗。淪。施侯治湘法子產。橫琴單父簡乎酷。盤根錯節別利器。行空天馬誰能馴。山城獷悍民玩法。鋤強懲蠹正義伸。芟夷蘊崇莠盡去。甘露被野苗讓新。一時毀譽置度外。但期四境無嗷呻。卻金。暮。夜。叱。使。去。牧道州時有某廣生晴辦左有諸陳某嗛旋袖正金關戰先生怨斥之芥視。萬。鎰。猶。纖。塵。讀聖。賢。

書。志。澹。泊。一介。弗。取。甘。清。貧。窮黎。耕。鑿。安。作。息。左。殆。右。粥。熙。如。春。謂此。莫。非。使。君。賜。昔年。鼠。雀。窺。空。囷。叫囂。隳。突。吏。不。至。邊隅。樂。歲。詩。歌。酬。春陵唱和早成集。沱江昌浦謳吟頻。千村來蘇怨廉叔。比戶攀轅謳寇恂。太原碑記文樸茂。起衰八代昌黎倫。言無溢美稱信史。文章風節同嶙峋。吏不敢欺民不忍。三賢善政萃一身。王啓原伸江雞去思碑記云侯之爲治也咎樂好先砝賦勁明吏不敢傳默郡止郡能默民則有不忍欺者盜氽鄉子產淮安于四門約而一之炎咄嗟嚚吏竟下石。繞尾衆犬背狺狺。蔽明讒諂燿辨火。騏驥折足遭縶屯。侯今。逝。矣。口。碑。在。去思。猶。永。湘。水。清。于公。治。獄。門。必。大。餘。慶。所。積。蒸。鳳。麟。班。昭。東。觀。能。踵。史。不。櫛。進。士。才。彬。彬。長女學詩著有湘痕吟草收清閨秀詩人徵略蘇璨。有。子。紹。家。學。純。孝。不。賢。思。順。親。乞言。九。頓。意。肫。摯。愧。無。椽。筆。瞭。王。陳。若匀方伯伯巖前翠興公。孫子鈞侍郎培元已。往。右。軍。王丹揆廉訪清穆耄。人。材。炳。蔚。思。壬。辰。往日。雲。龍。共。角。逐。消。寒。雅。集。杯。數。巡。天。各。一。方。念。唐。子。蔚芝侍郎文治西溪。石。隱。鱸。蒓。城。東。相。邸。卅。年。夢。似。開。車。馬。猶。軼。轍。此。詩。篇。末。因。雨。農。而。憶。及。孫子鈞王丹揆唐蔚芝三君。蓋施孫王唐均壬辰進士。

且均太倉州人，（崇明隸屬太倉州）故連類及之。光緒壬辰會試。正總裁爲翁文恭師。是科得士稱盛。如吳絅齋學士士鑑。傅雨農太守增湘。夏閏枝太守孫桐。劉葆眞太史可毅，均爲閎士。蔣芝丹揆諸君。並爲翁師所契賞。余於壬辰癸巳甲午。均客翁師邸第。子鈞蔣芝。與余又先後爲師之曾孫之廉。曾姪孫之潤授讀。文酒之會。泱何無間。追憶往躅。不禁感慨係之矣。（張師鄒）

譚督軍組菴告余。毓賢臨刑情形。蓋得之胡宗海。宗海則所目及也。毓賢既至甘肅。時布政使李廷簫。護理總督。廷簫曾作山西布政。與毓賢同謀捕殺洋人者也。於是以禮款毓賢署中。除夕。（事在光緒庚子後）忽奉廷寄。命廷簫監殺。廷簫憂懼不知所出。乃召按察使何福堃計事。福堃謂此帝諭。義不可違。然必先命毓公出居於外乃可耳。遂告毓賢。謂護院忽得暴疾。且夕將請代去。毓賢曰。若然。我安可在此。則出居行臺。且問廷簫病狀。福堃曰。護院之病。以大人故耳。因出廷寄示之。毓賢點首。謂李某人太好。此何足病。第不審何時殺我。福堃不能決。毓賢慨然謂明日好。但我窮。后事如何。福堃亦悽慨自責。乃命市三棺以來。福堃不曉其故。亦不忍違也。毓賢既作書十數。又自爲輓聯畢。扶其兩妾衣冠而出。至棺所。一妾忽殆。則命舁之棺中。其一妾方變色。則又命舁之棺中。乃裂闕三跪九叩。又命去黃鞿。易之以紅鞿。曰吾家尚有老親。則又再拜。涕涔涔下矣。既而神稍定。跌坐於地。問誰來此。總兵田連者。善決人者也。稍前對曰。總兵奉命特來候問大人。毓賢復點首稱善。因攝其髮。引頸以待。觀者皆感泣。以爲忠臣忠臣。連者猛力砍之。飲刃不殊。毓賢復顧連者。問何爲至此。連者卒不能忍。惜然逸去。其奴子某引刃切之乃死。亦自剄也。余按近人梁啟超所著李鴻章。謂文忠彌留。猶呼毓賢誤國。以云誤國。則城十死不足。臣罪當誅。臣心無他。則又毓賢自輓之辭也。鼎折足。覆公餗。定哀之世。不足以洋君子小人。嗟乎危哉。宗海、字聘卿。巴陵人。嘗爲甘督糧藩幕客。（曾孟其）

甲寅周刊第一卷第十九號目錄

時評

引。滿。待。發。之。箭。忽。弛。弦。觀。弓。垂。首。以。去。斯。必。所。擬。之。鵠。忽。有。變。更。或。所。處。之。境。發。生。障。礙。不。得。不。反。求。諸。身。暫。舍。初。志。以。圖。再。舉。而。其。主。射。之。心。實。未。嘗。稍。減。甚。或。加。劇。此。事。理。之。常。然。無。可。置。者。若。感。禽。之。仁。惕。隱。之。萌。折。弓。棄。矢。突。露。與。物。同。體。之。至。性。此。乃。大。徹。大。悟。之。所。爲。恐。非。尋。常。激。發。之。心。所。可。至。然。而。物。我。兩。得。之。矣。連日近幾迫在眉睫之戰激。忽見極濃厚之和緩空氣。恍如陰霾蔽霧。際被麗日和風以揭去之。人民幾若待決之囚。倏獲大赦。凡遇於途語於廬者。莫不欣欣相告曰。可不打矣。可相安矣。一時皆大歡喜之象。瀰漫九城。雖袁項城卒時。洪憲亂事之冰消瓦解。亦不是過。然細詰之。果眞不。打。乎。果眞。可。安。乎。無論。何。人。鮮能。解。答。卒不能已此無聊之慰藉者。實苦兵戰久。受慘痛深。不覺流露厭亂之心理。以冀

一

且夕之苟安耳。此次開戰。內幕如何。固不得言。所可言者。殆有三因。一因政府忍辱負重。矢志和平。苦心孤詣。調護其間。既無左袒之嫌。復有關會之重。使有所顧忌。而不敢戰。二因鎮國兩軍。均無可戰之名義。必戰之決心。又各有三數明智之士。內懍自焚之戒。外感禦侮之危。彼此極力聯絡。而不肯戰。三因和平使者。替彥調人。瘏口嘵音。奔走呼號。挽隕日於九淵。轉重輸于一髮。使彼此退讓。而不遽戰。積此三因。是以朝令既出。夕電響應。近畿撤兵。保大換防。天津公約。行將簽字。觀一周前之情形。大相逕庭。昨今兩日。保定雖有衝突。想係接替之際。偶生誤會。當不至牽動全局。且鎮國雙方。已急電制止。戰事範圍。應免擴大。似不必過爲驚息。惟讓。爲。懿。德。當。互。相。成。應。如。聞。波。四周。分。散。不。相。搏。擊。久。之。自。定。若。仍。沿。流。追。逐。不。舍。波。波。相。續。寧有。已。時。過。顙。行。山。勢。必。然。矣。願戰局中人。其大勇猛。發大覺悟。澈底解決。永息干戈。其挽既倒之狂瀾。各毀彎弓之措矢。勿爲。楚。子。重。之。續。而遺。射。者。所。笑。可。也。（八盦）

二

關稅會議。自第二委員會以來。爭論漸烈。個中實情。以外交關係。未能公布。輿論益懷疑慮。至有主張停會者。國民、關、懷、若、此。殊可、喜、也。溯我國受不平等條約之束縛。垂八十年。積重難返。吾民亦安之若素。賴有先覺登高一呼。人民始憬然有覺。著關稅自主之成爲羣衆口號。纔一年間事耳。雖復衆志成城。然以一年之所積。遽欲拔八十年來列強在華所築之基。爲業類鉅。夫何待言。則是關稅會議中吾國代表陷於苦戰之境。固事理之當有。且益足以彰關稅自主之價值。若以爲一蹴而幾。等於兒戲。則自主云云。寧足重乎。悲觀、之、論。適形、其、怯。本月十七日。五國委員會竟以無條件承認我國之關稅自主案。國家百年之病。一旦有蘇生之樂。固由於世界之趨勢。友邦之覺悟。及國人之籲呼。而第一委員會主席王正廷君。折衝有方。辯才無礙。有足多者。難關既度。大願已達。將進而討論附加稅。及其他重要問題。第二委員會主席顏惠慶君。老成持重。斯界名宿。第三委員會主席黃郛君。豪邁無前。時望所歸。必能盡力樽俎。悉愜民意。甚盛業也。雖然。關稅自主。固有待乎王君之力而爭回。而自主權之運用。及釐金之裁撤。尤賴乎國人之努力。以底於成。否則徒擁自主之虛名。而無運用之實力。適為外人笑耳。（炎）

報載王君寵惠。關於收回法權之談話。略謂領事裁判權之存在。於各國人民間。亦自有其不便之點。如英法商人訂立契約後涉訟。若被告為英人。則須用英國法。若被告為法國人。則用法國法。因援用法律之不一。而契約上所負義務。亦無準則。是故外人對於領事裁判權一層。實際早不顧恤。且中國年來司法亦確有顯著之進步。外人意見。對於司法。只重制度。而不重形式云。王君為吾國今日法學宗師。且新歸自歐陸。淵源既深。觀察自審。故寥寥數語。頗中竅要。此所謂知彼之言也。吾國舊日法律。自成系統。今日生活情狀。既經變更。倫理觀念。亦有與昔相殊之處。內叶本想。外協時趨。則因地制宜。自當折衷至當。王君探賾研機。博通中外。今日遠遊歸國。毅然肩此籌備研究之重任。吾人既致其無限之欣感。而法律修訂館一席。駕輕就熟。尤望其從速就職。此後萃精竭智。不問理亂。將民國法典。早日編成。百年大業。蓋賢於擴張權利者遠矣。期視既殷。故不禁一再頌禱。非有所阿好也。至於領事裁判權。外人因自感不便。乃有放棄之意。尚未免有利害之念。摻雜其間。繩以正誼。誠有愧色。然倘能不以此物為餌。而轉挾他事。以相要。則急流勇退。蕩垢滌瑕。亦足為近世文明稍稍彌蓋動機。何者。吾人亦不必深求矣。吾國頻年喪亂。財力枯竭。庭署獄所。自無美輪美奐之觀。友邦、倘、明、了、此、情。而不、為、形、式、之、誅、求。則其觀察。吾國可謂既進一步。吾人應曲盡其東道之誼。今調查司法之期。既定十二月二十八日。輶軒遠賓戾止。開誠布公。障礙漸除。相知日稔。中外兩方所應互相提攜者。當以此為造期 Epoch-making 之紀念也。（介）

三

擬設教授院議

孤桐

邇年大學教育之無進境。因緣不一。而最爲大原大本。厥惟教授不得其材。而材之僅可。而僅有者。又以環境之惡。枉焉而不得其用。此而無法匡救。則所謂學府也者。直無庸以其名高。或文明國俱有之。而吾必資焉裝點門面。致以學殺人之禍。日新月異。而未有已。愚爲此懼也久矣。今幸有會。得以具體方案提示於海內賢達之前。所見數端。請先具列。

教授者知識之權威也。其在他國學者而得躋於是列。權威早具。積年愈久。所學愈邃。權威亦與之繼長而增高。而吾也適得其反。今之所號爲教授者。大抵朝脫學籍。夕張講帷。其於學科。本非深造。其後飾飾與環境戰。由枝撥本。猶糠及米。卒乃並其本非深造之殖。荒落以盡。論業則無進。論資則甚老。論閱歷則甚深。論趨避則甚熟。名位彌高。徒黨已衆。遂乃把持一切。堅不可搖。而學博聲名。轉不爲天下所敬。而爲所鄙。不爲天下所愛。而爲所厭。何也。學也者。終非可以久假不歸之物。而不重則不威。其學不固。又無自而得重也。平心論之。此乃勢之所趨。不得不然。非教授之本意。欲其如是也。闕過其勢。吾案乃存。

勢之最大而有力者。莫如生活之不安定。昔者詩客清吟。催租可以敗興。今以社會之枯燥。金錢之魔力。無對書生。不足一俯。欲其從容講學。氣蒸日上。又焉可能。於是而興出位之思。設苟存之術。事非得已。情有可原。倚機關爲奸利。一也。恃兼課爲茶點。（此詰閒之游相要解。意謂教授薪俸不足一飽。不得不以兼課所得爲點心花）二也。視教席如傳舍。三也。強者日出軌範。恣爲一切之計。弱者廢書太息。本職日曠。於不自知。四也。有是四者。今之上庠太學。殊不足以總集天下術智之益。使得沉浸濃郁。煥爲文章。敷教之才。本咸不足。而乃橫被夭折。一至於是。此真可爲學術痛哭者也。

今天下淫侈之習。亦云至矣。司名器者之競圖自利。無可諱矣。軍旅濫興。賦稅日亂。黃金之擲於虛牝者。

不可計矣。而惟。廣。文。先。生。以倣。不。足。冊。此其不平之念。久蘊於胸。遂乃、消、極、拒、斥、政、府、嘗、倚、之、良、計。（如思詩理八設借欠院實校發善者有皆即抗言爲何不校求設而備後學設）積極、浮、慕、愛、國、運、動、之、佳、名。（蕩借附相爲言皆在某報見一論文頭日大學教授之甚任何在習名者爲北大教授某君全內東取直之辟知拔席日貴任乃說卸長率領學生赴天安門開會逕有東學王涉即興舊國余大失望）政潮後入學林。而大學地位之飄颻不安。日見其甚。何以。故。以教。授。識。等。者。多。且無。獨。立。向。榮。之。本。位。故。

各國大學。有教授講師等差之名。以示學歷位望之不同。而其名吾國今亦有之。特涵義迥不如是。同一人也。在甲校爲教授。在乙校爲講師。課本不殊。授課之時間且不必相避。（八校習語有所謂法完錯假者即指同一教授同一時同在用校以上任有功課務不得不相問請假以誠其述）是講。師。也。者。亦將。君。夢。麟。所。云。食。茶。點。者。之。別。稱。非有。他。也。北京法政大學。國立。唯一之專校。法家拂士所從出也。而專、任、教、授、祇、有、兩、人。（該校教授報非國容爲想計之）餘均、以、食、茶、點、者、充、之。實京師之以授課爲業者。本有二價。薨資者曰教授。容資者曰講師。何校得其薨。何校僅得其容。此乃事勢適然。於物質不問高下。特教。授。之。品。位。以。此。大。招。其。損。而分。授。之。時。多。獨。習。之。時。少。學。業。之。進。程。亦。以。此。無。形。遲。阻。而。已。

以上種種。凡爲教授者。因不能編製相當可誦之講義。其人自日本歸乎。節去假名爲之。於事尚便。自歐洲歸。則原本爲學生所不解。精譯又日力所不許。倉皇吞剟。僅乃成章。質之本人。固亦不認爲愜心貴當之作也。邇來著述之窮乏。雖臻其極。而講義則學生視同性命。不容不有。愚恒發願。願搜集此類稿本。董理而宏布之。縱未必大展智慾。亦應少救學荒。而爲教授者。大抵不欲。以其。書。僅。足。供。諸。生。室。內。之。持。搖。以云。正。名。間。世。則。猶。去。之。遠。也。范君靜生昨爲愚言。今日學術大患。在講義毒。教者以是爲授。十年不易一字。學者以是爲受。初亦不求甚解。既畢所業。則捆載而之他省。仍復以是爲授。其鄉之學者。亦復以是爲受。謬種流傳。伊於胡底。愚聞之悚然。其所。以。然。則教。授。無。獨。立。向。榮。之。本。位。一。言。蔽。之。也。

教授一面之艱困情形。有如上述。而校中之待先生。

五

並亦未敢過侈。校費十分之八。耗諸員薪。設備圖書。概行廢置。欠薪雖為一大問題。而部欠所積。為時不過一年。以十年通計。所差特十之一而已。京師八校之常費。年在二百萬元以外。教授所獲。至少亦百五十萬元。以如斯之巨額。為都講之供張。恭敬之意。既未稍衰。收入之比。亦不為下。而乃、學、耕、之、況、竟若、有、田。受祿、之、家。頑然、無、報。抑又、何、也。此種責言。未必無理。而教授終不以此平其情而盡其職者。蓋以。甚。係。久。羅。擬。儀。之。術。係。雖。偶。至。疲。固。不。退。加。以。外。之。政。學。之。界。不。明。內。之。之。謂。之。分。雖。執。身。堅。相。速。振。拔。維。艱。人。亦。相。與。展。轉。於。因。循。恐。欺。之。中。得。過。且。過。所。有。者。射。明。已。術。名。責。實。之。非。但。無。從。講。起。也。愚今針對上述各義。擬擬設教授院一所。如前。朝。翰。林。院。之。總。持。文。學。例。使。天。下。曉。然。於。應。有。學。術。悉。匯。於。是。其經費初擬時。年以二百萬元充之。暫設、教、授、額、二、百、五、十、人。年俸、平、均、四、千、元。（教授分三級一級五千二級四千三級三千）人數逐年遞加。加至五百人為常額。非有缺出。輒不擬遞。經費之性質。常使絕對獨立。關稅附加稅成。所用於建設事業者。教育本為專條。又各國庚款之可作教育費者。其數亦鉅。姑無論其源何出。擬從中撥定此二百萬元。由內國銀行組織委員會保管之。教授應得年俸。教育、部、發、給、證、書。准其選、向、銀、行、按、月、支、取。不得、短、數。亦、不、得、逾、限。以後須發薪俸。部校均不直接經理。務令各教授。於生活安定。四。字。徹底。了。解。亦全。然。可。恃。至教授依何法選定。其役至為繁難。愚意政府先聘學識才望全國共認者若干人。為資格審查委員會委員。通告天下。凡願為教授候補人者。於指定期限。將學歷著文。提出該會。（別無資格限制）該會悉心品核。教育、部、據、報、呈、請、政、府。正式、任、為、教、授、院、教、授。此項教授。直隸於部。成績以時察之。教育總長或院長有停職免職之權。不與何校。發生一定連誼。不論公校私校。教育、部、認、為、有、派、員、講、授、之、需。始分、遣、之。任期與校別。全由部定。有校須用何種教授。亦得隨時來院呈請。教授未居講職。則司述作及隨時部派之事。行者。居者。一視。當。時。教。學。情。實。如。何。無。有。常。家。如是為之。取義凡六。為教。授。者。無米。鹽。瑣。屑。之。慮。可得。安。心。向。學。與曹。利。帖。Authority漸次。發。成。一也。監督。嚴。而。賞。罰。信。亦不。使。其。姿。疎。恣。肆。釀成。學。閥。之。弊。二。也。何校。得。院。派。大。批。教。授。分居。講。席。校用。既。經。畢成。隸。壯。三也。獎勵。私。校。此最。爲。切。實。有。用。之。律。貼。法。四也。教授。分。行。居。二。席。使天。下。學。以。耳。治。亦得。日。治、號稱。學。府。名詞。其。實。五也。天下。學。術。之。賤。由都。通。之、而不。虞。其。操。切。六也。此六者、亦隨感得之巳耳、斯議認眞行之。利實不可勝言。慮所歷學界廿著頗深。今復職司邦教。時過可爲。不得不盡心力而赴之。玆非體大。條理萬端。意有未嘗。不敢自執、特舉大凡。以俟天下公論云爾。謹識。

無窮小

張崧年

算家之首有所謂無窮小者。故訓。爲。非。有。窮。非。客。而。小。於。任。何。有。窮。者。之。稱。于古希臘、始見引用。自十七積、來本之發微積分、其名大顯。其位益高。以爲。實。有、曰實。無。窮。小。十九積初、非歐几里得幾何成。算基數理之研究、纖之益興。浦卡諾、歪耶什特拉斯。代代鑑總、擬號、相隨起。而爲算基之集合論、無窮數論、無理數論、俱立。傅烈格、柏頭諾、羅素並出。而至。罔。極。巍。之。算、遂續。爲。邏。輯。之。支。流。算之。眞。詮。至是。始。見。章。明。羅素且因之得哲學中之科學法、（所用邏輯解析法素當任學法之造）爲稽于哲學開新紀元、如三百年前伽離略于物理所爲。于是、隨、無、窮、與、相、續、（名相實爲亦相亦諸今知宏時質能待因亡是如此）之、證、成、惡、施、芝、諾、非、勒、論、之、解、得、彼、超、邏、如、神、之、實、無、窮、小、既以、過、巴、克、雷、而、娃、過歪、耶、什、特、拉、斯、而、逐、者其爲。無。害。于。算。中、亦日。益。昭。昭。用歐坎薙刀「物實。無。須。勿。增。」無窮。小。自。此。本。可。自。在。消。搖。于。無。何。有。之、鄉。巳。

中國言西學不可謂非既歷有年所。然西。學。眞。詮。則。未。始。一。度。大。明。于。國。中。萬歷間、方伽離略構設新學之時、徐李始從東來教士、譯西土算籍。至今逾十世、國學所習、仍罕外販來之尋常小書。且多出自美人之手者。甚深。妙。義、何怪。毋。多。詫。然。數月之前、有孫寶瑄君妄評羅素算理律速譯本。遂起、無、窮、小、可、否、分、半、以、逐、之、爭。有徐克家君、至疑羅素「寸長之線、半

七

而又半、半之無限、以此法、絕達不到無窮小」之言爲誤。（十月二十八日京報副刊）汪馥泉君出而攻之。（十一月一日同副刊）汪君蓋昔於法治算理者。所言本宜有進。然何其辭之弗晰。先是有丁西林君、於現代評論（二卷三十八期）著文專論此題。意似爲羅書譯者與孫評解紛。持論已甚不濟。算家樸實說理之言、丁君則謂爲沒有意思。而別求所謂有意味者。結果係以無窮小爲言變數之變化、而謂如何便說某某變數可以達之。遂斷言無限制半可以制到。此其言在戲劇、亦許甚饒意味。若以明算、恐於無謂之外、未必有它。徐之誤疑丁言之不精密、徒云無以致之。我前訂孫評之誤、（九月十日京報副刊）于無窮小、于意云何、本亦略有所及。既揆集合論義、明揭。其。實。無。有。（存在實無窮小于算無有）又針對丁解、注說即尋常算術、治故習爲方便、假借。爲。無。窮。小。者、（取則于實無窮小此可日）（妙無窮小）亦非。分。半。可。達。謂雖未詳、意要賅已。且將爲了此點、最可參詳之處、限縷備舉。徐君等何似一未留意。無窮小之義、未必甚深絕奧。唯循。史。立。言、則其。關。繫。算。基。哲。理、俱極。深。切。然則重取而申說之、夫豈、徒、在、爲、羅、素、辨、誣、而、已。徐君疑人或爲羅素隱誤。羅素固非不可誤。豈特可誤而已。羅素之誤。實。固。屢。屢。其同流哲家有博老德者。昔從之學。逃其爲學之卓特。謂在。數。年。輒。造。一。異。系。數年造一異系、則今是、昨不能盡無。非。明是、今又不能一切是。誤之不免、其理斷然。羅素。之。最。重、固內。在。誠。實、外在。事。實。而所。謂。眞。理。次。之。即如非羅乙德成心解、亦數更其說。寧人、之、疑、其、不、可、據、而不、爲、豬、頭。科學。法。爲。西。洋。文。明。至。丕。之。結。論者乃稱其初基、不外、試、而、誤、誤而、重、試。一般、便、中、原非、科、家、之、想。是則。誤。未。必。傷、隱、誤。乃。傷。然而、「一寸、長、之、線、半而、又、半、半之、無、限、以此、法、絕、達、不、到、無、窮、小、」之、言、則初。不。誤。

此其不誤、有二可說。初、闕、其、理、次、徵、于、史。

初。羅素此言意思、本即丁西林君視爲沒有意思之意思。

一寸之線、日斷其半。斷之無限。任至何時、停斷而視。餘線長度、定是有窮。爲所斷次、必是有窮。

故其所餘、亦是有窮。既是。有。窮、非無。窮。小。（此非丁君）

（原批評）

此其意是耶非耶。此意不非、其此意者何為非。羅素『非謂』本書亦曾自為釋說曰、『聯絡二分之術、於、實、本、是、一、一、術。（一次一次挨序而遞）故所、得、諸、分、序、數、無、為、無、窮、者。（分不到窮無窮次）是故、無、窮、小、不、得、以、此、法、達、之。』他處又說、『澀理而論、二分、之、術、乃可、以、永、世、行、之、而不、得、終、端、者。』與惠。施。日。取。其。半、萬世。不。竭。之。說、宛如。出。自。一。口。徐君既能承施說為是。奈何獨疑羅素之言。疑之之由、或在其之無限一語。不知、indefinitely、、、正辭、無、限、或、無、已、乃算、書、中、至、極、常、用、之、辭、狀、語。不過、不、立、定、限、永、續、作、去、之、意。然既。次。次。而。作、次數。終。為。有。窮。與無。窮。何。可。比。附。（時量為乃一茂之無限然亦不必為）（無窮）以此與無窮比附、誤在。倚。無。窮。數。于。一。二。三。四。之。列。一二三四之有窮數、（即自然數）不論大至何等、一一歷數去、終必可達。若無。窮。數、雖至。小。者、亦必。不。然。如其然者、非無窮數。然如一切自然數、或一切實數、或一段線（一度相接）上之一切點、或充盈三度以至多度空間

（三度多度相接）之一切點、均合。有。其。總。數。故無。窮。數。實。有。或者疑無窮數既非逐一徵數所可及、是非數。則又如羅素說、是見家牛可市、野牛不可市、因謂野牛非牛之類已。

至有種變數、（沿成符名變義數義但不可擬沿）向零而趨、以為極限、如我『數學的哲學』篇中所云、近今。率。常。算。書。所。稱。無。窮。小。者、乃此。之。謂。或謂其用、則曰成無窮小。為勢。非。實、故謂。曰。成。werden. 成無窮小者、無限向。零。而。縮。之。方。便。說。法。而。已。此項說法、蓋始于法十九稘初算家鉅子有造于算基而名勾席者。故今算書沿用此謂、以法為最。其實所謂變數、不常解說、常不謹嚴。徐君之誤、由于此者、蓋亦不鮮。從謹嚴說。常知。變。數、乃是。一。符、統。衆。多。值、隨緣。所。止、任。表。其。一。既非固定之一值、亦非習言之一數。即自。身。說、即變。亦。假。設有一系之數、（即符計則曰依）甚有規制。統而舉之、為立一符。此一符者、即曰變數。若此、系、數、遞減、而、下、以零、為、歸。則此、變、數、歷此、諸、數、一、一、當、之。準前、界、說、使可、謂、曰、成無、窮、小。假借。起。號、無當。于。實。相習沿用、有如。物。理。之。

以。太。亦如。神。學。之。神。非特。無。須、實足。引。述。故隨歐坎薙刀之利用、應純客觀主義之昌行、近刊極精教本、若英哈諦之「純算」德郎淮列夫斯基之「微積」俱已、棄、無、窮、小、玄、者、不、復、及。可惜此種名教科書、于今國內、猶不甚習。然此。變。數。假。借。而。名。之。無。窮。小。同。非。割。半。可。達、則亦。初。不。難。見。但知、每、次、割、半、所、餘、既非、無、窮、亦不、當、變、數。只有、一、値、非表、多、値。即足、解、已。固然、割之無限、縣割所餘、二分一、四分一、八分一、以次遞下。總而表之爲二之n（任一正整數）次羃分一。凡此、群、値、統、而、舉、之、未、嘗、不、可、構、成、一、假、名、無、窮、小、之、變、數、然與、某、次、所、割、之、餘、或、最、後、所、可、達、者、豈、可、同、年、而、語。此其間區別、或似甚微、然而極要。從事于算若名理者、從羅素說、非能。解。析、必無。塙。騖。之。闘。闘。蹦于、別、此、其、一、端、已。徐君所舉之式、y如代表二之n次羃分之一、n趨于無窮（不當算書于此旨無窮大寔亦常極合諸其實寔無窮說已說說無窮小無窮大云云最好一併撥遂）時、則y趨于零。此y此n、俱爲變數、各舉多値。豈可限定爲某一値。y之所表、即是適才所說、縣割所餘、統而舉之、一組之値、構合成者。豈是割至某次之餘。y之假號、爲無窮小。謂其作用、爲成無窮小。然其、每、次、所、縣、最、後、所、及、豈能、因、而、亦、謚、以、此。此種變數極限之義、如不先了、尋常算書、無窮小義、誠亦難言。

次。分半之法達不到無窮小。羅素。此。破、原不。止。揭。于。「律。逑。」一。書。遠則什逑于「算理新業」篇。近則什舉于「我人之外界知識」講演。較于「律逑、」俱加詳闡。其言之爲上意、亦可據彼兩處、知未誤詮。「算理新業」篇成于一九〇一。逾十有六年、更名「算與玄家」又重校刊。關于此、端、初無、所、易。「外界知識」講于一九一四。及今亦過十稔。如其有誤、彼其同業、以西方學人之活躍、何未。見。一。焉。出。爲。訂。哉。故劍橋學士約但、蓋亦嘗從羅素學者。以頗揭曉近邏輯算理新猷爲業。至熟于其文獻。常喜以羅素爲戲。後評其「律逑」乃嘗至出乎常範。然于無窮小一端、非特無一言嘗議。於所、自、著、「算、性、」小、書、且張、同、說。非其可立、何由乎得然。更求旁證、於我「數學的哲學」篇中、所舉自餘諸可參攷之所、定可得其大凡。

唯哲。學。所。術、當不。外。未。決。疑。問。衆論。紛。紜、最爲。慣。衆。

言算而及其哲學、亦何能一無異說。今之明。算。基。者、

猶承。理。覺。兩。宗、聚。訟。未。艾。〔譯者案數公理家爲發宗 Formalist 發宗 Intuitionist 今以背之有各文德之族附爲宗主北宗方有新說革命派之學多所改作不嘗中律 Tertium non datur 習係爲運算根本律之一法則非而不用乘立算基計運符爲算之部門而非算爲運符支流又以數爲基念由數得直而未由證得數爲說於得證素寡之反然案其所以不能根算之全是算子宜面已推已餘役分論〕

自奎耶什特拉斯以來、實無窮小雖已久擯于謹

嚴之算。時與復入之者、則亦間有其人。一爲意之威

羅納士、于其幾何研究。一爲德之習伯德、於其『幾

何基礎』〔習白亦么端算其近者所說此于型發用宗之綜訓欲北算凡持說爲主器直發亦可用〕不然所稱說、論基未固。域于幾何、推擴未宏。與

排。號。之。證。成。實。無。窮。者、殊。未。可。以。比。論。但。詩佛蘭開

『集合論引』所遞撥、克來陸『淺算深觀』所講

牆、不難視其便概。

篇中所舉人名書名、爲便參核、補記原字於左。人著年代。只記生年者、爲生存人。書標發刊年池。年後括弧中數、示書版次。次序俱從見之先後。

一．來木之 G. W. Leibniz（德）1646—1716．二．歐几里得 Euclid（希臘．亞歷山大）紀元前三百年時。三．薄卡諾 Bernhard Bolzano（波希米）1781—1848．四．奎耶什特拉斯 K. Weierstrass, 1815—1897．五．代代鐸德 R. Dedekind, 1831—1916．六．堪質 Georg Cantor 1845—1918．七．傅烈格 G. Frege 1848—1925．（以上俱德籍）八．柏亞諾 G. Peano（意）1858—土林大學徵積教授九．羅素 Bertrand Russell（英）1872—．十伽離略 Galileo Galilei（意）1564—1642．十一．芝諾 Zenon（或 Zeno）（希臘．南意之 Elea = Velia）約紀元前 490—430．十二．巴克雷 Bishop George Berkeley 1685—1753．十三．歐坎 William of Ockham（或 Occam）1270（約）—1347．（上兩人俱英哲家）．十四．『算理津逮』 Introduction to Mathematical Philosophy, London, 1919(1).

1920 (2). 十五·博老德 C. D. Broad (英) 1887 —劍橋大學哲學教授. 十六·弗羅乙德 Sigmund Freud (奧) 1856—維也納大學神經病學教授. 十七·勾席 A. L. Cauchy (法) 1789—1857. 十八·哈諦 G. H. Hardy (英) 1877—牛津大學薩威爾 (Henry Savile 1549-1622) 幾何教授 (蓋講座爲薩相金所設, 故名) 十九『純算』A Course of Pure Mathematics. Cambridge 1908 (1), 1921 (3). 二十·郭窪列夫斯基 G. Kowalewski (德) 1876—Dresden 工藝高等學校數學教授. 二十一『微積』Grundzuge der Differenfial—und Integralrechnung. Leipzig, 1908 (1), 1923 (3). 二十二「新理新業」Recent Work on the Principles of Mathematics. 載 The International Monthly (New York), 1901 四月號 (卷四第一號). 二十三『我人之外界知識』Our Knowledge of the External World. Chicago and London, 1914 (1). 二十四·「算與玄家」Mathematics and the Metaphysicians. 刊入 Mysticism and Logic of Other Essays. London, 1918 (1). 二十五·約但 P. E. B. Jourdain (英) 1879—1919. 二十六·『算性』The Nature of Mathematics. London and Edinburgh, 1912 (1), 1919 (2) 二十七·布勞文 L. E. J. Brouwer (荷蘭) 1891—荷蘭首京阿姆斯特丹大學數學教授。二十八·威爾 Hermami Weyl (德) 1885—瑞士 Zurich 工藝高等學校高等數學教授. 二十九·威羅納士 G. Veronese (意) 1854—1917. 三十·習伯德 D. Hilbert (德) 1862—哥庭根 Gottingen 大學數學教授其講數基 Die Gundlegung der Mathemetik, 新著將出. 三十一·『幾何基礎』Grdlagen der Geometrie. Leipzis, 1899 (1), 1922 (5). 三十二·佛蘭開 A. Fraenkel (德) 1891—馬保 Marburg 大學數學教授. 三十三『集合論理』Einfuhrung in die Mengenlehre. Berlin, 1919 (1), 1923 (2), 三十四·克來滋 Felix K.

-lein（德）1849—1925. 三十五.『淺算深觀』
Elementarmathematik vom Höheren Standpunkte
aus. I. Leipzig 1908(1); Berlin, 1924 (3).

農化蠡測

[illegible]張斧

孤桐先生於舉世醉心工業之日。獨創農化之說。近頃答劉君崗陵書中。又有『所標斧節。（指劉君所陳工諸侯剝於農）恐非一無所知。知之而仍向相傒之方馳去。則必別有見地。而非此種通雜所能相服』之語。是知先生於此。必竊有其特殊見解。不揣謭陋。謹以蠡測之詞。為先生農化論之嚆引。（從於先生明農諸篇）（均未替打高依於不列道倩中將宜一二倘有純經濟由從負可也）

竊以。為。立。國。之。道。不在。物。質。之。文。明。而在。風。俗。之。淳。厚。不在。都。市。之。華。美。而在。鄉。村。之。乂。安。工業者、所以文明物質。華美都市者也。在常理言之。未嘗非美舉之事。然夷考其實。乃有弊害存焉。蓋工業盛則所僱工人多。而工人勞不若農。獲乃差勝。必致誘令鄉農。棄農趨都市。固有農業。為之蕭衰。向之衣食足以自給

者。至此不能不仰給於他國矣。夫衣食為日用所需。若仰給於鄰。則一遭封鎖。斃可立待。故有農業而無工業。其國尚可自存。有工業。而無農業。則匪。獨。難。獲。廉。價。之。原。料。工業。無。由。振。興。且有。被。困。之。危。險。也。其弊一。工人生活既較優於農。則競爭者必眾。眾則供過於求。工資因以低落。生活遂難安定。而資本家又暗中操縱之。於是工人則竭其血汗。而事畜維艱。資本家則飽食終日。而坐享厚利。相形見絀。仇視以生。階級。觀。念。既。成。鬥。爭。學。說。乃。肆。長。猖。嫉。之。惡。性。隨。互。助。之。良。能。其弊二。鬥爭一旦開始。加資減時之事乃生。貨物成本。因而加重。資本家仍欲保其贏益。則提高物價以抵償之。社會生活程度。遂無形中增高。一級。結果。則。工。人。固。無。餘。利。可。言。而全。體。消。費。者。亦成。蒙。其。影。響。其弊三。工業之種類既多。則奢侈品之製造。必隨日用物以俱進。而資本家復以雄資。恣行揮霍。物質享用。日異月新。遂使。奢。侈。品。之。銷。場。依。其。領。導。而。普。及。全。社。會。華。美。之。都。市。成。社。會。之。風。俗。靡。矣。其弊四。都市既日趨繁華。工人廁身其間。目染耳濡。

一三

從風而靡失其勤儉樸質之性養成享樂徵逐之風潮流所趨致失其業與無業之人亦同茲陷溺謹愿者遂流爲乞丐狡黠者則以詐欺誘騙巧取豪奪之術取於人而爲之盜賊因而日滋道德於焉日薄其弊至都市人口每以工業發達而愈繁然地域有限其富者又多廣厦萬間以致貧寒所居有如蜂房鴿室甚或風餐露宿隨遇而安衛生之道全無疾疫乃因之而起則至一人中疫全市蔓延人口太密不僅易傳疫且易肇火貧者死喪固多富者亦時殃及人命微賤朝不保夕其弊六此六弊者雖有時不必因工業而生然必以工業而盛徵之東西洋及吾國之各大都市蓋莫能外也

若夫農業則不然農人安土重遷苟無大利誘之於前大患迫之於後必不肯舍業以嬉勤德既成生活亦定其利一鄉村樸質無華雖有餘資末由消耗既深儉德復興儲蓄之思富民之道莫善於此昔人計日迺予段圖川田不止千段計之貧可也日一段圖川田不及一段計之富可也迺其利二勤儉者多人能自給詐財之術無所用之且無外誘之私則其本然之善尤易充實於是風俗日淳而盜賊亦絕其利三農村發達都市之人自少不僅可減侈風且可少生疾病而農村空氣清潔起居飲食皆有定時又不僅可減疾病且可益壽延年其利四農業半由人力半賴自然豐歉既小異大同且無彼此衝突之點則嫉妬之念無因而生可免工業競爭之惡習勞工之競爭工作資本家之競爭節者工格保扎排擠之能事以存人類友愛之天性其利五農業發達除衣食日用之品足以自給外且可提携工業供給嫁信原料而發達之此時已有農業爲其後援則根基已固可以盡得工業之益而無其害如今日之美國是也其利六此六利與前述之六弊恰相針對比而觀之已覺提倡農業之必要矣

再就吾國現狀言之農業腐敗不能自給每年人口之米糧逹一萬萬餘兩棉貨逹一萬八千餘萬兩猶得謂之農業國乎而論者每以吾國之貧弱爲農國之咎不知吾國今日之現象乃農工業俱不發達之故使果爲眞實農業國者則每年關稅入超何至逹二萬四千餘萬兩之鉅乎故吾人爲挽救貧弱計不

得不提倡農業。（因單獨提倡工業有前述六弊）倘及此不爲。則不獨吾國工業市場。將爲外貨席捲而去。（因缺原料供給本國工業勢必公路北都外人乃以保護關稅操縱之廉價之工業品競爭之而吾國工業危矣）甚至非得外國接濟。莫能生活矣。至於。都，市。之。奢。侈。盜賊，之。充。斥。人心。之。澆。漓。風俗。之。頹。敗。尤非。提。倡，農。業。使之。反。樸。還。淳。固性。必。至。漸。滅。以。盡。而國。亦。將。不。國，矣。此孤桐先生之所以不憚猪口嘵舌。而高唱農化之微意也歟。

至劉君所指農業缺點。則有爲主觀見仁見智之不同。有爲客觀之暫時現象。提倡發達之後。缺憾可以立彌者。皆非根本弱點。他日有暇。當再縷陳。以就正焉。

通訊

自愚執筆爲報紙文字。卽喜與人往復論議。因備通訊一格。互明。人。我、益。胸。之。志。因不僅於本刊始然也。計處論壇二十餘年。結習未忘。故我仍在。天下賢豪長者。不以愚爲不肖。恒出所見。相與質證。俾得葆其賞奇析疑之樂。兼爲輔仁會友之資。爲誼。至。公。酬言。無。作。乃者以愚忝竊高位。迹象轉存。如吳稚暉、高一涵諸先生。謂愚式取『甲寅』志存標榜。深文抨擊。其意無他。愚也。當。仁。之。事。期於。不。讓。而善。道。之。言。亦不。得。不。開。自今以始。凡有來簡。擇尤登列如故。惟答語則於可避處避之、此亦。周。報。恒。風。未是。故。爲。簡。發。並。願。諸。君。善。匡。不。逮。寧猛。毋。寬。愚。雖。乏。大。禹。拜。善。之。誠。亦。勉。作。匹。夫。慕。義。之。想。還章縣闕。偶啟謏思。聊貢鄙懷。兼訓往惠云爾。

孤桐

湖南

……湖南先賢軼事。多載於鄙人日記中。嘗令兒曹錄出。今錄一事。吳南屏著述甚富。有論語大學中庸考異、別鈔、春秋三傳義求、孟子考義發、詩國風原指、及梓湖文錄、詩錄、釣者風、湖上客話、年譜諸書。曾文正愛其文章。謂字字如履危石而下。落紙乃遲重絕倫。今讀之。信然。羅研生汝懷所著。有綠漪草堂詩文集。湖南文微一書。其所手輯也。南屏至省。必寓荷花池。研生則省城自有居宅。吾師杜仲丹先生、黃岸言。少時館善化周家。南屏來省垣。住荷花池。因得相從學古文。吳谷時亦在省垣詩求忠晉陳閑留谷諸公祠內也依之據此、可、見、郭、筠、仙、書、中、所、謂、山、人。必指、南、屏、也。湘軍志筠仙創意。周南屏主其事。南屏推薦研生。見玉池草堂及綠漪草堂文集。所跋曹魏三體石經跋。題吳寶煉所作石經錄卷後者也。亦並寫寄。自謂頗佳。詞如下。曹家阿瞞風流骨。霸業全從戰功發。修成華屋簽文人。屢陷堅城擕銳卒。是時天下亂紛紛。經學鴻都更不聞。自肯識

教築臺草。橫流何地著斯文。伯喈巳被王允殺。詁訓伊誰問蒼頡。國家遷許草朝廷。二袁呂布徒姦猾。老大還能嗜讀書。自云伯業亦相如。操曰老大而能勤學者唯孤與袁伯業耳子桓子建承家教。文采風流並不虛。漢家九鼎俄遷出。舜禹吾知皆是術。文帝纂漢曰舜禹之事吾知之矣重開。國學。寫。遺。經。中散。邯。鄲。皆。第。一。據嵇紹所寫這玉行寶書玉在太學見先君書古文晉齊遣玉傳本紹說計玉於大學見禁表書古文稿疑文帝始命邯鄲淳爲之成淳老病叩帝命康書之其本則邯鄲淳古文也正始。年。間。禍。忽。來。同槽。三。馬。並。登。臺。石經。三。體。知。無。恙。但戮。嵇。康。事。可。哀。廣陵散已人間絕。五胡亂起中原裂。衣冠。南。渡。石。經。殘。烽火、年。年。怨。流。血。元魏嘗時亦重經。保存古蹟未管聰。嶧山碑扑尤堪笑。嶧山碑在南朔境內進武南徒使人推扑而撿碎之野婦如此荊棘銅駝止亂客。至隋一統無能補。剩蝕年年任風雨。唐修正義改古文。家則亥分魚則魯。先是其所書古文人以示衛伯玉伯王以爲失鄲邯淳本意改書命衛包修改古文實不如康遺甚包伯玉後人也五代毛錐更不識。儒生何處眼合青。洛陽宮闕猶燒盡。況護殘碑未有亭。人隸拾留殘字。魯詩儀禮公羊類。尙書論語字彌多。二千一百餘堪記。此是。當。時。一。體。碑。流傳。來。拓。最。珍。

奇。後來。隸。縮。存。三。體。仍是。洪。家。一。手。爲。洛陽出土從清世。奇字篆文兼淡隸。三碑一斷二猶全。表裏刊經與昔傳。惜止。春。秋。尙。書。字。猶思。正。始。景。初。年。收藏惜未除私見。丁壼張鈁各分擅。儒生好古尠能窺。考證經文那得徧。同門好古有吳君。（前河北道吳寶煒字宜常著三體石經錄）（頭部恐）考證斑斑猶出萃。我不敢智詆知曰。于遊田等又云云。（石經君奭我不敢智唐注疏本作我不敢知曰則一字訛爲二字無逸篇文王不敢于逸于遊于田唐注疏本作文王不敢盤于遊田凡衛包所改大抵如是）惜乎文字難全錄。篆隸奇文摹不得。我思縮本印珂羅。附錄君書供案側。嗚乎。曹。魏。久。成。空。賴此。猶。傳。好。學。風。武帝。英。雄。今。不。見。夕陽。誰。唱。大。江。東。…………錢維驥（前孫公園九號九月二十六日）

愚近得咸同名家書札之精者十餘通。裝成四幅。懸於壁間。如湯海秋、鄧湘皋之書。頗是罕見。中有一紙。乃郭筠仙與羅研生者。言修湘軍志事。隱致怨懟。蓋玉池彌不欲王壬翁奪此席去也。錢碩人先生見之。爲言此事顛末頗詳。愚當要其寫出見餉。即得書如右。三體石經。錢先生謂是嵇康所書。與諸家所考訂者不同。愚於此未習。不敢置詞。茲並褖焉。以資當世證論云爾。錢先生、愚肄業江南陸師學堂時。教習漢文。博學多通。不得志於時。

孤桐

日前

……日前承招近局。餘饌在腹。天下。洶洶。正饜。生。燒。燈。尋。字。之。好。時。光。也。弟有故人子徐肇豐、外甥應紹瑒。少年耆學。觕知門徑。日來同撰一書。紀述宋以來藏書家之大略。於齋館名號。尤三致意焉。蓋欲使覽、者、明、於、藏、書、之、沿、革。偶有、印、記。則一、望、知、爲、何、人。此雖橫通小道。然在目錄版本家。未嘗無纖芥之[illegible]。側聞尊處招取編譯員。擬將此書鈔正。上呈考覈。藉爲進身之階。特爲先容。倘祈青眼加之。………邵瑞彭（臨時參政院十一月二日）

邵君次公、國學湛深。默持風會。以名爲政治所掩。天下不甚知之。即愚久與同參議席。亦至最近。始審其孤詣覃思。足式多士也。此雖薦人恒牘。氣味

要自不凡。與例州之爲慮。遐游。說事同。可紀。徐恩二君、請挾所摭來館。當約同人。共相賞核。孤桐

周刊

……周刊十三十四兩期。斷斷與白話文家搦戰。揣見似太費辭。彼其蜉蝣朝夕。本無生命之可言。何值爲一鬨日也哉。天下非必有所舍。方有所取。我公別文化互貲。地位又有以促進行。願偃旗息鼓。更闢其重與要者。施畸君節勞之請。良有味乎其爲言。似不可遽從抹殺。爲道爲國、尙覬大人成物者。一自鞭焉。竊進二義。伏候垂察。一教育專制。堅害萬端。如中校之外國語文。國民校之無情無理者買爲政之課本。擇書從輕。非所予舍。乘取締。全國學童。勢必卒陷于困石。據蔾。十年以後。人才新盡。衆穉且狂。國誰與立。雖官文書效力薄弱。然出苟發聲。戢戢者亦有猛省。改得一分。卽救得一分。明示主腦。奉令承教。導曰無補。一編譯館之設。誠若力爭上游。惟招考編譯員章程限年一條。自二十歲起云云。夫二十而冠。來離校舍。有何程度。可參與虎觀講論。名山著書之役。茲非體大。非募鈔胥。界說斷不可寬假。又館名編譯。沿用舊名。猶之可也。但此館纂造。其決定義是譯非編。以最述而不作。材取淵雅。卽合造車。歐土專門著述。以最近論。奚翅千百種。主者揀擇。先其精要。爲吾人之介紹。仍原本之部居。不苟竄一字。不妄立一桀。藉廣依樣。換貌。存神。五年小成者。二十年大成者。吸人之長。補我之短。不出國門。做若勞賭。其精微。仁者見仁。智者見智。勝于道萬留學生。立千譯學堂。且減少內國學子受桎梏于以盲導盲。以訛傳訛之外國語文無甚數教授鐘點。利尤不貲。由是不懈。千讀萬讀。歐學亟學。其媚而治。吸優吐劣。天下徑省便捷。孰有逾于此一塗術邪。至若編之爲義。點竄堯典舜典。塗改淸廟生民。無論其爲鳳毛麟角也。卽有大腦。使之效顰。抑不過商務印書館、中華、世界等書局之單行課本。鹵莽滅裂。徒騙金錢。不直一吷而已矣。今日言教育。前之一爲形式。貴于整齊。後之一爲精神。貴于利導。

公既兩握其權。則當官而行，下令流水。雖不敢曰事半功倍。亦或者可收十得五。無教育則無民。即無國。行矣。好自爲之，轉移風氣，推倒一世。過此以往。蓋視公之勇敎何如耳。附是近撰慈利志。編譯之餘。示我箴以正體例。又舊作二文。亦組白話體者。方靜公不應與鬪口。而請業請益。形迹之間。又芒芒然似由于佐閱。公究覽之。當爲胡慮。………吳恭亨 常德水星樓 十月二十五日

頃讀

………頃讀甲寅週刊十四期，其悉巴人下里之歌，得廁引商刻羽之次。彼東施以約纙。加無鹽以粉黛。鄙人雖幸獲過情之譽。閣下得毋蒙失言之誚歟。前數日、太炎先生來湘。忠奉以是書。一夕閱竟。就加評騭。倘以塔南。適日適謁。初談政治。次論學術。言約指遠。皆與私心默契。今讀閣下所稱。乃符通儒見解。不謀而合。寔迴心迴。息息相關。遙盼燕雲。不勝惆悵。擬似小陽之首。北首征程。一親謦欬。雨雪載途。當益助我請與也。附錄太炎先生來函。以資討論。函如下。天倪足下。承示大箸治法一册。所論官學之弊。法吏之謬。選舉不如考試。新律不如舊律。斯皆先得我心。所擬制度。亦多可見之施行。實今、之、仲、長、公、理、也。唯謂以道治民。而省但設參事。鄙人於民國初元。議亦相似。由今證驗。則省之自治。蓋有不可廢者。夫使今之元首。果有秦皇明祖之能。相與大一統焉可也。其或政府如贅旒。人主如守府。憐而奉之亦可也。今則選舉所出。不能不歸之軍人。而軍人又不能不限於北洋。非其因緣。陵轢南紀。獨北。立。政。施。治。則無。秦。皇。明。祖。萬。分。之。一。而稅。權。歸。於。總。稅。務。司。政。府。仰。其。鼻。息。則財。政。大。半。操。於。外。人。如是。者。所。謂。既。不。能。強。又。不。能。弱。也。各省屈而從之。一則所在受其陵藉。二則名奉中央。實奉外人。是以省之自治。有不得驟廢者也。如懼民治不進。則不、如、於、省、縣、間。規復、府、制。凡諸大政。受成於省。凡諸小政。則府得專主之。如是鈐轄百縣。勿使渙散。勢亦足以爲治。蓋以。舊。坊。爲。無。用。而。廢。之。者。必有。水。患。清末之廢府。亦取法於日本耳。日本之府

大實驛郎究之。疆。域。不。同。民俗。殊。異。胡可。以。彼。擬。此。也。昔攷宋人分州，明人設府以後。循良之吏。雖未足上比龔黃。然亦不乏其選。世人以其不主催科。遂視之爲無用。此爲。重。視。貨。財。輕。視。政。事。其不。足。語。治。亦。明。矣。道與府祇猶域大小之分。然集。權。於。國。則重。當。在。道。依權。於。省。則重。當。在。府。今之不能集權於國。證明如上。則以省爲自治之宗。而下從府以統縣可也。不識達者以爲如何。愚猶不及詳思。唯望裁正。………陳鼎忠（來長沙塔光書五月宅）

十二

………十二期原化、詩之說。甚甚。前者十期辨答之詞。出自先生。固不失爲正議。若愚以此質諛。非惟心有未忍。於事亦未可也。自問有能雖無似。中正。之。官。取決。於。隊。從不。居。以。法。指。二。字。自謂。以。謬。人。況。於。先。生。當今之世。因事倉皇。無所託足。得一。與。正。之。法。家。固遠。勝。於。小。儒。萬。萬。倍。愚讀書數十載。唐勞其智力精神。而無所歸宿。卒於孔佛二老。得間勝義。自矢求向上一著。以終吾年。不免於脅意微有出入。實則平情而論。先生所爲。亦大不易。天下人皆愛護之不暇。愚何敢過相苛求耶。孟子曰。齊人莫如我敬王。區區之心。固有在也。昔不盡言。………唐鐵風（南京十月二十日）（寄發法相大學）

早歲

………早歲讀甲寅。服公之文思。前歲公南歸。方得就來寧。聆抨擊白話之偉論。當時譏評詆毀者。大有其人。而方固亟望朝陽之有鳴鳳也。方幸謂學術統於一尊。爲學之厄。思想倚於一偏。亦爲文化之厄。蓋自從耳食。不異窒閉天下之聰明也。今學子舉知附和陳胡。以糟粕古昔矣。美其名曰打破古人之偶像。而同時即擁一偶像。高踞心頭。甚至日求罪竄孔之昔。侈言蔑孔。居求審究馬之學。妄謬今馬黃日狂呼。畔。囂自詡創造。特立而不知爲一氏之喉舌。受蠱派。之。願使有知日者色鏡而服飲狂藥。真惑之甚也。先生發爲讜論。可遏橫流。然方亦不欲其過當。如詆自話文爲不通。卽先生亦不能不自承文言通者。俚言亦通也。矯枉過正。有爲而言。時常不免。但流弊將反於以四子書發蒙。文字仍成貴族之專利品矣。先生寧忍乎哉。心好直言。敢附諸末。……………周方（長沙湖南省教育會 九月十八日）

連閱

……………連閱甲寅。精健之筆。綿密之思。開卷瀏覽。輒非盡卷不止。左右亦何以能得此于人人哉。惟第八卷、答適之一文。中有發人以德。不願侵節諸語。愚意竊以爲不然。胡氏學識淵懿。士林所仰。惟其標易新幟。主張白話。始之欲以新文學之命運者。繼遂以簡易輕佻。塡天下于迷途。至于今日呀呀嘈嘈。邇于聾啞。以束書不觀爲名士。以攜摩摩的爲通材。甚或、以、極、鄙、極、穢、極、下、流、之、口、吻。而一、一、形、之、于、文、字。此固民國十餘年來政失其軌。民失其學。社會苟且淩亂之心理所醞釀。而決難爲胡氏一人咎。夫胡氏之所以主張白話者。欲以救弊。非欲藉是以鳴高也。左右之所以主張文言。亦欲救弊。非欲標此以自異也。使胡。氏。所。主。張。之。白。話。果。足。以。傳。世。行。遠。無。阻。文。化。則雖。左。右。舍。文。言。以。就。白。話。可。也。若。非。如。左。右。所。主。張。之。文。言。不。足。以。滯。串。古。今。詔。示。來。葉。則。雖。胡。氏。舍。白。話。以。就。文。言。亦。可。也。夫白話之斷不足以經遠。旣已爲有識者所共認。則果胡氏翻然改轍。正胡氏之服從眞理。而又、何、節、操、之、足、云。竊恐愛人以德者。正或、在、此、不、在、彼、也。質之左右。幷質之胡氏。以爲何如。……陸俊（四川總部綿州九縣 九月二十日）

〔經〕不知其數而知其盡也。說在問者。

〔說〕「不一一知其數。惡知愛民之盡之也。或者遺乎。」「其問也。」「盡愛人則盡愛其所問。若不知其數而知盡之。盡之也無難。」

經文問字舊作明。孫詒讓依說改爲問字。良是。說乃問答體。不一一知其數、至或者遺乎。爲問語。故下。緊。接。其。問。也。三。字。以。明。之。（答其此其問也）盡愛人至無難。則爲答語。若、縱若之意。盡愛人、愛舊作問。此鈔者誤寫。今正之。

墨言兼愛。意謂盡天下之人而愛之。名家訾其不當。蓋凡以動作施之於人。而知其人無不受施。必先確明人數。計人授物。始無遺漏。如宴客然。設不知客之數。則庖廚不豫備餐幾何。客容有向隅者矣。墨子曰。不然。餐席。有。多。寡。而愛之。括。無。窮。倘使餐與愛同。則吾亦惟遇客而授餐耳。初不必計客之數幾何也。雖不知客之數。而客可盡得餐無遺自若也。今以愛人爲問。究所問者爲何如人乎。以一。國。之。人。爲。問。吾愛。可。盡。一。國。之。人。以。天。下。之。人。爲。問。吾。愛。可。盡。天。下。之。人。故。曰。盡。愛。人。則。盡。愛。其。所。問。此。縱。不。知。其。人。之。數。而知。人。人。均。受。吾。愛。因。斷。然。言。之。曰。盡。之。自。無。難。矣。

〔經〕相、盡也。

〔說〕無說。

此三字、與同長以正四字連文。王晉卿墨子註補正、謂相盡也應獨自成句。與上文不連。頗有特識。並引桓三年公羊傳注云、胥、相也。胥與盡同義。故云。愚意猶有進者。墨子以盡愛人釋兼愛。（詳見別篇）名家於盡字多所訾議。墨既逐條解之。而尤有根本大義。與盡可互爲發明者。則墨。子。所。謂。兼。愛。其。基。礎。立。於。兼。相。愛。交。相。利。六。字。之。上。詳之。云。者。則。我。爲。愛。人。之。人。人亦。爲。愛。己。之。人。愛。無。特。定。之。施。主。人。括。施。受。之。兩。方。於是。人。人。爲。愛。人。之。人。同。時。人。人。爲。被。愛。之。人。相。之。所。至。卽。盡。之。所。至。故曰。相。盡。也。次見章用近作兼愛辨。頗見及此。

〔經〕盡、莫不然也。

〔說〕盡、但止動。

經意至明。說但止動三字。迄無能解之者。愚按止動二字駢舉。Stop and move 也。但、示除外意。如法律用語所稱加但書也。意謂。止。動。二、非。獨異。於。盡、故特。外。之。盡、牒經標題。說別無他詞。示經文語意已足。

莫不然指其相言。凡物有其相者。可得總爲概念。惟時。空。不。爲。概。念。其現。象。與。凡。物。其。別。相。涵。者。迥乎。不。同。別義見上畧經。所。謂。久、與、宇。是。也。而經。曰、止以。久。也。又曰。動域。徒。也、或曰。宇。域。徒。是止。者。久。之。非。動者。宇。之。非。久宇。旣、非。概。念。則止。動。二。義。常然。非。盡。義。所。能。概。括。故但。之。

書林叢訊

西域人華化考

陳垣援庵著

援庵師此書上册。已在北大國學季刊第一卷第四期發表。近日本文學博士桑原隲藏、於日本史學研究會史林第九卷第四號爲文評之。彬龢請得譯畢其詞如次。未能盡也。

陳垣氏之書。以下皆桑原書之言旁搜博引。考證精確、殆無遺憾。就中如畏吾兒人高昌偰氏家傳。及一門九進士事蹟之考證。見摩尼教世家之儒學篇及元末詩人丁鶴年之考證。見回回世家由儒入佛篇又如考證丁鶴年集四卷之非元刻。見回回教世家之中國詩人篇尤能委曲詳盡。非獨研究元史者。即研究。支、那。文。化。史。者。亦當。參。考。之。也。吾人於陳氏之著。除讚美稱賞外。實無加以有責任批評之資格。然吾人讀畢此文後。覺有兩三處不妥之點。請分爲五端論之。

（一）唐武宗命宰相李德裕。選秦漢以來入仕中國之外國人功業顯著者。凡三十人。作異域歸忠傳。此等今日不傳。自唐以來。外人仕中國者尤多。然大都爲軍人武將。文人則甚少。縱有之。亦局於北狄東夷。而西域人爲罕見。陳垣氏所考唐以前之華化西域人。有唐李彥昇、宋安世通、蒲壽宬三人。李蒲二人。爲吾人所曾介紹。安世通則陳氏新發見者也。陳氏據宋史卷四百五十九隱逸傳所稱安世通者本西人一語。而認其爲西域人。且斷爲出自安息。然宋史所謂西人。意不甚明瞭。其卷二百五十三王彥昇傳所謂西人。乃指甘涼原渭階延之蕃人。非西域人之謂。又宋人亦嘗稱西夏人爲西人。詈之則曰西賊。故據此而指安世通爲西域人。無乃未確。

安世通之姓。果本於安息歟。唐時西域人入中國者。多以本國之名爲姓。例如唐杜環經行記西域之末祿國（[illegible]）云。胡姓末者。爲土人也。觀此可知當時末祿國人移住支那者稱末姓。又南宋鄭樵通志氏族略云。米氏、西域米國胡人也。唐有供奉歌者米嘉榮。五代有米至誠。又西域石國人則稱石姓。如唐李懷光養子石演芬（新唐書卷百三十九忠義傳）是也。至於安姓。則唐以前西域安國人之稱安姓者有之。唐李林甫元和姓纂卷四云。安姓出自安國。後魏安難陁至孫盤娑羅。代居涼州爲薩寶。生興貴。以功拜右武衛大將軍歸國公。其玄孫抱玉。賜姓李。又新唐書卷七十五宰相世系表云。武威李氏。本安氏。出自姬姓。黃帝生昌意。昌意次子安。居西方。自號安息國。後漢末。遣子世高入侍。因居洛陽。又徙武威。後魏有難陁孫婆羅。周隋間居涼州武威。爲薩寶。至抱玉。賜姓李。新唐書以安姓系出黃帝。固附會不足信。即武威之安姓。亦未必出於安息。而實出於安國。安國即中亞之布哈拉。（Bokhara）布哈拉與撒馬干。（Samarkand）在唐時皆流行火祆教。唐慧超之往五天竺國傳云。此六國（安國曹國史國石國米國康國）總事火祆。不識佛法。又回教徒之紀錄。亦謂西曆八世紀時。布哈拉與撒馬干。流行波斯火教。而安息人則不信火教及摩尼教。然武威安姓。既爲薩寶。（即祆教之信者）可知其爲火祆教徒。故以安姓爲出於非火祆教之安息。毋寧謂爲出。

於。本。火。祆。教。之。安。國。關於涼州安姓之事蹟。爲研究支那火祆（三）教歷史之重要史料。然從來無人注意。如陳垣氏之火祆教入中國考。與石田學士之支那火祆（大正十二年四月之史學雜誌）皆未引用之。陳氏以安世通之安世二字。爲安息之異譯。吾人尤難贊同。蓋自東漢以來。西域人習慣。皆以國名之一字爲姓。如天、竺、人、之、竺、法、蘭。月支、人、之、支、讖。康居、人、之、康、孟、詳。安息、人、之、安、世、高。大秦、人、之、秦、論。皆其、實、例、也。安世。高。姓。安。名。世。高。則安。世。通、亦。當。姓。安。名。世。通。而陳氏乃以安世爲姓。通爲名。似有未合。

（二）於李彥昇安世通蒲壽宬以外。西域人之華化者尚有之。例如北朝之乞伏保爲高車部人。其義母中氏死。解官奔喪歸故宅。（洛陽）高車即北狄。其地爲元代乃蠻人之地。（成吉思汗之一部）乃蠻爲元代色目人之一。故高。車。亦。可。視。爲。西。域。人。親。喪。解。官。乃。支。那。古。時。禮。制。乞。伏。保。以。塞。外。種。族。竟。爲。義。母。之。喪。循。奉。禮。制。則。其。華。化。之。深。可。知。故北史卷八十四列之於孝行傳焉。[illegible]

（三）乞伏保更爲適切之西域人華化實例。尚有唐代之迦葉志忠。迦葉志忠之姓。明其爲印度人。唐中宗時。爲右驍騎將軍知太史事。唐自高（四）宗時。歷法多出於印度人瞿曇迦葉拘摩羅三家之手。迦葉志忠爲迦葉族之一人。資治通鑑景龍元年云。上以歲星殺貴。召太府卿紀處訥謀之。明年、武三思使知太史事迦葉志忠奏。是夜攝提入太微宮至帝座。主大臣宴見納忠於天子。上以爲然。（唐紀二十四）又全唐文卷二百七十六。載有迦葉志忠上宗之遺桑條歌表一篇。文藻甚佳。足知。迦。葉。志。忠。之。深。染。華。化。矣。

（四）蒲壽宬之弟壽庚。其事蹟吾人已爲介紹。觀其懸重賞以購定武蘭亭之刻石。（見蒲壽庚事跡第二八五頁）與其建築海雲樓之事實。（同上二三五頁）可見其華化之一斑。蒲壽宬之心泉學詩稿卷四。題海雲樓詩云。倚欄心自浮。萬頃一磨銅。欲書書不得。欲言言更窮。陰晴山遠近。日夜水西東。此意知誰會。鷗邊獨釣翁。此詩亦足證其居處之華化焉。此心泉學詩稿見於四庫全書總目提要。未曾刊布。無由輸入日本。今年春、得陳氏見附其鈔寫本。始得寓目。同時又以蒲壽宬[illegible]友之南宋遺民邱葵釣磯詩集寫本見貽。附誌威謝。

（五）泰不華爲儒者。爲詩人書家。陳氏考其事蹟。殆無餘蘊。然彼是否當列入西域人中。實一疑問。泰不。華。屬。於。伯。牙。吾。台。族。宜。認。爲。蒙。古。人。非。西。域。人。而陳氏儒學篇中云。或稱爲蒙古人。其實伯牙吾台是色目。非蒙古。如是斷定。何所據歟。吾人以爲伯牙吾台屬蒙古。故不當列泰不華於西域人中也。（陳彬龢）

晚近治元史學而有名者。自屠寄之亡。惟柯劭忞陳垣及泗陽張相文星烺父子而已。柯氏新元史。博大宏偉。信爲名作。然精湛絕倫之才。則允推陳氏。陳垣（所投）近著。多側重宗教方面之研究。其火祆教入中國考、摩尼教入中國考、一賜樂業教考。皆精博可寶。其關於元史者。則有也里可溫考、元西域人華化考兩編。爲近日中國元史學不朽之作。蓋陳氏所用之方法。實。近。世。西。洋。史。家。之。科。學。方。法。故其援。討。之。成。效。爲。獨。偉。也。

元西域人華化考共上下兩編。（載北京大學國學季刊之第一卷第四號）上編乃自儒學佛老文辭各方面。考出一切回回、波斯、畏吾兒、及耶教徒、摩尼教徒之同化於中國。下編乃自禮俗美術工藝各方面。考出一切西域人之同化於中國。其後並附有總論元文化、元人眼中西域人之華化、及元西域人漢文著述表三篇。吾人於治元。史。時。知。元。代。之。種。族。同。化。一。問。題。乃。最。重。要。之。問題。其研究當分爲華人胡化與胡人華化兩方面。陳氏斯作。實於胡人華化方面。最能與吾人以圓滿之結果者也。

日本文學博士桑原隲藏。近有批評陳氏西域人華化考之文。陳彬龢君譯之。孤桐先生以示余。其所舉證據。有確切不移者。（如涼李氏火祆敎是）有不甚確切者。（如投[illegible]所）要足供陳氏及當世研究此問題者之參考焉。（宣[illegible][illegible]學[illegible]創刷錯誤問題）汪思純

（附告）本期稿件過繁。說林未及排入。普此告歉。

甲寅周刊第一卷第二十號目錄

時評

奉軍軍長郭松齡率師回奉。逼張作霖下野。爲近日時局醞釀中。一極突兀之變化。其發動之因。各報言之綦詳。將來之結局。張作霖是否下野。郭松齡能否得志。因交通梗塞。消息阻絕。眞象不明。殊難預決。惟吾人因此。可得眞理數解。以爲舉世軍閥告。一因、果、律、之、不、可、逃、也。去年。今。日。非奉。天。設。計。傾。倒。曹。吳。之。日。乎。當其。施。於。人。也。未嘗。不。躊。躇。滿。志。自。幸。其。計。之。工。謀。之。巧。以爲。莫。予。毒。矣。曾幾。何。時。反。及。諸。身。且依。樣。胡。盧。銖。兩。悉。稱。若有。人。爲。之。算。數。者。然。豈。冥。冥。中。眞。有。主。宰。乎。夫亦。種。若。是。因。爲。報。亦。應。若。是。而。已。一盈、虛、理、之、未、可、逆、也。齊桓。葵。丘。之。會。昔人。譬。之。天。中。月。張氏去年。以垂敗之勢。轉而驟直系數十萬之衆。率其得勝之師。長驅直入。席捲燕齊吳越。駸駸乎幾。括。中。原。雜管。南。北。如火。如。荼。不可。嚮。邇。論張。氏。之。根。

悲。亦月到天心時矣。乃縱情極欲。毫不自戒。外侮虎狼之貪。內訌皆從之行。凡慝之所以誘人者。皆躬蹈之。反加厲焉。覆亡之獄。識者早已拭目俟之矣。一勢、利、交、之、弗、可、恃、也。郭本新進。洊至軍長。據報所載。純爲張學良提挈之力。觀我即是郭郭即是我之言。可謂推心置腹。如手如足矣。然究其結合之原。終不外乎勢利。勢利相孚。則生死骨肉。勢力相乖。則肝膽秦越。此必然之理也。一賞、罰、權、之、不、可、失、也。去歲之役。郭以孤身。率衆當關。苦戰經旬。死力支拄。驍勇如吳。終不得越長城一步。固守數日。得竟大功。乃事後行賞。各得其所。割肉介推。祿獨不及。怏怏觖望。人情難免。此次蘇皖之敗。又無明罰。沙中偶語。人人得而爲之矣。以上四者。由事實之表現。得眞理之指歸。今之武人。知者殆鮮。故不惜危言以昭之。傳曰。兵猶火也。不戢將自焚。吾嘗論軍閥云者。非閥也。乃自伐耳。擁兵自衛者。非自衛也。乃自危耳。徵之近事。按之前言。赫赫軍閥。可以醒矣。（悉）

本月廿二日。國民會議華僑代表謝卓民、潘元猷、潘卓凡、及黃、孫、富、林、蕭、楊、黎、潘、諸君等。以內爭日急。電請各方軍事當局速停戰事。略謂華僑以國勢垂危。外人虐待。故屢次不惜犧牲金錢事業。以匡扶祖國。此次執政召集國民會議代表等。萬里歸來。方冀得隨國內賢豪。共商國是。乃甫入都門。戰機又起。影響所及。舉國騷然。今日國困民窮。何堪再戰。況滬案未了。關會初開。對內對外。悉關重要。諸公縱有主張不同。豈無磋商餘地。干戈遽訴。國本易傷。無論勝負誰屬。均非國家之福。請諸公體念同人渴望和平統一之願。兵戈速弭。共維大局。代表等謹當以諸公救國苦衷。宣告海外。藉慰僑情。否則旣違僑胞負託之誠。寧忍目覩燃萁之慘。祖國雖大。無所容身云。同時京師總商會正副會長、及華僑代表等。亦有息爭之通電。此皆所謂眞正之民意也。潘謝諸君。爲記者稔友。明敏卓犖。信爲海外異才。而其傾愛祖國之誠。尤嘗見於燕談接論之際。此電深識大體。婉折多思。無所容身一言。聲淚俱下。未審興動兵戎者。亦有所感觸。

於中。否。記者雖什一遊暹羅。見其豪商。頗受米染。橫征暴斂。懷寄其外籍以避其鋒。因叩以功成身退。何不回國斥資治產。則對曰。吾在此雖寄人籬下。跼促若轅下駒。然此間有法律。無兵爭。汗血所得。尚足維護。若歸國。則有、盜、焚、身。其危、淵、甚。田、園、而、可、安、身、者。吾豈願終老異鄉耶。此與謝、潘、諸、君、之、言。同一、沉、痛。其實暹羅之遇華人。尚非極酷。苟屬各地。則幾於舉止不令自由。甚欲拒其文字。頒政府雖屢加勞勑。而海、關、苛、征。則猶、是、徘、徊、域、外。鄉人有攜眷回國者。詎逝湄濱。不願歸省。蓋海外苦而國內危。雖有、求、田、問、舍、之、心。實無、容、身、寄、足、之、所。兩有所懼。則俯首降志以求庇於租界。僑民。實無負祖國。而祖國。則負。僑民。甚。矣。列強號稱殖民。其實祇有土地。吾國則雖有人民。而毫無權威。否則。鵲巢。鳩居。豈遑。自暇。自民國紀元以來。歷次當局。亦何嘗不知僑民困苦之情形。又何嘗不知僑民歸國。乃開發富源之要道。顧僑、民、終、於、觀、望、者。實苦、於、無、所、安、頓、耳。今而過。剝。復。之。機。又忽。遭。鬩。牆。之。鬩。假。介。紛。爭。未。已。契。定。無。期。代。表。歟。叚。

出。都。遂其情。於。海。外。則聞。者。裹。足。與趣。淵。衰。爲叢。驅。雀。是誰之過歟。噫。（介）

關稅會議、自通過關稅自主條文後、即議及附加稅之本題。分兩部討論。一曰、稅、率。華府條約第二條規定。普通品附加稅率爲百分之二。五。即正稅之半。奢侈品附加稅爲百分五。與正稅等。約計附稅收入爲三千萬元。此次政府提出修正。計普通品之附稅爲百分五。甲種奢侈品附稅百分之三十。乙種百分之二十。估計增收爲一萬萬又二百萬元。二曰、用、途。華府條約未有明文規定。而議事紀錄則涉及教育經費。整理債務。此次擬定四項用途。曰裁釐。曰建設事業。曰整理國債。曰政府經費。共爲一萬萬元。適與增收略等。此華府條約與現在提案不同之概略也。華府條約成立於民國十一年二月六日。徒以格於金案。法國延不批准。擱置四載。以有今日。當時情形。殊乖現狀。此所以有增加之必要。而各國代表。堅守華約。堅持二五之說。兩者之間。遂生差異。在我、則、主、張、

三

用、為、人。衡用、途、之、多、寡。定稅、率、之、高、下。故欲、先、議、用、途。在彼、則、主、張、人、為、出。視稅、收、之、豐、絀。定用、途、之、範、圍。故欲、先、議、稅、率。排標既殊。故迭次會議。均難就緒。此雖國際慣例。要可引為殷鑑。竊謂。關。稅。會。議。旨在。蘇。吾。財。窮。徐圖。發。達。今自。主。猶。需。時。日。難關。豈。可。飛。渡。列國。必。靳。其。迴。旋。之。餘。地。我亦。誠。難。戀。此。難。助。則是。為。德。不。卒。責有。攸。歸。此所。以。深。冀。列。國。代。表。之。反。省。也。（炎）

特定學區議

孤桐

特定學區之議。由來已久。以愚所知。蔡孑民先生實首唱之。在津在歐。愚曾親與計議。至今思之。固以為其說不易也。蓋今之大學教育。弊害之昭著於外。的然不可掩者。約有數事。以學。術。中。心。從。於。政。治。中。心。之。地。兩心。相。接。非調。劑。則。抵。觸。無論。何。出。學均。不。利。英倫大學。保持政學劃分之界甚嚴。故其權威迄不可搖。愚遊肄業泥北淀大學。該校偶推愛斯葵為名譽校長。（時愛為內閣總理千九百九年也）學生反對彌烈。幾釀事變。愚曾詳詰所由。則眾謂以政從學不可。即以學從政。彼亦同持不可也。此種精神。於學最為切至。非特為。非。獄。以。卵。翼。之。其風。不。長。一也。校址與市廛相混。於境為湫隘囂塵。於學為機械變詐。凡言凡動。一出校門。即去學萬里。純自然。明。秀。之。境。體。造。物。無。限。之。力。養人。性。情。游人。心。智。如康。橋。牛。津。所。得。無。形。之。效。者。吾曠。焉。無有。二也。近來學生寄宿之不規則。與公寓之破壞風紀。成為一大問題。康牛二學之宿舍。頗極整齊嚴肅之觀。夜逾十時。學生即不得任意出入。凡生一切行動。類有冊籍是校核驗。此非秘事。亦非昔聞。稍習英故。俱得詳焉。然此。或。今。之。閉。戶。言。自。由。者。所。深。賊。效。法。不。易。有。學。區。以。範。之。寬。猛。相。濟。懇。緣。復。者。境。小。非。專。指。視。聽。切。學。與。習。始。得。同。時。兼。理。三也。凡言學者。頗談氣壓。Atmosphere 如人人醉鄉。不酒。

亦。頤。童。居。闕。黨。凡。脊。皆。理。以。其。氣。引。人。入。勝。有。不。期。然。而。然。者。也。吾非問英人言。巴黎大學之氣應。最爲偏至。一游其中。即油然而生學術神理之思。惟此亦限於校内爲然耳。日。月。至。焉。未。見。宏。益。與。夔。躲。英。俞。二。學。之。自。成。風。氣。廣。被。全。區。者。校。然。有。節。煥。周。浹。之。不。同。今。善。勝。異。軍。特。起。厥。開。風。會。與。效。巴。黎。之。孤。詣。實。爲。二。學。之。醇。風。四也。京内各校。大概枝枝節節。爲術狗稍以成之。應需設備。無一可言。或者如天之福。有狀當前。街爲更街。稍爲復稍。斯仍。爲。因。陋。就。簡。之。局。不離。事倍。功。半。之。譏。別起。宏。規。厲。臻。完。善。五也。如上種種。觸感而發。舉一概百。不言成喩。吾擬乘關稅附加稅額、例得撥充建設經費之便。請劃五百萬元。在京西頤和園一帶。建一中央學區。其事當由政府及學界、協同内閣銀行團。設一特別委員會。獨立營之。圖樣工程、及其他設置事項。務盡可得公開之法。使人共見。款經撥定。該委員會有絕對管理之權。政府不得移作別用。茲事體大。非一手足之烈所能就緒。節目如何。概無容心。先事縷舉。未免詞費。吾亦、跡、名、家、之、成、言。明、司、存、之、責、任。發、凡、起、例。以、待、天、下、羣、綱、維、焉、施、幸、焉、而、巳。宏識君子。幸賜觀覽。凡有匡扶。惟學斯受。謹議。

評新文學運動書後

陳篼楓

胡君適之、以新文學宗風游行講演。及於江漢。其旗幟之鮮明。言談之辯利。浮薄之士。聞而說之。章孤桐氏、乃著評新文學運動一文。揭於甲寅。意在講去其非。而解後進之惑。世之靡然於胡君之風者。率不滿於章氏。惟吾亦謂人性即獸性一言。或施於正。雖然。人性之論。孟荀皆已言之。章氏云云。殆即荀卿性惡之說也。吾鄉王葵園祭酒云。性惡之說。非荀卿本意也。蓋其遭世大亂。民胥泯棼。感激而出此也。章氏之意。其亦有所感激於中乎。原夫人類之初。蹎蹎而行。瞑瞑而視。其所以異於禽獸者無幾。非必如章氏之言。謂人性爲獸性。而禮教未立。人慾紛爭。其悖亂橫逸而不可遏止者。遂演爲桀戾恣睢之象。漸與禽獸

五

同聲。人類固有之良。無由表著於世。聖人知其然。爲之禮以一其視聽言動。而有進退揖讓之儀。爲之文以和其血氣心知。而有道德仁義之美。於是向之悖亂橫逸而爲縱恣睢者。今旣涵泳於文與禮之中。而有淒然可觀之意。人民以理。政法以成。此之謂禮教。此之謂文化也。苟聊生泯棼之世。發憤著書。慨然以禮樂文章爲檃栝烝黎之具。雖其言論過激。未必諧合人性。而其所以維持人道。以絕於禽獸之羣者。用意豈與聖人異乎。章氏諄學多通。尤邃於子。其以言隔世。必不異於荀子。則世俗苦拘因而樂放縱。避艱貞而就平易之說。宜其不相容受而彼此相非耳。方胡君之至武昌也。湘道去電催迎。愚亦冀其來湘講演。得一接其言論。而胡氏懶跡。如漢而止。其在武昌講演之詞。載於是報副刊者。愚亦未之及見。惟就章氏評論所舉各點觀之。則胡氏之所爲衙朔奔走。搖唇鼓舌。如揭旗鼓而求亡子者。亦泰多事。夫文詞之變遷矣。其能並行不敝者。必有相當之美。非一二人之口舌談氣。所能顚倒號召於其間也。白話文固非創於胡氏。而必懸爲正鵠。以稱文言之腐。則胡氏始倡爲之。果如胡氏之言。謂古文爲已陳芻狗。不足以代表社會。必易以白話之文。則文言衰歇。國故陵迺。經傳諸子之書。必至無人過問。即或贊其功用。廣爲傳譯其微言與旨。必已什伯無存。是舉中國數千年相承之文化。一朝而摧滅盡淨。其所餘之社會與所造之環境。非寄養於殊方之閩隸。即流轉爲上古之原人。悵望。猺都。儳焉。十九其何以自解於今之所謂新文學家耶。且胡君之說。行之七八年。其效用已試之而斷矣。即文學一端而論。除胡君諸人所爲。僅有文言遺傳之美。可與水滸西遊並重。其承其風烈而爲之者。殆無可言之值。愚非謂白話文之必不能存在也。分其業於小說。通其意於學童。使知文字語言脫化之妙。而椎樸無文者。亦得以藉窺說部之書。應於社會文化。不無裨助。而爲此囂囂者。以亂天下之文乎。愚聞胡君好學深思。亦綜舊籍。因讀章氏之作。而述愚之所見。以附於諍友之義。誠恐文學衰微。而人道或幾乎息也。

無物論

鄭闓古

古往。今來。上下。四旁。皆妄。念。所。見。實無。是。也。吾猶見天地山水人物。行止不一者。同業同妄。互相見也。如魚處水。一世界也。其實天下本無物。物本無心。心本無境。所存者神耳。今用。神。造。心。由心。造。境。有境。斯。天。地。萬。物。皆。備。矣。是以李廣射石。以爲虎則沒羽。以爲石則否。催眠者於人。無念則任處皆可。有念則否。妄身。處。妄。界。妄念。生。妄。境。不自。知。且。不。相。知。也。以實語說之。謂大。地。爲。實。則大。地。之。外。爲。何。何之。外。爲。何。寄於。何。所。載。於。何。物。若言。無。盡。既有。物。矣。豈可。無。盡。若言。有。盡。既重。重。相。環。矣。若何。而。盡。極其思致。理不能通。說不能立。以算理求之。一方自零遞增以至無窮大。爲正無窮。相對之一方。自零遞增以至無窮大。爲負無窮。$-\infty\cdots\cdots-3,-2,-1,0,+1,+2,+3\cdots\cdots+\infty$ 果無窮耶。則兩無窮至於何處。曰相交於圓。則有窮矣。果有窮耶。非截取之。如何能窮。窮於何處。曰窮於圓。則仍還原矣。是以。兩。無。窮。互。展。適相。對。相。消。而。成。爲。零。則猶。是。無。也。何以。爲。有。數理。之。自。生。自。滅。耳。數理。之。自。生。自。滅。即非。物。之。自。生。自。滅。矣。更以乘除式證之。$\frac{0}{\infty}=0$，$0=0\times\infty$．$\frac{\infty}{0}=\infty$，$\infty=0\times\infty$ $\therefore 0=\infty$ 則適成爲零等於無窮大之例。則數理不能通。是非數理之谷也。此理本始於無。歸於無。數不過截取而算之。焉能盡合也。是以。相。對。者。數理。之。所。由。立。人。之。所。以。生。非。物。之。所。以。築。其原。實。無。物。也。數理。之。窮。萬。物。皆。無。之。微。也。天下無古今也。前乎古有千萬年。後乎今有千萬年。同時也。非比喻也。以無時間故。無時間以本無日月故。無日。月。以。本。無。物。故。以神得境。則由眞生妄。以境返神。則由妄復眞。循環其間。出顯入晦。猶物理學物質能力之互相倚伏也。自古至今。此妄境遺傳。惟聖智能知之。夢則遺傳中之遺傳而不欲顯言。以啟人無忌憚之念。傳家自持此理釋道亦有升入室弟子不以告之例易象論語。往隱隱焉。老莊則皆言之矣。易太極無極論語之未知生爲知死老子之萬物並作吾以觀復莊子之自無適有皆且旨也且此妄境也。此古今也。此同時也。始於無終於無也。明乎、此、則、利、害、不、足、動、其、中。休戚、不、足、擾、其、神。況身、外、榮、辱、之、端、乎。今者大地紛乎。與仆之惑。無時或釋。若使此理共喻。天下共庶幾稍安乎。

兼愛辨

章用

此愚次兒課作。與愚治墨。殊異其趣。近年寒家教育。愚無暇及之。俱是捐妻一手董理。諸子爲文。粗能成章。愚妻學見成辯。至不信乃父所學。有過其子。此文要愚表之。使人共見。愚不得不笑應之矣。

孤桐

韓非子曰。世之顯學儒墨也。諸子百家言道術者。俱偁儒墨。墨學皆盛溢于東周。後孔老而叁于中國也。故曰儒分爲三。墨離爲八。呂覽亦謂孔墨徒屬彌衆。弟子彌豐。充滿天下。濟濟乎盛哉。是其必有以詔當世。歸徒衆也。洎大道微。鉅子沒。火于秦。儒于漢。黃老于魏晉。佛于南北朝。以迄于隋唐。則兼愛尚同之說。關而不明。鬱而不發。世不廢其書而復存其名者。亦已厪矣。迨中清諸儒。窮經考古。通訓詁之指歸。發先漢之微意。探討得間。以其餘事。旁及百氏。于時治墨學者。有汪中畢沅開其端。高郵王念孫父子俞樾等。揚其波而承其流。而孫詒讓實集其大成。顯學微。墨道絕。蓋至今垂三千載。將復大明于天下矣。然而之數子者。章句之儒。不諳道術。詁其書。論其世。猶未足語其義也。今之學者。喜以墨經。証彼邏輯。竄改本文。旁行直行。俱誦墨經。倍譎不同。此又墨學之支流餘裔。未聞弘旨。墨學。經。義。厥唯。兼。愛。兼愛。與。博。愛。不。同。與汎。愛。異。趣。博愛云者。愛由巳施。他有所受。所謂有所。愛。有。所。受。愛。是。也。汎愛云者。愛有差等。施有厚薄。所謂。親。親。仁。民。愛。物。是。也。若夫兼則異是。兼者幷也。兼愛云者。愛爲主義。兼爲程式。愛有。所。施。兼有。所。受。推其義也。凡人。皆。爲。愛。人。之。人。凡人。同。受。愛。人。之。愛。博愛。爲。孤。的。兼愛。爲。互。助。故言。兼。相。愛。交相。利。也。開皆思之。天地氤氳。萬有紛紜。唯愛。爲。宇。宙。眞。宰。人寡此心。物具此性。斯用人文日昌。物得其養。各適其適。而不相妨。人之。愛。力。爲。至。富。人類。途。爲。萬。物。主。無愛則人類之消亡也久矣。芸芸衆生。何有今日。愛其至矣乎。但人生有欲。愛己心重。物欲紛乘。私愛熾盛。私愛蔽則欲據厭而物易窮。物窮而欲不足。則天下之亂源以成。遂至人與人相爭。國與國相攻。人與人相爭則人傷，國與國相攻則國亡。由來殺身亡國敗家之禍。演至今日而愈烈。人道慘殘。幾有不可以終日者。詎非由于此乎。此人道之亂源，不可以不察也。旣已察之。何以易之。乃若以墨子兼相愛交相利之法易之則濟矣。烏乎。古今之言治亂者衆矣：原始返本。未有深切著明如墨子者也。墨子之言兼愛。公愛也。公愛明則天下平。天下平則人不爭。循斯道也。可企至大同。故其著書有尚同。有非攻。而以兼愛爲之主。兼愛明。人復誰相攻。孰不同哉。何以明之。夫墨子之言，兼。愛。也。則必。愛。利。並。舉。曰兼，相。愛。交相。利。言治。亂。則必。愛。惡。對。稱。曰兼。相。愛。則。治。交。相。惡。則。亂。此言。兼。則。和。別。則。爭。愛則。治，惡則。亂。是以。愛。爲。主。義。而以。兼。渾。天。下。爲。一。體。蓋欲天下人人互相愛利也。非心以爲與其吾一人汎愛衆生，豈若使受愛者。無不自相愛利哉。大道要爲天下公，若兼愛。斯可以公天下矣。故吾謂博愛爲孤的。兼愛爲互利。何則。吾愛。博，所愛。

未。必。博。也。所愛。兼。天下。無。不。兼。也。博有。盡。兼無。量。吾遊之墨經曰。無窮不害兼。無窮者宇宙也。宇宙雖無窮。兼愛則普徧。故曰無窮不害兼。其自解曰。人若不盈無窮則人有窮也。盡有窮無難。盈無窮則無窮盡矣。盡無窮無難。然則。宇宙雖廣。兼愛足以盈宇宙之量。人類雖衆。無人不在兼愛之中。人生有數。兼量無窮。以有盡人無窮。何往而非并包之天。兼相愛交相利。何人不被同利之域，由是觀之。兼愛無我。我在兼愛之中。博愛利他。己在利他之外。舍己利他。雖則人人以必行。兼施並受。可要天下以大同。故小取曰。愛人待周愛人而後爲愛人。大取亦云。愛人不外己。己在所愛之中。此爲諧助。此爲平等。此爲普徧。此爲共同。免人道之缺陷。納生民于康衢。化萃衆之衝突。渾世界爲一體。舍此道莫由矣。眇予後生。間居多暇。披覽往籍。每多穎悟。大道雖鬱于叔季。妙論有感于予心。用竊不揣。懷思廣先民之眞意。闡末世之正覺。博雅君子。不吝明教。有以鑑察犀照之明。宏我管窺蠡測之見。寧非厚幸。

九

通訊

十年

……十年以前。得讀貸撰民立報。侃侃而陳。不隨衆論。固已心焉儀之。今茲甲寅重光。衡政持論。未必盡當於人心。而磯切學風。矯一世之枉。則冏九牧之人。所共稱歎。公位可去。公論不磨。甚休甚休。博文質无底。患爲人師。然此中癥結。頗有闘見。以爲今日士夫之病。在慕名而不核實。自其爲。教。師。者。徒尸。師。之。名。而不。盡。教。之。實。因之，爲。學。生。者。虛度。生。之。日。而昧，於。學。之。事。十餘年來，博自中學師範以迄任課大學。凡學生之負笈來者。必殷核其從前課業。則有中、學、四、年、畢、業。而因、文、未、作、一、字、者。有宗、閱、從、前、國、文、課、本。而云、以、發、諸、議。散失、無、一、紙、存、者。亦有、宗、鄰、子、弟。肄業、大、學、某、科。論文、未、著、一、字。而畢、業、得、學、位、者。聞其師則皆偉偉負人望。而問師何所爲。則文化宣傳也。社會運動也。雜誌做稿也。好大喜功。放言高論。教室以外之天下事罔不任。教室以內之學生不暇教。耗矣哀哉。教師之聲譽日高。學生之課業日荒。記曰。君子之道。闇然而日章。小人之道。的然而日亡。今之爲。人。師。者。徒騖。一。世。之。高。名。而不。自。知。陷。爲。的。然。之。小。人。可。爲。長。太。息。者。也。甯甲寅會有所感。不覺傾倒以私於下執事。博比來請俸。任教不三月。聊以覘北學之風。發揚蹈厲。南方不如。而純篤似遜之。惟此間學生。尙能率教。濟不以博之勤教學嚴格課爲扞格。近詩二首。旣指導讀書論文二首限教。匪曰敝帚相偶。聊抒嚮往之忱而已。匆促寫懷。不盡所言。請華園賦示諸子云。驅車走西郊。水木何清華。堂堂帝子居。境何寂無譁。庠序此宏開。多士以爲家。忍俊聊復爾。

守靜。期。勿。妒。有如。園。中。柯。春至。發。昔。葩。其一園中柯
交蔽。我思儔以紆。儔紆何所念。氣於覩罪罪。鮮非徒
召闇。心馳。學。以。蕉。蕉學。寒。春。明。春㫰。日。以。愚。交柯。蔽。
我。日。我車。不。得。觸。欲還。絕。無。蹊。攬。得。徒。嗟。吁。踟。躕。欲。
何。往。勒馬。隔。深。池。其二深池阻不前。下馬陟高岡。高
閒。縱日遊。曲澗導池滿。勿輕為細流。涓滴成汪洋。博
文。非一。日。有如。此。湯。湯。所貴。能。積。善。久自。不。尋。常。我
讀荀子書。勸學。篇章。章。喻水積成淵。為山不讓壤。茲
閒高百尺。追始亦何昔。寸壤歲月積。崔巍氣光昌。卽
此。設。為。學。勿忘。勿。助。長。功在。鍥。不。舍。而莫。知。其。方。願
詔二三子。改轍馳康莊。非或人歧路。我馬玄以黃。其
三乙丑秋從讀杜詩有感賦呈孟憲承先生云。一人
生遭氣谿。不在相逢早。一少陵詩意眞。獨深契我抱。
我交毘陵孟。壬戌夏炎燥。講學來下邑。一見卽傾倒。
日我就傳日。君交什緬討。斷頭將軍吳。傳筆雄而老。
慕君積千日。神交豈草草。我聞穎有訛。感激心如搗。
從此、結、知、己。思情、深、濃、濃。明年來約我。宜教海上到。
梵王渡頭西。化雨湖浩浩。誡我勿煦煦。師嚴以尊道。

或者懾不振。容說如乳嫗。亦勿惰厥職。課藝時督考。
精勤始乃荒。君寧待我告。辭何慨以慷。太息我稱好。
我受。業。眞。謫。夙慕。孟。氣。浩。何幸。親。孟。孫。遊。誡。矢。日。杲。
師道。勉。自。立。孜矻。搭。日。詁。多士。意。激。發。奮學。我。掞。藻。
三年期觀成。陡以事阻譊。不得竟厥施。徒勞我心惱。
我來清華園。亦以君我導。斯文君力肩。覩顏我隨譟。
我覩君貞教。昕夕不告勞。課徒得少閒。研經斬發奧。
鄰注孔賈疏。點朱圍且昊。我遵誠所習。寧祇感覆燾。
願我友君幾。矢願百歲保。我長君八歲。朱顏君何少。
而我髮種種。頹然已一老。或嘆衛不倫。我誦杜詩報。
⋮⋮⋮
錢基博（清華學校古月堂 十一月十八日）二十三發

發君子泉之名。聞之已二十年。人事卒卒。無緣得
見。忽惠手翰。如親其人。師弟子之名。與實久掃地。
詣。發君。慨然。以。恢。張。師。道。自。任。尤所。歎。慕。古文辭
類纂解題及其讀法。相讀一過。詳審為自來談桐
城流派者所不及。以此津逮後學。功用必大。擬由
編譯館單印行之。亦為君所許否。又古文辭、長沙
遊義兩選而後。嗣者無聞。近見有蔣瑞藻者。什試

二

爲之。應雜與陳石遺之詩鈔略同。未足稱也。愚意文非凋敝。向後有衰無起。可以附言。選非、及、今、不、爲。將成、絕、響。文章、大、業。付之、流、水。思之、凜、然。近館中擬將同光以來及今存者各家。略師姚氏之例。精選一集。使學。生。於。年。誦。二。百。萬。部。水。滸。紅。樓。之。餘。少以。餘。力。及。之。以延。文。脈。於。一。綫。君亦所主其非否。

孤桐

宗稷

：：：宗稷老矣。無所求於世。亦於世無所補矣。然猶有一言於閣下者。良以所言者非宗稷不能言。亦非閣下不能聽。故不惜蹈冒昧之嫌。一陳之。昨蒙專劉校長來。欲以古琴教授相屬。因詢及校中學科。以圖畫音樂爲兩大宗。圖畫分中國、西洋、圖案三系。音樂僅有西洋戲劇兩系。以中國樂隸於西洋系。此所以不能已於言也。禮樂者。養性情之具也。性情得其養。則日。遷。善。而。不。自。知。失其養。蘊則爲貪。嗔。癡。發則爲殺。盜。淫。而禍害烈矣。人生自飲食男女。乃至治國平天下。其所以異乎禽獸者惟禮。而古。先。聖。人。未制禮。即。先。作。樂。伏羲製琴。黃帝製瑟、製律呂、排簫。女媧製笙。皆在。飲。食。衣。服。未。備。文。字。未。興。以。前。而。頻。頻。製。此。精。妙。之。樂。何也。佛經有言。常作天樂。又言譬如百千種樂。同時俱作。佛法以妄語爲大戒。必不欺人。可知琴瑟簫笙。必天樂百千種之一二。伏羲數聖人神靈首出。通天人之軌。乃能於天樂中取其數種。流傳人間。是以數千年未有能變其形式。窮其奧處者。樂之感人。最易最深。使人性情得所養。受其範圍而莫能外。試觀虞廷命官。分典禮樂。命夔數言。爲樂經論樂之祖。直溫寬栗。無虐無傲。教冑子。以樂救性情之失。舞干羽。格有苗。以樂濟兵刑之窮。鳳皇來儀。百獸率舞。則其效且通於神矣。自是以後。無不以禮樂爲治天下之具。爲學校教人之方。迄於文武周公孔子之時。禮樂尤爲明備。孔子謂韶盡善盡美。如何美善。雖不得知。然以孔子聖人。聞之至於不知肉味者三月。則其美必非後世廟堂樂章。使人掩耳而走者。所能髣髴萬一。可斷言也。公輸子即魯班。後世百工奉為鼻祖。人人所知也。所作木鳶。雖今之飛機。當不是過。師曠之聰。與公輸子之巧並稱。而其學樂。至於薰目。則師曠所作之樂之精。必非後人懸揣夢想所能到。史稱師曠奏清徵。白鶴舞於庭。奏清角。風雨大至。其感通玄妙。誠令人不可思議。然非此不足盡其神智。不足以著其薰目之效。以及師文變四時之氣。師涓寫水上之音。皆可無疑也。孔子言非天子不議禮。有其位無其德。有其德無其位。皆不敢作禮樂者。蓋以先王制禮作樂。為學校教育士民之具。使人人得涵濡中正和平之澤。陶淑性情。歸於良善。家絃戶誦。化民成俗。胥在於此。是以學校之中。曰夏絃春誦。曰春夏教以禮樂。秋冬教以詩書。教育之方。禮樂適居。其半。非天子則推廣禮樂。教澤不能有家喻戶曉整齊畫一之權。俾與車書同軌同文相等。雖作如不作。所謂不敢作者。蓋不能作。不必作。孔門禮樂。已不能行於宗國。況乎天下。孔子最好言禮樂。尤善言樂。論語之中。多至不能悉數。武城聞弦歌。比於牛刀。君子愛人。小人易使。則學。道。即。謂。為。禮。樂。在陳絕糧。弦歌不輟。可見孔子於禮樂。斯須不去身。論為邦曰樂則韶舞。放鄭聲。可見。孔。子。治。天。下。未有。頃。於。禮。樂。者。樂記以知聲而不知音者為禽獸。孔子又言文以禮樂。亦可以為成人。可知。無。禮。樂。不。成。為。人。自衛反魯。然後樂正。雅頌各得其所。可知當時周室列國。禮樂雖衰。孔門禮樂自足娛美韶虞。是以流風餘韵。綿數百年。至魯恭王壞孔子宅。升堂倘聞金石絲竹之聲。惜乎兩生不出。叔孫通無知妄作。禮樂遂從此絕矣。叔孫。通。之。罪。在於。不。知。禮。樂。乃。古。先。聖。人。為。人。類。流。道。共。有。之。物。非於。治。定。制。禮。功。成。作。樂。之。言。排禮。樂。務。取。祿。位。以迎。合。諂。媚。為。定。禮。樂。宗。旨。郊廟樂章。無非歌功頌德粉飾太平諛詞。於是天子喜悅。居之不疑。禮樂遂為天子子孫帝王萬世之業。論功行賞。分茅胙土。叔孫通亦自居為聖人。自是以後。每逢天下統一。干戈稍息。必有如叔孫通其人者。起而耕禮樂居為奇貨。號召一時文士。不問聲音如何。但求文辭華麗。作為樂章。是以鋪張揚厲天子之功德。皇帝曰可。大禮大樂遂告成。郊天享廟。行賞有差。於是禮樂與天子。竟知參商水火。絕不能相容。何也。有天子。必無。禮。樂。蓋名。爲。有。禮。樂。而士。民。不。能。過。問。實則。亡。之。矣。卽所謂天子私有之禮樂。亦必不能精。蓋但取供典禮之用。與民間婚喪俗樂無殊。太常一部。直可謂爲皇帝之吹鼓手。間有一二稍知律呂聲音。請正樂者。亦不過於歌功頌德天子私有禮樂中。較量其清濁高下。未有。能。知。禮。樂。之。源。爲。治。天。下。之。具。爲學。校。教。育。而。設。者。非數千年學士大夫。皆不知有禮樂。卽知之。亦不能與天子爭。使之歸於學校也。學校既無禮樂可教。無禮樂可學。士爲者遂求之於詩書簡編。爲發理辭章考據。其次則試漢廷九千字。取是備官文書之用。而能事畢矣。然所。謂。涵。養。性。情。之。學。也。無其其。也。無其。其。則。求。之。容。煁。渺。冥。之。中。居敬。主。靜。存。誠。以。治。性。情。者。亦不。過。百。千。中。之。一。二。且皆。在。壯。暮。之。年。與三。代。以。上。人。人。幼。年。得。禮。樂。涵。養。性。情。之。益。者。苦樂。難。易。相去。天。淵。矣。三代以下。教士之方。無所謂禮樂。但知有利祿。學術日汙。世風日下。學校實講求利祿之地。考試科舉。則日中爲市而已。自漢迄於隋唐。千餘。年。惟。文。中。子。一。人。尙知。禮。樂。遺。意。欲以。河。汾。禮。樂。治。天。下。雖龍門獻策。不能行其志。而一門將相之英。李唐得而用之。功業納高千載。規模過人。教者。學。者。皆蒙。先。聖。禮。樂。教。澤。蕭。陶。使。然。也。此後未有專言以禮樂治天下教人者。禮樂之教既絕。人生性情不得其養。日趨於惡。如火燎原。不可嚮邇。於是因因果果。遞成百數十年一小劫。三二百年一大劫。因果愈積愈多。劫運愈演愈大。不至於人類絕滅不止。然後。知。古。先。聖。人。制。禮。作。樂。之。苦。心。爲。人。類。陶。淑。性。情。卽爲。人。類。保。全。性。命。計。者。至。大。且。遠。也。今者帝制已摧。綱廢禮樂之藩籬已撤。藝專列音樂爲教宗。倡明古樂之時機已至。又得閣下及劉君之毅力以主之。尙不能將吾國數千年湮滅之雅樂。從而闡揚。古先聖人神明之寄。從此終亡矣乎。是以不憚縷覼一言。幸閣下察之………楊宗稷（一月十七日　柔相胡同四十三號）

楊君時伯、今之師曠也。向聞其藝之高。今見其志之大。而識之。激。以愚庸俗。敢承是論。惟若藝術學校。可得少行楊君之志。使河。汾。禮。樂。之。盛。復見。於。

今。請一切恣爲之。愚與劉君。皆受教唯諾矣。

孤桐

孟其

……孟其初好章句。竊比經生，閉門造車。居然成帙。篋中存者。有古今文尚書詩鄭氏學質疑、秋官故訓、皆草藁不備行格。非可示人之作。唯逸辭用心最多。略近。至。文。著。作。之。說。僅存殘稿。姑息異常。李肖聃等勸我付梓。輒爲心動。孤桐如肯收納。當以此獻。此外擬爲孟交春秋。後張岐說。隨身無書籍可翻。業不能竟。倘假作且夢用演義范者無戒衣食。亦。泰。誤。我。除氣。甚。矣。今年什作逸辭殘稿自叙。寫陳乙覽。底稿存良沙竟多流忘信力貞過已至如此前五六年無是也郎閔睢留已歸長沙。過夫亦有信來。殘稿自叙云。逸辭者余以意爲是非。論衡世故之作也。丙辰長夏。避亂家居。且錄且改。於是籍定國蠹家業等六篇。尚智一篇。寫未及半。遂以饑驅輟業。忽忽經年。乃有戊午之變。余復避亂郴永。渺焉行李。而余婦宜專惑于人言。將余所存艸稿。并付一炬。唯經余寫

定者深埋土中。得以不毀。逸辭殘稿。即其一也。庚申歸自郴州。間有所謂社會主義者。述其用意。與余同。而大道所歸。迺與余異。竊幸微長一得之見。乃出之十餘年以前。作聖自豪。矜于朋黨。慨欲續成我法。顧逃仁師。喪亂。弘多。我安。無所。而星星。毛髮。自傾。中。自矣。丙辰余在金陀。時王先生居湘潭。相去才數里。心有所疑。必就先生問業。經史鹽米。弛口忘言。終不敢及逸辭。惴不爲大人先生所許。且以取辱。既先生聞之人言。述昔相索。余以業經寫定之稿進。猶惴不遑寧居。越數日先生以書來。嘉奬逾分。元書略曰孟其仁兄大人閣下大著端且著夜之力讀過一次欲言我狀不可名待呼已讀過二次今又讀三次矣極欲得仁師讀讀之面不可得引以爲惑作序自不敢辭既俟全稿精定后當魅力爲之以報雅命云云先生替允賜序不意余尚未成遺歸道山淺拱以先生元費傳之卷首面疑中所許背健其爲實專所毀故無錢默訓全文而后余亦儼然著作。友朋中相與寬假者滋已多矣。李肖聃、鄭鈞、姜濟寰、羅焌。皆余相好。攻錯無猜。以余既無力卒成。且以殘稿付印。意者。罔。兩、噬。人。如砂。赴。汐。留茲。毛。血。以存。嘆。勤。瞧。張。之。迹。余既信之。遂更初意。是與非非所計。所以。存。昔。日。之。我。視我。爲。

一五

杳。冥。昧。之。倫。可。也。第余所主者在仁師。仁師之界有三。曰人無物。曰人無鬼。曰鬼無人。無物。則人。獨。立。人所。以。貸。也。無鬼。則。凡。物。效。用。人所。以。崇。也。無人。則。神靈。往。來。其樂。無。終。極。也。夫既曰鬼無人。而乃名之曰仁師者。鬼固。人。之。所。造。進。者。也。連篇累牘。近七萬言。以明三者之可企及。然而皆浮辭。非有據也。因齋以下六篇。論人無物。倚智以下四篇。論人無鬼。仁師則鬼無人。而鹿拾附之。鬼無人仁師之道以備。舊稿既闕。妄比冬官。默息愉與。付之想像。竊願與當世明哲共之。或曰。鬼無人其說何如。曰、試徵之夢。夢者。我。與。形。俱。者。也。使徒。存。夢。中。之。我。而無。夢。外。之。形。萬物。於。我。何。凡人。皆。夢。中。之。人。而無。見。世。之。物。造化。於。人。何。栩栩。然。我。也。蘧蘧。乎。人。也。是曰。仁。師。全目如次。國蠢

第一章家業第二章宗借第三章教殖第四章日日

第五章日日第六章倚智第七章（[illegible]）倚平第八章倚適第九章倚

樂第十章仁師第十一章鹿拾第十二章………曹

孟其（[illegible]）

曹君孟其、吾鄉宏識奇士。貧骨。嶙。峋。而腹。笥。則。絕。富。有所布列。足覘一鱗。如此。奇。才。不得。一。飽。天下。事。可。知。矣。

孤桐

師竹

……愚所謂師竹者。謂師、吾、湘、鄉、曾、文、正、國、藩、滌、生、先、生、其、人、是、也。先生寒苦力學。起自田間。發憤與科舉戰。與仕宦戰。與干戈戰。戰皆能勝。卒至於立德立言立功。以昭示來者。而爲一代之偉大人物。夫如是。宜其爲天所縱。非吾人可師可學之人也。是不然。吏者。其。行。事。無一。不。平。易。而。近。人。情。無武。侯。之。奇。逸。無汾。陽。之。奇。福。又不。似。昌。黎。之。專。於。文。江。陵。之。專。恣。於。政。自守。不。外。乎。脚。踏。實。地。過人。以。陶。鑄。其。品。節。引申。其。才。智。爲。心。其性甚堅。決。善於教忠教孝。若所見真確。亦不肯因君父而改易其初志。但對君父不負氣。不抵牾。不以遷情而往爲能。而必委婉曲折以調之。熟讀其家書奏議。沈潛剛克。高明柔克。無不處處流露於字裏行間也。又敢於負責。不肯趨避。輒以

天下爲己任。而不皆人之所能。咸同。之。世。天下。騷。然。倘能。風。移。俗。易。者。實此。老。爲。之。中。堅，當吾人發怒之際。檢其文細讀之。其怒必自息。當不平之際。檢其文細讀之。其氣必自平。大至於經文緯武。治國平天下。小至於書疏魚豬。自食其力。公皆能分疏詳切而道之。恐吾圖自振。宜師仲。欲振一鄉一國。速乎振天下。皆宜師仲。蓋體不備者用不全。源遠則流長。無源之水。其涸可立而待也。公心契理學。有意師仲者。細味之自得。得其體。其用雖千變萬化而不窮。而亦不失其正。……張燦（四四金家大防 九月十五日）

張君樹斯觀政部曹。好爲文章。吾鄉之俊士也。此文久在篋中。因循未錄。茲檢載一段如右。以見、鄉、先、正、之、流、風、未、沫、云、爾。

孤桐

睽遠

……睽遠清光。忽焉七載。緬想在昔。依依難勝。前寄京一書。蒙揭載於十六期甲寅。意氣懃懃懇懇。且示以陳拔君住址。感荷感荷。但前書鋭先期在保。仲

以原文油印六百份。分致生徒及知好。十六期甲寅到保之後。鏜尚未讀。而學生已摩肩接踵。而鏜道意。成韻、原、文、删、削、太、多。半爲、不、應、庇、愛。血氣、方、剛。作色、忿、然。路途、爲、含。咸以、甲、寅、通、訊、爲、談、柄。然鏜各以溫語、慰之而去。昨離保時。微聞學生有所計議。不知對甲寅有所表現否。如有之。其情、實、至、可、矜。顧侍、從、有、以、平、其、意。至鏜之疏淺庸愚。不暇求己。追論以筆墨刻劃牛鳥。苟開某氏。鏜決不於甲寅再費一辭矣。今保定直隸省立學校六，均同時提前放假。因直財廳七月之久。不發經費。爲率服務之各教職員。多爲寒士。能受家庭接濟。不恃薪爲活者。其例蓋寡。十一月十三日下午三時。直二師同人。仲開一教員聯席會議。請求本校校長維持生活。校長亦仰屋無術。踏淡而散。當會議時。英文、教、員、安、平、修、君、曰。弟、負、債、三、百、元。至、今、雖、一、文、無、力、歸、還。言、畢、愴、然。國文、教、員、高、陽、齊、君、曰。弟、之、敝、裘。自、仲、春、即、入、典、肆。迄、今、六、月。無、力、往、贖。冬、又、迫、矣。何、以、卒、歲。先、生、乎。甘、心。殫、力。講。說。之。士。半。爲。不。染。銅。臭。之。人。吾。廬。獨。破。受。凍。死。亦。足。（少段 原句）

試思。無。數。如。日。在。東。之。國。中。後。起。應。否。任。之。長。此。荒。落。鎧之進此。非敢責望於先生。鎧惟、泥、首、千、拜。求代、先、生、負、責、日、談、愛、民、愛、國、之、大、人。一、反、其、平、日、之、氣、而、已。痛、夫、痛、夫。在、血、腥、銅、臭、氣、味、交、蒸、之、中、國。先、生、獨、開、館、北、平。大、奬、譯、著。凡屬有心。孰不欣喜。極感極感。余弟漆鉢於民八由日返國。誦譯日本初等國文。其書紙色印工。成極精美。苟在吾國購之。非四角不得。問其購價。僅日幣銅元十數枚耳。陽晗而探其故。則因、日、本、文、部、省。以此、書、爲、國、民、必、讀、之、書。依由、國、家、發、行、措、格、用、書。所以。益。民。知。也。審人自鑑。爲之側然自失。又鎧在保三年。於鷄距人物。略有所悉。保有賢妹。生丈夫子三人。一爲中學教員。其二人則中學未畢業生也。是三子者。皆英發俊異。領袖儕流。尤能發憤廢餐。刻苦求學。此肄業中學之兩生。研古搜今。者類辭源。一日、爲、爭、辭、源、至、於、涕、泣。此允爲藝林韻事也。鎧見。文。教。之。所。以。隆。昌。字。書。實。爲。權。輿。辭源一書。以五十學人成以八年。其於吾國教化。實非小補。（此書著者應受國家明令褒獎）可否購其版權。收歸館有。然後禮羅辜湯生、柯鳳孫、王晉卿、章太炎、馬通伯、吳辟疆、趙湘帆、陸爾奎諸先生。以及其他賢、至、勝、流。磨光刮垢。洪其聲采。以敵爲師。取本發行。務使家各一部。人手一編。成藝林之盛典。溥宇内以香光。流傳萬代。豈不休哉。私意如此。未審先生以爲奚似。苟允其請。由大力者促之。則數年之後。實現不難。而狼。峯。山。麓。之。賢。兒。弟。亦將。爲。之。破。涕。矣。鎧現回京。願入編譯館選編中學國文讀本。未知選文亦在編譯之列否。如在其列。請賜面教。雲天到眼。一再神馳。………李漆鎧（宮内十四）

（四捨馬店當陰胡同三號 年十一月十七日上午大時）

此書。序。序。俱。見。文。人。血。淚。夜氣尙存。未堪卒讀。愚不才。亦願爲文人稍鳴不平。俾教者學者。各有自見所長。安頓身心之處。然同。類。不。以。爲。友。轉以。爲。敵。相有。計。劃。勸見。遮。阻。愚則。余之。何。哉。編譯館者。將使文士試其才智。悉爲一切者也。杳南、欲、何、作、者。即、竟、作、焉、可、矣。

孤桐

竊以

……竊以化民成俗。必由於學。古訓昭然。萬世莫易。是以天下治亂視人心。人心邪正視學術。學術正。則風俗無不厚。而天下莫不治。學術邪。則風俗無不壞。而天下莫不亂。今之時邪說橫行。異端蠭起。馬克思之主義。自由戀愛之倡行。排山倒海。羣獸食人。此學術之變也。論者謂以整頓學風爲源。然此一時之權變。非根本之謀也。根本之謀。在正人心。之始。基。立。教。化。於。百。年。推言其道。蓋有二端。

一曰、將全國、學校、教科書、及講義。改由教育部、編、印、以、端、旨、趣、也。夫一國之立。必有國是。必有國民性。必有其所以創業垂統之精神。軍國民教育也。武士道也。此他國之精神也。吾華立國之至德要道。見於經傳。未易悉數。約略言之。以我孔子之智仁勇三者爲折衷至當。三者又以仁字爲維繫之中心。所謂親親而仁民。仁民而愛物。老吾老以及人之老。幼吾幼以及人之幼。夫子之道。忠恕而已矣。孟子曰。愛人者人恆愛之。敬人者人恆敬之。又曰。先王以不忍人之心。行不忍人之政。皆仁字之發

揮也。故數千年之雅訓。化移人心。歷久不墜。治世之民。和氣祥氣。淳風淡泊。雖至今喪亂之餘。我國人民。猶以和平見稱。是此種精神之未墜也。民國以來。經書廢讀。古聖先賢之嘉言懿行。唾棄無遺。青年學子。不復可視。而教科書之編制。又不歸教部。一國、文、化、國、是、之、所、託、命。操之、於、販、夫、書、賈、之、手。欲左即左。欲右即右。支離滅裂。混亂人心。黃幼女。尤受染習。救今之際。宜一面由政府下令。限自今出之日起。各書局之教科書。停止編印。已編印者。限兩年售盡。其有作參考者。不在此限。但不得以教科書立名。一面由教部延聘各專門人材。分類編纂。或由國立編譯館特設專科。以專責成。總期端人心之期向。保千古之文化。其應有之知識。一切趨正軌。不使或偏。編印既成。或設專售之處。或分代售之所。標價務廉。印刷務精。所以、衣、被、天、下、之、士。非、踏、商、人、之、智、也。

一曰、由教、育、部、設、立、大、規、模、之、印、刷、局、也。攷印刷發明。肇於碑碣。借於書板。迄近世印機製出。而文物

一九

於是大備。是印刷與文化關係。表裏不可分也。我國一國之大。由國家設立印刷專局者。除印鑄局外。僅財政部印刷局也。然前者注意於政令。後者又重在票據。二者皆與文化無關。獨欺我鑄絕萬民敬敷五教之教育部。印刷反付闕如。此非天下至可惜之事哉。茲請將不可不設之理由。分述如次。

（甲）爲印、刷、教、科、書、也。教科書之由部編纂也。蓋以普徧全國。推行永久。宏規大模。談何容易。印刷之功。豈可仍借箸於書肆。是宜速籌鉅資。自設專局。組織務期完善。藝術務求精巧。凡應用之機器。無不悉備。使善事利器。應付裕如。有當然也。

（乙）爲獎、勵、著、作、也。比年學術銷沉。述作罕覯。學校之多。士子之衆。而卒無一二可誦之書。雖然。出版物之缺乏。固緣士不悅學。而資本家之把持。亦其一因。嘗見我國深研績學之士。精心撰著之作。送之書肆。莫得重酬。二三百元之版權。僅謂爲鉅。稍高其值。卽拒不受。若曰自印自售。可以抵制。然而印刷之費。首由己出。暢銷與否。尚不可知。本欲得。欵而。先。自。費。此非。士。子。所。能。爲。力。一也。當今之時。邪說流行。正論不見。商肆重在營業。迎合社會墮落之心理。同流合汚以展其業。故凡戀愛、共產、社交公開之淫辭異說。及所謂創作之白話小說。則歡迎之不暇。以其暢銷而利厚也。其有立論稍高。爲正世俗闡揚文化之品。不惟值廉。且不欲印。又一也。以是文人喪氣。高士寒心。擱筆廢硯。自然之理。補救之法。亦惟教育部自設立印局。重酬收稿。表章碩學。振導世風已耳。

（丙）爲傳、播、我、國、舊、有、文、化、也。我國古書。大都名山事業。價值甚重。或書版已失。後不復印。或敝帚千金。家自珍藏。用是善本莫求。流傳不廣。近日書坊翻印已多。然或手錄石印。或校對不精。錯訛既衆。書光已損。賢者惜焉。近日四庫全書。已有縮印之議。卒以教部未暇專局。無從辦理。遂不得不遷滬印行。以此導揚文化之大業。教育部不自爲之。而假手於人。其何以與學敷文。宏此遠猷。

章氏墨學

〔經〕不堅白、說在無久與宇。堅白、說在因。

〔說〕無堅得白。必相盈也。

不堅白、即指無堅得白、無白得堅諸說也。何以故。以不。知。久。宇。之。用。故。當捬堅時。儻憶及先時之所視者。即爲此不。當視白時。儻憶及先時之所捬者。即爲此石。堅白均合於一。此久、之。用。也。所憶。藏、於。久。間。乙官。感。物。之。時。能將。甲。官。先。時。所。感。如量。表。演。遂乃。合。併。計。之。其成。一。感。也。捬與視同時爲之。而覺堅與白偕棲一域。如他條所稱不相外之理。堅白亦自合於一。此宇。之。用。也。兩德。並。具。於。物。而無。一。德。盈。於。物。外。其宇。全。同。也。以知。主。堅。白。離、者。其說。在。無、久。與。宇。反之。

主。堅。白。合。其說。在。因。久。與。宇。也。因下久與宇字省。此駁、公、孫、龍、義。最爲、精、審。

此條經與說脫略殊甚。不堅白說在五字。與無久與宇堅白說在因九字。舊分列兩處。中間刜之大一條。孫主并入釋之。是。說僅得無堅得白等八字。亦大不全。無堅得白、或無白得堅。俱公孫龍說。盈即。外。也。凡兩。物。并。處。或兩。德。并。集。而廣。狹。之。幅。不。同。其一。溢。出。於。他。一。之。外。者。曰。盈。無。堅。得。白。而。主。堅。白。離。者。堅白。勢。必。相。盈。（無白得堅理同）而今。以。宇。之。用。見爲。不。盈。故知。龍、說。無。當。也。此僅釋宇義。久義未詳。

右之所述。拉雜成篇。管窺蠡測。就正有道。箸先生不爲尋常俗吏。幸俯察而垂省焉。不勝感幸。……王文炳（太原上肖牆三十六號）九月二十九日

二一

〔經〕在諸其所、然。未者然。說在於是推之。

〔說〕在堯善治。自今在諸古也。自古在之今。則堯不能治也。

此條。疏。時。間。與。凡。物。不。同。之。理。凡物有共相。相見於此者如是。可以推定其見於彼者亦必如是。如燕之鳥黑。楚之鳥（即凡不在燕之鳥）亦必黑。白鳥有白。白羽白隼（即凡不在自鳥之自）亦同是白。是在。諸。其。所。者。然。（如鳥在結自在鳥）未在。諸。其。所。者。亦。然。此。之。謂。推。故曰，於。是。推。之。於是猶言由是。推久。（即時間）不。然。久爲。常。個。連。續。之。物。無論。截何。一。段。其段。賦。有。特。性。非。餘。段，可。比。堯時有堯時之特性，今時有今時之特性。未可等量而齊觀，如牛。馬。然。也。在字不誤。孫疑作任。非。在當英語Exist。惟此處用作動詞。可玩。自今在古，猶言以今易古。自古在今反是。以今、易、古。乃設想身、處、地，於今。易、得、古、來。故堯、善、治。以古、易、今。乃爲、堯、設、身、處、地，易、得、今、去。不、能、治、之。此言。久。性。與。物。性。迥，異。其理。經。與。說。相。互。明。之。公孫。龍。故。遂。斯。理。以推。物。之。法。用於。推。時。因有。今。適。昔。來。之。詭。辯。故墨。家。正。之。

〔經〕狗、犬也。而殺狗非殺犬也、可。說在重。

〔說〕狗、（經譯）狗、犬也。謂非殺犬可。若兩腿。

說謂非殺犬可。非原作之。孫謂以經文校之。當作而殺狗謂之殺犬不可。意是而詞乖。不若以「之」校改爲「非」。

此條。爲。與。惠。施。辨。難。而。設。也。施嘗言狗非犬。（天下篇二十一事）墨家曰否。狗實犬也。正負兩義，適相針對。按惠施非。犬之。說。起於。以。平。衡。之。義。嚴。維，主。謂。二，詞。邏。輯。有。方。程。說。Theory of Equation 者。此類。是也。方程式爲甲等於乙。既施等號。甲乙二名之實。不應有大小輕重廣狹之不同。狗、犬未成豪者也。二名雖同一物。而成豪與未成豪有別。大小輕重廣狹之度。究有不齊。以算式例之。故知狗非犬也。墨家曰。命題。所包。無限。其式。不。一。詰之。之。法。相應。而。繁。一例。以。方程。詮之。題義。之。得。施。展。者。幾。何。且題之義詰。以共別相涵而立。其加差德。始與別等。如犬、共也。未成豪、差德也。狗、別也。犬與未成豪相加。以成狗義。此題界之當然。與方程說木不相畔。惟恒。人。對。諸。何略。差。狀。亦不。得。替。爲。其。詞。不。立。耳。惟者。於。主。謂。二。名。之。上。各。另。加。同。一。之。詞。除。俱。不。動。則命。題。仍。爲。違。義。與。否。殊未。可。料。何也。命題。非。方。程。所。能。制。限。今以。×。=。∴。∵。∵。×。=。∵。∴。之。律。律。之。固無。人。能。保。其。必。合。也。如小取篇云。盜人、人也。今於盜人與人之兩詞上。各加殺字。似盜人人也而可通。殺盜人殺人也宜亦可通。而不然。盜人者、人之爲盜者也。於人之通德外。別有盜差。是其質。重。於。人。也。質重。於。人。而。今。於。質。上。招來。動。作。與。泛。常。詁。義。有。殊。因。未。可。等。量。而。齊。觀。之。也。故。小。取。篇。隨。曰。殺。盜。人。非。殺。人。也。惟。狗。亦。然。狗。犬。也、可。各。以。殺。字。入。之。曰殺。狗。殺。犬。也、未可。何也。狗。之。質。重。於。犬。（加未成字故重）殺其。重。者。非殺。其。輕。者。也。故曰。說。在。重。惠施之意。在一切命題。皆以方程齊之。邏家宗險。以爲。詭。義。無。取。於。齊。動義。齊。又。無。從。施。之。

惠義　狗、非犬也。∴殺狗非殺犬也。

墨義　狗、犬也。但殺狗非殺犬也。

殺狗。非。殺。犬。兩家。同。持。之。一爲。根。於。方。程。一則。外。之。

以知。人。謂。墨。子。有。見。於。齊。無見。於。畸。非篇。論。矣。兩臆者、兩肩也。爲狗身之一部。此以明重。犬重於兩臆。猶狗重於犬。殺犬。非。殺。犬。臆。猶殺。狗。非。殺。犬。也。

〔經〕知狗而自謂不知犬。過也。說在重。

〔說〕知、（原作智下同）知狗重知犬。則過。不重則不過。

此與惠施殺辯。義同前條。施言狗非犬也。故知狗而自謂不知犬。蓋施執二名相等而成命題。而不顧輕重相次。於題無妨。其取狗而求等於犬。不得。因謂非犬。此過在不知輕重。故曰說在重。雖然。輕重云者。惠施固非不知。特故反焉以騁其辯而已。狗重於犬。知狗重於知犬。（狗 > 犬或知狗 > 知犬）此原則也。在此。原。則。之。下。而謂。知。狗。不。知。犬。則過。反之。不。認。爲。重。而以。狗。等。於。犬。知狗。等。於。知。犬。（狗 = 犬或知狗 = 知犬）爲虛。的。而。妄。擬。之。將彼。此。失。其。持。論。之。公。地。Common ground 亦無。過。不。過。之。可。言。已。故曰。重。則。過。不重。則。不。過。此墨。家。深。惡。施。詭。辯。而。痛。絕。之。也。

書林叢訊

文心雕龍講疏提要

范文瀾著

紹興范仲澐氏、撰文心雕龍講疏十卷。仲澐嘗受學蘄州黃季剛之門。黃君爲太炎先生高第弟子。通訓詁。善辭均。以選學名于時。嘗主北京大學文學講席。撰文心雕龍札記如干首。爲衣鉢以授生徒。於舍人論文秘旨。間有所闡明。故凡游其門者。莫不喜選學。讀雕龍。范君劬學。傳習師訓。廣爲講疏。旁徵博引。考證詮釋。於舍人之旨。惟恐不盡。於黃氏之說。唯恐或違。亦已勤矣。維古、人、注、疏。自有、體、例。或通、故、訓、以、見、指、歸。或明、義、理、以、發、奧、窔。或專、考、證、以、究、本、元。在本書之索解不同。而注疏家之義類亦異。所以。淺。儒。之。傳。羣。經。必。資。訓。詁。晉。賢。之。解。老。莊。須。暢。玄。言。李。善。之。注。文。選。有。待。考。證。皆依本文立說。無取枝贅。即尼山之於周易。三傳之於春秋。韓非之於老氏。雖成專書。百世術誦。然亦。必。依。經。說。事。起例。發。凡。其成。條。貫。嚴辨。去。取。劉氏文心。都五十篇。其二十五篇。辨章文體。二十四篇。雕琢文心。序志一篇。自具體例。其所以掎摭利病。商榷文藻。縱貫橫通。盡美盡善。惟其統論古今。博綜載籍。選言錄詞。皆有柢據。不有注釋。未易誦習。學者淹該。能如李善之注文選。以注文心。根極文史。采輯雅言。徵引出處。發明章句。則彥和之功臣。文苑之鈐鍵矣。若其紕繆不精。漏略違誤。於所援據。不詳出處。此黃。叔琳。氏。之。罪。大。功。小。所以。見。誚。於。士。林。不也。講疏之作。援摭羣書。攷證根據。意求詳贍。不憚裒集。乃其割裂篇章。文情不屬。以數繁注。不按章句。旁引文論。鈔撮全篇。附于師說。並所案語。明詩則羅列詩品。辨騷則全載騷經。誄碑則雜鈔杜蔡諸篇。樂府衆收茂倩叙錄。如此。宗經則當采羣經。史傳則宜錄。全史。自非四庫提要注疏。未宜如此。余以即凡取有他出。用以致錯。亦宜斷章取義。意以發明本篇爲止。勿取其多。以爲繁富。又若章句、汎論篇章。無可采摘所宜從簡。則反致詳。時序、總括文史。推衍變遷。不宜加詳。則反從略。總觀全書。一以黃氏札記之繁簡爲詳略焉。札記所曾涉者。雖連篇累牘。未厭其多。札記所不及者。祇依黃注箋釋。略有出入。黃氏札記。自爲一書。注疏自有義例。當以本書爲體。未可倚鈔襲爲能。倚論昔賢。取則不遠。今之君子。宜於式焉。章用

說林

長沙徐壽蘅尚書樹銘。兩任、浙、江、學、政。前後、相、去、凡、三、十、年。初任時爲同治丁卯因言事被議。至後三十年爲光緒丁酉。復典浙中秋試。旋拜視學之命。浙學使者署中。有約園。即阮文達所建定香亭舊地。尚書於同治庚午任滿時。繪有約園圖。徵曲園黃元同兩先生均有題跋。後客廣陵。此第一圖失去。因復補繪第二第三圖。廣徵題詠。圖於光緒丁酉春間。在海王村市肆。購歸第一圖。是年即再奉使浙之命。尚書歿已二十餘年。門戶凋零。圖籍散佚。約園一二三圖長卷。杭縣徐略岑僉事行恭。今春復於廠肆得之。略岑之族人左泉工部同年。爲尚書門下士。略岑乞余題詩。因仿梅村體成轉韻詩四十四句云。定香亭賦黃年誦。杜陵詩聖天所縱。（翁未吉田定香亭賦首二句諸公未月杜老乾坤余六七翁時卿詩誦之）筆談四卷來殊璣。花雨繽紛散書種。（阮氏原刻定香亭筆談今不多見僅有浙江書局及花雨樓叢刻本）儀徵繼起有長沙。笙磬同音使者樣。精舍詁經宗許鄭。上庠造士適乾嘉。樹木。樹人。同一理。點綴湖山夢煙水。約園風景冠西泠。豔說滿城。植桃李。（浙學署前有阮文達書桃李門三字）張郎畫就又何得。前後三圖若雁行。劍合延津歸趙璧。雲龍上下共翱翔。皤皤國老。程門侍。隘巷謁。師旅騶。隨再傳、弟子。忝。

清。塵。草疏。記。曾。參。末。議。卅載。重。來。耀。使。星。屏山。六。曲。壘。花。萼。謝。墩。獨。峙。靈。光。殿。桓柳。懸。我。再。到。亭。太息辛壬幻桑海。十四年來城郭改。落葉。詩。成。喙。屋。悲。爛柯。客。老。圍。棋。在。廠肆。攤。錢。鬪。古。奮。楚弓。楚。得。重。孫。璵。去思。未。沫。東。西。浙。佳話。都。誇。大。小。徐。徐君舊是年家子。吏隱王城佩蘭芷。循陔眷戀北堂萱。高閣慈雲平地起。（約園內有綠鑒閣因山爲名係衡聲築以奉太夫人避居之所）來年欵壽降麻姑。（曄半之姪孫太夫人迎養在京明年丙寅正月十四日爲六秩周甲慶辰）春酒躋堂進象觚。樸學。嗣。音。王。玉。海。娛親。媲。美。阮。珠。湖。小詩蠅附追風。驥。定海德清並師事。世。間。萬。變。悉。雲。煙。不。朽。歷。劫。惟。文。字。篇中儲儲國老二語。謂翁文恭師未第時。拔貢朝考出倘書之門。後文、恭、貴、爲、樞、相、歲、時、瞻、謁、猶必、親、自、降、輿、遜、來、也。再傳弟子二語。謂乙、未、東、事、初、定。徐公、上、疏。請、撤、海、軍、以、備、外、患。詞甚、激、切。疏上、前、數、日。余適、詣、謁。曾聞、緒、論、也。詩成後因意有未盡。復作七絕四章。其一云。江左黃王抗阮徐。欲從圖畫補精廬。問奇雕戴玄亭酒。廬受堂高歎起予。此謂黃漱蘭師督學吳中。創建南菁書院。甄選高才生肄業其中。厥後人材蔚起。遂與粵之學海堂。浙之詁經精舍。鼎足而三。王益吾師繼任。校刻續經解四百餘卷。諸生分任校讐之役。余嘗乞畫師作南菁校經圖。以紀其事。其二云。澂園。零。落。黯。斜。陽。錦。軸。璇。題。賺。議。郎。感舊。怕。經。山。會。館。當年。青。鬢。已。成。霜。此謂尙書所藏圖籍。頗多精本。前數年傳聞有湘中國會議員某君。以廉價賺其家人。取書十餘篋而去。所值實祇十之一也。澂園在宣武城南南半截胡同。與山會邑館爲鄰。山會謂會稽山陰也。今已改爲紹興縣館矣。其三云。瑑閣。消。和。王。衷。白。先。正。書。旌。李。次。青。颿。影。鐘。聲。傳。話。本。長。留。佳。話。壽。林亭。此謂約園第一圖後。有吳炯齋前輩士鑑題一律。係和徐公用聚奎堂壁間王衷白先生韻。蓋戊戌春闈作也。澂園中所藏近代名人碑傳甚富。徐公嘗擬爲先正事略補正一書。其四云。詩人。祇。合。住。杭。州。大。好。湖。山。我。夢。游。夙。約。潘。陳。俱。媿。負。不。曾。襟。上。酒。痕。留。此謂潘嶧琴前輩衍桐陳桂生師學棻。督學浙中時。均曾延訂校閱文藝。因事不果往也。（孫師鄭）

甲寅周刊第一卷第二十一號目錄

時評

自本刊復興以至於今五越月矣愚牽於職務未能壹意發抒而且擇題之方多所避就立評之量遣其重輕因之謗議叢興責言交至甚謂愚乃假藉名號售其奸欺貽輿論之醜聲辜同人之屬望銷行彌廣媿恥彌增勢則然也幸天相我局勢頓移所謂鳥官也者（吳稚暉先生之言）已付之自然淘汰愚且行愚鐵飯碗之素以叩於同業之門知罪惟人而忠貞在我愚之以言論與天下人相見今已二十餘年其兢兢持以律己者二字而已曰不欺其勤勤以律人者一字而已曰恕凡平日之所篤信及所欲見之行事而無成者固將持之勿失毋敢自餒惟於異己所懷政略則愚節節期克盡忠與忌之兩念務使於相當動作之域自決其成敗利鈍之機運無所遺恨於天地之間曩歲治學英倫見其民族善用調和本能得使反對

黨之意見。以時消息。誰參深念。强致款禁。今也初開政事。焉敢自畔其義。故凡教育政策。爲恐所爭訂而未及行者。大勢一更。卽是無形結束。人卽反其道而行之。祇須於國有益。卽是於己無妨。陷賊破壞一切之計。宜爲稍背明政之人所深恥。蓋士行有志不容相強。一的之途。因有數途。人類選擇。莫甚於其事已。不能行而又禁人之行之也。恐爲明年離議新策政。先書此義。乞人閱之。（桐）

羣衆示威運動。必其兩種要素。一所擬之鵠的。務必爲全國人心其同欲爲之事。應援助多。而威力厚。二所持之手段。必出以極正大光明矜慎穩健之態度。應同情衆而收效宏。如鵠的達乎人心。則爲民衆而非羣衆。手段越乎常軌。則爲暴動而非運動。民衆者。衆可起而抗之。暴動者。人必以暴降之。則其爲威殆亦僅矣。此種詁義。無論何人。當不能不認爲公平之詮釋也。前月二十八九兩日。北京工學兩界。倏起示威運動。毀住宅。燒報館。全城秩序。頓呈混亂蹂躪之狀態。百萬居民。無不懷極大之恐怖。斯其運動之逸出正軌。無可諱言。卽身與其事者。據連日報紙之所聲稱。亦殊無以自解。幸警衛司令。急出布告禁止。得以少安。此種處置。不能不認爲正當。蓋與其正之自由運動。若過加干涉。固將限制民意之嫌。苟恣出範圍之行爲。亦無相當之制止。又豈衞護民衆之道。警衛當局。殆亦計之審矣。惟吾國自五七運動反對日本條約以來。連年羣衆示威。多係對外。而爲國交之後盾。頗得大多數之贊同。故其收效亦不少。此次旗幟。乃純粹對內。甚至對一黨對個人。是由公爭而返爲私爭。由良化而趨於惡化。不能不爲之深惜也。據連日報紙披露其象。當運動時。卽局中人已有反對暴動之舉。事後且有登報聲明。深抱歉疚者不勝其道恨者。是此次羣衆已受深刻之教訓。發極大之覺悟。循茲以往。不至再有擾亂社會秩序之行爲。則被毀之住宅報館。苟不當爲國家作犧牲。爲人民易幸福。買得光復之代價。亦可以不冤矣。（[illegible]）

襲於國民會議、華僑代表、謝漸諸君、通電息爭一事。略有論列。頃見報載劉君士木。有敬代南洋五百萬華僑呼籲一文。辭旨悲酸。足與吾言印證。因撮錄如下。

………各國殖民政府。以所受歐戰損失。急圖在此彌補。視南洋羣島。爲取之無窮。用之不竭之寶藏。於是頒行苛稅。盡量吸收。限制產額。絕人生路。彼張網以待者。我華僑首當其衝。其間資力愈厚。事業愈大者。受創亦愈深。不寧惟是。苛稅頒行。權及細微。負担之加。無一倖免。非但各種有級事業。已成絕望。即肩挑貿易者。亦家無宿糧。………在此種情形之下。破產警報。滿布全埠。市況淒慘。如遭劫火。身家破亡。所有孑遺。嗚呼。海外數百萬僑衆。遭茲荼毒。呼籲無門。營救無策。惟冀、日。同聲。早日。歸國。而。已。然。而。中。原。鼎。沸。私。鬥。不。休。欲。覓。尺。寸。乾。淨。土。而。不。可。得。縱洋興嘆。莫如之何。反觀日僑之托業於茲土者。雖同受苛稅之苦痛。但報告祖國政府而後。其祖國政府。即由諸外交手腕。邀請

列強改訂商約。如願以償。更進一步。爲特產品買賣權移轉之要求。經營未開發地之要求。收買難以支持事業之要求。准予投資之要求。凡此種種之要求。各國皆許之。加以國內有強大之民氣。海面有示威之軍艦。作彼僑民有力之聲援。卒得良好之結果。而我國僑民既負苛稅又不許要求任何權利。迴光返照。則不知涓潤之由來矣。我國對於僑衆。向來視同化外。金錢勸募。則手卷登庭。患難分嘗。則是昔容谷。絕不有聲援僑民之事。不但、此、也。國內、同。胞。亦。陷。於。水。火。如。南。北。互。爭。兵。匪。勾。結、農。者、廢。耕、工。者。廢。業。商。者。廢。市。學。者。廢。讀。因。生。計。艱。難。而。罪。患。蠭。起。道。德。淪。亡。國。勢。日。削。其。影。響、於。海。外。僑。衆。也。而。僑。衆。所。遭。之。脅。迫。益。烈。所。受。之。痛。苦。益。深。以。至。今。日。已。瀕。於。日。暮。途。窮。之。絕。境。語。曰。窮。則。變。數。百。萬。華。僑。當。有。一。綫。生。機。之。望。者。但。願。國。內。早。日。息。爭。萃。衆。澈。底。覺。悟。非。舉。國。一。心。不。足。以。圖。存。非。破。除。私。見。不。足。以。合。衆。屠。刀。放。下。立。地。成。佛。內。禍。既。除。外。侮。庶。息。如。是。敢。斷。言。五。百。萬、

僑、飛、繼、續、立、業、於、海、外、也、可。先後、歸、國、出、其、經、驗、助、祖、國、開、發、一、切、富、源、也、可。不佞無任馨香頂禮以祝之。

劉君亦華僑之一。足迹遍法荷諸屬。以迄暹羅。印象既。深。言。特。親。切。記者前期之評。所發一二。實尚嫌蘊藉也。數月以來。聞政府頗欲改僑務局爲僑務院。自國民會議、華僑代表選成。而茲事之實現愈近。雖僑。民。苦。樂。未必。即。關。於。官。制。之。變。更。而。隆。重。周。詳。實。足。昭。政。府。之。誠。意。規。模。既。具。速。圖。辦。法。則。五。百。萬。之。僑。民。劉。君。所。代。爲。大。聲。呼。籲。者。當；能。先。後。歸。國。開。發。富。源。政局、縱、有、變、遷。或亦、不、視、此、爲、不、急、之、務、歟。（介）

寒家再毀記

孤桐

曩者五七之變。愚室被毀。而其度未甚深至。愚妻率子避居北戴河者月餘。室處稍戕。器用稍更。乃返。故寒家仍在魏家胡同十三號也。宅爲木商馮君所有。民國七年。愚由十條胡同移居於是。迄未他徙。月租五十元。（以愚妻向不知人租金故主客相安無間替將一文前被難未敢日馮君亦爲工爲非常慎未識置可惑）其房共二十餘間。一尋常之四合式。加後照閒房已耳。愚夫婦居正房。左廂爲書室。右廂爲客室。後照則諸兒讀書處也。家中所有。以中西書籍爲第一項。字畫碑帖次之。西籍爲愚歷年續續購辦。哲學政計諸門漸完。愚妻好文學。廣羅世界說部幾備。最後一批。乃兩年前在柏林所得。甚稱富有。中籍則先外舅北山先生。粗有所遺。丁叔雅死後。遺書散佚。中有爲義伶潘月樵所得者。後展轉歸愚。近數年來。兒輩參考所需。補購亦復不少。書多屋小。不敷藏庋。故即以愚妻善於檢點。而書仍凌亂。幾於無室不有之也。字畫北山樓遺物居半。愚在廣東。從故家孔氏購得多件。有鄧子俊共經者。咸同間小藏家。遺碑千餘種。愚盡購之。中有舊館搨碑及明拓漢碑。頗不易得。名人字蹟。愚藏劉石庵、錢竹汀、姚姬傳、袁子才、翁覃溪、何子貞多品。絕精。姚札尤可貴。有高江村藏董香光字册。精光流動。適異世傳。愚從與鹽商某得之。與武壯與同時人物往來手札。半在愚宅。貞老爲書大屏兩幀。有一幀長逾八尺。紙墨極新。自愚手始裝潢之。他品之稱是者。未可遍紀。前番亂時。贐懸與清卿所臨號季子盤字屏。及錢獻之字條。爲人破裂。紛乘於地。大兒章可。酷好藝術。揮淚拾之。痛不自勝。迴憶此情。又如夢矣。計愚十四年間負器所獲。得以表見於室家者。外此無一足稱。衣食愚向不措意。愚家晚食。例不具餐。妻得麪條一盂。兒各麪包數片而已。貧甘。依然。此風未改。衣則愚一貉裘。著已七載。妻有貂褂一。云值數百金。爲西林岑公所贈。諸兒所御。長以移次。愚以移長。改作補綴。取能蔽體而已。器具則半爲吳氏嫁奩。半爲吝居賸從。前次被毀之際。紅諸瓶。亦是北山舊物。云尚有翡翠屏等件。號稱珍品。愚乃未暇考之。粤城雙門底有拱北樓者。謂是五代時建之。屋角有古衣冠死人四。往歲夷樓築路。愚從李福林索二人跡。徙於中庭。亦飾品之可憶者也。依上所記。愚家情狀。可以一覽而得。愚近以審查金佛郎案

有賍名。意家中宜有與賊相應者若干事。而乃無有。人疑其詐。今年夏間。愚日在家待客。烈日中燒。愚妻乃不支棚。（年年如是愚妻言爲搭長棚然事也不支棚乃但總不當以倆易但故仍未支）客候於西廂者。熱不可耐。大罵而去。如是者。人惡其矯。張遠伯昔曾訪愚。喟然曰。君家何寒破乃爾。潘馨航曰。同一秘書長也。君獨不能自建華屋如郭小樓乎。（時愚爲廣東軍政府秘書長郭爲北京政府秘書長也）潮若木與愚妻共食。曰、嗜。是誠草具之不若矣。如是者。人憫其貧。凡此諸感。不絀浮於毀者之心胸幾何。而既已毀矣。即亦不必細論。十一月二十八日晨、愚家已得訊。禍且不免。妻子以車往光海公園避難。旋見學生十餘人。呼嘯至。僕人導觀全室。記認而去。午後五時餘。有千餘衆。由吉兆胡同趨至。學生乎。流氓乎。渾不可判。一擁而入。過物即毀。自門、窗、以至、椅、幌。凡木、之、屬、無、完、者自捅、架、以、至、案、陳。凡書、之、屬、無、完、者。由簡、而、備、無鍵、與、不、鍵。凡服、用、之、屬、無、完、者。其初入也、有人向諸僕索錢。老僕高陞、僅持銅子數十枚、探懷、予之。亦不、顧、受。其發鑑也。已先備鑰無算。一一、試之。諸扃、洞、開。（僕在屋役窗之）

五

如是其處理諸物也。先肆其力而搗之。次盡其材而擺之。卒掃聚所餘。相與火之。不出一時。而愚夫婦父子五人。相依為命。積銖而成之小小家庭。蕩然盡矣。近得一朱拓麓山寺碑。為上海徐紫珊藏物。愚愛重之。以求跋故。送林宗孟處。得免於難。自是而外。無片羽存矣。噫嘻。秀才為器。視佳籍而不動心。肯生寄仇。掇者諾。而若無非劫之所至。奈之何哉。愚妻、艱苦卓絕之流。男子所不及也。兒得母教。食貧若素。章可恢為言曰。左手執鉢。右手執書板。愚年十七。即出為童子師。章用粗明章句。有急或能為此。章因喜談社會主義。而好食肉。毋恢責之。惟若蓬然。有兩兒如麻。當可令其自宜。由愚家實況以觀。家之毀。盡無甚大癡。以家固不值貽留。愚亦不欲以之貽留何人也。昔柳子厚賀進士王參元失火。有曰。若果蕩焉泯焉而悉無有。乃吾所以尤賀者也。愚促諸子自立。亦用是言矣。愚自寄身政治以為生涯。蓋無日不在負債之中。截至去年十二月止。所負逾萬。今年粗有職位。境宜稍紓。而私衷自誓。謂不當濫躋權勢。濫取財賄。以償夙逋。致將來負心之疾。無法自拔。外嫌且不論也。今為章氏子孫言之。所設督詞。差來自欺。愚之債主。皆世間知名之人。此中關涉如何。固可一一考詢而知也。且不循舊債。無以償也。而新債又起。其故則祿入有限。十薪九欠。愚頻年飄泊。家境過於清苦。今以所獲於官者。盡歸於家。舊負新需。調劑已形不易。而愚以筵人。而有疾。用度不能自節。飛文結友。動則須金。且一族千數百人。其一麋躋高位。環而食者宜有幾何。親戚故舊。又不消說。以是衣食日用之餘。其他臨時支應。及窮乏欲得於我者。無自出焉。勢不得不另舉借。此借也。京中有銀行三兩家。優為假藉。前以金佛郎受賄嫌疑。愚自請查辦。以是此項出入簿籍。俱已為總檢察廳所得。無容諱言。此愚一年中生計狀況之大略也。至金案云者。愚以閣議通過交部審查之件。深自縛於國務一體共同負責之中。未肯拒之。此而有罪。乃所甘受。惟謂審查此案。除圖利他人夥同受賄以外。不能有他種較可公開為國服務之動機。此則嫌微之地。別明至艱。愚既信望未孚。無從以此。動。機，微，信。於。人。使其。渙。然。亦惟。自。奮。以，待。天。下。之。公。裁。期於。水。落。石。出。而。已。不敢。多。所。論。議。也。日來政變突生。北京漸入恐怖時期。人無法自障。閣務員賤如狗。愚所願道，竟無人假我紙墨。春容寫出。亦未可知。愚懼久之眞相不明。諸兒橫被指目，曰、此其父乃自驚於某案者也，或且無以為人。故並自狀於此。十一月三十日

名墨方行辨

孤桐

有析縣邢君子述、獨學於鄉。不與世通。成墨學玄解凡三編。即孫仲容氏之墨子閒詁。彼亦什未窺目。眞所。謂。特。立。獨。行。介然。自。克。者。也。愚近得其玄解讀之。覺玄、誠、玄、矣。解則、似、猶、有、間。而獨於經說「中央、旁也。論行行行學。實是非也」一條。邢君立解奇確，愚驚心怍否。反覆疑詰而卒無以易。且因此發見名墨互辯之徵。彼此參證。其道大通。愚於是喜而不寐。立成是論。雖或。緹。騎。在。門。而愚。愛。智。之。業。未敢。息。也。

邢君曰。行行行者、三行也。猶邏輯曰三段。墨辯者、論行行行之學也。猶邏輯稱論理之學。夫三行則三行矣。胡乃累疊其詞。曰行行行者。曰、他條五行毋常勝。以數稱之。後世遂誤為金木水等五行。獨賴此交連疊三行字。讀者雖昧其意。未敢妄改其詞。而眞義以存。所謂苟非其人。道不虛行也。實是非也者。猶今言推論誠妄。中央旁也者。中央兩旁。明其三行，三行之說則然矣。至其行數如何用之。不詳與否。又以何法而驗。邢君俱莫之詳、符諸公孫龍子。有方說者。以青白等號。相與明之。龍之。方。即。墨。之。行。也。請舉龍之詞曰。「青白不相與而相與。反對也。不相鄰而相鄰。不害其方也。不害其方者反而對。各當其所。左右不驪。故一於青不可。一於白不可。惡乎其有黃碧哉。」青白黃碧者符也。如甲乙丙丁。光無意義。方者龍。所。立。法，式。害其。方。與。否。即。墨。中。效。與。否。之。謂。也。龍。本。以。他。辨。立，說。他者。第。三。位。之。稱。猶墨。之。所。謂。彼。也。龍所。為。方。蓋合。三。詞。曰他。詞。者。以。峙。於。中。他詞。之。正。否。以下。其。方。之。害。否。恰如。墨。家。爭。彼。之。道。也。試為圖

青	黃 攻勢	白

以明之。青以黃非白。黃爲他詞。居中。青白不相與。介於黃而相與。不相隣。媒於黃而相隣。青白分立兩端。反而對。各當其所。不離者、不雜也。左右不雜。以有中故。自非青。以黃故而非青也，是一于青不可也。一者什白與青生迷流也娚青非白。以黃故而非白也，是一於白不可也，皆定命題類推。是黃或名如何而得其正。乃當時名家之所有事也。故曰惡乎其有黃碧也。恐襲作名學他辨一者。皆往復推求是說。自謂大體不差。今以墨辨三行之道論之。理尤章顯。蓋黃。者。中。央。也。青白。爲。兩。旁。青白。相。與。之。賓。依黃。而。定。以詞。性。分。之。青白。者。主。謂。也。而黃。爲。媒。詞。媒者。立。于。主。謂。之。間。彼之。說。也。是主。謂。相。與。之。賓。依彼。而。定。墨之。爭。彼。又曰。當。他。龍之。他。辨。又曰。烏。乎。其。有。黃。碧。此。物。此。志。也，或曰、子持名。墨。替應之義者。於此獨謂名墨而一之。何也。曰、此爲。辨。之。初。步。也。非可。爲。異。同。者。也。墨曰。行。龍曰，方。姑。各。期，一。名。以。起。論。而。已。尚。無。異。同。之。足。言。也。執而。勸。之。知。墨。之。彼。何。由。爭。龍之。黃。碧。惡。乎。有。而贊。應。之。其。乃。見。墨進論是。請俟異日。

議獨學

蒙文通

清代經術之明。稱軼前世。乾嘉之間。家研許鄭氏書。博名物。窮訓詁。造述之宏。不可遍計而周數也。迄乎近世。特識之士。始喟然慨清儒之無成。獨贊古音之學。實能於散漫繁惑之中。明其統理。斯爲足尚。則清學之窮矣。夫清儒述論。每喜以小辨相高。不務守大體。碎辭。瑣義。野言。亂德。究厤。數。窮地。望。卑卑。於。章。句。文。字。之。末。於。一。經。之。大。綱。宏。旨。或。昧。焉。雖。矜。言。師。法。又未。能。明。於。條。貫。曉其。義。例。求其。能。者。惠。氏。張。氏。之。於。易。孔氏。莊氏。之。于。春。秋。金氏。凌。氏。之。於。禮。若。殆不。可。數。數。觀。則清。學。之。敝。爲。不。可。諱。也。道。窮。則。變。述。其晚季。而浮虛之論張。儒者侈談百家之言。於孔氏之術稍疏。經術至是。蓋欲不改絃而更張之。誠不可得。井研廖先生、崛起斯時。乃一屏碎末支離之學不屑究。發憤於春秋。遂得悟於禮制。今古學考成。而昔人說經異同之故紛紜而不決者。至是平分江河。若示諸掌漢師家法秩然不紊蓋其識卓其斷審視劉朱以下游談而不知其要者固倜乎其有辨也故其書初出論者比之亭林顧氏之於古音潛研閻氏之於古文尚書爲三大發明於是廖氏之學自爲一宗立異前哲岸然以獨樹而自雄也蓋三百年間之經術其本在小學其要在聲韻其詳在名物其道最適於詩書其源則導自顧氏者也廖氏之學其要在禮經其精在春秋不循昔賢之舊軌其於鄭氏固各張其輙以相抗者也世之儒者矜言許鄭氏學然徒守說文禮註耳廖氏本五經異義以考兩漢學說今古家法粲然不亂此獨非許鄭之學乎今古之學既明則孫黃胡曹之禮書爲可廢此左菴先生周禮古註集疏之所由作也然不有乾嘉諸儒之披荆榛尋舊詁以導乎先路則雖有廖氏無所致其功惟廖氏之學既明則後之學者可以出幽谷遷喬木於擇術誠不可不審也尋廖氏之學則能推知後鄭之殊乎賈馬而賈馬之別乎劉歆劉歆之別乎董伏二戴漢儒說經分合同異之故可得而言左菴先生其最也斯豈

乾嘉老碩所及知乎左菴四世專左氏之學及既入蜀朝夕共廖氏討校專究心於白虎通義五經異義之書北遊燕晉晚成周官古註集疏禮經舊說考略曰二書之成古學應有根柢不可以動搖也左菴之于廖氏儻所謂盡棄其學而學焉者耶其晉推廖氏也曰貫徹漢師經例自魏晉以來未之有也則海內最知廖氏學者宜莫過於左菴今世紛紛言今古學而左菴禮疏全帙未顯則古學可得而言乎廖氏欲作王制義證康更生欲作孔子會典又皆不成則今學可得而言乎昧者不察乃拘牽於文字異同之故以立論斯亦游談夢囈已爾豈足道哉廖氏既成今古學考遂欲集多士之力述十八經注疏以成蜀學夫伊洛當道喪學絕之後獨能明洙泗之道紹孟學之統以詔天下蜀人尚持其文章雜說之學以與朔洛並驅自顧氏以迄于今其道已敝吳越巨儒復已悔其大失則蜀中之士獨不思闡其鄉老之術以濟道術之窮乎是則承學之士所宜熟思而慎擇者也然吾之所以欽夫廖氏雖曰禮經爲爾而尤樂其論

九

春秋。三傳異同。爲學者所難明。由來舊矣。廖氏匡何范杜服之注。以鬭傳義。復推公穀之文孰爲先師之故義。孰爲後師所演說。本之于經。以折中三傳之違異。蓋自五家並馳以來。言春秋固未有盛於此日者也。漢儒。宥。於。師。法。是。謂。知。傳。而。不。知。經。宋儒。於。傳。猶。有。所。未。喩。則。經。於。何。有。清。儒。之。高。者。或。能。發。明。漢。師。之。說。是。謂。知。注。下。者。視。六。藝。猶。說。文。漢。書。已。爾。何。足。道。哉。惟。先。生。本。注。以。通。傳。則。執。傳。以。匡。註。由。傳。以。明。經。則。依。經。以。訣。傳。左菴稱廖氏長於春秋。善說禮制。吾謂廖氏之說禮。魏晉以來未之有也。至其考論春秋。秦漢而下無其偶也。七十子喪而大道乖。穀梁屬傳。當尸子孝公之世。蓋自子夏之歿。徒人各安其意以離其眞。而春秋晦。先生起數千載之下。獨探其微緒。申其本義。不眩惑於王家之言。謂廖。氏。之。言。春。秋。僅次。游。夏。而。已。可。也。則亦。司。馬。北。宮。之。徒。乎。六國。而。後。未易。北。擬。嗚呼。亦已。偉。矣。近者先生方論詩易于錦城。闡其六變之說。蓋其道益以幼眇難知。而愚方滯渝中。尚未得聞其旨要。不敢論。以俟而聆天人六譯之緒者。贊而辨之。

通訊

鄉土

……鄉土寸箋。非既見瑣。詞復不脩。適承揭櫫刊栞。聊相標榜。覽之汗顏。要之無關榮辱。敝無用斷斷爲。日者吳檢齋兄、以貴報通訊中談論及之。拂管謝日、復作書詮辨。可謂小題大作者矣。弟所不願學也。足下謂弟名爲政治所掩。此語差強人意者。弟昔年頗好倚聲爲詞。間作古今體詩。自信詞尚不違法度。

詩則不足自名其家、而世俗每每以弟爲詩人吟客。比於斗方名士。此尤非足下所樂聞者。以蕊驍爲馬腫背。雖欲不應之以馬。其可得乎。蓋論。學。之。文。考訂。之。作。辭繁。而。旨。復。詰樸。而。味、澹。非專。家。不、耐。讀。報紙、不。蹟。記。載。雜思。表。襮。而。已。其。塗。術。則惟。始、終。閉。之。而、已。若近五七言詩。諷誦容易。報館求之恐後。以其能動人耳目也。徐以吟詠之侶易得。而講習之友難求。索居亡俚。借此良足消搖歲月。有何不可。此弟所欲。袪除。斗。方。之。號。而勢。有。不。能。者。也。抑弟爲學術。爲詩詞。無一非爲自遣計。若其爲政治。則又少年操業之所陷溺。未由自拔。能得名與否。非所計矣。十年以來。所撰說經之文。考訂之書。音韻律算緯候之作。草藁盈篋。足下見其泰半。以今日印書之易。千金足以了之。而弟寧耗數倍之財。於買書。游。博。絕不。爲。著。述。計。者。縱未。嘗。自。託。於。逃。名。之。徒。其不。沽。沽。於。虛。聲。自。衒。亦至。審。矣。且今之人。往往以讀書識字爲詬病。若太炎之文章小學。謂非絕業可乎。而人。方。且。詆。以。不。慧。之。惡。名。豈。不。大。可。懼。耶。足下於弟。詞氣之間。若有深致惋惜者。聊復述其微旨。以相慰藉云爾。……鄧瑞彭（臨時參政院 十一月二十四日）

當今之世。人情萬變。非一人一時所得揣摩。毀人固。難。譽人。亦。大。不。易。檢齋事誠有之。所謂。強。自。取。柱。柔。自。取。束。己則。脩。名。不。立。而好。以。言。進。退。人。其不。召。怒。得。罵。者。幾。何。檢齋厚於太炎先生。以此詒故。徵有假藉。不然。殆矣。愚了不長進。復於炎公有所嘗試。得覆如此。可謂大幸。然炎公。爲。人。爲。學。己以。詞。筆。委。曲。寫。照。造此。機。會。良非。偶。然。雖萬。被。責。亦何。恨。哉。

孤桐

前辱

……前辱清誨。未竟狂言。銀箭惱人。殊迥與也。茲是豫人宜言書一通。（反對不錄 原註刪）信筆爲之。諧文關鍵極微。未知黎錦熙氏以爲何如。聊博一噱。非文也。時非極惡。聞公欲乞休。能果否。早遂初衣。鍵戶。諷。籀。自闓。精。舍。以遲。來。情。沽。溉。或。較。易。耳。宜言書云。爲乎。吾豫何辜於天。天殛於上。人禍於下。如此其極耶。大兵之後。荆棘塞途。積僞成莽。貔貅宿野。萃盜滿山。鐵牡不。關。若頭。特。逃。各樹一幟。籍符詭濫。姻族僕緣。首士。無。一。械。一兵。必。三。綱。主客。三十。師。乃模。略。言之。其質。倍。徵。直不。可。窮。詰。耳。芻茭何以能峙。杼柚安得不空。昔爲。理。學。之。邦。今衣。逋。逃。之。藪。談之變色。思之痛心。當路無控馭之方。沙汰之力。三時嗷雁。羽肅肅之不哀。四境攢羊。刀雀雀而未已。溺人必笑。詭云報復。蹊田豬牛。服譏蒐照。司牧者應爾耶。財總容於度支。紙轄耗滯。豈意狐媚。鉤心鬥角。洗髓伐毛。禁煙種煙。翻手覆手。雜稅特稅。晉堂滿堂。但求聚斂。何患無辭。今之不勸產。一荒塚之髑髏耳。猶欲傾其枯腊之脂。既其模糊之血。三年驗契。九年登記。部斥紙粘。躝之不止。改批試辦。以待轉圜。譬之。殺人。姑任。引。頸。程其。例。之。能。殊。與。否。有是。政。體。耶。省署布告。則又。剋期六月。反汗遞加。驗限者嚴科。告密者橫賞。又竊捏註冊。指鹿爲馬。爲虎作倀。房產交易。城市間有。遐陬僻壤。湍屋窮閻。孳乳誅茅。月滋歲溢。勒舉其契。則一畝之宮。甯隙其環堵。昂評其質。則方寸之木。可高於岑樓。吾豫三千萬之自更黃萊。將露立而後可。執政八月明令。自正供外。巧立名目。立予懲辦。意在斯乎。晉督孟浪。紳商蒐匿。登時殺能。爲房稅局。民火其廬。刃其主者。皆不畏死。可爲前車。豫雖孱弱。豈後二山。群雞搏狸。乳犬咋虎。物之情也。況於人類。萬一哀嗷。不蒙明綵。高牙大纛。敬恭有人。粗樓棘衿。嘖嗟立辦。倘可矮尉。望山頭束手就斃。沈寃而反地下耶。望屋而食。則有。倘與。無倘。同。何鑒之爲。竭澤而漁。則有官。較。無官。酷。何叛之。有。載舟覆舟。在我。繫鈴解鈴在人。專欲無成。衆怒難犯。理明則不。儆。急。紘。無。協。響。願全國同胞者。矜察焉。……秦樹聲　北京除廳九月二十七日

右衡先生、文章書法。取徑絕高。一座清談。千人辟易。晉共柯鳳孫、王晉衡、鄭叔進諸公。聚觀張燮鈞章齋先生舊藏扇面五大册。右翁持大雅二字。懸孤諸家。謂何。人。雅。而。不。大。何人。大。而。不。雅。大雅。並。其。未有。其。人。三王。吳。惲。猶待。斟酌。氣概之大。眼界之高。自來所罕視也。又與論文。謂必辭賦。始可言文。有清。一代。惟汪容甫。差有。賦才。而未成。千數百。

年。來。直可。謂。無。文。也。矣。其殿刻如此。偶因來簡。根觸及斯。雅諗同人。驗茲消息。

孤桐

自閱

……自閱新聞報以來。每讀先生之大著。未嘗不舞蹈擊節而稱快焉。因之思欲一見先生之爲人。以壯眼觀。而地相去數千里。又難一時即執鞭相從。廣繁抑鬱。景仰莫伸。日昨廿七號、又讀先生與胡適之書。觀其文章。滔滔數千言。如珠走盤。如瀉大河。浩氣淵理。俯仰今古。何其雄也。益令人醉心無已時也。顧維學問之道。所求者惟一是耳。而天下之理。當與天下共之。余材疏學淺。地居偏隅。素乏宏通博學之士。共相研摩。故眷局自守。未敢馳騁於翰林之苑。取笑方家。然而近數年來。見吾國人士之出版品。私心嘗竊歎其方枘員鑿。貌合神離。究無千百中之一是者也。如胡適之哲學史大綱。即其一也。適之哲學史、竊取類似。附會新義。其於諸子之是否。茲不具論。今即其墨辯一篇。妄逞臆見。削足適履。無一字之當。而彼胡謅謅自命有得於墨學。亦多見其不知量也。雖然。余非毀適之者。請先生將余之墨辯。刊諸報端。一親正於天下之讀墨經者何如。墨子經上原文三條。

（一）彼不可。兩不可也。

（二）辯、爭彼也。

（三）辯勝、當也。

經說上中之云。

（一）彼、凡牛樞非牛。兩也。無以非也。

（二）辯、或謂之牛。或謂之非牛。是爭彼也。

（三）是不俱當。不俱當必或不當。不當、若犬。

以上墨子原文凡三條。吾人按治經治子之法。先點其句讀。次校勘其乖錯。而後釋其意義。經上之原文。其讀法當曰、彼不可、兩不可也。辯、爭彼也。辯勝、當也。其經說上之讀法。當曰彼、凡牛、樞。非。牛兩也。無以非也。其餘兩條，句讀甚明。此原文之斷句法也。至於經說上之彼凡牛樞。非。牛兩也。無以非也四句。若按之牛兩也無以非也二句例。應知彼凡牛樞之樞。必因字形而涉寫誤也。兩、即緉也。兩緉皆里養切。古同聲通假。錯、說文履兩枝也，此兩字墨子指牛之歧蹄而言也。兩謂歧蹄。則假字應作牛旁區之樞；非木旁區也，木牛形易訛。樞者、特牛也。孫仲容氏訓爲刺檢之大者。非也。且主詞牛下。而浴以木名之賓詞。成何辭句。不過因其無逕暢思想、誤可想也。此原文之校勘也。何言定。校勘正。凡具名學之知識者。未有不明其意義者也。夫墨子辯經中。通常皆以此字代表主詞。以彼字代表賓詞，此字若今論理學中之A字。彼字若其中P字。備讀其經上經下及經說上經說下四篇者。粗者知其法。無庸瘵敘例言以證之也。夫知彼字之在墨辯中。係代賓詞。則此經上及經說上之文。不難迎刃而解也。今卽墨子之原例以釋之。其原文全稱肯定。例一、凡牛、樞也。例二、凡牛、兩也。倪墨子之二例辭。不翅。示。人。以。凡。一。辭。之。是。非。全關。係。於。賓。詞。之。所。言。今如以全稱肯定之凡牛皆樞也語人。則其辭爲不周延。蓋牛非盡特牛故也。若曰凡牛皆兩。則其辭可包括牛類而無遺。蓋牛未有不歧蹄者也。是以經說上曰。凡牛樞。則非也。牛兩也。則無以非也。故

經上之語意。如曰、凡一。辯。（今言附）其。所。爭。之。是。非。然。否。全。在。彼。（卽賓詞）字。彼若。不。可。並主。詞。亦。不。可。故曰。彼。不。可。兩。不。可。也。夫辯之所爭。在於彼之如何。若上例凡牛兩也。墨子曰、辯或謂之牛。若上例凡牛樞。墨子曰、或謂之非牛。皆語。於。賓。詞。也。故曰。辯。爭。彼。也。其凡牛樞上之彼字。與今言那相似。與辯爭彼也之彼字異訓。安有。適。之。所。謂。攸。字。哉。又安。有。所。謂。彼。辨。取。之。穿。鑿。此下是不俱當等數句。語對當法也。推墨子向無注釋。其錯簡乖節。所在多有。若更解釋是不俱當之文。非長篇累牘。不足以盡其奧。今余于先生。初次討論。未審先生視爲若何。古人遠矣。不可復視矣。得見今之君子。幸勿以唐突而終棄置之。且上所言。關係於吾國之文化。而墨經之在今日。又爲聚訟之端。願先生劃除意氣。不分地分時而辛教之。則無任喜幸之極。……那子述（太原侯兒底復與隆號特析　十三年九月）縣

近有梁君佩衰。持由西那君子述所著墨辯玄解三綱見示。並致那君意。屬爲評騭。殷勤甚厚。愚繆

者徒也。皆默成誦。過有解默專著。如此深至。安忍稱乎。微梁、君、言。愚猶、將、恣、論、之。況重、以、著、者、之、命、哉。惟那君以邈帖稱默。大旨於愚有合。節目間之差異。則相距甚遠。爲評非短言可盡。容細討以時發之。此聊抒感佩之意而已。去歲在滬。曾得那君手書。有所商榷。並附於此。以俟識者。　孤桐

在昔

……在昔漢唐開國。規模宏遠。方首度之更新。乃汲汲然求遺書。徵舊老。考正經義。論纂史籍。誠以喪亂之餘。簡編墜失。耆德凋謝。非殷勤搜討。將道散學絕。文獻無徵。非得已也。則有孔穎達、賈公彥、姚思廉、李百藥之倫。領袖羣儒。被命删述。網羅舊聞。攷論故實。千載之下。欲尋漢晉師儒之緒論。六代治亂之所由者。靡不取資。於是其成功巨而爲惠遠。所係誠重也。有清之主中夏。歷年三百。其間老師碩儒所精心研索者。悉在六經傳記。由唐宋而反之漢魏。而反之周秦。孔廣森張惠言之流。專門名家者。奚止數十。自虞翻、何休、賈、服、馬、鄭之學。下及六書讖緯。皆有專家。爲之董理。錫家法。明條例。鈎深扶微。實能闡二千年來不傳之墜緒。次焉者亦能疏證名物。發正訓故。造述宏富。汗牛車。充棟宇。曾不足以喻其盛。然方其盛時。阮伯元已深以經說墜失爲憂。此則學海堂經解之所由刻也。及二劉梅陳之在金陵。乃議分經作疏。以萃集衆家。網羅放逸。由是以正義之學鳴者。自惠定宇以迄孫仲容。不下二十餘家。鴻篇巨帙。搜羅富有。儀禮、周禮、論語、公羊諸新疏。且欲儗唐疏而上。則可以爲難也。惟作者宗旨各殊。義例不一。彈正剗並。皆待校理。昔熊皇炫焯之流。江南河北。造爲義疏者。奚止百家。孔賈據以撰述。至宋而邢昺孫奭。被命校正。亦何莫非六朝舊文。今誠能修唐宋故事。裁正新書。匡其違失。補所未備。以孔賈諸賢之舊。劉陳諸賢之博。綜括大義。刪並繁文。協六經之異說。整百家之不齊。以恢弘道術。扶掖微學。至清代史錄。其於文獻所係。實深。亦宜備重。成書。垂之永久。此皆百世不朽之業也。惟先生亮節雅才。宏通博物。久爲士林宗仰。

二五

今既在位。自當高瞻遠覽。謀所建樹。先發使巡訪州郡。搜求巖野。博采闕典。鳩聚散亡。然後禮致鴻儒。徵其弟子。重修經疏。撰成清史。則貞觀皇祐。豈得專美於前。方今內亂頻仍。烽燧不熄。恐及今不圖。淹遲歲時。師儒凋謝。簡篇墜絕。雖欲爲之而不能。非非深可惜哉。往者張之洞輩欲檢定群經正義。刊爲一帙。誠亦此意。蓋不得已而思其次也。誠能分庋數之一滴。徵集闕史。聚此盛業。俾蓄。開。得。有。要。來。新義。自。當。勃。然。生。之。從。之。前。代。學。術。興。替。之。跡。靡。不。皆。然。今。之。倡。言。證。理。闕。故。者。往。往。昧。此。而。妄。立。科。條。任。意。比。附。此。誠。不。知。其。本。者。也。苟於開館徵賢。今勢有所不能。而搜採遺書。則未可再緩。先生悖悅藝文。重惜道術。將不非藥芻言也。儻能進法石渠白虎之盛。講論異同。宗於一是。則非更優大。非敢望於今之儒者。惟就國立大學。別開經科。教授高材。俟之異日。或庶幾耳。先生幸深察而濟衛之。延此絕學。其於吾國文獻。所係寧淺末哉。通之企仰先生。自昔已久。往者得王恩洋書。言先生在滬上見摘著經學導言。囑以再易稿時。送呈署處刊布。益知前輩獎掖後進之殷。深爲感佩。顧通之疏陋。何以堪茲。竟無師亦肯以易稿爲言。良以導言義據猶昔。惟徒易其文詞。則何足以言造述。當再博考精研。別爲齊魯學攷。俾理證通洽。條例明晳。以跡今古學攷之後。庶於道術斯有毫末之益。然其事優大。匪旦夕可期。僅中纂錄。惟五經通義疏證一篇。略有端緒。蓋劉向爲魯學大師。通義乃據石渠議奏而作。隻辭碎義。頗有足以決嫌疑辨猶豫者。雖鉤沈索隱。於散絕之餘。而義實怨乎。白虎議奏之上。昔儒以殘文忽之。未爲理董。馬黃輯本。缺略猶多。今爲補其漏遺。略加疏釋。惟未爲定稿。不敢繕呈。往歲有與陳斠玄論內學一書。即擬補入導言爲第四篇者。議蜀學一篇。則擬質之同志者。蓋昔儒多宗古文。其究心今學者。往往徒騁浮辭。不精禮學。或至比附讖緯。爲世詬病。不祛此惑。學何由明。此則通之所爲發憤忼慨者也。寫呈左右。陳義膚淺。惟先生矜其愚昧而辱教之。幸甚。………蒙文通（四川鹽亭縣）七月十日

蒙君巴蜀奇士。早惠鴻篇。先阻郵書。繼淹積稿。直

至今日。始得昭宣。媿荷媿荷。疏經纂史。鄙志所在。開館微書。亦非不辦。然時。局。如。斯。所謂。高。談。無。所。與。陳。發義。無。所。與。展。吾則。奈。之。何。哉。

孤桐

讀甲

………讀甲寅。有願商榷者一事。今之持語文之辯者。何嚣嚣也。是非蠭起。東西莫辨。此墨。子。所。謂。言。而。毋。儀。譬。猶。運。鈞。之。上。而。立。朝。夕。者。故如。鄭。人。爭。年。以後。息。者。爲。勝。耳。夫持較語文之短長。逐篇累牘。不足以盡之。得其五寸之矩。以盡天下之方。亦不難片言折獄。以中土文。字。本。株。之。妙。非語。言。所。能。任。也。先哲造書契。象形指意。寓以爲廣。故無底滯之情。是以一字之妙。有累千萬語不盡之致。本師禹縣角山先生（名婪林字以三）嘗曰。相如若羋之文。氣象萬千。不可方物。太冲賦云。嗣若若羋。齊若相如。一嗣。一。齊。斯術。論。如。帝。躊躇。滿。志。若語。言。則。濟。其。職。矣。文字識職。則無難達之意。與不可狀之形。是以操觚之士。必明小學。昌黎所以有作文必識字之說也。此既。不。聯。則字。之。不。識。

何有。於。文。更何。有。於。學。哉。近人溢妄怒垣牆而植蓬藋。如此說者甚衆。非怠則忌。人心苟偷。此絕學喪文之原也。在陬其區區。我師得無哂之乎。………孫至誠（洛陰附都統公署 十一月三日）

甲寅

………甲寅中興。光被四表。猥在下風。逖聽生羨。僕夙研文史政法之學。考求推敲。久而彌篤。髫齡披誦甲寅雜誌政法諸論。至今猶爲欽遲。惜當時學力過淺。未能積所推求。進而質疑問難。荏苒十載。世移時異。文衰教敝。綱淪法斁。開數百年未有之局。士生今日。不能同。流。合。汚。而欲。進。德。修。業。砥行。立。名。者。出。門。惘。惘。無。適。而。不。孤。危。此種。隱。痛。殆。爲。今。日。有。識。者。所。同。悲。先生於中外政法諸籍。寢饋至深。能惠然出數十年心得。纂成政法最要書目一紙。臚舉政法中最要之中西書目。分門別類。凡著者姓氏。及出版書肆。纖毫並列。庶幾讀書種子。無力躬叩泰西學府之門牆者。亦得有所懲式。不致沾沾以通行教本自喜。坐

非觀天。雖自覺固陋。而未由自拔。嘉惠士林。延企望之。幸勉力圖成。以副多士之望。……程中行（常州八月）

（四橫街公寓寄十八日）程君此函。閱然未報。甚悵甚悵。取世儒各學。分門編目。擇尤提要。並廣約專家。各任譯纂。已於編譯館著手為之。今為橫、風、吹、斷。此志、煙、消。不必、談、矣。惟學術者。百年之事。愚一息尚存。此責終期能踐。政職行且卸。愚當徐徐執筆自為。以報雅命也。　孤桐

常談

……常談大文。久欽積學。雖略仰弗及。而嚮往殊般。……近閱甲寅。於通訊中。見長沙章君、常德吳君、論憲法論代議兩文。對於當今製憲之舉。代議之制。頗多訾議。深致不滿。言雖甘苦有得。理似依於未見。願言所思。就正有道。

章君之言曰。無國不有習慣。即無國不有法律。吾國已成之政習。其效力殆埒於憲法。援其命意。不啻斥法律為無用。等制憲於可無。大惑如此。寧可不辯。夫王道本乎人情。法律源於習慣。此在各國。固所從同。然自社會進化以來。人事紛繁。時益難理。本習慣。以經國。殆成不可能之事實。故世界先進國家。未有不製造成文法以代習慣者。即或間用習慣。亦不過補成文法之不足。未聞遂使婢作夫人。而遷以習俗代律文也。矧吾國數千年來。專制相沿。帝王傳國。前定傳子。其治國也。獨攬大權。積久成風。蔚為政習。然此種政習。只能行之於往古。寧可施之於今日。何則。時遷境過。情勢迥殊。國已民國。治則民治。果如章君所言。試問今日之中國。有何種已成之政習。可資保障人、民、之、權、利。有何、種、已、成、之、政、習。可資、防、止、政、府、與、會、議、之、衝、突。更有、何、種、已、成、之、政、習。足資、規、定、國、權、與、省、權、之、封、域。下走不敏。未之前聞。英國為世界憲政先進國。致其憲典。除大憲章、權利請願書、各種改造令、以及一九一一年之國會律等拉雜破碎之決議案外。並無所謂由正式憲法會議產生之成文法。乘國鈞者。重俗。而。不。重。令。視例。而。不。

知。典。恰如黃君所云之以政習代法規也。雖然。此種情。勢。乃由其本國特殊歷史演進而來。約定。俗。成。匪伊。朝。夕。我中。國。豈。其。比。邪。自餘諸國。若法若美。若德若日。只因無此歷史。遂不能不造作成文憲法。謀奠邦基。何物中國。能逃此例。明乎。此。可知。我、國。今。日。而不。欲。納。政。治。於，軌。物。則。已。否則。舍。準。情。酌。勢。速製。憲。法。外。其道。無。由。可斷。言。也。

至於約法之無靈。議會之冥頑。為我國今日特殊之政象。誰為之。孰致之。平心而論。別有原由。初無。與。於。憲。政。代。議。兩。制。之。本。體。價。值。也。夫此兩制為現代政潮之中心。五洲萬國。無論為君主。為民主。為勞工專政。為資產專政。為寡頭。為多頭。為自主。為保護。而除那極少數之未開化民族外。其餘各國。亦有不採兩制而能建設民治者乎。間或因地因時因人之限制。而呈現若干之弱點。引起一二學者之懷疑。然就通體言之。小疵固不能掩其大醇也。其在我國。則又不然。約法夷為廢紙。會議直類分贓。考其原因。不在。制。度。本。體。之。窳。劣。而在。國。民。政。治。覺。悟。(Political Consciousness)之。未。彰。其理若何。可得申論。

從來。一。國。之。政。法。其。興。也。必有。倫。理。學。說。為。之。前。導。其行。也。必依。倫。理。學。說。為。之。保。障。滿清律例。以大不敬不孝居十惡之首。而歷代典紀。亦皆以五刑之屬三千。罪莫大於不孝為立法標準。總之。中。國。之。典。章。法。度。儒家。君。父。並。侍。之。倫。理，學。說。實扶。持。之。故能。歷。代。相。承。奉行。不。替。雖以曹瞞之跋扈梟橫。而於君父之符。亦不得不屈意奉之。終其身未敢篡漢。然則倫理學說入人之深。與其影響政治之鉅。豈偶然哉。中世歐洲。教權與王權。同建築於神權之上。其後宗教革命。民治蔚興。治人者與治於人者之間。權利義務等倫理觀念為之一變。而此教權王權。乃悉因而同歸泯滅。是立。法。而。無。倫。理。學。說。以。護。持。之。其必。不。克。行。遠。持。久。明矣。

民國肇基。十稔又四。政曰民治。國號共和。試問此政者法者。根據安在。盧騷之民約說乎。抑穆勒之自由論乎。雖曰儒家綱常之說。大多數民衆。猶且倚為唯一倫理標準。修身敦品。非無是處。然其。大。較。必不。足。

爲。今。日。政。若。法。之。基。礎。無。待。辨。也。準是以言。竊謂今日謀建大政之基礎。莫急於啟民智。舉凡專制時代之倫理觀念。應一聯而廓清之。同時當使憲政之組織。代議之性質。與夫人民對國家應盡之義務。應享之權利。以及奉公守法等新倫理觀念。剴切明白。家諭戶曉。父詔其子。師勉其弟。務期全社會大多數分子。均能運用其政治權。以監督官吏。並監督代議士。如是則國會有賄選議員。而人民可直接召回之。政府有玩法官吏。而人民可隨時放逐之。又安見代議憲政兩制必不能行於中國哉。雖然。言之甚易。行之維艱。茲事體大。非咄嗟可爲。惟在有教育職責者力圖之耳。往者項城盜國。首倡講經。用心之深。道路共見。奈何、今、之、當、路。乃不、知、運、用、教、育、權、威。爲民、國、建、設、新、倫、理、觀、念、也。先生領袖士林。主持教育。如不河漢鄙言。則望於公民教育一項。深予注意。力圖振興。而於前年新學制中所規定之中小學校公民學一科。尤應實力推行。勿予延宕。十年教訓。或可使普通民衆。倫理觀念一新。政治法律。得所依憑。國事清明。有望也已。………侯樹彤 [illegible]甲寅九月十燕京大學七日

生幼

………生幼業農。長學農。不善文章。鮮通政治。惟覺吾國農業之不振。一由。業。農。者。不。學。農。學農。者。不。業。農。一由。農。村。組。織。之。不。良。故前會南陳、宜在北京附近。籌辦模範農村之意見。本年七月、全國農會聯會會。開會於西什庫後庫會址。生以河南省農會評議員、代表會長出席。倉卒草一提案。幸得通過。即浙王陵南先生轉詢當否。諒經是覽。又農學最重農場。農場可分二部。一試驗。一經濟。非試、驗、無、以、求、進、步。非經、濟、不、足、以、言、適、用。查吾校第一分場。盧溝橋旱地。土質瘠薄。勉作經濟之區。第二分場。龍王廟水田。距校最近。堪供試驗之用。欲增加經費。非擴充經濟農場不可。西直門外、清室有水田一萬畝。可由學校呈請執政。酌撥若干頃。作爲農場。既供試驗。復資補助。竊按不論水田旱田。每畝每年應有十元左右贏餘。

十頃可達萬元。以之作選派本校學生留學歐美之用。於農國利益。良非淺鮮。生蒙農場主任楊先生派代第一分場技術員。前日接收。知吾校農場向來虧本之原因。首在工人之偸懶。否則。百畝之田。何以能養八口之家。即就底滯橋第一分場而論。雖土質瘠薄。如技術員能吃苦。善於管理。生敢保有贏餘。……

……李寶仁 北京農業大學 九月四日

恐之心乎農校。即欲造一相當機局。使學農者業農。一洗學業兩概之恥。而所事繁冗。願莫之遂。發李若此兩。至爲赧然。聊紀恐志之疏。且存此案。猶竢他日之發行也。

孤桐

章氏墨學

〔經〕學之無益也。說在誹者。

〔說〕學也。以爲不知學之無益也。故告之也。是使知（原作訾）學之無益也。是教也。以學爲無益也教。誖。

經學之無益也何。舊脫無字。孫主補入。是。學無益云者。蓋當時施龍儕借爲是辯。而墨家駁之。立辯之道。與辯無勝。言盡誖。誹非諸說相類。駁之之。法根據亦同。因明所謂自語相違是也。以其互相辯。駁。可與論誹一條參看。故曰，說在誹者。說詔意極明。本條論學。故首曰學也。以學無益詔人。是以爲人不知學之無益也。故告之也。是欲使人知學之無益也。夫無論何理。欲使人知之。舉曰教。雖學無益亦然。在人爲學。在我爲教。故曰是教也。且學、囊括一切學者也。學無益之爲理。亦學也。一切學既無益。學無益之理。不能獨外。今以理說教。而至使人終發其理爲不足識。其教本身如何得立。易而言之。苟人篤信其教。以爲一切學俱其無益。而楓反詰彩曰。學無益之理、果爲益否。其詞立窮。此明明自語相違也、故曰以學無益爲教是誖也。

〔經〕非誹者誖。說在弗非。

〔說〕非（原誤作不）誹、非己之誹也。不非誹、非可非也。不可非也。是不非誹也。

誹非之說。蓋施龍輩倡之。意以一切誹議皆爲非也。墨家。以。自。語。相。違。之。義。駁。之。謂如。若。言。則若。非。誹。亦。非。請弗。非。誖。可。矣。故曰。非。誹。者。誖。說在。弗。非。墨家。言。愛。人、不。外。己。雖誹。人。亦。然。非人。之。誹。是亦。誹。也。而已。犯。之。不當。非。己。之。誹。也。如謂一切誹不可。己誹獨爲例外。己一切誹不可。非誹之非獨爲例外。（卽不非誹）是誹。果。非。可。非。也。吾得。持。最。先。唯。一。絕。對。無。限。非。誹。之。特。權。以禁。制。一。切。誹。是誹。果。不。可。非。也。以非。此。誹。一切。誹。將。無。由。而。禁。制。也。是不。非。誹。也。夫非。與。不。非。兩言。決。耳。非誹。乎。己誹。亦。在。其。內。誹非。之。說。先不。得。立。不非。誹。乎。誹非。之。理。又自。消。之。此自。語。相。違。之。極。例。也。故誖。說語意明銳。得未曾有。惜解墨者從來熟視無覩。

〔經〕誹之可否。不以衆寡。說在可非。

〔說〕誹、（誹上舊衍論字）誹之可不可。以理之可非。（舊作誹）雖多誹。其誹是也。其理不可誹。雖少誹。非也。今也謂多誹者不可。是猶以長論短。

誹非之說。經墨家以自語相違之義駁倒。諒其時有爲折衷之論者。謂誹少爲之無妨。墨家曰。不然。誹之可否。不以衆寡。吾亦唯問。可。非。之。限。破。誖。否。耳。未破。雖寡。所。必。禁。旣破。雖多。無。從。禁。故曰。說。在。可。非。說語意自明。以長論短。猶以。五。十。步。笑。百。步。意。

〔經〕圜、中正南也。

〔說〕無。

圜舊作日。易由父（順德）著墨經通釋。謂圜古與○同字。後人不明本義。以形近日。妄改爲日。所見奇確。得此諸疑冰釋。從之。此條示圜之作法所由始。蓋規有兩股。一股著紙不動爲中點。餘一股任左右旋。圜俱可就。不必有一定之旋點也。今爲便於說明起見。使不。動。股。向。上。立。動股。向。下。當。胸。立。向上。立。者。中。也。向

說林

下。常。胸。立。者。正。南。也，由正。南。起。旋。經一。環。而。圓。成。故曰。圓。中。正。南。也，此特言兩股初點。圓之起點如是。非全界也，合下二條觀之。其義始完。

〔經〕直、參也。

〔說〕無。

此條。示。圓。之。半。程。蓋規，之。動。股。由正南左旋。亦右可旋行及正北。正北。與。中。與。正。南。三。點。成一。直。線。是曰。直。徑。故曰。直。參。也。陳。澧。市先生引海島算經。後表與前表參相直。理想彌近。

〔經〕圓、一中同長也。

〔說〕圓、規寫交孫詒校作改交也，

此條。示。圓，之。全。程。一中同長。鄒伯奇云。即幾何圓面惟一心。圓界距心皆等之意。義至顯明，迄無異解。寫交。謂規之。動。股。由正。南。起。旋。經正。北，復交。於。正。南。而圓。成，也，

凡有三條，言圓之作法綦詳。爲駁。惠，施，而。立，也。施之言曰。規不可以爲圓，天見下非儒子論何、由立。不可妄度。惟墨，家。宗。驗。故以。步。步。可。驗。者。示。之，非爲。駁，辯。中正。南。之。義。可以。不。立。人或。以。名，家。作。界。無。此。破。碎。疑。之，則不。知。情。實。者。之，言。也，通觀。墨。經。立破。並。行，而破。者。專破。施，龍。論者。轉，謂。墨，經，爲，施。龍。所。作。眞是。妄。說，

〔經〕方、柱隅四雜孫詒校作改匝也。

〔說〕方、矩寫交也，

柱、圓柱也。孫謂方柱。非。周髀算經云。圓出於方。今乃以圓證方也。雜、匝也。呂氏春秋論人篇云。圓周復雜。高注云、雜猶匝。匝、周也。此承上，論。圓諸。條。依圓。而作。方。其法爲直線以湊圓心。中交午成十字形。詁話讀本孫以矩就十字南北與東西。各寫二平行線。四線。相。交。四隅。以。匝。而方。成，故曰。柱，隅，四。雜。曰矩。寫。交。此駁。惠。施。矩。不。方。義，也。

聯語。以。簡。潔。沈。著。爲。佳。若頗冗瑣碎。及敷衍浮泛者。均無足取。近年每遇慶弔之事。聯語滿堂滿室。黃茅白葦。一望皆是。千百聯中。幾無一二佳構。茲略舉乾嘉以來。迄於近代名人所撰佳聯。以爲程式。紀文達壽王述庵侍郎昶八十云。盾鼻。弓衣。行世。文章。著。事。業。屏風。閣。啓。道山。官。府。郎。神。仙。又壽袁簡齋枚云。藏山。事。業。三。千。牘。往。世。神。明。五。百。年。梁山舟壽嵇文恭璜八十云。螭坳。舊。衙。符。天。壽。雁。塔。新。題。冠。佛。名。時嵇公以萬壽年生日。重宴瓊林也。許佩璜壽史靖貽直七十云。三朝。元。老。裴。中。令。百歲。詩。篇。衛。武。公。陳伯初壽郭遠堂中丞柏蔭七十云。耆英。洛。社。萬。家。佛。草。木。平。泉。一。品。詩。左文襄壽楊石泉中丞昌濬七十云。知公。神。仙。中。人。勉。爲。蒼。生。留。十。稔。憶。昔。湖。山。佳。處。曾。陪。黃。菊。作。重。陽。翁文恭壽李文忠七十云。壯猷。爲。國。重。元。氣。得。春。先。合肥生日爲正月五日。是年初六日立春故云。又壽王夔石文韶七十云。朔方。節。度。使。南極老。人。星。時文勤方督畿輔也。俞曲園壽李文忠七十云。以歲之。正。以月之。令。春酒。一。尊。爲相。公。壽。治內。用。

文。治。外。用。武。長城。萬。里。殿天。子。邦。王湘綺壽吳清卿大澂六十云。東海。者。生。出爲。霖。雨。南嶽。朱。鳥。上應。列。星。劉葆良代湯蟄仙壽江杏村侍御春霖六十云。高岡。鳳。皇。孤。吹。天。籟。空。山。松。柏。共。葆。歲。寒。翁文恭壽先繼祖母楊太恭人八十有八云。壽萱。堂。北。長。生。草。孫竹。江。南。第。一。枝。又王湘綺再壽吳清卿六十云。眉壽。銘。功。有。吉。金。瑞。玉。衡山。刻。石。紀。游。宴。河。淸。又楊餅父壽恩藝棠壽六十云。佐媧。氏。補。九。天。華。嶽。三。峯。五。色。石。繼。召。公。分。二。陝。廿。棠。一。樹。萬。年。春。吳恩二公撫湘陝時。物論頗有異同。然王楊兩聯自是佳構。雀邸裴伯謙景福。才人也。最工聯語。曾見其壽倪丹忱將軍五十云。三千。珠。履。集。平。原。分明。月。殿。霓。裳。喚。回。天。寶。十萬。花。燈。買。元。夜。曾記。蟠。桃。麟。脯。醉倒。崑。崙。倪公生日爲正月十三也。又壽倪炳文監督四十云。舉酒。慶。華。簪。鎮。鑰。八。公。非寇。準。不。可。陪。裴。得。雅。賢。絲。竹。羣。從。惟謝。玄。有。功。以狄武襄擬丹忱。以寇萊公擬炳文。誠爲諛頌過實。然兩聯自是才人之筆。

挽聯。之。簡。潔。沈。著。者。如紀文達挽朱笥河云。學術。各。門。庭，與子。平。生。無。唱。和，交情。同。骨。肉。嗟余。後。死。獨，傷，悲。道既北抗劉文正統勳云。岱色。蒼。茫。眾。山。小。天。容。慘。淡。大。星。沈。洪稚存挽黃仲則云。道札。到。三。更。老。母。孤。兒。惟。我。託。炎。天。走。千。里。素。車。白。馬。送。君。還。李申耆挽盧抱經云。當。代。經。師。鄭。北。海。馬。扶。風。與。前。賢。爲。伍。此間。旅。櫬荀蘭。陵。蘇。玉。局。得夫。子。而。三。抱經先生在館閣十餘年。晚主講書院二十餘年。最後主常州龍城書院。破於講舍。故云。梁山舟於九十後悼亡。有聯云。一百。年。彈。指。光。陰。天胡。忻。此。九。十。載。齊。眉。夫。婦。我獨。何。堪。陳六舟挽彭剛直云。何以。弔。孤。忠。有正。氣。一。歌。出師。二。表。斯人。竟。千。古。聽西。湖。水。碧。南。嶽。峰。青。又什居樓邦杰挽彭聯云。從詩。酒。得。甚。中。見。本。真。別有。閒情。謝。太。傅。於江。湖。廊。廟。間。同。憂。樂。不忘。天。下。范。希。文。王益吾挽郭筠仙云。鴻文。碩。學。蔚。儒。宗。才過。古。人。不。祗。其。德。亦。瞭。忠。肝。籌。因。是。謗。滿。天。下。無。損。於。名。臧。幾道挽李文忠云。使先。時。盡。用。其。謀。知成。功。當。不。止。此。倘晚。節。無。以。自。見。則士。論。又。將。如。何。此二聯均以論贊行之。爲挽聯中別調。王湘綺挽鄧彌之云。富貴，尤。夢。殘。開碧。茂。人。紫。光。閣。樂。府。秋。胡。婦。詩。名。終。古。白。千。亭。陶心雲挽汪芙生云。容甫。一。生。惟。述。學。鈍翁。垂。老。徐。工。詩。又挽陶子正云。桃花。潭。水。冷。叢。桂。小。山。空。翁文恭挽楊濱石太常泗孫云。風雨。客。歸。遲。我。愧。巨。卿。填。死。友。江湖。天。遺。老。誰知。蘇。軾。舊。詞。臣。又挽楊思再大令同龢謙叟太守之孫之子云。許冲。進。表。彭。澤。早。歸。林。俞曲園挽楊濱石云。擢上。第。以。狀。朝。十。八。學。士。供。奉。禁。廷。六。一。先。生。主。持。文。柄。捧賜。書。而。歸。里。謝傅。東。山。尙。存。遺。志。鄭公。北。海。頗。失。經。師。梁星海挽朱蓉生侍御一新云。斯人。甚。賢。未報。君。父。恩。如何。瞑。目。視吾。鄉。弟。便傾。江。海。淚。未抵。傷。心。又陳伯嚴挽朱云。哀窮。思。賢。才。放逐。餘。生。成。負。國。息。邪。說。拒詖。行。低徊。薄。海。更。何。人。范肯堂挽薛叔耘云。辛苦。九。州。還。身未。趨。朝。魂，戀。國，安危。一。疏。在。生。當。致。主。死。成。名。又挽陳右銘中丞云。赫赫。宗。臣。一。往。沈。冥。向。山。僻。哀哀。孝。子。百年。長。恨。在。天。涯。周彥升家祿挽黃漱蘭侍郎云。新平。津。去。官。遭遇。聖。明。直。諫。能。容。汲。長。孺。傅永。嘉。學。派。踐履。

篇。實。時論。以。方。陳。正。義。某君挽袁爽秋許竹篔云。君血。爲。黃。種。流。何罪。竟。天。閽。投。叔。丹心。附。青。史。光。更。誰。死。諫。繼。椒。山。濮紫泉挽袁許云。撞壞。好。家。居。主。婦。固。廟。臣。死。日。珍藏。此。疏。稿。撥雲。會。有。見。天。時。陳鈞堂康祺挽吳子健中丞元緒之母云。一德。君。臣。同悲。愛。日。三吳。士。女。爲能。端。陽。時慈安后方徂落也。愈曲園挽先祖母楊太恭人。及先嚴步青府君（甲午七月初四卒　庚戌十月廿日歿）孝子云。天家。以。壽。時。賚。封。老。嫗。大。年。已。屆。八。旬。有。八。歲。泉壤。有。賢。郎。隨。侍。後。先。偕。逝。魄。傳。同。日。不。同。時。隆裕后即世後。天安門前國民爲開追悼會。聯語如雲。友人告我有一聯云。后亦。先。帝。之。臣。本。變。法。心。傳。遂。公。天。下。禮。爲。孫。君。有。服。況。其。和。爭。詔。尙。在。人。間。惜已忘撰人姓名矣。挽聯之佳者。累幅難盡。茲僅就記憶所及。擇其簡潔沈著者。略錄數十則。以備遺忘而已。

長樂林錫三師天齡。同治初年。以翰林院侍讀入直弘德殿。授穆宗讀。相傳穆宗好挈內監微行。有王太史慶祺。善歌。過於正陽門外酒樓。遂召入內廷。時被涵贊。王頻以西廂記石頭記諸冊寄呈。林師。每。於。進。諫。時。剴切。規。諫。皆以。任。賢。勿。貳。去。邪。勿。疑。論。命。題。穆宗。頗。憚。其。方。嚴。遂有。江。蘇。學。政。之。命。師於同治庚午。典試江南。得士稱盛。及督蘇學。在任五年之久。三次按試吳郡。光緒戊寅九月。舉行科試。余年甫十三。八股文及律賦。僅能完篇。師激賞其文。取入昭文邑庠。得附博士弟子之列。師最喜髫齡秀士。是科蘇屬同入彀者。如張仲仁一麐。孔康侯昭晉。均不過舞勺之年。師每於按試畢。召集諸生。勉以敦品勵學。究心朱五子書。以期他日成爲名儒。出爲循吏。又各給以儒門法語。讀書分年日程等書。俞曲園先生爲師撰墓表云。君受知於長洲彭文敬公。授以儒門法語一書。君自。是。始。博。覽。先。儒。著。述。其。所。造。於。姚江。爲近。然其。論。學。曰。主。敬。主。靜。一也。而學者。必從。主。敬。始。則程朱之。說。尤。爲。無。弊。矣。林師學術純正。謨猷宏遠如此。余於髫齡時。雖列門牆。莫窺涯涘。然文字針芥之契。實以此爲發軔之始。今溯戊寅之歲。已越四十有八年矣。侯芭垂白。學業無成。追憶緇帷。愧汗何已。孫師鄭

甲寅周刊第一卷第二十二號目錄

時評

吾國。自。有。新。式。政。治。以。來。言。論。之。不。自。由。未有。甚。於。此。時。者。也。十一月二十八日。之變。所被於政治之意味。較之辛亥八月十九日。尤爲深至。而全北京之報紙。無敢論者。林白水毅然執筆。迭受警告。晨報被燬。越一旬而徐徐自復。於前事不著一字。惟與稚暉。先。生。從。旁。釋。之。曰。是。不。幸。紙。屑。誤。燃。者。而。已。記者行文至此。亦彌。有。滿。城。風。雨。近。重。陽。之。感。閱者諒之。（通）

人之恒情。習常易偷。不經。深。鉅。之。創。痛。難得。超。越。之。激。發。拂逆。挫。敗。之。境。固人。生。之。不。幸。亦人。生。之。大。幸。也。大顯倒世。劫浪掀騰。成敗。利。鈍。之。數。迅若。電。馳。紛若。泡。湧。朝榮。夕。悴。比比。皆。然。惟在。受。者。之。意。志。如何。諦。念。如何。領。悟。消息。甚。微。功用。甚。鉅。造因。結。果。之。甚。皆于。是。乎。判。西哲謂失敗者成功之母。孟子謂動心忍性增益其所不能。昔處挫敗之要道也。近歲國人。鬪爭堅固。是非成敗。紛不可說。差可議者。不過兩人。曰吳佩孚。曰徐樹錚。吳氏迷信武力。儌倖成功。陵轢中原。睥睨一世。去秋之役。提數十萬之衆。耗十餘省之貲。以抗奉張。叱咤喑嗚。直欲吞三楚混八方。亦足以自豪矣。詎知自身瓦解。一敗塗地。當時懸計不為烏江之項籍。必為辟穀之張良。天地雖大。舍此實無以自容。乃竟委蛇委蛇。寄人籬下。昔之所視為手足爪牙者。莫不敬而遠之。稍有覺悟。亦可變而通矣。此次江浙發難。復乘時而動。闖然已死之灰。窮兵黷武。故態依然。逆其言行。無甚長進。附僞難捨。傀儡不靈。江漢風雲。漸趨消散。行見少數之賢士大夫。販夫走卒。所推服者。強人意之人格。亦將烟銷火滅。而日就闢然。摹天之拂亂。失人之望。使國家。枉受無窮之損失。終不能道。一盤根錯節之利器。吁可哀矣。徐君才調。自是可人。昔人謂上馬殺賊。下馬草露布。差足當之。失敗以後。放浪江海。合肥田山。悠然遠引。去年電救吳佩孚。今歲函辭楊宇霆。均足見其度量之恢宏。私念之淡漠。自昨抵滬。致電各省。有云苟合之友。昔無救國主旨。徒以利合。利盡則交疏。今干戈相向。更無他道。今日受者。昔前日作者。今日作者。悖晦即明日受者。劇切沉痛。足發深省。似非昔之徐君言矣。慮周賢可。倘能頓悟。惕于明日之所受。慎其今日之所作。則徐君失敗以來。所得之教訓。愽而酬庸于國。人可云大幸。惟滬中有推戴合肥為總統等語。此則不明時勢。且涉嫌微。徐君在外日久。欲以他國政治運動之方式。行之中國。可謂不智之甚。徐君勉之矣。（愨）

政變以來。百易舊觀。其彌顯者。厥為京津間之屢兵。與夫關稅會議之停頓。關稅自主。雖其條文。過渡辦法。尚待研討。蓋非附稅無以救目前之財困。固中央之基礎。而自主云云。適等畫餅。是自主之於附稅。在理論似相反。在事正復相需。勢使然也。比以秩序漸復。中樞猶存。關稅會議。繼續進行。本月十日中外代表會商附加稅率問題於居仁堂。賓主之間。互有論列。形式仍且楷模。精神實嫌渙散。中國代表內受輿論之督促。主無條件收回自主。外察國際之情形。又未便遽棄附稅之權利。進退者難。跡涉敷衍。而外國代表日瞭輿機。心理頓易。藉口內亂。志在延宕。是同一附稅。在我方視為蛇蝎。而彼實居為奇貨。我方言停會以示決心。彼亦謂延會以觀事變。意見如此懸殊。成效殆難遽覩。良機易逝。要足惜已。竊謂目下政局飄搖。國是不立。成非功首。敗則禍魁。代表雖賢。重責難負。若以模稜從事。委曲求全。固可不惹眾怨。終至僨及國權。又豈諸代表所忍為。此記者所主閉會之說也。猶憶王正延君當力爭自主時。宣言此會不得。則管招各國代表游山耳。其言近謔。其志則堅。今其時矣。願趣行之。（悲）

報載本月七日。有女子自縊於天安門前。遺書謂「天禍中華。至於此極。邇來軍閥爭權釀戰。土匪猖獗。致使偌大中國。戰煙瀰漫。生民塗炭。良深浩嘆。將來為外人分管。甘作國奴。何若瞑目一死。以了心願」云云。寥寥數語。實足反映近日國人一部分之心理。而亂世小民之慘。閱歷紛擾之危。幾於習焉而忘者。乃有青年女子。措軀申警於小槐枝下。吾人既知其動機之無他。自莫不明之而感嘆也。昔丁清末。陳天華楊篤生等。憤國勢日危。蹈海以死。烈聲所播。人皆震悚。當時輿論對於自殺一舉。固頗有討論。以為自殺固無濟於事。然實是振頑立懦。非悖教義。有所蓄執。本不足為衛。彼嫉俗厭生者。雖不足登明堂而享廟祀。然以視泄泄沓沓者遠矣。吾人不能責其無勇任事也。今民國成立十四年。雖厭世捐生者。時有所聞。而人民朝氣日衰。幾等見慣。若斷指血書。則不啻茶餘酒後之談資已。以女子而為國事自殺。則報章所紀。斯實罕覯。然擁兵者日事殺人。此區區小事。何足以動其視聽。若更責此女子。不應如此懦弱。則尤為吾人所不忍也。惟吾因此事。頗觸舊感。吾以近人戾氣所鍾。日見乖酷。殺機既動。舉世風靡。帝國固殘。忍。集產亦紊。亂軍閥固不仁。民眾亦不義。因欲求治於女子。由國家社會。厲行女學。使其嫺文章。習外國

三

諧。工。辭、令。善。應、接。以。音、樂、淪。其。性、靈。以。絲。事、陶。其。胸、臆。以。訓、爭。爲。職、志。以。和、平。爲。目、標。互。相。切。劘。蔚。成。風。氣。結。社。立。會。廣。播。所。宗。更。分。任。教。育。政。事。以。克。男。子。之。剛。復。慈。祥。愷。悌。寧。靜。淵。雅。使。倫。常。敦。悍。之。徒。亦。將。望。而。自。慚。因。而。克。制。兇。殘。涉。諸。情。理。內。而。國。事。之。糾。紛。外。而。世。界。之。爭。執。舉。莫。不。有。女。子。平。亭。其。間。以。期。潛。銷。兵。氣。弭。亂。無。形。斯。蓋。女。學。之。極。盛。而。大。同。之。先。聲。也。吾。亦。知。內。外。戰。爭。其。因。不。一。治。標。治。本。非。徒。呼。籲。哀。號。所。能。挽。回。然。人。爲。感。情。動。物。而。女。子。尤。富。於。感。情。使。其。既。明。於。利。抉。之。方。復。運。以。深。婉。之。致。情。理。相。劑。期。於。至。平。則。功。成。骨。枯。者。轉。或。病。其。多。事。矣。柔勝。剛。弱。勝。強。善。將。兵。者。無。赫。赫。之。功。吾。人。之。對。性。正無。名。之。英。雄。也。奈。何。獨。令。男。子。飛。揚。跋。扈。其。間。而。於。女。子。美。德。卻。不。措。意。甚。有。欲。舉。此。天。地。備。存。之。淸。氣。足。以。滌。瑕。蕩。垢。者。搖。惑。激。媢。使。之。同。習。乖。張。耶。天。安門。前。之。縱。女。惜。其。未。悟。此。旨。其。輕、於、一、死、者。或。習、於、循、日、女、子、無、用、之、說。否。則。既。有。色。相。皆。空。之。念。豈。無。常。善。救。人。之。心。勇。猛。精。進。德。慧。日。修。和。平。天。使。或。將於。此。見。之。此。吾。於。惋。惜。之。餘。不。能。不。附。以。諍。議。者。也。

（欣）

答稚暉先生

孤桐

吳稚暉先生於十二月一日京報副刊。作白話文一章。爲人講去共產之嫌。末附數百言。涉及鄙事。詞獄進至。懇於先生義兼師友。不敢不承其意。謹存原歔、更附下懷。

……就是拿行嚴先生的自誤。也同一條件。因爲你是個學生出身。看不起學生。你的倔強。讓也服不了你。人家原也買你這筆賬的。可惜你對執政太敬重了。你以爲分寸勉強合的。然摸摸良心。你是最講明理的人。梁啟超既不以爲合。章士釗合麼。是道也是把倔強人的自重處掃地以盡。還望人家有甚麼敬意到他身上去呢。止有拍教育總長馬屁的通信來捧。一方面把身分出賣。一方面又買進身分。使人又好笑又好氣能了。總而言之。統而言之。俱是患失的變相。所以官萬做不得。丟下來的時節。大哭小賊。門前冷落車馬稀。一不甘心。便屈於一人之下。伸於萬人之上。其實卽跌於糞坑深處矣。故若爲做官而做官。登落容易下落難。不可不知也。馬伏波云。凡人當使可貧賤也。我雖非其人。願對灼手可熱的人們。投一帖清涼散。對侘傺無聊的人們。獻一粒定心丸。不然。不必官場。卽在黨閥。一有患得患失之心。犯了急色病。便將軋怨望。皇皇若不終日。求生反死。求巧反拙。他以爲正我灌投機之時。其實永遠造成一個天下荒荒之際的局面能了。這是我寫這一篇東西的中心動機。借諸林白水的新聞學做變相陳冷血的時評能了。不是我又要借此出風頭。章行嚴先生、我在民國二年。我親見他被孫少侯替袁世凱軟留在錫拉胡同。要他附袁。他裝了大病。設法溜到上海。八月十二早上。在黃克強寓處。議論如何去南京獨立。他在袖子管裏。把一篇討袁文。一徑拿出。頭一個蔡子民接了先看。大家也把頭湊上去同看。不說他從前同張博泉等、在上海捕房裏監禁了。吃二十五粒鹽水蠶豆一天。如何人物。就把他八月十二那般情景。映在我腦裏。我不料他現在會做續刊的甲寅。所以我替他發訃文。他的謬誤。我還相信不在他良心上。還在他諸那牢什子的烏柳文。因此我漫罵他國學。動機還不全在保護白話文。我還要做一篇東西。塞孫伏園先生京報副刊周年之責。我再詳細的說能。我補此一段。因爲上文說到他。還是譏諷。似乎是打死老虎。我不敢對朋友有此不情。

凡際。國。難。國家。社。會。相。互。云。爲。隳形。道。憐。號曰。戒。嚴。時。期。恐謂。私。人。交。際。宜亦。有。之。自愚濫竊高位。事關敗教。同人之業於教育。而平日不甚以不肖待愚者。大抵一面恨愚之執而妄。欲規不得。一面闢避一切交接之迹。惟恐不遠。三五聚談。則依爲引繩披根之論。以示持正而明無與。副刊當稿。又不惜發憤阿時。設淫詞而助之攻。與先生者。想愚妄斷。難免不爲其

五

中之一人也。謚曰戒嚴。庶乎近之。今者政局驟變。愚職頓消。三尺童子。有以知教育總長四字。將不更與愚發生連讀。環境既易。情感以殊。向之大恨者。或且傳而太息。向之大罵者。或且轉而見原。嚴解。與。戒。之。情。狀。不。同。人。心。自。然。之。趨。向。有。莫。之。然。而。然。者。也。與先生此論。乃解、嚴、後、之、第、一、聲、也。故其中有打死老虎。及對朋友不情諧語。愚也有愧昂藏。居然七尺。與先生慨慨言此。諒亦不欲得一謝字酬之。雖然。既是解嚴。客氣已消。平情論事。亦是一得。悲生曰。吾喪我。此語有二義。一、喪者喪也。即先生為愚發許開意。一、我者視同第三位之稱。忘我之為我。古人語言。恒有是境。（古人筆以第三位之代字代第一位其字尤替凡）不足奇也。是我既喪矣。我固無妨別居一位。即陳死之我而尚論之。蓋若天安門前。彈丸剌注。愚果從黃遠庸湯濟武之徒游焉。逆料北京報紙。一週以內。不能過惜餘白。置愚事不議。以愚。在。全。人。類。中。未。必。值。得。幾。文。而。於。今。日。之。中。國。學。總。道。喪。一。無。準。繩。凡。愚。言。動。則。未。始。無。所。謂。因。爲。者。存。外。此。且。有。一。部。分。人。之。情。之。志。之。意。環。之。而。走。也。此而成一論題。亦是了無愧怍。朝聞夕死。聖之所稱。論定蓋棺。序亦無素。此意與先生亦笑而許之否也。

章士釗者。一篇。於。個。性。不。存。機。心。情。理。交。戰。迭。爲。勝。負。之。人。也。惟篤於個性也。故其行動。不肯受黨派之羈絆。而一生無黨。人次第以同盟會、政聞社、政學會擬議之。此見。仇。者。之。謂。言。不。足。信。也。惟不存機心也。視天下之事。無不可為。勝負之數。晉然不知。有時為人暗算。肝膽胡越。彼乃不信。一旦勢異。負盡天下之謗而亦無悔。不論何事。是非榮辱。均自當之。生。平。未。嘗。發。言。尤。人。此。考。之。二。十。年。來。之。言。論。而。可。知。也。情與理者。如車兩輪。皆為劍所託命。不可得兼。迷惑立生。輕重相權。恒見乖牾。大抵。三。十。五。歲。以。前。理。恒。勝。情。三。十。五。歲。以。後。情。恒。勝。理。說者。謂。於。血。氣。之。盛。衰。有。關。事。或。然。也。劍弱冠。即言革命。為孫逸仙一書。號孫國魂。推崇倍至。時天、下、只、知、有、海、賊、孫、汶、也。（孫與中山二字聯成一名自愚草孫逸仙始此事與王侃叔誌論劍刊有成當札錄之）一擊不中。亡命海外。則敝。

怍。然。人。無。學。妄言。革。命。將來。禍。發。不。可。收。拾。功罪。必。不。相。償。漸謝孫黃。不與交往。章太炎、孫少侯者。時與劍風義最篤。一日、在新宿寓廬。同追劍簽署盟約。其圖大事。劍不許。則勸之以情。更刼之以勢。非署名者。不得出室廬一步。如是者持兩晝夜。卒不許。此種。剛。愎。之。氣。非今。之。所。能。有。也。民國二年。劍受項城袁氏之招。禮意稠疊。計無不從。欲總長。總長之、欲公使。公使之。會館廣狹惟擇。財計支用無限。所求於劍者。亦遠法爲之「當家」而已。劍大窘。且以與袁相從之審也。悉其所以爲帝制者。其計非然。尤大駭。逃初見殺。勢尤岌岌。則盡遺其行李僕從。孑然宵逝。此種。當。機。立。斷。之。概。亦非。今。之。所。能。有。也。此理。勝。者。也。民國七年。西林重赴廣東。劍不謂然。先是護國之役。西林彌倚劍。劍亦以西林政治生命之干城自任。知無不言。項城既逝。西林凱旋於滬。劍勸以從容養望。不可妄動。詞旨切至。西林韙之。劍卽求入北京大學。講邏輯。以三年不聞政相期。居頃之、西林惑於人言。不能自制。

一年之中。三約劍之滬。議行止。每議劍輒力沮之。西林怏怏。劍貽書痛陳桂軍不足恃。及舊國會臭敗。恢復無當國人意狀。西林偶發其函於趙世鈺。同人則大恨劍。西林亦卒走粵。立軍府。急電相召。無立異餘地。劍黽勉意從之。與其禍敗。此種。委。曲。之。事。非拒。章。孫。時。所。能。爲。也。金佛郎案。天下之人以爲大厲也。卽劍平日亦揚言非之。今年政府認爲必辦。以方夢超者。曾揭控前經辦大員多人。財政總長李思浩、恐是非相乘而無已也。請由法部審查本案。以期於法無悖。此其非出謗隨。詞連財賄。游談之士。將以是間執。本爲恒情之所容知。劍以非關閣議。責任所同。爲國陳力。禍安與避。卒肩是任而爲之。此種自殉之計。非背。袁。時。所。能。出。也。此情。勝。者。也。明此兩勝。劍之出處大節。可以得其梁略。吳敬恒者。善言革命。其辭博辯雄偉。凝思深遠。天下宗之。壬寅、癸卯、間。劍與、游、於、上、海、講、道、論、法、於、所、謂、流、氓、會、館、（指愛國學社）者、也。劍事敬恒彌謹。凡劍之爲。敬恒亦曲相提獎。
七 劍嘗困於蘇格蘭。不

得歸。敬恆爲諸於孫君。以一百三十鎊資之。此類。部。事。皆士。所。羞。敬恆。於。他。人。决，不。爲。也。劍好議論。不思敬恆。意有合者。敬恆猥瑣之不濟。什謂。賓。由。張。路。森。曰。常。行。嚴。之。一。併。毛。無。非。佳。者。然劍議有連於敬恆。亦不惜肆意侮之。今年劍隸執政府爲部長。兼理甲寅。若以身分爲資買者然。敬恆惡之。自劍爲民立報以至新聞報。敬恆無不用其半張半譜之筆。隨事括題。與劍上下議論。獨至甲寅則否。劍以。整。頓。學。風。自。鳴。亦。往。有。其。壁。耳。事。則。殲。而。未。舉。而敬。恆。腸。盲。於。衆。曰。整。頓，學。風。宜。也。推。章。菜。何。足。當。之。聞者。告。劍。劍相。視。而。笑。未逆。於。心。也。無何、學生擬步武巴黎搗翠姆故事。以翁殷之刑威劍。劍「一知。天。下。之。不。可。蓋。也。故下。之。」（前語係來遠杜）因相應而解職。以避其鋒。敬恆爲譏其後曰。此作官者之業報也。君子聞之。謂是敬恆此言。殊失風人之旨。蓋劍作官之機。何歲蔑有。敬恆所知錫拉湖同事。斯時即優爲之。剌滅三年。乃至十餘年。焉云。急色。且爲作官而作官。豈云無法。教育固非劍本

職也。株守司法。到處逢迎。以劍之才與辯。上事群帥。下猶諸生。妄見一生。喫著得盡。劍如是。爲之。敬恆。將。焉。云。者。敬恆且曰。求生反死。求巧反拙。今劍已。死。前言有欲。以云求巧。則今世巧人。亦妄。言。抗。首。大。席。從而。開。罪。由此勸去。迹象。黎然。觀劍。所。爲。一巨拙。無。比。「柳州。所。云。抱。拙。終。身。以死。誰。惕。廉乎。近。之。（巧語文兒么）求仁。得仁。本無。所。慰。謂從。巧。來。毋乃。太。痴。不甘貧賤云云。以」律於劍。似亦未叶。昔韓愈與衛中行書。稱「始相識時。方甚貧。衣食於人。其後相見於汴徐二州。僕皆爲之從事。日月有所入。比之前時。豐約百倍。足下。視。吾。飲。食。衣。服。亦有。異。乎。然則。僕。之。心。或不。爲。此。汲。汲。也。其所不忘於仕進者。亦將小行乎其志耳。」劍喜讀半什古文。其行則泥。其情可原。竊比昌黎。寧無一是。敬恆以謂凡天下之爲官者。皆患得患失之人。余稱。昔。定。毋乃。太。悍。魏家胡同十三號。敬恆非不見臨。如此。室。底。豈。是。爲。門。前。車。馬。而。設。失職後之大哭小贼。又爲何狀。敬恆曾否親聞。凡人之情。持祿以保其

妻子而釗妻子賦性獨殊於釗所爲所見成左縱有饑寒決不啼號夫人之相知貴相知心人有不爲而後有爲臧否當世人物如敬恒士釗者流非先知其心而並假定其萬不爲者以植之基直可謂士相殺[illegible]有議敬恒爲賢友者儻吾人因而起論寧非滑稽之尤釗雖非一世之大人而言論丰采爲時耳目殺之可嫁之則不可必也以非勝是強無爲有依株殺其人格亦足爲震旦之公若當今娼嫉風行操戈尤急不欲使同類者有一善強人意之人此言惜明之者少也釗與合肥段公夙無連誼舊非重提且爲政嫌去年一見傾心同維國難相處一載未見槎枒在彼無君民禮數之拘在我無尺寸枉直之懈何嫌何疑而必去之且與人共事乃先存不敬之心果胡爲者此於常人且不可謬論一國元首太敬重了其說云何昔者梁湯與段聯立一閣征南之策實同出之長沙一敗遂先求去非關一時政略非個人分寸合否之云與釗並論未同倫類又甲寅非因釗入官而特刱

者也亦不至因釗免官而即銷亡通信一欄自昔有之此時無所謂總長也者究捧伊誰後之視今或如今之視昔該社又安從豫揣何長以爲來捧之符篤而言之所見不同者人之情也士論不一者國之華也甲寅本國文之風格爲大事之商量斟酌中西調和新舊天下儘有不得通之志與不得已之思迸發環趨於焉寄託海枯石爛斯意不磨人徒執枝葉之詞昧其本真之義以無端厓之論快其摧陷之心亦祇示其意之不廣大國民氣度之不立縱可以削甲寅之迹而未必能服天下人之心也義已論之章士釗者一篤於個性不存機心情理交戰迭爲勝負之人也以其此四德不背安坐而不事事尋常利害成敗之見於彼在可勁不可勁之閒逆境之來意念不灰一日二十五粒鹽水豆子甞欣然食之何時更食不以爲達在柏林時甞過外長羅登勞爲人所戕羅君文章政略重一時著述甚富釗與相見未數日而羅死羅甞得匿名緘札數十通而不之顧釗以爲國士報

國。理當。如。是。彌儔。往。焉。禍福。生。死。存於。人。天。非己。所。能。守。中亦行八書祭中興意有云此。亦。昌。黎。韓。氏。見。道。之。篇。清漑。後。人。爲。不。妙。也。釗爲。人。知。處。在所。爲。多。而。成。事。少。一議。未。了。又願。之。他。事當。力。行。已慨。不。耐。以是。行。事。徑。途。皆知。久。將。若其。果。然。至無。一。定。又其。人。寡。決。斷。泛應。理。大事。不。甚。糊。塗。而小。事。極。其。糊。塗。雖有。時。做過。可。以。知仁。而貴。固。不。足。以。幹。事宜乎。浮。名。滿。天。下。而天。下。無。一。人。以。事。業。許。之。嗟。此亦。非。生。所。稱。不。辭。之。人。也已。釗之。友。敵。如其。浮。名。敵。自。爲。戀。之。子。弟。外。日寂。腹。劍。隨處。且。有。友如。吳。敬。恆。林。萬。里。之。徒。哀其。途。而。不。明。其。心。時發。箴。言。無所。開。徐。蔑歲有何悔士。於恆釗俱有恩意。其人有謀而多力。能以身許友。然死。於。二。十。年。前。矣。嗚呼。釗誠。不。意。自。附。而。爲。今。日。中。國。之。一。士。世途。皆。險。挺步。如。涂。果何。往。而。可。者。窮志。以。沒。亦固。其。所。人。耕。故。賊。之。俾得。如。相。雞。狗。之。可。以。爲。名。而。去。猶幸。矣。哉。

上來所述。乃愍第三位之我。於吳先生爲其友文學府君發喪之後。雜出平日所知於府君者。竊附史裁。論其行事。雖無、當、柳、州、之、狀、太、尉。亦差、勝、李、翺、所、指、門、生、故、吏。虛說、仁、義、禮、智、忠、肅、惠、和、之、爲。以體裁所關。議涉先生。亦直名而不字。鉅人長德。定荷曲原。至世人謂之作何感者。非生云。朝三暮四。而衆狙怒。朝四暮三。則衆狙喜。愍以死。生人。而。自。肉。骨。之。道。出。之。或亦。避。狙。怒。之。一。道。也。

委員制殘論

孤桐

去歲在津。擬草一文。駁時議所稱委員制者。以議章不諧。愍草亦未就而能。今似有人利用時機。重提舊事。偶覓篋中。殘稿猶在。卽如其舊錄焉。匪曰。焦。尼。之。昔。可。貴。亦崩。榛。之。慨。未。衰。云。爾。

吾兄太炎。有復合肥一電。主立委員以代總統。謂可息紛爭。安人民。用心苦矣。而驗效恐不如所期。恐見略有異同。願安承教。語云。前事不忘。後事之師。欲明斯制今後之成毀如何。前廣州軍政府之七總裁。應爲良鑑。愍身歷與變之一人也。請得綜集事證。昔敷心情。著爲數則。不中不遠。凡一總裁。必有相當實力。盾諸其後。此種實力。積不相能。明爲。合。議。暗乃。成。爲。約。從。連。橫。之。局。危機。一。觸。互變。立。生。如孫唐伍之膠賭岑陸。一也。總裁既爲代表實力。而實力之在當時。頭有大小伸抑主附不同之象。因乃大而伸者。爲之主者。遇事矜持。小而抑者。爲之附者。望風而背。名爲。合。作。實則。執。事。者。仍。爲。一。派。如當、時、岑、溫、西、林、爲、專、制。二也。雖然。斯一派者。以他派之紛峙於旁。權限不明。負責仍多不便。卒之。質。似。專。制。而政。跡。仍。不。外。敷。衍。應。付。無一。事。可。爲。如西、林、深、惡、孫、伍、之、掣、肘。三也。此種集合。委員大抵不能一一躬親。而遣代臨席。乃事勢之所必至。初時所代。差強人意。頃之、代者以事他去。更自覓代。又頃之、代代者以事他去。更自覓代。如此。遞。下。威重。掃。地。中樞。秘。要。等諸。荒。嬉。如中、山、代、表、爲、徐、謙。徐、謙、代、表、爲、吳、山。吳、山、代、表、爲、司、法、部、科、員、某。陸榮、廷、代、表、爲、莫、榮、新。莫榮、新、代、表、爲、郭、椿、森。郭椿、森、代、表、爲、財、政、部、科、員、某。四也。又總裁與其所遣代表之間。意見容不一致。事事請命。不勝其煩。無

命而議，又虧於效。且彼此所居環境不同。因之所感利害有異。代主。各。政。輕則。失。之。麻。木。重或。出。於。橫。決。如唐、繼、堯、擬、換、演、軍、主、將。扼於、代、者、趙、藩。志不、得、通。卒以、審、今、行、之。畢乃、大、亂。五也。懲斯。五。者。必其。身。充。委。員。之。人。雖由。其。力。中。程。而深。以。挾。力。而。議。爲。可。鄙。恥。乃心。國。家。不問。權。變。與同。僚。和。衷。而。戮。力。縱橫。捭。闔。張。己。伐。物。一。切。之。計。嚴屏。不。行。而又。恢。樂。專。闢。躬與。平。章。雖有。親。賢。不得。使。代。然後。委。員。制。者。可得。意。境。相。期。平流。以。進。嗚呼。果其。如。此。何制。不。行。奚待。委。員。始有。明。效。吾兄謂『總統祇有一位。而才望等夷者衆。其勢必出於爭。』意若以委員可免於爭者然。此愚竊與徐佛蘇論之。適見其反。蓋『合議制之委員。其品位雖非無上。較之巡閱使督軍諸名號。在彼等視之。要爲陛遷。觀夫今之爭巡閱使督軍者如何。相應而爭委員。又豈待論。』吾兄以有功一語限之。則功。之。大。小。未有。的。標。主觀。不。同。所見。大。異。段孫黎唐。如兄所舉。蓋庶幾矣。而天。下。未。是。其。議。者。大有。人。在。…………

通訊

美國

……美國以自由之邦。竟興文字之獄。罪及學者。貽笑外邦。久欲有所論列。茲論國人。乃讀甲寅十七號大著再疏解輕義篇。足下已先我着鞭。備述顛末。詞簡意賅。甚休甚休。惟篇中有即進化論。自達爾文倡之。距今七十五年云云。竊有所惑。請得陳之。攷英語 Evolution 一字。原自拉丁文 Evolutio。訓化演。或發長。侯官嚴幾道先生譯爲天演論。最稱妥洽。乃近年淺學者流。意存翻新。竊棄弗用。而別立有所謂進化論者。殊不知天演有進化。亦有退化。若僅言進化。則 Evolution 一字之意義已失其半。可謂見其一而未見其二者也。足下文字謹嚴。精研邏輯。於此點漫不經意。隨俗採用。良非約定俗成之道。復次、天演之說。由來久矣。遠且弗論。姑舉近例。當十八世紀時。科學進步。首推理化。次爲生物科學。法之拉馬克、Lamarck 德之歌德、Goethe 以及達爾文乃祖穀來士穆 Erasmus Darwin 諸人。皆倡天演之說。流風所被。學者好之。是天演論之爲說。固非自達爾文 Charles Darwin 始也。惟一八五九年十一月二十四日。達氏刊布其二十餘年考研所得之種源論。Origin of Species 於是天演之說。又增新証。發明旣富。理論彌周。舉凡文、哲、科學、教育、社會、莫不受其影響。宗達氏之說者。至認是年爲十九世紀思想界之大革命。此略治天演論者類能言之。自一八五九年十一月二十四日至一九二五年十一月二十四日。正得六十五年。足下所稱七十五年。容或有誤。成治生物學。尤喜研天演論。深恐以訛傳訛。遺誤來學。用是不揣固陋。

卒賞一言。唯足下浮之。……劉成 十一月二十四日 南京國立東南大學

名論至佩。天演。中。有。進。化。退、化。二。境。而進。退。云。者。乃平。陂。往。復。之。自。然。秩。序。不容。有。人。間。善。惡。美。醜。等。主。觀。之。念。攙雜。其。間。恐近年頗持是說。爲一意求新者下一棒喝。日論之士。未之許也。劉君仲熙、學有本原。深明物化。此兩、雖、寥、寥、數、語。已足、闡、示、天、人、相、與、之、機、緘。發端用名疏忽。謹謝過矣。種源論出世年月。計算有誤。並承訂正。彌感。　孤桐

欲培

……欲培。人。材。必植。基。於。小。學。欲能。學。佛。必先。求。能。做。人。今蒙養之教。斷滅盡矣。此養蒙便讀一書。攝中外道德之精華。爲成聖作佛之基礎。專備、全、國、兒、童、高、小、學、之、用。倘以後舉國青年。盡能如是立身行己。則全國治安。世界和平。實基於是。文雖。淺。而。義。深。詞雖。簡。而。旨。備。乞賜特別注意。酌謀推行。以端蒙養而立國本。曷勝欣盼之至。……周秉清 十月十三 內務部

養蒙便讀一書。已謹讀一過。本書。貫。訓。蒙。之。精。神。矯正。今。日。僞。文。明。之。惡。習。而以。Up to date之。策。法。成。之。甚。盛。業。也。推行之役。恐職已無能爲。願有斯責者。善喻斯意。天下家家。有此一書。庶不負作者之苦心也。周君留學歐洲甚久。科學精通。理想皆從融貫中西得來。非三家村塾師所能夢見。讀者毋泛視之。惟選詞微嫌晦僻。意間有不明顯處。作者更校閱焉何如　孤桐

罷君

……罷君宜頒科舉議。慨念宦途淆濁。欲舉行特科考試。以新觀聽。甚盛甚盛。晚近以來。士習囂張。吏治窳敗。中外古今。殆無倫比。揆厥所由。則掄才大典。曠廢不舉。奸佞倖進。賢良斂跡。實爲主因。羈旅京十載。目擊其弊。深爲太息。蓋今日中國之仕途。除司法官由於考試。流品尚清外。若行政界流品之雜。匪言可狀。牛溲馬勃。兼收幷容。一人成佛。雞犬昇天。近年

各部人員。數倍定額者。皆由此也。往研貨幣學。有所謂格里森法則。(Gresham's Law)謂良劣兩種貨幣。同時流行市場。則劣幣必伸張勢力。驅逐良幣。至盡盡而後已。達爾文優勝劣敗之公例。於此不適用也。試觀今日中國行政界之現象。實酷似之。倚機詐爲姦宄者。自足乎一世之間。守道循理者。不免於飢寒。之患。誠哉斯語。與先生之今四維論。良足後先輝映矣。可勝歎哉。議者際斯時也。欲復科舉。以端士習而澄吏治。片言扼要。實爲急務。惟實行此議。須政府大發宏願。先具決心。嗣後用人。以考試爲正途。未經銓取者。雖屬親故。亦所必屛。否則民國以來。亦嘗舉行普通文官、高等文官考試矣。錄取之士。分發各部者。積資均在五六年以上。然訖今尙投閒置散。不足溫飽。卽部有一二補缺者。大抵外力所推挽。非關考試資格也。循此不更。縱令繼行考試。不過爲政府增加數百而有飢色之閒員耳。何裨實際。抑有進者。晉稽西乘。觀其行政司法官吏之選庸。類由考試。深幸有合於吾國古昔任官惟賢之意。獨立法議員。採用選舉。而奔競之流。不免泥跡其間。猶幸選舉公開。軍閥不能操縱。輿論制裁。僉壬有所顧忌。緊賓尙可未滅。若在吾國。軍閥橫行。輿論銷沉。議員純由選舉。決非良圖。竊謂宜輔以考試。藉挽其失。蓋國家設官分職。雖有行政司法立法之殊。然其爲國服務則一。行政司法官吏之選用。既需經考試。不能於立法議員而獨異也。……邠疑

(北京東板橋西河沿一號　八月十二日)

同社瞿君。擬爲科舉議。揭於本刊。頗激發一時之士論。紛紛來函討議。有不揭於本刊者。指爲復辟陰謀。大肆抨擊。漫滋不願。禍且不測。更有盧子嘉聲職時評一則。謂是意在譏訕。宜受懲罰。經疏釋乃已。愚嘗論之。吾國之言論自由。私方面。太過。公方面。太不及。以吾所濫幾於私之自由。移於歐洲。凡新聞記者之皮骨。皆盡。以吾所僅得於公之自由。移於歐洲。凡政府之皮骨。亦皆盡。以前者上必不容下。而後者下亦必不容上也。嗚呼。此義豈今之稗販政治者所能了哉。憲章此書。亦趁當時論潮爲之。以故不得揭載。而亦不便明言。迭函來責。

愚無以答。今遮賁或有以恕愚也已。然天。下。事。之。類。此。者。復何。限。哉。

孤桐

小豪

……小豪去歲服務福建集美學校。今年春應是聞敝同鄉之招。來長斯校。久未奉候。徒深思慕。辭職文章。在滬上拜讀。為之增無限感慨。去年募甲寅週刊股份。陸續匯交上海商業儲蓄銀行。共近千元。款儲送存各股東。週刊未辦。股款是否仍暫儲存該銀行。公暇千祈賜示為幸。旅居此地。無足報告者。惟稍盡。一。點。國。民。責。任。期於。華。僑。教。育。有。絲。毫。之。裨。補。而。已。先生必不棄在遠。樂有以進教之也。因藍專君回國北學之使。敬修數行。交其轉致。聊表欽念向往之誠云爾。……陳小豪（新嘉坡啟作二十九號寄家 七月七日）

學校

頃於叢稿中忽見此函。憶小豪曾緘惠書。詢及甲寅股款。而愚並無端緒。蓋是束閣抑未報。恐復淺忘其所云也。小豪為粤東豪士。與愚夙不相習。擬歲逝難東京。小豪開聲貽書。殷殷詢生計學如何治法。愚既粗道所見。並為購斯學要籍數冊由郵遞去。未是小豪所請也。且亡命時分金辦此。良非易事。愚自不解何故為之。而小豪收得來籍。亦不言謝。去歲謀辦甲寅。雖有招股之議。愚固未託小豪。小豪特依廣告為之。集款千元。逕寄上海銀行非前非後。但未闡白。至今款臥該行。未移一文。非小豪來詢周刊不辦。款如何處理。愚迄未審有是事也。今周刊已續續出版。迄二十冊矣。函中所云已。成。往。迹。特。相。與。之。意。有。出。乎。風。雨。之。表。者。皆。付。兩。家。子。弟。存。之。繼。敦。風。義。俾有。取。資。亦。未。始。無。益。於。世。道。人。心。也。已。

孤桐

頃於

……頃於貴刊十六期通訊欄內。得讀其年賀君所論卒言一篇。甚哉其言也。（此就其小字一段計）古人有言曰。責人、斯、無、難。惟受、責、俾、如、流、是、惟、艱、哉。故君子其於人也樂取人之善。樂成人之美。於己也。無不虛之懷。

一五

無求全之毀。近世人心則不然。務妄、眩、以、爲、高。肆、詆、排、以、爲、快。然其、言、未、必、足、以、廢、人。而人、亦、未、必、以、此、廢、其、言、也。所謂知者惑之。愚者不及。惟明達之人。斯不至隨俗俯仰。屹然不動聲色。執事今日其庶幾焉。執事今歲夏以法長兼教職。偶爲他事觸衆怒。在京人士。夫誰不街談而巷議。甚且造作言語。私立名字。當是時、獨能處之安靜。未嘗一言置辯。乃未幾而發小寂然。執事復得持其志。發其言。明見於天下。天下之人。聰其言而信其行。蓋亦有目矣。豈非、其、言、不、足、以、廢、人。而人、亦、未、必、以、此、廢、其、言、歟。既而有竊黃公季剛名非執事者。執事安靜如常。及黃公書來。於是推心傾情。其言多所推許。意謂明達者公固未肯出之妄眩詆排。如或當仁不讓。亦將引爲謬譌。其不隨俗俯仰。屹然不動聲色如此。則知黃公得取明信於執事自有在矣。若賀君者。卽不屑於君子之道。無乃閑於遠近新舊。以自取其說乎。春秋之義。責備賢者。志而晦。婉而成章。未聞託之公言。至深重其辭曰。某也如是。某也如是。似亦妄眩詆排。逞其一朝之忿。足以使知者惑而愚者不及。何損於明。不然、世俗之人。且從而疑於執事矣。夫非公之他。端人也。其取友必端。執事固嘗友善餘杭太炎先生。而黃公又爲先生所器重。出而問。以文名於世。離而俱。以明信。原其心。交誼不可謂不厚且深。今其說乃與執事相剌謬如此。雖黃公之不幸。謂執事何。某素不識黃公。然往往見所作詩文。又因相識處。詢其出處進退。大抵生平豪邁。能率其性。故所學。有醇厚之理。不泥於古。有深邈之思。不落於俗。誠有如賀君所稱乖僻者殆近之。至日以淫蕩卑汚。不知彼抑何所見而云然邪。豈以爲文章計。命不能苟容於當世。亦庶幾儒者難濟。易殺。難進易退之義。斯賀君志已鄙矣。尤可笑者。執事傷今日斯文喪墜。疾風板蕩。拊髀興思。緬想斯人。遠在江湖。無由進之廟堂。養以萬鍾。愛惜後起。復何可議。乃賀君不諒。卑卑然以振士風。挽世道責人。敢問今日世道士風。類庸蠢斯。求其克己待人若賀君。然且妄眩詆排。其何以使士風正。世道治。近而躋洙泗之盛。遠而追鹿洞之跡也哉。誠恐百數十年後。知有乖僻之黃公。而不知有振士風挽世道之賀君矣。雖然、某非敢謂賀君無足鳴於天下後世也。謂賀君造道自得。於古人之義當明且詳。求己正人。請自隗始。昔者子貢好方人。子曰。賜也賢乎哉。夫我則不暇。曰不。暇。者。反求。諸。己。而。已。矣。抑又聞之。子張曰、我之大賢與。於人何所不容。我之不賢與。人將拒我。如之何其拒人也。故願得於執事前為賀君謝之。幸勿以冒昧而見罪也。小子狂簡。不知所裁。倘得執事進而教之。又拜賜無既矣。無由造前，維為國為斯文珍重。

……易大德（武昌中華大學 夏曆八月二十三）

豐求

…………豐求學此邪。於茲兩稔。每睹北國學說之勃與。辨難之鼎盛。未常不欣且羨也。回觀吾國。衆議銷沉。偶有所論。恐對人而發。排除異己。惟恐不力。爭而勝。徒逞一時之憤慨。爭不勝。則狺狺而吠。非假設臆度。為捕風捉影之談。即訐發人私。使再無發言之餘地。從此冀懷者緘口不道。自好者引去弗為。以此。學。學何。由。進。今先生獨登壇一喚。重整旗鼓。但願此後以如炬之目。評騭學理。秉董狐之筆。暢究政情。則利澤所敷。固不僅豐一人沾其惠也。按貴誌伊始。即有文言白話之詰難。與代議非易案之擊求。短兵相接。各展奇材。蔚歟盛矣。然豐竊以文字之要。在能發表意志。是以意志為主。文字者不過運用之工具耳。文章本天成。妙手偶得之。以偶得之妙。望諸人人。是固不可。且更非求人能文之本指矣。杜威教授言。有死有生。乃需教育。教育本指。乃擬將前人所得。傳之今人。今人有得。共諸來世。文字之要。亦復如斯。豐以為適之先生之倡言白話。與先生主張復用文言。既各有令人不滿之點。各各引起反動。即當各各默察時局。願循輿情。如是方不失為真理而爭之盛意。學者。論。學。去蔽。為。先。蓋不。蔽。乃。能。有。冷。靜。之。頭。腦。乃能。有。不。蔽。之。真。見。也。以故文倡之爭。豐主兩相調和。勿走極端。一切。以。內。容。為。重。文字。附。之。豐常與人言。適之先生之文。有獨到處。不能以一全篇被滑。可取之值其微。適之之文。大抵如是一數語。輕輕放過。而先生論政之作。亦復匠心獨運。斐然有章。亦不能以「不値的一駁」一語。而一筆抹殺也。愚意江南有橘。踰淮爲枳。民國政制。大抵類此。代議、良制也。及移置中國。則身爲民表。名列議林者。靦然自安。趨蹌恐後。有光國邦諸之佳話。卽有紅維嫁賣身之醜行。且復甘自承認。「舉錢買票。亦係當然現象。捨舉錢買票外。又豈有其他方法。」以致議會投票。可目投標。議會如斯。無怪先生之與言廢止也。然愚竊以凡百制度。俱皆有弊。賢者探擇。從長而已。英倫巴力門議會之母也。各國言政施制。莫不準之。而英制於今。綿延數稘。改革之浪。時有所聞。廢止之議。絕無僅有。在一八二三年前。彼其腐敗之情。不遜於我。苟卽一舉棄之。英倫今日政治之美狀。不復能陳現於吾人之前矣。夫英制有弊。英人知之。知之而求所以去之。故有一九一八年蒲徠士之報告。及一九二二年委員會之議決。今先生於中國議制不良之點。致弊之由。不聞招致時賢。悉心探究。徒囫圇其詞。主復科道。則聞者驚愕。見者致疑。豈復偶然哉。且中國政習之惡。非止一代議制也。先生言之。特舉其一端耳。現象。如此。要。有。他。因。決非。制。度。本。身。之。問。題。也。其因。不。去。無論。何。制。俱不。足。與。試舉犖犖灼見者言之。昔自芝浩之論英政也。謂其致治之由。由於二端。卽人。民。有。識。崇敬。有。位。是。已。自民所言。卽中吾病。吾國不治。皆由於是。然民智未開。尚不足患。善自導之。數十年間事耳。而對。於。有。位。漫無。敬。意。則病。症。所。在。且反。脊。肯。豈爲斯論。非欲使舉國之人。逢迎權勢。要知。崇。敬。逢。迎。意義。不。同。設人不察。藉詞求疵。聽之而已。豈何辯焉。總之。豈。深。信。人。民。不。能。敬。恭。有。位。有。位。者。卽。無。由。號。召。縱有。善。政。政何。由。施。乎。英人選擇智者。使之爲政。崇之敬之。更鑑之察之。號令一出。翕然從風。此英政所以良也。而吾。國。人。對。於。執。政。者。既無。相。當。之。敬。意。復多。得。失。之。私。心。非穢。言。謂。語。龐然。雜。呈。卽結。社。營。私。攀拔。自貴。如斯。爲政。政何。能。滅。乎。刓人。民。不。崇。有。位。有位。者。將。不。自。崇。呼之爲奴。斥之爲賊。一切任人名之。縱其。人。不。奴。不。賊。久之。積。羞。成。怒。且悍。然。爲。奴。賊。之。所。爲。矣。凡此諸義。心所謂危。不敢不言。乞卽代爲

露布。與閩人共商榷焉。…………熊保豐（十六閩拱約娥 月十九日）

惟是

…………惟是。學。有，朋。而。不。可。以。有。閥。朋則以學術相礪。道義相尚。世治則逵以展學。窮以抱道。爲純潔之士。世亂則品以矜俗。言以警衆。爲粹礪之儒。閥則意氣相結。私慾成黨。世不論治亂。理不問曲直。同者。可。之。不同。者。否。之。有利。則。譽。揚。無利。則。攻。訐。學校。爲。利。藪。士子。爲。亂。媒。世道。人。心。至此。尚。堪。問。哉。古人爲學。有朋無閥。學閥之說。今始有之。竊謂爲政者。若不於此處痛下針砭。未足與言治也。…………楊芝軒（北京中國大學 十一月六日）

攟篇錄

孤桐

日來無事。著手清理舊稿。意當毀者毀之。當存者存之。使之告一段落。此是多年夙願。兼友屢請。迄未追及之也。其中頗有殘稿。及隨時紀錄之碎義。錄之不可。棄之亦復可惜。則擬得便排著。另爲一輯。號曰攟篇錄。以所。見。者。小。而所。得。亦。無。當。於。道。也。題大。而。幅。窄。緒。繁。而。詞。約。便於。者。覽。可發。人。思。諒本刊讀者所不鄙。取以實之。

墨經各義。與莊子天下篇惠施所立二十一事相出入。兩家有互爲因緣之道。其跡甚顯。魯勝墨辯注序、謂惠施公孫龍祖述其學。張惠言亦云。觀墨子之書。經說大小取盡異同堅白之術。蓋縱橫名法惠施公孫龍申韓之屬皆出焉。是惠出於墨。久成定論。近人如梁啟超、胡適。號精墨經。亦無間言。諸家震於兩子說事之同。所含義理。復格於所學。未暇深考。因武斷爲辭旨相倖。交相比附。此實爲。歷代。墨學。不。進。之。一。要。因。以愚所見。惠墨連誼。不僅不如諸家所言。而且適得其反。蓋墨經所載諸條。其義無一能與施龍相合。一設。一距。情態顯然。愚意。墨。子。兼。愛。大，義。以人。之。

無。窮。而。不。害。於。事。最。先。爲。施。詭。之。徒。所。排。斥。白。馬。之。論。即由。是。推。演。而。出。主旨。既。定。別義。因。緣。遞。見。遂。成。宗。風。所傳。二。十。二。事。固未。必。得。其。全。也。此種。論。戰。互有。數。十。年。其義。不。限。於。兩。家。主。者。自。持。之。故墨。經。爲。墨。家。集。義。之。書。不必。爲。墨。子。手。著。蓋無。疑。義。年來愚本此意考墨。經所發見。自信、爲、墨、學、之、一、大、關、鍵。此著、不、誤。以治、周、秦、學、術。殊有、探、驪、得、珠、之、勝。

有論外交系題文殘稿。去歲擬爲新聞報作。未成者也。冒頭一段云。外交系云者。其人大抵諳通外事。明習鮮卑語。能傲輿臺負販以所不知。而又外善修飾。內工揣摩。拜謁應對。俱中程式。彼輿臺負販者流。乍履清華。頗慚形穢。士林不齒。物議紛加。適見此。齷。齪。牙。朗。朗。冶步。從容。是固。可。狎。而。玩。而。左。右。近。習。復。以。無。黨。派。色。彩。等。號。歸。之。而。所。謂。外。交。系。也。者。獨。步。一。時。宰。制。天。下。矣。田梓琴曰。凡外交官。當以不諳外國語者充之。亦憤激語。

人才者用得其宜。天下之才。不可勝用。不必惟茂才異等之是求也。淮南子有跛者瞽者相輔而行之譬。歐洲古話。亦復有此。(L' Avengle et le Paralytique) 所謂。我代。爾行。爾代。我視。(Je marcherai pour Vous: vous y verrez pour moi.) 之。一。名。言。至引。爲。近。來。主。「連。說」者。之。格。律。其意可深長思也。連說者法儒都康主之。

某國慶日。申報記者朱君少屏、徵文於愚。愚未之應也。朱君強焉。愚不得已爲之。乃稿成而朱君屏不錄。以排印不及對。頃見殘稿尚在。記其一段如下。亦敝帚自珍之道也。——愚嘗謂人才爲貨棧。有一分之才。悉以入棧。然後從棧取得收據。向社會索酬。無所入。而有。所。索。者。則社。會。之。蠹。也。愚今年毫無所入。所索不少。愚友所入亦不多。所索過當。愚之政。敵。更無。所。入。而所。索。幾。至。傾。國。奈之。何。哉。——實則貨棧之說。本英儒穆勒。

章氏墨學

〔經〕知、聞說親。

〔說〕知、傳受之。聞也。方不㢓。說也。身觀焉。親也。

此言知之來源有三。曰聞、曰說、曰親。墨得爲其知與否。尚待考驗。固非謂。有。聞。有。說。有。親。而。知。即。具。於。是。而。已。足。也。梁任公謂「身親焉者。知識之基本。而又其最可恃者也。」（見梁校釋）是不然。昔齊攻魯。求其岑鼎。魯侯僞獻他鼎而請盟焉。齊侯不信。使柳季云是。則請受之。（劉向新序節士篇）是齊侯。身。觀。鼎。而。不。知。尚。賴。有。所。聞。於。柳。季。也。劉老老之不識黃楊根杯。尤爲佳證。聞與說之不可恃。由此類推。方不㢓、孫詒讓云。非方土所限。是人所說也。然傳。聞。亦。非。方。土。所。限。身。親。更。非。焉。且。人。所。說。爲。說。傳。受。則。亦。人。所。說。也。界。義。混。微。非。墨。經。意。太炎謂親爲因明之現量。如官感所能接者是。說爲比量。以其所省者

善隱度其所未省者是。（見國故論衡原名篇）意頗切近。愚按、方者。墨。家。作。辯。所。立。方。式。之。術。語。也。以。其。字。公。孫。龍。亦。用。之。（名實論云不害其方）墨。或。易。稱。行。字。即。經。中。一。諭。行。行。行。學。「之。行。也。方不㢓。謂知。識。律。之。於。方。不。見。阻。隙。西。人。所。謂。合。於。形。式。邏。輯。者。是。也。斯。之。謂。說。說者、英文。Reference。。。。正足。當。之。

〔經〕聞、傳親。

〔說〕聞、或告之。傳也。身觀焉。親也。

本條二義。與上條知者相複。疑不應如此歧出。愚謂。此。別。墨。自。據。所。聞。筆。之。不。必。與。上。條。同。出。一。手。墨。子。書。中。意。同。而。詞。微。異。者。大。則。全。篇。小。則。單。句。時。見。雜。出。可。證。此。書。爲。墨。家。弟。子。共。記。合。輯。之。作。也。身觀梁任公謂此條釋聞。不當言觀。疑涉上條而訛。此小節。不足辨。

〔經〕必、不已也。

〔說〕必、謂臺執者也。若弟兄。一然者。一不然者。必不必也。是非、必也。

此條。乃。駁。施。龍。兄。弟。俱。嫡。之。說。也。（說見本經嫡舊作適）此說即吾國諸施龍。雖無明證。但以天下篇二十一事之性質推之。如斯立辯。非所宜有。凡說。辯。爲。墨家。所駁。斥。者。以施。龍。領。之。要無。妨。也。不已、已以通用。不以、謂其事已成定性。不可指摘。不得。以。爲。疑。問。而。討。論。之。也。臺、釋名釋宮室云。臺、持也。築土堅高。能自勝持者也。此用作基礎之意。日本。語。有。曰。土。臺。者。意彌。近。是。臺執、謂事。實。之。可。爲。基。礎。足。勝。持。執。無。待。推。論。者。也。若弟兄。一爲嫡。一爲非嫡。（一然者不然者）一此非實也。非嫡。者。必。不。爲。嫡。爲嫡。者。必。爲。嫡。一必。不。一。必。也。（必不必也）此是。非。自。明。之。非。也。是。非。自。明。必。之。謂。也。（是非必也）後文。非。彼。必。不。有。必。也。義。與。此。條。同。可。以。參。證。

〔經〕假必誖。說在不然。

〔說〕假、（經誤）假、必非也而後假。狗假虎也。猶止（舊作氏）虎也。

假虎及下虎字。舊俱誤霍。氏與止、篆書相彷。形近。致誤。

此駁。惠。施。犬。可。以。爲。羊。之。說。者。也。其義、須、與、止、因、以、別、道、一、條、參、看。凡理自定爲一前提。因以起論。（[illegible]）曰止。所止者而爲人駁詰。在本前提無從自證。法惟將本前提之反對理由。假設爲題。使之論證。是之。謂。假。止。如此假止之題。設之而是。吾所止者。將不攻自倒。設之而非。吾所止者。將不辯自明。此種。論。法。在。墨。經。曰。駁。不。然。其。關。鍵。全。在。所。假。者。之。誖。與。不。誖。假。不。誖。止。不。正。假。必。誖。止。必。正。也。止。正。基。於。假。誖。而。始。成。之。故。曰。假。必。誖。說。在。不。然。此。於。邏。輯。曰 Presupposition by denial。

必非也而後假者。謂假。止。之。法。必。於。前。提。有。所。非。難。時。始適。用。之。也。今前提曰狗非虎也。有人非之。謂狗即虎。則應之曰。假。若。狗。而。虎。也。其論。證。將。如。何。或曰。試以。「狗。者。虎。也。」一。語。爲。前。提。而。止。之。其得。判。當。

如何狗假虎猶止虎云者此之謂也惠施之辯不曰狗虎而白犬羊其符雖非其理則一墨家之前提曰犬非羊也惠施難之曰犬可以為羊墨家曰善姑止於羊而論之請以所設者語我來恐按常時惠墨馳辯往復之道如此自狗黑諸辯類推

孤桐雜記

從姪圻左學昌將長沙親舊前歲輓先君先兄詩聯集成一冊用心甚為可感其情摯詞佳非倩人代作者一翻而知茲採錄若干首如下以酬厚誼而誌哀思云爾曹子穀（典球）輓先君詩其一云老猶風流盡悽清已二年開喪憐去國（作於問到喪在湘）負土有群賢父執今無幾高文欲與傳戰時同飄淚何以慰重泉其二云世亂非儒業公能契孔顏詩談皆至理雅誼訂睹頑人遠風逾古山容花自開祇餘行樂地猶是在兵間柴煥彬（燉熙）聯云先生行誼是述之賢齋者流著作付佳兒繼父成書分史席當代文章以太炎一山並況家門出名士淡公高蹈薄儒林李肖聃（[illegible]）聯云餘[illegible]惜華髮秋雨泣孤桐姜詠鴻（濟寰）聯云憤時與賈生屈正則同符壽命特長更有蘭陵貽澤遠輔世以鄉長鄉大夫終老先君循好朝瞻枌社感懷多子穀聯云風致似樂天談笑似東坡高壽有子似楊誠齋陸放翁一生福慧雙修頤養林泉為國老侍話在昔年乘幣在亂後賜酒道故在燕昭臺黃歇浦父執凋零殆盡若嵩山揖圍何方黃鹿泉丈（居）聯云守道獲全歸留得髮膚遺父母（先君未剪髮）承家新介嗣猶聞演說重倫常王翊鈞（組長）聯云是翁以七秩高年從萬里歸來幾閱滄桑允稱三老教子為二十世紀第一流豪傑若論福慧亦足千秋（翊鈞文章害法在謂均有辟謝）

晬年巳下世矣先兄文章最為與吳雁舟丈吉甫聯云。明德有達人。試看詩禮趨庭。草卜光閒雛伏日。故鄉。多。倚。業。若。閒。文。章。開。國。半。在。公。家。子。舍。中。曹。詠蘇丈唐芳輓先兄聯云。器從廄郎萬羅來。況東道主人。長與我春夜聯牀。秋窗剪燭。剛誦禮經庭戶閉。問誰來豎子。拋卻嵇康。子。少。左。思。兒。嬌。子殺聯云。兒時過從慣論文。知比部制華。美舉定能榮杜宅。亂後。歸。來。成。大。孝。作。微。君。仙。隱。人。間。無。處。覓。桃。源。朔鈞聯云。吾望。已。無。多。如。此。淪。桑。淡。公。先。去。諸孤欣有託。若論。醫。藥。觸我。傷。心。先兄疾爲庸醫所誤許季純崇熙聯云。雛。彌。反。哺。慈。烏。恨。又。聽。歸。飛。斷。雁。聲。張劭熙師緒光聯云。一生古道諸堪師。詩廢。蓼。莪。詩禮光陰剛十月。四海潮流誰共挽。悲增棣萼。滿。城。風。雨。泣。東。陽。勛師今年化去士釗挽之云初紫文字先生啓之姚省風叢吾

蔵陳蓋世才華所如合屆朱筠官很有餘不詠鴻聯云。迴湖紀琴交。小集梧。桃。容。易。悲。風。驚。落。木。雖。逢。和。緩。技。殉。身。苦。塊。更。憐。秋。雨。泣。孤。桐。胡律孫詠韶聯云。鯉箭器痕新。謁舍俄傳公已逝。鶴原秋影閟。禮堂參詣我來遲。易寅村培基聯云。花。萼。昔。同。輝。去。歲。懷。沙。今。年。賦。鵩。兩。家。各。痛。階。珠。失。南。風。今。不。競。蔡。公。走。幣。賢。士。無。名。後。死。無。如。鄉。國。何。寅村介弟自沙前章故上勞云梁璧園煥奎合輓先父兄聯云。丈人當代良賢。憶山妻歷困沈疴。從勞掃藥回元氣。家嗣平生純孝。隨慈父同歸淨域。始信。桔。花。有。夙。緣。曾重伯廣鈞聯云。追魂。碧。落。碑。誄德。不。須。求。北。海。傳世。青。城。主。文。章。何。處。哭。東。坡。重伯方有挽時已前歿彭少湘丈清翰聯云。父誠賢。兄亦誠賢。定卜德門遺澤遠。弟可。弔。子。尤。可。弔。須。知。時。局。仔。肩。難。

說林

李葆生告余。毓賢死狀。渠在甘肅所目及者。庚子十二月。奉到立將毓賢正法之諭。時布政使李廷簫護理總督。立召署布政使何福堃、署按察使潘效蘇計議。皆慷慨請保毓公。因用急電陳奏。奉諭不准。除夕

諭到。已在封印期內。乃復請緩決。奉諭准改至正月初六。廷鏞始以上諭示毓賢。因曰。大人年事尙富。報國之日正長。廷鏞年七十餘。亦復何惜。大人且往帑夏。卽債事。不過不作官耳。毓賢固持不可。廷鏞乃曰。大人必如此。其自爲計得矣。雖然。廷鏞必以尸諫。明日爲光緒二十八年正月元日。朝賀禮畢。復發電言毓賢忠臣。乞聖主哀矜。又作書致親友決別。遂仰藥自殺。時毓賢居八旗會館。聞之撫尸痛哭。市民聞之。有能市巷哭者。臨皋以總督出缺。衆議家務。往見毓賢。謂護院之死。欲生大人。以報國家。臨皋乞大人速行。使臨皋得爲君子。他非所計矣。毓賢堅持不可。謂君命我死而不死。卽殺須臾。尙何面目見吾死友。臨皋再四哀請。仍不得當。則痛哭去。甘肅殺人在北城外。府縣吏以毓賢忠臣。義不可苟。爲設刑場。而市民益感動。奔走號召。揚言且救毓大人。效蘇以人心不死告毓賢。以爲不使小民陷於罪戾者。唯大人速去。毓賢曰。唉、我欲速死耳。如萬有一。不徒重傷吾民。且如朝廷何。爲今之急。莫如早殺我。速早死耳。早死一日。早淸靜一日。今夜二更。請以好手來此。（謂劊夫）城外過於張皇。我亦不欲往。語畢。卽召三姨太。問汝如何。則以死對。毓賢點首稱善。三姨太飲鴉片先死。復召四姨太。四姨太亦請先死。毓賢不可。謂老太太尙在三原。汝須爲我伺候。抱中兒汝須爲我撫養。汝必不可死。毓賢幼子不足兩歲。四姨太產也。殺毓賢者先后兩人。皆不能中。其奴子哀之。乃爲加殊。抽刀自劄者也。事在初三。越兩日。其女子亦飮藥死。餘與諸督軍組遜謝聯卿之言同。毓賢停柩八旗會館。闔巷之民。爭執雞酒醮弔。或持百錢。或數十錢賻賻。每日之間。集錢盈屋。以爲毓大人雖死。尙有老母、寡妻、抱中兒。不可負也。

看日知錄、因生平不好易。故每次於第一卷。均匆匆看過。雨窗孤坐。拾其所遺。如以合象象於經不始於輔嗣。證以高貴鄉公傳。以爲康成之書。已先合之云云。按康成之注。見於李氏集解者。不足以觀其行欵。（惠氏學本拾遺仍不足以觀其行欵）弟象象不與經文相連。而康成合之。則許子常言之矣。分爻之彖辭。各附其當爻下。已爲少帝所見之書。不得曰王輔嗣以意合之。正義之說。誠爲朱尤。唯欲復程朱之書以存易。不曰。分。別。經。傳。彖。象。以。存。易。則所。謂。存。者。仍。不。出。輔。嗣。之。舊。且程朱本各不同。程傳行而朱子所定之古文已亂。是復程。即。不。能。復。朱。今日復程朱以存易。而又不能自闢其說。未免有意偏重。江鄭堂以附庸待亭林。則門戶之見然也。（今程傳已爲令甲所載附則周易折中即本朱子之舊士子來學受傳非此即傳將已如亭林之說則易果依乎古也）若日知錄卷二、二十二葉。其最精之義。服父三年。服祖期。則曾祖宜大功。高祖宜小功。而皆齊衰三月者。不敢以大小功旁親之服。加乎至尊。故重其衰麻。尊尊也。減其日月。恩殺也。此所謂上殺。服適子三年。庶子期。適孫期。庶孫大功。（原注適孫係承者也有適子者無適孫則及子在皆爲庶孫也）則曾孫宜五月。而與玄孫皆緦麻三月者。曾孫服曾祖三月。曾祖報之亦三月。曾祖尊也。故加齊衰。曾孫卑也。故服緦麻。此所謂下殺。（說詳答徐中通書中無文不似能有此說）故謂堯舜禹皆名。是也。余意、古、者、不、唯、無、號。且亦、無、名。取火者曰燧人。教耕者曰神農。作舟車則爲軒轅。養犧牲又爲包羲。皆象。事。爲。名。與後世所謂形容詞徒、后稷、共工、殆無以異。象事爲名。因不專指美德。如曰混沌、窮奇、檮杌、饕餮、則象、惡、德、矣。蓋上古無名。其名堯舜禹者。猶后、帝、法、耳。成湯誅葛。與西伯戡黎。其用意正同。孟子傳葛伯對湯之辭。如曰無以供犧牲。無以共粢盛。語頗近謔。而湯漫應之者。欲以。得。道。自。處。而以。亡。祖。之。名。處。人。故。也。童子以酒肉餉。所値淺何。堂堂君后。殺而奪之。其窮過於公人。其暴甚於野盜。天下寧有是事。然而葛伯竟出於此者。不根。於。湯。故。也。彼以。道。來。此以。暴。往。其直。在。彼。而葛。眞。不。得。已。矣。亭林惑於聖王之正。而不、知、聖、王、之、權。於是以征葛爲亡祖。且又疑泰誓爲僞書矣。（自用鄭僞書僞孔僞書出而伏孔僞若謂今之所謂今古文尚書皆僞可也唯以武王誓師之辭爲過激則又非矣且天下之所不疑而數然爲之不日誅暴何爲出此不日其暴之甚何爲而必出此其紂之惡者又聖王之攸也皆哉誠柔君制義有日聖人無好惟之好則不聖好惟無人之聖則不好者豈言此不禁洞洞及之聖）（曾吉甫）

時評

一月以來。近幾風雲。層起層錯。忽隱忽見。幾如海市蜃樓。神光離合。不可端倪。可謂譎波詭雲。譎之極致。因循醞釀。展轉變化。至本月初。國民軍與直軍。始正式交綏。德州馬廠北倉楊村。均為戎爾。交通阻絕。消息紛歧。謠諑繁興。莫衷一是。且京漢火車。近亦不通。鄂豫之間。假有阻礙。晉洛接壤。已有戰報。王為蔚係被查辦。靳雲鶚為參謀。並有明文發表。勢成混戰。不無連瑣。環顧中原。隱有山雨欲來。風滿樓之象。非僅京津數百里。在攙槍擾動間矣。吾人居此嚴城。有如坐井。勝敗之數。殊難臆揣。立評之誌。亦嘗無宗。惟歷年國中之大小戰爭。吾人于惝恍迷離之中。每以人心為著龜。卜成敗。未嘗不中。多數人心所欲許者。雖寡敵眾。亦無不勝。反之而為眾所厭棄者。雖強無不敗。是以歷次成功者。與其謂為槍炮戰勝。毋寧謂為，人。心。戰。勝。較為。的。當。蓋人心之好惡。究以何者為依皈。頗為神秘不可思議之境。然決。非。偏。私。之。見。所。可。勝。亦非。偽。之。行。所。可。欺。原出。於。良。心。之。判。斷。適成。為。公。理。之。決。哉，無論。事。實。如。何。紛。亂。是非。如。何。混。淆。終有。此，無。形。之。潛。勢。力。張弛。鼓，盪，于，其。中。如大，火。聚。之。根。運。機。樞，推移。操。勝。而。不。可。侮。而人。類。所。以。維。繫。於。不。滅。絕，者。亦維。賴。此。自，心。之。無。上。利。器。以捍。衛。之。佛經謂大地山河。唯心所見。天堂地獄。一念在前。蠻爭。蟻，鬪。機括。甚微。固不。難。於。豎。窮。橫。遍。之。人，心。中。以益。斷。消。長。而。判。決。之。使之。無。可。逭。特人。為。二。毒。所。迷。不自，覺。知。遂謂。天。理。昭。昭。或默。寶。天。亡。我。豈真。有。所。謂。天。哉。夬亦。自。我。民。視。自。我。民。聽。而。已。民國肇興。惟辛亥丙辰兩役。校為名正言順。而人心之向背。立即鮮明。戰事亦如摧枯拉朽。隨而解決。邇年漸入混戰。名義。上。已。不。易。得。正。確。之。標。準。因此。人。心。於。戰。事。初。起。頗呈。眩。惑。無。定。之。狀。態。必經。相。當。之。時。期。而萃。衆。心。理。漸入。歸。納。迫趨。于。一。致。勝負。之。數。可指。日。揭。曉。矣。此次戰事。當亦不能逃此定例。欲知最後之勝負者。請視人心。（懲）

二

厤年以來。中央財政賴為續命之湯者。厥為鹽餘。全國鹽稅年約八千餘萬元。除外省截留及償還外債。年餘三四千萬元，可由中央支配、凡中央各機關行政費、教育費、以及直轄諸軍協餉。皆取給於此。其為不敷。可以想見。蓋僅能維持門面。以為國際交涉之主。體。財政。云。乎。添言之。已。考鹽稅收入。以場稅為大。岸稅次之。我國各鹽場中。長蘆兩淮。稅收最旺。殆佔全體五分之二而強。茲兩場者。居交通便利之地。為稽核權力所及。故能常川檢將。供中央之用。質言之、即中央實恃兩場為活。殆非過言。而今則不然。吳佩孚通電截留鹽稅。陳調元已起而響應。蘆省雖未明白宣示。夙已是諸事實。而淮場絕。津李稱兵。京津梗阻。大利所在。豈所不圖。而蘆場兩場。皆。絕。然後。中。央。財。政。遂瀕。漸。於。山。窮。水。盡。之。危。故京。津。之。戰。影響。所。及。固不。止。於。政。治。已。也。苟易政局。新貴如林。攀附之徒。更難僂計。益以產業不興。畢生以官場為尾閭。北

京一隅。官吏達六萬餘人。但能坐食。安有事事。官荒。之。象。已。成。是。又。非。直。財。政。問。題。而。已。（丟）

司法部職員。以欠薪過鉅。無法維持生事。因發公啟。擬以能工相要。此等事。在北京政府。幾屬司空見慣。明日或他日而果履行所言。衙署庭院。無復有埋頭伏案之僚屬。亦不過於鼙鼓聲中。略一暴京曹之窮態耳。非創舉也。除交外兩部外。他署枯窘。約視司法。聞風響應。或在意中。萬一維繫無方。窮相彌著。外賓旅都者。於飽聞殺聲之餘。復益以蕭條衰頹之印象。他日舉其事於國中。吾人、試、思、之。他邦、視、吾。究當、作、何、感、想。夫以安分守法之良民。一意奉公。乃以飢餓不能出門戶。無法救濟。始以罷業相持。跡雖要挾。情實可原。倘具仁心。應為下淚。惟中樞之窮。由於支付軍費。窮兵不法。戰事不停。則財政決無整理之望。此義人盡知之。若謂、官、貧、由、於、人、濫。蘇困、首、在、裁、員。則籠、統、含、混、之、言。不可、無、辨。自有人標裁員減政以來。當局每有更易。履新之始。輒以裁員相號召。自以為節流之道。計莫善此。習聞既久。幾成獨一無二之法門。姑無論其能否言行相顧。悉綮率允。就令勵。精。圖。治。大公。無私。吾徒。見其、不明。大體。已。第一。吾人、應、知、當、今、所、謂、京、曹。究以、何、種、人、士、為、多。第二。國家設官吏。本有定額。何以、架、床、疊、屋。日見、擁、擠。第三。裁員、之、後。中央、財、政。是、否、即、能、舒、豫。而此、後、部、員、即、無、復、凍、餒、之、虞。第四。被裁、人、員。是否、聽、其、自、生、自、滅。抑須、設、法、為、之、安、頓。凡此諸義。倘不明了。則所得恐、非、所、期。而無、形、損、失。必尤、非、金、錢、所、能、估、計。吾今所論。本為索薪。題外所涉。不能多贅。惟兩、事、相、連、至、密。而繫、鈴、不、能、解、鈴。真相、恐、益、蒙、混。則為之約舉其義曰。今日中央政府。雖多冗員。而學、業、斐、然、有、成。寄足、衙、署。藉維、生、事。孜孜、從、從。別有、用、心、者。亦大、有、人、在。國家。養。士。不應。令。其。無。所。棲。止。頻年、喪、亂。無處、容、身。從軍、以、外。殆無長策。其浪、迹、京、華、者。蓋猶、是、愛、惜、身、分、之、人。故戰、事、日、數。而京、曹、亦、彌、多。夫裁員者。為節省政費也。假使、驕、兵、不、汰。戰、事、不、停。則挹、注、所、資。仍、是、官、帑。縱令、月、減、鉅、萬。祇剩、殘、餘。擁兵、索、餉、者。遂將、不、復染、指、乎。智辯、之、士。無所、歸、宿。新進、乘、之。或成、禍、亂。國民、失、業、爲、國、家、最、大、問、題。坐視、不、顧。非謀、國、者、所、當、出、也。吾亦、非、謂、京、曹、悉、皆、賢、智。冗員、不、當、汰、除。惟裁、員、須、先、裁、兵。且卽、裁、員、矣。而裁、之、亦、自、有、其、道。此則去題愈遠。非今所詳。更端申論。請俟異日。（完）

論敗律

孤桐

愚近以教育政策不行。謂際時變。迫而解職。人或爲愚不平。愚笑應之曰。子、爲。我。謀。未若。敗。律。之。爲。我。謀。也。客請其說。愚以、民、國、十、一、年、一、月、一、日、廣、州、軍、政、府、敗、後、愚、所、揭、於、上、海、中、華、新、報、一、文、對。客撫能爲下轉語。愚以。此。文。無。背。於。政。德。之。恔。也。今日。之。軍。政。客。詰。之。容有。當。於。吳。稚。暉。先。生。所。稱。定。心。丸。之。用。而愚。尤。深。自。刻。責。期於。言。行。不。至。打。成。兩。概。使天。下。之。手。與。目。均嚴。以。指。視。愚。故重。布。焉。

愚三年來服務軍府。宜力和議。所懷政略。未得實施。以成南北乖離之局。如今日焉。愚所負之責。雖在余其中爲甚少。而要。不。能。不。自。認。爲。失。敗。者。之。一。人。因思。失。敗。者。爲。政。之。恒。情。而認。失。敗。則。非。易。事。自。來。政。潮。中。之。有。奇。禍。互。變。內傷。人。道。外戕。國。本。每由。失。敗。者。不。認。失。敗。或認。之。不。得。其。道。而。起。愚既居於失敗者之地位。意誰。有。善。體。認。之。而。已。

認失、敗、之、道、奈、何。曰、凡政治社會。不能不有派別。有派別。勢力不能不有消長。意見不能不有異同。而既此。消。長。異。同。俱應。依。國。民。之。總。意。以。爲。其。符。驗。故凡。此。消。而。彼。長。而衰。而。異。起。已身。不。得。有。所。容。心。於。其。間。亦惟。聽。輿。論。之。準。裁。而。已。其律曰。得勢。時。須。提。得。起。失勢。時。須。放。得。下。又曰。凡政。策。當。任。人。試。驗。又曰。事苟。有。濟。成之。者。不。求。在。我。又曰。勿予。勝。者。以。非。其。道。亦毋。我。勝。時。人。不。以。非。其。道。困。我。反斯律也。而曰。

吾儕爲天職。吾理爲獨至。吾黨爲神聖。無論挫敗何若。決不放鬆一步。凡可以制敵黨死命者。無所謂陰謀。無所謂辣手。無所謂不道德。凡所能及。力所能至。一無揣衡進退而施之爲。勢必報復。相尋。怨毒。日甚。利害。塞。途。縱橫。百。家。甲乙。昔。黨。儕。而。今。同。器。丙丁。本。兄。弟。而。今。閱。牆．一言。異。而。仇。友。易。形。一事。遂。而。父。子、相。賊。名。器。不。値。一。文。恩。情。付。之。流。水。私。欲。無。厭。正。義。全。亡。翻。手。爲。雲。擬步。如。漆。政。治。生。涯。至。此。純。爲。桎。梏。而國。非。亦。從。此。不。堪。問。矣。諸者試游目以觀。今之政象。豈不其然。其所以然。一言蔽之。不明。敗。律。之。故。吾認敗律。非必有所愛於敵黨也。本黨子。交。相。利。之。義。而自。愛。愛。國。之。道。亦。不。得。不。如。是。也。蓋失敗何常之有。吾今日失國民之同情而去。明日容復得之而來。失敗而甘居焉。在己天若泰然。從容修省。在敵以無所顧忌。成毀莫貸。責備益明。夫成也我又何求。毀則國民厭之。吾黨政治之天職。取而相代。亦無所容其愧詐。且也。人之欲善。誰不如我。人當局而我以是待人。我當局人或以是待我。彼此。相。媢。祥。和。以。生。不義。之。財。可。不。耗。不。正。之。非。可。不。作。倒。果。倒。果。之。兵。變。可。不。有。鈎心。鬭。角。挑。撥。構。煽。之。爪。牙。心。腹。可。無。庸。政家、之、品。格。日。高。政爭。之。紀。律。日。明。國計。民。生。之。陰。受。其。福。者。日以。無。甚。故日。本黨。子。交。相。利。之。義。而自。愛。愛。國。之。道。亦不。得。不。如。是。也。愚近頃由京至滬省友。自西林以下。凡夙昔廣州之同人。八九處至。意氣自若。行所無事。於孫中山一派之人。廣州。類無悻悻之色。愚深感焉。凡右所陳。愚既以自勉。並欲廣同人之意。使人、明、吾、人、制、勝、之、別、有、道。因利用本報新年餘白。以敗律著于篇。

與陳瀾生論金佛郎案書

孤桐

瀾生吾兄左右。累月未見。時用結想。政府得兄爲制度支。可謂大幸。爲兄自計。可謂大不幸。以天下。人。之。不。謗。是。非。愈。欲。有。爲。將。愈。無。以。求。諒。於。人。也。然有一非獨爲兄喜。則丙辰兄以財賦見罪。甫參政事。夕對吏議。胡然而名捕。胡然而誹謑。橫被僇辱。摧盡法程。而當時究不識陳錦濤爲何如人也。此八。年。間。兄蟄。

五

居天津寶華里之二樓二底不求人知人亦不知之常不得倨傲吃則以客寓爲工場以十元二十元爲資本非其子女利其化學知識從事於小工藝品之製作天津雜貨唐知陳錦濤京花香質良雅意稗販君家數日得櫃子母爲食而排婦者或仿謂是賊私末盡也民國十四年中自有財政總長學養深而條理明又一落不苟貸幾無以自持如兄者豈有二人而餘子身名俱泰下亦席豐能自溺縱獨兄躬尸賊名坐廢十年道路悠悠頗然不曉以其迹求之天地間豈猶有所謂公道者存哉總長也者平時如姻頭之羊亂時如喪家之狗去就之際豈復於兄有所增損而兄今日得此差足證明丙辰之非之爲何義及兄自見之爲何道勝使天下忠見謗而信見疑者非惑於一時之得喪榮辱硜硜以守而待直道之久而自還此其有關於世道人心者甚大弟所以爲兄喜也雖然猶有進焉金佛郎案者天下之所詬病也弟雖以謂此案斷關許久終歸必辦辦者爲國任過理所宜然蒞閣國非尸其功而不肯尸其過固小夫工

趨避者之所爲弟深恥也查此案之原委弟不甚明就中損失國庫之至何度理財非弟專司亦莫能言其終展轉出於必辦之一途尤非弟所決策惟政府以爲必辦矣據財政總長之閣席報告依常識之所能至認爲利多而害少則恢同僚爲國務員無拒不負責理交涉部審查者亦共同負責形式之別見者耳以政情言固未見不審查則責輕審查而責特重也世人不解此義即亦不必闖轍此而獲罪弟固無說獨是人之斤斤於此案者公罪外倘有私罪某分贓若干某分贓若干四凶牒傳儀同賓在而弟以無所利而爲人負咎大反乎國人附壤之心理尤切切爲所指目以近所聞謂弟分得三十萬者有之聞此乃有萬中瓜分得之其君得七十萬二十萬者有之聞冊部有賬洋文書之在某鐵棧內有某諸具見之十七萬五千者有之謂政當通有據諸具某財向則部實問十二萬者有之下至五萬三萬者亦有之弟自謂無有何能見信本來止謗之道在乎無辯息爭之法宜乎無爭文中子說昔直不疑歸金同舍謗卒以明司馬德操推豬鄉人後來遜謝誠以嫌微不可躁明而不邪之心

終得大白也。如兄受謗。亦其一端。惟今時人事繁興。多途接構。既乏。可。要。之。息。壞、難期。習。諦。之。長。年。衆毀。所。歸。即若。逃。山。林、入。江。海。而。無。路。且也。世益。險。巇。人益、娼、嫉。偕嫉。明。敵、背有、指、標。而懲。過。涉。之。因。下落。井。之。石。似尤。今。日。士。習。之。特。微。以故。疑。謗。易。消。遠不。如。者。即律、之。吾。兄。內。顧。故。事。情勢。亦。不。相。侔。而弟。踪。安。好。持。短、長。更非、兄。之。明。數。善。養。者。可。比。又政治罪惡。非同私德虧損之爲。大僚得賄。數涉數十萬。不加推驗。總其自明、不論以前數因。自明之未可期也。即明矣、名與。器、之。謂。何。號稱。政。府。宜有。憲、綱。賄無。論。皆。否。不將。舉。失。其。及。時。懲。勸。之。道、矣。乎。以此之故。弟主、金、佛、郎、案、之、私、之、一、而。宜由、國、家、徹、底、懲、之。雖歲王治黨以得賄千元。受欲彈之刑。若子雖恨袁氏立意之不良。而未始不獄用刑之允當。雖今之金佛郎案亦然。弟謂賊不問大小。有賊必辦。若云弟乎。微論大、數、如、前、所、舉、也。只須、有、一、文、之、苟。仰即、論、殺、無、赦。他犯尚許以情節之重輕。甚爲進退。何也。以弟。文。士。號識。理。道。滅否。人。倫。乎且。不。惜。以。大。言。欺。世。其罪。自。應。加。

人。一。等。也。今夏六月間。弟曾自行舉發。由執政批交總檢察廳。如法偵查。該廳迄無所公布。今兄長部。凡金佛郎案之眞實利弊如何。積存關餘一千零三十萬之支用如何。一年間部眼用人之可以辨弊者如何。以及中法實業銀行遠東存戶之實況如何。皆有權一一鉤稽而布達之。弟即不言。兄當自爲。兄即不爲。將有人請願爲之。而弟終噫噫以爲言者。亦以。激查。此。案。之。所。得。無論。正。負。於政。於。法。均有。大。效。而在。弟。使。得。成。其。爲。弟。自中。自。滅。尤。兩。俱。無。憾。外度。紀。綱。內懲。身。世。憂之。切。故。言。之。長。已。耳。蓋者。爲。正。罪人。斯。得。邦有。常。刑、而於。貌。襲。清。剛。陰貪。大。賂。視天。下。無。物。以是。非。爲。市。如。不。肯。者。嚴加。懲。創。以正。士。風。不失。爲。孔。子。誅。少。正。卯。之。意。其爲。負。也。因無。枉。法。可以。勸。善。而使。人。觀。弟。之。過。稍以。知。仕。並曉。然。於。官。邪。賂。章。之。世。無所。圖。利。而爲。國。負。重。爲友。負。謗。者。倘有。人。在。朝間。夕。死。弟亦。甘。之。如。飴。也。弟於兄雖有一日之雅。而此非絕不敢干以私。意或及此。神先殊之。兄以廉正自持。同時以廉正繩友。亦於友誼無愧。況司存所繫。

七

尤無暇顧及此者乎。兄爲人言。今之財政狀況。遠遜丙辰。比時已無政績。今焉能爲。此亦不盡然。爲理政與爲財政之道二。固不可同日而語。簡而語之。一以積極。一以消極而已。昔柳子厚答元饒州論政理書。謂財政之大。莫若賄賂行而征賦亂。以弟之愚。持消極之理。御斯二者。宜不甚難。曩歲。弟爲衍翼卿言。中央能日得一不字。思則一切事可爲。斯議弟至今猶篤信之也。賄賂一項。於弟事有關。故特廣兄之意。以希其效。有罪。不多請。弟釗再拜啟。十二月十三日

往事

孤桐

今年六月、愚自天津返京。曾有辭呈。懇辭司法教育本兼兩職。以執政堅不之許而罷。十一月二十八日之禍變。當時並非頑然無省。而願任之自然。不自爲所。亦願止乎。其不得不止。以獲吾心之所安而已。原呈外間未見。今事成過去。其文或仍爲記者所不棄。爰錄存於此。

呈爲時力不副。成業維艱。申述前情。懇辭本兼各職。萬祈准許事。釗津門待罪。有命責留。詞旨嚴切。至深感悚。惟釗外體時艱。內察政力。改革教育之業。自釗決無能爲。前呈既已縷陳。被留復加研覈。情勢章顯。至近益明。何以言之。自古以來。凡革政易法以及興功立業之事。著手伊始。蓋莫不橫生阻滯。商君之、變、法。甘茂之、伐、宜、陽。樂羊之、攻、中、山。其著例也。商君初建議時。舊臣甘龍、杜摯。廷辯甚厲。秦孝公不爲動。卒定變法之令。秦武王與甘茂計伐宜陽。茂有難色。謂臣爲羈旅之臣。樗里子公孫奭二人者。挾韓而議之。王必聽之。不如不伐。王與之盟。始行。樂羊攻中山。三年而拔之。返而論功。魏文侯示之謗書一篋。樂羊曰。此非臣之功也。主君之力也。之三事者。皆以主者一人之力。通澈其業。今釗受命敷教。事之艱夷鉅細。未審於變法伐宜陽中山如何。如釗不才。衡之三子。則非倫。比執政。左右之甘龍杜摯。樗里子公孫奭輩。慮事至周。憂國復切。所持衆說。又遠勝於前。賢而執政。成算在胸。納言有擇。審其較威。堅持至今。昨釗自津馳歸。而陳不獲已而辭之故。概不見許。且復派人傳

論。今速隻職。此之大而爲國。小而用人。其持正尙義之力。豈區區孝武文俠所能幾及。劉生出湘中。負性懸直。鄉賢什國潘所云堅硬樂打死仗二語。夙所夸夸。劉又本色書生。飽明教義。今之諸校。得病安在。整理應從何出。及整理所需氣力。宜得何許。皆平日之所熟籌。決無臨事張皇之理。據見將貴。即受兼職。固已。戴。孝。德之。卸來。備於。苑之。家。毀。五七之。變。毫末。介。懷。以執政之見信也如彼。劉之背負責也如此。回部視事。宜若可爲。而孰知大謬不然。良以。今。昔。之。情。不。同。君。民。之。政。異。勢。長。國。家。之。難。易。緊。簡。迥。不。相。侔。事之。朝。幕。三。四。人。之。甲。乙。迎。拒。情。感。錯。出。港。汶。紛。歧。越月。踰。時。動。成。隔。孌。以。今。衡。古。理。焉。可。通。凡。此。諸。義。居恢約略寫臧，身感心通。玆潛爲著。竊考執政爲劉所用之力。及劉上署執政之度。並臻其極。過此以往。必非所堪。尋常交誼。尙慄竭忠盡欲之戒。平章國事。宦容孤注一擲之爲。忝荷隆遇。尤宜矜慎。方今各方播扇。荊棘叢生。以劉。踢。恩。妄。作。之。徒。重。執。衆。狙。皆。怒。之。役。設如。宜。陽。之。域。綜。五。月。而。不。拔。晁。錯。之。罪。爲。七。國。

所。檄。侮。其時。謗。議。復。騰。衆情。難。拂。進既。無。策。退愈。無。名。隱。僞。執。政。之。明。顯。誤。一。國。之。政。再。辭。無。其。顏。厚。靦。職。且。不。足。以。被。辜。此。賊。不。忠。於。執。政。之。極。微。而。劉。將。爲。行。險。僥。倖。之。小。人。以。沒。世。也。已。以。劉。之。愚。設。想。商。若。甘。茂。樂。羊。諸。賢。生。於。今。日。日。視。諸。艱。詳。加。籌。考。將不。強。孝。武。文。俠。以。所。難。爲。而。孝。武。文。俠。亦。決。不。失。其。知。人。善。任。之。舉。劉讀書辦事。自信不訛。坦然直陳。未容略顧。說者又以教育兼職。無妨辭卸。本職司法保留爲宜。此其姑息不可爲訓。劉已而辭。蓋劉追隨執政。志在從政。非止求官。執政夜爲劉講說爲人之道。是執。政。重。劉。將。重。其。爲。人。而。不。必。重。其。爲。吏。教育雖屬兼部。而重心驟變。司法轉爲附庸。今政策不行。爲明責任之故。出於辭職。而辭職云者。意不在退出閣席。僅止避重就輕。去一存一。伈伈俔俔。以得保一官爲榮。則劉之自待。果居何等。狀侮。執政與者。當世之士。又至何度耶。綜上諸說。詳核不誤。所請開去本兼各職。出于誠意。毫無飾詞。謹此披陳。伏祈垂察。

九

通訊

夙於

……夙於報端得見尊文。初不過嘗鼎一臠耳。旋而嗜其旨味矣。昨過市。得甲寅十數册。色然以喜。不聞反覆之時。猶見惜文兼至之作。捧讀竟日。幾忘寢食。其中文但平議諸篇。尊論皆可不刊。獨新舊一篇。（第八號）關不敏。尚有疑義。敢就質焉。尊說吾國聖賢教人。教以如何能成為天地間之一人。而不教以如何能成為社會中之一分子。此大病也。尤彼之說。術諸盌天地間之人。俱各各有其獨立之地位。毋須與他人有何迸竄者然。關竊。疑。皆。人。以。人。配。天。地。乃指。全。人。類。而。言。（見群己權界論）非指。一。人。也。且社會之名。古昔無之。以其實推之。則古時為宗法社會。故聖賢所言。皆以人為家之一分子。合家為國。則人又為國之一分子也。尤彼之說以下。原為尊所擬論之說。然愚意則以為孔子曰言仁。仁者愛人。其義至顯。仁之為字從人二。古語曰。相人偶。故父與子偶。而生孝慈之道。兄與弟偶。而生友悌之道。朋友相偶。而生親愛之道。凡此。類。其。實。皆。仁。也。程子。所。云。性。中。只、有。仁。義。禮。智。信。而。無。孝。弟。即此。義。也。推仁故能老老以及人之老。幼幼以及人之幼。是仁之一。字。即可。示。人、人、有。連。誼。矣。至大學一書。乃言教而不言法。言道就齊家治國平天下之人。而非言家規與國憲也。故尊論家國天下。自身不必有何意識。及家國天下未見有何自脊自治自平之能性。皆似稍有誤會。至尊論中國人思想。勵欲為聖賢。為王者、天吏、君、師。不肯自降其身僅求為社會中之一分子云云。則惟後世之狂妄人或有是想。聖賢勸人為聖賢則有之矣。若王者天吏。皆對人君說耳。儒家總重名分。君子思不出其位。知非聖賢之旨矣。又如師則孟子已言之。尊論又曰。不肯盡一分子之義務。與其餘等量齊觀之報。同心戮力。以其齊治平其家國天下。此種思想。固無世無其人。然總不由聖賢學說之影響也。周禮曰。孝友睦婣任卹。孟子曰。修其孝弟忠信。又曰。出入相友。守望相助。疾病相扶持。而其、於、駁、許、行、一、章。言分、工、與、合、群、之、必要。則其、社、會、觀、念。不可、謂、不、深、切、矣。文如孔子作因盛亦其規古者凡士皆任治天下國家之義務故孔子曰不仕無義仕即士之諸也曾論又謂學者立教。動以聖賢期人。而又標出聖賢爲人生最難到之一境。既曰庸德之行。庸言之謹。夫婦可以與知與能。而旋曰中庸不可能。然中庸此文三段辭意。各自不同。庸德庸言。就修養而言。故曰君子胡不慥慥爾。夫婦一段。就知識之全體而言。猶謂智者千慮。必有一失。愚者千慮。必有一得。故子曰聖人有所不知不能也。若中庸不可能。乃言道體。所謂義精仁熟。乃能中庸。略與庖丁解牛之意相似。非爲全不可能。乃較之均天下國家等爲難能耳。又學問本無止境。鄉人或不識丁字矣。儒者或終身不知數目矣。於學聖賢。亦何獨不然。苟有志學之。恐亦未必甚難。且聖。賢。得。

一。善。則。拳。拳。服。膺。其始。固。亦。甚。微。論語。所。教。多屬。卑。近。原不。教。人。爲。高。騖。遠。也。者皆所謂陷落者。實自不得途徑而然耳。凡此種人。無往而不如是。如談功業者。失意則轉入禪悅是也。皆又說五百年必有王者興。其間必有名世者。以爲至五百年之久。始有一所謂王者與名世生。竊疑但有以文害辭之病。夫孟子之意。以爲王者當代代有之。即不幸而不能常有。至五百年之久。定須有一人矣。故用一必字。文義甚顯。不然。周之文武成康。相蟬聯也。孟子將何以自解邪。至於名世者則更多矣。云其間。則五百年之間也。蓋雖無王者。猶有名世者可以主一世之公論。孟子蓋隱以自負也。且孟子所稱王者必能興制度者。此可於七篇中得其梗概。王者雖沒。即守成之主。猶可因舊制以治天下。若至五百年。則一種制度。已至萬不可不變之時。故王者復起。此自。史。材。觀。之。孟子。以。後。直至。清。葉。大致。相。近。不獨。孟。子。以。前。也。此段皆論以後所推衍。似皆坐前題失實之病。至皆論分子整齊之說。極表贊同。惟愚意以爲與其減智識道德而爲

二

與常人調和之說。何不增進常人之智識道德而使之齊一乎。凡此諸端。皆隨諸隨思得之。因今日舊學旣爲衆矢之的。（京論其思持是而所者於學實者但在論若去所引理實之說而果云中）（國人有此極思想用話主似較甚諸或其事當時不其思者隨時以在說助低月定時但當校正爲公未）（知好意其爲然者）而左右又衆許所仰。若云某不磨舊學而亦爲此說。是誠可憫。故慨鐵席。極知公務甚繁。然以執事好納邇言。當不致以食馬肝見譏耳。如蒙反復。尤所企望。蘭亦不事主故說也。……唐蘭（天津九月十日）（界小燈門四十號一夕）

唐君此函。選登府中。恐閱後爲尋常文件捲去。一時廢棄未獲。緝有一函。亦同是厄。以致揭載稽遲。甚爲邑邑。新舊一篇。是幾歲在滬學生會中演稿。一時在湖所燕。非於舊學故爲揚抑。其說轉無由入，所駁數淺。固未是鄙志之所必持。昔者孔子有過。幸爲人知。見在。凡。庸。聞過，寧。非。大。幸。前有陳君朝得。始教如君。異域。之。優。人。可。期。同氣。之。相。求。遠。雖萬。被。責。猶有。餘。欣。唐君字立庵。無錫人。年二十六歲。恐於得函後。什一求見其人。英年俊偉。國學湛深。世有此才。何易可量。　孤桐

不幸

……不幸乃用算家常識之無窮小問題。與丁君西林發生爭論。我前申述一般算家近今共信之說。於平常實勢兩論之無窮小所以非割半可達之理。自信剖析約略已盡。不圖丁君不察。猶固守其可以割到之私說。此於現代評論一卷五十二期通信中所云云。指。器、在、于、飾、辭、解、嘲。ignoratio Elenchi 之。謬。儆然。可。見。關於本題。並無一句撮着痒處。彼言。可。逆。我言。區。逆。意使。物。露。趣。顯。兩。歧。以我設思。丁君必欲維護其說。只有、解、無、窮、小、爲、小、至、不、可、言、喻、之、義。如是、或、可、云、割、半、可、以、達、之。然於此有兩端當知。一、此非。算。家。之。言。二、所云。可。以。達。到。者。特想。當。然。耳。豈精。密。科。學。所。宜。許。丁君蓋亦知此之不可執。而又不能與咸羅納士習伯德之所持。或維素於其寶典「算理」（The Principles of Mathematics）第四十章之所稱者：相比傅。於同書三三〇頁 The So-called infinitesmal calculus has nothing to do with the infinitesmal（譯云所謂無窮小算實與無窮小毫無所涉西文微積分學亦通稱無窮小算故云）一辭。自更未肯措意。旣謂所遇說不外微積分學。非理、不、容、隱、際。敢請丁、若、思、然、雖、示、於、今、何、士、此、學、見、有、如、彼、之、言。或可、猶、得、如、彼、之、言。理據邏輯。請析明底。校之歪耶什特拉斯以來一系新發。了無非背。或雖有背于此。無遜於餘」融洽之德。仍復備具。丁君苟能是。我願謙受教。如其不能。節是、抹、殺、非、理、逃、肌、談、俏。無謂、之、形、名。我不、知、其、如、何、可、以、道、逃。其實我亦不過假用懷惕黑老教授（A. N. Whitehead 羅素同樂）稱爲可以安然施用之」凡著。論。算。者。哲。理。之。人。如其。言。豪。讚。玄。妙。所。談。宗。是。無。謂。」一條則例而已。……張崧年（教育部十二月七日）

鄙人

……鄙人亦大刊讀戶之一也。自一號至十九號。潔沃名論。浸清高議。焚香誦讀。尋釋再三。鄙人所以服膺大刊者。可謂至矣。然因愛之篤。信之專。而益善盡美之期望。亦對大刊相緣而生。故敢貢陳一二。爲匪察。大刊從通訊一門。明人我盈胸之志。爲意甚善。惟是淺取開放。萬流競進。學派龐雜。陳義各殊。擇善棄瑕。示人以正。自衛。者。根。淺。自。媒。者。品。卑。若。爾。近。乎。私。決。爾。書。於。道。凡此。種。種。皆。當。剷。棄。以閣下位重多金。天下寒畯。孰不欲攀附昇於青雲之上。以閣下學隆望。天下士子。孰不欲得片言以高身價。苟不。嚴。立。標。的。決。定。取。舍。而。愛。其。詞。藻。誇。其。文。博。捨。其。細。能。道。其。大。節。似。非。所。以。待。天。下。賢。士。之。道。也。韓愈三上宰相書。爲後世譏。鄒忌以有求爲戒。子建以自衒自媒爲忌。而況學不。及。三。子。者。乎。請託之非。請代屬禁。民國以來。道德淪喪。士無用途。人懷倖進。閣下提倡國學。注重考試。蓋有見乎此也。則茲之所陳。或亦爲閣下所首許也。……無名（四封廿六號十一月二十四日）

此函投者自署北蒙。藥石之論。讀之悚然。本刊爲於匿名函件。不爲判布。今以其理眞詞切。壞例爲之。天下之士。其與本刊共勉之矣。　孤桐

鄙諺

……鄙髫年入學。由小學以至專門。沈浸學校之生活有年矣。故對學校之艱苦。知之稍悉。自白話唱之興。學潮撥起。晚近之學殖益荒。鄙見數端。請為先生陳之。

今天下淆矣。昔言平等。父兄之教不尊。侈談自由。男女之防盡弛。教學無異稗販。師生有似讎仇。講道論德。則羣笑為迂腐。翻覆雨。而其認以時髦。洪水猛獸。不足以喻其烈。言之可為寒心。孟子曰。謹庠序之教。申之以孝悌之義。庠序之教。不謹。學風之所由日壞也。夫士者社會領袖。國家中堅分子也。非有隆正之人格。不足以任艱巨。如是墮落。國何賴焉。幸先生於週刊乜較闢於繩正士風。激厲道德之文。以拯陷溺之人心。其功當不在提導文言。遏抑白話下也。

言必有物。文貴翔實。篇章之首。標題尤要。語涉迷離。則其旨趣不明。辭近詭怪。而有割裂之譏。勢必後生昧者。適士總攖者矣。近讀貴刊。見通訊標題。先無意義。語助可為題首。稱謂亦列為端。不知則殊費思索。知之亦誠屬無謂。於此一端。似有改正之必要。鄙意可擇每篇之首數語之有意義者。最為簡詞。以冠篇首。或將篇中之旨趣所在。抽繹成辭。以為標題。則辭歸於雅正。而讀者無惶惑之虞矣。

甚矣人之好怪也。不道其常而道其異。謂於故常之中而標新立異也。夫新之異之而有意義有價值也者。新之異之可也。新之異之而無意義無價值。徒謝新異之名者。亦何妨仍其舊也。邪說競人。人心病狂。而聖賢之教為土苴矣。西婦卷髮。名媛效顰。而閨閣之秀多蓬首矣。風化如是。文章為甚。白話之鄙俚者無論已。即自謂為文學家者。其組織篇章。構造辭句。亦醉心歐化。拉雜累迻。堆砌滿紙。用吾國舊式文章數語了之者。彼則千言萬語。呶呶不休。終不知其所指之何在。彼則曰某為主詞。某為語詞也。某某為子何也。玄乎其玄。殊為詞費。所謂邯鄲學步。忘其為行不為市所笑也幾希。且有用外文插入句中者。亦甚無謂。夫文章為誰而發也。如為外人而發。則純用外。文。可。矣。如。爲。國。人。又。何。假。乎。外。文。也。彼則曰引用成文。不得不附。是亦非持之有故也。如引外人成文。則可譯爲國文。並非捨劣行科上。無他術也。況有實非援引成文。而雜入淺近外語以相點綴。而自詡學識之博。尤可鄙矣。願先生以排遣白話之力。並掃除之。以澄清乎斯文。以上所舉數端。僅就鄙見所及而論。偏蔽之處。在所不免。教之爲幸。……余戴海 清華學校國學研究院 十一月二十日

草見甚佩。庠序之教。有志未逮。士風如此。不欲多論。通訊標題之法。已經數易。近以學而爲政、機械之道用之，乃因孫君思防發議致然。蓋有、察、於、符、示、簡、撮、抽、繹、之、類、困、也，即以符示而論。欲製一題。將何撮而可。抑何抽而當乎。此雖小節。還望示教。國文。參用。西文。間採。串本。可能。鄙文偶有微長。即存此點。黃遠庸生時。曾與愚討論及此。所見相同。惟不如今人生吞之甚耳。曾論。防弊。鄙意。則從。長。斟酌。至。善。可。於。國。文。開。一。生。面。幸就近與梁任公先生論之。視其意何如。 孤桐

墟歲

……墟歲胡適之倡爲俚言。率與朋儕李君雁晴、伍君叔儻。益復發憤。不惑時論。竊以吾國文字。推衍書契。孳乳六書。周孔繼作。立言載道。學術流別。波瀾巽與。數千年浸淫醞釀。蔚成世界惟一之文化。何其類也。而胡君乃欲以羅貫中之三國演義。施耐菴之水滸傳等。奉爲圭臬。相代以興。此其用心。不識何等。按彼二書。在當時成之。勉傳於後。亦以元代大哥二哥之稱。登於詔策。兎兒虎兒之名。書而紀元。上以。不。文。爲。倡。下。乃。以。鄙。俗。相。應。文。脈。之。存。亦。云。僅。矣。今。欲其風復行於今日。寧非不辭之甚者乎。貴刊士林公器。學術所歸。辭而闢之。幸重此點。……蔡寄 瑞安城烈秀觀街 十一月十四日

瑞安爲孫仲容先生窮經都講之鄉。書從中來。愚每不倦。李君雁晴治墨有得。昨年曾與愚鄉偕往復。有所商榷。頗察君爲致辨焉。大儒之邦。當以。文。光。發。射。於。外。亦。長。養。文。化。之。鉅。力。也。蔡君勉之。

卓賦

……卓賦性簡直。既不知揣測人情。復不能訪張事物。此次在京。妄作從龍之想。于公所期許。初未嘗有所建樹。輒以功利之說。早知無以自容。顧狂者進取。狷者有所不爲。今也中庸不易。必狂狷並進。而後可。以有成。公爲全國之宗師。宜有以提攜後進。表率儒林。荷徙任一。二。躁。進。之。士。張皇于側。作之文操縱于調。度。之。際。誠恐輕。妄。之。習。未移標榜之風彌甚。而于教。師。教。育。終無。補。也。……楊卓新　十一月十日　湖南工業專門學校

吾鄉近多篤學有爲之士。如楊君亦其一人。賜書家家數語。勗勵彌至。卽此自待。待。人。已與。恆人。不。同。惟狂者狷者。與所謂躁進之士。其間不容以寸。辨之不易。又恐用政數月。未嘗用人。爲披爲躁。爲進爲退。尚談不到。然其義。則某竊取之矣。　孤桐

各國

……各國近來研究東方文化。日新月進。博雅之士。游學五印度者。絡繹不絕。所刊行婆羅門、及外道典籍。已有六七百種。獨於翻譯佛經。刊行甚少。實因十三世紀。印度遭回人侵略。佛法大受摧殘。久已蕩然無存。歐美學者欲研究大乘佛理。多來中國訪求遺書。惟佛書中專門名詞。實難翻譯。如人名中之馬鳴。梵譯英文則曰阿育筏果沙。如龍樹。則曰那伽俱祭。此類名詞。臆翻固不可。杜撰亦不能。非素習佛書。衆識梵字西文者。往往瞠目結舌。不能應對。更何言。佛。家。圓。融。妙。理。三。昧。眞。詮。欲其曲折轉達。使西人明。白。大致。更難。於。翻譯。名詞。百倍。者乎。近十年中。歐美學者如法國女士耐彌、德國博士路塞爾、美國博士樸納特等。來華研究佛書。不勝枚舉。而往往格於譯才。未饜其欲而去。甚爲憾事。恐昔遊楊先生之門。於華梵佛書。粗有門徑。外交部招待此項外賓。因於通譯。恐又偶承其乏。以是知其捍格情形。國人近

方從事溝通中西文化。不審於此亦曾注意及之否。願稍昔刊。一明斯旨。………郁秉鈞（十一月二十日 國師日清館）

讀大

……讀大誌第十五號陳完楓君論國故一篇。只及小學諸子文學三類。而於經史理學。尚付缺如。竊有所懷。然發辭處尙服。未嘗學問。況復年方幼稚。安敢以管錐之見。致疑君子。再四思維。文內有研究第一步、第二步、及嘗以諸子爲中心等語。似於國故已包括無遺。夫經。者。周。秦。諸。子。之。所。由。孵。蛻。者。也。楚。之。騷。風。雅。之。變。者。也。至。若。書。記。典。志。實。雖。淵。博。而。除。舊。佈。新。之。責。也。愚味竊見。敢以管之大雅君子。………

揣籥錄

民國四年國慶紀念日。愚在東京青年會講演。其時帝制問題。已經萌芽。演詞中有一段言法蘭西事。摘記如下。創造共和。法蘭西人之堅忍性。至可駭服。自

郁德標（國立廣東大學法科學院 十一月六日）

周刊

……周刊以父道其子。連姓并舉。友人輒以爲言。因引兩般秋雨庵隨筆。記劉石庵致父書。末稱男劉墉百拜云云。往年在貴陽扶風山陽明祠。見石刻王新建墨蹟。其致父書。篇首亦稱男王守仁百拜。（是書百拜二字記不書礙）可見對父稱姓。不始諸城。但不知文成以前。尙有似此稱謂者否。若揭陽明先生墨蹟。路人想不逐攜出者。先生訪求一圓。便知不虛。愈足、見、言、子、舉、姓。實爲無、足、駭、怪、者、矣。………黃家珉（十四年八月十日）華七寺

孤桐

千七百八十九年至千八百七十一年。八九十年間。其相爭攻。幾經翻覆。在法人眼中。只是一件難事。經此若干年。始得成之。其中恐怖時代、背叛達、拿破侖

稍命等事。都是。艱。難。曲。折。中。必。然。寫。照。之。一。面。情。形。必然。經。過。之。一。段。階。級。而。已。法人有此大心願。大力量。故共和卒底於成。今吾之共和。不過四年。前途難困。不知幾許。區區變更國體問題。焉能使之搖撼吾人定志。曾記法蘭西第一革命時。有一哲家曰恭多息。深信共和原理。遲速必見實行。實意宣揚。不辭勞瘁。其後由搖黨擅權。造成恐怖時期。處處與哲家搆思相反。恭多息名在死刑。黨人之所甘心。因其所著一書。尚未卒業。自以為可惜。乃負書而逃。忍死補錄。書既。成。以。為。彼。之。犧。牲。即其。所。懷。理。想。得。行。符。驗。則從。容。出。就。斷。頭。機。俾見。仇。者。快。心。以。去。而斷。頭。機。亦。不。捨。之。哲人。壯。義。總爽。百。世。所。激。法蘭。西。有。如。此。人。物。共和。焉。有。不。成。之。理。吾人傳布共和。應以恭多息看作耶穌而崇拜之。此地即是一共和禮拜堂。一心皈依。精神不爽。然則牛而搖旗吶喊之變更國體種種。與吾人本志何關。

愚佩戴誦曾文正公結硬寨打死仗兩語。頃閱彭湘涵非儂懺廢錄。亦有是言。愚近長教育。以學生關事。倉皇失職。與稚暉先生共甘貧賤相諷。一言之師。愚必不忘。並記彭語。義理較富也。彭云、做人第一要打得貧賤關過。見人富貴而不起欽羨心。伎求心。尚易。已貧賤而不起怨憤心。亦易。所難者處至貧極賤之時而無發患心。營逐心。則非素有定力者不能。直須鐵。錚。錚。豎。起。脊。梁。如。紮。硬。寨。打。死。仗。法。一。切。得。喪。俱付。之。度。外。我自有一定道理。在孔子所謂造次顛沛。必於是。孟子所謂無以飢渴之害為心害。乃人禽第、一關。頭。

工國與農國奚異。曰工國一切積極。農國消極。工國主干涉。工國主放任。工國縱慾。農國節慾。工國舉止豪華。從事大規模之建設。農國以卑宮室、惡衣服、菲飲食為聖化。工國。尚。儉。所以。為。奢。農國。尚。儉。止於。為。儉。工國貨產集中。農國言均貧富。井田雖廢。大地主制不立。國中無甚貧甚富之差。工國重商。農國賤商。工國獎勵機心。農國奇伎淫巧。在所必禁。工國言對

外競爭。農國言保境自給。工國之。政。制。複。法網。密。農
國。則。無。爲。號。曰。親。爺。歐治。可。稱。術。良。孔子曰。苟有用
我者。非月而已可也。三年有成。舜之所至。一年成聚。
二年成邑。三年成都。夫開化成業。以非月一年爲期。
此誠歐人之所笑。而在吾國。古之人決不予欺。其所
以然。則農。國。之。治。簡。工。國。之。治。繁。農國。之。治。多。爲。其。
負。局人。民。不。可。爲。何。爲。何。而工。國。之。治。多爲。其。正。策
人。民。以。必。爲。何。爲。何。也。

政黨。者。不。單。行。也。幸他黨之災。於德未叶。他黨無力。
於己亦不利。故自黨綱所必爭。不嫌急切外。餘事轉
有共同扶掖之需。蓋黨爭者。政治。生。活。非社。會。生。活。
也。兩人意見。在政黨爲氷炭。而其情誼。在社交爲水
乳者。當世文明國。不乏其例。如此。活。潑。進。取。之。中。寓
以。敦。睦。和。調。之。意。而後。國。家。社。會。得。各。如。其。量。以。織
以。昌。也。元年七月十二日民立報

茉大家之言曰。「萃化停與進之差度。乃宇宙秘機之一。尙待科學鑽求其故者也。」予固不敢自謂鑽求得之。然此種問題。距解決之期。似不甚遠。科學。原。則。以類。相。從。鄰科。有。成。即爲。本。科。張。本。凡政治疑問。以此「倫類」求釋者已多。其猶未豁然者。亦必有貫通之日也。

吾人師友之所告誡。不居之所詬言。與夫不可解脫爬梳之成見偏習。舉以爲進步者人羣經常之道。則其必然。苟或不然。必且大怪。不知求之史例。適得其反。進步之一理解。古之人未嘗有焉。謂彼罽其物而排之。彼實未爲。即謂曾有是想。亦屬遠於事實。東洋、諸、國。到今、猶、然。書契。以。來。彼所。有。民。情。物。態。大抵。古。今。如。一。樸種之不知自進。尤爲章章。凡人生可貴之物。在彼皆無恭承之。自致之能。更不待說。且與之內。惟歐洲數四民族。可與言進。但彼之進。堅以謂出於必然。成於自然。歸於當然。然則停與進之差。又何說也。

其又一說。則今民族之停而不進者。據日固曾前適者也。所有進步。誠各隨其所至之度。忽焉中止。而人

類之中。絕無進化者。決亦無之。卽印度之山族。安陀曼之島人。降而至於鐵拉呼戈之野種。推原其朔。今狀必復不同。彼之小小進程。其途百出。……

上數段出自芝諾政物通理論之首篇。愚擬欲譯之。依成此數百字而能也。愚謂。農國常停。工國必進。今採自著。重與細論。

章氏墨學

〔經〕知、材也。

〔說〕知材、（標牒）知也者、所以知也。而必知。若明。

知材兩字牒經。以示別於他條之論知者。此條。取莊子。以明之。說也。齊物論云。「自彼則不見。自知則知之。」一切知識。以「照之於天」者爲主。「謂之道樞。樞始得其環中。以應無窮。……」故曰莫若以明。「明」。墨家曰。不然。凡知。無自知之理。必有賴於物。以爲之材。故經曰。知材也。（梁任公詁據首依讀作）易而言之。材者所以啟發吾人。使成其知者也。故說曰。知也者所以知也。事物雖知。不害其爲事物。（此新寳宗之甘）知不及於事物。則失其所以爲知。故曰而必知。若光然。必照物而後官明。故曰若明。此之明。非莊生所以之明也

意在針對非生之說。特取若明二字爲證。

〔經〕知、接也。

〔說〕知、（標牒）知也者、以其知過物而能貌之。若見。

此與上條大同小異。乃墨家弟子互記之文。非承接上文。而於知字易爲一解也。接者、接物也。卽材之義。凡人於物德體認極明。一沉思而諸德撲見。纍纍清疎。知在目前。是謂眞知。曰、以其知過物而能貌之。若見。最是形容得妙。經說下。我有若視曰知。一語可參。

〔經〕知、(舊作總)明也。

〔說〕知(舊作總)也者、以其知論物。而其知之也著。若明。

此合前二條文意爲之。別無新義。襲用明字。其迹尤顯。是爲。又、一。派。弟。子。所。記。如兼。愛。句、同。諸。義。各。有。三。篇。然。不足。奇。也。胡適之將此三條。分爲官能、感覺、心知、三步。以次相承。是成知識全部。失之穿鑿。未爲當也。

〔經〕狂舉不可以知異。說在有不可。

〔說〕狂、牛與馬雖(舊作惟)異。以牛有齒。馬有尾。說牛之非馬也。不可。是俱有。不偏有偏無有。曰、牛(舊作之)與馬不類。用牛有角。馬無角。是類不同也。若舉牛有角。馬無角。以是爲類之不同也。是狂舉也。猶牛有齒。馬有尾。

界說，說。經。謂。之。舉、所界。而。當。謂之。正。舉。所界。不。當。謂之。狂。舉。正狂胡以分。曰、界者。求物德之特異於他物者而翻爲以示別也。得之。矣。人。聞。名。而。知。異。是。曰。正。不得，矣。人聞。名。而。不。知。異。是。曰。狂。故曰、狂。舉。不。可。以。知。異。有者。有其德也。僅有。而。非。偏。有。不足。以。著。其。異。不可。也。故曰。有。不。可。有齒、牛德。有尾、馬德。固也。但馬亦有齒。不。爲。馬。所。偏。無。不。爲。牛。所。偏。有。牛亦有尾。尾。不。爲。牛。所。偏。無。不爲。焉。所。偏。有。是俱。有。不偏。有。偏。無。有。不可。以。知。異。也，然則如之何。曰、以角爲別。斯得其正矣。說後半兩排。是倒裝何法。讀若「若舉牛有角。馬無角。以是爲類之不同也。是類不同也。(蓋言是正舉也得其類之不同自是正舉)猶牛有齒。馬有尾。是狂舉也。」則語意自明。胡適之改偏字爲偏字。大誤。

〔經〕謂辯無勝。必不當。說在辯。

〔說〕謂、所謂、非同也。則異也。同則或謂之狗。其或謂之犬也。異則或謂之牛。牛或謂之馬也。俱無勝。是不辯也。辯也者、或謂之是。或謂之非。當他(舊作也)者勝也。

二

此條駁非生齊物之論者也。辯無勝者。謂一切辯俱不足以勝人也。齊物論云。「是若果是也。則是之異乎不是也亦無辯。然若果然也。則然之異乎不然也亦無辯。」辯且無。無有安有勝理。墨家曰。不然。謂辯無勝。則已謂「辯無勝」者。亦辯也。一切辯無勝。「辯無勝」之爲辯。亦無勝否。如無勝也。將何所據以否定一切辯。如惟此辯勝也。則一勝矣。安見餘必不勝。是辯無勝云者。是非殆矣之。故曰。謂辯無勝必不當。說在辯。說在辯者。以自語相違之理爲證也。宋張文潛曰。「莊周患夫彼是之無窮。而物論之不齊也。而託之於天籟。其言曰。吹萬不同。而使其自已也。此言自以爲至矣。而周固自未離夫萬之一也。曷足以爲是非之定哉。」（見困學紀聞卷十）此全符本條墨義。蓋辯無勝者。亦固自未離夫辯之一也。曷足以爲是非之定。說謂凡辯求之本身。無勝不勝可言。如謂某物爲狗。或狗爲犬。謂某物非牛。或牛非馬。同異求之本身俱無以相勝。是猶之不辯也。必也將第三物以明之。而後是非可明。當他者。勝者。謂有當於第三物。然後爲勝也。當他之他字。畢本作也。小取篇無也故焉。王引之謂也當作他。此處亦然。他字公孫龍子用之。墨經恆作彼。所謂「辯爭彼」是也。當他爲勝。非生亦有駁義。曰、「使異乎我與若者正之。既異乎我與若矣。惡能正之。」此闢非墨家法。進論當俟更端。

〔經〕取、下以求上也。說在澤。

〔說〕取、高下以善不善爲度。不若山澤。處下善於處上。下所取（取作請音近而誤）上也。

此駁惠施。山與澤平之說也。者墨子兼愛大義。最爲當時所誤解。如孟子、詆之、爲、無、君。荀子、非、之、爲、不、足、以、容、辨、異。縣（懸附之疑）君、臣。（非十二子篇）二者是、也。惠施也而和之。謂墨義如此。其「優差等。」（非十二子篇中語）然則天與地卑。可也。山與澤平。亦可也。墨家辨之。以謂人有善有不善。人所自致。非不變者也。善者居高。以治人。不善者居下。以治於人。「功用」章明。兩乃大治。此與高山下澤。限於物質。無能變易者。不可同年而語。故曰。高下以善不善爲度。不若山澤。既曰度矣。則徵之事實。善者未必常居上。不善者未必常居下。爲之奈何。設若任其顛倒而不爲之所。人由是不得其愛。國由是不孫於理。非天之志也。則處。下。位。者。較。之。處。上。位。者。而。善。固無。妨。執。行。在。上。之。權。行。其。愛。人。之。實。非子。所。云。玄。理。素。王。之。道。亦是。理。也。故曰。處。下。善。於。處。上。下所。取。上。夫取者、爲家所示權變之詞。取利之大曰大取。取害之小曰小取。今下。以。求。上。亦。曰。取。是。謂。上。取。取異而所取之方位。雖隨之而異。究與陵谷遷移諸說。不同論域。曰說。在。澤。者。反證。之。也。此惠。施。之。奇。辭。所爲。「辯。而。無。用。……不可。以。爲。治。綱。紀。」（非十二子篇語）也。

孤桐雜記

癸卯八月、愚據日本宮崎寅藏三十三年落花夢爲底本。成一小册子。顏曰孫逸仙。北時天下固瞢然不知孫氏爲何人也。海上同志與孫先生有舊。以書札往復者。惟湖北王侃叔。（慕陶）侃叔什示愚先生來柬。以日本捲紙爲之。意態橫絕。愚驚識之。時先生易名中山樵。愚記錄中。偶用孫中山三字。綴爲姓字稱之。侃叔大詫。謂無、眞、僞、兩、姓、駢、聚、成、名、之、理。愚未之易也。民國元年。侃叔之弟。在湖北爲人所賊。由歐歸訟曲直。愚與重逢於滬。什談此事。相視而笑。愚自序云。孫逸仙、近今談革命者之初祖。實行革命者之北辰。此有耳目之所同認。吾今著錄此書。標之曰孫逸仙。豈不倘哉。而不然。孫逸仙者。非一。氏。之。私。號。乃新。中。國。新。發。露。之。名。詞。也。有孫。逸。仙。而。中。國。始。可。爲。則孫。逸。仙。者。實。中。國。過。渡。虛。懸。無。薄。之。隱。針。天相。中。國。則孫。逸。仙。之。一。怪。物。不。可。以。不。出。世。即。無。今。之。孫。逸。仙。吾。知。今。之。孫。逸。仙。之。景。與。罔。兩。亦。必。照。此。幽。幽。之。鬼。域。也。世有疑吾言乎。則請驗孫逸仙之原質爲何物。以孫逸仙之原質而制作之。又爲何物。此二。物。者。非孫。逸。仙。之。所。獨。有。不。過。吾。取。孫。逸。仙。而。名。吾。物。則。適。成。爲。孫。逸。仙。而。已、旣知此義。談與中國者。不可脫離孫逸仙三字。非孫。逸。仙。而。能。與。中。國。也。所以。爲。孫。逸。仙。者。而能。與。中。國。也。然則。孫。逸。仙。與。中。國。之。關。係。當視。爲。克。虜。伯。礮。彈。成。一。聯。局。鬪，而後。不。啻。此。書。本。旨。吾黃帝之子孫也。有能循吾黃帝之業者。則視爲性命所在。且爲此旗幟。正告天下。以觀世之私竊相標榜。主張僞說。迷惑天下者。讀此書當能辨之矣。其和

四千六百一十四年八月二十日

秦力山者、吾鄉游俠奇士也。別字鞏黃。與愚意氣相得。孫逸仙出版。力山亦爲一序。後數年。以謀革命。曾人韙之安南。天下痛罵。序云。四年前。吾。人。意。中。之。孫。文、不過、廣。州。灣。一。海，賊，也。而豈知有如行嚴所云云者。吾東洋人最好標榜。彼得冊又蹈此病。鞏黃閱人多矣。吾父理刑名。少小隨侍。往來官場中。繼又訪吾國之逋臣于東南羣島。復求草澤無名之英雄于南部各省。與瑤人目。鳥視所謂奇虬王鯨大珠含青者耶。我行。傑。傑。亦若。是。則。巳。矣。大盜移國。公私塗炭。秦失其鹿。喪亂弘多。而孫君乃于吾國腐敗尚未暴露之甲午乙未以前。不惜其頭顱生命。而虎嘯于東南重立之都會廣州府。在當時莫不以爲狂。而自。今。思。之。舉。國。熙。熙。皞。皞。醉生。夢。死。彼獨。以。一。人。圖。祖。國。之。光。復。擔。人。種。之。旋。乾。且。欲。發。現。人。權。公。理。于。東。洋。專。制。世。界。得。非。天。誘。其。衷。而。錫。之。勇。者。乎。吾昔欲著此書。而以三年來與孫君有識。人將以我爲名也。復能之。今讀行嚴之書。與吾眼中耳中之逸仙。其神廟不啻合。若而爲之序。鞏黃又曰。熱心家初出門任事。其進誠貌。意若曰以齊王納反手。而不知前途有無限之荆天棘地。一且失敗。則又徜徉歧路。是以朝秦暮楚。比比皆是。此則孫。君。之。所。以。異。乎。尋。常。志。士。讀者之所當注意。吾黨之極宜自勵者。

愚草孫逸仙一書。太炎爲題詞序之云。索虜披昌亂禹績。有赤帝子斷其嗌。掩迹鄭洪爲民辟。四百兆民視此冊。嗌、未明其義。當時恥不識字。亦未遑問太炎。今忽忽二十年矣。按嗌爲隘之籀文。亦與益通用。墨子公孟篇、夏后啟使嗌薪難。己卜於白若之龜。孫仲

容云。與漢書述尚書古文作益字正合。今本羼新雉已。譌作翁難雉乙。又脫雉字。遂以翁難乙爲人姓名。然則。不。識。羼。字。由來。舊。矣。孫君逝後。恐以一聯挽之云。昔行有二十餘年。著錄紀與中。（前華命時紙代所　爲合日與中合）挽。迹。鄉。洪。題。字。大。立。羲。以三五爲號。生平無黨籍。追憶。蜀。洛。淚。痕。多。上聯紀此事也。皮君皓白見此聯。大不滿。尤以生平無黨籍爲妄語。意指政學會也。實則政學會並無不可見人之人。亦無不可告人之事。恐言特有感耳。與人爲會。又何。用。自。諱。爲。恐生習直。求皆爲欺人語。而人每猜意未休。卽執友亦不見信。甚矣。交。友。求。得。一。諒。字。之。爲。難。也。偶有所觸。附記於此。

說林

順德李仲約侍郎師文田。辛亥後追謚文誠。師平日嘗與門弟子言。他日。得。謚。文。敬。與。董、香。光。張。得。天。並。傳。足。矣。今。追。謚。文。誠。非。師。初。願。所。及。也。然。師。謀。國。之。忠。誠。交。友。之。誠。懇。有。非。尋。常。朋。輩。所。能。及。者。易名。之。典。當。之。無。愧。師。歷典川閩江浙試事。又督學畿輔。所至均得士。戊子江南榜。尤多鴻碩。題爲可與共學兩章。余主反經行權舊說。合兩章爲一章。通篇均用散體。以古文爲時文。篇中有云。君臣者天地之常經也。而諸。將。根。之。詩。有。以。臣。伐。君。者。矣。兄弟者亦天地之常經也。而讀。鴟。鴞。之。詩。有。以。弟。殺。兄。者。矣。是何。也。曰反。經。以。行。權。也。蓋經。爲。已。定。之。權。而權。爲。未。定。之。經。反經者非離乎經。乃正合經乎耳。余卷由房考吳承志星甫後。師擊節歎賞。終因語近激烈。遂以額溢見遺。時越五載。遂余佐順天學幕。剪燭談藝。契洽無間。追述前事。引爲大憾。引東坡失李方叔以自比。師熟精遼金元三史。及金史碑版地理考證之學。以長春眞人元秘史晚出。於蒙古立國疆域世系。頗具梗概。乃廣搜經藏。兼采近世泰西譯籍。辨析訂證。作

二五

注十六卷。又以元史地理志成於倉猝。排湖頗多。經世大典所存之圖。亦多沿譌。更參稽舊籍。以今名。作元史地名考十卷。耶律楚材西游錄注十卷。復採自唐以來。和林一地殘碑斷碣。錄其原文。加以考釋。成和林金石錄一卷。附和林金石詩一卷。旁通堪輿。有疑龍撼龍經注各一卷。詩派於竹垞覃谿爲近。惟疏散不自存稿。余於壬辰癸巳間。從輶車周歷順直所屬各州郡。校讎餘閒。時相唐唱。宣化道中。及多倫懷古諸作。均有和章。師有詠萬安宮遺址詩云。阿爾袞。山。白。草。肥。萬安。宮。殿，舊。都。幾。當年。突。厥。兼。回。鶻。兩代。牙。庭。化。夕。暉。又云。斷瓦。殘。營。露。月。深。沿河。翁。仲。草。離。森。碎碑。蘚。地。無。人。拾。歎息。圭。塘。許。翰。林。師於永平承德宣化道中。雜詩最多。今憶其二絕云。萬口。喧。傳土、一。坏。東西、青。塚。各。千。秋。豹。房。內。傳。渾。穿。鑿。不。怪。人。疑、粉。白。裝。說與。濃。雕。更。不。疑。倒。流。山。水。絕。離。奇。元。明。兩。代。宮。行。錄。諸。事。無。人。解。人。詩。師侍直南齋。資望最深。才思尤爲、敏絕。極得慈安慈禧二后及恭邸鑒賞。凡題畫詩詞。及內廷春帖子。非師作不能稱旨也。師每於進御詩詞。因事納規。余已於東華夢影錄中。別記之矣。（孫師鄭）

謂組庵督軍談及作書之道。謂貞翁篆書。取徑、完、白、而、超、出、之。完白篆書。墉在、精、能、之、間。儀翁云云。則亦稍過。石庵帖學。尤推鐵手。（謂石庵集帖之大成也其長於內斂丹變排故）七十以后之作。尤爲神妙。余謂完白之書。與歸熙甫之文。皆爲、寒、素、所、陷。督軍謂完白之書。與周東村之畫。（此語余以爲齋之）皆爲、不、識、書、所、限。

余於新小說。唯愛孽海花。（亦不愛緣果服收）林紓所譯各種。經余看過一通者。不過三數種。此若搔首弄姿。醜婦可厭。比之林西仲、金聖歎。尚少一等。而愛小說者。靡然從之。新小、說、之、可、憐、甚、矣。茶花女子遺事。聞尚佳。近來看過。老殘游記、文明小史。曾看一次。在新小說中。猶翹、楚、也。（曹孟其）

甲寅周刊第一卷第二十四號目錄

時評

一國民衆。謀國家社會之改進。因所持之主義衝突。而出於慘殺同胞之戰爭。已近野蠻之行爲。而爲人道所不許。若並無主義。私人械鬥。驅全國之英俊子弟。使之膏原野。塡溝壑。而茫然。不。知。所。爲。何。事。世間慘酷可痛之境。孰有甚於此者哉。詎知更有極者。自相。殘。殺。之。不。足。又引他人以。殺。之。他人。殘。殺。之。唯。恐。其。不。快。意。且。假。他。人。極。不。平。等。之。威。權。鉗。制。同。胞。之。手。足。使。之。莫。敢。動。然。後。任。意。凌。遲。之。文。明。進。步。之。幸。福。果如。斯。邪。彼引人自殘者。固日暮途窮。倒行逆施。傷天害理。皆非所計。獨不解以人道主義自詡之文明人種。何亦甘心助長暴虐。爲天下後世所竊笑也。比來京津瀋陽之戰。據連日報紙喧傳。日本英法各國。隱有援助張李餉械。及其他軍事行動。國民軍已獲有外俘。現代表且提出抗議。事實確鑿。無可諱言。

粤抗議中且有云。協約國一方而干涉國民軍包圍天津軍事行動。一方而又要求政府恢復國際列車。不知國際列車之不能通過。實因李軍沿路布防所致。協約國既助李布防。以自阻國際列車。反向我國政府要求恢復。背謬矛盾。何以自解。至延長我國內亂。侵害我國主權。吾國人非全無心肝者。縱公理竟不可恃。而使吾民意念中印此惡感之影像。恐亦非各國之福也。（完）

近日時事中最可悲憤者。莫如是報館被焚。而無一人敢下嚴正之批評。即該報復刊之日。亦不敢著一字。固不能不服今人見之宏。知之哲。又不能不哀今人遇之酷。恥之甚。蓋在專制政府之下。報章偶犯觸忌。亦不過捕經理。封報館。尚不至於搗毀之餘。繼以焚燒。即一時同業。尤必大聲援助。請責政府之不當。追其復起。必且訴之法庭。追求損失。至少亦必有相當之聲辯。以自逃其冤憤。未有默爾而息。茹痛吞聲。若此時者。豈民氣伸張之今日。尚須適用臣罪當誅。天王聖明之理性邪。不然。哀莫大心死。何賢士大夫竟無敢信正氣箋札。為人道存一綫之公理也。吾人與是報無關。與民眾無怨。橫訊過詰。固非所屑為。正義忠言。亦當仁不讓。姑舍高論。就事言事。自甚相違。首嗟莫解。一曰、求自由而摧殘自由。民眾唯一之揭櫫。非闡光大自由之領域乎。而言論自由。非君等第一要求之條件乎。報館為言論營業。凡屬國民。無不可享此權利。報章為人民喉舌。凡欲言論。無不應保此機關。乃竟搗毀之。豈我之言論應自由。而人言論不應自由乎。人之言論自由可肆。我之自由以摧殘之。我之言論自由。果真能自由乎。嗚呼自由。天下許多罪惡。皆假汝之名而成。不圖于言論界見之。此以自由之本身。而賊害自由也。一曰、伸民眾而壓制民眾。羣眾運動之涵義。非求伸平民之權能乎。報館之性質。非以平民而為平民謀伸張之機關乎。乃或者焚燒之。勢將置之死地。嚴禁他人之援救。或者恐嚇之。間執人之口否。不許有公正之批評。真正民眾之意義。果如是乎。如我可行之。而人不得言之。是以民。衆。而。強。暴。民。衆。也。如因。一。時。之。強。暴。損失。無。上。
之。尊。嚴。是直。以。民。衆。自。身。而。摧。殘。自。身。也。反復推詰。
成無窮濁。民衆何知。不意。以。識。時。俊。桀。天。下。賢。可。自。
命。做。人。而。爲。之。指。導。者。何不。省。至。此。也。以上所論。皆
良心之責發。天職之權能。如鯁在喉。不能不吐。囂云、
防民之口。甚于防川。略爲宣洩。新減潰決。知我罪我。
皆非所計。言責自負。無與本刊。（忠）

許君世英奉命組閣。事經匝月。迄無成就。先以時局
突有發展而停頓。繼以時局將告結束而重提。一方
以名流之不俯就爲難、一方又以不名流之肯俯就
爲苦。管部不管部之爭。甚囂塵上。組閣與補閣之辨。
猶未分明。嗚乎。做官。難。請人。做。官。亦。不。易。天下。事。可。
知。矣。昔英儒白芝浩著憲法論。以擠七巧板喩組閣。
實則二者難易。絶不相侔。蓋七巧板難擠。而板固不
言。擠者得以自由之意爲之。人則。不。然。自。來。閣。之。無。
成。或成。而。不。固。未。有。不。由。板。之。好。言。及。不。自。安。於。爲。
板。者。也。許。君。其。惟。留。意。於。板。作。何。言。也。可。（通）

金融風潮。比年有之。風潮發生之原因狀況。與夫市
民防制風潮之策。雖歲有不同。然未、有、如、今、冬、九、六、
公、債、風、潮、之、特、異、者、也、政局不寧、兵變時起。被厥影
響。首爲金融。故當政潮震盪之日。即金融窘迫之時。
歷歲皆然。鮮有例外。而此次則適得其反。烽火三月。
交通梗阻。兵禍至斯。可謂極矣。滬市商民。夙具戒心。
鉅資在手。咸以公債爲尾閭。而公債價格、日以騰踊。
九六公債由每百値三十元。騰至五十餘元。是變昔
風潮由於政局變動、今茲則由於金融鬆緩、此原因、
之、不、同。風潮即恐慌之謂。其象徵恒爲利率昂騰。資
金枯竭。信用低落。債券跌價等。遠如橡皮股票投機。
中交京鈔停兌。近如交易所倒閉。公債落價。皆備一
格。而今歲風潮則發生於公債漲價、此狀、況、之、不、同。
至於防制手段。則更有異於昔者。或由一銀行國庫
貸出鉅資。以爲救濟。或由官廳斟酌損益。秉公判斷。
其下者則訴之法庭。依律處理。蓋純以事理法律爲
歸。縱有不平。忍受而已。而今則別闢蹊徑。完全以政

三

治爲武器。然後事理有所不能折。法律有所不能問。是又、手、段、之、不、同、也。衡諸論之公債漲價。頓爲國家信用增進人民財產增加之徵。即以九六公債爲驗。假使市價與額面相等。則是國家信用爲完全無缺。而社會所產亦充物無虧。降而至每百值五十。則國家信用失其半。社會用產亦虧其半。值愈小。而公私損失愈大。此理之至淺者。而今、頗、以、公、債、漲、價、爲、國、家、社、會、之、害。囂、囂、然、鳴、於、衆。而、衆、不、敢、以、爲、非。然則。必一切借券。完全喪失其價格。而後國家。社會。乃爲。有利也。吁。居今之世。是非之辨。誠有難言者矣。（淡）

上海商務印書館。以戰事蔓延。圖書滯銷。決裁撤譯印刷、發行人員三百餘名。引起全體罷工。此非、有、失、公、允、決、不、致、成、此、憤、激、之、象。主其事者。應知、自、省、也。商務內況。吾亦不甚明了。惟聞每年獲利頗鉅。而其待遇士人。未免苛刻。收集箸述。第視時趨。品質高下。初無抉擇。若其謬誤叢見。則尤爲時論所譏彈。蓋志在射利。固未嘗計及執筆人之心血。讀書者之利害也。今茲之事。眞相未明。故吾亦未敢遽評其得失。惟以文化事業。而託諸書賈之手。則盧騷民約。所得不足以療飢。約翰孫且枯坐酒肆。以狗毛代巾矣。（介）

達旨

孤桐

崔駰。達旨。乃揚雄。解嘲。韓愈。釋言。之。流。亞、也。志不得逞。懷有欲吐。因設爲問答之詞。相與往復。淵懿。沉。博。唐文。儁達。各擅。勝。場。曲傳。文。心。敵其盛業。士林嗟歎。愚也不才。文詞鄙淺。方之雋賢。百不逮一。今爲此篇。竊擬亭伯。亦略。師。其。意。以明。吾。素。云。爾。固無。意。爲。文。也。

有將人言以告於愚者曰。子一年中所遺政迹。時議紛紜。都不必在念。蓋賄選黷國。事涉公衆。略加裁抑。有益政要。學風扇發。天下病焉。父兄之教。莫先整飭之方宜講。子營此事。且有同情。即金佛郎案。亦連國交。迅速必就。為國任重。得謗乃常。既涖路之不章。奚怨毒之難解。吾期期以為不可。而君堅甚。市天下之，怨。絕友朋之好。行且蹈不測之罪。貽無窮之羞者。惟辯。甲。寅。周。刊。一。事。耳。今君居危城之中。偷一息之安。遊者四周。讀士抵隙。非賢者恢張言論自由見志之秋也。千金之子。坐不垂堂。彼舍之躬。法當思過。子非牲蕩衛霍。曾同俯聲。括囊韜舉。卷懷雜記。將所謂甲寅者。立止不辦。審天下事之未可以口舌爭也。則姑為玄靜。退藏於密。以待天下之變。勝世。而遊。高談，有。日。固無取。即今。嘵嘵。以爭恥。召怨。為也。愚曰。諸國數。雖然。竊有感焉。愚自弱冠。即為論師。嫉吾人倚平章政事。二十餘年。所歷彌宏。民立報者。同盟會之機關也。創時南府初立。為紛綸張。海上群言。以次屏息。獨恐持論侃侃。避就未遑。孫黃發策。輒不細論。黨人殺。皆。而。詆。其。後。天下。揮淚。以。頌。其。公。恐誠。高。右。任。之。洪。慮。原鴻。仙，任道擬日吐光民吾立時張權右之。雅。度。言論之。重。百年。一。時。而今。何望也。十四年間。黨爭日淡。假借之地微。排媢之風甚。納言之技。一致所無。因論。不。容。迫害。黨。

論。愚亦機隨年熟。慮與習增。不肯縱言。濫招時謗，甲寅遂難。偶立長篇。參亥南遷。時為短論。因已多方蘊排。妙合衆情。陵夷迄於周刊。所論偏而不全。指亦不至。[illegible]稜威四措。躋蹟自廿。其得以士論自矜也亦歷。奈。固不。尤人。因何。市怨。方病。標榜。絕好。云何。威號。不。測。不言。容。有。他。告。者曰。萬。世。前。玷。固。已。不。磨。客所云云。由前、似、為、過、當、之、虛。由後、不、見、取、予、之、效。愚惑遊甚。敢問所由。客曰。某公之與。為時忌嫉。左右疏附。紛見抵排。天下方思轉移時局，刷新國事。首在明失道之寡助。昭士議之不歸。一舉僨之。庶協公論。今子淹有文采。默持風會。游談之士。望風景從。獨於斯時廣為聲氣、爭立文字。公私誦說。唯恐不及。此隱之貽譏于附翼。願之賈怨於效逆。遁阻輿情。增益政亂。時不儆焉。即在交游。亦湖不歡。蔡邕三遷。史家疑其後。禍。隨會。在秦。朋儔於焉。歎息。結小信。而傷大計。猶盧名。而。羅。衆。怨。吾甚。為。子。不。取。也。答曰。惡有是言乎。鄙志所存。行且釋汝。更有他故。併留開陳。客曰。天下不可蓋者也。計惟下之。衆人不可先者也。計惟後之。老

五

氏守雌非不知雄孟明三敗不足爲辱群衆無理可言與論以言爲性今社會期子以玄默卽子甲寅周刊惟停辦爲使之第一因也答曰唶愚明之矣此亭伯所謂客欲勉我以世路不知其跌而失吾之度者也夫以順逆易操者修士之所鄙也以毀譽勵心者介士之所制也愚雖不才而以言論自見亦既有年不爲何人而始當亦不爲何人而終猥與時會竊位爲過此國一時進退之節與文章論世之業何妨卽以前者機宜論之擇木之智斟酌宜先流極之運故遊無益人不負我我焉能負人恐生不工趨避之義夙志不干遊道之樂吾行吾素知罪惟人若其中散放言刑踵華士伯喈憂容罔同邪黨生命既絕詞旨自容或者首蟲援絕不名一錢杯葛之行及於本社又或聲華銳減聯世見非飢斥毀約弗更披露有一於此條亦覽停如其不爾愚惟因天資之自然遂與誦之本務不激論以鳴高非卑詞以乞憐天籟自修人言何恤懷君子而居易俟性命之所存而已昔屬王受訓於防川子產賤心於毀校誅子貌人而說大矜連恥帝而辯言蘇季質疑於阿嫂杲卿斷舌於強梁相如雍容而諭蜀陳琳憤痛而詆曹方朔寄意於滑稽史遷發言於微中班固通義於白虎介盧辨音於牛鳴任隨激非諸之所之亦成毀謗譽之惟命愚何敢引古人而爲徒竊欲制天下之至動者以至靜

評評

孤桐

社友有號蕙者著時評一則言及報館被焚事氣度雍容詞旨蘊藉方之專制帝國之諫章稍骨鯁者尚不肯如是喘喘也且事已經旬初不敢攖其鋒而言之而猶著於尾曰言責自負無與本刊一若此論出而大禍隨是根之後橫以甲寅池魚之殃爲可痛惜者然嘻何可憐一至於此也民國元年國民黨幹事國光新聞總理仇亮等以論事不慊於國民公報主者徐佛蘇則率衆侵館致諸物地上值得徐君聚而毆之時愚主上海民立報民立報者國民黨之機關也恐不以黨故騖其言責付著論非之請得舉其詞如左

日者北京國光新聞等、對仇於國民公報。有毆人毀物之舉。其後兩造各向警廳呈訴。在憲觀之。此直。一。刑。法。上。問。題。依情。斷。事。據。實。成。讞。民。所。賴。社。法。無。與。我。初。不。應。顧。及。兩。造。之。爲。何。種。人。也。易而言之。此個。人。責。任。問。題。有若。干。人。與。其。事。即由。若。干。人。負。其。責。苟或。逃。法。與其。事。者。不。得。借。機。關。之。名。以。圖。解。免。執法。之。士。亦直。不。許。有。何。法。律。以。外。之。事。物。之、力、能、消其。觀、念。遮其。權。職。也。蓋與其事者之屬於某機關。特事實之偶然。於適用法律無絲毫連竄、在法律自由之國。（即不採行政裁判制之國）下級官廳。以執行職務之故。有傷於法。爲人所控。且不得以官廳或上級官之命令。爲卸過地步。而官廳及上級官者。即意存袒庇。亦無所用力。其所以。然。則法。律。之。前。一。律。平。等。（此英人戴雪亦英憲精義）個。人。之。責。任。重。而官。署。之。特。權。不。可。恃。也。在官。署。且。如。此。尋。常。民。間。團。體。曰。黨。曰。會。云。者。其。不。應。有。何。特。權。又。何。待。言。今論北京報館衝突事。首當注意於此、自茲事出。論者以肇事者爲同盟會會員也。於是

個人行爲與機關行爲之兩念。立見淆殽。竟造爲同盟會毆人毀物無礙於法之說。此不滿於同盟會者之言。同盟會不任受也。夫行政官廳。在法享有便宜行事權者。吾且不寬其責。使異於常人。同盟。會。特。一。政。治。結。社。與。他。黨。等。耳。進。而。析。之。與一平。民。等。耳。又安。得。妄。加。暴。舉。於。所。不。快。意。之。人。此類常識、同盟會辨之甚明。故國光新聞總理等之所爲。純屬個人行動。而不得以縱指示之嫌。猜意本部。可斷言也。迺日黨爭。手段日形卑陋。識微者早知其有爆裂之一日。雖然。仇友者鄰耳。謐氣既洩、宜兆祥和。此事以公平之法敘了之。兩造因同恍然于市井之爭。非大黨所宜出。目齡國難。蹶力併赴。毋更以此瑣屑細故介于懷焉。所尸祝也。試以此論衡之。今日可著其異點如下。國民公報事被難者提起訴訟。肇事者亦不逃其責。相將於法庭求其曲直。今是報被焚劇遂。首借一方。不敢訴追。一方。品然于法律之外。毫無所假。一也。而事之起。全國輿論。成蔽罪同盟會。群起攻之。今一致。無敢。聲。二也。

元年爲同盟會組織時期。燕貝爲嫌。不曲爲庇。仇莞者湘人也。黃克強曾與愚談此事而恨焉。今主其事者。無疵。無憾。黨閥爲徐分子爲殆唱凱。而歸。片國。民。裁。制。之。名。惡。無。愧。怍。三也。襲年愚備於人。爲人主持正義。侃侃而談。無所避就。今自。爲。難。曰。弛張。惟。意。一落。千。丈。反否。無。弊。四也。嗚乎。此可。以。觀。世。風。矣。

記兩君

孤桐

昔諸葛孔明論交。士之。相。知。溫不。增。華。寒不。改。葉。愚持此以律天下之士。近頃、以、來。有咸、不、絕、於、愚、心、者、兩、人、焉。一秦、天、紀、元。一江、西、劉、奇。紀元字湘濤。有文才。恒自。閟。不。與。世。爭。短。長。民國七八年間。即館於愚。以小學授諸兒。漸及文選經史諸部。諸兒化之。斐然有章。湘濤依與關東軍閥有舊。東北大學以月廩三百元徵之。不就。爲愚。兒。師。則月。止。二。十。元。耳。頗。湘。濤。甘。之。愚頻年間政。寒家每生事故。急時。輒。見。湘。濤。不。離。一次、湘濤身與群兒。得不爲嫌徒所中。儀徵劉師培故後。無傳其學者。湘濤。夙。從。其。游。所得。幾。與。師。培。抗。行。而湘。濤。絕。不。自。矜。也。劉奇字子行。年二十餘。食貧力學。無毫毛少年惡習。三年前來館寒家。爲諸兒講哲學。間亦從愚問難。治邏輯已升堂。視奧。字法修潔。假館摺碑。如此。純。謹。自好。之。士。愚未。見。其。有。儔。匹。也。而性篤厚。已貧無以自立。輒急朋友之難。屢爲此事。愚固親見。今年愚爲嫌徒所襲。妻子露立。子行至欲鬻稿。得金濟愚。人方。頌。言。愚。辦。金。佛。郎。案。發。賊。欵。三。十。萬。而有。布。衣。見。季。之。士。願嘔。心。肝。假愚。家。衣。食。資。可爲。流。涕。此事有子行致湘濤、及次兒章用答子行兩書紀焉。子行決不自多。愚爲。人。偷。盜。氣。之。重。與世。明。之。

致紀湘濤書

劉奇

湘濤吾兄左右。嫌徒肇事之夕。聞訊即赴魏家胡同。省視俊之諸弟。至則。正。門。扃。閉。側扉。破。敗。僅見。書。葉。殘。片。散落。門。巷。不禁。悽。然。神。傷。後聞弱男先生及諸弟。均慶平安。是亦不幸中之一幸。產業細故。徐圖恢復。日來風色邈平。解決不遠。弟亦。不。欲。於。此。風。雨。危。急。之。秋。探視。諸。弟。致示。同。嘅。者。以。門。

稱。惟念諸弟外寄。費用甚鉅。欲代籌助。苦無捷術。擬將所成名理探雜稿。先向商務書館售去。計可得洋四五百元。半月即能匯至。以託全數交弱男先生。薪資維持、昨訪高寺、即本此意。此非不必先告行嚴先生。臨書不盡依依。宿夜。諸維珍護。弟奇謹上。十一月三十日

答劉子行先生書　章用

子行先生函丈。比承紀師。由睽來翰。意致懃懇。尉喻綢繆。一簡之中。三復斯指。用雖不敏。能不感存。用于發非之夕。避居旅次。泛于今茲。將近二旬。久擬循書。一陳梗概。而因循未就。倚承不棄。惠以德音。謹酬來情。略抒胸臆。夫天下興亡。匹夫有責。學生論政。庸可厚非。唯必。千。百。成。羣。如蟻。之。聚。登擁。有。祠。挺刃。尋。仇。豈以。搗。毀。宅。第。盜取。財。物。然後。快。意。抑又。何。也。如云。公。憤。何利。家。私。史言。恐。怖。懼為。牘。矣。家君懸直。早不悔禍。自與邦教。再攖斯難。今且。門。屏。不。蔽。鐵壯。毀。折。日用。常。品。圖籍。長。物。焚燬。劫。取。什佰。殆。盡。噫亦。酷。矣。夫昔。生。焚。書。烈有。同。于。秦。火。學子。為。禁。禍不。殘。于。盜。跖。興言。至。此。良用。傷。慝。今者舉家離析。留門投廿。平素交厚。大抵倜以索迎得禍。宿公。能。相。門張。雀。羅。長卿。歸。蜀。家徒。四。壁。親友。過。門。而。不。入。故舊。留。巷。而。迴。車。自昔。把。臂。之。英。俐頭。之。彥。誼在。父。執。什無。羊。舌。下。泣。之。仁。寧慕。歸。成。分。宅。之。德。所謂。功。全。則。譽。顯。業謝。則。毀。生。隗囂。之。言。良不。我。欺。獨先生、恤我式微。閔其流離。追求蹤跡。周詢朋徒。意在援手以拯其溺。解囊以周其急。紓人之難。切於為己。高情厚意。感何可言。雖昔。巢。谷。懷。銀。以。授。韓。氏。之。子。朱暉。賑。穀。以。恤。張。堪。之。家。比。于。先。生。什何。足。喻。唯家每節用。所須有限。微稿惠濟。萬不敢當。若幸今日之窮。猶不至此耳。避居此間。亦殊暇適。日以溫故自遣。但恨塊然獨處。新知不啟。德業日荒。靈府茅塞。斯為可憂也。應俟時紛稍定。或返故廬。或卜新居。嵌崟林木。鍵戶籀誦。以還我素志。想諸夫子。亦同此意。臨穎於邑。裁書敘心。因白不悉。受業章用再拜。

九

辨漏羅　陳无咎

章行嚴作漏雍論登諸新聞報。以比北京孫閣。蓋引墨子大取篇凡興利除害也。其類在漏雍之謂。並採鄧縣張之銳說。『漏依周禮鄭注當作螻。雍讀爲癰。漏癰謂如螻蛄臭之癰疽也。人染此癰。宜決去之。以況除害。癰去而肌生。害除而利興。其事相類。故墨經云。此其解釋。遠在孫仲容間詁漏雍之上。』又云。『興利積極之義也。除害消極之義也。凡興利除害也。不曾言積極者消極也。辭意相反。云胡可通。如謂癰去而肌生。害除而利興。則應云、凡除害興利也。不當顛倒其詞。使之換位。蓋命題中主謂兩詞。主爲別名。謂爲共名。共別相合。主大謂小。始爲中程。』又云。『北京政府一大癰也。凡生息其下者舉爲螻。高凌霨等穢德彰聞。腥不可嚮。固螻之至者。』以上皆行嚴原文。在行嚴之意。蓋北京政府爲大癰。觀北京政府官吏。率爲螻。欲去螻萃。非用快刀割去大癰不可。用是方北京政府則得。用是釋漏癰。則其誤無異仲容漏雍之說。且或過之。因仲容祗錯解漏雍。未錯解凡興利除害也之義。所謂。誤。其。謂。而。未。誤。其。主。誤其。德。而。未。誤。其。全。也。夫一。辭。一。名。則謂。之。德。同德。數。義。則謂。之。含。行。嚴。分。螻。與。癰。爲。二。將形。容。詞。作。爲。名。詞。實爲。治。名。學。者。所。不。許。蓋漏癰者非他。乃漏癰之同名。即瘰癧也。素問生氣通天論、陷脈爲瘻。留連肉腠是也。瘰癧俗名癧子頸。大者爲癧。小者爲瘰。謂累累歷如貫珠也。一名鼠瘻。靈樞寒熱論、寒熱瘰癧。生於頸腋者。此皆鼠瘻之毒氣。留於脈而不去是也。又名結核。王肯堂證治準繩有治瘰癧結核丸。西醫名是證爲 Tuberculosis。日醫亦譯爲結核。與痰核異病同治。其生於腋下者。名爲馬刀挾癭。陳君慤固未審爲何人也。此稿乃取慤去年新聞報漏癰一文。何以存慤僕中。亦不解。頃於無意中檢得之。以張、劉、講、學。詞旨、肫、切。未忍、棄、之。爰揭於此。以來他辯。

凡興利除害也一語。愚謂。是。農。國。大。義。歐洲工國。一切俱從積極興利著想。農國則不然。吾國自來。君。相。師。儒。所。垂。政。教。無。一。非。從。消。極。除。害。入。手。以爲。除。得。害。盡。即。是。興。得。利。多。舍。除。害。別。無。所。謂。興。

利。墨子。非。攻。非。樂。非。命。豈是。以。非。爲。義。排此。尤。爲，章。顯。故曰。凡。與。利。除。害。也。其類。在。湔。雍。湔雍之爲婁蘊。如張子晉解。爲結核。如陳君解。均無不可。亦以、不、失、爲、所、除、之、害、爲、得、耳。陳君謂恐誤解本義。用再略述大概。遣望示教。

孤桐

論注音字母

陳紹緋

古者庖羲氏仰觀俯察。取物取身。作易八卦。開兩間之蘊蓄。扶造化之玄機。黃帝之史倉頡。見鳥獸蹏迒之迹。初造書契。肇萬古不滅之精神。示百世不惑之標準。黃帝用之。百官以治。萬民以察。至今垂數千年。形體雖有變更。意義莫之能易。故於歷代之典章文物。昭然可考。學術風俗。晰然可察。中間歷經世變。如春秋十二。戰國六七。三國鼎峙。南北分立。五胡十六國之紛擾。五代十國之瓜分。以至今日。更復國家多故。生靈憔悴。猶能團結民氣。一息尚存。而不致隳然亡者。以書。終。古。不。變。之。文。字。未必。無。功。而今之談改革者。或欲創標音以代字。或竟法羅馬而拼音。如是、則現行民間之注音字母。人方侈言普及教育。利便初學。而吾。以。謂。論。其。大。則。文。字。滅。亡。之。先。導。論。其。細。則。文。字。音。韻。之。蟊。賊。何以言之。一國文字之成立。實根據於民族語言習慣之特性。世界之語言。分獨立、粘着、語屈三大系。獨立系者。中國語是也。粘着系者。日本朝鮮語是也。語屈系者。歐美諸國語是也。獨立語一音多義。故非象形文字不便。粘着語屈語一義多音。實非標音文字不便。標音文字爲流動性。象形文字爲固定性。世界。文。字。之。爲。象。形。者。不可易。以。標。音。斯世。界。文。字。之。爲。固。定。性。者。不可。使。爲。流。動，性。非不。可。也。迫于。一。國。民。族。語。言。習。慣。之。勢。不。能。也。今之人、以國民識字人數之少。根吾國文字之不標音。又以其語言文字之不統一。而欲效法世界以符之者。抑何、不、紊、亂、國、文、字、之、何、以、異、乎、世、界、諸、國。而、亂、國、文、字、之、音、韻。因土、地、之、大。人民、之、衆。隨時、隨、地、而、有、變、遷。勢不、能、更、標、音、以、惑、吾、民、也、耶。今請以吾文音韻之關於時代地城而有變易者。略述於左。

（一）音韻、隨、時、代、變、遷。

文字者終古不易。而音

二

韻則有時而變。約而言之。有周秦以上之音。有六朝以前之音。有隋唐以降之音。有近代之音。古人之簡策俱在。變遷之時代可考。故曰千年不同韵。百年之中。語有遞轉。繫乎時者也。例如英從央聲。詩有女同行。與將翔忘爲韵。汾沮洳三章，與方桑行爲韵。皆古音也。自班固以英與生榮蒸庭爲韵。而音始變矣。江從工聲、楚辭九章。以江與東爲韵。荀子成相篇。以江與功鴻工爲韵。皆古音也。自沈演之以江與陽相彰爲韵。而音始變矣。卿從皂聲。古讀如鏘。自曹植以卿與傾生零名爲韵。而音始變矣。橫從黃聲。古讀如貴。自傳毅以橫與傾生井清冥爲韵。而音始變矣。他如家本讀姑。後轉如加。華本讀敷。魏晉時轉入歌。今轉入麻。上下數千年。其間雖魏晉至唐初。當時有韵之文。江英兩字。尚屬互用。而古音尚有存者。然自唐以下。則純用今音矣。聲音、隨、時、代、而、遞、轉。信有、徵、也。惡可以不察乎。

（二）音讀、隨、地、域、變、遷。東西南北之方言。各隨水土而區別。故隋陸法言有云。吳楚則時傷輕淺。燕趙則多傷重濁。秦隴則去聲爲入。梁益則平聲似去。例如同一樂字。北音讀如耀。南音讀如約。吳人讀奚如岡。徽人讀風如分。湘人讀東如敦。浙西讀若爲迭挑切。福建讀若爲迭偸切。淮南子云。輕土多利。重土多遲。清水音小。濁水音大。非苟音也。音本、自、然。隨地、氣、而、差、異。又安、可、以、矯、飾、爲、哉。

綜上二者觀之。音讀之隨時代變遷者。即所謂縱的變遷。其隨地域變遷者。即所謂橫的變遷。綠是以推。音讀。之。變。遷。自今。以、往。以縱。橫。變。遷。之。關。係。雖亘。百。千。世。亦莫。或。能。窮。彼欲以標音施於中國。而貿然以注音字母所注之音爲國語者。謂爲、祖、國、文、字、音、讀、之、蟊、賊。夫豈、過、歟。又字之主意。與主音相懸。不可同年而語。蓋主意者。一字有數意之妙。文字數千。即可以窮宇宙之態。盡萬物之變。若主音則音讀無憑。如上所述。隨地而異。隨時而異。準音造字。音將何從。即有語言相類。音讀相同。若人之與仁者。表以淡文。則同音而異用。標以拼音。則兩意難獨斷。諸如此類。更僕莫數。隔閡民情。莫此爲甚。況吾文感形知意。直接得聲。視而可識。察而易見。單音之成。別諸天籟。蓋而習之。篤老不忘。宜乎自周秦以還。書同文之稱盛。明揭於孔氏之遺書。誠以文字為語言之代表。語言。不。達。文字。可。通。所謂。不。統。一。之。統。一。也。庸何。傷。又況祖國文字。實尤有不可易之史微。元之人主中土也。用蒙文以強同化。然而上下不通。元以速亡。可見文字戰勝干戈矣。清之入帝內地也。即漢文以絡漢人。卒致學術極盛。清以永祚。可見習慣戰勝改造矣。向使中國文字而果為可易。則清之於漢人也。防閑至密。文獄累興。以帝王之權力。何所求而不得。顛覆漢文。不其可絕漢人愛國之心乎。然而計不出此者。亦以。吾。文。其。萬。古。不。滅。之。精。神。為。百。世。不。惑。之。標。準。用。之。則。國。存。舍。之。則。國。亡。欲。易。之。而。勢。有。所。不。能。也。嗟。乎。滅人之國者。欲絕人之愛國心而不能。而人。反。欲。自。絕。之。吾。是。以。累。咸。注。音。字。母。之。為。祖。國。文。字。滅。亡。之。先。導。而。竊。懼。也。或曰。吾文字多同音。注音良不得已。果爾、則依音韻闡微一書。用合聲反切之法。上一字擇其能生本音者。下一字擇其能收本韻者。綴讀之

為二字。急讀之成一音以注之。如注中為某因切。注來為欺類切可也。如是。則。法。雖。近。乎。拼。音。字。未。離。乎。祖。國。以。祖。國。文。字。之。觀。念。表。祖。國。文。字。之。音。讀。亦。非。半。功。倍。乎。又。何。必。拘。拘。於。所。謂。注。音、字。母。者。以。淆。觀。聽。而。惑。民。衆。也。雖然。此特專以注音而論也。若夫吾文本身。造字之始。寓聲於形。聲以定名。形以察意。形聲字之於六書。孳乳最繁。說文五百四十部。而字屬形聲者。都七千有餘。彼徒能識其字。讀其音。而不能解其意。明其用者。不得謂之真識此字也。準茲以談。則今之青背學子。或已受初等教育。或已識文字千百。進而問其已識之字。若者何解。若者何用。類皆茫然莫對。亦未、始、非、受、注、音、字、母、之、影、響。而獲、此、知、如、不、知、之、惡、果、也。竊念國家既以學校資格而嚴取士。謀教育之普及。民智之發達。更何不於初高小學。即授以文字構造之原理。以明古人制字之意。如周禮。八。歲。入。小。學。保。氏。教。國。子。先。以。六。書。使。之。初。能。發。其。聲。者。亦可。令。其。意。已。能。察。其。形。者。即可。全。其。用。耶。如是。以。視。今。日。補。佐。愚。民。政。策。之。注。音。字。母。不。又。一。

學。而。兩。得。乎。

通訊

本讀

……本讀甲寅一卷十七號。其論前稟巳達。循作明學一篇。辭旨荒蕪。何堪重入文選。復承刊布。愧赧實深。辱招北來。從情寡落。久遊歷教。亦思一侍清塵。重聆訓誨。康近承敝校特派赴歐留學。擬巳月內如滬候船。擬順道入京。一謁而去。其諸未譜。可面陳也。康昔唱唯我主義之學。以為我之全人格之實見。在畢具下列三事。

一、道德的元素。如道德哲學、人生問題、神學、宗教學等是也。

二、智識的元素。如玄學、（形而上學）智識論、數學、自然科學、心理科學、社會科學、史地科學等是也，

三、藝術的元素。如文學美術等是也。

三事之中。以道德哲學玄學持其總綱。一示。人。生。之。全。一。明。宇。宙。之。大。而宇。宙。萬。有。必賴。人。生。意。識。之。綿。延，而。存。在。故尤。以。道，德。哲。學。為。之。大。統。端居閒學。皆為深沈之思。周覽天人之故。以人。生。意。識。之。流。行。蕃衍。宇。宙。進。化。自。然。之。程。新。舊。相。禪。乾。乾。黽。勉。其。遞。衍。至。於。無。極，而其。間。能。鼓。盪，其。前，征。之。力。振盪。其。嚮。上。之。志。百折。不。廢。終始。不。渝。者。則純。賴。有。恢。宏。偉。大。之。道。德。信。仰。存。焉。（乃全部之道德原理非乾枯乏味之信條也）自強不息。充滿天地。樂天知命。不憂不懼。投身於無邊進化之程，循是前征。而宇宙萬有。乃有所附麗。而傳其曼衍於無極。故以道德哲學總其綱。而參驗玄知。浮游藝術。

以造宇宙之全。而成人生之大。於是。乃。主。提。高。感。情。之。說。以求。實。見。其。道。德。之。全。統。情之為物。充物內外。而偏於人生之全部。其程敘所之。初無一定。必振。盪。其。儕。上。之。精。神。而鼓。盪。其。韻。律。之。意。志。始克。乾。乾。不。息。以上。達。於。清。明。高。遠。潔。白。無。瑕。之。境。孔子曰。清明在躬。氣志如神。耆欲將至。有開必先。神志超越。固宜造此精微。然亦非參驗玄知之奧。浮游藝術之妙不至此。故三者為功不能偏廢。特以提高感情。排其全綱程敘耳。居恆獨唱改造思想之說。然必賢見我之全德。始克覺其改造之功。育之甚長。弗能覺其緒也。凡有云云。所唱唯我主義哲學之全統。且在於是。今後聞學。但求實見吾理想中之經驗而已。故六年前即以唯我名其齋額。昭所志也。俟教有日。先以奉陳。顧先生有以教之。⋮⋮⋮吳康十一月廿三日寓北大學

敬軒此說。與希臘。諸。賢。所。標。真。善。美。三。義。及桐。城。姚。氏。所。倡。義。理。考。據。詞。章。三。者。不。可。缺。一。之。旨。大致。相。同。特。三。事。之。範。圍。有。廣。狹。主。觀。因。而。略。異。而敬。軒。別。以。唯。我。二。字。領。之。尤。為。親。切。有。味。耳。今。時。大。患。在人。人。求。展。其。獸。性。務。盡。劉宇。內。事。事。物。物。一。以。無。情。與。機。械。二。義。驅之。使。人。於。各。各。離。立。冷酷。獨。悍。之。域。偽。說。偽。說。何圖今日。得聞此論。敬軒勉之。恐為執癥所欣慕也。

孤桐

頃讀

⋮⋮⋮頃讀甲寅一卷九號。至評新文化運動一篇。誠今日之木鐸也。筆力亦傯歸方。而並驅柳付矣。斯言非諛。幸勿哂之。惟其論理高深。某也不敏。竊有疑焉。如蒙賜教。不獨某之幸。亦文學界之大幸也。大著謂「恐在滬理試卷。白話古三之二。文言三之一。文言固是不佳。白話亦緻繞無似。恐什告人。此事應由適之全然負責」。竊思令友適之倡白話文。猶先生之倡文言文也。適之不能令人盡善為白話。亦猶先生不能令人盡善為文言也。大匠能與人規矩。尚不能負使人巧之責。況倡白話文與倡文言文者。俱不與。人。以。規。矩。者。乎。且先生申明適之應負責之理由。僅許以五年修業。白話即不及其為文言者。而此為

文言詞條理遂者。修業期限已畢業中校。而試農大矣。計其年限。一則五年。一則十二年。適之雖欲負責。又為能服此帶條耶。大著謂「適之病本交刻至之言。」恐亦覺先生誠帶刻矣。夫白話為中國人之白話。非適之之白話也。文言為中國人之文言。非先生之文言也。大著於應文言不應白話之理。似覺尚有遺漏。某也不敏。深疑人之不先生是服也。再者大著謂「因謀毀棄固有之文明務盡。以求合於口耳四寸所得自西方者。使之畢肖。微論所得者至為膚淺。無足追蹤也。即深造焉。而吾人非西方之人。吾地非西方之地。吾時非西方之時。諸緣盡異。而求其得果之相同。其極非至盡變其種無所歸類不止。」此屬全。稱。之。言。乎。抑屬。特。稱。之。言。乎。先生固邏輯名家。既倡。此。論。豈不。聚。他。報。他。話。等。且樂。經。濟。學。述。法。學。論。理。學。等。悉。樂。之。耶。斯矜。鈍。之。所。疑。也。子之為文。如老斲輪。子之持理。似欠邏輯。子之為心。矜鈍所杵。有德而居其位。必有所作。燕許手筆。韓歐文章。即請之方什。得其位俱急以文倡於天下。文德如先生。海內一

人。衆莫與競。標示一體。是歡樂雍容情文並茂之觀。斯誠韓歐方什之功績。斯誠韓歐方什之心。矜鈍不禁歎躍於山中無似矣。數年前皖胡適之績胡先生討論白話文言。其他鴻篇鉅製。不勝枚舉。此項問題。終求解決。是何故。矜鈍以為是誠我國邏輯學之幼稚。也。能言。之。而。不。能。用。能知。之。而。不。能。中。論邏。輯。時。則。有。邏。輯。論。他。非。則。無。之。同。一。文。也。區。以。白。話。文。言。終在。文。之。範。圍。中。納。之。中。國。人。智。恐。雖。制。不。能。拒。其。一。於。外。先生對於此點。立縱橫之說。則該問題渙然釋矣。範矜鈍猶不免杞憂。何者。彼白話範圍中。亦有衆莫與爭者在。展喜卻齊侯。燭武退秦師。孔子必先之以子貢。皆白話之力。非筆於文而始然。其原語固不得列於文言之例。是說話之學。容有與其縱而登峯造極者。竊思文言白話二者。取材不同。文言取於書卷。如云「今之束髮小生。握筆登先。名流巨公。易節恐後。詩家成林。作品滿街。家家自命為施曹。人人自詡為易莫。風流文采。盛極一時。何莫非至易至美兩性同其之新發明。導之至此。」先生此段美文。字

字從書卷中得來。而修辭學之能事。無何不寓焉。若不執書卷以讀之，小生、必、誤、解、為、伶、人。且、公、必、誤、解、為、大、公。他如、握、管、易、節、成、林、等。幾、一、無、詞、可、按、字、之、原、義、而、解、者。先生之為文。誠深於 Figure of speech 者。凡讀先生之大著者所不可不知也。中國文言之長。即在於斯。竊尤有進者。西文組織。亦多假我國文言之處。如云 to be different from this 譯以文言曰「有異於此。」兩者組織次序。深相符合。白話則不能也。又如 better than this 譯曰勝於此。to bathe in the pond 譯曰浴於池。若在白話。譯曰、比這個更好。在池子裏洗澡。便與原文次序不符矣。此就譯學言之。覺文言勝於白話。不知先生許焉否也。更有進者。斯賓塞著文體哲學。借經濟法。竊有取於文言焉。白話云。「凡用鋼去鑄成了的鐘。人若去擊牠。牠必定要響的。」改為文言云。鋼鐘必響。同一意也。在彼用二十字。在此用四字。時間上當為二十與四之比。即五秒與一秒之比。即五日與一日之比。即五年與一年之比。時間之經濟，恭恭大者。一年。能。作。五。年。之。事。

其經。濟。若。何。不知先生容有許焉否也。至於工程難易之辨。白話又不及文言之易也。何以言之。蓋文。言。室。中。家。具。悉。備。方。法。充。足。取。之。不。盡。用。之。不。竭。俯。拾。即。是。不。事。外。求。白。話。室。中。四。壁。如。洗。雙。手。空。空。欲。有。所。為。徒。演。手。勢。而。已。此。所。以。白。話。一。入。文，增。實。演。中。不。免。失。色。修。學。難。易。不。辨，而。明。先生借文言，實為衆生示方便法門。不知斯言然否。綜上隨意所舉。略得四事。修辭、之、譯。譯學、之、便。經濟、之、要。修學、之、易。於文、言、得、之。不知當否。願承明教。燈下忙筆。未暇復校。初稿粗鄙。恕罪恕罪。鄙自返國。久絕塵世。故隱名隱地。合併聲明。事關公益，諒無嫌此。……無名 十二，一四月 二十八日

愚為本刊。立意不載匿名函件。前期已壞其例。今自號失虛者。復投此書。君房下筆。言語妙天下。遂亦。不。能。舍。之。矣。若。必。陷。愚。於。不。選。輯。之。地，位。其。又。謂。之。何。哉。

來教所貴。愚均一一樂承。文言四義。尤為切至。如此高材。允宜深入世間。誨人不倦。游刃江。湖。捷步。

一七

深。林。非所。宜。也。昔班孟堅云。山林之士。往而不能返。朝廷之士。入而不能出。二者各有所短。愚與崇虞先生。期共勉焉。　孤桐

讀再

……讀再疏解𨐌義。傷哉且今日社會公同信念之搖落。語重心長。爲之潸然。竊以。公。同。信。念。根。柢。縮。構。必。本。其。固。有。之。國。性。參酌。時。代。之。精。神。不執。一。偏。互相。融。化。徵之往事。往往而然。當吾從學城南。不揣固陋。毅然以發揚國徵。吸收外化爲職志。思有所樹立。自矢心地光明。受用無底。厥後新潮澎湃。舊坊毀棄。新義雜陳。泛孤舟於重洋。茫茫莫辨。陷沈罔懷疑者久之。重理舊業。信念始恢。心境稍怙。乃深悔前此之矛盾衝突。自尋苦惱。讀先生此文。不禁爲之慨然。然悠悠塵世。青青學子。沈溺橫流。罔知所屆。先生爲國宜教。恢張八極。宜明示準則。指點信念。多士風從。蔚爲習尚。則由新穀而離樹。爲期匪遙。越在南服。未聆清塵。論人慨己。爰抒下忱。伏維心察。佇候明教。……易微塵（長沙新安巷廿八號　十一月十七日）

愚讀此函。同時有一刊物。曰安徽教育評論者。接於吾目。中有楊君定宇通信一件。頗涉鄙事。先舉其詞。繼加考論。楊君之言曰。「諸君不觀夫甲寅周刊之出世乎。其爲新思潮之反動。蓋昭然若揭矣。行嚴先生在昔主張固不爾爾。主民立報時思　曾爲適德會宗　與之循　有周旋　而今日言論之矯枉過正者。亦未嘗非青年之行動有以激之使然也。愚愛行嚴。愚尤愛眞理。故每並列甲寅及反甲寅之文字而同時讀之。輒扼臂裂眥。助老友稚暉先生張目。稚暉蓋主眞理者也。今日之眞青年也。不有稚暉之討伐。則行嚴一人之爲患尙小。而蜂擁蟻聚之徒以行嚴爲傀。從而曰談經術。心覬祿利。貌爲仁義。躬行罪惡者。必且徧國中矣。則其爲害於吾國家於吾民族者。寧有涯涘耶。是故愚於行嚴個人無閒言。所惱者思想界將隨入萬劫不復之境界耳。此種罪過。造因者何人。收果者又何人。吾以國家杜有自許之青年能辭其咎乎。能不反躬自責而思所以自

賢乎。一十月二十二日號據此以知吾所負之罪之重。楊君非近今放縱卑劣之青年比也。所言一一由於子裏流出。決無自甘暴棄快意尋仇之思。凡爲社會持一義。不得此輩之實心扶翼。焉望有力。然則吾所期公同信念之立。戛戛乎其難矣。吾意。易。君。與。楊。君。兩。論。之。中。必有。甚。宏。公。地。可得。從。容。另。建。新。義。當世賢達。試一思焉。凡吾。過。正。而。矯。焉。之。枉。如依。此。法。得以。剗。除。淨。盡。不然。亦正。多。而。枉。少。吾人。幾。有。權。衡。取。舍。之。餘。地。吾因。爲。老。友。稚。暉。先。生。及。得。君。之。徒。之。討。伐。軍。所。殘。滅。焉。雖百。世。猶。甘。之。也。

孤樹

邪說

……邪說日熾。人心日壞。暴行之作。良有由來。盱衡時局。爭勝耿耿。國黨爭講席。教育無方。惟日告戒。兢兢以自易其器自至其中爲旨。謀拔孔子祖述堯舜。而稱堯之咨舜。則曰允執厥中。禹舜之大智。則曰執兩用中。堯當水患九年之世。竟成協和萬邦之功。舜處父頑母嚚之境。卒致重華復旦之盛。中之爲用。何其宏也。程子有言。中字最難識。須是默識心通。意以中之一義。不爲空間所囿。亦不爲時間所泥。上不蕩於虛無。下不局於器用。隨時之宜。無有常家。中之爲體。又何大也。龍樹菩薩者造中論。破二邊之見。顯中道之理。西曆紀元前七世紀末。政治紊亂。希臘七賢以救世立德爲懷。時流露於歌詠中。即今世所傳之勞門克詩是也。而其真言即中之一字。歐戰之際。殺傷逾三千萬人。巴黎大教主滿而西曰。此時方覺中國儒家折中之倫理爲可持久。參證中西。理莫能外。故汲汲以斯旨爲諸生明之。倘執事謂然。廣而布之。未始非社會教育之一助也。……唐闓武昌中華大學十一月二十二日

自民

……自民國初元。先生歸國。以迄今茲。凡在報紙雜志所有鴻文。部八一一讀之。不忍釋手。雖不能言其文之如何佳。第自讀之後。無不覺其心愜意當。而

獨立周報所刊與楊懷中書。尤爲至情充溢。叔季之世。得此一文。最低效力。當可感化者干意志薄弱之靑年。故什襲藏之。時一諷誦。今閱甲寅十六期。先生謂此書計覓不易。似此性情文字。安可不重布于世。用將該書由快郵寄呈。錄後仍乞見還。內艱頻仍。世道前途。莫知所屆。然甲寅者。暗室明燈。航海之南針也。伏望先生歟力維持。勿令中輟。或竟。排。除。一。切。理其。鐵。飯。碗。之。生。涯。使甲。寅。精。神。回。復。前。狀。不。勝。大。願。

……………宓允臧（常熟　十一月七日）

厚意極感。得有餘幅。當即布登。後偪所示一錢。與愚所爲進旨一文有關。吾道不。孤。敢不。戒。厲。

孤桐

邏輯

孤桐

十一月二十八日之夜。寒家再毀。愚之歷年手蹟。散失泰半。有複寫紙所書原稿大小十餘册。（宣統年間愚在蘇格蘭所擬。文字俱在其內）竊徒以煤油漬而火之。燼在北京大學所編邏輯講義。亦隨飄零不全。愚於斯學粗有講求。擬爲一書。略明梗概。其遲遲未布者。亦於貫穿中西學理之處。猶未敢深自信耳。歲月易得。蹉。跎。相。尋。更。閱。幾。時。恐並。此。未。敢。深。自。信。者。悉歸。烏。有。亦。終。無。當。於。明。分。勵。學。之。道。故以目前所得收拾之殘叢。分段存之。取勝於無云爾。

定名

論理學從西文邏輯得名。日人所譯稱也。竊謂其稱不當。（宣統三年愚有論邏輯名義一文。詳言此理。揭於國民報）蓋論理學者。本之Science of Reasoning。乃襲日教科書中膚淺之定義。今不適用。且以論理詁Reasoning。亦不貼切。在常語中。reason誠爲論理。而在邏輯。則含有依從法式彼此推校之意。較近之譯。宜曰推論。若泛言論理。則天。下。論。理。之。學。何。獨。邏。輯。不。論。理。而。能。成。科。之。學。固未。之。前。聞。也。且論理云者。果論其理。以論爲動詞。如有理則學之類乎。抑論之理。以論爲名形詞。如言心理學物理學之類乎。故論理二字。義旣浮泛。詞復曖昧。無足道也。吾國人之譯斯名。有曰名學。曰辯學。亦俱不叶。二者相衡。愚意辯納較宜。蓋吾國名家者流。出於禮官。漢書藝文志、謂古者名位不同。禮亦異數。故孔子尙正名。由是言之。古之名學。起於名物象數之故。範圍有定。雖名家如尹文公孫龍惠施之徒。其所爲偶與今之邏輯合轍。而廣狹淺深。相去彌遠。且其人班氏斥爲警者。（警訐也）其書斥爲苟鉤鈲析亂。（鈲普秋反破也）是不以爲名家正宗。孟堅自作之白虎通義。於爵。號。謚。祀。禮。樂。耕。桑。文。質。政。教。天。地。日。月。衣。裳。嫁。娶。詳加考訂。正其稱號。或自以謂於古爵官爲近。應劭之風俗通。用意與諸儒亦同。其自序有曰、「昔有爲齊王畫者。王問畫孰最難孰最易。曰、犬馬最難。鬼魅最易。犬馬旦暮在人之前。不類不可。類之故難。鬼魅無形。無形者不見。故易。今俗語雖云浮淺。然賢愚所共咨論。有似犬馬。其爲難矣。」此於疏理俗語之要言之甚切。名家之精要。全在於是。蔡邕之獨斷。亦可作

如是觀。是知名家本旨。所涉不外乎名。以今之邏輯律之。特開宗明義之一事耳。侯官嚴氏譯穆勒名學。謂名字所函。與術精博。與邏輯差相若。其說浮游。未足從信。愚意漢人著書。喜以通名。班應兩家而外。疑有他書未傳。而斷亦不失爲一種學術之號。伯喈所著。取別於他斷。故名曰獨。猶馬眉叔著文通。自表曰馬氏文通也。通云。斷云。大抵名家之流裔。（卽文通亦不外）如邏輯可云名學。當亦可云通學。或云斷學。何也。名於英語爲 terms。通爲 generalisation。斷爲 judgment。者爲邏輯之一部。可用。則俱可用。不可用。則俱不可用。也名字之不足取也如此。前淸教育部設名詞館。王靜庵氏（國維）欲定邏輯爲辯學。時嚴氏已不自縛於與術精博之說。謂「此科所包至廣。吾國先秦所有。雖以足以抵其全。然實此科之首事。若云廣狹不稱。則辯與論理。亦不稱也。」然愚意辯字爲用。固不與邏輯同周。（墨經周義見）而較名字則遙爲切實。吾國夙分名墨爲兩家。雖「墨子著書。作辯經以立名本。惠施公孫龍祖述其學。以正形（形每作刑）名顯於世」（語出魯勝）

墨辯序其訓詁說法與墨學乃時之說解異於他與其之其言固為名家之言。名墨並稱。乃取墨家尙儉之義。於所以別同異明是非之道。不妨同隸一科。而以名統墨於學派究嫌不順。墨之所成。遠在名家之上。移墨就名。義亦有虧。且墨子經與他篇。理原一貫。強分二者。尤為俗儒之見。以愚思之。通括名墨。而無所於濟。偕辯字耳。蓋墨子所居名家領域。實於上下經及說表之。而墨經即號辯經。墨家名學謂之墨辯。魯勝墨辯序謂「自鄧析至秦時。名家者世有篇籍。率頗難知。後學莫復傳習。於今五百餘年。遂已絕。墨辯有上下經。經各有說。凡四篇。與其書衆篇連第。故獨存」。準是以談。墨辯容有專書。早佚。其附於今墨子者。乃略說之別見者也。如大取篇。篇以類行。類凡十三。如其類在鼓栗。其類在院下之鼠。種種。必如韓非儲說。各類皆有詳說。而今皆不可考。則別本之已絕。可知。是辯之云者。本為墨家言學之稱。別有成書。今所傳墨子。以其須包舉墨學全部也。亦遂簡括其所以為辯者。連第於衆篇中。而即賴以流傳。可云不幸中之大幸。辯之關於墨學也既如是。而公孫龍子。亦以辯為特稱。通變篇有曰他辯。他者第三位之名也。凡立言於主謂兩詞之外。別覓他一詞以相辨證。即邏輯之三段法式。故他辯。以英文律之。當為 Logic of middle terms 辯之一詞。信為佳妙。然辯雖能範圍吾國形名諸家。究之吾形名之實。實與西方邏輯有殊。今以其為同類也。謂彼即此。幾何不中於淮南謂狐狸之譏。（凡稷所謂狐狸相似因詞狐即）故通常譯名不正。其弊止於不正。而以辯或名直詁邏輯。則尙有變亂事實之嫌。辯字本體佳絕。而亦復不中程者此也。論理與名與辯。皆不可用。此外尙有何字足勝其任者乎。沉心思之。不論何種科學。欲求其名於中西文字。義若符節。斷不可得。而邏輯尤甚。愚意不如直截、以音、譯之。可以、省、却、無、數、葛、藤。吾國字體。與西文系統迥殊。無法儉用他國字彙。增殖文義。以音譯名。即所以彌此憾也。佛經名義。富而不濫。即依此法。際之愚於邏輯。亦師其意。

孤桐雜記

民國十一年。愚居柏林。去國。甚遠。於政。爭。無。與。因視。天。下。事。無。不。可。爲。草治湖南新案。擬返里試行之。詩興忽發。且成長歌一章。二十年。間。爲此。蓋。不。過。二。三。次。也。此歌惟示朱姤逢。朱示他人。姤逢習口吟。愚聞其。誦。聲。因自。卜。吾。詩。不。惡。彌可。笑。也。今以實於雜記。欲有。以。激。厲。鄉。人。士。亦取。尼。山。有。過。人。必。知。之。之。意。恐不能詩之恥。如有一日流去。或乃此歌所得反響之賜也。

草新湖南案成放歌

在昔篤生稱奇男。發憤初作新湖南。通篇詞意主排滿。治術未暇深深談。同時晳子抵掌起。少年之歌復成矣。斯巴達與普魯士。健兒聞風心竊喜。無何勢轉如雲奔。克強提戈入國門。黃花崗上麓山側。至今陰雨泣英魂。松坡健者歷千役。逝錚決勝無遺策。獨道之難如上天。師提身殲人共惜。三程一趙身手強。呂誇死事尤堂堂。天生傲骨難自棄。軍紳無錢氣亦王。其他壯士如雲起。西南半壁供馳止。計從辛亥到如今。十年那役無湘士。湘人好亂。人。爭。呵。又言湘中才智多。人言黑白吾不聞。唯詢根因究如何。由來功罪難批斷。刀筆英雄本冰炭。湘鄉將相一時豪。四十年來譏翻案。竹閘媚廚殘同胞。黃蔡揮戈復讀鏡。湘人自尊湘人恥。窺形忍說功名高。狡詐滌生稍異趣。不重戎機重時務。功成勢積傾朝野。胡乃平平無建樹。現今湘勇走江湖。青紅日夜嬉。鳴。狐央頭搖尾。孤身客處處湘。軍紀念殊。我排此見閱今忠。平眼時流亦如是。破撥蝟仍起。說無舉世滔滔。湘復附于今滿地皆豺猿。吾鄉被禍尤慘傷。試登岳陽一搔首。洞庭波黑。

二三

君山黃我今發圓君伊悚就中瓜豆澀誰種古來怨艾仍稱賢伊乃從前死傷勇湘人自負世人知爲龍爲蝕已决之將君當作湖南神聰吾長跪前致詞歐洲大戰四五載新理翻騰若江海中有豈治爲勝義小子般勤恣探采探采歸來顧自豪敢言救國如擘毛從隗施親望吾子願先天下試操刀吾鄉賢者好談政有時品理如懸旌乘三戊戌稱先達爽年頻年爲後勁譜從此後細推尋橫覽東西賢古今公瑾果然無妙計當知數帶亦千金我年二十習軍旅伎半深山聚偕侶學書學劍錯雜來一時豪士交相許早歲我始亡東瀛力脫然錯爲書生湖南處國須有策發諸每與克強爭從茲棹肯游三島認解英倫憲政好歸來大張內閣論志不得通概大悔壬癸之間政事煞吾獨先窺司馬心覺將博道宏京意婁作僉戈玉馬昔爾後紛爭更無已鯨生陸入深坑裏心非武力述近之聚棋不定旗世鄙算來所得餘幾何國家愈亂賊愈多風雨中宵懷狂想非皺如此理則那甲寅誓

筆談時政有許無案難爲鋭聯邦邦聯初切磋調和之論遺時病本來不值一文錢倚傍門庭太可憐種種君同昨日死從今更著祖生鞭我生福分仍不淺坐觀裂理成天演眼中鐵血洗諸洲人類文明爭一線年來挾策走重洋沁臟蘇恭細品是取將與義般勢寫過與同鄉姊弟商吾爲此言非放棄一血一筋皆有位故俠不必貲瓜來大夫那有行吟地湖南疲苦不可支大澈大悟眞其時祇須吾湘在湘手百年大計從頭施莫以鄰爲祭莫說從軍樂世界本自然不由人矯作勝人不算武矜己方爲卓莫目蔑與雖莫爭鼠和雀湘人勃僚夙宜農立國含此宜何宗吾國文明本農化更有何居足方鄒因此湖南人共赴湖南役新招來王魂頑展買生策湘人揮汗如傾盆不走楚門走校門湘人吐氣如火熱不資豆其來治鐵湘人血淚多如麻點點滲透自由花湘人智辯走如珠顆顆嵌上分科岡湖南如此治五族苗閥茅塞同光彩爾時回首中原來拱北朝宗俱有在中國大亂入

生。悲。今有。湖。南。何。價。為。有時。樂。觀。良。有。以。治。國。可。自。湖。南。始。湖南湖南且莫驚。爾之責任誠不輕。我今為爾歌一曲。一言記取儕刃迎。湘人。質。美。學。不。

說林

與譚組菴丼軍黎九開韶。黎九韶王文勤（文韶）已作巡撫。未有花翎。頗為缺望。文肅公時為貴州巡撫。擬附片稷陳文勤籌餉功。特為奏請。劉武慎見之。以為、以、巡、撫、保、巡、撫。於例、未、允。遂罷。孝欽六十萬壽。朝省大官。得加宮銜。文勤、獨、得、花、翎。如北、志、也。曾惠敏欲為賀湘耕制軍請建專祠。文肅公為之奏請。遂得廢謚。左文襄總督陝甘時。復為之請。亦奉前綠黎某奏請前來。業經嚴予駁分。該督豈得漫無聞見之論。叔清、愛、惜、名、器。往、往、如、此。

組菴謂家藏李西涯遺相二幀。一為翁覃谿藏物。草

足。向來。門。力。徒。自。借。頗將。吾。案。府。府。否。諸視。新。湖。南。何。屬。

谿及王湘綺翁叔平。各有題跋。一為法梧門舊物。短舌微髯。略如閣止。（江爵年九文別字）北墓在北京西直門外與吾村。並無封樹。嗣經梧門尋得。始為立碣。碣陰刻覃谿梧門唱和詩。又云。孫文正會試勝尼。而殿試掄元。以詩、題、高、車、高、捆。為北、家、典。通案、唯、文、正、知、之、故、也。高百足驚才碩學。又工書法。既為肅順上客。肅順欲以狀元畀之。徒以戊午之案。不敢公然請託。百足固能揆揣。因嚴限交卷。所以待百足也。不意百足誤揭卷傳。后補成之。而文意終不可通。遂從、四、甲。朝考詩題。翻為十三元。而百足復誤一翻。於是、再、得、四、甲。

組菴談及數事。一歲井尙書侍郞后。葛尙書寶華。出爲京某旗都統。方以爲專面之寄。自不能如前事者了不過問。及至。則衙署敗矣。旣無盲役。亦無几席。都統乃購堂具。且召佐領來。問何爲至此。對曰。嚮來都統並不到任視事。問不到任視事。印當如何。曰、歸佐領收檢。問公文者何。曰亦有收檢處。都統取視之。則皆數年前物。蒙古文耳。問旗丁生計。曰、嚮者養育兵月給銀一兩。正兵則二兩。馬甲則三兩五錢。道光時。已七折發給。咸豐時。再加七折。今多者一兩二錢。少者僅得二錢耳。都統、乃、廢、然。然以、爲、猶、可、爲、也。他日。復召佐領。問我欲造一旗丁冊子如何。曰、可。但須大人雇人爲之。問馬甲寧不能寫冊子邪。曰、安得、馬、甲、能、寫、冊、子。然則彼曹能習馬邪。曰、彼不、能、自、活。又安能、飼、馬。然則彼何以生。佐領不能對。久之。都統亦漸知其俗。人有告都統莫如辦奸警察者。都統嘆曰。辦奸、警、察。則旗、民、之、生、乃、眞、絕、矣。一、袁太常等庚子之死。其疏稿流傳外間。極爲人所稱頌。單止菴當宁時。偏求當案。竟不可得。故太常門人章梫。爲太、常、立、傳。

不肯、被、抗、疏、事。蓋太常旣殉國難。皆欲成其美名。故代撰是奏。揭之報紙。或曰。卽其家人爲之爾。一、金山寺僧某。故安得海弟子。入宮之始必拜一太監爲弟子例則然也言內廷當差。以上差爲優。餘乃褫被臥陔欄。其溺桶。偶失禮。則傳杖耳。杖空其中而實以鉛。重者舉杖擊之。則立斃。輕者乃按杖於地。第亦脫肉盈盤。宮中太監皆畜異藥。被杖後敷之。必結胝如鐵。再被杖無懼矣。蠶室在西直門外。宮時飲以麻沸湯。亦無所苦。唯蠶子杙椓。年稍長。例須再割。李蓮英中年當差。斥已平矣。東宮老佛爺人好。西宮不大好。同治皇帝愛及宋女。作業眞不少。僧曾被杖。其時安太監方得勢。不暇顧治。瘡後兩醫微淌。不能再打。乃陰求出宮。會安太監被誅。改投劉太監。亡何劉死。葬於金山寺。某太監爲之力請。乃得落髮爲寺僧。朱八學士問外間謂李蓮英尙能媚事西宮何也。僧怒曰。無論。事。必。不。然。京朝。官。兒。乃問。及。此。邪。

甲寅周刊第一卷第二十五號目錄

時評

十二月二十五日者。所謂耶穌聖誕也。北京市民。固有反基督教同盟之組織。各大學學生。全體加入。勢囂甚。是日擬以反教爲名。起大規模之示威運動。廣告既布。傳單遍飛。相約如何如何。至日各嫌疑者燒燬戒備。六國飯店。忽有意外之顧客無數。有產階級之貴重物品。亦紛紛遷入東交民巷。前月二十八九兩日之前事未忘。伯有時驚。殊可笑也。然候至日昃。迄無聲息。潛赴天安門瞰之。高臺既傾。人影不在。有告者曰。彼輩將夜動也。然夜盡，消息亦與俱盡。噫、此何故哉。翌日各報喧載。萬口競傳。乃鹿總司令兼警監。有一種勸告，並有一種準備。學生諸君。審鹿君之意。無。他。不。如。孃。者。朱。深。章。士。釗。之。有。意。壓。迫。愛。國。運。動。也。卽發。道。自。克。終無。一。人。自。由。出。校。北大第三院準備齊整之講演大會。所請名師，如吳先生稚暉、李先生石曾、李先生守常、易先生寅村等。候至日盡。無一人至。聰衆。亦。欲。然。自。散。無。所。謂。不。滿。意。嗐、蓋。矣。孔子云。人存政舉。人亡政息。鹿公。之政。與朱。深。章。士。釗。之。政。自皮。相。者。觀。之。似不。見。十。分。迻。異。而以。其。人。不。同。之。故。所收。之。效。竟如。霄。之與。淵。信矣。尼。山。之。言。之。不。我。欺。也。而爲。朱。深。章。士。釗。者。亦得。陰。然。於。前。日。之。横。被。指。摘。非以。其政。之。誤。而由。其。人。之。非。因勉。自。修。者。益其。信。望。冀。於。他。日。有。以。自。贖。則近。事。之。所。貢。于。彼。等。者。厚。矣。（通）

臨時法制院長姚震、以軍事嫌疑被逮。拘留於警備司令部者近一月。昨總司令鹿君、得馮督辦一電。文曰。「鹿總司令鑒。新特赦。天津戰事告終。姚院長應即恢復自由。希照辦理。」政者十二月二十七日也。此日、一電乃吾國自由史上之一大鍵。與護日巴黎。國。民。軍。釋。人。於。巴。士。的。獄。同。價。可大。書。而。特。書。是何也。曰、人身自由權者宜嚴障於憲法。以時強張依法詮釋於法庭。無媿法治 th Rule of Law 如英倫。尤絲絲入扣於出廷狀。政府且無能以意爲出入也。而吾國何有焉。憲法。未。成。成者。以。賄。敗。約。法。又。久。無。效。所謂。法。庭。剡。木。而。已。出。廷。狀。者。黃。色。人。種。尤。未。夢。見。至。近。而。政。府。且。在。若。有。若。無。之。間。其。力。不。足。保。人。自。由。納。之。不。足。毀。人。自。由。然。則。吾。人。所。有。天。賦。神。聖。之。人。身。權。眞。限。於。中。斷。不。可。思。議。之。境。也。今。幸。有。人。宏。己。溺。之。任。先。天。下。之。憂。舉。今。之。政。府。法。庭。憲。法。所。應。爲。而。無。能。爲。者。惘。然。任。之。而。不。疑。吾。人。爲。所。衣。被。因。得。偷。旦。夕。之。安。焉。此。其。爲。政。隱。與。興。滅。繼。絕。同。功。天。下。歸。心。可。排。左。券。天。相。斯。人。亦。善。廣。其。「應。郎。」之。逢。焉。可。已。（寅）

考察歐美日本政治專使徐樹錚。近由美洲返國。數日前、來京覲見執政。面陳游歷期間各種心得。據云徐頗感受容紙上之壓迫。故爾急於出京。十二月二十九日午後六時、率其隨從人等。以專車赴津。行抵廊房。遇刺客陸承武以鎗斃之。立時殞命。此當晚十二時事也。翌日午後一時、刺客仍留廊房。以印電通告行刺之由。乃以民國七年、徐君以計誘殺其父建章。處心報復。亦既有年。今始得當。手刃父仇云云。此事出後。論者大抵附於感情立說。以徐有力掀起政治風雲。此生既了。政潮可息。又以天道好還。徐殺陸本不當。自作之孽。例不可活。如此等論。都祇見其一偏。惟晨報所言。差近理道。謂「爲國法計。爲社會秩序計。此種暗殺之風。實屬不可爲訓。爲陸計。果能於殺徐後投身法庭。毅然自首。則於私於公。可謂兩全其美。」此論不可謂非平正通達。能見其大者矣。昔唐武后時。有徐元慶者。父爽爲縣尉趙師韞所殺。其後元慶殺師韞歸罪。法吏不知所出。因下廷議議之。諫官陳子昂建議懲其人而旌其閭。遂著爲令。其後韓柳兩公。俱以異見相往復。爲唐律中一大案件。愚意。徐陸仇殺之案。唐人所爲復讎諸議。至少可爲有力之參考。料當世法家。幸留意焉。（平）

許閣醞釀。遂於何日至歲杪之最後五分鐘。居然以下列名單。正式發表。

外交王正廷　內務于右任

陸軍賈德耀　海軍杜錫珪

財政陳錦濤　司法馬君武

農商寇遐　教育易培基

交通龔心湛

此不得不謂大器晚成者矣。閣雖見之明令。其中尚有多少曲折。未能十分疏達。除本人表示不願者外。而新閣員及候補者所代表之實力派。尚不免嘖有煩言。愚前論組閣較拼七巧板難。以板能發言故也。今觀之不僅板能言。其支板之棹子亦能言。宜乎其難上難也。雖然。時局至艱。不可久無政府。許君勉爲其難。已至此步。些須意氣。頗望大家。共以國家主義。姑治之也。（通）

再論敗律

孤桐

愚言敗律。論者滋多。而其義因未盡也。日來復與同人互鬨斯旨。又以林宗孟倏忽從軍。於論無取。數歲併集。以著於篇。愚擬立論。意在凡人從政。敗後當一切放下。不當囹道詭遇。圖顛覆勝者。而惟徐徐修省。以俟國民同意之自還。此其中有一前提。未及明焉。是何也。即吾從。政。固非。可。勝。而。不。可。敗。者。也。不可敗有數義。假藉政權。利其私圖。賊欸縈縈。時虞敗露。一也。夙無抱負。乘時竊位。一旦勢異。無以迴旋。二也。行絕端之政策。以摧制敵黨。權在則生命在。三也。三者固未盡仕進之變。而大體在是。蓋敗且喪其生。或則罹於刑。至少亦失其自用之力。凡不可敗者。大率心搖搖於是數者也。而吾何有焉。吾非。列。寧。之。徒。也。而圖。鉗。制。他。黨。至。譏。以行。吾。權。亦非。如。吾。史。所紀。纂。例。也。而持。不。克。則。黨。之。念。自為。信。誓。凡吾。所。為。大抵。周。旋。于。近。世。憲。政。通。則。之。下。以政。力。之。向。背。為進。退。之。權。衡。向而進也。背而退也。今五洲各國之士夫豪俊。縱橫出入於是中者。歲不知若干人。策名於時。例為能外。吾素。位。而。適。集。於。此。亦姑。與。之。集。於。此。已。耳。其在位也。不敢有踰閑自踏之行。排娼者縱以

為言。而遲速必且自明。其去位也。吾容別有傲飯碗者。終不能去。送其有涯之生。且不暇給。固無取乎賦士不遇為以是。所。舉。不。可。敗。之。數。義。吾自。反。而。俱。無。有。自反。而。俱。無。有。以是。吾。之。從。政。非可。勝。而。不。可。敗。以是。敗。律。建。之。於。其。上。可望。中。邊。俱。敵。而。即。於。行。不然。則亦。得。言。而。已。矣。為足。多。哉。凡有所陳。以著政家通例。愚竊有志於是。故切言之。惟若昔盛遂睽行。人無能以政則自隙。卵不完于巢遊。僑同歷於棲朝。則其敗出於常軌之外。非吾言所能絕。雖然。傳云。正裘難。吾人。至。此。各順。受。其。正。別無。他。道。又云。士可殺。固亦。終。無。所。謂。不。可。者。存。也。且可敗不可敗云者。尤有最要之一義。以為符驗。即敗。後。而。仍。得。迴。其。政。略。保其。右。交。理直。氣。壯。以昭。示。於。國。人。而為。乘。時。再。舉。之。備。豫。者。可。敗。其須再舉與吾為別一問題否則。政。略。不。足。以。告。人。朋交。全。由。於。利。合。當時。群。已。非。之。罪。後。且。不。勝。自。作。一敗。塗。地。理勢。皆。不。能。復。如是。者。不。可。敗。以南方癸丑與北方丙辰兩役衡之。兩役皆敗者也。而前。者。可。敗。後。者。不。可。敗。以討。袁。不。

成無論何時可接而厲帝責不成無論何時不得再起也吾之從政非可勝而不可敗易而言之吾之決策非可一而不可再者也吾何擇爲由此論思君子小人之勝敗其影響於國家之治亂者可爲公例如下凡可敗者而敗其後從容以國人之同情而返於勝者其國常治凡不可敗而敗其後行險僥倖出萬死不顧之計以求勝或驗或不驗者其國常亂凡可敗而敗其後不遵正軌忽輒行險僥倖以希一逞又不可敗而敗其後徐圖自儆卒爲善士易以國人之同情爲幟志者其國治亂參半吾人將措吾國於何地其所繫於一朝之決計者消息至微可不懼哉北京近一年之政局除以財賄自絕者外愚意均以爲非必不可敗也如其不爾亦應國人次第公裁可耳急於自矜非正也十一月二十八九兩日京師爆民蠭動駭駭有百年前巴黎恐怖之象宗孟大憤跳郭松齡之軍以免嘻過矣張作霖者號天下之所大慝宜去者也顧郭松齡私於張氏父子久固不當尸其責宗孟瞀焉無擇遽往依以圖功名此所謂可敗而敗其後不遵正軌忽輒行險僥倖以希一逞者也文人氣骨於焉大喪政家品節一往不歸孟子曰人有不爲也而後可以有爲如宗孟之行乃嶄然君子之所不爲者也傷哉傷哉念友念國情不自禁取證吾律愚蓋不知涕淚之何從也

兵法曰善戰者先爲不可勝以待敵之可勝其在政治則政律也以云勝時義居其反愚請爲制勝律曰先爲可敗以待敵之不可敗何以言之晚近憲政以執政相更迭爲根本大義此之根本大義可以存立在假定國人之從事政治者其道德知識力能一律在水平線上何派當國均可得而治惟政策不同耳今得權而不以可敗自居必乃心之不滿自者也不以不可敗待敵是抹殺他人之政治人格者也故勝律如彼義不可滅至敗而在下時則人性相類也斯律吾料勝者必能持之（吾非爲貳尉上一按問之題與）而今日所居之地位適與勝者曩日敗時所居不異於是吾所持律當然以其相對者爲眞卽孫子之言是也蓋吾

選位。令松齡跪拜如儀。即以松齡處處選舉處之于新民屯。尸遷瀋陽。陳於小河沿。縱市民觀之。太息之聲。流聞道路。此距灤州起兵時。剛一月也。自共和之與吾國忠義故事。化爲國家主義。故於裨將倒戈之舉。論者所執準繩。不必一致。松齡事起。時議因言人人殊。憲謂民國開如此等處。史家應有歸納總論以時表之。惜無取逐事細議。近詔習吏所爲錄令傳紀。令在獨發難爲亂兵格殺情節特詳。而無一語評其得失。斯道也。愚法焉。

趙伯先事略

孤桐

亡友黃克強、趙伯先、楊篤生、陳星臺、劉崑濤、儕。愚俱有責焉爲之立狀。顧因循未就。而伯先事略獨成。以鄉秋（字吟滄）促之甚力也。回思撰述。慚負何如。壬寅冬、愚年二十一。挈弟勤士游學金陵。時山陰俞明震、以儲吏長江南陸師學堂。號得士。遇英年能文者厚。愚一小時草無敵國外患者國恆亡論數千言。辭趣敏妙。爲俞君激賞。既至校。知有趙聲伯先其人。文章風義。冠絕於堂。則大喜。引而親之。相許備至。愚性和易。而伯先豪縱。情反而愛至。有莫之爲而爲者。此爲愚交伯先之始。伯先丹徒大港人。而魁梧多力。相貌不類蘇產。又激於意氣。跅弛不羈。被酒大言。無所避就。尤與蘇人異撰。伯先年十九。爲秀才。文名噪甚。顧抑塞不安於鄉。浪遊江淮間。復無所遇。嘗僦居南京僧寺。寺近陸師學堂。伯先偶代某生執筆。爲俞君研詰得實。則亟延致伯先。特要入校。此伯先治兵學之所由也。愚在校未久。辭赴上海。主蘇報。言革命。伯先循資完業。俄一渡日本。考詢軍事。歸入兩江師範學堂爲學員。非其好也。時排滿之論。起于江湖。愚嘗著言。而伯先則主陰謀。濟事管秘。草七字唱本。激勸士卒。號保國歌。文詞肫至。誦者莫不感泣。愚爲印布數十萬分。湖北營工兵。且爲麻鞋負粟。走數千里。散之。一時長江上下游之兵若匪。人手一紙。習其詞若流。而不諳爲伯先手筆也。癸卯秋、愚潛返館。爲會於北極閣。假借俄事。極論革命。南京學生咸集。爲內地公開演說之嚆矢。聲勢甚盛。顧伯先少之。以爲。徒。招。吏。忌。無稼。事。實。是夕、果爲當紳繆荃孫懸發。牒地方吏捕恩。恩旣習道。伯先亦坐是不安於校。則走長沙。同人羈爲實業學堂監督。尤非。其好。也。又起而北行。入覲。禁。城。潛揭。出。謁。吏出。逾。閾。放歌。無。俗。適保定有秋操事。伯先投某鎮。充隊官。竊有所圖。亦無大驗。久之返甯。任江督練公所參謀官。旋教練江陰新軍。時道員郭人漳、好與革命黨往還。黨人亦欲倚以爲事。伯先則隨人漳入邕。年餘而志不逞。適本省擬行徵兵制。伯先趨歸成之。以功管帶三十三標第二營。旋升標統。恆爲兵士陳述種族大義。滿人端方再爲江督。甚伯先甚。伯先部兵。習聞。湘鄉。付。氏。扶。淸。滅。太平。不道。狀。因火。後。湖。神。廟。撥付。遺。像。一軍。讀。謁。訐者指伯先爲亂。端方將假是與大獄。統制徐紹植隱右伯先。得以身免。往就粵督張人駿。廣州任督練公所提調。旋統帶新軍第二標。時郭人漳爲防軍統領。勢張甚。廉州土人劉思裕、以抗稅起兵。志士有從之者。人廢數伯先者步兵一營。砲兵一隊。勸之。伯先以其械可用。大喜。則將道人與思裕計事。而約人

漳爲應。人漳告密。謗讒傳于外。伯先。辭。事。援。而思。裕。亦。下。材。不。足。言。大。計。乃馳。告。同。志。使。散。去。並。于。陣。中。單。騎。往。諷。思。裕。他。徙。思裕。之。卒。不。省。遮。伯。先。縛。之。伯先。不。得。已。揮兵。進。廉事。一。戰。而。定。伯先設宴廉之南郊。海角亭。與將士痛飮。席間賦詩。有八百健兒齊踴躍。自慚不是儒家軍之何。顏伯。先。隱。痛。益。深。而人。漳。娼。嫉。益。甚。日訐伯先于人漳所。適端方亦有電來。稱趙聲才大而志不潤。不可用。人漳惑焉。伯先不自安。乘隙。歸。而終。不。能。忘。情。于。粵。也。復走香港。爲倪映典密謀攻粵。策。事敗。映典殉。伯先仍往順德。謀再起。卒以春。黨志異。省中又名捕急。因返港。躬耕。以寄其意。時從者數十人。易散難集。又貧無所得食。留戍至艱。略師漢趙充國遺意。相約租田而耕。伯先朝執鋤。夕執。筆。自食其力。並以食同人。若曠然有遺世獨立之。思。也。揚州熊成基者、伯先江南所部卒也。請西后挂子死。成基繼起兵安慶。事敗走海外。復謀刺載濤于哈爾濱。事洩。死之。伯先固不以國士期成基。至是乃太息曰。昔在南京。俊士如雲。若成基者。殊。旅。旅。今所

成。已。如。是。吾謂。何。面。目。見。天、下。士。聞者。泣。下。番禺汪兆銘。刺殺灃京師未中。下獄。伯先益憤勵。赴往南洋琴島。稍備軍實。還香港。設同胞會。伯先被推爲總部部長。議以廣東爲發難地。分東西兩軍。取道北伐。西軍、經、廣、西。入湖、南。會師、武、漢、黃興、主、之。東軍、貫、江、西。出湖、口。沿下、江、南。則伯、先、爲、帥、也。頃之伯先所營士鄧明德、密布機關。陷於事捕。死焉。夙計不得不變，則謀、以、一、隊、劫、殺、水、師、提、督、李、準。一隊、攻、取、督、署。一隊、堵、奪、滿、督。一隊、占、火、藥、庫、軍、械、局。一隊、接、應、各、路。一隊、進、攻、兵、工、廠。隊伍、皆、同、人、自、充、之。新軍、一、二、兩、標。届時、策、應。亦各、部、署、定、期以辛亥四月一日。一舉而取廣州。黃興爲總司令。先時奉同人入粵。伯先與胡漢民留守香港。至期會合。於時。吳。楚。閩。粵。湘。桂。洛。蜀。皖。贛、越。十。一。省。之。才。士。樂赴。國。難。無所。圖。利。者。相繼。來。集，臨發。前。一。夕。置酒。高會。仰天。而歌。群有。死。之。心。焉。革命。黨。人、於斯。極。盛。會粵人溫生才自南洋袖彈歸。擊將軍孚琦斃之。粵垣大索。十一省之士者。大抵不習廣州方言。又歸自東京。服態殊異。易爲逆者所

得。三月二十八日。爲奉興暫退令。紛紛旋港。伯先大驚。擬次日自行入粵規畫。夜接興電。謂事尙可爲。促軍更進。則又大喜。明日、全部以早晚輪渡分赴戰地。伯先取晚輪。以晦日晨達廣州。而事。已。前。敗。七十。二。烈。士。俱。殉。世所。傳。黃。花。崗。之，役。者。也。伯先鄉人宗姓俠、石經武、華遂電、阮德山、徐勝西、封冠卿等六人均死之。伯先痛甚。狀病赴順德謀再舉。不就。擎槍自裁。過阻未遂。乃奄奄經澳門歸港寓。而伯。先。大。病。矣。四月八日、腹痛不可止。醫者謂是盲腸炎。非割不治。十七日、割之。血黑色。腸有腐者。十八日晨、日吐紫血。紛已莫救。十九日午後神志忽爽。勉侍疾諸君甚切至。並吟、出。師。未。捷。身。先。死。長。使。英。雄。淚。滿。襟。之。句。淚隨辭。下。同。人。亦。各。流。涕。復。張。目。曰。吾負。死。難。諸。友。矣。悼恥。惟。君。等。言。誌。目。閉。而。淚。出。不。已。自。是。不。復。能。言。怒日。下。午。一。時。遂。逝。時辛亥。四。月。二。十。日。也。年三十有二。初葬于香港茄菲公園附近山麓。碑曰天香閣主人之墓。民國元年、移葬鎮江南郊竹林寺。自伯先爲將。以。至。死。事。中更。十。年歷由。上。海。而。日。本。而英。吉。利。

以學自遣。不省國事。茲篇所紀。蓋無一役身與聞。何如也。伯先死耗。愚與長沙楊守仁居滬北。淀共聞之。守仁至狂慟。自沈其身。俄愚逡巡返國。逢民國紀元。事。去伯先之死已半歲。自爾以來。國人所為。幾無一不負先烈革命黨。尤甚而愚之自暴自棄。深愧死友。尤不勝書。追念疇事。愴惻何已。謹狀。

論武力統一

吳祖沅

周孝懷之朋徒多俊士。數月前、以吳君念存介於愚。謂其善謀略。能文章。愚識之。今觀此篇。能言人之不敢言。可云有膽。通篇詞旨。於鄙意不合。而其所列事實亦無道駁去之也。言非一端。用揭於是。願有識之士相與論之。　孤桐

武力二字之在今日。固邦人所視為蛇蝎虎狼。而同聲詛咒者也。武力統一之不適於今日。固邦人萬口一致。所認為毫無疑義者也。顧予有疑焉。以吾國過去十四年經驗之所得。謂純恃武力而即可收統一之效。此必無之事也。然以吾國今日之現象。而謂全不假武力。即可坐致統一。則雖斷吾否。不佞不敢信也。

國人論事。每病含混籠統。其病因在對於所用名詞。初無至嚴之界說。夫武力有正負兩面。善意的與惡意的是也。善意的者。其目的在為國民大多數謀最大福利。惡意的者。其目的在為最少數人謀最大福利。因而與國民大多數以最大禍害。今國人之所甚惡者。善意的耶。惡意的耶。統一之解詁。亦有二端。（甲）統一者中央集權也。（乙）統一者使國中一切事權。咸納於一定之政治軌道之上也。甲說在政制。乙說在政象。今國人之所認為不適者。甲耶乙耶。不佞以為以惡意的武力而謀統一。無論其統一之解詁。為甲為乙。皆為絕對不可能之事。以善意的武力。謀甲說之統一。其行與否。須待事實之答復。若夫以善意的武力而謀乙說之統一。乃當然之途轍也。有何不適。更何以詛咒為。

吾國今日既無睥睨六合軋轢八州之雄才。則以武力謀中央集權。自無可望。默察國中輿情。率趨聯治。

面軍閥乃誤以武力爲目的。以擴充軍備爲政策。目惟餘吞餉食之是務。領土已內。盜匪如毛不問也。吏治窳敗不問也。財政紊亂不問也。農商輟業、教育墮廢不問也。驕兵悍將毀法敗紀不問也。夫武力統一之所以能博國人同情者。以我能拯民於暴人虐政之下。而使與吾統治區內之民同其安樂也。今我統治之民。已先苦吾暴政。而相率詛咒我矣。又欲推而廣之。使舉國之人。相率而詛咒我。是播惡而已。烏足以得多助之利。此武力之緣於手段而敗者也。戡亂成務。非一手一足之烈所能奏功也。要在求才以自輔。人才不限於衝鋒陷陣也。有運籌帷幄之才。有調劑盤錯之才。有應對四方之才。有飛書草檄之才。有親民敷教之才。有通商惠工之才。要在廣致延攬。以助武力之不逮。今軍閥之失敗無怪也。彼其用人。不外兩端。能居城摸金而已。集一羣無知之宵小。而以武力濟其惡。斯如小兒操刀而嬉。自傷而目流血被體。於刀無尤。此武力之緣於人才而敗者也。由是以談。今日之紛紛。罪不在武力而在運用武力之人。平亂之道。不在廢除武力。而在善用武力。民苦戰亂久矣。苟有人焉。負戡濟之雄才。變國家如私產。懲已往之失。樹遠大之圖。籌政以蘇疲氓。延羣才以佐治術。內政修明。甲兵是用。然後執箠楚以鞭笞羣逆。海內之人。豈惟不厭其武德。抑將執白梃以爲之先驅。此其武力之極軌。統一之良圖。彼曲學淺見之士。徒知阿附時人一偏之見。以取容悅者。烏足語於此哉。當世知言之君子。儻覺吾言。

通訊

易學

易學。之。於。今。日。殆成。絶。學。也。歟。前讀十六號甲寅。忽見馬通伯先生以近著四種贈足下。內有周易費氏學八冊。歡躍無量。急倩人往琉璃廠書肆購買。凡四易人。均稱遍覓無着。昨日親往。自東至西。所有書坊。無不齒聞。果均無也。家嚴自十餘歲從先君子受易學。先授以程傳朱義。自宋學入手。繼命閱孫堂所輯漢魏二十一家易註。孫堂輯書在嘉慶四年。居宋王應麟請惠棟諸君子輯佚之後。實近代集漢易之大成者也。少小讀書。不易遺忘。繼而負笈國外。課堂之餘。見西人所譯周易。義雜漢宋。遂以幼年所學。頗笑外人不明我國經學家法。然亦難西人。倘力探中學。不若國人之反置諸高閣也。近年沉淪末僚。每日隨人趨到。簽因本此。棄學朝夜。荒百學者廢者又十有餘歲矣。然從公餘閒。每思先君子之遺教。曰、窮經通大義。一經。求精。微。曰、宋學還宋學。漢學還漢學。而漢

學今文學還今文學。古文學還古文學。曰、每日讀書必加思索。加思索。必自生意思。生意思。必以筆記。出輒取幼年所讀易註。日閱數十頁或十數頁不等。或泛覽西文哲學書及中文各種書。其意有與吾易學相發明者。箚記之。積自家塾至今三十餘年。無系統之易學筆記。不覺盈尺矣。客歲舍弟來京。求鈔副本。愚以太無條理。稍爲整秩。略仿西文著書體例。先爲、總、論、一、章。繼爲、易、學、歷、史、若、干、章。終以、易、經、之、本、體、論、之、知、識、論、之、倫、理、政、治、論。凡以備歷年筆記之散失。非敢云著作。更不敢以示人者也。惟漢立易學三家。施讎、孟喜、梁邱賀。其書今均不傳。後虞翻注易。自稱五世傳孟氏易。其書亦佚。賴唐李鼎祚集解。稍存梗略。清人更博采他書。輯成虞翻周易註一書。及張惠言著周易虞氏義、虞氏消息。而虞氏之說。明。孟氏學。賴間接以傳。也。鄭康成來自元城。乃註周易。晉以後鄭易皆得立學。南北朝北用鄭易。南用王弼易註。及隋、鄭易更衰。至唐孔穎達作諸經正義。易主王弼。於是。鄭易遂亡。幸宋末王應麟爲蒐輯古佚之學。

輯有鄭易註一卷。清儒惠棟更補正爲三卷。丁杰勘其誤入。復加箴訂。及張惠言著周易鄭荀義。而漢代鄭氏之說。又顯。獨費氏易。有清一代。無專名之家。史稱劉向以中古文易經。校施孟梁邱經。或脫去无咎悔亡。惟費氏經。與古文同。漢書及後漢書儒林傳稱費直治易。長於卦筮。亡章句。徒以彖象繫辭十篇文言解說上下經。本以古字。號古文易。授瑯邪王璜。爲費氏學。陳元鄭衆皆傳費氏易。其後馬融亦爲其傳。融授鄭元。元爲易註。荀爽又作易傳。自是。費氏興。而京氏遂衰。是費氏易。在漢代雖盛。然並未立學。且本無章句。而馬融荀爽鄭元之書。後又均失傳。故急欲一覩馬先生之所謂費氏學以張吾軍也。不論先生別有所獲。如宋人陳摶傳圖學於易學。別開一新局面乎。抑亦據後人所輯馬荀鄭諸家佚書以均燒傳費學。故推其本而曰費氏學。不曰馬荀鄭諸家學乎。果若是。則又與清儒張惠言之著周易虞氏義。直標虞氏。不曰孟氏者不同。蓋虞氏號五世傳孟氏義。孟喜曾立學。其名更古也。馬先生其書云何。急欲一讀。

凡上所云。非學時人敘履歷。所以說明正攻某學之人。見有某學奇作出現。力求而不得。其中亦焦燥之狀。有不可與不知者道之處。冀先生推已求書之急而濟我之急。先假我一閱。然後再徐徐商詢馬先生書在何處代售。或非賣品。幾代商索全套。蓋馬先生書實欲全得也。………梁家義十二月二十九日寄宣外南橫街大川淀廿九號

集生爲吾鄉能文有道之士。然邃於易學。愚固未之諳也。循誦此函。至爲神往。諺云。眇不忘視。跛不忘履。愚雖於易義無所明。竊願當世眞雅通士。大闡宗風。宣覆所蘊。不學者。亦得窺一二。以西人哲學時絶比論吾邦古學。最是險事。集生講易。以本體論、知識論、倫理政治論等。相次爲目。必有奇趣。頗願刊布。俾共索探。前承馬先生惠我名著。以愚樗杌。人事卒卒。獨攜此篇艱深。未及細讀。發論數語。當介於馬先生。詳細解答。丁此末世。學問祇藉馬先生緣獲良友。吾道不孤。喜可知也。原書謹即檢出別往。勿念。孤桐

偶閱

……偶閱申報廣告欄。知望若雲霓之甲寅週刊出版。不禁雀躍三百。國內思想界之紊亂。是非之混淆久矣。今適逢甲寅導師出世。現身說法。應可廓清社會思想。糾正社會是非。於民於國。為益無窮。惟望先生努力。持之以恆。不學如敏。亦當盡其千慮之一得。為甲寅涓埃之助。茲以在美言美。請略言美國之文化。

文化一詞。界說至難定。依普通用語。乃專指一國之學術、思想、品格、風化而言。本文所述。姑本此義。然則與文化關係至密者。當首推教育。故先談美國之教育。美國各種事業。多由私人經營。教育亦不外此例。歷史較長、聲名較大、經費較多之大學。如哈佛、如耶路、如哥倫比亞等。皆私立也。各洲之洲立大學。近雖蒸蒸日上。然以規模論。猶較私立者略遜一籌。是美國大學教育。仍以私立者為關鍵。然此等私立大學之情形果何若。大學者除造就專門技術人才而外尚有養成學風領導思想陶冶品格改良風化之職責也。美國各大學之成績。至今祇有造就專門技術人才一端。美國識者。亦自認美國大學。仍在初創時期。The university in the making 故在美國。欲求一如英之牛津、劍橋。德之栢林。法之巴黎等大學。能自創學風。領導思想。影響及於品格風化者。實不可得。竊嘗攷其故。殆不外美國教育事業之商業化 Commercialized 而已。

曷言乎美國教育事業之商業化。曰、美國普通人之人生觀。悉為商業的人生觀。質言之。即金錢的人生觀。此種商業性。金錢迷。表現於各方面。隨在皆見其影響於學校。則學校與學生。亦只有商業上之關係。學生繳費聽講時。即為學生。一旦畢業離校。與受教數年之教授。途中相遇。彼此視若路人。其甚者即在校學生。欲於課堂鐘點以外。與教授為半小時以上之談話。亦須另行繳費。是教授之為業。幾與醫生律師。無以異。如此。安有養成學風。領導思想。陶冶品格。改良風俗之望哉。至商業性之影響於學說與教育政策。則爲實利主義應用政策。故美國大學之醫科商科等。或駕乎歐洲之上。文哲數理以及其他理論等科。則瞠乎其後。如經濟理論。美國自身無所謂學派。有之不過各宗歐洲之派別。（如哈佛大學以英之古典學派爲宗。其奈附哥府北宗附大學以奧國學派爲宗。所出行大學以德國社會主義學派爲宗。）盖彼國偏布商業空氣。學者之思想與學校之政策。受其潛移默化。而趨於實利與應用之一途。大學者本應爲移風易俗之中樞。然美國大學。則爲風所移。爲俗所易。此其病根之所在也。

抑尤有進者。美國各私立大學之經費。悉爲財閥所捐。主持教育事業者。不得不仰其鼻息。承其意旨。醫農工礦等科。因經費之巨。設備之完。固受其利。且係涉於專門技術之學科。亦無從受其害。然政治經濟。以及其他社會科學之教授。則受財閥之操縱。美國識者謂財閥所捐之大學基金。爲奴隸基金。Slave endowment 此語實深切沈痛。美國財閥。操縱私立大學猶不足。且欲支配洲立大學。最近煤油大王落機飛勒、頗以鉅金捐造威斯康新州立大學。各有名教授嚴主拒絕。少數職員頗思承受。至今仍未解決。可見財閥之野心矣。

此外美國大學教育之弊。由於中等教育之不良。美國之中學校。High School 不僅不如德國之 Gymnasium。亦復不如英法之中等學校。其中學畢業生。不僅普通科學根底不深。即於本國之語言文字。亦多未研究清楚。其他關係政治社會之常識。更無論矣。（嘗見美國大學生不知 that 之多數爲何字。不知美國之外交總長財政總長爲何人。詢以英法德之內閣揆屢更迭。目不能對。）以此等畢業生而入大學。其不能爲高深之研究。自不待言。於是各大學不得不低其定程。以容納學生。（有名之哈佛大學。其本科之課程。近亦不如從前之嚴格。）且此等學生之行爲舉止。在中學時。亦未受過完全之訓練。應入接物。狀殊侉俗。美國前輩字之曰 Crude。而美國大學。既本於商業主義之精神。亦無暇及學生之品格矣。（美國某大學學生投致試用化學品毒死教授。又有芝加哥大學二學生。以爭一女子。甲學生以手槍擊斃乙學生。類此之案頗多。）此美國大學教育之又一病根也。

據上所談。可知美國之文化。就教育一端而論。劣點殊多。茲再合而論其文學、美術、社會思想。美國人之文學美術殊淺薄。大文學家美術家均極少。即以影戲片而論。來自歐洲者。多委婉哀艷。美國自製者。多游戲快樂。歷史文學的戲片。更只有歐洲劇本。又如天然風景。美國至多。然美國人好加以機械的佈置。祇求便利。游客失却無數天真。故其風景往處恆不能與詩意畫意相契。又如建築。美國人好炫多財。非架高屋。即悉以大理石堆砌。雖耗巨萬。殊鮮美意。以言社會思想。則前途之商業主義 Commercialism 爲其中心。金錢即權力。"Money is power" 爲其信條。除商業來往。幾無所謂友誼。除孳孳謀利。幾無所謂人生。女子擇夫。擇財不擇人。恆人交友。交財非交友。其輕視黃人。因成風習。然苟有黃人在美。侵其起居出入供以自備之頭等汽車。則美國人對之。又惟恭惟敬。本此商業主義與金錢迷信。人人祇求一時之積財。而不知所以持久之道。近有美國人 Albert W. Atwood 謂「美國人祇知積財。Accumulation of wealth 非如英國人能知保財。Conservation of wealth 論人之富。美國人曰某人有若干萬。英國人則曰某人每年有若干萬之收入」此區區之界。一粗一精。所關匪細。美國之社會思想。既迷於物質金錢。故急近利。而鮮遠慮。品格風化。亦皆商業化。其優點則金錢來往。絲毫不苟。權利義務之界。異常分明。其劣點則除此商業性之道德外。無淳樸懇摯之民德。如與美人相交極易。而絕交亦極易。商業之關係斷。斯時即不相識。與英人相交極難。而相交之後。友誼不易中斷。不佞所謂美國人無淳樸懇摯之民德者此也。

合觀上述。吾人於美國之文化。可思過半矣。雖然。不佞非謂美國各種事業。絕無可取也。其物質文明。超過歐洲之上。識者所公認。然此另爲一問題。與本文主旨無關。即就文化而論。不佞之所估量。亦以至高之準則爲衡。若易其觀點。則其足以資吾人取法者。亦復多端。舉例申說。另須專篇。即前述美國教育之弱點。美國教育家。并未故作聾癡。正竭其心思才力。求所以改良之道矣。惟積重難返。刷新之事。未可一蹴而幾。譏者若存自暴自棄之心。以爲號稱一等文

明國。猶且如此。更何有於我。則非不佞之所望也。拉雜書此。未審高明以為如何。………張效敏美國威斯康新大學八月十三日

僕屢為文。頗如其人。諸刊界上。罷流罕見此篇評為美國文化。絕中肯綮。雖然。為吾國今日青年言之。則因未是十分對症之劑也。僕屢知無主義為病。須知。多主義亦為病。歐之識者近謂[illegible]為壓鬼。非無故也。吾國教育現狀。正中歐洲濫標主義之弊。意謂美國商業化之思想。能偶行於此邦。亦未必不足以救衰而矯枉。以五歲少年學不潮少可此中消息。僕屢試詳參之。更有佳篇。望時見貺。……孤桐

僕年

僕年十五六。即耳先生名。稍長。於報紙雜志。……又時讀先生文章。於是容容於懷者。且近十年。竊謂時代思潮之變遷也。不以其著而以其隱。不以其顯而以其微。其所以激蕩之者。全為社會之悲因。設所處社會。有產生某種思潮之悲因也。則此之思潮。發動於自然。翕合於人心。非一二人自張壁壘。黨同伐異。所能推倒。亦非一二人造作言語。膠執異己之口所能提倡者。試以往事徵之。我國義和團之起。其術非不工。其說非不動聽。然當時除首禍諸臣如剛毅載漪輩外。朝野士夫。孰不痛心疾首。抱覆國亡種之懼。卒未聞碩學純儒。有助若張目者。是知天下凡事在彼而不在此。但使經若干時之研慮。則自能有相對之真理。而戢其囂矯之氣也。況夫文章大業。一國文野之所繫。當患天下後世不有定論。雖然。猶欲為先生進者。夫學說之所以能盛行一時及後世者。詎不以其深入人心。犁然有當乎。而欲其犁然有當於人心。則必在我先為中正篤實之文章。使人思者其間。思考之餘。而知此之果勝於彼焉。則其信之也必篤。行之也亦必力。無待督責詬罵為也。若以督責詬罵之道出之。則或為客氣所激。而益堅其反抗。或為浮詞所誤。而益出於歧途。必至釀成朋黨門戶之禍。新舊循環之局。相聚訟於無已。殊乖賢者教導國人之初心。而亦非國人之所望於賢者也。未入獄嚇

驟寧足貴。要亦獻者之不能自已也。吾厚教之。敬勞爲國。……陳起（上海中華公學 十月八日）

駁議

……駁議甲寅。見金君體乾著二論國民失業問題。悉先生認此問題。有關國本。願與國人細論之。竊以爲國民失業之原因。决非單簡。姑就管見所及。爲先生一陳之。國人職業之大別。可分爲士農工商。細別之則雖三百六十行。不爲多也。廣義言之。所謂士者。舉凡爲人師爲人政者皆是也。今日士界之良莠不齊。而失業者如是之多。其原因。半由于。咎以士爲可貴。不屑低就。其他職業。故供過于求。半由于作事不論資格。學識以致。濫竽充數。而其才不免埋沒矣。農固爲吾國之根本職業。然因土匪兵亂之騷擾。以致有業者失業。未入此業者更裹足不前。現因經濟組織之變遷。生活程度之提高。本可飽食暖衣者。今祇能簞食瓢漿矣。本僅足于餬口者。今將乞食于市矣。至于工商。則一方面以受重征暴斂。應受政府保護者。反被有力者所摧殘。一方面復因關稅之不自主。外人勢力之侵入。不克與外貨競爭。其有不失業者鮮矣。總之處于今日兵匪橫行之時代。欲求安居尚不可得。雖有職業。未能維持。各種新事業。更無從發展。失業問題。焉得而不發生。失業之人愈多。則應募入伍及轉瞬成匪者。亦日衆。此固互爲因果者也。使今日中國得治。則十年教訓。十年生聚。國而不富強者。吾不信也。……莊澤宣（清華學校 十戌日）

章氏墨學

〔經〕詞、移舉加。

〔說〕詞、狗犬命也。狗犬、（大獸中）舉也。叱狗、加也。

經與說移命二字不相應。必有一誤。愚按命字理長。宜從說作命也。

謂者。邏。輯。所。稱。Predicables。。。。是。也。凡辭、（辭指命題）以排比兩名而立。首出者曰主詞。以次相從曰謂詞。絫字。內。究。有。幾。事。可。以。爲。謂。以。詮。釋。主。名。邏。輯。因。號。Predicable。。。。亞里士多德曰。可謂有四。薄斐略 Porphyry 益其一。曰、可謂有五。即嚴。幾。道。譯。稱。五。旌。者。也。愚意旌不如謂。故愚講邏輯。直署五謂。以爲。守。邏。義。也。（其理甚長惜不能詳具於此）雅邏家曰。可謂止三。曰命、曰緊、曰加。「狗、犬也。」此類之。辭。邏。論。曰。命。「狗、犬也。」緊其一。德。邏。論。曰。緊。（犬非狗之隔也此類之辭無當於邏輯界說之義宜注意）「吠狗、吠犬也。」主謂。詞。上。各加。一。詞。爲。推。邏。論。曰。加。加詞、在、邏、輯、無、關、五、謂。別與、直、接、推、論、（邏說辭作）爲、一、類。號曰、加、詞、直、接、推、論。Immediate inference by added Determinants 其說擬於湯談士所著思想律一書。Thomson's Law of Thought 其著例曰。黑奴者、同胞也。厄黑奴、厄同胞也。其後師脫克、培因之流。從而精究。以謂此種推論。行之不違。黑奴誠如所言。若爲、動物也。厄爲、厄動物也。則不詞。惟此。邏。家。俱。明。之。小取曰。是而然。是者。本。詞。然者。加。詞。如黑。奴。例。推而。適。小取又曰。是而不然。是者、本。詞。不然。者。加。詞。如爲。例。推。而。不。適。此可。謂。中。西。思。理。之。同。而。邏。又。前。於。邏。輯。諸。家。所。得。二。千。年、也。部。居。略。異。不。足。爲。病。經下「狗、犬。也。而殺狗非殺犬也、可。」即本。詞。是。而。加。詞。不。然。例。

〔經〕同、重體合類。

〔說〕同。二名一實。重同也。不外於兼。體同也。俱處於室。合同也。有以同。類同也。

凡主謂兩詞之連誼。非同即異。而同異之性。又因誼而各殊。本條。所。以。著。同。性。之。殊。誼。也。同性四種。曰重、曰體、曰合、曰類。

二名一實。如老。者。也。考。老。也。五訓。之。類。屬。焉。是曰重同。體者。如二。之。一。尺之。端。（木經文）乃明。一。物。散。集。之。誼。二散爲一。一集爲二。尺端亦然。是曰體同。俱處於室。室者空間也。謂兩。名。所。表。空。間。相。同。如木。經。同。一。中。同。長。之。類。蓋一。中。同。長。所。處。之。室。與。閔。所。處。之。室。適相。合。也。是曰合同。有以同。則言。達。類。相。從。之。誼。凡可以類稱者胥屬焉。如爲獸草木者皆是。是曰類同。

〔經〕同、異而俱於之一也。同異交得。

〔說〕同異交得。(文有闕)

本條。以。異。釋。同。最闢。妙。諦。異者類也。一者達也。(名經註云)(私柏)之一、之作動詞用。猶宋楚之楚之之。異而俱於之一。謂俱由。類。而。之。達。也。阮籍達莊論云。「別而言之。則鬚眉異名。合而說之。則體之一毛也」鬚異。於。眉。眉異。於。鬚。但俱。之。體。合。一。而。同。為。毛。阮說甚妙。此明。主。謂。兩。詞。相。與。之。績。經云。謂、非同也。則異也。謂有同異。而後辭有正負。然同。者。非。能。全。同。也。於中。必有。異。焉。異者。非。能。全。異。也。於中。亦。必。有。同。焉。如正命題云。盜人、人也。此著其同也。而盜人與人。焉得全同。蓋盜。人。者。與士。人、農。人。工。人。商。人。等。異其。性。行。而。儀。得。號。為。人。曰。同。者。也。是中。有。異。也。如負命題云。狗非虎也。此著其異也。而狗與虎。焉得全異。蓋狗。者。與虎。及。馬。牛。鹿。豕。等。同為。四。足。獸。而各。歸。本。類。始昭。其。異。者。也。是中。有。同。也。同中。見。異。異中。見。同。故曰。同。異。交。得。

以同。異。交。得。之。義。推。之。經文。疑。衍。「異、同。而。趨。於。推。是。也。」一。句。經說「惟是、當牛馬」即指此。解見彼條。說闕文更多。未便臆補。胡適之謂同異交得、為程勒五術中之第三種。穿鑿無益。去題千里。

〔經〕唱和同患。說在功。

〔說〕唱無過。無所周。若稗。(稗疑作)和無過。使也。不得已。唱而不和。是不學也。智少而不學。功(疑當作)必寡。和而不唱。是不教也。智多而不(疑當作)教。功適息。使人奪人衣。罪或輕或重。使人與人酒。功或厚或薄。

功者、在歐語曰西傷力帖Utility有時曰用。或綜曰功用。英儒邊沁倡導此說最力。意以。人。生。苦。樂。為造。法。律。之。基。其理。想。全。與。墨。義。相。符。亦一。奇。也。邊沁。以。為。人。生。苦。樂。之。境。人人。自。了。解。之。初無。待。他。人。為。之。詮。釋。人有所患。是有所苦也。即當明其所苦。皆告於外。是曰。唱。適人之所患者。與此相類。因共證其所告為無誤。是曰。和。唱和。之。生。為所。患。同。故曰。唱。

和同患。其所以然。則功用之義。瞩之前也。故曰說在功。

說、義極明而語極精。凡唱者頗有所苦。有所苦而公言。以求避焉。決無過。俗儒束縛馳驟之說。不必聽也。（此邊沁指義）故曰唱無過。所謂苦者。亦適身感而言宜焉已耳。固無取歸納諸苦而總為通義也。墨子言愛曰無待周不愛人而後為不愛人。此則無待周苦而後為苦。故曰無所周。無所周矣。自因事而起例。若食而過。羨稗自明。其為羨稗然。故曰若稗。推和亦然。唱而無過。和焉有過。所以和者。患使之也。不得已也。故說云然。

苦樂者、人生所同也。括其同以著於法。必人人認為

切己而致力焉。事方有成。唱者教也。和者學也。教學相濟。日起有功。而良法始立。如邊沁以功用之說倡是教也。其初英人不甚信之。有法人狄蒙執贄於門。以法文刊其說於巴黎。邊氏由是顯名。大陸法家悉宗之。其流折而入英。英律從焉。氏沒未久。美洲亦尸祝其人。世界之律意丕變。是皆學也。倘邊沁懷其智多而不教。狄蒙之徒不恥其智少而不學。十九世紀法律改造之功。不息亦寡。可斷言也。持此印證本說。義例顯然。

奢衣與酒。功罪之輕重厚薄不同。此功用主義之本義。蓋社會罪惡。息息與人生苦樂相關。未可以死條文律之也。

說林

組菴謂余。聞之潘師[illegible]燦。左文襄總督閩浙時。視巡撫徐清惠蔑如也。清惠行輩在前。而卑抑殊甚。寮僚積不能堪。羣為怨望。清惠終不為動。無何寢疾。文襄視之臥室。則斥去、華、睆、而后見。文襄大感動。以為國

有顏子而不知。及淸惠哉。爲之力請。遂得加恩予謚。一、布、發、之、力、也。淸曰。余佐淸惠久。能審其行。不、顯、財。不、虐、民、淸、惠、人、也。謚之、曰、淸、惠。其、道、乃、不、在、此。有、其、實、而、享、其、名。亦、非、易、事。余謂。巧。笑。倩。兮。美、目。盼。兮。詩惠。可。與。言。詩。矣。

遯生告余。官胡交欲事。其說與庸盦所記微異。然遯生爲人子淸先生。閻爲文忠幕客。其言非無據者。文恭性旣掘彊。其引用又不能盡當。文忠著之。乃欲揭之堂守。而不能決。往來庭事者兩日。閻文介方主倘稱。知文忠意。屏人語曰。公欲去。官。公。保來者。非官。公。耶。以一。巡撫。能去若。于總督。卽曰能之。滿人不。能。與。關。軍。計。公又。何以。自。保。官公賢者。著於時。聞。第能。結之。則朝。廷。不。疑。而公。事濟。矣。文忠大感悟。遣陶、夫、人、謁、官、太、夫、人。修、子、女、禮。文忠會總督白事。必先謁太夫人。太夫人、亦、以、爲、吾、子、壻、也。文恭旣得行其志。則悉、以、官、事、委、巡、撫。凡自事者。必命關白巡撫。或曰巡撫云云。則必曰我亦云云耳。遯生又曰。文忠飯畲時。

其肝已焦。或以爲憂勞所致。其信然耶。

緝菴告余。聞之付監初。述張文襄言兩宮升遐時事。先是德宗不豫。孝欽諭慶親王等。皇上不能久坐。自后可先擬旨來取旨。帝聞之。卽叩頭謝。然憊甚不能起。太后親掖之。復隨地不能起。於是帝哭。太后亦哭。曰。不意、我、母、子、衰、憊、至、此。則相、抱、痛、哭。帝旣退。太后哭曰。帝後時腑中有水流出。因疑其不壽。不意長大如。此當時顱復提抱。思鞠何似。不意長大乃視我如此。則又痛哭。自是帝漸不能視朝。太后亦病矣。慶卽奉旨監視普陀峪陵。忽得急電召歸。旣至。則太后有病。不能召見。而帝病漸加。諸王大臣議。此社稷至計。必見太后。醇親王長賢。可當大任。無可避者。復求見太后。太后病不能見也。明日往請。則太后盛服踞坐。問欲見我何也。慶邸對曰。皇上聖體不適。臣下皇皇。萬有不測。賴宗廟太后何。太后問如汝等意。則對曰。國賴長君。太后曰。嗐、長君。載字、班、無、人。當於、溥、字、班、求、之。願醇、邸。汝長、子、若、而、歲。醇邸恐布。臣長子三歲。

太后即命抱之來。醇邸恐布。不敢奉旨。太后怒曰。汝長大如此。何爲瑣瑣不曉事也。少選。醇邸抱世子來。太后撫弄久之。命醇邸、親抱世子、示帝。帝微笑、點首。已不、能、言、矣。此節文字得之宮監既而帝崩。並見太后。太后泫然曰。不意事乃至此。其以、溥、儀、繼、嗣、穆、宗、毅、皇、帝。兼承、大、行、皇、帝、之、祧。又顧、醇、邸。此、事、必、須、汝、負、責。醇邸恐布。叩頭流涕。不敢奉旨。太后怒曰。汝其如是邪。慶邸睨醇邸。今日之事。謙讓何得固辭。醇邸復叩首奉旨。太后曰。汝爲監、國、攝、政、王。雖然。此事大難。汝好爲之。既而嘆曰。大行皇帝事我數十年。我乃未能與渠安頓陵地。何意竟至於此。又顧醇邸。張之、洞、袁、世、凱、皆、通、曉、事、理。汝可、隨、事、諮、訪。此數語任據文襄告人如此後醇邸以爲無有故日陵邸以目命不及故錚之耳既而嘆曰。余亦逝矣。汝曹好爲之。又鄭重久之。乃命且退。我尚能哭帝耳。是夕太后亦崩。

組菴告余。文勤公微時。嘗欲赴州官試。顧無從得資。乃走三十里。告貸於其舅。舅方食。不顧。俄一少年來告貸。舅出錢一千貸之。少年曰。我止買葯。安用多錢。即返其半。文勤復請。但欲得錢兩百。舅謂。此。窮。人。我故。貸。之。子安。得。此。富。人。敢復言。我婦子矣。文勤卒不得請而去。己亥五月先君以剛不可得榮時某某並戊爽対主宿貨余家債不卒此入耳求合紫蚣倒錢三十二某某因不予我宣之則以爲此非債債時由不卒察労無足附於往稳其不比富人困皆試之交組菴又云。文勤公爲諸生時。科試第一。例得爲廩生。徒以貧故。未得請於學官。適丁父艱。教諭某請補第二之某生。某生、亦、富、人、也。訓導向若不記其名字但知爲浙江人不可。以譚、生、丁、艱、在、後。而廩、生、出、缺、在、前。必補譚生。乃及某生。文勤遂得列名學政。向若力也。擧生以丁受出狀詞之內狀某生不欲補內狀而衣諭利其有故欲事報文於丁畏使某生得補言狀文勤官浙江巡撫。雜職陳遞履歷。忽得向某。問識某先生否。曰、是卑職父親。文勤大喜。爲衆、歷、陳、往、事。並屬寄語珍重。某在此。保無憂矣。後又。舉。以。告。人。以爲生平得意事也。（曾孟樸）

上列說林亦爲曾君所撰文末署名誤爲平民遺漏合行啓明

民國期刊資料分類彙編

甲寅雜誌

甲寅周刊

第五册

國家圖書館出版社

蓋天以叄晷宿。隸首作算數以遊錙銖。蒼頡象鳥獸跡以造字。開文。物。之。始。基。樹教。化。之。風。聲。勞容。而。忽。來。激底。億。萬。年。其後。堯。舜。禹。湯。文。武。亦皆。聖。人。蓋堯土階茅茨。惟天為大。惟堯則之。民無能名焉。舜耕歷山。父頑母嚚象傲。納以大孝閨。烝烝化於舜曰。允執厥中。當時洪水橫流。禹疏瀹排決。注諸江海。八年跋涉。三過家門。未嘗入也。於是舜禪位於禹。桀紂荒淫。民不堪命。湯武弔民伐罪。以解倒懸。五代鴻業。於斯為盛。自非聖人。曷克臻此。夫天生烝民。各不相屬。若滄海之塵沙。隨風飄蕩。鳥獸之聚散。蠢然一物。辜負。本。有。之。性。懵。不。解。同。羣。之。友。助。己。無。所。謂。世。界。也。依後。聖。人。作。之。君。以。統。治。之。作。之。師。以。教。育。之。凡。聖。人。在。位。世。無。不。治。輔。以。賢。臣。文。物。大。備。作。井。田。法。賦。八。口。家。謹。庠。序。之。教。申。孝。悌。之。義。化。行。俗。美。敦。以。忠。信。在上。君。師。道。壽。在。民。身。心。並。安。聖。化。則。然。也。至。於。孔子。聖之時者也。祖述堯舜。憲章文武。刪詩書。訂禮樂。集列聖之大成。雖不得其位。一行則為天下法。一言則為萬世師。講學杏壇洙泗間。三千弟子。七十二賢。

明德新民。止於至善。誨人不倦。克己功深。物格知至。意誠心正。身修家齊。必慎其獨。不愧屋漏。己所不欲。勿施於人。貫以忠恕。仁民愛物。親親長長。立己立人。由則以國家為己任。老安少懷。朋友信之。極於日月之照臨。先天下憂而憂。後天下樂而樂。至誠無息。循天理之公。無人欲之私。能盡人之性。更盡物之性。參天地之化育。與天地參。是又備。聖。賢。英。雄。之。德。於。一。身。而。千。古。一。人。者。也。嘗論。無。不。英。雄。之。聖。人。若。賢。者。遊。於。聖。人。之。門。拾級。登。階。升堂。入。室。自明。誠。而。進。修。庶幾。各。得。聖。人。之。一。體。英而。不。雄。或雄。而。不。英。英雄。有。無。稟。賦。不。同。固難。兼。備。而於。仁。義。之。道。闕之。熟。矣。蓋識。見。超。羣。吾謂。之。英。氣。蓋。一。世。吾謂。之。雄。若其。遠。離。聖。賢。之。域。專趨。英。雄。之。途。恃才。凌。物。無所。忌。憚。其流。極。將。有。不。忍。言。者。諺語。有云。亂世出英雄。英雄。多。而。千。萬。之。民。樂生。之。趣。鮮。矣。周遷洛邑。五霸爭長。猶假仁義之名。倚周室。攘夷狄。糾合諸侯。動逾十國。過都越境。輒需歲月。[illegible]殷時。商襄足。且齊桓最盛。英與。雄。未。之。前。聞。孔子曰。微管仲。吾其被髮左衽矣。七雄縱迎。王號衛將。合從連衡。遊說風靡一時。爭城割地。殺人盈城盈野。未幾嬴秦兼併。六王滅。四海一。長城縛。始皇併。長驅遠馭。不愧英雄。加以商鞅法密。桎梏斯民。不仁之甚。力何足惜。陳涉揭竿。豪傑併起。項羽破釜沈舟。九戰章邯。成陽一炬。卒亡強秦。雄則雄矣。無如印刓。不予。器識。雖容。以云英也。用猶未遂。且羽之。知。正邦之長。范增才不盡用。韓信因而歸漢。其逐秦鹿。終爲漢得。每閱青史者所談。輒道漢高明太。布衣而有天下。得之最正。吾意。不然。若獨。夫之。桀之。紂。暴虐。下民。湯武誅鋤。誰敢。謂之不正耶。劉朱皆起於市井。因緣時會。得三數輔佐。戰敗而復合。折愈而再戰。萬死以成功。亡命所不惜。一正大位。無賴。而有。賴。骨絫可貴。猶忌日多。冤死狗烹。勳舊戮辱。人類惡德。發揮不少。此輩云亂世用英雄者耳。有何。正。不。正。可。言。且劉邦烹太公之羹。可分一杯。墮子女車下。急於兔脫。人倫。滅絕。道義。盡喪。謂之忍人。尤無不可也。王莽篡漢。勸王興師。光武隨兄縯於行間。兵敗單騎而逃。遇女弟伯姬。同騎而行。又遇姊元。趣之上馬。元揮

手曰。行矣。不能相救。無爲兩沒。歎女子之英賢也。匡扶漢室相號召。必須推劉氏爲之主。縯秀雖英雄併稱。而縯尤顯著於秀。衆憚其威明。而更始懦弱易與。其策立之。名旣定。趨勢者益忌縯是伸。秀曰。非欲不善。縯曰。當如是耳。因縯將劉稷抗威將軍不拜。謗益甚。遂併執縯而斬之。秀自父城詣宛謝。弔者不與交私語。惟深引過而已。不敢服兄喪。飲食言笑如平常。惟時涕痕沾枕席。秀漸以破虜大將軍行大司馬事。持節徇河北。所過郡縣。黜陟能否。平遣囚徒。除莽苛政。復漢官名。鄧禹仗策追及之。建議延攬英雄。深相契合。任使諸將。訪禹皆當其材。豪傑咸歸附之。平王郎。討赤眉。追赤眉破長安。殺更始。始如各將請上尊號。欲完諸將爵土。不令吏職爲過。能全將軍。推鄧禹李通賈復王侯。參議大政。綜光武。平生。英識。雄風。智勇。兼備。友於兄弟。保持功臣。方之劉朱。遂爲仁厚。南唐節度皇甫暉、姚鳳。號十五萬衆。塞清流關。殿前都虞侯趙匡胤、隨征淮南。擊走之。追至城下。暉曰。願成列以分勝負。匡胤笑而許之。待暉整陣出。匡胤擁馬

項在人。手刃賊。中腐。併執鳳。得黃袍加身。不得已而上帝號、杯酒釋武臣。遺命傳帝位。孝友。仁義。與光武。正。復祖。同。二君。皆治世之主也。唐太宗世民、見隋室雖亂。有安天下志。豁達大度。智勇果決。少年。英雄。命世才也、豪傑蹶起。割地稱符。世民解大疑。決大計。謀臣策士。瞭目而後。以弱敵強。以寡敵衆。戰士猛將。置喙無由。用人不疑。開誠布公。剛柔互用。因應成宜。轉戰幾遍域中。佐父竟成帝業。惟手足相殘。未聞聖賢之大道。父自稱太上皇。能與親心無違。武功竟而求文治。房杜魏王徵。皆興門之流亞。在太宗勤求民隱。因盡君道。而匡輔諸臣。與有力焉。貞觀四年。斷囚二十九人。三代後無與倫比。總之。白圭之瑕。未為純潔。雖泰伯夷齊之風。不能行於新造之國家。而周公季友。位在臣列。為君謀。為國計。大義滅親。理無不合。非自為謀。胡可妄為比擬。斯時世民總制師干。貫顯其仰。即殺建成元吉。高祖並無一言之詰。立世民為太子。當時建議廢立。亦無不可。竟至操切而為。故不能為世民想。亦不能為房杜想也。元太祖成吉斯汗。起於漠北。強弓怒馬。衝突無前。我外無人。雖死不惜。未敢於金。而金亦力竭。收漁人之利。進據中原。長驅而南。至於印度之鐵門關。納角端之忠告。即日班師。西滅國四十。洪波蕩漾。於俄境、英雄之稱。赫耀全球。馬上得之。不能馬上治之。幸有耶律楚材、廉希憲、劉秉忠三賢宰相。擧議超邁。尤為罕見。補苴罅漏。苟安八十餘年。一經挫敗。風捲敗葉。掃蕩無遺。武功之英雄。可為後世之殷鑑。當鑑而不鑑。惡醉而強酒。求生而不仁。惻其愚而不能救其亡。哀哉痛矣。蓋道德仁義。非英雄所獨無。功能權利。非聖賢所不欲。老子曰。道可道。非常道。無可名。而名之曰道。道也者。天理之至公。儒言赤子之心。佛曰眞如之性。珠藏澤自媚。玉韞山含輝。誠於中。形於外。知能渾良。藹然和悅。理不爽也。夫道為德之體。德為道之用。返諸至誠。謂之道。徵諸事實。則為德。仁者愛人。慈悲兼賅。麟之仁。不踐生草。不滋生蟲。意至精微。取則不遠。誠有民胞物與之懷。幾蔽。佛家殺生之戒。義者事之宜。見義當為。不為則謂之無勇。道德仁義之本旨如此。天命之性。英雄聖賢固無所謂異同然自來不同根性各別性本善習相遠聖賢求諸己準繩有據窮則抱道在躬陋巷可樂達則兼善天下澤被生民權之所在不出其位功著能展分所應務應物依往而成宜應事從心而不踰矩蓋醇乎醇者也英雄求諸人奢望無窮達則乘風破浪一日千里勢之所到無不可爲陵人傲物莫可一世剝極自復人窮反本一到末路不堪回首三國兩晉六朝五代人材之盛層出不窮寄蜉蝣於天地惜朝生而暮死聖賢英雄之別此其大較也要知聖賢不藉英雄之力可以積大勳如旭日當空無不被其化英雄不假仁義之名無以策萬衆以力服人終必崩潰溯之往古比比者然噫嘻吾國土地人民較之全球不過六分之一之二耳悲慘之劇已罄竹難書默察全球今日之形勢若此將來情事想像可以得其強半顧環球明達俊傑討論大同之治請力克己之功談國際之界泯種族之分無宗教黨派之爭去學說團結之害戰爭可以少備則人民擔負自輕隸通世界之物產以供全球之食用人飢己飢人溺己溺視全球爲一體痛癢相關使英雄躋於聖賢大同實現於斯世想仁人君子樂共研究云爾

時評

一年以前討伐附逆之役方終合肥依各方之推戴出而執政以革命政府開所標二事曰善後曰造法翕然未聞有人非之也蓋其時議員聚而鬻法穢德彰聞天下莫不惡之一聞廢舊法統聲勢不期自集故革命者非段氏一人所能革也造法者亦非段氏一人所欲造也一年之中所事未成乃自有其他百障障之非主義之咎也其他百障足以障百事使勿前進又不必論主義之爲何也夫天下之人猶是天

下之人也其耳目心思材力猶是耳目心思材力也去年愚而今年特智去年枉而今年特直無是理也然則近日間之法統論其實際上其故何哉嘻吾知之矣民國十四年來其政府平均年齡不足一歲今執政政府春秋已高法當代謝代之者不得相當曰實無所措手足而曰實不於現政府所持政策之反對方面求之更待何求彼固不問所求者之於政治道德爲何如也又凡一政府之更迭勢有一派人比校立於政治中心而用事天下人才或紆或遐不期而被疏遠或拒斥者必且不乏此之人才日暱現政府之隙而如相與場位以造成一反動之局也亦固其所彼隙乘生應機而動尤不必問兩下主張之相去爲幾若也美利堅人恆喻政爭爲行獵喻政權爲獵品號獵品制（Spoils System）夫弋獲獵品以彈乎以矢乎抑以網乎亦何常之有法統云云今適爲應時獵具之一而已於其本身蓋無甚深意義可言中國政治之現象如是其必須澈底改造望有大人焉鋒挾主義以行不問仇友久暫期於貫本懷而立大

信爲政家樹之風聲者亦以其如是（同）

許閣居然成立矣一月七日開第一次國務會議雖外交王君內務于君尚未列席據云不至終梗可期合作此不得謂非時局中之一佳訊也然許閣以何因緣而立者乎查臨時執政府所標造法一義不得終達橫生阻障執政負責而退因以未了事件移付內閣俾卒成之是許閣者乃執政政府與未來政府中間之一過渡機關也昔英儒白芝浩譬內閣爲海分海分者連字符也今移字許閣可云貼切惟國事頭矣各派意見樣樹首出情感橫溢尤難抑制如有人調劑得宜平流而進使兩政府代謝之際不生大錯國家元氣與人民幸福之因而保全者當不在少尠而其責惟爲海分者負之勉之哉（寬）

馮君玉祥近忽決志下野通電朝發昇帽夕馳吾人方得循誦東日電文而從者已以到平地泉告矣假又以到潘河告矣此其謀定後動毅然決然一洗

亂國情貌相反之惡習。（語出淮南子）至甚傾倒。十四年間。政情詭出。不可端倪。凡有言也。率無行以盾之。而又娼嫉風行。凡事決不肯從善意推測。樂成人美。以此二因。民國之政史。以反儕人之行路。致俱黯然無色。遺恨多端。此類印象。入人也深。至今猶無最大之反證。使得滌盪一二。甚至以禹君之篤實光輝。凡所言動。亦俱未能盡人釋然。嗟、人之。異於禽獸者。以能孕

論難

孤桐

甚矣。時論之難持也。卽尙論亦不易。唐之中葉。宦寺竊政。正士屏息。未如之何。獨柳子厚乃心王室。志在非常。交歡伾文。將糾衆北衙之權。歸之南衙。機事不密。卒成甘露之變。子厚坐廢。困死貶地。中間之權。愈盛大不可制矣。時議爲所禁抑。自不敢豈論曲直。故以退之秉筆。且譏子厚不自顧藉貴重。噉子厚銳進。以罔大罪校之。退之三上宰相書。高下紆遷何如。拊躬自問。豈不明白。而如是云云。非其本懷。固爾。抑亦

耳。而能孕之第一要素。則爲彼此信賴。今國人信賴之性。如此其薄。殊不得不令人疑及人類所以共存之條件。不然。又何辭也。而今幸矣。大人而昭大信之福音至矣。自此以往。不借禹君之政治生涯。坦途千里。任其所之。而凡吾人忝同民族。習致相依。自維頑懦。亦得有廉之立之之會。昔曾滌生論人才。翻轉移風氣。大率存乎一二人。猗歟禹君。其尸之矣。（通）

常時論量所容止此耳。後人不察。以爲韓集且如是云也。因同然以躁進比匪少子厚。此其無獨立之史識。自不必說。而退之瞻徇時局。違心諭友。竟至隱諱後賢之日。浮雲至百代而不開。識者痛焉。雖然。作者爲文。不能絕不爲時容。二性所限。而諱者每以無久與宇（[illegible]）之眼光視之。因而誤會百端。致遠本象谷果謬鳳。正自難言。嗚乎。吾人日論本事心懷來藥。非關才識。時欲關筆者。又豈況無故實者哉。

農國辨

孤桐

有友數輩。（如在四言者有年其一也）要愚將擬目所爲農國辨。重布於衆。以資考覽。愚歷遇人推求是義。類於往復。亦以先理舊作爲便。詎卽如教。且將進是而有所論也。

有楊銓君。在申報著論。題曰中國能長爲農國乎。於愚農村立國之義。加以抨擊。大旨謂農業與工業。未可偏廢。以徒農則以原料供人。而其一己之衣食住。以及農具與消耗品。皆將仰人之鼻息。且中上社會之嗜好方日增。金錢之流出者。年以千百萬計。非工假滿屆無以塞。以非實言。吾雖不欲與工。而歐美之製造家。已挾其資本。建廠於吾腹心之地。大勢如此。欲能不能。農國之說。徒夢想耳。此其爲說。本恒人之公疑。前此屢有所聞。如蔣君夢麟、王君書古。皆於愚明農之旨。不無誤會。愚久擬詮釋而未有當。今幸有會。請得而言。

討論此題。第一宜知農國何謂。在楊君之意。或疑愚所立義，將斥一切工事不務。徒貿貿然驅天下之人以納於農。人己之不知。學藝之不講。入山唯恐不深。入林唯恐不密。群木石鹿豕相與居游焉耳矣。實則楊君所舉之理與實。俱至淺顯。愚雖閉陋。亦能運思及之。其倡爲農說。自信僅有餘地。以恣如此等義之出入。曾不阻過。蓋五尺童子。可以知之。天下固未有。全然廢農之工國。亦未有全然廢工之農國也。豈唯不廢。工國之重農者有之。美利堅是也。農國重工義亦宜有。楊君所云農業機械之改良。與水陸交通之建設。固自農國所有事。夫亦問其所以重之者其精神。爲工爲農已耳。吾農國也。而古稱四民。農工各分一席。史遷爲貨殖傳。復稱工相與議技巧。農相與謀稼穡。卽期以各安其居而樂其業。甘其食而美其服。讀兩漢詔書。諄諄勸農。可謂盛矣。而孟堅稱孝宣之治。綜核名實。技巧工匠器械。自元成間鮮能及之。有農無工。自古已無是義。寧有生丁今日。大通之世。而反昧於通工易事之理者乎。以知愚主農國。其概念。殆不如楊君所懷。楊君之詞云云。在遯耕謂之逸果。

偷惰逸樂。偷惰者。納音未得其論點也。然則農國者何也。曰、農國對於當今之工國言之。凡國家以其土宜之所出。人工之所就。即人口全部。課所配置之。取養在內。使有餘不足之差。不甚相遠。而不擾國外之利益以資挹注者。謂之農國。反是而其人民生計。不以己國之利源爲範圍。所有作業。專向世界商場。權子母之利。不以取備國民服用爲原則。因之資產集中。貧富懸殊。國內有勞資兩級。相對如寇讎者。謂之工國。建國之本原既異。所有政治道德法律習慣。皆緣是而兩歧。農國講節欲。勉無爲。知足戒爭。一言蔽之。老子之書。爲用極宏。以不如此。不足以消息盜虞。成得其宜也。工國則反之。縱欲有爲。無足貴爭者其特質。事事積極。人人積極。無所謂招損。損更鬪滿。損滿迴環。期於必得。以不如此。不足以興集國富。日起有功也。農國尚儉。貴爲天子。以卑宮室。惡衣服。菲飲食相高。漢文作露臺百金。以其爲十家之產而能。其他則君作詔。以雕文刻鏤。爲傷農事。錦繡纂組。爲害女紅者。多不勝詰。商通有無。易於居奇。

則一體賤之。奇伎淫巧。爲之有禁。以不如此。不足達其以日計。地有餘而食之惜也。（語見漢文議佐百姓詔）工國尚奢。大規模之工作。自上達下。祇須有力爲之。無不悉意而崇其成。帝居寺塔之壯傑。大道朱樓之宏麗。吾三都兩京之所夸論。曾不足方其什一。豪商所享。遠過通侯。利之所在。仁義歸之。史公所歎。以財力相君。雖爲僕虜。猶無愠色。以寫今之五洲財閥。如俗稱煤油鋼鐵汽車諸大王者。始爲盡致。商者在吾以通難得之貨爲病。彼謂非難得。其值不厚。工者在吾以作無用之物爲防。而彼謂非無用。人欲不饜。有經濟之學以明之。立商標之法以護之。獎利若渴。死而後已。其所以然。則取利之途廣。多取之以悉一時之欲。非深識大仁。洞觀百年者。不見其害也。更分言之。農國政尚清靜。以除盜安民。家給人足。爲興太平之事。工國則言建設。求進步。爭於物質。顯其功能。如吾汲黯臥治。彼所不解。農國說禮義。肴名分。嚴器數。工國則標榜平等。一切脫略。惟利之使。農國於財務節流。於人務苦行。於接物務撝謙。工國則財以開源爲上。

人以有幸福求驩虞爲上。接物以發揚蹈厲爲上。農國重家人父子。推愛及於閭里親族。衣食施與恆不計。工國以小己爲單位。視錢如命。倫理之愛。別爲一道。姊弟同車。各出銅幣一枚。分賭車位。反相安焉。農國惡訟。訟涉貨錢分產。理官每含律例。言人情。勸兩造息爭以退。工國則財產之事。毫不肯苟。全部民法。言物權債權者八九。訟師數萬。籍食於茲。最後則農國以武科取人。言官單獨風聞奏事。不喜朋黨。同利之朋。尤所痛惡。工國明明言財利。內賄外政。比周爲黨。立代議制。朋分政權。如此之別。不可一二計。綜此要歸。欲寡。而事節。財足。而不爭。公仍謹決農國之。精神也。欲多。而事繁。明爭。以足財。工國之精神也。其精神之所由起。以財源是否在於本國爲斷。由此勘入。思過半矣。

自十八世紀以還。歐洲機械漸興。工業日茂。廠肆騈立。農化爲工。小資本之生業。逐見衰減。人人輕去鄉里。覓食通都。都市生活。爲之盛漲。一方田畝荒蕪。食料不給。而一方互市海外。生涯暢遂。大地未甚開發之農國。生貨塡委。可以少許成品。詐取多許。自非食糧。資以活給。稍加造作。旋又往售。生熟出入。利每十倍。因乃本土殷繁。冠冕一世。增造富族。豪侈無倫。如是者百餘年。遷流之極。弊不勝言。其在國內。貧富兩階。相去太殊。富者木土被文繡。犬馬餘肉粟。而貧者績不去機。裋褐不完。終歲勤動。一飽不得。依以術開市人。面菩塞路。波多人面病消渴。一國熟視。恬不爲怪。何也。舉凡所產。固以供轉輸。博外利。與前民用準人欲之旨。去之萬里也。工者積不能平。聯盟力抗。所謂社會主義者。自共產以至工聯。隨激有差。而求所以甘心於資本家者則一。凡在工國。無一能安。患禍奚出。不復可料。其在國外。言制作也。科學久成公器。言貿易也。我往寇亦能追。其初英吉利獨爲先登。厥車所至。無不如意。既而德美法日。相繼崛興。製器功作。行商地醜。即前此坐受盈利之農國。亦各漸染機心。相能步武。倡行土貨。明示觝排。是世界商場。明明日衆。一日而通商惠工之若干國者。機件之益益敏給。效率之益益增大。出品多。而成本輕。計算之益益不可低昂人口之大多數依工爲命作業之徒徒不可賤府綜計製造全力如張君時進所言殆是供給更一地球之貨品而有餘（見中銀論中不宣工業孔）因自二十世紀開幕以至一九一四年歐美之工業狀況全陷入於此種供求不應之反比例中商帆之倚馳日甚同業之相煎益急而壟斷天下取威定霸之英德兩國勢均力敵其一以爲一時苟且偷活之計因而惹起古今未有之大戰使凡爲商戰者靡不加入由今思之正如懸崖轉石之必至於地無可致疑噫歐洲苟其猶工無已不知更化則後之視今亦猶今之視昔更越二三十年戰且益酷昧者不察以謂協約國今以公理人道勝國際之清平可期以近五年間之事證之得非夢囈外之商戰之激烈如此內之工潮之洋溢如彼歐洲工制之所由崩壞大略可知

吾人生當此世其將何以自處也乎四五十年來吾震於歐洲國勢之強學術之盛工業之精凡西來者率不加考問一律迎之以爲歐洲者是吾亦當然爲之舉吾舊有謂貧弱國爲媒拉雜唾棄不惜以本題

言今之倡言中國必工業化然後可以自存（參觀申報惲君代英所著中國可以不工業化乎一文）者尚比比也嘗試論之苟吾年經鴉片戰爭之大創銳意維新如日本明治初年之所爲焉則且不問得果之良惡如何而以犬羊之質服虎豹之文求爲一外強中乾參伍歐美尚工形似之國自屬可能何也其時工業萬能之花盛開而仿未謝銷路未暢可供迴旋孳義未滋工人用命也而今也王氣已收大戰初已各國之所以自容於工如繭之縛者底裏盡露懲毖無及於時而謂新興工化之說然大國可容發迹殆爲不解事者之所妄期況乎工國嬌揉浮僞疵釁萬端凡爲右工之民亦一日能張兩足能舉之機器出作入息各衛悖商莫之或綦焉耳於茲爲羣亦太寡昧計日可期豈其所欲工云工云不思甚矣至於外貨侵尋財源無然如楊君所慮數事又海關之冊近告入超將及三萬萬元核其所入米且二萬萬石麵粉三百餘萬石棉布值二萬萬兩（如楊君說）駸駸扼吾農畜之吭使不得吐氣此農國失其所以爲農之谷非農國不能化而爲工之谷

所有墾守農法於今無濟尤宜借助工事勵學明藝農產而外別與土物以斥外物各精倶吾農國之所當有事祇須所與以爲吾用或爲吾用而更能與循環操作功用不出本土律愚護立兩種國家界說其義並未出農而入工而又何疑焉本此以談吾之立國不當有背於農也隊可識矣楊君發間中國能否長爲農國不待蹉躇而宜應之曰能矣其實此一問題不僅吾國獨有北者歐洲工黨倡爲第一第二第二半以及第三國際諸號以與吾本國之帝國主義抗所言雖不離工者其用心固際然有進工歸農之意何以故以其不主謀利而主公製作以均民用多與農國之本義相默契故無奈歐洲之社會組織一變其體於資本如蟲育足不可得假而又農畝浸假衆民浮寄地狹人稠安所受田一時名家如潘悌等倡言農業復興誠有明夷待訪之獄楊君能否一問在彼蓋未易答而吾何有焉吾本農國今其精英雖微蝕於僞工制而大體未壞識謝楊君亦長爲之而已矣

或曰今之言工業化者亦特以吾爲國際資本所壓迫輸入品所蝕不得不同趨於工以禦之耳固非懷侵略之野心以集資爲的彀如子所稱歐美諸工國之所鬪也用意並不相悖子亦何必標揭農國以蕲能爲愚曰不然愚固言之農國之蕲然與工國異不在人民擇業之不耽於工而在百業之本意不違於農惲君與業君之辨惲君之言曰「業君以爲今日之中國倘爲農國乎抑已爲工國乎若農國也則業君所稱農國之民質直而好義喜和平而不可侮生活單純而不乾燥儉樸而饒生趣社會安定而太平鮮受經濟變遷之影響無失業亦無能工凡此所言何與吾國今日之情實全不符合也」善哉問也茲爲甄時者之所公惑誠未易通愚忘其無似請代業君而對曰吾國固去農而之工未擧工國之實先受工國之敝徘徊歧路進退失據農不農而工不工因而社會見象有如惲君所說者也蓋吾今不察歐洲所以爲工國者何在及爲工國之利害得失奚若徒蒙然擧工國之政制習俗車服器用還欲好爭豪華

開發一切之事一一而模習之唯懦不肯樸慤者謹慤不知所守黠猾者張皇廉所不爲彼之群治以致如今日憚君之所刻畫固然之理無足奇也然則如之何曰凡所勒毀于工國淳澀不切之諸法不論有形無形姑且放棄返求諸農先安國本而後於以撫勝巧之中徐闔捭御外侮之道庶乎其可農國之辨豈得已哉

克己復禮爲仁晳故

錢基博

論語顏淵問仁子曰克己復禮爲仁按春秋左氏昭十二年傳引仲尼曰古也有志克己復禮仁也是克己復禮爲仁乃出古志而夫子特稱引之禮記中庸仁者人也鄭玄注讀如相人偶之人許愼說文解字仁親也從人二覈而言之仁之爲言人偶人也然人與人之偶何以必有待於克己復禮自來註家罕有能發其蘊者獨荀子精於言禮而闡其指於禮論篇曰「禮起於何也曰人生而有欲欲而不得則不能無求求而無度量分界則不能不爭爭則亂亂則窮先王惡其亂也故制禮義以分之以養人之欲給人之求使欲必不窮乎物物必不屈於欲兩者相持而長是禮之所起也」然則禮起於已爭已爭則於掠亂亂則相人偶之道破而窮亂之所由起起於人生而有欲記不云乎「人生而靜天之性也感於物而動性之欲也物至知知然後好惡形焉好惡無節於內知誘於外不能反躬天理滅矣夫物之感人無窮而人之好惡無節則是物至而人化物也人化物也者滅天理而窮人欲者也於是有悖逆詐僞之心有淫泆作亂之事是故強者脅弱衆者暴寡知者詐愚勇者苦怯疾病不養老幼孤獨不得其所此大亂之道」而今適其俘也悲夫余讀其言未嘗不慨焉流涕也惟克己復禮者斯能制亡等之欲亡等之欲有制而后欲不窮乎物物不屈於欲光待於爭而欲有養求有給欲有養求有給而后人之相偶無作焉故曰克己復禮爲仁禮論篇又曰「禮者謹于治生死者也生人之始也死人之終也終始俱善人道畢矣故君子敬始而愼終終始如一是君子之道禮義之

文也夫厚其生而薄其死是敬其有知而慢其無知也是姦人之道而倍叛之心也君子以倍叛之心接臧獲猶且羞之而況以事其所隆親乎「夫姦人之道倍叛之心而不慣其終則是相人偶之不終也推克已復禮而后慣終如敬始養生送死光慨終始俱善人道喪焉仁之至義之盡也時賢好為激論勗曰禮教殺人庸詎知克已復禮為仁而禮教之失盡人縱其亡等之欲恣睢暴慢每開總禮以相難鮮有復禮以自克禮意失而人道亦窮使復禮能以克已而不強之絕人斯復禮所以長仁而何有於殺人乃本之不揣而齊其末漫曰禮教殺人乎君子一言以為不知世必有受其敝者於我心有戚戚焉

民治二字解故

錢基博

民國肇造今十四祀陵綱弛紀日以泯棼論者勗以中國民治之名實不符為昔落顧吾獨深察名號而知中國民治之允符其實何以明其然按民之一名自始匪伊而治之於民自昔未能古訓治之為言理也依殺衰與故名者人治之大者也注治篇理也國語省語教不善則政治法治理也如此之用其修荀子不苟篇曰禮義之謂治治導所望於民許慎說文解字民眾萌也何謂眾萌賈子大政篇曰夫民之為言萌也萌之為言盲也春秋繁露深察名號曰民者瞑也又曰民之號取諸瞑也書多士遷殷頑民鄭玄注民無知之稱如此之類難更悉數然則民之為言盲也瞑無知也民之瞑無知導有文理密察之治而繁之曰民庸人之自擾耳所謂民眾運動眾萌之盲動耳其在書呂刑曰苗民勿用靈制以刑何者盲動者制之不許動也故民字象交手足關木桊桎借之形寧有瞑勿用靈之民而可與以自由任其盲動者夫民者非百姓也百姓者我先哲王所以稱有禮義有教化之諸夏而民則以諭冥弗用靈之黎苗徵族書堯典黎民於變與百姓昭明對舉此可以證民之非即百姓蓋百姓少而民多民有萬民兆民之稱百姓有自由而民無自由百姓教以禮而民制以刑其大較然也然則民之進於治也其必自民之不安於瞑無知而自覺其愚不習於盲動而自即于禮始舍

曰未能。吾見其終於庸人之自擾而成為民之治而已矣。寧所望於泄泄沓沓四千年神明之胄哉。心乎愛矣。遐不謂矣。邦人君子。善鬬利之。

通訊

前上

……前上一書。粗陳所懷。乃承過情之譽。非所敢當。前大作寒家再毀記、答雅陳先生諸文。深得小雅怨誹不亂之旨。昔聞其語。今見其人。竊惟執事去年輕於一出。自為盛德之累。不曰盛名而曰盛德者。蓋德者。君子之所勉。而名者。匪執事之所貴也。然當末學極敝之後。建狀衰振惰之策。希武鄉俠之嚴治。而所補匪明。罷追王袪略之振綱。而託身於危疑。上無道揆。下無法守。橫遭格難。策以不行。名闢取怒。寧待善綮。而畏日非過情濫。必有諒其無它。而重致愧獄者。惟天下洶洶。末日已至。國且不國。何有於家。客臘寒家毀於兵禍。自以薄負鄉曲之譽。不能荷戈蹈難。抗寇桑以全鄉里。竊背川為大辱。（章自闢謠政詣）一而室毀家傾。適符同患。雖共休戚之懷。況執事一國之望。佐樞中朝。危而不持。顛而不扶。人民流離死亡。殆以百萬數。斷肢割軀。寧祇號盤之見毀。破家沉族。何有來拓之幸存。此則執事所當自明。尸官之咎。而匪宜致戚於毀家也。所望執事處明夷艱貞之時。振覺世捄民之鐸。斯世不遠迷復之悔。賢者黃圖。桑榆之教。下風謠聽。有利賴焉。交淺言深。幸勿為過。至執事以文章選事見勗。博本不能文。亦實不欲以文名。而朋儕之阿好者。慷以能文見譽。且曰此桐城家法也。獨武進周君哲準相謂曰。師文雅潔不如桐城。而雄警過之。（卿之一字乃周昔揚殷之侶賢非弟子）雖不相中。而濫近似。然博寬無意於為文。嘗有志於詞賦。昔賢以得詞人聞。未見書。為快。（此賞善好奇之過而今尤其共空不刊名理不抒詞文皆在習見標史子集之申）而博。則。以。未。嘗。盡。人。間。習。見。書。為。歎。自十三經註疏、二十四史、通鑑、通典通考、（涵忘心所不言）諸子書、旁逮說部唐宋諸家文章總集。（專集不見二十家）者涉誦覽。著不精熟。然多數過。相識古人之用心。以明學術之降汚。濫諸躬。行。參觀。教子。布衣。疏食。為鄉里一善人足矣。文人學士之名。事所收說。幸略斯民之況瘁。策治安以無書。文章未能經國。盜闕無稽。力排。而什不懃。論說詩書。高引黃庭。以鄒浮磬。此如謝萬。擱阮。俄軍。梁元帝。闍城。講老子。詩說誤國。北萃。脊廉。昔嘗以議。脊賢。不期躬。自謂之。下懷之所深疚。時賢亦有同譏。然悚慨討謨。匪無。君子。而利。未著。害已見。強諾。割據。藉辭。聯治。闕右。劃。盜。亦稱。民。軍。如此比者。何可悉數。予心鬱陶。不知所云。近為論語。克己復禮為仁。苟依、民治二字解依。隨拈一諦。應機立教。退而省其私。亦足以發。年假有暇。寫席玄覽。⋮⋮⋮錢基博（清華學校十五年元月廿日）

來書堪誨交至。甚非所任。愧前撰寒家再毀記諸文。乃乘當時憤遂之氣為之。後更取閱。殊自訕其無發。然悔已無及矣。是下校攝德名兩字。勤為誘披。殆深知不自名心太重。未便斥言。則姑高其格。以導之。俠恐攀躋不及。姚恥徐生。在君有忠告善道之能。在我或來法上得中之效。雖然先生又寧知愚之不堪造就。至於今所自悟之度者哉。楊析子昔諮言於朋儕曰。日日日（內其人已亡未使責畀其名）每好不當好之利。章行嚴每好不當好之名。旋雖未忠戒則屢犯。奈之何哉。君文恐固未多辭。就恐所見其選詞有勢。已跌唐賢所持規範。近人論文。無論合與不合。動曰桐城家法。此非所知。止於斯境。在君開之。一笑置焉可已。解故兩首頗有功世道。本刊理想文字。允推此種。但吳稚暉先生讀之。必且大罵。以為倒退三千里。彼近著論。深斥甲寅。害人。理宜停止。然若不及為君布達二文。俾君其尸。此害人之責。本刊遽受膺懲。忽焉夭折。則所謂埋葬弘之血而碧。不可沒者。殊不值也。拉雜書報。統謝高館。

搭獃

孤桐

……搭獃之文。大刊不肯登。弟今有下列意見。求大刊一為露佈。不識以為搭獃否乎。烏乎。我儕生要死之國民。時局劇變。大禍將臨。反是不思。亡無日矣。今日之中國。一國際勢力之戰場也。國際帝國主義。國際資本主義。蹂躪我。宰割我。於茲既數十餘年。國際共產主義。應運而生。蹈隙而入。耽耽逐逐。咄咄逼人。前者肆毒日久。其害易見。後者假借名義。包藏禍心。以金錢為引誘之謀。以武力為推行之器。始則把持學界工界。張聲勢以亂觀聽。繼則操縱軍界政界。攫實權以肆淫威。凡可以求一黨最後之勝利者。不恤。舉人道。正義。禮教。法律。及全國生命財產。以殉之。賢智者喜其新奇。勇悍者樂於破壞。野心者藉以號召。不肖者視為利藪。尤可痛者。少數熱血愛國之青年。飲狂泉如聖水。一般無教育無職業之民衆。挺而走險。靡然從風。萬流同歸。歸於一亂。亂象方始。未知所止。

夫共產學說。是非如何。別為一事。惟在俄試驗之成績。則共產黨人成功。而共產主義失敗。事實具在。無可諱言。蘇俄窮極思變。對內則恢復資本主義之一部。而容認私產制及專利權。對外則承襲帝國主義之道。僞而標榜國際共產革命。初或出於世界大同之夢想。終乃藉為外交政策之後援。且因對歐對美之徒勞。益聚精會神。悉全力以對遠東。而中國實為其活動之中心。一方利用我國民仇視列強之心理。促成排外運動。一方又與列強訂交換條件。協而謀我。一方利用我國民厭惡政府與軍閥之心理。促成革命運動。一方又向一二政府要人軍閥首領。百計煽惑。多方勾結。乃至公然供給軍械。指揮軍事。橫行至此。謂秦無人。不亦可乎。

夫民族革命。政治革命。社會革命。此何等事。何可假手外人。雖國際俠義。事或有之。然祇可受助於外國之人民。萬不可緊援於外國之政府。昔北美對英革命。法人助之而獨立。斐律賓對西班牙革命。美人與之。而復亡。則人民與政府之關係殊也。張李之亂。援三桂借滿洲八旗兵而明不祀。洪楊之亂。李鴻章用英人洋槍隊而清中興。而人民與政府之關係殊也。今俄白黨。窮蹙來投。粗為士卒。推刃內向。已冒天下大不韙矣。若赤黨軍官。明明蘇俄政府代表。乃俛首聽命其麾下。東征西伐。屠戮同胞。是可忍也。孰不可忍也。夫我國軍閥。雖至喪心。何至以石敬瑭張邦昌自居。無亦曰互相利用而已。不知勢均力敵。乃有互相利用之可言。人為刀俎。我為魚肉。驅羊以入虎穴。誰得。北利。我軍閥之於蘇俄。何以異是。

江浙之戰。奉直之戰。東北西北之戰。粵軍客軍之戰。吾恐蠻觸之勝負未決。鷸蚌之得失未見。而第、三、國、際、之、赤、幟、已、飄、揚、於、揚、子、江、流、域、矣。南北並進。內外夾攻。今日轟轟烈烈之大軍閥。將隨流離顛沛之孑黎。同聲哀號。宛轉於新天驕馬蹄之下。而飛鳥盡。良弓藏。狡兔死。走狗烹。彼為虎作倀之黨人。亦將有請君入甕之一日。向之、以、揮、霍、運、動、費、宣、傳、費、為、無、上、豪、舉、者。今、當、知、吞、餌、上、鉤、不、死、不、脫、之、苦、矣。當此之時。舊帝國主義與新帝國主義。將假大好神州。實演第二世界大戰。測其結果。不外三途。一、新帝國主義屈服。中國夷為列強共管殖民地。而今日駐京各公使及各地領事。將代為中央及地方政府之首長。二、舊帝國主義退却。中國隨蒙古後。加入蘇聯為一邦。而某大使將坐升統監。或為委員政府之主席。三、新舊帝國主義。一時協調。共分此一杯羹。或各畫疆界。分土分民。持久而對抗。我國民。在任何一途狀況下。所謂獨立。所謂自由。必犧牲淨盡。而無餘。迴憶前清三百年之專制。民國十四年之糾紛。恐尚不免作穆然。三。代。之。思。也。

事急矣。寇深矣。及今覺悟。是否可為。猶不敢必。且抵制赤化。當從拔本塞源入手。斷非一朝一夕之事。亦非一手一足之烈也。世界潮流。社會學說。青年思想。平民生計。在在與赤化之輸入及流播有關。必將政治經濟制度。全部改造。澈底澄清。使不平之現狀。與不安之心理。日漸輕微。而後大破壞大恐怖之慘劇。

自無因而出現。不知務此。而横施以壓抑之威。則反動將愈強。爆發將愈烈。或強據以陳腐之說。則扞格而不入。迂闊而不行。故曰、欲減、免、政、治、革、命、之、危、險。惟有、實、行、新、民、主、主、義。欲減、免、經、濟、革、命、之、危、險。惟有、實、行、新、社、會、主、義。此即抵制赤化之無上上策也。茲姑退一步言之。果使我政府軍閥有地位者。豈然知懼。翻然思改。各就權力所逮。治本則採用國家社會政策。使資產集中而有制。生計低廉而普及。思想開放而行止不踰閑。政權統一。而民意得正當代表。濬通宣洩適其宜。治標則訂聯省互保之公約。防止赤化之侵略與宣傳。果使我青年學子有智識者。根據近代經濟學說政治學說。努力於制度與環境之改造。及其新組織之措施。而不希冀僥倖於不可知之一蹴。更引仰給外人爲大恥。而別謀自動自決之根本計畫。果使我中流以下之平民。人人得機會均等。以受國民必需之教育。從事於社會有益之勞動。而維持其人類相當之生活。朝野上下。心志齊一。以推倒國際帝國主義、國際資本主義、國際共產主義

爲國是。務使。三。害。一。律。蕩。平。根株。絕。斷。一切。意。見。一切。權。利。一切。衝。突。一切。仇。讎。均。暫。時。擱。置。惟向。此。公。敵。同時。下。總。攻。擊。令。求一。生。於。九。死。之。中。則小。康。宜。者。可。爲。也。

不佞提倡社會主義最早。反對俄國赤化亦最早。爲此遭嫉。疑謗交乘。平日所言所行。均從先事預防。因勢利導著想。深信潮流不可避。壓力不可施。疏瀹不可緩。五年以來。奔走呼號。雖聲氣互通。而功效未見。蓋關心此事深知其意者本無幾人。或知之而不敢言。或言之而不見聽。於是括囊无咎。明哲保身。善則善矣。如國家何。如民族何。夫知而不言。我負國民。言而不聽。國民負我。且以負國。幸而我言不中。雖以此獲罪。九死其猶未悔也。不幸而我言中。則國於何有。民於何有。我於何有。我日見其共產黨之突飛猛進。跳梁而無制也。又日見內外反共產黨者之倒行逆施。爲淵毆魚。爲叢毆爵。而不知返也。豈天意終不可回。浩劫終不可挽乎。嗚乎。尚何言乎。………江亢虎

上海南方大學
十二九二十一

曩亢虎在京。以一短文求爲刊布。愚以其文搭漿未可狡也八字報之。故兩首云然。雖然。此文、愚、則、聯、紙、正、性、以、顛、之。安、敵、稍、涉、戲、謔、之、思、也。亢虎生性好動。又喜爲極端之言。故其。名。滿。天。下。謗亦。隨。之。本篇詞意。愚固不盡與同。然確認其所言。爲當今第一項要問題。願國人平心讀之。以愛國之本懷。爲獨立之評判。勿謂、其、言、出、於、江、某、之、口。而遽、以、Propaganda、易、之、也。　孤桐

教育

……教育乃立國之骨髓。骨髓未堅。則外強中乾。懸可立待。吾華今日。無教育之國也。非無教育。不依國性而循然建立。徒抄襲他國所已行者。不過。一。翻。譯之教育而已。雖有。若。無。回視此際。近乃倡導東方文化。願徹底改革。示國民以標準。所著有世界教育示準、及東方文化抉擇談、單標持論。頗見於華國月刊。欲因解起行復擬籌設國學院於桑梓。公近爲甲寅周刊。高文卓見。諸耐學尋。回將以拙稿奉寄。用就正焉。先此布聞。即希亮察。……唐大圓　武岡石下　十一月十九日　江蘇竹市法界新鑄社

曩於華國月刊。見唐君與汪八旭初往復論學。詞旨頗超。深詫吾鄉有此積學修業之士。愚乃不識。今得來教。大慰開辟之思。有何見教。請代爲讀者求之。　孤桐

斯文

……斯文淪喪。邪說。暴。行。並。作。先生中立不易。名論匡世。於國於家。受賜多多。拙著龍鳴。藏三十年。竊以倘有待也。今春爲友人攜去。遽以付印。並分送於海內外之有名識者。竊處諒亦有之。謹略删正。寄上一冊。願以先生之慧觀審定之。以爲有當。請介而布焉。非一人之幸也。佇候明教。……張元夫　安本洪道縣高門外張園　十二月二十四日

尊著迄未奉到。不審何處失誤。承示良悚。便希更惠一冊來社。展讀既竟。定以介聞。　孤桐

甲寅

……甲寅重刊。聲滿天下。謗亦滿天下。彼與先生異趣者。鮮能正辭駁難。惟伺小隙。蹈微瑕。出佻薄之語而加譏刺。荀卿曰。有爭氣者勿與辯也。又曰。君子絜其辯而同焉者合矣。善其言而類焉者應矣。新先生勿與較一時意氣。而惟聲應氣求。廣集海內外閎識方聞之士。相與砥礪望討。積之以飫學。持之以毅力。正名當辭。以申自吾說。涉然而精。俛然而類。差差然而齊。如懸衡。然。此日。重。則彼。日。輕。天下人非盡盲聾者。必將影附響合。蔚成風氣。豈不盛哉。此業望先先生之成之也。舍弟鍾衡上一書。語多失檢。請勿介意…………繆鉞（十一月九日 保定四河沿二十二號）

邏輯

立界

邏輯。何。爲。而。作。也。曰、爲人。有。思。不。思。而。作。也。何言乎人之有思也。曰、無思。將。無。此。龐。雜。富。賅。之。語。言。文。字。也。原夫自有人類。即有思想。語曰。心之官則思。心之能思。與口之能食相等。今人之口。不能食上古原人之食。即今人之思。不能思上古原人之思。此文化之進步致然。不可強也。特進步云者。固非若步履然。後步立而前步消。兩步各各離立也。以知。文。化。進。步。非時。代。相。續。續。者。截。然。爲。一。期。一。切。事。物。云。爲。與。前。期。渺。不。相。貫。一。一。須。吾。爲。之。樹。立。新。義。也。蓋人智有限而亦相類也。去其所得利於環境之諸緣。今人與原人之所得。無相過也。果如每期樹立新義云云。則原人之制度文物。思想生活。循環迭起。至今存焉可也。焉有所謂進步者哉。惟然。文明。史。之。有。可。言。必也。吾。輩。祖。先。之。所。經。歷。所。創。或。因。一。一。存。積。代。代。增。殖。遞貽。於。吾。吾。既。得。此。寶。藏。復。益。以。同。時。代。之。所。經。歷。所徇。或。因。其。在。信。而。冊。號。焉。以。備。貽。諸。來。葉。傳。之。無。窮。而後。無。媿。於。其。名。者。也。是故知識云者。非一人一代之所能全。乃以人人所得。代代所得。相加而成總積。復於此總積者。研求而獲其條貫。始為有當也。夫此總。積。者。何。即。語。言。文。字。也。語言文字。既有此深遠之歷史。其間浮詞蔓生。歧義百端。人人矢口而出。家家援筆以書。久之知其當然而浸忘其所以然。乃事理之必至。毫無疑者。此即所謂不思之過也。今試取流俗用語。執學士大夫而以義叩之。將答者百無二三。嘗者未見有一。何也。彼作。未。之。思。也。昔者齊王謂尹文曰。寡人甚好士。如齊國無士何也。尹文曰。願聞大王之所謂士者。齊王未能應。夫士之為字。起於語言文字間。有前後脈絡為之連貫。豈有不明其為何義

攝籥錄

都伯思者、名宗之祭酒。而力攻中世煩瑣諸派以為封執謬妄者也。

者。而單提以訓之。齊王竟無以為答。是知。能。用。其。思。而不。能。思。其。思。者。比。比。也。試作一字。反復視之。復反覆書之。將惑焉而不能識。推思。亦。然。所號為思。思之又重思之。始而自迷。繼且自疑。謂不意己之不學無術。至於斯極也。傳曰。學然後知不足。知不足者。視若平常。而乃非無學之人所能辨到。恩經兩知之說。知其所以不知。亦號為知。荀子曰。信信信也。疑疑亦信。選。擇。者。所。以。求。知。也。而求知。自。明。無。知。始。選。擇。者。信。信。也。而。信。信。自。疑。疑。始。明。無。知。而。疑。疑。自。思。始。故。選。擇。者。正。思。之。學。也。或。曰。思。思。之。學。A study to think about thought 思。思。云。者。即。凡。所。有。思。想。立。為。種。種。法。式。推。校。焉。參。互。焉。以。期。所。得。信。為。最。正。確。者。而。歸。依。焉。也。此一界說。雖云過簡。而初學者以入門足矣。

孤桐

笛卡兒倡言覺念(Consciousness)之中。有先天前有之性。而倍根主實驗。深詆原型觀念之謬。洛克欲得中

道以行。因從心理方面著眼。以謂吾人官感所收之非迹。諸爲棣達。Data 然玆棣達者。果何綠接攝而成爲系統乎。

郝伯思曰。邏輯者名學也。凡物。有。號。時曰。名。言。料簡。名。言。斯底。邏。輯。夫人所以異於禽獸者無他。在能名耳。能名。則。以。注。存。所。憶。並。傳。達。於。人。取名而離合之。命題以立。取命題而綜精之。三段式以成。而其。要。術。在乎。分。析。Analysis 分析。者。發。明。之。母。也。

洛克原悟一書。Essay Concerning Human Understanding 深有得於倍根。以爲人類生於宇宙之中。上帝縣臨。萬象惶惑於此而言知識。本有難能。雖然。知識者非絕對之稱也。吾人卽一物而欲洞明其所以然。容爲形氣所局。吾未能及。惟欲知識之足供吾用。則吾人求取之力。實依依乎其有餘。蓋理。有。限。Light of reason 神有。光。Candle of the Lord 燭照。前。途。導。吾。道。往。縱使。無。限。無。盡。無。盡。諸。問。題。不能。推。此。以。求。解。答。也。而彼。有。限。有。盡。燦之。經。驗。範。圍。確。有。循。理。自。得。之。道。決不。至。辭。己。身。禍。福。抛。諸。渺。冥。僥。倖。之。中。遂古迹今。哲家萬殫。而往。往。舍。其。智。所。可。及。環而。攻。之。於。所。不。可。及。無怪。夫。求。智。而。去。智。益。遠。此誠。不。幸。之。大。者。矣。

前歲議員之有志者。避賄選南下。愚曾爲箴僞人一首。揭于新聞報。以諷留者。有友摘之。貽書痛陳其說。愚雖未是其人。而甚愍於是書也。錄存於此。用自勵焉。

國會失職。外間醜詆。已不可堪。焉容同人自爲儀惕。以增鼓鐘。開外之美。且常世罪惡。惟軍人與政客實分尸之。計其最也。亦軍居其七。而政居其三已耳。今舍其七不問。而見吾同人稍威夷於京師。遂附鳴鼓而攻。不留餘地。揆之情理。豈得謂平。且軍。閥。也。者。無。關。于。南。北。不。分。乎。新。舊。軍。軍。相。連。閥閥。相。庇。語。其。內。容。雖。亦。樣。樣。百。出。衙。散。時。開。而。維持。其。所。謂。閥。以。對。於。外。使。得。成。其。樞。機。終。爲。國。家。紛。梗。者。則。一。致。有。應。無。所。逃。豁。以。曹。錕。之。僭。妄。亂國。不獨在系將領。不能舍私言公。援大義以抗之。即反在系中。所有稱軍師。統方隅者。束趄檢闕。術踰庾儲。亦不關在責夫己。或傳檄四方。明白露布。無所避就。而會議之事。携手之說。且見紀于報章。流開于道路焉。今子名在議會。與機關共為休戚。其中流品不齊。果止不當。雖亦無庸諱言。然不。務。在。內。謀。所。以。維。持。而。調。護。之。且。惟。章。顯。其。醜。聞。于。外。以。為。快。取自。殺。之。德。計。務武。夫。所。歟。得。何不。智。一。至。於。此。借曰慷慨言事。不避所親。而璅屑域中。材。狠當道。三七比量。淺已言之。則由大及小。由人及己。抑然大公。誰得議之。今徒沾。自。眩。之。小。名。驟同。情。之。本。性。使。儕。者。得。所。借。口。以。制。力。於。吾。人。之。胸。吾。豬。為。子。不。取。也。

恐雖撰尤無論及有所不為諸篇。或以偏於消極為非。恐應之曰。不解消極之義。而侈言方案。是治絲而棼之道。猶將者未能察脈。亂投方藥。勢必至殺人而後已。恐飯依消極。並非鄙方案不談。須知。消。極。之。極。極也。無方。案。亦。一。方。案。此與。剖。斗。折。衡。絕。聖。棄。智。之。說。不。同。恆開人之言曰。某也無良。某也無良。而怠。厚。己。之。良。德。幾。何。又開人之言曰。某也無能。某也無能。而不。願。己。之。能。力。何。等。此民國大亂。十四年之故。也。吾人今當有最先警覺之一念。曰、是何也。曰、凡事。皆。從。負。而。著。想。而將今時政局所表現之外象內象。一掃而空之。第一空己。其次空人。既空之後。從而新造一度量衡。在人。己。一。律。待。遇。之。中。共。同。監。察。之。下。將各。各。之。可。得。供。獻。於。國。家。社。會。而國。家。社。會。之。應。報。施。於。彼。者。精度。熟。量。而。通。衡。之。韓退之曰。適於用之謂才。堪其事之謂力。所謂新度量衡者無他。亦彼。我。共。計。適。用。堪。事。之。多。寡。輕。重。如。何。有一。分。之。才。即向。其。所。適。者。而。致。之。用。有一。分。之。力。即求。其。所。堪。者。而。彼。於。事。而。已。

說林

續後漢書四十七卷。宋蕭常撰。常廬陵人。父壽朋。病陳壽三國志帝魏黜蜀。常述父志。以昭烈爲正統。作帝紀二卷。年表二卷。列傳十八卷。吳魏記載二十卷。晉義四卷。義例一卷。習鑿齒仇陳志。宋蕭張栻仇通鑑。皆以羽翼人倫爲標目。其實皆生耳。余自信通敏。本無成見。惟欲帝魏。則以魏姓曹耳。劉備可作皇帝。吾家子桓先生。何爲不可作皇帝。劉知幾以爲曹逆劉順。其爲本家說話。與我略同。至正。統。明。統。之。論。則太。古。皇。華。因爲。論。難。所不。必。也。是書四庫提要。以爲大旨在書法。不在事實。其實。只。以。蜀。爲。正。統。耳。無所。謂。書。法。也。如建安以來諸侯表。於劉備則稱劉玄德。以稱。字。爲。貶。僭。帝。王。是豈。邾。儀。父。齊。仲。孫。所。得。而。比。又凡吳魏有事。必曰曹丕司空某。孫權司徒某。唯於弑主之事。反曰魏某人弑其主某。吳某人弑其主某。此等。予。奪。其何。可。曉。又曹丕死。其子某嗣僞位。孫權死。其子某嗣僞位。曹丕。孫。權。爲。何。如。人。乃有。僞。位。可。嗣。以枝。曹。操。司。馬。懿。書。官。書。卒。尤。體。貊。炙。

明史以樂書爲最醜。樂章惡濁。撰人倘可以此自解。至贊辭奄弊。殆與樂書相類。則姿婦之見秦甚。五代史有此奄弊。而文字特乾淨。南齊書後來之秀。不可得也。又太祖本紀、書二十五年徐達克寶慶。湖湘平。甲寅。又書揚璟克寶慶。實疏。忽。若孟。堅。爲。此。必自。注。說。明。元。委。（漢書不載何人注者皆孟堅自注說本四庫提要原有見）此古。史。之。良。也。又英宗本紀、裂而爲二。眞可。謂。不。知。本。紀。爲。何。物。其意視同編年。則又。不。知。史。爲。何。物。矣。

閱續古文辭類纂書牘類。姚瑩書云。讀書當求於我有益處。不當求書中疵處而辨勝之。此語甚有見地。中余病癥。曾文正與王叶庭書。言擇端人。明與爲友。暗奉爲師。亦激人。唯與李眉生書多膚辭。實與書簽公傳后云云。同一弊病。鬱不喜報朱仲我論傳注。昨日視之。漸加玩索。則余非復曩時固執矣。文正最喜說鈴等篇。余以。為。此。等。貌。為。高。雅。語。頗。極。可。厭。吳敏樹上衎侍郎數書。皆故。意。做。作。外見其人。黃冠廣服。頗盼流意。亦極。力。做。作。之。一。如其文。已周星叔、孫子餘、用力不多。即王先生亦以為看同鄉面子。（王袁先生嘗余所述古文詩江詩人頗不遜言以為做視湖南）然衎文正大雅。非姚梅所能及也。（文正頗欲去陳舊陸作某嘗喜志則視發言府漢其色甫同者亦多）余最不喜論文之作。以為。不。說。假。話。不。說。腐。話。不。說。野。話。不。說。老。話。自然。成。文。如何。為。假。如何。為。古。皆自。造。耳。皆讀之例。開口說恭維話。韓愈說謙遜話。如應制科。如遜介甲。其官。抗。固。可。祇。求。亦。有。可。祇。處。罵。固。使。人。不。欲。聞亦。有。使。人。不。欲。處。此。不。說。假。話。之。說。也。如遭父母之喪。必曰罪孽深重。不自隕滅。（卷中文正即出川之）此誠何說。豈。先。委。廣。垢。乃。所。以。非。親。耶。此。古。人。之。腐。話。不。必。學。也。野。話。即。不。對。題。老。話。即。勸。喪。吳敏樹必曰。此文似柳子厚。此文似蘇子瞻。亦何。不。自。振。作。前歲王先生論虛受堂文。偶及許雪門墓志。余謂均文似歐陽公。王先生為出元稿。則有郭侍郎眉批。此文神似歐公云云。王先生曰。但求成文。我亦不知其然。王先生。高。於。柈。湖。多。矣。碑志類。文正獨擅勝場。韓昌黎后。一人而已。黎蓴齋續古文辭類纂。以為席兩漢而還之三代。此亦。抓。不。著。癢。處。其在他人。終有做文嚼字氣。惟文正通雅。脫去蹊徑。此其所以不可及耳。且兩漢。三代。無所謂。古文。唐以后。所謂。古文。皆時文也。第非前日之所謂小講八股耳。古人無古文。而今人有之。今人。有之。又以為此。兩漢。三代之文。豈不過於矛盾。余意文無所謂古今。今人好處必有過於兩漢三代。者。兩漢三代之書。尚有存者。何嘗如今之所謂古文。又何嘗確有好處。然必曲為摹擬。則尚書大易春秋論語之類。固有為之者。奈何不以還之兩漢三代。而重之也。古人不必能文。文亦不必以古為是。立古文之名。則名不雅馴。務求合於古人之文。則其文皆姿。婦耳。古人人人作文。今日歸書生專作。書生者無用。之別名也。巧立名目。謂隋市利。故今之所謂古文。皆鎖眉豎額。韓昌黎即其人矣。（晉友共）

甲寅周刊第一卷第二十七號目錄

時評

當本刊上期發稿之時。正値段執政下野風潮鼎盛之際。本社社主適逢其會。爲定陽電初稿。極主張執政及時引退。以明責任。而且依事勢推之。以爲該電必能照拍。以後中樞政務。一惟許閣將承其乏。故時評中責望許閣綦切。喩以海分。有執政負責而退。因以未了事件。移付內閣。俾卒成之等語。不謂。事。竟。大。謬。不。然。電稿幾經討論。一改再改。總理許君、與湯君漪澂大生齟齬。致將電中極重要之關節。完全削去。而該電卒得以佳日發出者猶幸。報紙。所。諷。爲。陽。一。變。至。於。齊。齊。一。變。至。於。佳。者。也。先是許君持陽電原意頗堅。以謂與新閣員有約。不如是閣將不成。將以何物承受政權。而持異議者駡之。謂非梟獍。即無子生而先弑母理。如此悖義。閣不成何害。許君。之。意。旣不。得。通。其。宿。有。成。約。之。閣。員。除內。務。于。君。否。認。其。有。

是。約。而。仿。不。就。職。外。覺均。衰。衰。恣。其。蒸。省。意謂。國。家。職。官。爲。重。個人。意。見。爲。輕。非。稍。稍。以。今。日。之。我。與。昨。日。之。我。挑。戰。不。甚。是。惜。而。並。總。理。途。無。所。謂。交。不。得。卷。因。昂。然。出。人。政。界。堂。如。故。奕。而。所。謂。執。政。者。蹀。躞。移。許。氏。恭。己。而。已。而。其。地。位。恃。似。較。一。週。前。猶。爲。穩。固。此。猶。矛。盾。無。理。之。政。象。惟。中。國。有。之。非。常。議。所。能。測。察。本。社。記。者。頗。勝。憤。異。其。所。爲。時。評。致。不。與。二。三。日。間。之。出。來。事。相。應。驗。宜。哉。雖。然。時。局。之。消。息。日。惡。第二幕劇情何似。至不可測。如鄧寶珊李紀才諸將領。至公然通電。以失政病亂禍國殃民。指斥中央。無所瞻顧。觀國者何能以北京一二日苟安。遽抱樂觀。爲執、政、者。其、排、逸、最、近、宜、言、之、機、堅、表、無、爲、我、故、之、意、守、千、金、垂、堂、之、戒。留、國、人、去、後、之、思。終、爲、本、刊、之、所、企、望、也。（適）

現政府之基礎。既經動搖。計時當與之法統論。因勒然逝。勢初甚强。說織漸歧。今則裂痕益顯。難於收攝。國民。第。二。軍。者。所號。爲。議。員。之。屆。集。者。也。宜爲法統張目最力。而其將領鄧寶珊、李紀才、弓富魁等所發寒電。轉明明駁斥法統。其言曰。「無論法之本身。支離破碎。久已自亂其統。無法收拾。即令已屬芻狗。存朔餼羊。而此項主張。出自軍閥議員。何異日銜天憲。朕即國家。爲誣民意。莫此爲甚。且無恥政客。倡竊軍閥之。前以法爲市。對甲言約。對乙言憲。朝如可復。夕即可毁。名爲恢復法統。實則兒戲大法。「鄧君等。即軍。閥。也。慣受。政。客。個。飼。之。禮。什約。爲。市。而恣。睢。甲。乙。之。言。者。也。故一。旦。舉。發。說乃。親。切。有。味。如。此。此外政客自身。律議亦至劇急。陳銘鑑等維護曹憲。詆毀約法之早經失效。立說甚辯。號稱拒賄派之議員如范熙壬等。雖曖於時局之不利。願降志辱身。招賄選者與之合作。而曹憲終蓄張口不得。遂以回復十二年六月十二日以前狀況爲言。此所謂護法而不護憲者也。而護法之中。主以廣東之非常國會爲正統者。又異軍特起。林森之議長。行且就職。此中民黨彌衆。百戰不疲。餘子開議。頓形失色。而章。太。炎。截。斷。衆。流。從源頭立論。謂議員僨敗。且經期滿。不當許其復集。

此時。計。惟。狀。黎。復。位。於。統。無。背。唐。少。川。依。違。其。詞。不敢。明。言。議。且。黎。在。天。津。於。國。會。似。無。所。可。否。僅斤。斤。於。復。位。時。當。以。奉。根。源。爲。總。理。一。事。張。紹。曾。開。之。又。不。憚。津。友。來。言。敬。與。日。有。三。首。議。員。環。之。恒。亘。三。四。夜。不。得。眠。相。與。爲。多。方。面。之。畫。策。云。綜。上。所。計。法。統、喜、劇、尚、未、開、幕。而Renaissance、、、已、是、怪、狀、如、此。將、來、計、以、何、采、鳴、之、爲、宜。各、客、各、有、心、算。祇、今、相、約、不、言、可、耳。（行）

孫君。傳。芳。時。勢。之。驕。子。也。奉張既敗。與馮約電示下野。中央復顯露不安。視長江之舉足以定其運命。於是。天。下。之。十。目。十。手。群。集。孫。君。當郭松齡朱反戈時。孫與鄧如琢分主蘇皖。約奉中央之令以從事。所謂中央之令者。再遲不得下。卒下而形勢頓異。孫不受命。且以五省聯軍總司令名義。令陳調元入皖。鄧被迫反贛。貽他諷之。其言曰。一國難方殷。和衷乃能共濟。各省合作。權限須應分明。浙閩蘇皖贛聯軍總司令名稱。本五省軍事長官所推戴。職司討奉。諒不及他。越此範圍。似應從長計議。接攀帥不認中央命令爲有效之通電。又以五省聯軍總司令名義。特任王普爲安徽省長。陳調元爲皖軍總司令。論事勢。則隱然一。政。府。論法。理。似。覺。無。此。特。權。民國。十。四。年。來。從無。軍。人。特。委。省。長。之。先。例。皖軍已隸贛皖聯軍方總司令旗幟之下。亦無另委司令之必要。昔日。奉。侵。蘇。皖。猶假。中。央。命。令。以。行。今我。所。爲。變本。加。厲。豈不。貽。國。人。訕。笑。一義正詞嚴。可發深省。夫孫。君。席。大。帝。之。先。業。據江。東。之。勝。地。取威。定。霸。功無。與。讓。惟才。與。量。如。何。爲不。可。知。耳。愚。則。以。能。否。納。鄭。君。之。言。卜。其。量。以能。否。先。定。五。省。使。無。罅。隙。廣。羅。賢。士。虛。己以。聽。卜。其。才。（涵）

釋言

孤桐

釋。言。者。義。出。國。語。非。本。驪。姬。呂。黎。韓。氏。所。著。以。明。志。昭。非。解。謗。也。近數年來。愚遇與唐賢同患。輒假此二字。以相周旋。今更有倚。頗乞靈焉。民國十四年十一月二十八日。北京市民爲暴。愚家被毁。愚與同僚數人。名在國賊。立於法外。（爲法律所謂Outlaw不障）愚妻患之。爲布室於某處。強愚被難。愚年四十五。妻賢子幼。念此身非一人所獨有。不得已。從焉。至大。言。爲。國。謂留。此。身。以。有。待。（此語年報語吾借吳佩孚京太炎者）愚固。不。敢。尸。之。也。越日。愚辭職位。理殘藥斗室中。不與人交往。亦致足樂。如是者兼旬。天津戰事息。京城解嚴。愚妻察無變。許愚以車偶適市。愚因謁青兆胡同。間二三日一往以爲恒。執政。近。喜。文。瑞。事。愚每。遜。就。於。此。用避。政。事。不。談。執政。似。亦。察。知。愚。意。相與。上。下。議。論。自堯。舜。禹。湯。中經。漢。高。明。太。以至。清。末。人物。臧。否。出。處。大。節。因。不。及。而於。眞。觀。之。治。尤爲。低。徊。備論。劉。縯。兄。弟。出爲。國。事。雖將。發。秀曰。事欲。不。高。縯曰。當如。是。耳。執政。謂。縯。所。立。四。字。眞是。英。雄。氣。槪。如此。等。論。恒有。三。四。時。不。休。休則。仍。反。愚。妻。所。布。室。安。焉。此近。狀。也。

一月六日晨十一時。愚室忽有電話。來自青兆胡同。謂許總理、陳將軍、（二庵）候愚談話。此兩君者。自市民爲暴日。愚迄未一見。今忽有是。殊不可解。然亦姑往。觀之。至則環執政而談者。約二十人。論下野事頗急切。愚後。到。隅。坐。默。然。而。已。以愚。疑。謗。滿。身。到處。皆。然。且久。不。聞。政。實不。欲。有。所。表。見。也。而俊人二庵。亦並未就愚言事。愚意閣者誤召。卽亦不聞。未幾會食。愚與俊人連席。爲言。秋。浦。宏。教。學。令。謂。甲。寅。者。彌。來。事。未及。本。文。食罷。數報議就別室擬稿。索湯斐予不得。以執政什指斐予爲之也。則強愚。段駿良賈規庭尤關之。愚雖。終。席。未。示。已。見。而固。心。是。執。政。藥。賦。去。以謂。及。時。爲。之。猶。嫌。其。晚。因慨然執筆。並詢規庭意宜何取。規庭曰。愈決斷愈佳。駿良應之曰、然。愚問俊人。有無宿稿。俊人曰。有而不可用。以其就民倫立言也。愚曰。願得參考。黃伯度（俊人秘書）因檢示愚。愚視之。果非適所聚議意。然首四句良佳。因就原稿紙塗抹起草如下。

勉執國政。荏苒經年。事與願違。心力交瘁。（原文）査執政府、乃係臨時性質。祺瑞際茲時變。善後無方。用遊法次宣言。毅然下野。所有一切政權。概移付國務院。悉維現局。自本月十六日起。即不視事。深負國人。良非得已。事苟有濟。成不必我。謹此布達。惟垂鑒焉。

愚草就。規庭持示座客。俊人曰。在坐諸君。悉同意乎。十六日後。即不視事。果如是則自言之乎。無答者。時人數已希。王揖唐謂食後用思不銳。主俊人將稿持歸。再行斟酌。晚間聚議。最後決定。遂散。愚亦未更而執。政。刺。探。其。意。惟。以。愚。平。日。所。知。則。執。政。無。毫。髮。不。願。退。之。念。而。已。自。後。關。於。此。電。之。一。切。會。議。愚。均。未。與。總。理。非。未。相。約。親批永康胡同合誤有總在中不確愚亦。當。然。不。往。然。至。今。猶。不。審。六。日。之。夜。以。何。因。緣。胡。忽。見。召。入。局。恍。若。李。長。吉。玉。樓。故。事。惟。彼。此。俱。在。人。間。為。異。耳。爰予二庭屈文六諸。與俊人間辯各節。愚俱於報紙得之。亦未面見何人談及此電。文經過。愚所。及。知。之。大。略。也。

近數日、外間異議麻起。謂許俊人所擬陽電。即依愚所擬略改竄者忽被閣押。皆章某欺矇合肥。圖攬政權為之梟

故。湯陳諸人。猶其次已。此訊教育界中。播布尤廣。謂章某一日不出北京。政象一日不得寧靜。庇瑞伯、李仲三、不提將此人。與什姚同調。真不明亮。以後更不知當何亂事。時則有人從旁質之。謂七日早三時、章某以事急。特奔段駿良之門。將大公子從床掖起。挾往青兆胡同。閱電弗發。並開、此、實、之、者。即、為、新、當、局、之、代、表。祗據異常確鑿。聞者因大憤激。謂士林有此敗類。祇圖做官。不顧其他。真是讀書人之公恥。首領某某。尤義形於色。發議。議。所。以。處。之。至胡。處。者。則事。秘。莫得。而知。云。

有厚於愚者曰。人言確乎。否則子烏可無一言。愚曰。為小己之安危。可以不辨。非故示捨己以為國也。以辨。於。此。又。騰。口。說。於。彼。將。辨。不。勝。辨。也。惟。念。二。事。愚言。或。不。容。已。一、國。都。之。內。政。事。之。樞。無。官。無。野。一。國之。中。心。人。物。咸。在。而。競。可。使。當。時。躬。與。之。事。件。顛。倒。黑。白。立。見。其。反。則。輿。論。之。值。依。何。而。矜。設。如。英。倫。以議。為。政。(Government by discuss) 豈。不。大。貿。二、君。子。絕交。不。出。惡。聲。文。人。相。輕。宜。無。殺。機。今。總。持。政。教。之。大。

五

人利用。諂諛不加考詢。播媚青年。戮辱異己。此風一開。己必無以善其後。愚恐同根相煎。由遠及近。國家未滅。士類先盡。是何等氣。而可長焉。之二義者。愚不敢忘。敢陳己事。是責取辭。雖萬被殺。諒不當秘。冀得靜者。爲深長思。故不辭覶縷而詳之於此。一月十日六日午後、愚歸自吉兆胡同。適鍾伯穀來談。愚告伯穀適纔所爲。伯穀大責愚孟浪。愚大窘。今爲此文。並以謝伯穀也。

孤桐附識

再答稚暉先生

孤桐

稚暉先生、近於現代評論增刊。造一長論。題曰請願於愚。何敢當。何敢當。先生如黃公之好作諧詞。愚寧效董生之深結名號。亦取文中大意。略事疏辯。惟先生哉正焉爾。

先生持議。首於笑林廣記中。錄故事一段。作爲一總概念。「所謂故事者。人或持刀。往後園砍竹。剛入園而腹痛。則遺刀於地。蹲焉。既遺而起。見有刀在地。大喜。悚惘不置。致蹩其足。罵曰。何來野狗。爲是害我。然殊自慰藉。以爲所拾貴重。足償不潔。因狂奔而歸。告其家人。我拾得刀。我拾得刀。此一故事。稚暉先生以之歸納吾國政迹。而申釋焉曰。甲午之役。繼以庚子。國無一兵可戰。瓜分日堪虞。如喪考妣。如驚長眠。而因察得吾國之所少者竹也。易而言之。即世界共通優進之道術與器藝也。則逕取一換朝代式之革命刀。與一做八股式之教育刀。幷附進園。而不謂革命釀成軍閥。教育造成政客。擾亂中國。不可終日。是遺矢而自蹈之之象也。於是回想及於前代之苟安。八股之簡易。優者暗中見刀。灼然人眼。所有如愚大唱其農村立國之論。自鳴得意者。與叫絕拾刀。又正同其類也。請試思之。刀者君家固有之物也。如刀可是用。何以甲午不能退倭國。庚子不能戰聯軍。既已不能。則知君家所乏者。非刀也。乃竹也。蓋有其通優進之器藝方有其通優進之道術。論道德之質素。已開化者容不如未開化。然何以黔湘由內之苗。不但無善可稱。而且種族日見削弱。是器藝不精。種且不保。遑言國是。愚刺取先生之要義如此。

先生有今方蒯之稱平時罕譽而喻妙絕人寰雖然茲所爲總概念者恕愚唐突竊敢以爲未甚[illegible]激也夫笑林之所諷者人之善忘也職在砍竹而不砍也先生所目送之政事則異於是蓋以革命刀進園而釀成軍閥因從刀上釀成之非拋刀而別爲一事所能釀也以教育刀進園而造成政客亦從刀上造成之非藏刀未用篤終不化所能爲造也由進園以迄於今若而人者刀未離手手未離刀刀手相連狂跳未已枉費「二十五年」之時間一無所得是砍竹而不得其所砍之咎非忘竹未砍蹤地遺矢之云也夫人生亦安得不遺矢者二十五年之中其屨遺不一遺委係實在然遺矢自遺矢操刀自操刀彼固未管爲遺矢之故今刀而婿而園竹萬个依然連砍不下者乃刀愈砍而愈鈍愈鈍而愈砍鈍砍循環與不砍等卽至百年終無得竹理也二十五年云爾哉此點既誤先生之所爲譬無益於用愚於家中須竹或國中須其適器藝之理誠諦認之而特不認先生所想像之砍法可以獲竹或今日流行求器藝之法爲

先生所有者可以獲器藝也語云工欲善其事必先利其器先生謂吾固有之刀退矮閔戰聯軍而不足而愚則謂甲午庚子之刀以之砍竹尚較今之屨更而屨折者猶爲得用如今言革命必迴思老民黨當年之善行公德謂不可及今言社會教育納追論二十年前新民叢報之風行革假其精神久成過去如此等證不可勝記愚近持論亦欲稍稍養其刀鋒與先生重人後園求所大欲已耳雖括囊之光谷亦善刀而不藏矢概之識不任受也先生所爲笑林愚妄以爲未切今更妄以外國笑林爲先生誦之伊索寓言記驢狡屋而舞碎瓦無算主人撻而撻之驢謫辯曰天乎吾何罪乎昨日猴舞如吾主人不以爲迕且大笑而獎之何獨至於吾而不然乎主人撻如故驢至死不悟又記有鶴善歌其聲如雁偶聞馬嘶壯之則日張嗓以求其馬更爲囊歌乃浸忘之苦憶數夕亦終無得鶴自恨死鳴乎今之自命新人物游神歐化者之所云爲蓋不顧而陷於
七 驢與鶴者也何以言之歐洲者工業國也工業國之

財源。在於外府。（即各國商場）伸縮力絕大。國家預算。得量出以為入。故無公無私。規模弘闊。舉止豪華。一一與其作業相應。無甚大害。一切社會惡德。由於其制之不得不然。所云 Necessary evils 是也。而吾為農國。全國上下。百業之根基。可得以工業意味釋之者。蕩為無有。無有。而不論大小精粗。一惟工業國之排場是從。器用衣服起居飲食男女交際燕會運動。言必稱歐美。語必及台衣。變本加厲。一切恣行無忌。質則此四君之 Necessary merits。苞髮未具。而其 evils。在四君之國。所蘊而未發。或發而未盡者。而吾也。由放依而馳騁。由馳騁而氾濫。赤裸裸地。一無遮阻。縱使碧眼黃鬚兒。卷舌固聲於側。歎弗如焉。此在國家。勢不得不舉外債。鬻國產。以彌其濫支給金之不足。在私人。勢不得不貪婪詐騙。女淫男盜。以保其肆意揮霍之無藝。其至於今。圖窮匕見。公私凋敝。國之不亡。殆與行尸無異。論者猶從而為之詞曰。此學某先進不肖。借某主義。未至之過也。嗟、是眞[illegible]擬猴舞。至死不悟者也。民國以還。吾人為妄裝西人頭面。曲解權利思想。及誤會社會觀念之故。物質之積年蠹蝕。固不可量。而冥冥人道頹壞。凡一羣中。應有同具之恒德。且不得備。其損失。尤不堪言。夫昨年水災。地城之廣。難民之衆。災情之慘。自來所希聞也。而幸免之人。熟視無睹。將伯之呼。莫應。同情之淚。不揮。軍閥也者。爭城奪地如故。官閥也者。恒舞酣歌如故。學閥也者。甚囂塵上如故。上海密勒評論（[illegible]）有 Impey 者。論次其事。且反前代防潦工事之差完。四方捐輸之彌急。有一語曰。中國博施濟衆之精神。近三十年已不存矣。The spirit of public welfare has practically ceased to exist in the China of the last thirty years. 是何也。卽偽文明有以剋制之也。偶舉一證。可概其餘。民德之澆漓。皆是。今為言。父無以教子。兄無以約弟。夫婦無以相守。友朋無以相信。羣紐日解。國無與立。其不望風太息。而末如之何者。非狂則愚也。昔班嗣稱有學步於邯鄲者。曾未得其髣髴。又復失其故步。遂匍匐而歸。嗚乎。吾人今後。亦求得匍匐而歸。為幸耳。是又與鵠歐同類者也。茲伊班所記悲亦

如吳先生持以爲依實地論之總概念因頓忘其妄
而聯記之如此
愚恆爲人言吳稚暉者一言行不相類之人也何以
明之先生行年六十所有讀書人之本領三十年前
備之有著又不僅備之已也其涵詣所得且較之老
師宿儒有過之無不及焉而革命準連則思於三十
歲外雖革命矣而彼行已應物仍一切不脫儒家規
律艱苦卓絕得未曾有於斯乃揚言於人曰經生文
人舉不足爲也且故爲滑稽之詞以駭於衆曰狗屁
狗屁眞正豈有此理也是何異已得魚而忘其筌而
頑奔告漁者謂從此可無答以舉魚也昔名家有持
孤胸未嘗有母之辯者夫自始無母安得有胸其謂
無母卽先生之豈有此理也愚爲此言先生或且不
服則愚更請以笑林進吾族有翰林曰嘗華二十年
前祀祖返鄉爲愚塾師言曾於某歲襄閱試卷題爲
論語蓋有之矣四字一卷講首曰且天下未有無蓋
者也翰林大笑援筆而批其眉曰我獨無向下請之
則曰、其自謂無者其蓋必大翰林連呼不可解不可

解殿焉時愚十餘齡耳從旁聞而妙之今先生而若
未是愚言其蓋必大之妙文雖明知無獲售理亦必
恭呈衡鑒強先生加黜而殿之爲無疑也前淸壬寅
先生被斥於日本憤而自沉自署其言也著之小包
封內有詞一章其警句曰「信之以死明不作賊以
尸爲諫徙薪曲突孔曰成仁孟曰取義諸公努力僕
終不死」此其精神信誰吾儒有之而先生之爲此
也在南洋公學陳先生相約棄書之後數年去井陽
朋友所諷學書不成之年尤遠倉卒授命之際文文
山之正氣不期而果於胸中奔於腕下是乃眞經生
眞文人之受用處而謂中國書早經拋盡其誰信也
附後習爲開放日不擇言與諸少年角逐有宏獎而
無忖貴意在姑爲破壞徐圖建設誠隨在以線裝書
拋入毛坑裏之精神行之而先生乘倘眞慾爲世領
果縕袍不恥一介不取兢兢業業且不暇給外和內
方粹然儒者其不潔染毫毛時下惡習假「無政府
黨共產黨革命黨新文化運動家」名以自欺欺世
仍三十年如一日也此三十年中半瓶醋之西學家

領約卡拉日衍專甫新民叢報第一期所長吟而曲諷者不知非送幾許青年而哭稚暉光餞如故也以余所知先生又不獨律己爲然也其排家教子率以傳統的嚴氣正性之道施之悲居小節都不少假借是何也寧得曰此亦當有此理者也總而言之學先生乃一極衡式之新學家也所得於本國之學者極深而死不自承也即以文非論先生近用講諸體爲文縱筆所之概萬數千言其貌與黃口小兒所作者同而其神則非讀破幾百卷書者不能道得隻字此先生將曰狗屁狗屁眞正豈有此理矣乎則鄉人有藏銀三十兩而尋焉者毋爲盜賊因大喜其外曰此處無銀三十兩先生之爲亦此三十兩焉耳矣近弗羅乙德言心解者流極重 Subconsciousness 之用謂吾人眞正意態每於無意識中發焉而凡所發則又在意識用非時正言否之此人生一奇也愚謂先生之論文亦然先生之意識誠誦曹子建與楊德祖書而鄙之而先生之無意識則久將「翰墨爲勳績辭賦爲君子」之幽思秘理自然寫藏厚極欲流脈絡貫

通乘間絡發浸假而上下古今談焉則上下古今談之浸假而請願於章先生焉則請願於章先生之式可萬殊文理一致愈自晦曰「沒字碑」其字愈顯愈自異曰「不帶烏氣」其烏尤數飛無已故凡詞見稚暉之文轄輕放過不奈其所號投手毛削之雋書什一一刻甚在腦筋裏可隱可見雖百洗而不可磨者值無日者也綜上所言深之最德從之最文是先生凡言凡動可得供有心人之月旦大抵所得于舊者八所得于新者僅二且先生之「弄斧頭」無成與愚之農村相似其二且爲八掩閉不甚彰從可識也然其自道余不如此其所以教人亦余不如此愚故曰言行不相顧丁未之歲愚由東京赴英道出巴黎時先生主新世紀報極論革命王侃叔導愚與楊篤生爲冶遊至所謂玻璃房子者色相爲生平所未見愚頗爲傾倒者無容措因密撰巴黎觀倡記淫猥勝柳子厚傳河間婦十倍求先生匿愚名表焉先生非不謀心心不謀日值諸之而不疑未數日此記果照耀留學生中至

或頌言富於哲想。可以懲淫辟過。而極口罵之者。亦大有人。惟未知作者即爲僞言僞行「銀樣蠟鎗頭」如愚者耳。由今思之。新世紀誨淫之咎。其焉可辭。此種下流之作。由諸愚手。即亦不憚自白。而先生終淡焉置之。以爲小德出入。無妨大道。持此以律二十年中之後進。凡其行爲。與餒倡記相先相後者。因無不爲先生所涵蓋。愚之「不檢」爲愚妻所訐舉者。即爲一例。雖與。先。生。坐。懷。不。亂。之。本。性。大。相。剌。謬。而終。不。敵。善。進。惡。亦。進。之。俱。分。論。與。蕟。廁。中。貴。人。輕。約。之。昌。黎。原。毀。篇。其。爲。力。偉。且。大。是。以。左。右。先。生。播。蕩。朋。徒。一。切。罪。惡。而。有。餘。甚至晨報被燬。先生爲謗非養曰。此紙屠說然者而已。不是責也。猶。且。褻。爲。鐵。律。以示。進。化。歷。程。民。與。官。鬪。者。民。勝。子。與。父。鬪。者。子。勝。學生。與。教。習。鬪。者。學。生。勝。其。或。已。與。已。派。爲。官。爲。父。爲。教。習。其中。所。留。和。調。升。降。之。地。雖。亦。有。之。不。甚。惜。也。頃法學校風學乎溯是先附生故對女話師人大曰乎章若行終求子何民人所足可計矣矣曉、近五年來。民與子與學生所爲之功用如何。亦既大白于天下矣。即以。先。生。之。明。亦。不。能。不。列。入。「出。恭。所。踏。之。滿。脚。爛。污。」也。以此。往。砍。先。生。理。想。之。竹。寧有。倖。理。以此。造。成。「推。之。四。海。皆。準。之。共。通。優。點。」「多」則。多。矣。是。否。即。「好」而。先。生。願。達。行。獎。之。抑。情。導。之。轉。於。心。知。其。危。不。敢。自。安。求。曲。突。徙。薪。之。法。而。不。可。得。風。雨。飄。搖。莫。知。所。出。者。視。若。陰。毒。左。計。爲。國。大。害。以。得。妻。爽。並。祟。絕。其。本。根。爲。快。其。故。何。哉。在愚思之。今者學風之壞。人心之險。潰漫而無底極矣。坐見數千百英年子弟。逐日爲洪河洗去。即從焉而莫能救矣。倘得如先生其人。截斷衆流。嚴詞申警。如張翼德之吼於長板橋頭。一般群盜學賊。必且倒避三舍。校之。百。章。士。釗。當。前。其。爲。聲。宏。力。大。相。去。直。不。可。以。數。計。而。先。生。不。爲。也。不。僅。不。爲。且。相。與。和。之。設。淫。詞。而。助。之。攻。然。則。先。生。所。云。乘。滋。泝。而。道。求。哀。矜。之。一。線。者。安。知。不。在。彼。而。在。此。哉。

愚意此時整理中國。積極方案實無從談起。祇好先由消極方面著手。猶之人體久虛。宜求補益。然非先清理腸胃。使能咽受。驟進參茸大品。轉足以殺之也。愚近來論眼。即注於此。先生謀與世界優進民族。共

二二

查於無期。又曰。國事萬歲千秋。其志甚壯。然曰。無。期。曰千。曰萬。來日。甚。長。姑以。三。數。年。做。一。番。清。理。賜。冒。工。夫。在悠。悠。長。宇。久。中。（長宇久本異程）不過。一。刹。那。耳。何足。算。哉。不然。則列子載宋人有得道契者。密數其齒。曰、吾富可待矣。卒之富不可得。徒為人笑。故愚竊以為。由。今。之。道。無。變。今。之。俗。擾。擾。終。年。茫。無。一。是。政。益。見。其。渾。亂。學。益。趨。於。荒。落。雖。有。聖。方。祇。速。人。死。柳。州。所。謂。窮。日。夜。嘗。歲。紀。愈。遠。而。不。近。者。此。類。是。也。至。處。亡佰。及冀際廻與歐洲戰。前者降於凝天。後者降於求時夜。但假不切。不欲深論。

右就原書大義。稍為疏解。已言之累幅如此。吾國與論。日、趨、專、制。先、生、又、明、指、本、刊、為、害、人。一、旦、對、簿。訴者、難、免、不、錄、答、語、為、左、證。故、愚、所、享、一、時、偷、託、之、言、論、自、由。雅、不、欲、過、於、濫、用。即、以、先、生、優、加、庇、愛。恕、其、無、狀。亦、宜、為、更、端、論、事、之、地。留、其、有、餘。故、答、辯、之、詞。請止、於、此、矣。先生積年所以鎮江館之一紙條。小書撰之一說部。打動心機。大激大悟。愚至不才。寧敢望此。然用、心、至、哀。所、求、至、切。銅、雖、豈、而、意、則、非。先、生、豁、其、如、電、之、目。慮、其、若、谷、之、懷。賜、少、頃、之、閒。為、再、思、之、可。於。願。足。矣。至。愚。個。人。之。事。先。生。謂。問。題。太。小。可。以不。論。一。篇。之。中。且。三。致。意。愚。不。敢。不。遵。命。推。先。生。相待。恩。誼。則。不。可。不。有。一。語。括。而。謝。之。農。校。職。務。猥。承推。挽。尤。銘。心。抱。然。在。今。日。先。生。之。視。章。某。豈。復。猶。有。氣。力。援。手。而。前。曰。我。欲。為。某。事。哉。我。欲。為。某。事。哉。

本篇持與稚暉先生原文相互讀之。詞趣較明。惟長篇難於轉載。良歉。閱者諒焉。　本誌附識

吾人所請願於吳稚暉先生者

梁家義

一月一日出版之現代評論第一週年增刊。搜羅大手筆極多。內有吳稚暉先生一文。題曰我們所請願於章先生者。魚龍變化。不可捉摸。極文章奇恣之能事。其中關於評論孤桐先生之文。以及吳先生所請願於章先生之點。想章先生必另有妙文答辯。無容愚贅喙於其間。而愚讀吳先生此文。有不能已於言。而特鄭重以請願於吳先生者。即請。吳。先。生。萬。勿。薄。

文。人。而。不。爲。萬勿。輕。視。文。章。大。事。也。

吳先生之言曰。三十歲以前。也曾從經生想到文人。也想將來過了六十。到孔子删詩定禮樂之年。在詞林文人裏頭。有一席位置。乃三十歲的六月。在北京官菜園上街鎮江館。有位丹陽朋友。乘我出門。在我桌上。放一紙條規我曰。學劍不成。學書不成。勇而無剛。朝吏暮綏。三十之年。胡亂混混。我看了狠懊喪。晚上讀曹植與楊脩書。他說昔揚子雲先朝執戟之臣耳。猶稱壯夫不爲也。吾雖德薄。位爲藩侯。猶庶幾戮力上國。流惠下民。建永世之業。留金石之功。豈徒以翰墨爲勳績。辭賦爲君子哉。就想扔了那牢什子的文史。還是學劍。到明年。還到家鄉。在小書攤上得到一部豈有此理。他開頭便說。放屁放屁。眞正豈有此理。忽然大澈大悟。決計薄文人而不爲。偶涉筆。即以放屁放屁眞正豈有此理之精神行之。再過一年在南洋公學。有位陳先生。復相約投中國書於毛廁。從此不看中國書。到如今。幾乎成了沒字碑。然身上不帶鳥氣。不敢誤認我爲文人。這是狠自負的云云。是據吳先生自叙。吳先生三十以前。本自命爲一文。人。三十歲以後。忽然薄文人而不爲。乃由。丹。陽。某。友。之。一。紙。條。曹。植。與。楊。脩。之。一。書。家。鄉。小。書。攤。上。之。一。說。部。南。洋。公。學。陳。某。之。一。約。其。動。機。本。如。是。之。薄。弱。本。末。經。過。一。種。系。統。之。研。究。比。較。之。考。核。然。後。得。著。一。種。斷。定。之。結。論。也。一。生。職。業。大。事。因。偶。然。相。遇。之。浮。淺。事。故。竟。致。翻。然。改。觀。而。不。疑。吳。先。生。之。勇。氣。絕。倫。愚。誠。驚。服。而。其。速。於。論。斷。愚。又。不。禁。駭。怪。也。

吳先生一生不作官。其薄文人而不爲。愚知非欲爲官也。吳先生一生不知曾否爲農爲工爲商。吳先生現在北京。聞尚依作文爲活。而作文之外。於農於工於商。是否另居一業。愚於吳先生向鮮親近。因又不可得而知也。吳先生平生事業。在於革命大功。至今國人談之。無不同聲起敬。然而吳先生之革命事業。愚又不知於以文字鼓吹外。尚有其他功業否也。是吳。先。生。一。生。之。生。活。在。乎。文。章。一。生。之。功。業。亦。在。乎。文。章。也。

讀吳先生此文他處之意。似其所以輕視文章者。乃在重視科學工藝也。所以薄文人者。乃在重科學家工藝家也。然而一國之大。衆業分工。不能盡人人而為科學家工藝家也。亦不可謂於科學工藝之外。其他百事皆可無有也。且以古今各國實事考之。文章之於一國。實若心君之於一身。一國各種職業之人。必同時共範於一種宇宙觀人生觀之空氣中。而不自覺。然後乃能同謀一種共同生活。而形成一種社會也。是文章不獨為人生社會必有職業之一。且為人生社會最要職業之一也。

文章既為人生社會最要職業之一。吳先生事實上又實為文章職業之一人。而又大言於衆曰。文章可輕賤之物也。文人當薄而不為也。以吳先生聲望之高。感化力之大。於是其影響於後進小子之人心極廣。而使神聖之文章大事。乃為一般淺學浮誇之士。所輕鄙卑蔑。而社會基本組織。亦因大受動搖矣。此吾人所以鄭重請願吳先生萬勿輕視文章大事。萬勿薄文人而不為也。

此猶就消極而言也。若就積極而言。則吾人尤不勝大願。願吳先生多為文章。願吳先生更謹嚴其文章之體例。願吳先生更光實其文章之內容。使吾人不獨於現代評論、晨報副張、京報副張等類。多讀吳先生之文章。更可即於甲寅周刊。亦多讀吳先生之好文章也。

一月八日

通訊

批評

……批評甲寅。吾不敢任。綜述讀者心理。想亦社主所願樂聞。周刊出版今已二十六期矣。通訊一欄。

最有精采。四方豪士。各暢欲言。每期必有一二篇愜心之作。時評最爲世詬病。然而語短心長。隱諷暗諭。極見作者立言之苦。亦極見文章罕譬而喻之工也。至全刊重心。自在論說。以愚觀之。有最、優、之、點、二。有不、足、之、點、二。其所、以、不、足、之、故、有、二、而今、後、改、善、之、道、亦、有、二、也。語曰。惟善人能受盡言。先生得非今之所謂善人也歟。敢不盡言。以代芻獻。論度恢大。乃其第一優點。文人相非。自古惡俗。村嫗慢罵。近更成風。周刊獨能力矯此弊。重賞微文。可列反對之作於第一。與社主政見不同之議。皆能共雜並列。卽有駁辯研討。亦能痛陳其主張之非是。而不習及其發論之人。論文淵雅。亦一最大優點。文章隨時代變遷。居今之人。而曰吾爲唐宋之文。吾爲秦漢之文。姑無論其決不能絕肖。然縱能摹擬古人。而不能變通。光大。卽大爲古文家之所戒忌。讀韓歐諸公論文之作。可以見也。所謂變通。光大。乃卽善取時代之新。以濟我固有之故。文學進化。皆由斯也。今乃矯枉過正。流於極端。曰相約擲中國書於毛廁。曰爲文必盡棄古人法度。卽號稱溫和派者流。亦曰只應以紅樓水滸爲則。報章雜誌。白話文詩。吾知作者苟不故昧天良。亦必自日不成東西也。周刊於舉國無文之時。振臂一呼。應響四起。斯文未喪。吾於此徵。文學中興。孫史中實。周刊。必。列。第。一。章。也。然吾猶有憾者。一則材料納嫌不足。社主有時無暇屬文。社員又不另撰高文。以彌其闕。以至多少期刊。只得苟循舊文。聊以滿紙。甚至殘篇斷論。只合列於摘錄者。亦排於正文之中。來稿論點過小。只合另設論壇一欄。或入說林者。亦刊於正文之內。一則主張發揮猶嫌不足。凡代議非易也。農治精神也。反對白話文學也。皆周刊主張特異之點。然祇。各。稍。發。其。端。未有。一。大。盡。其。義。故風。氣。所。被。不。能。大。張。夫今。之。特。發。周。刊。豈非。欲。以。言。易。天。下。哉。欲以。言。易。天。下。而言。之。不。盡。亦幾。何。其。能。易。天。下。也。者其所以不足之故。在內無特約之論師。皆讀微文廣告。稱廣求美文。每千字若干元至若干元。惟不長期特約。推其用意。蓋恐特約。則苟且塞責。而臨時徵集。可恣其選擇也。然豈。知。無。特。約。則。責。任。不。專。

眞正大手筆亦不肯今日送一文問人登不登明人送一文隨人錄不錄也故無特約之方只可施之於通訊決不可施之於正文又在外處於時流之詬病不肯以其傑作投寄吾背於稠人廣衆之中問人相率而論曰行嚴某文實獲我心然吾意尙須如何如何增廣方能大暢其義吾曰然則公曷不爲一文以投之也皆曰衆手所指吾則不敢今後改善之道何在亦惟於人之方面文之方面各增其量而已矣人之方面孤桐今既已返遂初服外之投稿者似其障礙已去此後可以充量供給內則吾意聞於正文決不能不特約一二人使其各聚其一星期之心思精力而發爲一二篇可咀嚼耐看之文文之方面吾意此後宜注意討論問題充二年之雜誌報章所以生氣煦煦至今猶光焰不滅者以總統制內閣制之爭一院制二院制等類之爭反復辯難再接再厲近年胡適之努力雖停而影像猶留人腦者則以人生觀與科學之筆戰及古史之討論兩題文字獨多故耳周刊要人增興必始大交筆戰縱社外無相辯之端而社內同人亦必擇一二大題彼此駁議使一題而往反至十篇以上則此題必成時代一大問題而周刊閱者亦必興趣倍增矣竊謂當今之人同情甲寅莫過於我愛之愈深責之愈切先生解人其必不以爲忤也………梁家義（大川淀二十九號　一月十一日）

甲寅者今日新聞業中之孤臣孽子也吳稚暉先生罵之曰附害人胡不停胡適之自滬與京友書甲寅之銷路不佳行且無人閱耳至各副刊之投而虎我訓咒而『肉麻』我並諷而『雙簧』我謫之不解而不通我家常便飯更不消說要之百其詞一其旨若曰今日中國而有甲寅直是不成世界而已極論平民主義死爭言論自由而所懷有此一境在愚察之亦是匪夷所思昔康德倡二律背反之論或者理路倂馳本來如是不鬭集生有嗜痂之癖忠連坐之害公言獎惡毀此定律大奇大奇爲求免雙料雙簧之嫌故對君所賜怨不當復惟規語請拜受之矣　孤桐

農在

……農在滬上時。為農國討論。曾上壹函。卒卒經年。未得見覆。今閱甲寅週刊。始悉執事不以為不可教。遲而教之。不學如愚。得聞明論。欣喜何極。來教謂農工二者無相距之道。西洋工國不能無農。猶吾農國不能無工。此本於愚意無所差別。使執事在當時果能即開宗明義。執為此說者。則楊銓君中國而可長為農國乎之論。可以不作。而愚又何所多用疑惑。往者已矣。吾人當供知此後言論之間。眞不可以差之毫釐也。

大論所謂提倡農國之精神。即所謂捍禦外侮之道。私心有未敢苟同者焉。竊嘗論之。中國。今。日。之。弊。不在。勤。儉。工。國。尤其。與。一。切。法。制。無。關。中國。迄。今。並。未。喪。失。農。國。之。精。神。特病。其。過。甚。焉。而。已。曷以見之。見於民國以來。大法未立。武人官僚。承襲舊風。因緣為姦。人民大半放失地位。外不競工。內不問治。豈惟知足。抑且幾過於不識不知順帝之則之原始狀況而無惑也。謂其不信。請証諸過往歷史。袁氏帝制。約法早消。張勳復辟。焉有國會。反是說者最強有力。厥為曹錕盜國。議會實為之倫。殊不知法制蕩然。人民受汚已久。無政黨維持重心。廉恥爭競。無所維繫。一有所施。罔不唯命。與工國歟何與。與一切法制歟何與。假令曹錕不以四分之三通過賄選。能保其不用他法巧取豪奪。或假革命之名。以遂其貪慾乎。恐未必無也。執事擬者所舉薛仙舟亡村之痛。誠慨乎其言。然特見夫海上一隅而已。所謂白丁殺人。亦不過近日號稱政客務民之蠹而已。試從此兩者觀之。外僑敢於槍擊我人。是否直接由於租界不平等條約。間接由於軍閥勾串賣國所致。政客寄生。鼓簧生事。是否由於軍閥召納。竊權自擅。國內不統一之故。假使國人果有工國精神。一切法制能生效力。則似乎委靡自棄。開門揖盜。尚不至此。愚恍人也。請得言省會選舉。民之黨化。各競眞才。金錢無能。雜流歛迹。故代議之士。皆一時人選。二次選舉。倪氏當權。公益維持。政由己出。金錢所需。猶曰交際。豪滑者雖有倖獲之選。冊部小夫。尚未獨擅其使。泊乎三月。廉恥汩沒已久。士夫推舉。惟見有金。自痴黑日。皆得發進。每況愈下。幾不勝舉。執事思之。是果一切法制之害。抑亦人心之變也乎。

且工國農國精神。未易言也。所謂是非良否。本無定論。亦惟因時制宜。審時度勢而已。中國之宜爲農國。今應以提倡農業自救。任何人不能非之。鄙惟執事第懇相信中國而以工國之精神與農。有農仍獎勵中國工業。決不至有幸而如歐洲之帝國主義。何者。中國地大物博。人民取給有足。不必如歐洲諸國地狹人稠之非恃國外爲商埸爲尾閭而不可也。至必醜習工國爲侵略。爲競欲崇侈。爲主張個人權利。父子兄弟漠不相顧。則爭校錙銖。古有貨殖。德人重工。國風勤儉。英倫縱有拜金之說。亦庸或有如執事所云。姊弟同車。各出銅幣一枚。了無異色。然祇可謂其不重依賴。除此以外。亦見有夫慈善家方助熱忱。捐助公益有盈千累萬者乎。執事埋首英倫。所遊皆賢士大夫。或於社會情狀。亦只偶爾見有電車上之交易。而無暇窺其全豹。否則故作詭眩立異。以言人所不敢言。所不能言。而自好爲名高而已。然執事豈其人哉。

執事來論列舉農國之精神。痛爲海通以後逐漸消失。而歸獄於受工國影響。一唱三嘆。其苦心。而患則可惜適與鄙論大相反背。以爲今日中國人民此種消極精神太多。不必需有絲毫提倡。而正病處此外力壓迫時代工國精神與物質之不斯須見也。思之思之。人之頭腦相差若此。寧非大怪。猶憶曩者卿雲之辭。頌爲國歌。見者譏爲大國之風。攸然有度。悲憂病惶惑。力排異議。以爲中國不少攸然之精神若再頌爲歌唱。日漸月滋。鮮不攸然以歸於盡者。聞者大譁。目爲狂惑。國人迄今猶少能喻斯旨。欲推君從與世部根意之同相以彼例此。寧非同病。獨怪今之美利堅、俄羅斯。以農業國而求競於工藝。法蘭西以半農立國。而以推銷商埸自豪於世界。此其皆以農爲守。以工爲進。我國以農立國。地大物博。工業化之明。農求利。已病其遲。而消極自反節欲不爭之老農國精神。復有人從而提倡之。以紙形阻工藝種種之進化。南轅北轍。不其。偵。歟。抑執事每每立論。好舉歐洲名人隱爲佐證。例如舉潘梯之主張中國可以基爾特化。前在滬所舉浦徠士之謂以搭擊政黨國會…………等等。殊不知並世學者。各樹異說。在其本國。已或有強題就我削足適屨之病。而在異國。更有不明國情。不同國勢。執事不固謂凡襲引外人之言論。視爲牢不可破。爲誤盡國事者乎。而何以自相矛盾。一至於此。夫外人不明我國國情而妄立論者。是該所謂帶睫料眼鏡。如古德諾勸袁稱帝。有賀長雄論政之類是。我國政雄而猶襲引外人之論以立說者。非別有作用。即純粹學者之論事而非真正洞悉我國今日之弊。與夫根本救治之策者也。

然則我國今日真正之弊者何也。曰、愚前固已言之。軍閥。官。僚。忝舊。勢。力。外結。異。族、內使。自。盜。人民。富。於。農。國。精。神。放棄。地。位。因之。受。汚。日。久。廉恥。日。喪。而其。根。本。則在。於。教。育。不。修。智識。蒙。昧。遂令。大。盜。敢。於。劫。持。政。權。推果。及。因。有如。剝。蕉。職是。之。故。無論。何。種。法。制。皆不。收。效。蓋古。所。謂。橘。逾。淮。而。爲。枳。者。執事對於江蘇省教育會之行動。而懷疑素所深服之業治主張。倘不改弦更張。根本謀治。則將來種種設施。在人民盲無知識之下。有幾而不如江蘇省教育會者乎。爲今之計。莫若。根。本。注。重。教。育。獎勵。廉。恥。明。農。以。盡。地。利。力工。以。抑。外。貨。勿抑。進。步。之。心。少觸。優。游。之。念。提倡。物。質。而。不。損。及。精。神。十年。生。聚。十年。教。訓。庶可。令。國。內。軍。閥。官。僚。有。民。岩。可。畏。帝。國。主。義。者。無。隙。可。乘。而得。其。正。捍。禦。外。侮。之。道。執事職在樹人。治國有道。體斯而行。庶無愧矣。

右略有陳。不覺累幅。皆與尊論多有出入。竊恐自擬。以爲當意。謹馳函以當面質。亦所以竊附於真理有幸之意。他日有會。得更再論。倉卒未盡所懷。惟執事進而教之。則爲幸甚。………不克士（上海中國晚報十二月十四日）

社

大札展轉經年。始得作答。君勸我疏。至爲悚愧。令旨謂今日之弊。不在勸襲工國。請恕無狀。竊仍未能以爲然也。二十年來。所行新政。其形意表裏。不爲吾國所固有者皆所勦襲工國之制也其所云制不必即爲法制習俗如野合式之婚姻亦屬之且不必爲有形之物有條文之書廣至社會心理如重金錢毀倫常崇奢侈（此列吾國特有之名係異義）等亦屬之足下所舉民國以來之弊習志在取證不與勦襲工國相關者實無一不由此四字迤邐而來徒斤斤以約法國會爲言何其狹也足下謂中國迄今並未喪失農國之精神此與私心尤相刺謬察足下之爲此言殆觀於人民放失地位不如工國社會之競爭政治而起不知吾國之風會不操於大多數之人民而操於少數之政客軍人學生游士商賈倡優今此六類人者以語其能無一足與工國人材挈長而比短以語其習則凡工國之necessary evils如貪詐淫縱勢利澆薄等德處處皆以物質之便利崇以權利之保障足關父兄師保正人君子之口而稱之氣者吾乃絕足而馳勝諧十倍誠爲勦襲之尤不容放過足下豈於此熟視而羨之視是猶懲酒精醉人而云飲阿苛和固不妨非也足下謂須提倡廉恥試思廉恥獨薄之地厥惟洋場其故何也足下居滬常見電影公司繼長增高所謂女明星者日步出于大家閨閣不以爲賤係由足下觀之此屬于物質者乎抑屬於精神者乎於斯「提倡物質而不損及精神」宜何從乎足下不憶閻瑞生謀殺妓女蓮英件自稱蓄念于看[illegible]馬時乎[illegible]馬者謂非由勦襲而來乎足下縱未諸在逃未獲及起意未遂之千百閻瑞生日徜徉于足下之側且競以興業進步反帝國主義等號聳足下之聽足下遂不期而心折力猶謀爲之地乎凡茲所談特其一例如足下不以爲迕他日且更端進

孤桐

不佞

……不佞頃以暑假由歐返國。道出滬濱。一日正就餐。有友人持所著最近新發行之甲寅雜誌一號至四號見示。久不讀高文。得此欣慰奚似。不禁却食。一一循誦。友人於側詢余斯作何如也。余喟然曰。此章。君。乙。丑。之。文。非甲。寅。之。文。也。友人不解。余釋之曰。甲寅與乙丑。其間相去。已十餘載。其言固不能似。言殊。不副其名矣。非非其時。昔非其世。奈何復刊舊名。章君素號能稽核名實。今何故竟失之。友人唯唯。余更釋之曰。言者。心聲也。心有。所。思。思。有。所。系。然後。發。之。於。文。其言。出。於。悲。憤。者。則。沉。痛。其言。出。於。感。歎。者。則。慷。慨。其言。出。於。掩。飾。者。則。曲。就。其言。出。於。私。好。者。則。阿。諛。昔之。司。馬。子。長。洛。陽。賈。生。相。如。揚。雄。近之。魏。源。王。壬。甫。王。定。安。者。是。也。若因。時。論。事。當。位。而。言。乃今。古。文。人。之。所。同。韓。退。之。立。朝。以。後。不。再。作。乞。憐。之。昔。柳。子。厚。在。貶。所。其文。異。於。東。京。斯。文。章。必。與。環。境。爲。變。一人。因。有。一。時。之。文。非。能。勉。強。相。續。亦。不。必。續。之。也。先哲爲詩爲文。多有系以甲子者。所以誌其一時之感發。與其一時之思想。使後人讀之。乃能致見其爲人。當時之事故。非無意也。甲寅之歲。章君爲文。乃流居異域。處士橫議之文也。今年乙丑。章君爲文。乃執政府兼長兩部。台閣之文章也。文因出於一人。而時地不同矣。斯名也。實不可假借。友人唯唯。復強余志吾言以質章君。行李艸艸。不多具。……重世

安慶 八月廿八日

愚得是書久。深狀此君立言。婉而多諷。頗欲得知其人而師之。竹於報端徵求姓名。不答。意者。非。以。愚。爲。不。屑。教。即。謂。是。不。必。教。也。今乙丑將除。愚之所以爲乙丑之文者。其事實亦大變。而本刊不登匿名函札之例復壞。故終留原書布焉。近愚作達旨一首。略明鄙懷。以。知。愚。仍。將。假。甲。寅。二。字。以。迎。第。二。第。三。環。境不。爺。重。世。君。於。彼。又。將。云。何。

孤桐

撰者

……撰者聞公更秋桐爲孤桐。琉竊以爲不祥。擬爲書勸公改之。旣而有言公爲人剛復者。琉不聽其言邪。而是時值公長司法。兼親教部事。位高權重。聲成赫赫。設其言爲信。則琉難免以文字而買禍。以是膽怯而止。今公旣解組矣。又以文章自娛。故敢一吐露之。諒亦公之所樂聞也。夫孤桐之桐字。與豚字音

相劈焉。東方朔答客難云。譬猶鼱鼩之襲狗。孤豚之咋虎。至則靡耳。伏念公長教數月。頗思效法古人。毅然決然。以整頓學風自任。知其不可爲而爲之。豈非公之壯志哉。然卒致激成五四風潮。解散女師大。滿城風雨。必欲得公而甘心。回顧前功。盡歸烏有。豈非孤。豚。咋。虎。之。朕。兆。與。且公以秋桐見諸小說。文士不宜取而名之也。故易爲孤桐。孰知。孤。桐。之。不。祥。更。有。甚。于。秋。桐。者。哉。故瑰願公改之。………鄭瑰　一月八日　北京石駙巷

別字者、取爲符號。便於稱述而已。有何深義。更從而辯不辯之。則似悟善社中慣從純陽濟顛游者所爲語。竊未敢以爲是也。頃閱朱柏廬毋欺錄。有一條曰。「莊子曰。呼我爲馬者。應之以爲馬。呼我爲牛者。應之以爲牛。謝文節引之以却胡元之聘。然正。須。有。壁。立。千。仞。不。同。之。操。始。可。語。此。」壁立八字。愚不敢當。然若。桐。變。爲。豚。則亦。惟。尚。友。文。節。以。期。自。立。而。已。書此以謝鄭君。　孤桐

章氏墨學

〔經〕端、體之無序而最前者也。

〔說〕端、是無同也。

〔經〕始、當時也。

〔說〕始、經時或有久。或無久。始當無久。

墨辯最重宇久二義。因推。究。宇。久。之。所。由。起。宇。之。起。處。曰。端。久之。起。處。曰。始。惟曰。起。也。其。端。應。無。他。端。與。之。相。次。故曰。無。序。其始。應。無。他。時。與。之。相。媲。故曰。無。久。物。際是否有此無序無久之實。自昔詞辯。而迷。惘。意。爲。端。與。始。下。其。精。詁。則。非。推。至。無。序。無。久。之。一。境。象。不。顯。猶。幾。何。有。長。無。廣。曰。綫。稜。勒。謂。無。廣。未。爲。非。例。所。許。惟存。於。想。像。不。得。不。如。是。者。也。無序之爲洪辯。由來已久。故予勝墨辯叙云。「名必

有分明。分明莫如有無。故有無序之辨」此其語意。何等鄭重。而王引之即序當爲厚。引經說次無厚而後可爲證。可謂大謬。近伍非百著墨辨解故。仍取王說。顧奇愍桉名家持辨。爭於細微。如圍有桃。雀無角。其爲有無之數。豈不章顯。而無。當。於。名。理。推。見。至。隱。之。道。也。必若。無。序。無。久。等。義。剖析。至。明。而後。準。裁。萬。物。無不。精。審。故。爲。勝。云。然。無序亦與無序無久義例相類。詳見另條。混而同之。無謂之至。王說「訓端以無厚者。凡物之見端。其形皆甚微」尤雅馴不類名家言。

端屬公問。故言體。端在幾何曰點。兩點相次。即成爲

序。今著體之所自始。限於一端。故曰無序而最前。說言無同。亦由是推演而成。設有。同。之。乃是。另。屬。一。體。以本。體。言。其。恰。云。無。序。而。最。前。者。一端。而。已。雅。里。士。多。德。以。無。同。詁。一。墨家。以。無。同。詁。端。

始言時間。故曰當時。當時。者。當。其。有。時。之。初。也。試以剎那計之。則第。一。剎。那。也。由第一交入第二。即號曰久。何也。以其有持續性也，有 Duration 也。始者。乃。無。Duration。可。言。不得。謂。之。久。而不。得。不。謂。之。時。故曰。當。時。有久之時。自第二剎那以下皆然。無久。之。時。惟限。於。始。故說。曰。始。當。無。久。

書林叢訊

琴學叢書

九疑山人楊宗稷著

樂亡。而。天。人。絕。琴亡。而。性。情。乖。自叔、孫、通、蕝、禮、茂、樂。三侯、肆、嫲。夷黃、鐘、干、綿、蕝。而樂、亡、矣。自嵇、叔、夜、析、固、廣、陵。絕紘、日、影。綠雲、和、如、奇、拔。而琴、亡、矣。降及唐玄宗擅音律。聽琴欲眠。羯鼓解穢。厥聲非古。于此是徵。上好若斯。寧得尚存乎。今世所傳。琴譜百種。器尊、雷、製。已似、鑑、光。曲湖、宋、詞。早成、絕、響。郊廟、干、羽。等告、朔、之、餼、羊。華堂、燕、歌。以絲、桐、爲、蒸、雁。擯蔽。于。道。變。正。成。

俗。所謂。修。身。理。性。之。旨。歸神。反。望。之。眞。安足。語。哉。山人恐然慨焉。肆力稽古。窮搜地之隱。窺鈞天之奧。擬法于觀德覘兵。取度于披裘帶索。神聰。識。繫。下。之。音。準量。諧。環。中。之。妙。徵。悟。啟。聖。見文。貌。于。無。廁。勝解。通。玄。契迎。心。手。緩。急。撥栝。變。偶。撼思。至。人。假物。傳。薪。匪文。來。哲。闡揚古法。成此叢書。歷十有五年。都三十二卷。幽蘭一曲。傳自丘明，孤桐微聲。吉光片羽。音繫旨遠。莫識操張。自唐以來，復流海外。古逸叢刊。藏寶歸來。山人彈精竭慮。比律協聲。依古原文。製減字譜。雙行對照。翻挽分明。稍辨旨趣。者能意擬。遺音。絕。調。依然。在。齊。振。墜。起。衰。差同。反。爲。近世正琴。幾成秘玩。板眼指法。行密神奇。工尺吟猱。莫衷一是。有譜無師。有若而濶。終難得門。迨論入室。琴鏡一種。列表繪圖。分徽定位。節奏蹤譜。指法詳明。聲之疾徐。板之疏密。如鏡臨物。瞭于指掌。使吟、猱、不、譜、之、說。莫售、其、欺。板均、天、然、之、言。譜、發、其、覆。誠初學之階梯。尤深入之津梁。離騷胡笳二曲。以古詞填古譜。因古均求古聲。或一字爲一音。或數十音爲一字。抑揚。抗。墜。騁馳。緊。驟。聲情。密。合。如聆。澤。畔。行。吟。哀猿。操。餘。衆聽。寫。慮。怨。訴。自製獨道難一曲。深入樂府。獨運匠心。創爲和聲。以永詩志。前爲韓宗開生面。後爲協律闢新塗。既證、幽、蘭、雙、紘、之、理。復通、西、樂、多、聲、之、用。逐文入拍。令意象形。六龍。迴。取。橫絕。峨。嵋。之。巔。黃鵠。飛。鳴。直干。青天。而上。盪胸。標。志。駭目。崩。雲。三百。年。來。無此。作。矣。琴瑟合譜三卷。主、余、正、瑟、具、二、均、之、聲。廢、虛、中、紘、不、用、之、說。去四、清、而、非、四、律。創一、調、借、彈、八、調。改訂熊氏與可七月瑟譜。更製琴譜。又因鹿鳴伐檀琴曲。創爲瑟曲。推及開元十二詩。風正三百音。明一、字、一、聲、之、非。合工、歌、聞、歌、之、法。俾琴瑟于以和樂。八音于以克諧。洵宜伶倫之精蘊。集正樂之大成矣。其餘琴譜四卷。琴學隨筆、琴餘漫錄、各二卷。琴學問答、瀛琴錄、各一卷。精論徽勢。詳究風聲。懿旨。殊。窮。微言。淳。洪。謂伏羲制琴。在文。字。器。數。之。前。正琴。救。道。爲身。心。性。命。之。學。禮樂。與。兵。刑。相。通。琴瑟。與。弓。矢。非。二。非但達情。要皆創論矣。竊維山人。蕭風。深。性。舜陵。毓。祥。閣氣。郁。神。丘公。再世。琴師黃勉之嘗謂山人爲丘公明後身幼稱衰宗之寶。山人少有神童之目壯為國老之責。（首師于張文注公十有餘年）托皮。骨。于。曹。郎。怡。夢。魂。于。梓。桼。絲。綺。四。賤。端為。琴。來。白雪。三。終。佇希。仙。舞。處風。鶴。而。不。鬆。出波。瀾。而。常。親。（鳳鶴琴齋為琴來室舞胎仙館皆山人自累其居名父曾濱舟洞庭唯與琴俱存）三。月。忘。味。視富。貴。如。浮。雲。廿載。傷。神。（錄居己近廿年）以琴。惡。為。良。友。興發。擬。般。倕。之。技。（浙工蔡華濁梁）（以斷琴名世）江湖。遍。桃。李。之。英。（山人曾授琴于北京大學及山西湖南國內賢士尤多通函求數）東海。神。師。來為。鍾。子。（東西洋音樂家爭聞譯請益）西方。彼。美。介書。放。翁。（四女士Mary Nuguin Mulliken為繪彈琴圖）固已聲溢國中。名滿天下矣。是以窮獨不悶。淵靜能閑。隱迹緇塵。抗心悰

水。牽帷。岑。寂。但聞。鏗。爾。之。音。接席。清。談。每。多。繹。如。之。謌。幽篁。護。軫。寒玉。凝。徽。瓶花。落。薦。窗月。窺。絃。漁歌。乍。引。疑擊。楫。于。瀟。湘。蜀國。吟。成。（樂府有蜀國絃）恍。聽。猿。于。巫。峽。撫秋。鴻。之。嘹。唳。幽想。橫。空。作落。雁。之。歸。聲。清愁。共。遠。（漁歌秋鴻平沙落雁皆琴操名）吹和天籟。悟徹潮音。決曲。繞。于。靈。山。聞思。通。乎。淨。域。嘗自挽云。著琴書四十萬言。願滿。仍。歸。極。樂。土。去丘公千五百歲。來時。猶。認。九。疑。山。豈獨名以琴乎。亦可覘其志矣。（劉興）

說林

近日盛行同善社之道。（主者呼之為道故亦名之）既有、類、於、朱、方、旦。又有、合、於、黃、天、教。陽虎。似。孔。子。邪。人出。於。羊。人。邪。書肆有中國黑幕大觀。載燕、棲、樓、主、所、述、之、燈、花、教。其異、同、之、跡。殆儼、然、可、辨、矣。其文尤長。因如新舊唐書合注（蔡國老人撰朱刻）例。區為上下。節亦如左。

道光六年。首創者為一婦人。（燈花教）

道之見存統師。據傳道者云。為十六世祖。如用呼畢勒罕例。則首創者。當在朱方旦以前。用衣缽例。則遠為朱方旦。近者道光六年之婦人。都無不可。

該教所奉之神。有水火金木土五聖、白七祖、依微先師、依專先師、煉性先師、馬七祖等等。（燈花教）

道所祀為儒釋道三聖。不聞有水火金木土五聖等名目。然演陽洞所祀何神。則非身受天恩

不能知也。

拜佛手續。諸神位乃臨時所書。中置一油燈。供五碗、五碟、五杯。五碗則金針、木耳、香菌、米粉、豆腐。五碟則糖食。五杯則清水。（燈花教）

道拜神祭物略同。

拜佛之處。自擬爲宮殿。名曰聖宮。各省並有行宮。主教爲一婦人。自稱爲太后。教徒稱之爲老姑太。男教徒中之首領。自擬爲皇帝者一人。教徒稱之爲大老太。次曰老太。再次曰十弟。曰頂項。曰保恩。曰迎恩。曰正恩。曰法恩。曰引恩。曰天恩。天恩以下之教徒曰衆生。（燈花教）

道無皇太后皇帝等名目。所謂恩職。則無迎恩法恩。各省縣傳教處。惟曰總社分社。或曰號。

老姑太掌天盤。（燈花教）

道以統師承受天盤。

茹素一年。始准入教。入教之始。必捐款三元。天恩引導新徒。三跪四叩。對神說誓曰。若洩機密。陽遭五雷。永陷地獄。誓畢。焚表。表稱今有男兒某。同引進師男衆生某。特爲求領玄門大道事。跪在瑤池金母、無極天尊、諸天衆聖、諸佛、諸祖、蓮臺之下云云。（燈花教）

道不必茹素。一層捐洋一元。二層二元。三層三元。曰護道費。誓曰。私送人情。五雷劈身。表文與之略同。第初入道。須叩頭盈百。

升表后。對神拈鬮。鬮中書准字一。空字一。如拈准字。乃認爲教徒。必盡獻其資財。（燈花教）

道、空准拈鬮同。不勒索資財。

入教后。夫派往遠處傳道。夫妻不許相見。妻子服役聖宮。女十二三。即被該教中人強姦。因之懷孕。即打胎。道產只能傳之教徒。（燈花教）

道於受道后。一切無異常人。唯既至四層。乃出外傳道。其以資財雇人傳道者聽。

論曰。言燈花教者。爲一耶穌教徒。其以燈花教爲邪教。是矣。道至、道也。何爲、酷似之、哉。既負。汚世。之。行。而以。爲。渡。人。之。具。君子。惑。焉。漸之。游。中。蕑。槐。之。耻。吾。於。是。知。道。之。將。廢。已。（曹孟其）

甲寅周刊第一卷第二十八號目錄

時評

始奉軍傾三省之師。與郭松齡戰。由黑龍江調出軍隊甚衆。事竣回防。中東路之車運爲要。俄人阻之。謂運兵需付車價。車價尤需現金。此不問而知爲奉張萬難辦到之事。兩方遂嚴詞相持。車不通行者累日。時值奉軍入山海關。魏益三唐之道等部敗退。津浦路線復誤傳李景林部進踞滄洲。道路流聞。駸駸有奉軍乘時再起之懼。於是神經過敏者流。妄謂俄人舉動難免不爲奉軍關內形勢反射所致。果其如此。蘇俄以兵力干涉中國內政之野心。驟然暴露。而中國內爭。又夙有親俄親日兩派。行且國際國內之界不明。自伐人伐之情難辨。國事不可問。世界之事亦不可問。而繼一九一四年以起之大戰。容竟無形孕育於此一點也。幸記者執筆時所得報告。俄方已表示讓步。盖十九日午後、張作霖電訓護路軍司令張

一

煥相。謂通車不得恢復。我將斷然撤換全體現任俄國員司工人。而悉易以自黨。煥相此將此意通知俄業事長伊瓦諾夫。經彼詳加審議。決取緩和態度。並開寬城子站長、已奉命照常通車。東路風潮。或可暫息。市。間。所。傳。伯。有。之。驚。亦。相。應。而。自。定。云。（通）

陳君。錦。濤。財。政。總。長。中。之。有。所。不。爲。者。也。今竟以有所不爲去職。繼之者爲國務總理許君世英。總理云者。總一國之務而理之。因。宜。無。所。不。爲。者。也。臨臨。財。計。云。乎。哉。然開其所經營。亦若捍格不得通。如其十分負責。將駸駸伺循有所不爲之路。以自見其志。然許。君。多。方。應。世。不。窮。其。贍。之。詠。爲。徐。徐。發。焉。可。已。先是陳君將發公債。而公債必須擔保。因與洋員安格聯、商撥金融公債基金爲之。安氏則以九六公債利益同需爲詞。九。六。公。債。者。因。以。市。場。剩。得。安。氏。意。旨。及。數。銀。行。家。從。縱、遊。步。而。漲。何。月。之。間。數。逾。百。分。之。三。四。十。爲。有。價。證。券。空。前。之。盈。虧。損。者。無。算。市。况。頓。荒。法。家。汪。君。有。論。指。陳。其。失。詞。旨。激。切。政。府。設。從。安。氏。之。請。不。僅。已。無。以。脫。乎。因。緣。爲。利。之。議。而。生。計。謍。猶。火。由。以。此。噴。溢。之。一。裂。口。如。何。剜。合。殊。屬。大。事。陳君不肯爲此。此。故。退。許君始任事時。開安氏以中國銀行總裁張君嘉璈之周旋。諾將新公債與九六分別商。辦。洎。正。式。論。之。安。氏。仍。執。前。約。如。初。先。後。以。王。儒。堂。疏。附。以。嚴。伯。王。總。理。復。自。造。請。躬。卑。而。言。廿。均。無。效。嗜、一。洋。員。耳。而。乃。屈。中。國。國。計。於。股。掌。之。上。一。至。如。此。其。詆。謂。吾。總。理。較。之。巨。溯。殆。尤。過。之。不。知。是。何。祥。也。（不）

今之時局。大有殭勢。無論何方。不能提出較爲妥洽可得多數同意之方案。昭示天下。其護法與否。與護法當取何式。抑末已。是。何。也。以重。心。失。也。凡。物。固。末。有。重。心。已。失。而。能。自。持。其。勢。者。也，推。國。亦。然。數片以前。南北各有幾人。爭爲重心。今此幾人者。又似以重心不屬諸己爲安。政象之矛盾如此。殊可怪也。惟以重心不屬諸己爲安矣，而。同。時。復。以。重。心。不。屬。諸。人。爲。得。尤。以。不。屬。諸。敵。己。之。人。爲。得。政。力。相。消。而。殭，勢。

以。戊。自此以往。恐天下紛紛。猶如此其無已也。吳君似乎與孫君傳芳者。南中爭為雄長之夫也。兩人戮。力。同。心。併為。一。計。與北。方。諸。將。推誠。相。見。使天。下。相。安。徐定。國。是。此其。所。圖，也。蓋天。然。之。重。心。未。必。有。而合。方。共。建。之。重，心。亦非，不，可。能。也。然聞孫君自處未善。所轄五省。顧相攜貳。而吳君尤以倒孫見稱。近日喧傳湘贛鄂豫四省。推吳為聯省盟軍。皖中將領。且公推馬聯甲到漢。要求附入夫皖。與。贛。閩。赫。然。孫。君。所。直。轄。者。也。顧所。為。已。如。此，行見孫吳之間。孫轄五省之間。顯呈裂痕。突然破亂。去其。建。重。心。之。業。又遠一。步。哀哉。

論約法答負倉子

孤桐

愚適為毀法辯。有自署負倉子者。貽書爭之。詞甚辯。愚夙不喜匿名。故避言責之習。乃偶槩本刊。求其姓名。不得。事遂懸閣至今。今愚自擬之例久壞。他匿名書有答者。獨不答負倉子。不公。且負倉子發而至偉。義不明白。殊不足以張部說。故有是論。負倉子立二義。一、約法之効。不因毀棄而失。二、約法之值。不因影響罷而減。請得次第辯之。大法。與。普。通。法。異。普通法之運命。須依前定已然之程序而行。大法則不必然。蓋大。法。者。不由。革。命。無自而。興。不由。革。命。亦無。自。而。廢。縱有。程。序。亦臨。時。自。為。之。爾。與前。定。已。然。之。義。不。相。容。也。如曰不應如是為之。則尤去題千。里。何也。革。命。者。類。以。成。敗。判。其。効。能。不以。善。惡。論。其。本。值。也，論本。值。者。史家。及。倫。理。學。家。之。所。有。事。而法。家。則。惟。效，能。是。問。也。譬如價然。忽爾破。焉。其因為。貓。為小。兒。抑為。主。婦之偶不慎。皆非實所。許。而。既。已。破。矣。祇得。承。其。為。破。碎人。家。人。同。體。相從。訴。許。復何。益。也。吾國約法之的然毀去。正與此同。今負倉子曰。破壞者自破壞。存在者自存在。愚不知其據何法理而云然也。法蘭西革命。憲法共計十二次。未聞其前後相襲。獨復。法。統。之。名。存。於。中。華。民。國。

何中。華。民。因。之。民。皆有。羞。之。心。也。不然。又何。皆。曰。予。智。也。此其一。

法治精神。爲法律有効之第一要因。固也。而負倉子乃不認吾國有此精神。且依全稱肯定命題。以弁髦國法惟利是視浸成根性十二字。包舉一切人。然則負倉子所恃以維持約法。贅幸養成法治精神於萬一者。如愚之還相不謬。其人亦必弁髦國法惟利是視浸成根性無疑。如此等人。而以法統之大任降之。於是。彼。之。肩。此。大。任。而。不。辭。者。亦適。視。爲。利。之。所。在。故。耳。夫利亦何常之有。甲利于護。乙即利于毀。甚且同一人也。此時利于護。彼時或利於毀。護毀相環。無所底極。法式每變換一次。國之元氣。朘削一次。人之良心。亦沉淪一次。而全。國。之。法。律。觀。念。乃。終。不。出。此。歷。市。不。售。睥。睨。于。天。之。幾。十。則。斷。爛。條。文。嘻、法。治。精。神。乎。子將。遊。是。路。而。下。大。荒。入。吾。土。乎。自負。倉。子。外。其又。誰。能。信。之。也。遁者護法之醜聲又起矣。負倉子試詳參之。而京而津而滬而滇。視其有一足得契合於法治精神者否也。恐褻言約法不良。不良者固是相對之辭。行之而得其道。自亦可協於理。而無如假之者借假其名。並不切究其實。語云。蝮蛇螫手。壯士斷腕。夫已。之。腕。豈。云。不。良。而。以。爲。蝮。蛇。所。螫。遂。乃。不。得。不。斷。今。約。法。當。去。亦。正。同。此。理。儻。由。斯。以。談。約。法即。良。如負倉子言。不。當。以。惡。影。響。爲。歸。獄。地。而。處。今。之。勢。納。當。別。開。塗。徑。一。新。耳。目。使。人。人。自。壯。而。爭。程。効。于。國。而。況。本。未。必。良。乎。近。吾。家。太。炎。先。生。擬。去。國。會。偏。存。法。統。不。知。約。法。與。國。會。固。不。可。分。十。餘。年。來。議員自製之鐵律曰。約法即國會。國會即我。故其加詞直接推論 Direct inference by added determinants 曰。復約法即復國會。復國會即復我也。恐。躬。爲。議。員。雅善。此。說。圖。破。鐵。律。正。如。解。連。環。之。不。易。是。亦。一。不。良。處。此其二。

恐爲此答。有當於負倉子否。不可得知。惟負倉子曰。兩端之間。烏有所謂本來無法之一階程。此猶是孔。子。三。月。無。君。則。皇。皇。如。也。之。舊。思。想。殊。不。足。爲。典。要。須知社會以人成之。人所云爲。社會之命定焉。設人。始。云。無。法。爲。善。未見。社。會。即。由。是。毀。歐洲中古法家。

以薩威稜帖爲國家存在之唯一要質。至最近美洲之倫哲士。派德儒之流風。猶篤信之。近法儒狄驥大言於世曰。國家自始不組此物。而當世碩望名流亦未以爲大悖。然則國家不可無何物六者。亦祇存于學士大夫之日爲如是耳。負吾子試三思焉。終謂何如。

與徐志摩書

孤桐

志摩吾兄左右。宗孟之死。吾儕同聲悔之。兄至情所感。尤異尋常。其簌簌數點淚。中。誠不知滴透幾許矣。雄。兒女也。變以後。弟息息有張儉望門之懼。交游屏絕。人事遂廢。昨日林宅接三。弟竟未得臨哭。然濟隨之淚。未嘗不與兄嗚嗚之聲相應和也。弟與宗孟締交。情非雖與吾兄不一。然意氣相感。未同悔流。論事。常左右而論交。彌摯。驟失此子。頓形寡欲。世道如斯。又不辨吾猥之死。所安在也。茲有逸事與宗孟之死來迎。請得爲兄言之。弟近藏宋拓李思訓碑。以六百番易得。爲上海藏家徐紫珊（渭仁）故物。有紫珊自跋一段。字明秀可愛。先是吾鄉黃荷汀（芳）者。任蘇松太道。貲潤富溢江左。好摧聲華。爲仇家誣陷。指與髮賊通。事下荷汀理之。怨毒不可驟解。荷汀陰有紫珊委曲遮護。卒得無事。事主德荷汀甚。因檢家藏名蹟滿二箱謝之。此拓、其中一事也。荷汀後以某省藩司致仕。此二箱名蹟者。遂歸長沙。攜其鄉人。一鄉俱艷稱之。爭就黃家觀覽。如是者有年。近黃氏中落。所藏稍稍流出。湘中嗜古之士如程栽傳（崇信）之徒多致之。昨年夏間、弟在京師。展轉購得是種。內有荷汀藏章數顆。云尚非兩箱中之最佳品。弟固不知此事原委。某君爲言特詳。弟大喜。一日興發。議由宗孟題記。宗孟。既然此物。名貴則親。由弟齋袖歸其家。頗久之。無耗。弟擬以館摺碑倩宗孟作跋。立爲書一滿幅。其意甚得。正當同人驚法之歲。弟匆匆南下。弟婦不察。遽爾索還。宗孟大懊喪。在滬謂弟。館摺用筆峻整。無口不閑。爲彼生平未見之石墨。久與之習。雙括盛之書法。必且改觀。而弟吝不與臨。閉置篋中。太無意思。弟懟謝之。此一役者。意宗孟或仍留之多觀摩也。遂陰縱焉。居無何。寒家。爲暴徒。所中。書籍。字。畫。碑。版。可。寶。之。迹。大部。蕩。盡。唯北。海。有。碑。得宗。孟。遺。之。幸。免。（小弟作記）（碑於湖山寺）而宗。孟。因。宣。師。爲。暴。不安。於。居。憤而。從。軍。慘以身。殉。然則。人。與。物。之。聚。散。存。毀。得非。數。哉。某君所爲宗孟調雜記。謂宗孟身後餘貲。僅百餘元。子女俱幼。長養教育諸費。一賴戚友諒度。爲之泫然。實歷。碑。弟。雖。毀。之。亦忍。取。歸。且寒。齋。所。有。將。矣。留此。亦。嫌。孤。男。無甚。意。趣。諒宗孟朋游。心力相副。好義而彼好古者。所在多有。擬請遺族依投標法。將此碑售去。冀如。巴。黎。百。萬。佛。郎。事。致。漫。郎。攝。實。戈。例。博得最高額之。貲。代存銀行。藉權子母。少益孤兒。將來游學之用焉。或其人不以弟書爲妄。且願。訛。筆。記。此。勝。之。厚其。故。實。兄與當代名賢。並不妨同聲相和。俾於慘。事。之。終。備留。畫。迹。且亦。以。殘。附。標。價。也。然此特弟意。爲如是耳。非應如何經營。煩兄酌之。又宗孟之弟亮奇、今之頃飽也。八法清整有姿。尤非時人所及。遽歲死於奔車。士林哀之。生時與弟篤厚。恆以書往復。黃遠生游美。道過東京。弟與縱談數日而去。尼其行。不聽。來書到趣請怨。隱有鬼氣。弟曾共宗孟讀之。相將太息。此二人遺札數通。裝爲一冊。並在宗孟所。是則。弟。欲。索。歸。示不。忘。死。友。弟。殊。不。自。解。當時。胡。乃。搜。集。死。友。緘。札。強之。加。怒。那。乃。其。誠。乎。兄。得。使。令其家人爲是留意。所有拜也。拉雜書此。聊紓哀思。兄有何感。願得教答。弟士釗頓首。一月八日。

讀毀法辨質疑

負倉

讀孤桐君毀法辨。其述君爲文之術。而於義則有未盡。爰草斯篇。用陳鄙見。惟有不得不預告者數事。第一、余爲此文。蓋純爲學理上之辯證。既未受何人之託。亦非欲別有所攻。緣余既非依護法爲生之議員。且亦非其同黨。而於吾國之事。則尤早不願多有所言也。第二、余既志在與學者談理。即望早得充分之指正。而不願聞意外之究詰。想君領袖文府。聲望素著。對此要求。當能慨然見允也。

孤桐君爲此論前後往復。洋洋千言。其唯一要旨。即在辯明執政府絕非毀壞約法者而已。至其所以證明此旨者。則援引項城修改約法。袁張解散國會。及曹氏頒布賄選諸事業。而斷定從前約法。爲久失效鑿之廢紙。更援據內容不合民智、製定有欠愼重。及公布後歷肇不辯各事理。而斷定約法自身。確有招取毀滅之惡因。於是遂由此兩大證憑，更引出「執政政府者乃乘無法之末運。開造法之初基。………本來無法。何所謂毀。已身並不標榜何法。毀不毀抑又何關」之結論。倘君中心論旨。與以上所歸納者無甚出入。余即開始爲正式之辯論矣。

執政府之成立。是否毀法。茲不具論。其成立之初。是否如屠著所言。並不標榜何法。更無組織。又民國政府。是否可不依法而立。不依法而立。者。是否還可以開造法之初基。尤不願論。今所。欲。商。榷。者。即從。前。約。法。是否。因。非。法。錯。折。而全。喪。威。綜、而其。自。身。價。值。可否。因。影。響。稱。惡。而完。全。否。定。是。矣。

（一）約法、効力。是否、因、非、法、錯、折、而、完、全、消、失、耶。

案一種法律。既受代被廢。即永失其効力。如原著中所謂既死不可復生。可斷不可復續。此余所總端承認者也。尙余於承認之外。更不能不嚴立一明確之限制。即觀。察。之。者。果。依。何。程。序。代之。者。果。爲。何。法。律。是。也。若果認約法之修改。國會之解散。其程序爲合法者耶。更認曹氏之賄選。爲有取而代之之資格者耶。倘不。然。者。則奸。人。雖。毀。法。而約。法。固。依。然。存。在。絲。毫。未。毀。也。且洪。[illegible]。袁。張。與。曹。氏。諸。人。不。能。毀。法。即今。後。更。有。無。量。數。袁。曹。流。輩。步。武。前。烈。相。繼。更。加。以。十。倍。之。破。壞。然。破。壞。者。自。破。壞。而存。在。者。固。依。然。存。在。也。夫奸黨亂法。何時無有。戡邪匡正。端賴明賢。若因少數元凶。特時毀法之故。遂亦默認暗承。竟舉國家大法。隨而亦屏棄之。得毋助。亂。長。惡。自。壞。依。憑。茲後。縱。有。良。法。又。誰。與。爲。守。者。即。與。孤。桐。君。之。諄。諄。以。造。成。良。法。渴。望。當。局。者。非。亦。自。相。刺。謬。耶。此。其。一。

（二）約法、價、值、可、否、因、影、響、稱、惡、而、完、全、否、定、耶。

夫法貴因時。失宜者固可變更。而法。忌。亂。斯。變。法。者。當。遵。繩。制。明乎。此。則知。約。法。縱。應。變。更。其。不。當。因。此。而。遂。許。奸。人。之。任。意。更。張。可斷。言。也。況約法是否其全無價值。亦尙有待商榷者。原著以縱橫之姿

七

論。斷約法爲遂時之法。更以製定之倉卒。定約法爲抄襲之法。前者既乏確証。後者又昧關連。凡此均無從詮辯者也。惟所引歷年來緣約法而生之災患。非跡既爽。因果宛肖。苟不辨明。殊欠妥洽。夫由一法律推行之影響。雖亦可以推定其法律自身之價值。然立。法。縱。良。結難。定。影。響。之。必。佳。蓋尙。有。變。更。効。果。之。最。大。原。動。在乎。其。間。卽全。國。之。法。治。精。神。是。也。余據。學。理。經。驗。深覺。在。同。一。法。律。下。之。國。民。其法。治。精。神。苟尙。未。養。成。則所。行。之。法。律。其內。容。雖。任。何。精。完。而以。服。從。不。慣。之。故。非惟。不。能。望。成。績。之。優。良。反足。以。緣。此。而。產。生。無。窮。之。災。患。請問。吾。國。人。法。治。之。精。神。果何。如。乎。非亦。恐。國。法。唯利。是。視。浸成。根。性。者。乎。此根。性。者。實萬。惡。之。源。可使。任。何。良。法。悉失。效。能。而轉。生。惡。果。者。也。倘此。性。一。日。不。除。非唯。大。著。中。所。認。爲。自。取。滅。亡。之。約。法。絕難。盡。展。其。効。能。卽求。全。世。界。法。學。大。哲。爲吾。國。掌。立。法。司。法。之。事。其成。績。之。惡。劣。亦必。不。能。更。減。于。今。日。蓋可。斷。言。也。然緣。此。之。故。遂舉。一。切。不。良。影。響。盡歸。咎。于。法。律。之。自。身。寧得。謂。爲。公。允。耶。此其二。

由前之說。知約法之効能。初不因非法之錯折。而完全消失。由後之說。知約法之價值。亦不當因影響之不良。而完全否定。是則約。法。非。但。仍。存。在。於。今。日。且直。可。繼。存。至。國。憲。未。頒。之。異。日。兩端。之。間。又烏。有。所。謂。本。來。無。法。之。一。階。程。耶。嗚呼。國事日非。憂患幷至。法治精神。蕩焉無存。而碩望名流。不能爲之提倡培植。反從而擾亂之。今日國事尙可問耶。

論解決時局方案

梁家義

愚始爲甲寅之甲寅時。廣東吳君柳隅。（貫因）時時以己說相助。其文明快爽朗。流麗罕及。天下文士。迄未能忘。今愚爲乙。丑。之。甲。寅。（[illegible]）梁。君。集。生。爲。文。數。首。讀。之。又。使。人。頓。觸。前。好。噫、何其。神。之。似。柳。隅。也。愚方爲世僂嫉。而同道之士。終與我厚。彌可慼猜。惟惜。集。生。本。篇。詞若。異。梁。而立。意。微。同。日。本。之。左。泥。（[illegible]）不無。遺。恨。愚志存尙異。本刊又義主並收。頗介鴻篇。俾宏論域。此旨唯作者亮焉。

孤桐

日昨友人某君來談。愚詢君亦有無解決時局方案。曰、只有集各屆國會議員於一堂。無論民六、民八、安福議員、細大不捐。雜天壇憲法、廣東修改憲法、安福草成憲法、曹錕宣布憲法、段氏今修憲法、新舊不論。使之參合匯集而訂成一種憲法。蓋於今辦選舉。勢必難以完成。而各屆議員。無一次大合併完了。則此來彼怨。捭闔縱橫。終無盡期也。愚曰。此乃現在流行政論集大成派之又一說也。此乃采用吾國歷代解決學術紛爭方法。以解決政治紛爭之說也。此乃以政治手腕解決法律問題之說也。至其實行上有無滯礙。過渡間用何方法。此又更當究討者也。現在流行政論。如徐佛蘇先生倡設聯省參議院。則鑒於各省勢力分歧。無論何人執政中央。欲號令施行之各省。皆失敗也。而各省各行其是。不共同組一強固中央政府。則國不成其爲國。而省亦不成其爲省矣。故欲以聯省參議院而集各省之大成。如熊秉三先生。於聯省參議院外。更加一元帥府。則鑒於最強軍閥。皆在有數省之勢力。僅有集各省大成之機關。猶不足盡運用之能事。且如段馮吳孫之流。僅曰下野下野。而不積極其謀一根本解決之道。則今日下野。卽他日由取代之伏線也。故欲以元帥府集最強軍閥之大成。今客於聯省參議院元帥府外。更欲有一集大成之國會。而訂一集大成之憲法。以撤除歷年政客搗鬼之武器。此則未始非一無辦法之最善一辦法也。此則現在流行政論集大成派之又一說也。

我國歷史解決政治紛爭與解決學術紛爭。皆有一絕端相反之通例。卽一雄特出。削平羣亂。爲解決政治紛爭之通例。而調和衆說。以集大成。爲解決學術紛爭之通例也。有秦皇之滅亡六國。而收拾春秋戰國之局。有唐高之戰敗諸王。而收拾五代之局。其餘無不每朝末季。羣雄並起。擾亂頻年。各不相下。後乃有王者起。次第鏟削。卒歸統一。一部廿四史。無非重重現此通象。此則我國歷史解決政治問題之通例也。有今文學古文學之爭。而有今古學合一集大成

九

之經師出現。有儒釋道教別之爭。而有三教合一集大成之論師出現。其餘如佛學小乘大乘之爭。如理學程朱陸王之爭。以及一切歷史上有名之爭論。其後莫不有倡並行不悖集大成之說出現。此又我國歷史解決學術爭點之通例也。從歷。史。解。決。政。治。通。例。以。解。決。現。在。時。局。則必。如。本。刊。上。期。吳。君。之。武。力。統。一。論。今則。卒。以。社。會。心。理。根。本。變。異。不。能。適。用。故此。采。用。解。決。學。術。紛。爭。方。法。以解。決。政。治。紛。爭。而集大。成。派。之。流。行。政。論。所以。大。倡。也。

元帥府、聯省參議院、爲新創之物。自可隨時創設。而國會憲法屬法律範圍。似不當以政治手腕解決。豈知造法與守法有殊。若法已造成。自當嚴守法定程序。不得任意妄作。妄作則有違法之嫌。若夫。造。法。也。者。則貴。乎。運。用。當。時。實。力。以期。法。能。造。成。法。者。未。成。有何。適。否。可。言。法國美國當日之造法機關。卽各因環境有異。而組織不同。何得譏以不符法序。今民國現狀。旣新辦選舉。勢難完成。而前有各屆議員。又復各持異說。何如各用意見。共聚一堂。此係造法機關。本無合法與否之論。旣各。最強。軍。閥。能各。除。私。怨。而居。集。大。成。之。元。帥。府。各據。地。方。行。省。能各。棄。私。爭。而居。集。大。成。之。聯。省。參。議。院。則各。屆。號。稱。人。民。代。表。愛。國。志。士。之。國。會。議。員。獨不。能。各。解。前。非。而共。謀。國。是。乎。此則。稍。有。人。心。者。而。必。不。能。不。入。範。圍。也。

現在馮張吳俱有下野通電。而段氏亦有卽日通電下野之說。許閣又有風雨飄搖之勢。果眞實行無政府主義乎。抑果坐觀國家土崩瓦解。而全不漠然有動於中乎。吾知孤桐先生及甲寅閱者之必不然也。

孤桐先生敗律勝律。吾旣已拜讀。且實已五體投地矣。然愚近因求馬通自先生新註周易。嘗一再通訊孤桐先生。今且、再、因、言、易。不曰、窮、則、變。變則、通、乎。今則、可、云、窮、已、極、矣。孤桐、先、生、能、死、守、其、律、而、不、因、窮、而、變。再起、其、討、解、決、時、局、方、案。而易、求、一、種、解、決、時、局、方、法、乎。愚因、客、來、談、論。乃記、其、言、以、爲、討、論、之、起、點。其亦、可、乎。

通訊

周刊

……周刊一書。義正詞嚴。不畏強禦。眞有功世道人心之作。士習之偸。教術之壞。非有實心毅力。強不變寒之操。起而振之。則衆論一揆。廢然返矣。孔子。所謂。過。道。而。行。半。途。而。廢。者。也。諸。吾。黨。之。所。當。爲。至。於事。之。成。敗。利。鈍。則有。天。焉。總之。而。已。弟老病頹唐。學問一事。一知半解。本無可述。特孜。孜。矻。矻。五十。餘。年。千金。敝。帚。不忍。自。棄。謹將拙著陶廬叢刻三十餘種。檢呈左右。伏祈教而進之。……王樹枏　西直門內　十月

北京府八寶

晉卿先生此函。闕然未報。蓋以記室什爲擬稿。未愿踏瀝。因置案側。欲自執筆。不料積滯。逐至於今。有罪有罪。昔蒋齋黎氏。品藻同時文家。頫首三王。

三王。者。先生。與。吾。湘。壬。秋。益。吾。兩。翁。也。今。兩。翁。下。世。獨。先。生。以。北。方。耆。學。之。宗。默。持。文。運。五。十。餘。年。老。而。彌。篤。所。著。竟。至。三。十。餘。種。之。多。既。精。且。富。此。天。之。所。以。厚。先。生。厚。中。國。又。豈。關。恩。一。人。私。衷。哉。慕。已。也。先生之文。辭氣於桐城爲近。而決不以其義法自限。陶廬集中。輒三致意。蓋其。高。自。位。置。隱然。與。吾。鄉。梓。湖。老。人。相。頡。頏。也。恐生也晚。不得名師友。相從講習。爲文心知其意。而落筆輒不肯。今見先生之書。亦徒望洋而歎耳。稍得餘閒。擬就昝著諸書。略製提要。以資承學之士考覽。而希臘春秋。翔實有用。將囑朋儕比照西文。略加考訂。使成學校參考用本。肯意以爲何如。　孤桐

壬子

二

……壬子以還。項城帝制自爲。詐說百出。人心被毒。莫可救藥。誑於今日。上自士流。下逮走卒。競以波譎雲詭爲尙。君子道喪。小人道長。眞是非之別。此世也。蓋已久矣。夫復何言。升愚雅好月旦。略識是非。開世人之攻先生。抉擿憤懣爲不平。徒以先生適居要津。位高權重。一不愼。即患趨附之嫌。且甲寅論政論文之作。亦時與部意相左。而先生之推崇合肥。更與升狂悶之氣。格格不相投。今先生退位矣。先生之長。之孤忠之遠識。不可掩沒。縱舉國無公是。無公非。公理是非。亦爲能析。先生而不與哉。信乎管著所指解嚴之旨也。即先生不聞毀譽。孝直之士。亦爲能不說公道話哉。愚遜如升。亦知所以明是非矣。升近竊思研求德國新政。周頗生兒爲言先生於該項書籍搜羅甚富。竊欲假而讀之。而管府適以被毀聞。不識尙有存者否。如蒙不棄而辱教之。幸甚幸甚……

錢端升 清華學校 十二月廿一日

高論彌感。是非。者。固。非。一。日。之。事。也。凡愚。爲。文。必設。想。三。年。後。有。人。讀。之。其評。斷。當。如。何。華頓。靜。夜。已復。校。閱。能否。不。自。羞。死。如此。推。算。一。過。始行。下。筆。其作。事。亦。然。自目。前。爲。政。情。所。際。爲怨。毒。所。控。任彼。悠。悠。愚乃。無。所。介。意。也。推崇合肥。不審足下何指。寄常交友。期於久要。寧至國非。不同倫類。卒居。假。人。之。力。以弋。聲。華。一旦。勢。異。便附。多。方。趨。避。閣再。仰，首。伸。眉。於。後。來。反。動。之。局。此奸。猾。之。細。人。爲。之。非學。士。大。夫。所。宜。出。也。凡與。人。家。國。事。允宜。愼。之。於。始。不宜。議。之。於。終。當人。盛。時。志忽。不。通。自揣。所。枉。過。甚。義在。求。去。君子。猶。且。勝。肉。禮。酒。假借。微。物。俾勿。傷。厚。以全。始。終。又況。時。際。阽。危。竊切。同。舟。而惜。趣。並。無。不。合。者。乎。此意懷之而不欲道。筆之所至。慨不能已。惟足下察焉。德國書籍。暫不審所存幾許。兒輩來言。寒家被掠時。魏家胡同。東口。以至。室。門。殘書。滿。地。似。窗。室內。則。書。籍。稿。件。之。毀。壞。者。棄地。估。五。寸。許。被焚。者。猶。不。論。焉。洋書。難。裂。乃拋。向。屋。頂。飛如。蝴。蝶。如此。躑。躅。存又。幾。何。今恐怖猶未盡息。難於清理。俟得實在。便以奉聞。

孤桐

易學

……易學筆記。不過整秩歷年筆錄。使之以類相從。而便家人之鈔寫，俾更各勇邁探求。以期排纂先君子專攻一、經之遺教耳。先生過聽。乃謂亟應刊布。先俾其深探。愚行年方四十有餘。倘天假之年。再閱二十載。於易學若自問有一見之得。或將梓以求教。今則吾斯之未能信。誠不敢妄禍棗梨也。先生謂以西人哲學略範。比論吾邦古學。甚是險事。誠然誠然。然以。後。人。攻。古。學。於。校。讎。各。本。異。字。詳。味。當。時。訓。詁。本。義。旁。考。歷。代。變。遷。歷。史。後。自。必。就。現。時。其。有。問。題。而推。求。吾。攻。之。古。書。各。個。所。云。何。若。此。則。自。然。之。趨。勢。也。竊怪梁任公論戴震著孟子字義疏證。實自發揮一種哲學。乃不自著書。而僅疏證孟子字義。以為不可解。何其、味、於、以、後、人、攻、古、書、自、然、之、趨、勢。必然、之、通、則、也。蓋當戴氏之時。關於哲學其有問題。以承陸王異同討論。曰理曰天道曰性諸端是也。戴氏而不以訓詁考據自限。其必取當時其有問題各項。就其所攻之書。分條疏證。而見古人於今人所有問題其意云何也。自海禁洞開。西籍輸入。哲學問題。不禁影響變動。苟僅如某報所譏。曰今之整理國故。吾知之矣。不必經校讎訓詁考據之勞。祇依西籍子目。而將吾古書割裂鈔入數段。其古書本義之果何者。上下文之全義果何若。均不必問。即可以整理國故名於世矣云云。誠為無當。然於切實經過。究治古書必要之。程。序。而曰。必。不。可。就。現。代。其。有。問。題。反。而。推。求。古。書。其。意。何。若。以。比。較。古。今。思。想。之。同。異。則。又。未。免。流。於。拘。墟。也。先生以為何如。至云所論數點。當介於馬先生詳細解答。極感盛誼。費氏易在漢代號古文學。無師承。無家法。後馬融荀爽鄭元王弼之徒。號傳費氏學。而所傳又各不同。據漢書費直本無章句。而釋文載有費直章句四卷。歷來經師者謂為後人偽託。亦子夏易傳之流亞也。若據馬荀鄭王諸號傳費學之佚書。而命為費氏學。無論人各一義。難明誰真費學。且經師不得混同家法之戒有殊也。……梁家義 大川復二十九號 一月六日

一三

前函

……前函略論別怨。嘗於令意未合。學問之道。無取苟同。亦各抒所見而已。十餘年來。謬有論著。計成周易述微一卷。詩經新箋九卷。春秋公羊傳補箋十一卷。老子王注補正二卷。莊子新注八卷。諸子哲學說略一卷。臧之篋笥。自視欿然。而不藉達官貴人之品題。亦不與耆儒宿學相引重。則素性然也。湘綺閭。皆有僞託。從未以此妄爲依附。其他更何論乎。邇來國學陵替。不絕如縷。顧瞻周道。時用傷悲。適大著甲寅周刊。標揭正義。何嘗足言。狂喜之餘。因而濫竽。所謂時世要求。又不自知其無似也。變風不正。雅頌將衰。爲學之方。貴於講習。茲寫本周易述微自序一篇。敬求是正。全書寫副。再當寄呈。……陳筦槇十艮

沙縣休市乾發　二月二十三日

附錄周易述微序

自商瞿受易。五傳而至田何。田何之徒。一再傳受。逮有施孟梁丘之學。爲今文大師。同時治古文者。有費氏學。劉向以爲諸家說皆祖田何楊叔。丁將軍大義略同。唯京氏爲黨焦延壽。獨得隱士之說。託之孟氏。不相與同。今散見賈董淮南及班氏書者。猶可得而聞之也。今古文說既漸陵夷。學者異端。侈言術數。於是馬鄭荀虞。遞起衰世。志存古學。各守師承。雖有淺深純駁之殊。而漢世易學。本於茲已。王輔嗣排斥象數。獨思超絕。載以清言。亦有所獲。自時厥後。異說滋多。程氏易傳。差爲可誦。若乃先後之說。河維之圖。則出道士陳摶。而儒者稱之。亦何人之好怪也。清世儒者多治易學。汎濫之說。率無端崖。其成說具條理者。惠定宇張惠言二氏而已。惠氏棣通故訓。博極羣書。其失博而寡要。張氏沈潛虞義。鑿之使深。其失碎而難理。大易之微言。聖人之精意。則皆未之有聞。時有先後。義有淺深。亦各遭其世然也。愚學周易已十餘年矣。觀象玩辭。思得潔淨精微之旨。時流汗漫。而異氏之說入之。佛樵玄言。謬謂能救時弊。其下者膠執陳說。不能相通。憂患之情。鬱而未發。鼓動存變。能無

慨然。夫天地之變。不可以前知也。而聖人觀變於陰陽。陰陽之理。不可以明言也。而聖人發揮於爻象。探賾索隱。窮幽體玄。道義胐胐。皆有理會。通其要妙。而西人之所擬議者。吾聖人於數千年前。類列而章顯之。所謂範圍天地之化而不過。曲成萬物而不遺。通其變遂成天地之文。極其數以定天下之象也。非天下之至精。其孰能與此乎。瀛海交通。乾坤未息。遂以愚管條而理之。命曰述微。不取異說。期以細澂儒之臆義。闡聖學之精心。容知聰明。庶幾匡我。

昔賢。謂。人。強。其。不。能。以。論。能。者。之。得。失。爲。疎。（語本陳後）

由愚於周易無所通曉。故於梁陳兩君所言。殊難相與往復。桐城馬通白先生、爲今易學大師。兩君從而講習。互明絕學。四方興起。遂成宗風。而本刊。適。爲。乘。雜。之。外。焉。斯。亦。鯫。生。之。大。願。也。

孤桐

餘刊

……餘刊挾掖後學。諭之益以堅鄙人向道之心。……

惟邇來人心陷溺。莫可救藥。即以白話言之。青年學子趨之若偷者。喜其易爲耳。乃忽謂以古文。未有不憚其難而惡其苦者。有如久食藜藿者。試告以太牢之美。彼夙不知其味。必不以爲然。然以。太。牢。告。之。莫若。以。太。牢。食。之。使彼親嘗其味。自然含彼就此。雖阻之莫能止也。然則欲使白話復爲古文之道。可以思過半矣。先生之與彼辯。是告以太牢也。彼說雖窮。而終不肯伏就吾範。然則莫如以太牢食之矣。食之。之。道。則惟。有。設。古。文。之。科。當講。求。六。藝。之。文。使此。種。學。說。深入。乎。其。心。則彼。說。不。攻。自。破。此正。本。清。源。之。道。高明以爲何如。………邱堉柏（法律評論社九月十二日）

近湖南北爲國語運動。大行示威。長沙列隊游行者數千人。以後凡不爲白話者。恐將、統、於、威、字、範、疇、以、內。以彼、之、所、謂、太、牢、者、食、之。何其。思。之。與。邱。先。生。相。反。之。甚。也。愚爲此故。特以邱先生之說著於。篇。使明。於。儉。儒。黑。格。爾。之。辯。證。法。者。得徐。徐。於。相。反。之。象。之。中。以求。其。致。於。一。也。

孤桐

吾校

……吾校李師杏南、數於甲寅。有所論列。雷霆霹靂之筆。激昂慷慨之士。木鐸起而千里應。席珍流而萬世響。（後第十二號有大師失刊）聞誅一夫紂矣。未聞弒君也。聞斯鋤文因以文字易天下矣。未聞毀師也。竊見太平洋西岸之非形骸界。亦有驚心動魄之巨變。畏難縱惰。甘摒絕讀。自行斷腕刖足之少年。比比皆是。拯之則無方。任之則不忍。李師切齒指髮於彼之作俑者。傑苛兩書。竊倘嫌爲力太微。不能驚萃發世。奈何先生乖愛孫鳥。反不憐余國無數後起。往哲。不。云。舉當。爲。智。毀當。亦。然。當否。必。刖。毀舉。何。刖。況此。書。之。果。眞。爲。毀。與。否。江河。南。北。自多。有。目。人。耶。先生湘之佳士。國之山斗。秉教育之機樞。繫名流之仰望。願有以教之。願有以教之。甲寅旣士林公器。照文露布。自負全貴。文旌在眼。無任欽遲。……劉文清、袁常華、王蕊之、韓祖棻、陳國楨、楊潤身、張鵬年、鄭丙午、王宏遠、趙志南、祁俊雄、劉晉槃、葛夢山、王錫蓀、周士傑、道振鏞、楊殷隆、王增壽、崔金榮、張希良、李朝相、李光琳、李獻甲、葉國柱、李朝棟、曹錫庚、丁廣河、張化周、王奎耀、李保仁、劉倘鵬、李恒魁、錢作楫、谷蘭亭、李慶麟、張國珍、石希什、李玉華、靳樹榗、張蔭榮、孫鳳樓、金復漢、田乃蒼、朱林森、趙連芳、王鑑軒、孫芳蓉、許中洲、胡輔廣、王棨棻、高秉仁、程富淮、李聯芳、李宗膺、何清堂、孟慶先、苑鳴春、李武身、張榕存、王俊、吳源洪、安宸、李玉湖、侯樹榗、蔡思文、何宗榮、劉相臣、王煥棠、張金劍、張同恩、高慶熙、馬步青、尹鳳翔、呂迺仁、康保安、張承恩、田寶杜、吳駿烈、劉清泰、王炳、漢書城、漢書琦、繆鍾、李鴻勳、王文立、蔣嶽東、邱國俊、何長海、石儒林、國齡羊、蘇景軾、范兆祥、孫壽彭、趙一超、韓溫冬、孫鈺、王企賢、魏勇羨、蔣錫朋、劉鴻儒、花慶和、楊蘊秀、王喜祥、許中意、李文治、陳希臻、李濬敏、劉蔭榮、（保定省立第二師範十一月七日）

李君杏南、[illegible]歲年北大同學之士也。近任保定師範學校講席。勵精文學。述作斐然。推於胡君適之多所抨擊。恔爲文以見其意。本刊有揭焉者。愚未善之。什貽書規焉。杏南之弟子劉君文清以下育容八人。致有右列表示。此難。杏。循。師。弟。子。平。日。教。與。學。之。得。其。道。而文。人。相。輕。如是。決。裂。終非。自。發。揮。群。之。大。義。諸君昔不日，彼如是爲之。且其度又大過矣。而語云。尤而效之。罪又甚焉。文章。者。百。年。之。事。今。日。推。吾。輩。務。其。大。者。遠。者。決。不。當。以。小。丈。夫。悻。悻。之。態。相。處。爾。諸君勉之哉。

孤桐

人事

……人事卒卒。未能靜心爲貴刊撰文。素諗先生與太炎先生有兄弟之好。於其所撰。尤願盡量倡導。文始一書。今世少年。大都囿卷浩然。能通其讀者蓋寡。國學論衡。可勝浩嘆。因於暇時成檢字一卷。以便學者查檢。茲錄去文始檢字敘言一篇。聊先塞責。并就正焉。敘言云。自許氏叔重紉維周秦舊文。最字九千三百。纂爲說文。始一終亥。分別從屬。依其物類。歸隸六書。古籀慾遺。於茲略具梗概矣。職是以往。凡言字形音義者。維排撫有別。歸攝或異。然成不能逾越許氏所範。降及晚清。如顧江段桂嚴孔王錢諸通人。博洽小學。於音韻義訓。皆有發明。又往往偏于所見。勿能得其會通。近世更有主廢棄原有文字而專從拼音者。斯因不達言詞之本。文字之原者也。言之於口。謂之言詞。筆之於書。謂之文字。筆於書者。固有物象可跡。言於口者。尤有聲言可尋。是故言詞爲意思之表現。文字爲言詞之符號。探討文字之義訓、大抵從聲音而出。不有聲音。聲韻尋者之不能言詞。則・文字何由生。而義訓更無所附麗矣。即以泰西文字專尚諧聲者而言。猶多溯之希臘羅甸。以尋其語根。我國文字。悉由倉頡初文。依附形聲。推衍而成。其後古字雖或以聲音通假。隨世沿變。要之轉注假借。實文字所由以孳乳寖多。故不明。形。體。不知。一。誼。數。名。所。自。來。不明。音。韻。不知。一。字。數。義。所。由。生。其。跡。象。具。在。經。典。可以。徵。引。探。索。也。泰西專以拼音成字。而離其往古象形文字太遠。是以國種分散。而文字亦析爲數十百種。越國數武。不但口語難通。而文字亦須重習。我國地大物博。廣袤數萬里。較之泰西偏小。實可包容數國。雖地望相越。而文字音讀。大略從同。其吐謂或有夏楚畀界之分。而文字則按字可知。是故國書朝頒。而夕卽朝野共喻也。餘杭章氏肆攻國故。於文字之學。尤爲深邃。世所共知。因圖前修未修。傷膚受多妄。於是輒取許書初文及準初文。都五百十字。以古韻二十有三。別類分部。並製圖表。遒原窮流。依聲尋義。定轉變孳乳之例。明引伸相應之條。皆次搚釋。傳以今字。得六千數百名。仍以六書爲質。字各歸部。讀是書者。可以知言詞之本文字之原矣。夫世俗字書。徒以俗體定類例。牽強相從。多致舛戾。形體之實用是分。背音與義。訓亦難符合。是故古昔文字。不能與今音相稽。而義訓亦從之舛謬者頗衆。往往造字之意。因以放失。可不悲乎。章氏之作。上以推求本始。下以宜民便俗。於字形音義。皆得其會通。許書而後。世閒不乏文字音義之書。而要以斯爲鉅製。救謬補殘。懲往啟後。於是賴焉。余讀是書。懼易遺忘。因倣段氏說文通檢之例。以筆畫多寡。分部記注。凡古籀篆變。爲今人所不恆習者。悉寫以今字。命曰文始檢字。庶備學者推校經典。於文字音義。或有懷疑。卽可依例查對。以此檢閱。勝通說熟誦多多也。………公羊壽（十月十三日上海二馬路石路惠而旅館）

此書到後。閱於部中。愚未及見。頃發廢札。始得之。石平江左俊士。儀驟南北。能不幾展。學亦未得其養。士有李審陳惜之痛。外乏子張干蘇之緒。士生今日。宵乃如此。然若年去。貧者士之常。處茲溷世。不貧又焉得爲士。君其魁之矣。別有事故。須與有年言之。恐其濕館非久居地。南不得達。見此幸更以書來。敘言一篇。讀之有感。凡爲學必爲於舉世。不爲之日。乃可貴。然文字之學。國之所詣命也。今乃舉世不爲。哀哉。

孤桐

慨自

………慨自歐風東漸。士大夫捨舊謀新。只獵糟粕。未夢肅儀。衆以學說紛起。門戶見深。是非之不明也久矣。幸賴一二名宿。砥柱中流。撥亂而反正之。斯文賴以不隕。光也不敏。敢步末塵。爰集同志。創刊週報。取名薇言。慚學淺不足以伸大義。惟幸此心瑩無偏

當耳。玆局初期脫版。敘次瓦石。以就攻錯。其內有關教育問題者。幸留意焉。……丁家光 北京大學西 九月十二日 啟

攟籥錄

克鼐敦曰。十七十八兩世紀之中。科學銳進。然究何緣以致此乎。其在英倫。似以爲發明利器。倍根所立公例大法。乃有大力。實則說明科學所用方式。於千八百三十三年、約翰侯失勒所著物理哲學論始見之。故統理明術之士。當以倍根氏爲第一人也。

倍根所著格物新綜。（用前政學名學譯）指陳察物之要。反覆申說。謂必多聞多識。始有名理可探。其有造於陰達邏輯。誠不待問。然謂倍根創立律令。爲科學不祧之祖。則爲阿好者所言。不僅未能確立也。即前者如介靡略翟所撰諸律。倍根猶未盡商。如哥白尼日居中不動、地與行星環繞於外之說。基勒伯德慈不諳理。

科書頗獲理論。深荷厚誼。惟雜誌以當時郵書散亂。未及拜觀。有緣誦之。定陳鄙見。 孤桐

孤桐

倍根俱未參透。自來學者多謂今人倍根或亦未能免俗。可知倍根以前。明察物理者。本自有人。而其自身。於當代。人物。探得其喻之理。且未洞明。焉能製爲頤揆不破之法。詔叩後學。

爲邏輯開一新紀元者穆勒也。彼之邏輯。以千八百四十三年出世。先是英倫諸哲家。已主實驗說。穆勒承其流。而尤致力於邏輯。以前之邏輯。專意於三段式之推論。易詞言之。題達外幾不知有邏輯。穆勒反之。以謂陰達爲窮理盡性。推一之途。題達者亦就已知之物。條理之。貫通之而已。殊不足言推論。今之邏輯家。雖不必採此極端之見。而於陰達方式之切

要。之不可不亟講。則無間言。克部敦說

論知識之本性。與其所由得之方式。蓋有二宗。所見各不同。一曰理宗。所標曰唯理論。Rationalism 以笛卡兒爲之大師。一曰驗宗。所標曰唯驗論。Empiricism 倍根洛克。俱稱宗匠。二宗之說。相傳至今。時有遷變。由今視昔。其界域之嚴。殆有進之。然二者之各成一派。相與時立。則仍自若。大抵。英。之。哲。士。主驗。者。多。主理。諸。家。由法。而。荷。而。德。蓋。發。於。大。陸。也。

理宗以算術爲知識之準的。以謂一切知識。大都緣公例大法而來。而此種公例大法。有時竟由天賦。初不必藉經驗而始得知。蓋人。之。始。生。有。一。定。之。理。相偕。並。至。名。曰。原。型。觀。念。Innate Ideas 如無。原。型。觀。念。卽經。驗。亦無。自。而。成。

經驗基於先天之理。是則然矣。究竟以何因緣。足明吾人所經驗之事實。一一原本於公例大法。若幾何諸說之原本於最初數四界說然。乃理宗必答之問也。自來。勉。答。斯。問。而欲。以。方。式。疏。證。其。說。者。斯賓。挪。涉。一。人。而。已。

理宗之所執者。理 Reason 而已矣。知覺 Perception 非所重也。以謂經驗雖由知覺而發。而經驗不得謂之知識。必以散實散見事實之連於初則最初原則之而明其必然之統系。始有眞知識可言。然欲爲此。惟理能之。知覺不能。知覺者亦與吾人以渾實 Pure facts 而已。其發。見。事。事。物。物。彼。此。相。互。之。連。誼。而。納。之。於。公。例。大。法。之。下。非。理。莫。任。

要之理宗力主散實通則之間。宜有脈絡貫注。決不爲過。他。派。之。以。爲。非。者。亦。在。通。則。不。出。於。經。驗。而。別。有。源。泉。先。時。存。立。而。已。故理宗之弊。在適用題達太過。而考證事實不足。夫有知覺而無通則。不足以言知識。彼誠的然有見於是。然卽二者而分藉之。謂通則前乎經驗。獨存於心。其說。之。不。可。能。彼。因。未。之。深。者。也。

實宗曰。其名者、實在者也。較之個體之出於其下者。適爲堅切。大抵。其。名。所。其。愈。多。其。實。愈。厚。故人。者。與。

於。個。人。固。者。貴。於。各。個。之。固。治理根納、Eriugena 實宗之祭酒也。其先爲愛爾蘭人。頗達希臘文。時愛。爾。蘭。號。爲。歐。下。文。藝。所。歸。治氏。出。其。才。智。大。興。古。學。而。柏。拉。圖。之。唯。實。論。竟。附。中。興。號曰新柏拉圖主義。中古諸哲。利用實宗邏輯。以維持教統。蓋羅馬之教政。爲階級制。法王褎然居首。法王者天下之儀表。一切教旨之總體。爲共。其他教職。次於其下有差。爲別。果別。爲。實。而。共。則。否。所。謂。神。聖。加。特。里。教。會。將。不。過。一。名。詞。而。羅。馬。之。教。統。墜。矣。故。教。宗。之。有。取。于。唯。實。論。乃。自。然。之。勢。也。

名實之論。中世諸哲所最殫思論究者也。用力多而心得殊罕。較之希臘諸賢之博識精思。遠不逮焉。夫煩瑣學派。其於邏輯細目。及哲學繁重詞藻。績效粗有可紀。至若。往。復。推。究。柏。拉。圖。之。術。深。入。其。理。而。顛。出。焉。使。人。一。見。而。明。其。所。以。然。則。名。實。兩。宗。俱。病。未。能。也。雖。然。名。實。之。爭。有。影。響。於。玄。學。之。外。者。則。中。世。思。想。衝。激。之。原。於。茲。盡。見。而。近。世。科。學。精。神。與。個。人。主。義。行。且。顛。覆。自。來。教。令。拘。隸。之。力。而。創。造。新。文。明。者。亦。於。此。發。程。也。

孤桐雜記

愚不善爲白話文。尤惡白話詩。潘力山以其憶兒辭示愚。謂此果是白話詩否耶。愚受而讀之。不甚以爲迕。凝之篋中經年。昨忽檢得。復讀一過。仍未甚以爲迕。而已而力山則自詡絕妙好辭。頗似以得愚稱道爲。貴。今以實之雜記。至此詩宜得許何許。願付吟壇微之。徐志摩。願持與己作。較其遠近。尤得。

憶兒辭 有序

憶兒辭者。憶亡兒覺之作也。兒以千九百二十一年七月二十五日、生於美國愛河洋州。千九百二十三年、殤於上海旅次、纔二歲耳。悲以大盜移國。倉皇出都。所事無成。喪其愛子。哀哉。詩以紀之。以繼吾妻而寫吾悲。

兒生在美洲。兒母爲兒洗便溲。洗得兩手皴。雙淚緣手落。母在家煮飯。我上街買菜。上街放兒搖籃裏。推去推來無朝夕。兒初但能眠。幾乃半坐起。久之始全坐。徐徐能站立。兒忽而用手爬。不分東與西。時復欲學步。我隨其後衛。一步又一步。步步穩且急。有時喜跳躍。奔逸不可禦。有時忽大呼。琴兒者辟易。憶兒初生時。僅見骨與皮。其母本無乳。無乳給兒喫。朝朝食牛乳。氣乃與牛齊。頭角何嶄嶸。見者輒稱異。謂言不類其爹娘。爹娘何弱兒何強。兒強不須儲藥方、急病來時無主張。我適不在家。家中又無錢。待我歸來覓醫生。醫生感頗畏其艱。醫生雖畏艱。不爲我明言。云且爲兒赴醫院。兒病早晚會當痊。母守。我。獨。歸。怕聽。人。扣。扉。無何。果。有。扣。扉。者。云。是。同。德。醫。院。之。小。使。手。持。兒。母。所。寫。紙。兒死。速。來。四。個。字。我。閱。此。字。心。如。搗。飛。登。一。車。急。就。道。車。行。何。徐。徐。不。解。兒。死。父。心。焦。下。車。狂。奔。盡。氣。跑。兒。母。倚。樓。獨。自。號。相。見。嗚。咽。作。一。語。我。們。的。兒。眞。死。了。兒。死。則。已。矣。念。兒。爹。娘。常。悽。悽。庭。前。見。兒影。枕。上。聞。兒。啼。兒。影。雖。踏。淡。兒。啼。猶。依。稀。當。兒。未生。時。本。不。願。生。你。亦。既。生。了。你。何。能。棄。如。遺。兒。生才三月。乘車三日三夜長。兒生未一歲。航海兼旬太平洋。兒今已二歲。如何忽爾殤。明月耀秋空。兒能呼曰 Moon。夜夜 Moon 來臨、不見呼 Moon 人。天河。清。如。鏡。月。色。白。於。水。涼。風。拂。薄。袖。隔。壁。聞。清。吹。吹。簫。何。悽。怕。假。兒。病。時。呼。爹。娘。爹。娘。在。旁。兒。在。牀。兒。呼。爹。娘。爹。娘。心。悲。傷。兒。有。姨。哭。兒。死。看。護。捍淚不能止。母悲兒死啼且啼。啼我來此喪一子。勸母毋相啼。聽我致其辭。我今來此非爲私。摩頂放踵。亦。爲。之。人生。終。當。有。一。死。

福建林衆難、卑衛議論風生。文詞斐粗。陳琳。之。流。亞。

也。顧不安於爲書記。以新式政治家自命。民國六年。偕與菡其事於肇慶軍府。後往來京滬。見楓談政。又頗精星相。其與人排算八字。似爲僞猾。然所爲人鑑一書。謂或奇中。如推算廖仲愷丙寅流年。天冲地剋。死於非命。竟然無疑。其一也。特廖君遇刺年分爲乙丑。早一歲耳。壬戌、恩游柏林。得衆難一書。衡論一時人物。饒有旨趣。頃理舊稿。書赫然在。取實記中。以當面語。書中會澤、指唐君繼堯。新城、指盧君永祥。衆難之好標榜。皆此類。

行殿我兄。病相晤對。久不復面矣。遠適異國。昔人所悲。顧在今日。非所當恨。易稱肥遯。以況我兄。或應幾爾。僕以會澤國士之知。未能恝然。比歲已來。挾策諸侯。自忘其陋。亦政欲有所建白。以酬殊遇。其不辭勞瘁。不恤毀譽。殆猶我兄之於西林。環境與良心。實迫處此。未如之何也。今歲春後。蟄居海濱。久不事政論。獨於五六月間。一往還浙滬。初亦圖於時賢聯省自治之說。而新城督部。私交良樂。則意以所見說之。嗣默察大勢。深悟此說必不果行。遂又中止。近頃政潮瞬息萬變。徐君佛蘇、湯君婁子、於百無聊賴之中。從事聯省自治之倡。意興蓋未衰。以僕潤之亦無能爲役矣。吾國國情。實有其特殊之點。僕近兩年經驗所得。竊以爲政客學者。凡百論議。皆屬隔閡。何者。吾國政治變化之動機。必發自國民。而終極之境。斷非國民所能解決。一言以蔽之。則吾國政治。蓋無論如何。在近三十年內。其必不能脫離歷史上相衍之局。（若三十年以內交通及經濟事業日有發展。則此後國情或當更變。要是三十年以後事。）可以大書國門。莫敢或易。所謂以國民之能力改造政府。乃夢囈語。書生論事耳。今之局面。猶諸六朝五季。僕嘗謂孫中山一李協可以成事。終亦爲人作嫁而已。自餘則建德。世充。師都。黑闥之流。餘子紛紛。不足齒數。新城督部（恐爲劉裕）充其量可爲錢鏐。會澤聯帥不過李勣一流人物。蓋猶是爲人所用。而非用人者。僕敢與我兄戲賭吾言之必中。我兄倘亦謂然耶。省自治乃武力解決以後事。而非今日軍閥代治之下。可以實見者。今之政論家。何其不察之甚也。

別久意長。僕懷抱中所欲傾吐者。乃如一部十七史。不知從何處說起。茲姑爲我兄發其緒餘。幸有以啟之。泥濘入冬。氣候殊惡。冬行春令。時疫爲厲。僕邇日亦在病中。藥爐經卷。了無一可。偶檢八字本。得我兄一造。輒憶及故人。拉雜書此。奉候起居。佇盼德音。

學衡　十二月二十一日

說林

記花牌樓之獄

曹孟其

沈文肅督江南。甫下車。即檄首府兩縣及保甲局。儆省城再有殺人事。唯若曹是問。明年元旦。花牌樓有人被殺。文肅怒。刻期緝兇。不則撤參。時洪琴西爲保甲局總辦。自分無他法。則亦任之。而憂形於色。守備胡得勝見狀。請派親兵二十名從己。踪迹兇犯。琴西偕之。於是得勝騎駿馬出水西門。至玉泉山。意在誇示途人。而親兵乃鎖住持索酒果差費。方丈西枝方與官吏相結。詰得勝何爲。殺人者豈老僧耶。得勝不能堪。謂不殺人奈何遽自承。親兵方恨西枝。即前捕之。繫以行。屠人某因識得勝。因責得勝無禮。得勝怒。並繫之。以獲盜報琴西。琴西親鞫之。得其情。遣西枝行。西枝頗自負。因不肯。琴西不得已。以四屬江甯縣官。意假縣官。縱之矣。江甯令笑曰。洪觀察已得重犯。安用我。則仍以四歸。琴西因召得勝數責之。且謂眞犯不可得。而以假犯又不能遣。奈何。遂以四付得勝。蓋窘之也。得勝竟坐堂皇。案問殺人事。西枝等不勝苦毒。恐怒自承。琴西心憐之。然以西枝等已自供。且得自解。則竟錄爰書。告總督。總督大疑。問得勝何以知西枝殺人。得勝辭曰。標下。固不知西枝等殺人。水西門賣豆者之少子。爲標下言之。總督意不釋。令帥賣豆者之少子來。及期。總督選貌似西枝及屠人者數人雜堂下。冠履衣帶皆肖之。而后以少子衆識之。殺人者誰也，得勝益恃。謝宮保虎威。市井小兒安敢復言。雖然。若準賣豆者親率其子以上。而后行之。庶幾有濟。總督許諾。唯禁賣豆者不得有言。賣豆。者。率。小。兒。行。堂。下。至西。枝。以指。搖。小。兒。手。小兒。呼。曰。此西。枝。也。至。踞。人。亦。如。之。總督。顧。問。西。枝。等。今日。何。如。西枝。等。皆。戰。慄。不。知。所。對。于是。駢。斬。於。市。人皆。知。其。冤。固無。術。得。白。又數年。李荐至鹽運使。而得勝亦漸升中軍參將。西枝之獄。幾忘之矣。保甲局委員李春齋。（忘其名。湖南瀏陽人）一日獲盜。盜湘產也。委員問汝湘人。奈何爲盜。盜自言爲張堯。舊隸湘軍。以貧故不能歸。委員惻然。薄責而資遣之。又旬日途遇一人。抱鐘避橋下。委員叱親兵拘之至。堯也。委員怒。痛笞之。過當。盜乃不服。罔竊。物。如。此。如殺。人。則。又。云。何。花牌。樓。案。何。爲。故。縱。之。邪。委員心動。亟問殺人者誰也。曰、被殺者爲朱標。殺之者李舜陳禹。初標與堯等並隸湘軍。約爲兄弟。既解役。因並爲盜。標有力。奴屬堯等。堯等不能甘。含之而已。久之益窮。舜乃議曰。我皖人。知皖中財富。爲盜于皖。必有得。標等信之。遂至安慶。舜固竹工。初

過故人家。故人留之工作。舜雖不樂。弟亦無能辭。則姑應之。甫三日與其女通。且約與偕逃。蓋貨視之耳。然舜必爲故人稍留。以示無他。則以女託禹與堯。而令標買舟以待。女既登舟。標乃強禹與堯市酒肉共啖。禹與堯以酒肉至。而標已載女遠引。舜等大恨。然轉念標貪悍。今以女故倪去。計亦良得。又逾月復至寧。初標既載女行。鬻之勾欄。獨得銀百數十兩。俄用盡。則踪迹堯等。意甚媿悔。且約。自。后。當。爲。上。手。（盜有難易。爲其難者謂之上手。上手分贓必校多）而取。從。約。圖自。蓋。也。堯等無術。則又安之。時已歲莫。有某知府者解官來省。篋中多金玉。堯等議盜之。標乃自分爲上手。除夕夜半。至花牌樓。標忽稱腹痛。據地作遺矢狀。禹大怒。力拔其首仆地。標罵曰。而敢忤老子。不怕死耶。舜卽取刀亂砍之。斃。始各逸去。今舜等猶居下關。可證也。委員驚喜。遂以事白新總督。新總督爲劉忠誠。故與委員同籍。乃私告委員。此案重大。脫翻異何以處生者。我旦晚入地。寧不見沈公。君善處之。叚好事者流布外間。則君尸其咎。不可悔矣。委員意沮。乃飭堯不得妄言。僞

流布外間。女且獲罪。今以同鄉故卽縱女逃。堯不肯。謂我。曹。殺。人。而胡。大。人。做。官。今我。曹。貧。窘。如胡。大。人。以。千。金。給。我。則唯。命。耳。委員無意至此。則仍下之獄。然風聲所被。皆竊竊議此事。而居人及西枝法蘭且具禀求爲死者雪恨。委員弟爲唯諾。聽之而已。俄士紳亦以爲言。且環總督求訴。總督復召委員。謂爲大體計。唯令堯不復言。或設故縱之。君宜善爲沈公地。幸不復以累我。委員敬諾。復飭堯。謂己聞于制府。令女捕李舜陳禹。如不可得。女卽不得免。今遣役從女。速爲我捕李舜陳禹來。如不可得。女骨肉潰矣。因遣二役從堯。且屬役毋爲堯捕李舜等。故疏脫之。堯卽逃。不校也。堯既率二役行。卽于二役毋露鎖絏衣冠。驚犯人。二役必不可。方相持辦。而舟已抵岸。堯卽指立岸頭者曰。彼二人者是也。而二人已見堯從官差。問何爲至此。堯卽曰。爲花牌樓事。今來覓兄等耳。二人。皆。曰。然。我殺。人。而胡。大。人。升。官。誠所。不。甘。如不。以。千。金。報。我。且以。此。白。諸。官。矣。卽從二役。委員不得已。復詰舜等。殺人抵死。寧不之知。女等與殺人者耶。其誣言之亡匿。舜等皆自承殺人。如堯所述。委員駭甚。第繫之獄。而京朝大官有專摺論奏者。德宗因命薛侍郎爲欽差。專查辦。欽差既至。卽提諸盜雜訊。既無差誤。則問胡參將。參將辨曰。諸盜以死誣我。其意固在得錢。雖然。沈公親鞫是獄。事有左證。乃以論抵。今盜自稱殺人。其殺人安所左證。舜卽曰刀。藏石師子下。遂命從石師下求之。果有刀。參將復啟欽差。沈公親鞫是獄。令貌似西枝及居人者數人雜堂下。今石師子下之刀。何能定爲殺人者。又何以定爲諸盜物耶。請列數十刀雜堂下。令盜識之。壹如沈公。欽差從其言。而舜卽取刀以獻。且曰。我刀。爲。反。刃。我用。左。手。破。竹。故。也。參將詰難。終不自供。欽差嚴刑求之。始服罪。伏誅之日。里巷爲空。先外舅嘗望見之。扶出竹從。已難步履。蓋雙踝額矣。沈公以身故免議。運使軍臺。盜論氏有差。先外舅告我如此。事隔十年。歲月姓名。諸多髣髴。如光緒初有兩薛侍郎。不聞有至江南查案事。不知所指爲誰。要之。花。牌。樓。案。固赫。然。喋。于。當。世者。也。

甲寅周刊第一卷第二十九號目錄

時評

近日時局似有潛變。先是奉張乘殲郭之餘威。陳兵昌黎。志不在小。國民軍亦卽張皇六師以應之。灤河兩岸。其不釀如北倉之激戰者。其間不能以寸。而中東路之風潮。適於是起。奉張陽與俄暴抗。而陰懷戒心。原定計劃。勢不得不變。無何、山海關以奉天撤兵聞。而國民軍者。三軍步調。既不齊一。主帥勇退。提振無力。加以勝後瘡痍。艱於再戰。亦卽以虛與委蛇之態示之。國奉間之無戰事。似屬目前已然之事實。日間且聞許閣將遣人赴奉疏通。雖曰否認。人言未息。而二軍放棄山東移師對鄂之聲。如鵲而起。三軍與李景林間。復聞有妥協之可能性。如此說來。時勢之所要求。似仍是一去年十一月二十八日以前之舊局勢。是亦可謂開倒車也已。君子曰。早知如此。何必當初。（逦）

近日。南。北。政。治。之。象。徵。曰。否。認。國民軍之左傾也。而否認之。許閣之聯奉也。而否認之。段兩公子之南下疏通也。而否認之。方振武部之被解散也。而否認之。自寶山部之被繳械也。而否認之。甚至。胡。汝。民。之。被殺。於。俄。也。而亦。否。認。之。噫、是何。否。認。之。多。也。時人近有消極立國之想。此類否認之聲。是否有符於是。吾不知之。惟否認之說。固有二象。一本、無、其、事。政、敵、故、揚、是、說、以、中、傷、之。一本、有、其、事。未、發、而、先、播、布、於、外。二者無論何由。而皆有否認之必要。吾推。民。言。無。爲。之。義。體。先。聖。與。進。之。說。謀以。當。一。說。爲。之。尸。祝。焉。矣。雖。然。俯。瞰。中。國。莽。悵。民。窮。終。有。槃。然。自。異。之。一。人。恥於。自。埋。自。搭。之。中。討。生。活。焉。其人。爲。誰。曰。皖。徐。謙。謙之。言。曰。有人。說。我。是。赤。化。我也。不。客。氣。承認。是。赤。化。（寬）

邇來、北、京、政、迹、之、可、玩、味、者。莫如、國、民、一、軍、將、領、自、張、督、辦、之、江、以、下、聯、名、通、電、措、辭、赤、化、一、事。蓋中所陳各義。人人喻之。以律於軍。其爲必無是事。亦可想見。余初讀之。頗以爲無病呻吟。繼有人自南中來。爲言南方所見。則北京首都。今爲赤化陷落。逆料政局即有小變。亦終。不。脫。赤。化。範。圍。章太炎與人書。謂吾告子玉馨遠。先清。赤。化。綏。議。大。法。惜二君是吾言而未能卽行。唐少川則主遷都以避二化。二化者。官。僚。與。赤。色。也。而奉張近電合肥。首署北京探送段芝老。中於赤化包圍搆煽。切切言之。一若執。政。久。失。自。由。北京。不。知。何。狀。也。者。依此說來。國民軍之聲明。似爲要義。雖然。果。爲。要。矣。其義。將。不。僅。及。聲。明。爲。止。向來。廿。諺。不。逾。二。道。負。曰。無。辯。正。曰。力。行。出。於。言。詞。已。落。下。乘。且。以。今。日。國。情。衡。激。利。害。交。午。以言。感。人。其。效。幾。何。語曰。爲政。不。在。多。言。顧。力。行。如。何。耳。余。謂。爲。國。民。軍。誦。之。矣。（孚）

日本內閣總理加藤高明、歿於二十八日午前八時逝世。閣員總辭職之表文。遞卽上奏。逆料東鄰政局將起一大變化。加藤君爲憲政會領袖。該會之在國會。尙爲比較多數。以是機任人物。將於若槻、濱口、或第二大黨政友會總裁田中義一之中。有所抉擇。如屬後者。則日本對華政策。行亦變更。以田。中。大。將。集軍。閥。政。閥。於。一。身。決不。如。外。交。派。之。多。所。瞻。徇。以無。事。爲。華。者。也。至加藤君英姿敏腕。聲騰內外。其著地。

三 答稚暉先生

孤桐

十一月二十三日京報正副紙。各載稚暉先生近文一首。所言頗涉於愚。愚惟先生此論。論二十五年間革命史迹。極關大義。且文中立議之偏宕處。終不可圖諱過。擬貢愚忱。別爲專篇以往。今茲作答。亦於單詞碎義。有所指陳而已。先生謂文言之失。涉諸言之趣。矯枉過正。蕪穢雜呈。人也賤也。而必爲之。言也策也。而必屁之。近且下體難懂之辭。（如詞下謂所詞引見）比諸黃絹幼婦之妙。「三十、年、間。由經、生、做、到、文、人。」更三、十、年。則由、水、滸、做、到、肉、豬、頭。此先生以之自處。乃戲樓所云天賦之權。愚不

頗。似。吾。國。之。唐。少。川。而。機。警。過。之。的。是。東。洋。外。交。家。第。一。流。人。物。七年前。吾於東京數與晤談。高華爽朗。絕不。似。尋。常。官。閥。貌。所得。印。象。至今。未。忘。際。聞。化。去。曷勝。鄰。笛。之。感。（同）

敢贅一詞。至於。求。達。世。界。共。通。優。點。及將。中。國。國。粹。樹。起。與。並。世。文。明。諸。邦。上。下。角。逐。其。迭。無。遜。之。嫌。此類。猥。褻。之。詞。有。何。連。誼。愚。誠。百。思。而。不。得。其。解。也。夫今日文敝極矣。而文敝尙不關文俚之爭。以俚辭而求其達。文律中固宜有如是之一境也。然今之文家。凡爲說理之文。大抵晦澀雕琢。不可爬梳。（刀近所凡我各詠例）即一涉序事體裁。言情結構。如峽之傾。一（多現不諸能文所思）瀉千里。則往。往。敍。述。千。數。百。言。未了。所。云。何。事。惟見。東。立。一。喻。西。指。一。譬。尖。酸。刻。薄。一。挑。半。剔。全。然。失。却。士。君。子。立。言。之。經。而。已。此之惡風。已不可救。而先生

三

復加甚焉以屆後之。使後生得從而爲之辭曰。明誠質厚如吳先生尙爾。吾儕爲之。何害。夫明。誠。質。厚。介然。自。克。固先。生。之。本。性。恢士。所。萬。萬。不。及。其偶。爲。詞。說。曰不。擇。言。特有。所。激。而。出。於。是。而士。之。步。趨。先。生。者。乃斷。斷。說。明。誠。質。厚。介。然。自。克。不。同。而一。惟。詞。說。曰。不。擇。言。是。從。語云。其父。殺。人。其子。必。且。行。刼。愚誠。不。知。還。流。所。極。其因。詞。之。靡。靡。被於。一。切。言。行。釀成。衰。世。頹。慢。之。音。音。曆。疾。將至。何。度。也。先生將曰。吾特興到筆隨。以自娛而爲之爾。則天。下。自。娛。之。事。無。限。何必。倚。言。雕蟲小技。先生所蔽罪於愚者。亦卽自娛之一種也。然先。生。以。此。罪。愚。愚恕。不。自。以。爲。罪。先生。卽。不。薦。此。愚亦。不。以。多。先。生。蓋凡事義取自娛。卽與嗜芰食羊棗飲苦茗相似。爲之。無。害。不爲。亦。未。見。何。利。也。今人言金石。輒溯宋之歐陽修。而修斥人以非薄文章雕刻自異者曰。不雕刻文章。譬如爲吏而不受貨財。蓋道當爾。不足恃以爲賢也。與石當舊推反之。歐。公。之。所。自。爲。則歸。之。性。之。一。僻。亦雅。不。以。自。詡。後來。史。家。論。事。尤未。聞。以。彼。耽。情。石。墨。致不。慊。於。歐。公。當。日。之。勤。業。也。獨先。生。好。爲。汜。濫。之。文。紛言。烏。屁。下。及。雞。腿。以自。怡。悅。事乃。大。異。於。是。何也。先生。天。下。之。宗。匠。也。天下。之。後。生。相率。效。之。一世。競。爲。鳥。屁。雞。腿。之。文。卽來。世。風。文。運。興。衰。功。罪。之。論。與擇。術。自。娛。其效。不。越。一。己。者。不可。同。年。語。也。此第一事欲爲先生覼縷者也。

先生致郁君書。謂教長易君、擬請先生長編譯局。先生不欲。以方與愚「相持老虎問題」一旦如此。恐愚「齒冷」此誠先生之私憂過計。而不以友朋相待者也。夫人之相知。貴相知心。愚交先生。固確知先生有所不爲。海枯石爛。此信乃不磨也。如利人之位置而與人忿爭。當然爲先生所必不爲之事。倘或令逢其適。其位置非先生莫屬。此與先生事前爭辯無關。亦當然爲友朋所能明辨之事。今先。生。不。諒。愚。於。此。類。友。朋。範。疇。之。內。致提。感。之。譏。評。遽。然。袖。手。此誠。愚。信。先。生。而先。生。不。能。信。愚。爲愚。所。自。反。而。愧。汗。無。地。者。矣。且愚又不僅於先生爲然爾。凡經此次政變。地位與愚相反。其「廓然大公」之處置。不無與愚利害相妨者。愚視之均不存一毫忮心。以何。人。在。何。時。爲。何。事。固有。其。適。然。之。機。過。不可。強。也。愚與。此。諸。人。者。易。地。其所。爲。亦。未。必。不。如。彼。也。苟其爲之。愚所希。賢於反對黨者。在以合理平評之態。旁觀吾政。成將有益于國。亦汝所望。不成吾行引退。聽汝重來而已。愚既。欲。以。是。期。於。人。今適。當。人。之。位。其將。善。持。旁。觀。之。度。以。相。周。旋。如上。所。云。云。者。愚所。勸。以。自。課。堺得。背。反。之。遜。精。也。愚自。課。如。是。即甚。願。國。民。黨。政。府。（與先生自視如愚以許捲理爲國民黨故）了然。於。愚所。自。課。之。道。與愚。爲。友。者。不必。依。從。其。步。伐。與愚。爲。敵。者。亦不。必。過。甚。其。摧。殘。吳先生幾爲愚言。一朝權在手。便把令來行。其權。其。令。相。繩。相。縛。善爲。用。之。受。蔽。無。損。此第二事欲爲先生中說者也。

其第三事。則先生謂劉君可亭爲一落了八千元公欵。」未免有傷厚道。愚愛先生。尤愛公道。勢不可無一言。夫可亭一般樸質直之少年。先生在歐洲因已知之。即北京教育界中知其爲人者亦甚多。而謂。其。將。作。賊。盜公。欵。八。千。元。去。此誠。士。林。自。救。之。論。不謂。竟。於。先。生。之。口。得。之。如以恨愚者移恨可亭。因強誣之。尤非。先。生。所。當。出。即合道德之說不諒。常日。可。亭。之。家。被。掠。委係。實。在。論者。固。不。能。否。定。之。而謂。此。八。千。元。者。無適。藏。諸。家。理。有炎。暴徒。將。視。等。青。蚨。樂而。不。取。如。此。等。說。俱似。於。法。律。不。甚。相。能。同日寒家亦發。銀。發。之。事。愚。妻。向。不。慢。藏。故。無。此。厄。惟。有。銅。元。四。百。枚。置。於。衣。櫥。櫥。堅。扃。固。不。可。躁。開。來。者。祭。之。諸。攫。以。去。男。女。僕。室。之。窖。屋。銅。子。且。無。一。幸。免。明。索。暗。取。行所。無。事。以此。推。之。可亭。家。中。之。八。千。元。獨不。然。乎。先生所指青兆胡同關說之人。不問爲愚。先生試思之。以愚知可亭之深。及可亭相佐之力。愚坐。視。其。難。不。爲。之。所。專。復。倒。於。人。數。此。禍。於。愚。即。勝。于。先。生。責。言。百。倍。愚。亦。不。當。顧。炎。先。生。豈。知。該。欵。批。銷。後。可。亭。仍。不。了。以。財。部。不。能。補。發。而。校。中。需。用。急。如。星。火。固。非。消。極。手。續。可。以。集。事。者。也。愚。因。爲。在。某。某。銀。行。擔。保。通。融。小。欵。俾。資。旋。轉。此。以。可。亭。個。人。名。義。尸。之。云不。得。已。時。將。鬻。武。岡。祖。產。以。償。夫。以。可。亭。無。城。府。無。

五 手。段。之。人。素。行。炳。然。可。知。此。獨。奸。盜。欺。友。數。罪。俱。發。

且如此微總為之介，愚不疑。雖斷，愚頗未敢信也。夫天地之大，人猶有憾；求全之毀，誰則無之。蟣歲先生亦什為悠悠之口所中，至今猶不能忘，豈夫子忠恕之道，真至今日什祇蕪之不若乎。

凡有所言，俱是瑣節，未關大計，聊待愛一吐為快。雖萬被責，所欣受已。至若本論，愚將以與敬恒｜梁啓超｜陳獨秀為題，針對先生鉅製，縱論二十五年間革命思想還變迴環之迹。雖非至當，要是覽觀，唯少假須臾，俾卒言之。

原用

孤桐

此篇記錄法家邊沁之學說梗概。愚十五年前留學英倫時為之。此類稿件，計有十餘冊，寒門再燬，為「花京市民」焚去大半。本無所成，不敢云惜。惟愚於譯事略明微要，一字不肯苟且。復理燼餘，加以文治。此論相成條段，擇以布焉。一以狀念今之少年，喜為文章，而昔忠實錄取名家要義詞條理。遂其曰可讀者仍習。一以所謂法權委員會者方張，吾國法律草案，次第提出，由世界法家過目，則國人亦應於法律改造之理，明其一二也。其或嘵、愚、逐、家，爭赴、新編、述作之林，曝背、光耀、尸祝、社稷，莫或逾之。一月十六夜

凡有所事，必立主義以為之基。主義正，則所事成；主義不正，則所事毀。如水就下，理無可逆。惟法律改造亦然。十八十九兩世之交，英儒有邊沁者，滿深法理，著述宏茂。穆勒為之語曰：「法律之為物，在邊氏前，一如鴻荒。自得此公，始蔚然成科。」良不誣也。考邊氏幼有奇慧，十二歲時，群以哲家稱之。其後殫精律文，頭童不息，至逾八十四歲之高齡，功深論到，可以想見。然其書初出，英人易之。邊氏不僅於文樸實，說理詞多滯澀，以此終邊氏之世，所著在英倫不少概見。手稿鱗次，諸待整理。法人狄蒙 Dumont 者，其高第弟子也，則盡錄師說，以法文刊於巴黎。由是邊氏顯名大陸，歐洲之法家悉宗之。其流及英，聲價驟倍，書不可盡得，則競由法文逐譯以歸。英律之改訂，遂從此始。浸淫及於美洲，流風廣被。美人照德芮慈 Hildreth欠勤於譯事久。嘗爲序曰。「美人紛求邊氏遺書。意何切也。恐後以此自效。不敢言功。亦幸得爲此耳。」蒲綠 Brougham 者、亦英人。與邊氏同時。嘗爲言曰。「邊氏名冠法家。前無古人。非吾英所得而私也。」其見推類如此。邊氏所持以統馭其學術者。爲西惕力帖 Utility。西惕力帖。譯言功用。或曰功用。其說曰。「功用。者。一。點。名、也。凡事。能。止。惡。而、生。善。其福。性。曰。功。用。功用有時利於個人。則事與此合。將以增益個人幸福之總量。功用有時利於社會。則事與此合。將以增益社會幸福之總量。」邊氏。以。爲。立。法。者。最。正。之。的。發。乃本。功。用。爲。之。主。義。而。切。實。行。之。易而言之。求。達。最。大。多。數。之。最。大。幸。福。乃立。法。者。所。宜。常。目。在。之。也。由是。功。用。主。義。一名。最。大。幸。福。主。義。恩爲節。之。亦曰。用。義。

凡事能止惡而生善。其涵義曰功用。於是欲知功用之理。不可。不。知。善。惡。爲。何。物。邊氏曰。「天之生人。卽置於苦樂兩關之下。人類一切思想。無不起於苦樂。一切生事。莫不衡於苦樂。人者。離。苦。樂。而。有。所。言。其所。言。必。不。詞。蓋人。生。惟。一。之。的。標。趨樂。避。苦。而。已。趨避之道。儘有求詞。以言形式。有時且若反乎人世所謂苦樂者。考其所志。終無以異。苦樂之於人事。如此貼切。由是人所指目爲善惡者。可不辯而知。今請爲之律曰。善者樂也。或爲樂之因。惡者苦也。或爲苦之因。功用主義。旣所以止惡而生善。卽所以納天下事。物。於。苦。樂。二。域。之。內。極其。思。辯。力。能。之。所。自。至。推。算。之。比。較。之。利。之。中。取。大。焉。害。之。中。取。小。焉。而。因。以。定。道。德。法。律。之。指。歸。期。與。一。世。共。明。之。苦樂。而。外。之。情。緒。不。使。之。毫。毛。因。人。也。」又曰。「予極論用義者也。凡言凡動。不論爲公爲私。予悉視其所生苦樂如何。以爲是非然否之據。予所立。公。正。不。公。正。道。德。不。道。德。善。不。善。諸。狀。物。詞。皆其。詞。含。有。若。干。苦。樂。之。分。者。也。予所謂苦樂。卽常人所謂苦樂。決不師心以斷之。謂當排去何種苦。何種樂。吾義始得。而亦無甚深奧義。使人難明。此不。需。商。之。柏。拉。圖。亦。無。取。証。之。雅。里。士。多。德。蓋苦。樂。者。無論。何。人。皆同。感。之。自王。公。以。至。農。庶。由鴻。儒。以。訖。白。丁。一也。凡人服膺用義。所謂德。

卽其由之而樂者。所謂不德。卽其由之而苦者也。倫理。上。之。善。如同。時。不。能。致。發。生。理。上。之。善。不。足。爲。善。倫理。上。之。惡。如同。時。不。至。招。致。生。理。上。之。惡。不。足。爲。惡。（此所謂生理乃包精神與官能言之）是故用學之徒。如見恒人之德。樂不償苦。遂決言曰。此僞德也。舉世從之。彼之智慮足衡扶惡。無所於懺。自來。愚。民。之。策。每在。崇。飾。僞。德。伸其。奸。欺。用學。之。徒。深。謫。之。也。又當時號稱罪惡。以云爲樂。並無叛發。於情信芳。於律不叶。則用學之徒不惜爲揭於衆曰。此僞惡也。此小人儒所假以桎梏天下者也。凡世。間。法。制。非。其。罪。律與。情。反。用學。之。徒。所宜。一。切。矯。之。「用義之要。大略如是。

竊考功用之說。不始邊氏。希臘學者伊壁鳩魯。Epicurus 實造用學之端。有他派曰斯多噶。Stoics 號懲忿窒慾。義與相反。因而譏伊宗之言樂生者爲獸行。此兩派之得失。不易詳言。且其所爭。大抵以人倫道德爲期。至若以爲立法基礎。則告論之者殊罕。亦迄無更善之義。每代以興也。英之法家戴雪、嘗言「以此主義施諸法律。校之施諸道德者爲便。其故有二。一、法律所被。在人民全體。而道德僅及個人。全體幸福之爲何。及何由成之。比諸個人幸福之爲何。及何由成之。易於昭晰。今欲爲匹夫匹婦造一樂園。使之兩情裨遂。且爲期至短。祇計當時。不顧日後。而亦甚難。何也。人生幸福。內涵至爲殽亂。準裁旣不可立。推斷卽無從施也。至在國中。造一境象。使國民總體之。福。祉。因而增。殖。則爲事較簡。效亦可明。須知道德之。謨。宏。人。福。其途。爲遲。法律。則。未。然。邊氏曰。法能助長最大多數之最大幸福。始號爲良。斯言也。非謂法能。逕。以。幸。福。予。人。乃謂。法。效。產。生。一。種。環。境。在此。環境。之。中。人。之。爲。法。律。所。統。攝。者。各有。欣。欣。向。榮。之。機。凡人類。熙。受。之。福。容或。由。是。而。臻。也。二、法律所涉。大抵爲表面行爲。至行爲胡自至者。法律僅紆揭及之。而道德所關。首在動力與感情。以云行爲。轉爲次著。今以。功。用。爲。之。的。求。察。一。切。行。爲。之。正。否。與求。察。一切。力。與。情。之。正。否。艱。易。判。然。矣。」戴氏之說。茲足紀也。

邊氏自爲言曰。「道德者、所以導人行爲。以求善之最大量者也。法律之旨亦同。雖然。旨同。而。範。圍。大。異。按實統二年羽征環論新非老中譯律一其說即與邊氏之說朱合道德者、人。品。之。燈。照澈衆生之行。及其所連倫常各誼。法。律。胡。能。爲。此。縱爲。此。者。亦偶。焉。而。已。束縛。馳。驟。乃斷。不。能。」又曰。「凡事益於人羣及其己身。道德皆命人爲之。法律則否。儻有事關公益。而法律不能促之爲之者。且更有事傷公益。道德止之。而法律無能爲役者。此如。作。幾。何。闊。然。與。法。者。同。其。中。心。而。不。同。其。周。線。何以明之。一、法律及於人而有效者。罰也。舍罰則法於人生。殆無連誼。夫罰。者。何。也。曰、惡也。以罰。救。惡。不嘗。以。惡。救。惡。以惡。救。惡。則非。由、善。惡。所。生。之。善。大於。原。惡。善惡。爲。不。可。用。有時善容假力手罰。立善體教。然若而法者。設其立矣。施行此法之程叙。而適釀成社會中之恐慌。則將群之度。實校原惡爲大。此不可不知也。按宜統問法律綱制局校訂新刑律恣見第中論衣非罪有日保全名禁人之拘情自原皆之一而甘內鐵尚不修國自障新於條除則已則之名發不可徵自被皆之一而計名犯一扣沈讀細由從茲計路刑想必有大於犯義者此原合邊氏之旨二、法之懲罪也。恆并無罪者。而來連之。此胡。自。起。乃起。於。爲。罪。惡。立。詰。之。難。也。如殘忍刻薄忘恩無信等惡。爲道德所不許者。非釋。作。盜。竊。殺。人。僞。誓。種。種。則非。法。律。之。力。所。及。」邊氏所自立義。尤較戴氏博深切明。

假邊戴兩家之言。功用主義可得實施於法。並亦不爲道德說所有。已明命矣。雖然。用也者。最大幸福之云也。所謂幸福。究何指乎。夫人生觀。按以時與地而不同。在種族與階級之中。所見亦復不一。今漫焉求其最大多數之最大幸福。其準則安在乎。茲問也。戴氏亦皆具兩答案矣。「一、幸福觀念之不同。殊不足以指其本義。蓋用。學。之。徒。將以。本。義。施。諸。一。國。其國。之。風。俗。習。慣。情。感。成。見。如。何。固。先。一。一。權。之。而因。以。所。得。適。於。其。人。與。地。者。槩。括。焉。以。求。其。通。方。瀹。之。曰。幸。福。以。知。幸。福。云。者。固。無。一。定。抽。象。之。式。及。泛。應。曲。當。之。理。也。如遺言權在英倫爲神聖。巨室之產。其子孫一毛莫得。英人視爲固然。今奪此權於英人之手。英人決不欲。而死者遺產。家族共之。在法蘭西。實爲民法要則。今令法人改從英制。法人亦決不欲。茲兩制者。義不相容。吾將任指其一爲惡法乎。抑反於功用主義乎。則均不可。邏輯祇得出而答之曰。皆是也。英法人之所立法。皆足增益本族之幸福也。其所以然。則二國人所取於幸福之概念截然不同也。（復在參政院談述國家主義與家族主義之別有曰。東西洋各國亦自有其證據。不遜與我不同。彼舉其證據以入彼之法律。我亦舉其證據以入我之法律。二者皆是。不必相同也。大旨與邊氏之言合。）二、至幸福之爲何象。近世文明國人。設想大都相等。今試號於衆曰。食品滋豐。物美且廉。信賞必罰。暴慢絕迹。四民和同。無甚勞甚逸之差。此幸也。吾樂焉。人將不以爲然乎。又試號於衆曰。災疫流行。饑饉荐臻。戰伐頻興。盜賊毛起。百業之人。舉不識信義爲何物。苟且偷祇。以送其生。若而國者。民其樂矣。人將不以爲非乎。今世稍有識者。莫不以復拷問之刑。廣鬻奴之市。爲罪孼之尤。凡刑法所生之害。甚於所避。卽爲一惡。此理亦無不知之。其他如司法之平。設教之廣。職業之多。生計之茂。義合積極。爲法治國之明效大驗者。五尺童子。且得稱之。要之。幸福二字。提示人間判斷。不須絕精之界說。始臻曉洽。人有恒言。求肉之輕重。何必金衡。卽此理也。」戴氏反覆邊說。要於透宗。

其精審率類是。由斯以談。幸福何義。可了然矣。愚嘗考之。邊氏所云幸福。殆以叶於中流社會者爲衡。戴雪又曰。「邊沁者、本中流產也。彼嘗約集流輩。爲會講學。並播其義。期於易俗。迨邊氏晚年。英倫政力。已全移諸中流人物。彼云幸福。不存奢念。不過篤誠勤儉之生涯。佐以中人之娛樂。物質之方便而已。實則全英人之所想望。不外於此。邊氏以英語立說。取義不問可知。」戴氏誠知言哉。當邊氏發行政府論 A fragment on Government 時。大法官魏德邦 Wederburn 揚言曰。「功用主義。以行於國。實奇險不可思議。」邊氏旋於道德與法律之原理 Introduction to principles of Morals and Legislation 書中答之曰。「誠哉魏德邦之言也。吾所樹義。志存最大多數。則無論何種政府。不幸所崇殖者。止於一二人之最大幸福。卽或推類引朋。以示自克。出其餕餘。相與呫囁之。總積亦終不出最大少數之目者。其視吾義類皆險之。蓋若吾義而得行也。魏氏容仍爲檢察長兼大法官。（魏當時官職）但檢、察、長、之年薪決不須萬五千鎊大法官決不須封爵決不須否定法律之權決不須二萬五千鎊之祿養尤決不須五百名以上之職位令其私人尸之』時邊氏論鋒四溢不可驟當臧氏不禁為之贊曰『功用主義蓋革命之利器也依此義也一官一職之不益於世用者悉令廢之官府之積汚陳垢從其源焉以滌之蕩之一七七九年頃文臣教士之持祿不事事者所在多有而皆伏於此義之下不勝戰慄法家黑石 Blackstone 有大名而其說溫溫偏於樂觀政家柏克論政舉世傾倒而保守之意特重邊氏之義出則並此兩家崇論宏議一掃空之夫國之最大多數者究爲何也遵此而爲其謀吾知邊氏所稱幸福不在貴族不在上士不在大賈而在小農小工之平民此其爲義十八世紀之政士聞家所未嘗夢見而邊氏實倡之也』用之時義大矣哉邊氏曰『用學之徒可不信我惟信經驗惟信己之經驗如一事可以兩行未知孰當則細校其善惡之趨徑焉視何者所生善總量大即用何者』請謹述此語終吾篇矣

工化與農化

陳宰均

工化農化之利弊論者紛紜此是彼非入主出奴夷考其實則大都泛言學理未切國情爰草斯篇以就商榷夫今日中國最切膚之問題莫若一般國民之生計吾國人民什八業農胼手胝足終歲勤勞年豐則事蓄猶艱年歉則饑寒交迫事實昭著固毋庸諱然則農民生計不解決吾國終難望躋興盛之域年來濟濟多士高談國計民生而言鮮及此豈不可怪

竊惟吾國農民之所以歲入微而生計艱者耕田面積過小不足以事經濟之生產實爲最重要之原因不講科學方法不習經濟原理僅爲副因當分軒輊據農商統計我國農戶耕田未及十畝者約十之四未及三十畝者十之七過百畝者僅百之三四耳美國普通農莊領地百六十英畝我國古時夫亦授田百畝以此視彼以今視昔則吾國農戶耕田之不得不擴充也當無異說擴充之道要亦有二一爲減少農民之數目一爲墾拓邊陲之荒地吾國人口號稱

二

四萬萬。食指既衆。民食維艱。年來米棉輸入。爲量之鉅。實足駭人。他日業農者既少。衣食原料之產量愈減。則炎黃子孫。恐將盡流餓殍。所有孑遺。興念及此。吾國農業。自當澈底改革。就農民個人爲單位。以增進其產力。業農之人雖減。農產之量猶昔。或且以此而更增多。此實勢所必致。非人力所可強抑。農化云者。卽作如是解。否則吾國業已農矣。更何必明明論農化。至於邊陲地曠人稀。倘非游牧。沃野千里。盡未開闢。大利遺地。棄而不顧。邇日殖邊議興。間有注意及之者。然而蒙疆雨水稀。季節短。以種代牧。未盡適宜。種宜輔以牧。牧宜佐以種。種牧交用。利迺益溥。是則邊地農業之組織。自當別開生面。未可徒襲內省成法。所謂農化者。亦此之云耳。然而農民數減。失業入夥。救濟之方。惟有工化。夫一國生產之業。農工而外。曰商。曰礦。曰交通。礦業爲地所限。亦且及時而盡。既不能普。又未能久。商業純恃農工爲基礎。腓尼基、商國也。不旋踵而亡。猶太人、商人也。今猶無國。英倫之能執世界商戰牛耳者。亦以其國內工業發達耳。至於交通。尤屬附庸。如農工商業不興盛。則交通業亦無以自存。然則欲減少農民之人數。以期農化之實現。舍廣立工廠。多僱傭工外。實無他術。且夫吾國業既農化矣。地無遺利。農產驟增。將以輸出海外。遠易製品乎。則國家經濟。損失不貲。非然者、國民縱得飽暖。而衣食簡陋。依然如故。人類幸福。未可全求。是故欲圖利用剩餘之農產。提高人民之生活。則又非工化不爲功。然就他方而言之。工業原料。大半仰給於農。農業未振。工必不能充量發達。皮之不存。毛將焉傅。此固盡人知之。要之一國經濟。全部之組織。如機器然。輪也。軸也。螺釘也。必相依相輔。運用乃靈。若農若工。不啻生產機中之一輪一軸耳。必分配適宜。輕重平衡。而後其經濟組織始健全。設若徒偏於局部之發展。未察及全體之均勢。則非頭輕腳重。亦必尾大不掉。故吾內審國情。外觀世界大勢。敢決言吾國。非工化。無以農化。非農化。亦無以工化。吾國宜農化。亦宜工化。

通訊

予何

……予何人斯。即先生十餘年前主民立報時。討論月之一人。而主張廢月以年紀地球之公動。以日紀地球之自動者也。自大刊發行。無期不購而捧讀之。甚先生所言。皆夙昔藏之中心而未發。每閱勝義。傾折無似。然今有疑竇于衷而不能已于一言。謹以鳴鶴在陰之義。而爲芻蕘或得之狐。先生其少覽焉。今日論爭之事。亦大刊所予人以抨擊。復從而嘵嘵。似欲以言詞勝人者。厥有兩端。一曰、持、說、之、異、同。一曰、文、字、之、新、舊。今分言之如下。夫言論爲天下之公器。大刊既已揭之于前。則說既有異。辯亦隨之而起。然辯者將求眞諦。即應處處平實說理。從容其詞。方不媿彬彬大雅。若務以言詞求勝。故爲抑揚。則或意

氣反勝。妙諦轉晦。孟子曰。我善養吾浩然之氣。又曰。予豈若是小丈夫然哉。斯爲得之。然此境却不易致。以此責人。亦至苛刻。天地。間。而。有。我。我將。爲。天。地。存。正。誼。非與。萬。物。競。私。欲。也。充此而往。何往不可。且言非一端。詞各有常。緣境不同。吐辭斯異。執一以論。則天可使高。地可使踏。管窺以測。則自執筆爲文。而曰予聖。亦無不可。竊愚以爲立說之廣大。陳義之高深。終無如易。狀物之衆。喻人之情。其必曰詩。而斷。易。之。詞。則僅曰。不。恆。其。德。或。承。之。羞。於詩。之。旨。則僅曰。思。無。邪。夫以高大廣深之理。情僞萬殊之態。而其歸則至簡至易。蓋窮高大廣深者。或失之誕妄。辨情僞狀態者。或失之險詖。故必納之于有恆。要之以無邪。此二千載以前。聖人不啻已先燭之。若豫爲之隱憂也者。是故學之積也必以漸。必于日常倫彝之間。力行

不敵。而後方可語廣大精微也。近人。語。廣。大。有。餘。裕。處。有。拔。則。不。足。狀。皆。僞，則。優。爲。之。而。潤。其。中。不。能。無。邪。思。此。十。餘。年。來。所。以。搶。攘。紛。拏。無。已。時。歟。今爲澄本清源之計。曰、第一。當。正。人。心。而。已。然此極難言之。今夫偶語相號召者。未有不以善自承。而以惡相詆。人且眩惑于善惡之間。又孰從而辨之耶。而非篤信好學躬行不悖之君子。烏足以語此。夫人心不死。古今扳言。苟天地健行不息。即善善惡惡之心。一日不絕。大惡多慝。至扼怨溢逝之時。亦不覺唏噓咨嗟。悵惘。無已。此一念之萌。即天地生生之德。不僅人類且足。即下逮獸畜。亦有苟矜。我生不辰。多我覯痻。惟鴞誠意。相與周旋。人豈無良。庶幾有感。否則辨析愈微。且荆棘徒臻。彼以。其。所。借。之。學。所處。之。境。而發。爲。此。言。即我。之。所。自。反。其。道。而。爲。嘵。嘵。不。休。者。也。夫又。何。訧。于。彼。此聖門自反之道。然果自反而縮。亦曰此妄人也而已。不暇與之辯也。我之所以信人者。在我行之何如。吾固不爲老氏玄默。第以今日者、非言辭所能爭勝。與其撻之市朝。什不肯一毫挫于人者。何若浩

浩蕩蕩。無偏無黨。皎若日月。皭若星辰。轉足以自存其說也。夫既曰不辯。而又滔滔何爲。得毋以矛陷盾。自途邏。輯。不知。吾。之。所。謂。不。辯。去。者。非斡義。而。爲。支。詞。連類。及。之。而。已。而吾。之。道。固。將。以。力。行。示。人。可。信。也。今者曠覽世宙。教亦多方。而其爲教之理則一。孔曰成仁。孟曰取義。佛慈悲而耶博愛。然皆折己從人。欲然若有不足于衷。及發爲悲憫之音。未有躊躇滿志。發揚蹈厲而能爲教者也。故人心正。學術皆爲有用。人心不正。學術且助虐加烈。如影隨形。響斯應。差以累黍。未有不失之鉅萬也。又析義至毫渺。無不周而復始。如環無端。此設之數理爲可信。夫橫絕太空。超以象外。易之事也。卦各有體。德斯不同。交以所當。變乃隨之。故知世宙間一事一物。窮其變、將殫年累月而不可悉舉。攝其理、可一言以要之也。近人窮一事一物之變。或不妨殫年累月而爲之。而所謂不易之理者。固未有思而及之。是以論議愈博。舛馳愈甚。苟能。以。不。易。之。理。爲。標。的。則亦。步。亦。趨。是瞻。是。依。未有。不。納。之。于。規。物。也。今余執一義曰。時各有當。理無

二致。將以明論議之造極。殊途同歸。而按之時義、或有當與不當。如引一綫之兩端以繞圓球終且適合者。則執一綫之中點而兩兩相稱也。然其發也。有東西正負之分焉。吾執此說以示于人。人且紛紛于時義之爭。曰、吾固適于時也。吾豈悖于義哉。發言盈庭。誰執其咎。無已、惟貴之功效。求之實行。視其所得之果。以衡其說之優劣而已。然行之而效。造福者生。行之不效。欲就其人即之。而其人之墓木已拱。嗚呼、吾言至此。蓋有不忍言者矣。詩曰、維此聖人。瞻言百里。維彼愚人。覆狂以喜。又曰、雖無老成人。尚有典型。曾是莫聽。大命以傾。昔之立說。必本于經。今之立說。務悖于經。經之當宗與否。且視若懸擬。而物物相對。彼以此立。此因彼顯。質之名家。殆相引許。予始合經而言間。夫曰。間。者。今相。對。論。之。詞。也。其界。義。曰。空與。時。相。對。而其。間。不、變。夫然。後。知。自。古。迄。今。俾。邇。及。遠。博采。冥。搜。研精。極。微、必有。其。不。可。易。者。之。理。在。焉。昔在周末。百家紛紜。火于秦燼。至漢而儒者之說始特。史云、中國言六藝者。折中于夫子。嗚呼、此其間得失亦難言也。今任其說之自起自滅。而天下紛紜料紊。涇渭不分。卒無寧時。甚而一之。而學術阻塞。文明不競。暴虐者且懲之以施箝制。民怨沸騰。潛伏上開。天下亦未必不至于亂。於此復有懸想。以爲言則公之天下。而以所謂間者隨其後。即以不可易之理。斷制而禁遏之。然此義同虛設。蓋公之天下。與以間隨之。適得相反。信彼斯抑此。有此且無彼。兩者比談、寧非滑稽。然則如之何其可。曰、言詞。俱。窮。唯存。之。其。人。故祚以爲捄今日之弊。惟正。人。心。而。力。行。之。而。已。甚望大刊樹立此義。發揚光大。責之功效衆而紛辯自息也。若論文字之新舊。則新以舊著。舊緣新名。新耶舊耶。孰先孰後。猶待論議。其可言者、新以別舊。而舊亦不得不自命曰舊云耳。故新舊者、懸想而得。對立之詞。無當否之義。無美惡之念。執新以詆舊。與執舊以詆新。其失維均。余以爲文字者發言之符號。藏之于心。則宜之于口。其與新相接觸多者。則其言不覺流露而爲新。其與舊相接觸多者。則其言不覺流露而爲舊。合之有新舊參半。水乳交融者焉。此蓋潛移默化。

皆環境所成。而含有時代性也。若夫摹倣口吻。音響畢肖。則爲刻意求似。而非眞情流露。如是者無至文。即有佳構。徒存傀儡。與眞合神接。妙手得之。究有間焉。故浸淫于古者深。而強之爲白話。則的歷難通。影響于今者多。而迫之爲古文。則蹣跚立見。有深造者。無。淺。脆。唯眞。情。者。有。至。文。治世之音樂而和。亡國之音哀以思。此皆自然之勢。不能強爲。吾意以爲唯古是與。非古不道。則凡今說今義。皆一切芟夷去之。於是吾之所謂文。乃爲吾文云云。今復以前例樹義。而竟其界域焉。以爲古文者。唯存古文之神韻氣息。而後代人事日孳。即云謂名物。有增無減。求合于古而不得。正不必拘古而僞今。使今說今義無有遺留。於是吾之文又變而爲斯云。今且盡撤前界。擴而張之。以爲文無古今。惟求其達。苟能成典。文言可，白話亦可。於是吾文又變。以涵泳于古者久。意境氣息。寄託深邈。時時流露。不可迹求云。介于此者。則有博涉西故。略探中典。傾倒前轍。擬文屬事。言貫詞順。而時有西方體執。不自覺其蛻化。等而下之。係備符號。言且不順。但可臆解。不能律繩。則鄙士淺學。市井負販。尤數而已。上所論述。蓋謂文之體執。可以意轉而左右上下之。三以上能事相敵。而所以異者。標的不同。斯取徑有異。四則限于狃習。猶不能謂之膚淺。凡此同一環境趨嚮之義。而當否美惡之念。即緣之而起。然余終以爲美惡者感情之表示。當否者人心之權衡。兩者有別。而未始不相通。何謂。有。別。則美。惡。自。爲。美。惡。當。否。自。爲。當。否。何謂。相。通。則美。者。亦。可。謂。之。當。當者。並。得。謂。之。美。惡。者。否。者。同。之。明于此義。而後知美惡之概耝。余觀情感。當否之判定。則在人心。執不知文字者。而與之談。疾徐抑揚之致。彼且愕然罔聞。是何異語蟪蛄以春秋。則形感未其無動于中故也。一國之文化。雖淺者亦知保存。而滅人以國。未有不自檢人文化始也。誦我開有命不敢告人之詩。然後知惴惴小心戰戰兢兢爲有補于時。此人心之用也。論情感當以眞情爲歸。觀美相贊。使讀之者興奮振起。可泣可歌。有低徊往復不能自休之致。是以古來忠臣孝子之語。聲宏而遠。騷人學士之文。神請而韻。用此加之于前區五類。四以上皆得謂之美。通之並得謂之當。論人心當以雅正爲的。蓋吾之爲文。將以示吾說爲可信。達之于人。且將移易人志。可不慎歟。故必。折。之。于。義。理。合之。以。規。矩。有佩。玉。鏘。鏘。之。音。無干。戈。殺。伐。之。聲。斯爲。得。之。故文字者。不獨文字之面目云耳。有人格存焉。富于德。睟于面。盎于背。文之可見亦猶是。理眞者詞沛。情虛者氣餒。孟子曰。詖辭知其所蔽。淫辭知其所陷。邪辭知其所離。遁辭知其所窮。此之謂已。用此加之五類。則二以上方得謂之當。三以下不與焉。通之卽三以下亦不得謂之美。然此樹義雅正。吾猶踵武前美。而爲當世閎通所譏。是則斷斷之爭。不敢苟同。猶曰先正人心使之一本云耳。若謂。文。字。者。至。少。亦。須。含。有。國。性。方不。媿。中。國。人。之。中。國。則無論文言白話。可兼收並存。惟不悖國性。保存原始。當嚴格相繩。謹執此義。以糾國人。亦與人心之說兼相發明。而視前說略寬。此爲第二義。執此義也。施之于前所舉。則三以上皆得謂之當。謂之美。述此旣終。復申三義。一曰、有、蛻、化、而、無、創、作。欲明此義。先立界說。創作云者。首出庶物。絕無所因。蛻化云者。踵述前烈。擴而充之。若僅以此爲斷。則稍僻前言往行。皆得竊名曰創。若統觀其全。追而溯之。雖鴻濛初分。亦有因受。演而進之。雖一滴之微。亦具不可思議。遞推遞嬗。互爲因果。何始何終。曷有窮已。文亦猶是。唐虞以前無攷焉。有周秦而後有兩漢魏晉。歷唐宋以至于今。今以後方且推致無極。其間代謝之跡。燦然不紊。皆可尋索。故創作云者。欺人之語。未之深究。而必曰蛻化。明非自私。亦不奴屬。夫天。下。事。未有。不。有。所。因。而能。有。所。革。惟獨。于。文。爲。然。也。二曰、白、話、亦、不、能、廢。夫聯字成文。字不變而文至賾。卽字繹文。文之義可視也。若以語言人文。則語言者固因時而遷。合有時代之性。不通古今方言。何由體認而辨識之。是則障碍轉多。非所以行遠垂久。然率居習語。淺近易曉。里巷能喻。有時婦人小子。一語破的。欲易爲文言。且千折百廻。不能銖兩悉稱。聲容並肖。是以史氏紀錄。不廢俚語。楚些歌詠。亦雜方言。然終。不。以。語。爲。嫌。蓋易。之。而。不。可。得。姑存。之。云。耳。祚以爲非示久遠。但取共喻。則白話亦有佳處。蓋白。話。與。文。言。體。執。各。異。六經。不。能。演。之。爲。白。話。即。說。部。不。能。代。之。以。文。言。人之吐辭。內蘊既久。脫口而出。若金流范。如珠走盤。有非人力所能爲也。復次、語言限于山川疆域。今既立標準。執不能不強彼就此。吾鄉啟舌。兒童習于方言。不解官話。猶如文詞。今者手攜而命。先習標準語言。再由標準語言。以解文詞脈理。凡歷三級。始能通曉。以視襲者由鄉語習文詞。既習文詞。而官話不學自張者。難易有間已。（註語音白乃語音所謂標準語言（即官話）不得與語音觀念淆混）此又限于風土。雖同一時代。白話亦有不能行遠之處在也。三曰、新、式、標、點。祇可、施、之、平、實、之、說、明、文、字。所謂平實說明文字者。如科學之解釋以及其他。但求明白易曉。而行終始條理。施以標點。眉目朗晰。上下蟬貫。有截可見。不相牽混。則于文事極有裨益。若經與詩詞。往往得之神旨。意在象外。不能以迹求者。則以此施之。反多矯揉。蓋標。點。者。僅爲。意。思。之。符。跡。不。能。現。神。情。之。表。示。正反先後。亦（叠句）皆（並句）轉承。仂（仂語）虛（虛字）倒（倒句）省。（省文）主（主詞）述（受詞）以（云謂）明。（形狀）皆可以形相求之。若抑。揚。疾。徐。之。致。體。執。聲。韻。之。辨。斷。非。符。號。所。能。盡。以符號讀六經詩詞。則六經詩詞。皆板滯無生氣。然其究也。跌宕深遠者少。而義爲平鋪。辭非妙喻。實居泰半。以標點施之。取便記誦。俾一片義理。爛熟胸中。亦未始無補云。至氣息音節。當存乎其人。僅能意會。匪可言喻。正如師曠聆樂。庖丁解牛。夫以不能言傳之事。而謂可以意象迹之。符號求之乎。祚幼也失學。長而無成。居恆耿耿。輒謂伊何。以上論列。自謂不激不偏。倘能平允。但根柢未固。文憲淺劣。惟先生憐其狂愚。進而教之。……

黃世祚（一月五日 東城王府大街黃圖崗二號）

復李雅言。諷誦至再。勝義高文。殆無餘子。知十。餘。年。來。賢。者。之。所。養。深。矣。凡爲報章。本期以言易天下。遽云不辯。將蹈墨家自遠其術之譏。律以幹義支詞之辨。則其說信美矣。力行二字。談何容易。胥論。不。爲。失。言。而乃。失。人。然。得。以。大。義。昭。示。天。下。冀有。望。風。而。興。焉。者。本。刊。雖。且。莫。殞。焉。猶。不。慮。也。衡文三義。最稱精當。愚於白話文。何嘗絕對以爲不可。當舉世不爲之日。且肯用力倡之。二十年間。愚所自撰之通俗文字。未可一二數。何至今日。遂乃蛇蝎視之乎。墨子謂凡入國。必擇務而從事焉。國家昏亂。則語之尙賢尙同。國家貧。則語之節用節葬。推之國家何病。則語之何病所從治之藥。是之謂擇務。今中。國。方。病。於。濫。惡。喪。志。之。白。話。文。愚擇。務。而。從。事。因不。得。不。有。以。語。之。爾。至語之而或失之偏激。則荀卿有言。矯枉者必過其直。自古。立。言。志存。救。世。淺深。純。駁。各有。所。宜。君。子。心。知。其。意。以。觀。其。通。斯。可。矣。過直。之。謗。愚猶。有。力。承。之。此意解者難索。姑爲賢者發焉。

孤桐

比閣

……比閣臺閣諸公。有刊發四庫全書之議。甚盛甚盛。是書爲我國數千年文化之淵藪。當日搜羅網集。艱鉅可知。理合發輝而光大之。謹按四庫全書目錄。內載十三經註疏正字八十一卷。仁和沈廷芳撰。但鄙人徵諸典籍。此書作者實爲嘉善浦鏜。非仁和沈氏。查鏜字金堂。一字聲之。號秋稼。嘉善廩貢生。平生富於作述。其於十三經註疏正字。剏始於乾隆戊午。提鉛握槧。日不暇給。閱十七寒暑六易藁而成。鏜與沈廷芳爲執友。歿後廷芳許爲付梓。故廷芳爲鏜作傳。曰、正字書存余所。故人苦心。會當謀諸剞劂。芳得附名足矣。而鏜弟銑作秋稼吟稿序。有曰、正字書沈椒園（字廷芳）先生許爲付梓。今已。入。四。庫。全。書。而非。兄。之。名。也。據此正字書非出諸沈氏手。決無可疑。當時冒竊之事。殆爲財勢所脅。所謂。三。代。以。下。唯恐。不。好。名。於廷。芳。似。亦。何。足。深。責。也。今則時移代改。平反此案。亦後死之責。在鄙人爲鄉里後生。固應據證以請。而先生及執事諸公。則事權所屬。理有建白。此事若能一朝更正。以闡、潛德。不獨鄙人私心所感激。而著者地下有知。亦當銜恩於無窮矣。若不乘此辨明眞僞。坐失時機。則偌大。部。籍。重刊。難。期。著者。沉。寃。必致。莫。白。而先生及執事諸公。坐見義不爲之耻。復何望於後之君子哉。附呈嘉善縣志浦鏜傳、秋稼吟稿序、暨浦聲之傳各一篇。藉爲佐證。所賴執事抉微察

隱。決此。一。重。文。章。疑。案。也。……蔡文鏞（十二月十四日嘉善）

檢討各兩。事關正冒竊。發幽光。所及於學術人心者甚大。頗當表之。固不必俟之刊發四庫全書也。惟閩報園所謂補君傳。明明以代刊其書已得附名爲言。冒名之事。殆非自發。或者紀曉嵐輩。偶爾失慎。誤易之也。近胡綏之先生、匡正四庫著錄之失不少。此事諒亦在意。容得便質之。明其真相。

孤桐

今後

……今後先生已脫政綱。廻旋餘地。完全恢復。一復以前原狀。不僅綽有而已。甚冀本其不屈不撓之毅力。爲惡濁社會。泥祭共衆。作先覺之導師。示民物之正軌。屏談容謗。遜言危行。和而不流。虛以納善。則吾儕凡爲甲寅讀者。將人人企幸。豈徒與當局同患難。共進退。日處危疑震撼。不苟免之一端。不負先生之自期及吾儕之所以期先生哉。此際共諸媚者固掉臂去。求繫援者亦反吾藏。彼猖猖爭文言白話。終細於理勢。而借端以中傷者。更無待乎爆擊。鄙人爰贅數行。爲旁觀者清之忠告。惟先生留意焉……王選之（十二月十二日杭州忠仁里七號）

屏談容謗以下云云。此之器識。何等。弘。曠。如。愚。局。促。猥曰。能。之。惟以王君與人爲善之誠。姑作匹夫何處不勉之箴。苟有寸益。皆本良箴。

孤桐

昨讀

……昨讀甲寅周刊。見有署名鄭瑰。作石燈庵主人者。致書先生。雖言外之意。於先生深致感喟。然詞語近譏。有傷大雅。查石燈庵居戶。並無鄭瑰其人。惟吾家從叔蔭史氏。寓居二號。而於先生行誼。夙目推重。於先生去職。尤增歎惜。且賦性方讜。家教甚嚴。鐘無譏者之通訊。在先生於彼通訊之旨。固已得之。而此、書、之、非、出、自、石、燈、庵、亦、不、可、以、不、辨。特爲聲明。乞於下期並錄之爲幸。……鄭閩古（石燈庵一月二十一日）

鄭君之書。愚固未以爲迕。亦未妄臆君家從叔蔭所爲。昔而曾參殺人。無傷大賢。況此。事。至。微。末。去。殺。

人。萬。里。而。愚。聞。之。緬。足。以。戒。者。哉。請。告。從。耘。勿。以爲念。從耘名家溉。昔爲名翰林。而今之。篤。志。戆。文。

章氏墨學

〔經〕法、所若而然也。

〔說〕法、意規員三也俱。可以爲法。

此條。明。類。辯。三。物。必。具。之。義。凡執兩物。而欲定其連誼。辨其是非。於兩物本身求之無當也。必持第三物以爲之媒，如兩。物。中。其。一。與。之。相。若。兩。物。必。互。相。若。故曰。所。若。而。然。如。兩。物。中。其。一。與。之。不。相。若。兩。物。必。互，不。相。若。是。所。不。若。而。不。然。一。理。又。可。由。經。文。而，推。得。也。是。之。謂。法。

說以意規員喩三物。意者、意中所擬之員形也。規者、替以寫之者也。員者、寫成之形也。三非缺。一。法將。不。成。故曰。三。也。俱。可以。爲。法。俱字若連可以爲法讀之。則意不顯。伍非百發見三也俱爲何。可云特識。以邏相三段律之。意爲大前提。規爲小前提。員爲斷案。以斷。爲。法。中西。之。郵。可。通。

不。慕。榮。利。者。也。

孤桐

〔經〕佴、所然也。

〔說〕佴、[illegible]然也者。則（舊作民同而說）若法也。

此爲。命。題。立。界。佴、爾雅釋詁云。貳也。義爲兩物相次。凡立。辭。以。謂。詮。主。形同。副。貳。故佴。在。邏。辯。實爲。命。題。而取。義。微。偏。謂。詞。蓋命題、取明主謂相爲然否之誼也。主詞、然者也。謂詞、所然也。今曰佴、所然也。故義。有。偏。且所然僅及正辭。若在負辭。則主詞、不然者也。謂詞、所不然也。謂者兼爲推斷。詞趣自明。

凡然。也。者。非。徒。然。也。僅於主謂兩詞之間以求其然。不可得也。是必懸第三物爲的。先視。兩。詞。與。其。連。誼。何。若。而後。自。身。始。有。然。否。可。言。是之。謂。者。法。故曰。然。也。者。明。若。法。也。

二

揣籥錄

孤桐

其者兩字。在文法中殊有特性。其字可曰代名詞。亦可曰代名形容詞。至者字則明明有代性。但直目爲代名詞。似嫌未公。以其、所。代。者。不。佚。一。名。而名。之。上。極。綴。一。之。字。不。爽。也。如竊鈎者誅。竊鈎者猶言竊鈎之人。者字爲之人兩字聯合之代是。其字有時亦不僅代名、而並代之。如原毀、不亦待其身者已廉乎。其身猶言彼之身。其字爲彼之兩字聯合之代是。依此理由。將其。者。兩。字。別爲。一。類。渾括。之。謂。爲。代。詞。不。問。其。所。代。者。爲。名。抑爲。他。詞。也。以其所代不脫之字。而其。字。所。代。之。之。字。在。後。者字。所。代。之。之。字。在。前。因名。其。字。爲。之。後。置。代。詞。者。字。爲。之。前。置。代。詞。

文中一名數出。嫻嫌繁者。則謀以字代之。是惟。取。其。意。軒。豁。已。耳。固不。必。限。於。代。名。詞。也。如柳州柳宗直西漢文類序云。於是有能者取諸堅書。類其文。次其先後爲四十卷。孫月峰評之云。前已。兩。出。宗。直。名。此乃。云。有。能。者。固自。謂。耕。愚因。名。此。種。代。字。爲。謂。耕。法。亦修。詞。之。新。名。也。

陳後。山。集。用。耳。字。處。多用。爾。字。如杜之詩法出審言。句法出庾信。但過之爾。及詩文各有體。韓以文爲詩。杜以詩爲文。故不工爾皆是。

凡一名能發爲一種動作。名動相關。各有專屬。如目有見。耳有聞。見必以目。聞必以耳之類是。但此類動詞。時或。即。以。本。名。尸。之。是曰。本。動。詞。至號可尸。號不可尸。今憑習慣。並無標準。如柳州送呂讓序。不踐郊牧坰野。不目小民農夫耕桑之倦苦。不耳呼怨。不目者不見也。不耳者不聞也。至不。踐。則。直。曰。不。踐。不。目。不。足。又黔之驢云。驢不勝怒。蹄之。蹄者以蹄擊之也。此處。則。直。曰。蹄。矣。

愚嘗謂之字、用如夫子之至於是邦也等句。爲代名詞，人頗疑然。然愚今猶篤信。以白話證之。尤顯。「孔夫子、他到了那國。一定與聞得那國的政事。」他字。活躍脣齒間。必不可少。此白話之他。即文言之之也。之字如此用之。頗有兩動作詞。隸於一名詞。而之字自領一動。假如英文中之形容詞句。而以複牒代名詞領之者。如 Confucius, who went to any country, must hear of its politics. 譯文中之Who即吾文之之。之也。是夫子必聞其政。爲正句。而至於是邦。以之字領焉者。職司形容也。此類剖析。可通中西之郵。愚因著爲例曰。凡之字。緊接名詞。其下隨現一種動作。而別有動詞在後。可以遜隸之字所代之名者。舉爲複牒代名詞。

孤桐雜記

愚藏有何貞老與英西林（的時彥安徐迢擕）一書。端楷精絕。其三紙。譚組安偶見之。甚稱歎。一日詩孫宴於愚渦寓。（民國六年）愚持示。求爲作跋。詩孫細審之。曰、此先父手書也。合坐爽然。然伯源先生（慶涵）之書。良佳。亦何渠不若。淺俗見如此。不可解也。昔蘇明允送石北使引。爲東坡少所書。而當時舉謂明允手筆。石氏子以示秦少游。少游好之。曰、學不迨其子。而書過之。（事載後山集談）

（按）然則無怪組安之失眼矣。

後山集談叢載渦淵之役。眞宗使候萊公。曰、相公飲酒矣。唱曲子矣。擲骰子矣。又賊契丹侵潰。萊公相眞宗北伐。參知政事王欽若請幸金陵。後渡河成功。欽若愧其議。讒於眞宗曰。寇準孤注子爾。博者謂窮而盡所有以幸勝爲孤注。言以人主而一決也云云。夫擲骰子何事。君以此關其相。相喩不言。又大臣論事御前。公然以博注取譬。不以爲嫌。可見宋時賭風之盛。

江陰何稑忞。(震彝)才士也。不幸早世。著有鞮芬室詩集。陳伯嚴先生稱其擇詞建骨。並有經法。陳子言爲題句云。雙井風流五百年。卻從生硬見嬋娟。而今。人。物。匆。匆。盡。又向。人。間。見。此。賢。乃竟以山谷相况也。近從梁衆異處。得見刊本。有贈先外舅詩兩首。爰錄於此。以紀文緣。其一云。費實虛象課。驚華樸尙存。心胸閒可拓。肝膽熱誰捫。天墜。身。將。壓。時危。道。益。尊。循除。壽。百。感。漫。落。更。誰。論。其二云。列疏驚天作黨魁。十年江海抱餘哀。舉夸才地聲名累。世老英雄粉黛媒。儘有。名。流。工。賦。句。更無。府。主。解。憐。才。武功醉倒康山側。彈出人間小忽雷。

愚近崇業治 Professionalism 之說。在柏林時。擬撰業治論一書。發抒其意。閒喪返國。志未得就。昨檢得所擬標目一通。爰錄存焉。用自策勵。第一章、業治之起源及大意。第二章、歐洲各國業治論之大要及其實際。中分四目。一沁宗。(法蘭西)二基宗。(英吉利)三蘇宗。(俄羅斯)四魯宗。(德意志)第三章、業治論之評騭。第四章、業治主義之適用於中國。第五章、論實施方法。

說林

紉庵告余。沈仲復巡撫(秉成)署兩江總督時。年七十矣。時文勤公方奉旨陛見。過江甯。往訪巡撫。問交篆后。即回安徽本任否。(時已簡劉忠誠爲兩江總督將來視事)曰、否。然則安往。曰、往江。蘇。取。婦。耳。文勤猶以爲爲子若孫取婦。不終諱也。婦某貢生女。年近二十。貢生亦未老。巡撫。以。丈。人。禮。事。之。親迎之日。端居上座。受巡撫跪拜。然巡、撫、子、若、孫、皆、以、爲、妾。公子福琳是年舉於鄉。所刻硃卷。未列太夫人。巡撫恚甚。公子遂不敢公然贈人。嗣以山東水災捐賑。賞給樂善好施字樣。於是太夫人之名。已得達於上聽。光緒之末。太夫人歿。衆子或爲參贊。或爲知縣。不肯去官。訴於江蘇巡撫聶緝槼。巡撫以。檀。弓。孔。伋。之。說。迫令解歸。則貢生外王父歷綮。前。子。不。孝。庚。辛。（請名時男女生年月日辰互存一函以爲夫婦之證妾則否）告。
身。不可。洩也。

組庵又云。程德全因擬邸得遂江蘇巡撫。張文襄所不許也。朝旨既下。往謁文襄。操北京語。文襄問曰、四川。話。何。故。不。好。必。呼。呎。孚。人。爲。哉。此事與笙陔先生言左文襄非正同。某提督謁文襄。偶效北京語。文襄曰、公湖南人。何必。作。如。此。怪。腔。

楊陔告余。故零陵鎮守使劉君建藩。自湘陰退歸。過長沙之犳陽鄉。時微雨。軍中、有、嚮、民、間、借、一、雨、笠、者。爲建藩所見。乃令取紙筆來。諭牌甲。（即保正）市棺材。一。副。牌甲。甫。諾。建。藩。遽。發。槍。一。人。應。聲。倒。地。借。雨。笠。者。也。故師。以。夜。退。班。馬。無。聲。前者望之告余亦如此。建藩字崑瀞。醴陵人。嚮數過之。以爲鹿鹿。不意董事如此。余在長沙。曾隨林君支宇、及晉棠、筠翹等。登嶽麓山。就飲建藩所、時建藩已被酒。謂他日當取兩萬金。挾一美姿。（故陸軍左將軍湖南副都督陳君作新語）吐辭爲讖。抑偶然耶。

組庵告余。聞之鄧渭霖。（字芸嬰合肥人）德人占據膠州事。臨元鎮總兵章高元守膠州。方督橋工。忽報、有、德、國、兵、艦、三、艘。駛入、海、口。總兵遣人責問。則以太平洋遭颶風對。明日渠帥來拜。辭亦云云。總兵往答禮。德艦發礮十一門。欵以豐筵。總兵極贊德兵精練。渠帥甚喜。謂艦中有陸戰隊數百人。嘗令操演。借供校閱。因約期而退。艦中、軍、卒。常就、近、處、較、獵。總兵以鉅野方有殺斃教士事。不欲稍稍過禮。故亦任之。及操演期。總兵如約往。則德、兵、陳、列、以、待。而渠、帥、不、至。總兵以爲疑。遣人問之。皆對曰、我等、奉、司、令、官、令。看管、總、兵。不聞、有、操、演、事。總兵大怒。求見渠帥。理論。乃不可得。無何。一人來。傳渠帥令送總兵歸署。至署。則渠帥以官文書來。因中、國、殺、斃、教、士、事。須於、三、小、時、內。讓出、膠、州。時、各、處、險、要。已爲、敵、所、占、領。而總、兵、所、部、官、屬。又爲、敵、所、拘、管。力不能抗。遂退。既而總兵集衆計議。以爲。中。德。既。未。絕。交。而渠。帥。乃。乘。我。無。備。其曲在彼。然總。兵。有。守。土。責。不。能。棄。地。與。人。乃一面。電。告。總。理。衙。門。一面。反。奔。敵。營。與之。力。爭。總。兵。擊。案。怒。罵。而渠帥

拈髭言笑。不與計也。有頃。小卒六七挾總兵登艦。扶橋而上。總兵。忿。怒。躍海。中。小卒亦躍海中。挾總兵出。見者或支頤作狀。或申巨指。意不。怕。死。狀男。子。矣。渠帥鋼總兵艦中。時其衣服。第不令與從官相見。越數日、渠帥來。知總、理、衙、門、劉、膠、州。賓德人。計已大定。並調總兵某官。未幾、乃奪職令歸。方總兵自敵艦出。得與從官相見。冠韜束折。須髮蜷縮。殆無人色。號渭霖本其從官。曾為渠帥鋼於別室者也。

黔陽黃總兵忠浩。殉辛亥之難。殺之者、為其啞兵營正兵李金山。總兵已被縛。或問公尚欲打我等否。總兵答曰。我有。兵。自。然。是。打。復擁至小吳門。時總、兵、已、被、歐、創。血淋、衣、濡。李金山問汝尚欲打我等否。總兵答曰。我有。兵。自。然。是。打。遂害之。李金山以害總兵功。親為譚組庵督軍師之。組庵告余如此。方總兵被困。陳副都督作新傳令砍首來。未發。桐陔益竭力言不可。作新大悟。謂如此即不殺亦可。但須約三事。一、任路議局。二、不接見賓客。三、其辭不能如約。即不殺。因傳令不准殺。而總兵已被害。作新嘆息。謂已經殺了奈何。李金山丁巳年在衡陽。為北軍偵探。事覺、伏誅。唐晉棠監斬。李言語抵賴。以為渠固眞民黨。晉棠罵曰。眞民。黨。老。子。也。要。殺。你。刀。起。頭。落。墮地。有聲。晉棠為余言之如此。組庵告余。八月二十九日。往問總兵。如有變故。公將如何。總兵曰、沒有的事。曰、如有不意。公將如何。總兵曰、沒有的事。曰、外間有人云云。託有變故。公能不為左右否。總兵曰、我非害人者。豈不能信。人言何足取。保無他也。既而設薄酌。酒半、自指其額。謂余虛腫。終不能久活。丈夫。重。然。諾。余撫臺踏頭求我。我作巡防營統領。軍中皆廝養。綏急無可用。稍求整頓。即不易易。余視事才數日。遭武漢之變。瑞澂不曉事。激成大故。我與。撫。臺。好。義。不。可。逃。自。分。歸。老。鄉。里。又。不。可。得。然自。投。身。軍。戎。曾。爇。香。告。祭。祖。父。以。為。於。是。以。往。作。已。死。人。已。天。下。事。雖。不。可。必。余。已。諾。撫。臺。尚復。何。辭。曰、然則我將奈何。總兵曰、子為議長。（時為路議局長）人民所公舉。視嚮。趨。避。唯民。是。瞻。安得。與。我。並。論。越日、遂及於難。（晉孟共）

甲寅周刊第一卷第三十號目錄

時評

法統之論。囂然而起。就中尤以張紹曾攝閣爲最滑稽。天津河北張宅。聞已豫爲假閣。設一切辦事處。考其政策似分兩步。一假直隸省議會爲會場。國會自由集會。議速張前總理出負建國之責。並以票決之。二、以天安門式之國民大會請段執政下野。通電夕發。攝政朝入。前者已由基本議員。奔走先後。雖所謂國會者。爲民六乎。爲民八乎。爲民十二乎。抑若日本之左派合而冶之乎。性質尙不明曉。而其迫不及待。則固爲不可掩之情實。假藉議場一節。孫岳督辦雖電襲交長否認之。宣傳者則謂確經議定。不至翻異。而多數公民儲爲國民大會之用者。又聞分批運京。數不在小。只須天津舉發。北京卽再接再厲。新政府本履端於始之義。將以春王月正元日爲紹述始政之期云。或曰。張氏之舉。吳佩孚乃反對之。在吳氏之意。仍以顏惠慶攝政為正。張遣人往說。屢遭拒絕。而張氏在津。適又以不得孚成切實贊助不肯味從事為言。兩相印證。則張氏運命。猶是虎口餘生。未全脫。險。者。已。或又曰。張氏之總理也者。當年與高凌霨等夥逐黃陂。偽辭職以為要挾。黃陂則正式免之。代以李根源。以法統言。黃陂之總統固在。黃陂。所。統。之。總。理。又李。正。而。張。偽。張氏。稍。稍。果。何。為。者。是說。也。弱者。主之。（完）

篤而論之。法。統。之。在。今。日。直如。已。破。之。甑。無取。再。顧。愛。國。者。計。惟。別。立。一新。國。命。此理。五。尺。童。子。即灼。知。之。而有。竊。宅。於。是。者。非此。不。足。以。張。己。伐。物。遂從。而。假。藉。之。軍閥。亦。或。以。是。為。可。用。之。名。復相。與。緻繞。以成。此。循。環。相。衍。之。局。此關。國。運。不。盡。人。謀。傷哉。善夫唐先生少川之言也。唐先生者以護法名者也。近有人問之。先生仍護法乎。曰然。曰、約法乎。抑憲法乎。曰、皆非也。曰、何哉先生之所謂護法者。先生慨然曰。南北混戰。殺人盈野。天災流行。道殣相望。亦化又起。舉國如狂。衰我子孫。莽身無所。斯時。法。將。焉。用。者。吾之。所。護。亦安。居。樂。業。之。法。而。已。矣。善。夫。唐。先。生。之。言。也。諾曰。仁人之言。其利溥哉。仁矣。唐。先。生。之。言。也。（通）

中東路問題。張作霖似全屈伏於俄人威力之下。俄於張氏將關內奉軍。次第撤退。護路司令張煥相。且得免職處分。及蘇俄新增兵力。漸至五師之衆各節。形勢嚴重。可以想見。國人。方。勇。於。內。爭。奉張。又。適。為。輿。論。不。題。竟將。此。急。在。眉。睫。之。國。際。大。禍。輕。輕。看。過。其心。死。之。謂。矣。章太炎先生、以無間仇友能為獨立之言論著。果也電告天下曰。中東路以扣車事件。拘捕局長伊萬諾夫。俄人藉口路權。致欲自行辦理。案中東路為中東共有。局長即兼為中國之職員。車費小故。阻撓車行。當事。以。便。宜。拘。捕。不。為。過。當。惟俄人以小小釁端。遽懷侵略。……將來。危。在。國。家。豈在東。三。省。受。其。侵。軼。而。已。三省既以自治標名。榆關已收。疆圉無缺。即應慎固封守。不再進趨。惟以。全。力。抵。

禦。蘇。俄。爲保。國。保。種。之。計。若無由兩歧。必無以應敵矣。至於中原將帥。近自直魯。遠及江南。當國基搖動之時。悉宜戮力北征。共除赤化。……民國成立。本以艱難辛苦得之。豈可。輸。致。蘇。俄。不稍。顧。惜。不幸。國。家。傾。覆。身，被。染。汙。以此。國。勳。而爲。桑。維。翰。洪。承。疇。之。續。內疚。神。明。豈不。過。於。餘。子。欲爲將伯之呼。且作無衣之詠。凡在含識。宜其嘅哉—大哉。太。炎。先。生。之。言。也。先生。痛。惡。關。外。軍。閥。何止。一。日。國命。臨。危。則作。此。獅。子。吼。聲。使余。國。共。向。一。的。邁。去。邦內。小。隙。悉予。捐。除。詩曰。兄弟。鬩。於。牆。外禦。其。侮。惟先。生。有。焉。（寶）

告罪

孤桐

有某君者。（能不舉其名以舉之將征將紛糾故）與愚無素。忽來一書言事。詞旨懇切。於愚近迹。似是假藉。愚感其意。布之本刊。並附數言。略見鄙志。此凡。愚。自。遊。機。械。之。道。爲。之。甲寅。公。表。之。函。作。以。百。計。固不。獨。於。某。君。爲。然。也。愚之爲此。當然無輕視某君之意。若謂。愚。特。重。視。之。謂將。藉。以。自。昇。其。聲。價。則甲。寅。似。尚。不。須。此。也。不謂某君見之大憤。謂不應發其私函。貽書千言。對愚廿年來公私行迹。指斥殆遍。尤逸乎君子愛人以德之範圍焉。書尾且責令不得增損一字。將原函從速布登。以明愚失。嗜、異已。愚爲反復推求某君見罪之道安在。百無一當。唯有。與。羣。衆。心。理。相。關。者。一。點。請得。明。之。蓋愚者世所僇辱之一人也。無論識與不識。以爲羣衆心理鈐制之故。凡有愚之論。舉不得發。苟或發之。發者必且大見詘議。俯仰無地。此種境象。愚因了然。乃於。某。君。通。意。私。室。之。言。偶。爾。不。慎。未爲。打。量。情。態。遽然。列。入。普。通。函。札。一例。表。之。公。朝。致使。某。君。大。受。友。譏。誚。議。之。逼。桜。無得。解。脫。此爲。愚。大。負。某。君。之。處。誠當。自。諮。愚今鄭重其詞。爲告罪一首。揭於前端。即爲此故。惟某君亮焉。至原函詞過急切。相與往復。將互。傷。君。子。修。辭。之。旨。恕不揭載。若曰。挾。焉。愚竊。謂。非。某。君。三。思。之。意。也。愚性好憫。友朋來札。八九無復。爲本。刊。通。訊。資。材。又若。勤。勤。一時感覺便利。私。暱。一

三

並言之。久成慣例。愚友幾無不知者。故凡。好。與。愚。交。者。亦。與。有。過。過不。盡。在。愚。也。以。愚。不。材。其態。固。如。是。並以。書。規。之。而。又。斥。斥。責。愚。明。界。限。執。其。別。此。求。友。也。某君絲不誠愚。致逢此厄。誠不幸之至。愚爲、此、言。今不、僅、爲、某、君。亦欲、天、下、之、士、下、交、於、愚·者。苟以、書、來。幸慎、其、所、發。而勿、多、爲、不、可、共、語、之、詞、云、爾。

吳敬恒—梁啓超—陳獨秀

孤桐

愚草此文將竟。有規兩數通。責愚與稚暉先生論難之未得其正。愚於時謗。夙有二感。一氣。粗。如。牛。謗愈。甚。而。爲。愈。切。一膽。小。如。鼠。謗初。起。而。力。不。支。今茲之。責。則中。乎。鼠。者。也。愚循誦今作。媿汗交迸。計惟。刪去。可安愚臆。然他稿不能驟具。本期不得出版。社友督責。亦不可堪。乃詳細點定一次。刪者三之一。字句之改正者十餘事。勉付手民。終此論戰。斯亦。無。可。如。何。之。事。也。稚暉先生。言之。所欲論者。百不逮一二。愚因亦同斯感。所言。不。切。長篇。直。同。嚼。蠟。有所。中。傷。抑又。其。次。然今。人。殊。不。樂。有。此。筆。談。此後。熊。熊。炮。我。東。嫦。娥。笑。我。西。愚亦。不。更。作。矣。書此告罪。惟讀者亮焉。二月三日記

吳稚暉先生、近以章士釗—陳獨秀—梁啟超爲題。略論二十五年間之革命大勢。及其思想潛變迴環之迹。而以陳君爲太過。梁君與愚爲不及。般般周望於全國之新人物。認明的轂。一致前進。語雖非蒂間出。用意彌復渾厚。論愚尤多溢美。非所敢承。愚以其言之偏·激處。不容囫圇讀過。又此二十五年之革命史。焉可忽吳敬恒不論。謹謝來旨。往以摘錄。

近世革命。分立憲革命共產三期。以梁先生尸立憲。吳先生尸革命。陳先生尸共產。允爲適當之代表人物。今請先以主觀之見。「二百年後」之筆。統論二十五年間三先生所涉各事。然後以吳先生之說相互明之。使讀者易於下斷。先己後人。大是不廉。然或亦先生之所許也。

試執途人而語之曰。今之國勢。有以愈於庚子矣乎。曰、否。今之政治。有以愈於庚子矣乎。曰、否。今之國民生計。有以愈於庚子矣乎。曰、否否。此諸否者。可以類

推。無取更問。今之國內一切現象。既無以愈於二十
五年前。然則、此、二、十、五、年、間、之、一、切、活、動。不論、激、隨、
大、小、南北、京、省。其無、益、於、國、也、可、知。倘自庚子以還。
魁異奇傑之士。所爲盡瘁於國者。自始無有。國人沈
沈睡去、至斯始甚。其張、目、所、見、諸、象。必與、今、日、凋、殘、
者、異、其、趣、殺伐、者、異、其、機。亦不、雜、想、像、而、得。易曰。剝。
歷、語曰。喪。邦。四萬。萬。人。之。底。之。邦。若報。相。與。剝之。喪。
之。以至。於。今。妻。子。齊。立。流於。餘。学。公私。塗。炭。幾於。其。
管。忽從、而。周。覽、得。失。衡論。人。物。非以。無。可。奈。何。之。思。
在十。分。忠。厚。之。思。姑於。彼。後。於。此。之。中。寓懲。前。毖。後。
之。意。直是。無。從。著。筆。史家立義。壯推如此。想當有罪。
以是開宗。
國人。謀。新。之。策。一、大。病。即是。無。辦。法。其自。謂。有。辦。法。
者。其無。尤。甚。此觀。於。梁。任。公。而。知。之。也。當丙申丁酉
間。任公年二十四五。創時務報於上海。論議風發。揭
權新政。凡屬諸西方者。罔不善。屬諸本國者。罔不當
改。其後爲新民叢報。納然。變法通論及新民說。凡逞
綿數十期。號全報之菁華。由今觀之。中含實質殊少。

亦曰。一破。壞。亦。破。壞。不。破。壞。亦。破。壞。一而。已。矣。然此。
二。報。者。實已。挾持。天。下。人。之。心。思。之。才。力。與之。並。趨。
至所・趨。何。所。天下。固。未。之。知。也。即任。公。似。亦。未。之。知。
也、天下。固。未。有。未。能。自。喻。而。能。喻。人。者。也。猶墮。之。識。
深迪。之。痛、當年。先。發。後。發。諸同。然。諧。之。無得。脫。者。幸
非壬寅間。革命之說稍起。章太炎、秦力山、是稚暉、蔡
子民之徒次第張之。然初習開放。莫知所以。稚弱顧
頂。義所應附。太炎。挾。駁。康。有。爲。書。一。册。以爲。鏡。寶。書。
在。於。是。力山。掉。臂。綠。林。潛蹤。女。財。自爲。風。氣。習與。人。
接。稚暉。以。辯。才。聞。於。時。安塏。第。之。演。說。大揭。江。海。然
其。所。言。能得。人。之。耳。而未。必。得、人。之。心。子民。退。然。若。
不。勝。衣。與之。言。事。類有。然。諾。而。無。強。宗。時愚。年。甚。少。
周旋。其。間。將命。而。已。綜諾。若。所。爲。亦適、然。而。成。革。命。
之。主。唱。者。策名。於。黨。義不。反。覆。言乎。其。不。得。不。言。動
乎。其。不、得。不。動。謂其。洞。明。理。勢。相。消。之。道。及法。度。損。
徒。所。宜。則未。然。也。陳獨秀者。原名乾生。一名仲、字仲
甫。懷甯舊家子。早歲爲書有聲、愚因僥中賢士。汪鑄
五 肴顏、葛襄溫仲誠之。言語。峻。利。好爲。斷。制。性猶。急。不。

能容人亦輒不見容於人東游不得意返於滬與愚及滄洲張溥泉南康謝曉石共立國民日日報吾兩人蟄居昌壽里之偏樓對掌辭隻足不出戶興居無節頭面不洗衣敝無以易並亦不濟一日晨起愚見其黑色袒衣白物星星密不可計愚駭然曰仲甫是為何物獨秀徐徐自視平然答曰蝨耳其苦行類如此然矜之於言則容無所有時與香山蘇子穀共譯置俄小說極寫人類困頓流離諸狀顏曰慘社會所恨政想講與此同蓋消極衛抉之意九而積極將作之計則不得一也辛亥八月革命突起不數月而滿洲覆長和成仝國所能勞號者惟立國會與民權鄭然數大字耳其中綱絡首端及中西立國異同本義殆無一人能言南京參議員某君什得半部美國憲法於晉者攝士執為大訓愚歸自英倫晤朱迭初於游府西街迭初坦然告愚曰吾幸集子所言以時考罷新明憲政便概愚問其故為大愧根蓋愚投寄北京某報英漢各論迭初次第裁取已衰然成一冊也當時政論之險可想革命黨既得勢不知所為惟四

出觝排人任公由神戶走京師求不見絕於黨人因揚言於衆曰吾夙昔立憲者手段也目的同為革命革命黨不聽而詆益急任公則自為庸言報稍明己志然形格勢禁論不盡由己立議稍密光燄殊遜曩所撰國風報時立憲黨人且頻頻媒孽敵黨於項城所卒釀成滬寧之役項城專政兩黨俱盡當事急時愚晤楊翼之於程雪樓署中與言項城杖視共和黨杖南方狗狗斃杖亦隨手棄耳不聽迫民國五年兩黨稍合而排袁君子有請流大同盟之頌以為兩方各有所惕國非可徐卽於理而蔡松坡者任公高第弟子也有首義功任公之徒意民黨當下之民黨不樂於是從廢之軍非剛毅滬上之詎整復起穩和者大懊喪自後任公附於合肥以征南西林遊旅民黨用非于畀時獨秀為之言曰北有安福南有政學天下和之讒不可挽孫中山之中華革命黨遂乃脫穎而出獨步一時入民國來稚暉正式為黨人言動似始於此自附以後軍人爭地盤激於外議員爭食跳梁於內無論何黨潔能逃思設策者流俱無援部運

行之餘地任公宜稱不談政治意以文學自隮合一時而爭百年之業有少年胡適新自美洲畢所學而歸都講京師倡為白話文字風靡一時意氣之盛與任公入湘主時務學堂者相埒也任公則大喜益附其說以自張且加甚焉諸少年譟曰「梁任公跟著我們跑」也數年來公疎誕宴之惡風遂一往不可抑實則此類風氣本獨秀主之以其長大學文科銳意於意大利文藝改革之事也洎事已大行獨秀則別樹一幟為馬克思之說以自張異李大釗者字守常燕產也為人肫直廉靜雅善文章與友之數歲風義彌篤至是折節獨秀為之疏附獨秀得此良佐聲氣驟騰之二人者性行既同旨趣復一出入莫斯科北京上海聞相與發揮踐履共產主義遂若洪然一炬星燄迸發至青年假斯名號失學喪身流毒社會彼不猶也若稚暉者自始間政以迄今茲所領蓋為游離偏師已既絕意勢位復無何種作政綱領推於意之所欲學者而恣學之附其初號無黨見後亦自認不免蓋無政府黨之嫌名已為三民主義卷而懷

之也久矣考稚暉之所標榜於外者為物質救國然物質不脛者也無能自至必有人焉優其學以為之先復有遇焉用其才以為之後始為有幸而稚暉者什匿克之心理綦重貌許一國之後生人人可以為奈端家家足以繼華特叩其內也則固無一人心焉許之以言乎已又自謂弄斧頭之年齡已過入與倫敦西南工人為鄰習補鉛字數千出攜柏林廊大克一具以意揣取天然諸美此於習勞自給信有之若夫遠較都料匠近路工程師小之作室謀制大之開物成務則猶有待返觀國內所接政學公私諸象其有當於稚暉救國之議者復求一星而不可得自律有志不得通之苦繩人有河清難俟之傷憤懣之餘習為激宕由是論鋒雄出毛舉細故蹈瑕稗官染於倫荒君子觀夫稚暉立言之失序而有以深原其志也已愚嘗論之「稚暉富於玄想縱然大師語其高可與希臘諸哲抗席語其祇乃不足與中學畢業生程材英之威爾士文行與稚暉相仿顧稚暉薄威爾士不為筆陣偶張旋復棄去實則稚暉之所草草自

七

命。者。食力。不。過。百。錢。爲烈。不。踰。一。手。足。此誠。滿。街。者。是。（此論乃稚革用以政恩者）何勞。與。稚。暉。爲。之。且稚暉爲之。亦既二十年矣。謂其。所。變。果何。益。於。衰。成。敗。之。數。哉。一（見十三年秋閱新聞報）此論發於一年以前。今循誦之。猶信。綜而論之。稚暉、任公、獨秀。之三人者。各有所長。亦各有所知。以易喻之。稚暉。蓋。如。摩。天。之。鵬。志在。離。物。始無。所。不。繫。卒乃。一。無。所。繫。迴旋。容。中。不背。卽。下。任公。者。知°更。之。鳥。也。凡。民。之。欲。有。開。必。先。先之。愁。息。莫不。知。之。且。凡。所。知。一一。以。行。乃致。今。日。之。我。紛紛。與。昨。日。之。我。假。而無。所。於。怡。獨秀。則。不。羈。之。馬。奮力。馳。去。回頭。之。草。弗。嚼。不峻。之。坂。弗。上。氣盡。途。絕。行與。凡。馬。同。路。如此等人。夫寧役不足於趨聚魁異奇桀之目者。而各各所革之爲無裨於國。則如十日並出之所共照。無可誣蔑。任公曰。立憲立憲。今時、憲、安、在、者。稚暉曰。革命革命。無命、不、革。己、命、且、熟、之、逸、追、言、其、他。獨秀曰。共產共產。試問、民、窮、財、盡。尙復、何、產、可、共。於是謂其義也。莫不粹然成章。聞者悅服。至謂其效。則岡是亂天下有餘。無足稱也。是何。以。故。曰無。辨。法。故。任

公派之立憲論。祇知憲之當立。而不。知。憲。之。將。以。何。法。而。立。稚暉派之革命論。祇知命之當革。而不。知。命。之。將。以。何。法。而。革。獨秀派之共產論。祇知產之當共。而不。知。產。將。以。何。法。而、共。所有。台。先。生。也。蔡先。生。也。物觀。先。生。也。皆論。也。而非。法。也。昔葉公子高問政於仲尼曰。善爲政者若之何。仲尼對曰。善爲政者。遠者近之。而舊者新之，子爲子而之曰。葉公子高未得其問也。仲尼亦未得其所對也。葉公子高豈不知善爲政者之遠者近之。而舊者新之哉。問所。以。爲。之。者。之。何。也。不以。人。之。所。不。知。告。人。而以。所。知。告。之。故葉。公。子。高。未。得。其。問。也。仲尼。亦。未。得。其。所。以。對。也。（豈子排任當）此爲。之。者。之。何。者。卽愚。之。所。謂。辨。法。也。蓋以主義而首主義。天下固未有持之而無故者。其見。爲。善。不。善。當以。爲。之。者。之。何。而。定。不當。以。本。身。之。存。値。而。定。庚子而降。凡吾國魁異奇桀者之所爲倡。只倒倡之之時。快於心而便於口。至爲之偏何在而宜補。弊何在而宜救。絕所不計。此所。謂。相。蒙。之。說。者。是。也。事前既講之無素。事至復應之無方。鹵莽。滅。裂。以國。嘗。試。此

其。不。一。摘。再。摘。三。摘。四。摘。以。至。恣。抱。蔓。歸。如。今。日。者。幾。希。愚故。曰。國人。謀。新。之。第。一。大。病。即是。無。辦。法。愚近持韓義及農村立國諸說。雖不敢自謂有辦法。而固與當世政家所持執者。逐步商證。斷案如此。非苟焉者也。人持台先生之道進。愚曰。台先生愚所夙識也。依子而行。一步二步三步。台先生且殉國以終。道將焉傳也。計惟愚義其可。愚義得當。台先生且不期而向榮也。與躁焉而實不至者。得失何如也。雖持養先生及物觀先生之道。愚所爲答均然。是何。也。凡愚。所。說。皆立。本。之。所。有。非。也。凡本。不。立。而。枝、葉。暢。茂。者。未之。聞。也。語曰。人窮則反本。今天下之窮。至矣盡矣。反本之思。固人人有之。特爲利害所繫。卯痛所制。不敢如愚昌言已耳。此不在遠。即吳先生無意中亦偶露焉。其言曰。「假如當年沒有那拉氏。竟讓載湉專任了梁啟超。那末載湉就是睦仁。梁啟超就是大久保利通。……我們大國民的頭銜。也暫且奪了滿洲主子。聊以解嘲起來了。」說竟。猶且低佪而咏歎焉曰。「然而。這。也。是。走。過。屠。門。便想。大。嚼。能。了。」嘻、

是何。故。也。愚嘗。勸。求。非。例。諸考。心。情。而灼。然、知。其。所。受。質。點。與壬。寅。年。先。生。小。包。封。內。之。語。意。乃是。一。是。二。也。吳先生以俄悔革命。歸獄於愚。謚爲可笑。然愚。之。俄。悔。詞。中。如是。斬。際。是。露。之。隼。虛無。有。也。吳先生且如此。彼所錫愚之「清心寡欲法。」愚敢斷其諸滋暗長於多數讀書人之胸。殊不可絕。一旦橫決。且不識何象。與其。遏之。不若。理之。與其。激之。不若。導。之。此。愚。案。之。所。由。建。而。其。原。於。眞。實。之。社。會。心。理。爲。不。可。易。也。願先生少之。以爲將府反動而蘊怨毒。且甚其詞曰。「惟有章士釗式的釀造共產。定是不得了。」嘻、愚果有此種力量耶。誠不勝受寵若驚之至者也。夫共產。之。精。理。宜無。過。於。各。食。其。力。人我。之。養。畢。足。而此。其。義。吾農。家。言。之。所。有。也。愚農村之案成。因非與共產不相容。共產之國立。亦猶有農宗參伍之地。以愚擯之。共產。之。第。一。大。敵。應爲。吳。先。生。所。欲。檳。擬。之。物。質。主。義。以。物。質。而。不。臻。十。九。稘。中。葉。之。盛。馬。克。思。三。十。年。圖。書。館。之。工。夫。亦無。自。而。入。也。且先生所謂釀

道者。非指力爭而云然乎。此則愚尤有說。洪憲之役。先生所稱兩黨合作而勝利者。此不僅先生憶之。愚亦馨香禱而不能忘。居無何。進步黨決裂以去。愚佇書於心曰。民黨鬬於市矣。頃之。西林與中山訌。愚佇書於心曰。民黨鬬於門矣。頃之。陳競存放中山於外。愚佇書於心曰。民黨鬬於堂矣。頃之。太子派與元老派相軋。愚佇書於心曰。民黨鬬於房矣。又頃之。廖仲愷為本黨人所賤。愚佇書於心曰。民黨鬬於床矣。嗣至今日。將共產者民黨反共產者亦未始非民黨將來相傾相軋。果成何狀。鬬無人能言之。愚則恒號號以不使愚更書於心曰。民黨左右手鬬矣。為祝吳先生而果以力爭為大猾矣乎。則於「右派能了」之居正謝持鄒魯諸君之所志。日幹而神馳焉。幸矣。某式云乎哉。

先生自白。有可翫味之一語曰。「我是急黨。我同時又願中國且得小康。」甚矣黨籍誤人。雖賢者亦不免也。夫黨者。所以達道也。愚聞執道以求黨。未聞殉黨以滅道。今先生之道。明明在得小康。凡急黨之所禁。又無在不與小康相近。以先生鉅人長德。冠冕本邦。何不導領同志。自為一軍。明示小康何在。俾入其由。一以速安利之效。一以殺乖戾之氣矣乎。當此羣紐悉解。萬衆失心。愚意先生為此。功乃不在禹下。而曰我是急黨。我是急黨。輕已以重物。拘小信以昧大羨。何其偏也。先生詘愚。甲寅不當視為一人產物。然此牛後之思。不無微值。亦在論態不紛。易於轉變已耳。如先生我是急黨云者。其得無背於邏輯換位之律。謂曰急黨是我。而亦可通。則先生膠於黨政。居中為馭。使同人號陶與笑。可以從我。而因以達其顛天下小康之志焉。愚欲無言。而先生姻家子陳通伯近為言曰。「吳先生、他應當立在羣衆的前面。不宜跟了羣衆走。」（現代評論三卷五十六期閒話）是先生亦跟著黨走而已。亦如尋常黨衆。無脫[illegible]部勒而已。又何自牧之甚也。

且吳先生所謂小康者。果何義乎。先生曰。「凡一制度崩壞。而新制度代生之先。必有稍奇之反動。乃亦一定之步驟。有如北美共和發興。而大革命之法蘭西。反產出專斷的拿破崙。又繼之以神聖同盟梅特涅的守舊反動。至直二十餘年。……尤其甚者。一方面方發生了從來未有那樣認眞的蘇聯共產黨。一方面卻又發生了也是從來未有那樣認眞的意大利法斯西黨。「有史來所成紀律。章吳先生歸納末謨。須知。此係。循。奇。之。反。動。與先。生。所謂。順。之。小。康。實同。一。物。其故。則。社。會。進。化。成於。連。環。環環。環。相。擾。類。有固、實。由今。追。溯。自。始。數。環。將見。其。脫。居。環。外。相距。彌。遠。而遞。嬗。之。際。則固。環。環。密。接。如鎖。之。隨。容。有。迷。轉。而無。跳。脫。時或。有。新。主。義。者。生。焉。與今。環。捍。不。相。入。勉強。行。之。勢且。將。今。社。會。打。成。兩。橛。各不。相。關。生機。頓。挫。群。倫。以。逸。於是。習。在。之。力。忽焉。「當。令。「將此。總。足。倦。馳。之。一。環。曳之。使。返。納太。陽。系。中。之。向。心。力。然。不抑。其。體。之。動。惟約。其。動。於。軌。如此。質。劑。環運。以。謂。然後。徐。徐。將。所。曳。返。者。還。其。前。行。不。絕。不。脫。一圈。渠。事。於茲。託。焉。先生。所。云。「向。社。會。主。義。前。途。曲折。行。去。」其曲。折。正。乃。如。此。也。昔蘇子瞻論和。頗得斯旨。其言曰。「子不見天地之爲寒暑乎。寒暑之極。至

於折膠流金。而物不以爲病。其變者微也。寒暑之變。晝與日俱逝。夜與月俱馳。俯仰之間。屢變而人不知者。微之。至。和之。至。也。使此。二。極。者。相。尋。而。狎。至。則人。之。死。久。矣。」此以。喻。於。新。主。義。之。不。當。躁。進。乃絕。妙。也。吾人生當其時。同獻技於群衆。形形色色。各爲一角。將居於極端。謀突變以自見乎。抑稍稍曳之近。躋之和。使先返而後行。或由微以之變乎。在史劇其值相等。未見前者爲天之驕子。而後者形穢不可以見人也。且人。之。良。心。反。其。下。意。識。來。告。又或。寧。爲。其。後。不爲。其。前。也。何也。兩極。相。尋。狎。至。之。足。以。死。人。其事。至。易。見。也。吳先。生。之。願。得。小。康。即眞。消。息。也。論而。認。之。毫無。「一。奇。」也。先生曰。「其詞雖若有憾。其實乃深喜之。「無此說明。使人讀如先生機關鎗子式之文章。時乃莫明其妙。然有此。說。明。而先。生。自。性。相。違。之。秘。奧。幾。於。和。盤。託。出。立。限。全。文。於。無。甚。意。義。之。域。例。證。夥。頗。此。特。其。一。端。也。

民國十一年。愚由歐洲返國。道出里昂。與先生方爲里昂大學校長。未能免俗。倩愚講演。有學生某愚白始不

名與其指愚大罵。詞不可堪。大旨影射與軍政府事。無閥閱學。橫逆之來。愚自嘿謝。而吳先生及褚民誼與其他校中人士。俱懾於勢。不知所出。學生與盡自去。愚始得畢講無事。愚私詢。知某生為陳競存黨也。競存黨之來校。同伴凡數十人。時惟學生多僉。校黨從出。號黃族。依跋扈如此。愚私心自計。不審吳先生平日。馭黃族。何術者。後數月。全校生果彩遂先生。有詞醜詆。與北京生。鬥毆。殆不相下。先生大憤。絕去。將不更與辦學事。私居聚議。每嚴顏斥若輩青年無恥。悔恨不已。通伯昨為閒話。取證先生之言行不相顧。備記此節。蓋通伯亦習聞責言者一人也。然先生持論大。廷。建言。翻。刊。則又大神聖而特神聖其新中國之主。人。翁。者。崇。遂。有。褒。而。無。恥。有。齒。而。無。恥。但以前之小己。榮。婦。「不羈閒婉」凝忠之為。且製為通律曰。學生與教習鬩者。學生必勝。稱是。長。養。天。下。學。生。絕。勵。什不。勸。色。喀、此又何淺也。先生公附忠私。其總禦不可倚。然忠之矣。應並。忠。於。私。居。聚。議。時。詩人。屬。湖。之。戒。孔門。十目。之。嚴。在極。齊。式。之。新。學。家。如。吳。先。生。之。

胸。中。不。應。全。無。效。用。今如通伯所語。則是。先。生。以。其。眞。者。淺。於。家。並。私。語。於。密。友。而以。其。僞。者。應。於。外。且公。言。於。他。人。之。子。弟。也。今愚尚論古人。（立於二百年後故也）有取於先生。是非利害。無禁於腔子。果取其僞者乎。抑將。取。其。眞。也。愚擬解散女師大。先生曰。章行嚴何足為此。若蔡子民斯可矣。通伯曰。蔡子民眞來解散。吳先生亦必反對。斯可之云。「設說能了。」夫說。說。能。了。固不。足。為。大。人。之。言。非。所。敢。望。於。吳。先。生。者。也。由斯以談。吳先生所加於愚之惡詐。退化也可。隨倒車也可。「死不了的」也可。而以、既、得、先、生、實、喜、詞、錢、之、暗、示。暗、眞、明、僞、之、實、例。我行、我、法。無所、於、恐。先生即有其詞焉。千萬其詞焉。亦如。莊。生。之。稱。名。家。者。流。云。能服人之口。而未。能。服。人。之。心。也。推愚棘有忠誠切至之意。為先生告者。昔嚴子陵遺故人侯霸二語。懷仁輔義天下悅。阿諛順旨要領絕。至今以為名言。今皇帝久廢。惟餘學生陛下。阿諛順旨義亦稍移。而先。生。要。不。嘗。出。此。通伯以領導者地位者相期。斯是。肫。肫。有。誠。惟先。生。卒。踐。之。至急激勢張。先生冀以不加攻詰稍殺其勢愚固絕少爲此事幸毋過慮始愚長秋曹獨秀自滬貽書請愚刊章取締共產黨狀此獨秀不如我有此謬言愚殊自信共產說之在中國實無意義孫子曰告子爲仁猶跛以爲長假以爲廣不可久也今獨秀之爲共產亦然愚在柏林少治馬克思書其法衡之吾國蓋無一而可獨秀必假假然爲之愚意惟使深爲馬學可解其毒攻之果胡爲也今之共產說盛行大抵出於假借小則如餘猾以爲名大則如狐火以爲盜然則今之言反共產滅亦化者於收拾餘猾狐火一方或者有其必要以北京歐人放火皆是共產黨爲之守常告愚彼亦不樂聞此言也任公息影清華園稍明古學乃其無可爲而爲之時勢無切實之要求日任公不出如蒼生何則任公之尋章摘句以寄其意假無可非蓋古人頂天立地之業每伏於若彫終身之年日以變國禱於市到民間去喚於途如深巷杏花之發人人聞之又未必爲良材也要之民國十四年間國事明明以無辦法而謀至今猶是一無辦法了無進步愚意無辦法矣與其僞爲有辦法四出繳繞使絲棼以獲其國無寧自承無辦法少安毋躁使國家復其元氣徐圖興造稚暉、任公、獨秀、以及不肖皆試嚮將生喪人之命至夥者也爲今之計惟自慎其方及毋苟佐人之方其可稚暉先生謂吾黨新派宜認明的彀一致前適愚意治極之義即爲的彀有聖者興亦無與易蓋凡政治之所謂義無不以宇與久爲之制限宇者此地之宇也久者今日之久也雅無借哥白尼發見日局以來之神秘明之亦不必繫於法蘭西第三共和之暢遂而躊躇之由是愚特謂今日之支那非將以治極立國無幸耳矣稚暉先生終謂何如

白話文學駁義

再請願吳稚暉先生

梁家義

前讀吳先生請願章先生之文旋效其道以請願於吳先生消極請勿薄文人而不爲勿輕視文章大事積極請更多爲文章更謹嚴其文章之體例更充實其文章之內容友人程伯葭見之謂當今文章大厄

在於流行所謂白話文學。相率以水滸紅樓爲模範之本。不獨再過十年二十年。新進中學生徒。將全不知國文爲何物。而思想亦因浸淫於強盜好淫才子佳人之中。而不覺以殴人放火挾妓爲學生正當之主義。故新敍新式標點之水滸紅樓。其賊害青年。竊謂不減於洪水猛獸也。蓋以水滸紅樓爲茶餘酒後小說之觀。固亦不妨小德之出入。而今之白話文學大家。乃舉之以爲文章楷則之正軌。則眞踰閑太遠也。亦猶之白話文詩。偶亦爲之。或竟特辦一二白話報紙。夫亦何嘗不可。乃今之白話文學大家。且談。言。論。自。由。而。實。行。極。端。言。論。專。制。至有約束朋友生徒。不許再作文言之強制。吾友某某。雖曾一時偶爲白話。後自覺悟。欲仍爲文言。乃其白話大師聞之。追之以失節大義。扶之及職業問題。是何。專。橫。之。甚。也。其。尤。不。可。者。乃。在。假。政。治。之。威。力。而。行。專。斷。文。學。之。主。張。如以教育部令。強全國中小學校均用白話是也。又於案上。出一舊前報紙。題曰法大考試誤解題目之趣聞。內載頃據法大某君言。目前該校招考

新生。發現有許多誤解題目者。某生將國文題。天行健君子以自強不息論。誤斷爲天行健·君子。何以自強不息論。何而又將論字與以字。視爲刑法條文中之「以」「論」同一講解。並自發問自強不息是何罪名。載在新刑律第幾章第幾條。又有多數學生作國文題。好學近乎智、力行近乎仁、知恥近乎勇義。因不知義爲文體名。以義字與勇字相聯。作俠義解。並舉七俠五義中之人物事實爲證。以見有勇者必有義。又歷史題、問青苗法之利弊。某生答卷。謂中學博物教員。未曾講授如何使禾苗加變青色之方法。此是農業化學專科學識。中學學生何由得知云云。某君言其他笑談甚多。均是耳親目見之事。此亦可供教育家之研究也。以上皆程君所剪舊報之原文。並指以謂愚曰。中學學生。國文常識。如是缺乏。皆近年風行白話之過也。吳先生近頗隨波逐流。不立於青年之前。而爲青年之導師。嘗以文字而逢青年之惡。如西瀅君所云。「吳先生可不然了。他儘管在私人談話時也可以痛罵學生。可是一到作文演說。他

總是硬硬頭皮的說學生對。（現代評論第三卷九十九期十二頁）嗚呼。吳先生既非逢迎學生、推倒把持學校、維護飯碗之流。何。其。立。言。乎。不。從。心。自。欺。欺。人。之。甚。也。即於文字一途。從前非居白話專制時代。吳先生偶一草作白話文。恢諧博趣。妙絕人寰。吾人固不反對也。獨至。今。日。白。話。專。制。天。下。吳。先。生。亦。步。武。追。隨。時。爲。白。話。以。示。海。內。則。非。國。之。先。覺。之。士。所。當。有。事。也。君既以文字相商於吳先生矣。何不直接了當。更請吳先生不爲白話乎。愚應曰。唯唯。敬諾。愚當再請願吳先生。退而修撰此文。吳先生倘亦矜哀而垂許之。是則愚之所大願也。

愚竊請教於今之白話文學大家矣。其主持白話文學。最深精義。凡有三端。曰、就文、學、性、質、言之。有活、文、學、死、文、學、之、分。凡所寫即爲所說。不必經過翻譯。活文學也。凡所寫是將所說翻譯一次而成之。死文學也。白話不經翻譯。故白話、活文學也。文言必經翻譯。故文言、死文學也。曰、就我國、文學史、言之。秦漢、以前。本皆、通、行、當、時、之、白、話。書之盤誥。聱牙佶否。古之白

話。與今之白話有異故也。詩之采取。乃當時江漢游女自爲之附答。或砍伐葛藟者自爲之歌謠。非白話而何。曰、就各、國、比、較、文、學、應、用、言、之。惟各、國、皆、用、白、話。所以、文、易、學。全國車夫僕婦。無不能寫信閱報。惟中國獨用文言。文字艱深。是以知書識字者。乃居全國之最少數。愚獨。以。此。三。端。皆。根。本。不。能。成。立。所謂。白。話。文。學。者。亦。根。本。不。能。成。一。名。辭。請列而條辯於後。

第一、所謂活文學死文學。非如是云云也。蓋剖析文章之內容。大抵不外言理、表情、記事三端。言理。而。活。躍。紙。上。使。人。一。望。而。明。活。文。學。也。言。理。而。晦。澀。艱。澀。使。人。如。墮。雲。霧。死。文。學。也。表情。而。哀。樂。畢。現。可。以。泣。天。地。動。鬼。神。活。文。學。也。表。情。而。使。人。漠。然。不。動。於。中。全。然。不。能。達。人。心。府。死。文。學。也。記。事。而。如。歷。如。繪。毫。髮。都。現。活。文。學。也。記。事。而。詞。能。不。知。所。記。何。狀。再。詞。而。更。使。人。模。糊。影。響。死。文。學。也。逼讀各國文學大家定義之書。無以寫說經翻譯與否。而分死活文學之說也。如以此爲中國文學特殊之定義。則吾見果

一五

持所說。則中國不獨文學始終不能成立。卽國語亦始終不能成立也。如所。寫。卽。所。說。不。得。經。翻。譯。則粵人。當。寫。粵。語。閩人。當。寫。閩。語。江。浙。人。當。寫。江。浙。語。卽粵。人。不。獨。廣。州。語。與。瓊。州。語。絕。然。若。異。國。而一。鄉。一。城。之。人。廣。南。隅。北。角。語。各。不。同。而。各。省。各。鄉。亦莫。不。如。是。則。中。國。不。將。有。幾。萬。幾。十。萬。之。文。學。乎。試問所寫卽所說。不得經翻譯。方爲話文學之說。其於中國亦尙有成立之餘地乎。嗚呼。何不。思。之。甚。也。況以吾人經驗者之。吾人說話。雖各隨鄉土。而所學文字。舉國一致。當其爲文。又一過文氣。聰其所之。固非。句。句。口。中。先。有。一。話。然後。翻。譯。以。寫。爲。文。也。且爲長文。自亦胸中先有一大致間架。然每。篇。得。意。之。處。皆於。文。氣。奔。放。之。時。自然。隨。機。偶。得。不獨。非。先。有。一。句。話。再譯。一。句。文。且於。寫。後。自觀。皆爲。落。筆。時。始。意。毫。未。想。及。之。文。也。此凡能文者皆有之經驗。又何得曰中國文皆由話翻譯以成之也。更進而求之。吾人信筆所之所爲之妙文。若欲爲人演說。反更須將先有之文。後譯爲話。方能口說。此於詩詞聯語等類之傑作。文章天成妙手偶得之後。欲以口說爲人演講。其翻譯之勞爲尤甚也。是吾。國。文。不。獨。非。由。話。翻。譯。而。成。吾國。話。有。時。且。實。由。文。翻。譯。而。來。也。此當今白話大家所持文學作質之說。根本不能成立。而白話文學。亦根本不能成一名辭也。

次就中國文學史考之。請問。以。何。證。而知。詩。經。所。載。非。當。日。文。人。描。寫。江。漢。游。女。芻。蕘。樵。夫。之。所。爲。而武。斷。爲。游。女。樵。夫。自。爲。之。白。話。書。經。盤。誥。非。當。日。一。稱。高。尙。文。學。而。硬。定。爲。當。時。之。白。話。也。乎。則白話文學大家亦必反問於愚曰。君亦有何憑證。而能確得相反之論斷乎。愚請應之曰。有。吾友某君。亦今爲白話稱大家者也。當其未爲白話之時。最長於詩。尤長古風。記有耕牛歎一首。內意耕牛怨言。一生苦作。洋流夾背。當其收穫。僅食草料。而人則食其穀實。友今老矣。不能力田。人又將殺其生。食肉寢皮。又以其餘賈利。嗜嘬樓館。令人不忍卒讀。又有織婦詞一首。內意朝夕勤勞。積寸累尺。幸成一疋。不敢自著。而紈袴子弟。手不親工。而一衣是抵一中人之產。一唱三歎。

大有今之社會家言之意。試問此是耕牛織婦自作者乎。亦一文人必有所會。爲之描寫者乎。耕牛織婦。不能自爲。既是事實矣。推而上之。唐。宋。李。杜。蘇。黃。詩。集。所有。征。人。怨。女。一。切。詩。歌。亦。非。當。時。征。人。怨。女。之。自。爲。而爲。文。人。所。代。詠。歎。又既。是。事。實。無可。疑。者。矣。更推而上之。詩經之江漢游女、蔦蘿樵夫。所有贈答歌詠。亦非其自爲。而爲當時文人之作品。亦又何疑乎。昔之經籍。亦爲當時文人作品。理復正同。上所推敲。苟平心評判。尚得謂爲非正確之論斷乎。況以古代歷史攷之。詩經所載之十五國。當時各有方言。不異今日。甚或過之。試左氏春秋、揚子方言、所記各國當用名詞。彼此差異甚遠。倘當時各以所用白話。發爲風雅。則孔子刪訂。不能領解。亦必如今日粵人之。觀。閩。話。也。此當今白話大家所持我國文學史之說。根本不能成立。而白話文學。亦根本不能成一名詞也。更次、就各國比較文學應用論之。須知各國車夫僕婦。皆能寫信閱報。乃其既行強迫教育之後。且其義務教育之教員。皆經極完善訓練之結果。並非

……

其文字淺易。可以不學而能也。我國知書識字。居全國之最少數。乃是。未。嘗。學。問。並。非。文。字。艱。深。難。學。不。能。也。吾親見今之後生小子。學文只三四年。即能執筆。通。順。其高才異秉者。皆能大有趣意。以多。數。人。未。受。教。育。之。故。因。不。識。文。而。斷。爲。文。字。艱。深。須。改。白。話。吾不。知。此。於。邏。輯。爲何。等。論。斷。法。也。更以事實按之。歐文演聲。字太繁雜。即如學英文而求讀書作文無阻。非心記十萬字不辦。中文演形。字最省便。能通三四。千。字。而。識。其。用。法。則。終。身。以。之。而。不。窮。中文果較歐文難學乎。即此。記。字。一。端。即可。省。力。二。十。倍。也。羅素前來中國講學。歸而著有中國問題 The Problem of China 一書。注重文化問題。而謂中國文化有三大特色。於考試制度、孔子倫理二端之外。則推中國文字之重演形。謂歐美各邦。近已私師其意。用於讀用亞拉伯數目之字。蓋亞拉伯數目十字。各國算術界通用其形。而各讀其本國之音。故算學書一類。英人雖不諳德法文者。而德法算學之書皆能略讀。則以所演算式。其字皆用亞拉伯也。中國字各地讀音

雖異。而形義則同。此實。一文。學界。極便。易之。妙法。奈何。自。來。其。資。而資。人。之。所。乘。乎。即以實際應用言之。白話實不如文言遠甚。如發電報。如寫信件。字數多少。金錢攸關。意義顯晦。精神所在。皆用白話。去目的甚遠。而用文言。則於實際應用方能恰到好處也。此當今白話大家所持各國比較文學應用之說。根本不能成立。而白話文學。亦根本不能成一名詞也。各說既皆根本不能成立。白話文學。又根本不能成一名詞。故吾人既請願吳先生多爲文章。不能。不。再。請。願。吳。先。生。不。爲。白。話。一月二十六日

八字辨

林治南

乙丑冬、晨起無聊。於新字紙堆中。檢得京報三九三號副刊一張。載有吳稚暉先生評判章梁陳三君論文一長篇。有曰。

陳先生的大吐大寫法。也不是陳先生能說得別人一定肯用。假如像胡適之那一種含纖維質很富的。當今一點。不提新搭積。自然陳先生的巴豆大黃湯。廢好了也無人過問。……梁先生自來就是一個陸伸安。非黃芪熬參不用。雖有挪揄他。他常常與自己挑戰。但他那大補元氣的中庸論調。始終不改。而且他不曾開過倒車。正是行慢車。……現在且說章先生的清心寡欲法。什麼叫做清心寡欲法。是我游戲的代他造的名目。其實章先生全般政策。就是普通大門上貼的春聯。常看見的八個字。叫做教詩說禮。孝弟力田。這種反樸還惇的敦厚風俗。做過八股的朋友。莫不垂涎一尺。艷羨不置。……那種教詩說禮孝弟力田式的人生。正在半開明的專制帝王下。才能穩定。乃是陳而又陳。永棄在古代歷史料裏的芻狗。如何再能在社會主義發生出現于活人世界呢。……

噫嘻、何太甚也。陳君之大寫。梁君之大補。究竟對于國家社會利害如何。吾不敢說。至夫章君之教詩說禮孝弟力田者。是否爲開倒車。或開順車。實在百般狐疑。而不能不爲之少研究焉。

夫教詩說禮者。乃仲尼訓子之箴。不學詩無以言。不學禮無以立。孝弟力田者。乃淡惡勸民之典。不力田則衣食無所出。一夫不耕。或受之饑。一女不織。或受之寒。不孝弟則父不父。子不子。兄不友。弟不恭。倒行逆施。淪于禽獸。而今無禮義廉恥之心。此者。非。但。爲。今。之。濟。世。良。藥。即無。量。數。年。代。以。後。亦將。奉。之。而。莫。敢。少。失。也。吾恐。章。君。未。必。担。得。起。這。八。個。字。假曰。能。之。則其。莫。大。之。功。焉。非但做過八股的朋友。莫不垂涎一尺。艷羨不置。即我。林。業。一。青。年。學。生。亦將。垂。涎。萬。丈。也。今吳先生不爲之獎勵資助。導民于軌物。而反嗤之曰開倒車。是何異於指馬爲鹿。以雉爲鳳哉。昔詐上古之時。渾渾噩噩。獉獉狉狉。人各居其居。食其食。雞犬之聲相聞。而老死不相往來。無所謂智愚賢否父母妻子也。厥後聖人者出。教之以相生養之道。使人人皆有禮義廉恥之心。孝弟力田之行。遞演遞進。以迄于今。否則人類滅絕久矣。故荀子曰。人性惡也。生而有欲。欲不得。則不能無求。求無度量分界。則不能不爭。爭則亂。亂則窮。先王惡其亂也。故制禮.

義以分之。設師法以化之。否則偏險而不正。悖亂而不治也。用此觀之。章先。生。「普。通。大。門。上。貼。的。春。聯。常。見。的。八。個。字。」之。政。策。實。乃。文。化。之。靈。魂。人。身。之。元。氣。猶。舟。之。于。柁。車。之。于。輪。而不。可。須。臾。離。者。也。吾夙來聞無舟車。去輪柁而能前陂。今者。文。明。去禮。義。而。能。進。化。豈。不。大。奇。果如。是。爲。之。亦見。其。返。人。太。古。之。部。落。野。蠻。世。界。而。已。開倒。車。云。云。亦不。在。彼。而。在。此。豈。韓氏曰。怠者不能修。忌者畏人修。誠不誣焉。吾敢請教于吳先生之前曰。章先生之開倒車。以教詩說禮。孝弟力田。而吳先生之開順車者。果何說耶。以其爲。父。不。父。子不。子。兄不。友。弟。不。恭。耶。抑人。人。優。游。卒。歲。無所。事。事。相爭。殺。飲血。衣。皮。混乎。人。禽。以。終。其。身。耶。何其。蓬。之。心。若此。甚。哉。嗚呼。據吾以爲亂人家國者。在于土匪軍閥。政客官僚。及今觀之。雖大。儒。亦。然。夫行。不。由。正。路。而惟。怪。之。欲。從。言孤。落。無。所。容。愚人。甚。而。小。人。喜。如此。者。國。殆。不。足。亡。也。已。吾願。賢。者。其。辨。之。焉。吾願。賢。者。其。辨。之。焉。

通訊

捧讀

……捧讀甲寅年之甲寅。智年尚幼。祗知其美。而不知其所以美。昨歲大刊寵光。急購而拜讀之。始知所以美者。乃文品之美。文詞之美。而說理處有美有不美也。猶憶先生答熊夢書。（本刊一卷十八號）僅及勖學。而於該生請求入編譯館事。則闕然未報一詞。在先生或有別情。而熊君則大失所望。豈邏輯之不叶。亦惜理之未融。熊君寒士力學。困諸經濟。難於深造。先生身長教部。不助之以實力。反挑之以微言。智與熊君。素不相習。猶懷憤激之意。僕怪先生毀謗交至也。大刊甫出。智便詣京師。躬往訂購。愛讀成癖。不復計及往返宣武門外之奔馳矣。自是日與大刊爲緣。恐久之易染同化。與有關切。敢進逆言。幸賜詳察而垂教焉。……王恆智（天津海大道警新公署 一月二十七日）

承注甚感。熊君年少異才。惜其泛而寡要。蹈愚往轍。故略以所知語之。愚忝。長。於。熊。熊。不。以。爲。不。肖。而。來。請。益。自。惟。當。仁。不。讓。之。義。爰。有。不。敢。不。告。之。責。倘以此貫怨於熊君。及爲表同情之士如執事者。此由愚立辭未當所致。愚請謝焉。而愚意固未可非也。若並愚意而亦詈之。以至如來書所稱毀謗交蒞。此之。毀。謗。其。來。無。方。似。祗。得。聽。之。而。已。愚生。平。無。他。長。惟。樂。道。人。之。善。及。以。氣。力。扶。與。求。者。相。接。則。時。時。以。之。自。勵。愚。得。函。之。明。日。即。請。熊。君入。館。儲。焉。執。事。見。告。熊。君。固。已。在。館。多。日。矣。此。等。瑣。細。之。事。似。無。事。張。皇。其。詞。徹。於。人。聽。有。如。執。事。者。之。怪。責。說。明。未。爲。晚。也。愚。之。編。譯。計。劃。擬。招。致高。材。生。百。人。入。居。館。中。供。以。常。餼。廣。搜。圖。籍。輔。之尊師。俾得心身舒泰。而從事於所願爲之書焉。此有人者。固訂以考試法求之。試期未達。而熊君已超馬援館。此正以熊君寒士力學。迫不及待之故。所見似尤與符旨不違。然此。皆。往。迹。事已。成。燼。顧復道之。果何益哉。來示所舉實應一事。更誤會之至。恐涉詞費。恕不詳贅。惟足下般般示教之意。未敢忘矣。

孤桐

前函

……前函計已達覽。近言未已。猶欲一陳。夫與稚暉者。一老而益壯之人也。（無以名之只可自老而益壯）信口所言。信筆書之。跡近放蕩。已失士者修行之旨。日前載在現代評論周刊向先生請願一文。詞傷爾雅。語出笑林。而先生復書。（本刊一卷二十七號）亦以笑林報之。如是。則。爲。過。矣。夫精。理。之。辯。累。福。猶。嫌。其。少。（如農圖約引若）無益。之。言。半句。已。厭。其。名。此次答吳先生書。彼言其一。而先生援其二。斯賢、予、人、以、雙、簧、之、譏、也。伏願先生一省思焉。……王恒智（史家胡同王宅 一月廿九日）

邇來

……邇來貴刊與稚暉論辯往復。爭持不已。先生之文。紆徐明淨。愛人以德。發世以誠。詞取謹約。義重嚴密。若六師之訓練有節。稚暉之文。詼詭百出。殆如昌。黎。運。牛。溲。馬。勃。之。典。于。進。學。解。而。非。生。之。所。謂。道。在。矢。尿。者。也。眞奇突縱橫極矣。值國運迍邅之際。斷斷論政教之得失。以期補救人心。挽回末步。孰不謂然。孰不謂然。唯尋繹雙方旨趣。屢屢有意氣之流露。已覺可惜。近日逐漸涉及品節出處問題。証引往事。排比時賢。分明洛。蜀。君。子。之。徒。胡。乃。牛。李。水。火。之。勢。軍閥爭雄。草木皆兵。莽莽中原。吾民已無樂土之可居。而學者忍。復相與詆毀。是非莫定。又令吾民。頭。腦。皆。昏。耳。目。不。聰。耶。先生與稚暉皆當代人倫之表。舉世所瞻。嘉言懿行。時賢後學。實式憑之。竊願高標政教之極則。討論施行之次節。開濟國運。培養元氣。無紛呶于旣往之小失。求大得于將來。吾民且仰止之不暇。蒙福利于無北矣。不識高明以爲如何。

幸有以教之。……魏懷芳（南平政問 二月二日 同十八號）

王魏兩君之言。各有至理。一嚴。一寬。相睨。彌。厚。鄙意已決於本刊論文前端發之。總不肯附。惟吳稚暉先生當世耆宿。立言無方。王君之詞。似有所激。愚請為吳先生謝之。

孤桐

久切

……久切心儀。無由晤對。甲寅重光。得藉郵筒。沃開緒論。快慰無似。方今捲天下者。莫甚錯僞驕兵。放火殺人。無所不至。不幸。青年。學子。竟與。鼎足。而。三。誰生厲階。學說偏畸。其流必至於此。當有尸其咎者。獨惟當世鼎鼎大名之學者。誘彼後進。不思納諸正軌。惟以同俗媚衆為善。他勿具論。三十年來驕放民智。乃孰不謂新會梁氏之力為多。以彼其學。時得抹殺。一蔑舍其本來。曲意徇人。卒之。所。得。稱。道。于。他。人。者。一老年。隨。著。少。年。跑。一如斯。而。已。語本。假。薄。意含。輕。蔑。可見。者。派。祇。見。有。我。不見。有。人。學之。非。之。兩俱。無。是。不能。不。為。任。公。惜。也。世之所以傾倒于甲寅者。在能靜氣平心。虛懷集思。使國人意見。務如其量。而不容有所偽託。用以武斷。令之。甲。寅。仍昔之。甲。寅。於總。長。與。不。總。長。渺焉。無。涉。忌者竟以此為口實。何所不用其極哉。今幸先生擺脫閣席。如棄敝屣。足以關執議愚之口。甚休甚休。伏望先生此後屏息衆務。壹意著作。文字因緣。廣聯同氣。俾甲寅事業。繼長增高。拯將喪之斯文。拼合無量數髫齡俊秀。載胥及溺。此則愛讀貴刊者頂香以祝者也。邏輯一科。師範列為主課。友人約主斯席。編搜坊間。訖無完善之籍。足供參考。先生獨邃斯學。曩在北大。編有新書。惜未獲見。如能附同週刊寄副借抄。為賜多矣。然非所敢冀也。……張曦（湖州第一中學 元月一日）

毀譽兩俱無是一語。誠慨乎其言之。北京久無清氣。明者甚稀。語云學殺。殺字。極有。趣。意。脊兄執鐸偏隅。士氣未喪。認眞理董。易有所成。捧誦來書。所感。唯。此。為。銳。而。已。甲寅無甚進境。自慚不已。猥承督策。無益緜馳。如何如何。邏輯亦如他科不進。焉有善本。愚雖少講是學。未有成書。近寒家被燬。手稿容亂。擬稍理之。使成一篇。倘有頭緒。謹即是教。

孤桐

孤桐雜記

晨間見志摩所為傷雙栝老人一首。頗多根觸。宗孟。一。生。長。處。在。齊。於。了。解。萬事萬物。一落此君之心之眼。無不渙然。總而言之。人生之秘。吾聞人多矣。唯見。宗。孟。參。得。最。透。故凡與。宗。孟。計。事。決不。至。搔。不。著。癢。處。言情。尤。無。曲。不。到。美哉。所。業。殆。安。琪。兒。也。偽言偽行。宗孟之所最惡。彼生平劣迹。輒向人言之。負謗從不從辯。如此美才。竟死於飛彈之下。傷哉傷哉。愚勉成一聯挽之云。處。世。算。不。說。假。話。最。難。刻意。存。真。吾黨。之。中。君。第。一。從政。以。自。喪。其。身。為。了。無。端。共。難。人生。到。此。道。寧。論。亦得其勞瘁而已。無端與。人。共。患。難。一。語。乃宗。孟。臨。危。告。人。者。也。二月三日

近來文壇流行新字。愚輒不解。幽默二字。似從英語 Humour 譯來。意。指。蓋。為。俊。語。者。之。風。趣。也。而字面微得其反。易生歧解。文字之情。懷。固。恆。於。字。裏。行間得之。所謂盡在不言中是也。然。不。言。者。言。中。之。不。言。非。不。言。中。之。不。言。自始。無。言。焉，來。語。默。恰。到。好。處。之。辨。唐人喜作狀後語。以為有趣。然。非。前。因。無。以。見。後。一語。不。發。虛。實。隱。見。之。妙。又何。從。知。之。也。近見李君四光致晨報一則曰。「現在西瀅先生又提出這一套舊話。我如何能再守幽默。」（二月一號）再則曰。「我以後決不答一辭。借守幽默就能了。」（二月三號）如此用法。未必是造詞者原意。愚舊論。音譯。最。為。保。險。名。詞。良。法。然。若。以。漢。文。字。意。參。入。使音。義。兩。面。都。顧。得。到。偶一。不。慎。恐將。與。冰。麒。麟。等。詞。同一。醜。惡。雖幽默二字。殊不至此。而使如李先生者。頻頻誤用。卻大不佳。

愚意。以。西。辭。二。字。易。之。何。如。

有有疑君。在世界日報（一月二十六日）指愚文誤字誤爲一事。彌感眷注。立於法外。（本刊二十七號第而）意在直譯英語之outlawed。因有歧義。故加注釋。納之治外法權一語。依字而解。亦有兩種。一國治（如管治府法意）外之法權。爲正解。一治外國之法權。爲歧解也。當此。語。初。立。時。以濫。辭。一。時。之。汪。穢。雜。在上。海。中。外。日。報。著。論。輒作。第。二。解。爲時。論。譏。今則。童。子。能。知。其。正。矣。可知譯語附以說明。乃行文時不得已處。談不。到。尋。常。文。律。也。至被難之彼字。爲避之誤。誠如所指。此是自忽。手民無尤。記此並謝有疑君。

說林

翁文恭師日記。今已出版。始咸豐八年戊午。訖光緒三十年甲辰。凡四十冊。此四十七年中朝章國故。人物聞見。略具大概。海鹽張菊生前輩元濟。文恭壬辰典試春闈所得士也。菊生今主商務印書館事。此次付印。由文恭之從孫字克齋者（菊生孜中伯從孫者湛也）與菊生接洽。歷經翁氏族人閒擾。克齋卒排衆議。以底於成。著述之傳。否與。運。遲。雖曰。人。事。亦由。天。定。也。菊生有跋一篇。文既贍雅。持論亦極平允。傳作也。茲錄於左云。有宋名臣。以文學政事顯者。曰歐陽修。曰司馬光。求之近今。足與媲匹者。其惟吾師翁文恭乎。雖然。吾讀宋史。未嘗不歎二公遭際之隆。而悲吾師之獨阨也。英宗初立。光獻臨朝。大臣奏事。有疑未決者。輒曰公輩更議之。未嘗出己意。時左右交搆。母子幾成嫌隙。修與韓琦從容諫諍。后遂釋然還政。神宗嗣位。宣仁雖臨。光任使相。諫行言聽。嘗自稱母后當陽。非國家美事。娓娓業業。卒成元祐之治。此固二公之忠。

誠感格而亦后之賢明有以訢合於無間也文恭當同光兩朝濟登樞要維時沖人踐阼母后臨政強敵憑陵國勢淩弱士大夫多昌言變法新舊交爭漸成門戶之見國步艱難與二公所處正同公以一身楷柱其間而卒不免於得罪以去其困心衡慮必有甚於二公者世之人莫由知之迄於今時移世易亦幾淡焉若忘矣公之從孫克齋以公手書日記示余余受而讀之四十餘年大事犖然具備小心寅畏下筆矜慎然紀載所及偶有一二流露之處觀微知著益不能不歎公之遭際為可悲也史稱光獻性慈儉嘗諫止仁宗正月望夕張燈宣仁聽政即撤道修城役夫止禁廷工技文思院奉上之物無謂巨細終身不取是自奉至約也而公之時內廷之供奉何如（參看第二十三册九十三四條及九十六七條第二十七册七十九及八十條）光獻於左右臣僕毫分不以假借神宗乳媼為宋用臣等游說宣仁峻拒至欲斬媼是御下至嚴也而公之時宮闈之禁約又何如（參看第二十五册六十條第二十五册五十五條）安石變法光獻痛言民生疾苦祁王侍側頌為至言勸神宗不可不思

賢王愛國與聖母有同心也而公之時所信任之親貴又何如（參看第二十三册十八條）蘇軾得罪光獻猶為宰相才戒勿寬濫文彥博既老宣仁起之遣使迎勞是誠有知人之哲也而公之時所擢用之人才又何如（參看第十三册一百八條第三十四册五十九條）嗚呼公既不見容於朝遂被讒謗正人退而僉壬進遂釀成庚子之禍回鑾以後天子幽因權臣柄政國事益敗壞不可問而公亦抑鬱以終於以知文忠文正生際聖明得行其志以致君而澤民垂令名於千古者其中固有天幸在也余既悲公之遇且痛世人知公者少因請以日記行世克齋踵余言畀余景印鳩工歲餘今始竟事敢述所見以告讀者乙丑仲秋門下士海鹽張元濟謹跋

翁文恭與袁項城康南海二公交際世人每多訛傳齊東野語道聽塗說久矣茲將日記中數節附錄於左方悉依原本不為增損一字以存真相至恩怨是非千載後自有公論今日不宜著一字也

甲午七月十六日

袁世勳（依係）為袁慰廷事來見

慰廷來使高麗。頗得人望。今來津不得入國門。（仍住公館域址）不欲求高陽主持。因作一札與高陽。即令敬孫持去。

七月十九日。北洋電奏。十五日葉志超帶二千五百人。到黃海道。（在王京北三百三十里）余與高陽另擬派袁世凱帶數營。而以已革知州陳長慶。交其委用。同人者以爲可。遂寫入奏單請旨。

乙未五月二十九日。溫處道袁世凱（慰亭來引見）來見。此人開展而欠誠實。

戊戌五月十三日。晨起盥洗告辭祠堂。並北向叩頭。寅正一刻。出前門永定門。回望觚棱。能無依戀。午初抵紫竹林。沿途有投謁者。皆不記。袁慰亭專函。令其戚部司務祝廷琛（小閣行四言叶先生任）來見。貽厚贐。即復書交祝君。告以斷不受也。（此一節係十四日日記）

甲午五月初二日。看康長素（祖詒嘗著發人者土）新學僞經考。以爲劉歆古文。無一不僞。竄亂六經。而鄭康成以下。皆爲所惑云云。眞說經家一野狐也。爲驚詫不已。

戊戌四月初七日。上命臣索康有爲所進書。令再寫一分遞進。臣對與康不往來。上問何也。對以此人居心叵測。曰、前此何以不說。對、臣近見其所著孔子改制考知之。

四月初八日。上又問康書。臣對如昨。上發怒詰責。臣對傳總署令進。上不允。必欲臣詣張蔭桓傳知。臣曰。張某日日進見。何不面諭。上仍不允。退乃傳知張君。張正在園寓也。

己亥十一月二十一日。新聞報紀十八日諭旨。嚴拏康梁二逆。並及康逆爲翁同龢極薦。有其才百倍於臣之語。伏讀悚惕。竊念康逆進身之日。已微臣去國之後。且屢陳此人居心叵測。臣不敢與往來。上索其書。至再至三。卒傳旨由張蔭桓轉索。送至軍機處。同僚公封遞上。不知書中所言何如也。厥後臣若在列。必不任此逆猖狂至此。而轉以此獲罪。惟有自艾而已。（孫師鄭）

甲寅周刊第一卷第三十一號目錄

特載

產猴記

昨歲除夕。執政草此見示。所記事小。充類義大。意託於昌黎之傳毛穎。詞切於柳州之紀橐駝。其志、蓋、欲、傳、示、子、孫。默、持、風、旨。苦、心、孤、詣。畫、見、於、辭。爰揭登焉。藉明世道。今之君子。幸勿囫圇讀之。

孤桐謹識

家蓄兩猴。數年不育。本日產一猴。雌猴乳之。撫之。愛護之。卵翼之。唯恐不至。雄猴凝視。環走窠外。至情油然而生。出於天真。不能自休。詰朝、告者曰。兩猴爭擁其子。窠狹猴衆。孺猴殰斃。兩猴痛甚。仍堅握其屍不失。取而埋之。則相從號咷。終日不食。試逕之。堅握焉如故。慈哉。猴。也。愛之。不、以。道。而。殺。之。雖愛。奚。益。蓋物。之。愛。固無。異。於。人。之。愛。古稱父母愛子之心。無微不至。子生三年。然後免於父母之懷。故禮別三年之喪。聊誌哀感而教本誼。經云。父母之恩。昊天罔極。追本窮原。罔當盡人而知。嗟、世風不古。禮教云亡。一脫父母之手、有家有室。往往妯娌不和。夫婦反目。德色誶誶。見聞於外。有逆親心。不一而足。甚至疑堂上之偏愛。而姊弟為之忌嫉。須知女子終歸適人。異其族系。產男產女。要為父母一體。推愛與育。不容二致。夫為人子者。明達虎甘。罔為父母所深喜。若其戇剛無能。其愛尤不能豈善父。母之愛。正所以。溺。子。才。之。不。足。者。也。又父母言行。容有未當。然天下無不是之父母。色笑承歡。胡可稍間。總之。父。嚴。母。慈。兄友。弟。恭。孝悌。始。於。家。庭。仁。愛。推。於。四。遠。內。而。夫。唱。婦。隨。外。而。睦。婣。任。卹。誠。經。世。之。大。法。興。家。之。要。素。海。枯。石。爛。此。誼。未。可。忘。也。但初娶之婦。善教之而難養之性以馴嬰孩之子。善教之而禮義之方以立。及其長也。勤課問學以立身。督責克己以接物。達己達人。而中正之道。於是乎成。諺云。人莫知其子之惡。溺愛者恆如是也。縱其情欲。任性而為。迫死到臨頭。不堪救藥。藉使推心泣血。而亦無可如何耳。何以異於獄之自殺其子者乎。夫復誰尤。

時評

丙寅春節北京爆竹之聲。迥於往年。是主何祥。未可臆斷。而在此休暇期內所謂內閣總理也者。左手上年儲。右手捧辭呈。其得請乃已之賦。修大隱在市之義。早蜷伏於東交民巷。一步不肯移。遜辭遜退之書。無慮十反。慰留之使。亦五六易。而終無當。陸軍總長賈君德耀。夙稱國民軍與執政府之連字符。無論為代閣。為另組。今時揆席之讓。殆無疑貳。而其代也。止於一日。史迹恍與趙日江朝宗之署閣相同。續代之謀。歷商不慨。嗟、何末。世。大。官。之。難。覓。也。邇來政移外者。中樞等於虛設。三月。皇。皇。之。象。早成。過。去。故總。揆。閣。其。無。人。閣議。一。次。二。次。不。開。論政。者。亦。未。引。爲。大。憂。近日策士所立政策。多主中央政權縮至極小。一以大聯省則主云聯邦策著者之謀。一以爽讚政之道。而此。案。也。非天。然。之。停。頓。無以。速。之。日來。所。生。政。象。君子。謂。卽。是。類。爆竹。解。中。木有。除。意。此或。亦。見。仁。見。智。無。可。如。何。之。一。否。法。附。（衆）

乙丑。一。年。間。政治。人。物。之。死。數。號稱。極。盛。約略別之。於合肥爲近者。有徐樹錚、段芝貴、傅良佐。與曹錕爲徒者。有李彥青、車慶雲、曹銳、曹鍈、與張作霖爲徒者。有姜登選、郭松齡夫婦。黃陂之士。有金永炎。西林之將。有譚浩明。中山除自身外。有廖仲愷、洪兆麟。國民黨領袖有胡景翼。政家有林長民。文家有林紓。舊革命黨有孫毓筠。軍事家有張孝準。留學生有石金聲。偵探有周予覺。虜將有施從濱吳長濬。降將有龔振羲。遺老大官有李經羲田文烈。而最。近。以。蕭。耀。南。

此其。死。事。或得。其。正。或不。得。其。正。而或。紓。或。遲。要於。政。治。有。連。民國。十。四。年。來。要人。死。亡。如。此。其。衆。未之。有。也。有善。悟。者。言。曰。此急。收。賬。也。理數。或。然。歟。（通）

或謂丙寅者。四戰之年也。如是混戰不已。彼此疲憊。無能再戰。國家或有小康一日。嗟、酷已。連日戰訊。由於鄂豫方面。及津浦方面者。不一其說。戰局各爲有利之宣傳。旁觀者紀載稍一失愼。卽被逮繫。大同晚報龔君德柏。北京晚報劉君煊。其見例也。然滄洲之失。國民軍固不否認。一說、國民一軍陳旒耀旅旋卽奔回。大約滄洲馬廠之間。日內必仍有惡戰。吳佩孚乘蕭督之死。席捲全鄂。并吞中原。不可謂無其意。信陽之野。行見吳氏馬蹄。而開封指日。亦傳親征消息。此一二十日內。大抵各方戮力併命之秋也。夫國之大事。在祀與戎。近世民權盛張。其所處爲與己最切者。宜莫若戰。而吾。國。人。今。於。戰。事。一。概。淡。焉。置。之。秦越。肥。瘠。之。說。猶。未。足。喻。昔年。策。士。以。與。戰。士。有。連。爲。耀。今則。反。是。林宗。孟。附。郭。以。戕。其。生。士論。猶。不。直。之。

如。此。為。戳。其。是。悉。無。意。義。未。日。之。至。可。以。指。數。於。此。有。人。焉。群。衆。本。皆。順。受。其。正。善。用。提。挈。之。力。俾。成。速。難。之。形。耕。為。盟。會。徐。議。建。設。此。誠。新。王。之。資。也。一。反。掌。間。天。下。歸。心。嗚。乎。夫。誰。禦。哉。（寅）

共棄論

孤桐

春節既終。各報例有停刊數日之舉。於其復也。又例為推測大勢之言。藉於篇端。社人以是請於愚。愚思之。愚重思之。阿時之論。既非所習。預言之術。更復不明。亦推、以、平、日、所、篤、信、而、恪、道、者。撮、舉、其、詞。勉、告、吾、黨、之、士、而、已。

愚曩為棄紀棄我二論。一於十二年國慶日布之。一於十三年元日布之。今丙寅入春。又七日矣。姻溯前辭。倍增愴痛。環顧全國。蓋無一人一事。與所陳二義有符。即愚鋭意立說。所行亦大相剌謬。甚矣言行相期。情貌相得之未易幾也。何謂棄紀。曰、民國十二年來（今當云十五年）之所發揣。所爭執。視為無有。即其所荒耗漸送之日月。亦棄去不以入曆。而將。今。日。之。日。緊。接。辛。亥。八。月。十。九。武。昌。起。義。之。日。假。定。全。國。皆。在。革。命。默。況。之。中。吾。人。於。是。澄。思。渺。慮。察。例。通。類。措。以。全。國。之。公。智。起。百。世。之。宏。規。也。何。謂。棄。我。曰、亂。政。之。源。起。於。二。蔽。祇。知。罪。人。不。返。諸。己。其。一。不。明。己。能。甘。為。百。非。其。二。今。當。一。切。反。之。首。認。政。治。罪。惡。普。遍。之。律。與。人。均。罪。而。認。個。次。廣。天。下。為。公。選。賢。與。能。之。義。與。人。比。能。而。受。事。今。日。以。前。所。得。不。均。不。比。之。奸。利。悉。量。棄。去。今。後。種。種。譬。如。新。生。吾。人。明。時。而。愛。國。將。不。使。天。下。之。亂。成。於。有。我。也。此。二。棄。者。義。至。顯。白。無。可。非。毀。而。顧。極。口。是。之。一。步。不。能。行。者。無。他。徒。以。英。語。所。稱。vested interest 為。之。祟。耳。

今。人。動。以。政。治。清。明。為。號。恣。言。改。革。是。殆。灼。知。政。治。永。無。清。明。之。日。姑。假。是。以。欺。世。大。言。耳。不。然。則。必。不。知。政。治。清。明。為。何。象。也。壽。孫。少。侯。毓。筠。善。於。諧。言。以。阿。項。城。稱。帝。為。世。大。僇。凡。有。言。無。不。得。咎。一。日。佐。人。為。令。少。侯。慨。然。前。席。致。詞。曰。民。五。以。還。苟。政。治。有。一線清明之望者。即百孫皴筍之頭不足觀。今吾仍藏頭來。以敬候諸君之裁判。亦以政治愈變換愈不清明。吾因得苟活至今。且盡矯為一切以自賠耳。人以其言偽妙。間然和之。少俠由是自由論政如初。少俠佛學湛深。敢為打穿後壁之說。而又從政大獻。士林不齒。遂乃激發意氣而有是言。其言近諧。人喜少俠之敏妙。相從笑之。不知。此。語。律。於。少。俠。當。律。於。爾。時。之。笑。者。亦無。不。當。一言蔽之。或紆。或。逕。於。政。有。關。之。人。俱無。能。外。於。此。語。以。自。見。是何。也。是凡。言。政。治。者。飽食。不。清。明。之。賜。而其。貌。乃。若。皇。皇。然。以。為。憂。也。號為。憂。之。至。者。往往。餐。賜。為。尤。大。且。廣。也。尤大。且。廣。勢不。可。躁。去。此不。可。去。清明。將。永。無。望。如此。循。環。無一。得。脫。而猶。紛。紛。藉。藉。以政。為。市。豈不。大。可。哀。哉。愚言農村者之一人也。其所以為言。乃見夫物質文明之亂流於中國。吾無其基而徒承其敝。遂至公私交困。國亡無日。併不得其勞據。今迷途知返。不遠而復。非一。返。諸。農。以吾。固。有。文。化。其相。濟。成。也為。國。本。萬。萬。不。可。而為。此。也。其開。宗。明。義。在乎。倡。之。者。不自。為。物。質。文。明。所。困。凡人。之。因。緣。飯。食。於。物。質。文。明。者。已悉。避。焉。者。逸。而以。精。神。力。能。用之。於。相。反。相。剋。之。一。域。而後。於。旨。為。不。昨。於。事。為。有。益。而恐也果奚者者。此兩三年來。所為之僨敗。所言之浮濫。較之不談農村時。相什伯焉。吳君稚暉以汽車中之銀蠹蠻爺見乳。愚誠欲其罕譬而喻。當世之士如愚一流。所自命為知言能任事者也。而效若此。則其他窟宅於不清明之政治以為漁利者。又何足貴。由斯以談。政理。之。不。明。為國。家。第。一。大。患。政理。明。而。不。能。行。為人。生。第。一。大。患。中山倡為知難行易之說。實則。彼。惟。行。耳。知未。必眞。愚則。知。似。無。遜。於。人。惟行。大。絀。此愚。追。念。變。為。二。藥。之。論。外察。群。情。內衡。薄。行。所為。繞。室。彷。徨。神不。得。寧。者。也。藥我之義。自力既不克舉。計惟直。探。其。事。求息。壞。於。人。人。語稱匹夫孫義。何處不勉。此所。謂。勉。殆以。督。者。在。旁。而。致。然。以付。子。大。賢。自為。修。省。納有。假。於。十。目。手。之。所。視。指。於是。人。人。自。號。曰。我。相與。號。焉。曰。其。藥。我。未。得。其。藥。其。殆。庶。幾。至本。刊。將。以。是。受。盡言求己。過。納小。小。者。已。作其藥論。丙寅人日

五

答曹君慕管

孤桐

上海澄衷學校智識月刊一月十六日號。有曹君慕管所爲評章君教育政策一文。凡天下所怪怒極罵於愚者。曹君一切發揚而侈大之。列策考求。號有十事。經其詳駁。勘叶於理。嘻、愚固。未。自。計。如。是。之。多。策。且期。策。策。行。之。而。盡。善。也。就中教應避籍一端。尤近時議而干衆怒。曹君一例毀之。且引浙中經亨頤事。以實其義曰。「夫應長不避本籍。而能以在道行事者。非得剛者不可也。剛者。孔。子。之。所。未。見。也。望。諸。浮。沿。之。士。紳。可。乎。」其他諸說。精弊稱是。於愚之去職也。以爲政策不行之故。且以什匿克之風趣。爲民國政治之總評。其言曰。「民國之官吏。不可抱有政策也。抱有政策則招怨。亡則寡尤。抱有政策則被擠。亡則長存。身居於要津而績不聚。名稱於當世而實不副。顯父母。貴妻妾。擁鄉里。披戚郎。厚聚斂。多財貨。富貴終身。蔭及子孫。奕葉而不絕。皆食無政策之賜者。也。擁政策者得入和也。得入和者。其力可以超天地而上之。區區富貴。固可不芬而獲也。甯復。知。道。之。消。長。亦伏。於。此。乎。此可。爲。民。國。儆。者。也。」此稱氣概。乃仲長統所爲昌言一流。談言微中。聞者歎服。惟篇中所稱於愚。愚殊不足以當之。蓋愚之爲世僇辱也。亦云甚矣。相愛者止於不設誇辭而助之攻。至其抗首大廷。爲之伸理。此類狀師。已不可多得。若夫。引。爲。同。道。以身。殉。之。愚。所。立。義。靡。不。稱。善。盡。人。非。之。莫。察。其。信。事。等。桓。譚。之。於。子。雲。諒。若。歐。陽。之。於。希。文。眞。痛。迫。切。惜。見。乎。詞。如。曹。君。之。所。爲。者。在。蘇。子。瞻。之。謝。張。安。道。所謂。「知。之。盡。而。信。其。然。舉世。惟。公。一。人。」而。已。何敢。當哉。

雖然。愚於此獲數義焉。可以告之。曹君非於愚有私交者也。無私而公。然爲一世。人欲殺之。夫。理諸。枉狀。可存。在。道。風。厲。末。俗。義。一。愚。所。立。教。育。諸。策。曹。君。皆。然是之。可見。諸。策。微。有。系。統。足。以。代。表。一。部。分。教。育。家。之。純。正。心。理。義。二。愚雖以立策見擯學閥。然終有如曹君其人。知愚用心。此亦。如。子。瞻。所。云。「知我者。希正老。氏。之。所。貴。」今後。自。勵。可增。其。勇。義三。曹君、教育家之能為深長思者也。恐所立十策。從政已行其三。謂有「機」焉。彼恭然見之。恐策終於必行。夫明。道。計。功。已為。下。乘。成功。而。必。自。我。尤部。決。之。懷。也。恐擬於邦教施有計議。亦則於得行已耳。行者。為。友。為。敵。俱無。間。然。頗因。背。君。見。微。之。詞。一袪。君。子。廢。言。之。蔽。義四。此四義者。一覽君言而得。下維錄之。不能自休。更有他指。不復辨矣。當世。惡。道。人。之。善。而喜。聞。人。之。謗誰受。者。則。反。之。今世君不願與師。狠加獎借。顯之。有。激。怒。天。下。橫。益。恐。罪。之。鑑。隱之。明。者。或。亦。致。疑。曹。君。不足。惡。人。以。德。之。誠。至愚。假。借。聲。氣。慈為。標。枋。尤不。待。論。此義。尚。希。其。曹。君。勉。之。

墨學之淵原

彭國棟

談墨學者不一。而其淵原所自。終不能確定。甚矣古學之不易明也。余嚐昔好墨。顧不能深究。兼以墨之為學。在乎力行。劇談則其外矣。別墨以還。方矜矜乎辯。而要非墨子之初情。吾人讀墨書。當知其不得已而有以築乎後。更見其篇次之複重也。則疑墨子並未自為書。皆出于門人所記。彼憾于買櫝還珠之喻。故言。多。不。辯。與荀馳夸飾。諸聲釣世者。意有別矣。然則墨學之淵原果如何。曰、先當。微。諸。他。說。而後。以。其。書。證。之。班志本劉略曰。墨家者流。蓋出于清廟之守。茅屋采椽。是以貴儉。養三老五更。是以兼愛。選士大射。是以上賢。宗祀嚴父。是以右鬼。順四時而行。是以非命。以孝視天下。是以上同。此其所長也。班志為王官之初說。自胡氏適之而前。類莫不翕然宗之。然班。志。之。得。在。能。討。繹。學。派。之。原。流。而其。失。則。將。墨。翟。之。昌。大。發。明。者。全。歸。諸。清。廟。之。守。夫清廟即明堂。（見明堂月令論）守明堂者為祝史。三代以前。未之或更。明堂之典、固重于神祀。亦崇于禮樂。周官宗伯之屬。幾無不為明堂禮儀而設者。墨翟之。節。用。非。樂。全。借。其。情。謂為。同。出。清。廟。之。守。信乎。乃班氏猥曰及蔽者為之。見儉之利。因以非禮。推兼愛之意。而不知別親疏。以蔽。者。為。墨。翟。耶。則前。儒。其。所。長。者。非。翟。以蔽。者。為。非。翟。耶。則翟。固。非。禮。矣。孟。子。又。斥。其。無。父。矣。所長也。所蔽。也。墨翟。固。皆。兼。而。有。之。何可。分。且。不。必。分。豈以史

七

佚列墨家首。而其書備前數長而無後二蔽耶。抑以墨家之蔽。若胡非若隨巢。僅有後二蔽而無前數長耶。其書不傳。未可考而知也。以存意揣之。則班氏自有其矛盾之因在。彼僅知學術之原流。而忽略時代之狀態。學術是流動體也。常隨時代而適應。要不全背其初指。墨子之淵原于淸廟。是也。而謂淸廟與墨無二。非也。豈惟淵原于周之淸廟。沿淵原于夏之世系。豈惟史佚與墨子有關。即夏之太史終古。亦與墨子有關。何以言之。曰、墨之道始于大禹。傳于史佚。至墨子而益發揚。江瑔已著爲定論。（讀子巵言）而墨爲學派之名。非翟之姓。亦自伊世珍（琅嬛記）迄于江瑔。頓成鐵案。人第知墨子之法禹耳。而不知其傳受之線索。且有不可掩者。禹之偷功勞苦。戮力王事。竟以形成一代之典。淮南要略曰。禹之時天下大水。禹身執虆臿以爲民先。剔河而道九岐。鑿江而通九路。辟五湖而定東海。當此之時。燒不暇撌。濡不給扢。死陵者葬陵。死澤者葬澤。故節財薄葬閒服生焉。此制因而弗革。故有夏終以質稱。而世室之

大

建設。太史之職掌。則又大同于周。夏桀惑亂。太史令終古收其圖法出奔商。（見先識覽）所謂圖法。即禹之舊典也。與周太史掌建邦之六典無以異。殷衰。內史向摯亦以其圖法歸周。是皆歷代相傳。保而勿失。雖其間或有損益。而文質不同。未可援用者。仍得闡之。是以外史有三皇五帝之書。而夏時尙能爲孔子所得。禹之舊典。奚至周初而遽亡哉。夫以禹典不亡。而史佚又當太史之任。其得親承夏教。箸于篇章。傳示來禩。固其宜也。史角植尹佚之緒。其後在于魯。墨子學焉。（見當染篇）則墨子。固。得。師。承。禹。教。矣。抑有進者。古代官師合一。不仕則無所受書。章氏太炎諸子學略說云。古之學者多出王官。世卿用事之時。百姓當家則務農商畜牧。無所謂學問也。其欲學者。不得不給事官府。爲之胥徒。或乃供灑掃爲僕役焉。故曲禮曰。宦學事師。學字本或作御。所謂宦者。謂爲其宦寺也。所謂御者。謂爲其僕御也。：：說文云。仕、學也。仕何以得訓爲學。所謂宦于大夫。猶今之學習行走耳。是故非仕無學。非學無仕。按說文宦訓仕。

仕士通假。士、事也。詩文王有聲傳二川箋、亦訓仕爲事。事、職也。從史。職、記微也。是古代之爲仕爲士者。不過就官府學習書計典常之事。曲禮宦學事師。注云。宦、仕也。仕與學皆有師以明道。正義引左傳宦三年矣。服虔注云。宦、學也。是學職事爲宦也。熊安生曰。宦謂學仕官之事。學謂學習六藝。此二者俱是事師。于此。可。見。墨。子。之。于。宋。不過。宦。于。大。夫。曾未。爲。大。夫。墨。子。之。學。儒。者。之。業。受孔。子。之。術。不過。如。熊。氏。所。謂。學。習。六。藝。並。未。承。學。于。孔。子。蓋諸侯保氏有六藝以教民者謂之儒。說見周禮非儒家之專稱。墨子始終賴于時官世業。與儒家并未發生若何關係。何以見之。曰、吾聞諸史通矣。諸侯列國。各有史官。求其位號。一同王者。夫以史官建置相同。則其職掌自無大異。晉太史屠黍見晉之亂。以其圖法歸周。韓宣子來聘。觀書于太史氏。見易象春秋。曰、周禮盡在魯矣。太史之得爲大夫。與墨子之宦于大夫正合。而宋太史所藏。當無以異于晉魯。然則其得見百國春秋。說見[illegible]蓋在此時乎。吾又聞之公羊正義曰。昔孔子受端門之命。制春秋之義。使子夏等求周史記。得百二十國寶書。是知寶書即春秋史記。因爲國之秘籍。故僻寶書。非給事于官府。何由得見。孔子問禮。而必于老子者。因老子爲守藏史。欲觀中秘。不得不從之請業耳。漢書載東平求史記、而朝廷不與。去古未遠。此風猶有存焉。

然則墨子宦于大夫究何見。曰、宦之爲言臣隸也。從宀從臣。越語與范蠡入宦于吳。注云、宦爲臣隸。左傳奚爲宦女。周禮酒人注。或曰奚宦女。宦貫通假。魏風三歲貫女。魯詩作宦女。貫原作毌。虜從毌從力。故宦之由來。即臣僕之屈服。浸假而陳義日高。給事學習之名。墨子時初未去也。貴義篇曰。子墨子南遊楚。見楚獻惠王。獻惠王以老辭。使穆賀見子墨子。子墨子說穆賀。穆賀大說。謂子墨子曰。子之言則成善。而君王天下之大王也。毋乃曰、賤人之所爲而不用乎。穆賀。對。墨。子。僻。賤。人。其爲。賤。人。也。無。疑。而其。爲、官。府。書。徒。以。得。書。由祕。府。之。藏。以。窺。夏。禹。之。舊。典。瞷脈。絡。俱。在。可按。而。得。也。

墨子何爲心系于夏教。則當以其特性與時代之景響解釋之。俞樾云、墨子達于天人之理。熟于事物之情。又深察春秋戰國間時勢之變。欲補弊扶偏。以復之于古。孫詒讓云、墨子身丁戰國之初。感悕于驕侈之政。故其言諄復深切。務陳古以剴今。此皆。時。代。之。景。響。有。以。激。發。其。天。性、而兼。愛。非。攻。自苦。爲。極。皆于。是。乎。力。矣。彼習知周衰文弊。欲一反之于質。故嘗曰、先質而後文。衆人之務。（[illegible]）質之言忠。文之失薄。救薄。之。失。莫。如。忠。（[illegible]）故背。周。道。而。用。夏。政。用夏。政。非。儒。法。之。也。在先。有。得。于。心。故終。身。行。之。而。不。懈。墨與。禹。善。無。閒。然。

若是則胡氏墨無師派之說乃誤歟。曰、胡固未深考也。莊子天下篇明云。古之人其備乎。……明于本數。係于末度。……其明而在數度者。舊法世傳之。史尚多有之。……其數散于天下而設于中國者。百家之學。時或傳而道之。天下大亂。聖賢不明。道德不一。天下多得一察焉以自好。又云、不侈于後世。不靡于萬物。不暉于數度。以繩墨自矯。而備世之急。古之道術有在于是者。墨翟禽滑釐聞其風而悅之。……莊周何嘗言墨子無所師承。特未明指王官耳。然。舊。法。世。傳。史。尚。多。有。則。時。官。世。業。可。得。而。言。道。散。天。下。百。家。僻。道。則。學。術。廢。興。思。焉。過。半。吾故曰、胡固未深考也。

今而後當以墨書證之。墨子固師承王官矣。又服膺儒術矣。又力行禹教矣。其好者甚自好之。至于禮文之煩擾。厚葬之貧民。以及樂舞之虧奪民衣食之財。墨子舉非而攻之。俗未嘗稍非織獄也。而班志乃舉其扶偏救弊。適應時代之方法。遠溯之淸廟。或祠而誹之。吾不敢從同矣。墨經有云。知、聞說親。說、傳受之。聞也。方不㢓。說也。身觀焉。親也。此爲墨家之知識論。與三表法相表裏。墨子固始終本之。而莫或有違也。善乎其論述作之道曰。人之甚不君子者。古之善者不誅。今也善者不作。其次不君子者。古之善者不述。己有善則作之。欲善之自己出也。今誅而不作。是無異于不好述而作者矣。吾以。爲。古。之。善。者。則。誅。之。今之。善。者。則。作。之。欲。善。之。益。多。也。（見公孟篇原文有誤據畢孫諸家說改）

嗚呼。得此。而。羣。學。之。淵。原。可。明。得此。而。畸。古。畸。今。者。可。息。二月一日山西大學

徵文

聖賢英雄異同論

唐闓

聖賢與英雄。皆非常人也。其立言行事。往往超乎一世人之心思耳目。獨其行志。雖受譏議。厯困蹶。而不顧者同。其事有濟有不濟。雖或不濟。而終爲後世所景仰者同。雖然。此蓋一端耳。聖賢。立。德。者。也、英雄。立。功。者。也。立德。者。爲。己。立功。者。爲。人。此其。爲。異。則公。私。之。辨。也。聖賢之言曰。己欲立而立人。己欲達而達人。己所不欲。勿施於人。此非公也耶。英雄則曰。兩雄不並立。寧我負人。毋人負我。此非私也耶。爲公者有天下而不與。視天下如己之一身。未有一身之中而有彼此人己之界者。人之有善。若己有之。是能舉天下之賢才。濟天下之大事者也。爲私則不然。惟恐天下之人。有賢加乎己者。有材智出乎己者。或則羈束之。或者誅戮之。使不盡其能。彼欲使天下之善。皆出於我。天下之人。皆爲我用。是務其私智而壞天下之事者也。公私之異。由心術之異也。夫聖。賢。之。所。朝。夕。孜。孜。者。仁。義。而。已。矣。有惻隱之心。充之可以爲仁。有是非之心。充之可以爲義。人人有惻隱是非之心。是人人可以爲聖賢也。使我日崇其德而人皆化焉。使人人願學聖賢之所學。習仁義而病殘賊。是天下不幾乎平乎。人之未化於聖道也。天下之未平也。是亦可脩其德而已矣。於此而有人焉。德行而出我上。則將先天下之人而師之。德行而與我齊。則將先天下之人而友之。德行而出我下。則將先天下之人而教之。師焉友焉教焉。惟德行之是準。而無私心存焉。若英

雄之所求。則大異於是。彼將先其欲者也。彼因其棄賦之特厚於人。激絕衰亂之世。彼將言人之所不敢言。爲人之所不能爲。忍人之所不可忍。彼將因是而要名譽焉。獵權勢焉。其下者乃子女玉帛之是務。夫名譽權勢。子女玉帛。人人之所欲也。雖然。此。非。如。仁。義。之。可。以。反。身。而。求。者。此。有。畔。者。也。有。畔。必。有。爭。或得。焉。或失。焉。或多。矣。或寡。矣。英。雄。乃。周。旋。於。多。寡。得。失。之。間。出其。智。力。以。求。一。逞。故。未。有。不。爭。而。號。爲。英。雄。者。智力出乎己上也。徼幸以爭。智力與己齊。勢均而爭。智力出乎己下。據其所有而爭。其所爭者以利爲準。故義。與。利。心。術。之。所。由。分。也。聖賢由義而英雄徇利。常人莫不然。英雄之不可及。而以聖賢爲不可爲。蓋由。義。者。德。難。成。而徇。利。者。功。易。見。也。雖然。難成者非不可成之謂。人之異乎聖賢者。亦自不爲而已。乃若貪易見之利。亦必蒙易見之害。利與害相生者也。彼英雄者。縱其所欲以壞天下之事。而亦以自賊其身。羿由基善射者也。而蹶於射。商君善法者也。而買於法。且夫志於溫飽者。雖與言聲色矣。志於聲色者。雖與言功業矣。志。於。功。業。亦。何。獨。不。然。故或者忍其嗜欲。以期功業之就。唐玄宗非之類是也。或者力足以服天下。而內不足以御一豎。齊桓秦始是也。或者能忍於天下。而不能忍於一婦人之私。漢高魏武是也。又或如韓信善戰而戮於婦人。弘羊善理財而爲天下所賊。其類至繁。不可以遍數。然即此數人而言。非皆世所謂英雄者耶。彼其心何嘗不欲趨利避害。積一生之心力而爲之。而卒至於害者何也。彼固。未。嘗。知。治。天。下。國。家。之。大。經。大。法。君。君。臣。臣。父。父。子。子。之。道。彼。志。於。功。業。功。業。之。外。非。其。所。及。也。豈。若。夫。聖。賢。一。志。於。道。而。不。計。其。功。天。下。有。未。平。未。治。則。先。齊。其。家。家。有。未。齊。則先。修。其。身。累。高。者。由。下。積。大。者。自。小。兢。兢。焉。業。業。焉。終。其。身。而。不。敢。怠。利。害。得。失。之。見。又安。能。縈。其。心。哉。然者使其得志而行於中國。則天下萬世將蒙其利。又豈區區一時之功業所得而比擬者。即其厄於世變。而遭遇困窮。亦足以全其身而遠困辱。故湯拘於夏台矣。文王囚於羑里矣。孔子厄陳蔡。而程朱被黨錮矣。毀之者雖萬端。而聖賢固無偽也。蓋其。貴。己。厚。而。貴。人。也。薄。正乎。義。而。不。與。人。爭。利。貴人。薄。則。無。惡。不爭。利。則。無。怨。無。惡。無。怨。又誰？得。而。害。之。若夫比干伯夷之流。求仁得仁。彼將從容以就死者也。此固與計利害之徒殊趣。故使後世之人。過孔子之故居。稽其禮樂。誦其詩書。低徊瞻仰而不能去。與夫臨秦漢之遺城。討過秦之論。詠成壇之歌。欷歔憑弔焉。其情固有間矣。然而世或有人焉。推崇功業。以爲與立德者齊。公私義利不必問。但要其有功於亂世。與聖賢無以異也。此其說甚謬。不齊其本而揣其末。則常人之蹈獄。亦可與聖賢同。況世之所稱英雄者。非以其善戰爭。嚴刑法。足財賄。而爲人人所畏服者哉。今以其善戰爭也。勝亦戰。敗亦戰。可戰亦戰。不可戰亦戰。戰財盡則取諸民。戰卒盡則盡驅市人烏合之衆。孤天下之子。寡天下之婦。使百姓流轉死亡。以求盈彼之欲。幸而。得。遂。其異。己。者。悉。已。誅。鋤。矣。方乃。執。其。所。殘。之。民。而。休。養。之。而天。下。壯。丁。百。不。一。存。矣。此其。所。謂。功。業。者。豈眞。有。功。於。民。耶。夫英雄之起也。或假仁義。或竊符瑞。此不過以熒其民

耳。乃其所操者刑賞之柄。刑嚴則人畏而服之。賞厚則人樂而歸之。功業之成否。視其操術之工不工爲斷。其工於術矣。而其所以爲之者。一人之喜怒也。一人之喜怒。爲足以盡萬民之情。故一。姓。之。成。功。而其。民。無。故。被。戮。辱。者。不可。勝。數。矣。且其足財賄也。又爲自來者。其賞于人也。非攘彼而與此者耶。故世有英雄，而民。之。被。攘。奪。者。不可。勝。數。矣。且夫英雄之爲名。至無定也。上自乘國之鈞。下至山林草澤之寇。凡智力足以屈人者。其自號皆爲英雄。其人之畏之者與利之者。亦皆稱之爲英雄。其智力地位雖不同。而其操術同。其殘民亦同。故仲尼之門。羞道五霸。誠不屑道也。孔子謂季康子曰。苟子之不欲。雖賞之不竊。惡爲民上者之所爲。與盜賊等也。夫上有所爲。下必效之。故其以戰爭而得志也。則其民化於戰爭矣。其以夤緣賄賂而得進也。則其民化於夤緣賄賂矣。英雄者不矜細行者也。故其民蕩檢踰閑而不可禁。彼喜怒之從心。故其下得窺其意嚮而爲之。而佞僻起矣。蓋功。業。所。由。成。而其。敗。端。已。伏。於。中。積重。而。難。返。皆

一三

足。以、亂。故英。雄。者。亂。之、媒。也。夫一。治。一、亂、者。自然。之。道。英雄。者。益，亂。於。亂。世。而敵。亂，於。治。世，然其沙汰於自然而幸存焉。從見之徒。遂謂天下之治。皆由於彼。而彼亦居之而不疑。擬自。然。之。功。掩殘。賊。之。迹。而謂。與、聖。賢。同。功。不亦。謬。哉，夫所貴於聖賢者。以其能左右自然，謀去其亂而完長久之治。非圖近功立小利者也。而或者目以爲迂遠疏闊而不可成。是其於道。必槪乎未有聞者。是猶目飛鳶而笑工倕之巧也，夫治亂之開。亦有故矣。其爲人心之變易也。其爲天災之荐臻也。其爲強敵之侵陵也。古今之變萬端。而大要不外此三者。抑賢之執政也。則爲之制禮作樂以正人心。講農務蓄以足食。修甲兵厲戰備以禦外侮。三者定而變亂無由起矣。又因時而損益變革之。則天下常治。蓋周之成康。皆由斯道矣。漢之文景。唐之貞觀。彷彿近之矣。當此之時。又誰能謂其迂遠疏闊哉。迨夫聖賢既沒。常人守之。苟不廢其制度。猶足以治。有愚者。出。而。妄。增。損。焉。有小。人。者。出。惡。其。害。己。而。去之。焉。而後。變。亂。復。起。變亂。既。甚。而聖。賢。復。出。而又。屈。在。下。位。既不。能。以。枉。道。而。干。進。又不。忍。坐。視。亂。亡。而。不。救。栖惶。奔。走。所爲。不。合。夫然。後。迂。遠。疏。闊。之。名。起。夫豈。遠。于。事。情。哉。假使。聖。賢。而。不。爲。迂。遠。疏。闊。者。亦將。如。流。俗。所。謂。建。功。業。乎。聖賢之學。正己以正人者也。己一不正。則民不信之矣。雖有天下何益。故曰素富貴行乎富貴。素貧賤行乎貧賤。得位、不、得、位。天也。我則、講。明。其。道。而。已、矣。道。之。行。也。豈必。自。我。故得。位。而天。下。之。民。信。之，即不。得。位。而天。下。後。世。共。其。道。雖侈。談。功。業。之。徒。亦或。假。之。以。爲。名。而。得。小。治。然則。其。迂。遠。疏。闊。又何。在。哉，夫使聖賢處變亂之世而爲政。則其所先者。必爲舉賢能黜不肖矣。賢能者稱職。而不肖者當罪。則僥幸者退。其次必節用矣。節用而薄賦稅。則民之倉廩實。私財足。又從而教誨之矣。民從教而後親其親。長其長。名分定而禮義廉恥立。夫然。後。因。其。所。利。而。利。之。所惡。而。惡。之。而不率教者從而刑之。刑加而不怨焉。夫然後可以習戰陳矣。戰陳習而後強暴不敢侵。聖賢。則。益。修。其。德。益愛。其。民。而遠近之人望風仰慕之矣。於是時而天下之國有唐其民者。則從而征之。正其。政。而。不。利。其。財。則天下靡然從之矣。於是制禮定樂。焉。使天下之人皆得享治平之樂。聖賢。之。道。於是。乎。大。行。蓋聖賢之所修者仁也。所辨者義也。仁者愛人。仁之。極。故能。親。天。下。如。一。身。愛。天。下。之。人。如。愛。其。髮。膚。義者明理。義之。極。故能。視。萬。事。如。一。事。應天。下。之。事。變。而。無。窮。夫豈嘗功利者。所得而擬議哉。故義利別於一心。而聖賢與英雄事業之異。昭然於天下矣。夫聖賢與英雄。固同有英不過於世者。然聖賢守志善道。洗耳聽瀑而自樂。英雄則窮愁潦倒。或徼幸以取進。是又其異也。若聖賢為政。則世無英雄。非無英雄也。聖賢因其所長。而用。之。而不。得。逞。其。欲。焉。英雄為政。而並世有聖賢。則常以之為師。雖其。言。有。用。有。不。用。亦少。近。道。矣。惟聖。賢。為。能。用。英。雄。惟英。雄。為。能。識。聖。賢。雖然。英雄世常有。而聖賢不常有。我於是為英雄惜矣。孔子曰。大道之行也。與三代之英。故子貢、子路、孟子、段干木之流與宋之張子。其質皆近乎英雄。而被化於聖門者也。而英傑之士之最醇粹者。如藺相如.諸葛亮、張巡、顏杲卿、段秀實、文天祥之儔、其忠貞之概.臨難不避之節、又實近乎聖賢矣。夫聖賢非生而聖賢也。英雄亦非生而英雄也。其天資雖若超乎常人。而學。之。所。加。習之。所。成。則其。涯。分。焉。故英雄之不過聖賢也。英雄之不幸也。使其遇之。又豈終乎英雄而已哉。然我又嘗聞豪傑之士。雖無文王猶興。蓋文。王。之。文。與夫。聖。賢。之。大。經。大。法。昭然。著。於。典。籍。為。萬。世。所。取。法。則。縣。來。英。雄。之。所。終。以。自。封。豈非。不。學。無。術。與。夫。氣。習。之。偏。不。能。正。耶。夫今世之亂極矣。外則東西七十餘國。強侮弱。衆暴寡。內則父子責善。夫婦相乘。兄弟鬩于牆。朋友欺于市。此正聖賢與英雄馳騁其道之時也。然而仁義之說。未聞有倡而行之者。是豈英雄之道可行。而聖賢之道衰耶。然我終斷有豪傑之士。不以故習自封。而深討典籍。力行仁義。求上同於聖賢。則天下庶或有永治之望乎。

通訊

甲寅

……甲寅復活。愚聞謠言。偏聆近況。疑喜交并。局喜爾。舉世滔滔。背正義而驁。間有天良稍存。懸府未蕪。亦不過私憂竊歎。未敢抗言斥之。先生獨立惡湖之中。不期迴蹊日而挽狂瀾。斯其神洲之所託命。寧非可頂禮尸祝者乎。然而國魂既喪。道標全失。浩然忠生。以遏洪水猛獸。不惜汨沒吞噬以盡乎。又未始不爲先生宛然憂也。想甲寅年貴刊出世之日。僕寄跡扶桑。研習政法。竊覽先生。私憂非道德無以救國。猥蒙批答。獎補有加。今世道人心。去甲寅又遠矣。欲言。政。政無。新。舊。徒使。黠者之。圖。私。欲言。法。法無。中。西。只供。奸。壬。之。舞。文。其學。言。德。樂世。傾。其。全。力。以破。壞。攤。陷。唯恐。留。遺。燬。稀。惜。播。自。政。府。學果。今。收。於。學。

閩。僕自民四回國後。充任山東法專校長。屆指七年。目擊。教。育。家。教。猱。升。木。指。鹿。爲。馬。之。醜。行。未。嘗。不。疾。首。痛。心。以。爲。亡。國。有。餘。之。悍。兵。擾。吏。土。匪。政。客。暴。差。賢。於。搖。頭。嘆。目。坐。呆。執。匪。之。猖。力既不足以易之。計唯有決然捨去。逍遙於仕宦之途。遊戲於名利之場。尚覺罪孽差減。靈台稍淨。耗矣哀哉。先生既不度量德力。謬長邦教。復大言炎炎。以一陽而戰羣陰。造端既洪。需力彌大。一撥臭皮骨。乞排重視。用供國犧。猶招國魂。計亦值得。唯望本大勇猛。大割捨以行。別不及叙。……孫繼旦（二月四日）（漢口清芬二馬路後保里八號）

蕪者甲寅所結文緣。以次復集。南皮舊游。思之神王。獨怪孫君清才懿文。不復見教。今承來命。慰誨有加。此誠執筆踟躕。意興無上者矣。學問之害。甚於兵匪。非若。粗。縣。七。年。不。能。爲。是。言。昔之。人。亦。不。

信。今若。此。豈非。可。爲。痛。哭。流。涕。之。事。哉。今之教授升木者。往往於其子姪。措置殊異。大抵著名大學之學生。不與其教者有父子兄弟之係屬以爲恠。胡教復創辦大同學院於海上。其第一特殊之點。在自使其子弟與諸生同學。此持諸歐人。可合遠宦三日。不得其解。而吾國現時教育之公私優劣。以此爲判。似乎不差。語云。誤人子弟。誠不。料。人。字。之。解。親切。有。味。一至。於。此。矣。孫君。所。懸。然乎。否。也。一陽之說。恐爲是當。提雖苟安。則深所恥。所勵願與君共勉之。

孤桐

僕一

……僕一中學教師之窮者也。窮於身。幸未窮於言。願數欲有所言。而不得其地與其人。則我言將終窮矣乎。今者假期得假。靜夜自修。紙握在前。頓觸言緒。以甲寅爲公言之刊。而先生尤爲納言之人。則遂言之。應請聰焉。竊謂。言。者。有。一。人。之。言。有。衆。人。之。言。有一。時。之。言。有。千。百。世。之。言。所云一人之言者。關於一人之是非見解。其效率或僅及於一時。至衆人之言。則非必出於衆人之口。一人。言。之。其。是。非。見。解。不當。若。自。衆。人。之。口。出。即後。世。之。衆。人。讀。之。亦以。爲。彼。所。云。云。亦我。所。欲。云。云。而彼。已。先。我。云。云。者。是真。千。百。世。之。言。也。言。効。之。至。大。者。也。然則。言。之。是。非。烏。定。亦定。於。衆。人。之。是。非。而。已。我言自以爲是。而彼以爲非。不必辯也。我言自以爲是。而衆人以爲非者。尤不容辯也。孟子曰。予豈好辯哉。予不得已也。夫孟子數爲古人辯矣。使孟子不自辯。後世衆人正有爲之辯者。使孟子斤斤於自辯。孟子七篇不復行於後世可知。於是僕於唐宋明諸賢致慨矣。彼。惟。昧。於。衆。人。之。是。非。而以。自。辯。爲。得。計。卒至。釀。成。門。戶。水。火。之。見。禍。與。朋。黨。一言。而。開。殺。機。一人。而。累。禁。衆。是。果。誰。之。咎。哉。孤桐不云乎。是非者固非一日之事也。論事然。論言寧獨不然耶。至於近世義尚未諦。報章騰載。傳布廣易。一人之言。是非未當。足以淆亂衆人之觀聽。而流毒於後世無疑也。故言之尤不可不慎也。嘗聞近人有稱孔子爲孔老二。而加柳文以爲評者。孔子行二。得以老二之。柳文曾毒人。得以為之。彼所取義。或在於是。如僕之愚。以為。稱。謂。雖。屬。小。節。自。關。人。羣。交。際。古。今。中。外。對。人。對。己。親。疏。之。間。都。有。相。當。之。義。縱。令。共。通。優。進。尚。不。至。是。輕。薄。況過去人文思想潮流。容有未合。深惡痛絕。正亦有道。推彼之說。人幾何而不老。文幾何而不為。言之不採。焉有如是。其率然明指某刊為毒人者。不為為毒。又何足怪。雖然。僕今所云。一人之言也。此則亦一人之言耳。所以、援、引、者。舉、斯、一、例。以、徵、衆、人、之、是、非。而、求、立、言、之、鵠。或、亦、僕、論、言、之、旨、所、當、有、也。僕尚不文。言不稱意。誠得如先生者進而教之。則僕且將更端有言。⋯⋯曾文成

二月卅一日上中華公寓

今世號為部首之詞。以有略通文墨者顛倒其間。挽救大是不易。如二如烏。因緣絕不識字之新文學家所敢翹也。謂曰。說。紳。先。生。雖。言。彼。乃。不。認。識。紳。為。應。有。其。人。用。其。語。言。相。與。詬。罵。又。非。吾。輩。行。己。修。辭。所。許。愚近持論至此。殊不免由激而流於術。未。能。動。人。失。已。傷。氣。太炎先生嘗為愚言。作文忌劍拔弩張。意蓋諷愚。今視曾君之文。紆徐為妍。矜躁都消。益知媿矣。今世有用之文。尤推此種。更有他作。萬勿吝教。孤桐

元迂

⋯⋯元迂愚。不知世路之險巇。而沈溺乎典籍。家貧親老。不易必得。有勸以祿養者。迺試求之。浮沈宦海者六年。書日益多。而家日益窮。宦日益退。又不善書法。令是無他好矣。寢食乎羣經。淹貫乎五子。周覽乎四史。憪取乎百家。立之正。懸之鵠。朝夕操觚而擬之。以求其中。孜孜不敢舍。舉凡韓柳歐曾之文。陶謝李杜之詩。禮樂兵刑之用。天算陰陽之術。未嘗不得其意義所在。而微不得食。寒不得衣。無負郭之田。可耕以養。一畝之宅。可容以居。迫迫無所歸。惘惘無所絜。不得不變。易初志。託焉。醫。賤。技。以。自。滅。毋能。卒。業。以。底。有。成。蓋。未。嘗。不。自。惜。也。執非才不世出。學為人師。功業日新。名聲風馳。而又善善從長。憫假瘥自厚者之無力自拔以展其才也。乃設稿譯館以長育之。

詩不云乎。有卷者阿。飄風自南。卷阿則風至。禮盡而士附。其勢既足以奔走天下之士。其位又足以明揚側陋之人。枯槁沈潛魁閎寬通者。又熟不洋洋動心。于于而來也。元雖不才。能無激發。乃獻其所為處囊策者。寄諸篋中。冀牛溲馬勃。得備藥物之末也。然而一再以思。則又惴惴以憂。惆惘而不知所為。蓋好尚不同。遭遇難一。揚雄著玄。遺笑劉歆。陶潛賞子。見譏杜甫。儻不足厭左右之心。則失所依歸。遺恨無窮。是則齊王好竽。而使鼓瑟合軒轅律呂者。三年不得入門也。抑乃與執事用人不求備之旨相剌謬與。儻犯傲僭。敢疏所以。冀辱取而賜覽焉。倘執事亦以為不屑教誨。則是欲抑其躁進之心。袪其沖衍之翮。或終將有以拯拔之也。甘詘而無怨。冒瀆尊嚴。悚恐無地。

………李元　浙江東陽巍山鎮吉興里　十一月二十三日

自考試廢。學校興。專攻舊學者流。無法自用於世。槁餓窮苦。至不可堪。而由學校出身者。又是國學太無根柢。所為文字。全然失去國文風貌。至求其因文見道。由博反約。蔚成彬彬君子。導領群倫。更屬無望。於是。兩種。問題。起焉。一舊。學。家。如。何。安。頓。此社。會。問。題。也。一新。舊。學。如。何。調。和。此教。育。問。題。也。李君此函。自道其苦。委婉動聽。所指亦非淺嘗皮傅者所能幾及。遐陬有此。大是難能。而乃窮困無能自拔如此。諒鄉里繼起。更是無人。再二。三。十。年。全國。讀。書。種。子。絕。矣。愚為此故。長懷無已。粗有希冀。無當洪流。況並此者。未能以卒。汲長綆短。如何如何。檢閱此書。所感萬端。因其意切。為發鄙臆。若曰。非。膺。干。謁。詞。鄰。標。榜。焉明。揭。之。以。獎。人。奔。競。揚。巳。夸。毗。為。則。全。蒙。然。於。問。題。眞。實。之。義。又何。識。焉。

孤桐

讀大

………讀大著。深敬偉論。蓋自歐風東漸。士變其向。國性淪亡。至於此極。先聖人對於中國文化之貢獻。擯不足道。近世殖民政策。先摒其本國語言文字。以為易吸順民之步驟。而吾國士者。反從而順之。國未。亡。而。文。化。先。亡。言念及此。能不寒心。昔讀梁任公所

一九

著書。有世界愈進化。則文字愈長密之語。味其言。似大有貴於俗體文。不知太初文字。確爲短與。至中古時代。文字必長密。但世界愈進化。則文字必爲顯淺簡潔。可斷言也。蓋人事日繁。而百事必趨於簡易。而長發之文。必歸淘汰。近日英國文學。已有此趨勢。如紀卜林等是也。(Kipling)我國文體。有簡潔之風。惜稍深奧。未易爲俗人解。假能。被。顯。淺。而。有。之。其勝。於。入。主。出。奴。萬。萬。矣。惜夫不爲此而爲彼。令彼歐西學者竊笑於彷也。且俗語體文。以爲統一語言。無從謂之破壞固有統一之文字。蓋以學者而論。方言不減數十。假一一人文。則只學而有數十種之文字。統一云乎哉。若言大中小學。已普及語體文。破壞固有統一文字。尚不能立說。不知窮鄉僻處。學校未設。鄉村弟子。只得私塾。是新者愈新。而舊者愈舊。欲其不柄鑿。不可得也。夫一方之言語。變遷無定。當時所慣言。或已成芻狗。夫類。能。彼。此。千。里交。換。意。見。者。殆有。統。一。文。字。之。爲。功。耳。假以語爲文。則如追日日求其語與文合。而日漸不可得。則豈不更爲害耶。今之學者。動輒以西方學術歷衆人之口。不知西方學術祖何。東方學術如何。彼此自有佳處。未可以牽強附會也。蓋取其所長。以補其短而已。至於文章佳處。語體文家。謂其易於描寫事實。不知。描。寫。事。實。至情。至。理。無不。滿。乎。中。而。發。諸。外。屈騷。遷。史。賈論。杜。詩。無一。不。舒。其。心。中。不。平。之。氣。痛呼。父。母。苦。呼。天。又何。一。不。能。描。寫。事。實。耶。換之於古。已不我爽。考之沙士比亞、士葛、狄更士。又何莫不皆然。假無病呻吟。則的麼了呀。又何能藏其拙耶。論者又謂科學諸辭。合語文不爲功。不知我國文字。既非如歐西文字之組織。假在外國文。其何中多形容辭者。譯本。之。的。的。的，不減。十。數。幾不。辨。其。何。者。形。容。何。者。則又。何。耶。僕自五冊能課。由混返里。買坊間之社會主義等書而讀之。凡數十冊。幾無一能盡悉其意。且並其大意而不能盡悉。蓋小。學。不。講。字。辭。不。清。易於。混。亂。也。夫科學諸書。貴於定名實。辨彼此。而後讀者易讀。而學者易曉也。不然。何。淵。相。爲。谷。科。學。之，樞。紐。耶。若字。辭。不。清。則的。了。麼。呀。又。安。可。以。濟。貴。哉。由此而知普及顯淺。不在乎徒

而在乎此也。僕僻處南服。未嘗問學。然斯文之變。竊不自揣。敢與君共之。……鄭流襄 一月十二日 上海江西路府

接洞叙詞

作者五羊之秀士也，年僅十九。而識偉詞僞。已如此綿。他日所成。豈復可限。恐幾見器濫文詞流行之速。深切文化百年之發。今以後出人才驗之。恐蓋徒爲杞人也矣。古稱其父析薪。其子弗克負荷。今黃。帝。之。子。孫。不。肖。者。衆。負。荷。之。責。不。得。不。由。少。數。者。肩。之。鄭君。勉，乎。哉。

有友善爲白話。恐忖戲以歐陽永叔與尹師魯書中。但深詆君睍因書道修意以西十二字。今爲語體。彼細意變貼爲曰。「不過深深的拜託君睍。請他寫信把你的時候。代我致意。我就動身向西方來了。」已三。十。一。字。矣。因君爲長者簡潔之辨。書

章氏叢學

片親不稱行而類行。其類在江上非。大攻

此以博一粲。孤桐

數年

……數年前在湘得聆高論。愜心悅慕之。然以旗箭滌處。不敢有所陳問也。厥後負笈西來。日夜淬厲。冀以有援拾遺忘。爲先生傾導文化之助。而在蒲蕊月。迄無所得。邇來嵓閱甲寅周刊。知先生猶奮昌言。奇文鬱起。凡在同好。莫不宗仰。茲不揣淺陋。撰爲是篇。儻蒙删削披露。則厚幸焉。先生苟以爲可教而辱教之。又幸矣。……彭國棟 二月三日 太原山西大學

彭君郁文、吾鄉績學之士也。人茶陵 都講山右。單思國學。所患鑿學之淵原一稿。不見 精博非今之言學者所企。恐擬以胡適之諸子不出王官說爲甚不然。欲駁焉而未逸。即勉爲之。亦決不若彭君誰核。書此志賤。更盼鴻篇。以光論域。孤桐

此翅。舉。儒。家。之。證。而。駁。倒。之。也。張之銳云。「儒家。言。

二一

厚。薄。者親。友。疏。謂之。類。行。愚按行如字謂以類則之法行之墨家。言。
厚。薄。因人。而，施。其人，稱。厚。愛。則。厚。愛。之。謂之。稱。行。愚按
謂以稱物之法行之故曰。為，天。下。厚。愛，焉。乃為。焉。之，人。愛。也。何
謂稱行。譬如以稱稱物。有多少重量。方給以多少價
值。為中權衡取舍之義。即由此出。「子晉所詰。雖為
勝義。是厚親不稱行而類行云者。意在明儒家之失。
從而正之謂。
江上。不。必。有。非。而。有。非。距江。遠。處。非非。不。可。而乃。無。
非。此為。儒。家。類。行。之。繁。惟稱。行。可。免。
不為己之可學也。其類在獵走。大取
此亦。轉。敗。儒。家。語。也。為己者、墨家固不諱言。以愛。人。
不。外。己。己在。所。愛。之。中。也。特不。如。儒。家。「有。厚。薄。而。
無。按原作倫。別。之。為。己。」耳。儒家遂以不為己為反乎
人性攻之。且立不為己不可學義。墨家因以敗之。謂
不為己非不可學。如見人行獵，相與逐獸。殆不期然
而然。是亦。學。也。而其。因。緣。非。為。己。是。
愛人非為衆也。其類在逆旅。大取
此言愛人本乎己意。非為人有令衆而後愛之。以知。

凡，世。俗。之。稱。謂愛，惡。宜。何。屬。者。非。墨。家。所。以。為。愛。惡。
之。準。的。也。逆旅說出莊子山木篇。「陽子之宋。宿於
逆旅。逆旅人有妾二人，其一人美。其一人惡。惡者貴
而美者賤。陽子問其故。逆旅小子對曰，其美者自美。
吾不知其美也。其惡者自惡。吾不知其惡也。陽子曰。
弟子記之。行賢。而。去。自。賢。之。行。安往。而。不。愛。哉。」韓
非說林略同。此直。將。世。間。一。切。名。分。重為。評。價。墨學。
之。精。即存。於。是。
苟是石也白。敗是石也。盡與白同。是石也唯大。
不與大同。大取
楊木之木。與桃木之木也同。諸非以舉量數命
者。敗之盡是也。大取
敗字孫詒讓疑當為取。非。唯字孫謂與雖通。不必。
此言。物。質。成。毀。彼。此。若。一。之。理。例如石之可論者二
非。曰白曰。大。如以白為言。則將。是。石。解。破。敗謂之點。點。
俱。自。仍。不。害。為。白。石。大。則。不。然。若。惟。唯句以鈔本因作惟以。大。
論。石。不破。而。大。與。之。俱。破。故曰，敗，是。石。也。此四字原從複句略
去不與。大。同。何也。白者。謂。質。而大。則。否。也。質不。間。成。

毀。終。可。得。而。驗。也。木者。共。相。也。統。各。木。而。有。之。今。敗。楊。木。而。驗。焉。木存。敗桃。木。而。驗。焉。木亦。存。何也。木也。者。質也。質不。分。乎。彼。此。一以。貫。之。者。也。故敗。之。謚。是。也。與物。之。舉。數。哉。而。命。者。不可。同。日。語。也。

孤桐雜記

湯壽軍臥病長沙。昨任潞忱自南來談。病在脊髓。由尻以上寸許。已爲微蟲蛀碎。醫者以石膏錮身爲筒。嚴束腰部。勿使轉側。且就日光曬焉。冀蟲自息。藥力所不及也。若手術則亦有道。先將已壞脊骨截去。再由腿部割取一段補之。如此又非壽軍體力所勝。愚聞此。誠不怡也。頃檢得十二年十月二十五日壽軍由柏林來函。手錄一過。如對病友。

前上一書。並摺草。想已收到。松在海得堡購 Lederer 所著經濟原理讀之。渠不過拘守馬氏宗法。以勞働及用值解釋工價物價利息地租等。頗多牽強。規模似甚狹隘。不敢師也。次讀 M. Weber 所見宏遠。誠爲一流也。惜其人往矣。弟現從事兩書。一爲經濟政策。分三編。放任政策爲一編。干涉政策爲一編。社會政策爲一編。考求各國使用諸策之成敗。學理歷史。俱究及焉。似可於普通經濟書中。開一生面。他一書曰群學原理。一編爲群學之各派及方法。二編爲社會的經濟組織。三編爲政治組織。四編爲人群心理。五編爲人群進化。明年六月。可成其半。頗無疾病阻我也。弟近閱書頗有進步。雖不能脫去字典。然速度日日有加。似乎年齡於學術無損。

愚見近人論書之勤。能如湯壽軍者鮮矣。願諸而冥冥中阻之。致如潞忱告我諸狀。天實爲之。奈之何哉。Lederer 爲德意志新進計學大師。愚銳覺焉。壽軍因愚言。桂海得傑訪之。海得傑者。芮君都講所在大學也。觀傳中語所見與愚未同。此蓋軍個人私見。於芮君無損。後東京帝國大學、延芮君專講席兩年。期滿過滬。張君勱禮之於自治學院。講學十日。海上學子。傾誠。迎。之。後來北京。愚意芮君深攻馬學。得其神理。彼說得行。可將。貌。襲。馬。昂。道。理。言。力。之。弊。願介於此間學子。介聞其說。願蔣君夢麟等不納。僅以高承元爲通譯。在法政大學講兩日耳。於以。嘆。北。學。門。戶。之。弊。而交。臂。失。此。大。匠。爲。甚。可。惜。愚尋與鄭韶覺賓之。來請學界多人作陪。送之而去。

趙炎午以妹妻李鳳亭。炸琳結婚日、愚適在湘。贈聯借用阮步兵趙李相經過句。人頗疑之。案阮詩西游咸陽市。趙李相經過。顏延年以爲趙飛燕李夫人。劉會孟則謂安知非實有其人。正不必求其誰何。漢書谷永傳、小臣趙李。從微賤貴寵。成帝數與微行。此趙李字見之最先者。又唐王維詩、亦日日夜經過趙李家。愚意此語初經用時。或是實有其人。向後。相沿。竟成。文。家。喻。意。之。號。猶言。朱。陳。嫁。娶。嫁娶。者。固。不。必。卽。姓。朱。陳。也。者。其。姓。適。與。所。喻。者。相。符。乃爲。稱。妙。合。明李日華紫桃軒雜綴、記此語源流頗詳。

閱李日華紫桃軒雜綴。謂嶧陽孤桐。乃岡麓挺生孤出之桐。軒倨。衆。木。之。上。受。雪。霰。霜。露。圭。消。之。氣。於。谷。寒。之。表。故木理堅剛。不。存。不。波。性極輕。虛。善發清響。堪爲琴瑟之材云云。根觸鄙懷。憮然有感。

說林

六朝人手寫左氏傳。上海有正書局石印。楊惺吾先生家藏本也。後附惺吾一跋。節之於次。

右六朝人書左傳卷子殘本。共一百四十六行。行十五字。……經傳、皆出、一、格。猶是、古、策、書、式。其注、宋、每、多、之、也、等、字。亦是、六、朝、舊、習。見經典釋文。不其論。其中亦多筆誤俗體。可望而知其佳處。則有非唐宋元本所可擬者。今略疏之。注故曰其有後於晉。不作臧孫。注意取於戰相仇怨。不作仇怨。注見獲而死。不作而免。傳齊侯送姜氏於讙。按經典釋文。齊侯送姜氏。本或作送姜氏於讙。是陸氏以無于讙二字爲正。孔穎達正義從之。唐石經以下。皆同此本。是陸氏所見之一本。可知爲六朝之舊。按水經汶水注。引傳文、作齊侯送姜氏於下讙。酈氏葢因杜預以下讙釋讙地。故增下字以證。世謂之夏暉。晉同耳。非傳文有下字也。余以爲酈氏陸氏所見有于讙二字者是。陸氏孔氏所定本無于讙二字者非也。葢古者、經、傳、各、別、行。若傳無于讙二字。則不知所送爲何地。自合經傳之後。始因于讙二字。已見經文。不煩別檢。遂有删傳文之本。陸孔不據未合之本。而據已合之本。未免失擇矣。又傳請爲左矩。以下五矩字皆同。釋文本、注疏本、唐石經宋元本、並作拒。杜注、矩方陳。則矩是而拒非。

唯日本楓山官庫三十卷金本與此同。不得以矩拒通假爲說。此所謂一字千金。絕非唐宋所有。且其、字、體、豐、腴。絕似日本黑田氏所藏齊天統佛經。故定此爲六朝人手筆。非懸斷也。

石田寺藏本左傳。余亦曾見之。自昭二十七年傳、爲惠已甚起。至三十二年傳、季氏世修其勤。民志止。其中最佳者。夫鄢將師矯子之命以滅三族。三族國之良也。自唐石經以下。皆不疊三族二字。傳、雖士大夫有所不獲數矣。獲上有禮字。傳、以待君之察也。亦唯君。君上有命字。察下有之字。以上文君若以臣爲有罪例之。則此君字下居是也。然則各本脫命字。此三、事、皆、足、訂、唐、石、經、以、下、之、誤。

惺吾先生定此項殘卷爲六朝人手書。實有未敢苟同處。如齊侯送姜氏于讙。請爲左矩。文同釋文。謂陸氏所見。與書者所見。爲當時別行之本。本無不可。釋文得見送姜氏于讙、請爲左矩之文。爲唐人。而書者作于讙作矩。即六朝人。此何說也。若石田寺藏本左傳。款式如何。是否爲六朝人手書。不敢懸斷。第經。傳。皆。

出一格。其可考證者。僅存唐人單行卷子。不得謂爲六朝人所創。即爲六朝人所創。亦不得謂如六朝款式。即六朝人也。經傳之合。始於唐初。此書經傳合行。是否爲唐人所書。尚難懸斷。而猥曰六朝人。不已泰耶。至以字態斷之。則近時發見之唐人寫經。強半如此。愜吾跋此時在宣統元年。不應無所聞見。紙墨無靈。未足折矣。陳氏藏書例。凡不能確定爲何時者。第曰舊鈔。此卷縕緒腴縟。終非近數百年物。即目之爲舊寫。未必不足矜示瓌異。而必定爲六朝人耶。

歐陽磵東詩話。湘陰郭侍郎（嵩燾）爲之序。其論詩、專祧杜甫、陶潛、李商隱、蘇軾、元好問諸家立說。中多見到語。然有不必涉及者。如晉陽已陷休姻顧。謂晉陽宜作晉州。則馮浩玉溪生詩集箋注。業已箋出。牛從雞尸。本爲陳孔璋爲魏武致孫權書。（李善文選注爲箋出）不僅見之爾雅翼。子美先拚一飲醉如泥。見晉書。（三百五十九日醉如泥）不僅見之漢書注。（元文謂見漢書注。余不知出處）牛從雞尸。謂爲牛后雞口。絕無意義。泥之爲蟲。無論用之何處。皆不傷刻。而必因譌成誤。反無所取。論詠梅花詩。推崇東坡。以爲真勝暗香疏影。並謂高青邱高士美人淺俗可笑。則近人某夫須詩話。其苗裔也。（夫須詩話見民權素五集）

兩朝剝復錄一書。爲明吳應箕次尾輯。應箕以副貢起兵應金忠節、不克。死之。當時目爲殷頑者也。皖南夏燮嗛甫校證。刻於同治二年江西省寓。搜羅尚富。足裨正史。亦不可缺之書也。敘稱毛一鷺陰殛。互見於計氏北略。丁紹軾暴卒。互見於李清三垣筆記。霍維華稱孫甥。張我續稱姪壻。互見於文秉符先撥志始。馮銓爲龍陽。互見於劉若愚黑頭爰立紀略。楊左諸君子先後斃獄之月日。互見於黃煜碧血錄。徐兆魁賁發世揚二十五板。薛貞賁劉鐸二十五板。互見於北略。及劉若愚酌中志。又先后賁唐紹堯一百八十板。係姚誠立下手。誠立時爲刑曹。互見於明人唐政集。如此之類。悉與是編所記。不謀而合。惜不能仿溫公考異。裴松之三國志之例。詳加采葺。嗛甫用心之勤。如此可見一班。（皆孟箕）

甲寅周刊第一卷第三十二號目錄

時評

自有執政以來軍事變化之大蓋無逾此數日間所發見於直豫兩省者吳佩孚將求所大欲此人人能言之前以扼於豫軍未能越武勝一步近採遠交近攻之策極力聯張且與榆關方面之奉張本軍津浦線上之直魯聯軍相為犄角併力與國民軍敵而國民二軍又適以開封米部有變不得不移師鄭州重資整理吳部遂得乘機踰信陽而北河南大局頓形動搖日來且有鄂軍進陷鄭州消息豫軍之失利蓋已成不可掩之事實矣幸滄洲一帶得鹿鍾麟馳赴前線指揮作戰頗見勝利據其二十八日電告有敵人紛向倉縣潰退等語如此失之東隅收之桑榆大勢尚得其艇衡不可謂非不幸中之幸耳惟古來戰術上戰戰于堂下戰戰于野所謂運籌帷幄之中決勝千里之外者其道得之也國民軍不鬪智而專鬪

一

力。猶不。得。謂。爲。萬。全。之策。當局。者。其熟。籌之。（平）

三十年前。弱冠弄翰。即見以民教相安發策。苦心求答。蓋其時入教。率多莠民。傳教者確以資本帝國主義爲之後盾。其國思藉闢教以攫取其利益。而吾之莠民。又倚禮拜以凌虐同類。以是教案不絕於書。土地甚且因而易色。殺人賠欵。更無論矣。不謂時踰一世。事勢全易。雖所謂反基督教同盟者。其民教之不安也如故。而今、日、之、教、令。則實、未、容、爲、惡、于、天、下。信徒、之、中。學行、可、稱、者。有時、轉、多、於、外、道。修士、所、舉、皆、術、學、科、諸、業。其、有、裨、于、吾、國、之、文、化、者。隨、處、有之。夫以。教。務。之。改。善。也。如。彼。而得。不。相。應。之。反。動。如。此。說者。因。乃。以。報。施。不。爽。之。理。明。之。此謂。之。全。不。知。言。固然。不。可。然信。教。自。由。垂。於。國。典。效尤。爲。罪。聞諸。聖。人。

如今。日。學。生。之。所。云。爲。竊以。爲。大。國。民。萬。不。應。爾。者。也。禁止仇教之令。已由政府頒之。雖一紙空文。未必有何效力。而秉。國。成。者。對內。對。外。表示。一。種。持。正。不。阿。之。態。君子。取。之。（辜）

教育總長易培基、近草一電。促馮君玉祥出山。有非清內奸。大將在外。不能立功等語。此言論自由。人固不得而非之。惟其攻訐政府。有私設機關非法下令二語。誠不知其何指。所謂、政、府。彼、白、尸、之、外、於、其、尸、之、政、府、而、私、設、者。是何、機、關。所號、爲、非、法、而、下。又爲、何、令。易君、詞。人。發言。不。求。甚。解。其弊。往。往。如。此。是固。未。足。深。責。也。至謂言出禍隨。更爲、何、禍。無人、能、喻。若爲。易。君。所。擬。加。諸。人。因亦。疑。人。將。加。諸。我。則未。免。以。小。人。之。腹。度君。子。之。心。夫亦。可。以。不。必。矣。（逐）

原法

汪榮寶

自汪君袞父之文。見於本刊。凡篤。學。懿。文。之。士。俱發。其。少。昨袞父寄來。媵以此篇。自稱文詞茂美。而宗旨與本刊相協。懇迴。環。誦。之。所感。遜。於。袞。父。之。自。信。者。又什。伯。也。亟爲標之。用諗同志。

孤桐

古之論治者必言禮。孔子曰。能以禮讓為國於從政乎何有。又曰。禮之於正國也。猶衡之於輕重。繩墨之於曲直。規矩之於方圓也。今世為政治之學者。恆曰法治。凡國家之所以存。安寧秩序之所以維繫。一言以蔽之。則法而已矣。世人每謂禮禁未然之前。法施已然之後。法之用易見。而禮之用難知。余則以為禮之與法。對文則異。散文則通。其實一也。今夫周官。周公致太平之跡。後世言禮者之實典也。乃觀其書。大而邦國官府之制。小而質劑所合之故。凡所為事制而曲防者。皆近世法家之所有事也。而通謂之禮。然則法不必後禮。禮不必先法。異名同物。相為轉注。故曰禮者法之大分。羣類之綱紀也。自禮與法離。言禮者務為迂侈之說。而不周於世用。及乎末流。益斷斷於宮室服物之度。登降揖拜之節。幼童而守一藝。白首而後能言。其所成就。祇足以為考古學者之一助。而於治術無預焉。而法律之事。乃婷以委諸刀筆繩尺之吏。惟格式律令之是務。支離破碎。賢者苟為一切之治。不肖者因以為奸欺。嗚呼。道術之為天下裂也久矣。西學東漸。學者始稍言法律。其為類極博。而稱名甚繁。顧其為鵠。皆在於章徵別疑。以為民坊。使之羣居而不亂。而所謂法律哲學者。其言乃往往合於古我哲王制禮之精義。與夫七十子以降治禮者之微言。故知今之法。由古之禮。法治云者。易言之直禮治已耳。法學既興。士之遊於海東西習其說以歸者。口講筆述。為書寖多。而事止於淺嘗。學窮於道聽。入乎耳。出乎口。重紕貤繆。而莫知其原。將以致用。不亦難哉。及門趙君欣伯。北學之秀也。學於日本明治大學。十有三年而不輟。以論刑法過失。多所闡發。驚其老師。列於博士之林。憫然患用名之妄。而傳說之失真也。於是有法律哲學詞書之作。擇精而語詳。察國中之治法學者。未有能出其右者也。趙君之言曰。教無出於詁訓。法無良於古典。今人不察。動仿泰西。置數千年文化於不顧。道德敗壞。世風日下。法律有以致之也。法律學者。以社會道德人民習俗為對象之精神學也。法可易。道德習俗不可易。不究其源。宜其無功於世也。趙君可謂能究其源也已。持此以治法。則知今而不悖於古持此以治禮則知古而不盭於今夫然故言天下之至賾者謚五指而頓委領順者不可勝數也嗟乎鼎革以來十五年於茲矣以舊禮爲無所用而去之而於晚近所謂法律觀念者未始有閎也上無道揆下無法守竭天下之勇敢強有力不用之於禮參戰勝而用之於爭國將訌於鎮士逸於序躁踐叫號以自返於睢盱豺虎之爲乃大其名曰護法美其謚曰愛國吾徧求諸萬國之法律詞彙愛國與護法未有兩此義者也名之不正其禍至此趙君之爲此書亦不得已乎桑柔之詩曰民之回遹職競用力民之未戾職盜爲寇板之詩曰老夫灌灌小子蹻蹻匪我言耄爾用憂謔多將熇熇不可救藥民方競於用力以爲盜而趙君灌灌然與之言法其不用爲憂謔者幾希雖然小子亦何常之有卽蹻蹻者而猶未至於不可救藥也吾知必以趙君此書爲瞑眩之良也矣

同異義問

孤桐

昔子墨子曰『始生未有政長之時』蓋其語曰『天下之人異義』語者猶今所稱標語也意其時以天下之人異義相標榜成爲一種風氣也大凡一種風氣之來其先必有相反之象者存此謀對之漸爲趨向是相反之象者何殆有人焉好同而惡異以力挾天下使趨於同義無疑也此而曰無政長或者政尙共和人游自由之藩各矜材智攻其理道如近世所期立憲理想之治未可知也然而墨家非之謂『一人一義十人十義百人百義其人數滋衆其所謂義者亦滋衆是以人是其義而非人之義故交相非也』墨子以異義之不可長務爲同之號曰一同天下之義而天下云者視其司存以爲封域廣狹至無一定如所司爲里則里長一同其里之義而里治所司爲鄉則鄉長一同其鄉之義而鄉治所司爲國則國君一同其國之義而國治所司爲天下則天子一同其天下之義而天下治夫同者非徒同也有所以同之者也斯乃不存於義而存於上凡里長之所同者鄉長也故里之萬民皆上同於鄉長而不敢下比也凡

鄉長之所同者。國君也。故鄉之萬民。皆上同於國君。而不敢下比也。凡國君之所同者。天子也。故國之萬民。皆上同於天子。而不敢下比也。凡天子之所同者。天也。故天下之萬民。皆上同於天。而不敢下比也。是之謂。尚。同。尚者。上也。墨子所爲同義之系如此。而其所以達之之道。因時有取夫刑賞罰以昭國信。而其根。本。要。義。則深。恃。乎。天。理。之。固。然。而期。以。人。心。之。同。然。所謂。兼。相。愛。交。相。利。者。乃墨。家。之。所。篤。念。善。道。以爲。勸。人。於。做。無。不。樂。從。而且。磨。頂。放。踵。以示。之。範。謂絲。有。染。惟國。亦。然。染於。蒼。則。蒼。染於。黃。則。黃。吾今。以。天。之。所。欲。惡。者。染。之。知其。要。而。得。其。理。久之。人。雖。欲。無。與。我。同。將不。可。得。也。要之。墨。子。所。以。爲。同。恃德。不。恃。力。恃賢。不。恃。衆。恃勸。不。恃。罰。故曰凡。使。民。尚。同。者。愛民。不。疾。民。墨子。兼。愛。之。大。義。可於。此。盡。之。也。墨子之教。立於二千年前。儒者以無君非之。自來文家。大抵以能距墨相矜。尚同之義。至多亦以烏託邦視之焉耳矣。歐政以自由爲尚。平等爲則。凡其國憲。無不爲各種自由權斤斤作障。苟持一義。不論其廣狹純駁何似。貿然欲天下之人相與同之。此非狂即誣。行見議士觝之。法庭訟之。國法人心。舉所不容。蓋立憲通則。以任反對黨之意見流行爲第一義。法家誦說。等諸天經。以尚同之義進。其不目爲異端者又幾何哉。而不意。大謬。不。然。二十。世紀。民權盛極之。年。世界。居。然。有。二。大。國。國政。所。出。一趨。於。同。大有。與。墨。子。所。訓。挈長。較。短。之。餘。地。是何。也。蘇俄。與法。意。也。蘇俄者。以俄行蘇維埃制而名。法意者。以意行法西士主義而名。一盛越夫今世之民治而銳進。一深惡於今世之民治而反奔。二者賦性之異。幾如玉石淄澠之不可混。而顧有相類焉者。則一致以同義治其國也。列寧提紅軍六十萬宰制全俄。號共產黨人無言。言惟馬昂是崇。人無動。動惟列杜是則。此於一同其義。可謂毫髮無恨。惟莫索里尼亦然。法西士以黨軍統一全國。乘民權之敝。爲強制之政。全國報紙。由政府理之。批評二字。行漸爲文士所不識。以云一同。斯其至矣。二百年來。歐洲政家碩士輩出。類爭自由如性命。巴力門與。典章文物。亦粲然可視。而在今日。

乃容醉醉背馳之兩國家。歸然以存。凡蘇俄以善宣傳稱。所擬革命之連環。西起柏林。東訖北京。其中飲狂泉而甘之者。滿街皆是。莫索里尼別爲一專制之華坎落。火後積發。光耀萬里。有時豪桀之士。爲惡濫之民主制所蹶。志莫能遂。則曰吾將適羅馬而求息壤。意未必是。辟乃適間。噫、何今世政治之富於矛盾性如此其甚也。何吾墨子之說。至今日行之轉有可能之性存也。

雖然。持二國以律墨子。墨子有不任受其咎者。愚固言之。墨子爲同恃德不恃力。而二國則各力幾無所謂政。何時力弛。政隨以息。今見爲政其質皆力區以別焉。則蘇俄之暴力已化於法。即法即力。熟察莫辨。法意則尙以撫責任之暴動尸之侟得論之曰領袖式之閥家而已。此其所事不同。知爲墨子之深惡痛惡。而乃假其名以得其反。遮以蔽罪。先齊如之何其可爲也。夫墨子之爲同也。不以容間自限者也。一人未同。吾勸一人。十人未同。吾勸十人。不得其勸。吾不已也。又墨子之爲同也。不以時間自限者也。一年未同。吾待一年。十年未同。吾待十年。不俟其熟。吾不爲也。自來大齊願力如是其宏至者。未或聞也。俄云意云。做大盜移國之爲。立以黨統治之號。暴抑他人之自由。以供少數黨徒之恣肆者。其亦未升禽滑釐公尙過之階也已。焉足與論大師之法儀也。

曰、是則然矣。但二國與墨子異者。其式也。以云精神。則皆薪於壹同以爲治。愚未見有何差池也。同時爲墨家言者。固有餘地斥二國行政之不得其正。同時亦有餘地許其立國之洞見本原。惡奪朱者。不因紫而廢色。惡亂雅樂者。不因鄭而廢聲。是道也。愚之期期不各所欲。天下談士相從而注念者。則歐洲尙異之政。十九世紀之末。已臻極盛矣。而今二十世紀初期。尙同[illegible]之想漸生。歐戰作已。義尤適往。至有大國如俄如意。曝尸其名。亂流而出。倒行數年。勢猶莫誠究之由來。異同之解安在。今後尙同之政。其運如何。人言東方文化當興。如墨子言同諸義。是否即合於當王之貴。凡此種種。所願討探。茲篇亦微發其耑爾。世之君子。幸詳考之。

近見陳君博生（六月二十六日晨報週刊）所為意大利與俄羅斯一文。裁極詳贍。因感而為是間。其詞頗復採錄一二。不敢掠美。用附志焉。　孤桐

書徐子熱遺稿後

孤桐

此嶺州徐子熱遺稿也。子熱名大純。光緒季年。與愚及亡弟勤士。同隸江南陸師學堂為學生。其人狷。急。好文。學。多出。位。之。思。因與堂規不習。屢遭戒飭。勤士聯同級生右之。迕於長教。乃大決裂。坐是退學者四十人。愚率之至滬。與愛國學社合。子熱。顧。掉。臂。去。轉不。與。其與。人。性。不。習。類。如。此。後來東京。愚偶見之。亦未暇考其所學。元年、愚由英返滬。子熱來談。英文家之名不去口。愚出英劇數種貽之。勉以深造。彼時。鋭。意。於。政。意似。不。屬。也。後從孫伯蘭游。曾入內務部為僉事。又數年。勤士宦於粵。交游甚濫。聞與子熱共為徵逐。行頗不檢。迨愚八年赴粵。驗之不謬。子熱傯甚。愚因約入軍府為記室。終不自安。事敗。愚赴歐。又不相聞。前年愚歸。子熱趣至。困頓。逾昔。而舊。學。彌。進。訓詁。詞。章。俱有。條。貫。愚喜。量力濟之。令編一書。愚為游揚。期稍自給。徐營他務。而子熱。似。不。耐。任。中。華。新。報。編。輯。事。數日。而。能。惟索。小。欵。易。衣。易。書。時。一。至。愚。所。而。已。久之不。至。愚頗怪異。一日途遇郭木堂。趨執愚手告曰。子熱。自。縊。死。矣。愚頓不知所云。憮然為問曰。其後如何。木堂曰。房主。人。以。無。戚。友。可。訃。告。者。為之。藁。葬。久。矣。愚檢數十元付木堂。令依俗例為營佛事而去。歸後自思。竟夜不眠。昔王導。謂。我。不。殺。伯。仁。伯仁。由。我。而。死。細審。其。語。彌有。至。理。嗚乎。子。熱。豈非。由。愚。頓。置。未。得。其。道。遂捐。生。以。示。無。友。也。哉。然今。日。之。士。讀書。明。恥。而生。事。不。了。如。子。熱。又適。為。愚。所。知。者。何。限。追念。前。事。後死。之。責。逾。重。我瞻。四。方。且蹙。蹙。無。所。騁。理子。熱。遺。稿。不禁。泫。然。子熱文品雖不甚高而造意遺詞。甚諳法度。在今白要為卓卓。愚特存之。留與知子熱者。資以憑弔爾。子熱未娶。或曰。壯年。無。妻。亦促。之。自。殺。之。一。道。理。或。然。歟。二月四日

七

論廢督裁兵與聯省自治

彭景林

作者桐城姚君仲實盛稱其文。近見本刊吳君祖沅有論武力統一一首。頗獲其心。謂今日之患。在不求非實。徒唱高調。所以議論愈多。成功愈少。因由秋浦醫院。草是文見寄。雖屬短篇。頗饒精理。本刊錄此。彌感文緣。孤桐

今日中國之大患。果何在乎。夫人而知為軍閥禍國矣。是以愛國之士。莫不以廢督裁兵、聯省自治二者。為救時良策。雖然。督果何自而廢。兵果何自而裁乎。將以兵廢之裁之乎。抑督與兵自廢之而自裁之乎。由前之說。是武力統一也，由後之說，是與虎謀皮也。雖三尺童子。有以知其必不可能矣。夫以。必。不。可。能。之。事。而群。相。唱。和。為。盜。名。祭。而，攘、權。利。之。計。此。中。國。之。所，以，日。壞。而。不。可。收。拾。者。一。也。

夫聯省自治。果是為救時之良策乎。今之所謂聯省者。瓜分而已矣。今之所謂自治者。把持而已矣。非秦。者。去。為客。者。逐。循。是。以。往。將省。與。省。分。道與。道。分。縣與。縣。分。勢不。至。於。人。自。為。謀。不。止。而倖人政客。欲緊雖盜，權利之支配不均。蕭牆之干戈又起。禍亂相尋。

廉有穛日。滇夢湘桂。往非可徵。此中。國。之。所。以。日。壞。而。不。可。收。拾。者。又。一。也。

環觀中國愛國之士。多於蝟毛。自治之說。囂於蛙鼓。廢督裁兵之聲。高唱入雲。人同此心。心同此理。合眾力以鬬之。宜若可以謀一日之安矣。然而言。自。治。者。即。倡。亂。之。人。謀。廢。督。者。即。求。而。弗。得。之。人。懷。自。利。之。心。合。不。逞。之。徒。而。美。其。名。曰。愛。國。美。其。名。曰。自。治。此。中。國。之。所。以。日。壞。而。不。可。收。拾。者。又。一。也。

今日之倖人政客。今日之洪水猛獸也。朝秦暮楚。覆雨翻雲。結黨營私。把持壟斷。權利之所在。不惜縱橫捭闔以求逞其欲。蘇老泉曰。國之有士。猶山林之有虎豹。淵澤之有蛟龍也。勢不能槁項黃馘。老死牖下。類皆役人以自養也。項城利用若輩。以遂其鼠竊狗偷之私。故所用多急功好利之士。中山則破壞有餘。故其黨徒。亦皆長於搗亂。自二人出。而中國之風氣為之一變。浮薄之士。習為囂張。逞其簧鼓。以獵取一日之富貴。虎豹蛟龍。徧佈要津。惟恐。中。國。一。日。不。亂。若輩。無。所。得。食。而賢。人。君。子。眞。正。愛。國。之。士。去之。惟。

恐。不。遠。避。之。惟。恐。不。速。黄。鐘。毁。棄。瓦。釜。雷。鳴。讒。人。高張。賢。士。無。名。此。中。國。之。所。以。日。壞。而。不。可。收。拾。者。又。一。也。

然則中國之事。終不可爲乎。曰不然。欲求救國之良策。必自自治始。然予之。所。謂。自。治。非。猶。夫。人。之。所。謂。自。治。也。守分。而。已。矣。稱職。而。已。矣。進賢。人。退。不。肖。政府。之。自。治。也。勤訓。練。嚴約。束。督軍。之。自。治。也。省。長。以。整。躬。率。屬。爲。自。治。縣。令。以。勤。政。愛。民。爲。自。治。士。勤。於。學。農。力。於。田。工。賈。作。勞。於。市。廛。自。政。府。以。至。於。庶。民。各。司。其。事。各。稱。其。職。而。後。可。以。自。治。夫有治人。無治法。古今之通例也。不。容。人。而。容。法。朝。發。一。令。夕。更。一。制。上。無。道。揆。下。無。法。守。是。自。亂。也。自。治。云。乎。哉。

讀吳章兩先生近論所感

廖曉天

吳章兩先生、吾國近代先覺之士也。觀過去兩先生之言論行事。皆具有振聵發聾扶危救傾之誠意。其影響被於全國上下。大節可尋。雖不幸迄今國中各種現象。與其所預期而切望者。相去彌遠。此其因至

雜而難言。要之中國負兩先生。非兩先生之負中國也。

一年以來。章先生處境。稍異於前。目覩社會一部分現象。遽急變化。如馬離羈。狂奔莫制。深憂過計。乃以至誠之心。發爲諷時之論。雖有時所見似迂。要亦有爲而然。不同無病呻吟。至可諒焉。吳先生恃其特異之個性。間出其倨屈聱牙之白話。逃其愛國愛友之熱忱。其辭甚厲。其心可欽。兩先生一言一行。皆爲社會所注目。竊不自揣。因陳數言。以請教焉。

吳章兩先生。皆深於國學而又富於新知也。觀其平日言論。皆深冀早救中國於貧弱喪亂中。而即於近代優美國家之形也。凡中國物質文明之缺乏。及所以補之之道。其始所見宜無不同。即今亦未必少異也。凡中國精神文明之宜存者。其始所見或不盡同。即今亦未必全異也。不獨兩先生有然。凡屬中國人。苟於新舊知識。稍有所明。皆可以此兩說範之也。凡人之。思。想。往。往。因。境。時。及。經。驗。而。略。易。過反。動。而。淺。偏。持。之。亦。溺。堅。吾觀。兩。先。生。近。日。救。時。之。言。論。蓋

雖外此吳先生重視在物質章先生重視在精神吳先生主破壞章先生主維持吳先生圖急行章先生謀緩進吳先生之意若曰仁義道德奚益也文章華國奚補也迺國中充滿無衣無食之人欲天下盡是弱肉強食之種捨此務彼抑何莽夢章先生之意若曰國之急務吾豈不知捨非循而趨險阻豈惟欲速不達亦且失足莫救吾爲此懼因示徐達之路而旋「倒車」之謀此兩先生之異也此兩先生之所以異也其各挾懷國家之苦心孤詣夫豈不同

間嘗思之近代優美國家之建設基於國民之智術力者半基於國民之道義心者亦半智術力愈進步物質文明愈發達道義心愈擴充精神文明愈燦爛凡一國之人民其在社會之語言行動必須絕對於多種共通無形適當信條之內彼此皆由無或少背而後社會之秩序乃克維持一切利國福民之事業乃能興舉今號稱文明諸國其國民之各種共通無形信條雖因國情而或異趣要皆歷然可指夫所謂共通無形信條者何也亦曰入人術其說義心以理解一切之事物而已斯即精神文明之所由託也物質文明愈進步其所需於此物者亦愈大也

數十年來歐美物質文明映於國人之眼中舉國折慕趨之若狂然只知坐享其樂不務力致其實雖未必不思力致其實而幸未能實現其效試一察日國中現象洋貨之充斥利權之外溢今非昔比也奢侈之風習一般生計之艱難亦今非昔比也夫物質欣求與享樂慾望與生俱來奚不可者然如吾國民之所爲則樂盡而苦必來待斃而已吾國所食歐美物質文明之賜如此是何故耶不觀東人之子乎其時昔處境與我同也其借鏡求師與我同也其今日之共通優進之器械以較於我爲何如是又何故耶日者吳先生嘗爲警語以告人曰今日名流之言合符者大抵貌合神離也斯言近矣夫豈名流惟然舉吾國智識階級其能免於此者幾人雖然吳先生亦五十步笑百步耳何以言之吳先生年方三十已知線裝書之無用而棄絕之其三十後迄今日之學問事業乃不爲吾國之瓦特牛頓愛斯坦而仍不過爲一

吾、國、之、安、得、臣。亦似、發、悟、未、徹、底、耳。今國人皆痛恨軍閥之爲厲矣。以其阻進步而碍生機。斯豈不然。然試思之。假令全國軍閥。若能減淨盡。而數。十。年。來。國。人。所。中。於。外。來。思。想。之。錯。誤。觀。念。及變。本。加。厲。之。毒。苟。非。經。一。番。清。理。使。之。徹。悟。而。謂。吾。國。即。能。安。步。而。行。即。於。正。軌。有。如。是。其。易。者。乎。聞者如疑斯言。則請一思北京教育界近年所呈一切混亂之象。其因安在。合國學術中心之府。曾否有此奇觀。暴民爲亂。毀報館而焚家室。言論界不敢斥其非。法律不能正其罪。此何故耶。然則章先生年來之言論。其憤世嫉俗之旨。夫豈無故。而賢者亦不諒。何哉。吳先生請願於章先生一文。語長心重。洵今日國人當頭一棒也。雖然。竊有惑焉。數年來吳先生與其同志諸賢。以新文化運動相號召。今舉國甚囂塵上矣。主之者亦自矜於成功矣。然所謂新文化者。果爲何物乎。以吾所知。以白話競爲文章詩歌。此十年前詩書人所未行也。易圈點而用新標。此十年前國籍中所未見也。惟此二事者。誠爲新矣。然自白話流行以來。變形之文風。席捲天下。後生小子與一老師宿儒。競逞其發表慾。舉世沈迷於的嗎呢麼式之咬文嚼字。吟風弄月。而不知返。曰新。曰新。云者。亦不。過。玩。新。而。已。豈。有。他。哉。以吾觀之。國。人。右。文。輕。藝。好。空。言。不。務。實。益。之。特。性。今。固。不。異。於。古。所。云。自詩。派。之。玩。新。炎。異。文。言。家。之。玩。舊。皆。與。今。日。世。界。共通。優。進。之。器。藝。國。家。千。秋。萬。歲。之。事。業。不。甚。相。與。故吳先生之言。不宜獨請願于章先生。亦宜轉請願于今之新文化運動家。並宜大詔天下。成使開知而知所戒也。

論六書次序質顧惕生先生

陳德基

兩年前、余於國學叢刊。見顧惕生先生六書通論。於六書次序。跡鄭氏司農。說近牽強。意頗勿協。即擬爲文質之。而課業縈人。卒卒未果。因循至此。可歎也矣。昨日過市。又見先生著中國文字學一書。仍操前說。舊時情緒。遂不可遏。行篋無書。腹笥又淺。爰就意想所及。雜書於左。得無貽布鼓雷門之譏乎。

二

六書者何。乃歸納造字大法所得之六條原則也。通乎原則。識字無難。故許慎說文敘曰。「周禮八歲入小學。保氏教國子。先以六書。一曰指事。指事者、視而可識。察而見意。上下是也。二曰象形。象形者、畫成其物。隨體詰詘。日月是也。三曰形聲。形聲者、以事為名。取譬成聲。江河是也。四曰會意。會意者、比類合誼。以見指撝。武信是也。五曰轉注。轉注者、建類一首。同意相受。考老是也。六曰假借。假借者、本無其字。依聲託事。令長是也。」班固漢書藝文志曰。「古者八歲入小學。故周官保氏掌養國子。教之六書。謂象形、象事、象意、象聲、轉注、假借。造字之本也。」二家所次。微有不同。然大體一致。自來小學諸家。皆從之。徐楷鄭樵、且依班序而在許名。可見其各具至理。無能軒輊也。外此言次六書者。如鄭司農、張有、周伯琦、楊桓、趙則右、戴侗、吳元滿輩。無慮二十家。皆隨手掇拾。或任意宜說。為人所搖采者也。鄭司農周官保氏注曰。「六書。象形、會意、轉注、處事、假借、諧聲也。」即顧先生稱為「實有不可易之精義在。」「千年莫開之隊緒。而將有以發之者也。

顧先生曰。「班許鄭三家。於六書之名。互有異同。讓居別論。而其次序。則班鄭同首象形。蓋本歷史。世界文字。皆起象形。其義是也。班許僅六書之前者。兩兩互倒。餘並同也。許蓋哲家。說文一書。始一終亥。是其義也。若鄭司農全次。世輒詆其凌雜無序。然細審之。則實有不可易之精義在也。說文敘曰。依類象形。又於會意曰比類合誼。於轉注曰建類一首。是象形、會意、轉注三者。得以一類字貫之也。此可證鄭說之精者一也。且指事之名事。固矣。而說文又於假借、則曰依聲託事。於形聲則曰以事為名。是指事、假借、形聲三者。又得以一事字貫之也。此可證鄭說之精者二也。大凡天下極繁重之事物。必有極簡單之原理。貫徹其間。是則六書之有極簡單之原理原則。舍此鄭許二家之說。又曷以明之哉。」抽繹全文。顧先生蓋欲開司農千年隊緒。而亦同時不沒許班也。許首指事。是否為哲家。班鄭首象形。是否為歷史家。茲暫勿論。總之。吾。人。之。所。以。斥。斥。於。六。書。次。序。者。果。何。為。非謂六書乃創造文字之六原則。須視原則適用之先后而各因其次以次之。邪不然。如抄撊厨。首假借可也。首轉注可也。會意可也。形聲亦可也。何哲家縣史家之有哉。設余此假定而不誤。則欲序六書先后。除探文字創造之先后也。無絲蓋文字之次序既定。則六書自定矣。請本此法。以衡班許鄭三家。說文叙曰。「倉頡之初作書。蓋依類象形。故謂之文。其后形聲相益。故謂之字。文者物之本象也。字者言孳乳而浸多也。」據此、知先有文而后有字。觀乎班許鄭三家所序。則得

許	指事……文	象形……文	形聲……字	會意……字	轉注 已成之文字	假借 已成之文字
班	象形……文	象事……文	象意……字	象聲……字	轉注 已成之文字	假借 已成之文字
鄭	象形……文	會意……字	轉注 已成之文字	處事……文	假借 已成之文字	諧聲……字

班許二家皆適合。而鄭獨扞格。此知鄭乃隨手掇拾者。一也。此外六書本質。不外形意聲三者。（願先生詔六書不質）（為預與事弍謨圓矣又猶象形與指事改形與形為不質亦謂）按說文叙曰「黃帝之史倉頡。見鳥獸蹏迒之跡。知分理之可相別異也。初造書契。」是知文字之起先。必為象形之摹畫。所謂依類象形。觀而可識。察而見意。畫成其物。隨體詰詘者也。又曰。「其後形聲相益。即謂之字。」是形象之摹畫既窮。乃繼之以意義之表記。即形與形相益而成會意。形與聲相益而為形聲也。形象意義之摹畫與表記既窮。於是乃假之於聲音矣。鄭樵曰。「六書也者。象形為本。形不可象。則屬諸事。事不可指。則屬諸意。意不可會。則屬諸聲。聲則無不諧矣。」雖不美。而立意無訛。誣以成術。遙縣史哲學曰。「埃及國語。蓋如墨西哥語。全藉圖解。由圖解一變而為符號。再變而為音聲」之語。蓋信此說不孤。而文字之產生。由摹形而表意。而表聲。其序不容易也。準此以視三家。

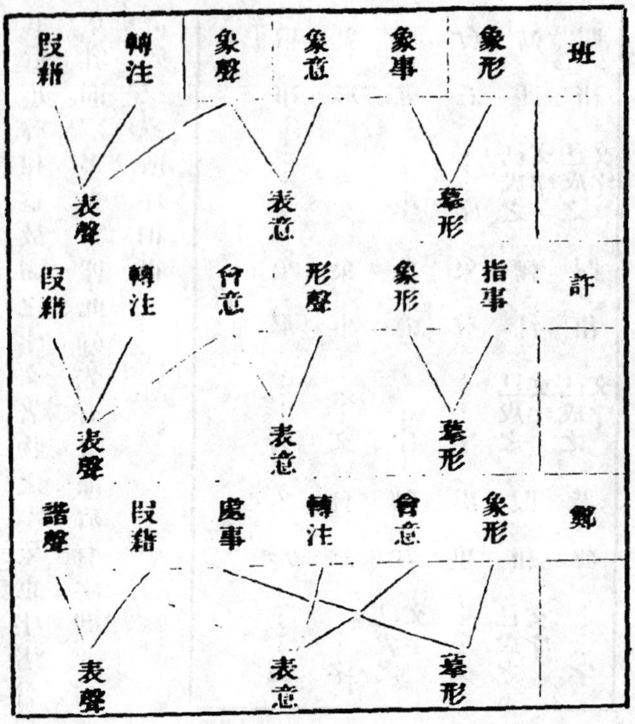

班次。最。爲。精。確。許。倘。大。致。無。差。鄭。最。凌。亂。此。知。鄭。乃。隨。手。掇。拾。者。二。也。乃。顧。先。生。符之曰。班。鄭。同。首。象。形。蓋本厤史。是。會。意。轉，注。之。發。生。轉在。處。事。之。先。乎。又曰。二家好倘不同。或虛或實。實者首象形。虛者首指事。是倂。認。象。形。爲。實。而不。知。指。事。亦。實。也。觀其所列表中。括象形會意轉注爲據物形。處事叚藉諧聲爲託人意。則虛。實。之。分。似早。爲。主。觀。所。蔽。無足。怪。也。

而所謂象形轉注會意三者。得以一類字貫之。此可証鄭說之精者一也。指事叚藉形聲三者。得以一事字貫之。此可証鄭說之精者二也云云。更屬奇異。夫說文敘曰。「倉頡之初作書。蓋依類象形」乃指。指。事。與。象。形。二。者。而。言。意謂。物。象。物。形。事。象。事。形。如后、言。其。后。形。聲。相。益。非。專。指。形。聲。耳。觀㇋象氣難出也。亓象天垂象也。回象回轉也。乇象草難出也。一象地也。冂象覆也。乀象由彼及此也。乁象草木宛曲而出也。八象分背也。各種指事字可知矣。故班名曰象形象事。顧先生不達此。誤以。依。類。象。形。即。專。爲。言。象。形。故曰某三者。得以一類字貫之。（其釋類引易大傳君子以類族辨物而謂類以類族二義亦未塙）某三者、得以一事字貫之。此大誤也。明乎。此。即。是。以。知。此。說。爲。無。成。立。之。理。而。所。謂。實。有。不。可。易。之。精。義。在。者。實。無。義。耳。

雖然。顧先生亦不沒班許。殊不知不言次序則已。言則班許（大致相同）與鄭決不能兩存也。存之故全書紛亂無主。忽班忽許忽鄭。（其所書八卦與六書開口即曰某於六書爲指事某於六書爲象形是崇許說至八卦之無刪文字容別爲文說之）使讀者莫知所從。是亦病

乎。以上拉雜述來。謬誤何免。願先生掌教東南。一時碩學。鬨鄭睨必有新箴。望賜教焉。二十七日書於北京椿樹上三條九號

通訊

讀梁

……讀梁君家義論易學兩書。乃知皇古絕學。董討有人。易大傳曰。作易者其有憂患。當雲雷起屯之日。猶君子觀象之辭。開物成務。利用前民。明易道之有常。說窮通之由變。儒夫於以有立志。寸衷不迷於所往。顯仁藏用。甚盛甚休。博十年以來。亦復有志讀易。而卒卒苦鮮暇。校課所困。輒爲作輟。間爲弟子論之。其中心知其意者十之七八。而卒不獲解者亦復十之二三。所謂卒不獲解者。非先儒無說以解之也。先儒卽有論列。而此心未獲所安。則亦不敢以自欺而廢之。曰解。此之謂卒不獲解也。然千慮之得。或出管窺。誠竊以爲善言易者。必祛三蔽。明一諦。而后可以闢理障。闡易道。何謂三蔽。一曰、以老明易。自何晏善談易老。見稱魏氏春秋。自是談者每以老易對擧。而王弼注易。亦雜老氏之旨。不知老子知常。易經觀變。老子守歸根之靜。易經見天下之動。老子闡旨於重玄。以明天之道。易經假象於陰陽。以察民之故。一無對。一有對。論旨之不同如此。而譚者皮傳枝辭。此孫盛所爲譏弼以附會之辨。而欲籠統玄旨。造陰陽則妙賾無間者也。或有問易大傳曰。易窮則變。變則通。通則久。說卦傳曰。觀變於陰陽而立卦。易經觀變。則闡命矣。何以言老子知常。曰、老子書開宗明義之第一言曰。道可道。非常道。名可名。非常名。胡適之君

中國哲學史大綱。（此書皆示宜徵有功初學終論老易定爲皮相）用俞樾諸子平議。謂常通尙。尙、上也。不知常者絕對不變之稱。而老。子。之。所。欲。知。者。常。也。非。上。也。夫。知。常。要。於。觀。復。而觀。復。必。先。守。靜。故曰致虛極。守靜篤。萬物並作。吾以觀復。夫物芸芸。各復歸其根。歸根曰靜。是謂復命。復命曰常。知常曰明。不知常。妄作凶。（見老子第十六章）道常無名。（見第三十二章）道常無爲。而無不爲。（見第三十七章）用其光。復歸其明。無遺身殃。是謂習常。（見第五十二章）知和曰常。知常曰明。（見第五十五章）一編之中。三致意於斯。使術常尙之通假。而謂常道爲上道。則知。常。習。常。常。道。常。無。名。道。常。無。爲。如此。之。類。更作。何。解。是故謂詁訓者。或如班皆所譏。碎義逃難。便辭巧說。而不知融會皆旨。貫通義諦。此又偏之爲害。溺於漢學之蔽也。因附論焉。一曰以禪參易。此風極盛南朝。于今淺·又重揚。昔孔穎達論之。最爲宏通、其序周易正義。以爲「江南義疏。十有餘家。皆辭尙虛玄。義多浮誕。原夫易理難窮。雖復玄之又玄。至於垂範作則。便是有而教有。若論住內住外之空。就能就所之說。斯乃義涉於釋氏。非爲教於孔門也。」所以抑江南諸家。斯亦允矣。雖然。吾觀。孔。穎。達。者。徒。知。釋。氏。之。義。不。涉。易。而。不。知。王。弼。之。辭。亦。尙。玄。徒知。江。南。義。疏。諸。家。之。辭。尙。虛。玄。義多。浮。誕。而不。知。王。弼。之。爲。譚。玄。之。宗。而江。南。諸。家。之。所。自。出。也。顯謂「義理可詮。先以輔嗣爲宗。」寧必爲達識乎。一曰以進化論易。歐通以適。進化論興。而譚易者亦以進化爲應運。不知。易。而。名。周。祇是。化。而。非。進。孔穎達曰。「易者變化之總名。以文王所演。故謂之周易。其猶周書周禮。題周以別餘代。」其所以論易者是而言周則非也。不知。周。之。爲。言。圓。周。也。周。而。復。始。也。謂之。易。者。所。以。明。世。道。窮。變。通。久。之。必。然。而。縈。以。周。者。所。以。明。世。變。剝。復。循。環。之。有。常。義。取。相。資。寧。以。代。名。鄭玄云。「周易者、言易道周普。無所不備。」是鄭玄不以周爲代名。而周禮春宮太卜掌三卜之法。一曰連山。二曰歸藏。三曰周易。賈公彥疏、「連山歸藏。皆不言地號。以義名易。則周非地號。以周易以純乾爲首。乾爲天。天能周匝於四時。故名易爲周也。」此其握易之樞。扶聖之心。最爲通人之論。何以言其然。

按孔子繫泰九三曰。无平不陂。无往不復。彖復見天地之心。而作序卦。以序六十四卦相次之義。原始要終。因不根極於復。所以深名易道之周也。其見義於繫辭傳者曰。「易之爲書也不可遠。爲道也屢遷。變動不居。周流六虛。上下无常。剛柔相易。不可爲典要。惟變所適。」斯尤明稱易道變動之周流六虛焉。孔潁達疏、「周流六虛者。言陰陽周徧流動。在六位之虛。六位言虛。位本無體。因爻始見。故稱虛。」說卦曰。「分陰分陽。迭用柔剛。故易六位而成章。」正與繫辭傳周流六虛之說相發明。周有原始反終之義。而周易以純乾爲首。乾健也。爲天。天行不息。周天三百六十五度四分度之一。一日一夜行一周。復其故處。日東行一度。（大明謂日說易姚）乾道之變。天行之復也。孔子之象乾曰。大明終始。六位時成。夫乾象之所謂大明終始。六位時成。即繫辭傳之所謂周流六虛也。不曰大明始終。而曰終始者。蓋原始反終。天行之周。必復其始焉。孔潁達疏、「天行健者。謂天體之行。晝夜不息。周而復始。无時虧缺。故曰天行健。」似亦闇見此指。繫辭傳曰。「剛柔相推而生變化。」變化者進退之象也。剛柔者晝夜之象也。」天行之周。晝夜迭運。易道之周。剛柔相易。成象之謂乾。效法之謂坤。繫辭傳曰。「易與天地準。故能彌綸天地之道。仰以觀於天文。俯以察於地理。是故知幽明之故。原始反終。故知死生之說。精氣爲物。游魂爲變。是故知鬼神之情狀。與天地相似。故不違。知周乎萬物。而道濟天下。故不過。旁行而不流。樂天知命。故不憂。安土敦乎仁。故能愛。範圍天地之化而不過。曲成萬物而不遺。通乎晝夜之道而知。」所謂知何也。曰、「知幽明之故。原始反終。」也。孔潁達疏、「晝則明也。夜則幽也。」通乎晝夜之道。而知幽明之故。原始反終。即知易道之周。與天地準矣。是故法象莫大乎天地。變通莫大乎四時。日月運行。一寒一暑。日往則月來。月往則日來。日月相推。而明生焉。寒往則暑來。暑往則寒來。寒暑相推而歲成焉。此天地之周。而易道之所爲準也。然則周易者。天道无往而不復。而論進化。則世運有進而无退。蕩情之私。幾虧圓融。莫若赫胥黎論天演。而終

一七

之以進化一篇曰。「萬化周流。有其隆升。則亦有其汚降。宇宙一大年也。自京垓億載以還。世運方趨上行之軌。日中則昃。終當造其極而下移。然則言化者。謂世運必日亨。人道必止至善。亦有不必盡然者矣。」似亦微見及此。三敎既祛。當明一諦。易之爲書。推天道以明人事者也。孔子說易。見於論語者二事。一勉無過。一戒無恒。皆切人事。而戰國、荀子、呂覽、及漢初賈誼新書、董子繁露、淮南鴻烈解諸子書引易。亦皆切人事言之。而不主陰陽災變。去古未遠也。一變而爲焦京（焦延壽京房）之占驗。入于禨祥。再變而爲陳邵（陳摶邵雍）之圖書。務窮造化。易遂不切於民用。遜淸學者。於陳邵之圖。辭而闢之。而又重理焦京之說。是去一障又生一障。夫六十四卦大象。皆有「君子以」字。以微驗人事。君者羣也。君子之言。善羣者也。聖人之情。見乎辭矣。然則易之爲學。羣學也。「羣學何。用科學之律令。察民羣之變端。以明既往。測方來也。」（嚴復羣學肄言序語）鄰勞特曰。「今世所謂科學者。非但卽物窮理已也。於先後因果之間。必有數往知來之公例。而後副名實。」（見嚴復譯羣學肄言倡學第二引穆氏語）斯賓塞爾曰。「科學者所以窮理盡性。而至誠者可以前知。」（見羣學肄言倡學第二）羣學之事。所重者不在今日羣種治化之已然也。在卽其已然。推所必至。天生烝民。德不虛立。於其身有性情才力之可指。於其群卽有強弱衰盛之可指。是則羣學所以爲學而已矣。」（見羣學肄言喩術第三）吾觀於易。彰往而察來。顯微而闡幽。明於天之道。而察於民之故。猶乾坤闔闢二例。以立天演之本。衍六十四卦。以綱羣治演變之賾。（如屯之言難。蒙之言啓。需之言養。皆以一卦言羣治之一端。其它類推）近取諸身。遠取諸物。極天下之賾者存乎卦。鼓天下動之者存乎辭。開物成務。冒天下之道。如斯而已者也。儻有合於所謂羣學者用科學之律令。察民羣之變端。以明既往。測方來者耶。昔司馬遷論易。本隱而之顯。而侯官嚴復。則以爲與歐儒外籀之術有合。允矣而未盡也。易有太極。是生兩儀。兩儀生四象。四象生八卦。八卦成列。象在其中矣。因而重之。爻在其中矣。夫易者陰陽變化之謂。陰陽變化。立爻以效之。皆從乾坤而來。乾生震坎艮三男。坤生巽離兌三女。

而爲八卦，變而相重。而有六十四卦，三百八十四爻。所謂推而行之謂之通也。此易道之外籀也。然傳不云乎。聖人有以見天下之動而觀其會通。剛柔相推。變在其中矣。繫辭焉而命之。動在其中矣。吉凶悔吝者。生乎動者也。剛柔者立本者也。變通者趣時者也。吉凶者貞勝者也。天地之道。貞觀者也。日月之道。貞明者也。天下之動。貞夫一者也。夫乾確然示人易矣。夫坤隤然示人簡矣。故曰乾坤其易之門耶。乾以易知。坤以簡能。萬變雖殊而歸於一。此易道之內籀也。夫執，一。衍。萬。之。謂，外。籀。會，異。統。同。之。謂。內。籀。爲。術。不。同。而。用。相。資。外。籀。者，所。以。盡。易。之。變。內。籀。者。所。以。窮。易。之。蘊。二。者。歐。儒。即。物。窮。理。之。最。要。涂。術。也。豈。匪。合。于。所。謂。羣。學。者。用。科。學。之。律。令。察。民。羣。之。變。端。以。明。既。往。測。方。來。者，耶。吾聞德國學者藍德萊教授之言曰。「謂羣學者。有探原立論。謂羣法演變。有其大經大法。而俟之百世不惑。放之四海皆準者。謂之哲家之羣學。有籀史實以察羣治之嬗變至賾。日新又新。者。謂之史家之羣學。推此而往。羣學之所以籀羣。有謂羣治之演變雖賾。而往復循環。闔闢有常。可以籀其大例者。有謂世變何常。綜史可知。一往不復。而日進无疆者。」

氏作上海國立自治學院演講題曰社會學研究方法上之爭辯有記錄載東方雜誌第十卷第二十二號

而易。者。聖。人。有。以。見。天。下。之。動。而。觀，其。會。通。原。始。要。終。而。籀，羣。治。演。變。之。大。經，大。法。者。也。儻所。謂。哲。家。之。羣。學。非。耶。凡所云云。藏懷已久。而援證歐儒。取譬今人。將求一諦之明。先嚴三蔽之祛。非敢蹈執事所譏以西人哲學畸範。比論吾邦古學也。清華講席。濫廁半年。寒假有暇。整比所說。得若干種。聊自課續。其中清華園解題記二十二紙。開設戶牖。時有臆談。寫麗玄覽。以充說林。或者得與海內儒林文人結文字緣乎。不覺累幅。主臣主臣。………錢基博

清華學校 三月九日

此篇爲子泉先生抒寫心得之作。未同凡筆。愚不學易。尤未敢妄加評議。願天下績學之士。相與明之。

孤桐

……斯刊無字不斟。無句不酌。每當倦讀凝思之際。輒爲之心儀不止。方今舉世傾擾。莘莘髦士。羣鄙舊學陳腐。相率趨騖白話。環顧國中。滔滔皆是。斯刊之行。殆如魯殿靈光。巍然獨存。彌覺珍貴。顧桐有不能已於言者。今人著文立說。或執筆言事。往往別含作用。或則身居要津。施政行令。罔恤衆意。逕行其是。迨責難四起。則亦儒清議所在。千夫之指。有如利刃。至是不覺驚惶失措。莫知適從。於是便嬖之徒。乘機施媚。仰承上旨。授意其個人言論機關。爲之粉詞飾言。百端曲護。冀以一手掩盡天下耳目。今先生主斯刊筆政。屏除色彩作用。鶴立鷄羣。超然物外。以瑰奇磅礴之氣。布爲莊言正論。振瞶發聾。天下之不靡然風從者幾希矣。然不虞之譽。求全之毀。君子不免。曩嘗先生備位樞府。不諒者流。每謂左右行事多不理于衆口。遂以斯刊爲緣飾之具云云。桐愚以爲藉筆墨能事。爲飾非掩短之用。揆之先生之行之學。必不出此。爲是言者。可謂不識先生者矣。乃者時移勢轉。執事之初服已遂。從此野鶴閒雲。衆矢已失其發射之的。仍望。一。秉。素。志。奮力。進。行。庶此。國。學。垂。絕。之。秋。可無，斯。文。將。喪。之。歎。通訊。一。門。漸仍。恢。復。固。有。狀。態。庶彼。此。意。見。得交。相。質。正。而一。唱。一。和。極文。壇。之。樂。猶其。餘。事。也。偶有念及、因走筆以聞。……王雨桐

東京小石川區
元月十一日

本刊通訊一門。最爲世所詬病。甚者尤以祇載諛函不錄諫牘相譏。嘻、豈鄙志哉。人之。爲。貴。賴有。同。情。嚶其。鳴。矣。求聲。尤。切。故本。刊。所。新。理。想。函。件。乃爲。同。情。而。指。斥。者。一。流。若爲。指。斥。而。指。斥。則適。與。爲。諂。諛。而。諂。諛。者。同。價。各趨。極。端。流於。意。氣。此於。兩。報。互。訟。尚猶。不。爲。一篇。之。中。任如。村。嫗。嘲。罵。果胡。謂。者。王君此函。當世所歸於諛一類。而其婉而多諷。能使我慚沮者正多。奚必。戟。指。始爲。知。言。同聲。之。來。難云。不。應。近有怪愚誤錄其書及不錄其書者。詆此有感。遂筆之不能自休。足下其將以爲不入耳之音乎否也。

孤桐

前呈

……前呈拙著學書十則。計已達覽。所懇賜題徽藏樂道堂前後十家從卷。勿却是要。今請閣下與徐志摩小作者。為林宗孟身後事。欲將家藏宋搨李思訓碑。託志摩售去。聞如巴黎百萬佛郎爭致漫郎攝實戈例。博得最高額之資。代存銀行。遞權子母。少益孤兒將來游學之用。其愛護宗孟。可謂無微不至。篤於風義。古之人歟。古之人也。然僕以為未盡善焉。夫朋友死。無所歸。於我殯。孔子曾言之。禮曰。弔喪弗能賻。不問其所費。今宗孟之死。有所歸矣。而閣下一貧如洗。既不能殯。又不能賻。不問宜也。況宗孟何為而死耶。死有重於泰山。而輕於鴻毛者。有成仁而死。有取義而死。有為國為民而死。宗孟其成仁耶。取義耶。為國為民耶。僕不得而知之矣。閣下與宗孟。為道義至交。於出處進退之際。行止遲速之間。固當求一萬全之計。今既失策於前。沒而不能殯焉。賻焉。斤斤焉欲將家藏雲麾將軍碑售得鉅金。以長養教育其子。何厚、於、宗、孟、而、薄、於、思、訓、耶。宗孟、其、將、不、安、於、地、下、矣。夫北海書法。為唐代大家之一。其筆跡為世所寶貴。既係宋搨。尤所罕覯。此等古碑。正宜保護之。珍藏之。不可輕易與人。以示尊重之至意。倘一經售出物無常主。數年之後。所有者不知張王李趙矣。往往以之覆瓿。以之糊壁。世間古物之日少者。皆是故也。閣下何不念及之耶。為林氏家室計。僕有一策。敢獻左右。伏維採擇。閣下文章書法。久為海內外人士所推重。前年在滬。定有文字例行世。今可踵而行之。以鬻值所得。贍林氏之家。則所入者源源不絕。而林氏亦得源源之補助。如又不足。再與吾友商議。發起一鬻文字會。以收入盡數贍林家口。將來衣食教育之費。都有依靠。吾知宗孟生前交游必廣。一旦聚而為之。萬金不難集也。如此辦法。於林家有益。於閣下無損。所謂宋搨雲麾碑者。依舊為尊處之物。一舉而數善備焉。未審尊意以為何如。……莊諧 無錫分水墩 二月五號

尊著學書十則。尚未拜觀。或是抑諸叢稿。容理出後。麗有所見。定當書寄。至題卷非所任也。雲麾碑為宗孟生前取去。於其慘死。遽請未亡人倒篋歸我。似於情未順。故便有投標之議。非矯。焉。以。厚。賻。

爲。市。也。如久之竟無欲得是碎者。愚或徐徐請以原物見還。而爲別籌相當償欵之法。類似弩書所纍之例。亦未可定。至足。下。維。護。古。物。之。盛。心。彌。神。往。矣。弩意以愚忝與宗孟爲友。未能爲其出處進退策萬全爲罪。此則良友既逝。隱微頗復難言。計宗孟檢關之行。決於俄頃。凡與共政治生命者。概不得知。知者。自。徐。志。摩。外。惟。其。門。生。故。吏。及。二。三。細。人。而。已。此其。宗。人。白。水。所。爲。流。涕。而。道。載。指。而。罵。者。也。是不必然。當時吾徒有聞其事者。必且力尼其行。以勢揣之。可望回宗孟之聽。而彼無死理。今若。此。豈非。天。哉。曩歲賄選之亂。愚忽忽南下。宗孟機緣太不鎮靜。此次宗孟所歷之險。遠遜於愚。而愿。以。失。其。鎮。靜。之。常。道。身死。名。喪。爲天。下。哀。豈非。命。哉。偶因來命。根觸及茲。略舉一端。以抒積思。惟賢者察焉。

孤桐

僕淮

……僕淮陰之野人也。味道憎學。常願得方聞君子。上下議論。張我心量。博贍。誠。媿。揚。子。雲。顧。恬。淡。寡。者。欲。而好。爲。深。湛。之。思。則西。京。雖。遠。顧從。遺。則。爾來軼掌講習。溺於爲人之學者有年。歲月空徂。百未一就。甲子夏、嘗造天論二千餘文。與劉柳諸作。其備名同。其豎義則殊致。眇茲一蟲。謬闚天秘。文成頗復自憙。以謂摭拾成說。誠或不免。而釋滯。祛。妄。不爲。回。穴。掩。覆。之。辭。則差。有。寸。得。頃取出覆校。覺持論微病太眞。轉使人不知所適。自甲寅更生以來。僕讀而好之。惟所錄者。論政之文爲多。若是篇者。不識亦有合不。謹錄呈以俟鑒定。如未合。置之可耳。……張煦侯

江蘇省立第六師範學校　二月四號

弩論粗讀一過。覺體大思精。如愚者無能道其隻字。足下。好。爲。深。湛。之。思。與。汪。容。父。書。來。自。許。文。詞。茂。美。者。其心。得。正。同。愚一。日。而。見。自。信。之。士。二。鄧。由。本。刊。以。其。宏。詞。照。耀。文。壇。何。幸。如。之。此號幅窄。未獲並載。請以來復爲期。與讀者共賞之。

孤桐

梁君

……梁君家義論解決時局方案、其友有欲集民六民八安福議員、并參合天壇憲法、廣東修改憲法、安福草成憲法、曹錕宜有憲法、段氏今修憲法、而成一種憲法者。梁君以集大成派目之。且比於徐君佛蘇之聯省參議院、熊君秉三之元帥府。而認為解決時局之一方案。著論為之張目。僕竊有疑焉。徐君之聯省參議院、一善後會議之變相也。熊君之元帥府。一委員制之雛形也。雖未必可見諸實行。要有其可能之點。今此集大成之國會。與集大成之憲法。豈獨事實上絕不可行。即理論亦難成立。以云解決時局。實非滑稽之尤。蓋議員為人民之代表。而代表固同。時。不。可。有。二。者。也。今合民六民八安福議員於一堂。無論與代表之本義相違。即彼四派（民六尚有賄選與拒賄之分）素若仇讎。而謂。集。雞。鶩。於。一。塒。雜牛。驥。於。一。皁。可以。和。衷。共。濟。天。下。寧。有。是。理。耶。至。若。法。者。用。之。則。行。舍之。則。藏。後法。頒。行。前法。已。廢。者。也。今天壇廣東安福諸法。既未能成。而曹錕之法。又以賄自點。則其效。力。悉。等。於。零。已不。成。其。為。法。實且。不。存。合於。何。有。況曩日之推翻曹氏。非即以其賄選乎。今賄選之案未結。又舉賄選議員及賄成憲法。而收容之。尊崇之。其狐。埋。狐。搰。之。行。縱。不。畏。識。寧。毋。內。媿。至安福議員。業已滿期改。選。舊事重提。轉成蛇足。更無論矣。相忍為。國。固自。有。道。削足。適。履。所為。何。來。僕愚以為梁君之案。其情可嘉。其見則誤。先生明達。以為何如。……

龔永康（穴外大斤 一月二十五日）

此通達治體之言。梁君所擬。愚曾喻以左泥。足下以為然與。

孤桐

摘錄

孤桐

史記禮書、禮之貌誠深矣。堅白異同之察。入焉而弱。

按儒家言禮。辨貴賤。有等差。與墨家言兼愛。根本相反。古者名墨之說不同。有時立義。適相背馳。如堅白異同。為名家言。即針對墨義而發者也。論者。不。暇。深考每混而同之此處似以堅白異同之察代墨子兼愛之本說可見從古論思之不密也或曰不然堅白異同之察意指名家不關墨學蓋儒家明當然者也名家則明所以然禮之貌深所以表著當然之象深醇渾厚不落邊際若剖晰毫釐辨別是非如名家堅白異同之爲儒家不任受也故曰入焉而弱此兩說愚并存之

西哲眞善美之說明末利瑪竇來華即歷道於吾士大夫間彼時譯名不曰眞善美而曰至美好至若眞也美者美也好者善也魏叔子禧日錄雜說所論泰西儒一節云「泰西言、其言理較二氏與吾儒最合……至美好即大學所云至善」其比附之當否自當別論竊考明季諸家著錄於所得聞於西來修士各說認眞譯錄立態十分誠懇由是推衍吾學在世界之位置將闇淡如今日者滿洲入主其流中斷

說林

風氣遂亘二百餘年不聞惜哉惜哉

胡漱唐思敬骨鯁之士讀其退廬文集思多頑然而頗有獨至之詞讀之不能去懷其與李梅庵書云「近時士類大敗少年粗解閱報拾取一二名詞哆然談經濟一時風氣所趨雖老生宿儒莫敢自堅壁壘蓋欲避頑固之名不得不進調停之說虛聲所震解甲迎降其情亦可憫矣扁鵲聞邯鄲貴婦人爲帶下醫聞洛陽貴老人爲耳目痺醫方士轉徙求食不得不然一徐邈之身忽以爲介忽以爲通世變無常而徐公自若昔時主張新法者若張孝達、盛杏蓀、呂鏡宇諸人今日己覺頑固滿朝無十年不變之色游士無一年不變之說異時水落歸壑知必有慕予輩爲開通者」通人之言末數語尤可誦不審胡適之以爲然否

小嵩爲言蟋蟀數則。皆磊落可聽。茲具之左次。

二字、蟲、小嵩物也。劇蟲者蓄蟲千百頭皆於盆面標一字目以交識則即以其字名之信則然也二字蟲得自二傳子故云出奇制勝。數敗諸名蟲。漸老不能人。卒爲三尾所殺。於是常德門蟋蟀者。皆震悼。謀禮葬。蟲。於是。名。伶。春。燕。手。製。錦。棺。跪。拜。如。孝。子。春。燕。胥。寄。名。二。字。蟲。爲。養。子。者。也。春燕好博每負則以錢縱二字蟲門稱勝目爲衣食父佐故當存時必良告小嵩謂二字蟲爲爺不出兒子不能生活好事者乃令春燕拜二字蟲爲父送偏然父子臨葬。諸名。妓。皆。來。縗衣。結。隊。拜於。墓。下。小嵩。會。諸。賓。客。爲。文。祭。之。狀。非。戰。績。或。垂。首。感。歎。有。泣。下。者。是。日。男。女。賓。客。到。者。約。百。數。十。人。車。馬。塞。路。行。人。嘖。嘖。雖。數。百。里。皆。相。與。歎。惜。以爲。如。二。字。蟲。庶。幾。足。矣。

西字、蟲。亦小嵩物。顧軀體渺小。不中程式。賣蟲者初持數蟲來。小嵩皆受之。其人以西字蟲贈小嵩曰。此物、不、能、值、錢。可備、打、蟲、之、數。蓄蟲者必以己所有之蟲使之互門其最健者乃出場角彩門子家謂之打蟲小嵩信之。試與他蟲角。輒敗之。然猶、未、之、奇、也。秦和老者。滿拔貢知蟋能相蟲者也。一日、小嵩携西字蟲過其家。使相之。和老曰。此英。物。也。時和老有三名蟲。小嵩問能與之角否。和老曰。似亦可。恐尚

非吾敵耳。小嵩固請一角。且備小彩。和老不能卻。乃出其一。甫交。即爲。西。字。蟲。所。敗。和老大驚。固請易蟲再戰。一蟲門后必調養數日始能復門恐再門力疲故也小嵩私念吾蟲本不足寶。脫不勝。亦無不利。逐允之。和老又出其一。則又。敗。之。西。字。蟲。以。一。日。敗。兩。名。蟲。於。是。威。望。暴。著。小。嵩。日。携。西。字。蟲。登。場。無與。角。者。某公蓄一青蟲。大蟲也。已經十餘圈。門勝一次謂打過一圈爲一時領袖。亦無敢與角。兩蟲既鬧甚。某公戲謂小嵩。西字蟲英物也。小蟲誰敢與門。今惟吾青蟲。不知肯相匹否。蟋蟀經小不門大大不門名名不門異西字蟲小蟲故某公以之相難聞者皆鼓掌。以爲。能。門。西。字。蟲。者。惟有。大。蟲。能。與。青。蟲。門。者。惟。有。西。字。蟲。耳。小嵩初從事。亦即信之。竟敗。青。蟲。至。死。於。是。羣。奉。西。字。蟲。爲。將。軍。門蟲收場時推最强者將軍主人亦以爲至榮爲小嵩告余。西。字。蟲。事。闌。主。乃。所。以。成。功。名。亦。不。幸。之。大。幸。矣。一碟、菜。某外委物。外委既得蟲。即以菜一碟謝其人。故以爲名。既携至場。門數圈。即不復門。將收場。有人以一名蟲至。蟲名、青、金、翅。當時、號、爲、無、敵、者、也。彘勝之將。敗之如靡。於是得彩最多。而其主人氣益豪。人

二五

亦不敢當也。外委攜一碟來至。就問此蟲何如。青金翅主人睨之而笑曰。假與、青、金、翅、角。只索、君、半、彩。外委問信乎。則應曰。安得不信。君二百吊。我四百吊。門彩至二百吊。其數已爲至鉅。外委徧徵彩。無一應者。乃獨具貲。（倘蟲互鬥勝甲者以錢從甲勝乙者以錢從乙謂之從彩鬥蟲者二倍從彩者又數倍其人）卒敗。青。金。翅。當時。皆。駭。異。詢問。其。故。外委。笑曰。諸君。坐。不。讀。書。耳。青金。翅。固。無。敵。唯茄。皮。足。以。勝。之。吾蟲。與。茄。皮。耳。

青蟲。常德茶肆主人陳平燕物。初有人持青蟲至。修偉異常。平燕大喜。以錢四百買之。試與、他、蟲、角。不勝。則棄、去。后數日。其人復持青蟲至。故短、其、尾。平燕復以錢四百買之。試與、他、蟲、鬥。不勝。則棄、去。又數日其人復以青蟲至。故短、其、鬚。平燕復以錢四百買之。方與欣賞。忽悟爲其人所紿。恐來去復爲其所得。遂置之打缸。（蟲敗數鬥方爲他蟲所收者並置之打缸中）頃之。打缸。中。振。振。有。聲。似報。巳。捷。欣視。則青。蟲。驅。殺。打。缸。中。之。蟲。甚。烈。平燕乃出一健蟲與鬥。意將殺其威也。而皆。不。能。與。敵。則取。從。前。勝。彼。者。與。之。鬥。亦。如。是。矣。平燕復取出諦觀。則蟲、色、漸、紅。或曰。此冬。發。霞。冬至。乃。能。鬥。耳。自。是。青。蟲。數。日。必。一。出。必須。得。鉅。彩。而名。亦。甚。張。無敢。近。者。桃源、有、將、軍、名、黃、蟲。武勇絕倫。聞青蟲名。主人攜以至。當時。日。爲。青。黃。之。戰。觀者空巷塞戶。既入場。掌草者使之鬥。兩蟲相見。則皆避去。於是者數矣。觀者皆曰。皆將。軍。也。不如。能。去。一日。殺。兩。壯。士。可。念。也。則皆曰。且俟三遇。三遇不鬥。則竟能去。于是復三遇。仍不鬥。則皆曰。再三遇。掌草者復驅之。則皆鬥。奔騰。跳。躍。目爲之炫。凡老。於。是。者。皆駭。曰。生平。所。見。無。此。烈。也。自日。中。至。日。落。鬥不。止。或謂。且。止。不可。一。日。殺。兩。壯。士。或曰。且俟。三。條。燭。盡。於是。復。燒。鉅。燭。繼。之。至。是。青。蟲。已。脫。一。足。仍力。鬥。不。止。又久。之。諸足。盡。爲。黃。蟲。所。斷。仰臥。盆。中。不復。能。逐。敵。然未。接。頭。不能。定。勝。負。皆謂黃蟲勝。第未接頭。（兩蟲相遇一蟲不敢開口乃爲鳳敗）平燕不肯付彩。桃源主人亦不肯減少彩錢。時黃。蟲。方。逼。青。蟲。忽其。腹。爲。青。蟲。所。得。不能。脫。俄出。白。汁。不。止。遂死。青蟲。乃。狂。鳴。平燕奉之歸。中道。復。狂。鳴。已而。寂。然。視之。則亦。死。矣。（野孟其）

甲寅周刊第一卷第三十三號目錄

特載

因雪記

執政近爲因雪記一首。詞旨顯白。無待申釋。中有五年餘如一日一語。此其恒德之貞。萬非後輩所及。愚特揭焉。以諗君子。

孤桐謹識

丙寅正月五日卯正、披短衣。著下裳。淨面漱口後。念淨口眞言。披長衣。念淨衣眞言。盥冠。取念珠。放下蒲團。跏趺西向坐。瞑目寧神。虔誦佛號。廿轉數珠。合掌讀願文。頂禮已。啟目垂手。收念珠入袋中。起身去蒲團。五年餘。如一日也。持烟及盒。排闥穿房。入外客廳。劉玉堂、周堯階、汪雲峯擁坐奕案。俱起逆余。雲峯讓一坐。堯階久不對奕。欲先試之。擺三子。未勝。雲峯繼之。亦兩枰皆負。適點心至。饅首兩碟。食其一。又進麥粥兩盂。劉謂雪似嫌小。舉目視之。屋垣皆白。遂出。念殊。默誦。而。行。出後。門。過上。房。赴後。園。沿荷。池。循引。路。寒衣。登。山。安仁。亭。近。在。右。側。但不。能。窮。千。里。之。目。轉而。左。向。更上。至。正。道。亭。旋視。遠。遥。一自。無。邊。蒼松。翠。栢。踏綠。搖。曳。清氣。襲。人。爽朗。過。望。因思。厲。氣。久。鍾。不雨。雪。已。數。月。既雪。矣。乖。沴。之。意。大。殺。人民。災。刼。或可。消。除。然環。顧。豫。鄂。晉。直。隴。綏。張。北，陰雲。慘。淡。兵氣。沉。鬱。自顧。職。之。所。在。不必。變。從。中。來。網紀。蕩。然。已。久。太阿。倒。持。有。年。人事。計。窮。欲速。不。達。心力。交。瘁。徒勞。無。補。推有。曲。致。虔。誠。默禱。上。蒼。由無。量。之。慈。悲。啟一。綫。之。生機。已耳。越藕慧亭。俯首降階。遊曲徑。穿小橋。傍石洞。繞山陽。過宅神祠。歸坐內客廳。如意輪王咒百十一遍。往生咒倍之。大明王真言孤魂偈等接續畢。完一日之課程。遂援。筆。誌。之。以啟發。兒。曹。之，文。思。

時評

自去冬北京政變以還。全國之耳目心思。悉束縛於孰敢不安苟且偷活之局。凡國家深遠大計。遂置之若罔若昧之間。因之國際所繫如關稅會議者。上自樞府。下至論師。全然未追注念。甚至會議中各委員。或以政嫌遠引。或以敷衍了事。其中支離。顢。頇。等。情。無在。不。爲。外。人。訕。笑。輕。蔑。之。資。料。至可。痛。也。其尤爲輕忽者。則吾、國、政、府。竟於、十、二、月、十、日。自發、宣、言。決定、木、會、議、閉、會、三、個、月、後。將土、貨、出、口、稅、及、復、進、口、半、稅。先、行、裁、撤。以爲、裁、釐、初、步。外人得此。喜出望外。騰電各國。傳爲奇聞。至今灼知此舉之利害關係者。猶有當局迷而旁觀清之象。噫、傎已。查該宣言書稱此項復進口半稅。以最近三年平均計之。每年達二百四十餘萬兩。折合銀元。幾四百萬元。出口稅倍之。則幾八百萬元。兩項共計幾一千二百萬元。此一千二百萬元者。居今日關稅之一重要項目。所以供洋賠各欵及內外各債擔保之用。所謂。閉。會。後。三，個，月。則本。會。議。議。定。條。欵。當。仍。未。經。各。國。批。准。實。行。倘。自。無。期。所有。擬。征。之。七。等。新。稅。率。等之。畫。餅。而此。兩。稅。先。決。經。常。關。稅。勢。必。驟。減。一。千。二。百。萬。元。之。鉅。額。無從。抵。補。此其。利。害。得。失。炳然。可。知。且此兩稅。號稱沿岸貿易稅。其初。實。由。抵。制。外。人。沿。岸。貿。易。權。而。設。幸并改訂商約。併切實保留。不以混入普通裁釐範圍。今無。端。放。棄。一。面。失。去。議。約。時。互。換。利。益。所。以。操。縱。之。其。一面。且。由。損。失。關。稅。問。題。涉及。保。障。不。平。等。條。約。問。題。以本。國。沿。岸。容。外。輪。自。由。運。貨。乃為。獨。立。國。家。所。絕。不。應。有。也。該宣言書聲敘復進口半稅之由來。以「為各省固有之財源計」一語。輕輕帶過。實為。無。識。之。尤。且該宣言書三分以上之文字。居於前幅者。皆以紀述復進口半稅之性質。及在約章中之地位。而未曾說及出口稅為何物。其「用特宣言」字樣之下。忽然將出口稅與復進口半稅並列。一律拋棄。以歲收八百萬元之鉅稅。筆尖輕輕一抹。化為烏有。是以。行。文。論。已。屬。不。成。章。法。而以。國。家。財。政。大。計。論。更誕。妄。不。可。思。議。此凡中華民國國民。應有急起直追之權。幸一詳考而熟慮之。（五）

十四年十二月十日中華民國政府關於不出洋之土貨拋棄出口稅及復進口半稅之宣言

查中國稅關復進口半稅。即係對於中國土貨。自此一口岸運往彼一口岸者。課以百分之二・五之稅額。土貨在原口岸出口。既與出口運往外洋之貨。同樣納出口稅百分之五。復在入口口岸內。納出口稅一半之復進口半稅。不問其係從量或從價。均照出口稅之一半計算。查此項稅款。以最近三年平均計之。每年達二百四十餘萬關平銀兩。從前中英中美議訂條約之時。中國政府必再三留辦復進口半稅。而英美亦允許定入條約內者。蓋為各省之固有財源計也。今關稅既統轄於中央。中國政府為體恤商艱發達商業起見。用特宣言。自本、會、議、閉、會、三、個、月、後。將現、在、所、征、收、及、從、前、條、約、上、所、允、許、存、留、不、出、洋、之、土、貨、出、口、稅、

三

及、復、進、口、半、稅、之、權、利。先、行、拋、棄。以、爲、裁、撤、釐、金、之、初、步。嗣後對於本國土貨。由本國此一口岸運往彼一口岸者。在此一口岸。並不徵收出口稅。但爲防阻土貨私運出洋起見。運貨出口者。於出口口岸仍須繳納出口正稅。領取存票。貨物復進他口岸時。得呈驗存票。取回原繳銀數。但此種辦法。不適用於出洋免稅之土貨。

按本刊時評。例在最後發稿。所占行數。都有側限。本條以事關重要。叙錄稍詳。遂侵占他條地位。不能更改。讀者諒之。

編者識

隨感

孤桐

日來政務紛拏。未遑執筆。姑隨所感。爲錄二事。有負。讀。者。不。待。言。矣。

今天。下。有。兩。大。患。學與。兵。而。已。矣。兵肆。於。外。學閧。於。內。如今。日。之。所。爲。狀。舜。禹。復。生。將無。以。治。此。賊。叛。世。之。士。所。太。息。無。已。者。也。昨年愚長邦教。粗有部署。舉步未終。横被口語。本來司馬朗議行井田。期於易代。虞集詳著·水利。不爲一時。恐亦。求。鄙。策。能。立。且蒙。有。諒。愚。意。舉而。行。之。者。嗣。爲仇。爲。友,或迷。或。速。所不。計。也。近張君辦之江、慨然興整頓學風之思。與愚適背三四復。語重心長。至可紉感。其言反乎時趨。有甚於世俗所謂愚開倒車者。以禮。教。所。規。男。女。之。別。際此。涵。海。大。通。民物。百。變。愚。固。以。謂。宜。少。假。藉。而。張。君。乃。執。禮。彌。固。則期。以。爲。未。可。也。昔胡漱唐思敬以篤舊稱。其非薄當時通人張香濤、盛杏孫、呂鏡宇輩之圓滑。無識。倂謂游士之說必毳。佻如女色。堅持吾見以往。十年以後。將有以吾儕兩舊爲最開通者。力定神王如此。吾見實罕。今前。後。數。月。間。吾國。教。育。事。業。其理。質。表。裏。由張。君。之。言。可。推。度。者。相距。爲。遠。如是。其。不。可。階。殊。不。禁。迴。思。漱。唐。之。言。爲。之。憮。然。也。此一。事。也。

其又一事。則周君養庵、肇祥昨以琥園隨筆一册見贈。云是其師江都史君念祖繩之所作。史君以知兵有聲當時風稜四溢毀譽參半付爲言官評參謂其目不識丁今觀此册爲神移久之中有記軍律一則謂任統領年才二十一軍紀之嚴一時無兩而淫擄尤所切戒至私設誓稍一流盼婦女神明殛之史君軍隸英果敏麾下果敏有親軍千人驕悍不可治果敏怒輒揚言該軍行由史六兼統得是一言兵士餘日不敢諜以爲常嗚乎今之士兵淫縱悍無人理知禮之家至有忍恥榜於大門稱木宅被姦淫者下次冀最後得免者此其慘酷有非史君所能想像者矣聞河南有紅槍會者近殺人報仇以割人陰爲快則其仇前此何爲不聞可知嗚乎今日安所得史六者今兼統天下之軍乎

張督辦之江來函

前思防來自都門備述眷注之殷感佩靡已……比聞我兄游入撫垣任府秘書長職以文章之司命居典籤之首班觀國之光至爲欣慰竊以我兄前長教部獨以崇獎國學呵護禮教爲務此功在萬世者我兄於茲爲不朽矣近者日時艱以爲內憂外患皆不足慮惟一二庸妄巨子鼓簧天下將敗男女之防蔑先聖之教亂常悖理絕學喪文務使人格墮落人心苟媮此乃大亂之原烏乎人禽之辨幾何此以學說殺天下後世者尤之江所引爲深憂而不能去懷者也環顧海內老成零落求其知理之明守道之篤宜無如我兄者兄將何以領袖羣流鼓芳風而扇游塵江雖不材願爲執鞭惟兄有以教之思防稱述正情將於弟有所開益固所願也不敢請耳……

復張督辦函

……昨奉大示獎掖有加諷誦迴環不勝慙汗思防前來談及吾兄於禮教之衰男女之亂引爲深憂弟竊惟今日操政學之柄者能見及此殆無幾人嚮想正深適被來命獨標大義以障狂瀾此弟所爲退然與不及之思者也獨惜都門宏士動輒假借名號恣爲一切外間見聞不真吹聲成習鶩欲術道力爲時累如吾兄者尊爲狂且遮護之符內傷賢者知人接物之明外貽國家敗俗荒學

之。成。天下。惜。貌。之。反。竟至。如此。此誠。不。得。不。與。世。共。明。之。而亦。必。爲。可。欺。之。君。子。志。料。所。不。逮。也。夫天下之亂。已臻其極。史稱反正。易曰來復。以時考之。當不在遠。是賴。於。有。大。力。者。從。中。斡。旋。收。功。爲枝。易。耳。我兄管鑰北門。衆流共仰。意之所嚮。其實足以副之。自此辨物定志。惟時之適。撥雲見日。匪異人任。惟湛察而審處之。天下幸甚。……

記軍律　史念祖

余擔統領。年才二十一。諸將皆長於余。時適出師豫鄂。齊集諸將戒之曰。軍營惡習莫過扣餉。惡孽莫過淫擄。余自營哨官以來。什替神不扣一空名。久爲諸軍所共知。亦所竊笑。今與衆約。統領斷不提一名空餉。各營有缺數。統領執法。亦毋怨。又余歷觀皖中軍律。擄雖不敢。淫則未盡絕也。欲除此孽。須自貴者始。今與衆約。我最少。且未娶。請誓明神。凡攻克城寨。余於婦女少一流盼動念。神請殛之。營官將弁倘有沾染。或搶歸收幼女作婢等等。犯則立參。平時作狎邪遊。察出立撤。兵丁平時犯淫。插耳箭。行軍時無論和強。皆立斬。自是。余。每。攻。破。營。寨。遇婦。女。屬。聚。處。輒。閉。目。坐。馬。上。竟無。一。卒。敢有。所。干。犯。嗣兼統方字新軍卓勝等軍。英果敏奏派營務處。凡皖將之素稱難馭。及資深得高者。亦因不就範。甚矣。正。身。之。效。百倍。於。語。言。條。告。也。

猶憶果敏有親軍千人。皆死士。果敏素善撫士卒。以其善戰。尤溺愛之。而驕悍犯科。日益橫縱。果敏。每。怒。極。輒揚。言。曰。行將。以。若。等。歸。史。六。統。奏。得是。一。言。必斂。迹。十。餘。日。然亦。終。不。忍。真。有。是。舉。也。黑石渡之役。受降男女十四萬。以僧王疑其數過衆不實。必欲按名過堂。於是沿山遍谷。數十處分發護照。凡同籍者。或百餘人一照。或千餘人一照。事既極瑣。彈壓尤難。余時奉僧王飭。都護各降軍。凡乘機淫擄者。日有斬戮。勢猶不止。一日、果敏將之三十里外朗齋營議事。約晨往晡返。勉將親軍交余兼統。且面飭營哨官。令日務安靜。其意亦知此軍素不安靜也。日落。果敏返。軍事略敘。輒問曰。我親軍安靜否。余從容對曰。尚未。大擾。僅小。

有。強。姦。斬八。人。耳。首級。在。階。下。公可。令。營。官。認。辨。除。名。余未。暇。細。詰。姓。氏。也。果做色變。下階流涕。痛責營官不約束。致我死士干法。至是。親。軍。氣。奪。不敢。大。肆。

與楊懷中書

孤桐

此書作於民國元年八月。休以當時政況，微有史值。黃遠庸。曾謂所聞。愚文。推此。差見性情。有迹君允賊。未棄此稿。昔來請愚重布。發振末俗。並將原稿見惠。詞意容厚。愚許之久矣。適有餘閒。少加點定。並節去首細事者三之一。以成今篇。計懷中。下世。已六年矣。昨冬。北京。民變。愚又幾為遠庸之續。世風。日降。情事。日紛。傾軋。異己。手段。愈復無擇。視民。元。黨。爭。又高。高。如。在。天。上。似此。紙。屑。存棄。亦。何關。宏。恉。哉。書此。憮。然。

十五年二月二十四日記

懷中學長左右。得書。知由瑞士復抵柏林。此行飽看山水。得詩幾何。以為念也。公見神州日報與弟抗論。頗覺不快。以為政爭生涯。如是如是。恐弟以之灰心。

想公。決。不。料。新。聞。記。者。之。卑。劣。日甚。一。日。在今。日。舉公。所。見。之。神。州。日。報。標在。天。上。也。民立報夙為革命黨機關。光復時聲光最盛。南京政府既立。同盟會人執政。南方新聞。群以立憲派嫌怨。過事不敢論列。時報至數週不載社論。當時。惟。民。立。報。有作。諍。友。之。資。地。于右。任。復。以。言。論。獨。立。須言。於。人。弟因。緣。入。該。社。與右。任。要。約。務持。獨。立。二。字。不。失。甍於。同。盟。會。妥。手。可。熱。之。時。以中。道。之。論。進。使有。所。折。衷。不爽。天。下。之。望。此。種。設。想。本不。自。量。至其。心。則。無。他。也。自後民立報與同盟會提攜之道，不出於朋比。而出於扶掖。弟意有所不可。輒不妄為假借。有時持論。勢不得不與黨人所見取義互有出入。而卒。以。此。傷。同。盟。會。人。之。心。夫傷。其。心。宜。也。弟決。不。以。為。彼。等、咎。蓋弟。本。非。同。盟。會。人。彼毀。弟。借。該。會。機。關。傾軋。該。會。而貿。右。任。如何事。出。此。自。殺。之。愚。計。並何。厚。於。章。某。而。薄。於。本。黨。如此。等。語。若非。在。情。理。之。外。故彼。猥。造。作。誣。詞。百計。罵弟。弟概。置。之。不。問。而獨。此。等。語。不得。不。聰。何也，嫌疑所。在。道德。上。說。不。過。去。也。弟既去民立報。謗詞復連

七

載十餘日不休。若謂中國可亡。而寧行嚴之名譽。不可使存。公當不偕行嚴返國。胡乃陡增如許聲價。夫天地之大。何所不容。弟涵養工夫。雖不如公。此類流言。尙能包含下去。故彼等如何毀弟。無取爲公述之。惟篤生遺書一通。近發布於中華民報。中誣弟語甚衆。彼等遂引爲口實。以中傷弟。是不得不有所質於公。竊得公一言以袪煩惑。篤生於公至親。於弟至友。在英時三人形影相弔。自始未離一步。凡弟有負篤生。公必知之。篤生暮年。歐戰過多。好持無謂之論。以抹殺人。與吾二人意多不合。此當爲公所能憶。弟於篤生。風義本在師友之間。有所論議。因故避其鋒。而篤生慨斷斷不已。一日以小事關於弟寓。頓失常度。弟婦吳弱男。至爲之奔走。弟以篤生忽有此意外之舉。中心痛之。而其事弟亦有失檢處。尤難爲懷。譬說之餘。至於墮涕。弟生平未嘗爲人流淚。獨此次不能忍。此恨公親見之。諒未忘也。若而事者。篤生書中俱屑屑道之。罪弟負友。顧爲良證。然此尙非同盟會人發表遺書之意。彼意所在。乃欲貸弟爲保皇黨耳。

原書有弟疑彼懷不忠革命。借詞責之。而已乃排衙於梁卓如楊皙子之間。既在帝國日報投稿。國風報上。復有大作一首。又安足以服其心云云。凡茲所言。實爲篤生末日褊狹之想。遺一肖像。弟實哀之。之不暇。安忍以其言爲過恃來詬他人。竊之以安習人耳。弟與南海康氏。未一謀面。自弟稍解政治。康之足跡。卽不見於國內。且篤生書中。並未及康。以爲言者。則國風報上。曾有大作一首。遂斷其依傍梁卓如耳。所謂大作者。乃論翻譯名義。見該報二十九期中。公熟知之。此事弟自始未以爲當諱。在民立報略談邏輯。首及譯名。並屢引前論。使爲左證。有蔡君爾文至據原論與弟聽辯。其書赫然在投函欄內。可考也。此於彼等誠以謂最脆弱可攻處。而在弟則固久矣坦懷置之。以其和之邦文翔爾寄。弟決不願更爭旦夕之命也。至何以作此文者。則弟在東京曾撰雙杯記小說求潤。彭希明爲攜前半至梁處。支取稿費百元。乃稿未成而弟西渡。逾年。弟狀更窘。議重潤焉。而前半在梁處。且百元亦無處受理。乃與梁一通書。並以大

作一首寄之。此其大略也。此外與梁有關。則彼創政聞社時。介於徐佛蘇、黃與之。什在東京晤談一次。特寒暄十數語耳。未及政治。以其時。弟。以。文。學。自。衒。方部。政。治。不。談。且將。西。行。亦未。追。及。之。也。此種關聯。較之某君即發齊者與新民叢報之親切。實無可言。即較之篤生自身與梁之紀念。亦無可言。由於國係為中因亦命史上一大往念在流為表之當為生以此黃弟。由於。神。經。激。刺。過甚。遂乃。舉。社。會。一。切，非。情。而。盟。絕。之。黃花。岡。敗。後。仆偃，克。之。心。理。尤。亢。吾報。日。與。之。習。又是。政。見。不。合。因首，承，其。敵。而為。彼。病。態。動。作。之。目。的。物。鵠。殆不。足。奇。涉思及此。弟因不忍為矯生過。惟弟與梁卓如。並無密交。非貴其在於是。一覽而知。弟為。此言。決不。能。彼。猥。安。度。弟。意。以梁。君。方。為。民。國。不。題。之。人。而弟。必。望。望。然。去。之。前此。交。誼。概從。不。姻。世風。涼。薄。此種。隨。處。皆。是。弟夙。昔。痛。恨。之。弟果。與。梁。君。締。交。彌。篤。雖難。解。於。假。游。少。年。之。口。語。斷不。背。以。夙。昔。所。痛。恨。者。反而。效。之。耶惟。不。效。弟猶。且。用。力。表。出。以為。翻。覆。小。人。激。勸。夫梁君自丁酉以還。於舉世醉夢之中。獨為汝南晨雞。呼喚不絕。乃十餘年不休。一朝迷妄。為彼揚聲叫破者。貴在少壯。此今。日。革。命。黨。人。搏。心。而。自。知。者。也。雖彼未嘗躬親革命之業。以致為急激派所借口。而平心論。非。彼昔。年。開。導。社。會。之。功。自有。其。獨。立。自。存。之。值。無取。與。後。來。功。罪。相提。並。論。且立。國。之。業。大。矣。所有。人。才。努必。出。於。一。途。以彼。之。學。之。材。移為。本。邦。建。樹。之。育。其所。成。就。將非。餘。子。可。望。急激。者。必。欲。排。而。去。之。諒。是。忘。與，忘。之。兩。念。驅。之，使，為。社。會。之。公。德。心。如是。缺。之。此弟。與。公。言。之。所為。長。太息。者。也。推彼等用心。以弟與康梁有秘密交誼。而特設為人所疑。故陽與同盟會人交歡。俾掩厥迹。今其穢史。出於與弟最號道德最高之楊篤生。弟必無顏更在民國言說短長謁矣。見地如此淺陋。真是令人噴飯。弟自癸卯敗後。遂交接長江哥弟。非己所長。因絕口不論政事。竊不自量。欲逝而治文學以自見。此凡與弟習者。皆能言之。十年。來。之。革。命。事。迹。與弟。無。關。此自。非。實。弟固。未。聞。以。是。示。異。並向，何。所。安。有。所。稱。說。弟苟欲排革命黨招牌。則昔年談革命於東京。較之上海尤為太

九

卒何章太炎孫少侯閉弟於室強要入會而弟不許然猶得曰熱心利祿洋翰林非異人任作黨人終未便也今民國既建革命已成險阻艱難變爲榮華依附末光此其時矣胡乃以吳稚暉張博泉于右任之敦勸而弟不入同盟會以黃克強胡經武之推挽而弟復不入國民黨弟始終持此弟自有其一人之見人儀讓其剛愎儀訾其別有用心而以明弟不借革命黨之頭銜自重要爲有餘弟被罵甚革命黨中之知弟者每舉弟昔年實行諸迹以設間執無論彼等可曰弟始革命而終保皇其口仍不可以鉗執也即間執矣而弟謂大是隔靴搔癢之事夫民國者民國也非革命黨所得而私也今人深體較近國民權利自有爲於其國爭有以非革命黨之故而受人非禮之排擊者弟固不爲保皇黨而請讓一步承之弟固不爲政聞社員而亦讓一步應之凡此俱不足以使弟自生慚作退然無助且正以革命黨貪天之功於稍異己者妄挾一順生逆死之見以倒行而逆施行見中華民國汨沒於此叢「驕橫卑劣」者之手而不可揉念不得不困心衡慮謀有以消其餘吾否可斷斯言不可毀也嗚乎篤生留英之年神經亢不可階往往小故在他人宜絕不經意者而篤生視與地坼天崩無異卒至親其所疏疏其所親顛倒錯亂一至於是諒公聞之當不禁爲之長歎也偶有所觸書之不覺滿幅若以此書有累篤生盛德公責言至乃所樂受彼手寫遺詩尚未付印以正覓舊友作跋欲並印爲一冊今諺言曰至此舉或不足傳篤生之名而轉以敗之故弟頗復悵快躊躇彌餘不白士釗頓首

天論

論上

張貞敏

太初有道字之曰天其爲物也非有非無非動非靜非遠非邇非仁非不仁凡宇內一切可言可意之物成不足以稱健形容文林之彥吐辭成誅持以釋天其才頑盡清談之子發言驚座持以釋天但餘貧拙蓋萬物皆有所似惟天則無所似無所似故其例難

羣萬物皆有所對天則無所對無所對故超兩端而

又不相離自淺夫執一端以窺天於是天道隱而理

乃窺學問之所以病也語言有無一端之論非有即

無由前之說泥於迹象將昭布森列必有主者故塞

猶雨暘得其正則歸德於天不得其正倘夫則載天

咒詛儒士則設天修省然自詛自修蒼蒼如故人類

相感有感斯應天而有知斯乃噴歟由後之說亦拘

迹象以瞯太空漠漠但見空無執無爲有玄虛之過

夫風過披拂幡動搖擺風本無形藉物斯見茲所謂

天與道同義因事而驗無或過差因見於此果結於

彼雖有勇夫無著力處夫既柄不我操則我之外端

有操之者在斷斷然矣有無如是動靜亦然天不可

見故動不可見而疑乎靜然理數之運實默持之有

往皆收無虛不盈此大化之流行夫豈得謂之靜耶

恆人之於事也作則謂之動息則謂之靜惟天則無

時不動無時不靜無時不動者變動不居周流六虛

以歲喻之則秋殊於春以運推之則今異於古無時

不靜者一大爲天人實至微故其仰天也如視日之

在邇但見其留不見其逝是則靜之能事在動動之

現象爲靜執一而言非天德之全矣動靜如是遠邇

亦然昔人之釋天道也謂天處高而聽卑又曰人間

私語天聞若雷準是而言天實甚邇顧吾所謂天非

帝非神意在假彼一大之稱以明道體之精微廣大

此則義各有當殊吾所聞亦有疾神聽之不聰攻前

說之非當謂天實幽遠非可憑恃此又徒見蠡觀之

無據而不觀事理之可徵蓋道之爲物離乎名相之

謂遠切於人事之謂邇惟其遠故不可見惟其邇故

不可離不可見非若楚越之渺然爾我也不可離非

若鬼魅之致人災辟也惟此有是感則彼有是應天

人之際如是而已遠邇如是仁不仁亦然此義微繁

請備論之夫仁與不仁本於是心天則無心而一任

夫道如有憲之國元首但奉法以周旋不能爲惡亦

無所謂善也下民惷惷未闚至道當春而生則曰此

天地之大德當秋而殺則曰此天地之不仁庸詎知

一生一殺互爲其根當其生也有將殺之理萌焉及

其殺也有復生之機伏焉故生乎其所不得不生而

無所用其極殺乎其所不得不殺而無所施其宕道則然也為報所罰仁不仁哉大寓之內林林總總何生不育天以時生之亦各以時殺之此林林總總者各受天之所命出其殊能以緜其胤嗣於世界理有可存天無不生其有不然亦無不殺自世儒以私測天體三才之說而以人為天地配微論其說謬悠無緜密諦就分果然則天既作民父母必事事陰厚其子使之亘久長存無逢災害說乃可信今則七尺之身其厄之也有貧賤其禍之也有疾疫其沮其生也有札瘥夭昏其阨其勞也有盜賊虎狼生人之多艱乃附為之父母者不亦難乎又烏在其能陰厚其子也耶夫惟逆道之士知天不為人類設且並不為萬物設故上自橫目方趾之衆而下極於跂行喙息生死流轉一遊夫道而天無容心焉其享休也自其享休之道而天不敢居其功其受敝也亦自其受敝之道天亦不欲任其怨必欲歸仁於天謂享休為荷天之寵而受敝為天示之罰此於人事未嘗不可如是云云而無如非篤至之論也夫能知天之非仁非不仁則依賴去而怨尤叢矣

論下

天以性界人以理寓物世界萬千變相皆由此出曷謂以性界人二儀之中萬類並育而受性有大同亦有大異大同者少慕父母長慕幼艾避平依險趨寒就溫傲垢想潔執熱願涼此聖凡之所共然從之者昌而拂之者災衆所與知不俟析論大異者泰鈞範物不欲雷同參互予奪使各歧錯故狂猖靜燥輕重拘簡陰柔陽剛沈潛高明自少即異廉或有同苟非天縱罕能兼勝及其長也各因其習以成其詣其升降消息榮悴百端皆性所為不關夙業人則受其驅莽莫敢或逆雖欲矯為終末由致故陽貨不能為仲尼仲尼亦不能為陽貨推之治學從政作君作師事有百殊莫能相易是知能者不必驕而不能者亦不必愧惟驕與愧皆不知性分之出於固然者也其或童牙了了垂老無成味者或謂自恃聰明未盡所賦不知即此無成亦由天秉蓋若人者雖甚聰明而天未賦以湛篤之思故淺嘗而不能深入性實為之非

聞人事。或謂今有二客。皆甚聰明。然一爲學者。一則市人、同因異果、於義安在。不知。性。或。有。似。緣境。生。別。隨溺謀商。乃境之異。故生於世胄。服習詩書。則爲學者。生於蓬戶。服習里俗。則爲市人。然服習雖殊。本性不改。斯二客者、學者固天下俊秀、市人亦必庸中佼佼。卓越等倫。是知。可。易。者。境。遇。而不。可。易。者。人。心。黠盜之與詭儒。懦臣之與蠹背。弱主之與懦夫。惟境有殊。其實一也。彼教育家動以正人心爲言。其實則。沐。猴。而。冠。本性。終。在。明明黠盜也。今風以疏義。澤以詩書。則一變而爲竊儒。與黠盜又烏別哉。祇盜亂耳。是知。至。妄。之。行。爲過。夫。逆。天。而。戕。人。之。性。夫與強不能而使之能。倘不如代天司殺。汰其甚者。爲猶賢也。有譔者作。必從吾言矣。爲謂、以、理、窮、物。夫未有時容。即有此理。理不可視。因物而彰。闇者終身由之。不識其剔。違者舍心不遠。且暮可退。然世無違者。此理終在。不佚發見、乃始且是、蓋皆論之。理有。超。越。性。有倚。伏。性。超越性者。遠離世間一切羈絆。非有。未。見。不必。爲。理。之。所。無。衆所。共。非。不必。爲。理。之。所。外。今有二士。一

並一別。斥斥相訾。莫肯相下。皆謂理實如是。不宜見祇。不知之二士者。其所默義。但拘一曲。理實兼其、不可偏廢。故夫知理之極、歸於無言。蓋以人測天。小大不倚。強作解人。多賑其陷咎耳、或謂孤臣孽子、儕作不偶。武夫悍卒。飛揚跋扈、以此言之、是無天理不知。理、之。爲。體。離乎。善。惡、與恢。具。異。孤臣。孽。子、自必。儕。作。不。偶。武夫。悍、卒。自必。飛。揚。跋。扈。此正。天。理、安可。云。無。必強爲因果之說。謂德業胎自前生、或報應當期來日。此則故爲解說。聊自遣放。橫之擯理、未必即儆。或又謂遠西今世。新製日出。風騎機地、奇驚行容、是皆理之所無。非之所有。不知理在天壤、儘多未發。銳思之士。即物窮索。密栗要眇。無幽不搜。必已。有。是。理、乃得。有。是。器。理所。不。許。器將。安。出。科學家動謂以人勝天。實則理不可勝。欲勝未由。如其可也。則非自力。天使汝勝之耳。天使勝之。惡得云勝。凡自謂勝天者、皆妄貪天功者也。倚伏性者。夫境。無。美。惡。泰甚。者。遂。如彼。夜。旦。往復。無。際。流轉所謂君子之澤五世而斬。揚雄所謂高明之家鬼瞰其室。斯乃分定。無所逃匿。蓋

人間享用。有其總量。優於前矣。必絀於後。譬如稱貸。終有還時。故進銳者。退速。易得者。難守。斯乃强弱之大用。取予之欲。攝凡屬有生。莫或能外。君子知其然也。故寧為其絀以俟其優。不欲居優以明至乎絀。然而運之所遇。萬牛莫挽。持盈保泰。亦成空言。誰為為之。勢命致之。斯則可為默恨者也。夫然則人生天地間。性分限之。理數持之。顛倒偪窄。因致逃命。渺渺隘世。所謂自由者。竟安在哉。彼得一。自喜。失一。自嗟。或無所顧藉。猥謂富貴獻澤。為障吾之生。貧賤憂戚。為玉汝於成。雖淺深不同。自造物觀之。皆不違天命者也。

痛言

唐鐵風

倚賴之中人甚矣哉。快者中於倚。悍者中於賴。狡者怨倚怨賴。貪戾者。無往而非倚。無往而非賴。非倚賴能傷人也。與倚賴為緣也。顧亭林云、有亡國有亡天下。易姓改號。謂之亡國。仁義充塞。而至於率獸食人。人將相食。謂之亡天下。又云、知保天下。然後知保其國。保國者、其君其臣肉食者謀之。保天下者。匹夫之賤與有責焉耳矣。竟無歸云、國可亡。天下不可亡。明不可失。其所以為大耳。吾出川八月。所見所聞。十九棘心之事。吾受激刺。乃倍蓰於往時。吾適吾意於胸。欲言復止者數數矣。悲夫。人生實難。竊至無日。吾寧犯天下之所不韙。而不為吾心之所不安。吾寧開罪於材力出眾之名流。而不忍坐視良民之入於囹圄。謂之痛言。紀實云爾。

實言西后、吾好利。吾自生之。不賴竊。賴竊盜也。吾好勢、吾自使人。不使人似人犬也。由而言之。自毀。曰倚。毀人。曰賴。自謙。曰倚。謙人。曰賴。自侮。曰倚。侮人。曰賴。自危。曰倚。危人。曰賴。容於人。曰倚。不能容人。曰賴。屈於非理。曰倚。以非理屈人。曰賴。倚者無以自立。賴者無以立人。倚者無所不為。賴者無所不取。人而至於無所不為。無所不取。則其人可知。國人而相率以無所不為。無所不取。為日常生活。則國之前途可知。

獨有舉政治者。實行戀愛自由。誘其友之女為室。藥其十餘年與居生子之故妻。而謫之曰不孝。某文士與其父不相能。著家庭苦趣一書。𢿙其骨肉之醜。自謂爲家庭革命。世人亦以推倒孔家店之老英雄目之。北京大學某教授。以新文化宣傳得大名。所誇中國哲學史。紕繆百出。經識者指正。猶復文過不悛。凡著是者。皆倚儒人。猶也。然此、猶、局、箇、人、也。舉措出於己黨。不是亦是。行爲出於敵黨。不非亦非。昔日肝膽。而今日胡越。今日同器。而明日薰蕕。事苟有濟。手段不必擇。身苟有利。人格不必顧。政治、生涯。如是、如是。忽而護法。忽而靖國。忽北忽南。繫根不定。忽彼忽此。如環無端。爲內訌則力有餘。禦外侮則謝不敏。軍人、作、用。如是、如是。詩曰、嗟我兄弟。邦人諸友。莫肯念亂。誰無父母。又曰、哀我人斯。于何從祿。瞻烏爰止。于誰之屋。正若後爲民國詠者。雖然。此猶、一、部、分、人、之、倚、務、也。學界、年、來。好爲、羣、衆、運、動。其最著之成績。則聚而毆人耳。燬商人遊市而榜之以賣國賊耳。焚報館耳。毀所惡者之家宅耳。狎弱者之口鉗塞其言論自由權耳。鬧學校風潮耳。隨地開聯合會請黨同伐異之能事耳。自親爲神聖不可侵犯耳。不寧惟是。實誨

盜誨淫之水滸紅樓。而輕江河萬古之史漢韓柳。高談死活文學。漫雜而無友紀。此一、族、也。本浮薄之士爲偶像。而目禮教殺人。舒懣行之文如鼎薪。而曰漢字可廢。醉心歐化。視昔之人爲無開知。此又、一、族、也。其甚焉者。於人則權利在所必爭。於己則責任可以不負。於養育之恩可以置諸腦後。於睚眦之怨或懸久而不忘。隨俗浮沈。以爲厭從多數。混淆黑白。以爲顧應潮流。話政客卑污。而其卑污不讓於政客。責武夫橫暴。而其橫暴亦不亞於武夫。惡老耄頑惰腐朽。而其偷惰腐朽之習心且過老耄而上。教者。以。是。爲。教。學者。以。是。爲。學。國將、亡。本必、先。顛。而後、枝、葉、從。之。其斯之謂歟。雖然。猶未、至、明、目、張、膽。引外、人、以、覆、宗、邦、也。孫中山在時。民黨已有共產非共產之別。廖仲愷氏被刺。適有議人交構其間。以求一切之利。非共產派遂不見容於身中。夫棄兄弟而不親。天下其誰。親。之。尤可痛者。既於黃埔軍官學校上海大學等爲製造殺人借亂之機關。猶嫌不足。更於各通都大邑。脅誘我血氣未定智識未周之男女青年。而灌之以

麻醉神經之毒猶悲夫悲夫。盜賊。徧。於。國。中。人民。無。所。得。衣。食。國命。且。斬。何。待。於。革。國。產。且。破。何有。於。其。不辨內外情勢之若何。而視階級鬬爭爲無上寶筏。不智孰甚。不惜四萬萬人之生命。而利用之以作一黨試驗之工具。不仁孰甚。而況受蘇俄嗾使代爲宣傳乎。然共產黨人固不承認赤俄帝國主義之色彩也。噫。公等休矣。俄人百年來挾其南下之政策以臨我。蠶食我邊疆。蹂躪我老幼。無時不思逞其所欲以去。公等寧盡忘諸。今之俄人。猶是昔之俄人。豈其民族好侵略之天性。以政體變更之故。遽一旦化爲禮讓。試觀彼之所以待我者。放棄權利之言甫脫諸口。而吞併我蒙古。著著進行。賄買我人心。頭頭是道。經濟侵略。政治侵略。文化侵略。苟利於彼。無不兼而用之。吾求其所以愛我者遂不可得。公等不憚抹殺一切事實而爲之辯護。其無乃。飲。鴆。而。甘。落。水。求。作。耶。公等之爲俄也則忠矣。如吾國何。如吾民何。夫彼自共產主義施行後。生產銳減。財政奇窮。吾較之大戰以前。十裁一二。自顧之不暇。竟毅然出無限之運動費

宣傳費以供給我。明明視吾納外府。而謂。其。絕。無。所。闘。非。我。所。敢。知。也。彼於。同。種。同。俗。之。人。且以。爲。之。不。同。而。加。抑。壓。而謂。其。於。異。種。異。俗。者。獨以。誠。意。助。其。成。功。更非。我。所。敢。知。也。明之季世。滿清藉吳三桂之力以驅除漢人。漢人猶不反抗。則三桂夕就誅。不聞其反不反也。公等雖不爲國人計。寧不爲一身計乎。狡兎死。走狗烹。吾正爲公等慮也。即讓步言。蘇俄無所求於我矣。試問。改造。社。會。之。事。業。而依。賴。鄰。國。爲。指。揮。其。掃。蕩。七。尺。之。軀。而。自。受。無。因。而。至。之。傀。儡。則因。之。所。以。爲。國。人。之。所。以。爲。人。者。安。在。哉。憶自甲午以還。國勢已如漏舟。飄搖風雨。出沒波濤。刻刻有陸沈之患。爲不肖者。猶復酣歌。流連忘反。曾無異於三十年前。不意智勇之士。今竟倒行逆施。作此日暮途窮之計。往矣哀哉。契丹之滅晉也。耶律德光問馮道曰。天下百姓如何救得。馮道對曰。此時佛出救不得。惟皇帝救得。今之仰使蘇俄者。即惟皇帝救得之意也。以如是之人而作國人之嚮導。是將。使。五。千。年。之。神。明。胄。胤。謂。他。人。父。謂。他。人。母。宛。轉。呻。吟。於。鮮。卑。馬。

蹤。之。下。而。萬。劫。不。復。附。我聞。在。昔。非我。族。必。有。異。心。民到。於。今。微管。仲。吾。其。左。衽。準春。秋。大。復。仇。之。義。則俄。固。世。仇。依法。須。不。啻。殺。之。言。則俄。乃。好。殺。盜名。盜。貨。同一。貪婪。求緊。求援、終爲。魚。肉。詩曰、無信人之言。人實迋汝。傳曰、戎狄豺狼。不可厭也。諸夏親暱。不可棄也。親俄乎。親英。美。日。法。乎。其爲。公。敵。則。一。也。

吾聞醫者之爲醫也。病不。同。則治。療。之。術。異。病同。而。體。魄。不。同。時令。不。同。習尚。不。同。則治。療。之。術。亦。異。中俄之社會。不惟病不同。他亦絕不相似。即以蘇俄試而有驗之方。施之吾國。已屬不適。而況乎蘇俄亦未皆成效卓著哉。吾國際此危急存亡之秋。六脈皆虛。奄奄一息。斷不可再用大瀉大吐之藥。以斷送其如綫之生機。惟有。耐。心。調。護。以。待。其。徐。徐。平。復。斯可。耳。調護之道奈何。曰知。恥。知恥。者。四無。四。有。是。也。無輕。非。以。增。益。國。人。之。飢。寒。無煽。亂。以。斲。喪。國。家。之。元。氣。無屈。於。非。理。無以。非。理。屈人。有以。自。立。有以。立。人。有所。不。爲。有所。不。取。是雖。平。平。數語。在今。日。實。爲。續。命。之。靈。丹。一人。可。服。人人。可。服。一日。可。服。萬年。可。服。我父老昆弟乎。我諸姑伯姊乎。、國人才。祇有此數。合力扞患。猶虞不濟。安可。自。分。其。勢。令謀。我。者。竊。喜。於。旁。夫迷途知返。往哲是與。不遠而復。先典攸高。其產叢中。倘有明理達變之材。翻然悔悟。一反前日之轍迹。我先民之精爽。實式憑之矣。有志之士。盍歸乎來。

通訊

……甲寅念六期錢君基博民治二字釋故一文。於民治大肆詆毀。愚意其不平。心頗惆悵。用是走書。希爲露布。不審民治之冤。能爲之一洗否也。

原民治一辭。乃德謨克拉西之迻譯。（亦有譯作民主政治者）非吾華所固有。通迻之士。當體會原義。不宜就譯辭嚼字咬文。蓋譯文之於原文。猶形之於影。只能得其彷彿。容不足表其眞象。況德謨克拉西一概念。內涵極其複奧。因時代而累變其德。因學者而各殊其解。民治二字。豈足以當之。錢君乃以之作解故。豈非拘墟。雖然。縱就民治二字分析其義。亦未見民國十四載之亂源。卽在個中。國家罪魁禍首。實不過少數武人政客。民衆袖手旁觀。何敢盲動。（間亦有所謂民衆盲動者。實不過少數人之行動衆。非出乎大多數人民之意志）今乃以少數武人政客所造之孽。謬礙於民治。而爲之詞曰。民國肇造。今十四祀。隳綱弛紀。日以泯棼。論者動以中國民治之名實不符爲謍謍。顧吾獨深察名號。而知中國民治之允符其實。是誠可謂欲加之罪。何患無辭矣。冤哉民治、冤錢君何爲出此言乎。彼蓋以民之一名。自始僱傭也。何謂僱傭。曰盲。曰無知。曰瞑不用思是已。而其用相緣明者。則不過三數腐儒之語。彼輩始終卽未知民治爲何物。中庸有民之所好好之。民之所惡惡之之句。民。旣。無。知。矣必。從。其。好。惡。又君子之道。微諸庶民。使民。作。盲。解。君子。豈。非。問。道。於。盲。尚書臯陶謨、天聰明自我民聰明。天明畏自我民明威。孟子、泰誓曰。天聰自我民聰。天視自我民視。則治。以。民。之。聰。明。威。嚴。是以。代。天。錢君旣視民爲瞑勿用思。故不得有自由。而當制以刑。引書呂刑苗民勿用靈制以刑何爲律例。殊不。知。苗。民。之。非。民。猶白。馬。之。非。馬。以有。勿。用。靈。之。苗。民。逕謂。有。勿。用。靈。之。民。以。有。自。馬。爲。有。馬。何。異。此於。逕。樹。爲。類。似。之。推。理。去眞。甚。遠。苗民。固。應。制。以。刑。民。亦。宜。以。刑。制。乎。孔子曰。道之以政。齊之以刑。民免而無恥。誠如錢君之意。則此言何謂。國語、防民之口。甚於防川。川壅而潰。傷人必多。民亦如之。是故爲川者決之使導。爲民者宣之使言。又曰。夫民慮之於心。而宣之於口。成而行之。胡可壅也。若壅其口。其與能幾何。是。明。明。許。民。以。自。由。且認。壓。制。民。衆。之。非。徒。無。益。而又。有。害。所謂。制。之。不。許。動。者。亦非。古。意。也。時至今日。軍閥恣睢。官吏貪婪。小民無辜。橫被荼毒。手足無所措。呼息不得舒。錢君乃復揚言曰。民字象交手是閉木索桎梏之形。寧有暝勿用錮之民。而可與以自由。任其盲動者。此深非仁人之器。於我心有戚戚焉。我今正告錢君曰。所謂中國民治之允符其實者。立異名高之論耳。不可爲訓。吾人今。後。不當。徒。鶩。民。治。之。名。尤須。致。力。以。求。民。治。之。實。且國。家。旣。號。民。國。捨民。治。其。誰。與。歸。……陽叔葆 三月二日北京法政大學

從。右。立。言。未有。適。得。其。正。者。亦視。其。時。得。病。何。在。賢。者。因。發。爲。論。議。以。藥。之。耳。是以。知。人。必先。論。世。此。猶。所。謂。天。下。無。正。色。悅目。即。爲。姝。天下。無。正。聲。悅耳。即。爲。音。者。也。至諧。調。激。隨。此關。作。者。偶。然。之。風。趣。不足。爲。話。荀卿曰。盜名不如盜貨。田仲史鰌。不如盜也。以二。賢。抑。之。盜。下。二千。年。來。殆無。一。人。承。之。而荀。子。爲。知。言。之。說。自。若。愚謂。不。通。此。諸。馳入。古。今。議。林。勵見。悍。格。陽君。以。爲。何。如。 孤桐

士林

……士林之扶仰週刊。如衆星之拱北辰。豈以其辨物析名。梳文櫛字而已。將使辭闢邪說。而揭櫫不揆之正義。以矜式國人。其於謬誤之思想。廓所不當矯正。而尤以法統之垢污政治。共產之動搖國本。自誤之陷害青年。之三者爲當今輿論家所亟應口誅筆伐之大敵。不宜絲毫稍予假借。歷讀週刊名篇。如先生之毀法辨。及論約法答負寫子。陳君拔之論語體文。江亢虎之反對赤化通訊。他之類是者。往往而有。其詞鋒之犀利。理義之嚴正。足使讀者迎之以滿腹之同情。大有振臂一呼。創病皆起。舉刃指虜。胡馬奔走之概、意謂此時。功難堪矣。先生所謂遵輿論之本務者。非是也歟哉。然則雖謂週刊之理想文字。俱屬此類。斷焉可知矣。敬問先生。豈曰不宜。近讀二十六號錢基博先生解故兩首。其功蓋亦不出辨名析物。梳文櫛字而已。所關之重要。僅乃如是。先生從而許與之曰「本刊理想文字。允推此種」康愚不敏。未之敢承。豈先。生。痛。夫。一。二。時。賢。曲學。阿。世。致現。代。人。心。於。陷。溺。因激。極。宏。獎。善。善。從。長。而。遂。不。覺。其。言。之。溢。甚。哉。嘗思先生志在以言易天下。而所以易之之甚備此。豈先生之初衷哉。果爾、則先生之所以自

待。與士林之所以責望於先生之週刊者。俱甚淺焉矣。以康理想之週刊。而推週刊之理想。有以知其決不然也。且即以錢先生之鈎研訓詁論。康亦有不敢苟同者在。誠以錢先生爲大庠宗師。而週刊又士林公器。詎爲世法。率易未可。爰抒其心之所未安者。謹質證於錢先生。非敢云駁難也。錢先生解民治二字。繁稱博引。據荀子、許愼、賈子、春秋繁露、及書經諸說。遂謂古代有民與百姓之分。其言曰。「百姓者、我先哲王所以稱同種有禮義有教化之諸夏。而民則以謚冥頑弗用蠢之黎苗蠻族。」更舉堯典黎民於變與百姓昭明之語以實之。而不知未免誤解古代之事迹。是說也。蓋與夏曾佑中國歷史劉師培中國歷史教科書之所云爲近。而誤解亦同。按史記稱黃帝二十五子。其得姓者蓋十四人。世本諸侯篇云。蜀之爲國。肇自人皇。蜀無姓。相承云黃帝後。是古之無姓者夥矣。如以百姓爲諸夏、民爲黎民之稱。則同。是黃帝之子孫。其得姓者。遂爲諸夏。而無姓者。遂爲黎民。矣。有是理哉。孔子稱黃帝高辛時事。亦數數言民。使上古視民爲化外之蠻族。如錢先生所云者。則大戴禮。及史記所書之民字。均應改爲百姓矣。攷大戴禮五帝德篇。黃帝撫萬民。度四方。（史記五帝紀同此文）不生而民得其利百年。死而民畏其神百年。亡而民用其教百年。（史記此文無）又顓頊治氣以教民。（史記作治气以教化）又帝嚳知民之隱。（史記作知民之急）撫致萬民而利誨之。（史記作撫教萬民而利誨之）此所稱引。當爲錢先生之所洞悉。而康終未甚見。民與百姓有如何界分。先生儻能假以週刊通訊餘白。俾得承教於錢先生否。不勝感激之至。……羅能康（南京國立東南大學　二月三日）

昔柳州激賞梁邱據哲士。稱其有以祝今學絕道喪。得如錢君宏識貞士。屹然爲中流砥柱者哉。百姓與民之辨。精核蓋足下爲勝。兩賢相掖。力乃愈宏。愚敢爲學術前途賀本刊詞有不檢。其疏略愚請承之。如以本刊之疏略。得促學術之銳進。雖大僇。猶有餘榮也已。　孤桐

民氣

……民氣不用則銷沈。濫用則衰竭。年來國內民

氣。濫用過度。對外幾無可言。共產黨徒雖呼囂。其中情實僞。曾子曰。自反而不縮。雖褐寬博。吾不惴焉。自反而縮。雖千萬人。吾往矣。古。今。來。掀。天。揭。地。之。事。功。無不。由。從。善。服。義。植其。基。本。故民。氣。來。路。不必。向。外。馳。求。窮。疏。瀹。其。泉。源。自可。取。之。不。盡。近人梁漱溟氏、頗心知其意。其他鮮有見及者。至若馬克斯學說當如何研究。吾國現狀是否適於共產。改革事業是否可以倚賴他人。皆必窮勘到底。一步不可鬆懈。前者。人。類。生。死。存。亡。大。問。題。後者。國。家。治。亂。絕。續。大。問。題。斷不。容。艸。艸。忽。過。甲寅於此二點。似猶含意未申。先生服膺孔氏。遂於馬學。其能潛出所得。以引導羣衆之視線乎。想有心有目者。無不具同情也。又周刊間譯西籍名詞。鄙意以爲不妨譯出。以一文體而便讀者。高明其許之歟。……唐鐵風（南京法相大學 夏曆元夜）

從善服義以植其本。自是不刊名論。不圖今日。得聞斯言。含意未申之譏。尤爲搔著癢處。愚思力日退。說理之文。遠遜曩昔。所願宏識奇士。有以進之。齊一名詞。當勉從尊議。孤桐

近二

……近二年間。頗究心政治及哲學名學等。前年冬曾（作整理我國古代名學之方法一篇。已刊出。嗣此可以檢呈）近擬作中國古代政治思想史。已少少着手矣。（不擬作全史。因範圍過廣。故先自古代起。又此作與梁任公先生不同之點。梁公用主觀法述史。蘭則擬注重客觀法。不僅以時代區別。而偏搜材料。就思想之本身爲系統。不欲以後此之說淆一時代之說也）又蘭讀書之暇。嘗以校補嚴可均全上古秦漢三國六朝文爲事。佚篇斷句。頗有所增。惟客中書少。又嗜廣不專。迄難勒爲成篇。而蓬跡飄泊。明春擬離津門。深恐轉徙散佚。則一時苦心。幷歸泯沒。甚欲稍加整理。請貴誌登出。未知左右以爲可容納否。此稿多隨手札在書眉。大抵不過數百條。其整文見於文館詞林者。可但錄其目。即亦不至甚占篇幅也。且鳥。程。所。任。過。大。欲一。網。盡。二。三。千。載。之。文。筆。其疏。漏。自。所。不。免。今蘭。不。過。就。目。之。所。及。略綴。一。二。耳。然因。此。或。足。以。啟。宏。雅。之。士。作。補。集。之。志。於斯。文。於。學。者。似俱。有。補。未知尊意以爲何似。謹摻管以俟大命……唐蘭（天津小營門四十號 一月二十日）

二一

校補嚴著。自是盛業。此體繼續列於本刊。似不甚宜。請速寫定。容謀專刊。以副雅意。

孤桐

清華園解題記

無錫錢基博

余論學清華。籀繹文史。講壇、宣、說。必先、解、題。開設、戶、牖。此爲、樞、機。其間。文。章。殊。製。觀其。會。通。體。氣。相。仍。明其。流。別。或紛、綸、古、義。或導、暢、新、詁。意無、適、莫。惟其、是、耳。隨時、綴、錄。以俟、論、定。十四年十月十七日。識於清華園之古月堂。

詩經

說文系部。「經。織也。」玉篇。「經緯以成繒布。」借以爲經綸天下之意。易屯卦象曰。「雲雷屯。君子以經綸。」周禮天官太宰。以經邦國。」注。「經。灋也。王謂之禮經。常所秉以治天下也。邦國官府謂之禮灋。常所守以爲灋式也。常者其上下通名。」然則。經。者。國。家。之。灋。典。編著。之。圖。籍。設之。於。官。府。而。布。之。於。百。姓。者。也。昔在帝舜之命夔曰。「詩言志。歌永言。聲依永。律和聲。八音克諧。無相奪倫。」迨周之盛。上自郊廟朝廷。而下達於鄉黨閭巷。其持志言詩。無不出於性情之正者。聖人固已協之聲律。而用之鄉人。用之邦國以化天下。至於列國之詩。則天子巡狩。亦必陳而觀之以行黜陟之典。此詩。之。所。以。爲。大。經。大。法。廟於。邦。典。而「以。經。邦。國。」之。所。爲。不。能。廢。詩。故曰。「詩者志之所之也。在心爲志。發言爲詩。故詩有六義焉。一曰風。二曰賦。三曰比。四曰興。五曰雅。六曰頌。」毛詩大序蓋風、者、風、俗、也。谷風序疏風與雅對則小別散則雜通呂覽音初聞其聲而知其風注風俗大史、陳、詩、以、觀、民、風。見禮記王制多出、於、里、巷、歌、謠、之、作。所、謂、男、女、相、與、詠、歌。各、言、其、情、者、也。宋朱子詩集傳序而雅、者、正、也。言王、政、之、所、由、廢、興、也。毛詩大序頌者、容、也。周禮大師曰頌註美盛、德、之、形、容。以其、成、功、告、於、神、明、者、也。毛詩大序由今。言。之。風者。平。民。文。學。而雅。頌。則。貴。族。文。學。矣。三者、詩、之、體、也。作詩、之、法。直陳、其、事、之、謂、賦。取譬、於、物、之、謂、比。觸物、起、興、之、謂、興。周禮大師曰賦曰比曰興註賦之言鋪直鋪陳今之政教善惡鄭司農云比者比方於物也興者託事於物然賦。顯。而。興。隱。比。直。而。興。曲。毛公。傳。言。興。者。百。十。有。六。篇。而。賦。比。不。之。及。賦比。易。識。耳。古者詩三千餘篇。及至孔子去其重。取可施於禮義。上采契后稷。中述殷周之盛。至幽厲之缺。始於衽席。故曰。「關雎之、亂、以、為、風、始。鹿、鳴、為、小、雅、始。文王、為、大、雅、始。清、廟、為、頌、始。」三百、五、篇。（采史記孔子世家）孔集而、比、之。風雅、頌、各、以、其、類。厥為。後。世總。集。之。祖。十月十日夜八時

春秋左傳　考史記十二諸侯年表。序載「孔子明王道。干七十餘君。莫能用。故西觀周室。論史記舊聞。興於魯而次春秋。上記隱。下至哀之獲麟。約其辭文。去其繁重。以制義法。王道備。人事浹。七十子之徒。口受其傳指。為有所刺譏褒諱挹損之文辭不可以書見也。魯君子左丘明懼弟子人人異端。各安其意。失其真。故因孔子史記具論其語。成左氏春秋。」題曰「春秋左傳」者。意蓋春秋之左氏傳也。傳者、轉、也。轉受、經、旨、以、授、於、後、也。（采劉勰文心雕龍史傳篇）然孔、子、作、春、秋。傳者、三、家。公羊、穀、梁、兩、家、解、經、而左、氏、傳、事。昔賢、謂、「公、穀、經、學。左氏、史、學。」（朱子之說）然則、翻、先。師。傳。經。之。體。而。為。太。史。記。事。之。文。者。當以。左。傳。為。權。輿。焉。或說、「左氏書據史記本名左氏春秋。若晏子春秋呂氏春秋比、非傳孔子之春秋也。」（見劉逢祿左氏春秋考證）然史記明稱「魯君子左丘明。因孔子史記具論其語成左氏春秋。」則是。「左。氏。春。秋。」之。「因。孔。子。史。記。具。論。其。語。」而。「成。」明也。非傳。孔。子。之。春。秋。而。何。即。不。題。傳。字。而「因。孔。子。史。記。具。論。其。語。」之。實。不可。沒。也。傳其。實。而。不。傳。其。名。庸何。傷。顧或又謂「遷書有竄亂」（崔適史記探源）則尤武斷之談。吾斯未之能信。十月十九日午

戰國策　孔子曰。「不學詩。無以言。」記言防於尚書。而國別之記言則防於國語。唐劉知幾史通以戰國策隸入國語家。以其同為史之記言而國別者也。然國。策。者。其。體。則。史。家。國。別。之。記。言。而。其。文。則。深。於。詩，人。比。興。之。旨。斯、其、指、蓋、造、論、於、班、書、之、志、藝、文。而、闡、明、於、章、義、之、推、詩、教。以為「戰國者。

縱橫之世也。縱橫之學。本於古者行人之官。而出自詩教。孔子曰「誦詩三百授之以政不達使於四方不能專對雖多奚爲」是則比興之旨諷諭之義固行人之所肄也。縱橫者流推而衍之。是以能委折而入情。微婉而善諷也」（見漢書藝文志章學誠文史通義詩教上）

秦兼天下而輯戰國策。其篇有東西二周秦齊燕楚三晉宋衛中山。合十二國。分爲三十三卷。夫謂之策者。蓋錄而不序。故即簡以爲名。或云「漢代劉向以戰國遊士爲之策謀。因謂之戰國策」（采史通六家篇十月二十七日晚起）

楚辭離騷經

詩十五國風無楚。而劉向裒集屈原離騷九歌天問九章遠遊卜居漁父宋玉九辨招魂景差大招而附賈誼惜誓淮南小山招隱士東方朔七諫嚴忌哀時命王褒九懷及向所作九歎。共爲楚辭十六篇。斯足以拾國風之遺。採而爲總集之纖麗。雖取調激楚。或殊詩教之溫柔。而擬象譬喻。有同風人之比興。固知「楚辭者體慢於三代。而風雅於戰國。乃雅頌之博徒。而辭賦之英傑也」劉勰文心之辨。良不我誣。然楚辭或概以騷。故劉勰品論楚辭。即以辨騷標目。考史遷稱「屈放逐乃著離騷」（見太史公自序）蓋舉其最著一篇。九而歌以下均襲騷名。則非事實矣。蓋離騷經者。楚辭之一篇。而屈原之所作也。原與楚同姓。仕于懷王。爲三閭大夫。同列大夫上官靳尚妬害其能。共譖毀之。王乃流屈原。故憂愁幽思而作離騷經。離騷者。猶離憂也。（采史記屈原列傳）經。徑也。（采王逸註）離騷經者。蓋自敘離憂之歷程云爾。詩三百。四言爲多。節短而勢不險。而離騷則六言七言錯出。辭繁而調益促。此其不同也。十二月一日午后四時

說林

組庵告余。文勤公爲河北按察時。曾隨班祀河神。神爲黃大王。一小蛇耳。長不盈尺。盤一小盤中。昂首嚮

上。狀若、觀、劇。時方演劇祀神河督及諸大官。方蒙大王賞食。以發饌享大王大王餘食就享謂之已事在則皆賞諸大官假報鼠嘴大王。公就覩。則蛇尾微傷。血色殷然。乃議相率送神。拜送河間。蛇蜿。蜒。赴。水。假波。浪。陡。作。一蛇。身。大。如。栲。栳。羣謂。此。大。王。化。身。則公所目擊者。又相傳栗恭勤爲栗大王。跡甚煊赫云。

晋人、陶、淡、遺、蛻。在長沙東鄉之栗梨市。即晋書隱逸傳之臨湘山。相沿以八月十七爲淡生期。空巷奔走。香火爕道。余居栗梨時。必隨衆拜告。廟中、有、朱、晦、菴、書、德、化、無、疆、扁。又有、吳、清、卿、陶、眞、人、廟、碑。余童時曾於何處見一碑。言淡事跡頗詳。似天監元年作。今之。邦。人。知。淡。爲。神。不知。其。爲。一。代。隱。君。子。則記。載。殘。缺。之。過。也。乙未之夏。吳清卿作湖南巡撫。徒步求雨。爲狀至懇。并迎淡及其從子煊遺蛻到城。朝夕叩拜。亦以。爲。神。耳。革命之后。易右循、文晋蕃、即易宗夔文經緯死癸丑之難者暨某某等議毀兩陶遺蛻。以絕迷信。余以。爲。千。數。百。年。古。屍。他日。可。爲。博。物。院。發。一。異。彩。事遂不行。則余於兩陶不爲無功。他日署木乃伊。余姓字當不沒也。

長沙遺蛻存者。尚有、李氏、姊、妹。即歷、封、廣、濟、宣、威、靈、感、眞、人、者、也。現在石灰嘴之廻龍山。又有、王、眞、仙。成神於光緒初葉。其子曾來余家作法。顧不甚驗。眞仙操符咒之術。食牛犬烏雞。不異常人。死時。云。當。仙。去。則。發。身。據。一。神。座。眞仙寄居孫公殿殿中空神座曾謂爲渠他日之用一盤坐。而。逝。屍不。腐。臭。人遂。信。之。

七月初八。登萬石山望河燈。此間作孟蘭會故也。按孟蘭盆經。載婆、羅、門、聖、女、振、孤。事在、七、月。故世俗以是時振孤。今鬼未出獄。相傳七月初十日鬼出獄先爲振拔。更覺無謂。又某縣志。似爲鄒縣丞齡菴所刻孟蘭盆經曾錄其文於經末稱傳、羅、卜、爲、其、縣、人。則其地藏菩薩爲男子。目犍連爲男子。則縣志類也。載指同錄。

清宣統中。毀湖南貢院爲學校。司事者爲余君肇升。字子昭長沙人掘昔時主考官寢室。數尺之下。得一、龜。四甲、中、縫。俗呼、夾、蛇、龜。又曰、綠、毛、龜。初掘得時。以爲已死。

安置地上。而甓甃如故。余君以獻吳先生。（時先生爲湘提學司）先生命叅之優級師範學校池中。組菴嘗及見之。甲巳光滑。湖南貢院。爲李巡撫發甲所建。事在清雍正朝。以時計之。是物之埋於土中者。已歷百八十年。或未建貢院時陷土中。則更不知其歲月。然則龜鑑之壽。眞可至千年耶。

夜不能寐。作昨宵賦。敘曰。己未八月。余在郴縣。屋處閨中。以空爲壁。雙扉甚閉。夫容欲開。亂草靈棲紛紜。夾路。然而伐木爲椽。雨來則漏。夜中瀝瀝。漸濕衾幬。起視。天半。似有輕唱。冷逗眉頰。兒醒且睡。吾婦老矣。綢繆寒衢。相對無辭。苦憶臨蛇之蓮。（吾新作時也）跌坐禁寒。新昏已逝。默焉有作。命曰昨宵賦。識不忘舊也。賦曰。唯元夕余以降兮。祝吉羊於上年。曁聰明而幼眇兮。其孫落而多姸。隱惢惢而不斷兮。差無人以自荃。飲榆落與桑莪兮。是何姿態之盅然。余顯考既淹留逝兮。余雖奇窮而不隕其婷。諷奇字與故傳兮。喈曰非余所宜。㕑余摯摯不止兮。將不自知所爲。天既厚誠於此兮。台實樂之而不可辭。儻至今而如舊兮。此身世之多悲。余誠甘於塵垢兮。尙何拳拳於昨思。余旣涉世求淑女兮。擷鹿皮以爲襮。聽珮環之雜響兮。萃百憂以爲樂。留顧余以巧笑兮。薌嫋嫋於靈邈。余旣愛此良宵兮。紛不知秉簡爽苕樂。日月逝而遐想兮。心懸懸其如醉。告上帝而不靈兮。胡鬒髮之將熇。深相思而不可弛兮。視往歲爲滋虐也。白楊蕭瑟兮。寒草蹊躅。霜露瀼瀼兮。秋風濡濡。夫既使我多憂兮。余亦何取。傑此信誓兮。證諸靈祗。余非如彼童之狡兮。寧九死於蓬蘽之子之不我諒兮。唯祝余以無悔。余既委身於勞瘁兮。雖跋涉而不渝。指磐石以爲正兮。寧竊觀於山樞。湘之濱兮澧之央。桂華皎潔兮。辛夷如漆。雜幽芬之渺渺兮。飲清泉而飧落英。蛾眉嫽首兮。珠玉爲瓷。顧我目成兮。貽我垂珩。翳美人不可卽兮。余誠禮以自傷。願夫人爲君王婦兮。侍皇輿於上京。余必全余所受兮。期元夕余以降。（曾孟其）

甲寅周刊第一卷第三十四號目錄

時評

三月十八日、北京群衆。在天安門舉行反對八國通牒國民大會。遊變。例也。主席者徐謙。通過議案八條。措詞異常激急。傳單有標共產黨執行委員會名義。滿街飛如蛺蝶。散會後、遊行示威。直趨執政府。以覓見總理賈德耀爲詞。闖襲府門。爲衞兵所格。羣衆類手持木棍。間挾手槍。甚且拋擲炸彈。或則擊火油準備潑灌。以致與衞兵互相衝突。各有死傷。聞學生苦力死者約二十人。傷者稱是。憲兵死者一人。衞兵及警衞司令部偵緝傷者十餘人。市朝喋血。慘不忍覩。誠北。京。近。聞。不。幸。之。最。大。者。也。事後、警衞總司令部李君鳴鐘趨謁執政請示。午後、賈總理復召集臨時國務會議。妥議辦法。僉謂大事之醞釀。實匪一日。共產黨假借名號。擾亂公安。若不嚴加懲創。後患將不堪設想。此於政府所發布之命令通電。可以推知。嘻、

一

一年。以。來。民衆。與。政。府。間。肉摶。相。持。瀕於。破。裂。者。未可。一。二。數。今卒。釀。成。流。血。慘。劇。無論。是。非。曲。直。在朝。在。野。而國。家。元。氣。斯由。此。傷。一方。深。壯。士。斷。腕。之。悲。一方。存。困。獸。猶。鬥。之。想。何以。善。後。殊費。匠。心。如有。一。分。意。見。攙。雜。其。間。國事。即。相。應。受。一。分。之。損。失。是誠。君。子。戒。慎。恐。懼。之。秋。矣。（平）

收場。更非吾人可預度也。昔曹。阿。瞞。見。孫。仲。謀。降。表。曰。此子。將。踞。吾。爐。火。上。其言。殊。謬。吾願。為。近。今。取。喻。焉。（用）

奉直議和既喧傳滬上。而日前郭瀛洲突然返奉。議又復中閣。其執詞為雙方均不肯首先讓步。致成僵局。觀于鹿鍾麟刪日致李鳴鐘一電。扼狩可知。在今日形勢觀之。羣雄角逐。大類。漢。末。三。國。情。實。上。固。有。不。易。聯。合。之。隱。機宜。中。又。有。不。得。不。言。和。之。苦。衷。東北西北。既成彼此仇視之敵。至長江一帶。鄂蕭新歿。實力又重大變化。靳師趨洛。吳孫任為犄角。收集餘燼。儼然捲土之心。亦未可輕視。連雞排命。各有異圖。所謂。鬥。智。鬪。力。緒。也。近來軍閥眼光。亦覺明瞭百倍。呼東擊西。引此撻彼。縱橫術策為計甚。不使長單方實力。即有漁人之獲。亦難獲鷸蚌之利。今後之

兵連數月。剪居日盛。司農勞於供應。地方疲於徵發。公私交瘁。無間城野。唐人謂給一兵而十室空。言之痛矣。軍需不繼。追論政費。值茲財源斷絕之際。所留以供朝夕者。舍募債外無他途。故去歲則有春節庫券八百萬之發行。邇日又有新公債二千萬之擬議。其智誠近於竭澤。其事則出於無已。況新公債內。仍以八百萬收回春節庫券。是於萬分竭蹶之中。寓維持國信之意。其志彌苦。固未可概以濫借目之也。惟是新公債條例。其於基金之籌措。容有斟酌之餘地。查新公債基金。係將德國賠款改紙為金。以其差額充之。不敷則益之以金融公債償完後之餘款。驟視之。豈似毫不害於舊公債之安全者。殊不。知。舊公借。多。係。以。關。餘。為。擔。保。所謂。整。理。公。債。基。金。是。也。而關。餘。鹽。餘。又視。外。債。之。消。長。為。斷。外債。多。則。關。餘。鹽。

而基金有賸之之庶。否則反是。今言德國賠款。固與外債齊觀。論其體列次序。宜先於整理基金。增德款之額、即無異餘及整理基金。依新公債。雖力避使皆舊公債之名。而要不能不居其實。此豈不與收回漭節庫券之微意相剌謬哉。復查舊有公債。有不盡處

猜意

孤桐

張楷辦之江、近有通電、以整頓學風爲詞。愚以司存之故。竹爲陳達電意三四返。外間競紛以張電愚所主使爲言。都門學子。指斥尤力。嘩、儼已。姑無論張若爲國干城。彼於整飭風教。宜有己見。無端爲人指受。升降有如傀儡、決爲其人格所不任受。至於愚者。行能雖無足算。而生平行事。一依己志。是非成敗。謗討冥冥。從不肯以詐干人。亦絕未肯以陰謀計事也。爲此之故。愚從事政治者十五年。蓋無節二人。愚與亦連。共爲擔負。自欲東則東。自欲西則西。提受人恩。尤畏貽人以累。凡獻媚軍閥。交歡學蠹。甘爲束縛馳驟。

整理案內者。如五年公債、七年公債、皆別有財源。而五年公債。至民國十七年即可償清。爲期至近。今新公債發行之初。既無須還本。則息金爲數尚少。易於措置。曷不逕指三年後之五年公債財源爲基金。以資調劑。不猶愈於巧生枝節者乎。（寃）

一切陰毒左計。深所恥爲。愚之教育政策。乃猥與時會。本之良心而立焉。力及則斷其成。不及則聽其敗。於人無恩怨。於己無得失。物來順應。天君泰然。果何取。徇伏將門帷幕與之計事爲也。要之。愚章士釗者。行己差有本末。接物不忘恕道。一生未嘗爲人主使。亦一生未嘗主使人。邇來捭闔成風。邪謀構扇。以己度人。蓋不容有獨往獨來之見者存。義山何云。不知腐鼠成滋味。猜意鵷雛竟未休。偶一誦之。有餘哀已。

論價格標準

孤桐

昨湖北孫君同康、持所著經濟學研究。請徵鄙見。

感誠之一論價格原理之小冊子耳自吾人講求科學二三十年來著書說理者極少計學人尤易之西來學說徒供文士一時揺揺能道著精微言之醉頗者或有之矣我未之見也孫君此作愚不敢謂卽無遺憾而其涂甚正其法彌密鍥而不舍於斯學有所開發斷然可知愚治學英倫與鄭仁路博士游處頗嗜計理當時論著紛如略可披覽作輟不時遂乃曠廢今觀孫君此作憮然爲間舊稿中有論價格標準一首（宣統二年作）持義可互相發明且孫君全書未及華留或亦不無所蔽重錄一過還質孫君

價格標準四字非義之堅者也此語使人發生歧想首在價格次則標準而前者印象尤難明按價之一書英文有兩字表之一曰 value 一曰 price 此兩字義近而用大異治計學者所不可忽而吾文每混爲一談義乃渾殽按價格標準乃由 standard of value 得來是價格者華留也非朴來斯也愚嘗論西字之有歧義而難譯者以音表之爲善倘於此不曰價格標準而曰華留標準人將往索華留之義何在不至如斯繳繞從可知也今爲便宜計名華留曰價格名朴來斯曰時價二者皆時人所習用不甚區以別焉者也而在本篇則截然兩物穆勒曰「說華留而有微誤吾人之所論議將隨之而盡誤蓋華留之概念有一絲未明持以論事將盡見搖搖而無準也」斯言也愚謹記之矣

說價格有不可不知之一義即百物無眞價格是也凡物之價格非獨立者而相關者也馬沙曰「在一定之時與一定之地有兩物焉謂以第二物之若干適易第一物之若干者是爲第一物之價格以知價格云者乃以說明兩物同時同地相與之値故曰價格爲相關者也凡文明國率採金銀爲幣由是鉛鐵木材之屬義應以其本身存値相互明之者一例以貨幣表而出之價格之如此表出者得名時價」此價格與時價之別也於百物皆然若在貨幣則其別尤爲顯白今且視金如百物焉倘第二物之若干是易英金三鎊十七先令十片士半此金之價格也他

物之價格。吾知以金明之。號曰時價。然則此金三鎊十七先令十片士半。當以何物明之。而定為時價乎。是乃不得不訴之幣材矣。金三鎊十七先令十片士半者。其含量為金一安士。有金幣若干者。可得生金若干。反之有生金若干。亦可得金幣若干。然則金之時價。乃生金與金幣互訓之價也。於此吾人遇一絕要之關鍵矣。蓋金之時價。在金肆容少有出入。而於貨幣統系。則不能或異。且國家輒以法律規之。如金三鎊十七先令十片士半。含量一安士。則持金一安士者。無論何時。可向造幣廠或國家銀行易取金幣如額。是金之時價有定者也。與百物不同。至於價格。則仍變動不居。與百物遞為進退。金之價格高。即百物之時價低。金之價格低。即百物之時價高。如影隨形。不能或離。由是觀之。金之時價與其價格。絕不同物。明甚。尼可孫曰。『金之廠價。（即時價）雖歸法定不可移易。而價格則比較他物而得。高下靡常。此於銀亦有然。銀之時價。以金衡之。銀一安士抵金若干之謂也。至詢銀之價格。則為別一問題。』時價與價格之

分。為近時生計學者注意如此。而四十年前。即歐人亦無甚明之概念也。格蘭斯頓嘗曰。『金之價格。無變者也。金一安士。恆可購買金幣三鎊十七先令十片士半。』此英相誤認時價為價格之處也。吾國論者所中之弊。頗復類此。

梁任公曰。『所貴乎有貨幣者。以其能為一切物價之尺度也。貨幣所以能為一切物價之尺度者。以其自體有一定之價格也。夫貨幣自體一定之價格。則恃本位幣以為之綱。』（國風報十號）又曰。『貨幣最要之職務有二。一曰交易之媒介。二曰價格之標準。吾國前此所謂貨幣。僅能完交易媒介之職務。而不能完價格標準之職務。今須定新幣制。其所最急者。則定價格之標準也。夫必先有價格。然後能懸之以為標準。今原文（謂度支部幣制則例）但云。國幣單位定名曰圓。而一圓本有之價格若干。未嘗規定。此最缺點也。』（該報十五號）

夫任公謂貨幣自體有一定之價值。（按一定在英文有兩義一曰 fixed 一曰 Certain 前者為固定之意後者則轉為不定之義也總謂從後義始無語病然任公意似屬前）與貨幣必先有價格。然後可懸為標準。若從他點

五

察之語極健全。蓋凡物固未有無甚高之價格。而可自詡爲貨幣者也。但任公所謂價格。非指抽象之購買力（價格者購買力也本任公之說）。乃指國幣內所含之成分。此成分者。當由法律定之。故曰一定。須知世間律令無論如何強明。萬無揭櫫購買力之道。則價格之所能定者。亦國幣之含量如干耳。易而言之。幣材之時價如何耳。今任公不明此別。故以度支部規定一圓之成分未合法。爲未規定一圓本有之價格。任公曾謂所指價格與成色重量異。（該報五號）十卒乃混而同之矣。貨幣之職務二。一曰交易媒介。一曰價格標準。是誠然。顧貨幣所以能爲價格標準者。非由政府以純金或銀若干。定爲國幣之單位。名之曰某也。乃以貨幣自體其有甚高之購買力。而不易變遷也。即價格也。金銀之成分爲一物。價格復爲一物。前者可定。後者不可定。所云標準。雖以自體具有甚高價格之金屬爲之。而不過比較之詞。銀者以較焉而優於銅。金者亦以較焉而優於銀耳。當今之世。尚無一物有固定價値。絕對可爲標準者也。對價表 Index number 者。

即以金之價格。與百物時價比擬成之。其卒年年各不同。即此可證金且不足爲標準之用。何有於銀。亞丹斯密之言曰。「在同時同地。貨幣可爲百物價格之準繩。然實限於同時同地。」世安見有足當標準之稱。而不能易時與地者。任公論幣。喜比例度量衡以爲言。而不寤爲大不同類。昨年之尺。無以異於今年之尺。廣東之衡。宜無以異於湖南之衡。若幣果胡望者。「貨幣爲一切物價之尺度」measure 一語。在計學已成陳迹。學者不更採是說也久矣。由斯以談。吾國貨幣。其不能完價格標準之職務者。幣材之不良致然。謂由幣制之未頒定。特近似得半已耳。設此幣制須定於十年前。一切規章。悉如意度。其本位幣之單位。爲純銀六錢四分八釐。如任公言。愚敢決其於標準之義。無當仍如昔也。尼可孫曰。「本位幣當擇金屬之較有固定價格者爲之。乃解決幣制問題之第一要素。」故吾終不欲吾幣能司標準之用則已。否則非速進一步採行金本位或虛金本位制不可。累幅千言。意惟此語而已。

銅官感舊圖記

孤桐

吾宗雖有賢士。名壽麟。字价人。於愚爲兄弟行。而年較愚父且長。又兩人者相處甚得也。君嘗爲泰州。愚父客游江左。輒居君署動數十日夜。君之長子同。字覲瀛。已自爲令。以才見稱。次子華。字曼仙。二十三歲入翰林。與江浙學士大夫競爽。浸浸有名於世。吾族世業農。此時家聲之大。數百年來所未有也。愚年十六七。習爲八股文於家。愚父喜夜談。每津津爲示价人君家事。諸漏不忌。以知君嘗從曾文正出征。文正兵敗靖港。憤投於江。君潛曳之起。文正殊自執。不肯歸。君固多力。則強負之以奔於營。知者衆。文正因無法自輕其生矣。其後師出克捷。文正以一身繫天下安危。人以此多君功。君絕無自伐意。文正亦弟畜君。意氣逾篤。名位則別爲一事。終文正之世。君浮沉牧令而已。可見。老。輩。相。與。之。際。別。有。眞。處。非。世。俗。樛。轕。間。報。施。之。道。所。得。安。度。兩。賢。相。忘。無。形。其。神。交。尤。不。可。及。云。云。銅官者、文正自沉地也。感舊圖爲君返鄉重經時所造。冀留餘迹。以勵方來。鄉賢自左文襄以下。均有題記。愚父曾亦般般及此。愚竊自計。愚何時自立。言重於世。行亦加墨於此。俾吾家盛蹟。終賴吾筆傳之。歲月。易。得。默計。此。意。存。之。且。三。十。年。矣。近五六年。覲瀛在滬。曼仙在京。果時時以圖責言于愚。適中愚隱。不得辭卸。因索所題詩文數十篇讀之。反復諸卷。惟江西胡瘦唐所言。用思與愚父前訓差合。文襄意直悻悻。頗若以當時救死爲多事。嗚乎。君一。援。手。間。六。十。年。來。興。亡。大。局。於。是。乎。定。而。其。中。文。章。隆。替。思。想。通。局。亦。幾。于。是。圖。諸。得。驗。之。誠。不。禁。盪。然。心。傷。而。歎。瘦。唐。所。稱。婦。嫗。簞。豆。之。見。深。植。于。人。心。與。哀。垂。德。扶。危。拯。難。無。所。爲。而。爲。之。者。事。例。太。少。不。足。以。開。發。恒。人。之。思。理。一。旦。有。之。因。相。與。震。其。迹。而。全。昧。其。義。號。爲。大。人。言。亦。爾。爾。然。則。世。德。之。不。進。人。道。市。道。之。不。辨。宜。哉。愚父一生行善。以醫全活人甚衆。爲人解紛。尤肯用力。迄不聞所謂報者。所示曾章事義。愚息息不敢忘。書示覲瀛兄弟。終。冀。吾。宗。有。賢。子。孫。篤。守。此。意。而。光。大。之。爾。

三月十六日

七

論清華之研究院

陳拔

予亦清華研究院中同學之一人也計清華研究院之成立雖爲時至暫而據理想現實言之已經三變有創始之研究院有前教務長張彭春提案通過之研究院最近又有改組委員會起草寄生於大學十五系中由研究教授及研究生所結合而成之莫可名計之研究組織創始之研究院即今現實存在而經以分系之名曰國學門者也張彭春所提之研究院則削去國學之稱而僅寬其限并各系以科學上有分辨之定名經擬議定而旋即蛻化者也三變而有改組委員會所提草案中之特種組織由教授大會決擇施行者也其學制總則第一條曰本校設大學部及留美預備部第四節曰大學各系得設研究教授并招收研究生研究高深學術於此提案中所表示最顯者即取消研究院於分部中獨立存在之地位由是而聽其自然消滅也遂致引起近來數日中不幸之事端其具體記載俟諸京中各日報

予此想不宜傳在同學主觀方興漂搖予室之嗟主持提案者已鬪覺從事獨賢之苦而蔽鬼負疚此辭然之大波即成於是非各執之際予於此文開首即自陳處地者無非供認予亦與於此行動之一人焉耳然而關於本題之論斷予決不敢煽發同學而其招尤取侮之言責蓋當予決心草此文時本已於流幻中構成一獨立於清華研究院外之完全之精神自我也則形體之客我尚不易強其負此責現又立於客我外之非我乎然而此題之論究何關則予可暫援事實而得一總結之斷定曰破壞清華研究院者前教務長張彭春其人也夫原清華研究院之期立而祇試一國學門者其本情所在不能妄測惟予則以謂若清華現存之研究院惟國學方有存在之可能且祇有存在之必要亦惟其爲必要而始有存在之可能也蓋清華現存之研究院非民國學制所擬定各國專業院之研究院也而乃特立於大學之組織部門中誠哉其爲畸形既於各國學制中罕有其先例又於民國學校系統中本無其位

邈也惟酌其宜而通其變社會中而有畸形向長之事例斯可立畸形發展之機關以消息之國學者正于我國社會中爲畸形向長之一例一則爲其便於自習也一則國內尚有老師指授也此自與各科學異趣雖然習於鄉傳於家者膠固之恐其不通也蟠伏之處其不顯也泛濫之弊其不精也猥雜之患其不一也有名宿以倡之有通儒以厲之有賢者以專之有爵賞以勵之尊之以豫游可以袪陋輔之以友朋可以化敵紙類可以相劘觀摩可以相善此國學之所應特設研究院而大學文哲諸科蓋有不能兼攝者焉夫文哲諸科進之必循其序教之必充其類視又有蔽焉歐化先入而孔老荀孟降爲委腠縢史文明又夷蒯國爲奴如是將海內諸生毀所嗜借道之仁義立萊頭化西被之深謀遠計終等於泡影之一皆再更三二十年後使復有人借道國學者必取近二三年事爲鬱而相率以嘲訴戲侮報之亦且恐不及三二十年而已將國學二字棄置之於字典補遺中僅爲歷史上之過去名詞則并此借尊者亦決無其人也又且恐不待國學名詞之過去而此古國華胄相爭相殺人見其不克負荷之甚各借狸流之仁以分領其子姓也則凡黃髮碧眼者皆將父而天之矣夫存國學雖未必即能已亂而已亂之必有資於國學殆可斷言惜今爲道所局不能盡矣若日國學之名稱嫌其含混而經科學之分析不能認其存在則予欲問科學之名稱果皆有絕對性乎苟於非實國學豈有相對之必要斯其名稱之保存亦有相對之可能誠恐去其名者乃旋即棄其實也予主張國學研究院有存在之必要如是今國內未嘗無研究國學之機關在然而期望於清華尤切者以清華於研究院創始之規模既大趨向既端造就自宏而又爲予及身之所知也蓋實爲之而恐今其期而惜乎張彭春之主去國學之儔即消滅研究院之滿也何則夫舍國學而猶有設研究院之可能者直畢業院耳若今清華現存之研究院於科學之專攻固無取焉無取乎樹而張彭春納主之說氏之狹猶也今改組委員會蓋悉其妄矣故去其名然而猶欲於大

九

學、各、系、設、研、究、教、授、研、究、生、以、強、爲、傳、合。抑、知、祇。研。究。院。爲。畸。形。者。茲乃。幷。淸。華。全。體。而。亦。呈。畸。形。乎。故予所渴望於教授會議者。當追、認、張、彭、春、改、革、研、究、院、之、提、案、爲、誤。而宜、明．正、研、究、院、之、名、稱、曰、國、學、研、究、院。與大、學、部、留、美、部、鼎、立。以修、正、改、組、委、員、會、所、提、之、草、案。於理。既。順。令次。各。方。之。誤。會。亦。釋。不然。研究。院。巳。矣。於淸。華。大。體。固。無。增。損。第不。勝。爲。國。學。前。途。悲。耳。三月十二日

新文化運動平議

唐慶增

不佞離國之際胡適陳獨秀諸氏方高張文化運動旗幟。抨擊吾國舊有文學。而創造所謂新文學者。其說、荒、誕、怪、謬。僅足、以、爲、一、部、分、人、之、觀、聽。供識、者、之、談、噱、而、巳。風行漸久。惑於其說者漸衆。益以政客之宣傳。西人之點綴。吾國學子復推波助瀾。隨聲附和。所謂新文化運動者。至是遂致如火燎原。一發莫遏。去夏歸國。目睹吾國學術界之紛亂。人心之浮囂。心感不能自己。爰爲辭以闢之。

夫文。化。運。動。者。必。須。先。有。一。定。之。目。的。與。標。準。以。優。者。代。劣。者。以。適。用。者。代。不。合。者。非。謂。推。翻。舊。有。之。一。切。典。章。文。物。風。化。制。度。販。賣。西。洋。陳。說。便。得。謂。之。文。化。運。動。也。今日新派中人。復稱此種運動爲文藝復興時代。Renaissance 不知其何所取義。考十五世紀之文藝復興。起自意大利。影響及於歐洲各國。當時學者。漸悟昔日希臘羅馬等國之文字典章爲學術之基礎。文化之精華。皆竭盡心力起而重復研究之。餘如印刷之發明。及美洲之發現。皆爲此時代中之大事。吾國、今、日、固、乏、但、丁、其、人。亦無、人、能、如、凱、克、斯、頓、William Caxton 之、有、所、發、明。乃強、以、歷、史、上、名、詞。加諸、此、類、白、話、文、字、之、運、動。豈不、謬、哉。

今日倡白話文學者。所持最大之理由無他。曰使普及教育較易也。此話、實、不、盡、然。白話、冗、長、無、味。不能、如、文、言、之、引、人、入、勝。文言三、兩、語、可、以、畢、事、者。白話、往、往、非、數、十、語、不、可、也。夫人之天賦及才力不同。斷無可一蹴而就者。吾國。今。日。之。大。患。不。在。乎。文。字。之。

艱。深。人。心。之。消。長。而。在。乎。國。中。教。育。之。不。振。興。教育之腐敗。既不堪問。而歐風東漸。學者習古文者又日少。握管能文能自達其意者寥寥。不察者乃歸罪於文字本身。誤矣。使吾國強迫教育。誠能實行。當局者勵精圖治。經四年初等小學之訓練。而猶不能握管爲文。我不信也。故今。日。最。要。之。急。務。在。提。高。國。民。程。度。同時。並。介。紹。眞。正。西。洋。文。化。以。輔。吾。之。不。足。焉。今新派不此之務。乃欲以文字遷就國民程度。造成一種支離破碎不全之文學。養成一種盲從浮薄鄙夷國學之心理。皆輕、易、嘗、試、不、求、甚、解、之、輩。有以、造、成、之、也。易曰。觀乎。人。文。以。化。成。天。下。乃知。文。學。固。非。小。道。非三。數。人。可。得。而。任。意。顛。倒。恣。意。破。壞。也。一國有一國之文字。古之聖人舉萬物記之於書契。厥後能文者遂尊爲神洲裔皇典麗之文章。文學、與、品、性。亦有、密、切、之、關、係、也。文宜。雅。潔。忌粗。俗。宜純。粹。忌駁。雜。宜簡。潔。了。當。忌紛。亂。繁。沓。宜顛。撲。不。破。忌淺。薄。浮。泛。顧今之白話文字則如何。鄙俗不堪之語。時時形諸筆墨。

蓋心中先存一「有什麼話說什麼話」之謬見。遂致滿篇盡係猥瑣之辭。不堪卒讀矣。且文字雜亂已極。字裏行間。每每夾入不倫不類之外國名詞。或加非驢非馬之自造文字。令人觀而作嘔也。白話詩文之初出也。風行一時。不脛而走。倏已再版。而三版。以至於十數版。不可謂不盛也。然數月或數載而後。向之轟轟烈烈舉世稱爲「好文章」者。今日僅供世人覆瓿之用。誰復有齒及之者。新派、人、物、識、古、文、家。謂白、話、文、初、興、時。若輩、競、作、訃、聞。不圖、時、至、今、日。此類、謔、辭。亦可、施、之、於、新、派、人、物、也。歐美學者之提倡一種學說也。率皆博學深造之士。經長、期、之、研、究。耗無、數、之、精、神。知之、有、素。故能、言、之、成、理。其著作言論。既發表後。仍持懷疑態度。歡迎有識者之公開討論也。彼邦大學教授。儘有終身不著一書者。恐或有謬誤之處。貽令名累。並害及普天下青年學子也。而吾國今日之學者則反是。喜叫囂。不喜沉靜。喜暴露於外。而不喜蘊藏於內。今日出一文集。明日刊一詩稿。自詡其學識之淵博。而絕不肯靜心研究一叩其是非者。吾國國民程度之幼稚。無可諱言。黠者知其然也。於是在舊派人物前。以西洋學說爲炫奇。於時髦人物間。又高唱整理國故之說。耳食者流。遂尊之爲泰山北斗。惟馬首之是瞻。自入邪途而不自覺。而吾國學術界。遂不堪問矣。

或謂子之言何太苛。不觀夫新文學家之國學智識。固有超軼乎常人之上者。棄彼等而不從。夫將誰尊。曰否。此蓋。與。彼。等。提。倡。之。學。說。無。與。也。彼。等。舊。日。之。文。學。訓。練。若。何。西洋。文。學。之。研。究。若。何。皆爲。題。外。之。論。似不。足。引。爲。護。符。遽謂。彼。等。之。言。論。皆。是。也。新派中人非無一二傑出之才。惜彼等之新文化運動。不從提倡眞正之學說下手。而惟以迎合社會之心理爲能。人心、喜、新、而、厭、舊。愛易、而、惡、難。彼等所發之言論。殆無一不以「新」及「易」爲號召。是非優劣之判。豈復尙在心目中乎。吾國今日宛如久病之夫。及離病榻。遂思一動。斯時、如、無、良、醫、以、治、導、之。勢必、日、益、危、殆、奄、奄、就、斃、而、已。可不、愼、乎。

新文化運動中。更有所謂歐化的文體。三數年前。風行一時。近雖已成強弩之末。然不佞回國後。仍能於雜誌中及報末。獲見此類文字焉。其文理則支離費解。其語氣則顚倒雜亂。棄國家文字上習慣之異同於不顧。而徒襲西文讀本中之詞句構造法。造成一種非驢非馬不中不西之文字。謂其通俗易曉耶。則鄉愚讀此類小說。乃至有「用他手敲他底門」等句。果能一目了然乎。卽於西文曾經涉獵者。亦能因此而增進其讀書之興味乎。新派人物。牽強附會類於此者尙多。不知、橘、踰、淮、爲、枳。雀、入、水、爲、蛤。國、有、國、之、特、性。族、有、族、之、風、俗。烏、可、一、意、盲、從。惟、歐、是、尙、乎。

或者曰。潮流可迎不可拒。廢舊文學而倡新文學。實建設也。則應之曰。文字。有。是。非。之。異。而決。無。新。舊。之。別。況今。日。新。文。化。運。動。中。所。視。爲。最。新。之。學。說。又何。一。非。爲。西。人。之。唾。餘。烏在。其。爲。新。乎。昔劉蕺山先生曰。爲學。先。於。辨。誠。僞。曾文正公與胡文忠書曰。方今。天。下。大。亂。人人。懷。苟。且。之。心。出範。圍。之。外。無過。而。問。者。焉。吾輩。當。謹。守。準。繩。互相。規。勸。不可。互。相。獎。飾。互相。包。荒。願普。天。下。學。者。三。復。斯。言。也。

文體平義

陳德基

去冬某日。余造梁煥生先生家。旅京湖南同鄉湘政界新委員會籌備事也。余以先至。坐間。先生語我曰。余昨又爲文送甲寅。頗白話文駁義。所論詰白話文學家之所以提倡白話文者三事。一文、言、文、與、白、話、文、之、死、活、問、題。二古、人、行、文。詩、經、尙、書、是、否、爲、白、話、問、題。三白、話、文、與、中、國、語、言、統、一、問、題。且曰。文章千年大事。不可苟也。余聞言。對曰。脅見實不易之論。惟第三項不無外義。然余竊爲言。不在是也。余以、爲、白、話、文、與、文、言、文、之、於、今、日。復無、相、非、之、必、要。白話。文。學。家。以。文。言。文。爲。死。文。學。相扇。成。風。欲以。絕。之。悟矣。文言。文。學。家。以。白。語。文。爲。引。車。賣。漿。之。口。語。不足。以。語。文。事。亦悖。矣。古人曰、「文以載道。」又曰、「辭達而已。」可見。文。者。須。視。其。內。容。爲。準。至其。表。現。之。方。法。惟求。辭。達。而。已。今之文言白話。其表言達意。効力相同。請就脅論第一項表情描寫述事而言。表情文能以我情而動人之情。文言、文、能、之。白話、文、亦、能、之、

也。描寫文躍躍欲活。文言、文、能、之。白語、文、亦、能、之、也。述事文歷歷如繪。文言、文、能、之。白語、文、亦、能、之。也。若是。者。可見。文。之。美。不。美。在爲。之。善。不。善。而方。法。無。能。不。能。可。不。可。也。又觀我國歷代文體變遷。遠古無論。漢以、楚、人、入、主、中、夏。一時、文、學。楚化、大、盛。降及、武、帝。司馬、相、如、東、方、朔、枚、乘、鍚、雄、之、徒。祖述、屈、宋。發爲、辭、賦。聯藻交彩。蔚然艷觀。風流、餘、韻。施及、建、安。七子、以、還。文尙、整、練。聯璧其章。迭用奇偶。齊梁、而、后。析句、彌、密。厲對、彌、工。浮濫靡麗。華而不實。南齊、書、文、苑、傳、論、云。「今之文章。作者雖衆。總而爲論。略有、三、體。一則啟心閑繹。託辭華曠。雖存巧綺。終致迂回。宜登公宴。未爲准的。而疏慢闡緩。膏肓之病。典正可采。酷不入情。此體、之、源。出靈、運、而、成、也。次則緝事比類。非對不發。博物可嘉。職成拘制。或全借古語。用申今情。崎嶇牽引。直爲偶說。唯覩事例。頓失精采。此則、傳、咸、五、經。應璩、指、事。雖不、全、似。可以、類、從。次則發唱驚挺。操調險急。雕藻淫艷。傾炫心魂。亦猶五色之有紅紫。八音之有鄭衞。斯鮑、照、之、遺、烈、也。」魏徵、隋、書、文、學、傳、序、

云。「齊梁自大同之后。雅道淪缺。漸乖典則。爭馳新巧。簡文、湘東。啟其、淫、放。徐陵、庾信。分路、揚鑣。其意淺而繁。其文匿而采。詞尚輕險。情多哀思。格以延陵之聽。蓋亦亡國之音。」隋開、皇、時。至下、詔、天、下。公私、文、翰。並宜實錄。可見其時上自朝廷。下至私函。皆「緝字不隻。摛句皆雙。」文心雕龍煬帝、長、藝、文。儷藻、華、詞。於、焉、益、盛。競一韵之奇。爭一字之巧。流風、所、及。被於、唐、初。燕許、出。稍變、習、俗。至於、韓、愈。始唱、古、文。李翺、皇、甫、湜、柳、宗、元、繼、之。於是、風、氣、丕、變。古文、復、興。雖然。駢儷、文、終、並、存、不、絕、也。是何者。駢文。與。古。文。各。有。長。處。隋書文學傳云江左宮商發越貴乎清綺河朔詞義貞剛重乎氣質氣質則理勝其詞清綺則文過其意理深者便於時用文華者宜於詠歌人各。長。其。所。長。以。為。用。也。夫惟如此。故有。北。方。文。學。無以。杜。南。方。文。學。張南。方。文。學。無以。絕。北。方。文。學。古文。無。以。杜。駢。文。駢文。無。以。絕。古。文。也。舍文章而言詩爾。由古、詩、而、五、言、律、絕、而、七、言、律、絕、而、樂、府、而、詞。方其。有。也。抵以。遇。新。生。新生。飫。華。亦無。以。擯。黜。有。故古。詩。存。也。五七。言。律。絕。存。也。而樂。府。及。詞。亦。均。存。也。今之。白。話。文。與。文。言。文。又何。獨。不。然。此

余。之。所。以。謂。新。舊。文。學。家。之。相。絕。者。猶。也。而今世有道之君子。常恐白話文興而文緒墜。與夫恐文言文振而白話文蹶者。得無過慮矣乎。

余又常聆夫短白話文者。輒曰、今之一二善為白話文者。必其於舊文學有極深之根柢。又曰、水滸紅樓。非讀破萬卷不能為也。由此。可。見。白。話。文。學。之。能。自。立。固已。無。人。否。認。特。為。之。不。易。耳。余以為作白話文。欲其簡潔雄厚。時下作白話者多拖沓委靡蕪詞滿紙其難實不下文言。倡之者曰。白話不翻譯。不知優美之白話文。其罰氣字句。實費精心之剪裁與修飾。不信試聆人讀白語文。決敢斷其非在演講。蓋其字句悉經陶冶而成。至於句法之歐化。則非獨作時須經翻譯。讀時亦須經翻譯矣。故為此。說。者。與為。言。中。國。詩。由。五。七。律。而。樂。府。而。詞。乃由。文。言。轉。成。白。話。之。證。其。誣。一。也。不知詞體雖近白話而實經詞人之精心裁就。不。然。誰說話而如滿江紅、摸魚兒等等者哉。余故曰、作白。話。文。實。非。易。事。及其。成。也。則價。值。固。不。減。文。言。而二。體。將。來。之。並。存。或亦。不。外。歷。代。之。變。遷。也。與。

長沙曾先生、其言數語我曰余三不爲。一、不爲白話文。二、其詞不　三、其詞不識文。所以。達。意。余遂矣。毋改。也。可見其於二端。不爲輕重。昨又函我。詞曰、白話最便學僮。以文學文字相與短長。則主白話者勝。……猶古。文。變。篆。篆變。隸。隸最。無。禮。而推。行。最。速。世事。日。繇。人趨。約。易。云。云。亦。塙。見。也。凡茲所言。非故爲奇說。世之君子。謂之何哉。三月十二日

通訊

讀貴

……讀貴刊三十三號時評。評關稅會議昨年十一月十日之宣言。全文聲敘復進口半稅。意在將其豁免。乃總結時。忽然將出口稅羼入。與之並列。先生斥其不成章法。理若甚當。雖然。古書中。兩。事。連。類。而。並。稱。如該。宣。言。例。者。頗。亦。有。之。不。足。爲。怪。俞曲園古書疑義舉例。曾臚記之。請徵其說。『日知錄曰。孟子云。禹稷當平世。三過其門而不入。考之書曰。啟呱呱而泣。予弗子。此禹事也。而稷亦因之受名。華周杞梁之妻。善哭其夫。而變國俗。攷之列女傳曰。哭於城下七日。而城爲之崩。此杞梁妻事也。而華周妻亦因之以受名。愚謂此皆連類而及之例也。呂氏春秋曰。孔丘墨翟。晝日諷誦習業。夜親見文王周公旦而問焉。因孔子而及墨翟。因周公而及文王。亦此類矣』由此觀之。宣言。書。中。之。復。進。口。半。稅。禹。也。杞。梁。妻。也。孔。子。也。周。公。也。而。出。口。稅。則。爲。稷。爲。華。周。妻。爲。墨。翟。爲。文。王。因。以。受。名。事。無。滯。義。先。生。必。爲。之。字。櫛。而。句。比。膠。柱。而。鼓。瑟。毋。乃。不。達。之。甚。者。乎。文學政事。理原可通。援文入政。先生又似安之。因進德清俞君之說。爲

廣其意。不以爲甚不知言焉。是所望也。……楊訓　三月十六日　中四三餘四同

所引義類俱善。然須。知。俄。者。華。周。妻。者。墨。崔。者。文。王。者。其。名。至。與。千。二。百。萬。元。等。重。此則。德。清。兪。君。執。筆。時。所。未。及。料。耳。　孤桐

先生

……先生學通中外。尤邃于古文詞。海內之士。聞下風而望餘光者有年矣。琬昨以書抵先生。勸其更改別署。語涉迷信。正自悔孟浪。而先生答之曰。若桐變爲脈。則亦惟尙友文節。以期自立而已。夫能遇災而懼。側身修行。雖因可以化害。孤桐之不辭。又何能爲。吾于是以先生爲知命矣。書此以謝失言之過焉。再者、琬久不讀甲寅。昨于友人處假得十餘本。趁夜塞入靜。燃燈快讀。至二十四期先生大作記雨君。內載賢郎與劉子行先生書。竊歎先生所遇之窮。爲之憤邑。想賢者之於患難。苟非其自取之。其當拒而不受於懷也歟。賢郎年在執綺。學成師範。文義之美。實罕其匹。恨未接其英采。聽其言論。先生爲州里之俊彥。華夏之泰斗。今父子如此。當復何憂。琬旣景仰先生。今復愛甚郎之文詞。不忍釋手。唯其間有兩語未爲盡善。不免白璧微瑕。美中不足。琬長于賢郎者二歲。年輩不甚相遠也。雖以無似。竊願貢其一得之愚。藉以爲請益之地。倘能進而教之耶。賢郎書云。什無羊舌下泣之仁。甯慕邴成分宅之德。此劉孝標廣絕交論語也。按羊舌下泣。邴成分宅。皆爲朋友云亡。矜憐孤露。孝標見任昉沒後。諸子流離。故引此二事。以責到洽兄弟。於事皆正合。若賢郎日日趨庭。豈所宜言。顏。氏。家。訓。云。北。面。事。親。別。易。摛。渭。陽。之。詠。堂。上。養。老。送。兄。賦。北。山。之。悲。此。大。失。也。賢。郎。所。云。無。乃。類。是。意者當文思汨汨時。下筆不能自休。偶未經意。故有此失。然司。馬。子。長。猶。有。之。誠。不。足。爲。病。也。子。長。自。序。云。不。韋。遷。蜀。世。傳。呂。覽。韓。非。因。秦。說。難。孤。憤。此。二。事。劉。子。玄。史。通。曾。以。爲。言。如。此。之。類。要。當。於。旣。知。之。後。改。之。而。已。……鄭琬　一月二十一日　石樓卷號

鄭君從耘家讀恩所稱求志懲文之士者也。有才

郎名瑰、字小耘。自傳長於小兒章用二歲。用年十五。想小耘才十七也。撼投南本刊。斥言鄙著祗相之未當。愚初不知作者之爲何如人也。以其旨善。異言謝之。有鄭君彝胜（西吉）與從耘爲同族兄弟。共寓有燈塔二號者。見小耘所著從有燈塔發出。恐愚不快。尕遞及其甚李。則來簡辯正。謂二號實無鄭瑰其人。明是假託。請勿介意。（原所曾稿未刊）後數日。小耘以書至。則序其家世頗詳。文詞斐亹。不類餘子。由此。可見。同宗。同室。有此。靖才。彝胜。競。附。渾。然。不。識。嗜、異。已。有載。乃小耘別一書。以其詞涉鬼用。郎介用鼎/裏拔覆。辭旨都遙。無是比數。亦以見桐。花。萬。里。雛。鳳。引。聲。茫。說。且。勝。於。短。衣。持。喇。叭。走。天。安。門。阡。罵。而。已。人事日紛。日以廢書爲憂。借虔筆禿。時有斯感。記此飄爲憮然。

孤桐

小耘賢兄足下。誦與家公書。雅讀般參。詞旨速及于用。欣味發蒙。教告以所不及。甚善甚善。唯報劉先生書。備引羊鄙。所以感師氏之高誼。慨仁德之不存。述類而取孝標宿詣。書之簡端。意

止在乎愉難。初未計及死生。所謂借他人之酒杯。澆胸中之塊壘耳。不意足下復用此爲譏議也。按爲文徵故。比類合義。固爲首要。義有可取。非。或。異。類。亦。所。不。棄。故。通。人。之。於。詩。也。隨。章。取。義。如野有蔓草。男女失時。思不期而會之詩也。而孔子遇程子於塗。則曰。有美一人。清揚婉兮。邂逅相遇。適我願兮。男女與賢。品性雖大不同。而其邂逅相遇之義。則一也。故孔子取之。截錯所書。取譬如此。未可厚非。即如來書所示子長自序。不韋遷蜀。世傳呂覽。韓非囚秦。說難孤憤。遷蜀因秦。固與屈刑殊科。而呂覽說難。與太史公書。並以遭難發憤。修列前後。同情故事。有不同。義有可通。取其義焉可也。義有不同。事或相類。取其類焉可也。夫古今迥殊。事類異致。求其一貌同情。千載能有幾邪。故吾竊取義以寬文術。似無遜古人之用心。或乃賢者之所不計。歟。

章用

一七

邏輯

孤桐

命題

命題者。離合二名而喻一意也。此界之立。所得艱苦。有如下述。

命題者辭也。荀子曰。辭也者、兼異實之名以喻一意也。此之謂辭。卽爲命題。且辭從𤔔從辛。𤔔、（亂音）治也。理辛亦含斷制辛痛意。與歐語 Judgment 本義相通。故凡吾人之論物。於心理言之曰斷。或曰判斷。以文言表之曰辭。或曰命題。今言命題。取其順俗。然姑爲之說。命題亦非無義。題者標識之謂。其所以爲標識之法度曰命。墨經曰。狗犬命也。荀子正名篇曰。期命也者。辨說之用也。楊倞注。謂委曲爲名以會物曰期。則名直載副物謂之命。此諸解者。義縕彌富。以律邏輯 Proposition。亦不失爲良詁也已。

命題在墨經曰佴。（經曰佴自作也）說文云。佴、佽也。蓋凡辭以二名相次爲之。前曰主詞。後曰謂詞。由荀子之言。二名必異實。異實之正解。頗不易得。如墨經言牛樞非牛。牛樞、刺榆之大者。與牛犂然異實。雖相次。不成一辭。故經曰。『兩也。無以非也。』此其故何也。辨之者曰。異實指一論域內之異。非論域外之異也。如蠶者吾知其爲牛。角者吾知其爲馬。牛馬別名。同戴動物爲共。而曰馬非有角。牛非有蠶。論域既定。則異之而成辭。雖然。墨經曰。謂非同也。則異也。一切正命題。都含同謂。一切負命題。都含異謂。夫負者。正之窮也。苟不有正負念。胡起正負相消。謂從何來。茲之異實。亦施諸負命題而止耳。何解於正命題乎。是知異者宜有別釋。則又爲之辨曰。荀子之異。兼有墨經『異而俱於之一』之異。非必全異也。全異墨經謂之相外。易詞言之。此異兼指內涵大小之異。非必內涵相拒之異也。如人與木石。爲內涵相拒之異。白馬與馬。則內涵大小之異。兩異。並。用。於是。人。非。木、石。及白。馬。馬。也。正負。兩。辭。俱可。通。矣。特內涵相拒。有必拒能拒之別。人非木石。斯謂必拒。若求非吾徒也。拒爲可能。不得實必。人之恆言。後項較多。此其爲說近矣。然墨。經。異。而。俱。於。之。一。之。說。乃以。釋。同。非釋。異。者。也。（原文云同異而俱於之一也）同有重同。有體同。有合同。有類同。類同、如本經盜與人狗與犬之相同。體同、如董子蒐苗獮狩與田。禰礿烝嘗與祭之相同。合同、如本經圜與一中同長之相同。重同、如說文宮謂之室。室謂之宮之相同。此種相同之名。排比使成命題。如盜、人也。蒐、田也。圜、一中同長也。宮、室也。固無往而不可通。且其。相。同。之。度。極於。曰。重。曰。合。廣狹。同。幅。而。全。不。異。爲。止。培因曰。「凡辭主謂兩詞。不必同幅。其實謂詞之意。恆大於主詞。同幅者殊罕。」（原集四十五頁）蓋命題者。所以表識、述意、解惑者也。苟二名同實。若孟子曰。我爲我。爾爲爾。公孟篇曰。樂以爲樂。室以爲室。有時百誦其辭。俱將於義無取。故培因云然。然此固非謂主謂全不異者。在邏輯不能立說也。依此以談。吾人推究。荀子。異實。喩。意。之義。從論。域。外。之。全。異。漸及。論。域。內。之。全。異。以論。域。內。言。從全。異。漸。及。半。異。半異。者。半。同也。更從。半。同。漸。及。全。同。至是。異。同。之。名。混。所宜。異。實。之。名。以。喩。其。意。今易以。同。實。之。名。而。意。亦。喩。正負。俱。眞。將毋。相。反。律。之。謂。何。如上說不謬。荀子云兼異實之名。滋未當也。愚意祇曰兼二名足矣。兼二名又不若曰離合二名。故今。請匡。荀。更爲。之。界。曰。命題者。離合。二。名。而。喩。一。意。也。

孤桐雜記

亡友張詠農、（孝準）以重金購得何貞老日記十餘冊。跡近神亡。其塗改處尤見鈔手癖習。愚斷爲子弟錄副之本。非眞物也。但以詠農極其珍視。且欲以原價出脫。愚因未敢直言。今其人往矣。近在易寅村處。亦見相類何書。愚偶不愼。以實語之。寅村大不懌。因怪他品。不盡示愚。可見。賞。鑑。中。直。道。之。不。易。行。也。諸日記中。有題看菊者一種。乩閱時曾手錄數則。以不易再見。鈔存於此。亦借。以想見鄉賢風範也。甲寅十月初一日、陸次山言。梓潼有偺石闕。吾未之聞也。俞麟士言。李雲生在陝。得銅器十餘事。安得見其拓本乎。山類新出土者也。得王介谷書。知高頤碑堂事已就緒。十一月二十七日、安平康來叩謝。賜以楷聯云。勉竭孝思恪承封守。敦行禮教漸化夷風。十二月十六日、闞臺來晤。爲高頤碑屋求館記事。辛酉四月二十日、顏及庭太守來談。帖甚頗有講究。及庭所藏石溪石濤兩卷子。乃買之心和尚者。十一日初五日、過季眉。看王而農先生畫扇。爲思肯作三絕句。書意古拙可愛。

梁任公有創設國學院之計劃。願力甚宏。規模甚大。愚聞之已數年矣。前長邦教時。曾爲愚詳細言之。愚極願爲盡力。俾覩厥成。事與願違。付之一嘆。茲記其所欲爲者屢略如下。亦過門大嚼之意也。第一、編著、國學叢書。以一百種爲一集。其目分學術思想、（以致理闡發先哲某家某派之學說爲主其譯述外國書及自己創作皆不采）文藝、（以詮述批評前代作家或作品爲主自已創作不采）歷史、（一各科專史爲中國文學史中國音樂史之類題目或總或分或大或小皆不拘二時代史如有史以前史春秋史兩漢史等）地理、自然科學、（例如中國礦物學中國生物學等）社會現狀等項。此叢書由本院擬定題目。聘請專家編著。或收已成之稿。其海外著作可采者。或亦譯登。每年最少出二十四種。除專聘所編外。其投著稿譯稿者。或優給酬金。或受其版權。或量給獎勵金。版權仍歸作者。第二、編輯、近代學術文編、及國、學、海外文編。略師賀氏經世文編之例。廣搜清初迄今學者專集、及雜志中所發表凡研究國學有價值之文字。（叢書不錄）分類編錄。使學者可以盡見難得之資料。且省搜檢之勞。此書以一年完成之。海外文編。則專譯歐美日本人研究中國學術事情之著作。第三、編製、大辭書。一、百科總辭書。二、分科專門辭書。第四、校理、古籍。凡古籍有不朽價值而較難讀者。（例如六經諸子四史通鑑等）擇出二三十種。精校簡釋。加圈點符號。補圖表。冠以詳核之解題。令青年學子。人人能讀。且引起興味。擬於五年內。將最重要的古籍校理完竣。第五、續輯、四庫、全書。搜集四庫未收書。及乾嘉以後名著。編定目錄。撰述提要。俟有力時乃刊。第六、重編、佛藏。精擇各宗派代表之經論。删僞删複。再益以續藏中之主要論疏。約淘成三千卷。各書附以提要。

梁任公著中國歷史研究法。頗爲日本史家桑原騭藏所譏訕。中有紀阿拉伯人 Abou Zeud 所記錄者一事云。『九世紀時。阿剌伯人所著中國見聞錄中一節云。有 Gonfu 者。爲商舶薈萃地。紀元二百六十四年。叛賊 Punzo 陷 Gonfu。殺回耶教徒及猶太波斯人等十二萬。其後有五朝爭立之亂。貿易中絕。』桑原所指謬誤。一、Abou Zeud 爲十世紀初期。卽西歷九百十六年之人。不屬於九世紀。二、Gonfu 原書及一切阿剌伯人之記錄中。並無是名。乃 Khanfu 之誤傳。卽廣州府。可見任公並未親見阿氏譯本。三、Punzo 亦爲 Banschoua 之誤。卽黃巢也。四、五朝爭立之五朝。任公指爲五代。然則九世紀之著作。竟將十世紀中葉之亂事記入矣。未免過於滑稽。此外辨正如此類者甚多。可見著。書。求。入。世。界。作。者。之。林。眞不。易。矣。

清華園解題記

無錫錢基博

宋玉登徒子好色賦　春秋戰國之世。楚介江淮。諸夏擯之。比于戎蠻。傳六藝者無聞。而稽。諸。載。籍。得二。人。焉。其。一。鐸。椒。爲楚威王傅。爲王不能盡觀春秋。采取成敗。卒四十章。爲鐸氏微。此楚。人。之。治。春。秋。見。於。史。記。十。二。諸。侯。年。表。序。者。也。其。一。宋。玉。史記屈原列傳曰。『屈原既死之後。楚有宋玉唐勒景差之徒者。皆好辭而以賦見稱。然皆祖屈原之從容辭令。』王逸楚辭序曰。『宋玉。屈原弟子。』其它學行無可考見。疑深。於。詩。教。者。也。何以、知、之。讀登、徒、子、好、色、賦、而、知、之。按登徒。姓也。子者男子之通稱。戰國策曰。『孟嘗君至楚。楚獻象牀。登徒從之。』意楚王之侍從。而賦假以爲辭。諷於、淫、也。

辭意胎自詩三百而採之鄭風者爲多以託諷於溱洧之間也詩大序曰「變風發乎情止乎禮義」賦之所爲取意也故卒之曰「蓋徒以微辭相感動精神相依憑目欲其顏心願其義揚詩守禮終不過差」以明作者之旨崇詩神之感契篠女貞之絜詩與所作神女賦末歸重「自持不可犯」者同一用意比於「國風好色而不淫」者也至「遵大路兮攬子袪」既明襲鄭詩遵大路之辭而「贈以芳華辭甚妙」尤暗偷溱洧贈芍之意「鶬鶊喈喈」取諸小雅「群女出桑」亦采豳風斯尤髣髴有據（詩小雅出車曰倉庚喈喈豳風七月曰春日載陽有鳴倉庚女執懿筐遵彼微行爰求柔桑鄭風遵大路曰遵大路兮摻執子之袪兮溱洧曰維士與女伊其相謔贈之以芍藥卽宋玉賦[illegible]是時向春之末迎夏之陽鶬鶊喈喈群女出桑此郊之姝華色含光體美容冶不待飾裝臣觀其麗者因稱詩曰遵大路兮攬子袪贈以芳華辭甚妙一段之所由本）無待深論者矣故曰「宋玉深於詩教」者也其后沈約麗人之賦效顰宋玉辭意多褻然譽淫倡爲麗人謝脊奔爲謂美窮態豔妍蕩也比于淫矣昔劉知幾品藻史傳而模擬有二途焉一曰「貌異而心同者模擬之上也」二曰「貌同而心異者模擬之下也」（見史通模擬篇）自我論之宋玉者蓋祖屈原之辭令衍國風之好色可謂「貌異而心同」者也若沈賦之褻宋玉則所謂「貌同而心異」者也斯則模擬之下矣　十一月九日上午

古詩十九首　按昭明文選錄古詩一十九首不題名氏李善注「云「古詩」蓋不知作者或云枚乘」疑不能明也詩云「驅馬上東門」又云「遊戲宛與洛」此則辭兼東都非盡是乘明矣」然曰「非盡是乘」其間必有出乘者劉勰文心雕龍明詩篇曰「古詩佳麗或稱枚叔其孤竹一篇則傅毅之詞比采而推兩漢之作乎」徐陵玉臺新詠錄枚乘詩九首內有「西北有高樓」「東城高且長」「行行重行行」「涉江采芙蓉」「青青河畔草」「庭前有奇樹」「迢迢牽牛星」「明月何皎皎」八首俱在十九首中而「青青陵上柏」「驅車上東門」兩篇不與焉按上東門見文選阮嗣宗詠懷詩「步出上東

門」李善注引河南郡圖經曰「東有三門最北頭曰上東門」而「青青陵上柏」一篇言「遊戲宛與洛」「洛中冠帶王侯兩宮雙闕之足以「極宴娛心意」自是東都之作無疑大抵十九首不出於一手作於一時劉彥和比采而推兩漢之作」之說最爲得之至彥和稱「其結體散文直而不野婉轉附物怊悵切情實五言之冠冕也」斯哲士之論衡尤無誣於來者 十一月二十日晨

賈生過秦論

史記屈原賈生列傳曰「賈生名誼洛陽人也孝文皇帝聞河南守吳公治平爲天下第一徵爲廷尉廷尉乃言「賈生年少頗通諸子百家之書」文帝召以爲博士說之超遷一歲中至大中大夫漢興諸律令所更定及列侯悉就國其說皆自賈生發之」漢書陳勝項籍列傳贊曰「昔賈生之過秦曰」顏師古注引應劭曰「賈生書有過秦二篇言秦之過此第一篇也」「此第一篇」指傳贊所引者而言藝文志儒家載「賈誼五十八篇」而誼本傳贊「凡所著述五十八篇」與志同隋書經籍志載「賈子十卷錄一卷」舊唐書經籍志則云「九卷」其稱「賈子」則同新唐書藝文志始稱賈誼新書其卷則十宋陳振孫書錄解題載賈子十一卷云「首載過秦論」世所行賈誼新書本首載過秦與陳解同獨篇目祇五十有六不足漢志五十八篇之數杭州盧文弨以爲「過秦有三篇而惟載上下兩篇又禮容語宋本分上下兩篇而本復不分因定目五十八篇而亡其書者二焉」(問孝禮容語上兩篇)今傳刻盧氏抱經堂校定本是也夫盧氏精於讐校世所稱重獨鄙意有未敢苟同者竊謂賈生過秦分上下兩篇而益析爲三乃出後儒應劭曰「賈生書有過秦二篇」見顏師古漢書注引者甚明是應劭在後漢時所見賈生書有過秦二篇未可以後儒見之過秦有三篇而遂武斷賈生書亦如此也夷考新書五十八篇題目五十三其中以冗長而析篇者四曰過秦曰大政曰修政語曰禮容語大政篇長於過秦而修政語禮容語則與過秦略相

等今大政修政語禮容語皆分上下兩篇不容過秦獨析爲三自「秦孝公據殽函之固」至「仁義不施而攻守之勢異也」見漢書陳項傳贊引者當然即應劭在後漢時所見賈生書之過秦第一篇而自「仁義不施而攻守之勢異也」句以下今析爲中下兩篇者其中篇論二世曰「鄉使二世有庸主之行」云云曰「正傾非也」正與下篇論子嬰曰「藉使子嬰有庸主之才」云云曰「救敗非也」詞法排比一氣相生斯爲應劭在後漢時所見賈生書之過秦第二篇而題曰「過秦」者應劭所稱「言秦之過」是也但生之所以過秦者不一事有始皇之過有二世子嬰之過始皇之過「先詐力而後仁義以暴虐爲天下始」而不知「取與守不同術」也二世之過「不能與民更始」而「重之以無道」「正傾非也」子嬰之過不知「閉關據阸」「荷戟而守」」以「待諸侯之敝」所以「救敗非也」要其歸於「仁義不施而攻守之勢異」此生之意也劉勰文心雕龍體性篇曰「賈生俊發故文潔而體清」而柳子厚與楊京兆憑書則稱「明如賈誼」所以爲言者不同而各見其一端「明」足以盡賈生之識而「俊發」足以狀賈生之才後之倣生過秦者則有陸機之辨亡論干寶之晉紀總論具體而微然陸得生之「俊發」而無其「明」識干有生之「明」識而遜其「俊發」孔子曰「才難不其然乎」吾於賈生亦云 十一月二十八日午后

說林

組菴晉貽將軍數爲清朝好官以附和拳匪事遂爲官乃升既墾之田以簽蒙人即移內地之民以殖蒙綏遠將軍河套廚內蒙俄人所垂涎者也將軍既到地連開兩渠通商惠農行之兩年歲輸協餉二十萬

爲山西政費。而將軍所治。幾大備矣。會副都統文哲勒琿得罪將軍。恐爲所搆。乃先發。廷差定與鹿文端傳霖前往查辦。文端絜焚布政增祥以行。不欲於將軍者也。獄遂成。將軍既交刑部獄。日以百金賄司事。得居室會賓客。所居、爲、年、大、將、軍、羹、堯、自、盡、之、所。屋宇修飭。中列圖書頗備。其后又賄當局數十萬金。將軍先有數百萬家財乃定發新疆。未幾大理院成。改發四川。甫至湖北。適有武漢之事。役徒已去。道復中梗。將軍復折歸。投部待命。項城總揆席。以帝令安置易州。未行。而冲帝遜位。將軍遂於易州城北百里。築室居之。客有至河套來者、言如。將。軍。計。則數。年。之。后。可。爲。國。家。重。鎮。專。徵。田。稅。必。歲。入。數。百。萬。自。將。軍。被。罪。農。商。都。廢。而俄。人。乃。以。甌。脫。視。之。矣。組菴又云。刑部獄有槐樹一章。相傳、楊、椒、山、所、手、植。年大將軍自盡之地。人不敢居。將軍居之。亦竟獲免。地固。無。妨。於。人。也。

組菴云、甲午湖南鄉試。譚君嗣同寄居其家。揭曉之夕。譚君期望急切。繞室徊環。至於達旦。是科不售。乃納粟易官。越四年遂及於難。是科題爲湯有天下選於衆四句。譚君小講中有云。以口人者。口人。不謂。之。耳。目。而謂。之。聰。明。以。生。人。者。殺。人。不。謂。之。功。名。而。謂。之。學。問。其得意語也。主考批云。奇思。偉。論。石。破。天。驚。

義昭告余。湘綺少時。弔於某氏。有女子窺之。以爲丰裁獨秀。其父在側。微見其意。使其祖母問之曰。湘潭王生。尙有文才。惜太窮耳。女子。嘿。然。第曰。窮亦。不。害。事。其祖母曰然則汝肯嫁若耶。女子。益。嘿。然。遂嫁、湘、綺。卽蔡、夫、人、禹、詢、郎、中、姊、也。今蔡氏頗諱其事。義昭郞中外孫。私語如此。蔡夫。人。擇。人。於。微。無。犯。於。禮。足爲。嘉。話。本不。宜。諱。湘綺墓文中亦不言及。殊爲缺略。組菴云。恐事不確。湘綺不諱此也。

組菴告余。湘綺弔某氏。有女子見之。愛其才雋。父母窺其意。爲遣媒氏。議已定矣。會有他故。事不得諧。女子遂悒悒死。卽湘、綺、樓、文、集、所、謂、采、芬、女、子、是、也。据湘綺云。女子姓左氏。實未一見其色。然中有句云。初七。下。九。爲忘。其。戲。之。時。玉。檻。瑤。軒。盡是。同。凭。之。地。則不能謂之未見其色。昔周仲青告余。古別離紫玉歌。實爲左氏女子作。湘綺告組菴。則七夕詩所謂尙有蜘蛛屋角絲。猶象事矣。

組菴言、岑襄勤所部有二統領、功相埒。亦相忌也。適並醉。甲刺乙死。已而大懼。因欲並賊襄勤。以求一逞。遂往見襄勤。時襄勤已寢。甲喧呼不可止。襄勤振衣出。問統領何事。則對曰。我已殺乙。襄勤大贊曰。好。此人。無。禮。余。亦。欲。殺。之。渠。所。部。卽。以。屬。若。甲出、不、意。則乘、手、謝。刀、自、袖、中、脫、出。襄。勤。僞。爲。不。知。也。者。復。與。欵。曲。俄。頃。斬。之。兩。軍。皆。懾。服。此事張廉卿所作神道碑。王湘綺所作墓志。均未載。

潘文勤長刑部、趙舒翹爲司員、送稿請畫行。文勤核其文。以爲不通。卽爲勸白。舒翹持稿不肯行。請曰。此大、清、律、中、語。奈何。大。人。以。爲。不。通。奈。何。大。人。長。刑。部。文勤。遽。然。卽起。謝。曰。某未。諳。律。故至。此。復長。揖。謂。他。日。足。下。必。至。於。我。卒。爲。加。禮。此事組菴爲予言之。以爲。能。加。人。乃。能。下。人。

組菴聞之榮相。榮相既被命爲直隸總督。謁帝請訓。適康有爲奉旨召見。因問何辭奏對。有爲第曰。殺二、品、以、上、阻、撓、新、法、大、臣、一、二、人。則新、法、行、矣。榮相唯唯。循序伏舞。因問皇上視康有爲何如人。帝歎息。以爲。能。也。已而榮相赴頤和園。謁皇太后時。李文忠放居賢良祠。謝皇太后賞食物。同被呌入。榮相、奏、康、有、爲、亂、法、非、制。皇上、如、過、聽。必害、大、事。奈何。又顧文忠。謂鴻章多歷事故。宜爲皇太后言之。文忠卽叩頭。稱皇太后聖明。太后復歎息。以爲兒子大了。那裏認得娘。其實我不管到好。汝作總督。憑曉得的做罷。榮相卽退出。康君告人。榮祿。老。辣。我非。其。敵。也。陳壽荃告余。康君出亡至美。仍用大清冠服。奴子皆頂戴如戈什。華僑。望。見。疑。爲。中。國。大。臣。輸。欵。飲。左。日。盈。於。門。

（曹孟其）

甲寅周刊第一卷第三十五號目錄

時評

（暫停）

曳白記

孤桐

愚之文。與失意。不足以敗之。惟事繁時迫。則竟無如之何。本期稿件。手民逼樓無地。愚欲於十八日之慘變。有所論列。題署獅門喋血記。獅門、以國務院位於鐵獅子胡同。故云然也。冒頭書曰『愚自始不信吾國有共產黨。有之亦冒利無恥爲某使驅遣。乘便擾亂。社會安寧秩序。售其姦私者爾』有友見之。立去愚紙。不令更書。謂此問題。何種 delicate。子今日安有立論餘裕。詞色甚厲。愚未敢辯。旋閣筆。而他務蝟集。更無從容製題命意遣詞之暇。而本期不得不曳白矣。遂爲之記。

一

論政府宣言拋棄出口稅及復進口半稅事

此文為財政專家某君之作。陳述利害。朗若列眉。惟不欲遽以本名。向外發布。本刊重其文而不得不從其意。用諸數語。紀此文緣。　編者

査不出洋土貨。向納出口稅及復進口半稅。合稱為沿岸貿易稅。循名思義。係由本國沿岸此口運土貨至彼口。（例如由漢口運至九江）在此口出口時。應照土貨出洋例。由海關代征值百抽五之稅。故統名曰出口稅。在彼口入口時。則照洋貨入內地例。由海關代征值百抽二•五之稅。故名曰復進口半稅。此種稅收。與海關現征之子口半稅不同。蓋子口半稅乃所以替代厘金。統捐者。凡由口岸運內地之洋貨。或由內地運外洋之土貨。一經海關代征子口半稅之後。卽免除內地通過各種稅捐。故加稅裁厘實行。則子口半稅亦應同時併裁。載在盟約。不容諉卸。惟沿岸貿易稅則否。中英中美各商約。皆有保留明文。卽我國永保不裁。外人絕不能執約相強。現此種稅收。由海關代征。由輪船運貨。以較逢關納稅過卡抽厘之內運土貨。其當時利便。已隔天淵。是中外商人。亦並未甚感痛苦。故沿岸貿易稅。雖為國內通過稅之一。亦在他日應裁之列。然關稅未自主以前。為維持目前之庫收計。為對抗外輪之沿岸貿易權計。實無急行裁撤之必要。且不可輕於先裁也。今關稅會議竟於去年十二月十日自發宣言。決定本會議閉會三個月後。卽將現在征收幷前經條約允許存留不出洋之土貨出口稅、及復進口半稅之權利。先行拋棄。以為裁撤厘金之初步。殊有後先倒置之嫌。而影響所及流弊滋生。揭其最著者。約有五端。指陳如次。

一、現行稅制。土貨由輪船販運者。應征沿岸貿易稅。由帆船或他種運輸機關販運者。應徵厘金及常關稅。今先裁沿岸貿易稅。而後裁厘金常關。則各地土貨之販運勢必盡為輪船吸收。帆船民船。將無敢問津者。是自絕江海舊式航業之生路。此影響於國民生計者也。

二中英商約第八款第三節第二項。有民帆各船裝載之貨。所納稅額。不得少於輪船裝載同樣之貨等語。此種無理規定。顯係外人陰限我國民帆各船。免與其輪船競爭運貨。用意至爲狡酷。然幸數十年來。各省徵收官吏所徵厘金常關之稅額。事實上皆較沿岸貿易稅減輕。俾特維持民帆船業。實欲招徠稅收。用能並行不悖。使省庫保全鉅額之稅款。今若於關稅會議閉會三個月後。先行裁撤由輪船載運之沿岸貿易稅。商人。唯。利。是。圖。必成。趨。於。輪。運。一。途。藉課。脫。免。釐。稅。之。繳。納。則釐。金。常。關。之。收。入。必立。見。鋭。減。此影響於各省庫收者也。

三、查民國十三年度不出洋土貨之出口稅。約七百七十萬元。復進口半稅約三百八十餘萬元。兩款合計約一千二百萬元。若供洋賠各款及內外各債担保之用。今兩稅先裁。則確。實。担。保。之。財。源。突。減。一。千。二。百。萬。此影響於國債基金者也。

四、沿岸。貿。易。稅。本。根。據。沿。岸。貿。易。權。而。來。查國際通例。外國商輪由外國運貨入本國口岸。或由本國口

岸運貨往外國者。雖爲互惠條約所許。然由。本。國。沿。岸。此。口。至。彼。口。絕。不。容。外。輪。從。事。運。貨。如其。有。之。是卽。侵。犯。本。國。之。主。權。爲。獨。立。國。家。所。不。容。適海通之初。當局昧於此旨。竟許外人沿岸貿易權。已造根本大錯。故不得已而徵其沿岸貿易稅。稍加限制。聊資萬一之補救。幸非改訂商約。當事諸人力爭保留沿岸貿易稅。不應混入裁厘範圍者。固係有見及此。欲留以稍困外輪。謂外輪之沿岸貿易權一日不撤除。則沿岸貿易稅亦一日不取銷。以爲唯一抵抗之武器。用心良苦。今。不。平。等。條。約。未。修。正。沿。岸。貿。易。權。未。撤。除。我。竟。宣。言。遽。裁。沿。岸。貿。易。稅。不。啻。自。棄。挾。持。操。縱。之。具。此影響於國權收回者也。

五、改訂新關稅條約。實行七等稅率。預計每年增收之關稅。不過九千萬元。其中應整理內外債。以四厘付息計算。至少占四千萬元。湖廣津浦債票改由關稅担保。每年應還付四五百萬元。照約應與厘金併裁之子口半稅。每年約減收四百七十萬元。若再加以自動裁去之沿岸貿易稅約一千二百萬元。則增

三

收。之。九。千。萬。元。所餘。僅。三。千。萬。之。譜。以之。抵。補。現。征。八。千。萬。之。厘。金。當。關。實。厲。不。敗。太。鉅。此影響於裁厘抵補金者也。

以上五端。皆其犖犖大者。一疑之來。全身皆動。特宜言已出。反汗亦難。似宜、於、順、全、國、信、之、中。速、爲、亡、羊、補、牢、之、計。庶國家蒙損。不至過甚。海內同達之士。幸熟籌之。

論大沽事件

張絮楨

大沽事件之經過事實。詳于雙方當事發表之文件。吾人于發生此不幸事件之是非得失。雅不欲有所論列。唯就、列、強、最、後、通、牒、所、含、之、意、義。及將、來、之、影、響。發此、次、事、件、實、開、對、華、外、交、之、先、例。對于下列三點。誠有注意之必要。

第一、爲擁護通商自由暨通海特別權利而行動。

第二、爲直接對地方當局而行動。

第三、列強共同行動。

關于第一點。應研究何者爲其範圍。如以廣義言之。則除傳教外。無一不屬于通商之列。再以自由言之。則可不問對方是否有可能性。皆可自由行動。例如近年發生最普通之罷工排貨等事件。皆可以破壞通商自由爲名。而加以擁護。是不。啻。于。擁。護。既。得。之。通。商。特。別。權。利。外。更進。一。步。而。爲。無。限。制。之。約。束。將來隨時隨事皆可引此先例。共同干涉。或單獨行動。列強外交手段之辣毒如此。吾人對于通商自由四字。實覺驚心動魄不已也。

關于第二點之意義。表面上似乎感于中央政府威令不行。不得已而採取與地方直接交涉之行動。可以避免對華宣戰之嫌。中央政府亦自知其威令不行。願歸之當地解決。或可避重就輕。說者更引奉俄協定之先例。及習慣上之領事外交。以自解。其實。奉。俄。協。定。國。度。上。事。實。上。皆。有。一。定。之。範。圍。限。制。而。領。事。外。交。別。有。系。統。上。之。責。任。甚。明。皆。非。若。此。次。最。後。通。牒。之。共。同。行。動。且。漫。無。限。制。也。現時軍閥紛紛設置之外交處。既非法定機關。其人復非必皆足以當折衝之任。加以無系統無政策之故。強與共同行動之列強周旋。結果難免因一地方外交之失敗。牽涉及于他地方之援例要求。換言之。即列強對于既得權利在利用中央為保障。對于未來之約束。則利用地方不相統屬。及偏于一時之利害親疏。以為予取予求之計。近聞粵閩有提高上海總領事入選之議。似其布置已有成局。吾國往者尚以外交統一之假體面。得在國際上行動。自今以後。其將何以為國乎。關于第三點之意義。更不禁孤疑其暗幕中另有一段背影。不觀于砲擊方面。僅居于中日兩國。而竟引起列強之最後通牒乎。日本表面上似若有意見好。而又一方面加入列強共同行動。其手腕固極巧妙。但其用意究竟安在。可以推知。上年廣州封鎖問題。一時喧傳列強事前已有諒解。成為疑案。然觀于英人單獨行動。列強竟熟視無睹。果使廣州當局措置失當。則英人或竟出于積極行動。未可知也。然則竟謂列強事前諒解之說。純粹無所根據可乎。

綜觀以上情形。吾人若知希望列強不為過甚之為不可能。即當努力自覺。急息內爭。力謀統一。庶有自

按之一日。更當深知中央政府為對外之代表。不必因一黨一派一時之利害。妄意運用外交。先將中央政府之體面剝蝕無餘。而一黨一派所圖之一時利益。轉瞬亦歸泡影。須知外交上對于與國無所謂愛憎。即就利害言。人孰不先求自利。安有餘利及我。一般號為愛國者流。不必以囂張之氣。恫嚇之詞。務虛名而受寔禍。此則願國人三思者也。

我與羣

彭國棟

孤桐先生言乘我其乘之義。余甚韙之。然我義不究其朔。則乘也甚難。我未能乘。于其何有。天下之所以亂者。生于有我。而其治也。生于能羣。羣猶共也。集我為之。而我已隱乎其中。其精神一體。其形式皆忘。以言無我。則個性仍存。以言有我。則私欲不長。惟夫天下大亂。而後我思出羣。羣中多我。其桀黠者則假名于羣。以植其勢。而我之中有大我焉。有小我焉。有僞我焉。小從大。僞從小。舉天下而入于盲從之中。然猶美之曰。羣之意也。是我也。則初民時代之我也。是

五

羣。也。則部。落。時。代。之。君。也。顧假吾」使。使得畢其辭。說文解字曰。我、施身自謂也。从戈从手。手或說古乑字。一曰古殺字。徐鍇曰。戈者取戈自持也。古文作𢦏。桂馥曰。古文乑作𢦏。此當作戕。章太炎先生曰。乑或欽爲嗾音。則孳乳爲我。此皆誤于乑字之說。而不知因其形求其會通。夫爲古文作𢦏。象兩母猴相對。則一母猴作㐅。當爲我之偏旁。我從。母。猴。即人。猿。同。組。之。證。也。況殺之原于獸類。章說甚塙。我爲古音同部。殺亦旁傳。母猴爲禽好爪。獲爲大母猴。善攫持人。引中自有殺義。則手爲殺。猶俗豕之爲殺。不足異也。自詳君以來。不得其說。遂使倉沮造文。沉鬱終古。而八。獸。之。演。進。性。理。之。相。關。傳者。負。焉。莫。究。使達。附。文。尊。美。世。界。誠。可。惜。也。

嘗試思之。人生有欲。天之性也。洪荒之世。獉獉狉狉。其貪欲當較今日爲尤甚。是何也。以無。禮。義。人。爲。之。節。故。也。今沿穴居野處、茹毛飲血不論。就有生之觀念考之。則說文介、畫也。从八从人。人各有介。公、平分也。从八从厶。八猶背也。韓子曰。自環爲厶。背厶爲公。

未有公共觀念以前。其爲我之思想何如。而研求小學者。皆不。知。厶。之。即。曰。切ㄖ非故厥。義。不。彰。公古文作𠫔。貼公鎚亦作㕣。歸去則厶原作口。八其口分其圍地也。或、邦也。从口。戈以守其一。古文作㕦。方南駐宮从戈守〇。邑、國也。从口。卪乃後起。以甾爲邕猶文知之。其从吕則〇重文。猶古文公或作㕣。古見搖孫拾訟誌觀初民祇知自環。儡人之侵敚也。則以戈守之。故二或相犯則爲𢦐。諍。亂。之。極。則有。人。焉。起。而。調。劑。之。由個。體。以。爲。羣。體。即將。自。我。之。欲。以。爲。其。同。之。欲。選賢、與。能。講信。修。睦。舉凡。道。德。宗。教。法。律。習。慣。皆于。此。發。繇野即于文。和勝于鬥。本爲自然之天則。而今也我勢方張。求返于野。軍閥與軍閥鬥。政閥與政閥鬥。而學閥亦以其所爲鬥。人各自環。大有初民時代之風。此我之不易來也。

呂言乎羣即君。六韜曰。友之友謂之朋。朋之朋謂之黨。黨之黨謂之羣。宜太引聲𥘅斯羣也今所謂羣。非吾戶說之羣也。羣有首領焉。則大我也。有別將焉。則小我也。其以我儕而實不能自主者。則僞我也。謚法。從之。

成。羣。曰。君。故吾。即。以。君。論。之。爲君者必其梟桀殘酷。
足以制敵一部落。而後能發號施令。張皇聲威。說文
君、令也。从尹。古文作𦉰。尹、治也。古文作𦉰。君尹通借。
春秋隱三年左氏經尹氏卒。公羊穀梁並作君。昭二
十年左傳棠君尙。釋文君本作尹。荀子君嚚。新序作
尹蔣。尋二字之所以通者。以其俱非今訓。原取有威
能脅羣也。彖作名形。如彖之下象毛足。與鐘鼎爲作
羣。下僞相類。梟桀者本此獸性以橫恣一世。背禮敗
義。而不肯居其名焉。則指而罵曰。是君主時代之惡
也。殊不知。名。無。固。宜。亦無。固。質。有異，狀。而。同。所。者。謂
之。一。實。君。主。云。乎。哉。吾。見。彼。謂。此。謂。者。行。矣。
嗟乎。往者不諫。來者可追。吾人愛衆樂世與愛羣世
相若。愛尙世與愛後世。一若今世之人。荀子語下爲上古
者其原。所以見先民之化性起僞。締造維艱。爲今後
求其計。所以慮億兆之棲息無所。同歸于盡。我爲羣。
之。一。當思。所。以。善。羣。羣。爲。我。之。和。當求。所。以。適。我。羣
我。相。持。而。長。綿延。無際。而後。可。以。贊。天。地。之。化。育。可
以。極。美。善。之。能。事。決有實而無乎處者宇也。有長而

無本剽者宙也。知宇。故。無。不。容。知宙。故。無。不。足。連萬。
物。領天。地。合時。同根。而何。有。乎。我。以上徐桑非子路莊子語極舟。
與。循古。今。以爲大。羣。此人。羣。之。通。義。也。說文舊、久遠
也。从兀从匕。兀者高遠意也。久則變匕。𠤎者到亡也。
明乎長之義。則知。人。羣。之。所。以。進。化。與。其。綿。延。不在。
時。形。之。發。達。而在。術。序。漸。進。高。而。上。平。又亙、長。也。字長
隸訂段从心在二之間上下。心以舟旋。恆也。推旋訂字據旋
恆。則。至。誠。無。息。在。二。之。間。上。下。則與。天。地。參。人。欲。羣。
之。進。化。合心。與。自。然。契。合。以。求。博。厚。高。明。悠。久。之。思。
則人。類。或。幾。乎。息。矣。聖人有憂之。乃爲深思遠慮。可
以自安之計。而仁也。義也。禮也。法也。所以。擾。化。人。之。
性。情。去。無。道。而。就。有。道。者。荀子曰。道術德行。出于賢人。
荀子曰。聖人積思慮。習僞。故以生禮義而起法度。法
度。之。生。乃。使。人。羣。得。合。理。之。生。活。不。可。輕。其。中。過
者。俯。而。就。之。不。至。者。跂。而。及。之。人。我。之。間。兩。無。爭。端。
熙。熙。皞。皞。同。樂。太。和。此。孔。子。大。同。之。思。想。也。而今日
何有焉。追步他邦。將同個得。環顧吾羣。而心已怦然
勵矣。三月十八日山西大學

七

文話平議

王力

今之青年爲文。務用白話。一若非如是不足儕於新學界者。間有一二守舊者。墨守數千年之格律。不背隨俗浮沈。則羣聚而笑之曰開倒車。然此輩雖不爲於新學界。猶有老前輩爲之揄揚。爲之辯護。文言白話。各張一軍。勢均力敵。莫肯相下。見攻於敵。見助於黨。其勢未嘗孤。其言未嘗敗也。有人於此。揉二者之失而折衷焉。則新黨固嘗其逆今。舊黨亦患其叛古。異其雜而同其詬病。可立而待。夫勢孤則無援。言輕則寡效。遭新舊二者之攻。求其不敗不可得也。雖然。是猶過慮矣。勢孤則不屑與敵。言輕則不屑與爭。吾文一出。所謂新文學家。與夫所謂古文家者。必皆少之曰。彼一末學膚受之青年。爲是當吾人之筆談。亦如春鳥秋蟲。聽其自鳴自止已耳。故欲見譽於胡適之。宜工於俚俗之辭。欲見譽於章行嚴。當勉爲烹鍊之何。今皆不能臻。而介於二者之間。立說近於模稜。樹敵多於偏激。吾固自知失釣譽之道。叢遇凡之誚。顧心有所懷。不克禁制。發爲狂論。以待知言。此吾文之所由作也。

吾嘗細玩現代評論而善之。又嘗朗誦甲寅周刊而善之。二者各得其至。吾不知其軒輊也。顧吾所以並善之者。非謂其效惟均。祇以各當其用。黃鐘大呂。瓦缶汙尊。其用殊。而其所以足貴則一。文言有所不及。白話有所不能。因其宜而免其弊。惟善學者力雖不敏。請放論之。

一曰文字繁簡之分也。白話繁而文言簡。昭然若揭。無可詆讕。近人白話文。間有簡明者。然一核其文。惟助字略與文言異。其餘無非文言。則謂之白話文者誣也。韓昌黎原道篇人其人一語。繙爲白話。幾數十字不能宣其意。文言恆以名字爲動字。（曾文正所謂實字虛用）落筆少而寓意多。白話文中若是者蓋鮮。又同義連用之字。白話亦較文言爲多。至助字多寡之差。猶其次也。故同一書也。以文言爲之。百葉可訖。以白話爲之。必且倍蓰。今世有赫蹏雕鏤之技。得書非難。鄉使簡冊繁重。如遂古。則傳鈔之所費。相差甚遠。必有因。

白。話。而。致。其。書。不。克。間。世。者。今世印刷便矣。然百葉之，書。售。價。視。數百葉者。相差亦必倍蓰。然則。貧。士。力。能。購。書。十。部。者。變。而。為。五。部。能。購。千。部。者。變。而。為。五。百。部。白。話。之。累。人。何。如。也。民。戶。受。累。則。國。之。文。化。亦。受。其。影。響。白。話。之。病。國。何。如。也。且今應非日繁。萃以時間之經濟為尚。不使之讀簡明之書。以惜寸陰。乃使之費倍蓰之功於呢嗎的了之間。抑惑矣。然則白話文終不可用耶。是又不然。詩俚俗之書。不能不用白話。狀俚俗之作。亦不能不用白話。故凡小說戲劇之篇。通俗教育之文。用白話以狀之。詩之宜也。古文恆簡而隱。簡近於澀。澀則難讀。隱近於晦。晦亦難讀。章太炎為文上追周秦。簡則簡矣。過於高古。讀之費時。與白話同。韓、退之為文工於隱諷。如送董邵南高閑上人諸序。暗寓譏彈。然必細嚼其言外之意。庶幾得之。其發時亦與白話同。故過。於。簡。淨。含。渾。之。文。非所。以。使。民。之。道。方今之世。民勞日亟。其諸報章雜誌。過眼煙雲。無深究之意。稍覺難讀。即復棄置。文字之用。非以自娛。將使吾言入人之心也。簡隱過甚之

文。使人茫然不知所謂。則文字之用以失。故吾。人。為。肆。應。之。文。暢。之。惟。恐。其。澀。也。詳。之。惟。恐。其。有。所。不。盡。也。無。白。話。之。繁。無。古。文。之。簡。將。使。天。下。之。人。乍。見。而。喻。無。思。索。之。勞。節。時。間。之。費。其。亦。善。用。文。字。之。道。乎。二曰辭句深淺之分也。文之深淺。各當其用。借白話者。而謂志在通俗。吾無間然。販夫走卒。胼胝力田之人。對之道典故。出雅辭。必瞠目不知所答。出諸口且不可。倘復宜筆之於書。故夫。對。販。夫。走。卒。道。典。故。出。雅。辭。者。是。陋。己。而。鄙。人。也。筆。之。於。書。示。之。者。是。辱。之。也。言者有口。等於無口。聽者有耳。等於無耳。筆者有筆。等於無筆。讀者有目。等於無目。豈倉沮之本旨哉。宋人語錄。以俚言說至理。意在使人易曉。明清以還。君父對於臣子之手諭。往往出以白話。蓋有高自位置之意。然亦可。推。以。考。見。古。人。未。嘗。廢。白。話。也。今人見白話有代文言而與之勢。遂矯枉過正。屏絕白話。不復一用。且令天下人皆不可用。則向之詆白話為專制者。將復得文言專制之譏。攻訐往復。厥失惟鈞。雖然。白話之用。止於通俗焉耳。乃有洋洋鉅製。高談

哲學。修言考古。其得非讀書五車者不能箸。非伏案十載者不解詁。箸者。既。非。不。諳。文。言。之。人。讀者。亦。非。僅。憒。呢。喃。之。儔。亦復。誠。以。俚。辭。恣其。繁。冗。無所。便。於。詞。者。適以。累。之。累之云何。睹之價。值。讀之時。費。如。講所論也。且夫論衡。固故欲引必博。雅言俚語相間成。章。體製不一。適之生厭。易若純用文言之為愈耶。

三曰言語華質之分也。劉知幾有云。蓋江芊罵商臣曰。呼。役夫。宜君王廢汝而立職。漢王怒酈生曰。豎儒幾敗乃公事。單固謂楊康曰。老奴汝死自其分。樂廣叙衛玠曰。誰家生得寧馨兒。斯並當時侮嫚之辭。鄙俚之說。必播以唇吻。傳諸諷誦。而世人皆以為上之二言。不失清雅。而下之兩句。殊為魯朴者何哉。蓋楚漢世隔。事已成古。魏晉年近。言猶類今。已古者即謂其文。猶今者乃驚其質。夫天地長久。風俗無恆。後之視今。亦猶今之視昔。而作者皆怯書今語。勇效昔言。不其惑乎。（史通語篇）劉子之論。止於史乘。推之小說劇本。莫不宜然。蓋敘。述。言。語。貴得。其。真。得。其。真。則。肖。其。人。肖其。人。則。當。時。情。態。可見。於。千。載。之。後。此在。史。則。為。良。史。在小。說。劇。本。則為。文。學。大。家。苟語必雅馴。非必稽古。是春秋之俗。戰國之風。宜兩儀而並存。經子古其如一。矣以今來古往。文質屢變者哉。（用史通語）故劉子所之曰。華而失實。過莫大焉。夫樸質之作。未必即非雅。馴。史記。小說劇本無論矣。即論衡今古。評罵人物。雅言之。中。偶著。俗。語。正如。魚。肉。盤。前。間以。野。味。別饒。意。趣。豈必。語。語。稽。古。如劉。郎。不。敢。題。餻。字。之。愚。也。哉。白話文之所以動人興致者。意到筆隨。今人今語不啻自其口出。其語妙處。洵非文言所及。文言非無風緻。究不若。白話之。純任自然也。

四曰時效久暫之分也。言語華質之辯。信如上述。然以時效言之。則俚俗之辭。不宜傳久。蓋言語不能統一。勢所必然。亞當夏娃語固未嘗異也。迨生齒日繁。遷徙混雜。格於地理。繫乎水土。根乎習慣。限於今古。遂不能不游以支離。如昔人所云阿堵、寧馨、適莫、麼生、則向之俗。在當時為俚言。在今日為辭典。使無人為之詮釋。讀者不曉。則亦等於宿文而已。後之視今。亦猶今之視昔。今人競言言語統一。即統一矣。保不再。文。雖。耶。即能。統。一。乎。四。方。亦必。不。能。統。一。乎。今。古。故自。話。行。文。非所。以。傳。世。也。古文家有主言必有出處者。豬皆非之。然細。思。中。國。古。昔。所以。僻。典。尚。少。者。殆因。古。人。言。必。稽。古。習。用。俗。語。之。故。儻使。各。述。鄉。談。則居。今。語。宋。明。時。文。已如。周。誥。殷。盤。不可。復。識。新文。學。家。斥。人。用。典。已反。愈。用。俚。言。以爲。將。來。之。僻。典，貪便。易。而。病。後。學。者有。以。知。今。日。之。白。話。書。籍。數百。年。後。必將。覆。瓿。投。火。非特。束。諸。高。閣。已。也。小說劇本。必用白話。史乘不避俚言。此恐失真。不得不爾。他若尋常函札。及報章雜誌。應用一時者。文言白話。各因所宜。亦無不可。至於論說考據之作。不欲傳世則已。苟欲傳世。舍文言何由致哉。

五曰聲律駢儷之分也。人好聲律。根於天性。孩提之童。喜歌韻語。散文雖無韻脚。而善措辭者。必聲調和諧。不啻有韻。六朝駢儷。爲人所詬病久矣。然其聲律之叶。讀之皆生美感。唐宋以還。多尚散行。力避駢驪。然而。所。謂。言。之。長。短。與聲。之。高。下。皆。宜。者。其聲。律。固。未。嘗。失。也。晚近競尚白話。不講聲律。遂致。文。可。閱。而。不。可。誦。雖曰。自。然。不生。美。感。吾所以細玩現代評論而朗誦甲寅週刊者此也。近人倡默讀之說。此於報章雜誌。案牘之文。自宜如是。其以立言爲宗。不以情感爲主者。默讀朗誦。因其所宜。倘無不可。至於純用。情。感。之。文。可歌。可。哭。歌之。而。聲。叶。則情。舒暢。哭之。而。音。調。則慟。愈。增。此天。然。感。人。之。利。器。也。乃世。之。人。惟。知。直。書。俚。語。快用。文。言。抑又。何。耶。

六曰文法中外之分也。晚近之白話文。其文法多仿自遠西。其尤甚者。謂之歐化。吾謂氣息之歐化。勝於格式之歐化。所謂氣息之歐化者。語必縝密而清晰。合乎邏輯。非若古人之措辭閃爍。可移而東西也。非若古人之文思渾淪。上下文恆相抵觸也。若此。者。今之。文。人。往。往。能。之。不可。謂。非。文。學。上。之。一。大。進。步。至於格式之歐化。如標點分段。自可倣其所爲。助我不及。蓋取其眉目清分。明白易讀。非若古文之耐人尋味也。今人如胡適之所著書。讀之者莫不覺其過目了了。其所以能縝密而清晰若是者。歐化之功也。若章行嚴文。非不佳也。顧不肯標點分段如西文。故雖亦櫽密而合乎邏輯。然其清晰則視胡氏稍遜。此不。甘。歐。化。之。過。也。夫擇善而從，古有明訓。苟於我國文學上有所補助。吾復何憾。顧採人之長。宜有分量。削足適屨。豈能無弊。物各有其固有性。欲盡變其格式，非特不能。抑亦不必。故採人之長可也。舍己從人則不可。譬、易白話文多有詞句顛倒。強效西文者。如先。然。而。後。雖，然。則。而。後。苟。其於。修。辭。光無。小。補。徒。亂。人。意。以矜。新。奇。然左傳曰。孝而安民。子其圖之。與其危身以速罪也。即與其危身速罪。雖若孝而安民之意。韓退之張中丞傳後敍曰。嵩無子。張籍云。即張籍云。嵩無子之意。可見倒裝句法。古已有之。特不常用耳。以此。言。新。新於。何。有。又有詞句拖沓。纍百數十字爲一句者。彼其見遠西有如此長句。遂亦效之。不悟西文常用接續代字於句中。故便於讀。今纍。百。數。十。字。爲。一。句。而句。中。之。接。續。代。字。恢。缺。焉。如之。何。其。不。令。人。生。厭。也。彼其所以如此者。未必皆欲衒新奇。大抵多作西文。慣用其文法。一旦作國文。信筆所及。不覺其文法之混雜中西也。要之。白話詞句之顛倒。拖沓。

者。其。難。讀。甚。於。古。文。吾。嘗。讀。古。文。無。不。通。曉。其。大。意。及。讀。近。人。譯。本。往。往。終。卷。猶。未。知。其。命。意。之。所。在。吾。於。是。深。歎。嚴。幾。道。爲。不。可。及。而歐。化。之。毒。中。人。之。深。有。如。此。也。夫白話行文。欲以通俗也。今其詞句顛倒拖沓。難讀百倍於古文。通俗。之。謂。何。質之新文學家。當復無辭以自解。吾故。寧。爲。淺。於。白。話。之。文。言。不爲。深。於。古。文。之。白。話。深於。古。文。之。白。話。貴族。文。學。也。淺於。白。話。之。文。言，平民。文。學。也。所謂淺於白話之文言者。白話不免間以鄉談。未必全國皆曉。何如閩學而文言之淺易者。人苟略能識字。殆莫不曉也。余家四學之除每與村公須試皆用淺易文言以其不諳宜語通共土音又無字可表也少時爲文。即深惡割裂典故。掎摭餖飣。以成所謂獺祭之文者。故爲文力求淺易。竊謂當此言語未能統一時期。淺易文言之通俗有功。持較白話。無多讓焉。斷曰。傳世之文。宜用文言。簡潔含蓄無傷也。理山見第一第四項但史乘紀言。必肖其人口吻。不避俚語。理山見第三項其有專門之學。亦用文言。若考古者。詞意高古無害。理山見第二項他如報章雜誌尺牘之文。因人因事而施。文體

不一。總期令人讀之無不快之感。（理由見第四項）小說劇本。宜用白話。不可華而失實。（理由見第一第三項）通俗教育之文。宜用白話。明白懇切。（理由見第一第二項）情感之文。宜用文言。且講聲律。（理由見第五項）至於詩歌。宜用文言。或簡潔之白話。何之長短淺深。不必計及。惟必用韻。無韻不足稱詩也。（附論）凡為文必求其縝密清晰。合乎邏輯。雖倣遠西之標點分段無傷也。然遠西之語法。必不可移諸我國。蓋削足適屨。非所宜也。（理由見第六項）吾言甚似自相抵觸。然細繹之。正因文言白話。各有利弊。故不能為極端毀譽之辭。惟權其利弊之重輕。特為平議如此。

三月七日作於上海國民大學

解惑

汪廷松

十四年十二月二十九日。徐樹錚東過廊坊。為仇所賊。天下無識不識。多惜其才。其情偏蔽。其事甚末。不足稱也。雖然、凡事必有所起。見微而知著。即末而操本。首無一二道者焉。迹徐平生。陰謀險很。撫蒙之役。亦非奇功。徒以傅翼安福。虐燄不衆。稍稍悔過。言未起行。可以洗雜。卒以身死。何世之不察而遽云云也。荊公將用人。辯其姦。鄭舒僞才。卒滅於晉。彼徐者何取焉。雖然、視其所以。息息堪尋。相資相濟。眞情乃得。叔季之世。人溺其心。大抵見一高位。奪攘兵戈。智謀之士。盜弄政局者。動輒稱之曰才曰才。甚且忠其惡。而震其勢。羨其利。而同其心。腊毒中於人。人正諱付之流水。由崩鐘應。理固其然。聲氣陰孚。影響易露。無怪乎徐死之日。萃情慘沮。藁蕭嘆息。分發無緒。又不專專於一事然也。可勝嘆哉。唐人楊誨之號學古道。獨甘羅終軍以為慕。柳州斥其乘大而錄小。賤本而貴末。以今衡古。每下愈況。隨人狂走。吾不知其何心也。方今國家雖乏人。而才高出徐樹錚。罷。正不知其幾許。希榮闒茸。譬俗難聰。甚矣。大中之道。喪。知人論世之不足語於今日也。余無聞而甚賤。憤不自克。以避世人之怪罵。故終曉曉。豈出之。專蒙非傚。疑傑之譏。竊附言論自由之末。區區譽毀。又不足計矣。作解惑。

二月二十八日作於六安和平巷

通訊

去冬

……去冬曾奉一書。微有所獻。自度一孔之見。先當長者之意。乃貴刊第卅五號中。竟蒙披露。是知已邀長者之睞。而遼僻窮書生。不願人知。人亦不知。丗處沉冥寂寞中之陳超二字。亦隨貴刊飛行半天下。得賢者之不棄。要與之偕。近於貴刊第卅一卅二號。得讀先生所撰蹇家被難記、及答吳稚暉先生諸文。家國之感。身世之悲。湧於毫端。苟慕義烈仁者。皆愛惜焉。側十年來。拳拳於先生如僕者。有不慨然爲之太息乎。雖然。本春秋責備賢者之義。僕猶欲爲先生進一詞者。先生之爲人。清濁太明。善惡太分。非生氏有言。察見淵魚者不祥。當先生出長司法兼視教部之初。豈不以爲才足匡時。志足厲俗。非此不足以清一世之軌途。垂百世之典則哉。（如猾攻女卽大之事）不知彼挾朋樹黨者。方造作言語。假設名義。唯恐士德黯之不遂。而先生日衡之以士德。宜適觸其忌。頓借將謂不以人類待彼。亦必。矯。爲。一。二。君。子。之。言。力。繩。先。生。之。短。而摧殘教育、壓迫愛國運動諸罪名。人人可得出諸口以相譏訕。汚合黨徒而謀。一若先生之聲影。皆足引以爲罪者。試觀東漢之陳蕃李膺張儉。三國時之暨譙周張溫。明季之楊漣左光斗魏大中之輩。皆慷慨任事。以激揚名教扶植人倫爲天下先者。而疾惡愈嚴。怨。毒。愈。深。無。毫。芒。之。裨。於。世。而。禍。之。來。也。若。火。之。燎。原。不。及。旋。踵。此。何。故。歟。一。言。以。蔽。之。清。濁。太。明。善。惡。太。分。也。夫。孔。子。聖。人。也。反。孔。者。或。以。爲。罪。人。王。莽。亂。臣。也。附。莽。者。轉。以。爲。至。聖。聖。莽。之。辨。猶。且。夢。之。謂。有。眞。是。非。足。以。自。固。乎。有。爲。之。君。子。亦。善。持。其。勢。而。

已。其進賢也。必究其為事。實有以厭衆人之望。而畀以大任。其退不肖也。必明斥其尤。顯以彰其相假之慾。而餘則寬以俟之。何則。蓋辨。於。心。者。未。必。即。能。施。諸。事。施。於。事。者。未。必。盡。合。乎。心。舜。放。四。凶。其。實。四。凶。之。外。未。必。盡。人。可。用。周。公。誅。三。叛。三。叛。之。外。未。嘗。無。餘。孽。可。誅。所。以。如。是。者。蓋。亦。善。持。其。勢。而。欲。與。為。君。子。者。皆。得。從。容。純。說。舉。世。相。安。而使。為。小。人。者。知。有。所。懼。各。出。所。長。釋。繇。其。間。以。是。怨。禍，不。作。而。國。家。蒙。其。利。也。若徒清清焉自矜其氣節。動輒求備於前賢。自引為士夫。其藐餘人泯泯然。無論其所言所行是否盡當。即出。於。盡。當。矣。處今。之。世。亦。徒。以。千。金。之。類。為衆。矢。之。的。市。一。字。之。史。供後。人。感。慨。歔。欷。已。耳。如黃梨洲之流先生其蓋世之才。負澄清之志。其於治亂存亡之幾。當思之詳而備之審矣。其亦察其勢而出之。毋使禍中於家國。而為小人所藉口也哉。衣食累人。文事久，廢。以愛先生之深。忘其疏愚之罪而有是說焉。先生其亦進而教之。⋮⋮⋮陳超 上海中華公學三月十五日

倖哉愛我之至言也。雖然。如竹。旨。者。其。詣。蓋。未。可。倖。致。螢。萃。餓。焉。或。與。孟。子。所。稱。鄉。愿。為。鄰。其。得。卒。聞。夫。子。之。大。道。若。吾。斯。之。未。能。信。也。語。云。取。法。夫。上。僅。得。夫。中。惟。狷。狂。之。辨。不。然。由。狂。而。入。狷。者。理。猶。可。見。貌。狷。而。獲。狂。者。事。乃。必。無。也。畫。虎。不。成。終。乃。類。狗。固。不。若。舉。筆。塗。狗。之。為。爽。切。也。思。立。身。行。己。自。得。處。大。略。類。是。蓋。惟。求。叶。乎。心。之。所。安。且。於。事。理。無。大。悖。焉。耳。是。非。禍。福。固。有。所。未。暇。計。及。也。宏識謂何。還望教我、 孤桐

甲寅

⋮⋮⋮甲寅復活。屢沐讜言。偉論弘辭。一時無兩。甚盛甚盛。猥自黃鐘毀棄。瓦缶雷鳴。下里之音。充于閭閻。先生當日怵心。手援天下。凡在血氣之倫。俱當距踴三百。乃繼犬吠堯。譸張為幻之徒。聞聲抵筆。是非蠭起。所謂怠者不能修。而忌者畏人修。此毛疵之毀所由集也。先生不以其醜詆而報之。毒詈而含之。逆來順受。談笑而道。懃懃誨誘。溫乎有容。使逃墨者復歸于儒。反對者漸知自悔。天下之士。將盡被其涵濡

一五

移變而不自發。何氣度之勝人一至是耶。雖然。鼓舞之餘。永猶有說。夫善。始。者。實。繁。克終，者。蓋，寡。浴然實興勃然浪作之際。其有不彷徨却顧者幾希。永所望于先生。尤在。志。毅，力。剛，不畏。強，韌。任勞，忍，怨。無渝，始。終。退之有言。今之所謂士者。一凡人譽之則自以謂有餘。一凡人毀之則自以謂不足。明訓俱在。誠可懍也。又詩詞類聚。貴誌未有專闢。按之近世華國學衡諸刊。稍似相形見絀。此端雖細。未可忽視。誠以導揚忠愛。結正風騷。發潛德之幽光。啟後生之先路。亦先生應有之責也。不知高明以謂如何。前奉拙著秦笛秋士集一部。諒塵清覽。瑩刻有暇。公賜鑒誨是幸。……

……金永　三月十日　紹興下水寄廬

過承誘掖。匪所克當。剛毅始終諸訓。適中所短。猥見督教。請以心銘。本刊特闢詩欄。久有此願。惟以愚於斯道素乏講求。又無名手相助。曠廢至今。思之邑邑。曾著秦笛秋士集。尚未得見。誤於何所。容即查詢。讀後有容發攄鄙見之處。定當謝益。

孤桐

自日

……自日京甲寅輟筆。不讀先生之政論。雖十年矣。最此十年虎豹當關。荊棘蔽路。而先生含容文而遡質事。勇氣所至。卓然有成。師洪浮沈江海之間。每於新聞紙屢見大名。輒心誦一通。為國民稱祝。今之國。紀。隳。壞。民。德。斲。喪。誠。有。如。荀。子。所。云。盜。竊。以，為。富。賊。害。以。為。壽。犯。禁。以。為。安。者。非。得。在。上。之。人。一。建。其。趨。舍。不。引。於。所。好。不。屈。於。可。畏。而。以。齊。壹。人。心。之。道。為。萃。新。政。治。之。機。終。莫。能。移。易。天。下。共。致。平。治。也。先生前秉政柄。有所設施。定力堅持。不以無當孤特而自餒。雖未獲竟其所志。而師洪則以為救今之俗。即此道也。往歲師洪遭先君子大故。曾求椽筆賜誄文。先生覆書。謂文事萬冗。少緩屬草。風雲倏易。國事宜勞。區區之私。未敢纖瀆。竊請存此諾於天地。以為異日相見之緣。附上梁書先高祖家傳一冊。先君子哀思錄一冊。伏乞鑒存。……

……費師洪　三月十二日　南通[illegible]

馬路南通報社

費君範九、議政江左。以內行純篤見稱者也。什爲其先公徵集詩文。不遺鄙陋。詞意迫切甚至。十年心諾。迄未獲踐。忽被來教。媿汗曷勝。　孤桐

余深

……余深愛甲寅之一人也。因愛甲寅而幷及先生。……慨有一言。要欲陳之於左右。不知先生其許我乎。夫先生者。不可謂非今之正直人也。乃自前歲從政以來。疑謗叢射。怨毒交至。公不見信於人。私不見亮於友。跋前疐後。動輒得咎。甚至屋廬被毀。妻子蒙羞。此其故何也。豈其直道之不容於世。抑亦先生有以自取之也。夫先生所非者何人。所居者何地。非衆之所共棄。而爲危亂之邦耶。凡稍知自愛者。且將去之而若浼焉。而先生非之居之。而疏附之。安樂之。則旣已無擇木之智。違孔氏之訓矣。而又開罪大府。與之爲敵。宜乎謗讟交叢。而尤悔蝟集也。然則先生邇來之被僇辱。無亦由於不知與惡政治絕緣。而先貽人以口實。賊帝而有去年十一月之政變。使先生得擺脫閣席。於此爲先生計。宜即襆被出京。還我初服。專致力於甲寅。以新天下之耳目。則前此疑謗。何難清釋。而惜乎計之未能出此也。此固已爲志士所痛心矣。乃者道路傳言。又有先生將重入政治旋渦之說。使其信也。則先生誠難免乎退之之譏。柳州所謂不自顧藉貴重者矣。願先生審之。交淺言深。自知罪戾。惟曲宥不罪。……孫炎（三月十日由大路）

甚矣以愚之不肖。未卒爲天下所棄。而來此篤厚媿切之言也。然天下之事。非一端可盡。甲之出處。非乙所能代謀。愚所殷殷自律者。在求不爲良心所譴。世俗毀譽。未以介意。且毀譽當亦觀其何所自出耳。孟子志在鄉人之善者好之。其不善者惡之。愚則謂賢者議之。因勝於不肖者揚之。足下試思焉。誰能當得昌黎不自顧藉貴重六字。頗不重於今世之唯阿百兩哉。愚幼時讀柳州集。考見當時休文事略。見子厚忠義猶發。智謀淺白。什爲之低徊不置。意謂他日遇此。亦當寧爲玉碎。不爲瓦全。茲仰慕賢。欲其舉肯。自是篤好此君之文。時時

一七

諷。習。甚且。俯。仰。身。世。不顧。久。存。柳州。以。四。十。七。死。於。貶。所。愚年。不。足。才一。歲。耳。並此。不。羨。愚猶。無。傲。區區。疑。謗。何足。數。哉。然孫君厚我。許極不忘。更有他見。願得細論。

孤桐

拙作

……拙作姑刊布。荷蒙偉。感愧無地。近來喜從文字推較義蘊。類傷繁瑣。然史皇取則。肇造。蓋與慮義例法無異。開天之功。基於一畫。推初大始。道立于一。厥義相從。可得而說。今人好言哲理。鮮知注意周易。而說文則哲理史料。兼而有之。萬原以究。信非虛也。先生偶韙連環進化。殆非始一。終亥。亥而生子。復從一。起之。意乎。然循環之中。仍有上向之意。如螺之，旋。應幾近之。農村立國。誠爲救時之良策。要當推本先哲。力求實施。張子。試制一邑。之說。大可參稽也。今言社會改造者。紛紛參不計所以行。而惟摭拾唾餘以相標榜，此不。內。術。國，情。兼有。背。於。馬。克。思。法。社，會。不。能。移。德。之。器。也。鄙意羣經諸史。吾國之社會主義在焉。歷代遞嬗之陳迹在焉。埋頭苦索。將不必仰息都封。稗販舶來也。先生以爲何如。茲復有所造論。聊以應命。不敢云作也。希刪正是幸。……彭國棟三山

四月十八日 大學

吾國舊制。有其獨立系統。認眞探索出來。以之頡頏歐美。整理民物。斷無不足。然此。理。又。非。已。之。主。張。奴於。外。說。牽引。古。書。漫爲。今。義。以供。一。時。衒。鬻。之用。者。所。能。妄。竊。也。彭君昔下此種工夫。盍試。馨香祝之。環誦來書。曷禁神往。

孤桐

一日

……一日郵奉片函。度蒙清鑒。日者側聞先生有再入府任祕書長消息。不豪疑不之信。所以然者。一、觀先生下野。實出決心。二、自代擬陽電草稿。並不顧執政留任。胡昔自作馮婦。三、先生。素。日。懇。懇。以。有。所。不。爲。期。人，斷不。至。貴。己。輕。約。於。出。處。大。節。苟焉。而。已。四、先生之家。有其。鐵。飯。碗，者。在。自不必如一般名流政客。非混身政治。卽無以爲活。五、先生嘗對總長賤

如狗。且脫之如敝屣。府秘書長爲茶幾何。寧有再拾之價值。隨筆雖聚。已是前先生不復任府秘書長而有餘。萬一傳者不妄。五難俱定。則是。先。生。仍。是。三。十。歲。以。後。皆。勝。理。之。我。不。能。自。制。屈。己。從。人。雖曰聖人之道。一龍一蛇。小。豪。固。望。先。生。爲。龍。之。夭。矯。上。騰。不願。見。其。爲。蛇。之。逶。迤。下。伏。也。近接北京友人書。稱章虎公下野。以甲寅自晦。果能從此一途。努力邁往。不但一身之禍。抑亦國家之庥。此天下愛先生者之公言。以先生之高明。當不至於僻漏就爲。誤己誤國。小豪是以聞傳言而不之信也。直詞冒瀆。死罪死罪。……

……陳小豪（三月四日 湖南 盤 中學校）

小豪責我。詞旨切至。雖未能從其言。要不。得。不。服。其。義。謹以表謝。用昭己過。且日夕諷誦。期於殊途同歸耳。責以逃詞。亦非。今。日。之。所。得。辯。也。孤桐

愚性

……愚性固滯。獨嗜佳文。求之國中。尤是鄧根。獨喜先生有細懲糾謬之道。此尤小人之所悅服者也。今上解惑壹首。竭誠待教。顧其議甚偏。然亦甚不自是也。雖然。陳亢。多。問。卒知。禮。詩。溫夫。獻。文。聯。用。律。令。如以爲可教而教之。還以壹字示豐替焉。不勝感激之至。輕瀆不次。……汪廷松（安徽六安 佃 巷 五月廿六日）

循誦名作。詞致絕佳。持議。稍。偏。未妨。大。雅。斯世。斯。文。幾於。絕。響。距踊三百。請益方來。孤桐

久未

……久未通訊。乞恕懶惰。昨讀第刊。內有復小耘書。詞連下走。因憶客歲以書訊曹孟其。自謂可以定論。比得其答。乃至詭奇。爾時覺其意味。頗似著人。小耘本名兆晉。不名琬。僅見於各報投稿。知之甚稔。前昨忽爾更名。通訊縱言。實出料外。因與從耘治。夙知其指趣。是以率爾聲明。爲先生地。實亦有爲從耘地者在。猶之先生所擬「十六以後即不視事」之意文之志也。承責甚愧。承賚小耘。亦曷敢當哉。至於從耘班次。於下走爲姪。而下走曾讀於彼所總理之學

校。是從舷又爲師。今則。不。相。嫉。亦。不。相。師。先。生。所。謂。爲兄。弟。者。蓋。亦。似。之。特書說明。儻亦。有。晉。人。意。味。與。惟是。兩。美。具。二難。並。視輸。羸。之。門不詫。飛。燕。參。稔。呂。之。交。轉同。凡。鳥。則殊。自。笑。耳。……鄭翊古（石坨三月二十三日）

大刊

……大刊三十四號孤桐雜記。載梁任公著中國歷史研究法。頗爲日本史家桑原騭藏所譏訕。中有紀阿拉伯人所錄者一事云云。任公文章學問。素爲士人所欽重。新著中國歷史研究法及清代學術概論二書。尤能裨益學者。惟敝友鄭君逸梅所著短篇筆記梅瓣集。（上海國學書館出版）一百二十二頁。載「梁啟超著清代學術概論一書。獨乾隆詩人袁蔣趙三大家。以趙爲趙執信。此誤也。趙執信卽趙秋谷。與王漁洋同時。在三人之前。至與袁簡齋蔣心餘齊名之趙。乃趙甌北。甌北嘗自云。立志要作第一人。終成第三人。蓋殿試得探花。而詩則心服袁蔣也。按此三大家姓名。學者類能道之。任公偶然筆誤。本不足怪。卽古人亦時有之」。任公爲一代宗師。偶然筆誤。誠不足怪。惟逸梅不過蘇州之著小說者耳。竟敢吹毛求疵。刊載集中。自是言之有據。但任公勤於著作。未必見此梅瓣小集。請得布諸大刊。俾任。公。見。之。或。能。於。清。代。學。術。概。論。重。版。時。更。正。其。偶。然。之。筆。誤。也。……蔣大椿（北京東四錢家胡同念五號　三月二十八日）

清華園解題記

無錫錢基博

史記　考漢書藝文志六藝略。春秋二十三家。太史公。百三十篇。居其一。太史公自序集解。如淳曰。漢儀注。太史公。武帝置。位在丞相上。天下計書先上太史公。副上丞相。序事如古春秋。索隱。公者。遷所著書。尊其父云公也。遷者。太史令司馬談之子也。承父官。累世爲太史令。而撰其志。厥協六經異傳。

整齊百家雜語。（附語采太史公自序按太史公五帝本紀予觀春秋國語殷本紀自成湯以來采於詩書十二諸侯年表太史公讀春秋曆譜諜吳太伯世家余讀春秋古文伯夷列傳學者載籍極博猶考信於六藝此所謂厥協六經異傳也孝武本紀余究觀方士祠官之言管晏列傳吾讀管氏牧民山高乘馬輕重九府及晏子春秋司馬穰苴列傳余讀司馬兵法孫吳列傳孫子十三篇吳起兵法世多有仲尼弟子列傳悉取論語弟子問并次為篇孟子荀卿列傳余讀孟子書自如孟子至于吁子世多有其書商鞅列傳余嘗讀商君開塞耕戰書屈原賈生列傳余讀離騷天問招魂哀郢酈生陸賈列傳余讀陸生新語書此所謂整齊百家雜語也所謂厥協六經異傳者自指記事之所取材如所據春秋國語春秋曆譜諜春秋古文皆所謂異傳所傳聞異詞而厥協於六經伯夷列傳所謂載籍極博猶考信於六藝也索隱以為異尚如子夏易傳毛公詩之述者非特附參而辨正之於此）據左氏國語。采世本戰國策。述楚漢春秋。（采漢書司馬遷傳贊考藝文志春秋經左氏傳外有國語二十一篇亦左丘明著世本十五篇古史官記戰國策三十三篇記春秋後楚漢春秋九篇陸賈所記今世本楚漢春秋已亡而世本有諸家輯佚本）接其後事。迄於漢武。自黃帝始。著十二本紀。十表。三十世家。七十列傳。凡百三十篇。五十二萬六千五百字。紀以包舉大端。傳以委曲細事。表以譜列年爵。志以總括典章。成一。家。之。言。題曰。太。史。公。書。（見太史公自序）不名。史。記。太史。公。書。屢。稱。史。記。皆指。古。之。史。記。而。言。非。自。謂。所。著。書。（詳見錢大昕廿二史考異卷一）

（為太史公書一條）說文。史。記事者也。記。疋也。段玉裁注。疋。今字作疏。謂分疏而識之也。則是。史。記。者。載。筆。之。通。稱。而非。太。史。公。自。謂。一。家。之。言。也。史記之名後出。而自。序。猶。繫。題。太。史。公。不曰。史。記。漢書。藝。文。志。著。錄。一如。自。序。題。曰。太。史。公。百。三。十。篇。而史。記。之。目。無。聞。亦以。明。其。為。太。史。公。一。家。之。言。而。與。它。所。箸。錄。漢。著。記。漢。大。年。紀。之。為。史。記。者。不。同。蓋史。記。者。官中。之。記。而太。史。公。者。一家。之。言。也。太史、公、云、者。蓋仍、司、馬、遷、揚、名、顯、父、母、之、意。（見太史公自序）而以、歸、美、於、其、家、公、焉、爾。太史、公、自、序、稱、春、秋、若、不、容、口。隱以、自、況。而漢、志、亦、以、隸、春、秋、家。蓋左史記言。右史記事。事為春秋。（見漢志春秋家敍錄）而太史公書亦記事也。然而有未容相提並論者。蓋春。秋。記。事。而。經。以。年。而太。史。公。書。則。傳。人。而。著。其。事。一為。編。年。之。祖。一創。紀。傳。之。體。故不。同。也。又不、壓、是。余讀太史公之書。其文。則。史。其情。則。騷。古之作史。旨在。紀。事。寧以。抒。情。而太。史。公。則。意。有、所。鬱。結。發。憤。之。所。為。作。而以。記。事。為。抒。情。故嘗見意於自序曰。太史公遭

李陵之禍。身毀不用矣。退而深惟曰。夫詩書隱約者。大抵皆聖賢發憤之所爲作也。此人皆意有所鬱結。故述往事。思來者。此明示其述作之旨。在抒情。不在記事也。又旨見義例於屈賈列傳曰。屈原之作離騷。蓋自怨生也。上稱帝嚳。下道齊桓。中述湯武。以刺世事。明道德之廣崇。治亂之條貫。其文約。其辭微。此尤隱以自喻。告後世讀者。以其文則史。其情則騷也。夫史重寫實。而騷富感興。而太史公則寓騷之感興於史之寫實者也。此所以成一家之言。而非后世史氏所可幾歟。惟傳世久遠。歷有竄亂。外戚世家之易今上爲武帝。司馬相如傳贊之引楊雄諷靡麗。彌失本眞。尤顯然者。諸家具有考論。茲不贅云。十二月八日上午十時

附漢太史令不掌記事辨證

余讀海寧王靜安先生觀堂集林中有太史公行年考。採摭極博。惟引司馬彪續漢書百官志。謂漢太史令之職。掌天時星曆。不掌記事。則衛宏序事如古春秋之說。亦屬不根。又云。記事記言。雖古史職。然漢時太史令但掌天時星曆。不掌記載。故史公所撰書仍私史也。此則意必之譚。未可信據者也。按太史公自序云。成一家之言。報任安書語同。而班固漢書敍傳曰。漢紹堯運以建帝業。至於六世。史臣乃追述功德。私作本紀。編于百王之末。廁於秦項之列。太初以後。闕而不錄。即指太史公言也。曰一家之言。曰私作本紀。其爲私史。已有明證。不待旁引續漢志也。至後漢書百官志曰。太史令一人。六百石。本注曰。掌天時星曆。（司馬彪續漢書久佚而章懷太子取其十志以補范書之闕今後漢書內劉昭所補并注即彪之書錢唐姚之駰輯後漢書補逸二十一卷中有司馬彪續漢書四卷與劉昭補後漢書各志字句相同）而無不掌記事之明文。儼如傳所睹記。則有不待旁蒐遠證而知漢太史令不掌記事之說爲不可信者。試條理而竟其說。

一曰。太史令掌藏書。而歷代史記隸太史之所藏也。按漢書藝文志載孝武世書缺簡脫。於是建藏書之策。顏師古注引如淳曰。劉向七略曰。外則有太常太史博士之藏。此太史掌藏書之證。

也太史公自序曰遷爲太史令紬史記石室金匱之書按史記卽石室金匱所藏之書索隱曰石室金匱皆國家藏書之處此又史記隸太史所藏之證也蓋記言記事史有常職論輯成書卽以掌而藏焉

一曰太史令掌記事而天時星曆爲旁逮也按太史公自序載太史公執遷手而泣曰自獲麟以來四百有餘歲而諸侯相兼史記放絕王氏考歷舉太史公七稱史記而遺自序此語未引又陳杞世家云孔子讀史記老子列傳云史記周太史儋見秦獻公云云儒林列傳云孔子因史記作春秋三事亦未引今漢興海內一統明主賢君忠臣死義之士余爲太史而弗論載廢天下之史文余甚懼焉使記事不掌於太史則弗論載而廢天下之史文爲太史者奚所用懼焉此太史掌記事之證一也其報任安書曰僕之先人文史星曆近乎卜祝之間則是文史首稱而星曆爲後及而曰近乎卜祝之間者按漢書百官表太樂太祝太宰太史太卜太醫六令丞同屬太常而太史官次太祝之下太卜之上故曰近乎卜祝之間蓋序其官品而非謂掌天時星曆也此太史掌記事之證二也漢書司馬遷傳曰周道旣廢秦撥去古文焚滅詩書故明堂石室金鐀玉板圖籍散亂漢興百年之間天下遺文古事靡不畢集太史公仍父子相繼撰其職曰於戲余維先人嘗掌斯事顯於唐虞至於周復典之故司馬氏世主天官至於余乎欽念哉夫司馬氏世主天官而太史公仍父子相繼撰其職正與太史公自序稱司馬氏世典周史之說合此太史掌記事之證三也然則天時星曆特太史之兼職耳

然則謂太史令之職掌天時星曆不掌記事可謂知二五而不知一十者也誠竊以爲司馬氏世主天官而太史公仍父子相繼撰其職迺漢制之遺蛻自古而古之史官所掌在文史星歷其道在通天人之鄹何以言其然周官有大史小史內史外史御史皆屬春官而春官大宗伯之職則掌建邦之天神人鬼地示之禮者也謹求諸春秋傳有神

降於莘。惠王問諸內史過。有隕石於宋。襄公以問內史叔興。而太史公自序司馬氏出重黎。世序天地。世典周史。太史與天官同職。星歷共文史。並掌。蘄於通天人之郵。垂古今之戒。降迄於漢。厥義未廢也。按之自序。太史公學天官於唐都。太史公既掌天官。不治民。而賜史文之廢。以屬於遷。既悉論先人所次舊聞。為太史公書。自命春秋經世。託聞董生。而董生之學。蓋案春秋之中。以觀天人相與之際者。（語本漢書董仲舒傳賢良對策）古史之道。則然也。班氏而下。此義微矣。用特發之於此。

說林

組菴告余。吳勤惠（棠）揸相人術。初為清河知縣。因案過運河岸。極渴思飲。顧倉卒不可得。望見泊船。知為鳳潁六泗道惠徵之喪。因不相識。即往弔之。所以求飲也。俄其子女並出謝客。頗詰因述所苦。勤惠慷慨賻以數百金。並遣隸從為之紀綱。或問其故。曰。子女皆貴人。其二女尤貴不可言。一醇邸福晉。德宗本生母。一孝欽皇后也。同治朝。孝欽攝政。求得棠。未數年。晉總督。此事勤惠親為其幕客潘燦言之。時德宗猶未入繼。潘君以為貴不可言。親王福晉止已。

組菴又述庭教。勤惠作閩浙總督。過浙江。次僚候於江干。與人大譟。縣官禁諭則益喧。文勤方官杭州知府。會而笞之。與人恐駡而去。不可止也。俄總督傳杭守。文勤亦帛然入。見總督顏色甚重。參謁甫畢。而總督意已大和。極贊其賢。遜謝者久之。且以與人屬文勤。命遞解回籍。時馬端敏官浙江巡撫。文勤以告。謂人言總督昏誕。乃古大臣。人言可終信邪。端敏笑曰。吳公謂子。功名不在渠下。且有大年。故不責耳。有人見勤惠送客。倒行而入。或問其故。曰。生方在甲。吾不敢背耳。

黎九云。吳勤惠官清河知縣。以治捻著聲。至今故老能言其事績、然其行時水恩公惠徵事。又與潘師爺不同。因並記之。勤惠曾官河督。黎九符人文肅公（培敬）亦曾官河督。崇嘉相接。其官亦足聰巳。先是、某、貴、人、以、護、過、清、江、浦、勤、惠、道、奴、子、持、八、百、金、贈、之、至、則、某、貴、人、己、行。而、公、之、柩、適、至。奴、子、未、及、細、辨、即、以、主、人、之、命、贈、之。勤惠。知、之。已不。能。悔。遂弔。於。其。舟。公夫人挾二子二女並出。且問平素。勤惠餘辭以對。公夫人益感動。再告諸兒女。以爲。孤。兒。寡。婦。躑。躅。萬。里。懇。懇。行。甚。意。止吳。老。伯。一。人。汝曹。有。好。處。吳老。伯。不。可。負。也。故孝、欽、在、宮、中、猶呼、之、爲、吳、老、伯。

黎九告余文肅公軼事數則。一、譚敬帥（鍾麟）已娶妾數日。文肅公見之、大驚。以爲、憔、悴、至、此。去死、不、遠。則力、勸、敬、帥、不、然。敬帥。支。吾。未。即。諾。公怒。立批。其。頰。此事載在公日記中。一、文肅公自貴州巡撫降臬司歸。過清江浦。皆曰。黎公巡撫。例必爲禮。河道曰。不然。渠已降臬司。則臬司耳。屆轉升擢。終不能即作河督。雖不爲禮。何害。皆曰唯。遂不爲禮。未半。年。文肅。已。授。河督。而河。道。在。官。如。故。一、文肅公因河工不謹。痛責善後局提調王嘉柳。嘉柳已去。文肅至簽押房。猶忿忿。而疾、遂、作。扶歸、寢、室。已舌、蹇、不、能、言、矣。

組菴告余。張文毅巡撫江西時。長毛圍城急。文毅以事不可爲。峩冠、坐、堂、皇。備賊、至、罵、死。某師爺偶至撫署。文毅望見。連呼、高、詣。肅師、爺、坐。爲言始末。知城垂陷矣。師爺乃大恐。俄聞。轟。裂。聲。俄聞。哭。聲。砉然。翁。然。俄巡撫登陴禦賊。師爺乃蘇。則從人扶歸又兩日。報江、大、人、（忠濟）率、救、至。城守、者、開、門、大、呼。逐賊、而、殺。賊潰、去。而江、大、人、來。一手。握。刀。浴血。被。體。文毅。率。僚。屬。郊。迎。跪伏。道。左。江大。人。第。直。視。不。爲。答。中衣。脫。巳。楚。軍。亦。多。髁。體。狀如。鬼。魅。文毅。大。驚。急裂。帛。被。江。大。人。蓋搏。戰。兩。晝。夜。未得。暫。息。昏而。寢。耳。潘君燦從師爺學律。親見江大人。以爲、今、之、演、鐵、公、雞。蓋酷、似、之。未幾。文毅以失地多。革職去。

慶王奕劻。頗受京朝官賄。健齋告余。勢則、然、也。邸中

二五

蓄客二百。馬八百匹。貂裘亦八百襲。不受賄。無以償。物。健賓嘗見王入紫禁城。一人。附。衣。一人。挂。珠。一人。加。冠。一人。束。帶。王張。手。微。動。嚴裝。已。竟。超乘而趨。武夫不如也。

驚文恪（中）絜世貴顯。富家子也。（彝見孚河師之孫崇文勤賓之子）薨於京師。至不能殮。其門下士官並議於室。謀所以賻贈。則先問夫人文恪餘財。夫人不能答。第曰。昨有人從來存摺。爲老爺物。此外皆不得知。即以存摺交門下士官。核其數。十。萬。金。也。於是。皆。大。喜。過。望。亟告。夫。人。夫人。益。痛。哭。謂如。此。窮。我從。何。處。得。食。此亦組菴爲余言之。余但知之。當時在議者也。（曾玉共）

湘綺先生嘗於坐語人云。四書夫字。朱注多失其句讀。如賜也賢乎哉夫。我則不暇。夫子之謂也夫。我乃行之。尋夫字之作語詞者。皆當屬上句。夫我。不。詞。夫乃。不，貫，世，間，那，得，有。夫。我。乃。之。言。

湘綺嘗語余。易繫詞。夫易彰往而察來（元句）而微顯闡幽（元句）開而當名辨物正言斷詞。則備矣。程朱之句讀亦失。當作夫易彰（句）往而察（句）來而微（句）顯闡幽開而當（句）名辨物正言斷詞則備矣。爲安。余答言似當作夫易。（句）彰往而察來（句）而微（句）顯闡幽開而當（句）云云。湘綺爲之首肯。今所行周易王氏箋。其出在前。猶是夫易彰作一句者。用陳懋侯說也。

反正後。湘綺壽辰。居友善堂。湖南都督譚延闓具大禮服往賀。先生則紅頂花領衣袍褂拖辮髮而出。譚不得已屈膝焉。既坐。先生謂之曰。子毋詫。吾衣。猶。若。衣。吾髮。猶。若。髮。皆外。國。制。也。有何。文。野。相與一笑。

昔嘗詣湘綺問曰。先生曾贈曾忠襄詩。有若論上將功多少。試問長江水淺深。是何義諦。先生曰。子意若何。曰歸功水師。先生笑曰否。此乃見景。生。情。也。是時曾餽余五十金。余報之以詩。身在江船。對水賦此耳。（鄒閬古）

中華郵務局特准掛號認為新聞紙類
每星期六日發行

民國十五年十二月十八日

第壹卷
第叁拾陸號

VOL. 1 NO. 36 DECEMBER 18, 1926

●本社啓事一

本報停刊半年餘、愧負讀者、無可言說、今既繼續之後、自當勉力支持下去、而其關鍵仍在報費收數之良旺如何、寄贈一層、係本報對於愛讀而無貲力者之義務、此惟力是視、不敢稍懈、至其他讀者、有所厚貺將特爲酌盈劑虛維持本報之命脈、無任企禱、

●本社啓事二

本報主言論公開、各方投稿、祇須文字格式大體相同、即所見與本報適反、且對本報論議肆其攻詰者、亦所必載、惟酬費一層、不能豫定、亦視其時力量如何而已、諒之、

●本社啓事三

本報最初擬以股分公司之法行之、曾陸續收有股款、現方針改變、全作爲一種社會事業辦去、對於從前認股諸君、極表歉意、且應協議一種收束辦法、特此通告、付交股款者有何意見、隨時函告本社爲禱、

●本社啓事四

本報宣示可得寄贈後、京省各學校學生來函索贈者極多、甚有一校而多至百分以上者、如此本報殊愧無力應付、最好各校讀者、推本校庶務處或收發處出爲經理、共須若干分、本報彙寄該處轉發、報費則祇由有力者酌給、酌盈劑虛、使本報得稍資周轉即足、決不敢計較數目、千萬亮鑒、

●本社啓事五

寄贈之法、出於試辦、成功全在互諒互助之精神、凡各學校有同校同齋之學生諸君、可得公同閱看者、幸即暫時互閱一份、不必分途索寄、是爲至盼、

甲寅周刊第一卷第三十六期目錄

時評

自本刊輟筆以至於今。時局變化之最大者。爲南軍崛起一事。是不可以不記。溯湖南趙唐之爭。事僅關夫內部。唐並無遠略也。且其時猶未附粵。與粵中湘將譚程之流。俱不相能。北方少講懷柔之策。可得無事。而吳軍幕下湘士力主拓地。卒定扶趙抑唐之策。唐遂急附國民黨。負嵎以抗。蔣介石且出師助之。未幾。南北陳師於汀泗橋羊樓峒之間。蔣領學生軍殊死戰。衝鋒十七次。死者數千人。猶梯尸繼進不已。吳軍大潰。兵棄械鳥獸散去。查家墩總司令部至無人門焉。吳馳屯信陽。衆始稍集。此際南軍得勢。兩路分規武漢。蔣軍所部依原戰線直取武昌。唐以湘軍別道越江取漢陽。在當時視之。蔣爲其易。而唐爲其難。以漢陽形勢之地。北軍所必爭。唐部須冒鎗山矢石。舍死得渡。始近敵壘也。近矣。勝敗且大不易言。此特較武昌難手可得者未免有將疏任重之感不料事實所演卒乃大謬不然劉玉春困守危城以許遠張巡自勵學生軍屢攻屢敗死傷丘積相持至四十餘日而城屹然如故彼湘軍者以劉佐龍之內應得陽夏轉如拾芥一方頓兵堅城之際即爲他一方網羅兵械擴充軍勢之時唐安然坐大遂擬以附粵謀爲上國鄂城之終下也猶賴彼回軍滋蠱始克成之此浙唐勢力消長之大略也

吳軍之對南也以討赤名時約與同尸其責者爲寧孫孫氏席江東之餘業握五省之霸權懍一髮全身之戒願爲其靜而不願爲其動當吳蔣相持間孫不聞而居舉足重輕之勢顧遲遲不肯出兵或曰此借秦儆趙之策也其議秘世莫能明而江浙和平使者居孫以保境安民之說孫與蔣介石往還電且假乎書之亦爲不可掩之事實南軍者固始終執遠交近攻之術方與甲戰則對乙曰吾不爾攻也無何而與乙戰又對丙曰吾不爾攻也自丙以往因應無窮吳者甲也而孫爲其乙甲敗而乙感剝膚之痛遂不得不戰

俄將加倫者奇材也初與孫中山同遊俄察黨勢至淡大驚曰此烏足言革命者遂立兵法部勸黨員之議擬以兩年整理內部然後對外則就河南掘長壕以固本營加倫親督爲之工絕精顧壕作成而劉鎮華據以抗大元帥加倫由對堤布陣邀擊之省河寬且數里加倫編互筏百數成一字形左端抵岸右端斜入河心令下而後動不期掩至敵岸敵全不及防棄壕遁去自是加倫之聲威大震加倫善下人習勞不如飽樂庭躁安能廢寢食至三晝夜蕭然治事如故南軍凡戰加倫無不從地理之熟直匪夷所思每聞戰報即戚然而言曰此敵軍自某方來也吾當由某方應之如是勝否且敗按圖索之並累黍不爽南將至以軍神目之是役孫君傳戰江右隱然與一加倫爲敵論者謂是中俄之戰信然聞孫軍有最苦者二事一不審敵軍主力安在二時見便衣敵軍擾其

後、方。最後。九江與南昌數百里間。孫軍蜿蜒如長蛇。無敵。遂掠勢惟自保。而其中布防適應者。若干處同時發見敵軍旗幟。凡屬孫軍。前後俱敵。如蛇背寸斷。首尾全不能相應。於是大敗。或曰。此俱加倫為之。

或又曰。孫軍之敗。以浙軍內變故。證以賀耀祖所與周鳳岐電。是或可信。事已無可奈何。孫君自計。曰。吾北方人也。寧食窩窩頭。無嗜大米。則微服急之天津。乞援於奉張。奉張前此蓋無一人知之。時奉張方以疑議關內事。駐節此間。聞張亦應徵至。三人者、本英雄略同之見。為指揮若定之謀。一談笑間。宿嫌冰釋。而團結北洋合力南征之局成矣。孫君曰。不若是。吾不歸也。而安國軍總司令部立。君且赫然貳焉矣。今後。時局之。如何轉變。全視此為一樞紐也。

內閣夙以吳氏之力成之。迨氏勢衰。為之代表人物者。相應而無生氣。北京政權。不絕如縷。此人情之常。本無足怪。所難堪者。政力代興之地。不肯即負改造之責。致堂堂閣員欲留未能。求去不得。頻頻失態。為中外笑耳。夫北京、中央也。向來有外交中心之譽。自南軍驟興。勢達長江。且彼變易其對外策略。轉與積不相能之英倫交驩。英新使未抵首都。而先透遞於九江漢口間。外交重力。漸漸南傾。北京不期而有地方化之虞。且今何時也。存亡危急。概爭瞬息。南府之著。著進步。復日新又新。而北京則擁最高權者。俱皇皇若喪家之狗。忽京忽津。無所事事。暗是何辭也。或曰。南方忙欲死。北方閒欲死。斯言雖謔。的是未誤。幸實力方面。近情最後責任。終是在彼。改造固負如許。不改造。亦負如許。由數量計之。積極大比消極強。故日來政象。徵形勁遒也。

黨治駁義

章士釗

南軍之興也。標榜以黨治國。凡異黨之人。舉不得有政治權利。即己黨之反革命或不革命分子。亦嚴厲焉無少貸。蓋其持黨義也極狹。而施黨略也極烈。惟狹而人未必盡喻之也。則強之以宣傳。烈而人且多方以遯之也則責之以打倒（打倒帝國主義打倒軍閥打倒官僚打倒劣紳土豪且打倒智識階級湘鄂市鎮粘貼殆滿）要而論之一國之中從政祇許一黨一黨之衆所奉祇許一義有異於是其視吾力斯今之所謂黨治

黨治者歐洲十七世紀以還與民治相緣而生之名也在英語曰Party Politics其質與式迤演遞進蓋至十九世紀中葉而極盛二十世紀之初則浸衰矣其在今日瀕於大潰無可再持而吾國之革政也晚一無經驗全濫吞剝閎政書二三冊覩魁領一二名則相率而噪於國中曰黨也黨也凡先進國所有者吾當有之其在彼邦之爲弊政與否抑於吾國國性民情如何不遑問也於是十五年間而發軔而並轡而突過而馳入絕境自尋顚躓之所號治治如發白帝一瀉千里如審關亭相差萬本而彼輩猶自豪於衆曰西邦之爲政則然也世界之大勢固爾也嘻其然豈其然乎

聞嘗論之西治之成爲今形者有其史性其素養其節度非吾人所得遽覩而盡識也而三者有一不具或具而淺深久暫未同則所被之形必變又不待通物理而後明也夫吾之史性素養節度三者與西方全異厥趣今吾盡棄之以模擬所全異者之形同時復絕不念若而形者其所由成之質胡在與質之虛盈多寡何若則欲其不橫決而卒一無所似也云胡可得近觀滑稽影片有女童及狗乘主婦外出相率而爲百戲二女且入廚製麪取酵母一封悉量投焉頃之麪墳起尺餘開闔如鬼狗稱食少許大醉幾踣狀至可哂今擬人治而不審史性素養節度之各有相關之價大抵妄下酵母之類也廿年前世風乍啓革命之說鼎盛一時女子之教且由外言不入一躍而藩籬盡撤愚癸卯違難江戶見名門淑女年十七八無父兄師保自隨獨游異邦行止自便者無算愚妻吳弱男蓋亦其中一人愚雖得締婚雅不然之然天下盛稱西方美人貞德羅蘭如是無以難也（先外舅勗其女詩有西方有美人貞德與羅蘭之句）愚妻時爲同盟會英文書記與孫中山博士上下其議論持極端歐化之說氣燄萬丈愚初解字母不能讀西書未有以折之也未幾偕遊英

倫初至與王小徐論賢毋良妻不協憤而趨泥北淀居之三年至是覩接彼中婦女往來大學教授及名牧師之家庭間蓋得其忠勤儉節持家教子非成年之女無督不得獨出諸狀則藐棄昔日之所妄信謬執一以親炙於西賢者爲歸而浸化焉歸國以來絕不問外事尤鄙女子參政論閉戶理家政修文學三兒自育自教由識字至於成章十五年正如一日非親故外間獲見其面者且罕嘻異似之辨誠不料其相違之度如此之大也然亦貴有人善體認焉而速改其度耳今黨人之言黨治與恐妻二十年前主社會革命蓋同此不於黨之所以爲黨明其涵德了其物際並熟察其適應於吾國者宜調節至於何度則義舉馳入絕壁顚躓以死者將有如日至之可坐而致決不爽也愚爲此故特造本篇以告國中之凡言黨者至明知其故而特大言以劫持愚昧之人者吾末如之何也已

黨治者非力治也昔盧梭爲民約論極言力之爲害謂凡以力服人者其卒亦爲力所服而去如是循環

國安可治愬斯過也約乃倘焉黨者約之支流餘裔所欲以衆志敷諸國政毋背初民默契者也豈是蓋以總意爲從違凡總意所欲黨乃欲之總意所惡黨乃惡之總意可用黨而黨不可用總意夫如是黨焉得以力事事乎國民黨曰否吾黨惟力征經營使民戰栗而已他非所知也是力治非黨治也

黨者不可統於一者也統於一即不得字之爲黨蓋國政之所從施政家所見容有未同見在甲者相從而爲一派謀以所見布之於政曰甲派見在乙或丙者亦各相從而爲一派謀以所見布之於政曰乙或丙派猶瀛室之甘陵南北部及英倫妥立與惠格之並峙然斯乃謂黨是黨者相對之稱非一介之號也今國民黨曰否否吾國祇有一黨他黨與殺無赦此黨其所黨非吾之所謂黨也

黨有黨德而黨德之最大者爲容認他人宜見之流行茲原則也在英吉利憲政史中大書深刻至堪玩味先是宮廷多陰謀權臣資以戮辱異己恒至喋血政家患苦之因製爲政則謂政從公議議宜徹底但

有反對一切以王承之由是王之反對黨The Opposition of the King之一名詞遂赫然見於世意謂王者且得恣議之世隱言論自由發無上已英倫者固以議爲政者也Government by discussion巴力門之議席兩黨黨魁相向坐甲黨在朝南面乙黨在野北面北面者即字曰王之反對黨凡攻詰政府之謬言文字悉倚此名以行民無不宣之隱士無不盡之說朝有爲謀夕成善政英憲之所以冠冕天下即在此端今國民黨曰、否否自吾黨外人舉不得有異議有且以逆論此在十七世紀以前淫昏之朝且未必爾也共和云乎哉

黨者相代迭興者也蓋民情有變易斯黨勢有盛衰吾黨今日得民意之正而用事明日容得其負而不用事他黨今日得民意之負而不用事明日容得其正而用事意之正負實也用事不用事名也名者實之賓也吾爲其賓焉得容心於中故權位者人之所欲也惟在黨治之下則無從依戀民情向背蓋若飄風驟雨然至難測也今國民黨曰、否否凡本黨之去留人民不得有自由意吾執政則終執政矣又焉人之越俎代庖爲此唯世襲專制皇帝宜言之共和國之政黨似未能爾也世襲專制皇帝時且聞倡亡之歎而爲之震懾今此歎者在腹誹必禁之列豈不奇哉

黨能敗者也敗而仍不失其爲黨也其活動且如故也蓋黨者受命於選民而爲之執事者也黨可敗選民則終不敗黨負朝下政事堂夕登選區叩其新命何許得重爲游說駁辯一切之計故活動且如故也若夫劫持選民使不得發抒意氣者則異於是是其最初固非從容受民意而往執厥事彼與非相維相繫之日幾何全恃物質力之能支至何度爲衡一旦力壓即如鳥獸散去絕無反而於民重爲抖擻之餘裕此特一秘密政社差勝於狐鳴篝火者之所爲爾安足言黨安足言治

雖然國民黨之如是也有本有原請得略而言之民國元年黃克強在湘同盟會支部演說謂中山粵人也而吾爲湘人兩省既爲革命黨之發祥地中山與

吾之力。復是以控制之、是宜祗造一黨、以昭殊異、開廣東黨事。已瀕對一。而吾湘猶呈紛紜不一之象。殊爲遺恨。此說一出。議者大訾詈。克強亦若未深自信。徐易其說。由是進步黨員如周大烈輩。卒得上選。貫於國會。然克強只立一黨之欲。未遂已也。當在京時。曾遍約總統袁君、副總統黎君、以及朱桂辛、趙智庵、許靜仁之徒。俱爲黨員。如邏輯然。僅求外延之大。而不暇一一稽內涵之如何義。夫謂克強於此。顧未察及情貌之相反甚也。似屬過慮。彼以謂此諸色人等者。姑被以純一之名可已。徐爲整齊而凝鍊之。則粹然無外之國民黨終有可期。時中山且持耶穌神力之義。人不論惡何似。祇需入國民黨。受其洗禮。即立成爲好人。以是元二之間。國民黨兼容幷包。氣象萬千。無媿一時泱泱無兩之大黨也已。洎贛寧之役。師徒撓敗。不獨前皮傅於黨者。紛然外散、無一足恃。即黨魁亦病不登。老同志徵無友紀。戰敗之臣、公然相詬。再造之謀。渺焉難尋。克強既遊美。中山則獨倚陳英士爲股肱心膂之寄。黨略。由廣義一變而爲狹義。特嚴盟約。重整黨綱。即昔年勵督亦非信誓且且。無爲借箸計事。此其逆情偭人天賦之意。又寧待論。爲之下者。往往面受機宜。退滋異議。情實不掩。詐然覺崩。凡變亂一次。老黨員排除一次。孫陳之爭。其顯例也。有若焦然。層層剝剝。漸餘一心。中山末年。彌有斯感。而此老不之悔。非懲昔年之敗。鑑於方來之劇。篤信匪如此者。功無與寄。業不中興。俄人鮑樂庭加倫數輩。擁助之誼既莫逾。性尤特辣。老宿如張繼馮自由之流。稍稍有煩言。故不堪鮑氏之裁抑。至掉頭以去。蔣介石者。夙隸英士部下。晚受總理顧命之重。又與蘇俄客卿交親。手握軍政大權。控抑全黨。可謂集狹義。黨略之大成者也。今軍勢大張。行此逾厲。以黨治國。四字遂一旦形聲騰實。越珠江萬里之地。左挹章門之袂。右拍武昌之肩。且駸駸直搖全歐士夫之吭。迫爲然否從違之答。而無所遁逃。平心論之。革命者自然之權也。匹夫匹婦。俱得有之。革命而自定其適應環境之方略。同亦無取刻論。國民黨而獲今日之成功。彼有不可撼之基址。與天下以共見。抑又無疑。然反。革。命。與。不。革。命。者。其。爲。吾。人。自。然。之。權。也。量適。與。齊。凡。人。類。而。正。反。兩。面。之。論。不。見。時。曰。奴。隸。凡同。種。而。思。想。言。論。自。由。之。權。不。保。時。有。強。暴。國。民。黨成。功。至。於。斯。境。或。且。恢。恢。乎。以。全。國。之。是。非。爲。是。非。全。國。之。利。害。爲。利。害。質。劑。乎。情。感。延。跂。乎。黨。欲。一。言。蔽。之。兢。兢。惟。奴。隸。人。而。強。暴。我。是。懼。則。天。下。之。事。正未。可。料。今。若。是。焉。復。何。望。哉。夫。黨。者。思。積。年。究。驗。而以。爲。於。國。甚。不。宜。者。也。此。卽。將。英。之。成。斯。敏。斯。特。不爽。累。黍。而。移。諸。北。京。愚。猶。以。爲。螟。蛉。之。子。吾。其。難。負。況。徒。竊。其。名。而。大。反。其。實。如。今。之。所。稱。黨。治。者。哉。

章此文後。適見吾友張君君勸所爲一黨政治之評價一首。立意與愚大致相同。而委曲詳贍。愚遠弗及。書此誌媿。幸讀者一參證焉。

對作

章士釗

對作二字。出王充論衡。其意謂聖賢之興文也。起事不空爲。因因不妄作。凡文皆有所對而作。故云然也。乃者天津新聞。發題徵文。所列各問。皆當今政治得失之大者遠者。以愚雅好文墨。不倘浮詞。介爲一篇。以資考論。愚遠。感。仲。任。確。俗。相。背。之。言。（自紀篇云確俗相背何世不然）近本子厚。工。商。洋。溢。之。痛。（語見答元饒州論政理書）畧抒鄙見。以當芻蕘云爾。

國於天地。必有與立。所與立者。以今語出之。則主義也。夏尚質。殷尚忠。周尚文。質忠文云者。卽當代所標主義也。然主義有體有用。體者不可變。用者不可不變。執體以泥用。非也。趨用以喪體。尤非。仲任有言曰。「夏后之王教以忠。其失也小人野。救野莫如敬。殷王之教以敬。其失也小人鬼。救鬼莫如文。周王之教以文。其失也小人薄。救薄莫如忠。承周而王者當教以忠」。（見齊世篇）是忠敬文也者。相與循環。當王爲貴。其爲可變也明甚。至不可變者。又爲何哉。以愚思之。禮與。農而已矣。何謂禮。此荀子已爲我言也。曰。禮起於何也。曰。人生而有欲。欲而不得。則不能無求。求而無度量分界。則不能不爭。爭則亂。亂則窮。先王惡其亂也。故制禮義以分之。以養人之欲。給人之求。使欲必不窮乎物。物必不屈於欲。兩者相持而長。是禮之所以起也」（見荀禮論）禮由是起即常以欲與物兩者相持而長爲其一貫到底之旨務使物情萬變不離厥宗而後禮意不敝等秩不亂則農尚焉夫農者工之對也凡人生聰明材力大抵相去不遠今歐西物質文明之所昭揭在吾三代以前即蓄潛其機可得迎之而吾古先哲王不欲奇技淫巧一切有禁反而以人民隸非耕田沉忠常力爲負擔之化者無他亦灼見由工之道極工之敝必有欲窮於物物屈於欲之一日而世界大亂殺人滅國終歲移其糾結之一逐發如今時大地人類猶然瀕死之境已耳蓋人生之値自在其眞凡所偕於外一概能容一一資可他而必已黎紐約以爲處摩託服飾以爲用形形色色一以錢申其之致使鴻碩材武之士一律化爲神聖能行一口能張之機械人形五常之道懸自由之意絕究竟所爲何事所求何樂無已其返乎農終爲得己斯義也歐人近三數年稍稍悟之而吾人於數千載上即已卓然樹立示爲萬年有道之長人而曰聖寮聖於此此其不可變者也至可變處如蠶娶賢忠文例己

明概略即如今時工商之勢積重難返一舉廓清自有難能且古稱四民偏廢自亦不必其中斟酌損益大可與權此其可變者也近二三十年來歐力東漸耳目震駭吾之不可變者大動搖而特動搖其本旣撥枝葉之非宜更無從說起然墨子曰凡入國必擇務而從事焉國家昏亂則語之尚賢尚同國家貧則語之節用節葬國家憙音湛湎則語之非樂非命國家淫僻無禮則語之尊天事鬼國家務奪侵凌則語之兼愛非攻故曰擇務而從事焉」（墨魯問）今天下困於物力緊於機窮親愛之意全無殺戮之氣橫絕甚甚不可終日之象盡人皆然則所謂擇務而從事者猶將恬澹心志簡樸生活歸本於農少爲造物留其有餘幸世界末日之不即至而況吾國有甄之無窮挹之不盡之禮教與農化者存乎由此論之以云可變宜變於農以云不可變又宜不變於農雙流齊頤大道所嫓亦國家主義者倣斯其誰與歸矣司賓格納者當今哲人之出諸日耳曼者也近著歐化西沉論推言文化盛衰興廢之故正如四季氣候之相

九

爲周始。今當多末。措敗不堪。歐人不悟。將淪無底。其害。然扱古今。博證理數。爲彼都鴻儒鉅生之所怪歎。若其在吾。亦無過論衡政務之傑構。（政務亦王充所著也今不傳）一陽之復。其樞在我邦人君子。盍興乎來。

救濟糧荒之治標策

趙詮

吾國工商不競。海通以還。對外貿易。入超貨量。歲增無已。財富涸竭。勢已岌岌。然猶賴吾農民之勤瘁黽勉。吾人生活必需之糧食。尚足自給。無事外求。漏卮雖鉅。固可徐圖挽救之策也。今茲舉國嗷嗷。糧荒又見告矣。五年以來。米價之高漲。倍蓰而強。而國外輸入之米量。亦突增至鉅。民國十二年輸入量最高。竟達二千二百萬擔。十三年十四年亦各在一千二百萬擔以上。麥價之漲。視米稍弱。然十年小麥輸出量尚有五百萬擔。十二年北滿歉收。遂一變而爲入超。十三年小麥輸入至五百萬擔。麵粉六百餘萬擔。十四年小麥輸入七十萬擔。麵粉二百八十萬擔。主要糧產之不足自給。已屬顯然。民已窮矣。財已匱矣。蓋藏空竭。饑饉洊臻。不圖急救。何堪設想乎。致斯荒因。主因有七。

一、兵戈擾攘。農畝荒棄。

二、水旱頻仍。收成稀少。

三、種植罌粟。致減產量。

四、兵多農少。食衆生寡。

五、工少值昂。產費增加。

六、稅捐煩重。民力凋敝。

七、兵匪如毛。交通阻塞。

凡茲七因。除旱潦屬諸天時外。蓋無一非邦受武人之弛施。時賢論列。亦既深切痛陳矣。茲略舉時論救濟方策如次。

一、勸勵植林。以調雨量。疏通水道。以資宣洩。

二、改良種植。墾闢邊荒。禁種鴉片。以謀增多產量。

三、限制生育。節縮食量。以節消費。

四、守望相助。以禦外侮。不應兵役。以補救農工之缺少。

以上數端。對症立方。誠屬要義。然而軍閥橫恣。鄉農惡鋼。救死扶傷。日不暇給。凡茲措設。非待政治就軌。大盜伏誅之後。難望實施。迫論近效。平民生計。朝不謀夕。急病綏藥。曷克有瘳。愚竊以為根本補救之策。自當隨時倡導。而急謀糧食產量之增加。價格之平落。尤為今日要務。其道維何。則厲行粗糲食料是也。

夫米麥對人體滋養之主要成分。多在外皮。已為世人所公認。然則吾人所倚為主要食品之精米白麵。菁華已去。徒饒滋味。取快口腹。已失吾人需食之本計。義由小麥製成白麵。實耗其量百分之二五。由穀製成精米。實耗其量百分之五五。（小麥一百斤成麵粉七十五斤。穀一石成米四斗五升）粃糠麩皮。雖皆各有利用。然直接損益於米麵之產量與價值。亦既多矣。今綜由國外輸入之米麥麵粉三項。以最近三年平均計其共量。為歲入二千萬擔。吾人每年食量以二擔計。是吾國糧食之不給。約為一千萬人。按海關十四年統計。吾國人口為四萬四千八百二十三萬有奇。則僅不給四十五分之一耳。今若我國悉以全麥製為麵粉。（能人皆食民國）（包即以全麥磨粉製成省節窮合無此爲不出麩皮時機入亦限食全米麵粉）製米。亦僅限於碾去穀皮。則麵粉產量可增四分之一。米量可增八分之一。均之為增多其量六分之一。則是每歲增益之量。已足當今日不給之數之七倍而強。輿論勸為宣導。政府切令厲行。比精米白麵於奢侈品之類。而差次之。酌定稅額。寓禁於征。而於粗麵糲米則減免一切釐捐。以為勸勵。期年之後。糧食必可立足自給而有餘。物價可以立平。蓋藏可以立充。雖有水旱之災。可無饑饉之虞。歲可杜塞一萬萬以上現貨之外溢。倉廩既實。更可以餘量製為精米。糶之東鄰。以抵償其他輸入貨物漏卮之一部。植竿徵影。效可立見。至若裁兵清匪。墾荒實邊。植林導水。禁除毒卉。改善種植。其諸根本之策。果獲去其梗阻。次第推行。十年而後。吾國農產。必益有鉅量輸出之可期。當世賢達。有不以愚說為悠謬者乎。甚望引為倡導。以蘄實施。

此議視若泛常。義極精確。非於計學理實兩方。俱有見地。未易道著。趙君服務銀行界。本篇為極有會心之作。讀者幸勿滑過。 編者

一一

通訊

誠與識

……甲寅續刊將直捷與天下人以言論相接甚盛甚盛惟前事不忘後事之師去歲出版者弟未獲徧讀間閱有人談及乃購一二冊閱之綜謂天地萬物亙古橫今皆此誠與不誠之爭爲消長盛衰而已矣誠有未至則我所視爲開誠布公者人尚以爲譎真如深我所視爲從諫如流者人尚以爲巧於自飾甚至孔子所謂心達而險行僻而堅言僞而辯記醜而博順非而澤者皆躬自蹈之而不知矣究厥病根誠之不至也苟其誠能至之則聰明才力皆所以布達吾誠而藉爲發皇光大之具孰謂誠之無所用其聰明才力哉若其不誠則所謂聰明才力者直如兵無紀律動輒爲盜爲寇耳然究豈兵之罪哉無良將帥以統馭之耳故用兵以選將爲先修詞以立誠爲要區區願貴刊於誠字加之意焉相遂不悖者將兩

戰矣以高明之所經歷其進狀不知何似若弟雖老矣然尚冀勖炳燭之明以補少壯之失學並求良師益友之不以耄而棄我有以誨我爲幸別來無可告語惟於識字微有覺悟聊相言之前人謂才學識爲三長初以爲三者若可相通今乃覺三者有截然不可通而吾人不能不求其備以相濟爲用譬諸始以學爲要要其終以識爲主而才則視絕囿於學聽命於識以受其驅策乃不作祟耳即以文字論學足成文而無識以濟之則文有悖其用而據爲罪案者矣才足遣詞而無識以擇之則言有失其體而傳爲笑柄者矣非其才學不足也識有不足也以弟靜觀近今人物學非不博也才非不美也而其識之猥部鄙齪有時出於鄉黨自好者之下又或乖謬悖戾有時爲婦人孺子之所唾鄙彼尚侈然自得若以爲可以標新領異也者實則喪心病狂矣姑從忠厚其事其

入不筭之昔。他日相見。當面舉以告。以爲內省之資。非好翹人過也。甚矣識之不可不亟講也。如是夫。袁一得之愚。執非以爲何如。幸、教之。故區、區、又、願、貴、刋、於、識、字、加、之、意、焉。……孫光庭 北京德勝門內 十月二十日

高陽十號

孫少元先生。今之宿儒也。學養如何。可於此函約略得之。劍生平所奉爲畏友者。殆莫逾此老也。去歲劍甫從政。少元若深相鄙。其間一年有餘。未一見訪。所爲甲寅。亦擯不覩。末俗。安。得。此。諍。友。者。滋可。敬。也。惜乎少元終愛其友未至。不將相鄙之實。剴切見諭。俾得憬然知所改爲。自返於君子之列。以此。劍。又。恨之。雖得此函。猶病籠統。近日少元來津。劍得而質各節。承慨然爲道已與沉君衡山李君伯申雅所以相責之故。劍殊無以自解。頓悟年。來。尤。悔。之。以。有。意。及。無。意。成。之。者。殆。如。山。積。微。少。元。劍。安。得。知。甚。矣。友。道。之。不。可。不。亟。講。也。劍欲自照其過。且願天下之士並友少元以誠。得。諫。諍。二字。故以其書布焉。 士劍

寧靜

……暑假南歸。吾父寢疾。竟以不起。行年四十。儻失父嚴。中心悼怛。不知人間何世。徒以葬事未營。遂罷北首。而光華大學招我。鮮民之躬。又爲人師。橫經講說。日有餘晷。時時繙閱老易以寫我憂。寒風獵獵。意益淒厲。乃閱甲寅續刊。不禁一則以喜。一則以懼。喜者。喜大文之重煥也。懼者。懼哲人之不免也。政潮澒洞。未知所屆。朋好過從。每有慨乎言之。僕則曉之曰。奚其然。昔諸葛武侯命世之英。時人以管樂許之。而揆所自稱。不過曰。躬耕南陽。苟全性命於亂世。事到。無可如何。祇有寧靜。況在吾黨。侈於坐論。力耕且不足自活。而漫言救國救亡。會出身犯難以拄世道之重。知小而謀大。力薄而任重。鮮不及矣。聞者胥憮然自失也。此曲學丕騫之謂。儻非所論於任聖。然我生不辰。遭此末日。名賢經國之勝譚。徒假豪猾弄兵之揭櫫。諸侯放恣之文具。行託處士搖筆之橫議。衡政論黨。不異劇秦美新。事實詔我。卑得曰誣。軍之有

阽。殺人者槍炮。文之有案。殺人者筆札。一管毛錐。賢於十萬毛瑟。民亦紛止。何苦乃爾。此莊。生。所。以。賢。聖。知。之禍。而抗、浮、黨、之。惰。也。僕聞左季高寓居之日。自署門聯曰。文章西漢兩司馬。經濟南陽一臥龍。竊謂經。濟。二。字。自是。左。公。謙。遜。之。見耳。賢人。在。下。位。而。無。輔。乃。自。負。以。經。國。易。乾。所。爲。戒。亢。龍。之。悔。也。若是。諸葛。祇有。寧。靜。唯。澹。泊。乃。稱。臥。龍。謬欲以澹泊二字更下聯經濟。移贈吾子。上以頌高文之絕世。下以諷君子之見幾。傳曰。唯善人能受盡言。國武子好盡言於亂國。是以見殺。吾慨。子。之。爲。國。武。之。續。也。然僕規子不爲文。而子之文則僕私心之所渴欲觀。縱刊有出。倘希源源見惠。僕於民國十一年。草現代文學史。大文自卓然一家。時移世易。現當改爲。稿須得去年中實全份。以資鈎稽。儻有刪削。務望檢賜。舉世嫉公之政論。我自愛公之文章。各行其是。無所容非也。僕竊以爲公之政治。儘爲一世所訾議。而公之文章。終當奕世不磨滅。公而得此。亦足以自豪矣。……錢基博上 十一月二十八日 上海大西路光華大學

久不得子泉先生消息。奉此書。始知近抱失怙之悲。劍麟年幾父。適留滯柏林。終天之恨。尤爲切至。慟逝如何。劍料子泉娛悅其尊人於生前者。必遠非不肖當日之所敢望。色笑之。奉。終。而。繼。志。之。業。起。先德有子如此。復何恨哉。評武侯數語。洞見英雄心事。其委曲以盡其規諷之意。尤微所期於劍者極厚且摯。嘻、何敢當也。然吾子戒愼恐懼之誠所既多矣。敢不勉旃。國武子一喻。劇心怵目。無敢過觀。昔有赴死而行不復成步者。人曰。子懼乎。曰、懼。曰、既懼胡不歸。曰懼吾私也。死吾公也。（見說苑）劍斯時作報。亦同此感。夫譏世取寵。雖所恥爲。輕世。肆。志。抑又。豈敢。聞神。蛇。能。斷。而。復。屬。不能。使。人。弗。斷。聖賢。能。因。而。復。通。不。能。使。人。弗。害。（語本論衡）亦唯。水。乎。必。之。所。安。擾。乎。義。之。不。得。不。爾。以待。其。食。之。所。適。遂。而。順。受。焉。而。已。他。非。所。計。也。至文章之事。非一時所能論定。昔揚子雲寂寞草玄。世見其相貌不過中人。多輕其書不顧。今鄙。著。人。厠。斷。爛。雜。報。中。假。之。假。舉。以。易。糖。毀。亦。因。其。所。何。圖。子。泉。見。

謂奕世不滅哉。劍仄唔柳子厚文。且及其甄蔽之年矣。而所成未及百一。私心自計。人以人勝者。吾常勝之。以天設天別。儲一二十寒暑。時皆所斬於子厚者。而假諸我。則劍齋其才力之所至。汲汲無敢懈。將來能於子泉所編文學史中分得末席。亦未可定。然此乃冥冥者主之。非劍與嫉劍者所得而頗預聞也。子泉其謂何如。甲寅全份已檢寄。勿念。

士劍

文學

……發韻高文。心儀已久。去歲入京。於女子大學招待席中。復瞻丰采。其時執事方掌邦教。蒞校致辭。僕亦忝附座末。於妙緒紛綸中。益知執事不但欲以文字易天下。抑且以言語妙天下矣。是後於甲寅中。又屢讀尊著。惟論科道制與代議制諸文。最洽鄙意。竊以與前此所主之農村救國等說。同一精當。要皆為今日麻痺之國民。進一瞑眩之藥也。至於文白之爭。樹義雖多。覺尚非持平之論。以僕觀之。文學之為物。至公無私。其內容果善耶。用意大利文字寫之可也。用英吉利文字寫之亦可也。其不善耶。則任何文字而無當。蓋能文之士。自有文心。馭意遣詞。固無往而不自得。庖丁解牛。初非因其刀特銛於他庖也。今文言白話。猶刀也。用文言者。固可創為林嚴之翻譯。用白話者。志摩適伯之散文。又皆執事所稱也。故今後甲寅之古文學。僕以為皆宜分闢途徑。擴張領域。多創造。少作枝葉之爭。如此則不求勝而自勝。較之各執一是。彼此相非。不猶有所愈乎。此一事也。先兄筱秋。早歲志學。為文初主桐城。及後日益博覽。於史公書尤再三致力。倘一勵筆。汪洋恣肆。有非桐城所能限者。常自恨、皆、習、古、文、義、法。碑、狀、皆、不、難、為。而人、以名、位、輕。多、不、之、託。以是、悒、悒、而、不、能、自、已。所為詩亦戛戛獨造。以僕所習者淺。未能窺其涯涘。然皖中老宿。識與不識。莫不以詩人目之也。其於當代之文章學說。亦頗服膺執事。當教學合肥時。首即以尊著之評新文化運動。遍詔生徒。可知其旨趣所在矣。惟乘命不辰。遭逢特酷。今秋七月。不幸竟以咯血疾去世。僕恐其久遂湮滅無聞。頗欲將其一二殘篇。布之劇劇。環顧國中。雜志雖多。能容此者蓋少。正悵焦慮。忽甲寅重刊消息。接於目前。用是擬假數寸篇幅。稍載其詩。俾與世人相見。或哀其辛苦。致以誄詞。九原有光矣。惟前此貴刊。曾無詩文錄之例。不知果可援通否。此又一事也。即祈明答。不勝厚幸……王基

乾　十二月四日　（安慶郎家坡三號）

多創造。少枝葉。其說雖善雖美。誰受教。然僕意之話文學。部見則未敢苟同。蓋文學者形式之事多。精神之事少。所謂言之無文。行之不遠。此全指內容。宜由何式而外達。無與內容自身之善惡也。古今文事。其同一語意。以兩人說法不同。價值全異者何限。有內無外。又安足當文學二字耶。庖丁解牛。其竅要。固在刀。莊生云。以無厚入有間。言庖丁之刀。銛利至無厚。可言也。工欲善其事。必先利其器。此等通解。泛應曲當。何獨至於文而不然。然恐爲此言。非謂白話文必不可爲也。白話文亦自有白話文之刀。特此刀舍由通古今文入手。決難臻無厚之境。足下試更思此理。以爲何如。介兄彼秋高才早世。士林同悼。相知之雅。尤所難忘。惟末世文人。賤同丘蟻。步武長吉。或猶是善自解脫術。劍不能詩。已閣筆二十餘年矣。近從太夷先生。稍稍問業。彌復技癢。又邵次公曹纕蘅諸君。襄贊本刊。均主增加詩錄之議。以後本刊於文藝雜錄。或有發揮。彼秋遺草。定爲冠冕。　士劍

文中子考信

……比年以來。道喪文敝。計國內言文學雜誌。除貴刊外。僅海上有華國。東南大學有學衡而已。華國久未見新編。貴刊復中道停頓。學衡主任吳雨僧君。現來清華。編稿校印。均在上海中華書局。故出版多遲。吟謳猶吾道之不行。慨斯文之將喪。爰鳩同志。擬刊實學。類多考訂詞章之流。專與近代時髦學者背馳。而一二老宿如柯鳳孫、王晉卿、馬通伯、江叔海諸君子。頗能交口稱譽。暑期曾遣同志。持刊就正於章太炎、及陳伯嚴、唐蔚芝諸先生。亦蒙贊許。私心稍慰。

比以他事出京。刊務幾輟。現方由友人編印。第六期。尚未印就。適聞貴刊又將鳴世。喜可知也。承徵拙稿。冗懶未及清鈔。僅先往王晉卿先生文稿一篇。晉老爲北方學者泰斗。此篇爲最近、得意、之、作。未經登入數刊。倘載甲寅。庶足以詔多士。能醫病天下士或過。不及。終能從容。以求合乎中庸。文中子之於孔聖。殆可。謂具體而微。徒以其人與晉世無定論。致稀傳誦。可歎也。稿無副本。容鈔寄是。再求指正。……汪吟龍（北京新皮子胡同四十六號　十二月十一日）

劍稍暇當摘錄。附於本刊特闢一欄。聊攄所見。冀來方聞博辯之論。邵君次公著之。謂當廣其途術。多其門類。使天下讀書之子。俱得藉此爲商量考訂之鄉。劍正欲以此意布之同志。又劍校讀論衡一作。將依孫君蜀丞人和所爲墨正之例。擇條爲數。公同商訂。以期講成。本邦邏輯之宗。適汪君衣雲以文中子著書之事。貽書見告。吾道不孤。以文斯會。其盛邪也。衣雲希蹤容甫。阿衡高郵。其創刊實學雜誌。殷殷欲以學易天下。意尤可敬。謹依來旨。昔語學人。萬派齊鳴。斯爲嚆矢。

士劍

文德

……季春之月。都中變起倉卒。舉國震撼。謠言雷動。而滬上某報專電。且有先生遇害之說。私輒嘆悼。以謂先生曩者曾有自行發訃之舉。今竟驗焉。復誦誥文。不禁泣下。既數日。尋繹各報。無再有紀及此事者。久而久之。乃知某報所稱。都非事實。是蓋落井下石之輩爲之。彌可痛也。自甲寅停刊。昔亦嘗渡粵海。遊遐荒鄉。久不獲聞先生近況。北來後。欲從各報一探行止。復不可得。方謂再遊歐陸。實意中事。尋于國聞周報。獲讀所撰雜記及詠懷詩。始悉棲遲津門。未遂去國。憂患播遷之餘。而豪情俠氣。瀰漫紫霄。諷誦之下。悲喜交集。比者甲寅重刊。快讀雄文。欣其有日益重。通訊尤符鄙願。竊謂大刊通訊欄之宏且美。誠如先生所自稱。然以方之。甲寅之。甲寅。已爲不逮。此固由乎時代之環境。而於先生之名位。亦非無關。蓋文勝質斂。理實已虧。決多流少。文德斯下。不可掩也。今先生既久卸政權。專事撰述。深願振刷精神。恢宏士氣。衡論時政。啓發後來。蔚爲偉觀。還其昔日之盛。此固不僅嶺海寒生。所引爲私幸而已也。抑尤有進者。閱甲寅續刊廣告有云。同情者一律寄覽。報費有無不論。果爾則無我之物。誰不欲得。同異之情。無可分辨。既相索閱。應付爲難。如其不然。則紙幅過求簡陋。久讀有三絕之歎。亦非愛閱者所願有也。先生以爲何如。普愚幼無學。向未一通名字。惟家叔夏章。昔曾受知門下。久誦甲寅。輒復有感。用道平昔眷企之誠。兼抒鄙見。伏維先生進而教之幸甚……李普年

上海國民大學　十一月二十四日

滬上虛報一節。蓋末世之情。每崇毀而善敗。固不必有何落井下石之念。以爲之先。足下閱世似淺。故覺可異。實則記醜述異。於今之世。此等久不復有注念之値也。去歲當官。同時以言論與天下相見。世喜以先入之見少之。意謂二者決非可兼之職也。不知古俊乂著作。辭說自用。其業自明於世。管仲晏嬰。功書並作。商鞅虞卿。篇治俱爲。（數語本論衡書解篇）如仲任所稱古今多有。特如釗者。非其才耳。質微諛多。誠所未免。辱承開示。敢不拜嘉。報費一事。此中頗有曲折。詳見品報後題篇中。恕不一一。

士釗

詩錄

九日李園登高

蘇戡

門掩西山那忍來。登臨又勸九秋哀。憂中有樂難忘酒。老去行吟苦費才。兵氣人間天不吊。太微移舍世奈猶。一丘一水饒蕭瑟。儘戀斜陽晚未回。

前題

弢庵

商飈又拂鬢蓬來。林薄蕭寥起百哀。異地得朋聊可醉。殘年能賦木非才。中原鼎沸民誰主。曠野絃歌俗且猶。有弟故山方佇立。烽烟南望首頻回。

海藏出示九日登高之作即席奉和並柬弢老

愔仲行嚴次公韻簡諸君　逸塘

朽塵。揆。面。去。仍。來。寂寂。秋。心。勵。百。哀。天遣。憂。危。窮。啓。
畫。世除。羈客。巳。無。才。閒身入合詩中老。對手。棋。從。刼。
僕。猶。同室。苦。難。勤。嶽。道。没持。禹。稷。薄。顏。回。

疊均再柬海藏樓主並示同人　逸塘

吳塵霜吹逐愁來。斫地高歌且莫哀。年近知非殊未
老。天因。有。用。始。生。才。心期。宿。借。風。雲。壯。日論。真。成。燕。
濃猶。拭瀏。銀。河。瞰。滄。海。依稀。巳。見。曙。光。回。

九日海藏老人見示李園登高之作次韻奉酬　次公

雁聲。依。舊。逐。愁。來。（坡公九日詩愁心低逐雁聲來）破舌曾無窈窕哀。
戰與。霜、花。論。晚。節。怕。將。紗。帽。限。詩。才。殊鄉風物猶堪
戀。明日。晴。陰。那。易。猜。何處登臨是吾土。樓台滿眼首
忍回。

十六日李園秋禊疊均　次公

乞與。烟。波。洗。眼。來。秋心。迺。托。玉。神。哀。荒園。竹。柏。無。塵。
夢。亂世。漁。樵。有。劍。才。地僻。儘。容。黃。鵠。下。身閒。端。付。白。

鷗猜。日斜漸。見。圓。蟾。出。爲。戀。清。光。不。忍。回。

次均答海藏樓主九日登高之作　寐衡

戰雲。又。逐。羽。書。來。旣到。江。南。意。巳。哀。秋晚。菊。猶。能。作。
健。時衰。天。亦。靳。生。才。中宵每爲荒雞舞。遠志寧教腐
鼠猜。老去。善。夫。饒。霸。氣。（用逸公東坡詩語）筆端。力。挽。萬。牛。
回。

次海藏樓九日均答旅塵　叔海

陶處世遠不重來。豈獨兵爭事可哀。厄運尚存容有
數。恥心巳喪更無才。鉛刀。競。用。驚。鯢。（劍名）棄。鳳鳥。高。
飛。斥。鷃。猜。一歲。嚴。寒。能。幾。日。會須。袖。手。待。春。回。（來詩語多悽慨故寬之）

讀寐衡和章並聞葉月舫談澳事有感因復次原均答之　孤桐

說事談詩襟旨來。南冠。相。對。未。禁。哀。敢先。太。傅。爲。長。
哭。（答選衡執似長沙有大名句）孰後。高。陽。竟。不。才。豈必。江。流。終。有。
恨。祇今。黨。論。最。難。猜。懷人共羨包胥健。虛到秦庭儘
弗回。

一一九

附錄

晶報後題

章士釗

甲寅者，愚與同人共發以與天下明道解惑者也。其中所任文事之重，暫莫如愚。愚生甲寅生，愚死甲寅死。愚德，甲寅之文字有光。愚不肖，甲寅且視將亡之不足。執友如吳君達詮，深以甲寅個性太重爲病，且殷殷諷之曰，雜誌而以一人之文字鬥輕鬥重如是，毋乃太苦。雖然，事實所在，是未可以驟易也。即驟易焉，諒亦非讀者之所樂聞也。（近一週來愚親理讀者來函二千三百件大抵皆詆愚文所詆其收復者）惟如是也，愚與讀者之間，宜乎心情相照，不生暌牾。設不幸而有互告斷然，法無可有，宜亦勸勸懇白，使愛我者終得略其跡而原其心，無爲多方熄遁，重人踽踽涼涼之歎，致什佰克之心理。因而廣衍。又設不幸而有奇恥大辱，播布於衆，與相並非爾爾，是當據情自理，毋介社會，深微觀聽，及君子爲躊躇於人言。舉磨之間者，其義亦同。昔直不疑償金同舍，天下稱爲長者。愚謂此特不疑料人必來歸金，故徐徐焉俟其自白耳，非眞不辯也。爾後又遭盜嫂之謗，不疑聞曰，我乃無兄。史公從而爲之辭曰，然終不自明也。試問無兄一語，非自明而何耶。且卽如史公言，不疑之爲，亦自有道。彼讀老子書，不好立名稱，無以言覺天下之意，不慮天下以誤測於人者，移諸其言。嘿爾而息，利害終於一身之際，他無所於滯，故不妨爲之。若夫有言責者，則異是。夫公孫龍將與人辯，先立跡府以昭己行。艾狄生作文報之首篇，凡己所爲，無不剴切言之，誠以論世貴夫知人，此人云者，固無古今人我之分，亦無善惡謗譽之別，而束身於近世文明國之言論家者，尤不宜不自盡人最以悉天下之知也已。愚本斯念，草爲今篇。

十一月二十七日上海晶報。有還與甲寅相關者一段紀事。其事甚小。可以語大。不可無一言明之。請先譯其詞於下。

章行嚴先生底甲寅周刊停版之後。中間曾經替國聞周報幫忙。論參考資料國聞可以數一數二。再加上章氏的文章。越發精采。後來忽然不做了。大家不知道他何以忽作忽輟。原來國聞所登的鐵路廣告。是章氏介紹。就拿廣告費算報酬。不久廣告停了。章氏的文章也隨同中止。唉、行嚴先生呀。其實像、國、聞、這、種、好、報、紙。也、殺、得、上、給、你、發、表、言、論、了。何必、計、較、區、區、金、錢、呢。現在章氏又將甲寅復活了。最奇、怪、的、有、兩、件、事。一不用代派處。完全直接訂閱。二不收報資。凡是與他表同情的。（老實說就是寫信去要）一律寄覽他的廣告上說道。「並爲弘布政見。直摅與天下人以言論相接之故。凡與本刊同情者。一律寄覽。報費自由寄附。有無多少不論。恐怕。中。國。自。有。報。紙。以。來。沒。有。過。這。種。豪。舉。什麽叫自由寄附呢。這是日本名詞。寄附含有捐助的

意思。捐助當然是多多益善。忽然又說有無：不論。打破。天。窗。說。亮。話。章先生新近由瀋警航介紹。到濟南和義威上將軍效坤督辦盤桓幾天。演說過一次。聽說贐儀着實不菲。還有人說。甲寅今後的資本。也是張義威的呢。要不。然。章。先。生。新。近。發。表。文。章。裏。說。負。債。累。累。（大意是如此原文恐不翻檢）那能。不。論。有。無。送報。給。人。呢。

晶報還甲寅於理。愚當對簿。今請得爲白狀曰。甲寅停刊之故。非愚不能爲文。尤非無暇爲之。愚昨歲躬長兩曹。復經橫逆。緹騎過門。筆猶在手。前後綴行三十五冊。蓋無一偶違期日。何至今日達難津門。百無所事。甲寅轉以廢刊聞爲。此無他。刊資。無。所。自。出。耳。且愚罷官之後。匪直飛文騰書。其錢莫名也。即尋常日用。亦至艱窘無以爲狀。吳君達詮見而歎之。每月擬爲籌生活費六百元。倩愚作文四篇。按期於所營國聞周報布之。意謂四篇之文。愚宜不甚著力。既絕米鹽之憂。復饒從容論學之樂。愚可不貶節求人。而得遵養時晦之餘裕。其爲誼極盛。感且不暇。顧愚傲

二一

惜僻性。不甚謂然。則應之曰。否否。達詮。愚友也。且有力也。愚窮。達詮謀所以解之。愚受之無媿色。何取。以文爲質。又愚。達詮。友也。爲文。其素業也。達詮求愚文。愚宜遂予之。何用以金相質。果質焉。質焉。乃市道。亦友道也。非達詮與愚所應相處者也。今甲寅輟久。舍卒無所積理。且愚意於甲寅亦無所執。達詮厭彼愚文。甚善。愚且日卽爲之。惟在義不應受達詮金。堅遂詮欲有以濟愚。此則一非不得與作文。同年而語。且愚文。卽有價。四首之文。相習。特萬言附果何價。六百元。之多。說此意愚任親向達詮言之。友人中如梁燕生、談丹崖、曹潤田、胡政之、張季鸞諸君。類無不聞。是愚、爲、國、聞、周、報、撰、述之由來也。此事發議在六月杪。愚七月初。卽首著馬學做一首。評達詮號所爲論。自後每週不爽。凡星期四日。愚稿迻寄上海李君子寬發刊焉。時或不限一篇。愚意儘時一篇又輒互七八千言。愚初未嘗自計日。此國聞。非甲寅也。以故迄停稿日。互兩月餘。愚蓋無一期自逸。偶輟未作。是在前報可知。不能諱也。在此、期、中。愚固未、涉、周、報、方、面、一、

文。達詮、知、愚、志、態、良、審。亦、未、便、卽、議、解、裝、之、舉。至何以停稿者。則務地一事。與金錢風馬牛不相及。愚固言之。愚初未嘗自計日。此國聞、非甲寅也。於是鄙陋所見。輒恣言之。其注於人與否。未遑措思。此於謀雖忠。而於情則滯。有斷然者。當南軍之初起也。愚爲將中正北伐事。一論。推言蔣當暴盛。而終以赤色敗之故。促國人自覺。周刊同人未善所言。抑稿不發。而亦不向愚申明其意。直如前朝敢受臣工章奏。其未嘗者、留、中、而、已。愚文。人也。文辭。烏能無有。雜爲新聞報撰文。有今四維論。意規曹氏。尤深誠侮僉閱芳。主者汪君漢溪。未敢揭載。則先之以消然。李君偕陳繼之以親至。再三聲說。示歉萬狀。愚猶爲之不怡。曾不幾時。卒致閉歇。今周報直淡然若無其事。愚何面目更向人解釋焉。然愚以同人之情。互傷無謂也。一日與季鸞談及。並婉道愚意。祇須周報略有表示。愚當執筆如故。而不識胡乃並此不得。如實論之。周報者。亦如他周報。乃雜誌耳。並無萬不可缺之說。示人躁枯且凡。愚文。則署孤桐。文責自負之。卽或見罪天下。未必以

所欲於愚者移之周報而周報矜慎如此其意愚何能知由此以觀愚文不復見於周報者周報有所未慊於愚非愚之有所未慊於周報也明甚而晶報顧以鐵路廣告中止之浮說當之噫是匪夷所思夫中國人最重勢利愚今僑居津門果何若往歲周臚府部時甲寅初撤費卽輟葉君裕甫同居閣中朝夕相見愚猶未能謀得鐵路廣告一字從乞殘羹稍資沾溉今乃神通忽現能介毫不相關之交通當局慨移巨額為落魄文人作翁猶之資乎遂淦手操經濟之霸權多金廣交遠萬倍愚彼不能自為其報謀而有賴於不值一文之愚儒乎且所謂鐵路廣告者何所指乎愚遍查手中所有周報各期凡愚撰文時從未見此類廣告一則（或有遺漏亦未可定）而京奉鐵路管理局廣告半頁轉見於三十八九兩期此為十月三日及十日發行在愚西符之第之後又次數似止於是其頻繁遠不若嚴慎予獨鶴商時各報諸條為閩鐵路局中人將親登出者為廣告乎抑竟由介紹人不然亦無嫌乎移費作酬費與酬俱何額乎是否與愚擬

舉每月六百元者有關乎兩則廣告能值幾何乎自始止登兩則（此錄原所見會之）果何時為始何時為停乎且諸君確知前則將不再見於周報乎凡此諸問說者試一思之應當啞然失笑矣

至本刊僑代派處直寄閱者費不必先一節非故灼灼可得而言甲寅者以言論與天下相見之機樞也固不為射利而甚願有道焉使得獨立自存持之不敝者亦情理之所宜然而其與此八字適相衝突者首推代派處以愚經驗所得有數弊焉延不結算居遠省者尤為橫霸祇有報去無一文來稍致函詰且以惡聲相報一也實銷如何無從考知彼便有無賬可算之決心存報途聽其閣置徐借廢紙出售二也如最近處所可得貲其將報退還往往投擲者殘報來相搪塞三也代派處輒收受讀者全年半年報費而不報聞該處或見倒閉本社受讀者函責無從答復此殊於本社名譽有妨四也要求折扣過大售價遂在印刷成本之下五也五者之中其尤不可救藥者乃實收之報費太少中間投鼠忌器不敢不源

二三

源寄報。以郵票論。數字亦且甚大。坐是銷行日廣。虧累日深。去歲本刊之興。號稱鐵面。即周親友。送閱者絕稀。除前三期不計外銷數王時。速印三版。費不短收。允宜有贏。而卒賠累不貲。蹶焉復振者。無良。代派處。以為之佐。實主因也。然代派處由賦性與結習。言之。實無從。良亦偶有。良者。而多數。如彼。勢莫能挽。此患。不復用、代、派、處、之、所、由、也。代派處既廢。銷數戚且驟減。是不得不有法焉。獎勵之。且天下之大。寒士多。苦。於本刊。有礙。情。而阿。好。豈非。絲絲入。扣。未免。意。太。不。廣。又當今。賢達。長。者。心遊。論壇。意存。平。作。Fair Play 果何。事。必。求。然。於。吾。甲寅。哉。恐近親理兩件。日且流言。凡求贈者。大抵率敘其寒苦不獲已之由。否則報到貧隨。自為諸賞。恐誠暴以鄙意妄測天下士。雖不中不遠矣。將來、除、去、應、紐、寄、附、一、部、分、外。恐擔、準、條、猶、且、超、出、前、番、所、得、於、各、代、派、處、之、數、至、實、銷、實、印。無贈、報、沉、本、之、累。且不、論、點。品報記者觀之。恐如此為甲寅立算。顧不然哉。其利，落。之，中。飽，之。手。稍稍。推。諸。士。林。復何。說。哉。

由右觀之。愚之所為贈報苦情也。非豪舉也。而晶報記者。適於其反面測之。因而索連濟南之遊。妄意張脩辦效坤大有傀賠。卒且本刊賞本。亦於是乎出。噫、甚矣。晶報、此番、論、人。惜大、失、其、平、昔、維、曼、的、romantic 意、態、矣。蓋嚨者恆禮也。孟子且屢受於時王。何論於愚。愚固制行未甚謹嚴之人也。其字云云。特欲勉為之而已。生平行述。隨時可證其與貨賂相襲。前歲在上海偶獎原贈一文。推論議員贈不選之因緣。同時深自明其不肯。且大為同志之士所訕謗。設晶報所云而確。亦適見愚平昔之為人。固如是已。毫無足奇。而無奈茲所涉之事實並不附也。介晶報。探其不附。從而為誅心之論。謂凡不近人情者。鮮非奸。愚其中。容不之舊語。而乃以至平極恆之語調出之。至謂不得厚賜。不能有報送人。斯覺。忌乎。古。今。中。外。之。豪。情。勝。概。往往。出諸。貧。士。者。為。獨。多。千。金。之。子。轉。不。得。與甚矣。所見之局也。愚今受賞。且語厥實。諮君嚐航。愚友也。其人謗者綢衆。而愚要不能不以友待之。蓋昔英倫文家約翰孫。其友亨利爵士恆以力助之。穆勃所為傳業頭銜之亨利之名政有鴟亨利他行不著。而穆勒獨為傳是。馨航周。恩所倚為亨利者也。距今五六月前。屆君文六將西行。恩偶偕同遊之說。馨航為言於張效坤。效坤大喜。頗饒三萬元以寵其行。有成說矣。恩初亦甚願。洎馨航介恩與效坤談。恩漸晤其不可以效。坤健施之人也。年來所為豪舉不一。受者之為謂何固平視焉而無所羨。泚凡士大夫所瑟瑟自重之酸骨因號焉而無視。三萬元者在彼司空見慣而在我拘泥文義之徒得之。將不期而奉為與人死生患難之造端。效坤既不知恩。恩復對之無始終。非之覺念一旦逢異。恩其不自陷於先利於人而後負於人之肖小也耶。恩之三子。曰可曰用曰因。年十五六有差。讀書俱有根柢。荊妻日昔要恩假貸作同遊學。恩無以應。正日昔苦之。今有三萬元之機緣。豈非絕善。而恩略審前後表裏之實。未肯為也。因馳函馨航。毅然謝之。當日原書存別答之函稿上所列義的尤剽付雖有王戎之報書。終等俯豁之卻米。自以為開罪張上將軍及亨利爵士矣。曾蜷伏兩月未動。小磬門[illegible]亦絕不往。居無何。亨利為傳語

曰。效坤匪但未以為迕。且雅重君意。今想誠求友於君。幸無更拒。恩不知所對。十月之杪。馨航赴魯。約以後車載恩。恩陽諾而陰避去。逃抵魯。又復貽電相促。有友明休咨。為講其義曰。其一往便。恩乃往。往而盤桓講說。誠如晶報所云。至云賭儀不非乎。恩自備三百元往。僕賃車票。耗去半數而已。若甲賃貲本。更從何說起。恩初游魯。曾樹二義。幕府諸君。多有聞之。一、不倚山東之力為官。二、不取山東一錢以為己利。所求者為將軍揖客。得從容討議天下大事。他無需也。後十餘日。效坤來訪。曾詰恩曰。君在濟南。為何不告而去。恩應之曰。為君忙耳。一笑而罷。卽事未作他語。恩與義威往還相與之跡。可得言者如是。然則甲賃貲本。果胡出乎。質而言之。吾刊自謝者之信用外。乃無一文足云貲本也。在六月間。恩思鬻字。以三月之力。書箑千柄。集貲萬元。十月得續刊焉。既以此意陳於恪非。原函見啓當復購扇而數百頁。計日經始。謝命於友。而吾友有不然其說者。謂予承依佛郎案之後。為是塞慮。此不僞亦僞。人誰齒予。恩不信。擬

晉謁數處。果快快。獨趙次山先生盛贊其議。愚以便而往。御倒。然以五百元爲報耳。時値遠沼之議起。愚思襄甲寅而就國聞。於計亦便。（此點愚全與晶相記者試意）濫字說遂寢廢。邇愚不復能爲國聞草論。擬於甲寅者數篇。且紛紛以相宮之說相聒。舊事重提。愚又寫扇數十面。乃去年爲人自由持去。仍於甲寅無當也。適曾若潤田太夫人壽辰。次山老者由京來會。席間大責朋輩之不想助。辭皆激切。於潤田尤無恕詞。潤田大呼冤。非賢。愚集貲非未或。商之潤田。誠哉冤也。潤田者。今之青年所稱傷辱人也。處境略與愚同。而年來愚與交遊甚其。篤誠明健。蕭流罕見。迫乎與外間浮議所指異趣。本刊得此人爲友。愚自樂之。若人云亦云。隨世情爲避就。非丈夫所當有事。嗣後潤田首唱爲約同人如梁君燕生、張君丹崖、邵君伯杉、吳君志唐、李君贊侯、張君篤勝樂。義商沈君雲甫亦聞風而愚（張君第延佣宦之）朱君桂辛有相關之印刷局曰光華。其培吾宗以典適業其役。因以劍所之任付之。其他瑣事。則以屬愚同祖兄仲漁。經是部署。本刊再生之期。

約略以定。愚所擬計用劣省爲蒸化之具。遂暫不必費効。然此特如產科醫之於孕婦。有術能令呱呱者墮地。無大苦耳。向後長養孳生之事。仍訴諸本刊所得訪致於讀者諸君之力。以爲衞也。皆試思之。吾國人稱以爲腠媚任卹之教所深孕育之故。於社會主義成功之質素爲甚備。惟苦無相當之機械爲之附。則若吾甲寅者。既絕纖毫爲利之心。其立天下爲公之論。能文之士貢以文。有貲之士貢以貲。力役者多助。力絀者少助。無力者不助。酌盈劑虛。無德無作。自然流轉。一無窒必。此而有成。基可固。由是若蘇若基。若沁若稱之社會組織。任以何種築之於上皆且有。背棠背儕之觀。西哲之言。凡斤斤於政式者皆愚夫也。不請其基不立。誠乃病耳。愚創本刊。於斯篤信。今者有會。遂立如晶報所議之法。與天下志士相期。愚方幸爲詞運之神。愚之使爲。不圖復用此爲疑謗也。

愚所爲白狀於晶報者止於右。辭雖醜穢。義取質直。如有妄語。神明殛之。

長沙章氏兄弟鬻字例

家兄仲漁先生名理綸隱於吏得宗鍾王工力極厚釗歎勿及茲以釗將鬻字續辦甲寅周刊有志相助因合訂字例於左篤好之士以資觀焉　章士釗謹啓

對聯　八尺（八元）七尺（七元）六尺（六元）五尺（五元）四尺（四元）三尺（三元）以上八尺至六尺以八言或七言為率或指定八言以上者每言加一元

屏條　八尺（七元）七尺（六元）六尺（五元）五尺（四元）四尺（三元）三尺（二元）以上三四五尺不過三行六七八尺不過四行加行每加一元

堂幅　八尺（十元）七尺（九元）六尺（八元）五尺（七元）四尺（六元）三尺（五元）以上三尺不過四行四五尺不過五行六七八尺不過六行加行每加一元如六尺以下指書四分以內小楷楷照加半倍三尺以下指書三分以內小楷照加一倍

橫幅　整紙照堂幅價半幅照屏價

通屏　一面（三元）半面（二元）兩面（五元）坤屏奈金

地不計

閣扇　與通屏同

杭扇　加照屏價泥金照通扇加半倍泥金自備

榜書　在橫披匾額等類一尺內每字（二元）一尺至一尺五寸每字（四元）一尺五寸至二尺每字（七元）二尺外每字（九元）

壽屏　四幅（三十二元）八幅（六十四元）十二幅（九十六元）十六幅（一百二十八元）每幅以五行為度加十每加一元

冊頁　每開（三元）三四分以內小行楷照加半倍

斗方　與冊頁同

鎮尺硯盒筆筒等類書五七絕句一首（三元）扇骨加半倍

名戳每個（二元）小戳不書

卷冊題簽每件（二元五角）

以上各件如須仲漁行鬻兩人合作取價均同行鬻文另議書件指錄已作者照加半倍潤資先付定期取件凡閱甲寅者照七折收劣紙不書綾絹加半

版權所有　不准翻印

編輯者　章清吾

總發行所　甲寅周刊社　天津日界須磨街春生里四號

印刷所　光華印刷公司　天津特別一區大沽路　電話南局一三二九號

改訂價目

零售	每份一期	大洋一五分
每月	四期	大洋六角
半年	二十六期	大洋三元九角
全年	五十二期	大洋七元八角

郵費

本國及日本	每期一分
郵會各國	每期四分

廣告價目

地位／價目	全面	半面	四分之一面	八分之一面
封皮裡面	四十元	二十元	十元	五元
底頁外面	同上	同上	同上	同上
正文	二十元	十元	五元	二元五角

此表係每一期價目滿四期以上九折十三期以上八五折半年以上八折全年以上七五折插圖另議

大陸銀行

資本金五百萬元　公積金一百三十萬元

總行天津分支行北京上海南京蘇州北京前門漢口濟南青島膠縣天津大胡同其他國內各大商埠及英國倫敦法國巴黎德國漢堡美國紐約日本東京橫濱神戶長崎等處均有特約代理機關一律通匯並與鹽業金城中南銀行於天津上海漢口等處合設準備庫及儲蓄會

保管部　公債公司債股票商業票據及其他有價證券之保管並代取本息或買賣或承募出租鋼製保管箱

營業部　存款　放款　國內國外匯兌　押匯　貼現代理收付款項及生金銀之買賣

儲蓄部　活期儲蓄定期儲蓄　天津總行法租界三號路六號路轉角

交通銀行

本行創設於前清光緒三十四年股本總額二千萬元專辦存款放款匯款貼現及外國匯款等業務並奉政府特許代理國庫發行天津鈔票及各省商埠均有分行或通匯機關如蒙惠顧無任歡迎

行址　法界一號路

電話　經理室　一八〇〇　營業室　五七〇〇　一八二〇

電報掛號　六六三九

總理　梁士詒　協理　盧學溥

天津分行　經理　汪世徵　副理　王　徵　襄理　蘇恩科

中興煤礦公司廣告

本公司向在山東嶧縣棗莊地方開辦煤礦產煤各種煤焦歷經中外著名礦師化驗灰輕磺少燄長性堅極合輪船鐵路工廠一切機器鍋爐之用是以津浦滬寧隴海滬杭各大綫路常年購用同聲贊許他若山東境內暨運河長江一帶各工廠亦均紛訂購如蒙賜顧請就近向左列本公司各分廠各分銷處接洽辦理無任歡迎

（分廠）上海　蘇州　無錫　常州　南京　鎮江　南通州　清江　界首　馬頭　臨城　嶧縣　台兒莊　山家林

（分銷處）日本大連　烏衣　滁州　臨淮　宿遷關　蚌埠　固鎮　南宿州　符離集　夾溝　徐州府　韓莊　官橋　南沙河　滕縣　界河　兩下店　鄒縣　兗州府　濟寧州　曲阜　泰安府　萬德　黨家莊　濟南府　濼口　桑梓店　晏城　禹城縣　平原縣　黃河涯　德州　桑園　連鎮　東光縣　泊頭　滄州　興濟　唐官屯　獨流　天津　杭州　海州

中華郵務局特准掛號立案之報紙
每星期六日發行

國十五年
二月廿五日

第壹卷
第叁拾柒號

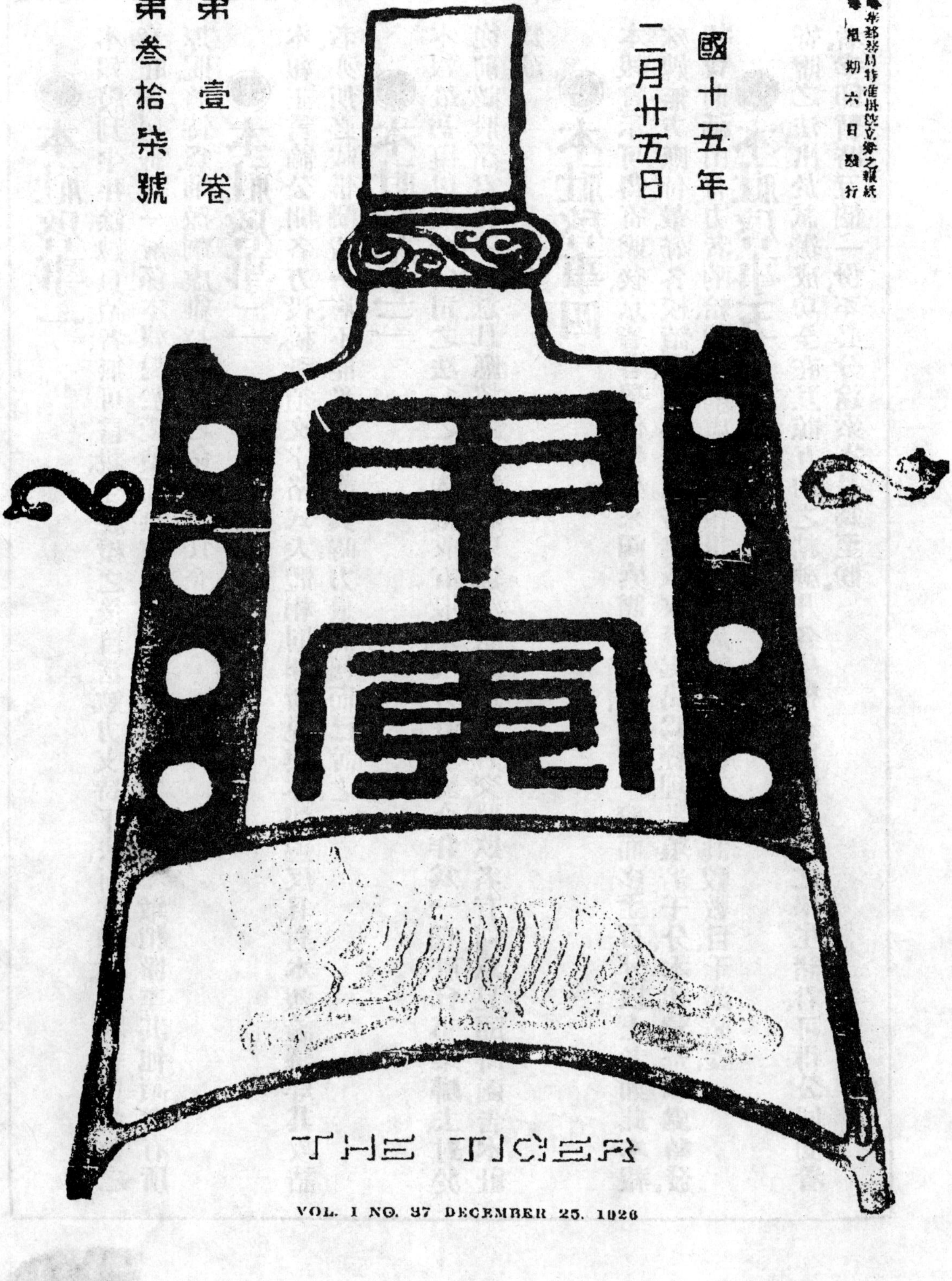

VOL. I NO. 37 DECEMBER 25. 1926

●本社啓事一

本報發刊半年餘、媿負讀者、無可言說、今賡續之後、自當勉力支持下去、而其關鍵、仍在報費收數之衰旺如何、寄贈一層、係本報對於愛讀而無貲力者之義務、此惟力是視、不敢稍懈、至其他讀者、有所厚貺、將恃爲酌盈劑虛維持本報之命脈、無任企禱、

●本社啓事二

本報主言論公開、各方投稿、祗須文字格式、大體相同、即所見與本報適反、且對本報論議肆其攻詰者、亦所必載、惟酬貲一層、不能豫定、亦視其時力量如何而已、諒之、

●本社啓事三

本報最初擬以股分公司之法行之、曾陸續收有股欵、現方針改變、全作爲一種社會事業辦法、對於從前認股諸君、極表歉意、且應協議一種收束辦法、特此通告、曾交股欵者有何意見、隨時函告本社爲禱、

●本社啓事四

本報宣示可得寄贈後、京省各學校學生來函索贈者極多、甚有一校而多至百分以上者、如此本報殊媿無力應付、最好各校讀者、推本校庶務處或收發處出爲經理、共須若干分、本報彙寄該處轉發、報費則祗由有力者酌給、酌盈劑虛、使本報得稍資周轉即足、決不敢計較數目、千萬亮鑒、

●本社啓事五

寄贈之法、出於試辦、成功全在互諒互助之精神、凡各學校有同校同齋之學生諸君、可得公同閱看者、幸即暫時互閱一份、不必分途索寄、是爲至盼、

時評

政治。如流水然。船航於中。不進則退。無容與之餘地。數月以來。南方極力求進。而北方迄欲以容與之態與之。卽顏閣不成爲閣。而他閣無法產出。一端者之。其他可想。無怪外人悖言。中國政治。蓋如跛人之循中物己。斯君賀卿。居東半年。究心彼邦維新事業。頗謂明治元功。匪異人任。而又與張與交親。爲隆推轂。宜乎出山朝議。厥端夕成。然猶遲之者一日復一日。阻之者一溺復一溺。近得最後決定。無可翻覆。而仍似有所待而然。（至記者執筆時命未發表）此何故耶。聞胥推之。有二因焉。一名分之難定。並自黃陂去而約法之局壞。合肥去而革命之局又壞。今於二者之外。復有所擇。天下果安有樹多之政例耶。今國無元首。安國軍總司令者。復自處於進退兩可之地。徑發最高政令。諸形未便。國務總理。或卽由各省區推戴總司令之法而出。彼各國務員者。亦並。非。下。總。理。一。階。是將以何法。諸生爲可。此其一、一意、見之、黨、派、也。自古。強。敵。在。外。而內。訌。惏。蒸。者。其。例。不。一。明之宏光。殆爲尤著。今南軍驅馳領天下之半。北方合力應付。猶恐不及。而閉其中權柄不一之情形。迄未少減。一若。公。敵。可。懈。而私。隙。不。可。不。計。此其二。二因不減。新開之運命。將終於爲係之矣。

近日。外。交。尚。傾。爲順。然。不。可。掩。之。事。實。英新使藍博森、逗遛於南頗久。日本之佐分利氏、亦往加詳察。英倫之巴力門。凡自由與工兩黨首領。皆公然爲助南張目之提議。輿論如泰晤士及孟哲斯德導報之類。復極論英國武力對華之非。謂南方所爲。特國家主義之所表見。何與外人之事云云。而日本外交。舊分兩派。一曰軍閥。一曰資閥。軍閥雖仍袒北。而資閥則重南。如北方遲滯復遲滯。不於政治急起直追。使得爲外交收效桑榆張本。天下。事。蓋。未。可。知。也。已。

上海近有皖蘇浙三省聯合會者興軍特起。蔡元培、褚輔成、許世英、黃康、張一麐諸君。成爲之領袖。志在阻南軍使不入境。同時假借南軍之力。鉗制在境北軍。使自動退去。然後三省徐徐宣布自主。由人民分別組織自治政府。應付時局。此以。理。想。言。之。不。得。謂。非。三。省。自。謀。之。得。策。而亦。江。浙。士。夫。慣。用。有。效。之。手。段。也。不料南軍蔣介石、先不謂然。遽電詞旨激切。大可歸覽。

……就年來事實論。在今日革命軍未出長江以前。軍閥之割據自雄者。逮二十幾省區。演成循環戰爭。不下數百次。而縉紳元老。呼籲和平。自民二迄今。殆已十餘年。諸公曾祈得和平之福否乎。如曰。各。方。不。悔。禍。使。然。則是。和。平。之。未。可。以。舌。爭。已爲。鐵。證。……夫國人反對武力者。反對與偽爭權割地掠民之武力耳。若爲解放被壓迫民衆。以剷除暴力不得已而用之武力。自有征誅以還。伐暴救民。孰能外之。性質。不。分。動。鬨。矣。戈。而。厭。此種恐怖。此種心理。於今時代之國民心理。不得不謂之薄弱。而救國亦不得謂之徹底。……聯省自治及保境安民之運動。近年何嘗不風行全國。並且實施三省。然猶國與試驗之結果。除假軍閥作護符外。試問國人。自治者何耶。三省自主者何物。此而不覺。至今國族淪夷猶乞靈於已死者之鬼。抑何故歟。況何者為真正民意。在學理上本為難判別之問題。而禍民虐民。則可以事實為左證。諸公試就湘贛鄂之大多數人民。受北洋軍閥支配下之各省大多數人民而問之。除老軍閥官僚洋行買辦特殊階級外。人民實際所感受為如何。而革命軍佔領區與軍閥割據戰區。人民痛苦之比例又為如何。如斯可驗也。至民權表現。尤以民意為附麗。果上述非實為不誣。則今日真正民意之所在。固可得而覘之。……諸公不作救國運動則已。如欲救國。應請先一設想。在國家與民族之現狀。果求和平統一。果求獨立自由。舍國民革命軍與三民主義外。將有他途。……

為漢云漢。肆哉言也。若北軍亦有能文之士。傅檄江省。此電語直大半可以襲用。其對贛三省處。尤為爽朗。惟收束當易曰。舍討赤成功建設新國家外。寧有他途耳。蓋天下之非居兩極端者。其境最為相接。若夫居間調劑之人。不措獨至之理。復不擁相勝之兵。動人服人。兩俱無當。故往往用力最多而程功最少。倘三省士紳不幸適處此位。可歎也已。至將電所稱赴革命佔領區之人民間之感受為如何一節。此純根諸宣傳性質而來。不足為典要。本篇意不在此。即不深論。（此係級華部傳芸昭月軍閥入杭州浙江自治風靈送將勸告諸來交）

近報長沙市民。以祝商民協會成立之故。結隊大游行。參加者號二十餘萬人。其路線由教育會東街出發。環繞全城街巷。蜿蜒如蛇。長蓋二十餘里。追頭隊返至教育會坪時。後方齊集待發者猶數萬人。盛可知也。而又長沙市新聞記者聯合會。亦適於是日設立。集衆演說。編制口號。第一條曰。保障言論出版結

三

對自由號先生之號則大矣先生之志則不可蓋言論自由者基於異而不基於同長沙外於黨部可得自由之出版物久已絕迹今黨員自對本黨而放言曰保障保障古今背夾中北光無意義之語有甚於此者耶客自南昌來爲言王君吉占偵爲行政委員於廓清以前敎有組織被以黨化一節稍持異議翌日即被停職科以破壞黨議之咎天下之保障言論自由者烟如是耶而湘人自紀其略曰此實長沙新聞界空前未有之大結谷因自若也

近日黨人壟斷之最甚者莫如敎育政策閩武漢所有學校自大學以至尋常小學不論公私立一概停止教員之資格一律取消其黨部所劃則別設中山大學二中山中學亦二舉一切學生包羅於是以外即不許設學教員志願者須向黨部投考受試中程後經六閱月之訓練始得授徒而長沙似亦有相類準備傳有雅里大學及福湘女校最爲受學安閑上進之府湘中子弟之優越者咸歸焉且國學雅文尤獨賴兩校持之未盡墜地今耕口外人教育之故將次取締爽致使湘學一化於黨噫今後三湘七澤之區亦唯見黃茅白葦而已

何故農村立國

章士釗

五年前愚由歐洲歸廣覽衆籍返始自得蹶然有見於明農建國之道或紆或徑或筆或否有倡爲人翻述而迂之愚之者十且八九其能的然辨認謂有至德要道存焉爲今後農國不易之經者愚自未見即因而疑焉謂是爲國政商兌之資亦至難遇也今漸不然或有質愚子言農村立國說究何似乎村安得與國爲進乎以何道能見之行非乎予亦有具體方案否乎凡此諸問俱足誑愚說之已成謎題語曰力田不如逢年又曰雖有鎡基不如待時時哉時哉遽說原言以明之未可以已也作今篇

國者何因人而立者也無人何必有國不爲人 for people 亦何必有國故國命與人生相關至切凡國文野治亂之度如何蓋以人民生計舒促心境憂樂

之度衡之此不爭之前提無人將有異議也惟所謂
舒促發樂云者以意志定之乎以物質定之乎抑二
者使和調而非偏至乎此農國工國之所由分而吾
古先聖賢與歐洲之政家哲士大異其趣者也何以
明之人生莫不好逸而惡勞喜怪而厭常崇奢而鄙
儉吾之聖人曰否否人勞而不可逸也常而不可怪
也儉而不可奢也歐之聖人則曰誠逸何不可逸誠
怪何不可怪誠奢何不可奢是故勞常儉三德者歐
人非不有之特其勞所以爲逸其常所以爲怪其儉
所以爲奢亦若曰君請無好小逸無喜小怪無崇小
奢而已吾之聖人曰不然逸與怪與奢雖可大決不
可久不久之業非人所賴也故勞者即所以爲勞也
常者即所以爲常也儉者即所以爲儉也此可大亦
可久也物性如是非人之所能强也蓋天下之物止
有此數而欲則無厭以無厭之欲而乘有數之物其
窮可計日而待也反之以有數之物而供無厭之欲
其屆亦可計日而待也夫欲亦何常之有彼亦一無
厭此亦一無厭無厭而知所止則舒無厭而機於其

所之則促知所止而無往不自得故樂窮於其所之
而得失俱有患焉故發而求乎物窮欲屈猶有大促
大發之日在其後乎由斯以譚舒促發樂云者意志
爲其體物質不過其用立體以明用可也徇用以喪
體不可也雖曰如伯夷之節仲子之操純然以主觀
程其舒促發樂之境不能望之於人人而體用兼賅
雍容和樂之盛當時無非常可喜之奇功後代亦無
積重難返之弊患則確爲吾國聖治之所期是之謂
農化歐洲之所謂工化正得其反故曰此農國工國
之所由分

十八世紀以前歐洲之民情風俗與吾國相去不甚
遠也自科學昌機器興產業之革命以顯國內所有
狀況隨之而變人人由晦盲否塞一躍而入於浮華
無垠之地恍若天地間事事物物取之不盡用之不
竭將一與人慾繼長而增高者然而不謂大謬不然
蓋工業之所以有利投之貿易競爭之場而不敗者
無他出品多而取價廉而已出品多突越本國民用
之額而不得不賴人國以爲之尾閭我取價廉人或

亢

更廉。勢且殫品Dumping（商業名詞，謂有大宗貨品以最低廉價售於他國市場，壓倒同品者也。）於人之市場而無所恤。夫市場者，數與品兩俱可知。固達一定高度，無可擴充者也。當十九世紀中葉，世界擴工藝之長者，推英倫一國，餘皆步趨焉而未甚肯。彼國地遍天下，他國亦罕恣其所如。北美新造未集，非洲、南美諸洲，榛莽初開，諸物無算。而東印度公司者，虎視東方，操奇計贏，並強以鴉片毒我，強致於我，爲取得各口通商根本在此。數十年間，工業如日中天，睥睨一世，人知一切舉動環之而走涙妬貧做四性相資爲用，無時或息。嗟何其盛也。雖然，盛極復衰，天道之常；無平不陂，物理所著。至十九二十兩紀之交，大勢漸見不同。語曰：我能往，寇亦能往。凡前之仰英而自給者，率能自爲製作以求相勝。而且各立典圍，分握餘地，勢力範圍四字，勢不可搖。即或國小力微，亦復勉爲邯鄲之步，稍資抵制。吾國近且紛揭國貨之幟，其他可知。蓋地日窄而貨日溢也，斷可識矣。就中德意志異軍特起，尤駸駸有與英迭主齊盟之勢。夫國之有海軍，所以固海上之霸權，偏

爲商戰者也。千九百十年之頃，兩國艦噸之爭爲雄長，勢甚岌岌。（時遊學於英倫，留意此節甚至。）彼各自計，吾兩國力量其一，世界或得苟安幾日，意謂物力可因而少紓，化居可藉以少廣也。故十四年之大戰者，歐洲諸工國之（以英德爲之代表）萬無可避之大劇，諸因歷歷，毫髮可瞭。與奧儲之被刺，特細之偶，絕忠附去本題萬里也。惟天下事有大怪而噪不可解者，戰後之種種敗徵，無一而爲戰前所期。虎狼之德既藏其牙矣，而各國生計之窘怒較前益甚。財政之回復，商事之改善，俱八九不得如意。要而言之，今日歐洲之衰頹，持與三十年前之盛強較，相距直未易以尋丈計。由是以推，即戰再戰三戰，將舉世其惡如德意志者，次第去之，悉如其意，而天下紛紛之不可定，及生活問題之終莫得其朕，仍將一如今日，樊然殽亂之狀，灼灼明也。嘻，此何故哉。

歐之哲家，頗或知之，謂此乃工業本身之痼疾也。即本身而求醫焉，如以水濟水，將萬無幸。吾儒荀子有曰：「國亂而治之者，非案亂而治之之謂也。去亂而

被之以治。人汙而修之者。非紊汙而修之之謂也。去汙而易之以修。」歐洲之亂以工。救工。非且投厥肢之藥而不惜。已往如十四年大戰。現未如無產階級尊政。皆紊亂。而治紊汙。而修之類。治與修。將卒莫獲。也。此其理彼俱明之。明之奈何。曰、工者農之對也。凡物之相勝也。每於其對焉求之。今工業既敝。代工而興者。惟農其可。於是農業復興之論。在彼邦輒有聞之。「（如英人羅素之類甞作農業復興之小冊子稱凡四十餘易彼對恐云）而無奈一察彼中社會情形。即知其說之萬難實行也。夫工者。非徒工也。有所以工之者也。此其素要三。曰土地。曰人民。曰資本。當機器乍行。人人喜其便利。且工資視前有加。而又聚近都市之紛華而悅。故紛紛捐棄其自相給足怡然可樂之農工世業。移就廠務。頓之大資本立。以厭從羨物相逼蹙。凡願安於手工以終者亦聚無自而安焉。在近二百年間。人由本鄉之小農小工。轉而浮寄於各大廠。以為食子孫數世悉仰廠家鼻息。時移事易。無家可歸者。當不在全人口半數以下。而工者、統全世界以為消息。固無從河東河內分粟

而食者也。以是本國之農田。次第化為棉場牧地。且不居意。而所謂資本者。更不問而與百工居肆相依為命。無能自拔。今一旦謀合工而農。首當將寄食在外之游離分子。如美前總統盧斯福實鄉之策。移歸非里而非里之。嫓固已久矣。且即令城郭人民依稀可合。而彼一眾足百廠同時停業。賃財既歸烏有。而此欲歸不得之數千萬眾。計日而食之額。乞亦無自。出。社會秩序必且大紊。其人民者。欲久聞貪詐已成第二天性。雖有清明君子。夢想數世紀前之朴素生涯。以為負絕而大多數仍如蛾就火。未肯棄捨者尚無論也。是理想之化成否尚不可知。而農眾三素要之已成者。先崩潰無可收攝。然則在歐洲而談農治。亦終於一烏託邦之想像矣。

至吾國則不然。夫吾化之所以集成于農。乃古先聖王之精意所寓。非偶然也。彼察得人性之所必至與物競之所固然。凡今日歐洲社會日漸絕境之象。皆其所燭照數計而營是豫為之防者。嘗夫浮邱子之言曰、「蓋君子之於天下國家也、譏治其萌。云。解笄

七

風動則烈風起。商羊舞則淫雨興。旱魃見則不黍枯。霜鐘鳴則霜降作。是故君子必忖度乎。欲風欲雨欲旱欲霜之始。非針砭於既風既雨既旱既霜之後。非蟻孔潰隄。非針芒消器。非由霤穿石。非單綆斷幹。此之謂治其萌。毋治其既也。於乎。治其既者。不能治其既者也。治其萌者。不待其既。知其萌者也。一此以扶示、農、工、商、化、之、原、委、而、衡、校、其、短、長、可、云、切、深、著、明。而愚猶有為之補充者曰。是之與風。旱之與雨。魃之與旱。鐘之與霜。諸相應之迹。又未可以時空限也。是今日勵風。百年後起可也。羊今日舞。雨千年後興可也。此地魃見。而鐘鳴不霜萬里外。豈無不可也。吾習人之效曰。欲不可恣也。蓋後此必有假欲而竊物者。又曰。爭不可尚也。蓋後世必有緣爭而禍世者。西方哲人曰。不然。欲不可遏。遏欲傷力。爭不可已。已爭傷自由。歐洲千九百十四年之大戰。即此力與自由衝潰。推盪而成者也。而亦即吾古人徵商禁奇伎時所思之懍懍者也。是之謂知萌。此萌也。雖以歐力東漸之故。駸駸為浮妄子孫所抹殺。以致民生不寧。奇邪首出。皮質不憊。如病火體。而究之受疾不為甚深。全國之農村組織。大體未壞。重禮讓之流風餘韻。猶是。自可見與傳統思想相接之人物。尚未絕迹。是猶有孔而未盡潰。器有芒而未盡漏。石受霤而未盡穿。幹受綆而未盡斷。及時而復。明明不違與歐洲之治於其既而全陷於不能之域者。未可同年而語。是力挽頹風。保全農化。蔚成中興之大業。請認人生之真值。謂非吾國人獨有不貸之責得乎。

凡右所談。意在說明愚胡主農村立國而止。涉及他間。請俟更端。愚總著農國辨業治與農諸篇。俱是闡明此理。故本文頗有避煩未盡之說。讀者幸互參焉。士釗附識

說黨

章士釗

愚既為黨治駁議。或病之。曰此故鄰於南府之言也。則應之曰、否。逢衷而譏人之後。愚向不為。民立報者。故為同盟會之機關。元年愚主之。持議即附。

亟理循循。猶存數首。且俱針對國民黨言之。而歎今之爲鄉師道者。何多也。請重看焉。以背參謗。

其一

週日之黨爭。可謂激矣。甲黨頒言于衆曰。乙黨不得出而立閣。而其機關新聞。又倡因不根斷。不許一黨獨擅政權。遂布私人于要路。甫非之。言流開。屆。詁。雖此之態。行于及朋。唯此不知。黨治之所。詎命者也。忽于此歷有說明。今以吾人循此教訓過切。而珍重述之於次。

茲教訓者。即英儒林依所言。謂反對黨之意見之流行。一所也。昔政黨之謂。行于英倫已三百年。而歐洲大陸。倚然此物。彼中學者。恆爲推究英倫發成此制之國。則其所獲。非他。即下院議事法。保恆用力維護反對黨。使得盡情攻擊政府是也。其在他國。或以反抗元首爲不法。而英倫則王之反對黨云者。轉爲推崇敵黨之稱。知言者謂英倫政術之過。實在此稱確立以後。苟不認反對黨之行爲爲合法。凡所爭執。隘之。

走人偏私。賊之。流於暴戾。乃爲事勢之所必然。十七世紀中。英倫之政爭紀錄。凡幾。爲陰謀史。或流血史。有時總理退職。得安然亡命以去。且稱幸運焉者。即以此也。是故以和平改革國字。適備政治。使兩黨相代以用事。非認反對黨之所爲。爲有益於國。萬萬不可。且政黨不斷行。凡一黨欲保其黨力之常新。他黨忽附滋。或日形削弱。均非所利。蓋失其對待。已形無黨可言。他黨力衰。而己黨亦必至孤立而物腐也。以故兩黨同有事於政域。誰能控制國民多數之信用。雖即由主國事。失勢者。因立于其下而侍焉。靖示人。當兩至何時。得所歸乎。界而措之。裕如也。而政府亦自明其位。業國民之好惡。一旦失之。則即飄然而下野。無所用其躊躇。亦無所緊其懈。凡所持態度如前之反對黨焉。如是更迭爲之。因事而流溢邪。安焉而不甚。政力之向背有定。全民之禍福。以遊斯說。洋洋大國之風。未可以敘世爲政角力競智而退薄之也。善哉。英儒雜依之言有曰。認明反對黨爲正常閣體。如彼能誘致議會之多數。並認明其有權用

九

政。此政黨政治成功之第一要素。而即本民政治成功之第一要素也。成功之他要素。雖多。而皆自此流出。（見政治與輿論）吾獨牢記此言。用敢爲國人三復之。此言之適用有三。一在競爭時。一任得勢時。一在失勢時。競爭時而守此也。凡所欲得自競競訴之選民外。將無若何暴亂卑劣之舉。得勢時而守此也。則不至以勢凌人。且諦聽反對黨之所爲言。藉以保持己黨固有之力。加淬勵焉。失勢時而守此也。可以釋然於黨勢之消長。嫉與忿兩無所用。並了然于己之所以致敗。特本黨黨綱。因播揚不得其道。未爲國人所共喻。此後惟當厲整第二次旗鼓而已。

此次共和黨本部公然排斥同盟會。不許出領閣席。實有背於右衆否義。同盟會主政黨內閣。遂即慫恿共和黨爲之。其所自處。誠較共和黨爲高。惟同盟會人鄧師道。嘵于參議院標明自同盟會外不認他黨。衆勁之不叶於正。亦非尋常。雖非該會之負責者爲之。而一律有妨黨譽。乃不容掩。今混合內閣猶在。同盟會之黨議。嚟求得行。在共和黨。或因以發其蹤縱。機關紙之出言。意見無擇。而同盟中人奚于誠聽。未知遂關。或且舉踏鄧師道之覆迹。漫圖一逞。凡此。皆黨德所見爲賊。尤黨命之所由摧折者也。愚有憂之。因貢其愚于此。

其二

愚夙主政黨內閣詞。此次唐總理辭職。實由混合內閣之不勝其弊。愚以謂此制得行。其機或在今日。遂以己見公之天下。卒之混合說勝利。而吾說歸於無效。客有過愚而問焉。陸君爲總理。子意云何。愚曰、甚善。客詫曰。子非主政黨內閣者乎。胡混合內閣而亦善之也。愚曰、吾所謂善。非祇對吾主義言之。乃對國家。前途言之也。夫政家自善一說。誠不能並反對說而亦善之。雖然人之欲善。誰不如我。吾之自善其說。特在吾說之範圍內言之耳。非謂吾說以外。舉國不得有他說也。舉國不得有與吾說而同止於善者也。非謂吾說以外他說舉不足以治國也。愚著論言黨德。不下數千言。簡而舉之。黨德云者。即認明他黨。

爲合法團體而聽其併力經營於政治範圍以內以期相與確守政爭之公平律也故黨爭者與謂爭之於政綱毋寧謂爭之於國民之決心兩方各陳其見以待第三者之抉擇吾策得選而吾執政他策得選而他執政所謂黨爭如是而已初不當有芥蒂也吾謂不當有芥蒂而謂芥蒂之並不得有芥蒂何也吾之政綱非在無何有之鄉制作之當其出也必假定他人亦從事於同一之制作惟其如是吾爲政綱可以極吾理想之所能至而一一列於款目蓋恃吾之政見公之天下將有相攻相錯之機相尋於無窮吾灼知吾策不至一往無前陷國家於孤注之地無從善敗遂可盡力代表一方之論也信如斯也則吾策之不獲行亦終在求仁得仁之列又焉得有芥蒂雖然此並非棄策之謂也棄策者烏合之衆之所爲否亦出於普通政治團體事足稱爲政黨政黨之所主張必始終一貫一度不見用於國民而以吾深信其策之善之故終慊然于吾鼓吹之未盡其道國民多數未解吾旨有解之者亦或未盡故凡有法使吾鼓吹得盡其道者吾必用之而黨爭轉烈反對者以吾鼓吹之力恐失國民已成之信用而其盡瘁於國務必益加甚此黨爭之所以有利於國而呈近世政海之大觀也

愚答客問如此黨人或有不釋然於他黨之偶勝者且漫爲廣其意也

農村合作

董時進

合作二字意義極廣爲目下最通行名詞之一余此處所謂合作取其狹義指依一定之主義與方法而且有組織之合作即經濟學上之術語也其意義可簡括如下

以平等互助之精神聯絡同志共謀經濟上之節省與發展此種行爲稱之曰合作其機關稱之曰合作社

即合作包含三要素一合作範圍限于經濟的二合作者須爲結合之同志三合作方法須本於平等主義

合作雖以經濟事業爲主。然合作社與商業公司之性質迥異。除平等與不平等、同志與不必同志而外。合作之目的。爲節省。非爲營利。故合作社不可作投貲之企業觀。

合作具有數要點。一、社員之選舉及表決權。不分購股之多少。以一人一票爲通則。美洲之合作社有不遵此例者。但其投票權不比例于股本。而比例于利用力。例如菓果售賣合作社社員之投票權、依結果面積而定之。二、盈餘之分配。不依股本之多寡。而依利用量之多寡。利用量者。在購買合作社爲從社購物量。在售賣合作社爲托社售物量。三、社員大抵屬于同一職業或同一階級。四、股票之過戶。須得社員大會或職員會議之通過。五、股本只有官利而無紅利。或全無利息。此五要點、固未盡合作之特徵。然具備此等條件之組織。以合作社稱之。殆無大差。

合作可理之事甚夥。因其事而定其名。則合作之種類。將不可以勝計。然就其根本性質而區分之。世界之主要合作事業。可概括爲購買、售賣、信用、生產、之四類。前兩者。以聯合買賣。則省居間人之糜費。信用合作。以聯合担保則借款易而利息低。所謂生產合作者。其實即農產製造合作。例如酒坊蛋廠是也。

中國之有農民合作社。自華洋義賑救災總會始。該會經專家之調查研究。認爲中國農民所最急需者。爲信用合作社。故先從信用合作下手。而德國雷發巽、銀行、又最適于吾國國情。故現時所採行者。爲雷發巽制。

雷發巽銀行。爲德人雷發巽氏所發明。氏爲一僻瘠區域之村長。身體羸弱。家少恆產。而其精神意志則甚偉大。因感於農民之窮苦無助。及債主之重利盤剝。乃立意謀救濟之法。注意實行。不喜鼓吹。專憑自己之意志與毅力。及其對於農民潛伏能力之信仰。不乞援他人。不依賴政府。不好高務遠。張大其計劃。在其居所之鄉村。依其理想與願力。開始工作。該鄉地瘠民貧。農民負債累累。智識未開。迷信深重。氏開始工作之候。適爲大荒年。糧食缺乏。利息特重。氏乃以其個人之力。聯絡境遇較優者若干人。組一合作社。直接從外間輸入穀糧。自製麵包發賣。竟比市價低百分之五十。及春又如法購入馬鈴薯。或作食用。或爲下種。此一千八百四十八年也。一千八百四十九年。氏又組合較富有者。集資購運牛頭。轉售于農民。其值與利息。則分五年攤償。當時農民苦之一種賒欠法。即牛商借牛與佃。牛販售牛與鄉民後。分期付価。價未付完。其牛仍爲牛販所有。若到期鄉民不能將價償清。牛販即將牛牽回。已付之款。亦不發還。其苛刻可知。雷發巽氏之買牛社。旋改爲貸款社。不再貸牛而貸錢。農民買牛。遂得付現款。一八五四年。氏又立一社。除貸款外。兼提倡孤兒教育。介紹工作。販賣牛頭。建立圖書館。惟因事務紛雜。管理困難。旋于一八六四年停止。是年第一正式貸款社成立于赫德村。其村長即雷發巽氏也。現時雷發巽銀行之章程。即由該社脫胎而來。故今日之雷發巽銀行。實始創于一八六四年。由一八六四年至一八六八年。只此一社。一八六八年新成立五社。一八六九年又成立二三社。一八七九年以前。遞步頗緩。是年以後。增加極速。至一八八五年。成立者六百社。一八九〇年。遂一七三〇社。至一九〇五年。增至一三一八一社。現時。則。幾。遍。佈。于。全。球。矣。

雷發巽于一八六零年。辭去官職。以全力提倡合作事業。雖病不離身。雙目幾盲。而熱心如故。于一八八八年逝世。在歷史上爲世界偉人之一。吾亂世之青年。其亦有聞風而興起。以拯救我三萬萬農民之責任自負者乎。

雷發巽銀行之性質。有數種特色。即一、注重社員之人格。二、每社人數不多。且互相熟悉。三、社員負無限責任。四、每人所入股本極微。股本無利息。五、營業資本。多賴社員之信用及確實之担保。所吸引之借款與存款。六、貸款于社員時。息輕期長。

華洋義賑總會。自民國十三年二月。開始承認合作社。貸出款項。現時已承認之合作社。共一〇三社。已成立而尚未經本會承認之合作社。約有二百。社員共計近萬人。（如能得得大筆經費則前途發展之迅速可預期也）

提倡合作有應注意之事項。一、須使。農。民。知。其。困。難。

之。惟。一。解。決。方。法。爲。求。自。助。與。互。助。合作之目的。即係團結羣力。自動的謀解決切身之困難及生活之改進。二、農民對于合作既發生興趣。須聯絡發起人。開始籌備。三、聯絡社員。須注重人選。必勸儉誠實者方許加入。四、關于合作社之章程組織及經營方法等。均可向義賑會接洽。合作社成立後。可派人到義賑會開辦之合作講習會學習。五、提倡合作。不可含有宗教或政治的意味。六、須使農民自立。不可養成其倚賴心。

本篇雖甚簡略。然農村合作之理論及方法。已述其要。其關係農民生計之重大。可毋俟言。愛國之士。盍共起謀此運動之發展。

作者由留學美國專攻農學而歸。歸後苦心經營之第一事。即合作社。可謂獨見其大。獨任其艱。非尋常浮游自了之士可比。本篇不僅爲其工作之報告書。詞雖簡樸。義實淵永。本刊重農。故特布焉。

記者

通訊

在野黨

……弟積年深思。某公德性清峻。意志堅貞。宜於在野維護法紀道義。不宜於躬親庶政。被人監督。故昔年見某公投身政潮一次。部份即傷感一次。近黨軍日益猛進。奉張不得已擬主中僞。弟以爲非。某公、在、野、提、倡、大、義。殊不、足、以、解、紛、糾、而、定、國、是。此其理由可得言者如次。

查吾國人才派別。就地域言。有南派北派之分。就性質言。有緩進急進之別。孫中山者。南派急進之首領也。某公者。北派緩進派之首領也。孫之功名在言論。某公功名在事實。孫之治國策略。在先破壞而後建設。某公則欲破壞與建設並行。此兩公惟行之別。然孫何以爲社會多數人所歡迎。且逝世之後。其主義何以日益光明。與某公比較。大有成敗榮枯之異耶。縱謂破壞者但理論者。本應受社會之歡迎。而倡建設與顧全事實之人。亦自應有少數歡迎之人在。試問某公之主義。今日何以毫未表明於社會。又社會中人。何以絕少迷信某公之主義耶。此則全在孫有黨。而某公無黨也。孫因有黨之故。即有黨人發表其主義於社會。夫社會上多數人。本無多智識者也。縱令孫之主義。不甚高深。然鼓動社會多數人則有餘。且一人之生命有限。黨人相續之生命無限。多一人之信仰鼓吹。即多一分之勢力。故孫氏本人之生命雖絕。而其主義借黨人不斷之鼓吹。愈演而愈長。及黨衆此次提攜長江。孫中山派之勢力發展極矣。然國中除孫派之外。豈無一人有國家主義者乎。豈無一人可作緩進派之首領。號召一黨。以與急進派相周旋乎。縱云北京政府之寄生蟲。無甚有政治常識之人。然某公者有三次擁護共和之勛績。何可以

國家全部。盡讓之於急進一黨之掌中。不割據一席之地。務延緩進派一綫之生機耶。某公品粹志疏。識優才絀。明於大義大計。而昧於用人行政。故每逢國家變亂之時。某公能秉節仗義。戡大亂以立奇功。及至大局敉平。正可發號施令經綸佈組之時。而某公之精神事業。反日見灰頹錯落者何耶。此由於某公之抱負。宜於主持大計。清議。而不宜自作政府也。且就今日政局之情形言之。奉張漸有入京主政之意。是中央已有負責任之當局矣。而正苦無負清望之政治家。在野發表政策。督促當局。收拾人心。以與黨政府對峙。假令某公能組黨以與奉張合作。既可發揮一生之特性美德。藉補前次當國之過失。又可受北方各實力派之歡迎。此眞屬公私兩利之策也。竊思奉張此次入關。對於某公之出處。不免有難於應付之隱衷。欲勸進耶。則明知某公無再出之意。設然置之耶。又覺中樞少一負重望責之人。且由某公一面言之。假令奉張。仍傾心擁戴某公。再蹴之爐火之上。試問某公。此次成績又何能

侵。越。於。前。日。之。三。次。當。國。耶。惟若某公自知己短。而組黨與政府提携。弟黨推奉張平昔敬仰某公之忱。今必認某公在野合作為大可幸之事。而特別實行北上主張。藉以抵制南方之強敵。倘國家能從此和平建設耶。則某公日後無論在朝在野。均依依乎有迴翔伐度之餘地。不致坐視一黨專橫。陷國運於窮途。非斷喪。吾覺。和。平。建。設。之。生。路。故弟認某公為發展抱負自用所長計。惟有出於組黨一途也。某公之性格。孤芳自高。不能屈事強權。附和時尚。此不、宜、當、國、者、一。倘默察節。參破潮機。非非聽之氣數。不懂。難。度。民。衆。求。治。之。渴。望。且難折。衝。外。交。糾正。佐。約。此不、宜、於、當、國、者、二。本性疏放。厭親庶政。又不能知人善任。博訪周諮。且左右疏附。既絕少政治專家。又無少數人有精神結合之派別。能奉一主義。代為號召。（因知派之黨人卯大中謀衣中日去稅能以中山之精神為國綜同志之精神者故中山雖死其精時不死今迄猶某公之部下端倚猜防有不逮二三出乘之士緒不知何人係與某公性格抱負相類之人）某公蓄有之部下。既難負建設國家之重任。則祭。當。剛。目。相。天。下。之。士。以。觀。後。效。此某、公、目、前、不、宜、當、國、者、三。某公之聲望。本屬北洋派之泰斗。崇仰者多。徒因歷次當國。為人怨府。致物望稍損。若一旦結納賢才。發揚正義。卽可收復物望。樹百年不拔之業。此某、公、以、退、為、進、目前不、宜、當、國、者、四。就上言之。某公。今。日。既。不、宜。當。國。又不。當。置。大。局。於。不。問。則。惟。餘。在。野。作。黨。發。布。建。國。綱。要。一。著。矣。此議一定。則某公第一、步、應派妥人。告奉張以在野作黨。幫助當局。藉以激勵北方軍心民心。抵制黨軍之各理由。使奉張放懷主持攝政軍政。第二、步、某公隨發表解決時局建設大政之綱要。勸導南北各軍。（加入黨軍者除外）團結一致。共抒政見、改組中央。抵禦黨軍侵略。第三、步、羅致少數政治專家為幹部黨員。擬訂消弭戰爭。屬省統一、收回國權各大政綱。徵求全國同情。並廣延名流學者、各項專門名家入黨。宜傳黨義。第四、步、勸告南北當局。劃地停戰若干月日。由黨中提出南北統一、改新國政、及組織國民會議各條件。與黨軍協議。籍免無條件之戰爭。機介目前戰機已迫。難以立止。然國人旣有公平妥協之條件宜布於前。則楚方儘管一面作戰。而國人仍可一面依據此種公論、繼續呼籲和平。促其覺悟。甚或主戰之各將校中。亦因有此和平之倡儀在其腦中。而油然減輕其決死之憤心。忽發生和平之念。亦未可知。不能謂戰禍已開。國人即應束手待斃。不一哀鳴也。……徐佛蘇（北京都城隍廟街十二月二十日）

佛蘇。之。言。天下。之。公。言。也。雖不。必。有。是。事。而要。不。可。不。有。是。議。近來天下所謂政論。固未有如是之切深著明者也。良工心苦。惟秦有人。劍誠鐫是書而為三太息矣。劍意黨者。歐洲資本諸邦之產物。甚不宜於吾輩國者也。即國。民。黨。之。勢。膨。張。亦於軍。事。偶。樹。制。勝。姑。歸。其。名。於。黨。已。耳。跡其所為。固無一不與黨義相背。蓋黨者。基於。異。不。基。於。同。焉。有。作。黨。為。政。而欲。打。倒。一。切。以。己。黨。統。之。者。誠此種。偏。狹。心。理。實為。政。黨。之。旁。門。左。道。吾方。尤。之。之。不。暇。而又何。效。焉。且黨者。植。基。著。勢。都在。平。時。亦非可倉卒效人為之。如日本田中大將。卸去軍職。出為政治活動。亦擇其宏體同之政團棲焉。非獨

爾一呼而集是也。北方後進派之不成為黨。此自其。分。子。本。身。腐朽。奮。鬥。之。性。不。足。缺乏。首。領。倚。不。過。一。面。之。相。附。此之不足。又豈一蹴所能補充者哉。然劍為此言。固絕非漠視佛蘇之用意也。論其用意。且不僅不消極否之。而且為求積極可之之法。唯恐不得。惟於、聯、川、黨、名、未、敢、苟、同耳。須知。倘。方。今。局。全。是。一。軍。事。行。動。劍。固。不。認。為。黨。黨矣。而亦黨其所黨。非吾之所謂黨。吾之對待南方。絕圍或僅屬軍事。抑更涉政治。亦以。相。當。行。動。應。之。可。已。似無。取。夫。黨。為。某公之長短。佛蘇言之甚詳。某公為當今善人。其有能受盡言之法。毫無疑義。但惜佛蘇之所銜校。猶未悉當。蓋領。多。士。作。黨。陣。飛文。勝。說。到。處。惟。戰。實行。概。近。到。民。間。去。之。一。格。言。乃明。明。某。公。之。所。大。知。與。孫。中。山。蓋。絕。異。其。趣。者。也。佛蘇試更思之。本原、意、而、則、造、一、案。何如。

士劍

盲從蘇俄之過

……甲寅續刊。數躍萬狀。前在二十六期時。不佞曾草一函。妄加論列。謂有最優之點二。有不足之點二。其所以不足之故。有二。而今後改善之道。亦有二。其所謂最優之點。乃以論度恢大為第一。謂文人相非。自古惡俗。村嫗慢罵。近更成風。周刊獨能力矯此弊。兼賞微文。可列反對之作於第一。與社主政見不同之議。皆能兼羅並列。卽有駁辯研討。亦能痛陳其主張之非是。而不詈辱及其發論之人。先生答辭。於敘述言論界對於甲寅之態度。而總論之曰。要之首其詞。一其旨。若曰。今日中國而有甲寅。直是不成世界而已。極論平民主義。死爭言論自由。而所懷有此一境。在思察之。亦是匪夷所思（均見甲寅二十七數十五十六兩期）迄今去當時彼此論議之期。又已十有一餘月矣。此十有一餘月之中。時局變化極大。而尤以黨政府淹有長江。為最足發動國內外人耳目。各有自廣州武昌漢口來者。為言黨政府對於言論出版。極其專制壓抑之能事。其絕對不許言論自由。為民國十五年來各系各派政府所未曾有所不敢有。而相率詫為至奇

至怪之境以為介人首思而不得其解。蓋黨人皆先生所謂極論平民主義。死爭言論自由者也。何以及自為政。所行乃與平日昌言居極反地位。思曰。此盲從。蘇俄之過也。我國數十年來。號稱改革家流。有一根本錯誤。卽曰盲學外國。最初盲學英日。所謂君主立憲論派也。繼而盲學法美。所謂共和政治論派也。今乃盲學蘇俄。卽所謂黨政府派是也。不知一民族之立國於大地也。必有一民族之特殊精神。其學外國以附益之也。必在保持其民族特殊精神範圍之下。盡去其民族特殊精神以學外國。亦猶人之先自殺其生命。而取外著裝服。以為得意也。其愚豈可及乎哉。蓋人之取外著裝服。所以為增吾生命之榮也。國之取學外國。所以為增吾民族精神之光大也。今也盡去吾民族立國之精神。而專學外國之皮毛。與外國之病弊。又何怪數變其說而愈變愈壞。愈變且愈促其國命也哉。蘇俄之病弊甚多。而尤以國服從於異族之猶太人。國權國財專於一黨派人之手。聽其暴戾恣肆。且不許他黨人之批評言論與近世

本。民。政。治。之。涵。義。相。背。並與。中。山。先。生。揭。櫫。之。民。族。民。權。民。生。主。義。斷。相。逕。反。也。死。罵。他。人。賣。國。而。已。反公然聽命外人。死罵他人專制、他派專政。而已反公然僞言以黨治國。死罵他人鉗制輿論。而已反公然絕對不許言論自由。痛矣哉。先生之言曰。昔康德倡二律背反之說。或者理路條暢。本來如是也。噫。吾又尙何言哉。……梁宗羲 北京大川淀 十二月十三日

衆生之文。爽如哀家之梨。非志義亦如之。本刊改善之道。劍亦知之。惟在。如。何能。使。賢。者。多。執。筆。耳。衆生又豈得自逃哉。 士劍

政本篇

……往者袁氏覬覦神器。邪念已爲彼者所覺。乃於。中。華。民。國。三。年。五。月。十。日。誕。生。貴。機。於。日。本。東。京。小。石。川。區。林。町。七。十。番。地。以。抨。擊。之。袁氏卒被命中致死。爾時不佞羈跡虎林。屏居。貴麟於朋好處矣。一觀摩數。便爾傾心。覺當時之談政者。無一敢與貴刊辨。是貴刊直正氣所特鍾也。惟是十期之後。即雖散

不相見。不佞性又疏慵。意欲向友人處一探消息。以是十餘年於茲。未獲一面。然每當狺狺貼耳之際。恒念此振聾發聵之大聲焉。今者國步艱難。祝秋、桐、先、生、十、餘、年、前、政、本、篇、所、恐、種、種、堪、憂、之、事、實。益長、增、高。奚翅百、倍。正言讜論。漸即沉寂矣。非國中無人也。祗以。時。至。今。日。非。無。可。爲。是。非。顚。倒。人。心。已。死。雖。孔。孟。復。生。亦。當。棘。手。於。是。群。趨。於。結。舌。不。談。耳。不佞僻處海隅。差幸無烽烟之警。每日出作入息。亦頗自得。頃讀報。載貴刊復出。一律贈閱。敢乞惠寄一分。俾於宅。邊。非。昨。集。二。三。野。老。而。讀。之。使知泥礫爭鳴之時。尙有精嚴之大聲。留存於天地間也。……張右直 浙江溫嶺 廊平橋十二月九日

此君劍愧無以名其人。且右直之云。爽乎器乎。亦艱於一覽得之。而要爲。昔。時。居。狗。者。流。斷。可。識。也。近劍鬮與讀者相接。親理四方緘札。見有從東京小石川區林町來者。則領訝曰。此吾擬刊中質之所也。然試檢番地。則不復省記。誠不料未了中年。而健忘乃爾。今無意於張君函中得之。且爲鄭重

一九

紀述。幾於史筆。噫。何可當也。甲寅與君別後。凡劍所經。如服脒箠。不堪爲高人道。去歲妄與國政。尤爲識者部恥。言論之値。一落千丈。諳及甲寅之甲。寅。人懶。深。瀞。荼。蘼。歲之。思。（參觀三十六期本卄年號）不關。此。等。穢。迹。皆來。與。君。耳目相。接。而。猶殷。殷。以。作。政。本。爲。之。秋。樹。見。非。濁。恐。天。下。之。持。此。見。者。今。唯。足。下。一。人。爾。五柳。宅。邊。於。陵。井。畔。此。何。等。高。潔。之。地。豈。容。紫。色。蛙。聲。如。吾。甲。寅。者。厠。焉。先。施。之。誼。所。不。敢。忘。自慚之念。情何能已。惟君察之。

士劍

毀謗

……讀者先生位尊望重。忌者旁伺。值平日不相能之勢。乃至攻訐甲寅。以及於先生之文章。賢者鄙之。不肖者和之。當是時先生亦意氣激厲。反唇相譏。號爲筆戰之文。假甲。寅。之。値。蓋甲。寅。爲海。內。文。士。借以。研。討。濟。世。之。學。求其。實。用。者。也。彼攻訐甲寅諸。方在迎合浮躁青年之心理。媚世。偸。名。滅理。趨。異。曾何損先生與甲寅毫末哉。今聞先生杜門謝客。殫精撰述。倘毀謗重來。願先生順受之以待天下賢士之心判。毋再以文字戰爭視甲寅。幸甚……徐樹嫞（江西奉新徐五畝園　十二月十日）

藹然仁者之言。近讀吾鄉湯鵬所爲浮邱子。有一說云。不我然而我剖辨者多謗傷。不我然而我鄉聰明叡哲以備之者謗不揚。此特海。秋。未。識。今。之。言。論。自。由。何。狀。故。曰。謗。不。揚。耳。然。剖。辨。之。已。囿。自。可。法。益以君言。敢不勉旃。

士劍

同情

……於報端見甲寅重刊告白。不勝欣喜。僕於貴刊主張。雖多歧異。然因愛披讀之一人也。出版後若能見賜一份。甚感。至同、情、與、否。殊、未、易、預、言、也。……王耘菲（北京清華學校研究院　十二月八日）

此寥寥數語。彌有深意。本刊廣告中固有同情二字。讀此。若本刊將以同爲市者然。甚媿甚媿。然苟同。者。決非。本。刊。所。尚。凡有詰責。但含一面之理。俱所承迎。願藉本函。聊誌鄙志。

士劍

文中子考信錄序

王樹枬

余往見桐城汪君衣雲與某論王文中子一書。某謂其書鹵莽。而性情狂悖。又好爲異說。以與古人爲難。其論王文中子。拾前人唾餘。而於唐宋以來諸書之述文中子者。概未之目。宜乎衣雲書之若摧枯朽也。夫文中子爲一代大儒。孟子以後。一人而已。宋之宋咸之。見附書不爲立傳。始謂其人不可信。而晁公武陳振孫等。又以歐陽文忠宋景文修唐書。房杜傳中略不及其姓名爲疑。夫人之賢否。原不以有傳無傳爲據。太史公修史記。概爲列傳。其載戰國策士若蘇秦張儀者偏矣。而不爲墨翟公輸宋鈃尹文諸人立傳。其述老子莊周。而遺關尹列御寇惠施之徒。然其姓名道術。則至今昭昭然在人耳目也。房玄齡杜如晦雖爲文中高弟。而其傳亦無必載其師之要。況唐書明謂文中爲隋末大儒。二書皆附著於王勃王質傳中。烏得謂之無其人邪。且吾觀今世之人。有妄擧古人。而冒認爲祖以增門第之光者。未聞有本無其人。而虛造一人以爲之祖者。王勃續書序云。我先文中子。王績答馮子華書云。吾家三兄遊北山賦。又云。吾兄所止。王績爲文中之弟。又親受業。王勃乃文中幼子福時之子。去文中之沒僅三十一年耳。又烏得謂之無其人邪。夫斷獄者是非曲直。必以契約中證爲據。二者皆信。而後可成爲定讞。其續詩書。正禮樂。讚易道。修元經。人所號爲王氏六經者。則其契約也。其門人杜淹、陳叔達、薛叔、及楊炯、劉禹錫、皮日休、司空圖、陸龜蒙諸人。則其中證也。衣雲爲文中子考信錄一書。以人考書考兩篇。博引旁徵。以定千秋之讞。所謂老吏斷獄也。吾獨怪司馬溫公爲文中補傳。推爲好學篤行之儒。而又議其自任太重。終以僭儗爲嫌。

二一

夫伊。尹。以。堯。舜。君。民。爲。己。任。而孔。子。之。作。春。秋。則以。匹。夫。而。行。天。子。之。事。此之。不。以。爲。嫌。而獨。謂。文。中。爲。僭。僞。吾誠。不。解。當。仁。不。讓。之。謂。何。也。顏淵曰。舜何人也。予何人也。有爲者亦若是。孟子曰。服堯之服。誦堯之言。是堯而已。文中講學河汾。雖不得有爲於世。而門弟子卽本其所學。以開盛唐之業。貞觀之治。稱上理焉。然則。擬。經。正。所。以。法。聖。僭何。有。焉。且中說一書。乃與其及門對答之辭。薛收姚義綴而成之者。實非文中自作。尤不得加之以僭擬之名。朱子謂仲淹之學近於正。而有可用之實。較之在荀卿揚子雲韓退之之上。是可以爲文中定論矣。衣雲頃携其所著。屬余是正之而爲之序。余無以易衣雲者。乃爲撮其全書之大略。序而歸之。

詩錄

詠桐柱詩再答適甲寅重張有日率賦卽寄仍疊前均　湘蘅

出處依稀似賈生。一編假重洛陽城。知君哭盡心頭血。（君詩有太傅長哭之句）許我同刊卷尼名。兩戒河山相布史。少年風味讀書聲。尋常柯爛何須問。却爲吟詩一勸情。

重九後七日海藏招集李園卽用九日均再疊本園並柬同游諸公　湘蘅

名園趙夙楚人來。且借登臨散百哀。冷節呼儕如有例。枯枰斂手恐非才。陶鄉投老天澀將。蝸角偸生客尚猜。詩帶北溟煙水氣。閒知新自海濱回。（北闕邊）

前題　孤桐

廿年跳盪作歸來。偶借登臨一寫哀。底盞苦辛無住處。卻於遲暮索詩才。縱想香草秋爲似。豹禁鴻難意靈猜。且喜儕鐙光筷任。海嶽樓畔幾徘徊。

李園晚眺　蘇戡

蘆荻似江鄉。凝寒花已霜。一亭傍秋水。數客語斜陽。
漸遠雙鳧靜。孤檣小艇涼。不嫌寂寞味。來話水西莊。

次海澱先生李園晚眺韻　孤桐

客久偕忘鄉。沉經海上霜。日多滋洛蕩。世亂念陰陽。近知語格社世新稱之類救一老。搽詩骨。孤舟話夕涼。勝游如可憶。
應是李家莊。

八里台舟泛　蘇戡

蕭然放棹入秋陰。得意秋林附許深。雲水光沉波漸
遠。蒲荷氣重暑雁低飛。翠燕如閑客瞭望。高樓亦
落岑。一片夕陽紅到岸。莫將席步換詩心。

丙寅孟陬張君玉裁見示臘不盡佳廣咸懷詩
卽次其韻　絕孫

陌上花開綏綏歸。眼前濁酒待君揮。法宮今日無誅
賞。悴吏他年有是非。寂寂邨墟雞犬靜。縱橫城社鼠

狐肥。斯須求遺蹤魂定。開說與彊又合圍。
妖星起滅徧神州。炊浙家家避劍矛。覊死庶猶天下。
逐將烹魚尚釜中。游篝開苦路生秋草。見世降旛出。
石頭絕口不應談世事。居蘇一酌散千愁。

排公贈詩久欲奉答因懶韻既難是以遲遲今
賦一律遂不依均還請吟政　絕孫

京華僦甚十年前。磊落歐奇見此賢。解誦貲書七二
國。熟精兵法十三篇。補天事業孤懷耿。繼世文章萬
日傳。吾眼中人俱老矣。又經幾度海成田。

春暮酒集江亭　晦聞

經年不見江亭柳。一日今梯換景光。晚有好風將鳥
至。坐惟新綠與天長。留春尚去花時送。得句能無酒
後傷。惟我今君更誰語。江亭今日似滄浪。

今傳是樓詩話

髫歲居東。曾有今傳是樓詩話之輯。湖海傳誦。餘〜〜衍歲衍。日月云邁。搜集漸多。越甲子歲。都下甲辰

舊侶馳書徵題。姑舉詩話中涉及隆湯諸同年者應之。慨慱流傳。競索全豹。殘稿待理。未敢示人。歲晏就吟。稍事蒐討。適孤桐章子重張甲寅。責以藝事。信手摘錄。聊宣追述。且以寒海內外知友索觀之望。余非詩人。重以不學。茲篇之輯。作輟靡常。凡所見聞。以時被筆。人代不追詮次。紀述或有異同。指謬拾遺。俟之大雅。甲寅長至前十日指唐識於沽上凮廬。

清季中興人物。湘鄉合肥並稱。湘鄉具三不朽。人無間言。合肥以勛業顯。生平致力政績。於藝事非所措意。故湘鄉有李少荃拚命做官兪曲園拚命著書之誚評。實則合肥天才卓越。少時文名藉甚。老宿驚服。其赴秋闈感懷八律中有句云。丈夫赤手把吳鉤。意氣高於百尺樓。一萬年來誰著史。八千里外覓封侯。又劫難金馬尋常非總要生來福外宜。詩雖少作。然其作秀才時氣象便已不同。亦可徵後來之事業矣。公詩尤不多見。尋常傳誦明光村餞題壁二律。乃丙辰所作。時公以翰林治軍。已有隱任天下之意。詩云。四年牛馬走風塵。浩劫茫茫賸此身。杯酒借澆胸磊塊。枕戈試放膽輪囷。愁彈短鋏成何事。力挽狂瀾定有人。綠鬢漸彫旄節落。關河徙倚獨傷神。巢湖看盡又洪湖。樂土東南此一隅。我是無家失群雁。誰能有屋穩棲烏。袖携淮海新詩卷。歸訪煙波舊釣徒。獨向楓宵待霖雨。閒雲欲去又踟躕。馬關之役。彈丸洞頰。爲日本軍醫總監佐藤進君治愈。佐藤索詩紀念。公親筆揮贈一律云。老年乘節赴東瀛。顧化干戈見太平。盟約重申同宿好。伏戎一擊謝荊卿。奇才醫國君無敵。妙手回春我再生。侍乞寶星邀上賞。絲章歸去達通明。此蓋老年隨意應酬之作。余昔年東游時。曾訪春帆樓故址。且於昔年文忠駐節之舊寺院中。見公遺墨高懸壁間。尚奕奕如新。余曾藏公精楷詩卷。庚申京宅被掠。將亦不復省記矣。

龍陽易哭盦順鼎。湘中老名士也。君介吾鄉楊杏城侍郎訪余於太平湖邸。一談大契。遂訂交焉。癸丑甲宣間時有唱和。最初贈余二絕云。數世。六國。如。掌。上。藏十。萬。兵。在。胸。中。文通武達渾閒事。肝膽方爲一世雄。黃金。擲。盡。思。游。俠。赤手。擎。天。使。友。生。不見。合。肥。劉。少。保。對。君。使。我。意。縱。橫。（自註黃金二句乃李眉生丈贈劉省三宮保者）此詩在君爲借箸之作。近見君癸丑詩在內有贈余一律。更爲工整。詩云。從古英雄具熱腸。淮湘現是偉人鄉。數

時。欲。比。大。隈。伯。好。客。還。過。小。孟。嘗。兵。五。萬。餘。談。杜。牧。（君著籌邊述議要略詳切時勢）國。三。十。六。提。陳。湯。（君嘗進士卒除抵文數統制游二十五國）杜陵感激衰朽。青眼高歌屬望長。推挹太過。媿不敢當。又君有詩贈余。今祇記得唐身如大顚船一句。其全文當覓得實吾詩話也。

孤桐雜記

在梁衆異處。見劉申叔師培遺札數通。附所著書目一紙。計二十餘種。可謂富已。其中已刻者十不逮一。思持示其高足弟子紀湘濤。元且云多爲門徒所未及見。夫申叔於光緒癸卯夏間。由揚州以政嫌逃滬。憶與陳獨秀謝无量在梅福里寓齋閒談。見一少年。短襟不掩。倉皇叩門。邀入。喘喘爲道所苦。則申叔望門投止之日也。時年且不足二十耳。自是混政與學而一之。又未克堅持其志。致爲江督端方所籠。幾死蜀。雖逮洪憲之役。復不惜銳身爲群大夫經世遐榜。

頽朝。以死。所懷。發揚家學。整理儒書之孤詣大業百不一就。此其不幸。豈僅申叔一人已哉。今遺書散佚。無可收拾。吾儕後死。責無可逭。抑又傷已。茲謹錄其目於此。以俟考論。春秋左氏傳古例十六卷。周書校補八卷。王制疏證四卷。西漢周官師說考三卷。春秋繁露補正六卷。說文校訂十卷。古誥辭考二卷。周髀考一卷。遼史地理考二卷。漢官考四卷。老子校記五卷。管墨韓三子校補各四卷。呂氏春秋校記四卷。淮南子校補二卷。匪風集一卷。古文尚書徵實十

二卷。古禮通詮二十卷。郊特牲疏證二卷。論語古義二卷。國語校補四卷。古本字考二卷。古縣頭徵二卷。白虎通義定本十六卷。元史西北地理考三卷。北周官制考四卷。莊子校補三卷。揚子法言校補六卷。荀子校補六卷。賈子校記十二卷。論衡校補四卷。左盦集十卷。論衡校補一種。申叔生前似已道及。中含精義不少。愚方求是書。校本不得。若真喪失。真是不償之損。

合肥卸執政任。無家可歸。依門人魏海樓以居。一三樓三底之小洋房而已。或曰。東海黃陂皆朱門大道。行路欽異。然黃二公者。傾於政治無怨詞。不謂其居處逾侈也。蓋孔子嘗爲大夫。卽出門不可無車。身爲元首。任天下之重。出入扭途之度太大。居室稱此。何足爲病。反而推之。合肥願別有其自見處。區區所居之陋。又何足爲高。何況合肥之門生故吏。甲第雲連。所在多有。此自是一派之事。合肥豈得全以自解乎。此論愚與曹潤田聞之。未能辯也。惟最近合肥偕王逸塘就市樓沐浴。時廣大浴室。巳爲他客先佔。餘甚小者一。逸塘色躊躇。合肥笑謂之曰。爲時極暫。何苦分別。因爲吟陶靖節家如逆旅舍。我如當去客之句。久之。且曰。家尚如此。況偶浴乎。本來曠達。固未必闊人。而多所容心也。

黃克強墓在長沙嶽麓山。墓碑高聳。迄今庶無一字。其故則俟蔡子民爲碑文。蔡又俟愚供其事狀。遺族求人作碑。而別求一人立狀。事乃棲杯如此。愚狀遲遲未竟。質以辛亥黃花崗前後事。迄不了了。胡漢民曾諸敘之。亦未見其稿。且愚生平爲文。善取材於人。而不善爲人備辦論材。玆事其一例也。愚自了心願。當以己意爲克強作傳。其得用之墓道與否。不必計矣。昔謝太傅墓碑無字。號沒字碑。以其功績之宏。不識如何記法。克強爲革命元功。關係之大。近罕其倫。刻石之文。著筆亦正不易。苟墓碑終不可得。後世或持與謝傅同論。至泰山頂上之碑無字。又非其倫矣。

長沙章氏兄弟鬻字例

家兄仲漁先生名理給隱於吏書宗鍾王工力極厚劍欵勿及茲以劍將鬻字輸助甲寅周刊有志相助因合訂字例於左篤好之士以覘觀焉　章士釗識略

對聯　八尺（八元）七尺（七元）六尺（六元）五尺（五元）四尺（四元）三尺（三元）以上八尺至六尺以八言或七言貳公半或指定八言以上者每言加一元

屏條　八尺（七元）七尺（六元）六尺（五元）五尺（三元）四尺（二元）三尺（二元）以上三四五尺不過四三行六七八尺不過四行加行每加一元

堂幅　八尺（十元）七尺（九元）六尺（八元）五尺（七元）四尺（六元）三尺（五元）以上三尺不過四行七四五尺不過五行六七八尺不過六行每加一行加一元如六尺以下指書四分以內小行楷照加半倍三尺以下指書三分以內小行楷照加一倍

橫幅　豎紙照堂幅價半幅照屏價

摺扇　一面（三元）半面（二元）兩面（五元）坤扇冷金地不書

團扇　與摺扇同

杭扇　黑油扇書泥金照摺扇加半倍泥金自備

榜書　直橫匾額等類一尺內每字（二元）一尺至一尺五寸每字（四元）一尺五寸至三尺每字（七元）三尺外每字（九元）

壽屏　四幅（三十二元）八幅（六十四元）十二幅（九十六元）十六幅（一百二十八元）每幅以五行為度加一行每加一元

冊頁　每開（三元）三四分以內小行楷照加半倍

斗方　與冊頁同

扇骨硯盒筆筒　等類書五七絕句一首（三元）扇骨加半倍

名戳　每個（二元）小戳不書

卷冊題簽　每件（一元五角）

以上各件如須仲漁行嚴兩人合作取價均同行嚴鬻文另議書件指錄已作者照加半倍潤資先付定期取件凡閱甲寅者照七折收劣紙不書綾絹加半

編輯者　章清吾

總發行所　甲寅周刊社　天津日界須磨街春生里四號

印刷所　光華印刷公司　天津特別一區大沽路　電話南局一三二九號

改訂價目

零售	每期	大洋	一角五分
每月	四期	大洋	六角
半年	二十六期	大洋	三元九角
全年	五十二期	大洋	七元八角

郵費

本國及日本	每期	一分
郵會各國	每期	四分

廣告價目

地位　面積	全面	半面	四分之一面	八分之一面
封皮裏面	四十元	二十元	十元	五元
底頁外面	同上	同上	同上	同上
正文後	二十元	十元	五元	二元五角

此表係每一期價目登四期以上九折十三期以上八五折半年以上八折全年以上七五折插圖另議

大陸銀行

資本金五百萬元　公積金一百三十萬元

總行天津分支行北京上海南京蘇州北京清華園漢口濟南青島滕縣天津大胡同其他國內各大商埠及英國倫敦法國巴黎德國漢堡美國紐約日本東京橫濱神戶長崎等處均有特約代理機關一律通匯並與鹽業金城中南銀行於天津上海漢口等處合設準備庫及儲蓄會

保管部　公債公司債股票商業票據及其他有價證券之保管並代取本息或買賣或承募出租鋼製保管箱

營業部　存款　放款　國內國外匯兌　押匯　貼現代理收付款項及生金銀之買賣

儲蓄部　活期儲蓄定期儲蓄　天津總行法租界三號路六號路轉角

交通銀行

本行創設於前清光緒三十四年股本總額二千萬元專辦存款放款匯款貼現及外國匯款等業務並奉政府特許代理國庫發行天津鈔票及各省商埠均有分行或通匯機關如蒙惠顧無任歡迎

行址　法界一號路

電話　總理室　一八各各、五七各各　營業室　一八二各

電報掛號　六六三九

總理　梁士詒　協理　盧學溥

天津分行　經理　江世德　副理　王　徵　襄理　孫恩科

中興煤礦公司廣告

本公司向在山東嶧縣棗莊地方開辦煤礦產煤各種煤焦歷經中外著名礦師化驗灰輕磺少燄長性堅極合輪船鐵路工廠一切機器鍋爐之用是以津浦滬甯隴海滬杭各大綫路當年購用同聲贊許他若山東境內暨運河長江一帶各工廠亦均紛紛訂購如蒙賜顧請就近向左列本公司各分廠各分銷處接洽辦理無任歡迎

（分廠）上海　蘇州　無錫　常州　南京　鎮江　南通州　清江　界首　馬頭　臨城　嶧縣　台兒莊　山家林

（分銷處）日本　大連　烏衣　滁州　臨淮　宿遷　蚌埠　固鎮　南宿州　符離集　夾溝　徐州府　韓莊　官橋　南沙河　滕縣　界河　兩下店　鄒縣　兗州府　濟寗州　曲阜　泰安府　萬德　黨家莊　濟南府　濼口　桑梓店　晏城　禹城縣　平原縣　黃河涯　德州　桑園　連鎮　東光縣　泊頭　滄州　興濟　唐官屯　獨流　天津　杭州　海州

中華郵務局特准掛號立券之報紙
每星期六日發行

民國十六年
一月一日

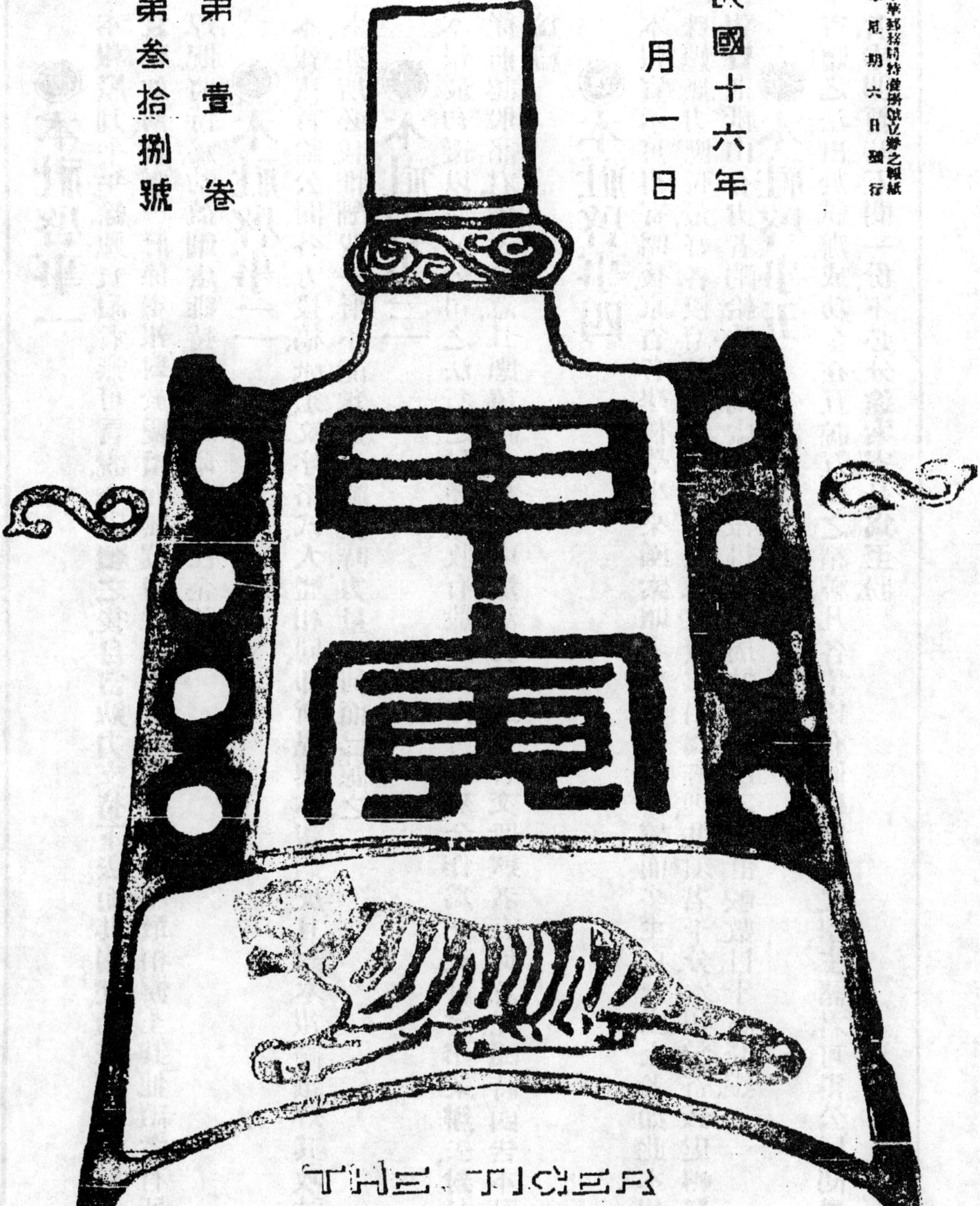

第壹卷
第叁拾捌號

VOL. I NO. 38 JANUARY 1 1927

●本社啓事一

本報廢刊半年餘、媿負讀者、無可言說、今賡續之後、自當勉力支持下去、而其關鍵、仍在報費收數之衰旺如何、寄贈一層係本報對於愛讀而無資力者之義務、此惟力是視、不敢相惜、至其他讀者、有所厚貺、將恃爲酌盈劑虛維持本報之命脈、無任企禱、

●本社啓事二

本報主言論公開、各方投稿、祇須文字格式、大體相同、即所見與本報適反、且對本報論議肆其攻詰者、亦所必載、惟酬費一層、不能豫定、亦視其時力量如何而已、諒之、

●本社啓事三

本報最初擬以股分公司之法行之、曾陸續收有股欵、現方針改變、全作爲一種社會事業辦去、對於從前認股諸君、極表歉意、且應協議一種收束辦法、特此通告、曾交股欵者有何意見、隨時函告本社爲禱、

●本社啓事四

本報宣示可得寄贈後、京省各學校學生來函索贈者極多、甚有一校而多至百分以上者、如此本報殊媿無力應付、最好各校讀者、推本校庶務處或收發處出爲經理、共須若干分、本報彙寄該處轉發、報費則祇由有力者酌給、酌盈劑虛、使本報得稍資周轉即足、決不敢計較數目、千萬亮鑒、

●本社啓事五

寄贈之法、出於試辦、成功全在互諒互助之精神、凡各學校有同校同齋之學生諸君、可得公同閱看者、幸即暫時互閱一份、不必分途索寄、是爲至盼、

甲寅周刊第一卷第三十八期目錄

時評

十二月十八日。英國駐京代辦公使。在外交團提出一案。路透電訃為廣大閎遠。後全文發布。以吾人眼光察之。固誠不失為數十年來國際上最富於好意之公文書也。平心而論。此與廣東年來之外交政策。不無連絡。國人於此。不當以偏頗之見。妄加推測。而在善迎其機。以全國共同之心理與力抗解決外交一切懸案。爾該文書中要點。一。迎合中國國民合法之願望。二、廢棄中國政治經濟非賴外人指導不能發達之見解。三、中國自制國定稅則。一經宣布。即承認中國關稅自主。四、則自放棄在中國不能承受之外力支配。惟同時須請中國負重文明國家應有負重條約之最低限義務。至承諾過渡時期之二五附加關稅。已成解釋上必然之序。決無疑問。夫盎格魯。沙遜。民族。以善於調和著稱者也。而調和云者與

一

吾稱當其可之謂時，理正相符。英人所持今義，雖微有後時之感，而由此實心行之，吾國人復懇懇以誠相見，民族家庭之景光，不將於此烜耀大地哉。

改造政府，是何等事，而乃紛紛以滑稽新聞視之。唐人有言曰：歐後鄭五爲相，天下事可知矣。意謂其人不莊也。今處理國政而臨之毫無一分莊字觀念，此何能了。蓋內閣之候補人，忽粱忽靳，忽靳忽粱，尋又復顏，如軸轆然旋轉無已。杜詩有長安奕棋之譬，今其奈子且未著何耶。

奉張向外交團表示，第一爲組織強固政府。美哉言也。然試問所謂強固何義耶。愚聞強固政府之說，起於英倫。蓋民治盛時，何黨控制巴力門之多數，出而秉政，即一切以討論終局，黨議立成法律之道行之。英人因言巴力門者，除男不能復女，女不能復男外，蓋無事不可爲，故其說強固政府之說云然。吾願能辨巴力門耶。傳曰：既不能強，又不能弱。愚意強固政府可由強弱二道得之：一自行軍政，如今意大利之墨檢利尼，是所謂強也；一奉政於人，不問其人之爲誰何，已奉先部領其軍歸之，使得令行禁止，一無踰越，所謂弱也。若二者俱不願爲，浸淫自陷於兩不能之域，使天下之測己者，輶然興技止之歎，則國事冥冥墮壞，即由此種一時壯語，又事足補苴百一耶。

自來軍事不競，病在內訌，而不在外困，而人之殺敵致果，其機又不決於疆場，而決於離間。往事歷歷，最近復以吳靳互鬨聞。靳雲鵬之陽奉吳而陰背之也，非一日矣。月前不識以何因緣，靳以上書名義，檄吳闕失，布達南北。吳自負爲紀綱之神也，則甚恨之。十二月二十五日，鄭州會議決以寇英傑田維勤王文蔚三部，馳赴信陽明港一帶，解散靳部。吳所草電，猶斷斷以前書爲嫁，有故鳴窮困，訴諸途人，足懈軍心，無裨事實，適以自貶聲價，騰笑友軍，用意何在，殊不可解等語。猶憶民國七年，合肥秉國，吳君由衡州班師，電院自陳，詞旨激切。合肥批其尾曰：爾今日如此。

將來何以禦下記室即以原書復吳不知吳君猶省記未

客自南昌來為道贛人心理之變易狀甚可哀先是江西對北軍之情感極惡蓋自民國二年李純入贛中經陳光遠蔡成勳以迄昨年之方本仁十餘歲間北軍所留之遺愛可云周洽此次乃悉量責報於孫傳芳一人其實孫未嘗與贛政有連而所部軍隊亦較有規律為他人受過可謂寃也當孫軍之出動也鄉人憫陰降之凡諜探所獲報告左者右焉虛者實焉幾無一而不迷罔南軍雖同一地理不熟而其所得於民間者則適居其反此不戰而勝敗之局早定加以鄧如琢初次復南昌號放假三日己藉詞走九江以避之二次復續行六日禁且不得以是省垣之菁華淨盡婦女幾無一得免民更恨北軍次骨彼固不辨此誰某也孫軍既敗黨人為政以謂足以慰其簞食壺漿之情矣而亦大謬不然黨軍苦乏才而贛部尤甚所有舉動無不生辣無可理喻其委員會所布之第一德政乃抹煞贛人財產四千萬元計取消省公債千六百萬（皆散布於商人之手者）省銀行鈔票千零六十萬（文羣所發五百萬鄧如琢繼發五百六十萬）各銀行存款匯款一律提歸黨部乾沒者千四百萬此財政如是也教育工商百政自同以摧陷廓清之手段行之王恒贛產且久於程潛幕下出為行政委員討論教育政策時祇曰似乎不宜而翌日即被免職其他贛人之無發言權又不待論贛人最重服務本省無論何時此風未歇而去年尤甚今悉為黨驅散以盡一入章門四面所聞大抵粵音湘音或寧波音也較之昔日僅罵食於北閥一系者遙為周徹如斯欲哭亦無聲矣

有自長沙來者復道鄉間之情勢最為岌岌湖南之穀例價五元一石而今已賤至二元餘其故則四鄉皆立各種協會土豪劣紳率竄以入則轉揭打倒土豪劣紳旗幟以罔所仇往歲冬季鄉紳有蓄穀至數百石者農民賴以取贏今恐被指目相戒不糶農家出穀至無一次累十石米而黨部復申令遏糶故價

三

隳敗而不可救。夫農民者。固利售價以畢春耕者也。今如此。將一切無備。復有長工協會者。議工價年不得下百元。工作不得過八小時。而在穀價王時。年工故不足四十元。且工作時間亦無定。今如此。明歲。農家。將無傭。以是之故。受田者紛紛退佃。有田者紛紛求脫。田價頓由二納降為四納。且無敢過問。至若是。為之。其將。有。益。於。工。矣。乎。殊未。然。也。小退門外。有以肩輿為生者。號抬馬轎。向十里無過三四百文者。今且十倍不止。一日。乘者被毆於中途。後經協會裁判。以侮辱勞工人格論。罰鍰及百。自是無敢以輿行者。乘夫皆坐困。他業亦若是狀。而業人則曰。且堅持之。作俑。固。在。後。也。

論業治

章士釗

業治。者。歐洲。民。治。崩。裂。後。所。起。之。新。潮。也。民治者何。吾國學生。近年肆意揭擊。會為德謨克拉西五字。譯囂乎附北。即其物是。是物也。蓋以近世代議政治。為之。戶。二十世紀初年。（指大戰前）產業問題之紛糾日益。議員德性之墮壞日顯。巴力門之信望。漸次失墜。愚始在英為學時。已見攻摘黨治之論文。洎乎大戰。各國政府。咸感議會意見多而程序緩。於用兵不便。則遞以軍隊抑之。使不得聲。戰事告終。社會黨崛起。障阻中產階級之長持魁柄。尤不遺餘力。議會政治。經此瀕危。近十年來。遂一蹶而不可復振。德謨克拉西云者。在歐陸。聞之。幾等詛咒之詞。與吾清末之稱立憲。黨。今日之號官僚派相似。當之者。類諱然。肆或蹙然。返也。而吾之學生。未審此狀。見譯文有民字。褒然居首也。以謂是即吾徒寤寐以求之物。因相與號呼。歌炎。繳繞。一世。曰德先生。曰德先生。（與科學曰賽先生者並舉）吾國。擲。必。效。人。自忘。其醜。往往如是。姑不具論。惟民治之勢。既衰。承之者。有業治。一派。在英曰幾爾特。在俄曰蘇維埃。其取義之廣狹。手段之激隨。各與民情國勢相推移。形形色色。儘不一致。而所得合符復析之根本要道。亦曰。惟自食其力者。為能與聞政治。同時。惟自食其力者不能不與聞政治易詞言之凡有業者先分治其業爲衆務羅布後合治其國爲一總務羅布而已此外凡已無業而徒攘取於民業以爲食以及似有業而實無業跡其所爲其一一與國民經常生產有防如世所稱波碩亞齊者悉去是之謂業治一曰務羅布制 Group System

業治者其高理想極合人道之政式也顧行之絕不易愚嚮年居英甚爲此說傾動曾草 Chinese Politics and Professionalism 一小冊子與當時諸家互辨得失志在移植本土代久成滯積之民治以爲國是蕭伯訥頗疑之謂天下惟私心爲難尅治今以分業相召誰不欲自尊其業者近世託辣斯之弊已難勝言一旦尊官託辣斯於無上位使各各自爲最後決定則凡天下之生息乎消費者無死所矣（我被九江工國要挾工人鐵路警察隊旅客上下行李任其所索不得被起犯沈料察隊即揹爲財問乾沒其物而去者數之行裝七作被索匪毀十二元品歸工人答云我等分工制度即總統來亦如此足證此理）代議政體誠屬朽無可爲理而其選舉以地域爲之標的人自各方來衆意亂流而進易於買弼政因以平此未始非該

御死仍不僵之故君倡業治幸於此點屆意中國沐浴群化雅善克己能拔此治之善德而遺其惡亦未可定若夫吾英則斷斷乎未之能行也云云倫敦大學教授韮訥士所疑亦類於是且逐條論列著於所爲 Great Society 篇中柯爾者則幾爾特之前鋒也其施此制於英僥僥以中古之 Guild 久廢今縣說之非未易固爲應聞吾七十二行之名及行行出狀元之諺浪且饒妬色思其時立辯以爲吾國士農工商並立士迄持風會導領之地未失農工商者雖際被解放使自爲政將來見樸決無可理董又吾農國也百藝俱求自給無與工國舍死競利心理以奪人口徇工使成厖然莫禦之體爲治化梗將無其事要使各業平流以進內而劃地自齊外而通力合作凡業皆由自身裁制不使他業妄侵其權已亦於本業外不作妄與人業之想如是而已

孫中山者夙以三民主義噪於世者也此義揭於二十年前時英倫自由黨如愛斯奎斯及雷德佐治之流正爲巴力門宜力顯聞於世中山政想全胚胎於

五

英、且以其師康德黎爵士之力、得與彼邦士夫相接、氣誼似與雷氏尤近。（中山亟言當雷氏曾李儿昔曾思想德佐治許尤也）又其時社會主義。稍稍勃發。威斯敏斯特之工黨。漸見頭角。較近政理。如何得與工潮相洽。論者頗議及之。所謂三民。民族全然為排滿而設。無足深計。其他。民。主。民。生。則是。德。謨、克。拉。西。與。瑣。鑠、理。派。之、調。和。論、耳。非有。他、也。入民國來。中山見其說雅不中時。又以深入人心之夙義。棄之可惜。則倡為三期之議以濟之。三期者、軍政訓政與憲政是也。三民。既。為。憲。政。期。所。有。事。（除民族外）自與、目。前、軍。政。行。動。有。別。亦與。軍。政。成、功。後。之。訓。政。方。略。無。妨。宜儔。實。際。並行。不。悖。洵周。中。邊。俱。微。足以。塗。飾。國。民。耳。目。之。得。策。是策也。自創中華革命黨。以迄與俄人交親、時中山且篤行之。其後鮑樂庭加倫入粵。形勢突變之二人者。既親行蘇維埃制有成。當然吐棄歐洲猶然漸死之民治。以為無足收效。而二人者。又奉。行。恐。民。之。政。者。也。以謂民可使由。不可使知。於是。內。策。既。定。而輪。廓。間。仍。聰。三。民。主。義。者。謂然。應。上。以誑。右。黨。而。欺。民。衆。天下。情。貌。相。反。之。

甚、囂。塵。年。來。黨。人。之。行。動。若。恐私裏自計。將來三民主義之假面目。必有一日由該黨自行揭破。別以其異者提示天下。特時期為不可料耳。昨報黨軍之黃埔軍官派、公然非毀中山舊說。謂三民主義。並非革命。吾黨為革命而起。非以欲行三民主義之故。且吾黨期望革命徹底。尤不能不排擊寄宅於該主義之分子云云。（見十二月二十九日順天時報）此作始也特簡。後來推演。勢且絕大。不知者方詫視不已。知之者許其邏輯必然之序。毫不足奇。然則。該。黨。今。所。汲。汲。為。之。者。何。也。曰、將行。業。治。而。失。其。正。恐固言之。業治有其取義廣狹手段激隨之不同。蘇維。埃。者。狹。而。激。者。也。彼於農工兵而外。幾不承有他項正當職業。全國政治。則以此三項人。在各地方分組為蘇維埃。大小相合。內外相維以統之。所有政令。壹是秉承於黨。黨員千人一義。除本業外。黨中不得有他種較小結集。以分黨力。凡人動作、一以機械作述焉。智識不許成為階級。並亦無取乎智識。（武漢現運強打側智識階級口號）其下手處。則使各業分為協會。並助之破來本業自來一切約束。改隸於黨。（即人有聞實大協會而怪之者此何足怪也）此黨軍正著手行之。雖曰行之。而義則嶄新。爲前者宣傳小冊中所未具。爲魁領者。亦未便明糾其誤。使前後矛盾過甚。以云運用方法。則生硬幾率。一味破壞。悉歸開發人類之爲己性。而莫知捍之。其律令曰。革命尚未成功。同志猶需努力。至力何由努。所需何力。力至當生何效。大抵疑莫能明。此與中山倡言三民主義所得理解之境象。相去萬里。閱彼中習者。且蹙初學小生。張皇過甚。亦識有能發不能收之底。而大勢所趨。殆如危崖轉石之不可止。其亦奈之何哉。（日本某記者現見鮑羅廷在武昌總部遙縱指使形同主人）平心而論。業治之本意。固未可毀也。愚所著聯業論。語及政客。付特筆以明之曰。政客者以無業爲業者也。菲納士聞之大笑。實則遊民爲厲。百業不舉。如吾國者。愚井然以業濟之。孰云未嘗然天下。政事意正而法非。卒至禍國病民。不可收拾者。往往而有。王莽王安石之類是也。今黨軍之於業治亦然。夫業治明明黨治之對也。重黨即不重業。重業即不得復重黨。

今並黨業而一之。使業之本相不顯。其誤一。吾國行業治之最大優點。爲行會之組織尚在。柯爾曾加漢歎。愚已述之。今不利用已成規範。且悉行摧陷。以黨人安與其事。其誤二。吾體教之國也。而新治將使各業自逞其長。自擴其地。此不豫有抑欲明理之道以節之。爭亂其何能免。今黨人放棄吾國最優特性。嘗爲退化。轉以獸欲自爲尺度。其誤三。吾又農國也。農雖滯不進。而亦非陷於甚深卑苦之境。是以不擾其節態。徐徐啓迪爲得。今黨人束縛馳驟之。使爲農圖軍強致。竿木蠢叛。地主其誤四。且吾以農國之故。歐洲工黨規模。毫不適用。馬克思之學說。尤格格不入。今黨人一惟第三國際是師。其誤五。業治者最高級之群治也。其貫串宜恃愛力。必有一夫不得其所時。予之辜之之意念。然後足主聯業會議。今黨人視他人皆同化外。者不與同中國然。悻悻之氣。到處流露。此直小丈夫也。何足成治。其誤六。業治者能治也。故尚業必同時尚能。愚嘗以 Professionalism 譯業治。群家諮傑謂當以 Functionalism 易之。職是之故。今黨人

七

息人。有能所設施。是責望自達之觀。其誤七。此七誤者。繁禁禍大。由此類推。不可枚數。夫立政作法。清而夫意。（在盎所偶者法意以北）差以毫其謬千里。況夫斷思大過。如此章章者哉。思四五年來。縕業治之念。於胸而未放發。以解之者少。而施行亦大難也。（啓前在上激新開被亦僞發之）今黨人依此二年。驟起軒然大波。使人生疑。覺附別開一面以行。其騰議亦設可紀。至念其紕繆百出。使人留而生畏。將爲後來復與此制之[illegible]大梗。又不禁爲之慨然。然事已無可奈何。思爲剛閣論政。輒若其利害得失如此。閣達之士。以覽觀焉。

章士釗

林白水案與出廷狀

曩者林白水案。黃報記者薛君營救甚力。志不得逞。飲恨至今。頃該報以新年號徵文於愚。愚欲稍廣其意。介其爲友爲國之誠。終於不沒。遂以今篇貢之。並記其略於此。

林白水之死。天下寃之。師攷居小人。亦且以是爲言。當事急時。營救者竟長跪雪涕。獲得一當。卒之綴刑介出。而人已見殊。自被逮以至棄市。不過三四小時耳。自來決人之驟。始莫過是。是非邪事急迫。間不容髮。亦何能爲之辭。而求己謗議。僇辱文人。必利用天下。不得聽觀之。瞬息間以快於心。焉可見。白水並無必死之罪。凡典章湮蔑在在足。出白水於死。特苦無道焉。俾公開此三四小時。使與詢明之。氣法定之程相接。捕者不得於此陰肆其志。謂雖然。無道云者。亦謂在吾國爲無之。固非無也。民國元年。民黨張振武方維見殺於陸軍部。其倉卒與林相類。時愚主上海民立報。闢採斯弊也。參議院宜創設出廷狀律。使捕者自始捕時。即負對簿之責。人議其綴。不甚措意。同盟會且以愚意袒執政。大肆詰難。（愚今以是緣即民立報惟攻）由今思之。倘以是時明訂於律。行之且十四五年。人人心目中有此一物。以爲抗禦非法之具。則白水之獄。或可不立。即立矣。亦決不至避人偷時。據爲奇寃。而今竟若此。焉將天實爲之耶。抑人謀之不臧耶。按英倫出廷狀制。凡人受捕。無論捕者為公人。為私人。為軍出或否。被捕者之親若友。可向最近法庭。請求介狀。限捕者於二十四小時內。解出於廷。讞其曲直。違者以抗法論。有重罰。此制既設。英民之人身自由權。遂若、拱、璧、大、鼎、之、貴、且、重。無敢、或、搖。今吾國亦有此也。當自水被捕之頃。其親友為立求得法狀。致於捕者。令於翌日出廷受質。捕者雖迫於上憲之命。猶得以是間執。人之欲善。誰不如我。境過而情遷。雖居伯亦、且、矜哀而樂者。況區、區、文、字、小、過、哉。亦焉、用、深、夜、號、泣。環跪、於、生、殺、出、入、人、者、之、前。而仍、不、得、歸、哉。去年，恩長法，曹。會擬是作提案。並偕林君行規。詳列規條。逐一說明。雖無關令。將由國務會議通過。俾成習行，作令。而以恩倉皋卿職，亦未果行。惜哉。昔蘇子瞻應試。作刑賞忠厚之至論。有云、皋陶曰殺之三。堯曰宥之三。然後殺之。此以為慣刑之證。可謂切至。後主司詢其語原。子瞻茫無以對。惟勉應之。曰。想當然耳。今此。常。然。之。理。久與。國。人。尋。常。想。像。不。屬。恐。故。借。譚。來。出。廷。二。字。相。為。聯。之。

豫章變亂紀事本末

彭粹中

江西之亂。某居南昌。前後凡四十九日。所歷痛苦。殆不忍言。逃來津沽。故舊爭以為詢。此答彼擾。不能遍詳。會甲寅續印。行嚴先生徵及拙作。因稍敘次其原委。自黨軍攻贛。迄孫氏之敗。以成斯篇。曰豫章變亂紀事本末。自愧不文。於當時慘禍。未能盡其萬一。聞見不及。盡付闕如。或有與實事不符者。皆就所知而言。匆促屬藁。未暇考正。非敢故存偏黨之見。致滋世疑也。幸閱者諒之。

方黨軍從鄂也。自湖南之醴陵進攻萍鄉。江西第一師長唐福山。第九混成旅長張鳳岐。先後退萬載。鄧如琢聞警。率師來援。戰於新喻之昌山。黨軍分兵攻唐等。連克至高安。距南昌百二十里。留守劉煥臣不為備。遂淪陷之。省長李定魁偕劉逃。城陷時。其兵力不過一團，敝衣履貌。狀甚飢疲。自言數月以來。倦不得眠。行不得息、嘗數日不食。徹宵不寢。所至。恂謹。不類。北。士。向民。家。購。物。輒厚。予。值。纖芥。無。擾。以故雖[illegible]

九

是役。市井不驚。安若無事。中秋日、民家猶張燈玩月。騎馳殺擊。不減素來之盛。惟路聞。槍聲。耳。時蘇浙聯軍經謝鴻勛之挫。隔江而陣。堅壁不敢出。但以巨礮遙擊而已。黨軍猶奮勇應戰。進薄其壘。衆寡懸。殊。而猛。怯。不。侔。如。此。

鄧如琢聞南昌失守。甚憂之。旣偵知其虛。兼程疾退。其士卒家口。多在南昌。並殊死戰。黨軍大潰。鄧復入城。先是南昌初陷無賴以嘗受前軍蹂躪。謀所雪忿。遇軀幹傑碩語言不同者輒聚毆之。往往至斃。至是鄧軍銜甚。又因戰後紀律不嚴。遂大肆屠掠。刈人如麻。墳委廢墟。狼藉幾遍。時天氣甚熱。死者皆白單布衣。有見之者。云染壘阜起。皓若積雪。亘數十丈。不知其數。也。被掠之家。至則自五六次迄數十次不等。最少亦三四次。往來相繼。彌日不絕。初取財物。再及服珥。再及衾裯。最後及襦袴之微。不留寸縷。其幸未及難者。皆雜匿密藏。不敢復出。又往往米罄斷炊。水竭飦食。如是者。凡十。餘。日。遂絕行人。市無負販。而諸剽掠所失。富者累巨萬。少亦數千金。鄧政包裹積至五千餘事。剽掠之後。則皆卸去軍衣。紛紛圖遁。聞在南潯路中。為聯軍所截獲者。前後共二百萬云。嗚呼。夥。矣。鄧知衆心已渙。乃以岳思寅為中央第一師長。劉寶題為江西第三師長。張鳳岐為江西第四師長。佯欲出境閱軍。遂不反。

蔣介石聞鄧走。親率軍來攻。孫傳芳令岳思寅張鳳岐唐福山禦之。（書奔自鄧先南昌郎臨來）岳等思結孫歡以自固。遂憑城逆戰。時城中百物已罄。民食且艱。而戰卒剽掠。益甚於前。有門堅不得破者。則缺牆梯簷而入。舉人家溷圊之污。婦女裙履之屑。莫不搜索殆遍。堂壁窗檻。皆遭毀碎。更無論矣。甚且縛繫主翁。逼勒藏鏹。其無有者。備受榜楚。岳等復令大焚負郭廛肆數萬戶。火三日不止。以為清野計。巨彈飛薄。發屋壞垣。老稺扶携。不死於火。卽死於彈。其慘。蓋。不。忍。言。

黨軍攻城。凡七晝夜不能克。乃退至高安。孫以鄭俊彥為江西總司令。鄭慮岳等不制。盡遣出城。而斬其供給。岳等恨之。黨軍之退高安也。精銳大挫。議停戰十數日。孫許之。蔣介石大喜。乃潛師德安。以扼聯軍之項聯軍囘守防堅不虞來襲驟聞敵至倉皇自潰九江之役聞黨軍初至者不過百人聯軍不下數萬皆以風披靡不敢交鋒最可哂者皆見數十黨軍過聯軍數百人或數千人而繳其械帖然無敢抗者孫知事勢已去乘舟東下黨軍復回南昌鄧開國入浙江岳思寅等皆欲降未果而敵已至遂並見執劉寶題在撫州爲賴世璜所襲由饒州退安徽賴自贛南略地至贛東至是亦來南昌贛事遂定

孫氏之敗也論者以謂失在於佈置當時情形有不得不然者地形不熟一也黨軍出沒無常二也戒於謝鴻勛之敗三也內部未盡一致四也有此四端故不敢進若其布置之堅士氣之盛雖在強敵稱羨不置鄧氏不學無術爲世大戾是可歎耳黨軍既得江西其措置亦未盡當黨人專恣尤爲大病某之來也嘗過南昌時方以江鈔停兌事民心稍稍怨矣

論斯密斯四大稅綱

唐慶增

昔柳子厚有云天下弊政之大莫如賄賂行而賦稅亂今日南北民衆之厄於賦稅之亂也殆哉岌岌矣主計者豈復顧及尚有稅綱其物存乎唐君以計學授業海上慨然以此篇見寄意念可想爰爲揭焉以附諸明夷待訪之例云爾 編者

亞丹斯密斯原富一書其論公共財政學有所謂四大稅綱者焉此論一出天下風靡今日歐美學者論究租稅猶多援此陳說論者謂古人章句流行之廣無逾於此即百餘年來英倫理財巨子政海名儒若披爾 Peel 披得 Pitt 格蘭斯頓於斯氏理論亦莫不奉爲圭臬試申論之

一、斂稅宜均平也 Equality 國家庶民當爲其政府捐納各視其付稅能力以爲等量 Proportion 換詞言之所謂捐助者宜與人民受國家保護後所享受之進款爲等量也斂稅而合此理謂之均平苟悖斯義是爲不均稅源凡三即地租 Rent 工資 Wages 贏利 Profit 若斂稅祗及其一而遺其餘則背均平之旨矣（以上係原文）

此段前數句蓋言納稅爲人民義務而斂稅又爲國

家政府權利也。強迫爲稅之特點。在昔專制時代。此權施用甚濫。弊端隨之而生。近代政體變更。狀況遂異。細察各國憲法。可知稅制變遷之大概焉。

所云捐納宜與個人之付稅能力爲等量。及能力卽人民受國家保護後所享之財產。其義甚晦。或以爲人民納稅多寡。應與彼等得自政府之利益爲較。獲益多則稅重。反是則輕。孟德斯鳩法意有云。國家歲入多寡。全視國民應付若干而定。不在國民究竟能付若干也。孟氏固極主利益論者。Benefit Theory 卽近代財政學家。每有下稅之定義。爲人民受國家保護之酬勞費者。雖然。我有疑焉。使一國政府毫無建立。或設施。則課稅又當以何者爲標準。且國民有貧富之分。惟貧困階級有賴於政府者愈大。徵諸事實。往往如是。苟持上說繩之。則富裕之家。豈復負有納稅之義務乎。觀此可知利益不足爲斂稅之的也明矣。

倘有一派。若重平等之說。且欲舉斯氏首條稅綱爲證。不知彼所謂均平。蓋作二解。一、主觀。二、客觀。

主觀方面。謂人民納稅之犧牲應均平也。顧犧牲多寡。測量至難。財政學家頗有主張用漸進率。卽根據均平犧牲之說。財力充者。增率上之利用愈少。付稅而後。影響甚小。貧困者處境不同。自當別論。故同一稅也。施之於富豪。或若九牛一毛。無所損益。施諸貧民。則類苛索。民不堪命矣。斂稅要旨。須合其人民之犧牲程度相若。不必問其數目之異同也。孔子曰。不患寡而患不均。其所云云。蓋亦暗合於此狹意的解釋也。

斯密斯有言。「國家庶民。應爲政府捐助。各視其付稅能力以爲等量。」後之學者因有能力論 Ability Theory 出。謂個人之納稅能力。應作爲稅率輕重之衡。蓋純從客觀立論也。此說流行甚早。巴丹 Bodin 曾及之。中古時代。財產實爲能力之代表。斯氏則主張以收入爲標揭。主此說者。謂斂稅不必問個人所受影響奚若。當視此人可付若干而定。稅之大小。並非要因。所可注意者。在其納稅而後。財力尚存幾許耳。故富人與貧人較。則前者捐助較多。斂稅非於富者影響較小。乃因富者可多出費之故。國民之消費。不外二途。曰必需。曰奢華。斂稅之率。至多僅可使人民減少其奢侈之費用。斷不可剝削其必需費。致影響及其生活狀況。斯氏而外。經濟家如邊沁、穆勒、李嘉圖諸氏。咸發揮此說。更有所謂賸餘款說。Subsistence Theory 謂人入款。其大小若僅足以維持其生存。則無納稅義務。蓋應付稅而後。將有不能生活之勢也。

由此可知。着係要綱中所用之平等。Equality 等量。Proportion 等名詞。乃係活字。不可誤解。國民貧富懸殊。生活程度不一。苟非實行共產主義。則萬全之均平。永無實現之日。斯氏所謂等量。亦非算法上之等量。（如財產千元抽稅十分之一則為百元是為算法上之等量）孟軻曰。物之不齊。物之情也。或相倍蓰。或相什百。或相千萬。比而同之。是亂天下也。可知人類不齊。乃無可逃之趨勢。苟執平等而言財政。則將有類乎詐行之為。安可施之於今日之政體哉。

二、稅制宜明確也。Certainty 國民應納之稅宜有定制。不可浮泛。凡納稅之時期、規例及多寡、均須開誠佈公。使人民了然於胸。無所隔閡。以各國經驗言之。稅制無定。則其害有甚於不均平。（以上係原文）

按稅制不定之害。先儒如裴得 William Petty 休謨等早洞見之。確定有二義。一為法律的。一為經濟的。斯氏所述。為法律上之明確也。今日美邦施行之所得稅。犯此條最甚。為世詬病。欲使稅制明確。須先將一切界際劃清。以明瞭為主。預算逐年規定。報告不可或缺。平日應將一切賦稅細則。時時公佈。務使全國人民。共見共聞。在上者毋得濫用其權。在下者宜盡監督之責。能如是。不特弊端可絕。且免無謂之耗費。

三、稅制宜便利也。Convenience 納稅之時間方法等各項。宜適合於人民。使無不便之處。（以上係原文）

按斂稅於消耗品。最為便利。蓋人民購買物件。方有納稅義務。是付稅與否。人民可自行決定。至是而猶以不便利為病者。政府固不任其咎也。納稅固為人民應盡義務之一。然須雙方顧到。方得稱為佳稅。稅而僞皆國民之出產力最爲早下。昔英倫之麥芽稅 Malt Tax 卽犯此病。蓋其出產程序。竟爲稅所破壞也。消耗稅而外。所得稅亦稱便利云。

四、斂稅宜經濟也。Economy 稅取自人民囊中。當與國家所得之款相埒。毋令超出此額。致有浪費之虞。又國家賦稅。往往喜設人員。支出低亘。遂不得不附加他稅以爲彌補焉。且政府管於工商業上。加以無謂之約束。致引起各種糾葛焉。凡此種種皆所謂不經濟也。（以上係原文）

準是以觀。則直接稅實優於間接稅。蓋後者終點 Incidence 不定。其互相推卸。往往爲浪費之源焉。此在歐美歷史上。數見不鮮。十八世紀中。法蘭西鹽稅 Gabelle 其尤著者焉。鹽原爲政府之專利品。顧以管理失當。至釀成私運偷漏等弊。法政府猶不知廢止之。更濫設官員以求阻止之策。於是益不可收拾。

按近代財政學家。對於此條。多不甚注意。獨英之瓊斯 Robert Jones 則謂斯氏所述各要綱。惟經濟爲賦稅要素。苟能實行。則餘者皆爲贅言而已。

斯氏原富書中。臚列稅綱凡四。然尙有二條。皆於他篇中偶爾引及。並未詳申其說。是以後人研究其財政理論者。多不經意也。茲爲補述如下。

五、斂稅宜適當。適當者何。曰政府非必要時。不應任意苛求。斂收無謂租稅。致傷國民之財力也。孟子曰。取諸民有制。苟國庫不紬。歲入常盈。猶濫用威權。肆意苛索。天下未有不亂者也。

六、租稅可作爲調理之具。自經濟原理言之。租稅爲分配財物之工具。斂稅並可消滅工業或商界上不正當之行業。考各國財政史。凡社會上之組織行業。國家出產之物品等。苟有害於人民。而政府志在取締者。其稅必苛也。實則此法至拙。施用之範圍亦甚狹也。

綜而論之。斯氏首條稅綱。與餘者有別。首條爲斂稅之箴言。而餘者乃爲租稅之規例也。前者指稅制全體而言。後三者僅指分類之稅法也。第二條有類於國家憲法上之規定。餘三者則俱爲行政上之問題也。首條稅綱爲倫理的。蓋在公平上着想進也。然一步言。斂稅不均且偽。皆工業上之生產力。則此條又為經濟上之要件矣。非餘三條則完全為經濟作而非倫理的。總之。俱為構造完善稅制之要素而已。

通訊

救荒策

……頃讀甲寅三十六期趙浴君救濟糧荒之治標策一文。言簡義精。至堪欽佩。趙君主張普食糲米黑麵。以救糧荒。其意極佳。趙君命題為治標。其實即治本法之易見效者耳。余亦嘗論及之。（見東方雜誌二十三卷十七期）與趙君大意未謀而合。惟趙君之計算法。似有疏漏。敢請質疑。趙君謂吾國糧食之不給。約為一千萬人。按全國人口計。僅不給四十五分之一。若盡人食黑麵糲米。則麵量可增四分之一。米量可增八分之一。均之為六分之一。故每歲增益之量。足當不給之量七倍而強。意即足供七千萬人以上之取食。米麵分開兩物。食米者與食麵者各幾何人。是否相等。概從不問。而遽求其均數。實大昧統計學之常理。指破即明。毋須詳究。

趙君計算之基礎。即已大誤。所謂米麥之增加足當現不給量七倍而強者。係假設四萬萬餘人。全食精米白麵。此幾與問何不食肉糜者同一謬誤。趙君殆絕未涉足民間者耶。實際中國之食精米白麵者。只限於大都會之中等以上人家。及內地之富戶。食土麵糙米者。恐不下食米麥人數之半。況稻麥六穀中之二耳。國內食高粱小米以及各種雜糧甚而至於草根樹皮者。尚不知其有若干萬。精米白麵縱絕踪。亦豈能省出七千餘萬人之口糧哉。

用糙米粗麵者多。則糠麩減少。糠麩牲畜之主食也。則肉量亦減少。由節省之米麥值減去減少之肉值。

乃可知。飾蔬斯益之食料也。此固未易計算也。但黑麵糙米通行。可以節省糧食。培補健康。毫無疑義。故趙君之計算法雖誤。而其立論之原理則不可移。至推行方法。余以為與其求諸政府之強迫。毋寧求諸輿論之宣導。與社會領袖之以身作則。蓋精米白麵。質劣價昂。無異消耗。而富者仍爭食之。實由於無識與虛榮所致也。……滌時進（北京法山校大 十二月二十九）

廿時六日

甲寅以英倫可配鐵特為期。志在開發天下思辨之法。使各隨事為題。反復自覺其說於吾紙中。固不必針對吾紙立言也。此意讀者猶未深曉。常以為恨。茲君此函。此物此志。爰為布告。史稱公孫宏以食脫粟之飯知名。脫粟即穀之攦去殼者。近吾鄉聶雲台。亦喜飯是。謂益強王。是黑麵粗米。食之於身心未有益。今且宏濟困難。如二君所計。此一社會領袖之責為何如。　士釗

海濱書院

……總自美國歸來。有創設海濱書院之議。其後再游歐陸。此意未變。中間被迫主持南方大學。京滬兩校。進步頗速。聲譽尚佳。然此固非自動的辦學。若自動的辦學。當仍持原指以周旋。與今日流行各校異其趣也。年來學潮迭起。今更大波軒然。南大幸各無恙。然益覺前議所陳。事不可緩。私冀得大有力者假以十萬元。則立時可以經始。假以五十萬元。則計日可以觀成。顧有待於人者不可必。倘終無所得。惟有自持亦居數椽於山巔水涯。聚書數千卷。生徒數十百人。晨夕講貫其中。暇則校文著書。陸續出以問世。此等生活。進耶。退耶。隱耶。見耶。積極耶。消極耶。為己耶。為人耶。吾且不自知之矣。巨浸滔陸。勢不可遏。然狂颶驟雨。併不崇朝。吾儕當自留有用之身。並力獎後起之秀。為將來收拾善後計。以先生夙昔主張。知必同意及此。處今日地位。將以空言張吾軍耶。抑以實力玉其成耶。拉雜布達。不盡所懷。……江亢虎（南方大學 七月二十六日）

今之學校教育。不勝其弊。非再化無以重學務而

植異才殆已成天下公論。惟其道何由為宜詳細審處爾。亢虎持議。不論政學。都中窾要。海濱。書。院。亦是。非。倫。惟天下非議之易。行之難。而今。世。喜。議。人。之。後。不樂。成。人。之。美。尤為賢。豪。士。夫。習。辯。劍年來挾如亢虎之策。何止一端。而俱有所顧忌。逡不敢發。計惟他人有知似之建置。吾心安焉。因捧力能所至。相與助之。借觀於成已耳。若興。謀。自。異。於。衆。且將。誘。發。出。者。之。聲。柒。以。易。其。狗。馬。聲。色。之。妍。謂。是。猶。有。甚。焉。義。當。吾。助。則。似。不。識。時。務。之。甚。雖。以。由。夷。之。行。為。之。內。撰。張。之。否。為。之。外。亦。詞。費。而。已。也。置之亢虎。以為何如。此書劍說之已年餘。不識本刊何以未及露布。屢承亢虎面質。魏無以應。今理舊稿得之。亟揭於此。

士劍

風氣

……大刊續出。深慰群望。固知發士不以萬難自阻。神駿不以跬步自封也。綱念學術萬竅。惟人所嚮漸次歸衆。枉用相高。蠡測營新者肆為迎合世俗之論。粃糠固有。舉國風靡。不挽庸陋。稍予辨析。然及門之士。省悟猶罕。邇來學風雖益不競。顧青年。篤舊。日。多。講時。之。士。稍稍息喙。雖由途窮自返。而亦未必非深識如左右者有以牖啓之也。夫大。專。祭。物。係乎。人。事。往復。消。長。近乃。加。劇。觀於。政。局。戰。況。之。嬗。變。而益信。然。然則。風。氣。之。轉。變。寧復。異。此。第思想雖復眞理猶閟。貴在明者絜長較短。樹之正鵠。正人心息邪說。以示正道之猶在天壤。則正人端士。聲應氣求。相與共挽夫頹運。所謂君子道長。小人道消。或不至如河清之難俟也。照民國三四年時。肄版成均。見同舍信陽何君喜讀甲寅雜志。則亦時加諷籀。啓悟孔多。去秋於京漢車中。假讀周刊前三則。睡眠忽明。如見故人。其後每且恒以病。嘗與周刊為侶。病起不數月。而周刊停版。不圖今茲復得捧目以讀之也。惟十年前所讀。率多鉅篇。今刊。論。著。似患。其少。倘望不憚棓羅。於學術為條貫之談。錫讀者以明塙之見。挽國步於艱危。起生民之沈痾。不其懿歟。讀書廣址。所將大刊淵淵見賜。以化顓愚。實所欣願。……計照

太風岸化　十二月二

一七

述咸在。不審此諸君已收入未。容做出錄副奉寄。此外所有。未易一二舉。理由必告。諸態爲甚殊別字。二記俱所親睹。世何得疑。且他人。焉能。有此。冷蔡。文。字。寂寞程生。故程姓。字演生。皖中文家。與獨秀友善。甚殊軼事。惟君燕子龕遺詩敍。大致已得。然劍自應爲之立傳。因循未就。深負死友。勞君見促。舍當奮筆。士釗

報資

……貴刊不設報資一層。措辭似嫌含糊。先生欲與天下以言論直接相見。計誠無善於此。然人之取求無厭。而貴社之應付殊難。終不取相當代價。恐非持久不衰之道。愚意不如斂印報紙。將價格減少。如硯

（代評論及來府論僑答）旅幾人人皆得與先生之言相接矣。餘意何如。……宋雪帆 上海新閘梅白格路頭出里 十二月十九日

惟議此善。然去歲曾試爲之而敗。不審今復踐行。於讀者之通感何如。蓋擬因印費過重。以年數分印報紙。取價五分。而讀戶則牽出多資。購求善本。報紙本紛紛由各代派處退回。前例具在。故今未敢輕試。且本刊報資。固非不設。人各盡力而施焉可已。品報後題一議，幸賜覽觀。昔穆脩賣書相國寺。見人輒曰。有能讀得韓柳文成句者。便以一部見贈。劍非伯長。焉敢如是簡傲。惟天下真有好讀書。而力不足以副之者。謂此爲立言之士所不宜忽。云謂至本刊所賴以支拄。則固仍非讀者善助之力不可也。士釗

文錄

鬻字啓

章士釗

愚擬鬻字經營本刊。已成陳述。擬爲品報後題。稍明其故。近忽播布南北。以報道人。前後相違。顯有

詐僞。執友如何君孟祥讓。且竊竊議之。甚矣心迹之未易求人知也。今以勢度之。恐貨書之舉。猶未認募股。原啓尚在。即秘於此。祇求。有益。本刊。且忍恥。奮。力。爲。之。凡。以。見。恩。一。言。勖。固。無。不。可。告。人。者。爾。

士劍頓首。自去歲七月。積爲甲寅周刊。連布三十五期。未嘗間歇。雖以躬與政局。抒論未能一空蹊際。而其修辭立誠之微念。以論爲政之苦心。（以論爲政立名詠討乃奕）（嚴政治之精義）自銷路之廣。通訊之盛卜之。則固未爲賢豪長者所棄絕也。劃劇中輟。大與願違。頻荷垂詢。惋痛爲已。雖然。將謂士劍忽俯愧其不肖之才力。不求與讀者之心情相證印。或別有不可以文字與天下相見之隱懷。遂乃棄筆固辭以去。則大非也。劍嘗說鐵飯碗。（說見甲寅周刊）謂新聞記者之業。約而易行。隨遇爲之。人莫與爭。今乃知不盡然。蓋本刊銷數雖大。而印費綦重。社中常費。月亦不貲。報值難收。負累日益。部意初擬集股辦理。見其有蝕無利。亦遂止焉。年中支應。年恃職位所獲。勉爲挹注。不固之位。勢盡乃移。無源

之水。隨取而竭。最後一期。劍爲與自記以告罪於天下。與聞政情迫促乃爾。寧謂無力支柱而致然也。夫士。劍。亦。浮。浪。政。客。之。一。耳。矯激。鳴。高。之。行。夙所。鄙。爲。半生。所。斥。金。錢。亦臻。茂。類。傷廉。之。取。自訟。何。敢。言。無。（思在新聞報者原說一文可見略志）惟如。昨。年。所。被。口。語。則未。免。去。事。實。太。遠。自來。息。訪。貴在。無。爭。故凡。道。路。流。言。劍皆。不。辯。而身。居。高。位。退未。匝。月。內之。勉。應。環。境。之。日。常。生。活。無以。自。持。外之。倚。若。性。命。之。文。字。機。關。坐觀。其。廢。撫躬。以。省。亦爲。陋。然。憶歲辛亥。十二月二十四日。士劍挈妻子由英反國。抵滬僅餘英金二鎊。自是而南而北。而東（日本）而西。（歐洲）天涯到處。類有逢迎。即在進難。亦形豐裕。計前後十五年間。北威捉襟見肘。蹙縮無以自猶如今日者。尚不多見。此國家社會之所遇劍厚。而劍適以報國家社會者。乃渺無有。致足傷也。吾友關中張季鸞熾章厚責於劍。謂辛亥之英金二鎊。固不必失耳。即盡棄十五年間之歲月。視同烏有。以今日緊接其十二月二十四日。猶附稜威。再戰而前。何不可者。劍曰。此之理想。思所懷以治國者也。（國於數關）

報爲聚紀論即主以今日繫接辛亥八月十九武昌起義之日起行改造季罷移以見嚴。又何間然。夫豪傑之興。淌無所待。而事功之遂。必有取資。釗之再戰。請仍自甲寅周刊始。然爲周刊也。前貯之款。未名一文。必虧之殷。安期更集。所幸十五年中。士釗結好士友。多被賞接。艱危疾痛。類獲同情。釗不善書。而求者閒有。今思以書一件。分博儆貲。半恃友誼。半依賢資。侯足一數。即以開刊。雖無聊之極思。亦文人之本分。近懷歐公不賢之旨。（歐陽永叔與石推官書稱爲吏不受貨財要道德聞不足恃以爲賢也）滋繹孔子非病之言。（孔子曰貧非病也）或者其无咎乎。夫人自慢不可也。而自信要不爲非。士釗行能無算。行文跡於東坡所云求物之妙。能使了然於口與手。文理自然。恣態橫生者。不無愧色。而自棄新聞二十餘年。喪亂弘多。民言無嘉。獨兢兢焉言期有物。理尚執中。雖論具存。都可揚驗。如釗者方執政城。抗手論師。語其功用。似亦免於莊生附贅之誚。去歲身都兩部。橫逆環生。奮筆爽然。未爲摧挫。論者或曰。乙丑之甲寅。墜落殊甚。蓋遠不如甲寅之甲寅也。此誠望而非之。何嘗細勘。語云。人各有能有不能。士釗舍此無能。故願就此開發。凡是惟知者明之。未可一二爲流俗人言也。人或謂釗。子方以財賄見罪。而故炫貧。人以好名與詐譏之。奈何。釗援桑公之辭對曰。士顧其心何如爾。當自信其心以行。譏何罪也。（語出歐陽叔桑懌傳）又謂釗人不慝。若之何。釗曰。天下事。期焉而未可必者無限。增愚儒字一端。庸何傷。數經辭辯。部議卒定。應需條例。分擬列後。諸君以爲可栽而辱培之。所受賜者當不止士釗一人已也。臨書曷任惶悚。士釗頓首。六月一日。

詩錄

去滬有感

蘇戡

羈旅心知異守官。暫歸猶覺別家難。看花。隔。歲。休。嵩。

老牧袂隨拔敢避兵婚嫁粗完身可去兵戈間阻事
無端小窗如繭我容足讀作高樓百尺看

和蘇戡　正道

綱紀陵夷那有官隨緣善導事爲難室匡四大猶非
我溢煉三多不計寒濟世先要弘聖道普天謁化息
邪端耕莘十載茫茫裏一相成渴敢仰看

弱男四十書懷　孤桐

四十年間一剎那君爲始備我如何不辭歲月堂堂
去未了恩情眼眼過自是同春深德曬可容偷過寶
運波（山谷詩云亦有英靈無悔過手恨猶波微句過實）生平
息壤母相寬意取乘梓當手柯（早有學家游學之說年之話延醒行之路）
黔婁洞裏暫徘徊（近邇附此）日思君劇自哀家國本平
衡輒失新陳介在俗難我少陵縱白兵間髮有復終
許湖上榆迫邁幾時能建樹感恩毋道父書來

孤桐爲作弱男賢姪四十生日詩

武壯人豪絕愛才北山師我晚堪哀休嗟弱女非男
蘇戡
語叔見河源一脈來

得壻才華俏異常生見能復繼書香空花客恐勸收
拾試執家庭兒道始

老友孤桐設宴爲其夫人弱男女士四十壽徵
詩勉拈四截句報命愧不能爲泛泛祝詞也
逸塘

灼灼雲霄一女星亞東模範好家庭自由底事標新
語墨雨歐風那忍聽
燕下辛勤老孟光耦耕素志儻能償（項城主盟公爲之屆）
（先河合肥段公繼之力倡開發西北論孫桐近聞其旨丞透闕且有農村計劃）浮家何似歸
田樂好稀成都八百桑（君有學家游學之說故以此勵之）之
君家家事吾能說感舊何當傳北山竊喜中郎今有
女極書猶護舊環
白首相期共歲寒因君我亦感無端（孤桐徵詩有所感百端賦此中報）
難安天瑣傷心語春夢三年總未闌

呈嚴範老　醇士

衣冠耆舊幾人存海內歸然望獨尊易世不忘愛國
念著書仍櫃憤時言稍扶元氣廻頽運已厭塵勞謝
衆喧坐對須臾同挾纊歸來兩腋尚餘溫

今傳是樓詩話

盧江吳公木。一字公穉。名炎世。綺歲神清。才華敏贍。北山先生之嗣子也。北山爲武壯公次子。早歲負文名。勵風節。與義寧陳散原諸人游。當時稱四公子。抗直忤俗。浮沉郎署。憔悴以終。而公木又以早逝。未竟其才。士論惜之。武壯爲中興名將。愛才如飢渴。南通張嗇庵。朱曼君。及項城袁公。均其所羅致者。幕府之盛。甲於東南。嗇老集中呈吳提督詩。其一云。峨峨高節擁轅門。彿彿朱旂綺陣雲。難得名公趨趙營。況容揖客真將軍。明珠却聘寧無意。寶劍銜知昔所聞。駿骨從來能得馬。好收騏驥共殊勳。蓋紀實也。公木爲項城資遣東渡習法政。與余友善。過從尤數。渠館居東京富士見町。每休沐輒謀一聚。飽啖痛飲。上下議論。爲狀至樂。余在金澤聯隊中。公木曾不遠千里相訪。把酒說詩。流連竟日。執別未久。遽以病逝世。余曾有詩哭之。稿今佚矣。公木有渡韓敬謁先大父武壯祠八律。自注。丁未初。朝鮮亡於日本。時炎世方行抵漢京。追念先大父平韓之役。不過距今二十年。曾幾何時。河山易主。祠堂蔓草。廢壘荒烟。不覺凄然。詩云。遼雉斜抱漢城開。遙憶元戎小隊來。夢裏旌旗飄落日。禁中宮闕長荒苔。殘民轉徙雞豚少。萬騎屯雲鼓角哀。往事功名誰更說。一回追念一回灰。百戰山河指顧收。只今漢水帶東流。十年專閫遷楊僕。五月征蠻哭武侯。畫閣功臣誰甲第。擎天事業總荒邱。我來弔古懷先德。幾樹垂楊繞郭秋。薄伐王師憶渡遼。迎恩門外肅弓刀。功名表海餘威重。日月孤忠送戍勞。共說風流陳大易。肯將家世門豐貂。南山一望天方醉。淚打空城萬馬號。細雨斜風崇禮門。不盡風雨滿層城。降王底事還行酒。鈞黨翻勞苦用兵。天實君臣忘社稷。嶽陽簫鼓奏春明。國亡心死眞堪痛。獨有銅山淚暗傾。蜻蜓嬌小赤龍雄。東島蒼凉露鷹中。寶有。滯。封。夷。郡。縣。更無。才。傑。實。關。東。荆州。諸。將。淪。羊。祜。回紇。道。民。哭。令。公。自是。好。花。容。易。散。不須。飄。泊。怨。東。風。荒祠十丈草離離。校射臺高歌鼓鼙。傳檄不難敺屬。國。和戎畢竟失藩籬。海棠春睡偏無主。楊柳。新。栽。又。幾。圍。歷歷。東。風。停。節。處。有人。下。馬。讀。羊。碑。淡城無恙夕陽斜。猢猻京塵苦憶家。入世便應求將相。歸田何自種桑麻。天涯。一。劍。存。知。己。古國。千。年。付。落。花。忙裏不妨尋樂處。坐看大地莽風沙。有酒逢秋愁更長。城頭無語立蒼茫。衣冠新落闌時代。膏粱。飄。零。憶。草。堂。亂世。只。憑。工。粉。飾。盛年。已。自。厭。風。霜。平原。客。散。多。巔。惡。獨向。滄。溟。學。艶。狂。諸詩述德抒懷。情文並茂。亦可謂綽有父風矣。公木又有滯陽訪錦庵濟舟留別一律亦佳。詩云。北風吹雪夜飛沙。滯陽門外且停車。九州喪亂存知己。一劍。飄。零。愧。將。家。木葉聲乾遲歲月。江。鄉。味。美。憶。魚。蝦。各言。別。後。相。思。苦。落盡。尊。前。蠟燭。花。飄零句身世淒感。誠非少年人所宜。詩卻清新可喜。又散原居士有輓北山一律云。爲郎。一。疏。壯。當年。遠。絕。朝。班。洞。市。塵。意。氣。空。能。問。屠。狗。吟。篇。自。許。陶。螂。巳迷王謝爭墩處。（約三歲與君同游中山寺）應喚唐虞易簀前。天壤。寄。凝。寄。孤。憤。終留。佳。話。到。彭。嫣。彭嫣爲北山姬人。能詩。海內知北山者無不知彭嫣者。公木下世。北山益侘傺寡歡。薄晚佯狂。亦可哀矣

孤桐雜記

何貞翁書名滿天下。實則其人所長。甯獨書哉。曾侯道光二十二年所寄家書。卽云。「子貞之學。長於五事。一曰儀禮精。二曰漢書熟。三曰說文精。四曰各體詩好。五曰字好。此五事者。渠意皆能有所傳於後。」愚恒謂於字中求字。決不能得好字。觀貞翁所成益信。然恐過信字外求字。重撫期。而輕工力。亦一大蔽。侯書中又云。「子貞現臨隸字。每日七八葉。今年已千葉矣。」此等事實。本所明曉。利侯提示。記以自惕。

袁子才不以書名。而書法秀逸。如不食人間煙火。細玩數過。可益神智。懸諸在廣東。以三百金得其自寫詩册一部。末蓋有齊的隹印章。遒媚欲絕。然其論書則云。「同年裴叔度常與校論書法。不必專門名家而後工也。大凡有功德者。有大福澤者。有文學者。其生平雖未學書。而落筆必超。若無此數者。雖摹倣古人。不過如剪綵之花。絕非之美。謂之字匠可也。謂之名家不可也。故常持此意以衡天下之書。數十年來。百不失一。」[illegible]予才此論。蓋不欺人。若其假以自適。則未免。視之過。高。終必。悞之。

家弟劭士之喪。已逾三年。昨逸塘來談。謂近來聞此花。颯沙雛語。愚聞言根觸。思弟之念至苦。十一年、愚西遊。三月六日。舟抵哥命布。愚草一書寄之。不識舟中原草。胡乃尚在。錄存於此。少殺吾悲。書云。在滬得二束。已復。計達。二月十七日舟發。二十日抵香港。二十四日抵西貢。越三日抵新嘉坡。今日三月六日抵哥命布。行已兼旬。到馬賽尚有十八九日程。昔鮑明遠。至大。雷岸。發書。寄妹。謂途。登千。里。日踰。十。晨。自謂其。遠。由今方之。烏足云也。計十五年前。兄嘗經是道赴英。後五年返國。復由之。自登舟以訖到岸。行所無事。忘其為遠。今乃塊然寡歡。計日愁苦。風濤噬嚙。悲從不。能寐。思親。思友。時見乎情。蓋中年哀樂。本異昔時。今日。始得。驗之也。覺此衰徵。略書告弟。此行有得與否。可以此卜之。書不悉意

明末馬弔之盛。正如今之雀牌。士夫之家。莫不有之。而其亡國。有謂即由於此。尤西堂戒賭文一節曰。「吾聞此風。馬弔打明末最盛。曰闖曰獻。又曰大順。流賊作。亂。其名。猶應。相公。馬弔。百老。陀姓。南渡。亡國。不祥。先。讖。」讀此慄然。按馬弔之法。王弇州實始創焉。當時特偶爾遊戲之作。不料後來弊習。一至於此。依尤文觀之。似清初餘風猶烈。聞之湖舫卿丈。近百年來。尚不斷有人習之。此戲舊在秦淮譙集間盛行。故金陵猶有知者。丈自言頗明其法。雖同博者難覓。究未知其法何似也。

長沙章氏兄弟鬻字例

家兄仲漁先生名理綸隱於吏書宗鍾王工力極厚釗歎勿及從以釗將鬻字綸搦甲寅周刊有志相助因合訂字例於左鶴例之士以試觀焉 章士釗謹啓

對聯 八尺（八元）七尺（七元）六尺（六元）五尺（五元）四尺（四元）三尺（三元）以上八尺至六尺以八言或七言為率或指定八言以上者每言加一元

屏條 八尺（七元）七尺（六元）六尺（五元）五尺（四元）四尺（三元）三尺（二元）以上三四五尺不過三行六七八尺不過四行加行每加一元

堂幅 八尺（十元）七尺（九元）六尺（八元）五尺（七元）四尺（六元）三尺（五元）以上三尺不過四行四五尺不過五行六七八尺不過六行加行每加一元如六尺以下指書四分以內小行楷照加半倍三尺以下指書三分以內小行楷照加一倍

橫幅 整紙照堂幅價半幅照屏價

通圍 一面（三十元）半面（二十元）兩面（五元）坤扇全仝

地不售

團扇 與通圍同

杭扇 畫面扇書泥金照通圍加半倍泥金自備

榜書 直橫匾額等類

一尺內每字（二元）一尺至一尺五寸每字（四元）一尺五寸至二尺每字（七元）二尺外每字（九元）

詩屏 四幅（三十二元）八幅（六十四元）十二幅（九十六元）十六幅（一百二十八元）每幅以五行為度加行每加一元

冊頁 每開（三元）三四分以內小行楷照加半倍

斗方 與冊頁同

摺扇團扇紈扇 等類書五七絕句一首（三元）扇骨加半倍

名戳 每個（二元）小戳不售

卷冊題簽 每件（二元五角）

以上各件如須仲漁行嚴兩人合作取價均同行嚴撰文另議書件指錄已作者照加半倍潤資先付定期取件凡閱甲寅者照七折收劣紙不書械利加半

版權所有 不准翻印

編輯者 章清吾

總發行所 甲寅周刊社 天津日界吉野街八號

印刷所 光華印刷公司 天津特別一區大沽路 電話南局一三二九號

改訂價目

零售 每期	大洋一角五分
每月四期	大洋六角
半年二十六期	大洋三元九角
全年五十二期	大洋七元八角

郵費

本國及日本	每期一分
郵會各國	每期四分

廣告價目

地位＼面積	全面	半面	四分之一面	八分之一面
封皮裡面	四十元	二十元	十元	五元
底頁外面	同上	同上	同上	同上
正文後	二十元	十元	五元	二元五角

此表係每一期價目登四期以上九折十三期以上八五折半年以上八折全年以上七五折插圖另議

中華郵務局特准掛號立券之報
每星期六日發

民國十六年
一月八日

第壹卷
第叁拾玖號

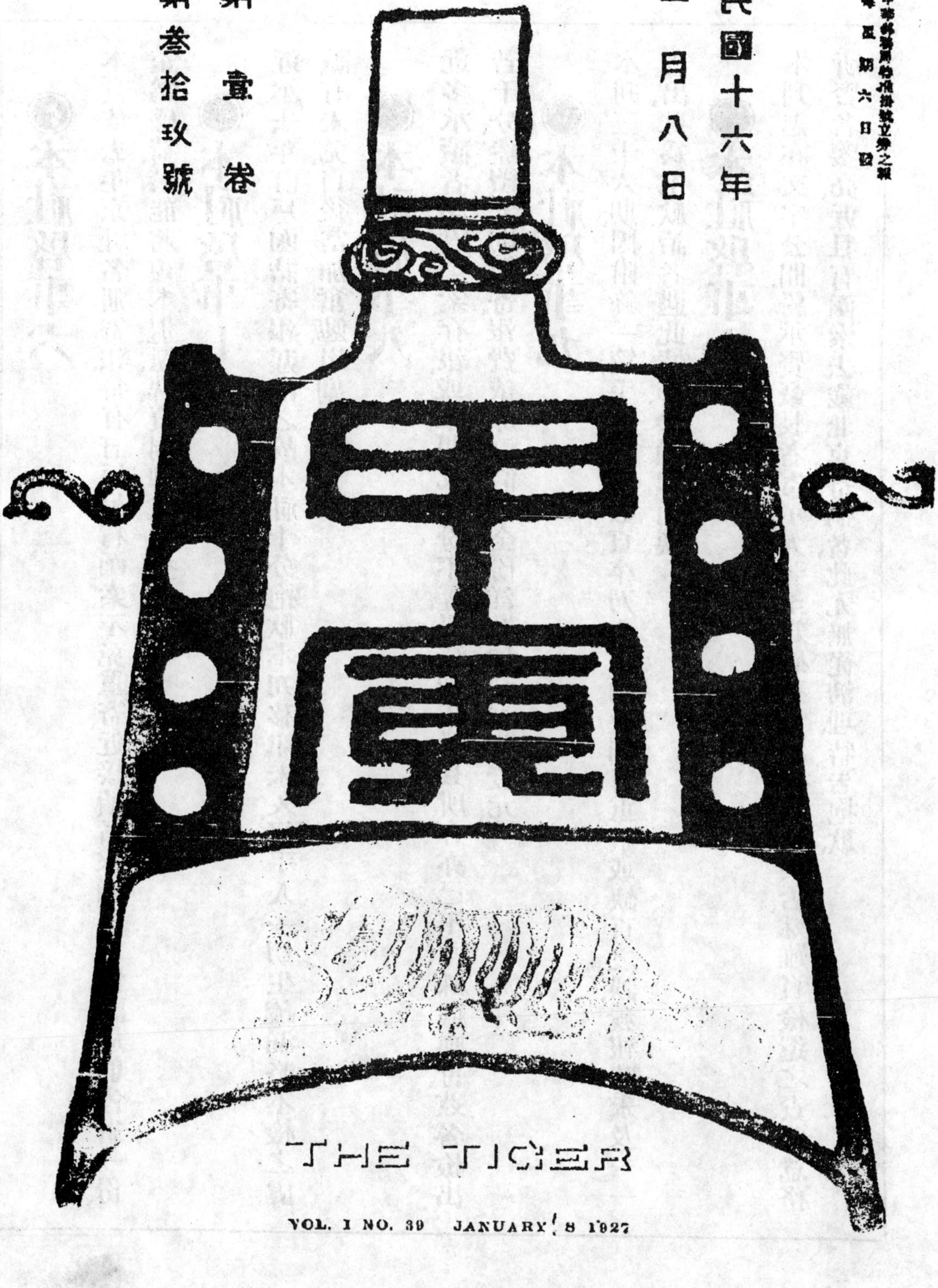

VOL. I NO. 39 JANUARY 8 1927

●本社啓事六

本刊依去年京社名册寄報、每有訂戶另行函索、不免重寄、近接讀者來函、多承體諒、屬即停寄一份、至爲感荷、若能將複本退還、俾資周轉、尤爲企望、

●本社啓事七

近承去年訂戶函請寄報遲滯之故、本社十分抱歉、本刊移津未久、經手人一切生疏、漏略不檢之處、誠有未免、自後當加奮勉、以副期望、

●本社啓事八

近多承讀者諸君補索存報、或單期或全份不等、以清理甚難、且所存亦已不多、殊難應付、茲各檢出若干分、陸續分別照寄、報費依原訂價目、全份洋裝加裝訂費壹元、

●本社啓事九

本刊三十六期、因附錄一篇手民誤排數頁、卒乃改版抽換、因有重頁或缺頁之誤、發報時未及一一理出、殊爲抱歉、讀者遇此情形、幸通知補換、

●本社啓事十

本刊志在文字公開、紛承賢豪長者寄示大著、至爲感荷、惟原稿登載與否、殊難負檢還之責、此意務祈賢者鑒亮、近且有函索去歲北京寄稿者、此尤無從清理、特告抱歉、

甲寅周刊第一卷第三十九期目錄

時評

大凡新年第一號之報紙。例於本歲致其祝意。而對昨年之一切政象。括以總評。本刊亦一報也。不應獨異。雖然。言論自由者在吾實全未了其義。近觀各報所爲。大抵義不當言者恣言之。於無害義當言者稍觸焉。勢且不了公私之界不分。好同惡異之野性特著。吾儕秉筆之士。非得從容遣詞之地。殆極狹也。狹矣而勉言焉。非愚則惑。非誣則罔。於是歲首歲末之辭。所蓄愚惑誣罔之習。殆尤甚者。誠不如已。此本報不提新年之所由也。

大公報者。舊報復張之錚錚者也。元日發布民國十五年之政治與外交一首。於執政制度之消滅一節。夾序夾議。頗極淋漓峻刻之致。讀者病之。謂是揚瑕而隱瑜。設詞而助攻。愚獨謂不然。且凡從事執政。政府。者尤不應失去錢人時評之雅度。盜政治者無情之物也。從政而毀幸人情。將不嗇籽於我。時乃不智。況人非聖賢。孰能無過。有改無勉。古訓所昭。當今受言之於朝野。一致闕乏。愚甚願該報所言。人純從好意祭焉。已須知新聞記者之善知識。與公平心。固在休休有容之識者。發而成之也。

支那之政治。一脈人之痛也。痛中爲蛇爲狗。事先不知。及其出場。極難覩衆。此語愚十五年前聞於英倫。今漸知其不然。內閣問題。延滯累月。靳君雲鵬有成說矣。忽以乃弟事變。陳爾頓溢。夫柄國何等事。爲國求賢又何等事。其人果稱是耶。卽弟變何傷。不稱是耶。弟不變。亦何補。赫赫師尹。民具爾瞻。出處進退如是之忽。其將何以出政。抑不能出政也。卽尋常語言應物。亦奚自安。由斯以談。古稱懷寶迷邦。邦迷。不郵。或非無故。此義梁君士詒似知之矣。靳梁皆不成。而維持顧閣之說又起。聞楊君宇霆入京。此事更見確定。一月五日。兩人偕至順承王府。有所商洽。八日。途

開顧閣之國務會議。是眩人之痛。終不及閉。因無換物。駭衆之象。故曰。漸知不然。

江西方面之軍事。無甚變化。張副司令宗昌。昨五日忽離入京。有所報告。可知魯軍頗從江皖。猶未遂緊張程度。且蘇軍戰略。似亦緩長江而急錢塘。現孫軍全力對浙。迭有小戰。據報孫方做有利。孟昭月部進逼新安。杭垣已不聞礮聲。惟陳儀附南。漸見明晰。黨部委以第十九軍長之職。傳言必就。省政府設於桐廬。委員自陳周以外。蔡元培。褚輔成之名。俱赫然在。顯爲孫君遍緝之力所不及。甚矣。南家之日。惡也。

五日。漢口民衆突發空前交涉事件。先是三日已劇政治部宣傳員在江漢關側講演。趨聽者多。人乃麕集。英水兵出而阻之。宣傳員退至河街。而民衆不服。兵民遂互鬨。民死一人。傷二人。兵亦爲人扁担擊傷頗重。明日、群衆大會。氣甚張。稱將解除英兵武裝。並收回租界。勢洶洶。且不測。英人調義勇隊爲守。群衆

亦漸次從人。領事館前之戰事紀念碑。半被拆毀。推兩國之兵。相衝。未相接耳。又明日即五是七時、國人紛紛闖入戒嚴區域。佔領海關及工部局樓房。立將全部英人逐出本界之外。界內秩序。易由華警維持。勢頗擴大。遂不及備。英人至此。始全陷入。進退維谷。之域。此事後來如何收拾。正未可料。夫英人者。以損外交長技著稱者也。此次藍博森所發宣言。誠亦富於調和精神。有要求吾人特為注視之價。特形勢之。成。原非一日。挽回之術。雖期一蹴。卒乃與蠻。硬寨。打。死仗之。南軍。過以漢口租界。失守。開罪辭論之。調和。者。得時。為效者也。時之既逝。是且為爆裂之導。[illegible]意十六降必於民。而無救於革命。滿洲預備立憲。而光復之師如故。即外交。何莫不然。雖天下之事。不止一端。蜂發。有識。而況於國。此案雖起於南服。影響自被於中。英兩國之全體人民。徒附從氣淡之。且復輕心。掉之。期期以為未可。西報又口稱用忍耐。

上海會審公堂。本年一月一日。形式上為吾國收回。

噫、此辱史也。記之。彌可醜。蓋此外人。股削。吾民。生殺。出入。貨賂。攢集之大廠。窟者。乃成。豐三年以來。迭經事權。各國領事。乘機竊據。妄加擴充之。機關。而非有。正當之條約根據者也。自民元即事交涉收回。迭以英人之發展而罷。去年恩長秋曹。付為此案立一前提。謂收回則遷收回之。否則。仍以僭。不收回為得。蓋此時英人所行不法。吾猶得以僭越兩字料之。若改約。而事權仍非吾有。與現狀特為朝三暮四之別。則所謂收回者。亦取前之借越權而易以約章。護之。而已。不亦值識。當時司法次長王文豹北混切詮。擬有切實澈底辦法。迥與今之所號收回異趣者。嗣以斷然之手段行之。逆料英人且無如我何。奈內部意見未一。而愚亦適卸職。遂不果為。茲閱公廨新章。缺點頗多。戚君成祥所為文。規慮周舉甚備。惟愚不欲評。且亦何必。經愚。喋喋多口。故。

主義僭

章士釗

三

今人喜談主義。而洞然知其故者殆罕。即愚亦同病焉久思詮次諸說。少資究論。而苦非周刊短幅所許。且講義式之論文。人且厭之。斯乃無可如何之非也。昨冬感以學生之變。避難六國飯店。店中有售西籍者。忽信手得 C. C. Mexey 所著 The Problem of Government 一書。遣作本叙。固是尋常論著。無甚深要義。惟中有綜集各義一節。尙稱簡當。差足啓人論思。因迻譯之。並記其略於此。

政府宜何所事乎。茲一問也。從來若法家。若拂士。若君。若民。若羣體。若士林。無不矜意作答。冀明本旨。爲說標榜。莫之能當。其在今日。提議尤高。後之視今。諒亦猶是。何也。人羣者。依力學之公例。與時消息。發育無窮者也。設於立政之方。治民之道。苟慮一致。未有差池。則必力窒而體死也久矣。於斯有營注念者。則凡外於環境而特躬。別於經驗而建智。遂於心理而有事。非人類之所可幾也。以故從來所爲政治學說。不論激隨正負。蓋莫不挾議者之時會、傳習、偏知、私利以俱來。推之減否人倫。梗甚乖謬。又各以是四者爲律。視其依違遠近。以定是非誠僞之名。久矣政理之不可得也。欲救斯弊。亦惟詳求政象。平心疏列。究厥原委。以明指歸。而又熟考異議。體其眞因。渾忘人我。惟理是適。雖然。豈易言哉。

無政府主義

無政府黨之所見。至爲簡明。彼以謂國家者所不應有也。凡號稱政府。非力不足以持之。舉爲多事。蓋社會類以網維。有其自然法則。人涵泳於此法則深且久也。將原本情意。自由施設。以相友。相助。相扶持。初無假何項力能董其後焉。此其大略也。

無政府主義。始由絕相反之政象。醞成之。故凡政府之以嚴酷無責任稱者。其下每爲此派所窟宅。黨義既布。其於一切政治程叙。以絕對不信任之態出焉。力或於政府有違。則立爲彼等所不容。國如俄羅斯奧大利、皆爲土、最近延至近東遠東之一部。俶有此類黨人出沒滋長。非偶然也。

雖然。無政府狀態。從善之一面思之。自有生民以來。固未嘗有此一境。可以斷言。革命之事。史不絕書。彼顚覆一政府。仍然以一政府代之。前後執政。流別有

殊而其爲政府則一也凡社會不需強制力而自營此稗官能言之若云信而有徵則非大革今日之人性不爲功也

個人主義

個人主義與無政府云者由其政性群理觀之雖南北極之相距其遠不是過也而有相近者一事焉則

個人主義一名放任主義 Laissez-faire doctrine 志在人人各本其意與力之所之自求多福政府一切稱焉凡可得衛扶者必衛扶之也然政府雖非其所欲而要未可即廢如維持群序遮護自由保全生命財產以及連鎖人群使成一體舉非有政府不能自此而外義屬群情事關生計則一切由個人主之政府不當問也何也人之利害惟己知之最明計之亦最審誰某之事由誰某了之彼自擇其最利於己者以行也於斯而抵觸生焉則有傾擠不破之自然律在若供必應求若最適者存皆是也依此習劑不廢其不叶也夫競爭無情者也凡以己利投入競爭之場其力能堪此無情之淘汰而出一頭地者成且榮否則敗且萎理不爽也此之天然演化人自樂焉政府從而抑之其趣不可見矣

社會主義

社會主義無政府與個人兩義之對也彼以謂小己行動必使隸於國家行動之下而一惟所令此百政皆然而與生計有連殆尤甚財產者議斥焉者也間或主留亦特於消費物爲然耳（如衣食住及土地之供居室之用者是）至生產分配之各機關與其器用非薜乎國有不可由是土地（除建住宅者外）及天然富源當一一取而公之人工服務于國而資生焉者也惟國能用其力資本爲地與工之附庸物國相應而裁成是凡農也工也商也一切有公而無私即家廢宗教與夫教育諸制亦廢不聽命於國

共產者社會主義之極則也行斯制也私產及個人自由僅存最後之遺蛻泯焉以盡凡百私事悉易以國家之名行之家庭若冰欲焉以解父母者產機而已子號爲國家之子以養以教以任以使舉政府所有事宗教者浸化於團體而言之國家崇拜以外並

五

不得有宗教政府也而社會化。其理想並不新。雖惟不新。而且甚舊。柏拉圖者其濫觴也。更先於是。亦未可定。特無甚契可考耳。試覽史籍。凡於階級特權及一時姦利。而懷不平者。其所立矯正之策。類有烏託邦之想像伏焉。平心論之。固亦無怪其然。試思社會之利由社會自延。最高之體曰國家者。其物之登是以公道與平等為術。按之最大多數之最大福祉以行。無論何人。不介從而壟斷。謂非人類必官所得傾想之無上義乎。斯義也。自生人稍知作政。即次第由哲家發之。卒乃遲媚而及於馬克思。馬克思者。從意志之猶太人也。既感於十九世紀歐洲革命之狂潮。復激於當時重商主義之害理而僨情。社會主義。遂由彼一躍而為武力政治行動。凡所持唯物史觀階級戰爭無產專政諸義。皆此行動之析符也。

幾爾特社會主義

幾爾特者。晚出之義。所定程秩。蓋一反前賢所知。治群學者所萬不可忽也。古義有云。國家最高權曰儲威稜帖。凡處理領土以內之民民物物。率賴此權行之。自昔群家。悉宗是說。馬克思派尤甚。獨幾爾特義不然。由斯義也。吾人今所了解之國家。殆不復見。夫幾爾特 Guild 者何。中古行商之行會也。凡商於某。即自立行會以綱維其本業是。今有取焉。社會生計之一切組織。悉使依業聚處。為葛羅布 Group 本葛羅布之情。畢夙昔所付於國家。以了處之者。今取回其權而自理焉。由是儲威稜帖。離之集於一體。孤寄於上者。遂乃散諸衆體。分布於下。由是分業與從事分業之各個人之間。殊所須國家之原素。溢歸烏有。至輪廓上猶介有領土國家之名存者。亦衆葛羅布出入紛糾事件。使質劑。若裁決與夫習慣已久之警察職務。未可頓廢已耳。斯義也。所賴國家干涉個人之力。並不見少。特其力散見於各葛羅布。而有代行之者而已。夙昔之國家。以土地為基址。幾爾特之國家。以職業為基址。夙昔集權於中央。幾爾特則分權於各業。是之謂多元國 Pluralistic statse 近二十年來。此議浸盛。即向不談社會主義者。亦樂與必聽之。英倫之柯爾。號稱祭酒。今則衰矣。

多元與一元

一元與多元之爭。由來尚矣。爭點亦至不一。茲舉其謂縱大者。持多元者曰。凡人本情勢利害相集而爲社會。種別甚繁。國家者特其中一體耳。人儘依其最近相集之社會以居。與國家不甚接搆。此而以強制之權與其非其權。與由遠不相習之國家行之。何如使由近且相習之本團體代行爲效。多而情至乎。今日國家絕對之權。是未可分。理妄在也。且也。國際之間。向以國家領土國家爲其單位。領土而外。世界中凡以他項利益結集之萬維衍。無論其親切重要何似。舉爲國際法所不認。然則外交者。紛紛而已。解紛云乎哉。復次。近今之釋法性者。大抵傾於多元一義。何也。法者。自有其社會性。非隨威稜帖先成。諸法從而枝葉。狀疏以生者也。然則法與國家絕非合體。國家者。亦法之所從施。附至法之由來。乃明明外於國家之各社會團體相與孕育。相互遵守之諸條規也。

爲一元說者則曰。此所攻詰。未是其義。夫獨倚國家。而拒斥其他群體。吾一元論者固無是言。在一元國家之下。群體得隨其習慣力以恣爲開發。其機彌多。彼亦曰各群體間所宜互爲調劑。以及公安公善爲各別群體所不克舉之事。不得不歸國家總攬之耳。以是之故。國家者主也。而各群體爲從。吾知多元家亦不敢曰此總攬之權可鑿廢也。特謂宜由國家與各群體共掌之爲稍不同。然則此中分野如何。效率何等。最爲本題命脈。而以吾觀之。能條列其故而言之鑿鑿者。不少概見。是亦何必辨辨爲徒多事爲哉。國際間之缺陷。一元家亦頗知之。然設使多元國家。互揖讓于壇坫間。而謂爭端將由是銷滅。其理似亦未健。且以勢推之。生業問題之易於衝盪。或較之地域種性爲尤劇也。

實驗主義

或曰。國家干涉之適宜及得策與否。可於其結果徵之。結果良則干涉宜而得。否則不宜而失。不必有定法也。是之謂實驗。遊斯道也。國家將若懸旌然以從。

七

於人事間乃無定位其說曰國家者職不止於保安而已是貴在時時創設適當之情形使社會多數之福利隨而增進情形流性者也政府勢不得不與之俱流某事政府爲之而福與利可見則爲某事爲之而禍與害將見則不爲政府懸立之態不過如是功義所植以爲根柢者曰功用所倚以爲方法者曰試驗如自來水應由市廳轄之此經若干實例而以爲利者也小資品不當由政府專售亦然何也功用所在不可誣也惟此之功用隨時而易社會之情態一變主張又得其反亦未能料此太乏凝性一無定形一問題起討論之點太多罅隙百出處處足滋蔽實爲法式論者所甚不喜要可言也

今後之趨勢

人欲視也有可視人欲信也有可信特物固如是而見者謂爲仁智不同耳以故羣家百慮異說千端而大都在此形氣之中熙攘之台發露諸緣謂相聯合幾爾特派及多元論者曰工會日緊而體益固他羣儕亦稱是此明則分權之朕兆蘊威稜國家行且滅也

一元論者曰不然諸相所示將求一強固之中央政府遠遙於昔者以濟之耳其在篤信個人者流又謂政府久成彊勢夙昔夢見之放任主義指顧可得然則孰爲真夫預言者智士所不爲也而有不爭之實人盡見之於斯起論未爲不可前世紀以來政府之威權及政力所涉範圍兩俱異常增大一也產業革命後生計及社會各種狀況漸趨繁複因之爭端日肇調處極難人類間迄未剏建他種機關適於調處此者政府之力遂乃驟張二也以今視之繁複之狀況益趨繁複難調處之爭端益難調處三也國家以外哲家政士思力依然不進未嘗發見何項公共組織足爲羣體託命之資四也綜此四者應得何判讀者可自思之昔總統克利夫蘭有言『情形也非原則也』斯語明銳無倫足詔來葉矣

文論

章士釗

自愧通問於天下人頗斤斤以文事相質一若愧既能文且綽然有文律沾溉於人也者嘻此何說也愧

閱天下之名生於不足五帝三王之書號爲渾渾灝灝噩噩者以其時力能徇性大抵相仿無特立獨行得較然見稱於人者也自魯國有儒而儒道衰於周鄭子產鑄莿放號循吏而吏治衰於列國子胥以忠鳴於吳曾參以孝徵於里而忠臣孝子遂落落不復可見凡不足然後有名事理蓋如是已（語採宋永嘉先生八面鋒）

恐不敢誇亦不敢過漲然恐於文實無工力可言其粗解秉筆紀事述意不大廣竭歷者亦所憑天事爲多且移用遠西詞介際爲控縱而已今閱人書章某甚知文也愧深恥之尤歎時賢妄倡白話弛人修養之力以致當今文量不足之感特銳而如愚者遂覗然有事於坫壇而不覺其非雖然人意亦未可遽忽也姑爲本篇用翻來意

文章之事不一其道昔桐城家言義理考據詞章三者不可缺一愚獨謂義理考據及凡爲文本質蓋一切關乎學養而不遜與於文章長於文者亦於落筆時凡言之短長聲之高下與意之疾徐輕重適然相應使人讀之爽然如己之所欲出而未審其道何由

而已非有他也質而言之文章形式之事非精神之事也今有兩人於此處境執見及平昔之所薰修大體相同各使持筆其論一事而後文章之工拙可見杜工部詩聖也其詩思致亦未必夐絕於世特其以與人同具之思致被之章句施諸格律遂乃高不可攀曾有句云美名人不及佳句法如何唯彼獨喻明習所爲佳句之法故千古詩家一齊癲首愚夙好柳子厚文夫子厚文果胡獨異乎以愚觀之凡文自有其邏輯獨至之境高之則太仰低焉則太俯增之則太多減之則太少急焉則太張緩焉則太弛能斟酌乎俯仰多少張弛之度恰如其分以予之者斯爲宇宙至文子厚答韋中立書自道文章甘苦有曰參之穀梁以厲其氣參之孟荀以暢其支參之老莊以肆其端參之國語以博其趣參之離騷以致其幽參之太史以著其潔夫於氣則厲於支則暢於端則肆於趣則博於幽則致於潔則著相引以窮其勝相劑以盡其美凡文章之能事至此始觀止矣就中潔之云者尤爲集成一貫之德有獲於是其餘諸德自帖然

九

枝部而來故予厚畋焉愚見夫自來文家美中所感不足蓋莫逾潔字之道未備韓退之敘孟東野書一篇之中至連用其字四十餘次（有書日子道曾爲一文論之）此科以助詞未甚中程似不爲過蘇子瞻論文謂宜求物之妙使了然於口於手此獨到之見恆人所無然東坡之文往往泥沙俱下氣盛誠有之言宜每不盡然可見心知其境爲一事至焉與否又爲一事文之欲潔其難如此

然則爲之之道奈何曰凡式之未慊於意者勿著於篇凡字之未明其用者勿則於何力戒模糊饕詐人宴渦然有見於文境意境是一是二如觀游淵之魚一清見底如[illegible][illegible]蕊之蛛絲絡分明庶乎近之愚有志乎是嘗云已述然文中不著不了之語命意遣詞所定臆下必游之作介不怪滑造卒辭見質意在而自不能言其故者甚眾（可意會不可言傳則是文家遁詞）凡此皆愚雖有心得之處所願與同道之士共思進之是究如何亦潔字訣已矣近聞山陰王書衡（式通）謬稱愚文譚曲而能達略高時下一等溢美之言愚豈敢受夫曲而能達云者指凡文中自然結構一一瑩然於胸周旋折旋筆隨意往微無弗及遠無弗屆者也此何等造詣而愚能之今天下不足是語也特甚其亦勉焉耳矣

論法與禮

陳收

世不可以廢法尤不可以任法任法者衰世之徵也盛世隆禮中世禮法相半亂世乃並無法非無法也有法而勢不行也救亂宜莫如禮

夫人世之大患爭也爭出於欲亂成於爭然而非欲之即成爭也欲而不自足其分乃爭人己有界事物適歸或定於天屬或斷自人力天屬者若身將命者性人力者爲世爲勢爲名大率盡於心而可欲重己之欲亦許人之欲敬其所天嚴其所自力不奪人之求以祇己求不使人之欲以徇己欲其有先後也我安其順其有厚薄也我聽其常安其順則各信其所自業而凌軋之念不萌聽其常則各守其所自得而嫉妒之心不生信其所自業則公守其所自得則平

本公。平。之。分。而程。準。於。物。者。為。法。標度。於。心。者。為。禮。大法。無。偏。正。禮。無。失。執法而中做者為刑為罰。據禮而定型者為依為制。刑罰世輕世重。而所倚以立法者。有物則焉。不隨世以俱變。儀制有質有文。而所從以出禮者。有人情焉。不與時而共遷。論其究。法之。原。然。有。常。者。固。者。合。於。禮。禮之。確然不。易。者。固不。衷。於。法。此大。列。所。以。有。禮。法。一。貫。之。論。歟。乃今世不明禮者。宜其並不知法。不知法者。宜其更不明禮。于是有越法以言平等。破禮而談自由。若近年來所謂羣衆運動也者。譁叫囂隳突。以意迫逐官其地之吏。甚其學之師。致讀書者儼以學生陛下之美諡。彼盍亦思既嫌首足定位之為不平等者。反令首在下而足居上之獨為平等乎。既認受制總令之為失自由矣。必轉而使之永我叱令呵禁獨非失自由乎。凡好張自由平等。而不以恕道出者。皆是類也。余嘗謂世界人類史中。最自由者。宜莫如中國。以其。師。儒。重。仁。知。之。也。最平等者。亦莫如中國。以其。尚。讓。知。之。也。試思世有[illegible]人自由而能為仁者乎。有不守平等而能由義者乎。平等自由。西儒之所倡導也。我則舍而神之。仁。義。我。國。之。所。傳。數。也。乃不。恤。毀。而滅。之。口祝無窮。螟蛉難類。于是借端平等者。自行其不平等之實。借口自由者。反成其滅自由之甚。而與金不磨。仁義猶在人心。祇見行不仁義者之為可悲耳。彼世之日尋禍亂而不知休止者。皆余之所謂可悲者也。

夫曰禮法一貫者。蓋循本言之。其所由行之途。固非一也。賈子曰。禮者治於未然之先。法者禁於已然之後。言其用之殊也。蓋禮。之。治。準。於。心。法。之。禁。繩。於。物。服禮。自內。懍法。自外。自內者。非教不。率。自外者非政。不。行。教之尚。化。政則。從。威。威者權之施也。權者勢之氣也。專君之代。勢定一尊。權操一柄。故雷霆之所加。而罔不震懾者。威行也。民治之國。勢寄議會。權斯屬焉。其施用與君權等效。而周於耳目。故詳於利病。此其所貴焉。議會之權。又付託自民。集民之力以一其勢。率民之智以用其明。本明之所率。驅勢之所一。故政則大行。而法以獨伸。今我國人皆靦然而自號為民治乎。羣愚等一丘之貉。何以爲率。僉議同亂媾之眛。奚足樹威。元首孤危。又與尊君不類。而名士高張。可掉三寸以潛通國之是非。武夫倔強。可飛一彈以擅羣黎之生殺。是非罔極。死生無所。以言亂乎。溯諸五千年歷史。蓋未有如今日者也。乃矯矯時彥。猶勵欲以法治救國。禮則莫言之。雖言之亦莫能聽也。雖聽之亦莫能信也。第相笑而坐以爲迂腐耳。孰知。迂腐者。在。舞。法。未見。言。禮。之。爲。迂。腐。也。夫人之生孰不欲安欲樂。安樂者治之賜。而非亂之效也。故好亂者決非其人之本圖也。惟迷昏於心志。斯鬥暴而不寧。苟自返焉。亦知非矣。由是而循。絜矩。可。以。平。好。惡。忠恕。所。以。盡。仁。智。忠恕。絜。矩。禮之準。也。本諸。身。建諸。天。地。自昔。言。之。父子。夫。婦。昆。弟。朋。友。以。及。宗。族。鄉。黨。稱。卑。長。幼。一人。己。之。分。盡。之。已。由今。言。之。家庭。學。校。社會。國。家。世。界。宗。教。亦。一。人。己。之。分。盡。之。已。禮以定分。則一身家國天下。所與往來酬酢。匪爭克讓。以各敬其所天。寘各服其所自力。而秩然井然。太和自具。倘安有亂乎。此所冀先覺之士登高以呼者也。必曰法乎。自必先有強民。而後有強議會。有強議會而後強政府。議會虛矣。政府弱矣。煌煌法典。非其人不行。試略撥十五年來共和之往蹟。以一訴於國人之良心。並掬目前之政象。以測狂瀾之所底。我中華民國法治之效安在。借曰。有。效。取。以。補。禮。治。之。不。足。猶。可。若用。一。威。權。法。尊。無。上。可。視。盡。一。亦。濫。刻。酷。非。人。道。之。至。盛。故曰。任。法。者。衰。世。之。微。也。

通訊

黨治

……黨治政議。讀之甚快。惟持。論。既。有。以。非。人。廢。卽。有。以。殺。己。且。是。非。宜。驗。諸。實。非。而。不。宜。懸。之。空。談。

彼南政府以黨治國。就令論所言。誠非是矣。然設竟以此統一全國。俾吾貧弱國於富強之林。則將有以間執先生之口。使南日之所謂非者。終不得不以爲是。縱終不以爲是。而其是固彰彰自若也。何則。彼之是。已驗。諸實。事。而先生之所謂非。竟無從得其反證。也。反觀先生之所謂是。復終無術得致於用。則縱於論爲健。於文爲妙。亦僅以供文人吐嚼之資已耳。究何補於國計民生也耶。黨不可統於一。必相對而後黨之名立。先生之言是也。然國民黨所以無對。非國民黨之罪也。他黨不自立。以爲其對也。夫國民黨旣以一主義標揭於世。安有不欲以之易全國者。否則信仰不堅。行爲皆僞。將無復有成功之可言。今於斯更有一黨。其標揭一主義欲以易天下者。與國民黨同。力亦足以相抗。因而兩黨皆有所劃限。各止於相當之域。以行其心之所安。豈不甚善。卽國民黨亦未始不樂於有此。惟國民黨之所爲旣若彼矣。此外之派系則何如。以某觀之。亦無組織。無辦法。惟屈伏於大軍閥之下。得其一顧。爲榮。其所應爲。口說大抵尼。

人之行。而不計及己如何行。更進一步。不惜撥弄己所屈伏其下之軍閥。竭智盡力。以推倒國民黨爲快而已。己則不能行。而唯恐人之有行。昔韓子爲原毀。推其本原。曰怠與忌。此他派系其當之矣。先生固可曰。吾文人也。能以言論詔告國人。吾之責任已盡。至進行之事。有賴他人。但言論宜注重實際。宜知本末緩急。彼南府之著著進步。決非筆墨所能放倒。非有實力者從而蹶起。事且莫就。而有實力者將欲爲此。徒恃兵力。亦有所不可。改良政治。蓋爲要。因中之要。因先生處北方久。當知北方有實力者之政治。除掊克小民外。一無施設。先生何不建議於北方當局。使於此點注意。以爲打倒南府之根本計畫乎。某農家子。籍隸豐潤。居宣莊鎭。距京奉胥各莊南十餘里。以受兵匪之災爲獨輕也。人競以桃源稱之。然以生息於北方政治之下。寒家將亦破產。去年警吏下鄉催夫。某以肆應未周。警局科以毆警抗差之罪。罰鍰二百。今冬辦保衛團。以更換團丁。未向警局申報。局又科以冒充團丁濫用徽章之罪。派罰大蓋槍卌枚。盒

一三

予贈一枝。皮大氅卅身。皮帽卅頂。舉價。力。有。所。未。能。求淑。情。有。所。不。諒。頃接。家。書。發。兩。流。涕。中夜。起。坐。愁苦。萬。狀。適案。上。置。甲。寅。一。冊。隨意。諷。誦。木然。無。義。某事。昔。讀。先。生。之。文。字。字。打。人。心。坎。不當。若。自。其。口。出。今讀。之。忽覺。讀。讀。與。己。事。無。關。此何。歟。耶。嗚呼先生。可以巳矣。如卽以治國良策。昭示於人。並能開列途術。介有實力者不至如彼橫行無忌。則猶可說。不然。北方。之。以。非。黨。治。國。者。非。善。政。如。是。小。民。行。由。富。而。貧。由。貧。而。乞。丐。土。匪。彼。南。方。以。黨。治。國。之。實。行。家。坐享。其。爲。議。爲。謂。之。利。益。未。必。一。部。孝。經。所。能。退。走。者。巳。某讀書不多。不解文詞。迂陋愚妄之見。惟先生進而教之。……常亨久　毀劉樓宜莊頓　元旦日

劍龍。論。黨。人。有。今。日。之。成。功。得。之。北。方。軍。閥。驅。除。之。力。者。八。九。此。皆。其。最。好。之。例。也。作。者。厭。心。於。北方之惡政。因悠然與吾道其南之思。是殆。未。知。既。於。南。方。黨。治。之。下。者。其。痛。苦。亦。復。相。類。有。鄂。友。來。爲言黨軍公安局長某。以鹽務黨務。夜十一時始得歸寓。而廚夫不肯供餐。謂工作之時間已過。局長怒。能之。明日黨部暨工會以人至。謂廚夫理直。不得能。且局長侮工人。非是。謂錯直。然此猶曰。待官從宜如是已。則有在漢口道上。乘人力車者。車夫索銅元十四枚。客詰其故。則詢之曰。平日價何許乎。曰、二十枚。然則少索何故。曰、工會號擁護吾等。每週一會。會必納款。而生意則頓落。人遂吾等車不乘。黨費無所出。徒索高價胡爲。言能幾泣。此類非跡。不愚於宜非鏡上。自爲黨君所不及知。湘該有云。這山望見那山高。君以。疾。痛。慘。怛之。眼。光。這望。向。方。遂不。然。游。市。蜃樓。一。時。紛。起。而。已。然劍非謂北方實力派之顛頂。可得少有。今日發象渾殺。惜。辨。百。出。待。論之。非。何。止。一。二。一。篇。之。中。安。得。遊。南。北。人。我。大。小。苦。樂。農。工。百。業。之。非。所。統。攝。之。

昔吳君高說會稽山名。夏禹巡狩會計於此山。故名。王充論衡駁之。謂天下郡國且百餘。縣邑出萬。鄉亭聚里。皆有號名。賢聖之才莫能說。君高獨說會稽。未可從。略奇巳。充亦。議。會。計。之。說。當。否。足。巳。不聞。以。他。郡。縣。鄉。亭。號。名。無。說。據。之。也。天下。萬。事。

無說獨一非有說人不解萬非獨解一事之例還相容有外而求之非所以為論宗也今君之評描寫微有是病劍論蘇治縮圍盡於蘇治而止北府叢政當頁端言之君意恍若本篇外劍不復有議論且劍亦以得罪閥一顧為榮對北難持正議然此不亦君高我乎哉雖然劍殊未忍以是病君也君終乖彼哀痛迫切亦安暇瞻顧到此韓子原毀一文劍所熟讀忽忽二訓息息不敢忘言出而自問責任已盡劍亦未存是想期月三年之願夙昔懷焉得所藉手作義不讓儀如桓君山素丞相之述存於新論（定賢儕衛譜凡倫）未為足也惟有賴於人使為貓不求備於物利作禽犢如君語言之曰處議惡言之口擯弄劍誠不肯乃恥為之今藉筆作甲宜獨此時以劍一人所視為心安理得者姑為之言附一世之是非毀譽慨不顧也君儻終以為不人耳之談炙乎

士劍

晶報後題

……五月中、衛義樓匆匆奉手不盡款洽一別俯仰脫若三秋眷戀之情曾無小輟頃奉賜語具紉拳拳想履綦安吉君子維宜比者甲寅復刊將益閎閎勸勸重以言覺天下元覽先識銳晉莫當凡有知識之倫反復是編莫不熏德鍊魂益欣皈命甚休甚忭讀晶報後題一篇鄭重醲縷意在據情自理非介社會渾殽觀聽昔柳州所謂卽文以求其志君子固得其肺肝者正同此耳顧某以為有不必辯者自古才人賢士乘志遊分被誣謗不能自明者何可勝數許由脫屣天下而鄉人疑其盜冠陽居道抗猶龍而家公與之爭席賢不肖存乎己名聲之善惡存乎人存乎己者吾將勉之存乎人者吾將任彼而無攖吾心焉其所守者豈不約而易行哉晶報專載海上社會瑣聞偶論時人類多模糊影響之談蓋厥旨僅在供人噱初無關乎典要乃從者深不自安不惜反復申辯以曉世人之明已晶報設且更飾一端以發快意從者此時非將慷慨攘臂以爭勝於筆墨之間匪特勢有所不給抑亦情有所未可夫鳳凰芝草賢愚成以爲美瑞。昔天白日。奴隸亦知其清明。從者抗志浮雲。獨處隱約。常遭變讒投讖之會。詎有纖毫爲利之心。海內景仰之流。競思委誠左右。以遲接光塵爲恨。凡一切譏謀鈎訪。橫相污染。皆可不辯而自明。而詞小報偶然之論。遂足爲從者輕重哉。甲寅增刊歐詩。韓昌獻言。玆得次公謫衛之助。益臻美備。而君爲某舊友。吟詠並富。秀絕人倫。某之戇戇。所謂鼓盆何以望天。承閣良不敢忝。姑寫近詩數章。當求教正。豈鄙陋詒。勿播報端爲幸。去冬而交素紙。想未擇詮潛暇乞賜一揮。至所企盼。……黃復　北京一月二日

晶報者。鄭蘇戡先生所云矣。屎並報之報也。凡其評列。志在撩人。未關宏旨。爲譏爲罵。宜一以蛙鳴雀噪視之。此理劍豈不知。自有該報以來。幾無月不揭謁跡。劍何嘗稍以介意。獨此次紀事。所涉甚大。且言者多有。詞旨大抵相仿。劍之執友。猶不免是。該報值錄所聞。未見其深惡。蓋劍獨與該報歸爭。誠然不必。而就非據情自理。使天下言者其明鄙總以爲之列則似未可少也。蓋今世非適於隱居之時。劍亦無意抗獨行君子之節。凡劍所職在以言論宏濟國難。雖無取天下必敬。如劍其人而甚望天下無廢。由劍所立之言。介晶報所載而確也。甲寅靦然持說。且下於矢屎一等。劍既親見信晶報者紛然。行以晶報爲凸凹鏡。遠窺甲寅。則此列疑焉可已。將何必擇擇焉。諸染雜思。爲多事哉。劍篤信非不如是。疑者可得一言爲解。解而吾言仿獲尸其原值而往。是擯擯者。與人爲善之誌固在。復何必惡惡焉。卷否。固禁殉於自古。不能自明之大壕哉。要之今天下如斐生(黃君字)之慈。信人者絕羣。而劍又不能如許由陽居之獨善其身以去。誠不自揣。竊謂後題一篇爲甲寅續刊開宗明義萬不可忽之作。至晶報繼此而有云云。則是枝葉問題。劍將從焉。君幸無慮。贈詩絕佳。何可不與吟境其之。索件有暇當即爲也。　士劍

東方文化

……頃過鄂。從友人處見甲寅錄圖一面。綴以數

精詣。又過可亭。談及先生。千人諾諾。不如一士諤諤。道味自腴。更增佩仰。回此次應東南大學聘。來講唯識因明等科。以校長蔣君。可與適道。故職學生。開東方文化之倡。踴躍歡喜。是亦可與共學已。唯西來物質文明。浸遍青年。滔滔無生氣。則求所以能火然疾呼。排萬難。而不顧。爲東化之。可與立者。頗感寂寥。語云。非常之原。黎民所懼。唯豪傑之士。始能特立而獨行。四方在野。無政事牽掛。易觀人微。故發言多中。且言論與事功。本非可一身兼。言者導師。行乃從屬。求可以在野自鳴。徒言無行。實則當局易迷。思想淆亂。爲能成言。言尙無。有距實行。間近創一東方文化雜誌。在二星期內。可由滬泰東書局出版。冒列先生名爲撰述兼發起人。以先生邃於國學。深知歐化之病。欲有所改革。今幸得離羈絆。發揮多暇。得遂生平之所懷抱。而暢所欲言。特請發悲天憫人自覺覺他之廣大菩提心。撰爲鴻篇。惠寄登錄。以其宏此光華復旦之東方文化。豈徒爲域之光。當亦世界列國之巨幸。至甲寅文章之峻潔遒勁。實足起今時諸世取寵之勝。猶而立言之卓。至亦者爲東方文化之倡。謂以此復請自後與敝社力相扶助。同啓世界。共諸君子亦樂此乎。……唐大圓 五月廿五號 南京楊將軍巷鍾南中學

措書到後。甲寅已見中輟。志事不應。意復備散。故拔復遲遲也。振興東方文化。確是當今世界共通之業。惜爲物際所阻。宿利所縛。心知其意。而未能循途覓轍者。滔滔皆是。是故。如大示所言。有賴夫豪傑之士耳。嗚乎大圓。時士能肩斯號者。吾見甚罕。以君根器特異。篤志於學若是。天下共以此推避於君。義不得不受。惟當議如何應之。爲得。謝君謂言者導師。行乃從屬。意頗有異同。昔柳子厚報人書。謂文以行爲本。在先誠其中。千古論文。斯爲極詣。劍邇閤門長思於此。頗有深悟。以爲。凡不根乎本行。以立言。言雖錦繡。都成瀾漩。劍年來誇滿天下。未踐娩死。亦惟於行。差有一日之自信。而已。以後工夫。當向此極方面做去。並要同好共任。其實方今士夫。言行概成兩橛。足下方謀以言易天下。適又倡爲言先行從之說。誠恐聞者益求以

書自見。而內行如何。則固渺乎若不相涉。此將與君復古興化之初旨。深相剌謬，故以同志同里之好。不敢自外。輒一陳之。略其詞而撫其意。幸甚幸甚。大誌尚未得見。幸寄一分來。謬論有宜於是者。當寫寄。甲寅已重刊。亦時與睨我述作。用光篇章。

士釗

文典

……先生所著國文法。除中等國文典一書外。未卜有無其他較深之本。如有之。祈將書名發行所示知。先生誘掖為懷。當不吝迫而教之也。……般自綦　江蘇溧陽溧居縣街山集市　十二月二十一日

辱問甚媿。鄙著中等國文典。乃二十年前作。識解稚謬。處處以西文法比附吾文。膠執尤可哂。昔抱朴子自序其書云。洪年十五六。所作詩賦雜文。當時自謂可行。至於弱冠。更詳省之。殊多不稱意。天才未必為增也。直所覽差廣。而覺妍媸之別。於是大有所製棄。十不存一。後孫淵如刻澄清堂稿。復引是說。以為不存稿之良證。劍幾所著文典。固在。葛孫兩君必不在之列者。耳焉足齒。及近十年來。劍時擬復為一書。稍益前說。而迄因循不就。舊稿狼藉。未獲一理。去歲寒家被毀。稿又喪去幾許。然心固絕不忘此。昔少有餘暑。會卒成之。果其有成。或且於高郵王氏父子劉武仲馬眉叔諸家之外。別立一幟。非敢謂才力獨勝也。亦時境不同於稚川所云。廣覽二字。為得便耳。至當時之言文典者。劍都未之敢許。獨閩侯陳慎侯（永澤）工力良足服人。惜天分不甚高。而年事又短。所成遂不過爾爾。然其所為國文學草創（商務印書館發行）仍是此類著錄中。巨擘。不可不讀。餘則劍不知也。近商務印書館高君夢旦有書來。以草文典十萬言成一冊子相屬。已浸假矣。旋君見詢。與復高舉。此事、姑以君之願力卜之。

士釗

汪谷甫

……曩客在海上。嘗蒙一賜書。洎長秋曹、以賄選

嘗爲鄧拙園先生代白。後疑始師刊潤稿翰海。一時賢豪長者。謬相稱許。逸之愚昧。則固豈敢。人事變遷。倏忽兩載。滄海桑田。徒餘陳迹。每一回首。俯仰增感。而逸奄蹇故吾。饑寒不遑。衣食奔走。光無好懷。初僑會嬰君勸貝氏許。夏間絕轡而馳。實命不猶。所如輒左。繼且遭官非株連。所居被累。厄於二豎。復陷病院者半閱月。孑身就道。鎩羽西還。汪容甫所謂人遂其凶。天降其酷。逸之處境。庶幾似之。然幸也。逸而殆未長。爲斯世所共棄者。而今而后。抑亦知所自勉矣。甲寅言論。直天下人之公同斷獄。側聞復刊。心眉並飛。遜聽無似。甚願日手一編。永資觀摩。乞先惠賜一分。少緩當圖報稱。天將以夫子爲木鐸。來軫方遒。時事日亟。唯爲道爲天下自愛。……俞逸 十二月廿日 寄豐西門

士遇困阨。輒嘗稱汪容甫自解。不知容甫中年彌自斂抑。其致孫季逑書有曰。學問觀其會通。性行歸於平實。季逑盛稱之。後爲立傳。並載此語。逸芬今有其凶酷矣。幸於彼遁處三致意焉。庶爲得之。且容甫晚年自贍其生。爲揚州賢人所不敢輕。孫君謂遠勝明唐寅徐渭之放廢。此點尤足記取。逸芬今之俊士。辱荷相與。敢以是告。且以廣其意也。

士釗

盈朒

……若愚昔年之士。矢學日久。今就學於朝校。課業之後。輒誦先生之文。獲益良多。貴報刊行。自由酌給。以盈劑虛。固屬善法。然恐盈少虛多。致有絕粒之虞。反違先生弘布政見之熱忱。而有失天下人士渴望之心。固不如先爲規定一最低限度。每年至少須給二三元。則朒者有限。盈者自增。愛護甲寅者。雖寒畯之士。亦當樂出此微貲也。鄙見如此。不識當否。……李若愚 十二月三十日 北京海運倉側南小街十八號

本刊寄費。居然成一問題。可見天下人士相與之盛。感何可已。二三元之說極善。此種限度似可任讀者自定。士釗盡力之所能及者。以爲供。至求之一面。有柏拉圖相當之義在。（柏氏謂予人以相當者爲公平義見所著共和國書中）由讀者之總意卜之。諒不中不遠也。

士釗

文錄

觚庵詩序

陳三立

觚庵者、山陰俞恪士先生明震別字也。光緖壬寅癸卯間。先生總辦江南陸師學堂。愚從之游。其人和倘兩至。飄然絕俗。提獎後進。不遺餘力。愚與亡弟勤士、得其裁成之力不淺。惟其時競於俗舉。不解爲詩。雖有良師。失之交臂。民國元年。先生由甘肅解官歸。流寓海上。愚始稍稍從而問詩。先生見諭曰。大漠。孤烟。長河。落日。此自恒人語。惟直字。圓字。必詩人始著得耳。而圓字之境。尤妙。由此悟入。當然能詩。言時以兩大食指併作圓勢。至今情景如繪。讀伯嚴先生此序。爲之憮然。

士劍識

戊午夏及秋之交。余病血下泄。觚庵亦以病滬瀆。皆幾死。其九月。觚庵遯脫病。來視余。留十餘日而去。逾一月。自滬之湖上。復發病。竟以不起。走哭還。取其生平詩草稿。審訂別爲若干卷。付刊印。觚庵少年能詩。自矜重。通籍。浮沈輦轂間。後官江南。轉官甘肅。所作僅有存者。退隱後。詩乃稍多。遭遇巨變。辟世。孤往。而然也。余嘗以爲辛亥之亂。與絕羲紐。沸禹甸。天維人紀。浸以壞滅。衆兵戰連歲不定。刼殺焚蕩。烈於寇歟。農勝於野。賈嫉於市。骸骨崇邱山。流血成江河。寡妻孤子。酸呻號泣之聲達萬里。其稍稍獲償而苟其賜者。獨有海濱流人遺老。成就賦詩數卷耳。窮無所復之。舉冤苦煩毒憤痛。舉宜於詩。固宜彌工而寖盛。然海濱流人遺老。蹋跡番市樓臺之下。類足迹不窺境外。觚庵則金陵有宅青溪上。鄰於余。復築廬杭之南湖。與陳君仁先爲鄰。歲月之往還。游賞之頻數。出一篇。輒有爲余與仁先所慾歎者。蓋觚庵詩感物造端。攝興象空靈杳藹之域。近益託體簡齋。句法間追錢仲文。當世頗稱之。觚庵亦或幽獨自負。其信有無孫於後人之相知者耶。嗟呼。觚庵晚耽詩。略與余同。而侘傺猶甚於觚庵。猥爲之稍勤。忠悲悱且鈍。楛恐傳視。觚庵亦不以爲非焉。然而生。世無所就。賤不得。製。瑰瑋。畸行。無足顧。天壤僅區區投命於治其所謂詩。者。朝。營。暮。索。敝。精。竭。氣。以。是。取。給。爲。養。生。送。死。之。具。其。生。也。藉。之。而。爲。業。其。死。也。附。之。而。獲。名。亦。天。下。之。至。悲。也。校觚庵遺詩訖。發爲余所愧而推論之如此。

詩錄

元日賦呈伯兄太炎先生　孤桐

堂堂伯子索王才。抑塞何消研地哀。謀國。先。知。到。周。召。論。文。餘。事。薄。歐。梅。世。廿。聲。作。高。呼。國。吾。亦。名。從。弟。青。來。浙。水。東。西。南。嶽。北。人。天。留。我。兩。優。哉。

答行嚴元日寄詩　太炎

十年暫寓不登朝。爲愛湖湘氣類饒。改。潑。浙。知。陳。杞。老。量。才。終。覺。陸。還。超。長。沙。松。菊。無。消。息。樊。口。鯿。魚。乍。寂。寥。料。是。瀛。洲。春。色。早。羅。人。樓。上。更。招。怊。

歸視王庵竹樹無恙賦示家人　貞壯

挽老終爲捨宅期。論譔聊作到家詩。禽依庭竹猶將子。冀待園桑始有絲。東去。逝。川。嗟。日。月。北。征。隨。地。見。旌。旗。抽身。未。是。安。心。法。早。悔。西。陲。閉。戶。遲。（西廬昆在皖北之）

立春日挈兒女看梅靈峯寺　貞壯

便持寒臘作芳晨。湖畔巾車破陌塵。家食得閒。瀕。厭。寂。寺梅。來。看。恰。先。春。兒。如。奔。犢。爭。翁。健。鳥。入。青。芝。覺。徑。新。甘。倚南枝得消息。塡胸生意爲輪囷。

和逸塘行嚴次公續衡枉和之作　蘇戡

強老從亡者。知爲累世非。諸公。胡。不。樂。異。趣。感。同。歸。好。亂。殊。難。止。當。仁。孰。見。幾。沈思言外旨。相感入精微。

次均答海藏先生並呈正道居主　逸塘

曠觀。興。與。廢。吾。道。是。耶。非。大。澤。龍。何。在。荒。城。鶴。未。歸。經權期互用。明哲重知幾。時絕新朝望。人天消息微。

二一

次均答海藏樓主　纕蘅

廿載樓居世眞成。舉目非才爲三絕。捲盡似百川歸。失鹿關天意。飛鴻悟道機。將昃終未遂。漫誇曙光微。

多日登江亭　斐生

風高蘆葦成新黄。盪裏西山欲俟誰。城郭似聞歸鶴語。肺肝還許夕陽窺。孤亭傲岸能殊世。多難提攜起哀。餘年迴車吟倘健。芳心自照雁鴻隨。

季剛亂後北來喜投一詩　斐生

天許全家出鄂州。北來假遂暫無憂。肯肩襪學儒終貴。已悔欹場跡漸收。孤往固知非世好。相逢今喜接風流。投詩別有沉蘇意。留遣迴腸照莽愁。

今傳是樓雅集分均得情字賦呈逖老並柬同社諸君子　纕蘅

補天事業出俗生。（花老附逸公詩有補天事業孤國耿之句）開府歸來擁百城。亂世苦岑珍氣類。少年湖海悔詩名。（緒君幼業謂民國初）（兄袁輓嗣時見拙作）題襟倘有貞元侶。幾雅能追正始聲。未坐貴裘吾豈敢。朋儕倦倦愧深情。

次今傳是樓雅集均柬纕蘅并示同社諸君　孤桐

早識儒冠是此生。晚扳短句作長城。鑽研自笑錐方末。孤落終成器。莫名。坐見玄黃重戰血。苦從猿鳥認吟擊。側身風雅吾滋愧。謝子殷勤介我情。

孤桐自歷下歸枉和今傳是樓雅集之作次均奉酬并柬同社諸公　纕蘅

蒿目荆榛滿路生。還期衛道作干城。祇今稷下滄桑論。孰似長沙有大名。燒燭難忘諒。菽日說經猶挾兵聲。江湖呴沫吾徒事。付與朋鷗識此情。

和纕蘅今傳是樓雅集之作　次公

饑中華髮遂愁生。夢裏啼鴉滿鳳城。羞向矛頭求活計。欲從針孔避詩名。入槃窗突寒無味。射眼燒檢花有聲。桑落相尋實仗酒。覺來一宿已忘情。

纕蘅詩齒甲寅重張非夜不成寐次均答之　孤桐

無端復把筆尖來。早歲歎娛浸化哀。誰信明農能處。閱世工作。爲不觴。才無多。眼淚吾安哭。幾副心肝子。試猶。大海茫茫成獨往。如膏燒盡自然回。

余之創辦中華大學也。最初在虎坊橋側。繼以來學日衆。乃移至城西南角太平湖邸。余二次歸自歐洲時。校事已停。士林惜之。世變如此。再興未知何日也。邸後廢園。丁香最盛。與宏廬時所謂一騎傳燈朱邸晚。臨風贈與縞衣人。卽爲憶太平湖丁香作也。民七之春。園址新葺。丁香盛開。余來約都下名士會賞。到者四五百人。樊山以次。均有詩見寄。都爲一集。美不勝收。惜南行後竟付散佚。茲由寶融錄示數首。雖非全豹。亦堪情勝無也。樊樊山作。題爲太平湖醇王府邸。爲德宗發祥之地。國變後改爲大學堂。今又停廢逾年矣。戊午春暮。邸中丁香盛開。王會長約爲茶會。爲賦長歌紀之。　太平湖上醇王邸。甲觀畫堂誕龍子。穆宗登遐歲甲戌。帝御紫宸王北徙。（德宗承統後醇邸移居什刹海）餘禪宮觀鎖秋烟。金屏一閉四十年。年。年。添。邸。花。開。日。榛地。無。人。啼。杜。鵑。啼鵑喚醒江山夢。天統逡巡婦人統。飛龐柱館千門開。五柞長楊萬民共。爲惜賓王第宅開。兩齋弟子安絃誦。往日驚飛與獻龍。祇今任引承天鳳。竹花不實鳳凰饑。化爲勞燕東西飛。（學堂以無款停）剩有丁香百餘樹。風飄香雪沾人衣。學堂主人淹中客。房杜程佽俱詿籍。卽今暫駐鵝湖講。嶽嶽龍門羅俊及。公餘小作看花會。招客西園擁鶴蓋。夾陵七十老侯巖。何意信陵親執轡。來游朱閣悵光黯。淡紋窗換舊紗。兩世親王天子貴。十三沖聖讓皇家。銀屏珠箔開芳苑。鈿砌銅鋪啓前殿。千步廊迴遞遲通。九雉石簡參差見。葳蕤紫白萬花垂。黑雀啓唐諸品賤。階倒城南白紙坊。佛香那及天家釀。烏巾自給入菲闕。（是日合衆攝影）清簟疏簾置筆硯。主人風雅催賦詩。哪花一噴雲錦爛。白頭重過舊朱門。愁對名花數夢痕。門下賜櫻臣甫淚。後園補植孫章魂。興亡莫向花枝訴。兩王攝政關天數。君不見璧間何掛金桃弓。填上。巳。攜。銀。杏。樹。樊山此作。一時傳誦殆遍。與今之元白也。陳微宇作。荒徑。新開。重見。招。人中。故。是。阿。龍。超。稍回。遠。想。覲。風。雅。坐。澄。芳。辰。動。市。朝。衍。水。記。從。何。代。涸。野花。禁。得。幾。番。强。未須。苦。覓。春。風。主。老樹。遺。臺。意。自。媚。郭蟄雲作。綠沈。青。鎖。閟。靜。家。此亦。宜。南。堂。故。花。誰與池臺記興廢。儘多車騎鬥繁華。妍春。到。眼。寒。猶。溜。影亦。沉。吟。日。又。斜。玉照堂前斷寫照。百年。松。石。對。樣。柹。羅癭公作。每歲迷春盼花發。一日走遍城南北。

是處花開不待招。定將詩句酬春色。今年花開不知賞。似海春光等閒擲。友朋笑我忙何事。吾亦自說惜非昔。屢辜毆約對花斷。一春花底無行迹。豈知。別。有。花。解。語。每。為。聰。訣。成。間。隔。何不。相。攜。花。下。行。較。括。顏。色。誰。傾。國。終。成。隱。恐。蕊。芳。時。坐恐。花。殘。三。歎。息。癭公是日適未蒞會。此蓋事後補作也。桑下前塵。玄都花事。他年重到。感可知矣。

孤桐雜記

太炎為言。天下章姓。祇是一家。近聞會稽同宗有字鶴汀者。以三十年之力為一會譜。滋可喜也。愚依譜得名。宜用永字。故愚幼名永羲。大兄有章永康字子和。清季官至閣學。未詳名何由立。子和性孝。事母尤至。母及見其入翰林。而子和猶繪雞聲燈影圖。用誌餘痛。一時題詠甚夥。鄭子尹跋最有聲。愚十七。喪母。生時。蓋。無。日。不。在。憂。患。中。以。視。子。和。子。道。未。逮。百。一。愚胸。中。所。懷。聲。影。事。有。圖。可。得。寫。哉。嗚乎。

寒家與道州何氏有連。姊丈季庭、慶禰子愚先生紹京之季子也。以是北家先輩與人來往箋札。流入於我者不少。先兄甄年先生集之尤夥。與子傳、親甫貞翁之塔也。字法明秀。極其可愛。愚幼時見其家書獨多。印象、既深。隨處、遇、錄、予、傷、事、者。輒為、流、連、不、置。信乎。入。主。之。說。之。不。我。欺。也。予倘有圭齋詩一卷。爲陳伯潛 寶琛 手錄。張蕢齋 佩綸 校刊。惜未之見。或錄其送吳柳堂歸皋蘭二律云。當時諫草避人焚。抗直何心天下聞。荒獄雍州沈黑水。狂名湓殿有朱雲。全家未遂還家計。五道猶馳出塞軍。舉覺霜威懾諸將。端無車騎冒奇勳。頗憶當時戎馬間。那漠側耳痛傷殘。戊辰春有但江當玉峨鍾興鄉民閭居百餘人 崙民誰劾呂文德。柳當以幼搗會收錄 事左官 坐法新收田武安。沒道。玉關。添。不。度。早知。金。殿。穗。終。寬。乘閱合謝還臺省。萬口何勞惜諫官。悒悒之惜。詞見乎詞。

南通之變。恩作聯挽之。而未及送。錄存於此。賢才並朱范而三。人傑數通州。大老不遺東海愁。師友與與袁爲倆。前助記朝鮮。除袁猶傍。北山來。益南通夙與朱曼君 銘盤 范肯堂 當世 齊名。號爲通州三傑。而朱張間爲先外祖與吳武壯幕客。張與項城交誼。即因而生。北山樓武壯讀書處。何貞翁所題榜。先外舅以名其集者也。故聯云然。民國元二年間。恩隨南通之後。稍聞政治。氣誼彌篤。一日會於翼雲宅中。南通忽慨然語恩曰。行礙。官萬不可爲。吾知子必無意此。吾亦決卒從民間辦事。可誓之。恩曰。敬諾。後二年。而南通既然長農商。亦未見有何施設。越十年。而恩亦未免。且負奇恥大辱而去。益其愧此誓矣。此意擬以入聯。而槎枒不就。並書以自勵。

王晉衡云。詩詞在報紙揭載。最易訛誤。展轉流傳。反爲身後之累。故不敢輕於披布。恩託曹纕蘅請其鈔寄近作。入甲寅詩錄。乃有是答。蓋凡得意詩文。爲人寫誤一字。作者見之。無從補救。真使人恨入骨。晉衡所談。當以滿腔同情寄焉者也。

去歲恩爲教部。吳稚暉不慊恩策。貽書以一朝權在手便把令來行相諷。初以稚暉此語。不知得自何處唱本。閱明俞弁山樵暇語。知爲朱瀾之詩。原句爲一朝權入手。看我令行時。亦微有不同。後詞曲中往往用之。久乃忘其所自也。

愚嘗記一事。揭諸國聞周報云。

近人創救世新教會。以儒釋道耶回五教合一爲旨。募貲刊報。頗形張皇。成立之日。愚宴於吳自堂宅。見同人多往蒞盟。非之者曹潤田、朱博淵、湯斐予數人而已。李木齋先生言近五教合一之說。實根三教而來。主三教合一者。始於明嘉靖間之林兆恩。林著述甚富。其說傳布頗廣。同治中有號太谷教者。卽此一脈。閻文介敬銘爲東撫時。黃崖地方。教民數百人。自爲村聚。平時拒匪不入。頗有法力。官兵往査。依例被拒。人遂揑報於文介。稱是匪衆。以兵剿之。此數百人者。俱端坐誦經受死。下至婦孺。無一苟免。光緒年間。有泰州人李晴川云是教主。年八十餘。曾有人迎至京師說教。後李化去。傳者黃姓。聞黃近亦死矣。而教仍有力江湖間。門戶甚謹。非殿介不得入云。

有盧君冀野、於東南論衡駁之。（見第一卷二十四期）謂泰州乃是學派。不是宗教。愚名之爲太谷教。且視若江湖者流。殊屬武斷。泰州學風。不在宋儒之下。吳江人金天羽、嘗撰泰州學案甚精詳云云。此段公案。愚本無所知。特依李先生之語記之耳。昨面質先生。先生云。「向所記不誤。泰州者。不過李晴川之生地。此教不始於晴川。焉得以泰州二字統之。太谷爲創是教者之別字。猶孔教中之云尼山。現奉此教者其人甚多、皆可考詢。」因復錄存。以資論究。金君字松岑。別字天放。愚友也。淸末曾共筆墨。惟未聞撰學案事。容詢之。

民國八年秋。愚患虐疾。死而復蘇。此病。法當得死。必殊。了了自信。生死問題。當時實已勘破。然自是貧血益甚。髮白益速。讀柳州詩。至今年噬毒得霍疾。支心攪腹戟與刀。邇來氣少筋骨露。蒼白瀄汩盈顚毛。悄然有感。

容頭過身四字。愚行文頗喜用之。語出漢書貢禹疏。意以爲形容公卿巽儒而已。閱徐樹丕識小錄。謂此語乃以貓犬爲喩。凡貓犬鑽穴。頭可容。身卽過也。此愚未經意想之境。得之可喜。

長沙章氏兄弟鬻字例

家兄仲漁先生名理綸，隱於吏，書宗鍾王，工力極厚，釗歎勿及。茲以釗將鬻字藉助甲寅周刊，有志相助，因合訂字例於左，篤好之士，以覽觀焉。章士釗識啓

對聯　八尺（八元）七尺（七元）六尺（六元）五尺（五元）四尺（四元）三尺（三元）以上八尺至六尺以八言或七言為准或指定八言以上者每言加一元

屏條　八尺（七元）七尺（六元）六尺（五元）五尺（四元）四尺（三元）三尺（二元）以上三四五尺不過三行六七八尺不過四行加行每加一元

堂幅　八尺（十元）七尺（九元）六尺（八元）五尺（七元）四尺（六元）三尺（五元）以上三尺不過四行四五尺不過五行六七八尺不過六行加行每加一元如六尺以下指書四分以內小行楷照加半倍三尺以下指書三分以內小行楷照加一倍

橫幅　整紙照堂幅價

摺扇　一面（三元）半面（二元）兩面（五元）坤扇全金地不許

團扇　與摺扇同

杭扇　黑油扇背泥金照摺扇加半倍泥金白滿

榜書　直橫匾額等類　一尺內每字（二元）一尺至一尺五寸每字（四元）一尺五寸至二尺每字（七元）二尺外每字（九元）

壽屏　四幅（三十二元）八幅（六十四元）十二幅（九十六元）十六幅（一百二十八元）每幅以五行為度加行每加一元

冊頁　每開（三元）三四分以內小行楷照加半倍

斗方　與冊頁同

鎮尺　墨盒　筆筒　等類書五七絕句一首（三元）扇骨加半倍

名箋　每個（二元）小箋不許

卷冊題簽　每件（二元五角）

以上各件如須仲漁行嚴兩人合作取價均同　行嚴鬻文另議書件指錄已作者照加半倍　潤價先付定期取件凡閱甲寅者照七折收劣紙不許綾絹加半

編輯者　章清吾

總發行所　甲寅周刊社　天津日界吉野街八號

印刷所　光華印刷公司　天津特別一區大沽路　電話南局一三二九號

改訂價目

零售每期	大洋一角五分
每月四期	大洋六角
半年二十六期	大洋三元九角
全年五十二期	大洋七元八角

郵費

本國及日本	每期一分
各國	每期四分

廣告價目

地位＼面積	全面	半面	四分之一面	八分之一面
封皮裡面	四十元	二十元	十元	五元
底頁外面	同上	同上	同上	同上
正文後	二十元	十元	五元	二元五角

此表係每一期價目登四期以上九折十三期以上八五折半年以上八折全年以上七五折插圖另議

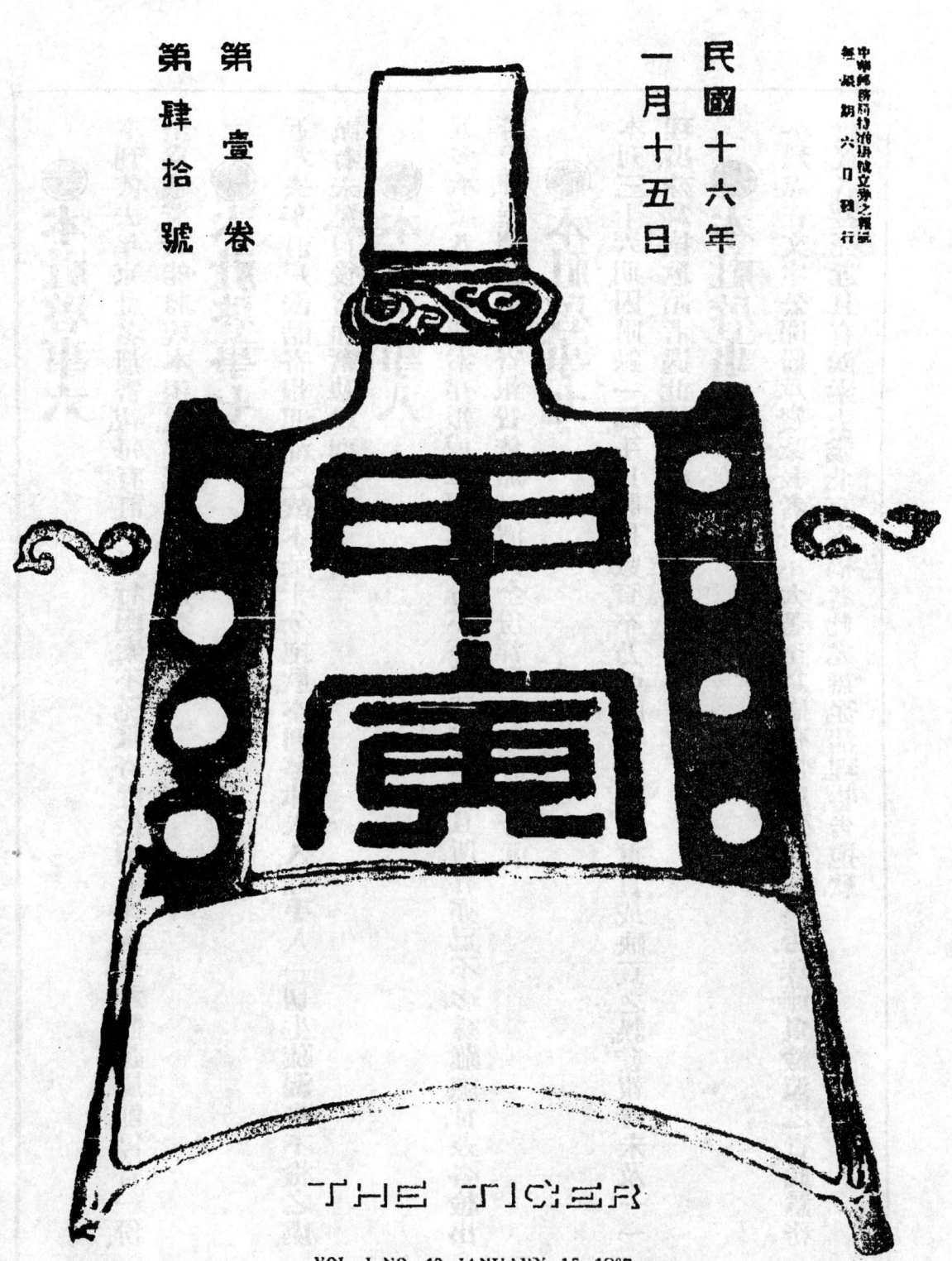

中華郵務局特准掛號立券之報紙
每星期六日發行

民國十六年一月十五日

第壹卷
第肆拾號

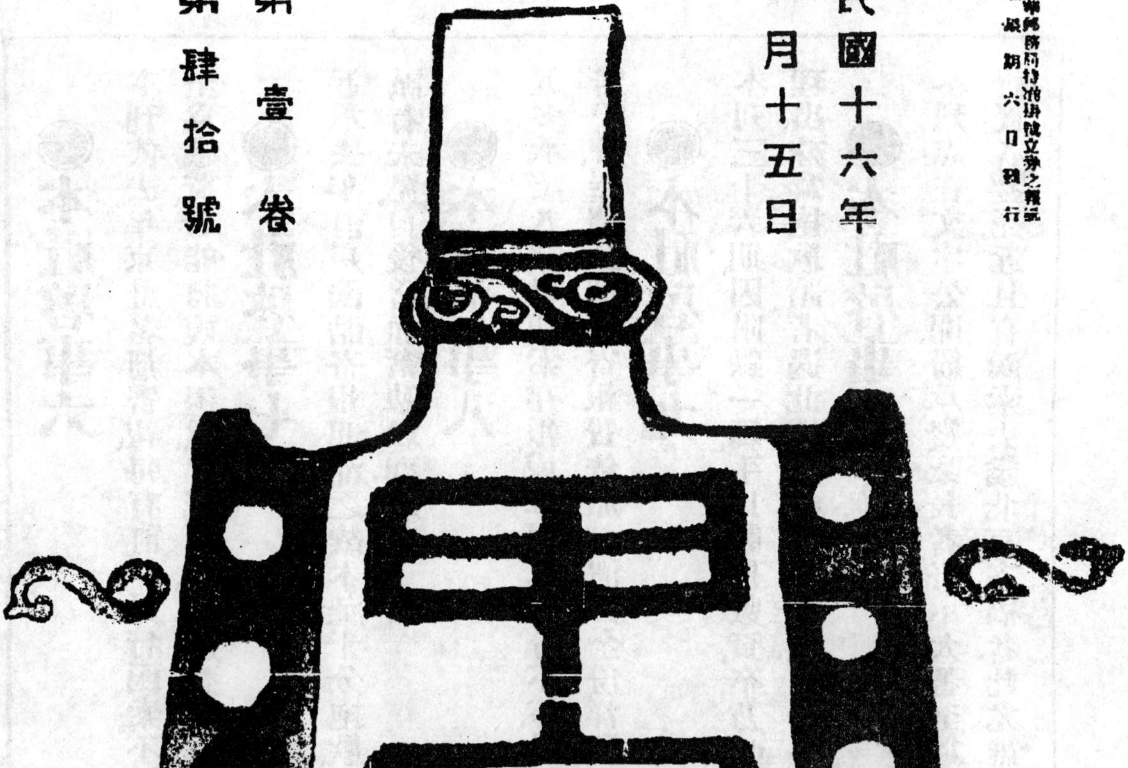

VOL. I NO. 40 JANUARY 15 1927

●本社啓事六

本刊依去年京社名册寄報、每有訂戶另行函索、不免重寄、近接讀者來函、多承體諒、屬即停寄一份、至爲感荷、若能將複本退還、俾資周轉、尤爲企望、

●本社啓事七

近承去年訂戶函詰寄報遲滯之故、本社十分抱歉、本刊移津未久、經手人一切生疏、漏略不檢之處、誠有未免、自後當加奮勉、以副期望、

●本社啓事八

近多承讀者諸君補索存報、或單期或全份不等、以清理甚難、且所存亦已不多、殊難應付、茲各檢出若干分、陸續分別照寄、報費依原訂價目、全份洋裝加裝訂費壹元、

●本社啓事九

本刊三十六期因附錄一篇手民誤排數頁、卒乃改版抽換、因有重頁或缺頁之誤、發報時未及一一理出、殊爲抱歉、讀者遇此情形、幸通知補換、

●本社啓事十

本刊志在文字公開、紛承賢豪長者寄示大著、至爲感荷、惟原稿登載與否、殊難負檢還之責、此意務祈賢者鑒亮、近且有函索去歲北京寄稿者、此尤無從清理、特告抱歉、

甲寅周刊第一卷第四十期目錄

滬案自黨政府以武力強取租界後英人居然不加抵抗安全逃出而入界軍隊禁制黨軍暴動之度亦頗高外僑之生命財產一無損失議者兩賢之或謂黨政府涉於滬案之意見暗分激隨兩派凡手掌軍權者皆隨一部分之共產黨人託命於工人學生者則激英人察此非與隨派交驩間接制止激派使勿走入極端致將形勢十分惡化無從收拾故祗須黨軍將領能為嚴守秩序之保證彼即暫無條件以租界交於華人管領如實論之則英人固絲毫無放棄租界之意也據漢口十二日東方通信北京英使館參贊歐瑪萊已與南府外長陳友仁開始交涉其整頓第一步之要求即為復還漢潯兩租界之原狀至層予交涉之後者則為英極東艦隊全部集中南京方面靜候國民政府之表示云云又京津間流聞日法美之對華方針經與英方完全一致果爾則此案諒非口舌間所能了已

一

對外者國民無貳之職也故此案發生以來南北論

態。幾於一致。會租界基於不平等條約而生。臥榻之側。豈容他人鼾睡。國家體面。沒辱無地。將誰謂不當收回也者。然收回租界。大事也。亦未可漫無準備而爲之。海通以來。吾國生計組織。醇乎以租界爲中心。怳若不具人之發育時形已成定質。凡生產界之所謂者。本八九省。則其中此一動搖。生業立成殘局。而各色人等之群棲息於是以資休養者。尚不論也。並如鴉片然。人豈不知曰。此毒物也。惟食之既久。癖習已成。絕之不以其道。亦將於體質大戾。今頓復租界。之是否純然有利。理亦同之。國人喜尙意氣。不論何義。輒不許委細剖辨。事關國際。尤易犯鬻國媚外之嫌。必知其危而不敢言者。往往有之。故此案輕重緩急之間。國人多數純正之心理。安在。殊難測定。然以本刊觀之。當外交之術者。暫時求得一交還租界之前提。應即視爲滿足。至手續期限如何。儘可從容討論。此蓋一步也。而分作數步行之。彼英人察知吾國民情激越之度。及理想上可以遞達之力。其必怦然有動。宜且樂爲不失體態之讓步。雖然。英該有所謂

happy medium 者。號爲難致。誰則謂。忽爾容易哉。

累月。囂然之內閣問題。忽如公賣場上之拍板。一聲而定。是何人尸之。曰。仍顧維鈞。夫顧君當今俊士。位衆俱稱。天下共知之。惟其組爲一閣。則又天下共認爲無政策。無魄力。不與當今嚴重之時局相應者也。以是之故。而謀改組。以謀改組之故。而商於梁。而商於顏。而商於某某。而奉張入京。而楊宇霆英德惠人閣。擾擾有月。猶是以顧閣終。然則前此所爲。亦何許子之不憚煩哉。所謂改組。究爲何故。而有是說哉。時局之中心人物。凡僕僕道途間。昔賢有云。何所聞而來。何所見而去哉。天下不迷辦之事。殆莫逾是。而乃頻生迭起於存亡危急間不容髮之今日。夫復何言。

關稅附加稅。在執政時代關稅會議之所討論。原不止於二五。此會既經破裂。委員星散。在勢無能計日再集。而政府依賴此項附加稅支持政局之情形。日見急迫。加之南方已以二五爲準。開始徵收。英新使

最近之提案。亦頗快然承諾顧閣。遂乃抹煞關稅會議。以明令宣布定二月一日爲實施此項稅則之期。並訓令各主管機關。從事準備。此其腕力之大。殊屬驚人。但有可注意之一點。則日本之反對態度。亦相應而特顯。據報日使芳澤已接到外務省訓令。稱二五附加稅須由關稅會議通過後方可實行。且該會議中須有南北兩方之代表云云。此明知爲不可能之事而故爲難之而已。固望而知其不誠也。原夫日本在關稅會議中。主張本極公正。微論區區協定稅中之附加稅已也。即進而至於完全關稅自主。日本亦樂觀成。惟彼須求一互惠條約以濟之耳。此互惠之約不成。己國出口之棉毛等物。未會別於各國一般之輸入品而得所保障。又微論大言炎炎之關稅自主已也。即小言詹詹之二五附加稅。亦必斬而不予。此癥結所在。洞然明白。今既北京毅然自動行之。日本口紙上之抗議。且進一步而徵諸實事。則變化將至何度。暫不可知。

南方軍事。長江方面。依然沉寂。其故爲張效坤濟寧期間。孫馨遠紛於對浙。無暇準據在津所商計劃著著前進。而又淡案突起。南軍肆應不及。頓然無向蘇皖作戰之勢。魯軍亦樂得暫事休養。得張在此軍事緊迫之際。猶得從容應召返京者此也。據報浙江情形。於孫軍有利。陳儀之第一師變後。屯於曹娥江沿望。現爲孟師進擊。已向來化方面退却。現時孫軍戰降。似於桐廬取守勢。而於紹興則進攻。意在與台州北進周蔭人之閩軍策應。藉蔡諸君所備於寧波關府者。見勢不王。已續續返退云云。惟孫軍此云有利。微蹈英諺 about the bush 之譏。於南軍痛擊。仍擁來著爾。

人自漢口來。爲言黨政府下最難廻旋之事。厥惟財政。蓋溯據南時代。每月政費不過三十餘萬元。而今黨人所增。殆在十倍以上。其中款目。省政府費爲一大宗。黨政府費爲一大宗。黨員費復爲一大宗。開從事工作有給之黨員。不下七八千人。以每人月五

三

十元平均計之。即此一項。已超過蕭氏全部政費而有餘。甚矣黨治之侈也。宋子文為財政廳長。羅掘既窮。不得已訴之公債。本籍黨員如蔣作賓、孔庚、詹大悲諸君。痛癢特關。慍言相抗。宋策垂垂廢矣。飽樂庭忽召蔣等斥之。謂今無國界。遑論省界。君等作本省細人之愛。而貽大局無窮之累。事焉可者。蔣等唯唯而已。說者謂公債即成。仍非得策。以富室逋避一空。商業恢復無望。攤債已極為難。臨攤隨用。後焉為繼。黨軍將來之成敗。君子蓋於是覘之。

章士釗

國民黨周刊後題

昨郵者將國民黨周刊十餘冊至。上海環龍路四十四號黨本部之所編布。張博泉、居覺生、鄒海濱、謝慧僧諸君之論著咸在。茲赫然該黨右派之機關紙也。愚迴環讀之。根觸百端。請先刺取所陳近情及要義如下。

一、國民黨裂而為二。一左一右。右派由共產黨尸之。左派則以西山會議之分子為其首目。西山會議者、即前年會於先總理靈前。布揚黨義。決清內奸者也。與會人物。因悉為廣東政府所不容。放逐殆盡。惟戴傳賢（即戴天仇）諂附俄人。飽樂庭得長中山大學而已（周刊排擊戴君最力）

一、依周刊言之。蔣介石並非左派。而左派之首領。固為汪精衛。文中所詆為陰險詐滑之小人者也。去年三月二十日廣州政變。即汪蔣兩人權力消長之大關鍵。先是粵中黨人。有孫文主義學會及青年同志會兩派對峙。前者擁蔣。後者擁汪。蔣時領軍。汪時領政。蔣信汪而願與合作。汪危蔣而去之為快。海軍局長李之龍、汪之爪牙。倚勢傾蔣特顯著者也。所布機阱尤密。蔣派海軍將官歐陽格密言於蔣。蔣大怒。不經委員會議。以己令突免李職。檄格往代。同時調隊布防。儼然以行苛疊違自任。汪懼。宵遁。凡汪黨皆自法。蔣閻不問。此卽所謂「三月二十日之變也」。蔣事後爲人言曰。「是變也與法國大革命經過之一段情形。絕相。知。內容如何。惟俟我死後。發布我所與同志者及敵同志平昔談話。始得明瞭」（見蔣氏卅九期漫談中）此可想見當時之嚴重意味矣。

一、蔣介石己雖非共產派。而爲共產派通緝特甚。政治部主任鄧演達其尤也。現國民黨之軍力。及於長江。左派新蚧麟乾本黨反革命及不革命之分子絕跡。而右派仍欲倚「蔣同志」之力。執行清黨大業。見智見仁。恍如射覆。（周刊會明齋錄）（公謝丙戍父足使丙戍災內廣鐵要使孩驗乘二人卒同試鎗公故卒爲蔣在蠶明三月二十日之仇共產黨所必報而共產黨人之仇於蔣之左右者其地位將不止於侯御也云云）

一、右黨所擬之黨略。爲奉天軍退回東三省。江南駐軍退回北方。將軍事告一結束。開國民會議。宣布五權憲法。一依憲法上之軌道。奠定國基。蓋五權憲法者。彼且篤信爲最新式之民主政治。組織。中山先生之「大發明」一方。豫防政黨之腐敗。一方保障人民之完全自由者也。

一、以黨治國夙爲中山主張。但意義不如外間所傳。張君溥泉曰。「國人勿誤解以黨造國。卽是以黨專政。以黨造國。是一時。並非永久。蘇俄共產黨專政。意大利法西司專政。乃是封建政治復活。表見人類自由之末路。尤而效之。罪又甚焉。故吾黨絕非主張本黨專政。凡如是主張者。卽是否認三民主義中之民權。中山先生儻猶健在。以全國人信仰之深。可以說到訓政二字。今日且無人足言訓政。何況專耶。」張君又曰。「東方人民不知自由爲何物。同志嘗注意如何發揮人民之思想、言論、出版、結社諸自由。如爾革命時期。只許國民黨人說話。不許他黨。他派張口。此是違背革命公理。非吾黨之素志」（見一月日特刊）一此外爲黨治疏解者。尙有多篇。可驗該黨之純正態度矣。

一、張君又曰。「中國今日革命。純爲國民建國問題。並非世界革命。吾黨自同盟會以來。向不受國際牽制。獨立自主之地位。毫無損失。今日不得。因。與。蘇。俄。稍。有。提。携。而。遂。受。第。三。國。際。之。指。揮。須知國民革命。應全力注重國內新政治之建設。必因。而。引。起。國。際。戰。爭。殊。屬。無。謂。故凡外國背逾行不平等條約之廢除。當然可與友誼協商。絕無。拒。絕。一。切。之。理。由。』外交政策。如此鮮明。蓋。鑒。於。俄。人。飽。樂。庭。等。之。跋。扈。而。然。也。

一、至針對黨人近來思工思農之行動。張君又言。『一般與工農不相關之人。假借勞工與農民運動。以命令式脅迫方法。操縱工農之每日生活環境。馴至。一。部。分。失。業。者。橫。行。於。社。會。秩。序。騷。然。產。業。停。滯。流。民。日。增。勞。力。與。資。本。雙。受。其。害。』斯亦。切。深。著。明。之。論。斷。也。已。

一、有郭聘帛及袁子敬者。黨人中效忠三民。排擊共產。在武漢一。齊運用工潮。勳績最著者也。北伐軍始抵鄂時。郭等籌備歡迎。正急切間。黨部忽指爲反革命分子。投之於獄。至今未出。周刊論此事頗詳。以爲共產。黨之。大。反。動。行。且。爆。發。蔣介。石。張。靜。江。譚。延。闓。之。徒。息息。有。繼。爲。郭。袁。之虞

一　綜觀周刊前後語調。憤慨之氣。透於紙背。其擊句曰。去一。滿。清。之。專。制。轉。生。出。無。數。強。盜。之。專。制。爲。禍。之。烈。較。前。尤。甚。（陶孫路甄）推其病原。一歸。於。汪。精。衛。『革。命。的。向。左。去』一言。

依上種種。吾人非國民黨員所起之感想。亦得分別言之如下

一、國民黨在民國元二年間。因一。豁。達。善。容。之。大。黨。也自感黨內人材不足。且其所謂人材者。亦適於破壞而未適於建設。故孫黃以降。一面虛衷求友以厚其力。一面願將政權在相當期間以內。悉付於人。而已從容培養。以靜俟瓜期之至。焉此其用心之純。立態之正。實堪敬慕。無如。北。方。軍。閥不。善。迎。其。機。而。進。步。黨。人。之。福。狹。傾。巧。亦必。因。勢。剗。滅。敵。黨。以。爲。快。遂。乃。激。起。國。民。黨。什。匿。克。之。心。理。黃。力。盡。僻。孫。胸。日。狹。漸。與。酒。相。稱。遷。流。至。於。今。日。之。共。產。黨。專。政。而。未。如。之。何。茲純粹之老黨員。頓悟厥非。恍一。躍。而。回。復。

紛。遂。濟。容。之。風。度。周刊所表各節。良足窺見一二。而黨外之優秀分子。嘗。亦。未。忘。前。此。適。付。黨。人。之。識。義。兩。乏。尤。甚。今。日。非。與。眞。民。黨。傾。心。務。乎。亦。無。以。定。國。是。而。拯。民。生。兩。心。相。遇。機。牙。恰。合。夙。昔。想。像。之。清。流。同。盟。可。期。

一、清流同盟者。洪憲時代反袁共用之名也。愍於甲寅雜誌著政力向背論。推言辛亥以來各黨同心合力之效率。且並爲之隨因。各。黨。之。力。合。則國是粗定。否則國是立棼。近。十。年。間。之。事。象。大。足。表。顯。當。時。論。敵。之。未。誤。是。故。今。偕。全。國。一。致。之。力。最。發。發。矣。惜。乎。罰。機。熾。之。啓。閉。者。難。得。其。人。愚。甚。願。老。國。民。黨。出。而。承。之。

一、蔣介石在兩三年前。社會知其姓字者且罕。愚怨二字。本說不著。而革命者。固人類天賦之權也。謂有道焉。取國命而新之。要國民以一時之痛苦。爲其酬值。此苟非迷於沉利者流。誰不樂與有成。惟聽命外人。藉詞共產。爲天下人所不能忍受耳。愚雖著論論蔣中正北伐事。(時武漢未失)

即推言蔣從亦化。終爲全國共起聲討而敗。反而觀之。是即。謂。蔣。與。亦。化。無。涉。其。所。立。志。業。天下。人。俱。願。從。長。計。之。今南軍所爲。未足與天下以共信也甚矣。張居諸君。旣謂蔣終爲同志。能立。於。蔣。與。社。會。之。間。以。一。定。之。方。策。爲。之。斡。旋。解。目。前。之。倒。懸。決。未。來。之。大。計。當。是。愛。國。男。兒。之。所。尸。祝。也。

一、中山先生。民國之元功也。此不論何人。無所否焉。況吾儕戮力共命之士乎。惟推尼爲之愛。混人物之辨。因謂所立學說。賦有不隨時空變化之恆性。後之爲政者莫之能移。此匪直昧於愛國之道。而愛人之德。亦嫌未盡。何也。中山者國神也。事事爲國。未必事事爲己。彼所倡三民五權之說。在二十年前。可云附納盡善。而二十年來。中外。共。同。感。受。之。變。故。與。夫。延。演。遞。嬗。之。政。說。持。械。中。山。在。東。京。民。報。社。口。講。指。畫。時。所。設。想。像。幾。有。霄。淵。不。逮。之。差。執。而。一。之。謂。曰。此。最新式之民主政治組織。此先生之大發明。中山

七

有云。揣其並不樂此佞語。而世間有唱中山學說爲盡謬者。此亦不然。中山者富有政治天才之人也。凡所理解。甚堅且銳。後來持說。大體亦莫能違。其主增彈劾考試兩權。尤徵特識。愚斥斥以爲言。特謂中山之根本理想。緣於所謂民主政治組織（即所謂德謨克拉西）而民主政治組織。無中無外。在近將來。決難更用耳。此點敢煩民黨愼思之。

一、以黨治國。今日難持之論也。是惟蘇俄與意大利之專政。足稱理實一致。今民黨否之。謂專政非其主張。則亦無過歐洲德謨克拉西下之政黨政治。Party Politics 而已。謂言治國徒滋語障。周刊中有何爲以黨治國一文。謂此之云者。特謂本黨主義。應行於國。黨外之人行之。與吾黨自行適同。初不必由國民黨執政也。如此則惑且愈甚。以愚所聞。黨之要諦。在己黨有一主義。同時假定他黨之主義。正與己異。而兩俱有益於國。己黨得勢。行己之主義焉。他黨得勢。行他之主義焉。各無所容心。各不加傾陷。相迭代用政。舉人和。是之謂黨德。今日不然。吾用事不用事。爲第二義。惟天下之主義。不得有二。執持吾主義。往好爵自縻焉可也。此乃以政爲市者也。此推儒兵之制。行於儒政者也。亦安所云黨者。由此可見。黨之一字。嵌入吾國政典之中。實極不安。以後作政諱言此義爲得。語曰。王道本乎人情。吾亦問人情何在。足已黨云乎哉。

此外愚於周刊。殆無間言。愚嘗謂爲國宜勞有必具之德三。其人行己爲公之量多於爲私。一也。國學差有根底。能審愛國何義。二也。有政治素養。並了然於最近政治得失沿革。三也。三德咸備。宜莫如清季之純正革命黨人。愚又發爲廢紀之論。謂民元來政情太雜。棼不可理。是宜在年曆上割去此十餘歲不計。而以今日緊接辛亥八月十九日重行抖擻開始建樹。愚此二論。譬若水流。頗謂於周刊同人得爲一匯。同人勉之矣。抑愚猶有私焉。博泉者。纍年吾家太炎、鄒君威丹、及愚。相與約爲兄弟。志存光復者也。威丹死矣。餘三人猶在。愍志行薄弱。固不足論。而伯兄爲民黨耆宿。夙養深醇。每定大計。類能毅斷。衆流通國同仰。恐意博泉應商約同人相與歸之此於定言定事。兩有大益。雖曰私之天下公言。固亦不越此稱也。

英案解剖敬告國民及南北當局 上篇

梁敬錞

自英使館向外交部提出對華新案後。遠東未來情勢之變動。繁然成爲列強外交政策之中心。英案譯本經英館正式公表者。文字陋劣。且于眞意間有晦澀。吾自原文細加推繹。見其文辭之修雅。詞令之婉諷。斷制之謹嚴。較諸春秋行人辭令。殊無多讓。八十年來。吾國外交史中。有此事述。亦可藉衡吾國民力進展之度程。彌足珍也。英案之質實如何。今解剖之。可得左列數點。

甲、對于要求平等地位之民衆運動。認爲須加體諒。

乙、對于修約及自主稅則。準備討論及承認。

丙、對于外人現握吾國財源之現狀。準備放棄。

丁、對于通商外交上抗議辦法。擬予廢棄。而代以聯合式之抗議。

戊、對于條約義務。要求中國尊重。

巳、對于外人利益。要求中國施以寬厚之待遇。

庚、對于二五附加稅。無條件認可。並允由中國各地官廳自決支配儲存之法。

辛、對于北方政府威權之淪落。加以切証。

壬、對于黨政府。認爲強健。並隱示其爲民衆運動之背景。

癸、對于成立中央健全政府後始與協議之先見。不再堅持。

由甲至丙。爲未來遠東新政策之主旨。而丁則爲其此政策交涉之骨幹。由戊至巳。爲對吾國切實之要求。而庚則爲此要求先付之勢價。由辛至壬爲對于南北政府所加之考語。而癸則隱持平等待遇之態度。而暗指統一政府之難期。凡茲十點。有虛有實有陰有陽深以辭釆溯以原委驗以事迹于是英案乃不能不爲各國政府討論適東政策之依據抑且感其討論之必要焉然自英案提出之後使團意見極有異同反之者爲日本助之者爲比利時日與法方謀契合而英與美則又踘接近裨闔縱橫各盡巧腕哀哉吾國乃爲他人角逐競勝試驗政策之場一飯市恩倘有德色匹夫猶且不願今南北當局紛然競以二五附稅爲主眼而樹其異同之幟其于未來遠東政策之推移若未體會而講求其應付之方于現在列強縱橫之捭闔若未感受而稍施其疏導之法也者嗚呼世所謂政治家外交家者其眼光果當如是耶

就其象之表而觀之如二五附加稅之徵收問題顯使北政府莞轄之稅關歲增若干稅收（黨政府所轄之稅關本已實徵附稅）故自黨政府觀之誠不可謂非對于北政府有實質上之貢于而英案中叙述北政府威權之淪落與廣州政府之強健顯使黨政府無形中增進若干之地位故自北方觀之亦不可謂非對于黨政府有形式上之施與夫北京政府夙爲對外惟一代表國家之中樞在國際上自不容有此形式上之剝喪而廣州政府者其財力竭蹶已達極點爲爭長中原計亦不容北方政府爭此實惠兩者心理皆與事實相伴而生英案發表之後所以難邀南北政府之贊同而英人緩和反抗之策所以卒未收效者良有以也

今試就全國海關口徵二五附稅後各關可獲之稅額考之則知現時北政府所增收之稅額實較南政府約佔四分之一而弱吾爲此言非無據也以一九二五年海關貿易冊各關之收入例之則其數如下

關名		一九二五年進口稅切實值百抽五之數	二五附加稅可增之數
		兩	兩
愛琿		一、八〇〇、三三八、	九〇〇、一六九
哈爾濱所屬	洋旗	一三七、三四四、七九六、	
	華旗	一六〇、二〇九、二三二、	一四八、六八七、〇一二
琿春	洋旗	七八、四二九	
	華旗	二九、八三五、八六一	一四、九五七、一四五
龍井村	洋旗	六五、一四七、三五六	
	華旗	一二、七九九、七一九	三八、九七三、五三七
安東	洋旗	一、二二五、六八六、七六二	

	華旗	二〇、九四〇、五三三	叁二三、三二四、六四七
大連	洋旗	[illegible]、四九一、二七〇、九九〇	一、二四五、六三五、四九五
牛莊	洋旗	四八四、〇七二、六七三	
	華旗	二一、一九二、五二七	二五二、六三二、六〇〇
秦王島	洋旗	一三六、八二六、四九七	七二、六〇四、〇四八
	華旗	六、三八一、五九九	
天津	洋旗	三、四五、四〇四、二七九	
	華旗	一四六、七一二、五六二	一、七四六、〇五三、四二〇
龍口	洋旗	八、八四大、九二九	
	華旗	四、〇八七、三五一	六、四五七、一四〇
煙台	洋旗	二九、〇〇一、一五七	
	華旗	三〇、八一二、二五一	七四、九〇六、六五四
膠州	洋旗	一、五八一、一一七、一八二	
	華旗	一八五、一三三、〇〇七	八八三、一二五、〇九四
重慶		三一、六八四、四八四	
		一一、四〇〇、二九九	二一、五四二、三[illegible]一
萬縣		二、三三二、三[illegible]五	
		二六〇、五一六〇	一、二九六、四二五
宜昌		四五、一七二、三八三	
		二、九六四、三九一	[illegible]
沙市		二五、六四一、〇五三	
		九六四、五三一	一三、三[illegible]、九七一
長沙		四八、二四六、五一	
		一、五八九、〇五七	二四[illegible]、六[illegible]九
岳州		九二二、七〇七	
		八一九、九一八	[illegible]
漢口		二、三五〇、三五七、八八八	
		一二七、二五五、九六六	一、二[illegible]八、〇[illegible]
九江		一六四、〇七八、四五三	
		一二、一三〇、五八七	八八、一〇四、五二〇
蕪湖		一三二、二五〇、九三二	
		三、四四三、[illegible]七二	六七、八九七、一〇二
南京		五五、七二三、四〇三	
		三、七四一、五八一	七九、七三二、九九二
鎮江		三七、一三五、二八七	
		三、二四四、五〇〇	一五五、一八九、八九三
上海		一七、五七五、六〇三、四二八	
		三八五、九〇三、三九六	八、九八〇、七五三、四一二
蘇州		一、六一九、一九一	
		九六三、[illegible]八七	一、二九一、五三九
杭州		八四、二二四	
		五、六五〇、[illegible]三四	二、八六七、四二九
寧波		八一、八四三、八一七	
		八六、二五二、一六〇	八四、〇四七、九三八
溫州		九、四四三	
		四、八九二、六四一	二、四五[illegible]、〇四三
三都澳		二、五八四、[illegible]〇三	
		八〇〇、七二九	一、六九四、七一六
福州		一、[illegible]四、三六〇、六六〇	
		五、五〇三、五[illegible]八	一一九、九三二、〇八二
廈門		[illegible]、七七三、[illegible]〇八	
		一四、七二〇、八二〇	三一一、二四六、九一四
汕頭		八、五八六、九七〇	
		七〇、〇二九、一三二	三四四、三〇[illegible]、〇五一
廣州		一、二〇四、四七六、六六三	
		一四九、八九六、四七三	六二[illegible]、一八六、五六八

九龍華旗	三四二、九二九、二八〇	一七一、四六四、六四〇
九龍廣九鐵路洋旗	一六、三〇五、六七五	八、一五二、八三七
拱北華旗	二五〇、八八七、七三六	二二五、四四三、八六八
三水洋旗	二四、二四〇、六七三	
華旗	三〇、一九〇、九四五	二七、二一五、八〇九
梧州	八四、二八四、九八二	
	七〇、八〇八、四七二	七七、五四六、七二七
南寧	四、〇二六、〇七〇	
	九三八、四二七	二、四八二、二四八
瓊州	一五一、五一八、〇八四	
	一六、八一二、四五八	八四、二六五、七七一
北海	一一六、四一〇、六七六	
	二、二七九、一一三	五九、三四四、八九四
龍洲	一、七六七、五四〇	
	八、二六四、七二七	五〇、〇一六、一三三
蒙自	三九二、七三八、五九八	
	七、二二二、五六四	一九九、九七五、五八一
思茅華旗	四、七六九、五七三	二、三八四、七八六
騰越華旗	七四、三二一、六〇五	三七、一五五、三〇二

右所載兩數均按關平銀數註

以上關口凡四十六。華洋貿易進口稅總額。共為關

讀論衡

唐闌

十二月初五夕。校讀竟。仲任當習文勝實之世。獨非〰特。見。以。核。實。考。證。為。先。雖過信短說。語雜駮稚。在當

平銀三千六百三十六萬六千九百八十兩八錢四分三厘。據貿易冊所載。係按民國十一年稅則切值百抽五之數。故若再加二五。即係上數之一半。即共為一千八百十八萬三千四百九十兩四分二厘。加以每年度自然增加之二五稅額。約二百五十萬兩。以及奢侈品五厘之加徵。據關稅委員會專家估計。每年全數。約可收二千五百萬兩有餘。然各關中如重慶萬縣宜昌沙市長沙岳州漢口九江福州三都澳廈門汕頭廣州拱北江門三水梧州南寧瓊州北海龍州蒙自思茅騰越及九龍之二關等。皆在南政府掌握之下。其數凡二十六。其二五稅收總數為三百七十萬二千零四十二兩五錢零八厘。雖南政府所徵收之附稅。不限於進口貨。然其為數。實僅占北政府四分之一。則其反對。自意中事。此羅博森西行所以卒無補於漢滬排英之風潮也。

時固已難能矣。然高。祖。非。湯。子。與駁。識。書。之。說。皆觸。世。諱。幸放。言。嚴。察。秘書。篋。中。故未。如彌。衡。嵇。康。之被。禍。耳。漢之末年。橫議蜂起。論政者仲長子崔實之流是也。論經義者許君鄭君是也。論法者諸葛武侯是也。論理此書及應劭是也。夫當世之隆。學者日力寬暇。性行醇篤。疑非不資。綱舉目疏。及其衰也。往往。救死。不。暇。而邪。說。橫。起。則又。不。得。不。為。刻。覈。以。矯。之。始猶。炫。其。新。奇。終則。流。於。偏。宕。矣。觀史言蔡邕秘此為談助。王朗因而稱才進。知學者之喜誕異。實風氣為之也。應劭孔融踵之。而孔猶跌蕩。至與荀侍中論食件無嫌。謂作非會友。猶為陳而能言耳。（子見傳）又孔融傳、路粹枉奏。識有云。父之於子。當有何親。論其本意。實為情欲發耳。子之於母。亦復奚為。譬如寄物缻中。出則離矣。雖忽者之言。援孔生平。度當發此。且情欲之說。本於此書物勢為。融與蔡邕友善。殆開之於邕者。粹乃邕弟子。固當知其原出。乃反搆以為罪。陷人之長技。固不足論。而談理之藪。遂至於此。殆亦究數所。不。及。料。乎。然自是此風浸淫。嵇阮而下。流為清談。儒釋老莊。歸議日滋。議經議禮議律。紛然莫可究詰。至唐而稍息。中葉以後。昌黎闢佛。啖助解經。又復機起。至宋而析理愈精。然異說亦愈多。元以朱子為宗。始略定。至明之中葉。則陽明出為異議。楊慎焦竑。偽炫古籍。至清復崇朱子。乃少定。而康乾以後。宋翔鳳、莊存與、龔自珍、魏源之類。又騰異說。以迄於今。然則。學者立言。每緣當世之風尚。言之不誠。亦繫世之隆衰。君子於此。必有以消息之。而擇所處矣。

通訊

亞父

……不通音問者四五月。時事倫擾。遂至於此。昨得手書。並元旦所成一律。悲憤之氣。轉成蕭淡。則豈鬱愈可知已每與歐陽駿民談及時事駿民言吾不符他人但恨學識未周無以應變吾亦甚有同感然補天回日之志竟不能灰天生我總使爲終身無伸屈喜怒之人亦未嘗怨尤也以弟志行尙當努力奮門不可徒下新亭之泣一二年中施於政事者雖爲過激之徒所恨三代直道自在人心吾今所行亦負謗譏要之自撫素心可質天地則讒言不足恤也但若主兵者不能遠聽吾言乃介丁客萃醜軼蕩中原如弟以周召相擬固非所及即欲爲曾胡江劉誠意亦相去遠甚前數年曾取太史公書語作一印云亞父者范增也恐終身遂與此翁同揆唯勉自懲抑庶不至疽發於背耳甲寅雜志曾到一册他日有暇當有所獻今先答詩一章弟觀之以爲何如也……

章炳麟一月五日（上海南陽橋裕福里二號）

天下惟情之至者窮於辭說劍膽琴箋謀寄兄書而屢不成職是之故來書並與逸塘同觀共歎吾兄進德所造之猛較前傲岸自喜時迥若兩人或者天下將觀食君山桑相之賜爲日未遠也泯怨尤負謗譏二義弟極不忘其能因物付物不假強爲如兄與吾尙難自信今因兄言當益加勉亞父之說人且疑自況之低然此殆同武侯之爲梁甫吟聊以寄意而已甲寅亟待吾兄爲文張之則詩光氣嶽嶽無敢退觀兄昔與咸井聯吟有吾家小弟始能詩之句今弟既爲幸時督教逸塘奉和一章載諸本刊

士釗

評友

……周刊二十八日乃到急讀一過其有關天下者天下人自知之無俟贅詞惟辱以部曹登載並取爲評友愧未稱也但恨鄙人愛友之未至則誠然適緣有符諍補評之義以趣行嚴昭過之實與世人以相見而存友道於幾希固周刊期與天下明道解惑意也豈翹翹偕吾兩人交誼哉昔陽明答黃宗賢書曰殺賊須在咽喉處著刀爲學須在心髓入微處用力今吾覺行嚴未能於心髓入微處用力也夫行嚴去年出之不悔以身殉人濡首而不知止顛頓狼狽

直至敝脊及溺。逋逃以去。（去歲當局不得已罪政直逋逃耳）自是而後。宜如何痛自怨艾。一掬一欬血。一棒一條痕。刻骨劌心。羅罪省愆。以乞天下人之回怒易視。今日應於周刊中。特標求諫一門。力洗詑詑之聲音顏色。來善言以陶晚蓋。抑即於逋借中賅之亦可。但須剖肝膽以爲言。掬誠相示。不可。如今番所擬敘語。浮視之者。可謂虛懷也。納諫也。實按之。妝點門面耳。排榜聲實耳。何者。以一年之訣人家國。坐失事機。蘊將醸亂。名實喪盡。罪案昭懸。天下指目。不能爲諱。逋逃又將及年矣。直至今冬仲月。與鄙人相見。乃悟尤悔之如山積。然則未見鄙人時。乃猶未悟耶。且見鄙人時亦罕矣。其得聞於鄙人者亦僅矣。其平日之所往來者。徒豪耶耶覺無毛醉其人耶。甚矣。行嚴無求友之誠。不知早自懺悔。以至於如是之疏也。陽明寄楊邃菴曰。身任天下之禍者。然後能操天下之權。操天下之權。然後能濟天下之患。而君子之致權也有道。本之至誠以立其德。補之善類以多其輔。示之以無不容之量以安其情。擴之以無所競之心以平其氣。去歲

行嚴擁高位。據要津。即銜桀桀如貫珠。一若真能操天下之權。以任禍濟患也者。然試考其立誠植善者者何。容量乎。氣者若何。行嚴曾有一於是乎。識者早已屈指計日而待其顛躓狼狽以逝也。特行嚴不自知之。而亦未由聞之耳。夫古人身與一官一邑。尚必求父事師事兄事友事之人。行嚴與人國事。所得父兄師友之事幾何。人日前問行嚴今所與講習砥礪者伊誰。乃嗒然無以告我也。然則行嚴之孤立無輔。不甚可危哉。昔李翼爲兗州刺史。司馬師遣使收之。翼妻荀氏曰。可及詔書未至赴吳。何爲坐取死亡。左右可同赴水火者爲誰。翼思未答。妻曰。君領大州。不知可與同死生者。雖去亦不免。李恕谷先生曰。智哉荀氏。人生在世。而無同死生之人。以之處患難顛沛之秋。其害存幸耳。我觀今日。皆處患難顛沛也。觀此可爲凜凜。顏武子之除。吾爲行嚴危。而不忍言之。以承其愛。今錢君所言之。而吾更有進於是者。亦遂悉言之。以趣行嚴之反躬修省。友朋相愛。欲爲之解憂弭患。亦舍是別無善道也。蓋顧武子之所以不免者。

一五

徒以言耳。今行嚴不徒以言。而有去歲之稿案未錄也。聞錢君言而戒慎恐懼是也。乃又誤引死吾公也不能使人弗害等語。是又寬然自解。委過於人。殊昧情實。何則。使吾子而竟不免。不得曰公也。不得曰人害也。此天下公論。雖有愛者莫能爲之諱。吾謂自今以往。惟宜痛自引咎。痛自悔過。退然抑然。待罪以聽天下之裁判。慎勿曰有嫉我者。慎勿曰適逢而順受一若在我無所自取也者。以塗時人之耳目而見惡於君子。庶以吾子之才之美。挽之天之所以生才。人之所以愛才。其必有回怒易視而從末減之望。書曰、天作孽。猶可違。自作孽。不可逭。詩曰、永言配命。自求多福。是在懺悔近惡。從心髓入微處用力也可。噫人友以國武子警行嚴。而吾乃盡言若是者。固信行嚴之爲善人也。去歲愛行嚴之未至。不特行嚴恨。而吾亦悔。悔其有違劉邵與陽明之言也。劉邵人物志曰與人愛不可少於敬。少於敬則廉節者歸之。而衆不與。多於敬則雖廉節者不悅。而愛接者死之。何則。敬之爲道也。嚴而相離。其勢難久。愛之爲道也。情親意厚。深而感物。李恕谷曰、孔子久敬之外。有此至論。甚矣道之無窮也。陽明平粵寇。擒其魁。問曰、若何以得衆。對曰、平日見一好漢。不惜拚身命以相與。不輕易放過。陽明顧弟子曰、我輩取友。不嘗如是耶。今悟昔者。予之待友。愛少於敬。未能拚身命以相與此其所以。悔也。然行嚴不得於予。而亦未聞得之於他人。是友道之未盡。彼此宜分任其過。雖過之等差不同。究亦不得謂予之無過也。晶報後題與遂詮所歸一節。超詣可風。至不因人熱以便遊學。少自好者或能爲之。轉非盛節。士夫所瑟瑟自重之醜骨。固有非千百萬億之所得而轉移低昂者。然行嚴此一端也。其亦庶幾矣。記癸亥冬間。在滬上與行嚴論辭受取舍。彼此所持之義。寬嚴不盡相合。今讀李恕谷年譜。見恕谷與顏先生論此亦有不同者。恕谷乃少質曰。孟子守不見諸侯之義甚嚴。而至處交際則甚平易。五十七十之餽皆受也。尊者賜之數章。斟酌盡善。蓋尊賜不敢辭之。一道也。有孝弟守待之功。非無事而食。二道也。借之爲行道之機。三道也。即行道無望。而守先待後之身不可因小康而陷饑餓以死四道也顧先生續之據此以觀悟吾輩日所持之義有失於道隘者矣……操光庭 一月二日 北京德勝門高廟十號

少元此番敘贊特周不圖求友生於今日竟乃聞是于丁之辭也婉荷婉荷雖然少元今番所言似未免少材衆無存焉劍所欲持與少元進論者蓋不止一端而於去年之政治得失尤認少元應有慮心研覈之處以僭蹈順非拒諫之嫌寧嘿焉而息而特以少元愛友惟恐不至之精神襮於天下焉少元既誠字救劍劍以為誠者當以不欺其心為銘一步今重少元之精神而未甚以少元立說為然正劍不敢自欺其心處他日有會請篤論之

士釗

文化

……昨由鄭寄到甲寅欣悉前牋得達尊右披誦宏文繙繹微旨覺行間字裏皆有憂世嫉俗之血淚挾以俱來孔聖贊易謂作易者其有憂患乎我公排衆議而特立獨行思以學易天下毋乃類是此所以誦公之文每為慨然流涕而不能自已也雖然今日何日舉世滔滔而公獨孤高抗節若此錢君基博委婉致詞至不惜舉國武子之前車以為諷吾誦至此尤不覺其涕泗之瀾汍而將為古今來抗流俗觸文網、抱殘守闕以身殉道之君子同聲一哭其於我公則惕厲乾乾冀不知將如何剖心刳腦以謝錢君而規知己也下走不敏居嘗自念以為今日世變之劇學術之凌亂思想之橫決政治組織社會經濟之根本動搖此豈非一時一地一黨一派之盛衰起伏所得而估其總值測其畔岸圖窮匕見其核心實為我五千年來文化興替如何四億兆民族存亡所繫之一問題論者不察僅斤斤於自前閥閱之消長禮俗之文野持以繩墨此所謂輕重倒置知二五而不知一十者也我公目光如炬大筆如椽此次重光甲寅極盼從整理國學發揚文化入手而其部署則以董理我固有道德學術思想脈絡與夫傳統之政治制度社會組織等等排比而條貫之使成一凝然有物

一七

秩然有序之完整文化系統而形成西方學者所謂支那學系 Sinology 其於範圍人心蜚聲世界所益必無涯量至若方今青年所喜奇邪之說恢詭之論則隨時糾正施以隱栝不必與之專爲是丹非素之爭轉示人以黨同伐異之見此如治病然病在肌膚利用攻伐病在腠理乃至臟腑但務爲培養正氣之圖疏導脈絡之術則體不虧而病自豁矣今思想界受病已入膏肓而政治之不良社會之不安定又若推其波而助之瀾積重之勢萬牛莫挽此豈吾儕一手一足一篇章之力所能障而東之耶故鄙意吾儕今日爲社會下針砭爲文化深濬漑但多作自樹壁壘自闢蹊徑之主張而少爲持繩引墨吹毛索瘢之排擊正所以養浮言而培元氣也前書謂去歲之甲寅破多於立今後之甲寅宜追蹤甲寅之甲寅立勝於破者亦此物此志也昔明海瑞下獄其友以函慰之曰可奪者公之富貴功名不可奪者公之學業文章而曾文正與友書亦曰風俗之厚薄繫乎一二人之心之所嚮今日人心澆漓極矣我公之積怨叢謗而爲人之所欲奪者亦靡不至矣錢君引國武子以爲戒所以爲明哲保身之言下走則更進一解竊願我公志乎文正之所嚮而守其海公之友所謂不可奪者達則觀化成之亹亹窮則爲明夷之待訪盡其在我以俟百世而已傳曰君子居易以俟命居乎易者所以見君子坦蕩蕩與小人長戚戚者不可同日而語俟乎命者又以見道之興廢皆若有天命存焉更進論乎個人之休戚天壽也哉此其洞觀微奧妙合神明既與遠西唯物家所標物競進化之論有殊亦與彼土玄學家所執宗教定命之說攸異此實可代表吾民族一部哲理之源泉其詳當別爲闡明我公既以斯文自任亦願於此與士君子交勉爾詞短旨長言不盡意……陳嘉異　一月一日　北京西城譜邊宮

德乘愛我過當故爲嘤咻之言來相慰藉情甚可感雖然釗固不覺凡今所爲有如德乘所舉抗流俗觸文網抱殘守闕以身殉道及特立獨行孤高憂患云云也釗一流俗人耳不敢求作聖賢以欺衆亦不甘枯寂逃名以自苦跡其生平不肯之行

奴下之習（不育奴下半見論衡）蓋往往而有。如劍庸劣。竟乃濫竊浮名。為世愍歎。以至於今。蚤夜以思。輒為汗下。王仲任昔謂士有勵身章智。顯光氣於世。奮志敖黨。立卓異於俗。因為常通人之所讒嫉（累害為）劍讒誓之。從未一有志於是。今如讒嫉終不能免。且適見厚而辱加於劍。則是兩君（讒君嫉君）偶失權衡。竟附擬一不光氣不卓異之人。而濫施焉。將大為鄭袖帛喜減倉公伯寮（名俱見劉許鑄）之靈所竊笑。而劍轉得更擯德高行修之譽。此其為媿。益何如也。德乘從劍遊久。事不知劍。而亦隨俗推挹。至若此函所云。此豈劍所欲得於為親為友如德乘其人者哉。述篇刪截浮詞。僅得整理國學發揚文化八字。此持以責劍與士君子同勉焉則可。若謂甲寅為是將得蜚聲世界。德乘言下之意。當不如此。至立破之說。准哉似亦未當。甲寅之甲寅。八九在駁帝制。立於何有。去歲之甲寅。劍所建敎育政策（如劍設教授院圖等）自信尚有正面文字（有曹君墓誌曾為文論之）未必全破。此點亦是德乘隨俗言之。要之劍方求過。聞人責言。雖未必有自然之喜。亦斷為勉強之拜。而德乘覗我。止於此類。劍於他人更復何望。德乘年來為人之事。多於為己。劍平昔亦媿無以進之。妄因來簡。相為淬勵。若在餘子。劍猶未敢。此意諒德乘能喻也。

士釗

俄將

……甲寅已得奉讀。對作一文。主禮農立國。與治國之言也。惟時評內有論俄將加倫一則。完全與事實相左。因愚昔年在粵。所稱廣州附近築壕一事。曾詳細察勘之。亦不過選擇要點。構築工事。並無特別工程。與當年龍濟光據粵時。在廣州附近建築砲樓。同一意義已耳。至劉楊之役。渡河攻城者為粵將魏邦平氏。加倫不過一貢獻材料之人員。聞之粵軍中人。俄員智識低淺。實因彼輩皆係俄國勞工人等。革命性極豐富。耐勞勤力。是其特長。若說軍旅之學。不特不如德日。與我國之軍官學校生。相較尚遠云云。況此次吳孫之敗。非武力勝負。乃人心轉移。孫電有云。民非助。南實則仇。我此中非實。固甚明顯也。且北伐各軍。不特俄人加倫等無能。卽平日宣傳能戰之黃埔黨軍。亦止於張發奎之師而已。此次攻鄂之役。何處不是唐之湘軍。李之桂軍。陳張之粵軍勝利。而黨軍處處失敗。那卽入閩之黨軍。亦並非黃埔學生軍。實則許崇智舊部之譚曙卿兩師。附近聞唐生智、李宗仁、張發奎等。常常譏笑黨軍無能。可見外間所傳者。去真相實太遠也。貴刊與一般新聞紙不同。恐期貴刊爲可傳世之書。故此類臨時訊。亦盼慎重出之。……陳守愚（上海一月七日）

陳君以黨軍真相見告。甚有價值。惟據以將一則、卽魏君、北來向人言者如是。或傳者故爲渲染。亦未可定耳。士釗

論衡二事

……程叔文回京見告。公近校論衡。聞之甚喜。樹達往於此書。頗常用力。曾爲校注數卷。以事中輟。不復能續爲。近數年用力漢書。偶覺仲任有誤記二事。今以寫呈。如公以爲可采。令得附名鉅著。所欣幸也。

一、講瑞篇云。張湯之父五尺。湯長八尺。湯孫長六尺。按史記漢書張湯傳。此是杜周事。蓋仲任家貧無書。從市肆借讀。又杜湯音近。故誤記杜爲湯耳。

二、命祿篇云。趙子都明經階甲科。至郎博士。按漢書趙廣漢傳。廣漢字子都。不言其明經爲郎博士。蓋趙字乃鮑字之誤耳。漢書鮑宣傳。宣字子都。好學明經。舉孝廉爲郎。與仲任言正合。（此條諸著漢書補注補正皆及之）及趙鮑音近致誤。與命祿篇張若誤爲張湯者正同。

記前作校注時。亦尚有校正誤文多事。此時不能悉憶。容俟他日再奉覽耳。……楊樹達（一月十二日北京六鋪炕二十號）

過夫（楊君字）見貺論衡新義。在釗視之。其若拱璧大鼎之貴且重。爰亟錄焉。天下好古敏求之士。各以心得寫示。俾成集解大觀。幸甚幸甚。最好過夫暇時。將原書循覽一過。舊義新知。必且隨觸而起。浙江近有兩俊士。一唐君蘭。一張君中。釗俱約同如

是爲之。唐君立解甚多。足資參校。又孫君人和所爲論衡舉正。已刊行。不審過夫見之未。其解趙子都一義。謂儒林傳云。趙子河內人。事燕韓生。蓋通韓詩者也。或是後人誤趙子爲廣漢。而加都字云云。此殊未若過夫明確。然其。齊。大。體。甚。可。擬。此類事跡。諒過夫所欲得知。故拉雜言之。　士劍

對作

……大著對作篇。於荀子物欲相持發給不窮之理。發揮精要。吾先。聖。以。禮。節。制。欲。勸。治。平。長。久。之。道。異。若。謂。人。之。持。規。矩。以。取。方。員。近。世。西。洋。功。利。學。說。窮。欲。極。求。坐。曠。閒。鬪。未。有。之。慘。變。正。以。不。由。此。道。耳。此惟先生能言之。亦惟先生敢言之。而頑劣老朽如愚者則深佩之也。前歲山師君子希轉呈拙著隨左隨筆。中有論民生諸條。似有與尊指不謀而合者。未知尚存否。……陳朝爵 一月四日 陰曆二十一日

吾儒禮教之說。當復起於今日。其機。牙。悉。由。今。日。社。會。實。相。自。顯。具。之。並。非。何。人。可。得。如。是。主。張。馬克思言社會主義。謂凡彼所論。俱一一孕育於產業革命之中。瓜熟蒂落。自然而然。故號其書爲科學的社會主義。謂諸象皆遵物理鐵律而行。非依空想持爲說非論者所可比也。惟劍。復。古。論。亦。然。今淺論者流。但放言相拒。然非。實。如。此。徒。拒。亦。復。何。益。此理。惟。時。間。可。得。明。之。天。下。環。而。視。焉。可。也。隨左隨筆。甚佇讀過。極佩卓識。去歲學生之變。劍處一切稿件。非毀即焚。大著一時尚不憶閒置何所。讀恕之。　士劍

詩錄

有感次韻孫和王仁安均　正道

杜鵑。鳴。洛。陽。天道。已。北。行。卅年。將。大。亂。康節。什。論。評。

炎方。竟。見。雪。嚴冬。雨。津。京。上蒼。生。警。頻。梗頑。罔。知。驚。
外蒙收爲罪。自昔綱紀傾。庚申大防決。難忍不平鳴。
家居甘撈壞。一木詎能擎。藐躬雖引責。大刼知已成。
方便門開後。援取任兼幷。元元無生趣。到今苦兵爭。
羣魔方快意。慘戮幾盈城。果報有限度。事後自分明。
後生逞意欲。自污以求贏。集衆資破壞。詭愚蚩蚩氓。
大本。在。人。倫。滅理。悉。紛。更。乖氣。撼。大。地。陸。離。百。怪。呈。
功利。反。仁。義。本虧。蟲。自。生。科學。肆。殺。人。胡。能。久。尊。榮。
拯民。安。天。下。大同。化。最。精。君子。求。諸。己。聖道。終。治。平。

正道居主和余小寒節詩悲惘惻惻發人深省賦此志感　範孫

蛟鰐。掀。波。不。可。馴。誰。將。寶。筏。渡。迷。津。蒼蒼。有。意。援。天。下。豫遣公爲彼。岸。人。

奉酬醇士見贈原韵　範孫

西江詩派至今存。祖述涪翁定一尊。才或。喜。新。忘。故。步。君仍。嗜。古。識。前。言。時。窮。未。肯。鳴。孤。憤。氣。靜。尤。能。定。衆。喧。昨者高軒親過我。荀香三日坐猶溫。

醇士贈詩依韻答之　地山

肯向尊前唱惱公。貽安天許鹿門龐。早知。大。巧。毋。寧。拙。得守。羣雌。亦。自。雄。天下。紛。紛。爭。道。路。我生。夢。夢。在。房。櫳。心頭萬事皆年少。莫道衰顏借酒紅。

長沙章嫂吳夫人四十壽詩　師鄭

俠骨忠肝佩北山。樓居詩骨礪堅頑。扶風續史先芬嗣。德曜安貧俗慮刪。祖澤虎臣式。裘。帶。父書。盡。簡。讀。瑯。環。都人尹吉瞻丰采。彤管春生駐玉顏。
耦耕心事畫眉年。句比靈藥無煩乞偓佺。誕降。昔。聞。丁。亥。歲。校讎。新。績。甲。寅。編。詩書啓沃兒曹授。軍國平章內助賢。壽母令妻賡燕喜。桑弓藏誦閟宮篇。

奉懷孤桐津門　師鄭

朔風凜冽澤鴻嗸。猰貐食人方怒吼。一將無功萬骨枯。魚爛梁亡誰執咎。良朋怨闊倏經年。補天聞此爲霖手。思將椽筆奠神州。虎氣上騰紫戶牖。虞嶺。廬。江。兩。北。山。（因吳北山先生懷及同邑沈北山同年鵬）三十。年。前。吾。摯。友。沈吳。齊。史。並。傳。名。讜書。報。國。眞。無。負。直言正氣懾權奸。晚歲佯狂託醇酒。歸翁冰清壻玉潤。武壯有靈應點首。中原鼎沸且莫悲。黽勉同心得佳耦。亞東模範好家庭。

（王君題賸句）白首相莊頌眉壽。霜毫脫手書萬本。紙貴洛陽不脛走。待君報書快先覩。錦軸瑤函十襲厚。興亡及。掌。在。得。人。易言。斂。斯。遁。久。春秋。麟。筆。能。撥。亂。佇看。厄。運。迴。陽。九。

曉起看日出　筱秋

連陰三日壹不開。怒颷吹庭走黃埃。朝來忽聽凍雀語。喜迎晴曦登層臺。嚴霜泛瓦如初雪。金輪浴江赤。瀝。血。寒。空。疑。有。轍。可。尋。騰。起。徐。徐。誰。敢。掣。平生看日喜日落。爲有你霞張錦幕。勝遊猶記荔潭湖。快意屠門恣一嘯。是時秋盡天宇闊。澄湖十里平如削。半空飛。下。瑪。瑙。盤。墮。向。寒。波。老。蛟。躍。一舟拍拍來自西。兩槳。劃。破。金。琉。璃。驚起雙鷺相背飛。翁尾照耀如山雞。回頭一笑失來途。槎。枒。萬。樹。皆。珊。瑚。遠近更有楓千株。爛熳雲霞烘一朱。舟人絳褐顏眉須。擲波赤鯉與魴魚。自顧此身亦赭。膚。天然裝入桃源圖。歸來惘惘自嘆息。奇景當前摹不得。更從長日坐城喧。日次淪光久莫識。泰山、一、記、文、中、雄。鑄奇、刻、儒、移、天、工。我生、不、及、侍、遊、杖。讀此、如、在、日、觀、峯。乃知髯笑眞不誣。何異水伯夸秋河。但求背暖凍勿呵。作詩欲奈逝若何。（原注蘇百步洪詩險中得樂雖一快何異水伯夸秋河）

今傳是樓詩話

友人寄示伏敔堂詩錄。乃長洲江湜弢叔遺著。有清咸同中之能作宋派詩者。時論以伏敔堂與鄭子尹之巢經堂集、金亞匏之秋蟪吟館並稱。蓋能於舉世不爲之日。自開戶牖。戛戛獨造。亦云難矣。李越縵論弢叔詩。以爲有勁氣而多病粗率。實則粗率二字未免失當。弢叔久官閩浙。終於卑官。故詩。中。時。多。抑。塞。悽。苦。之。作。要。亦。其。境。地。使。然。集中有彭表丈屢賞拙詩。抱愧實多。爲長句見意云。畚。輿。篾。舫。兩。年。間。苦。調。勞。歌。不。盡。刪。豈。可。向。人。獻。窮。狀。（山谷云詩來獻窮狀此用其意）更。令。讀。者。損。歡。顏。（嚴滄浪言孟郊詩讀之令人不歡）旅。懷。伊。鬱。孟。東。野。句。律。

諸。奇。陳。后。山。他日。無。成。退。志。知。詩名。幸。與。二。君。班。郎其自況。可以見其詩矣。余最愛君舟中絕句云。我向。西。行。風。向。東。心隨。風。去。到。家。中。激風。莫。撼。庭。前。樹。恐被。家。人。知。阻。風。性。情。中。語。自然。流。露。不。僅。詩。之。工。也。海藏為余道君身世甚詳。容別錄介之。

作吏之難。昔賢所慨。彼叔沅論末世。世鮮知者。其迹顧康尚（其仁）由海道北上詩云。奇氣。胸中。苦。鬱。盤。蒼勞。汗。馬。此彈。冠。君知。臨。賊。銜。錄。易。難。莫。雖。於。奉。上。官。才人。健。筆。翁之。吒然。儕。說。陸放翁寄子虞詩有云。平生。膽。力。薄。不。敢。犯。張。馮。有時。一。言。失。恐。懼。氣。如。綫。念此。思。挂。冠。白首。歎。安。處。吾見。取。乃。翁。歲。暮。忍。羈。旅。何時。得。斗。粟。歸舍。聊。笑。煮。便草。北。闕。書。乞。骸。歸。卒。伍。贖達。如。放。翁。亦苦。作。吏。之。恭。然。疲。役。宦。游。叔。之。不。能。無。感。也。按淳熙乙未。放翁年已五十餘。參議蜀軍府。遊故人范至能來為帥。不以僚佐束縛。相得殊懽。未二年范即去。此詩殆別有感觸乎。時無花。卿。誰知。工。部。大府嚴士。誼易道送袁忠節公爽秋有題放翁小像六絕。其一云。抱膝。米。參。提。吏。廣。綫。餘。鬢。闕。皆。須。刪。府公。何。幸。得。學。士。度外。能。容。岸。角。巾。盍詠此也。

章氏墨學

「經」一知、聞說親。

「說」知、傳受之聞也。方不㢊說也。身觀焉。親也。

此言知之來源有三。曰聞、曰說、曰親、至得為眞知與否。尚待考證。自說。若。有。準。據。外。固。非。謂。有。聞。有。親。而知。即。具。於。是。而。已。足。也。梁任公謂「身親焉者。知識之基本。而又其最可恃者也。」（見墨經校釋）是不然。昔齊攻魯。求其岑鼎。魯侯獻偽他鼎而請盟焉。齊侯不信。使柳季云是。則請受之。（見劉晝新論）是齊侯身觀鼎而。不。知。倘。賴。有。所。聞。於。柳。季。也。劉老老之不識黃楊根否。尤爲佳證。聞與說之未可盡恃。由此類推。方不㢓、孫詒讓云。非方土所限。是人所說也。說字解非、是。以人所說爲說。傳受亦人所說也。界淺訓殺。非墨經、意。太炎謂親爲因明之現量。如官感所能接者是。說爲比量。以其所省者。審隱度其所未省者是。（見國故論衡原名篇）意頗切近。昔張衡造候風地動儀。形似酒尊。外有八龍。首銜銅丸。下有蟾蜍。張口承之。因著爲說。如有地動。尊則振龍機發。吐丸而蟾蜍銜之。振聲激揚。尋其方面。乃知震之所在云云。嘗一龍機發。而地不覺動。京師學者。咸怪其無徵。後數日驛至。果地震隴西。於是皆服其妙。是京師學者。爲方所障。衡有說則。否也。說者英文。Reference。正足當之。至說之中效與否。則有法式驗之。不在此例。

一經一庫、易也。

一說一庫、區穴者。斯貌常。

凡物。位於久與宇間。恰如其分者。曰庫。如人在何時何地而盡其爲人相當之分曰子。物在何時何地而盡其爲物相當之分曰馬。是子者人。供某職之庫。馬者物。供某職之庫也。而天下古今爲子者無限。此子去。彼子復來。爲馬者亦無限。此馬死。彼馬復生。是庫者。日在變換更易之中。故曰庫易也。

凡物與物間之連續曰區穴。夫此子去。彼子復來。而終不失爲子者。以父子間之連續不變也。此馬死。彼馬復生。而終不失爲馬者。以馬與百物間之連續不變也。連續不變。在墨經曰區穴。若若似也。惟區穴之相若也。於是物之位於其庫者。雖分子續續變易。而形質萬古如一。是之謂貌常。斯之云者。猶言是故此指區穴。若與貌常相爲因果之道也。

孤桐雜記

今日南海來談。此老已六十九矣。精神矍鑠。口辯如洪流不絕。令人望而生畏。二十年前。聞之、秋楚青。天下之醜詆南海者。其人直未嘗見之耳。見之未有不易傾爲敬者也。愚曾以是言告秦力山。（時力山與康最力詆）相與爲笑。迫近與南海相晤。始信楚青所言。其有幾分眞理。彼於古、今、中、外、史、迹、及人、名、年、號、統、計、之、數、目、字。皆能、歷、舉、無、訛。持論放得開。收得住。波瀾極壯。首尾相貫。如此腦力之富。辯才之大。吾見罕。至其政見。實質如何。又別一事也。此番來津。人頗議其陰謀復辟。漢文泰晤士報。詈之尤甚。標題康有爲大逆不道字。適載數日不休。該次、南海微喟曰。「昔云兼弱攻昧。今吾國士夫之昧。直是駭聞。其和國以民意爲從違。民意多數曰何者。政即何從。其中並無獨裁君政不識之理。法閣兩有君政黨。赫然列席國會。豈是秘非。何吾人之昧。一至於此。」然言下亦無遜色。謂「吾生平不喜攻人。惟著新學僞經考。爲辨學術源流。有所詆譏。如箭在弦。不得不發耳。此外。則一總人毀我。我決不毀人。士君子爲國惜才。以誠接物。其道愿爾」愚聞爲神移者久之。又言初入京師。曾謁曾惠敏。惠敏約入幕府。頗加器重。變法之議。所干朝貴。

惟惠敏相視莫逆。時挺朝鮮開爲萬國公地之說。小佼尤爲心賞云。有林奄方者。去歲曾投函甲寅周刊。文頗奇肆。思力亦偉。愚嘗獎之」以字迹頗與南海相彷。竊疑與之有連。偶附談及。舉以問之。南海爲言。林乃廣東貧生。彼創天游學院於滬。林生來投。年才二十。稟賦絕異。雖論學萬木草堂時。門下最高材者。爲曹泰、鍾傑、與陳千秋二人、梁卓如之思路。常賴二子啓發附。非其匹也。惜年非俱不過二十五六而死。爲生平第一恨事。今林生茂林力學意態。與鍾傑絕似。而行純無疵。且又過之。居然見賞於子。眞乃大奇。愚因詢其近狀。知爲生計所迫。投入上海郵局爲司事。半工半讀。則相與付之一嘆。如彼異才。使不得專力於學。繫何人之責。南海又言上海製造局譯印新書。始於同治三年。其書經彼手購。自讀及送人者。共三千餘冊。甲午後詢之該局中人。廿年間鬻書總額。不過一萬一千餘冊。而彼一人所購。竟達四分一以上。可見當時風氣之不開。及彼開風氣負責之鉅。語雖近、誇。亦彌、足、紀。丙寅九月十三日

長沙章氏兄弟鬻字例

家兄仲漁先生名理綸隱於鬻書宗鄭王工力極厚劍歎勿及茲以劍將鬻字敍辦甲寅周刊有志相助因合訂字例於左爲同好之士以覽觀焉　章士釗謹啓

對聯　八尺（八元）七尺（七元）六尺（六元）五尺（五元）四尺（四元）三尺（三元）以上八尺至六尺以八言或七言爲率或指定八言以上者每言加一元

屏條　八尺（七元）七尺（六元）六尺（五元）五尺（四元）四尺（三元）三尺（二元）以上三四五尺不過三行六七八尺不過四行加行每加一元

堂幅　八尺（十元）七尺（九元）六尺（八元）五尺（七元）四尺（六元）三尺（五元）以上三尺不過四行四五尺不過五行六七八尺不過六行加行每加一元如六尺以下指書四分以內小行楷照加半倍三尺以下指書三分以內小行楷照加一倍

橫幅　整紙照堂幅價　半幅照屏價

摺扇　一面（三元）半面（二元）兩面（五元）坤扇金全地不得

團扇　與摺扇同

杭扇　黑油紙書泥金照摺扇加半倍泥金自備

榜書　直橫匾額等類　一尺內每字（二元）一尺至一尺五寸每字（四元）一尺五寸至二尺每字（七元）二尺外每字（九元）

壽屏　四幅（三十二元）八幅（六十四元）十二幅（九十六元）十六幅（一百二十八元）每幅以五行爲度加行每加一元

冊頁　每開（三元）三四分以內小行楷照加半倍

斗方　與冊頁同

鎮尺墨盒筆筒等類　書五七絕句一首（三元）扇骨加半倍

名戳　每個（二元）小戳不書

卷冊題簽　每件（一元五角）

以上各件如須仲漁行嚴兩人合作取價均同行嚴撰文另議書件指錄已作者照加半倍潤資先付定期取件凡閱甲寅者照七折收劣紙不書綾絹加半

編輯者　章清吾

總發行所　甲寅周刊社　天津日界吉野街八號

印刷所　光華印刷公司　天津特別一區大沽路　電話南局一三二九號

改訂價目

零售	每期	大洋一角五分
每月	四期	大洋六角
半年	二十六期	大洋三元九角
全年	五十二期	大洋七元八角

郵費

本國及日本	每期一分
郵會各國	每期四分

廣告價目

地位＼面積	全面	半面	四分之一面	八分之一面
封皮裡面	四十元	二十元	十元	五元
底頁外面	同上	同上	同上	同上
正文後	二十元	十元	五元	二元五角

此表係每一期價目登四期以上九折十三期以上八五折半年以上八折全年以上七五折插圖另議

大陸銀行

資本金五百萬元　公積金一百三十萬元

總行天津分支行北京上海南京蘇州北京清華園漢口濟南青島滕縣天津大胡同北他國內各大商埠及英國倫敦法國巴黎德國漢堡美國紐約日本東京橫濱神戶長崎等處均有特約代理機關一律通匯並與鹽業金城中南銀行於天津上海漢口等處合設準備庫及儲蓄會

保管部　公債公司債股票商業票據及其他有價證券之保管並代取本息或買賣或承募出租鋼製保管箱

營業部　存款　放款　國內國外匯兌　押匯　貼現代理　收付款項及生金銀之買賣

儲蓄部　活期儲蓄定期儲蓄　天津總行法租界三號路六號路轉角

交通銀行

本行創設於前清光緒三十四年股本總額二千萬元專辦存款放款匯款貼現及外國匯款等業務並奉政府特許代理國庫發行天津鈔票及各省商埠均有分行或通匯機關如蒙惠顧無任歡迎

行址　法界一號路

電話　經理室　一八〇〇　五七〇〇　營業室　一八二〇

電報掛號　六六三九

總經理　梁士詒　協理　成學溥

天津分行　經理　江世德　副理　王　徵　襄理　蘇恩科

中興煤礦公司廣告

本公司向在山東嶧縣棗莊地方開辦煤礦產煤各種煤焦歷經中外著名礦師化驗灰輕磺少燄長性堅極合輪船鐵路工廠一切機器鍋爐之用是以津浦滬寧隴海滬杭各大鐵路常年購用同聲贊許他若山東境內暨運河長江一帶各工廠亦均紛訂購如蒙賜顧請就近向左列本公司各分廠各分銷處接洽辦理無任歡迎

（分廠）上海　蘇州　無錫　常州　南京　鎮江　南通州　清江　界首　馬頭　臨城　嶧縣　台兒莊　山家林

（分銷處）日本　大連　烏衣　滁州　臨淮　宿遷關　蚌埠　固鎮　南宿州　符離集　夾溝　徐州府　韓莊　官橋　南沙河　滕縣　界河　兩下店　鄒縣　兗州府　濟寧州　曲阜　泰安府　萬德　黨家莊　濟南府　濼口　桑梓店　晏城　禹城縣　平原縣　黃河涯　德州　桑園　連鎮　東光縣　泊頭　滄州　興濟　唐官屯　獨流　天津　杭州　海州

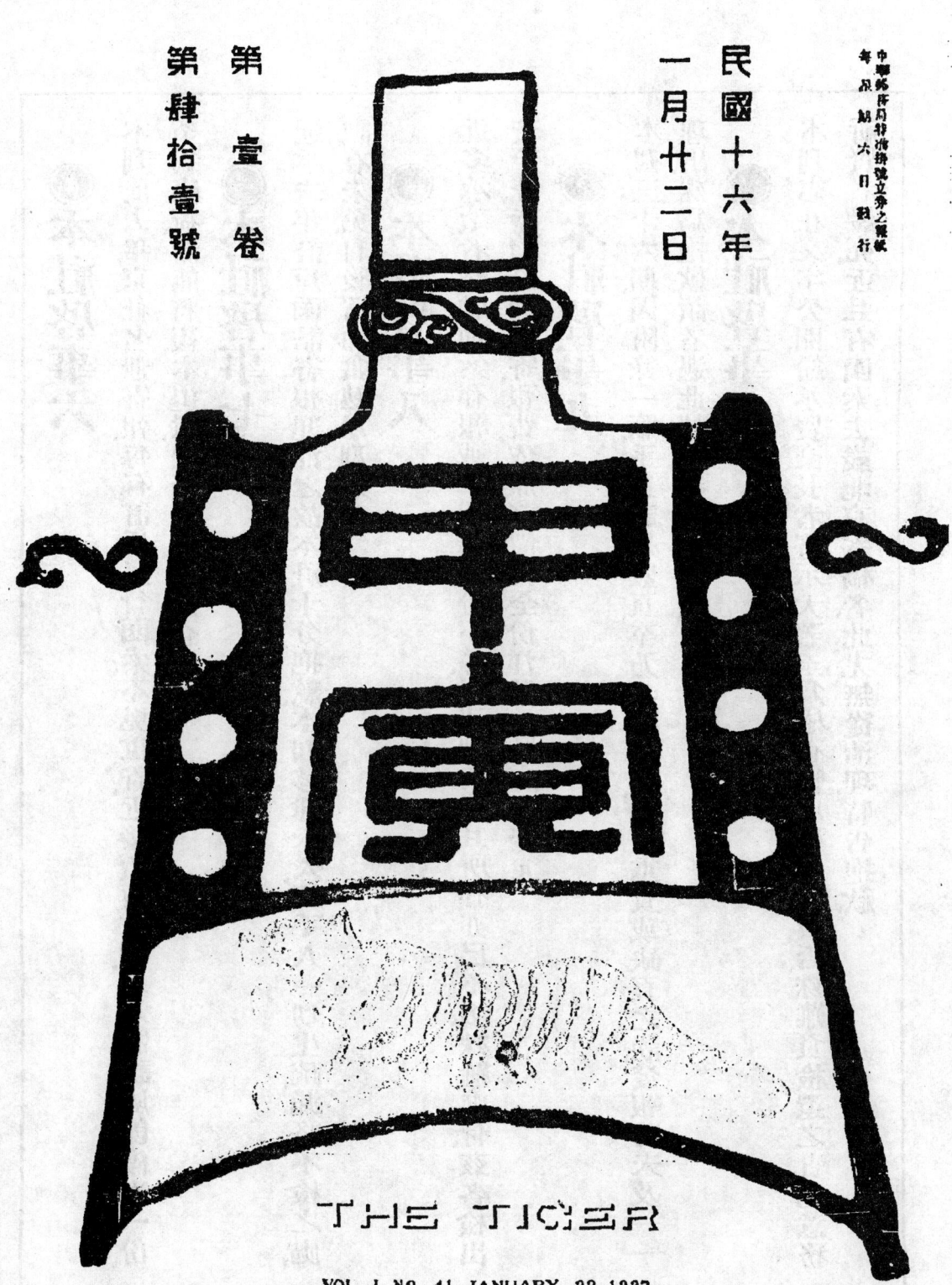

中華郵務局特准掛號立券之報紙
每星期六日發行

民國十六年一月廿二日

第壹卷
第肆拾壹號

甲寅

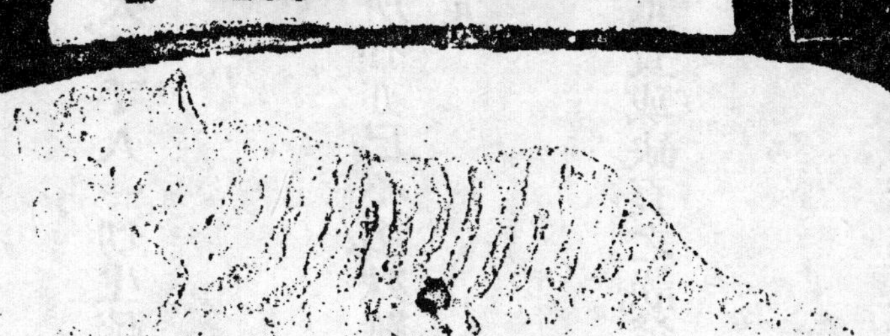

THE TIGER

VOL. I NO. 41 JANUARY 22 1927

●本社啓事六

本刊依去年京社名册寄報、每有訂戶另行函索、不免重寄、近接讀者來函、多承體諒、屬即停寄一份、至爲感荷、若能將複本退還、俾資周轉、尤爲企望、

●本社啓事七

近承去年訂戶函詰寄報遲滯之故、本社十分抱歉、本刊移津未久、經手人一切生疏、漏略不檢之處、誠有未免、自後當加奮勉、以副期望、

●本社啓事八

近多承讀者諸君補索存報、或單期或全份不等、以清理甚難、且所存亦已不多、殊難應付、茲各檢出若干分、陸續分別照寄、報費依原訂價目、全份洋裝加裝訂費壹元、

●本社啓事九

本刊三十六期、因附錄一篇、手民誤排數頁、卒乃改版抽換、因有重頁或缺頁之誤、發報時未及一一理出、殊爲抱歉、讀者遇此情形、幸通知補換、

●本社啓事十

本刊志在文字公開、紛承賢豪長者寄示大著、至爲感荷、惟原稿登載與否、殊難負檢還之責、此意務祈賢者鑒亮、近且有函索去歲北京寄稿者、此尤無從清理、特告抱歉、

甲寅周刊第一卷第四十一期目錄

二五附加稅既經決定徵收。遂乃從事支配用途。凡北京政府可得撥用之總數。最初估計爲二千二百萬元。繼以奢侈稅之五分。則約二千五百萬元。關議所劃定者。一、整理內外債四百萬。二、教育建設會一百五十萬。三司法改良費一百五十萬。四平民生計費一百五十萬。五國際聯盟會費五十萬。六、中央政費八百萬。七、各省建設費六百萬。八使領館經費二百萬。此八項者。無論由何項立足點觀之。俱感所得過少。大爲失望。而立於此八項之外。失望更甚者。猶有人在。幸目前政府之脊骨。即爲軍事大帥。一切俱從曲諒。且聲言擁護中央。自判度支之策。於一堆亂絲之中。得以減去紛糾少數耳。然中央政府之窮。依此反觀。覺乃軒豁呈露。由此手筆大者。僅其稍稍撙節。嚴剔中飽。綜覈名實。一面內外相諒。轉而同情相維。使時局得有相當解決之法。則窮字之所賜教。亦至足多也。

然此中猶有隱痛難解之癥結。則所擬二千五百萬元之中。上海一隅。卽占一千七百萬之多。孫傳芳氏正作用兵。需款緊而且急。焉能坐視此款爲中央提去。不惟發甲聚也。現傳孫氏將自設機關另期徵收。凡擬以此作抵業集省借開經揚文懷氏從中斡旋。倘無頭緒以外。擋之亦許料計。事之難。門無明緒終。耳。蓋作孫軍爲作死鬬。新中央無他協議。非欲將自然之財源擄去。將何能生。而一方孫氏方爲安國軍總司令。皆不斷與北京示親。此不外請中央威信。及已成之形態。棼勢凡聯絡磋商無可收拾。天下兩難之局。蓋然。此內勢如何。計惟時間足以徐徐明之。

訊云。中原深能存在其說。今至其。昨。蓋吳靳相持於河南也久矣。小縣吳爲靳。靳陽聽命。而南透遮近靳部高汝桐。在鄭城西中間。對寇靳傑作戰。其形急迫。信陽至許昌鐵路已被掘斷。而寇軍及于文郡、馬吉第等部佈防亦密。又開魏益三部與南軍有進用維動之態度。淅隨似亦有兩樊鍾秀派開縣發。亦息息可慮。范國璋師之開往南陽卽爲牽製樊。豫郡嚴重如此。已非吳氏一人之力所能支持。奉軍加入。殆成且容必然之勢。現時。南北對峙之局。北爭河南。南爭浙江。兩方皆視爲勢力消長之大鍵。而榮陽成皋門之利害得失。直捷所加還於北府之影響尤大。此固非吳氏本身之進退問題已也。憂時之士杞憂何極。

昨有二友同自南來。所關南局之意見頗不一致。甲曰。南軍必敗。此徵兆甚多。而將來工人之方面。殆爲最要。蓋此時黨部扶掖諸工。使索高價。廠家及雇主以無力對。不許以歇業。請不許。則工人一時之得志自不待言。而久之社會生計狀況。其成枯竭。實業破產。始盡人人所得自食之力。止於自力一切無可言。卽黃包車夫沿街盡日求一乘者闕其無人僱已此時。卽欲回復舊日較小必獲之貨亦不可得將見黨部之好意全然惡化一起暴動勢且爲背而南府頗矣。乙曰。不然。黨人之待遇平民和藹誠懇到處流農工軍。黨三事已化爲一。無論何時將無偌火器鬨發生所慮殆不然也。甲曰。黨軍現據湖南北江西三省治象因不甚一。湖南爲黨部所搜括者。已逾三千萬。湘人士側目視之。甚怖引狼之失計。湖北以居南北要衝。暌隔西川。又得宋子文等比較慎重。故尚無極端之財政計畫。若江西則被彼所指爲第一試驗場者。今已地獄之不若矣。聞北敵劇使民不堪之度。要能給八元現洋之旅費者。即往他方逃命。而欲得此八元。殆難於登天。吾友有個條產之年候期年月。能得點者。矣。市中銀行錢店及略帶金融性質之機關。存款一概提歸黨部。借欠人部分則置之不理。販店皆有黨人監視。不准停業。使之坐受中央紙幣。及商。農工皆受兩重苦。今行南昌市街。兩旁店鋪。大抵關閉。如故。及即北中則小縣計一二人而已。貨物則無可賣也。如此局面。豈能持久。亦因改革之初病斃。何能盡免。予言雖有過甚。固亦未必全無。然此不過爲黨軍計也。彼之背求於民。亦損少數。以益多數已。其中方法。或難盡行。此在時間之進程中。可得從容修正。須知黨軍爲此。固無自利之心。凡事當不想一個誠字。又嘗不起一個公字。此二素具。焉得敗。

以下反覆論辨。其詞繁複。難於盡述。而欲以甚簡之語。爲之折衷。亦至不易。惟勝敗云者。其觀念。苦無準的。昔五代十六國人所列於敗者。倫也。而在當時自視。未始不以爲勝。今論南北之局。亦然。甲說是矣。假之以時。決無不能證實之理。然在未能證實以前。乙說之力。宜亦不小。莊生所謂此亦一是非。彼亦一是非者也。在鬪者。各知所戒爾。

近孫君傳芳在上海取締黨人甚嚴。涉跡章綢。且有性命之虞。有號革軍總指揮之錢江。已遭斬決。是人適與曩爲雷以誠所殺之奇士錢東平同名。異哉。此在軍事時代。誠有難於責備之處。然過事張皇。使傾險小人。得乘便肆其睚眦之毒。似亦於治體有妨。如聯治之說。無論何種國體下之人民所得自由持執者也。而聞主此說如許君世英諸君輔成輩。在滬均一日數遷其居。論東南治績者。殊爲惜之。又北京政府防制赤化之演及學界。禁人爲會。此固要政。然數具學生中有組爲國家學說團體。其活動。大有益於赤化之防。得收社會間自然消毒劑之效者。政府亦一概抹殺。尤奇者。出版物中反赤化之雜誌。竟以赤化嫌疑爲警吏沒收以去。如李君貴最近所遭。其一例也。夫若是。欲求人民之愛國不禁難哉。夫政日言政提號爲幾。昭其難也。而今政府中人。所事簡單。逕情直行。如此。不亦病哉。

慘案貌若沉寂。而內容之緊張。則似有加。據東方電。英國在長江一帶配布之軍艦。計重要艦四。驅逐艦四。河川砲艦十。司令布艦十。爲數共二十八。艘湖以西上海成有之。人自上海來。爲言公共租界之跑馬場。屯駐英兵甚衆。長浜路一帶。設格設網。頗露備戰之狀。當地商情。甚爲恐惑。十六日上海字林西報頗持強硬之論。謂滬案者乃類竊盜昂然坐於贓物之上。以睥睨其事主者也。故解決惟一之善法。在迅以毅然之決心。致最後之通牒。用求贓品之見還而已云云。（語依東方電譯出）武漢燕軍。則毫無退讓之意。且將介石演說。進一步而爲收回上海租界之準備。際遞來之交涉。其狀如何。猶未公表。外交之風雲。殆正在萬籟無聲之候也。已然有一語。英人須記取者。則儲蓄藏人之取租界。爲竊盜。爲問租界之先人英人手中。又以何行得來。英語所謂沉利 vested interest 利源。類無可考。而非所論於吾之租界。今見遺二字出之。捷忍鴉片戰爭之英人之口。未免不智。故爲英人計。此案與訴於理。事訴之情。然天下事固未有理直即爲萬能者。此義亦燕軍所當曆意也。至論力則當以力解之。予欲無言。

蘇法比論

章士釗

今談世界政治。動曰蘇維埃。或曰法昔司。究之二者之本義何似。質相何似。相互之誼何似。與夫吾人之所當取鑒者何似。大都疑莢館明。愚固不敢爲詞者適爲不背也。特願就上四點。略事詮次。以爲當世者覽得失之資云爾。遂作今語。凡論蘇維埃者。其意相八九與共產黨、無產階級專政等號相連。實則不然。蓋蘇維埃之與共產。因事適會為一。在義固截然為二。共產殲。而。蘇。維。埃。獨。存。乃理。所。可。能。亦勢。所。或。至。也。按蘇維埃、在俄文訓委員會。斯為政治常語。並非起於晚近。千九百五年之變。即有號革命蘇維埃者董理其事。凡工人之能業相助者。悉於是焉轄之。革命既敗。此語亦漸不聞。迨千九百十七年。彼得格納、現為列寧格納莫斯科、及其他都會。工與兵相約暴動。傾覆皇室。蘇維埃復起用事。其時反動不生。或生而忽焉就滅。得諸蘇維埃之力為獨多。此之蘇維埃者。時為法外非公式之機關。與政府並非一事。而躬任指揮之首領人物。又少數派之溫和社會黨。與共產固無涉也。列寧杜洛斯基之徒。目擊此類變化。以謂蘇維埃借為彈性甚大足資開展之物。曾不留瞬。起而攬之。而自提無產階級之大纛以為導焉。頃之克倫斯基之政府以潰。列寧之蘇維埃共和聯邦以立。此蘇維埃之由階也。

蘇維埃制特異之點。首在以職業為選舉標的。與从昔議士全基於地域者不同。其法先使一鄉之農。一市之工或兵。就地分組為蘇維埃。在本蘇維埃轄境以內事務。即自行處理、別無行政權源。此所謂單位也。由此而上。若干蘇維埃合為一連。在州者曰州蘇維埃連。在郡者曰郡蘇維埃連。在省者曰省蘇維埃連。上而集其成者。曰全俄蘇維埃連。亦曰聯邦。凡蘇維埃連。由所屬蘇維埃舉代表建之。以理各蘇維埃間相求相拒之事。如金。字。塔。然。級。級。相。榮。洪。規。以。起。至最。高。一。層。之。蘇。維。埃。連。全。俄。之。自。食。其。力。者。成。任。依法市工權利。遠逾鄉農。依選舉法全蘇維埃連十二萬五千農權得一代表二萬五千工權亦得一代表工農相去十倍之遙而又凡與舊政府有關者。有獨立財產者。以及教徒僧主。悉不得有選權。故其中職工之勢。無抗顏行。茲會也。年兩集焉。有事猶待特召。此人數彌衆。控制不易。其職在特選中央行政委員會。委員會。者。號。為。無。上。綜。合。機。關。行。政。而。外。立。法。司。法。百。司。之。職。悉。府。於。是。委員常額至二百人。是未克悉躬與政務也。則復選委員號康密撒者承之。康密撒共十七人合總百政分管專部與內閣制中之閣員大體相仿則由康密撒會各簡二人貳焉有若次官雖康密撒所為在法可得由中央行政委員會否之此亦如中央行政委員會所為在法可得由各蘇維埃否之於實不經見也

上來所述俄制求與近世政恆合轍乃不可能蓋三權鼎立久認為立國不祧之理而在俄則無暇斤斤較列康密撒會職司所而此以鼎立者分疏之將各無所得名蓋謂曰國會非也謂曰內閣非也謂曰法庭亦非三者皆非而實則三者皆是論神道者有曰三位一體其義彷彿近之十八世紀以還政家未有敢起如此夢思者也質而言之是為一超蘇維埃所尸全俄政責正與地方蘇維埃之於地方相若無大無小無寬無猛無興無廢凡思理之所得之即其能力之所得行此其責任雖曰人民終可得間特在今日自康密撒以至通國上下主從各會莫不由共產黨人總持之黨令如山勢炙可熱雖然蘇維埃制適與共產黨併為一談亦偶然之事耳或曰俄人之政治心理與斯制並無違牾而由俄羅斯之生計狀況以觀斯國為比較適宜之道亦未可知故蘇維埃與俄羅斯之適詎久暫順逆如何至未易判是說也哲家多持之

至意大利則如何Fascis者拉體諾文也昔羅馬長吏出巡鹵簿中有示威之具狀若棒者曰法昔司今有取於是亦曰凡梗吾令威之而已此羅馬人之豪語固不期而成為政制者也在一千九百十四年以前意大利政棼如絲其闕然有主義足號於衆者僅一社會黨初入二十世紀之十年間全意以能工聞者至八百次之多社會主義既盛凡排擠社會主義之團體亦相應而如麻時又有因對外作用以國家主義鳴於國中者意奧不協宣戰之聲囂然十一年戰於特利波里而勝國家黨之光燄萬丈社會黨過之勢漸不支其後該黨裂為左右二派氣益弱夫意大利者固德奧之進昔為盟會者也歐戰既起國議至不一主尋盟者有之主改附協約國者有之慕後利尼、新聞記者也夙依社會主義以棲至是一躍而爲。國。家。黨。須言對德與作戰盡力。往說工人尤勸。有詩人鄧南遮 Daunizis 則於智識階級中。播布此識如鳥。雙。翼。事路。諸。國。而戰局成。社會黨之勢。更隨而猛。十九年戰罷。名曰勝利。特生計大紊亂。失業者多。視前日轉爲岌岌。社會黨乘機復起。無產階級之號驟大。同盟罷工。幾八百次之餘。威倘在。卒乃到處有鬨。且進一步。將工廠及其他生產機關。悉佔以去。伊米里亞與羅馬格納兩地。黨人出入尤頻。搶擄亦最甚。然革。命。者。口。號。而。已。並。無。偏。熟。工。人。所。領。諸。廠。廠務。悉。隳。壞。產。額。由。低。以。至。於。零。與。業。者。滿。街。等。無。政。府。而。消。費。者。所。受。疾。苦。更。不。可。思。於。是。法。昔。司。黨。應時。出。矣。

法昔司之作興也。無逸退伍軍官兵士及學生。少數人相與結集。督捍祖國而已。黨人外出。衣黑衫爲識。故亦號曰黑衫黨。Black Shirts 語其職志首在力征罷業怠業諸工。凡撲滅工會。摧毀社會黨機關新聞。繼擴合作事業及殺人報仇以武犯禁諸事。黨人類優爲之。在法此種秘密結社。於一國公安。顯形不利。

上自政府。下至人民。宜且惡之如蠍。抑或避之若浼。而如。寶。青。之。正得。其。反。時內閣總理焦利悌 Giolitti 首鼠持兩端。已既無力剿黨人。則陰縱法昔司人四出狙擊。以偷一日之安。而民間懷什匿克之見者。且謂國事壞亂至此。中流砥柱。允推若輩。以是十九年三月。法昔司在米蘭正式結黨。不數月間。勢遂突漲。慕梭利尼者。戀舊之人也。追想羅馬盛年。陰懷霸業。復。興。之。念。意。大。利。人。之。心。乎。此。者。所。在。多。有。而。北。部。尤。黠。顧。慕。氏。著。書。馳。說。輒。稱。羅。馬。黨。中。口。號。旗。幟。及。與。人。共。見。諸。符。節。皆。慕。擬。羅。馬。式。樣。天。下。歸。往。遂。不。可。當。二。十。一。年。十。一。月。六。日。之。法。昔。司。大。會。卒。由。慕。氏。之。手。主。之。

慕梭利尼、以千八百八十四年。卽光緒十一年生於羅馬格納。幼讀馬克思書。主無產階級革命。曾執筆社會黨機關報阿凡地 Avanti 尋悔之。歐戰起後。叛社會黨以去。創設意大利民報。Popolo d'Italia 高唱國家主義。而所得於馬克思先人諸說。猶未盡脫。法昔司政綱初布時。農民均地、工廠工有等條。固赫然在。而不

七

久即削去。推翻皇室。亦爲一綱。而二十二年十月三十日。慕氏由米蘭至羅馬。受命秉政。則書於意皇曰。臣從戰地來。仍服黑衫未卸。幸陛下恕罪。光榮之意大利並隨臣至。臣誓爲陛下忠僕。則其主旨之移。亦大可視矣。跡慕氏生平。蓋無何種歷劫不磨之見。隱爲塔布（塔布者英語謂人所神聖奉之凜然不可犯者也）。卽今所明辨篤行。之。國家主義。亦爲時潮運流推盪。而至非有踔然不拔之。其且此之主義。足以慕氏一人之力負之而趨。一旦人義附政。天下非正。家可料。以凡其力足負以趨者。舉爲主義。固非必周旋膠漆於國家兩字也。慕氏既得政權。首將國會解散。宣布狄克鐵特制。以法昔司武力。征服全國。繼所秘密以狙殺爲能者。今舉熾熾爲國軍。凡人於政府不滿。或加非毀。非名捕。卽陰賊。無可逃也。所謂言論出版結社三大自由。神聖化爲矣。概無敢說。爲名高者。選舉法依然。但法昔司黨人遍布國會內外。凡涉政權。無他一人可得問足。馬帖阿悌、Matteotti 社會黨員。在議場偶爲嘗詆者也。一日馬氏忽爲人賊。暴尸於市。政府不問。天下。悉。指。目。法。昔。司。不。平。之。聲。蠭。起。擁。護。法。昔。司。而。將。天。也。者。稍。稍。離。武。而。慕。氏。武。力。萬。能。之。迷。夢。如。故。也。二十五年十月。黨人在米蘭行三周年紀念會。慕氏於力字反覆申說。謂他力不伸。吾力不屈。不於力字立定脚跟。古無羅馬。今無意大利。其執持類如此。

俄意兩制之寧較如右。篇面論之。法昔司者。本志並不與舊時政式爲仇。別闢創造天下共慕之 -ism。慕氏口耳四寸之地。都不易入。從其所事。亦近乎乘時竊勢者之爲。爾假不得舊制。雖然。大戰之後。人心無範。舊壞已。因新源未開。列寧。慕梭利尼。兩雄遂爾亂。流。而。泊。於。新。港。絕。潢。之。中。明。示。天。下。以。朝。宗。可。達。之。路。天下。亦。遂。重。足。而。視。左。右。莫。知。所。可。如。是。者。近。十。年。此謂政治一無可議之值則已。不。然。前事不忘。後事之師。卽兩國政情之表裏因果。姑論曰制。詳加比較而爲之判焉。眞今日之急務也已。代議制者。式拙而情僞。隨產業崩壞而必變者也。俄意兩宗。第一。共同。發足之點。卽爲。對此制宜。戰決代議制度孕育於資本主義。盛極一時。凡因依社會主義者大抵欲得巴力門而甘心焉而馬克思派尤甚列寧、馬克思之徒也反民治之道而行無怪其然至慕梭利尼則無必反先入之見所惡於巴力門亦在其多為論議以斷龍執政耳故彼之辦代議制也不毀其傀，而惟易其魂是務所有法律一依慕氏一人之旨而定至外而政黨內而議事程序固豈是如故也以是蘇與法之第二同點以起

斯點者何也曰、以黨治國也蘇維埃本有粲然之議在以黨用事而議遂隱如理論之凡抱政綱作政者政綱一失當自退以謝天下列寧挾其產之說來行之數年百舉具廢遭厄運所號新經濟政策者重為施設而政權猶且尸之不捨故自赤俄自化以來彼邦僅見有黨而不見有政政可敗黨則不可敗諸所為政凡以護持黨彌終不惜曲折赴之者也慕梭利

尼之為Opportunist情尤章顯綜其志述一以慕梭利尼與國家打成一片為非行百不義殺百不辜以易政權之旦夕不失猶且為之與吾儒行一殺一得天下不為之道義適爾相反若是者何也己不容人人必不容己己若無明日亡命之備今日勢不得不以力驅除難也己號曰黨治亦美其名而已

三權之說起於法儒孟德斯鳩美國憲法秩然依是義營之謂是楷模不列顛而來後英儒白芝浩否焉著英倫憲法論盛言本邦行政立法兩部中有連環締焉恍若一物明是合權分於何有斯連環者內閣也英有強固之中央政府即以內閣之力足控御巴力門故云云自是以降分權之論本不甚為典要而在形式則猶釐然三部未顯逾也自蘇俄出乃並此形式而悉覆之以極端之社會主義者而採極端之帝王專制主義政演如此可謂奇窮慕梭利尼則重實而不重名所取精神雖與蘇俄無間然觀國者登維馬而夢遊威斯敏斯特猶得謂白芝浩之連環今移繫於慕梭利尼之鐵腕也

業治者十年來政想之較新者也俄意兩選舉法中皆嵌入業字而俄尤顯其蘇維埃以農工兵等業成之他無業者不得與意大利僅將職業加入選舉人資格項目之中假無甚深要義雖然兩者之用意則

供不可間也夫業之云者指人類社會相需為用之全部事項而言此不當有生產消費之偏尤不當有勞力勞心之執近世民主政治所為主持擁培暴牢百業其人物大半出於消費與勞心兩類之中今兩國俱曰消費者去勞心者去此固由於民治之反動而起而其不肯明示之私則乃恃此為排除政敵之最利器也何也人之善惡曰智勇辯力人我仇友之爭率緣四者之未得其當黨政閥競競卽四者而求當焉既不可得今黨治所為捨將四者之人而仇者悉毀滅之宜莫得安枕而此四者之所窟宅驟不可爬梳則明明消費者也勞心之君子也今適有業治之名是稱而游之彼假意者亦何樂而不為故業治者至公之政也而假意之情私情私遂並其個窮之使其義盡沒偏敝甚起天下皆豪因其發維閑自由之歎此吾曹立策之可為長太息者也吾國士農工商號為四業而士居尊領之地他業景從今採業治流風餘韻固不當改愚竊任獄以此與名家馳辯聞者大駭以為人欲橫流於今為烈生計社會果焉得

由人意部署者今假意兩例果右諸家而左鄙說而愚意不因是而易也蓋假意律之政義都成畸形何必業治且今之司假意國柄者固是士類特求以己盡士之址不許更有尸士之名者已耳時謂立國可以無士哉又時謂業治無所從士哉

蘇維埃號世界主義法西司號國家主義勢若相反而其本質乃是帝國主義則無不同也凡強致己欲於人並以武力盾之乘間卽入者是為帝國主義列寧入俄之初卽公言共產黨成功與否以世界能否運動革命為衡自後蘇俄之最要工務遂逾於本國行政者厥惟宣傳所謂運動中之第一環初擬意志機擬中國自餘諸邦用力路等凡其對外一切舉動無在不與其睢我獨倖之旅此觀加倫鮑樂廷等之指揮密軍可以知之法西司雖未見如此章著而慕梭利尼自謂適承羅馬大帝之業今後之世界霸權不許他人任之考其行迹此俱歷歷可徵而天下政黨之足資烘托者層見迭出尤饒意與西班牙之利維納政府明以慕氏為宗相提以較無過罔兩與

尉之與。巴爾幹諸邦之潭徵。本若積薪。法昔司是從進發。遂成燎原之象。法蘭西自慕黨以下諸不逞之徒。昔聞余息。今唯見墨梭利尼魁領有名阿斗 Arthurs 者。曾慨然布於衆曰。「民主主義。已成陳迹。國會者芻狗也。政客者行尸也。舉無能爲。吾人今後禍音。惟在有能者出任狄克鐵特一事。」甚且英美名都。自由聖地。挺身少年。自號棒喝者。往往而有。以故現時蘇法兩派。爭主盟於大地。以勢觀之。後者之潛流隱服。猶逾於前。此誠天下識士所不可忽者也。準是言之。除蘇維埃抨擊資本。法昔司調劑勞資。政略有特異者外。其負面之所反抗。如舊式民治。正面之所構築。如國權集中。兩國幾同一致。是殆可證時代思潮之源流一貫。政家於此即甚不謂然。亦祇宜講移化之策。而不得持抹殺之論。有斷然者。吾國入共和來。已十六年。力摹代議政治。而百無一肖。今並此百不肖者亦烏有矣。如舟失楫。罔知所渡。異說爭鳴。聽耳且爲之聵。吾究安所擇而可哉。且亦焉得長此無擇哉。愚幾學於英倫。傾心於巴力門。歸來道說。

未郵其力。而發見此物移植中國決難長養者。亦愚爲最早。故民國十一二年間。草爲業治論以餉國人。即今語治猶是此志。然爲之不澈底。及始終以力持之。如俄如意。則期期以爲未可。夫國家固不可無力。而用力之度。至於一張而不復能弛。則不論治者與被治者。互防若賊。相抵爲敵。食不甘味。臥不甘寢。而息息環此。在弦之箭。而走人生。果焉用擇驛焉爲此者。吾土雖爲專制祖國。而專制必用如此等力爲之。恐始皇復生。亦所不欲。況略解禮讓爲國者哉。或曰。子訾俄意。而俄意之基甚固。今瞬且十載及焉矣。安見萬年有道之長。不即在此。愚曰。不然。凡以力持政者。其敗亦自由力。特時之久暫。未可知耳。幾見 Vinogradoff 敎授論俄不驟敗之由有三。一、敵黨不善用其力。二、中於人民大規模革命之心理。三、國際干涉之因循不決。此三事者。一日適是反象。政局之崩可立而待。故善爲政者。不恃此反象之幸。而不至而恃。其無自而生。此理固非當局如史太璋之徒所能立喻。然登旁觀如吾國士夫。亦無擇善而從之覺念

哉。昔美儒柏哲士。承民治之弊而發爲論曰。吾人理想之境。在以多數政治之形式。而行少數政治之精神。一時嘆爲名言。倘吾國有願以力爲先驅者。愚則謂。理想之境。在以多數政治之精神。納之於一人或少數政治之形式。是何也。是特於用力之處。因酌其度數。務使天下共由而不感其拘苦者也。易詞言之。則是圖盡假意兩制之利。而去其害者也。閎達之士。其謂何如。

一月十九日稿

英案解剖敬告國民及南北當局　下篇

梁敬錞

夫華府稅則條約第二條。固明載二五附加稅之徵收。有其用途。有其條件。有其日期。而解決此三者。實爲華府予關稅特別會議之權限。今英政府縱欲表示親睦。亦第努力于關稅會議之重開。揆之將來中英關係上。已覺溫和。乃遽倡無條件立即施行之說。自屬可異。然此實日英兩國外交之新壘。遠東政策。推移變動之機端。抑即吾國將來國際生死關鍵之所在。眞不可須臾忽也。夫今日中英人民感情之隔閡。英國遠東商務之銳減。香港市面之頹落。世莫不以五卅滬案爲其機兆。然爲五卅滬案之直接導火線者。豈非日本紗廠工人陳阿堂之一死耶。當癸亥甲子之間。國人之排日者。其勢絕盛。陳阿堂之慘死。滬上民衆。明明爲對日示威之游行。而滬案旣起。乃群集矢于英。英因保持公共租界優越之管理權。乃不惜與吾華民衆開戰。咎誠英人之所自取。然在國際上。則實代日受過。此英人之最不平而無訴者也。日人于滬案發生之後。知吾民氣之不易犯。乃百端斂抑。以戢其鋒。以吾所知。滬案之中。日人所受羣衆之侮辱。與生命之傷死者。爲數亦有多起。而日政府卒未向吾國報一惡聲。滬上日領至受日僑之籍責而不辭。其中有所顧忌。而期待者甚爲顯著。果不半年。排英之勢愈烈。沙面萬縣之事相繼而起。而國人排日之聲。遂漸沈寂。大連關之稅收。至駕港東而上之。夫英以援日之故。外旣招吾空前之反感。而其與國乃不特從身事外且得從中漁其利爲英之不能無憾者固矣遠東局面自歐戰以後俄德頓失勢力美齋與我相周旋法又自顧之不暇則其暗中所得劫持以操縱者除英日外實無第三國英日同盟既破遠東均衡之主宰已失及今則不協調之現象愈益暴露而英則處于絕對失敗之地夫英失敗而日代之中日萬一協調固英之大戚中日即不協調若使日本執東亞商場之牛耳亦英之所大懼則今日英國之不得不變更策略期挽垂頹之局者勢也非然者約章所無之權利彼方將爭攫之不暇又豈肯反示慷慨爲條約外之貢獻也哉英案之作用不僅在博引吾國青年之好感抑且隱對日本加遺一矢又其易見者也其敘述關稅會議失敗之經過中（見原文第十節）不憚反覆指摘以整理無担保借款爲附加稅徵收條件之失當夫主張整理西原借款爲附稅之條件者實惟日本凡留心關稅會議之在事者殆皆知之蓋各國貸華之欵類有担保即無確實担保而其用途類皆屬于商業惟日之西

原借欵既純屬政治而其數又甚鉅當一九二二年華府會議時中國關稅之案實爲各分股委員會之最有爭執者其時中日意見相去絕遠而周旋其間者則爲英代表之絁騰爵士日代表小田切氏每提及債務担保時輒出婉僞之語以難吾國英美咸左右之遂成用途條件由特別會議議決之約彼時英亦不必助日特以同盟之約甫除兩國情感未渝故猶不憚推助以維持其遠東獨占之局今則情勢既異則態變日人之隱以市恩于中國亦人情之常也英案發表後東京各報紙之詆論日使芳澤之談話石井與法政府之會商在在皆足以證吾說之眞實蓋日人既知英之洩怨則自亦不能不講求其應付之方此中結合旬月以後或可漸見日報紙所謂反對英案由中國官廳自行解決支配儲存之辦法謂將促長中國之內亂者特飾言耳吾故嘗謂遠東情勢自庚子以迄日英同盟爲一期自日英同盟以迄歐戰爲二期自歐戰以迄今日應當另爲一期其倚伏推移如珠走盤如錢貫索可累而舉數之也

英案中更可注意者。英如第七段所提及「一般棄中國經濟非有外人監督不能發達之意思」之數語。依此文句。為理論之解釋。即謂英政府準備放棄海關行政權用英人之權利。亦無不可。英政府果有此意與否。自非吾文所能斷定。但即令果作此種準備。亦實感於情勢之需要。無足奇也。蓋吾國今日財源涸竭。一切制度。皆不得不仰諸關稅。英人知之稔矣。英掌吾國海關。垂四十年。今其貿易額。漸次低落。日本駸駸。呼將凌駕。故此種特權。在英亦斷無久佔之勢。況即令英之貿易額如故。向使南北政府與吾國民。於需用不亟之時。勸必聯想及於英人關權之擁護。重稽其厭惡之念。機者。于英對彼有利。反之英若放棄管理海關之權。則以其經驗。以其能力。事實上國人亦終不免有借材之處。藉曰不能。然關稅抵押之債。所關係者。豈獨英國。英亦何苦處處代人封持。首起難端。重增惡感。獨成為吾國民衆攻擊之鵠也。耶。雖然。上所舉者。或英案提出之動機。或英案市惠之

政策。而皆尚非該案之主旨也。英案主旨。在要求列強。對等步驟之一致。故于第七段第十四段中。反復提明一微小事端之抗議。應予擯棄。而更採取聯合抗議」之辦法。而此兩處文句。皆以極委婉極沈鬱之辭語出之。然此實此次英案——皆當近日倫敦華盛頓巴黎東京間協商之主腦。其關係遠東未來之局勢。與吾國際未來之消長者。絕鉅。誠不宜輕易看過者也。蓋英以為今日解決東亞之困難。厥任于列強。步伐之凌亂。爲一步伐整齊。則或訴武力。或施疏導。勝固同得均惠。敗亦僅受同等之害。同等之害。終不甚劇。且或有倡不憚孤注一擲之議者。固不必吾恭首致難端也。夫在今日外交形勢未遂決定之時。英人屈以求申。誠可逆料。然假令此議竟成列強應付遠東政策之指南者。則遠東新均勢之局已成。吾國恢復國權之發展。終當暫滯障礙。事關百年國運。固非區區二五附稅之款額所得相提并擬者耳。夫英國外交之技。聞于世界。而其訣竅。正如孫子用兵。所謂部如處子。出若脫兔者。以吾十年來默測之

經驗觀之值一九二〇年歐西諸國競倡封鎖蘇俄之策主張蘇者實爲英國厥後克拉辛Krassin赴英日與魯德佐治議于Downing Street英倫政府黨報紙雖猶然訾毀克氏然克氏款段出英之日即英俄商約告成之時法國輿論大譁其內閣因是更迭英法國交之不絕者如綫而英人悍然爲之弗顧也他如阿富汗企圖獨立印度要求議席諸事英人亦莫不始提極端壓制之說及至無可如何則反從而扶植之在斥之者指爲政策矛盾而英固自詡曰吾黨所謂保守與守舊異者正以此也嗟呼今日南北當局及吾國民苟能洞悉英人如上之措拔者則於諸求因應英案之道思過半矣

吾既以爲英案之故關係於遠東政策者英若企圖成立外交聯合形勢之一點故其因應之術自當由吾政府審各國之虛實自進于國際捭闔之場不宜孤持沈默坐俟形勢既成而無所挽救然其首先應亟改正者又莫如今日所謂外交團領事團夫外交團領事團者係約外之產物國際法上無根據之名辭也夫各國爲導達政府意見保護僑民商務之故而設置外交官商務官則其責任自亦只限于國際已國之事而自民國成立以後外交團領事團之名稱乃見於國際正式之文牘其權限實超過於各本國政府委任之職守而形成協力敵一之形勢甚至關係一國之事而必勸以涉及列國利害爲口實必使經由外交團之程序以解決之此誠不平等條約之外所橫加之不平等事實也即以英案而論設若英人果有承認吾國民衆要求合於正理之誠意而準備改約或承認稅則者則對吾政府之任何一方皆可提出改革爲天下倡奚必既假手使團而又故公表之以綏和吾民衆之心理冀將來阻撓之責任得轉嫁於他國夫日本當明治維新之初關於稅權法權之改正本亦與列國協議而其結果卒經採用分別商議之辦法始得成就由是言之處協力合謀形勢之下欲突脫羈絆者其功程之難易誠不可以道里計南北當局今日彼此政見固未相容然於恢復國權增進國際地位之見解上要當同趨一軌

盡亦乘英案提議時得列强步調一致之時速爲國別合理之要求於交涉之對方首不承認使領館以外任何團體之名稱應未來遠東政策之措置有新之局勢八十年國際厭受之羈勒可以鬆弛此則吾於解剖英案之餘所由馨香禱祝以求者也。

通訊

丘蓋

去年付草數文。由天津甲寅通訊處轉遞。均被退回。不識何故。然拙稿亦無價值。宜以覆瓿。而甲寅久未繼出。則甚可惜也。前所發刊。每冊皆得借讀。盎然意厚。不厭百回。其中詳述賊惡情狀。尤見故人情重。歷久不渝。多病之餘。尤勝欣感。今春四五月間。元氣稍復。勉作數論。錄於此間前刊。欲與甲寅桴鼓相應。然不久內熱大作。又復中止。中有一首。與吾兄有關。並因當時聞有綦巫不利於府丘蓋而作也。茲檢奉上。一班之窺。未章全豹。至爲歉仄。近者世變日亟。个人難堪。惟期以致學天文宗其心志。如是爲之。差能自適。似超越空時之學。足使人意也。消養病攝生。最爲得效。高明謂何。竹答學可謂空前之作。有專刊。留惡我一冊。尤留擬綜爲之光大斯文。吾兄天才。世所罕有。宜以世界人物自期。切勿局於一國。而足也。相愛至篤。敢進一言。思緒萬端。未能盡述。

湯松　九月二十日　長沙湘雅醫院

長沙湯蓉軍先生論人爲誠篤君子。論業爲博學通儒。劍求友三十年所親。如斯人者。殆不數數也。

情今以病廢。困於長沙醫院。不能繼展其業。然世渚洞知壽軍之病。胡自而來。則湖。棣之。同。惜。將不。足。以。爲。寄。傷哉傷哉。蓋壽軍留美八年歸國。辦學未稱其志。復往歐洲。志在深造。而英而瑞。而法而德。脩學不研。脩研不精。久之資斧告絕。且不得一俺。柏林之郊。朔風。如割。時見以破巾環於頸際。躑躅。圖書館中。一身之暖。至無暇計及久之而壽軍病。醫者曰。此脊勞也。不治且劇。願安所得貲在歐。洲。已。此。狀。者。遂隱忍而歸。歸而挾書走。校。門。詔。諸。生。其勞。又。倍。於。處。柏。林。時。於是所謂脊勞者。大劇特劇。而壽。軍。昔。臥。於。湘。雅。醫。院。者。至。年。餘。矣。此狀曾於甲寅表之。姑不具述。茲函之來。附寄一文。使劍閱之。感尤不絕於心。蓋前歲五七之變以還。湘中對劍流言。時呈惡狀。學生中有提議掘劍先塋者。曾遣數十人赴劍村居。遍訪。鄉。老。吾。家。平。時。仁。粥。居。積。罪。獄。及。劍。鄉。評。高。下。諸。狀。劍父母祖父母各墓。率環村七八里十餘里而近。諸生有捐給車者。不數小時而圖之殆遍。時寒家有廢疾兄。有孀姊。及他姊孀數輩留居。學生。環。室。內。外。既。周。圍。聚。廣。庭。索。飲。惟。與。吾。姊。對。答。倘。戢。然。有。禮。貌。事。畢。竟。去。一鄉。盡。騷。親友。急。難。之。使。四。出。壽軍聞之。則爲一文哀於學生。舉平日所信於劍者。證劍決不爲惡。依事說例。極其詳盡。而壽軍當時。乃所獲于青年之信望最崇者也。其文既出。浮說少已。寒門。丘、墓。竟獲。無恙、則是篇者。劍應如何揮淚而讀之。以所舉各節。推挹過當。儷諸榜標之嫌。未便公表。惟章氏、子。孫。所。當。永。矢。弗。諼。而。已。舉學人物二義。壽軍期劍。一如平時。敢不加勉。求百一之當。但望壽軍計日作健。能多其文章。以張吾軍。此其爲幸。固非止於本刊已也。

士劍

詩徵

……弟閉門著書。乾嘉詩壇點將錄詩徵。久已屬草。自乾隆丙辰始。至道光丙申止。百年之間。國運之盛衰。人才之消長。以及詩派之變遷。一一系錄甚詳。包括甚富。此書成。自謂又一必傳之作。蓋原書本出。

一七

遊戲易於流傳。今加之以國故。輔之以選詩。使作者面目精神。人人可以想像。豈非極有趣味之書乎。往年收藏有清一代詩文集頗多。本儲爲清史之用。年號崇度中已無成。此特其緒餘。亦尚作史例也。……

……葉德輝（長沙森宋卷　十二月一十日）

亂世無文人立足之地。此中外古今一例。煥彬先生行誼甚老。世或以爲不在人間矣。而仍窮途著術如是。特用此函表之。亦欲使留心文化者略爲贊勷焉。

士劍

論衡

……九如心儀高明之文章行誼久矣。朋好過從。論及並世人物。輒以公之性行。比之臨川。而文章析以名理。術綜峻整。又似非臨川之拗折峭深可比。國人思想。降於粗疏。近頃以來。亂之以所謂新思潮。益術膚淺。靡侷矯以嚴整縝栗之邏輯文學。實今日思想界僅一無二之血清劑也。甚休甚休。年來爲學子講授論辨文。常取獨立周報、甲寅中文爲教材。已按諸生學力而選授者。爲政本、調和立國論、國家與我、農治翼、農國辨、評新文學運動等篇。教者學者。並多啟發。然學者程度尚淺。又多來自南洋熱帶地。不耐深思。或有病其難曉者。則又喻之以豐於情感之任公之文。於是八九十小後生羣呼竹作爲爸爸文章。而以媽媽文章歸任公焉。先生聞之。得毋啞然失笑乎。論衡用客觀的眼光。批評史事。鞭辟入裏。實爲中國有數之作品。謹擬采若干篇爲論辨文教學材料。惟嫌其中多瑣碎處。卒卒未暇選授。讀甲寅答汪君書。悉公正校讀論衡。期蔚成本邦邏輯之宗。則公之於此書。已下過明辨工夫。謹即指示其中最精到者。俾便啟示學子。免貽買櫝還珠之誚。前閱甲寅廣告。云報資有無不計。同情者一律寄覽。不暇審問慎思。即函附郵票數分索寄。以爲公之嘉惠士林。必有正當之的款。可襄盛舉。詎未料公之苦心孤詣。有如晶報後迴所云云也。九如且讀且慚。心極不安。若負重債。處境縱孤寒。豈區區書報費不能償者。用是補匯兩元。作最近十二期之刊費。以暴吾過。想京省各地紫附諸子今日之慚恧。之補過者。大有人在也……

……張九如一冊（定價三角附女子部）

吾家太炎。曾爲稱論衡一書。謂其正虛妄。審鄉背。懷疑之論。分析百端。有所發擿。不避上聖。淡得一人焉。足以振恥。至于今亦鮮有能逮者也。（論衡學）允哉斯言。或謂充之所爲。有破無立。「其釋物類也。好舉形似以相質正。而其理之一者。有所未明。」（論衡釋性序）不知其以衡名。其職及於權物而止。至天人之際。政學之微。直攄己見。而成一系統者。充所有一書。曰政務。惜不傳矣。幹生所云。非能概充之全者也。此編不似碎細。然持論欲其諧合。複語有時不可得避。一覩歐文名著。自曉此理。邦文求簡。往往並其不能簡者。而亦去之。自矜義法。曾滌生謂古文不適於辨理。即此等處。充文布勢遣詞。胡乃類中橫文縐縱。殊不可解。劍既、就、此、書、而、鈎、稽、者。乃是、最、要、一、點。清初湖北熊伯龍、以讀八股文之法讀論衡。妄事割截。別爲編刻。號無何集。即是未明此竅之故。君以瑣碎爲嫌。劍竊憂之。充書通體一律。難言孰最精到。若初學未能盡讀。則天日龍虎等篇。暫爲略去。而注重於九虛三增也可。實知知實二篇。開東方邏輯之宗。尤未宜忽。要之劍於此書。工夫甚淺。第一步欲使本子能讀。故正在校勘中。時賢孫蜀丞人和、著有論衡舉正四卷。彌有見地。然所證之義。十不逮一。劍亦有意蹤而爲之。一俟句讀整理。箋釋應有儘有後。擬付手民。取便同志。凡時人新釋。有知必錄。因是。廣勵同人。共芸此田。切求高義。如農望歲。君書提及爲之狂喜。望續續以所見貺我也。前段提獎部文。媿汗無地。後段同情本刊。感荷無地。情難悉喻。故不盡言。

士劍

歷史觀

……海禁大開。國人競趨歐化。在憑歷史觀者流。期期以爲不可。而謂此爲喪國之莫大危機。士先年幼無學。竊所未解。夫不測乎細胞之滲透作用乎。互相浸潤。其孰能禦。是阻之者。將轉尸喪國之咎於人。

何。尤。先生當代碩學。所著書自多。惟明於歷史而略於時勢。似不能不與士先之意稍有歧異矣。士先敢進一言。在世界未趨滲透完結以先。立言者萬不可以一國歷史之見。求相推測。譬若長江之水。其流千里。而其末也。豈猶若濫觴時乎。先生高明。當能有以見教。……仲士先（北京法政大學第三院一月四日）

此書略節。含義極富。惜未能切實發揮。使讀者的確其用意所在。以劍揣之。大抵針對本刊、農治、諸論之所爲作也。惟劍有一語爲仲君告。凡善持歷史觀者。決不拋棄現在。以現在。固歷史之最要部分也。馬克思之共產主義。人孰不以爲新。不知馬學。一切理論。純從唯物史觀中得來。氏在倫敦圖書館。用功三十年。所重者。皆塵縮剝蝕之圖冊。雜報。人所絕不重者也。在歐洲自由貿易論鼎盛之秋。亦孰不謂馬氏所爲無過歷史一隅之見。今事實所明。究竟何如。劍主農治。固非先天竺術之論也。特謂承今日工商之敝。惟返古爲無可避免之尼。閩爾此論曰最新。固無不可。袁枚昔詠衣服有句云。老樣重當新樣看。此新樣。勾萌乍具。恆人未易覺得。爾本誌所須闡發之最絕大。斷非短箋可盡。見札有感。聊爲書之。如請更端。願以異日。

士劍

困學齋文存

……露虹不學。壯無專成。自分棄材。不中尺度。先仲父徵君、主講中州書院。凡三十年。著有詩三頌、學庸補註、經學鈎元等書。曾文正公嘗爲序梓。一度行世。而尚未付刊者。有困學齋文存、說經共二集。擬將來求審別。以重付剞劂。廣其流傳。今是同里馬通伯太史來談。謂公提獎學術。不遺餘力。故敢以書特表歸膺之誠。伏惟裁教。……張露虹（北京樹成館十月廿四日）

此書久存篋中。偶爾發篋。以事關前賢著述。未敢終閟。如承張君將先德遺著各種。檢寄一讀。謹當視力所及。謀此壽世之業。劍生也晚。罕得與海內者宿相接。函中所道各節。初不甚知。幸更以書來。俾士林先明梗概。

士劍

一一問

……有問題二則。懷之已久。迄無求解之處。茲特述之如下。

一、吾輩爲師範生。將來當服務教育界。但二十年來之教育。留學生、爲軍閥、秘書、中學生、充軍隊、先鋒。以後教育。究宜抱何種方針。爲是。

二、人民當現代時勢之下。究應處何種態度。

二問雖簡。諒天下積疑如積者。當不乏人。倘蒙解答。士林之幸。……儲祥（撫錫第三師範學校 十二月二十七日）

善哉問也。痛哉問也。如此難題。造物所未易解。吾甲寅焉能爲役哉。雖然。嘗試思之。清季以來。天下共薄禮教。夫禮教者。非他。設爲三綱五常上下等威之制。使天下共由。賢者不得太過。不肖者不得太不及。是也。是之謂order。無論古今中外。固無不有order而能成爲國家社會者也。今一切部之棄之。舊order既去。新者無自來。顛倒錯亂。人無定位。於是宰天下者。欲而已矣。舉智勇辯力之全扯。悉奴於無底之欲。卒乃求如前紀之輿臺皂隸人己各有其分者。且不可得。則留學生之爲軍閥秘書中學生之充軍隊先鋒何足怪哉。君猶不知下於此者且萬萬哉。今之女子。惡父命媒言爲不人道。競鶩於自由。卒所得者爲淫奔。爲被棄。爲墮溷。此人人之戚友中。大抵不一其例。夫自由婚姻。豈不可尚。而智德不及。習俗未化。攀登愈高。蹶踣愈烈。則何如逕即折衷至當者而行之。此吾儒中道之所爲貴絕也。惟教育亦然。教育者。教人爲order中之一體。乘分上進者也。今無order。如何立教。君問教育方針。劍意、在一面、教學子作order中人。一面、以擬造、或、回復、order、爲己任。後者即令無成。而今日之中學生即二十年後之國家柱石。及今以乘志道分之教。深其灌溉。吾輩子孫。當有陰受其賜者。所謂三年求艾之說也。君詳審之。以謂何如。第二問依此類推。無取瑣縷。而劍自教自育之標準。諸爲良心二字。此無足執持。艱於授受。故不益言。

士劍

二一

寄贈

……自貴刊增訂優待辦法。餘等曾上一函。略舉酷好貴刊文章及稍以假品爲病等情。要求先予寄贈。今甲寅已續兩期矣。不見有賜寄之件。詢之他求寄贈者亦如之。而貴刊啓事。並無忽爾停贈之聲明。將鑑、報、時、寄、贈、者、特、趣、耶。抑對、何、等、人、別、有、隱、情。不予。寄、贈、耶。至深懸懸。則示爲幸。……與行餘鍾夏生（北京四交民巷五十六號 一月六日）

來書歡然。本刊聲言贈人。假定。人。來。求。贈。者。必。有。本。刊。所。認。故。足。之。理。由。伏。焉。（即指一時力不甚裕）故有。求。必。寄。贈處之尚未到者。諒有別故。非本刊敢食言也，（須經非立尊處均按期率寄不讀何以不到）惟寄贈之事。確有兩難。正苦無適當之法處之。同一學校之學生諸君。同時索閱多分。（且有不列姓名祇云統寄若干分者）泛應將立爲本刊供額所不許。一也」寄贈祇能於定量以內爲之。以本社之力。隨時伸縮。萬難辦到。二也。然後者今尚未至其時。前者兩君並非其例。故答函所疑。決不爾也。（他求寄贈者請照來函當爲登知）

二三

至隱。情。乎。劍生。平。殊。未。解。隱。字。何。義。凡劍。言。勵。人大。抵。惡。其。有。餘。不。足。之。歎。猶未。前。聞。也。劍慈人也。猶有一事。願得告罪言之。蓋天。下。事。諒。字。不。立。將。無。一。而。可。民國三年。劍始創甲寅於東京。首期亦遵例廣贈。時留學生立有浩然社於大森。爲革命軍人政客聚集講學之所。兩共數百人。紛張甚。亦以所索過當。力無以應也。則兩人或三人共一份。山鄉遞去。有兩。君。者。得報。大。怒。手。擘。而。二。之。分。鄉。繳。還。並。各。牋。以。詞。曰。承。賜。甲。寅。半。册。已。讀。之。矣。幸。留。以。他。貽。吾。不。敢。專。君。惠。也。荊妻手殘報。（昨發報宋人自爲之此次亦然）而青色。劍徐。徐。理。而。枯。之。若。復。析。然。報。數。年。後。猶。存。今。不。知。落。何。所。矣。此等瑣屑。無關宏指，尤與今番事絕不類。特欲。著。此。以。求。天。下。人。之。諒。故不辭醜褻。兩君其哂而察焉。幸。已。

士劍

訂報

……弟於十五年三月二十一日。在貴社直接訂兩周刊半年。取得二〇一三號收據。自第三十四期起。以後僅收到三十五期一冊。適當誌停刊。茲從友人處得讀三十六期。欣悉周刊繼續出版。無任歡躍。對於以前直接訂閱者。是否繼續有效。抑另有相當辦法。係於一月四日函詢貴社。迄未見復。茲再函詢。即盼明示。……陳筠仙 一月六日 北京東單牌樓觀音胡同

甲寅去歲在京刊行。編稿發報。供在友人彭君宅中。停版前後數日。學生騷動最烈。該宅。有。伯。益。山。

深之。恐一切稿據。曾經多轉數處。一兩年年之後。復行捆載到津。損滿之處。大概難免。今得如陳君者。尚不下十起。滿字居然有誤。不勝抱恨之至。本刊。方。求。同。情。於。天。下。於。解。囊。訂。閱。諸。君。尤。懇。同。身。心。性。命。之。寄。此。豈。敢。忘。除屬發行部即日補寄並介隨時留心。俾得疏忽外。特復告罪。特與陳君一律者。並恕不另。

士劍

詩錄

偕讀衡訪吳逸塘行戲

蘇戡

世亂何殊風雲起。扼腕猶飛蓋才子。殘鱗。敗。甲。遊。人。間。枉費。聰。明。心。欲。死。欲死。不。死。歸。自。哀。百中。一。偶。其。實。哉。智慧。紛。紛。競。入。獄。未免。禍。福。羅。形。骸。老夫行義盡不改。惜我雖能敵吾耶。詩卷。流。傳。愛。漸。多。萬一。微。誠。動。具。宰。讀衡能詩久見稱。逸塘行戲不我輕。因詩。聞。道。願。吾。子。莫但。相。期。後。世。名。

寥匪一首

蘇戡

學匪。之。亂。痛。未。定。地拆。天。崩。忽。四。應。不能。責。己。能。責。人。取侮。召。亡。莫。相。殷。南方少年氣甚銳。不學無知堪自歌。北方形穢方默愁。認附知音希一勝。南北交。爭。國。懸。留。大江。忻。然。波。雖。靜。死亡。流。徙。誰。見。哀甘赴。溺。祈。豈。天。命。

壽詩史閣主六十

讀衡

嘉學蘭陵是老師平居憤世有微辭卅年春夢香花
妥一夜秋聲落葉詩殘稿絳雲都入選清門紅豆最
相思八千餘紙鈔難盡寫到騎驢笑墜時

挽曾剛甫　弢厂

介立丁邪世衰歇得雅音有羅前老至一病與貧深
計學無此選楹書誰可任開喪稽臨哭衰疾涕彌襟

次韻海藏李氏園九日登高　地山

無風無雨轉悲來白日幽州淡可哀都藉酒杯澆塊
壘逗將詩卷斂雄才登場言笑隨人慣遇事模糊莫
我猜南望江鄉猶有弟茱萸欲插寫低回

寄懷印泉蘇州　孤桐

故將軍是李將軍作客蘇臺久不聞跡從疏時情轉
密矜全化去千能羣一心會有成功日兩地同看不
霾害吾近能詩亦奇絕快將心事寫任君

孤桐以寄太炎印泉詩並太炎和作寫示賦答

一首即懷太炎海上印泉蘇州　逸塘

價流離地痛神叢且辦閑吟傲陶烏託邦寧真有
寓武陵源已久無桃潮聲嗽浦荒寒甚柳色斉門想
望勞落落明星天欲曙東南風指幾人豪

游大明湖示哲子　孤桐

由來名勝盡虛傳畢竟楊侯此語賢昨日大明湖上
去一潭溝水遠蒲田

觀音寺雜詩四音（寺在淨演蓮華山中）　繩蘅

倦飛早已息南溟空待疏鐘喚夢醒無限世緣捐不
盡年年媿汗對山靈
過溪幾步即禪林不斷山禽送好音祇有蒲團無梵
貝圓機且向靜中尋（寺無僧人）
潭影山光自古今一經道破見詩心媿無少府驚人
句幾度攢眉未敢吟
滄海橫流拯未闌回天孤抱託詩壇一麾鄭重留山
寺便作東坡玉帶看（以正道居詩度置寺內經幽）

次海藏先生去滬有感韻　君寒

疏放何堪更入官往來空感盛家難朋儕往事常尋
夢國武沈寃爲栗寒美睡正如償宿業登臨還欲矚
雲端書生枉負平戎策莫作當年納客看

今傳是樓詩話

王揖唐

時賢之詩。北氣象最博大者。要以天門周泊園中丞爲首屈一指。泊園與樊樊山、左笏卿同稱苑中三老。余與泊園同官瀋陽時。卽有文字之雅。竹記其游南城外小河沿一律云。城外淸流與夏宜。我來正值凜秋時。涼颸客散無歌管。曲岸人稀有釣絲。積水蛟龍疑蟄久。故山猿鶴說歸遲。蟋蟀猶愛遼東帽。莫誤山公飮習池。余友舒宜園有和作云。秋風團扇本非宜。况是邊城落木時。未識膽肝誰與共。空餘鬢髮漸成絲。劍深元氣知難復。夢醒黃粱惜已遲。回首舊盧巢尙在。來春待欵燕茲池。池韻活押。頗爲一時同人傳誦。又泊園民四十月九日出都一律云。雞聲曉唱促南轅。僕馬蒼人黯不喧。身外何曾携一物。眼中非復舊三門。（京師舊稱正陽崇文宣武爲三門今皆改作）尊彝已自輸先見。薤木。今方救慈根桑下。轉頭增戀惜。北城松竹是吾園。蓋是時項城方議帝制。泊園去官南歸。蒔葵一聯有深慨矣。

西山大悲寺。花竹甚盛。舊爲閩詩人張亨甫讀書處。陳弢厂先生有咏大悲寺秋海棠詩云。當年亦自惜芬芳。今日來看信斷腸。澗谷一生稀見日。初花惜又値將霜。弢老居林下近三十年。淸季被徵再起。朝局已非。故有此感。詩特婉約。風人之旨也。河間紀鉅維泊居。有題番禺梁節厂畫松卷子詩云。拗鐵虬枝久鬱蟠。世人都作散材看。十年樹木猶如此。識得貞心歲已寒。節厂曠世逸才。勵而得謗。生前不獲大用。卒完大節。卽此詩可想見其風槪矣。又鄭海藏題錢南園畫馬有句云。他年駿骨千金日。莫道人間伯樂知。遲暮之感。情見乎詞。較弢厂泊居兩詩。更爲質直。海藏又有贈呼倫道宋鐵梅小濂詩結句云。滿洲若有圖存策。要及中年用此人。此詩又不嘗自爲寫照者也。

孤桐雜記

愚藏有盧江吳貞女傳遺州所書寸楷工力與易安人墓銘相彷。瑰寶也。惟文署合肥徐子苓撰。愚初不知子苓何人。尋考知子苓字西叔。居巢湖之濱龍泉山。號龍泉老牧。爲姚石甫著籍弟子。曾客池州守吾鄉陳岱雲（源兗）所。亦參曾侯戎幕。盛有詩名。奇氣橫溢。與同邑戴子瑞（家麟）王謙齋（尙辰）齊名。號三怪。諒與武壯頗相契好。故貞女傳倩其執筆也。見雪橋詩話錄其聞人喪歸一律云。素輤遲回問首邱。失羣燕雀也啁啾。羈魂應趁還鄉樂。重壤難埋沒世憂。同學殘人知叔度。賢妻可解諡黔婁。疑門倚淚春衫透。潛德無名來者羞。雖不特奇。格律彌老。

于晦若爲西林中表弟。癸丑在西林滬寓見之。咳唾風生。然有奇致。東塾（晦若爲東塾高第弟子）早年貽以詩云。桂海奇才出。英辭不可當。問年甫終賈。讀史似錢王。虎氣必騰上。言談宜善藏。參天二千尺。渾不露文章。蓋惟師知其所短而預戒之也。晦若深於史學。唐故尤熟。平時持議侃侃。未或下人。入民國來。言愈無擇。項城稱帝時。彷隱居南翔。一日腹暴痛。遽卒。時議以爲項城所酖。亦迹似而已。

愚性喜桐。見錢香斯詠枯桐詩。頗愛之。錄以自勵。亦曾託地說朝陽。到此何心引鳳皇。百尺縱教留節幹。三秋寧及圖風霜。蒼涼擬就山中老。倉卒難辭爨下傷。不道琴材偏覓得。薰風一曲佐虞裳。

民國十二年秋。愚由歐返國。道經紅海長途。手奧儒弗羅德言圖騰者一言。反覆誦之。詞氣驟難盡曉。故終途執卷未釋。船抵滬埠。此冊竟忘收拾。而愚亦未覺也。數月後。愚由湘返滬。有署棧長何戢者。持片將該書送返旅社。愚始憶及前事。出迎何君。則已不見。愚至今未得訪問此君。國固有忠於所事誠信不苟如此人也。

長沙章氏兄弟鬻字例

家兄仲漁先生名理綸隱於山書宗魏王工力極厚釗歎勿及茲以釗將鬻字賴新甲寅周刊有志相助因合訂字例於左鴻如之士以覽觀焉　章士釗謹啓

對聯　八尺（八元）七尺（七元）六尺（六元）五尺（五元）四尺（四元）三尺（三元）以上八尺至六尺以八言或七言爲率或指定八言以上者每言加一元

屏條　八尺（七元）七尺（六元）六尺（五元）五尺（四元）四尺（三元）三尺（二元）以上三四五尺不過三行六七八尺不過四行加行每加一元

堂幅　八尺（十元）七尺（九元）六尺（八元）五尺（七元）四尺（六元）三尺（五元）以上三尺不過四行四五尺不過五行六七八尺不過六行加行每加一元如六尺以下指皆四分以內小行楷照加半倍三尺以下指皆三分以內小行楷照加一倍

橫幅　整紙照堂幅價半幅照屏價

摺扇　一面（三元）半面（二元）兩面（五元）坤扇全金地不書

團扇　與摺扇同

杭扇　黑油扇皆泥金照摺扇加半倍泥金自備

榜書　直橫匾額等類一尺內每字（二元）一尺至一尺五寸每字（四元）一尺五寸至二尺每字（七元）二尺外每字（九元）

壽屏　四幅（三十二元）八幅（六十四元）十二幅（九十六元）十六幅（一百二十八元）每幅以五行爲度加行每加一元

冊頁　每開（三元）三四分以內小行楷照加半倍

斗方　與冊頁同

鎮尺　墨盒　筆筒　等類書五七絕句一首（三元）扇骨加半倍

名刺　每個（二元）小刺不書

卷冊　題簽每件（二元五角）

以上各件如須仲漁行嚴兩人合作取價均同行嚴鬻文另議書件指錄已作者照加半倍潤價先付定期取件凡閱甲寅者照七折收劣紙不書綾絹加半

編輯者　章湝吾
總發行所　甲寅周刊社　天津日界吉野街八號
印刷所　光華印刷公司　天津特別一區大沽路　電話南局一三二九號

改訂價目

零售每期	大洋一角五分
每月四期	大洋六角
半年二十六期	大洋三元九角
全年五十二期	大洋七元八角

郵費

本國及日本	每期一分
郵約各國	每期四分

廣告價目

地位＼面積	全面	半面	四分之一面	八分之一面
封皮裡面	四十元	二十元	十元	五元
底頁外面	同上	同上	同上	同上
正文後	三十元	十元	五元	二元五角

此表係每一期價目登四期以上九折十三期以上八五折半年以上八折全年以上七五折插圖另議

大陸銀行

資本金五百萬元　公積金一百三十萬元

總行天津分支行北京上海南京蘇州北京清華園漢口濟南青島滕縣天津大胡同其他國內各大商埠及英國倫敦法國巴黎德國漢堡美國紐約日本東京橫濱神戶長崎等處均有特約代理機關一律通匯並與鹽業金城中南銀行於天津上海漢口等處合設準備庫及儲蓄會

保管部　公債公司債股票商業票據及其他有價證券之保管並代取本息或買賣或承募出租鋼製保管箱

營業部　存款　放款　國內國外匯兌　押匯　貼現代理　收付款項及生金銀之買賣

儲蓄部　活期儲蓄定期儲蓄　天津總行法租界三號路六號路轉角

交通銀行

本行創設於前清光緒三十四年股本總額二千萬元專辦存款放款匯款貼現及外國匯款等業務並奉政府特許代理國庫發行天津鈔票及各省商埠均有分行或通匯機關如蒙惠顧無任歡迎

行址　法界一號路

電話　經理室　一八零零　五七零零　營業室　一八二零

電報掛號　六六三九

總理　梁士詒　協理　盧學溥

天津分行　經理　江世德　副理　王徵　襄理　蘇恩科

中興煤礦公司廣告

本公司向在山東嶧縣棗莊地方開辦煤礦產煉各種煤焦歷經中外著名礦師化驗灰輕礦少磷長性堅極合輪船鐵路工廠一切機器鍋爐之用是以津浦滬寧隴海滬杭各大綫路常年購用同聲贊許他若山東境內暨運河長江一帶各工廠亦均紛訂購如蒙賜顧請就近向左列本公司各分廠各分銷處接洽辦理無任歡迎

（分廠）上海　蘇州　無錫　常州　南京　鎮江　南通州　清江　界首　馬頭　臨城　嶧縣　台兒莊　山家林

（分銷處）日本大連　烏衣　滁州　臨淮　宿遷關　蚌埠　固鎮　南宿州　符離集　夾溝　徐州府　韓莊　官橋　南沙河　滕縣、界河　兩下店　鄒縣　兗州府　濟甯州　曲阜　泰安府　萬德　黨家莊　濟南府　濼口　桑梓店　晏城　禹城縣　平原縣　黃河涯　德州　桑園　連鎮　東光縣　泊頭　滄州　興濟　唐官屯　獨流　天津　杭州　海州

中華郵務局特准掛號立券之報紙
每星期六日發行

民國十六年二月十二日

第壹卷
第肆拾貳號

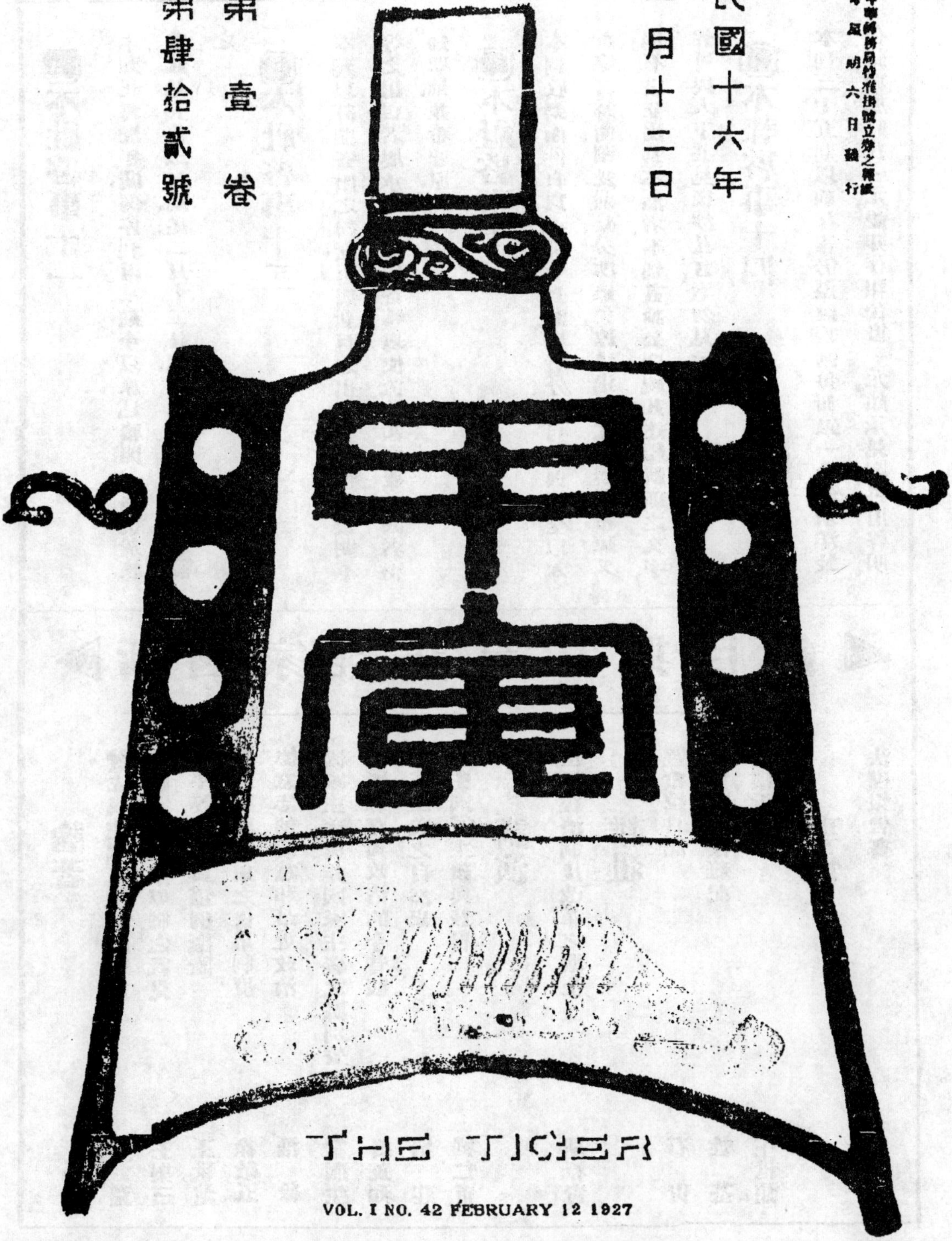

VOL. I NO. 42 FEBRUARY 12 1927

●本社啓事十一

本刊在舊歷年關例停刊兩星期、今以原已積閱一期、便於核實起見、共停三星期、從二月十二日起、依例按期出版、讀者諒之

●本社啓事十二

本刊以訂閱者期之紛紜、舊册新戶之出入、寄報恆有複闕不等之虞、讀者屢承催郵、將報寄轉、以便流通、甚深感激、闕者得知即補、並希鑒原、

●本社啓事十三

本刊收到函件、日以百數十封計、編者分別可登與否、全以本社宗旨爲衡、斷定兩登、勢所難免、原稿退還、尤難辦到、希諒、又倘有以登出爲不然者、本刊言論公開、視凡送編輯部之文字、皆可與天下共見、後涉私函、幸勿見示、

●本報啓事十四

本刊三十五期以前存報、仍遵舊例、每册銀一角、如須洋裝合訂、則加訂費一元、並非存報合售一元、煩承見詢、再用聲明、

◀新國家雜誌第二期目錄▶

甲寅周刊第一卷第四十二期目錄

本邦慣習。仍置夏時。故舊曆年關之珍要。視新曆不啻百倍。業新聞者。以工人休業之故。日報至停刊五六日一週不等。國聞週刊。且延兩期。本刊又進一步而三期焉。（此由[illegible]以遲延一期之故）職是故也。但報端送舊迎新之詞。夔於新且揭過。無置出理。如勉為應景之紀載。則北人俗重糖菓。若年終無能辨者。乃是寒門下品。人且不齒。獨今年不然。聞京中關東糖商。僅數不過往歲之半。是寒賤轉為社會通相。不知滿城災官。得薪無過數成。少尉號寒啼餓之妻子且不足。遑言娛樂。月正二日。中央公園門前。凍殮七人。道殣饑饉與售相映。而城中搶案。蠭起白晝。鬧市且復為之時見。少婦奔向街中。呼賊綵之北方蕭條氣象。近年罕有。不審。歲下負何太歲凶破。如此。

安格聯代赫德為總稅務司。且二十年。名為客卿。實則握中國財政無上之權。凡長財用者。類察其動息以為籌策。敢迕之者莫不敗。前歲賀得霖以債券之議。為安所格。嘗逭假國民軍之力傾之。而英使麻克

一

類晒於勞卒乃安得無恙賀先去職此次北府挺由海關通收二五附稅安恙解決氏彼此各一時之調以南府將遞派護軍所轄各地稅務司相恃仍抗不受命顧閣大獻突於一月三十一日明令罷安以易統士者代之此後荊棘如何雖未可知而北府必求貫徹其志似是一定夫安格聯委質本邦名分早定倘附認官原無足奇所奇者北府欲為而屢不得為之事今竟於護軍隙與外勢丕變之頃一舉成之又安之使介無間地域而得透邁於南先不見者於北是已或曰外交之事南北理宜一致昔楚王射蛟而喪其弓左右請求之王曰止楚王遺弓楚人得之又何求乎仲尼聞之曰亦曰人亡弓人得之而已何必楚唯今安氏之事正復相類有史記事亦曰某年月日中國政府免客卿某而已何必南北

惟此案有可論者安氏在職年間所事實質如何殊難以無歸匪之詞為判且其盡力於維持海關行政統一及保管內外債基金使不輕生動搖功亦章章在人耳目即以今茲不受命一事言之亦未始非由忠於職事之精神激之使然故安之被免為行政系統計有快之者而一時生計社會之前路憂之者亦未始無人故免安之為巧為拙為得為喪不當繼之於過現而嘗求之於未來茲今後南北政府如何合力調合易氏整飭關政以期逐步前進卒達於關稅自主之成逐通海實為今開署免狀者之最大責任此國人所常常目在之者也至內外債基金似當分別言之未便並為一談以此之保管由歷任政府乘便詭之安氏個人並非總稅務司分內固有之職蓋理案內諸債雖得以基金提諸外人之手稍全信用而案外如九六者因安氏結託京滬投機家上下其手致商盤陡起陡落破產之案屢出無已其咎亦雅非尋常且內國銀團信用日著以基金之任移之焉見不勝故安氏既已免矣公債一事宜若明特起為之不可因仍失策橫蹈覆轍擇慕客卿之名勵招奇貨之損國之計士其聞何如

一月二十八日。英使藍博森突訪外長顧維鈞。而致提案七事。精神與前番英代辦所提無二。而辦法較為具體。謹得述之如下。一、英國政府、擬認中國新法院受理英方原告訴訟之權。至英國陪審員列席觀審之權。並願放棄。二、英國政府、擬認中國合理國籍法之有效。三、英國政府、於中國新民法商法(除訴訟法登記法)及正式制定之附則、在中國各地方公布(於個人身分者外)及實施時。擬就實際上所能行者。盡量施行於駐華英國法院。四、凡中國國民所納、而於英人英貨非無歧視之正當稅捐。英國政府擬令在華英民、一體繳納。五、英國政府、俟修正之中國刑法公布及施行時、擬取而行之於駐華英國法院。六、英國政府、擬照各埠特殊情形。討論英國租界內市政管理之改革。以便與中國在舊租界內之特別管理相符。或與現在中國管轄下之舊租界合併。或將租界內之警察權交與中國官吏。七、英國政府、擬認英國教士不在內地購地之原則。中國信徒、應受中國政府之制裁。不再依據條約而求保護。凡教士所立之學堂醫院。應守中國施於相類學堂醫院之法令。

由右觀之。殆撤消領事裁判權及退回租界之先聲。也。英國輿論。競以豁達、公正、有建設性、遠大等詞稱之。亦非盡誣。雖然。此舉於滬案未起。或更於法權會議未散時。以自動之意提之。不愈見其泱泱大國之風哉。而今猶且為之。非善於忍耐、慣於調和之盎格魯撒遜民族。亦不易有此。此在原則上。吾國人民不以懇款不欺之度承之。自待將失之舉。至由是而即待之以樂觀。期之於至善。則猶未也。蓋如其表推之。英國政府今擬認之者。與明前日之所不認者也。今擬不為者。明明前日之所大為而特為者也。今日之擬認。是則前日之不認。非今日之不為。是則前日之為也。亦非英人是非之心。何其貿貿焉無據定哉。此無他。亦新形式追之使認。使不為而已。謂心悅而誠服焉。假猶早也。揣英人對華之奴隸手段。不在本國兵力足否。亦不在吾國情感奚若。而外之在國際步調之不一。內之在本邦取態之不齊。一之齊之。非外示吾國以大讓名使安厥心旋利吾南北之不和民情之過抗使該案高低莫就因坐吾以不誠之罪而激起國內外之反動其的難達古諺有云將飛者翼伏將奮者足踞將噬者爪縮今日之英國正其故故翼伏足踞爪縮之秋也觀其一面提出新開紀元之議一面續續增兵不已自印度新嘉坡中經香港上海以達長江之中心兵連數千里如蛇矯首而尾應有以知彼將飛將奮將噬之志必且驟發而不可遏束帶之士其亦愼爲因付可已

河南之局至關天下安危聞奉天所定安國計劃及卽否實任天下之重將以豫事處理難易爲之關目現關東援吳之師羣集河北投鞭可渡惟濮豫客所謂全豫吳部（此係以名義論中自不乏反吳者）號三十萬雖失之誇然有能者十五萬亦殊近實奉軍入豫數不過三之一倘若張吳失調奉方不得已而力爭中原卽幸而勝亦終於僨陽之門洞開徒與黨軍北進無上之機恐是下策云云說之有理一覽知之報言張吳契合之度頗稱浹洽商略軍機之電時見揭載果是眞意豈非大局之幸然一方不願退一方獨出冠時之策又難現實以諠而言協恭爲要由悟論之正醫其反如此術用相違首尾不相應（此二語見論衡）君子蓋難言之

南方施行黨治激揚民氣有兩大弱點深識之士夙爲長慮者日見章顯蓋且彌章何也政府提高工民之金錢慾爲第一步至第二步政府本身無法得饜其慾時且反噬無擇此其一革命軍恣爲破壞往往意先於介人民從其意也久後且並介而亦不從此其二前者見於粵漢路工人索餉不遂罷軍財政部長宋子文且被毆辱間不容髮後者見於湖南民衆囂張凡焚毀教堂脅抽稅捐[illegible]打倒劣紳土豪恣意尋仇幾無一不梗政府之令行之近且聞市民大會一日決數十百人法國山岳黨式之虐殺方始省政府代主席張翼鵬力主嚴辦倘未得當篇而論之此是必然之理可以前知大抵勇於改革者流放衛。。。。。necessary evils 而行南府寧其然乎

論吳淞政治大學

章士釗

吳淞政治大學者。寶山張君君勱（嘉森）所爲明政勵•學都講之所也。愚嚮於上海新聞報著人學一首張之。前歲愚爲教部。君勱手學綱來。求立案。愚曰。忝君勱言之。天下信君勱能蒞是役。宜不使刀筆之吏。困以文墨。未逾月。君勱盡得所請而去。今是校立已三年矣。君勱近發紀念刊。手草各國政治大學小史一文。昭其旨趣。粲然心得之言。於所爲何事四字。自信良篤。毫無假藉。入民國來。吾見官稱事立。人稱官置。（二語見東書局翻譯英語所謂 right man in the right place）如君勱之例者。殆絕罕覯也。

雖然。愚猶有說。

今世以政治大學名者凡四。而吳淞居其一。蓋千八百七十年。法敗於普。羣以謂法人昧於外情所致。戴恩者大家也。於國際文學藝術有重名。透邏擅坫言如大鼎。其徒曰蒲特密。E. Boutmy 欲廣其涂術於政治。則相與剏立政校於巴黎之威廉街。蒲氏自　校長。至二十六年之久。未一去職。卽所謂 Ecole Libre des Sciences politique 是也。其次則英。英有文士數輩。探索社會主義。共立名字。曰肥資會。Fabian Society 肥資者古羅馬將軍名。所持戰術。在力足後動。不主倖勝。會中有取於是。凡爲砭治激派而發也。則有哈京生者。頗雄於貲。此會度支。既從取辦。死後更以遺產建爲一校。名宿如槐伯、蕭伯納者流。並綜持經理教授之任。英倫學曆。嶄焉一新。昔者大校常課無過柏拉圖、雅理士多德、郝伯思、邊沁等故書雅記。逾此所不敢妄議。今偏然反之。如紐西蘭之罷工。意國託辣斯之立法。世界都會之市政管理。皆師弟子堂堂講論之資。耳目既易。意與飈舉。所稱 London School of Economics and Political Science。遂乃蒸焉日上。又其次則德。德人之政治手腕。夙後英人。其故則若輩所持政見。不基於實而基於理。如保守黨（今之德意志國性黨）之所自出。則保守主義也。自由黨（今之人民黨）則自由主義也。社會民主黨、則社會革命之理論也。英人不然。

其所爭者爲殺作。爲關稅。爲地稅。而從不涉及一黨然難劃之原則。英德政爭之象不同以此。且歐戰以前。政黨殆無柄國之能性。所號大宰相。亦元首之私隸而已。於黨派無關也。各黨旣絕意政務。於是議壇諸論。止於不負責任之空談。凡抨擊政府。亦利其無義可得傳。而無取而代之之覺念。如此顯頂。政何由進。又德政府所料外交情事之不實。尤足駭人。歐戰作起。德人曰。英國必不爲比利時中立而戰也。潛航艇之難生。德人又曰。美國必不因是而自投也。卒皆大反所期。德以大敗。民主黨領袖羅緻發、新憲法起草者柏呂斯、綜上各義。熟講其義曰。此由無政治專校豫講習焉故。而 Deutsche Hochschole für Politik 遂於千九百二十年巍然立矣。又其次則吳淞事實見在。無待枚數。據君勵之所宣示。志在提高政治人格。確立民主政治。某點倣法巴黎。某點倣法倫敦。某點倣法柏林。而尤兢兢以肥實外黨派而研政理爲宗盟。由是四校也者。方軌政域。連鑣藝苑。信乎。當世政治。是非得失之林。舉莫能外也已。（篇中事述悉本材料小史）

惟慾於此。有欲致詰。則三校起於歐洲。一校起於本邦。而政之云。若固通古今中外無有常家。惟時之適者也。歐洲有政。本邦即焉。得曰無政。吾大道之行。三代之英。彼三校者。懵無知焉。不齊所由。竝論而講習之。以彼種性不同。而吾適乏堅甲利兵以揭厥緘。吾無責耳矣。而君勵固赫然黃帝之子孫也。以黃帝子孫。而爲黃帝子孫延學論政。通典通考之不知。綱目別史之不立。凡吾古先哲王化民成俗之道。歷代賢儒正名辨物之故。汛掃不問。而徒曰巴黎如何。吾宗而仰之倫敦。柏林如何。吾宗而仰之數人之典而忽已之祖。政也體規而圓治也。準方以作矩。是亦如宋祁所謂居下作居。終爲人之臣僕而已。以今世政趨日卽下流。盡復生舉未易善其後。亦何貴於與淞多成一聚也哉。愍爲此言。固非謂歐政吾悉不當學也。亦非謂復古宜爲不易之前提也。特吾於彝訓歐政之餘。而視系統至異。有四千年文化史迹。吾祖先所歌哭長養以迄於今者。爲略無參檢比論之值。夫貴人賤己。不知有史。如是不幾與猩猩初僞爲人。

者名數相等哉頃君勵居柏林哲家倭鏗約共草中外倫理一書君勵倉卒無以應勉雜鈔韓非子及蔡子民所爲倫理史以進大爲德儒所駁斥此有兩義君勵宜勿去懷一、中國治迹世界學者所樂探討其因安在二、君勵，不應時時無偏尤不應使氣類與共之人俱無偏然君勵胡以健忘乃爾哉昔倫敦大學嘗研柏拉圖、雅里士多德、郝伯思、邊沁諸哲而君勵隔之然若該校遂廢諸哲不講君勵嘗作何感此爲人謀甚聰何乃爲己則聵哉民治云者歐洲垂敝之制也今後世界改造宜出何途尤其吾國固有別流等大之源泉者及時避就應遵何道皆爲政問中特殊項目而君勵先以民治牢固不拔及合於人類理性等語袒然主之使與範朱由同蹈而共榮將槐伯不倘已見皈依學理爲君勵心悅誠服者之謂何哉夫天下理與實固非同物君勵亦常以德人重理不

重實爲未然然吾黃其稱亞洲其地農其習禮讓家國其教此實也而君勵文中圖法歐西所條而列之者則俱浮而無根之理獨奈何聽其以彼間此哉且人有病或在皮膚或在腠理至靡定也凡藥無貴常於病爲貴法德外交情實之有疑滯因設專門之科以明之此病在皮膚者也而吾十六年間所患適得其反則吾稷下所談白虎所論於多進博貫之餘宜別有批郤導窾之法而酒淋以同之見影而遂無已是何異內熱之人不加疏導聞人以昌羊引年節安進豨苓以自賊哉肥資者以廣播戶牖未蕊雖進見稱而君勵談政日趨單調如愁之好起疑議宜可別偏一格使得極論以明其歸則儻願自進於與淞諸耑一席君勵願不餘哉凡此諸問俱一一應念而至欲得君勵詳爲董理使天下灼知與淞宗風所在因條舉於右

陳蘭甫先生公孫龍子注後題

章士釗

民國九年愚在廣州盛季榮所偕見陳蘭甫先生公孫龍子注鈔本盛君客士也訪愚以厚澂而不見許

得睹一過。錄副更無論也。恐其恨之。未幾縱君化去。愚慮此書終且佚去。則廣央人究問。訊組安曾偵得底本在某所。介其弟大武告愚毋躁。愚後來京師。言於先生之孫公穆。（名陞和）謂此書不卒刊出。是為子孫者之大罪。公穆唯唯。乃昨二月三日。郵者忽將公穆亘函至。書求數年不得之公孫龍子注赫然在。驚地之喜。蓋發名也。然反覆讀之。又大失望。蓋書無過二十六頁之小冊子。乙丑閏四月刊於廣州。有署兆鏞者。別加按語。且欲及孫詒讓札迻及近人顧實漢藝文志講疏諸說。書之首尾部署。已非原本。兆鏞亦不知何人。先生所註。詞多。紕繆。殊不見精要。一於龍書。本旨。無所闡發。以此求在謝希深舊註外別樹一幟。要亦非難。持校墨子閒詁中。先生所參各義。光氣。歛。歛。書亦甚。不類。增、異矣。豈此固未為原本耶。抑歛之未全。中經妄人竄易耶。愚雖在陳宅未獲流覽。無從比勘。是誠騃未易明之疑案也已。愚嘗謂治龍書者。有朗朗數義不可不明。一、龍在名家之地位何似。二、名墨之連誼如何。三、白馬論緣何而起。四、白馬、指物、是否同為一義。（馬指也白馬物也）五、他辨兩明等詞。俱為書中最要術語。指要矣。若而先生今所為注。一一未見。指南。且於辨正句讀是非正負之間。猶若惝恍相伐。是何故耶。先生治學規律夙嚴。立說往往過於廉悍。如此望文生義泛泛之作。雅非吾徒敢仰先生者心目中之所有。意；者、先、生、固、非、著、書。隨意、發、注、數、條。以備、遺、忘。學、者、從、而、輯、之、號、為、著、耶。世之善讀先生之書者。幸有以語我來。

二月四日稿

籀亂

今之論世者。往往辨析纖悉。而昧於當塗之瑕。洞燭幽隱。而忽於江海之廣。閭里窮處。人民憔悴。可謂遊矣。未聞有言者。而堅白同異。無益於治。則以為何。語紀綱廢弛。禮教淪喪。可謂大矣。未聞有及者。而巧文飾僞。無裨於政。則以為貴焉。學士大夫。不求其易。務求難以名高。不好其因。務好革以趨。

彭粹中

巽推而至於極文身裸體之俗皆知其鄙矣以其異也不惜壞文綉裂冠裳以從焉茹毛飲血之化皆知其簡矣以其高也不惜隳釜甑絕烹飪以學焉逃中庸之言則嗤而陋之拾誕怪之說則肅而敬之此所以學逾卑而俗益弊說逾倡而世益亂也作猶亂

國家十六年來政不出於國門事專制於藩鎮居其位者類皆擬越行間肆意快志無所顧忌其意曰吾之得躋於是非偶然也吾何爲是戚戚將以求吾所大欲耳犬馬之好聲色之美珠玉文犀之貨利吾心蔡焉未嘗有其樂也必一一致之惟力是視其用必如此故其左右之親亦曰吾之從卑於此爲多得財耳聚可以得財之術皆吾所願聞雖賤倒之諂弗願也聚可以爲吾得財之人皆吾所願親雖賤猶之蔡弗願也其左右之親用心如此故其官吏執事亦曰人孰不好富貴而惡貧賤今吾奉法守公則不得於其上不得於其上則官不可保是取貧賤之道也吾何拘以自苦耶苟吾枉法徇私則得於其上得於其

上則官可益達是取富貴之道也吾又何忌而不爲耶其官吏執事用心如此故其鄉里縉紳先生亦曰吾之居是鄉也以官吏執事之信吾重吾也今吾守正不阿則官吏執事必疎遠之甚且詆諆法苟與之上下其手則官吏執事必加信重而吾望益降吾何爲舍富貴以觸刑罰不既俱耶其縉紳先生用心如此故其畎畝之黠民亦曰吾縉紳先生四若是也吾何懼爲吾得足以詭得力足以巧奪吾食可飽矣衣可溫矣家人婦子可宴樂無憂矣吾何懼爲故上自藩鎮下至庶民莫不惟利是圖此就其勢可得者言之皆如此也

其勢不足以得者則又疾首痛恨於私家之居奔走號呼於鄰里之黨其愚而儒者則曰吾聞執禮而富者矣吾其執禮乎又聞孤寡而富者矣吾其孤寡乎有僮而富者矣有隸而富者矣有肱僮而富者矣有越貨而富者矣吾其僮隸肱僮越貨乎其智而強者則曰藩鎮猶人也吾猶人也彼可取而代耳吾何畏彼哉吾將大吾聲使天下聞之旋吾旗使天下見之

九

然後天下之去彼而從吾者衆矣吾何畏彼哉其不學而頑者則曰藩鎮之所急珠玉貨利犬馬聲色也吾術皆足以致之使彼信吾而益親厚吾而益愛吾何憂哉吾之術將殘民以爲利耶弗問也將朘削民以爲利耶弗問也吾能急其所急逢其欲心而已矣其學而賢者則曰枉道以求富吾不爲也苟取以求富吾不爲也汚辱阿媚以求富吾不爲也突慢暴亂以求富吾不爲也逢惡助奸以求富吾不爲也舉世之可以求富之術而非吾心之所好吾皆不爲也吾將勉吾行高出於世之上勵吾言迥異於人之心吾行偏耶不可爲世法非吾所知也然世必有喜而從之者矣吾言激耶不可爲世用非吾所知也然世必有悅而信之者矣吾非求富也亦往往而富吾非得[illegible]也又求必然財故自其愚而儒者以至於學而賢

者其勢不足而用必積慮又皆如此也則民心安得不日益壞習俗安得不日益偸乎且天地生物有限而人慾無窮也以有限濟無窮岌岌乎殆已今有人於此擁千萬之資是其破千金之產者萬人矣彼萬人者失其千金勢不能無怨怨而不得則爭爭則亂矣又有人於此擁百萬之資彼見其千萬之益富也勢又不能無欲欲而不得則爭爭則亂矣彼擁千萬之資者其心亦未嘗足也使又有千萬者在其前又必起而相幷幷之不得則爭爭則亂矣故國家十六年來禍亂相仍迄無寧歲蓋其千萬者相幷象也不然則其百萬者求益也又不然則其失千金之產者合而謀復也此今日之局大抵皆然而彼者猶囂囂於衆曰吾爲國也吾爲民也吾將除暴虐以安閭閻也嗚呼傷已

通訊

忠言

其昌之欲有言於先生者久矣。其昌之友蒋……廬江陳、關汪叔芷、叶微皆與先生相稔。然嘗瞻先生綜覽天下數權。貴職也。而其昌一成均下士。古之人布衣無故。則不通書於顯達之門。處玆叔世。吾人守身尤不可以不謹。故雖欲有所進言。輒以懼清議而止。今先生已入江湖。下林泉。與其昌同爲一草莽之野人。是未可以言乎。區區私悃之所望於甲寅者。願其爲董狐之直筆。南史之信讞。孫盛之陽秋。所南之心史。而不願其爲筆叢。爲譚藪。爲書林。爲說苑也。請言其詳。當今天下是非無準。姸醜惟好。白可以爲黑。鹿可指爲馬。以破壞爲國是。以守正爲大逆。南方之所苦者。則猾夷亂夏。一也。奴婢驕張。二也。拑制輿論。不容異己。三也。浮氣囂張。威毒四射。四也。奴外侮弱。專橫過於暴君。五也。高談放論。絲毫無補實際。六也。深文周內。誣陷人罪。七也。拔本塞源。毀滅文化。八也。奪良民之產。以養暴徒。附會某種學術。以掩其盜蹠之行。九也。專倡邪說。以破壞人羣道德根本。剷除中華五千年來大聖先哲相傳之文化。而欲胥人歸於禽獸。十也。此皆天下之所共知。百口不能諱也。北方之所苦者。則吏治黑暗。一也。驕兵殺酷。二也。苛稅繁重。三也。萑苻滿地。四也。居高位者。只知徵歌選舞。以小民之脂膏。供酒色之沉溺。庭有奴臟之肉。而野有凍死之骨。五也。居下位者。日惟哺妻孥役衣食而猶恐不給。茫然不知國計民生爲何等事。六也。賄賂苞苴。奔競夤緣。公行無所忌憚。七也。巧取豪奪。拘捕誅戮。惟我之意所可。八也。凡此亦皆天下之所共知。百口不能諱也。舉一例餘。已足心寒。必欲畢辭。恐難罄竹。細民之憔悴於虐政。未有甚於此時者也。公理之鬱而不章。正誼之屈而不信。亦未有甚於今日者也。此皆非貴報之責乎。在昔朝有闕政。則有臺諫。有御史。有骨鯁之藎臣。有逆鱗之讜論。而今日之中國無有也。旁徵友邦。甲黨在位。則在野之乙黨必盡監督之力。策勵之責。如是互相督責。以維持權勢之均衡。以戢弭非分之妄念。而今日之中國。則同者黨之。

異者伐之。逆我則亡。順我則昌。未聞有以天下國家爲前提。而以摯誠之態。忠婉之言。以正道大義相責難者也。此亦區區私衷之所願望於貴刊者也。而不。處。貴。刊。之。不。能。洽。我。望。也。故自今以後。願貴刊專論政治。作評隲。指摘眯、贊鑑考。備採納。別黑白。辨是非。鄭新知。循古誼。不願貴刊綴祗衲零。供世人玩賞談助消遣之資而已也。區區之意。望將文錄以下各欄。一切去之。通訊中之但作頌語。不關宏旨者。亦略去不登。而專爲政治之批評。則無論貴刊主張如何。必能成一派。偏一家。縱不能生效於今日。亦必能見容於後世。如船山梨州晚村亭林梓亭舜水諸君子。其當君權囂張之日。而獨倡民治學說。當時何嘗不見擯於世人。而二百年後。卒成其素志。如是則視貴刊眞爲今日中流之砥柱矣。今猶未也。詩云。風雨如晦。鷄鳴不已。其昌之於貴刊。望之深故不覺責之切。明知貴刊舊貫相沿。必不能改。而猶言之者。詩所云中心藏之。何日忘之。其昌之不敢不盡忠言於貴刊。亦願貴刊不能不盡忠言於國家也……吳其昌　清華大學研究院一月十九日

天下談士。揚吳君之名。諷劍往交者踵相接。劍謝鈍未及請。而辱君先施。陳義理厚督責如此書焉。甚矣賢豪間之睨劍者彌篤。而劍乃日即下流。不知所自奮也。書中歷指時弊南北各若干事。固本刊常日所在。惟以今日受言之量。無往不狹。正深韓非。說難。之感。君以不能洽望斥之。誠知罪矣。今後勉爲。請得惟力是視。但有一言。還懇請君三思者。凡物。善。惡。量。也。多寡數也。如善。非。即。多。惡。非。即。寡。則數。量。二。者。往往。不。能。相。益。今甲寅二十六頁。而不克盡量之能事。即倍其數至五十二頁。其於量莫爲役也將毋同。二十六頁中。半數批評政治。而不克盡量之能事。即全數如是爲之。其於量莫爲役也亦將毋同。蓋積。群。聾。無。以。爲。聰。疊。瞽。盲。無。以。爲。明。甲寅。僅。削。去。文。錄。以。下。各。欄。益言。政。事。恐無。自。忽。來。船。山。梨。洲。諸。家。之。目。劍揣吳君相愛過切。相望甚至。又見區區小冊子中。每號可值一讀之文太少。故聊。以。伸。任。谿。溝。伐。薪。之。義。廣。之。爾。　論斷

者之姚翁龐林聯稱譜。均一一備載。雪之篇娛鑑。若纖繡通形矣。他如忠孝節義之事略。古蹟之興廢。人物藝術之評騭。詩文詞賦之有關係者。下及小品文字。軍事與詞藻並重。非敢謂隱持風氣。亦聊寓微尚所存云爾。今各稿校勘已畢。倘乞賜以弁言。忝附神交。諒荷台允。此函由門人張肅廬面呈。如蒙惠稿。請交肅廬可也。……沈宗畸 北京番禺新館

鑑翔甲。寓於東京。竹登貴遠。肅總筆一通。沈君南野。抑又其亞。蓋劍得此函。不十日而沈君即化去。劍侍及其未死。以一律題其所著雜鈔云。小說詩家沈亞之。一編隱隱重當時。花生自古傳江筆。傳散何嫌步鄭絲。世士自同丘壑賤。吾懷祇訴蠹魚知。尺書無限依依意。爾我交期視此詞。此詩南野幸猶及見。有書來謝。然雜鈔劍賓未甚善之。以立格低而選事復不慎也。獨文人窮而著書。謀博升斗之資。以裕其殘年。劍焉敢過持刻覈之論。而今其人往矣。俯忽之間。各爲異物。未來事之未易度得如此。璱君遺札。爲之憮然。 士鍔

約翰大學

……自南方教育黨化。教會學校迫而停辦者。日有所聞。其苟延殘喘者。亦惴惴不安。民國十六年來。禍亂相循。國家教育。幾瀕破產。而少數青年。尚得致力乎學問者。私立與教會所立學校之功也。一旦廢而去之。其幸乎。其不幸乎。夫教育權之收回。理也。宜也。外人雖固執。未嘗敢抗也。然收之必有道。不必迫之挾之。盡使其閉門而後已也。日本之於教會學校也。不惟不去之。而又利用之。朝野上下。未聞有怨言。蓋制之取之自有道耳。茲是之不察。而曰必盡捨爾所爲而從我。使國中數十萬青年。徬徨歧路。無所依歸。誠可痛也。誠可痛也。即以約翰而言。五十年來。慘淡經營。現有校地三百餘畝。廣廈數十座。藏書數萬卷。計估價二百餘萬金。規制學程。尤爲嚴重。時在今日。頗難得也。十三年秋。齊盧酣戰。校旁而絃誦未輟。今日亦不得不提前放假矣。明年如何。猶未可知。惜哉惜哉。……王德鈞 上海約翰大學 一月十二日

一七

此今。日。應。有。不。平。之。聲。也。憂時之士。其詳察焉。

士劍

讀甲寅雜

……甲寅旣以開發天下思辨之處自任。發願至宏。經濟一方。植基宜固。贈閱辦法。施者傷惠。受者傷廉。萬不能久。至於隨意寄附。則或寄一元。或寄百元。如寄一元。附報一分。寄百元。須贈百分。所入何不足供印費。何能維持命脈。如以寄附之多寡。定附報之量與時。則猶是交易之道耳。寄附云乎哉。國中人士愛讀甲寅者。不僅僅一人。愛讀甲寅而無力寄附。不願長期受贈者。恐亦不僅僅一人。爲甲寅計。與其仰讀者之厚貺。均若謀自身之廉價。三十八號常皆帆署所述余印報紙價格減少一議。實爲至當不易之論。先生復書云。去歲曾試行之而敗。迄今未敢輕試。不知彼時報紙。祇印半數。則有所謂善本者在。若舍報紙無善本。不辨何待。愛讀。甲。寅。者。愛其。文。字。也。非愛。其。紙。張。也。如今日所定價目。五十二本薄冊子。歲需七元八角。而郵費不與焉。在。國。內。定。期。刊。物。中。實爲。空。前。之。昂。價。必。致。購。者。寡。而。索。者。多。不。及。一。稔。刻附。又。輟。矣。不知先生曾計及之否。……錢履周　溫州北門　一月二十一日

甚矣。社。會。組。織。之。不。易。倡。也。七元八角之價。誠哉其昂。然本刊固不強人必納。蓋必付價矣。何人視何數於彼相宜者。即付何數可也。彼報紙本。固自有價。以報。紙。本。價。而易。得。較。善。本。而。退。其。不。足。部分。本刊。可。得。取，盈。於。他。力。裕，之。讀。者。以。彌。之，焉。果亦。何。傷。天。地。之。和。哉。至以無故受惠爲嫌。則昔開不。能。以。貨。助。人。者。以。力。如。陳。平。之。先。往。後。能。是。也。今甲寅所須於天下之力者至無限。大抵一人介。得。讀。者。一。人。其值。已。償。二人。則。且。償。之。有。餘。又。何。必。斤。斤。與。本。刊。計。爾。我。施。受。哉。夫人寄一元。本刊當寄報一分。若寄百元。其人讀報之誠。將不相與爲埒。亦仍寄報一分而已。何百分之有。蓋本刊受同志者之惠。未自以爲傷廉。同時即讀者偶受本刊之惠。誰得以傷廉二字嫁之。今之。問。題。亦。在。道。

何。進。而。得。使。甲。寅。配。布。社。會。如。其。術。不論。撰。者。詞。者。只須。於。甲。寅。有。深。刻。之。同。情。心。護。惠。稍。稍。相。互。出。入。而應。行。所。無。事。忽云。乎。哉。踐君云。發願至宏。植基宜固。須知。此。宏。此。固。其中。殆。無。因。果。相。生。之。連。誼。今之的址附因之組織。劍蓋從廿苦中來。意欲。充。類。利。用。社。會。間。成。美。言。善。之。總。量。而齎。幸。其。不。敗。君顧。輕。輕。以。何。不。食。肉。糜。一。語。了。之。何其。料。天。下。事。尚。易。哉。然君固是今日最有心之一人也。其意劍深感之矣。

士劍

太炎集外文

庚子拳變與粵督書

章炳麟

迺者讀公論為中土民黨。自以八十衰翁。不惜糜頂。壯哉貴乎。北方糜爛。且兩月。奸回倒柄。强敵乘間。帥起譏訕。波及東南。某等所望於公者。則明。絕。僞。詔。更建。政。府。推。賢。致。民。以。全。半。壁。不。傾。以。燕。蹈。危。難。期。也。何者。近畿兵狀。官匪狼狽。勢不可理。列強以剿匪為名。而不明言宣戰。然僞政府則既宣戰矣。疆臣外悍列強。內悍政府。淹延兩可。持重不斷。自公電咨華帥。閏五月二十五日以後之詔。不當遵奉。然後華帥內有所恃。始立保護長江之約。然於。政。府。則。隱。拒。而。非。明。絕。於列。强。則。私。約。而。非。公。盟。西鄰。責言。禍且。未。艾。江南李鹿二帥。復以勤王北上。勤王。者。則。汗。漫。兼。容。之。辭。耳。剿匪。者。得。舉。是。以。爲。號。助匪者。亦。得。舉。是。以。爲。號。二帥之名曰勸王。其實助匪也。同列不沮。峴帥且授之士卒。何能取信於外人耶。神京既陷。兵禍必及於東南。故吳淞礮臺之修。權督已沮其增繕。是知列強特與南方委蛇。而其心已陰有所忌矣。以此偷。

安綦相國之禍方在羣帥且僞詔已宜言撻伐而疆臣猶與列強交通此政府之所謂方命也詞問能黜計不旋踵今日宜戰之詔可蹶拒矣他日能黜之詔為能拒之乎夫蔡帥所憚於列強與政府者其實者為民命不肯者即為將位要領焉耳今疑劇為兩可之謀而將位要領卒不可保外有責言進退罪也內有譴詞始終罪也二者皆窮孰與明絕政府而示列強以藩鎮之可恃乎雖然迹諸帥所以環視無敢以更延政府選者亦以分職相等莫適為主也今公既元輔之重當分陝之任動觀於天府借聞於四裔於位則宜於望則宜公若先發蔡帥兆不肯然應者或以半壁之計形勢無先於兩江此言地利則然然民氣還悍人無固植北商賈又悠齊不知大計人荒財匱不可與立粤中昔多志士復饒財賦統稻漁魚鹽鋼果布之美輻湊於南海富人多任俠輕利越海得南洋諸島可倚以為外府此其勢則優於兩江灼灼矣聞公已建置議院蒐練材技毀家紓難以為民倡四方喁喁莫不延頸跂踵今若絕詔建府以紓近禍延攬材俊以為後圖其勢宜可以不敗又戊戌之獄逐臣府官逃難海外至不可計其人大率銳敏軼材之士也方時無故尚將湮滅而用之今禍變已亟必當開釋禁綱引與立功實材來多則布之湘鄂江皖閩浙諸藩府使藩鎮輯協若肩臂脈絡之相使則政何為而不理民何為而不附又是屬多與南洋諸商深相約結得其人則度支所出僅從所輸抑可以有資矣語曰日中必熭操刀必割今乘北禍未已中外相爭歐美日本之兵尚鏖於黃海猶得舂容措置以為南人遺禍之計失此不為恐他日之粤海亦猶今之津沽也猶令無此外人折骨但血以牆大寇而使吾族得因其成以自立乎藉者公在北洋規建新法天下想望徒以位非樞府不得變置大政今事機既迫鈞石之重集於一人想遠猶閎略咎之已夙某等部從誠不足裨補萬一僅以是為市人之臆言耶抵冒威嚴不任主臣屏營之至

案庚子先生主先外舅北山樓此篇手稿近從殘書中理出史材手迹兩俱可珍

士釗識

詩錄

東坡生日伺伯召集寒碧簃分均得遊字

蘇戡

寒碧簃中降蘇日郭君置酒集名流斯人已若鶴孤
往千載何殊貉一丘飼鸞莫談元祐政清吟聊比月
泉遊蘚齋卷裏衣冠客誰信新亭以楚囚

前題分均得孤字

弢庵

天窮人厄總區區元祐熙豐俯仰殊海外負孤猶自
適江干吹笛固多娛命宮例得牛箕謗春夢應成笠
屐圖若較陸發文湖張先生生世未陝孤

逸公歲暮薄游海濱賦此奉柬

纓蘅

衛寒小作看山行姓字眞防估客驚出非無如求野
獲一年強半與鷗盟儘收冰雪供詩料且作漁樵話
耦耕別有江湖憂樂意看人簫鼓競春城

歲暮

笑山

歲暮天荒地冷時杜門老子倚兒嬉筆乾幸得碑銘

潤裘典萏價酒樂貧梅有精神多爲雪茶因清苦最
宜詩作金未得王陽術眷與廉兼亦大奇
七世將家三楚少獨余投老戀靑氈擬梅落夢圖三
九竹葉消寒斗十千鷄鵠肯添煨芋火羊羔美入羹
茶天不管更作劉郎會走馬朱樓門管絃
時時相煦拂簫笛萬炬紅遮雪霽天雀躍經從佳客
召鵑鐘偏得美人憐紫裘橫笛坡生日玉殿雞楊絡
往年也識洛陽春色麗有花無葉不成妍
三朝齊告捲珠簾雷後奇寒一倍添瑞葉彌天催白
戰梨花滿地兒童笑打門噤米無多債婣遙橘瓜滿
意甜十二月中今月好牀頭夜夜見銀蟾

遼東雜詩

逸塘

頻年碣石就消夏此日遼東學避寒烏帽那堪人海
鬧炎涼應却本來難
客館無心報小年敲殘爆竹靜中喧見時況味齏鹽

盡。腸有心香未了緣。（記歲夕大連客館中靜坐）

塵襟乍滌倦懷開。信宿淹留傲伏哉。海上石礁莫相笑。此行不爲買山來。（黑石礁岸湘渤濱名勝諸處先公多延別此於茲附近）

嵐光雪色淡交加。似與行人鬪鬢華。我亦山靈慚久別。十年遼左欠停車。（余自觀戰經由東省到國後十年不來附諸東矣）

次均答海藏樓主　碩蘭

巖棲何地覓王官。如此神州袖手難。出岫當爲天下雨。翔綃偏耐澗濟寒。行藏縱說知孤尚。哀樂中年付萬端。珠氣瑞光廿自閟。世人早作一星看。

與時六十壽記與北山先生強年遊宴及弱男夫人東瀛過從之樂感懷成詩　任丞

客中問字憶初笄。耳熟蘇徽廿載齊。萬卷果能傳蔡女。五噫當日重鴻妻。下得氣概人如故。去國光陰夢欲迷。我爲謝庭微往事。椒花壽酒喜同攜。

次海藏先生韻　孤桐

爲貧可笑是謀官。生業翻緣貽後難。地有滄浪忘所濯。世無松柏莫言寒。消愁近覺詩差勝。負累羞稱友不端。蹀馬海藏樓下去。叩來欲作帝閽看。

讀孤桐自拼文有感奉寄　君浩

薏苡騰訛撼伏波。飢鴟遙嚇意云何。果眞盜嫂寧媒聚。未欲從羣託網羅。墨近不緇非足訝。室虛生白已貧多。請看澗到嚴霜節。可尚長松翳女蘿。

惆悵　醉士

惆悵紅樓隔雨望。春江艤棹意多傷。管絃泣剩飄流夢。煙檻愁通婉轉腸。陌上花開歌緩緩。橋邊風過響鏘鏘。承平事往歡悰減。悽絕扁舟載杜郎。

城南　醉士

上苑鏑聲接暝荒。高樓孤迥倚殘陽。箏絲能唱層臺曲。車影閒行複道長。玉琖偏愁酒未盡。金梁貯泥已難量。眼中容易年年換。祇有城南樹鬱蒼。

雙栝行 有序　和鈞

雙栝行、爲故司寇林公宗孟作也。司寇以議郎入樞席。輒掌政要。嘗於寧池廨中。栽雙栝自傍其廬。乙丑十月、京中政變頓、偪府要人自昔被刧入軍獄者相繼。其罪跡莫由明也。時公祭酒國憲。欲引疾去。奉天軍長郭松齡者。方同軍指瀋陽。雅重公名。安東事蹟。情意迫切。至於再三。公卒爲所動。乃于是月望日夜半行。師過錦州白旗堡。每戰輒克。去瀋陽僅二站。爲日兵所扼。不得逞。遂以間騎趨小蘇家屯。忽爲黑龍江軍所敗。郭既被執。公亦蒙亂軍中。其僕王爾殉焉。時十一月九日也。逾月從公行者逝歸。其家人始得審其遇害狀。余既以丙寅元旦。偕公弟天民至大連歸其骨。因長歌哀之。

黃沙遮地白日黑。燐火無溫聲動隱。夜半城西忽相語。樓頭雙栝聲聲急。急聲淒怨走神鬼。四野沈愁皴雨泣。自言生植不記年。南郭移栽傍前宅。剪伐未遭世斧斤。滿谷觀承主恩澤。主人才高好俶宇。手抱美人意龍虎。常揮寸筆破千軍。每把雄談傾衆吐。典章文物出袖襟。將相侯王斥簿鹵。此時吾栝亦有神。怒幹虬枝處處添。乳燕烻巢嫣弄舌。玉驄繫汗細吹屏。涵收霜氣化白苷。深宵燦爛落星辰。東南動地蕉蕤鼓。金吾夜禁連歌舞。急詔難催細仗容。蔓抄欲獵上林園。朝衣鐵索銷郎當。七貴三公賤如土。可憐溫室事難言。脈脈心頭寄雜樹。闕外忽傳佛肸使。蟻封急足走千里。回戈本爲民罷瘵。讓政誓從公聽弭。巾車羽檄日數馳。公今不出蒼生死。主人對客初沈吟。中夜推几忽長吁。自古賢臣叛大夫。春秋義戰今有無。男兒得意黃龍居。苟紓民力皆吾徒。短衣縛袴夜韃門。刁斗無聲月色昏。萬騎垂看易漢幟。二蛸遺恨失蘇屯。鳴髏燐蜻氣如吼。天心未厭吾何有。殄胄不歸先軫元。結纓猶識仲由守。荒村火燒天欲赤。絕世才華血凝碧。淺塚原頭野祭魂。深閨夢裏未歸客。鑯廳秋冷射堂廡。斜巷蒼涼蒿滿目。雲樹不堪掛紙錢。當墻只常陪家哭。嗚呼坎壈由來爲盛名。百年樹人十年木。樹猶如此人奈何。忠義獨憶王家僕。一夕枝頭無限哀。明朝新主買新居。

「經」仁義之爲外內也。病。（病舊作內孫校改非字亦通但仍非百閒形近兩而誤說彼辟）說在作顏。

「說」仁、仁、愛也。義、利也。愛利、此也。所愛利、彼也。愛利不相爲內外。所愛利亦不相爲內外。其謂（舊作爲謂爲古通）仁內也。義外也。舉愛與所利也。是狂舉也。若左目出。右目入。

此駁告子。仁內。義外。之說也。告子亦嘗與名家。其說與墨家兼愛之旨有妨。故駁之。蓋兼。相愛。交。相利。云。有。墨子。之。根。本。大。義。也。其言。愛。利。並。舉。卽愛。卽利。二者。並。無。所。偏。重。如告子義外之論。則內。外。有。限。利將。不。足。以。詮。愛。而兼。愛。之。意。荒。矣。此墨。宗。之。所。必。不。許。也。故經與說如此。仵顏。者。謂。於。生。理。有。迹。也。此與說中左目右目相照言之。目存。於。面。故曰。仵。顏。諸家勵稱顏字有誤。始未思耳。

說語意極明。無待詮釋。其謂仁內也義外也之其字。卽指告子之徒。夫心。理。與。生。理。有甚。相。似。處。仁義之爲用。各自有其內外。猶左右目之爲視。各自有其出入也。今並愛與所利爲一詞。恍若仁不能有外。義不能有內。是猶。以。左。目。出。右。目。入。相。提。而。論。恍。若。左。目。不。能。有。入。右。目。不。能。有。出。者。也。如。彼。者。在。生。理。爲。無。是。境。卽。知。前。者。在。心。理。亦。無。是。境。後。者。號。曰。作。顏。前者。宜。號。曰。作。心。官。是。非。狂。舉。而。何。作。者。又。諸。家。皆。用。跪。辯。之。名。也。莊。子。天。下。篇。所。謂。苦。偶。不。作。之。詞。出。此。類。推。

「經」惟吾謂。非名也。則不可。說在彼。（彼舊作仮改改字與說中彼字出墨何等說切校決其誤）

「說」惟、謂是霍、可。而猶之非乎霍也。不可謂彼是。是也。謂者毋唯乎其謂。彼猶唯乎其謂。則吾謂行。（行上舊衍一不字文義正反與容結論不能皆具故不公衍字甚明）彼若不唯乎其謂。則不行也。

此明。墨。家。爭。彼。（爭經曰彼也辯）之。義。歐幾里得公論曰。設有多度。彼此俱與他等。則彼與此自相等。（條理依墨家之）彼。卽幾。何。之。他。也。（公孫龍子用他字）名者。經。「他」較。量。之。名。立。敵。所。共。許。也。凡物。若。惟。吾。謂。爲。如。是。而。未。叶。于。爭。彼。所。得。之。稱。則不。可。故。曰。說。在。彼。

孤桐雜記

張佁杉爲詩。恒有觸才絕豔之作。近見其靜坐一首云。靜坐人語寂。悠然百感生。夜長。防。夢。短。居小。喜。燈。明。隔樹。月。無。色。四山。秋。有。聲。胡笳一何苦。嗚咽上高城。又所。謂。稅。然。淸。風。徐。在。簡。素。與其生活昏濁狀況、殊不之應。不圖。心。迹。相。違。竟乃。如。此。

有焦山、字仙石。忠來識其人。以詩抵忠。稱其友佘念寃、字闓坡。別號雁門狷俠。江蘇贛榆縣人。少有文名。尤工詩。淸季憤國家多故。則從軍。革命後充南京第三師十二團連長。今徐州有匪變。寃奉檄往剿。死焉。志行見稱。詩近體亦瀰可誦。惜其湮沒乃後死者之咎云云。詩冊從忠儕衍。播越數省。時經數年。幸未失去。潛德幽光。終於闇歇。或乃冥冥中有相之者也。成懷云。引盃看劍氣嶙峋。欲譜長纓恨未伸。報國。忍。拋。無。益。淚。論交。新。得。忘。年。朋。身經患難翻無病。詩到窮愁卽上乘。衣襴道條關塞遠。十年孤負讀書燈。送焦仙石入都云。焦桐入爨鮮知音。愁聽陽關一曲琴。亂世。逐。人。多。白。眼。少年。累。我。是。靑。衿。空彈舊調飄琴淚。離辨。開。尖。去。住。心。天助。秋。風。人。助。別。哀蟬何事苦高吟。贈前人云。送客幽燕去。空江落晚潮。交游。憐。我。拙。貧賤。逼。人。驕。六幅帆無恙。萬重山豈遙。長安秋氣肅。還。伏酒須澆。又云。易水蕭蕭動客悲。他無所恨識君遲。嵇生。結。習。原。疏。懶。山簡。何。辜。値。亂。離。幾。疊。征。衫。茲。時。綫、一持。國。屬。故。人。詩。何時車笠重相見。認取緇痕上發絲。

歐洲大都會市街上。有摩託車。供人登用。行路若干。需車費幾許。車箱前有米達綫綸記出。機械自然。欵目字依里數多寡而變。歐語名此車曰太克西。按吾國夙有記里車制。唐大觀中內侍吳德仁所獻。車獨

二五

轄爕輪。上爲兩版。刻木人手執木槌、輪一周行地三步。其中平輪轉一周。車行一里。下一層木人擊鼓。上平輪轉一周、車行十里。上一層木人擊鼓。凡用大小輪。八合三百八十五齒。遞相鉤鎖。犬牙相制。周而復始，(周嬰巵林卷五有□□論此)倍巧。物也，伽州所賦之記里鼓。即是此物。其中機括，必與今之太克西大同小異。吾非工。固不尙伎巧。有此精思奇構。亦等於曇花一見。此邦國精神之特徵也。或乃因，而自甘附已。

光緒乙未丙申間。元和江標督學湘中。爲文爲博士風大變。已選刻時文數十首。號沅湘雅集。以示之範。如江氏兄弟、(江衡 江標)蔡元培，凌師泰之文成在而師。泉今天下。車同軌。書同文。一篇。尤恢詭。有曰。鄂羅斯之文。必不同唐古特之文。唐古特之文。又不同歐羅巴之文。又曰。俄鏡鳴而其應如響。俄機動則其詰卽傳。雖在普國與國之文。孰不通其意乎。此類支離之詞。當時讀者。咸否搖不下。近言仲遠(敦頤)贈思所印越縵堂時文書札一冊。凌文猶附綴於後。足見爲人推重之至。在上海曾見建霞所輯靈鶼閣叢書，湘生時藝如曾與球之生之謂性題文。並收存之，遂以爲子偁岡之說。強相傅會。介人一。說。一洋。當年風氣之狂可想。然此公宏奬風流愛才。如命。其精神固不可沒也。

梅伯言謂舒伯魯所爲詩文。皆出之太易。凡詩閱一二字而可意得其全句者。非作詩也。文氣貴直。而其體貴屈。不直則無以達其機。不屈則無以達其情。爲文。詞者。達而已矣。的是名論。

吾家實齋。曾上錢辛楣書云。「世俗風尙。必有所偏。達人顯貴之所主持。聰明才雋之所奔赴。其中流弊。必不在小。載筆之士。不思救挽。無爲貴著述矣。苟欲有所救挽。則必逆於時趨。時趨可畏。甚於刑曹之法令也。」實齋猶未見今日與論專制之相。言已如此。設其見之。必且抱書宜去。噤不敢聲。吾儕快讀之文史通義。或竟無之。

長沙章氏兄弟鬻字例

家兄仲漁先生名理綸隱於貞曾宗鍾王工力極厚釗歎勿及然以釗將鬻字紹介甲寅周刊有志相助因合訂字例於左雅好之士以覽觀焉　章士釗謹啓

對聯　八尺（八元）七尺（七元）六尺（六元）五尺（五元）四尺（四元）三尺（三元）以上八尺至六尺以八言或七言或半或指定八言以上者每言加一元

屏條　八尺（七元）七尺（六元）六尺（五元）五尺（四元）四尺（三元）三尺（二元）以上三四五尺不過三行六七八尺不過四行加行每加一元

堂幅　八尺（十元）七尺（九元）六尺（八元）五尺、七元）四尺（六元）三尺（五元）以上二尺不過四行四五尺不過五行六七八尺不過六行加行每加一元如六尺以下指書四分以內小行楷照加半倍三尺以下指書三分以內小行楷照加一倍

横幅　整紙照堂幅　半幅照屏價

摺扇　一面（二元）半面（二元）兩面（五元）坤扇全金地不書

閩扇　與摺扇同

杭扇　黑油扇灑泥金照摺扇加半倍泥金白編

榜書　直横區額等類

一尺內每字（二元）一尺至一尺五寸每字（四元）一尺五寸至二尺每字（七元）二尺外每字（九元）

壽屏　四幅（三十二元）八幅（六十四元）十二幅（一九十六元）十六幅（一百二十八元）每幅以五行為度加行每加一元

冊頁　每開（二元）三四分以內小行楷照加半倍

斗方　與冊頁同

扇尺　題跋　筆筒　等類皆五七絕句一首（三元）扇背加半倍

名蹟卷冊　題跋每個（二元）小跋不書　題簽每件（一元五角）

以上各件如須仲漁行嚴兩人合作取價均同行嚴撰文另議書件指錄已作者照加半倍潤資先付定期取件凡閱甲寅者照七折收劣紙不書綾絹加半

版權所有　不准翻印

編輯者　章清吾

總發行所　甲寅周刊社　天津日界吉野街八號

印刷所　光華印刷公司　天津特別一區大沽路　電話南局一三二九號

改訂價目

零售每期	大洋一角五分
每月四期	大洋六角
半年二十六期	大洋三元九角
全年五十二期	大洋七元八角

郵費

本國及日本	每期一分
郵會各國	每期四分

廣告價目

地位	全面	半面	四分之一面	八分之一面
封皮裡面	四十元	二十元	十元	五元
底頁外面	同上	同上	同上	同上
正文後	三十元	十五元	[illegible]	二元五角

此表係每一期價目登四期以上九折十三期以上八五折半年以上八折全年以上七五折插圖另議

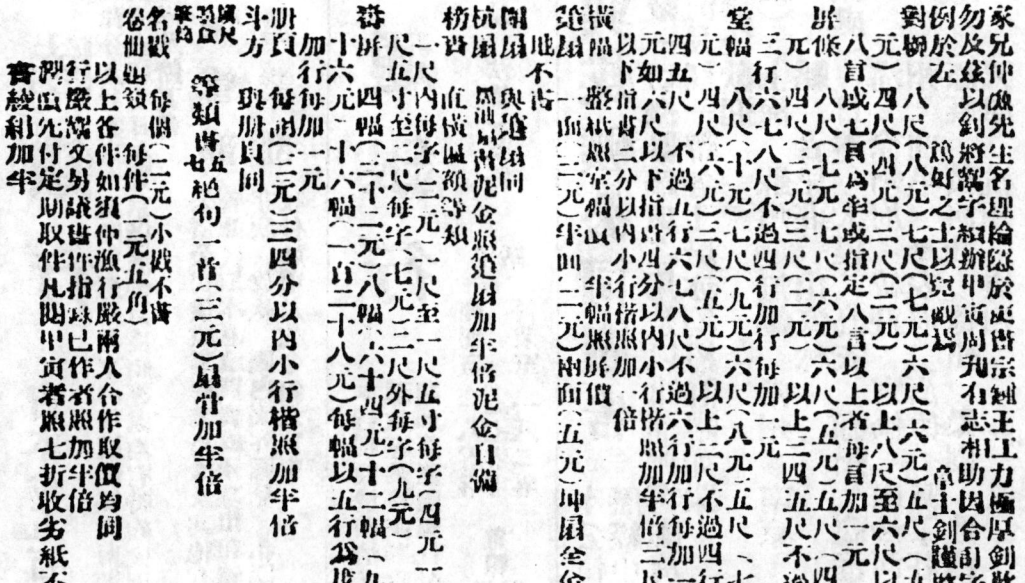

大陸銀行

資本金五百萬元　公積金一百三十萬元

總行天津分支行北京上海南京蘇州北京清華園漢口濟南青島滕縣天津大胡同其他國內各大商埠及英國倫敦法國巴黎德國漢堡美國紐約日本東京橫濱神戶長崎等處均有特約代理機關一律通匯並與鹽業金城中南銀行於天津上海漢口等處合設準備庫及儲蓄會

保管部　公債公司債股票商業票據及其他有價證券之保管並代取本息或買賣或承募出租鋼製保管箱

營業部　存款　放款　國內國外匯兌　押匯　貼現代理收付款項及生金銀之買賣

儲蓄部　活期儲蓄定期儲蓄　天津總行法租界三號路六號路轉角

交通銀行

本行創設於前清光緒三十四年股本總額二千萬元專辦存款放款匯款貼現及外國匯款等業務並奉政府特許代理國庫發行天津鈔票及各省商埠均有分行或通匯機關如蒙惠顧無任歡迎

行址　法界一號路

電話　經理室　一八〇〇　營業室　五七〇〇　一八二〇　電報掛號　六六三九

總理　梁士詒　協理　盧學溥

天津分行　經理　江世德　副理　王徽　襄理　蘇恩科

中興煤礦公司廣告

本公司向在山東嶧縣棗莊地方開辦煤礦產煉各種煤焦歷經中外著名礦師化驗灰輕礦少發長性堅極合輪船鐵路工廠一切機器鍋爐之用是以津浦滬寧隴海滬杭各大綫路常年購用同聲贊許他若山東境內暨運河長江一帶各工廠亦均紛訂購如蒙賜顧請就近向左列本公司各分廠各分銷處接洽辦理無任歡迎

（分廠）上海　蘇州　無錫　常州　南京　鎮江　南通州　清江　界首　馬頭　臨城　嶧縣　台兒莊　山家林

（分銷處）日本　大連　烏衣　滁州　臨淮　宿遷關　蚌埠　固鎮　南宿州　符離集　夾溝　徐州府　韓莊　官橋　南沙河　滕縣　界河　兩下店　鄒縣　兗州府　濟寧州　曲阜　泰安府　萬德　黨家莊　濟南府　濼口　桑梓店　晏城　禹城縣　平原縣　黃河涯　德州　桑園　連鎮　東光縣　泊頭　滄州　興濟　唐官屯　獨流　天津　杭州　海州

中華郵務局特准掛號立券之報紙
每星期六日發行

民國十六年
二月十九日

第壹卷
第肆拾叁號

4198

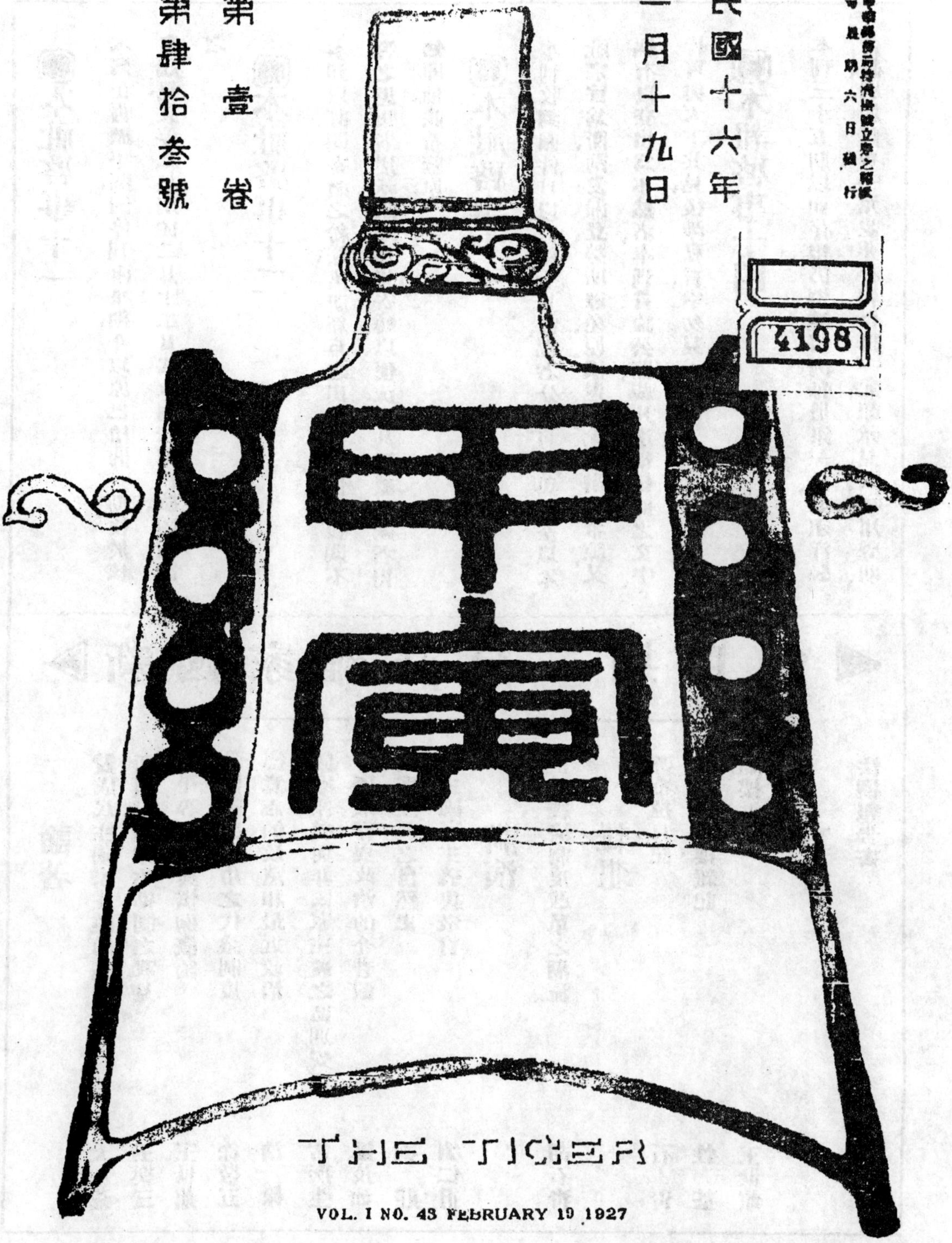

VOL. I NO. 43 FEBRUARY 19 1927

●本社啓事十一

本刊在從照年關例停刊兩星期、今以原已積閣一期、使於核實起見、其停二星期從二月十二日起、依例按期出版、讀者諒之

●本社啓事十二

本刊以訂閱寄贈之紛紜、舊册新戶之出入、寄報恒有復闕不等之患、復者屢承繳郵、將報寄轉、以便流通、其深感激、闕者得知即補、並希察原、

●本社啓事十三

本刊收到函件、日以百數十封計、編者分別可登與否、全以本社宗旨爲衡、割愛淵登、勢所難免、原稿退還、尤難辦到、希諒、又倘有以登出爲不然者、本刊言論公開、視凡登編輯部之文字、皆可與天下共見、後涉私言、幸勿見示、

●本報啓事十四

本刊三十五期以前存報、仍遵舊例、每册銀一角、如須洋裝合訂、則加訂費一元、並非存報合售一元、頗承見詢、再用聲明、

◀新國家雜誌第二期目錄▶

論著

講演

雜俎

專件

甲寅周刊第一卷第四十三期目錄

時評

調和之起。起於介命之能受。兩失北正。及強弱之形勢。一無所可。今之南北相持。稍稍至北時矣。妥協之說。遂相應而嚣然。據云楊君宇霆顯主其議。去歲曾約南府謀士蔣君作賓至奉」親與計事。當時討赤之風初熾。解人不多。曾沙疑謗。今則悔而頌說者有人矣。天津大公報、近臆舉和議之可能性有數點、一、北方於軍事上亦認傾覆黨軍為至難。二、南方至今並無公然反奉之文告。三、外交上黨軍所持主張及其成績。時受北方有識軍人之同情。四、黨軍幹部諸事。皆有右傾之象。凡此皆從正面言之也。至云負面。其阻滯亦不在小。一、首領一席。北方將以為先決問題。此於南方心理。相距太遠。二、黨治南方難於驟改。北方亦難於俯從。三、奉方屢云。祇須黨軍脫俄羈絆。依事可商。而國民黨則謂俄人襄援中國。並非運動共

產。兩者觀察。相互出入。一謂俄為萬惡。一謂親俄有利。四、北方於黨府之農工政策。頗復疑之。（二月十五日報）

北京晨報淵泉。亦論南北妥協。亦多警語。謂北方若以南方拋棄聯俄為前提。則離題不知距若干萬里。夫南方握有軍權者。雖非即附贊成赤化之人。而特欲利用蘇俄之力。以行其推倒北方之策劃。故不得不。有。聯。俄。之。標。榜。因之軍人為共產黨所制。不能公然發表其反共產之意見。與北提携。其事甚難。即使可能。而反。赤。為。一。事。建。設。國。家。又。為。一。事。今南主急進。北主緩進。跡象[illegible]。緩急懸殊。如何調和。且南方將領之後。猶有黨。號。崇黨。信。萬人指視。何能遷附減價求售。況北。所。處。地。位。匪。惟。未。達。必。當。自。貶。之。域。或竟。正。在。放。高。聲。價。之。時。於此求和。談何容易。又妥協云者。在內政乎。抑在外交乎。或曰。撤開內政。專言外交。事較易集。此姑退步許之。亦有兩大難關。第一、南北外交政策。根本不同。南方不受條約之束縛。一切行動悉可自由。其二、年來對外手腕。已為各國所共見。苟非各國自行退讓。勢將全部推翻。而北。方。之。外。交。部。不。能。如。南。方。採。取。決。然。態。度。處。處。常。以。遵。守。條。約。程。序。求。各。國。諒。解。為。根。本。勢。若。觀。火。南將變更主張以從北乎。抑北將大唱高調以附南乎。第二、即使政策可商。而對外果以誰方名義尸之。猶為大問。蓋南北既各有政府。發號施令。則除一。方。打。倒。他。方。以。外。任。何。一。方。皆。不。欲。取。消。無。待。煩。言。由是觀之。所謂妥協。不過應時而起之論。不足重視云。（二月十五日報）

二報之言。信名論也。雖然。愚且有說。中國惟分治足以立國。已成萬無可逸之勢。趨即介有大力者。極詆分治二字。以為不祥。此亦與晉。侯。夢。楚。子。伏。己。而。盬。其。腦。隱。而。惡。之。同。為。一。質。於。物。際。無。所。動。也。民國八九年間。愚與丁佛言、谷九峯諸子。任混論政。曾擬雙立共和案。相與商訂。意謂奧匈因是兩國。以共戴一君為之連瑣。名曰雙立。諸主。語之。南。北。政。情。既。如。此。其。睽。隔。也。何。妨。以。英。和。為。虛。號。取。足。對。外。而。止。至。於。內。政。則。各。用。力。角。智。以。盡。其。異。便。相。觀。摩。各。求。上。理。

因亦名曰雙立共和矣乎此議持之七八年視而莫逆者甚衆今勢已垂成而疑懼仍不絕否亦如二報之言謂若何難若何不易也須知妥協者固因有難妥協之境在其名始立其事始足有為倘自始即易則不協之跡將不生將何用公等孳孳焉求所以妥之者哉凡天下事著手即揣一難象非大不得即大不勇此拿破侖字典中無難字所以成為名言也何況調和之命脈本宿於難愈難而精神愈見方不愧調和健乎今事未著手猥曰難也難也豈非離題之至況乎處處從雙立著其義蘊即有難也將亦迴與二報所言異趣哉愚懷此見詳論有待姑於評論之評論中略發其端如是

美國近提議將上海一帶劃歸中立區域其意見已正式分致北方張作霖、南方蔣介石等而南北兩方俱不謂然聞將抗議蓋上海為東南財賦所寄兩方皆視為力爭可得之物安肯以中立二字外之況本邦土地容外人干涉之猶有喪國體乎夫美利堅以好提中立案著稱彼國務卿諾克思之於滿鐵以在東省有特利者梗議而敗常為人所共憶兩事相衡趣意頗深西方美人因不管民族家庭中之飛橫江也或曰美人此次提議恐盾其後者猶有人在夫上海有洋涇浜者近年以土塞之爽為廣逵其遺迹即咸豐間西人肆應清粵之戰閩保上海中立所提暫壞也此次外人之於南北鬪爭持態猶昔歐道案之迴翔餘地尤存夙案（此附件記日之日謂外使與太平交涉各情彼有史料甚信）由是以知上海者彼族所不肯放棄之地將來縱軍即敗抗鬨據陷上海必且安固無恙今觀跑馬廳一帶甲帳雲連究為何事倫敦巴力門所許東行兵費數逾千萬於義何取此稍通時變者蓋不難一思而得中立云云特先聲之偶發者而已是說也姑妄紀之

出廷狀者英人遮護人身自由好良有效之法令也二十年來愚稱道彌力惜均然了其議者終望而固疑駭有成為法案之勢亦未可抹擬如國會所懸遼

三

決草案。湖南近布之省憲。俱有此狀條文。可爲左證。前歲愚長秋曹。曾擬介文。將以執政名義行之。以愚倉卒卸職。遂罷。然天下。事。成。之。者。固。不。必。在。我。也。羅君文幹。夙在英倫治律。所見宜較深切。彼近於國務會議。將此狀條文全部。擬定通過。可謂獨見其大。從此。出。廷。狀。纔。成。與。之。程。途。間。又有。一。斑。然。可。紀。之。迹。誠足。喜。也。惟名稱。羅君易署保護狀。不用出廷二字。夫出。廷。云。者。謂有。人。非。法。侵。害。人。身。自。由。時。被侵、害。者。之。親。友。等。可。得。向。法。庭。請。狀。於。一。定。期。限。以。內。（英律乃二十四小時）以。出。廷。聽。審。怵。之。也。今撤。去。此。等。精。神。泛言。保。護。未免。浮。而。不。切。林君行規、擬以提審條例爲譯。義。猶較近。若王君寵惠。則在元二年間。曾謂愚譯出廷二字甚洽。（見所著[illegible]法[illegible]）不審近見且云何也。

駐湘西常德之黔軍總指揮袁祖銘、及其師長何璧輝、參謀長朱崧。於一月三十日同時被殺。或曰、黨軍招賓。於席間決之。或云、所部譁變。爲亂軍所賊。而南府所布文告。則一致以後者爲言。謂袁氏收編積匪過多。早失統馭能力。致有此變也。又袁部黔軍。猶有彭漢章、王天培各師。常德之變作。已將介石卽以彭師紀律廢弛。前在宜昌擾民爲詞。於二月六日將彭免職。交唐生智查辦。並在漢口。稱彭於第九軍辦事處。似此將唐有解決黔軍全部之決心。可以概見。凡軍。閥。之。離。合。存。廢。問。題。並。得。由。此。勘。入。長江上游。凡於黨軍新附未安之衆。殆十餘萬。其不至以兔狐之悲。激成他變與否。尚未可知。然黨軍去袁。似叶於謀。定。後。動。之。義。不。甚。廉。也。或曰。袁爲王文華舊部。王竟在滬見殺。固袁購兇所爲。王人恨之刺骨。近王妹壻何應欽、治軍於閩。蔣介石任之至專。言無不聽。值袁傾部南附。驕蹇爲黨人側目。何復以復仇之義請。遂成今變。此自。是。軍。事。秘。密。固。然。偶。露。之。相。有。可。紀。者。

自黨。政。府。明。助。傭。工。張。目。峻。益。薪。貲。把。持。店。約。南中。勞。資。間。之。紛。糾。遂。益。甚。陰歷正月十日、廣州及石龍佛山商人萬餘。由區逵之、鄧殿邦、蔣士臣等領隊。聯赴省政府。請願維持商店年初二自由用人權。各携衣服器具。示不得歸。即一致罷業。而凡年初二被除之工人。亦紛來府。歸願打破年初二除人惡習。在頭門外守候不退。針鋒相對。勢甚岌岌。非在漢口。亦以同類事件。紛紜不已。錢業至滬落將初七。始行開市。而協豐昌、泰昌盛、怡祥、源綏四莊。猶向錢業公所呈請歇業。湖北勞資委員會。於初五日邀集各莊經理。討議此事。有某代表高呼全體跪下。痛哭流涕。或則

狂叫求憐饒。其勢。慘亂。殆不可狀。噫、黨人誤矣。昔馬克思。張其學說。曾加。最要之。但書。曰非工。業絕盛之。城。吾說。不可行。今吾。工。商。業務之。幼稚。視馬氏。立說時。已相去。不知何。許道論。六十年。後之。歐洲今、日而乃。操。持。急切。一至。於。此。曾亦、知生計。事。業。者、全民、畢業。也。如此。之。爲。亦徒。見。大之。如病騾。既之。莫、救。小之。多。稱。淡。榮。以自。困。而。已。豈備。者、一。方。受。損云。爾哉，

論共產黨

[illegible]

七

原指

章士釗

指者、物皆也。物之所以成其爲物者也。以英語詮之。所謂共相 general notine 也。既曰共矣。則凡相之涉於一偏者。皆不足第、如色有黃白青黑之不同。物而有色。乃偏相。非共相也。故公孫龍曰。白馬非馬。蓋白馬者馬之有色者也。馬之。有色。無與。於。馬。指。故曰。非。馬。然，其、語微奧。世不易明。非生發之。因證爲論。其大意曰。凡指有表裏。裏指人不之知。視指之見於表者。群謂之指。其實表指。大抵。從。俗。爲之。辭耳。非眞。指。也。於是。龍。立。第一。義。曰。指非。指。以爲言之。其意者曰。爾所謂。馬。非眞馬也。所謂。馬。表指。也。眞馬。裏指。也。指非。

指。者。表指。非。裏指。也。今曰。表指。非。裏指。是以。指喻。指。之。非。指。也。以指喻指之非指。開者難辨。不若。舍。馬。而。言。他。物。以。非。指。喻。指。之。非。指。也。何也。天下之物。莫不有指。天下之物。例莫非馬。以他物。喻。指。非。指。而。有。底。猶之。以。馬。喻。指。非。指。而。有。成。也。奚必。拘。牽。名。義。爲哉。惠施聞之曰、善。吾謂以方喻。天下有木之方焉。有石之方焉。有蓋之方焉。有案之方焉。有平之方焉。有長之方焉。此諸方者。皆偏相也。非吾所擬統攝諸方之方也。凡爲方者以矩。嘗試爲之。非如木之方。者。卽如石。之。方。也。非如。蓋。之。方。者。卽如。案。之。方。也。非如。平。之。

九

方者。即如長之方也。縱橫顛倒。百易其途。而吾所擬統攝諸方之方。終不可得見。由是言之。矩蓋不可以爲方也。惟規之不可以爲圓亦然。知規矩旣不可以得方圓。即知黃黑白馬中之不可以得馬。信乎以非指喻指之非指。其道豁然大通也。人以告老子。老子曰、信哉。天下有常道。凡可道者皆非常道。天下有常名。凡可名者皆非常名。指者。常道也。以馬言之。即常馬也。黃黑白馬皆適然。有色而爲偶。馬故非馬也。指者。又常名也。以方言之。即常方也。木石盌案平長等方。皆適然。有象而爲偶。方故不可以爲方也。愚備聞三家之言。喜其貫通於指。大明作原指。

公孫龍曰、白馬非馬。又曰、指非指。惠施曰、矩不方。規不可以爲圓。莊子曰、以指喻指之非指。不若以非指喻指之非指也。天地一指也。萬物一馬也。老子曰、道可道。非常道。名可名。非常名。此數義者。發其進竅。綜其次第。灼然見其所詮於指者。有如右狀。信筆寫來。確成妙諦。讀者若以數家年代及其語言之迹。固不如是少之。則固未足與聞斯義者矣。丙寅八月十九日

愚爲陳簡市先生公孫龍子注後題記。意人之讀之者。必且問曰。龍注究當如何作。曰、愚懸著原指一首。人不甚了了。而得別有一書。從而索解。如查字彙。應有儘有者。方爲佳注。故並將此文布之。以謝愚言。丁卯二月十六日

陸賈新語提要辨證

余嘉錫

四庫提要曰。

新語二卷。舊本題漢陸賈撰。案漢書賈本傳。稱著新語十二篇。漢書藝文志儒家。陸賈二十七篇。案漢志實作二十三篇蓋兼他著述計之。隋志則作新語二卷。

此本卷數與隋志合。篇數與本傳合。似爲舊本。然漢書司馬遷傳。稱遷取戰國策、楚漢春秋、陸賈新語作史記。楚漢春秋、張守節正義猶引之。今佚不可考。戰國策取九十三事。皆與今本合。惟是書之

文。悉不見於史記。王充論衡本性篇。引陸賈曰。天地生人也。以禮義之性。人能察己所以受命則順。順謂之道。今本亦無此文。又穀梁傳、至漢武帝時始出。而道基篇末。乃引穀梁傳曰。時代尤相牴牾。其殆後人依託。非賈原本歟。考馬總意林所載。皆與今本相符。李善文選注引新語。以今本核校。雖文句有詳略異同。而大致亦悉相應。似其僞猶在唐前。惟玉海稱陸賈新語今存於世者。道基、術事、輔政、無爲、資質、至德、懷慮七篇。此本十有二篇。乃反多於宋本。爲不可解。或後人因不完之本、補綴五篇。以合本傳舊目也。今但據其書論之。則大皆崇王道。黜霸術。歸本於修身用人。其稱引老子者。惟思務篇引上德不德一語。餘皆以孔氏爲宗、所援據多春秋論語之文。漢儒自董仲舒外、未有如是之醇正也。流傳既久。其眞其贋。存而不論可矣。

嘉錫案、自來目錄家。皆謂新語爲陸賈所作。相傳無異詞。至提要始創疑其僞。而其所考。則至爲紕繆。不足爲據。如所引漢書司馬遷傳。考之漢書。實無其文。遷傳終篇、未嘗言及陸賈新語。其贊中惟言司馬遷據左氏國語、采世本、戰國策。述楚漢春秋。接其後事。訖于大漢云云。亦無取陸賈新語作史記之說。惟高似孫子略（卷三）云、班固稱太史公取戰國策、楚漢春秋、陸賈新語作史記。此蓋似孫之臆說、而提要誤信之。未及覆考之漢書本傳也。（說詳在提要後附論引班固語尙不誤）考後漢書班彪傳、史通古今正史篇、述史記所采書。皆與遷傳贊同。他書亦無取新語作史記之說。則是書之文。悉不見於史記。固其宜也。是書賈本傳作十二篇。漢志儒家陸賈二十三篇。提要既知爲衆他論述計之。則論衡本性篇所引之語。稱陸賈曰。不稱新語曰。自是賈他論述中之文。故嚴可均鐵橋漫稿（卷五）新語敘。謂論衡本性篇所引。當在漢志二十三篇中。則今本之無其文。亦不足異。論衡書虛篇引陸賈曰。離婁之明。不能察帷薄之內。師曠之聰。不能聞百里之外。其文亦不見於今本。又薄葬篇云、聖賢之業。皆以薄葬省用爲務。然而世尙厚葬。有若秦之失者。儒家

一一

論不明。墨家議之非故也。墨家之議右鬼。以爲人死輒爲神鬼而有知。能形而害人。故引杜伯之類以爲效驗。儒者不從。以爲死人無知。不能爲鬼。然而賻祭備物者。示不負死以觀生也。陸賈依儒而說。故其立語不肯明處。」今新語初無論鬼神之語。此亦引賈他。著。述。也。提要及嚴氏僅引本性篇一條。蓋猶。考。之未。詳。矣。至於穀梁傳出世時代。考漢書儒林傳云。漢興。高祖過魯。申公以弟子從師入見於魯南宮。申公卒。以詩春秋授而瑕邱江公。盡能傳之。又云。瑕邱江公受穀梁春秋及詩於魯申公。並無穀梁傳至武帝時始出之說。提要之意。蓋以瑕邱江公受穀梁春秋於魯申公。申公之學。惟江公盡能傳之。江公武帝時人。因謂穀梁傳至是始出。不知。申。公。爲。浮。邱。伯。弟。子。高。祖。過。魯。申。公。以。弟。子。從。師。入。見。師。蓋。即。浮。邱。伯。其時。賈。方。以。客。從。高。祖。定。天。下。居。左。右。呂太后時。浮邱伯在長安。楚元王遣子郢與申公。俱卒。學。賈。亦。方。爲。陳。平。畫。與。絳。侯。交。歡。之。策。是。賈。與。浮。邱。伯。同。時。人。新語資執篇云。鮑邱之德行。非不高於李斯趙高也。然

伏隱蒿廬之下。而不録於世。利口之臣害之也。鹽鐵論毀學篇云。『方李斯之相秦也。始任之。人臣無二。而荀卿爲之不食。覩其罹不測之禍也。包邱子飯麻蓬藜。修道白屋之下。樂其志。安之於廣厦芻豢。無赫赫之勢。亦無戚戚之憂。』與新語所言鮑邱之非合。包邱當即鮑邱。蓋古字通用。包又與浮通。左氏隱公。八。年。經。浮。來。穀。梁。作。包。來。是。其。證。鮑。邱。即。浮。邱。伯。浮邱爲孫卿門人。見楚元王交傳。新語鹽鐵論以之與李斯並論。亦。以。其。同。出。孫。卿。之。門。也。方。賈。著新語時。浮邱伯尚在。而賈極口稱之。形於奏。進之書。則其學。出。於。浮。邱。伯。尤。有。明。徵。穀梁傳序疏云。穀梁子名俶。字元始。一名赤。受經於子夏。爲經作傳。傳孫卿。孫卿傳魯人申公。申公傳博士江翁。考。申。公。之。年。與。孫。卿。殊。不。相。及。當。是。卿。傳。之。浮。邱。伯。伯。傳。之。申。公。與。魯。詩。授。受。相。同。穀。梁。疏。偶。略。去。一。代。耳。（沈欽韓漢書疏證亦主是說）浮邱伯以詩及穀梁傳授弟子。賈與之同時。欽。其。德。行。安。知。不。從。之。問。春。秋。大。義。特。賈。非。其。門。名。家。故。儒。林。傳。不。列。其。名。耳。則。其。引。穀。梁。傳。曾。何。足。異。乎。新語

辨惑篇、引魯定公與齊侯會於夾谷事。與穀梁傳略同。公羊既無其事。左傳所敍復不同。知其。用。穀。梁。義。也。『兩君升壇。兩相嵩下。而相欲揖。』傳作兩君公壇。兩相相揖。『夷狄之民。何求為使優旃儛於魯就之幕下。』傳何求為作何為來。旃作施。儛作舞。公作君。可以考見古今傳文之異。至德篇云。『魯莊公一年之中。以三時興築作之役。（案同三十一年春築臺于郎夏築臺于薛秋築臺于秦也）規固山林草澤之利。與民爭田漁薪菜之饒。刻桷丹楹。眩曜靡麗。收十二之稅。不足以供回邪之欲。僭不用之好。以（原缺一字）婦人之目。財盡於驕淫。人力罷於不急。上困於用。下飢於食。乃遣臧孫辰請（原缺二字）於齊。倉廩空匱。外人知之。於是為宋陳衛所伐。』考穀梁莊二十八年築微傳云。『山林藪澤之利。所以與民共也。虞之非正也。』臧孫辰告糴於齊傳云。『國無三年之畜。曰國非其國也。古者稅什一。豐年補敗。不外求而上下皆足也。雖累凶年。民弗病也。一年不艾而百姓饑。君子非之。』三十一年築臺於秦傳云。『不正罷民三時。虞山林藪澤之利。且財盡則怨。力盡則懟。

君子危之。故譏而志之也。』凡此皆與左氏公羊異義。知賈。所。言。用穀。梁。師。說。也。明誠篇云。『聖人綜物。無所遺失。上及日月星辰。下至鳥獸草木昆蟲。（原缺三字）鶂之退飛。治五石之所隕。所以不失纖微。至於鴝鵒來。冬多麋。言鳥獸之類（原缺三字）也。十有二月李梅實。十月隕霜不殺菽。言寒暑之氣失其節也。鳥獸草木。尚欲各得其所。綱之以法。紀之以數。而況於人乎。』案穀梁僖十六年六鶂退飛過宋都傳云。『石無知之物。鶂微有知之物。石無知。故日之。鶂微有知之物。故月之。君子之於物。無所苟而已。石鶂猶且盡其辭。而況於人乎。故五石六鶂之辭不設。則王道不亢矣。』范甯注云。『不遺細微。故王道可舉。』此亦。左。氏。公。羊。所。未。言。知賈。說。本。於。此。也。以此數條推之。知全書所言春秋時事。皆用。穀。梁。家。法。又不。獨。道。基。篇。所。引。一。條。已。又至德篇末。有春秋穀四字。其下闕佚。蓋亦。引。穀。梁。傳。也。漢儒諸經師說。雖多亡佚。然其遺文散見諸書者。多可哀集。惟穀梁春秋以治之者鮮。漢儒之說。幾希殆絕。賈書。幸。而。僅。存。其說。猶。在。申。公。瑕。邱。

一三

江公之前去諸竹帛時未甚遠也微言大義皆有所受治經者宜若何寶重之耶且賈既傳浮邱伯之學則茲書中所引詩必皆魯詩遺說是亦稱三家詩者所當知也有清經學極盛而於賈此書鮮稱述之者豈非為提要不根之說所惑耶班固賓戲云近者陸生優游新語以興董生下帷發藻儒林劉向司籍辨章舊聞揚雄譚思太玄法言皆及時君之門闑究先聖之壺奧論衡案書篇云新語陸賈所造蓋董仲舒相被服焉皆言君臣政治得失言可采行事美足觀鴻知所言參貳經傳雖古聖之言不能過增陸賈之言未見遺闕而仲舒之言雩祭可以應天土龍可以致雨頗難曉也又超奇篇云陸賈董仲舒論說世事由意而出不假取於外又云陸賈消呂氏之謀與新語同一意賈之此書班固比之太玄法言王充比之董仲舒文謂其言君臣政治得失參貳經傳與今本所說亦復相合知新語確係敷陳政道之書非記事之書且固以賈與董生劉向揚雄並稱謂能究先聖之壺奧充又謂雖古聖之言不能過增以為董仲舒

春秋繁露所不及則提要所云漢儒自董仲舒外未有如是之醇正者又不足奇也至謂玉海言新語存者七篇而今本乃有十二篇為不可解則嚴可均新語敘論之甚詳足以釋提要之疑其論新語處亦善惟謂穀梁傳武帝始立學非陸賈所能預見則猶未免惑於提要之說穀梁傳出荀卿浮休伯以授之申公賈與浮邱伯同時相善年輩且嘗較長於申公何為不可預見乎且據儒林傳穀梁傳至宣帝時始徵江公孫為博士孝武時未嘗立諸學官也道基篇所引穀梁傳仁者以治親義者以利尊今穀梁傳無此文鍾文烝穀梁補注論傳篇謂此乃漢志所稱穀梁外傳穀梁章句之語而通謂之傳其說最為得之嚴氏謂賈所見者穀梁舊傳疑瑕邱江公所授于申公者其本復經改造非穀梁赤之舊亦未必然也要之賈於漢初諸儒最為醇正以較賈董未易後先故班固王充皆亟稱之漢高以馬上得天下不知重儒賈獨為之稱說詩書陳述仁義本傳言每奏一篇高帝未嘗不稱善論衡書解篇云高祖既得天下馬上

之世未敗。陸賈述新語。高祖粗采納。則漢初之撥亂反正。賈有力焉。遂開兩漢數百年治平之基。其功當在蕭曹以上。惜乎未竟其用。否則儒術之興。不必待之漢武以後也。史遷乃徒以辨士目之。班固雖善其書。而其爲賈作傳。亦僅沿襲史記。無所發明。後儒遂鮮稱述之者。幸而遺書具在。猶可考見其學問而提要。不能博。若勞稽臆決。略辭謬爲贗作。豈不重可歎慨。愍故逐條辨駁。表而出之。無使讀者惑焉。

通訊

得常德吳悔晦（名恭亨）書。稱同邑余嘉錫狷庵、閉關人也。晚清時一試吏。（丁酉舉人出爲主事）入改革後蕭然著書。所爲文雅健寬博。儼班作者。近十年來。究心目錄之學。纂有提要辨證若干卷。吾讀書做疑。艱於論難。爰附好事。輒索一首。實之著席。沅澧千里。文獻彫敝。莫知振起。足下固以說士卅肉自命者。倘即布之周刊。使同好之士。相率競進。本邦文化之澤。或猶不斷云云。愍亟韙之。請延譽者一無虛妄。函爲禮之於此。國人治學。鬻病以耳代目。紀氏提要與行以來。學子震於其名。未敢多所詰難。姬傳先生不公平無忌憚之語。亦徒成空論。（姚與胡〇君書云。去秋始得四庫全書目一部。閱之。其持論大不公平。鼐在京師。尚未見紀曉嵐猶竊恐此之甚。今觀此則略無忌憚矣。豈不爲世道憂耶。）今得余君盡發其覆。渺成巨帙。眞有功學術不淺。愍近有志推校吾國政論諸書。故於余君所辨新語一篇。尤韙之。惟恐易盡。惜本刊幅窄。莫容專著。愍行與作者另商版行全書之法。姑以一斑先餉讀者。使知崖略。世猶有優游下帷（川余君引泰因謂）之士。如君其人者。儞。

士釗謹識

周刊之職

……大刊已收到三期。批評黨治諸作。信爲古今不磨之論。雖覺其尚有缺憾者。經濟方面之作物。似嫌太少。以現在時局之糾紛。人心之煩悶。全由經濟問題而起。時人傾心大雅。注意鴻文。恃以爲解惑明疑之資。設於此無得。將生彷徨失望之心。如嗣佑者。即其中之一人也。有署名前溪者。於國聞週報發表中國新經濟政策一文。持理精而設策審。大非國民黨三民主義之淺陋粗疏可比。而社會輿情。青年意氣。神聖彼而土苴此。其故何耶。吾人雖有甚勝之理。至精之思。坐而言者。未聞有忍苦耐勞。乃至犧牲身家性命。强聒苦爭。於國民之前。以求必達所操持之目的之人耳。公與國聞務有連誼。倘識前溪。幸以此語告之。區區之意。以爲政治其物。經緯萬端。凡有理解有良心之國民。宜擇其當前可行者。即時行之。初不必徐徐待軍閥之覺悟。更不必徐徐待民衆之反省。最近天津生產業者小有集合。謀勞資之互瞭。求產業之繁榮。得其一端。炎想意更進一步。北京天津大都市之市民。宜急起籌備市自治。以固市民自衛之藩。上以避軍閥無理之誅求。下以防俄黨秘密之運動。且天津舉辦自治。租界亦可包括在內。中外市民。有俱受市政府保護之權利。有俱納租稅於市政府之義務。租界形式。隨市自治之進步而自然消滅。豈非北方市民。對於國家。對於民族。一大貢獻也哉。謹陳管見。幸賜裁焉。……荆嗣佑　北京寄發　一月十四日

世界之名週刊如司佩鐵特者流。所謂之職有二。一、甲乙自拈一題。與本刊無關者。相與論辯。而特證鄭本刊。迭爲往還。至百十次。一二年不厭。一、社會間凡有細大激隨之見。本刊中總得覓其片影。以資證論。於是通訊尙焉。甲寅有志乎是。華不敢怠。惟所列訊件八九針對甲寅而發。社會相互自勵之議。絕罕與稚暉以雙簧式設之。無怪其然。植新（字淵君）此齋。一於國聞週報有所獻替。一突提大規模之市自治。皆駸駸絕甲寅而馳。使甲寅在精神上。得與戈狄生文報接軌。甚休甚休。植新謹

劍與國聞舊有連誼。既以轉告。須知。連。誼。之。最。大。者。蓋莫。逾。前。溪。號。吾。甲。寅。時。自。發。本。篇。而。自。解。答。之。交。類。耳。略。非。近。世。新。聞。記。者。之。職。司。也。生計間題。甲寅行有餘列。猥荷提示。彌威高誼。士劍

國民黨

……蔣箸黨治駁議。所以針砭國民黨之處。雅亦確當。但謂至他黨與。殺無赦。以逆論等句。似覺先生過於盛氣。以沒國民黨而厚誣之矣。今請以己往黨事證之。民國初元。先是共和黨。後蛻化為進步黨。與國民黨對峙。成立兩大政黨。從從可以互相更迭執政矣。不幸進步黨不守黨德黨綱黨義。醉心官化。為官僚後盾。作變相之官僚黨。壓倒國民黨。終則已亦被官僚所厭棄。而至烟消霧散。當時其他小黨雖多。亦皆自生自滅。於國、民、黨、何、與。即後之安福系、政學系、研究系、交通系、外交系、新交通系、新外交系等等。亦祇知以系因緣。營其政治生活而已。並不以黨綱黨義。與國人以共見。是其生存時期久暫。更於、國、民、黨、何、有。至十餘年來。並未聞有人出而組織一大政黨。以黨綱黨義作正當旗鼓。與國民黨對抗。國民。黨。又。何。能。強。人。以。必。另。組。一。黨。以。為。政。敵。耶。若國民黨則失敗十餘年。始終保持其政黨態度。孳孳進行。今一旦有機可乘。以黨綱黨義詔示國人。奮發有為。亦固其所。此種事實。倫良僻居山邑。下里巴人。尚能億而道之。想先生必不遺此。苟使黨治不治民情。先生儘可非難。介國民別辨。民情。向。背。果如。飾。論。有若。讕。風。驟雨。是將有。以。處。此。區。區。之。意。惟謂。不。可。持。一。概。抹。殺。之。論。以。為。清。黨。滌。德。累。而使。救。國。名。言。匡時。大。業。有所。折。隔。耳……方簡庵 [illegible]十二日

厚意深感。惟以。本。事。件。論。似是。無。的。放。矢。之。言。蓋劍所謂他黨與殺無赦云云者。特指。今。日。共。產。黨。假。國。民。黨。之。名。在。內。力。所。行。者。為。然。附。其。上。明。明。有。一。今。字。限。之。此。與。十。六。年。來。國。民。黨。之。本。相。何。涉。至言。本。相。則。劍。前。後。所。稱。各。義。自信。不。後。方。君。即黨治駁議篇中。且云。元二之間。國民黨兼容並包。氣象萬千。無愧一時泱泱無兩之大黨。三十六期第七

（頁上欄）續作國民黨周刊後題。復云。國民黨固一裕進善容之大黨也。無如北方軍閥。不善迎其機。而進步黨人之褊狹傾巧。亦必因勢剗滅敵黨以為快。（四十期第六頁下欄）凡此持較。方。君。所。為。該。黨。申。辯。者。何。如。從。古。知。人。之。明。貴。失。論。世。取。義。之。險。繫。於。斷。章。劍。於。方。君。拳。拳。之。意。感。其。誠。恕。不。服。其。指。也。

士劍

東方文化

……今日學術衰息。故大亂日滋。然救亂。在學。而學。在。文。文之美者。弗當口出。尚書史記之文是已。如云汝惟不伐。天下莫與汝爭功。勿妄言。族矣。詞簡而意暢。孰有耳者而不聞其聲耶。今世文妖。解散破體。十言可了者增之百。百言足用者益以千。文愈支離而意愈晦。高者峻極而不可攀。下者沉淪而伊胡底。兩不。相謀而階級生。思想隔絕而學殖荒。則所欲登須彌頂而大聲疾呼曰。一切。革。命。之。急。無。有。急。於。文。學。者。已。文。學，之。革。非。革。其。新。與。舊。革。其。非。新。非。舊。之。文。妖。果。舊。矣。則宜如尚書史記。但識其字。無不了義。果新矣。則宜如諺語國語。稱心而談。永絕戲論。今之學者。全反乎是。故言之不文。學甚已頹。忝在先覺。當仁何讓。因是有海內耆碩之集思。成東方文化之特刊。文化。萬。緒。而。能。化。在。文。一。切。文。化。悲。於。思。想。一切。思。想。藉。文。表。現。故。闡。揚。東。方。文。化。者。闡。揚。東。方。思。想。也。發。皇。東。方。思。想。者。亦。整。理。東。方。文。學。也。壯集雖未正成。而出刊幸有三期。今先是一冊。所隱如何化腐為奇。離僻適中。敬乞不存客氣。一一指示。……

唐大圓（南京東南大學二月六日）

嘗論文字有其可變。有其不可變。惟可變也。乃言新。舊。至不。可。變。則。所。謂。文。無。新。舊。唯。其。是。雖。不。能。絕。古。固。遠。絕。時。也。世。之。為。古。者。往。往。不。變。其。可。變。而。唯。形。似。古。人。之。是。務。崇。今。者。又。往。往。變。其。不。可。變。而。唯。背。反。古。人。之。是。務。倅論高下之辯。嘗即指此。惟以劍言之。尚書史記難識之字。誠為舊之可變。若論。諺。國。語。中。之。稱。心。文。字。今。人。讀。之。且。如。己。意。所。欲。出。者。固。非。新。也。仍舊。中。之。不。可。變。者。也。然此特說法徹異。大悟不殊。足下於文化事業。輒作獅子吼。吾徒所深媿服。專刊一冊。約略讀過。終精皆與心叶。何時更以餘瀋。沾丐甲寅。

士釗

憂患

……上次隨寄貴報一函。措詞於憤。不意仍付洪喬。至可憫歎。假此情形。何能再肆喋喋。惟有數語。仍欲瀆上。能道與否。非所計。略謂大刊以往宏著。摧破之非多。建立之功鮮、倘不揭豁正範、似未能恆持羣附。豎立壁壘、又蘇維埃現狀及其設施得失。與夫正負兩方之外論。乃至突厥墨西哥兩國情勢。皆與宗國有極大關繫。宜廣爲搜譯。以資借鑑。鄙意大略如上。鸚鵡前頭。姑止於斯。伯夷。叔齊。兩條性命。換得四字。（采薇歌第十字起）長垂天壤；遷評列傳冠首。凡以此耳。諸維亮察。……張覺（十八二月二十七日）

此書隱約其詞。作者宜有憂患。所署姓名。且未必眞。而其意。則誠吾徒所當聞。所願受者也。近得南北各方緘札。勸郵局員檢驗。諒本刊所之各地。亦

不甚形自由。然本刊終是豎起脊骨。憑着良心。備見得到者。斟酌言之。畏首畏尾之見。不敢持也。則於無負亦心。相爲如君等其人而已。破立一義。尤中已過。敢不拜嘉。

士釗

罪言

……讀甲寅。感國內言論之有正義。以詔吾人。然竊於執事爲國立說。敢有所貢。孔子曰。法語之言。能無從乎。巽與之言。能無說乎。是則從與說。孰爲人心之所迎。服可知矣。矧今世囂囂者。方迷昏於塗。與其從之。不如說之。之易爲樂也。愚意惟有獨重於當世有道之章君。乃爲國珍士耳。此意幸喻。美蓀近廿年來無淑狀。幽居白下。閉戶修學。有竹一叢。日思勁節。種樹。閒風。紺看。回賞。此差可告故人耳。……呂美蓀（南京漢西門黃鵠巷十四號 十二月除日）

蘇淮南三呂。天下知名。自眉生女士優游白門。不與世競。人亦不憶當年風概矣。處世若夢。懷思局任。跂難。寂寥。數語。而稽文養氣工夫。豈今之跳盪

詞增者所得彷彿。太炎先生稱其五言氣味已遒。七言或未能稱。時見新語。稍宜淘汰。自是老師刻覈之論。非恒士所得妄引。本刊行籍作什以光篇章也。

士釗

弔柳州詩

……手教並律詩一章。奉悉。弟自秋後。家慈多病。惟日侍湯藥。不離母側。每稍安舒。則寫閒呻吟之聲。則憂依劉劉。均在憂懼中度日。外間事絕不聞問。即至親好友。亦少通訊。兄詩云。作客蘇臺久不出。蓋紀實也。惟弟拙於吟咏。不能賡和。有媿有媿。吾兄生平服膺柳州。吾鄉前輩李雲雅編修翊集中。有弔柳州二律。特錄呈覽。

咸陽初出拜青門。遷謫蠻荒向遠荊。宦寺直如張讒惡。古今誰辨叔文冤。逐臣已法原無罪。帝閽長辭不返魂。因嘆史官多左袒。至今蒙謗獨無言。（叔文一案千古莫白其冤緣當日北宋尊政史官毀詆故多非實錄）

柳州政績著逸爽。老病窮途嘯古悲。山水探奇名益顯。文章遇困阨尤奇。死歸骸表千年柱。生作蠻荒百世師。莫怪

遺朝終不得知無威柄付閒司。……李根源（蘇州二月十五日全衛五十四號）

印泉功名性情中人也。今天特惜其功名而養其性情。尋常一札。足觀其大。此議凡友印泉者不甚知也。仇更無論。夫包舉天下安利元元之大業。豈獨然無性情之人所能彷彿哉。柳州文章。字字從血性中迸出。故爲奇文。李詩平反之意。亦是由心所感。讀之憮然。

士釗

存稿

……先生之文。法嚴而筆曲。足資後學楷模。惟除甲寅外。多散見報章雜誌。雖重金亦難購全。殊深浩嘆。如援甲寅存稿例。彙刻行世。則天下學者當受益無窮矣。芻蕘之言。望勿見棄。……王瑞焱（蕪湖道一月二十）（安慶增應師學校十七日）

承注甚感。近與鄙意相同者。頗復有人。惟當世以文存鳴者。無慮數十百家。以鄙著錄於其間。殊失吾家實齋翁所云逆時趨之道爾。殊媿。

士釗

太炎集外文

獄中與吳君遂張伯純書 癸卯

章炳麟

君遂伯純鑒。自閏月六日入獄，七日到案，越數日得君遂手書。並飛銀三百圓。資助訟費。高義薄雲。感激無似，此案各領事與工部局堅持。不令陷入內地。僞關道袁樹勛、以兵五百人。解去號衣。潛伏新衙門後，將劫以入城。捕房戒嚴。傳訊時．每一人以一英捕陪坐馬車復有英捕跨轅，數英捕馳車帶劍，夾在前後。街巷隘口。亦皆以巡捕衛守，謀不得發。既往聽訴。則聞南洋法律官番同繙譯，宣讀曰。中國。政。府。到、案。曰．中。國。政。府。控。告。蘇。報。館。大。逆。不。道。煽惑。亂。黨。謀。爲。不。軌。曰．中。國。政。府。控，告。章。炳。麟。大。逆。不。道。煽惑。亂。黨。謀為。不。軌。曰、中。國。政。府。控。告。鄒。容。大。逆。不。道。煽惑。亂。黨。謀爲，不。軌。乃各舉書報所載以爲證。賊滿人、逆胡、僞清等語。一切宜讀不諱、嗚呼、彼自。稱。爲。中。國。政。府。以中。國。政。府。控。告。罪。人。不在。他。國。法。院。而在。己。所。管。轄。最。小。之。新。衙。門。真千。古。笑。柄。矣。訴。訟。錢程二子。自辯本無干涉。仲岐代父入獄。亦已爲大衆所知。當可開釋。弟與威丹。罪狀自直。其所控我。自革命逐滿外。復牽引玄曄、弘曆、載湉小醜等語。以爲干犯廟諱。指斥乘輿。不知律師如何申辯。龍積之無事可執，乃云係富有票會匪。犯事在漢口。情節支離。不值一辯，最可笑者。新衙門、委員、孫、某。不甚、識、字。觳觫、殊、甚。但云、公、等、速、說。我、與、公、等、無、仇、無、怨、而、已。事畢。乘馬車歸捕房。觀者塡咽，誦風。吹。枷。鎖。滿。城。香。街。市。爭。看。員。外。郎。而。返。麟白。

又致吳君遂

章炳麟

君遂我兄左右。昨寄一函計已照察，今見西報，滿洲以十萬金易我兩頭顱。抑何可哂。獄中近尚清潔。鄒者本是同志。猶之議論，亦復水乳交融。陳仲岐略有怨尤。亦尙寧靜。無如程錢二子。攪擾不安，錢保仁本鎮江流氓。積之在鎮江時，曾雇爲傭役。後以詐騙銀錢一案。投入敎會，今又在籍犯法，逃至上海。嘗張閣演說時。滿口胡言。自命爲三點頭目。且與積之書云，爾勿敗我事，否則爾首領不保矣。以是積之不敢明言。夢坡本有拔病，遂受其詐。常言某處有一金佛，可往取歸。一生吃著不盡，而夢坡竟信之，欲以蘇報交彼辦理。幸仲岐窺破其詐，得以保守。然已騙去器銀三四百圓矣。前日馮稽亭來，彼亦相識，輒妄言我與張伯純曾在某處謀開礦山。礦中五金皆具。但伯純亦嘗受其欺者。而其人，識字甚少。所書俗語，亦如拉丁文。大憩呪，不可猝解，不知夢坡何以稱之。近聞儲林外史。係張洪逃仙鶴掣事。以爲談笑。彼竟不聽，又時、調、王、袞、儀、約、云。奴不、懸、敘，嘗答、一、首。亦聊、以、爲、獄、中、談、柄、也。此係奇事，特報君知。伯純聞之，當爲啞然。絳頓首。

蘇報案。爲革命史中大獄。當時甚爲煊赫。忠固是報中主撰。名捕獨免。此辦案者江蘇候補道俞恪士先生、特私於恐。恐恥之而無如何。章鄒本可颺去。故意就逮，以示風節。獄中寧靜之態，讀此二書，可見一斑。是案本六人，號六君子。實則除章鄒外，惟龍積之（澤厚）略有時望。餘三人，一陳仲岐，爲蘇報館主陳夢坡之子。一陳吉甫，爲館中帳房。一則錢保仁也。審此革命。熱鬧鍋時，名以終者，夫豈少哉。錄竟憮然。

士劍

詩錄

覺迷吟

正道

方便己之德。損人稱因惡。餘慶由善積。惡小不可作。

任重名不立。仰愧而俯怍。回頭百年身。終天徒惋愕。

自身無修爲。福蔭固已薄。每見大劫成。貴賤同淪落。

塵感難禱遲芸芸任游居因因而果果循環相結絡
報應惜子時造物司借約甚至墮三塗那乘難脫度
旁生森然物簇楚厥來縛宰肉襲其皮宰割烹鼎鑊
餓鬼喉不開飢火中焦燃地獄無曙光萬年時摸索
稱存仁人心作鬼亦自若覺悟猛精進跬步是極樂

歸途寄東瀾蘅即次其韵

逖塘

不負登臨是此行孤蹤轉覺俗人驚肯因卒歲妨清
興聊寄詩續舊盟（大選聖鳴社詩次書識鵬多）海水恰開佛人
定山禽如勸客歸耕何當招得津沽月共子聯床話
鳳城

附夕落得逖老和詩賦答仍次前均

續篇

眼底何人不夜行逃名轉覺世兒驚鬢絲已紆殊方
纖心迹悵堪止水盟守歲肯放妨美睡洗兵準擬看
來耕錦衣玉貌夠匆匆耶十六年來客帝城

二十年前桂辛出先幹君梓皋先生湘江紅葉
圖屬題恐不能詩遂巡未就今披圖仍是幾
題著數首桂辛曰吾不敢濫借人加恐也恩

重其意且感湘局劇變賦此歸之

孤桐

廿年却憶武昌遊手把遺編鄉重收待墨略間衡刺
滅題名猶是瀨詩如許迴江上筆如昨紅到人間葉
不秋自古瀟湘無限意修門今人幾多愁

題湘江紅圖葉

子火

風雪長安酒一壚挑鐙還看楚江圖瀟瀟兩岸招漁
子隱隱千家問極奴儔侶晚移鷗共遠詩人老去鶴
爭臘故家鎌索豪情在重向金門話鯉趣

壽弱男夫人四十隸是行嚴先生即用其書懷

龍

青浩

鬱儺虎嘯（行嚴有文虎之名）蹇支那窈窕雖堂興若何眉案
廿年人來老山齋半日我竹過（大入留學日本齋山學院時予竹借讀君與長）
（往防之）芝蘭漸長娛安石遊蹤防微謙伏波猶有北山
樓主謂風中危草雪中柯
悄悄琴瑟是低徊絕異伊涼笛語哀看捕玄蟬寧改
葵早聞文葆游親栽堆西球應歌竹淺意東若漸
著梅何事周術苦留滯玉醅久熟待歸來

和胡君豫胎秋懷原韵三首　蓉若女士

嗣歲胡嗟寒上蓬。來看海月起遼東。目惟昔去顏難駐。詩不能工境未窮。歌到楚聲傷古意。漫憐濁世自持躬。含圖敢望猶秋獺。南北何時共裝弓。

蜃市難尋海上樓。圖窮冥晦髮窮秋。居夷今日與無地垂涕。何人可道愁。幕燕已憐巢壘換。征鴻猶爲稻粱謀。誰介鐘鼓千年器。讀化人間戲與矛。綠荒漆室陶髮日。對酒當歌意豈豪。誰哭惟應痴阮籍。寫交嵇祇絕山濤。洗戈有願蹈天漢。買犢何人賣劍刀。遂帶荷衣燃時事。嚴阿寂寞意徒勞。

今傳是樓詩話

王揖唐

谿山胡朝梁詩廬。初學海軍。精英文。旋折節攻書。師事散原。中年隱於末吏。篤志爲詩。形神俱槁。曼獨遊。雅近后山。甲寅乙卯間。余與君唱酬最夥。今亦什不存一矣。什記余過詩廬有落低曲似船之句。頗肖當時情狀。偶檢君遺札。有婦和詩風格至高。在東坡臨川之間一語。可謂阿其所好。爲之赧顏。詩何所指。都不省記。君寄余四律。錄之以志感求之雅。其一。公卿。以。下。大。夫。士。幾殆。能。如。君。好。賢。下走。徒。抱。殺。文。爾。來時。比。之。大。隱。焉。堆胸兵甲衛天氣。洗眼滄溟歸閬船。巷尾。猶。嫌。往。還。遠。隔鄰。爲。卜。鄰。三。椽。（自註逸塘先生招欲頻約偕鄰感賦奉謝欲次來詩韻未能也）其二。將軍。善。喝。功。名。際。姓。字。紛。傳。淮。海。閒。矮屋。打。頭。知。未。世。高軒。過。我。竟。忘。渥嗤春清息。迴。梅。側。隔坐。光。芒。接。肺肝。早晚。專。城。傾。施鉞。紊秋掛。壁。大。弨。閒（矮屋何答作余慈低曲似船之作）其三。佛面猶蒙累劫塵。丁香又壓短篇新。我從都下諸賢後。來媚花間半日。春。一老。今。爲。天。下。重。閒身。猶。是。太。平。民。詩從。苦。意追。騷。雅。挽住。風。光。作。主。人。（自註三月二十九日法源寺餞春雅集呈湘綺老人娑宗道陪和尙）其四。無人省識春來處。此是春歸餞別圖。眼底。勝。遊。皆。至。矣，松間，嶽立。者。誰。乎。衣冠今世已非古文酒當年何日無。盛事乾嘉數難徧。可能一一與追墓。蓋題法源寺餞春詞也。詩廬晚佐吾友徐又錚幕府。庚申後屏跡學佛。中曾戒詩。旋又爲之苦力。嘔心協律。竟夭天年。亦可傷矣。君歿後。余馳書寶融。謀刊遺稿。旋聞已由君之友人武進蔣竹莊。編付商務書館印行。竹莊篤於風義。今之古人也。寶融與詩廬交甚篤。又從君遺篋鈔得贈余詩二首寄余。其一。合肥諸將起書生。公以知兵位列卿。畢竟功成愛爛散。此心惜與白鷗盟。余卸內長後赴歐觀戰。詩廬見懷。故有是作。其二。則丁巳冬答余見贈一律云。孝章衆所毀。要自有大名。堂堂。孔。北。海。乃醒。一。書。生。荒說。言。割。據。鼓角。動。哀。聲。如公。秉。文。武。獨未。習。縱。橫。今之原作則已佚矣。余居東後。寶融曾摘錄君病中寄懷之作數句云。海濱。風。日。佳。絮櫻。可。照。几。白門。舊。跡。想。柳色。今。何。似。會當。起。東。山。賴公。振。邦。紀。原詩當日本知何故浮沈。今遺集中亦未見。白門句託興深婉。其時英威相館未久也此與寶融之試向。石。城。尋。斷。夢。將軍。白。骨。已。先。寒。句。皆能不失風人之旨者。詩廬愚亦友之。丁巳戊午間。時相往還。曾製宗祠長聯。欲付愚書。意極懇摯。愚諾焉而迄未爲。負此死友。何勝慨慚。

士釗附識

孤桐雜記

愚長秋曹。曾於民國十四年一月元日。請令大赦。據稱、全、國、爲、此、令、所、及、者。獄囚幾、達、二、十、八、萬、人。推原其故。由。各。獄。其。報。監無。防。地。新囚。難。收。審判。遲。滯。曁押。累。獄。者。輒至。瘐。斃。而又。囚。糧。常。缺。因或。累。日。不。得。一。飽。此常。罰。外。又加。餓。刑。愚慘慘動心。遂援項城民元前例。更舉大赦一次。爲他因也。事後頗有議者。謂大赦惟專制皇帝行之。非民國所宜。此論膚淺。不足留念。近讀蜀志。載延熙九年秋、大赦。司農孟光責大將軍費禕曰。『夫赦。者。偏。枯。之。物。非。明。世。所。宜。有。也。衰弊窮極。必不得已。然後乃可權而行之耳。今主上仁賢。百僚稱職。有何旦夕之危。倒縣之急。而數施非常之恩。以惠姦宄之惡乎。又鷹隼。始擊。而更。原。宥。罪。上犯天時。下違人理、老夫耄朽。不達治體。竊謂斯法。難以經久。豈具。瞻。之。高。美。所。望。於。明。德。哉。』禕但顧謝。踧踖而已。忽讀此悚然。

甚叔盡瘁於成周而死。彪後謂天之所壞。不可支也。甚叔強支壞局。宜其取死。柳州爲弔甚叔文。意不然之。所見極大。蓋所。際。遇。有。以。促。其。同。情。古。人，也。然果。如。後。論。世間。焉。有。忠。義。之。士。循。誦。子。厚。樂。爲。自。殞。身。世。爲之三嘆。成一絕云。甚叔。堂。堂。死。國。時。柳州。弔。古。吐。宏。詞。我生。猶。見。彪。後。論。妄。說。蒼。天。壞。不。支。

劉禮卿炎光典書。李大甬卒避粵督任。彼就謁於滬。大曰。余近窮甚。到廣東不過作事。唯少少撈。本。而已。後大督粵。實踐所言。粵人以李、大、荷、包、稱、之。又李之前任爲張香濤。以李不職、人競思張。時亦有張將回任之謠。好事者因製爲聯曰。之洞再來天有眼。瀚章不去地無皮。黃陂爲言如是。

胡適之提倡白話詩。同時標榜元曲。斯誠二律背反之道。須待照格附出爲調和也、夫詩降而詞、詞降而曲。曲降而白話詩。名似日趨簡易。實則。詞。律。嚴。於。詩。曲律。又。嚴。於。詞。黃九。烟。所。謂。最。下。之。文。字。須。最。上。之。工。夫。者是。也。今白。話。詩。繼。詞。而。起。果。有。何。種。安。排。乎。白話詩家。最惡言律。惟其無律。故曰白話。若曲也又豈其然。九烟謂按格塡詞。通身束縛。蓋無一字不由淡。泊。無一。語。不、由。扭。揑。而。能。成。故凡曲之難有三。叶律。一也。合調。二也。字句天然。三也。皆爲之語曰。三仄更、須、分、上、去。兩平、還、要、辨、陰陽。詩與詞曾有是乎。（曲製按語見湖所闘昭代叢書）今爲白話詩者。一面絕對棄絕形式。不使言志永言之作。有何體裁可言。一面又以適之重曲之故。矜言曲爲文章第一。坊本元曲選一書。遂不脛而走天下。今之。文。士。尚能。辨。得。辨。別。力。一。毫。耶。

長沙章氏兄弟鬻字例

家兄仲漁先生名理綸隱於此世宗鍾王工力極厚釗歎勿及茲以釗將鬻字經辦甲寅周刊有志相助因合訂字例於左以爲好之士以覽觀焉 章士釗謹啓

對聯 八尺（八元）七尺（七元）六尺（六元）五尺（五元）四尺（四元）三尺（三元）以上八尺至六尺以八言或七言爲率或指定八言以上者每言加一元

屏條 八尺（七元）七尺（六元）六尺（五元）五尺（四元）四尺（三元）三尺（二元）以上三四五尺不過三行六七八尺不過四行加行每加一元

堂幅 八尺（十元）七尺（九元）六尺（八元）五尺（七元）四尺（六元）三尺（五元）以上二三尺不過四行四五尺不過五行六七八尺不過六行加行每加一元如六尺以下指寫三分以內小行楷照加半倍三尺以下指寫四分以內小行楷照加一倍

橫幅 豎紙照堂幅價半幅照屏價

紈扇 一面（三元）半面（二元）兩面（五元）坤扇全金地不書

團扇 與紈扇同

杭扇 黑油或黃泥金照紈扇加半倍泥金自備

榜書 直橫匾額等類 一尺內每字（二元）一尺至一尺五寸每字（四元）一尺五寸至二尺每字（七元）二尺外每字（九元）

壽屏 四幅（三十二元）八幅（六十四元）十二幅（九十六元）十六幅（一百二十八元）每幅以五行爲度加行每加一元

册頁 每開（三元）三四分以內小行楷照加半倍

斗方 與册頁同

摺扇 聚頭 單條 等類皆五七絕句一首（三元）扇骨加半倍

名籤 每個（二元）小籤不書

卷册題簽 每件（二元五角）

以上各件如須仲漁行嚴兩人合作取價均同行嚴鬻文另議書件指錄已作者照加半倍潤資先付定期取件凡閱甲寅者照七折收劣紙不書綾絹加半

版權所有 不准翻印

編輯者 章淸吾

總發行所 甲寅周刊社 天津日界吉野街八號

印刷所 光華印刷公司 天津特別一區大沽路 電話南局一三二九號

改訂價目

零售每期	大洋一角五分
每月四期	大洋六角
半年二十六期	大洋三元九角
全年五十二期	大洋七元八角

郵費

本國及日本	每期一分
郵會各國	每期四分

廣告價目

地位 \ 面積	全面	半面	四分之一面	八分之一面
封皮裡面	四十元	二十元	十元	五元
底頁外面	同上	同上	同上	同上
正文後	三十元	十元	五元	二元五角

此表係每一期價目登四期以上九折十三期以上八五折半年以上八折全年以上七五折插圖另議

大陸銀行

資本金五百萬元　公積金一百三十萬元

總行天津分支行北京上海南京蘇州北京清華園漢口濟南青島滕縣天津大胡同其他國內各大商埠及英國倫敦法國巴黎德國漢堡美國紐約日本東京橫濱神戶長崎等處均有特約代理機關一律通匯並與鹽業金城中南銀行於天津上海漢口等處合設準備庫及儲蓄會

保管部　公債公司債股票商業票據及其他有價證券之保管並代取本息或買賣或承募出租鋼製保管箱

營業部　存款　放款　國內國外匯兌　押匯　貼現　代理收付款項及生金銀之買賣

儲蓄部　活期儲蓄定期儲蓄　天津總行法租界三號路六號路轉角

交通銀行

本行創設於前清光緒三十四年股本總額二千萬元專辦存款放款匯款貼現及外國匯款等業務並奉政府特許代理國庫發行天津鈔票及各省商埠均有分行或通匯機關如蒙惠顧無任歡迎

行址　法界一號路

電話　經理室　一八零零　五七零零　營業室　一八二零

電報掛號　六六三九

總理　梁士詒　協理　盧學溥

天津分行　經理　江世德　副理　王　徽　襄理　蘇恩科

中興煤礦公司廣告

本公司向在山東嶧縣棗莊地方開辦煤礦產煉各種煤焦歷經中外著名礦師化驗灰輕磺少燄長性堅極合輪船鐵路工廠一切機器鍋爐之用是以津浦滬寧隴海滬杭各大幹路常年購用同聲贊許他若山東境內暨運河長江一帶各工廠亦均紛訂購如蒙賜顧請就近向左列本公司各分廠各分銷處接洽辦理無任歡迎

（分廠）上海　蘇州　無錫　常州　南京　鎮江　南通州　清江　界首　馬頭　臨城　嶧縣　台兒莊　山家林

（分銷處）日本　大連　烏衣　滁州　臨淮　宿遷　蚌埠　固鎮　南宿州　符離集　夾溝　徐州府　韓莊　官橋　南沙河　滕縣　界河　兩下店　鄒縣　兗州府　濟寧州　曲阜　泰安府　萬德　黨家莊　濟南府　濼口　桑梓店　晏城　禹城縣　平原縣　黃河涯　德州　桑園　連鎮　東光縣　泊頭　滄州　興濟　唐官屯　獨流　天津　杭州　海州

中華郵務局特准掛號立劵之報紙
每星期六日發行

民國十六年
二月廿六日

第壹卷
第肆拾肆號

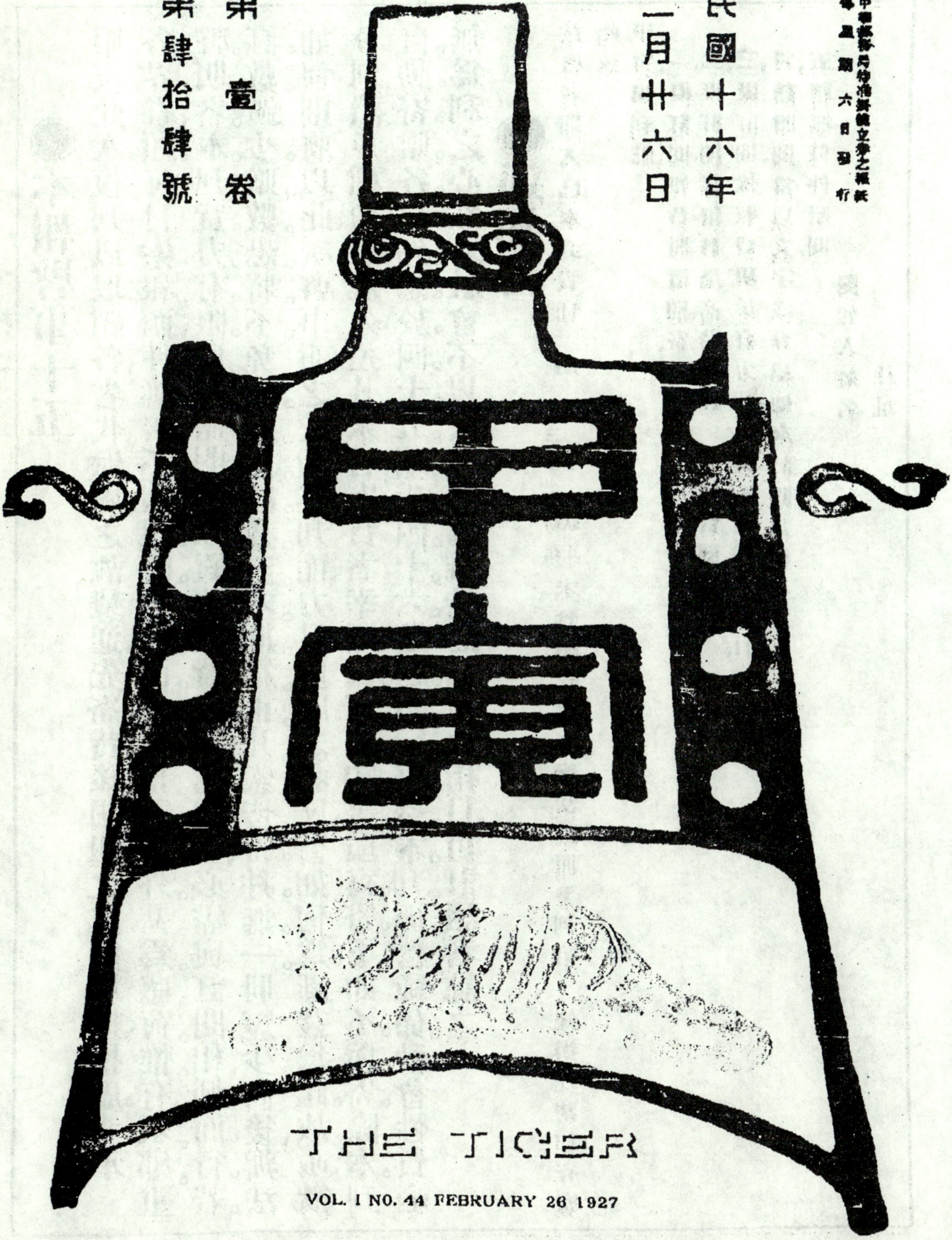

VOL. I NO. 44 FEBRUARY 26 1927

●本報啓事十五

甲寅此次復刊、以取銷各省代派處之故、變通先寄貲後閱報之成例、以期推廣、幸承各界眷顧、每日索報函件、應接不暇、現時銷數已遠出預計之外、甚爲感荷、惟有須鄭重聲明者、本刊貲力有限、所謂贈閱、惟以貲諸無貲力者爲限、且必需與訂閱相輔而行、若訂數過少、贈數恐將不免相應而減、截至本期爲止、凡索皆寄、并無一册短少、向後辦法、如何則將以此次啓事訴之愛讀本刊而力足以副之者、反響如何、爲斷、茲爲此故、亟欲分別讀戶種類、以規久遠、凡未曾寄貲者、幸照後方通知書、塡寫寄下、如不塡寄、除本刊自動寄贈各戶外、恕於四十五期或四十六期起、暫行停寄、本刊經營、純係社會性質、毫無爲利之心、然若社會不以公力共爲維持、恐其運命、指日可計、讀者諒之、

●通知書

茲啓者鄙人已來到貴刊　期（從三十　期起／至十　期止）未曾納費將來辦法擬照下列第　條辦理請即査察

此致

甲寅周刊社

一、擬訂閱報貲照價隨寄、

二、擬訂閱惟價目過高、請減作　成、報貲隨寄、

三、擬訂閱、惟報貲須於有力時隨寄、不能拘定時日、

四、請贈閱、當以文字或介紹他友訂閱爲報

五、請無條件贈閱、

閱報人姓名

住址

甲寅周刊第一卷第四十四期目錄

浙江之戰。人人俱疑孫軍難支。孫氏固。知。其。不。可。爲。而。爲。之。非。戰。之。罪。也。二月十七夜、燕軍何應欽部千餘人入杭。孫軍大部。則集於嘉興以北松江上海一帶。寧波亦於同日放棄。周蔭人部在杭站候車未至。潰潰搶掠。被刼。民。家。不過。四。百，戶。以上。南昌。不。守。時。之。全城被。難。不可。同。日。語。也。孫氏自經此創。灼知蘇浙全局。非獨力所能應付。則以蘇常鎮一帶。完全交山直魯軍援防。已備任松江前綫之責。履夙約也。上海防務。仍恃山虛香亭鄭俊彥合力主之。至張氏之所配置。聞以魯軍三萬分駐滬寧綫。策應孫軍。第三軍程國瑞部守金陵。第八軍畢庶澄部守鎮江。第七軍許琨部守蘇州崑山。第五軍王棟部、及第六軍徐源泉部駐浦口。大江。以。南。風雲。從。此。始。已。

杭州。失。守。黨人。將。以。建。瓴。直。下。之。勢。由。民。衆。運。動。之。力。取。得。上。海。者。必。至。之。事。也。蓋上海者。各國之利害關係過大。萬無拱手讓人奪掠理。而兵端一起。曲直是非。一時難辨。各國從而組織聯軍。武力干涉。當亦題中應有之義。果到。此。步。形勢。將。利。於。北。而。不。利。于。南。故南。府。深。謀。之。士。非萬。不、得。已。不願。以。上。海。商。人。旋渦。者。此。也。觀其總罷工宣言所列十三條。仍不外普通政治要求、及改善勞工待遇各節。可見所擬步驟、固未脫政爭恆軌。速知事無可為。總工會乃發布復工命令。驚得稍紓一時之氣。其慎重亦復可想。當今。之。局。鬪。力。之。外。猶。鬪。智。北。方。於。智。字。全。然。不。講。南。方。則。往。往。先。智。而。後。力。也。

上海罷工之後。數日之間。被裹入者幾於各業皆有。總數且及十二萬人。主動者猶欲辦到總罷市。以竟其志。據云、總工會於二十二日下午。召集會議。決組織放火實行隊。在租界內容易放火。期於人心騷動。罷市自然實現。又共產黨別設四百名之暴力隊。為追脅商人之用。商人初示強硬。繼亦軟化。二十三日下午、各路商界聯合會。至擬以反對軍閥虐殺市民與追悼犧牲者為名。自二十四日起。罷市二日。以謝青年。大勢已去。殆不可救。乃以。李。寶。章。頑。然。壓。抑。罷悖。拔。後。五。分鐘之。故。二十。四。日。晨。間。之。形。勢。忽。陷。大。變。不僅總罷市無成也。即總罷工亦漸懈。頂之又不僅漸懈也。總工會之復工命令。並張於全市。是日也。計電車大部開行。郵局照常辦事。各紗廠之開機者。達十之九。前後。一。日。之。間。兩。異。翻。覆。之。象。遂。異。如。此。其。味。殊。耐。人。尋。味。嘗試思之。政。治。之。為。物。也。隨。時。之。宜。無。有。常。家。其。中。為。向。為。背。所。需。臨。機。勝。智。之。力。絕。大。孫。軍。雖。敗。於。斯。猶。得。李。寶。章。其。人。毅。然。一。支。殘。局。婪。尾。之。酒。瓶。飲。之。而。無。媿。惟。其。斬。殺。激。揚。士。氣。大。傷。一。於。民。力。消。長。之。總。賬。上。核。之。容。不。得。不。認。為。巨。損。已。嗚。乎。

自一月三日漢口發生慘案。以迄今茲。為時不足兩月。中英間一切談判。經陳友仁歐邁萊兩氏往復面議。大體決定。居然達於正式宣布之域。而其。所。獲。且。與。國。權。有。增。民。意。不。違。此。六。十。年。來。未。有。之。盛。殆不。可。以。不。記。也。或曰、此之協定。固取過激之行為得之。謂曰成功。豈非過激成功。然須。知。歷。史。偶。然。突。起。

之事不得新其有亦安能禁其不生是在為政府者善於彌縫補救而已事發之頃陳氏首向英人宜示以關界全非國民政府本旨迄至最後且時時設說以武力變更租界狀況政府絕無其意如實論之在該作談判期間武漢方面民衆亦並無何種對英越軌之舉陳氏專對各方面紀律亦足以應之所成如此良無足異若北方有人焉不勝欣羨妄意媚悅民衆之終有羨獲輒自忘其條約上應守之地位抗聲以希人之不可希捧心以效人之不可效則殊未免誤得兩遜附天下事往往株不可守以此然束帶之士解是者幾人乎

歐戰以還無論何國其國內外之政治威信皆形頹落至近稍重難返之勢於外交愈益顯現此不遠而復之誤不禁怦怦動於識者之胸也即如英倫以外交神張著稱幾其外長一言大關失其重拱璧失其貴者今且飄風過耳之不若以英俄之疏曠之夫英背本國之雄也蘇俄以攪擾其國為得計是何待問

而英不滿於其所為若而宜傳若而商務不得已而以嚴重抗議最後通牒式剎之亦既屢見不一見矣而殆無一次獲有相應之效苦且哀的遜敦之墨未乾而阿格里門之事旋具千九百二十一年之商約即由是而成者也嗣遝如是國信焉存而近二月十三日英外長張伯倫、復以蘇俄密在英領各地宣傳向前俄大使克拉沁提出嚴議聞蘇俄資助中國民黨稱亂因而危及英倫一節中且述及是役也果眞伏有何種嚴重意味歟亦僅幾例終於無力之雷歟（無力之雷語蓋本拉丁文）無敢妄判然文中既涉及中俄連誼則其處心積慮謂與最近東方遠征軍之出動不無多少關係宜不中不遠也諺云作始也簡將畢也鉅運思及於鉅畢二字不寒而慄我瞻四方蹙蹙靡騁吾人於此殆無徒作壁上觀之餘暇已

幸亥以還國政所呈翻覆之象不一因而機智之士以左右望而罔市利者所在多有而海軍中人尤以得此中三昧見稱可樱之贊每獲極大量以歸一也

三

有謂必應。而持態良溫。不使一方絕望。二也。如有表示。則於冒險性最小成功性最大時爲之。三也。以是三者。凡爲政治貿易。殆莫不根海軍。而亦莫能外焉。此眞可謂天下奇貨也已。此次上海能工之變。有停泊吳淞之建威建康二砲艦。於二十二日夜。突向製造局方面、施放二十餘砲。此何所爲而爲。以慣例及時局參證之。殆不問而可知。幸淞滬戒嚴司令李寶章、斷然處置。未成巨變。事後兩艦艦員二十四人被捕。首謀者建威大副郭有亨、建康大副倪瑋變、均在逃。艦長某某各記大過了事。此或於處擧第三項。猶有遺算未精者歟。聞之唐少川民國三年項城問整理海軍之策於程玉堂。璧光程沂思曰。計惟將船隻悉數售諸日本。船員全體解散。一面培養海軍學生。一面造艦。十年之後。庶可爲復興海軍之議。項城有難色。越一年。復問之。程怫然曰。海軍腐朽更甚。前策已無當於用。璧光之意。請公以閱艦爲名。調集吾艦全部於黃海。而上自艦長。下至火夫。均不得規避。璧光爲海軍總司令。自亦前往聽命。公則先期借調日本艦隊一支至是圍而殲之。俾令一人不得逃逸。且遺將來海軍無窮之毒。項城大笑亂以他語而罷。噫。近十年來海軍續續播布之毒。尙非玉堂當時所得想像。然而有知不識。今將云何也。

唐繼堯。爲蠻夷大長。於五華山上者已一紀。餘中間屢起屢蹶。勢卒無恙。以爲進可以戰。退可以守。天下終莫予毒也。則驕縱愈甚。願望愈宏。其派遣黨徒。携帶鉅貲。謀擴黃陂河間之跡。以規天下者。殆不止一次。惜其人志大而才疏。欲重而識闇。既覘雲南主義過重。而要循人之非己系。猶殺戮排斥殆遍。因之目環其左右者。不外庸妄猜忌。內諂外貪一流。醜迹流傳。殆不可聽。其弟繼虞招權特甚。凡公私大小之事爲所敗壞。而買怨於遠近者。殆不可計。天下以范增稱之。僅一王九齡而已。此其蕭牆之禍。終不得免。最後之敗。必且塗地。識者耳而目之。亦既有年。今卒以爲部下拘捕。聞據廣州二月二十二日東方電。十三日，鎭使守胡若愚劉雲逵等叛變。唐被捕。擬鎗決。輸餘二十萬元。得暫免。一說逃往法國領事館。繼民或云陳亡。或云在日本領署。惟事有阻。今又收拾一部。然推其表裏因果之迹。前後朗朗。又豈有一毫足異者與。

工潮與餘值

章士釗

凡民情眾志。表顯於外。蔚然成為風尚。凝然結為宗習。儼據天下歸心之利。且竊政府法禁之力。其所仇必。是一絕大時弊。目手視指。洞明無隱。而又樂焉者寡。苦弊者眾。家者戶習。如響一聲者也。此其取證不必在遠。如歐洲今日之工潮。即是之謂。

歐洲諸邦。皆工國也。工業開發。雖二百年。國內廠肆如雲。百業資器。率工之用。人口役於工者。殆三之二以上。工而有弊。不問而為絕大時弊。欲工而有所結集抗論。決不為無病呻吟。雖然。欲猶有道。於道未洽。權介足以創人。或且轉而自斃。匪惟於宗無益。抑又於羣有損。故晚近社會主義多方。不可不精講而熟計也。

工何以必欲。謂工可廢乎。歐洲無是論也。謂摒他業避之乎。勢有所不能也。然則。欲工胡起。曰。起於欲資本。欲資本胡起。曰、起於欲餘值。夫餘值者何也。曰、凡物。以市場所得值衡校該物所負資本全部（此資本字指資之餘資）猶有盈者。為餘也。餘值何往。曰、有二途。一資本主用以展拓增大其業。歐洲之商為工國者以是。一資本主據為己有。恣意揮斥。歐洲豪侈成風。貧富懸絕者以是。然則欲餘值胡指。曰、二者皆欲。而其二尤計家所同聲痛絕。馬克思之資本論。乃極詆也。於斯有欲知者。凡工皆有餘值乎否耶。曰、是未可定。工固有自始無餘值。隨而消歇者。有始無而終有。視業主持續力之衰王為成敗者。亦有餘值本稀。因工會時時脅制。卒底於零者。然工潮之云。則灼然以餘值為不轉之石。滾滾流於其上。共產無論已。即隸常大工資短時間諸條。何莫非假定。廠家有綿綿之力。足以如是為之。夫廠家是為而不為工人壓其組織。迫使不得不爲。而工潮以生。工潮與餘値之連誼。其密接如是。

間嘗論之。節財用者，（謂節無益之財用而費爲有益）舉境之所由進也。近世計學。因依於是。然節者節其餘。非節其不足。資社會苟無餘財。左之工潮。右之國家社會政策。均將全然無誼。例如果業蔚茂。屆餘爲資本主地主及經理諸人所分獲，適成爲 unproductive Surplus 者不少。工會從而謀之曰。吾値當益也。吾庸當減也，吾値益。吾生計較裕。力得其養也。吾庸減。吾歲修可期。心得其發也。於是同一貲也。一轉移間。前之浮游於貲本主地主及經理諸人之手。爲不生產者。今散布於工友間。身心交資。效率亢進。卒乃大有造於生產事業。工人運動之所以可貴。其事在此。惟若該業以處自由競爭之洄洑中。無能自拔。因之息潤及其他生業上之酬報銳減，資本主地主及經理諸人。舉無所獲。於時工人之要約。倘猶是吾値當益也。吾庸當減也。吾値益。吾生計較裕。力得其養也。吾庸減。吾歲修可。則心得其發也。一味，爲己打算。至所附之業如何。

自在頑然無所計及。則苟非所期效率。如有神助。生時表見。將亦終於全業死解。資傭相與狗焉而已。工人究胡利哉。又或餘値固在。以前項要約故。悉由資本主地主經理諸人之手。次第移諸工人。惟所想像之相當效率。久之不見。則餘値之用。猶生產其多不生產。其實其將漸次蝕及本金。摧敗業務。致該業掃地以盡。於理亦間由斯以談。工潮之立脚點有二。一從事之先。諸該業餘有餘値。二從事之後。餘値仍然無傷。工潮毛也。而工者爲皮。皮之不存。毛將無傅。工潮與餘値之密接。其理實如是。獨吾國不然。吾之工事稚鈍。殆不足言也。環顧國中。廠家如星鳳可數。所謂資本家。固不識安在。二十年來。無識不苦兵爭。戰機所接。百業停頓。其他軍閥之敲剝。政府之侵削。足以阻滯新資本之流入。坐視業命垂盡者。比比皆是。吾國之工之無餘値也。如十日並照之所明。無人得而証謬之。而激揚政議稗販異說者流。則曰今日之革命。世界之革命也。世界如是。吾國豈當如是。他國工者之所要曰。工値大。作業少。

吾國工者安得獨異曰。工値小。作業多。坐是譜淡。萬衆譁起。而粤、而湘、而鄂、而贛、而浙、而蘇。工徒滿街。協會如林。所揭旛幟。曰打倒資本家。一若資本家倒。工人之樂園卽屆也者。其餘、値、之、有、無。不暇、問、也。如此行動。所涉殆踰生計範圍以外。爲Science of wealth所難詮釋。姑所論次。曰工潮與餘値云云者。値語資已。

夫踰生計範圍矣。意何之乎。曰、之政治。之政治奈何。曰、此在歐洲。亦非絕無其說。蓋工會詞屈。於計情無可解說時。輒曰、「政柄者相環爲用者也。彼地主、廠家、豪商大賈。在昔依賴政力之度。若而法令。若而稅則。若而軍備。若而外交條約。凡國家之名器。幾無在不可爲其植黨營私之用。則若工人得政。卽以其人之道。還治其人之身。何不可者。況憲政以民意爲從違。民意由多數而章顯。工人者固絕對多數之所在也。彼欲何爲。義焉得阻。且工人所求。亦將前此有產階級所假國權攘得諸利。取而還之吾徒已耳。非有他也。」如此等說。俱是政論。歐人。雖有。持之者。而爲

明計之子稍稍剖晰卽一文不値論壇者道若夫吾國今日之羣衆運動中上焉者腔予所苞理道未越是類下焉者容派此品無之其亦若之何哉本此觀論吾國騷動之是否卽爲生計問題大是可疑恒聞人言「辛亥之革命未澈底者也其後屢起屢蹶民氣每抑鬱而無可告語此如癰然必且一日大潰而革命之日置至無一定隨時之宜各有標榜辛亥之排滿不能用於丙辰之討袁丙辰之討袁不能用於戊午之護法而岑西林設軍院不能用於孫中山之建國孫中山之建國亦復不能盡用于蔣介石之北伐故今日南府所執三十餘綱及從事其下者到處所立口號亦視爲今日革命成功最適有效之壞逐力御表裏周密之思固未嘗有也於是其中所命生計各間如將工黨嚴格約八小時工作云云者乃明明貌計面質政策將政情略法一以計學之原理繩之宜求爲受也「是說也愁存之雖然政治者內感暴焉計學者鐵律限焉革命者偶然之業作計者百年之串執內感而藥劬律者偶然

七

而忽百年。雖非吾儕明理之士所宜爲。恩寵得不以遠者大者爲天下告。夫遠者大者何。曰、吾國非工國也。彼中待嫁諸柱。待救諸邦。吾俱無有。介工國所有事。一一移於吾國。已屬大謬。而況工國之所爲。吾孰倘者。又復棄之。若道則所。非幸而無成。以一關之市終爾。若其有成。抑豈能一朝居爲而論之。計自計政自政。執計可以決政。執政不能決計。強爲決焉。綮紐必解。馬克思曰。非產業絕盛之國。吾策不行。是謂依計了。計既經營。髮無恨。然後以政人之。鮮所於滯。此意甚精。不可以不察也。於是以今日歐洲工況律之馬學。且嫌過早。則稚齒如吾。又豈其倫。昔法國革命。大亂七八十年。殺人數十萬。暴民暴主。相乘無已。而卒以第三共和。復於舊觀。因始寧息至今。則若當年乘時崛起諸彥。抑其報復之念。不持抹殺之論。控制血氣。遵道而往。是七八十年者。或竟不見。見亦決不附久。可從而知。今十七百九十三年之巴黎慘狀。已稍稍發端於吾國矣。此其歷程久暫。如何所類。於深謀帝計之者至大。而計學諸則之得離政。不失其位與否。所關尤深。且關如本篇所陳。工潮與餘値之速誼。即其最要一點。向後工運之是否健全。鞏秩之是否。不容一於此焉卜之。故愚不惜苦口道之如右。今之君子。其中心察之。

性詮

姚震

人何所爲而生也。曰、非有所爲而生也。非欲生而後生也。順乎自然。合於二氣。遞進而化。而成斯心形者也。人既生矣。莫不圖存以遂其生。此人情也。亦性也。然所以存之之道。則賢愚所見。今昔思潮。無異於上下之懸隔也。今之思潮。成於歐西。變於蘇俄。欲明其眞。必詳其準。請微逆之。

考歐西自文藝復興。學士輩出。思想丕變。於天人之際。國家社會。漸立異說。所謂政教分離。法治立國。人有自由權利及理性諸義。行於斯世。而科學亦崔萌芽。其勢日新月異。十七八紀。多所發明。如高等數理及物理學。十七紀已有進境。化學十八紀亦進。生物學。及進化論。十九紀中葉乃甚發達。社會學自十九紀末則亦形成。今之化學。尤極進展。遞推演化。損益相襲。政治則因保護人權。凡民參政。而法治以立矣。經濟民生則因機械汽電發明。資本集中。而情勢大變矣。科學昌明。已為形上形下學術之中樞。教育之根本。工藝交通。皆藉觀其資以發展。利用厚生破敵制物。兩具備矣。而綜其結果。人類之理智體力及富力所積。固一再增進而弗已。至於人生問題。猶未解決也。在彼社會。以饑寒而顛苦者有之。以不平而激越者有之。以希望絕而鬪破壞者又有之。足食之人。亦復疲於奔逐。神形俱勞。心為物役。身為物傾。一言蔽之。人無得所者也。強盛之邦。自有日新氣象。而浮動愁慘之象。固仍不絕於耳。內則裂痕日著。邪說橫流。糾紛弄智。爭鬩紛起。外則侵人邦國。文武兼施。此覆彼繼。殆無寧日。嘻、是何故歟。是歐西文明自有之果。其特質然也。彼自種其因。惡能不見其果哉。彼所重者惟物。物質萬能。惟知重視科學。將以啟人之理

智。強人之體力。鬪物之財富。而於德規則又注目於合羣之事。以備鬪。以爭利耳。弱肉強食。適者生存。又曰、優勝劣敗。天演公例。蓋彼絕對之信條也。故於智力富三者。務其優勝。佐以合羣之德。以是人與人爭。羣與羣爭。國與國爭也。將以是為生存也。故其政令所施。敎化所導。無不尚進取。而斥退讓。重活潑。而抑溫恭。知慈柔。而不聞孝親。貴信約。而不尚友弟。能遜職。貴而不解忠恕之道。有殉情好而罕聞貞烈之至。有機。則攫利己。是圖。重財之見。著於選政。勢利之行。習為固然。夫以如是之人。心社會。相爭遂於物欲。物固有限。而欲無盡。無者伐有。少者慕多。惡有不相與俱殛者哉。且彼以科學發達而工業亦盛。便於集中資力。遂迫使中小資產之人。不得不降為勞工。決無望於倖富也。而仕宦參政之事。亦非有多資不能舉業於大學。而預於國家考試。貧苦之人。多無選權。卽或有之。亦難與有資力者爭勝。是又無望於倖貴也。故不平之氣。嫉忌之情。所在皆是。且其市場波動。幾成常例。防之無術。生計不安。卽此勞工。亦恒患失業

矣。以是諸因。人心無可為範。內安之道。在所不講。故社會日見破裂。彌縫應付。屢見支絀。而共產無政府其他社會主義諸說。於是產生。日謀民悶之洩。每成紛擾之因。非偶然也。然以惟物之弊。而謂仍當以惟物說圖其補救。豈非不通之論哉。不觀乎世界共產之國。惟有蘇俄。而其失敗之跡。今且漸著於世耶。或曰、歐西文明。暴露弱點。人固多知其弊矣。然補救之方。非無有也。彼固厲行法治以弭亂源。公私合力以濟民生。是可以抑反動而安民志。固其存也。然為是說者。僅足為歐美言。若其治績。亦祇足苟安而已耳。絕非固本之道。尤為我國所不得而相效者也。我國建邦至久。素崇聖道。雖秦火之後。卑失真傳。而禮教所化。深入人心。苟有指導。風行自易。所謂雖有智慧不如乘勢者也。方今人心失其正軌。溺於物欲。強者逞暴。黠者作奸。而國家失其重心。政令等於弁髦。循環報復。國幾不國矣。然事勢如斯。又豈徒恃政令而可匡救者哉。法治要素。在有鞏固之統治權。人無得而侵犯。在於人心能明其相維之理。而習於服從。明

於辨析。凡此數者。皆與我國情民習相為扞格。謂徒以法治立國可乎。我國地大物博。地有遺利。而民窮財竭。多無正業。人有充分發展之自由。而於開發富源之財才兩素。固缺然而無備。此民生政策。不可不亟講求者矣。然徒富不教。本未立也。教不以道。猶之未教也。人心無由匡正。而世之爭逐如故也。夫以人生之道。既不可徇於物欲。而務於爭競矣。則示民以道。使各明德止善以成其道。而遂其生。行其教而立其國。寧非當然之事耶。外國哲學者論宇宙萬有之現象。與其相關之理。及實在之本體。謂宇宙萬有元主觀體（即我即心）與客觀體相對而成。所謂客觀體即世界也。萬有也。物也。我亦萬象之一。故除為主觀體外又有客觀之我。然我與萬象。皆屬於相對。有差別之事。非超絕於對象意識之實在本體也。所謂實在本體。無以名之。姑曰絕（栄鉛氏言）曰絕對（菜遠格氏言）曰絕對存在。（黑智兒氏言）曰純意。（黑智兒氏言）曰無意識。（哈爾特曼氏言）曰不可知。（斯賓塞爾氏言）對於我之自覺。曰自我直覺。對相於對我。曰絕對我。（斐西特氏言）均超絕於對象意識之上。所謂

絕對無差別之純粹體也而所謂實在固不限於五蘊所能直接如因攝影留跡亦可認所攝者爲實在如程氏說謂至物象內外相關之理又認定萬象恆常爲定律謂萬象之隱現生滅自有常律一一象與他象之相關苟無第三象之新加入或於其中新爲變化者則必常往而不變是爲實在之大理法此今之哲學者之所見也彼所謂實在本體非即吾儒之道耶自我直從云者非即所謂性謂中謂極謂一謂明德謂至善謂浩然之氣者耶今夫道何以見於德見之天覆地載日月星辰之照即天地日月星辰之德亦道之用也即之人則惟率性以見之性即道之所成而爲個體者也蓋超絕於善惡差別之念惟名以純道固如是也純則無不德無不善無不明無不止其不德不善不明不止者人自動其情欲而自爲之者也道生天地萬有而即寄其用於萬有其生也有序其滅也亦有序故欲遂其生者必順其道道欲生則惟順其序以生之不得有人爲之情欲以間之若亂其序道所不許必自滅也即道之所滅也此外國哲學

者所能見其外形而未悟其真理者也故人但即吾之性而體之推之盡之使其動靜云爲悉合於性之所示即合於道矣人能如是自盡其力者謂之忠其體而推之者謂之恕又可謂合於絜矩之道道之用爲德德因事而有節目孝弟忠信禮義廉恥皆是也皆性之所推也性何以體而推而盡惟有實踐格致誠正工夫以致之此吾儒之精義亦猶道之有清淨佛之有止觀也果人人能體其性推其性盡其性則於人於物無有不融洽無間者矣是無爭矣是必使人物皆能各得其所矣豈徒天下國家之平治而已哉此固人生之極則也

且夫性既爲道之個體能明其德止於善者則性之個體固當益加充溢而克返乎始其德明必益著其能力必益大其保固必益久焉今之科學者能化物而返於原子更統於電子電子則謂以陰陽相合而成然此陰陽相合之電子又何所返乎豈非哲學者所謂純謂絕對謂不可知者耶是道也性則道之所成而尤精於電子之結構而靈明者也此靈明之實

僊所。無。也。性又以個體而存。人之死也。固仍依牛頓氏引力大原則。聚合而不散。而又從其輕重之甚。崇明之度。或沉於地下。或勝於天空者也。明於此者。則知聖賢佛仙一切神靈。克顯於天。而是爲吾人之靈式。吾儕。以。明。德。止。善。爲。教。義。示。人。應。葆。育。其。性。以。返。乎。始。勿爲。情。欲。所。斵。喪。而。務。於。爭。競。詩曰。文王陟降。在帝左右。即謂人之性靈。不可不返其始也。此又人生所應服膺弗忘者也。夫如是。則人生問題。可以告徹底之解決矣。人生問題旣告解決。而猶患國運之莫挽。民生之失所者。有是理哉。

人口過庶後論

郁嶷

人口過庶。爲世界學者最難解決之問題。愚不敏。於甲寅夏。爲瀋陽法校諸生講授農業政策。妄就斯題。有所研考。全文曾載甲寅雜誌第三期。該誌主撰章秋桐先生。並允於次期著論討究。嗣因事冗。未得自爲。囑其介弟運甓君。於該誌八九兩期。著人患一文。曲徵繁引。詞旨恢富。良用佩誦。惟於私衷。尚有未慊。擬復論之。未敢謂當也。據運甓君所論。則人口過庶之患。但恃馬氏倫理的限制。足以資救之。而限制之方凡二。一爲早婚之限制。一爲財產之限制。馬氏之言。雖爲學者所宗。以愚觀。之。徒。一。理。想。耳。烏能。爲。人。口。過。庶。問。題。之。最。終。解。答。耶。前已言之。瑞典曾行此制。而生息蕃繁。淫風大熾。尒遂廢棄。即赫胥黎亦嘗倡爲擇種留良之說。而終苦難行。無術解決焉。蓋自一生物之徵。卻樂牝牡之合。人類爲一切生物中最靈者。其室家之好。較他生物爲尤甚。根性於自然。緣生以俱來。膠結磁引。解脫綦難。自聖賢。豪傑。不能。以自異。矧在常人。耶。孔子可謂大聖矣。而刪詩不去鄭衛。項羽之勇。曹操之智。眞千古人傑也。而虞兮之歌。分香賣履之囑。垂死留戀。情溢於詞。外此更何說耶。邃古。以。來。理學。名。家。輩歎。克。慾。匪。易。者。誠。以。人。之。鍾。情。男。女。一。原。於。先。天。之。

自然非後天淺淺人力所能制也早婚之禁固屬可行然行之未必能防人口之過庶夫今世所稱人口增加最速之四大國如美德俄日者皆非早婚國也而其人口繁殖力之強世界各國無與倫比循茲不已過庶之患其曷能免至財產限制則絕不能行蓋世之田連阡陌曳輕肥者常多庸愚闒茸之夫而蓬牖繩樞間恒出傑特雄偉之彥也若勵行此制將愚者日滋賢者日減誰與共維社會文化耶即退步言之令有財者皆賢無財者悉不肖勵行此制固所以賢賢絕不肖也然彼不肖者其樂有室家之好本於天性形式上雖不得結婚之自由而桑間濮上隱遂情欲決非國家法律所能預制循此不更既無與於人患之無救而社會風紀豈堪問耶由是言之倫理限制其不足為人患之預防策彰彰明矣然則人患其終不可救乎是又不然茲本愚前說所未盡者一縱論之

人類社會一競爭之社會也而競爭所由起豈原於食料之不給太古肇造人禽雜處各爭生存使假人以優秀而戰勝毒禽猛獸斂跡山林生事以裕孳乳遂繁食料不給隨蹤而興人與人乃相爭矣然其始也僅爲種競爭耳近世以來白種人本其優秀果毅之特長盛為殖民政策之發展銳鋒所及摧弱陷脆如黑人紅人棕人遭其剪滅受其同化種日式微而發生之具罔不見掠白人罹淘汰恐此其明徵矣夬異種既殄同種斯滋食盛稍缺而同種競爭繼之起矣一九一四年之歐戰其見端也競爭既久劣者漸滅惟優獨存而他日世界必為一民族所統屬可斷言矣而卒之同族之中亦不能無爭焉以外敵既去蕃衍益甚食又不給非爭仍無以圖存也是故人類社會之競爭終古罔有窮期而優勝劣敗之公例亙萬世而不渝也人類與禽獸有然人種與人種民族與民族及同一民族之中皆莫不然也故居今日以謀將來人類過庶之患第一因競爭不已殺僇頻仍身膏原野肉糜鋒鏑裂肢貫腦橫屍纍纍者固不知幾千萬也丁壯長眠弱息孤嫠而過庶得以延期矣第二優者本其戰勝餘威徐事剪滅或如英之於

印度苛賦重斂。剝削其民。使其困精能體。僕僕永日。尙不足以自給。則不遑有室家焉。而種日就滅。或如法之於安南。結婚有稅。生子有稅。以限制其生育。而限亦且微。彼既且加。此則且伸。以奪其食。斃其命焉。而過庶又得以延期矣。然此倘能張弛補苴於一時。尙長治久安之道。固不存此也。故第三。因過庶之壓力。彌大而競爭彌烈。人智彌進。先事而慮。覃精以圖。而發生保體之術。將層出迭見。改良建築。新闢食源。俾食料與人口之增加同量。其進則今人以他日過庶爲患者。苟至其境。方不足患矣。惟夫境日進而智不進者。斯不能免於淘汰耳。

由是言之。他日世界人類最後存者。必其智德獨優者。吾人亦惟孜孜矻矻。日增其智。致國最後之獨存。而人患烏足以困之耶。試觀歐美列強。彼其兵力財力。恃以謀現世幸福。綽有餘裕。環顧鄰小。時能開侮。宜乎休養逸樂。用自娛耽。顧不此之圖。日惟枕戈嘗膽。恐恐然懼大難之將臨。而急謀有以應之者。蓋深知他日無窮之變。關係亘大。非苟安旦夕所能圖存

萬一也。吾國人士。殊不知此生斯善斯。但營現世。詩云。我躬不閱。遑恤我後。陶淵明云。且極今朝樂。明日非所求。其汲汲奔走於現世之快樂者。國人皆具之通性焉。豈知我之爲義。有二解焉。有肉體之我。有精神之我。肉體之我。不百年而毀。所謂一棺附身。萬事都已。停辛竚苦。獲名竊利。不有愉樂。一旦長暝。悔何及焉。則汲汲謀現世幸福是圖。而不遑設思於千百世者。固其宜耳。精神之我。則彌綸六合。亘古常存。蓋肉體之我。數十寒暑。倏忽滅亡。而事業聲施。彪炳人寰。延綿引續至千百世。是我之遺蹤。借天地以無窮也。持現世主義者。其肉體之我。雖受現在之快樂。而精神之我。必罹永久之痛苦。吾國人重肉體而輕精神。寧非周所謂大愚不靈者耶。

余嘗閒居深念。今世號稱強國者。英法美日等者。雖彌牙砥爪。首塗瘁進。競競業業。惟日不足。而他日能否免於滅亡。尚不可知。蓋最後獨存者。必其最強者。而今世之所謂強者不與焉。然則以吾國之弱。與今世之強者比權量力。且判若霄淵。而他日之必漸弱

亡。而非尤灼灼者耶。故識者遂謂與其勵精圖治。仍不免於亡。曷若依違苟且。倘足博現世之安逸也。坐是舉國靡不因循之心習。日固而不可解。愚欲闢其謬。取證正不在遠。夫德意志之勃興。非近世之事耶。溯百餘年前。德之爲國。四分五裂。政權崩離。其南部全屈於拿破侖。而普魯士亦數爲法帝所蹂躪。國勢削脆。版圖日蹙。而其兵卒。且不許踰四萬二千。隸服人國。伈伈俔俔。儳然不可終日也。然其民族。喜自由。重團體。上下一德。臥薪嘗膽。竊圖富強。復益以俾士麥之雄略。遂一舉而敗奧法。以奏德意志統一之功。蓋自一八七〇年以來。其精神物質文明之發達。絕影而馳。雖以驕氣橫溢之英吉利。尚不能不望而卻步焉。若以德國白人種。稟賦獨異。驟進之跡。類非吾人所得望塵而幾。而日本固與我同種也。六十年以往。僩操幕府。舉國騷然。思想文物。一則吾國。其政法規模之備。庶不及。蓋不啻今日之師承歐美也。曷以明治而後。憑藉小島。雄長亞陸。挫強俄。凌中國。而歐戰發生。乘時迴運。尤爲英法諸強所仰重焉。版圖人口。德日兩國。俱遠遜吾國。一旦崛起。發憤爲雄。而成效卓然。烜赫如此。其足爲吾人前轍之鑑者。不既多乎。若夫。驕。志。玩。時。苟。於。自。恕。斯。與。萬。劫。不。復。而。泰。西。鴻。哲。謂。謬。然。愛。人。患。卒。不。可。道。者。固。在。此。不。在。彼。也。

通訊

是非

……聞高誼久矣。友人張重民與君數。又時時稱述。甲寅雜志之出。關於國是人心者不少。嘗讀而私歟。以謂茲世賴有斯作也。此後版燬。識者無不嗟喟。今幸復奮筆纂繼。可云義形於內矣。願得垂示。終讀爲幸。不肖伏處鄉里。自審僻陋。但覺古。今。來。治。亂。之。道。在。於。是。非。泯。淆。不。泯。淆。而。已。使吾國而終亡。則賢者所志已矣。使猶有是非也。所神於學絕道喪者。其功豈在禹稷下哉。昔漢有儒生忍耻者。自謂吾口不能劇談。此中多有。不肯。頗。類。似。之。故見。人。能。著。書。論說。當。世。非。而不。倍。於。道。理。者。輒心。偽。焉。然非。所。謂。今。日。譁。世。取。寵。者。也。拙集一篇。謹奉為贄。希垂教焉……

……林思進（成都西御河沿十六號　舊臘十九日）

近讀江陰繆氏所為獨兩漢經師者。自張寬、胡安、趙賓、嚴遵以下。都六十五人。大抵。不。慕。榮。制。潛心。著。述。篤。守。經。訓。為。世。師。儒。即。司。馬。子。長。以。詞。章。鳴。而凡。將。一。篇。猶。涉。經。術。至。揚。雄。以。不。甘。寂。寞。擬。經。稱。較。大。在。蜀。儒。中。固。猶。非。純。懿。卓。爾。之。士。時、何。其。盛。也。劍覽該者。前後伸紙。輒為神往。意二。千。年。後。流。風。遺。韻。必。且。有。存。適。奉。手。書。頓。觸。遐。想。君名耳熟而不能詳。所為文字。雖已裒然成集。固陋猶未及覽。然此區區小札耳。從字裏行間窺之。覺其所蓄。大異餘子。吾鄉湘潭王君。擬主尊經書院。頗以文翁自命。而及門高第如廖平吳之英之徒。亦竟有耕甚之名。為本鄉受學諸子所遠弗逮。此果。王。翁。之。教。化。致。然。耶。抑。蜀。士。之。資。稟。固。不。同。耶。邇年士風。益趨卑近。此中。少。有。者。已落。落。如。晨。星。相。望。又遺言。多。日親莘莘。所感萬端。視天下無肯任道術之責者。遠念三川。當存風雅。輒因山腴先生一道鄙志。惟賢者其勉焉。尊集猶未奉到。俟得拜觀。定參末見。

士劍

商君書

……近見執友及門弟子中。多與先生通訊者。頗欲得大著周刊一讀。弟平素好治小學。及周秦古書拙著商君書集解。（石印本初版名斟詮係舊印）似曾以之寄呈大政。如未遺失。祈先生平其得失。（書中尚係十年前舊說近年新得多未加入）不勝厚幸。且先生主農村立國。而商。君。墾。令。一。篇。實為。吾。國。古。之。農。業。政。策。弟於斯篇。頗有所得。他日來津。而求大教。大刊幸速賜閱為幸。……王時潤（江甯地方檢察廳　二月七日）

吾鄉。多。宿。學。之。士。而啓。湘。先。生。居。其。一。惜平時迹不相親。未得受教。尊著商君書集解。劍固未見。見賜時不審緣何差誤。如承更寄一部。俾獲快讀。錯開香寮。至所企望。得失之平。榻是任也。劍近有意仿商務印書館四部舉律諸例。廠一叢書。推軒子。而性集於周秦古書。尤重。又一最要之點。則每書必須經一名手整理。務使初學可讀。碩學可據。一切惟心。而貴當不浮濫。版本之古。影印之美。成書之後。徒令貴家增一飾品。子弟終未然無所得也。君如謂然。商君肯即請任之。何時得而重與細論。又安徽朱君師轍、爲老宿仲我先生之子。於商君書亦有考究。君見之未。

士劍

女子

……奉讀甲寅第四十一號中先生裁答二問之言。……今之女子。蔑父命媒言爲不入道。競鶩於自由。卒所得者爲淫奔。爲被棄。爲墮淵，……

夫所謂今之女子。則是舉凡當今有生女子。都包括在內。萬不容有所遺漏也。請問今之女子。果皆蔑父命媒言爲不入道。競鶩於自由者耶。借曰皆蔑父命媒言爲不入道。競鶩於自由矣。又卒所得者果悉爲淫奔。爲被棄。爲墮淵者耶。誠如先生言。則今之女子必爲淫奔云云者矣。不然。今之女子有何得罪於先生。致遭先生苦罵乃爾耶。先生習於邏輯。或能別有解答以釋下懷者。余深望之。如其不能。則是先生措詞失檢矣。余非咬文嚼字法學者流。更非吹毛求疵者儕。徒昭先生喜聞無憚大德已耳。高明以爲何如。

……孟勸瑞 二月十三日北大三齋

孟君此問。其鍵在中西文法之不同。蓋歐文靜詞之言數。Numeral Adjective 與所狀之詞。例不得脫。如曰。all houses, some pesons. one man 者。吾文則一切略之。孟子曰。齊人有一妻一妾。此一齊人也。一字不綴。而其義自見。詩曰。周之黎民。靡有孑遺。此謂周黎民中。有無孑遺者而已。若謂周民如是。八百年之史迹。將於何託。而 some 或 most 諸字。不加。認不可移也。反之。孟子又曰。天下之民舉安。以有舉字。爲副天下之民。自是天下全部之民。意甚丁。丁。是知。吾。文。所。用。名。詞。範。圍。廣。狹。一賴上。下。文。義。鏡。詐。至。無。定。也。邵文中今之女子云云。當然有some等數詞。隱爲之限。勞君請責。苦難置答。蓋君若明於文義。則答詞爲贅。若是。不。明。或明。而。意。別。有。在。贅且。更。甚。然本國文字未經改造以前。又得如君等婦爲怪遇。爭責亦惟由劍等此人尸之。且尤有一義。君知之似亦有益。凡人。哀。痛。慘。怛。語。倫。無。擇。婦孺。正。俗。毀。詞。尤。甚。昔祖伊諫紂。今我民罔不欲喪。蔣夫王充爲之說曰。罔、無也。我天下民無不欲王亡者。夫言欲王之亡。可也。言無不。增之也。紂雖惡。民臣蒙恩者非一。而祖伊增語。欲以懼紂也。故曰。語不。益。心不。惕。心不。惕。行不。易。增其語。欲以。懼之。冀其警。悟。也。（論衡藝增篇）由是言之。做論雖當女子。意指中有如是之一部分。即假。定。如。君。所。訐。凡當。今。有。生。女。子。都包。括。在。內。此亦。無。過。祖。伊。諫。紂。之。流。故增。其。語。以。實。人。之。警。悟。已。耳。其意。似。未。可。盡。非。也。且。混。輯、者。固。與。文。法。殊。科。凡。初。學。邏。輯。者。應先。分。別。兩。學。異。同。之。點。孟君此書。是供一例。惑嵛之情。又何能已。

士劍

泰州學案

……泰州學案。容俊稿本寄。龍川乃周太谷之弟子。今寓蘇。黃隰朋之師也。（隰朋去年下世）尚有張石琴。講學黃崖。（山東）聚徒數萬。閻敬銘誣爲匪。以兵圍山。石琴自焚死。其略如是。……金天翮（蘇州二月四日）

迺爲泰州學案非。頗涉殊謬。其稱金君松岑知此派學術甚諳。劍託友人黃君斐生走商叩之。得復如右。雖寥寥數語。固是由松岑口中道來。彌復可珍。特先揭載。敬遲全論。

士劍

雙枯廬

……昨歲政潮潰決。公既從被出都。宗孟又無端罹難。時鐸方患痞疾。既出。稍稍振紀其喪。則於元旦走大連歸其骨。故偕易斂。殘顱傷處。宛然慘怛。或謂殆極人世難堪之境。比返京。讀前屆甲寅所載答某君書。中有宗孟此行。知之者僅其門生故舊一二細人而已之語。嗟呼先生。宗孟東裝之日。尊盖一日五次請謁。首計厄之不得。則私求助于宰平。惜當。時。左。右。更無。法。者。值。其。人。者。遂至。東。行。有。自。帝。之。悔。天實。爲。之。復何。言。說。既不欲自辯重死友之失。又很責無由。逃。卒爲大雅委于一二細人之列。晉晉無類。顯影嘿。然。絕人事者累月。宗人衆異叢自津來。悃以興居相詢。則辮斗室圖書。亦之善況。慈念無已。顧溥泉兄歸自津沽。始稔棄捐燬下之林。仍時有重理敍索之想。嗟夫先生。宗孟既沒。尊更何據以文字重與世間相見。而前此之感。不絕于心。則常世之足以驕役吾筆墨者。含公外又將誰與。用忘隨劣。草三篇。隨函附見。聞有好題。仍願續續是政。特不識見錄否耳。倘作雙栝行一首。隨題兒同宗孟遺札。裱一卷子。長誌一生緣會。擬請太夷暨歛諸公寵以題詞。茲亦附呈。倘承披覽。並以數言。俾得什襲藏之。眞如膺九錫矣。近譯歐洲思想史。已盡十之二三。頗發宏願。頗欲成之。因不得而謁。然積稿高可隱人。歲假前後。定當專候興居也。多寒幸自爲世珍衛。餘不白。……梁敬錞

北京修訂法律館
丙寅臘八日

宗孟出都時。劍嬴以無所聞知。又很其死無過鴻毛。既負友痛。兩臻其極。竟出無擇。遂有細人之謗。今得和鈞書。知其委曲。非前事後。凡所以爲友者。殆無不至。此得。路。釋。遠。者。失。言。之。咎。其。幸。猶。小。知宗。孟。有。友。如。吾。鄭。彭。蕃。琴。王。朴。山。其。人。今。猶。得。見。其幸。頗大。尊著外交論及雙栝行。俱揭出。稱者甚衆。徐佛蘇尤服君論。憲。續。續。之。約。幸。勿。淡。忘。甲。寅。不。能。以。金。錢。易。人。文。字。則。惟。以。性。情。交。誼。爲。質。量。之。其。此。眞。所。謂。代。價。也。歐洲思想史．得和鈞之介寫之。必大可觀。幸卒成之。歷天下。儉。腹。長荅各家題詞如就。甲寅欲得副稿。少得餘閒。劍亦有言。

士劍

駁業治

……不相聞聞者。五年于茲矣。名且不使人知。故其文字。更不欲使世傳。時事至今日。有何救之可論。昨在友人處。見吾子所論業治。與我意見相左者十

六十。本不欲吐。如梗在喉。吐之又恐吾子以我故爲異同也。記乙卯吾子覆黃君遠庸之書曰。有爲之士。未明異同離合之術。自無可同之甚。而強爲不可同以爲同。以致國事敗壞。今吾子之言業治。萬不可同者也。自古至今。自中及外。未有不得人。而能治國者也。美得華盛頓。而美以治。德得俾斯麥。而德以治。英得彌地父子。而英以大治。吾國得堯舜禹湯之治。而吾國得以存治于今日。此其明證也。今吾子不曰人治。而曰某治。殆欲于南方之。。說耶。南方之詖說。我固不暇論。姑論吾子之說而最有害于政者。使世不惑于吾子之說而不知所之也。故敢盡其言。倘以吾說尚有可存之價值。請布之簡册。以求天下之公是非。否則覆瓿也。今日吾子不必問我爲何如人。但問其言果可存耶。昔張子房負有大才。黃石公故屈抑之。以覘其從。授以一卷書。吾子之才。雖不及子房。然有爲之士也。姑以此試之耳。子意如何。……庸庸

北京大四眼井九號寓宅
二月二十七日

是把發噺。適得此書。諷誦數四。欷歔無已。蓋今世無。狂猾之士也。久矣。忽有自命。知負在公者。以書歷試天下士。覺有張子房其人。親承其術。致國於理。大哉志也。號亦崭崭。釗才不及子房。誠如寓庸所言。然固赫然有黃石公在。以持風會而樂末俗。云胡不喜。夫寓庸何人。釗固不知。甲寅向不揭載匿名函件。今爲黃石公故。大壞其例。寓庸之力。可想。惜寓庸函到。本期工事將竣。插印不及。天下之士。請俟一星期。洗眼一觀奇論。固無取。十三年後。經。毅。城。山。下。爲也。　士釗

正校字圖。復關原論三四過。覺詞義多與前不可曉。稿又是打字副本。字直漫漶難辨。作者如允於字句少加整理。更以清本來。藻采當益斐然。特所願耳。不敢請也。　釗又識

論衡

……前歲什有無聊。以叢省覽。淫辭邪義。無當偉懷。嗣因叢感百端。復欲有所陳述。疎懶因循。操翰旋止。適會停刊。遂致中輟。今甲寅繼起。復日重明。凡閱

同心。作樵無垢。讀三十六期。知先生方於撰述餘暇。窯討論衡。王充絕學。久湮廣土。近人習於淺嘗。僅受之風。雖宗其說之驚駭。僅稍稱道之。然終無大裨。先生以精邃之思。治深美之籍。闡發微義。昭宜士林。庶幾仲任之子其乎。乃觀近數期。先生與人往復。似殊注意於校勘考訂。鉞竊以爲治學者。宜以閎識。孤懷旁搜。遠紹。校同。異辨根。枝執其綱紀。則以簡御繁。泛其波流。因山溯返。約呼吸。千載。卓然。攄古。人之用。心。而居今之世。文軌漸通。尤宜取吾先哲遺寶。散漫者。條理之。幽隱者。闡揚之。發潛德之耀。增邦國之榮。若夫校訂訓詁。乃學術之遂底。可一宿。而不可久留。縱研之至精。不爲造極。譬如自滬赴都。秣陵歷下。爲所必經。然若終身徘徊於秦淮河邊。大明湖畔。訪六朝之遺跡。挹山水之煙光。即使選勝搜奇。纖悉不漏。亦只可謂抵寧抵濟而已。豈可謂已抵都乎。恒持此義。嘗評清儒。以爲唯休寧戴君。溯漢暨陽。逖不可及。曾稱章氏亦爲不秀。田穎堅稚。倫。餘則雖如高郵王氏。父子。吾未敢許其爲成學。鉞甚願先生爲戴章。不欲先生爲王氏。其願先生能取論衡。刪腐存液。本選輯妙術。加以推闡。選爲一書。使仲任之學。大明於世。承學之士。均受沾溉。不欲。先生僅爲一論衡集解。高者視孫仲容墨子閒詁。下者彷彿王益吾莊荀集解而已也。又甲寅通訊一欄。博致衆義。隨事發攄。通人己之情。廣應求之效。至善至善。而鉞又希先生特闢一欄。使天下學子。皆得條舉疑難。廣徵解析。鴻生碩彥。亦可藉資研討。發布心得。本以文會友之意。免獨學寡聞之害。施者受者。兩有所裨。據地無多。爲益甚宏。去歲友人李君杏南。曾建此議。喈學之士。必多同心。先生肯惠而許之乎。……

繆鉞 保定西河沿 二月二十一日

彥威所規一義。所提一事。均極善。夫校刊者爲學之初步也。止於初步。固不得謂學。然初步不爲學亦難。日起有功。此象形文字之國。治古學者之特徵。非他土所能比也。至彥威所持閎識以下各義。字字精當。劍雖不敏。敢不拜嘉。闢欄舉疑。正合劍意。但有此類函件。當即開始。彥威杏南諸君。試倡爲之。欄名是否即用質疑二字。希酌。

士劍

二二

詩錄

恭題先王父中丞公手鈔十三經後

匏庵

自紙坊西冷官宅。度隨歸來擁講席。是書既寫日有經，閱二十年功始畢。鴻都石本尚叢訟。伊洛心源推主一，摘經執友，璧。經師。低首，自任，鈔背。役。微背。再起。翊中興，鈴閣蕭然。一蓬。掖，盟心，但飲。長江，水。壓裝。並。少。壯。林。石。平生嗜好百無不。晚歲猶復勸書冊。石泉集外詩文，叢雜纂約書及經說。當時。翰墨，亦。見。珍。柳骨。顏筋，其風力。億昔。春官。釋褐。還。拜。覲。重開。日。侍。側。詞垣。翹。湖。四紀。尚。故事。勞。微。勛。隨。別。首。言。國恩。未。酬。恨。次言。先緒。重。繼。述。無物。遺。汝，兄，殘。金。喜汝。名。場。早。舊。翮。睢州。檻。諸。人。重。官。匪。重。詞。華。重。經。術。豈知細武覺歲期。迷山風引留難。郎。一官留滯歷崎嶇。歸請松楸容漉泣。自頭更遠淪桑趁。烽火年年留鄉國。虛堂定本半飄零。剩餘僅此猶完璧。邇來邪說方橫流。洪

永禍逼秦火烈。斯文，終。喪。非天意。不見。東，瀛，羅，古，逸，文身。章、甫，疑。無。用。經訓。當。奮。必。有。稽。撥皮。仿開。圖。畫。槐。拜陳。藏。忘。庚。子。日丁。寧。箴。諾。洛，誦，孫，勉服。先。時。思。舊。德。

答周梅泉

蘇戡

厄窮。無。悔。感。知。言。不待。巫。咸。更。問。宛。投老。嘯。歌。容。自。道。餘生。心。於。向。誰。論。櫻。居。相。望。詩。卷。花。非。類，年。儉。酒。疾。却笑津沽久留滯。婉若。高。臥。道。彌。符。

寄太夷丈天津

梅泉

文成經進付誰鈔。海雨離居想寂寥。非去。重。光。哀。故。國。心蘇。臣。甫。戀。行。朝。癸。簽。詩。雜。初。中。味。（海藏樓詩已列成九卷再刻部見十卷癸）丁字沽分上下潮。入厄。天。窮。而。無。毀。看君。一。羽。仿。崇。霄。

讀盛江吳太君

式之

姑塔之思同卧子。此言薄俗豈能知。相夫雅已成夫

志敎女真習作女師。列戟。備。傳。橫。海。樯。本。能。正。值。好。春。時。省齋。婦。學。晉。宗。非。再溯。淵。源。信。在。茲。

丙寅多能杭縣答旅京鄉老並簡行嚴　在東

器彩吹笙非貴因。如何成非却因人。識郎久。脈稱。儲。吏。俗。介。新。開。治。薄。民。東閣殷如從李蔡。西曹嗣慨自限遊。好笋。昔。說。臣。彈。悲。開口。於。今。或。許。臣。
未聞肉食遠能謀。況以中材沙木流。災後。福。難。調。衆。日。軍。前。來。早。歲。吞。姻。資。恭。撿。縣。殊。科。日。絡。濟。無。文。勵。眉。矛。不道。帥。玄。廿。寂。寞。侯。封。輪。與。面。如。鈎。

奉懷二章 太炎行嚴　在東

儒者能仁相偶人。君書如炬氣如霖。紀誠。可。棄。從。辛。亥。（行嚴有敬紀論戰）與。之。言。在。甲。寅。西。海。游。名。隨。謗。滿。百年。變。樂。逐。時。新二章山玉高寒並。珍重網衣點洛塵。

秋閨懷友　君寒

瀲灩陂塘臥落暉。一年又見雁鴻飛。衔前。夢。國。身。餘。殺。別後。當。徽。非。已。非。高柳漸隨秋色減。良辰猶與賞心違。十觸。九。觸。平。生。了。已覺。青。黃。挂。翠。微。

天津道上所見　孤桐

路遠南遊牟日程。夕陽無語傍輪行。南旁。霜。藥。紅。如染。照得。傍。鎗。隊。道。兵。

珍珠泉　孤桐

湫起如珠見底清。一泓幽絕豈勝情。百年。與。殷。惟。憐。悉。無。喜。無。憂。向。我。行。

金線泉　孤桐

泉大如珠小似璣。雙流來去一絲微。眼看。澀。潤。明。如許。漾。漾。何。從。想。人。非。

象耕　孤桐

象耕事迹本荒唐。早有王充剖辨詳。今日口碑猶在耳。固知。名。實。本。參。商。

歎老嗟貧文人結習識者鄙之然無病之呻固無足取如本愁苦而強作欷歔本秋士直故爲達語將言爲必辭之謂何也彂叔處境至困悉見於詩其能以曲達之筆狀難寫之情而又無誄常怨憤悻悻之意此其所以難也歲除日戲作二首云庭角無梅座不春門扉難閉營蕪貧晚來寒臘鳴深巷半是吾家索債人有人來算屋租錢小住三間月二千使居如船撐得動斜陌勝錫太測邊雜冉云早歲耽吟與不孤徒愁門外史備細只今身作備和吏敗游人詩我亦無與朱象山夜話戲賦云君行間道常遭賊我受奇窮等被兵惟死未仵綏縣耳異鄉鐙火雨殘生紫作云紫作今朝信使回萬慮門對北風開別無家具隨身到使異流民就食來卽日米薪愁頭屑在途烽火擬難猾時危正要惡大下數口糶容未足哀不遺詩語絹彂叔近體出入步陵古體出入宛陵而身世坎壈所爲窮苦情況多東野后山所未言非推服可謂至矣

彂叔時見道語甚多擬寒山詩多至數十首錄其三

云妻不共甘苦在家如作資小女性謹慧食貧知習勸勿以女爲喜而對妻作嘆相與有瓜葛均是夙世因瞽者擿埴行導路以竿木竿木擿得處便可進其足妙在日無見以竿作之日若是有目人反有窮途哭使小人發法而君子守之荊公謂蒼生其謂在於茲寄語宰官身慎取在學術學術殺人時比於水火烈以上各詩尋常詰蟲魚吟風月者安能有此見地學術殺人又可爲今日詠也

彂叔賦性狷介傲骸類崗嶒敦夙節其以詩往納贄爲從九乃其次丈彭公詠我助之初仕人浙杭陷人閩曾主螺江陳氏家彂厂先生之從叔某某均從授讀彭公曾督閩學君入幕襄校於閩固舊游地也已而又入浙司鹽榷終於差次天將昌其詩固窮當其過耶海藏爲余談君身世甚詳臨川李小湖聯琇君之故人視學吳中君先期以游學自解謝不應試並作詩道意云吾鄉昔有彭甘亭白頭坐困一監生有入介出我門下卻樂鄉舉逃時名（甘亭以監生應鄉舉有相知者與試江南省府文訣孝不入闈而返）甘

又有詩人黃仲則作客英年好游

歷。笥河學士渴愛才。挽袖留之留不得。（朱笥河學士視學安徽延仲則襄校仲則與同事者不合買舟行去笥河遣人追之不及）吾生。不能學古人。聊學二子全吾眞。窮無意氣。落拓遂病脈，奔走廿沈淪。

向來與君相識新。此意今在臨歧陳。青山一路冬入春。畫船掃蛾寒溪濱。君行我住隱顯異。他日惟堪交以神。君之自守如此。豈可專以詩人目之。

孤桐雜記

唐盧鈞除廣州節度。陛辭。上爲言曰。番禺珠翠之地。貪泉見戒。粵人好賂。自古已然。西林言。粵人之賂。均明自致之。號曰公禮。與人計事。以不收公禮爲無誠意。彼開辦時。爲米案接商人稟詞。中央票銀四十萬。啟而迎之。機詢知爲公禮。與尋常行賄有別。商人以是大戚。以辦護無意助己也。而西林卒右商。與總督譚鍾麟互訐。請廷兩解之。彼得調往甘肅。米商護之。不聽其行。自大堂以至東西轅門。皆爲米包塡塞。足不得。西林朝服出迎。長跪與衆商對話。辭朝命不可違。重來有日。幸不必諫。商盡泣。知不收公禮而昔爲民任事。若倘有人也。未數年。西林果督粵。

晉書陸機策問。謂有溫泉。何無寒火。周嬰巵林嘗作一文辯之云。蕭邱燐原。而入者有衣裘之想。東武焚林。而被者無焦灼之色。陰陽相搏。固有不可類推者。妥在其無寒火也。自注。抱朴子曰。謂火必熱。而蕭邱有寒燄。齊地記曰。東武山有勝火之木。燒之不死亦無損也。（見巵林上）此文人故作狡獪之爲。無關至理。惠施火不熱一義。當別思之。抱朴子所云。或亦針對惠子而起也。

偶閱王觀國學林。見所記柳子厚書一則。錄之。道璘因請錄曰。柳子厚善書。當時重其書。湖湘以南者學之。柳氏前公權。後子厚。有此二人。歐公集古錄有子厚書般舟和尚碑。弁南嶽彌陀和尚碑。歐公跋曰。書既非工。而字畫多不同。疑習子厚者竊借其名以為重。覩國書於南嶽山間見此子厚二碑。詳觀之。乃子厚。南。貶。時。書。也。許體格雖殊。前好處路。類柳筆書。然在唐未可以名家。故唐史及唐人文集。未嘗言其善書。大抵。古。人。文。章。稍、著。則并。其。書。亦。為。世。所。貴。邪。子厚常以文稱於朝矣。及其南貶也。湖湘以南士人慕其文章。又學其書。此古今之常態也。因話錄謂柳氏有此二人。蓋與節子厚之過耳。（以上學林）

閱王宇泰（肯堂金壇明人）鬱岡齋筆麈。謂『吾固無詩才。然其絕不為詩。未必為無見也。』頗有所感。愚二十年來。持見與宇泰同。至近忽不能確守。魏此君矣。筆麈中甚多通論。愚從張少溥處借來。閱訖還去。猶時時憶之也。其論詩云。『夫詩樂章也。歌之而比於八音。以成節奏者也。三百篇之歌失。而後有漢魏。漢魏之歌失。而後有選。選之歌失。而後有唐。唐之歌失。而後有小詞。則宋。之。小。詞。宋之。真。詩。也。小詞之歌失。而後有曲。則元。之。曲。元之。真。詩。也。若夫宋元之詩。吾不謂之詩矣。非為。其。不。唐。也。為其。不。可。歌。也。不可。歌。矣。烏取。夫。五。七。言。而。謂之。也。哉。』宇泰、見、今、白、話、詩、不知、又、何、云、然。

綠非子云。奔車之上無仲尼。覆舟之下無伯夷、昭其慎也。鄭蘇龕先生為林亮奇誌墓。則哀其死於奔車。詞極淒惋。然亮奇固非敢違先哲之訓也。聞在上海馬路訪友。已到門矣。方立而給人力車貲。有西洋人御摩託車飛奔而過。亮奇未及避。適為轢斃、傷哉。亮奇天資明敏。詞筆秀麗。字亦清絕。如不食人間煙火。與愚交。日淺而意深。愚嘗得其三札。極寶愛之。去歲交林宗孟作跋。未竣而宗孟難作。終不識得璧返否。人琴俱失。曷勝邑邑。亮奇固宗孟從弟也。其夫人才名相埒。愚在廣東軍府時。曾致愚書。託為夫弟天民謀事。後且在宗孟處屢見筆札。聞在本鄉石門。授徒為樂。前歲京校有延之者。不就。女中雋才。當今罕有。（林札後由高夢旦君轉返愚　十六年一月十四日補記）

長沙章氏兄弟鬻字例

家兄仲漁先生名理綸隱於吏胥宗鍾王工力極厚釗歎勿及茲以釗將鬻字紬繹甲寅周刊有志相助因合訂字例於左　篤好之士以覽觀焉　章士釗謹啓

對聯　八尺（八元）七尺（七元）六尺（六元）五尺（五元）四尺（四元）三尺（三元）以上八尺至六尺以八言或七言為率或指定八言以上者每言加一元

屏條　八尺（七元）七尺（六元）六尺（五元）五尺（四元）四尺（三元）三尺（二元）以上三四五尺不過三行六七八尺不過四行加行每加一元

堂幅　八尺（十元）七尺（九元）六尺（八元）五尺（七元）四尺（六元）三尺（五元）以上三尺不過四行四五尺不過五行六七八尺不過六行加行每加一元如六尺以下指書四分以內小行楷照加半倍三尺以下指書三分以內小行楷照加一倍

橫幅　整紙照堂幅　半幅照屏條

箑扇　一面（三元）半面（二元）兩面（五元）坤扇全仝　地不許

閩扇　與箑扇同

杭扇　黑油紙書泥金照箑扇加半倍泥金自備

榜書　在橫匾額等類　一尺內每字（二元）一尺至一尺五寸每字（四元）一尺五寸至二尺每字（七元）二尺外每字（九元）

壽屏　四幅（三十二元）八幅（六十四元）十二幅（九十六元）十六幅（一百二十八元）每幅以五行為度加行每加一元

冊頁　每開（三元）三四分以內小行楷照加半倍

斗方　與冊頁同

紈扇　羽扇　聚頭　等類皆五七絕句一首（三元）扇骨加半倍

名戳　每個（二元）小戳不書

卷冊題簽　每件（一元五角）

以上各件如須仲漁行嚴兩人合作取價均同

行嚴鬻文另議書件指錄已作者照加半倍

潤資先付定期取件凡關甲寅者照七折收劣紙不書綾絹加半

編輯者　章士釗
總發行所　甲寅周刊社　天津日界吉野街八號
印刷所　光華印刷公司　天津特別一區大沽路　電話南局一三二九號

改訂價目

零售每期	大洋一角五分
每月四期	大洋六角
半年二十六期	大洋三元九角
全年五十二期	大洋七元八角

郵費

本國及日本	每期一分
郵會各國	每期四分

中華郵務局特准掛號立券之報紙
每星期六日發行

民國十六年
四月二日

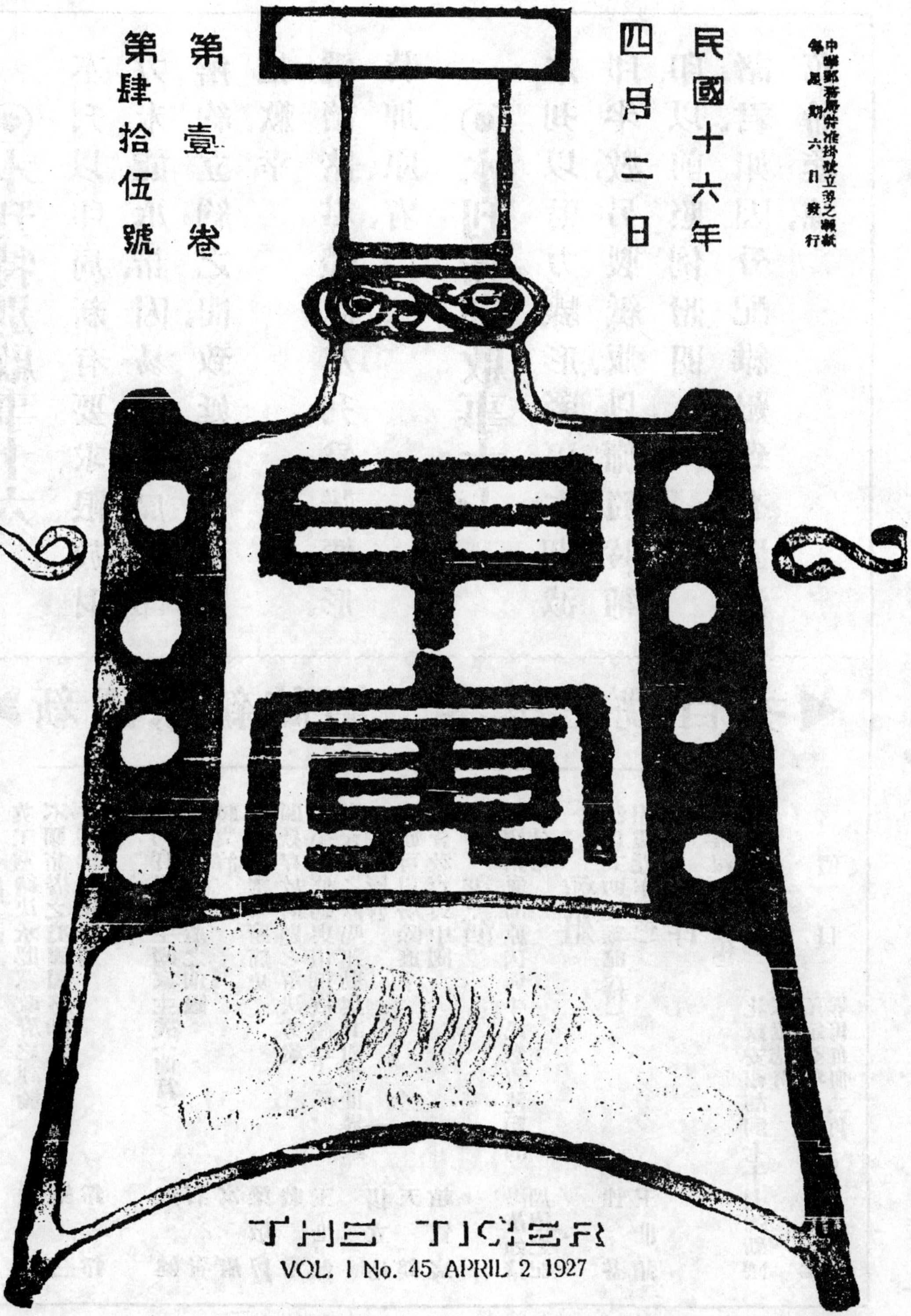

第壹卷
第肆拾伍號

◉本刊特別啟事十六

本刊以印局新有要求、限於財力、未能承諾、因易一印局承印、解約立約之間、致延時日、深爲抱歉、幸

愛讀諸君體諒本刊爲難情形、特加原宥、

◉本刊特別啟事十七

本刊以財力騤形緊逼、本期減印半數、另製紙版、以備隨時補印、以前照例贈閱諸君、如因分配維艱、致有闕漏、萬希鑒諒、

◀新國家雜誌第一卷第三號目次▶

總發行所　北京安福胡同七十七號新國家雜誌社

價目　預定全年一元八角半年一元　零售每冊二角

甲寅週刊第一卷第四十五號目錄

時評

倫敦某報、謂中國事務轉變之速。越日即同越歲。越月即同越紀。前提既無可恃。實相亦復難明。甚矣論東方政事之難也。此言似已即國人亦同感焉。記者執筆時。上海北站、於三月二十一日已為南軍便衣隊占領。揭青天白日旗。竟招展於滬人士之目前。北軍以無抵抗退卻。龍華與兵工廠處無人焉。為彝張股肱之畢庶澄氏。見大勢已去。亦折而與南軍司令何應欽氏。有所商洽。藉免糜爛地方之厄。蓋上海之不為北方所有也。殆成既定之運。驟難挽回。此在數月以前。不僅為北人心理所無。抑亦非南人想像所及。然其所以。致此者。何哉。一言以蔽之。孫傳芳氏。曾害民非。附南。實係仇北而已。顧孟子曰。夫人必自侮然後人侮之。推斯意也。與謂民之仇北。毋寧謂北之自仇。自仇之道。內之在縱亡等之欲。而寬收無責之效。外

之在輕方張之敵而濟幸同袍之敗本既先撥枝葉自從能見及此論東方政事究亦何難之有

上海既失南軍復集中蚌埠為截斷弁軍之計魯軍有所瞻顧北將放棄江南移兵徐州深溝高壘以伺天下之變殆為北方有識者見之兵略前次弁張入京適於此節多所商榷北開楊宇霆氏主此彌堅果奎斯會辛亥之局顯然再見時則和平戰乎分治乎統一乎南統北乎北統南乎將為全國智力交隨協議解答之題在勢黨人鑒於辛亥一役之不澈底豪情激論在所不免然近有自南中來者云與南軍首領縱論及此彼輩既於少年同志之過於囂張比月以來軍事雖勝政事終不無遜色與北領域過大責重而力易弛毋寧步步為營實厚而戰守一唯吾意由此推勘南北均衡之勢告成如北方一時不迫南作戰或者暫能講信修睦兩不相妨俾各得本其所信整理內政競示於民以待民意之最終採抉焉未可知也

今之論政者概曰南方暴亂北方腐朽其實暴亂終有進取之道腐朽則萬無自存之理試問北京今時政局何從成何景象他且不論一內閣也在若有若無之間者且數月如此類政而曠然不審負責者之安所出古今政象之奇妙殆莫逾此夫南中政實語焉難詳致舉亦不一然論其大要愛民雖不敢必而勤政則有之無私雖未必然而抑欲則有之勤政已積極有所為抑欲復消極有所不為孟子曰雞鳴而起孳孳為利者跖之徒也雞鳴而起孳孳為善者舜之徒也實則舜跖之術未同成功固一反之不能孳孳以為者徵諸不足為舜抑且不足為盜又曰人能充無穿窬之心而義不可勝用也人能充無欲害人之心而仁不可勝用也充無二字著義至富古今人物事功之大小淺泊一視其所充之度何若為善如不能充即非穿窬害人亦僅為其小小者耳抑何足道由此言之南方具有正負二德即軍事之勝不必爾爾亦宜為一時冠冕控制民意彼北方者究腐朽

否恐何敢知惟大功所趨相形而絀由北之道無變北之俗則雖如願闊者百固不足以當前矣刻猶在者有者無之間哉

恐固官之北方政黨何在亦不之知夫政黨者名也負責者爲實名者實之賓也負責者爲主必也名實合符主賓復析而後政治始叶於軌反之名存而實不至或對至而名不存俱無政治可言今不幸北方陷於偏象非經一番改造且不足爲與南方相對論政之機體夫爲政不在多言能行與不能行兩言決耳能行則進不能行則退恒人持論如是政家立態才聽如是若今之能否莫明進退不定言政阻滯人才坐廢三尺童子有以計日而知其死所者恐則不辨其用心安在也昔楚王遺弓使人求之不得王曰罷楚人得之楚人失之仲尼聞之曰王亦曰人失之人得之而已何必楚矧中國本自一家勝負得喪原無取南北之見仲尼與楚人於所謂人南士所持何感恐雖不知至吾徒之適處於北者謂宜有此坦然

三

無我之謂當爲同人所共是雖然有至難焉近世憲政雖有百黑固存一善其善維何即公認反對黨之意見爲合法是也比年民治既壞此習亦與之俱墮代興之蘇俄法昔司兩式大抵力排異己侮辱無地號曰以黨治國其質與昔之政黨政治相去萬里今南方氣概與二國略同微論北方之少有氣骨者無衰人自容理即或衰焉而若猶狃於新造之勢中於偏激之情小而言傾大乃劍及過人而旋深無擇別不論誰何其無從振迹以自見也殆成十日並照之象而如實論之南方有爲之精神雖足嘆服而自本黨右派之被推排以盡乃至異黨各派之責以反革命投機分子諸稱者其智量之散見一方或偶存一非持較南府僚才之所章顯未必不成比例唯惜無蓄然以立之中心可得環焉而走與滿然並容之總體可能懷能以容遂乃如不聚之沙隨風蕩去未治之金雖寶亦漆已耳由是此流終無覺悟自放政命則已不然其將外於南方求一尾閭以爲衡才作健筋政明學之地可不待問而此地者何也又紆懸逕

焉。不待鬭而知爲北府所宅也。今若而地者。適有人藏之如上所云云。坐見萬流俱涸。凡魚皆枯。異天下懷才之士所共爲扼腕者已。

中國之幅員至大也。人口至衆也。未闢之富源至廣也。其中億有各崇所信。各本所長。分野而治。相與觀成之餘地。民國四年。愚倡爲聯邦論。聞者駭之。至今猶且以其名爲不祥。不知吾土近年假統一之號。行割據之實。中央政令不出國門。政無友紀。且下百餘年前之邦聯一等。與尊崇薩威稜帖之北美聯邦較。所當慚恧無地。夫以書生當國。躬率百餘萬衆轉戰國外。殺敵致果。全國盾於其後。未敢有異詞（指威爾遜總統）而又個人自由。載在國憲。私居服習。於國何與。酒禁酒之令一下。通國肅然。人人有懷刑之慮。凡此皆專制統一國所未易臻。而聯邦能之。聯邦果何政不可行者。而言者云云。甚矣目論之士之不足與言政也。今吾國以自然之勢。肇爲二支。測以政情。證之軍事。在最近將來。微論統一無望。即聯邦亦無望。又微論聯邦無望。即邦聯容亦無望。在此離心力最盛之時。不作因勢利導之謀。而爲顧頂自欺之計。不居自求無過之地。輒生行險僥倖之心。不論曰僞。又焉可得。

黨府左右派之鬩爭。日見顯著。爆烈之點。則在蔣介石與徐謙之互罵。蔣氏自命爲黨部最高權之代表。以間執擁護黨權者之口。結果。武漢黨衆依會議之形式。凡蔣所得自號爲代表之諸職。俱被削去。陳銘樞者。蔣氏心膂之寄。留屯武漢。職在衛戍。所賴以陽司江漢門戶。陰制黨人動靜者也。卒亦被迫離職而去。代之者即爲唐生智。則左派所挾以抑蔣最適之人也。汪精衛曩以中山艦倒蔣之嫌。憤而之歐。今以全黨狂熱之歡迎。行將返粵。徐謙雖揚言出洋避蔣。或且竟不成行。亦未可料。又張靜江者。與蔣氣誼最篤。在南昌執政。武漢則以老朽昏庸罵倒之。果副其實乎。抑爲蔣之羽翼。故齮齕之乎。識者不難沉思而得。凡此諸象者。足爲蔣氏權力消長之一絕大樞紐。以歐洲革命史迹徵之。於此非痛抑激徒。使不得轉側。已沮。自進爲狄克維特如拿破崙或凱末爾故事。卽將退處於被人宰制之地。急則爲法蘭西之拉飛咽。緩亦如俄羅斯之杜洛斯基。若夫容與中流。優爲睥。應以說明爲長策。恃氣類爲左袒。謂將保全固有資地。無所增損。未之前聞也。蔣氏年來始見頭角。持論漸爲黨外士夫所引重。此亦召怨同黨之一端。三月十三日、長沙反蔣大會。列欵招搖。氣勢甚盛。一曰、蔣介石敢於反動。二曰、蔣氏反對中央黨部國民政府之移鄂。阻止汪精衛歸任。在南昌擬留鄧演達譚延闓。且欲解任鮑樂庭。三曰、親日賣國之行爲。四曰、派吳鐵城戴天仇赴日。與日妥協。且將與奉魯軍携手。五曰、壓迫農工階級。命李宗仁操縱中央執行委員會。六曰、恐上海占領。農工階級勢力增大。因使上海民黨陷於死地。此於夾縫中讀之。有以考知蔣氏近態。所爲得失。同情於黨內外者。其比例差何若矣。

河南軍事勝負之數。言人人殊。京津報紙。雖爲當局檢查之故。未能如實揭載。而豫氣之惡。或亦未如外間揣測之甚。總之。南北相斫。及南與南斫。北與北斫之。局萬不可長。長則自共產黨外。將無人能獲毫毛之益。在孫軍失勢之頃。全國卽應有和平醞釀。與民休息。各新庶政。況直奉政的本同。張吳氣誼交許。有何必不可解之讎。乃至兵戎相見乎。昔墨子持大取小取之義。謂害之中取小。利之中取大。若夫絕有害而無利者。其將無事於取。自爲推斷必然之理。吾人旁觀隊事。無論何方。皆陷於勝敗兩無所可之域。依墨子言。直宜無取。竟強取焉。以至兵連禍結。無可收拾。天下事有歸獄於人謀之不臧者。殆此類是已。

三月十二日。爲中山逝世二週年紀念。黨人一面表示哀弔之忱。一面依託羣衆之力。資爲政用者。勢也。漢口總工會受中央黨部之特製口號。派隊宣傳。有曰、反對個人專政。有曰、反對軍事獨裁。有曰、擁護總理革命政策。前二目者。爲針對紀念時期特別政象而發。與二週年祭無直接連誼。乃有目之所共見。正喧嘩間。有身著制服之軍事政治學校學生。闖入叫

五

罵。橫加毆擊。受輕重傷者且及百人。並公然有所逮捕。毀壞武昌。一時形勢頗形嚴重。中央政府兩解之。推定鄧演達、王法勤等五人為查辦委員。以將中反、革命、分子、分裂、革命、勢力之奸計、為詞。令兩造靜候處分。夫個人者何人也。專政者何事也。軍事獨裁又何義也。其必切實有所指目與反對不平等條約之即述及排英者相類。自不待言。語云。前事不忘。後事之師。讀法蘭西革命史。有以知及倫的與山岳黨之爭。為長期革命中所萬不可免之事。實君子為國家為人道。唯有視血花世界（漢口有此議是日中央執行委員會在此召集黨員大會）之。止於一現而已。　三月二十四日稿

赤化錄

章士釗

阿背衛妥夫 Okbotov 者。蘇俄烏湖省 Ufa 十九齡之中學生也。近以哲學狂想。公然賊人。毫不介意。皆界與名小說家道佐夫斯基 Dostoevsky 之罪與罰 Crime and Punishment 一書中所寫青年狂相類。蓋阿背（即阿背衛妥夫之書名下散此）篤信德儒尼采超人之說。一日與同校生馳論及之。謂凡天下生應為強者。踐踏異己之人格。即足擠此權利而有餘。一生間曰。然則子能殺人乎。曰。何為不可。諸生不信。時有十六齡女生曰慈可 Zhukova 者。笑於座。願為犧牲。以試阿背之能。衆和之。遂各立狀。慈可法且綴於末曰。吾死固不介何人負責也。或問後來得毋悔乎。阿背曰。否。吾既殺人。將飲啤酒兩瓶。往觀電影。一切忘之而已。衆皆哂之。即女亦行所無事。所規之時既至。阿背果嚴裝訪女。女出俄囚徒習用之芬蘭刀。批女於胸。救者趨至。勢已無及。事畢。阿背果飲啤酒。觀電影。如約。翌日始赴警署自首。猶夷然也。俄律非政治犯。不受死刑。徒刑亦以十年為最大限。聞阿背將受錮九年以慰其哲想云。

英人師可圖 David Scott 為海輪司火。千九百二十三年十月、船經黑海議埠。埠員導船衆於國際海員俱

樂部爲樂。師可德傾心蘇俄也久至是謂人生理想諸境、惟俄差得其眞也、遂棄已職而爲之張。後所。謂、理。想。諸、境、於獄、中。驗、之者。殆、十。月、師可德歸英、述其故實如次、俄人什作子曰。吾土可作之工甚夥、以子之能。日可獲一鎊、迨吾求工。則以播穀之職見屬。月薪四十盧布。約四鎊也、三閱月後。移吾於鐵廠、適常余技、値宜加厚、而匯惟一日一鎊。仍不得見、現額且降爲三十盧布、値吾金三鎊時吾則身鐵工協會、台發所蝕、又不爲吾留一仙也、於是者十八月、廠且閉、下吾於碼頭工、一日忽爲警署捕去、罪狀吾不知、憶曾。與、他。國、水。手。對、語。或此。爲、俄。律所、不、許。也、獄室長十二尺。廣二十尺。先我而在者。已十七八人、各等。異、籍。咸。有、吾等所食。晨間黑麪包一鎊。午間菜水號曰湯一膿。向晚代茶者熱水而已、吾安於斯。凡三十二日。則見。移。於。郊、外。大。獄。室更、小。凡囚。大、抵、政、治。犯。數彌。衆。也。食料如前、菜水苦難下咽。唯恃黑者熱者。延吾殘喘、他犯之不堪此者。喧擾特甚。久之吾亦不食、以示決絕越數日、有兵提吾出獄。導入一船、介吾署狀以行。遂經荷蘭而歸、後、吾方、上。岸。吾。英。船。員。總。會。求。理、師可德之言如此、

章先生曰。曩起閱英字報、得此二事、駢載於篇、怦怦若有所感。對客試譯。客去而文就。嘻、是果何所感而然。歟。此二、事。者、其中。連、誼、又。何、若、歟。昔柳子厚爲李赤傳紀赤病心刻廁。軒則抱甕、詭笑而且下人。謂是升堂面妻。其妻之容。世間無有。堂之飾宏大富麗椒闥之奚油然。視汝之世猶溷廁也、友屢救之、卒不悟。陷不潔以死。子厚且爲語以警天下曰。人之是非取與向背決不爲赤幾何耶、知言哉。子。厚。也惟若無、適、例。以。實。之。以。愚。思。之、若阿、昔。衆、奚、夫。及、師、可、德、二、人者。翁、焉、爲一。入。所懸。諸、境、凝、焉、爲、一。非、殆、栩、栩、然、亦、之。化。也此意可存以俟明者。因筆於篇。

鄉葛仁兄總參議執事。報載爲赤化嫌疑。北京逮捕學生逮數十人。又見順天時報詳紀被捕原因。乃爲新出版物如醒獅、婦女之友、濟陵、心聲之故。竊謂此事有當分別言之者。請得爲執事略申其說。比年世界政趨。一致以民衆運動爲尾閭。得其道則興。反其道則衰。往事俱在。縣轍可按。此固不泥於用之者之道何術也。是故。列寧以蘇維埃行之於俄。而有成。墨梭利尼以法昔司行之於意。而亦有成。指歸雖異。戒懲則同。此中竅要。昭哉可觀。夫吾人今日之引爲大病者。非南方濫用民衆以行激進乎。語曰。即以其人之道。還治其人之身。北方策略。必當擇民意之無背於我者。因勢而利導之。顯而易見。比月以求。自留學生以逮在校諸子。有國家主義團體之組織。其號不一。滑紛甚熾。此爲有利而無害。宜揚而不宜抑。可依上列理由而定。所不可不察者。其中或不無極端分子。肆其陰潛。左計耳。然莠雜苗內。田不可荒。鼠涉飯中。釜甑即覆。此其別嫌明微。懲惡獎善之道。至審。請求。若俱焚之火。不問之細。皆屬自壞長城之道。而天下。志士所爲寒心者也。迥學府中人來談。於國家主義者在京開會輒受禁制一節。嶽啟不置。（元日在中央公園開擁護國故會成即其一例）不雖晚近短書。文理淺陋。劍得見者殊罕。而醒獅一種。則頗瀏覽及之。彼自命國家主義之機關報。語多誇大。而持旨則甚正大。無多流弊。主撰曾琦。爲湘鄉後人。文行俱有可述。且徒衆環集。儼爲宗盟。南方閒已懸賞購緝。劍意此紙宜得政府獎借。而政府之懸爲厲禁者。醒獅反巋然居首。抑何與昔朱叔元之言相中也。執事才宏志廣。度越恆流。在此時局興衰轉捩至迅之秋。當有智珠在握。無任佩荷。竊意處理北方民衆事件。得宜與否。與大局之成敗。得失迷誤至切。又深恐當事外驚於赤化之名。內懾於無端生之議。致以學潮釀成他變。用敢爲執事憚切言之。京中各校校長。多是賢明有識之士。既允任管束之責。最好將在捕各生。分發戒飭。以觀後效。勿以一眚。而懈諸生上進之志。且貽貴無名之禍。幸甚。

章士劍謹啓。三月二十四日

第三國際與中國 上篇

梁敬錞

自十九世紀產業革命之後。資本對於人生之需要。即增其值。於是機械工藝、製造生產、諸業務家、各逞其力之萬能。更輔國際之技器。市場壟斷。經濟獨占。剩值分配、既失公平。貧富階級、遂形懸絕。社會革命、之思潮。乃如雨後春筍。紛然怒發。同時輸出失業之國。則懼榨取之不廣。壓迫之無效。又相率講求其防杜限制之方術。于是國家主義乃與國際社會主義相峙並起。各盡其努力之過程。而世界階級之爭。自是始。然夫社會革命之思潮。在中古封建制度之下。實已隱播其因。法蘭西之大革命。其明證也。顧當時革命動機雖由經濟。而其表現之事跡。因激於政治改革之故。眞正之朕兆。轉至晦莫能明。其間政治法律經濟諸學科。雖各代有闡發。而其階術。率以政治爲主眼。革命之標的。亦常以政權移轉爲惟一之前提。一自工場制度、遍於世界。階級競爭。日臻劇烈。經濟勢力、突進飛越。於是革命彩色。遂亦以要求政權、爲手段。而其目標則要在改造社會之制度。變換羣體之慣習。苟想生之使命。社會機體之承受。採劇烈之手段。廢漸序之術行。數十年來。西歐文化之過程。政治外交之事跡。盟會殺伐之相乘。實不外此兩大思潮爲之縮縱。嗚呼。劇已。夫國家主義之演進。乃有民族結合、關稅攻守諸同盟國際平和諸約束。其主義、至國際聯盟而有形化。社會主義之演進。乃有產業組合工團主義基爾特學說國際勞動協會國際社會同盟。其主義至共產派之第三國際而具體化。今後。歷史將遂於二者判斷成敗之時期。其途徑之孰應遵循。將由世界人類各乘其認識而決定之。是誠生於今日者所應首加剖析者也。吾以爲今日世界問題。既不在於近東之巴爾幹。又不在於遠東之中國。他若限制軍備、三角同盟、諸會議、諸運動、更等自鄶以下。其最足稱者。乃在於國家主義與國際社會、主義之激戰。若夫吾國民族。素以德性修養自爲矜倘。於近世所已盛行之國家主義。以外力之侵略。直至最近始見機端。而同時則第三國際社會主義者。乃適挾其超穎之思潮。佐以精密之組織。負有大力。競爭東向。我國人雖日惟共產是懼。而於第三國際之歷史宗旨與其策略。獨不願稍與審察。則其結果。適足以資該主義之蔓延。迨其旣盛。又無術以抗禦。之是吾人實負此失。不獨負吾國家而已。茲篇之作。豈得已哉。

歐洲自德國戰爭之後。（一八六四年）社會黨徒。嘗於倫敦組織團體。名爲國際社會主義同盟。Internationals（今稱第一國際）此同盟以無政府主義之巴枯寧爲中心。各國社會學者以及工黨各首領。率有參與。是時馬克思經濟學說初盛。其黨人常詆無政府主義爲流于迂闊之空想。而巴氏學派之與黨。則亦力毁馬氏學說爲不澈底。兩派傾軋寖烈。是會遂於一八七六年解體。越十三年始有第二國際社會黨出。第二國際社會黨於一九〇〇年成立。設總部於比京。年開常會一次。設行政委員三人。以掌常川之會務。此會截至歐戰以前（一九一四年）有會員一千三百萬人。參與之國凡二十七。嘗於一九〇七年一九一〇年兩次開會。對於戰爭竭力預防。幷爲總投票之表決。是時黨中意見頗不一致。而反對戰爭最力者。爲法國社會黨員威禾Vaillaut氏。彼極主以總罷工爲防止戰爭之手段。顧黨中多數皆主國防。威氏之議。卒以五十一票對一百三十一票之少數而否決。其後復經岳爾氏Jaures之斡旋。乃僅爲空洞之決議。決議案中。雖以防止戰爭爲工人階級之天職。而對于防止之手段。則未敢道着一字。蓋是時國家主義之思想。猶彌盛也。一九一四年對德戰禍旣發。第二國際社會黨。遂因是而生破裂之兆。英之勞工黨British Labaur party國家社會黨National Socialist party首贊開戰。而其獨立勞働黨社會勞工黨則反對之。俄之社會民主黨（布斯雪維克派與孟斯維克派皆在內）反對戰爭。而其社會革命黨之右派則又贊同。其他各國。如美如奧如羅馬尼亞等。其各勞働黨之意見。亦咸各有左右。獨德與法。其黨人皆一致贊同開戰。秉國仇敵愾之懷。卒至舉所服膺之黨義而驟屏之。國家主義之背影，于此又可窺見一斑矣。

於是意大利社會黨於一九一五年五月，發東招集各國之勞工黨在Zimmarwald開會。為反對戰爭之運動。蓋是時第二國際社會黨本部雖猶執總會之虛名。而分子意見。極為複雜。中間雖經荷蘭美國兩分會之提議。而常會招集卒無定期。意社會黨之得起為盟主。非偶然也。Zimmarwald之會。列席者國數凡十三。團體凡十九。英德法俄意荷及巴爾幹半島諸小國皆與焉。然會中份子。既有Midigliani氏所代表之著名溫和派。又有列甯氏所代表之極端左派。所見自難融洽。幸其議題。為停止戰爭之故。卒得一致通過。且此會獨得視為代理第二國際本部之工作。除列甯在會公然主張再創設一新國際社會同盟外。尚無人敢毅然為分裂之企圖也。一九一七年三月。俄國革命既起。社會黨克林斯基秉政。是時第二國際黨人欣有喜色。謀先統一內部。共事於資本帝國主義之抵抗。於是荷蘭、挪威、瑞典三國之社會黨，世稱為Dutchscandinavian派者。得同盟總部同意。發出請柬。定於其年九月在瑞典京城Stockholm開會。願其時克林斯基政府在俄之設施。盡反社會黨之初旨。對於君士但丁仍襲帝俄攫奪之故步。對於土地國有之政策。亦迄未實行。急進派黨人。憤前途之無望。已覺分裂之必要。不幸德奧革命相繼而起。其執政所持政策。亦與同盟中所預期者有出入。急進派乃益各自努力。第二國際同盟形式上之統一。遂轉因各國社會黨秉政之故而不能維持。嗣後一九一九年二月瑞京之會，同年四月荷京之會，同年八月瑞士Lucarue之會。雖猶以第二國際同盟之總會具稱而是時第三國際業已產生。各國社會黨之左派。多寄同情。故論第二國際之分裂時期。猶不得不以Stockholm之會為始點也。

一九一九年，巴黎和會開幕之日。卽共產黨以第三國際社會同盟名義，由俄京招集第一次大會之時。其請柬係以列甯杜洛斯基等八人具名。幷附黨綱十五條。其第一條至第六條。係說明其目的與手段。

二

歸納之。得爲如左之四點。

一、取得政權。代以平民的權力。

二、解除有產階級之武裝。代以無產階級。使革命得以成功。

三、用狄克鐵特 Dictatorship 制度。限制用於生產之私產。幷移轉之。使歸於無產階級之國有。而屬於工人階級之社會的管理。

四、團結無產階級之羣衆運動。務使其以武裝手段。反對資本主義之管理。

黨綱中第七條至十三條。則爲對于其他社會黨之批評。約而言之。亦有三點。其一、斥第二國際爲投機式之結合。指摘其反對急劇之社會革命爲罪惡。其二、指少數黨所主之社會主義。率守遲迴猶豫之態度。認爲無可共事。其三、對於左派之社會黨。則誘其使與已派（共產派）結合。謂須對於工人階級之團體。最加努力。至黨綱中最後兩條。則謂其黨應稱爲國際共產黨。爲鼓動國際共產運動之常川機關。其任務則以世界革命公共之利益爲先。其單獨對於某一國利益之活動。則蔑視之。

此會爲第三國際第一次大會。於一九一九年三月二日開幕。與會國數凡三十四。中國與焉。（以勞工社會黨名義出席）共產黨即席發表宣言。對資本主義之國家力肆詆毀。又以經濟法則。說明資本國家運命之顛覆與無產階級組織之必要。其最後要語。則謂須將無產階級之秉政。轉爲共產社會。而後其主義始爲完成云。

第三國際社會黨之努力。旣以全世界爲一單位。則國家之觀念。自未嘗有。惟同時各國社會黨之左派分子。對其廢除國家之意見。則有未盡贊同者。但左派分子。對于第二國際所秉之民主社會政策。則又認爲疲弱。於是法之郎涅 Longuet 等乃聯合各國社會黨左派同志。羣起爲第四國際之組織。其宗旨實介於第二國際與第三國際之間。故世或稱爲二．五。黨。（$2\frac{1}{2}$）一九二一年六月。在維也納會開大會一次。嗣後因修正凡爾賽和約一事。黨中意見。亦極紛歧。然尚未至破裂之度。又惟以其主張介於第二第三之間。故第二第三之社會黨分子。恒有受其吸收之可能。其於將來國際社會主義之進程。頗處重要之地位。

國際社會黨之略史。既已如上所述。就其所秉主義而言。除第一國際主義爲無政府派與馬克思所形成。別無新穎之一貫主義外。其他如第二國際則以馬克思修正派之社會主義爲基礎。第三國際則純以共產黨之宣言爲信條。以鼓吹國際階級戰爭建設勞農階級執政爲目的。第四國際則以民族自決爲前提。而亦以糾合世界無產階級共起奮鬬爲手段。惟其是認國家制度存在之點則與第二國際相符。但其所謂國家制度則非欲藉國家擁護階級之富力與國家主義又絕不同。故仍屬於國際社會之分派。就其現在勢力而論。則第二國際之會員約一千五百萬人。第四國際會員亦約七百萬人。第三國際僅約六百萬人。惟以其得有蘇俄爲其主義實施根據之故。最動世界之觀聽。其手腕又綿密敏活。歐洲各國畏之如虎。而卒不能稍加撲滅。今最爲吾國此後之問題者。洵在此黨。

通訊

論衡

……近日偶檢論衡。見實知知實二篇。中有誤字數事。特就正於先生。不知有當否。實知篇云。詹何坐。弟子侍。有牛鳴於門外。弟子曰。是黑牛也。而白蹄。詹何曰然。是黑牛也。而白其蹄。使人視之。果黑牛而以布裹其蹄。以上原文按如文。則詹何所測。與其弟子相同。不容複述。第一蹄字當作題。音近誤耳。此事出韓非子解老。彼文云。弟子曰。是黑牛也。而白題。可證。至韓非載詹何之說云。自在其角。與此云蹄者不同。則傳聞偶異。或由仲任誤記耳。又據術任數。相合其意。不達視聽。遙見流目以察之也。原文按聽字乃衍文。知實篇云。又不能達視遙見以審其實。知達。視。遙。見。四字。常述。論。此意。由後。人。不。解其。義。而。妄。增。又見說善解結。結無有不可解。結有不可解。見說不能解也。非見說不能解也。結有不可解。及其解之。用不能也。原文按三。見。字。皆兒。字。之。誤。兒說。善。解。結。傳記。多。言。之。知實篇云。主人請賓飲食。若呼賓頓若舍。賓如則其家有將子泊孫。必教親徹饌退膳。不得飲食。閉館關舍。不得頓。賓之執計。則必不往。原文按泊。字。說。當爲。泊。薄泊聲近通用。本書命義篇云。稟得堅强之性。則氣渥厚而體堅强。稟性軟弱者。氣少泊而性羸窳。以少泊與渥厚對言。是其證也。若呼賓頓若舍者。第一。若。字。或也。頓舍。言。寄。頓。第二。若。字。其也。若可訓其見經傳釋詞此言主人請賓飲食。或請其來舍寄頓。如賓聞其家有輕薄子弟。遂抗其父兄。拒絕賓之飲食寄頓。則此賓必不往也。執閤固執。……積微 北京東城三月二日

各義俱極妥詳。此眞讀書得閒者之言也。與荷偶荷。惟第一條鄙意微有未同。弟子曰。是黑牛也。文止於此。而白。蹄。三。字。疑涉。下。文。而。衍。蓋答。詞。然。字。宜爲。肯。定。全。說。而。發。若弟子曰白題。師曰白蹄。是是其半而非其半。是其。半。而。非。其。半。答語。當。著。否。字。不常。著。然。字。以知。弟。子。於。黑。牛。外。未嘗。別。有。所。擬。議。也。惟別。無。所。擬。議。師然。其。黑。牛。之。說。爲進。一。白。蹄。之。解。而字。始。活。躍。有。力。又聽字衍文一義。似猶可商。尤文每視聽並舉。即本何之下。如聽聲有術。察色有數。及推用術數。若先聞見等語。皆二官雙及。此處。略。去。聽。字。則視。見。目。皆。屬。視。於義。不。協。況本。非。爲。翁。仲。之。於。馬。解。厝何。介。葛。盧。之。於。牛。鳴。皆聰。之。事。乎。按本篇前文。有無達視洞聽之聰明何。疑聰。字。非。衍。而上。脫。洞。字。達視。洞。聽。與遙。見。流。目。對。文。達視。洞。聽。指察。近。象。遙見。流。目。指察。遠。象。意亦。不。複。又察。遠。祇。用。目。而。不。用。耳。不同。察。近。耳。目。並。用。故視。聽。與見。目。相。對。亦未。嫌。略。全。不。稱。至

不能透視遇見以察其實何。乃是聞公明貫以外。之。設。境。此處。祇能。盲。目。不能。盲。耳。以。盲。耳。將。與。聞。貫。相。妨。礙。也。未使與前幾說爲一談。若作其字解。充實多有。本無若。附。麗。之。卽。是。

士剑

泰州教

……貴刊三十九號記泰州教事。考泰州教創自安徽石埭縣周太谷。一傳爲李晴峯。（晴峯列周田）李俊分南北兩派。各有見聞。（見胡撰風集）當世。號爲泰州。教。文號。爲。太谷。教。北教。中。人。則。號。爲。土。教。（稱陳伯殷文中常稱士教卽猶此）盜以伏羲爲金教。文王爲木教。周公爲水教。孔子爲火教。太谷則爲土教。此猶五德。運。與。道。統。之。說。也。消末主教者爲黃永年。號錫朋。海寧人。寓蘇州楓橋。開蘇李範之。於民國三四年間。曾訪黃於蘇州。見其廳事横一額曰退谷。其聯曰、爕理之道。孝弟而已。孔子之道。忠恕而已。與之語。如坐春風中。其弟子男女均有。而禮法嚴肅。貴池劉逃甫、於民國戊午。以二百金購其教中所註四書一部。類多西漢緯說。莫能明其

究竟。近世名輩如毛實君、喬損菴、陳伯嚴、胡漱唐、皆敬仰彼教。毛喬尤教中龍象。喬於清末爲御史入臺。第一。指卽稱昭雪黃岩一案。猶延下山東撫臣查覆。時楊文敬爲東撫。延未復也。庶君謂。其爲學派。非宗教。誤矣。彼極神秘。且有法式。儼然一種宗教。胡集中涉及泰州教二則。附錄於下。一、傳附龍川之學。分爲南北兩派。各有異同。所著書甚秘。非及門者不得見。後淵伯嚴。則云。合。儒。釋。道。三。教。爲。一。（答毛實君書）一、壬子四月二十日。始赴蘇州訪毛方伯實君。蘇城大宅。多閉門逃徙。而實君與黃先生永年、住嚴衙街前。坐待吉凶。嘯歌不輟。有孔北海之風。殆所謂知命者。與夜與黃先生論學派。諸門人環侍而聽。先生勉予以憂道不憂貧。謀道不謀食二語。（壬子訪吳中遊記）……丁洽明

安慶 二月十五日

本刊有泰州教之紀載。始於天津有倡言五教合一者。李木齋先生與言三教合一。有前例在。卽太谷一派是也。丁君。引。胡。梁。中。陳。伯。嚴。先。生。合。儒。釋。道。三。教。爲。一。一。語。可。謂。盲。歸。正。傳。

士剑

經學

……四十期所載大著經學知聞說親一條。似有尚待商榷之處。茲將鄙見寫呈左右。不吝教誨爲幸。潤竊以爲讀周秦古書。不可過於拘泥古訓。亦不可過於拋棄古訓。尤不可過於附會近世科學。舊學即如此條。孫梁兩說固非。太炎先生說似亦未諦。蓋墨經所以聞說親三者爲知之來源。經說又以傳受之釋聞。方不㢓釋說。身觀焉釋親。則三者之平列可知矣。然世有傳受之而不知。身觀焉而不知者。則以爲方所㢓故也。此何之義。頗爲難曉。非根據古訓。無以明之。茲特說明於左。敬候大教。經說云、方不㢓。說也。易象上傳、后不省方。王弼注云、方、事也。此方字當訓爲事。廣韵云、㢓同障。說文云、說、說釋也。段玉裁注云、說釋即悅懌。許書無悅懌二字也。說釋者、開解之意。故爲喜悅。潤按、字書無㢓字。㢓當作㢓。與障同義。說嘗讀爲悅懌之悅。不嘗讀爲談說之說。育不爲非物所障蔽。斯可謂之說悅音也。㢓猶今人所謂隔膜。說猶今人所謂了解。非不隔膜。斯了解矣。此亦知之一種也。提婆菩薩百論第七、破因中有果品云、障故不知。如壁外事。龍樹菩薩十二門論第二、觀有果無果門云、障故不可知者。如地障大水。壁障外物。障故。不知。不障。則知矣。上引兩論。以亦可爲墨經之一證。鄙見如是。祈先生有以教之。再擷箸商君書集解。其中頗有糾正德清瑞安兩先生錯誤之處。惟製介箸注。尚擬改作。先生以爲尚有中小學生一讀之價值。願以版權奉贈。所得售價。以其全、數、助、充、大、禮、印、刷、之、費、可、也。抽校倘有尹文、鄧析、公孫龍、鬼谷子諸種。管子集解。則未卒業。長沙。曹。銳。初。先。生。（籍湘同治甲子舉人與先祖同年）所。著。墨。子。箋。最。精。核。其。善。啟。名。理。之。處。不。減。王。郭。張。三。家。之。注。老。莊。列。也。又王壬秋先生之墨子注。及近人尹桐陽之墨子新釋。先生均見之未。……王時潤（江寧地方檢察廳　二月十七日）

辱教。幸甚。辱啟湘先生教。尤幸。惟說作悅懌解。鄙意終覺未安。啟湘亦謂聞說親三事平列矣。此三。事。者。以狀。詞。明。之。宜同。用。狀。以動。詞。明。之。宜同。用。

動。不易。之。理。也。今說。訓。悅。狀詞。也。開親。將。何。由。得。轉。爲。狀。乎。如曰。不。轉。爲。得。則一。狀。二。動。相間。成。文。關於。遲。想。然。時。乎。且知。之。源。在有。道。以。致。之。志存。動。作。無取。狀。物。其義。甚。顯。又悅懌著、情緒之非也。而若論是非。屬諸術智。情緒。術。智。是象。每。不。一。致。大抵情。緒。之。所。寄。者。術智。未。必。即。以。爲。然。所選。又。未。必。即。以。爲。非。遽見劉緦文心中論說一篇。持義頗與啟湘合述。謂說者悅也。故言咨悅懌。紀昀爲之評曰。訓詁。依。文。敗。義。究與。論不。同。科。此沒。可。删。曉嵐平昔譏多荒唐。不識此義胡乃獨勝。啟湘試返思之。此中分域彌大。似不可不察也。夫名家者言。以求異也。而太史公病之。謂其苛察繳繞。使人不得反其意。專決於名而失人情。故曰使人儉而善失真。此其故何也。劉咨思之。求異者。真在。術智。失真者。真在。情緒。又情緣。何。以失。術智。以。之。也。意緣。何。欲。反。情緒。欲。之。也。二者。旨趣。不。同。如。此。混作。一。談。寧非。謬。除。啟湘吾良友。將不以狂辭見罪。故附直陳如右。更有新義。所願祇承。尊箸商君書解詁及尹文以下各篇。頗欲拜觀。賜贈版權一節。如何敢受。鄙意照前期通訊所擬辦理。大惠則凡中貴讀者俱所心感也。曹先生摺子箋。久聞。其。妙。求之。數。年。不。得。啟湘如然代致一冊。感且不朽。壬翁此作。苟節。無。新。義。恐經。注。尤。謬。劍常爲翁門人劉滋甚言。翁此稱實不願刻。并著述甚。彌留。尊。詩。拘。泥。古。訓。之。弊。兩書劍者循習。蓋無。足。觀。

士劍

經師授受

……家謝燮讀漢書儒林傳。著就西漢經師授受。作爲一表。以事至徵細。未求刊布也。前見北大國學周刊第二卷第十四期。徐君炳昶有西漢經師傳授系統表之作。又因徐君引言。始知畢秋帆已有傳經表。又近見商務館出版張君之純著中國文學史中。亦有傳經姓氏表。竊觀徐表。較近精審。然已不無可商之處。張表紕繆較多。頃讀貴刊第四十三號。有自拈問題之識。又嘗聞梁任公有問題無大小之說。用特草陳管見。祇請鑒裁。徐氏詩經傳授表。魯詩首列浮邱伯、張表亦闕。竊以爲此似未當。魯申公始爲詩訓。故號魯詩。而浮邱伯乃齊人也。今稱魯詩即不得首浮邱伯。一也。浮邱伯於授申公之外。又授楚元王父子等。而元王別有詩傳號元王詩。今首浮邱伯。又不得稱魯詩。二也。若必欲首浮邱伯。無已。惟有稱浮邱詩。然而其爲不當。又無待詞費也。竊以爲系統表之外。應有附說。魯詩惟應首申公。至於申公受詩浮邱伯。及浮邱伯於申公之外。並傳元王父子穆生白，生等。惟可於附說中見之。不宜闌入表內。又徐表、傳易有司馬談。此見於史記太史公自敘、漢書司馬遷傳、所稱太史公受易於楊何者也。竊以爲西漢經師。授徒衆者至千餘人。然今列諸系統表。應惟以其高第弟子。能號通師說。至乃引伸觸類。別自名家。如儒林傳所列者爲主。（其因貴仕別有傳者儒林傳亦皆列其授受本末）非儒林傳所無。則採他傳者。惟常於附說見之。不特此也。公孫宏受公羊春秋於胡毋生。史記漢書並稱公孫宏亦頗受焉。頗受云者。不備不精之意也。然則公孫宏應列入正表。抑但於附說中敘列。似可商酌。至若京房受易焦延壽。謂延壽之學。出於孟喜。而翟牧白生不肯。蓋翟牧白生。乃孟喜之高第弟子。與孟喜始終接近。能通師說。兼悉其所授之人。故京房欲援繫孟喜。乃爲引重。而翟牧白生否認之也。此亦當於附說中敘紀其事。而不宜顯預載入本表者。至張表謬誤尤多。如兒寬傳、歐陽生子世世相傳。世世相傳者。猶俗語言一代傳一代也。今以世爲歐陽子之名。大謬。如此謬誤。則瑕丘江公傳子至孫爲博士。亦可。以至孫。爲江子之名。然據徐氏引言。則畢表已有此誤。未免可怪。又廣川殷忠、（漢書作段仲）溫呂步舒、廣川與溫、地名也。殷忠、呂步舒、人姓名也。今以溫字誤連上讀。是爲殷忠。更單名爲二名。而令呂步舒改籍爲廣川人。亦屬錯謬。繼國學週刊已久見停寄。至張君則向不知其居址。可否附登貴刊。與留意者觀覽。即祈尊裁。再閱刊第四十三號。載余嘉錫君陸賈新語提要辨證有云。『且賈既傳浮邱伯之學。則其書中所引詩。必皆魯詩遺說。』如上文所論魯詩應首申公之說不誤。則此文魯詩遺說四字亦有未安。詳審言之。

惟當云必皆浮耶道說與爲詩同出一源而已。蓋爲詩之名，乃由中公而起，隨賈年蹤，且先中公自不得言采用爲詩道說也。

……黃家澍 二月二十七日 北京女子學院

三事

……僕略知文詞，頗中實之力實多。今者大刊又續出矣，略有所懷，不敢不報。竊以時局俶擾，吾儕操觚論政之士，不宜斤斤標理名高，惟當以「倫理學者與實際政家之見地」出之。夫理論與事實，本屬兩途，相通之處，多寡難定。今日國內學人，背道奔馳，各以標理相尚者，奚止千百。而言者披精敝神，當事茫然無聞距辨，學之不明，抑亦理勢互違，無從而實施之也。僕平居爲學，恆以實踐自律，凡淸議空談，不負責任之言，僕所不容。大刊再布，私願其契合實情，以「操劍復之機妙調和之用」者自尸，則國家之受其益也，必廣且厚。否則對探理故，細測道源，祇足見說於書生，終無拔援於危亡，誤國之罪，且不論辭也。此欲商榷者一事。

國內思想紛歧，探源實由道德觀念淪沒所致。故崇尙道德，發揚闡光，吾人要事，莫急於此。數年前鄭希馮君，爲僕授盤日中實諸作，言爲文論政時，與道德相混淆，爲先生一大失檢處。不知先生之政論，每較他人高一籌者，正在此點。蓋道德爲中華立國之基，四百兆人民心靈所依，棄此不顧，政將焉託？猶之英倫有習慣法，而法美諸邦，號稱法治先進，其政制法度，亦終不能盡捨棄舊教儀也。此欲商榷者又一事。

縱覽東西史籍，凡收拾國家殘局，必先以武力混而一之，然後可言政治教育實業。意大利之復國，由於加富爾之力戰。日本之維新，亦在西南戰之後。良以中央政力不逮，四境同時戰鬥不息，黨爭不已，國家實不可得而治也。俾斯麥克有言：「意志今日之大問題（統一問題）豈口舌與多數議決所能集事，其唯一工具，則鐵與血耳。」此與我國今日境遇正同，而明者大抵知之，而不敢言。此欲大刊唱導者又一事。

……張丙生 二月二十五日 太原晉山學校

書林叢訊

蘇俄 Bolshevist Russia

譯者 Auna Barwell

倫敦 Allen and Unwin 出版價十二先令六片士

有瑞典作者曰賈格林。Anton Karlgren 習於俄故。千九百四年至千九百十六年之間。無歲不遊於俄。自後足跡稍疎。而考查益切。近以千九百二十四年彼土實況爲論材。刋行一書。號曰蘇俄。Bolsh.vist Russia（英人布譯本）讀者聞其無媿知言之目也。原書東方難得。吾未及見。從倫敦泰晤士報所爲提要。按其綜目。繹其旨趣。知非常作可比。蓋從來評蘇俄者。止於皮相。其所以然。則天下通俄文者甚罕。凡論俄事。大抵徑爲俗本邦聞文露書自紀自備之譯本觀而徒紓焉。乞靈於他邦之游記。知者以資推況。此不問左右袒。但無確紀。亦何待論。譬謂共產黨雖有百短。而有一長。卽其行己接物。率坦然無所諱飾。而又口務明言。絕務露文。嫌疑隱微。略足明察。除接待游士。詔示所長。故有揚隱外。其在本土。自行發布之文件。廣廷公致之演詞。特指事件之調查報告。八九供。供直陳。不諱遮蔽。各康術撤中、如翟青斯基、Dzerzhinsky 厲靑夫、Rykov 邏密施可、Semyashko 杜洛斯基。皆各負此種特質。而藍代薩斯基 Lundach rsky 尤爲明亮。於是賈氏自利其俄文素養。俄友交誼。遇事無不元本殫洽。移植於書。此所謂第一手之知識也。本書可貴。首推此點。賈氏論千九百十七年共產黨之成功。緣以二義號召於國。一曰卽日之平和。一曰農民之分地。此亦臨機策略。爲應如是。附於共產本義。未必甚貫。其時該黨人數。特三萬五千人。稍前社會民主黨時代。合許多數少數兩派。猶無過四萬。至作者執筆時。額已增至一百萬。而康摩梭穆 Komsomols 即少年共產黨 在千九百二十六年初。達一百七十萬。及黨孩一百八十萬。尚不在數。惟據賈氏所察。黨勢日張。內基轉不甚固。屢見正受訓練之青年。忽爾不崇所信。突發異議。至十歲以下之孩兒者。果將終來黨洗與否。在今計之。殊過早也。其在選舉。於嚴厲締合之下。所選卒異於當地黨部所製名單。往往而有。現時黨內所持強同僞異之策。不敵稍僻。克們林宮中首領數人。猶在高樓。自與之俱在。至樹起適當人物。將於何處訪求得之。乃最爲紋腦之題也。至市場情狀。雅齊斯基曾著於篇曰。商務吾不知也。由是千九百二十一年前。全國行其共產制。物產五十八分以上。公然非法掠奪以去。迨列寧以新經濟政策易之。資本之基地驟立。而又暴富者起。臺批貿易之八十分。小賈九十分。皆然歸之。國人敢怒而不敢言。凡此等處。賈氏論次極詳。圖表咸具。所謂無產階級之賬冊 The Proletariats Profit Sheet 是也。此外農荒實況。言之尤爲可傷。蓋鄉村之

自毀也。革命前。黨人鄙賤農民。以爲之農民。祇求多得地自肥而已。黨人亦祇利用此以速其革命。以是百般毀滅。竟無底止。事稍定。黨人以律令示於農曰。地汝有也。然爲吾有。農則大憤。種植遂以在法所得自有者爲限。餘任荒蕪。當田轉而待蕪者。且以四分三爲率。而大饑至矣。大饑之後。名義一蹴復舊。而荒耗猶未已。農民合作者。共產政府唐皇無上之標揭也，至是僅一無意義之死文字矣。蓋農夫之仇視政府。日進而未有艾。土地彼所欲也。共產主義。則請卷而懷之。此爲公然之象。勢難挽復。反之工徒夙爲政府所輕。適成耕農之對。於擅技術者尤甚。而乃深諳馬學。志切堪稱生涯 Comunal life 之罷。轉於此中得之。抑又奇已。上所論列。非愚自有。冀國中有讀此書以張其識者。因不辭拾人唾餘。以爲介紹。巳函託商務印書館。蒐運數冊。備人分取。有志之士。爭往訂購。使愚言不失信於該館。於後來約致新籍。必且較便。

士釗

詩錄

弱弟哀　正道

脩短謂之數。似匆費疑猜。仲弟四十七。三弟五一纔。前後八年閒。暮鼓遞相催。阿兄六十三。晚景夕陽隤。長幼原有序。胡獨不然哉。比肩寥落盡。侃侃期不來。子姪雖旋繞。唯諾多凡才。仰首視老身。孤㷀白雲隈。怡怡樂何有。襟懷鬱不開。豈堪別離苦。哀爾不我哀。娑婆若苦海。沉淪心自灰。來世結佛緣。貝葉衆妙該。一心了生死。功到入蓮胎。逍遙三界外。何嘗有輪回。

奉答潛夫寫示寄懷海外友人之作語極悲壯再疊　逸塘

滔滔眼底孰吾徒。訣蕩天門不可呼。萬里春光回北陸。十年舊約負西湖。怕吟同谷傷心句。誰寫監門墮淚圖。淒絕江南好明月。那堪倒影照蓬壺。

驚蟄日有懷醇士天津再疊前均　纖儂

閑關猶負篋書行。脫手新篇老宿驚。雙井聲笙應嗣響。東湖煙水肯寒盟。客中尊酒難為別。亂後青山未可耕。遺子北來天有意。久虛講席待陽城。

青島櫻公園一　松岑

自我來膠東。未改櫻花節。海氣暗朝暾。十里花光冪。結根來何方。融融媚晨夕。日曆經如山。貶損棠梨籍。來遲欣賞嚮。門外數轍迹。觀化識遷流。喜見金柈凸。東海一揚塵。芳草鋪如雪。魔舞下天宮。光景一飄瞥。

二

平生愛花心。脈脈有神理。自見臘前梅。就吟過婪尾。東皇喜新撰。到此厭桃李。薰蘩炙嬌蕚。那復思沈悱。華競豈難工。文章耀紈綺。羣蜂開午衙。冠蓋黃塵底。春歸指當屈。不問金餘幾。墻角倚耐冬。隨宜自梳洗。

三

海島本犖确。荒度綠人功。樓臺更新主。換得山櫻紅。櫻亦解語花。巧笑倚春風。風天辦搖落。不如嶺上松。

晚聞子規啼惜春。心緒慵揭鞭。背花去亦不知歡悰。

秋興 八首之四 在東

黃浦清秋畫角哀。江湖西送越兵來。不容睡榻戎爲首。早識爭桑禍有胎。壘子猴攻勞解帶。蔡師入夜已銜枚。金閶笙管繁華地。忍見紅羊付刦灰。

天險仙霞地綫銜。上游旆旌自雍容。二矛河上歸清駟。一雨池中躍蜀龍。組甲棲餘山會稽。快刀翦取水吳淞。南中所苦惟兵革。願勒脩文立馬峰。

秦師拜賜恰三年。郊壘瘡痍尙儼然。飽粟早輸榆葉塞。出車多旁柳條邊。迴衙不惜兵傾國。大恨居然誓告天。最羨生兒如李亞。四公子首特翩翩。

明月中天第一關。沙場醉臥幾人還。揮戈末路心迴日。舞劍悲歌力拔山。才本出羣稱將健。事非其主痛王孱。洛陽消息冰壺在。一夜收兵鬢爲斑。

孤桐雜記

記馮玉香殺盜事

光緒三十四年。王化東爲協統。駐軍新民屯。軍聲稱最。化東尤威重。距屯二百餘里。即黑山縣。有營部在焉。馮玉香時爲營附督隊。無奇節。孫靜山者劇盜也。勢傾關外。積年名捕不得。一日玉香出不意。抵綦緊之以歸。錫良方督三省。以嚴正顯聞。化東馳電申報。未得復。縣民具保狀者萬餘人。稱不獲請。且刦去。營兵衆寡不敵。無勝理。玉香急。即夜梟靜山。營外。保民見。靜山死。反漸退去。秦盜亦不至。竟無禍。清例殺人法敍甚紓。無總督復文。擅殺者且得罪。事後玉香面營長某某大恐。玉香曰。將在外。君命有所不受。不殺靜山。刦勢必成。刦勢成。全營鼇粉。此之情勢。惟親臨者。知之。知而不斷。喪權失衆。罪逾於擅專。玉香請諸屯。陳狀。願獨受法。無與營長事。營長唯唯。段其澍者。夙有恩意於玉香。隨化東爲團長。同軍屯上。玉香則

二三一

因其尚通於化東。猶不敢先見。其尚廉知化東得報甚怒。亦危之。姑往說焉。至則化東疑。久之不覺。其尚屏息戶外。惶恐萬狀。忽見侍兵持電封至。啓知盛京來文。着就地正法。則大喜。化東開槃起。其尚趨白緩急利害諸狀甚悉。化東喜怒不知所可。召玉香至前。責以自後倘於將事而誤。玉香。由。是。以。膽。智。顯。名。軍。中。玉香者玉祥也。後陸建章嫉其名近婢妾。始爲易之。民國十六年三月六日。在段宏業處晤其尚。聞其育如此。

西林羨爲愚盲。川有大盜某。屢捕屢釋。從縱於法。而釋每由良民切保。飼情懸禁。若不忍致。彼督川時。下軍即將介捕盜。捕得而所謂良民之尾於後者且數里。留弃將韁。切結環保。勢洶洶。不出盜且殺。西林道使但衆少待。立升大堂。鞫未數語。斬盜堂下。旣介懸首轅外。西林且出面衆。問民意安在。衆譁駭。欒無以對。忽涕泣不可仰。且跪且言。吾儕。之。累。於。盜。也。至。矣。縣。遣。捉。單。無。敢。卒。數。之。者。捕。時。民。不。立。爲。之。地。盜。出。且。施。酷。罰。在。勢。小。民。不。得。不。保。保。猶。不。得。不。力。今。宮。保。毅。然。爲。吾。川。除。害。此。天。也。民。感。且。不。暇。而。又。何。懟。焉。且。跪。且。言。涕。泣。不。可。仰。馮。君。之。教。孫。靜。山。卒。得。無。事。竊。要。與。此。正。同。此。竊。要。也。凡。統。兵。撫。民。者。俱。所。應。知。爲。記。如。此。以。示。方。來。而。化。東。當。時。適。臥。憊。介。亦。適至。得免。馮君於辱亦不得。不謂是天幸云。

說林

背孟其

牲國節巧對。有樹已半空休用斧。對果然一點不相干者。頗饒興趣。今日仿其例。得聯兩首。一馬半無力背因瘦。對焉能到手不分肥。一花。若。有。心。留。蝶。住。對之。乎。者。也。已。焉。哉。又晁伯以（見叔字也）之可對曹孟其。借兩人均不甚著。不如阮元之對伊尹。

宋濂記事文不在歸有光下。沈周律詩不在李東陽下。與客語。

讀毛詩不必以爲經而故意重之。如以唐詩三百首或千家詩之法讀之。則一切破碎支離之見自可不作。蒿諸生一。

詩之有風賦比興雅頌。猶文字之有指事象形會意形聲轉注假借。轉注假借所以濟文字之窮。賦比興所以辨風雅頌之體。王介甫戴東原頗解此意。請諸生二。

前日趙某甫告余。聞前且勸至江南。以樊增祥名士。特以所作詩示之。樊祥贊擧歎息。以王爺天潢貴胄。生成英姿。非草茅所能及。其實遺語生澀。光不成辭。增祥尙容說耳。余見其勸莫愁湖詩云。風月依然不老衣。誰將縷縷話前塵。鬱金堂畔波如鏡。照澈千秋畫衰人。（此詩收在近人所爲感舊集）亦悱惻有致。增祥以其貴胄而諛之。某甫又以其貴胄而誹之。皆非也。凡論人論事論詩文。不宜先有物在。

翻碧溪詩話（宋黃徹撰武英殿聚珍本）覺脫不了頭巾氣。翻浩然齋雅談（宋周密撰武英殿聚珍本）博雅有識。其言朱氏主程而抑蘇。呂氏文鑑去取多朱意。故文字多遺落者。極可惜。水心葉氏云。洛學興而文學壞。至哉言乎。蓋亦不樂語體文者。而今之爲舊學者。又皆以語體文爲新學。然蘇葉而薄程朱。於情爲不稱。然兩書多遺詩文。足以校勘舊本。不止人物事狀參異聞云。

甲寅周刊二十號。載余逸驊殘稿及所致書。孤桐署曰。曾君孟其。吾鄉宏識奇士。貧甘鱗餉。而腹笥則絕富。有所布列。足窺一鱗。如此奇才。不得一飽。天下事可知矣。讀之增感。意不自持。蓋語言之感。過於圭璧。雖至拙者。不能逃也。

甲寅時評論某軍閥事。引兵。猶火也。一語。因憶閻幼

二五

而。曾以。將就木焉。對之。思之令人失笑。亦復暗合時事。

張鶴告余。李申耆家藏書。不戒於火。惲子居之書。則去年全數賣去。得銀三千餘元。以書籍貽子孫。結果大概如此。天一閣。獨。膺。景命。連鑣。至今。等於。倉。儲。封容。自富。

文子之眞僞。姑不置辨。唯自陳。思求。親。親表。所。引。不。爲福。始。不。爲禍。先。覩。之。其人。固。罷。僞。異。常。非老子。守。雌。之。教。道家。之。弱。民。也。又彈劾曾景宗封事引文子興師十萬。日費千金。則當時。行。軍。一日。所。需。不過。每人。得。銀一。分。中國養兵約二百萬。如以當日物情計算。每日軍費。才六十萬兩。思之使人神往。我欲。爲。春。秋之。民。其可。得。邪。

廣韻百姓黎民。截然爲二。注者各爲異說。無所指歸。不知。黎。卽。西。伯。戡。黎。之。黎。黎民。卽。苗民。固與。百。姓。有。辨。百。姓。卽。漢。族。從征。華。胥。淵源。可。溯。者。也。蓋黃帝。遠。定。三苗。鎭撫。異族。子孫世守。務在。於。變。其稱。之。爲。黎。民。異，乎。百。姓。亦猶。元。之。目。我。爲。南。人。別。於。蒙。古。淸之。目。我。爲。漢。人。別於。滿。洲。其義。不。同。黔。首。蒼。生。灼然。可。見。記言。保。我。子。孫。丞。民。黎。民。意亦如此。中國本部。皆。苗。疆。故以。黎。民。懷。之。爲。論。道。之。準。勢則。然。矣。今日曾舉此義。爲諸生言之。順丙辯告余梁啓超謂黎民爲俘虜

俞綬丞贈觚庵詩存一本。詩凡四卷。爲其兄明震字恪士遺稿。義寧陳三立爲之敍。稱其詩感物造端。擬興象空靈杳藹之域。近益託體簡齋。句法間追錢仲文。余連翻十數頁。覺悱惻之意泰甚。然事。過。羣山。如。夢。醒。天空。一。雁。破。愁。來。之。江。到。此。霜。圖。盡。病。雁。橫。空。來。日。難。皆佳句。不可沒。其泛黃河自寧夏達包頭鎭舟行雜詠自注。蒙古阿拉善王居賀蘭山陰。擅森林之利。王與端庶人至戚。庶人滅死。依王生活。近以國變。王逐逐庶人云云。載漪盡國。十死不足以蔽其辜。然世情反覆。朝夕異態。則又隨喜如是。幻也。

◉長沙章氏兄弟鬻字例◉

家兄仲漁先生名理綸隱於吏書宗鍾王工力極厚釗歎勿及茲以釗將鬻字續辦甲寅周刊有志相助因合訂字例於左　篤好之士以覽觀焉　章士釗謹啟

對聯　八尺（八元）七尺（七元）六尺（六元）五尺（五元）四尺（四元）三尺（三元）以上八尺至六尺以八言或七言爲率或指定八言以上者每言加一元

屏條　八尺（七元）七尺（六元）六尺（五元）五尺（四元）四尺（三元）三尺（二元）以上三四五尺不過三行六七八尺不過四行加行每加一元

堂幅　八尺（十元）七尺（九元）六尺（八元）五尺（七元）四尺（六元）三尺（五元）以上三尺不過四行四五尺不過五行六七八尺不過六行加行每加一元如六尺以下指書四分以內小行楷照加半倍三尺以下指書三分以內小行楷照加一倍

橫幅　整紙照堂幅價半幅照屏價

箋扇　面（三元）半面（二元）兩面（五元）坤扇全金地不書

團扇　與箋扇同

杭扇　黑油扇書泥金照箋扇加半倍泥金自備

榜書　直橫扁額等類　一尺內每字（二元）一尺至一尺五寸每字（四元）一尺五寸至二尺每字（七元）二尺外每字（九元）

壽屏　四幅（三十二元）八幅（六十四元）十二幅（九十六元）十六幅（一百二十八元）每幅以五行爲度加行每加一元

冊頁　每開（三元）三四分以內小行楷照加半倍

斗方　與冊頁同

鎮尺墨盒筆筒　等類書五七絕句一首（三元）扇骨加半倍

名戳　每個（二元）小戳不書

卷冊題簽　每件（二元五角）

以上各件如須仲漁行嚴兩人合作取價均同

行嚴鬻文另議書件指錄已作者照加半倍

潤價先付定期取件凡閱甲寅者照七折收劣紙不書綾絹加半

編輯者　章清吾

總發行所　甲寅周刊社　天津日界吉野街八號

印刷所　天成印字館　南馬路南營堂胡同　電話總局四四六〇

改訂價目

零售	每期	大洋一角五分
每月	四期	大洋六角
半年	二十六期	大洋三元九角
全年	五十二期	大洋七元八角

郵費

本國及日本	每期一分
郵匯各國	每期四分

廣告價目

地位 / 面積	全面	半面	四分之一面	八分之一面
封皮裏面	四十元	二十元	十元	五元
底頁外面	同上	同上	同上	同上
正文後	二十元	十元	五元	二元五角

此表係每一期價目登四期以上九折十三期以上八五折半年以上八折全年以上七五折插圖另議

國家圖書館出版社簡介

國家圖書館出版社，原名書目文獻出版社，1979 年成立。1996 年更名為北京圖書館出版社，2008 年改為現名。

本社是中華人民共和國文化部主管、國家圖書館主辦的中央級出版社。建社三十年來，依託國家圖書館的豐富館藏，並與各圖書館密切合作，形成了兩大專業出版特色：一是整理影印中文古籍等各種稀見歷史文獻；二是編輯出版圖書館學和信息管理科學著譯作，出版各種書目索引等中文工具書。此外還編輯出版各種文史著作和傳統文化普及讀物。

國家圖書館出版社設有社長總編辦公室、財務部、古籍整理影印編輯室、圖書館學情報學編輯室、綜合編輯室、文史編輯室、中華再造善本編輯室、營銷策劃部、發行部、儲運部等部門。

民國期刊資料分類彙編

甲寅雜誌

甲寅周刊

第三册

國家圖書館出版社

本社通告

一本誌以條陳時弊樸實說理爲主旨。不作架空之論。尤無偏黨之懷。海內宏達。皆可發揮意見。印載本誌。惟所主張。須無背本誌主旨。

一本誌既爲公共輿論機關。通訊一門。最所置重。務使全國之意見。皆得如其量以發表其文。或指陳一事。或闡發一理。或於政治學術有所懷疑。不以同人爲不肖。交相質證。一律歡待。儘先登錄。

一本誌社友無多。精神聞見。或病狹隘。如有斐然作者。願爲擔任長期撰述。尤用感荷。紙筆之資。從優相奉。聊證同心。非敢云酬也。

一小說爲美術文學之一。怡情悅性。感人最深。雜誌新聞。無不刊載。本誌未能外斯成例。亦置是欄。倘有撰著譯本。表情高尚者。本誌皆願收購。名手爲之。酬格從渥。

一本誌印刷體裁。每面爲十六行。行四十字。稿紙能與相合最妙。字須明了。不可寫兩面。圈點須從本誌格式。請特別注意。

一本誌事務。印刷發行兩項。歸上海四馬路福華里亞東圖書館經理。其有關於文字者。乃章秋桐君任之。須由日本東京小石川區林町七十番地甲寅雜誌社直接收發也。

一本誌前由秋桐君一人經理。事務煩冗。不免延期。近頃以來。秋桐君祇任編輯。文字如期撰就。自後按期出版。必不延誤。

中華民國地理新圖

胡晉接
程敷鍇
先生著

二十餘年之精心結撰

詳細說明

實業界必讀

冊內動植礦物分布圖全國貨品產地圖全國商埠圖全國交通圖我國與世界交通日期里程圖華僑居留地圖等於實業上皆有極大關係凡有心進取之實業家不可不人手一本也

政治界必讀

我國向無分類地圖有之自本圖創始

凡我國之山脈水道氣候物產交通商埠及五族中言語宗教之分布皆各爲一圖而與世界交通之日數里程華僑及公使領事駐在地點亦各有一圖均向來出版界所無讀之可知我國國力之實況於當道措施內政外交之道大有裨益

軍事界必讀

內有國防圖乾嘉前領域圖乾嘉後領域損失圖現在邊界海岸圖各一幅考稽極爲精確讀之不僅可知現在國防之道並可因歷來領域變遷而未改所以成爲今日國防之由

請觀下幅

教育界必讀

我國前此所出地圖向只畫分疆域地文一種至若詳並人文因事物之種類而分幅者竟未嘗有本圖博考群書綜合編製實爲斯學新創一格無論授受地理學者用此以副地文圖說之可得無窮之助補

精裝一巨冊

定價六元

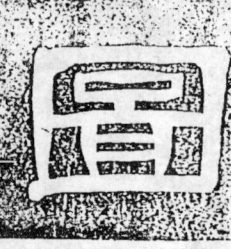

中華民國地理新圖內容

特色

1 本圖爲多年精構之作非潦草因襲者可比

2 其性質爲分類的非分省的實我國前此所未有

3 我國前此地圖偏屬於地文一種本圖則詳重人文兼及地文

4 由種種事項而分爲各門各類詳細區別至極精徹殆可謂之地理上之解剖既便記憶尤易檢查

5 其中大部舉皆前無專籍著者苦心搜集於羣書之中始克編製成圖可謂前無古人後惠來者

6 關於往古之事實者綜合考訂於各家述說及歷代史乘絕不依傍一家之言致使失於偏陋

7 前人所說有與現今事實不符者皆重加修改使合於正最有功於斯學

8 凡現今事業以最近之調查爲準

9 前此我國地圖於領土領海之界綫多不分明甚至著名地段亦皆遺落棄去以之畫入外國綫內禍害國家爲罪實大本圖於此特別注意務求無所遺漏

10 讀此圖者能由地理上之各種實象以引起其對於國家之興味即於以考知我國之實在情勢及將來所以內治外交之道最合於國民教育主義

11 國內各種專門學業之與地理有關係者如政治軍事外交實業交通皆能由此圖考索而得其實況

12 圖內所印顏色種別極多無此地與彼地相混之弊

13 繪圖製版工程細緻界綫點畫皆極明了絕不模糊

14 著者別編有中華民國地理講義一書與此圖互相表裏詳盡賅博尤便參證

目次

上海四馬路 **亞東圖書館** 福華里街內

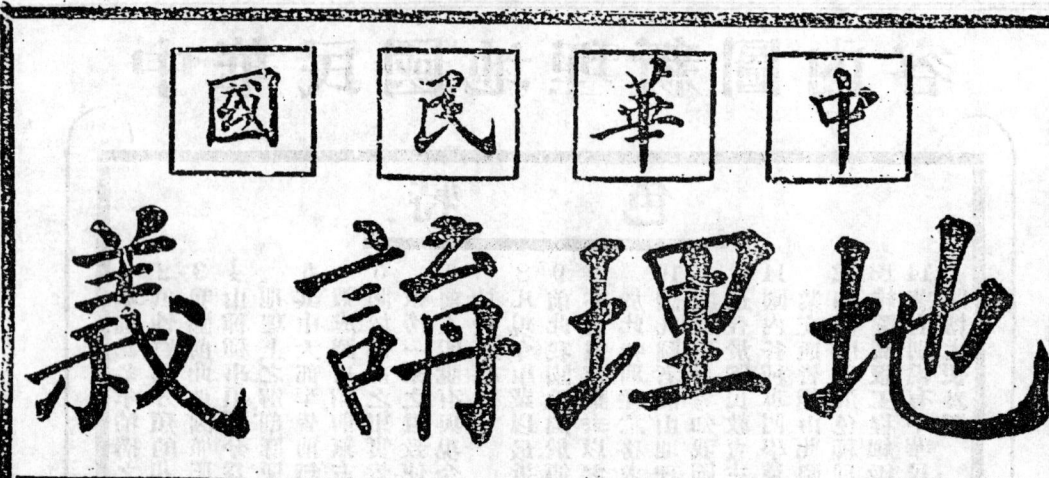

羣益書社—理科書類

定性分析化學
謝祜生譯

全一册　定價一元六角

本書編纂之要旨在以定性分析法指導初習化學技術者全書分四編第一及第二篇列載定性分析所需之技術及試藥乃本書之預備篇第三篇詳載各金屬及酸類對於試藥之反應第四篇論述定性分析所施之順序及方法是爲本書之主篇書中插以各種分析器具及試驗方法之精密圖通體詳明切要凡曾習中等化學者不難按圖說自修而得之最合我國今日之程度

物理學講義
史浩然譯

全一册　定價二元二角

是書主旨爲中學參攷之用故編法次序均照中學教科不稍更變而於疑難之處則解釋加詳書中列圖多至四百餘幅爲從來所未有最便於自修之試驗

化學講義
史浩然譯

全一册　定價二元六角

本書編纂雖屬講義體裁然次序一照中學教科書從不更動蓋其主旨本在應中學程度參攷之用篇中於物質之組成分子最原子最化學記號化學方程式構造週期律溶液解離及活動最之定律等最要而難解之處務必盡力說明丁寧周至使讀者如親承良師之指授無有隔膜之感末後附難題三百餘則幷其解答凡化學上疑晦之點皆爲揭出

詳明圖解動物學
謝懷霞編

全一册　定價二元四角

動物學分形態學動物地學古動物學生動物學四科研究之順序則必以形態學爲基礎近世通行之中學教科爲篇幅所限僅只解以形態而不能詳於論理本書乃採集動物書十餘種編纂而成分三大部第一部曰分論於各種動物雖詳其形態而尤重在理論第二部曰通論詳論動物官能特發之關係第三部曰進化論凡動物進化之原則說據歷史皆原本於最近之學說倫理學意義欲實信神數育於器械致育之中又以生物學非圖不明故插入生態圖及解剖圖最多計共三百六十餘幅用構細之形態極爲明瞭全書五百餘頁最完備之參考書也師範學校用作教本亦甚相宜

傳染病預防法看護法
李猶龍譯

全一册　定價五角

本書爲日本醫學士菊池林作著於各傳染病發生消滅之原因豫防看護之方法開示詳盡平實易行不獨爲警察軍吏官衙學校言衛生設備者所必需亦個人言攝生却病者所必備也

羣益書社—理科書類

最新化學教科書

陳家燦編譯

全一冊

定價一元

著者常曰近年發明之伊碗說平衡論等其理雖深其事至要務須以簡單之形輸入普通教育又有機化學之智識甚切人事較無機化學爲尤要而世之教者每每略其宜詳詳其應略至有爲時間所限並有機化學而不教者顛倒實甚據此則可知本書之繁簡適宜斟酌得當也

新撰物理學教科書

叢瑄珠編譯

全一冊

定價一元二角

田中本多兩博士。在日本各學校所主講席至多。是書以多年之經驗說明繁賾之學理。次序衷於至當。每章之末必列問題數則。以促學者之注意。卷末附錄各國度量衡比較表。華英物理學名詞對照表。尤便參照。

化學教科書

石壁瀨黃邦柱編

全一冊

定價一元

是書次序。首述非金屬原素。次述最有用之金屬。及其化合物。次述有機化學。篇中最注重於化學上緊要之現象。并詳解其原理。及諸定律。而於近年發現之化學新事實。及其應用法。尤爲博採傍搜。不遺餘力。法國度量衡名。亦皆以簡字表之。讀者最便。

物理學教科書

蔡鉦瀛編譯

全一冊

定價九角

本書共分八篇。用橫行式。於物理計算上。列式最順。精圖二百餘幅。凡試驗皆有圖。而試驗之例。皆取極有興味者。使學者欣悅。而易於注意。卷末附問題一百二十餘。則其甚難者。必別註解說。尤爲學者減去疑困不少。

化學講義實驗書

黃邦柱編譯

全一冊

定價一元二角

是書原著者。爲日本龜高德平氏。以主旨重在實驗。故全書由著者通體手自試驗。自信確無訛謬之處。且書中試驗裝置取法簡單。不用複雜之器械。於我國現時學校。尤爲便利。亦即此書最特色處。蓋不至因器械之少。而廢弛其試驗也。

甲寅雜誌第一卷第八號目次

論壇

通訊

文苑

國家與我

秋

近頃以來。政象日棼。人心日死。偕亡之歎。聞諸道途。暮氣之深。淪於無底。蓋國家將亡。國家將亡云者。今固已萬口同聲。有不期然而然者矣。

剖泮以來。國之亡者。江黃鄧柏。不可紀矣。胡乃吾不追爲之悲。而獨悲吾國。當今之世。慘受亡國之禍者。波蘭猶太。亦可憐矣。胡乃吾不暇代爲之哀。而獨哀吾國。是無他。徒以我在耳。我生於斯。長於斯。族聚於斯。斯之不存。我卽無所傳以自立於世耳。然則人非全無心肝。斷不至目覩其國之瀕於亡。如秦越人之互視其肥瘠。而無動於心焉。乃自然之理也。顧吾人果何如耶。

往者同社獨秀君。作愛國心與自覺心一文。揭於吾誌。侈言國不足愛之理。有曰。瓜分之局。何法可逃。亡國爲奴。何事可怖。又曰。國家國家。吾人誠無之不爲憂。有之不爲喜。斯言一出。讀者大病。愚獲詰問叱責之書。累十餘通。以爲不知愛國。寧復爲人。何物狂徒。敢爲是論。愚遜謝之。竊幸國中自奮之氣尚富。而亦不願作者談言之微中也。今距此事又數月矣。國中政事。足以使青年之士意志沮喪。莫知所屆者。日進而未有已。愛國心之爲物。不幸卒如獨秀君所言。漸次爲自覺心所排而去。甲乙遞染。如中惡疫。流行之廣速。於置郵。特獨秀君爲汝南晨雞。先登壇喚耳。最近梁任公先生。且以有國不優於無國之例若干事。痛告國人。有曰。多數之心理。不期而與之相發。又曰。吾見夫舉國人悁悁作此想者。蓋十人而八九也。特不敢質言耳(一)夫梁先生方以不作政談宣言於衆者也勸人不爲煽誘激刺之論者也今驟然與昨日之我挑戰其所爲驚人之鳴竟至與舉世怪罵之獨秀君合轍而詳盡又乃過之此固聖者因時制宜之道然而謹厚者亦復如是天下事可知矣

吾國之大患在不識國家爲何物以謂國家神聖理不可瀆雖其釋與忠君同義抑或視與今世愛國之旨齊科仁智所見不必劃一而其拘墟膠柱之意太甚無能自脫則由今日而上溯之其情遇事而見昭哉可觀昔者英人助中國蕩平洪楊而其國有識之士則謂當日不若縱其大亂或有人出而整頓政紀中國猶可渙然一新不至如今日之因循不振(二)故曾左胡李之徒當其時不敢一萌斯念其所以然則僞國家主義誤之也瀏陽譚氏追論甲午之戰謂聞牛莊一役不戰而潰爲之奇喜以爲吾民之智此其猛進其時國家之僞義已呈露於哲士一二人之胸而當世之憒憒仍自若也洎夫庚子以一胡婦之妄念召聯軍八國之師國之不亡其間不能以寸虜廷之當吐棄可一言決矣而國人尊之如天不異疇昔其後僞託新機僇辱志士倒行逆施日甚一日而賢豪長者之奔走於立憲運動其與且若相引而彌長凡此者皆僞國家主義誤之也今之政局亦復猶是凡當路之所提挈舉國之所風從皆不出僞國家主義之一圈環之而走舉步愈急蹋蹶愈甚迴旋不已則立殭耳是非有及早回頭之思臨崖勒馬之智似此一瞑長往焉有生死肉骨之功斯思斯智時曰自覺

(一)大中華六期痛定罪言、
(二)譚氏仁學述東方商埠紀要之言、

自覺者何說也孟子曰今王鼓樂於此百姓聞王鐘鼓之聲管籥之音舉疾首蹙額而相告曰吾王之好鼓樂夫何使我至於此極也父子不相見兄弟妻子離散今王田獵於此百姓聞王車馬之音見羽旄之美舉疾首蹙額而相告曰吾王之好田獵夫何使我至於此極也父子不相見兄弟妻子離散此之疾首蹙額不得謂非自覺之機惟不能再進一步曰使我至於此極吾安用此王爲也終不得謂眞覺吾國惟無此眞覺故數千年只有君史而無民史展轉桎梏於獨夫民賊之下至今日無少更東西洋政治之鴻溝卽於此劃由斯以譚所謂自覺者非徒政象與吾官能偶爾之接觸也必以內籀歸納之術推究種種政象的然昭晰其本根之所託從而下一最終之判斷焉始得號爲覺也今之覺何等也今言愛國比於昔言忠君曩昔疾首蹙額於君之所爲而不敢言無君今有人尸國家之名行暴亂之政人之疾首蹙額於其所爲乃敢倡言有國不如無國而梁先生告我倡之者且十人而八九也其殆庶幾能下最終之判斷者歟

覺矣徒覺其又奚益譬諸治疾不見癥結方術莫投宜其不愈今見之矣望聞問切人人自許爲盧扁所謂方術將安出乎吾將效摩西之出埃及或清教徒之入新大陸矣乎則人稠而莫舉當今之世亦決無片地以相容也吾將繙各色之降旛迎海外之湯武遠宗邦昌近法容九矣乎則舉目瞋觀亡國森列其馬牛溝壑之狀息息以前例告余苟非精神昏亂之極或偶爾激刺之談吾未見有心者果能作此想也然則所謂方術者終不得不就吾本身自籌之矣

今居政治絕望之時人每易言亡國以爲亡國後人民之苦痛充其量亦不過如所要於今政府者而公

衆事業之日以展普通教育之有可期權利雖微而能守法律縱酷而有定猶非今政府所能望梁先生所舉客問若干事誠代表之說也雖然今之愚人爲強者欺矇買弄鼓吹愛國之謬論以爲之倀者非此一針見血之語誠不足以蘇其冥頑惟既蘇矣或本昭昭而無取蘇之允宜愼用其感情勿使國人之純正心理轉而趨於潦倒沉廢之域一往而不可救他事且不論今番歐洲戰役全世界殆無一角之地誰氏之人不被其影響而亡國之慘例亦卽挾以俱陳波蘭三分於俄德奧德奧與俄以毫無與於波人之事挺刃而尋仇乃各首驅其所屬之波人以爲前驅洼爾蘇一帶大小之戰無慮數十而波人抆其血淚抑其天良馬一前而趦趄鎗一發而顚動以極不自由之意志執行極無人道之手段互戕其同胞於呼天搶地之下者至於無藝猶太亦然猶太自失其國有籍於英者焉有籍於法者焉有籍於俄與德奧者焉今茲各服其兵役不得不爲機械之行動以戕賊其同種諸父兄弟爭刲刃焉特不如波蘭之深痛耳最近倫敦暴民毀德人商店至盡其中之爲猶太產者實至夥也印度發憤執殳爲王前驅號曰效忠豈其本志凡此種種均吾人腦海所宜大書深刻斯須不忘者矣聞青島之役吾之達官貴人幾幾不免從軍雖曰勢所必然或亦當時改籍之所不及料亡國之痛此其根萌逆料吾國之亡不外瓜分豆剖自斯以往吾之二十餘省息息可爲列強逐鹿之場吾人雖欲不爲波人之自戕猶太之互僇無可倖免印度朝鮮能舉一國之民附之一國猶望之若天上矣愚爲此言其自命志士者或且惡其不祥起唾吾面然事勢如此詆諆奚爲是以國不足愛方爲流行有力之說一方固可鞭笞政蠹使不更倡似是而非之愛國論以逢迎社會弱點而售其欺一方苟不愼其所發則又有耽耽逐逐者掀髯於旁其足以沉吾國於

九幽無以自拔殆又甚也

然則國不足愛之說其卽破棄矣乎而梁先生曰「事實旣已若茲」吾卽欲破棄而又胡能也是亡國旣所不可愛國亦所未安吾人生今之世果將何道之從小之寄頓身心大之福利民國也乎曰是有解散國家之說倡之於盧梭請得而略述之

國家者成於民約者也約者何人以一部分之自由納之國民總意之下而仰其制裁也總意者何薩威稜帖經一定之代表機關明白宣示者也時或暴者興焉以其一人之意與國民總意爲敵則其所以抗壓薩威稜帖者用力必多用力多一度國家之組織隨而變更一度久而久之全國更無何人可以其意與之相劑而總意殲矣夫立法權者國家之心也而行政爲腦腦痺人猶可生獨至心絕則不可救故國家之所賴以存者非法也立法權也何以言之昨日之法令不必至今日而仍有效其所以有效則立法機關不聞改訂而默容之也易詞言之薩威稜帖認爲不廢之法而許其流行也故一言法而薩威稜帖之質卽同時存在苟其國薩威稜帖見奪於一人而未由表見則雖法令如毛與人民總意無涉而國家之道絕政治總體於焉解散矣蓋人生而自由者也唯服從已意決不服從他意總意者仍已意也故立於國家之下而義務生惟若權奸僭竊刧吾總意強吾舍已意而唯他意之從吾唯有囘復叛約以前之自由而重蹈入自然之境而已故解散國家云者破棄民約復其故我之謂也盧氏之意大略如此(一)今之昌言不愛國者其說得毋有合於此者歟

(一)閱民約論三卷第十第十一各章、

吾人訴之盧梭將以通吾狂惑使於救國絕望之時而匡吾亡國不正之念者也今國家解散云云其途仍與亡國爲鄰究何益乎曰是固非徒解散之以自了也能散之後人人既復其自由郎重謀所以建國之道再造總意復拟新約此盧氏之本懷一篇之中所三致意豈其消極自毀之談可比與言及此請進申民族之義

人之恆言曰民族國家（一）以謂國家由於民族而立也今之有申論民族之必要者見夫民族爲國家之基國家不幸而至於解散矣民族果隨之而解散焉否乎聞之呂南（二）曰『民族者理也理之見於精神而出於遠源複性之歷史者也民族者一精神之家庭也……無過去不成民族而現在亦有一絕明之事實以章明之是何也乃同意也乃願與續續共同生活之公約也試爲譬之民族之存存於全體之卜列比塞亶（三）不時行之猶之人身之存存於周身血氣流通而無間也』至哉言乎詁民族者蔑以加矣卜列比塞亶者國民總投票之義於是人生之公約有兩種焉一約爲民族一約爲國家而其約之所以履行一致以卜列比塞亶之式出之盧梭之意曰國家之所恃以保持者法也法不得卜列比塞亶續續認容之則死法死而國家破矣呂南之意曰民族之所賚以緊維者精神也精神不得卜列比塞亶時時證明之則散精神散而民族亡矣今吾國人民於國家之一切法已不能行其卜列比塞亶之權

（一）Nation Sate.

（二）Renan、宗雞貝爾家本性論中引其語、

（三）Plebiscitum、

而法死國荒已成事實吾人亦既袒裼裸裎而還於民族之位矣則其所謂續共同生活之公約仍願相與守之否乎

此之疑問雖有一派持極端之見者謂國家無成實由民族卑劣國家既壞此等劣等民族亦惟聽其自生自滅可耳摶沙不能成飯更摶又焉用之然稍一沉思卽覺其情感太甚所見遠於正鵠今之猶太波蘭雖亡其國而其維持民族之心猶不可已而況於吾然則亡國與國家解散之別安在曰維持民族之道終不外乎立國國亡矣民族立國之權（一）卽隨之而俱亡今之言猶太立國與夫波蘭立國（二）者亦不乏其人矣誰則信其行且見諸事實國家解散則不然國家雖一時爲強者所隱而立國之權猶操自我我欲其國之方也方之我欲其國之員也員之易詞言之亡國亡於他人而國家解散仍解散於同族雖驅逐他族之征服者與顚覆本族之僭暴者其事正同而以史例證之由前勢難而逆由後較易而順故前者容或終古未有其期後者遲速必見其效是固不可同年語也苟吾國已卽於亡吾知其難與逆之事猶且不可以已何也人固未有願棄其族者也故苟自棄其族不可也卽不自建其國不可也苟不自建其國不可也卽舍其易且順者不爲而待其難且逆者之至不可也苟舍易以待難舍順以待逆不可也卽居乎易且順之時而日日唯恐難且逆者之不至恍若後者猶有愈於今焉尤不可也何也人固未有不願與己族共同生活者也

客曰子所言國家解散與夫民族建國之理既聞命矣宜何道之由而其的可達曰道在盡其在我也已

（一）Right of Nationality　（二）今德意兩國頗倡波蘭復國之論、

矣人人盡其在我斯其的達矣

此其理至易明大凡暴者之爲暴於天下也非其一手足之所能爲力也苟暴者以外之人人不忘其我而不或紓或逕以逢迎之彼一人者其何能爲說者必曰夫安得暴者以外之人人皆不忘其我也則請小其範圍苟讀書明理號稱社會中堅之人人不忘其我而不或紓或逕以逢迎之彼一人者亦不敢爲夫以讀書明理號稱社會中堅之人而責以不忘其我似乎不爲過情而若是其難者何也曰此自諉與自昧之爲害也何謂自諉彼以爲天下之善惡其量過大決非眇躬入之所能爲加減焉今我障於某事某事欲入而未能是不如其已我卽不入而入者當有三萬三千九百九十九萬九千九百九十九人可保其無所損也而不知人作是想誰不如我苟三萬三千九百九十九萬九千九百九十九人其不入均復猶是是全國之人均失其我也何謂自昧彼以爲如我之才車載而斗量我卽入之又焉益者而不知國之須才如貨棧之待貨盡貨以入棧爲歸盡才以入國爲的雖微末所不辭也其甚者則自謂有大才可以用世而亦不入何也以無用我者也昔蘇洵有言曰『天之所以與我者豈偶然哉堯不得以與丹朱舜不得以與商均而瞽瞍不得奪諸舜發於其心出於其言見於其事確乎其不可易也聖人不得以與人父不得奪諸其子於此見天之所以與我者不偶然也』此誠可謂有我者矣而轉筆卽曰『夫其所以與我者必有以用我也……而人不我用不我用之罪也……在我者吾將盡吾力之所能爲者以塞夫天之所以與我之意而求免夫天下後世之譏在人者吾何知焉』(一)夫蘇氏生乎八九百年前局

(一)上田樞密書、

乎當時政象其所言如是良不足多怪而今決非其時之比也今者自用之時代、而決非待人用我之時代也自諉也既若彼而自昧也復若此宜乎舉天下之學士大夫舉失其我而強者乘之而起遂無所不爲矣

客曰如何斯可謂之盡其在我矣、曰有一定之主義準此以行而百折不離其宗富貴不能淫貧賤不能移威武不能屈以大丈夫自期挾孟氏當今之世舍我其誰之概者上也人品不必高而無上宗旨不必醇而無疵惟既有所信而富於一種堅忍不拔之氣能以苦戰奮鬥力爭上游者次也無不待而興之能與獨爲前驅之勇或奉一職或營一業而蚤夜自思覺有萬不可爲之事卽謹守之不失不以自欺心力相應之時於我之所能信者加以援助又其次也上者不可多得一二人次者不可多得得數十人又次者不可多得於讀書明理號稱社會中堅之內得一部分則建國之事思過半矣

聞愚言者易生二感、一曰建國之事祇此數十百人而卽舉也毋乃太易、一曰吾國雖曰乏才未必此區區數十百人而亦無之胡乃百事莫舉不知歷觀改革之事無不以少數人握其機樞愚嘗考英國憲政發達之史其言論自由之所由確定則韋爾克斯（一）一人之功最多韋氏亦無他長惟始終張其所信不爲勢屈新聞屢停版而筆仍不輟己身屢投獄而運動不已卒之輿情感動相率趨之彼爲議員巴力門四除其名而同一選舉區四登其選十八世紀之中葉蓋惟韋氏一人爲民氣之王矣卒之各種自由咸以樹立一人之奮力比之全國之革命功尤多焉在吾三品之中韋氏亦其次耳而效且若此說者奈

（一）Wilkes 梅依之英國憲政史言之頗詳、

何少之至謂吾國不乏其人如其有之必與天下人以共見舉目曠觀衡論當世人物若某某者庶幾上選若某某者足當其次若某某若某某抑亦又次之倫乃若此之儔類皆屈於淫威之下蜷伏而不敢動無賢無不肖冶於一爐是何說耶愚聞全國屬望之某君有人規其行事敗名而養奸則曰吾之某職當徐徐辭之吾於北京當徐徐去之夫曰徐徐則孟子所譏攘雞紾臂之詞其爲現勢所縛不能證其有我可以立見最賢者猶且如此遑論其他故今之人輒怨政府之暴詈哀吾民之無自由矣不知自由本有代價非能如明珠之無因而至前也今其所還之價通國無一獨立之人到處無一致言之報人人皆失其我人人皆不須此物則此物胡來故有人曰民質之劣已至於此此而不亡世間安有可亡之國卽而熟察亦幾無可詆諆瀏陽譚氏曰觀中國人之體貌亦有刼象焉今所謂刼恐不遠矣由此以觀客謂中國有人而事仍莫舉實則不得謂之有人何也其人雖或與他人有形似之不同而其無我則一也

然則求其有我將從誰起梁先生曰『夫我輩則多矣欲盡人而自新云胡可致我勿問他人問我而已』(一)茲所謂我果梁先生自謂乎抑梁先生冀幸讀者之自謂乎俱未可知惟在愚文初哉首基之我則願今之昌言國不足愛而國亡不足懼者承之蓋言國不足愛愚亦不強其愛惟請從盧梭之言視國家爲已解散民族之自由已經回復則第二步當復何如以愚觀之國家解散可矣民族終不能解散必欲解散以大勢推之非闔吾不欲爲抑亦人不見許梁先生告我『如其亡也則一棺附身萬事都已吾儕舍蹈東海外亦更有何事』(二)此客氣之言安見必成事實卽一二賢者爲之以魯連望之人人如何可

(一)大中華六期痛定罪言、　(二)大中華一期發刊詞、能故知吾國卽亡而收拾民族之責仍然不了既知終且不了此時整理民族之事卽抑塞千端煩寃萬狀亦不得不出而任之而整理民族終不外夫建國是國家由解散而卒入於建設之一途故不愛國云者前已解散之國家不愛可也今復建設之國家不愛不可也而欲愛之決非徒然愚爲徬徨求得解決之道曰盡其在我故我之云者請今之昌言國不足愛而國亡不足懼者先尸之矣

說憲

秋桐

一

千二百十五年六月十五日英倫諸貴族及其人民代表迫英王約翰在倫尼米遂(一)署名於一公文書以屬於王權者若干事讓之彼輩所謂大憲章是也此物一出歐洲自由之勾萌以次畢達故號為自由之祖一曰自由之神(二)及今已七百年矣此七百年間自由之花逐年而恆開皆此帕臘丁(三)之所賜此賜不獨英人享之全世界均享之故歐美各國今於戎馬倥傯之餘其政家學士猶有於今年六月十五日設為專會以紀念焉者禮也

而美人之理想派或者非之以為大憲章之爭年代湮遠而史蹟茫昧縱橫術數之士每利用人之不明眞態也則張皇其詞以資鼓吹郭克(四)與柏克(五)兩家者皆英倫民權之先登也一謚大憲章為陪審制及一切人權之張本一指為代表制度切實有效之濫觴而皆不免吞剝史料遷就己說質而言之大憲章者無他亦諸貴族假託民權迫脅於王以圖私利而已後來權入貴族之手民之苦之與王約翰未必有殊吾人雖不能以此斷其一切規定於英倫政治發展無大影響而當今之世科學昌明平等自由乃有定理而必以搜神述異之意味傳說古典崇禮有加甚無謂也(六)

(一)Runnymede　(二)Palladium of Liberties　(三)字見註二

(四)Coke　(五)Burke　(六)說見紐約今年六月十二日 the New Republic 週報、

愚曰不然大憲章六十三條首尾完具如何爭得如何施行層級井然斑斑可考安得以茫昧神怪目之特其史浩繁今人不暇深考耳若謂六十三條不必與今之自由同撰而今之自由又或不載則吾人之所以視之者亦以爲憲典之權輿以示數典不忘其祖而已並非以爲完全理想之憲典可施於今日如漢儒折獄之以春秋王莽行政之學周禮然也即在數世紀前之英倫亦初不以此物爲自由不二之保障千六百二十七年之人權請願即所以補千二百十五年之不足者也厥後自由運動之進於是者又何可勝數至謂大憲章之所利者在貴族而非人民亦無絕對之證特其時貴族勢盛所利者較人民爲多乃事有必至耳然今之問題在王權宜否有限若欲限之必如何始可奏功當時爲英民者果越貴族一級直接迫王無論王將利用貴族以共魯民即貴族馳壁上觀不爲左右袒稚弱之民焉敵王者故爲民計亦惟與貴族聯先傾王權然後徐徐圖貴族耳一步而登天不可得之數也英人政治之成功即在明察改革之級數而踐履不紊彼美人自始被服共和或無其感也愚謂今之持民權說欲以一次摧陷廓清之功竟其革命之業者宜不忽此

然則大憲章七百年祝典毫無可議且在斯時歐美人之祝之尤有深意存焉蓋此次歐洲戰爭英法人以爲強權與民權之戰爭也全歐洲以爭自由與德意志戰亦猶七百年前全英以爭自由與約翰戰也美前國務卿洛德(一)於阿板利(二)之祝典會宣言曰德意志者人類自由之公敵也彼不認國家負有道德上之責任與個人同故蹂躪比利時轟我魯西丹尼亞(三)大憲章之精神適居其反彼其唯一

(一)Elihu Root (二)Albany (三)英船名

職志。卽在課個人同認之道德於國家者也。無論人民與政府間。國家與國家間。惟德義爲無上之法則。此之主義。已發於七百年前。吾人今日表而出之。誠爲當務之急也（一）由洛氏之言觀之。可以概想西人思古幽情之所託矣。

於斯猶有相隨紀念之一事。距今一百年前。千八百十五年六月十八日。英荷普各國聯軍敗拿破崙於滑鐵盧。而歐洲之政局以定。今日之凱撒。當日之拿翁也。英法聯軍之欲擣之。其情切於當日之英荷普也。於是自由之戰。七百年前爲前鋒。百年前爲中權。今日爲後勁。此又懷想大憲章者必有之心情矣。

顧在吾國則何如。孟子曰。由周而來。七百有餘歲矣。以其數則過矣。以其時考之則可矣。王充非之。以所劃分之時期爲無理。（二）茲不具論。惟取世界歷史而通觀之。以英吉利大憲章出世之年。爲孟子七百餘歲履端之始。其爲無根。亦不過如論衡所刺而止。則知吾之人權自由。今乃數過而不驗。時可而不來矣。不獨不驗。而驗者轉爲滅國會廢自治。不獨不來。而來者反爲設五等作帝制。吁、何其醜也。愚請正告我國人。西方有爲七百年自由紀念祭者。爾平日動輒自況。謂程度不足。程度不足。望今日歐洲之文明而却步焉。今請一切罷棄。惟欲爾追蹤七百年前之陳死人。而一自鏡。稍稍發其天良。莫背人道。使吾之雲仍。或者雲仍之雲仍。於更越幾何年之後。追思曩昔。略有可懷。爾其以爲何如矣。

辜鴻銘近以英文著春秋大義（三）一書。痛論歐洲今日之戰禍。爲誤立大憲章所食之報。蓋大憲章者。

（一）見本年六月二十三日紐約 the Outlook 週報　（二）見論衡刺孟篇、

（三）The Spirit of Chinese People 今年出版、在北京六國飯店發賣、

自由之大憲章（一）也。人人自由。以致其君若相不能以意治其國。而盲從民志以入於戰。爲今之計。歐人惟有毀壞一切憲法。取法於吾中國。奉孔子服從之教爲神聖。將自由之大憲章。改爲效忠之大憲章。（二）爲之民者。一任君若相之所爲。政之良惡。不論。決不以言論行爲出而干與。則其國可治。而和平可期。是何邪說。而令歐人聞之。嗚乎。人之度量相越。竟至此耶。

二

憲法者一國之根本大法也。作憲者立國之根本大事也。此其關乎全國人之生死利害。宜何如。全國人之絞腦漿拚血淚以爭之者。又宜何如。善夫柏哲士之言曰。創立憲法。無論何國。必以根本改革之意行之。非能依現存之法序平流而進者也。易詞言之。憲法者。政治之事。歷史之事。而非純乎法律之事也。（三）此義似創而精確實無可移。此可以律今日北京之議憲法起草矣。

今日之中國。無政府之國家也。（四）何謂無政府。無法律也。本此立論。似覺離題太遠。姑假定中國爲有法律。則憲法者。亦不過細如牛毛。委若敝屣之一種耳。有何輕重之足云。故其偶爾興到。欲得此文明裝飾品以自娛也。總統之令一下。參政院準備委員諸諾。唯恐後焉。院內者幾人。院外者幾人。如搆宿題一

（一）Magna Charta of Liberty.
（二）Magna Charta of Loyalty.
（三）見其政治學及比較憲法論上册九十頁。
（四）此四人之所恒言。非記者過激之詞。

揮而就惟恨歐美諸先進國創此惡例憲法必經若干手續始爲完備吾今欲塗飾外人耳目故必待所謂國民會議而召集而交議而通過纔算了事不然我欲仁斯仁至矣中華民國之一切法本不出口耳四寸之間也

本此立論似覺離題猶遠姑發憤尊重民國法律而以十分之善意解之則憲法之事彼亦欲如柏氏所言依現存之法序平流而進而已不能使一毫政治改革之意攙乎其間也夫一國生命所託之大法至不含有幾分政治歷史之素徒以當塗之人狐埋而狐搰焉吾誠不知所以名之充吾善意之所至亦惟曰爾行爾法與中華民國之國民初不生何種關係已耳果爾今若執國人以責之曰草憲何事爾何不絞腦漿拚血淚以爭其所欲得是不亦多事矣乎

謂憲法與國民無關係猶是一面之詞也質而言之此物與今之政府亦無關係聞者其勿駭愚言也稍知中國國情者莫不知權氣所至自男女不能相易以外蓋無不能其稍稍得以制限之者亦祖先傳來之習慣亦流俗所信之瞽說而已與法律相去萬里也中華民國之必有憲法以免外人覘國者誚我蠻野不解法度已耳非欲起而行之者也欲驗將來可觀既往約法者號稱有憲法之效能者也誰見施行約法以來曾有一事與之相觝參政院以及各方相關之人出而爭之又誰見舉國之內曾有何人尙憶約法共爲若干條條爲何事蓋天下共忘此物久矣約法既寖忘之又起憲法是誠朝三暮四之術而謂後者功能必逾前者誰則信之故憲法者純爲異教邪說吾宗國魯先君莫之行吾先君亦莫之行苟非洋顧問外國公使偶來喧聒謂爾共和立憲不立憲法其名胡張吾決無取戴此假面具爲也

今請讓一步謂當局之於憲法頗有愼重執行之思前事不論自是以後確欲將中華民國建之於憲典之上愚亦何必瞽其意之不誠惟憲法之要義曰公曰定茲二義者一切法之所同然而憲法爲甚蓋憲法者一國所共守之法也不公胡能共守而所謂公者非能一人首出翹一物以示於衆漫曰公焉公焉而已也必盡衡之一國之聰明才力而舉曰公斯爲可也易詞言之非舉一國之聰明才力萃於一隅而條列其利害疏通其感情相劑相質相和相調不得謂之公也管子之書曰太史布憲入籍於太府考憲而有不合於太府之籍者侈曰專制不足曰虧令罪死不赦（一）此施憲之嚴古今無類惟不了然於所謂憲者爲何物則安知專制虧令以至於死者皆在百僚有司自非革命決不及於君身乎是之謂不公（二）憲法者國本之所託也不可以輕改故定尙焉而所謂定者亦非自起草至於公布經過若何程敍而卽曰定焉定焉而已也必全國之人皆傾心於是以爲吾之生命財產託於是而無恐吾子子孫孫之生命財產託於是而亦無恐然後謂之定也俄羅斯之根本法曰一切宗敎自由凡俄人皆知此之自由存乎俄皇之口旦夕而可易又曰全俄羅斯之皇帝獨裁而無對凡俄人皆知此之無對乃假定革命黨之無成功是之謂不定不公不定不足以言一切法況憲法乎

而談者必曰憲法憲法秋桐曰此盧梭所謂最强者之權利耳其他非所敢知也盧梭曰最强者欲永爲其強非謀以權力化爲權利服從化爲義務不可（三）今之憲法卽務爲此化者也往古之時蠻習未除

（一）立政篇

（二）梁先生言 Constitution 本國爲公有之說、見所著救亡論、

（三）民約論一篇三章下同、

民智淺闇強者以此爲治未始無補於文化柏哲士謂盧梭之言爲國家所以起源之道亦非無見（一）惜今日非其時矣他不具論惟問此之權利何法始能保持其必然之答案曰力也盧梭曰如權利可由力造則果隨因變彼爲後之有力者所倒權利亦爲彼所承於是人之暴力足以相傾彼卽傾之而無所處其違法夫至最強者恒擁其權利人之所爲亦惟爲其最強者而已一旦失其所以爲力卽失其所以爲權利此而謂之權利果復成何意味乎大凡以力服人者當其服時純乎由力苟可不服決無必服之觀念驅之而行是力之所止義務卽隨而止可見權利之爲物以加於力並於力毫無所增故此而曰權利亦一無義之詞而已果斯言而有理是知居今之世而欲以力擁其最強之法可謂不思之甚矣法蘭西之憲法第三共和以前皆以力護之者也其力朝失法卽夕毀其力夕失法卽朝毀百年之間爲次逾十平均計之憲法之壽命不足十年傳曰民之所欲天必從之又曰國亡不過十年數之紀也夫天之所棄不過其紀（二）法蘭西之謂也南海康先生曰拿破崙第三立爲帝法人聽之（三）以愚所知則法人俟其力壞而滅其千八百五十二年自立之所謂憲法已耳安在其聽之也吾爲憲法如何不有鑒於法蘭西之亂例也耶

（一）前書上册六一頁　（二）周語

（三）見救亡論、

愛國儲金

秋桐

上海神州日報、曾載愚與某君某君於愛國儲金一事頗持消極反對之調猥承獎飾謂愚與某君某君之言論默持一部分人之心理因之儲金者頓起疑慮趑趄不前以致結果不若當初所計吁、冤矣甲寅數册節節可稽自有此項儲金以來愚何嘗有片言隻字之評論表露於外果愚先有建言而衰兆以是而致則愚誠庸劣而其平昔敢於論列天下事亦斷不止區區儲金之比奚至此種事後之責遽乃卸而不承特愚自始未嘗言之美固不欲掠誇亦不願受耳

然愚自始未嘗言之者非不能言也不欲言也有人投函於上海字林西報謂凡中國之眞愛國者當設法阻止儲金之進行愚意反之凡事有其自然果愛國儲金而無當於愛國也儲之者必且徐徐自有所覺果有當也吾即百口頌言其非彼且漸明吾欺而益堅其志故愚謂此事當任其遵彼邏輯之境以行善也聽之惡也亦聽之必俟實效已呈於吾前而乃事後施其判斷語曰不經一事不長一智事未經而以爲言雖辯不我信也事已經而即不言得失猶彰彰也此愚前此不論愛國儲金之所以也易詞言之愚於此事不欲以政家鼓吹之態出其前而論之而欲以史家冷靜之眼從其後而觀之也

今則其效可覩矣當發起時有某策士發議於政府謂可得二萬萬元政府曰理想也五千萬元差近是則預計五千萬元而爲時數月分局遍天下領儲金團者又皆達官貴人巨紳名士乃據七月二十七日

東京朝日新聞所載上海電認捐總數不過六百餘萬元。已繳者未達二百萬元以上。是何濡滯。當爲首事者所萬不及料矣。果愛國儲金四字聯屬成一名詞而有意味。則吾中華民國愛國心之全量僅值二百萬元。而其値又爲吾人之所自定。非由他人抑價賤酬者矣。嗚呼。是何說耶。

愚謂此事於政府國民兩方皆爲絕好之教訓。請得分言之。

政府夙以國民爲易欺。欺以剛時亦欺以柔。愛國美名也。以是而得錢。是猶紾其背而獲之。人且不議其爲奪也。往者宣統初年。直隸商業研究所創爲籌還國債會而失敗。以其時爲滿清。且外債非可驟還。有背夫生計之理。時賢如梁任公之流。起而反對之也。民國元年。南京留守黃克強提倡國民捐而失敗。以其爲民黨所倡。懼其別有陰謀。吾不助之。凡國人之與吾同情者皆不助之也。而今非其時矣。今以中華建國統一萬能之政府。當此國交垂破外資斷絕之時機。以救國無上之名。博鉅萬儻來之費。新聞不患其不鼓吹。名流不患其不奔走。計孰善於此者。於是貿貿然而慫恿之而斡旋之。而儲金之局。全國密如網矣。此之所爲。其爲飲酖解醒之計。明乎生計者可以一覽而得。惟愚以爲政府中其毒螫。噬臍而無及者。將不在是役進行之中。而在終局善後之事。蓋君子可欺以其方。政府既得其方矣。所事如其所期。亦情理之所可至。然人民所謂愛國之心。祇有此量。一摘而少。再摘而稀。三摘猶可。四摘抱蔓。國人之困於惡債巧捐久矣。此次儲金而即有大效。亦已賭盡三摘之機。夫旣國於天地。寧有不恃人民之愛國心而能國其國者。今倘悉其量而攫之。以後國與人民全然打成兩橛。無論政府之終將不免於欺也。卽開誠心布公道。又焉爲者。愚則恐其爲黎邱之鬼耳矣。黎邱之鬼善似人。貌爲其人之姪。迫而呼救。人往救而辭其欺。一旦眞娃迫而呼救人竟聞而不往。(一)故曰蠊蠶一歲再收非不利也然而禁之者爲其殘桑也。離先稻熟而農夫耨之不以小利傷大穫也。(二)殘桑傷穫中農猶且不爲況爲國而可『摧拉人民愛國心之萌蘗』也耶。嗚呼。誠不料愚之懷此猶爲過慮。以今日之所謂儲金用力不可謂不多爲時不可謂不久而並未及一僅可之數足充政府何項緩急之用。政府縱專以『偷錢』(三)爲職務若自始知其祇有此數亦不肯胠篋探囊發匭以爲之。何也。彼不能妄意室中之藏之不足爲聖(四)慮爲莊生所竊笑也。夫政府欲竊民間之財而不能斟量高度有無必中者亦不乏其例。如以查禁私煙之名行督銷洋藥之實。卽官卽盜。撲朔迷離。其甘冒天下萬國之大不韙而決爲之者以妄意其中有二千萬元之藏也。而不意兩月所收僅六十萬。則大嘗蔡乃煌之欺騙。揭參查辦之聲不絕於耳。是猶樓頭小婦忍恥夜度。所約纏頭百不得一。因乃詬誶醜詆鄉閭。然其失敗愚猶以爲不若此次儲金之甚。何也。以儲金居至美之名處至順之勢遠非遺弄臣販毒藥傷人心害天理之比也。彼之失敗不過忍恥。此之失敗竟至亡魂。是乃學爲黎邱之鬼而始終無人往救。比之於農亦初無桑可殘亦未見何離可耨。見象惶惑莫可究窮。嘻。爲政府者自有此役允宜收視返聽頓悟向之所持以爲顚倒買弄國民情感之具者今掃地盡矣。

(一)一時不及檢校原書，詞句不符，讀者取其意可矣。

(二)見淮南泰族訓。

(三)偷錢政府，乃楊哲子所創之名。

(四)語本莊子胠篋篇。

老聃曰民不畏死奈何以死懼之今民不愛國奈何以愛國刧之嗚呼可以返矣

爲國民者又何如夫愛國心之爲物八九主夫感情而其中所能與辨理心並容者爲地至狹故明知某事之不必爲且爲之而轉有害而同情相成同利相感及一羣之人大呼而起已亦不自制其足之前行相與共邁矣是之謂羣衆心理今者儲金之事卽羣衆心理之作用也當建議時豪情熱辯飈舉泉發辨晰利害親切無倫人人懼吾爲波蘭家家自薦爲卜式以爲吾一出其一金二金之資政府之德慧術知卽增其十倍百倍之量故初期所集尚有可觀雖然政府之爲何種政府公等之愛國心究爲何種愛國心此可以欺朦於一時而莫容再度之思索爲時愈久而進數愈微是寗待言者然以中國人口之衆富者貧者裒多而益寡在理想卽得四萬萬元亦宜不難且人之好義誰不如我我儲何許人亦必儲何許惟其人人同儲何許而我亦以何許益之此種相益而成之數在儲者之心目中亦初不以爲小而何至僅及二百萬元而止也夫苟儲者早知最後之數不過如是則必袖手不儲蓋此種行爲譬之集腋以成裘不若捧土以塡海方其儲時乃挾一人人如我之覺念而至以灼知人人不如我則我微末之資奚益於事以石投水良不如其已也故凡公衆募集其自然之勢在趨多而避寡果此次所儲一蹴而達於二千萬元或五千萬元也則求爲一萬萬元乃至四萬萬元疑亦不難以爲數如此之鉅人知己分雖微而彼此相倚爲重故樂得而附益之也今止於二百萬元欲人之繼長而增高恐其難如上青天矣於斯時也果儲金章程著有明條逾若干時額不足若干准儲者自行收回原額愚知不願收回者必絕無而僅有也事誠如此其將謂儲者之愛國心前後相爲矛盾矣乎曰否不然也愛國心者一族之公心非數

十百人所得而私有也一國之人舉愛其國則此數十百人亦相與愛其國一國之人舉不愛其國則此數十百人亦相與不愛其國世固有一國之人舉愛其國而數十百人獨不愛之一國之人舉不愛其國而數十百人獨愛之者然此乃倫理道德偏至之談而非羣衆心理普遍之象若以羣衆心理律之愛國乃猶大風起夫茅葦東之則盡東西之則盡西良不誣也今假定儲金爲愛國二百萬元一人一元爲二百萬人之所分儲是吾國有二百萬人之愛國者矣然此二百萬人者若以四萬萬人共有之中華民國獨責彼愛而他人皆宣言不愛彼必不愛易詞言之愛國儲金獨責彼儲而他人皆不之儲彼必不儲然而儲之者何也亦猶曩言彼蓋挾一人人如我之覺念而至也或曰人誚吾不愛國而幸有此二百萬人存洗少恥焉愚曰否不然也此二百萬人者非能獨愛國也前此有若愛國以誤覺人人不讓於彼而致然也其覺既誤則其眞實心理卽與其餘之三萬八千八百萬人同立於水平綫上以此方之愛必賴他方之愛以成之他方不存此方卽不能獨至如布算然以數乘零無論其數大至何許皆化爲零故三萬八千八百萬人者自始未嘗愛國二百萬人者亦自始未嘗愛國或疑儲者之心前後變易非能觀其通者也用此觀之然則愛國儲金二百萬元一事究其極也唯以證明吾全國人皆無愛國心也已此寧非大可警覺者哉

然則如之何而後可曰補救之道厥在二事一嚴爲國家與政府之分一重造愛國心之界說

前者義至易明人爲一國之民不能自立於國家以外祖宗丘墓之鄉飲食歌哭之地尙曰不愛豈復人情國家之難卽已難也此而不救亦誰肯認然今茲之所招厭惡於國民而吐棄之者政府耳於國家無

與也故謂吾有國而不知愛是謂大惛謂吾於惡政府而亦宜愛是謂大愚昔人有言君父至尊親迯其終也有時而既近世國家主義政府之於人民既無家長天然之親尤乏天王明聖之義是愛國可耳決不能使此倚國爲祟之惡政府並享吾愛也譬若城有狐而社有鼠人豈不愛城社惟若吾用吾愛唯狐鼠之是肥而毫無益於城社吾安能忍而與此終古也故不愛國云者嚴其格以求之決非不愛國也不樂夫致吾愛而於國無與也

造定義又如何愛國者所愛者國也非能如細人之爲姑息非能如婦寺之用愚忠是宜規其大者遠者焉善夫蘇格蘭學者鮑生葵之詁愛國心曰「凡一國家國民之具有常格者感情必變爲忠愛識解必周乎政治且彼於一事必深知之而深覺之其事維何則國家者所以包涵國民寶愛之物及國民之利益而保證其安全者也而國民寶愛之物與利益云者凡國民斟酌其對於公益之關係所範成之各事業皆是故知其非各各離立偶然混合於一處而實與國民公益節節有緣此種知覺即愛國心之精髓愛國心之恰到好處不過如此而談者每易作逾分之詞世俗所謂愛國之徒半指絕大之犧牲者殊不知此種犧牲國家未嘗須之質而言之人能養成尋常習慣以共同幸福爲實際上之目的及人生之基礎即爲愛國愛國心云云雅不外此種尋常習慣也」(一) 透宗之談不可易矣果愚詮鮑氏之旨而不謬則人立於一國公私相與之際有其相宜之位置焉能保此相宜之位置適如其量即是愛國之道故吾人亦爲其宜者而已矣若不必爲其所宜是無論稍稍分其日用飲食之資以投於國之毫無益於實也

(一)Philosophical Theory of State 三八一頁、

卽毁家紓難亦何用者故夫今人以愛國二字與儲金連爲一名謂不儲金者卽不愛國焉此誠細人婦寺之所謂愛與近世立國之道風馬牛不相及者也英倫近有礦夫罷工之事而海軍無煤前敵之險莫狀此其礦夫之無愛國心在吾東方人聞之必且舌撟三日而不能下而英之政府不能以愛國愛國張皇號召卽能返工於礦而行所無事也是有其相宜者焉礦工之要挾也以政府之待之失其所宜及今補救舍復其所宜以外無他法矣空談愛國不與誦孝經以退黃巾同一故智也耶　七月二十八日稿

治本

無涯

凡一國之政府。未有不以致治爲期者。雖暴如桀紂。昏如桓靈。亦皆望治而畏亂。謂願致人民之怨叛。古今無此政府也。今之反對政府者。動謂其倒行逆施。類於幸災樂禍。不知彼亦猶是人情。其望治之殷。不特不減於人民。抑且不讓乎堯舜。世之貢諛者。多頌言民國之成立。爲堯舜禪讓之局。以若所爲。其可假託堯舜之事與否。姑且勿論。而其想望太平。思人民頌爲舜日堯天之世。則當爲其應有之心理。而有此欣欣望治之心。或亦有可以受頌功德之價值。固未可一概抹殺也。然而古往今來。凡處於政府之地位者。固皆望治而不望亂。而其所生之結果。顧或治或亂者。則以制治之道殊也。太史公曰。法令者治之具而非制治清濁之源。其源何在。亦曰誠而已矣。中庸言惟天下之至誠。爲能經綸天下之大經。朱子之論治道。始終以正心誠意四字爲歸宿。蓋誠能動物。反是者常得反對之結果。治亂轉移之機。實於是乎在正不得視爲老生之常談也。顧誠之精義。不易言詮。今舉其極淺之義言之。則眞而不僞是也。歷觀中外古今制治者。能以眞意示民。雖治具粗疏。未有不能求諒於民者。苟以僞相愚民。雖典章明備。未有能得見信於民者。民不見信。則治本從而破壞矣。故眞與僞之分。即治與亂之分。覘國者能於此中探其消息焉。則其政治之應驗。何結果。不待蓍龜而知矣。

欲談治本。其首應討論者。則爲國體問題。我儕對於此問題。初未嘗迷信共和立憲之國體。而抹殺君主立憲之國體。特以君主也者。乃歷史傳來之產物。必其威嚴之勢力。植於歷史上者至深且厚。乃能引起人民之信仰若於民智既開之世忽欲起平地之風波作帝制自爲之舉此絕對不可能之事也武昌起義而後清祚以斬歷史上傳來之帝王其資格既歸消滅而舉國之中其思爲政治上之活動者皆宣言擁扶共和環顧海內既無一人焉有可爲帝王之資格則今日之政治不能不循共和政治而行所謂鐵案如山不可動搖者也雖然共和也者有眞與僞之分焉眞能共和固足富強其國若以僞爲之則大亂之來且不遠焉何論富強彼法蘭西大革命後之共和與墨西哥近十年來之共和所以國多變亂殺人如麻民無寧歲者皆由於僞共和啓之世之不慊於共和者多引二國之事以相警告寧知其實以僞致之夫政治之以僞召亂在君主之國亦且數見不鮮矣寧獨僞共和不深探其虛僞之弊輒歸咎於共和寧知共和之本體固不爾爾也顧欲論共和之孰爲眞而孰爲僞勢不得不涉及於政制共和國之政制大別有二一曰內閣制一曰總統制鄙人自民國成立以來一言及政制輒頌言內閣制之利雖他人多持異說以相難終不改我最初之主張誠以政治之爲物貴通而忌塞在內閣制之下不特可使庶政之設施常合國民現在之意思又可使執政之人物常得時勢要求之人材換以通之一義深有合焉若塞其納新吐舊之機使成凝滯偏枯之勢內閣制無此弊也此在普通之共和國猶且有然若在由君主國變爲共和國之後非採用內閣制尤不足以遏止亂源此其中有絕大之理由焉第一君主國之變爲共和國必由革命而來問人民何爲而革命則以痛心疾首於元首之專權故起而革之若既革之後爲元首者其總攬大權依然如舊則人民必以痛心疾首於帝政時代之元首者轉而痛心疾首於共和時代之元首於是革命之禍將相尋不絕若施行內閣制舉木政之權移之於內閣則人民對於元首可不復

發生帝政時代之惡感國基遂以鞏固此帝政倒後其必施行內閣制之理由一也第二一國有數千年帝政之歷史雖惡其無道改建共和而君主二字尚浮於人人之腦中欲使國民對於元首信其無再爲帝制之心必使其處於守府之地位而不握政權之機樞始可以釋人民之疑慮若仍爲政權之中心點就令其果無翻雲覆雨之野心而人民終不免相驚以伯有上下相疑則難與處矣故必採用內閣制置元首於無責任無權力之地位斯國民乃知帝政之不能復活而得以高枕無憂此帝政倒後必施行內閣制之理由二也第三由君主國而變爲共和國大多數之國民固以共和爲美然必尚有一部分焉日頌言帝政之利而詆醜共和之害而人之慾望無有止境得隴望蜀乃其通性爲元首者苟大權在握而日頻接勸進之書必至遂爲卽眞之舉黃袍加身百僚旣以是爲請何忍却之富貴逼人來賢者亦常因而應之況其他乎彼拿破崙第一與拿破崙第三其初入政界未必遂有稱王稱帝之野心其奈詗諸本國之歷史其以君主國體立國者旣垂二千年而一國之中政客學者盛言帝政之利者又不一而足相誘之機緣旣多野心或遂從而生矣故由君主國而改爲共和國苟採用總統制則其易返於帝政實勢使之然也然以歷史上毫無根據之人忽欲建帝諦皇煌之業必惹起大多數人民之反抗於大亂之起遂無可逃若採用內閣制元首不握政權則雖日有以帝制強聒於其旁者彼亦空爲臨淵之羨而莫能致之則國本遂可以鞏固而不動搖此帝政倒後必施行內閣制之理由三也凡茲所述皆爲帝政倒後之共和國言之也若普通之共和國內閣制比之總統制尚有種種之優點鄙人嘗於民國二年因論憲法問題詳言之以之登諸某報茲不贅述今所欲討論者則由帝政改變之共和國也顧空談學理人將

不服。則且舍理論而舉實例。法國自大革命後。因政權在於元首。擾亂亘數十年。不知者或以共和為病。而不知實因元首總攬大權有以致之。及千八百七十五年以後。內閣制確立。法國遂無復內亂。以至於今。今法蘭西之共和。其根本殆已鞏固矣。此由君主國變為共和國。其必採用內閣制之左證一也。抑吾國人之不慊於共和者。又動引墨西哥之事為言。夫墨西哥往嘗受法國之保護。以君主國體立國。則亦有君政之歷史者也。及逐君主而改建共和。仍不悟以元首而握政權。易以釀亂。故雖以爹亞士之奇才。僅能彌縫一時。終不免惹起革命。遯跡他邦。爹亞士出亡之後。相繼為總統者凡數人焉。其親攬大權。一猶吾大夫崔子。故革命之禍。相尋不絕。直至於今。未能熄焉。則皆以元首而當政治之衝致之也。嚮使墨西哥能以法國為鑑。確立內閣制。置總統於比較無權力之地位。未嘗不可追踪法國。撥亂為治。乃始終不悟。不知改絃易轍。令梟雄者得據此高位。以總統其名皇帝其實者。予智自雄。而在野之不平者。則起而為逐鹿之計。於是內亂之事。終無已時。使能實施內閣制。則何至於此。此由君主國變為共和國。其必採用內閣制之左證二也。故吾以為在普通之共和國。採用內閣制。猶勝於採用總統制。若在由帝政改為共和之國。其必採用內閣制。殆成為政治上之原則。違此原則者。雖名為共和。即目之曰偽焉可也。而中國今日之政制。其合於此原則與否。雖五尺之童。猶能辨別矣。然則中國今日之共和。為眞乎。為偽乎。此寧待言者。夫苟不慊於共和。則直廢止之可耳。而必以偽立國。此何為者。

今且讓一步。謂美國即採用總統制。吾國而取法美國。有何不可。姑無論美國前此乃為植民地。未有帝政之歷史。與我之國情。迥不相侔也。就令果可取法矣。然美國之總統。一任四年。而一人不得有三任。今已成爲政治上之慣例雖以羅斯福之曠世奇才各國所許爲彼邦第一人物者然因欲於八年之外此舉其總統任期而言實則羅斯福之爲總統尚未滿八年 再爲總統遂遭國人大多數之反對歸於失敗且因此之故幸嘗刺客之彈丸焉若墨西哥之爹亞士南海康先生盛稱其雄才大略吾嘗攷其行事誠不愧爲一代之英雄然因在位二十八年之久遂惹起革命之禍使成燎原之勢迄今猶覺其不可撲滅焉則共和國而採用總統制其不許一人在位之久此又成爲政治上之原則也返而觀之吾國則何如者依總統選舉法所規定總統一任十年而連任則無限制且可由參政院認爲必要議決連任不必由於選舉而參政院之參政則爲簡任官總統稱以己意任免之者也以是推之則其爲終身總統此寧待言者王祥謂嵩顗曰王公相去一階而已吾謂終身總統與皇帝之相去亦一階而已不踰階而登而必留此咫尺之地此胡爲者如曰是可以愚民民豈不知僅此一階一舉足即可踰越乎今且勿事苛論姑徇持人治主義者之說謂逢神武挺生終身總統爲今日所必要也然其實則豈止此據總統選舉法所規定將來有可爲繼任總統之資格者必由現任之總統親書三名藏之石室金匱而選舉人則就此三人投票焉夫祁奚舉子薦賢不必避親往事可師豈必讓前賢之專美假令此三人中有其一焉類於祁奚之舉子而其二則爲張三李四借以形容其無可中選之資格不必今果有張三李四其人也 張三李四之資格自不及假託於祁奚之子之資格則中選之爲何人何難預卜而此等舉動既有祁奚之事可以解嘲若夫石室金匱之藏則亦豈無可以自解夫正大光明藏名待啓其事不遠即在民國以前淵源有自此亦豈自我作古者往者約法會議之修正總統選舉法也謂昔堯薦舜於天而天受之舜薦禹於天而天受之故繼任之總統必由現位總統之薦舉倘他日祁奚舉賢

以子儕選則騷人墨客又豈不能引啓賢能承繼禹之道一語以爲解釋而加以後先濟美之諛詞然政局至此名曰唐虞政治可也名曰夏禹政治可也而必字之曰共和使共和之神有知必將提起訴訟而控其竊用彼之招牌也夫苟認共和爲不合於國情則直倣拿破崙之故事雖他日之成敗不可知然敢行其所志尙不失爲一光明磊落之男子而必蒙老馬以孔皮豈以僞愚民此何爲者

今再讓一步謂中國今日不必高談政制但存共和之形式而已足則吾又將與之論共和之形式某氏之受勳位而謝恩也曰『臣本布衣得封於留已足』居然稱臣而以張良自況以封侯爲期共和國之公牘果得作此格式耶王天縱之被命爲北京總稽查也賜名建忠夫賜姓賜名惟帝政時代乃有其事共和國之官吏果得邀此聖眷耶去歲禮官處之通告元首誕辰也援引英皇之例不惟許內官可晉府觀賀並許外官得入京覲賀其後一層則並爲前代所未有者以共和之國不引他國總統之事爲法而引他國皇帝之事爲法共和國之元首果有此典禮耶去歲之舉行祭天也鋪地用黃泥告示用黃紙此惟帝政時代乃有此禮入民國來一切公文改用白紙久矣而忽有用黃泥黃紙之舉共和國之祀典果有此禮儀耶今歲元日內史之進呈開國法鑑也叙述歷代經筵講官之利請復此制夫經筵之設其義何居誠以爲帝王者由於世襲不必代代皆賢故必賴儒臣講授以啓沃帝心若爲國民所公舉之元首以常理論其識必當出乎衆人之上亦何須有儒臣之進講則經筵之規復又豈爲共和國之所必需耶印鑄局之呈進玉璽也詳述自秦以來玉璽之歷史與帝王關係之故而又以封禪七十二君相比擬豈至今日尙可封泰山禪梁父以追七十二君之盛軌耶吾友某君嘗讀印鑄局之進呈玉璽文謂此洋洋

大文章比之司馬相如之封禪文實相伯仲所可惜者中有大總統三字與全文不相稱耳使其易爲〇〇吾知司馬長卿見之必把臂入林矣吾亦謂今之中國除總統一名詞之外求其可爲共和之形式者殆不易得而況乎烘雲託月所以消滅此形式者方且層見疊出而未有艾也今試問官吏之必名爲卿大夫士其意何居夫我國古代凡以卿大夫士名官者則其元首必不名爲總統若謂僅取卿大夫士之名足矣自斯以上則舍旃舍旃是類於打斷鶴胎熟於典故者必不作此悶殺風景之事也又近者議更服制聞將有紅袍青袍藍袍等之出現既有此等之袍苟無黃袍以爲之領袖終覺新朝之服飾不能整備夫吾國素以五色象百物而黃屬中央爲各色之冠縉紳先生類能言之若謂僅製他色之袍而獨忘情於黃之一色在諳於掌故者又不若斯之數典忘祖也是故中國今日僅就共和之形式而論已在四面楚歌之中其所以謀拔趙幟而易漢幟者譬之畫龍已全身皆具矣所欠者獨點睛已耳夫樂畫全身之龍獨不肯一爲點睛使之破壁飛去天下必無此畫工就令終不爲之點睛然以未點睛之龍而必名之曰虎豹獅象使天下之人盡皆師曠則或能信之而不然者欲以一手掩盡天下目使舉不知其眞相是爲能致者夫中國今日之政象其日與共和背馳則誠類於未點睛之龍矣使直以龍語人天下之士雖不舉皆好龍然在一部分好龍者猶或趨而就之而必字之曰共和共和指鹿爲馬自欺欺人此何爲者

又再讓一步謂中國今日有特別之情形國體問題無適不可則且舍國體而論政體吾人對於政體問題初未嘗謂立憲爲絕對之美而專制爲絕對之惡特以比較而論立憲實勝於專制今不必空談學理

試觀東西各國其以富強稱者皆屬立憲國斯卽立憲優於專制之左證也故就令國體問題無適不可然立國於二十世紀必須立憲此不獨有新智識者皆持此論雖以守舊著名主張復辟之勞乃宣猶承認今日之必行立憲政治矣（見其所著共和正解彼主張君主立憲對於國體雖持異議然對於政體則固承認立憲也）而立憲與非立憲之分實係於有代表眞正民意之議會與否而中國今日顧何如者以地方言之則省議會縣議會等已如風捲殘雲不留片影絕無所謂代表民意之機關也而就中央言之現雖有畫虎類犬之參政院然參政由元首以意任免之且列爲簡任官天下未聞以純爲官吏組織之機關而可稱爲代表民意之機關者此外雖有類於蜃樓海市可望發現之立法院然依立法院議員選舉法所規定其有被選爲議員之資格凡七項（一）爲有勳勞於國家者（二）爲任高等官吏五年以上者（三）爲碩學通儒（四）爲在本國或外國高等專門以上學校三年以上畢業或有與高等專門學校畢業相當之資格者（五）在高等專門以上學校充教員三年以上者（六）爲有三萬元以上之不動產者（七）爲有商工實業三萬元以上者若蒙藏青海得於前項各款資格之外以王公世爵世職及其他相當人員爲被選舉人要而論之有中選之資格者大別可分爲三（一）爲官吏（二）爲學者（三）爲資本家官吏之爲議員其必代表政府之意思而不代表國民之意思此可前知者至於學者雖有與資本家同被選之資格然以我國現在之情形一縣之中其可稱爲碩學通儒及在專門高等學校充教員三年者與在內外國專門高等學校三年以上畢業者能得幾何若荒僻之縣則並一人而不可得焉至於有三萬元資產者其在富縣類達一千乃至一萬以上若普通之縣亦必有百數十焉以一服八猶且不勝況於以一敵百哉故以學者而與有三萬元資產者

競爭必歸金權之勝利。此必至之符也。如曰有選舉權者寧舉極少數有學問之士。而不願舉大多數有資產之人。恐未必然。微論多金者之豐於運動費易以中選也。且依選舉法之規定。以有學問而有選舉權者。必爲中學以上畢業或與中學以上畢業相當之資格。以金錢而有選舉權者。則但有五千元之資產而已足。然則選舉之人。屬於有學問之資格者多乎。抑屬於有金錢之資格者多乎。此寧待辯者。而對於同類必寄同情。此爲人類之普通性。以大多數由金錢獲資格之人。謂不舉其同類而願舉其異類。此豈通論乎。況上所舉以資產得被選之資格。猶就地方言之也。若在中央特別選舉會。則但有一萬元之資產。即有被選之資格。較之以學問得資格者。其被選當益易而多矣。是故將來選舉之結果。或亦有極少數之學者點綴於其間。而爲之發動者。則必以一部分之官吏立於指揮之地位。而大多數之富家翁則盲從而畫諾焉。此可預爲之斷言也。今之評參政院者。輒目其爲政府之留聲機器。不知參政院大多數之老成人。雖無新智識。尚有舊智識。其服從政府。或尚爲有意識之服從。若將來立法院大多數之富家翁。則新舊智識兩皆無焉。而富翁之性質。但以邀聖眷爲榮。對於政府之提案。必純爲無意識之服從。其腐敗之點。比之參政院必益加甚。以云代表民意。蓋絕望焉。如是而曰立憲。不知立憲二字。彼果作何解釋也。當前淸之季。各省設有諮議局。爲議員者。率能與督撫對抗。不肯盲從。而中央則設有資政院。雖雜有少數之官吏。然大多數之議員。率能盡其職掌。故指摘政府之議案。擴張民權之議案。不絕於耳焉。以云代表民意。雖未可謂充分。然亦當可得十之三四也。顧當時之淸政府。猶曰以是預備立憲而已。未嘗敢謂既設諮議局資政院即爲立憲。而其時民黨之急激者。動詆之曰僞立憲。實則彼尚未謂已立憲謂其爲不立憲則可謂其爲僞立憲則不可也若今之政治其去立憲比之淸季猶在百數十層之下而政府官吏之公牘一言及政體率稱今爲共和立憲之國試問立憲政治在於何處故今之所謂立憲者以僞之一字奉贈實可當之而無愧色矣夫誠以立憲爲非則舉凡類於立憲之制度掃除而廓淸之示天下人以眞相雖與時勢不合然其率眞之點猶有可嘉而必戴狄將軍之面具高書立憲二字於其外民豈不知面具與內容適不相侔耶而必用掩耳盜鈴之政策此何爲者

又再讓一步謂得雄才大略之元首專制實勝於立憲討論至此則且舍政體而言行政然雖在專制政治之下其施政之本眞則易於致治僞則易於召亂斯又鑑觀古今歷歷不爽者也今試借歷史上之故事以證之湯武之爲桀紂之臣與莽操之爲兩漢之臣其爲先朝之臣之點固彼此無異也然湯武既稔桀紂之罪惡卽公然宣布其虐政而取而代之自稱爲征誅之舉不假託乎禪讓之名故天下後世稱爲弔民伐罪不以簒位目之則利得而名亦歸焉且商之傳國至六百四十四年周之傳國至八百七十三年國祚之長爲後世所未有此其原因固非一端而其建國之始以眞意示民不以僞相愚民則亦有以致此也若西漢成哀之昏東漢桓靈之暴數其罪惡豈在桀紂之下使莽操光明磊落直揭成哀桓靈之虐政取而代之其行事壹以眞相示民雖不可以方湯武然以比之唐高祖則當不在其下矣蓋神堯亦爲隋之臣而代隋而興世但稱其起義未有以簒位目之者無他以能率眞而行故也乃莽操偏好作僞其在王莽始則託於周公繼則稱爲攝皇帝又繼則稱爲假皇帝終始代漢而爲帝焉而其作大誥復井田種種緣飾經術之事無非欲以愚民故莽之行事始終壹以僞出之也而在曹操代漢之計畫已定乃

偏終身稱爲漢臣及臨終遺書言家庭細務極其詳悉乃至分香賣履之事亦言及之而獨無一語及於禪代意以爲似此所爲其子縱有篡位之事非所與聞可以全其臣節矣豈知作僞之事終屬徒勞在司馬光則極詆其姦在王鳳洲則大笑其拙而其子承此衣鉢方且謂依是可以欺天下人也故其將逼漢獻禪位亦曰『舜禹之事吾知之矣夫以曹丕而擬於舜禹古今又豈有如是不值一錢之舜禹耶然試問兩人作僞之結果顧如何者其在王莽則及身而亡而在曹氏雖一時能以術盜國然不旋踵間遂爲司馬懿所欺凌挾制至於司馬炎魏且爲所篡焉以視商周一則享國六百餘年一則享國八百餘年孰爲利而孰爲不利而傳國久者民可多享太平之福傳國蹙者民必多受兵革之禍此又相因而至之事也故知等是專制政治而立國之本能出之以眞者不獨民受其利而己亦受其利苟出之以僞者不獨民受其害而己亦受其害眞僞之分而國家之治亂興衰卽於以判焉不能謂專制政治卽無妨作僞也而今之中國顧何如者以用人言之明明喜用舊人物而厭惡新人物使擧新人物而全罷斥之其事之可否姑勿論而其率眞之處猶足使人起敬乃偏牢籠三二新學界之名士寘之號爲淸高之地位而不假以辦事之實權以爲既有此若干粧飾品當足以維繫新學界之人心也豈知以僞相與雖名士亦何能爲力王莽何嘗不用楊雄董卓何嘗不用蔡邕然未見莽卓之用楊蔡遂能免於敗亡則知欲以名士爲粧飾品者未必有濟於事也又就施政言之今日凡百施設大率以復古爲主義乃偏時有一二新式之法令出現而亟之空言不見行事以爲我既有此煌煌大誥當足以博新學界之歡迎也豈知政治上之制度有一定之系統用甲式則必純作甲種之制度用乙式則必純作乙種之制度若於全部皆作舊

式之中忽濡染以一二點之新色采則非驢非馬徒令人見之欲作三日嘔而已況乎此一二點之新色采乃僅言欲濡染之尚未至於着筆耶則欲以一二新法令爲愚民之具者又未必有濟於事也故我以爲誠欲規復專制政治則用人行政亦不可以僞爲之試觀三代以後稱太平者在漢必推文帝景帝之世在唐必推貞觀開元之世在宋必推仁宗英宗之世在明必推仁宗孝宗之世凡諸英君令辟其用人行政率皆本其所信而爲之未有認其人之不可用而仍用之者認其事之不可行而仍行之者今既有作威作福之專制大權而必時作違心之舉爲其所不欲爲此何爲者

要而論之今之政治無論從國體上觀之從政體上觀之從政制上觀之從行政上觀之無往而非僞也夫一國之政治其根本乃以虛僞樹立之欲求得久安長治吾實未之前聞今且勿爲高論動引共和立憲國之事以爲例試再以我國歷史上之故事證之彼子之之託於堯舜僞也王莽之託於周公僞也曹操之託於文王僞也曹丕之託於舜禹僞也劉裕蕭道成陳霸先等之託於受禪讓亦僞也之數人者以作僞之故或則及身敗亡而天下大亂焉或則雖能維持數十年卒歸敗亡而生民亦受其禍焉夫人民所以樂有政府者謂能謀長治久安得永享太平之福耳若其所樹爲政治之根本者必使數年而有一次之亂或能延至數十年而亦必有一次之亂則此種政府徼特在二十世紀之世界不足託以立國卽在前古專制時代亦未有不目爲惡政府者而今日政治之根本不幸乃與此相吻合則其可恃以樹國與否豈待智者而後知也夫立國於二十世紀必將求能富焉強焉始足與他國抗衡而免歸於天然之淘汰固不止求免內亂也豈期今日政治之根本富強之業固非敢望卽欲求將來之免內亂亦不可得

是豈我軒轅華胄獨幸災樂禍人人時存揭竿草澤之心毋亦虛僞之政治一面足以啓人民反對之惡感一面足以啓梟雄逐鹿之野心故國家之根本終在風雨漂搖之中也夫以僞立國其在有氣節之新人物皆痛心疾首焉此無待論卽以舊人物言之如劉廷琛勞乃宣于式枚章梫等何以亦反對政府且公然發表其意見此豈有他哉今之政局一面僞託爲共和一面又僞託爲禪讓在有氣節之新人物固太息痛恨於僞共和在有氣節之舊人物又太息痛恨於僞禪讓其相率掩耳盜鈴樂與僞爲緣者則脂韋突梯之輩已耳夫國家所託命者乃獨在脂韋突梯之輩若有天良之新式人物與有天良之舊式人物兩皆不與焉求國無危其焉可得吾願持人治主義者一探此中之消息焉而早自猛省也

今之老成人動謂現在人民程度低下未可共和未可立憲吾儕亦不敢堅持新說以與先輩爲難第姑徇其所主張變共和而爲他種之國體變立憲而爲他種之政體然以僞臨民終必釀亂此說當爲老成人之所不能反對也如曰民既愚矣則用愚民之政策雖不能發展國力以與他國抗衡亦可維持現狀使得姑安無事則試問以工於愚黔首之秦始皇且席併吞六國戰勝四夷之餘威然身死之後不旋踵間勝廣一呼而三十六郡響應天下遂歸於大亂焉若積威不及秦皇之人更何如者則謂人民之程度低下卽可以僞政術愚民吾未見其能有濟也夫使以僞召亂受其不利者僅在一人吾儕小民亦何所容心於其間豈知在專制政治之下元首之安危爲國家治亂之所關故人民之休戚亦於以繫焉試一翻一部二十世史天下大亂之起孰非因元首一姓之更迭而演成殺人盈野流血成河之慘劇者故在僞政治之下當其能維持此現狀時國民固受種種之苦痛及至破壞此現狀時國民亦受種種之苦痛

固無往而不蒙其害也夫在立憲政治之下元首之休戚與國民之休戚截然成爲兩橛彼其私人之行動誠不必過問若在專制政治之下則元首之休戚卽爲國民之休戚而專制必與禍亂爲緣此實爲政治上之原則試觀秦漢以來幾見有百年間不發生大亂或小亂者此在得天下以正之朝猶且有然若以僞立國則禍變之來又有捷於影響者我國民兩年來之心理爲惰氣所乘甘於苟且而不樂謀改革政治寧知此飲酖止渴之心理不獨害於爾國而且凶於爾家也嗚呼我國民而亦有愛惜身家之念乎則一質諸歷史當知託命於僞政治之危險矣

政制論下

東蓀

或問曰。政制之消極方面。無不在防抑野心家。其防抑之道。要不外乎使各機關互相控制。或訴之於法律。或成之於事實。或於中央各機關爲之權限平衡。或更以地方分權爲中央之後盾。旣聞命矣。然中國於此數者之間。術將何擇。應之曰。於中央取內閣制。於地方更用分權之組織。其故請詳論之。

夫一國之採用一政制而能致善焉。其理出於政制之自身者半。出於其國之特別政情者亦半。自革命告成。四年以來。邦人對於政制。未曾爲決斷之判語者。以於國情未嘗有充分之認識也。當其始也。以爲破壞之後。舊日之秕政得任意剷除。他國之美治得隨時移植。繼而驗之。乃大謬不然。於是有國情之說興焉。特此說一出。遂爲黠且狡者利而用之。凡昔日之惡政。一一恢復。而美其名曰國情。嗚呼國情。一切罪惡。將借汝之名以行矣。天下事無往而不復者也。國情說張。有心之士咸厭聞之。以爲談國情者。專爲彼一人張目。吾人平心而論。中國實有特別之政情。第吾之所謂國情者。非彼之所謂國情也。退之曰。道其所道。非吾之所謂道。吾之所謂國情者。請得而列舉之。

甲、一國政治之進。非可一躍而躋也。若於最近期間無適當之方法。則對於永久之將來。亦必無安全之計畫。第於最近期間。謀爲適當之處置。又不可不知最近期間之政情。吾人於最近期間發見有特別之政情者。第一。爲野心家之無由使之消滅殆盡。所以致此者。其因有四。一因歷世爲君主專制國。帝王之物質上娛樂與精神上威嚴。皆足使人生羡慕之意。以爲大丈夫不當如是耶。故數千年來布衣崛起而登帝位者比比然也以臣篡君欺人孤寡者又比比然也可知元首權高福厚實爲野心之導源元首之威福愈重梟雄之窺覦亦愈深由窺覦而得之者未嘗不知羣將如法泡製焉故爲之設教以安分忠君爲義殊不知教之也如故而野心亦復如故未嘗稍戢也二因人民無充足之能力足以督視執政者（一）此因不去則卽本無野心者一旦入乎最高之位置亦不免欲保持其身分培養其勢力厚植其黨羽也三因歷世以來讀書識字之士無不仰食於政府造成世系之官僚於社會上成一階級在野心家固必利用此輩以逞其私而在此輩亦復樂爲贊助以遂其生四因歷世以來素採中央集權之制度與官僚政治之組織人民於此亦復司空見慣不生反對之思且作苟安之想有此四因野心家遂莫由以汰盡在位者勿論矣不在位而爲窺覦者亦不知若干讀者須知吾之爲是言也與現政府無涉現政府之存在與中國之圖強在邏輯上絕無必然之關係實知卽使離現政府而論此後勿論有何政變發生終不免爲野心家所乘此不可不早爲之注意者也

乙第二爲官僚之無由使之淘汰殆盡夫數世以還造成國家豢養之一階級此階級之知識能力又較其他爲豐凡讀書識字者無不歸納於此之一途以生計關係若爲悉數排斥勢必引起紛爭且亦事實上不易執行惟此輩只爲人用不能自用非人民用之卽野心家用之二者不容居間人民既無利用官僚之能力又乏排斥之機會則惟聽其爲野心家加以助力而已國甯有幸此又不可

（一）人民之知力固弱、而生計困難、亦爲巨因、斷無日給不足、而能有餘暇以批評當局之政策者也、不早爲注意者也。

丙、第三、爲國中優秀之人民、爲數過少。於最近期間、無由使之、劇增。夫一國政治之運行。惟恃人民之知能。今人民之程度如此。則歐美之善政。決不能不問孰何。概爲灌入。此又宜注意者也

吾國之政情既如上論。則對於此種政情。宜爲如何之救濟。救濟之道宜取若何之制度。吾人不敏。請揭其要如下。

一、當取可以防遏野心家之制度。

二、當取可以排斥官僚及消納官僚之制度。

三、當取可以使國中已有之智能之士得支掌政治運用之制度。

何以言之。夫野心家爲政治之蟊賊。自近世代議政治發生。唯民主義誕世以來。於政治上已認爲不磨之原則。故非徒爲惡之野心家。如莽操等不爲人類之福。反被其禍。卽爲善之野心者。如克林威爾之輩一國有之。亦徒見其紛擾。最後之結果。所謂福利。乃與人俱逝。仍渺不可得也。且政治之進。貴乎漸而賤勿貴乎頓。而浮其進速者。其退必亦速。往往明君賢相之偉業。不數十年而遽消。此猶言賢明之專制主也。若其不肖。則但見流血而已。爲爭一人之祿位。而犧牲數十萬人之生命。數千年歲之文明。故野心家爲人類之蟊賊。文明之障礙。政治之大害。誠不誣也。茲不憚更列述之。

一、人類之根性。勿論上智下愚。咸有自營爲私之德。苟一羣之福利。委託於一人。其人之才智既不如衆人之羣策羣謀之爲周密愼審。且以自私之故。必損公而顧私。則一羣之福利。轉乃消失。夫野心

家者尤以一己之優勢爲前提勢必因私害公羣利必損此野心家之所以爲害者一也。

二、一羣之福利在一羣之衆爲之同等發達如一壺之水熨之以火使其中質點飛騰周始至於同溫等熱始爲完全若以一勢力而壓服其他一國之中一人獨肥餘衆皆瘠正如一樹之枝南枝向暖而榮北枝經寒而梏則羣道之福安在而一國之中有野心家焉必演此態此野心家之所以爲害者二也。

三、一國之進化端恃人民於秩序中安然發展故對外有戰爭縱乖人道仍不害及羣誼國本若對內有戰爭則一國之內無復甯日一切文明一切福利均爲之破壞第內亂之生無不以野心家爲誘因易言以明之有野心家始有內亂決無未有野心家挑撥其間而人民羣起爲自相戕殺之事者此野心家之所以爲害者三也。

四、國家之機關原爲公開凡有才智者皆得入之俾得用其相當之聰明才力於政治則政治得以流通日新一旦若爲野心家所據則化公有爲私有凡國家之事業皆爲利彼而生凡國家之機關皆爲助彼而設於是使貪使詐但足以助其私者皆得入仕途使國家機關爲藏垢納穢之所此野心家之所以爲害者四也。

五、國內有一野心家得以成功而自逞則移風易俗使全國之人有才者皆生野心無才者趨於無恥於是公德蕩然私誼無存野心者愈多必引起內亂無恥者日繁必致無以立國此野心家之所以爲害者五也。

六、野心家專制於上。致所有優秀之士。不能自覓其用世之途。遂使人才爲之埋沒。所謂人才之不經濟是也。夫以人才置於無用之地。則一羣之內。縱有多數之智睿。亦將無補於國家社會。此野心家之所以爲害者六也。

七、一國之政。乃一羣之事。必羣策羣謀。始得完善。而野心家必不樂此。且欲權之專一。以便其私。故野心家生。必創造專制。蓋野心家與專制。不啻一物。近世人民既痛惡專制。且以專制生於野心家。故同時必爲之防遏。此野心家之所以爲害者七也。

以上所舉。雖云梗概。然於義亦復略備。讀者參詳歷史。當能瞭然。官僚之害。吾於他作已言。茲不復贅。請言制度。

可以防遏野心家之制度。卽爲防止恢復專制之制度。自孟德斯鳩以來。以爲唯權力分立。足以保障自由。杜絕專擅。孟氏之意。尤以爲三權之分。不在國權之性質。而在有各別之相當機關。不容兼職。故權力分立之說。自孟氏而生異彩。所謂各別之相當機關者。立法必有立法之所在。行政司法。亦復如之。不得以行政機關兼掌立法。亦不得以立法機關兼掌司法也。果爾兼之。則自由全滅。專制復興。(一)近世立憲主義。皆出孟說之賜。顧孟氏自謂其所以創斯說者。乃有感於英之政治。謂英乃實行三權分立之國也。卽今觀之。孟氏之說。終不免乎舛誤。蓋純恃權力分立。使各機關保持平衡者。決不足以防遏野心。杜絕專制。美人行極端分立之制。其得安然致善者。以本無野心家耳。若英則否。乃於權力分立之外。更使

(一)見Montesquieu, The Spirit of Law. Bk. XI, Ch. IV. 參見嚴譯法意。

其中一機關（卽議會）立乎其巔爲社會寫影爲人民陳情凡一國之內所有各意見各黨派各勢力皆得相遇於此以討論而調和之以代議萬能之精神爲防止暴政之保障非恃單純之三權分立（一）爲不待言矣由是觀之吾人得曰防制專擅固恃權力分立然徒有機關之並立而無一絕強機關攝代議之精神以宣達民志且督行其決議案焉必仍無濟也

雖然代議機關不難設立也所難者其見效耳吾國往者未嘗無國會非徒不足以防遏野心抑且爲野心家所摧殘是則今日之問題非國會有無之問題乃國會有焉若何使之見效耳夫國會之爲物在政治上本以代表而生若其背後無被代表者以爲其勢力之後盾其效自不可睹吾嘗謂吾國前此之國會如萍之無根上則見惡於政府下則失援於人民又復無地方之根據宜其敗矣故今欲創設有效之國會自當從其後盾上着眼間嘗思之今日吾民程度之低能力之弱實不能諱夫以此程度低下能力薄弱之人民而欲其爲議會之後援以抗大敵之野心家勢必如卵投石安見有濟則爲今之計唯有覓得一機會以確定地方制度利用人民之地方心理使地方强而有力則足以爲議會之助力此吾人所以主張地方分權之唯一原因也

地方分權之制吾於他作中詳擬之（二）茲不重述特此制度或名曰聯邦亦無不可須知地方分權非但足爲議會之後盾以抗中央行政之專橫且復於地方範圍以內得以自治爲之渙發民志而排斥官

（一）英制雖使一機關爲最高、然並非打破三權分立之理、日人（如穗積八束）評論英制者、多謂議會專制、實屬大誤、

（二）見拙作吾人理想之制度與聯邦一篇、

僚也。茲列舉其利益如次。

一、地方分權之制度一度確立之後。利用人民愛鄉之心理。足以啓發自治。且地域狹小。則情感利害易於相遇。議政之風。由斯而起。其利一也。

二、地方得以自政。則足抵抗專制。其利二也。

三、地方議政之風立。則官僚失其勢力。其利三也。

要之地方自政。乃立國於萬世不朽之基。不僅民志得伸。民權得展而已也。中央勿論操權者為獨為衆。祇順地方之情。不能逆地方之勢。一夫專制。旣有所挫撓。合議集權。亦莫由為惡。蓋勢力者與法律上之主權異。故學者分主權為二。曰法律上之主權(一)曰事實上之主權(二)前者不可分。後者可分。前者無制限。後者有制限。(三)前者基於法律。後者生於事實。前者發為形式。後者成於意思。(四)夫以法律論國家為主權之主體。中央之權當無制限不可分割。然而苟實際上為無制限與不可分者。則專制形

(一)Sovereignty de iure.

(二)Sovereignty de facto.

(三)蒲徠士謂事實上之主權不可分、而法律上之主權可分、法律上之主權受制限、事實上之主權不受制限、(見 Bryce, Studies in history and jurisprudence, II, P.70,71.)與吾正相反對、蓋彼誤以權限為法律上之主權、以權力為事實上之主權、殊不知法律上之主權、其主體祇能屬於人格(國家)而不能屬於機關(政府)機關所有者權限耳、非主權也、

(四)見潘氏書第六九頁、同為主權、有法律與事實二種之論者、有格林氏、見 Green Lectures on the principle of Political obligation P.98-120

成矣。故無論若何之國家。其主權於實際上。無不受幾分事實的制限。與事實的分割。如軍權之集中。所以助專制也。然各省自練民兵。以防土匪。固不破壞國家之統一。而專制則可以防止矣。又如財權之集中。亦所以助專制者也。然各省以自選之官吏。以任徵收。則固不害及國庫。而專制亦可免也。他如用人行政。若由地方自爲之。此中得阻止中央之專橫尤多。若中央發一命令。不合地方之情形。不能辦理者。尤足證事實上之主權受制限也。吾人欲防遏野心。杜絕專制。卽當從事實着手。以地方分權而爲事實的制限。於是中央政治得入乎正當之軌道矣。

雖然地方強而有力。僅足以消極使中央之不能爲惡。而猶不足致其向善也。於是有相輔而行者。曰內閣制。內閣制之優點。論之者多矣。要而言之。不外左之數端。

一、內閣者不啻議會之委員會(一)無議會則無內閣。無內閣則議會亦復無力。故事實上二者旣有聯帶之關係。卽互爲稽察。互相督率。使內閣之施政。常叩議會之意思。議會之意思。常受內閣之矯正。此其利一也。

二、內閣之政策。有一定之系統。蓋內閣之組成。由於政見。非由於勢力。夫以政見而致用者。必其政見適乎現勢。此其利二也。

三、內閣握行政之實權。而不居最高之名。爲野心家所不欲爭。卽爭焉。亦必出之於立憲國政黨之軌道。此其利三也。

(一)見白芝浩英憲論(美國版)第八一頁

四、內閣搖動。不致撼及國本。其利四也。

五、內閣制者。判名與權爲二者也。野心家之求名位者。得爲元首。高拱無爲。其下仍得由內閣握行政之實權。其利五也。

六、內閣得逐漸赴於完善之境。若總統制一度未能致善。則永爲擾亂之局。吾以爲總統制之所以不如內閣者莫此爲甚。此其利六也。

夫前言中國最近之政情。爲野心家之不能盡滅。於是惟求制限之道。前不云乎。第一之制限在地方。以地方爲之分權。則物失其柄。不能爲人所操縱矣。第二之制限則在內閣。蓋野心家既不能使之盡滅。則不得已惟有削其政權之一部分。易辭以明之。卽必使其讓出一大部分之政權歸之吾民。彼則仍擁其最高之名位而已。苟欲致此。舍內閣制莫能爲功。故曰於中央必採內閣制也。

論者或謂內閣制與聯邦不能並行。蓋內閣之成由於下院。以下院代表人民故也。而聯邦則以上院爲重。上院代表各邦。卽不復以黨派論。不能組織內閣也。吾以爲此觀念乃由執着美制而生。然美之不能改爲內閣制者。非因聯邦。羅偉嘗爲此論。以爲美改內閣。非不能也。必盡棄總統制之各組織而後可。必以代議院等於英之衆議院。必以元老院等於英之貴族院。必以總統等於英皇。且以爲使法院棄其憲法解釋法規檢查之權。而俾權力集中於下院。(一)羅氏之論。未嘗不足爲論者加以助力。第自吾觀之。其中含有誤點。

(一)見Lowell, Essays on government, P.36 (Essay I)

一、誤認主權議會（一）與內閣制有必然之關係。殊不知內閣制之下之議會。初不必擁有主權。若坎拿大。其修正憲法之權屬於英之議會。而不屬於坎拿大之議會。其爲非主權議會也審矣。不聞以此而致礙於其內閣之確立。今論者云主權議會者議會之意思。卽人民之意思。故其所立之法皆爲民意之表示。不生違憲之問題。但得解散之更就正於人意。若非主權議會則不然。彼之意思非人民之意思。人民之意思是爲憲法。議會所立之法。不得違背憲法。故法院有檢查法規解釋憲法之權。故非主權議會之國。不易建立內閣制也。凡茲所論。以吾視之。初與內閣無涉。夫內閣者由議會中政黨之占多數者出而組織之。此政黨之在議會者。初不必先使議會操執主權。然後從容組織內閣。但置議會於憲法之下。亦饒有迴翔運行之餘地。且同時以法院爲憲法之擁護者。亦絕與內閣成立無妨。進一步言之。如英之內閣制。由一方面觀之。本爲散立之國務大臣。由皇任命。旣任之後。於皇之命令。皆須加以副署。如是而已。由他方面觀之。則此等國務大臣必爲下院議員。且必爲多數黨之首領。而首相尤爲主宰。其行爲爲一系。其責任爲綜合。前方面爲法律。後方面爲慣例。彼方面爲形式。此方面爲精神。吾嘗謂英制者。法律與慣例之巧合。形式與精神之奇遇也。則由法律言之。無待議會之握主權。已毋庸深辯。由慣例言之。則但得議會能干涉行政。卽可起而組織內閣。初不必全部主權在握。而後可成也。

二、誤認內閣制爲側重一院。夫責任以課而見。同一機關。不能受二重之課責。所謂兩姑之間難爲婦

（一）英語爲Sovereign parliament 非主權議會曰non-sovereign parliament 或譯爲最高議會、及非最高議會、

是也故二院同有糾責之權則內閣必弱且有時二院殊致則將何所適從凡茲論據羅偉嘗詔其國人以爲美利堅欲改內閣至爲不易也第以吾觀之內閣之成由於下院且必爲占多數之政黨自不待言上院代表地方不能以多少數論則內閣雖不能由上院以組織之於未嘗不可同負責任內閣對於上院之責任實異乎其對於下院之責任對於下院之責任爲關乎政策之全體對於上院之責任則限於地方事務以及中央與地方之交涉若兩院不一致時可開聯合會以多數決定之則權仍在下院以下院人數衆也故內閣卽對於上院同負責任亦不足阻其進行弱其勢力若澳洲卽行此制特彼先解散以重新召集之若仍不一致再開聯合會吾以爲若中國立制則宜先開聯合會若正負同數則解散而重新召集之可矣（一）

三、誤認內閣爲國權之集中點夫英吉利之制元首蛻化至於尸位素餐毫無實權然其致此實有數百年之歷史非旦夕而成也於初步之內閣但能制限元首於義亦足若必致如英者方克稱爲內閣則徵之邏輯殊無是處英在當時已非使元首端拱無爲至於零點其間政局爲英皇之行爲所影響者歷史猶爲可證白芝浩嘗謂英皇雖無實權然亦有作用卽今觀之斯義不立（二）故以完成之結果而期之於開始之初在勢必不可能且內閣制尤異乎總統制卽使最初之創立不爲完美然苟逐漸改善日趨於美備之途則不患無赴的之日若以初期之未善據爲口實謂不宜行此

（一）敍述澳洲之制，見 Bryce, Studies I, PP. 468-531 (Essay VIII).

（二）詳見 Lowell, Government of England, I, P.24.

制。則大謬矣。英人司密斯旅居中土數十年。也於中國政情有充分之觀察。嘗告人曰。中國之隆興。非一二十年之力所可致。亦非一二百年所可致。必期之以五百年。其言吾不敢信。特吾願今之言國是者。亦勿河漢視之。須知中國決非最短之時期可以善其治者。故爲今之計。非謀建立若何美備之政制。乃覓一機會。定其基礎。徐徐前導。不致波折。則爲功亦可見矣。

其外尚有據白芝浩之言。以爲內閣之成。必先有優良之議會。(一)且其國民尤必有順從之德。自甘受治於賢者。(二)自吾觀之。議會之良。得逐漸而成。國民之順。尤不生問題。故藉此而謂內閣不宜於吾國。其理殊不充足。蓋議會之良。不可强求。必國中確有賢良之士。足以膺選。而選者又必確有知人之明。使所舉乃無不肖。夫欲致此。則必國民之知能。爲充分之發育而後可。於最短時間。固莫能期此。然但使野心家得以制限。政治活動之途正。多社會發展之道。亦衆所有之人才。自不患無自用之機。人才皆得自用。於是眞才始見。社會對於人才之認識。亦漸趨於正確。由是更進。良議會不期生而自生。故曰。凡此皆不足慮也。

綜而觀之。致人才於相當之途徑者。不必訴之積極之方法。但消極排斥野心家。剷除專制。卽足矣。顧野心家之排斥。於最短期間。至爲不易。不得已唯取制限之法。由制限而漸至於掃除。若官僚爲專制之寄生物。亦必同時排斥。特與以最小之限度。雖不能活動於政治。猶得相安於社會。仍不失其自用之途。此數年內。勿論有何政變。野心專制。必不可久。藥之者。厥惟內閣制與地方分權。

(一) Bagehot, ibid P.249. (二) Bagehot, ibid P.254 et seq.

人患

運甓

本誌十二期通訊欄中有郁君嶷者曾引起人口問題患許以有暇必且略貢己見以資考證人事卒卒復困於他種文字之役夙諾未踐負疚良多季弟運甓頗習生計之學使試爲之遂成廣幅姑揭於此以答郁君世之君子以衡論焉受其益者又寧止運甓一人也　秋桐識

諺云飲食男女人之大欲存焉死亡貧苦人之大惡存焉嗚呼數千年來治亂興亡之跡其於是焉槃之矣飲食之欲必有待於物力之能贍男女之欲必有資於生息之日繁生息之繁無窮也物力之贍有窮也以有窮濟無窮遲速不可知終必有死亡貧苦之將至至則人又惡之惡之而無以去之又日爲求生之念所迫於是非出於相殘相食而不可夫人至迫而必出於相殘相食其所進演之惡果雖亦有淺深大小之不同而窮其歸流或亂或亡蓋必居其一於此矣孟子曰天下之生久矣一治一亂又曰五百年必有王者興謂天下不可長治久安而必一治一亂揆之情理殊不可通王者之興期以五百年斥爲荒謬亦胡不可然而史訓所垂孟子無能易之因爲是言安足爲怪由今觀之可知古代最初生息未繁物力猶贍故易於爲治及其久也一則無窮一則有窮故必出於亂迨至相殘相食兩者能得其平又得一治及其久也兩者復失其平又必一亂如斯循環乃成史例孟子以前固無論矣由孟子以至於今何莫非然治時之君必能憂勤故恆節用而裕民乃號爲王者亂時之君習於怠惰故恆傷財以速怨乃斥爲獨夫其實王者居乎將亂之先雖能節用未必足以裕民也獨夫處於方治之後雖稍傷財未必卽至速

怨也古稱國無九年之蓄曰不足無六年之蓄曰急無三年之蓄曰國非其國所謂九年六年之蓄蓋率土臣庶通爲之計耳固非獨豐公庾不及編甿記曰雖有凶旱水溢人無菜色良以此也然此可求之於方治之後未可得之於將亂之先故漢文之時御府之錢貫朽而不可校太倉之粟紅腐而不可食唐太之際流散者咸歸鄉里米斗不過三四錢東至於海南及五嶺皆外戶不閉行旅不賫糧取給於道路焉粟至於紅腐而不可食足知其食之者寡米至於斗不過三四錢足知其供過於求謂此純爲漢文唐太節用之所致恐未必然孔子曰有國有家者不患寡而患不均不患貧而患不安蓋均而無怨節而無貧和而無寡安而無傾荀子曰欲惡同物欲多而物寡寡則必爭矣故離居不相待則窮羣而無分則爭窮者患也爭者禍也救患除禍則莫若明分使羣矣蓋至孔荀之時有周之亂象日烈一日斯時之所患者正在物寡寡故不安孔子不能使之多則立爲訓曰均寡則必爭荀子不能使之多則立爲訓曰分夫均也分也皆足以增加物力之效用斯誠不易之訓矣然使達均分之極度而物力仍未贍焉則雖孔荀復生愚知其無能爲也由是以談逐人之欲而無所於限其極也亂其亂之成也聖哲莫能回章章然矣言治之家恆以飲食男女此細故也不知天下之亂卽伏於此細故之中而可忽乎哉

人患之作何爲而作也曰方今天下之亂有目者皆辨之矣上自政府下至齊民終日皇皇然以爲憂者非亂也矣乎兩載以來人無安枕由今而後勢且益熾都會莫非匪窟田野莫非盜巢有國如此其焉不亡憂時之士莫不歸咎於政府之失政平情而論失政之咎自不免焉而當局諸公輙坐爲革黨之嗾使究其實革黨伏居海外至今未動其無能以遙制收嗾使之效以大舉望小偸之成不待智者而辨藉使

其中有不顧利害者爲之而已身未先欲使有業之愚民奮然而爲之死此亦絕無之理令且假定革黨絕無嗾使政府亦無失政而羣不逞之徒果能保其不至爲亂爲匪乎愚知卽有敢於武斷之夫亦將莫之能答也如曰不能保其不至爲亂爲匪則必大有其爲亂爲匪之眞因在矣言治之家何不相與一究其所在也耶夫所謂眞因者何也曰人患而已矣何言乎人患也曰卽前所言生息過繁物力未贍之謂也於何證之曰證之於不能保其不至爲亂爲匪也是亦有說乎曰吾國之民號稱四億其實並無確實統計之可據按諸繁息之例前淸咸同以來數十年無大戰爭令其繁息之數當遠逾於四億而此數十年之中國勢大蹙版圖日削墾殖不至工商未興物力之贍無所自來加之賠款過巨外貨充斥利權盡失敲骨打髓迄無已時況屬瘠夫其何能久以故物價倍增遊民滋衆富者以負擔日重而日貧貧者以食物愈乏而愈苦千萬之貲省無一二中人之產乃稱富翁而猶貲利在手者不過二三債權無着者常居七八言商情則破產相繼恐慌時虞言農事則靑苗早押飢饉薦至言工業則資本無出生產且停其他食藝被傭之徒供給有增需要則減大都艱於生計十室九空至於失業乞食之衆在城盈城在野盈野則又凶歲橫尸逾年卽倍社會之貧苦一至於斯弱者猶迫爲棍騙竊偸强者焉不敢爲匪爲亂今試計長江之會匪東北之鬍匪東南之海賊西南之邊匪與夫各省散處之土匪其數當在一億以上匪數至占人口全額四分之一其又焉能或已於亂外人目我爲匪國誠匪國也究其實民之習爲匪也雖則教育缺乏然有業之良民教育亦未見其不缺乏而皆不習爲匪者何也無他以有業故也然則民之習爲匪者其必由於失業也明矣亦未必地無餘利不足以供其生活也然擁生產之資者習於苟安不肯

開拓餘利則支生產之資者無所憑藉焉從得其生活坐是物力不贍至不得不生出一部分失業之民此失業之民無以聊生相習爲匪理有固然易匪之地位於有業之良民其不爲匪可知易良民之地位於失業之匪其必爲匪又可知然則匪之咎不在匪之自身而在物力未贍物力未贍之咎在於地有餘利未能開拓者固居其半在於生息過繁不知制欲者亦居其半斯固洞若觀火矣然則計將安出乎曰以前述循環之理推之亂象既呈決非聖哲所能挽救惟幸今日物力之未贍尚未至於絕對一面及時開拓餘利以圖救濟目前同時豫爲節制繁息以期垂於久遠庶幾相殘相食之慘禍可以消滅於未然否則枝葉之政策皆不足爲橫決之堵防而神州之沈淪指日可計也嗚呼此人患之作所爲不獲已與愚論將欲發端讀者或先致疑以吾爲農業國每歲穀物尙有輸出焉得云物力未贍卽言生息過繁他國何莫非然未必卽足爲亂患之此說實爲杞憂雖然當今之世舟車大通交易繁雜一國民之經濟組織必隨世界之經濟組織爲轉移吾既不能返乎閉關鎖港之昔自不能有外斯例於是而言物力之贍不贍則不能以一國之穀物爲標準而必以世界之穀物爲標準故當國際競爭之場欲言一國之物力卽不能僅指其穀物一項而必統觀其輸出入之平衡以吾穀物卽有不足可以金錢及製造品卽其足者易之不必足慮反是而吾穀物卽令有餘與彼金錢及製造品相殺而不敵則大可虞由是輸出能敵輸入謂之物力僅贍輸出不敵輸入謂之物力未贍輸出敵過輸入始曰物力能贍今吾之輸出不能敵過輸入且反爲輸入所壓迫其非能贍而爲未贍夫何待疑且不曰能贍而惟求僅贍亦須勵精圖治開拓餘利期之於數十年以後也尙慮未明則請設例以顯之假定吾之穀物爲數一萬自給之外尙餘二

千以之輸出易得金錢及製造品亦二千同時吾之金錢及製造品尚未足若其數亦二千勢必更以穀物二千易其輸入於是吾之穀物本需八千始能自給今以交易之結果僅餘六千而吾民必有四分之一不能得食矣此第一年也至第二年常額八千之外尚須補足前欠二千則穀物一萬僅足自給斯時若更須前後輸出穀物四千而吾民必有五分之二不能得食矣然此乃假定生息停止尚且年乏一年若生息愈繁所乏更不止此此物力之所以愈不贍也假定生產不進由是累欠吾民必且全體皆不得食斯時餓莩相枕種且云亡禍豈止於亂而已哉使愚之設例不謬可知生息與物力不均在閉關鎖港之昔尚有一治一亂之可言若國際競爭之場決無自生自滅之可幸哀哉國人何尚醉生夢死於飲食男女之中而毫不自覺也況夫吾國內地交通阻滯穀物輸出之象限於沿海沿江一帶固未足為穀物有餘之徵以沿海沿江一帶乃吾國腴膏之地也即此膏腴之地亦未必即能自給不能自給而輸出固如故焉則又以其穀物價廉於他國故也故防穀之令各省皆設此令不除尚多飢饉一旦除之大禍立見然則有其全未輸出尚且無餘雖在豐年猶嫌不足今即以穀物一端而論不已大可危乎

至以他國例吾謂生息過繁不足致亂說者之意欲以亂因歸咎於政治之未良社會之太惡此愚亦深然之誠以他國政治之良社會之善者國家社會一切制度整然可觀生產多途扶持有道民無失業人無棄才有養有教亂自不生吾惟不備又從而害之欲其弭亂寧可得乎雖然他國因有國家社會一切制度足致一般生產之發達而使民無失業人無棄才故能弭亂是知亂之所以能弭間接固得之於政治之良社會之善直接則得之於物力之贍彼惟物力之贍故雖生息日繁尚未足以致亂吾則先有物

力未贍重以生息過繁然則生息過繁果能足以致亂也明甚今惟以政治之良社會之善促物力之贍再由物力之贍致生息之繁斯時生息之繁始不足以致亂也又明甚或以日本輸出不敵輸入則物力必有未贍而其生息之繁為程頗速未見有亂者其何說以處之然須知日本領土擴張如台灣朝鮮滿洲青島皆其殖民之地見為未贍特目前耳而其民力已年裕一年且有大贍之希望在其後也興言及此愈不得不為吾國悲矣吾之領土非惟無擴張之望行且有縮小之虞物力必有大不贍之一日在此國際競爭之場無異以肉投斧幾何不至立為粉碎耶今之歐洲戰爭列強皆奮死不顧自投於交戰國中者果何為乎無非欲擴張其領土以贍物力而繁生息耳其中勢力衝突最烈而為戰爭之主敵者莫如英德兩國英之殖民地甲於全球生息雖繁遠不及其物力之贍德國生息之繁甲於歐洲物力雖贍猶慮其殖民地之少英慮德之勢力大張侵其生息之餘力德感英之勢力壓迫欲求物力之平衡英本無與他國戰爭之必要德則大懷併吞世界之野心德之侵略主義在迂儒視之莫不斥為人道之賊而以為德民徒供德皇之犧牲不知德民果不踴躍於戰爭德皇雖欲肆其野心亦何可得也蓋彼邦自狄撻（一）大倡戰爭生產之說以來經濟學家奉為不易之原理深印入於國民全體之腦中舉國若狂遂生此果詳舉其說非本篇所能許略而言之則『戰爭者生產之性質也用資防禦則為保險轉危為安故曰生產用資攻擊則為增富略地獲權故曰生產故國家者又無形之資本也特其貨財之形式為較高耳吾人不有國家誰為保護誰為發展納稅者投資也增稅者增其資本也故戰費之餉即吾投資之

（一）Karl Dietzel「德之經濟大家」說見其所著 Das System der Staatsanleihen; II-15 and 71;96.

鉅吾投資若鉅吾獲利卽鉅」本篇之有取於是說乃在證明歐洲之戰爭實爲豫防人患而設此種豫防手段不能望之於吾邦故吾邦人患足以致亂而非別取手段不爲功並以證明吾人所取於國家無一非爲吾人謀生產而防人患苟其國家不能爲吾人謀生產而防人患且適得其反焉則不爲吾人之需寧曰吾人之敵如曰需也非敵也則必計其利而增其資然後生產可謀人患可防也

且人患者世界之大問題也其在文明之邦惟恃政治之良社會之善戰爭之利發明之多生產之進故亂未形而或反爲利其在老弱之吾惟見政治不良社會不善戰爭不利發明不多生產不進故亂先形而終必以滅不觀現今歐美各國地代何以屢昂利潤何以漸減物價何以騰貴勞銀何以低廉製品何以必輸出新國原料何以必輸入舊國何以必急殖民何以必避早婚何以貧富懸隔何以競爭激烈如此之比其流實繁是皆人患之徵向使政治不良社會不善戰爭不利發明不多生產不進亦如吾焉生民之慘必非造物所忍聞豈獨亂形於吾邦而已哉謂愚不信請徵一說百年以前英儒馬查士嘗作人口論一書(一)首發是問其所論列精闢絕倫至今學者無以易其說本篇不能詳爲介紹他日當遂譯其書以餉國人綜其要旨大概如下「一人第知貧困疾苦爲人生之不幸此不幸者胡爲乎來哉生息過繁物力未贍耳男女之欲古今所同生息之繁中外無異任其欲而肆其繁惟除死亡他無障害則夫婦二人平均產兒四人越二十五年人口必加一倍由是推進有如二至四四至八八至一六一六至三二是人口之增加以幾何級數進也而人必有所棲又必有所食則地廣有涯物力有限充人智發達技術

(一)Malthus on population (1803)馬氏之書、初版未署名、再版頗多訂正、而人恆指摘其初版、茲從近版也、進步之所能與資本勞力並增無已之所至闢窮壤至盡所得食物吾人假定其爲無限亦必增進甚遲有如二至四四至六六至八八至十是食物之增加以算術級數進也合兩者而計之越二百年人口爲五一二食物爲一八越三百年人口爲八一九二食物爲二六相差之遠亦云甚矣可知生息過繁物力未贍者勢之所必至也至則災害迭興人生之不幸莫之或免首當其衝則爲貧民初猶物價騰貴勞銀低減致有營養不良勞働過分勢不可止以次詐財刦物殺人自戕棄幼虐老瘦癘流行饑饉時出甚而匪亂迫而戰爭而凡社會一切害毒莫非由是滋生所涉至廣疏舉莫徧是皆懲戒人類之任欲肆繁而施行於人患已形之後吾人謂之人口壓抑的制限惟人性最靈異於禽獸者以有先見之明壓抑不堪則知防患防患之道善惡互見其自知經濟能力未至不足撫養教育多數子女至於成人則不敢有室家之好者此最善者也其次既有家室始患多兒爲累因而節欲或求避娠此猶善者也等而下之墮胎棄產偸情強合以個人之利害啓社會之僥風甚且犯罪傷德毫無所顧此則不能不謂之惡者矣吾人以是別爲兩類其一曰倫理的制限其一曰罪惡的制限此三種制限者對於息息增加之人口息息交顯其作用者也人口不減退至與食物平衡制限之作用卽無止境然而人口增加之趨勢雖有多數制限以爲之梗而常超過其與食物之平衡以是人口趨勢與制限作用各有其動亦各有其反動交相進退永爲循環而吾人棲息於此長期循環之下莫明其故覺人生不幸永無涯際此種不幸感之最痛者又莫如下層社會蓋此循環者以下層社會之境遇爲其樞紐者也境遇稍良則弛其欲而肆其繁肆其繁而境遇又苦其良時則人口趨勢稍殺之時也其苦時則制限作用最神之時也舉其一端如物價騰

貴而勞銀低減則制限神而境遇苦因是人口稍殺又見物價低落而勞銀騰貴則境遇良而情慾生因是人口又熾矣此以言其常態也然不必如此之有規則有時人患大形三種制限同時併發則其不幸以次及於中上兩層社會災害分擔莫能獨幸究之此雖自然之法則殆非人力所能挽回然此法則之中制限有三造物固令人類自由選擇兩害相權尙擇其輕矧在其中有爲無害而且有利者耶抑何人類忽而不靈至斯竟不知其所擇耶如其擇之宜莫如倫理的制限矣請試言之社會之不幸有其本原本原爲何卽人莫肯爲此倫理的制限也如肯爲之今之不幸去過半矣人旣肆其情慾則養育子女當然爲其義務義務不能履行故罪惡以生今但觀其罪惡所演之結果至非人力所能挽回可知此一義務之重要此其爲理至易明也人非不知特以節欲爲艱不知節欲一事固卽造物之作用並非於人類獨苛世之言克欲者多矣吾人則謂克欲但克其情慾此爲本根他皆枝葉且克欲者正所以遂欲也誠能勤儉確有生產餘力然後結婚則不慮子女之多故克欲貴在結婚之前而不貴在結婚之後所生子女皆能有養有教足致生產貧困自無社會全般實爲幸福則生息之繁焉足爲害世或倡男女交媾自由之說此又罪惡之所從出也男女各守節操並非壓制欲防罪惡而免不幸舍此莫由克欲縱艱不猶愈於不幸乎現今文明國民大都知避早婚然此多在上中社會豈可望之齊民早婚之害齊民爲甚類難理喻並不篤行則必設禁早婚之法然後其害可除夫所謂禁早婚者又不盡關乎年齡也其所取標準則在財產要必令一般之民（其中勞働者與貧民尤要）各能獨立營生且有充分撫養教育多數子女之費然後公許其結婚庶以養成家庭健全之風習雖曰難期驟效久而久之風習自成又不待乎

法律矣此爲根本之方世或不察徒行姑息之策主設救貧法是則妄矣非徒無益而又害之誠以貧民恃以無恐不知節欲生息過度轉甚於前此欲救之彼則反苦而人患愈烈社會愈貧且喪其廉恥心獨立心尤莫可也其有主抬高賃銀者妄也正同使行根本之方賃銀自高何待於抬抬之反下不如不抬卽令抑之不下而物價與之齊長所抬亦止於名義況法律之不及正待社會之制裁男子不媒而有室鞏斥爲不知廉恥女子未嫁而私生咸目以不顧羞辱千人所指無病自死夫非禽獸焉敢再萌不萌無生人患自絕人患絕而貧民境遇良勞働賃銀高矣今不之絕而助之長夫寗非南轅北轍之類也與』

馬氏之說去今一世紀矣其間反駁之者自不乏人而至最近多數學者證以世界人口增加之趨勢與其循是以生之現象始知其說爲不可易咸推爲千古不磨之卓見稱其說曰馬查士主義蓋其所假定之前提『人口以幾何級數增加食物以算術級數增加』雖未必盡然而其所推定之原則『人口增加之趨勢雖有多數制限以爲之梗而常超過其與食物之平衡』則確乎可據也至其所主張倫理的制限乃爲解決世界人患問題究極之談豈獨爲一時代一國家而立說耶請言其故以入吾說世界人口全體之自然增加此有統計可徵吾人不可不認數字之繁今稍避之略言其率則最近十年間（一八九五至一九〇五）平均千人每年所超過之出產（不計死產除其死亡）美國二〇・六德國一六・〇日本與俄國同率一三・〇匈牙利一二・〇英國一〇・二澳大利九・一意國七・四西班牙四・一法國二・二由是推算人口加倍所需之年數則美國三四德國四四日本與俄國五四匈牙利五八英國六九澳大利七七意國九三西班牙一七四法國三一五其中美與法西三國爲例外若由

其餘七國推算平均加倍所需年數則六四年衡諸馬氏二五年加倍之說實有未合況其間相懸太甚又未可一概而論加則速矣惟不必幾何級數蓋人口之有出產力者平均不過其總數三分之一以夫婦二人平均產兒四人求之自難期於幾何級數然此不足爲馬氏病也卽由此趨勢觀之已自可驚而其增加之無窮更可斷定至云食物則當分別言之合將來世界之出產計之此一說也就現今國際之經濟觀之此亦一說也先言前說請亦稍避數字之繁據地學家言現今世界人口約十五億以歐洲現在人口密度爲標準地球尙有餘隙能再容二十二億人口此以現在技術程度就世界全陸地面積中可稱生產地者約百分之五十五而計之者也將來技術進步必可取其餘之不生產地化爲生產地假定一半則尙能容十五億人口合而計之三十七億吾人不諳地學復不解技術未審其言之價値若何將來進步果達何度更難預料惟信經濟學上有地力漸減之法則任其技術進步之速資本勞力之增而地力之生產達於一定之限度則以次漸減其收獲而必有不能再增之時是地力亦有窮時也馬氏許爲無限吾人尙未敢承且不必言其算術級數之正謬而世之人從而駁之其亦不思之甚矣使愚言不謬由今之率增加人口無窮當不出數世紀而卽遇地力告窮之日無能以棲食畀其子孫雖然此非所論於今日也吾人何必久遠但慮其目前足矣則請言其後說此所謂一國食物之標準無非決之於國際競爭之勝敗與國內整理之何似愚前已略述之茲再綜而論焉不外五事一本國領土之大小也此固亦視乎地形地質氣候交通等要件爲優劣而大抵小不敵大二科學技術之發達也古代之農業不能比諸今日吾國之農業不能比諸歐美日本之面積不過吾國三十分之一而以科學技術之應用

其生產力幾與吾國相等。經濟發達之程度也。狩獵之民不如牧畜之民。牧畜之民不如農業之民。農業之民不如商工之民。商工之民戰勝於國際貿易。以世界之食物爲食物。且有海外投資及各種對外營利輔之。英國之海外投資已上四百餘億圓。每年利息若平均爲五釐。亦有二十億圓。益以在外商人每年之收入二億餘萬圓。卽此已食之不盡。況更有國際貿易戰勝於世界耶。四法律制度之差異也。如勞働之自由營業之自由。土地所有權及處分權之自由。與其不自由者相較。則其間勞力與生產之效果必將大異。或行私有財產制。與行共有財產制相較。其異也亦然。五殖民移民之廣狹也。最後食物不足之解決。不得不依賴於國權之擴張。而致力於殖民移民之事業。故國力強者不虞食物不足。而國力弱者則憂人口過多。質而言之。以鄰爲壑而已矣。方今列強皆有人口過多之象。而猶獎勵人口之發達初不爲食物不足一慮者。所恃者在此耳。要之。斯說雖云適於時勢之要求。實不當爲馬氏食物不足之說下一鐵案。國內整理。必有至於無可整理之日。國際競爭。必有至於無可競爭之時。整理可也。競爭亦可也。謂長此而食物卽足則不可也。且整理與競爭。皆因不足而起者也。愈整理愈競爭而猶愈形不足者又何也。是無他。食物增加之速率。固終不如人口之增加耳。人或謂十九世紀以來。食物增加之速率爲曠古所未有。此足以證明馬氏算術級數之誤謬。斯固然矣。然須知食物增加速率之所能至。並卽人口增加速率之所能至。兩者相殺。而人口猶有過焉。雖速亦如不速矣。今第以食物較算術級數爲有增人口較幾何級數爲有減。遽謂馬氏爲欺吾人。遂不之顧。究之所爭者。皆不過五十步與百步之類。然則果誰欺耶。澳大利學者斐禮博維氏。嘗謂馬氏人口常超過其與食物之平衡。一語其所含眞理無可置疑吾人惟有因時立義而已故修正馬查士之原則云「以吾人之經驗觀之食物云者當時之經濟的及社會的組織之下所收獲之生活資料也一國之人口恃此生活資料以養之而其增加之傾向常超過此能養之限界焉」如斐氏者誠可謂善讀古人書矣(一)

由是觀之人口超過食物一事馬氏以前固無論矣由馬氏以至今日百有餘年確乎未易繼今以往百世可知固不僅事實可徵卽求諸眞理亦未可逃也故人患者世界之公患也世界有此公患値茲人智發達之秋豈無良法以禦之苟其有良法也吾乃從而取之而吾國之人患可除甯非幸事而不幸有二大主義皆非吾之所能取法請先述之

(未完)

(一)說見其所著國民經濟學汎論第三版 Eugen Philippovich on Philippsberg's Allgemeine Volkswirtschaftslehre.

國幣條例平議

端六

我國幣制。紊亂極矣。自非奸商猾吏罔利營私者。莫不延頸而望其整理。十餘年來、幣制改革問題。旋起旋落。簿書文告。積寸累尺。舌戰筆鬬。盈中溢西。今乃得於民國四年二月七日睹國幣條例之教令。(一)不完幣制。或甚於無幣制。吾人所鼓掌歡迎者也。惟是貨幣之原理。玄賾難通。而國富之本根。又端在幣制。當局者豈不宜熟察周知樹百年之大計。徒以一紙文書數行墨蹟。眩流俗之耳目。矜法令之告成。無論視等具文。毫無裨益。即綜覈辦理而疏漏之法。貽害實多。不敏如予。亦欲有所指陳。以候當局之教。國幣條例、凡十三條。國幣條例細則、十一條。今爲便於評論。特擇其重要者縷列如左。

國幣條例

第一條　國家貨幣之製造及發行權專屬於政府

第二條　以庫平純銀六錢四分八厘爲價格之單位稱曰圓

第三條　貨幣之種類如左

銀貨幣四種

一圓　半圓　二角(二十仙)　一角(十仙)

鎳貨幣一種

五分(五仙)

銅貨幣五種

二分(二仙)　一分(一仙)　五厘　二厘　一厘

第五條　貨幣量目品位如左

一　一圓銀貨幣總量七錢二分　銀九銅一

二　五角銀貨幣總量三錢六分　銀七銅三

三　二角銀貨幣總量一錢四分四厘　銀七銅三

四　一角銀貨幣總量七分二厘　銀七銅三

五　五分鎳貨幣總量七分　鎳二五銅七五

六　二分銅貨幣總量二錢八分　銅九五錫四鉛一

七　一分銅貨幣總量一錢八分　性分同上

八　五厘銅貨幣總量九分　性分同上

九　二厘銅貨幣總量四分五厘　性分同上

十　一厘銅貨幣總量二分五厘　性分同上

第六條　一圓銀貨幣通用其額無制限

五角銀貨幣一回之授受以合計二十圓以內二角一角銀貨幣一回之授受以合計五圓以內鎳貨幣銅貨幣一回之授受以合計一圓以內爲限但租稅之收受國立銀行之兌換不適用此種限制

第十條　一圓銀貨幣因使用磨減減少法令量目百分之一者五角以下之銀貨幣鎳貨幣銅貨幣因使用磨減減少百分之五者得以額面價格向政府換取新貨幣

第十二條　有以生銀請政府製造一圓銀貨幣者政府當應之但製造費每一枚徵收庫平六厘

上列各條內、第二條以庫平純銀六錢四分八釐爲價格之單位。則中國之貨幣本位爲銀。自不待辯。第六條一圓銀幣通用無限。第十二條一圓銀幣自由鑄造。(三)所以舉銀本位之實。統而言之。此次條例乃確定我國貨幣爲銀本位是已。此等條例。本宜從根本上反對之。區區法律之內容。原無評議價值。但根本問題。非片紙所能解決。予將更章言之。今權讓一步。認定銀本位爲當務之急。而條例之缺點。亦有不能措而不問者。請得略爲陳之。

貨幣之第一要義。泛言之。在使其價格不變。此一義也。學者聚訟紛紜。頗難解釋。今且不究高深之學理。以求合乎理想的價格不變。僅就實際上適用於此條例者。以淺語譬之。我國現用銀本位。則視金爲一種貨物。貨物爲普通販買之品。其價自隨時高下。彼此相互之間。絕無一定之比率。貨幣爲測量價格之具。貨幣自身之價格。雖亦因種種原委。時有變遷。然吾人今且避去繁冗之議論。假貨幣自身之價格爲一定不變。則物價之變遷。因貨幣之測量而可知矣。金在我國。既爲一種貨物。則金之價格。亦隨他貨物之例。隨時對於銀幣而有變動。今世界各國。或用金本位。或用金本位變形之金匯兌本位。在各國視之。金爲貨幣。銀爲一種貨物。倫敦銀市今日爲二十三片士四分之三。明日可爲二十二片士二分之一。是金銀兩價格之間。毫無一定之比率。（三）故我國貨幣對於外國貨幣。無一定之比價。於是我國貨幣之第一要義。在世界上已無可言。今且縮小範圍。設我銀本位貨幣與其補助貨幣。彼此相互之間。常得保其一定不變之比價。則貨幣之第一要義。雖在世界上無可言。而在一國內猶可言也。我國今日之貨幣。可謂無制度。兩爲一種重量而非貨幣。且有庫平關平漕平湘平種種之稱。圓爲外國流入之貨幣。又有墨洋日洋站洋龍洋等之別。圓以下有小銀圓。其與銀圓之比。或爲十一與一。或爲十一有奇與一。銅圓對於銀圓小銀圓之比。錢文對於銀圓銅圓之比。各隨時隨處而有變動。貨幣彼此相互之間。已無一定之比價。則以之測量物價。其不得要領宜也。今既創立幣制。則上述弊端。宜有以革之。試問國幣條例。具此能力否乎。

維持各級貨幣彼此相互間一定之比價。其法在使各貨幣供給之量。與其需求之量。常得相劑而無過不足之處。欲達此志。在使各貨幣均各具有伸縮力。蓋貨幣相互之比價。非純粹法律所得定。法律雖爲規定幣價之一要素。然其維持此法律之要素。仍在供求相劑。此事人人能言之。雖然。我國政府之處置貨幣。素昧此理。其昧之也。或出於眞正之糊塗。或出於有意之破壞。雖不得知。而其後市場擾亂。物價騰貴。產業停滯。小民失業。國家日卽於困窮。政府日臨於破產。皆此一味基之也。彼見銀根緊逼產業衰頹之際。以爲發數十百萬銅元。卽足挽回市面。在彼無知無識之商民。竟以爲錢可通神。平日投機架空。無所不至。一旦破綻畢露。環懇救濟。甚者以一二工場鑛山之資本窮乏。亦哀號於政府。謂政府一舉手而數十萬紙幣可立集。數千百工人可免於流離。殊不知銅元紙幣之爲物。最識靈機。一有過剩。卽行跌價。

彼等曾不思市面之恐慌。銀根之緊逼。多爲濫發貨幣而生。至此乃倒果爲因。增其困境。因一二人之自私自利。遂令禍害貽於一方。甚者波及全國。何勝慨歎。今觀所訂幣制。一圓銀幣既得自由鑄造。又得無限通用。似本位貨幣已具有伸縮力。又製造費雖明定徵收而不過六釐。以之與合金之銅造幣廠之支應、磨損貨幣之改鑄。以及其他種種費用相殺。或不至有羨餘。即有羨餘亦爲數無幾。而其實政府已忘却其他一重要條件。此條件爲何。卽接收生銀與授與銀幣相距之時間。未有若何之規定是也。考各國幣制。此項亦無何等之規定。英爲無費自由鑄幣之模範國。而其實亦非絕對無費。法定每純金一翁斯鑄金幣三鎊十七先令十片士半。而一千八百四十四年銀行條例。英倫銀行得以三鎊十七先令九片士接收純金一翁斯。是每翁斯之交易徵收費用一片士半。卽百分之〇・一二八二〇八卽約百分之四分一也。(四)然則有生金者何以不持向造幣廠。而必持向英倫銀行。則以銀行卽時兌換。而造幣廠不免遷延時日故也。(五)法國之造幣費與英國略同。卽千分之二也。美國最輕。不過千分之一。(六)日本亦爲無費自由鑄幣之國。其交幣時間亦無規定。(七)然則遷延時日。乃意中事。否則仿英倫銀行辦法。令日本銀行徵收少數之手數料。卽時以金幣兌換生金。總之諸國幣制。雖於時間上無所規定。此外並不徵收造幣費。今我國既徵收造幣費千分之九。則於交幣不應再有遷延。否則名爲自由。實則漁利。本位貨幣之伸縮力將無由實現矣。(八)

千分之九之徵收。果足與造幣實費相償否。今不厭煩瑣。略一估之。以見徵收之額過多。卽不然。政府亦決不至因此受損。造幣實費約分四項。一合金。二磨損貨幣收回改鑄之損失。三造幣廠設立維持經費。

四火耗。我一圓銀幣之成分爲銀九銅一。故一圓所需之銅爲七分三釐。目下倫敦銅價每噸約値七十五鎊。以此計之約得千分之二。貨幣之磨損極爲小量。法蘭西瑞士之二十佛郎金幣每年平均損失約千分之五分一。日耳曼之兩「克勞恩」金幣約千分之七分一。(九) 耶方斯詳細調查定爲萬分之四。(十) 此就金幣言之也。我國銀幣容積大於德法之金幣。則磨損之比例當更小。(十一) 造幣廠經費。似爲一巨款。然以每年所鑄之幣相較。亦不足數。耶方斯估計英國此項用費爲每年四萬二千鎊。而貨幣之磨損爲每年四萬八千鎊。(十二) 則兩者相去不遠矣。原來造幣廠之經費。視每年造幣之多寡爲反比例。造幣多則經費省。少則奢。又視所造貨幣之種類而有不同。幣値大或形大則經費省。値小或形小則奢。此項費用在我國果當若何。殊難懸測。若經理者素餐尸位。或舞弊營私。則其費莫大。然吾人只能爲合理之計算。不能爲彼等預留地步也。今假定每年鑄本位幣五千萬元。則政府可徵鑄造費四十五萬元。減去銅價十萬元。仍得三十五萬元。磨損火耗每年不過數千元耳。造幣廠之數。以我國土之廣。交通之不便。決非一二廠所能成事。以上估計。雖未悉合實在情形。然大旨不過如是。然則以三十五萬元之餘利。維持造幣廠五六處。其有盈無絀。彰彰明矣。

本位貨幣既如此。補助貨幣又何如。以吾人觀之。覺缺點滋大。今分爲二類論之。

第一、五角以下之小銀幣成分過輕。夫補助幣之成分所以必劣於本位者。一以本位幣自由鑄造。恐政府損失過巨。無以維持造幣廠。二以補助幣爲國內小貿易所必需。恐一旦銀價騰貴。補助幣將被熔化出口。今政府既於鑄造本位幣徵收千分之九。則無待補助幣餘利之彌補。至於恐被熔化。更屬無稽之謨。曠觀歷史各國或有用複本位者。設銀幣估値過低。而其後銀價對於金價稍見騰貴。則依「格里森」之定理。金幣將驅逐銀幣而代之。此一千八百六十五年拉丁同盟之所由來也。今我既專用銀而補助幣又非可自由鑄造。苟非補助幣之成分大於本位幣。則熔化之事決無可期。至於輸出。無論世界貨幣之趨勢及金銀產出之狀況。必無銀價漲貴之理。縱令有之。則首遭熔化者。必爲本位銀幣而非五角以下之銀幣。又至明矣。今日各國銀幣之額面價格。與其所含純銀之市價。無不相差甚巨。英法美比荷德諸國銀幣實値不過百分之三四十。緣一千八百五十一年至一千八百七十年之間。金銀之平均比價爲一五、四四與一。今則四十與一。一千八百七十二年一翁斯之銀値六十二片士。今則僅値二十三片士四分之三。各國所鑄銀幣。係準彼時金銀兩市價之比率。至一千八百七十二年以後。銀價驟落。爲各國當局者所不及料。非故輕其補助幣至如此之甚也。現各國政府已苦於維持矣。然不聞僞造者衆。則以法令嚴明。稽查周密。四民守業。姦宄自少也。然不聞銀幣價落。則以政府發行之額。適合供求相劑之理故也。日本明治三十年（一千八百九十七年）採用金本位。而其五十錢二十錢之補助銀幣。爲銀八百分銅二百分。十錢銀幣爲銀七百二十分銅二百八十分。其理由則爲防止出口。(一三)今我未曾用金。而防止出口之心更甚於日本。豈不可怪。

第二有限法幣立限過寬。英國銀幣之一次通用。合計以二鎊爲限。（一鎊約合我國十圓此舉成數言之實則每鎊現合十二圓餘）銅幣以一先令爲限。（一先令約合五角）美國補助銀幣之限制爲十美金。（一美金約合二圓）其餘小貨幣爲二十五仙。（一仙約合二分）日本銀幣爲十圓。白銅幣及銅幣爲一圓。今我五角銀幣之限制。適如英美而二倍於日本。鎳幣銅幣之限制。適如日本而二倍於英美。夫我國富之程度與貨幣單位之值。遠不逮英美。且並不若日本。而有限法幣之限制則逾之。是無異於無限也。且英之最小銅幣為四分之一片士。而常不見於市面。流通之銅幣為一片士及半片士。一先令不過十二片士或二十四「半片士」耳。日本最小銅幣為五釐。一圓不過二百「五釐」耳。今我乃有一釐二釐之銅幣。每次小銅幣之授受可至一千。此等限制。可謂有名無實。試問政府立法之意。果安在耶。

補助銀幣之成分既如彼。其劣有限法幣之限制復如此。其寬一面鑄造者有大利可圖。一面使用者無嚴限可禁。彼此之間。或推或挽。而欲補助貨幣之不充斥。烏可得也。補助幣日益增加。本位幣自日益減少。於斯時也。苟無伸縮之機關以緩和之。則補助與本位兩者之間。必生離隙。而現在紊亂之情形。將復見於他日矣。補助幣價落之第一擊。首加於貧民。蓋彼等終歲勤動。及日常生活。為數不過角分。設令銀一角向可購米二升者。令僅得升半。其困苦何如也。至於工商業之擾亂。猶其次焉者也。

然而政府有辭矣。彼謂第六條內規定租稅之收受及國立銀行之兌換。即所以圖伸縮也。殊不知納稅一項。在貨幣發行適當時。頗有伸縮之效。至於濫發之日。此等效力。遂隱而不見。何則。人民負擔之租稅有限者也。假令其他事情不變。租稅之額為一千圓。而政府即發行貨幣一千圓。則供求適相劑。而貨幣價格無漲落之虞。又假設其他事情不變。租稅之額為一千圓。而政府乃發行貨幣二千圓。則其剩餘一千圓。無所消納。必走入他途。求其周轉。於是民間之通貨驟增一千圓。而其購買力。不得不賤。即物價不得不相應而貴。此種原理。不獨補助幣為然。即本位幣亦復如是。然今本位幣既自由鑄造。又無大利可

平政府或不至濫發至於補助幣則發行之權全在政府人民不得自由政府何嘗不自由是所謂自由
云者乃對於一般公衆言之若政府則無所謂自由不自由也政府將又曰貨幣之發行必有其發行之
徑設非人民自由鑄造則補助貨幣之發出必爲政府出款之變形政府歲出以歲入爲歸然則貨幣之
發行必不能出租稅之額以外是說也在文明國承平無事收支適合或可通達至於我國政府無日不
以借債爲生租稅之收受不足爲維持貨幣價格之要素毋俟多言柯嵐論政府紙幣及納稅之關係結
之曰『苟政府紙幣過於需要則政府雖認爲納稅之具不足以維持紙幣之價格追求史蹟此等紙幣
之價格卒能維持不墜者亦非無有而其原因則在發行之有節論者不察以爲旣可繳納租稅卽無論
發行若干額均可保持其平衡一千六百九十二年馬沙諸些州政府規定該州紙幣可以納稅且較額
面價格增百分之五由是二十年間紙幣價格得以不墜然其發行總額七千鎊耳逮更增其數雖準備
兌換仍不免墜落』（一四）予謂柯氏之說不僅限於政府紙幣卽補助貨幣亦可適用柯氏又曰『此種
制度（指金匯兌本位制）之要件在政府管理造幣權因此遂將金匯兌本位制與自由鑄造（指廣義
之自由）離而爲二所造之幣之價與其所含生幣之值不同蓋係特種要求爲貨物交易之媒介及實
行法幣之約故也彼主張銀幣及政府紙幣得以無限發行者常忽於一重要原理此重要原理卽對於
一定之需要而加限制於貨物之量足惹起該物價之上騰是也凡通貨適如其需要之量而用之則爲
貨物所吸收而無墜落之恐一旦貨幣之量逾於需要其價遂減最初發見於金融市場之利率如其貨
幣爲隨處所能承受者則驅向外國以求較高之利苟貨幣之量增加不已則匯兌價格因之低落政府

管理貨物交易之具。含有一種險象。余此處所提議之制。絕少濫發補助貨幣之虞。蓋利益不大。且罰卽隨之故也。罰之最顯而易見者。爲金貨之逃逸。國際匯兌之均衡遂由此而破壞』(一五)柯氏之論據點頗高。非冥頑不靈之政府所能企及。予茲引之。特以證明予說之不謬而已。納稅不足維持幣價。不僅酷好借債之政府爲然。卽國富民足。收支適合。亦常如是。蓋歲入歲出。各有特定之時期。收稅之期。民間貨幣。麕集於國庫。而市面乏通貨之用。發俸給餉之日。國庫貨幣又倒出於民間。而市面且嫌通貨之過多。此等現象。美國國庫儲金制已發揮無餘蘊矣。一千八百六十四年。國民銀行制度案初通過康格雷。凡國民銀行。須將資本(資本須三萬美金以上)三分一相當之美國國家債券。存放於財政部。於是貨幣監督。按照所存債券額面價格百分之九十。發給紙幣。使該銀行發行之。但所估額面價格百分之九十。不得超過其債券之時價。此紙幣非無限法幣。然除入口稅外。無論何項國課。皆可用之。又政府除償國債利息及兌換國民銀行券外。無論何項支應。皆可以此項紙幣(國民銀行券)行之。然此制度最大缺點。卽在紙幣之發行。失其伸縮力。不能應市面之緩急而調和之』(一六)『獨立國庫儲金制度。最易擾亂金融市場。蓋政府收入超過支出時。卽足將市面之通貨吸入國庫故也』(一七)反之而政府支出超過收入時。則其現象必成反逆。不待言也。

然而政府猶有辭矣。彼謂納稅卽或不足維持幣價。苟國立銀行承認兌換。則其效可奏。是說也。余實贊之。絕無反對之餘地。皮雅遜有言曰『防止補助幣價下落之一法。在使各處得隨時將值小貨幣兌取值大貨幣。其難行者。則國土廣大、交通不便、是已。一千八百七十七年三月二十八日。荷蘭法律第六條。

政府須指定處所俾人民得以銅幣兌取銅幣以上之貨幣。然未言及銀幣。不可謂非缺點。（譯者註云一千九百零一年五月二十八日新貨幣條例第十二條已加修正） 荷蘭補助貨幣所以未至墜落者。端在人人能將剩餘之小貨幣易取大貨幣之故』（一八） 柯嵐亦曰『苟能限制貨幣之量不使溢出需要之範圍則政府管理貨物交換之具實足規定其價格然此範圍從何考驗則在有通貨者能任意兌取本位貨幣。一旦國內通貨過剩則其遺剩之額必流出國外以求較高之利。然貨幣爲各商業國所同受者惟金貨一種故一國欲維持其通貨使絕對與金貨相均衡不可不準備金貨以應出口之需。一面以補助貨幣及信用書類（指紙幣支條匯票等言）供國內之流通。他一面不可不準備金貨之兌換。以償國外之債務。是實金匯兌本位制之最要原理也』（一九） 由皮氏之說則今日中國之狀況不足副政府立法之美意。由柯氏之說則銀本位之能力不足調和國內貨幣之流通。國幣條例之不周至此更無置喙之餘地矣。一千八百七十八年美國議會通過「蒲朋德亞利森」法案（二〇） 一圓銀幣定爲無限法幣。政府須每月購銀二百萬至四百萬美金以鑄銀幣『政府因欲維持金銀兩幣之均衡。不得不令人民任擇其一以納租稅。由是政府所收者惟銀。所支者惟金或政府紙幣。該法案施行八閱月後。所鑄銀幣三千二百萬美金之中。其流用於民間者不及四分之一。』（二一） 今假定我政府能實行兌換制度。苟不準供求相劑之理。以發行補助貨幣。則其結果亦當如是。一千八百六十五年。比利時發議聯合法比義瑞士四國。（希臘旋加入。西班牙於千八百六十八年後亦採法制而未加入同盟） 開國際會議。拉丁同盟之名由是而起。會議之目的因銀價騰貴。思設法防止補助銀幣之流出。決定其貨幣成分由十分之九減至〇・八三五又恐蹈濫鑄之弊復令每國內人口一人以平均使用六佛郎爲度（一佛郎約合我國四角）（十三）夫貨幣之供不及求固非所以發達產業而供過於求之害則足以推翻已發達之產業而懲創之吾國之慣例常不在前者而在後者政府而知改革前非也限制補助貨幣之法已有人先我而行之者矣。

中華民國四年四月草於倫敦

註釋

（十一）此篇國幣條例係據日本雜誌「支那」第六卷第五號（日本大正四年三月一日發行）所載「國貨條例」選譯譯文字句未必悉符於原文諒不失其真意惟「國貨」二字與尋常所稱土貨之義相混恐係日人誤用故譯中改稱國幣以示區別

（十二）自由鑄造（Free Coinage）有廣義狹義二解「廣義謂爲一種權利在此種權利之下無論何人皆可將生金或生銀或兩者送往造幣廠而以貨幣之形狀收回之唯不因製造及合金或其他各種費用致減少其收回之數私人所有之生幣（Bullion）因在造幣廠改鑄爲幣而有一定少額之賦課如奧大利者亦可稱曰「自由」（Free）比較之他種制度如英國之銀幣鑄造而得是名也英政府常向市場以時價購入生銀而以五先令六片士之銀幣內實含純銀一盎所之值發出之」見拔格列夫經濟學辭典（Palgrave, Dictionary of Political Economy）第二卷（一九一二年版）第一百三十四頁

自由鑄造狹義謂無論何人得以生幣無論若干請政府鑄造而政府不以非理遲延時日即行鑄造之謂如全由政府發意購入生幣而鑄造者不得謂之「自由」……「無償自由鑄造」（Gratuitous Coinage）者政府（如英國）不賦課而鑄造之謂」見查卜曼經濟學綱要（S. J. Chapman Outlines of Political Economy, second edition）第二百二十八頁至二百二十九頁

（十三）讀者或疑歐美各國雖採金本位或金匯兌本位而不能不用補助之銀幣銀在彼國既爲一種貨物則銀幣當對於金幣時時變遷而其實不然其理由俟於本文內述

之

(四)耶方斯貨幣論(Jevons, Money and the mechanism of Exchange, twenty third edition)第一百十六頁

倪可遜佉計爲百分之六分一見倪氏貨幣論(Nicholson, Money and Monetary Problems, Six edition)第三十九頁

(五)若生金持向造幣廠約需二十日交幣而一片士半對於一鎊適與百分之三之二十日間之利息相當故其結果或送金往造幣廠或售諸英蘭銀行約略相同一見克列强金融市場初步(G. Clare, Money Market Primer, Second edition)第二十一頁

(六)一千八百九十六年美國造幣局報告(Letter of Ernest Seyd, On the proposed United States Coinage Act, Feb. 17, 1872, Mint Report, 1896)第五百五十六頁

(七)明治三十年貨幣法規定如有輸納生金請鑄金幣者政府當應其請求

(八)一千八百七十六年以後銀價下落法國以採複本位制之故金幣日見流出銀幣之鑄造日益多造幣廠不得已乃延長交幣時日此項條件向例爲十日後逐漸延長至一千八百七十四年乃爲九月事見佉克爾萬國複本位制論(Walker, International Bimetallism)第一百七十二頁

(九)柯崙貨幣銀行合論(C. A. Conant, The Principles of Money and Banking)第一卷第九十七頁

(一〇)耶方斯貨幣及金融(Jevons, Investigation in Currency and Finance, Second edition, 1909)第二百六十頁

(一一)柯崙貨幣銀行合論第一卷第九十九頁

(一二)耶方斯貨幣論第一百六十五頁

(一三)Matsukata masayoshi, Report on the Adoption of the Gold Standard in Japan, Tokyo, 1899, P. 189

(一四)貨幣銀行合論第一卷第四百零九頁

（一五）同上第三百九十八頁至三百九十九頁

（一六）多德英美貨幣史(A. F. Dodd, History of Money in the British Empire and the United States)第三百零八頁至三百十頁

（一七）柯嵐貨幣銀行合論第二卷第三百六十九頁

（一八）皮雅遜經濟學(Pierson, Principles of Economics)第一卷第五百七十二頁

（一九）貨幣銀行合論第一卷第三百八十四頁

（二〇）Bland—Allison Act 爲議員Bland發議議員Allison修正者

（二一）多德英美貨幣史第三百二十一頁

（二二）柯嵐貨幣銀行合論第一卷第三百零二頁

據英國政治年鑑(Statesman Year Book, 1913)第八百十頁此限制爲七佛郎惟希臘爲六佛郎

此項補助幣量對於人口之比例自不適用於我國予之引此非謂我國可對於每一人平均發行二元或三元之補助幣不過証明限制補助貨幣之事有前例可徵而已

局外中立條規平議

鯁生

大中華雜誌第一號吳君貫因有局外中立條規質疑一文摘取我國此次對於歐洲戰爭宣告中立頒布之中立條規指陳缺點喚起世人注意最有價值之研究也予於該條規未窺全豹不能爲全體之批評但就吳君指摘各條而論則待討論之餘地尚多愚見有全然與吳君合者有吳君言之未盡者有全然與吳君持論相反者爰略舉之就正於世

欲論此次中立條規之內容不可不先定中立條規之性質一國之有中立條規將以履行局外中立之義務也論戰時中立關係者通常以中立權利與中立義務并舉實則中立之權利卽發生於中立義務一戰事之起也局外之國論理雖保持常態不因他國交戰而變更其地位事實上則交戰國在萬死不顧一生之境遇所以嫉視中立國之袒助其敵者無微不至而中立國復力求所以保持平和關係繼續通商之道(一)國際關係爲之大變新義務緣茲而生然欲此種新義務之能履行勢不得不許以取特別手段以應此驟變之情勢而中立權利生矣是故中立權利常應履行中立義務之必要而定對於一方交戰國執行權利同時卽對於他方履行中立義務例如禁止交戰國軍艦在中立國港內增加戰鬭力卽對於交戰國他方履行所謂不許以中立國領海作交戰國策戰地之中立義務是也然則一國中立條規應採之原則當以中立義務爲標準明矣國際法要求之中立義務果如何海佛特(二)舉其主要者如下之三項而以爲餘皆自此發源者也(一)中立國應禁止交戰國一方於中立領域內對於

他方有敵對行為。（二）中立國不得自於其領域外有防害交戰國一方軍事動作之行為。（三）對於雙方交戰國須嚴持中正態度一切行為之具偏袒性質利此害彼者皆當力避之海佛特又謂茲三者有一違反則中立國不僅當受一方交戰國之報復甚或至構成宣戰之口實中立義務之範圍如此而其利害關係若是之大定中立條規者當知所擇矣。

論中立條規之性質至此有不可不注意之一問題焉即中立條規者屬於國內法一部於國際交涉不生效力者也一國中立條規而果履行中立義務了無缺陷國際葛籐自無由發生如其規定不完備或與中立義務牴觸則交戰國受損害者之一方仍將問責於中立國而中立國不得舉其中立條規之規定以為搪塞之口實蓋中立義務為國際法問題不論中立國之有無中立條規與其條規之完備與否國際法所要求於中立國之義務常一定而交戰國所以問責於中立國者亦惟執此國際法要求為詞據而已然假使一國之中立條規於應守中立義務之外特為嚴重之規定而事實上此分外之規定不能履行交戰國果可據此條規之規定以問責於中立國乎茲問題者龐惠斯（三）嘗解答之曰「中立國可以本國法規禁止人民發賣軍裝糧食石炭及其他商品於交戰國課以嚴罰然使此項法規未能進行亦僅為內治問題交戰國不得據以問責於該中立國或其人民也」據龐惠斯之說則似凡在中立義務限度之外中立條規雖有特別規定未實行交戰國不能因此提出責任問題而威爾遜（四）反是謂一國苟須有中立條規即負嚴密執行之義務予以為龐惠斯之說偏於理論不若威爾遜之主張切於事實也蓋中立條規為國內法之一部履行與否非他國所得而過問於論理本通然中立條規一

且公布其所規定或有不能履行之處卽令在中立義務範圍之外對於交戰國受損害者之一方獨無道義上之責任乎假使此中立國而素爲弱國更與彼強有力之交戰國以干涉之口實矣由是觀之中立條規之範圍當完全包含國際法要求之中立義務而惟限於此義務過此限度非惟過限本國人民行動有傷本國權利且以難於履行之結果轉惹起外交上之葛籐非於特別情勢之下爲特種政策所動不可作繭自縛也中立條規之性質略具於此本此以觀察吾國今日之局外中立條規不難辨其得失矣（以下各條原文均本大中華雜誌）

第一條　各交戰國在中國領土領海內不得有佔據及交戰行爲（下略）

吳君以此條領海二字含義太狹當易以領水予亦云然蓋一國領域通常分爲領土領水兩項領水者包括領海領河而言者也（五）第二次海牙平和會議海戰中立規則第二條禁止交戰國敵對行爲亦汎指在中立國領水而不作領海（六）其意卽在包括中立國領域內一切河海禁止交戰國自由行動今吾國內河向許外國以自由出入之權而中立條規乃僅規定領海亦疎忽之甚者矣

本條規定猶有不適當者卽加入佔據二字是也吾前既言之矣中立條規之目的在以履行中立義務苟其問題不新因中立義務發生而直接有害本國獨立無論何時當絕對拒抗者自無特別載諸中立條規之必要佔據土地卽此類問題之一也一國之不許外國有佔據其領域之行爲屬於國家絕對的權利無分平時戰時皆然此絕無條件之可附絕不待聲明而他國當尊重者吾局外中立條規乃與所謂交戰行爲幷載之不倫已極吾求之於美國千八百十八年之中立條例（七）今茲之

中立宣言。（八）與英國千八百七十年之中立條例。千九百四年之中立規則。（九）不見其例也。交戰行爲四字含義亦太狹例如拿捕敵國商船檢查中立國商船搜索戰時禁制品之類皆不許行諸中立國領域內然而不能謂爲交戰行爲也海牙海戰中立規則作敵對行爲（一〇）則交戰與其他拿捕搜索一切行爲含有敵意者皆包含在內而吾中立條規不爾是亦用語之不審慎而生法文解釋之困難者也。

第二條　各交戰國之軍隊軍械輜重品均不得由中國領土領海經過

吳君以爲軍隊二字含義太狹當改作軍人意在令分散之個人亦不得經過非予之所敢贊同者也。蓋統言軍人則無分乎武裝常服凡屬於交戰國軍隊之將校士卒構成戰鬥力之一部者悉包含在內武裝軍人雖分散而行其軍隊之性質仍不可掩沒準軍隊不許經過之條規何不可禁其通行之有就法文字面着眼似言軍隊即限於團體而就法文之精神解釋則軍隊之個員武裝過境明明構成軍隊之一部分亦在禁止之列不容疑義也至若常服軍人苟逐隊成羣以行仍可援軍隊禁止經過之條文以阻止之蓋彼等雖未武裝而敵性之表徵已顯揚於外雖尚缺軍隊之要件而略具軍隊之組織蓋一抵戰地取得武裝即可開始戰鬥也然使軍人常服而不成團體以行則國際法並不要求中立國以禁阻之義務而事實上亦爲中立國所不能履行夫所以防交戰國軍隊之通過中立國境者恐其經由捷徑便於軍隊之調度作戰之準備於交戰國他方大不利也今設令軍人常服個別分散而行七零八落既不能達迅速集合之目的斯前項軍隊調度之便宜已失其有資於戰鬥當亦有限羅倫斯所謂『軍事效用太遲不足視爲兵力之一部』者是也。(二)中立國家對於此等軍人儘可作平常外國人看待不負禁止經過之責任且常服獨行欲辨其誰爲軍人誰非軍人尤屬難能之事。中立國家勢亦不能負此重責今日德國軍人之經由巴爾幹中立國以赴土耳其者接踵於道。而法國將校之假道保加利亞羅馬尼亞以赴俄國者時有所聞而雙方交戰國均未聞爲何等違反中立之抗議其顯例也。準是以論則知言軍隊則凡當禁止通行者悉包括在內而言軍人則含義太泛無以解於不當禁止且不能禁止者海牙陸戰中立規則第二條(三)亦只言禁止軍隊而不泛稱軍人吾中立條規之規定適合此義、吳君改作軍人之議竊以爲反誤也。

雖然本條豈遂無疑點乎曰有之交戰國軍隊輜重不許經過中國領土於義已盡矣。而領土之下復幷舉領海果有何意義將謂交戰國軍隊輜重幷不得經過吾領海乎則先須絕對禁止交戰國船艦入吾領海。此規定乃有效力。而吾中立條規幷無此絕對禁止之條文。第五條且有許其停泊之規定。若是則設有交戰國軍艦或運送艦載有軍隊輜重入吾領海或停泊二十四點鐘或不停泊而直航向別處借吾領海爲通路此而不謂之交戰國軍隊輜重經過吾領海吾眞則不知尙有所謂經過領海之事實矣。將禁阻之耶則吾幷無禁止交戰國船艦入吾領海之條文不禁阻之耶則本條又明明有不許軍隊輜重通過吾領海之規定雙方交戰國皆可就一己便宜提出抗議不知吾當局又有何法以解釋此疑難也。夫海戰與陸戰性質大殊中立法規海陸不能全然適用一致之原則故海牙二次平和會議陸戰中立規則與海戰中立規則各別爲一章前者禁止交戰國軍隊輜重通過中立國領土。後者則明明言交戰國軍艦通過中立國領海無傷乎中立義務。（二三）而軍艦之載有軍隊輜重與否。更非所過問。蓋軍艦自身。卽一戰鬥利器。與軍隊有同等之軍事效用也。吾中立條規於此不加辨別。妄以領海領土并舉。甯非不思之甚者乎。

第五條　凡各交戰國軍艦或附屬各艦在中國領海內得地方官允准停泊者其停泊時期不得逾二十四點鐘。

此條規定係循國際慣例。於中立義務。究無缺陷。吳君乃以未規定不許交戰國軍艦於一定期限內再來吾領海爲缺點。吾竊以爲過分之要求也。各國中立法規。大抵取例英國。規定交戰國軍艦一度在該國港灣裝載適度之煤炭後。三個月內不許再供給之。而於該軍艦之再來領海。不禁止也。蓋二十四點鐘停泊之限期。原所以防其以中立領海爲逋逃藪。暫避敵艦之攻擊。如彼停泊二十四點鐘之後。駛出旋復駛入。中間不遇敵艦之攻擊。則彼之大幸。彼但能長保此天幸。則往來吾領海至於百數十次。何妨者。將畏其因此以窺察停泊吾領海內敵船之動靜而追跡之耶。則雙方軍艦商船之出港。例須守二十四點鐘之間隔。彼之行止。旣不能全然自由。則追跡敵船之機會。亦不可驟得。若復加以三個月不再供給煤炭之限制。則交戰國一軍艦。雖欲長出入吾領海。事實上亦有所不能矣。吳君謂英吉利瑞典瑙威諸國。其中立條規。規定停泊港灣內之交戰國軍艦。於購得煤炭而出港之後。在三個月內。不得再入其國之港灣。瑞瑙兩國之條規。吾未得其詳。若英國則據予所知。其千九百四年之中立規則。對於交戰國軍艦之限制。未嘗如吳君所云三個月內不許再入其國之港灣。而實爲三個月內其一切港灣不許再供給以煤炭質言之卽所禁止者再裝煤炭而非禁其再來原文如左可覆按也。

Rule 3. No ship of war of either belligerent shall hereafter be permitted, while in any such port, roadstead, or waters subject to the territorial jurisdiction of His Majesty, to take in any supplies, except provisions and such other things as may be requisite for the subsistance of her crew, and except so much coal only as may be sufficient to carry such vessel to the nearest port of her own country, or to some nearer named neutral destination, and no coal shall again be supplied to any such ship of war in the same or any other port, roadstead, or waters subject to the territorial jurisdiction of His Majesty, without special permission, until after the expiration of three months from the time when such coal may have been last supplied to her within British Waters as aforesaid. (Lawrence, Documents illu-trative of International Law P. 305)

二次平和會議海戰中立規則第二十條亦只規定交戰國軍艦一度在中立領海內取給燃料三個月內不得再取給而於其再來中立國領海無限制也然則吾局外中立條規第五條未有此項限制不爲缺點明矣。

第七條　各交戰國之軍艦或附屬各艦若同在中國之一口岸內其後到之船應俟前船出口經二十四點鐘後奉有中國海軍統將或地方官命令准前往

此條單言軍艦與其附屬各艦而不及於通常商船亦一疎漏之處誠如吳君所言蓋據條文解釋則

題指一方之軍艦。或其他附屬各艦出港後。須經二十四點鐘之間隔。他方之軍艦。始准駛出。而商船出港之後則不爾。如是則設有德國商船與英國軍艦同泊上海。德船出港後。英艦卽可尾隨之。吾官憲不得以二十四點鐘之限制阻其出港。以條文僅限制軍艦及其附屬各艦。而不言及通常商船也。此等疏漏。顯於中立義務有傷。流弊所及。或至惹起外交難問。亦意中事。海牙海戰中立規則(一四)明明規定一方交戰國之商船出港後。他方之軍艦不得於二十四點鐘內駛出。此次美國中立宣言。於軍艦商船規定詳明。(一五)英國千九百四年中立規則亦然。(一六)而吾之局外中立條規。不知取法。吾甚憂其蹈千八百七十年日本之覆轍。如吳君所言也。

本條規定軍艦出港之次序。以到港之先後爲準。此最簡便之方法。而國際法例所許也。吳君乃謂當改爲由中國官吏自由決定次序。竊以爲用意過於周到。滯礙難行之處反多。而與吾國當局以過重之責任矣。大戰艦與小巡洋艦強弱懸殊。一見能辨。原不難定其出港次序。然有時同級之艦同泊港內。欲辨其孰強孰弱。以定出港之先後。豈非至繁難之事。且強弱與成敗之機常不一致。設若吾所決爲弱者先出港。而輒敢游弋近海。以待二十四點鐘後吾所謂強者駛出而與之交戰。幸而前者挫敗。問題無由發生。不幸而後者挫敗。無論其敗因眞出於力之不敵。抑或由於失機。而其所屬之國。必因吾之令其後出港受損害而責我之不公平。或咎吾之不審愼。吾果何辭以答。是吾之欲示公平者。反坐一不公平之嫌疑。欲求無弊者。轉因而生轇轕。中立地位之困難。無逾於此者。是故當千九百七年海牙二次平和會議。各國代表中。有提議由立中國自由決定交戰國軍艦之出港次序者。而其議不見採其理由卽恐與中立國以過重之責任難於實行也。(一七)海戰中立規則第十六條。(一八)卒規定兩交戰國軍艦出港之次序。視其到港之次序而定吾中立條規第七條。關於此層之規定卽合此旨予以爲甚適當不敢贊同吳君改正之議也。

第八條　各交戰國軍艦或附屬各艦在中國領海內添補一切需用之品不得逾平時所裝之數并不得增加其戰鬥力

本條所謂一切需用之品。含義太混。吳君以爲當明定第一僅許添補煤炭或糧食第二其添補之分量。宜限於得航至非戰地之本國最近港或其他中立國最近港易言之卽明定所許添補需用品之種類與其所許添補之量是也。吳君之主張。極爲適當。然惜其於義猶有未盡者卽於此兩項之外尙須同時明定若干時日以內。不得再於中國領海內取給煤炭之一項。夫國際慣例。但使交戰國遵守中立國規則。幷不禁其再來中立領海。而吾中立條規亦無此項禁令。已如前述。如是則苟於裝載煤炭。不爲度數之限制。則用盡而復來。取攜不啻以吾領海爲其貯炭所。彼雖專游弋吾近海以攻擊敵艦拿捕商船。而無燃料缺乏之憂。國際法所謂不許以中立領域爲策戰地(一九)之第一義。於茲根本破壞矣。奎爾曰「繼續利用策戰地之明徵也」(二〇)中立國領海而許交戰國軍艦得常取給燃料。非任其繼續利用而何。是故千九百四年英國中立規則於吳君主張之添補需用品種類與分量明定限制以外。尙規定三個月以內於英國領海內不得再度供給以石炭。(二一)此次之美國中立宣言規定略同。(二二)吾中立條規。他條中如別有此項規定則已。否則吾以爲此亦一大缺陷。當亟圖補救者也。

第十五條　在中國領土領海內中國人民均不得往各交戰國充當兵役或充當軍艦或附屬各艦之水手幷不得干預戰事

本條規定出於中立義務限度之外。其嚴旣過於國際法所要求。而實際又難於執行。一有不到之處。交戰國或竟據此條文責我袒助一方。是眞作繭自縛。吳君力掊擊之。宜矣。予嘗聞龐恚斯之說曰「中立國人民在其國外之行爲。中立國家不負監察之責任」又曰「假使一國宣告中立。而其人民在外國有違反中立之行爲。則負防止之責任者。非所屬之本國。而實所僑居之外國國家也」(二三)準是以論。則認定人民服充交戰國海陸軍務爲非中立行爲。而此等行爲是否對於中立國家生責任問題。須視行爲發生之地而定。譬如人民在本國境內受交戰國委任或應其招募。本國政府須嚴禁之。蓋不如是則直許交戰國得在中立領域內增加戰鬥力。而中立國成一策戰地矣。又如本國人民在國內不與交戰國結何等軍事關係。而以出於俠義之情或其他動機。逐隊成羣。公然出國以赴交戰國從軍。本國政府亦當禁止之。蓋有大宗人民羣焉以往其袒助一方。加害他方之敵意顯示於外國。家坐視不顧。是亦大傷中立之精神者也。羅倫斯曰「自千八百五十九年瑞士停止供給兵士於外國以來。每値世界大事發生。人懷義憤之時。各國政府往往坐視其人民之公然競赴交戰國從戎而不之禁。實則如斯行動。中立國家怠於防範。是不謂之有背中立義務不可得矣」(二四)然使本國人民在國內旣未與交戰國結關係。出國從軍。又出於個人私行爲。中立國家有禁止之之義務乎。曰否。吾既言之矣、責任問題。須因行爲發生之地而定。私人出國。則非中立行爲之實現。當在國外。國內不挑發敵愾之情。中立精神不爲之傷害。交戰國雖欲問責。無詞可藉。絕對禁止。未見其必要也。羅倫斯曰。「設有三數人私自出國從戎。何能責中立國家防止之」(三五) 實則雖中立國家自願竭力防止之。勢亦有所不能。政府固不能。執出國之人民而一一詳究其目的也。夫中立義務。原有限度。過此限度。殊可不必。若因此而轉增例外之責任。中立地位更不堪其繁累矣。是故美國千八百十八年制定之中立條例。僅禁止人民在本國境內受交戰國委任入交戰國軍籍。而於國外之行爲。不之過問。英國千八百七十年之中立條例。則兩者并禁之。(三六) 而學者以爲過嚴。今日各國中立法規。於此大都取法美例。而吾今日局外中立條規。則據第十五條法文解釋。顯從英例。卽絕對禁止本國人民加入交戰國軍籍。無論行爲發生地。爲國內抑爲國外也。試問吾政府執行條規時。注意果能如是之周到乎。如斯重大責任。吾國家獨能負擔乎。一有不到。吾不堪交戰國之煩言矣。

第十六條　在中國領土領海內人民不得爲交戰國治理武裝不得供給船隻或材料一切軍需品如彈丸火藥硝磺兵器等類以供其交戰及緝捕之用並不得供給款項

吳君對於此條。兢兢焉於所謂不得供給款項之如何供給。未敘明軍需品之列舉失當。實則此猶末節也。本條之大失處。第一、在船隻、不分別軍艦商船。悉與軍需品款項混爲一談。第二、在禁止與警告之界限、未劃清。夫船隻種類不一。有軍艦、有商船、有商船而適於變爲軍艦。前後兩項。與中項之商船效用大殊。當在絕對禁止供給之例。以其一出港外。卽可從事戰鬥也。苟中立國注意不周到。致令此等船隻得以輸出交戰國之受損害者。當然以違反中立義務。問責於中立國。美國南北戰時。阿爾巴尼事件。(二七)幾釀成英美開戰之禍。卽英國對於此等有戰鬥力之船隻。防禁不嚴之惡果也。邇來各國更有戒心。對於此項船隻之供給。防杜極嚴。海牙海戰中立規則第八條。亦詳爲規定。吾局外中立條規。如載明凡軍艦或其構造適於變爲軍艦之船隻。禁止供給。此本屬中立義務所要求。今乃統曰船隻。是尋常商船亦幷包含在內。未免出於義務限度之外矣。商船之效用。大異於前項應行禁止之船隻。不能直接發生戰鬥力。人所公認也。其性質與他種戰時禁制品(二八)如軍需品款項之類。無大差異。蓋皆可以直接間接爲軍用。而不能獨立加害於敵人。故在戰時之地位。與軍艦大殊。僅於戰時禁制品規則之下。受交戰國緝捕之制裁。而國家於中立義務之內。無禁止人民供給之義務。通常各國宣告中立。對於此類禁制品。只於警告(二九)人民以運送供給之危險。而絕對下禁令者。其例極鮮。是故每値戰事發生。中立國人以商船軍需品輸送於交戰國者。趨之若鶩。款項之以現金或募債形式移入交戰國者。(三〇)滔滔不絕。中立國商民因此博得巨利。而不聞惹起外交上重大問題。蓋以其與國家中立義務絕不違反也。吾今日之局外中立條規。於船隻不辨別軍艦商船。一律禁止。軍需品款項諸戰時禁制品。亦納於同一禁令之中。事物關係之輕重。未審淸。中立國家之義務。與中立人民之義務。混爲一談。當限於警告者。而亦皇然下禁令焉。是亦此條規之大不滿人意處矣。

予前旣言之矣。予於吾國此次局外中立條規。未覩全文。不能爲全體一貫之觀察。於上列各條之外。是否尙有不適當之規定。國際法要求之中立義務。是否皆已規定具備。予不得而知。然但就上所析論各條結果觀之。已可概括該條規之缺點有三。一曰中立條規之作用未審定。如不許他國佔據本國領域。本爲國家絕對的權利。而亦列入第一條是也。二曰中立義務之限度超過太遠。例如絕對禁止本國人民參加戰事。商船軍需品款項諸戰時禁制品之供給。可只於警告人民以緝捕之危險者。亦與軍艦同禁止之。於第十六條是也。三曰法文疎忽。如第一條當作領水者而作領海。第二條加入領海二字無意義。第五條僅言軍艦及附屬各艦而不言及商船。與其他語句含混疎漏之處。所在見之是也。夫局外中立最困難之地位也。一方面旣對於交戰國有特別義務之負擔。同時復須維持本國應有之權利。不遇交戰國中立違反之抗議。卽聞人民商業阻滯之怨聲。此等左右做人難之苦。凡在戰時守中立者。咸飽嘗之。此次美國對於歐戰之地位。更爲顯例。然使再加以頒布之中立條規。有種種缺點。法文解釋疑義百出。人民莫知所適從。交戰國有所藉口以問責。國家不更增一重大困難乎。以是之故。歐美各國大都於平時預先制定一最完善之中立法規。以便戰時執行。例如美國千八百十八年之中立條例(三一)英國千八百十九年制定千八百七十年改正之中立條例(三二)及其後準據英美條例原則制定之各國中立法規(三三)是也。吾國政府。此後如欲減除中立地位之困難。竊以爲宜仿各國成例。預先於平時集合法學軍事兩方面專家。組織一中立法規起草委員會。循國際法精神。參攷各國慣例。斟酌吾國情勢。周詳審愼。制定一完善之中立法規。庶免戰時倉卒草定。生出種種缺點。如今日之局外中立條規也。海內政家。或以爲然。

(一)Hall, International Law P. 73-74.

(二)Heffter, Le Droit International de l'Europe Sec. 146.

(三)Bonfils, Manual de Droit International Public Sec. 1481.

(四)Wilson, International Law Sec. 131. P. 306.

(五)領域 Le Territoire 領土 le territoire terrestre, 領水 Les eaux territoriales 領海 Le territoire maritime 領空 Le territoire aerial (Bonfils, Droit International Public P. 317.)

(六)Art.2 Tous actes d'hostilité, Y. Complis la Capture et l' exercise du droit de visite, Commis par des vaisseaux de querre belligérants dans les eaux territoriales d'une puissance Neutre, Constituent une violation de la neutralité et sont strictement interdits. (Convention de la Haye de 1907 Sur les droit et les devoirs des puissances neutres en cas de guerre maritime.—Renault, Les Deux Conférencer de la Paix.)

(七)Lawrence, Documents illustrative of International Law. P. 280-285

(八)Proclamation of Neutrality by the President of U. S. A. August 4.1914.

(九)Lawrence, Documents P. 285-306.

(一〇)Art.2 "Tous actes d'hostilité" ....

(一一)"Their warlike uses were too remote for them to be considered as a portion of the combatant forces" (Lawrence, Principles of International Law P. 621)

(一二)....interdit de faire passer a travers le territoire d'une puissance neutre "des troupes"........(Convention de la Haye de 1907 sur les droits et les devoirs des puissances et des persônnes neutres en cas de guerre sur terre.)

(一三)Art.10 La Neutralité d'une puissance n'est pas compris par le simple passage dans ses eaux territoriales des navires de guerre des belligérants.

(一四)Art.16. . . . . Un navire de guerre belligérant ne peut quitter un port ou une rade neutre moins de vingt-quatre heures aprés le départ d'un navire de Commerce portant le pavillon de son adversaire.

(一五)Supplement to American Journal of International Law (vol. 9 No. 1) P. 112.

(一六)Lawrence, Documents of International Law P. 305.

(一七)Bonfils-Fauchille, Manual de Droit International public P. 1033.

(一八)Art. 16. . . . L'ordre des départs est determiné par l'ordre des arrivées.

(一九)"La base d'apérations".

(二〇)Hall, International Law P. 660-

(二一)Lawrence, Documents P. 305.

(二二)Supplement to American Journal of International Law Vol. 9 No. 1, P. 113.

(二三)Bonfils, Droit International public P. 1020.

(二四)Lawrence, Principles of International Law P. 638-639.

(二五)仝上

(二六)Lawrence, Documents of International Law P. 280-286.

(二七)Alabama (Despagnet, Cours de Droit International Public P. 1241-1242)

(二八)Contrebande de querre.

(二九)美國此次中立宣言亦只警告人民以輸出戰時禁制品之危險並不禁止之 (Supplement to the American Journal of International Law. vol. 9 No. 1 P. 114)

(三〇)獨此次歐洲大戰美國政府不許交戰國在其國市場募債此亦別有政策非因中立義務之要求也

(三一)The United States Foreign Enlistment Act 1818 (Lawrence, Documents P. 280-285)

(三二)The British Foreign Enlistment Act 1870 (Lawrence, Documents P. 285-300)

(三三)比利時中立法規(九千百一年制定)羅馬尼亞(千九百十二年)丹麥(千九百十二年) 瑙威(千九百十二年)瑞典(千九百十八年)法蘭西(千九百十三年)..

(Bonfils-Fanchille, Manual de Droit International Public P. 1018)

歐州戰爭與吾國財政經濟上所受影響

皓白

歐州大戰勃發以來。於茲九閱月矣。文物燦然之地。頓成露屍暴骨之鄉。於是影響所及。於交戰各國之財政經濟。固受損絕巨。卽中立之邦。近處歐州者。以嚴其國防之故。亦大率先後動員。軍事費之膨脹。仍有加無已。重以各國商業上地理上之關係。彼此較爲密切。有形無形之損失。尤無從懸擬。其他之遠隔重洋者。如中美南美各邦。於戰亂之初。以外資杜絕。一時大起恐慌。幾來破產之禍。幸其貿易額。尚在輸出超過者之列。故半載以還。漸形恢復。若北美合衆國。則以國力雄厚。能盡其能事。出應各交戰國之要需。於是軍需食物。以及其他種種製造品原料品。輸出之數。迄今仍繼長增高。而向之對歐州尙爲債務國者。今一轉移間。而立於債權國地位矣。吾東鄰日本。固素賴外資挹注者。然自大隈內閣。以非募債主義爲財政整理計。而獨立之基礎具。故丁斯浩刧。匪唯不受絕大影響。并有以遂其健全發達之望。吾國擁地大物博之天惠。實天下財賦之奧區。値此空前大戰發生同爲局外中立之一國。宜有可以擴我商工之業。內以驅逐深入腹地之外貨。外以接濟各國之需求。故縱不能隨諸大國後。以代取他人固有商場。亦當藉以挽回已失權利。乃事實所陳。實得其反。是何以故。

然此猶僅就各中立國比較言之也。若夫交戰各國。海陸動員。多至二千四五百萬人。據經濟學大家所預計。一年間耗財之鉅。直接間接。少亦當以英金九十一億四千七百餘萬計。(一)然則各國經此二百七八十日之鏖戰。縱師旅能衝堅攻銳。克盡厥職於疆埸。國民踴躍輸將。勉爲此從戰者之後盾。而國內財政經濟狀況。宜險象畢呈。難乎爲繼。乃迄於今日。除一比利時以全國夷爲戰場。蹂躪無一片乾淨土。受創獨甚。外其餘如英法俄德與五國。軍勢則日見增加。而國內之百般組織。仍秩序井然。不聞有何等破綻暴露。以視吾國超然於戰局外者。政府以帑藏空虛之故。抱頭鼠竄。常處潰爛之立。至農工商各業。因金融緊逼。亦幾於無以自存者。其國力相去之差。眞不啻有霄壤之別也。尤可異者。前玆兩次革命內亂之際。雖地方之直接被兵如武漢南京廣州成都九江等處。一時曾大蒙損失。元氣重傷。然其他各市場之商工業。以及運輸交通機關。尚能於戰爭旋渦中。勉強維持。未至中阻。轉不若此次以風馬牛不相及之歐戰。使吾人創鉅痛深。一籌莫展。至於如此者。是何以故。

此其故實於吾國今日財政經濟前途。有莫大關係。而亦有心斯學者所不容須臾漠視。蓋以財政紊亂經濟狀態險惡如吾今日者。因外界之壓迫。重國內之恐慌。使吾人而不一窮究其原委。以警吾從政及談實業者。則前事既忘。後事仍無由資爲考鏡。於是一誤再誤。甚且國事敗壞。至於不可收拾之域。而問其所以致此之由。吾人仍茫然不知所對。不其大可哀也哉。吾不知自歐戰發生以來。吾國政社名賢以及實業鉅子。覩吾財政經濟險象。與日俱進。亦有發爲疑問。從事討究之者否。忍去國久。於吾財政經濟情狀。不能得確實數字研究。然偶由外報紀載。證以名家著述。似覺於此絕大問題。不能不一言及之。輒忘其無似。因草玆篇。

昔者英儒季芬嘗析論產業發達國與產業幼稚國。每因貿易不振之故。所受影響。於前者爲輕。後者較重之因果。理論實際。兩極精透。而於吾國財政經濟現象。尤得互相發明之助。因綜其所論。引伸觸類。證

以吾國情狀依次叙之。(二)

季氏之論共分三點。曰、產業幼稚國常乏資本。平時端賴外資之輸入。故一遇財界非常之變。則資源立涸而恐慌隨之。曰、產業幼稚國多產原料品。故每於金融市面滯塞時不能立時消長其產額。以神供求相劑之用。而生產過剩之害。恒所難免。曰、產業幼稚國常昧財政經濟學理。平時則浪費虛擲。漫不加察。益以外界銀根逼迫。影響所至。倍極危險。

何言乎產業幼稚國仰給外資。事變之來。受害較烈也。曰、今世交通利便。貿易之發展。實有一日千里之勢。故所謂商場。實世界的商場。非一國所能私有。卽所謂資本。亦流通世界之資本。非可自外生成。單獨運用之者。於是國際金融關係。益益密切。一移一動之間。影響且遍大地。(三)故產業發達國。資本過剩。則投之海外。而幼稚者。遂得藉以從事富源之開發。其基礎較穩固者。融通尤便焉。蓋當市場繁榮時。業農工商者。視其資力之大小。信用之厚薄。各得隨其相應之程度。以最廉利率。向銀行錢業融通鉅款。於是業務以增。資則日見擴張。而輸出入貿易。亦因之日益發達。然反之。金融緊逼時。從事各業者。以維持其進行計。正需財孔殷。需財殷而財之供者。以緊縮故。不得如其量以應。則財之供求。失其相劑之妙。而財以少。故加貴。(指利率上騰言)於是市場之遊金。登時盡被吸收以去。而資本家亦以不得金融機關之圓滑運用。爲未雨綢繆計。大取收縮主義。取收縮主義。則不唯新資不投出。卽舊有放出之款。因亦有取償之舉。於是向之恃財爲用者。一旦以失其所資之故。企業之新而待舉者。固祇有放棄之一途。卽現正繼續進行者。亦有不得不突然中止之勢。於是依此企業而輾轉爲生者。如鐵道港灣建築之工夫。

以及其他供給彼等之各種營業一時相沿失職而國中消費力以頓減夫至於消費力減則餘波所至舉凡日常生活之需要品必供過於求而業販賣之商店及從事製造之工場至此已不得不分有其惡影響於是而資本較少獲利較薄者首攖其禍勢必率先歇業浸假而資本較厚獲利爲多者隨之銅山西崩洛鐘東應如波浪然由小而大如聲音然由近及遠史蹟所證絲毫不爽也產業幼稚國則適卽此有賴外資者故斯時循上述種種程序按之其不得不較彼先進國受害爲速且深也明矣

吾國債務國也債務國則每年必有償却元利兩項之國債費吾國又莫大輸入超過國也輸入超過多則每年清理此貿易差之額鉅於是欲將此國際借貸關係適得維持其均衡亦唯外資之是賴今茲大戰歐美債主以各交戰國及中立國軍事費突加鉅億故除各應彼迫不及待之需求外金融市場實無餘資可以爲吾人方便於是我命脈所繫之財源斷而上列如響斯應之財界變化卽在今日吾國社會亦不能自居例外蓋卽事實之顯而易見者證之關於路礦港灣以及其他約借之外資自去秋以來久已絕跡吾國而是等事業之已興工或將辦而尚未着手者一時均祇得中止而外人商於我國及外船往來於吾海埠者或則應徵歸國殺敵疆場或則改航別道供其政府使用而吾通商各埠遂景況蕭條卽吾對外貿易機能不唯因之大減甚且竟至全體喪失矣何也吾國貿易之發達徑路其情狀實極奇特蓋在民國建立二十四五年前吾之對外出進貿易總額每年共不過二億兩而輸入超過大都年二三百萬兩而已至民國二年時則已增至八億四千四百萬兩有奇就中輸入超過額尤佔一億三百餘萬兩之鉅二十餘年間發達臻此程度不可謂不盛矣

(四) 然更攷吾海外航業及對外直接輸出入貿

易業之情況則誠有令人不得不因而阻喪者蓋數十年來除吾數百萬作工僑民及少數業零星販賣者外吾人於海外市場絕不見國人有事於此等大經營也故吾貿易之所以得有今日者物產之所以得介紹於外國市場者全外商及其船舶之功所致而吾之所謂發達乃畸形的發達其進步實被動的進步外人而繼續營業吾國內外船而按期來往吾商埠卽在吾國革命內亂時期一部一地之事業或不無爲所阻害而全國出進貿易可以得託無恙反之而外國銀行因歐美市場之影響取收縮主義而不與吾人以方便外國輸出入業者及其船舶一旦以故舍我而去則我國內秩序雖較兩次內亂時爲靜穩而工商各業反以停滯例如生絲屯集求售無主礦品採取運出莫由其最著者然則外資之爲物姑置其政治上之危險勿論外其影響一國經濟社會而難於利用有如此者國人恃此爲救命湯者是亦不可以已乎況乎吾國外債民國建立來不三年間共加增十二億四千五百萬元（五）幾佔前清數十年來積欠全額三分二以上以國民經濟能力比例計之吾實爲今日債務國中之負擔尤重者（六）若更進而究吾債之用途則不銷耗於購蓄造諸生事之偵探走狗卽豢養彼殘民以逞之家將家兵其投入於生產開發者蓋有之矣我未之見也然則其視利用外資以開發富源者禍變之來受害爲烈也宜矣不識國人覩茲險象之頻生今後對於政府外債募集其將起而有以監督制止之乎抑仍任彼冥頑不靈者肆無忌憚一借不足再借三借至於五六借以肥其私囊厚其作惡勢力而遺吾儕小民以及吾子若孫以永遠重負也

何言乎產業幼稚國多出原料品不能如產業發達國得隨金融市場之順逆以伸縮其產額也曰產業

發達國之製造物品也常能準商場需要程度定供給量多寡例如紡紗工場於金融圓滑消費者購買量增加時可役傭工以多時間之操作或另添募新工盡力出品以應世需反之而遇財界逆轉時或則短少其操業時間或則解雇其所傭者之一部而出品因得減少如是以產額縮小故而供求之均衡不久仍得維持於不破其於外來影響不難應其順逆而定吾對待之方產業幼稚國則不然所出大都農業原料品如絲棉茶穀然自栽培以至登成皆須一定時期多者九十月少亦半年藉非於此長日月前有以洞觀乎世界貿易趨勢而伸縮其產額於未然則斷不能隨臨時之一消一長以操縱其生產之多寡無如財界恐慌之襲來恆有非人力所能預料者耶方斯太陽黑點說（七）於實際不必盡然今人道破之無餘蘊矣唯然是等幼稚國以所產不能伸縮自如故每於此變態發生易陷生產過剩之弊夫所謂生產過剩者於此有主觀的客觀的兩象當爲分析一以財界緊逼而財之求者加多供者加少則財貴（指利率騰貴言）於斯時也物之供給額雖等於前而以購買者減少故亦呈生產過剩之象此卽客觀的方面言之者一當財界順調時投機業流行市場頓增繁盛於是物品需要之量突加而物價以貴物價貴則業此者必相競以期出品之多圖額外之利此人之恆情也而不知卽此出品過多之故一時屯積市場之量大增而求者又不必其如數而至則更呈生產過剩之象此卽主觀的方面言之者（八）此二象者於市場銷沈時殆互爲因果而其影響則於製造品及原料品初無何等畸輕畸重之處唯前既言之矣製造品者固得因外界取舍之順逆而隨時爲消長者也原料品則登成需日過久非能神此作用故其結果產業幼稚國受害較著又自然之邏輯也吾國固猶是純然農業國而產業幼稚之

尤者。故自歐戰勃發以來。吾之絲茶等品。已到市場者。以銷路莫覓之故。屯集如山。其他之尙在長養中或正事收穫者。尤以限制無方之故。亦祇得隨其所產次第運市。於是生產家之資力棉薄者。或以負債息重之故。或以衣食所迫之故。急於求售。則更有以促其價値之低落。而力弱者先蒙淘汰。於是銀行錢業之與彼有關係者。因彼破產不能履行債務之約束。亦大被連累。如蓬從風。倒閉相隨屬。久而久之。此恐慌所孑遺者。不過少數資本較雄厚之產業家及銀行家中所謂適者生存已耳。然卽此少數適者。因亦莫不大蒙打擊。此後於企業經營。其不杯弓蛇影。風聲鶴唳者。幾希。而國民經濟能力至此已不得不陷於極可哀憐之地位也明矣。

何言乎產業幼稚國。常昧財政經濟學理。於金融恐慌時。倍極危險也。曰產業幼稚之國。人民政府。大都學識經驗兩無。等一事業也。在他國爲之有利者。在是等國家。每以組織管理之失當。非徒無益。後必有災。如吾之招商局及漢冶萍公司。一則開業雖先於日本郵船會社。而其成績所示。在彼者業務擴張。航路且週繞全球。而間接之所以助長輸出入貿易發展者。尤無論矣。在我者則海外航行未嘗從事。卽於本國沿江沿海一帶。亦且莫與外商抗。而其呻吟於虧累之不堪者。尤屢有所聞矣。一則資金浪費。破產堪虞。不得已至不惜受嚴酷條件。密向日人借款。流毒所播。且啓日人以覬覦揚子江流域之野心。遺今日國民以莫大痛苦。他如政府一意借債。供其無厭揮霍。紙幣濫發。引起物價上騰。於是前者以國債償還費。逐年增加。故正貨流出。後者以輸入貿易額。相隨超過。故而正貨更流出。正貨流出之額愈多。則國內金融。日見緊逼。產業相沿衰沈。商民之無知者。不明此害之所自來。反顚倒是非。謂是貨幣不足所致。

哀求政府救濟政府亦以此需本無多且大利所在遂亦濫發不已於是市場益紊亂而破產之聲溢於全國失業之民動以千百計嗚呼天下遂從此多事矣此非記者一人之私言讀者試徵之吾國年來財政經濟現象固有足證吾言之良不誣者況乎國家每當鼎革之後社會情況頓改舊觀奢侈之習輒風靡全國而都市所在之處傳染尤爲神速佛蘭克林於美州獨立時目擊是象謂『浪費奢侈無城鄉一也而尤以康格雷所在地之費拉德費亞爲最甚』(九)憂時傷世之情溢乎言表美人懷特(一〇)後於所著貨幣銀行論中更將是象剖析入微謂『人不經勞苦陡得多金如向之祇須百元可以優游卒歲者今一旦混有千金勢必將此所餘九百之數衣華服乘肥馬出入飯館娼寮豔而愛姬美妾於是操業之末而不正者反因此日益繁榮而正直勤儉之民則以物價騰貴之故轉失其貯蓄力之大半』嗚呼亦何其言之深切著明也證以吾光復後現狀則自稱元勛偉人以及游探走狗之儔動以詐欺威逼種種手段漁得鉅貲亦猶是以陡然發富之故驕奢淫佚悖入者悖出惡因所種一時人爲的消費力大增輾轉相尋外貨之輸入者日旺(一一)於是正貨流出而物價之已騰貴者且愈見其騰貴矣卒之受其害者不在此自號元勛偉人以及游探走狗而良如懷氏所云在吾終歲劬勞之純良小民也蓋直接以物價騰貴之故而吾儕今日所得者之購買力大減則生活難間接以產業停滯或竟被破壞之故食力之民因而失業更無以爲生再間接則國中資財既爲若輩侵蝕以去輾轉且流出國外其勢非至外債加借不已而吾人民之負擔以重嗚呼國人試卽年來吾財政經濟狀況平心論之有一不如記者所云乎

雖然政府則又何嘗以此介意者不觀夫去秋頓失外來源泉以來於窮無復之之餘忽有所謂內國公

債應時以出吾知政府必曰吾募外債爾曹動相指責謂爲不可今改募內債宜有可以緘而口鉗而舌也不幸吾人於此尤有期期以爲不可者

華古那者德意志當代財政經濟學界之北斗也其論內債之害曰『以募集公債之故捲取國中現事生產經營之資本以去者實較資本課稅之害爲尤甚蓋此種公債影響於國民經濟全體者實不僅與過度之租稅同其程度已耳更申言之租稅之負擔自各人方面觀之分配猶較公平卽擁資厚者或當納額多也反之以募集此種公債而求若所欲是不啻絞下級人民之脂膏蓋從事企業之資本被吸他去則生事蕭條而恃此爲生活者頓失其衣食之具其不公平也孰大於是宜乎英倫學者反對尤力』又曰『說者謂遊金之尙未投入產業而正覓用途於市場者有此公債之募集因得歸之政府之手化無用爲有用是則此等資金之吸收於國內生產事業旣不致使之縮小範圍卽金利亦無相隨騰貴之患然自我觀之此等遊金任何市場實不多見況今日稱游金者經三數月後較之應募此公債外當更有可以投入之有利新事業在說者云云終未見其可也』(二)然則據華氏所論無論市面有游金與否募債之舉斷不容輕出已彰彰明矣顧以證之我所謂內國公債則何如讀者依吾人上述吾國經濟現象判之則今日國內之無游金一事卽彼頌言神武者當亦無從否認況徵之所募之結果尤有足證吾言之不謬者乎蓋吾之募債與言募集寧曰派捐故浙江則按地丁攤出江蘇則酌提地方公款其餘各省則某衙署認若干某師旅又認若干地方以此彙報中央中央卽以此勒令地方繳納於是屠伯武夫奸紳猾吏以募集之多解款之速可邀勳位之賞賜策令之褒獎至此遂盡吾官場搜括能事勢必席

捲吾地方經營生產業之資本以棄送中央而吾民之流離無告者亦唯有轉溝壑死而已而華氏所謂較資本課税尤爲惡劣之募債在政府今日則方欣幸其意外成功之不暇也嗚呼吾誠不解政府是何居心而不一謀財政之所以獨立必眷戀於債之一途以苦吾民而禍吾國也

（一）參觀倫敦經濟週報 "The Economist" No. 3734; March 20, 1915.

（二）Robert Giffen, Essays in Finance, vol. I, P. 133-141.

（三）參觀本誌四號運甓君「歐州戰爭與中國財政」、

（四）見日本雜誌「支那」第六卷第一號.

（五）見日本大正三年五月「財政經濟時報」、

（六）比較各國借務之輕重不得祇依人口之多少分配要當合貿易額之大小以爲比例差今據 1915 年之 Whitaker's Almanack P. 107 所統計則吾國貿易年額平均每人得二先令約當我一圓而國債負擔每人平均有七先令約我三圓五角得不謂之已重乎、

（七）Jevons, Investigations in Currency and Finance; Chs. VI. VII. VIII. 在天文學上有太陽黑點以十年五個月十五天爲一期而增加之定理耶氏據以爲恐慌之定期發生、

（八）Nicholson, Principles of Political Economy, Vol II. Ch. IV.

（九）Greene, Historical View of the American Revolution.

（一〇）White, Money and Banking, P. 104.

（一一）據吾國海關報告則民國元年及二年關税收入有加、

（一二）Adolf Wagner, Finanzwissenschaft Bd. 1; F. Abschnitt; III. Kapital.

新國家與新教育

後聲

宇宙事物皆有本而本皆起於微。故微之不同。森羅萬象所由顯也。譬之物質何以分三態曰惟本於分子凝集力之異。強弱。譬之動植何以分萬彙曰惟本於細胞組織之異。形性。譬之人類何以分文野曰惟本於精神形體諸官能作用之異。分量。故莊生曰作始也簡將畢也鉅。今夫國固一廓大之有機體也(一)其成自民羣之結搆。無異物質成自分子。動植成自細胞。人成自精神形體諸官能。於此焉欲問國於世界者何以有興衰存滅。則不待考證。斯賓塞氏所謂社會顯象積自個人之格言而已可歸本於民羣之有智愚優劣矣。故古人有言曰一年之計在樹種。十年之計在樹樹。百年之計在樹人。而近世善經國者且莫不以進化民羣爲國家生命永續不滅之大本。析言之。即謀富國者必先致民富。謀強國者必先致民強。謀文明優秀其國者。必先致民文明優秀。進言之。即有富民始立富國。有強民始立強國。有文明優秀之民始立文明優秀之國。讀者不信。請觀於我。我國人四千年來束縛於專制。當其錮蔽習焉安之。初不解何謂政治權利。何謂國民義務也。顧一旦接觸歐化。新知啓迪。聰俊之士覺而自奮。慨然以恢張民權重造民權爲己任。此於中國社會謂非得未曾有之新民乎。新民誕生時未十稔。而秦政以後視國爲私產之僞國家穨然以仆。以民爲主體之新國家赫然以興。此謂非新民產生新國之鐵證乎。不獨我國。覽彼西史。凡有顚覆舊國以改建新國者。其原動必在其舊民之進化爲新民。又凡有脫離舊國以別

(一)近世政治學上採用家爲有機體說有機體即有生命體之意、

創新國者。其原動必在其民。先有建國精神。前證莫如法蘭西革命。後證莫如美利堅獨立。不獨創國。凡新國產生。欲期強立弗搖。必賴新民之溥化。何謂溥化。舊民智德。日進於新。圭角消融。渾如一體也。非然者。國將陷於此齮彼齕無形瓦解之不幸。欲期永久弗墜。必賴新民之永生。何謂永生。新陳代謝。前仆後繼。統觀全體。如有生無滅也。非然者。國將陷於人亡政息易世而遷之不幸。彼美利堅建國以前。獨立自主。已成風尙。建國以後。國家社會。復努力以涵養此精神。益以地方分治之根據確立。故百餘年來。政治日隆而月盛。（一）法蘭西革命以前。雖富自由人權之思想。而乏自治訓練。故共和以後。紛擾經年。忽爲帝政。忽爲王政。（二）國局靡定。有若轉蓬。然際普法戰爭國破都亡之會。猶能自立政府。重造國家。五十年來。共和穩固。則又不能謂非其大革命時代之先民英魄。猶磅礴盤結於法民精神界之故。民能建國。亦能存國。歷史教訓。彰彰若是。則我國新興以後。愛國之士。苟稍靜思凝慮。當卽審危機何在。而根本要圖。舍努力培養新民。別無他道。此其關係。較之法美。猶爲切要。何也。法美建國。純乎民權主義之產物也。我則由於民族民權兩主義。惟其有民族主義激盪其間。故民權精神。雖未充塞全國。而成功之速。有如疾雷。舊命革矣。歷史之君統已斷。世界之民義正昌。大勢所趨。舍民主國外。無可立也。國旣民主。則政治良窳。一視民度。良國民之上。不容存立惡政府。良社會之內。不許發現惡政治。此不獨民主國爲然。凡立憲國莫不然也。假使我民對於政治。有如法美。則政府縱欲爲惡。繩愆糾謬。權操自我。甚則易而置之。易

（一）美之南北戰爭、純係人道問題、非由政爭、

（二）帝政如拿破崙第一拿破崙第三、王政如路易十八、

如反掌顧我國民屈服強權之根性多未能廓清摧陷與國俱新革命而後所恃以擁護共和者非如孟德斯鳩所謂國民道德而惟少數無實力無後盾之建國新民而此少數者又未能萬弩一的以定政治重心而遏制反動識者於此見微知著固不待奇變橫生人道滅絕法律蕩然國事潰決憲法問題爭持不下而已憂千八百五十一年十二月一日之法蘭西政變（一）將不免重演於我中華民國矣何也強權者罪惡之淵藪而行使政權之地卽強權之所寄託也歐美各國其有握行政權而不爲罪惡者非人盡聖哲特兢兢於國民監督形格勢禁然也反之半開化時代之專制帝王集大權於一身而非人盡爲惡亦非盡由天良半畏天命半爲子孫謀也然以語共和國則天命易爲民命爲子孫謀者轉爲國民謀於此欲命強權所寄託之行政者不爲罪惡惟有國民實力之扶持匡正否則坐待其良知良能之存在而已否則滔天罪惡彼將發軔於無所忌憚恣意而爲之一點然我固言強權爲罪惡之淵藪令對行政者力不足制之徒望其良知良能之存在豈可必得我故曰民國新興以後當卽審危機何在而根本要圖卽在努力以培養新民其關係較之法美尤切要也然此猶追溯之言耳若論現狀則既因新民之闕乏而無力不能救政權逸軌之惡果復因政權逸軌之罪惡不能免殺伐人材之惡果使因果相乘循環而無已則新民萌孽不數載而將同牛山之濯濯何也有力之國民足以轉移政象無力之國民動爲政象轉移經年以來國民心理非特不見進步之徵且以感應政象墮落其少壯偉大活潑潑地之精神氣

（一）拿破崙第三欲踐其破崙第一故智、嘗發兵攻意大利、革命黨助羅馬教王、社會黨等謀張勢、而厄於國會未通過、嗣後以私意修改憲法、遂於千八百五十一年十二月一日晚、一面捕社會黨議員、一面下解散國會令、旋發布新憲法、後稱帝、爲晉卹士補破、魄於冥冥中者不知凡幾。靜察今之國人精神界。其蕭條肅殺而乏生趣。宛然一秋氣瀰漫之山林。其混沌晦冥而欠光明。無異一梅雨陰沈之天候。此徵之言論行動。決非誣妄。而歷數昔日一班建國新民。則舍犧牲國事者外。下焉者已隨俗浮沈。共事徵逐矣。上焉者惟靈光一線。以文爲教耳。餘或隱遯鄉僻。視政爲畏途。或棲遲海外。於國如外人。荒涼零落。殆不勝高丘無女之感。國情如此。而適當世界列强民權飛揚。霸氣橫溢。舉國齊進。兼弱攻昧之衝。則姑無論新國壽命之將等曇花。而故國山河。亦尚復何所恃以自延。夫如此亡國。就國民責任言。固可呼天搶地。痛哭自白曰。非我罪也。何者。使國亡於財政。則大借外款之秘密。民未與聞。使國亡於外交。則抑內媚外之政策。民難後盾。使國亡於內爭。則國會消滅。自治蕩然。政軌既亡。誰能阻遏。使國亡於外戰。則武人充塞。軍吏縱橫。兵民秦越。誰賦同仇。雖然。就國民倫理言。國家者。國民之國家。國民自有應盡之天職。委心任運。坐待天演之自然陶汰。心有所不安。養晦韜光。一聽政府之煥發天良。義有所未盡。當思以新興之民國。何遽遭逢一落千丈之厄運。據聖人求己之旨。以立論。則怨天無益。尤人無益。惟有痛自刻責曰。罪在我新民之未能溥化。有以致之。遠求國本。近索病原。既皆在此。則急起直追。以治本而治標。固我人愛國者所應有事也。嗟乎。圖騰社會。可進爲宗法。宗法社會。可進爲國家。世界無不可進化之民。卽無不可進化之國。我族固以神明稱。假使固有之聰明睿智。齊致進步。如句者畢茁。如萌者盡達。則誰敢誚我國民不適共和。（一）雖然。其道何由。我人試求之書史。可得一經緯天地之大敎訓焉。曰惟人類可以敎育而進化。惟敎育可致人類進化於無窮。凡東西大哲。

（一）日文雜誌有名東亞之光者、載一文學博士某之支那歷史論、力詆中國國民、無共和資格、以救世教人爲任者。憫人事之退化。世運之逆轉也。殆莫不標明此義。孔氏講大學本格物致知。是言求智爲萬事之原也。曰性相近。習相遠。是言習能移性也。又曰困而不學。民斯爲下。又曰好學近乎智。是言上智下愚。一視爲學程度也。故子思又言能博學審問愼思明辨篤行而弗措者。雖愚必明。雖柔必強。所以大中此義也。孟氏講性善。明言仁義禮智非由外鑠矣。然必系之以言曰求則得之。舍則失之。或相倍蓰而無算者。不能盡其才者也。則可知天賦聰明。仍須學也。荀卿著書。首列勸學。其述爲學之義。曰始乎爲士。終乎爲聖人。是言個人人格與學俱進也。其論性惡。力攻孟氏。然意在明示人性可就賢師良友以化導也。諸葛武侯戒子曰。才由學也。是尤闡大爲學之用。凡此先哲教訓。舉之更僕難盡。一言蔽之曰。不外人能弘學。學能弘人。此認學者爲主體言也。若進而以教學者爲主體。則可易言曰。人能弘教。教育亦能弘人。而西哲所論。其足與以上教訓相質證而發明者。皆教育弘人之恉也。撮其精要。則在古希臘有蘇格拉底氏。其言曰。凡人爲惡。非故意也。誤於無知也。是以智識爲道德之基礎。所謂智德合一之教育說也。又曰道德又須訓練陶冶。世人趨惡之原因不一。尤以無教育爲著。是道德可以訓練之說也。柏拉圖曰。導人於道德。(一)且闡發其良善理想者。(二)教育之能事。而目的所在也。故教育之務。在使人成完全之公民。并審治人治於人之作用。其有病羸弱。妨其進路者。宜以身心調和之運動。(三)致其健

(一)柏氏論道德、一曰理性之德、所以衡量事理、二曰氣力之德、勇敢是也、三曰慾望之德、節制是也、

(二)良善理想云者、一切理想之根原也、其義略似良知、

(三)柏氏以體操及音樂爲身心調和運動之方便、敎育上極重要、

全發達。是主張以教育進人身心能力之說也。雅里士多德曰道德之爲物。(一)非有生即具。必依善良指導與永久訓練。始至發達。此以指導爲引人入德之一要素之說也。在近世英之洛克(二)曰人生自然之身心。得自自然者。絕少。人之或善或不善。或成長材。或成廢物。無一非關於教育。教育者其力足以萬變人類之品位。此其對於人生天賦道德心與良知良能說。從根柢否認。而主張純以體德智三育造出健全之人也。法之笛卡兒(三)曰人生知覺理解之力。本無差別。其所以異者。一在指導及教育之方法如何。是其歸人智萬殊之原因於教育。無異洛克也。盧梭(四)曰人生此世。初本薄弱。故須付與以活力。又無所有。故須付與以輔助。誰付與之。曰惟教育。是其警告爲人母者。於其保護教育不可忽也。有沙魯戴氏。(五)其言曰人生不可離科學。無因之果。非僅無効益。可生直足破壞萬事。最無教化之世紀。即最腐敗之時代也。最有智能之國民。即享最優等之權利也。故人之差別。本於教育者殊大。動物種族。有可令變化之法焉。而謂人類種族。無圓滿發達之道乎。是其稱教育功能。直足改造種族矣。然有確認教育勢力。信爲萬能者。莫如德之康德。(六)其論人類之通性也。曰人類有生之初。榛榛狉狉。殆同動物。經

(一)雅氏之哲學思想、與其師柏氏相反、即是實質主義、而非理想主義也、雅氏論道德有二種、一發自理性之活動、一成自欲望之服從理性、

(二)其教育思想、在重鍛鍊身體與自治、

(三)倡推理派哲學、與其時英國大哲倍根氏之實驗派對峙、

(四)盧氏之教育意見書、名「以彌兒」、以彌兒者、一假定之兒童、而敘述發育及教育之狀況、以示施行教育之方針、

(五)Chalotais 氏、於千七百六十三年、發表國家教育論、力排當時教育弊病、可謂近世法國國民教育論之始、

(六)康德開推理經驗兩派折衷論之先鋒、其教育論影響絕大、

幾多發展。幾多開化。始有今日。卽如心力。我人所信爲有生卽具者。實亦隨時俱進。得之以漸。而此人類之開發。純由自動。非依神力。蓋人所稟賦。有動物所闕之理性。人之所以爲人。其眞價卽在此理性之發展。已往之人類。其發展力已見大進。而將來何所底止。則難論定。何也。其發展可至無窮也。又曰。今日之人。就一種族統觀。進步著矣。然析觀個人。尙不免時露其初民狀態。故教育之力。絕不可緩。抑制卑劣之動機。鞏固高尙之性根。使個人程度。對其時代之文明。並茂爭輝。不落後塵者。惟恃此力。鑑前代翻陳出新。由野而文之動軌。進而致人於人類理想之境者。亦惟恃此力。康氏既信人類進化之可以永續而無限。故復論教育之先務。曰積保育訓練敎導陶冶之工。是謂教育。人之必須期待於教育。在生物中爲唯一無二。又論敎育之目的。曰。敎育之大希望。不徒在使少年適合於今世人類種族之現狀。而在針對人類之理想。及其目的。以進於未來之最善境界。此爲制定教育案者宜銘五內不可或違之原則。今主家者教其子。僅僅謀其現狀。主國者教其民。僅僅令爲機械。是皆非也。我人不可無陶冶世界教化人類之大決心。是卽所以開拓現狀。進於最善之道也。又論教育之勢力。曰。人之得爲人。惟依教育。人舍教育所創造付與者外。空無一物。而凡足以教育人者。必其自身先受教育。又曰。今後教育。益宜改良不息。人類必有圓滿發達之一日。而接近其域者。惟恃各時代教育之進步不已。教育背後。有神秘焉。曰。足以完全人性。以至圓滿無闕之境。凡此康氏崇信教育之論。影響所及。一振普魯士國民委靡之心理。以收絕大事功。茲姑不論。而我人綜上各說。以相比較。則其論性之本。雖有異同。獨於敎育弘人之力。未嘗歧貳。且愈至近代。愈闡愈明。因此第一教訓。遂於事實上得第二大教訓焉。曰、國民既可以造國。而教育又可以造人。故新教育即爲新國家之大本。其證何在。可分二例。一曰、由新教育以產生新國家。其例在我。不必旁求。即我國民雖未受共和教育。而世界民族民權之趨勢。所謂新時代教育者。其警覺我人之勢力。猶法蘭西三次革命。賜大教訓於全歐。歐洲人心政局。雖欲不轉化而不可得。故我人革命。而後繼以新國。否則楚漢滅秦。有如民權反動。何以無新國。朱明亡元。亦關民族問題。又何以無新國。此非新時代教育之關係乎。一曰、由新教育以鞏固新國家。此適我國正面之問題。而本篇研究之主眼也。欲求其例。莫如法蘭西。何也。世界創建共和。其國不一。而惟法最與我相近。建新國於顚覆帝政之後。其發軔與我同也。革命軍之起。彼固無民族關係。然至以反抗專制爲標幟。則原因大略相同也。共和初建。不旋踵而舊民反側。新民自訌。殺戮之舉。日必數起。雖其主殺之權。操自建國新民。原因結果。非我可擬。然其爲恐慌黑暗。則又若不約而同。路易被廢。歐洲列國君相驚心動魄。羣起爲敵。共和政府。儼焉不可終日。此與我武漢起義。各國即有認爲交戰團體者。大有不同。而外交危迫。四面楚歌。則又爲不同中之同。拿破崙以一世之雄。外破聯軍。內護民政。國民服其神智。感其功德。謳歌載道。至舉國以聽。此係特殊機運。擬以他國。不於其倫。然究竟共和之後。發現獨裁。以與民國而有所謂總攬統治權者相爲對照。均不能謂非新國之恥。則不倫之中。又具同點。夫法蘭西共和而後。國變頻仍。瀕危者屢。我誠宜相爲警惕。力圖脫彼之覆轍。然其承百刦之餘。賴有國民卓絕之心力。以撐持勿墜。迄今猶巍然爲歐洲一等國。則我國民又詎能置其相同之國情於勿問。而不引爲前師。夫然。當知法民卓絕之心力。何自而發生。豈歷史之國民性不期然而然耶。亦曰人工教育之大能。有爲爲之。而令致此耳。何以見之。見之歐洲近世教育史。當法國大革命以前。其教育界之腐敗陋劣。沙魯戴氏論之詳矣。其言曰。今所謂公共教育者。非謀最大公益也。隨在留古昔之蠻風。不可掩也。數世紀前。學者所志。惟在教徒。書籍憑教徒而傳寫。學校概附屬於寺院。自近者學藝復興。學校設立。人恥無學矣。然教科舍拉丁文外。幷國語而無之。哲學祇空談玄理。毫不示人以立身處世之德能。學生卒其所學。茫不解何者可以實地應用。其服職務。截然與所學無關。學校之指導。純託教徒。而宗教管理之弊。乃至侵害教育。若學校所教授。則尤興趣索然。教習常課題學生以自營其私事。道德及政治。至切要也。而校中全不教授。身體強健。至切要也。而學校疏於鍛鍊。自然好奇之心。至可寶也。而學校不能誘發。凡足以爲處世基礎與經營共同事業之資。悉行放棄。多數少年。且不自解生活於若何之天地。此種教育。誰謂足以養成實用之材。爲國家社會致力乎。沙氏之言如此。要之。卽宗教教育而非國家教育也。形式教育而非精神教育也。空疏教育而非科學教育也。保守教育而非進步教育也。偏頗教育而非一貫之系統教育也。自革命發端。革命諸鉅子。欲舉社會事物。一洗而新之。以爲非先刷新教育。不可欲圖確立新政府。暢行新政治。又以爲非先大興新教育。轉移風氣不可。於是當萬變紛紜之革命時期內。(一) 所以爲教育擘畫經營者。至詳且審。米拉波者。(二) 固以急激著稱之雅各伯黨(三)之黨員。而力倡平民主義者也。其述教育意見曰。個人教育。雖不必以國家公權強迫之。然當

(一)一七八九年七月至一七九一年九月、爲革命第一期、同年九月至翌年九月爲第二期、同年九月至一七九三年爲第三期、

(二)Mirabeau氏雄於辯、長於政略、爲最先提倡國民議會者、然主張極溫和、

(三)Jacobins黨、爲革命激烈時有力民黨之一、其初多穩健人士、後羅拔士比主其黨、以急激稱、

以法律之效力。善政之影響。促學術之普及。進國民之道德。質言之。卽米氏尊重人權。採自由教育主義。欲人人運用其權利。發揮其能力。以致人於自由發展之途。其穩健愼重如此。史家至評之爲傾於保守派。然此僅個人意見。其有最足以表見法國革命家對於教育之熱心者。莫如三次議會之教育計劃案。(二)其第一案提出之於塔列倫氏。(三)其案要旨。先述當時教育四弊。其意曰。敎育不能普及。人民愚昧無知。而轉視若國家幸福者。此一大弊也。今有人享有受教育之特權。而以法未美善。不能收幾何之效。是二大弊也。學者學以任事也。而今日少年所學。與壯年所事。非但未能調和一致。轉有相背馳者。是三大弊也。學之爲用。在入世。而今之敎育。僧侶寺院主之。尙未脫出世之趨向。是四大弊也。氏又痛論教育不刷新。國民智力不推廣。則標榜自由平等之新政治。規定國民政治權利之憲法。皆成死語。其言曰。人於法律上應認爲平等者。天經地義也。然其生活狀態。苟有千差萬別。則所謂權利同等者。終有名無實。故教育宜以保持其均衡爲務。縱不能成爲水平。亦當計其不甚相懸。而愈近同等。又曰。公民意識。不可不正。如何能正。惟視敎化程度。故欲還付權利於公衆。必須先與以智識。國民立法定律。決非可從無知無學。蚩蚩者氓之陋見也。塔氏思想如此。故主張設立學校。宜普及窮鄉僻壤。以教育一切人民。而敎

(二)第一次議會卽一七九一年九月後之議會、名立法議會、第二次議會自九二年九月起、名國民公會、多數表決、誅國王路易、卽此議會、第三次自九三年七月始、史稱恐怖時代也、

(三)Talleyrand 氏曾於拿破崙失勢後、代表法國、列席維也納會議、大著功績、

授之權。則不許宗教團體把持。教授目的。宜主全體陶冶。教科之材。宜事廣搜博採。氏又以創造未來良公民爲急務。故主張定法制爲基礎敎科。以使被教育者之於憲法先解之。次愛之。次擁護之。最後則知所以完成之。氏又重視道德教授。認人之皈依道德與否。爲一切組織規律之本。故主張宜立爲一學科。應用其原理於人。且隨其年齡而指導。以使理性堪耐一切艱難。不致有自暴自棄之材。氏又主張女子教育不可偏闕。故設立女學之重要。不下男子。氏又以教授之法。宜斟酌年齡。故初中高等學校均不可畸輕畸重。而初等宜普及於農工苦力。中等宜容多數青年。專門學校宜設府縣首邑。高等教育則宜設置國立學校於巴黎。此塔氏公民敎育之大意也。更觀其計劃。則全副精神。注在普及。雖以主張自由敎育。不倡強迫。然確認國家有奬進教育之大任。其言曰。有志入中高等學校者。大抵皆有資產。綽然足以自立於社會。至入初等學校者。頗多最清寒之子弟。故須不收學費。且一切費用亦貴僅少。其他學校應設給費制。凡聰俊少年。困於地位。力不足以磨練其才能以著事功者。國家宜輔助之。其在初等學校之最優等生。國家有勤加察訪。拔而進之高等學校。俾受高等教育之義務。氏又以統一國語。爲國家統一之大要件。其言曰。方言俚語。在考古家詩人等。津津樂道。然自政治上觀察。不免爲傳播文明之障礙。能融化消滅之。足以進國家一般之幸福。何也。國民有自治權之地方。而闕乏本國語文智識。是不能讀有用之書。以啓發其智能與義務道德兩觀念也。其危險不亦大乎。氏又以優遇敎員。爲敎育要務。其言曰。敎員地位。雖不必固定不移。然貴安全尊榮。優加奬賞。厚與報酬。激發其熱心。俾盡心力於發明新學新法。餘如分配敎科。則中小學均列法制。專門學校。則分宗教醫學法律軍事四種。最高等學校。則設立巴黎。以為文科理科藝術等之最高教授所。女子教育。則以家政才能為主。教授監督。則由國王（一）特任委員六名。以總理各地方之學務。報告此塔氏之教育計劃也。案既提出。其時第一議會以事體重大。延待次期議會。於是於翌年議會內。更委任恭多息氏（二）以調查改革教育之事。而有第二案之提出。全案大意。首主教育必須普及。其所持理由。即在實現革命所標幟之自由平等兩大理想。其言曰。教授而不普及於最貧苦最寒微之人民。則所謂自由。轉為危險罪孽之源。智識不擴張。而得自由之國民。非生無政府狀態。即見專制政治之復活。何也。彼等所得自由。非受使於慾望與感情而破壞一切乎即不免屈服於孔顏其言強跖其行之壓制家之足下也。次論教授。則注重獨立自治精神之發達。其言曰。教授之事。盡人宜受。受之之權利。純然平等。人欲保自治自覺之狀態。立獨立自治之地位。不致作他人之機械。不可不經一容受教授之階級。然所謂盡人須受教授者。非受同一教授之謂。人之財產時間能力才智。既有所異。教授即隨而不同。如對農夫工匠之子弟。貴以教授消滅其依賴人從屬人之不平等狀態。蓋不知文字算數者。勢將有賴於知者而求其助力也。次又論教授及於人道與公德之關係。其言曰。人之權利。定為平等。此正道之原則也。而當行使權利。以無害社會為自由之範圍。此亦一原則也。今欲期此兩原則之並行無悖。並存無觸。唯教授能致之。夫國民一切罪惡。專自知識上無力而發生。閒暇生厭倦。厭倦思排遣。人之情也。然排遣之者。不依理想而逞感覺。斯罪惡之所隨而起也。氏之尊重教授如是

（一）第一期議會時，尚未廢國王。

（二）Condorcet，政治才能不如塔氏，然[illegible]於哲學[illegible]，[illegible]

故信人類進化之無窮盡其言曰人類狀態之可以改良可以進步無庸疑而促進之速達之其道在人即進步之原因一在智識之蘊積傳授一在人生能力因活動而發展因發展而遺傳其更豐富之性根更强健之精神於後代要之恭氏對於自由政治之確立權利及平等主義之發展人民德化及社會無窮之進步無一不歸本於教授而其所謂教授者別於教育言也氏以養成政治及宗教上之信仰心者名教育傳授科學一定之智識者名教授國家當然爲教授之指導監督者而無權以干與教育申言之即國家不能强人以信仰何種宗教贊成何派政治學說教授之中苟有一種新眞理發生不可以公力阻礙之若有反對其時政治之理論不可以權威壓迫之縱壓迫之亦無效能徒失信用此其尊重個人意志自由之特色也氏又論男女教育則以女子負有助夫教子之大任無教育者必不能盡責故主張平等且確信女子能力可敵男子恭氏對於教育上之意見如是乃進而計劃實地之教育案中區別學校爲五種第一曰初等學校授一般公民以必須之智識第二曰高級初等學校施稍高於前者之教育第三曰中學增授古文第四曰專門學校以養成藝精學富之材第五爲類似研究所之學術團體以研究最高學術凡人口四百以上之鄉村必設一初等學校人口四千以上之市鎮必設一高級初等學校各縣置一中學人口繁盛資源豐富之城市則設專門學校定爲全國九校學術團體則分四部一物理數學二道德宗教三應用科學四文學美術初等學校定期四年教科除塔氏案所列之讀文習字算術歷史地理國語宗教倫理法制各科外特加物理初步其校教員則於星期日當開公衆講演會講演道德憲法法律藝術以及新發明事物以圖教化效能之普及中學教科則注重理科輕減文科尤以古文

爲最專門學校。則博採各種學科、歡迎國外留學生。其不專設於首都者。所以防中央集權之過度。且使地方篤學之士。易成碩學也。學術團體委員。則半數取自地方。其寓意亦同。又學術團體得選擇專門學校教員。專門學校得選定中學教員。中學教員得調查初等學校教員之備選人。提出於學務員或學生父兄會。以聽選任。是所以確圖教員之獨立也。學費則主張全廢。以維持教員尊嚴。增進教授價値。恭案之大要如此。史家評爲裨益後代者甚大。當時議會固渴望教育改良、急欲著爲法令。見之事實。惜也適逢外交逼迫。(一)留以有待。而國家教育制度之大計劃。如初等教育普及等事。始實行於翌年第三議會。第三議會者。正當史家所稱恐怖時代也。然其銳意教育。較前尤進。其所計劃。可分前後兩期。前期注意初等教育。提出各案。皆在謀初等教育改良發達之方。其中最稱急進。顯異前兩期之一案。則計劃之於勒彼典。提出之於羅拔士比。(二)其大旨主張斯巴達風之教育。(三)而限制個人自由。其言曰。社會卽共同團體也。個人應爲社會而犧牲。故設法以促進國民精神。俾一致於國家新制度者。雖加壓力。亦不爲暴。又曰。五歲以上十歲以下之女兒。五歲以上十二歲以下之男兒。宜以國家公費共同教育之。飲食宜同一也。衣服宜同一也。所教所育。亦不必應其處境。視其身心而參差不齊也。凡爲學生。皆宜令生活於劃一精神之下。恍若受陶鎔於同一之範。苟有父兄背此規律。宜褫其公權。增其賦稅。又曰學校

(一)其時新處路易於死刑、英普奧西荷諸國、組織第一次大同盟以侵法、

(二)勒彼典 Lepelletin、羅拔士比 Robespieare、

(三)巴 達爲上古希臘之一小國、其教育主義、純在養成兵士、所謂軍國民教育也、故個人教育之事、悉委之國家、

除敎科外。宜特令學生習爲勞作。如園藝農業等事。以養成習勞耐苦之精神。學校而乏田園。則宜導之行路。代以積石運土之工。又曰此種學校宜遍設各鄉。俾兒童不必遠離家庭。而其經費則一求之於富饒父兄之報酬。二求之於兒童工資。三求之於國庫。又論宗敎。則採盧梭之說。十二歲前。祗教道德大旨。不談宗敎。徐待其理性發達。自擇宗派。此案也。實已認國家有強迫教育之權利與責任。當時法國明達之士。贊成是說者甚多。即白雷兒(一)亦言父母有常宜服膺之一原則。曰子女屬於私家庭之前。宜先屬於公家庭。否則國家教育不能成立。然此案精神。既重初等教育。其平等原則。發揮主於極端。故流弊至議決非高等教育案。目高等教育爲違背平等之原則。然及羅氏之逝。穩健教育說復盛。自由主義及高等教育。又與其足注意者。爲蘭嘉納(二)之教育案。此案見之法令者。有曰初等學校教員。一宜教讀文習字。二宜釋憲法權利。三宜教共和主義之道德大意。四宜教國文初步與造句措詞之習練。五宜敎簡單算數及測量法。六宜教自然界主要現象與最切用之生物。其他勇士記錄、凱旋歌詞。亦宜教焉。而學校則須分男女二部。以千人中設一校。爲率。敎員由人民選舉。經教育委員之承認而任用。此初等學校上。別置程度較高者。是即今日法國高等小學之基礎也。又規定父母有自由教育其子女之權利。各人在規定範圍以內。皆得開設學校。又計劃設立各種專門學校。第一爲工業學校。採用精密科學。以養成採礦建築等技師。第二爲師範學校。研究學術及教授。以養成教員爲的。第三爲兵學校。集三千子弟。

(一)Barère 之教育意見、重在養成國家觀念、

(二)Lakanal 案之初等學校、規定發布於千七百九十四年十一月十日、

起臥於幕下。以習慣軍隊生活爲的。第四爲高等學術研究所。分物理數學部倫理政治部文學美術部爲三。其中第二三兩種。創立而旋輟。然第三議會後期之尊重高等學術。以立法國高等學術發展之基礎。則有如是。以上論列。卽法國大革命時期經營新教育之大概也。我人意不在敷陳其教育史。故革命第三議會以後。教育改良之若何繼續計劃。統一全國教育機關之成立何時。（一）皆可勿論。而茲有必須重申數語以告國人者。則綜三次議會教育案之主張。非必盡同。而中有一貫之精神。共通之理法。其義如日月經天。江河行地。經千百世而莫能更易者。有二事焉。一曰爲強固新國基礎計。爲尊重國民權利計。均須先進國民智能思想於健全獨立之域。俾具新民資格。故教育必須普及於全國。一曰國家對於教育。應負積極經營之任務。且復獎進指導。以促其普及而發達。所謂強迫教育。在今日已成不可非議之常識。而不知創自以急激著名之羅拔士比也。故史家贊之曰。（二）革命期之教育思想。就今而論。雖有宜加改良之點。然多深合教育學之精義。而開十九世紀文明之先聲。其功力之偉。非可掩也。又曰自革命而教育事業始離宗教。闢國家教育之基。亦自革命而學費全免。教化普及。開貧民幸福之源。嗟乎。世人議論法國革命家。動詆其暴戾無人道。不知其爲人民權利謀者。既取而與之。又將而護之。其正義仁風。有如此。動詆其躁急逞感情。不知其爲國家根本謀者。既已創造之。又圖鞏固之。其高瞻遠矚有如此。此豈非經營新國家之一大教訓乎。夫然則我國凡稱新民。及今盱衡國事。當不能無所自愧。何也

（一）法國統一教育機關制度發布於千八百八年三月十七日、卽拿破崙第一時代、

（二）據日人大瀨氏之歐洲教育史、

我國革命後於法者百有餘年。法民樹新國根本於新教育之教訓。非必憒憒也。法人使其優越之心力。以支持國難於百刼中之歷史。非必無睹也。而我新民之自審國情懼共和之失墜。亟亟焉欲張民權奮民力以抑制反動者。非必遜讓於彼也。然當國會存在富有發言建議權之時代。卒不聞於國本所關之地提出一新計劃。雖曰國家草創。一切根本法未立。萬端擾擾。眩人神智乎。然以較同一境地之法蘭西革命時期之國會。彼能倡於百餘年前。我不能因襲於今日。究不能無愧色矣。然則政府無責乎。曰是烏乎可。教育之爲功。出以國家之經營。其捷如應響。若純欲恃夫民力。則必人民之富於自治勇於興學如英美國民而後可。(一)非然者。其難如逆水行舟。其進如積跬步以致千里。故至以教育而謀立國。不能不有賴於國家。國家亦不能諉責於他人。今我國政府固萬機獨攬。大類朕卽國家。誠不曠棄其天職者。道不在粉飾太平。而在眞致太平。道不在維持現狀。而在開拓現狀。道不在束縛人心。而在啓發人心。則所以大興教育。增長國民自身之智德能力。俾足以自覺。俾有以愛國者。至矣尙矣。顧證之事實。非第不能。且復適得其反。政治影響。旣足以錮蔽民智。摧挫民力。退化民德。而教育本題。除掩耳盜鈴空談國民教育。(二)督責人民以自覺與愛國(三)外。惟阻公理之傳播。(四)妨信仰之自由。(五)是急甚至有敢倡强迫讀經。芻狗教科(六)廢止小學。獎勵私塾(七)之怪論。一若必欲驅逐我文明學術甫見萌孽之

(一)英美著名之大學中學、多屬民立、中如英國之惡斯佛坎白力支兩大學、與十餘校之公衆學校等、皆有鉅額資本、極大規模、極古歷史、而與政府全無關係、美國則自植民時代、卽努力於教育、其後逐漸發達、至今日各都市皆自經營教育、不受國家與地方兩政府之干涉也、

(二)(三)(四)(五)(六)(七)皆指事實讀者試自求之本文不欲揭人之短故略、

人民投出化日光天人類大進之世紀重返於鴻荒榛狉之域而後安者嗚呼卽此以論誰謂政府無罪乎夫予爲此言非好攻訐意在明政府教育上之責任蓋從來政府當局萬事倒行逆施不能免其國於覆亡者大抵皆坐愚而自用之病非必甘心賣國忍令子孫同爲覆巢之卵故我人不能不望政府之自覺其責任雖然本篇所論主以新教育強固新國家以語政府恐猶格格則當別爲文以論之惟於此竊有不能不告我愛國之新民者曰災難之來皆由自致恭多息所謂智識不擴張而得自由之國民非役使於慾望與感情卽不免屈服於孔顏其言盜跖其行之壓制家之足下云云者正不啻爲我國人下頂門之一針喝當頭以一棒我人其醫覺乎則堂堂正正羣起以覺政府集國家大力於教育普及者上也覺之不能起而自謀學爲英美學爲德意志者（一）次也此猶不能則尙有一最後之義務曰國變紛紛黨禍滔滔之世正人君子惟有致力學術闡揚教化以移風氣以培國本以安心而立命此宋明諸先哲之高操而示我人以途窮日暮時之趨向者也（二）況夫世運大進我人設教講學之工尤當十百倍於宋明諸先哲者乎當今大哲倭根之講哲學也（三）謂人類精神生活苟善努力而奮鬥則足以制服自然夫自然尙可制服何況人爲之難境是視我國民精神生活之何如

（一）德意志人之熱中教育、與其政府之尊重教育、皆可稱世界第一、然如各聯邦之教育、皆由各邦獨立自營、與中央政府全無關係、

（二）指宋元祐黨人、與明東林黨人時代言、

（三）Eucken 之哲學根據、在尊重精神生活、故以理想爲主、以自然爲客、

論壇

政治懺悔論

白惺亞

凡事當夫變動之始。雖賢豪俊傑。於其朕兆之萌危態已成之候。明知其敗而有不能收者。殆夫境移事轉。大錯已成。峯迴路轉。機勢暴露。已無可爲諱。而始悟向之爲非。乃徐圖收拾。改絃易轍。以爲之湘賢曾滌生所謂以前種種。譬如昨日死。以後種種。譬如今日生。其意若有餘痛焉。而亦天人交悟。可喜可泣之會也。前之種種死。犧牲之巨痛。固已等於逝水。顧有今後之種種生。則前之種種死。正後之所資以種種生。犧牲雖巨。痛定思痛。尚可挽千鈞之一髮。前者已種種死矣。後者亦陳陳相因以死焉。犧牲而又犧牲。耗矣哀哉。則國家前途將復何救也。儒家道改過。佛言懺悔。則夫懺悔者。實世界之寶筏。人類之明星也。第懺悔尙矣。然事勢非抵於窮極而復。萬不得已。勢不容不放其屠刀之時。則不可言懺悔。徵獨不可。抑且不能。漠漠然而懺悔。無當也。天下事一言懺悔。則迎刃而解。冰雪交融矣。懺悔之爲義。誠哉其爲博大悠久。國於天地所當式憑者也。故今茲欲有所論於國家政治命運之前途。先以懺悔名吾論。閱者其諦解懺悔之義乎。則其於鄙論思過半矣。

政治懺悔之義。蓋由於覆敗而生。原夫憲政之爲物。成於對抗者也。非對抗則憲政無以生。而當其憲政甫入軌轍之始。往往張脈僨興。狂囂亂暴。不容異己者之存在而並進。凡所施爲。動軼軌轍。陰狡強厲之僞握一國之大柄尤百出其途以相撓民族之智德劣下政治能力孱弱不足以負之者其傾軋益慘禍延數世紀或以斯自覆其國智德優厚之羣懺悔速者其犧牲較少而憲政之發達亦特爲完全法自一千八百七十年帝國顚覆之後抵今政局遂無驚駭之變動者何也大革命傾擾之懺悔也德自一千八百七十一年新憲法發布之後聯邦日趨鞏固者何也前此同盟解散侮辱紛乘之懺悔也英以千八百三十二年之革命事變國王貴族懺悔徐來遂有今日之庶民院美利堅千七百八十七年費拉德費亞憲法會議協議者九洲而他州逐次懺悔相與結合知非中央政府強固則無以立國該會遂奏完全之功故民治未達懺悔之境無論若何彌補緣飾終無濟於分裂衝突及其歷尋敗轍交相懺悔有見夫終局則收功之迅捷恒百倍於疇昔美儒柏哲士曰『憲法者非自現行法律之手續而成立實以歷史的及革命的勢力而爲之要素也』柏氏夙以實例談法理者也故其言若此憲法要素而歸之歷史與夫革命勢力則其間所經過者罔純屬懺悔之效力而乃克底於成者也夫曰一蹴而幾者固政治上所無之事也若不知所以懺悔則必愈醞釀而愈紛亂姑不遠引今世即有其例者墨西哥是也甲仆乙繼禍敗相尋塗炭魚爛靡知所底由斯以往墨西哥之前途誠非吾人所敢逆料雖然墨西哥之國步猶幸立國於美洲天尚賦予以尋亂徐俟其懺悔之特別境地也乃至吾國國步之視墨西哥有如魯衛之政而外患之迫內亂之危其亡其亡一髮千鈞什伯過之處處皆是死路惟卽時懺悔乃爲生機邦人士夫及今而不自共誓於懺悔猥曰姑以有待容徐圖之內之所魚肉者縱無足慮外之眈眈而視者恐決不汝待也大厦既傾公私同盡報復云云將何在也斬絕云云抑安施也

憲政先進之國詔吾人以先路者歷史上過去具若許懺悔之先例顧吾國則何如民國開幕啓之者黨人收之者則爲強有力國人而具有絕大眼光絕大識力者則當盡力維持彌縫此兩大部分勢力而俾不破裂憲政之前途乃可以收正果無如當時黨人意氣揚揚日自居於表功之列賢者固亦有之而暴誕恣肆褊狹躁妄之徒所在多有國家來日之大計渺無的標相矜以名其實盡棄政黨者與政府所賚以對抗代表國民之意思而蛻育新政治者也然而空中樓閣彈指畢現閉門造幾條黨綱招牌一佈便成政黨黨之生存鞏綰之要素既已無之及其持而樹之以自見也攻擊之師與夫防衛之壘胥妄僨事尤無精心毅力之可言反對政府者一味反對而已事理之所在應反對與否所不問也其贊成政府者之一方亦一味贊成而已境勢之所在應贊成與否亦不問也罪狀敗綻種種貽國人以厭望而爲強有力所倚口既欲納入於軌道之中自先馳於軌道之外原夫政黨之爲物憲政端賴以進行者在正負兩方之迭爲競爭而對抗互相爲正互相爲負正者不爲惡劣之壟斷負者不爲軼範之報復各爲有節制與統系的堂堂正正之師而後可以言政治今也一則機陷以待一則悻悻以試背棄法治常軌而待決於武力一有不競專制之局勢不得不成而憲政之前途摧殘盡矣斯以軌道競爭之正則言之也至於度力量勢以強有力者之不欲就對抗競爭之軌道以云督東得法殫竭智勇誰因必能若武力角試則握有強固勢力者亦恐悻悻者之不就機陷也矣一朝之憤未能見其遠大決心以爲一擲之破壞政治能力識力問題姑且莫論並自知之明而無之則夫國事之壞從事破壞者亦當分幾分責也追溯淵源判定結案固不得不若斯矣

其在政府之施爲。二次革命之後。黨人威勢。鋤滅淨盡。予取予求。今而後莫予毒也矣。鑒於黨人之擾亂。少年盛氣之足敗乃公事也。議會消滅。自治取消。政治恢復前清之舊。內外登用老成之吏。忠孝節義。教令宣揚。尊孔祀天。典章粲備。右握鐵拳以鋤內亂。左揮素絃以定大法。士氣銷沈。輿論闃寂。宜若可歌頌太平矣。然而防之新者。發之舊。黨人內畔。害於新矣。害於新則易之以復舊。復舊而又有復辟之闖禍。舊果可復耶。以舊易新。而禍卽發於所恃之舊。新則內畔。舊則復辟。政府之於今日。亦可謂窮矣。窮則對於神聖垂亡之國家。允宜速爲懺悔。謀遠大而爲根本上之解決。國事今後非懺悔無以圖存。自全固也。萬全之私利問題。亦附於國事懺悔而解決。國事無下階之所。則私利又安有自全之地。挾甲以防乙。而患乃發於所倚之甲。天下事以防制勝者。終以防制敗。防制之術。固至不足恃也。往事已矣。過後思量。徒增痛悼。來者將復何如。個人之懺悔信念一堅。立地成佛。獨至於政治懺悔問題。則宜雙方爲之。一方懺悔而一方深陷。則懺悔之一方。亦無用其懺悔。今國民懺悔之期至矣。政府懺悔之期亦至矣。兩方同歸於懺悔。斯正我中華民國政治懺悔問題大成熟之日也。可以反矣。可以反矣。

（二）懺悔責在政府者　政府旣抵懺悔之期。則其入手懺悔。應爲

（甲）立法之觀念懺悔　中國前此無所謂法治之觀念也。自清世末葉。新政議輸入。國人始知有所謂法治之一說。欲起而樹之於中國。武漢首義。南京政府成立。卽法治實施入手之始也。以謂法治者無他。條文一佈。全國秩然。其效大著已耳。舉一紙空文臨時約法。以限制北京政府。而爲之強施其羈勒。北京政府亦出死力以抵此約束。兩方交戰於穴中。政潮紛紜。國事敗墜於冥冥之中。而究其實際。仍法自

法人自人也議會苦心以制定憲法草案之同意權不信任等規定以約束橫厲強狡之行政部而俾之就範而卒之實力未濟威暴橫加議會之命運以此送終此民國法治信念之創痛歷史也經此歷驗政府身受其束縛亦知法之果可以規限人也既過一暫頓長一智政治會議約法會議強附外例塗飾國情造法立法自操縱而自制定之五光十色之制非中非外之典層出迭布究之國家憲政之發達而漸進也人治之效乎抑法治之效乎國民之對於憲政實發揮而篤踐之也果人為之能力致之耶將立法力之拘束致之耶此其問題未易言也法治尚矣顧法非能自治也循而效之仍在人為立一檻焉周其外而防其中規制非不完也強有力者並其檻而去之則夫檻之功用將何在矣法者其用在監督制裁者也並其法而易之主客易位法之為法幾何矣故夫法治之初必有賢豪俊傑持以永久之信力捐私利而謀公益身體而力行之居高臨下漸積深入而後可廣被一般社會垂為信條後有狡者不敢犯也若其作法之開始並法而弁髦之法治法治天下許多之罪惡賴汝以行也美利堅民政國之典型也然非華聖頓哈密敦諸聖彥作法守法身任大位樹厥基礎則其憲政今未可知也法蘭西易帝政而民主未始不欲步美利堅之軌轍也以野心之拿破崙當之竟成帝制之局再釀破壞脫非其人法國八九十年之大亂庶幾可免也夫法之力固不能與人競也法者無定而運用之者在人良法也非其人而破壞棄如敝屣惡制也優秀握有政治能力之民族運用之潛移默易以成良善之憲政前言立法之始行非其人不足以收法治之效也若其由破敝不完之制而漸以產出良果者亦非無其先例英有恒諺曰「議會萬能所不能者易女性而男性耳」然當其始固無此權力也美儒柏哲士曰「庶民院在英吉利

制度之上古有二重之地位詳言之則庶民院者爲立法部中之一部又爲國家主權機關是也是故自庶民院之第一資格言之則較貴族院其權力雖不能多有然於第二之資格實主宰於國王及貴族並庶民之上者也』其實庶民院於十五世紀中葉之後略爲咨詢不重要之機關解散隨國王之自由僅具分權之基礎而運以國民精毅之政治能力旋進旋戰竟成今日主權體之庶民院固非當時所及料也今日吾國特患國民之政治團結能力磨錬未抵其候耳旣有前此之尊重立法定有後此運移政治之能力政府俾永遠無議會斯亦已矣若曰無此魄力則議會縱若何殘敝立法縱若何奇密卽不能如英之萬能庶民院亦難保無對抗實行其職權之一日也於此關頭思過半乎則耗費光陰以制定必日中如意之法實可不必故政府今日懺悔之第一步宜對於立法而改轍也

（乙）勿輕視國民之政治識力　西人有恒言曰條頓民族者特擅建設民族國家政治之技能而實行職務於斯世者也吾人則謂中華民族亦最擅有建設民政國家之政治天才者也此實自覺之語而非妄以自詡者也革命最危險易覆亡之事也而吾國革命於紛爭割據之中旬月而對內對外有約束統一之政府雖其規模未呈整齊嚴肅之觀而建設之基礎於以確立斯固非劣等之民族所可望其肩背謂之曰無政治建設的天才則期期以爲不可者也中間所經過紛亂之局亦泰西各國所必有之階級覺悟於過去者則自能彌補於來日往年而還政府之於獨斷執行之事動輒借口於國民程度未及根據於特別國情以制定特別政制當軸以此粉飾客卿以此嘲頌猥云國民程度不足敷衍而濟其私乃淸之所以亡也程度問題最無一言之價值同係一民族當其爲民也則智劣而識鈍及其爲官也則

優異而高明可此程度者果孰爲主宰現身說法者亦應無以自解至若國情云者果以何爲標準吾國民族固自昔以文化先進聞於世界者也旣自革命而自建設民政則國民之政治識力實未可自誣則國情亦絕無大異於他國而無建設他國所無畸形特出之行政部之必要故特別國情云者非我族類有謀我之心者可以斯相加而自國則不可以妄自菲薄者也國家亟亟然以建立政府爲首圖而以對於外患內擾保護國家之權力賦與於政府固爲必需之階級或濫用踰度侵入他部分之權力以發展其威能亦未始不爲國民所容認然終爲一時之計非可持於永久以憲政之原則非國民之自謀其國則其國終無穩固之日也經過必要之時而尙壟斷僭據則民族之政治天才必至爲之壓抑其不甘於壓抑者必釀爲內亂二者皆足以亡國其時已至則爲國家者當卽鑒於時勢之需要賦與國民以政權而企永安久固國家云者自有其主權體政府乃國家之創造物政府而以其政權僭據國家之主權久假不歸爲政府計亦實至危之道言念及斯美儒柏哲士又實予吾人以至切之教訓其言曰「存立於地球之上而名之曰國家者猶不得不以戰爭之力解釋其內部政治之疑問則其憲法上之組織法必殘缺不具可以推想且國家關於政治上之疑問而不能因時制宜變更其憲法非自起而扶其藩籬無由發表其眞意否則惟有局促傍偟於憲法羈絆之下以終歸於滅亡」夫殘缺不具其禍猶足以致此況其根本俱已錯誤不能存在乎柏氏之言詔吾人者可至深思也然則號於國曰特別國情當產有特別政制非衛國民所當過問國家前途且不論爲政府計果其利耶抑爲害耶故政府今日懺悔之第二步宜對於國民而變計也

（丙）以正義與民更始　近者政府鑒於外患內擾國事之日危須布特赦之令亦似有意於懺悔之一途矣。顧今日政治上通行流行語之所謂亂黨叛逆諸名詞實爲不無可商榷之一大疑問。叛逆罪云者必有法律上最嚴確之解釋。而其罪名之成立亦須有確實之證據。非可以虛懸無著之名義莫須有之罪案。借口軍律而日日送之以上斷頭臺也。其在美憲對於叛逆罪之定義而確定之如左。美憲第三條第三節曰『對於合衆國之叛逆罪者爲背於本國與戰。又爲幫助供給而與於敵國之行爲也。不論何人非有二人以上之證人以證明同一之犯行。又非於公庭而爲自白。則不得斷以叛逆罪』按叛逆罪之定義如斯。則夫叛逆罪之所以構成者。乃對於政府爲不正之政敵而獲罪戾。故得被排拒。若夫非不正之政敵而僅爲政府之反對黨派者。則其存在也當然無可疑者。保其自由又爲絕對的必要。以斯之故。使政府黨得假托刑事訴訟以箝制反對黨之議論。則爲萬萬不可之例。此其宗旨在使政府黨所行之政策。雖有爲和平規制之反對。而政府不得即誣爲對於邦國爲不忠而加以叛逆之罪名故也。蓋實際政府黨之政策及行爲。有時或反較反對黨而更近於反逆。而絕不能保其必無者。爲防後之紛亂失於出入。憲法遂爲之嚴定其義也。持斯而觀吾國叛逆之判定。其渾灝至無定據。有可議者在也。其出於暴力而陷於謀亂者。罪誠在禁止之例。若其儼然具政黨性質。爲和平軌道之競爭者。絕對須存在而不可干涉。縱曰其內有一二謀亂部分。然亂黨自亂黨。政黨自政黨。分別固自有在。一網打盡而概加以叛逆之名號。非所以服國人之精神。而遠背乎平衡之則者也。自今以往立國而眞言調和乎。則叛亂之名須有確定解釋。而原來存在之政黨。必須恢復。速成議會。進行憲政。今之政府不曰患夫外禍內困乎。

各國財政之問題解決。未有不經過議會而能有效者。政府自政府。而國民自國民。執斯以整理財政。雖神聖猶將坐困。若曰今之參政院代行立法院職權。乎則掩耳盜鈴之舉。固決不足以代表民意也。其在外。禍非舉國一致。則最後之命運。曷由挽回。舉國一致。非有眞正之議會。則斷難奏功者也。人之全國以謀我。者以政府當局之一，二人而禦之。縱鞠躬盡瘁。死而無效。故今日政府懺悔之第三步。則當開誠布公。與全國異派而共誓自新也。

（二）懺悔責在國民者　年餘以來。清議滅絕。正氣銷沈。政治汚穢。道德淪喪。民庶困苦。流亡。救死扶傷之餘。繼之以敲剝。痛而不知所以。苦怨天尤人而已。中流以上之社會。稍有國家之觀念者。則習見於政治之無希望。頹唐萎敝。消極待盡。縱於摴蒱。荒於酒色。國家無談政之客。社會絕求學之夫。舉國岌岌。亡徵畢現。夫如斯而言懺悔。懺悔之元氣。先已蕭索。更安言其趨向之標準者。丁君佛言最作國是論有曰。「國民受教育者不過十分一二。其他大半為不識不知之民。除有身家溫飽要求而外。國之執政。為前清皇帝可。為民國總統可。甚至為洋人所統治。亦無不可。其得天獨厚而賦性雞馴者。迫之以威。誘之以利。則亦貼然服矣。夫立憲國家雖以少數有學識經驗之分子。為政治之前驅。而其成功終必賴多數國民為後援。今則所謂多數國民。其一部為良懦。一部為鬼怪。中間少數之分子。處此兩不相容之時代。惟日供有力者之魚肉而已。」此其言何傷心沈痛。而深合國民一般之現狀也。然則所以懺悔者既缺。則懺悔問題。遂無着落乎。是亦未必然也。國民之所以失敗。無須諱。亦無庸諱。政治前途。斷在為之若何。為之遲速。總有效果。任之則長此終古。憲政國家。舉在少數優秀之分子。舉多數政治之實。無論若何進步之國民全數明達而議政亦爲實事所不能英美國民最擅有政治能力者也然以其國內大政之趨向而舉以詢諸邊鄙之氓亦或爲彼所未悉故今日國民之懺悔首在中流以上之優秀社會能辨政治之方向者相與大覺而深省以政治之標準需要主義提挈國民而示以塗徑有一分之力卽收一分之效若斯則國民之中堅其責在失政黨精神之構造運用及資望出衆手腕强亢之政治家爲之指揮而漸進作黨於國民智力發達之後其標的易達而作黨於國民智力幼稚之時其標的固未易達然其效亦自可以時日而至顧自議會消滅而後國民黨既已驅除厭伏無發生之餘地進步黨亦奄奄無生氣無以自見於社會號爲政治家者激進派則中途橫遭夭折自詡爲溫和派者亦且舉棋不定自誤其全注所謂國民之中堅既已不能居於中堅之地位上之不能運謀策戰次之不能深溝高壘更何以責夫多數之國民近頃以來按諸社會之現狀於歷經試驗之結果似漸有所覺悟之端倪矣則今後國民之所以懺悔之途概要有一

一曰自用其材　自用之一語在世俗熟語上似不可居傳曰愚而好自用由是言之率一國之人羣徇於自用之軌轍則僨事者自用也顧吾之所謂自用者其意義固自有在非惟不能僨事敢決言之曰濟國事者卽自用也天地之生材賦以耳目予厥手足俾之材武進乃靈明爲令爲人用乎抑利其自用乎果人類而盡爲人用之一途非人用則其材卽銷沒沈埋無以自見於世則是堂堂七尺之軀非我有也耳目非我有也手足亦非我有也材武等於牛馬靈明有類機械天地何苦有斯人國家又安取乎在我議者謂此言而褊也則試觀夫憲政先進之國民何一非自用之效力所致黑暗腐敝之國家法治基礎

未立。社會組織不備。在在俱爲銷沒人材之境。陰狡喜權術強有力之儔。重以時時摧喪而玩弄之。國家之人材。乃無可過問者矣。雖然。天下事豈不在我輩知摧喪玩弄之。且淪於浩刼。避人用而爲自用。去被動而自動。自審其材。各思活動於社會。而盡相當之天職。大才自審而大用之。小才自審而小用之。下至一技一能。亦各展其相當之部分以去。則久之又久。因果遞嬗。自用者恒可以用人。用人者遂轉爲他用。此中關係。但視其毅力若何矣。英儒蒲徠士有談輿論一則。根據於自用。深切著明。其說曰。『政治社會在幼穉單純之時。輿論常爲受動的。斯時也。社會之權力。與其謂贊助。不如謂之默許也。何也。輿論不知有愈於此者也。不知改良方法也。或爲宗教之某種制裁所威服也。故無論在何種社會。其輿論能達於自覺之域。而又自知其勢力。且又致疑於主治者之權利。則其社會已漸有進步。必不久而發明抵抗之方法。究出強行改革之手段。專制國與自由國。無不爲輿論所支配。其所異者。不在前者以武力。後者以輿論。而在前者人民不知其向來服從之權力。爲人民所與。後者人民自知其有主權。視其統治者爲己之代理者。而統治者亦認其有立己之勢力。且有倒己之勢力。而甘心服從之者也。』以蒲氏所言稽之。則國人之於政治。先爲受動。次則省悟。終則自用而支配之。章君秋桐之論政本有曰。『用人曰用。自用亦曰用。天之生材。而適有相當之職分以展發之。舉曰用。用才云者。乃盡天下之才。隨其偏正高下所宜。無不各如其量以獻於國。非必一人居高臨下以黜陟之也。』斯其言也。實予社會自用以準繩。梁任公辭職之文亦有曰。『竭不材之材。爲無用之用。』言者心之聲也。任公之意。其有悔心乎。今而後歸入自用之途。則國家之所恃賴者甚大。故今日國民之懺悔。端在研究樹立自用之道。力而堅結優秀之政治

團體共商榷一系統的建設預境分途而致功以知行合一之旨爲之期於盤勁寨打死仗以冀其達自用之精神貫注乎則次爲儲鍊實力

儲鍊實力　立法之始基與夫憲政之初胎既不能得過去之先機則暗移而默運之以時而相與進退純在收之於後夫實力果爾凝結祇須有立法院之爲物無論其殘破若何總可以運用而抵抗政府固無如何也立法巧矣而以人爲之結果終有時而拙諺云執死法限生人迭撲迭進死法固不足以敵生人也英美憲政最爲後進國所膜拜然其憲法之實際亦實爲變動不居非數十年膠執如一者所以變動不居者亦在國民之政治力運用之而已矣英之憲政若由其形式以觀則國王之權力尚甚浩鉅而其實則懸而不用者國民實際奮鬥漸進之成功也英儒戴雪之論英憲有曰『吾人自幼習聞英國憲法非作之者乃發達之者非空談之理論結果亦非如英人使不開化之英人若研究造家學原則之愚者恰如蜂之構造其巢以天賦固有之性質加以不可企及之技術而建設堅牢不朽之制度者也故我英憲法具有特種優等之性質非一而足自吾人之祖父尊崇以爲天下唯一無類之玉典非最近百年間他文明國所制定之模倣贋作剽竊憲法所可同日語也英憲之性質既如斯矣其創立果係何時不能確言也何人想像而明定之亦不能也又歷示其記載條章之成典亦不能也要之英憲乃係一種特別之制英人及外人皆不可不尊信者也』彼英憲既如蜂之構造其巢則所以致如今日者決非倉卒之功乃錙積寸累以爲之也英尙爲弱性憲法也美憲強性者也然由蒲徠士所言美憲由於解釋及慣例已有變更今正變更此後且復不絕今日之憲已與三十年前不同則今後三十年將變至何程又孰

得而知之威爾遜之論其國憲亦曰『憲法非完備之制度僅嘗有原理之基礎爲組織之初步而已』返而言吾國之憲政政府果降心懺悔以相予大可爲衡平之商榷不爾而以廣大堅忍之實力競蝕於破敝之制度下亦非能久不變動者政府之外厲何可長也柏哲士曰『吾人所謂近世國家基於民主的主權之國家也……民主國家之成立者第一在多數人民彼此相知有共通之言語及心理上之標準與習癖其次則反對於他國家之人民有多少共通利害之意見終則多數人之心性發達於國家之實質手段目的皆不可不知國家是也質言之民主國家者不可不爲國民的國家也其人民眞爲國民的人民之國家則必然成爲民主的國家也』斯其言實可爲預備實力者之先導共定標準公赴習癖實力既固遇有機會終有壓抗政府之一日矣吾之所以言國民懺悔者其大體如斯而已要之無論急進與漸進無建設實施之實力縱有其時亦不能如願相償也

噫此何時哉乃政府與國民交相懺悔之期也政府不懺悔之而國民先自爲懺悔猶或有萬一之望也兩蹈窮途而不知其歸雙方以國事爲兒戲亡中國者雙方俱有其責同歸於盡而已矣待亡而已矣則不佞之言懺悔直癡人說夢尙何言哉

斯稿本爲北京中華雜誌作既成中華停版卽棄置之然理想所在終殊事實度今之時非容易談懺悔者顧今後之民國不出乎此之一途決無以自活爰將鄙論託甲寅雜誌章君公佈前途或有一綫之轉機乎亦未可知斯則鄙懷之所拳拳者也著者附誌

論總統連任

戴成祥

近世共和國關於總統之連任類皆加以制限如葡萄牙憲法絕對禁止連任智利阿根廷巴西等國憲法須經一任之間斷(葡萄牙憲法第四十二條智利憲法第五十三條阿根廷憲法第七十七條巴西憲法第四十三條)至於美國憲法雖無制限總統連任之明文然自華盛頓宣言不就第三期總統之職斷然下野以來後此歷任大總統皆遵此先例莫敢侵犯於是一人不得二次以上當選總統之先例遂與法律有同一之效力(參觀民友社譯平民政治第六十一及六十二頁)由斯而談是美國僅許總統連任一次也要之制限之方法雖因國而不同而所以制限之目的則莫不同一其目的維何即恐「一人永續在職勢必危及共和」(語本華盛頓宣言參觀平民政治六十二頁)是也以余論之制限總統連任之舉無論質諸憲法揆之政制皆非必要此其理請得而申論之

一凡屬共和國自不能無憲法一有憲法其性非硬即軟莫能自外所謂硬性憲法謂其法非由較立法部更高之權力則不得制定亦不得變更者且其勢力駕於尋常立法部所通過一切法律之上而為一國之根本大法者也所謂軟性憲法則抉根本法與普通法之藩得由尋常之立法部制定或變更之者(參觀平民政治四百九十五至四百九十七頁)此二種憲法孰優孰劣雖未可以一言論定然硬性憲法自然之趨勢必至使國法中之文字與國民之精神不相應文字為凝而精神則流倘人民不滿意於其憲法求改而不易得則革命以起此可斷言者也而在軟性憲法則以變更甚易決無此弊惟從憲政上以觀人國而問其適于軟性憲法抑硬性憲法則非本論之範圍本論所以略述硬性憲法之弊害者乃在證明憲法既為硬性不宜于總統之連任加以制限此觀法蘭西之往事可以知已法蘭西千八百五十一年之政變即緣法國人民贊成總統連任而為憲法所格(論本英儒戴雪參觀本誌三號政力向背論五頁)使是憲法無此制限則其

性雖硬顚覆容或可免由是以觀硬性憲法不當有制限總統連任之規定彰彰明甚至軟性憲法則如何曰軟性憲法變更甚易卽在一國會會期之始至其會期之終尙不能知其同一與否（語本英儒蒲徠士參觀平民政治四百九十六頁）邊論歷久而不變夫所貴乎憲法有制限連任之規定者以其效力可垂諸永久使總統無所逞其野心也若其憲法自身時時可變息息可更則決莫能望此故在軟性憲法而有制限總統連任之規定（軟性憲法非與不文憲法爲一物參觀本誌三號政力向背論六頁）實爲無意識之尤

二　近世共和國所行之政制不外內閣總統二種前者法行之後者美採之至此二制之意義何若則求之英儒白芝浩之說而卽明其說曰

總統制之特性在選總統一法選國會議員又一法立法行政各各獨立爲總統政治之體要猶之立法行政兩兩相依爲內閣政治之精神也（本誌一號白芝浩內閣論八及九頁）

內閣總統二制雖各具精神然其所生之功效則二者如出一轍是何也卽能防止元首之專橫與國本之動搖也聞者疑吾言乎請引美儒羅偉章君秋桐之言以明之

羅氏之言曰

法蘭西總統之地位（法行內閣制故其總統處於無責任之地位）曾排除總統之野心使不爲拿破崙其在他一面總統對於議會爲獨立不隨議會之變遷而有動搖因使共和國品位之高國本之固爲法蘭西前此所未有（大陸政治論一卷三十頁）

章氏之言曰

姑無論美人墨守三權分立之說其憲法所予行政部之權本至有限而卽此有限之權動遭康格雷(卽議會)之扼抑而不得行此誠可免元首之專橫而又議會不能傾倒行政部元首在任期內儘可安然無恙國本動搖之慮亦可無有(民立報元年八月二日總統集權說駁義篇)果羅章二氏之說不謬則制限總統連任所欲防止之元首專橫早因施行內閣制或總統制而無有矣於斯復設制限連任之規定實屬無的而放矢不特此也由羅章二氏之說以思則總統連任非惟無危及共和之弊而且有國本益穩之利故為一人永續在職必至危及共和之言者當與杞人憂天同類而共譏也

觀右所述總統連任之不當加以制限洞若觀火矣新造之邦其可妄事效顰乎茲篇之作正為此耳

按近世共和國所行政制除內閣總統二制外尙有瑞士聯邦行政會及狄克鐵特(亢時寫政者之稱)制但前者為特別之政制遷地而不良後者乃一時之例外而非經常之政制故本論僅取內閣總統二制以為論據焉　著者附識

通訊

窮居

（致甲寅雜誌記者）

其一

記者足下。自去歲得一相見。思伏謁而失其時。分散至今。未嘗不以國之君子。於今可屈指數而時懷高賢蹤迹於天地之間。側聞立言正。時時聞有流譽於人。座者曰。今章先生甲寅雜誌言中正。而其學又篤實。而榮薄者也。賢者之有益於世。於茲爲不虛矣。荷書存問。豈尚念當時槁臥中有道不與世近。世不我用。而我亦不蘄苟用於世。以甘處於沈冥寂寞之中。自居於無能。以無所見於世。若予者耶。賢者之不棄要與之偕。感美其盛意。則固以然。顧豈能於今而以其言易天下者耶。苟可以易之。曾何所靳。固不憚竭其鄙陋。盡無能之辭以與國人相聒。不然而激之招禍生變。詭之又非吾所欲出。凡數年來所以不見一文字於當世者。職以此故。而今尙篤守之者也。箕子晞而爲之奴。文王歎而拘於羑。他日當有隨君子而周旋之時。願且待之。論譔之餘。希不吝裁牋。時有以見教。敬勞爲國。　蔣智由白

其二

記者足下。再辱書問。有所稱許。不敢當。其大君子有所過而誘進之者歟。曩歲有作。今追思之。祇令人慙。已見一二於人間。不可追取。未見者固欲毀之。何可以塵於大君子之前。前至日本。始所讀者。在哲學宗

教倫理心理諸書後數年專致力於經濟財政所得過於前者惜乎損此精力而不得一見之於施行也數年復有事乎舊學才絀而思鈍泛濫於東西而終身無所得如盲之人也然學也而已明達亦何以教我乎所撰雜誌翕然稱於國人此非有所私於君亦以見是非尚不沒於人心之間今之論言者固推之爲第一非予一人之見已也雖然賢者之志則盛矣神則勞矣然何救於國之亡夫今日則固非文字之所能爲計也鄙意專在銷屏嘿術力學以待時其得行之與否命也吾志之所祈嚮如是焉耑以還質之君子。　蔣智由白

按海內不聞蔣先生之言論久矣茲雖私函然以發之雅足以慰天下人士之望或亦不爲先生所責也蔣先生謂今日時局非文字所能轉移故雖所學已精不望行世丁此時會是豈不然然細思之覺猶有進蓋精者行之靜也行者精之動也在理即精即行初無所待故吾人亦問所學精焉否耳果其精也即以精之一事言之已爲能行之證不然先生之學決無由精又不然茲所謂精乃含歧義至於時事障礙爲別一問題大凡一說之行形行於行之日而神行於未行之先今求形而不可得並神不以示人似非閔世病俗者所宜出也既以此意書呈先生復揭之於此以告愛慕先生者。　記者

國之大憂

（致甲寅雜誌記者）

記者足下。近譯 Wester marck 氏道德觀念之起原及發達中論結婚之一章。以人類學之眼光比較

大地古今各種人結婚之習慣。頗足起人研究之興味。其中多可與弟之劄記相發明。當以寄呈。主張地方分權。以發展國力。自是正論。猶記篤生在泥北淀時。於廢省之議亦大不贊成。蓋地方廣漠。中央勢難遙制也。近日顏習齋著一論。謂地方自治不確立。教育無從發達。實洞見癥結之言。近日國內諸事日益退步。士人多主張私塾而以學校爲可廢。纏足之風止而復行。禁煙之事將成而敗。司法之僞獨立亦成泡影。選民立法更無論矣。二十年來仁人志士艱難辛苦所造成之輿論。浸將不復留於多數國民之腦海。譬之飲麻醉之藥。浸淫昏迷。難於喚醒。此眞中國莫大之憂也。足下苦口危言。獨力奮鬥。精誠可以感人。如能持以十年。必可造成一絕有勢力之輿論。惟望節勞養氣。注意攝生。庶大業不至隳於半途。天下幸甚。弟所欲譯之書。如斯賓塞爾之倫理學、社會學、綜合哲學原理、康德之純粹理性批判、實踐理性批判等書。皆非一時所能脫稿。然每日務譯少許。以此終吾身焉。　ＣＺＹ生白

中日交涉談

（致甲寅雜誌記者）

記者足下。中日交涉風雲正急之際。弟頗爲兄等慮之。居於日本敵視之下。當有一番不可形容之苦況。不知兄等尚在東京否。執筆亦頗躊躇。時局日非。國運日蹙。一兩年後。中國二字。不知尚能存在乎。息之慘然。

日本對中國之蠻橫。巴黎悲論。多譏之爲德意志第二。各派新聞亦一律言日本乘歐災禍。收漁人利。方

交涉之初歐報尙有責備袁政府親德之所致今則無聞矣社會革命報（日刊）直言『吾法共和黨人聞日本有此舉動莫不慨然悲之』『吾方爲人道而戰爲弱者伸公理而日本對中國之行動實類乎強權之德意志』倫敦泰晤士曰『日本利用歐洲戰事各國無力東顧乃作此種要求於中國然歐洲戰事非永久不息者望日本爲將來計之』法前首相克列曼沙氏在其『不自由人』報（克氏之報原名自由人後爲軍政府所禁乃改名曰不自由人是人年近六十每日作長論說一篇其精力可佩法人俗呼之曰老虎）於袁政府服從日本之哀的美敦書後曾著長論頗譏日本並引用泰晤士之言以警之曰『戰爭非永久不息者』克氏本主張日本兵來援者近乃不言矣克氏之論文有曰『中國人自此之後只有以耐力與日本爭』『中國所處之地位猶之百年戰爭時法國之對英國』『幸賴英美之力日本方允將第五項數款緩期另議』『東方事不可解者頗多往往今夜規定者明朝又提起矣日本下此哀的美敦書後難保無第二次之哀的美敦書』『中國人無革新之勇力恐至吾輩之孫以及孫之孫時代中國人尙如今日也』其他各報皆有論說大抵謂『日本之舉動雖是取巧然中國也太不成體統僭權者袁政府執政以來支那之情形仍是歐洲中古時代之黑暗也日本一時破壞中國之均勢待戰爭之後再行處置中國問題可也』云云歐人之批評東方事者甚清楚的確雖中國人自問亦不過如此

弟意此次外交失敗第一由於袁政府當歐洲開戰之初實表親德之意授日本人以口實以聳動歐洲輿論致惹歐洲政界恐中國盲然被德人所惑與土耳其取同一態度倫敦之泰晤士巴黎之時報外交上左右政府之方策者皆曾起如是疑惑而汪榮寶胡惟德等身爲公使不惟不辯駁或警告政府反昌

言於中國人間『我們政府實在有意幫助德國因爲德勝利爲中國之利聯軍勝則中國不免瓜分』此種目論之外交代表誤事多矣第二袁政府明知中國不能與日本開戰而故激日本使之下哀的美敦書刀放在頸上方爲羞辱的屈從巴黎時報於中國駁回日本之要求而加以反要求時評曰『袁氏亦知中國情形絕不能與日本開戰而故意作此波折乃滿足其政治思想薄弱之國民之狡計耳』政府爲自鞏固其地位計國家之羞恥安所計哉

方交涉緊急時巴黎學生集金託羅馬公使電北京政府主戰（因戰時巴黎不能發中國字電故）迨將決裂中日開戰之風說傳於各報而學生皆有憂色以爲官費將停止種種向個人利害上想希望其萬不可有戰事一聞袁政府屈從學生各個人皆帶笑容官費從此可保無虞袁大總統之外交眞是高妙開學會時其激昂者詰之曰『何昔之主戰者而今則寂然無聞矣』皆相顧而笑此之謂中國人想兄等在東京亦見此相類之狀態也若責政府中間不作一駁回之波折必人人責之曰袁世凱賣國！賣國！！故外人曰『袁世凱是中國人的知己』善知之故善愚弄之

政府旣辦此辱國之外交猶令其機關報利用國民之憤恨主張增兵多樹爪牙以爲一飛沖天之預備上海已發起救國儲金團矣敎育實業之不講練兵造艦有何用處國人果怕外人來修路開鑛何不主張將救國儲金之款爲修路開鑛之資而特表爲國家設武備之用耶此又是政府之愚弄國民間接的不覺字林西報之投稿員曰『如中國尙有愛自由之人當卽時防止儲金團之進行』（見新聞報譯文）吾輩當認爲善言

政府辱國欺民之罪兄等在東京當知之尤詳弟之所知者只就外人之零星記載及隔月始來之上海報紙耳自中日交涉來黨人似自喪其頭腦藉口外患而投降北京日多一日亦有請除黨禁者此種喪廉恥棄主義之惡風伊於胡底今卽袁政府忽爾謝罪國民將自解散國會起一切對內的法令全盤取銷回復正式之國會吾輩與之融和尙恐無面目對死者於地下具結自首小盜毛賊之所爲不幸而見於今日士君子之林眞顧亭林之所謂亡天下也可勝哀哉

歐洲戰事尙無解決之期意大利已出師德奧想更無戰勝之望日本人是後無出兵歐陸之慮對於中國將來算好消息日本不來歐人總是外視之英人因意之出助海軍有餘力與美國合以對日日本如再下新哀的美敦書英美不能旁觀矣

歐人黃白之見甚深此次日本不能西來乃千古之鐵案日本人一定說『我們不願意到歐洲去並不是歐洲不叫我去』歐洲報紙上亦說『日本人到他的鄰國去謀利益不到歐洲來幫我們忙了』（巴黎時報）『頂利害的小黃人現在到中國去不到歐洲來了』（日內瓦新聞）這全是面子上的話骨子裏是不願意黃種人來打白種人若印度人若黑人之在戰場者乃認其爲植民地奴隸之故非獨立同等國民也試看巴黎街上自開戰以來店鋪人家皆並樹其聯盟國旗如比塞俄英意皆有而獨無日本旗間有之亦不易見自與中國交涉以來巷間之談多以日本爲第二德意志非表同情於中國也將來世界平和之障礙物當在極東也末一次之大戰爭（歐洲人多希望此次戰爭爲末一次）尙非此次也識者感之

前在羅馬時寄一片想已到歸巴黎已三禮拜矣函件仍寄原處餘後述 張溥白（五月念五日自巴黎）

厭世心與自覺心

（致甲寅雜誌記者）

記者足下。前於大志四期獨秀君之「愛國心與自覺心」。風誦迴環。傷心無已。有國若此。深思摯愛之士。苟一自反。要無不情智俱窮。不爲屈子之懷沙自沈。則爲老子之騎牛而逝。厭世之懷。所由起也。有友來告。謂斯篇之作。傷感過甚。政治之罪惡既極。厭世之思潮。隱伏於社會。際茲晦盲否塞之運。哀哀斯民。誰則復有生趣。益以悲觀之說。最易動人心脾。最初反問。我需國家。必有其的。苟中其的。則國家者方爲可愛。設與背馳。愛將何起。必欲愛之。非愚則妄。循是以進。自覺之境。誠爲在邇。然若所思及此而止。將由茲自墮於萬劫不復之淵。而以亡國滅種之分。爲可安。夫又安用此亡國滅種之自覺心爲也。愚惟獨秀君搆文之旨。當不若是。觀其言曰。『國人無愛國心者。其國恒亡。國人無自覺心者。其國亦殆。』似其言外所蓄之意。未爲牢騷抑鬱之辭所盡也。厥後此友有燕京之行。旋卽返東。詢以國門近象。輙又未言先歎曰。『一切頹喪枯亡之象。均如吾儕懸想之所能及。更無可說。惟茲行頗賜我以覺悟。吾儕小民。侈言愛國。誠爲多事。曩讀獨秀君之論。曾不敢謂然。今而悟其言之可味。而不禁以其自覺心自覺也。』是則世人於獨秀君之文。贊可與否。似皆誤解。而人心所蒙之影響。亦且甚鉅。蓋其文中厭世之辭。嫌其泰多。自覺之義。嫌其泰少。愚則自忘其無似。僭欲申獨秀君言外之旨。稍進一解。誠以政俗靡汚。已臻此極。傷時之士。默懷隱痛。不與獨秀君同情者。寧復幾人。顛頓行唫。悵然何之。欲尋自覺之關頭。輙爲厭世之雲霧所迷。此際最爲可怖。所述友言。即其徵也。他人有心。予忖度之。妄言梗喉。不吐不釋。獨秀君其許我乎。

國家善惡之辨。古今學者紛紛聚訟。雅里士多德、柏拉圖、黑智兒諸人。贊揚國家之善。裝潢備至。自然法派則謂爲必要之罪惡。而昌無治之義者。輒又遮撥國家。幾欲根本推翻。不稍寬假。此事訴於哲理。太涉邈玄。非本篇所欲問。惟就今世論今世。國家爲物。既爲生存所必需。字以罪惡。未免過當。至若國家目的。東西政俗之精神。本自不同。東方特質。則在自貶以奉人。西方特質。則在自存以相安。風俗名教。既以此種特質精神爲之基。政治亦即建於其上。無或異致。但東西文明之融合。政俗特質之變革。自賴先覺者之盡力。然非可期成功於旦夕也。惟吾民於此。誠當自覺。自覺之義。即在改進立國之精神。求一可愛之國家而愛之。不宜因其國家之不足愛。遂致斷念於國家而不愛。更不宜以吾民從未享有可愛之國家。遂乃自暴自棄。以儕於無國之民。自居爲無建可愛之國之能力者也。夫國家之成。由人創造。宇宙之大。自我主宰。宇宙之間。而容有我。同類之人。而克造國。我則何獨不然。吾人苟不自薄。惟有本其自覺。力黽勉。奮進以向所志。何時得達。不遑問也。若夫國家興亡。民族消長。歷史所告。滄桑陵谷。遷流罔極。代興代亡者。蹤然其非一姓氏一種族也。秦皇元代之雄圖。波斯羅馬之霸業。當其盛時。豐功偉烈。罔莫不震赫於當世。曾幾何時。江山依舊。人事全非。英雄世主之陳迹。均已荒涼淪沒於殘碑斷闕之間。杳如煙霧。不可復識。所謂帝國宏規者。而今安在哉。是故自古無不亡之國。國苟未亡。亦無不可愛之國。必謂有國。如英法俄美。而後可愛。則若而國者。初非與宇宙並起。純由天賜者。初哉首基。亦由人造。其所由造。又罔不憑其國民之愛國心。發揮而光大之。底於有成也。既有其國。愛固不妄。溯其建國伊始。或縱有國而遠不逮今斯其愛國又將云何復次謂朝鮮土耳其墨西哥乃至中國之民雖有其國亦不必愛則是韓併於日土裂於人墨聯於美或尙足夸爲得所如吾國者同一自損更何所擇惟有坐以待亡聽人宰割附俄從日惟強者之威命是聽方爲得計斯而可樂人間更有何事足爲畏怖愚不識斯時果有何幸福加於國家尙存殘體之時并不識斯時自甘居亡國奴地位以外究有奚裨助於吾儕者獨秀君之所謂自覺心者必不若是矣

惡政苦民有如猛虎斯誠可痛亦宜亟謀所以自救之道但以校失國之民猶爲慘酷殆亦悲觀過激蔽於感情之辭卽果有之亦不過一時之象非如亡國慘刧永世不復也昔有文人 Souvestre 者嘗遊巴黎感懷所觸著爲筆錄曾紀一日漫遊曲巷目擊窮苦細民雜處蓬竇襤褸曝日風飄敝屣泥濘流穢臭氣逼人亦有孤客愁死他鄉纍然一棺零丁過市北邙委骨狐狸食之泉臺咽恨幽魂何依感此慘象歸而永歎輒謂人世悲苦眞不如草木之無知鳥獸之自得也迨見梁前燕子雛倡分飛中有弱稚棄於故巢繞室哀鳴母燕不顧呢喃自囀竟以僵死以視人間母子之愛海枯石爛卒無窮期者判若天淵矣則又憬然曰『佳兒慈母例證若斯其足令人反省使仍樂爲人類者何其深也一時激於厭世之思則羨蠻貊之人爲幸運謂以人而不如飛鳥之迴翔自得但平允之明察旋卽軌似是而非之念於正理試深考之當知人性於善惡雜陳之間善量如此之宏乃以慣見而不覺惡一感人輒至覺之以其爲善之例外也』(見所著 An Attic Philosopher in paris 第八章 Misanthropy and Repentance) 與其於惡國家而盲然愛之誠不若致國家於善良可愛之域而怡然愛之願以一時激於政治之惡潮厭倦之極遽祈無國至不憚以印韓亡國之故墟爲避世之桃

源。此其宅心、對於國家。已同自殺。涉想及此。亦可哀已。第平心以思。國苟殘存。善之足以庇民。而爲慣見不覺者何限。其惡之爲吾人所不耐者。乃以其爲善之例外。感而易察。反之亡國之境。甘苦若何。印韓之民。類能道之。萬一不幸、吾人而躬蹈其遇。親嘗其苦。異日者天涯淪落、同作亡民。相逢作楚囚之泣。或將興狐兎之悲矣。吾人今日取以自況。而羨爲善者。殆以爲其惡之例外耳。故吾人自愧於印韓之民。乃與厭世者之憎惡人間。以爲不如草木鳥獸之無知者。出於同一之心理。是當於厭倦(Misanthropy)之後。繼以覺悟(Repentance,)純正之自覺。斯萌發於此時矣。

中國至於今日。誠已瀕於絕境。但一息尙存。斷不許吾人以絕望自灰。輓近公民精神之進行。其堅毅足以壯吾人之意氣。人類云爲。固有制於境遇。而不可爭者。但境遇之成。未始不可參以人爲。故吾人不得自畫於消極之宿命說(Determinus)以尼精神之奮進。須本自由意志之理(Theory of Three Will)進而努力發展向上。以易其境。俾得適於所志。則Henri Bergson氏之創造進化論(Creative Revolution)尙矣。吾民具有良知良能。烏可過自菲薄。至不儕於他族之列。他人之國。旣依其奮力而造成。其間智勇。本不甚懸。舜人亦人。我何弗若。必謂他人能之。我殊未必。則此特別之民。當隸於特別之國。治以特別之政。此種論調。客卿嘗以之惑吾當局。而若吾民。又何可以此自鄙也。吾民今日之責。一面宜自覺近世國家之眞意義。而改進其本質。使之確足福民。而不損民。民之於國。斯爲甘心之愛。不爲違情之愛。一面宜自覺近世公民之新精神。勿謂所逢情勢。絕無可爲。樂利之境。陳於吾前。苟有爲者。當能立致。惟奮其精誠之所至以求之。愼勿灰冷自放也。倘謂河淸已嘆無期。風雲又復捲地。人壽百年。斯何可望。則愚聞之國之存亡。其於吾人亦猶身之生死。日人中江兆民晚年罹惡疾不治。醫言一年有半且死。兆民曰。『命之脩短寧有定限若以爲短則百年猶旦夕耳若以爲脩則此一年有半亦足爲余壽命之豐年矣。』遂力疾著書不稍倦。愚今舉此。或且嗤爲擬於不倫。但哲士言行。發人深省。吾國今日所中之疾。是否果不可爲。尙屬疑問。卽眞不可爲。猶有兆民之一年有半爲吾民最終奮鬬之期。所敢斷言。吾民果能諦兆民精勤不懈之意。利此餘年。盡我天職。前途當發曙光。導吾民於光華郅治之運。庸得以目前國步之崎嶇。猥自沮喪哉。

近者中日交涉。喪權甚鉅。國人憤激。駭汗奔呼。湘中少年至有相率自裁者。愛國之誠。至於不顧身命。其志亦良可敬。其行則至可閔。而亦大足戒也。國中分子。昏夢罔覺者。去其泰半。其餘喪心潰氣者。又泰半聰穎優秀者。悉數且甚寥寥。國或不亡。命脈所繫。卽在於是。而今或以精神。或以軀幹。紛紛以嚮自殺之途。人之云亡。邦國殄瘁。國眞萬無救矣。然則國家之亡。非人亡我。我自亡之。亡國之罪。無與於人。我自尸之。少年銳志。而亦若此。是亡國之少年。非興國之少年也。夫自殺之舉。非出於精神喪失之徒。卽出於薄志弱行之輩。日本少年。一遘艱窘。祇有投華嚴之瀧之本領。哲人每以是薄之。今吾少年。亦欲以湘水之波。擬彼華嚴之瀧。人其又謂我何也。且時日害喪。國恥難忘。充吾人之薪膽精神。遲早當求一雪。卽懷必死之志。亦當忍死須臾。以待橫刀躍馬。效命疆場。則男兒之死。爲不虛死。不此之圖。一朝之忿。遽效匹夫匹婦之自經溝瀆。是人不戰而已屈我於無形。曹社之鬼。嘻嘻笑於其側矣。是皆於自覺之義有未明也。往歲愚居京師。暗殺自殺之風。并熾於時。乃因蔣某自銃之事。作原殺一文以論之。茲復摘錄其一節。

自殺何由起乎。宇宙萬象影響於人類精神之變化者。至極複雜。渺不知其主因何在也。即如蔣君自殺一端。就蔣個人觀之。則出於一時憤激。就其憤激之原因考之。則又原於校事棘手。其影響及於一人。其原因基於一事。其憤激起於一時。若作社會見象觀之。則蔣君自殺之見象。實爲無量之他種社會見象促動之結果。模倣、激昂、厭倦、絕望。皆其造因。積此種種之心理見象。而緣於一事。發於一朝。其所由來者漸。其所蘊蓄者素。而所以激發此心理見象者。實以有罪惡之社會見象爲其對象也。人類行爲。有不識不知而從其途轍者。謂之模倣。是乃社會力之一種。今人輕生好殺。相習成風。自清季已然。陳星臺楊篤生諸先輩。均以愛國熱誠。憤極蹈海而死。自殺之風。遂昌於國。而接其踵者。時有所聞。則模倣之力也。鄙陋之夫。有自裁者。其家人或相繼出此。至有以同一方法。行於同一場所者。庸俗不察。指爲寃魂作祟。抑知此亦模倣之故。然發見此類事實之家庭。其隱痛必有難言者矣。復次社會不平。鬱之既久。往往激起人心之激昂。光復以還。人心世道。江河日下。政治紛紊。世途險詐。廉恥喪盡。賄賂公行。士不知學。官不守職。強淩弱。衆暴寡。天地閉。賢人隱。君子道消。小人道長。稽神州四千餘年社會之黑闇。未有甚於此時者。人心由不平而激昂。由激昂而輕生。而自殺。社會見象激之使然。烏足怪者。夫世之衰也。政俗不良。人懷厭倦之思。忠賢放逐。歸隱林泉。其極乃至厭棄人世。飲恨自裁者有之。在昔暴秦肆虐。仲連蹈海。荊楚不綱。靈均投江。一暝不顧。千古同悲。而清潔之流。不爲世容。相率黃冠草履。歌哭空山者。徵諸史冊。又未可以僂指數。則厭倦濁世。寧蹈東海而死。古今蓋有同茲感慨者矣。抑自殺亦爲絕望之結果也。自古忠臣殉國。烈婦殉夫。臨危盡節。芳烈千秋。此其忠肝義膽。固足以驚天地而泣鬼神。然人見忠臣之殉國也難，而忠臣之所以殉其國也不難。人見烈婦之殉夫也難。而烈婦之所以殉其夫也不難。蓋忠臣烈婦之所望於其國其夫者。至懇且厚。旣舉其畢生之希望。寄於其國其夫。一旦國危夫死。天長地久。綿綿無盡。更安可望者。則殉之以出自裁。其於精神。實覺死而愉快。有甚於生而痛苦者焉。滿淸末造。吾人猶有光復之希望。共和之希望。故雖內虐外侵。壓迫橫來。而以有前途一綫之望。不肯遽灰其志。卒忍受其毒苦。今理想中之光復佳運。希望中之共和幸福。不惟豪末無聞。政俗且愈趨愈下。日即卑汚。傷心之士。安有不痛憤欲絕。萬念俱灰。以求一瞑。絕聞覩於此萬惡之世也。嗚呼。社會鬱塞。人心憤慨。至於此極。仁者於此。猶不謀所以救濟之方。世變愈急。人生苦痛。且隨之俱增。而生活艱窘。饑寒更相困迫。佛說天堂。而天堂無路。耶說天國。而天國無門。萬象森羅。但有解脫之一路。即自殺是。哀哀禹域。行見其民之相殺自殺以終也。然則求之荒渺。索之幽玄。毋寧各自懺悔。滌濯罪惡。建天堂天國於人世。化荆棘爲坦途。救世救人。且以自救。茫茫來紀。庶倘有生人之趣乎。

由斯以談。自殺之象。其發也雖由一時一事之激動。而究其原。則因果複雜。其醞釀鬱積者。固非一朝一夕之故也。今欲遏之。惟望政治及社會。各宜痛自懺悔。而在個人。則對之不可蔽於物象。猥爲失望。致喪厥本能。此即自覺之機。亦即天堂天國之胚種也。尤有進者。文學爲物。感人至深。俄人困於虐政之下。鬱不得伸。一二文士。悲憤滿腔。訴籲無所。發爲文章。以詭幻之筆。寫死之趣。頗足攝人靈魄。中學少年。智力單純。輒爲所感。因而自殺者日衆。文學本質。固在寫現代生活之思想。社會黑闇。文學自畸於悲哀。斯何與於作者。然社會之樂有文人。爲其以先覺之明覺醒斯世也。方今政象陰霾。風俗卑下。舉世滔滔。沈溺於罪惡之中而不自知。天地爲之晦冥。衆生爲之厭倦。設無文人應時而出。奮生花之筆。揚木鐸之聲。人心來復之幾久塞。懺悔之念更何由發。將與禽獸爲侶。暴掠強食以自滅也。若乃耽於厭世之思。哀感之文。悲人心骨。不惟不能喚人於罪惡之迷夢。適以益其愁哀。驅聰悟之才。悲憤以戕厥生。斯又當代作者之責不可不慎也。偶有棖觸。拉雜書之。僅以述感。不復成文。惟足下進而教之。餘不白。

李大釗白

來書以閔世之摯情。發爲救國之讜論。仁人之言。其利溥矣。愛國之義。愚已別有所陳。請觀前幅拙著國家與我。便了鄙意。惟足下指斥自殺以爲自亡之證。愚謂不必盡然。吾國之所大患。亦偸生苟容之習而已。自殺之風果昌。倘能矯起一二。不然似此洩沓無骨。無一質點覺稍健爽之人民。投畀豺虎。豺虎不食。投畀有北。有北不受矣。足下慮其自亡。豈知區區一亡。雅不足以贖其狗彘無恥之罪。已矣已矣。吾人惟仰託星臺篤生諸先輩在天之靈。冀有懺悔之餘地。以自解脫矣。而足下云云。曾亦思當今薄志弱行。寡廉鮮恥者流。正賴有是說以自遮護。容頭而過身。馴至國亡之後。尙不自晤其罪。何等否耶。日本少年。喜投華嚴之瀧。足下非之。愚則以爲日本之民。矯健輕生。正面用之以強其國。副面用之以了其生。理無殊致。吾方媿死之不暇。學焉而未能。而又何病焉。數日前愚往東京帝國劇場觀所影法蘭西新劇。有檢察長一齣。檢察長某之女。色美。爲強暴所誘。垂成而覺。女取手槍斃之。於父寓而嫁罪於女僕。女僕固強暴者之棄婦也。極口呼冤。而父理此案。必致女僕於死。於公庭宣言曰。郎犯者爲吾女。吾亦云然。女爲良心所責。在堂下色頓變。出而自認。慨爽不少諱。合庭大驚。父尤惶駭無人色。不得已下令捕女投之獄父尋訪女獄室女方臥從容呼女起仰藥合抱以死冀全譽也當時觀者莫不動容懷其劇目以歸則見大書其上吾日本正當思想混雜志趣軟弱之時茲爲當頭棒喝不可不看！不可不看！！詢之某評論家其說亦然茲雖末節然以證日人於其川淨車轢每日數起之自殺古風未嘗深惡痛絕則有餘也尤有顯例可以稱述三年前乃木大將夫婦剖腹以殉其先皇萬口一聲敬禮唯恐不及有西京大學教授某獨以其國人奬勵自殺過甚稍稍著論非之則舉國指目以爲妄人當時輿論之嚴恍若不得其人戮而肆諸市朝不足蔽其欺謾之罪卒至政府以此解其教授之職此君降營他業社會亦不見容浮田和民恒舉以爲言論不自由之證頗訴病焉然茲爲別問非愚今旨所在今之所欲鄭重昭告者則日本之崇奬自殺確與其所以立國之道有關非吾儕禽視鳥息之氏所能平目而觀者也西夫溝瀆之言乃先民半面的教訓古今幾多馮道吳廣之輩依此以藏其身足下豈不曰等死耳何不橫刀躍馬效命疆場不知無自殺之決心者未見卽能立效命之宏願往者曾滌生敗於靖港憤投湘江吾家价人負之以起負之以起非滌生所及料也爾後成功卽卜於此豈知軍國大事碻非偷生小夫所能奏功者矣故今日吾國之所患不在厭世而在不厭世有眞厭世者一方出極而反可以入世收舍己救人之功一方還其故我與濁世生死辟而極廉頑立懦之致足下奈何病之數年以來吾國自殺之風稍有根萌者亦蔣君之自殘未遂及近日湘中少年偶爾憤激之舉已耳比之隣邦何啻熘火足下憂其風熾所慮毋乃過早乎總之自殺固非奬進而無流弊之美德特在吾國不生是憂賢者縱不倡之決不當阻之足下以提倡厭世之風文人當負其責愚謂提倡偷

世之風文人尤當負其責也質之明達以爲何如　記者

儒術

（致甲寅雜誌記者）

記者足下年來政象不良英才秀士其學與行皆可以有爲者乃或悒悒而歿以憂時殺身溟竊痛之曾與舍親張君一書馳論及此冀救其偏（近接英使電告張君病危矣）姑以檢呈足下視之謂可發以示人否第今日正需激厲偸惰此論或非所宜如斯社會出語都難可勝浩歎餘再白　梁漱溟白

寄張寬溪舅氏書張時留學英倫以病肺蝌養痾於村莊

寬舅左右三次信片均代轉致尊體違和久縈鄙懷悉焉弗釋第恨無術飛達君所一相瞻省家君愛重才德尤殷馳繫祇以世務涸人書緘稀曠耳舅寄身遐域時多關懷家國之思憂形楮墨此於病匪宜於他日入世經世尤非宜溟竊見今世不仁之人饕情富貴仁人蒿目而憂世患非楊則墨夫楊固非儒墨亦奚足爲儒舅誠欲爲眞儒楊固不可爲亦奚有於墨墨者之爲知俴行徑而無道爲之樞故不數十百年而絕所謂其直如矢其平如砥不足以覆萬物水淺者速涸溪狹者速竭荀卿謂其蔽於一曲而闇於大理又曰墨子蔽於用而不知文是已儒者務致中和子思述孔子之言賢者過之不肖者不及而深歎夫中庸之不可能中庸儒者之道也恢然若天地之苞萬物使人養生送死乎其中而不爲出位之思而其術要在禮樂樂記云禮樂不可斯須去身致樂以治心則易直子諒之心油然生

矣。易直子諒之心生則樂。樂則安。安則久。久則天。天則神。蓋情不可極。極則橫決矣。儒者經世不能絕人情。故務節之和之。而後可以長治久安。曲儒不識。憂悄愁苦以爲仁。激昂憤慨以爲義。戾氣充塞。而人情淫僻。憂苦之極。嫉人厭世。憤慨之極。縱慾玩世。橫決之禍乃烈矣。韓愈自命醇儒。而所爲詩有忽忽乎余未知生之爲樂也。願脫去而無因。安得長翮大翼如雲生我身。乘風振奮出六合。絕浮塵。死生哀樂兩相忘。是非得失付閒人。慨然有出世之思。蓋禮樂不興。中庸道絕。此意唯佛學者洞澈本原。慧心溥照。能默識之。而儒言儒服者。轉昧昧焉。故士誠有經世之志。則爲眞儒。與儒術而已矣。而不然者。賢者之過。吾寧知其果愈於不肖者之不及邪。古有侑卮焉。虛則欹。中則正。滿則覆。吾懼其不爲虛欹而爲滿覆也。雖然既憂苦矣。既憤慨矣。將何道以解之。吾不敢以佛說進。吾姑爲淺譬焉。王曾曰。志不在溫飽。謂一己之溫飽。至賤末。非所顧慮也。一人之溫飽爲賤末。則二人者亦賤末耳。積之至於萬衆。亦賤末耳。而顧志在治國平天下。平治之效。萬衆之溫飽而已。此譬猶少而示之黑。謂之黑。多示之黑謂白(此喻見墨子)。於義固不牴牾邪。夫世間舍養生送死。亦更奚事。國破世亂。而至於極。亦只生得其養。死得其送而已。又奚加焉。國治世甯而至於極。亦只生不得其養。死不得其送而已。又奚加焉。概乎其不足道者也。此而不明。而憂苦焉。而憤慨焉。或非有道者之爲乎。孔子曰。君子坦蕩蕩。小人常戚戚。吾竊慕夫坦蕩蕩者也。專此佈臆。伏冀諒察。寒冬善自攝衛。務爲寬閎。黜落煩慮。勿藥可期。書不盡言。翹首而已。

漱溟頓首

按梁君之言與愚所答李君大釗之意。有所出入。愚兩存之。世之君子以衡論焉。　記者

甲寅何爲而作也

（致甲寅雜誌記者）

記者足下嗚呼天下之大何處不可棲身何事不可糊口足下何爲而羈留東島又何爲而作此甲寅雜誌也國事人心不可問矣以往年素慕足下至曰非行嚴之文字不觀之某君今入官矣則不曰此種雜誌全是搗亂卽曰窮極無聊藉以噉飯賤子幼時多病長亦失學於文字毫無所知惟觀足下今日之言辭較諸往昔尤覺和平至說理之充足則一也某君之言用意何在君不敢知且不知足下必如是執國人而强聒之其用意又何爲也如謂不勝悲憫之懷警告同胞俾各努力毋爲亡國種子乎則足下誤矣蓋國內上而大人先生下而流氓兵匪百事皆作惟不讀大誌讀之者賤子敢言大抵潦倒之士耳人而潦倒日謀生活之不暇何事於社會何事於文字國亡有日矣願足下稍自珍攝備於國亡之日效力疆場令列強見之中國雖亡而有不可亡而竟亡之少數人在焉斯爲得矣如足下不我許也則尙有一事欲懇商足下爲之蓋政客流氓不足論矣至中年子弟爲家計所累或爲無良學校有就學而未成有欲學而不得有學成而無所用之者枯守家廬無所進益或事傭書藉輕家累其於所學不數年而盡亡矣或年漸長雖欲有所學而不能矣是非設法教導斷斷不可欲爲此也其法莫妙於仿函授學校之例由足下糾集同志先授數科一文學（分廣義狹義兩種）一法政一實業（須擇自行可以實習者國內所辦實業學校多不重實習問之則曰學識爲實習之母學識不足不可實習倘已不知實習又爲學識之母也）各爲講義以時分配吾知從者必衆所造實多矣國人學殖荒落道德淪喪幾致不可收拾振起

之責。是在足下。如畏函授一時繁重難舉。允否先將名家著述。詳細詮釋。譯登報端。介紹國人。雖曰一時難窺其全。而學者得此。亦足以不走歧路。以收時半益倍之效。所求如此。足下以為何如。若足下曰雜誌既不暇觀。縱有講義。盡善盡美。亦何用。處賤子雖不能縣答。然好讀大誌者。本以有志於學者為多。足下若更有講義以豎之。是因求仁得仁之道也。言詞前後矛盾。字跡潦草。腕弱不克謄清。乞恕之。 吳醒儂白 六月二十日

損書以傷心之言。灑同情之淚。析來邀愁人相逢。祇說愁。惟足下之悲甚矣。愚不當再為淫詞以益之。若更遇某君。為愚敬謝不敏可矣。函授之法。誠為美舉。然舉此談何容易。僕雖疲駑。亦不敢辭十駕之勞。顧安所得同志而糾集之。以足下習於國事。豈不知國人學識足以為此者。今皆利澤施於人。名聲昭於時。坐於廟朝而佐天子出令。豈能從海外亡命者游。負秀才作賊之名。噉廣文不足之飯。奮其毛錐。騰其口說。出其舉世不用一錢不值之外國講章。與國內潦倒無憀寒酸可笑之幾輩書生言說短長。自取僇辱哉。然足下之意。則固感之矣。以西人名著。譯登甲寅。本愚初志。足下試觀白芝浩哈蒲浩諸篇。皆愚手錄。可以知也。後以困於他項文学不克賡續。今以足下督責。當勉之矣。 記者

涓蜀梁

（致甲寅雜誌記者）

記者足下。讀大誌第六期文苑。載有朱仲我先生讀陶集三首。列於遺稿類。謂聞其癸丑之役。轉徙老死

於金陵。足徵大誌留意國老用心。文典不勝耆舊凋零文獻無徵之感。欽服無似。惟傳聞失實。請爲更正。蓋朱先生猶在金陵無恙也。不佞昔曾於皖國學社研問許氏之學。別離以來。雖不嘗與先生通訊。然空谷足音。往往聞於同社舊友。去歲中秋。社友楊丙遇其公子立三於焦山。得詢起居無恙。先生居金陵雙獅巷。今年七十有五矣。猶手不輟筆。紀述清史。洪楊一役。身親見之。多所佚聞也。曾憶去春遇徽人江某於滬。謂朱先生已歿。爲之慼喟不已。及晤焦山楊丙。乃知前說之誤。今春游西湖。寓華嚴大學。友人程演生出其手札與七律五章。不啻與朱先生聚譚一室。非徒知其尚在人間也。竊歎國人好爲無稽之譚。尤憙道人之惡與人之死亡。癸丑兵亂以來。友朋離逖。音問阻絕。道路紛紛。不曰某某墓木已拱。即曰某某墮落不堪。已爲游探間諜。一旦與其本身握手萬人叢中。則矍鑠如故也。修行節操且堅於疇昔也。此種劣習。慣皆由交游不以誠信相孚。寵鈞董石權壓梁寶。則望影星奔。藉響川驚。冀脊燭之末光。邀潤屋之微澤。我以是施諸人。人亦以是還諸己。一朝阻隔。疑謗交騰。荀子曰。夏首之南有人焉。曰涓蜀梁。其爲人也。愚而善畏。明月而宵行。俯見其影。以爲伏鬼也。卬視其髮。以爲立魅也。背而走。彼至其家。失氣而死。此可以代表國人之心理矣。甚矣國人之愚而善畏。且自疑其至親之影髮爲鬼魅。可慨也已。其欲免爲涓蜀梁之失氣而死。得乎。不佞因朱先生之未爲鬼魅。故縱筆及之。記者得無嫌其漫耶。謹將朱先生原函及詩五章附呈於後。幸假我數行。以示國人之知朱先生者。且以慰大誌懷想國老之盛心也。　易坤白

七巧板

（致甲寅雜誌記者）

記者足下。病中讀 H.Bergson 所著 An introduction to Metaphysics。英人Hulme所譯本 見有Chinese puzzle 一語。玩其上下文似是七巧板。然查辭書多種。竟不可得。頃讀大報六期政治與社會。十八頁第四行 亦有七巧板之名。並謂聞之白芝浩。白氏英人。其書不知亦作 Chinese puzzle否。請賜覆。 劉夷白

良。然惟 Puzzles 有多種。如所謂九連環六合連等皆屬之。 記者

正誤表

五期時局痛言

頁	行	誤	正
八	十一	願	頗取句

五期學理上之聯邦論

頁	行	誤	正
一三	八	利	制
一七	六	聯法	聯邦憲法

七期共和平議

頁	行	誤	正
二	一	姒	似
八	五	愛	受
一五	五	院	員
二一	二		爭亂者上脫故。知。二字

七期聯邦論答潘力山

頁	行	誤	正
四	四	潘君之辨句緊與前接不另行	

七期紀中日交涉

頁	行	誤	正
四	六	占	步
一七	一一	於	如

七期絳紗記

頁	行	誤	正
八	十二	當	嘗
九	十二	門	閉
一四	十二	糖	塘

文苑

致龍松岑書四首

王鵬運 遺稿

日前報謁知否。數日不見。思君欲渴。轉不若天涯相望之忘情晤對也。粹甫日來探消息。擬約至晉館小樓一飲。其樓絕佳。似不可不一登眺。鄙人目之爲長安第一樓也。直幅一紙。奉求大筆。不論作何體皆可。務祈撥冗爲之。符尚有用耶。醉白堂集兩部。敬上。和珠玉詞一冊。求教之。

不見數日。得意事甚多。詐爲足下述之。以念千錢購珠玉。六一小山東坡黃九秦七放翁耆卿梅溪白石東堂長卿後山蒲江補之各詞集。皆琴川毛氏初印本也。又得上林張鵬展所撰幡西詩鈔。則吾鄉有明暨國朝詩也。又得見萬紅友堆絮香膽兩詞集。論律甚細。而詞品不高。似不脫草堂習氣。且絕少警拔語。凌次仲全集亦得見。因錄後其門人張其錦一跋。詳論詞學源流。足以益人神志。每題下皆註明大宮小石諸調。亦是偉觀。而玉律金科。可與紅友相表裏。實倚聲家不可少者。擬抄一部也。又子壽丈和四秋之吟見其二首。皆絕佳。所耿耿者。日來未作一句耳。然胸中詞味盎盎然也。今晨趨省歸。當過談。

前日失迓甚歉。天假之緣。於風鶴聲中得此良見。似不可不多聚數次。今日當屏除一切。敬候台駕過譚。芸芝之變生皆在咫尺。可相約共謀一醉。晚間便可於敝齋下榻。晝短夜長。剪燭抵掌。亦紛紛擾擾中一快心事也。足下倘有意乎。

去年初冬在試場奉上一書。至今半年餘矣。未嘗續上隻字。實以嬾疾太作。百爲擱閣。幾視此身食息皆為多事。違論其餘哉。今年正月。曾將執事所嘆息痛恨之因循情面具文三事。痛切陳之。而歸本於責難之義。學堂一議。其附片也。附片雖見施行。而其重要者仍然報罷。日來頗見振作氣象。然不揣其本而齊其末。可乎哉。亦壽州所謂稍愈於不為耳。人事天心。微茫莫測。加以鄙人愚暗之性。但有仰屋而嗟耳。開正以來。與二三同人為詞社之集。月再三聚。以故今年得詞極富。存稿已逾百首。有不錄存者。竊為平生所無。胸中熱血。藉以傾瀉。不獨消日亦可卻病也。回首龍蛇之際。覓句堂中。撰吟光景。情事略同。懷抱迥別。當時杯酒。亦頗有流連光景。俯仰身世之感。以命觴之。已同樂國。世變日新。變故不可測度。正未卜後之視今。又將何如。吁可畏哉。故鄉風鶴。醞釀已非一朝。雖幸而克捷。可冀收功。然梧鬱十帶。已不堪蹂躪若此。剿撫能稍警奸徒之心。亂庶可弭。否則伏莽遍地。難求一日之安也。況吾鄉如此。他省又何在不然。加以錢米皆荒。朘削未已。強鄰日逼。民心日離。不出三年。天下將無寧宇矣。如何如何。礪秋宦運大來。想不日當到京。其歷年所刻書。架上皆無之。能為我索一全分否。同憶蕭齋。壽黃同人。惟此公大闢蹊徑。雖得大名。亦負大謗。人世間何者可以逆料。然欲再求昔日之樂。豈可得哉。豈可得哉。

案光緒初年王鵬運與龍繼棟裴祀章棠祥唐景崧況崇翟結社於京師覓句堂中　編者識

與蘇子穀書　章炳麟

曼殊師法座。有羅浮山寶積寺沙門。名婆羅者。航海來日本。特訪師於民報社。蓋婆羅在廣東。見警告書故不遠萬里。求善知識。師本意欲往羅浮。又譯婆羅海濱遯迹記。今皆應驗。所謂嗜欲將至。有開必先者歟。婆羅素學禪觀。與啞羊輩大異。在橫濱曾講經一月。今寓鎌倉建長寺。彼寺則日本臨濟宗第一招提。

其僧亦尙少眞宗與味也。未底定方託印度友人轉購波佾尼八部書。其書到後。當就師講解所著梵文典。婆羅亦有意付梓。是一大快。我亞洲語言文字。漢文而外。梵文及亞拉伯文最爲成就。而梵文尤微妙。若得輸入域中。非徒佛法之幸。卽於亞洲和親之局。亦多關係。望師壹意事此。斯爲至幸。手此敬頌禪悅

末底仲陀南。

由木瀆入崇禎橋　　姜實節遺詩

鶴澗先生遺詩。爲叔蘊手輯之。曾刻於國學叢刊卷二。以國人不多見此書。故轉錄數首。並附羅跋於此　鶴澗先生遺迹。孤潔冷峭。武梁林詩亦淸過絕俗。如其爲人。顧求其嗣子所編所謂焚餘草者二十年不可得。而總集如國朝詩別裁集、山左詩鈔、江蘇詩徵。所選僅寥寥三數篇。予悼已久矣。今年春在上海。有以先生畫冊見售者。錄其遺詩十餘章。返東山寓廬。又發篋出所藏先生遺迹。合以諸家所選。先後共得詩四十九篇。亦可窺豹一斑矣。至先生平生行誼。諸家記述頗略。亦不載其生卒年月。據卷中游鄧尉詩序。及張符驤所作先生生壙記。知其生於順治四年丁亥。距明社之屋已數年矣。顧守先人之訓。高不事之節。以父母未得合葬。自營生壙。不敢以妻祔。又讀卷中由木瀆入崇禎橋、贈戴南枝諸什。家國之痛。白首如新。彼龔錢、飛身食朝祿、名滿當代。一旦滄海改易。則盡喪其平生。以視先生。能無愧死乎。集錄既終。謹書卷尾。以誌景行。宣統甲寅。後學上虞羅振玉記於東山寓居之洗耳池　按跋中稱宣統甲寅。以存其眞。不之改。　編者識

黃葉吹殘晚寂寥。疏楊木瀆水蕭蕭。驚心忽下天涯淚。猶有崇禎往日橋。

虎邱贈山陰戴南枝

四海都成戰伐塵。家山回首各沾巾。月明夜靜千人石。只有酸心兩个人。

題趙松雪平林秋遠圖

秋林繫馬鋪茵坐黃葉隨風點碧苔我亦湖南蕭寺裏日斜寒殿兩株槐

陽山白龍廟前老樹內寄生槐樹一枝綠陰如蓋殊爲可觀予以春日過其下徘徊不能去爲作詩紀之

山僧指樹爲予說樹老心空有歲年親見野鴉銜子入種成槐樹復参天

揚州感舊

揚州城外草芊芊爲憶秦箏舊日緣腸斷不堪回首望綠楊風下少秋千

出黃山後寄黃虞道士

白雲遮斷青山院絳節遙看鶴背閒悵有泉聲能惜別一更相送到人間

飲虎邱山下

小飲罏頭醉似泥幸逢良友爲招攜醒時記得歸時路一半殘陽掛柳枝

贈女校書張憶孃

六年前見傾城色猶是雲英未嫁身今日相逢重問姓座中愁殺白頭人

虎邱

寺門歸路柳隄東十月繁霜唳早鴻好是田斜人去後一天紅葉下西風

西湖寓樓毛奇洪昉思爲予填詞約歌者未至

紅幺點就新詞譜。未遺尊前按拍歌。如此好山如此水。老翁相對奈愁何。

癸丑秋紀金陵圍城事五首　朱孔彰

前登朱先生讀陶詩三首。誤聞道路流言。以爲化去。今得易君來書。知先生尙在金陵淸健猶昔年已七十五矣。今之少年喜妄言前輩生死。編者不加擇別。遽爾播揚。疏慢之罪。敢復辭卸。惟聞魯殿靈光。巋然尙存。所又爲後進篤學之士欣喜不置者矣。　編者識

我年七十遘流離。衰白何堪再見之。刼運滄桑胡底止。生民塗炭感斯時。千年城郭難爲守。六代江山付與誰。牙纛牙兵各雄長。晚唐時事不勝悲。

殺機一起勢難平。江表男兒性命輕。秋水芙蓉都下淚。江干楊柳不勝情。北方有識能觀變。南國無財莫用兵。多少靑年良子弟。誤投湯火枉平生。

各逞雄才據霸圖。五侯九伯擅征誅。詩書已廢軍難治。杼柚其空事可虞。策士智囊今罕有。兵家凶器古來無。危城終夜雷聲激。震耳難眠一病夫。

昔年洪李蹢江東。今日共和事不同。豪傑性情原各異。英雄意見總難融。潛思隱避林皋外。俛倖餘生礮雨中。酷暑火雲能久戰。一軍惜已化沙蟲。

向戍源來強弭兵。中華尙待聖人生。權謀自古難持久。豁達從來見至誠。山藪包容羌易治。乾坤整頓思無成。南風不競今如此。太息沈吟半死聲。

讀史二絕句　王國維

楚漢龍爭元自可。師昭狐媚竟如何。阮生廣武原頭淚。應比迴車痛哭多。

當塗典午長兒孫。新室成家且自尊。只怪常山趙延壽。赭袍龍鳳向中原。

送日本狩野博士奉使歐洲

君山博士今儒宗。亭亭崛起東海東。平生未擬媚鄒魯。肸蠁每與沂泗通。自言讀書知求是。但有心印無雷同。我亦半生苦泛濫。異同堅白隨所攻。多更憂患閱陵谷。始知斯道齊華嵩。夜闌促坐聞君語。使人氣結回心胸。頗憶長安昔相見。當時朝野同歡宴。百僚師師學奔走。大官諾諾競圓轉。廟堂已見綱紀弛。城闕還看士風變。食肉偏云馬肝美。取魚坐覺熊蹯賤。觀書韓起窮無感。聞樂延陵應所歎。巾車相送南城隅。歲瑣甫更市朝換。瀛蹶俄然似土崩。梁亡自古稱魚爛。干戈滿眼西風涼。衆雛得意穉且狂。人生兵死亦由命。可憐杜口心煩傷。四方蹙蹙終安騁。幡然鼓棹來扶桑。扶桑風物由來美。舊雨相逢各歡喜。卜居愛住春明坊。擇鄰且近鹿門子。商量舊學加邃密。傾倒新知無窮已。幸免仲叔累猪肝。頗覺幼安悲龍尾。談深相與話興衰。回首神洲劇可哀。漢土由來貴忠節。至今文謝安在哉。履霜堅冰所由漸。麋鹿早上姑蘇臺。興亡原非一姓事。可憐惈慄京與垓。此邦曈曈如曉日。國體宇內稱第一。微聞近時尙功利。復云小吏乏風節。疲民往往困爲稅。學子稍稍出燕說。良醫我是九折肱。憂時君爲三太息。半年會合爭安城。只君又作西歐行。石室紬書自能事。縞帶論交亦故情。離朱要能搜赤水。楚國豈但誇白珩。坐待歸來振疲俗。毋令後世羞儒生。勿攜此詩西渡海。此中恐有蛟龍驚。

蜀道難

對案輟食慘不懽請爲君歌蜀道難蜀江委蛇幾千折峯巒十二煙雲閒中有千愁與萬宛南山北山啼杜鵑借問誰化此幽憤古冢北去是江南開府魂非復當年蜀天子開府河朔生名門文章政事頗絕倫早歲才名揭曼碩中年書札趙王孫籌筆驛邊鄖署繡衣一著飛騰去十年持節徧西南萬里皇華光道路幕府山頭幕府開蕺金臺畔起金臺主人朱曅多時譽賓客孫洪盡上才奉使山陵經馳道幸緣薄譴歸田早寶華庵中足百城更將何地堪娛老嗚呼乾嘉以還盛文物器車爭爲明時出士夫好事過歐趙舉子肴文陋王裔近來山左數吳陳江左潘吳亦絕倫攑府好古生最後蒐羅頗出諸家右匋齋著錄苦未盡請述一二遺八九玉刀三尺光芒靜寶雞銅禁尤完整孤本精嚴華岳碑千言謨訓毛公鼎河朔穹碑多贅致中餘六代朱文字丹青一卷顧長康唐宋紛紛等自鄶開府此外無他娛到處琳琅載後車頗怪陶公儲木屑不愁馬援謗明珠此來翁穀多腸暇倦眼摩挲窮日夜自謂青山老向禽那知白首隨王賈鐵官將作議紛綸詔付經營起重臣又報烽煙昏玉壘便移旌節上荆門玉壘荆門路幾許可憐偏地生榛莽木落秋經灩澦堆風高暮宿彭亡聚提兵苦少賊苦多縱使兵多且奈何戲下自翻漢家幟帳中騰聽楚人歌楚人三千公舊部數月巴渝共辛苦平時武帳稱元戎此日轅門呼索虜徹侯萬戶金千斤首級還須贈故人此意公私君莫問此時恩怨兩難論愛弟相隨同玉碎贈官賜謚終何濟銅鼓聊當蒿里歌鐵籠便是東園器殺胡林中作帝羓蜀鹽幾斛相交加留取使君生面在順流直下長風沙南樓到日人人識猶憶使君曾駐節將軍置衞爲周防父老遙看暗嗚咽昔聞綦抗漢與明規摹還使後人驚和州有廟祠余闕西楚何親非穀城即今蠻邸懸頭久枯骨猶聞老兵守白狄誰歸先軫元朱瑒空謚王

琳宮玉軸牙籤盡作塵蘭亭殉葬更無因頗聞紀甗歸齊國復道龍文委水濱首在荊南身在蜀歸魂日夜西山麓千里空馳江上心一時已抉城門目可憐蕭瑟滿江潭無限江南與漢南莫問翠微舊山色西風落木歸來庵

舊國

蔣智由

暢然望舊國（莊子則陽篇舊國舊都望之暢然）時復夢中過城郭春雲白江湖秋水多不聞招賈誼空自老龐頗三徑窗前竹年來翠若何

鷓鴣歎

鷓鴣爲避風乃至魯東門萬里失所依鐘鼓如不聞哀鳴向蒼天願天止風雲一旦變氣候春回江海清鶖雁滿梁藻嗟奪何紛紛惟見東門外啾啾聲念羣

鏡裏流光

紅樹青山繞畫樓他鄉猶似故鄉秋天容不變人情變鏡裏流光看白頭

觀溪有懷治道書感

潨潨山中水所出同一源峭激生波濤渟洑成淵潘悟此流水意民情故可覩逢堯人鑿井遇秦衆揭竿黃巾與赤眉操戈遍中原納之嗥嗥世可如桃花源吾聞鯀治水堙之益滔天禹乃反所爲開鑿龍門山禹以錫玄圭鯀以沉羽淵又聞召公言防民甚防川川壅四橫潰民壅亦復然故水莫如導而民莫如宣吾觀太平君仁慈而惠寬民若水在淵弗聞其爲湍季葉尚嚴武禍亂日綿綿請迴明聖駕一凭溪上欄

詠吳季子掛劍

交道貴不欺無異生死間世衰道日薄吁嗟多不然延陵昔聘晉休駕溢徐關徐君愛其劍心許口未言顧反墓草青掛之塋樹前龍文吟夜月虎氣橫秋煙山川陵谷變此劍無流傳惟傳君子心炳若霄漢懸隱諸猶未寒庶可共心肝豐城沖斗牛吳冶有鏌干何似此劍奇高義景雲天不爲斫仇人可以挽狂瀾

梁甫吟（李白集中有此題作今仿之）

按諸葛亮父爲梁甫尉亮幼從父任所故爲梁甫吟其後陸機沈約陸瑜李白皆作之或謂始曾子李勉琴說曰梁甫吟曾子撰蔡邕琴頌曰梁甫悲吟琴操曾子作梁山歌卽此然世言梁甫吟者皆推始諸葛

長嘯梁甫吟誰知志士心君不見呂尙當年一老翁長跽投竿磻水中胸懷六韜藏雷雨白髮被領心正雄一旦豹隱變鷹揚九十老翁猶聰強（楚辭九辯太公九十乃顯榮兮按歲八十餘者從其下之一數而言之曰八十從其上之一數而言之乃九十也）不釣鰕鯉釣巨鼇此老意氣何其高又不見漢室之季武鄉侯天下紛紛爭曹劉隆中雖定三分策躬耕抱膝吟清秋三顧始肯出蓬廬君臣魚水長悠悠竊比管樂良不忝抱道自珍重山邱梁甫吟我有寶劍値千金楚人獻璧遭三刖白雪由來無知音鴻雁方嗷澡藻喧黃鵠一舉萬千尋愚公移山感姮娥夸父逐日走鄧林梁甫吟國無人施嬙降爲爨飯婦彭咸溺身使守門管仲潦倒鮑叔棄鴂鳥喋喋譽高辛蘭焚野火芝入圃龍門之桐摧爲薪身熱頭痛之阪遍天下寒谷吹律無回春梁甫吟甯戚且勿歌飯牛孔子且勿悲獲麟聖賢由來天所生大旱千里待霖雨長夜漫漫要明星梁甫吟莫悲辛

贈馬浮

程演生

宿昔好盤游。年華坐消歇。走馬歷長川。放歌攬清渤。外美顧自眩。中情日已忽。一夕涼風生。惆悵神若沒。

周覽絕端倪。仰首泣孤月。迷塗其未遠。棄井猶可掘。

反復既無疾。君子有攸往。抱道棲山丘。勵學惟朋黨。眷懷廬遠公。深情結疇曩。立名假天地。玄觀攝方廣。

搖華欣自披。雲泥時見枉。寧辭千里招。物外成眞賞。

我徂越江濱。雨畢正載塗。歲聿亦云莫。惻惻行若濡。豈不戀親愛。回馬語僕夫。人生固有限。哀樂動相驅。

遐睠味自性。孰念在斯須。苟能長疏散。萬事何所拘。

泛駕聊棲止。荏苒晷候逐。春風被原埜。草色變以綠。抱影憩空階。引領慕負獨。念茲有幽人。天然佩珠玉。

接物貴虛舟。含情邈殊俗。徘徊覓介賓。無由得成目。

尺素達精微。詎敢邀盍簪。何期蒙下眷。芏趾竟見臨。我祖傾蓋交。儒者固所欽。披雲企高朗。斆辭綴德音。

鳥鳴出幽谷。佳詠擬前林。意氣結予懷。遺贈非南金。

乖離造天人。洪濤雜清辯。牆仍或睹挹。美寓難窺踐。每謁霜臺歸。惘然悲愚猶。感歎愧中情。三日淚空泫。

撫枕不遑寐。終夜涉玄緬。敍意投篇章。殷勤且自勉。

讀史餘談

無涯

曹操與趙匡胤之智愚

曹操之代漢。與趙匡胤之代周。以前代君臣之義律之。皆屬於篡。然在趙匡胤。世多稱爲英主。而在曹操。雖婦人孺子。猶嘗其奸。若在士大夫。其皆目爲元惡大憝。更無論矣。問兩人毀譽之異。其故焉在。謂趙家之得帝位。由於禪讓。曹家之得帝位。由於劫奪耶。抑謂等是以篡得天下。而趙氏待周室厚。曹氏待漢室薄耶。兩皆不然。曹趙毀譽之異。別有所以使之異者在也。今試先就曹操論之。漢自桓靈失政之後。海內怨叛。羣雄四起。至於董卓之弑君專政。以實際論。漢已亡矣。及操當國時。其已稱帝(如袁術)或將稱帝者(如孫堅)所在而有。雖微曹操。其思代漢者。比比皆是。操所謂假使無孤。不知天下幾人稱帝。幾人稱王者。徵之事實。信爲不誣。而曹操當國。獨能終身臣事漢獻帝。雖有代漢之心。不敢躬自爲之。必以俟諸其子。且曹操臨終之遺書。皆言家庭瑣事。無一語及於禪代。此雖奸雄之舉動。而其心之不敢無忌憚。猶可概見。故操對於漢室。雖云不忠。然其罪固猶可從末減也。至於趙匡胤之篡周。則乃毫無可恕。蓋周世宗爲五代第一英明之君。宴駕之後。嗣君尙沖幼。未能親政而已。非有桓靈之罪惡。而史稱世宗登遐之日。遠邇哀慕。則先帝遺愛。當尙在人心。周家之祚。固應未斬。而匡胤乃忘兩朝知遇之隆。取而代之。試問有何理由可以自解。謂由於諸將擁戴。非其本意耶。則當日之使周家舉傾國之師以授之者。實藉口於遼漢寇邊。謂將率以禦之。然陳橋兵變。入爲天子之後。何嘗見有遼漢一兵匹馬之寇邊。則其以禦外侮爲口實而借以奪周家之兵權者雖五尺之童猶能知之況入登帝位之時楚昭輔以報其母杜太后曰吾兒素有大志今果然矣非素蓄篡位之謀其母何以作此言耶且身上之黃袍非臨時之所可得者非素有預備何從而來種種詭謀一細核之皆有蛛絲馬跡之可尋昔石勒罵曹操爲欺人寡婦孤兒不知魏將篡漢時獻帝年已長大雖名孤兒亦無寡婦若宋之篡周眞乃欺人寡婦孤兒故石勒罵曹操之語當以移贈匡胤也是故論曹操與趙匡胤篡位之事則曹之罪輕而趙之罪重此一比較而即瞭然焉然而天下後世終罵曹操爲奸賊而稱趙匡胤爲英君者何也則以等是以篡得天下然趙匡胤特不忠於一姓而已而能培養天下之廉恥曹操不特不忠於一姓而已更思破壞天下之廉恥也蓋在趙匡胤雖以欺人寡婦孤兒者篡取帝位而取之以不正者治之以正逆取順守之義匡胤實當之而無愧焉史稱太祖入登帝位時至晡時（中時也）班定周家猶未肯下禪讓之詔翰林承旨陶穀出諸袖中遂用之太祖始得借禪讓之名以掩其盜國之臭則陶穀之對於太祖可云有功矣然太祖自是薄其爲人不重用之又王彥昇殺周忠臣韓通太祖特詔褒韓通又欲加彥昇以擅殺之罪雖爲羣臣力阻然彥昇坐是之故終身不得節鉞且陳橋兵變之後有祇候班二卒長拒於南門隨自縊太祖爲之立廟夫以二兵卒之微賤猶爲立廟以報其忠太祖之尊崇節義可謂至矣太祖既以尊崇節義爲立國之本其後太宗眞宗仁宗英宗諸帝亦率能守此方針故有宋一代風俗極美不特忠正之臣輩出而名儒之多爲三代以後所未有尤足爲宋代生色及其亡也死節之士又相望於途文天祥陸秀夫張世傑三賢入比之殷之三仁焉則皆太祖培養天下廉恥之所賜也至於曹操既有代漢之心使公然宣布桓靈以來之虐政而取而代之不自

比於舜禹而自比於湯武雖曰擬不於倫然桓靈之昏暴實爲天下所公認雖極迷信忠君之義者猶不能爲之辯護也乃曹操竟始終作僞偏欲假託禪讓之名自以爲遵舜禹之軌又曰吾爲周文王足矣以曹操而自擬舜禹文王何異魏忠賢之自擬孔子亦徒使人之笑爲四不像而已矣然曹操亦知彼其所爲者必不容於天下之淸議也故以爲必破壞天下之廉恥使擧國士夫皆成濁流而無淸流始無議其後者故建安二十二年頻下令求不仁不孝負汚辱之名見笑之行者而用之且以盜嫂之行受金之事爲無害於才曹操之謀破壞天下之廉恥可謂無所不用其極矣然曹操此等之擧動試問其結果何如彼賈充者實曹操之一鷹狗也當曹操死後其子丕新執朝權時賈充謂諸葛誕曰『天下皆願禪代君以爲何如』而曹丕亦半賴其畫策用以成漢魏之假禪讓當此之時充可謂曹氏之心腹矣乃未幾充又爲司馬昭畫策以弑曹髦操之以敗壞名節喜用奸人爲得策者其利安在魏之亡也被弑者一帝焉被廢者二帝焉曹氏皇族爲司馬氏所殺者不計其數則皆曹操破壞天下廉恥之所賜也抑彼賈充者周旋三姓其凶德不一而足司馬昭何爲樂用之此無他故焉以其有辦理篡位之經驗也蓋宦途之中最講經驗況辦理朝代交代之大事尤非飽經閱歷者不能措置裕如彼馮道所以能爲五朝元老者未始不由於有此等經驗故充有爲魏辦理篡漢之經驗其見重於司馬昭宜其然也獨惜宋之陶穀旣有爲太祖辦理篡周之經驗偏遭疎遠不能占勢力於政界致不獲以其所經驗者再爲他人辦多幾次之假禪讓有才莫展以視賈充毋亦有幸不幸之殊耶

夫在帝政時代忠君之義列爲一倫則篡奪之事自屬惡德若以我輩共和國民之眼光觀察之則一國

之統治權由甲姓以移於乙姓。受其不利者特在被奪之一姓而已。於國民全體何與焉。故篡位之事儘可爲之恕。特在宋太祖始雖篡位。而知培養天下之廉恥。其結果也不特使有宋一代風俗善良。而傳國之久。垂三百二十年。爲自漢以後所未有。垂亡之際。又有無數忠臣義士以壯其色。采食報之隆。抑何其厚。宋祖之採崇奬節義之方針。其智何可及也。而在曹操。既謀篡位。且力破壞天下之廉恥。其結果也。不特使魏晉之際風俗汙下。而其所指揮如意之鷹狗。卽以其助彼篡漢之手段。更助司馬氏以篡魏。敗家亡國。卽敗亡於其腹心。受禍之烈。寧有倫比。則曹操之採敗壞節義之方針。其愚何可及也。夫曹操之以種惡因者。藝惡果。其一己之不智。我儕豈有容心於其間。所可恨者。則以其崇奬跅弛之才之結果。使自魏迄隋四百餘年間。民德之汚。亘古未有。其在朝廷。則篡弑相仍。爲官吏者。朝秦暮楚。惟強是崇。不知廉恥爲何物。而草野之士。則放僻邪侈。蕩檢踰閑。以抉藩籬壞名教爲名士之所爲。觀竹林七賢之舉動。實屬士林之敗類。而當時竟稱爲賢人焉。風俗之壞。於斯可見。而六朝及隋。皆爲一邱之貉。故此四百餘年間。中國殆成爲禽獸之世界。誰生厲階。則實由曹操啓之。故其篡位之事。此屬於曹氏與劉氏兩姓之私交涉。吾人無所容其左右袒。獨其敗壞民德之罪。此則絲毫不能爲之恕也。

子之與王莽之短長

子之之篡燕。與王莽之篡漢。其篡位之事。殆相髣髴。雖然其罪則有輕重之殊焉。蓋在子之。特洞悉子噲之愚。故以禪讓之美名動之。而子噲之讓位於子之。亦思追踪堯舜。出於其心之所願。非被子之之逼脅而退位也。故子之之罪。特在於欺而已。無他惡德也。至於王莽。其對於漢室。不惟欺其寡婦孤兒。逼其退位而已。且嘗酖、弑、漢平、帝。則不獨有盜國之罪。且有弑君之罪。此之子之、誠不能不謂其彼善於此也。雖然。莽亦有優於子之之點焉。則以子之不學無術。而王莽則湛於經術是也。試觀王莽專政時。遇翟義起義師。莽卽依周書作大誥。而以翟義起兵。比之管蔡挾祿父以叛。卒使吏士信其言。翟義爲所破焉。若子之則不聞於齊王伐燕之時。能作此等洋洋大文章以惑人心而護己過。其無學至此。宜其亡也。且王莽不獨能作大誥而已。當其未簒位以前。則能學周公。及其旣簒位以後。則能復井田。而其他政事。亦多模倣古法。故王莽大政之方針。卽復古之方針也。蓋能事事復古。不特可借舜禹周公之事。以掩其簒位之臭。且天下之士。旣讀古人書。多慕古人事。政治能復古。實可以收攬一部分之人心。故莽之復古政策。卽收攬人心之政策也。雖然。國家之政治。因時代而進化。人類之思想。因時代而遞變。其在老宿。固多慕復古。而在年少。則咸欲維新。復古之政策。斷不能盡籠絡天下之人心也。故莽卒以復井田之故。激起民變。馴至覆亡。則其能行復古政治。以視子之。固有一日之長。然欲藉以立國。則何有焉。要之。凡以詐術盜國者。無論能用復古之政策以愚民。與不能用復古之政策以愚民。其不能免於覆亡。則彼此無異。王莽與子之。果牛羊何擇焉。吾知兩人地下相逢。子之當笑王莽之多此一番矯揉造作。而與事實無裨也。

王莽與董卓之異同

王莽簒漢。而作皇帝者若干年。董卓謀簒漢。而專國政者亦若干年。雖卓未登帝位。微與莽異。然卓特爲其養子呂布乘其不意而殺之。不然。卓亦必起而簒漢。可以稱帝若干年。此可懸揣而知也。夫莽卓之能盜國專政。其必各具有一種之才能。此無待論。然而又有一共通之妙術焉。則能籠絡名士是也。蓋一國之名士。其出處之際。國民恆視為從違焉。苟能羅而致之。雖不能收攬全國之人心。亦可收攬一部分之人心。故古之善於盜國者。恆注意於此。而王莽與董卓。即深知此中之作用者也。今試先就王莽論之。當莽之時。其湛於經術者。首推揚雄。而雄即為莽所牢籠。故為之著劇秦美新之論。其次以明經飭行顯名於世者。則有紀逡、邴相、唐林、唐相等。皆入莽之彀。且為莽太子四友。莽惟知羅致名士以為之延譽。故當未踐帝位時。吏民上書請封公者。都八千餘人焉。旋上書頌莽功德者。且至四十八萬人焉。則皆莽籠絡名士之效也。又就董卓論之。卓入朝柄政之後。即徵蔡邕。邕稱疾不就。卓曰。我能族人。邕懼而應命。至則署祭酒。甚見敬重。三日之間。周歷三臺。知遇之隆。可云至矣。又徵處士荀爽申屠蟠等。蟠雖不起。爽則至焉。且追理陳蕃竇武及諸黨人。悉復其爵位。遣使弔祠。擢用其子孫。其能籠絡名士如此。夫焉得不稱強一時也。夫文人多無行。一為權奸所牢籠。即頌權奸之功德。此不獨莽卓能知之也。魏忠賢以一中涓。亦深知此中之消息焉。故忠賢常以金養士。士有陸萬齡者。請以忠賢配享聖廟。其辭曰。『孔子作春秋。廠臣作要典。孔子誅少正卯。廠臣誅東林黨人。』熹宗卒許以忠賢配享孔子。以忠賢父配享啟聖公。則忠賢養士之效。其所收之食報。正不下於莽卓也。夫為名士者。一為權奸所牢籠。即枉其所守。所謂一錢不值何消說。此寧待言者。然而名士之勢力。足以代人繫豈豈者歸來之心。則亦大有可用者在。此權奸所以從而生心也。雖然。盜國如莽卓輩。固思利用天下之名士。然天下之名士。固非必盡入其彀也。史稱龔勝罷歸之後。王莽強迎為太子師友祭酒。勝不食而卒。則名士之能自全其節者。寧得云無人。雖然。生逢濁世。一為名士。不為人所牢籠。即必至自殘殺。象以齒焚。節以香燒。古今有餘慨矣。嗚呼噫嘻。

揚雄與蔡邕之優劣

揚雄之經術爲當世最。故自著太玄法言。將以擬經。而蔡邕之學亦顯名一世。故馬日磾稱爲曠世逸才。是二人者皆當時第一流之名士也。然揚雄失節於王莽。其究也不得其死。蔡邕失節於董卓。其究也亦不得其死。既已失節又復蒙其害不蒙其利。何不值至此。故揚蔡二人之出處。君子病焉。雖然於等是失節之中而比較其失節之程度。則伯喈之人格猶非子雲之所能及也。第一子雲之臣於王莽。乃貪慕利祿。故委身以事之。若伯喈則始固不願就徵。及董卓嚇以我能族人。始懼而應命。是爲被逼而仕者。譬諸婦女。子雲爲和姦。伯喈爲強姦。其失節雖同。而心理則異。此子雲之不及伯喈者一也。第二子雲作劇秦美新之文以媚王莽。而伯喈則未聞作此等之諛詞。一則肯作昧良之言。一則尚不肯作違心之語。佞臣之譏。在於子雲而伯喈則免焉。此子雲之不及伯喈者二也。第三子雲之死。乃因劉棻罪狀之牽連。懼不得免焉。始投閣而死。若伯喈則因悲痛知遇者之死。始以得禍。受恩不忘。尙屬血性男子。而子雲則恐並此而不敢爲焉。此子雲之不及伯喈者三也。故等是失節之名士。而伯喈之人格猶愈於子雲。此馬日磾所以猶動憐才之心。而欲請王允之貸其一死也。雖然所稱爲曠世逸才者。寧獨伯喈。今豈無之。顧我獨悲乎所謂曠世逸才者。皆徒以供權奸之利用。而不能一全其節。斯眞士林間最可痛之事也。嗟乎天之生才。不偶然也。乃積若干年河嶽之精英。而始一洩其奇焉。故一國湛深經術文章之名士。不數數覯也。若既具此才焉。而不知自愛。被賣於權奸。以自壞其名節。斯不特違造物生才之意。抑豈所以副天下望才之心耶。雖然昔人有言。一失足成千古恨。再回頭是百年身。使揚雄蔡邕能於中途回頭。豈無道焉可以蓋前愆。使類於揚雄蔡邕之人。皆能中途回頭。亦豈無道焉可以蓋前愆哉。

文芸閒批 李蒓客日記

李蒓客日記數十冊。尚未刊。其中論時事記掌故考名物。皆有可采。匆匆閱過。未能甄錄。頗覺可惜。茲就其荀學齋一種中略采數條。以著梗概。其日記數年輒改一名。有越縵堂、孟學齋、桃花聖解齋諸目。其攷據詩詞等作。必將付刊。故余特略抄其記時事者。蒓客以甲午秋卒。晚年多病。雖居言職。有所欲言而精力每不逮矣。亦可惜也。　文廷式識

己卯三月三十日錄邸鈔。注云。聞李炳勛之罪。死不足贖。其私和命案。賄賣官職。俱鑿鑿有據。自惇邸以下。大學士寶鋆載齡。尚書毛昶熙萬青藜李鴻藻等。皆與之親暱。而鴻藻尤狎之。不止賀壽慈一人也。滿洲大僚。無不納交者。其造宅也。挾諸貴之勢。逼死其鄰之老漆工人。無不知之。凡奏參查辦之重案。多為之賁緣消弭。居間取賄。外省大吏入京。無不以重金委之。張佩綸之疏下。朝士過慰之者。車數百輛。廠市為之塞道。今之定讞。投鼠忌器。避重就輕。以入爰書者。實皆市井本分之事。不特舍放飯流歠而問無齒決也。

八月十一日邸鈔。單懋謙卒於家。注云。懋謙在翰林。以不學聞。廣東英夷之警。懋謙以祭酒視學。託疾歸。宣宗甚怒之。密記御屏。有永不起用之旨。咸豐末以見惡於巡撫胡文忠。不得已入京。驟至大用。庸庸尸位。朝論亦輕之。乃告歸。單卒後託孫湖州師爲墓誌師轉囑余閱其行述竟無一事可紀始知蒓客之言不誣也

十四日吏部左侍郎成林卒。注。成林鑲白旗滿洲人。字竹坪。咸豐乙卯舉人。貪競猥鄙。士林羞伍。其語言猥褻。京師多傳之以為笑柄。年甫四十。忽暴疾卒。余按成林出高麗文氏隸府包衣旗也其猥鄙誠然然長樂初將軍（長善也塔剌氏）昔嘗由與恕之獄禍幾不測時成林爲總理衙門章京領班其竭力爭且率同列共爭乃得寬

十月二十九日英桂卒。注云英桂赫舍哩氏字香巖道光辛巳繙譯舉人今年以重宴鹿鳴加太子太保。年七十九。以前日卒。其弟英樸先十餘日死兄弟驕淫貪鄙。而樸尤劣云

十一月二十九日記云妄人趙之謙者亡賴險詐素不知書以從戴望胡澍等游。略知一二目錄。謂漢學可以當腐鼠也亦竊購奇零小書以自詡炫嘗得錢竹汀庸言錄寫本不知其已刻也深秘之改造書名。冒爲己作以示人。

十二月初三日閱鄒叔績遺書。前刻楚人王闓運所爲傳意求奇崛而事蹟全不分明支離蕪雜此人盛竊時譽脣吻激揚。好持長短。雖較趙之謙稍知讀書詩文亦較通順而大言詭行輕險自炫亦近日江湖佹客一輩中人也。日出冰消終歸朽腐。姑記吾言以諗後來而已。

初十日邸鈔議崇厚條約注云先是會議總理各國衙門王大臣皆迴避軍機兼總理者亦迴避而今復詔與議蓋政府以迴避爲取巧也今日召見大學士載齡及六部堂官三四品京堂而獨不及萬青藜朝廷亦燭其隱矣。少詹黃體芳被召不至。次日請議處五品京堂亦有召見者科道惟余上華一人。

庚辰四月二十七日晡詣繩匠胡同謁坐師兵部侍郎許應騤此公不學語言甚鄙而驟由翰詹躐躋九列甫以甘肅學政還都即主會試國朝□□無得會總者外間皆言其有捷徑所未詳也。（與閱成亦有一事可取者矣）

五月初七日□刻進乾清門引見於養心殿天顏咫尺香惹御爐二聖垂簾黃雲夾扆時方雨甚水溢玉除陛衞盛陳諸貴露立冠服如濯同班中有傾跌者向例東華門止鐙景運門止繖扇今日引見諸人有

攜燈入景運門者，有持繖上乾清門者。至傳宣時，大臣或持繖至養心殿門，而乾清宮侍衛皆戴雨帽班立門下。蓋朝儀之寬爲已極矣。

六月二十四日閱香祖筆記，阮亭云：宋故事，進士唱名，宰執從官侍立左右，有子弟與選者，唱名之後必降階謝。康熙庚辰科選庶吉士，大學士王文靖公之孫、桐城張公敦復、禮部尚書韓公慕廬之子皆中式，及唱名，皆自陳奏，皆得邀恩入翰林，然不降階謝也。今則凡三品以上大員子弟，朝考後引見，例得磕頭，近年復停止，而軍機處別進牌子矣。余聞張延秋編修云：同治辛未，季邦楨中式，爲故總督芝昌之孫，磕頭而不入庶常，自此以後，此例遂改也。

八月二十四日記云：是月二十一日會議公摺上，內閣主稿，皆言待俄夷使臣布策至京，與之妥議，其條約中必不可從者沮之，如不肯則修戰備。而惇王、醇王、吏部尚書萬青藜、工部翁尙書、少詹事寶廷、庶常張之洞、御史洪良品、徐文炯各別具疏，禮部徐尙書及侍郞祁世長合具一疏，聞惇邸、徐、祁皆主戰，餘不知其詳。（徐尙書皆告余云：此疏張幼樵手筆也，其疏頗爲崇厚道地，約徐同上，徐後退之，崇怒，遂獨上。）兩宮獨召見醇邸，亦未知所言云何也。總之，近日所患在內外隔絕，上下相蒙。兩宮深居，於條約之利害不能深知；樞府諸臣自知力小任重，而不肯辭寵利，且自以爲常平粵匪、平捻匪、平回匪，遺大投艱，皆由其籌運，視外廷新進皆不更事，於是力持己見，回護前失，而忌人之才或出其上。頗聞其見言事之疏，無不嘻笑。（按李高陽最多此輩，凡發章有一字不妥者，皆摘出爲笑談，此亦頗近僉人小夫之爲矣。）嘗相謂曰：此輩以一無所知之人，而欲挽千古未有之事者。亦實大半無知妄言，章奏亦往往可笑，所以愈格而不能入也。（當時之弊已如此，況十年後以貪如狼狠如羊猜法探風柄乎？）

十月二十九日邸鈔。伯彥訥謨詁毋庸管理神機營事務。注云、此以南苑大操事也。自八月初、都統穆勝阿等赴南苑秋操。至是月二十一日囘京。聞二十六日伯彥訥謨詁奏請誅一已革驍騎校。或云、伯王主操政過嚴。士多怨。此人以犯令革。復求見。搜其衣中有小刀。疑欲行刺。（蓋伯希祭酒告余云、此人實欲行刺、非疑之也）杖而後誅之。或云此人故刁悍。橫於軍中。而為朱邸所眷。（伯希云、其母為邸中浣衣婦、其言得入耳）恃此屢忤犯。故被誅。誅之次日。其母及妻子皆服毒死於伯王邸、（此實恐不盡確）蘭邸以聞。始有此諭。

十一月初九日。聞昨日晡時。有人衣青布裘。直入慈寧宮門。至體元宮西煖閣下。持煙筒吸煙。時慈禧皇太后將進膳。聞欬聲。問誰何。曰我內監。執之。詢所來。曰自天上來。來何為。曰來放火。此異事也。先是九月初、乾清宮撤涼棚。內有以火藥鋪席上。及藏引火具於間架上者。有旨以內監交慎刑司嚴訊。尚未得實。今又有此事。其如陳持弓之犯鈎盾。劉思廣之入含元耶。抑監豎之黠者。誘鄉愚恐揭宮闈。冀緩其獄耶。抑門籍過弛。奸賈猾駔。與宦寺市易。狃於出入耶。

辛巳正月初三日。沈桂芬卒。注云、內閣擬謚文清文勤文端文恪。諭旨出謚文定。（按諭旨稱桂芬清慎忠勤老成練恪最以內閣依此撰擬擬謚客所詔則文定）

亦特謚矣

二月初九日、閱劉雲生（錫鴻）英軺私記二卷。雖辭筆冗俗。不如郭筠仙使西紀程之簡絜。而敍述甚詳。雲生番禺人。以舉人貲郎。好為大言。依託貴要。得薦副郭侍郎使英吉利。半年改為使德國正使。其居德頗有自舌功。聞尚有德軺私記。當再借觀也。

二十五日、工部郎中鄭錫敞（直隸監生）選平慶涇固道。注云、工部漢郎中五缺。近年五監生踞之。潘駿猷、朱其煊、許景福、沈守廉及錫敞也。鑽營醜穢靡所不爲。而駿猷景福錫敞爲尤甚。故駿猷先得道員缺。景福得知府。今錫敞繼得道員。冬官遂爲穢區。跕班跪安相爲師法矣。余按其從廩生狀福歲貢蒓客所記略誤又還缺尙依班次視後來之以錢補道鑽謀放缺者猶爲樸拙矣

四月初二日閱古微堂外集。自道光以來。經學之書充棟。諸儒攷訂之密。無以復加。於是一二心思才智之士。苦其繁富。又自知必不能過。乃别爲西漢之說。謂微言大義。汨於東京以後。張皇幽眇。恣肊妄言。攻擊康成。土苴冲遠。力詆乾隆諸大儒。以爲章句餖飣。名物繁碎。敝精神於無用。甚至謂海夷之禍。粤寇之亂。釀成於漢學。實則自便空疏。景附一二古書。寱語醉讆。欺誑愚俗。其所尊者。逸周書、竹書紀年、春秋繁露、尙書大傳。或斷爛叢殘。或悠謬無徵。以爲此七十子之眞傳。三代先秦之古誼。復搜求乾嘉諸儒所輯之古易注、今文尙書說、三家詩攷。攘而秘之。以爲此微言大義所在也。又本武進莊氏存與之說。力尊公羊。扶翼解詁。卑穀梁爲輿臯。比左氏於盜賊。蓋幾於非聖無法。病狂喪心。而所看之書。不過十餘部。所治之經。不過三四種。較之爲宋學者。尙須守五子之語錄。辨朱陸之異同。用力尤簡。得名尤易。此人心學術之大憂。至今未已也。默深才粗而氣浮。心傲而神狠。於學無所得。乃遁而附於常州莊氏。其肊決窔談。無待駁辨。兹舉其攷据之謬。略系於左。文多不錄。鄙謂學術遷流勢所必至同已者可爲良朋異論者亦可爲諍友蒓客此說治西漢學者亦當知之也其前一日記亦稱默深爲經世之學其文筆兀奡在並時包愼伯張石舟之上未嘗不深相推挹矣

六月二十九日孔憲穀撤去管理街道差使。注云。街道御史自去年李璠、狠籍索賄。致贓數萬。及其去也。市肆相賀。憲穀繼之。貪穢彌甚。凡修造牆屋者。皆勒索之。都中鑪商二十六家。每家索銀四百兩。被控而斥。臺綱掃地盡矣。

七月十四日邸鈔。御史邵積誠奏工部郎中王慶鈞學習未久云云。蒓客日記中於邸鈔諭旨日日畢錄　注云。慶鈞戶部侍郎文

韶之子也。童騃狂蕩。御史鄧承修前以星變陳言。劾大學士寶鋆及文韶。已言及之。特隱其名。亦不實指其幫總辦差使。其疏留中。而文韶竟不令其子引避。無恥甚矣。

閏月初七日。邸鈔。丁鶴年請禁內城茶園演戲。注。云十刹海演劇。恭邸子貝勒載澂為之。以媚其外婦者。大喪甫過百日。即設之。男女雜坐。內城效之者五六處。皆設女坐。近聞朵飾㜸演。一無顧忌。載澂與所眷日微服往觀。恒邸欲掩執之。故恭邸諭指鶴年疏上。即日毀之。外城甫開茶園一日。亦罷。

二十六日。掌河南道御史邵日濂升內閣侍讀學士。注。云。向例郎中給事御史升堂者先用京察一等記名之員。無記名者用一等。無一等者用二等。此次閣讀學引見給事十二人。及京畿道御史二人。無一等者。吏部取資深掌科馬相如等四人居前。御史邵日濂李肇錫在翰林時一等。次之。相如等皆冀外任。託病不至。日濂遂竟得之。然外議謂故事別衙門京察帶在本任者。不得壓本衙門資深之員。吏部任意顛倒。又有言戇長私日濂者。亦未能詳。然以京堂清秩。而欲得本任及據戶工利藪者。均託故規避。士流無恥。國法不行。相習成風。殊堪痛恨。

壬午八月二十二日。比日閱劉錦棠張曜等請變通新疆官制營制諸疏。皆洞中事理。不媿老謀。至劉疏自言不諳吏治。關外郡縣創始。非軍旅粗才所能了。實恐遺誤。將來請簡放巡撫。裁撤欽差大臣。則以近日御史陳錦有疏劾之也。劉張固皆武夫。然久經軍旅。方面專征。事皆目驗。不特非一知半解者可比。即近日如張陳諸人。不過平時翻閱名臣奏議幾篇。臨事摘記方輿紀要數語。便慨然草疏者。豈可同年而語。若陳御史等。此更無足論矣。聞陳疏出其同鄉同官李士彬。李則甘督譚鍾麟之同人也。蓋為劉所輕而欲擠之。譚以左恪靖薦得驟擢爲陝撫。今又爲陝甘督。而尙不知回疆南路八城之名。以吐魯番爲東四城之一。則其人經濟可知耳。近日如李鴻遠、秦鍾簡之劾左恪靖。劉海鰲之言新疆緩急情形。此輩小生不知東西南北。卽括帖文章夾帶事業。亦屬駑材下駟。而攘臂哆口爭先言事。則張陳以上疏得美遷階之厲也。使其受人意指。別有所爲。固屬罪不容誅。卽陳雲舫之蒙然張口。如坐雲霧。亦所謂鬼怪輩敗事者矣。恪靖頗不知人。晚節龍子又不肖。其在江左多滋異議。然艱苦耐勞。銳於任事。其辦淮鹽不誅之川楚各督撫。欲徑復引案。招商派兵。以力制之。又講求煮鹽用重淋之法。務爲鮮潔。以敵蜀鹽。故隣疆齮齕者多。而淮南官吏舊商亦皆不便其所爲。謗議四起。新商又頗行詐。其子幕僚亦不免沾潤。其貪緣隱敝。益爲口實。要其公忠體國。亦豈愛憎之私所能變亂哉。

壬午正月十六日、爽秋（袁昶字）爲高麗使臣金秉善乞題其母朴氏世譜圖。圖名既不經。敘次尤可笑。蓋近日彼國人士亦甚荒陋矣。往時張香濤、吳清卿諸人啖名嗜異。喜與高麗人往還。余嘗笑之。今日纖夫小人如龍繼棟、黃國瑾等。出於黔桂邊徼。羡吳張所爲。冀以惡札流布海外。爲之光價。尤可嗤也。因致書爽秋還之。（余謂與麗人酬唱未爲大失秪將褐父或亦別有所見也）

二十四日、游百川爲倉場侍郎。注云。游百川以給事中二年除至今官。與張之洞以編脩不及三年至巡撫。皆近世之僅見者。張有文學。以上疏受特知。然亦內有奧援。游山東人。頗木強。雖由翰林起家而不知書。聞其操守頗潔。然亦太速化矣。

二月二十八日、唐炯爲雲南布政使。注云。此與徐延旭皆以道員超擢。由侍講張佩綸疏薦也。炯貴州舉人。張之洞之妻兄四川布政使鹿傳霖者。之洞之姊夫徐延旭與鹿爲兒女親家。故一時鵲起矣。

又編脩王文錦毋庸發往山西。注云鍾佩賢疏言翰林爲文學侍從之臣。貴近過於御史。不得供人差委。其言甚謬。乾隆中有詹事發河工差委者。咸豐初有閣學少詹發往軍營差遣者。且侍從如以官言。惟侍講以上得稱之。如以職事言。惟尙書得稱之。編檢非侍從也。文錦因佩賢疏有夤緣字負氣自陳。言翰林體制之榮。自待之重。讀書立品。同館皆可共信。亦不識人間羞恥者矣。其疏文理亦極可笑。

三月二十五日、四川龍安府王祖源升成濟龍綿茂道。注王祖源山東福山拔貢。入貲由兵部主事選龍安府知府。忽有此授。蓋以張之洞之婦翁故。

四月十五日、張樹聲奏請派張佩綸幫辦水師。注云翬兒相貴。何時已乎。張佩綸與樹聲之子貴耶某交甚狎。故有此請。佩綸遂不與考差以待旨。不意其不行也。按貴耶某者謂其子華奎後中壬午順天鄉試與余同年己丑成進士然二張之交自此遂決裂矣先是王文韶至天津時樹聲已與面商佩綸在京亦與季協揆尚安之矣及奕入太后不允其謀遂寢

十七日、陳寶琛奏樹聲擅調近臣云云。注曰。狐埋狐搰。不已甚乎。陳與佩綸互相唱和久矣。此疏以掩外人耳目也。然太難爲樹聲父子矣。

十一月初五日、王文韶開缺養親。注云。張佩綸又兩疏劾文韶。卽日召見簾前。外間傳其所對不稱旨。不能詳也。文韶自兩奉溫諭。二十九日復入直。佩綸疏亦僅摭拾浮詞。而頗歸美恭邸及大學士寶鋆。又薦閻敬銘、張之洞可任樞政。蓋之洞嘗首薦佩綸可大任。故以報之。小夫妄言。私相援引。東朝亦疑之。是月朔、召見醇邸。蓋以去留詢之也。今日給事中鄧承脩復以災變陳時政闕失四事。曰紀綱不振。威令不行。

黜陟不當賞罰不明。其紀綱一條。首及文韶入直。由是遂罷。
癸未正月十二日、姚姬傳儀鄭堂記。爲其門生孔㢸軒作也。其文以說經精善爲末。又謂雖古有賢如康
成者。猶未足以限吾擕約。其言可駭。儀鄭堂駢文中。有上座主桐城姚大夫書。卽爲此記而作。其詞頗峻
蓋㢸軒學問遠過其師。又服膺高密之書。宜其聞之怫然也。姬傳又爲金輔之作禮箋序。有曰。大丈夫寧
犯天下之所不韙。而不爲吾心之所不安。其治經亦若是。所言尤誕。儒者。於。前。賢。之。說。有。所。補。正。公。是。公。
非。無。取。忿。爭。何。至。犯。天。下。之。所。不。韙。金氏本治鄭禮。其書本有辨正。不過掇拾緒餘。以相發明。非顯然背
馳。悍然公擊也。然如陽厭陰厭之義。最違康成。而其說實不然。凌曉樓已駁正之。足知舍鄭言禮。所失必
多矣。姬、傳、於、學、實、無、所、知。恃、其、齒、耄、名、高。蚍、蜉、撼、樹。今禮箋刻本。皆無此序。蓋輔之惡而去之也。湘人過
尊桐城賢者。不免曾文正。集中有復吳南屏書。極稱惜抱兩作。謂義精詞峻。夐絕塵表。不可解也。
七月初十日、詔各部院司員見該管堂官。不准屈膝請安。注云。近年司官足跪之禮。起於工部。而兵部效
之。戶部繼效之。皆、貲、郎、任、子。以、此、取、媚。一、二、自、好、者。尙不屑也。去年閻尙書涖戶部。郞卽嚴禁之。茲以御
史文海疏言也。余叫當時以富貴貧賤威武六字分帖六部。獨以賤字稱工部。蓴客所記。互證可也
八月十二日邸鈔。浙江降調按察使陳寶箴、奏瀝陳愚悃。據稱張佩綸奏名節有關云云。注、陳疏有云。法
司。者。天。下。之。平。也。是。非。者。朝。廷。之。公。也。苟。不。考。事。實。憑。勢。恣。意。變。亂。黑。白。惟。其。所。指。獨。立。之。士。孰。不。寒。心。
其詞甚直。二十二日、閻敬銘覆奏。傳到員外郞廷杰趙舒翹等。呈遞親供。並無與陳寶箴往來情事。詔毋
庸置議。

十一月二十四日、戶部右侍郎宗室敬信因病開缺。注云。敬信由宗人府理事官調戶部銀庫郎中。派充定東陵監督。未及一年。驟至閣學。遂遷侍郎。兼左翼總兵。其人貲鄙。專交市儈。聚寶堂酒食館。其所設也。去年臺中有欲劾之者。始以館屬所親。及調戶部。畏閻尚書不敢履任。遂遂病請開缺云。

十二月十四日、左宗棠代遞溫葆深遺摺。輒爲請諡。交部議處。注云。宗棠疏惟言應否加恩予諡。出自聖裁。未嘗竟請諡也。蓋政府惡而傾之。

甲申正月十九日、曾國荃署兩江總督。注。十八日內閣學士周德潤疏言勛臣不宜引嫌避退。請旨責左宗棠以大義。令其在任調理。而言裕祿不勝署督之任。御史張人駿復劾之。故有是命。（余嘗謂國荃晚節頗高幸江淮無事耳時以爲知言）

二月十一日、作書致黃仲弢。凡數百言。仲弢才顏之美。庚辰同榜中第一。文章學問俱卓然有老成風。近甚厚余。以余與其仲父卣香比部有交誼。持後生禮甚謹。余辭之不得。其尊人漱蘭侍郎亦甚致禮敬。書問必稱先生。余媿無以稱其橋梓意也。念近日都門自北人二張以諫書爲捷徑。鼓扇浮薄。漸成門戶。仲弢喪耦後。南皮兩以兄女妻之。而皖人張某者。粵督樹聲子也。爲二張效奔走。藉以招搖聲氣。妄議朝局。世以火逼鼓上蚤目之。近與仲弢同居。又齊人王懿榮者。素附南皮。竊浮譽。後以妹妻南皮。益翕熱。其父以龍州僻小郡守。驟擢成都道。致富鉅萬。懿榮既入翰林。侈然自滿。揮霍萬金。買骨董書畫。昨忽上書爭京官津貼事。又請復古本尙書與今本竝行。言甚詭誕。人皆傳笑。兩人者皆素與仲弢習。故作書勸其閉門自守。勿爲人所牽引。而痛言浮俗子弟。啗名競進。干豫朝事。不祥莫大。害家凶國。皆此輩爲之。欲仲弢早絕之。以自立於學。所以效忠告也。

焚劍記

曇鸞

廣東有書生。其先累世巨富。少失覆蔭。家漸貧。爲宗親所侮。生專心篤學。三年不窺園。宣統末年。生行年十六。偶於市買酥餅。見貴勢導從如雲。乃生故人。請爲記室參軍。生以其聚斂無厭、不許。他日又遇之。故人曰。我能富人。我能貴人。思之勿悔。生曰。子能富人。吾能不受人之富。子能貴人。吾能不受人之貴。故人大怒、將脅之以兵。生遂逃至欽州。易姓名曰陳善。爲人灌園。帶索襤褸。傲然獨得。是時南境稍復雞犬之音。生常行陂澤。忽見斷山。歎其奇絕。躡石傍上。乃紅壁十里。青萼百仞。殆非人所至。生仰天而嘯。久之。解衣覓蝨。聞香郁然。顧之。迺一少女亭亭似月也。女拜生。微笑而言曰。公子儁邁不羣。所從來無乃遠乎。妾所居不遙。今稟祖父之命。請公子一塵遊屐。使祖父得睹清輝。蒙惠良深矣。生似不措意。既又異之。覘其衣。固非無縫。且絲襪紛縞若胡姬焉。女堅請。始從。生故羸疾。女爲扶將。不覺行路之遠。俄至木橋。過橋入一廬。長蘿脩竹。水石周流。女引至廳中。斯須。一老人出。鬚鬢皓白。可年八十許、笑揖生曰。枉顧山藪。得無勞止。頃間吾遙見子立山上。知爲孤潔寡合之士。故遣孫女致意於子。今覩子采風骨奇秀。願息吾廬。與共清談。子有意乎、生知老人意誠。而旨趣非凡。應聲便許。老人復嗟歎曰。吾山棲五十年矣。不意今之喪亂。甚於前者。言次。因指少女曰。此吾次孫也、姊妹二人、避難來此。剛兩月耳。以某將軍凌其少弱。瀕死幸生。不圖季世險惡至於斯極也。老人言已。悽愴不樂。生亦喟然曰。嗟乎有道之日。鬼不傷人。於今滄海橫流。人間何世。孺子所以彷徨於此。今遇丈人。已爲殊幸、孺子門戶殄瘁。浪志無生。慢而無禮。惟垂哀恕。老人聆生音詞。舒閑清切。每嚌生風采。甚敬悅之。俄少女爲設食。細語生曰。家中但有麥飯。阿姊手製。阿姊當來侍坐。言猶未終。一女子環步從容。與生爲禮。盼倩淑麗。生所未見。飯時。生竊視女。少女覺之。微哂曰。公子莫觀阿姊姿。使阿姊不安。女以鞵尖移其妹之足。令勿妄言。亦謑觸生足。少女愈笑不止。時老人向生言他事。故老人不覺。飯罷。老人請生沐浴易衣。館生於小苑之西。器用甚潔。二女爲生澣衣。意殊厚。生心神蕭散。歎曰。天之待我。還未薄也。於時升月隱山。忽聞巴籬之南。有撫絃而歌。音調悽惻。更籍聽之。乃老人長孫也。生念此女。端麗脩能。貞默達禮。恍然凝思。憶番禺舉子劉文秀。美貌年少。行義甚高。與生有積素纍舊之歡。此女狀貌。與劉子無參差。莫是劉子女弟耶。時女綬軫還寢。明日。生欲發問。而未果言。老人語言。往往有精義。生知爲非常人。情甚相慕。又經日。老人謂生曰。吾二孫欲學。子其導之。乃命二女拜生。生亦欣然。臨階再拜。既已。老人謹容告二女曰。公子人倫師表。善事公子。無負吾意也。生於是日教二女屬文。長女名阿蘭。小生一歲、次女名阿蕙。小生三歲。二女天質自然。幼有神彩。生意不勝其悅。而恭愼自守。二女時輕舟容與於丹山碧水之間。淡妝雅服。試學投壺。如是者三更秋矣。一日。阿蕙肅然問生曰。今宇宙喪亂。讀書何用。識時務者。不過虛論高談、專在榮利。若夫狡人好語、志大心勞。徒殃民耳。生默而不應。他日又進曰。女子之行、唯貞與節。世有妄人。捨華夏貞專之德、而行夷女猜薄之習。向背速於反掌。猶學細腰。終餓死耳。生聞女言。怪駭而退、喟然歎曰。此女非壽徵也。無何。生寢疾甚篤。二女晨夜省視。敬事殷勤。有逾骨肉。生深德之。月餘。生稍癒、徐步登山、凌濤瞰遠。二女亦隨至。生止之。二女微笑不言。徘徊流盼。久之。阿蕙問生曰。公子莫思歸否。生曰。不也。此時阿蘭悵然有感。至生身前言曰。公子且出手授我。

遂握生手。密詞之曰。公子非獨孤粲耶。妾嘗遇姻戚云。公子變易姓名。嘗傭於其家。姻戚固識公子有遺世之志。情意亦甚優重。特未與公子言之。請問公子果如所言否。生曰。果如所言。生良久思維。遂問阿蘭曰。識劉文秀乎。阿蘭驚答曰。是吾兄也。蘭曰。吾等避亂渡江。兄忽失踪。後聞在浙右。今卽不知在何許。妾亦嘗聞兄言。朋輩中有一奇士。姓獨孤名粲。妾故企仰淸輝久矣。不圖得親侍公子之側。妾向者朝晚似有神人詔妾曰。獨孤公子。爲汝至友。汝宜敬奉。妾亦不知其所以然。然妾心侍公子。實奉神人之詔。妾早失父母。公子豈哀此薄命之人。而容其陋質乎。言畢。以首伏生肩上。悽然下泣。生亦嗟歎無言。忽聞阿蕙在側曰。公子病新瘥。阿姊何遽擾公子。阿姊固情深。公子豈是忍人。悲乃不倫。不如扶公子歸耳。時夜將午。忽紅光燭天。老人執生臂曰。噫。亂兵已至此矣。言已。長揖生曰。吾老不復久居於世。我但深念二孫。吾久將阿蘭許字於子。阿蕙長成。姻親之事。亦託於子。老人言畢。撫其二孫。慟極嘔血而死。生與二女。魂飛神喪。時有流彈中屋。屋頂破。三人遂葬老人於屋側。生念吾身世孤子。死何足惜。但二女可憐。他鄉未必可止。吾必護之至香港。使自謀生。不負老人之託。時二女方哭於新壙之側。生勉携之至山脚。二女昏然如醉。生抱之登小舟。沿流而下。已二日。捨舟登陸。憔悴困苦。不可復言。村間煙火已絕。路無行人。但有死屍而已。此時萬籟俱寂。微月照地。阿蕙忽牽生手。一手指叢屍中。悄語生曰。此屍蓬首挺身。欲起。或未死也。生趨前問屍曰。子能起耶。屍曰。苦哉。吾被彈洞穿吾肩。不知吾何罪而罹此厄也。汝三人愼勿前去。倘遇暴兵。二女甯不立爲齏粉。暴兵以半日殺盡此村人口。此雖下里之民。然均自耕而麥。自織而衣。素未聞有履非法者。甚矣。天之以人爲戲也。生卽扶其人徐起。其人始哭。哭已。續言曰。吾有老母愛弟。並爲暴兵燹死。投之川流。繼而吾中彈。忍痛潛臥屍中。經一夜一日。今遇汝三人。謝上蒼助我。此去不遠。爲吾田莊。汝三人且同留止。暫避凶頑。生扶其人。徐步至莊。莊內已焚掠一空。其人赴圍柵之側。知新米一包尚在。二女於是採菜作羹。四人得不餓。過三朝。其人出村邊一望。閘口有木片釘塞。傍貼黃牓朱字云。此是鬼村。行人莫入。其人歸告生曰。吾姓周。名阿大。此即周家村。好事者今以鬼名吾村。咸相戒不敢近。不知猶有我周大一人未死。天下奇事固多。不料吾年四十。始身受之。更逾數朝。有人於閘口潛窺。見生等形狀枯瘦。疑爲行尸。二女久不修容。憔悴正如鬼也。忽有一人窺見阿大。問曰。汝是鬼邪。或阿大未死也。阿大見此人是鄰村舊識。具陳本末。且言有友攜妹。欲詣前村求食。求友爲先容。庶不見疑爲鬼魅。友遂開閘。與四人行至其家。友曰。村人父老死亡過半。幼少者亦隨亂兵而謀衣食。友出資爲四人略置衣服。停數日。阿大瘡處已平。四人雇帆船。風順。五日達於香港。二女有姨氏住德輔道。甚有衣食。二女得姨氏所在。姨氏老矣。見二女婉慧可愛。大悅。姨氏止有一子。歲歲往外國經商。姨氏每顧二女事事過人。頗慰晚景。周大即留爲綱紀。生自是如釋重負。一日與阿蘭連臂登赤桂山。望海神傷。生顧阿蘭曰。我行孤介。必不久居於此。阿蘭聞之。戚然改容。幾半日不言。俄低鬟問曰。公子今欲何行。生曰。吾自今以去。從僧道異人。卻食吞氣耳。阿蘭便曰。妾同行。得永奉懽好。庶不負公子之義。使妾殞歿。亦無恨也。生曰。是何言也。余孤窮羸弱。何足以當女。凝思久之。顧生曰。妾知公子非負心者。今所以匆匆欲行。殆心有不平事耳。生聞言。聳然掣阿蘭之手。歔欷不能自勝矣。此時阿蘭深感嬌泣。言曰。士固有志。妾與妹氏居此。盼呵公子歸來。生諾。二女便資給於生。莫知去處。阿蘭再三嘆息。其年香港霍亂甚厲。姨氏挈二女移寓邊州沿海風光秀麗。二女日與漁婦閑話。亦覺悠然自得。姨氏閑向阿蘭曰。語云。竹門對竹門。木門對木門。汝姨母爲汝關懷久矣。吾有梁姓外孫。才貌相稱。家道頗贍。吾昨以求親之事。問於外氏。外氏甚悅。但願汝福慧雙修。以慰吾念也。阿蘭聞語。視地久之。具以誠告其姨氏曰。吾捨獨孤公子外。無心屬之人。今雖他適。公子固信士。異日必歸。請姨母勿以爲念。姨氏笑曰。公子佳則佳。然其人窮至無袴。安足偶吾嬌女。吾非不重公子爲人。試思吾殘年向盡。安忍見吾嬌女度貧賤之日。此婚姻之所以論門第。吾不可不愼也。阿蘭曰。士患無德義。不患無財。人雖貧公子。吾不貧公子也。他日。姨氏復勸阿蘭。罷其前約。阿蘭終不改其素志。致於九喩。姨氏。怒阿蘭日夜悒怏。都不寢食。經一月。生更無消息。阿蘭知村閒風俗。劣有拾婚之事。遂背其妹阿大等。潛至香港。傭於上環伍家。女居停遇之甚殷渥。收爲義女。女居停有外甥莫氏來省。忽窺見女。以爲非人世所有。及歸神已癡矣。父母苦問之。始得其故。於是遣人至伍家說意旨。居停欣然許之。其人去。居停乃微笑向阿蘭曰。古有明訓。男大須婚。女大須嫁。吾今爲汝覓得嘉壻矣。則吾外甥莫氏。其人望族也。嘗遊學於大鹿國。得博士銜。人稱洋狀元。今在胡人醫餅之肆。任二等書記。吾爲汝賀。阿蘭聞言不答。居停以爲阿蘭心許矣。過三日。阿蘭知期已逼。長歎曰。人皆以我爲貿易。我無心以寧。無顏以居。我終浪迹以避之耳。遂行。時薄暮。於九龍岸邊。逢一女子。年猶未笄。斂裾將赴水死。阿蘭力救之。女曰。吾始生失母。父名余曰眉娘。繼母遇我無恩。往往以炭火燒余足。備諸毒虐。父畏阿母。不之問。鄰居有老嫗勸余至石塘爲娼。謂一可免阿母猜忌。一可擇人而事。嫗之言雖穢。然細思嫗實至情之人。嫗之外更無一人愍我。喩我者。爲可哀耳。言已哭泣甚哀。阿蘭亦泫然流涕。不知所以慰之。久乃撫女言曰。汝且勿悲。吾身內有金數環。可與汝潛遁他方。暫覓投身之處。女感阿蘭言。從之。二人以灰炭自污其面。爲乞婦狀。旬日至東館西。約十里。日將西墜。有軍將似留學生。策馬而至。見二女勒馬欲迴。二女拜跪馬前求食。軍將笑。以手探鞍舉一人腿示二女曰。吾儕以此度日。今僅餘一腿。爾曹猶欲問鼎耶。言已。縱轡而去。二女驚駭欲絕。相扶徐行。至一山村。有老者荷薪而歸。二女問是間有亂否。何以軍中以人肉爲糧也。老者不答。女凡三四問。老者厲聲曰。一何少見。吾袋中有五香人心。吾妻所製。幾忘之。言已。出心且行且嚼。二女見狀。憂迫特甚。此村以人爲食。他事豈復可問。然日暮窮途。無可爲計。二女相攜至一旅店求宿。有女人出應款對。頗周。店內舊劣不堪。後有小門。鄰屋即主人所居。無門相通。主人既出。倒鎖店門。歸寢時夜將半。阿蘭忽聞隔屋有老人細聲笑曰。女子之肉。嫩滑無倫。又聞女主人笑聲。阿蘭就板縫中潛窺。則向所遇食人心者女人。又言刀已四日不用。恐有銹。老者曰。吾當磨之。言已。向床下牽出一蒲箱。老者方啓箱取刀。阿蘭命眉娘即起。輕拔後關而遁。既出。於疎籬外覘之。老者燈下磨刀。窣窣有聲。二女急走。時有新月。至村側。東轉有堤。見稻草堆。二女俯身匿其下。覺甚空虛。遽入中。如小室。上有數孔通光。女心稍安。阿蘭更於草下得一箱甚重。斷其爲富人之物。旁有駝毛氈。氣枕。以及里丁餅干十數罐。意村有富人藏此。用備不時之需者。二女分餅干一罐。納袋中。餘無所取。天明。二女方行。迴顧村中積水彌望。繼有淒厲之聲。隨風而至。始知大水爲災。二女於村廟中得破鼓。僅容二人。遂乘之。順流而往。若扁舟泛大海。數日中見難民出沒。絕爲悽慘。頻以餅干分贈之。眉娘爲阿蘭言曰。吾記得幼時居外家。亦遭水患。吾隨外大父止於屋背。同村有貧富二人。亦息樹間。經八日有半。富人食物將盡。貧者止餘熟山薯二。此其平日飼猪之物。富人探囊。出一金錠示貧者曰。若以薯子分我。我卽與汝此金。貧者以一薯易金。久之。復出一錠。向貧者言如前。貧者實饑。而心未決。富人曰。子何不思之甚。昨夕天邊發紅光。明後日水必退。子得金何事不辦。貧者心動。竟從之。富人留薯不食。又半日。貧者饑甚。垂死。富人視之愬然。訖貧者氣絕。富人徐將所予二金錠取還。推其屍水中。入夜水果退。吾外祖見富人大惡。取楫擊其頭。富人不顧。但雙手堅掩其袋。恐楫中其金錠也。阿蘭曰。此非怪事。世人均以此富人之道。爲安身立命之理。可歎耳。亡何。大水既退。二女行乞如故。親愛愈極。閱兩月。阿蘭暴病。卒於道中。瀕留之際。三呼獨孤公子。氣斷。猶含笑也。眉娘顧左右悄無人居。時夜已深。行入林中。遙見有燈火之光。既至。有宅門。徘徊獨泣。俄有人出問故。眉娘跽曰。吾乞兒也。吾姊死於途。今欲鬻身以葬吾姊耳。其人入。商之其妻。已而出。對眉娘曰。我是販布客。汝留亦善。明日夫妻二人。將阿蘭屍殯殮。見眉娘眉如細柳。容顏娟秀。夫妻倍憐之。視如己女。居數月。夫妻攜眉娘往南雄販布。頗得資。將歸。過始興縣南驛三十里外。夜投逆旅。遇賊。殺夫妻二人。刼眉娘及錢財。方登船。見一男子馳至。捉賊左腕。揮劍斷之。三賊奔走。問眉娘何處人。眉娘掩涕拜謝。具言身世所經。男子聞眉娘說阿蘭名字。默行數步。擲劍於地。仰天潸然曰。阿蘭竟去人寰。我流離四方。友讐未復。阿蘭在幽冥之中。必能諒我。眉娘聽男子言此。迴身怒詰之曰。吁。若卽吾姊臨命所呼之獨孤氏耶。負心若此。試問吾姊停辛竚苦。以待何人。吾誠不願見若。言訖。於地取劍。欲自刎。生奪劍阻之。更欲躍身江流。亦未果。願生哭泣止之。良久。眉娘欷歔言曰。吾聞姊有胞妹在邊州。汝能送我到邊州見妹氏。返九龍省吾父。然後死無憾耳。生善其志。行從之。收劍卷之。如卷鞿帶。與眉娘上賊船。解維。過湜江。下汝水。六日達紅梅驛。二人登岸。

以兄妹相呼。死路人見疑。尋到邊州。二人果遇阿蕙周大。二人於海岸拾貝殼。二人見生。非常歡愜。及眉娘述其姊行狀畢。阿蕙慟哭失聲。思往謁姊氏墓。又不知處所。明日生卽送眉娘返九龍。生倏然不知去向。眉娘至家。不敢入門。卽訪鄰嫗。嫗卽前日勸眉娘當娼者也。見眉娘驚視。愀然問曰。吾久不見汝。汝繼母言汝已死。吾甚哀汝生之不辰也。汝父前月無故而逝。或未知歟。言時就眉娘耳語再四。已而搖頭歎曰。天下黑心娘子。比比然也。眉娘哭不可仰。嫗慰之曰。汝今後可住吾許。汝母見汝。必殺汝也。眉娘日夜涕泣。頻欲自死。嫗頻救之。嫗一夕語眉娘曰。汝未聞吾少年之事。有甚於汝萬萬倍。今爲汝言之。或能減汝悲懷。吾實非本地人也。吾父姓楊。是雲和人。有田十畝。娶吾母沈氏。頗有賢德。爲鄉黨所推。吾父終日縱酒。家計日艱。吾生而腰細。人咸呼曰細腰。六歲。慈母以時病棄養。吾父將余託外氏。卽往申江。購一牛頭車。爲行客載重。亦頗得錢。然每爲東洋車夫覬覦。遂易其業。購一東洋車。得資倍於前。而又苦馬夫凌辱。吾父歎曰。使吾爲馬夫。亦當受制於汽車夫也。乃安之。忽一日。富春里賽寓有一妓名傅天娥。雇吾父車。偶於酒樓下。與同業者閒談。吾父因問曰。此妓貌不及中人。何以生意甚佳。同業曰。汝不知此乃名妓傅彩雲之雛妓耶。彩雲爲洪狀元夫人。至英國。與女王同撮小影。及狀元死。彩雲亦零落人間。庚子之役。與聯軍元帥瓦德斯辦外交。玻璃廠之國粹。賴以保存。瓦德斯者。德意志雄主推轂之臣。乃慕彩雲之風流。詔入禁內。常策駿馬出入宮門。是故人又歎之曰。曾臥龍牀者。又聞任長當充彩雲譯官。今彩雲老矣。神女生涯。令人有尊前白髮之感耳。吾父聞至此。不覺鼓掌而歎曰。然則此人亦名留青史矣。吾父思久之。私謂此一粉頭耳。計今夕車所停二十餘處。顧曲之人。何止半百。一人一金。已足吾一歲之需。思吾女細腰已長成。容貌勝此女多多。吾何不攜來令學歌舞。吾何愁不爲封翁。他日吾女或亦名垂竹帛。正未可料。其歲挈余至中江。託余於一蘇州婦人。命余呼之爲母。明年余藝成。始知命薄。而背人揾淚也。吾父得貲。僅足度日及吸煙之費。吾父常念余孤苦。欲贖余歸。初余落籍。吾父僅收四十金。而是時余身價已漲至三千。吾父何處得金贖吾。唯有忍淚吞聲而已。更一年。吾父一貧如故。來中欲一見余面。假母亦不見許。吾饑不加食。寒不加絮。房中有侍兒曰阿崔。容態潤媚。客多悅之。常與我商量曰。身爲女子。薄命如斯。止得強顏歡笑。如遇性情中人。即可事之。不必富人。亦不必才子。余思其言有至理。然而余視過客。無一善裔。正如過客之視余儕。無一貞靜之人也。逾日。有廣東胡別駕。慨然以四千金爲余脫籍。余喜不自勝。以爲從此可報父恩於萬一。豈知余出苦海。而吾父已歿數月。亦實命不猶也已。吾夫帶余來香港。家人與我均無緣分。我身世至此。雖欲上順翁姑。下懷弟妹。而翁姑弟妹咸以我爲外江妖怪。吾夫又日日虛詞詭說。視我爲一玩具。既不得家庭之樂。豈有人生之趣。我委頓牀枕之日。即秋扇見捐之時。我在雲和雖貧窶。或有鄉人憐我。今即一下堂倡女。誰復能一顧耶。嫗言畢。於燈下重理其麻。續曰。吾今日日爲店家壓麻爲線。可得少貲自贍。亦不欲怨天尤人。但怨命耳。眉娘聽嫗言。低鬟垂淚。久之。婉語慰嫗曰。嫗勿憂。吾聞天無絕人之理。吾當爲奴婢。覓一棲身之所。然後助嫗度日。接歡笑。嫗聞言喜極。抱眉娘哭曰。謝上蒼憐我也。眉娘乃傭身於煙館。夕宿嫗家。忽一日。眉娘見獨孤生翩然而至。踞榻捉一煙客。徐喻之曰。吾四方覓汝久矣。汝非蔣少軒之友乎。何以始謀其財。繼害其命。而終奪其妻也。煙客驚震。跪於地曰。吾知罪過。吾與少軒在東陽讀書。甚相友愛。吾之所以至今日窮無所依者。均聽信其妻之言耳。今其妻已嫁一司令官亦少軒同學吾今殊追悔前此所爲望饒命也生即出劍割其兩耳縱之去時坐客皆歔欷感歎眉娘遂出拜生生喜眉娘無恙煙館主人備問生及眉娘之事慕生之義而歎眉娘之苦主人遂請於生及嫗收眉娘爲髮妻後眉娘兒女成羣遇嫗如己母生爲其友復讐之後喜眉娘有託即赴邊州既見周大問阿蕙何在周大曰嫁矣生曰無所苦否周大淚漣漣答曰嫁一木主耳生叩其詳周大曰初阿蘭去後姨氏即將阿蕙許嫁梁姓外孫而不與阿蕙言其事今春過門之期將至始具言於阿蕙阿蕙故婉順不逆姨氏意詎知阿蕙嫁前數日梁氏子發痧而卒姨氏問阿蕙意旨向背阿蕙曰旣許於前何悔於後姨氏喜曰善汝若不嫁至其家即吾門亦無人過問阿蕙遂依期出嫁吾亦隨往其家故巨宅先見一老蒼頭抱木主出接阿蕙至禮堂紅燈綵彩阿蕙扶侍女并木主行婚禮旣畢旋過鄰廳即其夫喪屋也四顧一白如雪其姑乃將縞素衣物親爲阿蕙易之阿蕙即散髮跪其夫靈前慟哭盡禮吾不忍久視旣歸常念阿蕙幽閑貞靜今世殆若鳳毛麟角阿蕙時一歸省姨氏言翁姑視之甚厚未嘗言及身世如阿蕙者復何人也周大言訖生默不一言出腰間劍令周大焚之如焚紙焉自後粤人亦無復有見生及周大者云惟阿蕙每於零雨連綿之際念其大父阿姊獨孤公子不置耳

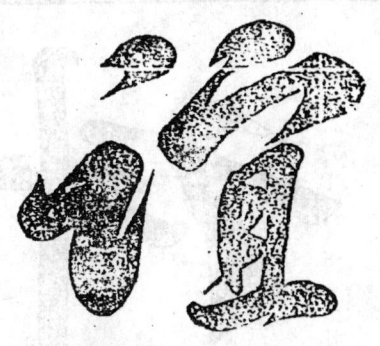

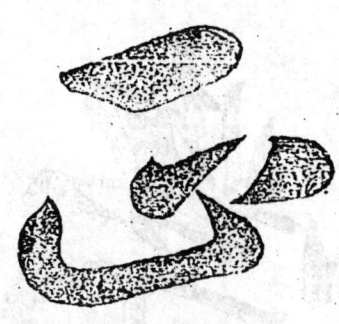

科學

有志研究科學者
有志講求實業者　**均不可不讀**
有志儲學救國者

『科學』乃中國科學界唯一之月刊爲留美中國學界熱心研究科學者所刊行宗旨純正眼光遠大特色甚多略舉其要

(一)材料新穎包羅宏富每閱一篇興味洋溢
(二)宗旨抱定輸入科學政治空談概不闌入
(三)撰述自出機杼譯筆力求雅潔審定名詞惟主一是
(四)印刷鮮明圖畫精細令閱者自生美術之觀感
(五)按月出版絕不愆期
(六)不同營業故取價廉(每月一冊大洋二角五分　全年十二冊價洋二元八角六分郵費在內)

今已出至第一卷第九期閱者請從速購凡各學校各閱報室藏書樓各機關尤宜購備一份以供衆覽

總發行所上海靜安寺路五十一號科學社
寄售處上海及各省商務印書館中華書局

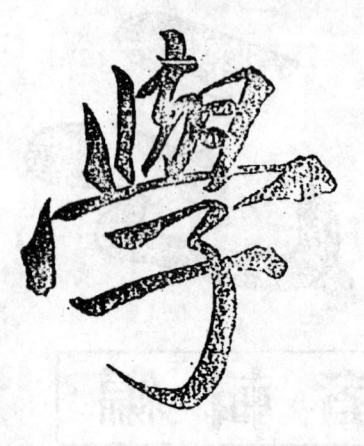

中華民國四年九月十日出版

秋桐先生主撰

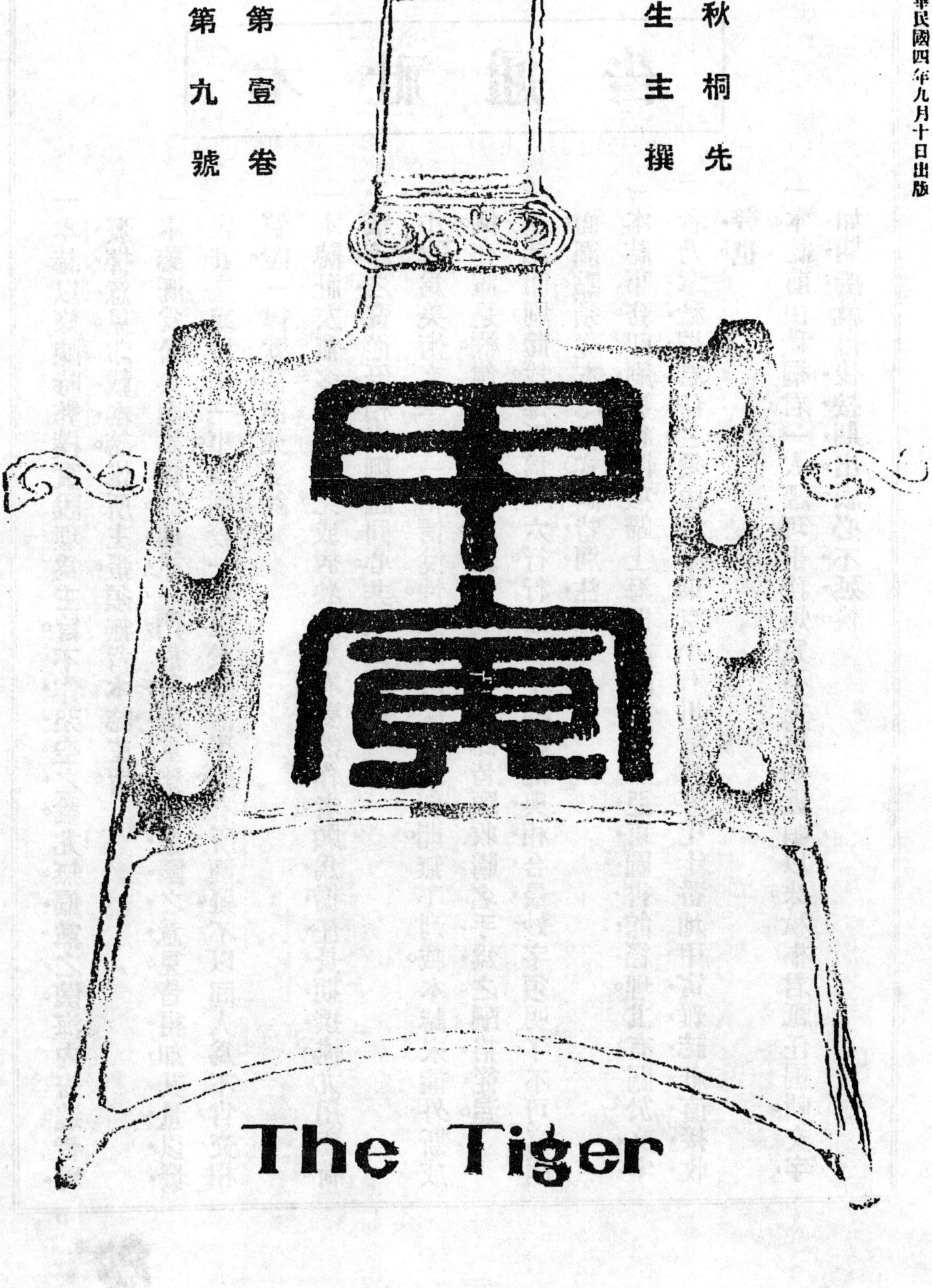

第壹卷
第九號

本社通告

一本誌以條陳時弊樸實說理爲主旨。不作架空之論。尤無偏黨之懷。海內宏達。皆可發揮意見。印載本誌。惟所主張。須無背本誌主旨。

一本誌既爲公共輿論機關。通訊一門。最所置重。務使全國之意見。皆得如其量以發表。其文或指陳一事。或闡發一理。或於政治學術有所懷疑。不以同人爲不肖。交相質證。一律歡待。儘先登錄。

一本誌社友無多。精神聞見。或病狹隘。如有斐然作者。願爲擔任長期撰述。尤用感荷。紙筆之資。從優相奉。聊證同心。非敢云酬也。

一小說爲美術文學之一。怡情悅性。感人最深。雜誌新聞。無不刋載。本誌未能外斯成例。亦置是欄。倘有撰著譯本表情高尙者。本誌皆願收購。名手爲之。酬格從渥。

一本誌印刷體裁。每面爲十六行。行四十字。稿紙能與相合最妙。字須明了。不可寫兩面。圈點須從本誌格式。請特別注意。

一本誌事務。印刷發行兩項。歸上海四馬路福華里亞東圖書館經理。其有關於文字者。乃章秋桐君任之。須由日本東京小石川區林町七十番地甲寅雜誌社直接收發也。

一本誌前由秋桐君一人經理。事務煩冗。不免延期。近頃以來。秋桐君祗任編輯。文字如期撰就。自後按期出版。必不延誤。

青年

出版預告

群益書社

我國青年諸君

欲自知在國中人格居何等者乎

欲自知在世界青年中處何地位者乎

欲自知將來事功學業應遵者何途徑者乎

欲攷知所以自策自勵之方法者乎

欲解釋平昔疑難而增進其知識者乎

欲明乎此　皆不可不讀本雜誌

蓋本雜誌之主義……實欲與諸君共同研究商榷解決以上所列之種種問題深望諸君之學識志氣因此而日益增高而吾國將來最善良的政治敎育實業各界之中堅人物亦悉爲諸君所充任則本雜誌者實……

諸君精神上之良友也

九月中出版

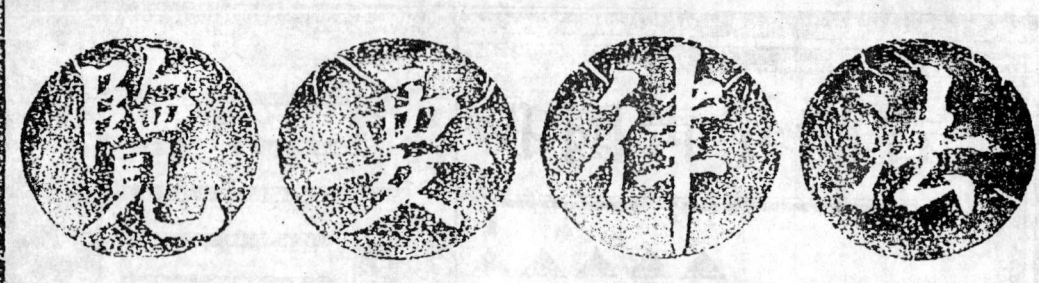

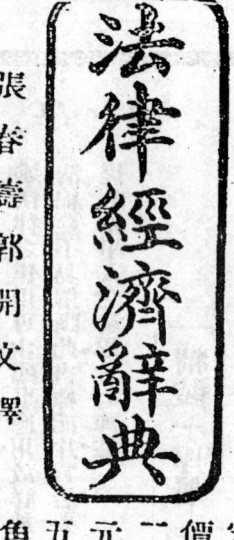

法政講義

發行所
上海
棋盤街
羣益書社

是編爲日本法政大學第二班速成科講義撰者諸君於卒業後又多入日本各大學專門科皆能精通日文故是編之撰輯雖以講義爲底本而參攷採擇於他種著述者甚多用是取材豐富別擇精嚴且門類多至二十三種尤爲他書所莫及

整部定價
精裝十厚冊十五元
常裝三十冊十二元

◁單本價目列下▷

政治學……陳敬第編……定價五角
財政學……黃可權編……定價五角
經濟學……李佐庭編……定價四角
國法學……熊範輿編……定價六角
法學通論……陳敬第編……定價三角
行政法（總各）論……熊範輿編……定價九角
刑法（總各）論……李維鈺編……定價一元二角
獨逸監獄法……柳大謐編……定價四角
刑事訴訟法……張一鵬編……定價六角
民事訴訟法……李穆等編……定價一元五角
平時國際公法……金保康編……定價五角
戰時國際公法……金保康編……定價三角
國際私法……傅彊編……定價五角
民法……方表等編……定價二元八角
商法……姚華等編……定價二元九角

甲寅雜誌第一卷第九號目次

文苑

帝政駁義

秋桐

兩月以前。愚作共和平議。稍稍著論。以明世俗厚誣共和之非。時帝政之說。初見根萌。楊度孫毓筠之流。傳聞有密呈勸進。事爲東京朝日新聞揭載。傳笑外邦。楊孫恚焉。馳電辯正。曾幾何時。前之諱飾而不肯承者。今且明目張膽。立會布詞。號召黨徒。唱和表裏。此其故何與。愚聞黃君遠生之言曰。研究『國體上基礎問題』。吾國人『於法律上不得有此自由。故於迫在目前關係國脈之根本所在。舉聽其自然之遷就。所屏置之思慮議論之外。』(一)斯言而信。號爲一國之『法律』。胡乃昨日所懸爲厲禁者。至今日而特許之。又讀籌安會之宣言曰。『……明知國勢之危。而以一身毀譽利害所關。瞻顧徘徊。憚於發議。將愛國之謂何。國民義務之謂何。』斯言而信。楊孫諸子。態度逾時。而有不同。得毋前日不免有利害毀譽之見存。而今日愛國守義之情。獨至。凡此諸問。誠不免起伏於吾人之心胸。然稍加熟視。則又無概從而索答。夫亦可以不必矣。

何以言之。當千八百五十一年十二月二日。法蘭西總統魯意拿破崙。驟行政變。毀棄千八百四十八年之憲法。而卽要求國民。賚以自製憲法之權。其後投票。以七百四十萬票通過。抗之者僅六十四萬耳。逾年十一月二十一與二十二兩日。復以魯意稱帝。一下國民議。可決票則達於七百八十萬之多。視前有加焉。瑞士學者卜碩德之論十二月二日之事曰。『凡政變之後。一國之運命。旣懸諸一人之手。

(一)見八月十四日亞細亞報

於斯而下問於國民是否願以絕對之權加之於己是猶以已答之題重行發問者也」(一)論十一月二十一與二十二兩日之事曰「此種法令（謂國民可決帝制之法令）特權力之移置（謂已有之權力自總統移之皇帝）非憲法之行爲也求其類似則皇室決庶乎近之蓋皇室無特權不言典範帝力不彌滿不求帝號皆以前有者爲之符其揆一也語以近世憲法則失之遠矣」(二)用此觀之然則吾國若立帝制其目前之見象可想今諸君樹爲名義從而鼓吹一則曰切磋再則曰商榷殆無往而非卜氏所謂「已答之題」爲說萬千大抵周旋此膠彼漆之中以塗飾國民耳目而吾人從其後而觀之若者懷疑若者致辯是不亦太迂闊不近事情矣乎

顧或者曰此學問研究之事也事勢儘可蒙然於一時學術終且獨立於無既且上自當塗下至政客皆曰學也學也則君子可欺尼山與進愚雖淺聞初學亦安忍不貢其所見冀以釋滯而解疑惟賊民興矣乃始言學得毋與漢臣議講孝經以服黃巾同類而共譏嗚呼亦非所計矣

愚之所最不可解者首在籌安二字彼豈不以由我之道國家可得長治而久安也則所謂安者果愚所見非謬當以國中不見革命之禍爲衡而國中不見革命之禍苟非國中利害衝突質劑停勻斷乎無幸此其理昭哉無翳雖至愚者不能瞑目而無見也今若於倉黃之中推翻共和創設帝政此其所爲影響於革命者有二要義一曰己身以革命倡一曰認革命爲憲法上之權利此非愚一人之私言也卜硯德

(一)Borgeand, Adoption and Amendment of Constitution·二四〇頁、

(二)同上、

之論法蘭西千八百五十一年十二月二日之投票曰。『一票爲可決實不待言。苟一。票否焉。則此一。票意在主戰。故凡共和國遭逢此境。政府所事。直革命之行爲。羅伯士比所用革命字其義指此。良不誣也。當是時也。造法之權在法。操之國民。而爲暴力所支。不能運用。其在事實。則誰能行苛豐遂者。誰即擁有造法之權耳。誰能別行一。苛豐遂。造法之權又即歸之』(一)前舉二義。已可於此數語中約略盡之。則其事正與革命爲媒。而漫曰安焉安焉。此非別有奧義。爲淺閣所不及知。乃自陷於矛盾而不覺矣。

請試即二義而申明之。革命一語。在歐文字典中覓之。殆無不訓爲政治根本上之變遷。夫變遷亦何常之有。有帝政變爲共和者矣。亦有共和變爲帝政者。苟其不免於驟變。則其無所逃於革命之義無疑。讀者試從百科全書中查之。所列革命之例。其在法蘭西。每以千八百四十八年之第二共和。與千八百五十一年之魯意拿破崙自帝同舉。(二)此本淺義。不待指陳。(三)或曰變更國體。如『不擾亂秩序』即謂之革命胡傷。顧此之所謂不擾。其義究居何等。夫防民甚於防川。川壅而潰。傷人必多。此誠古今中外革命之所由起也。而當其未至於潰也。其爲本無所壅。無潰可言。抑或壅已莫堪。去潰一間。其度之殊。相去懸絕。惟未潰之名。入乎僥倖苟偷者之耳。則幾乎無擇。令不擾云者。正此類耳。於義果胡取乎。或又曰變更國體。非徒言之。大抵實力既充。然後以舉。則即名義不易。實際何殊。苟指易名爲革命。則攖實之爲此

(一)同上。

(二)Nelson's Encyclopaedia。

(三)近見京津各報、發表反對籌安會之意見、即多明此義。

無疑。今斷斷執前者爲未可。寧非以五十步爭百步乎。曰、愚固未嘗左易名而右攖實也。大凡肯疊達之行爲。即無異於革命。羅伯士比固不求爲帝者。其所用革命一語。意義甚明。卜碩德逃之。亦以論魯意拿破崙之行政變。而非論其建帝號。由客之言。可以證明革命之程敍。不自建帝號始。而建帝號之爲革命中一絕大關鍵。似尚需數語爲之說明也。蓋二者相較。其本質固無所差。以不加冕之總統。與加冕之皇帝。詢人何擇。智者必將不答。惟其影響於政治則深淺有殊。普夫黎自曾造政治之精義曰。『共和國之安全與。謂基於多數者得其代表。寧謂基於少數者握有運動多數之權。』(一)此種運動之權。在民主專制之國。固亦不見。然不得謂之絕望。或者政潮猝轉。而民意以伸。善於運用者。範不軌者以入於軌。亦竟行所無事焉。未可知也。故若而社會。雖云不安。大小禍變。亦或時發。而政潮尚保留有一二分伸縮之餘地。在堅忍多慮之國民。宜若不有鋌而走險之憂。若並民主之號而棄之。則所謂餘地者盡矣。此其異點也。

請及次義。自來論革命者。祇許其有倫理上之根據。而不許其有法律上之根據。英儒席兌曰。『謂暴動者擁有憲法上之權利。其語若非矛盾。即爲不詞。雖然。由近世政治思想推之。若現政府有絕大之失政。無論政體何若。而謂人民不有倫理上之權利。顚而覆之者。固猶未之前聞也。』(二)此可以爲論宗矣。雖然。若民主專制。則亦有謂革命在法律上爲有論據者。魯意拿破崙宣布第二帝政之憲法。其敍文有曰。

(一)參觀拙著政治與社會第九頁、

(二)Sidgwick, The Elements of Politics, P. 618.

『中央集權之國其一國之元首無論善惡何如而要爲衆情注集而無間者也以故若於法典之上宣言不負責任卽爲愚弄民情卽欲建一虛構之法理曾以三次革命之暴力抉破焉者也』(一)此在拿破崙不過以明自重責任之意不謂國民所以糾問元首責任之道卽於此中以法律之意規之德之學者波因哈克譯其義曰法蘭西憲法此段之旨『乃以憲法之力公認革命爲課問元首責任之一手段且以違反法律之事視與組織國家之事等量而齊科』(二)此其理由波氏並暢發之謂專制之政至於此級爲元首者誠不能不對於國民而負其責任但責任者自若人之口出之直一羌無意義在國法上不能貫澈之門面語而已蓋國民既以一國最高之權永託諸一人之手則當最高權仍然在其身中之際不得從而課其責任昭然甚明苟欲課焉非於法外計謀以暴力奪其權而歸焉無他途也夫無課不成責任彼既以責任規之憲法(三)是卽所以詔國民曰爾得有憲法上之權利日日提革命之軍以蹶吾後也且『民主專制類由暴力而來故已之對於暴力卽失其所以主張權利之道』(四)夫至不能主張

(一) Dans ce pays de centralisation, l'opinion publique a sans cesse tout rapporté au chef du Gouvernement, le bien comme le mal. Aussi, écrire en tête d'une Charte que ce chef est irresponsable c'est mentir au sentiment public, c'est vouloir établir une fiction qui s'est trois fois évanouie au bruit des révolutions.

(二) Damit wird die Revolution als Mittel, das Staatsoberhaupt zur Verantwortung zu ziehen, verfassungsmässig anerkannt, der Rechtsbruch für eine organische Einrichtung des Staatsrechtes erklärt. Bornhak, Allgemeine Staatslehre. P.73.

(三) 法國四千八百五十二年一月十四日之憲法第一條卽曰「Un chef responsable nommé pour dix ans」

(四) Wie die demokratische Tyrannis durch Gewalt begründet ist, so kann sie auch gegenüber der Gewalt kein Recht behaupten 同上。

權利是已喪失法律効能苟一方喪失法律効能他方所爲卽無所謂違反國憲此其大旨也昔者嘗以德法兩國之學者論政各懷極端之見引爲政學之悲觀今於以暴易暴一說不謂以號稱朕拜君政之波因哈克與頂禮共和之盧梭語如一轍波之言曰民主專制成於暴力惟以暴力傾之斯爲適法聶舉之矣而盧梭民約論開宗明義曰「(一)人民見迫不得不服服之宜也一旦有力足脫羈絆脫之愈見爲宜蓋人之自由失矣今以其所以失之之道得之非彼此時有權回復其自由卽人當初無權可剝其自由於彼」(二)二賢之言細論之自多差異惟本篇不能具述茲之不憚稱引亦惟於行「民主帝政」者證其不得不認革命爲有憲法上之權利矣

用此觀之帝政與革命之關係亦可知矣若曰政府自有能力可使革命之禍不生愚決不以其說爲無根且灼然見其力之足以支持若干時而不失墜然祇以證革命之禍之不猝發而不足證其禍之消弭於無形旣曰籌安當以消弭無形者爲衡不當以幸不猝發者爲的況乎政治之事無能前知其果不猝發與否今仍未易言也席兌又有名言曰「社會之安寧其基與謂存乎政治寧謂存乎道德是必國中優秀之一部分恒溫和而公正富於同情明於公益小羣無非分妄誕之思階級無貪利傾巧之病多數黨之勝利不挾強橫之力以俱行而後此種安甯庶幾可保不然未或能免於革命也須知地球之上無論何處而欲以一部多數之人強一部少數之人同居其地者屈服於其下而謂有道德上之權利使之

(一) 'Tant qu'un peuple est contraint d'obéir et qu'il obéit il fait bien; sitôt qu'il peut secouer le joug, et qu'il le secoue, il fait encore mieux: car, recouvrant sa liberté par le même droit qui la lui a ravie, ou il est fondé à la reprendre, ou on ne l'était point à la lui ôter

爲之乃一不可想像之事也』(一) 席氏之言。乃論普通治道。其爲說且如此。若執民主帝政。叩其意見。又不知言之進於是者幾何。夫立國而至道德之基礎。全然破壞。則如盧梭之言。人亦爲其最強者而已。語云。匹夫專利。猶謂之盜。王而行之。其歸鮮矣。行見人人自以爲勝廣。家家各以爲華拿。心理所存。必有事實。而天下無甯日矣。是之謂籌安。不亦非常可怪者乎。

籌安之名。既不能立。則其發起詞所言。絕無駁辯之價值。可以想見。愚雖不肖。亦誠不欲以無謂之言論。與人爭一日之短長。然以國人辯理之力。異常薄弱。感情一動。混然不知是非治亂之所存者有人矣。愚懼其欺惑愚衆。沈國家於九淵而無以自救也。輒爲辯之於次。

詞中所陳本國事實。爲有目者所共覩。其爲姦言曲說。無待指陳。若夫外國史例。人或不曲考求其眞實事理。而聽其梟亂。請得述其言曰。

近者南美中美二洲共和各國。如巴西、阿根廷、秘魯、智利、猶魯衛、芬尼什拉等。莫不始於黨爭。終成戰禍。其最擾攘者。莫如墨西哥。自爹亞士遜位之後。干戈迄無甯歲。各黨黨魁。擁兵互競。勝則據土。敗則焚城。刦掠屠戮。無所不至。卒至五總統並立。陷國家於無政府之慘象。我國亦東方新造之共和國家。以彼例我。豈非前車之鑒乎。

愚於著論之先。請述蒲徠士之言。以相證。蒲氏英之夙學。而近遊中南美。以歸著爲『南美』(二) 一書。與其所著『北美』(三) 同稱衆說之郛者也。蒲之說曰。

(一)同前、

(二)Bryce, South America

(三)American Commonwealth、卽所譯平民政治、

自中南美諸邦離西班牙而獨立樹立共和歐人之愛自由者稱之美人尤甚蓋美人篤信共和至今猶多謂君主國與自由不相容而以諸邦爲其肖子故愛之也顧西班牙於千八百二十六年已盡撤駐兵離去美境而一世復一世共和之花仍萎頓而不開所見惟革命相續狄克鐵特相承已耳於是歐人漸厭惡之發論抨彈惟恐無及美人則始終護之凡以共和稱者類爲所袒不知二者俱泥於其名而未詳竅其實譽者失矣毀者亦未爲得也夫論名易而察實難人每就易而避難故偏蔽殊甚以例言之巴拉圭(一)共和國也共和憲法且巋然存而佛蘭西亞與羅佩慈實以兵力統治之委內瑞拉(二)昔在蒲蘭柯及加斯妥專制之下亦然吾儕聞人共和其國輒以爲治者公平之政力實由被治者同意而來而欣然施其同情今於巴拉圭及委內瑞拉亦有權享吾儕之同情否乎如其有也則羅佩慈及加斯妥之不道誠足執以駁詰共和論者如其否也則歷史上偶然之現象誠無與於共和而不能以爲贊否之標的也以如是而贊否之乃不離名稱問題而去事實千里也

請言事實歐人喜以抹撥之論取中南美共和國而一律短之此誠不平者也而在今日覺其爲不平尤甚歐洲之君主國由最善遞於最惡等差歷歷至有別焉中南美之共和國亦然其中儘有若干國不媿於歐人所謂眞共和憲政機能誠實無妄亦有專制之邦純恃武力以相支拄立乎兩種之間尙有多數之國其政治行動若規則若不規則若完全若不完全議會代表輿論亦非全無勢力人身財

(一)Paraguay

(二)卽芬尼什拉、

產諸權利之保護亦非盡不相當法律之應用施行縱難確實而亦不視行政官專斷之意與爲轉移此其大較也……

所謂眞共和國吾蓋於智利與阿根廷遇之智利者在拉丁美利堅諸國之中於歐美人所稱自由憲政之國最能契合者也蓋選舉取制限主義而政權則由一部分小地主與法律家主之其機關之運用與政黨之活動精神方法無一不與十八世紀之英吉利相同所不同者一爲君主一爲共和耳內閣更迭不時有之而於政治之運行無礙立國之普通政策從無變更革命之事久已絕迹其爲今人記憶力之所能及者惟內亂一次而已其時總統巴麻西達(一)以其所懷政略憲法所賦之權力不足以行之也則與議會堅持以致訴之武力兩派之人陳兵相見以各主張其權利猶之英吉利查爾士第一與巴力門之戰焉巴麻西達戰敗卒至自殺巴麻西達者富於理想之人也與尋常野心專制之家截然不同徒以所爲於法未安遂至敗死自是以來智利之政治蓋全入於憲政之恒軌矣在千九百十年黨派歧而爲六保守黨一而自由黨五自由黨時分時合條理井然能力辯智都臻高度人民一般之公共精神亦俱健全而活潑也

阿根廷之史蹟所歷艱險誠較智利爲多六十年前曾阨於狄克鐵特之下與巴拉圭之阨於羅佩慈正同自是以來內亂時有……然自千八百九十三年以還國中不見兵爭之事其政潮偶或不穩亦不過如歐洲諸邦恒爲無政府黨之思想方式所動盪而已軍略主義夙昔之所膜拜也而今已不見

(一)Balmaceda

行政之事由政治家掌之法律精神極其嚴整簡而言之今日之阿根廷純爲一立憲共和國與智利適同如有缺點抑亦共和之缺點而非屬於共和其皮專制其質之類也

由此兩例觀之可見在南美空氣之中西班牙血液之內蓋無物焉阻止共和政制使不運行如其運行未底於完也則斯世運行政制之不完者何在蔑有用此以證苟非於立憲精神極不相宜此種精神行見浸淫漸漬以入乎法律系統之內夙昔暴力相傾之習掃地盡焉且觀夫阿根廷之所由安泰尤見他拉丁美利堅諸國亦可漸次前邁以進乎守法律尊秩序之美風矣……

要之南美之共和國凡十一綜其全而論之其政況遠良於六十年以前斷無疑義凡諸國者大都軍政之原素益益減憲政之原素益益增法家作政誠不敢必其守法而較之軍人則優越多多號曰法家其手段將無取於橫暴與其得一毀法者毋寧得一弄法者爲愈也革命內亂之事雖亦有焉而殘酷遠不古若刑僇政敵亦所罕聞政治暗殺盛於歐洲而在此則不恆見(一)……

前世紀之中葉歐人之崇信自由者見夫中南美諸邦獨立有年自由殊盛而道德不進幸福不增國內之繁榮亦無可論則大失望以爲自由之功用不臻而厭薄諸邦之說以起噫此曹何感情之盛一至此也彼之自失豈非過信自由之力之所致乎在昔政治之不良彼以爲全屬君主貴族之過而不悟政治之失由經驗所詔不盡屬於政體而人性實爲本因試觀歐洲政局自千八百五十九年以來有多數之國政權漸由少數人之手入於多數人掌握之中而道德平和之黃金時代曾不隨而湧現

(一)以最近五十年計之、歐洲之暗殺、誠多於中南美。(原註)

且愁歎不平之聲。轉或時聞。有曰法律不能持階級之平。有曰議會之信用墜地。有曰行政機關非由國民直接監督不爲功。其在北美此種監督且謂當推及於司法。所宜改善之事亦多端矣。而迄未聞稍有智識之人。謂宜反而訴之古代武斷壓制之習。其所覺者。亦政術日進於艱難。非昔人之所及見。今後唯有受教於經驗以從事耳。果予此說而不謬也。則於評隲南美之政情。不尤宜廣設恕詞矣乎。南美自來遭際之困難。比之歐洲爲多。而其成績可觀。亦旣若此。輒總總爲其方來抱悲觀。焉誠無謂也。(一)

由蒲氏之言以談南美政治。可以窺見一斑矣。夫蒲氏特著書言南美者之一人耳。以其人爲吾國社會所知。而意見平實。富於經歷。不務爲非常可喜之論。國人讀彼所著平民政治。已深信之。故特擇一小段譯焉。而繁重已如此。則其他關於中南美之眞實政象。可益吾人神智者。且不知凡幾。條而出之。無在不足使籌安會之所主張。失其根據。嗚呼。國人不學。以道聽塗說自安。而淫邪無恥之政治家。遂敢於利用其弱點。妄設似是而非常識莫究之外國政例。以欺惑邦人。諸友寧非國家之奇厄也耶。茲不具論。惟綜合蒲氏之言以衡吾國。求其要點。得三事焉。(一)中南美之共和。決非盡惡。第其品級有上下。中上中無論矣。吾今所號共和。望其下駟且猶不及。而乃罵倒全體。指爲殷鑒。借作推倒共和之資。斯誠妄人之談。(二)共和有名有實。以共和之名。行無道君主之實者。不得蔽罪共和。(三)共和之蔽。祇宜於本身救之。反之古代武斷壓制之習。爲有識者想像之所不及。最後一點。請更詳之。桑麥丁(二)智利之華聖頓也。

(一)South America 第十五章 The Conditions of Political Life in Spanish America (二)San Martin(一七七八—一八五〇)

當革命急時殊疑民政之不可遽採而終主張共和政府以制限選舉爲之基波利華（一）委內瑞拉之愛國者以有澄淸南美之大志華聖頓之名且遍於諸國者也其致疑於共和之不可躁期亦惟思以聯邦組織救濟之而已之總統任期延之終身而已（二）至夢想帝國梟傑如佛蘭西亞與蒲蘭柯之徒亦未或萌動於胸非必不欲而在勢有所不可蓋中南美諸國政象之所以不甯而革命時起者以狄克鐵特制之爲祟耳狄克鐵特雖曰專橫而尙居民選之名任期有定憲法之精神雖失而形式猶存人民欲得而甘心已至於此假若進而稱帝其不同於抱薪救火以酒解酲者幾何以故百年之間中南美政雄疊出而帝政迄無聞焉非不爲也知其爲之而亂且日益於己亦大不利也此種自愛愛國之道梟雄當局猶且深知豈吾萬里旁觀得以諉曰無覩甚矣籌安會之所推證爲別有肺腸矣

愚執筆至此忽得美人古德諾最近之作曰論君主與共和載諸八月十九日亞細亞日報亦有曰

> 南美各國中亦有數國用共和制而頗有進步者其尤著者則阿根廷智利巴西三國是已阿根廷及智利兩國初建共和時騷擾紛紜久未平定然其後乃漸見安寧頗享太平歲月之福至巴西則自二十五年前建立共和制以來雖略有騷動而共和之命運實屬平安然此三國於立憲政體皆能極力進行而巴西則未立共和之前在帝國時代業能鼓勵人民使之與聞國政故三國之得此結果者非偶然也

古氏之稱道南美諸共和國智利阿根廷而外尙數巴西且較愚所述蒲氏之言又進一步則儻若由他

（一）Bolivar（一七八三—一八三〇）

（二）亦蒲氏所紀之言、同上、

學者言之。又或推而及之委內瑞拉諸邦。惜吾文幅窄。不能遍舉。且此等國者。乃古氏所謂『尤著』。蒲氏所謂『不媿於歐人所謂眞共和』者也。則其他略下於是而得以能是。亦足善。是亦足稱之者。又必不乏其例。是世俗謂當取南美為戒。由蒲氏古氏之言以推。反謂當取為法。有何不可。古之言曰。『阿根廷及智利兩國初建共和時。騷擾紛紜。久未平定。然其後乃漸見安寧。頗享太平歲月之福』。是兩國之得有今日。共和之效也。倘易共和而為君政。其騷擾紛紜。雖至今日猶未已焉。未可知也。姑讓百步。謂行君政。其效等於行共和。兩國太平之福。雖立君主亦得享之。則二者宜乎無擇。夫利不十不變法。今共和無恙。政例相詔。明明由之可致太平。而不急起直追。學其步伐。轉欲摧滅本制。別立君主。是何用心。且如是。為之亦遲。為之可矣。而必嘵嘵然告於衆曰。此吾鑒於智利阿根廷而為之也。豈非奇寃。古之言曰。『巴西……建立共和制以來……共和之運命。實屬平安』。至其何以平安。以愚所知。蓋純為聯邦憲法之賜。國之雄於黨爭而設為聯邦之制。以調和之。行之而有效者。厥惟巴西。是吾人果畏黨爭而啟戰禍矣乎。亦傚法巴西立聯邦以平之斯為可耳。不此之圖。而輒欲創立君主。且嘵嘵然告於衆曰。此吾鑒於巴西而為之也。豈非滑稽。古之言曰。『三國於立憲政體。皆能極力進行』。此用以警策共和。謂爾亦宜追蹤三國。實行立憲。誠為明訓。若以證吾國之宜於君主焉。則其意必曰。爾於立憲政體不能極力進行。故當毀共和而立君主。無論所圖君政。亦以立憲為期。已首限其說於不可通也。姑如其意以求之。是乃吾望三國而不可齊。求為南美而不得。而又何詈焉。嘻。今之翹南美之例。以震驚國人。使之畏避。而惟君主是鄉者。亦坐未暇深考耳。夫以未暇深考之事。輒引為感情煽動之資。此等政談。實同蟊賊。古氏號為學者不肯悉喪其身分供人犧牲故所引政例偶亦徵實惜其於支吾蹩柄之處無可詆讕然終肯稍語眞象使人有析疑昭滯之餘地焉國人自亦受賜不少也

或曰吾子所言誠信於巴西、阿根廷、秘魯、智利、猶魯衛、芬尼什拉等國如籌安會所稱者矣然於墨西哥今日之擾亂又何說以處之曰愚固非謂中南美諸國之無黨爭與戰禍也此豈僅中南美有之立國於他洲者亦時不免今茲之所當研究者則此種黨爭戰禍是否即爲共和之咎已耳如其是也其在邏輯僅一墨西哥行共和而敗他國行之而善者不知凡幾尙難據以蔽罪共和然強欲蔽之終非無說如其非也則共和自共和黨爭戰禍自黨爭戰禍墨西哥之紛擾即百倍於今日猶於共和本制如風馬牛之不相及矣蓋共和有名有實謂共和爲有害必其害見於行共和之實者也若以共和之名而行非共和之實而遽曰害云害云則誠李代桃僵之尤不値論列善夫前舉蒲徠士之言曰『論名易而察實難人每避易而就難故偏蔽殊甚』今人之論墨事無往而不『偏蔽』請得略而論之

墨西哥今日之慘劇推原其剏有一大罪人焉其人爲誰即爹亞士蓋彼柄政二十八年之久徒致力於一己權勢之擴張而無意於政治根本之解決利用外資開發實業誠不得謂其非計而爹氏號稱有造於墨亦惟此焉然財產集中而貧民生計益苦夫國基之所由穩固者在夫增造中流社會之有恆產者使與地方同其休戚用能講自治重秩序耳而墨國以縣立大資本之故財政實業之權悉操諸爹氏左右倖幸之手號曰相諦非柯（一）招權納賄無所不爲全國之大公司八九爲彼輩之股本而人民即欲

（一）The "Cientificos" 意義不甚明、大約指其人數、宜譯作『百人團體』也、

立小式工商之業。亦非財賄運動不行。以故富者益富。貧者益貧。而中人之資所恃以爲社會中堅者。不可得見。敎育者國命之所託也。而爹氏全然不講。計由爹氏之手輸入外資在英金三萬萬鎊以上。而於敎育事業所費至微。故民智之不進。三十年幾如一日。當亞氏任職之時。墨人之能誦讀者已在百分之十左右。而及其去位。猶不及百分之十五焉。夫以貧民與愚民兩種政策相輔而行。而欲其國之能安。此何異揚湯而求止沸。且也墨人雖乏通智。而一部優秀人士。感於近世政潮之不可遏。其於憲政運動。決非不宜。爹氏怙勢不讓。非惟不能利導。而且專以束縛馳驟爲事。彼之一敗而不可收拾。此尤亘因姑不多述。述其因之最近而易見者。

夫爹氏之失政。不待言矣。而其故作狡獪。食言而肥。嘗試人民之心理。冀取好感。以偸其國。不得則縱其鷹犬。到處摧殘。假藉法律。僇辱異己。則尤革命之所由驟發也。蓋爹氏第七次之任期。當終於千九百十年。彼之不肯遽舍其位。固不難以種種行爲而證之也。乃前二年。彼忽告一美國雜誌記者。自明無戀棧之意。其言曰。『無論吾之友人與吾左右爲吾計謀奔走奚若。而本任一終。吾卽遠引。決不更厠斯職。八十之年。於時已至。自信亦不堪爲世用矣。就職以來。予蓋息息望有一日墨西哥共和國民能在大選之期愼簡替人。移易政府。不有革命流血之慘。且無傷國家信用。或阻害進步之機。此一日者今已至矣。在墨西哥共和國以內。吾甚願發生一反對黨。如其能生。吾歡迎之。不以爲禍。而以爲福也。且若其黨能展發才力。爲治而不爲暴。吾猶將維持之。忠告之。凡吾前此所以樹立民政之全功。夙勸願一切忘之』(一)

(一)Moden Mexico. R. J. Mac-Hugh 一五九頁、

此一宣言。墨西哥全國報紙。無不轉載。爹氏之人望。於焉頓高。時國人厭爹氏之政久矣。方求所以解脫之道。而不得。忽爹氏自明其淡泊之志。亦遂不暇辨其以方欺人。而翕然信之。政治結社。遂乃如雲而起。凡候補總統宜為何人。與夫民政宜何由而改善。論題森列。討議不休。旬日之間。朝氣溢乎全國。論潮所至。迄無以爹氏始終連任為宜者。夫爹氏治墨久。揣摩墨人品性最稔。而最善用其弱點者也。初意彼一宣言。人之反其假託之意而附之者必衆。以為吾總統純白無類。吾民誠重違其情。而為全墨思之。非此人誰稱厥職。計惟犧牲一人之名譽。以救全國之實禍。便不料墨人雖馴於爹氏權謀之下。而當國脈存亡之際。究亦不肯喪其獨立之主張。卒之不僅不如爹氏之所竊期。而且以爹氏之偽宣言。自蔽向他端倏馳不已。昔者韓非明說之難也。謂『所說實為厚利。而顯為明高者也。而說之以名高。則陽收其身而實疏之。』然若其事為世主利害所關。又豈獨疏之而已。迫而為苛豐達。將亦其所不惜。今墨西哥之愛國者。既陰窺爹氏之實。而故崇其顯。以與之抗。此誠爹氏之所不能忍。不得不撥去假面。而施其辣腕者矣。當此政情活潑之秋。爹氏之爪牙。發為通告。以警諸政客。大旨謂總統之宣言。以政情卜之。決難視為有效。此之通告。準以慣例。無不知為代宣爹氏之令。而反對黨之首領。誠恐以此激成禍變。態度因為一移。斯時之所議決者。則總統一席。無更與爹氏爭衡之望。以彼不肯遽舍。則雖選民人人不欲。而終無所逃於威力金錢之外也。於是彼等之指針。轉而爭副總統。以謂副者誠為吾黨之與。則爹氏高年。一旦不測。繼其位者。或能與吾黨同其政見。以謀國利也。此意既布。爹氏不置可否。其爪牙亦無宣示。政客以為爹氏已許之也。則運動又興。有曰中央民政俱樂部（一）者。應時而起。標舉政綱。演員四出。時紐瓦黎陽省（二）之省長萊詩（三）頗負衆望。乃以副總統候補者歸之。斯人一出。迎者如水。墨人本好感情。而湮鬱既久。尤莫自制矣。爹氏至此。又復大恨。在職副總統柯奈爾（四）者。爹氏之所馴養也。以他人代之。豈其所甘。於是强壓之策。再接再厲。凡軍官議員之同情於萊詩者。遣戍褫職有差。全國政黨所有集會。悉以兵力潰之。而首領拘捕投獄者不絕。餘衆殺傷尤多。如阿薩加（五）柯利麻（六）卜蒲拉（七）諸省。皆其擾亂最著者也。新聞之左袒萊詩者。悉停版。記者囚焉。萊詩故爲爹氏所親。而任爲紐省省長。逾二十年者也。至此遂宣言否認候補之事。爹氏託詞調查軍事。遣往歐洲。兩年不召。

墨人之反對爹氏公開之運動。既終秘密之結集以始。萊詩遠去。馬德羅（八）代之而興。馬氏富人之子。其躍爲領袖。不過以千九百八年著爲小册。攻詰爹氏。而以投票自由聒於國人。故其書雖爲政府所禁。而流行仍廣。入人甚深。遂乃大呼成羣。全墨鼎沸。兩黨相持。爹軍敗報時至。當事急時。爹氏始與馬氏言和。馬氏百皆可從。惟必以爹氏去職離墨爲第一條件。爹氏不允而復戰。戰而復敗。不可收拾。至是爹氏不得不抱其衰殘敗衂之躬。謝國民之盛怒。長與其母邦作別。而所謂母邦。亦自此無寧日矣。此人飄泊

（一）The Central Democratic Club
（二）Nuevo Leon
（三）Bernardo Reyes，此人後爲革命黨所殺。
（四）Coral.
（五）Oaxaka
（六）Colima
（七）Puebla.
（八）Francisco Madero

歐西。於今五載前之稱其功能者。此五年中。無不轉而以冷嘲熱罵相餉。前七月中旬。路透社忽傳爹氏死耗。而居址不詳。或曰巴黎。或曰紐約。或曰馬德里。久之始知其死於法京。確也。此可知其人之見忘於世久矣。嗚呼。固一世之雄也。而今安在哉。(一)

用此觀之。可見墨西哥大亂之所由成。純由爹氏。論爹氏者。無不罪其專橫。愚則謂一味專橫。國民雖懟。猶可少安。而爹氏又復以陰柔僞善之假面。濟之。故國民之腐心切齒。其度之高。與成正比。一經擾亂。尤收攝無從。此其爲罪。實居絕頂。是固非謂馬德羅以次之諸野心家。爲害於墨西哥者之無罪也。特罪之源泉。決不在此。嘗謂惡者。惡也。惡而貌爲善焉。而卒行其大惡。則其惡尤不可救。爹氏之謂也。當彼盛時。有人宴之於蔡卜帖畢。(二)其頌詞曰。『公實與國人以自由』。爹氏遜謝謂『吾非予國人以自由也。吾惟盡其力之所能至。不併竊人之自由。不毀滅人權已矣』。(三)夫爹氏與墨人自由之關係。自非無目。豈見其如所云然。請更舉一說以證之。美人嘉孫(四)曰。『三十年前。墨西哥言論自由。甚爲完全。爹氏執政。首捕新聞記者。卑南之獄。慘酷無人理。以待最下囚徒者也。爹氏幽置記者於此。日惟麵包一片。白水一盂。使僅得不死。於是者七日。出而詢之曰。爾以吾政府爲何如乎。必其答曰。茲爲有史以來最良之政府。乃得釋去。自是新聞。俱爲政府所豢記者。俱爲政府所豢。而論調一致。頌爹氏政府爲最良矣』。爹

(一)以上所記。俱雜採 MacHugh: Modern Mexico 第七章。　(二)Chapultepec

(三)並見 Johnston Kurt: Dictators of Mexico 七頁。

(四)W. E. Carson 著見所著 Mexico, The Wonderful Land of the South 百四十五頁。

氏之不僭竊人之自由而人羣須共與國人以自由類如此此則稍有世道人心之責者欲其不疾首痛心出萬死不顧一生之計以求踏此惡魔豈可得乎以總統選舉言之彼既貪戀大位卽竟爲之可矣而必宣言不欲三揖三讓以待國人盡沒其廉恥而逢迎之聞之顏之推曰『宓子賤云誠於此者形於彼人之虛實眞僞在乎心無不見乎迹但察之未熟耳一爲察之所鑒巧僞不如拙誠承之以羞大矣伯石讓卿王莽亂政當於爾時自以巧密後人書之留傳後代可爲骨寒毛竪也』嗚乎豈待後世人演之進當其時卽有使之骨寒毛竪者矣爹氏之愚弄國民一至於此求其無敗豈可得乎

顧今之爲言者每稱美爹氏謂吾國尤宜倣法此誠未悉墨西哥政情之過故愚不憚爲之覼縷於此其最不切情事之論曰馬德羅既起『爹亞士以共和國體之故不得不引身而退』(二)夫爹氏豈有共和國體在其心目中者哉又豈願棄大位如敝屣者哉其引身而退乃智盡而能索非爲顧惜共和國體之故此庸童小夫可以知之而顧喋喋如是此殆別有用意非可以常理論也嘗見歐美作者之論墨事無不以爹氏之敗乃其自取而非馬德羅之所能爲功約翰德凱之言頗通治道之大凡愚尤以爲平允其說曰

凡人論事事後皆智以墨亂言之其先非無補救之術特當局者不自知耳惟美亦然南北戰爭距今五十年矣而若從今推究所以免除內亂之法未始無之惟人性未完先智不足史例所詔往往一國之內何弊當更何事當廢而其人民有權更之廢之者乃因循復因循及至無可挽回訴之武力卽欲

(二)七月二十四日北京亞細亞報之言、

爲之。亦已晚矣。墨美固皆同例也。巴士的獄未陷之前數月。路易十六之所讓於民者。廣大無倫。苟若五年之前。僅出其一部與民更始。革命之禍。吾知免矣。迨戰禍既開。無論所願讓者。至於何許。要皆無濟。以法證墨。文豈不然(一)

此其責備爹氏。婉而多諷。然即此可見爹氏之退。乃其自謀不臧。革命之急潮。乃循歷史之公例而致然。於共和政體無與也。由愚蠡言。當時墨人之欲得於爹氏者。一副總統選舉之自由耳。苟爲爹氏者。順民意以爲之。所馬德羅之禍。或不即發。迨既發焉。爹氏之所讓步。大於副總統之選舉。何止百倍。而仍無益。此誠無間於君主民主者也。在論者之意。以爲爹氏果爲皇帝。則可不退。試問路易十六。豈非皇帝。何以更進一步。且登斷頭之臺。東京朝日新聞。聞古氏之論也。著爲論曰。『博士引墨西哥之現狀。以證共和政體之不可。雖然。以好爭政權如墨西哥。其國假令非共和政體。而爲君主專制。果得免於今日之禍亂耶。』(二)是乃常識。誰則不知。且以愚觀之。禍亂不僅不免。必且不待延至千九百十年而始發。是故爹氏之終敗。其咎固在僞共和。而終支二十八年而始敗。其功亦在僞共和。倘彼全然隳壞立國之精神。抹撥國民之心理。毀憲法。滅國會。竟自帝焉。則墨西哥殺人流血之慘。且速發若干年。加劇數百倍。可斷言矣。而論者乃轉引其事。以遮護帝政。抑何其不揣本而齊末之甚也耶。

凡右所言。皆以明共和無害於墨西哥。而爹亞士之敗。絕非行共和制之所致。請更引古氏之言以反證

(一) Dictators of Mexico 四三頁、

(二) 九月二十一日朝日新聞、

之古之言曰

> 墨西哥近年之事在南美中美各國業已數見不鮮蓋共和制不合於其國經濟政治之狀況者必有如是之結果也簽亞士為軍界之領袖獨握政權當其為大總統時政治問題似已解決然簽亞士既未厲行教育且禁壓人民不使參預政事乃年將衰邁權力漸殺革命之旗幟既張簽亞士遂盡失其政柄

果其言而確也恐滋有所不解矣夫行「共和制」云者合古今萬國之學者於一堂而釋之當不外擴張民權實行民政今曰「共和制不合於其國經濟政治之狀況」是猶曰擴張民權實行民政不合於其國經濟政治之狀況也恐知中南美諸邦大抵姊妹兄弟之國古氏既認阿根廷智利巴西諸國用共和制而有進步矣胡獨不宜於墨西哥此誠當明著其例者而彼囫圇吞過已絕可疑然猶且不論惟一事而曰合與不合以最淺之邏輯言之必其已經試驗熟察其成績而分疏之者也則試問擴張民權實行民政簽氏柄政時期墨西哥果悉其量而試為之焉否乎姑不覓他證古氏明明告我曰「簽亞士既未厲行教育且禁壓人民不使參預政事」夫至教育而不之行是從根本上毀棄人權也人民不能與聞政事是從根本上推翻民政也毀棄之也如彼推翻之也如此是簽氏始終未嘗行所謂共和制也以未嘗一行之事而前定其斷案曰不合不合此種論法誠不知從何而來古氏之言且矛盾如此則拾其牙慧者更可知矣

罷事者乃國人之假口最力者也故不憚言之反復詳盡如此今請進讀古氏之全論而一評之古論之發端曰

> 一國必有其國體。其所以立此國體之故。類非出於其國民之有所選擇也。雖其國民之最優秀者。亦無所容心焉。蓋無論其爲君主。或爲共和。往往非出於人力。其於本國之歷史習慣。與夫社會經濟之情狀。必有其相宜者。而國體乃定。假其不宜。則雖定於一時。而不久必復以其他相宜之國體代之。此必然之理也。

甚矣吾國今日而立君主。其說之難持也。愚讀古氏之文。其最呈異感者。則幾疑其文實爲共和論張目。何以言之。國體必其相宜。始能確定。斯言至當。無可非難。惟所謂宜者。當求之於通而不當求之於偏。歷史者。蓋合過去現在二部而成。泥於過去。拋却現在。此偏象也。斯而謂宜。或宜於過去耳。於現在何與也。荀子曰。「夫道者體常而盡變。一隅不足以舉之。曲知之人。觀於道之一隅而未之能識也。故以爲足而飾之。內以自亂。外以惑人。上以蔽下。下以蔽上。此蔽塞之禍也。」惟宜亦然。非體常而盡變。其禍中於蔽塞。何宜之有。夫常者於過去之歷史得之。變者於現在之歷史得之。以國體言。無論何國。君主者其常。而顚覆君主創設民主者其變。苟泥古特甚。謂君主者吾常也。其復之便。則其事於盡變之道大悖。終未見其君政之能立也。法蘭西革命以前。素習君政。此其常也。而路易既倒。君統破壞。勢惟民主可以相安。此其變也。而拿破崙反之。竟自稱帝。帝制之毒。綿延迄於千八百四十八年。此番革命。拿破崙第三踵拿破崙之故智。仍建帝政。卒至千八百七十一年。共和復蘇。法蘭西今日之共和。即以古氏之詭辯。亦不得不認其「可望永久」矣。此無他。前此未能盡變。故一翻一覆。擾攘百年。而今能之。遂乃安如磐石也。美國獨立以前。戴英王爲共主。固亦習於君政。此其常也。一旦離英獨立。舍君主而取民主。此其變也。古氏曰。「夫美國之革命。初非欲推翻君主也。其目的但欲脫英國而獨立耳。乃革命成功而後。其勢有不能不用共和制者。蓋其地本無天家皇族。足以肩政務之重。……當日統率革命軍爲華盛頓。使其人有帝制自爲之心。亦未始不可自立爲君。乃華聖頓之宗旨。尊共和而不喜君主。而又無子足以維其後。故當合衆國告成之日。卽毅然採用共和制。」夫苟華聖頓有帝制自爲之心。美洲卽可創立君政。此古氏一人之私言。而華氏不爲。由於無子。尤爲曲說。姑不具論。(一)而美洲不立君。國家安榮以至於今。則爲事實。其所以然。則盡變之道得也。體常而盡變。謂之相宜。「假其不宜。則雖定於一時。而不久必復以其他相宜之國體代之。」此正面觀法。反面觀美。可以證之。愚故曰由古氏之言。「實爲共和論張目」也。

愚曩者作復辟平議。闢勞乃宣氏之說。有曰。

君主民主之分。爭之於理論者十之二。爭之於事實者十之八。原夫國之有主。本以約成。約基於民。民有自由擇主之權利。此在原理。民主論似乎爲優。然爲君主之說者。亦初不慮不能成理。勞氏君主民主平議篇中。所列君長世及之故凡四。固難言賅。亦未盡當。而其持之有故。足與共和論平分領域。則無可疑。由此致辯。彼亦一是非。此亦一是非。勞氏無以折吾。吾未見卽有以折勞氏。不僅此也。卽集古今世界學者講論一堂。求其有以相折。亦必不能。故此爲無益之論爭。徒資聚訟。而不足恃以解大紛決大計者也。自來理論之有力。依夫事實。事實宜於民主。則民主論特張。事實宜於君主。則君主論制

(一)校閱至此、得上海八月二十六七兩日神州日報、同社友東蓀君有駁古氏文一首、頗論此點曰、「博士又謂華聖頓如有帝制自爲之心、未嘗不可、博士美人、竟發此語、實爲可駭、吾聞美國當時有識之士、無不鑒於英皇佐治第三之淫威、視專制如洪水猛獸、乃預知有華氏其人、始敢定總統之制、然猶必嚴限其權、而謂華氏自知無子足以後繼、遂安於共和、直是謬言、殆欺吾國人耳、」

勝無抽象一定之義也英吉利君主國也謂其人民不解共和之道自非狂悖不爲是言而英之共和不成無他事實爲之也美利堅民主國也而人民系出於英謂其不辨君主之利自非狂悖亦不爲此言而美之君主不成無他事實爲之也吾國之由君主變爲民主亦然今者復辟之不可與言理論之不可甯謂事實之不可也(一)

事實者何謂也卽所謂變也而變之在吾國今日則呈三象(一)『帝王乃歷史上之產物非如餅師作餅可以頃刻而成今後之中國旣無人焉有可爲帝王之資何能復爲君主國』(二)(二)當君主思想未生之時代則一君統亡一君統起行所固然而今非其時大抵君權之存存於人民之迷信今迷信旣破回復無由(三)內憂外患險象環生國家實無餘力更容變亂自來創立君政之暫免變亂者或則以殺戮之慘盡其人口之大半或則提取國中膨脹之力南征北伐以爲尾閭前者吾之歷代開基之主爲之後者拿破崙之徒爲之而吾皆不能則君政一立革命之禍何時而發實不可料此三象者印入人人之腦中不可爬梳是故有在前清極力主張君主立憲者矣而此時羌無意識之君主論則反對之吾友徐君佛蘇卽其一人也愚讀其最近發表對於籌安會之意見有曰『以不佞之前言往事觀之其主張君主立憲人所稔知然入民國以來何以不復倡前說』又曰『古今中外無人在本國法權之下而集會結社公然討論本國國體者更未有昌言推翻本國現有之國體謀植其他國體而不觸禁令者何也國

(一)本誌五期復辟平議十三頁、
(二)此有名政客某君之論、見本誌五期通信欄調和篇、體者國本之所託命國民全體艱難開創歃血締盟共同奠造之大基業也故其本國人民無論何人對此國體凜若神聖不可侵犯』尤有最精之語曰『如國體可以自由討論改變耶則國家有一日之生存在人民卽可以有一日之討論改變非待至無國以後將無討論改變終止之時然則此討論也豈不與國家生存之目的相背而成爲滑稽之事乎故世界無論何國人士之言論著作對於他國之國體可以任意批評若一論及本國國體縱心懷反對亦祇能出以微言婉諷之筆否則謂之倡革命耳』(一)此天下之公言而前清君主立憲黨純正心理之代表語其固有之意則以君主立憲爲優語其時中之德則以民主立憲爲當是誠古氏所謂『一國……所以立此國體之故類非出於其國民之有所選擇也(二)雖其國民之最優秀者亦無所容心』者也愚故曰由古氏之言『實爲共和論張目』也

(一)八月二十一日北京國民公報、

(二)此之譯就古氏之說、以爲無所選擇者、乃就歷史演進之成果、綜而言之、謂其境自然而然、一若無所選擇、其實此之無所選擇、乃選擇之至者也、猶天演論中之物競天擇二語、物競一若無競、無競者競之至、天擇一若無擇、無擇者擇之至也、曉賢駁古氏此段、頗與愚異其觀察、而命意則同、神州日報所載東蓀君之文有曰、「博士謂一國所以立其國體、非由國民之有所選擇、卽非出於人力、乃必宜於其國之歷史習慣社會經濟狀態、夫旣本於歷史習慣、寧得謂誤、然試問此種歷史習慣、果其存於國民之心中、抑亦存於客觀之實物、吾知勿論何人、必不能認歷史習慣爲存於客觀之具體物、是則存於人之心中明矣、自盧騷總意說之反響以來、學者殆信歷史、亦已過甚、殊不知歷史者、時代精神之連續的表現也、否則歷史莫由以成、不惟斷片之事實、不足研究、抑且勢必千年如一日而不生變化矣、世上當有此理耶、由是以譚、歷史習慣、旣存人民之心中、則社會組織經濟狀態、無一而非人民意思之表徵、則謂國民對於國體、無能有所選擇、眞謬論也」、此文之意、與愚全同、所不同者、選擇二字之用法耳、言非一端、夫各有當、讀者諒之、或曰。法之革命中經君主。而卒歸於共和。美之革命。逕立共和。以迄於今。旣聞命矣。然古氏更述英倫往事。請問英之革命中經共和、而卒歸於君主。則又何說。曰。此非吾之所得引以自證也。愚前言共和旣立。不得復建君主。最要之理由有二。一君統已破。全國無可繼位之人。一政想全非。國民無復忠君之念。則苟若君統未破。政想未易。復辟之事。亦未始不可行。英之王政復古是也。梅依者。英之大史家也。其說曰。『英之革命。似無結果可言。其所得者。亦一王繼承一王。而前王身殉自由而已。苟非此點。英之政治組織。殆前後無所變遷也。』（一）又曰。『革命之後。政識較進。民意較靈。獨立思想較高。團體力量較大。至忠君一事。則流風餘韻。沿而未衰。』（二）由斯而譚。英之終成君主。豈曰偶然。吾國之滿洲。屬諸異族。其篡竊吾國而有之也。純出於慘酷無人道之武力。國民愛戴之念。自始不生。光宣之交。君主立憲之說。雖盛於一時。大抵視爲策略。而全不出於忠愛之悃。清運旣絕。遺愛無存。勞宋諸公。深仁厚澤之談。天下笑之。故吾國欲求如英倫克林威爾之後。迎查爾士入承大統。蓋事實上不可能。然且不問其能不能。而惟即例論例。苟英倫王政。爲勞宋之徒依附清室者所稱許。尙非擬不於倫。而今胡有也。復辟之獄。尙在目前。如或提倡即罹刑辟。（三）是今之引王政以自佐者。其意不在滿洲。明甚。果爾。以愚不學。誠未見英事之可

（一）May, Democracy in Europe 第二册四百五十五頁

（二）...without any sensible diminution of their traditional loyalty 同書次頁

（三）三年十一月二十四日申令有云、民主共和、載在約法、邪詞惑衆、厥有常刑、嗣後如有造作謠言、著書立說、及開會集議、以紊亂國憲者、即照內亂罪從嚴懲辦、以固國本而遏亂萌、

妄稱也在古氏之意得毋謂英人之所重者君主制耳初於君主無擇卽克林威爾自帝亦將見容於英人矣乎則以古氏側身間學之林宜知當日英人太息痛恨於克林威爾之僞共和至於何度查爾士入都之後追論克林威爾之罪而戮其屍在吾王萬歲之聲中高懸其頭於巴力門之上者垂二十日古氏曰「以英國當日人民不適宜於共和而力次爾（克林威爾之子）又無行政首長之才故英國之共和忽然消滅」是則克林威爾之政略初無背於共和又若力次爾才如其父必且爲英人所戴此其不爲史事所證誦中學課本者類能知之由斯以譚查爾士第二之已事以之證復辟論而微似旣爲其所諱言以之證民主帝政論而所擬之主則又罪在大辟甚矣吾國今日而立君主其說之難持也嗚乎以束髮小生能談之理而古氏妄稱於吾國學士大夫之前以致浮濫政客雲集其門摭拾片言與爲狼狽而一國是非得失之林卽若樊然殽亂無可救藥者然豈非吾之奇恥也哉

古氏之文他國之拉雜政例占其大半幅此外所自矜而以爲探驪得珠者則君主繼承問題謂「繼承確定一節實爲君主制較之共和制最大優勝之點」孟子曰遁詞知其所窮古氏蓋窮極而發此無聊之言矣夫繼承一事誠不得謂非君主制中之一問題而豈得曰斯制之存亡以之以近事言滿洲開國卽不立繼承法者也其君制之壞初不以此縱曰重要無倫而於君制確立之後再行研究斷無不及未聞先以繼承法之定否而卜君制之採否也若曰預爲之防乎則如斯大業所當預防而重且急於此者何止百端繼承一家之事其法一紙書耳有何難定倘若古氏曾參兩拿翁之朝而以斯說進拿翁決不難唯命是從惟其君統及身而滅摧此『金簡石室』之書足覆瓿耳何益於用又倘若古氏曾掌克林

威爾之書記而以斯說進。克氏竟以此而自帝。姑無論其子力次爾自然承襲。初無待以法定之。然一傳而絕。有同暴秦二世則所恃以正其子孫帝王萬世之業者。又焉往哉。夫古氏以君主說嘗試於吾。不能詳。陳斯制之如何爲利。及其如何而得鞏固。而徒取君制大定後之一繼承問題。待至建都習禮。兢韓臨彭。徐徐引數四老人以爲太子羽翼。默示微諷。而不虞其後時者張皇號召。一若此謀若臧萬事都了者。然使人感情昏亂。輕重倒置。以僥倖其說之見錄於世。是誠孫卿所謂訞怪狡猾之人者矣。

古氏所陳改制之三條件。大抵狡猾不可追摸。繼承一條。已前駁矣。此外兩事。一曰不可引起國民及列強之反對。一曰必求立憲政治之發達。夫列強之反對與否。古氏或不得而知。若國民於此種根本變遷之局。而將無反對者乎。愚恐以古氏之博學多聞。苟非認定吾人全然不解政治生涯。不敢輕下判斷。故其言曰。此在乎周知中國情形者之自決。是則中國情形。古氏未之知也。以不知吾國情形之人。貿然爲吾國主張政制。則擿埴以索塗。冥行而已。不亦太可笑哉。立憲之說。亦視此矣。諺云。欲知將來。可鑒既往。總統就職之誓詞曰。發揚共和之精神。滌盪專制之瑕穢。未幾而精神浸亡。瑕穢山積。然猶得謂通於權變。不獲已也。贛寧之役。當局勤勤以無帝制自爲之心。表襮於民。黎元洪謂以鐵血保障共和。通電全國。始回天下將倒之戈。以剚刃於七省。未幾而毀憲法。滅國會。絕自治。共和之形式。且不與存。然既不廢民主之名。愛餼羊者猶未絕念也。故勞宋之獄。發爲公令。重申共和紊亂國憲。刑所不宥。識者傷滿洲既斬之澤。尤幸今後狄克鐵特將無可假之詞。口血未乾。言猶在耳。而今竟以民主帝政見告。立會在政治首要之地。主事皆左右近幸之人。收集黨徒。明謀不軌。內結輕佻無行之客。外連專闖強暴之夫。以致其事一時之間姦言並進叛國之說如雲而言官不敢言法官不敢問惟聞明抗者有顯禍陰拒者遭監視外人之觀國者羣謂苛營達之期行且不遠身居民國而一談共和刑僇隨之是實質之中國家已陷入無政府之境地矣舉凡前此帶山礪河一切之誓於今所未便卽悍然毀滅使無或遺而司其說者猶欲以將來立憲爲餌而欲人之欣然樂從頫首而聽命此豈可得之數耶黃君遠生曰「只問政體不問國體耳(一)此最辯之言也信如斯言則政體爲重國體爲輕又如斯言則重者宜一國之所同重輕者宜一國之所同輕國體輕矣論者旣貲三萬九千九百九十九萬九千九百九十九人輕其所輕而獨於一人之重之不惜冒萬險排萬難以爭之者不同以輕其所輕來相勸勉此何說也姑不具論假定吾人轉而爭政體矣愚又嘗有說以處此曰

有一說曰吾人所當爭者憲政耳苟得立憲戴君初不爲玷共和石田耕之何用此說在辛亥革命以前誠不失爲一種健全之論康先生救亡之論慷慨萬言卽不外是不然而爲復辟論者所持亦復言之成理蓋滿洲之無力卽返政亦猶有然非出於完全立憲一途彼將無自存之地故祇須急激者不更揭櫫共和名義以興革命更無莽操之徒假天子之令以行其奸則虛君共和好自爲之必無蹉跌而今非其類也今苟改立君制孰敢保吾憲政可見實行果可實行胡乃不爲之於民主之時而必留以有待於立君之日所謂司馬昭之心路人皆見殆從此類語言見之者歟(二)

(一)見八月十四日亞細亞報

(二)五期共和平議一九頁

此最後一語卽以破立憲論之全據而有餘。夫君主立憲。義原不惡。但立憲之事。求之於累葉相承之君主可得。求之於狄克鐵特之君主則不可得。此非意有所不欲。實乃勢有所不能。蓋當其爲狄克鐵特時。所得維持秩序者。暴力耳。及爲皇帝。所須暴力之量尤大。一旦去其暴力。卽失其所以自存之方。計惟繼續保之。以待天下之變。諺所謂騎虎之勢是也。而眞正之憲政。與暴力相反者也。豈其立之以圖自殺。然謂其時將無一種憲法。亦不爲確。盧梭有言。最強者欲永爲其最強。不得不以其權利化爲法律（一）以情推之。此類法律。必將起草。惟此而謂之法律。終爲暴力之變形。人民相與守之。殆與暴力同其命運。暴力朝去。顚覆夕隨。以是而言憲政。豈非夢囈。怪哉黃君遠生之引波因哈克之說也。曰「其力旣無所限制。自必日走於極端。而遂取滅亡。彼曷爲而致滅亡。夫旣已自紊歷史上之權利。自傷政體之神聖。一旦得志。而欲以我新獲之權利。造成歷史之根柢。雖百般擁護。未有能濟」黃君引此。蓋以影射前此失敗之革命黨。以愚所知。此段出於波氏之國家論（二）以極詆民主專制之害者也。夫強者相傾。甲蹶而乙起。乙踣而丙起。皆循同一之軌轍。不得以意爲之低昂。故波氏旣聚黃君所引之詞。其下卽曰「民主專制。成於暴力。復以暴力毀之。無所謂其違法。故此種政制。實與魔性以俱生。人或以虛僞與暴力爲班拉巴主義（三）之特質。雖然。此非獨班拉巴及其政治家之個人特性然也。虛僞及暴力。實爲適合於此政

（一）見民約論。

（二）Bornhak, Allgemeine Staatslehre 六十九頁、

（三）Bonapartismus 班拉巴卽破崙第一之名也

體之本質其影響蓋不期而及於參與政治之個人焉』(一) 斯言也乃合一切民主專制而總衡之殆無一而可自外吾國今時政治之爲民主專制黃君雖欲否認想不可能若由此而帝焉其事亦略同於班拉巴之加冕亦無可爲諱則欲假波氏之言以自重亦惟將現在及今後若干年所欲謳歌之政治與今日以前所詛咒之政治納於同一範疇之下受其批評已耳軒一而輊其二信乎其未有當也況吾國辛亥革命黨人雖起在政治上未嘗握有統一之權所謂力無限制日走極端今日以前尙無人足當此目縱謂足當亦不過如今之比則滅亡云者前已見之以史例而推又將繼此而有所見何也彼既入乎民主專制之輪回其自紊歷史權利自傷政體神聖其不能以新獲之權利造成歷史之根柢與他之滅亡者一致無可逃也世之善讀波氏之書者若疏其意而有異夫此之所云雖在萬里愚猶將策馬箠以從之而黃君乃欲引此以證君主立憲與民主帝政之中有何關係初不料同讀一書而見解之不齊有若此也立憲之不可能如此以波氏之崇尙君權者知之豈古氏習於共和之治而不之知知之而猶故張其萬不可通之說以聳人聽則其用心必有能辨之者矣

綜觀古氏之文或則措詞矛盾進退而無所據或則立說倘恍使人不可捉摸或則避重就輕故示問題解決之易易以導人於迷路嗚乎江湖文士口舌爲傭揣摩嘗試之說亦何所不至可痛者吾國竟有人焉以爲目蝦而自爲其水母流毒所被馴至天地易位妖孽橫生豈非古今之奇變韓非曰「羈旅僑士重帑在外上間謀計下與民事者可亡也」意者吾國其亡矣意者吾國其亡矣

民國四年八月三十一日草於東京

(一)同書七十三頁(日人菊池駒治譯本國家論一一四頁)、

聯邦論再答潘君力山

（原論見本期論壇）

秋桐

物理絕對之說。乃愚承人政理絕對之論。故讓一步以爲之詞。謂惟物理庶有絕對可言耳。政理果胡望也。實則物理非眞絕對。亦爲常識之所能喻。故愚言絕對者假定也。潘君攻絕對宜不能攻假定。以不認假定。題達邏輯將無法而施。科學將無途以求進步也。夫假定者何也。論法之大前提例含共通眞理。既曰共通。則宜同一範疇之物無所不賅。而在勢萬無賅理。雖無賅理。而大前提終不可不立。於是假定尚焉。故果假定未可非也。則在演繹前提之位。權尸絕對之稱。未可非也。豈僅未可非。若愚言。不謬。抑亦事實無可避也。邏輯者流。恆以前有假如之術爲戒。特愼重歸納之道。且使用之者知其可恃之度有一定耳。不聞其否認希卜梯西也。愚之所謂絕對。特已立之希卜梯西。潘君曰。『絕對之稱。愚則斬之而不予』。從事歸納。固亦無人予之以言。演繹雖不予。亦猶予也。世無邏輯祇談歸納而不談演繹者也。且不爲演繹。歸納又安所用之也。然此處愚與潘君本意蓋同。不同者惟在語面。可以不多論矣。

顧潘君有甚辯之詞。攻愚假定或破則當別立範疇之說曰。『凡先有邦而後有國者爲聯邦。此前世紀以往所假定而未破者也。今有破之。如秋桐君所舉之例者。則宜別立範疇以歸之。不以之混入聯邦。如是則秋桐君將何說之辭乎』。吁此點最關要旨焉。得無辭。所謂假定破別立範疇者。終當視所假定者於遞嬗何如耳。非可一概而論也。如地曰方。輿此最久之假定也。及見爲圓。不能藉口假定已破。謂圓者不得爲地而別名之曰某也類例甚多不可枚舉惟聯邦亦然先邦後國而曰聯邦乃前世紀之假定無當於邏輯者也今見其無當惟有首正其本身之定義焉能指所見者爲別一物謂不當以聯邦稱之若夫烏者黑也則迄未見其本身定義如何未安一想像中之白烏不足破之故非其比

何以明先邦後國以詁聯邦之無當也歷觀古今大國其初未有不自小邦併合而成者若漫曰先邦後國卽爲聯邦則將如艮波羅維所云吾中國亦爲聯邦(一)又豈僅吾中國爾也英法日俄無不皆然夫曰聯邦者意以別於非聯邦也信如上云何類可立此可見爲聯邦作界僅曰先邦後國義決不充必易之曰先邦後國而政府如何如何組織者謂之聯邦斯爲可矣然則聯邦之所以見異於非聯邦者非先邦後國也乃政府之如何如何組織也此穆勒別異術之作用也既別異矣穆勒又有術焉曰求同(二)今以式明之先邦後國爲甲單一政府之組織爲子聯邦政府之組織爲丑國之先無所謂邦則爲乙甲子

聯邦? { 甲子 / 甲丑 }
{ 甲丑 / 乙丑 } 聯邦

甲丑雖得公同爲甲而甲已爲別異術所排其不得同爲聯邦也已如曩言則卽丑而求其同甲丑乙丑

(一)見 Gumplowicz, Staatsrecht

(二)別異術 Method of difference 求同術 Method of Agreement

俱立於同一範疇之下又何疑乎如曰乙丑之丑雖同甲丑而究不得甲終不得爲聯邦則村醫有醫其隣人之疾者偶携犬往隣人疾愈而稱其犬於是村人延醫必求與犬俱（一）是不亦與邏輯所謂排餘術大相悖乎陰達邏輯之職志在由偏以見全而發明其共通眞理於散見事物者也故其事終於舍衆異而宗一同今曰異不可舍也則邏輯之士又以何道用其思辨乎

潘君謂若一鳥之爲黑與否尙待推論不得立凡鳥皆黑之稱當知凡鳥皆黑假定者也潘君不認假定誠不審所謂推論將從何處入手是固不必限於演繹也卽歸納亦然歸納法之所準據其律曰『物理一致』（二）夫苟不得其物一一驗之安得云其理一致而如是云云無他假定而已矣凡物皆黑卽一物言之著其通律卽物理一致潘君攻凡鳥皆黑亦將攻物理一致乎今待證之餘一鳥固預含於凡鳥皆黑之中推之待證之他物獨非預含於所謂一致者之中乎

愚曰『就一鳥而論不及餘鳥以已知（此一鳥）之他形體構造欲推求其未知之色由邏輯言之論法直無可施』故其後曰『已知之數定有三事』而潘君舉甲乙丙丁戊己庚辛壬九物及餘鳥矣九物之子與丑及癸之子此三事也此曰成論法愚固曰成論法矣寧待言哉

以三事爲推愚謂舍色黑外不能有他斷案潘君曰不可解何以不可解愚亦不解若曰事實上或不爲黑此實地察驗問題於推論無與他則有之他斷案則未也蓋以推論爲域三事具備斷案祇一不得有

（一）例由自造，乃英人取證排餘術者排餘術曰 Method of elimination
（二）Uniformity of Nature

其他也。

潘君曰無政府主義宜亦可行愚曰果如是如是誰謂其不能行潘君曰能與可不同所質爲可而答爲能是誤解此誠愚行文時之不加慎謹謝潘君雖然愚文若易能爲可亦仍可通蓋有可而不能者矣未有能而不可者也可言資地能言力能可不必能能則必可故一言能則其事之爲可不待言矣潘君曰可者宜也愚意不然荀子曰『小人可以爲君子而不肯爲君子君子可以爲小人而不肯爲小人』小人可以爲君子易曰小人宜爲君子可以通也君子可以爲小人易曰君子宜爲小人則不可通故可純言資地而宜則言職分或理由其不同遠矣

嘗論華文之義恆相出入精審遠遜西文今卽可能宜三字觀之足矣尋常行文可與能頗見通用如曰力可扛鼎此與言力能扛鼎何殊可與宜通潘君言之亦不爲誤如曰國人皆曰可殺是又無異言宜殺也惟邏輯之士以可能宜之字並用從而定確詁焉則不當任其冒濫如文家所爲可與能異潘君殆有取於荀子之說〔一〕是則然矣若曰可與宜無異愚則未敢苟同也

潘君謂爲聯邦下定義不當蔑棄歷史之精神此史家之言而非名家之言也正名定界當求其物之常質而不當取其偶質歷史者偶質也義不當取若曰取之較爲完全則又貽村醫携犬治病之譏矣韋羅

〔一〕荀子曰「塗之人可以爲禹則然、塗之人能爲禹未必然也、雖不能爲禹、無害可以爲禹、足可以徧行天下、然而未嘗有能徧行天下者也、夫工匠農賈、未嘗不可以相爲事也、然而未嘗能相爲事也、用此觀之、然則可以爲、未必能也、雖不能、無害可以爲、然則能不能與可不可、其不同遠矣」可與能之辨甚明、但其中所用可字、無一可改爲宜字者、足可徧行天下、易曰足宜徧行天下、則不詞、工匠農賈、亦不得言宜相爲事、可知可與宜不相通矣、貝曰。「根本上之異點自訴之史籍外直無從覓」此輕史籍謂不當羼入定義也。潘君謂其不廢根本上之異點似誤解其意也。夫聯邦者政制之名也。對於其名當獨立起一觀念不可拘拘於所聯者是否爲邦。故美利堅聯邦瑞士聯邦芮特蘭聯省阿克亞聯城而皆謂之聯邦。邦也郡也省也城也此歷史實質之名。尚有共通邏輯之名無以名之亦暫名曰邦。人言聯邦每易以歷史邏輯之兩邦名混作一談。故謂邦非先國不爲聯邦。不知邦非先國者誠不得有歷史上之邦。若夫邏輯上之邦安任其不可有。柏哲士不承聯邦之名乃不承歷史上之邦於邏輯無與也。吾人之所欲立者亦邏輯上之邦耳。歷史上之名稱無取乎改。苟世界各聯邦國不能如柏哲士所期別立新穎精當之名以名邏輯上之邦而共守之則吾立聯邦各省之名必當聽其存在特各省新賦之性爲不同耳。由斯以談潘君因柏氏不承邦之名推定吾無易名爲邦之必要。此邦字絕含歧義。此點旣混以下所推將以駁倒愚之三義者可不辯矣。

潘君謂實至而名存者非世有其名之謂必名被於其實然後可。然邏輯之事祇能準據恆理指陳名必被實之道。若名偶以他故而不被實以咎邏輯邏輯不受也。如有火當得熱名而屛蔽於爐隔屛近火而曰不熱因斷火之失其熱名有是理乎。是則實至名存之爲邏輯通義無可非矣。潘君必以偶而蔽恆愚終疑其未當也。比利時或英吉利之民主立憲此非民主立憲之名不存乃其君主立憲之實至耳。甲實不可以冒乙名。此亦不足以破愚說也。愛爾蘭自治案一曰聯邦案正其實至名存之處。若曰提案之名固曰自治則天下之名之待正者多矣。此所以賴有學子也。至學子之間意見未融此惟時與理將徐徐有以決之固不可免之事也。

潘君曰『聯邦之實先有邦而後有國』又曰『縱令中國有立法行政分權之實……』是聯邦有二實潘君之所認也爲問潘君取二實乎抑取一實乎如取一實則按愚前舉之式取丑將至美巴同號此已爲潘君所排取甲將至俄德齊科諒亦爲潘君所不認是意在二實并舉始爲聯邦無疑（一）則請設一淺譬某甲二子俱有文名長曰約翰次曰亞當惟約翰之名先噪人幾以約翰與文名二實連爲一詞亞當繼起文如其兄人若曰此非約翰也焉得亦有文名潘君亦將許之否乎如不許也則先邦後國或先國後邦偶有是境亦同於約翰亞當之偶彼是名已耳奈何一則唯其文是視一則不唯其政治組織是察而曰『縱令中國有立法行政分權之實而不合於先邦後國之例則不以爲聯邦乎』荀子曰倫類不通不足謂善學玆之倫類雖稍隱奧而澄心窺之亦不難見及其見也則聯邦之定義灼然有其不移之封域不可殺亂潘君謂終不得如白黑犬馬之不可混愚意若見之眞切亦庶幾矣

潘君謂以賢之形而被以不肖之名賢之名可正以聯邦之形而被以非聯邦之名則聯邦之名不可正何也賢不肖有定實而聯邦非聯邦無定實也然賢不肖以何者爲定實愚若不知如潘君言老墨兩家已有歧解非僅老墨卽徵之百家可得百解焉潘君曰聯邦之形與事由學者之見解而有異不能以古之正上下賢不肖之名爲比而不悟今之所正歧點惟二不入於此卽入於彼而古之所正亦同由學者之見解而有異而乃港汊分歧定性之薄弱比之聯邦逾於百倍何也

潘君似以爲愚詁聯邦卽視若天經地義將以強其約之定而俗之成實則愚何敢有此意孔孟荀揚有

（一）潘君文末段有曰、於立法及行政分權之外、更須具先有邦而後有國之實者、始付以聯邦之名、是取二實也、

時且難望此邊言其他愚之所能言者則斯名而得斯詁在吾意爲合邏輯不得則否耳苟有他人更作他詁其有合於邏輯較愚爲多愚將舍己從人之不暇而又何嘵嘵焉故名決非不可易也特無以易之愚將終守吾義也潘君曰『己謂如此人謂如彼但使持之有故言之成理不得謂其不合於邏輯尤不得謂之名實亂』則亦唯問所言之理爲何如耳人所謂理固不敢必其有合於邏輯也亦不敢必其不亂名實也

愚曰『知其實而莫舉其名者人人俱有此境』潘君曰『人人之爲境不同此所有者或彼所無此以爲名不聞者彼或以爲名聞故不如舉共有之境以爲言耳』意謂邦先於國乃人言聯邦意中所共有之境故不如卽此爲言夫果其境而不誤也卽此爲言誠計之得不然則邏輯之爲用正以矯人所有不正之觀念者也爲能遷就恆人之意境哉潘君此言外於邏輯遠矣

偶與常爲對誠然然有定轍可循者爲常無爲偶苟有物焉一見而不再見使人無從窺其途徑斯爲偶矣若而再而三以至於六七見焉蹊徑釐然歷歷可按不謂爲偶豈曰不宜蓋常偶云者與存乎數寧言存乎理也流風之說潘君以爲不可捉摸愚何能強左證因多惜非本篇所能備舉惟觀韋羅貝曰二十世紀之時代一聯邦趨勢之時代也可見爲此言者不獨愚一人矣創對於因而言爲說亦信惟其如此孰出新義登壇先喚者其義爲創承其說而廣之者則舉爲因愚曰『學者論此者多矣』果安得謂之創耶卽因卽創果非矛盾之詞耶

法理常隨事例以生此就客觀一面言之若主觀方面法理儘可離事例而獨立若曰吾國無聯邦之事

例聯邦之法理卽爲無根則吾所應談之法理而無其事例者到處皆是矣苟一切不談政治又以何道運行耶況事例吾國無之而他國固有以他國所有者推知吾國之亦可行此科學之所以重比較而法律亦莫逃其例者也安得以本國之有無自限耶大凡事例之成苟其當焉其法理必已前立特其法理或位乎邏輯之境而人不卽覺事後始爲之說明耳今吾飽觀政例熟察利害他人事後始有機會立爲法理者而吾得於事前窮其邏輯之境盡量出之悉吾覽視方自幸之不遑而又何疑焉潘君曰『中國固無聯邦之事例也而聯邦政情之有無亦難斷言』言政情尙矣惟惜非本篇所能答愚前言之『愚論此題剖爲之事一言學理以明聯邦論之可能一言事實以明聯邦於吾國爲必要一言組織以所懷之理想立爲方案』吾國之國情如何何者同於委內瑞拉何者同於英吉利皆是第二步事與學理論無關愚所標之學理論惟在闡明由單一國改爲聯邦之無悖於理邦與地方團體無根本上之異點與夫立聯邦不必革命種種自身觀念已耳潘君曰如是不得爲完全如是不得爲充滿不可得居之名愚究不敢妄求矣

憲法與政治

東蓀

自國會遭厄以來吾儕小民不耳憲法之名也久矣今驟聞有起草之事殆如天外驚雷使人不能不悚然驚怦然動不佞曾憶天壇草案成立之時猶竊爲之評且以爲法案雖不能盡愜吾人之意(一)然推行之必可盡利曾幾何時乃更有起草之舉則吾人之感想當復何似莊子曰爲之斗斛以量之則並與斗斛而竊之爲之權衡以稱之則並與權衡而竊之爲之符璽以信之則並與符璽而竊之爲之仁義以矯之則並與仁義而竊之嗚乎尙何言哉雖然吾乃不量願再言憲法

吾嘗持論以爲一民族之所以能建國也恃有水平綫以上之知能所謂水平綫之知能者非其一羣之衆皆賦有齊一之知識同量之能力亦非謂其知能之度均達最高夫論政而以齊智全能爲法則政可勿譚蓋吾人論政當有前提前提維何卽須知人類之知識無由而極羣道之進化無由而齊社會之組織亦無由至於至善特於此未極未齊未達至善之際實乃徐徐前進雖不能一躍而躋然於遲速之間

(一)一法律之制定、決不能盡愜私人之意、蓋法律固不必求愜人意也、故雖不盡愜人意、然與法律之價値無損、且不得以此而謂法律有優劣、誠以愜人意與否、非法律良惡之標準、彼美利堅之制定憲法也、全部議員簽名、獨朗德爾夫(Randolph)馬孫(Mason)葛來(Gerry)三人則否、蓋對於憲法、終不能無幾分之不愜、顧憲法則不因此而減其價値也、誠以個人之意見萬殊、本不能齊、亦不必强之使齊、若人人之意見、盡數充量容納於一法之中、則此法之形、遂難推測、要之一國之人、各有意見、若使一法律而致愜於諸人、則訴之事實、不復成立、叩之於理、亦復不然、蓋此事本於法之優劣無涉也、故吾人對於天壇草案、甚不能無貶詞、要亦認爲較良之法案爲無疑矣、

未嘗不可加以人工所以求有政治者卽使其爲促進加速之具且政治中其制度所以有優劣高下之分者亦以其產進化之遲速爲標準有一制度焉由此足使人文遽進民智頓高富力暴增則必爲良制度無疑矣以上所言用證無論何族不計何世要不能有齊化之民也然而一羣之衆其能組織國家運用政治處置國務者亦必有最低度之常識以此爲地盤而加以彫琢焉以此爲基礎而爲之建築焉於是邦本乃立國基始固雖然此地盤之常識非謂全國之民人人具有而無或外乃謂直接間接支柱國家之人士不可不有最低度之知識本此而支撐其政局維繫其制度若並此而無焉則任何制度任何國家皆不能建立卽建立焉亦不能久可斷言也此輩人士範圍之廣狹亦復無定其在蠶道進化之邦則上自政客下迨工民其在文明未開之羣則除士君子爲維繫邦本之人外餘皆無識之徒不足以託大命特一部之士大夫其常識若不能超出水平綫以上者則國本無所附麗必致風雨飄颻臲卼不定於是野心之夫乘機而竊施其神奸之手腕而舉國莫辨振其專制之淫威一域爲墟甚者外患緊迫受侮日深終則底於亡而已矣此所以間接直接而支撐國家者其人必先有基礎之知識對於政治能辨其是非對於制度能擇其善惡有黑白之分有眞僞之判知廉恥而有所不爲知正義而有所規範迴顧吾國則非官僚卽暴客所謂士君子者旣已爲少數中之少數矣而此少數之士君子其知識又未嘗確定方在培養之中所以四載以還狂風驟雨使國家如不繫之舟乃莫知所可也國家迷其託命之源又安能不若是乎

吾又嘗持論以爲失敗者成功之符也無失敗斯無成功蓋成功者失敗之所產也失敗與吾人以教訓

不受教訓者。遂永無成就之一日。受敎之度與成就之量殆成比例。失敗愈多。教訓愈大。此失敗之所以爲可貴也。吾民自建立共和以來。在在受莫喩之苦。被無告之災。天之所以賜教於吾民者。不可不謂深矣。顧吾民亦曾一領受耶。抑受而未之覺耶。悲觀者流。輒用自詬。謂吾民不德。遂搆斯慘。受而不知。尤爲滅亡之徵。吾則以爲不然。試覽史乘。各國之革政。其間無不有數多之經過。當其始也。未有不失敗者。其後遂積失敗而轉爲成功。世人所慕仰者。莫英吉利若。顧英之變政。其萌芽發於十五世紀之末。蓋前者雖有國會。而國會未嘗與政府相抗。至是反對政府之黨派生。而非難專制之論調亦高。以人物論。若彼得温渥（一）若郭克。（二）若皮母。（三）若馬陸萊（四）等。皆不畏威力。不避艱苦。以主張國會之特權。而排斥王室之暴政。卒之入獄出奔而無悔。於是國會與政府戰者。亙數百年之久。其間停會者不知凡幾。解散者不知凡幾。解散而不復召集。致國無議會者。亦不知有若干時。然政府終爲之屈服。受國會之支配。必擇下院多數黨之首領爲大臣。而內閣制以成。若法蘭西。則更爲易覩。大革命之後。倏即恢復帝制。那破崙既倒，又爲王政復興。革命者屢。最後第三共和成立。史家猶評之曰。「共和國而無共和主義者。」（五）其狀態不難推想而知矣。吾今不欲列舉。特以爲即此足證凡一國之革政。決無一躍而躋者。易言

（一）Peter Wentworth　（二）Edward Coke

（三）Pym

（四）Mallory 四乎清教徒革命之事者，有 R. Gardiner, The Constitutional Documents of the Puritan Revolution 其書也

（五）"Republic Without Republicans." 見 Bodley, France, I. P. 273.

以明之。其革政之始。未有不失敗者是也。失敗即教訓。教訓固不厭其多。故革政之事。能否終告厥成者。亦惟視其民有無受教知戒之性。有之。其量又爲何如耳。使其民有承教之德。擇善之能。則失敗之來。甯有何害。吾國今者之失敗。誠不足爲諱。然此失敗。未嘗不足陶養民智。不佞默爾以察。經此政變。國人頗爲覺悟。特覺悟之量。是否已達吾人之所謂基礎知識。吾尙不能無疑焉。故爲今之計。在利導國民之覺悟。俾其所得之知識。得爲正確。所受之教訓。得以受用。以此而支柱國家。乃得而鞏固焉。顧利導之職。端在吾儕。吾亦竊本斯義。而一論憲法。

吾以爲自政變以來。對於憲法所得之教訓。以及吾人所應具之知識。凡有三端。雖統於一系。今以敍述之便。分別論之。

一、憲法者。惟立憲國有之。決非任取何種專制暴政之邦。而蒙以憲法之名。其法即可謂爲憲法。其國遂得而爲立憲國也。故欲知憲法之爲何物。不可不先明立憲國之性質。請得而言之。

甲、憲法者。一國內各分子各勢力之權利書也。其國內必先有相異之分子。獨立之勢力。分子勢力。其互相交接。復有界域。由是以確定其權利與義務。此確定之者。即憲法也。

乙、憲法者。一國內各分子各勢力之調和互讓書也。其國內亦必先有肯讓之分子。容人之勢力。其相互之調和。生於對抗。其相互之退讓。生於忍容。故必先有對抗之力。與忍容之德。且恐其調和退讓之不能鞏固而確定焉。則規定之於法律。是爲憲法。

說明上述二義。則同時必究國家之原始。夫國家由何而生。學者論之多矣。尋常教科。亦多記述。又何待言特吾以爲不知古代之國家者亦復不能知近代之國家說明國家之起原莫善於艮波羅維（一）艮氏奧大利之社會學大家也其以爲國家之起由於善戰之種征服不善戰之種組織而成（二）其言證之歷史尤多實例（三）蓋人類之集合也由家族而成部落部落與部落相遇爭鬥以起今之治人種學者言之詳矣一部落而吸收諸部落本其經濟之發展被征者爲農爲奴征者發令施號於是統治生而國家成矣故艮氏謂國家者由相異之社會分子集合於一而爲強制之分工及維持之異事以協同生存者也（四）其言雖自社會學之方面而發然談法之士不可不知也夫國家之成也由多數之小羣以經濟之所驅文化之所迫不得不組織廣大之團體此大團體之生又非出乎人功與意匠乃時勢所使自然而成所以學者謂國家爲歷史之產物自然之結果特此大羣之既成也非離散諸小羣而消滅之此小羣非獨依然存在而無所虧且其利益其勢力其趣味由對抗而確定由調和而互盈繼長增高正未有艾也各小羣復有縱橫之別或以利益結合或以勢力結合或以種族結合或以言語結合或以文

（一）Ludwig Gumplowicz

（二）見所著 Die sociologische Staatsidee, S. 66.

（三）艮氏著有種爭論（Der Rassenkampf soziologisces untersuchungen 18 3.）於其第五章歷述古代各國成立之歷史、無在不爲種爭之證明（原書一九〇九年第二版第二六三頁至三四三頁）

（四）原語爲 "Im Zusammenhang mit dieser Entstehungsart erscheint das We en das Staates als eine zwangs- weise durchgeführte und aufrecht erhalt ene Arbeitstheilung verschiedener zu einem Ganzen zusammen-gegeliederter socialer Bestandtheile." (Die soziologische Staatsidee. S. 66.

化結合或以地域結合或以興味結合或以事業結合或以情感結合不可以數計然而此諸小羣其發達之量伸展之度亦復不齊以其不齊也故當古代之際一小羣起而握政權居政局遂視國家爲私有是以古代之國爲君主其政爲專制而近代則否使各小羣爲同一之發展有齊化之運均進之會於是乃視國家如空廓廣漠之物各小羣莫能粘附惟自生存於其下焉易言以明之近代國家乃超乎各黨派各勢力各社會分子之上而獨立存在不爲小羣所利用無恩無怨各小羣於此空廓廣漠之中自量其力以發展自用其能以競爭特競爭之度不致侵及超然之國家耳此所以近代國家與古代國家之性質絕殊也

以止所言僅屬綱領請更細繹之國家之起原由於家族聚數家族而成一部落其狀非茲所論（一）今且言其如何而成國家吾聞之國家亦社會之一種耳其所以異於他種社會（二）者唯在有統治關係所謂統治關係者何對於自由之人爲強令及禁止以支配其意思之謂也（三）則此支配之權何自而生社會學者研究人類原始之狀態以爲一家族之人能支配他家族一部落之人能支配他部落者當其始也必出於生理之力迨其積久而深則易爲心理之力故統治無不生於爭之結果（四）一羣與他

（一）近世學者研究野蠻人種之情狀大足與治術相發明社會學政治學人種學經濟學歷史學皆被其影響而研究之著者有 Lubbock Origin of Civilisation Westermarck Origin and Development of the Moral Ideas Sutherland Origin of Moral Sentiment, Frazer Totemism and Exogamy 等

（二）如家族及部落

（三）語見拉麗咨氏德意志國法學第一冊第六四頁（一九〇一年第四版）

（四）"Jede Herrschaft ist immer das Resultat eines Krieges." 見貢氏種爭論第二百十九頁

羣爭。其結果一勝一負。由勝負而爲合居。勝者坐而施令。負者散而治事。於是分工異事。以互資其生。夫豈知分工愈久。經濟愈發展。生計愈高。則合羣之需要亦愈切。至此乃不可能復散矣。故國家之成。雖以統治爲導綫。然實爲文化經濟所驅使。心理宗教所養成。此言伊古之世。未有歷史之前。國家之初立也。國家成於統治。則必有治者與被治者之分。此固基乎經濟上分工之原則。然在太古。其國之立。由於征服。則征者其種必優。而被征者又必較劣。於是以優者率導劣者。在理爲順。所以古代國家。無不爲專制。且勝者居上。負者居下。居上者以武力致勝。故得恣行無忌。所以古代國家。又無不爲暴政。其所以致此凡有二因。一因社會上一分子。獨卓而有力。得排斥其他而獨騰越於上。二因其他分子。未爲充分之發展。遂致受壓而莫能反抗。由前之說。是爲一小羣。一黨派。一勢力。一血族。起而竊据國家。以國家爲武器。爲私產。由後之說。是爲衆分子懾伏於一勢力之下。隱而勿顯。儲而未效。此種國家。自今日觀之。乃一幼稚之態。正如人之幼年。初不得視爲人種之一。故世人有以專制列爲政體者。眞不識國家本義之譚也。(一)是以拉稱赫夫曰。一暴政者謂權力統於一尊。行民所勿欲。以一切利益集中於彼。外之利益。非俟其滅亡或傾覆。不能發生也。而專制者以壓民之利益。訴之於法。力而使黨派不得法律上之地盤。且使利益關係。莫由而展。所有黨派。乃在法禁。僅能秘密而成。陰謀叛亂。傾覆革命等。爲其手段。故專制易趨於暴政。藍其保護。非爲多數。乃特別利益之少數也。(二)由是觀之。國家之初成。無不爲專制。於專制之

(一)專制之非爲政體之一種、吾將他作說明之、其理頗長、

(二)見 Ratzenhofer Wesen und Zweck der Politik I. S. 101

中相異之分子抗衡之勢力非不存在乃潛伏勿動時代既遷各自發育羣起以與暴主相抗而專制遂瓦解矣

抑吾又聞之拉稱赫夫之言曰『政治人格亦有個性其個性之成立並其發展之進程乃由於人格之利益』(一)蓋拉氏之意以爲以政治上利益興味爲中心由是而集焉成一小羣是爲政治人格(二)其成不問爲縱爲橫其積不問爲大爲小此種團體隨民智之發達而愈以開展文化之進步經濟之擴充亦復相與爲因果由隱而至顯無論其在專制抑立憲之下但有儲効之分而無有無之異且有原則焉曰此團體應文化之潮流而生勿論有何偉大之强權不能充類至盡以撲滅之惟其如此也以撲滅爲策之專制主義遂終不得不歸於失敗矣是以知專制之國多革命蓋其相異之分子含仇之勢力猶潛存而未滅機運一屆遂爲爆發耳

拉氏更立有原則曰相仇言各政治人格以獨立固有之利益而生則利益不同致相衝突遂不能不相仇也是謂極端之仇(三)言其仇爲極端而莫或調和也雖然拉氏之言以自然人爲起點以此而推演於政治團體及一切黨派其以爲非不能調和也不能消滅耳國家既成於國內各人格之爭得以緩和所謂緩和者非打消也乃爭於無形耳(四)故同時而有所謂比較之仇(五)焉乃對於國內而言蓋於

(一)前書第一冊第一六一頁　(二)Die politische Persönlichkeit　(三)die absolute Feindseligkeit 見前書五九頁以下、

(四)斯摩爾氏爲之說明曰 National life is conflict, but it is Conflict converging to minimum Conflict and Maximum co-operation and sociability (Small, General Sociology PP. 245)　(五)die relative Feindseligkeit

國內縱有競爭。終不能越國家之範圍。而並破壞此圍場也。凡此互抗之分子。其爲相仇之事、無不由隱匿以行之。其在專制之邦。則初不注目於國家。而徒爲彼此之爭。爭之結果。內亂迭興。生民塗炭而已。由上所言。以實際觀之。初無專制之物。不過一時之假象而已。蓋以專制終不能收最後之成功。故僅足爲過渡之狀態。其主張開明專制者。亦由誤認實質之民福與調和民志爲殊致。殊不知導河所以福民。而許民以參政之權。亦所以福民也。捕蝗所以利國。而使人民之意見得實現於政事。俾其情感利害皆得差足自安。其爲利國。則又爲何如。不此之圖。而徒注目於彼。適成顚倒本末之談。則又甯有濟乎。

近世國家與古代異軌。其特徵有五。(一)使國家與社會判分爲二。國家超然獨立於上。不爲社會分子所利用。(二)凡社會分子。其利益以法律爲之認定。不致受壓。旣久有橫決迸裂之虞。(三)於國家範圍以內。聽各分子之競爭。不加抑止。(四)國家爲公正不黨之物。兼容並包一切黨派。(五)此兼容廣漠之國家。卽由各分子各勢力之互相調和退讓而組織之。組成之後。此國家又爲彼等共同恪守之範圍。何以言之。人文日進。知識日繁。往者懾伏之各分子。久久自然發育。夫力絪於內者。終必現於外。各分子爲之發展。專制國家遂不足與存。於是暴政倒而立憲生矣。夫各分子旣爲同等之發達。雖其間不無差池。然終不能以一而壓滅其餘。於是又舍調和退讓之外無他道。是故無論何國。其革政之後。若不能卽立良好之憲法。其國決不能長治久安也。

由是以言。憲法者由社會上各分子各黨派各勢力調和退讓以組成之。其內容一方爲確定各分子之利益。(卽權利)而加以保障。他方爲制限各分子之行爲。而爲之調和。故不啻一調和互讓之契約書。一共同恪守之權利書也且吾聞之蒲徠士之論政也以爲有向心力與離心力(一)謂制憲而狃於向心力其憲必不能久(二)蓋削減各分子之權利而統集於一處入而居之者遂得持爲武器於是情感旣背利害亦殊羣道渙矣憲法亦復同時不存故憲法之存在卽爲近世國家之標識自不待言凡爲立憲國者其裏面爲上有獨立兼容之國家下有自存對立之分子今也任取何邦不計其政態而徒立一意擬之法而加以憲法之名遂謂此爲立憲國則邏輯所不許也

二、憲法者一國政情之反映非可以任意爲之者也蓋卽在近世國家其各分子統合分離之量亦有不同自其互相調和之統集而言是爲向心力(三)自各別相抗之散立而言則爲離心力(四)二力相配之量各民族各國家初非一致或者向心力強或者離心力強或強其所弱而弱其所強特須注意者則二力配置之分量縱有強弱之分要無全滅之事蓋以小己爲率則個人有結社羣居之天性自無分離之舉若自小羣而言則有分合(五)其故或由情感或以利害或因種族故蒲氏曰「蓋凡一社會皆由小羣構造而成而小羣之分子則以各有中心而鮮與他小羣相吸引若在大社會則人人之意見希望利益感情更不能全爲一致致人不能無所苦無所不謂然於是欲別求安置之方甚者求爲離去之計

(一)見 Bryce, Studies in History and Jurisprudence I. PP. 255—311.(Essay IV)參觀秋桐君政力向背論、

(二)詳見後節、　(三) Centripetal force

(四) Centrifugal force

(五)見蒲氏原書上冊第二六一頁以下、

有此不平。遂成中心環而益之斯立小羣此乃爲離立之因』(一)用是以知今日之民族國家其間無不含有多數之小羣小羣之生本乎天然亦初不爲國家之害特所以善處此諸小羣者尙矣換辭以明之卽大羣之國家旣超然於諸小羣之上由諸小羣組織以成則將何以使小羣相安於下而國家復能展其作用乎更換辭言之小羣與大羣作用不同則將何由以分配調和致各足相安乎再更換言之小羣與大羣之間舍調和分配固無他途而分配之量調和之度爲如何乎

對此問題蒲氏曾爲之解答曰『總之制定良好之憲法其目的在使向心力得有至大之限度而離心力得有至小之限度』(二)氏更爲之說明曰『自憲法而觀察任在何國有一問題生焉曰採剛性憲法宜乎抑柔性憲法爲宜此問一生而比較二力之問題遂入乎實際矣若向心力之較強殊爲明顯則二種憲法皆足以維繫其國而其選擇將訴之於他種原因若離心力潛在且信其必將滋長者則建一剛性憲法誠爲要圖惟此事必愼而且難苟憲之制定偏於集權則必有預想必需之向心力實突過於實際所存者之弊且因此而有一往不返之害政象時變遂致剛性憲法所代表者爲過去而非現在苟社會中各小羣有離析之趨勢而憲法不預爲之應備則此法已敝而不適用反之各小羣存在而各欲自治其爲事絕明而足認爲國之成分者且欲以法律爲之承認而保護小者之被侵於大或見壓於全體

(一)前書第二五七頁、

(二)原語爲"Summing up, we may say that the aim of a well-framed Constitution will presumely be to give the maximum of scope to the centripetal and the minimum to the centrifugal forces."(Ibid P. 294.)

則制定剛性爲之一一規定而保障之殊爲有力蓋以此種憲法得使地域小羣置於固定法律保護之下使其特別利益爲憲法之一部此憲法全部之存廢與各羣之權利相一致也最適之例爲聯邦憲法凡國內離心力強各羣不欲統於一尊如在柔性憲法或得如此者同時又知制限及條件之聯合爲有利則採用此法最爲適宜且於此之際有時反足促進統一蓋養成向心力之善法莫過於承認離心力而許其自由卽足以制遏之使統合之心日益發展而不引起其仇視之感也』(一)觀乎蒲氏之言可知前所謂超然獨立之國家乃自諸小羣結合而成由此以組織之則國家之所以存立全視小羣之如何以爲造構若小羣之情感傷利害沒則羣體迸裂國遂分析而莫由以成是則大羣雖超然獨存要不能不與各小羣爲分配之處置分配之法有二(一)大羣之國家公正不黨不爲一小羣所獨私此則於前節已言之矣(二)大羣之國家其利益其作用不與諸小羣之利益作用爲極端之衝突易言之國家不全沒國內各種社會分子之利益由是轉以喚起其同情而向心力厚焉蒲氏謂向心力必使其有最大之限度而離心力則容其有最小之限度其此之謂歟

蒲氏且謂國家有三目的一在制定優良之憲法以構造政府二在保障人民之自由而使之確實三在防遏內亂茲就第三而言則一國內亂之有無純視二力分配之如何故欲消弭內亂當使向心力漸增而離心力漸減蒲氏以增之之道在通商在立有統一之法律而減之之道在不用高壓手段許其自治

(一)同書上册第二五八頁至二六〇頁、

存其利益徐徐以喚引其情感。（一）要之向心與離心。一引一拒。拒者逾其分。其體必裂。引者過其量。亦必竭蹶。故物體之成。端在二力之維繫適程。有離心力焉。則有向心力足以吸引之。使不致破壁而飛。有向心力焉。則有離心力以頡抗之。使不致消融歸納於一。由是以譚。則創立憲法。組織國家。首當注目於此。而後其憲斯久。其國斯興矣。蒲氏曰『此題屬之於歷史。蓋歷史抽繹事實而演爲原理。亦復屬於政治學之一支。曰政治動學。（二）爲研究憲法之士所忽者。論憲之人。苟能精明見效。則同時必兼通歷史。蓋法制與法理。非存於抽象之空論。乃實在具體之事實中焉。非徒爲名理之正確。亦必實際之有效。易言之。卽法度必適乎國情也。國情則由歷史而知。歷史示人以將來之趨勢。且示人其結果之將增將減。更以異時異地之現象。爲之對比而證明。故制憲者或欲消除困難。則必研究歷史。否則其企圖不能無誤也』（三）用是以知制定憲法。組織國家。當研尋歷史之趨勢。而於其趨勢中。辨其何者將繼長增高。何者必行將萎滅。博采寰輿。遠徵異國。比列爬疏。用推原理。原理而立。準則以行。其所立之憲。所建之國。遂得而鞏固焉。固非若今之佞且黠者。以迴護稗政。恢復專制之用心。動輒以國情自掩。吾今揭櫫斯義。讀者宜善存慧心。愼勿爲蒲氏病也。

由是觀之。制憲之初。首先量度其國內所存之離心力。已有若何之程度。就其分量而設以法制。俾其容

（一）見原書二七一頁至二九五頁、此係撮其大義、

（二）Political Dynamics

（三）見原書二五七頁至二五八頁、

納於內而不致橫決於是其向心力乃自然積久而增此立國之大計也雖然吾所謂之離心力不止地域團體蓋一社會之內由分析而團集爲小羣亦復有縱橫之別前已言之所謂社會中人一有不平積久而深則聚有中心環之而走遂成小羣斯小羣固不限於地域也以例言之政黨是也商業組合是也勞働團體是也要之或以情感相結合或以利益相結合或以信仰相結合或以種族相結合或以地域相結合不可勝計凡一國之人民其有一種意見也則必有一勢力其下又必有潛伏之團結故在文明之國無在不使人民之意見得以宣洩是以憲法之爲事乃在盡情充量包容此相異之分子反抗之意見使各有活動之餘地不致因高壓而發爲決裂更詳言之卽使最小限度得以差足自安最大限度得以調和致善吾嘗瀏覽近世各國憲法所以成立之故而嘆其無不從此原則(一)吾國革命之後倉卒制法(二)不此之察其何能淑道夫特別勢力征服共和負國家而趨則有所謂新約法者(三)凡百利益集中於一人之身自吾人觀之久失乎國法之價值更存而勿論今茲舉例遂偶及之蓋以爲此種之例證明二力出軌之害最爲適當也

是則憲法之內容無不爲許容相異之勢力對抗之主張拉氏曰「憲法之所規定使人民對於治者有獨立之地位由此得自由達其政治上之欲求而祕密之政謀賴以排除合乎自然依於法規之競爭以

(一)論法英憲法之成、全基於二力之分配者、見秋桐君政力向背論、

(二)指南京政府時代所制定之臨時約法而言、

(三)所謂新約法者發生以來、不佞以爲無評論之價値、因而未嘗細讀、故今不能詳舉其例以實之、讀者諒焉、

生凡為利益皆於憲法宰制之中有其保障各別利益皆有代表於是則近於統一』(一)拉氏又曰『制定憲法之目的在使各利益對於治者而有法律上之地盤由此以為反抗且對於統治得有權焉由各利益各黨派而爭於法律範圍以內則國家社會得致福利若在專制國惟屈服於大力之下而已相競之利益以及政治上之性能在法治國無不發為政治生活此種利益在專制之邦無政治上之地位者一入立憲國遂成政黨於政治權力上得有形式與意味也』(二)斯摩爾氏更為之說明曰『法律足為潛在民權之刺激蓋憲法之作用在置一基礎使由此而一切人民之利益得以保障卽反對政府者亦在其列各利益之法律上調和有種種之形若旣已實行則足使昔日潛伏之民力得而發現故憲法之保障一日不去則對於人民利益之發表得增加勇氣』(三)氏又曰『憲法為各利益之平衡若法律上對於生存競爭之各利益皆許容焉則人民與政府之爭自然適度在立憲國其爭雖為極熱其情亦復極高然極端之相仇終見消除若極端之爭起則必有一二勢力推翻憲法此必引起爭端者之罪故社會之職在消遏此事所以使各利益各得其分配之自由於國內也』(四)二氏之言至明無翳苟有憲法而背此原則則吾人當不以憲法視之訴之邏輯寧有何過

三、憲法者純恃其自身決不為功非有充分之法律為之補足不可也不佞於他作曾引耶律芮克公權論之一節其言曰『規定自由之法典二國相同而以立法與司法則異其內容此事實所示吾人者也

(一)見拉氏原書一九六頁　(二)原書一九八頁
(三)斯氏原書二九五頁　(四)見前書二九七頁

瑞士民主國與普奧君主國其憲法上自由固爲同形而其公法的司法則大異苟比較而研究之乃至有味也」吾取斯言意在證明單純恃有憲法於實際初不發生如何之影響吾友秋桐君早見及此嘗與人爭論出廷狀（一）秋桐之言吾今不欲具引惟以爲實際上憲法之功用皆有待於各項法律而能充實此理初非深秘有常識者自得而證之也以例言如人身自由之保障徒有憲法之一條烏能實現則其有待於人身保護狀及申明狀（二）自不待言否則官廳之禁錮人民富豪之虐待良懦雖有睹者無能干涉憲法之條文遂等於空言矣又如言論集會之自由則有待於優良之立法爲充分之保障使行政官廳不能藉端以逞此英例也復有待於強有力之司法首先審查立法之關與是否有違憲旨如其是也則宣告無效次則對於官廳之取締爲之按察如其違法立予撤消此美例也要之憲法之實際上效力首恃有強固之司法以維持而解釋之次恃有良好之立法以充實而補足之前者對於行政而侵及人民之自由者爲之處斷後者對於保障自由之法律爲之釐定於是實際上始有自由焉此就一端而言也若憲法上各直接機關（三）之組織皆必須法律爲之定其內容以例言如議會則必有單行之組織法與選舉法凡此爲例殊爲淺易此種常識吾願他日從事於制憲者亦一注目焉

（一）原文爲 Writ of habeas corpus 或譯爲人身保護律、惟 Writ 一字不含律字義、而 habeas Corpus 二字又非出廷之訓、吾故以爲譯曰人身保護狀爲最妥、下即用此詞、願讀者諒之、

（二）Writ of Certiorari 說明見 Terry, An elementary Treatise on the Common Law § 935. (PP. 651)

（三）公法上之術語而凡憲法上規定之各國家機關爲直接機關、

以上所舉三端。互於憲法全體。實欲邦人對於憲法有明切之知識。故不憚辭費。試一申述。然由第一而言。則中國無憲法則已。有之。必先置國家於立憲之域。使其憲法卽爲立憲之標識。爲無容疑。易言之。中國。卽令而亡則已。若其不能。則吾民冒百險以求建設此眞憲法。由第二而言。則中國此後之眞憲法。其制定。必首先注重於向心離心二力之分配。務爲實地之按察。探知國內現存之離心力。已有幾許。使得而盡情充量以維繫之。不致以向心力過強。因高壓而生分裂。惟以吾人之意窺之。吾國離心力之存在。不爲不甚。各省之風俗言語民性文化不同。卽爲天然之疆界。若強行集權之策。必致無以收效。而民心反以乖離。以爲今日之計。惟在採用分權主義。易言以明之。聯邦之制度是已。秋桐君之言。最爲明晰。其言曰。『聯邦者。簡而詁之。特凡關於全民族之事件。由中央政府理之。凡事件不爲共同利益所存。由各邦政府理之是已。於中央政府所理事件範圍之中。國家主義自有充分之塗徑。容其發展。……凡國之能外競者。必無內訌。聯邦之制。亦泯內訌最良之法已耳。苟其國自始絕無內訌。聯邦問題。自無從起。惟若內訌非以聯邦不能圓滿解決。以上而乃廢而不講。徒欲勉強塗飾國家主義。以期國之純一堅強。其結果不至外面塗飾一分。內面破裂一分。久而久之。所謂國家主義。全墜於地不止。故知卽以絕對之國家主義爲的。而亦必熟察一國內情。其能孕育此主義之量共有幾何。果孕育之量。僅及於聯邦而止。易詞言之。惟行聯邦之制。國家主義始得孕育適當。則聯邦政制。實乃發達國家主義最直最穩之途。』是則制憲之爲事。當量一國內情。而知其向心力所施之度。至於若何。可爲最大。其離心力所減之數。至於若何。得爲最小。若其離心力退至聯邦不能再小。向心力增至聯邦亦復不能再大。則聯邦爲最適宜之制度聯邦制一行則離心力之惡德如分裂如內訌則自然而消向心力之美德如統一如同情則得而自增向之僞統一而不足以收效者至此效乃得睹是以吾人確見中國向心力之所施不能逾聯邦而上之求如法蘭西普魯士日本實不可得也由第三而言憲法之制定以後當爲司法與立法之實際的組織俾憲法之效不致減少此則毋庸贅矣

綜合以觀憲法之觀念至爲複雜非深切以求不復能得革命以來吾民對於憲法尚未瞭然所以爲大力者所刼而不能自言其故吾今所論初非與彼之起草憲法有關彼之編纂憲法又寧待論世之說者謂無法不如惡法是誠等於羅蘭所言之自由天下將借此言以行矣充類至盡則歐洲可以無革命世界可以無立憲近世之文明爲此一語根本打破矣事實所證者如此自不俟辯特吾以爲中國國運決不能卽此而止焉此時吾人自審尚有微力足以間接直接支撑此殘破之國家者當於今茲經驗之際大發猛省而詳究其致病之源救濟之法特欲知致病之源與救濟之法也則不可不先鍛鍊其知識培植其能力對於近世政治之精神有明確之認識關乎本國潛存之政情有細剖之研究於是卽有外患之來亦不足以遽召覆滅蓋物必自腐而後蟲生之國必自伐而後人伐之今吾不自伐其國則何憂於外患此吾之所以論列憲法以爲國人常識之一助也

人患

（續第八期）

運甓

其一、日國家主義也。國家主義者。十九世紀以後之產物也。十九世紀以前。人民與國家密接之度。遠不如今。故國家可為君主一人所私有。人民需要國家之點。與曰禦外侮。寧言除內憂。苟其國內之治安可保。人民之要求已足。至於窮兵黷武。蠶食鯨吞。乃為賢君之所戒。哲家之所非。其故無他。人患未烈耳。何以言之。其時蒸汽電氣之應用。尚未發明。一切科學技術。無從發達。有土地而不知用。生產之力過微。繁息之率卽弱。非繁息之率果弱也。為生產之力所限制耳。加以交通阻滯。廣求食物為艱。故人患又為地域所限制。所及範圍極狹。其相接觸甚稀。甲地豐腴。則繁息盛。乙地貧瘠。則繁息衰。彼此近若唇齒。往往遼若風馬牛。雖在一國之中。人患固不一律也。如此。則滅國闢疆。實無益於己國之用。故秦人不望越為一家。越人亦不望秦為一國也。今也不然。應用之發明日多。技術之發達日進。有土斯有用。生產之力。數十百倍於往昔。故繁息之率。亦數十百倍於往昔。因是資本與勞力。同時并增。所缺生產之要件。全在土地一事。其需之爭之之度。亦數十百倍於往昔。加以交通便捷。利於廣求食物於世界。世界之大。不過比之往昔一鄉一村。充一國人患之所至。可以併吞世界。比之往昔之霸一鄉村。而其間接觸之機會。又復一日萬起。轉瞬卽分強弱。越縱不欲并秦。秦亦必將并越。弱固不免於并。強亦不免於并。然則人患烈矣。烈又必出於爭矣。於是人民對於國家之要求。自不能以國內治安為足。勢非視國家為人民全體生命之所繫。舉國一致。扶持國家。以對外而不可。是則國家主義眞精神之所寄也。今人言文明。輒聯想及於平和以爲野蠻之人必嗜爭奪文明之人則好平和其說甚似足以動人究之文明與平和兩物不相謀者也吾人所解文明則曰人智發達平和與爭奪非可以人智定之者也人患息則可言平和人患烈則不免爭奪此自然之現象初不關乎人智故古代人智不如今而秦越不相侵今日人智越於古而強弱必相并無非此理而已矣雖然愚者嗜爭奪智者好平和確乎未易故平和之爲物亦文明之所要求也苟其在人患能許之範圍以內則今人必求達於平和之極致此今日武裝的平和之所由來也武裝的平和者寓平和於爭奪之中也平和居其先爭奪持其後居其先者外交也持其後者軍備也外交之力既窮則恃軍備之力故非有強實之軍備則不足以言外交十九世紀以來列強無不亟謀擴張軍備者凡以此也擴張軍備而各不相下則均勢以成均勢者所以防乘并也又卽武裝的平和之表現也欲求平和則必維持均勢故既往百年之間列強皆不敢輕言戰爭誠以軍備擴張非易一有戰爭均勢卽易破也吾國之不亡者非因己身有自衛之能力全由列強均勢之未破破則立亡不破猶可苟免是故今日歐洲之戰爭所最危險者均勢破也國人夢夢方且以爲己國之利益若其稍有常識則當不勝其悲以此戰爭者於吾國有百害而無一利也幸而均勢未破以後之所宜禱祝者卽歐洲將於數十年中無大戰爭一事是也雖然二十世紀人患之烈必遠過於十九世紀竊慮此一世紀間世界卽將并爲一國而解決世界人患問題全恃乎國家主義者亦將於此失其效力如其未然則戰爭之不息在此一世紀間固可斷言雖繼續至於來世紀終將不至如愚言而不止矣惟并爲一國固云不易其并之之道或以平和或以戰爭此亦未可斷定如以平和則必出於各國民共知國家主義之誤謬翻然改圖而以他主

義代之耳要之任由何道解決揆諸弱肉強食之公例吾國必無一幸斯固鐵案不移稍明世界大勢者其又焉能無悲耶信此國家主義最篤者莫如軍事家雖吾國亦然愚今提出此一主義或反足長吾軍事家虛憍之氣果爾則愚之罪矣須知國家主義者吾人未始不可以之解決人患惟欲求其有效則非待諸數十年以後不爲功且非於此數十年之中竭力以圖發展國民經濟能力而僥倖於列強之均勢不破亦不爲功何則吾民不患無愛國心惟患無愛國力心雖至而力不及愛之無益或反有害庚子之義和團其一例也今日之軍隊凡數十師不可謂爲不多矣然以用之國防其效當亦不過等於義和團雖盡撤之可也撤之未見人之加侮增之未見人之加敬無力言國防時卽全然不言國亦何得遽亡我之果亡與否絕無關於國防之有無一存於均勢之破否果其未破孰得而亡我果其已破束手就亡而已矣義和團相類之數十師亦焉用之故今日國防惟有豫備可言設造兵廠以求武器之獨立設軍官學堂以求人才之獨立如是足矣一日力有未至斷可不招一兵也所謂力者何也卽國民經濟能力充實之謂也足食然後可言足兵自古爲然何論今日今日之軍備一資本問題耳資本充足之國不慮軍備不能擴張反是則大以爲慮今吾國民且乏食焉有餘力可供軍備擴張之資本責乏食之民以愛國不啻求有於無人第謂歐美人有愛國心而吾國人無之豈其然哉亦力有能勝與不能耳彼既足食又多資本自能愛國我則不惟不足資本重以乏食自愛且難遑云愛國是知空言愛國者無益於國而徒飾其表者也鷄明而起孳孳爲利之徒哲人或非其所爲然苟爲之而得其正吾知力能愛國者將舍此輩莫屬是故吾國今日之所急惟在求其國民經濟能力充實一事他國解決人患因其人患未甚國民

經濟能力尚可與言擴張軍備故能充分以行國家主義吾國解決人患則既人患已甚國民經濟能力未足與言擴張軍備於此而欲漫行國家主義非惟擬於不倫抑且自速其亡嗚呼人之恃以解決人患者我則須於人患解決之後始能行之人之恃以發展國民經濟能力者我則須於國民經濟能力充實之後始能用之人之所越愈遠我之學步愈難長足者流猶且環伺吾側未之或許而我之學步者苟非躐等卽欲盲趨欲不顚躓而爲人所踐踏以死其可得乎今之人好言國家主義矣非不美其稱也其亦有能自審其非躐等而盲趨者乎

其一曰社會主義也社會主義者與國家主義最相衝突者也國家主義今猶方興而未艾社會主義則尙不過初在萌芽由少數學者主唱之而漸見勢力舉行之期自有其會要非今日之所能望詳爲述之本篇不許摘其要旨則在實行共有財產制一事夫均分之義吾昔孔荀猶主張之今義雖不同於古而其用意則一也惟孔荀欲行之於物寡之時此在閉關鎖港之昔則可而亦未見卽有效力若今國際競爭之中物寡者方且非奬勵私有財產制使之資本充足不爲功從而於寡中求其均分將愈失其競爭之能力寧有當乎故社會主義者國家主義之所排斥變言之資本主義之所排斥也雖然物寡者固不可言均分向使物多則又何如如今之英倫國富甲於全球固不得謂之物寡矣而其國中貧富懸隔富者擁貲無慮數十百億貧者至難以自活此而加以均分寧傷於競爭甯不足以解決人患此社會主義之起決非無故也歐美之人非不盡知此一主義之善將來國家主義一旦失其效力起而代之者首推乎此固可斷言特在今日則明知其善而不能不排斥之在此過渡之中所最難解決者貧民與勞働問

題是也。一方富者益富，貧者益貧。一方獎勵人口，以備國際競爭，而貧民愈以增多。人患既烈，社會主義乃張其勢，同盟罷工，一日數起，國家主義，安得不危。於是此兩主義交替之先，不得不另有一過渡時代之主義以轉圜之。是何乎？曰社會改良主義是已。此則歐美各國已見諸實行。本篇雖不能詳其所以，概而論之，不外矯正自由競爭之弊。其事有三：一矯正身體、智識之不平均也，如工場條例、婦女幼兒保護法、強制保險法、強制教育制度之類是也。二矯正財產之不平均也，如租稅改良、貯金獎勵、產業組合、農民保護、貧民救助、行商保護等制度是也。三矯正獨占事業之增加也，如鐵道、汽船、瓦斯、水道以及其他需要大資本之公益事業，往往由自由競爭而合同，由合同而獨占，其有害於社會，莫此為甚。故國家必干涉之，或主市有，或主國有，皆所以防止獨占者也。社會改良主義，尚不足以挽回人患，則其所恃者惟在殖民一事。殖民政策，固為富者投資，亦為貧民謀食。間嘗論之，殖民地之富民，實不敵其母國移住之貧民遠甚，而貧民與之相抗，更無論焉。何則？殖民地之自由地必多，概為母國政府沒為國產。從前貧民恃自由地以為活者，至此舉歸烏有。而母國以此自由地，分配於其移住之貧民，助之資本，仰之開拓。既經開拓，卽許其取為財產。如此移殖日益加多，一一皆有其政府為之後援，勢自莫敵。於是殖民地之貧民，不勝壓迫，繁息日衰，行且絕跡。富者次之，久之絕跡亦同。故殖民地之人種弱者，卽時可歸澌滅，強者生命亦不久存。其故則母國之人患烈至何度，殖民地之膏髓，卽為侵損至於何度。同時殖民地亦自有其人患，則又自加侵損，其度亦如之。任其膏髓之多，終必罄矣。此理人人知之，而國人方若以為國可亡而種未必滅者，誠屬至愚而可哀也。雖然，改良社會可也，不足而言殖民亦可也，而社會主義之趨勢要必與人口增加之趨勢同其速率何則殖民與改良社會皆所以滋長繁息也而此繁息乃在貧民而不在富民富民之繁息有益而無害貧民之繁息有害而無益惟在國家主義之下則不暇擇明知其有害而又以其有益不得不助之長助之長而貧民日衆富民日寡各至其極則兩主義交代之期近矣此以言乎歐美也試問吾國亦足參與其列乎去國家主義尚如登天之難遑暇及此吾國非獨貧富未甚懸隔今且求其懸隔而不可得環顧國中誰爲富者吾不知也藉曰衆貧之中有一爲富而其富者必爲衆貧之所仰而方不堪其擾非生產之借貸及無信用之交易無往而不然若是者其與均分復何以異嚴格論之吾國不獨無貧富之可言雖謂之未立財產制可也髣髴尚如狩獵之民強者偶有所獲皆供弱者之分食強者年老力衰不能再獲則弱者亦惟有束手待斃之一法此種比喻非今日社會之寫眞版乎若是者豈復成爲國家而尚可以言競爭而尚可以弭人患吾眞未之能信矣故今日者對於社會主義宜敬之如鬼神而遠之且必嚴定法律保護財產制以杜絕社會倚賴欺詐之僥風久而久之庶乎有貧富之可分矣

以上所陳兩主義爲解決世界人患問題不易之進程斯固然矣然而究極之解決非此兩主義也蓋異日者世界并爲一國或不并而化除其國界則前主義失效矣斯時代起之社會主義一時頗生效力然物力以均分而贍適以速繁息之進則人患之烈久之又如故焉假定施行社會主義之日乃恰逢地力告窮之時因窮而分因分而烈無可再生無可再分而又以人智之發達必欲求免於人患則其究極之策必轉而求之人類之自身以期制限於繁息於是馬查士之倫理的制限乃於斯時脫穎而出矣故曰、

倫理的制限者乃解決世界人患問題究極之方也夫倫理的制限方今文明之民非不即已行之而早婚之禁如馬查士所主張以財產為標準者惟於前世紀中見諸瑞典其為各國所通行至今者則僅制限年齡而已瑞典之制今雖廢之而當時則足證馬氏之說有力其又廢之者非馬氏之罪乃為國家主義所排斥也然年齡則必制限者是又何也此其用意蓋不在殺繁息之勢而在強小兒之體少年所生體力自不如出諸年壯如其不然何以一面制限年齡同時獎勵生育獎勵之制可分為三或設生育獎勵金或設救貧院或設獨身稅不過未見其通行於各國耳然則倫理的制限在乎今日固未可求之於法制矣有行之者焉則惟習慣大抵野蠻之民多尚早婚之習如印度然也半開之民其下層社會多尚早婚其上中社會亦知晚婚如吾國然也文明之民則志望頗高情慾自減無論何種社會大概習尚晚婚如法國所謂二子制與三子制者其代表也法民之富與英幾可相敵而其人口增加之率最微非因食物不足明矣良以其民最愛幸福男女成年恆喜獨身必有相當之財產然後結婚結婚之後又慮子女過多使其生活程度愈趨於下則相引為戒一家以二子為適中以三子為極度至乎極度必求避娠之法不令再生故法國極富之民雖不多極貧之民亦絕跡無人不在自由幸福之中世界募集公債必於巴黎者以法國幾於無人不有應募多額公債之生產餘力也持國家主義者恆以法國人口減少為可憂謂其國勢必浸弱此又大謬不然也食物不足則憂人口之減少今彼卓乎有餘寧有減少之慮且其國富日有增進人口自將隨之以增其增雖較遲以與國富不足人患大形絀且減退不如彼者相較孰得孰失雖三尺之童足以辨之至云國勢浸弱此代表義和團者之觀察而已須知國家主義者資本

主義之變稱也彼其國富遠逾人國對於人國恆居債權者之地位無論平時戰時皆可以此制人之死命苟非國民有偷生畏死之心焉至國家有敗戰受辱之累法今尚爲一等強國固未見其浸弱即令其然亦決非人口增加甚遲之咎也馬氏之說徵之於法固已有明效大驗誠使各國皆倣行之焉至再形人患人類者進步甚遲之動物也必積多種經驗而失敗然後知止於至善是亦人類之大憾事也馬氏者眞人類之先覺法民者又世界之導師矣此種晚婚之習固不僅法國爲然其餘歐美各國未始無之不過不如法國之一律耳或者將來此事之收效全在習慣之漸歸一律而絕不須法制之持其後亦未可知蓋人智發達其愛自由幸福誰不如法民苟其獎勵生育之制不行斷可保其追踪而繼至反是而人智不齊不解自由幸福爲何物卽欲以法制齊之終嫌其效甚薄如是則人患或可絕跡於文明之邦而難期滅殺於半開之國也與惟然而吾國危矣

夫吾國人口在四億以上通計世界人口亦不過十五億而吾乃占其三分之一一望而知其爲過多語乎食物雖難通算而吾之所占者至多要亦不出百分之一二單計穀物一項雖亦不大遜色然人類之生活非可僅恃穀物者也今吾不求生活比乎歐美而惟求比乎日本當不爲奢矣則日本之食物與吾乃至相伯仲而其人口不過吾之九分之一是日人食其九而華人食其一變言之九人之中日人皆有食華人乃有八人無食日本且八倍於吾若言英法當數百倍於吾矣平均計之世界百人之中華人能足食者誠不過一二人耳而此百人之中吾乃占其三十三人是將有三十人以上不得食也故以食物論之吾國人口過多之數至少亦在三億五千萬以上假定吾國人口不出五千萬皆有生產餘力必不

失爲一大強國故吾國人口一面患其過多一面又患其過少患多者多此三億五千萬不能得食之人口也患少者少此五千萬有生產力之人口也何以言之此五千萬人口之生產力被此三億五千萬人口分而食之其生產力早已消失譬如三十三人之中其一二人本可足食因其均而分之乃無一能飽之人矣無一能飽故不能舉事苟有一二能飽者與人雖少而事猶可舉也夫歐美之邦國富可觀獎勵人口宜其至當而彼猶習尙晚婚吾國則二者適得其反貧日益甚丁日益繁人之度量相越亦何若是之甚乎此其所能然則馬氏言之切矣『任在何國人口增加之眞實標準僅在食物增加一事此吾人所信也而竟有其例外焉比如支那其人口既受壓迫而以國民有其惡習食不求飽而怡然自安則雖食物無增而人口依然單獨以進聞其人種之下賤尙不僅有此惡習卽市塵所棄之腐肉若在歐洲勞働者必餓死而不肯食彼則爭食而惟恐或後此而蕃息何怪其然惟支那人口過多之重因則又以法律公許兩親委棄其子女如此之國宜其饑饉常起矣』人恆謂歐人論吾國情形往往失實觀馬氏此言豈其然乎北方下層之民食麵必雜以糠屑恐其純麵一飽需量過多南方下層之民食米其質粗亦然甚或以紅藷包穀爲生然問其子女少猶三五多且七八此猶如馬氏所言也常見乞食之婦女背負手牽嗷嗷待哺者數亦相敵則無食且生子女矣其所以致此則馬氏所謂法律不使兩親負責反使委棄良爲重因吾之舊律以父母比諸天地任其如何處置子女皆不認爲有罪以是爲父母者毫無顧忌今不亟矯斯弊誠不知伊於胡底也馬氏又曰『支那法律之最不良者莫如課其子女以扶養兩親之義務不惟助長貧民之依賴心喪失其獨立人格將使其視子女爲財產而惟恐子女之不多故支那貧

民日衆勞働日賤良以子女過多皆無教育而又責以養親其子女勢不得不安於極賤極廉之勞働也』嗚呼馬氏所指養親一事其吾國數千年來人患之原乎吾國將不免於亡國滅種咎其在斯乎愚今若驟語國人曰忠君孝親皆非人倫之正義聞者當莫不駭而且走也蓋忠君之義至民國成立而推倒人之所駭者必曰忠君固非孝親則正子不欲孝親其非人類矣則甚矣流俗之未可與言人倫也夫孝者乃揚名顯親之謂己名若揚其親自顯重在立身而不重在養親故從義不從父人之大行也子從父命亦視其父命之如何耳不必卽爲孝也夙興夜寐耕耘樹藝手足胼胝以養其親亦視所養之得其正否耳亦不必卽爲孝也入而行不脩身之罪也出而名不章友之過也君子入則篤行出則友賢則大孝矣此孔子所立之義苟刪述之當不爲謬信如斯言則孔子所謂孝親者立身而已矣乃後世亂君因欲責臣以不義殉身故設養親之法以塞人口而爲亂親者因利之責子以不義殉身於是孝親一事至與忠君同爲人倫之大梏人或以不孝有三無後爲大相非難須知古之所謂孝事雖及親而責尤重乎養子無後云者非無子女之謂乃有而不能養養而不能教之謂故己不立身不能揚名顯親誠非孝矣子不立身不能揚名顯己則子之不孝亦卽己之不孝也前清中興時某公曾謂曾侯有子左相無兒傳爲美談其實左宗棠何嘗無兒特以不及曾子之顯耳無後一語世人不解其深義輒以繼世承嗣爲釋雖以柳子厚之賢猶不免焉其他更可知已此在古代人口缺乏之時或信以此爲重而今則子孫過多就其現有之數養之教之且云無力豈可再多假定人口減少至五千萬皆有養有教足以立國則黃帝爲有子孫矣豈虛乏嗣也乎再假定人口增加至於六億皆無養無教竟以滅種則黃帝爲無子孫矣得云

有後也乎要之吾國不責親教子而徒責子養親故人患大形累至今日適逢此國家主義潮流之衝國隨以亡種隨以滅蓋不可逃之刼數矣

然則如之何其可也曰馬氏倫理的制限愚固稱爲解決世界人患究極之談此在歐美人患之輕比諸吾國猶天之與淵加以國家與社會兩主義尙能代其解決則僅以晚婚之習慣行之數十百年間要可無慮而吾國則大不然目前之所最急切者莫如首行馬氏倫理的制限人之所後者我則宜先之人之所先者我則宜後之先後顚倒其理一也歐美之後之者以人患未至極端也吾國之先之者以人患已至極端也且不先其所後並亦不能後其所先何則人患達於極端社會主義固無從施國家主義亦去甚遠徵諸前述理無可逃也况人以人智發達生活程度必求其高故有此良習慣初不待乎法律而吾則人智不齊生活程度必求其低欲其有此良習慣雖三尺童子亦知其難故又非法律持其後不爲功且其法律不僅須限以年齡而必須限以財産取馬氏之說嚴格以行之而財産規定之外尤必積極設親必教子之律消極解除子必養親之條庶幾前法始能發生效力此在歐美則習慣法律皆然惟吾國適得其反早爲歐美人所訕笑及今不以法定之國事眞無可爲矣蓋奬勵人口之發達者莫如子必養親親不教子之甚者也欲行此法而有效抑又有其附帶之條件數事焉其一曰家庭與社會須改良也何言乎家庭改良蓋歐美人之家庭止於夫婦二人及其子女子女長成嫁娶之後又各分居自爲家庭父子不同居兄弟不同居非故好爲骨肉乖離也其精神重在獨立而無依賴是謂家庭獨立生活獨立故其人强其國亦强而吾國則不然往往聚族而居五代同堂傳爲美事卽令不然至少亦有兩代三代

同居子賴其父父賴其子兄賴其弟弟賴其兄各各相賴各各無能卽有能焉而賴之者衆其結果喪失獨立人格是以生產能力無不薄弱不獨國不能興家亦不能興然猶曰骨肉和睦可尙也究其實十家之中姑婦妯娌米鹽瑣屑在在皆是爭端不和睦者恒居其九爭之大於是者更無論焉是知和睦者正其所以乖離也乖離者正其所以和睦也今不於此改良骨肉且已相食相殘夫何怪乎社會何言乎社會改良也歐美人之社會最重獨立精神彼此不相依賴如處家庭然從無請託干求貸貣轇轕莫不自食其能有餘則貯之銀行決不濫費或施之人無餘則躬自儉約決不負債或行詐欺故人人皆有生產餘力而社會井然不亂而吾國則不然社會之依賴性或且甚於家庭親朋戚故門生舊吏無不請託無不干求所欲者不生而食不勞而獲故消費之事亦行借貸有貲而不知貴無貲而不知儉卽曰生產借貸亦多架空寡信無人不存僥倖之心無處不見依賴之性是以人人不能生產事事不能舉行而社會僟焉不可終日美其名曰四海之內皆兄弟也究其實凶終隙末幸災樂禍比比皆是問其原因無非爭利也無非求而未遂也是知以利交者雖欲不爲小人不可得也以道交者雖欲不爲君子不可得也歐美人多君子而吾國多小人所異者此耳其一曰嚴禁蓄妾與規定遺產相續諸制也吾國人患之烈其原因又在蓄妾蓄妾之理由有二其正者曰爲無後耳此以前述無後之理證之非今日之所患明矣其不正者曰吾力能養須知我多一妾卽人少一妻人妻而我奪之非禮也人妻何以能爲我奪人無養妻之力也人何以不能養妻無生產能力也人何以無生產能力有人患也旣有人患我之不當蓄妾以助之長明矣愚前謂吾國無一富人其原因又在乎此蓋富人蓄妾愈多子女亦愈多富人死則其過度之

子女均分其財產轉瞬皆成貧民富家能繼兩代三代而仍富者絕罕國焉得而不貧故欲行倫理的制限而有效非嚴禁蓄妾不可嚴禁蓄妾而子女均分財產如故所收之效仍寡故又非規定遺產相續諸制不可現今歐美各國多取長子相續制誠以財產得之甚難失之甚易欲防人患莫如增富欲言增富莫如保存遺產故遺產必令其長子一人保存之庶可免於分散而吾國相續法則取均分制加以蓄妾更細分之宜其富不久存此制之改實要着也且經濟學家論遺產謂爲子孫之不當利得故必加以相續稅可知長子一人相續尙無保存國富之理由尙不應有其制若明知其爲不當利得而猶使之均分以速人患其爲悖理更不待言矣其一曰女子與殘廢須有養也舉以上之說一一行之將有兩種人最感生活之困難則女子與殘廢是也女子長成責在父母長成之後待嫁然後能生活此吾國之舊習也如此者從舊制則可若採新制如上所陳則女子非自謀生活獨立不爲功歐美女子皆能自謀生活故晚婚之習慣能成否則及笄而無人能娶又失謀生之道其責仍在父母未免過苛吾國父母不能養其所生女子多鬻爲婢妾倡優此習最宜嚴禁一面嚴禁一面亟爲女子廣開工作之途並使男女教育同等久而久之女子自能獨立矣至於殘廢者則國家不能不設殘廢院以收養之殘廢之義甚廣無論男女老幼其不能有生活能力者舉曰殘廢凡此皆足爲壯者之累故國家必收養之然若不行倫理的制限則將收不勝收養不勝養斯則馬氏反對救貧之論言之詳矣

凡右所陳者制欲繁息之說也亟於久遠之道也然吾國今日策其久遠固屬不易之經而策其目前亦有急切之要目前之所急切者食物之大不足也不有以足之則亂不可已矣愚固言吾國地有餘利國

若有不亡之望望其在斯不能取食於外尚可取食於內也地有餘利者有田地而不知墾也有林地而不知植也有鑛地而不知開也然而墾植開鑛必恃交通則鐵道亦爲開拓餘利之要件故言開拓餘利者曰墾植開鑛鐵道三事而已矣欲行乎此生產要件吾得其二而僅缺其一蓋土地多勞力多而獨資本少耳然則今之最要者爲擴充資本之道此則方今策士之流動輒主張募集外債以爲用諸生產事業雖外債無害不知在此資本主義之時代人固惟恐我不借也借則條件苛刻利權拱手送諸外人寧不寒心此以言其有借而尚不可借也若經此次空前大戰今後數年雖在英法恐亦未必能有餘力應募外債曾若望之徒費唇舌藉使有望條件亦必愈加苛刻而非吾之所能堪故吾所謂擴充資本之道必避外債以求之然而前固屢陳國無一富擴充亦奚由乎雖然吾之所缺乏者大資本家也至於不能生利之遊金則固徧地皆是設有法以集之仰爲開拓餘利之用裕如也今鄉民有金多埋地下其額雖小集之則多市民有金亦多恐錢店不實無所權其子母其埋之也亦然以故市面無金恐慌時出集金以散之市面轉瞬又被其埋去如此者不必曰國本乏金無以供埋今即傾英法之富以散之吾國市面又豈足供其埋乎然則大資本家之缺乏不足患也遊金之被埋斯誠足患矣然此乃人情之常非可強之不埋者也強之不埋其埋也必愈甚不強之而彼自不願埋然後其埋也始可息司其進退者全在信用之有無假定確有生利之所人人皆可信其無詐無欺則遊金之投此又不待招而後來觀夷場之外國銀行吾國人貯金恆累巨萬亂時則尤甚焉其故可知矣今吾之政府一詐欺之政府也今吾之社會一詐欺之社會也無一可以自立信用則欲以一機關或一個人號召貯金任其如何改頭換面而本性

一日未移貯金決不卽至故政府設銀行多所而貯金寥寥社會設錢店多所而貯金亦寥寥非徒貯金也而紙幣錢票之信用亦如是焉坐是貨幣不能節省人一能之我十之人十能之我百之富國且不堪受此損失況於貧國乎况於所損失者猶不止十倍於人乎長此以往竊恐吾國非返諸物物交換時代而不止也此其咎果誰尸之耶閒嘗思之不外兩事以爲之梗法制不立而又有大力焉從而擣亂煽禍耳夫信用之立未有全恃乎人而不恃乎法者也信用因法而能立人亦因法而後有信用法果安全不因人而破壞信用自生人之所信用者法也非人也外國人之信用未必其人之有信用也恃法而已矣語云君子可欺以其方難枉以非其道方未善君子固不可欺道果非小人亦豈可枉乎但舉外國人辦銀行之小事言之置一銀匭必有多數不同之鎖司其鑰者其人之異亦如其數欲開一匭同時召集多人始爲功如此者失金舞弊之事又焉從生任處一事自上至下皆必過目始能生效從無可以秘密行之者其昭然如日月之明若此欲人之不信用其可得乎故法制國無人不知矜愼無事不見周密任在政府抑在社會莫不有其信用今惟事事復古惟恐其行爲不與法制國相反上行下效舉國風靡忘廉喪恥使貪用詐無所不至於此而望信用之能立不綦難乎或謂政府公報所頒法令不絕於書焉得目爲無法之國不知所謂法也者非可因人而立者也因人而立則恃人而不恃法矣法有根本之法有一切之法必因根本之法而立一切之法然後其法可恃今吾根本之法不立何從能有一切之法乎誠曰有之則因人而立者也焉足恃乎且因人而立苟其人善其法或亦能善而吾之立法則徒供忘廉喪恥使貪用詐之用故作一法則滋一弊與其有之又不如無之也語云作法於涼其弊猶貪作法於貪弊將

安救示人以義其患猶私示人以私患必難弭今之政府作法於貪者也示人以私者也弊不可救矣患不可弭矣焉在其有法乎焉在其法之可貴乎夫法制之不立吾國自古卽然而信用猶有存焉獨至今日乃破壞無餘者是又有何故乎則患所謂有大力焉從而搆亂煽禍之所致也今試執途人而問之曰汝居民國安乎其人苟非顚狂則必應之曰吾不安也再問以不安者其爲目前之亂與匪所患乎則又必應之曰目前固亦足患然吾之所患者不在目前之小亂而在將來之大亂也此以驗之全國人之心理雖或失之一二要必得其八九固可斷言者矣夫常人所解之大亂其與吾人患論中所言之理當必大有逕庭且大亂未至而先爲之患聖智且無其明而謂庸夫愚婦能明之乎是知其必有顯然搆亂煽禍之人在且其人之力甚大故所搆所煽者亦大不然偕亡之歎又不能無故而作也嗚呼吾國人患之烈至於此極亟圖挽救猶恐匪亂之不可已況又有從而搆之煽之者夫何患大亂之不成乎夫旣大亂當前無可逃避裂人之眥碎人之心寒人之膽人亦何暇他顧何能旁思何敢別圖終日爲捲金偕亡之預備固其宜矣如是者信用焉得而不破壞乎使患之所言不謬則今之急務其知之矣首卽須去搆煽之人也次則須立法制也兩者旣得然後亟謀信用回復信用果能回復則遊金不難集矣遊金能集卽不慮資本缺乏用之鐵道足也用之開鑛足也卽用之墾植亦足也何則資本者事業之源也遊金者資本之源也信用者又集遊金之源也其源不竭其流必長先塞其源而望其流不可得也今之所患者其源塞也塞之者搆煽之人也法制之不立也今之急務亦通其塞而已矣

要之吾國解決人患之道其救急者雖不可不謀然物力固有一定之限度達其限度卽無可再謀矣患

之所切望於國人急起直追者則尤在實行馬氏倫理的制限一事以此爲根本他皆枝葉也誠使馬氏之說有力於吾國一轉移間貧者變爲富翁匪徒化爲紳士轉禍爲福易危爲安斷可必矣苟非然者凡愚所陳亡國滅種之慘禍決無可以倖免豈獨匪而已哉豈獨亂而已哉人或終以愚言爲迂濶慮非今日之人所能傾聽則愚亦惟有謹藏其說以有待知我罪我非所敢計也茲問絕大精詳語之亦非區區短幅所能了是篇不過發其端耳世之君子其有見於是者指其紕繆而愈有以進於國人是尤愚之所深望也

唯物唯心得失論

叔雅

眇觀希臘。近觀當世。明道之哲。窮理之士。不歸於唯物。則歸於唯心。或謂性理學案所以紀二派之消長。非虛語也。近世方術昌明。唯物之論大盛。今日又寖衰矣。此爭雖千禩。猶將不息。是此惑將終不解。伏曼容曰萬事由惑而起。事誠有之。理學亦然。且以惑起者。或遂以惑終也。斯賓塞輩倡不可思議之論。豈無故哉。余以頑質。得聞諸說。論其得失。較其長短。亦儒者所當有事也。

欲論唯物唯心二派之得失。當先攻不可思議論（Agnosticism）之謬。當甲珂璧（Jacobi）斐希特（Fichte）謝靈格（Schelling）諸公時。民羣歌曰。形而上學死。無後物如（Dingan sich）將付牙人手。（1）其後法人孔德（Comte）創實證學派（Positivism）。以為人智進化。略分三級。一曰神道級。此蓋空同之民之思想也。二曰形而上學級。此亦以方術淺陋。不得不逞臆說也。三曰實證級。為學之方。尊經驗去臆說。而眞理乃出。今日是也。斯賓塞延其緒說。倡不可思議之論。謂萬物之本原。非人智所能及。學者之所攻究者。憲象而已。近亞美利加有倡知行合一論（Pragmatism）者。謂學者窮理。當求利於人生。而不當高談玄虛。其說於形而上學。亦有微辭。嗚呼。是皆不思之甚也。形而上學之需（Need of Metaphysics）實與人生俱來。雖有聖人。不可得廢。縱一時學者惡之。其名不存。而其實自在。德意志老師叔本華（Schopenhauer）說此至為詳盡。其言曰。『人類而外。致疑於其己之生存者。未嘗有也。此曹皆以其己之生存為當然。而不覺其可異。人類則不然。蓋其意識理性。既發達。終乃致思於此大疑問矣。尤可異者。

生存之側有所謂死滅者在。雖有鴻業偉績。一旦魂斷。閉骨泉裏。則事功盡歸泡影。嗚乎。吾人胡爲而有此生於斯苦惱之世乎。是蓋最足動人之大疑問也。此心情此疑念。卽喚起人類所獨有之「形而上學之需」之因也。亞理斯多德曰「無論古今理學。皆以驚疑之念起」哲人之說宗教之義。未有不道神不滅者。觀於此可知人類所最驚疑者爲生死之大疑問也」(二) 由是觀之。人類實形而上學之動物(Animal Metaphysicum)其所以異於禽獸者在此也。故哈德遜亦作歌云「物如雖出售。誰則爲牙人。」(三) 斯言雖近滑稽。實有至理。斯賓塞倡道不可思議論最力。著大道篇。其前五章云「理學之職志在綜合羣學。至伏在憲象後之眞如。吾人終古不可得而知也」(四) 倭鏗駁之曰「理學之職志在於綜合羣學。此古今哲人之常談也。由斯以談。羣學之分科也愈趨於殊特。則其求統一也愈切。故理學之於羣學。實有綜核之大任。此無可非議者也。綜合羣學。固爲理學職志之一。然欲求明解。則異說紛起矣。何者。此所謂綜合考核。不知將作何解也。若謂理學但記錄羣學之成蹟。而不求超出其上。則一切危疑。誠可以免。然理學亦卽以無義意終。蓋此不異一種圖書集成。不得謂爲一科之學矣。況羣學苟有所爭。不可調和。則將如何譬之。甲科欲用機械之因果律。而乙科則道自由。此又將如之何耶」(五) 又曰「世多有謂雖無形而上學。亦可求眞理者。故實證派視知識爲事物關係之記錄而已。限制而已。謂其本原爲不可思議。知行合一派則以知識爲求利之具。然吾人所以不得不求超脫此限制者。非必欲建立形而上學而執拗也。天賦之精神迫之使然也。觀於吾人能知己身與四周事物關係。識其爲全體。且知關係之爲關係。可知吾人實非僅事物關係中之一矣。吾人一旦認可思議界之外。有不可思議界在。立自覺其皮相。而不滿之情油然生矣。思想之制限猶可忍。人生之制限不可堪也。謂萬物之本原爲不可思議。吾人雖研精覃思。終爲徒勞。而不免於皮相。是非鈎深索隱之君子所能承也。孔德嘗盡心力以求造新理想。穆勒斯賓塞後皆痛恨已說之不完。斯數子者。其天賦之本性自求超脫已之學說。豈偶然哉。黑格爾曰。「君子而不解形而上學。猶伽藍壯麗而無佛也。故徹形而上學。則人生必日益墮落也。」(六) 柏格森云。『此曹遭此難題。乃遂其初志。發爲怪論曰。「吾人之所改造者。非眞如也。其憲象而已。萬物之本原永非吾人所可得而知也。吾人唯徘徊於其關係中耳。絕對者不可躋之境也。吾人蓋不得不裹足於斯不可思議者之前矣。」往者頌智靈爲萬能。今又何貶之甚耶。使生物之智靈果爲一物體。與其物境之互相作用所範成。則又安有不知其所從出者之理乎。吾人又安有全生息於虛無冥漠中之理乎……吾人之智靈。既專供運用。復常受所覺者之印象。是卽與絕對相接觸矣。』(七) 又其難康德曰。「彼既謂物如爲不可思議。然則彼安得而道有物如者在乎。使此不可思議之眞如能達於吾人之感官。且適合焉。此尙可謂爲不可思議耶。」(八) 斯賓塞之國人席兌亦亟欲問斯氏何從而知其爲不可思議。(九) 吾今廣諸賢之意。以簡括之辭還質斯氏曰。既謂眞如爲憲象之因。又謂其爲憲象之本原。且明知其伏在憲象之後。安得更謂其不可思議乎。知行合一派斥此爲無用。然吾聞其於「世界爲神造抑爲自然」之疑問。則頗致思。嗚乎。此學派不少明道之士。何竟不知形而上學與本原學(Ontology)之爲兄弟也。善哉。席兌之言曰。無論其可否思議。吾人終不能置之而不思議。(一〇) 學者明此義。則唯物唯心二派之得失。可得而論焉。

一論唯物論昔蘭吉(Lange)有言。唯物論與理學年相若。唯不加長耳。(一)上古之民。聰明不開。未解內觀。但知外察。不觀心而觀物。故其說皆唯物論。希臘之始著書者為闥利斯(Thales)其書雖亡。然羣知其謂萬物之本原為水。中夏之始著書者為管子。管子亦曰水者萬物之本原。諸生之宗室。集於天地藏於萬物。產於金石。集於諸生。故曰水神(水地)地之相去萬里。而所見若合符節。非偶然也。蓋以萬物不外固液氣三體。而水則凝為冰者其體固。流於川者其體液。升於釜者其體汽。三體畢備。故以之為萬物本原也。餘子或以為火。或以為大氣。而其為唯物論則同。至地摩克理特(Democritus)倡道元子(Atom)之說。以為萬物由無量數至微之元子所搆成。諸元子自具動性。非由外鑠。其所以搆成萬物。皆不得已而然也。其說在希臘諸子最為微妙。可謂唯物論之極致。其以物質之運動說心思。雖今日之唯物派不能外也。埃母裴陁克利斯(Empedocles)之愛惡說。與近人所謂引力拒力(Attraction and Repulsion)相似。四行說與中夏之五行印度之俱舍論相似。其道萬物生成之程序。亦一唯物論也。亞那克薩歌喇(Anaxagoras)雖道意識。然其謂物質不僅四行。其數無量。類亦無量。不生不滅。不增不減。是亦唯物論也。司陁亞(Stoa)派之知識論。亦屬唯物派。中世以宗教之威權甚盛。理學皆宗二元論。十六世紀之初。意大利有邦波那錫(Pomponazzi)著書攻神不滅說之妄。以為神乃形之作用。形存則神存。形謝則神滅。人之為善。乃自修其德。非以靈魂不滅而望報也。其說頗似吾國之王充范縝。是為近世唯物論之先進。十八世紀法人喇梅特禮(La metrie)著人機論(L'homme-machine)以心思為形之作用。何伯哈(Baron Holbach)著自然體系論(System de la nature)以攻擊宗教。益倡道唯物論。及康德斐希特謝靈格黑格爾諸公出。唯物論大衰。黑格爾歿。其學崩離。唯物論之勢復熾。莫利紹特（Moleschott）著人生循環論（Der Kreislauf des lebens）人生歸一論（Die Einheit des lebens）以爲心思者運動也。腦髓之物質變化也。蓋徵之心學所實驗激刺之反應費時也。畢夫納（Buchner）著力與質論（Kraft und Stoff）一書。風行全歐。大張唯物論之勢。其說曰。腦髓之各部分司思惟想像記憶。腦髓者精神之機關也。心思之生於腦髓。猶唾之生於唾管也。當世德意志有宿學曰赫凱爾（Haeckel）其學祖述達爾文而精密過之。世有椎輪大輅之目。赫氏自謂其說爲一元論。而謂唯物唯心兩皆偏見。其書世界之謎曰。『一元論與唯物論往往混淆。然吾說則與唯物唯心二派皆有間。唯物論不承有精神。而以世界爲死元子之分合。唯心論不承有物質。而視世界爲感覺表象橫列於上下四方。吾則篤信貴推（Goethe）「物質無精神則不能生存。精神無物質亦然」之說。而主張斯賓挪莎（Spinoza）之一元論者也。蓋無限恢彍本體之物質與心思感覺本體之精神。同爲世界本原之屬性也』（二）其說誠辯。然其謂社會人生諸龐雜懸象。皆由簡單之物質進化而出。又謂意識爲出於腦髓之搆造。舉心之作用盡歸之物質。而不自覺其非。故考其實。赫氏固唯物派之豪帥也。數君之說。一時皆爲宇內論者所歸。唯物論臻於全盛。斯派鉅子。莫不極口以詆唯心論。謂其悖乎方術。以爲所謂心者。不外吾人腦髓之官能。思惟情欲勤勇。（語出十句義論。歐文作 volition）皆腦髓之作用也。由斯派說。則心學者腦髓之生理學而已。今舉其諸證論之如下。

形體而外有精神在之說妄也。持斯論者。蓋猶空同之民。不識不知。以爲萬事萬物皆神主之。鬨霹靂則思天神。遇地震則信地祇。有疾病則求巫覡。遇世間特異之事物。不解其理。輒信有特異之能力主之。而不求其因果。不知所謂心者。唯動物乃有之。心實由神經之動作而生。學者欲明心性。當求之其身。蓋心者形之用也。方術之解釋憲象。不以特異之能力。而以其前後諸憲象。質言之。自然方術之職。在於排比諸憲象而求其共通之規律。故一憲象之將見。可以他憲象之已見而推知之。氣象學之解釋雷霆。卽在以此憲象推他憲象。先認電爲二氣相搏之光。據此以求其本原。遂推知電氣之膨脹發射於大氣中也。方術之說心性亦若是。先排比諸憲象以求其互相關係。定其統一之律。然後心性可得而明焉。徵之吾人之所實驗。意識前後諸現象。實不外腦髓神經之作用。故在今日方術昌明之世。道術家靈魂精神之說廢。而方術家之說代興。方術家之心學。不啻生理學也。由是觀之。所謂意識者。常人雖視爲特異之物。然考其實則不過生理作用而已。非眞有是物也。

近世方術有大經曰埃納支不生滅律。（The Law of the Conservation of Energy）自羅伯邁爾（Robert Meyer）以來。斯已成方術家之定律。世界埃納支之量。不生不滅。不增不減。雖變化萬端。但易其形而已。動變而爲熱。熱復變而爲動電。流於水則生化學變化。皆斯律也。今唯心論者。謂有精神者與形體殊異。而能使筋肉運動。是謂埃納支增加也。悖於埃納支不生滅律。不亦甚乎。故曰唯心論者悖乎方術之謬說也。

據近世學者之說。世界嘗有時爲慶藏雲（Nebula）矣。慶藏雲旋轉太空。分而爲諸行星。圓輿其一也。其後漸冷漸凝。乃成堅殼。生機始起。細胞漸有囊（sac）核。（Nucleus）以分體而繁殖。生機愈進。植動物以次生而人類最晚出。競生爭存。幾經淘汰。歷億萬年乃有今日。其始固未有人類。是無精神也。可知精神實與生機俱來。且爲所限。故謂精神獨立不倚之說。爲不可通。蓋精神之本原在機體也。況精神生命。旣有其始。亦必有終。太陽之光熱。吾人所倚以爲命者也。其量雖至巨。然非無限。發射不已。終有窮期。其量稍減。已足滅盡衆生。恐不待其盡。大地已凝爲冰塊矣。觀乎此。可以知古往今來。如一刹那。人生如泡沫。須臾變滅。爲可厭患。求其常住不滅者。惟物質與其運動之律而已。

以上三說。持之有故。言之成理。世多有持唯物論者。良有以也。然鈎深索隱之士。終不能宗唯物論。何者。唯物論但足以說物。不足以說心也。如斯派說。則近世心學當歸唯物論。何竟適得其反耶。心實時生時滅而無常住之體。使吾人言心之體。則唯物派之攻之。是也。蓋有體必占地位。是物質矣。吾人意識中必不容有物質在也。然吾人言心之用。猶物理學家之談磁氣電力。磁氣電力雖有其用而無實體。吾人道心爲精神作用之主宰。而不以爲實體。此安得謂爲謬耶。方術家多以埃納支不生滅律爲顚撲不破之左證。欲攻其謬。亦匪易事。或謂心之使身。非增新埃納支也。惟發射其固有者耳。所謂發射者。以微動巨。以寡動多。譬以星星之火燎原。凡諸激刺之使人身生感覺者。皆爲發射。以生理之果。常較大於物理之因也。不知此星星之埃納支量。縱至微。究不同於無。有若謂心之於身。亦循物理。則唯物論者之說爲是矣。不特不足以攻其謬。適所以證成之也。吾聞之柏格森曰。「埃納支不生滅律者。純爲分量之法。則故不能與吾人之測定法無關。抑此埃納支不生滅律者。謂一系（與大千世界無關之太陽系）中所有運動埃納支位置埃納支之總量不增不減者也。使世界唯有運動埃納支。或此外僅尚有一位置埃納支則此測定法雖曰人爲。猶不能遽謂此律爲人爲也。埃納支不生滅律。誠足示一物之分量常不增減也。然埃納支之種類實多。（一三）且諸測定法又皆特選以求適合此埃納不生滅律者也。雖同一系中。諸埃納支互相倚附有密接關係。以特選之測定法適使斯律得施。然其爲人爲之約束無可掩也。理學苟欲以此律御太陽系之全體。不得不稍弛之。埃納支不生滅律不能謂定物定量之客觀不生滅也。不過謂諸變化之無往不復而已。斯律縱足以御太獨系。亦不過關於此斷片與彼斷片而已。非能施之一切法界而不悖也。」（一四）由柏格森說。埃納支不生滅律。但可成一家言而非絕對定理。況物理化學家之攻其謬者亦不乏人。是斯律雖在方術。猶非不易之定律。妄人乃執以繩心。不亦荒乎。諸機體之集中組織。（Centralized organization）皆非物理化學所能解也。雖生物進化。亦見創造作用。吾人苟潛心以觀心智之進化。不得不宗德儒汪德之說。而道精神埃納支之有增矣。埃納支不生滅律。實不足以解心也。如汪君說世界有所謂創造綜合（Schopserische synthese）者。在其性尙待學者之考究。非旦夕所能明也。至第三說。則但能視爲臆說。而難據爲左證。性命之元始與其命數。非吾人所可得而體驗。縱謂神須受形之制限。然不得遂謂當爲其役也。心靈性命自循其特殊之軌轍。絕非無機物之律所可得繩。斯絕無疑義者也。果嘗有無精神之世界耶。果可以有此世界耶。此則非吾人所敢知矣。物理學家以引力說諸憲象。石隕於地。水流於川。海洋潮汐。星辰麗天。皆歸之引力。歸之引力是也。然此曹能明物何以相引乎。不能也。化學家道某元質與某元質化合其性如何。然能道其何以相化合而變其性乎。不能也。治重學者亦若是。故今日之自然方術。於一切憲象。但能道其何者（What）何如（How）而已。叩以何以

(Why)則不能知也。其自謂知之者，亦但逞臆說而已，非有確乎不拔之理也。以意象猶未盡明之學，而欲據以談一切法相。其爲淺陋，不待智者而後知之也。李蒙德(Du Bois-Reymond)曰：『關於形體界之秘奧。方術家久善敬謝不敏。及回顧往日之功業。又未嘗不私心竊喜，冀他日終有解時。然關於「物質何以能思」之謎，則立委爲不可思議矣。』(一五)斯言雖小，可以喻大。人之智靈，終不可以物理化學解之也。鮑諍(F. Paulsen)則更發爲明快之論曰：「謂心思爲運動，猶謂鐵爲木所製也。吾則覺心思爲心思，而不覺其爲腦髓分子之運動。喜怒哀樂卽喜怒哀樂也，非血管之伸縮也。縱腦髓果動，血管果伸縮，果運動伸縮於喜怒哀樂之時，然不得謂此卽爲心思情感也。世人多不知腦髓血管之搏動，然何者爲心思情感，則能知之。道之絕不以之爲他物，如生理學者之論也。使彼持唯物論者，一旦驀一少艾，彼寧不謂之情，而謂之血管之搏動，或如丁達(Tyndall)氏說，謂爲腦髓分子之右旋耶。嗚乎謬矣。」(一六)

鮑君斯言，或失之激。然以形體之學說心，誠說之難持者也。昔者亞理斯多德旣歿，門人輯其遺書，取其所論超乎形質者，別爲一篇，命曰形而上篇(Ta Meta Ta Orocka.)。梅他(Meta)訓超，義猶曰超乎形質上之學也。二千載前學者，欲求萬物本原，已知超脫形質。今之唯物論者，猶欲以物質之變化說心。嗚乎！顧名思義，卽可以知其妄也。德意志康德而後有大師曰叔本華，深通柏拉圖康德之學，旁及釋氏之精英，貫通今古，融會東西，世所稱爲集形而上學之大成者也。著世唯識論(Die welt als wille und Vorstellung)，藉神主人與物公子以喩其辭云：「物公子謂神主人曰：唯我獨在，我之外無他人。世界者，我之變形也。汝實由我而生，且偶然而有者也。一剎那後，汝將無有，唯我常住不滅也。神主人答曰：此無窮之宇宙。汝之所存汝之所處。皆我之意地（Idee）耳。汝現於此。此實理解汝汝實賴此以存」常人聞此。罔不疑惑。實則斯言雖百世後之聖人不易矣。是故明心見道之君子。必不宗唯物論也。然唯物論闡明形神之關係。嘉惠後學。實多功勳。顯然自不可沒。他日方術愈明。進境亦未可量。倭鏗曰。唯物論之最樹勳伐者。在於出堅甲利兵。以破滅專制迷信邪說。及掃除舊制之壓抑也。(一七)徵之史册。斯言良信。或病唯物論有害民德。此則非其罪也。飽詆攻唯物論最力者也。於此則持論甚公。其言曰「世多斥唯物論爲害及道德之邪說者。謂其摧破宗教。將並傾危道德信仰。如唯物論則德行爲迷夢。良知爲幻想。道德爲虛搆。而視放僻自利爲大智矣。是說也。余不敢承。唯物論雖有流弊。亦不若是之甚也。人之德行。實因其秉賦氣質教育境遇而定。不以其形而上學之意見爲斷也。卽唯物論之理論與實際有關。此亦彼之爲人定其形而上學。非形而上學定其爲人也。鄙夫誠多持唯物論。高士誠多持唯心論。然亦未可概論。宗唯物論者。不少正人。而篤信唯心論者。亦多心爲形役也。要之蔑棄倫理者。乃誤會道德之過。而非唯物論當然之效果。所以生此誤會者。乃吾教育制度之罪也。彼以道德爲天神所頒之禁令。後生研精方術。神道設教。既不足以起其信心。自並其禁令而蔑棄之矣。不知倫理非由外鑠我也。天然自有之中也。倫理卽天理也。斯實蒸民所秉之彝。吾之崇信與否。初非所問。四維不張。家敗國滅。民德修明。其邦必昌。此蓋天道。唯物論亦未嘗非之也。是故斯道者。天地之運。古今之變。所不能外。而與宇宙相終始。吾人苟唯物論。抑持唯心論。非所論也。」(一八)方赫凱爾之說風靡全歐時。飽君力攻之。至謂貴推康德。舊壞子弟。讀其書乃大辱。而於此能持論正大平允若此。誠爲難能。然亦可見唯物論之流弊。不如論者所說之甚也。要之唯物論可以爲方術法。而不可以爲世界觀。(意本 Albert Lange) 明心身之關係。發生民之顓蒙。此其所長也。其無以解於己心之失。甚於唯心論之無以解於他心。

次論唯心論。唯心論倡自希臘耶律亞派(Eleatic school)之巴埋尼德斯(Parmenides)。巴君始道感覺爲虛妄。可謂前無古人。至柏拉圖倡意地(Idee)之說。謂眞如非由感覺所能知。集希臘理學之大成。爲百世學者之宗師。其言雖今之哲人不能廢也。羅馬時新柏拉圖派如卜拉諦那斯(Plotinus)輩。別創神秘派(Mysticism)。近世自笛卡兒以意識爲理證之準則。唯心論復興。來布尼(Leibnitz)其鉅子也。彼所謂搆成世界之單極。(Monad 亦可名之元極)乃精神之本體。而非物質。英人栢愷禮(Berkeley)創批評唯心論(Critical Idealism)。道萬物萬化生於心。心爲世界。晚有汪德(Wundt)倡衆生心之說。爲世所稱。他如羅慈(Lotze)費希納(Fechner)二君。亦皆屬唯心派者也。羅慈以心物爲絕對之二象。而絕對又實爲精神。費希納道元子。斯近唯物論矣。然其說元子之組織爲由精神。又謂世界有靈魂。究亦唯心論也。叔本華道意志(Wille)。佛羅夏默(Froschammer)道想像。並可謂屬斯派。唯近世之降靈派(Spiritism)不徵於人而徵於神。其行詭異。近於眩人。乃亦僭竊唯心論之名。斯則所當屏黜者也。當世德意志之倭鏗倡道內道之說。以爲吾人當以此求人生之眞。此眞性命(Geisteslebens)實至高至聖者也。亞美利加有羅愛斯(Josiah Royce)謂世界之本原爲精神。且道其爲無窮至聖。斯二君者。說皆甚類宗教。而世之學者多歸之。洵唯心論之極致也。吾國宋代諸賢。亦多倡唯心論者。邵康節之所謂萬化萬事生於心。心爲太極。其最著者也。降及楊敬仲。遂臻其極。敬仲之言曰。天地者我之天地也。變化者我之變化也。又曰天者吾性中之象也。地者吾性中之形也。故曰在天成象。在地成形。皆我之所爲也。（一九）全祖望論之曰壞象山教者實慈湖。然慈湖之言不可盡信。而行則可師。斯言也不特爲敬仲之定評。實可施之一切唯心論而不悖者也。敬仲生平行檢修飭。一無瑕玷。處閨門之內如對大賓。如臨上帝。終其身戒愼恭敬。未嘗須臾放逸。蓋唯心論以天地爲己之心。視之爲至高至聖。則覺人生之意義爲可尊崇。而視道德亦益重也。學者觀於此。可知唯心論之有大益於民德矣。然過激之唯心論。其謬殆有甚於唯物論者。先吾之生天地已有。後吾之死天地自在。仲尼老子之賢。非吾所及也。墨翟公輸之巧。非吾所能也。水流於川。木長於山。鳥獸遊於野。星辰行於天。以及衆生之心思動作。絕非吾人所能周知。舉世一切盡謂爲吾之心。其妄不待智者而後知之矣。唯心論之無以解於他心。與唯物論之無以解於己心。其失均也。唯心論者之不解心何以有廣延性（Attribute of extension）與唯物論者之不解物質何以能思。其闕一也。況謂世界之本體爲精神。則是心有常住之實體也。以吾人所覺。心實時起時滅。絕非常住之實體。今日雖在物理學。猶將但言生滅之律。而不道常住之實體矣。以吾人觀之。常住實體一名。談物理尚非所當去。而說心性則在所必除。近世心學志於斯業已有所成。故道精神實體者。心學之所不許。斯最足以爲唯心論病者也。又唯心論一名。在歐文義意晻昧。奇辭紛出。柏拉圖之所謂「意地」（Idee）義本難明。今人之所謂 Idealismus 更無確詁。與此字並行者。則有 Spiritualismus。與唯物論相對者。則有 Immaterialismus。近英人席兌更名之 Mentalism。（二〇）斯名實視餘者爲典雅。然從之者寡。未可以爲定名也。奇爾希納敘其意義之變遷云。古者「意地」作眞在（das wahrhafte Reale）解。故柏拉圖之學有 Idealismus 之稱。至中世則反名之曰 Realismus。笛卡兒以降。又變爲心外無物之義。更研求外界之於精神作用若何。吾人之於外物。是否唯見其象矣。笛卡兒來布尼與馬布蘭些（Malebranche）皆道此者也。然英之體驗派。則以心外無物說爲謬妄。郝伯思（Hobbes）洛克（Locke）之徒是也。此曹皆獨斷派。至康德乃別創批評派。傳至斐希特、謝靈格、黑格爾、赫爾勃特（Herbart）叔本華云。（二一）如奇氏說。是 Idealismus 又知識論（Erkenntnistheorie）之一派。而非形而上學之名矣。發鏗堡（Falckenberg）更分此字之用法爲四。在知識論則主天賦而非經驗。在形而上學則主精神而非物質。（二二）是說也。辯此字之義。固較明晰。然猶易滋疑義。終不免與 Spiritualismus 諸名玄紐也。羣言淆亂。紛不可理。雖至今不能得其確義。蓋物一而已。自聖人以至於下愚。所見一也。心則人之不同。各如其面。所感既殊。所說自異。（二三）此唯心論之所以名紛歧而義晻昧也。唯心論重內觀而輕體感。尊精神而貶物質。使民有幽玄深邃之思。足以盡矯唯物論之弊。此其所長也。隘者爲之。則唯內觀而不外察。知有心不知有物。終爲一偏之論。

綜觀二派。各有得失。而皆不完。斯賓塞曰。「唯心唯物之爭。言辭之爭而已。實則兩俱失之也。」（二四）嗚乎。斯賓塞可謂知言。大道篇所可貴者。此數字耳。今求其調和二派者。則有二元論與一元論。二元論倡自亞理斯多德。景教假借其說。以文飾其教義。故此派盛行於中世。至笛卡兒遂造其極。近代亞美利加之知行合一論派。頗主多元。隱然爲二元論聲援。笛卡兒之雲礽。漸將復出。然其道舛駁。明道之士。雖言之至當。歸一。其唯一元論乎。一元論分二派。一曰主氣派（Monism of substance）倡自希臘之耶理亞學派。近世斯賓挪莎益發揮而光大之力倡神形歸一心物無二之說。博學高行爲世宗仰。德意志大師謝靈格祖述其學道心物絕對之二象。其說視斯賓挪莎尤爲深美。近代方術家多視自然憲象爲一埃納支之變化。世乃益歎謝靈格以一持萬之說爲精審矣。黑格爾以閎肆之才。發微眇之論。斯派之勢益盛。今日赫凱爾著「世界之謎」一書道萬物萬事皆一氣所生。斯氣變化萬端自具能力。此可謂主氣派之集大成者也。主理派（Monism of becoming）始自希臘海拉克理特斯（Heraclitus）近說進化說興。斯派益振。至馬赫（Mach）亞威那理斯（Avenarius）二公。以超世之傑盡抉藩籬舍棄臆說研精覃思以攻我執。（Ego-consciousness）欲以此息唯心唯物之爭。二公之說雖不同並主理派鉅子也。雖然以諸子之行求若所欲不可得也。何者倭鏗有言「一元論似能統一形神調和斟酌而保其平衡。然考其實則粉飾隱蔽其爭端而已。非眞能消弭之也。求二者之並行不可得也。苟進而探之。卽偏倚立見矣。徵之學案。諸一元論不歸於唯物則歸於唯心。無可掩也。而斯賓挪莎特甚。其所著倫理學一書實以唯物論始而以唯心論終也」（二五）謝靈格謂自然爲心之可見者。（Mind become visible）又其所謂絕對亦爲精神。是一唯心論也。黑格爾之屬唯心派尤無待論。赫凱爾則又傾於唯物論者也。亞威那理斯以腦髓爲其學之基礎。彼謂 System C. 寧得謂非物質。故亞威那理斯亦可謂傾於唯物派。馬赫則傾於唯心者也。由是觀之。倭鏗之言良信。主氣主理二派實皆不足以息此爭。徒滋亂焉而已。然唯物唯心之爭。誠如斯賓塞言所爭在言辭而不在本質。初非必不可弭者也。費伯（Alfred Weber）曰「唯心唯物二派之將帥。皆不在其麾下。而出入於兩陣之間」（二〇）此可知統一止爭非必不可得之事矣。惟一有偏倚重輕。敗者必求復起。而勝者終將重蹈此爭。將無復息時。苟得其平。雖赫凱爾之與鮑爾。猶無爭也。今欲求心物二者之所從出。兼二派之長而補所短。則其意志說(Willenstheorie)乎。中古高僧聖亞加司廷(St. Augustine)曰。意志之外無復他物(二七)近代法蘭西之巴斯家。(Blaise Pascal)謂意志爲神明之主。其言曰。意志有所好惡者也。傾注精神於己之所不愛處者。未之有也。精神與意志同行。然隨意志之所愛處而止。精神當判斷己之所見時。常於不識不知之間隨意志之所向。以定其信仰焉。(二八)叔本華之道。意志爲萬物本原。尤夫人而知。汪德以心學大師。亦以意志爲一切精神之主。而人格之中堅。(二九)其徒居而卑(Kuelpe)和之。謂意志爲我(Ego)與非我(Non-ego)所由分。主觀客觀所自起。而精神之本原也。(三〇)況近世方術。歸物質於力。來布尼亦曰。未有物體而無力者也。夫用力即意志也。物質既爲力所搆成。則意志必爲物質之本原。且爲其發生之原因。即知覺亦由力生。蓋知覺不能無注意。注意不能不用力也。意志實生知覺。而非知覺所生。(三一)故意志者。心物二者之所從出。實世界之本原。非僅人類智靈之本根也。唯物論不能解我相。唯心論不足以解自然。能兩解之者。獨斯意志說耳。唯此意志與叔本華所謂求生意志(Wille Zum leben)有間。叔君以爲意志唯求生存。誠如其說。似人之大欲。唯在求生。他非所恤。何世多有自經溝瀆者乎。人生斯世。但爲生存。則亦何用此生爲。況叔君之說主厭世。自求涅槃。此又何說乎。忠義之士。寧殺身以成仁。不求生以害義。文文山史道鄰甘死如飴。或且湛族而不悔。可知求生意志之上。猶必有至高至聖之意志在也。康德之說雖不盡是。而道心之論。則可百世以俟聖人而不易。所以有此世界乾坤。所以不熄者。以有求仁意志(Wille Zum Guten)在也。

（一）"Da die Metaphysik vor Kurzem unbeerbt abging

Werden die Dinge an sich, jetzo sub hasta verkauft,"—

見Herbart—Allgemeine Metaphysik, vol. i. § 91.

（二）Schopenhauer—Die welt als wille und Vorstellung. Bd. II. Kap. 17.

（三）S. Hodgson—Philosophy of Reflection, i. 162.

（四）Spencer—First Principles

（五）Eucken—Einführung in die Philosophie des Geisteslebens 序論

（六）同上　第四章 322-4.

（七）H. Bergson—Creative Evolution. xi.（美國 Arthur Mitchell 氏譯本）

（八）同上　217.

（九）見Sidgwick—Philosophy, its scope and relations, 17.

（一〇）同上 16.

（一一）A. Lange—Geschichte des Materialismus 四卷

（一二）Haeckel—The Riddle of the Universe, chap. 1.

（一三）柏氏原註 Duhem—L'Evolution de la mecanique, Paris, 1905, P. 197. ff.

（一四）Bergson—Creative Evolution P. 255-6.

(一五) Du Bois-Reymond—Ueber die Grenzen des naturerkennens. pp. 40 ff. 惡賓未曾讀此書惟見 Paulsen 氏書引此數語

(一六)Paulsen—Einleitung in die Philosophie, 82-3.

(一七)Eucken—Einfuhrung in die Ph. des Geisteslebens 187.

(一八)同(一六)第一篇第三章

(一九)見拙著胡巴易

(二〇)Sidgwick—Philosophy, its scope and relations. 61.

(二一)Kirchner—Worterbuch der philosophischen Grundbegriffe

(二二)Falckenberg—Geschichte der neuere Philosophie 附錄

(二三)德本 Mach 氏 Erkenntniss und Irrtum. 6.

(二四) Spencer—First Principles.美國版 557.

(二五)同(一七)

(二六)Weber—Geschichte der Philosophie. 精錄 597.

(二七) omnes nihil aliud quam voluntates sunt.

(二八) Pascal—Pensees. Article quatrieme IX.

(二九) Grundzuege der physiologischen Psychologie. 11. 4 67

(三〇) Kuelpe—Outlines of Psychology 英文本

（三一）Wundt—Physiologische Psychologie. Cf. Theodor Lipps—Grundthatsachen des Seelenlebens. 601.

戰時財政論

端六

是篇譯自英國有名雜誌「圓德帖布」("The Round Table," "a quarterly review of the politics of the British Empire," No. 19, June 1915.)一論文"Finance in War,"(原書五百二十一頁至五百五十八頁)敘述國富之情況及國際借貸之關係。簡而得要。洵為國民必讀之書。且行文平易。不務高談艱深之學理。稍治經濟學者。即能了解。尤適吾國人之研究。全篇共分四章。第一二章最饒興味。第三章估計各國戰費及其影響於將來之結果。持論握算。較兩求斤。此乃統計學者之常態。讀者勿誅求其精確可也。六月十五日譯者識

本誌業於去歲十二月號。稱述交戰列強之狀況。而代核其財源。茲篇主旨。承前而作。篇中約分三大段。第一敘清償戰費之狀況。第二論各國政府戰時理財之道。第三推究戰費及於各國將來國民經濟上之影響。欲使事實明顯。故不免偶有複說之處。至於所徵數字。兩篇中均屬懸揣。當今之日。交戰各國之富力及其國民的收入。無確實統計可言。茲所云云。不過約略近似而已。(一)

第一章　清償戰費之狀況

凡人因遭大病涉大訟而蒙不測之損害。其清償之法。不外三種。一出自收入。二取諸資本。三假之他人。國家亦猶人也。當其與敵構兵。軍費所出。亦只三途。第一國家當時所收入者。第二國家之資本或所儲蓄之富。第三外國借款是也。今假定此三種財源曰甲乙丙而論之。

敘論之初。有一言不可不為讀者告。即國家之收入。與政府之收入。全然兩事是也。政府之收入。不過國

家收入之一部。（以賦稅所得供國家之需用）其餘一大部分仍在國民手中。國民欲用之則道用之。於政府無與也。仿是而國家之資本亦可曰屬於其國民並其政府。此項區別最宜明瞭。蓋戰時費用在政府或以募債之法籌之。而國民則以其收入應政府之募。易辭言之。苟國民能於戰爭期內儲蓄至富力任戰費。則政府可得假用其儲蓄。若政府不出於募債一途。則必特別課稅。而國民之被課者或非當時所收入。而爲平日所儲蓄之資財。雖然。是殆不常見也。

既明此別。請得進言三財源。

甲　國家收入

國家收入約爲下列三種。

一　富之常時產出者。凡可用或可賣之物。均屬之。

二　國民爲他國人服役所得。

三　海外投資所得。

徵之實例。則一千九百十三年英國國家收入總計如左。

一　該年以內可用或可賣之生產品製造品之總價。

二　英國民爲他國人服役所得。例如英船所得外國之運費。倫敦銀行所得外人之手數料。外人旅遊英國者所費之金錢是也。

三　英國民在海外投資所得。

上列三項內第二第三兩項皆來自外國者蓋苟爲來自英本國者則第一項內已含有之卽英國人爲本國人服役所得及英國人在本國內投資所得皆出自生產品或製造品是也例如英國一商船公司自英國一商人受取一萬鎊之運費彼商人何以能出此運費則以可取償於該貨物之賣價也若此貨物之賣價已估算於國家收入之中則此運費僅一移轉之收支而非最後之增加也苟商船公司爲美國商人運貨往歐洲或爲彼運其在英國所購之貨往美國則其所受運費一萬鎊當加入英國國家總收入之內又如倫敦某甲購有某造酒公司股票則由此所收得者不過此公司總收入之一部而代表其一年內生產品（皮酒若干瓶）之一份苟此公司之全生產已估計於國家收入之中則所付某甲者不應再爲估計明矣苟某甲所有者爲美國鋼鐵公司之股票或社債劵則其所收入者非爲英國生產之一部而爲美國生產之一部其應加入英國國家收入之內又明矣

由上所得一國之總收入內當減去下列二項卽國民所負他國之債務及他國人爲本國服役所得是也如此減去所餘之國家純收入其用法爲左列三者

一　以供國民當時之生活例如衣食及其他必要品奢侈品是也

二　以供國家永久之設備例如治水以資灌溉平治道路修築鐵道以便交通及其他種種事業不勝枚擧

三　投資海外

今欲說明由國家收入內支出戰費之狀況試假定一島有國爲題島國人口千萬國家收入每年五萬

萬鎊。其中四萬萬鎊爲可用或可賣之生產品。六千萬鎊爲海外投資之利息。四千萬鎊爲所收外人之酬金。此國家總收入之用途。三萬五千萬鎊以供國民當時之生活。一萬萬鎊以供國內恒久事業之設備。五千萬鎊復放於海外。

今島國遭有戰禍。則其國家收入所受之影響如何。第一。海外投資所得。除下列之二例外外。當全不受影響。此二例外。一投資之國爲對手交戰國。則此一部之投資必從事收回。二戰事擴大。致債務國無力淸償其債務。第二。爲外人服役所得。祗島國因戰事延長。減少服役之能力。或於戰爭期內減少服役之需要。始足使島國之收入蒙其影響。第三。島國縱不被攻擊。而因國人之棄職從戎。產業之緣遭破壞。則當時之生產必蒙其影響。毋論此生產價格減少與否。其性質必有變更無疑。蓋平時製造鋼軌之工場。戰時或改造槍砲與彈藥。然茲亦勿具論。以無關其性質之何若。而其所生產。且爲國家收入之一部則一也。

戰事有時足增國家生產之價格。以其能加速作工者。益加勤勉故也。雖然。縱令如是。而效果滋微。不足抵償其反對之條件。今不妨斷言之曰。凡戰事常足減少國家生產之總價。

茲假定島國海外投資所得。毫不受戰事影響。爲他國服役所得減少一半。（由四千萬鎊降至二千萬鎊）國家生產年額減少五千萬鎊。（由四萬萬鎊降至三萬五千萬鎊）於是國家收入總額由五萬萬鎊降至四萬三千萬鎊。更假定島政府第一年之戰費爲一萬萬鎊。島國民節減消費三萬五千萬鎊爲二萬八千萬鎊。（其原因一爲國民之崇儉去奢。一爲從軍者之費用已核在戰費之內。故能減少七千萬鎊）然則對於國家收入之四萬三千萬鎊而爲國之國民生活費及戰費合計爲五萬八千萬鎊其剩餘不過五千萬鎊耳在平時爲國以一萬萬鎊供國內恆久事業之設備以五千萬鎊投資於海外今所餘者僅五千萬鎊若以悉供國內之設備則更無餘資投之海外若欲以其一部（設如一千萬鎊）投之海外則國內事業之改良費當更降至四千萬鎊矣

又假定第二年戰費爲一萬五千萬鎊爲國民更節減生活費爲二萬五千萬鎊而其國家收入仍舊不變則對於收入之四萬三千萬鎊而支出爲四萬萬鎊以其餘三千萬鎊供國內改良經費而投資於海外者無有矣再假定第三年戰費爲一萬八千萬鎊國家收入如前國民生活費更無節減之餘地然則收支適相抵而國內改良經費亦無着矣雖然國家如爲縱不能改良國內之事業而維持事業之經費決不可缺今以全體收入悉供戰費及生活費他項費用胡自而來欲解此困厥惟二道即如前所述或取諸國民儲蓄之資本或假諸外國是也

今於敘此二財源之前更重申前說曰政府雖有時以募債爲開支戰費之法而國民則可以收入應之如此則爲政府可於國家收入之中籌得第一年戰費一萬萬鎊及第二年戰費一萬五千萬鎊然爲政府亦可不用募債之法而以課稅之法行之果然者則第二年戰事告終爲政府之負債當增加二萬五千萬鎊惟此乃對於本國人民之負債當核計國富之時彼此足以相殺由此觀之政府所籌戰費恰與課稅同一結果吾人須知此二年內所支出之戰費實際上決不能悉取之賦稅中何以不能厥理甚多茲亦不贅一言蔽之近世國家當局者雖明知國民應募公債無殊納稅而開支戰費之道大都不外募

債焉

一國資本為當時所儲蓄之富之總體分別言之約得四種

乙　國家資本

一　固定資產如土地建築物機械鐵道路途運河灌溉等等是也

二　家畜及各種生熟貨物並美術品奢侈品

三　金銀貨幣及生金生銀

四　外人所負於我之債

前三項在近世經濟組織多以文書代表之例如股票債券銀行券等其自身雖非財富而不失為財富之記號第四項亦可以股票債券代表之凡他國人所負於我之債及我國人在他國內所有之財產屬焉又有時以匯票或其他短期文書或銀行及商人賬簿上之信用貸款等代表之凡一切流動債務屬焉

設一國與他國宣戰能由國家資本內撥出戰費幾何約言之不外二法一使用資本所包含之各種實物二售出或抵押此等實物而用其代金第一法限於資本之性質家畜金屬衣服皮革食料及其他種種生熟貨物或因戰事發生使用殆盡而不能彌補或即彌補而僅及一部貨幣及生金銀可以之購物於海外以充軍需或日用然此等資本非直接用之於軍事者土地建築物美術品奢侈品以及各種文書代表海外債權者非售出或抵押則不能充戰費譬諸今日一英人將意大利有名畫家狄鄉所畫一

條售諸美國一人得金一萬鎊則彼對於美國擁有債權如此數若彼願以此金購英金戰時公債則英政府可向美國購槍彈或衣料或食料一萬鎊於是美國對於倫敦亦擁有債權如此數此兩種相反對之債權依尋常國際匯兌之法彼此相殺其結果致英國失去狄鄉一畫而消費之於戰事若吾英人不售此畫而售去美國市債券或美國鐵道股票於紐約甚至售去日本政府公債證書或南美洲電車公司股票彼亦可收回一部債項於外國若彼以此應募英國戰時公債或以之繳納國課則英政府可由國家資本中取出一部以供軍用。

上舉第一例乃吾英人變賣一奢侈品第二例乃收回一債項然籌措戰費之法猶不止此吾英人又可將吾英鐵道股票售諸外國更可將倫敦一建築物售抑於紐約或荷蘭此係由本國固定資本中籌得戰費者也此項資產雖經售抑而仍在吾英境內不至消失於無形如狄鄉之畫美國之證券也者然從此吾英人必負一外債須取償於將來之所得用此法以籌戰費跡近於第三財源即前述之外國借款是也其所異者前者以私人資格將一特有資產抵押於外人後者乃用政府名義憑國家信用而行之者也實則每當戰時常不能以一特有資產向外國抵押大宗借款此法須視外人願投資與否以爲斷而戰時則無望也。

以上所述得就售抑於海外者言之如售抑之事行之本國則於國家財源毫無增減蓋一英人將彼所有之狄鄉畫或美國證券轉售諸他一英人雖可以此納稅或應募公債而他一英人納稅購債之能力爲之移去故也。

吾前已述支辦戰費可取諸國家資本家畜及生熟各貨用罄而不能彌補譬之國家當承平之秋常備六月之生貨以供製造六月之熟貨以應需求今當戰時此種屯積之貨物或不能不任其減少假設減少之量各爲一半則戰事告終之日國人必注目於此減少一半之資本而思有以補償之而後商業可復常態家畜亦如之船舶亦如之

如戰事延長至久則國內固定資產如建築物鐵道土地等亦必遭同一之運命戰事一日不止則國民之活動及其資財不能一日或離乎急需之製造更無餘力從事國內恒久事業之設備苟戰僅數月或無大礙否則平和克復之後非大費彌補功夫國家將無能爲用譬諸一國鐵道公司平年支出二千五百萬鎊爲維持經費當此二年之戰爭期內因資本不足每年僅得五百萬鎊則兩年之末其國鐵道資本缺少四千萬鎊即其國家資本因戰事減少四千萬鎊也

此次戰爭吾英及交戰列國所受國家資本上之缺損何若今亦不能統計但敢斷言之曰資本之缺損正復未艾各國戰費半取諸國家資本無或疑也

丙　外國借款

此事無須多贅凡交戰國所以能募債純視他國能承受此債與否此種募債或以政府信用行之或以私人資格行之而轉納於政府其結果無異惟私人資格恒不能假款於海外欲得外資必售押其財產此項財源宜歸之第二類即國家資本是也而第三類財源外國借款專屬之交戰國政府日俄之戰兩國政府均用此法巴爾幹戰爭亦然今茲一役貸款之國即交戰國自身和中立國所募之債額無多焉

同盟國中有貸款與他同盟國者然屬一時之事非永久之計也(三)德法兩國均在紐約發行財政部證券以償國際債務然其額甚微

第二章　戰時理財之道

前章已述一國戰費之所由出茲請更論籌款之法交戰各國情勢相殊籌款之法自難同一然大別之不外加稅與募債二者當歐洲草昧之世募債之法未昌君主之懷抱野心者往往預蓄金帛以備戰時之用今則形勢大變舊法非徒不可行且所費滋大非理財之道也彼所謂戰時金庫近世政府雖非無有用之者然其主旨不在準備久戰之資而在儲此現金以供一時之緊急蓋今世之戰支應浩繁非區區金庫內之儲蓄所能即事而當開戰數星期內動員之費理宜預為籌畫者也

加稅不足以應戰前已略言之矣使一國苟能自當時國家收入籌出全戰費則戰事告終之日其國債可不加多無如甚大賦稅驟加於一時非僅市人民之怨且亦迹近抄略大喪政府之信用是以近世政府籌畫軍費大都假自本國人民取其當時收入而捨其永久資本國家為個人之媒洽體是謂國家自貸自賦貸款於政府者國民而為政府償此債務者亦此國民實與納稅毫無差異然加稅取之於一時募債普及於久遠國民之擔負既形舒易乃不至啟爭論之端

茲有一法可資戰費其表面不類加稅實則一種間接稅焉在昔革命政府多有用之者今國家當危難之時亦不免襲取此術此術惟何即強發鈔票是也假定政府需款三萬萬鎊儘可不加國課不募公債而以數架印字機印出紙幣若干數命為法幣一體通行殊不知鈔票之為物僅足供國內人民之交易

而不能流通於國外使已有鈔票足敷國內貿易之需求則增發之鈔必致全體價格下落苟政府準備兌換於將來鈔價或可不降不爾則其下落將無已時其有已時必在鈔票總價等於全國實際所需鈔票之總價之日於是以此貶價之鈔票所測量之物價日益上騰而持此鈔者因其購買力日益下降之故漸蒙損失而不覺由是觀之強發鈔票之結果與加稅同而其及於人民之負擔極不均一且無常軌強發鈔票之法初視之覺便而易行而其結果至惡具有遠識之政府非達困極切要之境決無恃此為籌款之具者十八世紀末法國大革命曾一用之南北花旗之戰兩方均採此術南美諸邦之革命且慣用不鮮矣然有識者不取也

雖然亦有他說凡一國不幸而出於戰其金融界常呈一種異象日用所需之通貨較常加多其原因(一)戰費驟增貿買自盛(二)時局不定信用破壞商界來往動需現金(三)人爭藏金以備急用通貨缺乏待補楮鈔斯時也人且有蓄鈔票以代現金者矣(四)三因之外尚有他因茲不具及綜而言之戰時所需通貨之量多於平時本年五月之初英倫銀行紙幣流通額已超過三千八百萬鎊而去年此時不過二千九百五十萬若加以政府紙幣四千萬鎊則英國之現時通貨較一年以前增多四千八百萬鎊吾人茲當留意者為吾英支條制度之發達為他國所不及一事至於其他交戰國之紙幣發行額迥非吾英之比本年四月之初法蘭西銀行券之流通額計四五六·〇〇〇·〇〇〇鎊去年此時為二三七·〇〇〇·〇〇〇鎊是增發二一九·〇〇〇·〇〇〇鎊也德意志帝國銀行於此同期間內由一一〇·〇〇〇·〇〇〇鎊增至二六八·〇〇〇·〇〇〇鎊是增發一五八·〇〇〇·〇〇〇鎊也且德於

開戰後各處新設貸款銀行發行鈔票至三五·〇〇〇·〇〇〇鎊之多是一年來德增發紙幣一九三·〇〇〇·〇〇〇鎊也俄羅斯國立銀行紙幣由一六一·〇〇〇·〇〇〇鎊至三一九·〇〇〇·〇〇〇鎊是增發一五八·〇〇〇·〇〇〇鎊也(五)

苟政府夙爲人民所信任則當戰時正可利用增需通貨之機會獲得相當之財源而無傷於紙幣之價格上舉法德俄三例其明徵也彼等中央銀行得此分外巨款貸之政府軍資一部於茲焉出反觀吾英瞠乎莫及吾前雖云吾英增發紙幣至四千八百萬實則政府所得遠不逮此蓋政府紙幣之準備金已達三分之二政府因增發紙幣獲得分外財源非四千萬鎊而一千三百萬鎊也(六)

今歐洲各國紙幣之價格不得謂已經降落準國際滙兌率而言德俄之紙幣固已大形蹉跌然須知國際滙兌之漲落不獨關於國內通貨之狀況以外影響之者甚多在戰時尤甚夫通貨之貶值足使國際滙兌有損於其國固無疑義然通貨卽不貶值此等損害有時亦不能免通貨卽增發此等損害有時或不加多徵之實例法之通貨最爲增加而其外國滙兌率殆無異於尋常蓋其逆調不高而通貨以外種種原因足以推之而不覺也(七)

戰事一竣此等增發之紙幣因商業復舊之故必不爲人民所需苟非國民能以紙幣代金貨之用則必設法收回假設平和克復之後法人所需通貨不加多於開戰以前之額則所增發之三一九·〇〇〇·〇〇〇鎊必復歸於法蘭西銀行而要求兌換苟法人所有金貨業已驅逐出境而彼等甘以紙幣代之則此增發之紙幣誠可仍留於民間試問事實果將如此乎然則法政府仍須準備基金以爲收回紙幣

之用。彼僅能於此存續時期內假用此分外財源。而不能據爲所有。是增發紙幣。爲一種無息之借款。而非一種租稅明矣。（八）

加稅既不足以應戰費。增幣又非所以圖功。軍費之籌維。乃無若募債之便者。募債之法。或取諸人民。或求諸海外。取諸人民。則人民可以當時收入應之。或以永久資本應之。或各以一部應之。是即甲乙兩財源也。求諸海外。則純仰給他國之富。是即丙財源也。

募債之法。或用長期。或用短期。長期者。如目下之英德戰時公債。政府每年付息而不償本。於此期來屆以前。短期者。如財政部證券。通常定爲一年或六月。此等短期公債。雖亦有發行至多者。然大抵爲一時便宜之計。不久仍須變爲長期公債。

今世所稱第一流之政府。其借債之能力。果有若何之限制乎。吾人所急欲研究者也。

若求諸海外。則其限制爲借者之信用與貸者之能力。假設德國一國與中國宣戰。德政府必可以有利條件。向歐美市場募集公債。毫無顧慮。今則富裕之邦。皆已加入戰團。有力貸款之中立國。一美已。聞德法兩國。均已在紐約發行財政部證券。而其額甚少。此外各交戰國。尚無有假款於彼處者。

若取諸人民。則政府之信用。實際殆無限制。其所限者。人民之能力耳。夫以近世理財之道。如彼其巧。銀行之爲用。如彼其宏。局外人每以爲政府苟一旦與銀行交涉妥洽。即可任假若干。無所拘束。今德國新設之籌款機關。呼爲 Publi Agency 者。即此宣傳構成之也。此機關雖未必爲現任財政大臣赫夫利希博士所鼓吹。聞彼亦甚贊成之。其目的在喚起人民購買戰時公債。發出傳單。散布各儲蓄銀行及其他各種金融機關略謂投資之家誤認流動資產一次應募公債者後即不能二次應募其實第一次公債證書儘可抵押於銀行爲購買二次公債之用云云促爾聆之似此種政策不獨爲籌畫軍資之秘訣且可果試果驗用之無窮彼愛國之日耳曼人設初次應募公債一萬馬克可以之抵押借款於銀行又可以此借來之款應募第二次公債又抵押之又應募之如是輾轉循環渺無所止吾英英倫銀行徵軍債票抵押貸款之策殆同一術智歟(九)

雖然此種連環必有其結令欲究其眞象不妨設一虛題解之假如開戰之始各銀行私人存款達二萬五千萬鎊政府乃發出公債二萬五千萬鎊以全體私人存款應之適足於是各銀行之私人存款一轉移間變爲政府存款開戰第三月政府復發行同額之公債斯時有第一次公債證書者依 Wold Age 之建策持往銀行銀行受之貸以滿值今且假定銀行所貸者爲紙幣（其實銀行貸款時不必悉用紙幣惟在顧客賬簿上一筆記載則其後顧客即可發出支條隨時向銀行取出其存款但此處爲便於說明起見暫假定爲紙幣）人民又可將此紙幣購買第二次公債於時紙幣復歸於銀行而變爲政府之存款第三月政府又發行公債如前應募之法亦如前第四月亦仿此至第四月末政府共募債一，○○○，○○○，○○○鎊而新紙幣七五○，○○○，○○○鎊及原有銀行存款二五○，○○○，○○○鎊均在銀行聽政府之使用（其間業已使用者不計）從可知此一，○○○，○○○，○○○鎊中除原有存款二五○，○○○，○○○鎊外餘皆紙幣此紙幣並非因商業隆盛需要自然增加徒以政府欲得資金之故令造幣廠印刷而發行之者其信用純在紙幣自身並非有他物爲之後厝若政府宣布爲法幣以之購貨於人民或散給於人民此項紙幣亦可爲用然國內貿易耑不需此多額政府不能強與之必強與之則視其所與之比例而降下其紙幣之值 War Agency 之策其結果不過如是

上所擬題未免過當今更就近理者推考之假設第二次公債非發行於一月之後而爲一年之後則此一年之中政府必已自銀行取出第一次公債所得之資（仍假定所取出者爲紙幣）而用之於餉項彼以之購買軍糧軍裝此紙幣輾轉流通必仍歸於銀行家之手而變爲私人存款至第二年政府發行第二次公債人民即以此存款應之而私人存款變爲政府存款第三年以後仿此由是政府之募債可至循環無窮然而環之爲端玆實有二第一自政府發出公債獲得軍費用之於民間後至資金復歸於銀行更由政府發行第二次公債其間所經過之時間決非頃刻否則新通貨無論其爲紙幣或爲賬面信用必見發出以應第二次公債之需而通貨於是乎大漲第二第一次公債資金之使用必使其實際上復歸於銀行而變爲私人存款易辭言之從事戎行及供給軍需者非全屬本國人民不可於是人民除尋常日用事物以外尚須肩此例外之負擔否則此環將立見破裂如彼欲在他國購得一部分之軍用品必易以相當之物產東此而能實行也縱令國家資本日形減損而財力永無竭蹶之虞足以支持戰事於不息赫夫利希之策若此方能有用因第一次公債應募者雖未得由政府取同資金而以銀行之援助仍能購買第二次公債故也雖然銀行以公債證書爲擔保而貸出之款係出自政府存款此存款原爲私人所有因第一次公債發出後變爲政府之軍資者也綜而言之國民之支應戰費純出於當

時收入至於政府之發行公債銀行之抵押貸款人民之新債應募皆理財之器具耳。(一〇)

更就他一方面考之假令德有成年男子二千萬(除老幼)今以八百萬從軍二百萬製造軍需品其餘千萬益以老弱及女子遂能執行國事如前不獨生產之事即運輸分配以及其他種種事業亦能井井有條衣食豐足日用不匱出者居者均無凍餒之憂是則德人欲戰可無止息軍資所出無待外源不爾者一切樂觀條件行將自根本上取消據前假定之人口推之德之全體生產無論盡取以自給或以一部交換外貨均不足充本國之需要若彼欲自外輸入物品則不可無以相償依我假說德既無餘物出口則惟輸出金貨或假款外國或割棄其平日所儲蓄之富財至於紙幣外人所不受也。

今當綜括全章更贅數言於此籌措軍費最常用之策爲募債一事所以惡乎 Wolff Agency 之提案者以其弊爲濫發紙幣即不然亦足吸取國民之剩餘收入及活動資本而無餘依吾人所主張之政策軍事公債務用長期短期公債不可過多就此點論之德之戰時財政優於我同盟諸國彼已發行兩大公債俄法短期國債屯積如山若使採用長期之策財政既可加固儲蓄亦可勵行是策而果成功投資者不至希冀資本之收回而惟希冀每年之利息反之而流動公債如財政部證券及其他短期借款屯積於銀行家之手中彼等實無意永錮其資本因此金融市況極不安定中央銀行貸款政府之策吾人亦同此反對此策法政府實用之自開戰至今年三月法蘭西銀行貸款於法政府者已達一八〇・〇〇〇〇・〇〇〇鎊夫投資者苟以其流動資本應募公債則必處心積慮別求蓄積之方苟彼擁有巨大存款於銀行則其蓄積心頓減苟彼應募公債之資半出於己半假諸銀行則其蓄積心必更甚何則思所

以清償債務故也是以政府發行公債足以吸收民間之儲蓄而勸其儉樸財政部證券則不然銀行假私人存款購此證券而以銀行之名義行之私人存款雖被政府所吸收而存款者固茫然罔覺也（二）

（未完）

論壇

再讀秋桐君之聯邦論

潘力山

秋桐君前作學理上之聯邦論。與鄙見微有出入。因造一論以質之。既承不遺鄙陋。爲文以答。亦已剴切昭晰。第顧猶有未安於懷。不可不更請賜教。者因本原論而續爲是篇。度亦賢者之所許也。

〔一〕愚前文之結論有曰。以上所言多涉於名理。不盡關本指。誠以秋桐君固善言名理者。且其爲文亦時以是相揭櫫。故特欲於此有所請益耳。秋桐君曰。「人曰政理絕對者也。愚曰不然。則爲人之書者不宜否認愚說。」前文固曰。「物理政理。誠未可以同論。」則秋桐君所假定以爲人之說者。余固不在其列。至謂「適足爲先國後邦之議張目。非能攻之。」是亦有辨。蓋物理政理之有異。此愚與秋桐君所同者也。而九鳥之例。可否以爲絕對。此愚與秋桐君所異者也。故助之者爲一事。攻之者又爲一事。雖所攻者。無關於聯邦論之本指。然對於以正名爲任者。安可不一剖其疑哉。

〔二〕愚謂「物理政理。誠未可以同論。」但以物理而言。亦不視爲絕對。故曰。「幾何之方面。重力之形式。聲光之激射。物質之化分。驗於彼土者然。驗於此土者亦宜有然。」夫曰「宜」。則與「必」與「盡」適異。墨經曰。「必。不已也。」「盡。莫不然也。」假令曰必曰盡。則以爲絕對矣。今旣不爾。固謂推論無絕對也。如演釋者之例曰中國在亞細亞直隸在中國故直隸在亞細亞此可以言絕對也然自歸納者言之是屬分析之事而非推論之事分析者由已知之總體而施及其一部分也推論者由已知之此而推及其未知之彼也中國之於直隸爲總體之於一部分今已知其總體之在亞細亞則其一部分自可知之不必有待於推論夫然故得爲絕對也若猶有待於推者則不可以言絕對大抵屬於現量智者有絕對屬於比量智者無絕對也故隨順其言謂秋桐君所舉之例不足以證物理之絕對亦知凡烏皆黑其槩念經二三千年而未有差其物徧五洲萬國而未有異（莊子有烏不日黔而黑之說今世亦有到處老烏一般黑之諺）然愚固言「即謂吾人所嘗見之烏無一非黑者因以斷定此烏之必黑亦未見其然何則此一烏者方待論證則凡烏中之一烏其爲黑與否固猶未定不得云凡烏皆黑也不得云凡烏皆黑則此烏之必黑與否固難斷言」審如是則秋桐君雖云言九十九烏更益九百九十九烏以至無窮若猶有待證之一烏未悉該者則其烏之爲黑在事實上容或有然在名理上則不可謂之必然何也若知此烏之爲黑者則無所用其推論若不知其爲黑而但以前例之多者則其間實有致疑之餘地不可謂之絕對也秋桐君則曰「絕對非能眞絕對也蓋假定之未破者而已」是其本意與愚固無不諧特秋桐君於假定之未破者不惜權諡以絕對之稱愚則靳之而不與焉耳但使如是而秋桐君之說仍不能立蓋旣云假定之未破者則不能必其不破也若有破之者將如何秋桐君固當別立範疇以歸之不以之混入烏稱如是則爲人之說者亦可曰政理絕對者也凡先有邦而後有國者爲聯邦此前世紀以往所假定而未破者也今有破之如秋桐君所舉之例者則宜別立範疇以歸之不以之混入聯邦如是則秋桐君將何說之辭乎

（三）秋桐君於愚推論之說亦有所異因曰「凡烏皆黑者已知者也餘一烏是否爲黑未知者也以此爲推知餘一烏者爲黑」此非愚之所謂推論蓋餘一烏之是否爲黑方屬未知則凡烏皆黑之全稱命題不可得立即不可謂之已知也若可謂之已知者是於待證之斷案之餘一烏之爲黑已預含於此大前提凡烏皆黑之中尙何推論之有乎若其中不含餘一烏之爲黑者則其爲黑與否尙有待於推論不

能謂之絕對矣。秋桐君所言。其在名學。不免竊取論點之弊。故但可謂之分析。而不可與以推論之名。（演繹之法學者多謂為間接推論然精密言之固屬分析之事觀上所述可以明其大槩）推論者。由已知以及於未知者也。故愚假設兩端。而以其一端為已知。以其他一端為未知。雖不必得其必然之關係。然推論之術。固當爾也。（歸納之法不得僅據前例之多遂可斷其必然者恐前例之現象猶未得其必然之關係耳故自倍根而後穆勒諸家皆以窮因究果為其急務但因果之律推其本原亦由枚舉前例得之嚴格以言恐非絕對然其推論之方法則固易為力而較無誤故近今學者多主其說也）見而知之乎。固無待推闡而知之乎。秋桐君則曰。『就一鳥而論。不及餘鳥。以已知之他形狀搆造。欲推求其未知之色。由邏輯言之。論法直無可施。』愚固言之。『有甲乙丙丁戊己庚辛壬癸十物於此。甲乙丙丁戊己庚辛壬九物皆有子而并有丑。此一癸既有子矣。而亦推定其有丑。在多數之例。當無謬誤。』今假定此一鳥為癸。餘皆為甲乙丙丁戊己庚辛壬。已知之他形狀搆造為子。未知之黑為丑。以甲乙丙丁戊己庚辛壬之皆有子而并有丑。因推知此一癸之有子亦有丑。如是亦自成論法。何謂無可施哉。（意秋桐君之所謂論法蓋專指三段而言但三段論法之大前提非斷案所據以立之理由特斷案所據以得之規律至兩者所據以立之理由皆同在於吾人所經驗之前事假因明之諭以宗之則宗與喻體其根據皆在喻依而喻體特所以得宗之規律僅有止濫之用而已）但不可以言絕對耳。秋桐君曰。『如曰可也。則已知之數。定有三事。而所推者。舍色黑外。不能有他斷案。』何以不能有他斷案。則不可解。蓋甲乙丙丁等皆有子而並有丑。惟此一癸僅有子而無丑。亦難必其絕無也。又曰。『若事實上初不為黑。亦惟因於物理有違而已。』夫不能必其於物理無違者。則不如不立絕對之名也。

（四）秋桐君以十五六世紀前。雖屬君主專制。而有十七世紀後之立憲政治。因曰。『理果充滿。不必恃例以為護符。』意謂凡理充滿者。雖無前例。亦可見之實際也。愚因舉無政府主義。今日可否實行。以為質。秋桐君則曰。『本以學理名篇。而以應用之實際相駁。未免溢出題外。』夫其立論既以實際為歸。則人之以實際爲質者何有題外之嫌乎且秋桐君曰『就本文繹之亦可見其不略地與時之二要素』所謂地與時之二要素非屬於實際之問題耶若屬於實際者固未嘗溢出題外也尋秋桐君『實際應用』之言似於鄙意有所誤解故曰『無政府主義之理果充滿焉而又證其於時於地爲宜與論復羣焉生此則無不能行』愚所質者無政府主義於今日之中國可否實行耳可否者宜否之謂秋桐君則以能行爲答事固有可行而不能行有能行而不可行者雖『無政府主義之理果充滿焉又證其於時於地爲宜與論復羣焉生此』若是者庶能行矣而可否（或宜否）之問題非究其實行後之效果仍難得最後之解決是安能混爲一談也

（五）秋桐君曰『有十國於此雖九國立君不足以證餘一國之亦宜立君』愚因用同一之論法以相難曰『有十國於此雖九國以單一而變爲聯邦不足以證餘一國之亦可以單一而變爲聯邦』秋桐君以爲『曰宜曰可是大有辨蓋九國立君餘一國亦從而立之苟其相宜誰曰不可惟聯邦亦然十國於此俱以單一變爲聯邦此明明詔餘一國者苟其相宜爾亦可爲此變祇有宜不宜之問題無可不可之問題謂九國變不足以證餘一國之宜於變此其意也謂九國變不足以證餘一國之可以變此誤會其意也』愚意「可」與「能」有異「可」與「宜」殆無異故一則曰「宜」一則曰「可」蓋未有殊所謂可不可之問題卽宜不宜之問題非能不能之問題不必誤會其意也卽如秋桐君之原語謂『九國變不足以證餘一國之宜於變』亦又何足以證中國之宜於變耶乃曰『苟其相宜誰曰不可』『夫相宜誠無不可特所謂相宜者當返求之於其本國之實際則九國之前例殆無能恃信乎其不足

以證也。

（六）寒溫熱三帶以地言則有適中以宜言則無適中此鄙意也秋桐君曰「吾對國人而談聯邦特以吾國獨宜此制之故」愚方懼吾國之未宜此制猶見鰌之寢濕鴟鴉之嗜鼠猨之雌猵狙而思效之耳餘杭之釋齊物曰「但當其所宜則知避就取舍而已」夫避就取舍而不當其所宜則如移寒熱帶之動植物於溫帶而反萎瘁以死也但秋桐君既非以居中者強例其他則亦無庸深辯矣。

（七）秋桐君謂「邦與地方團體之分不在根本原則之異而在權力大小之不同其不同之度則地方團體之分權限於行政邦之分權則該乎行政與立法」如斯爲界誠豁然理解矣但愚之所見與秋桐君之意似小有殊愚意屬於一類而分量有多少者是爲程度上之差屬於二類而性質有差別者是爲根本上之異立法及行政之分權就其同爲權力之劃分言則屬於一類就其立法行政之區域言則屬於二類愚意本指後者故以立法及行政之分權亦爲根本原則上之異今以爲程度上之異乃指前者而言自無不可但僅此程度上之異以定二者之區別似未涵蓋歷史上之精神凡一制之立必有其所由起欲明其由起則當其定義之際須表示歷史上之精神焉其能表示之者則其定義較爲完全今以僅少之新起事例遂不顧多數歷史上之精神鄙陋之見竊有未安且勿論諸德國學者之說蒲徠士者非局於其國之政象者也其論美之各州亦謂先於國而存在乃以歷史興味過重非之而所謂歷史興味不重如所舉之韋羅貝者亦曰「根本上之異點自訴諸史籍以外直無從覓」然則維韋羅貝氏亦非竟廢根本上之異點者也苟根本上之異點未遽竟撤則邦不先於國而存不謂之爲邦非徹之

所舉栢哲士之言可以知其應爾也。其言曰『聯邦之名吾直沭承原有之各國家在新國家中僅成政府之各部。以邦名之絕不正當。自來事物新陳代謝。舊名每沿而不改。別創新名以詁新質。蓋非一時所能爲也』夫本先有邦而後有國者。以邦名之。栢氏猶且不承。矧如本無邦之名者。其不必強稱爲邦。固無不可。且先有邦而後有國者。若不以之爲邦。則別創新名以詁新質。固非一時所能爲。若本無邦之名者。更不妨因其舊名。無取別創新名也。如是則秋桐君所立之三義。殆將不立。何也。既以邦不先於國者非聯邦。則邦與地方團體有根本原則之異。欲使中國爲聯邦者。必使各省分崩離析而後可。如是則非有待於革命不能也。吾向者以秋桐君之聯邦論。祇能證其適法。不能證其有利。此假定其前提言之耳。若不認其前提者。則亦無所謂適法矣。

(八)秋桐君謂『實至而名不存未之前聞』。愚舉比擬之事以相折。繼恐學術上之名之無定也。復以世俗之事明之。秋桐君則曰『名有與否爲一事。人以感情作用諱其名不言又爲一事』。愚意實至而名存者。非世有其名之謂。必名被於其實。然後可也。宣王之射三石。實也。而人被以九石之名。則名至而實不存矣。黃公之女國色。實也。而未被以國色之名。則實至而名不存矣。楚人之以雉爲鳳。趙高之指鹿爲馬。皆屬此類。若是者雖以感情作用諱其名而不言。然其名既未被於其實。則不得謂之實至而名存矣。抑有識不足以名。如所舉石工水師之例者。皆世俗之所常有。不得謂『未之聞』也。秋桐君曰『未之聞者。亦於學子之間未之聞耳。非指世俗言也』如以學子之間爲言者。則仍如前所舉之例『名存而實不至者。有如墨西哥之爲民主立憲。實至而名不存者。有如比利時或英吉利之爲民主立憲』秋桐君雖不主是說然是說固可以成立且如秋桐君所舉之愛爾蘭自治案學者或謂之爲聯邦案矣夫其提案之名固自治也卽學子之間其持聯邦必先邦後國之說者慮無不謂之爲自治今使持聯邦不必先邦後國之說者觀之此非實至而名不存乎

（九）愚引荀子謂『名無固宜約定俗成則不易』秋桐君則曰『持論不先爲不易之名其本論已自陷於迷離矛盾之域』愚非謂持論者不可爲不易之名也然學術上之名本難一致則當其約未定俗未成之前兩名之間其所容間有出入不得謂奇辭起名實亂也夫聯邦之實先有邦而後有國此通例也今如副其實者則予以聯邦之名否則不與亦可謂『同則同之異則異之』無所謂『同實而得異名』也縱令中國有立法行政分權之實而不合於先邦後國之例則不以爲聯邦不得謂之亂名也蓋著名與玄名異大抵著名有約定俗成故自其初言謂白爲黑可也謂犬爲馬可也及夫約定俗成則白不可以爲黑犬不可以爲馬今有呼白爲黑呼犬爲馬者則謂之亂名耳矣雖玄名亦有約定俗成者如君子小人之稱其界雖難確定然庸夫俗子皆與知焉必如是如是者謂之君子否則小人耳至涉及學術則由人之觀察而不同故有一名之徵雖專門名家亦難臆言其封域者今聯邦之名則抽象的學術上之用語也（聯邦之名雖見於國法然明其封域則屬學術之事）入者主之出者奴之固無所礙必曰有立法行政分權之實者是爲聯邦否者謂之亂名豈以聯邦之與非聯邦如白黑犬馬之不可混乎

（十）秋桐君引尹文子之言以證聯邦之名之不可易愚謂『古之正名者將以定上下之分賞罰賢不肖也孫卿道刑名文名爵名散名之異宜然古者於散名不亟辯』因引莊子春秋以道名分證之可知

愚之所謂古者。特指荀子以前。此不難據上下文以辨之。蓋愚意欲折秋桐君。亦當引尹文子正名之言以證聯邦之名耳。以尹文子難之。所正者乃在上下之不可易。賢不肖之不可混也。聯邦之名則無如是不可易不可混之界。未能引此以爲說。且愚所謂不甚辯者。非不辯也。謂其所重者在文名、刑名、爵名三者。於散名則不置重爾。春秋書五石六鷁之爲。說者以爲正名。唯孔子亦正散名矣。顧其所重者在後者在此耳。抑愚既謂孫卿道刑名文名爵名散名之異宜。則孫卿之正散名。固所已知。自爾以往。辨此者衆矣。韓退之雖文起八代之衰。（此說亦不可完。今仍之。）於正名則非其所長。何取特引其說耶。

愚謂古之正名與今異用。即不能引古以爲證。秋桐君曰。「吾人亦取其正之之法耳。」此固無待繁辭。雖然。凡引古人之言者。要與其人之情混合無間。尹文子曰。「刑以定名。名以定事。事以驗名。」今如以賢之形而被以不肖之名。以不肖之形而被以賢之名。此尹文子之所正也。以上之名而行下之事。以下之名而行上之事。此尹文子之所正也。蓋古所謂上下賢不肖者。殆有定實。（老聃不尙賢。墨家以尙賢爲極。其名異而實則同。老之言賢者。謂名譽談說才氣也。墨之言賢者。謂材力技能功伐也。是其於賢之實。猶有小異。然此屬一二學者之歧義。非通言也。且即此一事。又可以證不必實至而名從矣。）治國者循其名以責實。則「一定」之共驗之。其要也。今日「以聯邦之形而被以非聯邦之名。是定之說所譏也。非聯邦之名而行聯邦之事。是驗之說所譏也。」夫聯邦之形何形也。聯邦之事何事也。此既由學者之見解而有異。則與古人之言。其指過殊。不得引之以自固。若以爲正之之法。則彼此俱可引用。彼以聯邦必先邦後國者。何嘗不可據其說以「定」之「驗」之耶。

（十一）秋桐君謂名不可易。古亦無常。因引孔孟荀揚之言性者以證之。夫所謂約定俗成則不易者謂如所舉命物之名毀譽之名況謂之名術至於言及幽渺性與天道雖以子貢之賢猶不得聞則約固無由定俗固無由成也何有不易哉聯邦之名雖不如性與天道之幽渺然其實既不可以五識相接觸其界又紛紜而不一致則約亦難定俗亦難成也今必以其說爲名之正反是爲亂則孔孟荀揚之言性爲說不同彼諸家者是誰爲亂名者耶且愚謂約定俗成則不易當其未定未成之前固可以易也秋桐君則舉性之一名以證其「非不可易」蓋指約終無定俗終無成者言之夫名既有「終非不易」者則如聯邦之名已謂如此人謂如彼但使持之有故言之成理不得謂其不合於「邏輯」尤不得謂之「名實亂」是秋桐君不已助我張目乎

(十三)秋桐君引荀子「名聞而實喻名之用也」因繹其詞曰「未聞實喻而名不聞者也」愚舉章堅之知去來今以難之秋桐君曰「夫知其實而莫舉其名者人人俱有此境奚待旁求」愚亦知人人之俱有此境特以人人之爲境不同此所有者或彼所無此以爲名不聞者彼或以爲名聞故不如舉共有不境以爲言耳秋桐君又曰「茲之所謂與彼殊途此乃名實俱存論者欲竊其名而揚其實事與邏輯相背故不以爲然」其說之未安觀以上所述可以知之蓋名無固實(見荀子)聯邦之名非先有邦而後有國者則不付之不必與邏輯相背也

以上所陳仍依前文次第反詰不別立條段也前文之結論有曰「聯邦問題殆無專論學理之必要」秋桐君則既謂然惟「掎摭偶有之成例及一二學者之創說又不足以證明其學理之充滿」數語秋桐君甚非難之以爲「顯例六七流風被於全世界不謂得偶」夫偶與常爲對非憑空可立顯例六七

對於其歷史上反對之例果非偶乎至流風之說則惝恍而不可捉摩秋桐君以爲流風廣被愚則以爲影響甚微秋桐君有何左證而必其說之可立耶又曰『學者論此者多矣而類有左右政潮之力不可爲創』夫創亦對於因言之耳今論此之學者是否有左右政潮之力且不必問惟問論此者果係因襲陳說抑係別出新義如係別出新義者又安得不謂之創耶至『何以不足證明其學理上之充滿』姚愚謭陋不能多所徵引但以爲法理者常隨事例以生者也使無德國之聯邦則國家不須最高權之說必不起矣使無南北之戰爭則聯邦之不可脫離雖美人亦有異議矣使無委內瑞拉諸國之新例則聯邦必邦先於國之說無例外矣凡諸事例皆由其特別之政情有以致之故必有此政情然後有此事例有此事例然後法理由之生焉若吾國當辛亥之際已由統一而變爲聯邦則有此政情有此事例矣於是爲之釋曰吾國爲聯邦其法理同於委內瑞拉諸國則其說爲有據夫中國固無聯邦之事例也而聯邦政情之有無亦難斷言今不先求之於此而汲汲惟法理之是求斯其法理爲無根（秋桐君先論學理在以破人奴主之見其意甚盛但所證明之法理縱爲一般之原則人猶疑其未必適用今其所舉者又屬僅少之例外夫安得不河漢其言也）又以爲聯邦之學理僅涉一般之觀念而不及特殊之概念者不足以言充滿唯秋桐君亦曰『美之國情不同於德吾之國情且不同於美吾國若爲聯邦國情同於委內瑞位諸國』特其所同者僅本爲單一國之一事而所引之學說亦但能證明德美諸國之各有特別情形故對於聯邦之觀念各有不同耳至『何者於法理爲允合何者於吾國國情爲允適』均難遽定（參觀第七段）如是謂之同者則日亦同也俄亦同也又豈獨中國爲然哉秋桐君曰茲所講明『亦聯邦自身觀念而已』夫聯邦之學理論而止講明其概念似已不得爲完全又況其觀念猶不可定

則安能謂充滿也。學者之創說不足以證明學理之充滿已於第七段言其槩至偶有之成例觀秋桐君所舉者則巴西其著也然如所已言其憲法取法北美惟恐不肖於其國以巴西合衆國爲號決非欺人然則巴西之國情猶別有在也又如愛爾蘭之於英其名雖爲一國而其實則日日求獨立也彼其歷史上之仇嫉視回部之於我尤甚若蒙若藏固不可同論至吾國之內部則去之彌遠矣故其要求殆不可緩今使蒙藏人於我求如愛爾蘭之於英則可謂吾國國情此點同於英國而內部猶不爾也是英之國情與我亦不相同然則偶有之成例誠不足以證明學理之充滿也論國情者當從各方面考試察不得假設一事以爲言

要之自事實言中國之不治其主因是否在未行聯邦今行聯邦是否可以使中國治愚蓋疑之但此爲別一問題自學理言以立法及行政分權之實而付以聯邦之名或於立法及行政分權之外更須具先有邦而後有國之實者始付以聯邦之名自愚視之均不爲名實亂卽均不背於邏輯茲所言者於事實固未之及當俟秋桐君全論殺青如有所疑然後續以奉質也

古德諾博士共和與君主論之質疑

林平

自籌安會發生以來士大夫豔稱君主立憲之美者咸以我國必採君主國體而後臻於長治久安之域而其說實出諸美國古德諾博士比者讀博士所著共和與君主一論則強半滑頭之論調似未能完滿發揮其主張者然豈譯者失其眞耶抑博士之爲此固別有會心在耶雖然國中一部分之言論於君主國體表同情則一奉博士之說爲圭臬愚者不察從而和之是烏可以不辨抑愚聞籌安會發起人楊度君之言曰『予今所最歡迎者與予君主立憲相反之論』（注一）其言之由衷與否非本篇所當問今第就博士原文而一一引伸其懷疑之點以與熱心國政者明辨而深思以共求此問題之解決或亦籌安

（注一）見亞細亞報八月十九號籌安會發起人之談話、

會諸君所願聞乎。

博士云。「一國必有其國體。其所以立此國體。類非出於國民之有所選擇也。雖由國民之最優秀者。亦無所容心焉。蓋無論其爲君主爲共和。往往非由於人力。其於本國之歷史習慣與夫社會經濟之情形。必有其相宜者。而國體乃定。假其不宜。則雖定於一時。而不久必復以其他之相宜者代之。」此論於國民參政權不啻爲根本上之打擊。視亞細亞日報遠出君所謂「吾人祗問政體不問國體」（注二）尤強而有力。愚疑博士卽以此立論矣。乃反觀其後文有云「前世紀在英國贊成共和之人。務屏美洲嘗以共和學說灌輸於人心。雖其人已往。而影響甚遙。故共和國體實爲美人當日共同之心理」。則愚問博士所謂美人當日共同之心理云者。獨非美國國民之心理乎。胡以爲非出於國民之選擇耶。博士又云。「法國今日之共和制。固可望其永久。而其致此之故。實由百年之政治改革而來。此百年中。旣勵行教育增進國民政治之知識。以立其基礎。而國民旣與聞政事。有自治政制之練習。故共和制可得而行。」則爲問博士所謂國民旣與聞政事有自治政制之練習云者。獨非使法國國民之最優秀者有所容心焉。且法之爲君主國體亦久矣。爾時內變外患之侵尋。與我國略同。而經百年政治之改革。共和制卒以奠。固會謂政治改革之影響。所及不足以變更一國之歷史習慣哉。吾人亦第求勵行教育。增進民智。以立共和之基礎。如法國當日者耳。雖然此猶可諉之期間太長。於我國情勢迫不相待也。則博士又云矣。「南美各國中。亦有行共和而進步者。其最著爲阿根丁、智利、巴西三國。阿智初建共和時。紛擾久之。未

（注二）見亞細亞報八月十五六號古德諾博士談話者按

定後乃漸安頓享太平之福巴西則自二十五年前建立和共制以來雖略有騷動而共和之命運泰然
然此亞國於立憲政體皆能極力進行十九世紀初阿智兩國已力爭進步巴西帝國時代已能使人民
與聞國政此三國得享共和之幸福非偶然也獨夫巴西以數年間定共和至阿智兩國雖有紛擾絡繹
十餘年耳胡以以國民傾向政治之心引起實質上之改革而歷史習慣舉以轉移耶謂非出於國民之
最優秀者有所容心耶凡此皆博士所以詔吾人而適與其篇首之言自相鑿枘者也至博士所云「無
論為君主為共和往往非由於人力其於本國之歷史習慣與夫社會經濟之情形必有其相衝者而國
體乃定」此其說於邏輯上尤為不可通歷史習慣無論已社會云者非人力所共同組合乎社會經濟
云者非人力所藉以維持此共同組合於永久乎若然則社會經濟之情形必以人民直接或間接所受
之利害為轉移之標準胡以為非由於人力耶
復次博士云「一國所用之國體往往由事實上有不得不然之故其原因初非一端而最重要者、則威
力是已凡君主之國如推究其所以然大抵出於一人之奮興進行其人必能握一國之實力他人出而
與角者其力常足以傾踣之使其人善於治國其子孫有不世出之才而國情復宜於君主則其人往往
能建一朝號繼繼承承撫有此國焉」此論於君主制成立之原因可謂持之有故言之成理矣顧博士
當知凡帝制自為者其威力未必皆足以左右全國於永久徵之我國則王莽也桓玄也證之西國則查
理第一也路易拿破崙也皆不及身而與裂滅亡為天下笑博士未之思耳讓十步言之彼之帝制自為
者果如博士言有威力而善治國必其子之才亦與之相若乃足以繩其後再進則其子之子又必有奇

才異能。將於其祖若父。推而至於子之孫孫之子。乃至數十傳。舉必有才者。則帝系始可相承而罔替。非然則終於顚覆。故我國往者習於君主制度。而改朝易朔之事。蓋數數見。其享祚長者百餘年。或數百年。其短且促者。或數十年十餘年。或再傳而已。斬抑獨何哉。求賢才於一姓一家。則範圍失之狹。狹則得之難。即得矣。亦未有不終窮者。求賢才於全國。則範圍推之廣。廣則得之易。即聖文神武者。未可多覯。而守法之賢。往往而有也。此其理至顯。其勢至明。奈之何博士不於此加意。而斤斤於繼承法爲哉。

復次博士云。「法美兩國於國家困難問題。頗有解決之法。蓋即所謂政權繼承問題是也。法蘭西之大總統由議院選舉。美利堅之大總統。由人民選舉」。夫博士既承認法美兩國以此爲解決國家困難問題之良好方法矣。則當知大總統由議院選舉。或由人民選舉。一出於其國憲法上之規定。假令其國中梟桀者流。無有擁特別之勢力。予智自雄。而芻狗人民。弁髦法令。祇以攘奪一人之權位爲職志。任置國家危亡於度外者。必不至破壞憲法。不破壞憲法。則總統任滿。一國之政權轉移之際。第依憲法上規定繼承之手續而循序履行之可耳。安有所謂國家困難之問題哉。惟共和國之人民。不知所以杜絕此種特別勢力。而聽其恣肆無憚。莫或議其非。則此梟桀者。既席有權位。必欲維持之於永久。於是而破壞憲法。壓制人民。乃事勢所必不可解免。如是則陷國家於危險之地位。而博士所謂國家困難之問題以生。此稍明政情者類能道之。故吾人活動於共和國家範圍之內。但知有法律。其有違反法律者。皆共和之敵。必思所以遏止之排除之。以立共和之基礎。否則雖在君主國家。而稱帝稱王。傳賢傳子。一姓之改革。史不絕書者。何歟。以威力服人者。其威力既衰。人亦從而叛之。而復屈於其他之威力之下。勢則然也。嗚呼。而翁天下。以馬上得之。亦以馬上失之。言威力者。抑可以返矣。若夫南美各國行共和而或治或亂者。亦豈共和之咎哉。特別之勢力。未盡排除。而梟桀者流。往往乘機而起。有以致國家於大亂耳。觀墨西哥今日政變。設非參亞士久據大位。而蹂躪民權。凌夷法典。何至釀此異常之亂。譬諸疽生於背。非割而藥之。第任其自然。則計日累月。未有能愈者。疽潰而病且死矣。參亞士之在墨。奚以異是。先民有言。養疽貽患。吾人而欲擁護眞正之共和也。於國中之特別勢力。足爲共和之梗者。不謀排除之。使盡絕。其不等於養疽貽患。如墨人之於參亞士者幾何。此愚所樂與博士暨籌安會諸君進一解者也。

復次。博士以爲行共和制者有二要點。『一則求其於政權繼承之問題有解決之善法。必其國廣設學校。其人民沐於普通之教育。有以養成其高尙之智識。又使之與聞國政。有政治之練習。而後行之無弊。二則民智低下之國。其人民平日既未嘗與政事。絕無政治之智慧。則率行共和。斷無善果。蓋元首既非世襲。大總統繼承之問題。必不能善爲解決。其結果將流於軍政府之專橫』。其第一要點。爲實行共和之根本問題。乃吾人所絕對贊同者。特博士以爲此我國人所必不能行。吾人則以爲此我國人所不可不倣法而行。其理由亦詳論於前矣。至第二要點。則愚涉筆及此。有欲爲博士解者。博士所謂民智低下之國。誠不必專指我國。而包含我國在內。則固無可疑。雖然。我國之人民。於政治智識。容或未逮。亦何待深諱。必以民智低下言。此愚所不能承認者也。何則。民智云者。乃相對之詞。決非絕對之詞。我國之民智。固不得以高尙概之。舉而斥爲低下。於理亦未當。蓋一國之人民。必有一部分優秀特出之分子。斷無有通國皆愚。卽亦不能遽言通國皆智。其理一也。試問東西洋各立憲國。其參國事發政見者。爲全國之人民乎。抑僅國內十部分之人民乎。是知民智無絕對之譜。亦在其國中一部分之優秀分子。指導之糾正之。固不能執比戶之民。盡強其論政也。昔者章君行嚴之言曰。『吾國素尚人治。是豈不然。人民非此不解。亦不爲妄。惟人治之不良。乃立憲法。惟人民之無識。乃言進步。不然則有國者亦祇隨其古來相傳之政習以終焉耳』。（注三）然則謂民智低下之國不可行共和。夫豈知言哉。夫豈知言哉。至於大總統繼承問題。自有憲法在。使國內之特別勢力悉去。如曆前所具陳。亦何不能善爲解決。而何有於民智。何慮於軍政府。

復次博士云。『歐西列強。將不容世界各國中軍政府之發生。蓋徵諸已事。軍政府之結果必召大亂。此誠與歐西各強國利害相關。蓋其經濟之勢力。久已澎漲。歐人之資本。及其商務實業之別派分枝者。所在皆是。故雖其與國政府所採用之制度。本無干涉之必要。然其權力所及。必將有所主張。俾其所用之制度。不至擾亂治安。蓋必如是而後彼輩所投之資本。乃得相當之利益也。儻其主張所至。勢將破壞他國政治之獨立。或且取其國之政府而代之。蓋必如是而後可達其目的。則列強亦將毅然爲之而有所不恤。』此段之辭甚辨。顧於此而吾人乃提出兩問題如下。

（甲）軍政府之發生。必於何種時期乎。

（乙）列強之干涉軍政府。將於何種場合乎。抑概行干涉乎。

甲問題。證諸博士所言。必以爲大總統繼承方法不能完滿解決之結果。換言之。則大總統在職之日。即

〔注三〕見甲寅雜誌第七期秋桐共和平議。

軍政府發生之時期也。以吾人所察。乃適相反。蓋共和國體苟能維持國內之特別勢力。苟能排除。大總統任滿亦依法選舉而已。安有軍政府之發生。惟共和國體已得國際上之承認。一旦變更之。列強或從而干涉耳。質之博士以爲何如。

乙問題證諸博士所言。必以爲列強爲保持其國際間商務之發達。與其國僑民之生命財產。故凡有軍政府。將概施以干涉。此大謬也。往者吾人提倡革命。我國之君主立憲派亦嘗以外人干涉相恫嚇矣。辛亥之武漢革命軍起。而列強斂手。第從而爲壁上觀。蓋均勢所趨。莫敢先發也。曾幾何時。而謂今後有軍政府發生。必召列強之干涉。有是理乎。夫國際間之商務則猶是也。僑民之生命財產則猶是也。昔則不能干涉。而今必出於干涉。雖三尺童騃。亦知其謬。博士於此。必以美國干涉墨西哥爲例。則請一覈美政府之宣言書（注四）略云。『墨西哥第二次革命。已擾攘二年餘矣。其初意固欲推翻違背憲法。摧殘民權之政府。此我美人所表同情者。乃革命以後。起義者不思同心協力。共謀治安。而自相操戈。兵連不解。中央政府旋起旋覆。烽火遍地。無太平之希望。……我美國并不欲有得於墨西哥。亦不願代理其內政。然亦不忍坐視其亡。……美國嗣後將行前所未行之事。即協力統一各黨。規復憲法。設立一各國能承認之政府。實行革命時所宣言之主義。』其大旨如此。然則美國之干涉墨西哥內亂。乃絕不含有破壞政治獨立之意味。而取其國代其政。若博士所言。抑不第此已也。且與其革命時軍政府所持之主義輔合。焉得援爲強有力之證明哉。

（注四）見法文北京新聞八月十六號及亞細亞報八月二十號、

今抽繹博士所舉爲適宜於君主國體之國其必具之要件維何。一言以蔽之。曰其國內本有帝系之存在。而人民於君主之觀念復深入腦筋者。若而國必宜於君主。審如是也。我國亦本有帝系之存在矣。我國人民亦深於君主之觀念矣。然則欲易共和爲君主。勢惟有宣統復辟方合於歷史之先例。如博士所徵英人復立查理第二者。然而博士固云。『不幸異族專制。百姓痛心。於是君主之保存。爲絕對不可能之事。而君主推翻後。舍共和制遂別無他法矣。』若是乎宣統復辟。固事勢上所萬不許可。則博士所謂舍共和制。遂別無他法之一語。實深合我國今日之情狀。胡爲又言『中國用君主制。較共和制爲愈也。』且博士亦承認『前清末葉數年來中國已漸進於立憲政治矣。』革命以來。又幾經年。今日之中國。蓋與當日之法蘭西、巴西等所處之地位相類。胡以不期我爲法蘭西。爲巴西。而必欲英吉利我也。則爲、則博士既以我國民智爲低下。當知我之與英異者有三。英國國民於政治知識。蓄之有素。故不問爲君主爲共和。苟其政克舉。無不宜行者。視我國人民。實有程度上之差別。此其異於英一也。英國當日之皇族。其對於國民。無根本上相反之利害。而怨毒之入人。尚非甚深。我國則異族專制。利害不均。怨毒於人亦云至矣。既不容舊皇族復位。則國體改爲君主。勢必別立一君。而新皇族起而柄政。此其異於英二也。英國號稱君主。而其國政權一操諸國會。蓋能舉議院內閣制之實。其與共和政治實際上無甚區別。我國能之乎。此其異於英三也。然則以英吉利例我者。反觀於此。當亦知其非探本之論矣。

最後博士以爲『我國欲由共和改爲君主。必具三種之要件。乃能收良好之效果。第一不可引起國民及列強之反對。以致亂。第二君主之繼承法。必先爲明白規定。以絕覬覦。第三政府須預爲計劃。以求立憲政治之發達』此原文之大意也或以第一要件云云蓋為將來國民會議贊成君主之先聲而博士先為之道地耳此說之果否屬實乃別一問題姑不置議愚請就此三者一一說明之

(甲)博士所謂國民未知以何為範圍今假定其屬於將來之國民會議則又問將來之國民會議是否有代表全國人民之實力脫其不然也此種改革其引起國民之反對與否吾人蓋莫能贊一辭特就今日言則某報之問答(注五)外人之投函(注六)寧皆不反對者乎若夫列強則前論軍政府一段言亦綦詳矣

(乙)君主之繼承法愚以為於君主制之存立與否不生何等之問題惟愚罔云『以威力服人者其威力既衰人亦從而叛之而復屈於其他之威力之下』(注七)此事勢所必至衡之君主國歷史無古今中西一也而在我國則此種先例尤親切而可信秦始皇不二世而亡石敬塘不再傳而虜殷鑒匪遠來軫可知曾謂一紙繼承法足以維持萬世一系之帝王於不敝而欲帝制自為者其子孫雖愚而不肯有繼承法在亦可以守成不墜然則彼秦始皇石敬塘者獨無繼承法階之厲哉君以此始必以此終一姓之威力既衰則代興之公例不免悲夫晉安帝之言曰長星勸汝一杯酒人間豈復有萬年天子抑何其言

(注五)見醒華報八月二十號二十一號、礄秋榻君國體問答、略云、俄羅斯更國體、在國法上為亂賊、又云、德人戰勝列強、乃由其國上下皆主以強權列國、初非由於國體關係、否則俄何以敗、又云、求愛國心於共和國、視君主國為易、其文皆極透闢、可資考証、茲舉其大意如此耳、

(注六)見英文京報八月二十號英人某君來函、略云、籌安會之舉、若在英國及法、必認為叛逆、又云、此舉殊有危險、又云、日本向不願亞洲有共和國、云云、

(注七)見本篇論繼承問題一段、

之深且痛也。

（丙）吾友精衞嘗謂民主立憲與君主立憲其實質上無甚區別。果行君主立憲而善者。亦必宜於共和。此其說於民報見之。徵以英吉利之已事而益信。博士謂政府須預爲計劃。以求立憲政治之發達者。何指乎。以愚測之。亦不外三事。曰擁護法律之精神。曰尊重人民之自由。曰維持國家之威信。則爲問共和成立四載於茲。現政府之措施。有一與此相合者乎。撤國會。改約法。而以命令變更法律之舉。更僕難終。最近大理院推事朱學曾。且以株守法令而減俸。總檢察廳廳長羅文幹。且以反對籌安會而辭職。（注八）（注九）一國之法律典章。澌滅無存。擁護之謂何。捕議員。封報館。而以報律箝制輿論之事。道路以目。最近貴州巡按使。則勒令人民舉行慶祝中日交涉提燈會矣。福建巡按使。則勒令人民認捐四年公債矣。（注一〇）（注一一）一國之自由意思。莫敢發展。尊重之謂何。借外款而私行簽約。募內債而不宣用途。而中日交涉之失敗。尤不待論。最近廣東之開賭禁。陝西及蘇贛粵四省之行煙稅。（注一二）輿論沸騰。威信掃地。則又無俟愚之贅辭矣。維持之謂何。以若所爲。求若所欲。博士雖以極誠懇之辭。而欲政府之預爲計劃。亦終於畫餅

（注八）見政府公報八月十六號大總統批令、

（注九）見新中國報八月十八號羅文幹與籌安會、

（注一〇）見醒華報六月三號、

（注一一）見福建新聞八月十四號、

（注一二）見甲寅雜誌第七期共和平議、

已耳。夫於共和政治之下。猶難實行憲政。而謂一旦改爲君主。卽能翻然變計。非緣木之求。則守株之待。長此以往。求國之不亂且亡。豈可得哉。豈可得哉。愚請持章君行嚴一言爲博士暨籌安會諸君正告曰『積薪之下。豈容忽改帝制。抱火厝之善夫(子孫無噍類)之言之出自總統口也。策時之士其毋更以人國僥倖矣』悲夫悲夫

茲篇乃專就古博士原文有所質疑。草草屬稿。其辭之工否。未暇計也。若夫共和與君主國體孰宜於我國。本無待深論。而政潮所趨。有不能不辨者。專論之作。俟諸異日。著者識。

中國國體論

周子賢

自馬吉阿伯里氏分國體爲二。一曰君主。一曰共和。學者宗之。迄無異論。至於二者之間。孰優孰劣。孰得孰失。聚訟紛爭。莫衷一是。遂爲政治學上一大問題。有謂共和制爲近世新潮。君主制僅歷史遺物者矣。然希臘羅馬。採共和制於二千年前。而德日諸君主國。嗣今且方興未艾也。有謂共和制重民權。以天下爲公。君主制尊君權。以天下爲私者矣。然君主而立憲。若英若德。其民權之發達。何減於共和。而共和制中。如羅馬之三頭政治。法國之公安委員。其施政之橫暴。實遠過於君主也。更有謂共和制迭更元首。啓紛亂之端。君主制一脈相承。獲謐安之効者矣。然我國五季南北朝。皆用君主制。而禍亂相尋。彼採共和制者。遠如希羅。近如法美。皆逮數十年、或數百年、相安無事也。自學理言之。固無絕對之是非。就事實觀之。亦多相殊之結果。然則當改革肇造之初。擇一國體焉。以奠邦基而臻民福。宜如何而後可。曰、亦視夫

其時勢之如何而已。

民國成立於今四年。共和二字。載諸約法。吾人於此已無討論國體之必要。今者一二人士。囂囂然詬共和矣。囂囂然譽君主矣。囂囂然欲變共和爲君主矣。政治顧問古氏倡之。籌安會諸子和之。亞細亞報紙從而鼓吹之。總統則更許討論國體者以自由。吾人於此。又安可逸此言論自由之時機。而不一步政客記者之後塵。試爲研究耶。然則自研究而得之斷案若何。曰、已布之共和制不可旋廢。旣倒之君主制萬難復興。何也。時勢則然也。欲知中國今日時勢不可變共和爲君主。須知一變共和爲君主。其惡影響所及。足以覆國而病民。有不忍言者。請就其惡影響之及於外交與內治者分別論之。

何言乎變共和爲君主惡影響及於外交也。推翻民國。規復帝制。顧一視政府之力如何耳。似與外交無與者。然閉關將代。誠屬內國問題。而交通世界。必得列強承認。試問今後產出之新帝國。其不欲列強承認耶。抑欲之耶。如曰欲之。其能無條件得其承認耶。抑將供犧牲而後得之耶。夫中國多事之日。卽外人得意之時。自昔爲然。非必今始。況明明有求於彼。而謂彼有不多其口實。酷其條項。以塡其慾壑者哉。不見夫民國往事乎。自民二年四月以還。列強國書先後踵至。一若表示善意樂與承認者。而其實則大謬不然。俄何爲於蒙古保證獨立也。英何爲於西藏要求協議也。日本何爲而獲得滿蒙鐵道、訂正滿韓關稅也。要皆視此爲承認之代價耳。日俄雖未明言。其用意蓋可想見。至於英國。則其通牒之末項。尤爲現身說法。毫無隱諱。投桃報李。視若當然。然則變共和爲君主。其須得列強承認。且將供犧牲以得之也、必矣。吾不知中國尙有幾何蒙古。幾何西藏。幾何鐵道關稅。足壓列強之慾。而買帝國之名也。故曰及惡影響於外交也。

何言乎變共和爲君主惡影響及於內治也。君主而專制歟。十九世紀以來。已絕迹於世界矣。君主而立憲歟。列強中非無變通盡善推而行之者。然非所論於今日之中國。以中國今日時勢徵論君主專制斷不可行。卽君主立憲亦爲弊害所由滋。而其弊害之影響內治者。厥有數端。一曰內亂之竊發也。夫梟桀之士。必有野心。而舉事之難。苦於口實。苟得可藉之名。便爲揭竿之日。曠觀古代。比比皆然。扶蘇一死太子耳。陳涉冒之而覆秦。孫心一牧羊奴耳。項梁立之而興楚。彼堂堂中華民國四字。費盡許多金錢犧牲許多頭顱。僅乃得之。無男女。無老幼。語茲聞茲。今且數年。曾謂其効力不一死太子一牧羊奴若。而無假此以興師者耶。至醉心歐化之革命者流。更無論矣。垂亡之國。豈可內鬨。久疲之民。何堪再擾。吾人敢曰希望其有。彼主張君主制者。不知何術能保其無也。一曰邊陲之多故也。蒙回西藏。異種殊俗。其俯首帖耳。聽命於滿淸政府之下者。蓋歷世以來。兵力使然。讀淸史者類能言之。民國肇造。統一維艱。非我族類久萌異志。然自外蒙外。猶得維持現狀。彌縫一時。則豈威足以懾之。又豈德足以懷之。抑類此五族共和四字。羈縻而聯絡之耳。今者共和甫建。君主旋興。則前此之革命。顯非政治問題。純爲種族意見。質而言之。亦曰爲君主者。非漢人不可而已。夫漢可以私漢。則蒙可以私蒙。回可以私回。藏可以私藏。而今之所謂宗社黨。亦可崛起爲滿人謀。吾恐二萬萬土地。四萬萬人民。非至互相殘賊。四分五裂不止。況有強鄰乘之。以煽其後者。彼哲布宗丹之倚俄。獨立達賴十三之恃英。不屈。詎非殷鑒耶、一曰財政整理之困難也。我國財政奇絀。於今已極。歐戰驟開。外資旣無應募之望。民力有限。內債亦非不竭之源。況經常費用尤非可以募債敷衍一時者。根本解決。勢非求之租稅不可。以中國稅目之少。稅率之輕。其求之租稅而有效也。又無容疑。然此非所望於變共和爲君主之時也。自來定鼎之初。必有仁民之政。凡所以收人心慱輿望者。罔無微勿至。而大赦改元免徭蠲賦諸端。尤大書特書不絕於史。蓋非是則不足以舉天下奉一人也。然則爲新造帝國之君主者。其重稅以救財政之窮歟。則激民而召亂。抑輕稅以市人民之好歟。則用乏而庫虛。巧學古人蠲之免之。雖迫於財政有所未能。其不敢重拂民意。厲行改革以增稅目而重稅率也必矣。法美稅制之不完全。論者謂其迎合人民有以致此。吾恐驟論帝制之中國。求一不完全稅制如法美者。將不可得。而能望財政之整理耶。夫內亂頻繁。則人心搖。邊陲紛擾。則疆圉危。財政紊亂。則國用不足。當此之時。秉國鈞者。將彌縫補綴之不暇。遑恤其他。而積年以來。朝野人士奔走呼號所謂擴充軍備。普及教育。發達交通。振興實業諸大端。勢必付諸空文。成爲畫餠。亦有偸安旦夕。坐以待亡而已。故曰惡影響及於內治也。

或曰宋育仁之主復辟也。則械之。籌安會之倡君主也。則放任之。同一君主論者耳。而有幸有不幸。若是是烏知今總統之用心果何如者。雖然。是固妄測總統者也。總統憂國愛民。令聞方長。顧肯區區爲一身一家計。果曰計之。抑亦左矣。今試問總統與拿破崙孰武。奔走於總統之前者與修斯齊可諸公孰賢。今日之中國與十八世紀之法國孰强。以拿破崙之英傑。輔以修斯齊可諸公。且奄有稱雄歐洲之全法。而外侮一至。帝制立消。身流絕島。爲天下僇笑。彼中國官吏之無能。國勢之阽危。朝夕惴惴。偸生於列強鼻息下者。爲時已久。縱總統爲拿破崙後身。舉國謳歌而崇拜之。而前車既失。殷鑒匪遙。曾謂以總統之賢明。而不此之察者。況約法具在。誓書猶存。又可盡棄前言。失信國人耶。

然一二論者。猶嘖嘖稱君主制不休。詰其理由。亦曰中國人民程度未逮而已。夫共和國家直接與人民有政治關係者。厥爲二事。一則議會立法。一則總統選舉。前者雖君主立憲國亦然。後者則共和國所獨有。而其爲人民之政治運動一也。若謂民化未開。則後者難行。彼前者又安見其當必如論者所云。匪特變共和爲君主。更非變立憲爲專制。幷此立法議會而撲滅之不可。有是理乎。且人民程度有何標準。以中國今日之人民。豈必不如美洲百餘年前之英僑。惟彼英僑得華盛頓出而統率之。獎誘之。垂型示範。爲共和立極。以有今日耳。今者總統賢明。固以東亞之華盛頓自況矣。而必曰人民不適於共和。總統宜改爲帝王。不亦藐視吾人民而厚誣元首耶。吾願總統出其英斷。對於背謬約法蔑視國憲之籌安會以前日之改散政黨者解散之。誅戮黨人者誅戮之。則浮言可息。人心以安。而前舉諸惡影響。亦庶乎其免矣。

通訊

息黨爭

（致甲寅雜誌記者）

記者足下。國事日非。傷心之事。難以枚舉。然所以釀成此局面者。其故安在。蘇東坡有言。物必先腐也。而後虫生之。今日之所以造出此局面。則黨爭之結果而已。民國元二年間。政黨之爭。極其劇烈。然鷸蚌相持。漁人得利。此必至之勢也。於是遂有今日之政象。顧前事不忘。後事之師。今後凡處於民黨之地位者。當知政治未上軌道。只宜合革新派以與官僚派爭。而不可於革新派間蹈往日之覆轍。仍樹黨以相爭。息爭之道。固重在事實。然勿以言論挑撥惡感。亦息爭以相提攜之一法也。欲泯惡感以聯善感。則立言者有二應知之義焉。第一當知境遇之不同。今日海外有若干激烈之報章。見內地之新聞雜誌（指非爲人機關報以左袒不良政治者）其持論稍近和平。遂大加指摘。不知內地之言論家。或則爲政府所猜防。否則亦因住內地之故。言論不能自由。不能不稍作溫和之論調。然匣劍帷燈。意固在於喚醒國民。而非爲不良之政治辯護也。今因受海外報章之攻擊。試問其結果何如。則使內地之言論家。以爲倘持急激論以攻擊政府乎。則立招大禍。倘言論稍屬溫和乎。則又招海外報章之攻擊。則不如緘默不言焉。較可以自全。不然。亦舍却政治問題。而作他種文字焉。然使一國之言論界。呈此現象。則國民之政治思想。安能發達。而政治又安有革新之望也。二則當知時勢之不同。今之以急進派自命者。動引人二三年以前之文。以爲攻擊之材料。

又或謂其與今日之言論矛盾。笑其無先知之明。不知立言常因時而發。此如夏葛冬裘。非可引彼時之言以繩此時之言也。顧在溫和派姑勿論。卽以激烈之排滿派言之。足下嘗評之曰。『前之言曰返之長林豐草之地。今之言曰納之五族共和之中。前之言曰。羶胡雜犬皆可殺。今之言曰寡婦孤兒不可欺』夫非其前後自相矛盾耶。卽足下著聯邦論。評張君東蓀丁佛言之文。謂『在昨年爲擾亂民國。在今年則恰應要需。在他人言之爲爭權爭利之符號。在我言之則徹上徹下之主張』蓋譏其前後自相矛盾也。張丁二君。其言論之前後自相矛盾。誠不能爲之諱。雖然其犯此弊者。豈獨張丁二君。卽鄙人亦不免焉。足下亦不免焉。鄙人已不打自供。無須詳論。更就足下言之。前此之獨立週報。足下曾指摘內閣制之弊。年來又大頌言內閣制之利。問前後何以差異如此。無亦以時勢不同。故立論自亦不同也。故不明乎言論與時勢之關係。動譏人前後之自相矛盾。豈知無論何人。皆有前後矛盾之言論也。顧以理論相辯駁。此猶於國事無礙。若徒以謾罵相加。甚且以權力相擠排。此眞足以敗壞國事也。如民國成立後。猶有一派人大攻保皇黨。夫保皇會名目。蓋在戊戌政變後。由康南海創之。然在當時。數千年傳來忠君之思想。尙浸淫於人心。而淸廷大摧翻新政。殺戮新黨。欲與之對抗。惟櫫揭保皇之名目。始易於號召天下。今之力攻保皇黨者。當戊戌政變之後。使處康南海之地位。恐亦將採此手段也。謂余不信。試觀民國二年黃克強據金陵獨立。其所發檄文。猶有『賊及太后之身』之語。夫平日旣高言排滿。則淸太后之死。正宜引以爲快。何以轉爲之憐。此無他。亦欲借之以爲手段耳。夫當共和告成之後。黃興猶欲借君臣之義爲手段。以鼓動人心。何況十七年前之康有爲。且保皇會之名。後已改爲國民黨。見不忍雜誌又去歲神州日報有美國通信言某埠尙存

(有十年前康所創國民黨之招牌)故民國元二年間其力攻康梁者實以新國民黨而攻舊國民黨顧乃不以國民黨之名目攻之而偏舉十五六年前保皇之名目以攻之豈能令其心服耶且民國成立之後亦無攻康梁之必要蓋由康論之自共和告成彼已決意與政治斷絕關係故隱於扶桑其後因母喪之故始往香港繼因爲葬其母弟於肇慶乘舟道經廣州廣州城中預備歡迎之者其團體不勝枚舉然彼不肯登岸以示與政治斷絕關係之意以如此等於閒雲野鶴與世無爭之人而猶欲攻之是不亦於厚德大有傷乎又就梁論之民國成立後彼亦無遽欲投身政治社會之意徒以政客屢邀之故於民國元年十月始歸國焉然當時之國民黨既已有敵而又力攻梁是多樹一敵也既好多樹敵則必惹起社會之惡感國民黨之無謀至此安得不敗耶抑以保皇攻康梁猶可言也若新進之士當戊戌政變之後或則不知保皇爲何如事或且不知康梁爲何如人徒以後來與康梁往來乃一概奉以保皇之頭銜不知新進之士欲以保皇定其罪則彼並未發此言論有此行爲若已亥立儲議廢光緒帝之際上海之官紳士商致電與清廷力爭而章炳麟即署名於其中焉是章炳麟實一眞正之保皇黨也而世不以保皇攻爭廢立之章炳麟乃反以之攻未嘗有保皇行爲保皇言論之人桃僵李代人非草木恐未必肯爲之代耳抑年餘以來美洲及南洋若干國民黨之報章常指摘進步黨罵其於南京獨立之役不肯助國民黨而助政府以致國民黨之失敗在海外報章之立言固亦自持之有故言之成理然聞諸進步黨員則又嘗反唇以相譏謂前此之國民黨一面既反對政府一面又反對進步黨進步黨與政府既立於同爲國民黨反對之地位則自有接近之嫌然此乃國民黨逼之況在進步黨謂與國民黨爭勢力則誠有之謂其願國民黨之全

歸撲滅則非其本意也進步黨之答覆如此恐在國民黨未必有強固之理由可否認之又美洲及南洋之同盟會報章常言將來必至帝政復興而謂進步黨之重要人員已大半贊成此事夫將來果有帝政之事與否非鄙人所能知而現在之進步黨實未有贊成此事之證據若最近楊度、孫毓筠、嚴復、劉師培、李燮和、胡瑛六先生發起一籌安會極言共和國體之弊將研究解決國體之法此六先生人稱之爲六君子然進步黨無一人而屬於往日之同盟會員者則有四君子焉且又皆同盟會中之大名鼎鼎者也進步黨持是以相詰同盟會又將何詞以答之耶（此段據進步黨某政客之說）吾論及此非有所左袒於進步黨也進步黨腐敗之分子不可勝數揭其穢德罄竹難書使將來而欲再組織政黨則當如足下所謂毀黨鑄黨之法行之無論何黨皆不可維持其原有之組織特以現在之進步黨中尚有一部分健全之分子而此一部分健全之分子對於他黨之蹉跌者實存同病相憐之心斷無猜忌擠排之意而他黨之人對於進步黨此一部分健全之人常肆攻擊或又起杯弓蛇影之猜疑謂其爲人所用暗謀不利於國家之事不知清名之士終有八九分潔身自愛之道德斷不肯作冒天下大不韙之事此種猜疑甚屬無謂故無論何派今後苟不改其舊態則政治革新之後或仍蹈前此黨爭之弊甚或演法國大革命後各黨相殺之慘劇此皆不可測之事也故今後各派優秀之分子當知今日政治未上軌道宜合新黨以與舊黨爭斷不可於新黨與新黨間互相猜疑互相水火致兩敗俱傷政治永無革新之希望略書所見質之足下以爲何如倘以爲然請登之報端使各派觀之皆知所警飭以後不復萌前此之舊態焉其於國事或者儻不無小補乎

伍子余白

對於籌安會之意見

（致甲寅雜誌記者）

其一

記者足下頃讀大箸共和平議闡發眞理排斥邪說狂瀾屹柱闇室明星展誦再四感喟萬端惟中有數語鄙見殊未敢苟同大箸謂國體既定昌言變更者律曰叛逆愚請不認其說而以討論國體爲應時必要之題似未免混政治論與法律論爲一談蓋自政治論言之共和是否爲極端善良之國體原不妨聽學者於法律範圍內自由研究然自法律論言之則自約法公布以後吾國之號共和因已垂諸典憲炳若日星其有敢倡言變更國體意圖紊亂國憲者當然構成刑律上內亂罪欲不謂之叛逆不得也今大著否認其義則以後寡廉鮮恥之策士無忌憚之小人咸將奉尊說爲護符以貰逃刑律之制裁隄防一決萬派橫流共和前途不其殆乎況自鄙見觀之吾國現在應時必要之問題只能就共和國體之作用詳加討論以收補偏救弊之功而決不許於共和國體之本身更有所懷疑故討論國體問題在革命初起時代尙有發生餘地而在今日共和既成時代實無成立理由有之卽屬內亂之陰謀者中言之卽爲法律上之罪人也足下爲言論斗山鄙人傾服已久惟一言不智可以喪邦竊願嗣後加以審愼因足下素主尙異故敢以一孔之見貢諸左右宥其謬妄不吝明敎是爲厚幸　何震生白

其二

記者足下籌安會發起乍聞駭異之極顧念生民若不勝悲公寄異域憂憤又當何如繼細審傳說證以

所見。知其用意固別有在。潯陽黃遠庸操行至可信。亦參與其謀。近赴滬辦報。專以鼓吹此事。蓋欲犧牲國體以謀政體耳。然專制自用其性。實然謂爲君主而改之說。或不可通乎。若云使其入我範圍而不覺。此尤駭論。夫陽狩而陰奪之。豈謂以當局之練達而不悟其所爲。顧爲羣兒所弄乎。而適爲桀者遂其所大欲。眞書生迂騃耳。吾儕迂拘。不足識此。便合如子雲所云。抱書遠遁。卷舌不談也。 梁鯤白

其三

記者足下。近楊度號發起籌安會。討論國體問題。直欲推翻共和。恢復帝制。値此國基漂搖之際。竟敢公然倡此變更國體之言。倘任其暗長滋生。殊於國家前途有害。夫國家之治亂。誠無關乎國體。英君主國也。而治冠各國。墨西哥民主國也。而擾亂不絕。然須知英之所以治者。固不在國體君主。以其政治清明實行立憲也。墨西哥之所以擾亂者。亦非咎在民主。以其總統不法。政治專橫也。然則覘國者只問其政體爲立憲或專制可耳。國體上之君主民主可不計也。蓋君主民主之區別甚微。所異者僅元首世襲或選舉之一點耳。除此點以外。幾無處能別君主民主之優劣。雖然。從進化先例觀之。世界實有由君主趨入民主之勢。其國苟一度而爲民主。斷不能仍返而爲君主。試一翻世界政治改革史。由君主改而爲民主者固多矣。由民主返而爲君主者。實未之前聞。其間雖有少數之例外。如法之拿破崙第三時代。然此不過一時偶然之現象。不久終蔚爲民主。譬之行道。前者走直線。後者走曲線而已。蓋國體雖無絕對之美惡。而共和實爲比較上之良制。倘經一度確定。斷不容隨意變更。苟強更之。惟有召亂。籌安云乎哉。此法美現行憲法所以均有國體毋許討論之明文也。中國國體之爲共和。固約法所明載。東西各國所承

認。縱有不適。在本國法權之下。亦無公然討論之餘地。況我國數年來之擾亂。並非共和之過乎。共和國須三權鼎立。而我國僅見行政部。共和國政權公諸衆庶。而我國祗專之一人。此而曰共和。其誰欺。欺天乎。故吾謂中國今日之擾亂。正惟未能實行共和耳。今日果欲救治中國。亦惟有開國會。復自治。以實行眞正之共和而已。忍言推翻哉。楊度等於並世亦有微名。寧並此而不知。毋亦受當道豢養之深。不能不作此攀龍附鳳之舉。以側媚之。或則利令智昏。欲藉此黃袍勸進之計。預爲他日封留已足之地耳。嗚呼。國家將亡。必有妖孽。若楊度等殆所謂亡國之妖孽歟。尤可憂者。京滬日報館無慮數十家。於此事能加以明切痛快之評騭者。乃如鳳毛麟角。輿論消沈。至此殊堪浩歎。大誌爲衆說之郛。一言之發。常足以左右社會。尙希大放厥詞。闢此妖言。輿論幸甚。大局幸甚。　周銳鋒白

其　四

記者足下。兩稔以來。吾國言論消沈極矣。大報獨闢揚眞理。瘏口嘵舌。啓發聾聵。嘗復不少。某即其一人也。盛甚盛甚。邇來日報喧傳吾國將由共和政體變爲君主。空穴來風。桐乳來巢。事必有因。決非虛罔。其絕大原因。則二三識時碩彥病乎改革以後。內亂頻仍。終鮮甯歲。發爲籌安會。以討究之。意謂朝改帝政。夕即安於磐石矣。蝍蛆甘帶。鵄鴉嗜鼠。果人心之不同如其面也。識時碩彥耶。喪心病狂耶。某不得而知矣。夫彼曹之所稱引。無非某博士之言而已。而某博士亦不過因吾人愛護共和不力。故作非衷之談。以誑利祿薰心不顧國家之徒。所謂因其可欺而欺之者耳。其言果足聽信乎。果非誕妄乎。是不可以無辨矣。博士曰。自吾國之歷史觀察。即不適於共和。吁。斯言何誣我之甚也。試即歷史言之。古專制帝王。其莫

秦政若焚書坑儒以愚黔首隳名城殺豪傑銷天下兵器以爲鍾鐻偶語者至棄市天下重足而立側目而視矣然不數稔陳涉以甕牖繩樞之子崛起阡陌之中率罷散之卒將數百之衆轉而攻秦斬木爲兵揭竿爲旗天下雲集響應贏糧而景從山東豪傑並起而亡秦族矣咸陽一炬不徒刃孺子而已政亦發塚被僇焉然則吾民族疾惡獨夫雖死無宥爲何如也且古之爲治者必有深仁厚澤寬大之政以維繫人心庶保甯息有暴君作肆其淫威民必離怨不數稔或數十稔必有人焉起自田間取而代之一部廿四史興衰之跡豈外是也外人不審我歷史之民性何至子孫而自忘之況潮流所激民智日開一人在上卽能治理甯有是耶博士又曰將來更易總統之際必起爭端意若曰變爲帝政卽可一勞而永逸也夫國猶是今之國人猶是今之人其有總統之資望在所必爭者政變以後又未必不大權在握如故也卽謂在位者威能囚繫蕭樊菹醢韓彭彼輩鑒於鳥盡弓藏兎死狗烹安知其不先發制人仗義而起豈有伏斧鑕之誅而甘之如飴者乎將見肝腦塗中原膏血潤野草一髮偶動全局爲危禍變之酷有非爭總統之所可擬其萬一者又況國崇憲法總統非可力取終亦未必爭乎且黃袍將加諸何人之身彼曹亦無表白謂迎宣統復辟乎勝清既已亡之矣不應有出爾反爾之舉此非彼曹之本意可斷言也謂將擁今之總統登極乎則今之總統宣言帝固不欲爲總統且非所戀然則將誰焉推戴乎夫英雄豪傑果有造於國家也帝與總統又何擇焉果不能遵守共和之憲法也又安能望其尊崇君主之憲法乎彼曹雖謂予所主張乃君主立憲終亦趨於黑暗專制而已數載以來國中賢達知國步艱難千鈞一髮甯犧牲參政與一切之權利以貢諸政府曰庶幾能確立我國基也於是擁護之惟恐不力今果並共和之名

而亦去之。彼乃大觖望。忿然作色曰。是犯天下之大不韙也。是不有我國家也。予誓與國人共棄之。一國之大作如是觀。觀者豈得云少。是則以若所為求若所欲。徒滋紛擾耳。安於何籌哉。綜上所譚利害之端。已燎如觀火。又況必有犖犖大者不為弱冠無知如某之所洞見者在也。曾謂識時碩彥之所見。乃在弱冠無知如某者之下乎。某今者痛國本之動搖。知禍至之無日。悲來慎膺。泣下如雨。本得之於良知者。質諸大雅。倘亦許為孺子可教也。餘不二。

CMS白

契約

（致甲寅雜誌記者）

記者足下。頃者湘垣有某甲。因事欲具狀於行政衙門。是衙門者。兼管司法者也。礙於現制。不得適用律師。乃倩非律師某乙代作狀詞。并立約許以事後報酬。未幾事成。甲忽違約。乙乃將持約訴之法庭。有老於司法者。謂之曰。此約與現今法律社會不相應。即訴之必無效。乙如其言。置之。余既畢聞其事。且深許老於司法者之言。按諸事實。誠然不誣。惟再三質諸學理。終覺無以自安。因著鄙意如左。

大凡兩私人互訂契約。苟其契約之本身無疵。則除諸現行法令及善良風俗和平秩序無妨害者。當然受司法之保護。前述事實。為代草狀詞。於和平秩序渺不相涉。今且不論。論其關於現行法令諸善良風俗之二點。

中國現行法令。未曾禁止人民之代作狀詞也。通都大邑。其以此事署名揭帖相招者。殊夥。官廳未嘗過問也。且律師職務不能行於行政衙門。而行政衙門又偏要兼管司法事務。則人民凡有關於重大利害之訴訟。勢必另倩非律師而通曉法律者代作狀詞。（雖現制有口頭起訴辦法於事實恐不相應）而稠人之中。殊不易得。不得不出重價以覓之。而訴訟之結果。又不可以事前而預定。自必出於契約行爲。使其結果利益與損失相等。大凡法律之成。常成於一般利害關係顯著而勢有必要之處。余以爲非律師而代寫狀詞。且預約報酬。在今日之中國。乃法律必爲保護之行爲也。

今且進而言其與善良風俗之關係。訟棍以包攬爲生。常使訟事蔓延。人民受害。誰不惡之。然幾見事前立約作狀而事後乃取報酬。且以此訴之法庭者乎。蓋訟棍之所以可惡者。以其事以詐欺行爲。攫取他人之財物。而不含有經濟上交換之性質也。吾以爲欲求此等弊風之絕。莫如獎勵其爲開明之經濟上的交換。卽容許預約報酬是也。（今制於律師且禁止之尙何可言）否則事後無確定之報酬。必至事前爲無理之敲索。凡自愛者必不爲之。而無賴之徒。乃得大行其道。蓋訴訟者苟具財力。必盡其力以經營。而有學行者又復不屑爲之。其勢不至得此結果不止。是欲求風俗之善良。而反促進之於不善良而不自知矣。

或者曰信如子言。則凡有錢者皆得良狀詞而勝訴。無錢者皆得劣狀詞而敗訴乎。余以爲訴訟之勝敗。乃關於其人理由之充否。裁判之當否。不應攔入本論之範圍。但兩造果屬經濟力相差甚遠。則余誠無術以使其狀詞之優劣與財力之優劣成爲反比例。或使之相齊等也。蓋人類趨利避害之心。出於自然。而無可禁止。訴訟之畏敗。與抱病之畏死同一觀念。故富者有病。必多費資財以求醫。不必盡能得生也。

而當其有訟也又何以異此且吾人須知經濟之趨勢無論有何大力不能遏之如或者之言乃欲以道德觀念壓倒經濟之趨勢此必無之事也蓋經濟趨勢之最後結果卽爲道德之形成持最高之經濟觀念以立法則爲功用主義今就保護立約代作狀詞一事言之其結果馴致一面有財力者因之得訴訟上之勝利一面有學術者得金錢上之利益而其功用卽可使一般營財者益勸爲居積之事學者愈競於講貫之途乃純乎進化的也至其因無財無學而劣敗者乃一循天然淘汰之公例立法者誠無術以維持之也今試行或之言其居心未嘗不欲維持道德然其極也必致作狀者事前則爲敲詐之行爲臨事則以延擱爲要求之手段而求作狀者亦必百端防禦而實心託委利害共同之觀念乃無絲毫存乎其間是欲以法律保持道德而破壞道德乃不可數計也

右之所論雖以一小事發端然似於吾國今日司法者用法之覺悟與將來立法者立法之方鍼不無幾微之關係惟理論不徵之事實其去實用尙遠輒億世界上用法範圍較廣之國必有事實可求足下居英多年英民固以法律爲生活而尤尊重個人意志者如遇此種契約是否可以訴諸法庭要求正當之裁判以保證契上應有之權利抑或司法者應置之不聞不問之列幸指示一二俾得尊其所聞以安其心幸甚如蒙揭其見諸實例者示之則尤幸也　王燧石白

足下之所指陳乃人人應有之法律常識初不必證之何國求之實例惟在吾國法官今方以株守法例得罪以去矣豈是高談法理之時哉愚誠不自量喜弄柔翰然欲如足下之不憚煩於玆魑魅橫行之日而爲言人道之大防猶且病而未能冥頑之誚不敢辭也足下其諒之　記者

邦與地方團體

（致甲寅雜誌記者）

記者足下。大誌五號載有足下學理上之聯邦論一篇。其中所談。歸於三端。其第二端曰。「邦非國家與地方團體相較。祇有權力程度之差。而無根本原則之異。」邦非國家之理。足下文中已詳論之。識高學邃。欽佩莫名。邦與地方團體無根本原則之異。此由邦非國家之語推論而來。換言之。卽邏輯之結果。其理尙易明。至於邦與地方團體相較。祇有權力程度之差。其差之界限若何。必如何始可稱爲地方團體。必如何始可稱爲邦。足下文中未嘗論及。故僕於足下所談邦與地方團體之區別。未能十分領悟。用敢仍質諸足下。顧日前聞諸或者曰。有立法上行政上之分權者爲邦。無立法上之分權。僅有行政上之分權者爲地方團體。其說然否。僕不敢斷。足下所謂邦與地方團體相較祇有權力程度之差者。卽或者之說乎。抑別有說乎。足下如能撥冗一言。則令之問津政法者。皆將獲其益。固不獨僕一人受其賜也。

張效敏白

良如人言。愚於本誌七期答潘君力山一文。已言之。請覽觀焉。　記者

不逮犬馬

（致甲寅雜誌記者）

記者足下。讀甲寅第七號通信欄。某巡按殺犬一節。突有二事。來刺我腦。久之不能去。其一爲淸季事。其一幾兩月餘。今爲記者述之。或亦與巡按殺犬有同等轉告讀者之價値也。

去今十四年前。張之洞在湖廣督任。其孫剛孫自日本觀秋操回。以數千金購一馬。東瀛名產也。乘之返署。及西轅門。有人力車迎面來。剛孫大呼讓道。人力車倉皇奔避。馬忽驚逸。剛孫墮。首觸馬足。顱破傷腦。逾刻殞命。之洞哭之慟。翌日有老卒牽馬署前。以鐵棒擊斃。更舉烈火焚之。爲布袋長丈餘。納灰其中。舉殯之日。置袋柩上。謂的盧傷主。將以殉葬云。時我鄉某君方遊學武昌。目擊其事。曾爲余言之。某君固非謊語者。此足與殺犬事後先輝映矣。

江蘇南通縣。濱江臨海。其東部有某閘者。用以禦潮汐。備水患。自有明中葉設置以來。數百年賴以無事。不幸二月前。有豪紳某甲。坐小汽船過此。閘小不能容。立命毀閘。鄉人聞聲奔集。環跪乞免。不許。某甲素橫於鄉。有土皇帝之稱。鄉人畏之如虎。卒聽其毀之而去。亦不敢復築。未幾大雨驟至。繼以巨潮。其地有名金陵蕩者。適當其衝。膏腴之地。瞬息化爲澤國。室廬田舍。盡付波臣。毀滅數百家。溺斃百餘人。其倖而存者。無室可棲。無物可食。轉徙流離。慘酷靡狀。皆豪紳毀閘之功也。

合茲數事以觀。所謂官與紳者。殘忍無道。今昔同轍。而南通之民。無罪而爲魚鼈。其賤猶若不逮武昌之犬與馬也。嗚呼。默察國中事之類於此。或甚於此者。正復不少。記者足下。其有何策以拯此蚩蚩耶。餘不白。

胡知勁白

文苑

原史

曹佐熙

流別甲

史之爲體。周疏離合。語人人殊。欲訂其是非。匪有浩博之書。莫能竟其恉也。於浩博之塗。求其統系。欲罔無不函。纖無不入。以守約以致精。史氏辨體之通術也。顧求之於古。尙無其書。將合諸書而折衷之。以自成一家。則諸書之宗恉。不可不先辨也。

辨體之書。於古有二。有爲藏書作者。如劉歆七略、班固漢書藝文志是也。有爲修書作者。如劉知幾史通六家二體諸篇是也。爲修書作者。以義例爲主。所析之體。咸以爲起例之端。訂例彌精。斯辨體彌密。爲藏書作者。以部次爲主。某書與某書爲同類。則引而近之。某書與某書爲異類。則離而遠之。故體之辨止於書。至於書之內容。尙有無算之體。焉未遑及也。劉略班志所以異於史通六家二體諸篇。此耳。茲區別甲乙條論左方。

甲類辨類之書

藏書之目。自劉略班志始。顧其書未立史部。凡後世之所謂史。胥入六藝。於類目未詳定也。荀勗晉中經簿。始立丙部。以諸史入之。阮孝緒七錄承之。於紀傳錄分立子目。隋唐以降。踵武希風。茲表其沿革於左

七錄紀傳錄	隋書經籍志史之所紀	通志藝文略史類	四庫提要史部
國史部	正史	正史	正史
注歷部	古史	編年	編年
舊事部	雜史	霸史	紀事本末
職官部	霸史	起居注	別史
儀典部	起居注	故事	雜史
法制部	舊事	職官	詔令奏議
僞史部	職官	刑法	傳記
雜史部	儀注	傳記	史鈔
鬼神部	刑法	地理	載記
土地部	雜傳	譜系	時令
譜狀部	地理	食貨	地理
簿錄部	譜系	目錄	職官
	簿錄		政書
			目錄
			史評

右表首阮錄。以史之立專部分類目自阮錄始也。次隋志以四部之類目至是而確定也。次通志藝文略。以校讐之學。鄭氏爲專家也。次提要以其類目爲近世所通行也。不及劉略班志以二書尙未立史部也

乙類辨體之書

史家義例之學。世推劉章。而辨體則劉氏之書。視章氏爲備。玆都其說。略以意條理之。詮次如左。

正史之體六

一尙書家　二春秋家　三左傳家　四國語家　五史記家　六漢書家

雜述之體十

一偏記　二小錄　三逸事　四瑣言　五郡書　六家史　七別傳　八雜記　九地理書　十都邑簿

正史內容之體十

一本紀　二世家　三列傳　四書志　五載言　六表歷　七論贊　八序例　九補注　十序傳

右方所述。凡自至三十有六。辨章流別。視阮錄隋志爲詳矣。然遂以謂史之體於此備焉。所不敢信也。隋書經籍志史之所紀。有職官類。所錄凡二十七部。如何晏官族傳十四卷。王秀道百官春秋五十卷之類皆官史也。而史通雜述篇未之論。及其不備者一也。三代治書。圖表並重。史通論正史內容諸體。有表歷而無圖。其不備者二也。至於甲之與乙。類聚之而統系成焉。經正緯從。相守以成。其治官察民之用有一

體獨立而不能者。則尤劉氏所未言也。擴而充之。蓋有待於後之作者。

流別乙

史之有別。猶人之有別也。人爲乎別。別以倫也。史爲乎別。別以類也。寓宙終古一人。則人無倫。人之倫生於羣也。寓宙終古一史。則史無類。史之類生於集也。人孳乳浸多則羣。羣而無紀則亂。慮其亂也。爲之別以紀之。而倫以生。而人以治。史孳乳浸多則集。集而無紀則亂。慮其亂也。爲之別以紀之。而類以生。而史以治。

類生則史爲乎治也。曰經緯治也。今夫曰圖、曰書、曰表、曰注、曰徵、曰論、曰辨、曰序、曰例、曰目、曰綱、曰計。此別史之經緯也。曰記事、曰記言、曰記人、曰紀世、曰記年、曰記修書。此集史之經緯也。史無經緯。史之功用不成。獨體弗足以紀載也。史有經緯而不治。史之功用仍不成。衆體無紀。亦弗足以記載也。（侯岡氏造六書。存獨體之文。卽有合體之字。亦知獨體弗足以紀載也。文字具矣。爲之別以紀之。於是有象形焉。有指事焉。有形聲焉。有會意焉。亦知衆體無紀。弗足以紀載也。）

經緯爲乎治。曰。經無失其爲經。緯無失其爲緯。則經緯治。經不侵緯。緯不侵經。則經緯治。經以濟緯。緯以濟經。則經緯治。經無失其爲經。緯無失其爲緯。各正之義也。經不侵緯。緯不侵經。明辨之義也。經以濟緯。緯以濟經。合德之義也。不知斯三義。經緯末由治也。

史之最初。圖而已矣。（侯岡氏造六書。象形爲首。象形卽圖也。）因圖有弗能明也。而益之以書。書者圖之變式也。因圖書有弗能明也。而益之以表。表者圖與書之公變式也。因圖書表有弗能明也。而益之以注。注者綴文於後。以明圖書表之所未明也。圖書表注四者具矣。有箸根據以徵信者。謂之徵。有箸中失以知來者。謂之論。徵與論之辨正前說者謂之辨。箸作意者謂之序。箸凡例者謂之例。標目者謂之目。提要者謂之綱。記數者謂之計。此別史之經緯合德也。史之最初紀事而已矣。說文解字云史記事者也蓋就最初義言之 因紀事有未備也。而益之以紀言。言者事之恉也。因紀事紀言有未備也。而益之以紀人。人者事與言所從出也。因紀人有未備也。而益之以紀世。世者人與人廢續而成者也。因紀事紀言紀人紀世之散無統紀也。而綴之以紀年。紀年者所以提紀事紀言紀人紀世之綱也。五紀具矣。而有爲之專篇以明其宗恉義法條理名數及譔人姓名世歷僞里者。謂之紀修書。紀修書者。紀書之所由修也。此集史之經緯合德也。因國史代史之不足以言備也。於是由國史代史而分之。有人史以紀一人事言本末。有家史以紀一家事言本末。有方史以紀一方事言本末。有官史以紀一官事言本末。有皇史以紀一皇事言本末。因國史代史之不足以言通也。於是由國史而合之。有列國史以紀列國事言本末。由代史而合之。有歷代史以紀歷代事言本末。譬則耳目口鼻相守成功。此集史與集史之互爲經緯者合德也。良於圖者。不可繇於書。良於書者。不可繇於表。良於表者。不可繇於圖。務使一篇之內。無偏枯焉。此別史之經緯各正也。良於紀事者。不可繇於紀言。良於紀言也。不可繇於紀事。良於紀言紀事者。不可繇於紀人紀世紀年。務使一書之內。無偏枯焉。此集史之經緯各正也。良於歷代史者。不可繇於代史。良於列國史者。不可繇於國史。良於國史代史者。不可繇於人史家史方史官史皇史。務使一切集史之內。無偏枯焉。此集史與集史之互爲經緯者各正也。有圖之義法。有書之義法。有表之義法。推之注徵論辨序例目綱計。靡不各有義法而不相蒙。此別史之經緯明辨也。有紀事之義法。有紀言之義法。有紀人之義法。推之紀世紀年紀修書。靡不各有義法而不相蒙。此集史之經緯明辨也。有國史之義法。有代史之義法。有列國史之義法。有歷代史之義法。推之人史家史方史官史皇史。靡不各有義法而不相蒙。此集史與集史之互爲經緯者明辨也。惟明辨也。故各正也。惟各正也。故合德也。則甚矣治史之弗可以弗知別也。

弗知別則弗知類。弗知類則弗知經緯。弗知經緯則體弗可得而備也。名弗可得而正也。法弗可得而立也。政弗可得而修也。然而劉覽自秦以下二千餘年。知史別者有幾人邪。卽如二十四史。惟明史歷志有劉圖弧矢諸圖。明史豈特歷志宜有圖邪。二十四史豈特明史宜有圖邪。二十四史惟史記漢書新唐書新五代史宋史遼史金史元史明史有表。餘史豈盡無可表邪。二十四史惟史記漢書後漢書晉書宋書齊書魏書隋書舊唐書新唐書舊五代史新五代史宋史遼史金史元史明史有志。宋書謝儼傳曰范曄所撰十志一皆託儼搜撰垂畢遇曄敗悉蠟以覆車宋文帝令丹陽尹徐湛之就儼尋求已不復得一代以爲恨據此則後漢書原有十志十志之篇目可考者有百官志見后紀禮樂輿服志見東平王蒼傳天文五行志見蔡邕傳　餘史豈盡無可志邪。二十四史惟史記漢書宋書魏書南史北史有自序。南史北史同一敘傳以其同出一人之手也非南史無敘傳也　餘史遂可無自序邪。二十四史惟遼史金史國語有解。遼史金史豈特國語宜有解邪。二十四史豈特遼史金史宜有解邪。二十四史惟史記有紀言。史記三王世家名世家實紀言也故太史公自序曰三子之王文辭可觀三王世家序曰燕齊之事無可采者然封立三王天子恭讓羣臣守義文辭爛然甚可觀也是以附之世家　餘史豈無言可紀邪。此因史家經緯之義不明。而體於焉不備者也。史有別有集。別有紀事紀言紀人紀世紀年紀修書集有人史家史方史官史皇史國史代史列國史歷代史。凡此皆循其經緯之實別而目之。名與實實無能移易者也。自劉歆七略、班固漢書藝文志、立六藝諸子詩賦兵書術數方技等名。荀勗晉中經簿因之。變爲甲乙丙丁。王儉七志因之。又變爲經典諸子文翰軍書陰陽術藝圖譜。阮孝緒七錄因之。又變爲經典紀傳子兵文集技術道佛。長孫無忌等隋書經籍志。劉昫等舊唐書經籍志因之。又變爲經史子集。鄭樵通志藝文略因之。又變爲經禮樂小學史諸子星數五行藝術醫方類書文。展轉移易。莫定一宗。惟其首創之名之不與經緯之實符也。夫是以後之作者可沿不可沿也。此一名實也。彼一名實也。此一是非也。彼一是非也。楚固失之。齊亦未爲得也。此因史家經緯之義不明而名於焉不正者也。法生於義。義生於類聚羣分。類聚羣分生於經緯明。後之爲史者。以一切之法馭之。視圖如書。視書如圖。視表如圖書。視紀事如紀言。視紀言如紀事。視紀人如紀世。視紀世如紀年。視紀年如紀事紀言紀人紀世。視人史如家史。視方史如官史。視官史如家史人史。視皇史如官史。視列國史如國史。視歷代史如代史。既失之混淆。不則以獨行之法馭之。爲圖者不復知有書。爲書者不復知有圖。爲圖書者不復知有表。爲紀言者不復知有紀事。爲紀人者不復知有紀事紀言。爲紀世者不復知有紀人。爲紀年者不復知有紀事紀言紀人紀世。爲國史代史者不復知有列國史歷代史。以合提其要。有人史家史方史官史皇史。以分語其詳。又失之睽孤決裂。此因史家經緯之義不明而法於焉不立者也。集衆修史。各因所長授之職。爲甲圖、乙書、丙表、甲紀事、乙紀言、丙紀人、丁紀世、戊紀年、己紀修書。以史之經緯定員之經緯。以員之經緯定局之經緯焉。故能相守以成功也。後之爲史者。綱目不析。職守不明。優於圖者或乃治表。優於表者或乃治圖。優於圖表者或乃治書。急則以一人治衆史。既紛紜馳鶩以成乎蕪。疏緩則以衆人治一史。又牽制徇隱以成乎曠廢。此因史家經緯之義不明而政於焉不修者也。則甚矣治史之弗可以弗知別也。然而後之治史者。皆於此義或知或不知也。甚則於此義一無所知也。則史之不治。固其宜也。茲將古史流別表列左方。

古史流別表上

集史流別

一代之史（一統者謂之代若漢若唐）

一國之史（鼎立者謂之國若蜀魏吳）

歷代之史

列國之史

一皇之史

一官之史

一方之史

一家之史

一人之史

大凡九（以附書經籍志徵之略詳流別丙）

別史流史

紀事

紀言

紀人

紀世

紀年

大凡五（以附書經籍志徵之語詳流別丙）

古史流別表下

集史內容之流別

紀事

集史諸紀內容之流別

圖

紀言	紀人	紀世	紀年	紀修書							大凡六以史記徵之語詳流別丁
書	表	注	徵	論	辨	序	例	目	綱	計	大凡十有二以史記通志徵之語詳流別丁

右方二表。爲目二十有七。古史之流別。具於此矣。人事日新。史學漸進。異日條理之剖析。或有以勝於今。願自今言之。不能進此而求詳也。是匪予之臆爲斷也。徵之古史而得其大同焉。乃敢援以爲公例也。一集者合也。別者分也。集之對待詞也。集史者合諸紀爲一者也。別史者以一紀單行者也。知所以合則知

所以分知合知分則知經緯。

經緯損益時而不同也。六紀不必皆有圖書表注徵論辨序例目綱計。如史記無圖其尤著也而此十有二者相守之例爲六紀者不可不知。集史不必皆有紀事紀言紀人紀世紀年紀修書。如漢書無紀言巨國志無紀事紀言紀世紀修書其尤著也而此六者相守之例。爲集史者不可不知。不知不能因時之宜而權衡損益也。

孫徵君詒讓事略

朱孔彰

孫徵君詒讓。字中容。溫州府瑞安人也。父太僕公衣言。以翰林起家。詩古文雄一時。咸豐初。入南書房。效授皇子諸王。又四夷屬國遣人來學京師。衣言官國子監並教之。先有琉球弟子阮宣詔東國興等。後有再傳弟子林世功。學成歸國。故詩文流播海外。同治間出爲安徽道員。升按察使。糾六安知州某贓罪。政理法嚴。羣吏皆憚之。遷湖北江甯布政使。擢太僕寺卿。乞病歸。年八十餘終於家。有遜學齋集行於世。詒讓承家學。博通經傳。少有神童之目。同治丁卯弱冠舉浙江鄉試。爲副考官張公之洞所取士。五赴禮闈。未第。遂壹意古學。研精三十年。箸周禮正義。其自序曰。粵昔周公纘文武之志。光輔成王。宅中作雒。爰述官政。以垂成憲。有周一代之典。炳然大備。然非徒周一代之典也。蓋自黃帝顓頊以來。紀於民事以命官。更歷八代。斟酌損益。因襲積絫。以集於文武。其經世大法。咸粹於斯。故雖古籍淪佚。百不存一。而其政典沿革。猶約略可考。如虞書羲和四子。爲六官之權輿。甘誓六卿。爲夏法。曲禮六大五官。爲殷制。咸與此經多相符會。是職名之本於古也。其宏章縟典。并苞遠古。則如五禮六樂三兆三易之屬。咸肇端於五帝。而放於三王。以逮職方州服。乖綜四朝。太史歲年。通咳三統。若斯之類。不可殫舉。蓋鴻荒以降。文明日啓。集

其善而革其弊。此尤精詳之至者。故其治躋於純太平之域。作者之聖。述者之明。蟠際天地。經緯萬端。究
其條緒。咸有原本。是豈皆周公所肊定而手搬之哉。其書不越政教二科。政則自典法刑禮諸大端。外凡
王后世子燕遊羞服之細。嬪御閹閽之昵。咸隸於治官。宮府一體。天子不以自私也。若國危國遷立君等
非常大故。無不曲爲之制。豫爲之防。三詢之朝。自卿大夫以逮萬民。咸造在王庭。與決大議。又有匡人撢
人大小行人掌交之屬。巡行邦國。通上下之志。而小行人獻五物之書。王以周知天下之故。大司寇大僕
樹肺石。建路鼓。以達窮遽。誦訓士訓夾王車。道圖志以詔觀事辨物。所以宣上德而通下情者。無所不至。
其爲教則國有大學小學。自王世子公卿大夫士之子。曁夫邦國所貢。鄉遂所進賢能之士。咸造焉。旁及
宿衞士庶子六軍之士。亦皆輩作輩學。以德行道藝相切劘。鄉遂則有鄉學六。州學三十。黨學百有五十。
遂之屬別如鄉。蓋郊甸之內。距王城不過二百里。其爲辜較三百七十有奇。而郊里及甸公邑之學。尚不
與此數。推之都鄙縣畺之公邑采邑。遠極于畿外邦國。其學蓋十百倍蓰於斯。意九州之內。當有學數萬。信
乎教典之詳。殆莫能尚矣。其政教之備如是。故以四海之大、無不受職之民。無不造學之士。不學而無職
者。則有罷民之刑。賢秀挾其才能。愚賤貢其忱悃。咸得以自通於上。以致純太平之治。豈偶然哉。此經在
西周盛時。蓋百官府咸分秉其官法。以爲司存。而太宰執其總會。司會天府太史藏其副貳。成康既沒。昭
夷失德。陵遲至於幽厲。平王東遷。而周公之大經良法。蕩焉澌滅。然其典册散在官府者。世或猶尊守勿
替。雖更七雄去籍之後。而齊威王將司馬穰苴。尚推明司馬法。爲兵家職志。魏文侯樂人竇公猶褒大司
樂一經、於兵火喪亂之餘。他如朝事之儀。大行之贄。述於大小戴記。職方之篇。列於周書。皆其枝流未淹

也。其全書經秦火幾亡。漢興景武之間。五篇之經復出於河間。旋入於秘府。西京禮家大師多未之見。至劉歆杜子春始通其章句。箸之竹帛。三鄭賈馬諸儒。歷續詮釋。其學大興。然儒者以其古文晚出。猶疑信參半。今文經師何休臨碩之倫。相與擯斥之。唐趙匡陸淳以逮宋元諸儒。訾議之者尤衆。或謂戰國瀆亂不經之書。或謂莽歆所增傳。其論大都肊斷。學者率知其謬。而其抵巇索瘢至今未已者。則以巧詞褒說附託者之爲經累也。蓋秦漢以後。聖哲之緒。曠絕不續。此經雖存。莫能通之於治。劉歆蘇綽託之以左王氏宇文氏之篡。而卒以踣其祚。李林甫託之以修六典。而唐亂。王安石託之以行新法。而宋亦亂。彼以詭譎之心。刻覈之政。偷效於旦夕。校利於黍秒。謬託古經以自文。上以誣其君。下以斂天下之口。僥幸一試。不旋踵而潰敗不可振。不亦宜哉。而懲之者。遂以爲此經詬病。即一二閎覽之士。亦疑古之政教不可施於今。是皆膠柱鍥舟之見也。夫古今者積世積年而成之也。日月與行星相攝相繞。天地之運猶是也。圜顱而方趾。横目而直鼻。人之性猶是也。所異者其治之迹與禮俗之習已耳。故晝井而居。乘車而戰。裂壤而封建。計夫而授田。今之勢必不能行也。而古人行之。祭則坐孫而拜獻之。以爲王父尸。昏則以姪娣媵而從姑姊。坐則席地。行則立乘。今之情必不能安也。而古人安之。凡此皆迹也。習也。沿襲之久而無害。則相與遵循之。久而有所不安。則相與變革之。無弗可也。且古人之迹與習。亦有至不變者。日月與地行同度。則相掩蝕。地氣之烝鬱。則爲風雨。人之所稔知也。而禳蝕則拜跪而救之。祓旱則號呼而祈之。古人以爲文。至今無改也。柷敔搏拊。無當於鏗鏘之均。血腥全烝。無當於飲食之道。而今之大祀猶沿而不廢。然則古人之迹與習。不必皆協於事理之實。而於人無所厭惡。則亦相與守其故常。年遠無變。況夫政教之宏綱微指。實能貫百王而不敝。豈有古今之異哉。今泰西之強國。其爲治非嘗稽覈於周公成王之典法也。而其所爲政教者。務博議而廣學。以鼎通道路。嚴追胥。化土物卝之屬。咸與此經冥符而遙契。蓋政教修明。則以致富強。若操左契。固寰宇之通理。放之四海而皆準者。此又古政教必可行於今之明效大驗也。別揭當今切實可行者。爲周禮政要。又以墨子實篤於政教。箸墨子閒詁。與序曰。漢志墨子書七十一篇。今存者五十三篇。魯問篇墨子語魏越云。國家昏亂。則語之尚同。國家貧。則語之節用節葬。國家憙音湛湎。則語之非樂非命。國家淫僻無禮。則語之尊天事鬼。國家務奪侵凌。則語之兼愛非攻。今書雖殘缺。然自尚賢至非命三十篇。所論略備。足以盡其指要矣。經說上下篇。與莊周書所述惠施之論及公孫龍書相出入。似原出於墨子。而諸鉅子以其說緣飾之。備城門以下十餘篇。則又禽滑釐所受兵家之遺法。於墨學爲別傳。惟修身親士諸篇。誼正而文靡。校之它篇殊不類。當染篇又頗涉晚周之事。非墨子所得聞。疑皆後人以儒言緣飾之。非其本書也。墨子之生。蓋稍後於七十子。不得見孔子。然亦甚老壽。故前得與魯陽文子公輸般相問答。而晚及見田齊太公和。又逮聞齊康公興樂。及楚吳起之亂。身丁戰國之初。感悕於獷暴淫侈之政。故其言諧復深切。務陳古以剴今。亦喜稱道詩書及孔子所不脩百國春秋。惟於禮則右夏左周。欲變文而反之質。樂則竟屏絕之。此其與儒家四術六藝必不合者耳。至其接世務爲和同。而自處絕艱苦。持之太過。或流於偏激。而非儒尤爲乖盭。然周季道術分裂。諸子舛馳。荀卿爲齊魯大師。而其書非十二子篇。於游夏孟子諸大賢。皆深相排笮。洙泗斷斷。儒家已然。墨儒方趾武千里。其相非寧足異乎。綜覽厥書。釋其紕駮。甄其純實。可取者蓋十六七。其用心篤厚。勇於振世救敝。殆非韓呂諸子之倫比也。詒讓見中夏貧弱。謂果得賢者采周禮治國家。用墨翟書務節用。講戰守。何患不富強。抱經世之略。淡於仕進。箸書終老。惜哉。爲文精遒雅正。以經學深掩其詞章名。綜生平治經似高郵王氏。攷史似嘉定錢氏。說字則服膺先博士及安邱王氏。能淹有諸家之長。所箸周禮正義墨子閒詁。盛行於世。治他經又有周書斠補。尙書駢枝。大戴禮記斠補。經迻札迻。考鼎彝則有古籀拾遺。名原。古籀餘論。契文舉例。治史之餘。則有廣韻姓氏刊誤。述方志則爲永嘉郡記。詒讓與人氣和。任卹婣睦。以古學勸後進。講論不勌。無越越多業。先主溫州師範學堂。後爲浙江教育學長。光緒間朝廷徵主禮學館。未赴。三十四年五月。病中風卒。春秋六十有一。

明永歷皇帝賜雞足山寂光寺勅書跋　趙藩

中華民國紀元壬子秋八月、於雞足山寂光寺得見明永歷帝墨勅一幅。黃棉紙。四邊繪龍。楷書凡十四行。行十八字。末署永歷十二年七月日。鈐璽曰勅命之寶。寺僧乞爲題跋。考帝以丁亥建元。則十二年爲戊戌。是年十二月、滇都不守。播遷入緬。又三年、而吳三桂脅緬挾帝還滇。遂被弒。明亡。此勅爲戊戌七月所頒。則正晉王李定國出師赴黔禦清兵時也。先是丁酉秋、孫可望據黔叛。稱兵犯闕。王自奇關有才等、於楚雄永昌叛應之。晉王既破走可望。又親討自奇等誅之。凱旋迂道雞足山。登覽而去。故寂光寺僧學蘊、自是來乞晉王令旨。免叢林雜派。復貢山果於行在。奏請頒賜專敕。因賜名護國與明之寺。頒給墨勅。其時已在搶攘中。而駢儷之文、莊雅有體。寺僧襲藏二百餘載。硃墨猶新。桑海之遺。留此宸翰。增重名山。不與宮外銅駝、並沒荊棘。洵可珍矣。方清光緒辛未、滇督錫良於五華山建學堂。掘地得已裂玉璽。合之文曰勅命之寶。貯於圖書館。一時謂帝所遺。或又以爲吳三桂物。苦無徵信。余攜勅至昆明。取璽以校文式吻合。信帝遺無可疑矣。是勅雖足山志未收。當時殆有所忌諱。余今補撰山志亟載之。復與李根源。李文治。錫瓊。孫光庭。周鍾嶽諸君。議建帝廟。爲黃帝子孫南宋崖山而後失國一大紀念。且以永滇人之思。取昆明城西文昌宮改建。附祀殉國抗節故臣遺老。合詞請於政府。報可。發帑從事葺廟。設主奉安成禮。覶縷述之以跋於勅後。劍川趙藩

縣人招飲嶽雲別墅煥彬吏部作歌見示奉和請正　王闓運

張侯昔寓南横街。我時過訪徒步來。風塵澒洞四十載。又見新張門館開。兩張儒生恥儒術。頗與康生相蹋踤。改更祖法師呂王。誤道讀書宜讀律。六臣駢死九夷來。李相乘時然死灰。和人奇策在興學。明詔始徵天下材。失從首善立模楷。不比燕昭延郭隗。二張並命立學制。誰道求才先費財。改院爲堂一反手。獨飭船山可仍舊。不知新舊何異同。但怪梁嚴效奔走。我時作奏欲言事。請言敵利非吾利。趙公笑我同葵園。阻遏封章不郵遞。二張同時得發舒。學費泥沙取錙銖。舟車榷算無不有。騷然煩費如軍需。學子翻然思革命。一時鼎沸同梟獍。念二名城枯朽摧。軹道無由依晉鄭。兩臣先死不從亡。翻得嘉名謚達襄。共欲鑄金思范蠡。居然鳴玉步文昌。前時台榭皆依舊。今我重來酧杯酒。因君慷慨一長吟。北江南海空回首。南洼蘆葦故依依。飛絮漫天春影稀。沈吟對此不能醉。華屋山邱多是非。

空泠

獵獵南風拂曉亭。五更牽夢上空泠。慣行不解愁風水。瀑布灘雷只飫聽。

重遊沖水後四年再宿桂堂憶丁丑習樂於此又二十五年矣感作二律

昔共勞公子龍墀踐霜文章楚不競宇宙道猶光兩繼宣無望終成梁自亡於今文武墜誰問兩書房

丁丑湘撫邵從上書房出湘學朱直南書房

再上熊湘閣蒼然楚望樓聲金四壁靜拋火北城愁六月朔吉祥巷有炸彈發孔學眞吾願揚玄已自羞吳楚人投詩去此去眞同恭大夫

重來弦誦地揚觶想公裘

觀紅葉一絕句

漫山塡谷漲紅霞點綴殘秋意太奢若問蓬萊好風景爲言楓葉勝櫻花

壬子歲除卽事

又向殊方閱歲闌夢華舊事紀應難維塵京洛渾如昨風雪山城特地寒可但先人知漢臘定聞老鶴語堯年屠蘇後飲吾何憾追往傷來自寡歡

詠史

六龍時御天肇蹟元黃戰牧野始開周垓下遂造漢洛陽縛二豎唐鼎初云奠趙宋號孱王神武耀淮甸

穢威旣旁薄大號乃渙汗六合始摶心羣醜亦革面令行政自舉病去利乃見游士復庠序征夫歸隴畔

百年開太平一日昏塗炭自非舜禹功漫侈唐虞禪

先王號聖賢後王稱英雄英雄與聖賢心異術則同非仁民弗親非義士莫從智勇縱自天飢溺思在躬

要令天下肥始得一身崇百世十世量早在締搆中黃屋何足娛所娛以其功成家與仲家奄忽隨飄風

所以曹孟德猶以漢相終
典午師曹公世亦師典午赫赫尚賈甄所計在門戶師尹既多辟庶政乃無度季倫名家子文采服區宇
堂堂南州牧乃刼西域賈虎狠在堂室從戎復何補神州遂陸沈百年委榛莽寄語桓元子莫罪王夷甫
塞北引弓士塞南冠帶民耕牧既殊俗言語亦異倫三王大一統乃以禹蹟言大幕空度漢長城已築秦
古來御虜北獨有唐與元元氏儲禪地唐家累葉婚神武出獨孤官氏北地尊英英文皇帝母后黑獺孫
用茲代北武緯以江左文婉孌服冠馬瀟洒出經綸蕃將在閫外公主過河源所以天可汗古今唯一人
少讀陶杜詩往往說飢寒自來夸毗子焉知生事艱子雲美筆札遨遊五侯間孔璋檄豫州矢在袁氏弦
一朝來許下書記及翩翩文章誠無用用亦未爲賢青春弄鸚武素秋擲鷹鶻咄咄揚子雲今爲人所嗤

昔游

端居愛山水嬾性怯游觀同遊畏俗客獨游興易闌行役半九州所歷多名山舟車有程期筋力愁躋攀
窮幽豈不快賫裾詎足歡亦思追昔游攬筆空汗顏
我本江南人能說江南美家家門繫船往往閣臨水與來即命棹歸去輒隱几遠浦見縈回通川流逸瀰
春融弄駘盪秋爽呈清泚微風葭菼外明月荇藻底波暖散鳧鷖淵深躍鰋鯉枯楂漁網掛別浦菱歌起
何處無此境吳會三千里
西湖天下勝春日四序最我行直莫春山路雨初霽言從金沙港步至雲林寺山川氣蘇醒卉木晝融洩
老幹綴新綠叢篁積深翠林際瀉湖光石根濺寒瀨新鶯破寂寥時出高棚外茲游猶在眼流水十年事

二年客吳郡所愛郡西山買舟出西郭清光照我顏東風開垂柳一一露煙鬟遠望殊無厭近攬信可餐
天平石尤勝巧匠窮雕鐫想當洪濛初此地朝羣仙盡將白玉笏插在蒼崖巔仰躋隘道絕俯視邱壑妍
谷中頗夷曠有處有田園玉蘭數百樹爛熳向晴天淹留逮日暮坐見飛鳥還題名墨尙在試覓白雲間
大江下岷峨直走東海畔我行指夏口所見多平遠振奇始豫章往往成壯觀馬當若連屏石脚插江岸
嶔崟小姑山徹茫湖口縣回首香爐峯飛瀑挂天半玉龍昇紫霄頭角沒雲漢昏旦變光景陰晴殊隱現
幾時步東林眞見廬山面
京師厭塵土終日常掩關西山朝暮見五載未一攀却憶軍都遊發興亦偶然我來自南口步步增高寒
兩崖積鐵立一徑羊腸穿行人入眢井羸馬蹴流泉左轉彈琴峽流水聲潺潺夕陽在峯頂萬杳明倚天
暮宿青龍橋關上月正圓溶溶銀海中歷歷羣峯巔我欲從駝綱北去問居延明朝入修門依舊塵埃間

閱甲寅雜誌言余癸丑之歲轉徙老死於金陵口占二絕句告存　朱孔彰

偶聽東坡海外謠此生本自混漁樵而今再入紅塵裏添得虛名慰寂寥
荼甘飯輭酒香時眠食猶能強自持我似隨園傭老叟今朝喜作告存詩

弔劉太史可毅

予友劉君能騶字葆眞常州人壬辰會試先夢與湯君某遊文昌宮求問科名訖詢典記人言今年祇有劉可毅之名葆眞遂更名可毅是科果中會元湯更名亦中劉君後入翰林爲大學堂總教習拳匪之亂行至天津遇害不得其尸家人取舊衣冠葬之箸述亦散佚無存惜哉葆眞與予在奉新許公振禕幕中同事予撰詩一章弔之

雲霓來迓惡氛屯。舊雨離悤不可論。博士至今哀孔鮒。詩人何處哭劉蕡。蒼涼莫覩衣冠葬。椒佚誰將箬迯存。憶昔奉新同幕客。攬茹掩涕爲招魂。

三月十五夜月　　易培基

春月似秋明。金波雨後生。光輝何太甚。魑魅若爲情。坎德知臧否。因君悟缺盈。不隨羣景動。偏旁玉參行。

風雨

風雨連宵惡。淒涼故院春。看花忽下淚。此意告何人。世共爭撾鼓。余寧霾兩輪。軫褱千載意。无語對斜曛。

讀史餘談

無涯

歷觀古今凡惡劣之政府所以對待人民者其手段不外二種一爲殘賊其民之手段一爲腐敗其民之手段殘賊人民之政府生民之被其禍固極酷烈然人人皆痛心疾首焉知其不可與之一朝居故此種政府必不能久存且傾覆而後即可易亂爲治不留惡影響於社會也若腐敗人民之政府則風行草偃可使舉國之士共相率而爲僞而民德之漓恆肇於是其禍不獨中於政治上而又中於社會上故當其未傾覆之時風俗固極汙下及其既傾覆之後非有若干揚淸激濁之元首與若干砥節礪行之名儒猶未易挽回此風氣焉是故國於天地苟得有善良之政府斯固如天之福矣倘不能得其良者而僅得其惡者使其肯舍去腐敗人民之政治而改爲殘賊人民之政治則猶爲國家之福固不能不於短中而取其長也

欲明殘賊人民與腐敗人民之害之孰重則且借歷史上之舊事以說明之我國歷史其首以賊民稱者則爲夏桀然桀及身而亡其禍之中於國家者在其在位之期間而已商朝龍興而後政治隨而善良風俗亦臻醇美桀之惡德絕不留其餘毒於成湯之世也況當桀在位之時立於朝者則有龍逢終古等之忠臣而天下之民又有時日曷喪予及汝偕亡之謠及湯之將謀弱桀之勢力則東面而征西夷怨南面而征北狄怨曰奚爲後我而其正式率師以伐夏桀桀欲起九夷之師以當之九夷皆不至焉天下之人既皆知桀之爲暴則社會猶有眞是非故桀之在位特政治不良而已猶未至敗壞民德此殘賊人民之

政府其禍不甚烈之證一也其次於桀而以賊民稱者則爲紂王紂之虐民至斮朝涉之脛剖孕婦之腹以視夏桀誠爲變本加厲矣然寃殺二三無辜之人豈獨在殘賊人民之政府始有此事卽在腐敗人民之政府寧毋無之而紂當在位時其在朝廷則有微子微仲箕子膠鬲比干梅伯諸賢知謀匡救虐政且在比干梅伯等更不惜以十死爭之焉而草野之風俗則孟子稱其舊家遺俗流風善政猶有存者夫士夫既多有氣節而不甚敗壞廉恥而環顧社會猶有故家之遺俗先聖之流風則紂之不善僅在政治一方面而已猶未能肆虐於社會及周武代興而後政俗悉皆改良紂之餘毒如風捲殘雲不留片影焉則其不利於國家者僅在其蟠據帝位之時期而已此殘賊人民之政府其禍不甚烈之證二也繼紂之後其以賊民著者則爲周厲王厲王丕丕使衛巫監謗以告則殺之使國人莫敢言道路以目其賊民之手段以視桀紂可謂更上一層樓矣然厲王亦及身而亡當時舉國之人皆知其惡羣起而襲之故厲王出奔於彘夫舉國之人皆知其非則其對於政治之良惡猶能爲良心上之判斷以云民德未可謂漓況其後周召之共和宣王之中興政俗皆呈清明之氣象則厲王之虐特貽禍於一時之政治而已以云風俗絕不蒙其惡影響焉此殘賊人民之政府其禍不甚烈之證三也三代而後其賊民手段之最辣者莫如秦始皇始皇之賊民至於偶語者棄市可謂暴之至矣蘇東坡論秦之亡謂不僅由於賊民抑亦由於不能養士故其言曰『智勇辯力此四者皆天民之秀傑者也類不能惡衣食以養人皆役人以自養者也故先王分天下之富貴與此四者共之此四者不失職則民靖矣（中略）六國之君虐用其民不減始皇二世然當是時百姓無一人叛者以凡民之秀傑者多以客養之不失職也其力耕以奉上皆椎魯無能

爲者。雖欲怨叛而莫爲之先。此其所以少安而不卽亡也。始皇初欲逐客。用李斯之言而止。旣幷天下。則以客爲無用(中略)民之秀異者散而歸田畝。向之食於四公子呂不韋之徒者。皆安歸哉。不知其能槁項黃馘以老死於布褐乎。抑將輟耕太息以俟時也。』蘇子此論固含有一面之眞理。然始皇亦非不知智勇辯力者不養之。則彼將爲亂也。故銷鐘鐻以絕革命之武器。燒詩書以絕革命之思想。徙天下豪傑十二萬戶於咸陽。軟禁之使其不能活動。甚且有坑儒之舉。彼豈不以爲凡民之優秀者。吾旣已坑之。此後當無復倡亂之人矣。豈知民之優秀者。野火燒不盡。春風吹又生。斷不能一坑之而卽絕其種也。故勝廣一呼。天下又有無數奇才異能之人。起而共亡秦祚。則賊民之政策。不惟不能盡賊天下之人。卽欲盡賊一部分優秀之人而亦不可得也。及漢高入關。約法三章。秦之苛政。遂以蠲除。且以始皇之凶德。而猶有扶蘇之孝。有蒙恬之忠。至草野之風俗。則漢高欲屠魯。至其城下。猶聞絃誦之聲。其後天下大定。思制禮作樂。徵魯諸生。尙有二生堅持其所信。不肯一行。則秦漢之交。天下之風俗尙未可云敗壞也。故始皇雖暴。受其禍者。特在政治一方面而已。至於民德。猶未蒙其惡影響焉。此殘賊人民之政府。其禍不甚烈之證四也。始皇而後。其賊民之甚者。則爲東漢之桓、靈。然特其政治惡劣而已。以言風俗乎。恐自秦以來。未有若其時之醇美者。今試略爲揭其梗概。朱穆因宛徵詣庭尉。太學生數千人卽上書爲穆訟。直攻擊中涓。以數千之學生。皆敢賭一死以爲賢者明是非。此其美風一也。黨錮獄興。爲黨人者皆有大禍隨之。而士大夫競以掛名黨籍爲榮。皇甫規恥不得與。乃上書自附於黨人。景毅以其子爲李膺門徒。未有錄牒。不及於禍。乃自認爲黨人。以致獲譴。天下之士願附驥尾而死。不樂苟且以生。此其美風二也。張儉亡命望門投止人爭匿之破家亡身有所不恤此其美風三也略舉數事而當時民德之良可以概見故顧亭林論列歷代風俗謂三代以後風俗之美無有尚於東京之末者此其評論洵屬不誣則桓靈之昏暴僅能爲禍於政治上而已以云風俗不特不蒙其惡影響抑且反呈出良現象焉此殘賊人民之政府其禍亦甚烈之證五也凡茲所陳特舉以爲例要之凡屬賊民之政府其禍國殃民之程度不出於政治範圍以外壹皆類是則此種政府猶未可謂惡之極矣夫我亦豈謂殘賊人民之政府爲可歡迎者特以旻天不弔降禍生民既不肯予以良政府而予以惡政府而此種政府其肆毒乃僅在政治一方面則其害猶較輕故夫惡劣之政府苟肯舍腐敗人民之手段而用殘賊人民之手段則識者猶當三薰三沐拜手而上頌功德之表也

返而觀諸腐敗人民之政府則何如者欲明腐敗人民的政治之禍之烈亦且借歷史上之事以說明之彼王莽也曹操曹丕也司馬炎也劉裕也蕭道成也蕭衍也陳霸先也高洋也宇文覺也楊堅也朱溫也郭威也其篡先朝之位類皆假借禪讓之事以欺弄斯民其不以禪讓名者獨王莽耳顧彼雖不以堯舜自待猶以周公自待也夫彼等既以作僞欺民愚天下人之獨知其邪也必謀破壞天下之廉恥使皆成濁流始無議其非者於是多用貳臣以壞名節瀆亂人倫以壞風紀正不獨魏武之崇獎跅弛之才已也故彼諸朝者當時率皆成割據之局爭地爭城殺人盈野或雖暫時統一然變亂之起亦所常聞人民之被其禍者從政治一方面而論蓋與殘賊人民之政府同而其影響於風俗者則別有其特色四焉一曰無恥賈充之以一人而辦兩朝篡位之事馮道之以一身而事五季濁亂之君甚且自作長樂老人敍述

其歷朝卹遇之隆。以爲宗族交遊光寵。此其爲無恥之尤。不待論矣。卽其餘各朝。凡梟雄之將篡位。其先朝臣工孰不競上勸進之表。而以堯舜相待者。夫以堯舜待竊國之徒。則己之所以自處者。必擬於臯夔稷契。自欺欺人。寧有過此。夫以戰國之策士。暮楚朝秦。識者猶病其無氣節。然彼特爲人計較利害而已。未嘗待暴君以聖賢。待自身以王佐。則謂其奔趨勢利可。謂其變亂是非不可也。若上擧諸朝。擧國之士大夫。率皆變亂是非。先自投於濁流。而欲率天下共趨於無恥。名節之壞。莫壞於斯矣。此腐敗人民的政治之特色一也。二曰奢侈。以術盜國之元首。欲使臣工莫或反對。爲必先導之以侈靡。使驕奢淫逸。且非作官不能生活。自可長其倚賴之性。而消其反側之心。宮人數至累萬。插竹以引羊車。晉世祖卽躬以奢侈爲天下倡矣。於是乎遂有王愷石崇之鬥富。一則以粘塗釜。一則以蠟代薪。一則塗屋以香椒。一則塗屋以石脂。一則作絲步障四十里。一則作錦步障五十里。且世祖又以三尺許之珊瑚樹。助愷以與崇鬥富。而崇碎之。許擇家中最高者以相償。而何曾日食萬錢。亦云無下箸處。士大夫既以窮奢極侈爲倡。斯擧國之風氣。遂如響斯應矣。此腐敗人民的政治之特色二也。三曰放蕩。在腐敗人民的政治之下。又常有放蕩之風氣。彼畢卓之盜飲。何晏之傅粉。以長官而作偸竊之行爲。以鬚眉而作巾幗之狀態。此其放蕩斯云極矣。卽阮籍之猖狂。劉伶之裸體。其放蕩之態。亦豈非駭人聽聞。而士大夫既以是爲倡。天下遂從而和之。故裴頠譏之曰。「處官不親所職。謂之雅遠。奉身散其廉操。謂之曠達。故悖吉凶之禮。忽容止之表。瀆長幼之序。混貴賤之級。」觀此評論。則當時風氣之放蕩。可以覩矣。而上擧諸朝。其放蕩之風氣。雖時有重輕。要亦百步與五十步之差而已。此腐敗人民的政治之特色三也。四曰淫靡。謝鯤之挑鄰家之女阮籍之臥鄰婦之側自以爲曠達者之所爲男子之敗壞風紀至於如斯已可見社會之汙濁矣乃至爲女子者亦皆如是如宋山陰公主廢帝爲置面首三十六人其他各朝公主於夫壻之外別置面首者亦不一而足甚且競爲亂倫之行焉其在男子如宋廢帝王濬楊廣輩其在女子如新蔡公主海鹽公主輩皆顚倒尊卑不論親族爲禽獸之淫行風氣如此比之春秋之鄭衞當不在其下矣此腐敗人民的政治之特色四也略舉數事而腐敗人民之政府其爲禍之烈已可概見蓋此種政府已建其基礎於譎詐虛僞之上故務使天下相率而爲僞社會必須無復公論自身始可不蒙惡名而人類之性質導之爲惡則易導之爲善則難政府既以寡廉鮮恥傷風敗俗之事勵天下人民安有不如響斯應者故在此等政府之下其政治之惡劣固不待言而一國之風俗亦必全爲所敗壞焉故研究政治學者當知政府惡劣之程度當以此爲最若僅以嚴刑酷法待人民者斯猶在其次之列也

試更卽兩種政府而較論之其在第一種賊民之罪固無可恕然革命而後政治卽可改惡爲良而在社會一方面彼固絕不能留其餘毒也若在第二種之政府則當其存在之時政治與風俗兩受其禍焉卽革命之後惟政治可以改良以云風俗欲改惡爲良殊非易易試觀魏既亡矣而晉之風俗未見能改惡爲良也晉既亡矣宋之風俗未見能改惡爲良也宋既亡矣齊之風俗未見能改惡爲良也齊既亡矣梁之風俗未見能改惡爲良也梁既亡矣陳之風俗未見能改惡爲良也若北朝魏周隋等之更代與五季諸朝之更代其風俗與前代無異絕不能改良則亦與上舉諸朝同爲一邱之貉蓋移風易俗其事甚難非若政治之易於改革也若夫於風俗積敝之後能爲之挽囘者有三朝焉一曰東漢王莽之世務以術

破壞民德，故使海內頌功德者至四十八萬人。風俗之壞亦云至矣。漢室中興，力謀矯正此風氣。然以光武明章諸令辟，極崇獎名節以企默化潛移。而東漢之初俗猶未美。今且勿言其卑賤者，以光武之姊年將四十猶因新寡而急謀擇婿，而言讖緯以貢諛者猶不減於王莽之世，則新莽時代之頹風猶未能盡革也。直至東京之末而風俗始臻於醇美。然所以培養之者則已垂二百年矣。此移風易俗難期速效之證一也。二曰唐代。唐太宗承六朝周魏篡弑之後，勵精圖治，力求政俗之改良。然唐代之初政則美矣，俗猶未善。今且勿論他人，即以唐太宗之自身言之，嘗娶其弟元吉之妻，實為亂倫之行，而其子孫以亂倫聞者亦不一而足。元首如此，何論人民。故有唐三百年之風俗，特較六朝為稍勝而已，未可謂之善良，則以知謀轉移風俗之元首不及東漢之多，故唐代之風俗遂不免較東漢而有遜色焉。此移風易俗難期速效之證二也。三曰宋世。宋太祖懲五季風俗之濁亂，極意獎勵名節，推重清流，然建國之初猶未克收其效。徵特其一般擁戴之功狗皆為利祿而來也。即其顯名之宰相趙普猶以好賂聞，則風俗之非善良可以想見。及太宗、眞宗、仁宗、英宗、神宗相繼培養，於是名臣名儒乃接踵間出。然至是則固已垂數世矣。此移風易俗難期速效之證三也。是故惡政府之敗壞政俗，就改良政治一方面而論，則一革命之勢而已足。若云風俗乎，未見政府推倒之後遂可改良者，故風俗之轉移，所謂仁人君子數百年培養之而不足，奸雄宵小一朝敗壞之而有餘。歷觀古今，孰不如是。故改良風俗之事，斷非如改良政治可於短期間而奏其效也。

改良風俗與政治，其難易既判若天淵矣。顧使立國之本僅在於政治，而風俗無與焉，則遇腐敗民德之政府亦何足深病者豈知必民德善良始能產出善良之官吏故有良風俗而後乃有良政府此中之關係實以後者爲果而以前者爲因顧亭林謂論世而不攷其風俗無以明人主之功余亦謂論治而不覘其風俗無以明樹國之本蓋國家之存亡強弱實繫於風俗之隆汙論治本者正不可不於一國之風俗三致意也昔范寧謂王何之罪深於桀紂夫王何二人非有桀紂之暴虐其罪何爲過之誠以其以棄禮蔑義蕩檢踰閑之事敗壞民德使國家之受其禍者不徒一時而已且及於數百年焉此其罪所以深於桀紂也故惡劣之政府苟僅賊民而已則其罪猶可云輕若並民德而敗壞之焉則非經仁人君子積百數十年之力必不易輓回而處列強競爭之世能有百數十年之期間以容求蘇大傷之元氣與否實一疑問是故中外古今苟不幸而處於惡劣政府之下其苛政之罪猶可恕其虐民之罪猶可恕若夫以敗壞民德爲職志者則乃惡劣政治之尤此絲毫不能爲之恕故國民之有政治思想者斷不可以飲酖止渴之心理忍而與之終古以致國本傾覆也

啁啾漫記

匏夫

紀駱文忠公剔除漕弊事

駱文忠公撫湘十載。其深明治體之政。無如剔漕弊一事。先是湖南地丁每兩加五錢。漕米折色、每石收銀六兩。歷數十年無異。咸豐初年。穀價錢價皆賤。穀一石、錢五六百文。錢一千、銀四錢五六分。民間穀百石者。除納糧外、不足敷八口一年之食。佃戶除納租外。收穫不足敷耕耘之費。以此生計日蹙。紛紛退佃。湘潭乃巨邑。每歲歷收錢糧四五萬兩。咸豐四年。僅收四千餘兩。五年已交七月。徵納者寂然無人。文忠聞而深憂之。問計於左文襄。左曰。事勢至此。惟有裁汰漕規一策耳。漕規者。蠹國病民。而屬吏之大利也。國家多難。公當爲國爲民計。不可爲屬吏計。不然。湖南之亂。翹足可待也。文忠然之。時湘潭舉人周煥南等赴布政司。懇求覈定征收錢糧。被藩司文格押解回籍。而文忠不之知也。未幾、得釋。又赴撫院遞呈。自願地丁每兩加四錢。漕米折色。照部議章程每石納銀一兩三錢。加納銀一兩三錢。助軍需。又加銀四錢作縣行政經費。文忠覽後。卽批奬其好義急公。准其照自定章程完納。限本年內卽將四五年所欠錢漕完清。於是湘潭人大悅。而善化縣紳民亦欲請照湘潭例完納。縣令謝廷榮者。貪吏也。聞之。派差役駐街。阻其去。一夜。善化紳十餘人潛至撫署遞呈。巡捕詢以不按卯期。曰。謝令派差攔阻、不能赴院。今幸冒死至此。惟中丞哀之、巡捕入告。文忠立卽批准。翌日堂期。將廷榮撤任。而糧道謝煜者。猶力爭漕糧不可減。謂卽減少。人民亦不能完納。照湘潭章程。奈與部例不合何。文忠曰。減少尚不能完納。況不減少乎。若不揣時勢。仍照舊例。恐今年錢糧。分釐不能入庫。湘省兵餉。憑何處支發耶。煌語塞、時臬司爲煌兼署。文忠遂札煌專署臬司。而委道員徐某署糧道。於是官場肅然。無敢言者。長沙寧鄉益陽衡山衡陽等縣。皆呈請照湘潭例。均批准。是年冬。湘潭已報收錢糧十萬餘兩。各州縣亦皆紛紛報解。湖南財政大裕。尋以減漕情形入奏。詔報可。論者謂咸同之際。督撫權大、不爲部制所限。實始於此。而周煥南者處專制政體之下。毅然爲民請命。犯大忌而不顧。其剛直不撓。有足多者。然使非文忠。吾恐其爲石崇森之續而已。

張文敏公軼事

張文敏公照爲刑部尚書時。御史仲永檀以言事觸高宗怒。下獄病篤。其門人刑部提牢袁德達。據例請以仲病狀上聞。俾出獄治病。文敏誚之曰。以汝師故。故出此耶。德達曰。此刑部例也。以例請。是提牢職。非私仲。仲卽當死。獨刑部不可違例死之於獄。某不言。是死之者由於提牢。提牢亂刑部法。刑部亂國法。某何人。將恐有任其咎者。文敏不應。亂以他語。同列皆引德達衣。德達端立不動。爭益力。文敏大怒。終不允。而仲竟死於獄。文敏以書法名當時。而茲事實爲盛德之累。君子惜之。

書陳鹿笙

陳鹿笙方伯初官浙江同知。巡撫蔣果敏公益澧。喜其才。擢至杭嘉湖道。一日與蔣論事不合。憤甚。嘆曰。挾恩惠以臨人。與固祿位而逢上意。胥失也。且人生貴適意。豈能局束如轅下駒哉。吾將有以處此矣。乃翦其鬚。置緘中。上蔣曰。某壯年以同知事公。謬承奬許。擢至道員。某所得於公者此。髯髭之鬚。與二品頂戴耳。今謹以還公。公亦以初服還某。蔣故滑稽。卽疏劾。陳降同知。陳欣欣然歸同知班。旅進旅退。晉謁道府如儀。同僚相竊笑。而陳不以爲辱。後蔣去。陳再由同知洊升至道員。還任杭嘉湖道。於是向之竊笑者。復傴僂於陳之前。而詆蔣。陳亦不以爲榮。

雜聞

某官言。孝欽后庚子西狩時。途中乏食。侍臣以麵精進。孝欽稱美不絕口。顧謂內侍曰。朕六十老人。今始嘗此味。庶民日食不知佳何哉。自後每食必須麵精。麵精固常物。一旦竟登玉食。遇亦奇矣。塔齊布治軍。嘗與士卒同食。嚼菜根不倦。故其士卒戴之若慈父。卒能與之同生死。同時和春督師江左。其卒有菜色。而帥廚中尙餘粱肉。於是健者相率掉臂去。嗟夫。飲食雖微。關係顧不重哉。巴陵吳南屛先生嗜酒。恆與山僧野老飲。嘗自言座有顯者。則芒刺在背。然其與曾文正劉霞仙飲。固未嘗不歡也。客金陵時。一夜外歸。呼僕酌酒。酒甖堅不可開。吳渴甚。自取杖擊之。甖破酒流滿地。吳遂伏地作牛飲。其不滯於天機如此。儻亦劉伶阮籍之亞歟。劉武愼公亦善飲。然不樂拇戰。飲汾酒盡十餘斤。不及亂。賓退揖讓。未嘗失儀。治公牘井井如恒人。歎爲難及。左文襄劉忠誠二公健飯。左之爲帥也。饌不過四簋。天下稱之。忠誠晚歲督兩江。其庖丁嘗告余。公日食費僅四百文。公嘗曰。吾幼食恆不給。今雖顯。詎可忘貧賤乎。旨哉公言。今之大僚對之。有愧色矣。

陸廣霖諫禁鴨寮

雍正時。福建巡道某公好妄言。嘗顧謂寮屬曰。吾將禁鴨寮。否則恐其變。衆驚問故。曰。無他。吾聞康熙時。飼鴨者朱一貴嘗叛。是以憂耳。彰化令陸廣霖曰。此台民素業。若因是致疑。則耕者叛。公將廢耕乎。某公語塞。遂不禁。

書李有恆獄

同治末年。四川東鄉縣民以知縣孫定揚貪暴加糧。故集衆數千人圍城。定揚以變告川督。圍城與罷市類非叛也。護督文格不曉事。聞之大驚。立札派總兵李有恆率軍往勦李有恆者。湖南新化人。田興恕之舊部也。臨行文諭以非痛勦不足以懲其罪。李答以凡民無知。恐不宜戮過嚴。文曰。若但奉命行耳。勿多言。李既奉札。痛加勦洗。遂大肆殺戮。川人憤甚。御史劾其事於朝。朝命欽差某赴川查辦。文格驚悉。深咎有恆。有恆曰。某惟知奉公命耳。事急。當與公分任其咎。奈何獨罪某。文格無奈之。憂惶不知所措。華陽知縣田秀栗獻計曰。彼之所恃。公委札耳。苟竊易之。則罪不在公矣。文格謝曰。事急不知出此。微子言。吾其殆矣。子曷爲我圖之。事成不汝忘。秀栗於是以巨金啗僚佐王昌英。昌英許焉。昌英者。有恆之至交也。昌英往有恆營中。諧笑間索觀督憲札。有恆以交好故。予之不疑。閱未竟。忽門者報某觀察過訪。有恆出晤客。謂昌英且勿去。昌英見室無人。遂出懷中札易之。既而有恆返室。昌英還札。謂曰。此鐵證。當善藏。否則公事敗矣。有恆曰。君勿慮。我豈木偶人哉。相與大笑。有恆夙疎略。隨藏札篋中。竟未之檢也。及對簿公庭。有恆具言某奉制軍命勦洗。委札具在。可按也。欽差驗札。大怒曰。制軍命汝相機勦撫。非命汝屠民。汝自昏憒。乃欲嫁禍制軍耶。有恆取札自閱之。瞠目不知所對。遂論大辟。其子某叩閽鳴冤者數次。卒不直。有恆獄中。恆痛詈小戎殺我。小戎。昌英字也。秀栗既出奇計。文格深德之。擢升瀘州知州。其後數年。坐堂皇聽訟。忽變色仆地而絕。而昌英亦於是日暴亡。口呼吾負李公不止。聞者異焉。或曰。昌英心有愧怍。故神耆以至此也。秀栗才敏過人。善生殖。富甲一時。平遠某公督川。甫下車。聞秀栗名。大怒。欲首劾之。未發。秀栗乃遣老嫗私以珠花遺其寵姬。珣爛璀璨。四時之類皆備。姬喜過望。未幾事遂寢。其工於迎合類如此。

書黃烈女事

黃烈女者。字淑華。江蘇上元人。父秉良。諸生。早沒。洪秀全踞江寧時。其兩兄棄儒服學圃。淑華幼穎慧。從間學焉。既長。將論婚。以亂故不可。同治三年。曾忠襄破江寧。縱軍焚掠。有湘人申某者。入其室。殺兩兄於庭。覩淑華美。挾之出。不從。申叱曰。從賊者罪無赦。主帥令也。若獨不甘妾婢哉。遂幷殺其母若弟。強之行。淑華痛哭乞死。繼念大仇之未報也。則密紉衷服。貌從焉。申屢犯之。不可得。及朝廷休兵。軍中類多挾婦女歸者。淑華隨申至湘中。申所挾婦女十餘輩。皆鬻之得錢。獨留淑華。淑華大懼。抵湘潭。陰以酖置酒中。至夜飲。申大醉。臥榻上。淑華曰。吾今乃可見父母於地下矣。遂斷其頭。從容自縊焉。翌日。店主以門未啓。疑之。呼鄰人破扉入。見尸大驚。檢淑華身。得詩數首。於是恍然。爲之泣下。遂禮葬之。詩云。十年小謫住塵樊。辛負衰親罔極恩。白骨抛殘荒草徧。挑燈獨自暗銷魂。劇憐孱弱別柴門。日坐針氈死未能。郤喜狂奴爲貨縛。天教白璧玷無蠅。無何月又見初弦。迫我同登江上船。舟子掛帆無恙視。可知儂不願生全。征帆又說抵長沙。遙望湘靈廟拜嘉。已翦赤繩教寸斷。莫令哀怨訴胡笳。自古成仁總殺身。吾生何必苦逡巡。憑將浩氣還天地。長共貞靈在九垠。詩筆沈痛可誦。閨閣中未易得也。嗚呼。士大夫顚沛之際。改行易節者多矣。淑華以弱女子不爲強暴屈。卒乃嚼然殺仇以成其志。此其智勇有古烈丈夫所不能逮者。獨怪以曾忠襄之賢。胡乃不戢其軍。而淫暴以逞。儻所謂不學無術者耶。吾又聞海陽有李氏女者。咸豐時爲寇所擄。以翦刺面得自全。其後僧格林沁破寇於蘭山。女復爲兵獲。挑之。女抗聲曰。若勿多言。吾已辦一死。賊且不畏。況若曹哉。時幕客某聞而敬之。收爲義女。置劉家砦。使使馳告其家。女寄父母七律八首。今錄其四。詩曰。靜鎖深閨十八年。何曾覿面到人前。閒將寶鴨焚香火。早向蘭窗理翠鈿。蝶夢乍回春寂寂。梨雲初落影娟娟。無端匝地烽烟起。骨肉驚分各一天。亘天烈焰逼通宵。廣廈連雲一炬焦。驚聽鬼車從昨夜。脅隨征騎在今朝。青春早値流離刧。紅粉安能頃刻銷。太息崑崙難再得。誰從虎口度紅綃。哀哀畫角又移兵。夜色朧朦正五更。萬疊愁雲連遠寨。一鈎殘月冷荒城。草枯木落含悲態。鶴唳猿啼帶哭聲。遙想椿萱門外望。幾曾割斷念兒情。空山落日寫殘霞。野店荒村噪暮鴉。前隊喧呼方駐馬、後軍答應早停車。瘡痍滿地天應泣。刁斗無聲夜忽譁。聞說何緣歸舊路。明宵儂又宿誰家。其父母覩詩驚喜。迎女歸而面目則不識矣。嗟夫。亂世之人。其生命曾螻蟻之不若。若李氏女者。不可謂非厚幸歟。

大喬

中之春撫安徽時。其寵姬大喬。故京口妓也。王愛而憚之。所言無不納。倖進者流。多因銅雀台爲終南捷徑焉。知縣某者。年少美風裁。拜姬爲假母。姬絕憐愛之。其妻某氏。亦慧黠深得王歡。王亦呼爲假女。一時人倫之樂。有遠與於所天者。某寓居撫署後街。與王內室相隔咫尺牆。故事凡衙署不得闢後門。王以姬故。竟闢之。雖物議沸騰不顧也。會燕湖統領員缺。藩司力薦某武員才堪勝任。王已許之。少頃入內。姬爲假子請。王曰。頃已面諾藩司。何可復歧異。無已。吾當以他缺償之。姬大恚曰。若紿我耳。不然。豈藩司言固重於汝枕頭人耶。遂捽王鬚。王負痛傴僂就之。姬投地大號。王亦作聲。達戶外。時司道尙未散去。僕輩以姬怒不可解。乃請司道入。陽言白事。謂姬或避去。及滿司以下魚貫入。姬詈乃愈烈。穢褻不堪聞。司道見狀大驚。力爲緩頰。王乃得脫。姬餘怒未已。大步出署。直坐首縣輿中。輿夫愕然請示所往。姬大叱肩赴江干。不得已從之。既至。逕上商船。謂將歸鎮江理舊業。俄而首縣某追及。稱奉中丞命來謝罪。中丞不敢違夫人指矣。請速返。姬乃返署。噫。有清季世。官方墮壞。乃至如此。然則辛亥之變。豈僅揭竿者之功哉。

羅念菴遺詩

明羅念菴先生洪先。以理學名當世。獨其工詩則知者頗鮮。余於邑志僅見其詩三首。今錄於此。温泉洞詩云。淡日天初曙。晴煙逐馬來。鳥啼山谷應。雲去洞門開。望闕心千里。尋春酒一杯。夕陽人影亂。我亦看山回。憩温泉洞云。獨向山中宿。山深夏亦秋。露華凝草重。月色傍岩流。靜坐遺帬想。冥思到十洲。夜涼河漢白。疑入廣寒遊。登大雲山云。山靜丹霞過。樓高碧漢開。抱檐雲影重。展席惠風來。漸入愚公谷。疑登蕭父台。暫留還假寐。吾已契無懷。

程簡敬公遺事

歙縣程簡敬公祖洛撫蘇時。風裁甚峻。公牘親自批答駁斥。動數百言。有人所難堪者。然亦虛懷受善。苟屬吏以理爭。未嘗不霽顏順受也。公嘗與江督陶澍奏濬孟瀆三河。興工未幾。以雨雪盛。工壞。奏緩工期。翌年檄興工。武進令姚瑩上言。時在春仲。農事方興。非作大工之時。且前定章程。尚有宜更議者。公怒。嚴斥之。云工已奏定。安可改期。該令能言之督撫。督撫斷不敢奏之朝廷也。瑩復上書曰。水利之興。原以利農人也。今方春播種之時。使民廢耕而工作。非農隙也。三河皆以淤不通江。故請濬之。以溉民田而濟漕運。若興工則首尾築壩。涓滴不入。三河工長一百六十餘里。民日待灌者數十萬畝。今悉斷其流。是利未興而受害已大矣。況前年之工。以雨雪過盛而壞。今方春仲鳩工。必兼旬始能舉事。則已春季矣。大工用夫數萬。竣工不止百日之期。已及盛夏。大雨時行。工必再壞。豈可不深長思之哉。公見書怒解。更批答曰。該令以民事責本部院。本部院安敢不遵。已奏請改於秋後興工矣。其受直言如此。

紀天和尚

天和尚者。響馬酋也。不知其何許人。亦不詳其姓字。同治時橫行於大名河間各地。所劫搢紳富室。不可勝數。大吏奉旨嚴逮。擇健役偵之。竟莫得其蹤跡。一日有營卒數輩沽飲於獻縣村店。酒酣耳熱。各起校拳技。意氣甚豪。忽有老人自外入。太息曰。諸公神勇。傾慕久矣。今邂逅於此。能與老夫一校乎。衆易之。應曰。奚爲不可。一健者進。舉拳搗其胸。老人微笑揮之。健者仆地。老人曰。不如使我居中而環擊我。衆持刀將下。失所在。視之。自門入。益驚愕。疑其隱形。老人笑曰。吾自門躍出。不信者請復之。衆皆注視。一騰躍果出。於是衆自嘆不及。更置酒請爲弟子。老人拱手謝曰。吾天和尚也。頃諸公不擒我。已大幸。復何師爲。言訖。掉臂去。衆爭追之。不知所在。時副將歐陽繼盛者。亦精技擊。聞其事恚甚。乃易服微行訪之。久之知天和尚在某洞中。隻身蛇行入。天和尚見之。喈曰。洞中止吾兩人。吾死耳。引頸受刃。繼盛縛之出。命二健卒守之。而自還部使客爲稟牘上之。及往提訊。而天和尚徒手毆二卒倒遁矣。大吏追問繼盛。以是不能自明。竟獲重譴。而天和尚後亦不知所終。

駱文忠公之知人

王樸山先生初率鄉兵勦匪桂陽。時所部僅三百人。鬱鬱不得志。上書乞歸。時曾文正公國藩辦團練於衡州。聞而止之。樸山乃請募鄉人三千。獨當一面。文正爲之致函巡撫駱文忠公秉章。文忠許焉。樸山偕從九吳坤修往見。慷慨言兵事。手指臂畫。滔滔不絕。但樸山操土音。文忠不甚曉。坤修代達之。始了然。乃撫其背曰。君年雖少。將才也。吾將用爲大將。第經費支絀。不能多募兵。君暫招二千人可耳。樸山既去。不數日。鄂督吳文節公文鎔函致文忠。謂得曾滌生書。極贊樸山能。請令其招勇三千赴鄂。文忠遂札飭樸山招足三千之數。未幾。坤修返長沙。譖之於文忠曰。樸山回鄉。出入必鳴鑼。人爲側目。實不可用。文忠曰。此小疵也。不足爲樸山病。坤修曰。公言固是。但其軍多匪類。恒竊民物。縣令苦之。而不敢言。語云。星星之火。可以燎原。惟公察之。文忠曰。果如是。汝何不先事規諫耶。坤修曰。彼凡事不吾商。雖言無益。文忠笑曰。然則汝之所以短彼者。以此。坤修慚而退。乃往衡州讒之文正。文正信焉。於是有裁汰樸山軍隊之議。繼而文節亦止赴鄂之師。樸山憤甚。欲解兵歸田。不復再問世事。文忠強留之。乃止。自此樸山終身與文正不睦。而黨文正者。咸謗樸山。故其才雖冠一時。而成就不及曾左。嗚呼。是非不得其平。雖賢者有所不免。焉可勝慨哉。文節者。文正之師也。後戰死黃州。文忠聞其死。喟然嘆曰。甚矣。利口之覆邦也。使樸山赴鄂。何至有堵城之敗。惜夫甄甫(文節字)之不知將也。

述徵君門定鰲語

光緒二十四年秋。內廷傳德宗有疾。孝欽后復垂簾。詔各省大吏徵醫士。廣州將軍某以良醫門定鰲進。請脈後。擬方。徵引內經素問下及各家著述頗詳。太后稱獎。屢蒙賞賚。時朝野頗疑太后有廢立意。某國使臣某就門私第問帝病狀。門不言。良久。濡筆於硯上疾書無病二字。旋卽塗去。數日。外間喧傳帝實無病。各國公使同請覲見。幷薦西醫診視。太后以帝病重辭謝。各使臣固請於御榻前視疾。太后遲疑未決。又數日。帝病愈之詔宣布中外。於是門定鰲名噪一時。而門已於數日前託言爲狐祟。掛冠歸矣。太后惡外人袒德宗。排外之念。實基於此。剛毅輩從而和之。遂激而爲庚子之變。門定鰲字桂珊。漢軍旗人。其自述如此。

紀陳希祥計殺林自清事

陳希祥。新寧農家子。咸同軍興。隸江忠源兄弟麾下。積功至提督。後隨駱文忠入川。事平。駐防川北。時黔中有總兵林自清者。擁衆驕甚。黔撫張亮基令平苗。道過興義。知縣陳世鎭閉城拒自清。怒。攻破之。戮其家。大掠而去。亮基雖知之。不敢問也。言官以事聞。穆宗怒。奪亮基官。以曾璧光代之。璧光奉諭圖自清。遲不敢發。察希祥才。陽調平苗。密令圖之。臨行戒曰。自清兵衞甚盛。倘一擊不中。愈難收拾。君其愼之。希祥旣受命。往晤自清。語大歡。時相過從。屏去騶騎。以示誠款。然自清報謁。則率卒自隨。雖讌飮。不使離左右。若是者半載。旣而相習久。謂希祥無他。遂深信不疑。乃歃血盟約爲兄弟。恨相得晚也。一日。希祥爲女作湯餅會。具酒延自清。置麻藥酒中。伏二力士。而引其從者五百人飮於外。自清固善飮。酒半。希祥復出美妓侑觴。遂大樂。盡數斗。宴罷。相對臥吸鴉片。希祥出故藏緬甸利劍示自清。自清已被酒。不之省。希祥忽執劍目門外。二力士躍入。奮刀斫自清。自清驚覺。舉足而力士仆數丈外。因大怒。詈希祥。奮拳擊之。希祥舉劍迎。斷其腕。拳落地。猶躍起者再。自清知不利。踊身從窗出。一力士伏於下。猝擊之。中。自清於地作數旋。復飛起上屋。於是伏甲皆起。槍彈蝟集。立斃之。而其從者五百人飲亦醉。皆被殺。自清既死。希祥於是率師圍其營。持自清首示之。令繳軍械。衆皆慴伏。莫敢仰視。遂散其黨。吾里某君嘗參希祥軍。目擊其事逃之如此。時同治八年正月某日也。自清善超距。驍勇絕倫。當遇難。小有備。或可倖免。死之後。聞者大快然未嘗不惜其技也。或曰。自清非林姓。實某武弁子。先是。武弁携眷赴滇。道被大盜林某劫殺。其妻某氏有殊色。林强汚之。某氏有孕數月。念其夫不可無後。遂忍辱事林。未三月而自清生。幼即膂力過人。拳觸石石碎。林絕愛之。某氏背林恒流涕。自清怪問之。不言。但曰。俟兒成人。當以告也。自清莫解其意。稍長。從軍。累功官至總兵。林遂爲封翁。不復理舊業矣。自清既貴。乃私問母流涕故。某氏直告之。自清大哭。遂拔劍殺林。剖其腹以祭父。而某氏亦於是日自縊死矣。會有以弒父劾之者。朝廷欲究其事。而慮自清擁重兵。不肯對簿。於是乃令璧光圖之。既死。乃以跋扈罪之云。嗟乎。處鳥盡弓藏之際。雖賢者猶懼其不免。顧自清反囂競橫厲以取怨。豈不殆哉。觀其慷慨殺仇。可謂孝矣。使用之者操縱有術。則固鮑超楊玉科之亞也。若希祥者。曷足責哉。

西冷異簡記

寂寞程生

第一章

寂寞程生曰。今小說之著甚多。而於言情言愛爲尤夥。有識者咸引爲大憂。謂風俗之敗壞。青年之墮落。皆緣是之媒。其厲者且欲禁之。然余以爲此非探本溯原之籌議。特支見偶及。而不知實有一大劣因之所誘致。固不在此而在彼也。果言情小說之效力。有足以激我少年民族純潔之血氣。能鍾於情。殉於情。吾方且祝之尸之。善夫吾友獨秀君之序爛柯山人之雙枰記曰。「麗施之死。純爲殉情。亦足以勵薄俗罷民。用情者旣寡。而殉情者絕無。此實民族衰弱之徵。」昔王夷甫亦曰。「聖人忘情。（忘情者非無情正言其用情之大殉情之類也孔不煖席墨不黔灶釋迦願度盡有情耶穌示死十字架皆情之鍾也）最下不及情。情之所鍾。正在我輩。」斯皆透邊刊中之極談。實有無量之宏詣存在。匪直嫉俗憤世云云。夫情之所鍾。其爲體至不一。而用焉則可以通陰陽。可以達精誠。順逆致感。中外相應。（鄭康成禮運注曰情以通陰陽又問喪注曰人情之中外相應）詩以成。禮以作。（詩三百篇大抵緣情之作禮則聖人因乎人情而制）蓋無往而不可施。然要推其所歸宿。則莫非由此一大性善之所宣化耳。禮經曰。「反情以和其志。」又曰。「情深而文明。」劉歆七略曰。「情者性之符也。」班固白虎通德論曰。「情所以輔性。」是故情用之於父母也。則曰孝。於昆弟也。則曰悌。於朋友之交也。則曰忠信。於男女之悅也。則曰愛情。推而大之。至於人羣。加乎庶物。則曰仁曰義。由此觀之。情之所被。其不貞大。惟茲罷民。德不足以弼其性。情亦無以守其眞。但嗜夫財。貪夫婚。況溺乎宦。僞桀者迺復欲逞其專制之毒。橫戾之政。賊夫共和範圍。社會挾持人心。豢意復其帝王獨夫之儀式。

弱者既無克自振。刮去貪鄙。則又祗有逢桀者之惡。服盜賊之服。行妾婦之行。竊其殘食。假其餘威。雖遭屈辱。猶力作其一官。諂人之態。瑶不為恥。於是一國之內。貴賤分焉。一家之內。勢利存焉。詭詐奸險。虛僞巧媚。習為恆俗。罔不登極。而欲求所謂天賦本然之性。性發至善之情。情鍾如寶之地。純而不駁。誠而不誣。甯不可得矣。然後家庭之內。難言孝悌。交際之間。難言忠信。男女之愛。亦難言貞潔。何者。所趨者賤。則所歸者自汙耳。故中國今日之民族。即男女之愛悅。亦雖有鍾情者。況殉情者乎。要知夫能殉男女愛悅之情者。即足以盡孝於父母。（古初之冒火伏棺見東觀漢記曹娥之沉江覓尸見後漢書皆殉於父母之情者也）致信於朋友。（伯牙之碎琴斷絃見說苑范式之以身代死見世說皆殉於朋友之情者）也殺身以成仁。引死以就義。用真摯之情之所至。罔為同相。非異非二也。然惟今之著言情小說者。亦多不能就斯義而闡發之。力導之。乃大都塗抹任筆。結撰肆意。有女皆賈氏。無男不玉昌。藻飾也則濫語濃辭。本事也則任意放蕩。或目成而心即許。或慾移而身即離。斯則又皆執筆述事者。緣龍民之心理。擣穢亂之行為。不識糾正其情愛之所止。變本加厲之過耳。而言情小說固可任其咎乎。此吾西冷異簡記之所以作也。

第二章

琴香公子語其摯友秋影居士曰。甲寅仲春。余寓居西冷之鷗波小榭。一日午睡初興。鬢絲掠肩。春衫微縐。意緒極其適然。一無所緊執。起倚闌干。恉坐之。攜卷頻翻。目時時注湖上。且領略此波光雲影山色鐘聲之妙空色相也。有僮子名錦子者。時以清窰白磁甌貯龍井茶進。且呈一簡曰。頃有一蒼頭遞此書至。問是處非琴香公子之寓廬乎。兒出應比。詢其來自何地。彼唯唯而已。若不能置答。交訖。即匆匆去矣。余問僮言甚詳之。亟釋手中書卷。執簡視之。簡爲藕色生絹製。鮮豔奪目。一望而審非市造品。簡面。句書。向……玉蝶惠展。……字跡絕秀。余覩此。神經不禁大震。手頓顫。簡幾墮地。余面及唇。血色盡失。儼如紙白。吾友君知余爾時覩簡。何以即受有如是驚懼之激刺耶。蓋人之喜怒哀懼。自其外境而承受者。中心不極端與之相應。猶足抑制其情感。不使顯現。苟中心已蒙其機。外境偶觸。則正如火燎泉達。無論如何強自抵禦。亦莫可禁止其揚露厲發矣。此簡所書之名。殆即余六載前與一燕下名姝秘密通信所署之名也。餘外實無第二人知之。即友愛如君。余亦未嘗以此名對。維此名姝死已五年。乃更有何人書此秘密之名。以簡余。而其最足以震余者。尤在此書簡之字跡。亦絕與彼姝之筆相逼肖。故此簡一撲余眼簾。余即悲恐震駭。若蹶落千丈寒冰之窟。而不能起者。彼時錦子緊扶余腕。亦駭絕不知余所以。連呼曰公子何似。僕人柳二於廳外正料余衣事。忽聞錦子呼聲。乃趕步入室。覩余狀。亦大惶惑。急助錦子奉余至榻次。柳二固一老於世事之人。侍余有年。從事甚忠。見余手執一簡。彼知余之驚顫者。必關是物。即近余。將就余手中掣去。余此時復似有力。堅握簡不釋。以目叱彼。彼乃退立。與錦子互作細語。余時極力調呼吸。自求鎮攝己之神意。不暇辨彼二人奚云。幾經五分鐘。余始舉簡示啓。乃緘封奇固。不可暫闢。余猛欲知簡中究有何言。書究屬何人所致。其不可剖。則將裂封而啓。錦子頗機敏。逆識余意。走覓書檯上象牙小紙刀進。余輕撥緘口。簡開。得一潔白玉版箋。展之長六寸。廣不及四寸。反復諦視。竟了無隻字。吾友。余斯時眞若行雲霧中。更無心力以審此疑團。惟念伊何人斯。故撰此冷劇以虐我。意將棄去此箋。然良又不能。因復作力引箋至光綫足處觀之。斯忽間見有極淡紅之點七。如芙蓉之凝露。暈現於箋之端末而爲色殊未慘敗。烏呼斯貞姬之血痕耶。情女之淚痕耶。抑幽閨妝罷脂粉涴汚之痕耶。豈非奇離幻異之徵。余殊不能測此簡之朕兆矣。雖然余病由茲浸深。羞饌弗進。藥石罔效。歷夏徂冬。今忽忽春光又至。草長江南。雜花吐芳。而余之新愁舊恨。亦以逐時增長。如蕉之展綠。蠶之藝繭。一葉轉一葉。一絲縛一絲。正復無已。吾友君爲達者。將何以解我。幸毋吝教。余倘憶君有春夜之斷句云。莫怪杜鵑啼盡血。傷春人亦淚痕多。可謂曲盡愁人當春之滋味。余日誦之。秋影居士既聽琴香公子一席情話。乃喟然作微歎曰。悲哉琴香子之纏綿幽隱之思。竟一至如斯耶。東風幾許。流鶯易老。人生於愛。何以遣茲。吾固多身世之感者。但年來心依寂照。略涉唯識之論。意業境成。漸覺虛妄。自體熏習。知屬無明。是以煩惱萬端。倘堪告釋。若謂達者。誠非敢任。且吾子此時愁緒。恰如一江春水。孰能止其東流。不慧卽具俚辨。恐子亦終難入聽。以凡說人者。必識其人性分思慮之所在。然後言之。斯應感而可通。若距其性分思慮而言。是成兩鏡背立。其光能互相領納而攝受乎。今不慧敢有請者。子獲此簡。已達週年矣。亦曾一設法以探其所來之究竟否。吾意此簡。必具有無限精神。無限聲色。當神聖注視。不可蔑如。使有所浸毀漫滅。倘此中隱秘。可一一洞悉。則不慧自應有慰子之機耳。琴香公子聆秋影居士之語。已內激於衷。不勝泫然。遽離座趨秋影居士前。執其手而親之曰。謝君深慨。余行年已二十二。然秉性孱弱。習成驕惰。未從學問。罔接通人。冗於紈綺。長於僕婢。而生復不辰。十歲喪母。十七喪父。兼無昆弟之倫。單子煢獨。孤苦伶俜。誠盡歷人生之極慘。雖得伯父毋誼爲庇護。每一念至。終自悲苦。近歲已還。更墜情障。憂思哀趣。動輒現前。悁悁病軀。長此無奈。罔已寡樂生之心。況復欲直超眞常之境。君信能識我性分思慮之所在矣。君謂此簡必具有無限精芻。無限聲色、詢我曾否設法以探其所來之究竟。君誠有心人哉。余獲此簡。既已折閱、當卽戒柳二。攜數騎。走湖。上。分途物色。蕭寺。錡。菴。茶寮旅館。幾處處覓徧。殆至十日。猶杳無行影可稽。雪泥鴻爪。偶然著跡。龜毛兔角。本自難尋。彼等已馬倦人疲。余病亦以大作。伯父又累函相招。余遂決意去杭。時屆春半。薄陰未霽。行次曉風吹面。細雨沾衣。惻惻離懷。誰與為念。余乃不得不別西子而返歇浦。及至晚秋，余病稍愈。因復偕柳二至都門探視。歸取消息。乃更有使余悲者。而此簡之所致。終莫能明。吾友君將何以千米洞悉此中之隱秘。然後始有所見慰於我耶。秋影居士見琴香公子之感傷如斯。面立現十種極矜閔之色。起撫公子之背。嬰其就坐。良久。乃曰。琴香。子良苦矣。吾懷滋痛。吾之總角友為瑤庭仲琪暨子耳。仲琪已物化。瑤亭自其家難作後。八年來音書斷絕。竟莫知流轉何所。今存者惟子。子齒又稚於吾。吾固以弱弟視子。子亦惟吾是昵。子既抱有深悲。吾能不引為已痛。其間果有需於吾者。吾要當竭我之力以助子。子於此簡。究未能索其底蘊。是為一種問題。但以愚意度之。此簡必仍與彼名姝者有密切之關涉。蓋彼名姝之玉折。子固未親儀面別。必於事後乃始獲知。琴香公子曰。然。余於其歿之兩月。始得噩耗。遙泣長天。心祭而已。秋影居士曰。若如是。則子能將彼名姝之家世及與子情感之交締。一詳其顛末以告我否。琴香公子曰。可。惟此時余五內縈回。七情淪渙。其極酸至楚之小史。實不堪再細為申道之耳。秋影居士曰。子既不吝。予以見告。吾私深幸。唾玉之期。請俟諸來朝可爾。且今夕不慧尚有客召飲於醉甌。約在七時。因回顧壁上時計。鐘見針杪已達六點三十分。曰。此時吾行將去矣。復按鈴招僕。囑駕車。且謂琴香公子曰。願子稍怡情抱。明日逾午。不慧來當聆子演述此一段哀艷之情事耳。琴香公子時容猶黯澹。無所擇言。謹答曰。諾。遂與秋影居士握手互道晚安而別。

第三章

余造此記。於琴香公子之獲簡。竟闕空而寘之於開章。要非故予讀者以射覆探鈎之筆。特以此記文勢之結搆。有不得不如是耳。此記之主人之爲琴香公子。諒讀者已能揣測之。是則琴香公子之生平家世。余今當先此一一述之。然琴香公子之獲簡。若非得秋影居士爲之推索竭力以竟其稽察。則此簡之所致。或終莫能白。而此記亦固無幽曲之趣。奇麗之情之可述矣。然則秋影居士雖爲此記之賓。而實主中之主也。故秋影居士之生平家世。余亦當先此一一敷說之。

琴香公子。固旗籍。長白人也。伯父某。於清之晚季。嘗爲某省巡撫。父諱某。以軍機章京。歷官至禮科給事中。爲人清介。光緒間。以言事忤孝欽。居旨奪職。遂放居天津。卒於旅邸。公子幼失怙恃。依伯父母教養。及長。豐容儁美。舉止閒雅。顧多病。體羸弱。俯仰若不勝衣。年八歲時。給事公嘗携之游京師。陶然亭壁中有宗室盛希白祭酒者。海內名賢也。見而異之。曰。此兒濯如春柳。逸若秋雲。眞崑山之片玉。所惜眉目含情太盛。恐不克永其世耳。公子性純潔。無膏粱文繡之習。雖好天然之美。居常喜讀楚詞漢賦。慕屈平宋玉之爲人。效騷製哀郢弔之屬。辭華妙。摛藻悲涼。儼同班馬。又覓名畫師圖屈平宋玉賈誼三賢之像。顏曰三閭。時以名花清酒祀之。而其所最愛玩弄者。則爲美玉。謂玉之爲物。勿假雕飾。自然潤美。微瑕罕容。纖埃莫蔽。其狀無論長狹方圓。皆能委宛合度。若使琢之成器。雖戕其本體。而質終溫如。行必佩之。無故不去。祭祀齋焉。朋會乘焉。酬答贈焉。每對賓客。言論及此。則神會理解。犖犖如數家珍。欣然忘倦。故公子之居處什物。多以美玉爲飾。其品之高下眞贋。觸目輒辨。不可相混。買玉者咸服之。又能別其出土之近遠。故其收藏散失之原流。皆歷歷可據。其嗜好之雅博高潔有如此。非性與天成。皎然塵外者乎。公子不妄納交。其年已二十二。猶未一涉足社會。嘗曰。今之社會賢者少。而不肖者多。其動作云爲。皆足有以損余本然之性。是不如閉門絕游。尙友古之賢哲。我猶得自養也。而其所往還稱最冥契者。則惟秋影居士。秋影居士與公子本共硯席之友也。幼皆讀於天津傅氏。傅氏爲滿洲貴族。有世子曰瑤庭。生而俊爽。妙解音律。宮商切響。絲竹協則。咸能按聲而正。通其精微。年十八歲。納燕城歌妓凌波。凌波最善新曲。合巹之夕。曾製詞云。阿姊重郎心。阿妹重郎面。郎面有時衰。郎心有時變。儂惟嫁明月。終古長相戀。一時傳誦。殆徧北里。瑤庭每當佳會。輒倚笛奏絃。命凌波抗喉清唱。揚蛙激楚。哀音遏雲。聞者流涕。低徊腸斷。咸謂爲不祥。後其家果敗。又有蕭仲琪者。中州大家子也。父某爲直隸觀察使。仲琪姿性沈靜。神彩瑩徹。喜畫山水。取境布局。雖無師法。而意趣則自然幽澹。又工小楷。遠摹鍾王。近習吏萃。揮運轉落。勁媚無倫。時亦就學於傅氏。蓋傅氏有別業在天津河北。園擅花木臺池之勝。瑤庭嚴父。時方以散秩大臣乞假。養痾天津。遂擕家居之。雅愛瑤庭。欲其成學。每延南中名士爲之主講。故公子及秋影居士蕭仲琪。皆以通家子弟而得與焉。當此之際。人皆錦瑟。事咸風流。入則賦詩接席。出則攬勝聯騎。春花秋月。誠不識眞樂之可盡也。因自號爲雲霞四友。此則公子交游之大略也。其後公子侍伯父宦南方。仲琪先死。傅氏以罪敗。凌波夭折。瑤庭落魄。公子又以內哀外感。傷其情懷。益隨地乃莫非悲端矣。秋影居士者。江南產也。先世以文德著。至清咸同間。祖父輩乃有武功於國。一時拜將軍者數人。父某少以名家子。給事李文恭公。邇介左右。動徹機要。甲午中東之役。嘗為偏師。率萬人救高麗。和議成。罷歸。遂留居天津。性豪邁。喜聲伎。畜女樂數部。常以自隨。又好結納。喜相名馬。燕趙大俠。多署之廐中。白駒黎騧。亦時不乏也。惜年未四十卒。居士幼有父風。雅慕遠西擺倫修黎之為人。顧性文弱。丰儀秀逸。體力俱不足以舉其所志。因一以託之吟詠。有侍姬名麗珠者。越女也。幽閒窈窕。豔絕世。居士昵甚。著藐姑仙人賦以美之。琴香公子有驚鴻惹華二賦。亦為麗珠作也。結褵之年。居士歲方十七。麗珠纔長一齡耳。荳蔻梢頭。鴛鴦池畔。並肩照影。看月題詩。分明夢裏。消受了幾許深情。而居士乃忽染以天行之症。瀕危幾死。麗珠哀泣婉轉。不知所向。夜叩上帝。求以自代。廢寢食者數日。亦被傳其疾。迨居士興。而麗珠已香消南國矣。季倫未死。綠珠先墜。層樓鸚鵡猶存。琵琶竟沉碧海。此固居士弔麗珠之詞也。後居士又著梅窗憶事八十則。兼取恨餘記四十章。以演其韻跡香痕。然終以不樂。忽忽若神失。自謂其生命已俱麗珠埋黃土中。今所存者特虛軀耳。因去金陵。從石埭楊樂珊先生。請求出世法。遂卜港焉。將山時以琴香公子多愛思、不能自解、特來黃浦一存。視悲於友誼。概彼鍾情。乃力贊其探索此節。不嫌煩阻。細設種種而委曲之情。終以邪僻。間復同公子至燕北。尋視瑤庭之病。走洛陽。弔仲卿之墳。使人足增蕩氣之感焉。

第四章

十里洋場。風光清淺。電火乍明。車轔轔往來不已。士女翩躚。釵光帽影。大都從味純園漫游而歸者。此非靜安寺路之晚景耶。路左有巨宅。長垣環繞。朱門半啟。樹色蔥蘢。層樓高聳。時聞鳥聲喧噪。殆倦飛而爭棲於林。過以相語。共道其覓食之苦耳。入門右轉。傍樹東踱。曲徑數折。填以白石。行抵盡處。見有小樓兩檻。爲然南向。前臨廣場。大幾三畝。淺草初齊。軟綠可席。四圍雜植玉蘭文竹。間叠太湖石數架。亦奇峭動觀。時日影將落。殘霞猶在。返照將壁作殷紅色。樓窗隱約。珠簾未捲。深院寂寥。靜若無人。惟廊際豢眉鸚鵡。自架上時一撲翅而已。室內什器陳設頗精美。牟爲西式。中設長方桌。鋪以紫氈。纓絡下垂。上置鍊金古鼎。玉膽瓶。瓶供長莖鼎菊百合。幽香冉冉。襲人衣袂。壁懸名畫數軸。多宋明佳品。上列大玻璃圈屏。映照全室。依屏具梳木胡床。外罩織錦。間擱翠石小几。有兩少年相向對坐。喁喁深談。而爲音極低。一少年年歲可二十。貌殊清減。而儒美如好女。絲結爲巾。明珠中綴。春寒未已。猶襲薄綿緞袍。膠履。斜據床右。懷擁卄貓。毛色硬黃。瑩光可鑑。目閃灼與室內電燈相鶩。觸虎虎欲躍去。逼視之。則爲闐玉所雕琢者耳。少年作語。輒傾其首。以手撫貓背。態極媚嫵。又極悲梗。一少年則年事稍長。面潔白。目架金絲眼鏡。服飾雅素。凭几坐。眉宇間又自呈一種蕭閒遐逸之致。惟聆語時。似不勝其咨嗟感歎。噫。此兩少年爲誰。非即此記中所謂琴香公子、秋影居士者乎。

秋影居士於昨夕去時。與琴香公子約。逾午當來聆其演述哀艷之情事。想讀者猶能憶之。及至午。秋影居士以客擾不克來。特先以電話啓琴香公子。謂須向晚始可踐約。故秋影居士延至日落。乃乘車赴琴香公子處。既至。侍者肅之登樓。琴香公子出迎檻次。聯袂入座。詢曰。君已晚餐否。余令庖人治淸醴敬以待酌。秋影居士曰。吾餐已罷。但有酒亦甚善。今日爲十七號。夜來月色必佳。不慧擬拉子作竟夕談。藉此並可重助意興。不識子能往之否。琴香公子曰。余多浮思。夕恆失眠。君計如此。實鄙願也。秋影居士曰。若爾。子可述子之情史矣。琴香公子曰。當謹告吾友。但茲事摺印余腦際。余每一酬想。輒鼻酸心痛。內疚於懷。未嘗一訴諸人、今直言之君前。君亦當代余飲恨矣乎。酉年之首夏。君不扶喪南歸也耶。余別後。邑邑幾成疾。及至五月。余伯父忽以書詔余父。言祖母染癘。勢甚重。可速來京邸。且謂祖母頗念余。須挈之歸、余父得書大戚。即以書示余。命余可略檢隨身用件。囑余乳母亦同行。遂於翌日攜數僕。乘京奉快車回京。余自十二歲侍余父居津。蓋不歸已三載矣。余亦時時思祖母及伯父母。第以老父督學頻勸。不令暫輟。無暇至京。今得歸省。於意良適。及抵家。祖母之恙。殊無惡狀。余父暨余心。乃稍慰。祖母素愛余。今見余歸、身已漸長、破其衰容為笑。召余至榻。親余頰。且讚余父教養有方。命余即居其堂之西軒。俾得朝夕承顏。桑榆暮景、爲歡至促。悅佳兒足成禮。願含飴以弄孫。此固老人之恆態也。越十餘日。余祖母之疾浸愈。余父苦京邸屋宇卑暗。空氣穢濁。特以祖母愛余。遂留余京邸侍奉。謂俟涼秋再着人接余。請於祖母。祖母允之。余父遂行。余留京邸、亦不大慣。惟祖母所居之院。尚有高槐數株、兩軒長廊。亦極宏敞。階下叢花環植。猶足貞賞。然居久之。終覺鬱鬱。日思作野外游、一舒積抱。因啓祖母。祖母亦曰。吾兒來京。已將彌月。猶未許吾兒一出游。良悶。吾兒此時十剎海之荷花。想俱盛開。明日若涼爽。吾兒可往彼處作游。吾若非病魔纏繞。當已去數次矣。余聞言甚喜。起謝祖母。祖母復向余乳母曰。汝公子去京多年。今始歸來。明晨乃第一次出游、可將我前日所製之新紗衫衣。彼須使人見汝公子。要出落得翩翩模樣。勿謂吾孫叢陋無長進也。言已顧余大笑。又囑余乳母曰。明日汝亦得偕去。余乳母謹笑應之。

次日晨起。余漱洗畢。即促乳母檢衣出換。至祖母處。時祖母尚未離寢。伯母在焉。余趨前問安。且言乘此早涼出游、伯母暨祖母皆笑曰。兒太消急矣。其有人遲爾耶。余聞言甚忸怩。亦覺己日來神意俱欠安適。

不知何謂。伯母見余似窘。乃復慰余曰。頃已飭兩僕携杯器先至海濱。於荷花最盛處。爲兒覓清潔之茶亭。以便觀賞。去時可再仵以秦媼。祖母曰。兒去乘馬車最宜。汝乳母及秦媼可共坐轎車。余一一承諾。遂偕乳母秦媼行。余以男子出游。而從者爲女媼。正復可笑。要亦爲余祖母及伯母溺愛之情出於此也。余乳母爲人忠厚慈藹。待余極盡其保姆之職務。秦媼稍滑。然善於言語。洞徹人情。每說一事。口肯手比。詼諧雜出。令聽者絕倒。故伯母命其伴游。余亦不拒。余住宅在吉祥胡同。至十刹海。出經地安門。路不過里餘。車瞬息間到矣。沿岸多人家園墅。樓閣參差。垂楊掩映。儼入圖畫。時旭日初上。水波湧翠。芙蕖萬頃。嫣紅飄動。曉風徐徐吹人襟袂。清涼如洗。余對此佳境。不忍馳過。止御者緩其轡。俟乳母之轎車將及。余即邀同下車。漫行柳陰中。未達數武。側聞笑語隨風飄至。余廻眸視之。見左近橋際。亦停油壁數輛。有二媼一婢。擁一女郎。方款步至。女郎年可十五六。作漢妝。修眉素頰。清麗澈骨。着粉紅單縑之衣。長裙壓地。輕裾若曳雲霧。髻挽雙鬟。餘髮覆額。金鑽貫耳。容光四溢。余遽視玉人。心怦然紛駭。不禁癡立。引首尋思。似曾相識。適彼美亦以秀眸矚余。流盼偶及。旋復掣去。爲狀亦若甚詫異者。正自猜疑。余乳母及秦媼忽趣余左。與彼二媼寒暄。且爲女郎致禮。女郎笑靨略頳。色轉赧。二媼比共秦媼作微語。目注余甚懇。似詢余之究竟。又時露讚歎之意。女郎佇聽良不爲厭。態更閒暇。頻以素手弄其牙柄紈扇。吾友君以余此際迫視女郎。未免太甚。何其甘居輕薄。而不自重乎。此女郎神意之高潔。風姿之綽約。洵爲世所鮮有。至足見慕。於懷。蓋余意尚不僅屬此端。實以此女郎。余曾於何處得見。顧一時力覓其前塵之影。渺不可及。復陷入種種冥想。覺天地間事事物物。咸假色相。以住色相則因心分別。以生生住之間。實屬空法。而論者又謂空之中究有眞體存在是則虛妄不妄固由因緣環結非無端引合盡自性所變耳如余今日與此絕世名姝之邂逅豈爲偶然抑是往業不然吾何不識若識彼似詫非詫根塵相接勿待審計卽迅如電影陡爾觸發於無聲嗅之頃已留一痕迹余復以何故必於今日出游出游何以必於此時此地得遇此女耶信必有道決非一時之妄念所得搆造思潮起落杪忽千里而不知已之神識之已出於舍矣迨秦媼與余乳母還請於余曰公子可前行乎余竟置若不聞彼等以爲有犯於余乃互相抱歉余乳母牽余裾而自咎曰吾饞貪作語累公子獨佇久矣余始驚省立斂神識大爲慙恧恐彼等識我痴念曰無事也因矯爲他語以掩飾之而轉視女郎則已偕媼婢姍姍東折向綠翳深處而去時二僕亦迎至卽導往所覓之茶亭相率既入余獨當檻而坐荷香拂面胸次灑然而後念前思聊復潛續語未暇匿迺躡詢秦媼曰頃所遇之女郎伊究屬誰氏耶秦媼見余爲問近突反囁嚅以答曰彼卽東鄰文家霞姑公子未嘗識之乎余乳母曰媼惛矣公子抵家纔幾日又未出門一步烏知霞姑之爲東鄰也爲西鄰也秦媼笑曰老婢（秦媼自稱下倣此）誠惛悖敢謝公子霞姑之家事吾最明晰卽其爲人吾亦最敬愛公子若不猥聞當略以奉告余曰亟願聞之勞媼明言秦媼曰霞姑籍漢軍旗也父以翰苑起家出爲江南學政不幸卒於任所夫人玉氏賢明有禮生一子二女公子居長現入某學校肄業次卽霞姑霞姑本名佩霞家人愛其和婉呼曰霞姑以示親切之意幼者名佩琬亦曰琬姑老婢前夕至其家琬姑被暑偶沾微恙故今日霞姑獨從媼婢以出游耳霞姑性氣溫柔愛弄琴書工鍼黹尤好蒔花每當春日必製錦囊將園圃中所植之花有殘落者盡掇以貯之或用白綾影刺落花無數慘紅哀翠繽紛萬蕊各極其翾舞飄零之致眞神

工也。老婢嘗獲見之。又有潔癖。入其蘭閨。紗窗棐几。雅淨無倫。架上圖史。縹緗點綴。絕好一名流之書室。不類女郎居處。卽其吐囑。亦極玄妙。遇事遣言。靡靡成章。惜吾輩多不能解。祇覺淸脆之音。一如鶯囀可娛耳而已。然不悅作旗下妝。好御漢服。此則足爲異者。有婢名小鸞。亦妍慧可人。霞姑慼之。行必自隨。卽適間所攜之明眸編髮侍兒是矣。余聞秦媼之言畢。心旌搖搖。拄首於檻。悵然無端。不自知其爲或欣或感。蓋余之一覩女郎。卽神馳魄動。逆料其必具有超塵絕俗之情愫。今聆媼說如此。果不出余心所忖度者。曷勝允恰。忘言久之。而忒愉之色。亦呈現於余面。余乳母此時。未知是否瞰得余意之所在。竟笑向秦媼曰。霞姑生有如是之姿貌。又有若是之聰明。苟與吾家公子相配。眞玉人成雙矣。秦媼復聳其肩。爲形若鷔鷔以目射余。哆然稱和。余乃正色斥之曰。若輩信口揶揄。已不自檢。何復褻人閨秀。乃爾彼等見余出言頗鄭重。亦大踞跳聲泿。頓爲寂然。余顧日影已午。炎威漸盛。振衣離座。曰。吾等其去休。二僕入整茶器。乳母秦媼遂從余匆匆登車歸。

琴香公子言至此。小僮錦子趣闞西樓之門而進。請曰。酒饌已具。公子卽就飮否。琴香公子聞語。乃斷其談鋒。問曰。時爲幾何。錦子對曰。已入亥矣。琴香公子於是釋其所擁之玉猫於几。曰。小談未罷。夜已轉深。秋影居士亦應之曰。俯仰陳跡。百年誰在。因相與爲歎。跋履起立。共入餐室。（未完）

八期正誤表

國家與我

頁	行	誤	正
三	十六	愛	受
六	二	能	解
九	七	蚤	並

愛國儲金

頁	行	誤	正
二	十一	醒	醒

讀史餘談

頁	行	誤	正
六	四	殺	殽
七	二	殫	磾
七	十一	殫	磾

焚劍記

頁	行	誤	正
二	十	生意	意衍
二	十一	淡妝	上脫時字
三	十五	麥	食
六	一	琅	鋃

羣益書社出版

日本工藤重義著

最近預算決算論

預算決算往昔皆列爲財政學中之一段雖以日本之學術銳進亦至近數年來始有成書工藤重義氏於斯學最爲專長此書其所著也因此種著述行世絕少故本書極力網羅集材完富其立論雖以財政學爲主而常兼及於國家學務欲擴大規模使斯學獨成一科以促世人之注意

長沙易應崐譯
精裝全一冊
大洋一元四角

各國預算制度論

工藤氏前著預算決算論一書於此學之理論學說臚述極爲詳備本社曾譯刊行世此本乃展續前書而作分三編第一編預算準備上之問題第二編預算提出上之問題第三編預算議定上之問題專意敘述各國預算制度之沿革及各國預算制度之得失旁匯衆流最便參照足補前書所未備

長沙李猶龍譯
精裝全一冊
大洋一元八角

發行所上海棋盤街

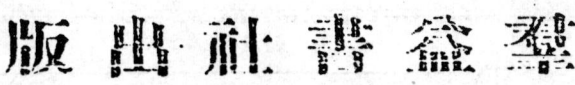

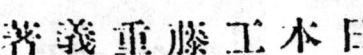

科學

△有志研究科學者
△有志講求實業者　**均不可不讀**
△有志儲學救國者

一科學乃中國科學界唯一之月刊爲留美中國學界熱心研究科學者所刊行宗旨純正眼光遠大特色甚多略舉其要

(一)材料新穎包羅宏富每閱一篇興味洋溢
(二)宗旨抱定輸入科學政治空談概不闌入
(三)撰述自出機杼譯筆力求雅潔審定名詞惟主一是
(四)印刷鮮明圖書精細令閱者自生美術之觀感
(五)按月出版絕不愆期
(六)不同營業故取價廉(每月一册大洋二角五分 全年十二册價洋二元八角六分郵費在內)

今已出至第一卷第十期閱者請從速購凡各學校各閱報室藏書樓各機關尤宜購備一份以供衆覽

總發行所上海靜安寺路五十一號科學社

寄售處上海及各省商務印書館中華書局

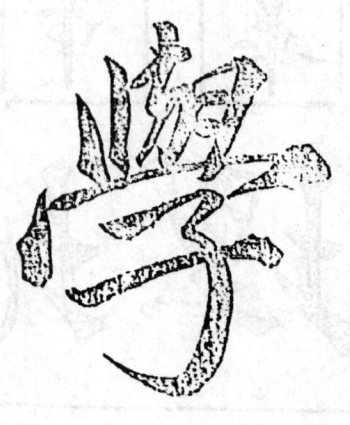

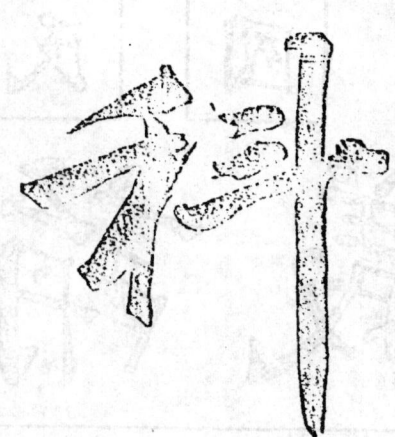

定價

預定不論何期或六冊或十二冊悉聽尊便

一冊	半年六冊	全年十二冊
四角	二元二角	四元

郵費

郵匯不通之處可代以郵票但須九五折算

本國	日本	外國
每冊五分	每冊八分	每冊一角

廣告

等第地位	一期	三期	半年	全年
特等 一面	五十元	一百三十元	二百四十元	四百元
上等 一面	四十元	一百元	一百八十元	三百二十元
普通 一面	二十四元	六十元	一百一十元	二百元
普通 半面	十三元	三十五元	六十元	一百一十元

特等(底紙外面)上等(封紙裏面及廣告紙最前面最後面)其餘皆為普通

民國四年九月十日出版

▲甲寅雜誌第一卷第九號▼

▲版權所有不許翻印▼

編輯者 秋桐

出版者 甲寅雜誌社

印刷者兼發行 上海四馬路福華里 亞東圖書館

總發行所 上海四馬路福華里 亞東圖書館

本埠分售處

藝林書局 羣益書社 商務印書館 中華書局 中國圖書公司 羣學社 科學會 鴻文書局 錦章圖書局 泰東圖書局

外埠分售處

北京	浣花書局
北京	龍文閣
天津	新華書局
太原	晉新書社
濟南	日新書局
濟南	教育圖書社
奉天	圖書發行所
奉天	章福記書莊
吉林	圖書發行所
龍江	維新書報社
西安	公益書局
蘭州	正本書社
開封	文會山房
武昌	昌明公司
漢口	昌明公司
漢口	會文堂
長沙	集成書社
雲南	維新書局
貴陽	萃明書社
成都	粹記書莊
重慶	粹記書莊
重慶	二酉山房
南昌	慎修堂
南昌	點石齋
贛州	日新公司
蕪湖	科學圖書社
屯溪	科學圖書社
南京	共和書局
常州	晉升山房
無錫	樂華公司
蘇州	振新書社
蘇州	圖書總匯處
常熟	平民圖書館
揚州	競存書館
南通	導文社
杭州	開經堂
寧波	文明學社
紹興	教育館
溫州	日新書社
桂林	石渠書局
廣州	蒙學書局
香港	萃文書坊
汕頭	鼎新書局
福州	宏文閣
福州	陳詳記
廈門	新民書社
各省	中華書局

日本潮

▲第一編已出版▼

▲定價一角五分▼

本編內容

我國與日本。地隔一水。關係最密。自今以後。兩國交涉。必愈趨於糾紛。彼自甲午戰後。其在我國之種種設備。種種調查。日求精詳。不遺餘力。故每一事起。彼皆預有成算。則若列眉。我則茫昧無知。舉國失措。此實由吾輩平昔於日本對我事情漠視太甚。絕不研究之故。本社欲補斯缺。特印此編。用餉海內。務使國人可由此純粹之出版物中。繼續考究彼國謀我之情狀。藉資所以防備之法。蓋此編乃搜集彼國各種言論事實而成。讀之者。不啻身處彼國謀臣策士之傍。其舉措施爲。皆可一一得其原委也。

日本謀我之真相
吾人警覺之晨鐘

上海棋盤街

羣益書社

讀者實益

一凡日本書籍報章中所載關於謀我之事實及言論。皆備爲搜集。閱者不必檢購多書。可於此一冊中。盡知其真相。

一彼國雖以謀我爲目的。而其舉動。則隨世界之大勢而常有更換。故閱此編者。可於其言論中。得知世界之情勢。

一彼之謀我。固極可惡。若彼之自謀。則甚有可以爲我國自強之借鑑者。其上下一心以謀富强之道。可謂不遺餘力。讀此可以知其一斑。

一彼既盡力謀我。故探知我國事情極詳。其中且有一大部。爲我國人所不自知者。因我國人每爲習俗所囿。彼則用科學的調查法。故能知之審而言之切。

大正四年十月十日發行

秋桐先生主撰

第壹卷
第十號

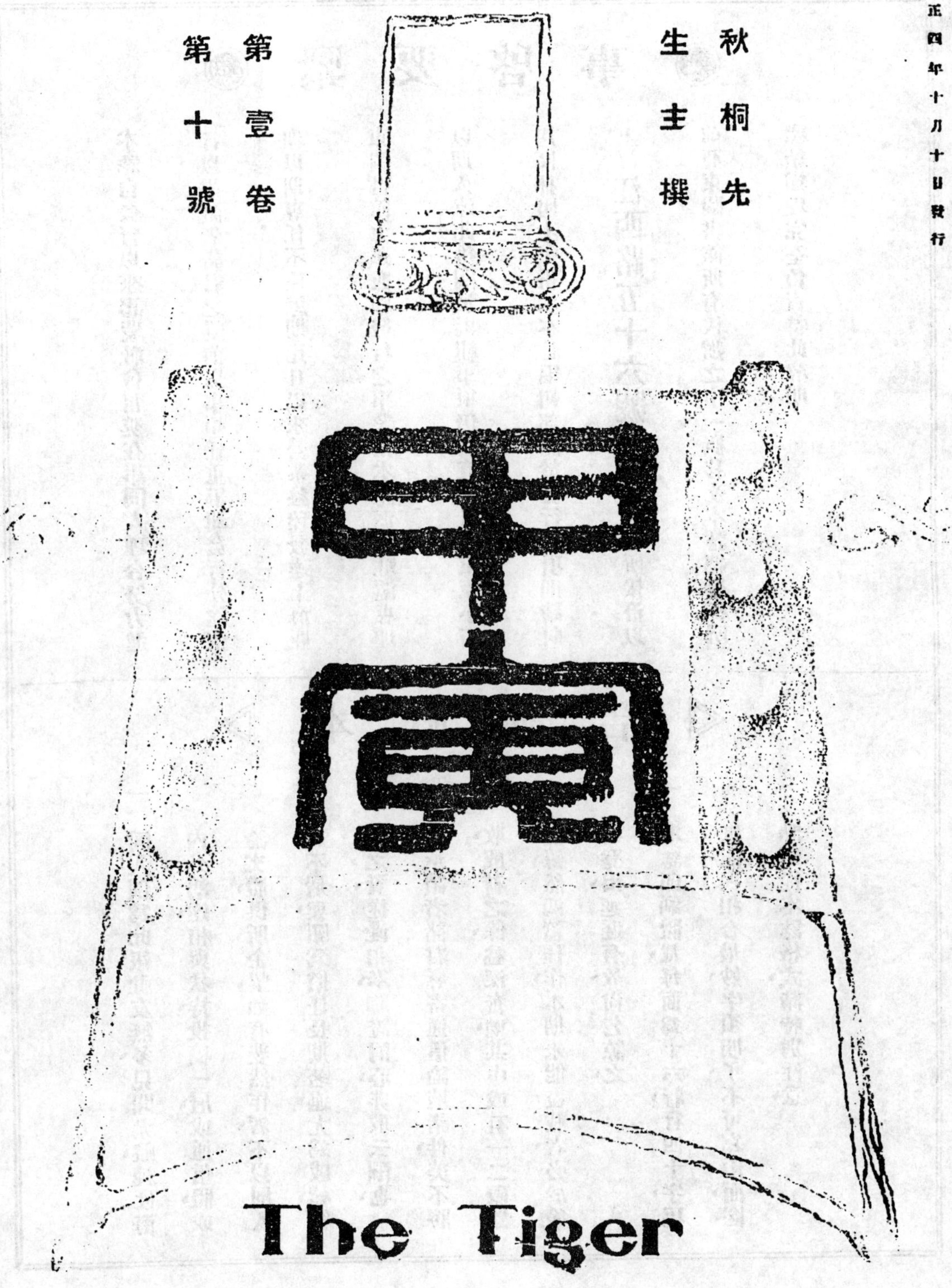

緊要啓事

本誌自發行以來謬蒙社會督奬在事同人理合努力進行以慰讀者諸君之望前以事煩任重編輯發行分途董理以期專任不使愆期比日以來營業益臻發達上海亞東圖書館力難兼顧發行之事業由本誌派人駐滬專理以期久遠此後關於編輯事項仍祈直函日本東京小石川區林町七十番地本誌編輯部關於發行事項則請向上海**江西路五十六號**本誌總發行所接洽以前亞東圖書館所有代辦之事一概移交本誌總發行所繼續辦理完全負責特此聲明

本社通告

一 同人創爲此報社、友無多、見聞尤陋、純仗海內外鴻達、相與扶持、投稿一層、或通信體、或論文體、俱所企望、如有斐然作者、不以同人爲不屑與、願爲擔任長期著述、尤爲感禱、紙筆之資、從優相奉、聊設同心、非敢云酬也、

一 邇承讀者諸君、辱寄通信論壇諸件、美不勝收、感荷之餘、益深奮勉、其中或有一二礙難登錄、然鴻篇佳作、本期未能盡載者、必於後期登出、延遲有故、尚乞諒之、

一 本誌印刷體裁、每面爲十六行、行四十字、稿紙能與相合最妙、字須明了、不可寫兩面、圈點須從本誌格式、請特別注意、

法政講義

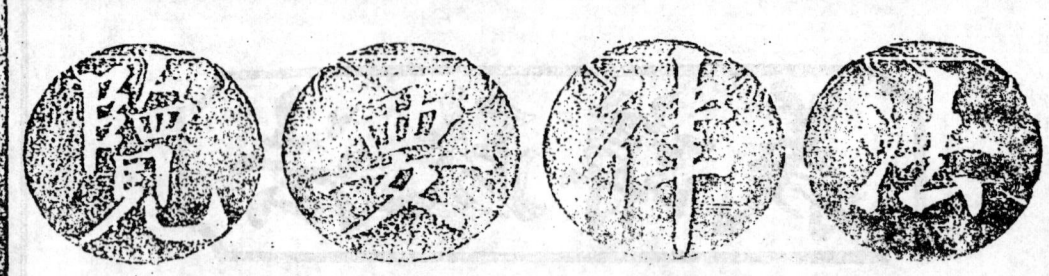

李執中啓事

執中一介寒儒行年六十自顧於世絕鮮貢獻惟戇直成性疾惡如仇嘗慨當世道德頹喪名節廢弛秦漢以降世風之濁惟今日實與六朝五季相頡頏卽亡外患已足釀亂召亡竊此殘軀自計及身或幸免睹亡國之慘而偶念涉及子孫牛馬之劫猶令不寒而慄用是區區素志道義所在未敢稍越毫末卽未克以一身力捍狂流亦何不肯至揚凶波而助惡瀾曩者癸丑之役南北遣戮曾以鄉土之故僕僕燕楚之間雖靡績於誅奸不爲無勞於保境乃一語坦衷遽成名捕迹其原起無非當路張吉網以媚權奸當此之時禍迫之衷幾欲擲此衰軀授之磔裂以求一快罵賊之口而稍洩我骯髒之氣或乃規以持見過隘靡軀無益衘來避地東瀛延喘異域翹顧宗邦則政象益昏世風益下俛隨之習見於名流賄收之風汚及民黨每見寡廉鮮恥之徒不惜乞哀求赦甘冒反覆之譏輒復引爲大戚此輩僞人自墮名節適足揚其眞相無如舉世觀聽所繫將益率天下以蔑視義利之大坊而權奸戮辱士類之用心將妄恃其竟能奏效而益有以消其畏懼而長其野心此則推衍所屆直足陸沉神州而有餘者也不謂前月下旬突得鄉人來書述及吾湘九澧父老憫念執中衰老在外籲懇當道援附赦例而姪輩少不更事冒昧曲從一紙傳來五中震痛竟舉平昔所深惡痛絕之行爲無端而夥及已躬驚憤之餘當念僅阻以函時或不及卽曾逕電北京表示拒絕其電文如下（北京政事堂鑒湖南爲執中求赦係姪輩要恤老人所爲本人決不承認李執中）不謂電發未越旬日而執中之名已被汚於九月五日之赦令矣生平所遭奇辱無逾於此此事起於鄉人要執中以姑息而成於姪輩不能體念素志迄今傾東海之波不能滌此列名之恥惟大節所在未能稍屈執中卽不肯已極亦愚不至不逕求援於日使而必紆就於湘吏不急求赦於彷彿共和之總統而遲之又久乃乞哀於亟謀卽眞之皇帝彼權奸濫竊國法上神聖之赦權而以濟其戮辱士類之私微特執中不認卽國法亦自不認也執中遘茲奇辱內疚神明外羞當世情急中辨不復能顧慮家室之安危決矣槁死異邦寧復生還濁土謹布腹心藉當自訟

附致鄉人某函

某某安撫足下日前忽得姪兒敬銘書謂足下強之至省求逭僕死異哉僕自出亡以來並未以一字與
足下問訊亦未嘗偶然示意兩家子弟告援於足下何足下見待之逾格也然僕之倔強足下未始不知
而必欲使僕自貢其醜於天下或於硜硜之隱猶未之悉耶則敢盡掬所懷以告願足下毋恠僕之荷恩
過而不之感則幸甚癸丑之役東南公討厲行帝制謀叛共和竊國賣國之國賊僕以鄉土之故僕僕燕
楚之間雖靡績於鋤奸不爲無勞於保境乃一語坦衷遽成名捕迹其用意無非張吉網以媚當塗當此
之時褊迫之衷幾欲擲此衰軀授之磔裂以求一快罵賊之口而稍洩我骯髒之氣或乃規以糜軀無益
始暫作海濱之避徐俟天下之清蓋亦自愍偷活草間者久矣鄉人來東時道九澧父老念僕不置屢欲
乞恩左右還僕自由傳聞之詞竊恐遂成事實貽書劣姪有議及此者務婉言謝之毋重貽老人羞不圖
姪輩不肖徒知感足下之熱誠不復顧老人之素節冒昧曲從釀此奇辱猝聞震痛如被酷刑嗟夫有生
以還此爲最鉅之寃楚矣夫僕果欲與世浮沈則上海東京不少賄賂黨人之牙儈稍一遷就易泥塗而
軒冕旦夕可以奏功劉藝舟張堯卿等輩或在伶籍或隸流氓已事彰彰嚋不知之嚋不能之僕雖神智
昏瞶當不難覔介紹之人更何必輾轉請託仰借大力耶夫出處大節絲毫不可苟且我輩立身本末尤
必較然況今帝制規復愈益譸張僕縱不爲仲連之蹈海寧不能爲幼安之居遼故寧槁死異邦不願生
還濁土而足下不察竟丸蜣糞爲蘇合而強使啖之其亦蔑僕過甚矣昨日惶恐失次曾發電告北京政
事堂謂湖南爲執中求赦係姪輩愛念老人所爲本人決不承認得信過遲終恐無及然僕名果列於赦
令則惟有籍報紙爲申訴之地非固不肯受足下之惠施方寸中實有萬不容已者在也又籌安會顯叛
民國寡廉鮮恥之徒每間接以獻其吮癰舐痔之技願足下堅持初志勿贊一詞如能如汪鳳瀛等之侃
侃而談則尤僕所馨香禱祝於平生故人者矣臨楮憤慨語多不檢伏惟亮察不宣李執中白

甲寅雜誌第一卷第十號目次

論壇

民國本計論

（帝政與開明專制）

秋桐

自愚作帝政駁義。迄今又旬有餘日矣。籌安會之所進行。平陂往復。其象歷歷可指。武人如段芝貴張作霖湯薌銘之流。舞爪張牙。公然以「攀龍附鳳」爲言(一)自居。毫無愧怍。此事本在吾人言議思惟之外。可以不論。惟二三「君子」以學理號召天下。因之正副兩面之文字。揚抑外制。酌量國情。引譬連類。竭精馳說。機牙相對。竝進輻湊者。不可勝數。斯誠政治得失之林。而有匹夫之責者。不得不博觀明辨而求所以折衷者也。惟茲事之贊否。本諸直覺。主觀者多。博聞辯智。初無所取。觀夫運動之生。一瀉千里。而自愛之士。不肯具名。老成之吏。惟求去職。而新聞言論。一致不欲苟同。恍若稍涉游移。即蒙大辱。他如名流耆論。政客釋言。恥爲君子。知逃垢穢。可知淸議已成。公同已定。社會之純正心理。於焉彰明。斷非溝猶瞀儒口耳四寸之學所能變亂黑白。況夫所有正面文字。愈出而愈奇。愈趨而愈下。支離詭譎。不可究窮。希合苟容。無所不至。條而辯之。等諸以狐父之戈下劘牛矢。愚雖無似。猶病未能。由是吾人所當鄭重商搉者。惟在副面文字何如周密詳盡。始得導國人以正矣。蓋以此種文字。純持消極反對之調。精神全注於國體不可變更一點。偏師四出。本營轉虛。則或瞻顧不周。固予攻者以口實。而讀者走入歧途。不知所向。滋足懼也。愚爲此篇。即欲就其口實之所由生。詳爲論列。非敢謂智慮能及乎諸賢所未及也。特以言非一

(一)張作霖電內、有英主創業、不拘小節、各省將弁、隨大總統拚衛國家、勦除亂黨、皆欲攀龍附鳳等語、

端。夫各有當。諸賢之論。自有其獨到處。而愚之斯作。或亦得附諸愚者千慮之義者乎。(一)汪君鳳瀛七不可一書。剴切詳明。釐然而有當。眞所謂社會純正心理之寫眞也。顧其發端一段。有足招人誤解者。請得述之。

不佞自辛亥以來。每與知交竊議。以爲治今日之中國。非開明專制不可。共和政體。斷非所宜。……自上年改訂新約法。採用總統制。已將無限主權。盡奉諸大總統。凡舊約法所以掣大總統之肘。使行政不得敏活之條款。悉數剗除。不復稍留抵制之餘地。是中國今日共和二字。僅存國體上之虛名詞。實際固已極端用開明專制之例矣。……茲貴會討論之結果。將仍採用新約法之開明專制乎。則今大總統已厲行之。天下並無非難。何必君主。

汪君之言雖甚明白。至其眞意果主開明專制與否。愚以爲不當僅於此書求之。蓋汪君此書乃極言國體之不可易。自國體不易以上。其有可以讓步之點。充類至盡以與之。以謂公等之所欲得者。不過如此如此已耳。而今之事實固已如此如此。何必之他。言外之意不難體認。而反對者抵巇而進。卽於此振振有詞。其言曰。

汪君所持以爲立論之具。實未嘗深究夫世界各國所以立國之大經大法。而得其創制垂統之精神。故其所云云。皆爲一時之對象而發。初與國家之根本大計無關。……大凡一國之人民。……若經一度開發之後。靈機大啓。自然日進於文明。……若如汪君所論。假共和之名。而行專制之實。姑毋論今之政府。曾否於汪君所謂開明專制之精意。完全做倒。卽令盡如汪君所期。此又豈維持永久

(一)作此段時、所欲論列、不止開明專制一事、以篇幅過大、恐一時病腦、未能終篇、故暫就一事論之、而仍此冒頭之詞、梁任公之國體論、有一二點當辨者、則別爲一短篇、竊求諒之、

不敝之道（一）

意謂開明專制。不如君主立憲。此誠彼輩自鳴得意之語。而亦自欺欺人最甚者也。蓋民主之時。不能立憲。何以改爲君主。卽乃能之。有識之倫。無從理解。若曰繼承之法不立。憲政將無自生。則必假定有一人者。執意以些須貓口之鼠之自由與所謂萬世一系神聖不可侵犯之條相市。是其憲法云者。將負何種罪惡。以俱行。黃口小兒。不足以相謾。而乃宣之大衆。著之篇章。表裏唱和。恬不知恥。豈非咄咄怪事也哉。姑不具論。論其與開明專制說之關係。

大凡小人之得志也。乃君子有以成之。邪說之橫流也。亦正說有以啟之。開明專制之論。十年以前。卽與共和論對峙。倡之者之本諸無邪之思。至誠之意。至今無人疑之。惟其流毒所之。則實釀成前淸僞立憲與民國僞共和兩大惡劇。鐵案如山。毫不可撼。無賢無不肖。大都見之甚瑩。主是說者。至是恍然自悟。情見乎詞。而已無及矣。今之爲君主論者。其用心路人所知。苟其有一時可假之說。供其撏撦。必且窮量用之。無所擇焉。而獨不主開明專制。不僅不主之也。而且非之以爲是乃『一時之對象。初與國家之根本大計無關』。欲求『維持永久不敝之道』。惟有完全立憲云云。可見開明專制論根據之薄弱。已爲奸人稗販政談者所不取。夫立憲之說。使非出於許芝李伏之倫。藉謀禪代。卽起盧孟而問之。亦將莫易其言。今若此。則其爲說詭譎。不倫。語彌亂眞。而肺肝彌見。較之夙昔持開明專制論者之拘墟質直。反比適

（一）見九月七日北京亞細亞報。

同。夫言爲心聲。不誠何物。今雖當開明專制論退聽之時。(一)而謂人將取一作奸犯科之君主立憲論代之。自非杞人不生是憂。然愚之不能已於言。以賢明如汪君之流。而猶受開明專制論不斷之彈力。放逐邪說。不期而假是以爲武器。一面使缺於自信力者。迷離惝怳。因於專制之毒。螫目擊身受而仍懈於防。一面使無忌憚之小人。敢於依附正人。舞弄文墨。以殺亂庸愚之耳目。此終不得不認爲君子不智之過。而宜有正名定界之文者矣。

開明專制之無是物。愚執筆斯誌以來。屢有所陳。想讀者猶能記憶其所以然。則凡政事號曰清明。首嚴法律。而專制之爲物。性與仇法爲緣。其頒行於國內者。匪不今日一條。明日一令。而卽其條令本身言之。已前後自相衝突。狐埋狐搰。一國莫知所爲。而又己身與其奔走疏附之人。且遠立於此衝突埋搰者之外。以前者卽意卽法。而後者則恒從其意而不從其令也。黎白曰。『專制者無政府也。』(二) 夫至法律不能用事。字之曰無政府。宜不爲過。論者難之。以爲斯言未足苞舉一切也。若吾國之專制。庶不失爲開明。則姑不論他事。惟論法律。梁任公先生近著國體論有曰。『大抵一制度之頒行之平均不盈半年。旋卽有反對之新制度起而摧翻之。使全國民彷徨迷惑。莫知適從。政府威信掃地盡矣。』此通於當代之務者之所言。有目者所能共證。故其制度之爲何種何種。讀者必有甚明之印象。無待縷陳。尤可怪者。所

(一)所謂退聽、乃指政治運動失敗之一派設齊明理者言之、至他方面、此種思想、方且潛滋暗長、後幅頗論及之、

(二)Lieber civil Liberty and self-Government 忘其頁數、愚嘗論專制有自賊之性、吳語申胥諫夫差曰、『今王播棄黎老、而孩童焉比謀、曰、余令而不違、夫不違乃違也、』不違乃違、卽專制自賊之理、

立法度己不守之並責人以不守守之且至得罪(一)此而謂之開明則非其字適與孟子所謂無道揆無法守同一義解又寧有他吾國古賢之善言開明專制者宜莫若商鞅韓非而鞅之治績始於徙木立信非之精義存乎審合刑名愚向言之專制與法律性不兩容鞅非皆爲其所不可得爲故一敗而不可收拾然茲固事實有所不能理論尚無矛盾之弊今者日從事於毀壞法度而猶揭櫫開明專制以爲號斯誠名實兩無所可之談也已

愚爲此言亦將如汪君之書授籌安者以口實曰惟專制之不可乃當立憲故楊氏之言曰

……誠實爲立憲最要之義誠實之法亦甚簡單即如議決法律議決預算乃國會必有之權既令其議決矣若又行政自行政法律自法律財政自財政預算自預算彼此不顧兩不相關此萬萬不可者也……若曰各國本有實行法律預算之道中國本無實行法律預算之道則萬萬無此情理各國立憲之初亦不知經幾何波折而後終竟實行故能行與否視有誠心實力貫之否耳法律預算其一端也此外各事大皆類此總求議會所決政府所頒一字即有一字之效力乃爲憲政實行

斯說也甚似而幾矣然此種誠實之憲政初與創立君主無關今楊氏必聯而爲之詞詞愈辯而狀愈醜往習法蘭西文憶課本中有一寓言則黑疫流行山谷間獸死者日衆羣獸大恐開會集議謀所以救之因各主懺悔相戒不肉食狐主張尤力謂惟誠乃格天負罪深者宜自劾責以免犧牲獅據王者之座從容言曰惟吾實盡全羊之羣且牧者在旁亦遭吞噬似吾罪最不可逭狐曰不然王非餘衆可比王盡羣羊實與羊以無盡之光榮區區牧者又何足算以臣所知時勢之前無法律時勢所宜王者之行動即得

(一)近大理院推事朱學曾以株守法例得罪、

其正。(一)歟大譏、呼羣贊狐議、今楊氏言誠實立憲不識比於狐之誠乃格天之說爲何如。惟立君矣。梁先生嘗言之『論者挾何券約敢保證國體一變之後而憲政卽可實行而無障如其不然則仍是單純之君主論非君主立憲論也既非君主立憲則其爲君主專制自不待言』斯言而確更證愚言專制與法律不相習則時勢之前無法律之狐說一日楊氏又將指天畫地無愧無怍痛陳於我邦人諸友之前察往知來不得謂爲不必至之事嗚乎人有不爲也而後可以有爲至無所不無則無論何時皆無所不爲矣其中豈有廉恥之足言信義之可守哉。

上文所述乃明愚駁開明專制不許楊氏之僞立憲說羼乎其中。此固由於楊氏之徒特假其說以爲禽犢。初無取而實行之意。卽假定有意實行。楊氏而外更有若干人同心戮力以期其成。而事勢所之亦必無效。何也。帝政之性則然也。蓋此種帝政與沿於歷史本乎神權者不同。後者可言立憲。而前者則否。黎白曰『英主亞弗勒(二)以自治賚之人民。不假干涉。且一見自治爲必要。卽知敬而禮之。若在拿破崙第一。則任彼統治時期其久何許。求與亞弗勒同其治績。萬不可能。蓋入壑益深。而心希造極。未有能至者也』(三)其所以然。則請貫穿黎氏前後所言以明之。當政府勢力之未完成也。國內必有與之相劑相質之組織。非先以計破滅。使無復存。將不能爲其所欲爲。而此種破滅之計。恒以譎而不以正。又爲野心

(一)La nécessité n'a pas de loi; elle justifie l'action du monarque.

(二)Alfred

(三)同書三七五頁、

者之通性『往者俄與普之欲甘心於波蘭也先以種種之秘謀間其人民棼其政事繼以種種不平難忍之手段激波人使怒內而黨派之觝觸益亟外而與國之齟齬益深是三國者因從而宣言曰波蘭不足以為國也置為吾鄰吾不堪其擾乃相約分其地而波蘭遂亡夫波政誠有缺也然非三國之陰謀登於絕頂節節挑之使無隙自安亦未必爾（一）波事然矣一國以內豪強竊政事亦同之彼其政府最先必窮智盡計敗壞社會之道德醇發國人之感情使之自相鬩爭瀕於內亂然後乘機抵隙正名定罪陰謀既遂暴力隨之於是推翻政制為有詞矣』（二）自是以後其所欲為著著可以推想凡源不正者其流不清帝政由是而立而望其從容入乎憲政之軌其事誠與逆行求前無異魯意拿破崙在十二月二日政變之後所發第一令開宗明義即曰『以國民名義』此之所謂國民有何意味其令曰吾之所欲知者國民是否願以絕對之政權託吾十年耳如不願也吾即安然與辭國中亦必無兵爭之禍語雖質直無奈理勢不能相容當此種問題提出之時『其候補者大抵已為三軍之帥居政府之顯名字滿乎寰

（一）同上黎氏之述波亦以為強鄰亂政之比惡之深此意更有在道吾之政府既步武三國推倒共和而不知所乎吾後正有與三國在政府之所為又其所拍手於旁者也前次中日交涉日人之所以狂妄吾者無所不至當時輿論以袁總統為居於癸丑革命黨之地位想讀者猶能憶之吾國既幸未淪於強國手腕之下方求所以自脫之不暇而乃無故自操刃惡學為蠹術以求人之弱我誠不知是何居心恐甚望讀者推想及此勿復忘之

（二）彼其政府以下數語原文如下 governments or leaders first do every thing to corrupt the people or plunge into civil wars and then, taking advandage of their own wrong," use the corruption and blood-shed as a proof of necessity to upse the government.

區肖像遍乎寺署甚且披袍御殿實已同乎至尊上表稱臣名已見乎公牒（一）試問出占開匭所選不爲是人而是人者其將行所無事拱手以讓於他人否乎如或讓之替人其誰……如此明白無翳之事人且慮有識者或爲所朦斯誠非常可怪』（二）『大抵如斯大舉實力已周其所假託之詞無間於稱帝之前後無意識之度相等自由者事實也一日起有功川流不息之實在物也自非然者不得被以是名』（三）由斯以談自由不存於作帝之先當然不存於作帝之後『彼之維持和平厲行善政甚且偵嚴防密革命不生以勢推之容亦可望至若自由之根萌人民未來幸福之所託命者則摧殘淨盡皎然無疑』（四）『試觀羅馬諸凱撒之政縱有事蹟可以甄稱而持與其貪權縱慾驕吝酷刻諸不可名言之惡德相衡則其政績立爲無物尤可痛者毀晝道德迄無底止凡流風餘韻之有一毫足貴爲良時之所醞釀

（一）吾國大總統生辰、壽之前、結綵設賀、多以松枝紮成萬壽無疆四字、北京之新聞、亦多用大總統萬壽字樣、孫毓筠賀總統書係、題曰中華帝國大皇帝、而楊度之稱臣、又成掌故矣、

（二）同書三八五及三八六頁、報載明年正月、吾國將開國民會議、決定國體問題、大總統將容以完全投票之自由、不加干涉、九月六日、楊士琦赴代行立法院、陳述總統意見、有曰、「大總統之地位、本爲國民所公舉、自應仍聽之國民、且代行立法院爲獨立機關、向不受外界之牽掣、本大總統固不當向國民有所主張、亦不當向立法機關有所表示」、此吾國共和之保障、甚望讀者勿因愚言而妄加推測也、

（三）同書三七九頁、Where liberty is not a fact and a daily recurring reality, it is not liberty.

（四）同書三七五頁、

昔賢之所沾溉者悉投此中一瀉而盡』(一)如此而言自由言憲政豈非夢囈之尤。黎白之著此書正當拿破崙第三踐阼之後。故其興哀於歐洲之自由不覺言之沈痛切至如此。愚文幅窄。恨難盡錄。然卽此觀之。可見民主帝政後之立憲爲滑稽矣。事前而張皇其詞。非策士之姦言。卽妄人之目論。默計帝政既立。此等掩耳盜鈴之立憲論。卽當棄若筌蹄。而其跋扈於朝野上下之間。將仍爲開明專制之說。彼今之販賣憲政者。初不難詭其詞曰。吾言憲法首重國情。吾國人民難張十分自由之幟。故吾國立憲仍以開明專制之憲法爲宜耳。夫曰立憲。曰開明專制。曰開明專制之立憲。或更百易其辭。曰某曰某。在政治本身言之。唯是朝三暮四之不同耳。於實際無與也。若在論政之家從公之士。則名稱一變。而主奴出入之見。或卽由是而生。故不可不亟辨也。

愚今以一極平淺之問題。叩之讀者。曰諸君亦知法蘭西革命。大亂八九十年。其眞因果胡在乎。以愚觀之。誤法蘭西者無他。開明專制之一念而已。自千八百七十一年。法人捐除此念。其國始平和發展以迄今日。此非愚一人之私言。證以史蹟。博考歐美人之政論。固不誣也。特愚言開明專制。人且疑之。以爲馬拉段敦羅伯士比之流。凶悍無倫。寧足語於開明專制。卽在兩拿破崙。專制誠有之。其得號爲開明與否。尙有可疑。惟愚蠡言之。開明專制本無是物。讀者縱不必同意及此。而開明與否。乃是旁觀評隲之詞。至

(一)同前三七六頁、Count the good rulers and weigh them against the unutterable wretchedness, resulting from the worst of all combinations—of lust of power, voluptuousness avarice and cruelty—and forming a stream of increasing demoralisation, which gradually swept down in its course everything noble that had remained of better times.

在專制者之主觀。則固無不以己之所爲爲開明者也。縱最初之手段。不免黑暗。而亦自叩自答曰。吾徐徐焉必能爲開明也。故曰一念誤之。

嘗論共和之與專制爲緣。有出於惡德者。有不必然者。孟德斯鳩嘗闡明其惡德之一面。愚請攝其義曰。共和既立。平等斯興。人人各利其自由。以攫其所可得攫之利。用力多者。所得恒多。用力既多。斯鄰專制。而國內無數之小專制者成矣。無數之小專制者既成。卽一大專制者囊括苞舉之兆。『故共和有兩端之可憂。一曰不平等。一曰極平等。不平等之弊。流於貴族與君主。極平等之弊。流於絕對之專制。殺敵鋤異。惟己獨尊。』(一)孟氏之言。信爲炯鑒。若推而及於他點。卽著爲數十百戒。寧嫌其多。然此不足以盡藉詞專制者之純正心理也。蓋彼輩之走入極端。不必盡由於先天之惡意。固有之成見。特以事勢之來。遂不得不然。由此勘入。以明其方策之未正。乃本篇之職志也。故不從孟氏之論法。而以專制者之純正心理爲準。

共和之下。發生專制。其第一受病處。則在不解調和立國之方。天下事未有祇存兩端。而無所謂中者。孟氏曰。共和之弊。一在不平等。一在極平等。曰不曰極。明明有中。得其中道。共和斯茂。獨奈何不於此加之意乎。當法蘭西第一革命之起。解調和者有兩傑焉。一曰米拉波。一曰拉飛咽。愚讀美人近著。有論拉飛

(一) La democratie a donc deux exces a eviter ..... l'esprit d'egalite extreme, qui la condnit au despotisme d'un seul comme le derpotisme d'un seulfinit par la conquete. 參觀嚴譯法意第八卷第二章第七段、惟嚴譯意不明顯、且最後一句、譯作『其所以然者、國力散而民服滋、故易爲寇敵之所乘也、』直是未了原意、嚴氏所譯各書、譯誤最多者爲法意、卽此可見、

咽者曰。『凡政治號有建設非以合理之調和爲鵠基乃不眞此種教訓逾一世紀。法蘭西人始有知之彼在當時。已能深通其意。』(一)無奈米拉波、拉飛咽、以及倫的黨諸君子之溫和寬恕。不敵馬拉段敦羅伯士比之徒之悍鷙險狠。故調和失敗。然馬拉等之爲此。亦未必卽其初衷。南海康先生著法蘭西游記。罵『諸屠伯悍賊之酷毒。』可謂至矣。而亦曰。『非羅伯士比之性特慘酷。乃事勢曲折導之使然』可見此種『事勢』之成。不得耑以蔽罪羅伯士比。苟有此種事勢以上。則爲羅伯士比者。容有詞曰。吾非取何等手段。不足以解大紛決大計也。持論至此。則敢斷言有此思惟。卽爲大謬。蓋以力代力。所得仍力。前力無濟。後力何爲。且以力傾人。人亦傾己。傾傾不已。終歸調和。法蘭西之梟雄。數馬拉段敦羅伯士比兩拿破崙共五人。成敗未同。而心迹則一。是何也。全國惟我擁有無對之權。國乃得治也。拿破崙第一被囚於聖厄理那島。嘗告人曰。『法人愛平等。不甚愛自由。故吾賚以平等。若吾不敗。吾子繼位。將更賚以自由。』此其所爲平等自由之分。理由何在。茲姑不論。然果以何故。不當及身未敗。與民更始。而必待其子爲之。論者稱拿破崙第三治法。十八年前期固極專橫。後期亦重民治。確否亦不贅。惟旣知民治之足重。胡乃不於四十八年之頃。而卽行之。考法事者。每於羅伯士比拿破崙之間。有所左右。然若羅伯士比在位日久。其所爲保障民權。未必有遜於拿翁。且彼首唱共和。其不至帝制自爲。又屬不難推想之事。要之。法國大亂。八九十年。其間不外有數人焉。以一己之權力。視爲絕對。不容異己。不受調和。以致干戈相尋。禍敗相續。至於千八百七十一年。大反前一紀之所爲。而國基始得大定。斷可識也。夫苟專制之不可

(一)參觀本誌四號隱者調和立國論、

終而又病民病國迄乎數十年之久也則專制心理之不可有而後來一切論治者之所當奉爲箴銘又可識也

此外有亟當注意者大凡專制之成專制者之心理固爲其主因而非同時有普通心理與之共趨一方表裏和應雖有梟傑亦將不能有爲法蘭西之大亂人恒歸獄於所謂梟傑者數人不知嗜欲將至有開必先當時偏激之思潮實有以導之至是此種思潮亦分兩派一暴民尸之一非暴民尸之法蘭西之革命乃挾一『民王』（一）之義以行民王者惟民爲王主權在民之意也此其義初不爲惡而用之者乃昧於全稱偏及之分而大禍作矣（二）黎白曰『法蘭西自傾覆包本王家以來每次革命之所得惟餘專制且每進益上愈後起者專制乃愈酷焉此卽其理由之一也』（三）此一派也其他一派則出於純正溫良之士實心愛國之徒目擊暴者之橫行無法自救平等自由亦爲所欲而生命財產到處堪虞社會之秩序不安卽居至美之名講至高之學亦何益世用故自由與安全二者不可得兼亦惟有舍前而取後而已此又一派也甲派無論矣而專制之乘乙派思潮而起者在政治學中最有深求潛玩之値蓋此種思潮類爲一時之感情所驅逾時未幾未有不自鏡其失當而追悔莫及者蓋社會心理所需專制之量與其運用專制之方一入專制者之手遂乃漫無底止窮極乖盭突過於人之所期者不知其倍蓰千萬

（一）peuple-roi

（二）國民之集合體、始有主權、此全稱之義、人民之一部分、亦卽有之、此偏及之義、

（三）見自由與自治、忘其頁數、

僢馳不已反動以生本以求安轉而激變往往然也法蘭西政家德摩理(一)助魯意拿破崙傾覆共和最力因而掌其內閣者也其後魯意所為乖謬無已王族疴爾良(二)家之法定財產魯意無端而沒收之德摩理爭之不得相傳彼為良心所譴不能對此不法卑劣之行為貿然畫諾遂乃辭職此妄附專制者之苦痛可以窺見一斑矣(三)善夫黎白之言曰『痛哉人之好持兩極之見也傷於火者未聞必往入水始足為治何懲民政之弊乃至思與專制為鄰在東端覓物不得則狂奔西端中途冉冉曾不留止甚矣其惑也』(四)社會不知慎用其感情以致權奸假手以與轉扼社會之吭使其窒息盡氣以死有如此者可不懼哉(五)

反觀吾國情勢愈見嘗論吾國調和立國之最好機會莫逾於南北統一之時蓋共和之成乃新舊兩派人僇力併命而為斯賓塞之名言曰『蛻嬗之羣無往而非得半者也』(六)於是舊者不得太舊新者不得太新以沿以革以質以劑而高華美滿之國制可望其成此理想也而事實適與相反欲求其故可得而言今之追論元二年之政治者不能忘情於所謂暴民專制實則何者謂暴如何為專求其實例亦難確切號稱首領之孫黃已宣言不入政界陸軍財政舉非黨人所能問津北方增兵未已南方原有軍隊

(一)De Morney　(二)Orlean　(三)見黎白自由與自治三八五頁小註、

(四)見前注、惟其頁數、恐是兩譯或有未同、

(五)此段可參觀本誌四號拙著調和立國論十四頁、

(六)嚴譯羣學肄言三四六頁、

以次裁併殆盡議會雖居多數而在積威之下居財賄之中街頭走卒振臂偶呼兩院皇然連聲諾諾領其黨者欲稍稍試爲巡回之演說發脂未已而盜賊即剚手以衝其胸此而謂暴名其誰尸癸丑之役黨人以此不爲國人所宥而平情論事豈其處心積慮必出於是耶抑實逼處此急不暇擇耶前舉黎白之言所謂『政府……窮智盡計……使之自相鬨爭瀕於內亂然後乘機抵隙正名定罪陰謀既遂暴力隨之』未必證之吾國乃無幾徼之似丁君佛言曰政府於此宜有慚德（一）愚嘗評之曰『慚德二字界說苦於難立而自愚觀之謂其不諳政治通義彼必無詞蓋在社會可號爲國家以上其所以處置反對黨者決非迫之生變草薙禽獮以外別無他道哈蒲浩曰「人競言政府當準時勢以立策予則謂政府不當自陷於一時勢因而見逼以致行事不見容於較良之主義也」此類名言可書萬遍』（二）且自陷之云復生大別有遷流所居不獲已而陷焉者有利其可陷以種種不法之手段特造時勢以居焉者由後之說用心尤不可知用此而談民國調和之失敗民黨僅居被動之咎管其樞者厥惟政府雖有百喙恐莫辯矣

革命黨既敗衂奔竄而狹義之調和主義仍未始不可行於國中昨年五月本誌初出愚著政本一篇即爲之言曰『昔者國人惟以黨人爲憂以爲黨人不亡中國即不可治於是踴躍奮迅聯爲一氣以排之……今黨人已蔽其辜矣則國人之所當務在仍然踴躍奮迅聯爲一氣移其對待「暴民」之心理以整

（一）見北京中華雜誌、

（二）見拙著調和立國論、

理國事此應有之心理。亦當然之邏輯也。夫吾夙昔理想中之中華民國。非革命後國人共矢其天良。同排其客氣。無新無舊無高無下無老無壯無賢無不肖悉出其聰明才力之量投之總貨棧。如穆勒所言。以安而邦以定而法乎。今既不可得。革命黨以不勝其排而去矣。然國家者非革命黨之國家也。革命黨可去。國家終不可去。雖曰國中一部分之聰明才智勢將隨革命黨以出吾棧。但若其餘者共矢其天良。同排其客氣。如上云云。而進行焉。國事亦奚不足爲理。』愚既著此說旋復斷其無望。蓋以天演相排之理推之。公仇旣去。私鬬必興。展轉擠排。最後之操勝利者。乃在『竊用威福頑鈍無恥黷貨亂政醇乎醇者數輩』也。今距爲此文時又已年餘。其間黨人宣言。『先國家而後政治先政治而後黨派』意謂政治若良。黨人卽客死異邦亦無所悔。國人外革命黨而獨立與國之時會。不可謂不宏。究之國中政象之足與愚前文相發明者何如。此誠世人所親見。其中關節不待指明。是吾國狹義調和之機。又如雲煙過眼。渺不可尋矣。

語云物極必反。政理旣絕。反動斯興。今之羣衆心理果爲何種乎。愚前引康南海所論法蘭西山岳黨之語曰。『非羅伯士比之性特慘酷。乃事勢曲折導之使然』斯言破的。宜無以易。故吾國當共和初成之日。革命黨人委曲遷就舊派之心跡。到處見之。今之抱持此意而無改者。固不乏人。而在激急過當之徒。則前此所爲。皆其追悔鑒戒之一紀念。暴民云者。前受之而迕。以爲惡諡。今取以自號。謂爲佳名。其言曰。『使革命黨盡爲暴民。民國何至有今日』(一)此類思想。吾人以和平人道爲幟。卽家置一口。日作萬言。

(一)美洲發行民口雜誌中語、

明著其不可。而『事勢』所至。恐難挽回。今後所之。必且更甚。辛亥之役。吾家太炎聞陶煥卿之死。貽書張季直曰。『曩者武昌倡義。未盈百日。南紀已清。謂法蘭西山岳黨之禍。必不見於今日。然未敢斷言也。款款之愚。每以老子常善救人為念。……何圖先事建義之人。尙蒙憯禍。彈丸剡注。布在市闠。所謂民多利器。國家滋昏者。其禍殆非數年不解。』山岳黨之禍。彼時未敢斷言其不必見者。其度釀之數載。日進炎炎。今則敢斷言其必見矣。此在革命黨一方言之也。若非革命黨乎。其理想又復與前日大殊。北京某君來言於東京曰。『嘻。暴民胡乃不暴。』其意若曰。今之政局。棼如亂絲。非得暴者斬之不可為理。前此深惡痛恨革命黨者。今又歎息怨望於革命黨之不速興。縱或局於境地。不能發議。而旨趣明白。其飾彌章。某君通訊於吾誌曰。『前人詩云。萬木無聲待雨來。今社會之現象。實一萬木無聲之現象。而其心理則皆待雨來耳。』(一)斯誠君房下筆。言語妙天下。由此推想。大事可知。蒲徠士曰。『社會之情。一傷至此。久而久之。勢且成為中堅。所有憂傷疾苦。環趨併發。羣體不裂。又復幾何。』(二)嗚呼。吾徒試舉目曠覿。丁此時會。果有何道。使如蒲氏之談。言幸而不中也哉。

若是者何也。曰。其初有誰某焉。抱定大權獨攬主義。一國之內。何事皆可犧牲。惟吾權不可讓。又有多數人焉。羣然謳歌斯人。以為唯此足以已一時之亂。有以致然也。是之謂專制。愚固曩言。凡專制者。無不自以為開明者也。而謳歌專制者。又無不想望其開明者也。故推原其朔。可曰開明專制主義誤之。開明專制之誤國也如是。而今之賢士大夫。如汪君鳳瀛之流。猶頌言此物。以為今日而治中國。外此莫可。淮南

(一)見本誌七號通訊、　(二)見本誌三號致力向背論三頁、

有言。『存國樂其所以存。亡國樂其所以亡。』吾聞存國之業。非賢莫舉。今果亡國之事。亦須賢者僇力同德以爲之也耶。

或者聞愚言而病之。以爲愚非開明專制。是將以至德要道奉之民。欲與偕亡之惡政府也。不智之事莫或逾此。愚曰。惡是何言也。聞之王孫雒曰。『危事不可以爲安。死事不可以爲生。則無爲貴智矣。』政府果得吾說而存之。步步實踐以行焉。本可著其生死肉骨之效。且吾曹非國民之一部乎。得政府如此翻然而改圖。徙義而修慝。有何不願。必曰不願。亦非人情。反而觀之。政府果自有其絕對之主張。吾人卽日日流涕長太息爲之言之。亦必蒙耳而不聽。或不爲絕對而稍稍遷就時勢。行其權謀。僞善陽爲改革以欺天下矣。則亦未足以善其敗。而轉以速其亡。前清之僞立憲。其明徵也。蓋惡政府者。固遲速必以惡敗。一旦自覺爲惡。而欲以補苴之術救之。敗乃愈急。蓋若而政府。既倚惡以爲性命。惡根一搖。卽去顚覆決未遠也。」(一)此如食煙粟然。久食固死。不食亦死。或者懼愚說毗於教猱而升木。則誠慮其所不必慮者也。且開明專制之毒中之者。亦不獨政府。前言政府之有今日。乃多數崇信斯說者相與慫慂成之。今其人自晤陷人術中者固多。未晤者亦不爲少。其在他一面。前之服膺共和者。亦爲反動之力所逼。移以爲前此所信徒以優容而養奸。今後得所借手。非以大刀闊斧。橫厲無前。不足摧陷羣邪。杜絕後禍。時局如斯。今日不保明日。勝廣頓足。大難立成。已見山岳黨之慘禍。懸夫眉睫。今之左右政局者。專制思想重一

(一)辛亥陽夏之師初起、愚在倫敦、見泰晤士報論之、追溯滿洲之僞立憲、卽踵濟斯從、遂引法儒徐格維爾之言以實之、愚至今未見徐氏原語、深憾學殖荒落也、

分將來食其報者亦重一分急激者專制思想重一分將來以施於人而展轉食其報者亦重一分報復相乘禍患相繼太炎先生憂其數年不解者愚恐法蘭西八九十年之大亂苟其列國不欲瓜分任吾自爲蝸角之戰必且無可幸免我生不辰逢天癉怒愚亦何必故作不祥之言惟灼見爲危不敢不告怪哉今之帝政運動方興未艾而一部有力之說足買庸衆之歡心而號爲識時當可者又有若汪君鳳瀛之所云云故總統世襲民國立君諸謬論爲其最新之方案以愚觀之此較之逕立君政變換國號尤爲左道惑衆至哉穆勒之言曰『人言開明專制乎余則寧取黑暗專制蓋黑暗專制壓力橫施、由壓生抵必且暴抗而人民出見天日之期或猶未遠若開明專制本其可居之名以行無道之實陰謀柔道表裏兼施民間之骨力全隳志節掃地肢體不動漸成疲癃自是以後更立自由之政非所堪矣』(一)夫穆勒所謂開明專制以吾現制及所能想像者律之已當望之若在天上提以並論本非其倫惟其所著之凶德惡報有以絕開明專制之本根而芟夷蘊崇之是知所謂開明者且然名開明而實黑暗者更不必論是誠宜以顧亭林亡天下之旨釋之而凡願負興亡之責者所不厭百回讀者矣 九月十七日稿

(一)見代議政體論、因稍倉卒、未核原書、詞句或稍出入、而意決無訛也、

評梁任公之國體論（一）

秋桐

梁任公先生號爲言論之母。今於國體論『甚囂塵上』『八表同昏』之時。獨爲汝南晨雞。登壇以喚。形大而聲宏。本深而末茂。其所以定民志。郛衆說者至矣。顧其文不免有斧鑿之痕。啓人疑慮。頗聞人言。梁先生草此文。凡數易稿。初稿之詞。最爲直切。親愛者以爲於時未可。點竄塗改。以成今形。茲雖於大體無病。而悠悠之口。乘間抵巇。肆其毀疵。是誠不可以不辨。或曰。庖人既不治庖。復未引尸祝自助。而遽手鸞刀。漫之羶腥。不亦太可笑乎。曰。不然。梁先生之言。天下之公言也。愚爲言辨。非爲人辨也。乃著其說於次。

梁先生曰。『吾儕立憲黨之政論家。只問政體。不問國體。』又曰。『在甲種國體之下。爲政治活動。在乙種反對國體之下。仍爲同樣之政治活動。此不足成爲政治家之節操問題。』駁之者曰。善。吾今計謀變更國體。公可不問。俟吾改革畢事。仍請公爲其同樣之政治活動可耳。此不關夫節操也。充斯說也。設若此次變更國體之後。更有三次四次。乃至五次六次之變更。先生所立之命題。仍可不換。而駁者之答案。仍可不移。展轉相推。將見譙周之作降表不足言。慣馮道之爲三公。不足言。屢此誠不得以概鄉黨自好之士。而謂賢如梁先生。天下寧有若是之小人。妄以臆度者乎。顧讀先生之文。尋行而數墨。其結果將不得不使輕佼者推想至是。故其文初出。楊晳子卽聲言不駁。以爲國體既非所問。駁之何庸。愚之所謂不可不辨者此也。

（一）卽『異哉所謂國體問題者』、見大中華雜誌第八號、

只問政體不問國體問之云者卽英語之 question 以其事可疑而發爲問也故問與論不同論者可就其不疑之一面發揮之問則非疑不啓也國體者不容致疑者也傳曰卜以決疑不疑何卜卜者問之類也既已不疑何有於問有自署破浪者於茲有言曰『任公此文爲誰而作乎曰爲國體問題而作也爲國體問題而作文乃爲根本取消之言曰國體問題非政論家所當問所能問此可異者也』(一)此蓋未明夫問與論之別也法蘭西第一共和之憲法曰共和國體(二)不得以爲提議修改之題此謂國體爲固定之事實不當問也非謂不當論也若謂不當論則本條之所由立非論莫致自後之解釋辯護非論莫成是不可通也涂格維爾者法之政學宗匠也魯意腓立之君主憲法既定彼宣言無人有此權力可變易之此亦謂國體爲固定之事實不當問也非謂不當論也若謂不當論則彼所著書言憲法者寧非羌無意識是不可通也人以梁先生不問國體卽推定其論國體爲矛盾者非知言者也

此義既明則問之云者純屬諸能動觀念謂國體之爲物在我之主觀爲無可疑故不問耳至若他人起而問之則我應取何種態度則非前此消極之說所能限蓋此時已入於被動之域非積極有所論列則是前日不問乃秦越相視無動於中之類豈政家之所爲故前日之不問今日之論其精神仍一貫也譬之美利堅立國自始不欲與歐洲紛其交涉因而開戰此所謂們羅主義也設若歐人必與美人紛其交涉迫之不得不戰美人亦唯有戰而已不得謂今日之戰與其們羅主義相防也豈僅不相防且正所以

(一)見九月十三日上海亞細亞報、

(二)原文本言政體(republic form of government)以其時國體政體之辨未明、在今日言之、宜指國體也、

相成也。在甲種國體之下爲政治活動在乙種反對國體之下仍爲同樣之政治活動不足成爲政治家之節操問題此必於所用甲乙兩字之範圍先求確定而後當否可得而論茲之甲乙果配分之甲乙乎抑同體之甲乙乎配分者同類之物任舉其一欲甲甲之欲乙乙之同體則不然甲者某甲乙者某乙所代祇一不可移也由前則蠹舉駁者之說誠不得謂無邏輯可據之基由後則否以愚觀之梁先生之意由後而不由前此不待甚智之夫可以一思而得爲之詞者喋喋利口捷給果胡謂也

用此以觀所謂甲種國體滿洲君主國體而亦限於滿洲君主國體者也乙種反對國體今日共和國體而亦限於今日共和國體者也節操問題之生乃謂由滿洲以入民國前之曾從事於立憲運動者是否繼續而爲同一之運動不至有貶節喪義之嫌不許竊取論點施之別案也此其無損於節操在尋常官僚且猶有然（一）何況富有主義之政家大纛其理章顯無待縷陳（二）舉其最淺者言之君主國體爲

（一）汪君鳳瀛致楊度書有曰。「今日在朝諸彥罔非清室遺臣止以國爲民國出而爲國服務初無更事二姓之嫌屈節稱臣之病故一經勸進相率來歸耳」此可推見一般心理。

（二）元年之冬。梁先生在北京報界歡迎會演說言此頗詳節舉其詞如下。「世論或以鄙人曾主張君主立憲。在今共和國體之下。不應有發言權。……即儕輩中亦有疑於平昔所主張。與今日時勢不相應。舍己從人。近於貶節。因嚅囁而不敢盡言者。吾以爲此皆瞀詞也。無論前此吾黨所盡力於共和主義者何如。即以近年所主張。對於國體主維持現狀。對於政體則懸一理想以求必達。此志固可皎然共天下共見。夫國體與政體。本不相蒙。稍有政治常識者。類能知之矣。當去年九月以前。君主之存在。尚儼然爲一種事實。而政治之敗壞。已達極點。於是忧國之士。對於政界前途發展之方法。分爲二派。其一派則希望政治現象日趨腐敗。俾君主府民怨而自速滅亡者。即誘所

家天下民主國體爲公天下自私而之公一也滿洲季年立憲絕望易爲共和而憲政確立在理宜然二也（一）荀政論之節操緣此二義而無傷則在同類變故之下政情稍與其義相背則所謂節操已零落瓦解而不可救而況適得其反者乎（二）譙周馮道生於今時稍解政治粗諳憲典如此偷合苟容之事知其猶且不爲而況首倡民權大義如梁先生其人者乎是故兩事相比往往貌近而情大乖邏輯重倫類而有時不可通者此類是也

右陳諸點灼灼甚明而世之抵排梁先生者仍嗷嗷不已而其說傾巧善陷一若足以動庸衆之聽者何也嗚呼如是者有本有原則梁先生入民國來一言一動俱不免爲政局所束縛立論每自相出入持態每觖觖不寧實有以致之然也夫當共和立國之日身爲輔導共和之人而乃不恤指陳共和之非其言

留苦肉計也故於其失政不屑復爲救正惟從事於秘密運動而已其一派則不忍生靈之塗炭思隨事補救以立憲一名詞套在該政府頭上使不得不設種種之法定民選機關爲民權之武器得逐漸以與之一戰此二派所用手段雖有不同然何嘗不相輔相成去年起義至今無非不資兩派人士之協力此其明證也然則前此曾言君主立憲者果何負於國民在今日亦何嫌何疑而不敢爲國宜力至於强誣前此立憲派之人爲不忠於共和則更是無理取鬧立憲派人不爭國體而爭政體其對於國體主維持現狀吾既屢言之故於國體則承認現在之事實於政體則求貫徹將來之理想夫於前此障礙極多之君主國體猶以其爲現存之事實而承認之屈己以活動於此事實之下豈有對於神聖高尚之共和國體而反挾異議者夫破壞國體惟革命黨始出此手段耳若立憲黨則從未聞有以搖動國體爲主義者也故在今日擁護共和國體實行立憲政體此自論理上必然之結果而何有節操問題之可言耶」

（一）今之憲政不能確立、非共和之咎、此理宜明、

（二）今之仍言君主、每以將來立憲爲詞、此戰略所謂局騙者也、梁先生國體論中、已論及僅立君主、不能立憲、

又爲一時所矜重豈有不爲人假借遂其大欲之理殆既見之則又廢然此四年間觀其忽忽而入京忽忽而辦報忽忽而入閣忽忽而解職忽忽而倡言不作政談忽忽而著論痛陳國體恍若躬領大兵不能鏖戰敵東擊則東應西擊則西應蒼黃奔命卒乃大疲蓋已全然陷入四面楚歌之中不能自動而與其夙昔固有之主張相去蓋萬里矣嗚呼補苴之術豈可久長有謀而需乃爲事賊梁先生自處有所未當八九歸諸社會之罪惡即過亦爲君子之過誰肯以小人之心度之惟以其人於中國之治亂興衰所關甚切如是之舉棋不定冥冥中墮壞國家之事不知幾許愚誠不能不附諸責備賢者之義於排斥浮說之次貢此數言狂悖之罪不敢辭卸

十月一日稿

吾人理想之制度與聯邦

東蓀

人有叩於吾者曰。中國行聯邦制宜乎。吾不能遽應。以為是難一言而決也。所以然者。其因有二。

一、聯邦制非可汎言也。以實例論。美與德同一聯邦制也。而美與德之殊。不啻瑞之與法。以抽象論、若何而始為聯邦。亦復異說紛紜。取其一而攻其他。不過徒增紛擾而已、故曰非可汎言也。

二、中國此後之施設。宜用何種制度。亦非可汎言也。吾人橫覽世界各國之制度。雖或同隸於一範疇之內。然無不有若干之差異。可知絕對相同。為事實所無。則中國亦必本此原則。不能絕似於人。故若何施設。必先為具體之方案。而非可汎言也。

本此二因。吾會擬有中國宜用之制度如下。

一、於地方

a. 各省之行政機關。仿德意志聯邦內三自由市之制。(一)為參事會。參事十人。舉一人為長。名曰省長。參事會之任期。與省議會同。由省議會選舉之。

b. 中央政府認省參事會不稱職時。得解散之。但限於省議會開會時。

c. 省議會得彈劾參事會。其審查權則屬之國會。

d. 中央政府得國會之同意。得解散省議會而重召集之。

(一)德之自由市、其行政之參事、皆為終身職、且為數甚多、微有不同、幸勿拘泥、

c. 仿加拿大之制。凡省權及立法行政各部之組織。皆規定於憲法。憲法之修正。非經各省省議會三分之二之批認。不能成立。凡憲法所未規定者。屬之中央。

二、於中央

a. 於總統之下。設責任內閣。仿澳洲之制。對於兩院同負責任。

b. 上院代表各省。二院不一致時。開聯合會。以多數決定之。

c. 由中央制定統一之法院編制法。於中央僅設大理院。而地方高等各廳。由各省自辦。惟各級法官皆由中央任命。但大理院及高等廳之法官。須經上院之同意。

以上所舉。不過梗概而已。然已爲具體。不必更詳。如斯之制度。人名之曰聯邦。吾亦從而聯邦之。特非如美德也。人以爲單一。吾亦從而單一之。特非如法日也。吾以爲中國惟如斯之制度爲宜。至於聯邦與單一。乃名詞之爭耳。無與於實質之組織。譬諸有鹿於此。人指爲馬。而鹿之長脛有角。初不因名馬而遽改也。反之廐無馬。指鹿爲馬。以爲吾有馬矣。其實固仍鹿也。曰中國以聯邦制爲善。則以巡按將軍爲邦之行政長官。以總統爲聯邦元首。儼然聯邦成矣。其有異於今日者幾何。其能致善者又何在。故吾以爲實至而名歸。實成而名附。斷無於實未爲周密之布置。不有深切之印象。而徒斤斤致辯於名之宜取宜舍也。(一)

(一)即世人厭惡聯邦、亦非沉論、以爲聯邦乃惡政制也、果聯邦而惡、則美何以富、德何以強、且近世之先進國、尤以聯邦爲多、故雖中國宜否採用聯邦之問題外、未不生聯邦爲善爲惡之疑問、此理至爲昭著、不待辯而明之、雖然。吾以爲可以不必爲名詞之爭者。乃退一步而言。以爲姑止於此。非不可更進而論。謂苟辨焉。則必蒙其害。故茲打破此限。更進一步而爲名詞之討論。於是吾人之問題。卽爲如斯之制度。果爲聯邦與否是也。特此問題之解決。首在聯邦一詞作何定義。聯邦之義旣著。再以此制度準之。則大小二前提胡綴合而結論生矣。間嘗聞之國際法學者之論國際法果爲法律與否也。以爲於法律不有確定之義。則國際法是否法律。乃永無解決之期。奧士丁之言曰。國際法非法也。羅倫斯之言曰。國際法亦法律。苟使二氏而同時。則置之一室。爭乃無休。

然此爭論之關鍵。乃在法之定義。奧士丁之詮法。以爲必爲主權之命令。反是。不得謂法（一）準此以譚國際間本非有主權之命令。以支配世界各國。則謂國際法非法律。誠不爲誣。若羅氏則以爲不然。法不必爲命令。不必有制裁。凡人類勿論個人團體。其行徑不可不規則焉。此規則卽爲法。準此以譚國際法者。國際間交涉行爲之準則也。謂之曰法。有何不宜。是可知爭論之點。不在小前提。而在大前提。今日聯邦之論。亦正猶是。

是則吾人欲知前述之制度。是否聯邦。不可不先求聯邦之界說。吾以爲聯邦界說之樞紐。惟在邦之性質。夫於邦之性質。不能有明切之印象。則於聯邦全體。必無精確之認識。可斷言也。論者謂邦與地方初無根本上之不同。不過權力程度上之差別耳。此說吾不敢賛同。請一言之。

夫言權力程度之不同。首應記憶者。勿論聯邦與單一。凡同一範疇之內。無不有程度之相差。法與日同

（一）"Law proper or properly so-called are commands; law which are not commands, are law unproperly so-called."—Austin, Jurisprudence P.182

第一圖（表示程度之差異及其界域者）

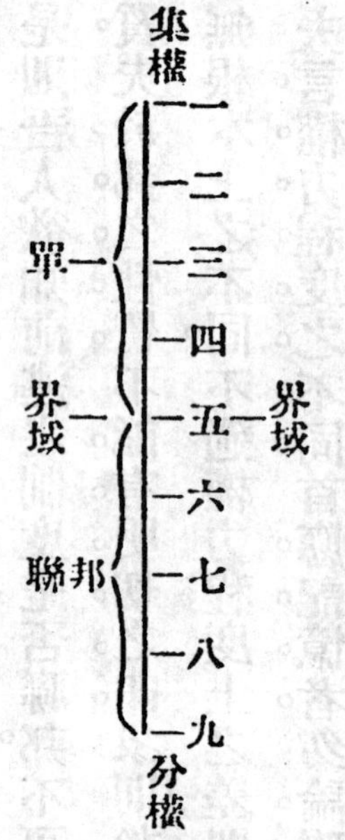

第二圖（表示聯邦具有二重性質者）

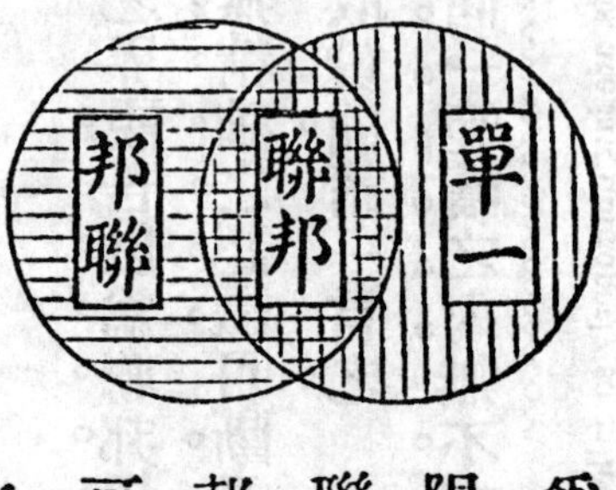

爲單一國也。而其地方權限。不復絕似德與美同爲聯邦國也。其中央政權與邦之政權。兩不相類。然則可知於單一國內。有程度之不同。以權之分集言之。法較日爲分。聯邦國內。亦有程度之差別。以權之分集言之。美較德爲集。於是以權之分集爲一抽象之定名。其所詮者。政權之自集中而至於分散之延長也。本此延長而生程度。謂聯邦與單一爲程度之差異。誠爲不謬。特知其一。未知其二耳。彼單一與聯邦之內。亦有程度之相差。則此程度果有異於彼程度乎。曰無以異。則不惟普魯士之國與普魯士內之省同科。哀爾撒魯林（一）與馬沙諸些（二）同科。而且中國之省。早等於瑞士之康同。日本國早爲聯邦矣。有是理乎。是以知其不然。則聯邦與單一。雖爲程度上之不同。然此程度。必實有異於彼程度者。異之之道安在。以吾所見。卽有一定之界域是也。質言之。於權力分集之延長中。有一定之界限。於此界限以上。勿論其權力分集至何程度。終爲單一。過此界限以下。亦不計其分集至何程度。然必爲聯邦。更易辭以明之。今有一地域團體焉。於權力分集之延長中置

（一）Elsass—Lothringen (Alsace—Lorraine) 乃德法戰爭時，法割讓於德之省，其組織詳見 Leoni, Elsass—Lothringen

（二）Massachusetts 乃美利堅之一邦、

有一定之界域吾人執此團體之組織而驗之果其於界域以上則不問其權力分集尙有何度終爲地方若過此界域亦不論其權力有何等差終必爲邦故漫言程度之不同而不注目於界域則聯邦與單一地方與邦之性質終莫能明以此爲論必使學者陷於五里霧中也

然此界域爲何物乎曰可一言以蔽之曰自組織權(一)自組織權者謂得依自己之意思以自己之法律而構造自身之組織也耶律芮克論之最詳其言曰

國家之標識爲國權之存在然國權者非有所從受之統治權乃統治權出於自家之力且依於自家之法者也統治權之存在與其範圍之廣狹無關惟團體之以原有之權力統治於分子及地域依其特有之規律者是謂國家

國權存在之表示首在自立機關之存在自有之組織權及由此而生之權力分配乃國家所以區別於非國家之團體之第一標識也茲有一團體焉其組織由其自身以外之力而成易言之卽非由於其自己之意思乃出於前述權力之法律則謂之非國家而爲國家內之區域也例如德意志聯邦中之各邦彼能依固有之憲法以組織之易言之卽由自己意思而成之憲法此憲法非彼聯邦之法律也又如瑞士各康同之憲法及美利堅各邦之憲法彼乃成於自家之法律而非由於其上聯邦國家之意思也聯邦法律雖能對於各邦憲法加以制限(如瑞士及美利堅之限於共和政體)然仍留爲各邦之法律是故今有一團體焉其組織雖受外國之關與然仍足爲國家蓋其組織仍由其原有之意思作用而出

(一) Fahigkeit der Selbstorganisation und Selbstherrschaft.

而外國無權以改變之也。

統治權使行之團體則反之。其組織乃成於其上國家之法律。故非國家。如一切地方。其組織皆由國法而生。其最高者不過對於微細事件。認其有一有限之組織權能而已。可知此乃非國家性質之團體。而相類於國家者之區別標準也。例如哀爾撒魯林則非國家。以其組織由聯邦帝國之法律而生。無所謂哀爾撒魯林之憲法。又如付與以廣大自治權之英領各地、加拿大、加披蘭(一)及澳洲皆非國家。蓋彼之組織。由英之法律而定。大不列顚國會之議決。得隨時修改之。而該殖民地則無權參與也。且英之法律。又制限各殖民地之自由構造。其行使彼之組織作用。非出於原始之主權。乃出於賦與之主權。其賦與蓋與單一國之於地方團體。無以異也。如奧大利帝國之與其屬地。於憲法中規定屬地之組織由與帝制定。而不由屬地之統治者。且由帝之認可而得改變之。不必經屬地統治者之允諾也。故屬地失其國家之性質矣。

於是有一團體可決定其爲國家者。其最高機關所以使團體作用爲之運行者。必爲獨立。易言之。卽法律上不與他國之機關相共是也。故機關相同。以名理言之。卽爲國家相同。人將疑曰。團體必失其造法之權。始不足爲國家乎。抑必無最高獨立之機關乎。以例言之。如英領各殖民地之組織權能。常受英議會所立之法之制限。人將謂此等殖民地爲國家。殊不知此推論頗爲紕繆。蓋此等殖民地並無最高獨立之機關。以與英皇相抗也。

(一)England

以此標識。尚可決定他種困難之界限。如克洛第（一）之與匈牙利。芬蘭之與俄羅斯。皆失其國家之性質。蓋克洛第之王與匈帝。芬蘭之公與俄帝。在法律上爲一人。其關係實非政合國。乃單一國也。組織由自家法律而生。乃獨立統治權之第一特徵。且以自行組織之結果。必有國權之一切實質作用。無論何國。必依其法律行其權力。且必有行政與司法。而出於自己意思者。此種性質。可名之曰自主權不僅有自行立法之權能。抑且得依法之制限而爲執行。故可爲結論曰。有一團體而無自己之法律行政與司法者。則非國家。苟於此而失其一。則不復入於國家觀念之領域矣。國家得於其作用之範圍機關之權限加以制限。凡此皆國家之所以爲國家者也。是以非主權國亦必自定其國體。如盧丁堡（二）與巴丁（三）爲君主。而漢堡（四）伯恩（五）及邊撒費尼亞（六）爲共和。若哀爾撒魯林。則不入此二範疇之列。以無獨立之統治機關。僅有從屬之最高機關而已。且英之殖民地。不能成爲君主。而北美之屬地。亦不能組織共和也。

若非主權國。則於國家行政之範圍以內。尚有獨立發動區域。彼能與外國交通（七）有固有之司法財政及內部行政。且有固有之軍隊及軍費。可知以高權之有無而決其爲國家與否。爲不必要也。由是以論。尚有區分非主權國與非國家之地方之標準者。則彼若脫離其上統治之國。仍得成一主權

（一）Kroatien （二）Württemberg （三）Baden

（四）Hamburg （五）Bern （六）Pennsylvanien

（七）如往以奧利來巴丁等聯邦內各邦、得以互相締約爲例、其首句及、茲從略

吾人理想之制度與聯邦

國也。但依自己之法律。於自有之機關。爲權限之擴張。則得成爲主權國。變更憲法。易從屬爲獨立。可矣。如於一千八百零六年。德意志帝國解散。其統治之各地主之權。或爲國權所未賦。或加以制限者。則或因而增長。或即此消失。此其例也。故非國家之團體。欲構成國家者。則必決定其國體。方足爲國家。如布加利亞脫土耳其之統御。即由解除當日之受制地位。而改爲國際間之關係。遂成主權國矣。是故國家之一部分。或受統治之團體。欲改爲主權國者。必先組織國家。不然者。陷於無政府矣。

且非主權國與主權國之分界。亦復輕淺。主權者。法律上之自決權能也。惟主權國。對於權限之內容。得以完全自由立法。且製有制限。而非主權國。其決定之自由。亦復相同。特限於彼國以內之範圍耳。故依己意而生之決定權。乃獨立統治權之特徵也。非主權國於其權限之內。亦有此權。且足爲與被治團體相區分之標準。今有二國家於此。一者其權限不能依自家之法律而擴充之。而他國之法律。付以擴充權限之界限。是爲非主權國。一者得依自家之法律。而免除他國之權限。則爲主權國。若主治國。對於被治國之權限。爲之堅執。如土耳其之與布加利亞。則此權限之制限。惟依國際法。由第三者之權力以保障之。土之與布。亦猶布之與土。若依雙方之處置。而不改正伯林條約。則各不能增其權限也。若此關乎國法關係之國際法的保障。爲之消失。則主治國仍足制限被治國之範圍。如土之與埃及是也。(一)

以上耶律芮克論自組織權之言也。其以爲國家成立之標準。惟在斯。不論其統治權有無最高性也。今有一團體焉。對於自身之組織。得由自有之法律以構造之。是爲有自組織權。換言之。即有自立之

(1) Jellinek, Allgemeine Staatslehre S.475-482

統。治。權。即。此。亦。足。爲。國。家。矣。若其統治權之上。復有最高統治權以控制之。則其統治權爲無最高性。是謂非主權國。(一)反之其統治權之上。別無擁戴者。在法律上不受他力之限制。是爲有最高性。則曰主權國。(二)故聯邦之中央國家主權國也。而各邦非主權國也。其爲國家同耳。耶律氏論之綦詳。請並徵之。

聯邦國者。多數國家結合而成之一主權國也。其國權由結合一致之各國而生。乃係國法上之結合。有單一之主權。立於各結合之國之上。其分子又各爲國家。與中央國家同爲統治其民。各於一定之範圍爲之服從耳。

聯邦之性質。與主權非國家要素說。及主權國與非主權國之區分說。有密切關係。且所謂聯邦。則自非邦聯。復非單一。其第一說。啓發於卡爾亨(三)而成於珊德爾(四)第二說則異乎所謂中央國家獨爲國家。與夫所謂主權分寄於國邦之二說也。

聯邦之邦爲非主權國。其最高機關及自身乃行使中央國權之部分。而爲主權之代理者也。中央國家得自定組織。是爲彼之固有法律。且必依此法律而得變更之。若得各邦之同意。而不依憲法之程式。亦不能妄爲也。若聯邦之權張。則邦可失其國家之性質。故其範圍之所屆。既非以聯邦行政之事務。悉爲彼有。又非降而爲自治團體。特依聯邦之法。及督視復由自家之機關以執行政事耳。

(一) Souveränes Staat (二) nichtsouveränes Staat

(三) Calhoun (四) Seydel

聯邦者多數之國家團結為一也。故中央權限擴張。則各邦之差異立泯。蓋合各邦之土地人民於一統。則各邦之土地。即聯邦之領土。各邦之人民。即其統一之人民。然聯邦之國權。實自此團結之各邦而出。即各邦之統治結合於一。而創成最高之聯邦國權。且即聯邦國權之特別機關。乃由聯邦內統一之人民以構造之。如聯邦民主國之總統是。不甯惟是。抑且各邦有為行使國權之部分之權利。故各邦又為聯邦之機關。用以促進政治也。凡為共和國體之聯邦國。於兩院之中。必有一院為各邦之代表。(一)各邦選出同數之代表以組織之。則各邦相等。此等代表各邦之院。如美利堅之參議院。乃對於總統之各作用。加以制限之會議也。多數之聯邦國。大抵對於憲法修正。賦與各邦有各種之投票權。且更任各邦參以考案。如德瑞。其各邦之選舉區。不由中央劃定。又如瑞士聯邦參事分配於各邦。又如美利堅由中央付各邦以制定選舉法之權。對於代議院之選舉權及總統資格之條件。亦得為之規定焉。

夫由各邦之機關結合而組織一聯邦之合議機關。此聯邦之特徵也。其他則屬單一矣。(二)各邦於聯邦權力之下。其自由範圍之所到。則堪為國家。雖此用語於法律初非一致。然聯邦之邦。終為國家。邦之各種性質。必為分析。則聯邦之法律上性質。始得而明。有謂聯邦為國家體(三)者。然此

(一)原語有 Staatenhaus 一字、直譯當為邦院、殊為費解、故略之、

(二)原註謂聯邦與單一之對比、乃自政治上而言、若自法律上言之、則凡機關皆屬於聯邦、即為代表各邦、亦復無異、正如單一國之有議會也、

(三)原語為 Staatenkorperschaft

觀念。殊爲矛盾。且非事實。所謂國家體。則僅能對於分子之國家爲之統御。夫一團體而受治於人者。則早失其國家資格矣。統治權爲國家之必要作用。一團體可爲國家。端恃有此。故邦之爲國家者。亦正限於不服從於聯邦之範圍耳。然其服從於聯邦國權之處。則失之也。

聯邦國權之所到。則使邦者僅爲聯邦統治權之一部。及有對於聯邦之發言權而已。故各邦非獨立。乃不過聯邦之機關。如此之邦。自其爲聯邦統治之部分觀之。則非國家。乃國之機關。自其服從於國且表示自立之意思而觀。則爲非國家之團體。特此團體與邦爲物質之相同者。僅由邦服從於國耳。是則邦有二性。一曰爲離國權而自由之團體。二曰依憲法對於國爲公法上之權利者是已。

聯邦非國家體。正如單一國結合各地方而成一團體也。且苟其權擴張。卽成單一。蓋彼可直接對於土地人民。施其統治。初不必假手於邦。然彼與單一所以不同者。以邦有不屬於聯邦權限內之事務。有其固有之機關。故仍足爲國家也。且邦之最高機關。(如君主及自由市之參事會與共和邦之議會及人民)或其自身卽爲聯邦之機關。或由彼更造之邦與國之機關體相同者。蓋以除此則無別法。故國家機關之獨立權利。而謂不屬於其國者。必無是處。則因聯邦內邦之機關之地位。足以使邦進而爲國之機關體也明矣。(一)

統觀耶律氏之說。則聯邦國之性質。凡有三端之可指。(一)聯邦之邦。於一方面。(卽服從於國權之方面)爲地方性質。等於單一國之自治團體。而於他方面(卽離國權尙有自由活動之範圍之方面)則

(一)見原書第七四九頁至七五四頁、

爲國家性質與被保護國等非主權國同屬於一範疇之內(一)聯邦之邦所以爲國家者卽以其有自組織權得依自有之法律而構成自身之機關(二)自行組織與率導人民同爲統治權之作用邦旣有自組織權卽有獨立之統治權特此統治權受有制限失其最高性非若中央之國權不受外力之干涉乃一最高性之統治權易言之卽主權也於是更演繹之如下

一、聯邦國之組成由於各邦之人民而非由於各邦特聯邦旣成並非破除各邦使歸無有乃存之使具二重性質(一)爲公法人依於憲法得向中央國家主張權利蓋等於單一國之自治團體由單一國之中央政府賦與以一定之權限於此權限以內得對抗一切也(二)爲國家蓋於中央國家所賦與之權限以外別有其固有之權本此固有之權得以自定組織自馭人民故得爲國家也一語聯邦往往疑爲邦之聯合此實不然拉龐德之國家體說(一)以爲聯邦者由邦而立正猶單一國之積民而成亦正坐此弊徵之世界歷史實無此例是以知聯邦者由各邦之人民綜合而組織之特旣組成中央國家復不消滅其地方國家耳(二)

二、主權之訓無積極之內容故非國家成立之要素拉龐德曰『主權者卽最高權之意且不能以積極表之確定其爲何種權能僅得以消極定之以爲不受他權之壓制而已故其性質爲絕對無增無減或有或無不容居中苟有一人格於生存目的之範圍內依自由獨立之意思以爲統治者若其於一定之

(一)謂聯邦之立、正如單一國之積民而成、故又曰 Staatendemokratie 見 Hatschek, Allgemeines Staatsrecht III S.43

(二)中央國家與地方國家成立之先後、在所不計、

點。而服從於他人格之意思。於他人格之統治之下。負有服從他人格之命令法律之義務。則為無主權。故無半主權。無分割之主權。無減損之主權。無從屬之主權。無比較之主權。所有者主權與非主權而已。故有一人格焉。失其主權。服從於他權之下。然有統治權。對於自由人及團體而施者。仍為有國權也』

(一)拉氏又曰。『主權既非國家之要素。則將問曰。國家之標準果為何物乎。易言之。非主權國與地方何以區分乎。則答之曰。國家者有公法上之統治權。統治權為其固有之權利。非由委任。非為機關依高權之意思以實施高權之作用者。乃為獨立之法律主體。有固有之權利範圍。有固有之意思與行為之自由也。』(二)耶律氏亦曰。『主權者非絕對之範疇。乃為歷史上之範疇』(三)於是可知主權僅謂不受他權壓制之權。不含他訓。則此消極之義。實非有國者所必具。故主權與統治權非屬同一之範圍。且統治權之義為廣。茲有一統治權焉。不受他權之干涉與制限。則並此統治權而名之曰主權。如其於一定之範圍受人制限。服從於人。而猶不盡失其自己之意思及固有之統治者。是為有統治權而無主權。則名之曰非主權。非主權者。非謂並國家資格而失之。乃其統治權無最高性耳。耶律氏更證以中世紀之國家。謂皆為非主權國。則國家之與主權。初無必然之關係也審矣。由是以言。聯邦之邦所以為國家者。職是故耳。況近世之被保護國附庸國等。同為非主權國。又何獨於聯邦之邦而生異議哉。

三、單一國之地方自治團體。亦有自主權(四)拉龐德謂自主權者。一種自立法權也(五)則單一國之

(一)Laband das Staatsrecht des deutschen Reiches I S 68-9 (二)同書第六一頁 (三)耶律氏書第四六〇頁 (四)Autonomie (五)拉氏書第一〇〇頁

地方同爲權利之主體。同爲公法人。同有一種統治權。此論者所以謂邦與地方不過程度之差異也。然須知地方自治團體。縱有自行立法之權。然對於自身之組織。則無構造之權。故雖爲程度之差別。而實有一界域。若邦去其自組織權。則雖依憲法得主張權利。然仍降爲地方。不足爲邦也。反之若地方而得有自定組織之權。則其爲公法人。其有統治權。固無恙焉。然已進於邦矣。耶律芮克以爲邦與地方之分以此。而國家成立之標準亦以此。讀者於此其注意焉。

以上耶律氏之說之大較也。吾以爲自論聯邦以來。其精透莫或逾此。前言必聯邦之界說定。而後中國宜採用聯邦與否之問題。始得而解決。茲請綜合以上之說。而爲聯邦之定義如下。

聯邦者。生存於各小團體之人民所組織之大團體也。小團體先存在者。則此小團體自大團體成立後。自降爲非主權國。且爲地方。而以大團體爲主權國。大團體先存在者(一)由大團體解放其權而成小團體。其爲非主權國與地方。固無以異也。

於是可以上列二圖表之。第一圖明小團體者。異乎單一國內之一般地方區域。夫絕對集權。爲事實所無。自有歷史以來。無不爲分權之國家。特分權之間。大有程度之不同。汎言分權。則聯邦與單一國之地方。固相同矣。然細按之。知其程度雖有差異。然苟無一定之界域。則終無以分。是故聯邦與單一。同爲程度之區分。而實有確立之界限。此界限卽邦爲非主權國。而非單純之自治團體是已。第二圖明聯邦其

(一)如今日之巴西、直由單一國而變爲聯邦、其聯邦之形式、與美絕同、又如瑞士、於黑爾費(Helvetik)時代、亦爲單一國、經法蘭西之跌踣後、再獨立、始成聯邦、然其未成單一以前、久爲邦聯、是不可不知也、見 Schollenberger das Bundesstaatsrecht der Schweiz ,S. 114 ff.

二性質。即一方面爲單一。他方面爲邦聯。換言以明之。聯邦之邦具有二方面。一爲單一之地方。一爲邦聯之國家。今若以一方面爲矛。以他方面爲盾而攻之。是終無解決之期。故吾人於此。唯有承認其二方面。不相害耳。栢哲士曰。由陳出新。吾人說明新物之性質。加以新名者。必經幾多時日之後也。此言殊當蓋着眼於邦聯。則謂邦爲國家。而忘其他方面爲地方之性質。着眼於單一。以爲主權爲國家之要素。則降邦與地方同科。而忘其有自組織權。皆由思想之固執而出。同陷於謬誤爲無疑矣。

雖然。栢氏亦非否認此界域者也。其以爲聯邦與分權之單一國之區別。惟在二重政府。(一) 故國家雖爲若何之分權。苟未至二重政府者。不得謂之聯邦。則聯邦與單一。非單純之程度差別。由栢氏之說。亦可立證。顧吾以爲必更進一步者。所謂邦政府與地方政府有無區別乎。單一國中其地方政府不知凡幾。若不與邦政府顯示差異。則單一國固已爲二重政府矣。非徒單一與聯邦不生程度上之差別。抑且單一聯邦二名。皆不成立。同爲一物而已。有是理乎。用是以證知邦政府與地方政府。其性質上必有區別。栢氏亦認此說。以爲地方與邦之異。惟地方承權於邦。由訓示而有定性。邦承權於國。由容許而無定性而已。夫無定性而容許焉。則其所有之權。必非權限 (二) 而爲權利。正拉龐德所謂賦與之權利與固有之權利之區別也。易辭言之。地方政府所行使者。中央政府所賦與之權限。邦政府所行使者。其本有

(一)英人大都採用此說、且有以爲立法司法行政三部皆爲二重者、始足爲聯邦、(鄧閣曰、As a federation necessitates a dual form of governmental organization the three usual departments of government will in consequence be duplicated. (Dealey The development of the state P, 125)

(二) Zustandigkeit

之權利不過經中央政府之容許而已。是則賦與與容許非程度上之差別乃性質上之不同。賦與者由無至有。容許者由隱至顯。其為事至為不同。且吾以為栢氏僅側重於消極。謂邦之權出於容許。至於邦於容許之內若何以行使其權。栢氏所未論也。而耶律氏論之。即所謂自組織權。是故栢言消極。耶言積極。合而觀之。非徒不相背馳。抑且始為周密。蓋容許者聽其行使自己之意思也。而自組織權即為自意表示之唯一特徵。是二說同其內容。特栢耶有不同者。即對於國家為名詞之爭耳。栢氏以為國家以主權為要素。故邦非國。耶律氏即此容許之自組織權。即為國家之標準。而謂主權非其所必要。故邦為國。

吾以為此名詞之爭。殆與前述奧羅二氏之論國際法絕同。論者主張栢說。以為主權如理性不可一日而無。不佞贊同耶說。以為國家之成立。不在主權。須知此之爭論。將脫去聯邦之境域。而入國家之範圍。自非此所許。至於論聯邦。則無不相同。栢耶之說。既無矛盾。吾與論者之旨。亦無悖迕。

吾人論聯邦之性質。至此已詳。以此準之上述之制度。則是否聯邦。願讀者籌思下一轉語。吾今不復贅矣。

道德進化論

無涯

兩載以來。故家遺老。輒藉口於國民道德之墮落。欲恢復種種之舊制。謂是可以改良民德。微論其所言者。乃等項莊之舞劍。意在於擊沛公。而不在於陪讌飲也。且卽以道德言之。自達爾文發明進化之理以來。一般學者。皆承認世界萬事。日在進化之中。不獨物質日以進化。卽道德亦日以進化。講倫理學者。固嘗詳哉言之矣。謂今日之民德。遜於前代之民德。衡以進化之學理。實相背馳。雖然。對於故家遺老。實難據學理以與之爭論也。勢不能不徵諸事實。吾以爲入民國以來國民之道德。實優於前代。讀者倘疑我言乎。則試列舉事實。以見我言固有徵而可信也。

甲 從風紀上以證明民德之進步 社會風紀之壞。無逾狹邪之遊。而中國前此所謂好色者。非徒有女色。而又有男色。今試先就男色言之。此種頹風。蓋行之數千年矣。遠者姑勿論。請論近代前清名士畢沅以內閣中書入直軍機。（後且官至兵部尚書湖廣總督）尚狎伶人李桂官。李勸其勤學。旋大魁天下。一時文人學士。傳爲美談。袁枚爲之賦詩云。「若從內助論勳伐。合使夫人讓誥封。」而以號稱剛正不阿之宰相史貽直。（史殁後諡文靖）聞畢李戀愛事。且願得李一見之。故袁枚之李郎歌又云。「溧陽相國閒置酒。口稱欲見狀元婦。措眼將花霧裏看。白髮荷荷時點首。」以號稱名臣名士者。乃以狎孌童之事。傳爲美談。形諸詩歌。則社會之風紀。寧得謂之善良耶。然此猶曰有清中葉間事也。豈知及其末葉。士夫之嗜好。亦復如是。周太史蘭曾狎伶人天兒。未幾天兒棄周而事許振禕。有問周者曰。近復見天兒否。周曰。天而（兒而同音）既厭周德矣。吾其能與許爭乎詞林之間遂以是傳爲佳話此前清之郎曹所常引以爲茶前酒後之談料者也故今日憂風紀淩夷諸大老其在前清曾有斷袖之嗜好者蓋居十之七八焉洎乎共和告成京津之像姑全皆歇業此腥聞之穢德遂不復見於士夫間矣雖在舊老其家中或尚蓄有變童亦未可知若新學之士則實無此嗜好故我今欲問諸前清大老男色之風是否爲紊亂風紀之最甚者而公等當前清時代躬爲此種穢德今幸革去此風乃反誣新進之士之不德謂其紊亂風紀試問新進之士果具公等前此之嗜好兩雄相阨作桑間濮上之變調耶此風紀之良於前代者一也又就女色言之其在古代管仲設女閭三百以羈留遠人娼妓之業由國家經營之一何可笑而此種穢史非惟春秋時有之也迨於近代宋元明三朝猶有官妓之設而前清雍正七年以前教坊之名樂戶之籍尚未除焉夫國家而爲官吏置妓且公許官吏狎妓風紀如此寧得云良且宋元明諸朝不特外有官妓已也而在文學家其家中類蓄聲伎雖在寒士亦復爲之非徒耽愛其色亦復喜聆其音此等之事見之官私紀載者不勝枚舉焉今則舉國之士夫雖亦大半溺情於聲色然家蓄聲伎之事則罕有聞至於平康北里之遊則官吏而狎妓政府迭下禁令子弟而狎妓父兄認爲蕩子首爲國家所公認者今爲國家所嚴禁一爲比較社會之風紀終不能不謂其今勝於前不特此也三十年以前所謂名士者常以評隲女閭爲風雅事一花榜之出輒公然自署其姓名焉若今之名士其見諸文章者必作世道人心之語憂時救國之詞斷不敢自署眞姓名公然爲出花榜之舉則以言狎邪今之士大夫尙有羞惡之天良前則並羞惡之天良而無之又果孰淸而孰濁耶此風紀之良於前代者二也且今之以風紀紊亂爲言者常指三二時髦之女子謂與人有曖昧

之行爲不知淫奔之事何代無之雖以春秋之時顧亭林盛稱其風俗之美且生有至聖之孔子與其及門之七十二賢而此外積德修行之士尙難以枚舉有百數十聖賢以爲一世之師表宜若風紀可以善良矣然而夷攷其時之風俗則野田草露之間卽爲顚鸞倒鳳之地且形諸詩歌不少諱飾甚且以有子七人之老婦猶不能安於其室如凱風之詩之所紀此尤爲今世所罕聞者今之風紀無論如何紊亂終不如此之甚也不特此也今之女子縱與人有曖昧之事然必以秘密行之且多屬無夫之人未有一面旣有夫壻一面又公然再置面首者若在前代乎微特山陰公主之置面首竟至三十六人之多也試一翻六朝之宮私史乘女子置面首之事何可勝數今試問全國之簪纓命婦果有挾父兄之尊貴於夫壻之外再公然蓄置面首否耶此風紀之良於前代者三也夫今日社會之風紀我非謂其無腐敗之處不應再謀改良特以較之前代實屬後來居上彼以風紀爲口實而思謀復古者其說實不能成立也

乙　從倫理上以證明民德之進步　中國之倫理其大綱有五卽所謂五倫是也顧自共和告成無所謂君則君臣一倫當然歸於銷滅不能復行提倡所餘者則四倫已耳今試先就親子之倫言之入民國以來爲子者縱極不孝然弒父之事則鮮有聞焉雖在窮鄉僻壤下流之人或有此等之事不傳於外間者亦未可知然在中上流之人雖甚不肖者斷不敢爲弒父之舉微特未發見此種之事實亦可斷言其不敢懷抱此種之思想也若在古代乎則上流人之爲此種之事亦何奇之有焉『便欲殺我請熟熊蹯』讀此兩言雖極無情者猶爲之惻然傷心焉夫因爲其子所逼乃至僅求緩死須臾以一食熊蹯而且不可得爲父者末路之可憐一至於此此豈今世之所有乎又非獨商臣之事已也彼劉劭楊廣輩孰非

親弑其父。稽諸歷史。此等之事實數見不鮮焉。而多出於君卿將相。因非未受教育之人也。夫弑父之事。此屬最大之惡德。則且言其稍輕者。彼衞頑之姦宣姜。楊廣之納陳夫人。唐高宗之納武則天。皆以子而蒸父之妻妾。卽無異母子通姦也。此等穢德。求之往代。亦不勝枚舉。然試問今之上中流社會。果有敢復爲此種逆倫之事乎。上所述者。乃言子不孝其親之事也。今再言親之不慈於其子者。今之殺子者。除癲痫之人外。必有大不得已之故在。苟可以已焉。未有忍殘其所生之子者也。若在古代乎。則欲殺卽殺之已耳。亦何必有不得已之故在焉。今試先就爲父者之一方面論之。彼瞽叟之屢思殺舜。衞宣公之殺其子伋。試問所謂大不得已之故者。果將安在。以大舜衞伋之仁孝。但解事親之義。不敢傷親之心。留而不殺。何不利之有焉。而必謀殺此等仁孝之子。今之爲父者。斷未有如是之不仁也。又試就爲母者之一方面論之。如元魏馮太后之酖其子弘。武則天之殺其親生子宏及賢與賢之子光。試問所謂大不得已之故者。又果安在。夫在馮太后。猶曰有一倖臣爲其子所殺。故殺子以爲之報仇。雖然當南北朝之時。太后公主之置面首。幾成爲通例。縱去其一。然獨不可再置若干人。況其子並未有他種不孝之行爲。優而容之。未必有大不利。至於武則天。以云置男妃乎。則爲羣臣所公認。其子亦不敢有違言。竟無殺其子孫之必要。況其子孫並無不孝之行爲。乃必鋤而去之。今之爲母者。斷未有如是之殘忍者也。上所言者。乃舉以爲例。若細檢歷朝之官私史乘。類此之事。何可勝數。故以親子之倫而論。今之民德。只有勝於古。而不遜於古也。又就夫婦之倫言之。其不德之最甚者。無逾夫婦之相殺。其在今日中上流之人。實未聞有此種之惡德。若在古代乎。則固司空見慣矣。東晉之武帝。因以色衰一語。戲張貴人。遂爲張貴人所弑。而元魏之世凡立太子之後多必殺其母夫婦不爲燕婉之樂而作殘殺之舉天下悲慘之事寧有過是然此猶曰屬於不德之人也昔張巡守睢陽殺其妾以餉軍士天下後世亟稱賞之不知一妾之肉能飽得幾人之口腹而以素共枕席之人乃獨無香火情竟作此種兇殘之舉此豈有絲毫尊重人道之意乎顧相殘之事此乃不德之尤則且言其稍輕者今試先就妻之一方面論之今之女子無論其父兄若何尊貴斷不敢因此之故於夫壻之外再置面首若六朝及唐代凡尙主者多必承認其妻有蓄男妾之權利也又更就夫之一方面論之今日蓄妾之事雖未能禁止然人多知其非若在往代則以爲正當之權利雖以孔子之聖猶蓄妾焉（見孔叢子）若不能如孔子之好德不好色者斯更何論也故以夫婦之倫而論今之民德亦只有勝於古而不遜於古也又更就兄弟之倫論之今日上中流人士兄弟相殺之事未之聞焉若在古代則又數見不鮮之事也以唐太宗之賢而猶有玄武門之變兄弟相殘濺手足流血之歷史若尋常之人更何論焉然猶可曰彼實處於勢不兩立也若夫南朝宋太祖之殺其弟義康太宗之殺其弟十五人齊蕭鸞之殺其兄弟十一人除太宗殺其弟子勛一人外餘所殺者並非有處於不能兩立之勢至於春秋時之魯隱公豫將讓位於其弟此眞能以堯舜爲心者乃反爲其弟之所弑此等惡德今之上中流社會果曾一見焉否耶不特此也唐太宗納其弟元吉之妻楊氏爲妃後且欲册封爲后因臣下力諫封后之事始以中止以所稱曠世一逢之賢君而兄納弟妻恬不爲怪試問今之上中流人士果有敢爲此種惡德者耶故以兄弟之倫而論今之民德亦只有勝於古而不遜於古也又就朋友之倫論之吾上言古代親子夫婦兄弟之倫皆就其惡德而論過於閎殺風景今論古代朋友之倫且捨其惡德而言其

美德。以顧亭林所稱爲美俗之春秋時代。而脫驂爲賻。卽稱高風。且出於所謂至聖者。若降聖一等。僅稱爲賢者。便少見此高風矣。試觀洙泗諸門人。子貢與顏回乃同學之摯友。然以子貢之富。卒不肯小恤顏回之貧。坐視其爲簞瓢陋巷之生活。朋友之情。厚耶。薄耶。而孔子脫驂之義舉。亦僅一次而已。非能望其澤及於門徒。觀其平日對於諸弟子。但知徵其束修。而其所稱第一得意之門生顏淵。不幸夭折。門人請賣其車以作葬費。便藉口於從大夫後。不可徒行。拒而不予。不知從大夫後。不可徒行之禮見之何書。遍翻羣經。殊未之見。且微服而過宋之時。（據聖蹟考此時實在相魯之後卽從大夫之後也）未必非由步行而逃。而敢公然乘車以過。在此時。既可徒行。則當顏淵之死。暫賣其車。以助葬費。俟另積有貲焉。再以買車。有何不可。乃必以不可徒行爲口實。此豈有強固之理由。亦曰吝而不予而已矣。以所稱爲聖賢者。於師弟同學間。猶不能慷慨以相周恤。何論其他。若在今日。通財之事。尋常人亦多有此義舉。大凡在社會上活動之人。對於所識窮乏者。其人不必爲腹心之友。亦不必有顏淵之賢。苟遇囊內錢不空時。亦常有周恤之舉焉。蓋今日朋友通財之義。雖在下等社會。猶常見之。初不必有待於當世之賢豪。更不必有讓於至聖之孔子也。昔袁枚壽至八十二。晚年讀論語仁者壽一語。掀髯笑曰。吾仁過孔子矣。（孔子壽僅七十三）余謂今世能通財至兩三次以上之人。不必妄自菲薄。亦可曰吾義過孔子矣。以孔子之能周恤友朋。僅在脫驂爲賻之一事。而他無所聞也。雖孔子之外。古代之朋友。時見有能共患難同生死者。然在今日此等高義。亦何嘗無之。故就朋友之倫而論。今之民德。亦只有勝於古而不遜於古也。要之今日之倫常。謂其有缺點。宜再謀進步焉。則可。謂其退步焉。實未之見。則彼以倫理爲口實。而思謀復古者。其說又不能成立也。

丙　從公德上以證明民德之進步

二十年以前。我國民公德之觀念。蓋甚薄弱。淸名之士。大半持束身自愛之義。於所謂保全公益圖謀公益之事。或則不之知。或則掩耳不欲聞焉。諺所謂自家打掃門前雪。休管他人屋上霜。前此國民之薄於公德。觀念實可以此兩語爲之寫眞也。今日國民之公德。雖不發達。然比之從前。終覺較有進步。今試先就保全公益論之。其在從前。國民實缺乏此種之觀念。例如遊名園古刹。見有異草奇花。輒任意採擷。絕不肯爲之保全。以供公衆之觀覽。職是之故。上海之黃浦灘頭。有外國人所建之公園。禁犬與華人不得入焉。夫以華人與犬並視。其侮辱我國人。此固不可忍之事。雖然。其在從前。使聽華人得以游觀焉。則任意採擷花草之弊。必不能免。此實不能爲我國人諱也。若在今日。其在北京。則有中央公園。先農壇公園。西直門外之三貝子花園。凡三公園焉。而在外省。雖不盡有公園。然亦有若干處焉。顧未聞游其中者。亂採擷花木。暗攜之以歸也。此外如保存古籍之會。保存古畫及法帖之會、數年以來。皆陸續發生。其在北京。卽有二三處焉。此皆爲從前所未有。蓋在曩日。由私家保存者則有之。若設立團體以保存古物。則未之聞也。又就圖謀公益論之。今日各省遇有水旱之災。不特旅居他鄉之本省人。各慷慨捐貲。以爲賑災之用。卽他省之人。亦常捐貲以相助。若二十年以前。欲得他省之捐款。實屬不易。卽旅居他鄉之本省人。亦不如今日之踴躍也。至於集貲以開闢公園。設立圖書館。開設閱報所。謀公共衛生。此等事業。十之八九焉。爲二十年以前所未有。今雖未可云發達。然國人之知注意此等事業。則固日有進步矣。乃至各種慈善事業。其爲前所有者。今亦較形發達焉。故國民之圖謀公益。比之從前。實有進步。而無退步也。夫公德名詞。其在從前。中國字典。蓋未之見。及近十餘年來。新學之士。

時提倡焉於是此二字始浮於一般人之腦中然核其種類大半為新發生之道德故其可紀述之事不多然其為前此所有者今則較發達焉其為前此所無者今則頻發生焉比之從前終不能不謂後來之居上故欲以公德為口實而思謀復古者其說又不能成立也

由上三者觀之民德之進化而不退化既較然可覩矣然則今日之民德果絕無退化之點乎曰是又不然依進化自然之法則行之民德固日進於善良然苟有大力者障之使之逆行則又未始無退化之點此種事實求之歷史亦不乏其例如東漢之民德極美經曹操曹丕司馬昭司馬炎等崇獎跅弛之才破壞名教之坊於是東京之美風掃地以盡斯卽民德退化之一例也故今日之民德由社會一方面觀之固循進化之軌道以行而由政治一方面觀之則又未始無退化之點焉其一則官吏之不知廉恥也吾國數千年來素重名教凡周旋二姓者常不齒於士林今則論官升職惟嘗仕於前清者始得占重要之地位譙周慣作降表而樂不思蜀馮道能仕累代而不失三公（此四語借康南海孟子微之言）此種風氣蓋於今見之矣此民德之退化者一也其二則人民之競尚奢侈也其在富國人民之生活程度雖見增加然此乃一國經濟之發達促之不可以云奢侈也若中國今日國家與人民之貧亦云極矣而由仕途言之凡屬簡任官儉者則乘馬車闊者則乘汽車若委任官之一半亦非乘馬車不可視前清之軍機大臣各部尚書猶十之九焉出乘騾車且有以侍郎而步行者其奢儉之相去判若天淵矣官吏既以是為倡於是妓女之出門訪客亦坐馬車也醫生之出門診脈亦坐馬車也教習之赴校講學亦半坐馬車也他如樗蒲之戲一擲輒至萬金酒食之費萬錢嫌無下箸其餘浪費一皆稱是昔在西晉有愷崇之門富奢侈之風由達官

倡之遂成爲一般之風氣以今相比殆若合符節矣此民德之退化者二也凡斯二者皆爲民德退化之明徵然此乃由不良之政治促之使然非天演之法則竟使之倒退也故我今欲告諸舊家遺老今日之民德由社會自然之法則觀之只有進步而無退步其所以敗壞風俗者一由於寡廉少恥之武臣一由於極侈窮奢之汚吏欲移風易俗惟舉一國之武臣汚吏悉罷斥之若一般之人其道德固有進步而無退步公等對之正無須作無病之呻吟也

共和政治論

鯁生

嗚呼自由天下許多罪惡假汝之名以行羅蘭夫人一言致令後世讀法蘭西革命史者抱無限之感慨然而自由之花曾不因是而絕迹於世界者抑又何耶曰恐怖之禍不種因於自由而造端於假自由之名以行惡者哀羅蘭夫人之言者不因噎而廢食也民國成立四載於茲政局擾攘迭演怪劇引羅蘭之言對共和發感嘆者時有所聞爲此嘆聲者或出於憂國之失望或生於反動之感情動機不同悲觀則一夫共和政體而果爲惡政治耶則何以百餘年來排萬難流血以求之者比比皆是今世號稱幾大強國之中其致富強於此政治下者又指不勝屈徒覩一時政局之變態致疑於政體之前途害莫大焉予感於此作共和政治論首明共和之特質次及世界之趨勢與政制之採擇結論吾國共和政治之前途

共和政治者何首當解答之問題也國人論政常以共和與專制對稱此用語之誤實則嚴格言之共和者君主之對待專制者立憲之對待前者爲政體之分後者則政權行使之方法所別也(一)共和何以異於君主曰自其實質言之則一國主權之運用寄託於全體國民者(二)爲共和政體操縱於一人之手者爲君主政體自其形式言之則一國之元首出於世襲者爲君主政體反是而其國無元首或有之而非世襲者爲共和政體(三)世有其形式非共和而其實質爲共和政體者如千七百九十一年之法蘭西憲法(四)所定政體是今之比利時英吉利(五)亦稍稍近之亦有僅具共和之形式而不備共和之實質者所謂凱撒政治(六)者是然此非永久之政體不過一時政局之變象野心家竊政之結果今

已不能實現於文明國矣是故通常分共和君主率以形式爲標準蓋形式之所表見者實質隨之卽或一時有變象出現終必撲沒而後已也

今欲比較共和君主兩政體之長短可自理論實用兩方面觀之自理論言則共和政治較君主政治爲自然而最合於社會進化之原則者也草昧之世羣制未完人思自衞訴諸戰爭而欲求戰事行動之靈敏勢不得不舉其團體之事權集中於一人之手此君主政體所以在古代視爲常態也(七)一人既擁大權傳之世世久而嵬嵬者眡或蔽於傳習或迷於宗敎亦遂視爲固然君政基礎日益堅固遂悉舉其原意而失之始之受諸社會者繼乃視爲一人固有之權利終至擁權恣肆暴君專制於以發生迄於近世羣約之說(八)出現天賦人權之理昌明主權在民(九)如天經地義之不可以磨滅則君主政體之日失其存在之根據不可以諱矣試就君主專制政治言之其與主權在民之義不相容自不待深辯而明蓋此政治之表徵卽爲主權在君適與之立於一正反對之地位也又就君主立憲政治以言其欽定憲法之國如普魯士日本者本其皇帝總攬統治權之主義僅許國民以部分參政之權此背於主權在民之旨與君主專制國亦僅五十步百步之差次之民約憲法之國如比利時英吉利者其憲法規定原有主權在民之義然猶不免與之牴觸者則以其修改憲法君主有否認權一人而可以阻礙根本法之變更有害於國民主權之發動(一〇)也又次之如千七百九十一年法國憲法(一一)非惟標明主權在民之大義且并國王改正憲法同意權亦奪去之是亦可謂勵行國民主權原則者矣然而細推求之仍有扞格不入者焉法儒葉思曼嘗道破之矣曰、『世人採用種種方法以求國民主權主義與君主政體之并行不悖。其中不無合於論理者。千七百九十一年法國憲法所採者卽其一也。雖然。予竊以爲仍不免有弊害存乎其中焉。予非謂完全之政治自由與君主政體勢不兩立。徵諸近史。君主共和於此點本不必有軒輊。英美保障自由之程序雖各異。英人之自由幷不減於美人也。予之所欲問者。別爲一事。卽問於一憲法之中同時規定國民主權與君主政體。果不引入互相牴觸之原則否。茲問題者。非僅字句之辨。學說之爭而已。夫制度之須融合。猶之思想之有論理也。在富於保守精神而重傳習之社會。制度之含有牴觸原則者。猶可以維持。反之。而於其他之社會。則如斯混合。各種勢力交戰於中。勢必至其一制勝盡排斥他之異分子而後已也。』(二二)由葉思曼之說以推。則知主權在民之義。無論與何種君主政體皆有扞格不入之勢。非於特別情勢之下。斷不容兩者幷行也。然則本國民主權之義。採決政體。舍君主而歸依共和。其爲政學之至理乎。夫共和政體之特徵在主權之運用寄託於全體國民。已如前述。以是之故。一切國家機關所行使之權力。無不直接間接受諸國民。且有一定期限。不容僭竊。正所以令國民主權保有繼續之活動。隨時表現於事實也。於是則主權在民之義。名實兼備。此卽所以敢斷言共和政體於理論上爲最自然也。

自實用上言之。則君主政體之大弊害。共和政體無之。而所謂君主政治之長處。則亦可於共和政治求得之。例如權力與責任須幷行。國無上下。悉納諸一平等法律之範圍。近世政治之原則也。然而君主國之帝王。於此獨爲例外。非惟權位世襲。絕無爲政治責任之可言。而本其神聖不可侵之性質。法律上亦無制裁之法。戴雪曰。設令國王親以手鎗射殺總理大臣。英國法庭無如何也。(二三)此雖極例。可以見君主之地位之有傷法律平等原則矣。共和國則不然。其元首雖於政治上不負責任。而在職期限有一定。法律上則與國民受同等之制裁(一四)。訴審手續或稍有不同。此亦爲圖便利。而非別構成一種特權。較之君主之世襲尊嚴。雖終身濫用其權位。而普通法律無以治之者。相去不啻霄壤。此君主政體之弊害。而共和政治所無者一。君主出自世襲。賢愚歸之天命。非國民所得而選擇。不幸而不肖者尸其位。旣損名器。復壞政事。其弊害不可勝言。或曰。如英國之行內閣制者。內閣握實權。君主僅擁虛位。賢不肖無妨也。不知卽在內閣制之國。君主於政治上仍有無形勢力。謂英國國王僅爲傀儡(一五)。非確論也。且君主在憲法有執政大權。苟有急功好名之主。必欲親裁萬機。干涉內閣行動。亦無常法可以制之(一六)。英王佐治三世之親政。殷鑒不遠。而賢如維多利亞帝后。亦好干涉政事。又爲最近之例。謂此後絕無佐治三世其人者出現。以妨害內閣制之活用。亦不免武斷也。共和政體原不必有元首。卽有之。而亦出自國民選舉。賢明者必居多數。卽或偶有不肖僥倖與選。其在職期限有定。一轉移間卽下爲平民。誤事亦有限也。此君主政體之弊害。而共和政治無之者二。君主政治之國。每不免有所謂宮廷勢力。蓋君主左右親信。伴食極多。女子小人。閒居爲不善。種種暗潮以生。甚至勾結運動。擾亂國政。此弊在現代號稱文明立憲國家。亦往往見之。讀畢士馬克之回顧錄(一七)。觀普魯士宮廷之勢力。思過半矣。共和政治之國。此項宮廷勢力無由發生。卽或別有野心家肆權亂政。可以國會彈劾去之。非若君主之絕對不可侵犯。可比去一總統。不過履行一法律上手續。去一君主則革命之手段矣。利害安危。可以想見。此君主政治之大弊害。而共和政治所無者三。次論君主政治之長處。其一爲政府強固。此流俗迷信君政之大動因也。實則政府之強固與否則有所以致此之道而不在君主與共和之分蒲徠士(一八)曰『世俗謂世襲君主之所以強有力因其統治權力出於固有而非受自國民而不知共和國總統之所以強有力恰生於一正反對之原因即其權能直接由國民賦與之是也』是知關於此點共和並不劣於君政反之而政制取擇盡善運用得宜共和政府甚且強於君主蓋後者全憑一人之威力前者以全體國民為後盾也試思今日參加空前大戰之法蘭西共和政府與當年以數禮拜而敗於普魯士之拿破侖帝國孰強孰弱迷信君政者可以省矣君主政體第二之長處在擁戴一至尊於上為人民信仰之中心因以固其忠君愛國之念此層予亦認為有一面眞理蓋在民智未開時代宗教迷信甚深之社會常可利用帝王神權之觀念以愚黔首致之盲從也然在今日國家思想發達之時國民貴有自覺愛國本於理性愚民政策尙有一顧之價値乎羅偉(一九)曰『自國王無責任之義明庶民眼中漸只知有內閣而不知有國王加以民主思想普及人人對於政治社會之勢力有自覺心則謂英王今日於吸引國民忠君愛國之念激動其服從政府之精神尙有莫大之效力是眞陳腐之談可一笑置之也』又曰『百年以前於希臘羅馬威尼斯歷史無心得者動輒主張愛國之情之發生必待有一人為之標的今日豈尙有人為此說者乎今日豈尙有人敢謂英國人民如在共和政治之下愛國之情將減退者乎吾有以知其必無也』是知白芝浩所謂名部(二〇)之說今日已不適用共和政府下之國民其愛國之情斷不遜於君主國甚且過之則讀百餘年來法蘭西史觀今日法國戰時情狀可為明證有一人焉超然於黨爭之外於行內閣制有莫大之便利羅偉且謂為必不可缺之要件而世襲之君主則恰適於盡此一人之職者此君主政

體之第三長處而實最可取之長處也。雖然共和政治之國。豈遂不可以人爲之力補茲缺陷乎。世襲以外。卽別無法求得一人超然於黨爭之外。以圖內閣制之運用圓滿者乎。(三二)苟舉一人而與以君主同種之職權。其於內閣制之作用。不必絕對劣於君主。法蘭西今日之總統。其地位卽如是也。今日法國內閣制之運用。誠不如英倫之圓滿。然其原因幷不在無世襲君主。而在政黨組織之不完備。論政者所熟知。固不得因此而揚君政以抑共和也。予旣言君政之弊害有三。而共和無其一。君政之長處有三。而於共和政治之下。皆可求得之矣。共和自身亦有特有之缺點乎。曰有之。其一爲責任無所歸。西哲有言。人人之事。無人之事也。共和政治之國。國民全恃自治。人人利害關係同等。責任無所歸屬。不若家天下者之有特別利害關係。自審責任重大。而有不得不努力之勢也。其二爲競爭權利過甚。爭權奪利。社會通有之現象。而在共和政治之國。其害尤顯。蓋誤解主權在民之義。人人以爲有主權。人人思得分外之權利。競爭劇烈。其惡影響至於腐敗政治。擾亂國事。則又無可爲諱者。雖然茲兩缺點。非無法以補救之者也。普及政治敎育。喚起國民政治的自覺。則第一缺點可補。組織有紀律有責任之大政黨。以樹立強有力之政府。納人民於正軌。毋令逞其放縱之習。則第二弊害亦可以減除。比較短長。權衡輕重。實際運用。共和仍優於君政。具眼之士。所不能否認也。

自理論實用兩方面觀察。共和政體均優於君主政體。已如前述。然則世界大勢。果趨於共和否耶。柏哲士(三三)嘗於茲問題下論斷矣。曰『政治世界趨向何種政體。非一眼所能明了。然吾觀今日舉世對於君主貴族無限世襲之各制。咸有趨避之勢。則竊以爲此傾向共和之徵兆也。謂各種政體消滅之後共和政治獨能存在予深信其非空想蓋自神秘盲從之習日益消散他種政體失其效用與存在之必要且勢亦不能復存在而以民智民德之日即於優共和政治實行尤易終必至到處實行之而後已也」

欲知柏哲士之論斷是否不欺則請一比較世界君主與共和國之數而究其消長之因南北兩美之國以二十一計全體採用共和政治歐洲之主權國大小以二十三計共和國僅居其三(三三)非洲號稱獨立國者二一爲君主一爲共和亞洲有獨立國四共和國居其一觀於此數則知世界共和政治之最流行者爲美洲其最不發達者非後進之非亞兩洲而實近世民權自由說發祥地之歐洲也非亞兩洲無足論美洲共和政治之流行其理亦易明蓋既有富強之北美合衆國爲之先型新大陸人民復無君政傳習(三四)而以孟羅主義之保護又免於歐洲各國內政干涉之影響也所可怪者以民權自由說發達最早而直接受法國大革命影響之歐洲行共和政治者僅有法蘭西瑞士葡萄牙之三國驟視之似原於歐洲人目睹共和政治之害相率趨避之之故實則其說明不能如是之簡單也間嘗細察其因歐洲共和國數之遠少於君主一由於既存之君主國鮮改共和次由於新造之國每取君政既存之君主所以不改共和非特有所惡於共和也其原因則有在舊大陸人民君主傳習甚深不易拋棄一也變更政體搖動國本沈重之國民不敢輕嘗試之二也十九世紀中葉以來立憲制度流行各國世襲之主大都拋却其神權之面目順隨民主主義之潮流君政弊害漸爲之減而其功用亦相當無輕易推翻之必要三也三者之中最後一項尤爲重要君政之存在斯爲絕對之要件蓋今日民主思想發達時代如至君主固守舊慣拂逆民意施行惡政至忍無可忍之時雖重傳習之國民亦終有不得不取非常手段變更

政體之勢君政命運至此而盡最近葡萄牙之改共和即其明證也新造之國所以每取君政則亦半由生息於舊大陸空氣之中不脫君政傳習半由獨立之業大都藉重強國扶助而成彼強國者咸爲君政之國自然直接間接行其壓迫以妨共和政治之見於新邦承認之時非惟君政爲不文之條件卽君主之候補者亦有一定之人非新造國人民所得自由取捨讀歐洲十九世紀史者所熟知也雖然此等新國基礎鞏固之後國民獨立自覺之念日深如値君政弊害不堪忍受之時尙肯曲從強國之意以維持君主政體乎非予所敢信也今日歐洲各國基礎大抵鞏固領土分裂之事不可驟覩果尙有幾何之新國出現得與彼強國以製造君主國之機會亦予之所深疑也復次旣存之共和國果長維持其政體而不改爲君主否此亦須研究之問題然證之法蘭西史則一度共和政治施行之後人民以爲政治之歸結無論幾經政變幾經革命必光復之而後已安得魯（二五）曰『法人生息於帝國之下而忍其負累者垂十八年然而千八百七十年之法國人民舍最少數與拿破侖第三有關係者外無與彼帝政表同情者』法人厭苦帝政疾首痛心無論拿破侖第三晚年如何改正憲法收拾民心共和運動曾不爲之稍衰觀於師丹敗績之後議會宣告廢位雖內閣諸員極力爲皇后太子保存皇位全院無一人贊同者可以知人心之深惡帝政卽無師丹之役終有爆發之一日矣安得魯謂剛必大（二六）宣告共和於巴黎市政廳實在博多里昂馬耳塞各大都會之後於以知共和政體全國歡迎非巴黎暴民之所得而強致誠知言也或曰千八百七十一年之選舉王黨不占多數乎、曰是誠然然其原因不在人民之反對共和而在人民之反對主戰政策（二七）蓋共和黨首領剛必大主張再與普魯士繼續戰事也是故平和政策決定之後。補缺選舉。共和黨遠勝王黨。人心傾向於此可知。世人不察。或以爲共和政治之所以終能成立。由於尙白伯爵(三八)之執拗而不知民心思共和。卽令尙白一時強復君位。久必推翻。安得魯曰『尙白決心王黨絕望。然而法國因此免於內亂之禍矣』蓋深察乎當時政局機微之言也。綜上所述。則知歐洲旣存之君主國。是否能維持其政體。端在君主之不逆民意與否。新君主國之發生。將來機會絕少。而旣存之共和國。又絕無改變君政之希望。要言之。卽君主國有減無增。共和國有增無減。是也。歐洲如是。美洲更不待言。而非亞兩洲之終不能逆此時代潮流。則又近史之可證明者。然則今日世界認定共和政治爲終極之理想。君主政體不過因一時便宜而維持之。至將來有棄之之必要時。斷不復許其存在。柏哲士所謂各種政體消滅。共和獨存者。衡諸世界趨勢。蓋非不可實現之預言也。

予旣述共和之特質與世界之趨勢矣。請進而言共和國政制之採擇。共和之有專制立憲。亦猶之君主也。政權之行使。無根本法爲之範圍。或有之而視等具文。個人權利無完全之保障。國民之多數或多數代表。得以自由意志壓制少數。是之謂共和專制。共和專制卽多數專制也。或曰。有一人焉。憑藉武力。攘權自肆。是不得謂之專制乎。曰否。此僭竊而非專制也。專制者。濫用其權力之謂。多數專制。其權力仍由國民賦與之。若一人而武斷全國。抹煞國民主權。是僭竊也。多數專制。不過政制之失。一人僭竊。則構成罪惡矣。一人僭竊之不容於今世。共和國自不煩言而解。多數專制之與自然權利說不相容。亦久爲政家掊擊。然則通常言共和。卽專指共和立憲而言。吾人之腦中。共和與立憲兩字常作聯想。亦政理自然之歸結也。同一共和立憲。因政府組織之不同。政權分配之異。其所得效果。常大相殊懸。政制運用錯綜萬狀。欲語其詳。更章難盡。非本論篇幅所許。茲僅就其最主要者。衡其得失。以定取捨。或亦可以資政家之參考也。予前既言共和政體之國。或無元首。或有元首而不出自世襲矣。無元首之共和國。其行政部爲委員制。(三九)如今日之瑞士聯邦是。瑞士聯邦之行政部。以委員七人構成。由兩院聯合之聯邦國會選舉之。任期三年。有出席兩院討論之權。直接受議會之監督。然而任期既有一定。不因議會之信任與否而進退。易言之。即無所謂政治責任也。此制之最長處。在行政立法兩部。不疎隔。而行政部又能維持其獨立之地位。不因議會黨派關係。蹶易生手。而其弱點。則在議會黨派勢力移動。意見變更之時。行政部分子。不與之俱變。一有衝突。無法調和。且行政部無一主腦。爲之統率。(三〇)各行其是。政見紛歧。行動不一致。然而瑞士行之而無妨害者。則其原因有二。其一。則瑞士人民。不重黨見。而富於調和精神。行政立法兩部。雖値意見扞格。不至衝突。其二。則瑞士國小。而永久中立。對外無重要之關係。內政又分權於各州。行政部本無絕大問題。須取敏活一致之行動者。(三一)雖行政各委員自相牽掣。亦無大害也。以是之故。瑞士政治。拋去黨派色彩。務使各黨意見。悉得代表於行政部。非惟行政部各黨分子并立。即行政部委員之多數。亦不與兩院議員之多數一致。(三二)此誠瑞士政象之特色。非他國所得而模倣者矣。共和國之設有元首者。非惟出自選舉。以別於君主之世襲。其性質亦與君主國之君主大殊。後者本其總攬統治權之主義。位於各機關之上。前者則對外爲全國之代表。對內僅爲一行政部之首長。與立法部對立而已。然而同一共和國元首。美制與法制不同。美國政制。世所謂總統制是也。其制之特質。則在行政立法兩部分權獨立。總統對於議會。無提案無解散之權。議會對於行政部。亦無政治責任之可問。行政部於法定期限內維持其獨立之地位不因議會黨派勢力消長而動搖此美制之利而合乎瑞士政制之第二特長者也然其最大弱點亦伏於此卽行政立法兩部各不相下一有衝突無法調和且以行政部不受立法部監督之故行動自由苟有野心家希圖僭竊危險更不堪設想然而美國行之而無害者則亦有特別之原因數種美國總統手下無常備軍可以助惡一也四圍無貴族分子守君主傳習謀爲不軌者二也其組織爲聯邦中央有變各邦有力以聲罪致討三也美國民族承英人氣質重實利而不尙感情人民無盲從之習野心家無由逞其冒險之舉四也此理蒲徠士(三三)曾道破之葉思曼(三四)亦深察此制所以能行不能行之主因而力言南美中美諸共和國之革命頻仍其原因雖多而最主要者仍在採用美國總統制之誤蓋在此等共和國軍人勢力尨大加以拉丁民族之輕浮野心家更易於逞其志所以同一政制所生結果與美國恰爲反對也南美共和國如阿根廷之類鑒於此禍有思兼採總統制與內閣制以圖補救者葉思曼以爲更誤蓋以兩種牴觸主義幷行衝突益甚兩者之利自相消殺兩者之害則幷得之其結果愈壞也然則國之情勢如吾國者旣反乎瑞士復與美國大相懸殊委員制之不可行不待智者而知總統制之危險亦當爲憂國者所注意而兼採兩制之不可能又如葉思曼所言則現在各種政制中之最適於共和立憲者其爲法國之內閣制乎大革命以來法國制定之憲法前後以十二計近世各種政制試驗幾盡羅偉(三五)至謂法蘭西成一政治試驗場可以見法國於採擇政制富有經驗矣然至第三共和政府成立終決定施行內閣制迄今凡四十年無或改變其於促進共和政治效益特多第三共和政府所以命運獨長政治運用圓滑無變局發生者其大原因未始不在此

蓋內閣制之長處在元首超然於黨爭之外不負政治責任以維持政府之基礎同時復使握實權之內閣直接受議會監督負連帶責任以收立法行政兩部融為一氣之效於是則衝突不至發生野心家亦無由行其僭竊此誠最利於共和政治之國者也法儒葉思曼狄驥(三六)咸極稱第三共和政府採用此制之得計所以擁護之者不遺餘力以為非是無以善共和政治之運用豈偶然哉予推稱內閣制若是非一味迷信內閣制也予固知內閣制自身有種種缺點欲善其用又須備各種要件然此等缺點非無法可以補救所須要件亦非絕對不能具備者欲免於他種政制之危險圖共和之長治久安權衡利害之輕重予竊以為內閣制仍彼善於此也

予既對於共和政治為一般觀察如前矣予茲結論吾國之共和政治吾國今日之共和政治而果形式與實質兩備者耶抑僅有共和之形式而不具共和之實質者耶其運用果合於立憲之精神者耶抑具僭竊之性質者耶國人根據前述特質對照國內現情當自知之今日之政象是否有改進之必要改進之手段又將安出亦惟同人自審之非予所欲發表私見者也予之所欲論者即在共和政治果與吾國情相反否也吾國君主專制之政垂數千年歷史不為不久驟視之似君政傳習深入人心牢不可破實則以吾國土之廣民情之異從來君主之魔力僅及於親近左右及其他少數官僚大多數國民視之漠不相關所謂神聖不可侵萬世一系之觀念吾民腦中向無此物也且三代以前帝王世襲之制未立民之所歸依即權力之所寄當時所謂天子者其去今日之總統地位果有幾何之差異則是吾乃祖若宗亦嘗生息於共和政治之下歐西傳來之共和思想恰與吾古代歷史融合翕然嚮從正情理之自然而

謂吾國民必迷信君主鄙視共和不察之甚者也不觀於辛亥之役乎共和之議一度宣於國內到處歡迎舍少數前清官僚頑固書生外無有對於政體問題挾異議者則國民之棄君政如敝屣視共和爲當然彰彰明矣論者或疑吾國幅員遼闊不適於共和而不知廣土衆民之國能否保持統一端視中央政府之統治得宜與地方自治之基礎如何而不在其國之有君主與否也美國國土可謂大矣不聞因共和以召分裂法國本土雖小殖民地遍於世界其統一亦不減於他之君主國非其明證乎或曰民國初成外蒙旋失藏番繼叛憂猶未艾是可以徵共和政治之有害統一矣曰不然蒙藏之離叛非生於共和政治之弱點而實革命之影響也滿清失政國威掃地外蒙西藏久有異心特乘國內革命戰起鞭長莫及以逞其野心耳如斯惡果勢所必然卽易地而觀使當日之滿清爲共和今日之民國爲君主中經革命結果亦同蓋政變之交國本搖動每與藩屬以叛立之機會其例數見各國歷史固無關乎由君主變共和抑由共和變君主也吾人鑒於蒙藏之事更當引爲教訓深悟革命之不可屢見政體之不容再更大凡國民一度宣告共和已成覺悟無論幾經挫折費何犧牲必復致之而後已法國往事卽其明徵以吾國國勢阽危風雨漂搖果有幾何餘裕能耐輾轉政變者欲固統一之基免分裂之禍莫要於擁護共和到底以防革命內亂之頻仍愛國之士所當服膺也

予論至此予不欲再辭費以重國人厭聽之念予茲以簡單之語概括予旨以告國人曰共和政治者政治之最自然而通用者也共和政治者世界之趨勢也共和政治者與吾國情絕不拂逆者也吾中華民國者屹立於近世共和思想感受最遲之亞洲之唯一共和國而世界共和國之最年少者也我國民既

着、先、鞭。當爲四、鄰、舊、邦、樹一模範。羽翼初具。惟有、力、盡、保、育、之功。然則、今、日、眞、愛、國、者。不當、空、悲、共、和、前、途。而在、愼、擇、政、制、善、其、運、用。以濟、共、和、有、終、之、美、奠、國、家、於、磐、石、之、安。國人、而、不、河、漢、吾、言、乎。共、和、之、幸。四萬、萬、蒼、生、之、幸也。

(一)學者有定君主共和爲國體立憲專制爲政體者意在嚴國家與政府之分美儒栢哲士 持之尤力自矜獨得之妙予竊以爲此學者穿鑿過甚之結果也國家爲一理想物不能自具形體假政府之形體以爲形體國體與政體即一物不過言詞表示之異吾人通常稱某國爲何種國體意 即指某國爲何種政體之國此義德儒耶律芮克辨明之伯倫知理取義亦同(Jellinek, l'Etat Moderne et Son Droit Vol II P. 390-395; Bluntschli, Theory of the State P. 340 法國憲法亦表示共和爲政體觀其公權組織法第八條而明 La forme républicaine du gouvernement ne peut faire l'objet d'une proposition de revision 意即共和政體不得提議修改也

(二)學者分共和爲貴族共和民主共和兩種前者主權寄託於少數人之手後者寄託於全體國民實則貴族共和與 主權在民概念不相容久已絕迹於世界將來亦未必有實現之機會(Jellinek, l'Etat Moderne Vol II P. 469; Wilson, The State P. 577-580)故通常言共和即專指民主共和而言本論準此

(三) Duguit, Manual de Droit Constitutionnel P 181-184

(四) Jellinek, l'Etat Moderne Vol II P. 422-423

(五) Esmein, Eléments de Droit Constitutionnel français et Comparé P. 5-6; P. 294-295

(六) Caesarism

(七) Jellinek, l'Etat Moderne Vol II 458-459

(八)群約說久爲論爭燒點實則今日即棄群約說主權在民之說根據仍不可破棄思受皆於群約說之外求 得證明主權在民之理由有二日國家所以爲民國家之運命

應由國民自支配之日國家存在之根據在勢力而最後之勢力無如全體國民大者巢氏爲當代政學大家關於此點研究 尤精詳於其所著比較憲法論別爲國民主權說一章敬論之(Esmein, Elements de Droit Constitutionnel Titre II. Chapitre II)他日有暇當爲譯述紹介國內

(九)世有以主權在國與主權在民對待者亦穿鑿之甚也主權雖爲國家之要素然國家一擬制法人必 憑藉自然人而後能實現其主權作用則組成國家之全體國民自矣是故主權在國主權在民即爲一說不過茲之所謂民者指全體國民而言不可誤作人人有一份主權解也此理雖德儒 伯倫知理亦承認之英美法各國持民權說之學者更無論矣(Bluntschle, Theory of the State P. 501; Esmein, Eléments de Droit Constitutionnel P. 4)

(一〇) Jellinek, l'Etat Moderne Vol II P. 422-424; P. 454; Burgess, Political Science, Vol II 200; Esmein P. 294

(一一) Constitution de 1791, Titre III Art. 1. La Souveraineté est une, indivisille inaliénable, et imprescriptible: elle appartient à la Nation.

(一二) Esmein, Droit Constitutionnel P. 296

(一三) Dicey, Law of the Constitution P. 24

(一四)法國總統犯大罪由下院彈劾上院審理普通法犯罪亦與人民受同種法律制裁不過審理不在普通法廷而在構成最高法廷之上議院耳(Dugnit Manual de Droit Constitutionnel P. 394-395)

(一五)君臨而不統治之說殊爲不甚以爲確耶律芮克亦力言英王在政治上勢力不可輕易看過 Dicey Law of the Constitution P. 458; Jellinek l'Etat Moderne Vol II P. 446-449

(一六) Jellinek, l'Etat Moderne Vol II 418-419.

(一七) Bismark, the Man and the Statesman 2 Vols.原名爲 Gedanken und Erinnerung

(一八) Bryce, American Commonwealth Vol I P. 67

（一九） Lowell, Government of England Vol I P. 49-50

（二〇） Bagehot, English Constitution P 4（詳見甲寅雜誌第一號白芝浩內閣論）

（二一）出自選舉之共和國總統求如世襲君主之全無黨派色彩原不易得然可以造成一種傳習俾凡當選爲總統者知尊重其地位於在職期間超脫黨律嚴持中正態度欲知此事之非難實行可以證之英倫實例英倫議會黨派縱橫之森嚴論政家所熟知然議長一人獨爲例外凡居議長之位者皆超然於黨見之外作全院之公人亦此一種傳習勢力所致可取以作共和國總統地位也

（二二） Burgess Political Science and Constitutional Law Vol II P.38

（二三）非主權國之行共和政治者有五即德意志聯邦之三自由市與法國保護之 Andorra 意大利保護之 San Mari no 是也（Oppenheim International Law Vol I P.162

（二四） Tradition

（二五） Andrews, Historical Development of Modern Europe Vol II 327

（二六） Gambetta

（二七） Seignobos, Political History of Contemporary Europe Vol I P.190; Andrews Modern Europe Vol II 345

（二八）千八百七十一年二月之選舉國民會議王黨占多數謀擁包木系之尚白伯爵 Comte de Chamberd 復行君政以尚白執拗妥協不成而止（Andrews, P 353）

（二九） Le Système Collégial

（三〇）瑞士亦有所謂伯理璽天德者由行政部委員中一人就任之任期一年並一名譽職一議長資格初非別有特別權力足當總統或內閣總理之地位也

（三一） Esmein, Droit Constitutionnel P.494-495

(三二)Lowell, Governments and parties in Continent Europe, Vol II P.202-203

(三三) Bryce. America Commonwealth Vol I P.68.

(三四) Esmein, Droit Constitutionnel P. 481-482.

(三五) Lowell, Governmonts and parties,Vol II P.177

(三六) Duguit, Manual de Droit Constitutionnel P 189-197.

中俄交涉評

鯁生

中日交涉方告小康。中俄協約同時成立。(六月七日簽字)多年懸案。一旦解決。吾知袞袞諸公。必且彈冠相慶。欣欣然以交涉成功。飛告國人矣。成功耶。失敗耶。願國人卽協約之精神。一熟審之。此次中俄蒙恰克圖會議。根據於民國二年冬月中俄協約正文第五款。(凡關於俄國及中國在外蒙古之利益暨各該處因現勢發生之問題。均應另行商訂)及聲明另件之第三款。(正文第五款所載隨後商訂事宜。當由三方面酌定地點。派委代表接洽)故此次中俄條約。當與前年中俄協約參觀。自可明其性質。誠有如時報記者所云者。(六月十一日時報第二張)今按民國二年冬月五日聲明另件第一款。『俄國承認外蒙古土地為中國領土之一部分。』(條文均據時報六月十一日第二張所載)卽此次恰克圖條約。聲明外蒙為中國領土之根據。而實今日當局所視為交涉最成功之處。足以誇示於庸衆之前者也。然細察之。此條文究有若何之意義。吾不能無疑。夫一國固有之領土。不待他人之承認者也。待他人之承認而後為領土。惟於新取得土地或境界爭議所屬不明之時見之。外蒙隸我版籍。已數百年。與新得土地。自不可同日語。而所屬不明之問題。又絕無由發生。他國承認手續。有何必要。今日而待他國承認。為吾領土。是無異自認未承認以前。本非吾領土也。一國正式承認之者。視為吾領土。自未正式表示承認之他國眼中視之。不必為吾領土也。外蒙因他國之承認而為吾領土。則與外蒙居於同等地位之地方。在未得外國正式承認之時。將不得為吾領土也。向來為吾領土。而忽煩他國之承認。得此一無價値之承認而自詡爲交涉之成功是寧非自欺而欺人者今試語英政府曰吾承認愛爾蘭爲汝領土語俄政府曰吾承認波蘭芬蘭爲汝領土語德政府曰吾承認亞爾沙斯羅連爲汝領土彼未有不駭然以爲侮辱者而吾乃得此以爲榮焉嗚呼可痛也已

吾既於『俄國承認外蒙古土地爲中國領土之一部分』之條文表示不滿意矣孰知幷此而亦止於死文徒以裝飾門面實際無何等之效用蓋彼一面承認外蒙爲我領土同時復否認之而吾當局不之覺也聲明另件第一項承認外蒙爲我領土而民國二年冬月中俄協約正文第一款則曰『俄國承認中國在外蒙古之宗主權』此次恰克圖條約第二條則曰『外蒙承認中國有宗主權中俄承認外蒙自治外蒙仍爲中國領土』領土與宗主權同時幷列獨非矛盾之至者乎領土者主權行使所及之地也宗主權者不能行主權者所有一種變則之權能也既屬吾領土則主權當然及之如僅有宗主權則非領土吾嘗聞俄濱罕(一)之說矣曰

宗主權者非主權也如其爲主權則屬國於其內政斷不能自主而對外又當絕無關係之可言且使宗主權之文義而同於主權用時又何以必區別吾人但可謂宗主權爲一種『國際監護權』International guardianship 則以屬國之國際關係縱非絕對亦強半由宗主國代表也

又曰

論宗主國與屬國之關係自領土之義嚴格言之屬國確非宗主國領土之一部庫里特與埃及雖隸於土耳其宗主權之下而不得謂爲土耳其之領土也

是知所貴乎爲領土者貴其於此範圍內國家可自由行使其最高權也號稱領土而只認有宗主權世間不邏輯之事孰有大於是者吾知彼狡猾之俄國外交家特美其名以欺吾國人故如此惡作劇耳羅倫斯（二）曰『假託適意之詞令以掩飾逆意之事實此外交之大目的也』嗟乎嗟乎庸詎知終日仰此等外交詞令自寬自解喪權辱國逆意之事實伏於無形而不之覺者在吾國固屢見不一見乎吾於此次中俄交涉又何責焉吾特欲使國人知條約上所謂領土云云不過一種裝門面之語此次交涉結果充其極不過保有一宗主權耳

使宗主權而能舉其實猶可說也乃卽此次條約之內容以窺宗主權之實質而所謂宗主權之價值亦有令人大失所望者（一）條約之明文固只謂中國有宗主權也而各條規定則到處中俄幷列舉其重要者如第二條『中俄承認外蒙自治』第三條『外蒙之政治中政府按照千九百十三年十一月五日中俄聲明書負其責任』第五條『中俄兩國承認外蒙自治幷允以內政權歸蒙人』第六條『中俄兩國擔保不干涉外蒙內政』第八條『俄國代表駐庫倫得帶衛隊百五十』則與第七條之『中國派代表駐庫倫得帶衛隊二百名』相抵第九條規定中國代表享受榮典之權則幷載俄國代表亦有同樣之權利卽此等條文之規定以推則明明表示外蒙之自治權出自中俄兩國之承認俄國對於外蒙之地位權利在此次條約上與中國爲同等其名則只中國有宗主權其實則俄國與中國同有宗主權易言之則似此次條約之所謂宗主權者非中國之宗主權而實中俄兩國之一種共同宗主權』『共同宗主權』應作 Co-Suzerainty 今日國際法上尚無此名詞（三）自我自古本無不可然而俄國

太占便宜矣(二)宗主權之語源出自封建時代蓋舊爲國法上之一名詞也自封建制度廢而此名詞之原意失轉用於國際法以表示所謂『屬國』之關係然語本借用旣定正確之界說外交家復利用以爲朦混欺飾之具所謂宗主權云云其權利之大小廣狹乃無一定當隨情勢隨條約而有千差萬別之象欲立一通則勢有不能固國際法學家所共認也然而據歷史經驗國際慣例則有數項權能爲通常宗主國對於屬國所必備者一曰宗主國有干涉屬國對外關係之自由二曰宗主國受一定之歲貢於屬國三曰宗主國有制限屬國軍備之權屬國軍隊有事時當然爲宗主國軍隊之一部四曰宗主國與外國所訂之條約非別經明載例外當然發生效力於屬國千八百四十一年以後千八百八十二年以前土耳其對於埃及之宗主權卽其一例也(四)今吾中國對於外蒙之宗主權果足以語於是乎此次條約條文二十二條中於後之二三四三項未及一語然則外蒙無納歲貢之必要也有獨立設置軍隊之自由也戰時不聽我調遣也而我國與諸外國所訂一切條約不生效力於外蒙土地也至若上述之第一項權能則尙未置之度外而於條約第三條有所規定曰『外蒙不得與他國磋商政治事務并不得與他國締結關於領土之國際或外交條約』然而不得以此爲於義已盡也蓋關於外國使節之受授條文中幷無禁止之語似不能謂外蒙對外關係將全由吾政府代表外蒙在國際上或尙有自由活動之餘地也且第五條規定『關於商業實業蒙人得與他國締約』是外蒙與外國雖不得結政治領土之條約而有締結關於商業實業條約之自由不知條約之性質本極複雜何者屬於政治何者屬於商業有時頗難下明確之界說且商業實業亦常帶政治之臭味商業實業條約之效果不無間接牽及

政治領土問題之事此在吾國內地亦飽嘗此經驗而謂外蒙能善用此締約權誰其信之又況借債一事條文中亦無禁止之語將屬於政治條約乎抑屬於商業實業之事項乎吾人無可據以下判斷者此層之危險尤可為慮埃及以濫借外債而財政破產以財政破產而招英法之干涉卒乃落於英國之手而宗主國之土耳其無如何以土耳其對於埃及對外關係本保有干涉之權者而以腐敗放棄其結果已至如是矧在吾今日對於外蒙對外關係既未明定自由干涉之權而於借債問題全無隻字之規定後患寧堪設想者然則吾今日所有宗主權之價值從可知已

以上批評不過就條約規定聲明之性質立論實則就中俄交涉俄蒙關係全局觀察尤有大傷心之事為國人所不可不注意者俄國之與外蒙數年來結種種密切之關係其間別有何秘密條約當尚有為吾人所不及知者外蒙獨立其名附俄其實活佛特俄人之傀儡吾今日對於外蒙之地位乃全由俄人居間調度而定目前之宗主權其不為吾領土分裂之漸者幾希吾嘗徵諸國際政治史矣凡國際上所謂『保護權』與『宗主權』之關係均為一時過渡之政象初非能持久不墜者前者大率由獨立國降為被保護國而終併合於保護國如法國之於瑪達加斯加（五）日本之於朝鮮是他日英國之於埃及（六）當亦不不脫此運命（七）後者反是大抵因一國領土叛離本國政府暫存一宗主權之名義以敷衍本國政府面子緩和本國人心久而并此宗主權亦取消之（八）或由此而完全獨立如羅馬尼亞塞爾維亞（九）保加利亞（一〇）之於土耳其或遂落於他強國之手如埃及之保護於英庫里特（一一）之併合於希臘是無論終於何者其為本國分崩離析之漸則結果皆同俄國之所以瓜分土耳其即循此程

序今其故技又施諸遠東之病夫矣吾人今不必問外蒙將來之是否爲羅馬尼亞塞爾維亞保加利亞抑爲庫里特埃及但憂外蒙之終不屬我而西藏與回部或將步其後塵瓜分之事實潛移默運行諸此老大帝國而國人不之覺耳吾思至此不寒而慄吾政府而猶詩外交之成功乎吾國人而竟對於此次交涉之結果滿意乎如其然也則眞不悟羅倫斯所謂『假託適意之詞令以掩飾逆意之事實』者而他人外交之術售矣賞勳之典當見諸聖彼得堡而不在北京也

論者或有歸罪於民國之參議院反對第一次中俄條約以至變本加厲招此失敗者（二）吾於當時交涉眞相議院反對情形不之深悉且不置議（甚願當時身當其事者說明之）吾但一言以告論者曰俄蒙關係發現全國激昂征蒙之聲不絕於耳而當時政府專顧用兵南方無暇計及邊事徒欲以外交上姑息之手段爲有名無實之解決此國民所共反對也參議院當時之反對與國中輿論實爲一致今日與其歸罪於參議院之有意作難毋寧咎當日政府之因循誤國也且吾聞二十世紀之外交所謂國民外交貴在恃國民輿論爲外交之後盾而不任二三官僚私相授受自政府私人方面視之或嫌多所掣肘而爲國家全體利害計則正外交之最強處也是故有因輿論反抗力之強而他國戢其氣燄外交上立於優勢之地位者矣未聞以本國輿論之強硬反致他國無理要求變本加厲以招外交之失敗如論者之所以爲現政府諉過於昔日之民意機關也

尤可慨者外交之成功常得力於機會今則天假我以最好之機會而吾政府不能利用於中俄交涉也空前大戰震撼全歐俄以一國偏處東方當德奧土三國之衆三面受敵其處萬死不顧一生之境遇勢

不能再牽引葛籐於遠東可想而知速了中蒙問題正其所利吾政府於此獨不能以逸待勞要挾有利之條件於其間乎又胡爲乎急慕解決懸案之美名遽就了事以令俄政府得安然坐享大利也當局諸公是何居心吾眞百索而不得其解今西藏之中英交涉聞又開議於倫敦矣此重懸案自不難覩其早日解決吾惟望懸案解決之結果勿覩外蒙第二出現於吾西陲則國家之大幸矣嗟乎嗟乎人之欲土耳其我者方耽耽虎視於其傍我乃日蹙地百里而沾沾有得色不亡何待吾念中日交涉後南滿內蒙之地位今茲中俄交涉後外蒙之運命并預想西藏之將來吾眞不解瓜分之事果尙待何別種形式以行諸吾國者中日交涉平和解決之後『北美評論』(二三)記者預言日俄兩國不免實際分割中國意在促歐美諸國有關係於中國者之奮起此其目的又豈有愛於吾國而圖其長治久安者亦不過欲隨日俄兩國之後分一杯羹耳嗚呼我政府而忍於此等外交局面之下誇示成功自欺以欺國民乎嗚呼我國民而忍坐視大好河山不知不覺之間瓜分以盡乎外蒙已矣憂猶未艾愼毋謂吾好於他人興高采烈之時故作掃興之語討沒趣也

按此文草於倫敦以寄東京本社展轉稽滯發布濔遲對於作者讀者皆深抱歉然文中所含眞理則固歷久不磨雖稍後時値仍不損也　編者識

(一)Oppenheim, International Law Vol. I. P. 141; P. 231

(二)Lawrence, Principles of International Law P. 65

(三)國際法有所謂 Condominium 者爲兩國於一地行使「共同主權」之說如英與埃及之如蘇丹是此亦極不邏輯之事實際亦爲一時過渡之現象不能持久者也

（四）Bonfils Fauchille, manual de Droit International Public P. 122-124

（五）Madagascar 自千八百八十五年以來隸於法國保護權(Protectorate)之下千八百九十六年併合於法

（六）千八百四十一年以前埃及爲土耳其領土以太守梅哈梅特亞利 Mehemet Ali 叛立各國干涉之結果千八百四十一年以後土耳其僅保有宗主權千八百八十二年內亂發生英軍占領之埃及實權落英人手土耳其僅存「紙上宗主權」而已（吾國今日對於外蒙之地位無乃亦若此乎）千九百十四年歐戰發生暨甘土耳其目昧加入德奧此「紙上宗主權」而亦失之而埃及名實兩爲英國之保護國矣

（七）亞比敍尼亞 Abyssinia 以意大利之保護國而卒能脫其羈絆獨立此爲例外然而千八百九十五六年與意大利血戰之結果也

（八）杜閦斯哇 Trasval 以隸於英國宗主權下之國而卒併合於英其例外也然此亦經年血戰之結果人所熟知者

（九）Rumania, Servia 皆爲屬土耳其領地千八百五十六年以後立爲國而隸於土耳其宗主權之下者千八百七十八年柏林條約之結果完全獨立

（一〇）Bulgaria 亦土耳其領土之叛離者千八百七十八年柏林條約之結果成國僅認土耳其有宗主權千九百八年以來居然獨立國矣

（一一）Crete 此亦土耳其領地千八百九十七年希土戰爭之結果僅認土耳其有宗主權千九百十三年以來併合於希臘矣

（一二）六月十一日時報第二張記事

（一三）North American Review June 1915

獵官與政權

劍農

梁任公先生於大中華雜誌曾揭一文。題曰『作官與謀生』勸國人勿恃作官為謀生之具。以『國民個體發育』相奮厲。先覺之言。足以廉頑而立懦。不肖如予。亦復何敢妄參異說。惟竊思欲圖國民個體之發育。首當愼國家干涉之度。蓋干涉用於良方面。為助長。為保育。為制惡。用於惡方面。則為摧敗。為勒束。為惡化。吾國國民之個體發育。何以遠不及歐美。則以國家干涉。為惡方面之後者而已。驟視之。似為極端之放任。細察之。則無一。非摧敗勒束惡化之干涉也。卽今官界奔走馳騁之象。惡化之度。已臻極端。梁先生心焉傷之。不惜苦口為之勸諷。且以『豪傑之士』相勗。然『論事當舉其多數者以為標幟』如梁先生所云。一國之人。安能人人為豪傑。使舉吾國數十百萬求官之士。皆為豪傑。則雖摧敗抑勒惡化亦不足為患。無如其不盡為豪傑何。茲篇之作。非故逆梁先生之意。而為求官者張其燄也。特欲推論梁先生之所不欲言者。以窮魍魎之眞相而已。

今欲推論此題。當先問求官者之多。果由於政治作用乎。抑起於社會生計之自身乎。果或由於政治作用。抑可置政治問題於不顧而解決之乎。茲姑勿遽作答。且誦言梁先生所述之因由如次。

(一)學優則仕之思想千年來深入人心。

(二)咸同以來捐納保舉雜起得官之途漸廣。

(三)留學生考試及各種新式考試雜然並陳導人作官之興至濃。

(四)鼎革之交爲流駢進其間中央政府地方政府交迭頻數大小官吏之旅進旅退歲且數度

(五)各地秩序未復萑盜滿山村落殆不可居人民輕去其鄉冀就食於都市他既無所得則惟官是望

(六)留學於外學成而歸及卒業於本國各種學校者歲以數千萬計其惟一自活之道亦惟曰官

此皆所以增加官市供給品之因由也其第一種梁公已低減其勢力之度矣曰『疇昔科舉限以額數下第者只傷時命末由干進久之亦惟求他途以自活』然則官市供給品之增加純以後五種爲其要因而此五種除最後一種外果有一非政治之作用乎卽最後一種苟無第三種爲之助力則亦不能爲患然則謂今日官市供給品之增加純由於政治作用亦無不可故梁先生復曰

> 天下事恆遞相爲因遞相爲果此奇特之社會現象大半由於政治作用誘導使然此種奇特之政治現象抑何嘗非由社會情實要求所致夫低級人民且勿論矣乃至所謂上中級人民者而悉皆待養於國家則國家亦復能如彼何夫國家法制固全國人民意力所構成也而上中級人民又國家之幹也故國家政象常爲多數上中級人民心理所左右自然之勢也人人痛心疾首於政象之混濁試思爲此種心理所左右之政象果有何術以使之清明者此且勿具論……

夫曰遞相爲因遞相爲果其遞進之程果以何者爲發軔之端何者爲歸宿之點換言之卽以何者爲最初之因何者爲最後之果據梁先生所言則固以政治作用爲官市供給品增加最初之因矣由此因而產此奇特社會之果復因此奇特社會而產此奇特之政治現象則以政治爲因仍以政治爲果卽無異惡政產最惡政最惡政復產最最惡政而社會墮敗則爲諸惡政展轉相遞間之聯結物今獨蔽罪於社會曰『國家政象常爲多數上中級人民心理所左右……爲此種心理所左右之政象果有何術以使

之清明者』人將曰覓其最初之因而清明之乃最初之因適爲政治自身而梁先生又厭於政談思從事於社會以清政治之源故以『此且勿具論』五字撇去之此梁先生立言之苦心予輩所當深思者也」官市供給品梁先生別爲二種四類而皆歸之於謀生曰『問其皇皇求官之故爲作官榮耶爲作官樂耶皆不然蓋大率皆舍作官外更無道以得衣食質言之則凡以謀生而已』夫以「生」之廣義言則「榮樂」未始非生之一作用若界「謀生」於「得衣食」之三字內則求榮樂與謀生自屬二事今之求官者果盡爲衣食計耶『增機關增人員』果專爲彼輩供衣食而『思救濟社會之一部』耶如爲救濟社會之一部則何不設法減少其供給耶卽以『生計原則』論凡供給過於需要時則供給品之價必漸低落價既低落則業供給者必移其資本而投諸他業於是供給品必以次減少而與需要相平均矣今假定求官爲供給品之業而國家乃經營官市之需要者値此供給過剩之時正宜低其價以博利今不低其價而反爲之增機關以廣其需要維持供給品之價格而使已身受其虧累吾營業者必不若此六月十四日大總統之申令有曰『譬如組織公司由股東公舉經理資本不足責在股東職務不修責在經理』(一)今吾政府對於官市之營業顚倒若斯吾股東雖有無限之資本安足以供經理者若斯之揮霍某誠至愚亦不能不責及經理矣此雖近於滑稽之談特因梁先生以生計原則作譬吾亦取而譬之而已至於今之官市果可馭以生計原則與否必先問今之求官者果盡爲謀生與否彼數十百萬旅寓京師及各省會寄食於親友者非無其一大部專爲衣食計然專爲衣食者與其謂爲求官毋寧謂爲就事就事者但有事以供衣食卽亦滿志以去不必官也此類之人若勸以勿求官彼將答曰吾何嘗求官

吾特無事以給衣食耳吾何嘗賴國家以爲養特國家阻吾自養之途竭吾之生機已耳吾欲業負販則釐金官卡勒索相重而不可任吾欲業農圃則『羣盜滿山村落不可居』吾欲傭於人則僱主轉徙流離已自無可養汝以吾輩爲求官汝誠書生之見也乎其他之眞爲求官者則衣食尙足以自供或且醇酒或且美人或且痲雀或且撲克優足以破旅寓之岑寂苟一旦得官焉則大肆其醇酒美人痲雀撲克之樂侍僕奔走左右承旨唯唯無敢稍逆其意得與未得者之間但有彼此相形見絀之差醇酒乎美人乎痲雀乎撲克乎侍僕承旨於左右乎果亦可儕於衣食之列得之則生舍之則死乎吾不敢謂凡求官與得官者皆屬此類然素絲之悲庖魚之臭其不爲此類所薰染同化者蓋亦幾希此類之人若勸之勿以作官爲謀生之具彼輩又將答曰吾何嘗恃作官以謀生吾特妒彼得官者之醇酒之美人之痲雀之撲克之侍僕左右承旨聲勢赫然遠非吾輩之但以破旅寓岑寂者比耳吾有七尺軀彼輩之軀未嘗或十尺或九尺或九尺四寸以長也彼若是而我乃不能若是是可恥也汝以吾輩之求官爲謀生汝誠不免書生之見也乎彼求官者之答解大都類是則生計原則不能適用於官市可知斯賓塞嘗有言曰

此種履歷之營求迫之者爲尊顯履歷之希圖耳父爲子謀卽得一政府書記之任心以爲食祿雖薄其職業尙不失爲一縉紳凡行政組織範圍及於社會愈大而愈有勢名位之等差愈趨固定則國家公僕崇視過於普通業務者愈增法蘭西少年流行之功名熱始則圖於地方獵得一小吏之任繼則由之以踞地方政府之中心終乃由之而達於巴黎首官之席焉俄羅斯國家組織以軍事顯其特質其國家干涉之範圍尤爲廣漠求官之熱因亦趨於極端華乃思（三）嘗謂「舉全體人民卽一商店

員一履業工無不以得成吏員爲目的使其終身未嘗一度列於仕籍幾若其爲非人類也者』(三)斯賓塞之言雖非爲吾國求官者寫照然世界人類心理大都不甚相差卽吾國求官者之心理亦可以其言範之然則求官者與其謂迫於謀生毋寧謂羨慕權勢權勢愈大則常人羨慕之心愈熾而求之亦愈切旅進旅退官市之變動愈無定則求者僥倖之心愈不可遏而投機之商亦愈衆矣蓋舉世豪傑之士少闒茸之士多惟豪傑能不動於權勢彼闒茸之徒安有不爲權勢所奔走者哉夫權勢又非可以孤立而獨守者也若欲守之必恃爪牙人人競欲守之人人須植爪牙權勢最大者爪牙最衆而爲之爪牙者亦各得其權勢之一部爪牙旣各得權勢之一部則爪牙與爪牙之間亦不能無競因之爪牙復各植其爪牙焉遞相植卽遞相競遞相競愈遞相植彼握其權勢之樞者反處於調劑競爭之地位調劑之術窮則聽命於爪牙而已蓋若一不聽命則恐彼爲之爪牙者行將反噬聽之而已亦與有利也百足之蟲死而不殭吸人民之膏血以養爪牙之爪牙夫亦何所顧惜乎哉專制之政府所以終不能由一人專政者其理蓋如此耳其爲害也亦卽在乎此吾國今日固爲『小康』之共和也專制云乎哉特此小康之共和又恃彼『特別勢力』以維持之彼特別勢力果有近於專制之權勢與否一仍讀者斷之吾但見夫數年來機關人員之增設頗有近於調劑權勢之競爭耳謀生云云救濟社會之一部云云蓋不忍明言指斥而爲暗諷之詞耳勸人勿求官不若勸人勿競爲人之爪牙然一人之勸者終不若彼無數爪牙之求者之魔力之大也不見夫國中報紙所揭載之免試知事案乎某保舉若干名某保舉若干名合之殆以千百計吾不暇舉其確數但見連篇累幅揭載數日不休耳其他不由保舉而由考試者尙不知若干也

留學生卒業歸國考試記名於各部者亦時見於報端也。夫保舉與捐納及留學生考試。皆梁先生所指爲誘人作官之因。今捐納雖未卽復。其他誘之之術則較清季爲尤甚。一梁先生之勸阻。其如誘之者之日出不窮何。

然則救濟之術將若何。曰絕其誘因而已矣。揚湯止沸。不如去薪。疾馳避影。不如滅燭。勸人勿求官。是揚湯疾馳之類也。薪不去。燭不滅。終何益焉。爲官市之燭與薪者。在乎權勢無相當之制限。取予惟意。競爭亦惟意。夫人類之獸性與理性並存。而理性又恒易屈於獸性。國家之所以必要者。因人類具此獸性。故恐個人獸性之過於放恣也。乃由各個人理性結合。付國家以權勢。以圖制限各個人之獸性。乃獸性與權勢善爲因緣。國家權勢苟非有相當之制限。以絕其與獸性相接近之因緣。則與獸性合而爲一。其害更烈於各個人之獸性。蓋獸性一與國家權勢相聯結。各個人之理性莫能敵之。卽各個人之獸性亦莫能敵之。於是皆舍其各有之理性。而以其各有之獸性。與國家權勢聯結之獸性相迎合。而獸性之害盈天下矣。美人佩因（四）爲北美離英獨立時之文傑。其言有曰。

社會產於吾人之須要。政府產於吾人之罪惡。前者積極增進吾人之幸福。聯結吾人之情愛。後者消極防止吾人之罪惡而已。其一振厲交情。其一創作畛域。其一爲庇育者。其一爲懲罰者。

任在何國。社會爲福源。若政府卽在最良之國。亦爲不可少之害惡而已。在最惡之國。則尤爲不堪任受之害惡。蓋吾人蒙慘痛於政府。可同於無政府之邦。更一沈思吾人自作之具。而自蒙其慘痛。則慘痛益增其高度矣。

如章服然政府爲吾人喪其天眞無垢之徽章王之宮殿卽建於天國樂園遺墟之上蓋使吾人良覺之性聰明正直而一且爲絕對不可抗則無須有爲吾人立法者乃實不如斯因不獲已而各割其財產之一部供繕一保護之具以護其餘部人之爲此所謂權二害而取其最輕任於何事皆同此深慮也則政府眞實之企圖與目的爲吾人之安固卽不問其政府之形式如何但保其於吾人所損最少而蒙福最大者斯爲吾人所採之政府而優於其他者也（五）

佩因之言驟聆之頗近於偏重自然社會之論而實不然吾之取意亦不在此彼所謂『政府爲吾人喪其天眞無垢之徽章』『不可少之害惡』『權二害而取其最輕』卽以獸性過於放恣因付國家以權勢而制限獸性之謂『政府之形式必保其於吾人所損最少而蒙福最大』卽須有相當之制限絕其與獸性相聯結之意失其相當之制限卽爲『最惡國之政府』吾人始以爲『不可少之害惡』終乃成爲『不堪任受之害惡自作之具而自受其慘痛』獸性之害盈天下其慘痛之高度益無可遏抑今之擄有無限權勢者方縱其予奪以激發天下之獸性競爭之興正濃苟非仍求所以制限其權勢之道而欲以一人之苦口諫其勿競求政象之清明又烏可得哉

且夫獸性之競權勢之移人任於何國皆不能免卽社會職業繁盛之國亦有之特權勢有相當之制限者其競不若是之烈法蘭西共和也已如上述斯賓塞之所言卽以其國家權勢集於中央故一切用人任官之權皆以中央行政部爲發動之樞故大小政客皆欲由議會間接以宰其用人之樞而內閣顚撲無常中央權勢反坐是而等於無有（六）此卽吾前節所言握其權之樞者反處於調劑競爭之地位調

劑之術窮。則聽命於爪牙而已矣。法蘭西之內閣政治。所以不能與英之內閣政治並論者。此爲其最大因由之一。意大利之內閣政治亦同坐此弊。(七)聞吾言者。必將反詰之曰。北美合衆國聯邦也。非權勢集於中央者也。何以獵官之醜聲播於其政史者不絕。予將答之曰。是誠有然。然美之獵官。其範圍所及若何。其時期之限度若何。僅總統更迭時而已矣。且在聯邦初期。未嘗有此弊也。有之自嘉克孫(八)時始盛。推其致此之由。亦未始非任官權制限不適當之故。自經盧斯福盡力改革以來。今其弊亦稍戢矣。吾固已言之。獸性之競。任於何國皆不能免。特權勢有相當之制限者。其競不若是之烈耳。英之立法權集於中央之巴力門。然地方行政。皆爲自治。中央行政部有監督而無干涉。即中央大小事務官吏(九)之任免。亦有一定制限之程序。故獵官之風。英獨罕聞之。此英倫政制所以爲世界之極則也。且官位官階。無論何國。非可自由增設者。美之總統有任官權。而無創設新官之權。臨時特委之官。非經康格雷認可。不得給俸。(一〇)英之創設新官。必經巴力門法案之制定。即在戰爭危急之秋。新設一軍需部。非俟巴力門法案成立不可。此吾人今日所共見者。如法如普。即吾近鄰天皇大權之日本。亦未有可以自由創設官位如吾國者。蓋新設一官。必增俸給。俸給支出。必列預算。預算必經國會之議決。故設官之權。或直接或間接受其制限。不至於自由增加。即官市之需要。須有限業。供給者競爭雖烈。亦只在此需要之限度內。此各國雖有獵官之事。終不至產出社會之奇特現象。其所謂就業難。乃眞就業難。非由政治惡劣所致。且恆賴以政治之力減殺之。吾國之政治不能減殺其難。且日以鼓舞獸性。附益其勢。非制限政府之權勢。而惟以一人之苦口。諫其勿競。求政象之清明。又烏可得哉。

今請仍誦梁先生之言以終吾篇曰『吾國今日所最患苦者惟區區之政治問題耳政治一改良則凡百皆迎刃而解』(二) 區區官市生產過剩問題奚足憂哉

(一)見上海時報所揭六月十四日大總統申令、

(二)Wallace 著有Russia 一書斯賓塞所引之語即見此書、

(三)見斯賓塞所著Man Versus State二九—三十頁、

(四)T. Paine

(五)見 Paine 所著 Common Sense 第七頁、

(六)英人Bodley 著有 France 一書言此甚詳 Lowell 所著 Government and Parties in Continental Europe 亦同此言

(七)亦見 Lowell: Gov and Par. in Cont.

(八)Andrew Jackson 第七代總統

(九)英之近法內閣除內閣員及重要次官十餘人外其他皆無所變動各部事務官吏皆與內閣隆替無關係地方諸職務吏員自不待言參觀 Lowell 所著 Governmen-of England 可得其詳

(一〇)見Hart 所著 Actual Government 二百七十頁、

(一一)大中華第三期「中國與土耳其之異」第五頁、

戰時財政論（續第九期）

端六

第三章　此次戰費及其將來之影響

歐洲此戰日費幾何。種種統計大都表示在千萬鎊以上。有以各國政府實際所需為核算之具者。有加以喪亡之人口者。有加以遭難地方所損失之財產者。更有加以從軍者若在平時必有生產之力者。各國政府之費用最易探出精確之數。雖屬難知而約略者可得聞焉。遭難地方所損失之財產亦有一定之額。但不易於查考。其餘損失揣測而已。蓋從軍者不得斷為悉能生產之人。而此等損失之一部未必不能取償於非戰鬬員之益加勤勉也。人口雖確有減少。而消費之減少非必不足相殺。德之香水製造。誠不如前。然苟用之者舒。則財恆不失矣。

一國因戰所蒙之損失果若何。戰之前後相差幾何。吾人今且不論。苟無戰事則一國增加富力奚若。易辭言之。吾人今且不論戰費之出自剩餘收入。但論其出自永久資本者。戰事了結以後國民當知其竭之於一時者有下列數事。

一　流動資產之減少。如家畜生熟貨物金銀貨幣及生金生銀等為戰時消費而未能彌補者。

二　海外投資及可售資產之喪失。此等均係戰時賣却而消費之者。

三　外國借款。

四　國內設備之缺損。

五　因作戰計畫所受財產之損傷。

六　戰後國民生產力之減少如製造運輸機器之破壞工人之戰死普通工場因改爲戰時工場之紊亂勞動組織因變更業務所受之紛擾等皆是也。

最後兩項頗爲緊要惟當戰事繼續之時無由核計波蘭比利時加里西亞法蘭西之北部皆陷於兵燹。財產之損失何可勝數英德兩國雖未受此種損害而航業爲之不振英德法三國之工業極形衰頹各交戰國之工人死傷不少。

前四項均出自資本戰費於茲取給焉政府所支出戰費含此四項在內然此四項不足代表戰費全體。蓋政府支出中之一部爲國民當時所收入其餘則取之土地所貯蓄海外投資之賣却外國借款國內恆久事業基金之流用吾人旣可探得政府所支出之戰費苟更能探出其中若干出自國民當時所收入則其差必爲國家之資本卽前四項可得而計矣。

本誌去年十二月號已估計吾英每年收入約二·三〇〇·〇〇〇·〇〇〇鎊其中四〇〇·〇〇〇·〇〇〇鎊爲剩餘收入以之投資海外或供國內事業改良之需餘一·九〇〇·〇〇〇·〇〇〇鎊爲維持國民之生活及國內之事業使此統計而確且戰時亦然則吾英可移此四〇〇·〇〇〇·〇〇〇鎊之剩餘收入爲戰時之用而不至侵蝕國家之資本假定吾政府一年中支出戰費並貸於屬國及友邦者爲九〇〇·〇〇〇·〇〇〇鎊則除四〇〇·〇〇〇·〇〇〇鎊取給於國民當時收入者外餘五

〇〇・〇〇〇・〇〇〇鎊不可求諸前列四項之國家資本中德之國民當時收入為二・〇〇〇・〇〇〇・〇〇〇鎊剩餘收入為四〇〇・〇〇〇・〇〇〇鎊亦可仿而求之矣

雖然上舉統計之法有大缺點二第一國民收入之多寡因戰事而生差異例如生產之減少海外投資所得之降落是也此等差異無由調查第二國民生活費之節減何若益難確定節減愈大餘蓄愈多使節減之度高於收入之差則餘蓄更較前為大德人於國民經濟講求有素日常生活節減有加法人長於貯蓄是以富甲海內吾英於此既不如德又不如法所幸者國民收入之減少不若彼兩國之甚耳因此兩事至無定軌之故吾人決難以平時每年收入為率而計戰時之剩餘收入然在吾英則別有一善法可以統計戰費之出自資本者幾何

去年十一月本誌已記載一九一三年之英國入口貨為六五九・〇〇〇・〇〇〇鎊出口貨為五二五・〇〇〇・〇〇〇鎊其中一九〇・〇〇〇・〇〇〇鎊為新投於海外之資本故實在出口貨為三三五・〇〇〇・〇〇〇鎊少於入口貨三二四・〇〇〇・〇〇〇鎊此出入之差若何彌補則有下列數法(一)海外投資之利息一八四・〇〇〇・〇〇〇鎊(二)船賃一〇〇・〇〇〇・〇〇〇鎊(三)銀行手數料等四〇・〇〇〇・〇〇〇鎊此等估算與近來財政大臣雷德佐治君所報告無甚懸殊彼以為利息船賃手數料等合計當為三五〇・〇〇〇・〇〇〇鎊而不為三二四・〇〇〇・〇〇〇鎊今年一月至三月之英國入口貨為二〇八・〇〇〇・〇〇〇鎊出口貨為一〇六・〇〇〇・〇〇〇鎊相差一〇二・〇〇〇・〇〇〇鎊若照此率通計之今年出入之差當為四〇八・〇〇〇・〇〇〇鎊而雷德君謂

爲四四八·○○○·○○○鎊。今且依之又假定吾英貸款於海外者全行停止。而對於屬地及友邦之通融。不能拒絕今年內此項貸款。雷德氏估計爲二○○·○○○·○○○鎊（三月以前業已達八○·○○○·○○○鎊矣）以之加入出入口貨之差則爲六四八·○○○·○○○鎊（此項貸款之一部或已含於三月內之出口貨中今且不論）自此減去利息船賃、手數料等三五○·○○○·○○○鎊（依雷德氏所計）仍差三○○·○○○·○○○鎊之譜。欲消此債不外三法。（一）賣却海外投資之一部。（二）假款於外國。（三）減少通常入口貨。第二策吾英人不欲行之。然則海外投資之內。其將賣却三○○·○○○·○○○鎊乎。

於此得一實例焉。紐約市債一○○·○○○·○○○美金（約二○·○○○·○○○鎊）當於去年八月滿期。倫敦人有此債劵者不少。若當承平之際。自然可在倫敦重新募集。今則全行收回。紐約各銀行爲此組織一銀公司。供給資金。又一例。倫敦向例承受海外短期債務。如短期借款、匯票、或賬面信用等。自開戰後。則竭力從事收回吾英所有海外債權。如外國債劵股票等類。當此戰時。全然不能售出。惟其中約一·○○○·○○○·○○○鎊係美國證劵。可在紐約變賣。現已實行許久矣。美以商品輸我。我則以此償之。

據雷德氏在議會報告。若戰事更延長一年。吾政府之支出。當爲一·一三○·○○○·○○○鎊其中二○○·○○○·○○○鎊爲尋常歲出。戰爭實費爲九三○·○○○·○○○鎊。其中二○○·○○○·○○○鎊爲貸諸友邦者。吾前已言吾國須賣却海外投資三○○·○○○·○○○鎊以供戰費然則今當準備者乃六三〇・〇〇〇・〇〇〇鎊耳。

吾人可假定海外一切投資除政府特許者外皆當停止又國內事業改良之費亦虛而懸之在平時此兩者合計四〇〇・〇〇〇・〇〇〇鎊今茍以此移作戰費則不足二三〇・〇〇〇・〇〇〇鎊又假定國民收入及生活所需均仍舊不變（或此兩者間之限度無異於平時）則此不足額二三〇・〇〇〇・〇〇〇鎊非出自國內資本不可（與國外資本有別）易辭言之或用其平日所儲蓄而不加彌補或減其國內事業之維持費茍國民收入與生活所需之間之限度較平時者有增減（卽國民之剩餘收入大於或小於四〇〇・〇〇〇・〇〇〇鎊）則吾人應特別準備之戰費必多於或少於二三〇・〇〇〇・〇〇〇鎊今以一言蔽之第一吾英須賣却海外投資每年三〇〇・〇〇〇・〇〇〇鎊第二若國民收入與生活所需之限度不增大二三〇・〇〇〇・〇〇〇鎊則吾國當更賣却吾海外投資否則向外國借款而已。

吾人不知德之戰費奚若但聞已發行公債六五〇・〇〇〇・〇〇〇鎊惟德之戰時理財不僅及於其本國並及於奧大利土耳其彼曾在美國發行財政部證券二百萬鎊且售却海外投資之一部其海外投資約一・〇〇〇・〇〇〇・〇〇〇 鎊其投於土耳其及南美諸國者不能售出惟聞投於美國者亦不少自開戰後售却若干無從得知一美國當局者曾言開戰後八閱月內業已售去二〇・〇〇〇・〇〇〇鎊以上四〇・〇〇〇・〇〇〇以下云雖然雷德佐治君有曰德之地位迥殊吾英彼之貨物銷售於海外者甚少然其自海外購買貨物亦甚少出入貿易殆全中止德之國際匯兌不利固足表示其對

外交易之困難戰局之延長問足爲彼作戰計畫之阻礙而少賺外貨則實德人財政上所占之優勢我同盟各國之最大弱點即在國際債務之不易於淸償德之內債利在人口之衆例如欲募四千萬鎊以七千萬人分任之與以四千五百萬人分任之孰輕孰重不待智者而知也

法之海外投資約一·五〇〇·〇〇〇·〇〇〇鎊以吾人揣之或不止此然其大半投於俄國不能發售其投於墨西哥巴西阿根廷者亦如之其投於美國者不僅遠不及英且亦並不若德是以法之對外淸算一面以出入口貨之大差一面以在美債權之狹小其困窘可想見矣

俄之情況縱不必劣於法亦不能優於法彼在平日本爲債務國外債利息爲歲出一大宗今則土產不能出口外貨不能不大爲輸入

於是吾英乃爲法俄之惟一貸主(二)

美之乘機贖回交戰國所有之美國證劵可以其對外貿易證明之自去年十二月至今年三月四個月內美之出口超過入口五九五·〇〇〇·〇〇〇美金即一一九·〇〇〇·〇〇〇鎊也準此以律全年當爲三五七·〇〇〇·〇〇〇鎊而開戰前三年美之平均出口超過僅一〇〇·〇〇〇·〇〇〇鎊然則今年特別超過乃達二五七·〇〇〇·〇〇〇鎊此所以美人能收回交戰國所有之美國證劵也

雷德佐治君在議會演說謂一九一五年中英俄法三國之戰費當達二·〇〇〇·〇〇〇·〇〇〇鎊平均一國六〇〇·〇〇〇·〇〇〇鎊至七〇〇·〇〇〇·〇〇〇鎊且謂英國較俄法兩國必多費一〇〇·〇〇〇·〇〇〇鎊至一五〇·〇〇〇·〇〇〇鎊今假定戰事延長兩年則兩年之末英之國債

當加一·四○○·○○○·○○○·○○○鎊。俄法各加一·二○○·○○○·○○○鎊。德以助奧之故。當加一·八○○·○○○·○○○鎊。德奧兩國合計。當加二·二○○·○○○·○○○鎊。然則除諸小國不計外。僅此五大國之國債。總計不下六·○○○·○○○·○○○鎊焉(一三)英法德之新國債。大都自能負擔。俄債一部。英法必分任之。奧債一部。德必分任之。然則吾英不僅負擔一·四○○·○○○·○○○鎊之內債。且須負擔巨額之俄債。並一部分法債(一四)此何以處置之。則其所有美國證券。至少當售去五○○·○○○·○○○鎊。是亦德人處置德奧新公債二·○○○·○○○·○○○鎊之法。當不出售轉其所有美國證券。法人既負擔內債一·二○○·○○○·○○○鎊之大半。又須分任俄債。則其所有外國證券。苟能銷售之者。必無不銷售之可知也。

美國以高價輸出食物及生熟貨物於歐洲。因此積成巨大之債權。爲彼之計。自可以此取消舊債。或收回美國股票及債券。並可以其中一部直接貸與交戰各國。以吾人揣之。美人之收回證券。其額必不下六·○○○·○○○·○○○鎊歟。

英國國內恆久事業。必遭損傷。以無費維持故也。即就目前論之。一部戰費。已似出自此財源矣。德法關於此點。損傷必更烈。因其海外投資之便利。遠不若英。而戰費之籌維。乃不能不涉及國家之資本也。然德以國民儉節之故。聊勝一籌歟。遭敵人攻擊之地。將來必大加修繕。欲使國家恆久事業復舊。所費必多。各當該政府諒難逃其責也。

各交戰國之紙幣。因戰時增發之故。將來必大形膨脹。欲收回此剩餘通貨。又爲增多國債一大條件。如任其留於民間則以供過於求幣價自落必蹈於尋常濫發之弊如其國民願以紙幣代金屬貨幣則此增多之額或可流通而無害雖然縱令彼等能如此而其他世界各國必不能容納此巨額之貴金屬無疑

平和克復之後比利時必特爲改造合以兩年間五國之戰費總計必不下七•〇〇〇•〇〇〇•〇〇〇鎊以年利百分之五言之則息金亦爲三五〇•〇〇〇•〇〇〇鎊此外更有年金五國合計當不下一〇〇•〇〇〇•〇〇〇鎊故此五國者於尋常歲入之外須另籌歲入四五〇•〇〇〇•〇〇〇鎊至於若何籌措此新需歲入及若何維持尋常歲出非本篇範圍所及茲不具論

平和克復以後各國政府未必卽能收回剩餘通貨而紙幣之額漲平和克復以後各國人民未必卽能恢復生產舊觀而貨物之價昂雖然以近世產業組織之能力輔以生產之方法及其機關其還原必速而易物價之騰貴足以鼓勵其供給租稅之煩苛足以節省其消費利率之重大足以增加產業界之負擔而倍益其痛苦振子之動搖也旣甚則其反動也必強生產之機械豈惟補修之必且擴充之於是生產過剩之時至於是物價下落之事起於是經濟恐慌之象以生凡此皆想像之說也夫一起一落乃經濟界之常情毫無足怪信用之有組織世界所以有商業也吾尙未見信用之爲物爲戰爭所破或者其能力迥出吾人意料之外亦未可知雖然事安可長也信用者雖係一種心理的作用而其對於商業之經營及物質之增進與生產運輸機關之重要將毋同

茲有一事不可忽視卽戰爭了結以後社會之不寧勞動者之紛擾是也今亦不能預言歐人心理之現

象果將奚若或謂戰爭足以產出熱烈誠摯之精神然彼驅逐吾人使之接近原始的生活則吾人必將致疑於現代之習慣近世產業之組織亦如他項機關之組織純由多數贊許已成習慣之人所搆成者也更就他一面觀之物質損失過巨人方修培之不暇數年之內豈有餘晷議論新社會之短長有之則在財產分配寬廣之國如法蘭西是也至於貧瘠之邦人民謀食之不贍安能翹足而談天下事哉德人性馴於編制戰爭之後工商業之建設必易爲力吾英兩俱不若惟賴人民之常識及作事之沈毅此則我勝於彼而產業界之多數缺點所由償也

第四章　政府之義務

由前所述可知一國戰時財政上之負擔至此巨大國民及政府所宜殫精竭思任而行之者也吾今不避煩冗更將事實一陳之德爲自給自足之國英俄法則仰給於海外之物頗多軍械彈藥尤不可缺英法兩國且須購入食物及生貨此等巨額之購貨單烏能庋置不理將欲理之厥惟數法（一）輸出國貨（二）吸收船價（三）贏得酬金（四）收受海外投資之利息（五）海外投資之售却（六）在外國市場募集公債

俄之輸出貿易實際上已經中止彼未投資於海外非有外航船舶以取得運費非有大銀行大商店爲他國盡力以收受報酬而外債年利之待償也如故又不能向美國募得公債於是彼惟一之後援舍吾英莫屬

法之出口貿易亦大遭喪失。彼雖擁有巨大之海外債權。而目下可用者鮮。故欲清償國際債務。亦非仰我援助不可。雷德佐治君估計我國貸款於屬地及友邦者爲二〇〇・〇〇〇・〇〇〇鎊。吾恐戰事未了以前此額超過久矣。

然則吾人所居之地位果若何。準目前已知之數推測將來。從寬減去吾人所得之船賃、酬金及海外投資之利息。仍不足三〇〇・〇〇〇・〇〇〇鎊。非賣却海外投資之一部。無以彌縫缺漏。而此亦決非易事。且或不可能。若欲於美國募集大宗借款。吾料其難亦如之。

此外惟一方法。爲國民講求儉節。此法德人實力行之。吾人苟濫費食物一鎊。即增多一鎊入口貨。即匯兌上一鎊不利於我。即英倫銀行之準備金貨多一鎊輸出。然而不濫費猶未足盡吾人之能事。吾人今日須講求減少入口貨之道。非必要不可缺之品。如軍需如原料如日食。務勿求之海外。吾敢不憚煩瑣正告我國民曰。多輸入一鎊不急之物。即重我負擔如干數。即減少應募國債之能力如干數。即金貨準備之難於維持者如干數。即信用制度之瀕於危險者如干數。即軍械彈藥之難於購買者如干數。於是國際償務之清償也愈難。於是國際匯兌之不利於我也愈甚。於是入口貨之價格日益貴。而吾人之損失日益多。俄國今日所購外貨價增於尋常百分之二十。德國殆亦如之。

吾政府之義務果安在哉。在將此情狀家諭戶曉。遍警國人。今日者上下嬉嬉。費用無節。我「無底財囊」之名聲。誤傳播於四海。勞銀高漲。適爲濫費之先河。種種如斯。殊足憂也。夫使政府能令國人厚其畜積廣其資金。將見政府行事。益多效力。要而言之。當此危急存亡之秋。無論男女貴賤老幼。皆當竭力撙節。

外以清償國債。內以供應軍資。國民之責。其在斯乎。其在斯乎。

(一)一九一四年十二月「倫德帖布」所引薛夫利希博士之說及一九〇七年英國生產富力統計表已引載拙稿「戰爭與財力」第四章「列强富力比較」中

(二)法俄均已在倫敦發行財部證券期限一年開戰已前所發行之債券期滿不能償還者亦可從新發行期限亦爲一年

(三)德國「斯滂道」戰時金庫儲現金一千萬鎊開戰後即由政府移交帝國銀行管理

(四)藉鈔票以代現金惟銀行爲然如英國各銀行常以英倫銀行券爲準備是也至於一般人民當「恐慌」時未必如此去年七八月之交英德法中央銀行一時均遭擁擠巴黎且有踐傷人命之事見當時「太晤士」特別通信

(五)法蘭西俄羅斯兩銀行之準備金開戰後稍有散失德意志帝國銀行金貨準備有加是德之增發紙幣實際不若此之多也然新設貸款銀行所發鈔票仍不若此之少讀者可參觀拙稿「戰爭與財力」第五章「列强經濟現狀」及第七章「金貨吸收與信用制度」茲更將最近英德俄法四中央銀行之營業報告節錄如左

英倫銀行(六月十六日)

紙幣發行額	一七三、八三五、二二五鎊
紙幣流通額	三二、九四六、八五〇
金幣及生金	五六、五二九、五七二
政府紙幣	四五、六四一、六九二
政府紙幣準備金	二八、五〇〇、〇〇〇

法蘭西銀行(六月十七日)

紙幣流通額	四八一、七四五、八四〇鎊

金貨準備額 一五六、八四八、八〇〇

銀貨準備額 一四、九五九、一六〇

貸與政府者 二三六、〇〇〇、〇〇〇

德意志帝國銀行(六月十五日)

紙幣流通額 二六二、二二〇、〇〇〇鎊

貨幣及生幣準備總額 一二一、六七三、四〇〇

其中金貨準備額爲 一一九、一一〇、七〇〇

俄羅斯帝國銀行(六月五日)

准許發行紙幣額 三、五二〇、〇〇〇、〇〇〇盧布

現金(金銀)及金貨 一、五七三、七九五、〇〇〇

存放外國之金貨 一三七、八一三、〇〇〇

附記六月五日英俄國際匯兌百二十三盧布又二分之一合英金一鎊

(六)參觀註五

(七)此類原因甚複雜其最大且顯者爲金貨自由出口一事英法匯兌率較俄德爲安定者亦在此據五月二十七日太晤士商業欄所載以「安姆斯特唐」(Amsterdam)荷蘭商業中心)爲標準各交戰國對彼之匯兌率如下英鎊得其平價佛郎之折扣爲百分之二又四分三意大利爲百分之十比利時紙幣爲百分之十三又半德之馬克爲百分之十四俄之盧布爲百分之二十八奧之弗羅林爲百分之三十一至六月十七日英德對美之匯兌均不利準太晤士 英美匯兌表算之則英鎊之折扣爲百分之

二德馬克之折扣爲百分之十四

（八）政府發行紙幣爲金融界之大患善用之則爲一種無息之借款不善用之則爲一種惡劣之租稅願吾國人加之意也

（九）去年十一月英國募集公債三萬五千萬鎊發行價格九十五鎊年利三分半政府令英倫銀行於此三年內以此項公債作擔保照發行全價貸款於各銀行等且其利率較英倫銀行公定利率減少一分此政策極爲大膽致爲監當局者爲一時權宜之計或不得已而出此然其危險不可名狀是由英倫銀行所得之結果有二（一）公定利率不能降至五分以下（自去年八月八日英銀利率定爲五分以迄於今未曾一改）蓋公債利率雖爲三分半實則四分（參觀拙稿「英國戰時財政經濟概觀」第七章「戰時財政大綱」）以之抵押於英銀得占一分便宜且得發行全價若英銀利率少於五分則人將競往英銀抵押而竊得其差（二）英銀之「其他有價證券」（參觀「英國戰時財政經濟概觀」第二章「倫敦金融市場」）蓋爲增多且永無減少之日可見以政府債券作擔保而令中央銀行貸款於民間極爲危險之政策而梁君啓超之「幣制金融政策」且謂「兌換券能救濟財政以其必須假途公債以爲保證」（大中華雜誌第一卷第四號「余之幣制金融政策」第十四頁註）梁君蓋取法美銀行制殊不知此爲美制之缺點吾國而善用之其結果亦不過如美之紛糾（現美制已大加修改矣）不善用之則與吾適所舉英倫銀行貸債票抵押貸款之策同一陷於危險以英國國力之雄厚金融貨幣之完善尚不知結果何若吾國若行之其終必至政府濫發公債銀行濫發紙幣而已此事後當詳論之

（一〇）此段論文頗費思索其因實由於銀行資產及負債兩方各條件之關係變幻莫測遂覺敍來極形紛擾讀濟約銀行論（Charle F. Dunbar, The Theory and History of Banking 日本嶋江博士已譯成日文）可以明其故矣

（一一）此段論長期公債與短期公債之優劣確有見解但於英國財政金融現況稍稍不合今且將英國財政部證券之歷史略一述之英政府歲出入之收支全歸英倫銀行掌管政府歲入有一時不敷則財政大臣可向英倫銀行臨時借用若干抵以「歲入不足借券」（Deficiency Bills）然非經巴力門特別許可財政大臣不能向公開市場（The Open Market）稱貸自去年開戰後此項借款權力大爲增加財政部證券（Treasury Bills）之需要不僅限於內國資本家並及於外國投資者但非經巴力門許可財政大臣仍不能離開英倫銀行而向公開市場借款（以上見白芝浩「隆巴街」Bagehot, Lombard Street, new edition, 1915 第百零二頁並註）倫敦金融市

場自去歲開戰後 Money（此字未得適當之譯名金融二字頗近之我國所謂銀根最爲相似然此處不適用）最爲寬裕（其因甚多如禁止資本出口限制證券交易所各法案英倫銀行爲軍債票抵押貸款之策均大有影響）於是市場利率下落向例市場利率與英倫銀行公定利率相呼應今英銀利率以實行抵押貸款之策故利率不能降至五分以下（理由見註九）而市場利率乃與英銀利率之間大生距隙自開戰後英之入口貨多出口貨少國際借貸極不均衡於是英倫銀行之準備金漸次減少向例（銀行準備率）爲百分之四十以上者今且降至二十以下英銀欲保留此金貨非令市場利率增高不可而市場"Money"寬裕之時終屬無效故欲市場金融之緊逼非政府向公開市場借款減其貸款之力不可此財政部證券所以在現時爲不可缺也現每週平均如此借款約一二百萬鎊而市場利率猶未十分增加則以金融太寬故也雖然財政部短期證券（期限六月九月一年不等）實有調和金融市場之妙不可厚非也

（一二）五月二十三日意大利對奧宣戰六月四日及五日英財政大臣馬肯那（繼雷德佐治任財政大臣雷德氏改任軍需大臣）帶同英倫銀行總裁甘利夫往會意財政大臣協商英意財政同盟一事閱後意之對外貿易當亦步法之後塵有賴於倫敦市場之扶助不待言也

（一三）果戰事延長兩年各國戰費總計必有過於此盍一則費日益大以前所估計猶失於小一則新加於戰團者日益衆則新戰費不可不加入也今意大利出現於戰場不獨意之軍費爲從前所未計即與之軍費亦多一番支出矣巴爾幹諸邦均有躍躍欲試之概戰局之擴大尚未有所止也

（一四）五月中英倫銀行以準備金日見減少乃由英政府向法政府交涉令法蘭西銀行以金貨二千萬鎊送來倫敦而英倫允貸款於法六千萬鎊是無異英以四千萬鎊假諸法也此四千萬鎊以法之財政部證券作擔保現英倫銀行已收現金八百萬鎊矣

論壇

國體最終之評判

汪馥炎

吾國自國會解散。憲草打消。政黨淪亡。自治滅絕。政象日走於離奇。民志早流於沉寂。朝野昏惰迷夢方酣。不圖舉世言論否塞之秋。而忽有所謂籌安會者。突起於北京之政海。在共和國體之下。揚帝制恢復之聲。放言高論。曾不懼觸國法而入禁網。當道有不加干涉之言。該會亦樂聞反對之論。吾民何幸。值此千載一時之機。而覩言論自由之盛。余不敏。焉敢勿從國人之後。而於萬民託命之國體大問題。稍稍論列其是非耶。

顧吾討論國體之先。有不得不爲國人告者。卽吾國國體。名雖共和。而實與共和之本質相去千里。則與其假借共和之虛名。以淆亂天下之耳目。何若別謀建國之實際。而公諸輿論以批評。夫國體本非共和。而政象早成專制。乃猶周旋此膠彼漆之中。徒作無益君主民主之辨。則在夙抱君主制度以掊擊共和者。是爲無的而放矢。卽在尊視共和國體以反駁君主者。亦屬隔霧而看花。故余爲文發端。首爲君主民主之兩派人忠告曰。彼主張君主者。切宜計及如何始能達到君主立憲之境域。彼維持共和者。切宜計及如何始能表現共和原有之本眞。放開千古之心胸。排去一切之迷惑。則吾以爲無論制勝於何方。皆屬有利於家國。否則主張君主者。既屬別有用心。維持共和者。復爲現象蒙蔽。爲叢驅爵。爲淵驅魚。幾何不爲強暴者掀髯默笑於旁。而坐收漁人之利耶。

尢有進者吾人初入共和甫經四載。中間遭强豪之磨折。經國亂之紛乘。騖虛名而買實禍。共和果犯何罪。天下許多罪惡皆緣共和二字以行。吾知稍有人心者固未嘗不痛心疾首。欲替共和呼寃也。雖然共和之花。若爲風雨欺凌以死。則亦相忍終古而已。無如共和之花。一日不凋。則不獨愛悅此花者。欲其含蕊茂放。卽妒嫉此花者亦利其芳菲媚人。嗚乎吾人試一默察國中之情實。而知國體之將絕未絕致能倖存於今者。此其爲說容有未然者乎。

夫國體懸於將絕未絕之頃。國是陷於爾欺爾詐之塗。揆之窮則思變之義。徵有鬱而必發之徵。於是籌安會乃應運而生。先機所兆國脈以之。或者病其有背國法。搖惑人心。歷引總統帶礪之詞。刑法內亂之罪。斥爲國賊。宜正常刑。爲此議者。吾未嘗不服其有衞國之勇。而一推想籌安諸子。旣能建此非常之議論。何足容心無用之法規。又歎其仍未免爲現狀所拘也。蓋籌安會諸子。若果赤心愛國。眞不慊於共和之義。本其夙愛君主之誠信。發爲變革國體之危言。精誠所召。輿論朋興。則彼能揭櫫君主之眞義以難共和者。此亦可闡發共和之原理而闢君主。各除以僞亂眞之陰謀。羣抱排寡仲多之微旨。凡屬含生負氣之倫。皆有議政建邦之責。則國體付評判而是非見。輿論經衡抵而正負明。使果君主較適於共和。不待利誘。威迫亦爲公論所默許。使果共和較適於君主。何須聲罪致討。自爲大勢所難容。且共和果較君主爲是。天下可得是而救非。君主果較共和爲非。天下正得非以明是。籌安會諸子。儻能存心設想。不逾此範。吾敢斷言中國不特永久無復專制之禍。亦且無虞革命之生。縱令於國法上萬無可恕而吾人猶當於政治上屈爲之諒也。然自籌安會成立。其言與行。多反吾人之所期。明明宣言樂聞反對之論。而京中發起國是討論會。已爲所吸收。有倡反對之某君。已勸令離京矣。明明劃定討論學理之界。而通電各省將軍巡按。速派代表二人與會矣。該會是否別饒懷抱。自非一介書生所敢妄測。惟君子可欺以其方。難枉以非其道。彼既挾有宏願。肯以學理來相號召。吾又安容自貶素信。不以道義與相切磋。況值千載一時之機。而視言論自由之盛。去積威而掃忌諱。揭假面而建新邦。不圖於荆棘蓬生之際。而有此日月光明之會也。猗歟休哉。可以興矣。

吾標題爲國體最終之評判。而發端千語。未嘗於君主民主一著其是非。豈好作閃爍模棱之辭哉。蓋有鑒於國人之論君主民主者。每於名實二義。未能鑒別謹嚴。則雖日作君主民主之辨。卒恐護民主者仍屬維持非牛非馬之共和。倡君主者。亦爲似鹿似麕之帝制。國運飄零。已走末日。一誤豈容再誤。故不惜詞費。欲促兩派人之一自反省也。且君主民主。本無絕對之善惡。焉有一定之是非。今之所以成爲問題者。唯問中國大勢所趨。民心所向。是否應謀固有共和之恢復。抑當保證君主立憲以必行。古德諾博士。發布共和與君主論一文。其意亦祇推定中國實行君主國體之稍適於共和。並非比較世界共和國體之必良於君主。惟古氏擇語不精。立界未謹。往往摭拾三數各邦創造國體之歷史。因致涉於菲薄共和之嫌疑。至其他所標由共和改爲君主必需之三要件。余以爲非特不助君主國體張目。並能反替共和政治下一堅信之註脚。謂余不信。請得細論。

古氏劈頭論及一國國體之所以立。謂非由於國民之有所選擇。其於本國之歷史習慣與夫社會經濟之情狀。必有其相宜者。而國體乃定。不知歷史習慣。社會情狀。皆不外乎國民意志之產物。其於本國歷史習慣。與夫社會情狀。有其相宜者。則亦無異國民意志之已選擇其相宜者也。國民之人格。自其凝性言之。則含有意志。自其動性言之。則表爲歷史習慣與社會情狀。雖具二相。實屬一物。古氏妄生分別。所見太陋。然此尙非大謬。且有人著論闢之矣。（一） 其最稱爲荒誕可怪者。莫過於其論威力維繫國體之一段。其言曰。

一國所用之國體。往往由於事實上有不得不然之故。其原因初非一端。而最爲重要者。則威力是已。凡君主之國。推究其所以然。大抵出於一人之孤往進行。其人必能握一國之實力。而他人出與角者。力當足以傾踣之。使其人善於治國。其子姓有不世出之才。而其國情復與君主相合。則其人往往能建一朝號。繼繼承承。常撫此邦焉。（二）

爲此言者。余恐其於國家原理。有所未安。夫國者、人民衆意相結合之體也。盧梭謂『是體不自有形。而以衆身爲形。不自有意。而以衆意爲意。』（三） 然則無論君主民主。凡號一種國體。必由衆意相聚合。決非威力所團結。淺識者每見政府之號令。皆藉國家之名義以行。因致疑於國體之形成。嘗有賴乎威力。然國家所顯之政治作用。所本者權也。非力也。權者衆意所認。力者形氣之稟。故人唯屈於權。而不肯屈於力。屈於權者爲義。屈於力者爲奴。盧梭曰。

雖天下之至强者。不變其力爲權。不可以永使其衆。雖天下之至弱者。不變其屈爲義。不可以久事其上。凡强云者。非謂形氣之力乎。權者非謂義理之效乎。吾未知何由能變力爲强也。凡屈云者。非謂志之困乎。義者非謂事之宜乎。吾未知何由能變屈爲義也。且凡屈於人者。皆出不得已也。非擇而取之也。苟非擇而取之。是亦自全之一計云爾。何義之有。（四）

盧梭分別權與力之界可稱精析靡遺吾今所欲問於古氏者則其所稱威力謂指權而言耶抑指力而言耶儻指權言則君主之權當然由於民衆結合之國家所賦予而一一臚列之於憲法者也君主所行之權限尙不能越乎憲法之範圍安能有無對之威力世界不少君主立憲國幾見任彼一人不顧民意奮往獨行耶儻指力言則盧氏又謂『藉力制人而爲合於義則藉力抗人亦爲合於義』古氏所舉『一人有實力而他人與之角者力當足以傾踣之』此自力之足以制人時言耳但我有力而能制人一旦又有人力勝我我自無法逃其所制於是輾轉相尅禍亂無藝吾誠不識此一人者果挾何力而能『繼繼承承常撫此邦』也本古氏之所意想而衡以正當邏輯之理不致帝以專制亡身民以奴隸自蓄不止以此治國竊所未聞不謂古氏生長美洲自由之邦曾不能以其言欺童子者而竟敢以惑吾國人也

古氏於君主民主之間自揣亦不敢過分武斷徒以欲標君主勝於共和之義不得不尋出繼承與民智之兩浮說以自張其壁壘觀其徵引列邦創造國體之歷史滔滔千百無非強爲牽拉屈就己說不知繼承爲一姓之事萬不足以概全國之治亂卽令因此一姓之安危而關全局之休戚則不分帝王總統存亡息息關於政不關乎人世界豈有獨爭總統選舉之事而無覬覦大寶之位者乎至謂民智未高不足以企共和試問君主立國能否不需民智一爲反詰立見詞窮其疵議猶不止此詳論且俟後幅茲唯先取所論各邦創造國體之歷史最爲失實背理者表而出之以見公義之不容假借也

第一英國英當十七世紀查理士第一被戮克林威爾統率革軍建號民主斯時克氏蓋亦平民之健卒也乃自當國以來政尙獨裁芟除異己人心離背反念故君曾不數稔復辟論昌國人迎立查理士第二

復正王位古氏以此證明英之共和改爲君主乃實當時人民不適於共和而不知純由克氏秉政之操切大不見容當世之人心也否則何解於革命時英之人民肯擁克氏以監國而獨不許其子力次爾以繼代耶正可見英民智識決非盲昧苟合一任秉國者之或仁或暴視國家事爲不切己身也且英之立國精神一在人民自治程度之高尙一在國會政治運用之神明不但學者公認其有虛君共和之譽卽以古氏民智高則適共和之意例之則英國實一共和國也英倫爲世界文明之冠而古氏乃沾滯一君主之虛名強誣其未成共和者由於人民不適之故是誠聞人之所未聞者矣第二美國古氏謂『美國之革命初非欲推翻君主也其目的但欲脫英國而獨立耳』則吾所欲問古氏者美果何故而欲脫英國獨立是亦無非惡其國王佐治第三專權跋扈民不堪命故毅然脫英羈絆還我自由美人既嘗身受專制之苦當憲法會議之際以爲行政制度實無必設一人爲主之理徒以當時主張必立元首者衆因仍設立總統以保政略之恒一於時華盛頓正爲該會議長華氏德望明斷篤信平民政治堅定不移衆論以爲一人握權爲大可慮惟得華盛頓爲之總統必不恣逞威權憲法告成因豫計今日憲法會議議長必爲後日之聯邦大統領也美憲於總統連任本無限制四年再選可及終身華盛頓於一七八九年被選爲大統領第一任及一七九二年復選爲第二任然終二任之期華氏自言一人永續在職必至危及制度遂宣誓第三期如再當選決不受職華盛頓者眞乃世界共和國模範之總統也（五）古氏謂『華盛頓使其有帝制自爲之心亦未始不可自立爲君主』非特大昧當時之事實何太厚誣華盛頓之爲人古氏又曰『華盛頓尊共和而不喜君主而又無子足以繼其後故當合衆國獨立告成之日卽毅

然採用共和制』窺此語意彷彿以爲華盛頓之不自帝與合衆國之成共和僅僅因華盛頓一人無子繼其後有以致之不料古德諾美人而發此讕言豈僅惑我中國而竟毀及先哲辱其宗邦矣第三法國法自路易十四宣言朕卽國家一切政權萃於藐躬法之民黨雖懷怨恨之心而國內政雄猶抱匡時之略遷延及於路易十六苟當時路易能稍從民意不以私心自用專逞威權吾決其必不致蹈查爾士之覆蓋路易雖倘壓制而盈廷左右倘多矢忠王室者流非如查爾士陷於一人孤立也乃盡國中賢士之精誠終不能邀王之一悟法之君主國體竟隨路易十六同上斷頭之臺(六)且法人自一度共和以來飽嘗自由之味義之所在誓不再失中間雖經拿破侖叔姪之屢僭帝位共和之制時滅時復實由於法人迭遭兵革而拿翁猶能遠颺國威疲敝之極姑與忍安然自普法戰後拿破侖第三被放卒成法蘭西三期共和以迄於今不致再有動搖國體之變迹法邦之已事而鑒吾國之近情環顧當局又非有拿翁其人之才對於外交已留喪權辱國之跡對於內政已有道崩人咋之憂方宜引法爲戒以防帝制之生何反圖死共和惟恐亂亡不速耶第四墨國墨西哥自脫離西班牙獨立卽定國體爲共和人民慣受束縛初享自由之幸福智力幼稺誠不足勝建國之重是亦無庸諱言者也然自爹亞士崛起義師禽滅外族之主恢復共和以來爹氏而爲英傑者則大可因勢利導瀹通民智一時人望咸歸未始非墨之華盛頓也顧彼再選爲第二任總統卽廣植一己之私權罔惜人民之公利而盈廷僉佞濟濟師師皆能希風承旨阿諛取容以久經確定之憲法竟敢任意刪改致使總統任期連續無限再選有八次之多專制至三十年之久國中志士既無法施其平和之改革勢必羣體潰裂非暴則亂論者謂『爹亞士以劍治其

國亦卒以劍亂其國』(七)洵不誣也觀乎墨西哥之亂無甯歲外患迭乘實足引起吾國之兩大教訓其一則總統連任既久必有虐民禍國之虞其二則憲法不由民定卽無迫人遵守之義人之動引墨西哥爲推翻共和之據吾則以爲可破帝王之夢讀者試一澄思墨西哥之經年擾亂究屬墨民之有負於爹亞士抑爹亞士之有負於墨民耶第五中美南美諸邦中南美之長演暴亂此爲罵倒共和者所持之大好題目雖然凡屬一國之建立鞏固必經兩大時期一爲軍政一爲民政當在軍政時代無論其國之形成或脫母國以獨立抑由革命而建邦方當兵革初歇民生未甯武將爭功政權不一果有一二偉人如古氏之所期昂者出其大刀闊斧之才以爲鎮亂齊民之本未必不可收一時之效也但由軍政以進於民政則治道大異乎前期蓋彼一二偉人戡平內亂大柄是專往往昔則誓以誅鋤強暴自任者今反自居強暴而不辭故偉人云者或可容於軍政之時而決不重於民政之際試觀前述克林威爾拿破侖爹亞士之倫當在建國之期皆屬革命之初祖而自當國以後每爲共和之罪人者豈果無因而然耶吾是以知中南美之紛擾不靖純由彼當國者之久竊政柄有以致之故欲保障共和之不遭傾跌必先防制野心家之壟斷國政萬萬勿宜走於絕不相涉之民智問題也他若南美之阿根廷智利巴西等國憲法美備治具畢張古氏所許爲享太平歲月之福者然彼三國之未入共和以前固亦歷經暴亂中來耳顧自共和奠定人民參政之力日有勇進而獨武斷吾國不克企彼三國之盛是又非所敢知者矣凡上所述諸國如英、如美、如法、如墨西哥、如中美南美諸邦其間一治一亂固不同轍吾人熟察政情揣摩史乘大抵表現民意之流通者靡不治專逞威力以竊國者鮮不亂法美墨及中南美各邦幾經騷動終不足破共和國體於毫末。英雖君主。而實具共和之質。此則世界學者之公言。古氏亦不能別弄巧說。因思古氏在美洲。固嘗負盛名。他國歷史。豈有未知。而於祖國建邦之史。尤宜熟習。而惟感萬金豢養之私。爲媚茲一人之舉。不惜顚倒萬世之是非。鼓簧天下之耳目。吾又如之何哉。

以上種種所云。古氏僅在概述各國之已事。以明共和之非出於偶然。非必推共和於井而下之石也。惟入後衡量中國之現情。始言中國如用君主制。則較共和爲宜。至何以爲宜。綜觀古氏論旨。約不出乎三說。一民智未高。二繼承有法。三憲法可定。而此三說。早經囂然於國中時髦政客之口。並非古氏一人所倡。言今余略就三說以衡之。亦欲聊解國人之惑。非敢專咎古氏也。

一民智說　程度不足一語。吾聞之屢矣。在昔前清之季。諸大老嘗持是說以阻憲政之行。然自今觀之。此中不無老成持重者流。確懷民力不勝之懼。而爲平行漸進之謀。吾猶不敢過以小人目之。民國奠定。政黨朋興。叫囂凌獵。誠未能入正軌。而一追思國會議員之節操。檢閱天壇憲草之成績。方之法美。猶不多讓。徒以野心家莫便己私。必硬挾一民智不足之說以謀芟夷憲政。使無萌芽可生。今則大政純操於政府。武夫橫絕於全區。一法之頒。一政之設。試思尙容幾希民意存焉否乎。夫人民之於國事。尙不容其置喙。遑言程度之足未足耶。雖然。程度不足四字。外人可以詛呪。強權可以裁誣。而一反省吾人之良心與能力。自具眞價。呪之不克死。誣之不加寃也。是則程度不足云者。先請言者尸之矣。竊嘗聞之。『善治如草木。而民智如土田』(八)今方日日斲滅民智。侈談善治之功。何異撥去土根。而望枝葉扶疏。豈特此鬱鬱靑靑者。不可長在。且浸且黃。楛萎化耳。卽認人民程度有所未足。亦當以培植爲先。決非可斲喪是務。

今陽培植而陰斲喪竊大位而曰人歸。嗟乎。大好帝制。公等與高釆烈。言出行隨。更患何人敢撓風趣而必執此煢煢無罪之小民。強誣之為程度不足耶。須知小民之程度。在公等視之。固謂其不足。而以天演之理例之。人之性不能不為羣。羣之治不能不日進。即羣即治。即治即進。若程若度。高廣無涯。不得足。且亦無所謂足也。蓋足不足云者。無從標其一定之界。而謂達其界謂之足。不達其界則謂之不足也。譬之英法同為國會政治之國。而法之政黨淩亂。未能如英運行之熟。則自英以視法。法固程度不如英也。而英法與瑞士同為行政採合議制之國。瑞士之行政委員會七人執政。而以一人為之長。並總統之名而不居。之眞得羣龍无首之諦矣。英與法則尙未能免俗。而有君主總統之號。則自瑞士以視英法。英法之程度又不如瑞士也。是知程度高低。乃互相比較之詞。決無一定不易之界。即就高低論之。高者並非無上。低者不為庸愚。英與法較。法固未能如英之兩黨執政。然兩黨執政之風。適於英而亦不必行於法也。英法與瑞士較。英法固未能企瑞士之盛。然君主之虛名。總統之選擇。習慣相沿。英法亦無害其治也。(九)

吾國近日人民之智力。良亦不敢自比英法瑞士。謂能顯其妙用於政治。但默察優秀之中。才不無繼長增高之機會。而猶幸此國體為共和。苟使共和國體一日不亡。縱為專制之現象。蒙蔽於一時。終期平民之政治。恢復於異日。然而起視國中。有能懷此志而負斯責者。究屬渾渾噩噩之小民。抑為志潔行芳之秀傑耶。普通齊民。出作入息。古今不廢。中外從同。今執紐約之農民。而問三權分立之理。入倫敦之菜市而談國會政治之精。吾知瞿然相視。莫解所語者。固不亞吾三家村中蠢蠢之生靈耳。是則一國政治之中樞。恆掌握於天民之秀傑。設此少數秀傑之士。不為希寵獻媚之謀。而存謇諤傲岸之氣。則羣制享其高華之福政治終有清明之時曾滌笙所謂『風俗之厚薄自乎一二人心之所嚮』『有以仁義倡者徒黨死於仁義而不顧有以功利倡者徒黨亦死於功利而不返』者是也而不幸吾國中流忘其轉移社會之能習於媕阿權奸之側不自知其無恥而猶靦顏責備人民曰程度不足則吾懸想公等意中之程度必與吾人一般所認之程度定有格格不相同者吾人以為現時所需之程度必鶱鶱諤諤不為威勢所刦持公等意念所許之程度必唯唯諾諾以博及身之富貴前者吾奉為正士無如公等謂之囂張何後者吾斥為小人無如公等謂之俊傑何不料萬民託命視為砥柱之中才盡是暮楚朝秦反覆無常之便佞吾安從起曾滌笙之倫於地下相與一痛哭也

余之言激矣今且排去一切客氣務盡毋以不肖之心待人暫認人民程度確為不足且實不適於共和則一旦改為帝制試問此人民之程度將可聽任其不足耶抑仍思所以足之之道耶前者余欲無言果如後說須知人民程度在共和時代尚不能進於脩明則入帝制時代必致愈處退化非帝制之不需民智也以在帝制時發揚民氣終不如共和時訓練民智為較親切而自由耳蓋帝制時之君主雖居政府之位嘗負國家以趨不必其君定有路易之心而以首出庶務之至尊加之朝覲會同諸縟節大寶既登今日始知皇帝之貴威權漸重盈廷豈乏攀附之臣庇之者罔未嘗不有憲法國會諸美談也而無如其人民自覺之心每不敵其勢利誘導之力惟一入共和則君臣大義掃蕩以盡人民本其主觀之覺察發揮固有之本能一面謀其自由平等之機會一面減其盲目衝動之心理縱使其間容生一二野心之總統未必不與帝王專制同科惟名分之假借較難而勢力之剷除自易故人民之程度在共和時必較君

主時爲易發達。舉其可見者言之。第一國家與政府之界限較易體認。第二總統之專制較之君主威力爲易剷除。第三人民在國家之地位嘗立於主觀而非客觀。第四政治上有自覺之心則社會間生平衡之力。凡此數者。皆非伏處君主之朝所易燦發也。但不幸吾人值此共和之際。前述各利均未能有所表見。而反羊質虎皮。屢受播弄。吾誠不暇怨尤強有力之政府。而試一省國民之本身。何竟受人欺凌若此。近見有華君龍光者。投稿上海神州日報而論國體。（一〇）中有警語曰。『西哲有言。缺陷者圓滿之券也。今人心中。已無絲毫之缺陷。更安復有圓滿之望乎。故今苟奪其心中所視爲無上榮幸之一物。使知因人而成共和者。人仍能負我之共和以趨。然後大失其平日之所恃。乃將相率以督進政治爲己任。而國事之日臻於治。亦即以此爲基。且經一度變革以後。回想今日共和之虛譽。渺矣不可復得。則其所抱之缺陷必甚。斯其希望圓滿之念亦必愈殷。昏憒痲木之疾瘳。而政治開明之機至矣』由華君之言。正證可爲吾民起不醒之夢。反證可知專制含自戕之機。雖屬傷心之語。實饒言外之趣。（一一）特吾尚有爲華君進者曰。與其留戀共和於帝制之後。毋甯抵制帝制於共和之時。與其帝制以後方悟共和爲人所賣。勿如共和未死。早覺君憲之必無成。嗚乎。作者甯不知此。試看今日之域中。能有幾人與君共灑同情之淚耶。

二繼承說　君位之繼承。與總統之選舉。皆關國政興替之重。而屬利害接續之交。吾人就其與替之間。察其利害所在。祇能比較禍福之隱顯。決難斷定利害之有無。每見近人喜作世襲選舉之比較。恍若君位繼承一定。允無覬覦神器之憂。總統選舉屆期。必釀兵爭元首之禍。爲此言者。吾決不斥其言之太偏。

惟惜其慮之不密。蓋前者之禍。隱於宮闈之間。常不易見。後者之害。表於大庭之衆。皆見其危。前者防亂似密。而爆禍愈烈。後者競爭雖厲。而衡抵以平。今暫緩述總統選舉之事。惟先就盛誇繼承之利者。一反詰之。

夫謂君位常安者。大抵浮說太多。不足深辨。茲唯舉其最有力之一說曰。天下最足引人歆羨者。唯名與權。而名與權集中一人。則必惹起政治之爭競。欲免此禍。莫如使名與權分而不合。在君主立憲國。君主常有名無權。內閣則有權無名。故君主之名。祇爲人所敬禮。內閣之權。縱有更迭。嘗不及於君身。而君位以安。(一二)爲此說者。似將名權之界。分晰太清。余以實地察之。而知名與權之無鴻溝可尋也。白芝浩者。善言內閣制者也。其以實部歸之內閣。而以名部屬之君主。謂名部以寄國人之忠信。而權以得實部承其流以布於政。而權以行。(一三)旣曰名部而又得權。則其名非空名也可知。蓋名亦有名之事。況又附之以權。人寗甘作木偶哉。所謂名亦有名之事。卽榮寵是也。夫君主以藐然之躬。臨萬民之上。苟無一物鼓舞天下之人心。何足全其終身之尊位。孟德斯鳩嘗以榮寵爲君主治制之精神。(一四)其言實不免脫略。然其說明君主臨民之術。則誠不可誣。雖然。上以榮寵相召。則下以趨悅爲能。始以蠱說蔽天之聽。繼且竊柄恣民。以威向之恃爲爪牙者。恐卽作繭自縛。操莽之鑑。可寒心也。此猶僅就庸懦之君言耳。至於開國英主。宜若不爲左右所惑。然從龍附鳳之臣。盡忠南面。以朝於王者。屈於力也。洎其雄已死。此曹擁累勝之師。欲其俯首垂翅。以戴委裘之孺子。是固事所必無者矣。(一五)晉室八王之亂。明代靖難之師。史乘廿四。戰亂迭乘。無非犧牲萬民之姓命。以博一姓之興替。竊鈎者誅。竊國者侯。此莊周之憤語也。秦皇帝諡曰始皇其次曰二世皇帝者欲以一至萬也秦皇帝計其功德度其後嗣世世無窮然身死纔數月耳天下四面而攻之宗廟滅絕矣此賈山之至言也今之頌言繼承萬世者固吾國人也何其覩亂亡而不怵耶或曰君主繼承之際固亦難保永安然則總統選舉獨無共相爭亂者乎余曰是安能保也且有時兵爭總統之禍有酷於篡奪王位者矣斯在愼定選舉之制(一六)嚴防野心之生美利堅建立共和累選總統曾不聞有騷亂之舉即以吾國兩次總統選舉經驗例之雖不自由並無大亂況復任期有定取舍操自國民非如世及萬系以暴易暴革命專制永墜刼中也是以除野心之總統易革暴政之君主難豈有不能堪於總統有限任期所受之殘虐而反甘心屈從君主無限之威權哉則公等籌國不得爲安矣

三立憲說 今之揭櫫立憲以爲改變國體之論證者有一至謬而不可信之二語曰甯可少與不可欺民(一七)此說外形冠冕極矣殊不知憲法者我民自身之事我有權利以法形之我有願欲以信達之安有出乎大我之外而反乞命於我委任之人望其與之少則少受行其欺則任欺者哉今且不問憲之立不立而先辨明憲之何爲憲夫憲法者何耶欲詳論之大非本幅所容惟秋桐君有至扼要數言曰憲法者權利書也此書既立民乃有權不受人寃民乃有權自謀所欲寃而有訴不啻訴己欲而有謂不啻謂己(一八)寥寥數語百世無惑今欲立憲不求之己而謀諸人況復所謀之人不信任其現在共和之時而必期諸變爲帝制以後言者決非笨伯何至腦經昏亂不自慮其遺人反駁故必先尋許多共和不能立憲之憑據而反證其立憲必改君主之理由立言曲折原非甚悖無如一衡其所舉之證所持之理又大令人失望也言者非謂有共和遂致民黨藉口擴張民權乎可知有君主必不許民黨發生更必滅絕民

權矣。非謂有憲法。始致減削政府之權力乎。可知君主雖立憲法。必致聽任政府威權無上。毫不加以限制也。嗚乎。今固明明希望將來所創者。爲一有君權無民權之憲法。姑不論此憲之能成與否。卽使懸之國門。豈不更較今日一錢不値之新約法爲虐爲酷耶。猥曰正當。猥曰誠實(一九)則此正當誠實云者。譬如一守節之婦。初願氷淸玉潔。不涉妄思。乃秋閨冷落。不期而適他人。殆彼再醮之夫。又忽死去。外遇所歡。正可撮合。反覺名節屢虧。有不信於現遇之好。而信誓旦旦。謂吾儻嫁汝。再不事人。設現遇之好。又遭萎折。試問諸君能保此婦眞能守節否。公等休矣。正當誠信。海誓山盟。其奈三尺童子。掩耳大笑。不受其誑何哉。

吾辨三說既竟。不得不有一言聲明曰。凡此所陳。非敢評論君主民主之有一定是非。乃就所標三說。以與主張改革借口國體有所不利者。徒寸寸衡之。反見在君主國體之不易實行。而在共和國體之轉能奏效。今雖共和爲强力所遮。國體不妨由人民抉擇。使果確能保行君主之憲法。何必空留虛僞之共和惟既料知君主立憲之無成。毋甯恢復固有之國體。吾故對於籌安會諸君。不欲過作棄絕之詞。深望四海同胞。共負建邦之責也。

夫君主之說。既不克深入人心。則當一心恢復吾先民竭盡力血所購來之原有共和國體。誠誠懇懇。無怠無懈。國人有惑吾說者乎。請述兩西哲之言以實吾意。盧梭曰。『國家者成於民約者也。民之相約。總意以成。總意流行。法權斯立。故人之服從法權。無異信守己意。總意者仍己意也。惟若權奸僭竊。刼吾總意。強吾舍己意而唯他意之從。吾唯有囘復創約以前之自由。而重蹈入自然之境而已。』(二〇)柏哲士曰。『凡國家自一形體變遷於他形體之時。主權之地位。亦必自一集合體遷移於他集合體。而舊主權之主體。漸歸漸滅。新主權之主體。斯爲國家』（一二）如盧梭言。可悟共和國體。若非人民之總意相約而成。則當解散之。以復創約前之自由。如柏哲士言。可知解散總意之後。應復重建國家。斯則可以再覩國體。共和之盛。盧柏兩氏。皆爲法美之大儒。宜發共和之妙諦。邦人君子。幸勿狂悖是言。

（一）近攷古氏此說者甚多、余友張君東蓀亦著對於古博士國體之質疑一首、登之八月二十六七兩日神州日報、

（二）見古德諾共和與君主論、

（三）民約論第六章、

（四）民約論第三章、

（五）滿徠士評論當時情質、最爲詳盡、見所著平民政治上卷第五章、

（六）參照本誌四期調和立國論、及歐洲十九世紀史、

（七）見首期政亂感言、

（八）天演論語、

（九）一國總統之地位、對內爲行政首長、對外爲本國代表、無論何共和國、地位大抵從同、自國家元首之說興、而妄相尊崇之念起、吾以爲政府組織、若能盡仿瑞士制度、並總統之名而亦棄之、必可省去許多誤會、茲事按之實際、非不可行、不能一味抹煞、必謂此即無政府主義也、他日或以專篇論之、

（一〇）見神州日報九月二三兩日、題名我却贊成君主制、

（一一）余謂今人對於共和之爲人假借、亦非不恆缺陷之心理、特徒知缺陷、而不能覓回覆之券也、與華君說正得其反、

(一二)見所著報中國共和政治之前途、此亦內閣制之通說、非敢爲吳君病也、

(一三)見首期白芝浩內閣論、

(一四)參攷法意第五六兩章、

(一五)借用法意成語見第十七章、

(一六)近數日盛傳總統世襲之說、而梁任公所作「異哉所謂國體問題者」一文、若深爱其精意於現行總統選舉法者 竊謂此種荒謬之制、決不容其存在、流毒所及、較之改革國體爲尤慘虐、不知今之反對君主者、而反忽其總統世及之說、此吾所爲惶惑不解者也、

(一七)此楊皙子語、見君憲救國論、

(一八)見八期國家與我、

(一九)正當試實、皆皙子所標君憲之利、以炫人者也、

(二〇)見國家與我篇、

(二一)見政治學及比較憲法論第三章、

政治勢力與學說勢力消長論

漆運鈞

以學說引政治而歸於正道者其國昌以政治迫學說而入於歧途者其國亡二者勢力之消長國家之隆替隨之甚哉其可畏也不觀夫今之籌安會乎籌安會者以研究中國果適於何種政治爲本旨者也直言之卽研究中國果適於民主政治與君主政治而歸本於學說如湘潭楊度之君憲救國論北美古

德諸之共和與君主論皆斯會學說之表也然二氏之學說果爲以學說引政治而歸於正道之學說歟抑爲以政治迫學說而入於歧途之學說歟吾敢武斷之曰是政治力迫出之學說而非學說力獨往獨來之學說也何以言之考楊氏之爲人也在十數年前亦主持光復漢社之秀也及留學東京求達之念切遂不得不爲政治勢力之所迫棄革命而取君憲彼時之言君憲淸廷之君憲也革命軍興楊氏與汪君兆銘一發討論國體之宣言爾時淸廷未覆其兵力實勝於民軍楊氏之主君憲或亦猶有淸廷勢力之存也無如舉國人心已厭棄淸室心之所向皆欲廢君政以立民國故討論之說亦卒不果行至南北和議成今大總統力主共和之政楊氏之君憲說又終爲政治勢力之所迫亦改絃爲贊助共和之人四稔以還政局遷變楊氏之君憲說始復見於今日然其學說要皆由政治勢力之壓迫而出雖愛護若人者亦難爲之諱若古德諾者客卿也中國之政治勢力宜無以迫之然古氏獨引墨西哥之亂以警吾國而導其變政古氏何獨不引之以警其祖國而導其變政耶天下惟好爵美利可以羅英雄書生學子無論焉吾固不敢以小人之腹度君子而厚誣古氏以束帛曲學說然剛克與柔化受之者皆同爲政治勢力之所迫也然則吾今日之著論將徹重政治乎抑徹重學術乎曰吾之所徹重者在學術不在政治也

凡國家之所賴以安以存者厥爲政治學術之二端欲竭全力以主持政治者在立憲之國凡國民皆可以趨之在非立憲之國除達官顯宦有權力可以操縱國事者外如吾輩之浮沈曹署與優游庠序者甯竭其力以養吾學猶或有待用之機會若貿然以入政治之危道則非也獨是學說之立要能以引政治歸正道者爲善決不可存躁進之志匍匐於政治勢力之下曲其學以求榮此國中青年治學之士所宜

抱松柏後凋之節而不可因勢力以游移者也吾國學術之宗孔孟爲大周衰堯舜禹湯文武周公之政息仲尼祖述憲章將以學說引政治使歸於正道時君不納乃退而删詩書定禮樂贊周易修春秋啓迪門人以垂教於後世孟軻游齊梁之間開陳仁義承孔子之道以匡時亦將以其學說引政治使歸於正道惜當時君主類皆緣木求魚之徒不納其言而孟子亦退隱山澤講學論道垂名今茲所謂隱居以求其志行義以達其道者孔孟有之也公孫衍張儀能干時主景春驚其爲大丈夫而孟子獨薄其爲人是即以政治迫學說而入於歧途者之證也若第就政治言之謂民主政治爲至善無弊者非也謂君主政治爲至善無弊者亦非所貴執政者能善治其國則無論民主君主皆可以長保其國家而光顯其民族法美之強不敵德意志固可以民主病之英俄之強亦不敵德意志是可以民主病之乎夫日本者東方君憲之強國也如果與德意志各挾全力以宣戰日本敢言必勝耶一國之興衰強弱原恃乎民性之高卑於國體無與謂中國更張君憲之後二十年間即可以媲美於德日環顧吾民正未敢作如是之期許也若謂民主之國更選總統即有變端君憲之國嗣皇繼承即無變亂由前之說徵諸法美則難信由後之說徵諸中外史乘誠有之矣而要知中國民族恒具見善則從見惡則惡之性一姓行君憲而善或可以延長苟其不善則革命隨之況共和政治已行之數年海內之民皆含有中華民國之觀念一旦改革其能免葛伯讎餉之嫌乎夫南面稱帝人之有智慧者恆思之所惜者無機會與能力耳秦始皇一天下威力盛於歷朝抱萬世相承之大願而胡亥亡於趙高子嬰戮於楚霸雖有智者亦難爲之料矣更就學說言之當北宋隆平之時司馬光、王安石皆卓然一代之英徒以學說相異政論不同元祐之朝宣仁聽政進司馬而退安石。及哲宗親政。復宋安石之策。登進其黨。奪司馬光等贈謚。貶竄呂大防蘇軾范祖禹等十餘人。徽宗崇甯之初。復籍元祐元符黨人。立黨人碑於端禮門。下之州縣。黨人子弟毋得至闕下。呂惠卿蔡京之徒。乘時利見。出入樞府。以稱快於一時。而詎知賢士銷沈。善類罄盡。徽欽北狩之變。亦不旋踵而作。當時盈廷諸臣。所詡然自得者。童貫約金伐遼之議也。夫以學說之異。而交惡如此。致黨禍橫飛。靡所止極。及外兵壓境。甘受屈辱。前車之鑒。國人其知警也。故論及政治。竊以為宜鞏固共和、勿失總統文誥之信。論及學說。竊以為宜調護異己。勿蹈宋室覆滅之慾。然考之今日吾中國政治學說之勢力。果孰為優且勝。可不待智者而決也。惟其然也。今之學校報館。本一為學說表見之區。一為學說輿論並著之區。然試問今之學校。其關於政治之學科。有敢主持正解者乎。今之報館。其關於政治之學說輿論。有敢主持正義者乎。此無他。政治勢力遠勝於學說勢力之所致也。青年學子之於今日。其主持學說。須預存一退讓之心。退讓云者。不求吾說可用於今日。而求吾說可傳於後世。此孟子守先待後之說也。孟德斯鳩生於名王路易十四世之後。大唱三權鼎立之說。當時雖未能實行。而卒能表率世界各國之憲章。朗然如日星之不墜。瓦古勒爾以伯林大學教授兼宰相畢士麥顧問之職。唱國家社會主義。憑借國法以維持國內社會之均衡。畢公采之。始構成日耳曼第一政治家之績。茲二子者。即西方以學說引政治而歸於正道之師也。籌安會之於今日。竭力以學說迎合政治。以變更國體為歸。他日若成。則楊度諸人必得志於京國。使海內青年學子。不明乎學說引政治與政治迫學說之辨。皆奉為師表。而莫察其非是。則人心世道之所繫。不可不正之以端我士林之趨向也。孔孟言仁義。孔孟不求其說之可行於當日。而但求千秋萬歲之馨香。孟氏主三權鼎立。瓦氏主國家社會主義。孟氏亦不以生前之不行爲憂。瓦氏亦不以生前之卽行爲幸。而要皆以學說引政治。使歸於正道而已。自都下國體問題之發生。吾所耳聞者。則有天津嚴氏親謁總統之忠告。吾所目見而口誦者。則有蘇州汪氏鳳瀛致籌安會書。與新會梁氏宣於國民公報之文字。三子者。可謂民國士夫之表儀。而今大總統之良師益友也。夫國體之能革與否不可知。旣革之後。全國之能安慰與否不可知。而丁玆國有大事之時。國中青年平時以救國自鳴者千萬輩。今皆噤若寒蟬。而僅遺二三老成。或入諫當道。或發爲文翰。以留金石之言浩然之氣於宇宙之間。後顧茫茫。伊誰爲正人之繼也。嗚呼。天胡獨厚於三賢。而玉成其千秋之令聞。天胡獨薄於中國。而竟遺此無窮之憂危也。

讀暫行刑律補充條例一

劉相無

往者參政諸公。以暫行刑律欠完密。更製補充條例以實之。開宗明義。卽爲刪減、卑幼之、正當、防衛權。吳君貫因曾於大中華著論批摘。準酌人情。引據經典。與最近刑法學理之趨向。甚形一致。傑作也。惟惜僅及崖略。輒以未窺全豹爲憾。愚無似。妄欲以淺闇之識。爲續貂之舉。效蠡之譏。自知不免。至言有當否。雖不敢自執。要補充條例中。其荒謬不倫之處。有目共見。今請從吳君之後(一)一指陳之。非敢自見。亦間學之微意云爾。

(一)吳君之作、見大中華六期、題曰人子之正當防衛權、

愚所欲言者非明正當防衛為何物乃在卑幼防衛權胡為不應削滅欲明此旨則又不能不自人生之根本上探討其原理故首貴敷陳諸義詳論本題則後半之任也語雖稍涉蔓遠尙幸不離其宗

刑法一般皆有沿革惟正當防衛無之大抵視恆情之條理為指歸故古來學子類皆認為自然法而不認為成文法夫既為自然法則當準物競之例以為應付之資初不宜故作駢枝之道以為破壞自然之具此事實理論兩均不易者況自笛卡兒個人獨立之說出而自我之思想盛益以盧梭民約之論而人權之主旨尤昌盧氏家族篇有曰『人之相聚為黨類亦蓄矣其首出而且自然者莫踰家族然子之統屬於父獨在嬰孩不能自存之候而已及長則不復屬父而天然羈紐解矣於是父不必為子操作子亦不必承受於父各得自守自然之理也世之為父者子長猶與父居事必咨稟而後行子固欲其如是也非不得已也由是言之家族亦因約而立矣且父子所以各自守不相羈屬者乃天命使爾也蓋自由之權天所以與人者故為人之道莫重於自圖其生而當務之急尤在為己不在為人是以人苟長成更事凡可以便身者皆自擇而取之所謂自主之權是也既自主矣雖父之尊無得而制』(一)此義無非闡發天賦人權之旨其說雖不必盡是每為後賢所呵要眞理所在實亘古難易故談性法學者率皆奉為圭臬愚所以徵之者亦以證父子自父子人權自人權父子雖天性之親不過恩情之關係屬於私人權乃天所付與為法律上之關係屬於公故恩情與人權無涉不得坐是為削滅防衛權之理由也盧氏而降國家主義日愈發達個人自由之勢亦與繼長增高人有恆言『人類皆同胞也皆兄弟也其所以然者

(一)見中江介篤譯民約論、

舉政治上之權利。不足以證之。欲知此理。不得不求之個人自由及法律上之自由。』(一)此語可謂知本

然若與日以孝道爲口頭禪之冬烘先生讀之。必且詬病以爲忤逆。殊不知同爲國家人民。同受法律保

障。凡諸享有。皆屬一例。不得畸輕畸重。而一切設施。又皆懸眞理以爲的。不使流於偏矯。天賦之自由平

等。以之完全無缺。所謂兄弟云云者。以此非一般名分之稱道也。此自法理上釋之。若自宗敎上言則耶

教以人類由天父所造。故人皆天父之子。佛家以衆生平等。惟佛法上乘。二說亦兄弟之意。不過此屬哲

學範圍。理至艱深。不若以通常法理詮之。反覺可信耳。於是復得而判之曰。人類既屬平等。又爲自由則

所謂個人自由及法律上之自由。其原素殆屬一致。法律卽爲自由之界。越此界者是謂違法。違法行爲

無論何人。皆不得爲。初未見有何人具何種特權。而可以不法侵害他人。亦未見有無罪之人。而無端可

受人侵害也。斯賓塞曰。『不自由則善惡功罪皆自己出。僅有幸不幸之可言。而民德亦無由演進』旨

哉斯言。人不自由。斯託庇於無法之宇。幸則爲善爲功。不幸則爲惡爲罪。初無一定平準之公理。如此而

欲增進民德。能乎。故當世風澆漓。倫常廢墜之餘。而欲維繫道德。非一準公理不可。蘇格拉底曰。『吾愛

吾師柏拉圖。勝於餘物。然吾愛眞理。勝於吾師。』此足與論語當仁不讓於師之旨相發明。從可知眞理

所向。雖情爲仇讎。而義亦伯仲。眞理所背。雖親爲父子。而法亦不私。本斯理以推諸萬象。大地無不平之

鳴矣。

刑法者。萬象之一。而維持眞理。以應社會之要求。而防衞害惡之具也。說者謂吾人既皆自由平等。胡爲

(一)見政治學及比較憲法高田早苗譯、

尙須刑法應之曰人類未營社會生活以前人權本極平等極自由極完全然以物競之關係弱肉每爲強食雖本生物自衛之思想而出以防衛之手段不能羣終不勝物故羣趨於合惟社會之生活雖成而個人之衝突仍不能免既無刑法以明威亦只聽其應用防衛權而已遞演遞進復由合而立約深信其爲公利而共守之不待載之簡編懸之象魏及文明大啓自然躋進爲成文法律之形式乃成此黑格爾所以謂『法律爲社會全般之總意』而黎斯德所以謂『刑罰非發於個人之復仇心而出於種種團體之反動也』(一)刑法之始既始於正當防衛則刑事事件似可一切委之刑法不必曰正當防衛矣則又不然刑法之權力只能及於已然不能及於將然只能罰其既往警其將來不能濟其現在當此生存競爭之頃利害交關之場彼無不法侵害之權我豈有待其侵害之務故含元始以來永不磨滅之正當防衛則火已及眉濟急無方矣若謂待罪成以後再以刑罰懲治之如『以保護之權寄之官不以防衛之權歸之子』(二)之學說豈謂死者尙能復生乎抑謂有防衛權者官即不保護乎以例衡之直無異嗾人殺人而又殺被嗾之人耳豈理也哉故自然之正當防衛所以當件人權而不可須臾離也

雖然防衛亦非無際蓋無際則假以濟惡而作過分之舉者在所不免於是以侵害之程與防衛之程作比例差超此程者推官得準當時之情形及犯者之身分而自由裁量宜重宜輕宜減宜免一視心證不

(一)黎爲德意志刑法大家、新派學者之泰斗、語見所著刑法教科書、

(二)見某黎政意見書、

宜預定繁條。(一)亦不能假防止之口而於防衛權上先加制限。誠以正當防衛者。據前陳諸理論。實人生所應享之權利。不可削自不待贅。茲舍法理而一究精神作用。則防衛之顯像在心理學謂之反射刑法上認爲反撥行動。以其常發於不識不知之間也。譬之蟲飛目前。突以手禦。此非故爲而當然之反射作用也。人之予以侵害也亦然。有以白刃相擬者。倉遽之間擲之以椅。投之以物。竟反傷之或致之死。當其防衛之頃。固不暇計隨珠之彈。亦未遑顧忌器之投。一擊中否更難必矣。不過爭生存於瞬息。有不期然而然者。過當與否。其間至微。反撥時固難權其輕重。判斷者亦難平其鈞衡也。果防衛權被削者而偶出此。仍不免重罪之刑。豈人情哉。故不能預定繁條。宜任自由裁量。此亦原因之一。至所以必設限制者。因正當防衛。不僅生命身體。卽對財產名譽自由。亦可行使。故此例亦不可概於一般。不過正當防衛含有緊急性質。直無熟計之餘地。殆可確信。而侵害與防衛之途殊者。其逕庭之點。亦能指數。有此而濫用防衛權之弊。庶可杜矣。

凡諸原理。皆闡人權不可侵。防衛出自然。故不問對諸何人。皆不得削減。歐美各邦於個人之權特重。從無削減之規定。惟範圍與條件。常以風習及學派而微異。日本舊刑法則曾爲削減之條。改正時羣斥爲無理。遂予删除。不圖人方且唾棄。猶嫌其遲者。而我反拾其牙慧。作爲新奇之發見。眞不可思議。若以按右陳之諸理。則此種條例。眞可謂蹂躪人權。不近人情。紊亂法序而已。請更進而論之。

(一)吳貫因君有云、若處因防衛之故、至於傷害親身、則儘可另定罪條、其至傷害親身者、治以或種之罪、竊以爲不必因自由裁量、可就其人之身分加刑、對於子孫當然准傷害尊親屬之本刑以擬減、補充條例第一條云『刑律第十五條於尊親屬不適用之但有左列情事之一者不在此限(一)嫡母繼母出於虐待之行爲者(二)夫之尊親屬出於義絕或虐待之行爲者』被補充之原文云『對現在不正之侵害而出於防衛自己或他人權利之行爲不爲罪但加過當之損害者得減本刑一等至三等』比較觀之主文之防衛權無限未嘗因人而失權補條乃酌加限制於子則必嫡母繼母之虐待父以上不問也於婦則必尊親之義絕或虐待反覆玩味罅漏百出茲且詮其文義如第二項云云範圍較一項大廣但於主文爲蛇足蓋謂義絕虐待之行爲可行正當防衛是認此義絕或虐待之行爲爲不正侵害也既認爲不正侵害則此義絕或虐待之行爲卽當然包含於第十五條之中而對此不正侵害不問何人處此皆可行正當防衛則爲人婦者亦當然包含於其中奚待爲此無謂之補條而婦始有此權哉且求之實際人婦之對尊親屬可行防衛之點卽不加以限制大都不出義絕虐待之行爲豈謂義絕虐待之外尚有所謂不正侵害乎閒言有之則未有補條之時固不生問題既有補條之後愚知其解釋非羣入義絕虐待之範圍必與補充條例相抵觸請假設二例以明之譬如有路人焉突以白刃相擬此不法侵害也又有舅姑焉每予其婦以難堪此義絕虐待也由是、則義絕虐待與不正侵害範圍顯有廣狹之不同茲限於婦者僅義絕虐待然則非義絕虐待卽不能行正當防衛矣果爾則使舅姑平習未予義絕虐待而突以白刃相擬婦將束手待斃乎抑可行正當防衛乎如行正當防衛則補充條例又僅限義絕虐待是逆倫也如俟有義絕虐待而後行吾防衛權則已無及矣故遇此種情事當以義絕或虐待解釋爲宜夫如是則仍不正侵害亦不外義絕虐待又何必生面別開爲是無異畫耽耽之虎而反類唁唁

之犬矣

第一項之範圍較二項爲狹故除嫡母繼母外自生我者以上（一）義絕可虐待可其他之不法侵害亦可總之欲殺不能不延頸以待欲杖不能不伏地以從卽在嫡繼虐待以外亦無自衞之餘地如欲賣其女爲娼女亦不能不聽命唯謹因此爲義絕非虐待不能行正當防衞也然猶不止此與約法亦大抵觸據約法五條一項云『人之身體非依法律不得逮捕拘禁審問處罰』國家對於吾民尙如此尊而且重事必言公理行必道法律豈父祖之權反在國家以上竟可以不法侵害子孫耶況法律之所以予防衞權於人者事實上固爲防不正之侵害然非謂某也爲父恐其子之殺之也故宜予以防衞權某也爲祖恐其孫之殺之也亦宜予以防衞權某也爲子爲孫爲兄爲弟乃至爲路人恐其某殺某也故皆予以防衞權乃以其同爲國民卽應受法律保護法律有不能濟急時卽認爲當然有防衞權是子孫之取得防衞權乃以國民之資格而非以子孫之資格取得之茲以父祖之故而削之是不認子孫爲國民而認子孫爲父祖之私有物矣法律主旨固在是耶又況卽法以釋法所以削減卑幼之防衞權者非認侵害者爲適法也不過爲倫常計耳然倫常與防衞不可混爲一談不能謂無防衞權卽爲有倫常茲旣認侵害者爲不法則防衞者乃防衞其不法行爲非防衞其人故當然得行防衞其理甚明如謂此同受刑法適用同有犯罪責任者且使一方無防衞權則使此無防衞權者對諸不受刑法適用或無犯罪責任者

（一）尊親屬照刑律八十二條、似僅限於直系、與旁系伯叔亦在內、恐誤、

又將何若（一）又況徵之事實吾國故習父祖懲戒之權從無限制為父祖者每用懲戒之名鞭扑橫施身受之者無不隱忍此若反脣以相稽彼已操戈而入室若稍用自衛之手段則立予逆倫之罪名重予創傷社會亦無間言幾若視為應爾者親權伸張實可謂極縱完全予以防衛權吾猶見其艱於應用也況復加以削減乎近補充條例中亦有傷害卑幼之規定似若於懲戒權隱加限制者然根本既誤雖定若何之嚴罰亦無非空文而已而況輕傷得免重傷自可援之以大減乎進一步言即謂輕傷亦不得免矣則試問父致子以輕傷幾曾見有子告發者無論輕傷即為重傷告發亦所罕聞縱或致死若非有欲磕詐者或挾嫌者欲遂其私則檢舉亦幾無人矣與言至此則吾卑幼之正當防衛權較他國尤不可削而茲竟削之又無異澆火以油矣且暫行刑律傷害罪中對於卑幼之刑最重其維持孝道之點亦可謂亞東之特出者主張人道者猶且病其過重茲以為未足復重以削減防衛權吾不知造例者之人道思想究胡似也

雖然度造例之當時睪目所集無非為維持孝道以為不如是將大啓殺親之漸必且有旋首三復五刑之屬三千而罪莫大於不孝以為造例之本者設心如是未為不良無如僅具片面眼光不識法律大體與國家人民之關係故所見終止一斑白虎通不云乎『父殺其子當誅何以天地之性人為貴人皆天所生也託父母氣而生耳故父不得專也』記曰『從父之命不得為孝故當不義則爭之』書曰『于父不能字厥子乃疾厥子』凡此諸旨與前舉西哲所言實同一揆而尤足證卑幼之正當防衛先賢未

（一）此段當說刑法對於人之效力及恐嚇教唆類一口授刑法總論之正當防衛首段恐冗故、略之、否認之。獨是吾本數千年禮教之邦。孝之一字。尤爲特重。朱子所以訓爲百行之原。然先賢之能識孝眞義者。固不乏人。間有稍涉迂拘者。則恒偏於一方。遂致流爲專制。野心君主。利用其機。臣下復從而和之。故頌聖者。莫不稱我皇上以孝治天下。於是流風所被。直醞成『君要臣死不得不死。父要子亡不得不亡』之諺。賢士大夫。賢孫孝子。以是而枉死者。不知凡幾。今縱昌言復古。諒必不至於是。而乃爲維持孝道。仍欲以前染餘毒。賜之來者。恐世之爲子孫者。未必欣然下拜登受也。愚年方少。不似造例諸公多已脫子孫之籍。而取得殺人不還手之權者。貿然侈爲是說。甯非不孝之尤。然而無傷也。愚之主張。非教人以不孝。不過敎孝自有教孝之方。不得犧牲人權。極端壓制。以規復橫蠻無禮之孝道耳。請更言教孝之方。

就刑事政策言。勿論一般預防。特別預防。着眼點恆在社會。蓋犯罪起於社會之原因者。據歐美新人道主義者之調查。十而恆得八九。(一)卽就吾孟子所言『富歲子弟多賴。凶歲子弟多暴。非天之降材爾殊也。其所以陷溺其心者然也』亦無非謂社會爲犯罪之誘因。可知人性皆善。非生而卽爲殺人者。況不孝乎。祇以社會墮落。外物習染。遂致日趨於惡。苟欲滅此種犯習。非從事改良社會。振興教育。輸入國家思想。家庭教育。尤使其特別發達。則國民道德。無由增進。此班固刑法志論所謂制禮以止刑。猶隄之防溢水也。若削減防衛權。實非善計。況防衛云者。侵害之對待。苟無侵害。何來防衛。茲乃不求侵害不發生。而反助長之。幷大昌其說曰『恐自託於正當之防衛』(二)愚意如是深謀遠慮。則正當防衛。非全數

(一)見花井卓藏刑法俗論

(二)見朱深政意見書

藥而不用。必將四萬萬人二分之。使半數無防衛權。方可無慮。何以故。彼恐子孫之託名防衛也。獨不恐父祖亦託名防衛乎。推之天下有防衛權者。獨不懼皆託名乎。此種理想。未免過於深細。然而似此專求壓服一方。謂爲維持孝道。亦不過周厲王之弭謗耳。不揣其本而齊其末。縱殺盡天下之爲子孫者。夫復何益。吾恐矯枉過正。反足以間父子之親矣。孟子曰。『父子之間不責善。責善則離。離則不祥莫大焉。』相責以善且不可。而顧可以惡助之乎。又曰。『今夫水搏而躍之。可使過顙。激而行之。可使在山。是豈水之性哉。其勢則然也。人之可使爲不善。其性亦猶是也。』是則人性常如水平線。突生波折。莫非有激而然。所謂挺而走險。急不能擇。亦屬勢所必至者。人性然。社會現象何莫不然。譬如天平。兩端原自平均。好事者苟加一碼於甲端。或於乙端減一碼。而乙端終爲甲端所動。茲之所爲減乙端一碼之類耳。天下無事。庸人自擾。此之謂矣。苟能循執兩用中。不激不隨之道。以人道爲主旨。以國家爲前提。則卑幼以有防衛權之故。反足覺悟尊親視爲私有之惑。止慈者止慈。止孝者止孝。融洩之象。天倫之樂。自可常見於家庭。大道未廢。不言仁義而仁義在其中矣。愚腹儉言。止於此。改正刑法之會不遠。是否再貽伊戚。將拭目以觀其後。

國文教科取材私議

梁漱溟

夫文字之用。始以綜事摛意。不以耀觀覽也。然人性好美。或以耀觀覽而爲之。亦猶衣服。始以蔽體禦寒。而人知既進。亦以飾觀好。此同爲人類需求。無可賤視。而其本末緩急要不可淆也。本不立則無事。其末急者不得則緩者非所務此又人所通識顧今之爲國文取教材者皆反此豈不悖邪科舉既廢廣敗學校凡天下之所誦習莫非古文辭溯其立名蓋唐之梁李韓柳獨孤皇甫之輩屏棄駢儷競爲散文欲以反古所爲立也其後宋明代有作者清世方苞建爲義法學者必稱桐城考其所爲皆毗於美術將以耀觀覽固文字之末務也此其說宜委曲中之李南紀韓集敍云文者貫道之器柳子厚答韋中立書云文者以明道王介甫上人書云所謂文者務爲有補於世而已矣蘇軾諸策亦世所目爲經世文字凡此皆古文家將以文載道經世之說若不以耀觀覽者則吾說非歟是甚不然也其爲是說厥因有五蓋駢儷淫肆佻薄爲古文者力反所爲乖戾斯弊深自矜重[一]志慕三代三代之文多道仁義[二]而足使其文磅礴有生氣者又唯忠義節孝之情[三]而繪畫淫佻非其任也[四]又則不識文學自有足重者在必欲假載道經世以爲重[五]故細研所謂載道云者卽此表章節孝稱道仁義非能樹義析理有條成貫經世云者亦只縱橫自喜非能覈論政事訂議典憲於何證之曾滌生與吳南屏書云古文無施不宜但不宜說理耳劉孟容爲文喜談性道曾亦遺之書以爲未宜乖顧吳摯甫與人書云說道說經不易成佳文又云於文體有妨今人姚君仲實所爲文學研究法姚桐城人也歷舉文學家異乎經學注疏家史學典制家及政治家性理家爲古文者固自道之矣方望溪古文約選敍言云武帝以前之文生氣奮動倜儻排宕不可方物而法度自具昭宣以後則漸覺繁重滯澀劉子政傑出不羣然亦繩趨尺步張濂卿云韓文或突起或突接或直下皆兀岸無匹又云四面寫來似無倫次夫倜儻云不可方物云突云直云無倫次云此不可以期諸說理之文而繁重云繩尺云此又說理之文所難免或不可免者也說理之文務爲整齊縝密生

意自少其旨以曲盡其理爲歸文字本體或非所問而所謂古文者其旨趣乃唯在此本體耳旨趣唯在
本體者以求其文之美爲歸之謂也凡不同之旨不可並存會有抵牾必滅其一以存其一古文者蓋滅
綜事摛意之旨以存耀覼覽之旨者也姚君文學研究法於此乃復有迴護之說以爲焉必不可以談理
因引赤壁賦等篇爲證不知此非說理之文但偶爲語以表其理想耳其下又云信手拈來皆有仙氣夫
仙氣焉得爲理又引姚措抱之言云史記周本紀贊所謂周公葬我畢畢在鎬東南杜中此太史公之考
證也何等高古豈似後人剌剌不休耶夫考證以確信爲歸此而賞其高古惡其剌剌何異於飲饌辨妍
媸耶古文之眦於美術固不可諱哉凡此證據苟不厭煩絮蒐而集之可累萬言不盡夫一民族之與立
文化也文化之中心學術也學術所藉以存且進者厥爲文字（上古簡牘繁重或由口授）存者敘述故
典綜事之類也進者揚搉新知摛意之類也今舉國以治古文圖耀覼覽而廢綜事摛意之本務則是斲
毀學術阻逆文化而使吾族不得競存於世界也嗚呼豈不悖邪
章實齋文史通義云著述始專於戰國蓋亦不得不然矣著述不能不衍爲文辭而文辭不能不生其好
尚後人無前人之不得已而唯以好尙逐於文辭焉此其所指唐宋以來所謂古文者當之矣蓋學術之
蕃戰國爲盛故其文誠著述之文也 著述學術之文 漢武以後學術陽若一於儒宗而實陰雜諸家學無所主語
多依違唯以好尙逐於文辭而有著述其文非著述之文矣文以著述學術者必本名家故學盛名家之
說亦盛孔子言正名孟子距詖淫邪遁之辭墨苟各有專篇鄧析尹文乃以樹專家而後世無聞焉則後
世學敝而著述之文不講也餘杭章氏有言自唐以降持論不本名家外方陷敵內則亦以自債又云以

甄名理則僻違而無類以議典憲則支離而不馴又云忽略名實斯不足以說典禮浮詞未翦斯不足以窮遠致今誠欲藉進學術融會歐化奈何取材學微之候不堪用於著述之文也堪用於著述之文厥唯晚周東漢與魏晚周即戰國矣其宜取材不待言顧其文猶或不逮漢魏之爲適宜也漢魏之文勝於世所謂古文辭者三勝於晚周文者一一者訿名家而不訿縱橫一者詞旨贍富弸中而彪外一者氣息平近摹習甚易前二者勝於古文辭者也末一者勝於古文辭且勝於晚周文者也古文家纂次古文未嘗不及晚周顧其所取恆爲說士縱橫之詞而鮮及諸子立意述學之作蓋縱橫則多姿而本名家者少態也爲古文者必卑東漢與魏其故不止一端而訿名家不訿縱橫亦其一也章氏云魏晉之文大體皆埤於漢獨持論彷彿晚周氣體雖異要其守己有度伐人有序和理在中孚尹旁達可以爲百世師矣此謂其訿名家也縱橫家言滑突是非詭亂名實辨事立說之大忌故曰所謂古文辭者不若漢魏文也夫漢魏文何以彷彿晚周以其有所論著不同夫唯以好尚逐於文辭者耳是以論者目以經子（漢魏叢書以經史子集分部）其文非零篇單章而累帙成書故晚周漢魏之文亦可曰學者之文唐宋以來所謂古文辭者亦可曰文家之文文家之文矜縱橫則鳴異說飾沖穆則守常論旨義多無可取學者之文中有所主不若是也申旨樹義又必有詞詞者名詞非藻飾之謂蓋人事日蕃名詞亦以析而愈多劉邵（著人物志）方人剖辨入微者以詞富得以盡意也古文則喜縱橫者繳繞其詞尚沖穆者循至枯寂今之習者兼治科學不能博覽古籍所讀不出策論表誌傳狀之屬以故恆苦詞窘不足以摹狀事物此非細故故曰漢魏之文詞旨贍富世之古文辭弗逮也文不以耀觀覽則高古非所取平近非所棄而今日之計學術爲急則省學者習文

之力以治科學固所當務也故奪摹習之易者則平近其選矣此又漢魏文之勝於古文辭者且勝於晚周文者也

信如右說則何以處古文辭曰吾故言之同爲人類需求無可賤視不可爲國文教科之材非遂吐棄是宜以入大學文科講習之耳

今之操國文教科取棄之權者半爲書賈半爲教師教師不用書賈選本而自爲之則皆倘古文辭者也古文已不堪用而書賈之謬更倍於是一者雜取駢文夫古文辭且不可取何論駢文駢文直爲美術非止毗近其不適用盡人而知況以著述學術語必排偶韻必疊聲又必運典故以實之學子好玩華采而不能專其事偶一摹效必有舛錯怪違大可駭笑者夫爲文偶呈精采非爲可貴亦非甚難而雅馴無疵斯最貴又最難耳今駢散雜取無望其文之潔矣一者雜取詩歌謬云怡養性情不知其乖教科之義也西文讀本雖有詩歌然其文去言不遠詩去文不遠韻律遠不及中國之細爲之不難中土詩歌如其所選不逾十數豈謂讀此遂可習作乎不能習作何教之云旣取詩歌宜及詞曲何爲獨遺是知其說固不可安耳一者雜取古今各代之文各代之文氣體各異今其所取上起三代下逮現世相去數千載氣體愈遠摹習不專都無所類而一篇之中舉詞如此構句如彼至呈異觀故取材莫若限於一代二代時不相遠氣體彷彿學者耳目所染不出乎此行文吐詞不期而循成規矣選文者不此之知又一失也聞京師學務局以學生文課愈以蕪陋徵意於各校教員自我視之書賈選本之謬實爲之然書賈選本必經部審定則厥咎又有歸矣議旣竟更條列大意如左

一國文教科取材以漢魏文爲最宜

一不取世所謂古文辭

一不取駢文

一不取詩歌

一取材家數宜少時代宜相去不遠

通訊

釋言

（致甲寅雜誌記者）

其一

記者足下。往者數相過於京師。竊慕明德。迴環不已。自讀甲寅。佩恨交集。佩者以今日號稱以言論救世者。惟足下能副其實。恨者如遠之徒。乃亦列身言論之界。以點辱公等耳。每與同人論議。以爲今之作者。當推足下。非惟名理通論。足以抉發隱微。生人哀感。卽其文體組織。符於論理。亦足爲一大改革家。去歲以漸生來書。遠因作覆之便。表示傾仰。置書於案。竟未發郵。蓋比年以來。如吾儕者。大半皆荒懶沉廢。坐待委化。飲食起居。都非得已。如此等事。亦荒懶之一端而已。望達漸生。恕其無狀。鄙人溷跡京塵。墮落達於極地。卒以圖窮匕見。今亦不能不遁出於此咫尺之外。現卜居於滬。擬二三月已後。赴美游歷。期以恢復人類之價值於一二。蓋世事。都無可談。卽有所陳。猶之南北極人之相去。而乃互道寒暄。究其相去之度。若何。此兩極人。皆不能自喻。故費辭耗時。甚無謂也。大作如林。遠雖不能盡憶。然尙異一論。最所傾倒。以爲改革之初。雙方之人。互持此義。何有今日。雙方之人。初自以爲政見互異。而不知在一國中。僅此一羣。足名優秀。此而不能合。則與其他云云者。豈有合理。足下某著論國人各有優劣之點。今以政象乃令一切之人。發現其劣點。而不能發現其優點。竊謂優點。雖未發現。而其本質固存。特未經化學變化之作用。今有一缺質點迴異則其爲合豈不愈難。今所見同人皆將其劣點發揮至於極地然其本質固可同也。遠本無術學。濫厠士流。雖自問生平並無表見。然即其奔隨士夫之後雷同而附和所作種種政談至今無一不爲懺悔之材料。蓋由見事未明。修省未到。輕談大事。自命不凡。亡國罪人亦不能不自居一分也。此後將努力求學。專求自立爲人之道。如足下之所謂存其在我者。即得爲末等人。亦勝於今之所謂一等腳色矣。愚見以爲居今論政。實不知從何處說起。洪範九疇。亦只能明夷待訪。果爾則其選事立詞。當與尋常批評家專就見象爲言者有別。至根本救濟。遠意當從提倡新文學入手。綜之當使吾輩思潮如何能與現代思潮相接觸。而促其猛省。而其要義。須與一般之人生出交涉。法須以淺近文藝普遍四周。史家以文藝復興爲中世改革之根本。足下當能語其消息盈虛之理也。然如足下今茲所爲。覺世曉民。其於國民本分。亦已盡矣。一兩月後。當以渡美過日。未審其時能否賜見一通。誠悃傾慕之誠。於今始得一吐。後此方扆纔欲有以求教於足下。惟遠厭絕聲影。此函所陳。可爲足下道。難與俗人言也。　黃遠庸白

其二

記者足下。前書剛發。得讀九號甲寅。足下於遠之隨俗苟且之不通文字。乃更賜以駁斥。足下之所以待遠者厚矣。遠今且未能明言必須作此一篇不通文字之故。惟即原文論有數要點。宜告足下。(一)劈頭即明言此事在法律上不得討論。(二)結尾謂以外國博士涉論及之之故。引起國人注意。亦不爲無益之事。(三)雜引南海之言。指斥專制一切皆蔽。隱主諷諫。(四)雖引波氏之說而不引如足下所引下文

者非遠不省。蓋欲求彼中人自悟。總之此作出於不得已。而主旨尚未過于汩却良心。然遠因此大受苦痛。乃至不能不圖窮匕見。如前函所稱遁出於咫尺之外者。此誠無一駁之價值。而欲求大雅之恕其無狀而哀其過者也。貴誌所登梁君鵰一書。尚誤會遠來滬主持某報。此實遠未離京以前態度不能十分明瞭。有以致之。然梁君與遠僅一面之交。既已有此過信。而猶不薄遠爲不足教。乃以操行可信及別有政治見解見譽。足見今日海內尚有此等仁人君子。特恨如遠之徒。修名不立。遂令忠厚者亦不能無疑耳。然遠雖愚妄。亦何敢以今日政象。尚有贊同。或爲其他作用之餘地哉。來此幸已脫離一切。此後當一意做人。以求懺悔。居京數年。墮落之罪。然遠與上海亞細亞報。實無一日之關係。且其脫離在此報未出版前。絕非恡於隱禍而後有此首尾兩端之舉。此則敢以人格爲證。欲求見諒於海內之仁人君子者也。哀悔憤慨。不可盡言。　黃遠庸白

記者旣得黃君書。卽裁答如下。

遠庸先生左右。辱書曲賜獎進。如劍凡駑。何以克當。至假藉鄙狀。以形左右之撝謙。讀之尤爲慚恧。曩見北京亞細亞報。載左右所爲一文。其時劍正草帝政駁義。將雜取所已表見之鼓吹文字。擇其可駁者而駁之。以左右縱橫論壇久。已主持風會。懼聞之者相與唱和而表裏也。則漫錄數節以入吾文。藉資商搉。初未計及作者處境之如何窘。設心之如何苦也。如此輕薄。爲文本是書生惡病。而劍尤甚。年來執筆。頗以此態施之時賢。甚至老宿若康梁。其文有所不可。亦不肯一毫讓。固不獨於左右爲然也。邇者吳君孤峯馳函詰責。謂不應不察內地言論家境遇之不同。尤不應昧於前後時勢之有所異若

以此顢頇籠統之調妄加攻詰則後禍將不可言一語一針令人媿汗迸發今讀左右『哀悔憤慨』之書詞情隨激雖有不同尤使讀者頫首至臆不知所爲矣願左右勿復言此十年以來釗去國之日十居七八國中賢者頗少嚮依至若左右雖乏久要不忘之誼而平昔聞之於友朋證之於論著（夔在京師讀左右所爲少年中國報慷慨奮迅燭照幾先至今未或忘之）稔知於梁君所謂操行可信者斷乎無違憶在京師相遇於佛蘇處左右於鄙著多篇未暇評騭而惟稱獨立週報與某君言黨事爲梁任公辯護一書謂有此文他文皆可不作末俗澆漓惟此足以醫之云云是釗無他長唯天性不甚薄左右亦既知之今又何至覩君子之過而妄施小人之腹哉願左右勿復疑之夫人心有其公同物性有其通質吾輩讀書明理之士苟猶不知所以發揚公同貫融通質之道則於斯世更將何之當帝政之議未興釗與友人聚議逆料與時必且一空全國之清流人士而苟實之由今觀之乃知未確大凡其人之行止以爲有關係不可不審慎者今皆無負天下人之觀望左右云『本質固存』信然信然而今而後可從容上於『發現優點』之途矣願左右勉之辛亥以來有爲之士未明異同離合之術自縣其可同之基而強萬不可同者以爲同以致國爭敗壞迄於此日今既共明其所以然矣則組織可同者之大同盟以清國蠹正吾輩所有事也此意前已函告孤桐頗以爲知言賢如左右茲責又豈可卸昔侯朝宗與人書謂人之所以自立者兩種非有所建豎則有所捐捨而已左右稽滯京師聲華甚茂今決然『遁出』可謂能捐捨者若夫建豎僅止於『努力求學專求自立爲人之道』已乎則猶未也在昔文化未開舍官無業世不我用雖才亦廢則獨善其身以求自了猶可以言今者有才以自用爲期民權非奮鬭不得而乃稍逆非議輒思

引避將何以識艱貞於板蕩朋宏毅於斗筲故壯游北美事固可嘉唯在今茲恐猶未嘗顧左右且復思之提倡新文學自是根本救濟之法然必其國政治差良其度不在水平線下而後有社會之事可言文藝其一端也歐洲文事之興無不與政事並進古初大地雲擾梟雄竊發躪蹂黌舍僇辱儒冠幸其時政與教離教能獨立而文人藝士往依教宗大院宏祠變爲學圃歐洲古文學之不亡蓋食宗教之賜多也而我胡望者以知非明政事使與民間事業相容卽莎士比亞俄復生亦將莫奏其技矣質之宏達以爲何如聊佈腹心依依不盡

釗白 九月二十七日

改造乎因循乎

(致甲寅雜誌記者)

記者足下。政象泯棼。至今日極矣。談國事者。大約歧爲二途。一曰改造。二曰因循。二者攻守不同、而各據至堅之壘。今請得簡舉其詞以明之。爲改造之說者曰。政府之無狀極矣。聽其所之國必亡。欲國不亡。宜急推翻現在政局。改絃而更張之。且吾非不知今日民窮財盡之不堪再擾也。特爲久遠計。則不能不忍目前之痛苦。譬之治疾。惡邪入據臟腑。旦夕就斃。但能滌內緊中。保全壽命。雖決腹流腸。亦病者所不宜辭。此兩害取輕之說也。恐聞而是之。爲因循之說者曰。政府誠無狀。必謂其以亡國爲快。吾殊未之敢承。況舉世滔滔。一邱之貉。又烏知夫後來者之必有以愈於今耶。且改造之事。未必能成。卽成矣。而擾擾之餘。痛深創鉅。精英銷盡。國將不國。又安有施展之餘地。故與其鹵莽將事。僥倖於不可知之改造。吾甯稍安毋躁徐圖善機猶不至速禍而促亡焉此又兩害取輕之說也愚聞而是之兩說既據愚胸覺左右不知所可於是有詰愚者曰聽政府之所為國其能以不亡乎則應之曰不能不能然則起而改造之可乎又應之曰不可不可人見愚之為此態也遂從而字之曰中立派雖然中立一語果足為吾人安身立命之地乎略一轉念即有以證其不可蓋吾儕中國人也生命財產之所託歌哭宴遊之所寄休戚榮悴與國消息無論其為強暴所汚抑為狂且所逼凡加危害於吾土者在理宜排而去之不應默爾息也人亦有言局外中立以其局外故能中立今吾儕顯在局中其無中立之地明矣若謂因循亡改造亦亡殊途同歸又焉用擇作如此絕對悲觀固無論列之餘地反之而猶懷萬一之希望欲覓一途以自效則舍此二者無他道焉難者曰絕對悲觀可不論矣脫有人於此其觀國也不悲而樂以為改造固足以存因循亦未必遂至於亡二者等量齊觀不容有所軒輊若此者謂之中立不亦宜乎曰惡是何言吾國險象畢呈儳焉不可終日於四面楚歌中闢一生路至不易得而曰任由何道俱足以存此種大言誰則信之今且曲徇論者之意假定俱足以存矣而存之之道又必有遲速難易之差其差即微亦當有十一百一千一萬一之可言策國者似宜擇其易而速者以致力焉不應袖手傍觀侈言立中也於此又有以調和之說進者則請誦貴記者之言曰「調和生於抵力今之抵力安在」即此二語已足了之而有餘矣故愚以為今日不講自存之術則已若尚欲攻究之乎則請擇於斯二者至於趣舍從違雖因各人之觀察而有不同而其觀察之共通方式有可得而言者改造之事愈危則容諒政府宜愈寬反之而政府所為愈危則希望改造宜愈切吾人當以改造之危為容諒政府之最大限度越此度焉則改造從之矣今之政

府。其已越此度乎。若猶未也。其進行之標與此限度向背如何。愚願國人之略加以衡量也。愚言似近煽動。然不能因此而閉所欲言。要之。鄙意無他。亦在覓一安身立命之地而已。貴記者其謂之何。　張繼良白

決心與實力

（致甲寅雜誌記者）

記者足下。前清末造。政局日即於頹唐。然亦頹唐而已。祖國現象。則頹唐而外。隱隱具一種陰森之氣。以故海內外士夫。較前清高壓時代。畏葸有加。東西洋留學界。何止數千人。能侃侃作政談者。蓋亦甚罕。豈眞傑出者絕無而僅有。抑亦此種陰森之氣。有以懾其口而寒其膽耶。留英學界。近有組織某學報之議。居然以不涉時政等語。攙入規章。亦小滑稽之一也。下走嘗論中日交涉事。嘗謂中國之亡與不亡。不在政府之能戰與不能戰。要視國民之怯與不怯。不必問政府有無抵抗之實力。當先問國民有無抵抗之決心。此對外之說也。對內亦何莫不然。吾人今日果無奮爭自由之決心。更從何處得奮爭自由之實力。下走蟄居遐域。於國內近象。或未盡得其眞。然逆計共和政體之下。無論政治當局者。如何闇昧。詎能不容吾人平心靜氣。討論眞理。若吾人始終不為黑白之辨。則披髮入山。或稱功頌德。不更愈耶。嗚呼。國是飄搖。全國已入徬徨迷離之境。故總統新選舉法之頒布。而主張提燈會者有人。五月九日之交涉披露。而主張提燈會者又有人。如斯種種。倡之者或為無恥。和之者庸詎知其不為無識耶。苟不及時揭其眞

相將見吾民已死而不識致死之由更從何於未死而得一療死之方此所以誘起國民多數之覺悟恢復社會多數之良心爲吾黨健者當今唯一之責任足下主纂甲寅雜誌正言讜論每一披誦輒用心偪海內外有識者必不視爲一家之私言可斷然也　樊定白　八月十六日自倫敦大學

責任心

（致甲寅雜誌記者）

記者足下……兩年以來廉潔之士無不遠舉高蹈或潦倒租界或飄泊異鄉其中多富於學識道德高尚方之各邦賢哲無或多讓而竟令其懷寶而藏不可哀耶夫寶雖藏數十年或數百年後啓而用之不損於前而人則浮生若夢平均計之自三十歲至五十歲爲一生事業發展時期過此以往則日就衰邁即歷史上間有成功暮齒者亦不可多覯特遇一二於千萬耳且古代政治寬簡雖極暴戾之世尚得逍遙林泉寬閒自樂不至憂傷損其天年然且屈原賈子竟以懷才莫試而抑鬱自戕矣而今日果何如也其安居山林者不識字之農夫耳無用之學究耳其稍有抱負而不肯仝流合汚者不見忌於當路則受逼於豪紳（地方紳士多迎合當道意陷害善類）　雖欲閉戶自修又奚得而安其室耶昔龔定庵有云古昔先冊聖智心肝不留京師蒸嘗之宗之孫見聞媕婀則京師賤賤則山中之民有自公侯者矣如是則豪傑輕量京師輕量京師則山中之勢重矣（見尊隱篇）今日蒸嘗之宗之孫見聞媕婀無異龔先生所云特山中之勢未見其重耳近人文詞不患不賢者在上位而不能降患在賢者居下位而無由升今

日之賢者。豈僅無由升而已哉。蓋欲求安於草莽而不可得。嗚呼。賢人者國家之心。人去其心。必死。與死。人全術而索其無亡。不可得也。某書至此。不禁爲賢人悲。又爲中國悲。實亦自爲悲也。然物極必反。剝極必復。聖門之學。曾子最爲篤實。頗似今世實行家。而曾子學問最得力處。則在士不可以不宏毅。任重而道遠。仁以爲己任。不亦重乎。死而後已。不亦遠乎。數語。夫人所以能自立者。在於責任心。一息尚存。即一息之責任未釋。然則賢者今日雖不得安居。賢者之責任未之或息。賢者之責任未息。則所以謀吾國之盛興。醒吾民之迷夢者。亦未有已。至此。又復爲吾國大幸。爲賢者幸。而個人悲極樂來。遂覺前途尚有無窮之希望。然推原此希望之生。原於責任心。是則責任心愈重。持責任心之人愈多。則後來之希望愈大。此即足下所謂代價也。亦即所謂知吾國即亡。而收拾民族之責。仍然不了云云之意也。使讀者明理之士。聞足下之言而興起。一洗從前利祿榮辱之念。而求得眞我。並盡其應盡之天職。則中國雖弱。尚可爲也。不然。人懷畏葸觀望之心。棄其責任。而欲自免於危。則朝鮮印度猶太波蘭其前車矣。夫朝鮮猶太波蘭。亦未嘗無二三志士。力圖恢復。而卒不能成功者。則以弱不求强。而欲謀之於已亡之後。之徒勞難濟。且足徵國內苟無多數國民力自振奮。徒恃二三志士。奔走呼號。而人莫之應者。之斷難免於萬劫不復也。某甚愚鈍。差幸所志不至與足下背馳。是以忘其鄙陋。略陳所懷。頃讀大著國家與我。揭破僞國家主義。復提醒國人自覺之術。回環諷誦。不能自已。因即盡其在我之義。稍爲推論。弇陋之辭。不暇計也。

啓尚白

國家與我

記者足下。處天地晦冥羣邪構閃之日。衆生猖狂莫知適從之時。猶有一線微光。照耀大陸。俾末刼悲憐無告之民。尙認得些微塗徑。不至爲鬼爲蜮。流浪無歸。則足下之功偉矣。緬惟莊生人與人相食之言。不圖聖人之餘毒。至我生親見之也。輓近政局。本爲最後之波。故受害亦最烈。馴至亡國滅種。則其罪大矣。（按此非詆譏聖人之言歸罪聖人。聖人亦不受。然其迹爲大盜所盜。則有不能辭其責者）獨怪今之自命爲政治家者。尤復推波揚瀾。存雄而無術。所謂籌安會者。其郭子玄之言不思捐迹反一。而方復攘臂。用迹以治迹。可謂無愧而不知恥者乎。（莊子在宥篇注語）天下脊脊大亂。罪在攖人心。楊度輩又何足責耶。曠觀斯世中知之士。莫不外飾其性。以眩惑衆人。惡直醜正。蕃徒相引。任眞者失其據。崇僞者竊其柄。是以賊民交興。廉恥掃地。欲國之不亡。安可得哉。嗟乎嗟乎。道心已在剝復之終。神州終有一度陸沈之禍。千年汚毒。當從大海滌之耳。所可冀者。天道周星。物極尙希其必反。與足下盡其爲我之說。可以忍死須臾而已。追惟斯義。輒不勝悲。蒼生其難逃此刼乎。我神州文化。其亦將長淪刼灰中乎。則又瞿然憬然。爲世界人類痛矣。爲今救時之計。固莫先正名。然華實槁剝。名將何立。（近頃亞細亞日報發行於上海。乃亦有所謂正名說者。非吾之所謂名也。可勝痛哭）其次有爲懺悔說者。然此須大難臨頭言之。今日者賊梗於心。柴生於腦。其奚從懺悔之也。而所謂我者。亦有眞我。有假我。足下所指。其眞我乎。若假我。則人得足下之言。方自詡其所謂我矣。昌言國不足愛。而國亡不足懼者。果亦有其眞我否耶。此則既知國家之我。尤須知我之眞我。國家之我。法之我也。我之眞我。道之我也。法之我不一。道之我則一以貫之。希足下注意者也。蓋時之今日。大道橫流。齊物一論。亦無補救之餘地。餘杭章先生佯狂自解。卒亦難逃幽羈。仲長統所謂苟使豺狼牧羊豕。盜跖主征稅。則惡復論損益之間。賈生所謂長太息痛哭流涕者。此矣。足下諒彌孤襟。不以濁世灰其深愛之懷抱。莫名欽佩。倘亦明知其不可而爲之耶。哀莫大於心死。今持哀不衰。則或者有我心開朗之一日乎。僕顓蒙無知。遁迹鄉間。依草木以活世。一日得甲寅讀之。殘夜燈闌。轉側無寐。忽涕泗交流。枕函盡濕。爰以所得拉雜書之。上之足下。足下其以爲可敎焉。則當有以慰小子之悲矣。

黃裂民白

共和

（致甲寅雜誌記者）

記者足下。讀第七期共和平議篇。周詳鄭重。若逆知大難之臨頭。橫禍之竊發。心所謂危。不敢不告者。於時共和雖深見惡。猶有神聖不可侵犯之觀。竊念足下之言。或不過護花箍月之意。自妖孽橫生。興風作浪。共和之花。橫遭摧折。委在泥塗。雖間聞仁人太息之聲。恐終等孝子撫屍之泣。嗚呼。今日而與足下以知言知幾之名。足下其忍受之也耶。雖然。嘗讀龔氏之詩矣。『落紅不是無情物。化作春泥更護花。』夫那知他年枝頭挺秀之葩。非卽此際離邀就萎之物。薪盡火傳。此物此志。法國往事。卽詔我輩。無餒者也。足下勉之。近檢閱過報第一期。載足下與某君書。有孫少侯強足下入同盟會事。今所謂六君子中。儼然有孫少侯者。此籌安會之孫少侯。是否卽昔日之孫少侯。如其是也。抑何轉綠迴黃。若是之速。上天下淵。

若是之遠古德諾氏之國體論。繆戾支離。如傑淺學。且能見及。初不料堂堂大邦之博士。竟爲此言。聞韋羅貝氏與古氏出入相追隨。不聞於古氏政見有所參與。豈意見一致耶。抑彼嘗爲良知說者。果能不淫於富貴耶。足下許其學。必能知其人。願有以詔我。　陳傑白

孫少侯猶是昔日之孫少侯。韋羅貝尚是昔日之韋羅貝。　記者

呼者

（致甲寅雜誌記者）

記者足下。近者變更國體之爭。盈於人耳。中外各報所占欄幅幾半。而我大總統盛德高誼。謙讓未遑。其言曰。皇帝既非所爲。總統亦非所願。是眞華盛頓之用心也。然竊觀吾國古史。凡一代偉業之成。不在乎一人之取舍。而恆視乎攀附擁帶之力爲何如。果其一旦黃袍加身。雖欲棄如敝屣。而事勢上常不可得。然則居今日而欲卜此事之是否實現。誠不關乎我大總統之有無此心。而惟視輿論之贊否至於何度。可斷言也。夫輿論之成。固成於多數。然其始常自少數有力之言論家登高奮呼。其所呼或出一致或相反對。不必論也。然多數人自此從而附和之。駁詰之。相摩相盪。而最後之結果乃見。是此種輿論之能否及早成熟。又視呼者之致力爲何如。國內日報雖多。然足引起人之注意者殊少。不足當呼者之目。以鄙人之私意測之。其足當此者。惟足下所撰之貴雜誌及梁任公所撰之大中華雜誌。是則居今日而欲求得一輿論之宗匠而附和之反對之。不得不有望於兩先生也。足下前著共和平議。深切著明。勿論人之

反對贊成。總可謂已盡呼者之責。惟大中華出版既屢愆期。而梁先生即有一二撰述。復未及此。豈以此事爲不足輕重而姑置之歟。抑亦仍持不作政談之宗旨而默然歟。然先生近又被任爲憲草委員矣。即欲不談。又烏可得。此中消息。誠非草茅下士所能揣測也。愧甚不宣。王燧石白 八月二十日

呼者之責。梁先生誠足盡之。若愚所爲。亦如春鳥秋蟲。鳴其所不得不鳴者耳。如足下所稱。豈敢當哉。梁先生新著國體論。風靡一時。魯陽一揮。白日再見。斯誠天下之正聲。國家之元氣矣。足下作此書時。固未之見。而其跂望殷殷。可見士林之責備於賢者者甚至。此足以勉梁先生。而著民間需要正論之亟。故所言雖已過之事。亦樂爲表之。記者

宗教

（致甲寅雜誌記者）

記者足下。昨論及中國宗教。承命將所論錄出。以多事卒卒。久稽不報。甚愧。今就暇爲一述其意焉。宗教究起於何時乎。以意逆之。則生人之初。各本所知。以相習。因其所習。則以相教。漸演漸進。則教之名且變爲學。中國宗教語其古者。厥惟黃帝。至堯舜始一變。孔子祖述之。建立儒宗。遂與道術分裂爲二。至是而後。迄於戰國。雖老莊盛興。然降魏晉後。風始衰矣。佛教始於漢。盛於渡江。以還梁唐之君。相率奉之。大有風靡之概。然淨土末流。相承失實。而張道陵之輩。又依附混雜之。致爲通人所不齒。及於今日。蓋不絕如縷矣。若夫孔子之教。自漢以後。在中國有特殊之地位焉。然所葆者僅君臣之義。至於微言大義。蓋早息

絕矣綜而論之今之中國實一無教之國也歐風東漸景教西來吾國人始憬然於宗教與國家之關係也而相率昌之若餘杭之於佛南海之於孔是也而南海於孔則昌之較早及於民國風從甚盛至衆議滑然事乃中止然有其潛力焉則中國將來之宗教究屬誰何未可知也夫孔教之在中國蓋早已等於國教矣何待於昌且復昌而不可行者何哉則以昌之失其眞故也蓋孔子之教有其一貫之道焉修齊治平是也其道比於歐教誠有文質簡繁之辨然歐人以教簡信堅之故始廑教禍之紛爭故防其與政合繼廑學術之阻礙故昌其與學分至今日則政教與學乃截然有各立之勢反得使人於治事勵學之外得定志凝神於養魂修性之道復藉此養魂修性之道益助其治事勵學之功自表面觀之似彼歐人淺識將吾所謂內聖外王之道者打作兩截自實際論之道愈一則愈精學愈分則愈密與其以天縱萬能之德欲集一身使百不獲一者曷若專以修身克己之道普諸一切使萬修萬度循此軌例故今日通稱爲純淨宗教者厥惟佛耶兩教餘少與焉風會所趨世論如此吾既言宗教勢亦難外今若認孔子爲宗教也則佛耶非矣若亦認佛耶爲宗教也則孔子非矣蓋孔與佛耶有絕不相類之點焉非孔子之短也尊孔自有其眞焉非佛耶之可同也今強比而同之是自侮也是侮孔也事之不便未有過此者蓋嘗論之孔子之教人道之教也治道之教也惟其重人道故知生不知死事人不事鬼今欲使齊民編戶於法律無用之鄉教育不及之地有所恐懼而不敢爲非有所欣願而孳孳爲善則孔道容有不逮若夫明德在於親民修齊將以平治純屬大人勞心者之學益非可以家喻戶曉者漢武首尊六經著之國典然求仙服食徼逐一生則軀殼以外事與孔子原不相關也明甚以語道德若西漢明經東漢尚節以至宋

明末季。死義相望。則皆由學會黨徒。砥勵而出。與今之教會僧侶。大不相類。今苟慮孔道之廢。則建學宮。立學會。聚徒而教之可也。苟憂孔祀之荒。則釋菜拜經。要士夫而行之可也。故講學可以急。而爭教可以緩。修齊在所先。而治平在所後。此則以君師之位還孔子。政教之道。事不失眞。有洽衆意。若夫公羊三世之說。禮運大同之旨。用以破孔子尊王之說則可。用以證孔子教主之位。則義多缺漏。更博引六經鬼神之說。以此孔子於耶穌。則大非尊孔之道也。

次論耶教。耶教之於中國。以其傳來未久。故感情不深。義趣簡單。故信奉不易。重以外人之隔閡。教案之紛爭。欲及廣遠。道頗不易。然吾國今者百事競尚西法。艷彼富強。而不究其所以致之之道。斯爲不揣本而齊末之事。其道何在。宗教是也。蓋凡一人類。必有其共通之天性焉。此性所由來。雖或天時地理與有相關。而生於其心。發於其事之本。厥惟宗教。原宗教之始。不過語文而已。有信奉者。則變爲規律。傳爲習慣。成爲風俗。而天性卽於其中生焉。孔子曰。性相近也。習相遠也。其實所謂性者。盡世界無量衆生中近者甚寡。而通常人類相依以生者。則惟在習。佛經謂之識。是也。曠觀東西兩族民性。自始皆由奉其古道德。以相率由。積日漸久。則由其偏注處。習爲一種特性。若今之西人謂東人之變。東人謂西人之執。彼西人好動。東人好靜。西人重剛。東人重柔等類是也。此種道德習慣。本不可以偏重。然通常民性鈍錬。旣久則勁氣必減。此中國今日之所以憊也。今代表兩族民性之大凡者。在東厥惟孔。在西厥惟耶。此宗教之關係也。而欲觀察歐風者。尤不可不知耶教。蓋彼能作民氣。普一切。則惟在以至一之歸奉。收紛雜之心思。但起信心。遂生愛力。若夫萬起萬滅之私。無始無明之理。彼或未知。正以未知之故。一切付之魔鬼。一切聽之上帝常能以眞摯之禱祈化無量之煩惱積力旣久則忘識亦漸減少有合於佛門懺悔之理依此方便法門廢時旣短得效亦速又不礙治事勵學信力厚者往往近於宋墨之類北方之強者世衰道微古風久熄吾民惰性無由奮發得此任俠勇義之氣相率振起不爲無益佛經云悲則生勇若耶穌之視罪人信徒之視耶穌莫不以十字架爲極則因信生愛因愛生悲因悲生勇耶教之義盡學耶之方備矣惟此教建立純依上帝今之夏民依神心理早已晰離驟與語此無不掉笑不知尊天敬鬼之道本屬吾所固有孔子以前凡諸先民無不奉此爲齋心龢慮之本者至孔子始隱棄之若公孟劉柳之說行而屋漏衾影之間民德始衰矣宋儒本大學知止靜定之說孟子養夜氣求放心之旨旁竊禪意立靜坐法旣未宗禪亦不法古茫茫蕩蕩空持硬守使司馬光張橫渠輩勞瘁半生一無所得則修養之道以自力爲究竟者亦可假他力爲方便若耶穌則善假他力之教主也學者苟以耶穌爲師則宜以信仰爲體博愛爲用十字架爲究竟則上帝有無當可自知耶穌有言上帝住我心裏我亦住上帝心裏又曰小子汝之信力與汝成就則純熟境界自他仍可泯也若夫創造父子等說則太古神話靡國不有使西學未來則吾國補天戴地天子天妹等說文人詞章到處漫衍語涉神異無關宏旨不足以伸辨世運日進科學漸繁不能遽使人人進趣無生滿足萬德但少有裁制道德尙不至十分破壞方便接引簡異爲宜此予於耶教本意而足下前日所論以耶教爲佛教一級又記餘杭答鐵錚書亦有約楞伽五乘之說耶教正在天人二者之間卽而用之亦可等說合之略同不必持攻擊排棄之論也若夫高超死生之外進窮性德之眞則有佛教在焉外此悉秕稗之論無可語者也

中國佛教。自立之宗教也。自兩晉以來。相繼發明者。多在印度佛教之外。若日本若高麗暹羅諸國。則皆得中國佛教之餘者。則謂佛教者中國最逗機之教可也。然歷代相傳。悉宗正法。無論比丘居士。皆直趣佛境。與世間道德相關未深。至明季讀書士子。心悅禪寂。適遭國亂。遂多就死。當其赴湯蹈火履險如夷之時。則皆得力於禪觀之攝持志意。而佛法之益於世用。始彰彰矣。戊申間餘杭東來。始昌華嚴法相兩宗。導黨人以治氣定心之學。然機緣未熟。異議橫生。事乃中止。今七八年間。內觀民德。去前已遠。姬孔禮教。既不足裁制人心。西方神教。益不能以欣洽人意。然則欲拯斯淪溺。絕非外道漏言所可收效。必也明因果。以杜其作僞之心。破我所。以遮其妄受之念。若夫死生之纏縛。富貴之貪著。則必以無生輪迴之義餉之。以惟心勵上智之勇猛。以念佛接下機之方便。則中國之教。直一佛教而已。他皆不屑道也。昔顧亭林以東胡僭亂。神州陸沈。慨然於道德之亡也。欲以禮教救之。乃著之日知錄曰。「有亡國有亡天下。亡國與天下奚辨。曰易姓改號。謂之亡國。仁義充塞。而至於率獸食人。人將相食。謂之亡天下。」顧氏之所謂國。一姓之君也。所謂天下。國家是也。今之國家道德。比於顧氏時。如何。禮教不足以維持人心也。又如何。顧氏而在。不知若何悲感矣。然則欲望中國之不亡。則惟有急昌道德。欲昌道德。則亦惟有急昌宗教。欲昌宗教。則惟有直趣佛法。苟世界衆生。會有度脫之期。則釋迦正教。必自中國發達。始楊仁山先生曾言之矣。此則予等所頂禮默禱者也。或謂佛教乃厭世落空之教。何以濟世間者。應之曰。此其說自宋以來。言之者衆矣。雖然佛法之所謂空者。乃空其所空。非空其所不空也。佛以妄爲空。故空之。衆生執妄爲實。故實之。此則如來說衆生。爲可憐憫者。若夫世間者。佛經原有分別。所謂厭者。器世間也。不厭者。有情世間也若佛爲厭世則不度盡衆生誓不成佛其意何取以形迹論之則佛制弟子。本有在家出家四衆之別。安在學佛者之盡作比丘比丘尼也。總之佛經雖深邃。然平心正念。取大乘起信論。楞嚴惟識諸經讀之。亦非難事。得此則佛教大凡了了。若不讀其書而詈其敎。則韓愈程朱輩之短見。今無取也。書此既終。有以近日講經會事相質者。謂首倡大法之某君。近正奔走於變更國體事。比之孔教干祿。尤爲不道。佛法於世間道德。究竟何如。求予解答。竊以佛之爲教、廣大深遠。卽使專志精修者。一有不愼、卽入魔道。況不修者乎。某君之於佛學。誠非予所知。然學問與修行。別爲一事。今之所昌。專在修行。若夫以大法爲禽犢。與以內典爲詞章者。用心略同。與佛教無涉也。佛經云。勿以法師德行未足。而生厭棄心。當視如革囊中盛金寶。但取金寶。勿問革囊。今願求法者以法爲心可也。予於宗教。多茫昧無所得。承命不揣固陋、略陳所知。幸垂察焉。　王九齡白

佛理

（致甲寅雜誌記者）

記者足下。大誌七期獨秀君絳紗記敘。於佛理頗致譏難。漱溟竊不能安。略有申說。獨秀君曰。無明無始。詎有終邪。阿賴耶含藏萬有。無明亦在其中。豈突起可滅之物邪。一心具眞如生滅二用。果能助甲而絕乙邪。其理爲常識所難通。則絕死棄愛爲妄想。（下略）憶蟲庸言載藍君志先宗教建設論。於佛教亦頗致譏難。大意謂生滅由無明。然無明果何自來。世之致疑者不獨二君。自昔有之矣。從未有爲圓滿解答

者此何以故不可解答故今僕所申說亦但申說此不可解答此其說有四一曰所據以爲難者非我本意凡百事物皆爲有對蓋「人心之思歷異始覺故一言水必有其非水者一言風草木必有其非風非草非木者與之爲對而後可言可思」（嚴譯穆勒名學）若果爲無對者「則其別既泯其覺遂亡覺且不能何往思議」（同上名學）不可思議寧可名言而眞如卽此所謂無對者以假施設名曰眞如故遺以百非而非戲論而設難者皆峙然有對之言非我本意何從置答一曰不可思議侯官嚴氏云不可思議之云與云不可名言不可言喩者迥別亦與云不能思議者大異（中略）如云世間有圓丸之方有無生而死有不質之力「物同時能在兩地諸語方爲不可思議此在日用常語中與所謂謬妄違反者殆無別也然而談理見極時乃必至不可思議之一境既不可謂謬而理又難知此則眞佛書所謂不可思議又云所以稱不可思議者非必謂其理之幽渺難知也其不可思議卽在寂不眞寂滅不眞滅二語世果何物乃爲非有非非有邪譬之有人眞死矣而不可謂死此非天下之違反而至難著思者邪故曰不可思議也」（天演論論十案語）獨秀君曰其理爲常識所難通誠哉難通不可思議之謂矣一曰非推知之事有元知有推知元知者原於覺性徑而知之推知者原於推證紆而知之前者非邏輯所有事而後者有待邏輯勘其誠妄何曰非推知之事以其爲此世之元始問題而又究竟問題也「如物質之眞幻神道之有無與夫神質二者之終爲同異宇宙二物爲心中之意抑心外之端時之與變是一是二（中略）其物皆不二而最初無由推證其所以然」（穆勒名學部首九頁）非推知之事則難者雖有謹嚴邏輯以勘我之誠妄終無當也一曰此屬元知之事不由推知將由元知然此元知不同俗所謂元知俗所謂元知原於見聞覺知而此則不原於見聞覺

知。赫胥黎云物之無對待而不可以根塵接者本為思議所不可及。天演論論九真如涅槃即此所謂不可以根塵接者。然則何由知之。曰依佛說而事修證可以證知其境界。難者未嘗修證。故弗喻也。四說既竟。吾更舉一相類似之問題。還難獨秀君。以明獨秀君之難不足以難佛。人性善惡。聚訟紛紜。然必謂性善。則是世不當有惡。以醇善故。今有惡。是知其性必有惡者存也。必謂性惡。則是世不當有善。以純惡故。今有善。是知其性必有善者存也。性既兼具善惡二者。如獨秀君說。將曰「惡能助甲而絕乙邪。其理為常識所難通。」而世固有無惡之聖賢。此何說也。此特假設為譬而已不可誤以善視真如以聖賢視佛。漱溟上苴百家。歸心三寶。然自顧學殖未富。修證曾無。常以宣揚佛說為難。深恐所明不逮。所晦此篇。蓋亦不得已云。蔣觀雲先生曩在新民叢報關於哲學之著述頗多。深所欽仰。頃睹八號先生手函。知改治財政學。大以為可惜。漱溟私意財學固不若哲學之可貴。矧既治哲學。有得而中廢之邪。矧又為才思如蔣先生者邪。此真大可惜者矣。餘再白。

梁漱溟白

非留學

（致甲寅雜誌記者）

記者足下。頃奉示書。所以獎勵末學者。彌至。甚媿甚媿。適在此邦所專治者。倫理哲學。稍稍旁及政治文學歷史及國際法。以廣胸襟而已。學生生涯。頗需日力。未能時時作有用文字。正坐此故。前寄小說一種。乃暑假中消遣之作。又以隨筆迻譯。不費時力。亦不費思力故耳。更有暇晷。當譯小說或戲劇一二種。近五十年來歐洲文字之最有勢力者厥惟戲劇而詩與小說皆退居第二流名家如那威之 Ibsen 德之 Hauptmann 法之 Brieux 瑞典之 Strindberg 英之 Bernard Shaw 及 Galsworthy 比之 Maeterlinck 皆以劇著聲全世界今吾國劇界正當過渡時代需世界名著爲範本頗思譯 Ibsen 之 A Doll's House 或 An Enemy of the People 惟何時脫藁尚未可料適去歲著有非留學篇所持見解自信頗有商榷之價值以呈足下請覽觀焉適以今日無海軍無陸軍猶非一國之恥獨至神州之大無一大學乃眞祖國莫大之辱而今日最要之先務也一國無地可爲高等學問授受之所則固有之文明日即於淪亡而輸入之文明亦扞格不適用以其未經本國人士之鍛鍊也此意懷之有年甚願得明達君子之贊助憶足下在民立報時亦有此種言論彼時卽有意通問訊適國內擾擾卒卒未能如願至今以爲憾今寄此文亦以結此未了之緣耳　胡適白　自紐約

按胡君所爲非留學篇乃登諸去年留美年報者其報僅數百份流傳甚少而文中所論實於吾國學術廢興爲一大關鍵書萬誦萬不厭其多今承作者以原稿見寄亟欲轉載本誌以餉讀者而其稿爲一友人假去展轉傳閱竟至紛失良用慨然當俟函請胡君補寄始能發表特書數語以誌歉懷胡君年少英才中西之學俱粹本年在哥倫比亞大學可得博士此誠記者所樂爲珍重介紹者也　記者

賈充

（致甲寅雜誌記者）

記者足下。無涯先生所爲史論文字明快精覈有功世道人心不少。鄙人讀之。良歎其詞之切。而悲其志之苦也。惟中有紀述賈充之事。疑與史蹟未符。請以鄙陋所知一爲參證。賈充者逵之子也。惟逵實爲漢臣。而嬖於曹操。操死於洛。丕尙在鄴。逵爲主持喪事。保守璽綬。有功於魏。但丕受禪。逵已事前出爲豫州刺史。似未與聞。至其子充。在高貴鄕公之時。始爲長史。固未及事操丕也。況充之說諸葛誕。非爲曹丕畫策。而實爲司馬昭畫策。蓋昭初秉政。慮中外不已應。充勸以派遣參佐游說四方。且觀其志。昭因遣充說誕。充見誕曰。洛中諸賢。皆願禪代。君以爲如何。誕厲聲曰。卿非賈豫州子乎。世受魏恩。豈欲以社稷輸人乎。若洛中有難。吾當死之。充知誕不可動。遂還言於昭。以計圖誕。此充爲長史之時代也。充尋遷中護軍。曹髦自將攻昭。適與充遇。充嗾太子舍人成濟刺髦。殞於車下。尙書左僕射陳泰見昭悲慟。昭曰。玄伯何以處我。泰曰。獨有斬賈充少可以謝天下耳。昭久之曰。卿更思其次。泰曰。泰言惟有進於此。不知其次。昭乃默然。夫身刃曹髦者成濟耳。而立乎其後爲賈充。立乎賈充之後爲司馬昭。昭之求次。意在戮濟。泰之有進。意在罪昭。其後昭卒護充。惟族滅成濟兄弟。以掩人耳目。可爲昭充狼狽不可離之證。魏氏有此亂臣。逵而有此賊子。指爲操丕。崇奬奸詐。破壞廉恥。應受之報。皎然無疑。故無涯先生所紀。雖於事蹟小有參差。而在立論本旨。絲毫無背。讀者不以詞害意可矣。

韓伯思白

東禍

（致甲寅雜誌記者）

記者足下。東禍亟矣。國人於交涉將次破裂時。熱潮洶湧。復仇雪恥之聲。徧滿大地。無老幼男女。舉若毅然以國事自任。曾不兩月。所謂消極的抵制。固將匿影銷聲。積極的進行。仍未目張綱舉。夫差之庭。隨呼而旋忘。勾踐之身。欲棲而安適。豈眞先生所謂『屢蘇而屢昏屢昏而屢蘇昏量愈增蘇機愈狹』者乎。嗟我國人。何其善忘若是之甚也。僕嘗深思其故而不得。第以己身所實歷者陳之。憶昔留學東邦。治政治經濟科。日夕所斬向討論者。無一不與國家觀念相聯鎖。中輟歸國。執掌於公之職務者。僅若干月。而周圍襲來之空氣。直將奪吾身所有而空之。其氣味不知若何。要與僕前此所翕受者。格格不相入。初若相拒。次乃相迎。繼乃滋懼。不敢相近。恐或至於相忘也。摒擋東渡。稍涉獵書報。渣滓盡去。清光復來。乃益致疑吾國社會。何以昏瞶如是。其痲痺人之力量。又何以偉大如是。吾國人恆言曰。生活迫吾不得不然也。顧外人甯無生活問題。其政治經濟各方之進行。且因是而拓開新生面焉。僕思之重思之。原因雖不一端。意者吾國新聞雜誌之力量。衆寡不敵。不足喚醒人之夢夢乎。其或報章所載。其刺激人及供人採擇之程度。尚有未足者乎。僕居是邦。見彼新聞雜誌增加之數。日新月異。而相與商榷者。歐戰而外。無若對支問題之多。恍然有悟彼邦空氣清新之有由也。且彼邦近來科學進步。研究經濟之風。異常發達。遇一問題發生。往往衷學理。據調查。任私人發抒意見。然後定取舍。以見諸實行焉。中日交涉解決後。其第一着手。爲銀行。蓋銀行爲一切經營之本源。一國生產命脈之所繫。對於貧弱國家。最利爲無形之侵襲者也。日報論此多矣。不若中央公論所登野間五造氏私議之切深著明。其肆無忌憚處。令人悚警。吾國政府人民。方復長夜漫漫。不知人已入此室處。奪我臥榻也。不揣譾陋。因取而譯之。并弁數行。就正有道。

倘以爲可取選登大誌。或亦國人瞑眩之助也。　王湼白

文苑

自題造像贈曼殊師　　章炳麟

余自三十歲後便懷出世之念。宿障所纏。未得自在。既遭王賊之難。幸免横夭。復爲人事牽引。濁世昌披。人懷怵惕。莊生云陰陽錯行。天地大絯。水中有火。乃焚大槐。今之謂也。非速引去。有歐血死耳。當於戊申孟夏披鬀入山。舊好有曼殊師者。蓋懷厭世離俗之志。名利恭敬。視之蔑如。雖與俗俛仰。餐啖無禁。庶幾盧能之在獵羣。亦猶誌公之茹魚膾。視彼身在闠闠。情趣纓茀者。乃相去遠矣。因以三十九歲所造影像寄之。蓋未得法身。雖大士猶互存相見。而況其凡乎。章炳麟記

王校水經注跋　　易培基

葵園先生博學多聞。善治古文辭。箸述虜富。近罕儔匹。而漢書補注。荀子集解。人尤推爲桀作。早年遊江漢。宜都楊惺吾獨稱其水經注校本跨邁全趙。借而讀之。亦覺徵集覃博。惟其間引地書。似有小誤。如第三十八卷湘水內與觀水合。水出臨賀郡之謝沭縣界。王注云孫校曰。案晉書孫權分蒼梧置立臨賀郡。晉書安有此事。伯淵博學。何至如斯。舉以詢惺翁。惺翁亦不能辨。唯曰或依錄原本也。吾當緘詢之。人事僕僕。後亦不得究竟。今年復讀水經葉君有孫校副本。乃以王本重校一過。則湘水下一條。乃孫校誤書晉書二字於孫權之上。復以硃筆點抹之矣。而校者粗忽。亦照錄之。十年疑惑。一旦爽然。其餘錯謬。尚多。要其至誤之點。約分四類。一遺漏。一孫校引爲他校。一他校引爲孫校。一不當引而引之。王本例略云。一

校孫本。孫星衍伯淵所手校桐城蕭穆敬甫聞余校刊水經。持以相餉。中略今觀所校。亦不能盡如其說。其引證今地。極便考覽。世無傳本。悉登之以備一家。漢志迺人人能讀之書。繁稱無當。不載。是王氏所引孫本。除漢書地理志外。皆徵及矣。而遺漏則甚多。今按兩書對之。如第二卷河水內又西逕安息國南下。遺引安息國治番兜城一條。第四卷又南過汾陰縣西下。遺引史記正義一條。因謂之瀆䦟下。遺引西征賦一條。謂之黃卷坂下。遺引元和志一條。東逕芮城下。遺引元和志一條。水出垣縣王屋山西瀵溪下。遺引今濟源縣有瀵水有苗亭一條。第五卷洛水內。又東過滎陽縣北。蒗蕩渠出焉下。遺引元和志一條。汴河原出滎陽縣大周山一條。又東北過高唐縣東下。遺引元和志一條。河水於縣漯水注之下。遺引說文一條。第七卷濟水內。孔安國曰泉源爲沇下。遺引說文一條。第八卷濟水內。又東至乘氏縣西分爲二下。遺引乘氏縣今荷澤縣一條。取慮密下。遺引太平寰宇記一條。皆刻石記之文字分明下。遺引漢隸字原一條。第九卷沁水內。春秋之少水也下。遺引山海經一條。又東過武縣南下。遺引元和志一條。淇水內。山海經曰淇水出沮洳山下。遺引元和志一條。晉灼曰史記樂書紂作朝謌之音下。遺引山海經一條。洹水內。又東過內黃縣北下。遺引元和志一條。洹水出晉魯之間下。遺引宋本說文一條。培基按余曾見宋大字本宋小字本說文均作虘㕣第十卷濁漳水內。又東出山過鄴縣西下。遺引元和志一條。在鄴西四十里下。遺引鄴縣本漢沮縣一條。又東過列人縣下。遺引鄴至此百里一條。又東北過鉅鹿縣東下。遺引元和志一條。又東北過信都縣西下。遺引元和志一條。清漳水內。入於濁漳下。遺引山海經郭璞注一條。第十一卷易水內。易水出於涿郡下。遺引元和志一條。又史記正義一條。易水出西山寬中谷下。遺引元和志一條。聖水內。聖水出上谷下。遺引太平寰宇記一條。第十三卷。灤水內自下亦通謂之於延水矣下。遺引太平寰宇記一條。名之爲磨笄之山下。遺引元和志一條。第十四卷濕餘水內沽河從塞外來下。遺引說文一條又太平寰宇記一條。鮑邱水內又南至於縣北屈東入於海下。遺引太平寰宇記一條。側城南出下。遺引太平寰宇記一條。濡水內王莽改曰揭石也下。遺引太平寰宇記一條。又盧水亦名大沮水一條。第十五卷洛水內洛水出京兆上洛縣讙舉山下。遺引史記正義一條。又今在雒南西北百二十里一條。注於洛下。遺引通典一條。洛水又東會於龍餘之水下。遺引太平寰宇記一條。又東水出焉下。遺引今無水一條。又東逕熊耳山北下。遺引文選注一條。又東北過伊闕中下。遺引通志一條。又元和志一條。北入於洛下。遺引元和志一條。瀍水內所謂越街郵者也下。遺引元和志一條。澗水出新安縣南白石山下。遺引通志一條。第十六卷穀水內控引衆溪積以成川下。遺引元和志一條。漆水內東北入於渭下。遺引通志一條。山海經曰羭次之山漆水出焉下。遺引史記正義一條。沮水內東入於洛下。遺引通志一條又說文一條注入於洛也下。遺引酈注一條。第十七卷渭水內鳥鼠山下。遺引元和志一條。渭城出焉三源下。遺引史記正義一條。荆谷下。遺引後漢書注一條。參差注渭水下。遺引元和志一條。又東過上邽縣下。遺引元和志一條。東發小隴山下。遺引元和志一條。楚水又南流至爲汧水焉下。遺引元和志一條。有老子廟于寶下。遺引元和志一條。又東過陳倉縣西下。遺引今寶鷄縣一條。又東逕積石原下。遺引元和志一條。第十八卷渭水內又東過武功縣北。遺引元和縣志一條。一水北流注於渭也下。遺引漢孺子詔一條。第十九卷又北歷葦圃西下。遺引元和志一條。又欒史按一條。而奏上林也下。遺引元和志一條。又東豊水從南來注之下。遺引長安志一條。逕清冷臺西下。遺引元和志一條。南有洪水注之下。遺引說文一條。其地卽社之樊鄉也下。遺引長安志一條。又東過長安縣北下。遺引元和縣志一條。有棘門下。遺引長安志一條。又東過鄭縣北下。遺引鄭縣故城一條。渭水內又東逕長安北下。遺引太平寰宇記一條。洛水入焉下。遺引星衍按一條。遠而望之又若華狀下。遺引今山海經無此八字一條。漢給事黃門侍郞張昶下。遺引明本作昶一條。第二十卷漾水內漾水出隴西氐道縣嶓冢山下。遺引淮南子一條。又郭注山海經一條。又史記正義一條。通谷水出東北通溪下。遺引今寧羌州一條。又東南至廣魏白水縣西下。遺引常璩蜀志一條。而北注白水下。遺引山海經一條。又常璩漢中志一條。第二十一卷汝水內汝水出河南梁縣勉鄉西天息山下。遺引說文一條。又元和志一條。又東過潁川頰縣南下。遺引元和志一條。縣故蔡國下。遺引元和志一條。又東南過平輿縣南下。遺引元和志一條。汝水內又東南逕縣故城西下。遺引山海經一條。又史記正義一條。南入於淮下。遺引元和志一條。第二十二卷潁水內以其地爲潁川郡下。遺引元和志一條。小㶏水出焉下。遺引元和志一條。又東過西華縣北下。遺引元和志一條。又南過女陽縣北下。遺引元和志一條。又東南過南頓縣北下。遺引元和志一條。曰汝陰縣西北有胡城也下。遺引元和志一條。又南至愼縣下。遺引元和志一條。洧水內又東過鄭縣下。遺引元和志一條。又溱水原出縣北三十里一條。又東南過長社縣北下。遺引元和志一條。㶏水內東南入於潁下。遺引元和志一條。潧水內又東至浚儀下。遺引元和志一條。第二十三卷陰溝水內蒗蕩渠下。遺引說文一條。汳水下。遺引徐鉉注一條。第二十四卷睢水下。遺引前後漢一條。帝顓頊之墟下。遺引海外北經一條。杜預曰東郡濮陽縣東南下。遺引郡國志一條。汶水下。

遺引說文一條。水出泰山天門下谷東流下。遺引今泰安州一條。第二十五卷。泗水內。泗水出魯卞縣北山下。遺引今兗州府一條。漷水又逕魯國鄒山東南而西南流下。遺引元和志一條。故京相璠曰薛縣下。遺引滕縣南二十里有薛城一條。又東過沛縣東下。遺引寰宇記一條。故亭今有高祖廟下。遺引寰宇記一條。又逕留縣而南逕垞城東下。遺引寰宇記一條。又東南過彭城縣東北下。遺引彭城卽今徐州境一條。沂水內地理志曰冠石山下。遺引冠石山今費縣故城一條。第二十六卷。巨洋水內。城東北二十里有丹山下。遺引史記正義一條。淄水內。逕萁縣故城南下。遺引史記正義一條。爾雅曰水出其前。左爲營丘下。遺引今爾雅脫其前二字一條。世之謂之長沙水也下。遺引長沙水卽漢志洋水也一條。濰水內。遺引史記正義一條。第二十七卷。沔水內。沔水又東逕西樂城下。遺引水在今沔縣南一條。東過南鄭縣南下。遺引常璩漢中志一條。世本曰舜居嬀汭下。遺引說文一條。第二十八卷。又南過穀城東下。遺引師古注漢書一條。名曰五女激下。遺引荆州記一條。第三十卷。淮水下。遺引郭君注山海經一條。東北過桐柏山下。遺引史記正義一條。又逕義陽縣故城南下。遺引元和志一條。東過江夏平春縣北下。遺引平春後漢縣一條。淮水內。又東得獅口水下。遺引溮水今在信陽州東一條。又東過新息縣南下。遺引元和志一條。第三十一卷。溰水內。王莽之魯山也下。遺引漢書無此文一條。淯水下。遺引說文一條。第三十二卷。沮水內。淮水下。遺引淮水二字爲維水一條。第三十三卷。江水內。嶓山下。遺引元和志一條。東注於大江下。遺引山海經一條。江水內。又東別爲沱下。遺引江水以下二十字文選注引爲水經一條。李冰作大堰下。遺引華陽國志一條。入江灄陽西下。遺引山海經一條。又東過僰道縣下。遺引華陽國志一條。洛水從三危山東過下。遺引索隱曰一條。地理志曰縣有橘官有民市下。遺引漢志無此三字一條。水出陽口縣西下。遺引陽口縣一條。第三十五卷江水內竭力養民生性也下。遺引錢君坫曰一條。第三十六卷若水內有木名若木下。遺引說文木作桑一條。按永昌郡有蘭倉水出西南博南縣下。遺引華陽國志一條。涓水下。遺引說文一條。第三十七卷淹水內東南至靑蛉縣下。遺引今姚安府大姚縣一條。益州葉楡河下。遺引今大理府太和縣一條。浪水內鬱水出鬱林之阿林縣下。遺引本書温水章云一條。第三十八卷湘水內長沙醴陵縣下。遺引酈注一條。蘇林曰靑陽長沙縣也下。遺引長沙無靑陽縣一條。（培莊按靑陽見漢書司馬相如傳孫校誤）瀆水從東來流注下。遺引說文一條。故淵潭以屈爲名下。遺引漢書師古曰一條。過湞陽出洭浦關下。遺引漢書一條。第三十九卷洭水內衆枝飛散下。遺引戴君曰一條。漉水出醴陵縣下。遺引後漢屬長沙一條。第四十卷斤江水內右二十水從江已南至曰南浦也下。遺引南至句經文誤入注一條。山海經云山在鄧林東河所入也下。遺引山海經注引此一條。未闚山下。遺引元和志一條。熊耳山下。遺引戴君一條。綜全書而計之。王氏遺漏孫校本至百數十條之多。此眞不可思議也。其孫校引爲他校者。如第十卷濁漳水內。漳水又北滏水入焉下。孫校誤引作官本。又在東昌之東故知非也下。孫校誤引作官本。第十六卷穀水內。酈食其廟南下。孫校誤引作官本。第十九卷渭水內。世謂之老子陵下。孫校作蓋誤引作陵第二十六卷淄水內。左傳曰與之無山及萊柞是也下。孫校誤引作官本。第三十二卷淯水內。王文舒更立中隔下。孫校誤引作官本。第三十二卷泄水出博安縣下。孫校誤引作趙一淸曰。第三十六卷若水內爲毋給江旁水下。孫校誤引作官本。第三十七卷淹水內。因名爲九龍下。孫校誤引作官本。浪水內。鄉人語偕鰕鬚長一赤下。孫校誤引作官本。第三十八卷湘水內。與灌水合水出臨賀郡之謝沐縣界下。孫校誤引晉書二字。第三十九卷洭水內南出洭浦關爲桂水下。孫校誤引作官本第四十卷斤江水內東注於鬱下。孫校誤引作官本。此皆孫校引爲他校者也。其他校引作孫校者。如第三十二卷泚水內又東北逕博安縣下。洪稚存語。誤引作孫校。第三十三卷江水內。又山海經不言洛水所導下。洪稚存語。誤引作孫校。第三十五卷。江水又逕南平郡孱陵縣之樂鄉城北下。洪稚存語。誤引作孫校。第三十八卷湘水內。又東北過重安縣東下。引孫校云云。及郡國志云云。孫校及郡國志均無此文。此皆他校誤作孫校者也。王氏例略。既曰不稱引漢志。而第三卷河水內。又東過鞏縣北下。誤引地理志一則。第十五卷伊水內。又東北過陸渾縣南下。誤引地理志一則。第二十五卷泗水內。又云出卞縣北下。誤引地理志一則。此雖無關宏旨。而不孚例略。亦足證其校取之疏也。王氏此書所采取者。以孫校本最爲秘籍。雖楊惺翁收藏之富。亦未獲此。故其爲水經注疏。惟取材先生校本而已。今以數十日功發此秘覆。惜惺翁下世。不及以此相告。又恐陳陳相因。展轉遺誤。余故表而出之。初於先生盛名無所損益也。赤縣昏淪。全歐俶擾。已有空梁落燕之慨。而懷汗青覆瓿之謀。吁其昧哉。乙卯我佛生日易培基記

題陶淵明集後　　文廷式 遺稿

典午得國本狐媚。晉祚不長天所棄。一馬化龍帝江東。禮樂乃復存華風。百餘年來略整飭。種桑江邊望能植。八公草木破苻堅。羣鳥啞啞自相得。舉杯忽勸長星酒。寶鼎已落他人手。彭澤宰官先見機。五斗折腰吾自歸。不論閥閱政可隱。三徑松菊西山薇。笑談不入遠公社。縱浪形神憑大化。皁帽還同遼海甯蒼

生莫望東山謝

答沈子培刑部寄贈五律一首

事幻程生馬途難蹇上天藏身無尺木墜翮警空弦惡草誰除蔓芳蘭不惜煎賈生徒碌碌一任大鈞權

附原作

化石終焉補銜碑未有期魚羊悲世日魑魅喜人時獨鶴歸何嚮踦輪轉可知途窮言語盡槁項老奚辭

繆小山前輩張季直殿撰鄭蘇龕同年招飲吳園別後却寄

水風蕭瑟似秋漪側帽臨流半醉時眼纈忽開春未老濃陰漠漠柳絲絲

忽憶海東風日麗儗開隙地種櫻花（蘇龕曾遊日本）不知富士山頭瀑可似吳王苑裏霞

百年詞派屬常州玉佩瓊琚集勝遊卻是止菴懷抱惡東南日夜大河流（余最愛周止菴詞蝶戀花結句云烟裏黃沙遮不住河流日夜東南注是日小山見贈常州詞錄故云）

于湖才筆龍川略我覺張卿似過之寫取心情還驛訊春松秋菊可同時

和杜寫懷二首（此丁亥年作稿久失去八弟廷華爲余錄存因復鈔於此）

儒生亦何知南北問方俗路遙鳥翮倦書重牛腰束中原經亂後十室尠豐足羯羠商賈歎斲削羸老哭

司農算瑣屑幽隱殊未燭四郊況多壘志奪卿士辱傾國贅驕軍刮血嗜鷙粟起徒送驪山徵兵戍函谷

譬如伐條枚不及待蘖絲小人競利欲達士媚幽獨治外氣轉虛求逕道逾曲代斲非所懷何人爲司牧

孤鐙照旅館危坐但抱膝春寒寡人事不出近十日懷古信淵源涉世少儔匹陳蕃有遺言安能事一室

縱心籠宇宙。所悲歲月疾。結網感懸蛛。處褌笑微蝨。八極浩無外。我志未易畢。變局開與閉。瞋目黑似漆。
賈生年弱冠。論事愛逞筆。五餌制匈奴。咄哉急不密。改弦利因時。粥粥齊琴瑟。擁衾夢前聖。嚴更靜衢術。

贈吳亞男　康有爲

弱女非男才可楣。中郞逝後見文姬。北山詞好共惆悵。剪水亭中應爾思。

按剪水亭在金陵小石橋北山先生故宅額爲南海所題　編者識

鵁柴承吳北山遺言以所藏黃瘦瓢畫見寄別墅感愴賦此　陳三立

淝上吳公子。少壯慕奇節。屢忤權貴人。一官謝朝列。恣爲江海游。頗亦娛聲色。窮愁納騷雅。吐句獨雋絕。
依人衿蹭蹬。風痺有瘖舌。與疾滬瀆居。走視對嗚咽。玉折淹三歲。宿草幾臨穴。鵁柴將遺誡。割贈寓永訣。
乃拾瘦瓢畫。付余溪上宅。覩物懷酒坐。論事肝肺熱。蹀躞山水間。孤標映蘭雪。況聞獲茲軸。愛其與寄別。
遂自署瘦公。嚮往比芳潔。斯人本詩流。久作江南客。見許與余類。內愧匹前哲。一爲嬉昇平。一爲丁亡國。
篇什落江湖。神驥形跛蹩。但餘畫中叟。逃世愜宿昔。意得柳貫魚。踏岸蓼花白。印證九原心。張壁向悽惻。

感舊　章炳麟

故鬼已煩寃。新鬼長不寤。及爾同盟誓。死生見情素。會稽有虎嘯。被褐窮邊戍。江介乍揚旍。一麾無羯豎。
桃源希世英。白晢通籌箸。風雲有玄感。人倫知景附。趫趫雙神駿。孑孑羊腸路。以彼明月珠。彈此烏棲樹。
復關揚蛾眉。傾城能無妬。夕陽忽西隕。家貧無尺布。葛屨知霜寒。銅瓶知水酢。內斁生戎心。同歸欲誰訴。
告劾持短長。交架非吾度。百年盡大齊。何不歸采莫。不見南下窪。白骨相牚柱。

孝定景皇后挽歌辭九十韻

王國維

先帝將親政。旁求內助賢、宗臣躬奉冊。天子自臨軒。長女爰迎渭、元妃夙號嫄。未央新受璽。長樂故承歡。

問寢趨西苑。從游在北園。太官分玉食。女史進銀鐶。璧月臨華沼、明河界掖垣。銅龍宵咽漏。香獸曉噴煙。

禮數元殊絕。恩波自不偏。螽斯仍揖揖。瓜瓞望綿綿。就館終無日。專房抑有緣。齊紈雖暫棄。漢劍固難捐。

家國頻多事、君王企改絃。親臣川安石。舊學重甘盤。調護終、恩皓。危疑佇得韓。東朝仍薄怒。左衞且流言。

玉几陳朝右。珠襦出殿前。求醫晨下詔。訓政暮追班。宣室從今罷、長門自昔閒。事雖西掖祕。語已內家傳。

聞疾然疑作。瞻天去住難。翻因朝鶴禁。暫得望龍顏。憔悴憑誰問。憂虞祗自憐。妾身甘薄命、官裏願加餐。

別殿春巢燕、離宮夏聽蟬。王家猶杌隉、國步遂迍邅。象魏妖氛逼。鉤陳殺氣纏。輕裝同涕出。下殿但衣牽。

豆粥蕪亭昨、柴車易水邊。終然隨玉輦。幸免折金鞭。去國誠多感、回鑾更永歎。乾坤重締造、母子尚防閑。

夢去瀛臺近。愁來勃海寬。枯桐根半死。古井水長寒。掩抑長生祝。倉皇末命宣。號天唯鵠首。墮地但龍髯。

先后同危懼。昇遐各後先。紹衣迎濟北、負扆仗河間。孺子垂裳日。親王攝政年。謙沖如昨日。悲感每無端。

淚與湘流竭。恩唯鞠子單。起居調甲觀。游幸罷甘泉。篝火俄張楚。傳烽忽到燕。大臣唯束手。小吏或彈冠。

閫外無廬植。山中有謝安。廟謨先立帥。廷議燾推袁、洒落捐前隙。低徊憶後艱。方令調鼎鼐。不獨總師干。

反旆從江滸。銜恩入上闌。君臣同涕淚。殿陛藎潺湲。禮自羣[illegible]。[illegible]權教一相專。坐令成羽翼。不覺變寒暄。

鄂渚寬窮寇。金陵撤外援。虛張江表勢。都散水衡錢。國論歸操縱。[illegible]瑳擣。嗣宗因勸進。祭仲自行權。

大內更籌轉。中宵禪草頒。令原宣德降。名免道清僉。帝制仍平日。宮僚儼備員。驚飛今作客。龍亢昔乘乾。

城闕罘罳壞園陵草露溥黃圖餘禁籞赤子臏中消寂寞看沖主欷歔對講官曉音緣室毀忍死爲巢完屬者逢天壽佳辰近上元諸王仍入內故相願交驩熠赫生辰使凄涼上壽筵陪臣稱上客拜表易通箋御殿心如噎移宮議又喧乾清纔受賀甯壽遽昇僊側聽彌留耗傳從丙夜闌嗣皇居膝下太保到簾前母子恩無極君臣分儼然指天明寄託視日但汍瀾前殿繁霜重西垣落月圓寺人纏玉柙園匠奉金棺噂沓悲時命中間値播遷一身元濩落九廟幸安全地軸俄翻覆天關倏轉旋腐心看夏社張目指虞淵此去朝先帝相將訴昊天秋荼知苦味精衛曉沈冤道路傳烏喙宮廷諱馬肝身原輕似葉死要重於山舉世媿濡足斯人識仔肩補天愁石破逐日恨泉乾心事今逾白精誠本自丹山河雖已異名節固難刊累德詞臣少流言穢史繁千秋彤管在試與誦斯篇

癸丑三月三日京都蘭亭會詩

大撓以還幾癸丑紀年唯說永和九人間上巳何歲無獨數山陰暮春初爾來荏苒經幾年歲星百三十周天會稽山水何岑寂揭來異國會羣賢東邦風物留都美延閣沈沈連雲起翻砌非無勺藥花繞門恰有流觴水此會非將禊事修卻緣禊序催清游信知風俗與時易唯有翰墨足千秋憶昔山陰典郡日郡中流寓多嘉客會稽山水固無雙內史風流復第一蘭亭修禊序且書書成自謂絕代無一朝繭紙昭陵入人間從此無眞跡後來并失唐人摹近世猶傳朱時石此邦士夫多好事古今名拓爭羅致我來所見皆瑰奇二十八行三百字開皇響搨殊未工猶是當年河朔風後代正宗推定武同時摹本重神龍南渡家家置一石流傳此日猶珍惜偏旁考校徒區區神采照人殊奕奕行書斯帖稱墨皇況有眞草相輝光

小楷幾通越州帖。草書三卷澄清堂。古來書聖推內史。但有贊揚絕言議。我今重與三摩挲。請爲世人闡眞祕。昔人論書以勢名。古文篆隸各異型。千年四體相禪代。唯盡其勢體乃成。漢魏之間變古隸。體雖解散勢猶未。戈戟尙存八分法。茂密依稀兩京製。藁田數帖意獨殊。流傳仍出山陰拳。永和變法創新意。世間始有眞行書。由體生勢勢生筆。書成乃覺體勢一。相斯小篆中郎隸。後得右軍稱三絕。小楷法度盡黃廷。行書斯帖具典刑。草書尺牘尙百數。何曾一一學伯英。後來魯公知此意。平生盤礴多奇氣。大書往往愛摩崖。小字麻姑但游戲。眞行鉅細無間然。先後變法王與顏。坐令千載嗟神妙。當日祇自全其天。我論書法重感喟。今年此地開高會。文物千秋有廢興。江河萬古仍滂沛。君不見蘭亭曲水埋荒煙。當年人物不復還。野人牽牛亭下過。何道今是牛兒年。

游詩

易坤

羅潭二月已垂楊。尙有秋蘭脈脈香。昨夜洞庭春水綠。月中漁唱似滄浪。汨羅

遠游幽思動靈均。水擊南溟一萬程。又是石頭城下路。白楊殘月瘦於人。過金陵寄弼

未得雲光感法華。但看大陸起龍蛇。梁王去後臺岑寂。一路啼鶯怨落花。雨花臺

五年重看浙江潮。幾曲蘇堤認故條。湖上茅亭人獨倚。淡煙疏柳似南朝。

輕裾縹裊采蓮歌。桂槳蘭橈起素波。細雨滿湖飛燕舞。江山如此奈愁何。湖上二首

大隱蓬門長棘荆。丹砂未就且譚兵。伊周事業無憑寄。釋甲歸來學養生。葛洪嶺

飛來峯半結新愁。一馬二童溪路幽。誰識將軍心上憾。故人風雨汴京秋。靈隱尋韓蘄王故宅

讀史餘談

無涯

帝王之穢德

入民國以來。帝王之爲物。我國民忘之久矣。及今年五月間。中外報章。忽載社會有帝政復興之謠。而最近由楊度、孫毓筠、嚴復、李燮和、劉師培、胡瑛六君子。又發起一籌安會。痛言共和之害。謂中國當回復帝政。於是帝王二字。復浮於一般人之腦中。夫一國應以何種國體立國。此當因時勢而定。難據學理以爭。故屬於政治問題者。余今未暇論。惟從人道上觀之。據往籍所昭示。帝王之爲物。則有種種之罪惡。爲民主國元首之所無者。故余今乃欲依吾國歷史所經驗。以一揭帝王之穢德。

（一）帝王與寺人

歷代帝王。宮中必用閹宦。中國行此。蓋將三千年矣。考閹宦之濫觴。實起於古代之宮刑。昔蚩尤作五刑。中有椓刑者。一名宮刑。漢族戮勝蚩尤之後。沿而用之。成爲國法。然犯罪之人。多屬匪類。安見可親。不料爲帝王者。禍至心靈。以爲此輩用之於宮庭。則可效奔走之勞。而無淫亂之弊。此閹宦所由起也。帝王既有此發明。進焉又思求其較善者而用之。於是不用犯罪而受宮刑之人。乃令無罪之人。先受宮刑。以供其宮中之役使。此又其用刑餘之人之一進化也。史記集解引三輔故事云『始皇時隱宮之徒至七十二萬。所割男子之勢。高積如山。』此與張獻忠之刖女子之足。使積成山。其殘酷不仁。實相伯仲。然獻忠之刖女子之足。人皆詆其不仁。而帝王之去人之勢。人不詆其不仁。刑罰不均。吾不能不爲獻忠代鳴不平也夫等是人類而爲帝王者後宮佳麗三千人倚翠偎紅恣其所欲甚至八十一御妻，一夕而幸數十人焉荒淫無度莫此爲甚而對於他人乃令其去勢俾不得一享閨房燕婉之幸福公理何在故國民對於帝王之革命若從人道上論之竊謂當先治以宮刑始足爲數千年之閹宦一雪其恨耳而此種寃孽惟帝王始敢種之若民主國之元首絕未聞敢開此風氣乃知帝王之爲物果爲萬惡之源也

（二）帝王與孌童

帝王蹂躪人道之罪惡尙有一事焉則不徒多內嬖而又有外嬖是也自紂王嬖費仲是爲男色之始及春秋時衞靈公則嬖彌子瑕晉獻公則嬖驪姬之弟外嬖之事尤不勝枚舉然猶曰彼僅施於事實上而未嘗形諸言詞也及戰國策載龍陽君泣魚魏王詔嗣後後宮不得進佳人專寵龍陽君婉孌之詞雙方皆自言之矣而首開此風者則帝王也其後漢高帝則嬖籍孺漢惠帝則嬖閎孺漢文帝則嬖鄧通漢武帝則嬖韓嫣苻堅則嬖慕容沖皆明載史冊人所習知然上有好者下必有甚焉帝王既首開其風氣民間亦漸有此風俗故歷代之學士文人其有斷袖之癖者不一而足前清鄭板橋因多外嬖至昌言當改律文笞臀爲笞背而說經者又有曲解子衿佻達一篇謂爲兩男子戀愛之詩非男女淫奔之詩士大夫對於此等穢事至昌言無忌則風俗之壞從可知矣不寧惟是帝王既開男色之風則出乎爾者反乎爾故帝王又有自降而作龍陽者淸袁枚嘗論漢哀帝之寵董賢謂漢書旣言哀帝病痿痺致無子則雖君臣時同臥起未必有曖昧之事而引漢武與衞靑霍去病同臥起光武與嚴子陵同臥起以相比擬不知哀帝之寵董賢乃爲美色上之相愛而非才德上之相愛焉得以衞霍嚴光相擬如謂其病痿痺則不能

爲雄飛者獨不可作雌伏乎。羅馬第一大英雄凱撒（凱撒當時雖名爲終身總統然一切權力皆在其手實即帝王也）卽有後庭之癖。雖至老年猶常選美男子侍寢。委身事之。安知淡哀不卽其凱撒之癖乎。如謂上流之人。未必肯作此賤業。殊不知風氣旣壞。則習俗移人。賢者不免。辛德源與裴讓之同爲名臣也。而史稱其有斷袖之關係。王元則與張雕武同爲宿儒也。（且係師生）而世亦傳其有斷袖之關係。甚且有公然自行承認者。前淸乾隆間。張春江公子。因娶妻不如其意。不肯內伴其妻眠。常出而伴友朋眠。聞實委身以事人。故賦詩以見志云。『人各有性情。樹各有枝葉。與爲無鹽夫。寧作子都妾。』其父巡撫公。責之。公子更賦詩云。『古聖所制禮。立意何深妙。但有烈女祠。而無貞童廟。』（春江公子貿入詞林之人且有才名者也）此皆中帝王之毒。由上流而入下流者也。夫一國風俗。至使學士文人。不憚作此賤役。而直言不諱。則社會之風紀。尚可問耶。直至武昌起義。帝政既倒。而京津之像姑。亦隨之而歇業。蓋帝王與孌童有密切之關係。帝王之運命既告終。則孌童之運命亦當告終。以由帝王開其風者。自當由帝王結其局也。要之。今後。苟無帝王發生。則男風當自此不競矣。而不然者。像姑之生涯。亦將隨之而躍起也。

（三）帝王之以死人而強生人與同居

帝王蹂躪人道之罪惡。又有第三事焉。則彼既死矣。猶欲強生存之人。與之同居是也。中國自周時代。帝王卽有殉葬之例。雖以秦穆公之賢。其晏駕也。猶以奄息、仲行、鍼虎三良臣爲殉。讀黃鳥之詩。不獨當時之秦民悲之。卽今世之人。亦未有不惻然悲之。顧穆公猶如此。若在暴君。更何論焉。秦漢而後。雖不強官吏以殉葬。然以宮人殉葬。猶常爲帝王之定例。直至明英宗時。始廢去斯制。使此種殘賊人道之惡法。從此斬焉然生民之被其荼毒者則既垂三千年矣默計枉死城中此項之鬼何可勝數問誰致創此殘酷不仁之法則帝王是也英宗而後此制雖歸廢止然國民一憶及帝王即憶及殉葬之事爲前代帝王之通例於是惡感從而生焉其在他國苟無此惡法者則承歷史上傳來之國體以君主國體立國民亦安之而在我國爲帝王者既留此罪大惡極之紀念碑雖其後能廢斯法然人民念及此事終覺百世不能忘而因太息痛恨於殉葬之惡法則亦太息痛恨於帝王之爲物也

上所舉三事其在第一與第三乃爲帝王所獨有者至於第二事雖民間亦有此風俗然實由帝王啟之故上舉三惡德或其事以帝王爲戎首或其事惟帝王始致行要之皆以帝王爲禍根我之數其罪惡乃純從人道上言之與政治學理絕不相涉也夫國體之理論各國學者是丹非素各持有一面之理由余今未暇作此種之議論惟一年以來講維持風紀與人道者其論甚盛而上舉三事或則爲敗壞風紀之最甚者或則爲殘賊人道之最甚者而皆起於帝王故余乃敢依往籍所載一數帝王之罪惡以爲講維持風紀與人道者告俾知前代之帝王固有此紊亂風紀殘賊人道之歷史在也

曹操之藉口於騎虎難下

三國志載曹操之言曰『或者人見孤彊盛又性不信天命之事恐私心相評言有不遜之志妄相忖度……所以勤勤懇懇叙心腹者見周公有金縢之書以自明恐人不見信之故然欲使孤便爾委捐所典兵衆以還執事歸就武平侯國實不可也何者誠恐己離兵爲人所禍也』曹操此段之言即藉口於騎

虎難下。謂一御兵權。即身家不保。故不得不把持政局。馴至於不得不謀子孫帝王之業也。而三國演義。亦演繹有曹操此段之議論。且對於『誠恐已離兵爲人所禍』等語。評爲實在情形。嗚呼。曹操之爲是言。特好雄欺人語耳。而評三國演義者。則又爲曹操之所欺也。夫曹操當時雖把持朝局。尚未有廢君之事也。以視伊尹霍光。一則放其君而後始迎歸焉。一則廢其君而別立他人爲主焉。在伊霍當時其不滿意於伊霍所爲者。寧得云少。然伊霍因公忠爲國。絕不至於騎虎難下。蓋就伊尹論之。當太甲復辟之後。苟察伊尹之不忠。彼何難漸收回政權。執伊尹而誅之。然太甲不聞有此計晝。伊尹亦不至舍做皇帝之外。無以自全。則騎虎難下之說。安能成立耶。又就霍光論之。光廢昌邑王之後。所立者爲宣帝。以宣帝之英明強幹。非同守府之君。使光而有不忠之點。則宣帝何難以晉惠公對里克之言。『謂子亦既殺二君一大夫。爲子君者不亦難乎』而賜之死。然而宣帝不聞作是想。而霍光亦不至舍做皇帝之外。無以自全。則騎虎難下之說。又安能成立耶。況在曹操。並未至如伊霍之放君廢君。使果無爲帝王之野心。則翻然下野。一般之人。前此種種之猜疑。種種之誤解。盡皆釋然。何至於爲人所禍。而後世史家。其論曹操。安知不列爲伊霍一流人物耶。且此種之例。又可借證於美國華盛頓之當政局。其國人反對之者。實不可勝數。讀華盛頓傳。當抗英獨立之時。軍中即屢有兵變。其後開憲法會議。以華盛頓爲議長。及憲法成立。各州市民。多倡反對之論。其言曰。『自由將亡。我輩以血以淚。從佐治第三手中。奪回之自由。將亡於其子孫之手』繼而兩任大總統。國中反對之人。復難以枚舉。使華盛頓抱曹操之野心。藉口於『誠恐離兵爲人所禍』進焉而求作皇帝。則無識者或亦謂彼實處於騎虎難下之勢。誠非得已。然而其後華盛頓翩然下野不明為人所害而人且以國父稱之焉則知當政局者雖在野多反對之人斷無騎虎難下之理。故曹操之言。實欲以欺天下後世。而許三國演義者。且為所欺焉。無識至此。一何可哂。

宋太祖之不取幽州

王船山讀通鑑論曰。曹翰獻取幽州之策。太祖謀之趙普。普曰。翰取誰能守之。太祖曰。即使翰守之。普曰。翰死誰守之。而帝之辯遂窮。是其為言也。如春冰之脆。不待鑿而自破。而胡為受普之禦也。取之與守。其難易較然矣。(中略)能奪之於彊夷之手。而畏其不保乎。(中略)況幽州者。負西山。帶盧溝。沓嶂重崖。以東迤於海。(中略)得幽州則河朔之守撤。不得幽州。則趙魏之野。莫非邊徼。能守趙魏而不能守幽州乎。(中略)然而以太祖之明。終屈於其邪說也。則抑有故矣。謂誰能守者。非謂才不足以守也。謂翰死無能如翰者。非謂世無如翰之才者也。普於翰有重疑矣。而太祖曰無可疑也。普則曰舍翰而誰可弗疑也。幽燕者士馬之淵藪也。天寶以來。范陽首亂。而平盧魏博成德相踵以叛。不懲其失。舉以授之亢衡彊夷之武人。使撤河朔以瞰中原。則趙氏之宗社危矣。嗚呼。此其不言之隱。局蹐嚄唶於閫閾而甘於朒縮者也」而梁任公先生亦嘗論之曰。自石敬塘割燕雲十六州以賂契丹。為國史前此未有之恥辱。及周世宗幾雪之矣。顯德六年。三關之捷。契丹落膽。使天假世宗以期年之壽。則全燕之光復。意中事也。即陳橋之役。其發端固自北伐。其時將士相與謀者。固猶曰先立點檢為天下。然後出征也。使宋祖能乘契丹凋敝震恐之時。用周氏百戰之兵以臨之。劉裕桓溫之功。不難就也。既不出此。厥後曹翰獻取幽州之策。復以趙普一言而罷夫豈謂幽州之不當取不可取懼取之而唐代盧龍魏博之故轍將復見也兩先生之論可謂能洞見宋太祖不取幽州之心理矣蓋宋太祖之意以爲取幽州之後他日難保無悍將據之不服朝廷之命令則唐代藩鎮之弊將復見焉故寧委之於契丹也殊不知地方之制度苟善良則悍將負嵎之事未必不可絕其弊就令果有其事然以其地委之本國之人縱不服朝廷之命令猶可作國家之屏藩而遏敵國之侵入比較猶屬有利焉嗚呼爲元首者因慮後來未萌之弊乃至願以地委之外國斯眞匪夷所思也而此種之事豈特見之宋藝祖試一思今日庫倫之獨立西藏之離叛何莫非由此種原因致之斯眞國史上之奇辱也當共和告成之際鄙人猶住日本東京閱日本報與西文報皆載庫倫政府聞南北統一大爲震驚頻派人偵探政府之舉動蓋當時之庫倫政府因成立未久不特財政奇窘且兵亦不足以戰使政府令一將率三千兵臨之則庫倫之政府必即取消而外蒙一切之地仍爲我疆土也徒以一面與南方政爭一面又不欲使猛將立奇功故養寇坐大馴至於不可收拾故南北統一時之不征庫倫則亦宋藝祖不取幽州之心理也至於西藏之不可挽回則亦如是彼力能統一四川而親持重兵冒溽暑而往以期平服西藏者則固有人乃誘入都而囚之實亦不願國中有建赫赫大功之人使爲民望所歸於己有所不利故民國二三年之不願人征西藏則亦宋藝祖不取幽州之心理也夫國家之土地苟非爲外國兵力所強奪萬不可由自己委棄之此有守國之職者所必負之責任也若夫慮有建立奇功之人於己有不利寧可以土地送之外國則此種心理眞屬亡國之心理矣因讀宋藝祖不取幽州之歷史驀然回憶外蒙西藏之斷喪彼此若合符節不禁消消而悲也

西泠異簡記（續第九號）

寂寞程生

第五章

餐室三面皆爲百葉之窗。一面卽連於東樓。是時更闌夜午。月色皎潔。清光破檻而入。晶映几席。纖埃畢現。秋影居士飲檳酒數巡罷。却燈倚窗而立。仰觀樓外長天朗淨。樹影參差。良久若有所憶。潸然微吟。琴香公子顧之曰。君抑將賦詩耶。秋影居士曰。否。適對明月。偶觸舊事。因誦謝希逸月賦耳。琴香公子曰。友生離散。端居泥悶。千古才人同斯永慨。我輩悠悠。何以自止。余知君雖力斷塵思。栩然世表。然每當此蕭瑟淒清之景。其一往情深之懷。正恐未或能已也。秋影居士笑曰。良如子言。尋當遣之。但子旣於十刹歸後。事復若何。請子繼爲我述之。琴香公子於是停盃而續言曰。余自歸後。更歷落無所適。精神恍惚。飲食俱減。惟彼姝之一片亭亭倩影。攝入余惱際。時或溢發。暫不可失耳。是以鎭日無奈。頗思與之一謀面。以吐傾心企慕之衷。第各有庭戶。名教所關。固安得越禮以貽羞玷。亦且不識彼姝究於余曾否含情。余又爲敢冒昧逕陳所志耶。輾轉縈懷。竟空摯泡影。日見諸夢寐。一夕黃昏。余方和衣假眠。悠焉思散。忽覩一雛鬟年十二三許。婀娜含笑搴帷而入。低語余曰。公子睡耶。吾家霞姑命兒相請。公子能不惜玉趾。以辱臨否。余卒聞霞姑見請。驚喜逾恆。推枕起曰。若非小鬟乎。何得來此。我聞秦媼言。霞姑高潔無倫。雅比天人。已謂塵世罕與儔者。今惠爾見召。尙不以我爲濁物耶。我本欲過訪霞姑。接其芳儀。聆其淸言。因苦無介者。故獨抱影踟躕而未敢進耳。小鬟亦謙其詞以答曰。承公子嘉賞。謬贊霞姑。公子旬不知霞姑自遊十剎海。得瞻公子丰采。乘於媼輩談說。藉悉公子之爲人。亦深致傾佩。人生茫茫。不易得一知己。苟相思慕。正宜論懷。毋事猶豫。自貽後悔。請公子從兒去。兒當爲介賓矣。余笑曰。艾彼佳人。載茲慧婢。吾生何幸。竟得與共往還也。遂躡履起行。小鬟緩步前導。似經無數深院。迺抵一處所。小鬟指之曰。至矣。此卽霞姑之香閣也。余秘目視之。門自東向。式若華月。上有額磚。署曰。桐花舊館。靑瑣朱扃。淹關徑入。小軒數楹。清幽絕塵。修桐四株。皆高出簷外丈尋。枝葉凌虛。空翠日影。點映苔上。白石階除。朱闌曲曲。窗格通作冰梅。嵌刻極工。蒙以湖水茜紗。薆似輕煙。室外畫簾。爲風欺動。沉沉欲捲。余覩此欣忻萬狀。和融之氣。溢乎心房。以非此雅館。是烏可居。彼名姝。更憶秦媼之言。信不誣也。剛欲引入。而轉瞬小鬟杳焉。余以爲小鬟必先傳報。霞姑或當親迓。乃久之猶不見出。余茲時逡巡廊楹間。罔知所向。心轆轤如潮湧進。既不能。退又不得。稍一駐足。惟聞琴聲。鏗然而作。如風戛幽篁。亦鳴碎玉。徐徐出自窗際。節奏純美。清動心脾。意謂必霞姑恰爾操絃。小鬟未敢告客至。殆俟其曲終也。周章籌想。大爲之神往。因回顧闌畔。有青磁雙橙。余遂坐之。傾耳注聽。審所鼓者爲減梅三弄。特變其韻調耳。乃彈未及終。偶有一字音落徵絃。而徵絃肆然崩響。絲若已斷。樂云。徵亂則哀生。且於律呂。徵者爲火。在人屬心。心聲變亂。詎爲佳兆。余念及此。懼而雀立。轉聆室內。則似有人啜泣聲。推琴聲。又有裂帛聲。甚巨。余斯際驚詫莫名。殊不能以禮自制。遽就窗隙窺之。髣髴一玉人。低垂雲鬟。以素巾掩面。俯於案側。若不勝哽咽然。仔細辨識。竟似非霞姑。余始震異。倉皇欲遁。而頃忽間。又有厲音。風起余後。轟然如雷。擊余駭極。而奔不期。失足遂顚躓階下。脛骨痛折。不禁高呼。適亦有人叫余曰。公子醒來。其夢魘耶。余聞聲頗稔。豁目凝視。則縠帳半下。銀缸熒熒。固頹身臥枕上。

覷叫余者。迺守余睡之乳母也。吾友余是夢。雖爲思慮有因而致。然亦可謂極其奇特。余後得至文氏。詣霞姑居處。果與余夢中所游無二也。卽今余與彼姝所造種種慘惻之狀。若一一迴證諸夢境。則亦莫非早具有端倪矣。

間復逾旬。匆匆已是七月矣。素秋乍啓。金風却暑。涼葉墮階。蟬聲淸咽。余祖母每屆是時。必盛筵邀集賓客。以爲懇親之會。惟其期祖母尙未提及。而余盼之則甚綦切。以苟招請女賓。文氏終必有人也。一日午飯初罷。余向窗倚坐。強展舊籍。凡抽卷閱不過一二頁。便厭目擲去。又磨墨作楷字。潤毫攤紙。習未數行。亦復擱置。甚或狂艸橫直。點竄儱莫胡不可辨。人値其神經顚亂。思慮越度。往往呈發此種現象。余日來無聊之生活。則大都近是也。已而秦嫗來。傳祖母之命以呼余。余至祖母處。時祖母與伯母正議請客事。余喜極。向祖母伯母問安畢。祖母謂余曰。吾日內將開秋季懇親佳會。吾兒其爲我書請客之箇乎。余欣然遵諾。顧几上備有猩紅牋。盈寸筆硯亦具。余乃就坐。祖母每報一客名。余卽書寫一箇。如某太夫人某夫人某小姐。已積有十餘人矣。而猶不及文氏。余中心惴惴。滋爲惶急。祖母至此亦停語凝思。似更尋可請之客。且訊伯母曰。尙有誰可招者。伯母半晌對曰。東壁之文夫人。不當請耶。祖母爽然曰。文夫人何可不請也。汝若弗言。我幾遺忘。我病中伊致意甚慇懃。何如也。今卽其兩位女公子亦當相邀。命余俱書之。余此時慰悅無比。似莫大之希望已獲。頓覺佳趣滿前。彼絕代之麗姝。從茲幸得通款曲矣。祖母旣復謂伯母曰。文夫人之疾。亦極可憂。倘或差誤。彼家小兒女誠不了也。伯母曰。我昨聞人言。彼家公子明春將完婚矣。祖母曰。若如是。則亦甚善。少頃祖母又添請數客。命余一一書訖。遂將箇交伯母。飭門子分途延致。

是日爲余祖母讌客之期。風日清暢。雅事悉備。廣廳之中。應接之室。供張莫不極其繁縟。且麗處處花光弄影。芳氣中人。雖幽砌閑堦。小景點綴。亦都延佇可賞。又特傳班演劇。結綵徵歌。僕婢奔走。咸自振掀奮勵。不似平日之怠惰。憮憮無生人氣。蓋此皆余伯母加意指揮。刻求鋪設。以承老人之歡心也。余孤靜成習。嫺厭紛沓。於賓客周旋晉接之場。尤所引避。不敢逼足。而今日則精神煥發。氣象萬千。舉動活潑。逈異常情。一似彼姝已加我以溫語。歸我以攝去之魂。更自以爲余畢生美滿之事。殆罔或逾於此者。是以耳目之所接觸。事物之所領納。無往不含有快愉和婉之狀。及晡。旣盛服。訖徘徊顧影。徙倚欄楯。岌岌惟盼彼姝之臨至矣。未幾。果有閽者傳言。報有客至。祖母伯母皆出迎。余獨徘徊軒次。心自猜度。不識爲誰。正欲遣人探問。而秦媪適以祖母之命詔余。謂文夫人暨其女公子。皆在應接室內。請公子出見。已復笑謂余曰。霞姑娘今日妝飾。較昔尤端麗。丰裁亦愈美。公子當留意。勿復爲之神癡。使有所見哂於人也。余佯若不聞。遂同來應接室。翩然步入。未遑周視。祖母卽命余前拜文夫人。文夫人年可四十外。雖面含病容。顧神態恬靜。行動溫雅。洵不愧大家風範。而更矚霞姑。則體態盈盈。服飾華燦。猶髣髴前日也。惟長衫半背。作旗下之時妝。儼然滿州閨秀。又自饒一種蹁躚風致。以美人身段。無施不宜。淡妝濃沫。總極其勝。爾婉姑時始十一歲。固一垂髫之小女郎也。姊妹相將傍立母側。因亦互爲之致禮。然霞姑已羞暈於頰。紅梨微上矣。余遂引退。坐依祖母。文夫人因顧余而語祖母曰。昔年我去京邑。公子母夫人猶抱公子於懷。殆與佩霞俱未三齡。惟佩霞先公子生三月耳。今忽忽已長成。無怪我輩之頹唐矣。吾觀公子之貌。頗肖其母夫人。對之殊令人增慨想也。言已深自惋歎。祖母間作他語慰之。已而客漸蒞集。互作寒暄。語溫一室。伯母乃肅客入席。時廣廳前劇已開演。八音齊奏。百樂競陳。座上諸女賓。珠光釵影。動輒照人。然言談至不一。或評戲曲。或論家常。或商略服飾。燕語鶯聲。各抒己見。而余座恰與文夫人席距最近。霞姑席又居文夫人下。時文夫人因復詢余所學。殷勤示意。備致慈祥。余幼失恃。每受長者之撫惜。卽自悲苦。今見文夫人垂愛如斯。感激無任。幾爲之墮淚。文夫人知余感伊甚深。遂又謂余曰。佩霞亦少能文事。吾與公子之母。昔年往還極密。且聯世好。汝輩有學。正不妨共研求。此後公子或有不憚。可來吾家也。余卽起謝之。斯際霞姑正以目睇余。余適亦擧目視彼。四目偶擊。眼波一盪。霞姑不禁爲之低鬟。蓋余與霞姑今日雖未得深致衷曲。然兩情相悅。固已心有靈犀。莫逆之懷。於眉間目下。已觸類而喻。不假言說矣。及至白日西匿。客將尋歸。余姑強趨霞姑前曰。霞姊亦歸乎。霞姑良久竟不能置答。僅微頷曰。然。冉冉從母去。

第六章

霞姑靜淑幽絜之閨媛也。既生名族。復擅才藝。慧質蘭心。靈思秀豔。固已夐絕人寰。而母夫人又特鍾愛。吹煦護植。宛若掌珍。視長子幼女有加焉。其父在時。亦極寶愛。嘗自敎之讀。故文學造詣甚高。兄佩福年十九。性流易。不好學。間喜修飾。迹近紈絝。雖入學校肄業。猶自放蕩。然習於排場。工酬酢。人見之者。多以爲能。而佩福亦自以爲是保家之令子矣。文夫人則深戒之。勉其崇德。顧非所願也。於是先人之遺書。子不能讀。而惟霞姑世其家。霞姑不徒浸深中國之舊學。卽世界之新知識。亦富。牖坊間譯本。具覽之。苦不能盡通。因亟謀攻歐西文。文夫人重違女意。許之。遂聘請美國女敎士亞麗司脫。日一涖家。以授英文。旗下頑固輩。鼠眼寸光。見而詫之。以是妄生誣議。謂霞姑已習洋教。吾家雖爲世好。亦知文夫人憐余。余慕霞姑。而祖母伯母終不與之締婿。或亦以此故見梗。是未可知。余之初謁於文氏。卽余家讌客之第二日也。緣文夫人歸後。遣人致水晶文具美玉玩器諸珍品以錫余。祖母特令余往謝。更屬乳母秦媼爲從。余自日昨得復見霞姑。心境頓舒。如雲散月現。廿餘日縈結不解之相思。竟以告釋。昔之夢寐不甯而已甯。神識不靜而已靜。吾不知彼纖纖之妹。何以具有此種特別之精采。能使余一見以憂。一見以喜。故余是日之動定。殊自暇整。又不似疇昔席次快愉悲感之叢集無序矣。文宅緊接余東壁。屋宇較新。亦復宏壯。余既至閽者早已報入。頃見二媼出。謂奉夫人命導余等內行。蓋佩福已出游。家固無應客之男也。經過穿堂數重。至一大院。檻室連雲。搆勢華敞。登堦有小婢揭簾起。夫人已笑迎於門。余卽入拜。乘致祖母伯母謝悃。乳母秦媼亦前請安。夫人曰。區區之意。何言謝也。姪能來。吾極欣悅。昨日不已相屬乎。遂命坐。琬姑時侍於側。夫人顧之曰。爾不呼琴哥耶。琬姑嫣笑無語。牽小婢手以帕裹之不已。余亦就隙問夫人曰。何久未見霞姊。夫人聽然曰。汝憶霞姊耶。汝霞姊欲作女博士。往者晝夜勤習漢文。近更思攻西方語言。因請一美國女先生至家教授。此刻正彼從事英文之時間也。乃覗案上時計。復曰。尙有半句鐘可完課矣。姪其俟之。遂遣婢出餻果餉余。余聞霞姑攻習英文。不勝佩異。以彼深閨弱秀。竟有此新機。俊識殊令我輩慙汗。因叩文夫人曰。霞姊英文學幾何時矣。夫人曰。今歲仲春方始就學。至盛暑輟業。日來秋涼。乃復開課耳。余曰。姪亦學過英文年餘。去冬以事間斷。居嘗頗思假地溫習。今幸遘此。深願附學。不知若何。夫人欣然曰。是烏不可。佩琬幼固不能受業。佩福初尙預課。近已置之高閣。不聞問矣。霞兒一人學亦自岑寂。且少磋磨。娖倘欲從亞麗司脫溫習。是誠兩得其宜矣。言已。回首屬小婢曰。爾看霞姑娘課畢否。若已蕆事。可對彼言。有客在此。我命其出見。婢承諾去。俄而遙聞步履綷縩之聲。聯娟而至。簾乍啓。流香飄溢。霞姑扶小鬟入矣。見余在。含睇若澀。匏犀微展。余既立起。面忽赬。不敢平視。而心又復怔忡。無克自制。因亦罔知如何作最溫宜之語。可對玉人。乃霞姑轉款言詢余曰。公子來已久乎。余始靜攝以應之曰。弟至亦纔有間耳。姊適完課耶。霞姑柔聲答是。遂至文夫人前問安。夫人命坐之肩右。以手整其襟上所綴之珠珮。問曰。亞麗司脫已去乎。霞姑曰。已去矣。彼言明日尚須覛我以巴黎最上品之革履。但不識可着之否。言時亟袖傾鬟。自視其錦鞵。余斯際忍俊不禁。力覓言問霞姑曰。頃間聞夫人說姊氏勤習英文。想所造不淺矣。今誦者已爲何書。霞姑聞語靦然曰。今春初學拚音。焉敢言有深造。秋來先生選皇家讀本第二集爲課本。持誦將不過數篇。惟音讀尚可上口耳。文夫人因謂霞姑曰。琴公子亦曾攻英文。適聞吾言亞麗司脫在此教讀。大願從之溫習。吾甚贊之。吾猶憶汝父在江南任時。上摺請興學校。言文宜中西兼重。以養通才。嘗自欲從西人問業。後不果。今若輩髫齡。當此世界交通之會。若不達一兩國文字。殆終難爲學。惜我老而多病。否然亦可略略肄習。惟佩福有此時光。又居學校。仍終日優游。不求上進。殊自暴自棄也。語至此。長歎不已。霞姑作婉語以慰夫人曰。俟阿哥歸。兒再勸之赴課。恐或不至中輟。公子能無嫌蓽門之陋。來同溫習。洵至佳事。吾等初學。有未清澈者。就問當較易矣。夫人曰。吾言亦如此也。余遜謝曰。霞姊慧敏絕儔。一反三隅。況國學已具根底。弟魯鈍無似。雖稍有所學。究不過浮光掠影之知耳。倘幸與以同學。得接珠璣。刦去疎鄙。則獲益更非淺鮮矣。今霞姊何乃爾謙抑。霞姑載笑而視其母曰。公子謂吾謙抑。公子言者毋乃不謙抑耶。夫人亦笑曰。謙讓明禮。本德之基。惟謙不盈。讓乃有受。故海以卑廣而居深。山以鎮靜而可久。凡虛誕自誇者。皆敗德之器。無可成就。汝等能不驕人。互相退仰。但求學問。正所以自尊自重也。吾甚嘉之。余啓唇方欲有所陳說。而秦媼忽自椅後趔起曰。夫人與姑娘公子之論。列者。直同學堂中先生講書。津津善道。老婢等如下流學生。默立聽之。正不知心猿意馬。東馳西逸、急殺悶殺矣。言未已。舉室皆爲之宴噱、夫人曰。秦媼老滑。出言每足解頤。亦殊可人。較勝下流學生多多矣。時余乳母亦至余側。語余曰。公子歸乎。來已四句鐘矣。恐太夫人緊念也。余已自忘歸、然聞乳母語、遂起辭文夫人。夫人曰。今日談論大樂。何汲汲欲去耶。晚飯後再言歸不遲乎。余亦以恐祖母緊念對。夫人曰。既如斯去亦可。但姪何時思至我許。即自偕乳母或秦媼來。勿用見外、汝知吾極愛惜爾也。余再拜曰。夫人仁慈。姪深銘刻。惓惓之忱。曷敢須臾失時。霞姑攜佩琬立夫人後。凝眸欲語、爲態依依。余知其必有後言。但羞以出諸口耳。夫人復叮嚀屬余歸候祖母伯母。乃率霞姑等送余至於廊次、余此際實難爲懷。聊一申謝、即偕乳母秦媼出。

余既歸後。乃從容將溫習英文事。陳之祖母。又懇言不願出京。以離祖母。請祖母寓函於父。祖母雅不欲我回津、今聞余語。大爲契可。余自亦上書老父。將在都情形。詳審申告。越二日。得父覆簡。謂余居京既能承祖母之歡心、復不致荒學業。即甥回津邸。亦以爲然。於是余極忻慰。間復數至文氏。而文氏內外之人。衆俱漸次稔熟矣。即佩福亦善遇余。然霞姑雖形影印合。泯入無間。而就其表面細觀察之。則終覺萬種嬌羞。每情落於外。志達玄際、似又深不可締致其愛力者也。余上課之期。定於八月一日。先由伯母至文夫人處商之。復由文夫人與亞麗司脫訂約。及期余乃受課。蓋每日午後一時至三時。爲受讀時間。亞麗司脫年三十許。爲人誠篤。中國語極佳。講解亦明晰。敎授之室。另自爲一院落。四面俱嵌明窗。外迴以雕欄。可凭可坐。前有砌石小池。秋荷數莖。猶自紅衣未謝。修竹數十竿。傍垣而植。翠籠粉壁。蕭疎若寫。室中設圓棹。置軟椅四。依窗則有梨木小几。間架盆花數事。余初至時。佩福尙預學。後彼以校中已開課。遂不至矣。余每來必隨以秦媪或乳母。霞姑惟携小鸞。授課時亞麗司脫獨上坐。余暨霞姑則隨意坐之。霞姑居處。卽爲此室之西院。門際有長廊可通。課畢時。余輙過其居。煮茗談詩。焚香讀畫。實藉師資。豈僅膩友。且霞姑天性超美。所造復精。往往能道人所不能道。余亦極逞已之所得。說以娛彼。余或他去。霞姑轉鬱鬱。惟言不涉乎心懷情抱。有時語未檢點。竟自呈露。則兩人如感寒疾。噤而遽止。由是且月餘。一日亞麗司脫尙未至。余憑欄坐。誦習讀本。霞姑則於室內俯案作字。瞥前簾影秋光。幽篁清寂。小鸞忽於西窗外叩格呼曰。噫美麗哉。此雙蝶也。姑娘夜來不言。欲捕一對。置玻璃盒中。爲畫本耶。霞姑聞聲問曰。是奚在。卽碎步取綺箑出。果見兩蝶。紫班金眼。綫纖且長。栩栩逐繞欄西。遂直趨窗下。迎風撲之。小鸞則手張羅巾追捉。縞袂霞裳。低排斜擊。二人回環宛轉。裊裊一若作盤中舞。余旁坐凝觀。神渙欲癡。竊以爲若使費曉樓當時見之。影繪一楨秋閨戲蝶圖。則更不知能增幾許明艷。余亦擬起而助之。而雙蝶乃竟漸集余右。霞姑小鸞同笑曰。公子速揞。我等力已憊已。余卽以書亂揮之。立墮一翅。喜甚。亟自捉取。將以授霞姑。其一猶款飛余肩。未忍他去。霞姑欲俱得之。暫不余接。仍舉箑就撲。距知引腕稍遠。佇立欠舉一足。又自踏其裙緣。遂致傾體前伏。遽爾墮入余懷。余駭絕力曳之起。小鸞亦前扶。互相驚觸。而霞姑之玉頰竟掠余唇際。過膩香輕滑。沁徹鼻觀。余全身血脈。不禁顫動。立注湊心臟。心乃狂跳。非強自鎮制。殆若不能持。此時霞姑已羞不可仰。擲其箋。任雙蝶翩然偕飛而去。急奔入室。小鬟一隨之入。第自含笑。霞姑斂頤坐。顏色桃暈。且極嬌喘。微曰。卽汝。呼有蝶。有蝶。幾使余跌。殺矣。小鬟不語。於懷中出瑇瑁小篋。爲霞姑輕理鬢絲。又隔窗目余。笑。余急他視。已而亞麗司脫至。遂授課。惟余及霞姑。俱各低俯其頷。兩不相矚。蓋倘一相矚。其神黶初開之情感。若害若羞。若驚若愛。實有極難乎其爲地者耳。

第七章

時維十月。气爺蕭森。庭樹鴉棲。黃葉盡脫。文夫人之舊疾。又復作矣。蓋勞瘵者。際此九秋之杪。憭慄悄寒。間最足以滋其虛羸也。霞姑事母至孝。侍奉備致。湯藥必自嘗而後進。又知母病難可起。輒暗泣。由是英文之課遂輟。余以霞姑不至。獨學寡歡。且惜霞姑之憂悴。亦或託故不至。亞麗司脫見學者既絕。因辭館焉。然余每日猶必至文氏省視文夫人。以藉慰霞姑。霞姑見余無處不體貼其意。用情深密。乃轉增悲感。因謂余曰。吾昔與公子相遇。竊謂夢寐不期。日來竟得共朝夕。談學論藝。假玉石以切磋。花南硯北。爲樂至夥也。又孰意風波易動。吾母病忽如斯。天之顛倒人。何其甚耶。烏乎。吾母倘有不測。吾烏能獨生矣乎。願公子珍重。勿以吾之憂爲爾之愁鬱也。言時珠淚盈眦。數持巾揾之。余聞語痛徹。迺勉強曰。妹出言抑何沈痛耶。夫人病雖厲。然醫者言猶無礙也。吾亦願妹宜自愛護。幸毋過傷。妹謂我勿以妹之憂爲愁鬱乎。妹何。汝知我……心固無能習喚乎妹之左右也。言至是。聲大梗。塞若不能再成詞。惟目直注霞姑。而霞姑色變。蓋恐余重有言。或爲媼婢聞。卽顫聲呼小鬟曰。可將茶來。公子至已久。當渴矣。遂相率進室內探文夫人病狀。夫人蜷臥於床。面外向。二目若瞑。聞余等入。啓瞬而視。見余曰。吾姪來耶。日勞汝矣。太夫人及伯母夫人俱佳否。余前曰。祖母伯母屬姪敬候夫人。夫人今日已稍瘥乎。夫人曰。吾病已深。恐不能再起矣。勢雖有時略減。究何可恃。霞姑此際倚坐床畔。就枕上爲文夫人挽髮。夫人以目囑彼良久。旋復囑余。因閉目作長歎。瑰姑側侍。以小甌貯參湯進。呼夫人曰。阿娘飲乎。夫人頷之。瑰姑乃遞甌於夫人唇。飲畢。夫人又顧余曰。姪。吾近來恆夢見亡者。昨夕似與汝母夫人相談。汝母夫人溫宜和淑之態。尚一如平生也。憶汝母夫人與吾在閨中即相友善。既嫁之後。雖不當往還。然每於佳會。猶得見之。嘗於那年。汝母夫人孕汝。吾懷佩霞。汝母夫人與吾戲曰。若屬男女。則當聯……夫人言未終。語頓咽住。遂反首內向。又喘聲曰。姪可稍坐。吾言多。神憊矣。而余與霞姑。初聽夫人語已。自感然。至是更悵觸無似。悲耶喜耶。實耶。虛耶。霞姑則雲鬟低壓。幾抵於帳裏。而余亦惟自囓其唇。俯視地上。咸渾渾如醉人。默不能出一語。少選。桑媼至。請祖母待余午餐。余乃歸。嗟呼。吾友。余敘至此。君得毋以我爲怯懦。即有負心者在乎。何則。以吾死母與文夫人。既有如斯明言。余既聞之。余自應歸告於祖母暨老父。以締其誓盟。爾又孰知余心已碎。而事終不諧也。余祖母伯母本皆不然於霞姑。且謂文夫人將死。佩福必破其家。余父意更有所在。言余年幼。進圖者惟學問。區區婚事。豈能置諸念。倘有轉懇之者。則盛怒不可止。謂是徒亂吾兒之心意也。吾友。君試思之。余將何以爲情哉。此吾所以負疚於懷而悲苦卒莫或能釋耳。

余祖母伯母固要余前以余承順好學。故留余居京。今見余廢業。又日造於文氏。知余意當有所屬。恐余父知之。責無旁貸。遂致書余父。謂余離父久。亟懷膝下。可着人來京接余。以免余之繫念。余父得書。信之。

卽以二僕來速余歸。余聞之頗喜。以不見老父已近半載。今回津沽。亦殊得也。俄頃忽念及霞姑。中心陡現愴怳。意緒旋起旋落。罔知所措矣。大凡人當其情濃愛緻之時。恰如逢春花蕊。盈盈待展。敷榮向杲之希冀。前途正無程限。迺遽有狂風亙雨飄至。將使吹折。其喚起之觀念。有不悲涼恐怖者耶。然余猶盼祖母之再止我。自念孤悶。究爲無益。遂起赴祖母處。祖母正寢倚軟榻上。有二婢蹲榻右。爲之按摩腰膝。余入。卽趨榻前。捧祖母手至余額。曰。祖母。父速兒歸。兒則不願離祖母也。祖母亦愀然曰。吾兒。汝父思汝切。數命吾兒去。吾皆阻之、今吾不能復留吾兒矣。雖然。吾明春可仍接吾兒歸耳。余始不意祖母有此斬截之語。竟無可補救者。余是時。幾欲放聲而哭。蓋余之希望已絕。其含之痛苦。尤匪言所能罄。然猶力自忍耐。辭祖母而歸余之寢室。余乳母正整頓余之行篋。余覩之。若矢貫心。倒臥於床。俯枕哽泣不已。余乳母知余之意者也。又素憫余失恃。每與余言余母在時事。動生哀惻。今見余悲。亦自淚下。因以茗進余。且獻聲慰余曰。人生聚散。乃屬常事。公子何悲苦如是。令旁觀者亦不能不隨之傷然。公子。日已將宴。曷亦往一辭霞姑。娘明日此時。當可在津矣。余乳母爲此語。本欲鼓盪余之心氣。以滌除余之鬱邑。然不知此語實不啻飲余以刃也。余聞之。肝腸爲之寸斷。第昏疲已甚。置乳母之言而不答。靜息偃臥。乃沉寂既久。余乳母意余已入睡鄉。自作語曰。若使夫人在。何忍視此兒之荷慟如斯也。旋復微嗟。爲吾半下風帷。輕足而出。余此際忽似有人詔余曰。霞姑正念爾。爾可速往。否則無晤面之會矣。余卽憬然而起。披帷外視。窗掩黃昏。微現月影。余遂潛步出。僕婢皆不甚注意於余。以晚色將闌。未可察識也。及至文氏閣者室。已燃燈。二三蒼頭。抽煙聚話。噲噲不可聞。余之入也。彼等亦竟未之覺。四顧庭院。冷然可懼。一似經行曠野寂㣇之居。余緣階而行。踽踽間。不知足之已抵霞姑居處。及閾。欄際忽有人啓問曰。誰耶。余辨其爲霞姑之音。予心大慟。呼吸俱促。顫聲應曰。姊爲我也。霞姑亦顫聲曰。弟何爲夕至。余亟近其前。堅挽其素手。久不能出言。淚下如綆。點點隕其袖端。曰。姊恕我。肉非憐我情痴。我明日行矣。今強來一面別耳。姊乎。霞姑未俟余此語已。顧亦雙淚迸落。體震慄若被嚴寒。瘦㞘幾不能佇立。雲鬟遽墮余肩上。曰。吾弟明日子果捨我而去耶。雖然。吾母亦在朝夕矣。言未已。乃嬌嗽頻作。時月正破雲而出。光照廊下。分外皎灼。似爲余一對離人。特展其清暉。霞姑素面與之映對。眉黛蹙愁。淚珠晶結。顏色沉白若石。身着粉絨之衣。美乃可悲。旋復自起。續詶余曰。吾弟。此去津邸。歸事老父。幸自珍重。天地悠悠。吾誠薄命。吾惟願子毋置我於念。以苦縈其心。余忍悲曰。姊乎。天或鑒姊之孝。使夫人起其沈痾。弟但有謹守先人遺盟。死以不渝爾。且吾人之墜地。爲愛所致。是愛情者。構生命之本原。吾寧能失其愛情而重生命矣乎。於是仰面微呼上帝者再。又呼余死母者再。乃詎呼未已。而小鸞入。蓋小鸞先以霞姑之命往別室取物。故不知余之適至也。此時視余。乃詫曰。公子固在是耶。秦媪乳母尋之殆徧矣。又見余與霞姑悲狀。竟自駭怪。遂欲扶霞姑入室內。而余乳母及秦媪亦躡跡至。見余在。二人故作細語語曰。公子速歸。太夫人呼之頻急。老婢等第謊言公子清眠未興。苟知向晚獨出。老婢等身碎矣。遂不待余之有說。即擁余行。至於院外。余奮身回顧。雖雕牆懸隔。猶微聞霞姑咽聲呼余曰。行矣吾弟。

琴香公子敍言及此。涕下不可止。以手拒餐桿引杯大飲。秋影居士亦黯然無言。錦子痴立室中。燈月皆含慘澹之光。琴香公子旋又續言曰。余既歸津三閱越月。文夫人之惡耗至。余嘗欲回京一視霞姑。然余老父病亦着枕矣。纏綿牀褥。經歲莫起。再明年春而余父逝。時余伯父正得外放。舉家皆還赴任所。道過天津。遂將老父柩寄厝荒寺。挾余南行。逾月霞姑之噩音至矣。嗟呼人生際此。可不謂歷盡極酸至悲之境乎。琴香公子此時復於懷中出信數函。遞秋影居士曰。此皆余與霞姑別後。至未南行時。霞姑致我之書也。請君悉閱之。但吾之通信極爲艱苦。以每次須有人回京或來津。假以物送秦媪。秦媪乃爲轉致之。霞姑亦復如是。苟由郵。則恐閽者誤投也。言已。伏案而噓。秋影居士乃展霞姑之信。就燈下讀之。

（未完）